LA GUIDA
MICHELIN

ITALIA

MICHELIN

INDICE

Introduzione

Caza Iozza / Michelin

Ristoranti & alberghi 78

Distinzioni 2019 1048

Consultate la guida MICHELIN su:
www.viamichelin.it
www.guida.michelin.it
e scriveteci a:
laguidamichelin-italia@michelin.com

CARO LETTORE,

E' con piacere che vi presentiamo la 64a edizione de la guida MICHELIN Italia!

● In poco più di sessant'anni il Paese è cambiato profondamente e la guida – nei suol ambiti - ha registrato, lungo le strade e nelle tappe di tutti, i cambiamenti di vita, gusto, tendenze. Ha narrato l'evoluzione della ristorazione italiana, parlando sempre il linguaggio dei simboli, i ben noti pittogrammi: internazionali e comprensibili a tutti.

● Al servizio del viaggiatore, la "rossa" è, quindi, una sorta di fotografia della variegata proposta ricettiva e gastronomica: una selezione delle migliori tavole e dell'accoglienza offerte dal Bel Paese.

● Focus sull'ospitalità e sulla cucina italiana, dunque, ma sguardo sempre rivolto al lettore, questo è l'impegno degli ispettori del Bibendum: veri clienti che, in anonimato prenotano e pagano il conto, assicurando in tal modo obiettività di giudizio e indipendenza.

● In un mondo dove tutto cambia ad una velocità supersonica, la missione di Michelin rimane fedele a se stessa: fornire strumenti per una migliore mobilità ed indirizzi dove sostare tra una destinazione e l'altra… con curiose sorprese di cui vi diamo - qui di seguito - un breve assaggio.

● Un nuovo nome raggiunge l'Olimpo delle ✿✿✿ stelle: **Uliassi** a Senigallia. Tappa immancabile per i veri gourmet, il ristorante gode di una posizione privilegiata con una piacevole brezza marina che allieta le belle serate estive e l'inappuntabile servizio diretto da Catia, sorella di Mauro, coppia modello di professionalità nel panorama dell'alta ristorazione italiana. Cucina rispettosa del territorio, ricca di sapori e con un originale binomio mare-selvaggina, Uliassi rende sicuramente omaggio alla bella regione marchigiana.

L'Asinello / Michelin

Pioggia di stelle!

● *Molte novità anche tra i locali che conquistano la loro prima stella, come* **Antonino Cannavacciuolo** *che vede attribuita l'ambita distinzione ad entrambi i suoi* **Cannavacciuolo bistrot,** *uno a Torino, l'altro a Novara, mentre* **Enrico Bartolini** *– a Penango, presso la* **Locanda del Sant'Uffizio** *– ottiene il suo sesto riconoscimento, diventando il cuoco italiano più stellato del momento. Bravi!*

● *Con un'annata tra le migliori, abbiamo trovato ben* **30** *nuovi ristoranti con* ❀ *stella, da nord a sud; vera e propria rivincita della provincia con piccoli centri che risvegliano la loro anima gourmet, la cucina a base regionale , forte delle ottime produzioni locali che gli abili chef ricercano meticolosamente, sta sempre più prendendo il sopravvento.*

Un'Italia ancora più gustosa

● *Un plauso particolare al meridione ed alle isole con tante novità, da Matera a Lecce, da Catania a Taormina, ma altre sorprese vi attendono nel nostro palmarès tra Campania, Calabria e Sardegna. Alcune tavole, poi, hanno particolarmente colto nel segno per l'originalità delle ricette ed una riuscita combinazione tra ingredienti diversi: è il caso di **Abocar Due Cucine** a Rimini, base romagnola con contaminazioni sudamericane.*

● *Setacciando il paese in lungo e in largo, i nostri ispettori hanno inoltre scovato nuovi interessanti Bib Gourmand, rilevando la sempre più diffusa volontà di assicurare alta qualità ad un giusto prezzo: cercate questo simbolo* ☺ *durante i vostri viaggi e non vi troverete delusi...*

● *Invitandovi, quindi, a seguire la guida MICHELIN – sempre più social – non dimenticate di condividere con noi le vostre esperienze scrivendo a laguidamichelin-italia@michelin.com: ci aiuterete in tal modo a migliorare sempre di più la nostra selezione.*

● *Buona lettura e viaggi golosi con la guida MICHELIN!*

Roof garden / Michelin

PALMARES 2019

LE NUOVE STELLE

Senigallia	**Uliassi**

✸

Arzachena / Costa Smeralda	**ConFusion**
Bacoli	**Caracol**
Bolzano	**In Viaggio, Claudio Melis**
Caggiano	**Locanda Severino**
Catania	**Sapio**
Cernobbio	**Materia**
Collepietra	**Astra**
Genova	**The Cook**
Lecce	**Bros'**
Lucca	**Giglio**
Madonna di Campiglio	**Stube Hermitage**
Matera	**Vitantonio Lombardo**
Novara	**Cannavacciuolo Cafè & Bistrot**
Orzinuovi	**Sedicesimo Secolo**
Paestum / Capaccio	**Osteria Arbustico**
Penango / Cioccaro	**Locanda del Sant'Uffizio–Enrico Bartolini**
Rimini	**Abocar Due Cucine**
Roma	**Moma**
San Bonifacio	**Degusto Cuisine**
San Casciano in Val di Pesa / Cerbaia	**La Tenda Rossa**
San Gimignano / Lucignano	**Ristorante Al 43**
Santa Cristina d'Aspromonte	**Qafiz**
Savelletri	**Due Camini**
Taormina	**St. George by Heinz Beck**
Torino	**Cannavacciuolo Bistrot**
Torino	**Carignano**
Torino	**Spazio7**
Trieste	**Harry's Piccolo**
Verona	**12 Apostoli**
Viterbo	**Danilo Ciavattini**
Vitorchiano	**Casa Iozzìa**

Uliassi / Michelin

I NUOVI BIB GOURMAND

Alleghe / Masarè	**Barance**
Bracca	**Dentella**
Casale Monferrato	**Accademia Ristorante**
Cicognolo	**Osteria de L'Umbreleèr**
Crispiano	**La Cuccagna**
Cuneo	**Bove's**
Feltre	**Aurora**
L'Aquila / Camarda	**Casa Elodia**
Marotta	**Burro & Alici**
Moena	**Foresta**
Montefiascone	**Stuzzico**
Montalcino	**Taverna il Grappolo Blu**
Napoli	**Di Martino Sea Front pasta Bar**
Napoli	**Il Gobbetto**
Palermo	**Buatta Cucina Popolana**
Roccabruna / Sant'Anna	**La Pineta**
Salsomaggiore Terme	**Trattoria Ceriati**
San Quirico d'Orcia	**Fonte alla Vena**
Sclafani Bagni	**Terrazza Costantino**
Spoleto	**Lampone**
Vieste	**Al Dragone**

Le tavole stellate 2019

Il colore indica l'esercizio più stellato della località.

Roma ✿✿✿ La località possiede almeno un ristorante 3 stelle

Milano ✿✿ La località possiede almeno un ristorante 2 stelle

Caltagirone ✿ La località possiede almeno un ristorante 1 stella

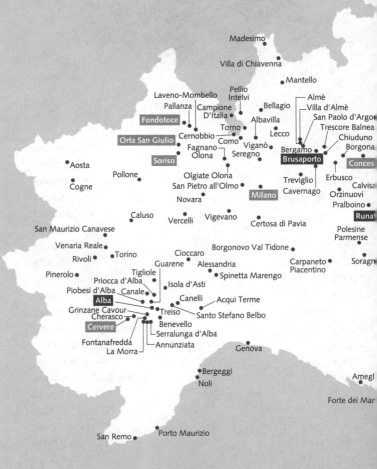

Molini

Mules

Tirolo

Merano

Dobbiaco

Chiusa · Selva di Val Gardena

Sappada

Ortisei

San Cassiano

Sarentino

Corvara · Cortina d'Ampezzo

astelbello

Tesimo · Collepietra in Badia · San Vito di Cadore

Ciardes

Bolzano · Nova

Vodo Cadore

San Michele · Levante · Tamion

Colloredo di

Monte Albano

Moena

Godia

Madonna di

Campiglio

Cavalese

Pieve d'Alpago

Vencò

Puos d'Alpago

Cormons

San Quirino

Ruda

Ravina

Follina

Rivignano

Trieste

Asiago

Fasano del Garda

Oderzo

Malcesine

Schio

Castelfranco

Veneto

Gargnano

Altissimo

Treviso

Bardolino

Cavaion

Vicenza

Scorzè

Burano

Veronese

Arzignano

Rubano

Venezia

Sirmione

San Bonifacio

Selvazzano

Lughetto

Desenzano

del Garda

Verona

Lonigo

Dentro

Mancrba

Isola Rizza

Pontelongo

el Garda

Barbarano Vicentino

Quistello

Codigoro

arma

Rubiera

Modena

Rubbianino

Bologna

Imola

Savigno · Sasso

Marconi

Cesenatico

Rimini · Miramare di Rimini

Pesaro

San Marino

Marlia

Senigallia

Lucca

Firenze

Marzocca

iareggio · Lamporecchio · Cerbaia

Pennabilli

Tavarnelle

Val di Pesa · Badia a Passignano

Loreto

San Gimignano · Lucignano · Gaiole in Chianti

11

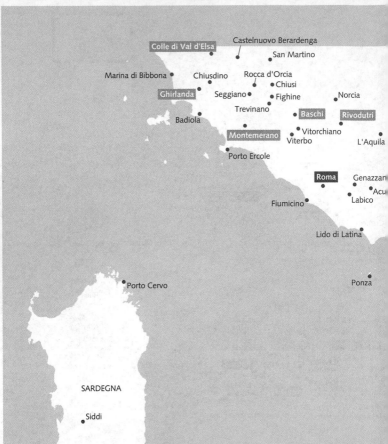

Le tavole stellate 2019

Il colore indica l'esercizio più stellato della località.

Roma ❀❀❀ La località possiede almeno un ristorante 3 stelle
Milano ❀❀ La località possiede almeno un ristorante 2 stelle
Caltagirone ❀ La località possiede almeno un ristorante 1 stella

Montepagano

Pescara

Civitella Casanova

Guardiagrele

San Salvo Marina

Castel di Sangro

Barletta • Trani

Andria

Vairano
Patenora
Bacoli
Telese Terme
Brusciano
Conversano
Savelletri
Vallesaccarda
Putignano •
Ostuni • Carovigno
Caserta Castellammare
Ischia di Stabia Sorbo
asamicciola Napoli Serpico Ceglie Messapica
Terme Pompei Mercato San Severino Matera Lecce
Lacco Ravello
Ameno Quarto Salerno
Marina Equa Maiori • Eboli Caggiano
ant' Agnello Amalfi Capaccio
Sorrento Conca dei Marini Paestum
Anacapri Positano
Capri Nerano Vico Equense
Termini Sant' Agata
sui Due Golfi

Strongoli

Praialonga

Catanzaro •

Salina

Marina Di Gioiosa Ionica •

Vulcano

Santa Cristina
d'Aspromonte

Mondello

errasini • Bagheria Linguaglossa • Lido di Spisone
Taormina

Catania •

SICILIA

Caltagirone

Licata

Ragusa
Modica

13

I PRINCIPI DELLA GUIDA MICHELIN

L'ESPERIENZA AL SERVIZIO DELLA QUALITÀ

Che si trovi in Giappone, negli Stati Uniti, in Cina o in Europa, l'ispettore della guida MICHELIN rimane fedele ai criteri di valutazione della qualità di un ristorante o di un albergo, e applica le stesse regole durante le sue visite. Se la guida gode di una reputazione a livello mondiale è proprio grazie al continuo impegno nei confronti dei suoi lettori. Un impegno che noi vogliamo riaffermare, qui, con i nostri principi:

La visita anonima

Prima regola d'oro, gli ispettori verificano - regolarmente e in maniera anonima - ristoranti e alberghi, per valutare concretamente il livello delle prestazioni offerte ai loro clienti. Pagano il conto e - solo in seguito - si presentano per ottenere altre informazioni. La corrispondenza con i lettori costituisce, inoltre, un ulteriore strumento per la realizzazione dei nostri itinerari di visita.

L'indipendenza

Per mantenere un punto di vista obiettivo, nell'interesse del lettore, la selezione degli esercizi viene effettuata in assoluta indipendenza: l'inserimento in guida è totalmente gratuito. Le decisioni sono prese collegialmente dagli ispettori con il capo redattore e le distinzioni più importanti, discusse a livello europeo.

Le nostre stelle - una ✿, due ✿✿ o tre ✿✿✿ – distinguono le cucine più meritevoli, qualunque sia il loro stile: la qualità della materia prima, la tecnica di cottura, la personalità dello chef, la costanza della prestazione in tutto il pasto e in tutte le stagioni, il buon rapporto qualità-prezzo: queste sono le condizioni che definiscono - al di là dei generi e tipi di cucina – le nostre migliori tavole.

La scelta del migliore

Lungi dall'essere un semplice elenco d'indirizzi, la guida si concentra su una selezione dei migliori alberghi e ristoranti in tutte le categorie di confort e di prezzo. Una scelta che deriva dalla rigida applicazione dello stesso metodo da parte di tutti gli ispettori, indipendentemente dal paese.

✾✾✾ TRE STELLE MICHELIN
Una cucina unica. Merita il viaggio!
La cifra di un grandissimo chef! Prodotti d'eccezione, purezza e potenza dei sapori, equilibrio delle composizioni: la cucina qui assurge al rango d'arte. I piatti, perfettamente realizzati, si ergono spesso a classici.

✾✾ DUE STELLE MICHELIN
Una cucina eccellente. Merita la deviazione!
I migliori prodotti esaltati dalla competenza e dall'ispirazione di uno chef di talento che « firma » con la sua squadra piatti eterei ed evocatori, talvolta molto originali.

✾ UNA STELLA MICHELIN
Una cucina di grande qualità. Merita la tappa!
Prodotti di prima qualità, finezza nelle preparazioni, sapori distinti, costanza nella realizzazione dei piatti.

🏵 BIB GOURMAND
Il nostro migliore rapporto qualità-prezzo
Piacevole esperienza gastronomica a meno di 32 € (35 € nelle città capoluogo e turistiche importanti): buoni prodotti ben valorizzati, un conto ragionevole, una cucina con un eccellente rapporto qualità/prezzo.

🍽○ IL PIATTO MICHELIN
Una cucina di qualità
Prodotti di qualità e abilità dello chef: semplicemente un buon pasto!

L'aggiornamento annuale
Tutte le classificazioni, distinzioni e consigli pratici sono rivisti ed aggiornati ogni anno per fornire le informazioni più affidabili.

L'omogeneità della selezione
I criteri di classificazione sono identici per tutti i paesi interessati dalla guida Michelin. Ad ogni cultura la sua cucina, ma la qualità deve restare un principio universale...

"L'aiuto alla mobilità": è la missione che si è prefissata Michelin.

COME LEGGERE LA GUIDA

RISTORANTI

I ristoranti sono presentati in base alla qualità della cucina.

Stelle

❀❀❀ Una cucina unica. Merita il viaggio!

❀❀ Una cucina eccellente. Merita la deviazione!

❀ Una cucina di grande qualità. Merita la tappa!

Bib Gourmand

❀ Il nostro migliore rapporto qualità-prezzo.

Il piatto

⋔○ Una cucina di qualità.

All'interno della stessa qualità di cucina, gli esercizi sono classificati per grado di confort (da XXXXX a X) e in ordine alfabetico.

Il rosso, i nostri indirizzi più piacevoli: charme, carattere, un supplemento d'anima

ALBERGHI

Gli alberghi sono classificati per categoria di confort da 🏨 a 🏠 e in ordine alfabetico.

🏡 Forme alternative di ospitalità.

Il rosso, i nostri indirizzi più piacevoli: charme, carattere, un supplemento d'anima

ACQUAPENDENTE

Viterbo (VT) – ✉ 01021 – 5 544 ab. –
Carta stradale Michelin 563-N17

❀ **Colline Ciociare** (Salv
CREATIVA • ACCOGLIANTE
zione ciociara agli accostame
quello di un cuoco-poeta. Al
l'omaggio alle ricette storiche
→ Ravioli di aglio in consom
alle rose. Patata confit al cara
croccante.
Menu 75/100 €
via Prenestina 27 – ℰ 0 77 55
sera, martedì a mezzogiorno

❀ **IL Carpaccio**
REGIONALE • ROMANTICO X
novo ha dotato di una bella sa
calabresi, pesce su prenotazio
⊛ Menu 25/40€ – Carta 18/
Contrada Cocozzello 197/D, C
it – Chiuso lunedì e domenica

⋔○ **Enoteca La Curia** ❶
CUCINA CLASSICA • ELEGA
accompagnata da un'ampia s
teca adiacente): ambiente rus
⊛ Menu 20 € (pranzo)/50€
via alla Bollente 72 – ℰ 01 44
lunedì

🏨 **Abano Grand Hotel**
CENTRO BENESSERE • CLAS
sivo hotel dagli ambienti in
zona benessere, composta d
un'atmosfera tranquilla e ap
psicofisico.
179 cam ⌑ – ♦150/222 € ♦♦2
Pianta: B2h – via Valerio Flac
www.abanograndhotel.it – C

Localizzare l'esercizio

Gli esercizi sono localizzati sulla pianta di città (coordinate e indice)

Parole-chiave

Due parole-chiave per identificare in un colpo d'occhio, il tipo di cucina (per i ristoranti) e lo stile (contesto, ambiente...) dell'esercizio.

le n° 7-A1

🛱 AC ⇔ P

tta, ma fantasia infinita: dalla tradi-
pochi piatti vi aprono un universo,
t Nù, regnano invece la tradizione e

voltino di manzo e lardo profumato
spuma di mandorla e pelle di patata

alvatoretassa.it – Chiuso domenica

భి 🛱 AC ⇔ P

tradizione familiare che il recente rin-
cciata sulla vallata; specialità tipiche
a cantina ne fanno un valido indirizzo.

09 84 94 92 05 – www.ilcarpaccio.

భి 🛱 & ⇔

volte in mattoni, cucina piemontese
colari gestiscono anche l'ottima eno-
r questo piacevole locale del centro.
€.

v.enotecalacuria.com – Chiuso

⇔ 🍸 🔲 ❀ ᵴ 🛗 & AC ᛘ 🏊 🍷

parco vi introdurrà in questo esclu-
pero; ampie camere ed una nuova
bagni termali, saune, grotta, etc. in
udiata per il recupero dell'equilibrio

uites ◀
4 81 00 –

Localizzazione

- ● **ROMA**
- ● MILANO
- ● SAN MARINO

Installazioni e servizi

భి	Carta dei vini particolarmente interessante
🏠	Servizio di ristorazione nell'hotel
⇔	Ristorante con camere
ᵴ ⬳	Risorsa tranquilla • Vista interessante
🌳 ᛘ	Parco o giardino • Tennis
🏌	Golf
🛗	Ascensore
&	Strutture per persone diversamente abili
AC	Aria condizionata
🛱	Pasti serviti all'aperto
ᛘ	Cani non ammessi
🏊 🔲	Piscina: all'aperto, coperta
🆘	Spa
ᵴ 🛁	Sauna • Palestra
🀫	Sale per conferenze
⇔	Sale private
P 🚗	Parcheggio • Garage
🗷	Carte di credito non accettate
Ⓜ	Stazione metropolitana
Ⓝ	Nuovo esercizio in guida

Prezzi

Alberghi

🛏👤 60/80 €	Prezzo minimo/massimo	
🛏👫 110/150 €	di una camera singola / per due persone, comprensivo della prima colazione	
🛏 18 €	Prezzo della prima colazione	
1/2 P	L'esercizio propone solo la mezza pensione	

Ristoranti

⊗	Pasto a meno di 25 €
Menu 15/25 €	Prezzo minimo/ massimo del menu
Carta 30/46 €	Prezzo minimo/ massimo della carta

LEGENDA DELLE PIANTE

Alberghi ●
Ristoranti ●

Curiosità

Edificio interessante

Costruzione religiosa interessante

Viabilità

Autostrada, doppia carreggiata

Numero dello svincolo

Grande via di circolazione

Via regolamentata o impraticabile

Via pedonale

Parcheggio

Galleria

Stazione e ferrovia

Funicolare

Funivia, Cabinovia

Zona a traffico limitato (Italia)

Simboli vari

Ufficio informazioni turistiche

Costruzione religiosa

Torre • Ruderi • Mulino a vento

Giardino, parco, bosco • Cimitero

Stadio • Golf • Ippodromo

Piscina (all'aperto o coperta)

Vista • Panorama

Monumento • Fontana

Porto turistico

Faro

Aeroporto

Stazione della Metropolitana

Autostazione

Tranvia

Trasporto con traghetto:
passeggeri ed autovetture • solo passeggeri

Ufficio postale centrale

Municipio • Università

CONTENTS

Introduction

Regional maps 32

Restaurants & hotels 78

Thematic index 1048

Consult the MICHELIN guide at:
www.viamichelin.it
www.guida.michelin.it
and write to us at:
laguidamichelin-italia@michelin.com

DEAR READER

We have great pleasure in introducing the 64th edition of the Italy Michelin Guide!

• *Italy has changed hugely over the past 60 years and these changes in lifestyle, tastes and trends are evident in the country's hotels and restaurants and of course reflected in the Michelin Guide. The guide has followed the country's gastronomic evolution over the years and summarises these changes with its famous pictograms, which are international and easily understood by all.*

• *The Red Guide is therefore a useful tool for travellers, offering a snapshot of the different accommodation and restaurant options in Italy and presenting a selection of the best places to eat and stay in the country.*

• *The Bibendum inspectors' task is to focus on the quality of Italy's hotels and restaurants, while also keeping their readers in mind – the inspectors are real customers who pay their bill like everyone else, ensuring that they remain anonymous and objective in their judgement.*

• *In a world where everything is changing at supersonic speed, the aim of the Michelin guides remains the same – to make your travels easier and more enjoyable by suggesting unusual and interesting places to eat and stay as you explore the country. The information in this guide gives you a brief introduction to these places.*

• *A new restaurant, the **Uliassi** in Senigallia, has been awarded coveted 3-star status ❀❀❀. An unmissable destination for food-lovers, this restaurant boasts a superb location where a delightful sea breeze provides a sensation of cool on warm summer evenings. The restaurant is run by a couple who are a model of professionalism in the world of Italian haute cuisine: Mauro and his sister Catia, the latter providing impeccable service front of house. With its regional cuisine full of rich flavours, and a menu offering an original combination of seafood and game, Uliassi pays tribute to the beautiful Marche region.*

Michelin

It's raining stars!

• *Several restaurateurs have also been awarded their first Michelin star, such as Antonino Cannavacciuolo who has the happy distinction of receiving a star for both his* **Cannavacciuolo bistros** *(one in Turin, the other in Novara), while* **Enrico Bartolini** *(of the* **Locanda del Sant'Uffizio** *in Penango) has just been awarded his sixth star and, as such, becomes the Italian chef to hold the most Michelin stars. Congratulations to both!*

• *This has proved to be a bumper year, with 30 new restaurants from north to south being awarded a ❄ star. This represents a real renaissance in the provinces, where small towns are seeing a renewal of interest in gourmet cuisine and regional dishes are once again coming to the fore thanks to excellent local produce which is carefully selected by their skilful chefs.*

Islands full of flavour

- *Special mention must be made of southern Italy and the country's islands, from Matera to Lecce, and Catania to Taormina, while welcome surprises also await visitors in Campania, Calabria and Sardinia. Some restaurants have been included for their unique recipes and successful combinations of different ingredients: **Abocar Due Cucine** in Rimini is a perfect example of this approach, serving food which has its roots in Romagna yet also has a distinct South American flavour.*

- *Criss-crossing the country from north to south and east to west, our inspectors have also discovered new interesting Bib Gourmand addresses – places which demonstrate an ever-growing desire to combine excellent quality with value for money. Look out for the ☺ symbol on your travels and you won't be disappointed.*

- *Make sure you take the MICHELIN guide with you and don't forget to share your experiences with us at laguidamichelin-italia@michelin.com – your contributions are invaluable in helping us to improve our selection of hotels and restaurants.*

- *Buon appetito and happy travelling with the 2019 edition of the MICHELIN Italy Guide!*

Michelin

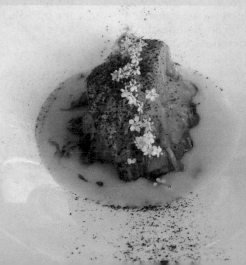

THE MICHELIN GUIDE'S COMMITMENTS

EXPERIENCED IN QUALITY!

Whether they are in Japan, the USA, China or Europe, our inspectors apply the same criteria to judge the quality of each and every hotel and restaurant that they visit. The Michelin guide commands a worldwide reputation thanks to the commitments we make to our readers – and we reiterate these below:

Anonymous inspections

Our inspectors make regular and anonymous visits to hotels and restaurants to gauge the quality of products and services offered to an ordinary customer. They settle their own bill and may then introduce themselves and ask for more information about the establishment. Our readers' comments are also a valuable source of information, which we can follow up with a visit of our own.

Independence

To remain totally objective for our readers, the selection is made with complete independence. Entry into the guide is free. All decisions are discussed with the Editor and our highest awards are considered at a European level.

Our famous one ❀, two ❀❀ and three ❀❀❀ stars identify establishments serving the highest quality cuisine – taking into account the quality of ingredients, the mastery of techniques and flavours, the levels of creativity and, of course, consistency.

Selection and choice

The guide offers a selection of the best hotels and restaurants in every category of comfort and price. This is only possible because all the inspectors rigorously apply the same methods.

❀❀❀ THREE MICHELIN STARS
Exceptional cuisine, worth a special journey!
Our highest award is given for the superlative cooking of chefs at the peak of their profession. The ingredients are exemplary, the cooking is elevated to an art form and their dishes are often destined to become classics.

❀❀ TWO MICHELIN STARS
Excellent cooking, worth a detour!
The personality and talent of the chef and their team is evident in the expertly crafted dishes, which are refined, inspired and sometimes original.

❀ ONE MICHELIN STAR
High quality cooking, worth a stop!
Using top quality ingredients, dishes with distinct flavours are carefully prepared to a consistently high standard.

😊 BIB GOURMAND
Good quality, good value cooking
'Bibs' are awarded for simple yet skilful cooking for under £32 or €35.

✸○ THE MICHELIN PLATE
Good cooking
Fresh ingredients, capably prepared: simply a good meal.

Annual updates
All the practical information, classifications and awards are revised and updated every year to give the most reliable information possible.

Consistency
The criteria for the classifications are the same in every country covered by the MICHELIN guide.

The sole intention
of Michelin is
to make your
travels safe
and enjoyable.

SEEK AND SELECT...

HOW TO USE THIS GUIDE

RESTAURANTS

Restaurants are classified by the quality of their cuisine:

Stars

✿✿✿ Exceptional cuisine, worth a special journey!

✿✿ Excellent cooking, worth a detour!

✿ High quality cooking, worth a stop!

Bib Gourmand

☺ Good quality, good value cooking.

The Plate Michelin

🍴 Good cooking.

Within each cuisine category, restaurants are listed by comfort, from XXXXX to X, and in alphabetic order.

Red: Our most delightful places.

HOTELS

Hotels are classified by categories of comfort, from 🏨🏨🏨🏨🏨 to 🏨 and in alphabetic order.

🏠 Guesthouses

Red: Our most delightful places.

ACQUAPENDENTE
Viterbo (VT) – ✉ 01021 – 5 544 ab. –
Carta stradale Michelin 563-N17

✿ **Colline Ciociare** (Salv
CREATIVA • ACCOGLIANTE
zione ciociara agli accostam
quello di un cuoco-poeta. Al
l'omaggio alle ricette storich
→ Ravioli di aglio in consom
alle rose. Patata confit al cara
croccante.
Menu 75/100 €
via Prenestina 27 – ✆ 0 77 55
sera, martedì a mezzogiorno

☺ **IL Carpaccio**
REGIONALE • ROMANTICO
novo ha dotato di una bella sa
calabresi, pesce su prenotazio
Menu 25/40€ – Carta 18/
Contrada Cocozzello 197/D, C
it – Chiuso lunedì e domenica

🍴 **Enoteca La Curia**
CUCINA CLASSICA • ELEGA
accompagnata da un'ampia s
teca adiacente): ambiente rus
Menu 20 € (pranzo)/50€
via alla Bollente 72 – ✆ 01 44
lunedì

🏨🏨🏨🏨 **Abano Grand Hotel**
CENTRO BENESSERE • CLAS
sivo hotel dagli ambienti in
zona benessere, composta d
un'atmosfera tranquilla e ap
psicofisico.
179 cam – †150/222 € ††2
Pianta: B2h – *via Valerio Flac*
www.abanograndhotel.it – C

Locating the establishment

Location and coordinates on the town plan, with main sights.

Key words

Each entry now comes with two key words, making it qui and easy to identify the type of establishment and/or the food that it serves.

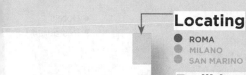

le n° 7-A1

🏠 🅐🅒 ⇔ 🅿

tta, ma fantasia infinita: dalla tradi-
pochi piatti vi aprono un universo,
t Nù, regnano invece la tradizione e

voltino di manzo e lardo profumato
spuma di mandorla e pelle di patata

alvatoretassa.it – Chiuso domenica

🕸 🏠 🅐🅒 ⇔ 🅿

tradizione familiare che il recente rin-
cciata sulla vallata; specialità tipiche
a cantina ne fanno un valido indirizzo.

09 84 94 92 05 – www.ilcarpaccio.

🕸 🏠 ⅋ ⇔

olte in mattoni, cucina piemontese
olari gestiscono anche l'ottima eno-
r questo piacevole locale del centro.
€

v.enotecalacuria.com – Chiuso

⇔ 🔳 🔲 ⊛ ⅃⅁ 🔳 ⅋ 🅐🅒 ⅋ 🔳 🍽

o parco vi introdurrà in questo esclu-
pero; ampie camere ed una nuova
bagni termali, saune, grotta, etc. in
diata per il recupero dell'equilibrio

uites
4 81 00 –

Locating

● **ROMA**
● MILANO
● SAN MARINO

Facilities & services

🕸	Particularly interesting wine list
⾕	Hotel with a restaurant
⇔	Restaurant or pub with bedrooms
🕊	Peaceful establishment
≼	Great view
🔳 ⅋	Garden or park • Tennis court
🏁	Golf course
🔲	Lift (elevator)
⅘	Wheelchair access
🅐🅒	Air conditioning
🏠	Outside dining available
⅋	No dogs allowed
⅃ 🔲	Swimming pool: outdoor or indoor
⊛	Wellness centre
⅓ ⅃⅁	Sauna • Exercise room
🔳	Conference room
⇔	Private dining room
🅿 🚗	Car park • Garage
🚫	Credit cards not accepted
🅜	Nearest Underground station
🅝	New establishment in the guide

Prices

Restaurants		
🍽	Establishment serving a simple meal for less than 25 €	
Menu 35/60 €	Fixed price menu. Lowest/highest price	
Carte 30/46 €	A la carte menu. Lowest/highest price	

Hotels		
🛏† 60/80 €	Lowest/highest price for single and double room, breakfast included	
🛏†† 110/150 €		
🛏 18 €	Breakfast price where not included in rate.	
½ P	Establishment only offering half board	

29

TOWN PLAN KEY

● Hotels
● Restaurants

Sights

Place of interest
Interesting place of worship

Road

Motorway, dual carriageway
Junction: complete, limited
Main traffic artery
Unsuitable for traffic
Pedestrian street
Car park
Tunnel
Station and railway
Funicular
Cable car, cable way
Street subject to restrictions

Various signs

Tourist Information Centre
Place of worship
Tower or mast • Ruins • Windmill
Garden, park, wood • Cemetery
Stadium • Golf course • Racecourse
Outdoor or indoor swimming pool
View • Panorama
Monument • Fountain
Pleasure boat harbour
Lighthouse
Airport
Underground station
Coach station
Tramway
Ferry services:
passengers and cars, passengers only
Main post office with poste restante
Town Hall • University, College

Carte regionali

Regional maps

La località possiede come minimo...

- un albergo o un ristorante
- ✿ un ristorante « stellato »
- ⊕ un ristorante « Bib Gourmand »
- ⌂ una risorsa di ospitalità particolarmente piacevole

Place with at least...

- one hotel or a restaurant
- ✿ one starred restaurant
- ⊕ one Bib Gourmand restaurant
- ⌂ one particularly pleasant hotel or guesthouse

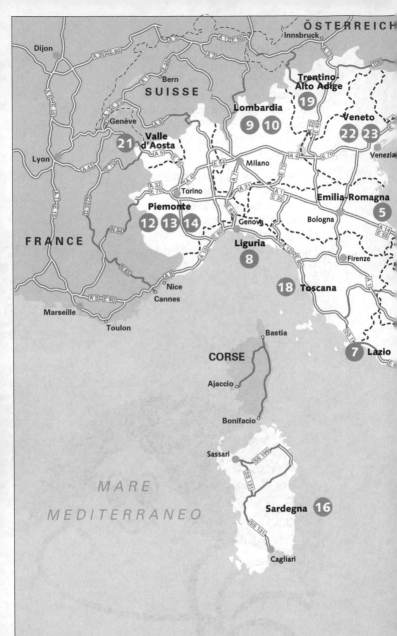

Italia

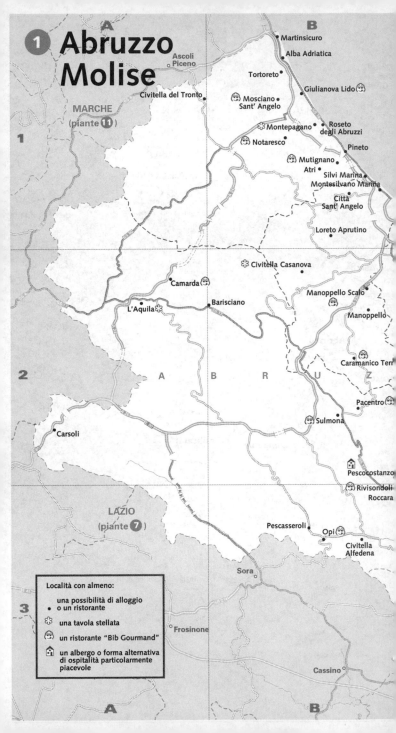

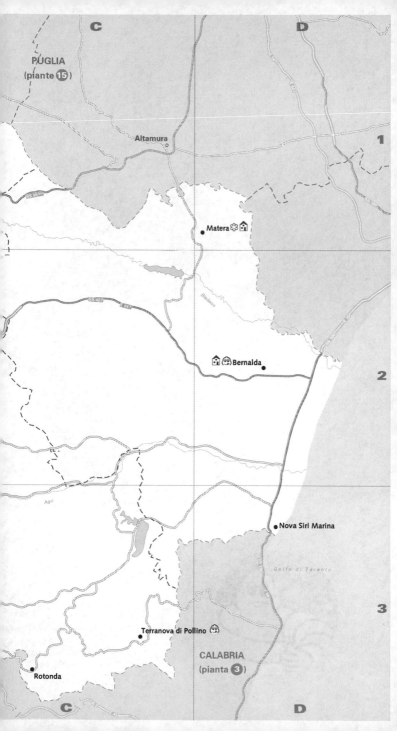

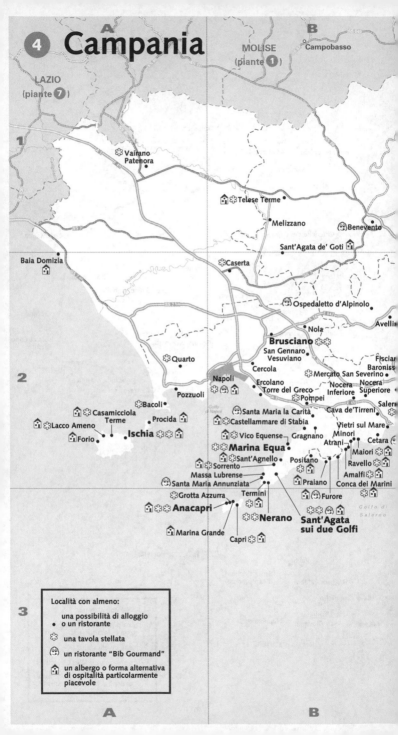

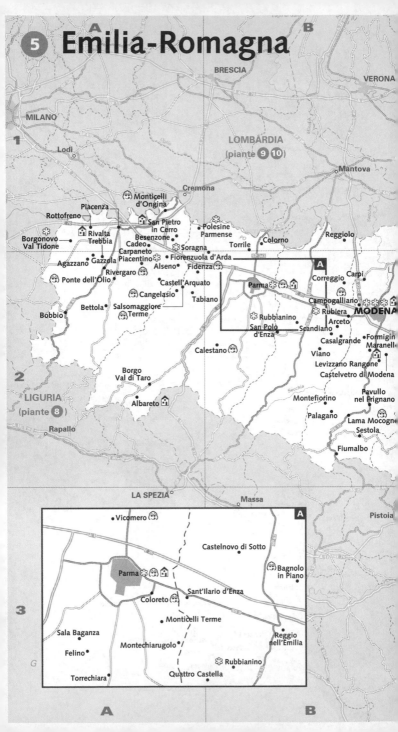

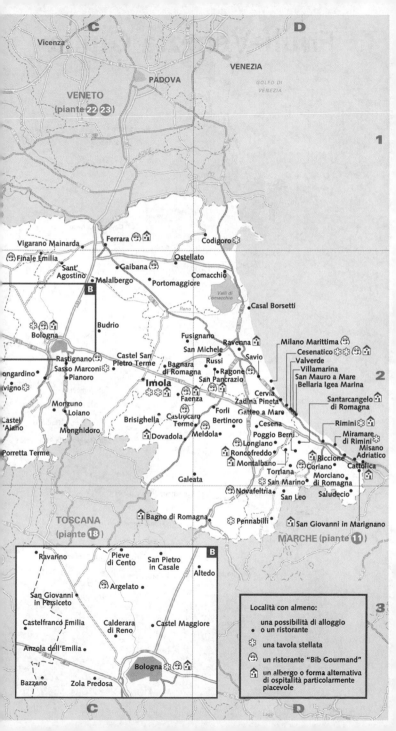

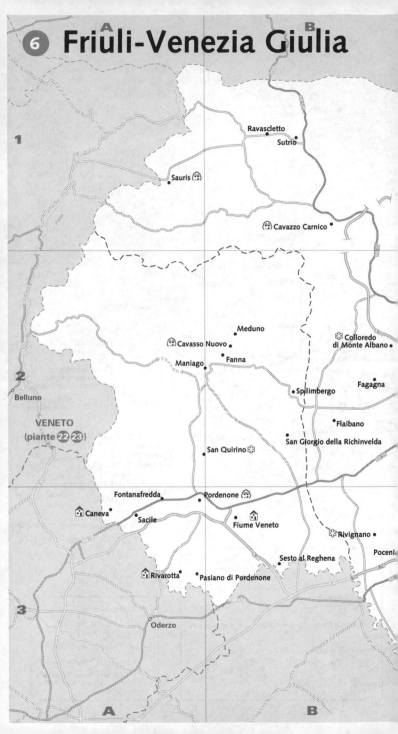

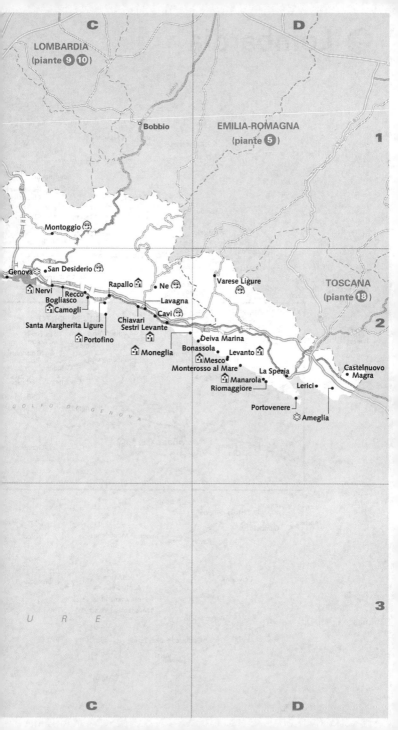

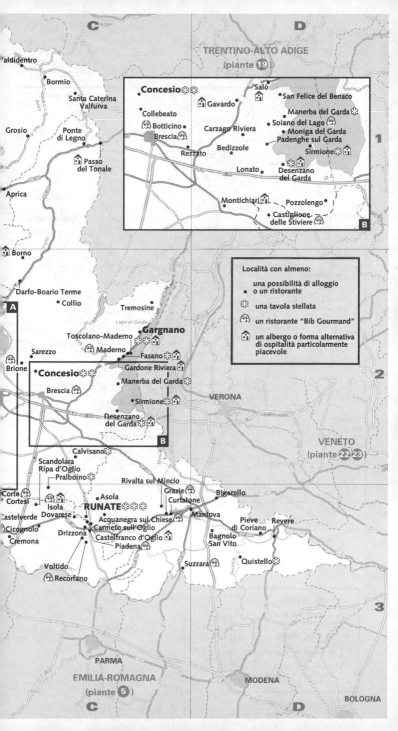

⑩ Lombardia

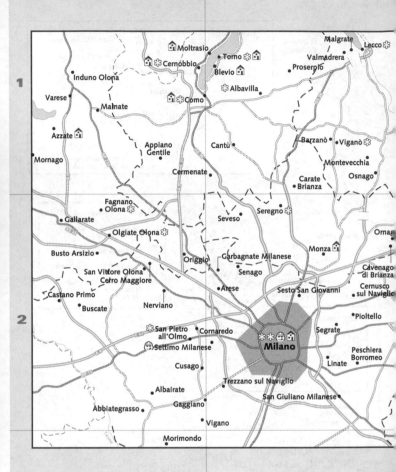

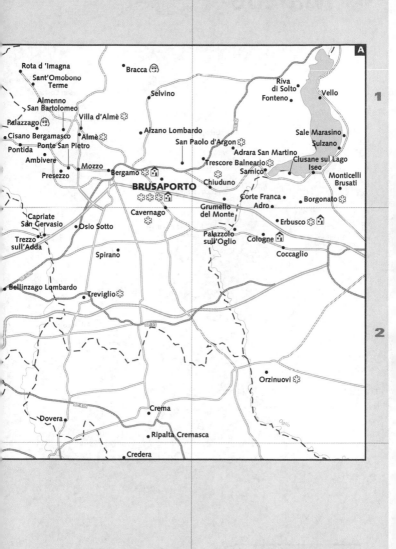

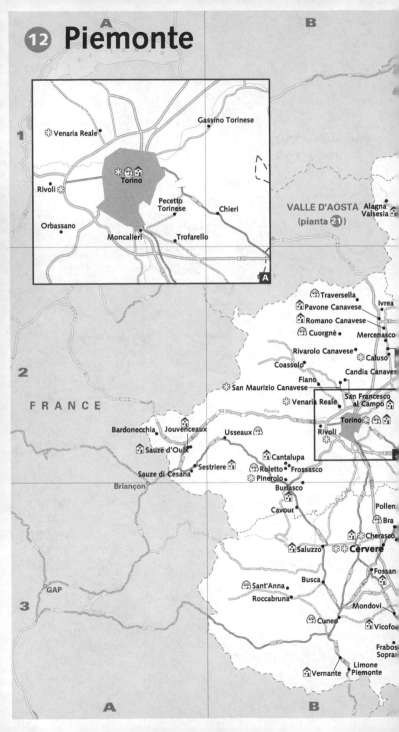

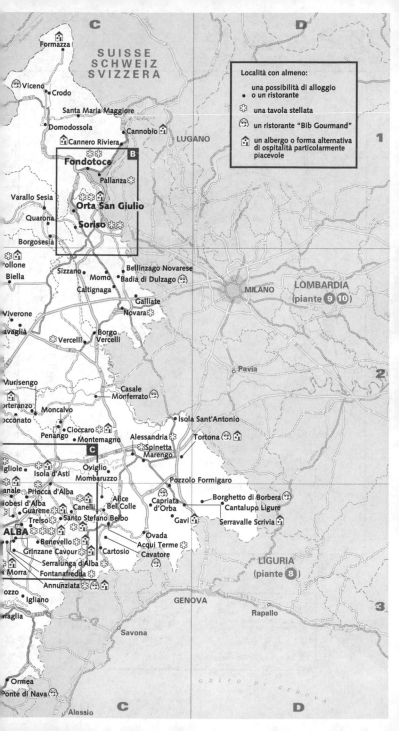

C   D

Formazza

SUISSE
SCHWEIZ
SVIZZERA

Viceno • Crodo

Santa Maria Maggiore

Domodossola

Cannero Riviera

Cannobio   LUGANO

B

Fondotoce   Pallanza

Varallo Sesia

Orta San Giulio

Quarona

Soriso

Borgosesia

'ollone

Biella

Sizzano   Momo

Badia di Dulzago

Caltignaga

Galliate

Viverone

Novara

avaglià   Vercelli   Borgo Vercelli

Murisengo

Casale Monferrato

orteranzo   Moncalvo

occonato

Cioccaro

Penango • Montemagno

Alessandria

Isola Sant'Antonio

Tortona

gliole   Isola d'Asti

Oviglio

Spinetta Marengo

anale   Priocca d'Alba

Mombaruzzo

Pozzolo Formigaro

iobesi d'Alba   Canelli

Guarene   Santo Stefano Belbo

Alice Bel Colle

Capriata d'Orba

Borghetto di Borbera

ALBA

Treiso

Cantalupo Ligure

Benevello

Gavi

Serravalle Scrivia

Grinzane Cavour

Ovada

Serralunga d'Alba

Cartosio

Acqui Terme

Morra

Fontanafredda

Cavatore

LIGURIA
(piante ⑧)

Annunziata

ozzo • Igliano

faglia

GENOVA

Rapallo

Ormea

onte di Nava

GOLFO   DI   GENOVA

Alassio

Savona

MILANO

LOMBARDIA
(piante ⑨⑩)

Pavia

Località con almeno:

•   una possibilità di alloggio o un ristorante

✿   una tavola stellata

😊   un ristorante "Bib Gourmand"

🏠   un albergo o forma alternativa di ospitalità particolarmente piacevole

1

2

3

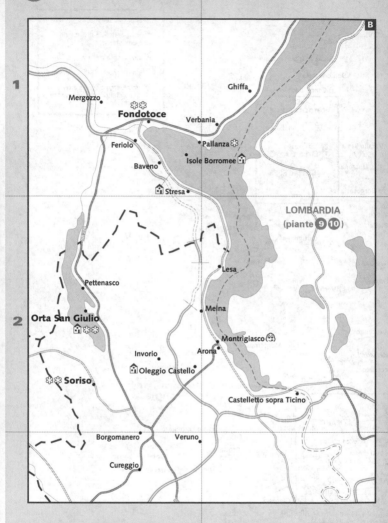

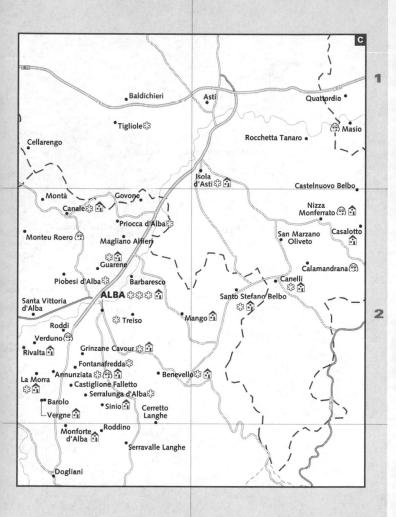

15 Puglia

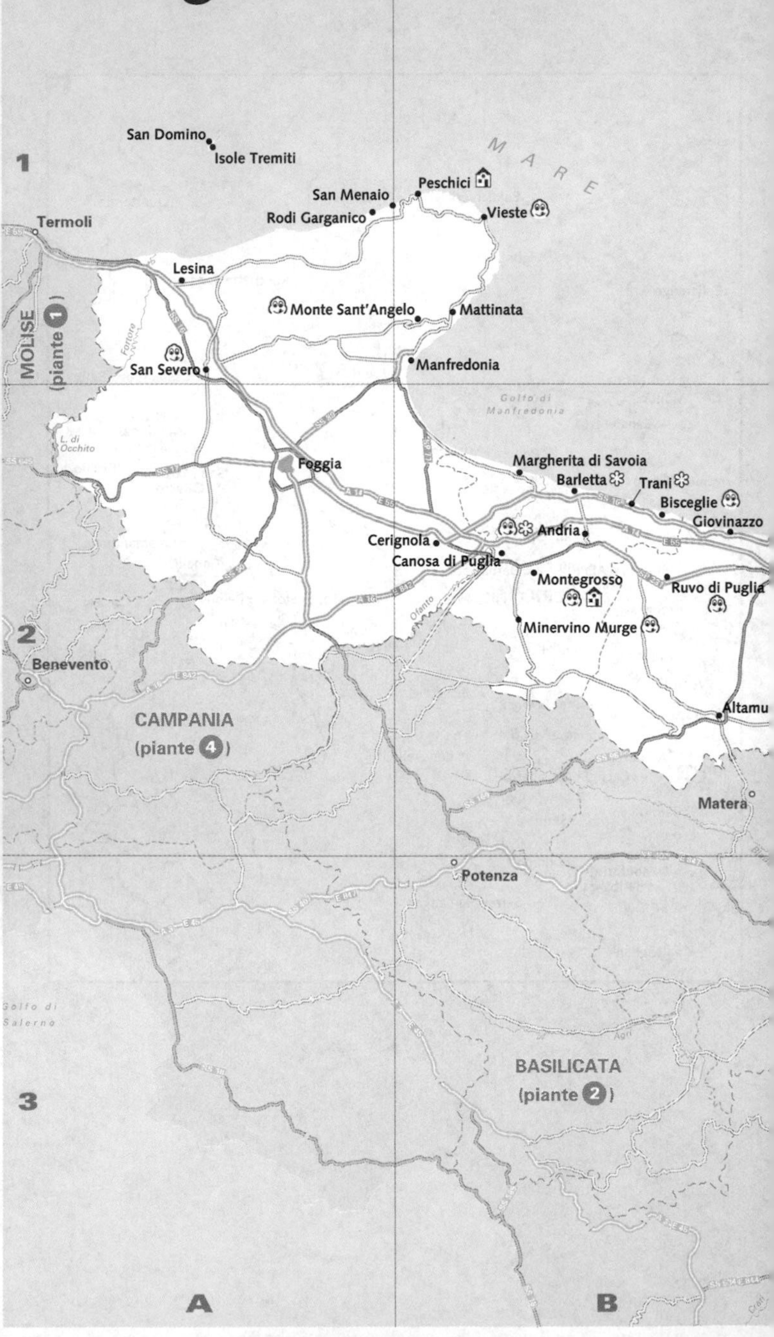

A

B

MARE

1

San Domino
Isole Tremiti

Termoli

San Menaio
Peschici
Rodi Garganico
Vieste

Lesina

MOLISE
(piante 1)

Monte Sant'Angelo
Mattinata

San Severo

Manfredonia

Golfo di
Manfredonia

Foggia

L. di
Occhito

Margherita di Savoia
Barletta
Trani
Bisceglie
Giovinazzo

Cerignola
Andria
Canosa di Puglia
Ruvo di Puglia

Montegrosso

Minervino Murge

2

Benevento

CAMPANIA
(piante 4)

Altamu

Matera

Potenza

Golfo di
Salerno

3

BASILICATA
(piante 2)

A

B

C | **D**

Località con almeno:
- • una possibilità di alloggio o un ristorante
- ✿ una tavola stellata
- 😊 un ristorante "Bib Gourmand"
- 🏠 un albergo o forma alternativa di ospitalità particolarmente piacevole

1

A D R I A T I C O

Bari

Polignano a Mare 🏠
• Monopoli 🏠
Conversano ✿
Savelletri ✿🏠
• Turi Torre Canne
✿ Putignano •
Noci 🏠
Locorotondo Ostuni ✿😊🏠
Montedoro Brindisi 😊
Gioia del Colle ✿ Carovigno
🏠 Alberobello
• Ceglie ✿😊
Crispiano Messapica
😊
San Pietro Mar Piccolo 🏠
✿🏠 Lecce
Taranto 🏠 Lizzano Manduria 🏠
Pulsano • • Avetrana 🏠
😊 Marina di Pulsano
🏠 Galatina 🏠 Otranto
Maglie
🏠 Cutrofiano • 🏠
🏠 Gallipoli
🏠 Ugento
😊 Racale • Ugento
Torre San Giovanni •
San Gregorio •
🏠 Marina di Leuca

2

3

Golfo di Taranto

C | **D**

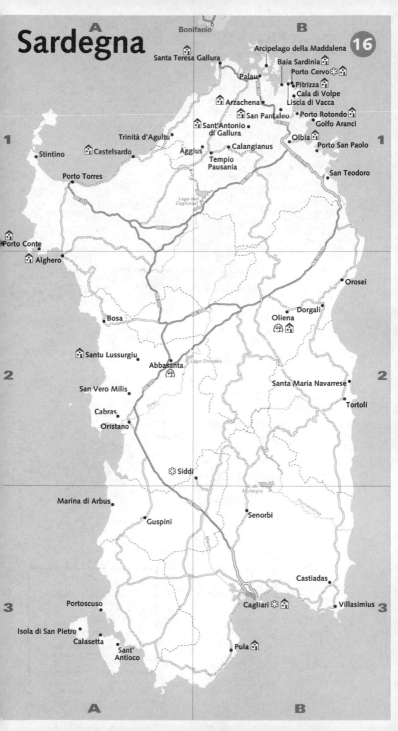

17 Sicilia

A B

1

M A R E

Mondello ✽

Isola delle Femmine
✽ Terrasini
San Vito Lo Capo

Palermo
Monreale ● Bagheria ✽

Scopello

Erice
Castellammare
del Golfo
Trapani

Favignana
Fontanasalsa

2

Mazara del Vallo
Menfi
Selinunte
Sciacca

Agrigento
Siciliana
Montallegro

Porto Empedocle

M A R E

Località con almeno:
● una possibilità di alloggio
 o un ristorante
✽ una tavola stellata
🄱 un ristorante "Bib Gourmand"
🏠 un albergo o forma alternativa
 di ospitalità particolarmente
 piacevole

3

Pantelleria

A B

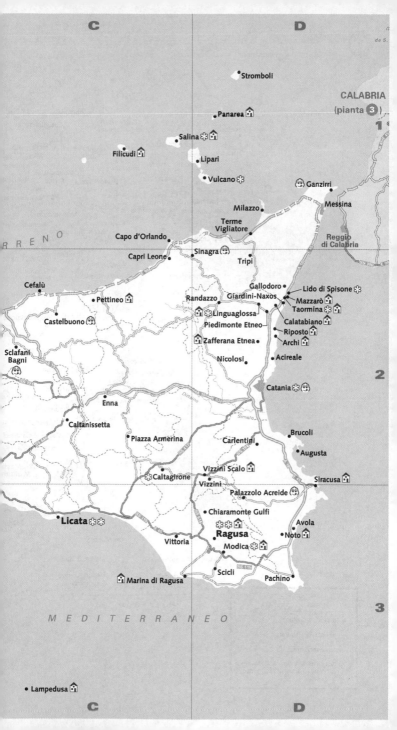

SUISSE
SCHWEIZ
SVIZZERA

Vipiteno
Racines

Vallelunga

San Leonardo in Passiria

Merano
San Martino
in Passiria

Tirolo
Lagundo

Certosa

Senales
Parcines
Scena

Sarentir
Avelengo
Freiberg
Postal

Naturno
Marlengo

Malles Venosta

Castelbello Ciardes
San Vigilio
Lana

Glorenza
Adige
Silandro
Laces
Cermes
Tesimo
Nalles

Foiana
Bolzano

Ultimo
Appiano sulla
Strada del Vino
San Mich

Solda
Malosco
Fondo

Brez
Romeno

Rabbi
Ronzone

Bormio

Peio
Cogolo

Commezzadura
Ossana
Folgarida

Mezzolombardo
Sorni
Baselga
di Piné

Madonna di Campiglio
Fai della Paganella
Giovo

Andalo
Lavis
Pergine
Valsugana

Pinzolo
Molveno

Levic
Term

Aprica
Calavino
Trento

Stenico
Ravina
Tenna

Comano Terme
Castel
Toblino
Monte
Bondone

Arco
Nogaredo
Folgaria

Riva del
Garda
Isera
Rovereto

Torbole

LOMBARDIA
(piante **9 10**)

Idro
Lago di Garda

A   B

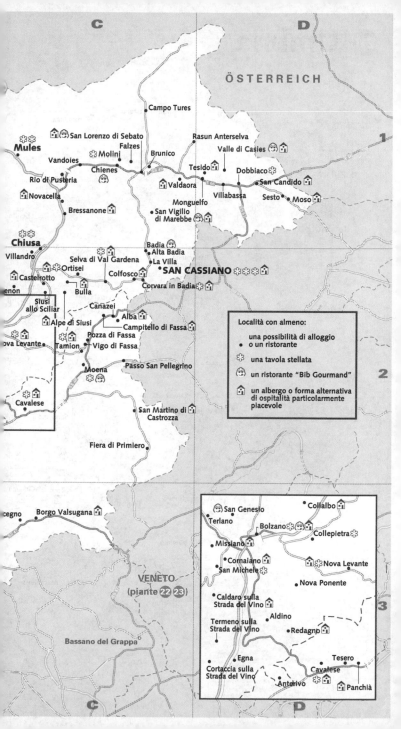

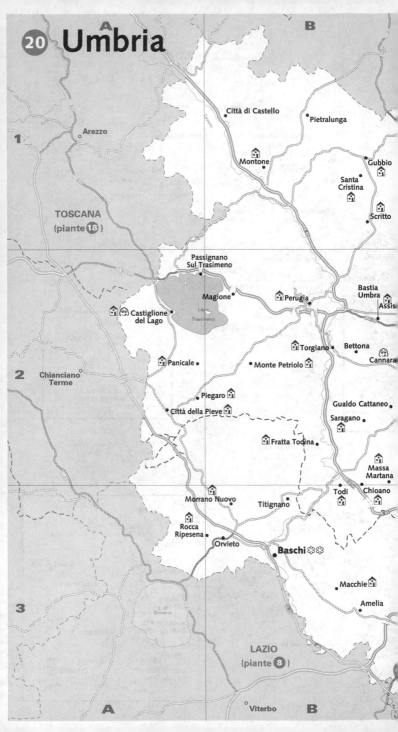

⑳ Umbria

A **B**

1

Arezzo

Città di Castello
Pietralunga

Montone
Gubbio

Santa
Cristina

Scritto

TOSCANA
(piante ⑱)

Passignano
Sul Trasimeno

Magione
Perugia

Bastia
Umbra
Assis

Castiglione
del Lago

Lago
Trasimeno

Torgiano
Bettona

Cannara

2

Panicale
Monte Petriolo

Chianciano
Terme

Piegaro

Gualdo Cattaneo

Città della Pieve
Saragano

Fratta Todina

Massa
Martana

Morrano Nuovo

Todi
Chioano

Titignano

Rocca
Ripesena

Orvieto
Baschi ❀❀

Macchie

Amelia

3

L. di
Bolsena

LAZIO
(piante ⑧)

Viterbo

A **B**

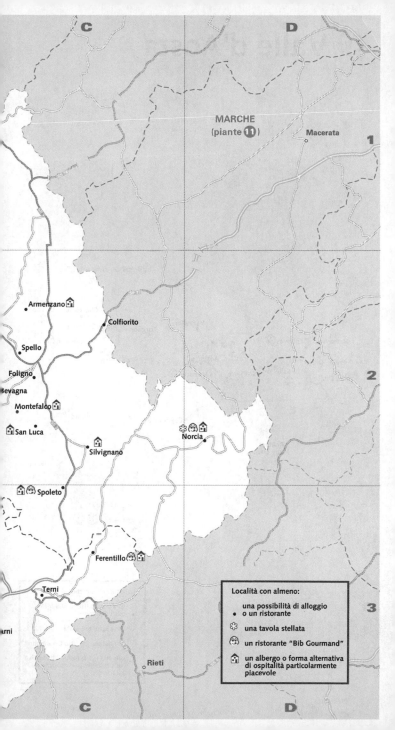

MARCHE
(piante 11)

Macerata

Armenzano

Colfiorito

Spello

Foligno

Bevagna

Montefalco

San Luca

Silvignano

Norcia

Spoleto

Ferentillo

Terni

arni

Rieti

Località con almeno:

• una possibilità di alloggio
o un ristorante

❀ una tavola stellata

😊 un ristorante "Bib Gourmand"

🏠 un albergo o forma alternativa
di ospitalità particolarmente
piacevole

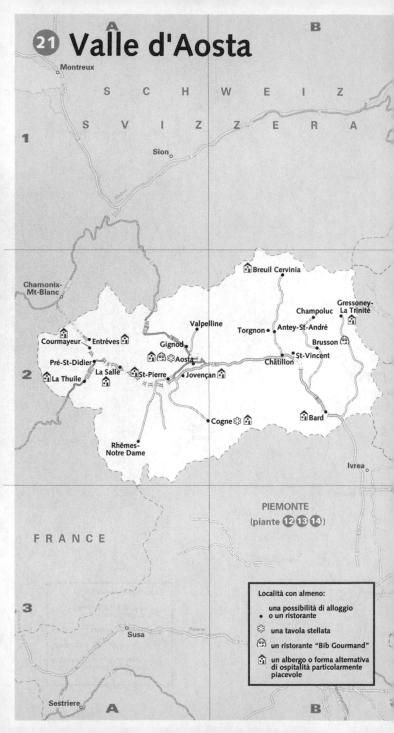

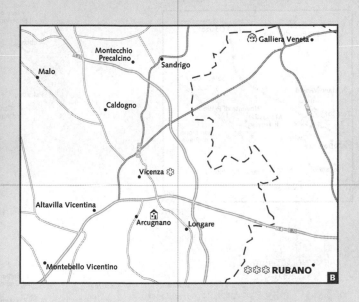

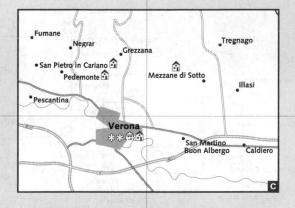

Località con almeno:

- una possibilità di alloggio o un ristorante
- 🏠 una tavola stellata
- 😊 un ristorante "Bib Gourmand"

🏠 un albergo o forma alternativa di ospitalità particolarmente piacevole

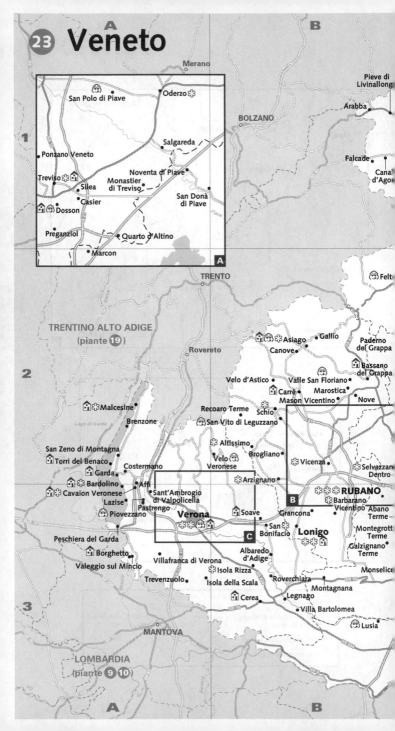

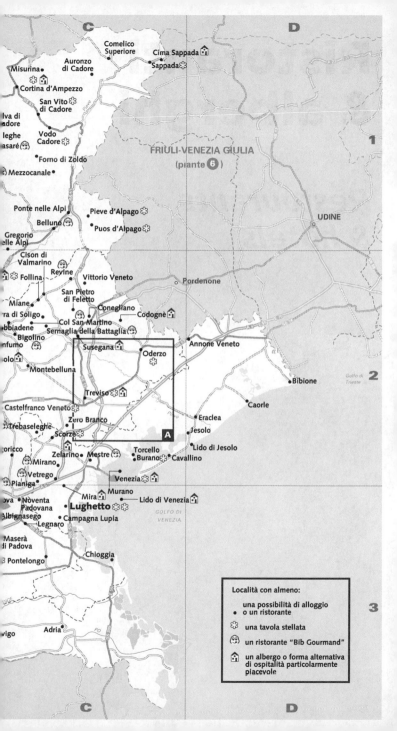

Località con almeno:

- una possibilità di alloggio o un ristorante
- una tavola stellata
- un ristorante "Bib Gourmand"
- un albergo o forma alternativa di ospitalità particolarmente piacevole

Ristoranti & alberghi

Restaurants & hotels

Città da A a Z • Towns from A to Z

ABANO TERME

Padova (PD) – ✉ 35031 – 19 950 ab. – Alt. 14 m – Carta regionale n° **23**-B3
Carta stradale Michelin 562-F17

🍴 Aubergine   🏠 🅰🅲 🅿

CUCINA CLASSICA · ACCOGLIENTE ✕✕ Piatti ispirati alla stagione e al territorio, sia di terra, sia di mare, in un ristorante-pizzeria dalla calda atmosfera. Il centro dista solo pochi passi.

Carta 38/52 €

via Ghislandi 5 – ℰ 049 866 9910 – www.aubergine.it – Chiuso 10 giorni in febbraio-marzo, 16 giorni in luglio-agosto e martedì

🏨 Abano Grand Hotel   🏡 🛏 🎰 📺 🆘 🧖 🔼 🅰🅲 🛎 🎿 🚗

LUSSO · STORICO Un ameno parco vi introdurrà in questo esclusivo hotel dagli ambienti in raffinato stile impero; ampie camere ed una nuova zona benessere, composta da un percorso di bagni termali, saune, grotta, etc. in un'atmosfera tranquilla e appositamente studiata per il recupero dell'equilibrio psicofisico.

179 cam ♨ – ♦187/225 € ♦♦310/360 € – 8 suites

via Valerio Flacco 1 – ℰ 049 824 8100 – www.gbhotelsabano.it – Chiuso 30 giugno-4 agosto

🏨 Bristol Buja   🏡 🛏 🎰 📺 🆘 🧖 🔼 🔽 🅰🅲 🛎 🅿

SPA E WELLNESS · ELEGANTE Struttura ricca di fascino e di confort è gestita da ben tre generazioni dalla stessa famiglia. In anni recenti si è provveduto ad un totale rinnovamento delle camere, la creazione di una terrazza per la prima colazione, sala congressi ed un vero e proprio "regno" di saune. Oltre alle piscine termali, al centro benessere con beauty farm e al campo pratica golf, l'hotel dispone di un ristorante dove gustare piatti tradizionali veneti, suggestioni internazionali, nonché ricette salutistiche.

138 cam ♨ – ♦104/176 € ♦♦188/302 €

via Monteortone 2 – ℰ 049 866 9390 – www.bristolbuja.it – Chiuso 1° luglio-3 agosto

🏨 Due Torri   🏡 🛏 🎰 📺 🆘 🧖 🔼 🔽 🅰🅲 🎿 🚗

SPA E WELLNESS · ELEGANTE Collocato in un'invidiabile posizione centrale, abbracciato dal verde del giardino-pineta, hotel storico dalle atmosfere classicheggianti e piacevoli spazi comuni; camere tutte rinnovate con marmi ed eleganti arredi, cambiano i prezzi in funzione delle dimensioni. Ariosa sala ristorante, sorretta da colonne, attraverso cui ammirare il bel giardino.

124 cam – solo ½ P 102/154 € – 12 suites

via Pietro d'Abano 18 – ℰ 049 863 2100 – www.gbhotelsabano.it – Chiuso 8 gennaio-25 marzo e 30 giugno-5 agosto

🏨 Mioni Pezzato   🏡 🛏 🎰 📺 🆘 🧖 🔼 ✕ 🔽 🅰🅲 🛎 🅿

SPA E WELLNESS · ELEGANTE Conduzione signorile in un grande albergo all'interno di un bel parco-giardino con piscina termale, eccellente beauty center e bel salotto. Gustose specialità italiane nella sala da pranzo.

179 cam ♨ – ♦90/248 € ♦♦144/384 €

via Marzia 34 – ℰ 049 866 8377 – www.hotelmionipezzato.com

🏨 President Terme   🏡 🛏 🎰 📺 🆘 🧖 🔼 🔽 🅰🅲 🅿

SPA E WELLNESS · CLASSICO A due passi dal centro pedonale con i negozi, è il classico grande albergo con fastosi saloni dal gusto retrò, benché le camere non manchino di accessori moderni e di tutte le comodità. Un'ampia gamma di proposte nella splendida spa recentemente rinnovata: piscine termali, zona idrorelax, palestra attrezzata, e altro ancora.

88 cam ♨ – ♦120/180 € ♦♦190/250 € – 11 suites

via Montirone 31 – ℰ 049 866 8288 – www.presidentterme.it

🏨 Tritone Terme 　　　🏊 ⌂ ⌐ 🖥 ⊕ ⁂ ⌂ ✗ ⊡ 占 AK 🚭 P

SPA E WELLNESS · ELEGANTE A pochi passi dal centro storico, esclusività e confort in un hotel che vanta camere spaziose ed accoglienti, nonché spettacoli serali d'intrattenimento nel nuovo salone bar. Cucina classica per un ristorante, dove sembra di poter toccare la vegetazione attraverso le finestre.

110 cam ⌑ – ⊺115/200 € ⊺⊺184/260 € – 7 suites

via Volta 31 – 𝒞 049 866 8099 – www.termetritone.it
– Chiuso 7 gennaio-15 febbraio

🏨 All'Alba 　　　🏊 ⌂ ⌐ 🖥 ⊕ ⁂ ⌂ ⊡ 占 AK 🚗

SPA E WELLNESS · CLASSICO A pochi passi dal centro, gli spazi verdi allietano la struttura sia nella parte antistante, sia il retro che ospita una delle due piscine termali. Camere molto spaziose di classica eleganza, alcune affacciate sul parco termale, ottimo centro benessere e dulcis in fundo, in realtà all'ultimo piano, la sala colazioni con splendida vista.

180 cam ⌑ – ⊺69/160 € ⊺⊺120/260 €

via Valerio Flacco 32 – 𝒞 049 866 9244 – www.allalba.it
– Chiuso 9 gennaio-2 febbraio

🏨 Panoramic Hotel Plaza 　　　🏊 ⌂ ⌐ 🖥 ⊕ ⌂ 占 AK 👙 P

SPA E WELLNESS · FUNZIONALE Felicemente accolta dal verde giardino, svetta verso l'alto - in posizione panoramica - l'imponente costruzione che vede all'11° piano suite dal carattere moderno e lineare (ma anche le altre camere non sono prive di charme). Il percorso Benessere Cristalia SPA regala 90 minuti di coccole e relax!

128 cam ⌑ – ⊺119/184 € ⊺⊺198/328 € – 12 suites

piazza Repubblica 23 – 𝒞 049 866 9333 – www.plaza.it

🏨 Europa Terme 　　　🏊 ⌂ ⌐ 🖥 ⊕ ⁂ ⌂ 占 AK

SPA E WELLNESS · FUNZIONALE In zona centrale, hotel a conduzione diretta con ambienti di atmosfera signorile e camere accoglienti; particolarmente curato anche il centro benessere-termale.

103 cam ⌑ – ⊺84/98 € ⊺⊺154/172 €

via Valerio Flacco 13 – 𝒞 049 866 9544 – www.europaterme.it
– Chiuso 1°-19 dicembre e 7 gennaio-7 febbraio

🏨 Harrys' Garden 　　　🏊 ⌂ ⌐ 🖥 ⊕ ⁂ ⌂ ⊡ AK P

SPA E WELLNESS · TRADIZIONALE Con piacevole vista sui Colli Euganei, e non distante dal centro, il moderno edificio dispone di un ampio parco con piscine termali, attrezzato centro benessere e camere semplici, ma confortevoli. Al ristorante: specialità della cucina regionale e internazionale, nonché fresche insalate a buffet.

92 cam ⌑ – ⊺74/102 € ⊺⊺120/185 €

via Marzia 50 – 𝒞 049 667011 – www.harrys.it – Aperto inizio marzo-fine novembre

ABBASANTA

Oristano (OR) – ✉ 09071 – 2 747 ab. – Alt. 315 m – Carta regionale n° **16**-A2
Carta stradale Michelin 366-N43

😊 Su Carduleu 　　　　　　　　　　　　　　AK

CUCINA MODERNA · ACCOGLIENTE ✗✗ Uno dei locali tra i migliori dell'isola, in virtù di una rivisitazione ingentilita della tradizione locale, sia di terra sia di mare. Specialità: tagliatelline fresche con pecora in umido e timo selvatico - maialino arrostito al profumo di erbe, patate e verdure al forno.

😋 Menu 25/50 € – Carta 32/60 €

via Sant'Agostino – 𝒞 0785 563134 – www.sucarduleu.it – Chiuso 1°-10 ottobre, 2 settimane in febbraio e mercoledì

ABBAZIA → Vedere nome proprio dell'abbazia

ABBIATEGRASSO
Milano (MI) – ⊠ 20081 – 32 585 ab. – Alt. 120 m – Carta regionale n° **10**-A2
Carta stradale Michelin 561-F8

⁑○ Il Ristorante di Agostino Campari   🛋 🗚 ⇔ 🅿
CUCINA LOMBARDA · AMBIENTE CLASSICO ✗✗ Curato ambiente familiare, disponibilità e cortesia in un locale classico con servizio estivo all'ombra di un pergolato. Specialità della casa: il carrello degli arrosti e dei bolliti.
➡ Menu 22 € (pranzo in settimana)/55 € – Carta 39/66 €
via Novara 81 – 𝒞 02 942 0329 – www.agostinocampari.com – Chiuso 3 settimane in agosto e lunedì

ABETONE
Pistoia – ⊠ 51021 – 621 ab. – Alt. 1 388 m – Carta regionale n° **18**-B1
Carta stradale Michelin 563-J14

🏠 Bellavista   🏔 ⪕ 🛏 🖃 & 🎾 🅿
FAMILIARE · STILE MONTANO Tipica struttura di montagna in pietra e legno in posizione panoramica, a pochi passi dal centro e adiacente agli impianti di risalita; camere confortevoli e spaziose.
40 cam ⊡ – ♦60/90 € ♦♦90/170 €
via Brennero 383 – 𝒞 0573 60028 – www.abetonebellavista.it
– Aperto 7 dicembre-31 marzo e 28 giugno-1° settembre

a Val di Luce Nord : 8 km ⊠ 51021 – Abetone

🏠 Val di Luce SPA Resort   🏔 ⬥ ⪕ 🛏 🖃 🌐 🎿 🕹 🖃 & 🚗
LUSSO · STILE MONTANO Charme in stile alpino per questo resort ai piedi della pista della Val di Luce: camere ampie (alcune sono veri e propri mini-appartamenti dotati di angolo cottura) e centro benessere con piccola piscina sotto una piramide a vetri, che lascia intravedere scorci di cielo.
43 suites ⊡ – ♦♦300/600 € – 34 cam
via Val di Luce 22 – 𝒞 0573 60961 – www.valdilucesparesort.it
– Aperto 9 dicembre-14 aprile e 9 luglio-14 settembre

ABTEI → Vedere Badia

ACCESA (Lago di) Grosseto → Vedere Massa Marittima

ACIREALE Sicilia
Catania – ⊠ 95024 – 52 622 ab. – Alt. 161 m – Carta regionale n° **17**-D2
Carta stradale Michelin 365-BA58

🏠 Santa Caterina   🏔 ⪕ 🛋 🖃 & 🗚 🎾 🧖 🅿
TRADIZIONALE · MEDITERRANEO Piccola, quanto piacevole, struttura in posizione leggermente elevata rispetto al mare, su cui si affacciano la maggior parte delle camere, alcune con terrazzo-giardino. Cucina siciliana, wine bar e pizzeria, sono gli atout del ristorante Aquadelferro.
23 cam ⊡ – ♦59/109 € ♦♦79/179 €
via Santa Caterina 42/b – 𝒞 095 763 3735 – www.santacaterinahotel.com

ACQUAFREDDA Potenza → Vedere Maratea

ACQUALAGNA
Pesaro e Urbino – ⊠ 61041 – 4 393 ab. – Alt. 204 m – Carta regionale n° **11**-B1
Carta stradale Michelin 563-L20

a Furlo Nord-Est : 4 km ✉ 61041

🍴○ **Anticofurlo**   🦌 ⇦ 🏠 ⅆ 🆎 🅿

CUCINA REGIONALE · ACCOGLIENTE XX Locale dall'atmosfera informale, ma nel piatto la creatività fa "vibrare" i tradizionali sapori regionali; imperdibile il rito dell'aperitivo, che si consuma nella caratteristica grotta scavata nella roccia. Camere a disposizione per chi vuole prolungare la sosta, alcune dedicate a personaggi storici del passato.

æ Menu 25 € (pranzo)/59 € – Carta 38/54 €

7 cam 🚲 – ♦50/70 € ♦♦78/105 €

via Furlo 66 ✉ 61041 Acqualagna
– ℰ 0721 700096 (consigliata la prenotazione) – www.anticofurlo.it
– Chiuso gennaio e febbraio, lunedì sera e martedì; aperto giovedì, venerdì, sabato e domenica in aprile-giugno

I prezzi indicati dopo il simbolo ♦ corrispondono al prezzo minimo in bassa stagione e massimo in alta stagione per una camera singola. Lo stesso principio è applicato al simbolo ♦♦ riferito ad una camera per due persone.

ACQUANEGRA SUL CHIESE

Mantova (MN) – ✉ 46011 – 2 948 ab. – Alt. 31 m – Carta regionale n° **9**-C3
Carta stradale Michelin 561-G13

verso Calvatone Sud : 2 km

🍜 **Trattoria al Ponte**   🏠 🆎 🅿

CUCINA REGIONALE · FAMILIARE X Specialità del territorio, elaborate partendo da ottime materie prime, in un'accogliente trattoria a pochi metri dal ponte sull'Oglio e dall'interessante rapporto qualità/prezzo. Risotto al salmerino, nonché anguilla al limone, tra gli imperdibili del menu.

æ Menu 25 € (pranzo in settimana) – Carta 29/51 €

via Ponte Oglio 1312 – ℰ 0376 727182 (consigliata la prenotazione)
– Chiuso gennaio, agosto, lunedì e martedì

ACQUAPARTITA Forlì-Cesena → Vedere Bagno di Romagna

ACQUAPENDENTE

Viterbo (VT) – ✉ 01021 – 5 506 ab. – Carta regionale n° **7**-A1
Carta stradale Michelin 563-N17

a Trevinano Nord-Est : 15 km ✉ 01020

🌸 **La Parolina** (De Cesare e Gordini)   ⇦ < 🏠 🆎

CUCINA DEL TERRITORIO · CONTESTO CONTEMPORANEO XX Colline a perdi vista: la Parolina è immersa nel più romantico paesaggio campestre, mentre la sua cucina unisce influenze romane e spunti romagnoli, carni toscane e qualche proposta di mare e di lago, sempre in bilico fra tradizione e rivisitazione.

→ Tortelli di pane, uvetta, mandorle, pomodori e caviale di lago. Coniglio di fattoria e anguilla arrostita. Ricordando un Mont Blanc.

Menu 75/120 € – Carta 60/95 €

2 cam 🚲 – ♦90 € ♦♦125 €

via Giovanni Pascoli 1 – ℰ 0763 717130 – www.laparolina.it – Chiuso lunedì e martedì

ACQUARIA Modena (MO) → Vedere Montecreto

ACQUI TERME

Alessandria – ✉ 15011 – 19 896 ab. – Alt. 156 m – Carta regionale n° **12**-C3
Carta stradale Michelin 561-H7

❀ **I Caffi** (Bruna Cane)   🕸 AC

CUCINA CLASSICA · ELEGANTE XXX Al 1° piano d'un palazzo cinquecentesco del centro storico, due anime formano un solo locale. La sala gourmet è apparecchiata nell'affrescata "stanza del sindaco" dove si assaggia un'elegante versione di cucina piemontese con qualche inserimento di pesce. La Brasserie, invece, occupa due sale più moderne; è aperta anche a pranzo ed offre una cucina più semplice che la sera si arricchisce di carni alla griglia.

→ Tagliatelle con ragù d'anatra. Carrè d'agnello al forno in crosta di fiori. Tortino al cioccolato fondente con gelato alla lavanda.

Menu 50/60 € – Carta 53/97 €

via Scatilazzi 15 – ℰ 0144 325206 (consigliata la prenotazione)
– www.icaffi.it – solo a cena – Chiuso 15 giorni in gennaio-febbraio, 15 giorni in agosto, domenica e lunedì

🍴O **Enoteca La Curia**   🕸 🍽 🔥 🚻

CUCINA PIEMONTESE · ACCOGLIENTE XX A pochi metri dalla celebre fontana, ambiente intimo e accogliente per accogliervi in uno dei ristoranti più interessanti della zona: intrigante interpretazione della cucina piemontese, innaffiata da un'ottima scelta di vini.

Menu 30/50 € – Carta 40/70 €

via alla Bollente 26 – ℰ 0144 356049 – www.enotecalacuria.com
– Chiuso lunedì

🏨 **Acqui**   🛏 🕸 📺 🔥 AC 🚗

TRADIZIONALE · CLASSICO In un palazzo ottocentesco all'inizio del bel centro storico, hotel dal confort omogeneo che dispone anche di un piccolo, ma attrezzato beauty-center per trattamenti e cure estetiche. Cucina nazionale per tutti i gusti al ristorante.

30 cam ⬛ – †70/75 € ††105/115 € – 8 suites

corso Bagni 46 – ℰ 0144 322693 – www.hotelacqui.it
– Aperto 10 aprile-10 dicembre

 Il tempo è bello? Concedetevi il piacere di mangiare in terrazza: 🍽

ACRI

Cosenza – ✉ 87041 – 20 858 ab. – Alt. 720 m – Carta regionale n° **3**-A1
Carta stradale Michelin 564-I31

🍴O **IL Carpaccio**   🕸 🍽 AC 🚻 **P**

CUCINA CALABRESE · ACCOGLIENTE XX Ristorante di tradizione familiare dotato di una bella sala-veranda affacciata sulla vallata; in carta si trovano specialità tipiche calabresi, il pesce solo su prenotazione, e tanti prodotti dell'orto di casa curato direttamente dai proprietari. Il tutto accompagnato da una buona cantina.

🍝 Menu 25/40 € – Carta 19/53 €

Contrada Cocozzello 197/D, Ovest: 9 km – ℰ 0984 949205 – www.ilcarpaccio.it
– Chiuso lunedì e domenica sera

ACUTO

Frosinone – ✉ 03010 – 1 920 ab. – Alt. 724 m – Carta regionale n° **7**-C2
Carta stradale Michelin 563-Q21

✿ **Colline Ciociare** (Salvatore Tassa)   ⌂ 🗛 ⟷

CUCINA CREATIVA · ELEGANTE ✕✕✕ Scelta ridotta, ma fantasia infinita: dalla tradizione in bilico tra Lazio e classici italiani, agli accostamenti più audaci, pochi piatti vi aprono un universo, quello di un cuoco-poeta. Al moderno bistrot Nù, regnano invece la tradizione e l'omaggio alle ricette storiche dello chef.

→ Raviolo ripieno di mandorla in brodo "crioestratto" di liquirizia ed erbe aromatiche. Stufato di vitello come un panino alla brace. Trota di montagna, estratto di sedano rapa e maionese fermentata di verza.

Menu 90/120 €

via Prenestina 27 – 𝒞 0775 56049 – www.salvatoretassa.it – Chiuso 10 giorni in gennaio, 2 settimane fine agosto-inizio settembre, domenica sera, martedì a mezzogiorno e lunedì

ADRARA SAN MARTINO

Bergamo (BG) – ✉ 24060 – 2 225 ab. – Alt. 355 m – Carta regionale n° **10**-D1
Carta stradale Michelin 561-E11

🍽○ **Ai Burattini** ⓝ   ⌂ 🗛

CUCINA DEL TERRITORIO · MINIMALISTA ✕ Giovane gestione che rappresenta però la quarta generazione familiare in un ristorante dove un tempo si tenevano spettacoli di burattini. La cucina rinnova con gusto e senso della misura le tradizioni locali.

Carta 27/57 €

via Madaschi 45 – 𝒞 035 933433 – www.aiburattini.it – Chiuso martedì sera e mercoledì

ADRIA

Rovigo – ✉ 45011 – 19 746 ab. – Carta regionale n° **23**-C3
Carta stradale Michelin 562-G18

🍽○ **Molteni**   ⟷ ⌂ 🗛 🅿

PESCE E FRUTTI DI MARE · FAMILIARE ✕ Si respira già un profumo di mare ad Adria, alle porte del Delta del Po. La stessa famiglia - ora alla terza generazione - gestisce questo ristorante dal 1921, proponendo piatti di pesce dell'Adriatico in un ambiente semplice, familiare ed accogliente.

Carta 37/81 €

8 cam ⌷ – ♦50/60 € ♦♦85 €

via Ruzzina 2/4 – 𝒞 0426 42520 – www.albergomolteni.it – solo a cena in giugno-agosto – Chiuso 23 dicembre-8 gennaio, 12-26 agosto, sabato a mezzogiorno e domenica sera

ADRO

Brescia (BS) – ✉ 25030 – 7 086 ab. – Alt. 271 m – Carta regionale n° **10**-D1
Carta stradale Michelin 561-F11

a Torbiato Sud-Est: 4 km ✉ 25030

🍽○ **Dispensa Pani e Vini Franciacorta**   ⚹ 🗛 🅿

CUCINA MODERNA · CONVIVIALE ✕✕ La formula è quanto mai moderna: nella sala ristorante, servizio classico e piatti locali rivisitati con intelligenza, all'osteria proposte più semplici, mentre al bancone ci si diverte a tutte le ore del giorno con simpatici assaggi della materia prima utilizzata dallo chef (pasta, formaggi, salumi, etc.). Non manca un'enoteca con vendita di bottiglie. Insomma, un locale a 360°!

Menu 50/85 € – Carta 54/74 €

via Principe Umberto 23 – 𝒞 030 745 0757 – www.dispensafranciacorta.com – Chiuso lunedì

AFFI

Verona – ⊠ 37010 – 2 336 ab. – Alt. 191 m – Carta regionale n° **23**-A2
Carta stradale Michelin 561-F14

🍴○ **Locanda Moscal** 🔘   ⇦ 🛏 AK

CUCINA ITALIANA · CONVIVIALE 🗙 Semplice e colorato, informale e conviviale, ma anche un'insospettabile tappa gastronomica che richiama avventori dal lago come da Verona. Ai margini del grazioso centro storico di Affi, qui troverete una cucina generosa e saporita, basata su un'ottima materia prima.

Carta 28/60 €
6 cam ⌂ – ♦60/70 € ♦♦75/85 €
via Pigna 1 – ℰ 045 626 0309 – www.moscal.it
– Chiuso lunedì

AGAZZANO

Piacenza – ⊠ 29010 – 2 096 ab. – Alt. 187 m – Carta regionale n° **5**-A2
Carta stradale Michelin 562-H10

a Sarturano Nord: 4 km ⊠ 29010

🍴○ **Antica Trattoria Giovanelli**   🛏 AK 🕸 **P**

CUCINA DEL TERRITORIO · FAMILIARE 🗙 In una piccola frazione di poche case in aperta campagna, una trattoria che esiste da sempre, dove gustare genuine specialità piacentine; grazioso cortile per servizio estivo.

Carta 24/42 €
via Centrale 5 – ℰ 0523 975209 (consigliata la prenotazione)
– www.anticatrattoriagiovanelli.it – Chiuso 2 settimane in febbraio, 2 settimane in agosto, mercoledì sera, domenica sera e lunedì

AGGIUS Sardegna

Olbia-Tempio (OT) – ⊠ 07020 – 1 523 ab. – Alt. 514 m – Carta regionale n° **16**-B1
Carta stradale Michelin 366-P38

🏠 **Agriturismo Il Muto di Gallura**   🐂 🛏 ⇦ 🛏 ⤒ 🕸 AK **P**

CASA DI CAMPAGNA · AGRESTE Per chi non cerca confort alberghieri, il nome di un bandito romantico per uno "stazzu" (fattoria) tra querce da sughero, ma anche una piccola remise en forme grazie alla zona benessere. In sala da pranzo, tanto legno ed i prodotti tipici del territorio, dal cinghiale alla zuppa gallurese. Accanto c'è anche un museo dei carri da buoi: tipici galluresi erano in funzione fino agli anni Settanta.

16 cam ⌂ – ♦60/70 € ♦♦110/120 €
località Fraiga, Sud: 1 km – ℰ 079 620559 – www.mutodigallura.com – Chiuso 5 novembre-5 dicembre

AGRIGENTO Sicilia

(AG) – ⊠ 92100 – 59 770 ab. – Alt. 230 m – Carta regionale n° **17**-B2
Carta stradale Michelin 365-AQ60

🍽 **Osteria Expanificio**   🛏

CUCINA SICILIANA · CONVIVIALE 🗙 L'originale sala vi ricorderà che effettivamente di un ex panificio si tratta, ma con il bel tempo molti clienti scelgono di mangiare all'aperto, tra i palazzi del centro e a pochi metri da un suggestivo belvedere. La cucina oscilla tra terra e mare, ma è sempre attenta alle tradizioni siciliane. Specialità: spaghetti chitarra ai ricci - ricciola alla norma - cous cous di pistacchio.

Carta 19/56 €
piazza Sinatra 16 – ℰ 0922 595399 – www.osteriaexpanificio.it

⊫○ La Terrazza degli Dei 🛋 AC 🍴 P

CUCINA CLASSICA · ELEGANTE XXX Se la fama di Agrigento è quasi esclusivamente legata alla zona archeologica, vale invece la pena di scoprire anche la sua tavola. A La terrazza degli Dei (en plein air per quasi tutta la stagione), la vista si posa sul tempio della Concordia e sulla valle dei Templi, mentre vini isolani e piatti locali - reinterpretati in chiave fantasiosa - "intrattengono" l'ospite. In alternativa, a pranzo, c'è anche una carta light.

Menu 65/80 € – Carta 54/92 €

Hotel Villa Athena, via Passeggiata Archeologica 33 – 𝒞 0922 596288
– www.laterrazzadeglidei.it – solo a cena

⊫○ Re di Girgenti ≤ 🛋 AC ⇔ P

PESCE E FRUTTI DI MARE · ELEGANTE XX Solo etichette regionali nella carta dei vini, ma anche la cucina non si scosta dall'isola, in questo locale giovane e alla moda, che osa giocare con un look molto personale. La magia della vista sui templi ha pochi eguali.

Carta 30/66 €

via Panoramica dei Templi 51 – 𝒞 0922 401388 – www.ilredigirgenti.it – Chiuso
2 settimane in novembre e martedì

🏠 Villa Athena 🌊 ≤ 🛏 ⤒ 💢 🏋 ☰ 🛋 AC 🚗 P

LUSSO · ELEGANTE Flessuose palme svettano nel giardino-agrumeto, dove sono collocate la piscina e la villa del Settecento che ospita questa risorsa dalle splendide camere e dalla proverbiale vista sui celebri templi. Nell'esclusiva, piccola, spa, vasca idromassaggio, zona umida e cromoterapia.

21 cam ⌚ – †150/390 € ††190/480 € – 6 suites

via passeggiata Archeologica 33 – 𝒞 0922 596288 – www.hotelvillaathena.it

⊫○ **La Terrazza degli Dei** – Vedere selezione ristoranti

a San Leone Sud: 7 km ⊠ 92100 – Agrigento

🏠 Baia di Ulisse 🌞 🌊 ≤ 🛏 💢 🌐 🏋 ☰ 🛋 AC 🚗 🚠 P

TRADIZIONALE · ELEGANTE In posizione panoramica, ampie camere, nonché accesso diretto alla spiaggia privata, per questa signorile struttura circondata da una fresca pineta e dotata di un attrezzato centro benessere (a pagamento) aperto dal venerdì alla domenica.

91 cam ⌚ – †65/120 € ††79/190 € – 2 suites

Via Lacco Ameno, Est: 3 Km – 𝒞 0922 417638 – www.baiadiulisse.com

🏠 Dioscuri Bay Palace 🌞 ≤ 💢 ☰ 🛋 AC 🚠 P

TRADIZIONALE · CLASSICO Hotel ricavato da una ex colonia estiva degli anni '50, risulta oggi una risorsa funzionale e moderna, molto comoda per chi viene ad Agrigento per lavoro e può così risparmiarsi lo stress di girare in macchina nel centro. Grande piscina affacciata su Porto Empedocle, alcune camere offrono una vista sui templi, altre sul mare.

102 cam ⌚ – †70/150 € ††90/250 €

lungomare Falcone e Borsellino 1 – 𝒞 0922 406111 – www.dioscurihotel.it
– Aperto 4 marzo-4 novembre

AGROPOLI

Salerno – ⊠ 84043 – 21 481 ab. – Carta regionale n° **4**-C3
Carta stradale Michelin 564-F26

⊫○ Il Ceppo 🌐 🍽 🛋 AC P

PESCE E FRUTTI DI MARE · VINTAGE X Appena fuori dalla località, il Ceppo è un ristorante con pizzeria serale: tre sale classiche con tocchi di rusticità demodé, bianche pareti e pavimenti in cotto. La cucina profuma di mare, c'è la carta per avere un'idea de prezzi, ma il meglio è proposto sul menu del giorno. Buon rapporto qualità/prezzo per i molti vini in cantina.

🍷 Menu 25/50 € – Carta 24/71 €

20 cam ⌚ – †40/69 € ††59/95 €

via Madonna del Carmine 31, Sud-Est: 1,5 km – 𝒞 0974 843036
– www.hotelristoranteilceppo.com – Chiuso 10 giorni in ottobre- novembre e lunedì

ⅱO **Il Cormorano** 🏠

PESCE E FRUTTI DI MARE · FAMILIARE ✗ Direttamente sul porto turistico, caratteristica atmosfera marinara in un ambiente curato ed accogliente, dove gustare pesce fresco e piatti locali serviti anche sull'incantevole terrazza vista mare.

Menu 30/50 € – Carta 29/68 €

via C. Pisacane 13, al Porto – 𝒞 0974 823900 – www.ristoranteilcormorano.it
– Chiuso mercoledì escluso luglio-agosto

🏠 **La Colombaia** ✿ 🐾 ⪕ 🛋 🎿 🄰🄺 🍴 **P**

CASA DI CAMPAGNA · ACCOGLIENTE Mobili antichi arredano parte delle camere, mentre la quiete è "sorvegliata" dall'uliveto di proprietà, in questa villa di campagna raggiungibile al termine di una ripida salita che ne garantisce, per contro, la posizione panoramica. Light lunch a mezzogiorno e apertura solo serale per il ristorante con cucina cilentana.

8 cam ⏦ – ♦70/100 € ♦♦70/120 € – 2 suites

via Piano delle Pere, Sud: 2 km – 𝒞 0974 821800 – www.lacolombaiahotel.it
– Aperto 1° aprile-30 ottobre

AHRNTAL → Vedere Valle Aurina

ALAGNA VALSESIA

Vercelli – ✉ 13021 – 408 ab. – Alt. 1 191 m – Carta regionale n° **12**-B1
Carta stradale Michelin 561-E5

🏠 **Montagna di Luce** ✿ 🐾 ⪕ 🛋 🦮 **P**

FAMILIARE · STILE MONTANO Poco lontana dal centro, in una piccola frazione che conserva intatta l'atmosfera tipica di queste montagne, una caratteristica baita Walser ristrutturata per offrire il meglio del confort moderno. Pietra a vista e rivestimenti in legno nell'originale ristorante, dove assaporare piatti legati al territorio.

8 cam ⏦ – ♦50/83 € ♦♦90/130 €

frazione Pedemonte 19 – 𝒞 0163 922820 – www.montagnadiluce.it – Chiuso maggio e novembre

🏠 **B&B Casa Prati** 🐾 🛋 🦮 🍴

FAMILIARE · STILE MONTANO Dalla totale ristrutturazione di una casa colonica, una piacevole risorsa in tipico stile montano dotata di piccola zona sauna e relax, camere molto graziose e di un appartamento (ideale per famiglie). L'accoglienza eccelle per cordialità.

6 cam ⏦ – ♦67/97 € ♦♦90/130 €

frazione Casa Prati 7 – 𝒞 0163 922802 – www.zimmercasaprati.com – Chiuso 2 settimane in giugno

ALASSIO

Savona – ✉ 17021 – 10 934 ab. – Carta regionale n° **8**-B2
Carta stradale Michelin 561-J6

ⅱO **Nove** ⪕ 🛋 🏠 🎿 🄰🄺 🍴 ⇆ **P**

CUCINA MODERNA · ELEGANTE ✗✗ Con l'arrivo di un nuovo chef, questa stupenda dimora inaugura il proprio ristorante gourmet, Nove. Se gli interni sono caldi ed eleganti, nobilitati da quadri con scorci liguri, gli esterni sono una gioia nel verde, mentre la cucina porta i sapori liguri su percorsi creativi.

Menu 65/90 € – Carta 65/123 €

Hotel Villa della Pergola, via Privata Montagù 9/1 – 𝒞 0182 646140 (consigliata la prenotazione) – www.noveristorante.it – Chiuso gennaio-marzo e martedì escluso agosto

🍽️ **Lamberti**

PESCE E FRUTTI DI MARE · ALLA MODA ✕✕ A pochi passi dal mare, in un edificio degli anni '30, la cucina propone piatti tradizionali e regionali elaborati partendo da un'accurata selezione di materie prime. Tra i must: pesce e vino.

Menu 60 € (cena) – Carta 48/120 €

25 cam ⬳ – †50/120 € ††60/190 €

via Gramsci 57 – ℰ 0182 642747 – www.ristorantelamberti.it
– Chiuso 10-25 dicembre e lunedì escluso luglio-agosto

🍽️ **Sail-Inn**

PESCE E FRUTTI DI MARE · ELEGANTE ✕✕ All'inizio del pittoresco "budello", piacevole locale dove lo stile elegante si fonde mirabilmente con gli antichi ambienti. La cucina predilige sempre il mare, supportata da un'apprezzabile cantina: ottima carta dei vini con grandi etichette francesi e champagne di alta qualità. Bella veranda a pochi passi dalla spiaggia.

Menu 30 € (pranzo in settimana) – Carta 35/80 €

via Brennero 34 – ℰ 0182 640232 – www.sailinnalassio.it
– Chiuso 7 gennaio-6 marzo e lunedì escluso 15 giugno-25 settembre

🏛️ **Villa della Pergola**

DIMORA STORICA · GRAN LUSSO Sulla collina che domina la città ed il golfo, due ville di fine '800 immerse in un ampio parco di flora mediterranea, con laghetti, fontane e pergole: gli ambienti sono ricchi di personalità, la camere scrigni di raffinatezza. L'eleganza dell'epoca vittoriana sembra essere tornata!

15 cam ⬳ – †300/500 € ††300/600 € – 4 suites

via Privata Montagù 9/1 – ℰ 0182 646130 – www.villadellapergola.com
– Aperto inizio aprile-fine ottobre

🍽️ **Nove** – Vedere selezione ristoranti

🏨 **Grand Hotel Alassio**

TRADIZIONALE · ELEGANTE Storico albergo della città "restituito" alla sua funzione originaria: salvaguardata l'architettura esterna, i suoi interni sfoggiano uno stile contemporaneo, minimalista e fresco. Tra i must, il centro talassoterapico con piscina di acqua di mare e la cucina classica del Bistrot con possibilità di servizio in spiaggia.

54 cam ⬳ – †198/418 € ††268/518 € – 7 suites

via Gramsci 2 – ℰ 0182 648778 – www.grandhotelalassio.com
– Chiuso 7 gennaio-21 marzo

🏨 **Ligure**

TRADIZIONALE · ELEGANTE Antistante il molo e attiguo al celebre "budello", cuore commerciale della città, albergo rinnovato totalmente con un elegante centro benessere e camere moderne, attrezzate nei confort.

46 cam ⬳ – †110/350 € ††110/350 € – 3 suites

passeggiata D. Grollero 25
– ℰ 0182 640653 – www.ligurealassio.it
– Chiuso 2 novembre-22 dicembre e 11 gennaio-20 febbraio

🏨 **Toscana**

TRADIZIONALE · CONTEMPORANEO Un family hotel dalla gestione intraprendente, ideale per chi parte con bambini al seguito; non manca, tuttavia, una sala riunioni ed una piccola zona benessere. Al ristorante cucina ligure-toscana con prodotti provenienti dalla loro fattoria in Maremma.

58 cam ⬳ – †80/180 € ††100/300 € – 19 suites

via Dante Alighieri 83 – ℰ 0182 640657 – www.hoteltoscanaalassio.it
– Chiuso 10 ottobre-20 dicembre

🏨 Corso　　　　　　　　　　　　　　　　⇗ 🖃 🆎 🚘

TRADIZIONALE · CLASSICO Uno degli alberghi più "cittadini" della località, sebbene a poche decine di metri dal mare, dispone di belle camere dallo stile contemporaneo e dalle moderne dotazioni.

41 cam ♒ – ♦50/110 € ♦♦90/160 €

via Diaz 28 – ℰ 0182 642494 – www.hotelcorso.it – Chiuso 2 novembre-22 dicembre

🏨 Rosa　　　　　　　　　　　　　⇗ 🕸 🛌 🖃 🆎 🚘

FAMILIARE · ACCOGLIENTE In posizione centrale, questo hotel a conduzione diretta dispone di camere di differenti tipologie e moderna zona benessere. Nella sala da pranzo o sulla terrazza panoramica, piatti unici ed insalatone.

46 cam ♒ – ♦50/150 € ♦♦70/200 € – 5 suites

via Conti 10, angolo corso Diaz – ℰ 0182 640821 – www.hotelrosa.it – Chiuso 7 gennaio-9 febbraio

🏨 Savoia　　　　　　　　　　　⇗ < 🗝 🖃 ⅙ 🆎 🚘

TRADIZIONALE · LUNGOMARE Camere rinnovate e ben accessoriate, nonché ambienti curati e di moderna concezione, in una struttura che offre il vantaggio di trovarsi direttamente sul mare... e l'acqua sembra lambire la sala ristorante, dove gustare i classici italiani.

40 cam ♒ – ♦90/190 € ♦♦130/310 €

via Milano 14 – ℰ 0182 640277 – www.hotelsavoia.it

🏠 Beau Rivage　　　　　　　　　　⇗ < 🆎 ⁒ 🅿

FAMILIARE · PERSONALIZZATO Signorile, accogliente casa ottocentesca di fronte al mare con interni molto curati: piacevoli salottini con bei soffitti affrescati e camere semplici, ma molto graziose. Gradevole sala da pranzo.

20 cam ♒ – ♦68/110 € ♦♦130/195 €

via Roma 82 – ℰ 0182 640585 – www.hotelbeaurivage.it – Chiuso 15 ottobre-25 dicembre

ALBA

Cuneo – ✉ 12051 – 31 437 ab. – Alt. 172 m – Carta regionale n° **14**-C2
Carta stradale Michelin 561-H6

✿✿✿ Piazza Duomo　　　　　　　　　　　　🍸 ⇦ 🆎

CUCINA CREATIVA · ELEGANTE 𝕏𝕏𝕏 In questo atelier gastronomico, lo chef Enrico Crippa celebra le Langhe, ma lo fa secondo una meticolosità tutta nipponica.

Il pasto debutta in maniera esplosiva con una serie di finger creativi, mentre erbe, fiori, verdura e frutta non sono mai attori non protagonisti dei piatti, ma li esaltano sia nel sapore sia nell'estetica. "Bisogna rimettere al centro ciò che mangiamo, curandoci della provenienza delle materie prime. In tal senso, un prodotto che nasce in un territorio d'eccellenza, e che per arrivare a tavola impiega una manciata di minuti, è un bene prezioso". Sono le parole del cuoco piemontese d'adozione, ma in realtà nato a Carate Brianza, che in una serra di 450 mq e in un appezzamento di 4.000 mq coltiva i suoi ortaggi.

"Elogio della freschezza" potrebbe essere lo slogan di questo ristorante griffato Ceretto, per una cucina leggera, contemporanea, esteticamente bella.

→ Carbonara di gamberi. Agnello e camomilla. Minestra di frutta e verdura.

Menu 220/250 € – Carta 145/245 €

4 cam – ♦300 € ♦♦300 € – senza ♒

vicolo dell'Arco 1, angolo piazza Risorgimento 4 – ℰ 0173 366167 (consigliata la prenotazione) – www.piazzaduomoalba.it – Chiuso 22 dicembre-25 gennaio, 2 settimane in agosto, lunedì, domenica sera in ottobre-novembre, anche domenica a mezzogiorno negli altri mesi

🕸 **Locanda del Pilone** 🐾 ⇆ ⅏ ⩻ 🛏 🖼 ⅏ 🅿

CUCINA CREATIVA · ELEGANTE XxX Quasi in bilico su una lingua di terra che si insinua tra le zone vinicole più prestigiose delle Langhe, le sale si affacciano su pittoreschi paesaggi collinari, ma è la cucina a rubare il palcoscenico. Attore un giovanissimo cuoco, ma già tra i più bravi della regione, artefice di piatti sorprendenti ed originali, ma anche equilibrati e gustosi. Eleganti camere custodi di memorie piemontesi.

→ Ramen alla piemontese. Piccione, pastinaca e caffè. Latte e miele.

Menu 75/110 € – Carta 66/105 €

8 cam ⌆ – ♦135/235 € ♦♦135/235 € – 2 suites

frazione Madonna di Como 34, (strada della Cicchetta), Sud-Est: 5 km – ☏ 0173 366616 – www.locandadelpilone.com
– Chiuso 15 gennaio-fine marzo, 10 giorni in agosto, i mezzogiorno di martedì e mercoledì in ottobre-novembre, tutto il giorno negli altri mesi

🕸 **Larossa** 🖼

CUCINA CREATIVA · CONTESTO CONTEMPORANEO XX Lo chef-patron disegna la propria strada giocando con la tradizione piemontese: in alcuni piatti la cita con ossequio, in altri se ne allontana alla ricerca di spunti più creativi. Le presentazioni sono accattivanti ed il piacere del palato non si fa attendere.

→ Capesante, legumi, parmigiano e caffè. Piccione salsa BBQ, erbe selvatiche, burro d'arachidi e pop corn al cumino. Tiramisù.

Menu 70/90 € – Carta 63/120 €

via Alberione 10/D – ☏ 0173 060639 – www.ristorantelarossa.it
– Chiuso 20 giorni in agosto, 10 giorni fine marzo-inizio aprile, mercoledì a mezzogiorno e martedì

🍴 **Enoclub** 🐾 🖼

CUCINA PIEMONTESE · CONTESTO STORICO XX Sotto i portici della piazza ora intitolata al fondatore di un'importante industria dolciaria locale, e dove si svolge anche il servizio all'aperto, l'ingresso si apre sul Caffè Umberto: ambiente semplice e moderno con pareti ricoperte da bottiglie e una carta che poggia su specialità regionali con qualche piatto più semplice, come gli hamburger. Per il ristorante invece bisogna scendere nelle suggestive cantine in mattoni, dove vengono serviti piatti sempre piemontesi, ma più elaborati.

Menu 45/75 € – Carta 44/80 €

piazza Michele Ferrero 4 – ☏ 0173 33994 (consigliata la prenotazione) – www.caffeumberto.it
– Chiuso domenica sera (escluso settembre-dicembre) e lunedì

🍴 **L'Inedito Vigin Mudest** ⓝ 🛖 🖼

CUCINA PIEMONTESE · CONVIVIALE XX Nuova vita per un vecchio locale del centro storico "riproposto" con una gestione esperta e qualificata. Cucina del territorio in chiave moderna, ma - potendo scegliere - si consiglia la sala interrata più elegante e romantica.

Menu 35/45 € – Carta 32/69 €

via Vernazza 11 – ☏ 0173 441701 – www.lineditoviginmudest.it – Chiuso 1°-15 marzo, 5-20 luglio e mercoledì

🍴 **Ventuno.1** ⓝ 🖼 ⇆

CUCINA MEDITERRANEA · MINIMALISTA XX Due campani dall'ottimo curriculum approdano in Langa, in un locale centrale e dal look moderno; toni bianchi e neri, cucina prevalentemente di mare tranne quando la stagione impone carni e tartufo.

Menu 38/45 € – Carta 33/55 €

via Cuneo 8 – ☏ 0173 290787 – www.ventunopuntouno.it – Chiuso 15 febbraio-15 marzo e mercoledì

⬤ La Piola   AC

CUCINA PIEMONTESE · CONVIVIALE ✗ Affacciato sulla piazza principale con una bella veranda, l'atmosfera al suo interno è informale, mentre il menu elenca su due grandi lavagne (ma c'è anche la classica carta) le specialità del territorio, tra cui i famosi antipasti, le paste all'uovo, le carni.

Carta 35/59 €

piazza Risorgimento 4 – ☎ 0173 442800 (consigliata la prenotazione) – www.lapiola-alba.it – Chiuso fine febbraio-15 marzo, domenica sera in ottobre-novembre, anche domenica a mezzogiorno negli altri mesi

⬤ Lalibera   𝔸 AC ⇕

CUCINA PIEMONTESE · DESIGN ✗ Moderno e di design il locale, giovane ed efficiente il servizio. La cucina propone appetitosi piatti della tradizione piemontese: spesso rielaborati con tocchi di fantasia. Assai frequentato a pranzo.

Carta 32/63 €

via Pertinace 24/a – ☎ 0173 293155 (consigliata la prenotazione) – www.lalibera.com – Chiuso 23 dicembre-10 gennaio, 7-31 agosto, lunedì a mezzogiorno e domenica

⬤ Osteria dell'Arco   ⓰ AC

CUCINA PIEMONTESE · CONTESTO REGIONALE ✗ La cucina rispolvera i piatti del territorio, rivisitati con fantasia, in questo locale del centro affacciato su un cortile interno. Ambiente informale ed accogliente, con il vino in bella mostra.

🍴 Menu 20 € (pranzo in settimana)/38 € – Carta 31/54 €

piazza Michele Ferrero 5 – ☎ 0173 363974 – www.osteriadellarco.it – Chiuso domenica escluso ottobre-novembre

🏠 Calissano   ⛲ ⓰ ⬆ ⓰ AC ⚎ 🚗

BUSINESS · ELEGANTE A pochi minuti a piedi dal centro città, Calissano è una di quelle realtà moderne, di grande respiro e dai confort impeccabili, con ampie camere ben accessoriate e piacevoli spazi comuni. Un hotel funzionale, ideale per una clientela business.

82 cam ⚏ – ♦100/200 € ♦♦120/200 € – 3 suites

via Pola 8 – ☎ 0173 364855 – www.hotelcalissano.it

🏠 Palazzo Finati   ⬆ AC P

TRADIZIONALE · ROMANTICO Crema, vermiglio, indaco, eleganza delle forme e morbidezza dei tessuti: nell'ottocentesco palazzo del centro convivono una romantica storicità e l'attenzione per il dettaglio.

9 cam ⚏ – ♦120/200 € ♦♦150/250 €

via Vernazza 8 – ☎ 0173 366324 – www.palazzofinati.it – Chiuso 2 settimane in agosto

🏠 Agriturismo Villa la Meridiana-Cascina Reine   ⬥ ≤ 🏠 ⚒

CASA DI CAMPAGNA · TRADIZIONALE Originale complesso agrituristico   P composto da una villa Liberty ed un attiguo cascinale: accoglienti interni e camere in stile. Esclusiva suite, dotata di una terrazza con splendida vista sui proverbiali vigneti locali. Relax allo stato puro.

10 cam ⚏ – ♦80/100 € ♦♦100/120 €

località Altavilla 9, Est: 1 km – ☎ 338 460 6527 – www.villalameridianaalba.it

ALBA Trento → Vedere Canazei

ALBA ADRIATICA

Teramo – ✉ 64011 – 12 353 ab. – Carta regionale n° **1**-B1
Carta stradale Michelin 563-N23

🍴 **Arca**   🦽 🛋 🅰️

CUCINA MODERNA · CONTESTO CONTEMPORANEO ✕✕ Locale elegantemente moderno con cucina a vista, lo chef ricco di passione e fantasia reinterpreta l'Abruzzo nelle sue declinazioni di terra e di mare. La qualità dei prodotti è certificata bio.

Menu 40/70 € – Carta 32/82 €

viale Mazzini 109 – 𝒞 0861 714647 – www.arcaristorante.it – Chiuso 5-20 settembre, sabato a mezzogiorno e martedì

🍴 **Il Palmizio**   🛋 🍽️

CUCINA ITALIANA · CONVIVIALE ✕✕ L'Abruzzo - terra di contadini e pescatori - offre qui il migliore connubio: il pesce di giornata e i prodotti della terra, in un locale dal concept contemporaneo con ampio servizio estivo in terrazza (vista mare!). Imperdibili gli antipasti, crudi e cotti.

🍴 Menu 25 € (pranzo)/35 € – Carta 32/95 €

lungomare Marconi 160 – 𝒞 0861 751339 – Chiuso 2 settimane in gennaio, domenica sera e lunedì in ottobre-marzo

🏨 **Boracay**   ✿ 🛏️ 🏊 🔺 🖥️ ♿ 🅰️ 🍽️ 🚗

TRADIZIONALE · CLASSICO Ci guadagna in tranquillità la posizione arretrata rispetto al mare di questa accogliente struttura dalle camere semplici e moderne ed una bella piscina per chi cerca un'alternativa alla spiaggia.

51 cam ♨️ – ♦️70/80 € ♦️♦️80/100 € – 2 suites

via Cesare Battisti 171 – 𝒞 0861 713612 – www.boracay.it – Aperto 20 maggio-24 settembre

🏨 **Doge**   ✿ ≤ 🔺 🏊 🖥️ ♿ 🅰️ 🚗

FAMILIARE · LUNGOMARE Sarà un'accoglienza solare e sorridente a darvi il benvenuto in questa bella risorsa - comodamente sul lungomare - dalle camere arredate in stile coloniale e un ascensore panoramico con vista mozzafiato.

60 cam ♨️ – ♦️50/150 € ♦️♦️70/200 € – 2 suites

lungomare Marconi 292 – 𝒞 0861 712508 – www.hoteldoge.it – Aperto 15 maggio-15 settembre

🏨 **Eden**   ✿ ≤ 🛎️ 🔺 💆 🏊 🖥️ ♿ 🅰️ 🍽️ 🚗

TRADIZIONALE · ACCOGLIENTE Sul bel lungomare e con spiaggia privata, qui all'Eden la calda ospitalità diventa un vero dogma, a cui fanno eco ambienti contemporanei e camere di taglio classico. Più moderne all'ultimo piano.

50 cam ♨️ – ♦️70/130 € ♦️♦️120/210 €

lungomare Marconi 328 – 𝒞 0861 714251 – www.hoteleden.it – Aperto 15 maggio-20 settembre

🏠 **Impero**   ✿ ≤ 🛎️ 🔺 💆 🏊 🖥️ 🅰️ 🍽️ 🚗

TRADIZIONALE · ACCOGLIENTE Albergo tradizionale, a pochi metri dal mare, con accogliente hall dipinta e arredata nelle sfumature del rosso e del rosa e comode poltrone in stile; sala ristorante con ampia veduta.

60 cam ♨️ – ♦️70/120 € ♦️♦️80/150 € – 1 suite

lungomare Marconi 162 – 𝒞 0861 712422 – www.hotelimpero.com – Aperto 11 maggio-22 settembre

🏠 **La Pergola**   🦽 🏊 🖥️ 🅰️ 🍽️ 🅿️

FAMILIARE · ACCOGLIENTE A pochi passi dal mare e dallo stabilimento balneare, albergo piccolo e intimo dove sentirsi a casa. La pineta è altrettanto vicina!

9 cam ♨️ – ♦️50/70 € ♦️♦️90/130 € – 3 suites

via Emilia 9 – 𝒞 0861 752770 – www.hotelpergola.it – Aperto aprile-settembre

ALBAIRATE

Milano – ✉ 20080 – 4 684 ab. – Alt. 123 m – Carta regionale n° **10**-A2
Carta stradale Michelin 561-F8

⫟○ Charlie 1983   🅰🅲 ♻ 🅿

CUCINA MODERNA · AMBIENTE CLASSICO ✕✕ In pieno centro paese, in un bel caseggiato rustico con parcheggio privato, ci si accomoda in due salette raccolte, piuttosto classiche nell'ambiente e nell'arredo, per gustare una cucina eclettica e fantasiosa che spazia tra terra e mare.

Menu 40/110 € – Carta 43/78 €

via Pisani Dossi 26 – 𝒞 347 525 1511 (consigliata la prenotazione)
– www.ristorantecharlie1983.com – solo a cena escluso domenica – Chiuso
10 giorni in gennaio, 3 settimane in agosto, lunedì e martedì

ALBANO LAZIALE

Roma – ✉ 00041 – 41 715 ab. – Alt. 400 m – Carta regionale n° **7**-B2
Carta stradale Michelin 563-Q19

⫟○ La Galleria di Sopra   🅰🅲

CUCINA MODERNA · ELEGANTE ✕✕ La sala moderna ed essenziale riflette una cucina così lontana dagli stereotipi dei Castelli Romani: benché non manchino tracce dei prodotti dei colli, i piatti sono creativi, a volte elaborati, comunque originali.

Menu 40/60 € – Carta 42/70 €

via Leonardo Murialdo 9 – 𝒞 06 932 2791 – www.lagalleriadisopra.it – solo a
cena escluso i giorni festivi – Chiuso 7-14 gennaio, 14-28 agosto e lunedì

ALBAREDO D'ADIGE

Verona – ✉ 37041 – 5 254 ab. – Carta regionale n° **23**-B3
Carta stradale Michelin 562-G15

a Coriano Veronese Sud : 5 km ✉ 37050

⫟○ Locanda dell'Arcimboldo   ⇦ 🍴 🏠 & 🅰🅲 🅿

CUCINA CLASSICA · CONTESTO TRADIZIONALE ✕✕ Elegante casa dell'Ottocento ristrutturata e trasformata in una signorile locanda: particolarmente curate sia la sala che la veranda, dove potrete gustare saporiti piatti locali rivisitati e tante specialità di pesce. Sontuose le camere, arredate con raffinata ricercatezza.

Menu 35 € (pranzo in settimana)/100 € – Carta 26/98 €

4 cam ⌁ – ♦80/90 € ♦♦90/120 €

via Gennari 5 – 𝒞 045 702 5300 – www.locandadellarcimboldo.it – Chiuso
domenica e lunedì

ALBARETO

Parma (PR) – ✉ 43051 – 2 156 ab. – Carta regionale n° **5**-A2
Carta stradale Michelin 562-I11

⫟○ Casimiro e voi   🕸 🏠 ♻ 🅿

CUCINA CREATIVA · ROMANTICO ✕ L'antico borgo, stazione di passaggio lungo la via Francigena nel XV secolo, è diventato - ora - un raffinato relais con ristorante; cucina fantasiosa che punta a stimolare i cinque sensi di chi si siede a tavola, mentre a pranzo c'è anche una più semplice formula bistrot.

Carta 46/79 €

Hotel Borgo Casale, località Casale, Est: 2,5 km – 𝒞 0525 929032 (prenotazione
obbligatoria) – www.borgocasale.it – Chiuso 7-24 gennaio e lunedì

🏠 Borgo Casale   🕸 ⩽ 🍴 🕸 🅿

LUSSO · PERSONALIZZATO In un quadro ambientale tranquillo e charmant, un piccolo borgo di collina trasformato in accogliente relais, completo nella gamma dei servizi offerti tra cui un'accogliente zona benessere da riservare per un uso esclusivo.

16 cam ⌁ – ♦85/125 € ♦♦150/170 €

località Casale, Est: 2,5 km – 𝒞 0525 929032 – www.borgocasale.it – Chiuso 7-24 gennaio
⫟○ **Casimiro e voi** – Vedere selezione ristoranti

ALBAVILLA

Como – ✉ 22031 – 5 928 ab. – Alt. 331 m – Carta regionale n° **10**-B1
Carta stradale Michelin 561-E9

⬡ Il Cantuccio (Mauro Angelo Elli)   🏠 ♿ 🆎 ⬦

CUCINA MODERNA · ELEGANTE ✕✕ Un cantuccio romantico, elegantemente rustico, nel cuore della verde Brianza, dove "perdersi" nelle fantasiose rielaborazione di una cucina moderna accompagnate da una cantina di grande interesse.

→ Spaghetti alla chitarra con cipollotti e guanciale. Coniglio arrostito alla pancetta nostrana in tre versioni. Zuppetta di mandorle con frutti rossi e gelato al pistacchio.

Carta 54/76 €

via Dante 36 – ✆ 031 628736 (coperti limitati, prenotare) – www.mauroelli.com – solo a cena escluso da venerdì a domenica – Chiuso 2 settimane in gennaio, 1 settimana in agosto e lunedì

Un importante pranzo d'affari o una cena tra amici?
Il símbolo ⬦ indica la presenza di una sala privata.

ALBENGA

Savona – ✉ 17031 – 24 213 ab. – Carta regionale n° **8**-B2
Carta stradale Michelin 561-J6

⑩ Pernambucco   🕸 🏠 🆎 🅿

PESCE E FRUTTI DI MARE · ELEGANTE ✕✕✕ Gestione capace e insolita collocazione all'interno di un giardino, dove trova posto anche un delizioso dehors, per un locale dall'ambiente elegante che vi farà amare la cucina di mare.

Menu 40 € – Carta 41/112 €

viale Italia 35 – ✆ 0182 53458 – www.ilpernambucco.it – Chiuso mercoledì

⑩ Babette   ⬉ 🏠 🆎

LIGURE · STILE MEDITERRANEO ✕✕ Direttamente sul mare, dalla sua bella terrazza la vista offerta è quella dell'isola di Gallinara, mentre il menu propone suggestive rivisitazioni di piatti locali e sapori mediterranei.

Menu 43 € – Carta 43/80 €

via Michelangelo 17 – ✆ 0182 544556 – www.ristorantebabette.net – Chiuso 15 giorni in novembre, 2 settimane in marzo e martedì escluso agosto

⑩ Osteria dei Leoni   🏠 ♿ 🆎

PESCE E FRUTTI DI MARE · CONTESTO TRADIZIONALE ✕✕ Nel centro storico di Albenga, in un edificio quattrocentesco che fu convento alle origini e scuola elementare nel secolo scorso, due caratteristiche sale e una corte interna per la bella stagione. In menu: fragranti specialità di pesce.

Menu 38/65 € – Carta 38/85 €

vico Avarenna 1 – ✆ 0182 51937 – www.osteriadeileoni.it – Chiuso 20 giorni in febbraio e martedì escluso agosto

a Salea Nord-Ovest : 5 km ✉ 17031 – Albenga

⌂ Cà di Berta   🕸 ⬉ 🛎 🔟 📅 ♿ 🆎 🧺 🛁 🅿

LOCANDA · ACCOGLIENTE Impreziosito da una verde cornice di palme e ulivi, l'albergo dispone al suo interno di accoglienti camere dagli spazi generosi, infatti sono solo suite e junior-suite. Relax allo stato puro!

5 cam ⌸ – 🛏120/190 € 🛏🛏120/190 € – 5 suites

località Cà di Berta 5 – ✆ 0182 559930 – www.hotelcadiberta.it

ALBEROBELLO

Bari – ✉ 70011 – 10 745 ab. – Alt. 428 m – Carta regionale n° **15**-C2
Carta stradale Michelin 564-E33

⍟○ Il Poeta Contadino

CUCINA MODERNA · CONTESTO TRADIZIONALE ✗✗ La visita del paese non è completa, senza i colori tutti pugliesi della cucina della famiglia Leonardo: d'ispirazione tipicamente regionale, in essa convivono armoniosamente tradizione antica e creatività. Ricavata in una vecchia stalla utilizzata come sosta per i viandanti cha da Alberobello proseguivano il loro cammino, l'Osteria del Poeta delizia i suoi ospiti con piatti contadini e specialità di mare.

Menu 40/55 € – Carta 52/75 €

via Indipendenza 21 – ℰ 080 432 1917 (consigliata la prenotazione)
– www.ilpoetacontadino.it – Chiuso 7 gennaio-7 febbraio e lunedì escluso agosto

sulla strada statale 172 per Locorotondo Sud : 1 km

⌂ Agriturismo Fascino Antico Trulli   ⏚ ⌱ AC � P

FAMILIARE · TRADIZIONALE L'esperienza di alloggiare all'interno dei trulli, alcuni originali dell'Ottocento, e di concedersi un po' di riposo nella corte-giardino: un'autentica atmosfera pugliese.

4 cam ☲ – †60/90 € ††90/200 €

contrada Maranna ✉ 74015 Alberobello – ℰ 329 094 2119
– www.fascinoanticotrulli.com – Chiuso 31 gennaio-15 marzo

ALBIGNASEGO

Padova – ✉ 35020 – 25 577 ab. – Alt. 13 m – Carta regionale n° **23**-C3
Carta stradale Michelin 562-F17

⍟○ Il Baretto   ⌆ AC � P

PESCE E FRUTTI DI MARE · ACCOGLIENTE ✗✗ Una piccola sala, meta di chi vuole fare la più classica "mangiata di pesce": senza inutili svolazzi o provocazioni gastronomiche, qui troverete le classiche preparazioni venete o più genericamente italiane, tutte incentrate su un'ottima materia prima.

Carta 50/80 €

via Europa 6 – ℰ 049 862 5019 (coperti limitati, prenotare) – Chiuso 2 settimane in gennaio, 3 settimane in agosto, domenica e lunedì

ALBINIA

Grosseto – ✉ 58010 – Carta regionale n° **18**-C3
Carta stradale Michelin 563-O15

⌂ Agriturismo Antica Fattoria la Parrina   ⍀ ⍉ ⏚ ⌱ AC P

CASA DI CAMPAGNA · PERSONALIZZATO Ambiente di raffinata ospitalità in una risorsa agrituristica ricavata nella casa padronale di una fattoria ottocentesca: interni ricchi di fascino e camere confortevoli. Bella veranda coperta a lato del giardino per il servizio ristorante.

12 cam ☲ – †160/350 € ††160/350 €

strada vicinale Parrina km 146, Sud-Est: 6 km – ℰ 0564 862636 – www.parrina.it

ALBISANO Verona ➜ Vedere Torri del Benaco

ALDEIN ➜ Vedere Aldino

ALDINO ALDEIN

Bolzano – ✉ 39040 – 1 670 ab. – Alt. 1 225 m – Carta regionale n° **19**-D3
Carta stradale Michelin 562-C16

‖○ Ploner   🏠 & 🅿

PESCE E FRUTTI DI MARE · FAMILIARE ✕✕ Un imperdibile, se si è in zona, ma la fragranza della cucina meriterebbe la deviazione: cucina esclusivamente a base di pesce in inverno, nelle altre stagioni anche carne. Due menu degustazione da cui si possono estrapolare a propria scelta i piatti.

Menu 48/89 € – Carta 40/79 €

via Dachselweg 1 – 𝒞 0471 886556 (consigliata la prenotazione)
– Chiuso 2 gennaio-6 febbraio, 16 giugno-5 luglio, lunedì sera e martedì

ALESSANDRIA

(AL) – ✉ 15121 – 93 943 ab. – Alt. 95 m – Carta regionale n° **12**-C2
Carta stradale Michelin 561-H7

✿ I Due Buoi   🍴 & 🅰🅲 ⇔

CUCINA MODERNA · ELEGANTE ✕✕✕ Qualche simpatica divagazione nipponica per omaggiare lo chef del Sol Levante, come i ravioli del plin che si tuffano nel brodo di katsuobushi o la nocciola che incontra l'agrume yuzu, ma fondamentalmente i piatti offrono un grande tributo alla creatività.

→ Riso, quaglia, topinambur e rapa. Sottofiletto di fassona, fave, rafano e suo ristretto al whisky. Mascarpone, caffè, nocciola e Bicerin.

Menu 50/75 € – Carta 50/83 €

Hotel Alli Due Buoi Rossi, via Cavour 32 ✉ 15121 – 𝒞 0131 517105 (prenotazione obbligatoria a mezzogiorno) – www.iduebuoi.it – Chiuso 10-25 agosto, sabato a mezzogiorno e domenica

‖○ Duomo   🍴 🏠 🅰🅲

CUCINA MODERNA · AMBIENTE CLASSICO ✕✕ Accanto al Duomo, un locale accogliente che vi sorprenderà con curati piatti del territorio, "firmati" con fantasia da una coppia di fratelli. Sempre disponibili anche alcuni piatti a base di pesce.

Menu 42 € – Carta 41/69 €

via Parma 28 ✉ 15121 – 𝒞 0131 52631 – www.ristorante-duomo.com – solo a cena
– Chiuso 10 giorni in gennaio, 20 giorni in settembre e domenica

‖○ Osteria della Luna in Brodo   🏠 🅰🅲 ⇔

CUCINA REGIONALE · CONTESTO CONTEMPORANEO ✕ Piatti della tradizione regionale in un locale colorato ed accogliente. Un consiglio: non andatevene senza prima aver assaggiato gli agnolotti, il brasato e il bunet, per non dire del carrello di formaggio!

Menu 30 € – Carta 29/50 €

via Legnano 12 ✉ 15121 – 𝒞 0131 231898 – Chiuso 2 settimana in agosto e lunedì

🏰 Alli Due Buoi Rossi   🅿 & 🅰🅲 🎱 🚗

TRADIZIONALE · CLASSICO A poche decine di metri da Piazza della Libertà, un palazzo signorile di fine '800 ideale per partire alla scoperta del centro storico cittadino. Nelle camere regna un'atmosfera classica, buoni i bagni.

48 cam ⌷ – †74/99 € ††89/129 €

via Cavour 32 ✉ 15121 – 𝒞 0131 517171 – www.hotelalliduebuoirossi.com

✿ **I Due Buoi** – Vedere selezione ristoranti

a Spinetta Marengo Est : 3 km per via Marengo ✉ 15047

✿ La Fermata (Riccardo Aiachini)   🍴 🍴 🏠 & 🅰🅲 ⇔ 🅿

CUCINA MODERNA · ELEGANTE ✕✕✕ Nella campagna intorno ad Alessandria, in un cascinale settecentesco dagli interni moderni ed essenziali, qui viene proposta un'intelligente rivisitazione della cucina piemontese: la giusta dose di creatività, senza strafare, in prevalenza carne e appaganti sapori che si ricordano nel tempo.

→ Agnolotti alessandrini. Pesce fresco secondo mercato. Morbido di cioccolato con sorbetto al lampone.

Menu 55/65 € – Carta 50/83 €

via Bolla 2, Ovest: 1 km – 𝒞 0131 617508 – www.ristorantelafermata.it – Chiuso 1 settimana in gennaio, 2 settimane in agosto, sabato a mezzogiorno e domenica

‖○ Le Cicale ⛄ 🏠 AC

CUCINA MODERNA · BISTRÒ XX La casa dei nonni è diventata un piacevole locale arredato con gusto moderno e leggero. In sala due coniugi ed in cucina il fratello di lei: nel piatto, sapori classici italiani e regionali. Splendido il dehors sul retro circondato dal verde.

🍴 Menu 25 € (in settimana)/45 € – Carta 33/65 €

via Pineroli 32 – ℰ 0131 216130 – www.lecicale.net – solo a cena – Chiuso 1°-20 gennaio e domenica

ALGHERO Sardegna

Sassari (SS) – ✉ 07041 – 44 019 ab. – Carta regionale n° **16**-A2
Carta stradale Michelin 366-K40

‖○ Al Tuguri AC ⛶

PESCE E FRUTTI DI MARE · RUSTICO XX Bell'ambiente caratteristico, con tavoli piccoli e serrati, in un'antica casa del centro, a due passi dai Bastioni; griglia a vista per cuocere soprattutto pesce.

Menu 45/60 € – Carta 46/73 €

via Maiorca 113/115 – ℰ 079 976772 (coperti limitati, prenotare) – www.altuguri.it – Aperto marzo-novembre; chiuso domenica

‖○ Il Pavone 🏠 AC

PESCE E FRUTTI DI MARE · AMBIENTE CLASSICO XX In pieno centro, locale personalizzato con quadri di artisti contemporanei e da un'originale collezione di liquori in formato mignon. Se la cucina omaggia il mare, per un'alternativa più economica accomodatevi nell'attiguo "Piccolo Pavone".

Menu 50 € – Carta 38/74 €

piazza Sulis 3/4 – ℰ 079 979584 (consigliata la prenotazione) – Chiuso 1°-10 novembre, domenica sera e lunedì in ottobre-marzo

🏨 Villa Las Tronas 🏹 🐬 ⛵ ⛄ ⌘ 🖥 📶 🛁 🎿 ⬆ AC 🅿

LUSSO · PERSONALIZZATO Invidiabile posizione su un piccolo promontorio e interni d'epoca per questa residenza patrizia d'inizio '900. Privacy, raffinatezza, charme permeano gli spazi comuni e le belle camere, ognuna con un proprio inconfondibile stile: alcune si affacciano sul mare o sul giardino, altre sono dotate di terrazza panoramica.

20 cam ⛺ – †180/400 € ††240/600 € – 4 suites

lungomare Valencia 1 – ℰ 079 981818 – www.hotelvillalastronas.it

🏨 Villa Mosca 🏹 ⛵ ⛄ AC 🅿

STORICO · ELEGANTE Non distante dal centro storico, una bella villa dei primi '900 in posizione panoramica: camere dagli arredi moderni richiamanti lo stile liberty e, al ristorante, piatti ricchi di fantasia.

9 cam ⛺ – †120/450 € ††120/450 €

via Antonio Gramsci 17 – ℰ 079 983 8925 – www.villamosca.it

🏨 Alma di Alghero 🖥 🛁 🎿 🅿

TRADIZIONALE · MODERNO A pochi passi dalla spiaggia, hotel di taglio moderno che dispone di luminose stanze; ottimo per una clientela business non dispiacerà certo ai vacanzieri. Imperdibile, la vista dalla terrazza-solarium con piscina.

40 cam ⛺ – †89/339 € ††89/339 €

via Lido 29 – ℰ 079 985616 – www.hotel-alma-alghero.it

a Porto Conte Nord-Ovest : 13 km ✉ 07041 – Alghero

🏨 El Faro 🏹 🐬 ⛵ 🖥 📶 🛁 🎿 ⬆ AC 🎿 🅿

LUSSO · MEDITERRANEO Sul mare cristallino di Capo Caccia, immerso nel parco naturale di Porto Conte, El Faro è un raffinato resort che unisce panorami mozzafiato a servizi esclusivi. Dimora di charme, opera dell'illustre architetto Simon Mossa, l'hotel è progettato sull'idea di una nave adagiata sul mare la cui vista spettacolare è godibile dalle camere, dal ristorante, dalla piscina e dalle ampie terrazze.

87 cam ⛺ – †64/995 € ††104/1035 € – 2 suites

località Porto Conte 52 – ℰ 079 942010 – www.elfarohotel.it – Aperto 1° aprile-31 ottobre

ALGUND → Vedere Lagundo

ALICE BEL COLLE
Alessandria (AL) – ⊠ 15010 – 766 ab. – Alt. 418 m – Carta regionale n° **12**-C3
Carta stradale Michelin 561-H7

🏠 Belvedere   ☆ ≼ ⇛ 🖃 🕭 🗚🗚
TRADIZIONALE · CLASSICO Base ideale per visitare i dintorni, il nome è azzeccato: la bella vista si gode dalla veranda-ristorante, dalla sala colazioni all'ultimo piano e da molte camere. A 800 metri si può utilizzare la piscina di proprietà.

30 cam ⊊ – †50/60 € ††80/100 €

piazza Giovanni Guacchione 9 – 𝒞 0144 74300 – www.belvederealice.it

ALLEGHE
Belluno – ⊠ 32022 – 1 224 ab. – Alt. 979 m – Carta regionale n° **23**-C1
Carta stradale Michelin 562-C18

a Masarè Sud-Ovest : 2 km

🍴 Barance 🔟   ≼ 🕭 🏖 🅿
CUCINA REGIONALE · STILE MONTANO 🗶🗶 Ampia e luminosa sala con spioventi in legno ed arredo classico per gustare specialità della tradizione, come i casunziei alla zucca, lo spezzatino di cervo e molto altro.
Carta 28/45 €

Hotel Barance, corso Venezia 45 ⊠ 32022 Masarè – 𝒞 0437 723748
– www.hotelbarance.com – Aperto 1° dicembre-31 marzo
e 20 giugno-20 settembre

🏠 Barance   ≼ 🖃 🍸 🖃 🕭 🚗
TRADIZIONALE · STILE MONTANO Interni arredati nel tipico stile alpino ed eleganti camere in questa grande casa rosa dall'ospitale gestione familiare. Tutt'intorno, sentieri per passeggiate e pareti da arrampicata.

27 cam ⊊ – †55/100 € ††80/180 €

corso Venezia 45 ⊠ 32022 Masarè – 𝒞 0437 723748 – www.hotelbarance.com
– Aperto 1° dicembre-31 marzo e 20 giugno-20 settembre

🍴 **Barance** – Vedere selezione ristoranti

🏠 La Maison   ⏄ 🍸 🖃 🕭 🏖 🅿
TRADIZIONALE · STILE MONTANO Aspettatevi un soggiorno a tutto relax: non solo in virtù della posizione un po' defilata in cui si trova la struttura, ma anche per la generosità di ampiezza della confortevoli camere. Bello il centro benessere con la piccola beauty.

13 cam ⊊ – †80/150 € ††90/190 €

via Masarè 58 ⊠ 32022 Alleghe – 𝒞 0437 723737 – www.allegheresort.it – Chiuso ottobre e novembre

a Caprile Nord-Ovest : 4 km ⊠ 32023

🍴◯ Il Postin   🖃 🏖
CUCINA REGIONALE · STILE MONTANO 🗶🗶 Se dopo una giornata all'aria aperta, l'appetito si fa sentire, il Postin saprà saziare la vostra fame con ricette e sapori del territorio, in un'elegante sala da pranzo dal caldo stile montano: dalle finestre, a tenervi compagnia, l'incantevole scenario delle Dolomiti.

🍝 Menu 20/70 € – Carta 29/62 €

Hotel alla Posta, piazza Dogliani 19 – 𝒞 0437 721171 – www.hotelposta.com – solo a cena da lunedì a venerdì in inverno – Aperto 20 dicembre-20 marzo e 20 giugno-15 settembre

🏨 Alla Posta   🌣 🗔 🕮 ⚲ ⌂ 🖨

TRADIZIONALE · STILE MONTANO Se nella II metà dell'Ottocento era un'osteria ed una stazione per il cambio dei cavalli sul tragitto tra Impero Asburgico e Regno d'Italia, dopo quasi 150 anni la stessa casa continua ad allietare chi sosta in questa risorsa. Spazi comuni con arredi old style, centro benessere ed un'ottima pasticceria dove gustare il mitico strudel.

54 cam – 🛏37/80 € 🛏🛏79/180 € – 3 suites – 🖙12 €

piazza Dogliani 19 – 🖉 0437 721171 – www.hotelposta.com – Aperto 20 dicembre-20 marzo e 20 giugno-15 settembre

🍴○ **Il Postin** – Vedere selezione ristoranti

ALMÈ

Bergamo (BG) – ✉ 24011 – 5 652 ab. – Alt. 294 m – Carta regionale n° **10**-C1
Carta stradale Michelin 561-E10

🕸 Frosio   🕸 🏠 ⇔

CUCINA MODERNA · ELEGANTE XXX Piatti rassicuranti, pacati, di gusto classico-moderno, spesso elaborati partendo da prodotti tradizionalmente "importanti" come scampi, astice, foie gras, piccione e caviale... Sempre eccellente la carta dei vini!

→ Ravioli di ricotta, basilico e gamberi rossi di Sicilia. Filetto di piccione, flambè al rhum, asparagi e fegato d'oca. Flan al cioccolato.

Menu 70/75 € – Carta 55/88 €

piazza Lemine 1 – 🖉 035 541633 – www.frosioristoranti.it – solo a cena escluso sabato, domenica e lunedì – Chiuso 1 settimana in gennaio, 2 settimane in agosto e mercoledì

ALMENNO SAN BARTOLOMEO

Bergamo – ✉ 24030 – 6 209 ab. – Alt. 352 m – Carta regionale n° **10**-C1
Carta stradale Michelin 561-E10

🍴○ Collina   ≼ 🚗 🏠 🕭 🎬 ⇔ 🅿

CUCINA MODERNA · CONTESTO CONTEMPORANEO XXX Grazie ad un generale e profondo rinnovo, la storica trattoria di famiglia si presenta - oggi - come un elegante ristorante panoramico e dallo stile decisamente attuale: tante opere d'arte, grande passione del patron, disseminate in sala e negli spazi comuni. La cucina continua nel suo percorso di ricerca di pulizia dei sapori e di qualità della materia prima, quasi sempre locale, spesso lacustre.

Menu 65 € – Carta 52/79 €

via Ca' Paler 5, sulla strada per Roncola, Nord: 1,5 km – 🖉 035 642570 – www.ristorantecollina.it – Chiuso 1°-10 gennaio, lunedì e martedì

🍴○ Antica Osteria Giubì dal 1884   🕸 🏠 🎬 ⇔ 🅿

CUCINA REGIONALE · FAMILIARE XX Autentica trattoria immersa nel verde di un parco, da sempre di famiglia e da sempre vocata alla cucina del territorio. Un altro motivo per venirci è certamente la fornitissima cantina con circa 20.000 bottiglie, 2.000 etichette diverse e molte "verticali".

🥢 Menu 25 € (pranzo)/50 € – Carta 28/55 €

via Cascinetto 2, direzione Brembate di Sopra, Sud: 1,5 km – 🖉 035 540130 (consigliata la prenotazione la sera) – Chiuso 2 settimane in settembre e mercoledì

🏨 Camoretti   🌣 🐾 ≼ 🚗 🖃 🕭 🎬 🏋 🚗

FAMILIARE · ACCOGLIENTE In posizione collinare, tra il verde della campagna bergamasca, camere accoglienti ed eleganti, in una piacevole struttura dalla calda atmosfera familiare.

22 cam 🖙 – 🛏55/70 € 🛏🛏85/95 €

via Camoretti 2, località Longa, Nord: 3,5 km – 🖉 035 550468 – www.camoretti.it – Chiuso 1°-10 gennaio e 15-30 agosto

ALPE DI SIUSI SEISER ALM

Bolzano – ⊠ 39040 – Alt. 1 826 m – Carta regionale n° **19**-C2
Carta stradale Michelin 562-C16

ⵏO Gostner Schwaige ⪕ 🏠 🛋

CUCINA REGIONALE · STILE MONTANO ⅹ Lasciata la cabinovia si percorre una strada non impegnativa e in mezz'ora di cammino (accorciabile tramite autobus), eccoci in questa celebre malga-gourmet. Troverete anche proposte semplici per pause veloci, ma vi consigliamo di optare per i piatti più elaborati a base di prodotti alpini, erbe di montagna, agnello, manzo e latticini. La sera è aperto solo su prenotazione con menu fisso.

Menu 45/65 € – Carta 39/79 €

via Saltria Numero 13, sentiero Hans e Paula – 𝒞347 836 8154 (prenotazione obbligatoria la sera) – www.gostnerschwaige.com – Aperto 15 dicembre-15 aprile e 15 maggio-30 ottobre

⌂⌂⌂ Alpina Dolomites

LUSSO · ELEGANTE Calore ed eleganza sono cuore e anima di questo lussuoso albergo dal design montano-minimalista, dove la luce è protagonista assoluta: tutte le camere sono infatti esposte a sud, verso il sole e la meraviglia delle Dolomiti. La vacanza è presto un sogno ad occhi aperti!

47 cam ⌑ – ♦291/799 € ♦♦388/888 € – 13 suites

via Compatsch 62/3 – 𝒞0471 796004 – www.alpinadolomites.it – Aperto 3 dicembre-31 marzo e 6 giugno-3 novembre

⌂⌂⌂ Seiser Alm Urthaler

LUSSO · ELEGANTE Pietra, ferro, vetro e tanto legno sono i materiali utilizzati per questo hotel di concezione "bio" ispirato ad un coinvolgente minimalismo, con ottimi servizi e spazi comuni. I sapori della tradizione vi attendono, invece, nell'ampia sala ristorante o nelle intime stube, tra cui la Jagerstube che ha una propria carta territoriale.

62 cam – solo ½ P 157/245 € – 12 suites

via Compatsch 49 – 𝒞0471 727919 – www.alpedisiusi.com – Aperto 6 dicembre-31 marzo e 24 maggio-3 novembre

ALSENO

Piacenza – ⊠ 29010 – 4 714 ab. – Alt. 81 m – Carta regionale n° **5**-A2
Carta stradale Michelin 562-H11

a Cortina Vecchia Sud-Ovest : 5 km ⊠ 29010

ⵏO Da Giovanni 🐾 🏠 ⟳ **P**

CUCINA MODERNA · AGRESTE ⅩⅩ La settecentesca stufa in ceramica e l'arredo d'epoca potranno far volare la fantasia dei più romantici avventori. Le certezze in ogni caso vengono dalla cucina, ispirata alla tradizione piacentina, ma con molta attenzione anche alle ricette di pesce.

Menu 60 € – Carta 43/98 €

via Cortina 1040 – 𝒞0523 948304 (consigliata la prenotazione) – www.dagiovanniacortina.com – Chiuso 2 settimane in gennaio, 2 settimane in agosto, lunedì e martedì

valio84sl/iStock

ALTA BADIA

(BZ) – Carta regionale n° **19**-C1
Carta stradale Michelin 562-C17

Corvara in Badia – ✉ 39033 – 1 358 ab. – Alt. 1 568 m – Carta regionale n° **19**-C2

✿ La Stüa de Michil   🏵 🍸 ⟳ 🅿

CUCINA MODERNA · ROMANTICO 𝕏𝕏𝕏 Non è azzardato definirlo uno dei ristoranti più romantici d'Italia: avvolti nel legno di stube storiche dal fascino intimo e sussurrato, la cucina parte dai prodotti alpini, ma non si vieta escursioni in altri territori e arriva fino al mare.

→ Zuppetta di lumache del Gran Sasso, burro acido, caviale di salmerino, sedano di montagna. Capriolo in due portate: sella e stinco. Finanziere alla mandorla, mousse alla vaniglia dell'Uganda e fragole.

Menu 119/129 € – Carta 120/160 €

Hotel La Perla, strada Col Alt 105 – ☎ 0471 831000 – www.hotel-laperla.it – solo a cena – Aperto 7 dicembre-2 aprile e 15 giugno-10 settembre; chiuso domenica

🍴 Bistrot La Perla   🏵 🅿

CUCINA ITALIANA · BISTRÒ 𝕏𝕏 Viaggiare restando comodamente seduti a tavola: con gusto, passione e curiosità Bistrot La Perla propone un excursus da nord a sud attingendo alla ricchezza di sapori ed ingredienti di cui il nostro Paese sa essere prodigo. Ottime anche le specialità di pesce!

Carta 57/167 €

*Hotel La Perla, strada Col Alt 105 – ☎ 0471 831000 – www.hotel-laperla.it
– Aperto 7 dicembre-2 aprile e 15 giugno-10 settembre*

🍴 Rifugio Col Alt   ⩽ 🏠

CUCINA CLASSICA · SEMPLICE 𝕏 Si raggiunge con comodità dal paese con l'ovovia, pochi minuti di salita per accedere ad una vista mozzafiato sulle Dolomiti; la sera invece è necessario accordarsi per il trasporto con il gatto delle nevi. Il nome rifugio non tragga in inganno: c'è qualche piatto rustico, ma anche proposte più ricercate.

Carta 37/84 €

*strada Col Alt – ☎ 0471 836324 – www.rifugiocolalt.it
– Aperto 1° dicembre-15 aprile con prenotazione obbligatoria la sera e 20 giugno-20 settembre solo a pranzo*

La Perla

GRAN LUSSO · PERSONALIZZATO Nella parte più alta, storica e tranquilla del paese, vicino agli impianti di risalita, qui sono di casa le tradizioni ladine, ma soprattutto un'instancabile capacità inventiva, la ricerca di soluzioni sempre nuove e il romanticismo di camere personalizzate. Un sogno alpino.

40 cam – solo ½ P 440/1260 € – 14 suites

strada Col Alt 105 – ℰ 0471 831000 – www.hotel-laperla.it
– Aperto 7 dicembre-2 aprile e 15 giugno-10 settembre

❀ **La Stüa de Michil** • ❍ **Bistrot La Perla** – Vedere selezione ristoranti

Posta-Zirm

TRADIZIONALE · STILE MONTANO Sorto nell'800 e da allora in continua mutazione, il risultato sono tre edifici distinti con camere altrettanto diverse: le ultime nate sono da preferire. Il nuovo ristorante Taverna Posta Zirm offre cucina tipica, specialità alla griglia, pizzeria con forno a legna, piatti mediterranei e ricette vegane.

61 cam ☲ – ❙95/290 € ❙❙95/295 € – 13 suites

strada Col Alto 95 – ℰ 0471 836175 – www.postazirm.com
– Aperto 6 dicembre-31 marzo e 15 giugno-23 settembre

Sassongher

LUSSO · STILE MONTANO Dominante il paese, ai piedi dell'omonima montagna, l'albergo fu costruito nel '33 e da allora mantiene l'inossidabile fascino della tradizione, soprattutto per chi non ama un design più moderno e preferisce le rassicuranti atmosfere montane. Sala ristorante panoramica sui tetti di Corvara, ma se siete romantici prenotate un tavolo nella stube del cacciatore o delle bambole.

54 cam – solo ½ P 150/350 € – 10 suites

strada Sassongher 45 – ℰ 0471 836085 – www.sassongher.it
– Aperto 7 dicembre-8 aprile e 22 giugno-16 settembre

 Ladinia

STORICO · REGIONALE Un piccolo sogno alpino, dedicato a chi ama gli ambienti storici: quasi tutto qui è rimasto immutato dagli anni '30, quando aprì l'albergo. Incantevoli camere avvolte nel legno, i bagni, è vero, sono piccoli, ma potrete approfittare della spa dell'adiacente albergo La Perla.

13 cam – solo ½ P 120/180 €

strada Pedecorvara 10 – ℰ 0471 836010 – www.berghotelladinia.it – Chiuso 9 aprile-29 maggio e 4 novembre-6 dicembre

Colfosco – ✉ 39033 – Alt. 1 645 m – Carta regionale n° **19**-C2

❍ **Stria**

CUCINA MODERNA · AMBIENTE CLASSICO ✕✕ Dedicato a chi ama la sostanza senza tanti artifici e cerimonie: in due salette semplici viene servita una cucina moderna di grande qualità, a volte creativa, spesso accompagnata da eleganti presentazioni, ma sempre gustosa e convincente.

Carta 41/78 €

via Val 18 – ℰ 0471 836620 – Chiuso lunedì, anche domenica sera in bassa stagione

Arthotel Cappella

FAMILIARE · ELEGANTE Opere d'arte moderna sono disseminate dove il buon gusto comanda: persino nei corridoi e nei salotti dove ci si attarda incantati domandandosi se si tratti di un hotel con opere d'arte, o di una galleria d'arte con camere. Ricercatezze in cucina, soprattutto nelle due stube dove la sera vengono servite le proposte gourmet.

37 cam ☲ – ❙109/326 € ❙❙166/388 € – 10 suites

strada Pecei 17 – ℰ 0471 836183 – www.hotelcappella.com
– Aperto 4 dicembre-1° aprile e 16 giugno-16 settembre

🏠 Colfosco-Kolfuschgerhof   🍴 🛏 📺 ⊕ 🐾 ♨ ⊟ 🔒 🚗

FAMILIARE · STILE MONTANO Ambienti signorili recentemente rinnovati con numerose salette tutte rivestite in legno, ed una dinamica famiglia - ormai da diverse generazioni - al timone di questa bella risorsa, non priva di un'ottima spa.

49 cam – solo ½ P 118/355 € – 7 suites
via Roenn 7, verso Passo Gardena, Ovest: 2 km – 𝒞 0471 836188
– www.kolfuschgerhof.com – Aperto 1° dicembre-Pasqua e 1° giugno-15 ottobre

Badia – ✉ 39036 – 3 484 ab. – Alt. 1 315 m – Carta regionale n° **19**-C2

🏡 Maso Runch-Hof

CUCINA REGIONALE · SEMPLICE 🍴 Come in una fiaba, alla fine di un bosco, un maso del '700 con cinque incantevoli stube ed un menu fisso, ideale escursione fra le specialità ladine. Specialità: costine di maiale con polenta e crauti.

Menu 32 €
via Runch 11, località Pedraces – 𝒞 0471 839796 (coperti limitati, prenotare)
– www.masorunch.it – Chiuso domenica

🍽 Stüa dla Lâ

CUCINA CREATIVA · ROMANTICO 🍴🍴 Tradotto dal ladino, è la stanza ricoperta di legno e di origini ottocentesche in cui viveva la nonna: oggi, il giovane e simpatico nipote è tornato a riscaldarla, servendovi un'ottima cucina che racconta la storia della valle, della sua infanzia e delle passeggiate nei boschi, ma anche il richiamo del mare, rivisitando il tutto con gusto attuale.

Menu 62/70 €
Hotel Gran Ander, via Runcac 29, località Pedraces, Sud: 2 km
– 𝒞 0471 839718 (prenotare) – www.granander.it – solo a cena
– Aperto 4 dicembre-6 aprile e 10 giugno-30 settembre; chiuso lunedì, martedì e mercoledì

🏠 Gran Ander   🍴 🛏 ≤ 🐾 ♨ ⊟ ⓟ

FAMILIARE · REGIONALE In un contesto tranquillo e in posizione leggermente rialzata sulla valle, l'albergo sembra costruito apposta per ammirare l'austero profilo del Santa Croce. Alloggiati presso una calorosa famiglia, dormirete in camere ben tenute e dai tipici arredi montani.

19 cam 🛏 – 🛏78/135 € 🛏🛏88/140 € – 2 suites
via Runcac 29, località Pedraces, Sud: 2 km – 𝒞 0471 839718
– www.granander.it – Aperto 4 dicembre-6 aprile e 10 giugno-30 settembre
🍽 **Stüa dla Lâ** – Vedere selezione ristoranti

🏠 Lech da Sompunt   🍴 🛏 ≤ 🍴 📺 ⊕ 🐾 ♨ ⊟ ⓟ

FAMILIARE · TRADIZIONALE Affacciata su un laghetto, graziosa struttura con camere accoglienti, nuovo centro wellness con beauty farm e la possibilità di godersi la natura circostante grazie a pedalò, curling e pattinaggio. Al ristorante, serate gastronomiche con cucina ladina.

45 cam – solo ½ P 70/148 €
via Sompunt 36, località Pedraces, Sud-Ovest : 2 km – 𝒞 0471 847015
– www.lechdasompunt.it – Aperto 4 dicembre-25 marzo e
15 giugno-20 settembre

San Cassiano – ✉ 39030 – Alt. 1 535 m – Carta regionale n° **19**-C2

🌼🌼🌼 St. Hubertus

CUCINA MODERNA · LUSSO 🍴🍴🍴 Mai come in questo caso i piatti riescono a rivelare con tanta finezza psicologica la personalità dello chef, il riservato Norbert Niederkofler. Nell'accomodarsi ai suoi tavoli si prende parte ad uno spettacolo dove non ci sono "attori" principali e ruoli secondari, perché qualsiasi elemento concorre a definire il tutto.

Nei piatti del cuoco altoatesino si rintracciano, infatti, i gusti schietti e intensi delle sue montagne, la natura e la cultura di questi luoghi accompagnati dalla passione e dalla fatica quotidiana dei contadini e degli allevatori, la qualità eccelsa dei loro prodotti, le tradizioni e i metodi tramandati di generazione in generazione. Se la sua cucina è un trionfo di colori e sapori locali (pino mugo, ginepro, qualche fiore e spezia...), va anche ricordato che siamo in presenza di tecnicismi sofisticati che spiegano - senza esitazioni - la sua proiezione nell'Olimpo delle stelle.

Qualcuno - un giorno - ha detto che l'incontro con questa cucina non è un pasto, ma un'indimenticabile esperienza umana e noi ci domandiamo: come non dargli ragione?

→ Gnocchi di rape rosse. Agnello della Val d'Isarco. Tarte Tatin.

Menu 200/300 €

Hotel Rosa Alpina, strada Micura de Rue 20 - ℰ 0471 849500 - www.rosalpina.it
- solo a cena - Aperto dicembre-marzo e giugno-15 ottobre; chiuso martedì

✿✿ La Siriola ⊕ ✦ 𝐏

CUCINA MODERNA · LUSSO ✗✗✗ Con le due stelle Michelin conquistate da La Siriola il brillante chef Matteo Metullio - talentuoso giovane con esperienze formative nella brigata del tristellato Norbert Niederkofler - entra di diritto nell'apogeo delle migliori tavole d'Italia, mentre il paesino di San Cassiano in Alta Badia diventa un'imperdibile tappa gourmet per chi si trova a visitare lo spettacolo naturale delle Dolomiti.

Anche voi, come i nostri ispettori, rimarrete colpiti dalla firma personale e riconoscibilissima di Matteo e dalla sua qualità, fantasia e capacità nell'accostare sapori fuori dal comune per creare piatti come lo spaghetto freddo a km 4925 ed il piccione, fegatini, anguilla affumicata, indivia e albicocche. Il tutto supportato da spirito di osservazione, conoscenza del territorio e sensibilità verso i migliori prodotti italiani.

Ben consci che "per diventare chef attributi come costanza, dedizione e capacità d'incassare i colpi restano fondamentali. Gli aspetti più belli invece, nonché inesauribili fonti di motivazioni, sono lavorare in gruppo creando nuovi piatti e quindi condividere gioie e pensieri di chi siede a tavola". Ipse dixit!

→ Spaghetto freddo a km 4925 (somma della distanza degli ingredienti). Agnello, camomilla, spugnole, biete e crema soffice al latte di capra. Cioccolato, amarena e yogurt.

Menu 128/198 € - Carta 104/154 €

Hotel Ciasa Salares, via Pre de Vi 31, Sud-Est: 2 km - ℰ 0471 849445
- www.ciasasalares.it - solo a cena - Aperto 14 dicembre-31 marzo
e 7 giugno-22 settembre; chiuso lunedì

ᐅ○ Wine Bar Siriola ⊕ ✦ 𝐏

CUCINA CLASSICA · ELEGANTE ✗✗ Non lasciatevi ingannare: il nome è Wine Bar, è vero, e c'è una bella lista di vini, ma la cucina è ricercata, estrosa e stuzzicante, servita in una sala allegra ed informale, ideale per serate conviviali e in compagnia.

Carta 41/87 €

Hotel Ciasa Salares, via Prè de Vi 31, Sud-Est: 2 km - ℰ 0471 849445
- www.ciasasalares.it - solo a cena - Aperto 14 dicembre-31 marzo
e 7 giugno-22 settembre

ᐅ○ Wine bar & Grill

CUCINA CLASSICA · CONVIVIALE ✗✗ Qui non fanno difetto i coperti, la convivialità e l'abbondanza delle porzioni: in carta troverete piatti ladini, classici italiani, secondi piatti sia di carne che di pesce alla griglia e fondute su prenotazione. La sera anche pizza, escluso il giovedì.

Carta 42/105 €

Hotel Rosa Alpina, strada Micura de Rue 20 - ℰ 0471 849500 - www.rosalpina.it
- Aperto 1° dicembre-31 marzo e 1° giugno-15 ottobre

🏠 Ciasa Salares

LUSSO · STILE MONTANO In posizione isolata, è un incantevole chalet-hotel dove sarete accolti da un moltiplicarsi di salotti dalle atmosfere ovattate, nonché camere rivestite in legni locali. Fra le numerose offerte gastronomiche dei ristoranti della casa, non perdetevi una serata nella suggestiva cantina con salumi, formaggi e fondute!

47 cam ⌂ – ♦192/258 € ♦♦312/492 € – 19 suites

via Prè de Vi 31, Sud-Est: 2 km – ☏ 0471 849445 – www.ciasasalares.it
– Aperto 14 dicembre-31 marzo e 7 giugno-22 settembre

   ❀❀ **La Siriola** · ❙❍ **Wine Bar Siriola** – Vedere selezione ristoranti

🏠 Rosa Alpina

GRAN LUSSO · ELEGANTE Emblema dell'eleganza ladina, il moltiplicarsi di spazi e arredi si traduce in un codice di raffinata sobrietà. Eccellente servizio: siamo ai vertici dell'Alto Adige!

35 cam ⌂ – ♦400/455 € ♦♦490/720 € – 20 suites

strada Micura de Rue 20
– ☏ 0471 849500 – www.rosalpina.it
– Aperto 1° dicembre-31 marzo e 1° giugno-15 ottobre

   ❀❀❀ **St. Hubertus** · ❙❍ **Wine bar & Grill** – Vedere selezione ristoranti

🏠 Armentarola

FAMILIARE · STILE MONTANO Pioniere del turismo in valle quando fu costruito nel '38, è il grande albergo montano per eccellenza, in un moltiplicarsi di saloni e camere classiche o più contemporanee. La posizione isolata nel verde, il maneggio e il tennis ne fanno una meta prediletta anche d'estate.

48 cam ⌂ – ♦125/310 € ♦♦200/620 € – 7 suites

via Pre de Vi 12, Sud-Est: 2 km – ☏ 0471 849522 – www.armentarola.com
– Aperto 6 dicembre-7 aprile e 14 giugno-7 ottobre

🏠 Diamant

FAMILIARE · STILE MONTANO A pochi metri dal campanile e dal centro pedonale di San Cassiano, gli ospiti del Diamant apprezzeranno l'ampiezza e la sobrietà delle camere, buona parte ristrutturate nella primavera del 2018, arredate con materiali locali attenti alla salute dell'ospite.

48 cam ⌂ – ♦110/230 € ♦♦210/310 € – 3 suites

strada Micura de Rue 29 – ☏ 0471 849499 – www.hoteldiamant.com – Aperto 1° dicembre-5 aprile e 15 giugno-15 ottobre

🏠 Ciasa ai Pini

FAMILIARE · TRADIZIONALE Poco fuori dal paese verso Cortina, hotel ricavato da una struttura interamente rinnovata qualche anno fa. L'aspetto odierno è in linea con la tradizione locale: largo impiego di legno chiaro anche nelle ampie camere.

21 cam ⌂ – ♦50/70 € ♦♦90/130 €

via Glira 4, Sud-Est: 1,5 km – ☏ 0471 849541 – www.ai-pini.it
– Aperto 1° dicembre-30 marzo e 1° giugno-30 settembre

🏠 Gran Paradiso

TRADIZIONALE · STILE MONTANO Lungo la strada per Cortina, sotto le maestose cime del Lavarella e Conturines, i vicini impianti di risalita rendono l'albergo popolare in inverno non meno che in estate, quando apprezzerete il parco giochi per bambini, il turismo ciclistico e le passeggiate nei boschi che lo circondano. Eleganti camere, spesso molto spaziose.

40 cam – solo ½ P 81/178 € – 4 suites

strada Pre de Vi 11 – ☏ 0471 849424 – www.gran-paradiso.it
– Aperto 1° dicembre-1° aprile e inizio giugno-fine settembre

La Villa – ✉ 39030 – Alt. 1 484 m – Carta regionale n° **19D**-C2

🕽○ La Gana ⚿ 🅿

CUCINA REGIONALE · ELEGANTE XxX E' l'angolo gourmet dell'albergo Cristallo, una sala moderna dove il cuoco reinterpreta piatti di cucina italiana appresi nelle sue precedenti esperienze, a cui si aggiungono ora proposte dolomitiche.
Menu 69/120 € – Carta 63/93 €

Hotel Cristallo, strada Verda 3, Sud: 1,5 km – 𝒞 0471 847762
– www.hotelcristallo-altabadia.it – solo a cena – Aperto 5 dicembre-6 aprile e
14 giugno-3 ottobre

🏠 Cristallo ⩵ 🕾 🔲 🕥 𝔪 ⅃⅃ ⊡ 🔥 🛬

TRADIZIONALE · STILE MONTANO In posizione strategica tra La Villa e Corvara, stile alpino del tutto esclusivo per un hotel che dispone di un centro benessere con piscina coperta, spa e beauty, elegante lounge bar con smoking area, nonché camere adatte ad ogni esigenza.

57 cam ☲ – ♦105/255 € ♦♦182/414 € – 15 suites

strada Verda 3, Sud: 1,5 km – 𝒞 0471 847762 – www.hotelcristallo-altabadia.it
– Aperto 5 dicembre-6 aprile e 14 giugno-3 ottobre
🕽○ **La Gana** – Vedere selezione ristoranti

🏠 Antines ⛷ ⩵ 🔲 🕥 𝔪 ⅃⅃ ⊡ 🛬

FAMILIARE · PERSONALIZZATO In centro paese, ma in posizione leggermente rialzata e più tranquilla, struttura dagli ambienti luminosi ed accoglienti. Le camere sono differenziate, ma sempre arredate con ampio uso del legno, antico o moderno. Romanticismo nelle tre sale ristorante, ciascuna contraddistinta da un colore: blu, giallo e arancio.

25 cam – solo ½ P 100/175 € – 4 suites

via Picenin 18 – 𝒞 0471 844234 – www.hotelantines.it – Aperto
1° dicembre-15 aprile e 15 giugno-15 settembre

🏠 Diana ⛷ 𝔪 ⊡ 🛬

FAMILIARE · STILE MONTANO La nuova generazione, con il marito anche cuoco, ha raccolto il testimone per la guida di questo raccolto e carino hotel a conduzione familiare. Siamo in montagna: il legno - un po' ovunque - non poteva mancare.

16 cam ☲ – ♦104/215 € ♦♦130/290 €

via Colz 17 – 𝒞 0471 847029 – www.hoteldiana.info – Aperto inizio dicembre-fine
marzo e inizio giugno-fine settembre

🏠 La Majun ⛷ ⩵ 🔲 🕥 𝔪 ⊡ 🔥 🏊 🛬

BOUTIQUE HOTEL · ROMANTICO In pieno centro e di fatto a ridosso degli impianti di risalita, accoglienza incantevole, tutta al femminile: l'atmosfera montana riceve qui un tocco di modernità nelle luci e nelle decorazioni, design e colori approdano sulle Dolomiti. Al ristorante, graziose stube ciascuna intitolata ad un colore diverso e dalla cucina piatti della tradizione italiana serviti anche al sole sulla bella terrazza.

32 cam ☲ – ♦80/200 € ♦♦160/472 € – 2 suites

via Colz 59 – 𝒞 0471 847030 – www.lamajun.it – Aperto 7 dicembre-30 marzo
e 15 giugno-25 settembre

🏠 NaturHotel Miraval ⛷ ⩵ 🕾 𝔪 ⊡ 🔥 ⚿ 🅿

FAMILIARE · DESIGN Ai piedi del Santa Croce, gli amanti della natura troveranno qui il loro albergo d'elezione: il Miraval è il primo Klimahotel della valle, tutto è ispirato ai principi dell'ambientalismo, dai materiali all'acustica. Simpatica gestione familiare, profusione di legni e gli impianti di risalita a due passi completano il quadro.

12 cam – solo ½ P 86/183 €

via Sompunt 19, Nord: 1 km – 𝒞 0471 844055 – www.naturhotelmiraval.com
– Aperto 1° dicembre-Pasqua e 1° giugno-30 settembre

🏠 Ciasa Montanara

FAMILIARE · ACCOGLIENTE In posizione panoramica sul paese, troverete semplicità e accoglienza familiare. Le camere, recentemente rinnovate, offrono un buon confort: suggeriamo la camera numero 11, che regala - nei giorni più limpidi - una bella vista fino al passo del Falzarego.

10 cam ⌂ – †38/45 € ††76/100 €

via Plaon 24 – ☏ 0471 847735 – www.montanara.it

🏠 Tamarindo

FAMILIARE · ACCOGLIENTE Nella parte alta e più tranquilla del paese, calda accoglienza, servizio attento e camere personalizzate a prezzi ragionevolissimi (molto romantiche le due mansardate, all'ultimo piano). Insomma, tanti buoni motivi per sceglierlo!

11 cam ⌂ – †40/65 € ††80/130 €

via Plaon 20 – ☏ 0471 844096 – www.tamarindo-lavilla.it – Aperto 1° dicembre-20 aprile e 1° giugno-31 ottobre

ALTAMURA

Bari – ✉ 70022 – 70 396 ab. – Alt. 467 m – Carta regionale n° **15**-B2
Carta stradale Michelin 564-E31

🍴 Tre Torri

CUCINA REGIONALE · CONVIVIALE ✗ Anche se la zona è un po' periferica e non propriamente attraente, il ristorante si caratterizza per vivacità ed accoglienza; mentre la sua cucina per la qualità e le porzioni talmente generose, che la clientela locale lo sceglie soprattutto per il pesce. Menu esposto a voce.

🍴 Menu 25 € (pranzo in settimana) – Carta 26/78 €

via Ostuni 44 – ☏ 080 314 4024 – www.osteriatretorri.com – Chiuso 10-20 gennaio, 20-30 luglio e martedì

🏨 San Nicola

TRADIZIONALE · ELEGANTE In un palazzo settecentesco nel centro storico della città, raggiungerlo in auto è un po' difficile, ma il piccolo disagio è subito dimenticato dagli ambienti signorili e dalle funzionali camere di taglio moderno. La deliziosa corte interna, dove viene servita la prima colazione, darà il benvenuto alla vostra giornata.

23 cam ⌂ – †55/75 € ††65/90 € – 1 suite

via Luca De Samuele Cagnazzi 29 – ☏ 080 310 5199 – www.hotelsannicola.com

ALTARE

Savona – ✉ 17041 – 2 108 ab. – Alt. 398 m – Carta regionale n° **8**-B2
Carta stradale Michelin 561-I7

🍴 Quintilio

CUCINA REGIONALE · CONTESTO CONTEMPORANEO ✗✗ Cortesia e professionalità vi accompagneranno nella degustazione di ricette liguri e piemontesi, sebbene dopo un soggiorno in Francia da parte dello chef, il menu proponga anche specialità d'Oltralpe. Per quanto concerne l'ambiente, toni neutri per un effetto più naturale e largo spazio alla tecnologia applicata all'illuminazione a led in un ristorante le cui origini risalgono al 1889.

Menu 45/110 € – Carta 38/90 €

5 cam ⌂ – †50 € ††70 €

via Gramsci 23 – ☏ 019 58000 – www.ristorantequintilio.it – Chiuso 2 settimane in gennaio, 2 settimane in luglio, domenica sera e lunedì

ALTAVILLA VICENTINA

Vicenza – ✉ 36077 – 12 056 ab. – Alt. 45 m – Carta regionale n° **22**-A2
Carta stradale Michelin 562-F16

ⵔO Dimitri Restaurant Cafè   🛋 AC

CUCINA DEL TERRITORIO · ACCOGLIENTE ✕✕ Aperto da colazione a cena con un ventaglio di proposte di qualità e per ogni esigenza: dal fast lunch alla serata à la carte, l'ambiente è sempre giusto!

Menu 45/65 € – Carta 38/76 €

via Roma 49 – 𝒞 0444 372065 – www.dimitrirestaurant.it – Chiuso martedì sera e domenica

ⵔO L'Altro Penacio   AC ✼ P

CUCINA MODERNA · ALLA MODA ✕✕ Nel contesto dell'hotel Tre Torri, un ristorante classico-elegante con proposte derivanti da una cucina che ama attingere alla tradizione, ma anche ai sapori del mare.

Menu 29 € – Carta 29/65 €

Hotel Tre Torri, via Tavernelle 71 – 𝒞 0444 371391 – www.hoteltretorri.it – Chiuso 10 giorni in agosto, lunedì a mezzogiorno e domenica

🏠 Tre Torri   🛏 ⎙ ⛐ AC ⛨ 🚗

BUSINESS · DESIGN Legno di palissandro, lastre di ardesia e cristallo laccato: dettagli di pregio nella zona lounge di questa moderna struttura, ideale per una clientela business, ma che piacerà anche al turista in visita alla città. Ancora minimalismo come stile, e non certo per la qualità delle installazioni, nelle moderne camere.

93 cam ⌕ – ♦59/250 € ♦♦59/250 € – 1 suite

via Tavernelle 71 – 𝒞 0444 572411 – www.hoteltretorri.it

ⵔO **L'Altro Penacio** – Vedere selezione ristoranti

ALTEDO Bologna → Vedere Malalbergo

ALTISSIMO
Vicenza – ✉ 36070 – 2 230 ab. – Alt. 672 m – Carta regionale n° **23**-B2
Carta stradale Michelin 562-F15

✽ Casin del Gamba (Antonio Dal Lago)   🐝 🛋 ⛐ ⇄ P

CUCINA REGIONALE · STILE MONTANO ✕✕ Non semplice da raggiungere, vi consigliamo di partire con anticipo per affrontare i numerosi tornanti tra boschi e monti, ma la ricompensa per un po' di fatica non tarderà ad arrivare... La deliziosa famiglia che vi accoglierà fa dei prodotti del territorio la bandiera della propria cucina, autentica e saporita. Va inoltre ricordato che hanno superato i 40 anni di attività e per oltre la metà del percorso fregiati dalla stella: bravissimi!

→ Lasagna al ragù di coda di bue con pomodoro confit, bruscandoli, polvere di sedano e crema di latte. Coniglio, carota e liquirizia, mousse di arachidi e foie gras, foglie di senape. Pompelmo rosa e liquore Biancorosso, cremoso, gelato e crumble al cacao.

Menu 70/95 € – Carta 70/125 €

*via Roccolo Pizzati 1, (strada per Castelvecchio), Nord-Est: 2,5 km
– 𝒞 0444 687709 (prenotazione obbligatoria) – www.casindelgamba.it
– Chiuso 8-24 gennaio, 9-14 marzo, 20 agosto-5 settembre, domenica sera, martedì a mezzogiorno e lunedì*

ALTOMONTE
Cosenza – ✉ 87042 – 4 488 ab. – Alt. 455 m – Carta regionale n° **3**-A1
Carta stradale Michelin 564-H30

ⵔO Barbieri   ⩽ ⬕ 🛋 ⛐ AC P

CUCINA CALABRESE · AMBIENTE CLASSICO ✕✕ Ci si accomoda nella classica sala interna in attesa che il bel tempo permetta di sfruttare gli spazi all'aperto, mentre la carta seguendo le stagioni vi propone il meglio della tradizione del parco del Pollino. Anche menu vegetariano e vegano.

🍽 Menu 22/50 € – Carta 24/64 €

Hotel Barbieri, via Italo Barbieri 30 – 𝒞 0981 948072 – www.famigliabarbieri.net

🏠 Barbieri   ⟨🛏 🏊 🖥 🛁 🏧 🅿

TRADIZIONALE · CLASSICO Da oltre 40 anni un'intera famiglia è al timone di questa struttura panoramica del centro storico, dotata anche di un piccolo beauty center e di un'accogliente hall. Nella Bottega troverete in vendita il meglio dei sapori calabresi.

42 cam ⌨ – ♦55/70 € ♦♦80/95 €

via Italo Barbieri 30 – ℰ 0981 948072 – www.famigliabarbieri.net

🍴 **Barbieri** – Vedere selezione ristoranti

🏠 Il Castello di Altomonte   🐾 🦮 ⟨ 🖥 🏧 🍽

STORICO · ELEGANTE Domina la città dall'alto, questo castello del XII secolo che ripropone nei suoi ambienti eleganti l'atmosfera dell'antica residenza nobiliare. Ristorante e saloni affrescati per una cucina calabrese, ma con spunti di internazionalità.

12 cam ⌨ – ♦80/100 € ♦♦100/120 €

piazza Castello 6 – ℰ 0981 948933 – www.altomonte.it

ALTOPASCIO

Lucca – ✉ 55011 – 15 481 ab. – Alt. 19 m – Carta regionale n° **18**-B1
Carta stradale Michelin 563-K14

🍴 Il Melograno   🛖

CUCINA REGIONALE · CONTESTO STORICO XX Varcata una delle porte che interrompono le mura, una suggestiva enclave di strade e dimore storiche: una cittadella fortificata piacevolmente illuminata la sera. Al primo piano di uno di questi palazzi, rivivono ricette tradizionali di terra e di mare, non prive di vena creativa.

Menu 30 € (in settimana) – Carta 35/73 €

piazza degli Ospitalieri 9 – ℰ 0583 25016 – www.ilmelogranoristorante.net
– Chiuso 16-23 agosto, 3-8 settembre, sabato a mezzogiorno e lunedì

ALZANO LOMBARDO

Bergamo – ✉ 24022 – 13 636 ab. – Alt. 304 m – Carta regionale n° **10**-C1
Carta stradale Michelin 561-E11

🍴 RistoFante   🛖 🦮 🏧 ⇔

PESCE E FRUTTI DI MARE · ELEGANTE XXX Nel centro storico, in un antico palazzo ristrutturato, ambiente elegante e sobriamente arredato all'interno, addirittura raffinato nel bel dehors, gestito da una solida coppia di ristoratori; nonostante ne sia distante geograficamente, la cucina parla soprattutto la lingua del mare.

Carta 44/106 €

via Mazzini 41 – ℰ 035 511213 – www.ristofante.it – Chiuso 1 settimana in gennaio, 3 settimane in agosto, domenica sera e lunedì

AMALFI

Salerno – ✉ 84011 – 5 149 ab. – Carta regionale n° **4**-B2
Carta stradale Michelin 564-F25

🏵 La Caravella dal 1959 (Antonio Dipino)   🕸 🏧 🍽

CUCINA REGIONALE · ACCOGLIENTE XX Un'icona gastronomica della costiera amalfitana, che – ancora oggi – non smette di raccogliere "fedeli" attorno alla sua tavola. Abilità e fantasia in una cucina che come poche sa esaltare i sapori del territorio. Il tutto completato da una cantina che ha in non molti altri dei degni rivali.

→ Trito di pesce grigliato in foglia di limone con mandorle e finocchietto. Scialatielli con mousse di zucca, friggitelli e cubetti di pesce crudo. Il sole nel piatto.

Menu 50 € (pranzo)/140 € – Carta 54/135 €

via Matteo Camera 12 – ℰ 089 871029 (consigliata la prenotazione)
– www.ristorantelacaravella.it
– Chiuso 18 novembre-26 dicembre, 13 gennaio-12 febbraio e martedì

⑪◯ Santa Caterina ⑳ ⬅ ⛺ 🎍 AC 🌂 P

CUCINA CLASSICA · LUSSO XxX All'interno di uno dei più begli alberghi della Costiera, l'omonimo Santa Caterina, il lusso di ambienti e servizio fanno da perfetto contorno ad una splendida vista e ad una cucina che, con semplicità, propone ai clienti di tutto il mondo la fragranza ed il gusto di ricette locali.

Carta 78/192 €

Hotel Santa Caterina, via Mauro Comite, 9 – ☎ 089 871012
– www.hotelsantacaterina.it – Aperto inizio marzo-inizio novembre

⑪◯ Eolo ⑳ ⬅ 🎍 🌂

CUCINA MEDITERRANEA · INTIMO XX Al primo piano, senza ascensore, in un edificio all'ingresso di Amalfi, piatti tradizionali rivisitati in un piccolo ristorante dall'ambiente intimo e curato; appagante vista sul mare attraverso aperture ad arco sostenute da agili colonne.

Menu 70/90 € – Carta 67/120 €

via Comite 3 – ☎ 331 270 7083 – www.eoloamalfi.it – solo a
cena 20 giugno-20 settembre – Aperto inizio marzo- 10 novembre;
chiuso martedì

⑪◯ Marina Grande ⬅ 🎍 🛶 AC

PESCE E FRUTTI DI MARE · ACCOGLIENTE XX Direttamente sulla spiaggia, un piacevole locale dai toni contemporanei con splendida vista mare. Ricette che ripercorrono la tradizione, ma in chiave moderna; presenti anche piatti classici.

Carta 45/79 €

viale delle Regioni 4 – ☎ 089 871129 – www.ristorantemarinagrande.com
– Aperto 10 marzo-15 novembre; chiuso mercoledì escluso luglio-agosto

⑪◯ Sensi ⓝ 🎍

CUCINA ITALIANA · CONTESTO CONTEMPORANEO XX Saranno tutti i cinque i sensi ad essere soddisfatti da una sosta in questo angolo gourmet dell'hotel Residence. All'interno di uno splendido palazzo nobiliare del XVIII secolo - a pochi metri dalla celebre Cattedrale - l'arredamento coniuga il classico della struttura con soluzioni moderne e funzionali, i colori si rifanno a quella tavolozza naturale che risponde al nome di Costiera Amalfitana. Se la cucina attinge a piene mani al Mare Nostrum, il menu contempla – tuttavia - anche qualche specialità di terra.

Menu 65/100 € – Carta 65/81 €

via Pietro Comite, 4 – ☎ 089 871183 – Chiuso 15 gennaio-15 marzo e martedì
escluso 15 marzo-15 ottobre

🏨 Grand Hotel Convento di Amalfi 🎋 ⑳ ⬅ ⛺ ⌇ 🎍 ⬆ ⊡ ⬇ AC

STORICO · GRAN LUSSO In un convento del XIII secolo abbarbicato 🌂 P sulla scogliera che domina la costa, impreziosito da una chiesa e dallo stupendo chiostro antico, le camere sono dominate dal colore bianco, interrotto solo dal seppiato delle foto d'epoca esposte un po' ovunque. C'è un unica stanza affrescata (denominata del Priore), molte invece quelle con terrazza. Piante esotiche e limoni nel pittoresco giardino; cucina mediterranea nei due ristoranti.

45 cam ヱ – ♦615/2245 € ♦♦685/2264 € – 8 suites

via Annunziatella 46 – ☎ 089 873 6711 – www.ghconventodiamalfi.com – Chiuso
8 gennaio-31 marzo

🏨 Santa Caterina 🎋 ⬅ ⛺ ⌇ 🎍 ⬆ 🛶 ⊡ AC 🌂 ♨ P

DIMORA STORICA · GRAN LUSSO Suggestiva vista del golfo, terrazze fiorite digradanti sul mare con ascensori per la spiaggia, interni in stile di raffinata piacevolezza: qui i sogni diventano realtà! Al ristorante soffitto a crociera, colonne, eleganti tavoli rotondi: per cene di classe.

51 cam ヱ – ♦320/1050 € ♦♦350/1950 € – 15 suites

via Mauro Comite, 9 – ☎ 089 871012 – www.hotelsantacaterina.it – Aperto inizio
marzo-inizio novembre

⑪◯ **Santa Caterina** – Vedere selezione ristoranti

🏨 Marina Riviera ⫷ ⌿ 🐾 🖬 AC ✄

TRADIZIONALE · MEDITERRANEO All'ingresso della località, in posizione panoramica, struttura dei primi anni del '900 (su fondamenta tardo settecentesche): ariosi spazi comuni e camere mediterranee arredate con gusto e sobrietà. All'ultimo piano la piscina, ma anche il bar per gli aperitivi al tramonto.

31 cam ⊠ – ♦426 € ♦♦594 € – 3 suites

via P. Comite 19 – ℰ089 871104 – www.marinariviera.it
– Aperto 4 aprile-3 novembre

🏠 Antica Repubblica · AC

FAMILIARE · ACCOGLIENTE Nel vicolo dove un tempo esercitavano i pastai, piccolo edificio tenuto a regola d'arte: camere elegantemente rifinite (due con baldacchino) ed incantevole terrazza per la prima colazione.

7 cam ⊠ – ♦70/200 € ♦♦70/250 €

vico dei Pastai 2 – ℰ089 873 6310 – www.anticarepubblica.it

🏠 La Pergola ⫨ 🖬 AC ✄ 🚗

FAMILIARE · ACCOGLIENTE In un angolo pittoresco della costa, lungo la strada per Positano, camere di buon confort in una struttura dotata di un grande e suggestivo limoneto - proprio sopra l'albergo - assolutamente da visitare e completato anche da un bell'orto garante della fragranza e genuinità delle proposte gastronomiche al ristorante.

16 cam ⊠ – ♦40/250 € ♦♦60/300 €

via Augustariccio 14, località Vettica Minore Ovest: 2 km – ℰ089 831088
– www.lapergolaamalfi.it – Chiuso 7 gennaio-15 marzo

🏨 Relais Villa Annalara ⫨ 🐾 ⫷ 🛏 🖬 AC P

LOCANDA · MEDITERRANEO Piacevole struttura in una bella villa dotata di giardino ed ampia terrazza con scorci incantevoli. Camere tutte con vista: metà sulla costa ed il mare, metà su Ravello.

6 cam ⊠ – ♦90/250 € ♦♦100/280 €

via delle Cartiere 1 – ℰ089 871147 – www.villaannalara.it

🏨 Villa Lara 🐾 ⫷ 🛏 🖬 AC ✄

LOCANDA · PERSONALIZZATO Nella parte alta e più tranquilla della località, una dimora di fine '800 accuratamente ristrutturata, che presenta ai propri ospiti camere graziose, panorama e tanto charme.

6 cam ⊠ – ♦75/250 € ♦♦100/300 €

via delle Cartiere 1 bis – ℰ089 873 6358 – www.villalara.it – Aperto
15 marzo-31 ottobre

AMANTEA

Cosenza – ✉ 87032 – 13 975 ab. – Carta regionale n° **3**-A2
Carta stradale Michelin 564-J30

○ Due Bicchieri Gourmet 🍴 AC

PESCE E FRUTTI DI MARE · ALLA MODA ✕✕ Ambiente sfizioso dedicato al mondo del vino e piatti mediterranei in prevalenza di pesce: ecco la ricetta di un simpatico locale a pochi passi dalla strada del passeggio e dei negozi.

Carta 32/52 €

via Dogana 92 ✉ 87032 Amantea – ℰ0982 424409 (prenotazione obbligatoria)
– www.ristoranteduebicchieri.it – solo a cena escluso i giorni festivi – Chiuso
2 settimane in novembre, domenica sera e lunedì escluso in luglio-settembre

🏨 La Tonnara ⫨ ⫷ ⌿ 🎰 ✄ ⏚ 🖬 ⏚ AC 🏋 P

TRADIZIONALE · CLASSICO Fronte mare, albergo a gestione familiare ma dagli arredi moderni e accoglienti. Da preferire le camere affacciate sul mare piuttosto che lato monte.

57 cam ⊠ – ♦40/100 € ♦♦50/160 € – 2 suites

via Tonnara 13, Sud: 3 km – ℰ0982 424272 – www.latonnara.it – Chiuso vacanze
di Natale

AMBIVERE

Bergamo – ✉ 24030 – 2 398 ab. – Alt. 261 m – Carta regionale n° **10**-C1
Carta stradale Michelin 561-E10

🍴○ **Antica Osteria dei Camelì**　　　🐕 🏠 ᴋ AC 🔄 **P**

CUCINA MODERNA · ELEGANTE XXX In una cascina di origini cinquecentesche che si fa inaspettatamente moderna ed elegante all'interno, ricette della tradizione, ma anche diversi viaggi verso prodotti di ogni paese, mare compreso.

Menu 50 € (pranzo in settimana)/100 € – Carta 70/131 €

via Marconi 13 – 𝒞 035 908000 (consigliata la prenotazione)
– www.anticaosteriadeicameli.it – Chiuso 1°-6 gennaio, 5-27 agosto, martedì sera e lunedì

AMEGLIA

La Spezia – ✉ 19031 – 4 365 ab. – Alt. 89 m – Carta regionale n° **8**-D2
Carta stradale Michelin 561-J11

🌸 **Mauro Ricciardi alla Locanda dell'Angelo**　🐕 ⇐ AC 🍸 **P**

CUCINA MODERNA · AMBIENTE CLASSICO XX Indirizzo storico della cucina italiana, qui officiò Angelo Paracucchi, uno dei padri della moderna gastronomia tricolore. Gli ambienti sono rimasti immutati, sobri e luminosi, disegnati negli anni '70 da Magistretti, sedie comprese, ma il timone è passato a Ricciardi, celebre figura della ristorazione del Levante. Carne e pesce in piatti di misurata creatività.

→ Petto di colombaccio con radicchio e il suo fondo. Astice, lampredotto e spugnole. Il calamaro.

Menu 50/90 € – Carta 57/77 €

Hotel Locanda dell'Angelo, viale XXV Aprile 60, (strada provinciale Sarzana-Marinella), Sud-Est: 4,5 km – 𝒞 0187 65336 (prenotazione obbligatoria a mezzogiorno) – www.chefmauroricciardi.it – Chiuso 21 dicembre-21 gennaio, 1 settimana in ottobre, lunedì e martedì

🏠 **Locanda dell'Angelo**　　　🍸 ⇐ 🗴 AC 🍸 🛁 **P**

TRADIZIONALE · MINIMALISTA Albergo dedicato alla memoria dell'architetto-designer Vico Magistretti, che negli '70 progettò e arredò l'intera struttura in uno stile minimalista che segnò un'epoca, ancora oggi riconoscibile e ricercato dagli amanti di quegli anni.

31 cam ☷ – ♦80/120 € ♦♦90/140 € – 1 suite

viale XXV Aprile 60, (strada provinciale Sarzana-Marinella), Sud-Est: 4,5 km – 𝒞 0187 64391 – www.paracucchilocanda.it – Aperto 15 marzo-31 ottobre
🌸 **Mauro Ricciardi alla Locanda dell'Angelo** – Vedere selezione ristoranti

🏠 **La Maison del Magra**　　　　　　　🍸 ⇐ AC

TRADIZIONALE · PERSONALIZZATO Modernità e gradevoli personalizzazioni in questa piccola risorsa familiare dalla bella location con vista sulla foce e la possibilità di noleggio gommoni, con o senza accompagnatore, per visitare la splendida costa ligure.

10 cam ☷ – ♦50/130 € ♦♦60/150 € – 2 suites

via F. Paganini 3, località Fiumaretta – 𝒞 0187 64155 – www.maisondelmagra.com

a Montemarcello Sud : 5,5 km ✉ 19030

🍴○ **Pescarino-Sapori di Terra e di Mare**　　⇐ 🍸 🏠 🗴 AC **P**

CUCINA REGIONALE · RUSTICO XX In un locale semplice avvolto nel legno – quasi una baita – troverete una delle cucina più interessanti della zona con grande cura nella selezione dei prodotti; per chi ama la tranquillità consigliamo anche un pernottamento nelle camere, solo due ma incantevoli, con ceramiche di Vietri nei bagni.

Menu 43/48 € – Carta 32/62 €
2 cam ☷ – ♦40/60 € ♦♦80/100 €

via Borea 52, Nord-Ovest: 3 km – 𝒞 0187 601388 – www.pescarino.it – solo a cena escluso sabato e i giorni festivi – Chiuso 15 giorni in gennaio, lunedì e martedì escluso luglio- agosto

AMELIA

Terni – ✉ 05022 – 11 897 ab. – Alt. 370 m – Carta regionale n° **20**-B3
Carta stradale Michelin 563-O19

🏠 La Gabelletta ☆ 🍴 🎇 AC 🚿 P

LOCANDA · PERSONALIZZATO Particolare country house ricavata dal restauro di un'antica locanda settecentesca con camere molto lineari e dai colori realizzati con terre e tinte naturali. L'omonimo ristorante propone menu stagionali e territoriali.

13 cam ⌇ – ♦70/120 € ♦♦90/130 €
via Tuderte 20 – 𝒞 0744 981775 – www.lagabelletta.it – Chiuso 15-31 gennaio

a Macchie Nord-Ovest : 8 km ✉ 05022 – Amelia

🍴 Tenuta del Gallo ← 🍴 🎐 🎇 P

CUCINA CLASSICA · ROMANTICO XX Negli ambienti interni della tenuta, ricchi di charme e romanticismo oppure seduti all'aperto davanti ad un bucolico panorama, la cucina prende spunto dalla tradizione locale senza dimenticare i classici nazionali.

Menu 45/55 € – Carta 37/65 €
Relais Tenuta del Gallo, via Ortacci 34 – 𝒞 0744 987112 – www.tenutadelgallo.com – Chiuso 7-31 gennaio e novembre; aperto solo venerdì sera, sabato, domenica a mezzogiorno da ottobre a marzo

🏰 Relais Tenuta del Gallo 🐾 ← 🍴 🎇 AC 🚿 P

CASA DI CAMPAGNA · STORICO All'interno di una grande proprietà terriera, in posizione isolata e panoramica, ambienti eleganti e raffinati con mobili di pregio e quadri del Seicento e dell'Ottocento provenienti dalla collezione privata di famiglia.

7 cam ⌇ – ♦128/200 € ♦♦175/210 € – 2 suites
via Ortacci 34 – 𝒞 0744 987112 – www.tenutadelgallo.com – Chiuso 7-31 gennaio e novembre

🍴 **Tenuta del Gallo** – Vedere selezione ristoranti

ANACAPRI Napoli → Vedere Capri (Isola di)

ANCONA

(AN) – ✉ 60123 – 100 861 ab. – Carta regionale n° **11**-C1
Carta stradale Michelin 563-L22

🍴 Ginevra ⓝ ← 🍸 🛏

CUCINA CREATIVA · CONTESTO CONTEMPORANEO XXX Al quarto piano dell'albergo Seeport, non sono tuttavia gli scorci del porto la vera attrattiva del ristorante, ma gli ottimi piatti del giovane cuoco, d'origine campane, marchigiano d'adozione, internazionale infine per visione e libertà gastronomica quando è ai fornelli della cucina a vista sulla sala.

Menu 65 € (cena)/105 € – Carta 41/103 € – carta semplice a pranzo
Hotel Seeport, Rupi di via XXIX Settembre 12 ✉ 60123 – 𝒞 071 971 5100 (consigliata la prenotazione) – www.ginevrarestaurant.com – Chiuso domenica

🍴 Sot'Ajarchi AC

PESCE E FRUTTI DI MARE · TRATTORIA X Sotto i portici, è una semplice trattoria familiare, dove gustare la tipica cucina marchigiana di mare in piatti fragranti preparati secondo l'offerta del mercato.

Carta 29/62 €
via Marconi 93 ✉ 60125 – 𝒞 071 202441 (consigliata la prenotazione) – Chiuso vacanze di Natale, agosto e domenica

Grand Hotel Palace

TRADIZIONALE • CLASSICO Situato in centro, in un palazzo ottocentesco austero e nobiliare, l'hotel gode di una posizione privilegiata trovandosi esattamente di fronte al mare e a poca distanza dalla zona pedonale. Totalmente rinnovato con un stile elegante e contemporaneo, le sue camere sono curate ed accoglienti. Piccola carta di gustosi piatti e vini di produzione propria presso il wine-bar.

41 cam – †83/245 € ††115/250 € – 2 suites

lungomare Vanvitelli 24 ✉ 60121 – ✆ 071 201813 – www.grandhotelpalaceancona.com

Grand Hotel Passetto

TRADIZIONALE • CLASSICO Il giardino con piscina abbellisce questo hotel alle porte della città, non lontano dal mare: eleganti e sobri interni, confortevoli camere di taglio classico.

39 cam – †80/139 € ††99/239 € – 1 suite

via Thaon de Revel 1 ✉ 60124 – ✆ 071 31307 – www.grandhotelpassetto.com

Seeport

TRADIZIONALE • ELEGANTE Splendidamente affacciato sulla città e sul porto, eleganza e funzionalità in uno stile romantico-industriale. Cucina gourmet al Ginevra Restaurant sul panoramico roof, o ricette della tradizione locale al Seeport Bistrò.

48 cam – †100/240 € ††120/280 €

Rupi di via XXIX Settembre 12 ✉ 60123 – ✆ 071 971 5100 – www.seeporthotel.com

Ginevra – Vedere selezione ristoranti

a Portonovo Sud-Est : 12 km per Numana ✉ 60129

Clandestino Susci Bar

CUCINA CREATIVA • ALLA MODA Direttamente su una bellissima spiaggia selvaggia, la maggior parte dei tavoli puntano verso la baia ed il mare. Vero e proprio laboratorio dell'idee culinarie di Moreno Cedroni, la carta non è ampia, ma la linea di cucina è interessante, creativa ed a base di pesce (ottimi i crudi). A mezzogiorno solo panini ed insalate.

Menu 85 € – Carta 48/80 €

via Portonovo, località Poggio – ✆ 071 801422 – www.morenocedroni.it – solo a cena – Aperto aprile-ottobre

Fortino Napoleonico

STORICO • CLASSICO Conserva tutto l'aspetto di un fortino costruito ad inizio dell'800, che si estende orizzontalmente a pochi metri dall'acqua, immerso nel verde della baia. Camere con arredi d'epoca ed in stile, comunque omogenei con un'idea di raffinata eleganza. Curata anche la ristorazione, dalla cucina escono interessanti piatti creativi.

26 cam – †99/230 € ††199/500 € – 4 suites

via Poggio 166 – ✆ 071 801450 – www.hotelfortino.it – Chiuso gennaio, febbraio e marzo

Emilia

TRADIZIONALE • MEDITERRANEO In posizione isolata, su un promontorio e con un curato giardino da cui si apre una vista mozzafiato sul mare e la baia di Portonovo, all'interno prevale un'atmosfera bianca e luminosa, uno stile classico e funzionale. Navetta per le spiagge in estate.

33 cam – †49/899 € ††49/899 € – 4 suites

via Poggio 149/a, (in collina), Ovest: 2 km – ✆ 071 801117 – www.hotelemilia.com – Aperto inizio aprile-fine ottobre

🏠 Internazionale

FAMILIARE · FUNZIONALE In una tranquilla oasi verde, sulle pendici del promontorio che disegna la baia di Portonovo, un albergo a gestione diretta, con interni lineari; camere quasi tutte vista mare. Pareti con pietra a vista e ampie finestre panoramiche nella sala da pranzo.

25 cam ⌷ - ♦48/250 € ♦♦48/250 €

via Poggio 148 - ☏ 071 801001 - www.hotel-internazionale.com
- Aperto 1° aprile-15 ottobre

ANDALO

Trento - ✉ 38010 - 1 076 ab. - Alt. 1 042 m - Carta regionale n° **19**-B2
Carta stradale Michelin 562-D15

🏠 Corona Dolomites

TRADIZIONALE · MODERNO L'albergo in una decina di anni si è rifatto il look diventando un riferimento per la località: gestione valida, spazi generosi e servizi a 360°. La luce, qui, è di casa, a partire dal luminoso centro benessere.

43 cam ⌷ - ♦90/140 € ♦♦180/240 €

via Dossi 6 - ☏ 0461 585872
- www.coronadolomiteshotel.com
- Aperto inizio dicembre-Pasqua e metà giugno-fine settembre

🏠 Dolce Avita Spa & Resort

TRADIZIONALE · STILE MONTANO In posizione panoramica e soleggiata, hotel dagli spazi accoglienti e ben arredati, camere "romantic" con letto a baldacchino, junior suite adatte alle famiglie, nonché altre eleganti e spaziose accomodation al cui top troviamo la Luxury spa suite.

25 cam ⌷ - ♦80/160 € ♦♦120/220 € - 10 suites

via del Moro 1 - ☏ 0461 585912 - www.hoteldolceavita.it
- Aperto 3 dicembre-31 marzo e 19 giugno-17 settembre

🏠 Ambiez

SPA E WELLNESS · STILE MONTANO Risorsa a conduzione familiare dalle ampie camere in stile montano, nonché gradevole zona benessere con tanto di beauty farm. Piatti trentini, ma non solo, nel tipico ristorante dove ai fornelli si destreggia il patron dell'hotel.

22 cam ⌷ - ♦59/100 € ♦♦134/186 € - 3 suites

via Priori 8 - ☏ 0461 585556 - www.hotelambiez.com
- Aperto 6 dicembre-24 marzo e 8 giugno-15 settembre

🏠 Cristallo

TRADIZIONALE · STILE MONTANO Dista pochi metri dagli impianti di risalita, in pratica è il più vicino, questo piacevole albergo dagli accoglienti interni in stile montano, ad eccezione della hall d'ispirazione più moderna. Il centro benessere si completa con la zona beauty (massaggi e trattamenti).

37 cam ⌷ - ♦90/140 € ♦♦160/240 €

via Rindole 1 - ☏ 0461 585744 - www.hotelcristalloandalo.com
- Aperto 1° dicembre-1° aprile e 15 giugno-15 settembre

🏠 Il Piccolo Dolomiti Resort

TRADIZIONALE · STILE MONTANO Bella casa con giardino rinnovata negli anni e situata in posizione tranquilla, da cui si ammira lo splendido gruppo del Brenta e Paganella. Per gli amanti del vino, c'è anche una saletta degustazione dove divertirsi con il patron-sommelier.

18 cam - solo ½ P 90/160 € - 8 suites

via Pegorar 2 - ☏ 0461 585710 - www.piccolo.it
- Aperto 1° dicembre-31 marzo e 1° giugno-30 settembre

Serena   ⚡ ⪡ 🛏 🖼 ♨ 📺 ⊘ 🅿

FAMILIARE · STILE MONTANO Non lontano dal centro, ma in posizione più tranquilla, solida gestione diretta giunta alla seconda generazione e sempre intenta ad apportare migliorie. Vista panoramica su montagne maestose e camere confortevoli: senza ombra di dubbio, un indirizzo ideale per le famiglie!

29 cam – solo ½ P 95/195 € – 3 suites

via Crosare 15 – ✆ 0461 585727 – www.hotelserena.it – Aperto
2 dicembre-31 marzo e 16 giugno-19 settembre

ANDRIA

Barletta-Andria-Trani (BT) – ✉ 76123 – 100 440 ab. – Alt. 151 m – Carta regionale n° **15**-B2
Carta stradale Michelin 564-D30

🕸 Umami (Felice Sgarra)   🕸 🏠 🆎 🅿

CUCINA MODERNA · ELEGANTE XxX Fu grazie ad uno studio sulle alghe che agli albori del '900 i giapponesi scoprirono il quinto gusto, "umami", il saporito o sapido. Ed è, proprio, a tale filosofia che s'ispira questo locale con la sua cucina che mette in tavola i gustosi prodotti del territorio elaborati con fantasia. Ambiente raffinato, accogliente, innovativo - alle porte della città – sulla strada per Trani.

→ Tubettini, scampi, ceci neri della Murgia e zenzero. Dentice in crosta di pane, sedano rapa e perle di balik (uova di salmone). Cassata Umami.

Menu 55/105 € – Carta 47/72 €

via Trani 103 – ✆ 0883 261201 – www.umamiristorante.it – Chiuso domenica sera e martedì

😊 Il Turacciolo   🕸 🏠 🆎 ⊘

CUCINA REGIONALE · SEMPLICE X Ambiente informale con tovagliette di carta e menu esibito su due lavagne, in un'enoteca wine-bar del centro, dove la specialità è sicuramente il maialino caramellato al vincotto di fichi, insieme alla cassata di ricotta e salsa di mela cotogna. Ma non si esagera nel dire che tutta la cucina è semplicemente sorprendente!

🍴 Menu 25/40 € – Carta 27/36 €

piazza Vittorio Emanuele II° 4 – ✆ 388 199 8889 (consigliata la prenotazione)
– www.turacciolo.it – solo a cena
– Chiuso 23-30 giugno, 23-30 settembre e domenica

a Montegrosso Sud-Ovest : 15 km ✉ 70031 – Alt. 224 m

😊 Antichi Sapori   🆎 ⊘

CUCINA REGIONALE · RUSTICO X Si viene qui per gustare l'agnello ripieno di lampascioni, ma tante altre specialità regionali vi attendono in questa originale trattoria con decorazioni di vita contadina. Dal vicino orto, le saporite verdure presenti in menu.

Menu 38 € – Carta 27/47 €

piazza Sant'Isidoro 10 – ✆ 0883 569529 (prenotazione obbligatoria)
– www.pietrozito.it – Chiuso 22 dicembre-3 gennaio, 13-21 luglio, 10-20 agosto, sabato sera, lunedì sera e domenica

🏡 Agriturismo Biomasseria Lama di Luna   ⚡ 🌿 ⪡ 🛏 🎾 🅿

CASA DI CAMPAGNA · ORIGINALE Masseria ottocentesca ristrutturata secondo i dettami della bioarchitettura e del Feng Shui: affascinante mix di tradizione pugliese e filosofia cinese di vita naturale.

11 cam ⌷ – †130/160 € ††160/190 € – 3 suites

contrada Lama di Luna, Sud: 3,5 km
– ✆ 0883 569505 – www.lamadiluna.com
– Aperto 1° aprile-2 novembre

ANGERA

Varese – ⊠ 21021 – 5 607 ab. – Alt. 205 m – Carta regionale n° **9**-A2
Carta stradale Michelin 561-E7

Lido Angera ☆ ⇐ ⇔ ⬚ 🄰🄲 ⌗ 🄿

FAMILIARE · CONTEMPORANEO In posizione incantevole, leggermente rialzata, proprio a ridosso del lago la cui vista è assicurata dalla bella terrazza, questa calda risorsa a gestione familiare dispone di camere recentemente rinnovate con gusto moderno.

17 cam ⌑ – ♦88/98 € ♦♦120/140 €

*viale Libertà 11, Nord: 1 km – ℰ 0331 930232 – www.hotellido.it
– Chiuso 27 dicembre-6 gennaio*

ANGHIARI

Arezzo – ⊠ 52031 – 5 638 ab. – Alt. 429 m – Carta regionale n° **18**-D2
Carta stradale Michelin 563-L18

⊛ Da Alighiero 🄰🄲

CUCINA REGIONALE · TRATTORIA 〤 Ospitalità schietta e familiare in una tipica trattoria all'italiana retta in sala dall'energica e simpatica toscanità del proprietario; nei piatti, i sapori tipici della regione (salumi, paste fresche, carne, formaggi e il proverbiale zuccotto). Il nostro consiglio: filetto di maiale ripieno di salsiccia con uvetta e fichi - panna cotta con gelatina di rose.

🕾 Menu 25 € – Carta 25/49 €

*via Garibaldi 8 – ℰ 0575 788040 – www.daalighiero.it – Chiuso
15 febbraio-10 marzo e martedì*

ANGUILLARA SABAZIA

Roma – ⊠ 00061 – 19 357 ab. – Alt. 195 m – Carta regionale n° **7**-B2
Carta stradale Michelin 563-P18

⌂ Country Relais I Due Laghi ☆ ⅜ ⇐ ⇔ ♨ ⅙ ⅙ 🄰🄲 ⅍ 🄿

CASA DI CAMPAGNA · BUCOLICO Nella dolcezza e nella tranquillità dei colli, per arrivare a questo relais si attraversa uno dei maggiori centri equestri d'Italia (presso il quale è anche possibile praticare una "finta" caccia alla volpe); camere confortevoli ed una bella piscina per momenti d'impagabile relax.

23 cam ⌑ – ♦50/60 € ♦♦90/100 € – 5 suites

*via della Marmotta, località Le Cerque, Nord-Est: 3 km – ℰ 06 9960 7059
– www.iduelaghi.it*

ANNONE VENETO

Venezia (VE) – ⊠ 30020 – 3 954 ab. – Alt. 9 m – Carta regionale n° **23**-D2
Carta stradale Michelin 562-E20

⅋○ Il Credenziere ⍲ ⅙ 🄰🄲

PESCE E FRUTTI DI MARE · FAMILIARE 〤〤 In una piccola frazione di campagna, qui le proposte di pesce si fanno più estrose e creative, ma a pranzo c'è anche una carta dalle proposte più tradizionali ed economiche.

🕾 Menu 15 € (pranzo in settimana)/60 € – Carta 39/69 €

*via Quattro Strade 12 – ℰ 0422 769922 – www.ilcredenziereristorante.it – Chiuso
25 febbraio-10 marzo, domenica sera e lunedì*

ANNUNZIATA Cuneo → Vedere La Morra

ANTAGNOD Aosta → Vedere Ayas

ANTERIVO

Bolzano (BZ) – ⊠ 39040 – 395 ab. – Alt. 1 209 m – Carta regionale n° **19**-D3
Carta stradale Michelin 562-D16

🍴○ Kurbishof

CUCINA REGIONALE · ROMANTICO ⅄ Alla scoperta dei prodotti locali - a partire da un lupino con cui si prepara un surrogato del caffè e tante ottime carni - serviti in due caratteristiche Stuben, di cui una con vista sulla val di Cembre. Graziose camere completano questo bel maso del Settecento.

Carta 29/59 €

3 cam 🍽 – 🛏50/80 € 🛏🛏90/120 €

*via Guggal 23 – ℰ 0471 882140 (consigliata la prenotazione) – www.kuerbishof.it
– Chiuso 5 novembre-inizio dicembre, 19 aprile-20 maggio e martedì*

ANTERSELVA DI MEZZO ANTHOLZ Bolzano

→ Vedere Rasun Anterselva

ANTEY SAINT ANDRÈ

Aosta – ⊠ 11020 – 602 ab. – Alt. 1 074 m – Carta regionale n° **21**-B2
Carta stradale Michelin 561-E4

🏨 Maison Tissiere

TRADIZIONALE · CONTEMPORANEO Nella parte alta del paese, un rascard (fienile) con stalla del '700, sobriamente ristrutturato: pavimenti in pietra e larice nonché arredi dalle forme semplici e discrete per non contrastare con l'architettura contadina dell'edificio.

13 cam 🍽 – 🛏50/100 € 🛏🛏70/200 €

*frazione Petit Antey 9 – ℰ 0166 549140 – www.hoteltissiere.it – Aperto
1° dicembre-30 aprile e 1° giugno-15 ottobre*

🏠 Des Roses

FAMILIARE · STILE MONTANO Cordialità e ambiente familiare in un albergo d'altura, ambienti in stile alpino e graziosa saletta al piano terra con camino e travi a vista; camere dignitose. Ristorante decorato con bottiglie esposte su mensole, sedie in stile valdostano.

21 cam – 🛏43/57 € 🛏🛏50/85 € – 🍽 8 €

*località Poutaz – ℰ 0166 548527 – www.hoteldesroses.com – Aperto
6 dicembre-4 maggio e 21 giugno-16 settembre*

ANZIO

Roma – ⊠ 00042 – 54 211 ab. – Carta regionale n° **7**-B3
Carta stradale Michelin 563-R19

🍴○ Romolo al Porto

PESCE E FRUTTI DI MARE · MINIMALISTA ⅄ Un locale dalla filosofia esplicita: solo pesce fresco locale - talvolta pescato con la propria barca - e nuova zona Tender per aperitivi, nonché sushi a "miglio 0".

Carta 45/130 €

*via Porto Innocenziano 19 – ℰ 06 984 4079 – www.romoloalporto.it – Chiuso
7-23 gennaio e mercoledì*

ANZOLA DELL'EMILIA

Bologna – ⊠ 40011 – 12 267 ab. – Alt. 38 m – Carta regionale n° **5**-C3
Carta stradale Michelin 562-I15

🍴○ Il Ristorantino-da Dino

CUCINA REGIONALE · AMBIENTE CLASSICO ⅄ Ristorantino in zona residenziale che vale la pena di provare per le interessanti preparazioni di cucina tradizionale: materie prime di qualità, prezzi convenienti e pesce secondo il mercato (giovedì e venerdì).

Carta 27/70 €

*via 25 Aprile 11 – ℰ 051 732364 – www.ristorantinodadino.it – Chiuso domenica
sera e lunedì*

AOSTA

(AO) – ⊠ 11100 – 34 390 ab. – Alt. 583 m – Carta regionale n° **21**-A2
Carta stradale Michelin 561-E3

❀ Vecchio Ristoro (Alfio Fascendini)   🏖 ⟷

CUCINA MODERNA · ELEGANTE ✕✕ Nel centro cittadino, una coppia di coniugi vi accoglie in ambienti rustici, ma eleganti, per servirvi la tradizione regionale alleggerita in chiave moderna.

→ Cappellaci di melanzane con fonduta di pomodoro pesto e fiore sardo. Filetto di branzino marinato con barbabietola rossa, crema di patate profumata al timo. Parfait alla grappa di mirtilli e crema vaniglia.

Menu 65/80 € – Carta 55/75 €

via Tourneuve 4 – ℰ 0165 33238 (consigliata la prenotazione)
– www.ristorantevecchioristoro.it – Chiuso 3 settimane in giugno, 1°-7 novembre,
lunedì a mezzogiorno e domenica

🟢 Osteria da Nando   🏠

CUCINA REGIONALE · FAMILIARE ✕ Splendida collocazione nel cuore della città tra l'arco di Augusto e le Porte Pretoriane per questa semplice risorsa, a conduzione familiare, caratterizzata da parquet e soffitto ad archi. Cucina squisitamente regionale con specialità quali crespelle alla valdostana, carbonade con polenta, ed altro ancora. Il menu fisso permette di contenere un po' i costi.

Menu 35/55 € – Carta 39/62 €

via Sant'Anselmo 99 – ℰ 0165 44455 (consigliata la prenotazione)
– www.osterianando.com – Chiuso 23 giugno-7 luglio, mercoledì a pranzo
e martedì escluso agosto

🏨 Duca d'Aosta   ⇧ 🖃 ⑁ 🦽 AC 🛠

TRADIZIONALE · VINTAGE Dopo un'appassionata ristrutturazione risorge questo albergo che ripropone il miglior stile anni 50/60 in chiave contemporanea: scelta di pregiati materiali, soluzioni tecnologiche all'avanguardia, e una vetrina delle eccellenze artistiche della Valle. Uno dei migliori indirizzi in città!

57 cam – ♦100/200 € ♦♦120/265 € – 3 suites – ⌂ 13 €

piazza Narbonne 8 – ℰ 0165 236363 – www.alpissima.it

🏠 Milleluci   🐾 ← 🛋 🏊 ⑩ 🛝 ⌖ 🖃 🦽 🏊 🛠 🚗

CASA DI CAMPAGNA · PERSONALIZZATO Strategicamente posizionato sulla città illuminata, al Milleluci si dorme in montagna, ma anche a due passi dal capoluogo valdostano, in caratteristiche ed accoglienti camere: rassicurati da moderni confort e coccolati da un centro benessere tra i migliori della città. Notevole la grande vasca idromassaggio riscaldata esterna!

30 cam ⌂ – ♦130/180 € ♦♦160/210 €

località Porossan Roppoz 15 – ℰ 0165 235278 – www.hotelmilleluci.com

🏨 HB Aosta   ⇧ ← ⑩ 🖃 🦽 AC 🛠 🅿

TRADIZIONALE · FUNZIONALE Moderno albergo nato dal totale rinnovo di una struttura preesistente e condotto sempre dalla stessa, esperta, famiglia: in zona pedonale, ma raggiungibile in auto per gli ospiti, dispone di comodo parcheggio.

32 cam ⌂ – ♦67/100 € ♦♦97/130 € – 1 suite

via Malherbes 18/A – ℰ 0165 43645 – www.hbaostahotel.com

🏠 Le Rêve Charmant   AC 🍽 🚗

FAMILIARE · ROMANTICO Un affascinante sogno che prende forma in questa casa del centro, dove armoniosi inserimenti di legno e pietra culleranno le vostre notti, in camere dedicate ai più importanti personaggi della storia valdostana.

6 cam ⌂ – ♦84/194 € ♦♦84/194 €

Via Marché Vaudan 6 – ℰ 0165 238855 – www.lerevecharmant.com

 Maison Bondaz

FAMILIARE · FUNZIONALE Un piccolo "chambre d'hôtes" in pieno centro storico: nell'antico palazzo si sono coniugate le moderne esigenze di confort ad una ristrutturazione attenta nella scelta dei materiali (spesso naturali ed ecocompatibili). Il tutto nel rispetto della tradizione.

6 cam ☑ – †80/120 € ††90/140 €

via Sant Anselmo 36 – ℰ 345 637 3351 – www.maisonbondaz.it

a Pila Sud : 15 km ✉ 11020

Della Nouva

FAMILIARE · STILE MONTANO Un piccolo albergo che piacerà soprattutto agli sciatori, in virtù della sua posizione strategica a due passi dagli impianti di risalita e per il deposito sci dotato di armadietti scaldascarponi. Nelle confortevoli camere, piccole personalizzazioni danno al cliente l'impressione di esser ospite di una casa privata.

10 cam ☑ – †50/80 € ††70/140 €

località Pila 75 – ℰ 0165 521005 – www.hoteldellanouva.it – Aperto 26 novembre-22 aprile e 22 giugno-8 settembre

a Jovençan Ovest : 5 km per Pila✉ 11020 – Alt. 632 m

ⅈO La Gabella

CUCINA REGIONALE · RUSTICO Nell'originale ristorante ubicato in una stalla del 1600, le antiche "retse" (mangiatoie) sono ora utilizzate per le sedute. In menu, specialità tipiche valdostane, quali pierrade, raclette, fondute, affiancate da una selezione di piatti elaborati con prodotti a chilometri 0, erbe e sapori locali. A pranzo il servizio è svolto presso la brasserie dove è possibile una proposta più semplice ed economica.

Menu 35 € – Carta 35/80 € – carta semplice a pranzo dal lunedì al sabato

Hotel Les Plaisirs d'Antan, Hameau Le Clou 44 – ℰ 0165 251660 (consigliata la prenotazione) – www.lesplaisirsdantan.com – Chiuso lunedì

Les Plaisirs d'Antan

CASA DI CAMPAGNA · TRADIZIONALE I piaceri di un tempo, si ripropongono all'ospite di oggi arricchiti di confort moderni: ampio centro benessere – uno dei migliori della regione! – nonché sei camere dedicate ai fiori e alle loro essenze.

6 cam ☑ – †90/110 € ††120/154 €

Hameau Le Clou 44 – ℰ 0165 251660 – www.lesplaisirsdantan.com

ⅈO **La Gabella** – Vedere selezione ristoranti

 Budget modesto? Optate per il menu del giorno generalmente a prezzo più contenuto.

APPIANO GENTILE

Como – ✉ 22070 – 7 719 ab. – Alt. 366 m – Carta regionale n° **18**-A1
Carta stradale Michelin 561-E8

ⅈO Il Portico

CUCINA DEL MERCATO · CONVIVIALE Lo chef Lopriore torna nella sua terra natìa con un nuovo locale dal format originale: se a pranzo la scelta è orientata su piatti unici, la sera vanno in scena menu degustazione "scomposti", ovvero carne, pesce o verdura con complementi originali, nonché sfiziosi. Una cucina del mercato dove il prodotto locale è protagonista indiscusso.

Menu 16 € (pranzo in settimana)/60 € – carta semplice a pranzo

piazza Libertà 36 ✉ 22070 Appiano Gentile – ℰ 031 931982 (prenotare) – Chiuso domenica sera, martedì sera e mercoledì

APPIANO SULLA STRADA DEL VINO
EPPAN AN DER WEINSTRASSE

Bolzano – ✉ 39057 – 12 308 ab. – Alt. 418 m – Carta regionale n° **19**-B2
Carta stradale Michelin 562-C15

a San Michele ✉ 39057

🌸 Zur Rose (Herbert e Daniel Hintner) ⚜ 🏮 ⇆

CUCINA CREATIVA · AMBIENTE CLASSICO XX Da decenni sulla cresta dell'onda tra gli stellati dell'Alto Adige, la cucina di Hintner non risente minimamente la vecchiaia, a maggior ragione ora che lo affianca il figlio, e rimane sempre una tappa gastronomica imprescindibile lungo la romantica strada del vino.

→ Ravioli di grano saraceno con ortica, ricotta e formaggio di malga. Sella di capriolo, salsa al vino rosso, insalata belga rosolata, purea di mele, rosmarino. Tiramisù di mele con gelato al caramello croccante.

Menu 75/105 € – Carta 60/106 €

via Josef Innerhofer 2 – 𝒞 0471 662249 – www.zur-rose.com – Chiuso 24-27 dicembre, 2 settimane in luglio, lunedì a mezzogiorno e domenica

🏨 Angerburg Blumen Hotel 🍴 🛏 🗙 📶 ⊡ 🅰🅲 🅿 ⤵

FAMILIARE · ACCOGLIENTE La particolarità dell'albergo consiste nel trovarsi al centro del romantico paese, ma contemporaneamente circondato da un parco con frutteto. Le camere sono semplici, alcune con suggestiva vista sui tetti di San Michele.

30 cam ⌑ – †49/86 € ††101/211 € – 1 suite

*via dell'Olmo 16 – 𝒞 0471 662107 – www.hotel-angerburg.com
– Aperto 10 aprile-21 dicembre*

a Pigano Nord-Ovest : 1,5 km ✉ 39057 – San Michele Appiano

🏨 Stroblhof 🍴 🌱 ⟨ 🛏 🗙 🗔 📶 🍽 ⊡ 🅿

FAMILIARE · ACCOGLIENTE Abbracciata dal verde dei vigneti, una grande struttura impreziosita da un bel giardino con laghetto-piscina, adatta a una vacanza con la famiglia (soprattutto per le sue camere dalle dimensioni generose!), ma c'è anche una cantina con produzione vinicola e possibilità di degustazione.

30 cam – solo ½ P 114/159 € – 6 suites

*via Pigano 25 – 𝒞 0471 662250 – www.stroblhof.it
– Aperto 1° aprile-4 novembre*

a Cornaiano Nord-Est : 2 km ✉ 39057

🏨 Weinegg 🍴 🌱 ⟨ 🛏 🗙 🗔 ⊕ 📶 🕭 🍽 ⊡ ⅙ 🅰🅲 🚗

LUSSO · PERSONALIZZATO Nella tranquillità totale della natura, imponente edificio moderno con incantevole vista su monti e frutteti: ambienti personalizzati in raffinato stile tirolese, bella e completa spa.

45 suites ⌑ – ††300/600 € – 25 cam

via Lamm 22 – 𝒞 0471 662511 – www.weinegg.com

🏨 Girlanerhof 🍴 🌱 ⟨ 🛏 🗙 🗔 📶 ⊡ 🅿

TRADIZIONALE · ELEGANTE Tra filari di viti, continui lavori di miglioramento e potenziamento ne fanno un'oasi di tranquilla eleganza, sobria ricercatezza e accoglienza familiare. Il Girlanerhof invita infatti i suoi ospiti in confortevoli camere e nell'attrezzato centro benessere, deliziandoli con prelibatezze gastronomiche locali e cucina internazionale: sulla terrazza soleggiata o nella bella veranda ristorante.

26 cam ⌑ – †117/140 € ††174/260 € – 11 suites

via Belvedere 7 – 𝒞 0471 662442 – www.girlanerhof.it – Aperto 7 aprile-3 novembre

a Monte Nord-Ovest : 2 km ✉ 39057 – San Michele Appiano

🏠 Steinegger ☆ 🦮 ⇐ 🛋 ⏛ 🖵 🕸 🛁 ✕ 🎯 🚗

FAMILIARE · PERSONALIZZATO Possente complesso in aperta campagna, con bella vista sulla vallata, ideale per famiglie per la sua tranquillità e per le buone attrezzature sportive. Camere decorose, ambiente e gestione squisitamente familiari, l'ospitalità qui è di casa!

30 cam ♎ – ♛150/200 € ♛♛150/200 € – 1 suite

via Masaccio 9 – 𝒞 0471 662248 – www.steinegger.it – Aperto 14 aprile-3 novembre

ai laghi di Monticolo Sud-Est : 6 km ✉ 39057 – San Michele Appiano

🏠 Gartenhotel Moser ☆ 🦮 ⇐ 🛋 ⏛ 🖵 🕸 🛁 ⏚ 🅿

TRADIZIONALE · ELEGANTE Ideale per una distensiva vacanza con tutta la famiglia, questo albergo immerso nella pace del suo giardino-frutteto offre ora anche una nuova zona con camere e wellness di tono moderno, armonicamente inseriti nel bel contesto naturale. Linee essenziali e colori caldi nella spaziosa sala da pranzo; servizio estivo all'aperto.

48 cam ♎ – ♛126/150 € ♛♛222/270 € – 10 suites

*lago di Monticolo 104 – 𝒞 0471 662095 – www.gartenhotelmoser.com
– Aperto 1°aprile-15 novembre*

a Missiano Nord : 4 km ✉ 39057 – San Paolo Appiano

🏠 Schloss Korb ☆ 🦮 ⇐ 🛋 ⏛ 🖵 🕸 ✕ 🎯 🛁 🅿

DIMORA STORICA · CLASSICO Incantevole veduta panoramica sulla vallata e quiete assoluta in un castello medioevale dai raffinati e tipici interni; molte camere nell'annessa struttura più recente. Calda, raffinata atmosfera nella sala in stile rustico con pareti in pietra; cucina locale.

29 cam ♎ – ♛190/350 € ♛♛190/400 € – 20 suites

*via Castello d'Appiano 5 – 𝒞 0471 636000 – www.schloss-hotel-korb.com
– Aperto 29 marzo-30 ottobre*

APPIGNANO

Macerata (MC) – ✉ 62010 – 4 213 ab. – Alt. 199 m – Carta regionale n° **11**-C2
Carta stradale Michelin 563-L22

😊 Osteria dei Segreti ⇔ 🦮 ⇐ 🛋 🎑 🆎 🅿

CUCINA REGIONALE · RUSTICO ✕✕ Piatti della tradizione a prezzi particolarmente interessanti in un ex borgo agricolo con casolare, fienile ed annessi. Specialità: carpaccio di chianina, rucola e grana - grigliata mista - panna cotta ai frutti di bosco. Per chi volesse prolungare la sosta, la struttura dispone di camere recentemente rinnovate in stile moderno.

Carta 19/56 €

19 cam ♎ – ♛46/109 € ♛♛74/120 €

*via Verdefiore 25, Nord : 3 km – 𝒞 0733 57685 – www.osteriadeisegreti.com – Chiuso
23 febbraio-7 marzo, sabato a mezzogiorno e domenica sera escluso luglio-agosto*

APRICA

Sondrio – ✉ 23031 – 1 588 ab. – Alt. 1 172 m – Carta regionale n° **9**-C1
Carta stradale Michelin 561-D12

🍴 Gimmy's ⏚ 🅿

CUCINA CREATIVA · ROMANTICO ✕✕ Proposte di cucina fantasiosa e creativa, con qualche tocco esotico, in sintonia con le stagioni e gli umori dello chef. Si cena in una bella sala/stube dai caldi toni di montagna.

Carta 37/54 €

*Hotel Arisch, via Privata Gemelli sn – 𝒞 0342 747048 (consigliata la prenotazione)
– www.hotelarisch.com*

Arisch   ⋙ ⊡ & 🚗

TRADIZIONALE · ELEGANTE Una piccola bomboniera per un romantico soggiorno montano, avvolti dal legno, come in una baita, nel centro di Aprica.

23 cam ⬡ - ▮58/200 € ▮▮80/250 €

via Privata Gemelli sn - ☎ 0342 747048 - www.hotelarisch.com

⅋○ **Gimmy's** - Vedere selezione ristoranti

APRILIA

Latina - ✉ 04011 - 73 446 ab. - Alt. 80 m - Carta regionale n° **7**-B2
Carta stradale Michelin 563-R19

⅋○ Il Focarile   ⅊ ⇔ ⇦ ⌂ Ⓐⓒ 🅿

CUCINA MODERNA · AMBIENTE CLASSICO ✕✕ L'ingresso sontuoso introduce degnamente in un'ampia, luminosa sala di tono elegante con tavoli spaziati; tocco toscano per una cucina ricca di tradizione e d'inventiva e quattro eleganti camere di fronte al laghetto. Per serate più leggere, c'è anche l'Osteria Mangiaitaliano.

Menu 35/60 € - Carta 30/48 €

4 cam ⬡ - ▮130/150 € ▮▮150/180 €

via Pontina al km 46,5 - ☎ 06 928 2549 - www.ilfocarile.it - Chiuso domenica sera escluso luglio- agosto e lunedì

ARABBA

Belluno - ✉ 32020 - Alt. 1 602 m - Carta regionale n° **23**-B1
Carta stradale Michelin 562-C17

⅋○ Stube Ladina   ⅋

CUCINA REGIONALE · STUBE ✕✕ Della cucina se ne occupa direttamente il patron dell'albergo che, in una raccolta stube, propone ai suoi ospiti la materia prima del territorio in piatti ricercati e ben fatti. A coronamento di tutto, un'interessante carta dei vini.

Carta 38/75 €

Hotel Alpenrose, via Precumon 24 - ☎ 0436 750076 - www.alpenrosearabba.it - Aperto 1° dicembre-8 aprile e 26 maggio-30 settembre

🏨 Evaldo   ⅋ ⇐ ⇦ 🖼 ⏲ ⅋ ⌙ ⊡ ⅋ ⅋ 🚗

TRADIZIONALE · STILE MONTANO Interni signorili rivestiti in legno e calda atmosfera in questa grande casa con vista panoramica sulle Dolomiti: essenze naturali, musica e acque rigeneranti presso l'originale centro benessere e piatti nazionali a cui si aggiungono specialità del luogo al ristorante.

23 cam - solo ½ P 85/220 € - 17 suites

via Mesdì 3 - ☎ 0436 79109 - www.hotelevaldo.it - Aperto 8 dicembre-2 aprile e 20 maggio-7 ottobre

🏨 Sporthotel Arabba   ⅋ ⇐ ⅋ ⌙ ⊡ ⅋ 🅿

TRADIZIONALE · STILE MONTANO Nel cuore della località, questa grande casa di montagna offre il meglio di sé negli spazi comuni, caratterizzati da tipiche decorazioni in legno che creano una "calda" atmosfera da baita. Camere in stile o più lineari, nel centro benessere c'è anche una piccola beauty.

53 cam - solo ½ P 100/221 € - 8 suites

via Mesdì 76 - ☎ 0436 79321 - www.sporthotelarabba.com - Aperto 15 dicembre-1° aprile e 15 giugno-15 settembre

Alpenrose   ⅋ ⅋ ⇐ ⅋ ⊡ & 🚗

TRADIZIONALE · STILE MONTANO Sulla strada che conduce al passo Pordoi, l'albergo e la dépendance propongono camere in caratteristico stile montano, modernamente accessoriate; spazi comuni signorili e gradevole zona benessere con un'interessante proposta messaggi.

27 cam ⬡ - ▮70/250 € ▮▮118/320 €

via Precumon 24 - ☎ 0436 750076 - www.alpenrosearabba.it - Aperto 1° dicembre-8 aprile e 26 maggio-30 settembre

⅋○ **Stube Ladina** - Vedere selezione ristoranti

🏨 Chalet Barbara   🏵 ⪕ 🐾 🖃 ✂ **P**

TRADIZIONALE · STILE MONTANO Poco distante dal centro, una casa di quattro piani dalla facciata di gusto tirolese: è il legno antico a dominare negli spaziosi ambienti, recuperato da vecchie baite. Se il buon giorno si vede dal mattino, la prima colazione qui è memorabile!

15 cam ⌂ – ♦180/196 € ♦♦180/236 €

via Precumon 23 – ☎ 0436 780155 – www.chaletbarbara.com – Aperto
15 dicembre-10 aprile e 15 giugno-15 settembre

🏨 Mesdì   ✿ ⪕ 🐾 🖃 ⚹ **P**

FAMILIARE · STILE MONTANO Alle pendici del Gruppo Sella e del Passo Pordoi, nel cuore delle Dolomiti e comodamente di fronte alle seggiovie, l'hotel è perfetto per chi ama lo sport sulla neve, ma anche per chi preferisce tranquille passeggiate nel centro della località.

19 cam – solo ½ P 65/135 €

via Mesdì 75 – ☎ 0436 79119 – www.hotelmesdi.com – Aperto 6 dicembre-8 aprile
e 2 giugno-23 settembre

🏠 Laura   🐾 🖃 ⚹ ✂ **P**

TRADIZIONALE · REGIONALE In comoda posizione centrale, a meno di 100 metri da impianti di risalita, è una piacevole struttura a conduzione familiare con una zona benessere degna di nota (sauna, bagno turco, nebbia fredda, doccia scozzese...). Il tipico stile montano, lo si ritrova anche nelle belle camere.

12 cam ⌂ – ♦90/160 € ♦♦90/160 €

via Boè 6 – ☎ 0436 780055 – www.garnilaura.it – Chiuso 15 aprile-15 maggio e
ottobre-novembre

sulla strada statale 48 Est : 3 km

🏨 Festungshotel-Al Forte   ✿ ⪕ 🐾 🛏 ⚹ **P**

TRADIZIONALE · STILE MONTANO In posizione panoramica, è un'intera famiglia attenta ad ogni particolare a gestire questo accogliente hotel che comprende anche un maniero di guerra edificato nel 1897 a difesa dei confini Austro-Ungarici, oggi sede del caratteristico ristorante. Ambienti in stile montano, piccola zona benessere e servizio navetta per gli impianti.

22 cam ⌂ – ♦55/130 € ♦♦90/240 € – 3 suites

via Pezzei 66 – ☎ 0436 79329 – www.alforte.com – Aperto 4 dicembre-15 aprile e
25 maggio-29 settembre

ARBATAX Sardegna Ogliastra (OG) ➜ Vedere Tortolì

ARCETO Reggio nell'Emilia ➜ Vedere Scandiano

ARCETRI Firenze ➜ Vedere Firenze

ARCHI Catania (CT) ➜ Vedere Riposto

ARCO

Trento – ✉ 38062 – 17 526 ab. – Alt. 91 m – Carta regionale n° **19**-B3
Carta stradale Michelin 562-E14

🏨 On The Rock   🐾 🖃 **AC**

FAMILIARE · MODERNO Sito in pieno centro, dotato però di qualche posteggio e di alcuni pass, piccolo hotel moderno, che già nel nome richiama la passione per l'arrampicata celebrata dalla sala "boulder". Con il sole la colazione viene anche servita all'aperto.

19 cam ⌂ – ♦55/80 € ♦♦95/140 €

vicolo Ere 23 – ☎ 0464 516825 – www.garniontherock.com
– Chiuso 13 gennaio-17 marzo

ARCUGNANO

Vicenza – ✉ 36057 – 7 314 ab. – Alt. 160 m – Carta regionale n° **22**-A2
Carta stradale Michelin 562-F16

⛪ Villa Michelangelo   ☆ ⑤ ≼ ㊋ 🖼 ⊡ 🅰🅲 🖧 🅿

STORICO · ELEGANTE Camere arredate con mobili antichi e rese uniche da dettagli d'epoca, si differenziano per la particolarità del movimento architettonico naturale della villa: siamo infatti in una residenza nobiliare del '700 con grande parco, nel suggestivo quadro dei colli Berici.

52 cam ⌂ – ♦80/130 € ♦♦120/160 €

via Sacco 35 – ℰ 0444 550300 – www.starhotels.com – Chiuso 1°-15 gennaio e febbraio

a Lapio Sud : 5 km ✉ 36057 – Arcugnano

🍴 Trattoria da Zamboni   ⑧ ≼ 🏠 🅰🅲 ⇆ 🅿

CUCINA CREATIVA · ACCOGLIENTE ✕✕ In un imponente palazzo d'epoca, le sobrie sale quasi si fanno da parte per dare spazio al panorama sui colli Berici e alla cucina, tradizionale e rivisitata al tempo stesso.

Menu 35/55 € – Carta 30/45 €

via Santa Croce 73 – ℰ 0444 273079 – www.trattoriazamboni.it – Chiuso 2-10 gennaio, 2 settimane in agosto, lunedì e martedì

a Soghe Sud : 9,5 km ✉ 36057 – Arcugnano

🍴 Antica Osteria da Penacio   🏠 🅰🅲 ⇆ 🅿

VENEZIANA · CONTESTO TRADIZIONALE ✕✕ Ristorante a conduzione familiare in una villetta al limitare di un bosco: all'interno due raffinate salette e una piccola, ma ben fornita, enoteca; cucina tradizionale.

Menu 35/50 € – Carta 31/55 €

via Soghe 62 – ℰ 0444 273540 – www.penacio.it – solo a cena nel periodo invernale – Chiuso 10 giorni in febbraio-marzo, 10 giorni in novembre, giovedì a mezzogiorno e mercoledì

ARDENZA Livorno → Vedere Livorno

AREMOGNA L'Aquila → Vedere Roccaraso

ARENZANO

Genova – ✉ 16011 – 11 519 ab. – Carta regionale n° **8**-B2
Carta stradale Michelin 561-I8

⛪ Grand Hotel Arenzano   ☆ ≼ ㊋ ⏛ ⑩ 🛗 ⊡ ♿ 🅰🅲 🖧 🅿

LUSSO · LUNGOMARE Grande villa d'inizio secolo sul lungomare: un albergo di sobria eleganza dalle camere piacevolmente spaziose, piccola zona benessere e simpatico lounge bar serale in piscina durante la bella stagione.

104 cam ⌂ – ♦50/500 € ♦♦100/500 € – 5 suites

lungomare Stati Uniti 2 – ℰ 010 91091 – www.gharenzano.it – Chiuso 15 dicembre-15 gennaio

🏠 Poggio Hotel   ☆ 🖼 ⊡ ♿ 🅰🅲 🖧 🚗

BUSINESS · FUNZIONALE In prossimità dello svincolo autostradale, ideale quindi per una clientela d'affari o di passaggio, hotel d'ispirazione contemporanea con camere su due piani, quelle al secondo sono migliori e più recenti.

40 cam ⌂ – ♦40/122 € ♦♦50/142 €

via di Francia 24, Ovest: 2 km – ℰ 010 913 5320 – www.poggiohotel.it

---

ARESE

Milano – ✉ 20020 – 19 187 ab. – Alt. 160 m – Carta regionale n° **10**-B2
Carta stradale Michelin 561-F9

⅃○ Il Piccolo Principe 🌳 ㅎ AC

CUCINA ITALIANA · CONTESTO CONTEMPORANEO XX Ambiente moderno nello stile e nell'offerta gastronomica che propone i sapori nazionali; in aggiunta troverete anche l'offerta più informale dell'Hostaria con piccoli percorsi (dai 10 ai 13 euro) di piatti in versione finger.

Carta 34/65 €

via Caduti 35/37 – 𝒞 02 9358 0144 – www.ilpiccoloprincipe-arese.it – Chiuso 10-16 agosto, domenica sera e lunedì

AREZZO

(AR) – ✉ 52100 – 99 543 ab. – Alt. 296 m – Carta regionale n° **18**-D2
Carta stradale Michelin 563-L17

⅃○ La Lancia d'Oro 🌳

CUCINA REGIONALE · CONTESTO STORICO XX Bel locale, pieno di decorazioni e oggetti, sito nella celebre piazza delle manifestazioni storiche, sotto le splendide logge del Vasari, dove d'estate è svolto il servizio all'aperto; cucina toscana.

Menu 35/55 € – Carta 35/80 €

piazza Grande 18/19 – 𝒞 0575 21033 – www.ristorantelanciadoro.it – Chiuso 15-28 febbraio, 3-12 novembre, domenica sera e lunedì escluso luglio-agosto

⅃○ La Tagliatella 🐃 AC

CUCINA REGIONALE · AMBIENTE CLASSICO XX In un locale leggermente periferico, colori chiari per un ambiente luminoso le cui decorazioni sono un evidente richiamo al mondo del vino. In menu: cucina di terra con specialità di carne di razza chianina.

Carta 33/55 €

viale Giotto 45/47, 1 km per Sansepolcro – 𝒞 0575 21931 – Chiuso 2 settimane in agosto, domenica sera e mercoledì

⅃○ Le Chiavi d'Oro 🌳 ㅎ AC

CUCINA MODERNA · CONTESTO CONTEMPORANEO XX Accanto alla basilica di San Francesco, il ristorante sfoggia un look originale: pavimento in parte in legno, in parte in resina, nonché sedie girevoli anni '60 ed altre di design danese; una parete di vetro consente di sbirciare il lavoro in cucina. Sulla tavola, piatti del territorio moderatamente rivisitati.

Carta 37/58 €

piazza San Francesco 7 – 𝒞 0575 403313 – www.ristorantelechiavidoro.it – Chiuso 1 settimana in gennaio, 1 settimana in agosto, lunedì, anche martedì a mezzogiorno in ottobre-marzo

⅃○ Saffron 🌳 AC

CUCINA MODERNA · CONTESTO CONTEMPORANEO XX Ristorante dal design contemporaneo e allo stesso tempo soffuso, presenta ricette moderne nel menu, soprattutto a base di pesce, nonché qualche piatto d'impostazione orientale.

Carta 45/96 €

piazza Sant'Agostino 16 – 𝒞 0575 182 4560 (consigliata la prenotazione) – solo a cena – Chiuso 1 settimana in agosto e lunedì

🏠 Graziella Patio Hotel ⊡ AC

BOUTIQUE HOTEL · CENTRALE Segni d'Africa e d'Oriente in un albergo che presenta ambientazioni davvero originali, le camere s'ispirano, infatti, ai racconti di viaggio del romanziere Bruce Chatwin. Tre di esse, inoltre, sono dedicate alla spa: una con vasca jacuzzi, l'altra con sauna ed, ultima ma non ultima, una con lampada per cromoterapia.

6 cam ☲ – †125/140 € ††155/185 € – 4 suites
via Cavour 23 – 𝒞 0575 401962 – www.hotelpatio.it

a Giovi : 8 km per Cesena ⊠ 52100

🏵 Antica Trattoria al Principe ⇔ ⅁ 🏠 🕸

CUCINA REGIONALE · FAMILIARE ⅟ Diverse salette in un locale dove gustare sia le specialità tradizionali sia i piatti a base di pesce; assolutamente da provare i pici fatti a mano, ma anche l'anguilla al tegamaccio che ricorda le origini ottocentesche di questa simpatica trattoria.

🍴 Menu 25/40 € – Carta 26/52 €

9 cam ⌑ – ♦45/55 € ♦♦75/80 €

piazza Giovi 25 – 𝒞 0575 362046 – www.ristorantealprincipe.it – Chiuso 7-16 gennaio, 16-30 agosto e lunedì

a Olmo Sud : 6 km per viale Giotto ⊠ 52040

🏨 Le Capanne ⭐ ⅁ ⇱ ⬛ 🔲 ⅋ 🔲 ⅍ 🅿

CASA DI CAMPAGNA · PERSONALIZZATO Piacevole hotel nato dalla ristrutturazione di un vecchio casolare in aperta campagna e che, quindi, gode del verde e della tranquillità assoluti. Ampi spazi all'aperto, più contenuti nelle camere dall'originale stile tra il rustico ed il moderno. Ottima offerta nel proprio ristorante serale, L'Angolo delle Capanne, con specialità alla brace!

15 cam ⌑ – ♦85/109 € ♦♦95/109 € – 1 suite

località il Matto 44/45 – 𝒞 0575 959634 – www.hotellecapanne.com

ARGEGNO

Como – ⊠ 22010 – 681 ab. – Alt. 210 m – Carta regionale n° **9**-A2
Carta stradale Michelin 561-E9

a Sant'Anna Sud-Ovest : 3 km ⊠ 22010 – Argegno

🍴 La Griglia ⇔ ⅁ ⇱ 🏠 ⅋ 🅿

CUCINA LOMBARDA · TRATTORIA ⅟⅟ Trattoria di campagna con camere: ambiente rustico nelle due sale completamente rinnovate; servizio estivo all'aperto e ampia selezione di vini e distillati.

Menu 27 € – Carta 33/62 €

11 cam ⌑ – ♦50/70 € ♦♦80/110 €

località Sant'Anna – 𝒞 031 821427 – www.lagriglia.it – Chiuso martedì escluso luglio-agosto

ARGELATO

Bologna – ⊠ 40050 – 9 844 ab. – Alt. 25 m – Carta regionale n° **5**-C3
Carta stradale Michelin 562-I16

🏵 L'800 🏠 🔲 🕸 🅿

CUCINA REGIONALE · FAMILIARE ⅟⅟ Tante specialità regionali da gustare nell'elegante sala con grandi tavoli ornati di argenti e cristalli o nella saletta più intima. Volete che ve ne suggeriamo una? Piccoli nastri di sfoglia con asparagi, guanciale e fonduta di parmigiano.

🍴 Menu 15 € (pranzo in settimana)/35 € – Carta 25/49 €

via Centese 33 – 𝒞 051 893032 – www.ristorante800.it – Chiuso 1 settimana in gennaio, 1 settimana in agosto, sabato a mezzogiorno, domenica sera e lunedì

ARIANO IRPINO

Avellino – ⊠ 83031 – 22 700 ab. – Alt. 788 m – Carta regionale n° **4**-C1
Carta stradale Michelin 564-D27

🏵 La Pignata 🔲 ⇧

CUCINA REGIONALE · FAMILIARE ⅟⅟ Nell'ampia sala dal soffitto ad archi aleggia un'atmosfera piacevolmente rustica, anticipo di ciò che arriverà dalla cucina: tagliolini alle ortiche, porcini e tartufo nero - baccalà fritto con peperoni cruschi. Ma la carta ha ancora tanto da raccontare...

Menu 35/40 € – Carta 25/47 €

viale Dei Tigli 7 – 𝒞 0825 872571 (consigliata la prenotazione) – www.ristorantelapignata.it – Chiuso martedì escluso agosto

ARMA DI TAGGIA

Imperia – ✉ 18011 – Carta regionale n° **8**-A3
Carta stradale Michelin 561-K5

⑪○ La Conchiglia 🛖 AC

CUCINA LIGURE · ELEGANTE ✕✕ Ambiente ultra-classico per una cucina leggera, dalle linee semplici, estranea al tentativo di procurare eccessivo stupore: la qualità del pescato è valorizzato in ogni piatto. Per gli amanti della terra, anche qualche proposta di carne.

Menu 45 € (pranzo in settimana)/75 € – Carta 49/116 €

Lungomare 33 – ☎ 0184 43169 – www.la-conchiglia.it – Chiuso 15 giorni in giugno, 15 giorni in novembre, giovedì a mezzogiorno e mercoledì

ARMENZANO Perugia → Vedere Assisi

ARONA

Novara – ✉ 28041 – 14 152 ab. – Alt. 212 m – Carta regionale n° **13**-B2
Carta stradale Michelin 561-E7

⑪○ Taverna del Pittore 🕸 ⬅ ⬄

CUCINA CLASSICA · ELEGANTE ✕✕ Di scorta al porto di Arona, la guarnigione spagnola contemplava - quattro secoli or sono - lo spettacolo che ancora oggi il cliente può ammirare dalla veranda di questo raffinato locale che ha rinnovato la tavola con una mise en place moderna e colorata. Due le linee culinarie proposte: una gourmet per appassionati e l'offerta bistrot-carpacceria con piatti meno impegnativi, ma sempre di qualità.

Carta 45/70 €

piazza del Popolo 39 – ☎ 0322 243366 – www.ristorantetavernadelpittore.it – Chiuso 7-31 gennaio e giovedì

a Montrigiasco Nord-Ovest : 6 km ✉ 28041 – Arona

⑬ Castagneto 🕸 ⬅ 📶 🛖 AC 🅿

CUCINA REGIONALE · FAMILIARE ✕✕ Attivo da alcuni decenni, il locale ha visto avvicendarsi la nuova generazione della medesima famiglia, ma lo spirito genuino è immutato così come l'atmosfera, calda e rilassata. Risotto mantecato con germogli d'ortica - bocconcini di coniglio al timo e purè di patate - budino di marroni sono tra le scelte più gettonate del menu.

🍴 Menu 15 € (pranzo in settimana)/40 € – Carta 25/54 €

via Vignola 14 – ☎ 0322 57201 (consigliata la prenotazione) – www.ristorantecastagneto.com – Chiuso 22 dicembre-15 gennaio, 10 giorni in giugno, lunedì e martedì

Voglia di partire all'ultimo momento? Consultate i siti Internet degli hotel per beneficiare di eventuali promozioni.

ARPINO

Frosinone – ✉ 03033 – 7 262 ab. – Alt. 447 m – Carta regionale n° **7**-D2
Carta stradale Michelin 563-R22

🏠 Il Cavalier d'Arpino 📶 🔄 AC 🅿

STORICO · ACCOGLIENTE Ai margini di uno dei più bei centri storici della zona, l'albergo si trova all'interno un'antica fabbrica della lana (produceva divise per i militari borbonici), divenendo in seguito caserma regia, scuola, e - in fine - albergo. Camere arredate in stile arte povera, curate nei dettagli; optate per quelle con vista.

28 cam ☲ – †35/60 € ††50/85 €

via Vittoria Colonna 21 – ☎ 0776 849348 – www.cavalierdarpino.it

a Carnello Nord : 5 km ✉ 03030

☺ Mingone   ⇔ 🏠 & 🏧 🔬 🅿

CUCINA ITALIANA · ROMANTICO XX Da oltre un secolo intramontabile rappresentante della cucina locale, ai consueti piatti laziali si aggiungono specialità ittiche di fiume e di mare (ottima la trota al cartoccio!). Si può scegliere fra un ambiente più informale, "Il Bistro" o la classica ed elegante sala affrescata. La cantina sottostante nasconde piccole rarità; le camere sono spaziose e in piacevole stile rustico.

Menu 35 € – Carta 20/44 €

21 cam ☲ – 🛏35/50 € 🛏🛏50/80 € – 2 suites

via Pietro Nenni 96 – ☎ 0776 869140 (prenotare) – www.mingone.it – Chiuso domenica sera

ARTIMINO Prato → Vedere Carmignano

marmoBJ/iStock

CI PIACE...

Il glamour e la movida in uno dei più suggestivi lounge della Costa Smeralda, **Phi Restaurant**! L'esclusività del **ConFusion**, per vivere una serata nel cuore pulsante di Porto Cervo. L'invidiabile posizione dell'hotel **La Bisaccia** con il suo Nelson Park che digrada fino alle calette private.

ARZACHENA Sardegna

Olbia-Tempio – ✉ 07021 – 13 562 ab. – Alt. 85 m – Carta regionale n° **16**-B1
Carta stradale Michelin 366-R37

sulla strada provinciale Arzachena-Bassacutena Ovest : 5 km

🏠 Tenuta Pilastru   ☆ 🐾 🦽 ⌙ 🗔 🕸 ⋙ 🛁 🗚 🍴 🚗 🅿

RESORT · PERSONALIZZATO Abbracciato dal verde e dalla tranquillità della campagna gallurese, un cascinale ottocentesco ristrutturato ed ampliato offre ai turisti graziose camere in stile country. Ora, c'è anche un nuovissimo wellness center.
35 cam ☲ – †58/113 € – ††80/190 € – 4 suites
località Pilastru ✉ 07021 Arzachena – ☏ 0789 82936 – www.tenutapilastru.it
– Chiuso novembre

a Cannigione Nord Est : 8 km ✉ 07021

🏠 Cala di Falco   ☆ 🐾 ⋜ 🦽 ⌙ 🍴 🛋 🗚 🚗 🅿

TRADIZIONALE · MEDITERRANEO Direttamente sul mare e immerso nel verde, un complesso di notevoli dimensioni che dispone di ambienti curati nei dettagli, sale convegni, campi da gioco e teatro all'aperto. Nelle capienti ed eleganti sale ristorante, piatti dai sapori semplici e prelibati.
64 cam – solo ½ P 108/212 € – 40 suites
via Micalosu – ☏ 0789 899200 – www.delphina.it – Aperto 14 maggio-15 ottobre

Costa Smeralda Carta regionale n° **16**-B1

a Porto Cervo ✉ 07021

🕸 ConFusion ❶ (Italo Bassi)   🏠 🗚

CUCINA CREATIVA · DESIGN ✕✕✕ Se la bacchetta magica trasforma la realtà in sogno, la grande tecnica e professionalità raggiunte dallo chef di questo ristorante rendono possibili soste gourmet indimenticabili, dove i sapori netti della sua cucina si fondono con altri più etnici e particolari.
→ Calamarata di calamari, cozze, vongole e bottarga. Costolette d'agnello, anacardi e zenzero, melanzana. Uovo di cocco e mango.
Menu 65/200 € – Carta 88/200 €
via Aga Khan 1- Promenade du Port – ☏ 340 120 9574 (consigliata la prenotazione) – www.confusionlounge.it – Aperto 25 aprile-20 ottobre

⫶◯ La Mola   🕸 ≼ 🏠 ⅙ AC ⅍ P

CUCINA MODERNA · CONTESTO CONTEMPORANEO ✗✗ Cucina sarda di terra rivisitata in un locale caratterizzato da simpatici richiami marinari e ampie finestre, da cui d'estate "spariscono" i vetri, dandovi la piacevole sensazione di essere all'aperto.

Menu 45/120 € – Carta 68/112 €

località Piccolo Pevero, Sud: 1,5 km – ℰ 0789 92145 (prenotazione obbligatoria a mezzogiorno) – www.ristorantelamola.it – solo a cena – Aperto settimana di Pasqua e maggio-settembre

⫶◯ Madai   ≼ 🍴 🏠 AC

CUCINA MODERNA · ELEGANTE ✗✗ Al termine dell'elegante passeggiata tra le grandi firme di Porto Cervo, il ristorante punta sui sapori mediterranei in piatti semplici e gustosi, nonché su una terrazza (meglio prenotare) affacciata sul porto per cene romantiche ed esclusive.

Carta 88/113 €

Promenade du Port-via del Porto Vecchio 1 – ℰ 0789 91056 (consigliata la prenotazione) – www.ristorantemadai.it – Chiuso novembre e febbraio, sempre aperto da marzo a ottobre e solo i fine settimana negli altri mesi

🏨 Colonna Pevero Hotel   ⇪ ⯑ ≼ 🍴 ⛉ ♨ ☰ ⅙ AC ♨ P

LUSSO · MEDITERRANEO In questa stupenda casa mediterranea coccolata dal verde, il lusso si declina - al di là delle installazioni, degli ambienti, del giardino - nella cura e personalizzazione del servizio: le attenzioni sono rivolte alle diverse individualità della clientela più esigente. Se il pranzo si svolge al bordo delle cinque bellissime piscine, la cena à la carte viene servita nel romantico ristorante Zafferano.

93 cam ⊊ – ♦360/960 € – ♦♦390/1490 € – 7 suites

località Golfo Pevero ⊠ 07021 Arzachena – ℰ 0789 907009 – www.colonnapeverohotel.it – Aperto fine aprile-10 ottobre

a Cala di Volpe ⊠ 07021 – Porto Cervo

🏨 Petra Bianca   ⇪ ⯑ ≼ 🍴 ⛉ ♨ ☰ ⅙ ♨ P

LUSSO · ELEGANTE Dalla sua location leggermente elevata e panoramica, questo elegante resort domina una delle baie più belle dell'isola, Cala di Volpe. L'originale costruzione in pietra locale, immersa nel verde della macchia mediterranea, dispone di accoglienti camere quasi tutte fronte mare.

61 cam ⊊ – ♦120/560 € – ♦♦200/980 € – 2 suites

– ℰ 0789 96084 – www.petrabiancahotel.com – Aperto 19 aprile-30 settembre

a Baia Sardinia ⊠ 07021

⫶◯ Phi Restaurant - Giancarlo Morelli ⓝ   ≼ 🏠 P

CUCINA MODERNA · ALLA MODA ✗✗ Glamour e moda in questo ristorante inserito all'interno di una delle più belle discoteche-lounge della Costa Smeralda, ovvero il Phi Beach. Si mangia "les pieds dans l'eau", in terrazza, al cospetto di romantici tramonti.

Carta 81/125 € – carta semplice a pranzo

località Forte Cappellini – ℰ 345 288 4254 (prenotazione obbligatoria) – www.phibeach.com – Aperto maggio-settembre

⫶◯ Corbezzolo   ≼ 🏠 AC ⟳

PESCE E FRUTTI DI MARE · CONVIVIALE ✗✗ Tempo permettendo, optate per la terrazza dalla splendida vista panoramica, sapendo tuttavia che il punto forte del ristorante, oltre alla cortesia, è la cucina marinara (ma ci sono anche pizze!).

Menu 38/60 € – Carta 35/70 €

Hotel Mon Repos, piazzetta della Fontana – ℰ 0789 99011 – www.hotelmonrepos.it – Aperto 10 maggio-30 settembre

🏨 L'Ea Bianca Luxory Resort 🐾 🌿 🛎 🏊 🛋 ⛱ 🔌 🆎 🍸 🅿

LUSSO · CONTEMPORANEO Ambiente esclusivo per un hotel che abbraccia il giardino con piscina, offrendo scorci di un panorama mozzafiato. Originale stile degli arredi dove si combinano elementi moderni ed etnici; sfiziosi piatti di cucina mediterranea nel ristorante di taglio contemporaneo.

30 cam ☐ – ♦416/1300 € ♦♦520/1440 € – 1 suite

Cala dei Ginepri, Sud: 2 km – 𝒞 0789 974311 – www.eabianca.it – Aperto fine marzo-inizio novembre

🏨 La Bisaccia 🐾 🌿 ≤ 🛋 🏊 🆎 🍸 🔌 🅿

LUSSO · MEDITERRANEO In una zona tranquilla, circondata da prati che declinano verso il mare, la struttura è ideale per una vacanza all'insegna del riposo ed ospita camere ampie e luminose; recentemente è stata creata anche una nuova ala per chi auspica ad una maggiore privacy. Nelle raffinate sale del ristorante, la vista sull'arcipelago e i sapori della cucina sarda.

122 cam ☐ – ♦156/265 € ♦♦280/477 €

– 𝒞 0789 99002 – www.hotellabisaccia.it – Aperto 1° aprile-31 ottobre

🏨 Mon Repos 🌿 ≤ 🛎 🛋 ⛱ 🆎 🔌 🅿

FAMILIARE · MEDITERRANEO A due passi dalla piazzetta ed in posizione dominante sulla baia, una conduzione familiare attenta che offre luminosi spazi e camere confortevoli nella loro semplicità.

59 cam ☐ – ♦60/130 € ♦♦120/300 € – 1 suite

via Tre Monti – 𝒞 0789 99011 – www.hotelmonrepos.it – Aperto 10 maggio-30 settembre

🍴 **Corbezzolo** – Vedere selezione ristoranti

a Liscia di Vacca ✉ 07021 – Porto Cervo

🍴 Lu Pisantinu ≤ 🏯 🆎 🅿

PESCE E FRUTTI DI MARE · STILE MEDITERRANEO 🍴🍴 Una terrazza incorniciata da colonne di granito si affaccia sulla costa e su Porto Cervo: i colori chiari e pastello richiamano le tonalità del mare, la cucina sfiziose proposte di pesce.

Carta 44/107 €

𝒞 0789 91344 (consigliata la prenotazione) – www.ristorantelupisantinu.eu – Aperto 10 maggio-10 ottobre; chiuso lunedì a mezzogiorno, anche lunedì sera in maggio e giugno

a Pitrizza ✉ 07021 – Porto Cervo

🏨 Pitrizza 🐾 🌿 ≤ 🛎 🛋 🏊 ⛱ 🏊‍♂️ 🆎 🍸 🅿

GRAN LUSSO · PERSONALIZZATO Circondato dai colori e dai profumi del paesaggio sardo, un hotel dall'antico splendore cela negli ambienti interni lusso e ricercatezza mentre all'esterno offre spazi curati. Ville esclusive con maggiordomo al servizio dell'ospite.

49 cam ☐ – ♦440/3000 € ♦♦440/3000 € – 16 suites

via Banchina di pitrizza – 𝒞 0789 930111 – www.pitrizzahotel.com – Aperto 15 maggio-1° ottobre

ARZIGNANO

Vicenza (VI) – ✉ 36071 – 25 844 ab. – Alt. 118 m – Carta regionale n° **23**-B2
Carta stradale Michelin 562-F15

🏵 Damini Macelleria & Affini 🐾 ♿ 🆎

CUCINA ITALIANA · ALLA MODA 🍴 Gastronomia, enoteca e macelleria di lusso, dietro le scintillanti vetrine si nascondono i tavoli e una cucina di rimarchevoli prodotti e gustose elaborazioni, mentre i tantissimi vini sono suggeriti a voce dal patron: senza dubbio, un'originale esperienza gourmet!

→ Mezza manica all'olio, fagioli neri, baccalà mantecato e cipolla al limone. Animella di vitello al latte, riso al latte, cren, porro BBQ, salsa al Marsala. Cocco, arachidi, sesamo e menta.

Menu 55/95 € – Carta 42/88 €

via Cadorna 31 – 𝒞 0444 452914 – www.daminieaffini.com – Chiuso 3 settimane in agosto, domenica sera e lunedì

ASCIANO

Siena – ⊠ 53041 – 7 118 ab. – Alt. 200 m – Carta regionale n° **18**-C2
Carta stradale Michelin 563-M16

🍽️○ **La Tinaia**   🐾 🈺 🈷️ AC P

CUCINA TOSCANA · RUSTICO ⅩⅩ Immerso nel verde della proverbiale campagna toscana, il ristorante è riscaldato da un piacevole caminetto e propone piatti legati al territorio, accompagnati da qualche rivisitazione. Décor rustico-elegante.
Carta 35/57 €

Hotel Borgo Casabianca, località Casa Bianca, Est: 10,5 km – ℰ 0577 704362
– www.casabianca.it – solo a cena in aprile, maggio e ottobre
– Chiuso 3 gennaio-31 marzo e mercoledì

🏛️ **Borgo Casabianca**   🛁 ⇐ 🈺 🍴 Ⅹ AC 🈸 P

DIMORA STORICA · TRADIZIONALE Immersa nel silenzio di un incantevole paesaggio collinare, la casa padronale settecentesca ospita nove camere, mentre diciotto ampi e panoramici appartamenti li troverete nel circostante borgo. Arredi d'epoca e delizioso giardino completano un quadro da cartolina.
29 cam 🛏️ – †115/135 € ††180/210 € – 7 suites

località Casa Bianca, Est: 10,5 km – ℰ 0577 704362 – www.casabianca.it
– Chiuso 3 gennaio-31 marzo
🍽️○ **La Tinaia** – Vedere selezione ristoranti

ASCOLI PICENO

(AP) – ⊠ 63100 – 49 407 ab. – Alt. 154 m – Carta regionale n° **11**-D3
Carta stradale Michelin 563-N22

🍽️○ **Caffè Meletti**   🈺 AC 🈹

CUCINA MARCHIGIANA · ACCOGLIENTE ⅩⅩ Al primo piano di questo storico caffè dov'è nata l'omonima anisetta, una cucina regionale e di mare venata di sobria creatività. Non perdete l'occasione di una cena in terrazza con vista su piazza del Popolo. A pranzo formule più veloci servite al bar.
Carta 31/65 €

via del Trivio 56 – ℰ 0736 255559 – www.caffemeletti.it – Chiuso 19-29 gennaio,
domenica sera, martedì sera e lunedì; solo le sere di domenica e lunedì in estate

🏛️ **Palazzo dei Mercanti**   🏵️ 🈯 🈴 🅰️ AC

LUSSO · PERSONALIZZATO In pieno centro storico - a soli 20 metri dalla suggestiva piazza del Popolo - Palazzo dei Mercanti vi coccolerà in camere eleganti e signorili, nonché nell'ampliato centro benessere. Piatti caldi e delizie del territorio servite nel bistrot.
22 cam 🛏️ – †72/149 € ††99/209 €

corso Trento e Trieste 35 – ℰ 0736 256044 – www.palazzodeimercanti.it

🏛️ **Residenza 100 Torri**   🈴 🅰️ AC 🈹 🈸 P

LUSSO · PERSONALIZZATO Hotel ricavato da un'antica filanda e dalle scuderie di un palazzo del 1700, dove fascino storico e confort aggiornati costituiscono un buon mix per un'accoglienza raffinata.
17 cam 🛏️ – †60/190 € ††76/250 € – 2 suites

via Costanzo Mazzoni 4 – ℰ 0736 255123 – www.centotorri.com

🏡 **Agriturismo Villa Cicchi**   🏵️ 🛁 ⇐ 🈺 🍴 🈸 P

AGRITURISMO · PERSONALIZZATO Grande fascino in questa rustica dimora di fine '600, dove i proprietari hanno conservato con grande passione suppellettili artigiane e contadine. Le camere sono tutte belle, ma alcune hanno il pregio dei soffitti decorati a tempera. Se la maggior parte di ciò che viene servito in tavola è di produzione propria, vi è anche un laboratorio per la preparazione di paste fresche, conserve ed altro ancora: prelibatezze acquistabili presso la bottega "Ghiottonerie biologiche" di Villa Cicchi.
6 cam 🛏️ – †70/300 € ††80/300 €

via Salaria Superiore 137, Ovest : 4 km – ℰ 0736 252272 – www.villacicchi.it
– Chiuso 3 settimane in gennaio-febbraio

ASIAGO

Vicenza – ✉ 36012 – 6 426 ab. – Alt. 1 001 m – Carta regionale n° 23-B2
Carta stradale Michelin 562-E16

✿ La Tana Gourmet (Alessandro Dal Degan) ⍟ ⌂ & ⌷

CUCINA MODERNA · ELEGANTE ✕✕✕ A pochi passi dalle piste da sci, La Tana Gourmet è un sofisticato indirizzo con vista altipiano che riflette la colta e curiosa personalità dello chef. Il ristorante sorge in un luogo con influenze normanne, cimbre e veneziane, ed essendo l'altipiano collocato tra alpi e pianura, il particolare microclima genera grandi quantità di erbe spontanee: sapori e profumi che caratterizzano una cucina tecnica ed intrigante. Piatti più rustici all'Osteria della Tana, ambiente informale e tipicamente montano. Quest'ultima è sempre aperta!

→ Orzo mantecato all'acqua di scampi con fagioli neri, muschi e licheni. Sella di capriolo alla resina di ginepro con crema di radici amare e funghi trombette. La pigna, sorbetto al mùgolio, grano saraceno, tuorlo e liquirizia.

Menu 85/180 € – Carta 65/110 €

*località Kaberlaba 19, Sud: 3,8 Km – ✆ 0424 462017 – www.latanagourmet.it
– Aperto inizio dicembre-fine marzo ed inizio giugno-fine settembre;
chiuso domenica sera e lunedì escluso dicembre, gennaio e agosto*

✿ Stube Gourmet & ⍟ ⓟ

CUCINA CREATIVA · ROMANTICO ✕✕ Pochi tavolini, atmosfera raffinata, luci soffuse: in una stube ricavata dai legni del tetto ristrutturato, figure di cacciatori vi accoglieranno per un intrigante percorso culinario dove piatti di cucina moderna flirtano con i prodotti del territorio. Servizio piacevolmente friendly.

→ Giardino di verdure, terra alla mandorla, formaggio caprino. Piccione in due cotture. La mucca (dessert al latte).

Menu 75/100 € – Carta 65/106 €

Hotel Europa, corso IV Novembre 65/67 – ✆ 0424 462659 (prenotazione obbligatoria) – www.hoteleuroparesidence.it – solo a cena – Chiuso aprile, ottobre, lunedì e martedì escluso dicembre, luglio e agosto

ⓐ Locanda Aurora ⇦ ⍟ ⓟ

CUCINA REGIONALE · FAMILIARE ✕ Aurora è non solo la titolare, ma l'anima del ristorante: un personaggio carismatico che vi affascinerà con i suoi racconti e ancor di più con la sua cucina, eseguita ai fornelli con la figlia. Prodotti del suggestivo altopiano - dalla patata al formaggio - in piatti gustosi. Specialità: maccheroncini alla zingara - gnocchetti in fonduta di Asiago con speck croccante - mousse di nocciolata.

Carta 25/42 €

9 cam ⌑ – ♦35/45 € ♦♦35/45 € – 5 suites

*via Ebene 71, Nord-Est: 1,5 km – ✆ 0424 462469 (prenotare)
– www.locandaurora.it – Chiuso lunedì; aperto solo venerdì-sabato-domenica in bassa stagione*

🏠 Meltar Boutique Hotel ✿ ⍟ ⇦ ⌂ 🖾 ⊕ ⍟ ⌸ 🖪 ⊡ & ⓟ

LUSSO · ELEGANTE All'interno dei campi da golf, elegante hotel di raffinato arredo e pezzi originali dispone anche di un moderno centro benessere dove rilassarsi. Nella luminosa club house, le opzioni per soddisfare il palato passano alla proposta più semplice alla cena gourmet (quest'ultima su prenotazione).

15 cam ⌑ – ♦170/210 € ♦♦220/260 € – 2 suites

via Meltar 1, Est : 3 km – ✆ 0424 460626 – www.meltarhotel.com

🏠 Europa ✿ ⍟ ⊡ & ⌷ ⍟ ⓟ

TRADIZIONALE · ACCOGLIENTE Signorile ed imponente palazzo nel cuore di Asiago apparentemente d'epoca, ma in realtà completamente ricostruito; al primo piano un'elegante stufa riscalda le zone comuni, mentre l'offerta gastronomica si articola tra il classico ristorante St. Hubertus o la più rustica Osteria.

22 cam ⌑ – ♦105/190 € ♦♦150/190 € – 5 suites

corso IV Novembre 65/67 – ✆ 0424 462659 – www.hoteleuroparesidence.it

✿ **Stube Gourmet** – Vedere selezione ristoranti

🏨 Relax Hotel Erica ☆ 🍴 🛎 🖨 AC 🌂 P

FAMILIARE · STILE MONTANO Cordiale e cortese conduzione familiare in un albergo in centro paese che offre un confortevole e tipico ambiente di montagna; graziose camere essenziali ed un nuovo centro benessere di 400 m² realizzato con materiali naturali (legno di larice e pietra locale). Gradevole sala da pranzo con soffitto a cassettoni, abbellita da vetri colorati.

31 cam ☎ – †66/98 € ††90/150 € – 1 suite

via Garibaldi 55 – 𝒞 0424 462113 – www.relaxhotelasiago.it – Chiuso ottobre

ASOLA
Mantova – ✉ 46041 – 10 151 ab. – Alt. 42 m – Carta regionale n° **9**-C3

🍽 La Filanda 🍴 AC

PESCE E FRUTTI DI MARE · ACCOGLIENTE 🕸🕸 Al primo piano di un ex opificio per l'allevamento dei bachi da seta, alto soffitto in legno e alle pareti esposizione di quadri di artisti locali, per una cucina che predilige piatti di mare rielaborati con fantasia. A pranzo, scelta à la carte più contenuta.

Menu 70 € – Carta 45/87 €

via Carducci 21/E – 𝒞 0376 720418 – www.la-filanda.it – Chiuso 10 giorni in gennaio, 10 giorni in luglio, sabato a mezzogiorno e lunedì

ASOLO
Treviso – ✉ 31011 – 9 128 ab. – Alt. 190 m – Carta regionale n° **23**-C2
Carta stradale Michelin 562-E17

🍽 Villa Cipriani ⩤ 🍴 AC P

CUCINA CLASSICA · ELEGANTE 🕸🕸🕸 Nella terra dove artisti come Tiziano e Giorgione immortalarono i loro celebri paesaggi, le grandi vetrate ad arco di questo ristorante si aprono sulla vallata, mentre la cucina ha un respiro classico, senza voltare le spalle ai sapori della tradizione locale.

Carta 61/140 €

Hotel Villa Cipriani, via Canova 298 – 𝒞 0423 523411 (consigliata la prenotazione) – www.villacipriani.it – Chiuso fine gennaio-fine marzo

🍽 La Terrazza 🍴 AC 🌂 ♿ P

CUCINA MODERNA · ROMANTICO 🕸🕸 La Terrazza: un salotto en plein air affacciato sul centro storico di Asolo, dove farsi coccolare dai manicaretti dello chef e del suo staff. In un ambiente raffinato e alla moda, una cucina sicuramente innovativa, ma anche in grado di esaltare al meglio i prodotti della tradizione. Ideale per una romantica cena tête-à-tête.

Menu 38/60 € – Carta 38/78 €

Hotel Al Sole, via Collegio 33 – 𝒞 0423 951332 – www.albergoalsole.com – solo a cena – Chiuso gennaio

🍽 Locanda Baggio 🐄 🍴 ♿ 🌂 P

CUCINA MODERNA · FAMILIARE 🕸🕸 Posizionato in zona tranquilla alle spalle di Asolo, con piacevole giardino estivo, il ristorante propone una cucina schietta che valorizza la tradizione rielaborandola in chiave moderna e raffinata Per gli amanti del succo di Bacco notevole selezione anche internazionale.

Carta 45/87 €

via Bassane 1, località Casonetto, Nord-Est: 1 km – 𝒞 0423 529648 – www.locandabaggio.it – Chiuso domenica sera e lunedì

🏨 Villa Cipriani 🐕 ⩤ 🍴 ⚒ 🏋 🖨 AC 🛁 🚗

LUSSO · PERSONALIZZATO In centro, ma in zona tranquilla, un'elegante dimora cinquecentesca con vista sulle colline dagli spazi comuni, da alcune camere e, soprattutto, dalla bella piscina. Le stanze - distribuite tra Villa e Casa Giardino - sono arredate con mobili in stile, i bagni ornati con piastrelle di Vietri dipinte a mano.

28 cam ☎ – †170/330 € ††220/610 €

via Canova 298 – 𝒞 0423 523411 – www.villacipriani.it

🍽 **Villa Cipriani** – Vedere selezione ristoranti

🏚️ **Al Sole**

LUSSO · PERSONALIZZATO Sovrastante la piazza centrale di Asolo, signorilità e raffinatezza in un hotel di charme. Camere eleganti, ma il gioiello è la terrazza per pasti e colazioni panoramiche.

23 cam ⌑ - ♦110/170 € ♦♦145/320 €

via Collegio 33 - ☎ 0423 951332 - www.albergoalsole.com - Chiuso gennaio

🍽️ **La Terrazza** - Vedere selezione ristoranti

ASSISI

(PG) - ✉ 06081 - 28 299 ab. - Alt. 424 m - Carta regionale n° **20**-B2
Carta stradale Michelin 563-M19

🍽️ **La Locanda del Cardinale**

CUCINA CREATIVA · ROMANTICO XXX Sotto gli archi di una casa medioevale, le trasparenze del pavimento illustrano i mosaici di una domus romana. La carta si apre su due mondi distinti: accanto a proposte del territorio, si trovano piatti moderni. Ottimi i prezzi dei molti vini in cantina.

Menu 50/80 € - Carta 55/100 €

*piazza del Vescovado 8 - ☎ 075 815245 - www.lalocandadelcardinale.com
- Chiuso 15 giorni in gennaio-febbraio, 15 giorni in luglio-agosto e martedì*

🍽️ **Buca di San Francesco**

CUCINA UMBRA · CONTESTO TRADIZIONALE XX Dagli anni Settanta uno dei capisaldi della ristorazione cittadina, la bandiera della ristorazione umbra è da allora una costante e, a giudicare dal successo, anche una garanzia.

Carta 23/51 €

via Brizi 1 - ☎ 075 812204 - Chiuso 10 gennaio-15 febbraio, 1°-15 luglio e lunedì

🍽️ **Eat Out Osteria Gourmet**

CUCINA CREATIVA · CONTESTO CONTEMPORANEO XX Per il giovane cuoco lavorare prodotti quasi esclusivamente umbri è un punto d'orgoglio, ma i clienti rimarranno piacevolmente sorpresi da una raffinata creatività che trasforma e valorizza i "giacimenti" gastronomici regionali. Bella sala dall'ambiente signorile, ma anche piacevolmente informale ed ampie vetrate con vista.

Carta 41/71 €

*Hotel Nun Assisi Relais, via Eremo delle Carceri 1a - ☎ 075 813163
- www.eatoutosteriagourmet.it - Chiuso mercoledì*

🏚️ **Nun Assisi Relais**

STORICO · MODERNO All'interno di un ex monastero del 1275, le forme sobrie ed essenziali degli arredi ne rispettano ancor oggi l'antica destinazione religiosa. Spettacolare "Museum Spa" ricavata tra i pilastri di un anfiteatro romano.

10 suites ⌑ - ♦♦430/1300 € - 8 cam

via Eremo delle Carceri 1a - ☎ 075 815 5150 - www.nunassisi.com

🍽️ **Eat Out Osteria Gourmet** - Vedere selezione ristoranti

🏠 **Dei Priori**

TRADIZIONALE · STORICO Vicino alla piazza centrale, albergo ben inserito nel complesso storico; le camere sono tutte confortevoli, ma se volete un'atmosfera più romantica optate per le due sale con affreschi al soffitto. Piccola osteria con rivendita di prodotti umbri per ritrovare i sapori e i vini della regione.

34 cam ⌑ - ♦49/99 € ♦♦79/159 €

corso Mazzini 15 - ☎ 075 812237 - www.hoteldeipriori.it

🏠 **Fontebella Palace Hotel**

FAMILIARE · CLASSICO Camere su vari piani - sopra e sotto la reception - ma dagli arredi simili, le migliori (con sovrapprezzo) si affacciano sulla valle; come il ristorante Frantoio, panoramico nella veranda chiusa e dalla saporita cucina umbra. Proverbiali i porcini e i tartufi!

43 cam ⌑ - ♦60/129 € ♦♦89/229 € - 3 suites

via Fontebella 25 - ☎ 075 812883 - www.fontebella.com

🏨 Il Palazzo ⊟ A/C

DIMORA STORICA · ELEGANTE Mura e volte in pietra del Duecento, il palazzo è invece del '500 e ospita oggi uno dei migliori alberghi di Assisi, elegante pur nella semplicità. Vi consigliamo una delle camere panoramiche sulla vallata del terzo piano o la 201, dallo splendido soffitto affrescato.

12 cam ⌂ – †49/89 € ††79/129 €

via San Francesco 8 – ℰ 075 816841 – www.hotelilpalazzo.it

🏨 La Terrazza ⇧ ≤ 🛏 🕃 🕉 ⊟ 🔥 A/C P

FAMILIARE · ACCOGLIENTE Gli spazi all'aperto, tra prati e piscina, sono il punto di forza dell'albergo, come la vista di molte camere sulla vallata, l'ospitalità e il piccolo centro benessere; le otto camere della dépendance - immerse nel giardino - coronano l'offerta della struttura.

40 cam ⌂ – †60/90 € ††80/130 €

via F.lli Canonichetti – ℰ 075 812368 – www.laterrazzahotel.it

🏨 Berti ⇧ ⊟ A/C

FAMILIARE · CLASSICO Spazi comuni limitati - una saletta, quella d'ingresso, sia per le colazioni che per il ricevimento - ma le camere sono piacevoli e ad un ottimo rapporto qualità/prezzo. A 40 metri dall'hotel, il ristorante Da Cecco allieta i suoi ospiti con piatti tipici in un ambiente rustico.

10 cam ⌂ – †40/90 € ††70/135 €

piazza San Pietro 24 – ℰ 075 813466 – www.hotelberti.it
– Chiuso 7 gennaio-28 febbraio

a Viole Sud-Est : 4 km ✉ 06081 – Assisi

🏨 Agriturismo Malvarina ⇧ 🐾 🛏 🕃 🕉 P

AGRITURISMO · TRADIZIONALE Un'oasi di tranquillità a poca distanza da Assisi: una sorta di albergo "diffuso" con accoglienti camere e cottage forniti di angolo cottura. Ambiente piacevolmente rustico al ristorante con camino: in menu - spesso - arrosti e paste fresche. I titolari sono, inoltre, produttori di miele, marmellate, polli, agnelli ed olio.

15 cam ⌂ – †50/65 € ††85/95 €

via Pieve di Sant'Apollinare 32 – ℰ 075 806 4280 – www.malvarina.it

ad Armenzano Est : 12 km ✉ 06081 – Assisi – Alt. 759 m

🍴 Armentum ≤ 🛏 🏠 🕃 P

CUCINA MODERNA · ROMANTICO XX Armenzano era un zona di transumanza e la sala con camino del ristorante, un tempo, fu un ovile: oggi - inaspettatamente - vi trovate una cucina sofisticata, ma dalle forte radici umbre.

Menu 40/60 € – Carta 45/67 €

Hotel Le Silve, località Armezzano – ℰ 075 782 9404
– www.ristorantearmentum.it – Chiuso 7 gennaio-7 febbraio; in novembre-marzo aperto solo su prenotazione

🏨 Le Silve 🐾 ≤ 🛏 🕃 🕉 ✕ P

TRADIZIONALE · BUCOLICO Ideale per chi ama il silenzio e la solitudine, ci vuole tempo per raggiungerlo, ma il contesto naturalistico ai piedi del monte Subasio è da cartolina. Arredi d'arte povera nelle camere.

19 cam ⌂ – †80/120 € ††110/220 €

– ℰ 075 801 9000 – www.lesilve.it – Aperto 1° aprile-2 novembre
🍴 **Armentum** – Vedere selezione ristoranti

ASTI

(AT) – ✉ 14100 – 76 202 ab. – Alt. 123 m – Carta regionale n° **14**-D1
Carta stradale Michelin 561-H6

Aleramo

BUSINESS · MODERNO La passione del proprietario per il design contemporaneo prende forma in camere moderne e mai banali, lineari e minimaliste, dalla particolarissima suite "absolute black" alla "etno chic": tutta nera la prima, con baldacchino e candele la seconda. Ultimo, ma non ultimo, la struttura è comodamente ubicata in centro città.

42 cam ☲ – †70/80 € ††100/150 € – 3 suites

via Emanuele Filiberto 13 – 𝒞 0141 595661 – www.aleramo.it

ATENA LUCANA

Salerno – ✉ 84030 – 2 336 ab. – Alt. 625 m – Carta regionale n° **4**-D2
Carta stradale Michelin 564-F28

Villa Torre Antica

DIMORA STORICA · ACCOGLIENTE Nato dal restauro di un vecchio torrione del XVIII secolo, questo hotel di *charme* propone raffinati confort ispirati alla modernità e camere personalizzate con mobili in stile.

13 cam ☲ – †50/60 € ††70/120 € – 1 suite

via Indipendenza 32 – 𝒞 0975 779016 – www.hoteltorreantica.com

ATRANI

Salerno – ✉ 84010 – 1 008 ab. – Alt. 12 m – Carta regionale n° **4**-B2
Carta stradale Michelin 564-F25

'A Paranza

PESCE E FRUTTI DI MARE · STILE MEDITERRANEO XX Nel centro del caratteristico paese, due brillanti fratelli propongono specialità di mare: espressione di saporite ricette, con ottimo rapporto qualità/prezzo.

Menu 35/50 € – Carta 34/69 €

via Traversa Dragone 1 – 𝒞 089 871840 – www.ristoranteparanza.com – Chiuso 7-30 gennaio e martedì escluso agosto

ATRI

Teramo (TE) – ✉ 64032 – Alt. 444 m – Carta regionale n° **1**-B1
Carta stradale Michelin 563-023

Tosto

CUCINA MODERNA · TRATTORIA X Piacevole locale nel pieno centro di Atri, incantevole borgo d'arte adagiato tra colline e calanchi, Tosto è gestito da una giovane coppia capace e volonterosa; la cucina reinterpreta il territorio in chiave moderna, supportata da un attento studio degli ingredienti.

Carta 35/53 €

Via Angelo Probi 8/10 – 𝒞 324 084 2077 – www.ristorantetosto.it – solo a cena escluso domenica in inverno – Chiuso lunedì, il martedì escluso 15 giugno-15 settembre

AUGUSTA Sicilia

Siracusa – ✉ 96011 – 36 305 ab. – Carta regionale n° **17**-D2
Carta stradale Michelin 365-BA60

a Brucoli Nord-Ovest : 7,5 km ✉ 96010

Venus Sea Garden Resort

RESORT · MEDITERRANEO Seducente complesso articolato in tipici edifici di arenaria gialla, i cui ambienti interni si caratterizzano per vivacità cromatica e mediterranea semplicità. Ma non c'è tempo per chiudersi tra quattro mura: la vita si svolge all'aperto, intorno alla splendida piscina o sulle piattaforme sugli scogli.

55 cam ☲ – †80/160 € ††130/280 € – 3 suites

via Pantelleria 22, contrada Monte Amara, Est: 3,5 km – 𝒞 0931 998946 – www.hotel-venus.it

AURONZO DI CADORE

Belluno – ⊠ 32041 – 3 350 ab. – Alt. 866 m – Carta regionale n° **23**-C1
Carta stradale Michelin 562-C19

🏠 La Nuova Montanina ⇧ 🖧 🕅 🗐 🕭 🅿

TRADIZIONALE · FUNZIONALE Nel centro della località, hotel a conduzione familiare che offre camere confortevoli e spazi comuni caratteristici. Il ristorante propone le classiche ricette nazionali e specialità cadorine.

17 cam ⊊ – 🛉50/90 € 🛉🛉70/120 €

via Monti 3 – 𝒞 0435 400005 – www.lanuovamontanina.it – Chiuso 2-31 maggio e 3-30 novembre

AVELENGO HAFLING

Bolzano – ⊠ 39010 – 764 ab. – Alt. 1 290 m – Carta regionale n° **19**-B2
Carta stradale Michelin 562-C15

🏨 Chalet Mirabell ⇧ 🦢 ⇜ 🖧 🎿 🖾 🏵 🕅 🎢 🗐 🧼 🚗

LUSSO · STILE MONTANO Una struttura che incarna appieno quello che i turisti cercano in Alto Adige: tipicità, calda atmosfera, ma anche modernità e confort. Degno di nota, il nuovissimo centro benessere, ma anche il laghetto balneabile con acqua riscaldata.

70 cam ⊊ – 🛉150/325 € 🛉🛉185/420 € – 12 suites

via Falzeben 112 – 𝒞 0473 279300 – www.residence-mirabell.com – Chiuso 17 novembre-15 dicembre

🏨 San Luis ⇧ 🦢 ⇜ 🖧 🎿 🖾 🏵 🕅 🎢 🕭 🚗

LUSSO · ORIGINALE A pochi km da Merano, una sorta di piccolo paese nel paese... Attorno a un lago che in certi periodi dell'anno pare incantato, una radura inviolata immersa in un parco alpino dove trovano posto chalet e casette (tipo palafitte) sugli alberi: suggestioni green, ma confort e servizi degni di una struttura ricettiva di alta gamma.

39 suites – solo ½ P 295/500 €

via Verano 5, Sud : 3,4 Km ⊠ 39010 – 𝒞 0473 279570 – www.sanluis-hotel.com – Chiuso 2 settimane in novembre

🏨 Miramonti ⇧ 🦢 ⇜ 🖧 🖾 🎧 🕅 🎢 🏋 🅿

TRADIZIONALE · DESIGN In posizione deliziosamente panoramica, appoggiato sulla roccia sopra Merano, questo moderno hotel è un'oasi verde dove rilassarsi grazie ad un'eccellente e calorosa gestione. Più che varia la ristorazione con il plus di una piccolissima stube serale per gustare i genuini sapori della regione.

30 cam ⊊ – 🛉120/300 € 🛉🛉220/500 € – 12 suites

via St. Kathrein 14 – 𝒞 0473 279335 – www.hotel-miramonti.com – Chiuso 14 novembre-5 dicembre e 27 marzo-17 aprile

🏠 Viertlerhof ⇧ 🦢 ⇜ 🖧 🖾 🕅 🗐 🚗

TRADIZIONALE · STILE MONTANO Immerso nella tranquillità d'un bel giardino, un tradizionale hotel ben accessoriato, dagli spazi interni rinnovati con molto legno in stile moderno; pregevole settore relax.

33 cam – solo ½ P 95/131 € – 8 suites

via Falzeben 126 – 𝒞 0473 279428 – www.viertlerhof.it – Chiuso 7-22 aprile e 4 novembre-16 dicembre

🏠 Mesnerwirt ⇧ 🦢 ⇜ 🖧 🖾 🕅 🗐 🚗

FAMILIARE · STILE MONTANO Moderno centro benessere, grande giardino solarium sapientemente organizzato, camere confortevoli e belle suite: insomma, vale sempre la pena di fermarsi in questa piacevole struttura... anche perché, al ristorante, i prodotti locali si sposano con la creatività.

39 cam – solo ½ P 99/119 € – 12 suites

via alla Chiesa 2 – 𝒞 0473 279493 – www.mesnerwirt.it – Chiuso 10 novembre- 4 dicembre

AVELLINO

(AV) – ✉ 83100 – 54 857 ab. – Alt. 348 m – Carta regionale n° **4**-B2
Carta stradale Michelin 564-E26

🍴 **Antica Trattoria Martella**　　　　　　　🏵️ 🅰️©

CUCINA REGIONALE · CONVIVIALE ✗✗ Un'accogliente trattoria arredata in modo classico con tavoli quadrati, propone un buffet d'antipasti accanto ad una cucina e ad una cantina che riflettono i sapori regionali.

Carta 22/52 €

via Chiesa Conservatorio 10 – ℰ 0825 31117 (prenotare) – www.ristorantemartella.it – Chiuso 2 settimane in agosto, domenica sera e lunedì

 De la Ville　　　　🛝 🤝 🗙 🖨️ 🅰️©🛎️ 🚗

BUSINESS · PERSONALIZZATO Da sempre attivi nella realtà edile, i proprietari stessi hanno ideato e costruito questa bella struttura con camere signorili ed ampi spazi personalizzati con molto verde.

55 cam ⌑ – ♦79/130 € ♦♦99/170 € – 6 suites

via Palatucci 20 – ℰ 0825 780911 – www.hoteldelavilleavellino.it

AVENZA Massa-Carrara ➡ Vedere Carrara

AVETRANA

Taranto – ✉ 74020 – 6 793 ab. – Alt. 62 m – Carta regionale n° **15**-D3
Carta stradale Michelin 564-F35

 Relais Terre di Terre　　🛝 🥬 🤝 🗙 🅰️© 🌸 🛎️ 🅿️

DIMORA STORICA · AGRESTE Tra il verde odoroso degli ulivi e l'azzurro del mar Mediterraneo, la struttura è composta da due masserie: caratteristiche camere con soffitto in tufo e bagni policromi in una, stanze più moderne nell'altra. La tradizione si esprime anche al ristorante Masseria Bosco.

29 cam ⌑ – ♦77/140 € ♦♦110/200 € – 5 suites

via per Erchie, Nord: 2 km – ℰ 099 970 4099 – www.masseriabosco.it – Chiuso 1° dicembre-31 gennaio

AVOLA Sicilia

Siracusa – ✉ 96012 – 31 708 ab. – Alt. 40 m – Carta regionale n° **17**-D3
Carta stradale Michelin 365-AZ62

 Agriturismo Avola Antica　　🛝 🥬 ⟨ 🤝 🗙 🅰️© 🅿️

AGRITURISMO · MEDITERRANEO Dal mare si sale sino a 460 metri d'altezza per trovare questa incantevole struttura immersa in uno splendido paesaggio di muretti a secco, con la vista che, nelle belle giornate, spazia sino a Capo Passero. Spettacolare giardino e grande piscina, diversi prodotti dell'azienda agricola orneranno la tavola.

9 cam ⌑ – ♦50/70 € ♦♦65/95 €

contrada Avola Antica, Nord : 9 Km – ℰ 0931 811008 – www.avolaantica.it – Aperto 1° aprile-30 settembre

 Agriturismo Masseria sul Mare　　🛝 🥬 🏊 🅰️© 🅿️

CASA DI CAMPAGNA · TRADIZIONALE 50 ettari di coltivazioni, frumento e ortaggi, circondano la masseria dagli ambienti curati e dalle camere semplici, alcune con patio privato, altre con scorcio sul mare; poco distante l'incantevole spiaggia ad accesso privato, con sabbia fine e scogli. La cucina propone il meglio della tradizione isolana.

20 cam ⌑ – ♦65/125 € ♦♦80/180 €

contrada Gallina, (S.S. 115 km 392,60), Nord-Est: 5 km – ℰ 0931 560101 – www.masseriasulmare.it – Aperto da inizio marzo a fine ottobre

AZZATE

Varese – ✉ 21022 – 4 648 ab. – Alt. 332 m – Carta regionale n° **10**-A1
Carta stradale Michelin 561-E8

🍴 **Blend 4** 🆕   🎴 🅰️🅲 ⇔

CUCINA MODERNA • DESIGN 🕱 Un ristorante dall'aspetto giovane, moderno, e
una cucina che saprà conquistarvi grazie alla sua precisione e nitidezza gastronomica. Non secondaria la cantina con le sue selezionate proposte.

  🍸 Menu 15 € (pranzo in settimana)/60 € – Carta 38/71 €

*via Piave 118 – 𝒞 0332 457632 (consigliata la prenotazione) – www.blend4.it – Chiuso
domenica sera in inverno, domenica a mezzogiorno in giugno-settembre e mercoledì*

🏨 **Locanda dei Mai Intees**   🌳 🌿 🤚 📅 🅰️🅲 🛁 🅿️

STORICO • ACCOGLIENTE Un antico sonetto narra di un gruppo di amici che
solevano riunirsi qui per discutere e far musica... sebbene non fossero mai d'accordo. Incantevole fusione di due edifici del '400, la struttura propone un'atmosfera ricca di charme con mobili in stile ed un salotto nella veranda: Mai Intees,
ma concordi sull'amenità!

11 cam 😴 – †89/129 € ††99/149 € – 1 suite
via Monte Grappa 22 – 𝒞 0332 457223 – www.mai-intees.it

BACOLI

Napoli – ✉ 80070 – 26 560 ab. – Carta regionale n° **4**-A2
Carta stradale Michelin 564-E24

🕸 **Caracol** 🆕   ⇐ 🤚 🏠 🅰️🅲 🕱 🅿️

CUCINA MODERNA • INTIMO 🕱🕱 La sensazione è quella di trovarsi sulla prua di
una nave con davanti il mare, Ischia, Procida e Capri. Piccola bomboniera
moderna dove nel dehors si "respira" tutta l'anima del sud. Cucina di stampo
moderno con piatti di tradizione regionale.

➔ Gamberi, pancetta e fave. Purea di cavolfiore, acqua di friarielli e perle di tartufo nero. Cara...colato.

Menu 80 € – Carta 58/106 €

*Hotel Cala Moresca, via del Faro 44, località Capo Miseno – 𝒞 081 523 3052
(consigliata la prenotazione) – www.caracolgourmet.it – solo a cena escluso
sabato e domenica – Chiuso gennaio-febbraio e domenica sera*

🏨 **Cala Moresca**   🌿 ⇐ 🤚 🏊 🔥 📅 🅰️🅲 🕱 🛁 🅿️

BOUTIQUE HOTEL • MEDITERRANEO Investe su se stessa – migliorando di anno
in anno - questa bella casa dall'anima mediterranea che parte avvantaggiata grazie ad una posizione tranquilla e scenografica vista sul golfo, nonché terrazza
benessere provvista di sauna, stanza del sale dell'Himalaya, bagno turco, docce
emozionali, angolo tisaneria, jacuzzi esterna, percorso Kneipp e solarium panoramico. Insomma, una vera oasi di relax.

24 cam 😴 – †99/350 € ††99/350 €

via del Faro 44, località Capo Miseno – 𝒞 081 523 5595 – www.calamoresca.it

🕸 **Caracol** – Vedere selezione ristoranti

BADALUCCO

Imperia – ✉ 18010 – 1 136 ab. – Alt. 179 m – Carta regionale n° **8**-A3
Carta stradale Michelin 561-K5

🍴 **Macine del Confluente**   🤚 🏠 🍽 🅿️

CUCINA LIGURE • ROMANTICO 🕱 Circondato da orti da cui provengono molte
delle verdure che ritroverete al ristorante, a cominciare dai celebri fagioli, ci
sono anche una ruota, un torchio e una macina di un mulino ottocentesco. La
sala è un romantico tripudio di legni e pietra, la cucina, in prevalenza di carne,
s'ispira alla regione.

Carta 34/44 €

*Macine del Confluente, località Oxentina, Sud: 2,5 km – 𝒞 0184 407018 (consigliata
la prenotazione) – solo a cena escluso domenica e i giorni festivi
– Chiuso 2 settimane in novembre, 2 settimane in febbraio, lunedì e martedì*

Macine del Confluente   ⬗ ⬛ 🅰🅲 🅿

CASA DI CAMPAGNA · ROMANTICO Dedicato a chi vuole partire alla scoperta dell'entroterra, le Macine è stato costruito nello stile di un tipico borgo ligure, con pietre e legni che si sommano al verde e agli orti della vallata, spazi relax sulla riva di un torrente. Le camere propongono un confortevole stile rustico, tutte con camino e letti in legno o ferro battuto.

6 cam ⚏ – †75/85 € ††90/100 €

*località Oxentina, Sud: 2,5 km – ☏ 0184 407018 – www.lemacinedelconfluente.com
– Chiuso 2 settimane in novembre e 2 settimane in febbraio*

�ɪO **Macine del Confluente** – Vedere selezione ristoranti

BADIA ABTEI Bolzano ➡ Vedere Alta Badia

BADIA A PASSIGNANO Firenze ➡ Vedere Tavarnelle Val di Pesa

BADIA DI DULZAGO Novara ➡ Vedere Bellinzago Novarese

BADIOLA Grosseto ➡ Vedere Castiglione della Pescaia

BAGHERIA Sicilia

Palermo (PA) – ✉ 90011 – 55 387 ab. – Alt. 78 m – Carta regionale n° **17**-B2
Carta stradale Michelin 565-M22

✿ I Pupi (Antonio Lo Coco)   ⽊ �& 🅰🅲

CUCINA MODERNA · ELEGANTE XX Un'eleganza moderna e minimalista vi accompagnerà a degustare la Sicilia in chiave fantasiosa e personalizzata; vivamente consigliati i percorsi degustazione.

➡ Ricordo di anelletti al forno. La stigghiola palermitana (interiora d'agnello). La cassata.

Menu 35 € (pranzo in settimana)/110 € – Carta 57/86 €

*via del Cavaliere 59 – ☏ 091 902579 (consigliata la prenotazione)
– www.ipupiristorante.it – Chiuso lunedì a mezzogiorno e domenica dal 15 giugno al 15 settembre, domenica sera e lunedì negli altri mesi*

BAGNAIA Livorno ➡ Vedere Elba (Isola d') : Rio nell'Elba

BAGNARA CALABRA

Reggio di Calabria – ✉ 89011 – 10 255 ab. – Alt. 50 m – Carta regionale n° **3**-A3
Carta stradale Michelin 564-M29

⊛ Taverna Kerkira   🅰🅲

PESCE E FRUTTI DI MARE · FAMILIARE X Pesci crudi marinati con limone o aceto, tortino di pesce spatola, tzatziki... Lasciatevi tentare da una delle tante specialità di mare, ma anche da qualche sapore ellenico, che vi trasporterà idealmente nell'Egeo, senza muoversi dallo Ionio.

Carta 32/58 €

*corso Vittorio Emanuele 217 – ☏ 0966 372260 (consigliata la prenotazione)
– Chiuso 20 dicembre-15 gennaio, 1° agosto-15 settembre, lunedì e martedì*

🏠 Grand Hotel Victoria   ✿ ⬗ ⅃๖ 🖃 ⅃ 🅰🅲 ⚐ ⇄

BUSINESS · LUNGOMARE Sulla piazza centrale, ma affacciato anche sul lungomare, ambienti comuni e camere di gusto classico. Al ristorante è il pesce il protagonista della carta, mentre se volete uno dei quattro tavoli sul terrazzino fronte mare, vi conviene prenotarlo in anticipo.

41 cam ⚏ – †50/130 € ††70/145 €

piazza Marconi 4 – ☏ 0966 376126 – www.victoriagrandhotel.it

BAGNARA DI ROMAGNA

Ravenna – 2 429 ab. – Alt. 22 m – Carta regionale n° **5**-C2
Carta stradale Michelin 562-I17

La Locanda di Bagnara ⌂ 🖵 🄰🄲 🍽

LOCANDA · PERSONALIZZATO Nel cuore di questa piccola frazione, edificio del 1870 restaurato su modello di una raffinata e moderna locanda: arredi eleganti e confort al passo con i tempi odierni.

8 cam ヱ – ♦60/90 € ♦♦90/120 €

piazza Marconi 10 – ℰ 0545 76951 – www.locandabagnara.it – Chiuso 10-20 agosto

BAGNARIA ARSA

Udine – ✉ 33050 – 3 491 ab. – Alt. 18 m – Carta regionale n° **6**-C3
Carta stradale Michelin 562-E21

Agriturismo Mulino delle Tolle ⌂ ᴴ 🄰🄲 🚶 🅿

FAMILIARE · AGRESTE Lazzaretto secentesco o dogana di confine all'epoca degli Asburgo? Una testina votiva in cotto - oggi marchio dell'azienda - ammicca invece alla sua lunga tradizione vitivinicola. Al ristorante: proposte giornaliere di cucina regionale e piatti di terra (carni di produzione propria).

10 cam ヱ – ♦60/65 € ♦♦80/88 €

località Sevegliano, statale Palmanova-Grado, Sud-Ovest: 2 km – ℰ 0432 924723 – www.mulinodelletolle.it – Chiuso 24 dicembre-15 gennaio

BAGNI DI LUCCA

Lucca – ✉ 55022 – 6 161 ab. – Alt. 150 m – Carta regionale n° **18**-B1
Carta stradale Michelin 563-J13

Regina Park Hotel ⌔ ᴵ 🖵 🍽 🅿

FAMILIARE · PERSONALIZZATO In un palazzo della fine del XVIII secolo, comodo indirizzo tanto per chi sceglie una vacanza culturale, quanto per chi opta per un soggiorno di relax; giardino con piscina sul retro e café-bistrot (chiuso in inverno).

11 cam ヱ – ♦39/110 € ♦♦49/169 € – 1 suite

viale Umberto I° 157 – ℰ 0583 805508 – www.coronaregina.it

BAGNI NUOVI Sondrio → Vedere Valdidentro

BAGNO A RIPOLI

Firenze – ✉ 50012 – 25 611 ab. – Alt. 75 m – Carta regionale n° **18**-D3
Carta stradale Michelin 563-K15

a Candeli Nord: 1 km ✉ 50012

🍽 Il Verrocchio ⌔ ᴴ ᴵ 🄰🄲 🍽 ⟲ 🅿

CUCINA MODERNA · ROMANTICO XXX Soffitto a volte e camino, vasta selezione enologica di vini italiani e regionali, nonché cucina del territorio rivisitata, ma non solo, in un bel locale che mutua il nome dall'artista fiorentino alla cui bottega si formò Leonardo da Vinci. Le imponenti vetrate permettono di approfittare della vista sull'Arno e sul Chianti; d'estate i pasti sono serviti sulla terrazza a filo d'acqua.

Carta 80/182 €

Hotel Villa La Massa, via della Massa 24 – ℰ 055 6261 1533 – www.villalamassa.com – solo a cena – Aperto inizio aprile-fine ottobre

Villa La Massa ᴾ ≤ ⌔ ᴵ 🛗 🖵 ᴴ 🄰🄲 🚶 🅿

GRAN LUSSO · STORICO Più che un hotel, è un gioiello architettonico dell'epoca medicea, un'oasi bucolica affacciata sul fiume Arno, a un quarto d'ora da Firenze (quest'ultima facilmente raggiungibile grazie ad un servizio di navetta messo a disposizione degli ospiti). Letti a baldacchino, boiserie, soffitti affrescati, tappezzerie, bagni in marmo: sobria e insieme calorosa, Villa La Massa invita a riscoprire l'arte di vivere della nobiltà fiorentina, sottilmente rivisitata dal confort più raffinato.

24 cam ヱ – ♦480/640 € ♦♦480/760 € – 17 suites

via della Massa 24 – ℰ 055 62611 – www.villalamassa.com – Aperto inizio aprile-fine ottobre

🍽 **Il Verrocchio** – Vedere selezione ristoranti

BAGNO DI ROMAGNA

Forlì-Cesena (FC) – ⊠ 47021 – 6 154 ab. – Alt. 491 m – Carta regionale n° **5**-D3
Carta stradale Michelin 562-K17

🍴○ **Paolo Teverini**   🏵 🕭 🎬 🍸 ✪ 🅿

CUCINA CLASSICA · ELEGANTE 💥💥 In ambienti di grande raffinatezza, la cucina reinterpreta in chiave moderna e personale le tradizioni romagnole e toscane. Attenzione particolare per i formaggi, funghi e tartufi ma, soprattutto, per i vini: molti al bicchiere, tanti dalla Francia.

Menu 39/88 € – Carta 64/99 €

Hotel Tosco Romagnolo, via del Popolo 2 – ℰ 0543 911260 (consigliata la prenotazione) – www.paoloteverini.it – solo a cena escluso sabato e domenica – Chiuso lunedì e martedì escluso agosto

🏨🏨 **Ròseo Euroterme**   🕯 🛬 🏊 🖼 🎖 🎬 🎬 🍸 🎬 🏊 🅿

TERMALE · ELEGANTE L'acqua - dal fiume che scorre dinnanzi alle cascate, per non dire dei trattamenti termali - è il tema di questo elegante albergo a pochi metri dalla zona pedonale del centro storico. Le vaste ed eleganti aree comuni, nonché il centro benessere, sono i suoi punti di forza; le camere egualmente buone ma di gusto - in genere - più classico.

240 cam – solo ½ P 117/336 € – 6 suites

via Lungosavio 2 – ℰ 0543 911414 – www.euroterme.com

🏨🏨 **Tosco Romagnolo**   🕯 🏊 🎬 🎬 🖼 🕭 🅿

TRADIZIONALE · ELEGANTE Al timone di questa elegante struttura vi è un'appassionata gestione familiare coadiuvata da personale altrettanto cordiale e competente. I punti forti dell'hotel sono sicuramente le spaziose camere - eccellenti quelle più moderne - la piscina panoramica e la beauty spa.

44 cam ⌂ – 🛏49/148 € 🛏🛏119/288 € – 4 suites

via del Popolo 2 – ℰ 0543 911260 – www.hoteltoscoromagnolo.it

🍴○ **Paolo Teverini** – Vedere selezione ristoranti

🏨 **Balneum**   🕯 🎬 🖼 🕭 🎬

TRADIZIONALE · PERSONALIZZATO Tranquilla struttura all'ingresso del paese e dall'ottima gestione familiare dispone di graziose camere personalizzate - alcune dotate di bagno turco - con soluzioni originali e di gran qualità. Al ristorante, cucina regionale curata dai titolari stessi.

38 cam ⌂ – 🛏69/98 € 🛏🛏79/130 €

via Lungosavio 15/17 – ℰ 0543 911085 – www.hotelbalneum.it – Chiuso 10 gennaio-10 febbraio

ad Acquapartita Nord-Est : 8 km ⊠ 47021 – San Piero In Bagno – Alt. 806 m

🍴○ **Del Lago**   🏵 🍽 🅿

CUCINA REGIONALE · AMBIENTE CLASSICO 💥💥 La nuova generazione sta portando grandi cambiamenti nell'attività di famiglia supportata dall'esperienza ai fornelli dei genitori. Una cucina che parla del territorio in chiave moderna, un carrello di formaggi da mille e una notte e una selezione di vini con più di mille etichette.

Menu 47/50 € – Carta 38/59 €

via Acquapartita 147 – ℰ 0543 903406 (consigliata la prenotazione) – www.ristorantedellagoacquapartita.it – Chiuso 1 settimana in gennaio, 1 settimana in giugno, lunedì e martedì escluso luglio-agosto

🏨🏨 **Miramonti**   🕯 🛬 🖼 🎬 🕭 🎬 🕭 🖼 🏊 🚗

TRADIZIONALE · CLASSICO Ubicata tra i boschi appenninici, la struttura dispone di buoni servizi, arredi e camere confortevoli, circa la metà con vista sul lago. Al ristorante: la regionale cucina tosco-romagnola.

55 cam ⌂ – 🛏55/125 € 🛏🛏85/145 €

via Acquapartita 103 – ℰ 0543 903640 – www.selecthotels.it – Aperto 28 dicembre-6 gennaio e 1° aprile-31 ottobre

a San Piero in Bagno Nord-Est : 2,5 km ✉ 47021

ⅱO **Da Gorini** ⓝ   ⅟ 𝔸�ℂ ⇔

CUCINA MODERNA · CONTESTO TRADIZIONALE ✗✗ Dopo svariate esperienze, Gianluca ha deciso di mettere il suo talento nella propria attività. Nelle calde sale di un'antica casa l'atmosfera si è fatta più attuale, mentre la cucina dialoga con i prodotti del territorio e "grammatica" moderna.

Menu 40/68 € – Carta 38/68 €

via Verdi 5, località San Piero in Bagno, Est: 3 Km – ℰ 0543 190 8056
– www.dagorini.it – chiuso 2 settimane in febbraio, 2 settimane in
giugno, mercoledì a mezzogiorno e martedì

BAGNOLO IN PIANO

Reggio nell'Emilia – ✉ 42011 – 9 712 ab. – Alt. 32 m – Carta regionale n° **5**-B3
Carta stradale Michelin 562-H14

⊛ **Trattoria da Probo**   ⅟ 𝔸�ℂ ℀ ⇔ 🅿

CUCINA EMILIANA · FAMILIARE ✗ Salumi fra gli antipasti insieme al gnocco fritto e all'erbazzone, si prosegue con le paste frasche, mentre i carrelli regnano sia tra i secondi (di bolliti e arrosti) che fra i dolci. Semplice ed informale trattoria familiare, qui uscire dall'ortodossia emiliana è ben difficile!

Menu 40 € – Carta 31/55 €

via Provinciale Nord 13 – ℰ 0522 951300 – www.trattoriadaprobo.it
– Chiuso 16-26 agosto e le sere di domenica, lunedì e martedì

BAGNOLO SAN VITO

Mantova – ✉ 46031 – 5 971 ab. – Alt. 19 m – Carta regionale n° **9**-D3
Carta stradale Michelin 561-G14

ⅱO **Villa Eden**   ⇔ 🏠 ⅟ 𝔸�ℂ ⇔ 🅿

CUCINA MANTOVANA · ACCOGLIENTE ✗✗ Gestita da una famiglia assai cordiale, questa villa tra i campi si presenta come un'ospitale abitazione privata. La cucina sa valorizzare le materie prime con piatti mantovani, stagionalità italiane ed alcune sorprese dal mare.

Menu 40 € (in settimana)/45 € – Carta 38/66 €

via Gazzo 6 – ℰ 0376 415684 (consigliata la prenotazione)
– www.ristorantevillaeden.it – Chiuso 28 dicembre-5 gennaio,
6-26 agosto, lunedì, martedì e le sere di mercoledì, giovedì e domenica

All'atto della prenotazione fatevi precisare il prezzo e la categoria della camera.

BAGNOREGIO

Viterbo – ✉ 01022 – 3 650 ab. – Alt. 484 m – Carta regionale n° **7**-A1
Carta stradale Michelin 563-O18

🏠 **Romantica Pucci**   ✿ 𝔸�ℂ

FAMILIARE · ACCOGLIENTE In un palazzo del XIV secolo, lungo il corso che attraversa il centro storico, da qui una passeggiata vi porterà al mozzafiato belvedere su Civita di Bagnoregio. Disponibilità di parcheggio in inverno.

5 cam ⌑ – ♦80/120 € ♦♦80/120 €

piazza Cavour 1 – ℰ 0761 792121 – www.hotelromanticapucci.it

BAGNO VIGNONI Siena → Vedere San Quirico d'Orcia

BAIA DOMIZIA

Caserta (CE) – ✉ 81030 – Carta regionale n° **4**-A2
Carta stradale Michelin 563-S23

🏠 Della Baia 🏠 ⛵ ⬅ 🏠 🍴 ⚒ 🔑 AC ⚒ P

TRADIZIONALE · PERSONALIZZATO Nel golfo di Gaeta, una ridente località turistica - Baia Domizia - ospita questa dimora dal fascino latino. Abbracciata da un vasto prato all'inglese che digrada nella macchia mediterranea fino a raggiungere il mare, la bianca costruzione custodisce al suo interno ambienti raffinati che coniugano mobili ottocenteschi e pezzi di modernariato. Buono anche il ristorante.

50 cam – 🛏100/140 € 🛏🛏150/200 € – 🍽10 €

via dell'Erica 410 – 𝒸 0823 721344 – www.hoteldellabaia.it
– Aperto 18 maggio-22 settembre

BAIA SARDINIA Sardegna Olbia-Tempio (OT) → Vedere Arzachena: Costa Smeralda

BALDICHIERI D'ASTI
Asti – ✉ 14011 – 1 110 ab. – Alt. 173 m – Carta regionale n° **14**-C1
Carta stradale Michelin 561-H6

🍴 Madama Vigna ⬅ 🏠 ⛔ AC P

CUCINA PIEMONTESE · ACCOGLIENTE 🍷 Una bella carta dei vini, con particolare attenzione al territorio, fa da "spalla" ad una cucina che propone tante specialità regionali: agnolotti al plin con fonduta, fassone piemontese, gallina bionda di Villanova, l'immancabile bunet, ed altro ancora.

🍽 Menu 20 € (pranzo in settimana) – Carta 25/35 €

16 cam 🍽 – 🛏45/55 € 🛏🛏70/90 €

via Nazionale 41 – 𝒸 0141 66471 – www.madamavigna.it – Chiuso
27 dicembre-9 gennaio, 7-21 agosto e lunedì a mezzogiorno

BANCHETTE D'IVREA Torino (TO) → Vedere Ivrea

BARANO D'ISCHIA Napoli → Vedere Ischia (Isola d')

BARBARANO Brescia → Vedere Salò

BARBARANO VICENTINO
Vicenza (VI) – ✉ 36021 – 4 594 ab. – Alt. 72 m – Carta regionale n° **23**-B3
Carta stradale Michelin 562-F16

🏵 Aqua Crua (Giuliano Baldessari) ⬅ ⛔ AC

CUCINA MODERNA · ALLA MODA 🍷🍷 Essenziale e minimalista, la sala è rivolta verso il suo palcoscenico naturale: la cucina a vista, un laboratorio gourmet. Scelta molto ridotta per assicurare la freschezza e il ricambio dei prodotti, i piatti sono spesso originali e di ricerca, il risultato ottimo, a volte eccellente. Le camere sono una buona e moderna soluzione, in particolar modo se non si vuole guidare dopo la cena.

→ Spaghetti al burro, acciughe del Cantabrico, caffè d'alga e foglie di kefir. Colombaccio. Crema carbonizzata.

Menu 95/135 € – Carta 67/153 €

5 cam – 🛏70/80 € 🛏🛏100/110 € – 🍽10 €

via IV Novembre 25 – 𝒸 0444 776096 (coperti limitati, prenotare) – www.aquacrua.it
– Chiuso 1°-11 gennaio, 11 agosto-1° settembre, mercoledì a mezzogiorno, lunedì e martedì

BARBARESCO
Cuneo – ✉ 12050 – 658 ab. – Alt. 274 m – Carta regionale n° **14**-C2
Carta stradale Michelin 561-H6

🍴 Antinè 🏵 AC

CUCINA PIEMONTESE · AMBIENTE CLASSICO 🍷🍷 Nel cuore di una delle capitali dell'enologia italiana, giovane e brillante gestione per questo ristorante ubicato al primo piano di un edificio del centro storico; l'offerta gastronomica spazia dalla tradizione all'innovazione.

Menu 60/100 € – Carta 55/93 €

via Torino 16 – 𝒸 0173 635294 – www.antine.it – Chiuso 20 dicembre-30 gennaio,
20-30 giugno, martedì a mezzogiorno e mercoledì

Casa Boffa

FAMILIARE · CONTEMPORANEO Bei bagni nelle curate camere e due terrazze affacciate sui vigneti - una delle quali con vasca idromassaggio - in una casa del centro storico, dove è anche possibile acquistare vini dell'omonima azienda.

5 cam ♿ - ♦70 € ♦♦98 €

via Torino 9/a - ☏ 0173 635174 - www.boffacarlo.it - Chiuso 15 dicembre-1° febbraio

BARBERINO VAL D'ELSA

Firenze - ✉ 50021 - 4 386 ab. - Alt. 373 m - Carta regionale n° **18**-D1
Carta stradale Michelin 563-L15

a Petrognano Ovest : 3 km ✉ 50021 - Barberino Val D'Elsa

Il Paese dei Campanelli

CUCINA TOSCANA · ROMANTICO XX Originale collocazione all'interno di un antico casale di campagna con pareti in pietra e rifiniture in legno; d'estate si mangia anche all'aperto, tra vigne e ulivi.

Menu 30/50 € - Carta 35/66 €

località Petrognano 4 - ☏ 055 807 5318 - www.ilpaesedeicampanelli.it - solo a cena escluso i giorni festivi - Chiuso da domenica sera a giovedì in inverno

a Ponzano Sud : 2 km ✉ 50021 - Barberino Val D'Elsa

 La Torre di Ponzano

DIMORA STORICA · REGIONALE In un contesto collinare di bellezza mozzafiato, la parte più antica della struttura, la torre, risale al 945. Camere rustiche ed accoglienti per immergersi in una Toscana autentica e campestre.

6 cam ♿ - ♦65/109 € ♦♦75/150 €

strada di Ponzano 8 - ☏ 055 805 9255 - www.torrediponzano.it - Chiuso gennaio-febbraio

BARBIANO Parma → Vedere Felino

BARCUZZI Brescia → Vedere Lonato

BARD

Aosta (AO) - ✉ 11020 - 119 ab. - Alt. 400 m - Carta regionale n° **21**-B2
Carta stradale Michelin 561-F5

Ad Gallias

CUCINA CREATIVA · ELEGANTE XX In salette romantiche e curate, o nel super privé in terrazza all'ultimo piano (servizio esclusivo, a fronte di un piccolo sovrapprezzo) per un'ottima cucina che - a tratti - si fa anche fantasiosa. A pranzo si può mangiare nell'attiguo, semplice ed informale Bistrot.

Carta 36/58 €

Hotel Ad Gallias, via Vittorio Emanuele II 5/7 - ☏ 0125 809878 - www.hoteladgallias.com - solo a cena escluso sabato ed i giorni festivi - Chiuso 15 giorni in gennaio, 15 giorni in novembre e lunedì

Ad Gallias

LUSSO · MODERNO Ricavato dalla roccia viva della montagna, proprio di fronte al castello di Bard, uno scrigno di buona accoglienza e confort moderno all'inizio della valle, con camere moderne, originali, attrezzate di tutto punto ed un accogliente centro benessere.

17 cam ♿ - ♦90/110 € ♦♦117/175 € - 1 suite

via Vittorio Emanuele II 5/7 - ☏ 0125 809878 - www.hoteladgallias.com - Chiuso 15 giorni in gennaio e 15 giorni in novembre

‖○ **Ad Gallias** - Vedere selezione ristoranti

BARDINO VECCHIO Savona (SV) → Vedere Tovo San Giacomo

BARDOLINO
Verona – ⊠ 37011 – 7 049 ab. – Alt. 65 m – Carta regionale n° **23**-A3
Carta stradale Michelin 562-F14

🕸 La Veranda   🎐 �· 🏠 👶 🅰️ 🍽 🅿️
CUCINA MEDITERRANEA • ELEGANTE ✗✗✗ Col bello o col cattivo tempo, nella veranda del Color hotel sembrerà di mangiare sempre all'aperto! La cucina ha un'impronta mediterranea e più specificatamente - in qualche proposta od ingrediente - pugliese e campana.
→ Fagottini di pasta fresca ripieni di scarola e sapori partenopei su crema di cavolfiore. Spigola di lenza cotta sulla pelle, su crema di sedano rapa e crumble all'aglio nero. Parfait allo zafferano, sorbetto alla mela verde, cetriolo e cremoso al mirtillo.
Menu 65/110 € – Carta 60/99 €

Color Hotel, via Santa Cristina 5 – ℰ 045 621 0857 (consigliata la prenotazione) – www.ristorantelaverandabardolino.it – solo a cena – Aperto 1° aprile-31 ottobre

🍴 Il Giardino delle Esperidi   🎐 🏠 👶 🅰️
CUCINA CREATIVA • ROMANTICO ✗ In pieno centro storico, locale tutto al femminile, dove gustare una golosa ed intrigante cucina - fortemente legata ai prodotti di stagione - elaborata con curiose ricette personali.
Carta 40/59 €

via Mameli 1 – ℰ 045 621 0477 – solo a cena escluso sabato e i giorni festivi – Chiuso 10 gennaio-12 febbraio e martedì

🏨 Caesius Thermae   🖈 🚙 ⅄ 🖥 🕭 🐎 🏊 🖨 👶 🅰️ 🍽 🛁 🚗
SPA E WELLNESS • MODERNO Imponente struttura avvolta dalla tranquillità del proprio giardino. Inutile elencare i servizi: l'offerta è completa e generosa, addirittura superba per quanto riguarda le proposte della Spa (trattamenti ayurvedici al top!). Cucina moderna e un interessante menu vegetariano al ristorante Benacus, che nelle serate estive si sposta all'aperto diventando Le Vele.
185 cam ⍈ – ♦125/425 € ♦♦185/455 € – 27 suites

via Peschiera 3 – ℰ 045 721 9100 – www.hotelcaesiusterme.com

🏨 Color Hotel   🚙 ⅄ 🖨 👶 🅰️ 🛁 🅿️
RESORT • CONTEMPORANEO Splendidi giardini tropicali e varie piscine (due anche riscaldate) contornano questa struttura di taglio moderno e personalizzato; tante attenzioni e grande professionalità fanno del soggiorno un'esperienza memorabile.
90 cam ⍈ – ♦105/280 € ♦♦130/390 € – 17 suites

via Santa Cristina 5 – ℰ 045 621 0857 – www.colorhotel.it – Aperto 1° aprile-31 ottobre
🕸 **La Veranda** – Vedere selezione ristoranti

🏨 Aqualux   🖈 🚙 ⅄ 🖥 🕭 🐎 🏊 🖨 👶 🅰️ 🍽 🚗
SPA E WELLNESS • MODERNO A 300 metri dal centro, albergo di recente apertura e dal design moderno, che ha sposato la sostenibilità, nonché la filosofia green. All'ampia offerta di piscine d'acqua termale fanno eco zone benessere per farsi coccolare. E, poi, ancora stile minimalista, ma tutta l'intensità dei sapori mediterranei al ristorante Evo Bardolino.
125 cam – solo ½ P 96/145 €

via Europa Unita 24/b – ℰ 045 622 9999 – www.aqualuxhotel.com

🏨 Kriss Internazionale   🖈 ← 🚙 🏊 🛋 🖨 👶 🅰️ 🛁 🚗
TRADIZIONALE • ACCOGLIENTE Sulla passeggiata principale della località, la totalità delle stanze è stata recentemente ristrutturata in stile moderno, buona parte con vista lago; se gli amanti dell'abbronzatura non mancheranno di frequentare la zona solarium a bordo lago (con pontile privato), i buongustai si accomoderanno ad uno dei tanti tavoli del ristorante.
34 cam ⍈ – ♦75/160 € ♦♦120/220 €

lungolago Cipriani 3 – ℰ 045 621 2433 – www.hotelkriss.it – Aperto 24 marzo-4 novembre

BARDONECCHIA

Torino – ✉ 10052 – 3 215 ab. – Alt. 1 312 m – Carta regionale n° **12**-A2
Carta stradale Michelin 561-G2

ⵐ○ Locanda Biovey   🗫 🖨 🅿

CUCINA REGIONALE • FAMILIARE X Esercizio ospitato in una palazzina d'epoca del centro e circondato da un giardino, propone una cucina del territorio preparata con moderata creatività e "raccontata" in un menù degustazione che varia di giorno in giorno. Al piano superiore, camere colorate e confortevoli arredate in stili diversi, dall'800 al Luigi XV.

Menu 38 € – Carta 44/63 €

8 cam ⚏ – ♦45/65 € ♦♦70/95 €

*via General Cantore 2 – ☏ 0122 999215 (consigliata la prenotazione)
– www.biovey.it – solo a cena – Chiuso 2 settimane in maggio, 2 settimane in ottobre, lunedì e martedì*

🏠 Bucaneve   🕆 🖨 🖃 ⅙ 🕸 🅿

FAMILIARE • FUNZIONALE Ai margini del centro, ma vicino a diversi impianti sportivi (compresi quelli di risalita), se le suite offrono uno stile moderno, le altre camere sono decisamente più funzionali e tradizionali, calde e con tanto legno.

8 cam ⚏ – ♦60/110 € ♦♦80/140 € – 6 suites

*viale della Vecchia 2 – ☏ 0122 999332 – www.hotelbucanevebardonecchia.it
– Aperto 4 dicembre-18 aprile e 15 giugno-15 settembre*

BARGNI Pesaro e Urbino → Vedere Serrungarina

BARI

(BA) – ✉ 70128 – 326 344 ab. – Carta regionale n° **15**-C2
Carta stradale Michelin 564-D32

ⵐ○ Biancofiore   ⅙ 🕮

CUCINA MODERNA • ACCOGLIENTE XX Ricavato in una delle antiche porte di accesso al centro storico, una confortevole e curata trattoria dove assaggiare fantasiosi piatti, sotto archi in pietra viva e sfumature marine.

Menu 45/55 € – Carta 42/73 €

*corso Vittorio Emanuele 13 – ☏ 080 523 5446 (consigliata la prenotazione la sera)
– www.ristorantebiancofiore.it – Chiuso 8-29 gennaio e lunedì*

ⵐ○ La Bul   🛏 ⅙ 🕮

CUCINA MODERNA • VINTAGE XX In centro città, piacevoli ambienti di gusto vintage tra suggestioni da casa privata e spunti di design; vi è anche un piccolo giardino estivo. La cucina con estro moderno valorizza la Puglia e i suoi prodotti.

Menu 55/75 € – Carta 34/64 €

*via Villari 52 ✉ 70122 – ☏ 080 523 0576 (consigliata la prenotazione)
– www.ristorantelabul.it – solo a cena escluso domenica – Chiuso
6-12 gennaio, 2 settimane in agosto, lunedì (escluso in estate) e domenica sera,
anche domenica a mezzogiorno in estate*

ⵐ○ Le Giare 🆕   🛏 ⅙ 🕮

CUCINA MODERNA • COLORATO XX Una volta accomodati nella piacevole sala moderna, ci si dimentica immediatamente dell'anonima location al pianterreno di un albergo; lo chef seleziona il meglio della pulsante materia prima pugliese, che poi cucina con stile moderno, concentrandosi sulla naturalità dei sapori. La propensione al naturale si coglie anche nella carta dei vini.

Menu 30/70 € – Carta 45/60 €

*corso A. De Gasperi 308f ✉ 70121 – ☏ 080 501 1383 – www.legiareristorante.it
– Chiuso agosto e domenica*

🏨 Grande Albergo delle Nazioni ⌂ ⩤ ⌦ 🕸 🛴 🖵 ⅙ 🅰 🛁

HOTEL DI CATENA · DESIGN Sul lungomare, questo prestigioso albergo sfoggia originali soluzioni di design che contrappongono linee vintage a una gamma cromatica di forte impatto visivo. All'ultimo piano, il ristorante panoramico e la terrazza con piscina.

112 cam ⌷ – †140/480 € ††160/580 € – 3 suites

lungomare Nazario Sauro 7/9 ✉ 70121 – ☎ 080 592 0111
– www.grandealbergodellenazioni.com

🏨 Mercure Villa Romanazzi Carducci ⌂ ⩤ ⌦ 🕸 🛴 🖵 ⅙ 🅰 🛁

DIMORA STORICA · MODERNO Curioso contrasto tra la villa dell'800 e 🚗 l'edificio moderno che compongono questo elegante complesso situato in un parco con piscina. Il servizio e la colazione con l'angolo pugliese fanno presto dimenticare la zona periferica in cui sorge la struttura, mentre le moderne e ampie camere doppie offrono il meglio del settore notte (ma c'è anche qualche singola più piccola).

127 cam – †72/173 € ††90/223 € – 2 suites – ⌷12 €

via Capruzzi 326 ✉ 70124 – ☎ 080 542 7400 – www.villaromanazzi.com

a Palese Nord-Ovest: 10 km ✉ 70128

🏨 Parco dei Principi Hotel Congress & Spa ⌂ ⩤ ⌦ 🕸 🕸 🛴

BUSINESS · MODERNO Si distingue per la sua vocazione 🖵 ⅙ 🅰 🍴 🛁 🚗
spiccatamente business, quest'hotel di moderna concezione dalle cui ampie vetrate si scorgono le piste dell'aeroporto con gli aerei che decollano e il blu del mare a fare da sfondo (ma l'insonorizzazione è ottima!)... Stanze più o meno ampie, ma tutte generose nei confort, nonché una penthouse suite con tre camere da letto e sauna privata.

231 cam ⌷ – †100/120 € ††120/150 € – 2 suites

prolungamento viale Europa 6 – ☎ 080 539 4811 – www.parcodeiprincipibari.it

BARISCIANO

L'Aquila (AQ) – ✉ 67021 – 1 828 ab. – Alt. 940 m – Carta regionale n° **1**-B2
Carta stradale Michelin 563-P22

🏠 Convento di San Colombo ⓝ ⌂ 🐾 ⩤ ⩤ 🛁 🅿

STORICO · BUCOLICO Per chi cerca tranquillità e natura, o uno spazio per ritrovare se stesso passeggiando nella natura del Parco Nazionale del Gran Sasso, questo è il posto che fa per voi: camere sobrie e accessoriate all'interno di un convento del XVI secolo.

8 cam ⌷ – †65/75 € ††65/90 €

via Provinciale Km 4,200, Nord: 4,8 km – ☎ 0862 020778
– www.conventodisancolombo.it – Chiuso 10 giorni in novembre e 10 giorni in febbraio

BARLETTA

Barletta-Andria-Trani (BT) – ✉ 76121 – 94 814 ab. – Carta regionale n° **15**-B2
Carta stradale Michelin 564-D30

❀ Bacco (Cosimo Cassano) 🍽 🅰

CUCINA CREATIVA · ELEGANTE XxX Uno tra i più rinomati locali storici di Puglia e sud Italia, avvolto da un'atmosfera intima ed elegante, la sua cucina rimane sempre un capitolo interessante: di terra e di mare, con spunti creativi, l'attenzione è tutta rivolta ai prodotti del territorio.

→ Spaghetti ai ricci di mare. Capretto al moscato di Trani. Torta Marchesina.

Menu 70 € – Carta 50/103 €

piazza Marina 30 – ☎ 0883 334616 – www.ristorantebacco.it – Chiuso
2-16 gennaio, 1º-15 luglio, domenica sera e lunedì

⫶○ Antica Cucina 1983   🕸 🏠 ㅎ 🅰️Ⓒ

CUCINA REGIONALE · ACCOGLIENTE ⅩⅩ Cucina del territorio con una lettura contemporanea che predilige il pesce, per questo rinomato locale trasferitosi in un ex opificio su due sale luminose e di design classico.

Menu 30 € (in settimana)/63 € – Carta 37/64 €

piazza Marina 4 – 𝒞 0883 521718 (consigliata la prenotazione)
– www.anticacucina1983.it – Chiuso 2 settimane in giugno-luglio, le sere dei giorni festivi e lunedì

BAROLO

Cuneo – ✉ 12060 – 740 ab. – Alt. 301 m – Carta regionale n° **14**-C2
Carta stradale Michelin 561-I5

a **Vergne** Ovest : 2 km Cuneo (CN) – ✉ 12060

🏠 Ca' San Ponzio   🌙 ≼ 🚗 🍴 🅿️

FAMILIARE · BUCOLICO Raccomandata a chi è alla ricerca della Langa più autentica: niente di lussuoso, ma una caratteristica cascina meticolosamente restaurata dai caratteristici balconi-ballatoio. Gestita da due simpatici fratelli, le camere sono all'insegna di una sobria rusticità; intorno, un noccioleto.

12 cam – ♦65/75 € ♦♦75/85 € – ☲ 8 €

via Rittane 7 – 𝒞 0173 560510 – www.casanponzio.com
– Chiuso 15 dicembre-31 gennaio

BARONISSI

Salerno (SA) – ✉ 84081 – Carta regionale n° **4**-B2

⫶○ Pensando A Te   🅰️Ⓒ 🕸

CUCINA MODERNA · CONTESTO CONTEMPORANEO ⅩⅩ E poi, una volta a casa sarete voi a pensare a lui: all'ambiente moderno e d'informale signorilità, giovane e dinamico, alla sua gustosa cucina che indugia molto sul territorio arricchita dalle tecniche apprese dallo chef-patron presso importanti e blasonati ristoranti.

Menu 40/55 € – Carta 39/70 €

via dei Due Principati 40h – 𝒞 089 954740 – www.pensandoate.it – Chiuso 10 giorni in gennaio, 2 settimane in agosto, domenica sera e lunedì

BARZANÒ

Lecco – ✉ 23891 – 5 140 ab. – Alt. 370 m – Carta regionale n° **10**-B1
Carta stradale Michelin 561-E9

🏠 Red's Redaelli   🌿 🚗 🍴 🖵 ㅎ 🅰️Ⓒ 🛁 🚗

BUSINESS · MODERNO Ottimo indirizzo, situato sui primi colli della provincia, in zona verdeggiante e residenziale: tutto moderno, l'ispirazione è una linea sobria e minimalista, non priva di eleganza. Nessuna differenza tra le camere, se non il colore; bel giardino con piscina.

34 cam ☲ – ♦75/160 € ♦♦95/220 €

via Don Rinaldo Beretta 24 – 𝒞 039 927 2120 – www.redshotel.com – Chiuso 22-26 dicembre

BASCAPÈ

Pavia – ✉ 27010 – 1 776 ab. – Alt. 89 m – Carta regionale n° **9**-B3
Carta stradale Michelin 561-G9

🏠 Agriturismo Tenuta Camillo   🌿 🌙 🚗 🍴 🅰️Ⓒ 🅿️

AGRITURISMO · BUCOLICO Un tuffo nel passato in un tipico cascinale lombardo dei primi del '900 ad impatto zero. Intorno all'aia, la villa padronale e le case coloniche: camere accoglienti (una addirittura ubicata su un albero!) e invitante piscina nel verde. Il ristorante è aperto solo sabato sera e domenica a pranzo, su prenotazione.

10 cam – ♦80/120 € ♦♦80/120 € – ☲ 7 €

località Trognano, Nord : 2 km – 𝒞 0382 66509 – www.tenutacamillo.com

BASCHI

Terni – ⊠ 05023 – 2 722 ab. – Alt. 165 m – Carta regionale n° **20**-B3
Carta stradale Michelin 563-N18

sulla strada statale 448 km 6,600

✿✿ Casa Vissani   🐾 ⇦ 🖭 🅰🅲 🅿

CUCINA CREATIVA • LUSSO XxxX «La mia è sempre stata una cucina legata principalmente al territorio circostante e ai suoi prodotti» afferma da Baschi Gianfranco Vissani, lo chef di Casa Vissani, due stelle Michelin ormai già da parecchi
lustri!

In spazi di grande eleganza, la cucina a vista realizzata qualche anno fa diventa
trasparenza e strumento di condivisione. Ma è anche la possibilità offerta al
cliente di avvicinarsi all'arte della trasformazione della materia prima in tutte le
sue forme e fasi. Le numerose decadi di esperienza nell'alta gastronomia hanno
permesso al cuoco umbro di oliare alla perfezione i numerosi e complessi ingra-
naggi del suo ristorante al fine di garantire un'esperienza sensoriale impeccabile e
seducente per vista e palato, ma con una nota d'attenzione anche per cuore ed
anima. I grandi risultati si ottengono attraverso ricerca, sacrificio e attenzione ai
dettagli.

E per orientare al meglio le vostre scelte, il ristorante propone – oltre alla carta
– il "three levels": tre menu che constano ciascuno di un diverso numero di portate a seconda dell'appetito e, perché no, del budget.

→ Ravioli con rigaglie di pollo e ombrina. Anatra alla pechinese, camomilla,
carote e cannella, sedano rapa e menta. "Pocahontas", focaccia al pomodoro,
olio evo, riso soffiato e caramellato al miele di acacia.

Menu 55 € (pranzo in settimana)/250 € – Carta 105/280 €

7 cam ⌺ – ♦150/300 € ♦♦190/350 €

S.S. 448 Todi-Baschi al km 6,6, (località Cannitello),
Nord: 12 km ⊠ *05020 Civitella del Lago*
– ℰ *0744 950206 – www.casavissani.it*
– Chiuso 20-27 dicembre, 3 settimane in gennaio-febbraio, domenica sera,
mercoledì e i mezzogiorno di lunedì e giovedì

a Civitella del Lago Nord Est : 12 km ⊠ 05020

🍴○ Trippini   ⇤ 🅰🅲

CUCINA MODERNA • CONTESTO CONTEMPORANEO XX Ospiti di una raffinata
sala -rinnovata recentemente- affacciata su uno straordinario belvedere, ma alla
fine è la cucina a strappare l'applauso: Trippini offre una delle più interessanti
ricerche sui prodotti e ricette umbre rivisitati con estro.

🍝 Menu 25 € (pranzo)/90 € – Carta 43/67 €

via Italia 14 – ℰ *0744 950316 (consigliata la prenotazione)*
– www.ristorantetrippini.com – Chiuso 15 gennaio-6 febbraio, lunedì da maggio a
settembre, anche martedì negli altri mesi

BASELGA DI PINÈ

Trento – ⊠ 38042 – 5 031 ab. – Alt. 964 m – Carta regionale n° **19**-B3
Carta stradale Michelin 562-D15

🍴○ 2 Camini   ⇦ 🖭 🅿

CUCINA REGIONALE • FAMILIARE X Il ristorante è in realtà una casa di montagna
all'inizio del paese, ravvivata dal calore e dalla cortesia della titolare Franca, paladina della più tipica cucina trentina. E dopo una piacevole passeggiata attraverso
l'altipiano, le graziose camere vi attendono per un ben meritato riposo.

🍝 Menu 25 € – Carta 25/44 €

10 cam ⌺ – ♦50/70 € ♦♦80/110 €

via del 26 Maggio 65 – ℰ *0461 557200 – www.locanda2camini.it – Chiuso lunedì e*
domenica sera in bassa stagione

a Montagnaga Sud : 2,5 km ⊠ 38042

🏨 Romantic Hotel Posta 1899   ☆ ⛶ ⊕ 🐾 ⊟ & 🎿 🅿

TRADIZIONALE · PERSONALIZZATO Come si intuisce facilmente dal nome, la casa ha più di 100 anni, ma negli ultimi anni si è concessa un restauro totale, offrendo oggi tutti i confort ed i servizi più moderni, tra i quali un delizioso centro benessere. Ambiente più raccolto e cantina alla "Caneva dei Boci".

31 cam – solo ½ P 98/180 € – 2 suites

via Targa 2 – ℰ 0461 558322 – www.postahotel1899.it

BASSANO DEL GRAPPA

Vicenza – ⊠ 36061 – 43 372 ab. – Alt. 129 m – Carta regionale n° **23**-B2
Carta stradale Michelin 562-E17

🍴 Ca' 7   🏠 & 🅰🅲 ⇄ 🅿

PESCE E FRUTTI DI MARE · AMBIENTE CLASSICO XxX Struttura, colonne e materiali d'epoca si uniscono a quadri e illuminazione moderni in un ardito ma affascinante accostamento. In estate la magia si sposta in giardino.

Menu 80 € – Carta 49/135 €

Hotel Ca' Sette, via Cunizza da Romano 4, Nord: 1 km – ℰ 0424 383350
– www.ca-sette.it – Chiuso 1°-7 gennaio, 2 settimane in agosto, domenica sera e lunedì

🍴 Ottocento   🍴 & 🅿

CUCINA CREATIVA · ACCOGLIENTE X Nella bella cornice delle colline, un locale dai toni rustico-moderni dove la naturalità degli elementi prosegue nella filosofia che ispira la cucina, piatti eseguiti con attenzione e fantasia. Da non dimenticare i suoi prodotti "lievitati": pizze proverbiali!

Carta 25/55 €

contrà San Giorgio 2, Nord-Ovest: 1,5 Km – ℰ 0424 503510
– www.800simplyfood.com – solo a cena escluso sabato e domenica

🏨 Villa Ca' Sette   🍴 ⊟ & 🅰🅲 🎿 🅿

LUSSO · PERSONALIZZATO Design contemporaneo in una villa del 1700, un hotel in cui tradizione, storia e soluzioni d'avanguardia sono state fuse con sapienza. Un soggiorno originale ed esclusivo.

18 cam ⌂ – †110/120 € ††130/160 € – 1 suite

via Cunizza da Romano 4, Nord: 1 km – ℰ 0424 383350 – www.ca-sette.it
🍴 **Ca' 7** – Vedere selezione ristoranti

🏨 Belvedere   ☆ ⊟ 🅰🅲 🎿 🚗

TRADIZIONALE · PERSONALIZZATO Attività dalla storia antica (sembrerebbe risalire al XV secolo), sorge a pochi passi dalle mura cittadine. Camere arredate secondo differenti stili, ma di uguale confort. Al ristorante, cucina locale e classica, nonché formule economiche a pranzo.

81 cam ⌂ – †89/190 € ††142/280 €

viale delle Fosse 3 – ℰ 0424 529845 – www.bonotto.it

🏨 Al Castello   🅰🅲

FAMILIARE · STORICO Risorsa situata a ridosso del castello medioevale e poco lontana dal celebre Ponte Coperto; stanze non ampie, ma confortevoli, dotate di complementi d'arredo in stile.

11 cam – †45/51 € ††91/116 € – ⌂ 6 €

via Bonamigo 19 – ℰ 0424 228665 – www.hotelalcastello.it

BASTIA UMBRA

Perugia – ⊠ 06083 – 21 874 ab. – Alt. 202 m – Carta regionale n° **20**-B2
Carta stradale Michelin 563-M19

ad Ospedalicchio Ovest : 5 km ✉ 06083

🏠 Lo Spedalicchio ☆ ⟨⟩ 🔲 AC ☆ 🏛 P

STORICO · MINIMALISTA Nato come fortezza medioevale, i sontuosi ambienti in mattoni trasmettono ancora l'importanza dell'antica funzione. Arredi d'arte povera, bagni moderni nelle camere, alcune con affreschi e cornicioni. Piacevole atmosfera nel curato ristorante.

25 cam ⌷ – 🛉50/150 € 🛉🛉70/200 €

piazza Bruno Buozzi 3 – ☎ 075 801 0323 – www.lospedalicchio.it

BAVENO

Verbano-Cusio-Ossola – ✉ 28831 – 4 959 ab. – Alt. 205 m – Carta regionale n° **13**-A1
Carta stradale Michelin 561-E7

🍴O SottoSopra 🏠

CUCINA MODERNA · WINE-BAR ✕✕ C'era una volta uno chef, che dopo svariate esperienze in locali importanti, decise di realizzare il suo sogno ed aprire con la moglie (pasticcera) questo delizioso ristorante. In centro paese, la sua cucina mediterranea si sta guadagnando un posto al sole, mentre il buon rapporto qualità/prezzo regala - a fine pasto - una piacevole sorpresa.

Menu 55 € – Carta 35/68 €

*corso Garibaldi 40 – ☎ 0323 925254 – www.sottosoprabaveno.com
– Chiuso 25 gennaio-20 febbraio, 30 ottobre-20 novembre, martedì e mercoledì*

🏨 Grand Hotel Dino ☆ ⟨ ⟨⟩ 🎒 🔲 🕸 ♨ 🎮 ✕ 🏊 🔲 & AC 🏛 🚗

LUSSO · PERSONALIZZATO Circondato da un giardino con alberi secolari, un maestoso complesso a indirizzo congressuale sulle rive del lago con spazi comuni ampi e camere dall'atmosfera principesca. L'elegante sala ristorante offre una splendida vista sul golfo e propone una cucina classica.

367 cam – 🛉40/300 € 🛉🛉80/350 € – 8 suites – ⌷ 25 €

*corso Garibaldi 20 – ☎ 0323 922201 – www.zaccherahotels.com – Aperto
15 marzo-30 novembre*

🏨 Splendid ☆ ⟨ ⟨⟩ 🎒 🕸 ♨ 🎮 ✕ 🏊 🔲 AC 🏛 🚗

LUSSO · ELEGANTE In riva al lago, questa bella risorsa - completamente rinnovata - dispone ora di eleganti camere arredate con grande raffinatezza. Spiaggia privata, attrezzato centro benessere, campo da tennis e piscina per godere appieno del soggiorno. Ampie vetrate affacciate sullo splendido panorama e cucina classica al ristorante.

102 cam – 🛉60/300 € 🛉🛉80/350 € – 8 suites – ⌷ 25 €

*strada statale del Sempione 12 – ☎ 0323 924127 – www.zaccherahotels.com
– Aperto 1° aprile-30 novembre*

🏨 Lido Palace ☆ ⟨ 🎮 ♨ ✕ 🏊 🔲 AC P

STORICO · FUNZIONALE Dalla ristrutturazione ed ampliamento dell'ottocentesca Villa Durazzo, questa bella risorsa - negli anni meta di numerosi ospiti illustri - dispone di immensi spazi comuni e camere arredate con eleganza. Cucina tradizionale al ristorante e sulla capiente terrazza con vista lago ed isole Borromee.

73 cam ⌷ – 🛉95/130 € 🛉🛉145/185 € – 1 suite

*strada statale del Sempione 30 – ☎ 0323 924444 – www.lidopalace.com – Aperto
1° maggio-30 settembre*

🏠 Al Campanile Aparthotel & Suites 🔲 & AC ☆ 🏛 🚗

TRADIZIONALE · PERSONALIZZATO Nel cuore del centro storico di Baveno, proprio a due passi dalla bella passeggiata, un aparthotel con servizi in tutto e per tutto di tipo alberghiero. Ottime finiture, arredi moderni e camere molto spaziose (alcune con piccolo cucinotto a scomparsa per soggiorni più lunghi e ideali per famiglie con bambini al seguito). Preferire quelle dei piani alti che offrono una superba vista del lago.

17 cam – 🛉80/130 € 🛉🛉100/135 € – ⌷ 14 €

*Via Gramsci, 3 – ☎ 0323 919410 – www.hotelalcampanile.it – Aperto
2 marzo-14 dicembre*

Azalea 🔳 ♿ 🅰 🚗

FAMILIARE · ACCOGLIENTE Sita nel centro storico della località, la risorsa dispone di un'ampia zona soggiorno e camere confortevoli arredate con gusto moderno: se disponibili, meglio richiedere quelle all'ultimo piano con ampia vista su lago ed isole. Piccola piscina in terrazza.

38 cam ♨ – ♦55/100 € ♦♦75/130 €

via Domo 6 – ☏ 0323 924300 – www.azaleahotel.it
– Aperto 15 marzo-1° novembre

🏠 Rigoli 🎾 🦢 ⇐ 🍴 🔑 🔳 🅰 🅿

FAMILIARE · BORDO LAGO Direttamente sul lago e con spiaggia privata, questa struttura a gestione familiare dispone di camere accoglienti - sobriamente eleganti - dotate di balcone. Per chi cerca una formula più indipendente: gli appartamenti con angolo cottura nel vicino Residence Ortensia.

31 cam ♨ – ♦60/120 € ♦♦100/160 €

via Piave 48 – ☏ 0323 924756 – www.hotelrigoli.com
– Aperto 15 aprile-10 ottobre

BAZZANO

Bologna – ✉ 40053 – 30 561 ab. – Alt. 93 m – Carta regionale n° **5**-C3
Carta stradale Michelin 562-I15

🏛 Alla Rocca 🎾 🍴 🔳 🅰 🍽 🧖 🚗

DIMORA STORICA · ACCOGLIENTE Struttura di gran fascino ricavata da un imponente e colorato palazzo del 1796. Lo stile della casa ha ispirato anche l'arredamento: molto classico, sia nelle zone comuni, sia nelle camere.

52 cam ♨ – ♦75/200 € ♦♦90/250 € – 3 suites

via Matteotti 76 – ☏ 051 831217 – www.allarocca.com – Chiuso 11-26 agosto

BEDIZZOLE

Brescia – ✉ 25081 – 12 296 ab. – Alt. 184 m – Carta regionale n° **9**-D1
Carta stradale Michelin 561-F13

🏠 La Corte 🍴 🔳 ♿ 🅰 🍽 🅿

FAMILIARE · PERSONALIZZATO Bella cascina arredata con gusto e signorilità e, non da poco, un ottimo rapporto qualità/prezzo, per una struttura la cui calda accoglienza della titolare vi farà sentire come a casa vostra.

16 cam ♨ – ♦42/60 € ♦♦80/100 €

via Benaco 117 – ☏ 030 687 1688 – www.hotellacorte.net

BELLAGIO

Como – ✉ 22021 – 3 758 ab. – Alt. 229 m – Carta regionale n° **9**-B2
Carta stradale Michelin 561-E9

🕸 Mistral ⇐ 🏠 🅰 🅿

CUCINA MODERNA · ELEGANTE XxxX La superba terrazza con vista impareggiabile sul lago sarà seconda solo alla cucina che sperimenta ricette molecolari e cotture innovative accanto a piatti più tradizionali, sempre e necessariamente preparati con eccellenti materie prime il cui studio e ricerca sono le grandi passioni dello chef.

→ Tortellini di pavone con brodetto di volatili e funghi misti. Anatra "à la presse" preparata al tavolo. Pesca melba con salsa ai lamponi, mandorle e gelato alla crema raffreddato all'azoto liquido.

Menu 170 € – Carta 105/233 €

Grand Hotel Villa Serbelloni, via Roma 1 – ☏ 031 956435
– www.ristorante-mistral.com – solo a cena escluso sabato ed i giorni festivi; in luglio-agosto sempre chiuso a mezzogiorno – Aperto inizio aprile-fine ottobre

‖○ Alle Darsene di Loppia　≼ 斎 **P**

CUCINA MEDITERRANEA · CONTESTO CONTEMPORANEO ✕✕ All'ombra del pergolato affacciato sul porticciolo di Loppia o nella curata sala interna, cucina contemporanea che spazia tra terra e mare in ricette mediterranee.

Menu 50/100 € – Carta 45/93 €

via Melzi d'Eril 1, frazione Loppia, Sud: 1 km – 𝒞 *031 952069*
– www.ristorantedarsenediloppia.com – Chiuso gennaio-febbraio e lunedì

⌂⌂⌂⌂⌂ Grand Hotel Villa Serbelloni　⭠ ⌂ ≼ ⌂ ⌂ ⌂ ⑨ 𝕸 ₤₅ ✕ ⌂

GRAN LUSSO · STORICO Scaloni marmorei, colonne in ⊡ ⌂ 𝔸𝕂 🏊 🚗 stucco e splendidi trompe-l'oeil conferiscono alla struttura personalità ed uno stile che la rendono tra le più esclusive risorse del Bel Paese. Immerso nella lussureggiante vegetazione dei suoi giardini all'italiana, l'hotel ha ospitato regnanti e personalità da ogni continente: ora aspetta voi, non fatelo attendere...

95 cam ⊑ – ┆294/362 € ┆┆473/777 € – 4 suites

via Roma 1 – 𝒞 *031 950216 – www.villaserbelloni.com – Aperto inizio aprile-fine ottobre*

❀ **Mistral** – Vedere selezione ristoranti

⌂⌂⌂ Belvedere　⭠ ≼ ⌂ ⌂ 𝕸 ₤₅ ⊡ ⌂ 𝔸𝕂 ₤₅ **P**

TRADIZIONALE · ACCOGLIENTE Tra il cielo ed il lago, sopra il caratteristico porticciolo di Pescallo, un romantico nido dove trascorrere un piacevole soggiorno cullati dal lago; piscina estiva nel giardino fiorito ed un centro benessere con piccola beauty sono solo alcuni dei servizi offerti dalla struttura. Cucina italiana all'omonimo ristorante panoramico dotato di bella terrazza estiva.

61 cam ⊑ – ┆99/192 € ┆┆156/557 € – 13 suites

via Valassina 31 – 𝒞 *031 950410 – www.belvederebellagio.com – Aperto 1° aprile-31 ottobre*

⌂⌂⌂ Florence　⭠ ≼ 𝕸 ⊡ ⌂ 𝔸𝕂

TRADIZIONALE · CLASSICO In posizione centralissima, prospiciente il lago, una bella casa dall'allure elegante è diventata una struttura alberghiera tra le più gettonate del luogo. Le ragioni di tanto successo sono da ricercarsi nelle raffinate camere, nel centro benessere o nella terrazza la cui pregevole vista regala tante emozioni.

27 cam ⊑ – ┆140 € ┆┆160/240 € – 3 suites

piazza Mazzini 46 – 𝒞 *031 950342 – www.hotelflorencebellagio.it – Aperto 15 aprile-20 ottobre*

⌂ Bellagio　≼ ₤₅ ⊡ 𝔸𝕂 🚗

FAMILIARE · CENTRALE In pieno centro storico, a due passi dal lungolago e dall'imbarcadero, vi si accede percorrendo una suggestiva scalinata: camere confortevoli, di stampo moderno, nonché una bella terrazza.

29 cam ⊑ – ┆100/140 € ┆┆120/195 €

salita Grandi 6 – 𝒞 *031 952202 – www.bellagio.info – Aperto 10 marzo-20 novembre*

BELLARIA IGEA MARINA

Rimini – 19 519 ab. – Carta regionale n° **5**-D2
Carta stradale Michelin 562-J19

a Bellaria ✉ 47814

⌂⌂⌂ Orizzonte e Villa Ariosa　⭠ ≼ 𝕏 𝕸 ⌂ ⊡ 𝔸𝕂 **P**

TRADIZIONALE · ACCOGLIENTE Una struttura classica, ma non priva di ricercatezza, con un'annessa villa fine secolo affacciata direttamente sul mare; bello e scenografico il piccolo centro benessere che ospita anche una piscina coperta.

40 cam ⊑ – ┆55/100 € ┆┆80/140 €

via Rovereto 10 – 𝒞 *0541 344298 – www.hotelorizzonte.com – Aperto Pasqua-15 settembre*

a Igea Marina ⊠ 47813

🏠 Blu Suite Hotel ⚐ ≤ ℤ ⋒ 🛏 ⊟ ⅄ 🖩 ♨ 🅿

TRADIZIONALE · MINIMALISTA Ideale per gli amanti dello stile moderno, la struttura dispone di camere dal design minimalista molto spaziose e con angolo cottura, soluzioni esclusive con suite fronte mare e jacuzzi sul rooftop; ampia spa (solo per adulti) e spiaggia privata, dove gli amici a quattro zampe sono ben accetti. Al ristorante, con l'ausilio di una nutrizionista, particolari percorsi benessere sotto l'insegna "Blu Vita".

33 cam ☲ – ▪99/250 € ▪▪109/350 € – 13 suites

viale Pinzon 290 – ☏ 0541 332454 – www.blusuitehotel.it
– Aperto 9 marzo-10 novembre

🏠 Mediterraneo ⚐ ℤ ⋒ ⊟ ⅄ 🖩 ♨ 🅿

TRADIZIONALE · MODERNO Camere di differenti stili e grazioso centro benessere in un hotel a conduzione diretta, suddiviso su due corpi separati dalla strada: in quello più a monte le camere più recenti (tra le migliori della località!), la spa e il ristorante.

75 cam ☲ – ▪69/199 € ▪▪89/299 € – 20 suites

Via Tacito, 12 – ☏ 0541 330178 – www.hmediterraneo.net – Aperto vacanze di
Natale e 1° aprile-31 ottobre

🏠 Strand ⚐ ≤ ⋒ 🛏 ⊟ 🖩 🅿

TRADIZIONALE · LUNGOMARE Valida struttura caratterizzata da interni moderni, a tratti signorili, e camere con forti elementi di personalizzazione. Direttamente sul mare, si è in spiaggia senza attraversare strade!

37 cam ☲ – ▪80/160 € ▪▪80/160 € – 2 suites

viale Pinzon 161 – ☏ 0541 331726 – www.hstrand.com – Aperto
14 aprile-16 settembre

BELLINZAGO LOMBARDO

Milano (MI) – ⊠ 20060 – 3 836 ab. – Alt. 129 m – Carta regionale n° **10**-C2

🍴 Macelleria Motta 🍽 🅿

CUCINA ITALIANA · ACCOGLIENTE ❌❌ Ne assaporerete di cotte e di crude, bollite e alla brace... sono le specialità di carne di questo ottimo ristorante, che d'estate offre anche il piacere del servizio all'aperto in una tipica corte lombarda.

👄 Menu 15 € (pranzo in settimana)/50 € – Carta 45/71 €

strada Padana Superiore 90 – ☏ 02 9578 4123 – www.ristorantemacelleriamotta.it
– Chiuso 1°-6 gennaio, 5-22 agosto e domenica

BELLINZAGO NOVARESE

Novara – ⊠ 28043 – 9 691 ab. – Alt. 192 m – Carta regionale n° **12**-C2
Carta stradale Michelin 561-F7

a Badia di Dulzago Ovest : 3 km ⊠ 28043 – Bellinzago Novarese

🍴 Osteria San Giulio 🖩

CUCINA REGIONALE · RUSTICO ❌ Un'esperienza sensoriale a partire dalla collocazione all'interno di un'antica abbazia rurale, passando per l'accoglienza, l'atmosfera e la cucina. Tra le specialità: oca arrosto sotto grasso, paniscia e agnolotti, torta di mele con zabaione.

👄 Menu 25/35 € – Carta 24/48 €

– ☏ 0321 98101 (consigliata la prenotazione) – www.osteriasangiulio.it
– Chiuso 23 dicembre-7 gennaio, agosto, domenica sera, lunedì e martedì

BELLUNO

(BL) – ⊠ 32100 – 35 870 ab. – Alt. 383 m – Carta regionale n° **23**-C1
Carta stradale Michelin 562-D18

⊛ Al Borgo

REGIONALE · FAMILIARE X All'interno di una villa settecentesca in un antico e piccolo borgo, ambiente caldamente rustico e cucina del territorio. Il menu racconta: risotto ai funghi, capretto al forno, gelato artigianale della casa.

Carta 31/39 €

3 cam ⌑ – †35/50 € ††60/120 €

via Anconetta 8 – ℰ 0437 926755 – www.alborgo.to – Chiuso 1 settimana in gennaio, 1 settimana in ottobre, lunedì sera e martedì

⫶◯ Astor ◓

CUCINA CLASSICA · MINIMALISTA X Annesso all'omonimo albergo, ambiente moderno, giovane ed informale, dal design originale: si propone per un aperitivo, uno snack veloce, ma ancor di più per una cena romantica.

Carta 32/58 € – carta semplice a pranzo

Hotel Astor, piazza Martiri 26/e – ℰ 0437 943756 – www.astorbelluno.it – Chiuso domenica e lunedì

⛫ Park Hotel Villa Carpenada

DIMORA STORICA · PERSONALIZZATO Abbracciata da un parco, una grande villa seicentesca caratterizzata da interni signorili e mobili d'epoca, per un soggiorno esclusivo a pochi chilometri dal centro città. Stessa ambientazione per il ristorante Lorenzo III, in carta sia carne sia pesce.

32 cam ⌑ – †59/600 € ††59/600 €

via Mier 158, Sud: 2,5 Km – ℰ 0437 948343 – www.hotelvillacarpenada.it

⛫ Astor

TRADIZIONALE · DESIGN Piccolo nel numero di camere, ma generoso nelle loro dimensioni, Astor è una bella realtà dall'ubicazione centralissima; da molte stanze si scorge il Piave.

13 cam ⌑ – †105/150 € ††155/180 €

piazza Martiri 26/e – ℰ 0437 943756 – www.astorbelluno.it

⫶◯ Astor – Vedere selezione ristoranti

BELMONTE CALABRO

Cosenza – ✉ 87033 – 2 003 ab. – Alt. 262 m – Carta regionale n° **3**-A2
Carta stradale Michelin 564-J30

⛫ Villaggio Albergo Belmonte

TRADIZIONALE · CLASSICO Dal mare, percorrendo pochi chilometri, si raggiungono i 300 metri di altitudine e il Villaggio Belmonte, consigliato a chi ama il silenzio e un soggiorno privato in camere distribuite al piano terra con accesso diretto al giardino. Incantevole piscina panoramica.

44 cam ⌑ – †65/95 € ††100/160 € – 2 suites

località Piane, Nord: 2 km – ℰ 0982 979366 – www.vabbelmonte.eu – Chiuso novembre

BENACO → Vedere Garda (Lago di)

BENEVELLO

Cuneo – ✉ 12050 – 474 ab. – Alt. 671 m – Carta regionale n° **14**-C2
Carta stradale Michelin 561-I6

⛉ Damiano Nigro

CUCINA MODERNA · ELEGANTE XxX Una saletta con pochi tavoli all'interno dell'albergo Villa d'Amelia è l'angolo che il cuoco si è ritagliato per le proprie creazioni gastronomiche. Non c'è scelta alla carta, ma menu degustazione che vi guideranno tra piatti colorati ed originali, anche vegetariani.

→ Astice blu, lingua di vitello e cavolfiore. Agnello alla Rossini. Mousse di cioccolato bianco e passion fruit, caramello e ceviche di scampo.

Menu 85/125 €

Hotel Villa d'Amelia, località Manera 1 – ℰ 0173 529225 – www.villadamelia.com – Aperto 12 aprile-8 dicembre; chiuso martedì a mezzogiorno e lunedì

🏠 Villa d'Amelia   ⅋ ⪽ 🛏 🏊 ⌂ ⊟ ⅃ 🎵 ⚐ 🅿

DIMORA STORICA · ELEGANTE Una cascina ottocentesca raccolta attorno ad una corte è diventata oggi una villa signorile, caratterizzata da interni di moderno design che si alternano ad oggetti d'epoca, nel contesto di un affascinante paesaggio collinare. Al ristorante DaMà troverete una buona scelta gastronomica di piatti piemontesi, classici nazionali e qualcosa di più creativo.

34 cam 😐 – 📱180/278 € 📱📱225/330 € – 3 suites

località Manera 1 – ℰ 0173 529225 – www.villadamelia.com – Aperto 12 aprile-31 dicembre

❀ **Damiano Nigro** – Vedere selezione ristoranti

BENEVENTO

(BN) – ✉ 82100 – 60 091 ab. – Alt. 135 m – Carta regionale n° **4**-B1
Carta stradale Michelin 564-D26

🏠 Villa Traiano   ⊟ 🎵 ⚐ 🅿 🚗

FAMILIARE · CONTEMPORANEO All'interno di una bella villa d'inizio Novecento, un grazioso giardino d'inverno come zona comune ed uno spazio relax sul roof garden; le camere sono tutte confortevoli, ma quelle realizzate nella nuova ala sono sicuramente più moderne ed ampie.

40 cam – 📱70/180 € 📱📱99/290 € – 😐 15 €

viale dei Rettori 9 – ℰ 0824 326241 – www.hotelvillatraiano.com

sulla provinciale per San Giorgio del Sannio Sud-Est : 7 km :

❀ Pascalucci   🎵 🍴 ⚐ 🅿

CUCINA REGIONALE · RUSTICO ⅗ Ristorante nato dalla tradizione e che oggi, oltre a proposte locali, presenta anche una cucina di pesce elaborata con capacità, a base di prodotti freschi e genuini. Tra le specialità: filetto di marchigiana con salsa di caciocavallo.

Carta 22/45 €

via Appia 1 – ℰ 0824 778400 – www.pascalucci.it

marияakotic/iStock

CI PIACE...

L'accoglienza franca e professionale all'hotel **Petronilla**. La vista dalle belle terrazze del nuovo locale di **Ezio Gritti**. La lussuosa hôtellerie di Città Alta con il **Relais San Lorenzo**. La modernità tra mura storiche del **Gombit**, ma anche il colorato albergo **Piazza Vecchia**.

BERGAMO

(BG) – ✉ 24122 – 119 381 ab. – Alt. 249 m – Carta regionale n° **10**-C1
Carta stradale Michelin 561-E11

Ristoranti

ⅼ○ **Lio Pellegrini**　　　　　　　　　　　　� 🆎

CUCINA MODERNA · ROMANTICO XxX Locale del centro, accanto all'Accademia Carrara ed al GAMeC, la bellezza di tanta arte accoglie con piacere i raffinati interni del ristorante così come il bel dehors coi suoi ariosi drappi, un'insolita e placevole oasi di pace. La cucina propone sapori mediterranei, di carne e di pesce, tra classico e moderno.
Carta 41/131 €
Pianta: B1-e – *via San Tomaso 47* ✉ *24121* – ✆ *035 247813* – *www.liopellegrini.it*
– *Chiuso 13-28 agosto, martedì a mezzogiorno e lunedì*

ⅼ○ **Ezio Gritti**　　　　　　　　　　　　🌙 ✿

CUCINA MODERNA · CONTESTO CONTEMPORANEO XxX Welcome home, Mr Gritti! Dopo un'importante esperienza all'estero, rieccolo nella sua Bergamo, con un bel locale le cui due terrazze si affacciano sul cuore della città. All'interno ambienti di elegante minimalismo ed una cucina a vista da cui escono piatti di moderna concezione.
Menu 70 € – Carta 63/97 €
Pianta: A2-b – *piazza Vittorio Veneto 15* ✉ *24122* – ✆ *035 246647 (consigliata la prenotazione)* – *www.ristoranteeziogritti.it* – *Chiuso 20 giorni in agosto, domenica sera e lunedì*

ⅼ○ **Roof Garden**　　　　　　　　　　🛭 🌙 🕭 🆎 🅿

CUCINA MODERNA · CONTESTO CONTEMPORANEO XxX Cucina creativa, ma a pranzo c'è anche una carta più light, in questo ristorante che offre una romantica vista su Città Alta. (Prenotare un tavolo lungo la parete-vetrata!).
Menu 60/120 € – Carta 43/115 €
Pianta: A1-a – *Hotel Excelsior San Marco, piazza della Repubblica 6* ✉ *24122*
– ✆ *035 366159* – *www.roofgardenrestaurant.it* – *Chiuso 2 settimane in gennaio, 2 settimane in agosto, sabato a mezzogiorno e domenica*

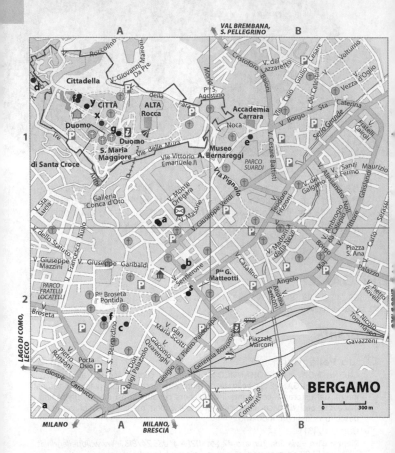

Sarmassa   ♿ AC

CUCINA CLASSICA · ACCOGLIENTE XX Ricavato da una porzione di chiostro millenario, ci sono colonne e affreschi d'epoca, ma la cucina è giovane e brillante, con un'ottima selezione di salumi italiani e spagnoli.

Carta 35/66 €

Pianta: A2-c – *vicolo Bancalegno 1h* ✉ *24122* – ☎ *035 219257*
– www.sarmassa.com – Chiuso 3-10 febbraio, 4-25 agosto e domenica

Al Carroponte   ⚌ 🍽 ♿ AC

CUCINA MODERNA · DI TENDENZA X Locale moderno sia nell'ambiente sia nell'offerta che nel nome ricorda il passato meccanico del sito. Oggi ci si viene per mangiare una cucina contemporanea di terra e di mare, completata da una vasta scelta di finger, salumi, ostriche, caviale sino agli hamburger gourmet. Per non farsi mancare nulla, il patron Oscar mescerà al bicchiere qualunque vino (al dovuto prezzo, naturalmente...) di una carta che ha superato le 1.000 etichette rendendola ormai un riferimento enoico per la città.

Menu 35/75 € – Carta 36/83 €

Pianta: A2-a – *via De Amicis 4* – ☎ *035 265 2180* – *www.alcarroponte.it* – *Chiuso domenica*

†⧉ **Osteria Al GiGianca** ⓝ   🅰🅲

CUCINA DEL TERRITORIO · ACCOGLIENTE ⅹ Posizione decentrata non brillante, ma ambiente accogliente, in cui una giovane coppia, spinta dalla passione per la cucina, propone ricette stagionali legate al territorio e buona offerta di vini e birre.

🍴 Menu 19 € (pranzo in settimana) – Carta 34/51 €

via Broseta 113, 1,5 km A2 per Lecco ⊠ 24128 – 𝒞 035 568 4928
– www.algigianca.com – Chiuso 1 settimana In gennaio, 2 settimane in luglio, lunedì a mezzogiorno e domenica

Alberghi

🏨 **Excelsior San Marco**   🛖 ⅃🅙 ⊟ ⭧ 🅰🅲 🛁 🚗

BUSINESS · ELEGANTE In posizione strategica, grande classico dell'hôtellerie di Bergamo, che vanta una trentina di camere con vista su Città Alta.

147 cam ⊡ – ♦80/200 € ♦♦99/280 € – 8 suites

Pianta: A1-a *– piazza della Repubblica 6 ⊠ 24122 – 𝒞 035 366111*
– www.hotelsanmarco.com

†⧉ **Roof Garden** – Vedere selezione ristoranti

🏨 **Petronilla**   🌿 🛖 ⅃🅙 ⊟ ⭧ 🅰🅲 🚗

BOUTIQUE HOTEL · DESIGN Splendido albergo del centro in cui convivono suggestioni anni '50, influenze Bauhaus e design contemporaneo: molti i quadri disegnati ad hoc, con dettagli d'opere di Hopper, De Chirico, Caravaggio. Un soggiorno esclusivo, perfetto per coloro che amano le raffinate personalizzazioni e il relax: quest'ultimo assicurato anche da un nuovo spazio nel cortile.

12 cam ⊡ – ♦150/250 € ♦♦180/420 €

Pianta: A2-f *– via San Lazzaro 4 ⊠ 24121 – 𝒞 035 271376*
– www.petronillahotel.com

🏨 **Arli**   🌿 🛖 ⅃🅙 ⊟ ⭧ 🅰🅲 🅿

BUSINESS · MODERNO Ottima struttura, moderna e centrale, tra le più consigliate di Bergamo! Dispone di camere molto confortevoli, recenti, eleganti, ma con il tocco moderno delle sobrie resine al posto delle testiere dei letti; più classiche le mansardate all'ultimo piano. Piatti italiani, internazionali e vegetariani al ristorante La Delizia.

66 cam ⊡ – ♦80/220 € ♦♦90/280 €

Pianta: A2-s *– largo Porta Nuova 12 ⊠ 24122 – 𝒞 035 222077 – www.arli.net*

Città Alta Alt. 249 m

🕸 **Casual** (Enrico Bartolini)   🍴 🏵 🅰🅲 🅿

CUCINA CREATIVA · ELEGANTE ⅩⅩ Fra i ristoranti stellati della galassia Bartolini, qui vi siederete a pochi metri dallo splendido centro storico di Bergamo Alta. Due sale di raffinata, sobria e contemporanea eleganza, dove non mancano alcuni fra i più celebri piatti del cuoco toscano, ma a cui si affiancano anche le declinazioni locali del giovane resident chef.

→ Risotto all'anice, ostriche e uova d'aringa affumicate. Piccione, tamarindo, foie gras e carota gialla. Tarte Tatin con gelato alla vaniglia.

Menu 75/120 € – Carta 67/132 €

Pianta: A1-d *– via San Vigilio 1 ⊠ 24122 – 𝒞 035 260944*
– www.enricobartolini.net – Chiuso 15-30 agosto e martedì

†⧉ **Hostaria**   ⩽ 🍴 🅰🅲 🏵 🚗

CUCINA MODERNA · ROMANTICO ⅩⅩ Nella parte più antica di questo bellissimo relais che la ospita, si mangerà tra scavi archeologici del 300 a.C. nonché muri e pozzi di epoca medievale. Per tutta risposta la cucina si fa moderna, ma la sua matrice di gusto e sapore resta decisamente italiana.

Carta 57/109 €

Pianta: A1-f *– Hotel Relais San Lorenzo, piazza Mascheroni 9/a ⊠ 24129*
– 𝒞 035 237383 – www.relaisanlorenzo.com – Chiuso martedì a pranzo e lunedì

🍴 Colleoni & dell'Angelo   🛦 🍴 AC ⇄

CUCINA CLASSICA · ELEGANTE XₓX In un antico palazzo di piazza Vecchia - una delle più belle d'Italia, su cui per altro si apparecchia il dehors - ristorante di rara eleganza con cucina di terra, ma soprattutto di mare. Servizio all'altezza.

Menu 35 € (pranzo in settimana)/65 € – Carta 56/92 €

Pianta: A1-x – *piazza Vecchia 7* ✉ *24129* – *𝒞 035 232596*
– *www.colleonidellangelo.com* – *Chiuso lunedì*

🏨 Relais San Lorenzo   🕭 ⇐ 📠 🕉 ⊡ 🛦 AC 🍴 🛁 🕭

LUSSO · DESIGN Infine anche Bergamo ha il suo albergo 5 stelle e non poteva che essere nella splendida cornice di Città Alta. Gli ambienti offrono una versione sobria e moderna del concetto di lusso, mentre i confort - oltre che nella struttura - si percepiscono dal servizio. Dotato anche di piccola spa da prenotare.

25 cam ⚏ – 🛏260/440 € 🛏🛏285/470 € – 5 suites

Pianta: A1-f – *piazza Mascheroni 9/a* ✉ *24129* – *𝒞 035 237383*
– *www.relaisanlorenzo.com*

🍴 **Hostaria** – Vedere selezione ristoranti

🏨 GombitHotel   ⊡ 🛦 AC

STORICO · MODERNO Adiacente alla torre del Gombito, il palazzo duecentesco riserva l'inaspettata sorpresa di un albergo moderno dagli arredi design, tonalità sobrie ed eleganti bagni con ampie docce. Molto bella anche la saletta delle colazioni con decori e vista sulla viuzza centrale.

12 cam ⚏ – 🛏175/270 € 🛏🛏225/370 € – 1 suite

Pianta: A1-g – *via Mario Lupo 6* ✉ *24121* – *𝒞 035 247009* – *www.gombithotel.it*

🏨 Piazza Vecchia   ⊡ 🛦 AC

FAMILIARE · PERSONALIZZATO Situato in prossimità di piazza Vecchia, che il grande architetto Le Corbusier definì come "la più bella piazza d'Europa", camere spaziose, vivaci e colorate in un'antica casa del 1300.

13 cam ⚏ – 🛏100/260 € 🛏🛏115/330 €

Pianta: A1-y – *via Colleoni 3/5* ✉ *24129* – *𝒞 035 253179*
– *www.hotelpiazzavecchia.it* – *Chiuso 7-14 gennaio*

🏨 La Valletta Relais   ⇐ AC 🍴 🅿

FAMILIARE · PERSONALIZZATO Lungo le strade che portano al centro storico di Bergamo Alta - a piedi sono venti minuti, ma i proprietari con grande senso dell'ospitalità offrono un servizio navetta per gli ospiti - una casa d'epoca per chi predilige la tranquillità e il silenzio, evitando gli schiamazzi e le comitive del centro. Camere ampie, alcune con vista sui colli.

8 cam ⚏ – 🛏80/100 € 🛏🛏85/110 € – 2 suites

via Castagneta 19, Nord: 1 km - A1 ✉ *24129* – *𝒞 035 242746*
– *www.lavallettabergamo.it* – *Aperto 1° marzo-30 novembre*

a San Vigilio Ovest : 1 km o 5 mn di funicolare A1 - Alt. 461 m

🍴 Baretto di San Vigilio   🍴 ⇄

CUCINA CLASSICA · CONVIVIALE X Nella piazzetta antistante la stazione di arrivo della funicolare, caratteristico bar-ristorante di tono retrò, vagamente anglosassone, dove gustare piatti della tradizione italiana. Servizio estivo in terrazza con incantevole vista sulla città.

Menu 35 € (pranzo in settimana)/45 € – Carta 50/66 €

via Al Castello 1 ✉ *24129* – *𝒞 035 253191* – *www.baretto.it*

BERGEGGI

Savona – ✉ 17028 – 1 129 ab. – Alt. 110 m – Carta regionale n° **8**-B2
Carta stradale Michelin 561-J7

❁ **Claudio** (Claudio e Lara Pasquarelli)

PESCE E FRUTTI DI MARE · ELEGANTE XxX Una delle migliori cucine di pesce della zona, frutto del sodalizio padre-figlia: alla qualità indiscutibile delle materie prime, si unisce la cura estetica delle presentazioni, senza rinunciare alla generosità delle porzioni. Mentre la terrazza in stagione è certamente una delle più ambite della zona!

→ Crudo di pesci e crostacei. Zuppa di pesce nella pietra ollare. Bouquet di crostacei agli agrumi del Mediterraneo.

Menu 90/120 € – Carta 80/140 €

Hotel Claudio, via XXV Aprile 37 – ☏ 019 859750 – www.hotelclaudio.it – solo a cena escluso sabato e i giorni festivi – Aperto 1° aprile-1° novembre; chiuso lunedì

🏠 **Claudio**

TRADIZIONALE · ACCOGLIENTE Suggestiva collocazione con vista eccezionale sul golfo sottostante. Camere ampie ed eleganti, piscina, spiaggia privata e numerosi altri servizi a disposizione.

22 cam ☵ – †80/130 € ††130/200 € – 4 suites

via XXV Aprile 37 – ☏ 019 859750 – www.hotelclaudio.it – Aperto 1° aprile-1° novembre

❁ **Claudio** – Vedere selezione ristoranti

BERNALDA

Matera – ✉ 75012 – 12 453 ab. – Alt. 126 m – Carta regionale n° **2**-D2
Carta stradale Michelin 564-F32

🅰 **La Locandiera**

CUCINA LUCANA · FAMILIARE XxX Lungo il corso centrale di Bernalda, zia, mamma e figlia, tra fornelli e sala, fanno della Locandiera uno dei ristoranti lucani più interessanti. Alla ricerca delle migliori materie prime della Basilicata ma anche Puglia, brillano la fantasia di antipasti e le paste fatte in casa. Imperdibili: tripolina con mollica di pane fritto e peperone crusco - polpette di pane in salsa di pomodoro - crostate con marmellata di fragole al rosmarino e ricotta alla cannella.

🍴 Menu 25/50 € – Carta 25/47 €

corso Umberto 194 – ☏ 0835 543241 (consigliata la prenotazione) – www.trattorialocandiera.it – Chiuso 10 giorni in ottobre-novembre e martedì escluso agosto-settembre

🏠 **Agriturismo Relais Masseria Cardillo**

AGRITURISMO · ELEGANTE A pochi chilometri dal lido di Metaponto, elegante risorsa ricavata dai granai di una masseria di fine '700, le cui spaziose camere dispongono di terrazzini affacciati sulla campagna. Splendido pergolato per le cene d'estate e dall'azienda agricola una qualificata produzione di vino, nonché olio.

10 cam ☵ – †78/130 € ††120/200 €

strada statale 407 Basentana al km 97,5 – ☏ 0835 748992 – www.masseriacardillo.it – Aperto Pasqua-30 settembre

BERSANO Piacenza → Vedere Besenzone

BERTINORO

Forlì-Cesena (FC) – ✉ 47032 – 11 059 ab. – Alt. 254 m – Carta regionale n° **5**-D2
Carta stradale Michelin 562-J18

a Fratta Ovest : 4 km ✉ 47032

🏠 **Grand Hotel Terme della Fratta**

SPA E WELLNESS · CLASSICO Camere semplici, ma ben tenute, nonché programmi terapeutici diversi grazie alla disponibilità contemporanea di sette tipologie di acqua, i cui benefici effetti erano già decantati in epoca romana. Nel giardino, percorsi vita e fontane termali; nel moderno centro benessere, massaggi e trattamenti di bellezza.

64 cam ☵ – †61/108 € ††92/186 €

via Loreta 238 – ☏ 0543 460911 – www.termedellafratta.it

BESENZONE

Piacenza – ✉ 29010 – 978 ab. – Alt. 48 m – Carta regionale n° **5**-A1
Carta stradale Michelin 561-H11

a Bersano Est : 5,5 km ✉ 29010 – Besenzone

ⅼ○ La Fiaschetteria   𝝐 ⇦ 🐟 🅐🅒 🅿

CUCINA REGIONALE · ELEGANTE XXX Elegante cascina immersa nelle terre verdiane, la cucina offrirà agli appassionati l'occasione di un viaggio nella bassa padana, tra salumi, paste fresche e arrosti. Per gli amanti del pesce, non manca qualche proposta di mare, oltre che di fiume. Infine, per prolungare il soggiorno, ci sono anche tre romantiche, incantevoli camere.

Menu 60 € – Carta 45/71 €

3 cam – ♦85 € ♦♦120 € - senza ⌧

via Bersano 59/bis – 𝒞 0523 830444 (consigliata la prenotazione)
– www.la-fiaschetteria.it – solo a cena escluso i giorni festivi – Chiuso
23 dicembre-6 gennaio, agosto, lunedì e martedì

BESOZZO

Varese – ✉ 21023 – 9 106 ab. – Alt. 258 m – Carta regionale n° **9**-A2
Carta stradale Michelin 561-E7

ⅼ○ Osteria del Sass 🆕   𝝐 ≤ 🅐🅒 🚭

CUCINA MODERNA · ROMANTICO XX Ai tempi dei Celti l'edificio costituiva la porta d'ingresso del borgo di Besozzo con torretta di avvistamento per la sua posizione privilegiata; ora è il regno di una cucina di ottimo livello, curata nei dettagli, presentata in un locale elegante e caratteristico dalle antiche origini (nella saletta interna è ancora ben conservata una pietra con l'effige di una divinità apotropaica).

Menu 35/55 € – Carta 39/65 €

via Sant'Antonio 17/B, località Besozzo Superiore – 𝒞 0332 771005 (consigliata la prenotazione) – www.osteriadelsass.it – Chiuso 1 settimana in gennaio, 1 settimana in agosto e martedì

BETTOLA

Piacenza (PC) – ✉ 29021 – 2 828 ab. – Alt. 329 m – Carta regionale n° **5**-A2
Carta stradale Michelin 562-H10

ⅼ○ Agnello   🏠

CUCINA EMILIANA · CONTESTO TRADIZIONALE X Affacciato sulla scenografica piazza del centro storico, il ristorante è idealmente diviso in due sale: la parte più antica con volte in mattoni e colonne in pietra. Curiosi e interessati potranno accedere alle cantine, dove stagionano i salumi.

🍴 Menu 25 € – Carta 24/53 €

piazza Colombo 70 – 𝒞 0523 917760 – Chiuso febbraio e martedì

BETTOLLE Siena → Vedere Sinalunga

BETTONA

Perugia – ✉ 06084 – 4 367 ab. – Alt. 353 m – Carta regionale n° **20**-B2
Carta stradale Michelin 563-M19

ⅼ○ Taverna del Giullare   ≤ 🏠 🅖 🅐🅒 🚭

CUCINA REGIONALE · AMBIENTE CLASSICO XX Cucina di stampo regionale in un locale dallo stile tra il classico ed il rustico. D'inverno godetevi la bella veranda completamente chiusa da vetrate, ma assolutamente panoramica.

🍴 Menu 25/45 € – Carta 37/66 €

Relais la Corte di Bettona, via del Forte 11 – 𝒞 075 987114
– www.tavernadelgiullare.com – Chiuso 11 gennaio-11 febbraio, lunedì, martedì, mercoledì e giovedì escluso in aprile-ottobre

Relais la Corte di Bettona ⟨ 🌊 🏠 🛗 🔄 ᾧ 🗛 ᾧ

FAMILIARE · CLASSICO Nel cuore del centro storico un palazzo del 1300, suddiviso in due corpi distinti, dove le camere ubicate nell'edificio più a valle godono di una spettacolare vista sulla natura circostante. Centro benessere con massaggi.

36 cam ⌑ – †90/150 € ††90/180 € – 2 suites

via Santa Caterina 2 – 𝒞 075 987114 – www.relaisbettona.com – Chiuso 11 gennaio-11 febbraio

🏵️O **Taverna del Giullare** – Vedere selezione ristoranti

BEVAGNA

Perugia – ✉ 06031 – 5 081 ab. – Alt. 210 m – Carta regionale n° **20**-C2
Carta stradale Michelin 563-N19

🏵️O **Serpillo** 🛖

CUCINA DEL TERRITORIO · RUSTICO ✗ All'interno dell'affascinante borgo, piacevoli e rustiche sale ricavate in un antico frantoio; due giovani - fratello e sorella - fanno del loro buffet di antipasti un vanto, ma non mancano piatti legati alla tradizione reinterpretati in leggera chiave moderna.

🍽 Menu 25/40 € – Carta 28/45 €

*via di Mezzo 1, località Torre del colle, Ovest: 3 km – 𝒞 366 711 8212
– www.serpillo.it – solo a cena escluso domenica – Chiuso lunedì*

🏵️O **Trattoria da Oscar** 🛖

CUCINA CLASSICA · FAMILIARE ✗ E' Filippo, lo chef-patron, a gestire con passione e professionalità questo piccolo, quanto piacevole, locale in pieno centro (zona a traffico limitato, si posteggia fuori le mura). Cucina con ovvi riferimenti al territorio, ma che spazia con disinvoltura su tutta l'Italia.

Menu 35/50 € – Carta 42/65 €

piazza del Cirone 2 – 𝒞 0742 361107 – www.latrattoriadioscar.it – Chiuso 20 gennaio-13 febbraio e martedì

Residenza Porta Guelfa 🚪 🌊 ᾧ 🗛 🅿

TRADIZIONALE · REGIONALE Appena fuori le mura del centro storico, questa residenza dal fascino antico, ma dai confort moderni, dispone di camere arredate in stile locale, attrezzate con angolo cottura. La colazione viene servita in camera.

12 cam ⌑ – †80/90 € ††100/120 €

via Ponte delle Tavole 2 – 𝒞 0742 362041 – www.residenzaportaguelfa.com

 Un pasto accurato a prezzo contenuto? Cercate i Bib Gourmand 🏵.

BIANZONE

Sondrio (SO) – ✉ 23030 – 1 285 ab. – Alt. 444 m – Carta regionale n° **9**-B1
Carta stradale Michelin 561-D12

Altavilla 🐄 🔄 🛖 🅿

CUCINA REGIONALE · RUSTICO ✗ Nella parte alta della località, circondato da boschi e vigneti, il ristorante propone piatti del territorio in un'atmosfera rustica ed informale. Bella terrazza panoramica. Il menu racconta: crespella di grano saraceno alla bresaola - torta di mele e crema alla cannella.

🍽 Menu 25/35 € – Carta 30/52 €

12 cam – †70/90 € ††70/90 € – ⌑ 8 €

via Monti 46 – 𝒞 0342 720355 – www.altavilla.info – Chiuso 20 giorni in gennaio e lunedì escluso agosto

BIBBIENA

Arezzo – ⊠ 52011 – 12 241 ab. – Alt. 425 m – Carta regionale n° **18**-D1
Carta stradale Michelin 563-K17

⊛ Il Tirabusciò   AC

CUCINA TOSCANA · DI QUARTIERE ✗✗ Questa è una tappa in pieno centro storico, imperdibile per conoscere la gastronomia della zona: dai salumi alla chianina o all'agnello, passando - in stagione - per funghi e tartufi. Imperdibili sono i proverbiali tortelli di patate di cetica con ragù di maiale grigio del casentino.

Carta 32/49 €

via Rosa Scoti 12 – ℰ 0575 595474 (prenotare) – www.tirabuscio.it – Chiuso lunedì a mezzogiorno e martedì

a Soci Nord : 4 km ⊠ 52010

⑪○ La Buca   🏠 AC ⅋

CUCINA REGIONALE · RUSTICO ✗✗ In un ambiente rustico e personalizzato si possono gustare le tipiche specialità casentinesi: dalla pasta fatta in casa alla carne alla brace, senza trascurare la cacciagione.

Carta 26/38 €

piazza Garibaldi 24 – ℰ 0575 560094 – Chiuso 25 dicembre-1° gennaio, 23 luglio-7 agosto, mercoledì, anche domenica sera nel periodo invernale

BIBBONA

Livorno – ⊠ 57020 – 3 175 ab. – Carta regionale n° **18**-B2
Carta stradale Michelin 563-M13

🏠 Relais di Campagna Podere Le Mezzelune   🐾 ⋖ 🛏 AC ⅋

AGRITURISMO · BUCOLICO Risorsa ricavata da una casa colonica di fine 🅿 '800, all'interno di una proprietà con ortaggi e ulivi (da cui la produzione di olio extravergine). Bucolica posizione per un soggiorno rilassante in ambienti signorili.

4 cam ⌖ – †140/160 € ††160/190 €

località Mezzelune 126, Ovest: 4 km – ℰ 0586 670266 – www.mezzelune.com – Chiuso 10 dicembre-28 febbraio

🏠 Relais Sant'Elena   🐾 🐾 ⋖ ⛲ AC ⅋ 🅿

RESORT · PERSONALIZZATO Circondata da morbide colline, una bucolica, antica dimora toscana con tanto di borgo, torre e cipresseto; eleganti camere dove tradizione e stile si fondono in perfetta armonia.

16 cam ⌖ – †150/400 € ††150/400 €

via Campo di Sasso, Est: 1 Km – ℰ 0586 671071 – www.tenutagardini.it – Aperto metà marzo-inizio novembre

BIBIONE

Venezia – ⊠ 30020 – Carta regionale n° **23**-D2
Carta stradale Michelin 562-F21

🏨 Bibione Palace Suite   🐾 🛏 ⛲ 🔳 ⊕ 🐾 🗗 ⋏ 🖲 ⅋ AC 🚐

TRADIZIONALE · ACCOGLIENTE Centrale e contemporaneamente frontemare, le camere sono tutte terrazzate e luminose, gli spazi comuni arredati con gusto minimalista. All'esterno, piscina e parco giochi per i giovani ospiti; all'ultimo piano il piccolo e luminoso centro benessere. Una struttura veramente completa!

110 cam ⌖ – †140/220 € ††140/595 € – 50 suites

via Taigete 20 – ℰ 0431 447220 – www.hotelbibionepalace.it – Aperto 19 aprile-1° ottobre

🏨 Corallo   🐾 ⋖ 🛏 ⛲ 🗗 ⅋ ⋏ 🖲 AC ⅋ 🅿

FAMILIARE · LUNGOMARE Caratteristico nella particolare forma cilindrica della sua architettura, signorile hotel con ampi terrazzi che si affacciano sul mare. La piscina è proprio a bordo spiaggia.

76 cam ⌖ – †84/163 € ††120/232 €

via Pegaso 38 – ℰ 0431 43222 – www.hotelcorallobibione.com – Aperto 1° maggio-30 settembre

Italy 🏃 ⪕ 🛏 ⏛ 🗝 🖂 👤 AC 🆘 P

TRADIZIONALE · ACCOGLIENTE Tanta cura, a cominciare dalle camere, in un hotel frontemare non lontano dalle terme; piacevole giardino sul retro e zona relax con sabbia, vicino alla piscina.

77 cam ⊆ – ♦70/110 € ♦♦130/210 €

via delle Meteore 2 – ✆ 0431 43257 – www.hotel-italy.it – Aperto 22 maggio-22 settembre

Palace Hotel Regina 🏃 ⏛ 🗝 🖂 👤 AC 🆘 🚗

FAMILIARE · CLASSICO Gestione seria e dinamica per questo signorile hotel a metà strada tra centro e mare; all'interno spazi realizzati in una sobria ed elegante ricercatezza a cui si uniscono, per le camere, funzionalità e semplicità.

49 cam – solo ½ P 60/225 €

corso Europa 7 – ✆ 0431 43422 – www.palacehotelregina.it – Aperto 15 maggio-15 settembre

a Bibione Pineda Ovest : 5 km ⊠ 30020

San Marco 🏃 🐾 🛏 ⏛ 🗝 🖂 AC 🆘 P

TRADIZIONALE · PERSONALIZZATO In zona tranquilla, non lontano dalla spiaggia, albergo a conduzione diretta dotato di ampio giardino-solarium con piscina di acqua di mare, camere ampie sobriamente eleganti.

67 cam ⊆ – ♦90/120 € ♦♦130/220 € – 3 suites

via delle Ortensie 2 – ✆ 0431 43301 – www.sanmarco.org – Aperto 26 maggio-15 settembre

 Il tempo è bello? Concedetevi il piacere di mangiare in terrazza: 🍽

BIELLA

(BI) – ⊠ 13900 – 44 733 ab. – Alt. 420 m – Carta regionale n° **12**-C2
Carta stradale Michelin 561 F6

⅋○ Matteo Caffè e Cucina 🍽 ⅋ AC

CUCINA MODERNA · ELEGANTE ⅋⅋ Da poco trasferitosi nella bella piazza del Duomo, in due eleganti sale di uno storico palazzo, Matteo Caffè rimane un "imperdibile" per un coffee-break o per piatti ricchi di gusto e fantasia.

Carta 42/62 €

piazza Duomo 6 – ✆ 015 355209 – www.matteocaffeecucina.it – Chiuso domenica

⅋○ Regallo ⅋ AC P

PESCE E FRUTTI DI MARE · CONTESTO CONTEMPORANEO ⅋⅋ Leggermente periferico, un ristorante dal look contemporaneo nel singolare contesto di un ex opificio; la sua cucina allude al mare in proposte di gusto moderno e originale.

Menu 55 € – Carta 54/84 €

via Tollegno 4 – ✆ 015 370 1523 (consigliata la prenotazione) – www.ristoranteregallo.com – solo a cena escluso domenica – Chiuso mercoledì

Agorà Palace 🏃 🖂 ⅋ AC 🏋 🚗

BUSINESS · CENTRALE Particolarmente gradito da una clientela business, l'hotel si trova in pieno centro e dispone di un comodo garage, mentre le camere si caratterizzano per gli arredi moderni con accessori dell'ultima generazione. Formula buffet a self service è quanto propone il ristorante per il pranzo; carta più tradizionale la sera.

82 cam ⊆ – ♦80/110 € ♦♦90/120 € – 2 suites

via Lamarmora 13/A – ✆ 015 840 7324 – www.agorapalace.com

BIENTINA

Pisa (PI) – ⊠ 56031 – 8 062 ab. – Alt. 10 m – Carta regionale n° **18**-B2
Carta stradale Michelin 563-K13

⑪○ Osteria Taviani   🏠 ᕲ AC

CUCINA MODERNA · FAMILIARE ✗✗ Proprio nel cuore del paesino, una giovane
coppia gestisce con passione questo gradevole locale dagli interni di caldo
design: lei in sala, lui ai fornelli, e nel piatto una fragrante linea di cucina moderna
- carne e pesce - con solide basi nella tradizione toscana.

Menu 40/55 € – Carta 40/68 €

*piazza Vittorio Emanuele II 28 – 𝒞 0587 757374 – www.osteriataviani.it – solo a
cena escluso domenica da settembre a maggio – Chiuso lunedì*

BIGARELLO

Mantova (MN) – ⊠ 46030 – 2 087 ab. – Alt. 23 m – Carta regionale n° **9**-D3

a Stradella Sud - Ovest : 6 km ⊠ 46030

⑪○ Osteria Numero 2   🐝 🏠 ᕲ AC 🅿

CUCINA ITALIANA · RUSTICO ✗ In questo bel cascinale immerso nel verde, la
linea di cucina spazia dalla tradizione locale a quella nazionale, affiancata da
qualche proposta di pesce. Sempre più viva la passione per le birre, alle quali è
dedicata una grande carta!

Carta 24/48 €

*via Ghisiolo 2/a – 𝒞 0376 45088 – www.osterianumero2.it – Chiuso 1°-7 gennaio,
2 settimane in agosto, sabato a mezzogiorno e martedì*

BIGOLINO Treviso → Vedere Valdobbiadene

BIODOLA Livorno → Vedere Elba (Isola d') : Portoferraio

BISCEGLIE

Barletta-Andria-Trani – ⊠ 76011 – 55 422 ab. – Carta regionale n° **15**-B2
Carta stradale Michelin 564-D31

⑥ 31.10 Osteria Lorusso   🏠 AC

CUCINA CREATIVA · TRATTORIA ✗ I giovani fratelli Lorusso hanno finalmente
coronato il loro sogno ed aperto questo piccolo, locale periferico che unisce la
semplicità del posto ad una cucina creativa davvero stuzzicante. Specialità:
pasta fresca - pappa di scorfano - zuppa inglese.

🍴 Menu 20 € (in settimana)/40 € – Carta 25/57 €

*via Alceo Dossena 8 – 𝒞 340 569 8531 – www.3110.it – Chiuso 10-25 luglio,
domenica sera e mercoledì*

BLEVIO

Como (CO) – ⊠ 22020 – 1 187 ab. – Alt. 231 m – Carta regionale n° **10**-B1
Carta stradale Michelin 561-E9

⑪○ Momi   ⩽ 🏠 ᕲ

CUCINA DEL TERRITORIO · ACCOGLIENTE ✗ A bordo lago, accanto all'imbarcadero,
un localino semplice con una bella terrazza da cui godere del bel paesaggio. il menu cita
specialità ittiche, nobili carni italiane, tante verdure e deliziosi dolci fatti in casa.

🍴 Menu 18 € (pranzo in settimana)/38 € – Carta 38/69 €

*via per Girola – 𝒞 334 120 2327 (consigliata la prenotazione)
– www.ristorantemomi.it – Chiuso 5-26 novembre, 7-30 gennaio e lunedì*

🏨 CastaDiva Resort   🏠 🌳 ⩽ 🛏 ᕲ 🔲 🍽 ⑩ 🌀 🦿 ⊡ ᕲ AC 🧖 🚗

GRAN LUSSO · PERSONALIZZATO Per un soggiorno lacustre esclusivo e raffinato, con un'inedita grande piscina fluttuante sul lago, tra le diverse ville del
resort spicca quella centrale dallo stile eclettico-rinascimentale, un tempo residenza della cantante lirica G. Pasta, musa ispiratrice di Vincenzo Bellini.

50 suites ⌂ – 👫1500/4650 € – 23 cam

*via Caronti 69 – 𝒞 031 32511 – www.castadivaresort.com – Aperto inizio
marzo-metà novembre*

BOARIO TERME Brescia → Vedere Darfo Boario Terme

BOBBIO
Piacenza – ⊠ 29022 – 3 577 ab. – Alt. 272 m – Carta regionale n° **5**-A2
Carta stradale Michelin 561-H10

⅋○ **Piacentino**　　　　　　　　　　⇔ 🛗 AC P
CUCINA EMILIANA · FAMILIARE XX Nel centro storico, la tradizione familiare continua da più di un secolo all'insegna di salumi, paste e secondi di carne, in questo piacevole ristorante che dispone anche di un delizioso giardino estivo. Camere con letti in ferro battuto e mobili in arte povera, ma anche stanze più moderne.
Menu 26/40 €. – Carta 28/55 €
20 cam ⬑ – ♦50/70 € ♦♦70/90 €
piazza San Francesco 19 – 🎧 0523 936266 – www.hotelpiacentino.it – Chiuso lunedì escluso in luglio-agosto

⅋○ **Enoteca San Nicola**　　　　　　　　🎎 ⇔ 🦪
CUCINA DEL TERRITORIO · RUSTICO X In un vecchio convento del '600 nel cuore della Bobbio storica, la cucina si riappropria del territorio con piatti dai gusti decisi e rispettosi delle stagioni; presso il book bar - nel fine settimana - è possibile fermarsi per un calice di vino, una cioccolata o un infuso particolare.
Carta 29/38 €
3 cam ⬑ – ♦60 € ♦♦80 €
contrada di San Nicola 11/a – 🎧 0523 932355 (consigliata la prenotazione) – www.ristorantesannicola.it – Chiuso lunedì e martedì

BODIO LOMNAGO
Varese (VA) – ⊠ 21020 – 2 151 ab. – Alt. 273 m – Carta regionale n° **9**-A2

⅋○ **Villa Baroni**　　　　　　　⇔ 🛗 🛗 ⅃ P
CUCINA CLASSICA · ACCOGLIENTE XX Romantica struttura in riva al lago dagli ambienti accoglienti ed eleganti ed una splendida terrazza per il servizio estivo; la cucina propone diversi menu degustazione composti da varie portate, nonché una carta delle specialità. Nelle camere atmosfera provenzale ed intima.
🍴 Menu 15 € (pranzo in settimana) – Carta 44/93 €.
6 cam ⬑ – ♦90/100 € ♦♦120/140 €
via Acquadro 12 – 🎧 0332 947383 – www.villabaroni.it – Chiuso lunedì

BOGLIASCO
Genova – ⊠ 16031 – 4 488 ab. – Carta regionale n° **8**-C2
Carta stradale Michelin 561-I9

⅋○ **Al Solito Posto**　　　　　　　　　　　AC
CUCINA MODERNA · INTIMO XX Datevi appuntamento "al solito posto", se volete gustare piatti ricchi di fantasia, ma rispettosi della tradizione, in un'atmosfera intimamente informale.
Menu 50//0 € – Carta 47/88 €
via Mazzini 228 – 🎧 010 346 1040 – www.alsolitoposto.net – solo a cena – Chiuso martedì

a San Bernardo Nord : 4 km ⊠ 16031 – Stella

⅋○ **Il Tipico**　　　　　　　　　　　⇐ AC
PESCE E FRUTTI DI MARE · CONVIVIALE XX L'ambiente è gradevole, con qualche tocco d'eleganza, ma ciò che incanta è il panorama sul mare. Ubicato in una piccola frazione collinare, propone cucina ligure di pesce.
Menu 50 € – Carta 33/80 €
via Poggio Favaro 20 – 🎧 010 347 0754 – Chiuso 1 settimana in febbraio, lunedì ed i mezzogiorno di martedì e mercoledì

BOLGHERI Livorno → Vedere Castagneto Carducci

CI PIACE...

Il concept e la cucina venata di fantasia nei locali di uno storico caffè cittadino al **Vivo Vincenzo Vottero Taste Lab**. La gustosa tradizione **Al Cambio**. Il fashion mood di **Oltre**. Prenotare (l'unico!) tavolo per cenette intime nell'ex ghiacciaia a **I Portici.**

BOLOGNA

(BO) – ✉ 40124 – 386 663 ab. – Alt. 54 m – Carta regionale n° **5**-C3
Carta stradale Michelin 562-I15

Ristoranti

✿ **I Portici** 🕸 🅰️🅲

CUCINA CREATIVA · LUSSO XxX Tra le mura dell'antico caffè chantant, un nuovo, giovane e talentuoso chef propone la sua linea di cucina venata di creatività e mediterraneità. Piatti freschi, colorati, leggeri, ma ricchi di sapori.

→ Uovo Fabergé. Piccione e astice. Variazione di cioccolato.

Menu 84/110 € – Carta 74/141 €

Pianta: C1-e – *Hotel I Portici, via dell'Indipendenza 69* ✉ *40121 –* ☎ *051 421 8562 – www.iporticihotel.com – solo a cena – Chiuso 23 dicembre-7 gennaio, 3 settimane in agosto, domenica e lunedì*

✿ **Al Cambio** 🅰️🅲 🅿️

REGIONALE E DEL TERRITORIO · ELEGANTE XX Si trova in una zona periferica e trafficata, ma ciononostante è un indirizzo altamente consigliato in virtù dell'offerta interessante, che dopo un cambio di "pelle" sta rilanciando la tradizione culinaria del territorio in maniera eccellente. Specialità: tortellini in doppio brodo di carne "come una volta" - petto di faraona farcito di patate e tartufo.

Menu 35/45 € – Carta 33/53 €

via Stalingrado 150 ✉ *40128 –* ☎ *051 328118 – www.ristorantealcambio.it – Chiuso 7-18 gennaio, 2 settimane in agosto, sabato a mezzogiorno e domenica*

✿ **Osteria Bartolini** 🍽 ⅋ 🅰️🅲

PESCE E FRUTTI DI MARE · COLORATO X Sulle orme delle Osterie del Gran Fritto di Cesenatico e Milano Marittima, ma dal nome leggermente differente, si propone la stessa formula vincente a base di fritti di pesce dell'Adriatico in porzioni generose (sono piatti unici!), pesce azzurro, paste fresche fatte in casa, voluttuosi dolci come lo storico cremoso alla nocciola e mascarpone con cuore di crème brûlée. E d'estate ci si accomoda sotto ad uno stupendo platano di fine Ottocento. Attenzione: non accettano prenotazioni, meglio quindi organizzarsi.

Carta 30/53 €

Pianta: B2-b – *piazza Malpighi 16* ✉ *40124 –* ☎ *051 262192 – www.osteriabartolini.com*

⊛ Trattoria di Via Serra   🅰🅲 ⌾

CUCINA EMILIANA · TRATTORIA Ⅹ Due soci gestiscono questa valida seppur semplice trattoria. Sostengono di essere "rimasti in campagna anche dopo il trasferimento in città", in un quartiere multietnico alle spalle della stazione dei treni, la piccola carta - completata dai piatti del giorno raccontati a voce - si nutre, infatti, di fragranti prodotti dell' Appennino. Specialità: tortellini di ricotta di vacca bianca modenese - guancia di manzo brasata - zuppa inglese.

Carta 31/51 €

via Luigi Serra 9/b ✉ 40124 Bologna – ℰ 051 631 2330 (consigliata la prenotazione) – www.trattoriadiviaserra.it – solo a cena escluso venerdì, sabato e domenica – Chiuso 3 settimane in agosto, lunedì e martedì

ⅱ〇 I Carracci   🅰🅲 ⌾

CUCINA CLASSICA · CONTESTO STORICO ⅩⅩⅩ Il soffitto è interamente dedicato ai meravigliosi affreschi della scuola dei fratelli Carracci - da cui il ristorante trae il nome - ed è già un valido invito a scegliere il locale per le proprie pause gourmet; anche la cucina fa la sua parte mettendo insieme gusto classico e moderno in una carta dove i sapori italiani sono ben rappresentati.

Menu 80/120 € – Carta 54/113 €

Pianta: B2-e – *Grand Hotel Majestic già Baglioni, via dell'Indipendenza 8 ✉ 40121 – ℰ 051 222049 – www.duetorrihotels.com*

ⅱ〇 Fourghetti   ⇦ 🛋 ♿ 🅰🅲

CUCINA MODERNA · DI TENDENZA ⅩⅩⅩ Design accattivante e modaiolo per questo nuovo indirizzo gestito da uno chef di fama e capacità note. Le sedie richiamano anni lontani, i tavoli sono nudi e scuri, di resina ovviamente il pavimento. Dalla cucina una linea italiana con forti richiami al territorio, senza alcuna esagerazione ma con la volontà evidente (e soddisfatta) di piacere. Al piano superiore, bellissime camere per chi é in città per lavoro o svago.

Menu 60 € – Carta 44/85 €

5 cam – 🍴90/105 € 🍴🍴95/120 € - senza ⌸

Pianta: D3-a – *via Augusto Murri 71 ✉ 40137 Bologna – ℰ 051 391847 – www.fourghetti.com – Chiuso 10-20 agosto, martedì a mezzogiorno e lunedì*

ⅱ〇 La Porta Restaurant   🛋 ♿ 🅰🅲 ⌾ 🅿

CUCINA CREATIVA · DESIGN ⅩⅩⅩ All'interno di un'avveniristica struttura, La Porta Restaurant è uno spazio poliedrico che consta anche di una zona riservata agli aperitivi, cigar room di ultima generazione, nonché ricca cantina con le migliori etichette italiane ed estere. Se la cucina si vuole creativa con una particolare simpatia per le ricette di pesce, dalle 7.30 alle 19.00 vanno in scena proposte più easy al Café.

Menu 30/65 € – Carta 36/70 €

piazza Vieira de Mello 4 (parcheggio: via Stalingrado 37) ✉ 40124 – ℰ 051 415 9491 – www.laportadibologna.it – Chiuso domenica

ⅱ〇 Acqua Pazza   🛋 🅰🅲

PESCE E FRUTTI DI MARE · AMBIENTE CLASSICO ⅩⅩ Il locale non è in centro, ma se avete voglia di mangiare dell'ottimo pesce - quasi sempre del Mediterraneo - personalmente selezionato dallo chef patron, vale la pena perdere qualche minuto a cercar posteggio; apprezzabili anche le cotture, semplici e rispettose della materia prima.

Menu 60/85 € – Carta 53/107 €

via Murri 168/d – ℰ 051 443422 – www.acquapazzabologna.it – Chiuso 1 settimana in agosto, lunedì e i mezzogiorno di martedì, mercoledì e giovedì

ⅱ〇 Da Cesarina   🛋 🅰🅲

CUCINA EMILIANA · CONVIVIALE ⅩⅩ Accanto alla splendida chiesa, Da Cesarina è un ristorante con quasi un secolo di storia alle spalle. In tavola viene proposta la tradizionale cucina emiliana con qualche piatti di mare.

Carta 37/70 €

Pianta: C2-m – *via Santo Stefano 19 ✉ 40125 – ℰ 051 232037 – www.ristorantecesarina.it – Chiuso 7-21 gennaio, martedì a mezzogiorno e lunedì*

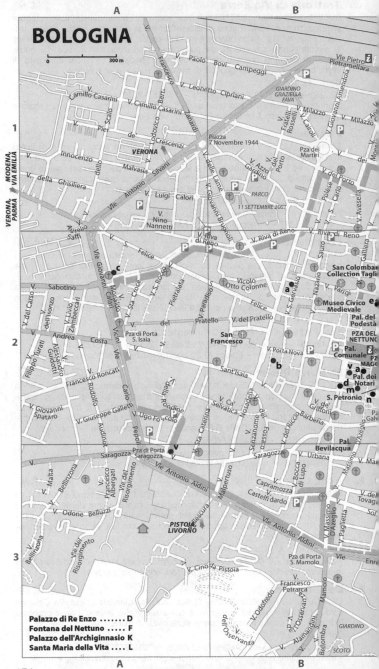

BOLOGNA

0 — 300 m

Palazzo di Re Enzo .... D
Fontana del Nettuno ..... F
Palazzo dell'Archiginnasio K
Santa Maria della Vita L

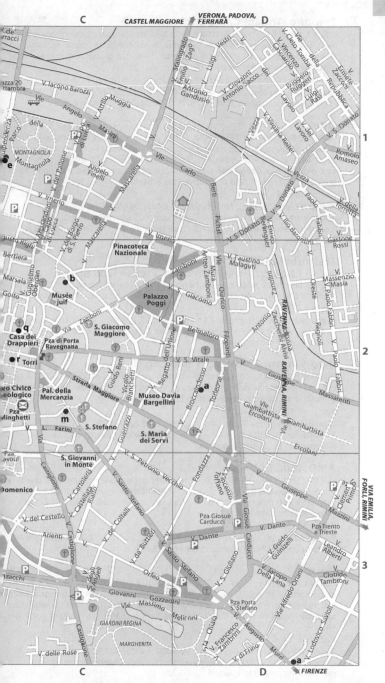

⇥○ Emporio Armani Caffè e Ristorante ⓝ   🛐 ⚞ 🅰🅲

CUCINA MODERNA · ALLA MODA ✕✕ In una storica galleria del centro trasformata nel quartier generale dei più importanti marchi di moda nazionali, un ambiente moderno dai toni scuri ravvivati dal rosso; proposte di cucina anche regionale permeate da una vena di modernità.

🍴 Menu 25 € (pranzo in settimana)/95 € – Carta 40/77 €

Pianta: B2-f – *galleria Cavour 1/d ⊠ 40124 – ℰ 051 268747 (prenotare)*
– www.armanirestaurants.com – Chiuso 10-24 agosto e domenica sera

⇥○ Oltre   🅰🅲

CUCINA EMILIANA · DI TENDENZA ✕✕ Nel vivo quartiere del Mercato delle Erbe, la porta d'ingresso addobbata con centinaia di adesivi farà pensare ad un negozio di vinili. Invece è un recente ristorante che in maniera divertente coniuga un look giovane e di design con una carta che cita i classici della tradizione bolognese: in aggiunta un paio di creazioni più attuali.

Carta 36/61 €

Pianta: B2-a – *via Majani 1/b ⊠ 40124 – ℰ 051 006 6049*
– www.oltrebologna.it – Chiuso 8-15 gennaio, 3-25 agosto, domenica sera, mercoledì a mezzogiorno e martedì da settembre a giugno, sabato e domenica in luglio-agosto

⇥○ Trattoria Battibecco   🛐 🅰🅲

CUCINA REGIONALE · AMBIENTE CLASSICO ✕✕ In un vicolo centrale, un locale di classe e di tono elegante, che spicca nel panorama della ristorazione cittadina per la cucina che riesce con agilità a dividersi tra tradizione e proposte di mare.

Carta 53/75 €

Pianta: B2-v – *via Battibecco 4 ⊠ 40123 – ℰ 051 223298 – www.battibecco.com*
– Chiuso 2 settimane in gennaio, 2 settimane tra giugno-luglio, sabato a mezzogiorno e domenica

⇥○ Vivo Vincenzo Vottero Taste Lab ⓝ   🛐 🅰🅲

CUCINA MODERNA · ALLA MODA ✕✕ Negli ex locali dello storico Caffè Biavati, uno chef bolognese dalle numerose e diversificate esperienze propone sapori d'impronta regionale reinterpretati in chiave moderna.

Menu 48 € – Carta 48/72 €

Pianta: A3-v – *piazza Porta Saragozza 6/a ⊠ 40124 – ℰ 051 334568*
– www.vivoristorantebologna.it – Chiuso 1 settimana in agosto, domenica e a mezzogiorno da lunedì a mercoledì

⇥○ All'Osteria Bottega   🛐 🅰🅲 ⚟

CUCINA EMILIANA · FAMILIARE ✕ Roccaforte della cucina bolognese, in una sala tanto semplice (seppur curata) quanto autenticamente calda e conviviale grazie alla cortese accoglienza familiare, arrivano i migliori salumi emiliani, le paste fresche e le carni della tradizione.

Carta 36/55 €

Pianta: A2-b – *via Santa Caterina 51b/55 ⊠ 40123 – ℰ 051 585111 (consigliata la prenotazione) – Chiuso agosto, domenica e lunedì*

⇥○ Posta   🛐 🅰🅲 ⇔

CUCINA TOSCANA · CONTESTO TRADIZIONALE ✕ Ribollita in inverno e pappa al pomodoro in estate. Nessun errore: siamo in una sobria trattoria poco distante dal centro, ma a cui rinomata cucina si apre ad abbracciare anche i piatti dei "vicini di casa". E dalla toscana vengono anche la maggior parte dei vini.

Carta 28/54 €

Pianta: A2-c – *via della Grada 21/a ⊠ 40122 – ℰ 051 649 2106*
– www.ristoranteposta.it – Chiuso vacanze di Natale, 2 settimane in agosto, martedì a mezzogiorno e lunedì

⫶○ Sale Grosso   ⛲ AC

CUCINA MEDITERRANEA · BISTRÒ ⅄ Ristorante in stile bistrot, semplice nell'impostazione, ma dalla cucina ben fatta e prevalentemente di gusto mediterraneo; il mare è molto presente nei piatti, sebbene non manchino ricette vegetariane e qualche specialità vegana.

Menu 27 € (pranzo in settimana) - Carta 41/59 €

Pianta: C2-b - *vicolo De' Facchini 4a* ⊠ *40126 -* ✆ *051 231721 (consigliata la prenotazione) - Chiuso 1°-6 gennaio, 11 agosto-1° settembre e domenica, anche sabato a mezzogiorno dal 17 giugno al 10 agosto*

⫶○ Scaccomatto   AC ⫸

CUCINA MODERNA · DI QUARTIERE ⅄ Classica posizione cittadina con l'ingresso sotto ai portici della zona a traffico limitato - all'interno di un locale semplice, dai tavoli ravvicinati - piatti moderni di gusto decisamente mediterraneo, colorati e saporiti.

Menu 45/50 € - Carta 37/70 €

Pianta: D2-a - *via Broccaindosso 63/b* ⊠ *40125 -* ✆ *051 263404 - www.ristorantescaccomatto.com - Chiuso agosto e lunedì a mezzogiorno*

⫶○ Trattoria Monte Donato   ⛲ ⫶⫸

CUCINA REGIONALE · TRATTORIA ⅄ E' soprattutto con la bella stagione che si possono apprezzare i colori e i profumi di questa trattoria tra i colli; in inverno, la terrazza si chiude, ma il bel panorama rimane sempre a portata di occhi. La cucina - abbondante e tipica - conquista ogni palato.

Carta 30/55 €

via Siepelunga 118, località Monte Donato, Sud: 4 km ⊠ *40141 -* ✆ *051 472901 - www.trattoriamontedonato.it - Chiuso domenica in agosto, lunedì negli altri mesi*

⫶○ Vicolo Colombina   ⛲ AC

CUCINA TRADIZIONALE · DI QUARTIERE ⅄ In pienissimo centro storico fra i vicoletti adiacenti il mercato e piazza Maggiore, piatti tendenzialmente tradizionali leggermente rielaborati in chiave contemporanea; due salette piuttosto moderne negli arredi e discreta lista dei vini. Un buon riferimento per chi visita la città!

Carta 36/68 €

Pianta: B2-m - *vicolo Colombina 5/b* ⊠ *40124 -* ✆ *051 233919 (consigliata la prenotazione) - www.vicolocolombina.it - Chiuso 1 settimana in gennaio e martedì*

Alberghi

⛨⛨⛨ Grand Hotel Majestic già Baglioni   ⫸ ⫶⫸ ♨ ⊕ AC ♨

DIMORA STORICA · GRAN LUSSO Dal '600 ad oggi, dal barocco al liberty, è una galleria di lusso e sfarzo questo storico albergo simbolo dell'ospitalità di lusso in città: ambienti sontuosi, camere raffinate, splendide suite ed i resti di una strada romana. Cucina italiana ed emiliana, curiosi cocktail e piatti futuristi, nell'elegante bistrot Cafè Marinetti.

101 cam ⫸ - ⫶260/550 € ⫶⫶350/920 € - 7 suites

Pianta: B2-e - *via dell'Indipendenza 8* ⊠ *40121 -* ✆ *051 225445 - www.grandhotelmajestic.duetorrihotels.com*

⫶○ **I Carracci** - Vedere selezione ristoranti

⛨⛨⛨ Corona d'Oro   ⊕ ⛱ AC ♨

LUSSO · STORICO Viaggio nell'eleganza cittadina: dalle origini medievali, attraverso il Rinascimento, fino alle decorazioni liberty per una struttura riferimento dell'ospitalità cittadina sin dal 1890! La Belle Époque rivive nelle camere, alcune con terrazza.

39 cam ⫸ - ⫶119/299 € ⫶⫶195/395 € - 1 suite

Pianta: C2-q - *via Oberdan 12* ⊠ *40126 -* ✆ *051 745 7611 - www.hco.it*

🏨 I Portici ☆ 🖻 ᗭ 🄰🄲 ⅏ 🄿

LUSSO · MINIMALISTA All'insegna del design e del minimalismo, del palazzo otto-centesco sono rimasti i soffitti affrescati di buona parte delle camere, il resto è di una semplicità quasi monacale. Al cibo si dedica molto spazio, al di là del gourmet serale, al 2° piano si assaggia una cucina della tradizione alla Terrazza Bistrot, mentre in strada troverete lo street food in veste bolognese alla Bottega Portici.

91 cam ☂ – 🍽80/550 € 🍽🍽110/700 € – 3 suites

Pianta: C1-e – *via dell'Indipendenza 69* ⊠ *40121* – ℰ *051 42185*
– *www.iporticihotel.com*

🕸 **I Portici** – Vedere selezione ristoranti

🏨 Commercianti 🖻 🄰🄲 🚗

STORICO · ELEGANTE All'ombra della basilica di S. Petronio, un edificio del '200 dedicato all'ospitalità da più di 100 anni è pronto ad accogliervi in ambienti di grande raffinatezza con camini, travi a vista, letti a baldacchino. Sospesi tra storia e squisita ospitalità.

38 cam ☂ – 🍽95/390 € 🍽🍽129/430 € – 2 suites

Pianta: B2-n – *via dè Pignattari 11* ⊠ *40124* – ℰ *051 745 7511*
– *www.art-hotel-commercianti.com* – *Chiuso 1 settimana in agosto*

🏨 Art Hotel Orologio 🄰🄲

TRADIZIONALE · CENTRALE Di fronte all'orologio della torre comunale, piccolo hotel di tradizione con camere curate nei dettagli e ben rifinite, alcune con vista sul centro città. Attenzione: ascensore a partire dal 1° piano.

24 cam ☂ – 🍽109/430 € 🍽🍽129/430 € – 8 suites

Pianta: B2-a – *via IV Novembre 10 C* ⊠ *40123* – ℰ *051 745 7411*
– *www.art-hotel-orologio.com*

🏨 Novecento 🖻 ᗭ 🄰🄲

TRADIZIONALE · ART DÉCO Nel centro medievale della città, un palazzo dei primi del Novecento è stato convertito in un design hotel in cui confort e ricerca-tezza si uniscono a forme di sobria eleganza. E per coloro che necessitano di molto spazio, suggeriamo le due suite esterne.

27 cam ☂ – 🍽95/390 € 🍽🍽129/430 € – 3 suites

Pianta: B2-e – *piazza Galileo 4/3* ⊠ *40123* – ℰ *051 745 7311*
– *www.art-hotel-novecento.com* – *Chiuso 1 settimana in agosto*

🏨 Delle Drapperie 🄰🄲

LOCANDA · PERSONALIZZATO Nel cuore medievale della città, fra le bancarelle e i negozi di gastronomia della tradizione bolognese, camere d'atmosfera tra soffitti decorati e graziosi bagni. La reception si trova al primo piano del palazzo, da qui è poi possibile usufruire di un ascensore.

19 cam ☂ – 🍽64/139 € 🍽🍽74/250 €

Pianta: C2-r – *via delle Drapperie 5* ⊠ *40124* – ℰ *051 223955*
– *www.albergodrapperie.com*

a Borgo Panigale Nord-Ovest : 7,5 km ⊠ 40132

🍽 Sotto l'Arco 🍴 🏮 ᗭ 🄰🄲 🄿

CREATIVA · AMBIENTE CLASSICO XX Villa Aretusi è una gradevole villa del Sei-cento cinta dal proprio giardino, alle porte di Bologna. Al 1° piano (con ascen-sore) si trova il ristorante gourmet Sotto l'Arco dove un esperto chef propone piatti di cucina italiana, moderna ed interessante; al piano terra, invece, va in scena la tradizione emiliana della Trattoria.

Menu 40 € (pranzo in settimana)/55 € – Carta 57/90 €

via Aretusi 5 – ℰ *051 619 9848 (consigliata la prenotazione)* – *www.villa-aretusi.it*
– *solo a cena escluso giovedì e domenica* – *Chiuso 27 dicembre-5 gennaio,*
3 settimane in agosto, domenica sera e lunedì

BOLSENA

Viterbo – ✉ 01023 – 3 991 ab. – Alt. 350 m – Carta regionale n° **7**-A1
Carta stradale Michelin 563-O17

 Holiday
             ✿ ⊰ 🍴 ⌱ 🖭 AC 🅿

TRADIZIONALE · CLASSICO In zona leggermente decentrata, una grande villa anni '50 con ampio, curato giardino e piscina. Camere in stile classico, arredate con mobili di pregio; un supplemento e dalla camera si vedrà il vicino lago!
23 cam ⊿ – †80/140 € ††100/160 €
viale Diaz 38 – ✆ 0761 796900 – www.hotelholidaybolsena.it – Chiuso 8 gennaio-28 febbraio

🏠 **Ludwig Boutique Hotel** ⓝ
            🍴 ⌱ 🖭 🅵 AC 🅿

TRADIZIONALE · BORDO LAGO Separato dal lago da un giardino con ampia piscina, si tratta di una piccola e moderna struttura, di cui gli ospiti apprezzeranno la luminosità e la vivacità delle camere; il centro storico raggiungibile a piedi.
16 cam ⊿ – †90/150 € ††120/180 € – 4 suites
viale Cadorna 15 – ✆ 0761 799262 – www.ludwigboutiquehotel.com – Chiuso 7 gennaio-28 febbraio

CI PIACE...

La cucina dello chef Claudio Melis che al ristorante **In Viaggio** ci accompagna lungo percorsi gastronomici e sensoriali. La calorosa atmosfera nella stube del **Vögele**. Il matrimonio tra storicità dell'edificio e artistiche personalizzazioni all'interno dell'hotel **Greif**.

BOLZANO BOZEN

(BZ) – ⊠ 39100 – 106 441 ab. – Alt. 262 m – Carta regionale n° **19**-D3
Carta stradale Michelin 562-C16

Ristoranti

℮ In Viaggio, Claudio Melis Ⓝ   ⅋⅋ Ⓐ🅒 ⅏

CUCINA CREATIVA · VINTAGE ✗✗ Nel cuore di Bolzano, in un palazzo seicentesco a cui si accede varcando il portone, questo esclusivo ristorante vi accompagnerà in un suggestivo viaggio gastronomico fatto di solida tecnica ed ingredienti intriganti: il vostro faro, lo chef Claudio Melis.

→ Risotto al burro affumicato, polvere di pomodoro, uova di aringa, ginepro. Anguilla in tre cotture, fagioli risina, bietole. Ciliegie al vino, mascarpone, frutto della passione, marshmallow.

Menu 85/120 € – Carta 68/95 €

Pianta: A1-c – *piazza della Mostra 2* – ℰ *0471 168 4878 (coperti limitati, prenotare)* – *www.inviaggioristorante.com* – *solo a cena* – *Chiuso 6-9 gennaio, 30 giugno-14 luglio, mercoledì ed i giorni festivi*

⊛ Vögele   🛖

CUCINA REGIONALE · ROMANTICO ✗ Un'istituzione in città, le cui radici si perdono nel Medioevo. Oggi si può mangiare sotto il passaggio dei portici, nella romantica stube, nell'atmosfera più borghese delle sale al primo piano o in quella moderna al secondo. Ovunque vi sediate, attendetevi una cucina locale e qualche piatto di pesce. Specialità: frittelle di patate con crauti della Val Venosta - rosticciata d'agnello con patate ed erbette aromatiche - canederli di ricotta.

Carta 28/66 €

Pianta: A1-b – *via Goethe 3* – ℰ *0471 973938 (prenotare)* – *www.voegele.it* – *Chiuso domenica e giorni festivi*

ⅰⓄ Laurin   🛎 🛖 Ⓐ🅒 ⅏

CUCINA MODERNA · LUSSO ✗✗ Nella sontuosa cornice dell'hotel Laurin, il giovane cuoco delizia i clienti con una cucina che reinterpreta i classici italiani, rivisitandoli con estro: è un'inarrestabile carrellata dai monti al mare.

🍷 Menu 25/85 € – Carta 46/84 €

Pianta: B1-e – *Parkhotel Laurin, via Laurin 4* – ℰ *0471 311000* – *www.laurin.it* – *Chiuso 7 gennaio-5 febbraio, domenica a mezzogiorno in estate, anche domenica sera in inverno*

BOLZANO

0 ——— 300 m

🍴 Loewengrube

🏵 🏠 ✪

CUCINA MODERNA · ROMANTICO ⅩⅩ Si narra che un tempo qui, nella "fossa dei leoni", venisse gettato chi non pagava il dazio della dogana. Trattoria dal 1500, cantina con tavolo prenotabile del 1200, oggi elegante ristorante con stube ed una delle migliori cucine di Bolzano.

🍴 Menu 13 € (pranzo in settimana)/58 € - Carta 35/70 €

Pianta: B1-g - *piazza della Dogana 3 - ☏ 0471 970032 - www.loewengrube.it - Chiuso domenica e giorni festivi*

🍴 Zur Kaiserkron

🏠 ⒶⒸ

MODERNA · CONTESTO CONTEMPORANEO ⅩⅩ Storico locale del centro, oramai da anni vestito con "abiti" moderni, propone una cucina contemporanea, mai complicata e leziosa, elaborata partendo da ottime materie prime. La velocità del servizio non ne penalizza la professionalità.

Menu 30 € (pranzo in settimana)/52 € - Carta 46/77 €

Pianta: A1-c - *piazza della Mostra 1 - ☏ 0471 980214 - www.zurkaiserkron.com - Chiuso 7-10 gennaio, 1°-7 luglio, domenica escluso dicembre, anche sabato a mezzogiorno in estate*

181

Alberghi

🏨 Parkhotel Laurin   🔲 ⅃ 🛁 ⊡ ♿ AC 🛋

LUSSO · STORICO Chi ama i fasti d'inizio Novecento troverà al Laurin tutta l'espressione di un'epoca favolosa, dal sontuoso palazzo che lo ospita ai saloni affrescati, nonché un esclusivo privilegio: un parco con alberi secolari nel cuore della città. Camere più sobrie, bagni in marmo.

100 cam ⌧ – †134/332 € ††196/436 € – 7 suites
Pianta: B1-e – – *✆ 0471 311000 – www.laurin.it*
🍴 **Laurin** – Vedere selezione ristoranti

🏨 Greif   🛁 ⊡ AC

LUSSO · PERSONALIZZATO Cinquecento anni di storia, da due secoli gestito dalla stessa famiglia, oggi felice connubio di antico e moderno: le camere - per metà circa affacciate su piazza Walther - sono decorate da artisti contemporanei, ma anche impreziosite da mobili d'epoca.

33 cam ⌧ – †97/269 € ††148/356 €
Pianta: B1-n – *piazza Walther – ✆ 0471 318000 – www.greif.it*

🏨 Stadt Hotel Città   🏷 🏛 ⊡ ♿

TRADIZIONALE · CONTEMPORANEO L'albergo ha festeggiato il secolo di vita ed è tanto amato dai turisti quanto dai bolzanini che ne frequentano l'ottimo caffè. Le camere sono arredate in un piacevole stile contemporaneo e diverse finestre si aprono su piazza Walther.

99 cam ⌧ – †90/126 € ††128/250 €
Pianta: B1-a – *piazza Walther 21 – ✆ 0471 975221 – www.hotelcitta.info*

🏨 Parkhotel Luna Mondschein   🏷 🔲 🏛 🛁 ⊡ ♿ 🛋 🚗

TRADIZIONALE · CLASSICO Circondato da un bel parco giardino, questo hotel di tradizione offre il vantaggio di essere in zona centralissima, ma con un ampio garage, e piccola area benessere.

79 cam ⌧ – †108/152 € ††152/222 €
Pianta: B1-c – *via Piave 15 – ✆ 0471 975642 – www.hotel-luna.it*

🏠 Figl   ⊡ ♿ AC 🚫

FAMILIARE · ACCOGLIENTE Ospitalità di tono familiare e per certi versi piacevolmente informale in un piccolo ma grazioso hotel del centro, con soluzioni all'avanguardia. Spazi comuni ridotti.

23 cam ⌧ – †105/119 € ††142/148 € – 1 suite
Pianta: B1-p – *piazza del Grano 9 – ✆ 0471 978412 – www.figl.net – Chiuso 7-27 febbraio e 21 giugno-10 luglio*

BOLZONE Cremona → Vedere Ripalta Cremasca

BONAGIA Trapani → Vedere Valderice

BONASSOLA

La Spezia – ✉ 19011 – 862 ab. – Carta regionale n° **8**-D2
Carta stradale Michelin 561-J10

🍴 Antica Guetta   ≤ 🏡 ♿ AC

PESCE E FRUTTI DI MARE · CONTESTO TRADIZIONALE Affacciato sul mare con terrazze e veranda, simpatico ambiente dalle originali decorazioni; sulla tavola specialità liguri con influenze partenopee e, quindi, l'immancabile pizza.

Carta 34/62 €
*via Marconi 1 – ✆ 0187 813797 (consigliata la prenotazione)
– www.ristoranteanticaguetta.com – Aperto 16 marzo-3 novembre, chiuso mercoledì escluso giugno-settembre*

BONDONE (Monte)

Trento – 670 ab. – Alt. 2 098 m – Carta regionale n° **19**-B3
Carta stradale Michelin 562-D15

a Vason Nord : 2 km ⊠ 38123 – Vaneze – Alt. 1 561 m

🏨 Le Blanc Hotel & Spa   ⚑ ⟨ 🗒 🆗 🛋 🔽 ♿ 🚫 🚗

TRADIZIONALE · MODERNO Moderno e lineare, con ampie vetrate panoramiche, le sue camere spaziose lo rendono ideale per famiglie con figli al seguito (vicino alla hall c'è un piccolo spazio riservato ai bambini e – in stagione – è presente anche un'animatrice). Massaggi, bagno turco e piscina coperta attendono l'ospite presso il centro benessere.

80 cam – solo ½ P 70/150 €

località Vason 64 – ✆ 0461 947457 – www.leblanchotelspa.com – Aperto 1° dicembre-Pasqua e 15 giugno-15 settembre

BORDIGHERA

Imperia – ⊠ 18012 – 10 469 ab. – Carta regionale n° **8**-A3
Carta stradale Michelin 561-K4

🍴 Le Chaudron   ⌂

PESCE E FRUTTI DI MARE · CONTESTO STORICO ✕✕ E' in un vecchio deposito merci vicino al lungomare che questo ristorante di famiglia ha trovato posto; dell'epoca rimane il suggestivo soffitto in mattoni e a volte sotto cui si mangia, il resto dell'arredo è nelle mani della fantasia. Nei piatti il pescato locale, rinomato per la freschezza.

🍽 Menu 25 € – Carta 53/63 €

via Vittorio Emanuele 7 – ✆ 0184 263592 – www.lechaudron.it – Chiuso 12-31 gennaio e lunedì

🍴 Romolo Mare   ⌂

PESCE E FRUTTI DI MARE · STILE MEDITERRANEO ✕✕ Al termine del lungomare, a pochi metri dalla spiaggia ghiaiosa, l'atmosfera è semplice per quanto suggestiva quando si mangia all'aperto, ma la vera sorpresa è la qualità della cucina: quasi esclusivamente di pesce, di ottimo livello. Attenzione: per la fine del 2018 è previsto il ritorno nella sede storica, adiacente!

Carta 33/107 €

lungomare Argentina 1 – ✆ 0184 261105 – www.romolomare.it

🍴 Magiargè Vini e Cucina   ᪵ ⌂ 🆎

LIGURE · CONTESTO STORICO ✕ Caratteristico e vivace, nell'affascinante centro storico, le salette sembrano scavate nella roccia, coperte da un soffitto a volta. Nessuna sorpresa dalla cucina: cappon magro, stoccafisso mantecato "brandacujun", ciuppin alla sanremasca (zuppa di pesce). La Liguria è tutta nel piatto!

🍽 Menu 19/35 € – Carta 35/53 €

piazza Giacomo Viale, centro storico – ✆ 0184 262946 (consigliata la prenotazione) – www.magiarge.it – solo a cena in luglio-agosto – Chiuso 1 settimana in giugno, 3 settimane in novembre e lunedì

🏨 Piccolo Lido   ⚑ ⟨ 🔽 ♿ 🆎

TRADIZIONALE · ACCOGLIENTE Recentemente dotata di una piacevole terrazza-solarium con vista sul mare, offre interni nei quali dominano i colori pastello e camere fresche dall'arredo fantasioso. All'inizio della passeggiata lungomare.

33 cam ⊡ – †77/192 € ††94/202 €

lungomare Argentina 2 – ✆ 0184 261297 – www.hotelpiccololido.it – Chiuso 1° ottobre-22 dicembre

BORGHETTO Verona → Vedere Valeggio sul Mincio

BORGHETTO DI BORBERA

Alessandria (AL) – ⊠ 15060 – 1 966 ab. – Alt. 295 m – Carta regionale n° **12**-D3
Carta stradale Michelin 561-H8

⑧ Il Fiorile ⇦ ⑤ ⊜ 🏠 ⛁ 🅿

CUCINA PIEMONTESE · CASA DI CAMPAGNA ⅔ Quasi come in una cartolina, il calore di un vecchio fienile immerso nel silenzio dei boschi induce a riscoprire i profumi e le ricette del passato. Un esempio? Salsiccia di coniglio nostrano con torta di patate in crosta di timo.

Menu 35 € – Carta 27/40 €

6 cam – ♥♥65/80 €

via XXV Aprile 6, frazione Castel Ratti, Sud-Est: 2 km – 𝒞 0143 697303
– www.ilfiorile.com – solo a cena escluso sabato e i giorni festivi – Aperto 5 aprile-31 ottobre; chiuso domenica sera e lunedì

BORGIO VEREZZI

Savona – ⊠ 17022 – 2 233 ab. – Carta regionale n° **8**-B2
Carta stradale Michelin 561-J6

⊪○ Doc ⊜ 🏠 ⟳

CUCINA CLASSICA · ELEGANTE ⅩⅩⅩ All'interno di una signorile villetta d'inizio secolo adornata da un grazioso giardino - a cui si è aggiunto un nuovo spazio adibito ad arte ed eventi - un ristorante dall'ambiente raccolto e curato, in cui godere di una certa eleganza.

Carta 55/81 €

via Vittorio Veneto 1 – 𝒞 019 611477 – www.ristorantedoc.it – solo a cena escluso sabato e domenica – Chiuso lunedì, anche martedì in ottobre-maggio

BORGO A MOZZANO

Lucca – ⊠ 55023 – 6 994 ab. – Alt. 97 m – Carta regionale n° **18**-B1
Carta stradale Michelin 563-K13

🏠 Milano ☆ ⊜ 🗜 🔀 ⛱ 🏔 🅿

BUSINESS · ECOSOSTENIBILE Sulle rive del Serchio, un hotel ecofriendly la cui attenta conduzione diretta ha fatto sì che fossero apportate - nel corso degli anni - molte migliorie. Al ristorante ad esempio trovate uno stile volutamente retrò, curato, dalla calda atmosfera che raddoppia con la bella sala-veranda. In giardino ora anche una vasca idromassaggio all'aperto.

34 cam ⌑ – ♥50/75 € ♥♥65/95 €

via del Brennero, 9, località Socciglia, Sud-Est: 1,5 km – 𝒞 0583 889191
– www.hotelmilano-lucca.it – Chiuso 2-15 gennaio

BORGO FAITI Latina → Vedere Latina

BORGOMANERO

Novara – ⊠ 28021 – 21 735 ab. – Alt. 307 m – Carta regionale n° **13**-A3
Carta stradale Michelin 561-E7

⊪○ Pinocchio ⅋⅋ ⊜ 🏠 🆔 ⟳ 🅿

CUCINA REGIONALE · CONTESTO TRADIZIONALE ⅩⅩ Circondato da un delizioso giardino, dove viene anche svolto il servizio estivo, un elegante ristorante che continua a proporre una cucina tra passato e presente, tradizioni del territorio piemontese (piatti di carne e pesce di lago) ed interpretazioni più raffinate: una fusione che sorprende per naturalezza ed armonia del risultato.

Menu 55/85 € – Carta 55/100 €

via Matteotti 147 – 𝒞 0322 82273 (consigliata la prenotazione)
– www.ristorantepinocchio.it – Chiuso vacanze di Natale, 1°-10 agosto, domenica sera e mercoledì

BORGONATO Brescia → Vedere Corte Franca

BORGONOVO VAL TIDONE

Piacenza – ✉ 29011 – 7 892 ab. – Alt. 114 m – Carta regionale n° **5**-A1
Carta stradale Michelin 561-G10

❀ **La Palta** (Isa Mazzocchi) &⁂ 🛖 ⚏ **P**

CUCINA CREATIVA · ELEGANTE ✕✕✕ In una sperduta frazione di campagna, ambienti moderni e ariosi grazie alle ampie vetrate che offrono bucolici scorci sulla natura circostante; la cucina si fa portavoce di sapori locali, reinterpretati con gusto contemporaneo, creativa, ma mai eccessiva.

→ Raviolo di riso "tra oriente ed occidente". Piccione arrostito con crema di mandorle e capperi. Crema bruciata al cioccolato Guanaja con gelato al frutto della passione.

Menu 55/75 € – Carta 50/81 €

località Bilegno, Sud-Est: 3 km – ℰ 0523 862103 – www.lapalta.it
– Chiuso 10 giorni in gennaio, 20 giorni in luglio e lunedì

BORGO PANIGALE Bologna → Vedere Bologna

BORGO PRIOLO

Pavia – ✉ 27040 – 1 474 ab. – Alt. 144 m – Carta regionale n° **9**-B3
Carta stradale Michelin 561-H9

🏠 **Agriturismo Torrazzetta** ✿ ⤳ 🍴 ✕ ⚏ 🧖 **P**

AGRITURISMO · BUCOLICO Camere semplici e funzionali, alcune soppalcate, in una grande cascina immersa nel verde e dal piacevole côté rustico. Se ad occuparsi della cucina è il figlio dei titolari, per i vini ci si affida esclusivamente alla produzione propria; il sabato sera e la domenica a pranzo, si può approfittare del menu degustazione, che include una panoramica di piatti tipici.

34 cam ⌂ – ♦65/100 € ♦♦95/150 €

frazione Torrazzetta 1, Nord-Ovest: 2 km – ℰ 0383 871041 – www.torrazzetta.it
– Chiuso 1° gennaio-15 febbraio e 1°-12 agosto

BORGORICCO

Padova (PD) – ✉ 35010 – 8 755 ab. – Alt. 18 m – Carta regionale n° **23**-C2
Carta stradale Michelin 562-F17

🍽 **Storie d'Amore** &⁂ 🛖 ⚏ 🔄 **P**

CUCINA MODERNA · INTIMO ✕✕ Che siate a Padova o nei dintorni, vale la pena venire in quest'ottimo ristorante, uno dei più interessanti in provincia. La sala si presta ad una serata romantica, ma è comunque la cucina a strappare l'attenzione per la qualità dei prodotti, a cui fa eco una bella carta di vini, tra l'altro per la collezione di Champagne.

Menu 60 € (cena)/90 €

via Desman 418, località San Michele delle Badesse – ℰ 049 933 6523
(prenotazione obbligatoria) – www.storiedamorerestaurant.it – Chiuso 10 giorni in gennaio, 10 giorni in agosto e giovedì

BORGO SAN LORENZO

Firenze – ✉ 50032 – 18 211 ab. – Alt. 193 m – Carta regionale n° **18**-C1
Carta stradale Michelin 563-K16

sulla strada statale 302 Sud-Ovest : 15 km

🏠 **Casa Palmira** ⤳ 🍴 ✕ **P** ⤢

CASA DI CAMPAGNA · AGRESTE Un fienile ristrutturato di un'antica casa colonica nel quale l'ospitalità ha un sapore antico e intimo. Nella verde campagna del Mugello, ci si sente come a casa di amici, ospitati in camere dal piacevole stile rustico-elegante.

6 cam ⌂ – ♦50/60 € ♦♦80/90 €

località Feriolo-Polcanto ✉ 50032 – ℰ 055 840 9749 – www.casapalmira.it
– Aperto 10 marzo-10 novembre

BORGOSESIA

Vercelli – ✉ 13011 – 12 922 ab. – Alt. 354 m – Carta regionale n° **12**-C1
Carta stradale Michelin 561-E6

🍴○ **Casa Galloni 1669**   🏵 🏠 AC 🔁

    CUCINA REGIONALE · CONTESTO REGIONALE ✕✕ Nel centro storico, una casa
intima e raccolta sin dalla corte interna che si attraversa per salire alle tre
sale: cucina della tradizione, abilmente rivisitata, e servizo solo serale alla Stube
con salumi, formaggi, qualche piatto classico, nonché vini al bicchiere.

    Carta 32/54 €

    via Cairoli 42 – 𝒞 0163 23254 – Chiuso domenica sera e lunedì

BORGO VAL DI TARO

Parma – ✉ 43043 – 6 999 ab. – Alt. 411 m – Carta regionale n° **5**-A2
Carta stradale Michelin 562-I11

🏠 **Agriturismo Cà Bianca**   ⛲ 🏡 🛋 ⅀ 🛁 **P**

    CASA DI CAMPAGNA · TRADIZIONALE Ai bordi di un affluente del Taro, un pia-
cevole cascinale interamente ristrutturato: camere con arredi d'epoca e recupe-
rati da vari mercatini. La struttura dog friendly organizza trekking e attività enogastronomiche con i piccoli amici al seguito.

    7 cam ⅀ – ⎸68/90 € ⎸⎸68/90 €

    località Ostia Parmense 84, Nord-Est: 7 km – 𝒞 0525 98213
– www.agriturismocabianca.it – Chiuso 7 gennaio-15 marzo

BORGO VALSUGANA

Trento (TN) – ✉ 38051 – 6 945 ab. – Alt. 380 m – Carta regionale n° **19**-C3
Carta stradale Michelin 562-D16

🏠 **Locanda in Borgo**   🍽 🛁 AC **P**

    LOCANDA · PERSONALIZZATO L'antico palazzo sorto in pieno centro a fine Sette-
cento rinasce come accogliente e raffinata locanda, mentre il passato rivive in parte
nei pavimenti, ma anche nei serramenti fantasiosamente "riciclati" in alcune testiere
dei letti o per creare una dispensa con i sapori del territorio. A soli 5 km da Arte Sella.

    15 cam ⅀ – ⎸45/60 € ⎸⎸90/100 €

    corso Ausugum 90 – 𝒞 0461 757103 – www.locandainborgo.it

BORGO VERCELLI

Vercelli – ✉ 13012 – 2 260 ab. – Alt. 126 m – Carta regionale n° **12**-C2
Carta stradale Michelin 561-F7

🍴○ **Osteria Cascina dei Fiori**   AC 🌱 🔁 **P**

    CUCINA REGIONALE · RUSTICO ✕✕ Linea gastronomica legata al territorio, anche
se non mancano alcune proposte innovative, in un ambiente rustico-elegante.
Interessante scelta enologica.

    Carta 39/78 €

    regione Forte - Cascina dei Fiori – 𝒞 0161 32827 – Chiuso 15 giorni in luglio,
domenica e lunedì

BORGO VIRGILIO Mantova → Vedere Mantova

BORMIO

Sondrio – ✉ 23032 – 4 121 ab. – Alt. 1 225 m – Carta regionale n° **9**-C1
Carta stradale Michelin 561-C13

🏨 **Eden**   🍽 🔲 🛁 🏠

    LUSSO · MINIMALISTA Si differenzia dai tipici alberghi alpini sin dall'esterno,
quattro torrette in legno collegate, semplici ed essenziali. L'elegante sobrietà
continua all'interno nelle ampie camere in larice, alcune con giardino privato.

    21 suites ⅀ – ⎸⎸170/270 € – 6 cam

    via Funivie 3 ✉ 23032 Bormio – 𝒞 0342 911669 – www.edenbormio.it – Aperto
8 dicembre-fine marzo e inizio giugno-15 settembre

Miramonti Park Hotel

TRADIZIONALE · STILE MONTANO C'è di tutto nel nuovissimo centro benessere "The Flower": palestra, piscina con idromassaggio e doccia cervicale, biosauna, bagno turco, angolo tisaneria ed altro ancora in un albergo - appena fuori dal centro - con belle camere, di cui cinque mansardate.

50 cam ⌑ – ♦79/399 € ♦♦89/599 €

via Milano 50 – ℰ 0342 903312 – www.miramontibormio.it

San Lorenzo

TRADIZIONALE · ACCOGLIENTE In pieno centro, sono i toni signorili e l'originalità dell'arredo, che va dal tradizionale al moderno, a caratterizzare questa struttura recentemente dotata di una nuovissima zona benessere.

39 cam ⌑ – ♦50/150 € ♦♦100/200 € – 2 suites

via Santo Lorenzo 2 ⊠ 23032 Bormio – ℰ 0342 904604 – www.sanlorenzobormio.it

Agriturismo Rini

AGRITURISMO · PERSONALIZZATO Per gli amanti della vita rurale, camere in legno chiaro di contemporaneo stile montano ed un'intrigante vista sulla moderna stalla da una delle salette ristorante; cucina tradizionale.

14 cam ⌑ – ♦80/150 € ♦♦110/250 € – 3 suites

via Rini Cav. Pietro 2 – ℰ 0342 901224 – www.rini.it – Chiuso 10 giorni in aprile-maggio e 10 giorni in ottobre-novembre

BORNO

Brescia – ⊠ 25042 – 2 630 ab. – Alt. 912 m – Carta regionale n° **9**-C2
Carta stradale Michelin 561-E12

Zanaglio

FAMILIARE · TRADIZIONALE Il fascino di una quattrocentesca casa di montagna, con rustiche e personalizzate salette, nonché camere di calda atmosfera.

6 cam ⌑ – ♦50/70 € ♦♦75/105 €

via Trieste 3 – ℰ 0364 41520 – www.bedzanaglio.it

BORROMEE (Isole) Verbano-Cusio-Ossola (VB) → Vedere Stresa

BOSA

Oristano – ⊠ 08013 – 7 936 ab. – Alt. 2 m – Carta regionale n° **16**-A2
Carta stradale Michelin 366-L42

a Bosa Marina Sud-Ovest : 2,5 km ⊠ 08013

Al Gabbiano

FAMILIARE · LUNGOMARE Piccolo albergo, semplice, ma sempre molto ben tenuto dalla famiglia che lo gestisce sin dalla sua fondazione. All'ultimo piano le camere più recenti tra cui quelle più panoramiche sul mare. Oltre al ristorante, spesso, ci si può accomodare anche in pizzeria.

35 cam ⌑ – ♦60/80 € ♦♦90/115 €

viale Mediterraneo 5 – ℰ 0785 374123 – www.hotelalgabbiano.it

BOSCO Perugia → Vedere Perugia

BOSNASCO

Pavia (PV) – ⊠ 27040 – 634 ab. – Alt. 124 m – Carta regionale n° **9**-B3

Lo

CUCINA CLASSICA · CONTESTO TRADIZIONALE ✕✕ Moderno locale gestito direttamente dalla famiglia Losio: padre, madre ed il figlio Tiziano, lo chef. A quest'ultimo il compito di selezionare le migliori carni, preparare ottime paste, proporre alcune ricette a base di pesce. In menu anche i celebri salumi della zona, mentre la cantina si farà ricordare per le sue circa trecento etichette, tra cui spiccano diverse bottiglie di Champagne vendute nell'enoteca.

Menu 35 € – Carta 38/63 €

via Mandelli 60, località Cardazzo, Est: 1 km – ℰ 0385 272028 – www.ristorantelo.it – Chiuso 9-22 agosto e domenica

BOTTICINO

Brescia – ✉ 25082 – 10 914 ab. – Alt. 153 m – Carta regionale n° **9**-C1
Carta stradale Michelin 561-F12

⊛ Trattoria Eva ≼ 🕿 🅿

CUCINA LOMBARDA · FAMILIARE X Un rustico di campagna e una famiglia con un passato nel settore delle carni, ma da sempre interessata alla ristorazione: senza dubbio un bel connubio, reso ancora più piacevole dalla panoramica terrazza estiva! Tra le specialità memorabili restano: "Peccati di Eva", un'entrecôte da leccarsi i baffi, e straccetti di maialino alla mediterranea.

ᴗ Menu 12 € (pranzo in settimana)/16 € – Carta 31/46 €

via Gazzolo 75, località Botticino Mattina, Nord-Est: 2,5 km
– ☎ 030 269 1522 – www.trattoriaeva.net
– Chiuso 10 giorni in gennaio, martedì sera (escluso giugno-settembre) e mercoledì

BOZEN → Vedere Bolzano

BRA

Cuneo – ✉ 12042 – 29 737 ab. – Alt. 290 m – Carta regionale n° **12**-B3
Carta stradale Michelin 561-H5

⊛ Battaglino 🕿 🗚

CUCINA PIEMONTESE · FAMILIARE X Completo rinnovo del locale nel 2014, ma è dal lontano 1919 che una gestione familiare - vivace e cortese - propone i più tradizionali piatti piemontesi: sicuramente una garanzia per chi ama questo tipo di cucina! Specialità: agnolotti del plin al sugo di arrosto - trippa ai porri di Cervere - bunet.

Carta 31/44 €

piazza Roma 18 – ☎ 0172 412509 (consigliata la prenotazione)
– www.ristorantebattaglino.it – Chiuso 7-31 gennaio, 3 settimane in agosto, domenica sera e lunedì

⊛ Boccondivino 🕸 🕿 ⇄

CUCINA PIEMONTESE · CONTESTO TRADIZIONALE X Al primo piano di una casa di ringhiera in pieno centro storico, due salette ed una più grande tappezzata di bottiglie per una cucina fedele alla tradizione langarola: agnolotti al burro e rosmarino, panna cotta, e altro ancora... Servizio estivo nell'incantevole cortile con glicini secolari.

ᴗ Menu 22 € (pranzo in settimana)/36 € – Carta 31/46 €

via Mendicità Istruita 14 – ☎ 0172 425674 – www.boccondivinoslow.it – Chiuso domenica escluso in settembre-novembre

🏠 Cantine Ascheri 🕁 🖃 ᴌ 🗚 🎴 🅿

TRADIZIONALE · ORIGINALE Hotel dal design fortemente personalizzato ed originale, costruito sopra le cantine dell'omonima azienda vinicola. Ottimi livelli di confort nelle luminose camere.

27 cam ☲ – 🛉105/115 € 🛉🛉140/150 €

via Piumati 25 – ☎ 0172 430312 – www.ascherihotel.it
– Chiuso 16 dicembre-8 gennaio e 5-21 agosto

a Pollenzo Sud-Est : 7 km ✉ 12060

🏠 Albergo dell'Agenzia 🕁 🛌 ⅃ 🕉 ᴌ 🖃 ᴌ 🗚 🎴 🚗

DIMORA STORICA · TRADIZIONALE All'interno di un'ala di quella che era una tenuta reale di casa Savoia - datata 1835 - si è ricavato questo delizioso albergo le cui camere sono arredate con cura e dotate d'ogni confort. Al ristorante, la cucina del territorio.

44 cam ☲ – 🛉108/350 € 🛉🛉130/380 € – 3 suites

via Fossano 21 – ☎ 0172 458600 – www.albergoagenzia.it – Chiuso 22 dicembre-20 gennaio

BRACCA

Bergamo (BG) – ✉ 24010 – 717 ab. – Alt. 620 m – Carta regionale n° **10D**-C1

⊛ Dentella ⌂

CUCINA DEL TERRITORIO · FAMILIARE ✗ La garanzia che qui si mangi bene è assicurata dalla famiglia Dentella che viaggia verso i 100 anni di gestione diretta: in ambienti semplici, ma accoglienti, si propongono salumi nostrani, casoncelli, piatti a base di carne, in stagione tartufo nero di Bracca e cacciagione, molto spazio è dedicato ai formaggi locali. Insomma, il meglio della cucina bergamasca!

Carta 23/50 €

via Dentella 25 – ℰ 0345 97105 – www.trattoriadentella.com – Chiuso 26-31 gennaio, 15-30 giugno e lunedì sera escluso agosto

BRACCIANO

Roma – ✉ 00062 – 19 384 ab. – Alt. 280 m – Carta regionale n° **7**-B2
Carta stradale Michelin 563-P18

🏠 Villa Clementina ⛲ 🐾 🛗 ⌁ 🕏 🍽 ᵶ 🖇 🅿

FAMILIARE · PERSONALIZZATO Bucolica posizione non lontana dal lago, per questa villa dal fascino vagamente inglese con un curato giardino punteggiato di fiori, piscina, campo da tennis. L'ottima tenuta e la personalizzazione delle ampie camere - con affreschi dipinti dal titolare stesso - sono altri punti di forza della struttura.

7 cam ⌂ – ♦130/150 € ♦♦130/190 € – 1 suite

traversa Quarto del Lago 12/14 – ℰ 06 998 6268 – www.hotelvillaclementina.it – Chiuso 7 gennaio-28 febbraio

BRATTO Bergamo → Vedere Castione della Presolana

BRENTA (Gruppo di) Trento

BRENZONE

Verona – ✉ 37010 – 2 398 ab. – Alt. 75 m – Carta regionale n° **23**-A2
Carta stradale Michelin 562-E14

a Castelletto di Brenzone Sud-Ovest : 3 km ✉ 37010

⅛◯ Alla Fassa ⇦ ⇠ 🛉 🅿

PESCE E FRUTTI DI MARE · CONTESTO CONTEMPORANEO ✗✗ Già dalla parete vetrata della sala si può ammirare la bellezza del lago e delle montagne sulla sponda opposta, ma con il bel tempo è tutta una corsa verso i tavoli a pochi metri dall'acqua. La cucina si dimostrerà più che all'altezza: pesce, in prevalenza lacustre, di ottimo livello.

Carta 33/69 €

5 cam ⌂ – ♦75/95 € ♦♦120/150 €

via Nascimbeni 13 – ℰ 045 743 0319 – www.ristoranteallafassa.com – Chiuso 6 gennaio-5 marzo e martedì escluso agosto

BRESCIA

(BS) – ✉ 25121 – 196 480 ab. – Alt. 149 m – Carta regionale n° **9**-C1
Carta stradale Michelin 561-F12

⊛ Trattoria Porteri 🅰🅒 🕏 🔄

CUCINA REGIONALE · FAMILIARE ✗ Alle pareti e al soffitto il racconto di una passione che ha coinvolto due generazioni, al vostro tavolo la tradizione bresciana con un occhio di riguardo per polenta e formaggi. Ottimi anche: il manzo all'olio, l'agnello, la tartara di cavallo.

Carta 28/57 €

via Trento 52/d ✉ 25128 ⓜ Marconi – ℰ 030 380947 – www.trattoriaporteri.com – Chiuso 1 settimana in gennaio, 2 settimane in agosto, domenica sera e lunedì

ⅡO Castello Malvezzi ♨ ⌂ ☂ 🅿

CUCINA CREATIVA · ELEGANTE XXX Cucina raffinata ed ottima cantina in una casa di caccia cinquecentesca; nelle sere d'estate una parte del dehors è utilizzata come bistrot, vino al bicchiere, salumi, fomaggi e piatti più semplici.

Carta 44/285 €

via Colle San Giuseppe 1 (via Torquato Taramelli), per via S. Rocchino 6 km
✉ *25133 – ☏ 030 200 4224 (consigliata la prenotazione)*
– www.castellomalvezzi.com – Chiuso 2 settimane in gennaio, 2 settimane in agosto, martedì a mezzogiorno e lunedì

ⅡO Il Labirinto ♨ 🄰🄲 🅿

CUCINA CLASSICA · ELEGANTE XXX Ristorante periferico di lunga tradizione e professionalità, le cui redini sono passate al figlio che da sempre cura con professionalità la sala. Cucina di ampio respiro a suo agio tra terra e mare. Imperdibili i salumi di produzione propria.

Menu 60 € – Carta 45/125 €

via Corsica 224 ✉ 25125 – ☏ 030 354 1607 – www.ristoranteillabirinto.it – Chiuso 1 settimana in agosto e domenica

ⅡO La Sosta 🏠 🄰🄲 ♿ 🅿

CUCINA LOMBARDA · CONTESTO STORICO XXX Un locale di gran fascino, conosciuto e apprezzato in città, ubicato in un palazzo seicentesco. Nei mesi estivi si cena all'aperto (pochi posti, meglio prenotare!), il servizio è preciso e accurato.

🍴 Menu 25 € (pranzo in settimana) – Carta 45/97 €

via San Martino della Battaglia 20 ✉ 25121 Ⓥ Vittoria – ☏ 030 295603 – www.lasosta.it – Chiuso 30 dicembre-9 gennaio, 7-28 agosto, domenica sera e lunedì

ⅡO Carne & Spirito ⇐ 🏠 🄰🄲 🅿

CUCINA MODERNA · DI TENDENZA XX Un po' nascosto, ma vale la pena scovarlo, è l'indirizzo d'elezione per gli amanti della carne in virtù della materia prima di ottima qualità. Piacevole atmosfera da trattoria moderna per lasciarsi sedurre anche nello spirito...

Menu 33/35 € – Carta 39/80 €

12 cam ⌷ – ❙60/190 € ❙❙70/250 €

via dei Gelsi 2, per via Corsica zona Fiera ✉ 25125 – ☏ 030 207 0441 (consigliata la prenotazione) – www.carneespirito.it – Chiuso 6-19 agosto, sabato a mezzogiorno e domenica

ⅡO La Porta Antica Ⓝ 🅰🄲

PESCE E FRUTTI DI MARE · CONTESTO CONTEMPORANEO XX Un giovane cuoco di ritorno da esperienze fuori regione, soprattutto in Liguria, porta a casa il gusto e la tecnica di mangiare del buon pesce con un approccio moderno; perfino nei piccoli lampadari a forma di meduse c'è un divertente richiamo al mare. Una bella novità in città!

Menu 40/90 € – Carta 69/84 €

via Quarto dei Mille 16 – ☏ 030 094 9313 – www.laportaantica.it – Chiuso 1°-10 gennaio, agosto, martedì a mezzogiorno e lunedì

ⅡO Trattoria Rigoletto 🄰🄲

PESCE E FRUTTI DI MARE · DI TENDENZA XX Un locale che pur nella propria elegante semplicità, riesce ad esprimere una cucina interessante. La lista è abbastanza estesa, le preparazioni creative.

Carta 81/103 €

via Fontane 54/b ✉ 25133 – ☏ 030 200 4140 – Chiuso agosto e lunedì

ⅡO Lanzani Bottega & Bistrot 🅰🄲 🍽

CUCINA MODERNA · BISTRÒ X In origine era la macelleria di famiglia, ora in un moderno locale (aperto dalle 7 alle 23) che è anche gastronomia da asporto ed enoteca con grandi vini. Alle ore canoniche è un vero e proprio ristorante, più ridotta e meno golosa la proposta del pranzo. Posizione defilata e periferica.

Menu 35 € – Carta 35/57 € – carta semplice a pranzo

via Albertano da Brescia 41 ✉ 25121 – ☏ 030 313471 – www.lanzanibistrot.it – Chiuso lunedì

⏻○ Trattoria La Campagnola ⌂ 🅿

CUCINA REGIONALE · FAMILIARE ⅔ Il capolavoro di due generazioni, nutrire di sapore e genuinità una tradizione mai perduta nell'incanto di un vecchio cascinale avvolto dal verde che racconta l'arte dell'ospitare.

⊜ Menu 15 € (pranzo in settimana)/50 € – Carta 30/45 €

via Val Daone 25 ✉ *25123 – ✆ 030 300678 – www.trattorialacampagnolabrescia.it – Chiuso 27 dicembre-5 gennaio, 15-22 luglio, 16-29 agosto, martedì e le sere di domenica e lunedì*

🏬 Vittoria ⌖ ⌕ 🖵 🆔 🛁

STORICO · TRADIZIONALE Situato nel centro di Brescia, accanto al Duomo Nuovo, storico albergo degli anni '30, di un'eleganza tradizionale che non tramonta mai. Al ristorante la cucina valorizza le tradizioni lombarde.

64 cam ⇆ – ♦80/600 € ♦♦90/800 € – 3 suites

via delle X Giornate 20 ✉ *25121* Ⓜ *Vittoria – ✆ 030 768 7200 – www.hotelvittoria.com*

🏬 Ambasciatori ⌖ ⌕ 🖵 ⅃ 🆔 🛁 🚐

TRADIZIONALE · PERSONALIZZATO In continuo aggiornamento e miglioramento, questo hotel di tradizione offre un servizio attento e personalizzato. Ben inserito nel tessuto cittadino, dispone anche di un ristorante, dove gustare piatti tradizionali ed etichette del territorio.

66 cam ⇆ – ♦70/185 € ♦♦85/285 €

via Santa Crocifissa di Rosa 92 ✉ *25128* Ⓜ *Marconi – ✆ 030 399114 – www.ambasciatori.net*

🏠 Orologio 🖵 🆔

FAMILIARE · PERSONALIZZATO Ideale per partire alla scoperta del centro storico, l'albergo trae il proprio nome dalla vicina, omonima, torre. Spazi comuni quasi inesistenti, ma nelle camere gli arredi e le decorazioni creano un'atmosfera di charme ed intimità: alcune, con scorci sui tetti e sui monumenti della città.

18 cam ⇆ – ♦69/79 € ♦♦94/104 €

via Cesare Beccaria 17 ✉ *25121* Ⓜ *Vittoria – ✆ 030 375 5411 – www.albergoorologio.it*

a Sant'Eufemia della Fonte Est · 2 km per Lago di Garda B2 ✉ 25135

⏻○ La Piazzetta 🆔 🅿

PESCE E FRUTTI DI MARE · ELEGANTE ⅔ Piccolo ed elegante ristorante alle porte della città. La cucina si indirizza prevalentemente sul mare con elaborazioni fantasiose e originali: ottimi i crudi!

Menu 30/50 € – Carta 49/87 €

via Indipendenza 87/c – ✆ 030 362668 (consigliata la prenotazione) – www.allapiazzetta.com – Chiuso 5-22 agosto, sabato a mezzogiorno e domenica

BRESSANONE BRIXEN

Bolzano – ✉ 39042 – 21 535 ab. – Alt. 559 m – Carta regionale n° **19**-C1
Carta stradale Michelin 562-B16

⏻○ Elefante 🕸 🍴 ⌂ ⅃ ✿ 🅿

CUCINA CLASSICA · ELEGANTE ✗✗✗ Cucina del territorio, ma d'impostazione moderna, nelle belle sale al primo piano dell'albergo. A voi la scelta dell'ambiente tra la settecentesca stube tedesca o quella in cembro.

Menu 45 € – Carta 50/110 €

Hotel Elephant, via rio Bianco 4 – ✆ 0472 832750 – www.hotelelephant.com – Chiuso 18 febbraio-12 marzo

⏻○ Der Traubenwirt ⌂

CUCINA REGIONALE · CONVIVIALE ✗✗ Una cucina generosa, colorata, saporita, in un bel locale classico del centro storico con un servizio giovane, simpatico ed efficiente. Conosciuto da tutti in città e vivamente consigliato.

Menu 30 € – Carta 40/89 €

via Portici Minori 9 – ✆ 0472 836552 – www.traubenwirt.it

⁏⃝ Oste Scuro-Finsterwirt

CUCINA REGIONALE · STUBE ✕✕ Il ristorante è situato nel centro storico e si contraddistingue per le sue confortevoli stube, la moderna terrazza nel cortile interno e un servizio cordiale, mentre lo chef delizia i suoi ospiti con specialità regionali, talvolta rivisitate con gusto moderno, nonché qualche piatto di pesce.

Menu 43/82 € – Carta 49/78 €

Hotel Goldener Adler, vicolo del Duomo 3 – ℰ 0472 835343 – www.finsterwirt.com
– Chiuso 2 settimana in gennaio, 2 settimane in giugno, domenica sera, lunedì

⁏⃝ Vitis

CUCINA DEL TERRITORIO · WINE-BAR ✕ Nuova e moderna enoteca con cucina a fianco del glorioso ristorante familiare. Proposte più semplici da gustare attorniati da bottiglie e cassette di vini anche importanti.

Menu 38/48 € – Carta 41/67 €

Hotel Goldener Adler, vicolo del Duomo 3 – ℰ 0472 200621 – www.vitis.bz
– Chiuso domenica e lunedì

🏘 Elephant

LUSSO · CLASSICO Dall'India alle Alpi, l'arrivo dell'elefante a Bressanone nel XVI secolo è documentato dai libri di storia, ma ancor meglio dall'affresco sulla facciata di questa casa, dove il pachiderma sostò prima di ripartire per Vienna. Animale simbolo di persistenza tanto quanto lo è la proprietà dell'hotel - la stessa famiglia dal 1773! - è la storia con la sua grandezza ritratta nei quadri e l'unicità dei mobili a conferire fascino agli interni. Impossibile non lasciarsi trasportare indietro nel tempo dalle calde suggestioni di sale, salette e stube, interamente rivestite in legno.

44 cam 🛏 – ♦96/180 € ♦♦166/350 €

via rio Bianco 4 – ℰ 0472 832750 – www.hotelelephant.com

⁏⃝ **Elefante** – Vedere selezione ristoranti

🏘 Goldener Adler

LUSSO · CLASSICO Caratteristico edificio del '500, da secoli vocato all'ospitalità, offre ai propri clienti la possibilità di un soggiorno sobriamente elegante (mobili antichi nell'unica junior suite della struttura). Al piano d'ingresso trova posto Adlerart, galleria d'arte aperta a tutti.

29 cam 🛏 – ♦99/118 € ♦♦144/240 € – 4 suites

via Ponte Aquila 9 – ℰ 0472 200621 – www.goldener-adler.com

⁏⃝ **Oste Scuro-Finsterwirt** • ⁏⃝ **Vitis** – Vedere selezione ristoranti

🏘 Krone

TRADIZIONALE · CLASSICO Praticamente un'istituzione in città: un passato secolare, ma una veste moderna, per questa piacevole risorsa dotata di piccola area wellness e camere dal buon confort. Ambiente comodo e spazioso al ristorante.

53 cam 🛏 – ♦90/140 € ♦♦150/250 € – 2 suites

via Fienili 4 – ℰ 0472 835154 – www.krone.bz – Chiuso 22-26 dicembre e 6-17 gennaio

🏠 Pupp

TRADIZIONALE · MODERNO Un cubo di neve crea un'ideale spaccatura con la tradizionale architettura tirolese ed introduce in un albergo dal design moderno ed essenziale che predilige una clientela maggiorenne. Quasi tutte le camere hanno balcone o terrazza, l'ottima colazione porta la firma dell'omonima e dirimpettaia pasticceria Pupp.

11 cam 🛏 – ♦120/200 € ♦♦198/338 €

via Mercato Vecchio 38 – ℰ 0472 268355 – www.small-luxury.it – Chiuso novembre

a Cleran Sud : 5 km ✉ 39042 – Sant'Andrea In Monte – Alt. 856 m

🏠 Fischer

FAMILIARE · CLASSICO Architettura tipica per questa risorsa isolata e con un'incantevole vista sul fondovalle. Camere di due tipi: tradizionali o più recenti (qui il prezzo lievita), ma anche più eleganti per spazi, arredi ed esposizione. Per i pasti la rustica e caratteristica stube o l'ariosa e luminosa sala da pranzo.

41 cam 🛏 – ♦70/140 € ♦♦160/280 €

Cleran 196 – ℰ 0472 852075 – www.hotel-fischer.it – Chiuso 4 novembre-5 dicembre e 25 marzo-18 aprile

BREUIL-CERVINIA

Aosta – ✉ 11021 – Alt. 2 050 m – Carta regionale n° **21**-B2
Carta stradale Michelin 561-E4

🍴 Wood   🕸 占

CUCINA CREATIVA · DI TENDENZA XX Qualche coperto in meno per privilegiare tavoli più spaziosi, ma sempre una grande profusione di legno a caratterizzare questo moderno bistrot all'inizio del paese; tanta creatività nei piatti ed - ora - anche un menu degustazione.

Carta 54/82 €

Via Guido Rey 26 – 𝒞 0166 948161 (consigliata la prenotazione)
– www.woodcervinia.it – solo a cena escluso sabato e domenica da Natale a Pasqua – Aperto 15 novembre-30 aprile e 25 luglio-30 agosto

🏨 Hermitage   ✿ 🐾 ⇦ 🛏 🔲 🔟 ⏚ 占 🐕 🚗

GRAN LUSSO · ELEGANTE Grande chalet di montagna, in cui risulta dolce e naturale sentirsi coccolati e conquistati: eleganza e tradizione, per un'ospitalità esclusiva. Sosta rigenerante presso l'ottimo centro benessere, dove offrirsi un itinerario completo di trattamenti effettuati con prodotti di una prestigiosa casa cosmetica svizzera. Al ristorante fa bella mostra di sé una grande griglia per succulenti piatti alla brace. La strepitosa vista sulle montagne aggiunge ulteriore piacevolezza alla tappa gastronomica.

32 cam ☲ – †250/600 € ††350/800 € – 6 suites

via Piolet 1 – 𝒞 0166 948998 – www.hotelhermitage.com
– Aperto 1° dicembre-29 aprile e 5 luglio-30 agosto

🏨 Bucaneve   ✿ ⇦ 🛏 🔟 ⏚ 占 🍽 🚗

LUSSO · PERSONALIZZATO Già a cominciare dal nome, omaggio ad un fiore alpino, Bucaneve è un inno alla montagna: camere di moderno confort, personalizzate con materiali locali. A voi, scegliere tra quelle che beneficiano di una superba vista sul Cervino o quelle che godono di una maggiore esposizione solare. Al ristorante, legni e tessuti in perfetta armonia fanno da sfondo a proposte che si legano al territorio, ma con un pizzico di fantasia.

20 cam ☲ – †143/273 € ††220/420 €

piazza Jumeaux 10 – 𝒞 0166 949119 – www.bucanevehotel.it – Aperto
28 ottobre-1° maggio e 30 giugno-3 settembre

🏨 Saint Hubertus   ✿ 🐾 ⇦ 🛏 🔟 ⏚ 占 🚗

SPA E WELLNESS · PERSONALIZZATO Lusso alpino in questo delizioso resort con veri e propri appartamenti (tutti forniti di cucina), impreziositi da legni pregiati e marmi scavati "convertiti" in lavabo. Ovunque si posi lo sguardo, s'incontrerà la bellezza: anche nella strepitosa spa con vista sul monte Cervino. Servizio serale di piatti à la carte o nell'intimo ristorante gourmet.

18 suites – ††360/670 € – ☲ 20 €

via Piolet 5/a – 𝒞 0166 545916 – www.sainthubertusresort.it – Chiuso
6 maggio-15 giugno e 15 settembre-26 ottobre

🏨 Excelsior-Planet   ✿ ⇦ 🛏 🔟 ⏚ 占 🍽 🚗

TRADIZIONALE · CLASSICO A pochi metri dagli impianti di risalita, un'ospitalità attenta e vicina alle esigenze di una clientela moderna: camere molto confortevoli ed una completa area benessere. Nota di merito: la struttura continua a rinnovarsi anno dopo anno!

56 cam – †85/320 € ††130/420 € – 11 suites – ☲ 15 €

piazzale Planet 1 – 𝒞 0166 949426 – www.excelsiorplanet.com – Aperto
1° dicembre-30 aprile

🏨 Sertorelli Sporthotel   ✿ ⇦ 🔟 ⏚ 占 🅿

TRADIZIONALE · ACCOGLIENTE Posizione centrale e panoramica per un hotel in cui confort moderni e professionalità possono regalare soggiorni ideali a turisti esigenti; le famiglie con figli al seguito saranno invece più interessate alle ampie dimensioni delle camere, nonché alle tante soluzioni offerte.

70 cam ☲ – †90/240 € ††180/380 €

piazza Guido Rey 28 – 𝒞 0166 949797 – www.hotelsertorelli.it
– Aperto 6 luglio-7 settembre e 15 novembre-1° maggio

⌂ Mignon

FAMILIARE · PERSONALIZZATO Come suggerisce il nome, in questo caratteristico chalet di montagna - a 100 m dagli impianti di risalita e dal Golf Club del Cervino - tutto è molto raccolto ed elegante. Raffinatezza che si ritrova anche al ristorante, dove gustare alcune specialità regionali.

20 cam 🛏 – ♦70/135 € ♦♦140/260 €

via Carrel 50 – ☎ 0166 949344 – www.mignoncervinia.com
– Aperto 20 novembre-3 maggio e 29 giugno-8 settembre

⌂ Mollino Rooms

LOCANDA · FUNZIONALE Stanze moderne e ben accessoriate per questo affittacamere all'interno della "Casa del Sole" dell'architetto C. Mollino: edificio risalente all'immediato dopoguerra, ma ancor oggi oggetto di studio da parte di giovani architetti. Nel centro di Cervinia, una valida alternativa alla classica sistemazione alberghiera.

6 cam 🛏 – ♦75/120 € ♦♦130/180 €

strada Funivie 9 – ☎ 0166 949351 – www.mollino.it
– Aperto 1° novembre-9 maggio

sulla strada regionale 46

⫶O La Luge

CUCINA VALDOSTANA · STILE MONTANO ⅹ A pochi chilometri dal centro di Cervinia, in una conca assolata, panoramica e tranquilla, i loro vicini sono le marmotte mentre i loro clienti turisti di passaggio, ma anche breuilliençois che non si scoraggiano di dover percorrere un po' di strada pur di accomodarsi ai tavoli di questo piacevole ristorante dallo stile rustico. Proposta gastronomica particolarmente articolata in grado di soddisfare tutti i palati: zuppe, taglieri, ricette tipiche valdostane ed – ebbene sì – anche qualche piatto di pesce. Vale la segnalazione anche per le sue belle camere.

Carta 27/82 €

5 cam 🛏 – ♦60/150 € ♦♦80/200 €

a Perreres, località Varvoyes, Sud-Ovest: 4 km – ☎ 0166 948758 (consigliata la prenotazione) – www.luge.it – solo a cena da novembre a maggio escluso venerdì, sabato e i giorni festivi – Chiuso giugno e ottobre

⌂ Les Neiges d'Antan

STORICO · STILE MONTANO Per raggiungere gli impianti di risalita, un comodo servizio navetta vi permetterà di lasciare la macchina proprio là, ben posteggiata nel parcheggio di questa signorile struttura: ex baita in posizione defilata e tranquilla, dove perdura inalterata un'atmosfera antica, ricca di armoniosi silenzi.

21 cam 🛏 – ♦120/550 € ♦♦180/600 € – 8 suites

Cret de Perreres 10, Sud-Ovest: 4,5 km ✉ 11021 – ☎ 0166 948775
– www.lesneigesdantan.it

⌂ Lac Bleu

FAMILIARE · ACCOGLIENTE Albergo a gestione familiare in cui semplicità e cortesia costituiscono un binomio molto apprezzato, anche grazie alla bellezza data dal panorama sul maestoso Cervino; gradevole area benessere e per gli amanti della stecca una bella sala biliardo.

17 cam 🛏 – ♦70/140 € ♦♦140/280 € – 3 suites

località Campeggio 1, Sud-Ovest: 1 km ✉ 11021 – ☎ 0166 949103
– www.hotel-lacbleu.com – Aperto 30 novembre-3 maggio

 Ogni ristorante stellato ✣ è introdotto da tre piatti che rappresentano in maniera significativa la propria cucina. Qualora questi non fossero disponibili, altre gustose ricette ispirate alla stagione delizieranno il vostro palato.

BREZ

Trento (TN) – ⊠ 38021 – 741 ab. – Alt. 792 m – Carta regionale n° **19**-B2
Carta stradale Michelin 562-C15

⑩ Locanda Alpina   ⇆ ₺

CUCINA REGIONALE · FAMILIARE XX Locale dalla lunga storia e dalla cucina moderatamente creativa, che comunque non disdegna le tradizioni locali pur "aprendosi" a sapori più moderni. Accoglienti anche le camere per un soggiorno rilassante.
Carta 38/66 €

9 cam ♁ – ♦50/60 € ♦♦80/110 €

piazza Municipio 23 – ✆ 0463 874396 (consigliata la prenotazione)
– www.locandalpina.it – Chiuso 2 settimane in giugno, 2 settimane in novembre e giovedì escluso in luglio-agosto

BRIAGLIA

Cuneo – ⊠ 12080 – 287 ab. – Alt. 557 m – Carta regionale n° **12**-C3
Carta stradale Michelin 561-I5

⑩ Marsupino   🐎 ⇆ 🏠 ₺ 🅐🅒 🅿

CUCINA PIEMONTESE · CONTESTO REGIONALE XX In un paesino di poche case, una trattoria dall'atmosfera insieme rustica ed elegante. Cucina rigorosamente del territorio, attenta alle stagioni, nonché eccellente cantina con grandi vini: Barolo soprattutto, ma non solo. Camere arredate con mobili antichi, abbellite con stucchi ed affreschi.
Menu 40/60 € – Carta 42/71 €

7 cam ♁ – ♦60 € ♦♦110 € – 2 suites

via Roma Serra 20 – ✆ 0174 563888 (prenotare) – www.trattoriamarsupino.it – Chiuso 10 giorni in giugno-luglio,10 giorni in settembre, giovedì a mezzogiorno e mercoledì

BRIENZA

Potenza (PZ) – ⊠ 85050 – 4 078 ab. – Alt. 713 m – Carta regionale n° **2**-B2
Carta stradale Michelin 564-F28

🏠 La Voce del Fiume   🛏 🅐🅒

STORICO · PERSONALIZZATO Romantico B&B nel centro storico della località all'ombra del Castello Caracciolo: camere contraddistinte dal nome di una pietra preziosa per soggiorni all'insegna del relax.

7 cam ♁ – ♦60/100 € ♦♦80/120 €

vico del Carmine 7 – ✆ 333 266 6256 – www.lavocedelfiume.it – Chiuso novembre

BRINDISI

(BR) – ⊠ 72100 – 88 302 ab. – Carta regionale n° **15**-D2
Carta stradale Michelin 564-F35

🐙 Pantagruele   ₺ 🅐🅒

PESCE E FRUTTI DI MARE · FAMILIARE XX E' gestito con passione questo locale di tono classico che propone una cucina casalinga specializzata soprattutto nei piatti di mare: si va dal tipico e generoso giro di antipasti, al pesce di primissima qualità cotto alla griglia o al forno, alla ricotta "ubriaca". Sempre presente anche qualche piatto di carne.
Menu 30 € (pranzo in settimana) – Carta 27/53 €

salita di Ripalta 1/5 – ✆ 0831 560605 (consigliata la prenotazione) – Chiuso 22 agosto-5 settembre, sabato a mezzogiorno e domenica

sulla strada provinciale Acquaro 44 Ovest: 17 km

🏠 Masseria Baroni Nuovi   🍃 🌳 🛏 ⅃ ₺ 🅐🅒 🅿

CASA DI CAMPAGNA · STORICO Masseria baronale d'inizio Novecento in posizione isolata nella campagna brindisina, è la meta di chi cerca una vacanza di relax. Al ristorante troverete i prodotti dell'orto di casa, oltre al vino e all'olio.

12 cam ♁ – ♦75/240 € ♦♦110/270 €

str. prov. 44 Acquaro, per via Provinciale San Vito - A1 – ✆ 0831 555762
– www.masseriabaroninuovi.it – Chiuso 1° dicembre-28 febbraio

BRIONE

Brescia (BS) – ✉ 25060 – 714 ab. – Alt. 614 m – Carta regionale n° **9**-C2
Carta stradale Michelin 561-F12

La Madia ⟨⟩ ⟨⟩

CUCINA REGIONALE · RUSTICO ✗ Affacciata sulla vallata e sulla Franciacorta, quest'autentica trattoria di campagna privilegia i prodotti del territorio e i presidi gastronomici nazionali: nel menu ogni piatto ha la tracciabilità degli ingredienti utilizzati, nome ed indirizzo del produttore. Grande qualità a prezzi competitivi. Specialità: tagliolini saltati nel nocino con tonno di tinca.

Menu 30/45 € – Carta 29/49 €

via Aquilini 5 – ℰ 030 894 0937 (consigliata la prenotazione) – www.trattorialamadia.it – solo a cena escluso sabato e domenica – Chiuso 1 settimana in febbraio e 1 settimana in agosto, lunedì e martedì

BRISIGHELLA

Ravenna (RA) – ✉ 48013 – 7 639 ab. – Alt. 115 m – Carta regionale n° **5**-C2
Carta stradale Michelin 562-J17

Modus Vivendi ⟨⟩ ⟨⟩ ⟨AC⟩

FAMILIARE · PERSONALIZZATO Camere confortevoli, due delle quali con angolo cottura, in una struttura del centro storico. Last, but not least, una piccola zona relax con vasca idromassaggio e bagno turco.

8 cam ⟨⟩ – †50/60 € ††70/80 €

via Roma 5/d – ℰ 0546 80250 – www.rermodusvivendi.it – Chiuso febbraio

BRIXEN → Vedere Bressanone

BROGLIANO

Vicenza – ✉ 36070 – 3 962 ab. – Alt. 172 m – Carta regionale n° **23**-B2
Carta stradale Michelin 562-F16

Locanda Perinella ⟨⟩ ⟨⟩ ⟨⟩ ⟨⟩ ⟨⟩ ⟨AC⟩ ⟨⟩ ⟨P⟩

FAMILIARE · ACCOGLIENTE Mobili d'epoca e pregevoli elementi architettonici originali in un antico edificio di campagna ristrutturato con intelligenza.

22 cam ⟨⟩ – †65/90 € ††65/90 € – 6 suites

via Bregonza 19 – ℰ 0445 947688 – www.locandaperinella.it – Chiuso 26 dicembre-6 gennaio e agosto

BRUCOLI Sicilia Siracusa → Vedere Augusta

BRUNECK → Vedere Brunico

BRUNICO BRUNECK

Bolzano – ✉ 39031 – 16 109 ab. – Alt. 838 m – Carta regionale n° **19**-C1
Carta stradale Michelin 562-B17

⏆O Oberraut ⟨⟩ ⟨⟩ ⟨⟩ ⟨⟩ ⟨P⟩

CUCINA REGIONALE · FAMILIARE ✗✗ Ubicato nel verde di un bosco, questa sorta di maso propone al suo interno un servizio ristorante di tutto rispetto con gustosi piatti regionali, rivisitati in chiave moderna. D'estate ci si sposta all'aperto.

Menu 42 € – Carta 30/83 €

7 cam ⟨⟩ – †58/78 € ††110/116 €

località Ameto 1, Nord-Est: 4 km – ℰ 0474 559977 – www.oberraut.it – Chiuso 20-30 gennaio, 20-30 giugno e giovedì

Rosa d'Oro-Goldene Rose ⟨⟩ ⟨⟩ ⟨⟩ ⟨⟩ ⟨⟩

FAMILIARE · CONTEMPORANEO Esempio eccellente di come sia possibile coniugare la modernità dei servizi e delle installazioni, con il calore della tradizione. Camere ottime e la possibilità di check-in notturno (automatico).

21 cam ⟨⟩ – †75/115 € ††110/190 €

via Bastioni 36/b – ℰ 0474 537780 – www.hotelgoldenerose.com – Chiuso 3 settimane in giugno e 3 settimane in ottobre

a Riscone Sud-Est : 3 km ⌖ 39031 – Alt. 960 m

🏨 Majestic　　　　　　　　　　🏠 🦢 ⟨ 🛏 ⤵ 🗔 💷 🏠 ⅃☞ 🖫 ⟨ 🖐 **P**

SPA E WELLNESS · STILE MONTANO Non difetta certo di silenzio e tranquillità, quest'esclusiva struttura dotata di un piacevole centro benessere, ma anche vicino alle belle piscine comunali e al golf a 9 buche. Sicuramente, un indirizzo più adatto a coppie in cerca di romanticismo, che a famiglie con bambini piccoli al seguito...

56 cam ☲ – †105/170 € · ††180/374 € – 4 suites
via Im Gelande 20 – 𝒞 0474 410993 – www.hotel-majestic.it
– Chiuso 22 aprile-25 maggio e 3 novembre-5 dicembre

BRUSAPORTO

Bergamo – ⌖ 24060 – 5 569 ab. – Alt. 255 m – Carta regionale n° **10**-C1
Carta stradale Michelin 561-E11

✿✿✿ Da Vittorio (Enrico e Roberto Cerea)　　　　🕸 🍴 🖐 🔤 **P**

CUCINA MODERNA · ELEGANTE XxxX In una villa sulle prime colline bergama-sche, Da Vittorio è la gioiosa immagine della generosità e della laboriosità fami-liare. Elegante ma non ingessato, sontuoso ma non freddo, i clienti sono accolti con affettuosa e spontanea amicizia, mentre dalla cucina sopraggiunge una memorabile carrellata di piatti che, per quanto tecnici ed elaborati, puntano soprattutto ad un gusto pieno ed opulento.

Se alla base vi è un'accurata selezione delle migliori materie prime - scampi di Mazara del Vallo, carni piemontesi, funghi nostrani, tartufi d'Alba e una quantità indescrivibile di altri ingredienti che viaggiano ogni giorno dai luoghi di origine alla cucina del risto-rante - le preparazioni si caratterizzano per il loro forte impatto scenico, nonché per l'esasperata precisione sia di esecuzione che di sapore.

"Tradizione e genio creativo": la formula vincente che rende la sua tavola unica. Merita il viaggio!

→ Uovo all'uovo. Moro antartico, lattuga, vongole e olive taggiasche. Cioco-punch.

Menu 80 € (pranzo in settimana)/280 € – Carta 117/472 €
*Hotel Relais da Vittorio, via Cantalupa 17 – 𝒞 035 681024 – www.davittorio.com
– Chiuso 2 settimane in agosto e mercoledì a mezzogiorno*

🏨 Relais da Vittorio　　　　　　　　🦢 ⟨ 🛏 ✕ 🖭 🔤 🎿 **P**

LUSSO · CLASSICO I proprietari la descrivono come *una piccola locanda di charme* immersa nel verde, ma noi aggiungiamo grande nel confort. Belle camere diverse fra loro, contraddistinte dai nomi dei primi dieci nipoti della famiglia Cerea e bagni che seguono la felice linea della personalizzazione con rivestimenti in marmo e cromatismi.

10 cam ☲ – †300/350 € · ††400/450 €

via Cantalupa 17 – 𝒞 035 681024 – www.davittorio.com – Chiuso 2 settimane in agosto
✿✿✿ Da Vittorio – Vedere selezione ristoranti

BRUSCIANO

Napoli – ⌖ 80031 – 16 466 ab. – Alt. 27 m – Carta regionale n° **4**-B2
Carta stradale Michelin 564-E25

✿✿ Taverna Estia (Armando e Francesco Sposito)　　🕸 ⟨ 🛏 🍴 🔤 **P**

CUCINA CREATIVA · ELEGANTE XxX Dimensione famigliare di alto livello – Mario in sala, Armando e Francesco ai fornelli – e la mamma che ancora aiuta nel servi-zio.

Un grazioso giardino di erbe aromatiche all'ingresso dà il benvenuto agli ospiti, qualche recente intervento ha reso l'ambiente ancor più accogliente e personaliz-zato grazie ad un mix di elementi rustici e moderni. Insomma, un indirizzo che sa sempre essere all'altezza in virtù di una cucina, inno alla regione in cui si trova, resa raffinata, elegante e complessa dalla creatività dello chef. Unica nel suo genere, "generosa" con terra e mare!

Oltre ad un'accurata carta dei vini, al cui interno trova spazio anche un buon numero di bollicine, Taverna Estia propone un'intrigante varietà di caffè provenienti da diverse parti del mondo; una linea di singole varietà, selezionate e raccolte a mano staccando i frutti con opportuna attenzione alla corretta maturazione.

→ Risotto al limone con crudo di gamberi viola, vongole veraci ed olio ai pistacchi di Bronte. Tonno "in carrozza". Millefoglie al burro di Normandia, crema Chantilly, lamponi e caramello.

Menu 70/140 € – Carta 73/138 €

via Guido De Ruggiero 108 – ☎ 081 519 9633 (consigliata la prenotazione) – www.tavernaestia.it – Chiuso 2 settimane in gennaio, 3 settimane in agosto, martedì e mercoledì; dal 1° luglio al 30 settembre chiuso lunedì, domenica sera e a mezzogiorno escluso sabato e domenica

BRUSSON

Aosta – ⊠ 11022 – 897 ab. – Alt. 1 338 m – Carta regionale n° **21**-B2
Carta stradale Michelin 561-E5

🏵 Laghetto   🛋 🛋 ⅋ 🄿

CUCINA REGIONALE · FAMILIARE ⅋ Sapori di una solida cucina valdostana e piatti più moderni, ma sempre d'ispirazione regionale, in una bella sala rivestita in legno e dalle cui vetrate si può ammirare l'incantevole paesaggio della natura circostante. Non ripartite senza aver visitato la bella cantina! Prelibatezza delle prelibatezze: ravioli di coniglio, olive e pomodori.

🍴 Menu 18/30 € – Carta 24/50 €

Hotel Laghetto, rue Trois Villages 291 – ☎ 0125 300179 (consigliata la prenotazione) – www.hotellaghetto.it – Chiuso novembre, 15 aprile-15 maggio e ottobre

🏠 Laghetto   ≤ 🛋 ⅋ ⅋ 🄿

FAMILIARE · ACCOGLIENTE Albergo a gestione familiare, in cui trascorrere un soggiorno rilassante e sobrio. Attratti dalle montagne e anche dall'adiacente laghetto per la pesca sportiva.

19 cam ⌓ – †49/159 € ††59/229 €

*rue Trois Villages 291 – ☎ 0125 300179 – www.hotellaghetto.it
– Chiuso ottobre-novembre*

🏵 **Laghetto** – Vedere selezione ristoranti

BUDRIO

Bologna – ⊠ 40054 – 18 412 ab. – Alt. 25 m – Carta regionale n° **5**-C2
Carta stradale Michelin 562-I16

⅋○ Centro Storico   🛋 ⅋ 🄰🄲

CUCINA EMILIANA · INTIMO ⅋ Non poteva che essere in pieno centro storico, in una viuzza pedonale, un locale con un tale nome. Ambiente semplice e familiare, dove tutti gli sforzi sono indirizzati verso una cucina sfiziosa preparata dal patron: qualche proposta creativa, carne e un po' di pesce.

Carta 39/65 €

via Garibaldi 10 – ☎ 051 801678 (prenotare) – Chiuso domenica sera e lunedì

BULLA PUFELS Bolzano → Vedere Ortisei

BURANO Venezia → Vedere Venezia

BURGSTALL → Vedere Postal

BURGUSIO BURGEIS Bolzano → Vedere Malles Venosta

BURIASCO

Torino (TO) – ⊠ 10060 – 1 410 ab. – Alt. 301 m – Carta regionale n° **12**-B2_3
Carta stradale Michelin 561-H4

⅋○ Tenuta La Cascinetta   🛋 🛋 ⅋ 🄰🄲 🄿

CUCINA MODERNA · DI TENDENZA ⅋⅋ La tenuta è seicentesca, ma la luminosa veranda è inaspettatamente moderna, come la cucina che si avvale di prodotti autoctoni anche della propria azienda agricola: km 0 e stagionalità!

Menu 28/45 € – Carta 30/62 €

Hotel Tenuta la Cascinetta, regione Rena, Est: 3 km – ☎ 0121 368040 (consigliata la prenotazione) – www.tenutalacascinetta.it – Chiuso domenica sera e lunedì

Tenuta La Cascinetta 🐾 ⛵ ♿ AC P

FAMILIARE · AGRESTE Anticamente un convento, successivamente una dimora colonica, la Cascinetta è ora una struttura di charme che vi accoglierà all'ingresso con una saletta di raffinata eleganza e graziosi spazi comuni da casa privata. Dello stesso livello naturalmente le camere, personalizzate e confortevoli.

11 cam ⌷ – †70/90 € ††100/200 € – 1 suite

regione Rena, Est: 3 km – 𝒞 0121 368040 – www.tenutalacascinetta.it

🍴 **Tenuta La Cascinetta** – Vedere selezione ristoranti

BUSCA

Cuneo (CN) – ✉ 12022 – 10 181 ab. – Alt. 500 m – Carta regionale n° **12**-B3
Carta stradale Michelin 561-I4

🍴 **San Quintino Resort** ⬅ 🐾 🕾 AC P

CUCINA CREATIVA · ROMANTICO 🕱🕱 Abbandonata la pianura, salite verso le prime colline di San Quintino, dove troverete questa cascina ristrutturata, circondata da un bel giardino, all'interno divisa tra una sala in mattoni e un giardino d'inverno. Partendo da prodotti locali ma non solo, la cucina diventa creativa, includendo proposte di pesce. Incantevoli camere concluderanno un romantico soggiorno.

Menu 45/75 € – Carta 49/92 €

3 cam – †90 € ††95 € – ⌷ 10 €

*via Vigne 6 – 𝒞 0171 933743 (consigliata la prenotazione) – www.sanquintinoresort.com
– Chiuso 15-30 gennaio, 17-23 agosto, martedì a mezzogiorno e lunedì*

BUSCATE

Milano – ✉ 20010 – 4 777 ab. – Alt. 178 m – Carta regionale n° **10**-A2
Carta stradale Michelin 561-F8

🍴 **Scià on Martin** ♿ AC P

CUCINA CLASSICA · RUSTICO 🕱🕱 Insalatina di mare e salsa pizzaiola, salmone marinato all'aneto con rucola, avocado e composta di agrumi, trancio di ombrina agli asparagi crudi. Ristorante di solo pesce? Assolutamente no! Il menu di questo elegante locale si divide equamente fra mare e terra: quindi largo anche alle costolette d'agnello al profumo di timo o alla nocetta di vitello ai pistacchi.

Carta 44/64 €

*Hotel Scià on Martin, viale 2 Giugno 1 – 𝒞 0331 803000 – www.sciaonmartin.it
– Chiuso 24 dicembre-1° gennaio, agosto e sabato a mezzogiorno*

 Scià on Martin 🧖 🖂 ♿ AC ⚙ P

FAMILIARE · PERSONALIZZATO Una grande corte interna con un doppio porticato è quanto rimane dell'antica cascina lombarda. Ora, qui, è tutto confort moderno e se prima mancava una zona benessere, adesso c'è anche quella. A disposizione degli ospiti, un comodo servizio navetta per aeroporti e fiera.

41 cam ⌷ – †110/160 € ††150/200 € – 3 suites

*viale 2 Giugno 1 – 𝒞 0331 803000 – www.sciaonmartin.it – Chiuso
24 dicembre-1° gennaio e agosto*

🍴 **Scià on Martin** – Vedere selezione ristoranti

BUSTO ARSIZIO

Varese – ✉ 21052 – 83 106 ab. – Alt. 226 m – Carta regionale n° **10**-A2
Carta stradale Michelin 561-F8

🍴 **I 5 Campanili** 🐾 ⛵ 🕾 AC

CUCINA MODERNA · ELEGANTE 🕱🕱🕱 Può vantare una nutrita ed affezionata clientela d'habitué, questo elegante ristorante - con bel giardino per il servizio estivo - ospitato in un edificio del '900. La cucina si affida a valide e fantasiose elaborazioni.

Carta 43/83 €

via Maino 18 – 𝒞 0331 630493 – www.i5campanili.com – Chiuso 16-30 agosto e lunedì

॥○ Mirò il Ristorante 斎 ↔

CUCINA MODERNA · CONTESTO STORICO ※※ In un edificio d'epoca in pieno centro, ambienti piacevoli suddivisi tra una sala romantica e un godibile dehors per una cucina ricercata, fatta di elaborazioni fantasiose e ben riuscite.

Menu 16 € (pranzo in settimana) – Carta 51/69 €

via Roma 5 – ℰ 0331 623310 – www.ristorantemiro.it – Chiuso 1 settimana in agosto, 1 settimana in dicembre, sabato a mezzogiorno e lunedì

BUTTRIO

Udine – ⊠ 33042 – 4 074 ab. – Alt. 79 m – Carta regionale n° **6**-C2
Carta stradale Michelin 562-D21

⑧ Trattoria al Parco 😋 斎 🖾 🛇 🅿

CUCINA DEL TERRITORIO · ACCOGLIENTE ※ Eleganza degli ambienti e piacevole informalità del servizio viaggiano di pari passo in quest'ottimo ristorante. Tra le specialità segnaliamo i risotti, ma anche le carni alla griglia cotte in una delle sale proprio di fronte ai clienti. Dulcis in fundo il "Red Velvet": una gustosissima bomba calorica a base di pan di spagna, amarene e panna.

Carta 32/54 €

via Stretta 7 – ℰ 0432 674025 – Chiuso 18 gennaio-4 febbraio, 8 agosto-3 settembre, martedì e mercoledì

🏨 Il Castello di Buttrio ✿ ⌘ ⇐ 😋 🖃 ⅙ 🖾 🐾 🅿

DIMORA STORICA · PERSONALIZZATO Splendida risorsa ricavata dalla riuscita ristrutturazione di un castello tra le vigne; al suo interno ambienti raffinati caratterizzati da bei tessuti, lampadari preziosi e camere molto confortevoli, divise tra uno stile rustico-elegante e altre più contemporanee. La ristorazione rientra fra le mura del castello, mentre l'osteria propone una formula più snella ed alternativa di cucina del territorio; splendida terrazza per l'estate.

8 cam � – ♦150/210 € ♦♦170/230 €

via Morpugo 9 – ℰ 0432 673040 – www.castellodibuttrio.it

Un importante pranzo d'affari o una cena tra amici?
Il símbolo ↔ indica la presenza di una sala privata.

CABRAS Sardegna

Oristano – ⊠ 09072 – 9 213 ab. – Carta regionale n° **16**-A2
Carta stradale Michelin 566-H7

॥○ Il Caminetto 🖾

PESCE E FRUTTI DI MARE · AMBIENTE CLASSICO ※ Nella caratteristica cittadina di Cabras, a circa 100 metri dall'albergo Villa Canu: piatti di pesce cucinati in stile molto classico. La zona è famosa per l'allevamento ittico, per cui non ripartite senza aver assaggiato la proverbiale bottarga di muggine e la merca (muggine bollito in acqua salata e conservato con un'erba palustre).

Menu 35/45 € – Carta 22/52 €

Hotel Villa Canu, via Battisti 8 – ℰ 0783 391139 – Chiuso 15 giorni in novembre, 15 giorni in gennaio e lunedì

🏨 Villa Canu ⅃ ⅙ 🖾

FAMILIARE · TRADIZIONALE Nel centro della località, grazioso hotel a conduzione familiare ricavato dalla ristrutturazione di una casa padronale del 1893: ambienti comuni signorili ed intimi, camere confortevoli nella loro semplicità.

22 cam ⊊ – ♦50/75 € ♦♦80/130 €

*via Firenze 9 – ℰ 0783 290155 – www.hotelvillacanu.com
– Aperto 1° marzo-30 ottobre*

॥○ **Il Caminetto** – Vedere selezione ristoranti

CADEO

Piacenza – ⊠ 29010 – 5 463 ab. – Alt. 67 m – Carta regionale n° **5**-A1
Carta stradale Michelin 562-H11

🍴○ **Lanterna Rossa** 😣 🏠 🅰️ 🛇 ♻ 🅿️

PESCE E FRUTTI DI MARE · FAMILIARE ⅹ Due accoglienti salette entrambe con camino, una in legno ed una in marmo rosso, per una cucina che trae ispirazione dal mare. Coloro che amano stare all'aperto - tempo permettendo - potranno accomodarsi nel piacevole dehors.

Menu 45/50 € – Carta 34/60 €

via Ponte 8, località Saliceto, Nord-Est: 4 km – ℰ 0523 500563 (prenotazione obbligatoria) – www.lanternarossa.it – Chiuso 7-15 gennaio, 21 agosto-6 settembre, lunedì e martedì

CADIPIETRA STEINHAUS Bolzano → Vedere Valle Aurina

CAGGIANO

Salerno (SA) – ⊠ 84030 – 2 765 ab. – Alt. 828 m – Carta regionale n° **4**-D2
Carta stradale Michelin 564-F28

🕸 **Locanda Severino** 🄽 (Giuseppe Misuriello) 😣 🕭 🅰️ 🛇

CUCINA TRADIZIONALE · CONTESTO TRADIZIONALE ⅩⅩ Bussate e vi sarà aperto... ma alla Locanda Severino - nel cuore del centro storico di Caggiano - sarà necessario suonare il campanello e salire qualche scalino per introdurvi in un ambiente di raffinata eleganza. Una sorta di galleria d'arte dove si mangia in compagnia di quadri di diversi artisti contemporanei, mentre la cucina s'ispira al territorio, portando in tavola prelibatezze di terra e di mare, sapientemente rielaborate dall'estro creativo del nuovo chef.

→ Spaghetti, limone e anguilla affumicata. Agnello delle Dolomiti Lucane in due cotture. Pasticcio caggianese.

Menu 45 € – Carta 44/58 €

4 cam – ♦60/70 € ♦♦65/80 € – ⌑ 7 €

largo Re Galantuomo 11 – ℰ 0975 393905 (prenotazione obbligatoria) – www.locandaseverino.it – solo a cena escluso i giorni festivi

CAGLI

Pesaro e Urbino (PU) – ⊠ 61043 – 8 731 ab. – Alt. 276 m – Carta regionale n° **11**-B2

🅰 **La Gioconda** 😣 🕭

CUCINA MARCHIGIANA · CONTESTO STORICO ⅹ In pieno centro storico, questa moderna osteria si trova all'interno di spessi muri che custodivano un tempo la cantina. La cucina parla marchigiano - in stagione molti piatti sono dedicati al tartufo, bianco e nero - ma con qualche concessione alla creatività. Il piatto preferito dalla redazione: passatelli asciutti con pollo e asparagi.

Menu 30/50 € – Carta 32/52 €

via Brancuti – ℰ 0721 781549 – www.ristorantelagioconda.it – Chiuso lunedì

CAGLIARI Sardegna

(CA) – ⊠ 09124 – 154 460 ab. – Carta regionale n° **16**-B3
Carta stradale Michelin 366-P48

🕸 **Dal Corsaro** (Stefano Deidda) 🕭 🅰️ 🛇

CUCINA MODERNA · ELEGANTE ⅩⅩⅩ Sobrio angolo di eleganza grazie alla passione ed al continuo impegno della famiglia che lo conduce, è diventato uno dei migliori dell'intera Sardegna. Tra archi, quadri e specchi, tre percorsi degustazione - rispettivamente da 7, 9 e 12 portate - fanno rivivere i sapori sardi con fantasia, buon gusto ed equilibrio. Ambiente più semplice e cucina rustica nella versione bistrot del Fork.

→ Ravioli liquidi di cozze e infuso al limone. Seppia cruda alla brace. Nocciola , cioccolato e fil'e ferru.

Menu 85/105 €

viale Regina Margherita 28 ⊠ 09124 – ℰ 070 664318 (consigliata la prenotazione) – www.stefanodeidda.it – solo a cena – Chiuso 1°-18 gennaio e lunedì

¶○ **Cesare**

CUCINA REGIONALE · CONVIVIALE XX Affacciato sull'oasi faunistica dello stagno di Molentargius, un accogliente ristorante in stile marina, dove gustare piatti tipici della cucina isolana accanto ai classici nazionali, sia di mare sia di terra. Ai piani superiori le camere del proprio hotel Caesar's.

⊗ Menu 23 € (pranzo in settimana) – Carta 28/50 €

48 cam ⌂ – ♦80/150 € ♦♦99/200 €

via Darwin 2/4, per viale Armando Diaz ⊠ 09126 – ℰ 070 304768
– www.caesarshotel.it – solo a cena escluso sabato e domenica
– Chiuso 7-26 agosto

¶○ **Locanda dei Buoni e Cattivi**

CUCINA CLASSICA · DI QUARTIERE XX Si trova in un tranquillo quartiere semi-centrale questa piacevole locanda ricavata in una villa privata, alla base c'è un progetto di reinserimento lavorativo per dare una seconda chance nella vita. Il menu propone una piacevole versione moderna della cucina sarda a base di soli prodotti stagionali. Ai piani anche 5 comode camere piacevolmente retrò.

⊗ Menu 12 € (pranzo in settimana)/25 € – Carta 25/51 €

5 cam ⌂ – ♦47/65 € ♦♦80/96 €

via Vittorio Veneto 96, per viale Trieste 1 km ⊠ 09124 – ℰ 070 734 5223
– www.locandadeibuoniecattivi.it – solo a cena in agosto – Chiuso 7-21 gennaio

¶○ **Luigi Pomata**

PESCE E FRUTTI DI MARE · DI TENDENZA XX Ecco un angolo cittadino dove trovare lo sfizio per tutti i gusti. In primis, il ristorante, moderno, con cucina di mare legata soprattutto ai crudi ed al tonno carlofortino, terra d'origine di Luigi, chef/patron, e con un interessante business lunch a mezzogiorno. Al piano sottostante, si trova il bistrot dove gustare proposte regionali più rustiche e tradizionali. Adiacente il nuovissimo lounge bar per gli aperitivi.

Menu 60 € – Carta 40/78 €

viale Regina Margherita 18 ⊠ 09124 – ℰ 070 672058 (consigliata la prenotazione la sera) – www.luigipomata.com – Chiuso lunedì a mezzogiorno e domenica

¶○ **Sarti del Gusto** ⓝ

CUCINA MEDITERRANEA · ACCOGLIENTE XX Un piccolo e interessante localino ubicato nella parte alta della città, nato pochi anni fa dall'entusiasmo di due giovani soci con le idee ben chiare. La cucina prende spunto da ricette regionali rivisitate in chiave moderna. Da provare!

Menu 42/60 € – Carta 43/66 €

Pianta: B2-a – *via Vico II Vincenzo Sulis 1/a ⊠ 09124 – ℰ 070 684 8548 (consigliata la prenotazione) – www.isartidelgusto.it – Chiuso martedì a mezzogiorno e lunedì*

¶○ **La Stella Marina di Montecristo**

PESCE E FRUTTI DI MARE · CONVIVIALE X L'andamento e l'aspetto sono quelli di una semplice osteria di mare, ci si affida ai consigli dei proprietari per una cucina di pesce semplice, ma generosa nelle porzioni e contenuta nei prezzi.

⊗ Menu 25/35 € – Carta 21/45 €

via Sardegna 140 ⊠ 09124 – ℰ 347 578 8964 (consigliata la prenotazione) – www.ilmontecristo.com – Chiuso 8-22 agosto e domenica

🏠 **T Hotel**

BUSINESS · PERSONALIZZATO Tecnologia e design: una torre in vetro rivoluziona il paesaggio cagliaritano senza dimenticare le tradizioni, grazie alle frequenti esposizioni sull'artigianato locale allestite nella hall. Belle camere, moderno centro benessere e fitness. Cucina veloce a pranzo, piatti sardi ed internazionali più elaborati la sera.

200 cam ⌂ – ♦99/209 € ♦♦99/239 € – 7 suites

via dei Giudicati 66, per via Dante ⊠ 09131 – ℰ 070 47400 – www.thotel.it

La Villa del Mare

DIMORA STORICA · LUNGOMARE Frontemare, nel senso di "praticamente sulla spiaggia del Poetto", una bella villa dei primi '900 dalle colorate e piacevoli camere. Imperdibile la vista sul Golfo degli Angeli a ridosso della Sella del Diavolo.

12 cam 🚗 – †70/220 € ††100/220 €

lungomare Poetto 248 – ✆ 070 389296 – www.lavilladelmare.com

al bivio per Capoterra Ovest: 12 km per Teulada

Sa Cardiga e Su Schironi

PESCE E FRUTTI DI MARE · AMBIENTE CLASSICO XX Diverse sale avvolte nel legno, colori e un ampio espositore di pesce all'ingresso. Si può scegliere già qui il pesce, poi proposto in semplici elaborazioni perlopiù alla griglia.

Menu 25 € (pranzo in settimana)/40 € – Carta 30/89 €

*strada statale 195 bivio per Capoterra ⊠ 09012 Capoterra – ✆ 070 71652
– www.sacardigaesuschironi.it – Chiuso 20 giorni in gennaio, domenica sera,
escluso agosto, e lunedì*

CALA DI VOLPE Sardegna Olbia-Tempio → Vedere Arzachena : Costa Smeralda

CALA GONONE Sardegna Nuoro → Vedere Dorgali

CALAMANDRANA

Asti – ⊠ 14042 – 1 761 ab. – Alt. 151 m – Carta regionale n° **14**-D2
Carta stradale Michelin 561-H7

Violetta

CUCINA REGIONALE · FAMILIARE X Echi contadini in un locale che non lascia indifferenti: dal carretto in bella mostra nel cortile, ai piatti dalle sfumature alessandrine. Non meravigliatevi quindi di trovare in menu i classici tajarin ai funghi porcini, gli gnocchi al sugo di salsiccia o la finanziera.

Menu 32/43 € – Carta 31/53 €

*via Valle San Giovanni 1, Nord: 2,5 km – ✆ 0141 769011 (consigliata la prenotazione)
– www.ristorantevioletta.it – Chiuso 10 gennaio-12 febbraio, mercoledì e le sere di
domenica e martedì*

CALAMBRONE Pisa → Vedere Tirrenia

CALANGIANUS

Olbia-Tempio – ⊠ 07023 – 4 172 ab. – Alt. 500 m – Carta regionale n° **16**-B1
Carta stradale Michelin 366-Q38

Il Tirabusciò

CUCINA REGIONALE · RUSTICO X Piccolo e curato ristorante dal caldo arredo rustico, il titolare ai fornelli cucinerà per voi piatti ispirati al territorio e qualche piccola creazione dettata dal suo gusto personale. Nota curiosa: il nome del locale rimanda alla produzione di tappi in sughero, principale attività del paese.

Carta 23/50 €

via Nino Bixio 5 – ✆ 079 661849 – Chiuso domenica

CALA PICCOLA Grosseto → Vedere Porto Santo Stefano

CALASETTA Sardegna

Carbonia-Iglesias – ⊠ 09011 – 2 922 ab. – Carta regionale n° **16**-A3
Carta stradale Michelin 366-L49

Luci del Faro

FAMILIARE · MEDITERRANEO Di fronte ad una costa rocciosa nella zona della "spiaggia grande", è un borgo mediterraneo raccolto attorno ad una grande piscina; all'interno ampie camere in cui mobili, tessuti e - perfino - l'illuminazione portano il segno della tradizione sarda.

40 cam 🚗 – †60/165 € ††90/250 € – 1 suite

*località Spiaggia Grande, Sud: 5 km – ✆ 0781 810089 – www.hotelucidelfaro.com
– Aperto 1 ° maggio-2 novembre*

CALATABIANO

Catania (CT) – ⊠ 95011 – 5 308 ab. – Alt. 60 m – Carta regionale n° **17**-D2

🏰 Castello di San Marco   🛝 🐕 🕿 ⌿ 👘 ✂ 🤿 ⚙ 🅐🅒 🎎 🅿

STORICO · CLASSICO Dimora di origini seicentesche dalla splendida facciata, buona parte delle camere si aprono in una serie di dépendance anch'esse antiche o più moderne. Ma il punto di forza dell'albergo è il lussureggiante parco di vegetazione mediterranea con piscina, un piccolo paradiso.

19 cam ☲ – 🛏️130/280 € 🛏️🛏️150/300 € – 11 suites

via San Marco 40 – ☎ 095 641181 – www.castellosanmarco.it – Aperto 15 marzo-15 novembre

CALAVINO

Trento – ⊠ 38072 – 1 544 ab. – Alt. 409 m – Carta regionale n° **19**-B3
Carta stradale Michelin 562-D14

🍴 Cipriano   🕿 🅐🅒 ⌿

CUCINA REGIONALE · FAMILIARE ⅓ Avrete solo l'imbarazzo della scelta, tra le varie proposte - presentate a voce - dal patron Cipriano. Degni di nota restano comunque i primi, ma lasciate un piccolo spazio per i dolci perchè anche questi meritano. Un esempio? Torta di carote con Vin Santo!

Menu 28 € – Carta 20/38 €

via Graziadei 13 – ☎ 0461 564720 (consigliata la prenotazione)
– solo a cena escluso domenica
– Chiuso 20 giugno-10 luglio, domenica sera e mercoledì

CALDARO SULLA STRADA DEL VINO KALTERN AN DER WEINSTRASSE

Bolzano – ⊠ 39052 – 7 908 ab. – Alt. 425 m – Carta regionale n° **19**-D3
Carta stradale Michelin 562-C15

🏨 La Residenza Gius   ⌿ 🗔 👘 🖭 ⚙ 🅐🅒 🚗

LUSSO · PERSONALIZZATO Non lontano dal centro del paese, edificio moderno dalle zone comuni limitate ma grandi camere, modernamente arredate, svariati servizi previsti per gli ospiti e un'incantevole terrazza panoramica.

9 suites ☲ – 🛏️🛏️200/500 €

località Trutsch 1 – ☎ 0471 963295 – www.designhotel-kaltern.com
– Aperto 16 marzo-19 novembre

🏰 Schlosshotel Aehrental   🛝 🕿 🗐 ⌿ 🅿

FAMILIARE · PERSONALIZZATO Bell'edificio nobiliare di metà '600 a due passi dal centro, ma circondato da un bel giardino. Camere e ambienti signorili, per un soggiorno all'insegna del buon gusto. Servizio ristorante estivo all'aperto.

19 cam – solo ½ P 95/155 € – 2 suites

via dell'Oro 19 – ☎ 0471 962222 – www.schlosshotel.it
– Aperto 11 aprile-3 novembre

al lago Sud: 5 km

🏨 Parc Hotel   🛝 🐕 🕿 🗔 🕿 🗔 ⊕ 👘 🛁 ✂ 🗐 ⚙ 🅐🅒 🎎 🚗

FAMILIARE · PERSONALIZZATO Lunga la costa orientale e più tranquilla del lago, solo il curato giardino lo separa dalle trasparenti acque per le quali si può partire con il pedalò. Eleganti e spaziose camere, alcune particolarmente nuove, ed un potenziato centro benessere per un esclusivo rifugio.

42 cam – solo ½ P 186/270 € – 3 suites

Campi al lago 9 – ☎ 0471 960000 – www.parchotel.info
– Aperto 7 aprile-4 novembre

Hasslhof

FAMILIARE • MODERNO Immersa nei vigneti, è un'originale struttura dalle ampie camere (43 mq e 15 di terrazza), nonché arredi moderni, piacevolmente ispirati ai materiali locali, dal legno alla pietra; splendidi i bagni. Giardino-solarium con piscina e pittoresca vista sull'intero lago di Caldaro.

21 cam – solo ½ P 130/155 €

San Giuseppe al Lago 62 – ✆ 0471 960059 – www.hasslhof.com – Aperto Pasqua-2 novembre

Seeleiten

FAMILIARE • PERSONALIZZATO Uno dei migliori alberghi della zona, sin dall'esterno vi appare un originale edificio dall'andamento sinuoso, imprigionato in una gabbia di legno. Dentro un brulichio di attività e servizi attendono gli ospiti, nonché camere grandi ed impeccabili.

49 cam – †139/180 € ††248/330 € – 10 suites

strada del Vino 30 ✉ 39052 – ✆ 0471 960200 – www.seeleiten.it – Aperto 15 marzo-15 novembre

Seegarten

FAMILIARE • PERSONALIZZATO Per gli amanti del nuoto è davvero ideale la spiaggia attrezzata di questa risorsa immersa nel verde a bordo lago e con vista sui monti; camere spaziose, luminose e ben tenute. Cucina regionale e servizio estivo in terrazza: i due punti di forza del ristorante.

33 cam – †130/180 € ††240/280 € – 4 suites

lago di Caldaro 17 – ✆ 0471 960260 – www.seegarten.com – Aperto 2 aprile-2 novembre

CALDERARA DI RENO

Bologna – ✉ 40012 – 13 196 ab. – Alt. 30 m – Carta regionale n° **5**-C3
Carta stradale Michelin 562-I15

a Sacerno Ovest: 5 km ✉ 40012

Antica Trattoria di Sacerno

PESCE E FRUTTI DI MARE • ACCOGLIENTE XX All'interno di una villetta di campagna a circa 20 minuti da Bologna, una giovane coppia propone tanto buon pesce raccontato in carta in due modi diversi: una pagina chiama all'appello la creatività, l'altra cita i classici tra cui i crudi e le cotture al forno. Tra i vini ampio spazio alle bollicine francesi.

Menu 50/70 € – Carta 51/106 €

via di Mezzo Levante 2/b – ✆ 051 646 9050 – www.sacerno.it – solo a cena in agosto – Chiuso domenica sera e lunedì; in estate lunedì a mezzogiorno e domenica

CALDIERO

Verona – ✉ 37042 – 7 804 ab. – Alt. 44 m – Carta regionale n° **22**-B3
Carta stradale Michelin 562-F15

sulla strada statale 11 Nord-Ovest : 2,5 km

Renato

PESCE E FRUTTI DI MARE • AMBIENTE CLASSICO XX Se il locale ha ormai festeggiato il mezzo secolo, da più di due lustri il timone della gestione è passato dal padre - quel Renato che diede il nome al tutto - al figlio, Daniele. La cucina, invece, rimane nelle mani della madre ed è squisitamente di pesce.

Carta 35/105 €

località Vago 6 ✉ 37042 – ✆ 045 982572 – www.ristoranterenato.it – Chiuso 7-15 gennaio, agosto, lunedì sera e martedì, anche lunedì a mezzogiorno in giugno-luglio

CALDOGNO

Vicenza – ✉ 36030 – 11 301 ab. – Alt. 53 m – Carta regionale n° **22**-A1
Carta stradale Michelin 562-F16

🍴○ **Molin Vecio** 🌣 ⇔ 🅿

CUCINA REGIONALE · ROMANTICO ✕✕ Il vecchio mulino affonda le proprie radici nel Cinquecento e i successivi eventi storici non ne hanno alterato il carattere. Ancor oggi si è ospiti in un caratteristico contesto rurale e la cucina si rifà a tre grandi fili conduttori: erbe e verdure dell'orto di casa (visitabile in stagione), pesce d'acqua dolce, tradizione vicentina.

🍽 Menu 25/40 € – Carta 30/54 €

via Giaroni 116 – ℰ 0444 585168 – www.molinvecio.it – Chiuso 17-21 agosto e martedì

CALENZANO

Firenze – ✉ 50041 – 17 489 ab. – Alt. 68 m – Carta regionale n° **18**-C1
Carta stradale Michelin 563-K15

a Pontenuovo di Calenzano Nord : 6 km ✉ 50041 – Calenzano

🏨🏨 **Meridiana Country Hotel** 🕅 ᴫᴓ ⊡ ᴓ 🄰🄲 ᴂ 🅿

TRADIZIONALE · MODERNO L'interior design contemporaneo incontra i colori tipici della Toscana in questa struttura di grande fascino dotata di camere luminose con terrazzo o giardino privato, ed un piccolo centro wellness.

32 cam ⌂ – 🛏50/240 € 🛏🛏60/240 €

via di Barberino 253 – ℰ 055 881 9472 – www.meridianacountryhotel.it

CALESTANO

Parma – ✉ 43030 – 2 100 ab. – Alt. 417 m – Carta regionale n° **5**-B2
Carta stradale Michelin 561-I12

🍴 **Locanda Mariella** 🐾 🌣 🅿

CUCINA EMILIANA · FAMILIARE ✕ Armatevi di pazienza per raggiungerlo, guidando tra le colline, ma una volta al ristorante capirete perché Mariella è da tempo un'istituzione: un'emozionante doppia tappa gastronomica in virtù di una cucina di classica matrice emiliana, ma – ora – anche ricette più creative ed accattivanti, grazie all'apporto di forze giovani ed internazionali ai fornelli. Guancialino di vitello brasato con porcini secchi, tra gli irrinunciabili del menu.

Carta 29/56 €

località Fragnolo 29, Sud-Est: 5 km – ℰ 0525 52102 (consigliata la prenotazione) – Chiuso 2 settimane in settembre, lunedì e martedì

CALTAGIRONE

Catania – ✉ 95041 – 38 686 ab. – Alt. 608 m – Carta regionale n° **17**-C2
Carta stradale Michelin 365-AW60

🕸 **Coria** (Domenico Colonnetta e Francesco Patti) 🐾 🄰🄲

CUCINA MODERNA · CONTESTO CONTEMPORANEO ✕✕ Dedicato a Coria, appassionato e studioso di gastronomia siciliana, siamo nel suggestivo centro storico della città delle ceramiche. Due sale dall'aspetto sobrio e contemporaneo, la cucina è un omaggio ai migliori prodotti isolani.

→ Spaghetti alle cicale di mare, salsa al prezzemolo e limone. "Impanatigghie" d'agnello ripiene alla modicana, "cubbaita" di ceci, scorzanera, tuma fritta. Tronchetto al cioccolato bianco, yogurt, mandarino e gelato al cioccolato.

Menu 73/90 € – Carta 56/93 €

via Infermeria 24 – ℰ 0933 26596 (consigliata la prenotazione) – www.ristorantecoria.it – Chiuso 20 giorni in febbraio, 20 giorni in novembre, domenica sera e lunedì, in estate lunedì a pranzo e domenica

sulla strada statale 124 Nord : 5 km

🏠 Villa Tasca ☆ 🛁 ≤ 📶 ⚒ 🐎 🕭 ₺ 🅰🅲 🅿

DIMORA STORICA · ACCOGLIENTE In posizione defilata e tranquilla, una villa nobiliare settecentesca ospita ampi spazi en plein air, una grande piscina ed il maneggio per passeggiate equestri. La cucina rielabora i sapori del territorio in chiave contemporanea.

10 cam ⌒ – †70/108 € ††90/135 €

*contrada Fontana Pietra S.P. 37/II ⊠ 95041 – ℰ 0933 22760 – www.villatasca.it
– Chiuso 7 gennaio-13 febbraio e 5 novembre-7 dicembre*

sulla strada statale 177 bis km 68 Ovest : 16 km

🏠 Vecchia Masseria ☆ 🛁 ≤ 📶 ⚒ ₺ 🅰🅲 � 🅿

AGRITURISMO · BUCOLICO All'interno di un parco naturale, la location è sicuramente bucolica e la struttura - ricavata da una masseria del 1850 – propone ambienti di moderno design e richiami ad elementi architettonici locali. Camere semplici e menu degustazione con specialità dell'entroterra al ristorante.

30 cam ⌒ – †85/160 € ††85/160 €

*contrada Cutuminello ⊠ 95041 – ℰ 331 769 1142 – www.vecchiamasseria.com
– Chiuso novembre, gennaio e febbraio*

CALTANISSETTA Sicilia

(CL) – ⊠ 93100 – 63 360 ab. – Alt. 568 m – Carta regionale n° **17**-C2
Carta stradale Michelin 365-AT59

🏨 San Michele ☆ ≤ ⚒ 🕭 🖃 ₺ 🅰🅲 � 🅿

BUSINESS · CLASSICO In posizione periferica e tranquilla, camere semplici negli arredi ma in genere ampie; per un plus, prenotarne una con vista. Piatti siciliani e nazionali al ristorante.

122 cam ⌒ – †79/105 € ††117/130 € – 13 suites

via Fasci Siciliani 6 – ℰ 0934 553750 – www.hotelsanmichelesicilia.it

CALTIGNAGA

Novara – ⊠ 28010 – 2 580 ab. – Alt. 178 m – Carta regionale n° **12**-C2
Carta stradale Michelin 561-F7

🍴 Cravero ⇦ 📶 🛖 🅰🅲 🅿

CUCINA CLASSICA · ACCOGLIENTE XX Da oltre trent'anni, Cravero vizia i suoi ospiti con proposte del territorio rielaborate con creatività, in un ambiente curato e signorile. Si mangia anche all'aperto, nella bella stagione.

Carta 31/59 €

12 cam ⌒ – †60/70 € ††70/80 €

*via Novara 8 – ℰ 0321 652696 (consigliata la prenotazione) – www.hotelcravero.it
– Chiuso 1°-10 gennaio e agosto*

CALUSO

Torino – ⊠ 10014 – 7 586 ab. – Alt. 303 m – Carta regionale n° **12**-B2
Carta stradale Michelin 561-G5

❀ Gardenia (Mariangela Susigan) 🕸 🛖 ₺ 🅰🅲 ⇪ 🅿

CUCINA MODERNA · ELEGANTE XxX In una casa di fine 800, con giardini ed un immenso orto – sempre visitabile dai clienti – la cucina s'ispira alla tradizione, sebbene rivisitata in chiave moderna dalla fantasia e dalla profonda conoscenza botanica della chef. Da 15 anni Mariangela raccoglie erbe spontanee e fiori eduli nelle montagne dell'Anfiteatro Morenico per poi utilizzarle in ricette arcaiche, creando abbinamenti inusitati ed intriganti. Gardenia, mai nome fu così azzeccato!

→ Ravioli di silene dioica (erba spontanea), seirass fumè, malva e calendula - Antica zuppa francigena di piatlin (patata). Quaglia cotta nella creta di Castellamonte, parietaria, piantaggine e lampone. Eva d'Or: passito, cioccolato al latte, riso, silene, albicocca e pepe.

Menu 30 € (pranzo in settimana)/90 € – Carta 51/107 €

*corso Torino 9 – ℰ 011 983 2249 – www.gardeniacaluso.it – Chiuso 7-23 gennaio,
16-25 agosto, mercoledì a pranzo e martedì*

CALVISANO

Brescia – ✉ 25012 – 8 491 ab. – Alt. 67 m – Carta regionale n° **9**-C2
Carta stradale Michelin 561-F13

❄ **Al Gambero** (Mariapaola Geroldi) ❀ 🏧 ✂ ⇔

CUCINA REGIONALE • ACCOGLIENTE ✗✗ Nel centro di Calvisano, dietro all'apparente semplicità dei piatti ci sono grande cura e l'equilibrio tra tradizione e modernità affinato in oltre un secolo e mezzo di storia familiare: una cucina solida, di gusto e sostanza.

→ Risotto con punte d'asparagi alla crema di formaggio. Piccione in diverse cotture con patate al rosmarino. Cremoso di cioccolato fondente, spuma allo yogurt, sablè di cacao amaro.

Menu 40 € (pranzo)/90 € – Carta 56/104 €

via Roma 11 – ℰ 030 968009 – Chiuso 1 settimana in gennaio, agosto e mercoledì

🍴 **Fiamma Cremisi** 🏠 **P**

CUCINA MODERNA • FAMILIARE ✗✗ Cucina del territorio rivisitata e servizio estivo all'aperto sotto un gazebo, in un ristorante di campagna la cui sala principale è allietata da un caminetto. A pranzo solo menu business o carta più ridotta ed economica.

🍴 Menu 15 € (pranzo in settimana)/48 € – Carta 33/72 €

via De Gasperi 37, località Viadana, Nord: 2 km – ℰ 030 968 6300 (consigliata la prenotazione) – www.ristorantefiammacremisi.it – Chiuso 23-31 gennaio, 2 settimane in agosto, sabato a mezzogiorno e martedì

CAMARDA L'Aquila → Vedere L'Aquila

CAMIGLIATELLO SILANO

Cosenza – ✉ 87052 – Alt. 1 272 m – Carta regionale n° **3**-A2
Carta stradale Michelin 564-I31

verso il lago di Cecita Nord-Est : 5 km

🍴 **La Tavernetta** ❀ ≼ 🍴 ⇔ **P**

CUCINA CALABRESE • COLORATO ✗✗ Ai fornelli, padre e figlio in un sodalizio tutto vocato ad esaltare i profumi della loro amata Calabria e - in particolare - i sapori montani della Sila come la carne di podolica, i funghi, le patate, i prosciutti; di solito si parte con un aperitivo sorseggiato nella fornitissima cantina.

Menu 55/75 € – Carta 45/68 €

Hotel San Lorenzo si Alberga, contrada campo San Lorenzo 14
✉ *87052 Camigliatello Silano – ℰ 0984 570809 – www.sanlorenzosialberga.it*
– Chiuso 15 giorni in marzo, 15 giorni in novembre e lunedì

🏠 **San Lorenzo si Alberga** ⌂ ≼ 🍴 ▣ **P**

FAMILIARE • MINIMALISTA Camere dal design minimalista e dai colori vivaci, ideale punto di partenza per apprezzare la quiete offerta dai boschi e dalla montagna silana.

20 cam ⌑ – ♦60/70 € ♦♦80/100 € – 2 suites

contrada campo San Lorenzo 14 ✉ *87052 Camigliatello Silano – ℰ 0984 579026*
– www.sanlorenzosialberga.it – Chiuso 15 giorni in marzo e 15 giorni in novembre
🍴 **La Tavernetta** – Vedere selezione ristoranti

CAMIN Padova → Vedere Padova

CAMOGLI

Genova – ✉ 16032 – 5 378 ab. – Carta regionale n° **8**-C2
Carta stradale Michelin 561-I9

⅏ Da Paolo 🏮 🅰🅲

PESCE E FRUTTI DI MARE · FAMILIARE ⅕ Ristorantino rustico a conduzione familiare, ubicato nel borgo antico poco lontano dal porticciolo; cucina di mare secondo le disponibilità quotidiane del mercato.

Carta 55/82 €

via San Fortunato 14 – ℰ 0185 773595 (consigliata la prenotazione) – www.ristorantedapaolocamogli.com – Chiuso 20 giorni In novembre-dicembre, lunedì e i mezzogiorno di martedì, mercoledì, giovedì

🏨 Cenobio dei Dogi 🏰 🐬 ⇐ 🛋 🛌 🝔 ⊟ 🅰🅲 🏊 🅿

LUSSO · LUNGOMARE Per un esclusivo soggiorno in questa "perla" ligure, prestigioso e panoramico albergo immerso in un lussureggiante parco, con camere eleganti recentemente rinnovate. Al ristorante, sapori regionali e meravigliosa vista del golfo di Camogli, ma c'è anche un altro locale che - come suggerisce il nome stesso - si trova proprio sulla spiaggia, La Playa.

95 cam ⊠ – ⅋80/285 € ⅋⅋140/600 € – 5 suites
via Cuneo 34 – ℰ 0185 7241 – www.cenobio.it

🏠 Villa Rosmarino ⇐ 🛋 🅰🅲 ⅌ 🅿

FAMILIARE · ROMANTICO Sulla strada che scende verso il centro di Camogli, risorsa di charme dagli arredi moderni e di design italiano, nonché piscina estiva per pause relax. Non aspettatevi numeri sulle porte, hall o portieri in livrea, perché come amano precisare i proprietari: "questo non è un albergo dove soggiornare, ma un luogo da vivere".

6 cam ⊠ – ⅋160/320 € ⅋⅋160/320 €
via Figari 38 ⊠ 16032 – ℰ 0185 771580 – www.villarosmarino.com – Aperto 1° marzo-2 novembre

 Se cercate un albergo particolarmente ameno per un soggiorno di charme, prenotate in un hotel evidenziato in rosso: 🏨, 🏠…🏨🏨.

CAMPAGNA Novara → Vedere Arona

CAMPAGNA LUPIA

Venezia – ⊠ 30010 – 7 142 ab. – Carta regionale n° **23**-C3
Carta stradale Michelin 562-F18

a Lughetto Nord-Est : 7,5 km ⊠ 30010 – Campagna Lupia

⅋⅋ Antica Osteria Cera (Daniele Cera) ⅋ 🅰🅲 🅿

PESCE E FRUTTI DI MARE · ELEGANTE ⅕⅕ E' uno dei pochi ristoranti che hanno sposato in modo esclusivo la linea di pesce, a cui si aggiunge qualche piatto vegetariano giusto per accontentare la crescente richiesta in tal senso.

Le radici gastronomiche e le specie - dalla granseola alle moeche, giusto per citarne un paio - sono quelle dell'Adriatico (mare che si trova del resto a pochi chilometri da qui), ma al di là di questo la cucina può fregiarsi di essere tra le migliori rappresentanti della creatività, perlomeno in materia ittica. Non mancano tuttavia - per i puristi della tradizione - il fritto misto e una veneta "supa di pesse".

Altra piacevole costante della carta è il vasto assortimento di crudi, conditi in maniera originale ed arricchiti da svariati ingredienti. Analogo discorso per i dolci, che non rinunciano a mettere in tavola frutta e verdura. Atmosfera moderna, sobria ed essenziale, proprio come si conviene a una ex-antica osteria.

→ Paccheri ai frutti di mare con olive taggiasche e capperi. Branzino al vapore con patata schiacciata, limone e timo. Biscotto alla nocciola e caffè.

Menu 60 € (pranzo in settimana)/165 € – Carta 86/140 €

via Marghera 24 – ℰ 041 518 5009 – www.osteriacera.it – Chiuso 2 settimane tra gennaio e febbraio, 2 settimane in agosto, domenica sera e lunedì

209

CAMPAGNANO DI ROMA

Roma (RM) – ✉ 00063 – 11 571 ab. – Alt. 270 m – Carta regionale n° **7**-B2
Carta stradale Michelin 563-P19

🏠 Il Postiglione-Antica Posta dei Chigi ⚜ 🛏 🗓 🅰 🏦 🅿

STORICO · PERSONALIZZATO Nel giardino c'è ancora un tratto della via Cassia romana; locanda già nel '400, il salto della qualità avvenne nel '600 con l'acquisto e l'abbellimento della stazione di posta da parte dei Chigi. Tappa dei grand tour nell'Ottocento, vi alloggiò anche Goethe. Lo splendore continua ai giorni nostri, in camere raffinate ed eleganti bagni.

20 cam ♨ – ♥70/120 € ♥♥99/140 €
via Cassia Antica 15 – ☎ 06 904 1214 – www.ilpostiglione.it

CAMPALTO Venezia → Vedere Mestre

CAMPESTRI Firenze → Vedere Vicchio

CAMPIANI Brescia → Vedere Collebeato

CAMPIONE D'ITALIA

Como – ✉ 22060 – 1 995 ab. – Alt. 273 m – Carta regionale n° **9**-A2
Carta stradale Michelin 561-E8

✿ Da Candida (Bernard Fournier) 🅰 ⇔

CUCINA FRANCESE · AMBIENTE CLASSICO ✕✕ Se credete che i sapori aiutino a viaggiare restando seduti ad un tavolo, in questo raccolto ed elegante ristorante vi attende un entusiasmante incontro con il gusto e la raffinatezza della cucina francese.

→ "Frascatole" in bouillabaisse. Magret di anatra "Mulard" con la sua scaloppa di foie gras. Tarte Tatin alle mele golden, oppure, in stagione, alle pesche o alle albicocche.

Menu 60/98 € – Carta 50/113 €
viale Marco da Campione 4 – ☎ 0041 91 649 75 41 – www.dacandida.ch
– Chiuso 3 settimane in luglio, martedì a mezzogiorno e lunedì

CAMPITELLO DI FASSA

Trento – ✉ 38031 – 731 ab. – Alt. 1 448 m – Carta regionale n° **19**-C2
Carta stradale Michelin 562-C17

🍴 DellaVilla Restaurant 🅽 ❀ ⪕ 🅿

CUCINA CREATIVA · DESIGN ✕✕ Una carta semplice a pranzo dal lunedì al venerdì, ma è alla sera che la creatività dello chef si esprime con piatti che spaziano dalla terra al mare, non privi di un pizzico di creatività.

Carta 40/73 € – carta semplice a pranzo
Hotel Villa Kofler, streda Dolomites 65
– ☎ 366 935 5483 (consigliata la prenotazione) – www.dellavilla.it
– Aperto 1° dicembre-30 marzo e 20 giugno-20 settembre

🏠 Gran Paradis ⚜ ⪕ 🛏 🖽 🕙 🎐 👜 🖭 🌿 🚗

TRADIZIONALE · STILE MONTANO All'ingresso del paese, la breve distanza dal centro non è un problema, tante sono le occasioni per distrarsi: dalla taverna con musica e sigari alla cantina-enoteca per degustazioni. Si ritorna in una dimensione più classicamente alberghiera nell'ampia sala ristorante con i tipici legni trentini e piatti nazionali.

31 cam ♨ – ♥85/150 € ♥♥150/300 € – 8 suites
streda Dolomites 2/6 – ☎ 0462 750135 – www.granparadis.com
– Aperto 22 dicembre-7 aprile e 22 maggio-4 ottobre

Villa Kofler

TRADIZIONALE · PERSONALIZZATO Per gli amanti dei viaggi in giro per il mondo, ogni camera - dotata di sauna privata!- è dedicata ad una città di cui ne ripropone stile e motivi: Campitello, Salisburgo e Montreal, tra le migliori, poi ci sono New York, Tokyo, Montecarlo, etc...

5 cam ⌂ - ♦110/230 € ♦♦120/320 € - 5 suites

streda Dolomites 63 - ℰ 0462 750444 - www.villakofler.it
- Aperto 1 dicembre-30 marzo e 20 giugno-20 settembre
⑩ **DellaVilla Restaurant** - Vedere selezione ristoranti

Salvan

TRADIZIONALE · STILE MONTANO Hotel a gestione familiare, situato alle porte della località, con discrete zone comuni, piscina coperta e centro salute; mobili di legno chiaro nelle piacevoli camere. Tre spazi per il ristorante: uno ampio e classico, uno intimo e "montano" e poi la veranda.

33 cam - solo ½ P 68/128 €

streda Dolomites 10 - ℰ 0462 750307 - www.hotelsalvan.it
- Aperto 16 dicembre-Pasqua e 24 giugno-17 settembre

CAMPOBASSO

(CB) - ✉ 86100 - 49 431 ab. - Alt. 701 m - Carta regionale n° **1**-D3
Carta stradale Michelin 564-C25

⑩ Miseria e Nobiltà

CUCINA MODERNA · FAMILIARE ✗✗ In un palazzo di fine '700 dai piacevoli pavimenti e lampadari di Murano, la miseria allude alle tradizioni contadine, nobilitate in piatti ricercati e creativi: ravioli con ripieno di fiori di zucchine e mandorle al pomodorino e basilico per fare un esempio. Se ciò non bastasse al piano superiore la sala è dedicata alla loro pizza gourmet. Accoglienti camere per chi vuole dormire in centro.

Carta 24/50 €
2 cam ⌂ - ♦35 € ♦♦60 €

via Sant'Antonio Abate 16 - ℰ 0874 94268 - www.ristorantemiseriaenobilta.it
- Chiuso 2-6 gennaio, 15 giorni in luglio-agosto e domenica

⑩ Aciniello

CUCINA TRADIZIONALE · FAMILIARE ✗ Una semplice e schietta trattoria a carattere familiare: due salette una delle quali più raccolta, con tavoli ravvicinati e colori vivaci. I tanti habitué e la convivialità dei titolari rendono l'ambiente allegro, mentre la cucina riflette le tradizioni molisane.

Carta 20/39 €

via Torino 4 - ℰ 328 558 5484
- Chiuso 10-20 agosto e domenica

Palazzo Cannavina

DIMORA STORICA · ORIGINALE Per un soggiorno immerso nell'arte - in pieno centro storico - gli affreschi originali della villa nobiliare del 1700 si fondono con contemporaneità e design.

6 cam - ♦80/130 € ♦♦80/130 €

via Cannavina 24 - ℰ 393 482 0000 - www.palazzocannavina.com

Ogni ristorante stellato ✿ è introdotto da tre piatti che rappresentano in maniera significativa la propria cucina. Qualora questi non fossero disponibili, altre gustose ricette ispirate alla stagione delizieranno il vostro palato.

CAMPO FISCALINO FISCHLEINBODEN Bolzano → Vedere Sesto

CAMPOGALLIANO
Modena – ⊠ 41011 – 8 845 ab. – Alt. 43 m – Carta regionale n° **5**-B2
Carta stradale Michelin 562-H14

in prossimità del casello autostradale A 22 Sud-Est : 3,5 km

🍴 **Magnagallo** ⟵ 🍴 🏠 ⅰ ㎾ ⅰ **P**

CUCINA EMILIANA • AMBIENTE CLASSICO ⅹ Quanti pregi riassume questo ristorante! Facile da raggiungere, a pochi metri dal casello, all'ingresso sarà la tipica ospitalità della gente di queste parti ad accogliervi insieme ad un goloso tavolo di torte. Ma prima, spazio ai tortellini in brodo di cappone e al fritto misto all'emiliana!
Carta 23/51 €

28 cam ⌷ – ∲50/100 € ∲∲70/140 €

via Magnagallo Est 7 – ℰ 059 528751 – www.magnagallo.it – Chiuso domenica sera

CAMPO LOMASO Trento → Vedere Comano Terme

CAMPOMARINO → Vedere Maruggio

CAMPO TURES SAND IN TAUFERS
Bolzano – ⊠ 39032 – 5 371 ab. – Alt. 864 m – Carta regionale n° **19**-C1
Carta stradale Michelin 562-B17

🏨 **Alte Mühle** ⅰⅹ ≤ 🔲 ⓼ ⅰ ㎙ ⅰ ⅰ **P**

FAMILIARE • STILE MONTANO Calda accoglienza e cordialità in questo albergo in posizione centrale, con tanto legno, nonché qualche inserto antico, negli ambienti curati. Il ristorante (aperto solo la sera) è distribuito fra sala, stube e veranda.
15 cam ⌷ – ∲80/120 € ∲∲160/220 € – 5 suites

via San Maurizio 1/2 – ℰ 0474 678077 – www.alte-muehle.it
– Chiuso 28 aprile-28 maggio e 3-29 novembre

🏨 **Drumlerhof** ⅰ 🔲 ⅰ ⅰ ⅰ 🚗

FAMILIARE • ACCOGLIENTE Nel cuore della località, gestito dalla stessa famiglia dal 1902 ma rinnovato di recente, offre camere avvolte nel legno, una piscina panoramica al quarto piano, escursioni guidate e un buon ristorante orientato sui prodotti del territorio ed alcune proposte gluten free.
35 cam – solo ½ P 112/172 €

Via del Municipio 6 – ℰ 0474 678068 – www.drumlerhof.com
– Chiuso 22 aprile-1° giugno e 4 novembre-7 dicembre

🏨 **Feldmilla Designhotel** ⅰ 🔲 🍴 🍲 🔲 ⓼ ⅰ ㎙ ⅰ ⅰ ⅰ 🚗

FAMILIARE • DESIGN Ai piedi dello storico castello, un design hotel - certificato ad impatto 0 - dalle linee sobrie, dove legno e pietra "gareggiano" a riscaldare l'ambiente. Molto belle, le camere.
35 cam ⌷ – ∲144/190 € ∲∲238/364 € – 6 suites

via Castello 9 – ℰ 0474 677100 – www.feldmilla.com – Chiuso novembre e maggio

CANALE
Cuneo – ⊠ 12043 – 5 686 ab. – Alt. 193 m – Carta regionale n° **14**-C2
Carta stradale Michelin 561-H5

❀ **All'Enoteca** (Davide Palluda) 🍽 ㎾ ⟷

CUCINA MODERNA • AMBIENTE CLASSICO ⅹⅹ Al primo piano di un centrale palazzo ottocentesco, la sala è tanto moderna ed essenziale, quanto la cucina variopinta e creativa. Il trampolino di molti piatti sono gli straordinari prodotti piemontesi, ma ci sono anche pesce ed originali interpretazioni. All'Osteria, sapori più legati al territorio in un ambiente dall'accoglienza informale.

→ Ravioli quadrati di faraona al Marsala. Capriolo, agrumi e cacao fermentato. Arancia cotta al sale.
Menu 70/100 € – Carta 62/114 €

via Roma 57 – ℰ 0173 95857 (consigliata la prenotazione) – www.davidepalluda.it
– Chiuso 24 dicembre-2 gennaio, lunedì a mezzogiorno e domenica (solo domenica sera dal 1° ottobre al 9 dicembre)

⇈○ Villa Tiboldi 🔥 ⛄ 😷 📺 🍴 🅿

CUCINA CREATIVA · ELEGANTE ✕✕ Splendido connubio tra cucina e ristrutturazione di un antico casolare in posizione collinare, l'atmosfera è romantica, i piatti di buon livello e la cantina merita una visita.

Menu 40/50 € – Carta 43/58 €

Agriturismo Villa Tiboldi, via Case Sparse 127, località Tiboldi, Ovest: 2 km – ☎ 0173 970388 – Chiuso 7 gennaio-10 febbraio, martedì a pranzo e lunedì, 1° ottobre-15 novembre aperto lunedì sera

🏠 Agriturismo Villa Cornarea ⛄ ≤ 🔥 🎿 ⛄ 🅿

DIMORA STORICA · PERSONALIZZATO Tra i celebri vigneti del Roero - molti di proprietà - villa liberty del 1908 dominante un suggestivo paesaggio collinare. Camere raffinate e suggestiva terrazza panoramica fra le due torri.

10 cam ☲ – †100/110 € ††110/140 €

via Valentino 150 – ☎ 0173 979091 – www.villacornarea.com – Aperto 6 aprile-9 dicembre

🏠 Agriturismo Villa Tiboldi ⛄ ≤ 🔥 🎿 📺 ⛄ 🚗

CASA DI CAMPAGNA · ROMANTICO Imponente villa del Settecento, restaurata con cura, affacciata sul paesaggio collinare: interni di grande eleganza e signorilità. Camere nella villa principale o nell'ex magazzino e fienile; splendida suite.

9 cam ☲ – †87/130 € ††120/157 € – 1 suite

via Case Sparse 127, località Tiboldi, Ovest: 2 km – ☎ 0173 970388 – www.villatiboldi.it

⇈○ **Villa Tiboldi** – Vedere selezione ristoranti

CANALE D'AGORDO
Belluno – ✉ 32020 – 1 131 ab. – Alt. 976 m – Carta regionale n° **23**-B1
Carta stradale Michelin 562-C17

⇈○ Alle Codole 🔥 🚗 🅿

CUCINA REGIONALE · FAMILIARE ✕ "Codole" è il soprannome del casato, cui appartengono i proprietari, che deve la propria fama all'attività dei suoi avi nelle miniere di rame. Oggi ristoratori e albergatori propongono piatti divisi tra tradizione (più economici) e innovazione con grande cura nella qualità. Un piatto iconico? Fagottino di patate ai porcini con ragù di cervo e fonduta.

🍴 Menu 25 € (pranzo)/45 € – Carta 40/68 €

10 cam ☲ – †50/60 € ††40/60 €

via 20 Agosto 27 – ☎ 0437 590396 – www.allecodole.eu – Chiuso 10 giugno-10 luglio, novembre e lunedì escluso luglio-agosto

CANAZEI
Trento – ✉ 38032 – 1 908 ab. – Alt. 1 465 m – Carta regionale n° **19**-C2
Carta stradale Michelin 562-C17

⇈○ Wine & Dine 🔥 🔥 ⛄ 🅿

CUCINA CREATIVA · ROMANTICO ✕✕ Un ristorante che riscuote un certo successo in zona: ricreando l'atmosfera di una baita con legni vecchi ed angoli romantici, la cucina si fa sfiziosa e creativa. La carta dei vini propone alcune etichette anche al bicchiere.

Carta 35/81 €

Hotel Croce Bianca, stradà Roma 5 – ☎ 0462 601111 – www.hotelcrocebianca.com – Aperto 1° dicembre-31 marzo e 1° luglio-15 settembre; chiuso martedì

🏨 Croce Bianca ⛄ ≤ 🔥 🎿 🏊 💆 🎿 🎁 ⛄ 🚗

TRADIZIONALE · STILE MONTANO Saloni con biliardo, camino, stube ed area fumatori in questo accogliente hotel, faro dell'ospitalità locale dal 1869. Poche camere standard, il resto con salottino e caratteristici arredi. Piscina coperta e ben due all'aperto, nella zona benessere recentemente potenziata.

44 cam ☲ – †150/500 € ††200/560 € – 2 suites

stradà Roma 3 – ☎ 0462 601111 – www.hotelcrocebianca.com – Aperto 1° dicembre-31 marzo e 1° giugno-30 settembre

⇈○ **Wine & Dine** – Vedere selezione ristoranti

Rita

TRADIZIONALE · STILE MONTANO Centrale e bella costruzione in stile ladino che ripropone anche negli interni la stessa atmosfera montana; la zona benessere è stata potenziata con una piccola beauty. Nuovissimo ristorante Rita Stube con piccola cantina vini.

18 cam – solo ½ P 66/145 € – 3 suites

strèda de Pareda 16 – ℰ 0462 601219 – www.hotelrita.com – Aperto 1° dicembre-Pasqua e 15 giugno-30 settembre

 Gries

FAMILIARE · STILE MONTANO In una zona più tranquilla ma non distante dal centro, piccola gestione familiare che offre camere accoglienti e spaziose, quasi tutte con balcone, una sola con romantico letto a baldacchino.

19 cam – solo ½ P 100/150 €

via Lungo Rio di Soracrepa 22 – ℰ 0462 601332 – www.hotelgries.it – Aperto 1° dicembre-Pasqua e 20 giugno-30 settembre

ad Alba Sud-Est : 1,5 km ✉ 38032

 La Cacciatora

TRADIZIONALE · STILE MONTANO Sito vicino alla funivia del Ciampac, una gestione familiare - premurosa ed ospitale - propone camere confortevoli ad un ottimo prezzo ed uno splendido centro benessere. Al piano interrato c'è anche una pizzeria con pub.

37 cam ☲ – ♦84/142 € ♦♦148/284 €

strèda de Contrin 26 – ℰ 0462 601411 – www.lacacciatora.it – Aperto inizio dicembre-fine marzo e inizio giugno-fine settembre

 Chalet Vites Mountain Hotel

FAMILIARE · STILE MONTANO Come il nome annuncia, si tratta proprio di uno chalet disegnato molto bene per valorizzare legni - alcuni secolari - e pietre di montagna che lo rendono caldo ed accogliente. Abete, larice e cirmolo coccoleranno il vostro riposo nelle belle camere, ognuna contraddistinta da un nome ladino.

11 cam ☲ – ♦104/145 € ♦♦130/170 € – 1 suite

strèda de Costa 161 – ℰ 0462 601604 – www.chaletvites.it – Aperto inizio dicembre-Pasqua e 15 giugno-20 settembre

 Voglia di partire all'ultimo momento? Consultate i siti Internet degli hotel per beneficiare di eventuali promozioni.

CANDELI Firenze → Vedere Bagno a Ripoli

CANDIA CANAVESE

Torino – ✉ 10010 – 1 258 ab. – Alt. 285 m – Carta regionale n° **12**-B2
Carta stradale Michelin 561-G5

‖○ **Residenza del Lago**

CUCINA CLASSICA · FAMILIARE ✗ In una tipica casa colonica, la cucina ripercorre i migliori piatti del Piemonte con alcune aperture sui sapori più genericamente italiani, mentre la carta dei vini è addirittura cosmopolita: un doveroso occhio di riguardo è dato alla regione con Barolo e Barbaresco raccontati anno dopo anno. A sorpresa, oltre 100 etichette dalla Francia.

🍴 Menu 25/32 € – Carta 32/60 €

10 cam – ♦68/85 € ♦♦72/90 € – 1 suite – ☲ 7 €

via Roma 48 – ℰ 011 983 4885 (consigliata la prenotazione) – www.residenzadelago.it

CANELLI

Asti – ⊠ 14053 – 10 485 ab. – Alt. 157 m – Carta regionale n° **14**-D2
Carta stradale Michelin 561-H6

⽷ **San Marco** (Mariuccia Roggero)   ⽷ AC ⇔

CUCINA PIEMONTESE · FAMILIARE XX Sentirsi a casa, ma al ristorante: camino
acceso, una bella accoglienza familiare, l'intramontabile cucina piemontese e un
ottimo rapporto qualità/prezzo.

→ Tajarin "40 tuorli", ragù d'anatra, crema di carciofi. Scamone d'agnello da latte,
asparagi, mela affumicata. Tiramisù San Marco, zabaione al Moscato d'Asti, gelato
alla nocciola Piemonte.

Menu 25 € (in settimana)/55 € – Carta 48/70 €

*via Alba 136 – ℰ 0141 823544 – www.sanmarcoristorante.it – Chiuso 10 giorni in
gennaio, 20 giorni in luglio-agosto, martedì e mercoledì*

⽷O **Enoteca di Canelli**   AC ⽷

CUCINA MODERNA · CONTESTO STORICO XX In un palazzo di fine Ottocento,
negli ambienti che furono di una storica cantina attiva fino agli anni '60, questo
ristorante dalla solida conduzione familiare propone piatti di cucina del territorio
e d'ispirazione contemporanea.

Menu 36/42 € – Carta 34/57 €

*corso Libertà 65/a – ℰ 0141 832182 (consigliata la prenotazione)
– www.ristoranteenotecacanelli.com – Chiuso 15 giorni in gennaio, 15 giorni in
agosto, domenica sera e lunedì*

⽷ **I Tre Poggi**   ⽷ ⽷ ⊲ ⽷ ⽷ ⽷ ⽷ ⽷ P

CASA DI CAMPAGNA · CONTEMPORANEO Si gode di uno spettacolare panorama da questa bella struttura che unisce il fascino di un antico casolare ristrutturato ad un arredo d'impronta più moderna. Per chi desidera prendersi cura di sé o
semplicemente rilassarsi, la piccola zona benessere farà al caso suo.

15 cam ⊊ – ⽷100/180 € ⽷⽷115/200 €

*Regione Merlini, 22, Sud Ovest: 3 km – ℰ 0141 822548 – www.itrepoggi.it – Chiuso
gennaio e febbraio*

⽷ **Agriturismo La Casa in Collina**   ⽷ ⊲ ⽷ ⽷ ⽷ ⽷ P

FAMILIARE · TRADIZIONALE Dal romanzo di Cesare Pavese, uno dei luoghi più
panoramici delle Langhe con vista fino al Monte Rosa nei giorni più limpidi. In
casa: elegante atmosfera piemontese. Piccola produzione propria di moscato
d'Asti e Barbera.

6 cam ⊊ – ⽷100/110 € ⽷⽷110/130 €

*località Sant'Antonio 54, Nord-Ovest: 2 km – ℰ 0141 822827
– www.casaincollina.com – Chiuso gennaio-febbraio*

CANEVA

Pordenone – ⊠ 33070 – 6 424 ab. – Carta regionale n° **6**-A3
Carta stradale Michelin 562-E19

⽷ **Ca' Damiani**   ⽷ ⽷ AC P

DIMORA STORICA · PERSONALIZZATO Abbracciata da un ampio parco secolare,
la maestosa villa settecentesca dalla calda accoglienza propone al suo interno
saloni impreziositi con arredi d'epoca e raffinate camere, contraddistinte da
nomi di grandi orologiai; generosi spazi, spesso anche nei bagni.

12 cam – ⽷50/120 € ⽷⽷61/150 € – ⊊ 9 €

via Vittorio Veneto 5, località Stevenà – ℰ 0434 799092 – www.cadamiani.com

CANEZZA Trento (TN) → Vedere Pergine Valsugana

CANGELASIO Parma → Vedere Salsomaggiore Terme

CANNARA

Perugia – ✉ 06033 – 4 305 ab. – Alt. 191 m – Carta regionale n° **20**-B2
Carta stradale Michelin 563-N19

⊛ Perbacco-Vini e Cucina

CUCINA REGIONALE · COLORATO ⅹ Semplice, ma colorata trattoria familiare nel
bel centro storico di Cannara, la cucina celebra l'omonima famosa cipolla, ma
anche frittate, paste fresche, gnocchi e carni. Suggestioni dal menu: zuppa di
cipolle - baccalà con prugne e uvetta.

Carta 28/46 €

*via Umberto I°, 14 – ℰ 0742 720492 – solo a cena escluso giorni festivi – Chiuso
1°-15 luglio e lunedì*

CANNERO RIVIERA

Verbano-Cusio-Ossola – ✉ 28821 – 969 ab. – Alt. 225 m – Carta regionale n° **12**-C1
Carta stradale Michelin 561-D8

ⅰ○ I Castelli   🏠 🎿 ⇔ 🅿

CUCINA MODERNA · ELEGANTE ⅩⅩⅩ Non solo specialità lacustri, ma anche proposte internazionali, sulla terrazza di questo signorile ristorante, nella cornice di
una delle più belle e romantiche passeggiate del lago Maggiore.

Menu 36/77 € – Carta 44/87 €

*Hotel Cannero, piazza Umberto I° 2 – ℰ 0323 788047 – www.hotelcannero.com
– Aperto 1° marzo-4 novembre*

ⅰ○ Il Cortile   ⇐ 🏠

CUCINA MODERNA · ROMANTICO ⅩⅩ Sito nel cuore della località e raggiungibile
solo a piedi, un locale grazioso e curato, frequentato soprattutto da una clientela
straniera, propone una cucina creativa. Dispone anche di alcune camere signorili
dall'arredo ricercato.

Carta 45/75 €

9 cam ⌕ – ♦85/90 € ♦♦115/120 €

*via Massimo D'Azeglio 73 – ℰ 0323 787213 – www.cortile.net – solo a cena escluso
sabato e domenica – Aperto 6 aprile-27 ottobre; chiuso mercoledì
escluso 15 luglio-31 agosto*

🏨 Cannero   ⅏ ⇐ ⅂ ⅌ 🖸 ⅙ 🎿 ⇙

LUSSO · ELEGANTE Prestigiosa ubicazione sul lungolago e la sensazione di trovarsi in un piccolo borgo con viuzze private tra un edificio e l'altro della struttura,
angoli bar, relax e salette lettura. Le camere offrono uno standard molto competitivo e la cura maniacale della titolare le rende anche ordinate e pulitissime.

71 cam ⌕ – ♦104/140 € ♦♦128/182 € – 2 suites

*piazza Umberto I° 2 – ℰ 0323 788046 – www.hotelcannero.com
– Aperto 1° marzo-4 novembre*

ⅰ○ **I Castelli** – Vedere selezione ristoranti

🏨 Park Hotel Italia   ⅍ ⇐ ⅌ ⅂ ⅌ 🖸 🎿 🅿

DIMORA STORICA · BORDO LAGO Affacciato sulla suggestiva passeggiata del
lungolago, un hotel in pieno stile liberty interamente ristrutturato. Godetevi la
vista e il relax dalle sue belle terrazze e, disponibilità permettendo, prenotate le
corner room con ampia vista anche sul paesaggio verdeggiante retrostante.

29 cam ⌕ – ♦94/136 € ♦♦108/192 € – 2 suites

*lungolago delle Magnolie, 19 – ℰ 0323 788488 – www.parkhotelitalia.com – Chiuso
8 gennaio-7 marzo*

CANNETO SULL'OGLIO

Mantova – ✉ 46013 – 4 455 ab. – Alt. 34 m – Carta regionale n° **9**-C3
Carta stradale Michelin 561-G13

L'unico Chef per cui vale la pena restare a casa.

azie a Chef, dalla tua cucina usciranno ogni giorno
atti gustosi e invitanti, che ti faranno venire voglia
mangiare e cucinare a casa tua. Scatena la tua
eatività con piatti sempre diversi.
n la gamma prodotti Chef, hai mille idee
ll'antipasto al dessert.

Chef il tuo aiuto creativo in cucina.

a Runate Nord-Ovest : 3 km ⊠ 46013 – Canneto Sull'Oglio

⛧⛧⛧ **Dal Pescatore** (Nadia e Giovanni Santini)   ⚘ ⊨ 🏠 🄰🄺 🛇 🅿

CUCINA MODERNA · LUSSO XxxX Una delle grandi tavole d'Italia dove la tradizione rinasce e si consolida ogni giorno. Tutto ciò grazie ad una squadra vincente, o meglio, una famiglia affiatata! Giovanni in cucina con Nadia e nonna Bruna, vigile custode delle tradizioni e garante di continuità, Alberto in sala con papà Antonio e Valentina (moglie di Giovanni). Oggi siamo alla quarta generazione dei Santini: una storia iniziata negli anni Venti del secolo scorso, quando il locale era una semplice trattoria.

Ora, a distanza di quasi un secolo, di risultati se ne sono ottenuti, e tanti! Il più clamoroso l'assegnazione della terza stella nel 1996 che ha fatto assurgere Dal Pescatore nell'Olimpo dei migliori ristorati al mondo. Lo standard della cucina qui è inossidabile, i piatti esprimono una reale aderenza alle materie prime come nei tortelli di zucca, negli agnolini in brodo o nell'anguilla alle braci.

Nel ricordare i motivi che accostano tanti clienti a questa raffinata maison, una nota di merito va anche ai vini, racchiusi in una carta leggendaria per quantità di etichette e qualità di millesimi.

→ Ravioli di chianina con erbette al salto, cipolle rosse di Tropea e pergamena di topinambur. Piccione la forno con lardo speziato e pepe di Sechuan. Fondente al cioccolato Guanaja, crumble croccante al cacao, albicocche e profumo di arancia.

Menu 150/250 € – Carta 109/228 €

– ☎ 0376 723001 – www.dalpescatore.com – Chiuso 2-31 gennaio,
12 agosto-5 settembre, mercoledì a mezzogiorno, lunedì e martedì

CANNIGIONE Sardegna Olbia-Tempio → Vedere Arzachena

CANNOBIO

Verbano-Cusio-Ossola – ⊠ 28822 – 5 182 ab. – Alt. 214 m – Carta regionale n° **12**-C1
Carta stradale Michelin 561-D8

⑪○ **Lo Scalo**   🏠

CUCINA MODERNA · RUSTICO XX Merita di fare "scalo", questo ristorante sul lungolago con un bel dehors per il servizio all'aperto ed un ambiente rustico-elegante al suo interno. La cucina reinterpreta la tradizione locale con guizzi di fantasia.

🍴 Menu 25 € (pranzo)/60 € – Carta 47/86 €

piazza Vittorio Emanuele 32 – ☎ 0323 71480 (consigliata la prenotazione)
– www.loscalo.com – Chiuso novembre 15 dicembre, lunedì e martedì in inverno,
solo lunedì in aprile e ottobre

🏨 **Park Hotel Villa Belvedere**   🐾 ⊨ 🛏 ⅃ ♿ 🛇 🅿

CASA DI CAMPAGNA · PERSONALIZZATO All'interno di un meraviglioso parco secolare con piscina, la struttura è ideale per una vacanza a tutto relax, nonché a contatto diretto con la natura. Camere ampie e confortevoli, dove colori solari si abbinano a materiali naturali quali legno, cotto e pietra; tutte le stanze dispongono di terrazzo o balcone.

27 cam ⌸ – †120/140 € ††170/200 € – 1 suite

via Casali Cuserina 2, Ovest: 1 km – ☎ 0323 70159 – www.villabelvederehotel.it
– Aperto 30 marzo-20 ottobre

🏨 **Cannobio**

TRADIZIONALE · ACCOGLIENTE Sulla piazza principale prospiciente il lago, la struttura si caratterizza per i suoi eleganti spazi comuni e le camere deliziosamente personalizzate. Ovunque il piacere di scoprire le sfumature dell'acqua. Ristorante con proposte classiche.

19 cam ⌸ – †100/145 € ††195/250 € – 1 suite

piazza Vittorio Emanuele III 6 – ☎ 0323 739639 – www.hotelcannobio.com
– Aperto 15 marzo-15 novembre

Pironi

STORICO · PERSONALIZZATO Delizioso hotel d'atmosfera in un palazzo quattro-centesco nel cuore della località: un insieme di antichi affreschi, soffitti a volta, colonne medievali e moderni elementi di arredo. Il tutto in perfetta armonia tra funzionalità e ricordi di epoche passate.

12 cam ♌ – ♦100/140 € ♦♦150/185 €

via Marconi 35 – ℰ 0323 70624 – www.pironihotel.it – Aperto 23 marzo-5 novembre

sulla strada statale 34 Sud : 2 km

Del Lago

FAMILIARE · ACCOGLIENTE Eccellenti camere di taglio moderno, ampie e signo-rili, possono tutte vantare un romantico affaccio sul lago. Vista superba anche dalla terrazza dove - a mezzogiorno - è possibile consumare un easy lunch.

8 cam – ♦90/100 € ♦♦120/150 € – 1 suite – ♌ 10 €

via Nazionale 2, località Carmine Inferiore ⊠ 28822 – ℰ 0323 70595
– www.hoteldellagocannobio.it – Aperto 15 marzo-fine ottobre

CANOSA DI PUGLIA

Barletta-Andria-Trani (BT) – ⊠ 76012 – 30 294 ab. – Alt. 105 m – Carta regionale n° **15**-B2
Carta stradale Michelin 564-D30

⫶○ Locanda di Nunno

CUCINA REGIONALE · INTIMO XX Intimo ristorante dai toni signorili e contempo-ranei, la cui cucina esalta il territorio con piatti sia di carne che di pesce. Sicura-mente una sosta da consigliare!

Menu 30/45 € – Carta 34/44 €

via Balilla 2 – ℰ 0883 615096 (consigliata la prenotazione) – Chiuso 22-30 agosto,
domenica sera e lunedì

CANOVE

Vicenza – ⊠ 36010 – Alt. 1 001 m – Carta regionale n° **23**-B2
Carta stradale Michelin 562-E16

Alla Vecchia Stazione

TRADIZIONALE · ACCOGLIENTE Ubicato di fronte al museo locale un hotel che presenta ambienti di ottimo livello con accessori e dotazioni in grado di garantire un soggiorno piacevolmente signorile. Bella piscina e zona benessere, dove effet-tuare anche trattamenti e massaggi. Tre diverse sale ristorante per gli ospiti dell'-hotel, i clienti di passaggio e i banchetti.

40 cam ♌ – ♦70/120 € ♦♦120/160 € – 1 suite

via Roma 147 – ℰ 0424 692009 – www.allavecchiastazione.it – Chiuso aprile,
ottobre e novembre

CANTALUPA

Torino (TO) – ⊠ 10060 – 2 553 ab. – Alt. 459 m – Carta regionale n° **12**-B2
Carta stradale Michelin 561-H3

La Locanda della Maison Verte

FAMILIARE · PERSONALIZZATO È stato ispirandosi al verde circostante che la mai-son si è specializzata nella cure per la salute e la bellezza. In questa bucolica atmosfera l'antica cascina ottocentesca ha saputo mantenere intatto il fascino d'antan. Anche il ristorante è un omaggio al passato: è qui che si riscoprono i sapori tipici del territorio.

25 cam ♌ – ♦60/80 € ♦♦90/108 € – 1 suite

via Rossi 34, per via XX Settembre – ℰ 0121 354610 – www.maisonvertehotel.com
– Chiuso 1°-8 gennaio

Il Furtin

FAMILIARE · TRADIZIONALE Dedicato a tutti gli amanti della quiete e della sto-ria: affacciato su una collina panoramica, un borgo contadino ottocentesco tra arredi semplici e qualche pezzo d'epoca.

6 cam ♌ – ♦60/75 € ♦♦80/95 €

via Rocca 28, Nord: 2,5 km – ℰ 0121 354610 – www.ilfurtin.com – Chiuso 2 gennaio-31 marzo

CANTALUPO Milano → Vedere Cerro Maggiore

CANTALUPO LIGURE

Alessandria (AL) – ⊠ 15060 – 527 ab. – Alt. 383 m – Carta regionale n° **12**-D3
Carta stradale Michelin 561-H9

⑩ **Belvedere**   ☎ AC P

CUCINA REGIONALE · FAMILIARE XX L'atmosfera vintage celebra un ristorante
qui dal 1919 nella stessa gestione familiare, mentre l'offerta della carta si concentra - quasi esclusivamente - sulla carne, proponendo un'intelligente rivisitazione
dei classici piemontesi. Servizio estivo in terrazza.

Menu 32 € – Carta 32/55 €

*località Pessinate 53, Nord: 7 km – ℰ 0143 93138 (prenotazione obbligatoria)
– www.belvedere1919.it – Chiuso gennaio o febbraio e lunedì*

CANTÙ

Como – ⊠ 22063 – 39 930 ab. – Alt. 369 m – Carta regionale n° **10**-B1
Carta stradale Michelin 561-E9

⑩ **La Scaletta**   ⇦ ☎ P

CUCINA MODERNA · AMBIENTE CLASSICO XX Tono classico-elegante per un
ristorante con camere confortevoli, ubicato alle porte della città: cucina inventiva
con piatti di carne e di pesce in sintonia con le stagioni.

Carta 41/63 €

8 cam ☲ – †40/45 € ††70/75 €

*via Milano 30 – ℰ 031 716540 – www.trattorialascaletta.it – Chiuso 1°-7 gennaio,
3 settimane in agosto, sabato a mezzogiorno e venerdì sera*

CAORLE

Venezia – ⊠ 30021 – 11 672 ab. – Carta regionale n° **23**-D2
Carta stradale Michelin 562-F20

🏨 **Garden Sea**   ✿ ⇐ 🛏 ⌚ 🎵 ⚓ ⬆ ᕆ AC P

TRADIZIONALE · CLASSICO Solo la piazza divide dal mare questo hotel dagli
ambienti luminosi arredati con gusto moderno e minimal; camere confortevoli,
spesso ampie. Al ristorante, piatti con prevalenza di proposte mediterranee e
stile moderno: in estate - a pranzo - si mangia a buffet.

64 cam ☲ – †80/135 € ††100/200 €

*piazza Belvedere 2 – ℰ 0421 210036 – www.hotelgarden.info
– Aperto 15 maggio-3 novembre*

🏨 **International Beach Hotel**   ✿ ⌚ ⚓ ⬆ ᕆ AC P

TRADIZIONALE · CLASSICO Leggermente arretrato rispetto al mare, lungo un'ar-
teria commerciale che in estate viene chiusa al traffico, due strutture sobriamente
eleganti con aree riservate per il gioco dei più piccoli. Alcune camere sono state
rinnovate in tempi recenti.

59 cam ☲ – †80/100 € ††130/200 €

*viale Santa Margherita 57 – ℰ 0421 81112 – www.internationalbeachhotel.it
– Chiuso 20-28 dicembre e 7 gennaio-15 febbraio*

🏨 **Savoy**   ✿ ⇐ ⌚ ⚓ ⬆ AC P

FAMILIARE · LUNGOMARE Per una vacanza tra bagni e tintarella è perfetto questo hotel fronte spiaggia dalla seria conduzione familiare; le camere sono state
rinnovate in anni recenti. Capiente e luminosa la sala da pranzo, dove gustare
una sana cucina mediterranea.

62 cam ☲ – †94/135 € ††114/218 € – 2 suites

via Pascoli 1 – ℰ 0421 81879 – www.savoyhotel.it – Aperto 17 maggio-22 settembre

a Porto Santa Margherita Sud-Ovest : 6 km oppure 2 km e traghetto ⊠ 30021

🏨 Oliver ☆ ≤ 🛋 ⊐ ♨ ⚓ 🖃 🗚 ❄ 🅿

FAMILIARE • LUNGOMARE Offre ampi spazi esterni e un ambiente familiare questo piacevole albergo, posizionato direttamente sul mare, con piccola pineta e piscina al limitare della spiaggia. Classica e luminosa la sala da pranzo.

66 cam – ❙85/110 € ❙❙115/200 € – ⌹ 15 €

*viale Lepanto 3 – ☏ 0421 260002 – www.hoteloliver.it
– Aperto 15 maggio-20 settembre*

CAPALBIO

Grosseto – ⊠ 58011 – 4 129 ab. – Alt. 217 m – Carta regionale n° **18**-C3
Carta stradale Michelin 563-O16

🏨 Agriturismo Ghiaccio Bosco 🐾 🛋 ⊐ ⅙ 🗚 ❄ 🅿

FAMILIARE • PERSONALIZZATO Bella piscina e confortevoli camere con piccole personalizzazioni (alcune dispongono di romantico letto a baldacchino e vasca idromassaggio), nonché accesso indipendente dal giardino. Tutt'intorno un lussureggiante parco.

14 cam ⌹ – ❙50/90 € ❙❙85/150 €

*strada della Sgrilla 4, Nord-Est: 4 km – ☏ 0564 896539 – www.ghiacciobosco.com
– Chiuso 7 gennaio-15 marzo*

CAPO D'ORLANDO

Messina – ⊠ 98071 – 13 254 ab. – Carta regionale n° **17**-C1
Carta stradale Michelin 365-AX55

🏨 Il Mulino ☆ 🖃 ⅙ 🗚 ❄ 🖴

BUSINESS • LUNGOMARE Fronte mare, hotel dall'affidabile e pluriennale gestione dispone di ambienti di classica signorilità e camere accoglienti. Al ristorante prevalgono i piatti a base di pesce. Poi, solo due passi, e si è già sulla spiaggia attrezzata.

85 cam ⌹ – ❙70/110 € ❙❙100/150 €

lungomare Andrea Doria 46 – ☏ 0941 902431 – www.hotelilmulino.it

🏨 La Tartaruga ☆ ≤ ⊐ ♨ ⚓ 🖃 🗚 🖴 🅿

TRADIZIONALE • LUNGOMARE Affacciato sul mare, un buon indirizzo per una vacanza tutto sole: al ristorante specialità di pesce e sushi, in alta stagione si apre la pizzeria a bordo piscina.

48 cam ⌹ – ❙65/80 € ❙❙90/125 €

*Lido San Gregorio 41 – ☏ 0941 955421 – www.hoteltartaruga.it – Aperto
1° aprile-30 settembre*

CAPOLAGO Varese → Vedere Varese

CAPOLIVERI Livorno → Vedere Elba (Isola d')

CAPO VATICANO Vibo Valentia → Vedere Tropea

CAPRAROLA

Viterbo (VT) – ⊠ 01032 – Alt. 520 m – Carta regionale n° **7**-B1

🍴 Trattoria del Cimino da Colombo Ⓝ

CUCINA LAZIALE • FAMILIARE ℣ Lungo la salita che porta al maestoso Palazzo Farnese, il ristorante si trova nel palazzo più antico del paese, del 1370, mentre l'attuale gestione è qui dal 1940. Tanti record per coccolarvi con gustosi sapori laziali: ottimi salumi, paste fresche, carni alla brace e, oltre ai dolci, anche una rimarchevole selezione di formaggi.

Carta 23/55 €

*via Filippo Nicolai 44 – ☏ 0761 646173 – www.trattoriadelcimino.jimdo.com
– Chiuso domenica sera e lunedì; solo su prenotazione le sere di martedì e
mercoledì*

CI PIACE...

La vista superlativa dal Capri Rooftop lounge bar dell'hotel **Luna**. **La Minerva** e la sua raffinata colazione in terrazza. Un aperitivo al bar "Quisi" del **Grand Hotel Quisisiana** nel cuore della sovraeccitata via dello shopping. La tradizione locale a strapiombo sul mare del **Riccio**.

CAPRI (Isola di)

(NA) – 7 205 ab. – Carta regionale n° **4**-B3
Carta stradale Michelin 564-F24

Anacapri – ✉ 80071 – 6 946 ab. – Alt. 275 m – Carta regionale n° **4**-B3

✿✿ L'Olivo   🅐🅒

CUCINA CREATIVA · LUSSO XxxX Un vasto e raffinato salotto elegantemente arredato dove le luci delle candele e delle lampade concorrono ad esaltare ogni dettaglio. Si cena comodamente seduti su divani e poltrone i cui tessuti preziosi di leggero cachemire creano un'ineguagliata armonia di stile e benessere. In cucina l'ischitano Migliaccio si fa portabandiera di piatti mediterranei e creativi, eleganti e sofisticati.

I principi che guidano il lavoro dello chef sono semplici: innovazione e tradizione, nuovi piatti e valorizzazione dei classici della cucina del territorio, con un'attenzione estrema alla selezione dei prodotti migliori che offre il Mediterraneo. La terrazza esterna de L'Olivo, completamente rinnovata, si pone in continuità con l'interno del ristorante, dando l'impressione di un orizzonte senza fine.

La carta dei vini omaggia la regione, ma tra le sue righe s'insinuano anche prestigiose etichette di altre parti dello Stivale e non solo.

→ Paccheri affumicati con scampi, zucchine e mandorle tostate. Astice blu croccante con puntarelle, crema al dragoncello e cipollotti marinati. Banana, caramello salato e cioccolato.

Carta 131/196 €

Capri Palace Hotel – ℰ 081 978 0111 (prenotare) – www.capripalace.com – solo a cena – Aperto Pasqua-31 ottobre

🏨🏨 Capri Palace Hotel   🅐🅒

GRAN LUSSO · ORIGINALE Svetta sui tetti di Anacapri, domina il mare e custodisce straordinarie opere d'arte contemporanea, questo celebre albergo dai soffici colori dotato di una spa di prim'ordine e camere di alto livello, alcune con piscina privata. Un inno allo stile mediterraneo nella sua massima espressione! A pranzo ci si accomoda al Ragù per una cucina campana e, volendo, anche per la pizza.

51 cam 🖃 – ♦616/1485 € ♦♦616/1485 € – 18 suites

via Capodimonte 14 – ℰ 081 978 0111 – www.capripalace.com – Aperto Pasqua-31 ottobre

✿✿ **L'Olivo** – Vedere selezione ristoranti

221

🏨 Caesar Augustus

GRAN LUSSO · PERSONALIZZATO Nell'altera e discreta Anacapri, la vista da questo albergo è tra le più belle dell'intera isola! Qui nulla è lasciato al caso: gli eleganti arredi o l'ascensore d'epoca cattureranno la vostra attenzione, come del resto la suggestiva piscina a picco sul mare. Se a pranzo, magari all'aperto, le proposte sono decisamente easy, la sera si cena presso "La Terrazza di Lucullo" scegliendo da una carta intrigante, davanti a un panorama mozzafiato.

51 cam 🖭 – ♦360/5500 € ♦♦360/5500 € – 5 suites

via Orlandi 4 – ℰ 081 837 3395 – www.caesar-augustus.com – Aperto 12 aprile-29 ottobre

🏠 Al Mulino

CASA DI CAMPAGNA · MEDITERRANEO Una ex fattoria immersa in un curatissimo giardino, collocato nella parte più "nobile" e riservata della località, quindi distante da centro, shopping e frastuono. Tutte le camere sono dotate di un grazioso patio privato e c'è anche una nuova e grande vasca idromassaggio fra i limoneti per un relax totale.

9 cam 🖭 – ♦80/240 € ♦♦100/260 €

via La Fabbrica 9 – ℰ 081 838 2084 – www.mulino-capri.com – Aperto 1° aprile-31 ottobre

🏠 Villa Ceselle

CASA DI CAMPAGNA · MEDITERRANEO Non lontano dal centro di Anacapri, la villa fu un salotto letterario che ospitò tra gli altri lo scrittore Alberto Moravia con la moglie Elsa Morante; oggi si apre ai turisti con camere moderne e confortevoli. Inoltre, si offre un comodo servizio navetta per il proprio panoramico ristorante Gelsomina.

13 cam 🖭 – ♦90/130 € ♦♦130/250 € – 3 suites

via Ceselle 18 – ℰ 081 838 2236 – www.villaceselle.com – Chiuso 1° gennaio-19 marzo

🏨 Casa Mariantonia

BOUTIQUE HOTEL · MEDITERRANEO Nel centro di Anacapri, storica risorsa che ospitò anche Totò e Moravia. L'attuale giovane gestione ha dato un nuovo slancio alla casa, che rimane sempre raffinata negli arredi e con un delizioso giardino-agrumeto dove si apparecchiano i tavoli del semplice ristorante La Zagara. Il corso pedonale ospita anche la Vinoteca (serale) per un buon bicchiere accompagnato da stuzzichini e taglieri.

9 cam 🖭 – ♦120/320 € ♦♦140/440 €

via Orlandi 180 – ℰ 081 837 2923 – www.casamariantonia.com – Aperto 20 marzo-2 novembre

🏨 Il Giardino dell'Arte

FAMILIARE · REGIONALE Tra gli orti e i giardini delle ville di Anacapri, gli ospiti passano ore indimenticabili sulle terrazze vista mare. Ceramiche vietresi e letti in ferro battuto nelle accoglienti camere.

5 cam 🖭 – ♦60/120 € ♦♦90/180 €

traversa la Vigna 32/b – ℰ 081 837 3025 – www.giardinocapri.com – Aperto 1° aprile-5 novembre

alla Grotta Azzurra Nord-Ovest : 4,5 km

🍴 Il Riccio

CUCINA CAMPANA · STILE MEDITERRANEO ✕✕ L'alta cucina mediterranea si fa strada in un ristorante balneare a picco sul mare, semplice e sofisticato al tempo stesso, radical chic dal divertente "vestito" bianco e blu. Troverete tanto pesce, nelle più saporite interpretazioni campane, ma lasciate un posto anche per i dolci facendovi accompagnare nella stanza delle tentazioni.

→ Tagliolini con crema di scarola, bottarga, tonno crudo e cotto. Filetti di triglia scottati con pappa al pomodoro e peperoncini verdi. Dolci al buffet.

Menu 130 € – Carta 87/193 €

via Gradola 4/11 – ℰ 081 837 1380 – www.capripalace.com – Aperto inizio aprile-fine ottobre; chiuso le sere di lunedì, martedì e mercoledì

Capri - ✉ 80073 - 7 205 ab. - Alt. 142 m - Carta regionale n° **4**-B3

🕸 **Mammà**   ≼ 🔠 ⅍

CUCINA CREATIVA · CONTESTO CONTEMPORANEO XX In una bella sala con davanti il mare, sebbene il ristorante si trovi in pieno centro, cucina mediterranea e piatti tipici della tradizione caprese preparati partendo da una materia prima di altissima qualità. Nell'adiacente locale dalle caratteristiche volte seicentesche troverete una fornita cantina vini con zona degustazione e aperitivi.

→ Tagliatelle di seppia, germogli ed emulsione al sesamo e rapa rossa. Risotto alla zuppa di cozze e tarallo napoletano mantecato aglio ed olio. Mousse al mango e mascarpone.

Menu 85/115 € - Carta 60/135 €

via Madre Serafina 6 - 𝒸 081 837 7472 - www.ristorantemamma.com
- Aperto 1° aprile-20 ottobre

🕯○ **Le Monzù**   ≼ 🏠 ⻏ 🔠 ⅍

CUCINA MODERNA · LUSSO XxX La vista su Faraglioni, mare e Capri, soprattutto se si opta per il servizio all'aperto, vale già metà dell'esperienza: al resto, ci pensa il romanticismo dei lumi delle candele, ma soprattutto il cuoco indigeno che propone sapori campani rivisitati e rielaborati con gusto e fantasia. Infuocati tramonti e suggestioni vespertine sulla bella terrazza del Gin Club & American Bar Monzù, dove sorseggiare un cocktail in attesa del tavolo.

Menu 110/140 € - Carta 80/136 €

Hotel Punta Tragara, via Tragara 57 - 𝒸 081 837 0844 (consigliata la prenotazione) - www.hoteltragara.com - solo a cena
- Aperto 20 aprile-20 ottobre

🕯○ **Rendez Vous**   🕸 🏠 🔠 ⅍

CUCINA MODERNA · CHIC XxX Nell'elegante sala interna, o in terrazzi affacciati sulla via dello shopping per guardare o... farsi ammirare, l'appuntamento è con piatti campani e con il meglio della cucina classica di un albergo esclusivo, ma anche con piacevoli aperitivi e tante bollicine. Il servizio è sempre all'altezza!

Menu 60/90 € - Carta 60/144 €

Grand Hotel Quisisana, via Camerelle 2 - 𝒸 081 837 0788 - www.quisisana.com
- solo a cena - Aperto 30 marzo-27 ottobre

🕯○ **Da Tonino**   🕸 🏠

CUCINA CAMPANA · STILE MEDITERRANEO XX Armatevi di pazienza, perché per raggiungerlo bisogna camminare un po', ma una volta arrivati a destinazione, vi attendono sapori mediterranei ed una carta dei vini veramente inebriante: la bella cantina custodisce infatti più di 20.000 bottiglie.

Menu 60/75 € - Carta 47/72 €

via Dentecala 12 - 𝒸 081 837 6718 (consigliata la prenotazione)
- www.ristorantedatonino.it - Chiuso 2 gennaio-14 marzo e lunedì

🕯○ **Gennaro Amitrano** 🅝   🔠

CUCINA CREATIVA · INTIMO XX Nella Capri medioevale adiacente alla famosa piazzetta, una piccola bomboniera con quattro tavoli e non più. Per una cenetta con al massimo otto invitati, prenotate la graziosa salettina a lato. La carta accoglie in egual misura ricette di terra e specialità di mare.

Menu 105 € - Carta 73/115 €

via l'Abate 3 ✉ 80073 Capri - 𝒸 081 837 8380 (prenotazione obbligatoria)
- www.gennaroamitrano.it - Aperto 1° aprile-15 ottobre; chiuso lunedì

🏛🏛 **Grand Hotel Quisisana**   ✿ ≼ 🏠 ⻏ 🎦 🕉 🍸 ᒪᕹ 🍽 🖼 🔠 ⅍ 🛎

GRAN LUSSO · CLASSICO Nato nell'Ottocento come sanatorio, oggi è una delle icone dell'isola. Davanti scorre la rutilante mondanità dello shopping, nel giardino: silenzio, mare e faraglioni. Vicino alla piscina, il ristorante La Colombaia propone specialità regionali, grigliate ed anche pizza da forno a legna.

131 cam 🛏 - ♦330/1050 € ♦♦330/1050 € - 16 suites

via Camerelle 2 - 𝒸 081 837 0788 - www.quisisana.com
- Aperto 30 marzo-27 ottobre

🕯○ **Rendez Vous** - Vedere selezione ristoranti

🏨 Capri Tiberio Palace   🏊 🦢 ← 🛎 🖥 ⏰ 🐎 🛁 🔁 🅰️

LUSSO · PERSONALIZZATO A pochi minuti dal centro, architettura eclettica che sposa richiami agli anni Cinquanta e Sessanta con soluzioni più contemporanee. Si crea così una convincente idea di viaggio. Belli gli ampi balconi incorniciati da archi e suggestive soluzioni di design per la sala da pranzo con sfogo in terrazza; cucina tradizionale e kosher.

45 cam 🍽 – 🛏400/5000 € 🛏🛏450/5000 € – 7 suites

via Croce 11/15 – 𝒞 081 978 7111 – www.capritiberiopalace.com – Aperto 11 aprile-14 ottobre

🏨 Punta Tragara   🦢 ← 🛎 🛁 🔁 🅰️ 🍴

GRAN LUSSO · ORIGINALE La Dolce Vita a Capri è un concetto in auge sin dagli anni '20 e quale espressione più consona di questa gioia di vivere se non Punta Tragara? Progettata dal celebre Le Corbusier che definì questa magnifica villa dai riflessi dorati come le rocce e i tramonti locali una "fioritura architettonica", durante la II guerra mondiale vi soggiornarono Eisenhower e Churchill. Oggi i suoi interni moderni ospitano camere di riposante sobrietà, mentre dalle favolose terrazze si gode di una vista mozzafiato. Posizione scenografica e quiete assoluta a pochi minuti dalla piazzetta.

38 cam 🍽 – 🛏600/1350 € 🛏🛏600/1350 € – 6 suites

via Tragara 57 – 𝒞 081 837 0844 – www.hoteltragara.com
– Aperto 19 aprile-19 ottobre

🍴 **Le Monzù** – Vedere selezione ristoranti

🏨 Casa Morgano   🦢 ← 🛎 🛁 🔁 🅰️ 🍴

LUSSO · MEDITERRANEO Immersa nel verde, sorge questa raffinata struttura che vanta camere spaziose, arredate con estrema ricercatezza. A pranzo, possibilità di un pasto leggero a bordo piscina.

27 cam 🍽 – 🛏250/650 € 🛏🛏250/650 €

via Tragara 6 – 𝒞 081 837 0158 – www.casamorgano.com – Aperto 1° aprile-31 ottobre

🏨 Scalinatella   🦢 ← 🛎 🛁 🔁 🅰️ 🍴

LUSSO · MEDITERRANEO Chi ama gli spazi non rimarrà deluso! In questa splendida costruzione "a cascata" si dorme quasi sempre in junior suite con pavimenti in ceramica di Vietri e arredi d'epoca. Dalla maggior parte delle camere la vista si posa su mare e certosa di San Giacomo. Pranzi easy a bordo piscina.

30 cam 🍽 – 🛏360/720 € 🛏🛏360/950 € – 1 suite

via Tragara 8 – 𝒞 081 837 0633 – www.scalinatella.com – Aperto 1° aprile-31 ottobre

🏨 Luna   🏊 🦢 ← 🛏 🛎 🛁 🔁 🅰️ 🍴

TRADIZIONALE · CLASSICO Struttura in perfetto stile caprese - a picco sulla scogliera - con ambienti luminosi e fresche maioliche. Grande giardino fiorito e, per un aperitivo, sosta nel nuovissimo "Capri Roftop" da cui contemplare il mare, i Faraglioni e la Certosa: un sogno mediterraneo!

50 cam 🍽 – 🛏200/550 € 🛏🛏330/600 € – 4 suites

viale Matteotti 3 – 𝒞 081 837 0433 – www.lunahotel.com – Aperto Pasqua-31 ottobre

🏨 La Minerva   🦢 ← 🛏 🛎 🔁 🅰️ 🍴

BOUTIQUE HOTEL · MEDITERRANEO Decorate con tipiche ceramiche vietresi, le sue camere sono ampie, panoramiche, tutte dotate di terrazza o balcone; ottima la prima colazione, mentre pranzi leggeri sono serviti a bordo piscina. Per un surplus di relax, c'è anche una piccola saletta per massaggi.

19 cam 🍽 – 🛏100/140 € 🛏🛏190/750 €

via Occhio Marino 8 – 𝒞 081 837 7067 – www.laminervacapri.com
– Aperto 21 marzo-4 novembre

🏨 Villa Brunella   🏊 🦢 ← 🛎 🔑 🔁 🅰️ 🍴

TRADIZIONALE · MEDITERRANEO Camere spaziose ed eleganti, dove gli arredi vi guidano alla scoperta del fascino locale: alcune offrono grandi terrazze e comodi salotti, optando invece per quelle più in basso si perde parte della vista per guadagnare in spazi verdi di giardino. La vita qui si svolge in verticale, quale modo del resto per essere più fedeli all'immagine di Capri?

20 cam 🍽 – 🛏160/410 € 🛏🛏160/410 €

via Tragara 24 – 𝒞 081 837 0122 – www.villabrunella.it – Aperto 11 aprile-21 ottobre

Canasta 🐕 🍴 ⌸ 🅰 ⌀

TRADIZIONALE · MEDITERRANEO Semplice nei servizi e negli spazi comuni, non deluderanno invece le camere: in genere spaziose e con eleganti ceramiche vietresi. Molto rilassante la terrazza-solarium con piscina e bella vista.

16 cam 🛏 – ♦110/320 € ♦♦120/330 €

via Campo di Teste 6 – ℰ 081 837 0561 – www.hotelcanastacapri.it – Chiuso 11 dicembre-28 febbraio

Marina Grande – ✉ 80073 – Carta regionale n° **4**-B3

ⅠO JKitchen ≼ 🍴 🖼 ⌸ 🅰 ⌀ 🅿

CUCINA MODERNA · INTIMO XX A Capri quasi tutta la stagione permette di mangiare sul terrazzo che la sera potrebbe regalarvi la meraviglia della luna caprese, all'interno sempre pronto il salotto raffinato, è il JKichten: cucina moderna, contemporanea su base locale e con aperture nazionali.

Carta 88/128 €

Hotel J.K. Place Capri, via Provinciale Marina Grande 225 – ℰ 081 838 4001 (prenotazione obbligatoria) – www.jkcapri.com – solo a cena – Aperto 18 aprile-20 ottobre; chiuso domenica

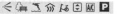 J.K. Place Capri ≼ 🍴 ⌸ 🕌 ⛱ 🛗 🅰 🅿

LUSSO · PERSONALIZZATO L'atmosfera e l'accoglienza di un'elegante residenza privata, dove una successione di salotti vi porta tra librerie e oggetti d'arte. Per chi non vuole rinunciare a bagnarsi nell'acqua di mare, nonostante la splendida piscina, l'albergo offre uno dei pochi accessi diretti alla spiaggia dell'isola.

22 cam 🛏 – ♦1200/3300 € ♦♦1200/3300 €

via Provinciale Marina Grande 225 – ℰ 081 838 4001 – www.jkcapri.com – Aperto 18 aprile-20 ottobre

ⅠO **JKitchen** – Vedere selezione ristoranti

CAPRIATA D'ORBA

Alessandria – ✉ 15060 – 1 862 ab. – Alt. 176 m – Carta regionale n° **12**-C3
Carta stradale Michelin 561-H8

🅰 Il Moro 🖼 ⅁ 🅰 ⟳

CUCINA PIEMONTESE · FAMILIARE X In centro paese, all'interno di un palazzo del '600, una trattoria dai soffitti a volta e sulla tavola la vera cucina alessandrina: agnolotti al "tocco" - guancino di fassona e peperonata - semifreddo alla nocciola e cioccolato fondente. Piccola enoteca annessa.

Carta 27/53 €

piazza Garibaldi 7 – ℰ 0143 46157 – www.ristoranteilmoro.it – Chiuso 26 dicembre-4 gennaio, 2 settimana in giugno e lunedì; da Natale a Pasqua aperto solo su prenotazione

CAPRIATE SAN GERVASIO

Bergamo (BG) – ✉ 24042 – 8 066 ab. – Alt. 190 m – Carta regionale n° **10**-C2
Carta stradale Michelin 561-F10

ⅠO Kanton Restaurant 🖼 ⅁ 🅰

CUCINA CINESE · DI TENDENZA XX E' la "cuCina che non ti aspetti", come ama definirla Weikun, lo chef-patron. Il ristorante si propone - infatti - come un luogo di ricerca e sperimentazione, che fonde sapori d'Oriente con metodi di cottura d'avanguardia. Lasciatevi consigliare dal servizio di sala: non ve ne pentirete!

Menu 50 € – Carta 31/94 €

via Antonio Gramsci 17 – ℰ 02 9096 2671 – www.kantonrestaurant.it – solo a cena escluso sabato e domenica – Chiuso 1°-7 settembre e lunedì

CAPRILE Belluno → Vedere Alleghe

CAPRI LEONE Sicilia
Messina – ⊠ 98070 – 4 515 ab. – Alt. 400 m – Carta regionale n° **17**-C2
Carta stradale Michelin 365-AX55

⏲○ Antica Filanda   🕸 ⇦ 🐾 ≼ 🍴 ⊐ AC 🛁 🅿

CUCINA REGIONALE · ELEGANTE XX La vista unisce mare e monti, ma la cucina
sceglie questi ultimi: la tradizione dell'entroterra rivisitata con ottimi prodotti del
territorio e una predilizione per il maialino nero in tutte le declinazioni, dai
salumi ai ragù. Camere nuove ed accoglienti.

Menu 30/45 € – Carta 28/58 €

16 cam ☲ – ♦70/85 € ♦♦105/140 €

*contrada Raviola strada statale 157 – ☎ 0941 919704 – www.anticafilanda.me
– Chiuso 15 gennaio-28 febbraio e lunedì*

CAPRIVA DEL FRIULI
Gorizia – ⊠ 34070 – 1 713 ab. – Alt. 49 m – Carta regionale n° **6**-C2
Carta stradale Michelin 562-E22

⏲○ Tavernetta al Castello   🕸 ⇦ 🐾 ≼ 🍴 🍽 � AC 🅿

CUCINA REGIONALE · RUSTICO XX Il verde dei vigneti e del vicino campo da golf
(con club house e osteria!) allieta la taverna di tono rustico-elegante con l'immancabile camino, dove gustare piatti regionali legati alle stagioni. Camere confortevoli per un soggiorno di tranquillità.

Menu 46 € – Carta 41/60 €

10 cam ☲ – ♦95 € ♦♦140 €

*via Spessa 7, Nord: 1 km – ☎ 0481 808228 – www.castellodispessa.it
– Chiuso 2 settimane in gennaio-febbraio, domenica sera e lunedì*

🏠 Castello di Spessa   🐾 ≼ 🍴 🖼 AC ⅏ 🅿

DIMORA STORICA · VINTAGE Poche ed esclusive camere per una vacanza di
relax a contatto con la storia, in questo castello ottocentesco che ha ospitato i
signori della nobiltà friulana, circondato da un parco secolare e con splendida
vista sui vigneti e sul campo da golf. Ai piedi del castello, La Tavernetta propone
una cucina selezionata dal gusto raffinato con specialità di terra e di mare. Piatti
freddi preparati con le eccellenze locali presso il Bistrot il Gusto di Casanova.

15 cam ☲ – ♦125/170 € ♦♦170/230 €

via Spessa 1, Nord: 1,5 km – ☎ 0481 808124 – www.castellodispessa.it

🏠 Relais Russiz Superiore   🐾 ≼ 🍴 AC 🅿

CASA DI CAMPAGNA · ACCOGLIENTE Circondato da vigneti di proprietà, senza
telefono né televisore nelle camere, un antico casale ristrutturato si propone
come oasi ideale per chi è in cerca di tranquillità e relax. Incantevole posizione
panoramica.

7 cam ☲ – ♦90 € ♦♦136 €

*località Russiz Superiore, via Russiz 7 – ☎ 331 663 6919 – www.marcofelluga.it
– Aperto 15 marzo-1° dicembre*

CARAMANICO TERME
Pescara – ⊠ 65023 – 1 929 ab. – Alt. 650 m – Carta regionale n° **1**-B2
Carta stradale Michelin 563-P23

🍽 Locanda del Barone   ⇦ 🍽 ᘒ AC 🛁

CUCINA REGIONALE · CASA DI CAMPAGNA X Posizione tranquilla e panoramica
per una bella casa dai toni rustici, ma molto accogliente. Specialità: stinco di
maiale nero con passata di cipolle rosse e riduzione di Montepulciano.

Carta 25/43 €

6 cam ☲ – ♦40 € ♦♦80 €

*località San Vittorino, Sud: 3 km – ☎ 085 92584 (prenotare)
– www.locandadelbarone.it – Chiuso lunedì escluso in maggio-settembre*

Cercone 　　　　　　　　🎄 ≤ 🔲 ♨ ⅃ᵶ ⬕ ₺ 🎴 🅿

FAMILIARE · TRADIZIONALE Proprio di fronte alle Terme, hotel dalle calde ed accoglienti atmosfere nelle tradizionali sale e nelle camere; conduzione diretta attenta e pronta a coccolarvi. Se non foste ancora convinti, vi è anche una gradevole piscina e un piccolo centro benessere.

33 cam ♅ – 🛉50/70 € 🛉🛉75/120 € – 2 suites

viale Torre Alta 17/19 – ☏ 085 922118 – www.hotelcercone.com – Chiuso 15 gennaio-15 marzo

CARATE BRIANZA

Monza e Brianza – ✉ 20841 – I/ 884 ab. – Alt. 250 m – Carta regionale n° **10**-B1
Carta stradale Michelin 561-E9

🍽O **La Piana** 　　　　　　　　　　　　　　　　　🛋 ℀

CUCINA CLASSICA · ACCOGLIENTE ✕✕ Nel centro della località, piccolo locale di tono moderno ospitato in un'accogliente corte lombarda. Cucina regionale e lariana, qualche piatto tipico del passato rispolverato e menu d'affari a pranzo.

Menu 32/45 € – Carta 29/47 €

via Zappelli 15 – ☏ 0362 909266 – www.ristorantclapiana.it – Chiuso 10 giorni in gennaio, 16-30 agosto, domenica sera e lunedì

🍽O **Camp di Cent Pertigh** 　　　　　　　　　　　　🎲 🛋 ₺ 🅿

CUCINA LOMBARDA · RUSTICO ✕ All'interno di una caratteristica cascina lombarda, il ristorante che occupa soltanto una parte dell'edificio, è arredato secondo uno stile rustico-elegante; cucina di taglio regionale e ampia selezione di vini.

👓 Menu 25 € (in settimana)/54 € – Carta 50/61 €

Cascina Contrevaglio, via Trento Trieste 63, Est: 1 km, strada per Besana – ☏ 0362 900331 – www.campdicentpertigh.it – Chiuso 27 dicembre-24 gennaio, 6-25 agosto, mercoledì a mezzogiorno e martedì

 I prezzi indicati dopo il simbolo 🛉 corrispondono al prezzo minimo in bassa stagione e massimo in alta stagione per una camera singola. Lo stesso principio è applicato al simbolo 🛉🛉 riferito ad una camera per due persone.

CARBONARA DI BARI Bari ➜ Vedere Bari

CARLENTINI Sicilia

Siracusa – ✉ 96013 – 17 798 ab. – Alt. 200 m – Carta regionale n° **17**-D2
Carta stradale Michelin 365-AZ60

verso Villasmundo Sud-Est : 4 km

🏠 **Agriturismo Tenuta di Roccadia** 　　　　　🎄 🐾 🛏 🛋 🎴 🅿

CASA DI CAMPAGNA · TRADIZIONALE In posizione collinare, circondato da aranci, le camere sono semplici, ma quelle soppalcate sono particolarmente adatte alle famiglie. Molte hanno un terrazzo con un piccolo giardino.

20 cam ♅ – 🛉50/65 € 🛉🛉70/100 €

contrada Roccadia, str. prov. 95 al km 43 ✉ 96013 Carlentini – ☏ 095 990362 – www.roccadia.com

CARLOFORTE Sardegna Carbonia-Iglesias ➜ Vedere San Pietro (Isola di)

CARNELLO Frosinone ➜ Vedere Arpino

CARONA

Bergamo – ✉ 24010 – 335 ab. – Alt. 1 110 m – Carta regionale n° **9**-B1
Carta stradale Michelin 561-D11

⁑○ Locanda dei Cantù

CUCINA DEL TERRITORIO · CONTESTO REGIONALE X Partendo dai prodotti della Val Brembana, ma non limitandosi ad essi (prova ne è che alla sera va in scena anche la pizza e qualche specialità di pesce nel fine settimana), locale dal sapore rustico e montano.

Carta 26/57 €

6 cam ⌂ – †60/75 € ††89/105 €

piazza Vittorio Veneto 3 – ℰ 0345 77044 (consigliata la prenotazione) – www.locandadeicantu.com – Chiuso 1 settimana in maggio, 1 settimana in novembre e lunedì

CAROVIGNO

Brindisi – ✉ 72012 – 16 615 ab. – Alt. 161 m – Carta regionale n° **15**-C2
Carta stradale Michelin 564-E34

⁕ Già Sotto l'Arco (Teresa Galeone) &⊗ AC ⇔

CUCINA CREATIVA · ELEGANTE XxX Un salotto la piazza su cui si affaccia, ma ancor più signorile il ristorante, al primo piano di un bel palazzo barocco. Cortesia e professionalità nel servizio, dalla cucina arrivano piatti creativi, sia di pesce che di carne.

→ Tortelli di gamberi su salsa di burrata affumicata e uova di salmone. Quaglia tartufata con purè di patate e misticanza di stagione. Montebianco.

Menu 65/100 € – Carta 57/117 €

corso Vittorio Emanuele 71 – ℰ 0831 996286 (consigliata la prenotazione) – www.giasottolarco.it – Chiuso 15-30 novembre e lunedì, anche domenica sera da ottobre a maggio, sempre aperto in agosto

⁑○ Osteria Casale Ferrovia ⓝ &⊗ 🍴 🏠 & AC ⇔ 🅿

CUCINA PUGLIESE · STILE MEDITERRANEO XX Nasce in quella che fu l'abitazione novecentesca di un antico frantoio, questo locale dagli interni eleganti, pochi mobili antichi di famiglia e tavoli costruiti su disegno Art Déco. La titolare-cuoca sforna dalla cucina sapori del territorio con fare leggero e moderno; la Puglia ritorna protagonista anche nella bella cantina. Come il nome lascia intuire, sul retro, ci sono le rotaie e passano i treni, ma niente paura: poco rumore e nessun disturbo!

Menu 40 € – Carta 38/62 €

via Stazione 1, sulla SP 34, Nord-Est: 2,5 km – ℰ 0831 990025 – www.casaleferrovia.it – Chiuso lunedì escluso agosto

CARPANETO PIACENTINO

Piacenza – ✉ 29013 – 7 715 ab. – Alt. 114 m – Carta regionale n° **5**-A2
Carta stradale Michelin 562-H11

⁕ Nido del Picchio (Daniele Repetti) &⊗ 🏠 AC ⇔

CUCINA MODERNA · ELEGANTE XxX Atmosfera sobria e sussurrata, l'ambiente è quello di una casa privata arredata con buon gusto: camino acceso nella stagione più fredda, fresco e accogliente dehors in quella più calda. Sulla carta si concentra tutto il lavoro dei titolari e soprattutto la personalità del cuoco in piatti creativi, ingegnosi, spesso a base di pesce.

→ Tagliolini con erba cipollina, limone candito, caviale d'aringa e gel di pomodoro. Le quattro variazioni di piccione. Cremoso di cioccolato, sorbetto di fave di Tonka e spuma al Vov.

Menu 60 € (in settimana)/90 € – Carta 58/101 €

viale Patrioti 6 – ℰ 0523 850909 (consigliata la prenotazione) – www.ristorantenidodelpicchio.it – solo a cena escluso i giorni festivi – Chiuso lunedì

CARPI

Modena – ☒ 41012 – 70 699 ab. – Alt. 26 m – Carta regionale n° **5**-B2
Carta stradale Michelin 562-H14

🍴 Il 25   � 🕌 ♿ ⒶⒸ

CUCINA MODERNA • **CONTESTO STORICO** ⅩⅩ In un palazzo di fine '800, la cucina non si pone confini: terra e mare, tradizione e creatività, ma un solo dogma, la pienezza del gusto tutta emiliana. In più, oltre alla cantina molto ben fornita, dove eventualmente organizzare una cena nei due tavoli a disposizione, anche un secondo locale, adiacente e più easy.

🍴 Menu 20 € (pranzo in settimana)/60 € – Carta 42/86 €

via San Francesco 20 – 𝒞 059 645248 – www.il25.it – Chiuso martedì a mezzogiorno e lunedì

🍴 Il Barolino   🛴 🕌 ♿ ⒶⒸ

CUCINA REGIONALE • **ACCOGLIENTE** ⅩⅩ Piatti unicamente del territorio e conduzione strettamente familiare per questo locale in posizione periferica, ma con piccolo e piacevole dehors sulla strada. Propone anche vendita di vini e di prodotti alimentari.

Menu 30 € (pranzo in settimana)/50 € – Carta 31/62 €

via Giovanni XXIII 110 – 𝒞 059 654327 – www.ilbarolinoristorante.com – Chiuso 30 dicembre-6 gennaio, 3-25 agosto, sabato a pranzo e domenica

CARRARA

Massa-Carrara – ☒ 54033 – 63 133 ab. – Alt. 100 m – Carta regionale n° **18**-A1
Carta stradale Michelin 563-J12

🍴 Extra ⓝ   🕌 ♿ ⒶⒸ

CUCINA MODERNA • **DESIGN** ⅩⅩ Una torre di marmo e vetro ospita questo locale di design dalle linee sobrie; la cucina spazia tra terra e mare con piatti ricchi di fantasia e buon gusto. A pranzo proposte e veste meno formale.

Menu 40/50 € – Carta 38/70 €

Viale Turigliano 13 – 𝒞 0585 74741 – www.extracarrara.it – Chiuso 1°-8 gennaio, la settimana di ferragosto, e domenica

a Colonnata Est : 7 km ☒ 54033

🍴 Venanzio   🕌 ⒶⒸ

CUCINA TOSCANA • **SEMPLICE** Ⅹ Arrivarci, fra interminabili strade tortuose, è un viaggio nel cuore dei marmi toscani, che da qui sono partiti alla conquista del mondo. Indissolubilmente legato ad essi, qui troverete una delle eccellenze italiane, il lardo di Colonnata, insieme ad altri piatti di sorprendente qualità - a cominciare dalle paste fresche - in un locale per altro semplice e familiare. Suggestioni dal menu: lasagnette impastate con borragine e ragù di salsiccia, salsa alla soia e olio extra vergine di oliva - crema di zabaione con cioccolata calda fondente.

Menu 40 € – Carta 29/69 €

piazza Palestro 3 – 𝒞 0585 758033 – www.ristorantevenanzio.com – Chiuso 22 dicembre-15 gennaio, domenica sera e giovedì escluso agosto

CARRÈ

Vicenza – ☒ 36010 – 3 667 ab. – Alt. 219 m – Carta regionale n° **23**-B2
Carta stradale Michelin 562-E16

🏠 La Rua   ⚘ ⲇ ⩤ ⒶⒸ 🖫 🅿

FAMILIARE • **BUCOLICO** Isolato sulle colline sovrastanti la pianura, offre camere di due tipi: da preferire le più recenti e moderne a quelle più datate e semplici. Per tutti invece un'ottima accoglienza e la piacevolissima terrazza panoramica per il servizio estivo del ristorante.

21 cam ⌕ – †55/75 € ††75/90 €

località Cà Vecchia 1, Est : 4 km – 𝒞 0445 893088 – www.hotellarua.it

🏠 Locanda La Corte dei Galli   🐾 📶 AC P

STORICO · ELEGANTE Struttura di charme ricavata nella barchessa di un edificio rurale del '700, rinnovato con elegante raffinatezza; mobili d'epoca nelle camere e piccola piscina interna.

7 cam ⌂ – ♦89/110 € ♦♦120/130 €

via Prà Secco 1/a – ✆ 0445 893333 – www.lacortedeigalli.it

CARSOLI

L'Aquila – ✉ 67061 – 5 396 ab. – Alt. 616 m – Carta regionale n° **1**-A2
Carta stradale Michelin 563-P21

🍴○ Al Caminetto   🍴 AC ⇔

CUCINA ABRUZZESE · FAMILIARE ✗✗ Décor rustico in un locale poliedrico con sala enoteca per degustazioni. In menu, l'offerta è ampia e variegata: si va dalle più tipiche specialità regionali, alle carni cotte alla brace, funghi e tartufi.

Carta 24/60 €

via degli Alpini 95 – ✆ 0863 995105 – www.al-caminetto.it

🍴○ L'Angolo d'Abruzzo   🍴 🈂 ᵭ 🍴 ⇔

CUCINA ABRUZZESE · AMBIENTE CLASSICO ✗✗ Per gli appassionati della cucina abruzzese, i migliori prodotti e i sapori più autentici della gastronomia regionale: carni, paste, salumi, formaggi, nonché funghi e tartufi (in stagione). Ottima cantina.

🍽 Menu 25/45 € – Carta 33/75 €

piazza Aldo Moro 8 – ✆ 0863 997429 – www.langolodiabruzzo.it – Chiuso martedì

🏠 Il Casale del Colonnello   🌳 🐾 ⊰ 🐾 ⅃ 🍴 P

CASA DI CAMPAGNA · STILE MONTANO La posizione elevata regala alla struttura una bella vista, mentre l'architettura riprende un po' lo stile di certi chalet di montagna; camere personalizzate e un bel parco avventura con percorsi salute e didattici nel bosco. I sapori della regione caratterizzano il menu del ristorante.

6 cam ⌂ – ♦50/55 € ♦♦70/80 €

via degli Alpini, Nord: 4 Km – ✆ 339 199 5136 – www.ilcasaledelcolonnello.it – Aperto 15 giugno-15 settembre e i fine settimana negli altri mesi

CARTOSIO

Alessandria – ✉ 15015 – 747 ab. – Alt. 230 m – Carta regionale n° **12**-C3
Carta stradale Michelin 561-I7

🍴○ Cacciatori   🍴 ⇐ 🐾 🈂 🍴 P

CUCINA PIEMONTESE · FAMILIARE ✗✗ Un bel paesaggio collinare vi porterà a Cartosio, dove, in una tipica casa di campagna, troverete questo caposaldo della cucina locale. In esercizio da cinque generazioni, eppure la formula è cambiata di poco: piatti piemontesi elencati a voce ricorrendo, laddove possibile, a prodotti della zona. Semplici ma gradevoli camere se desiderate fermarvi dopo cena.

Menu 35 € (pranzo)/55 € – Carta 34/62 €

10 cam – ♦65 € ♦♦80 € – 2 suites – ⌂8 €

via Moreno 30 – ✆ 0144 40123 (coperti limitati, prenotare) – www.cacciatoricartosio.com – Chiuso 26 dicembre-25 gennaio, 24 giugno-12 luglio, mercoledì e giovedì

CARZAGO RIVIERA

Brescia – ✉ 25080 – Alt. 202 m – Carta regionale n° **9**-D1
Carta stradale Michelin 561-F13

🍴○ Il Moretto   🐾 🈂 AC ⇔ P

CUCINA MODERNA · ELEGANTE ✗✗✗ Grandi lampadari rinascimentali, candele sui tavoli, arredi antichi: sotto alte volte si consuma il rito serale della cena. Raffinata cucina moderna.

Menu 45/75 € – Carta 52/98 €

Hotel Palazzo Arzaga, via Arzaga 1, località Calvagese della Riviera, Sud: 2 km – ✆ 030 680600 – www.palazzoarzaga.it – solo a cena – Aperto 23 marzo-3 novembre

🏨 Palazzo Arzaga

LUSSO · STORICO In un suggestivo palazzo del XV secolo, poliedrico hotel di lusso, per congressi, per chi ama il golf, le terapie rigenerative o il semplice relax. Più informale del ristorante Moretto, il Grill-Club House è il luogo ideale dove gustare piatti leggeri tra una partita e l'altra.

84 cam ⌂ – †158/240 € ††210/330 € – 3 suites

via Arzaga 1, località Calvagese della Riviera, Sud: 2 km – ℰ 030 680600
– www.palazzoarzaga.it – Aperto 23 marzo-3 novembre

🍴○ **Il Moretto** – Vedere selezione ristoranti

CASACANDITELLA

Chieti (CH) – ⊠ 66010 – 1 307 ab. – Alt. 432 m – Carta regionale n° **1**-C2
Carta stradale Michelin 563-P24

🏨 Castello di Semivicoli

DIMORA STORICA · ROMANTICO Un mirabile lavoro di restauro ha restituito splendore al palazzo baronale del XVII sec, ora vanta splendide camere, dove mobili d'epoca si alternano a pezzi più moderni. La vista spazia dai monti abruzzesi al mare: impossibile rimanere indifferenti a tanto fascino!

10 cam ⌂ – †75/110 € ††140/170 € – 1 suite

via San Nicola 24, contrada Semivicoli – ℰ 0871 890045
– www.castellodisemivicoli.com – Chiuso 7 gennaio-7 marzo

CASALABATE Lecce (LE) → Vedere Lecce

CASAL BORSETTI

Ravenna (RA) – ⊠ 48010 – Carta regionale n° **5**-D2

🍴○ La Capannina 🅝

PESCE E FRUTTI DI MARE · CONTESTO CONTEMPORANEO XX Locale moderno ed accogliente affacciato sul porto canale di questa piccola frazione di Ravenna offre una fragrante cucina di mare: particolare attenzione ai crudi di pesce elaborati con raffinata fantasia accanto ad alcuni intramontabili classici.

Menu 65 € – Carta 42/80 €

via Casalborsetti 181 – ℰ 0544 445071 (consigliata la prenotazione)
– www.lacapanninacasalborsetti.it – solo a cena escluso domenica in estate
– Chiuso domenica sera e lunedì in inverno

CASALE MARITTIMO

Pisa – ⊠ 56040 – 1 122 ab. – Alt. 214 m – Carta regionale n° **18**-B2
Carta stradale Michelin 563-M13

🏠 La Gelinda-Fattoria della Gioiosa

CASA DI CAMPAGNA · TRADIZIONALE Casolare seicentesco in posizione centrale, ma facente parte di un'azienda di oltre 70 ettari vocati alla produzione di olio: camere curate nei dettagli e dall'elegante atmosfera fine secolo, galleria d'arte e sala di soggiorno al primo piano. In stagione c'è anche il ristorante per piatti toscani e in alternativa vegani. A breve distanza si può usufruire della piscina del Poderino, sempre di proprietà.

6 cam ⌂ – †40/60 € ††50/100 € – 3 suites

via Nardini 14 – ℰ 334 384 0188 – www.fattoriadellagioiosa.it – Chiuso 10 giorni in novembre e 10 giorni in gennaio

CASALE MONFERRATO

Alessandria – ⊠ 15033 – 34 437 ab. – Alt. 116 m – Carta regionale n° **12**-C2
Carta stradale Michelin 561-G7

🅖 Accademia Ristorante

CUCINA DEL TERRITORIO · CONTESTO STORICO XX All'interno dello storico Palazzo Gozzano Treville, sede anche della Filarmonica di Casale Monferrato, apre al pubblico questo ristorante dagli ambienti classici e dai magnifici saloni affrescati; cucina fragrante che unisce con estro i sapori del territorio con alcune proposte di pesce.

Menu 36 € – Carta 27/59 €

Via Mameli 29 – ℰ 0142 452269 (consigliata la prenotazione)
– www.accademiaristorante.it – Chiuso agosto e mercoledì

Candiani ☆ ☲ ఓ 🎮 ⚁ **P**

STORICO · ACCOGLIENTE Da una sapiente ristrutturazione che ha salvaguardato l'originario stile liberty di un vecchio mattatoio del 1913, è sorto un elegante albergo, dotato di camere spaziose, molte con arredi d'inizio '900.

47 cam ⌑ – ♦90/130 € – 2 suites

via Candiani d'Olivola 36 – ℰ 0142 418728 – www.hotelcandiani.com

CASALGRANDE

Reggio nell'Emilia (RE) – ⊠ 42013 – 19 310 ab. – Alt. 97 m – Carta regionale n° **5**-B2
Carta stradale Michelin 561-I14

🍴 **Badessa** 🏡 🎮 **P**

CUCINA TRADIZIONALE · CONTESTO REGIONALE ✕✕ In un antico caseificio del XIX secolo, una giovane e appassionata gestione propone piatti del territorio con selezionate materie prime dei dintorni. Il loro motto è "antichi sapori a Km 0 e aceto balsamico tradizionale".

Menu 35 € – Carta 30/58 €

via Case Secchia 2, Nord: 5 Km – ℰ 0522 989138 (prenotare)
– www.ristorantebadessa.it – Chiuso 2 settimane in luglio-agosto, 1 settimana in gennaio-febbraio, sabato a mezzogiorno e lunedì

CASALOTTO Asti → Vedere Mombaruzzo

CASAL VELINO

Salerno – ⊠ 84040 – 5 268 ab. – Alt. 170 m – Carta regionale n° **4**-C3
Carta stradale Michelin 564-G27

 Agriturismo i Moresani ☆ 🦌 🍴 ⚁ **P**

CASA DI CAMPAGNA · REGIONALE Poco sopra la località, oasi di pace e serenità, immersa tra gli ulivi. Camere semplici ma arredate con gusto, piscina per rinfrescarsi nei caldi pomeriggi estivi. A tavola la genuinità e i sapori degli ottimi prodotti locali tra cui il cacioricotta di capra, i salumi e le verdure.

12 cam ⌑ – ♦59/85 € – ♦♦90/130 €

località Moresani, Ovest: 1 km – ℰ 0974 902086 – www.agriturismoimoresani.com
– Aperto 1° marzo-3 novembre

CASAMICCIOLA TERME Napoli → Vedere Ischia (Isola d')

CASELLE IN PITTARI

Salerno (SA) – ⊠ 84030 – 1 956 ab. – Alt. 444 m – Carta regionale n° **4**-D3

🍴 **Zi Filomena** 🏡 🎮

CUCINA DEL TERRITORIO · FAMILIARE ✕ Dal 1932, anno di apertura, ad oggi, si è passati dalla nonna alla madre sino, appunto, all'attuale patron (e cuoco) Mario che, insieme alla moglie, mette tanta passione nel mantenere vivo e verace il gusto di questo locale perso nel verde del Parco Nazionale del Cilento. Vi si viene per gustare carni cotte alla griglia, funghi e verdure.

Carta 18/75 €

viale Roma 11 – ℰ 0974 988024 – www.ristorantezifilomena.it – Chiuso mercoledì sera escluso in luglio-agosto

CASE NUOVE Varese → Vedere Somma Lombardo

CASERE KASERN Bolzano → Vedere Valle Aurina

CASERTA

(CE) – ⊠ 81100 – 76 326 ab. – Alt. 68 m – Carta regionale n° **4**-B2
Carta stradale Michelin 564-D25

❀ **Le Colonne** (Rosanna Marziale)   🅰 ⇧

CUCINA CREATIVA · ELEGANTE XXX Sapori intensi e travolgenti che vi farebbero capire di essere al sud anche se vi conducessero qui bendati! Una cucina originale nella sua composizione ed esecuzione, che trova nella mozzarella di bufala la sua migliore alleata; anche la pasticceria – tuttavia - gioca un ruolo importante nel conquistare i consensi. Insomma, ottimo sotto tutti i punti di vista!

→ La Palla di mozzarella ripiena di taglierini al basilico impanata e fritta. Pizza al contrario. Biancamela, dolce di mela annurca.

Menu 60/100 € – Carta 51/75 €

viale Giulio Douhet 7/9 – ℰ 0823 467494 – www.lecolonnemarziale.it – solo a pranzo escluso venerdì e sabato – Chiuso 7-20 agosto e martedì

🍴 **Antica Locanda**   🅰 ✗

CUCINA CAMPANA · SEMPLICE X Quasi una trattoria, si mangia in due caratteristiche sale separate da un arco in mattoni. Cucina di influenza partenopea, ma la specialità della casa è il risotto.

Carta 24/56 €

piazza della Seta, località San Leucio, Nord-Ovest: 4 km – ℰ 0823 305444 – Chiuso 16-31 agosto, domenica sera e lunedì

🏨 **Amadeus**   ⅃♿ ⊡

FAMILIARE · FUNZIONALE Centrale, ristrutturato seguendo lo spirito del palazzo del '700 in cui è inserito, un piccolo albergo confortevole, con camere ben tenute e accessoriate.

12 cam ⌑ – ♦49/62 € ♦♦65/87 €

via Verdi 72/76 – ℰ 0823 352663 – www.hotelamadeuscaserta.it

CASIER

Treviso – ✉ 31030 – 7 752 ab. – Alt. 5 m – Carta regionale n° **23**-A1
Carta stradale Michelin 562-F18

a Dosson Sud-Ovest : 3,5 km ✉ 31030

🕸 **Alla Pasina**   ⇦ 🛏 🍴 🛎 🅰 ⚒ 🅿

CUCINA REGIONALE · FAMILIARE XX Non è solo una casa di campagna a gestione familiare, le tre intime salette sono ben curate e la cucina si muove tra tradizione e fantasia. Qualche suggestione dal menu? Crema di fagioli con radicchio di Treviso - filetto di maiale in crosta di pistacchi - terrina di cioccolato e mandorle con fondente. Dopo un intervento architettonico, il vecchio granaio ospita camere affacciate sul fresco giardino.

Carta 31/58 €

7 cam ⌑ – ♦55/90 € ♦♦85/100 €

via Marie 3 – ℰ 0422 382112 – www.pasina.it – solo a cena in agosto – Chiuso 1°-7 gennaio, 7-13 agosto, domenica sera e lunedì

🏨 **Villa Contarini Nenzi**   ✿ 🍴 🔲 🌀 🕸 🛗 ♿ 🅰 ⚒ 🅿

DIMORA STORICA · ELEGANTE Splendida ed elegante villa veneta del '700, con camere eleganti, ampio parco e moderna spa: il tutto per un soggiorno all'insegna del più totale relax. Ubicato nelle vecchie scuderie da cui prende il nome, il ristorante promuove una cucina eclettica che saprà soddisfarvi.

42 cam ⌑ – ♦120/180 € ♦♦150/220 € – 1 suite

via Guizzetti 78/82, Sud Ovest: 2 km – ℰ 0422 493249 – www.hotelvillacontarininenzi.com

CASINALBO Modena (MO) → Vedere Formigine

CASINO DI TERRA Pisa → Vedere Guardistallo

CASOLE D'ELSA

Siena – ✉ 53031 – 3 897 ab. – Alt. 417 m – Carta regionale n° **18**-C2
Carta stradale Michelin 563-L15

🍴○ **Tosca** 🈁 🅰🄲

CUCINA REGIONALE · ELEGANTE XxX Stile accattivante che fonde classica eleganza e tipicità toscana, archi e pareti in pietra, eleganti divanetti o comode poltroncine; la cucina richiama la tradizione locale, ma con uno spunto fresco ed innovativo.

Menu 90/150 € – Carta 71/113 €

Hotel Castello di Casole, località Querceto – ☎ 0577 961501 (prenotazione obbligatoria) – www.belmond.com – solo a cena – Aperto 22 marzo-31 ottobre

🏨 **Belmond Castello di Casole** 🧺 ⚘ 🈁 🈺 🀄 🔳 🅰🄲 🅿

LUSSO · ELEGANTE All'interno di una vasta proprietà (1700 ettari) si erge questa dimora dalle origini medioevali, restaurata e riedificata nel XIX e XX secolo, diventata oggi un elegante ed esclusivo resort per soggiorni da fiaba; cena gourmet ai ristorante Tosca o più tipica ed informale al ristorante-pizzeria Pazzia.

41 cam ♨ – †412/2100 € ††412/2100 € – 27 suites

località Querceto – ☎ 0577 961501 – www.belmond.com – Aperto 22 marzo-31 ottobre
🍴○ **Tosca** – Vedere selezione ristoranti

a Pievescola Sud-Est : 12 km ✉ 53031

🍴○ **Oliviera** 🈺 🧺 🈁 🅰🄲 ⇆ 🅿

CUCINA ITALIANA · ELEGANTE XxX Ricavato all'interno di un frantoio, il ristorante "punta" sulle specialità toscane, pur non mancando qualche divagazione su altri piatti italiani per accontentare la clientela internazionale. Ottima anche la selezione dei vini: in particolare, dei prestigiosi rossi toscani.

Carta 58/90 €

Hotel Relais la Suvera, via La Suvera 70 – ☎ 0577 960300 (prenotazione obbligatoria) – www.lasuvera.it – Aperto 20 aprile-2 novembre

🏨 **Relais la Suvera** 🧺 ⚘ 🀄 🔳 🍽 🅰🄲 🅿

STORICO · ELEGANTE Nella campagna senese, questo castello del XVI sec (appartenuto anche a Papa Giulio II) rappresenta un perfetto connubio di storia, esclusiva eleganza e lussuoso confort: ogni camera è personalizzata con arredi d'epoca provenienti dalle collezioni private dei proprietari. Rimarchevole, il giardino all'italiana.

22 cam ♨ – †314/460 € ††314/460 € – 14 suites

via La Suvera 70 – ☎ 0577 960300 – www.lasuvera.it – Aperto 20 aprile-2 novembre
🍴○ **Oliviera** – Vedere selezione ristoranti

CASPERIA

Rieti – ✉ 02041 – 1 246 ab. – Alt. 397 m – Carta regionale n° **7**-B1
Carta stradale Michelin 563-O20

🏠 **B&B La Torretta** 🧺 ≼

DIMORA STORICA · ACCOGLIENTE In un borgo pittoresco, da visitare inerpicandosi per stradine strette per lo più fatte a scala, una casa signorile del XV secolo e una terrazza che offre un'ampia magnifica vista.

6 cam ♨ – †60/70 € ††80/95 € – 1 suite

via Mazzini 7 – ☎ 0765 63202 – www.latorrettabandb.com – Chiuso gennaio-febbraio

CASSINO

Frosinone – ✉ 03043 – 36 142 ab. – Alt. 40 m – Carta regionale n° **7**-D2
Carta stradale Michelin 563-R23

🍴○ **Evan's** 🈁 🅰🄲

PESCE E FRUTTI DI MARE · MINIMALISTA XX Gestito con tanta passione dalla famiglia Evangelista – da cui l'abbreviazione Evan's – il ristorante si è specializzato in gustose proposte di mare, elaborate prevalentemente secondo ricette classiche, ma talvolta anche locali.

Menu 35/45 € – Carta 28/54 €

via Gari 1/3 – ☎ 0776 26737 – www.evans1960.it – Chiuso 26 agosto-4 settembre, domenica sera e lunedì

CASTAGNETO CARDUCCI

Livorno – ⊠ 57022 – 9 010 ab. – Alt. 194 m – Carta regionale n° **18**-B2
Carta stradale Michelin 563-M13

⬛ **B&B Villa le Luci** ⟨ ⟨⟩ 🅰🅺 ⟩ 🅿

LOCANDA · ELEGANTE Alle porte del paese, in posizione panoramica, elegante villa del 1910 con salotti e camere personalizzate. L'incanto di una vista che spazia sul mare e sulla costa...

6 cam ⌑ – ♦80/150 € ♦♦95/165 €

via Umberto I 47 – 𝒞 0565 763601 – www.villaleluci.it

a Marina di Castagneto Carducci Nord-Ovest : 9 km ⊠ 57022 – Donoratico

🏨 **Tombolo Talasso Resort** ⟨🌱 🌿 ⟨ ⟨⟩ 🍽 ⊡ 🛏 🍷 🐾 🔗 🈁 🅰🅺

LUSSO · CLASSICO Uno dei vertici alberghieri della zona, si sviluppa 🛁 🅿 orizzontalmente nella pineta con accesso diretto alla spiaggia; eleganti camere e bagni in travertino, splendido centro benessere con scenografiche piscine d'acqua salata incastonate nella roccia.

112 cam ⌑ – ♦192/316 € ♦♦232/418 € – 5 suites

via del Corallo 3 – 𝒞 0565 74530 – www.tombolotalasso.it

a Bolgheri Nord : 10 km ⊠ 57020

🕸 **Osteria Magona** 🍴 🅰🅺 🅿

CUCINA REGIONALE · CASA DI CAMPAGNA ✕✕ L'eccellente rapporto qualità/prezzo ha già conquistato un'amplia platea di buongustai ed anche voi non vi sottrarrete al suo fascino; tra ulivi e vigneti, in questa dimora rurale la "ciccia" è la vera padrona di casa, in tutte le sue possibili, intriganti, declinazioni. Il menu racconta: quaglia con pancetta croccante - gelato fatto in casa - e tanto ancora...

Carta 30/63 €

località Vallone dei Messi 199, strada provinciale 16/b al km 2.400, Sud: 3,5 Km – 𝒞 0565 762173 (consigliata la prenotazione) – www.osteriamagona.com – Chiuso 8 gennaio-28 febbraio e lunedì

CASTANO PRIMO

Milano (MI) – ⊠ 20022 – 11 305 ab. – Alt. 182 m – Carta regionale n° **10**-A2
Carta stradale Michelin 561-F8

🍽 **Cafè Bistrot Gamba de Legn** 🍴 ⟨ 🅰🅺 ⟨⟩

CUCINA CLASSICA · BISTRÒ ✕ In centro alla località, aperto nel 2017, un bistrot moderno e ben arredato, con - all'esterno - una splendida fontana in marmo rosa e tavoli in ceramica di Caltagirone. Si parte dal mattino con le colazioni sino al dopo cena, mentre il ristorante effettua orari canonici e propone una cucina sia di mare sia di terra.

🍽 Menu 15/48 € – Carta 24/85 €

corso Martiri Patrioti 93 – 𝒞 0331 880237 – www.gambadelegn.com

CASTELBELLO CIARDES KASTELBELL TSCHARS

Bolzano – ⊠ 39020 – 2 309 ab. – Alt. 587 m – Carta regionale n° **19**-B2
Carta stradale Michelin 562-C14

🅲🅲 **Kuppelrain** (Jörg e Kevin Trafoier) 🈸 ⟨⟩ ⟨ 🍴 ⟩ 🅿

CUCINA MODERNA · ROMANTICO ✕✕ Carta ristretta, eccellenze locali e tanti prodotti fatti in casa: genitori e tre figli vi accoglieranno al Kuppelrain con straordinario affetto, offrendovi una cucina raffinata ed elegante. Più semplice la proposta del Bistrot, aperto a pranzo con prezzi più contenuti.

→ Tartare di vitello nostrano, panna acida caviale di salmerino. Pancetta di maiale, crema di lenticchie, scampi e cipollotti. Cioccolata bianca Original Beans, mirtilli e fiori di sambuco.

Menu 85/120 € – Carta 88/102 €

3 cam ⌑ – ♦90 € ♦♦140/160 €

via Stazione 16, località Maragno – 𝒞 0473 624103 (consigliata la prenotazione) – www.kuppelrain.com – solo a cena – Chiuso 1 settimana in gennaio, febbraio, domenica e lunedì

235

sulla strada statale 38 Est : 4,5 km

🏠 Sand ☆ ≼ 🚪 ☕ 🗖 🌐 ⋔ ♨ ⬆ 🏧 🅿

FAMILIARE · STILE MONTANO Ottimamente attrezzato per praticare attività sportive o semplicemente per rilassarsi all'aperto, vanta un piacevole giardino-frutteto con piscina, laghetto e centro benessere. Ambiente romantico nelle caratteristiche stube, tutte rivestite in legno.

27 cam – solo ½ P 125/163 € – 16 suites

via Molino 2 ✉ 39020 – ☎ 0473 624130 – www.hotel-sand.com – Aperto 1° marzo-15 novembre

CASTELBIANCO

Savona – ✉ 17030 – 290 ab. – Alt. 343 m – Carta regionale n° **8**-A2
Carta stradale Michelin 561-J6

🍴 Gin ♨ ⇦ 🚪 🏠 🅿

CUCINA REGIONALE · FAMILIARE ✖✖ Piacevole ristorante nel cuore della valle che propone piatti elaborati, partendo da tradizioni locali e che amplia l'offerta con un interessante menu vegano! Altro punto di forza è l'hotel, caratterizzato da camere belle e curate e da spazi comuni ridotti. Gin: l'indirizzo giusto per un soggiorno immerso nel verde!

Menu 27/35 € – Carta 35/50 €

7 cam – 🛏70/90 € 🛏🛏70/90 € – 1 suite

via Pennavaire 99 – ☎ 0182 77001 – www.dagin.it – solo a cena escluso domenica e giorni festivi – Chiuso novembre, gennaio, febbraio e lunedì

🍴 Scola ♨ ⇦ 🏠 🅿

CUCINA REGIONALE · ACCOGLIENTE ✖✖ Si avvicina al secolo di attività questa piacevole risorsa gestita da sempre dalla famiglia Scola; il patron Fausto - con energia e simpatia pensa - ai piatti ed alla cucina dalla matrice territoriale, mentre - in sala - il figlio (rappresentante della 4a generazione!) saprà consigliarvi tra i moltissimi vini in carta. Un ristorante caldamente consigliato!

Menu 38/45 € – Carta 38/62 €

7 cam 🖃 – 🛏55/70 € 🛏🛏70/90 €

via Pennavaire 166 – ☎ 0182 77015 (consigliata la prenotazione) – www.scolarist.it – Chiuso 3 settimane in gennaio-febbraio, martedì sera e mercoledì

CASTELBUONO Sicilia

Palermo – ✉ 90013 – 8 943 ab. – Alt. 423 m – Carta regionale n° **17**-C2
Carta stradale Michelin 365-AT56

🌸 Palazzaccio 🏠 🏧

CUCINA REGIONALE · CONTESTO TRADIZIONALE ✖✖ Piacevolissimo ristorante ubicato in pieno centro storico, lungo una via pedonale. All'interno l'ambiente rustico-contemporaneo è impreziosito da volte in pietra, mentre la cucina rimane fortemente ancorata al territorio con molte specialità delle Madonie. Imperdibili: tortellone ripieno di burrata con ristretto di pomodoro cotto sottovuoto - filetto di manzo con funghi croccanti e salsa barbecue - mousse di cioccolato al 70% e sesamo pralinato.

Menu 35/50 € – Carta 27/53 €

via Umberto I 23 – ☎ 0921 676289 (prenotare) – www.ristorantepalazzaccio.it – Chiuso lunedì escluso luglio-agosto

🌸 Nangalarruni ♨ 🏠 🏧

CUCINA SICILIANA · FAMILIARE ✖ Nel centro storico della località, pareti con mattoni a vista, antiche travi in legno ed esposizione di bottiglie, in una sala di origini otto-centesche. Piatti tipici della tradizione locale, ben fatti e curati, come gli spaghetti fatti in casa cacio, pepe e funghi di bosco - la spalla di maialino cotta al cartoccio in salsa di funghi e verdurine di stagione - la cassata con gelato alla ricotta.

🍴 Menu 25 € (in settimana)/50 € – Carta 28/83 €

via Delle Confraternite 5 – ☎ 0921 671228 – www.hostariananangalarruni.it – Chiuso 10 gennaio-10 febbraio e mercoledì in gennaio-marzo

CASTEL D'AIANO

Bologna – ✉ 40034 – 1 906 ab. – Alt. 805 m – Carta regionale n° **5**-C2
Carta stradale Michelin 562-J15

a Rocca di Roffeno Nord-Est : 7 km ✉ 40034

🏠 Agriturismo La Fenice 🍴 🌿 🛋 🎾 🅿

AGRITURISMO · BUCOLICO Piccolo agglomerato di case coloniche del XVI
secolo, dove dominano pietre e legno, per vivere a contatto con la natura in
un'atmosfera di grande suggestione. Al ristorante, buona cucina con tanta carne
(spesso di produzione propria).

9 cam ⬚ – †50/70 € ††70/80 €

*via Santa Lucia 29 – ℰ 051 919272 – www.lafeniceagritur.it
– Chiuso gennaio*

CASTEL D'APPIO Imperia → Vedere Ventimiglia

CASTEL DEL PIANO

Grosseto – ✉ 58033 – 4 690 ab. – Alt. 637 m – Carta regionale n° **18**-C3
Carta stradale Michelin 563-N16

😊 Antica Fattoria del Grottaione ⬅ 🏠 ᘙ 🅰🄲

CUCINA TOSCANA · RUSTICO ✕✕ C'era una volta... una fattoria, oggi divenuta
trattoria, piacevolmente rustica e variopinta nella sala interna, ma con un appuntamento imperdibile sulla terrazza panoramica nella bella stagione. Il peposo, un
brasato di manzo al pepe, è tra le specialità.

🍴 Menu 25/40 € – Carta 31/43 €

*via della Piazza, località Montenero d'Orcia, Nord-Ovest: 14 km – ℰ 0564 954020
(consigliata la prenotazione) – www.anticafattoriadelgrattaione.it – Chiuso
gennaio-febbraio e lunedì*

CASTEL DI LAMA

Ascoli Piceno – ✉ 63031 – 7 568 ab. – Alt. 201 m – Carta regionale n° **11**-D3

🏠 Borgo Storico Seghetti Panichi 🍴 🌿 ⬅ 🛋 🎾 ⊟ ᘙ 🅰🄲 🎿 🅿

CASA PADRONALE · STORICO Vista incantevole per questa struttura che sorge
su una verdeggiante collina: un panorama che spazia dalla cornice di montagne
comprese fra i Monti Sibillini e la vetta del Gran Sasso, proseguendo fino alle colline dell'Appennino marchigiano. Belle camere e moderni confort nella Residenza
San Pancrazio del 1600, in prossimità della piscina.

5 cam – †150/300 € ††200/300 € – ⬚ 10 €

*via San Pancrazio 1 – ℰ 0736 812552 – www.seghettipanichi.it – Aperto
1° aprile-30 settembre*

CASTELDIMEZZO

Pesaro e Urbino (PU) – ✉ 61100 – Alt. 197 m – Carta regionale n° **11**-B1
Carta stradale Michelin 563-K20

😊 La Canonica ᘙ 🅿

PESCE E FRUTTI DI MARE · ACCOGLIENTE ✕ A pochi metri da un belvedere sul
mare, in un grazioso borgo, l'appuntamento qui è con una cucina di pesce fresco
e di qualità. La scelta dei piatti è volutamente ristretta per contenere i prezzi;
l'esperienza varrà la salita sin quassù, anche per i dolci. I nostri preferiti: gnocchi
di patate al rombo, profumo di salvia - palamita arrostita, ceci di Serra de' Conti e
fondo di pesce - cagliata al limone e liquirizia.

Menu 28/43 € – Carta 34/52 €

*via Borgata 20 – ℰ 0721 209017 – www.ristorantelacanonica.it – solo a
cena escluso sabato e i giorni festivi – Chiuso lunedì in inverno*

CASTEL DI SANGRO

L'Aquila – ⊠ 67031 – 6 538 ab. – Alt. 793 m – Carta regionale n° **1**-C3
Carta stradale Michelin 563-Q24

❀❀❀ **Reale** (Niko Romito)

CUCINA CREATIVA · MINIMALISTA XxxX Cuoco autodidatta profondamente legato alla sua terra, lo chef-patron Niko Romito, in soli sette anni ha conquistato l'ambito riconoscimento.

In un ex monastero cinquecentesco - alle pendici di un monte - oggi trasformato in albergo, Reale è l'espressione concreta di essenzialità e minimalismo: caratteristiche salienti della sala, ma anche tratti distintivi di una cucina creativa in questa parte di Abruzzo che si vuole intima e meno conosciuta. La tecnica si sgancia da ogni fronzolo, barocchismo, surplus. La purezza dei sapori è perseguita con ammirabile ostinazione, i piatti presentati con una grazia estetica che subito riconducano al Sol Levante.

Come una vestale della buona tavola, Cristina sovraintende il servizio, sempre impeccabile ed attento. Insomma, un indirizzo imperdibile per chi è alla ricerca di un'esperienza culinaria ad alti livelli!

→ Tortelli con pollo. Manzo torbato con patate. Essenza.

Menu 140/190 € – Carta 100/160 €

Hotel Casadonna, contrada Santa Liberata, località Casadonna – ℰ 0864 69382 (consigliata la prenotazione) – www.ristorantereale.it – Chiuso 7 gennaio-27 febbraio, 7-22 ottobre, mercoledì a mezzogiorno, lunedì e martedì escluso agosto

🏠 **Casadonna**

DIMORA STORICA · PERSONALIZZATO Chi è alla ricerca di un Abruzzo intimo e appartato troverà a Casadonna il suo paradiso, un ex monastero cinquecentesco alle pendici di un monte oggi trasformato in albergo. Le camere riflettono l'anima dell'antica funzione: sobrie ed essenziali, non rinunciano tuttavia ad un'eleganza discreta e misurata.

7 cam ⌕ – †200/350 € ††200/350 € – 2 suites

contrada Santa Liberata, località Casadonna – ℰ 0864 69382 – www.nikoromito.com – Chiuso 7 gennaio-27 febbraio e 7-22 ottobre

❀❀❀ **Reale** – Vedere selezione ristoranti

🏠 **Il Lavatoio** 🄿

FAMILIARE · ORIGINALE Il progetto di recupero architettonico del lavatoio quattrocentesco prevedeva (anche) la costruzione di un luogo di ospitalità per turisti e viandanti. L'opera è ormai compiuta: a voi la scelta di pernottare in una delle luminose stanze dei due piani o in quelle delle torri, accessibili da ampie scale a chiocciola.

13 cam ⌕ – †50/100 € ††60/140 €

via Paradiso 18 – ℰ 0864 847009 – www.lavatoio.com

CASTELFALFI Firenze (FI) → Vedere Montaione

CASTELFRANCO D'OGLIO Cremona → Vedere Drizzona

CASTELFRANCO EMILIA

Modena – ⊠ 41013 – 32 677 ab. – Alt. 42 m – Carta regionale n° **5**-C3
Carta stradale Michelin 562-I15

🍴○ **La Lumira**

CUCINA EMILIANA · CONTESTO REGIONALE XX Al termine dei portici che ombreggiano la passeggiata lungo i negozi del centro storico, il ristorante propone i classici emiliani, a cominciare dai celebri tortellini in brodo.

Menu 35/50 € – Carta 37/61 €

corso Martiri 74 – ℰ 059 926550 – www.ristorantelumira.com – Chiuso agosto, domenica sera e lunedì

Aquila

FAMILIARE · FUNZIONALE Ospitalità tutta emiliana in un albergo centrale e di tradizione decennale. Ordine e pulizia ovunque - nelle zone comuni e nelle camere - semplici, ma accoglienti.

34 cam ⌑ – ♦52/150 € ♦♦70/200 €

via Leonardo da Vinci 5 – ℰ 059 923208 – www.hotelaquila.it

CASTELFRANCO VENETO

Treviso – ⊠ 31033 – 33 234 ab. – Alt. 43 m – Carta regionale n° **23**-C2
Carta stradale Michelin 562-E17

Feva (Nicola Dinato)

CUCINA CREATIVA · CONTESTO CONTEMPORANEO ✗✗ Se la corte è d'epoca, lo stile del locale s'ispira - invece - ad un contemporaneo minimalismo, come la sua raffinata cucina che propone piatti di matrice moderna, dove tecnica ed ottime materie prime gareggiano per un risultato di grande spessore.

→ Paccheri alla carbonara di canestrelli, pesto di ricci di mare e santoreggia. Il pescato del giorno e il raccolto dell'orto. Tiramigiù.

🍴 Menu 25 € (pranzo in settimana)/80 € – Carta 65/120 €

Borgo Treviso 62 – ℰ 0423 197565 – www.fevaristorante.it – Chiuso 1 settimana in gennaio, 15 giorni in agosto, sabato a mezzogiorno e domenica

Al Moretto

TRADIZIONALE · ACCOGLIENTE Palazzo del '500, fin dal secolo successivo locanda, oggi offre cura e accoglienza tutte al femminile con una gestione familiare prossima ai 100 anni. Molte camere sono rese fresche e gradevoli da disegni floreali alle pareti.

44 cam ⌑ – ♦95 € ♦♦130 €

*via San Pio X 10 – ℰ 0423 721313 – www.albergoalmoretto.it
– Chiuso 24 dicembre-6 gennaio e 2 settimane in agosto*

Alla Torre

TRADIZIONALE · CLASSICO Un edificio del 1600, adiacente alla torre civica dell'orologio su cui si "appoggiano" tre junior suite, le migliori camere di un hotel con molti bagni in marmo e pavimenti in parquet; colazione estiva in terrazza.

53 cam ⌑ – ♦55/70 € ♦♦80/120 € – 1 suite

piazzetta Trento e Trieste 7 – ℰ 0423 498707 – www.hotelallatorre.it

CASTEL GANDOLFO

Roma – ⊠ 00040 – 8 997 ab. – Alt. 426 m – Carta regionale n° **7**-B2
Carta stradale Michelin 563-Q19

Antico Ristorante Pagnanelli

CUCINA CLASSICA · ELEGANTE ✗✗ In attività dal 1882, eppure in continuo rinnovo: splendidamente affacciato sul lago, la carta si divide tra mare e monti, ma è da ricordare anche l'originale ricerca di erbe spontanee. Non mancate di visitare le celebri cantine scavate nella roccia con piccolo museo del vino.

Carta 32/127 €

via Gramsci 4 – ℰ 06 936 0004 (consigliata la prenotazione) – www.pagnanelli.it

al lago Nord-Est : 4,5 km

Villa degli Angeli

TRADIZIONALE · CLASSICO Avvolto dal verde nel parco dei Castelli, al limitare della strada che costeggia il lago, proverbiale la tranquillità che l'hotel offre nelle confortevoli camere, alcune con vista. La cucina della villa vi attende in sala da pranzo o sulla splendida terrazza panoramica, allestita durante la bella stagione.

33 cam ⌑ – ♦60/90 € ♦♦80/120 €

*via Spiaggia del Lago 32 ⊠ 00040 Castel Gandolfo – ℰ 06 9366 8241
– www.villadegliangeli.com*

CASTELLABATE

Salerno (SA) – ⊠ 84048 – 7 892 ab. – Alt. 278 m – Carta regionale n° **4**-C3
Carta stradale Michelin 564-G26

a San Marco Sud-Ovest : 5 km ⊠ 84071

🏠 Giacaranda   🎇 🐾 🛬 ✕ AC 🌿 **P**

LOCANDA • ORIGINALE Prende il nome da una pianta che rallegra il suo giardino, questa dimora ricca di charme tra il verde della campagna circostante e le mille attenzioni di Luisa, la padrona di casa; cucina davvero ben fatta, del territorio nel piacevole ristorantino, Liceo Mediterraneo.

6 cam ⊊ – 🛉50/60 € 🛉🛉80/160 €

contrada Cenito, Sud: 1 km – ☏ 366 397 7990 – www.giacaranda.com – Aperto 1° aprile-30 ottobre

a Santa Maria di Castellabate Nord-Ovest : 5 km ⊠ 84048

🍽️ I Due Fratelli   ⪅ 🏠 🌿 **P**

CUCINA REGIONALE • AMBIENTE CLASSICO ✕✕ Ristorante di tono classico, dotato di un'ampia e bella terrazza che usufruendo della posizione fuori dal centro e rialzata rispetto alla costa offre la vista del mare. Piatti campani perlopiù di pesce e pizze, il fine settimana.

Menu 28/45 € – Carta 29/67 €

via Sant'Andrea, Nord: 1,5 km – ☏ 0974 968004 – Chiuso gennaio e mercoledì

🏨 Villa Sirio   🎇 ⪅ 🏖️ 🔅 AC **P**

TRADIZIONALE • LUNGOMARE Una dimora padronale dei primi del '900 nel centro storico, ma direttamente sul mare, dai raffinati interni ed ottime camere con alcuni pezzi di antiquariato. Le suite dotate di terrazza privata e vasca idromassaggio si trovano nella nuova ala della struttura.

34 cam ⊊ – 🛉110/190 € 🛉🛉140/340 € – 1 suite

via lungomare De Simone 15 – ☏ 0974 961099 – www.villasirio.it – Aperto 1° aprile-31 ottobre

CASTELLAMMARE DEL GOLFO Sicilia

Trapani – ⊠ 91014 – 15 394 ab. – Carta regionale n° **17**-B2
Carta stradale Michelin 365-AM55

🍽️ Mirko's   🏖️

CUCINA MEDITERRANEA • ACCOGLIENTE ✕✕ Sulla scalinata che porta a cala piccola, Mirko e i suoi giovani fratelli vi delizieranno con preparazioni accattivanti dove il pesce rimane l'indiscusso protagonista!

Menu 36/75 € – Carta 34/98 €

discesa Annunziata 1 – ☏ 0924 040592 (consigliata la prenotazione) – www.mirkosristorante.it – Chiuso domenica sera e lunedì a mezzogiorno dal 15 novembre al 15 marzo

🏠 Cala Marina   ⪅ 🏖️ 🔅 AC 🌿 **P**

FAMILIARE • LUNGOMARE Squisita gestione familiare per questa accogliente struttura sul mare, incorniciata dal borgo marinaro, e provvista di una bella terrazza bar con vista. D'estate, anche un servizio di animazione per i più piccoli.

14 cam ⊊ – 🛉35/140 € 🛉🛉40/160 €

via Don L. Zangara 1 – ☏ 0924 531841 – www.hotelcalamarina.it – Chiuso gennaio e febbraio

🏠 La Piazzetta **N**   🔅 🔅 AC 🌿

FAMILIARE • ACCOGLIENTE In posizione centrale, piccolo e grazioso hotel a conduzione diretta: camere di differenti dimensioni - a volte molto generose - arredate con gusto e fornite di tutti i confort.

18 cam ⊊ – 🛉50/120 € 🛉🛉50/129 €

Piazza Europa 8 ⊠ 91014 Castellammare del Golfo – ☏ 0924 35559 – www.lapiazzettahotel.com – Chiuso gennaio-febbraio

CASTELLAMMARE DI STABIA

Napoli – ⊠ 80053 – 66 466 ab. – Carta regionale n° **4**-B2
Carta stradale Michelin 564-E25

☆ Piazzetta Milù   🕸 & 🔟

CUCINA CAMPANA · CHIC XX Parallelo al lungomare, sarà un'intera famiglia a coccolarvi - insieme ad un giovane cuoco dalla solida esperienza - in un ambiente elegantemente moderno. Il menu contempla piatti altrettanto contemporanei, sebbene ispirati alla tradizione locale, ma anche ottime carni alla griglia.

→ Spaghettone cacio e pepe... di mare. Agnello laticauda in finta genovese. Tira-Milù.

Menu 60/80 € – Carta 56/74 €

corso Alcide De Gasperi 23 – ☎ 081 871 5779 – www.piazzettamilu.it – Chiuso domenica sera e mercoledì

🏨 La Medusa Hotel   ⭐ 🕸 ⇐ 🛁 ⌁ 🕉 ⅃₆ 🔄 🔟 🕸 🛁 🅿

LUSSO · ELEGANTE In un vasto e curato giardino-agrumeto, questa villa otto-centesca ha conservato anche nei raffinati interni lo stile e l'atmosfera fin-de-siè-cle. Molto rilassante, appartata e luminosa la Spa con area relax e piacevole cabina per massaggi di coppia, ma altrettanti imperdibile la colazione al roof gar-den con vista su tutto il Golfo di Napoli. Ampi e diversificati gli spazi per la risto-razione, ce n'è davvero per tutti i gusti!

46 cam ⌑ – 🛏100/300 € 🛏🛏140/325 € – 3 suites

via passeggiata Archeologica 5 – ☎ 081 872 3383 – www.lamedusahotel.com

CASTELL'APERTOLE Vercelli → Vedere Livorno Ferraris

CASTELL'ARQUATO

Piacenza – ⊠ 29014 – 4 713 ab. – Alt. 224 m – Carta regionale n° **5**-A2
Carta stradale Michelin 562-H11

🍴 Maps   🛖

CUCINA MODERNA · AMBIENTE CLASSICO XX Una collezione di quadri di artisti locali arreda il locale, ricavato in un vecchio mulino ristrutturato. Piccole salette moderne e servizio estivo all'aperto per una cucina di ispirazione contemporanea.

Carta 36/61 €

*piazza Europa 3 – ☎ 0523 804411 – www.ristorantemaps.com
– Chiuso 21-31 gennaio, 21-31 agosto, lunedì e martedì*

🍴 Da Faccini   🛖 🅿

CUCINA REGIONALE · CONVIVIALE X Lunga tradizione familiare per questa tipica trattoria, che unisce alle proposte classiche piatti più fantasiosi, stagionali. Una piccola elegante sala riscaldata dal caminetto e una attrezzata per i fumatori. I prodotti che vengono degustati nel ristorante ed altri generi alimentari legati alla tradizione gastronomica piacentina sono acquistabile presso l'annessa bottega.

Carta 30/57 €

*località Sant'Antonio, Nord: 3 km – ☎ 0523 896340
– www.ristorantecastellarquato.it – Chiuso 17-31 gennaio, 1°-10 luglio e mercoledì*

CASTELLETTO DI BRENZONE Verona → Vedere Brenzone

CASTELLETTO SOPRA TICINO

Novara (NO) – ⊠ 28053 – 9 938 ab. – Alt. 226 m – Carta regionale n° **13**-B2
Carta stradale Michelin 561-E7

🍴 Rosso di Sera   🕸 🔟

CUCINA MODERNA · BISTRÒ XX "Rosso di sera", come l'antico adagio che prean-nunciava il bel tempo o come un buon bicchiere di vino da gustare in questo informale, ma elegante, wine-bar, che propone una grande scelta di etichette e distillati, nonché piatti della tradizione (prevalentemente di terra).

🍷 Menu 13 € (pranzo in settimana) – Carta 37/59 €

via Pietro Nenni 2 – ☎ 0331 963173 – www.osteriarossodisera.it – Chiuso 2 settimane in agosto, 1 settimana in settembre, sabato a mezzogiorno e mercoledì

CASTELLINA IN CHIANTI

Siena – ⊠ 53011 – 2 859 ab. – Alt. 578 m – Carta regionale n° **18**-D1
Carta stradale Michelin 563-L15

⊩○ Albergaccio di Castellina   🛱 ᘓ 🅿

CUCINA REGIONALE · FAMILIARE ✕✕ Una genuina accoglienza familiare - il marito in sala, la moglie e il figlio in cucina - vi condurranno alla scoperta dei sapori toscani, in un ristorante dal tono rustico ed accogliente. Paste fresche, carni, salumi e formaggi, talvolta rivisti e aggiornati in un gusto più attuale. A pranzo è aperta anche l'osteria, con piatti più semplici.

Menu 50/60 € – Carta 46/76 €

via Fiorentina 63 – ℰ 0577 741042 – www.ristorantealbergaccio.com – Chiuso 26 febbraio-26 marzo, 25 novembre-16 dicembre e domenica

⊩○ La Tavola di Guido   ᗖ 🕼 🛱 🍴 🅰🅺 🅿

CUCINA REGIONALE · ELEGANTE ✕✕ Se la sala interna coccola l'ospite come il resto dell'albergo, il dehors vi farà godere della pace e della tranquillità del bellissimo giardino, mentre Guido cucina per voi piatti legati al territorio, talvolta un po' più moderni. La carta del pranzo propone una scelta leggermente ristretta.

Menu 50/70 € – Carta 55/95 €

Hotel Locanda Le Piazze, località Le Piazze 41, Sud-Ovest: 6 km – ℰ 0577 743192 (consigliata la prenotazione) – www.tavoladiguido.com
– Aperto 19 aprile-3 novembre; chiuso mercoledì

🏠 Locanda Le Piazze   ᗏ ᗖ 🕼 🍴 ᘓ 🅰🅺 🎾 🅿

CASA DI CAMPAGNA · ELEGANTE Splendida ristrutturazione di un casolare ubicato sulla sommità di una dolce collina circondata dai vigneti: ambienti di design caldi e accoglienti, sul retro la piscina incastonata tra il proprio giardino ed una vista davvero ampia.

17 cam � – ♦245/430 € ♦♦245/430 €

località Le Piazze 41, Sud-Ovest: 6 km – ℰ 0577 743192
– www.locandalepiazze.com – Aperto 19 aprile-3 novembre
⊩○ **La Tavola di Guido** – Vedere selezione ristoranti

🏠 Palazzo Squarcialupi   ᕴ ᗖ 🍴 🎐 🎬 ᘓ 🅰🅺 🅿

STORICO · TRADIZIONALE Nel centro storico della località, tipico palazzo del '400 ricco di decorazioni, camini e arredi d'epoca. Buona parte delle camere - spesso di grandi dimensioni - si affacciano sul centro storico, ma preferite l'incantevole vista sulle colline di quelle sul retro; enoteca ed accogliente ristorante per piatti d'impronta regionale.

17 cam � – ♦120/128 € ♦♦120/135 €

via Ferruccio 22 – ℰ 0577 741186 – www.palazzosquarcialupi.com
– Aperto 25 marzo-4 novembre

🏠 Colle Etrusco Salivolpi   ᘓ 🍴 🅰🅺 🎾 🅿

CASA DI CAMPAGNA · TRADIZIONALE Appena fuori il piccolo centro storico, un'antica casa ristrutturata e con due dépendance: accoglienti interni in stile rustico-elegante e piacevole giardino con piscina.

19 cam – ♦69/189 € ♦♦69/189 € – ➟ 8 €

via Fiorentina 89, Nord-Est: 1 km – ℰ 0577 740484 – www.hotelsalivolpi.com
– Chiuso 7 gennaio-30 marzo

🏠 Villa Cristina   ᘓ 🍴 🅿

DIMORA STORICA · VINTAGE Villino d'inizio Novecento con spazi comuni limitati, ma graziose camere, soprattutto quella luminosissima nella torretta. Sul retro si trova il piccolo giardino con piscina.

5 cam ➟ – ♦50/70 € ♦♦75/95 €

via Fiorentina 34 – ℰ 393 044 2100 – www.villacristinachianti.it – Chiuso 8 gennaio-28 febbraio

a San Leonino Sud : 8 km ✉ 53011 – Castellina In Chianti

🏠 Belvedere di San Leonino ✿ 🛁 ⊼ 🅰🅲 ⚡ 🅿

CASA DI CAMPAGNA · TRADIZIONALE Conserva l'atmosfera originale quest'antica casa colonica trasformata in confortevole albergo: arredi rustici in legno e travi a vista nelle camere, di prezzo diverso a seconda del panorama. Dal giardino si passa direttamente nelle meravigliose vigne del Chianti.

28 cam – ♦89/349 € ♦♦89/349 € – ⌑12 €

località San Leonino 23 – ☎ 0577 740887 – www.hotelsanleonino.com – Aperto 31 marzo-5 novembre

verso Castellina Scalo Sud-Ovest: 3 km

🏠 Castello La Leccia ✿ ⅏ ⊰ 🛁 ⊼ 🐾 ⚡ 🅿

DIMORA STORICA · ELEGANTE Non sarà l'unico castello a vantare mille anni di storia, altri ancora sono immersi come La Leccia tra gli ulivi e i vigneti, camere dal gusto contemporaneo così eleganti non saranno le uniche in zona... ma una vista a 360° sui colli, Siena, San Gimignano e Monteriggioni è un privilegio raro, indimenticabile e mozzafiato, di cui potrete godere da alcune camere e dal giardino all'italiana.

12 cam ⌑ – ♦275/375 € ♦♦275/375 €

località La Leccia ✉ 53011 Castellina in Chianti – ☎ 0577 743148 – www.castellolaleccia.com – Aperto 16 aprile-31 ottobre

CASTEL MAGGIORE

Bologna – ✉ 40013 – 18 231 ab. – Alt. 29 m – Carta regionale n° **5**-C3
Carta stradale Michelin 562-I16

a Trebbo di Reno Sud-Ovest : 6 km ✉ 40013

🍽 Massimiliano Poggi Cucina 🌂 ⅖ 🅰🅲 ⟷ 🅿

CUCINA MODERNA · DESIGN XX Alle porte di Bologna ma in zona tranquilla, il locale porta il nome del suo bravissimo chef-patron e si propone in maniera vivace e moderna, grazie al servizio di sala del socio, nonché in virtù di una cucina che cita la tradizione bolognese, la riviera romagnola e - più ampiamente - la cucina di campagna della regione. Sempre con un occhio attento alla contemporaneità.

Menu 50 € (pranzo in settimana)/80 € – Carta 60/88 €

via Lame 67 – ☎ 051 704217 – www.mpoggi.it – Chiuso 7-21 gennaio, 2 settimana in agosto, lunedì a mezzogiorno e domenica

CASTELMEZZANO

Potenza – ✉ 85010 – 800 ab. – Alt. 750 m – Carta regionale n° **2**-B2
Carta stradale Michelin 564-F30

😊 Al Becco della Civetta ⟷ ⅏ 🅰🅲 ⚡

CUCINA REGIONALE · FAMILIARE X Nel centro del paesino, isolato tra le suggestive Dolomiti Lucane, ad occuparsi della cucina è la proprietaria, che fa rivivere le ricette - sovente proposte a voce - delle sue muse, mamma e nonna, come la proverbiale mousse di ricotta. Dalle finestre delle camere, la maestosa scenografia naturale; all'interno, tranquillità e calorosa accoglienza.

👄 Menu 25 € (pranzo in settimana)/40 € – Carta 28/49 €

24 cam ⌑ – ♦55/60 € ♦♦80/90 €

vico I Maglietta 7 – ☎ 0971 986249 (prenotare) – www.beccodellacivetta.it – Aperto 14 aprile-3 novembre

CASTELMOLA Messina ➜ Vedere Taormina

CASTELNOVO DI BAGANZOLA Parma ➜ Vedere Parma

CASTELNOVO DI SOTTO

Reggio nell'Emilia – ✉ 42024 – 8 462 ab. – Alt. 27 m – Carta regionale n° **5**-B3
Carta stradale Michelin 562-H13

🍴 Poli-alla Stazione

CUCINA CLASSICA · ACCOGLIENTE XxX Oltrepassata una promettente carrellata di antipasti e l'esposizione di diversi tagli di carne e tipi di pesce, vi accomoderete in due ariose sale di tono elegante o nella gradevole terrazza estiva. La specialità è la cottura alla griglia di carbone.

Carta 42/74 €

Hotel Poli, viale della Repubblica 10 – ℰ 0522 682342 – www.ristorantepoli.it
– Chiuso 8-21 agosto

🏠 Poli

TRADIZIONALE · CLASSICO Camere dotate di ogni confort in un'accogliente struttura, costantemente potenziata e rinnovata negli anni da una dinamica gestione familiare. Servizio navetta gratuito per le città di Reggio Emilia e Parma.

53 cam ⌑ – †65/78 € ††90/115 €

via Puccini 1 – ℰ 0522 683168 – www.hotelpoli.it

🍴 **Poli-alla Stazione** – Vedere selezione ristoranti

CASTELNUOVO Padova → Vedere Teolo

CASTELNUOVO BELBO

Asti (AT) – ✉ 14043 – 895 ab. – Alt. 122 m – Carta regionale n° **14**-D1_2

🏠 Relais 23

CASA DI CAMPAGNA · CLASSICO Troverete camere moderne ed una bella piscina, in questa raffinata villa padronale circondata da armoniose colline. Biciclette in utilizzo gratuito per i clienti. Ristorate dal design contemporaneo negli ex spazi ad uso agricolo dell'attiguo caseggiato.

10 cam ⌑ – †60/200 € ††60/200 €

via San Colombano 25 – ℰ 0141 799180 – www.relais23.it – Chiuso 2 gennaio- 13 febbraio

CASTELNUOVO BERARDENGA

Siena – ✉ 53019 – 9 097 ab. – Alt. 351 m – Carta regionale n° **18**-C2
Carta stradale Michelin 563-L16

🌼 Poggio Rosso

CUCINA CREATIVA · ELEGANTE XxX Cucina di marca rigorosamente toscana, anzi chiantigiana, che lo chef personalizza in versioni contemporanee ed estrose. I piatti celebrano le produzioni artigianali più esclusive dallo zafferano di San Gimignano al cipollotto di Certaldo... Destinazione gourmet all'interno dell'albergo San Felice, la passeggiata nel borgo all'ora del tramonto è un must.

→ Pici toscani con succo di lampredotto, fave, pecorino di Pienza stagionato e rigatino. Petto di piccione, crema di arachidi, scalogno brasato e fiori di sambuco marinati. Delizia al cioccolato fondente e sorbetto al lampone.

Menu 100/140 € – Carta 70/160 €

Hotel Borgo San Felice, località San Felice, Nord-Ovest: 10 km – ℰ 0577 3964
– www.borgosanfelice.com – solo a cena – Aperto 10 aprile-3 novembre

🌼 La Bottega del 30 (Hélène Stoquelet)

CUCINA TOSCANA · ROMANTICO XX Il 30 di ogni mese un venditore ambulante faceva tappa in questo piccolo incantevole borgo. Nel frattempo, dalla Francia, arrivava una giovane cuoca che s'innamorò del Chianti e della sua cucina... Dedicò il suo ristorante a quel venditore e la fiaba continua ancora oggi: a trent'anni di distanza!

→ Ravioli al piccione con pesto di pinoli e rosmarino. Cinghiale con grattini mantecati al cipresso. Torta al cioccolato fondente e liquirizia.

Menu 65/95 € – Carta 62/93 €

via Santa Caterina 2, località Villa a Sesta, Nord: 5 km – ℰ 0577 359226
(consigliata la prenotazione) – www.labottegadel30.it – solo a cena escluso i
giorni festivi in settembre-maggio – Chiuso inizio gennaio-fine marzo e martedì

ⅱ○ Contrada   🛏 🕸 P

CUCINA MODERNA · ELEGANTE ※※ Nel suggestivo scenario dell'albergo Castel Monastero, vale la pena di attendere la bella stagione perché i tavoli delle tradizionali sale interne si trasferiscano sulla piazzetta di un tipico borgo toscano. Cucina di impronta mediterranea, piatti semplici o più elaborati, comunque ispirati alla qualità dei prodotti.

Menu 80 € – Carta 65/96 €

*Hotel Castel Monastero, località Monastero d'Ombrone 19, Est: 10 km
– 𝒞 0577 570001 – www.castelmonastero.com – solo a cena – Aperto
1° maggio-31 ottobre; chiuso domenica e lunedì*

ⅱ○ Il Convito di Curina   🦟 ≤ 🛏 🕼 AC P

CUCINA TOSCANA · ACCOGLIENTE ※※ Cucina toscana, nonché ampia scelta enologica con vini regionali e champagne di piccoli produttori, in un ambiente rustico-signorile, dove (meteo permettendo) vi consigliamo di optare per la terrazza panoramica.

Carta 39/61 €

*Hotel Villa Curina Resort, strada provinciale 62, località Curina – 𝒞 0577 355647
– www.ilconvitodicurina.it – solo a cena – Aperto 16 marzo-31 ottobre*

ⅱ○ L'Asinello   🕼 AC

CUCINA MODERNA · ROMANTICO ※ Locale raccolto e gradevole con un bel giardino dedicato al servizio estivo; la moglie conduce la sala con professionalità, il marito dalla cucina sforna piatti appassionati, colorati e fantasiosi.

Menu 50/60 € – Carta 52/72 €

*via Nuova 6, località Villa a Sesta, Nord-Est: 8 km – 𝒞 0577 359279 (coperti limitati, prenotare) – www.asinelloristorante.it – solo a cena escluso domenica
– Chiuso 4 settimane in gennaio-febbraio, 10 giorni in settembre, lunedì,
anche martedì e mercoledì in gennaio-marzo*

🏚 Castel Monastero   🎐 🕭 ≤ 🛏 ⛲ 🔳 ◍ 🕸 🛁 AC 🛉 P

DIMORA STORICA · GRAN LUSSO Raccolto intorno ad un'incantevole piazzetta dov'era il monastero medioevale, l'albergo si è da qui successivamente sviluppato su una vasta proprietà, tra ville e dépendance, ma sempre in stile toscano, tra incantevoli panorami e camere dai sobri ma raffinati arredi in stile. La spa è una delle migliori in zona.

62 cam 🖙 – †450/700 € ††450/700 € – 12 suites

*località Monastero d'Ombrone 19, Est: 10 km – 𝒞 0577 570001
– www.castelmonastero.com – Chiuso 7 gennaio-25 marzo*

   ⅱ○ **Contrada** – Vedere selezione ristoranti

🏚 Borgo San Felice   🎐 🕭 ≤ 🛏 🔳 🕸 🛁 ※ AC 🛉 P

LUSSO · ELEGANTE Lussuoso resort all'interno di un antico borgo, la cui storia si perde nel Medio Evo. Tra i vigneti del Chianti classico, camere e ambienti completamente rinnovati così come l'accogliente Osteria del Grigio, dove troverete i piatti della tradizione, una semplice ma gustosa alternativa al ristorante gourmet Poggio Rosso. Nel moderno centro benessere, tra le tante opzioni i benefici del vino si estendono al corpo in trattamenti per la pelle.

37 cam 🖙 – †450/500 € ††490/630 € – 23 suites

*località San Felice, Nord-Ovest: 10 km – 𝒞 0577 3964 – www.borgosanfelice.it
– Aperto 10 aprile-3 novembre*

   🕸 **Poggio Rosso** – Vedere selezione ristoranti

🏚 Le Fontanelle   🎐 🕭 ≤ 🛏 🔳 🔳 ◍ 🕸 🛁 🖭 🕭 AC 🚗

BOUTIQUE HOTEL · ELEGANTE L'antico complesso rurale risalente al XIII sec è stato ristrutturato per valorizzarne la tipicità dell'architettura: splendidi dettagli come le vasche d'acqua sorgiva ed eleganti interni da residenza privata. Le camere sono omogenee per confort, ma leggermente diverse nelle dimensioni e nell'esposizione. Affacciato sulle colline del Chianti Classico, il ristorante propone piatti regionali e una cantina principalmente improntata sulla territoritorialità con piccola selezione di vini del resto d'Italia.

37 cam 🖙 – †380/680 € ††380/680 € – 7 suites

*località Fontanelle di Pianella, Nord-Ovest: 20 km – 𝒞 0577 35751
– www.hotelfontanelle.com – Aperto 18 aprile-31 ottobre*

🏠 Villa Curina Resort

DIMORA STORICA · TRADIZIONALE In posizione tranquilla e con una vista che spazia fino a Siena, questa dimora cinquecentesca ospita camere personalizzate con mobili in stile e pareti allegramente colorate; alcune stanze sono situate nella villa, altre nei tipici casali toscani. Tutt'intorno, l'armonia di un curato giardino all'italiana.

21 cam ☲ – ♦155/195 € ♦♦165/205 € – 5 suites

strada provinciale 62, località Curina – 𝒞 0577 355630
– www.villacurinaresort.com – Aperto 1° aprile-31 ottobre
🍽️ **Il Convito di Curina** – Vedere selezione ristoranti

CASTELNUOVO DELL'ABATE Siena (SI) → Vedere Montalcino

CASTELNUOVO DEL ZAPPA Cremona → Vedere Castelverde

CASTELNUOVO DI GARFAGNANA
Lucca – ✉ 55032 – 5 950 ab. – Alt. 270 m – Carta regionale n° **18**-B1
Carta stradale Michelin 563-J13

🏠 La Lanterna

BUSINESS · FUNZIONALE Nella parte più alta della località - a pochi minuti dal centro - una piacevole villetta cinta dal verde con ampi spazi comuni e confortevoli camere.

30 cam ☲ – ♦60/80 € ♦♦90/150 €

località alle Monache-Piano Pieve, Est: 1,5 km – 𝒞 0583 639364
– www.lalanterna.eu

CASTELNUOVO MAGRA
La Spezia – ✉ 19033 – 8 415 ab. – Alt. 181 m – Carta regionale n° **8**-D2
Carta stradale Michelin 561-J12

🍽️ Armanda

CUCINA REGIONALE · CONTESTO TRADIZIONALE ⅹ In un caratteristico borgo dell'entroterra, andamento e ambiente familiari in una trattoria che propone piatti stagionali del territorio ben elaborati. Se volete gustare un piatto veramente speciale optate per il coniglio farcito.

Menu 37 € – Carta 30/52 €

piazza Garibaldi 6 – 𝒞 0187 674410 – Chiuso 24 dicembre-10 gennaio, mercoledì escluso luglio-agosto, anche martedì sera in ottobre-aprile

 All'atto della prenotazione fatevi precisare il prezzo e la categoria della camera.

CASTELPETROSO
Isernia – ✉ 86090 – 1 680 ab. – Alt. 872 m – Carta regionale n° **1**-C3
Carta stradale Michelin 564-C25

sulla strada statale 17 uscita Santuario dell'Addolorata Ovest : 6 km

🏠 Fonte del Benessere Resort

LUSSO · CONTEMPORANEO Nei pressi del splendido santuario, hotel elegantemente moderno dalle ampie camere per un totale relax che prosegue nella spa, affidata alla qualificata consulenza Mességué.

13 suites ☲ – ♦♦180/270 € – 7 cam

via Santuario 15/b – 𝒞 0865 936258 – www.fontedelbenessereresort.it
– Chiuso 7 gennaio-24 marzo

CASTELRAIMONDO

Macerata – ✉ 62022 – 4 587 ab. – Alt. 307 m – Carta regionale n° **11**-C2
Carta stradale Michelin 563-M21

🏨 Borgo Lanciano   🏠 🐾 ⪦ 🛋 🎿 🗓 📶 🛎 ♿ 🎦 🧖 🅿

DIMORA STORICA · BUCOLICO Confortevole hotel sorto entro un antico borgo, offre camere e suite diverse per forma e arredamento, nonché aree comuni per dedicarsi ad una chiacchierata o alla lettura. Suddiviso in sale più piccole, il ristorante propone una cucina tradizionale, fedele ai prodotti della zona.

48 cam ☑ – †84/134 € ††134/185 € – 1 suite

località Lanciano 5, Sud: 2 km – ☎ 0737 642844 – www.borgolanciano.it

CASTEL RIGONE Perugia → Vedere Passignano sul Trasimeno

CASTELROTTO KASTELRUTH

Bolzano – ✉ 39040 – 6 802 ab. – Alt. 1 060 m – Carta regionale n° **19**-C2
Carta stradale Michelin 562-C16

🍽 Zum Turm   🏡 🅿

CUCINA REGIONALE · ROMANTICO ✕✕ A pochi metri dal campanile, in un tipico edificio del 1511, la cucina vi farà conoscere i prodotti alpini in porzioni generose, accuratamente selezionati e cucinati. C'è una sala classica, ma vi consigliamo di prenotare un tavolo nella Stube del 1880.

Carta 29/70 €

via Colle 8 – ☎ 0471 706349 – www.zumturm.com
– Aperto 8 dicembre-23 marzo e 26 maggio-19 ottobre; chiuso mercoledì

🏠 Alpine Boutique Villa Gabriela   🏠 🐾 ⪦ 🛋 🅿

FAMILIARE · PERSONALIZZATO Per godere appieno di uno tra i più magici panorami dolomitici, è ideale questa bella villetta circondata dal verde; camere graziose e ricche di personalizzazioni, spazi comuni moderni e rinnovati.

8 cam – solo ½ P 93/125 €

San Michele 31/1, Nord-Est: 4 km – ☎ 0471 700077 – www.villagabriela.com
– Aperto 15 dicembre-1° aprile e 18 maggio-4 novembre

🏠 Cavallino d'Oro   ⪦ 📶 🗓 🚗

STORICO · PERSONALIZZATO Sulla piazza del paese, suggestiva atmosfera tirolese in una casa di tradizione centenaria (già hotel nel 1326): per un surplus di romanticismo, chiedete le camere con i letti a baldacchino. Per i pasti, invece, una sala rustica o le caratteristiche stube del XVII secolo.

16 cam ☑ – †75/110 € ††120/180 € – 3 suites

piazza Krausen – ☎ 0471 706337 – www.cavallino.it – Chiuso 5-30 novembre

CASTEL SAN PIETRO TERME

Bologna (BO) – ✉ 40024 – 20 811 ab. – Alt. 75 m – Carta regionale n° **5**-C2
Carta stradale Michelin 562-I16

a Varignana Ovest: 5 km

🏨 Palazzo di Varignana   🏠 ⪦ 🛋 🎿 🗓 📶 🛎 🏊 🍸 🗓 ♿ 🎦 🧖 🅿

RESORT · CONTEMPORANEO Grande resort in posizione defilata, tranquilla e panoramica, diffuso su più edifici tra cui segnaliamo la lussuosa eleganza e raffinatezza della Villa Amagioia che ospita le camere più belle, poche ed esclusive. Nel corpo centrale - invece - la spa ed il ristorante Pool & Lounge, mentre il gourmet si apparecchia le sere da giovedì a sabato al Palazzo. Ma non finisce qui perché rinnovi ed ampliamenti sono già previsti per il futuro prossimo.

140 cam ☑ – †140/355 € ††170/480 € – 7 suites

via Cà Masino 611a – ☎ 051 1993 8300 – www.palazzodivarignana.com

CASTELSARDO Sardegna

Sassari – ⊠ 07031 – 6 006 ab. – Carta regionale n° **16**-A1
Carta stradale Michelin 366-N38

⏺○ L'Incantu   🏠 AC P

CUCINA REGIONALE · ELEGANTE XxX Accompagnati da un panorama mozzafiato, il ristorante vi proporrà specialità di pesce e piatti tipici: i presupposti per una serata romantica sono tutti là.

Menu 50/100 € – Carta 35/137 €

Hotel Bajaloglia, località Bajaloglia Sud-Ovest: 4 km – ℰ 079 474544
– www.bajalogliaresort.it – Aperto 1° aprile-4 novembre

⏺○ Il Cormorano   🏠 AC ⇔

PESCE E FRUTTI DI MARE · ACCOGLIENTE XxX Appena dietro la piazza centrale di uno dei rari borghi medievali dell'isola, ambienti curati e piacevole veranda: le specialità sono a base di pesce locale.

Carta 42/65 €

via Colombo 5 – ℰ 079 470628 (consigliata la prenotazione)
– www.ristoranteilcormorano.net – Chiuso novembre, lunedì in bassa stagione, aperto solo nei week end da inizio dicembre a Pasqua

⏺○ Baga Baga   ⇦ 🛋 ⟨ 🏠 🏠 AC P

CUCINA SARDA · CONVIVIALE XX Splendido ristorante panoramico immerso in un'incontaminata macchia mediterranea; oltre alla cucina mediterranea vi saranno proposte anche pizze e il tradizionale "porceddu". Camere dai tipici arredi sardi in un villino indipendente.

🍴 Menu 20 € (pranzo in settimana)/70 € – Carta 37/64 €

10 cam ⌂ – ♦70/200 € ♦♦70/200 €

località Terra Bianca, Est: 2 km – ℰ 079 470075 – www.hotelbagabaga.it – Chiuso novembre, lunedì, martedì, mercoledì e giovedì da dicembre a marzo

🏠 Bajaloglia   🛋 ⟨ 🏠 ⅀ AC P

FAMILIARE · MODERNO Sulle primi pendici da cui si gode di un panorama eccezionale, davanti il mare e Castelsardo illuminata la sera, una bella struttura composta da un corpo centrale, dove si trova anche il ristorante, ed alcune piccole costruzioni disseminate nel giardino. Le camere brillano per confort: moderne e colorate si caratterizzano per gli arredi minimalisti di ultima generazione.

12 cam ⌂ – ♦120/300 € ♦♦120/350 €

località Bajaloglia, Sud-Ovest: 4 km – ℰ 079 474544 – www.bajalogliaresort.it
– Aperto 1° aprile-4 novembre

⏺○ **L'Incantu** – Vedere selezione ristoranti

CASTEL TOBLINO

Trento – ⊠ 38076 – Sarche – Alt. 243 m – Carta regionale n° **19**-B3
Carta stradale Michelin 562-D14

⏺○ Castel Toblino   ⟨ 🏠 P

CUCINA MODERNA · ROMANTICO XX Affascinante castello medioevale proteso sull'omonimo lago, in questa bucolica zona trentina dove si produce il grande Vino Santo; la cucina di stile moderno è curata dal patron mentre - davvero suggestiva - è la terrazza per il servizio estivo.

Menu 38/58 € – Carta 55/72 €

Località Castel Toblino 1 – ℰ 0461 864036 – www.casteltoblino.com – Chiuso 24 dicembre-1° marzo, lunedì e martedì

CASTELVECCANA

Varese (VA) – ⊠ 21010 – 1 999 ab. – Alt. 257 m – Carta regionale n° **9**-A2
Carta stradale Michelin 561-E8

�1○ Sunset Bistrot   🕸 ⩽ 🏠 AC

CUCINA MEDITERRANEA · BISTRÒ X I tavolini danno sul piccolo porticciolo per questa risorsa in stile bistrot, ubicata proprio sulla piazzetta della suggestiva frazione di Castelveccana, in posizione fronte lago. Piatti decisamente mediterranei in menu ed un'accoglienza, nonché ospitalità, davvero proverbiali!
Carta 35/53 €

località Caldè di Castelveccana, Nord-Est: 2 km – ℰ 0332 521307
– www.santaveronicaguesthouse.com – Chiuso martedì escluso luglio-agosto

CASTELVERDE

Cremona – ✉ 26022 – 5 727 ab. – Alt. 52 m   Carta regionale n° **9**-C3
Carta stradale Michelin 561-G11

🏨 Cremona Palace Hotel   🐴 🛋 🖳 🍽 🛎 🏋 🖃 ⅃ AC 🧖 P

BUSINESS · MODERNO Senza perdervi in Castelverde, troverete l'albergo lungo la provinciale 415 che porta a Cremona, ma in posizione arretrata e protetto dai rumori del traffico. E' una grande struttura ideale per chi ama camere spaziose e moderne.
77 cam ⌂ – †70/190 € ††70/300 €

via Castelleone 62, Sud: 5 km – ℰ 0372 471374 – www.cremonapalacehotel.it

a Castelnuovo del Zappa Nord-Ovest : 3 km ✉ 26022 – Castelverde

�1○ Al Valentino   AC ⟷ P

CUCINA TRADIZIONALE · FAMILIARE X In una piccola frazione della bassa, bar-trattoria dalla calorosa gestione familiare che propone una cucina casalinga fedele alla gastronomia cremonese e mantovana.
🍴 Menu 12 € (pranzo in settimana)/20 € – Carta 19/38 €

via Manzoni 27 – ℰ 0372 427557 – Chiuso 17 agosto-5 settembre, martedì e le sere di lunedì e mercoledì

CASTELVETRO DI MODENA

Modena – ✉ 41014 – 11 185 ab. – Alt. 152 m – Carta regionale n° **5**-B2
Carta stradale Michelin 562-I14

�1○ Locanda del Feudo   ⟷ 🐾 🏠 AC

CUCINA MODERNA · ROMANTICO XX Sulla sommità del pittoresco borgo, un romantico nido di fantasiosa cucina, nonché eleganti suite per un soggiorno immersi nella storia, lontano dal traffico e dalla modernità. Piccolo e suggestivo dehors sulla via centrale.
Menu 35 € (pranzo in settimana)/47 € – Carta 48/65 €
6 suites ⌂ – ††95/130 €

via Cialdini 9 – ℰ 059 708711 (consigliata la prenotazione)
– www.locandadelfeudo.it – Chiuso 7-21 gennaio, domenica sera e lunedì

a Levizzano Rangone Sud-Ovest : 5 km ✉ 41014

�1○ Opera 02   ⩽ 🐴 🏠 🖳 AC ⟷ P

CUCINA EMILIANA · DESIGN XX Un bel ristorante che di giorno gode di un'ottima illuminazione naturale grazie ad ampie vetrate che regalano una suggestiva vista; nei suoi interni coniuga sapientemente - e con gusto - la tradizione locale fatta di sasso e legno con un ambiente moderno ed essenziale. Cucina del territorio, sempre in crescita a livello qualitativo.
Carta 36/66 €

Agriturismo Opera 02, via Medusia 32 ✉ 41014 Levizzano Rangone
– ℰ 059 741019 (consigliata la prenotazione) – www.opera02.it

🏡 Agriturismo Opera 02   🐾 ⩽ 🐴 ⅃ 🖳 AC 🧖 P

CASA DI CAMPAGNA · DESIGN In un idilliaco contesto di colline e vigneti, cinque-cento botti di aceto balsamico in attesa di fregiarsi dell'aggettivo "tradizionale" fian-cheggiano le belle camere, moderne, quasi tutte soppalcate e con ampio terrazzo su un paesaggio mozzafiato.
8 cam ⌂ – †80/140 € ††110/180 €

via Medusia 32 – ℰ 059 741019 – www.opera02.it
Ⅰ1○ **Opera 02** – Vedere selezione ristoranti

CASTIADAS

Cagliari – ⊠ 09040 – Alt. 168 m – Carta regionale n° **16**-B3
Carta stradale Michelin 566-J10

a Villa Rey Est : 9 km ⊠ 09040 – Castiadas

🏨 La Villa del Re ⓝ   🕭 🛋 ⛴ 🔲 🕭 AC 🕭 🔏 🅿

RESORT • MEDITERRANEO Esclusivo e lussuoso hotel davanti ad un mare dai colori caraibici ed una bellissima spiaggia privata. Tutt'intorno, giardini rigogliosi, piscina a sfioro e tanti angoli relax molto ben organizzati; all'interno ampie zone comuni, nonché il ristorante con terrazza esterna.

48 cam � – 🛏300/1000 € 🛏🛏300/1000 €

località su Cannisoni – ⨾ *070 775 3009* – *www.lavilladelre.com* – *Aperto 16 maggio-14 ottobre*

CASTIGLIONCELLO

Livorno – ⊠ 57016 – Carta regionale n° **18**-B2
Carta stradale Michelin 563-L13

🏨 Villa Martini   🕭 🐾 🛋 ⛴ 🔲 AC 🔏 🅿

TRADIZIONALE • MODERNO In un'imponente villa degli anni '50 raccolta intorno ad un incantevole giardino, camere rinnovate in stile moderno e minimalista, alcune con vista mare.

30 cam � – 🛏90/130 € 🛏🛏120/200 € – 3 suites

via Martelli 3 – ⨾ *0586 752140* – *www.villamartini.it* – *Chiuso 10 dicembre-15 febbraio*

CASTIGLIONE DEL BOSCO Siena (SI) ➜ Vedere Montalcino

CASTIGLIONE DEL LAGO

Perugia (PG) – ⊠ 06061 – 15 527 ab. – Alt. 304 m – Carta regionale n° **20**-A2
Carta stradale Michelin 563-M18

🏵 L'Acquario   🕭

CUCINA UMBRA • FAMILIARE 🍴 Nel centro storico di questo gradevole borgo sopra al lago, una buona tappa per conoscere la cucina umbra e, soprattutto, la tradizione di piatti a base di pesce d'acqua dolce: il caviale del Trasimeno, i tagliolini con la tinca affumicata, la carpa in porchetta.

🍴 Menu 25 € – Carta 28/57 €

via Vittorio Emanuele 69 – ⨾ *075 965 2432* – *www.ristorantelacquario.it* – *Chiuso 10 gennaio-28 febbraio, martedì escluso maggio-settembre e mercoledì escluso luglio-agosto*

🏨 Locanda Poggioleone   🕭 🛋 ⛴ 🔲 🕭 AC 🅿

FAMILIARE • CLASSICO Piacevole casolare convertito in albergo tradizionale: se la frazione in cui si trova non offre grandi spunti, va decisamente meglio all'interno con arredi originali d'antiquariato e bagni in travertino. Sul retro vi stupirà il bel giardino con ulivi e piscina.

12 cam � – 🛏50/150 € 🛏🛏60/190 €

via Indipendenza 116 b, località Pozzuolo, Ovest: 8 Km – ⨾ *075 959519* – *www.locandapoggioleone.it* – *Chiuso 6 gennaio-25 marzo*

🏠 Antica Gabella   AC

FAMILIARE • PERSONALIZZATO Una piccola bomboniera nel bel centro storico del paese; sasso, legno e marmi per un'atmosfera rilassata circondati da tanta ospitalità. A pochissimi km, le maggiori città d'interesse artistico e culturale di Umbria e Toscana: Siena, Montepulciano, Pienza, Cortona, Perugia, Assisi...

5 cam ⊙ – 🛏60/70 € 🛏🛏80/100 €

Via del Forte 29 – ⨾ *340 836 6192* – *www.anticagabella.com*

CASTIGLIONE DELLA PESCAIA

Grosseto – ⊠ 58043 – 7 308 ab. – Carta regionale n° **18**-C3
Carta stradale Michelin 563-N14

⊛ Osteria del mare già Il Votapentole   🕸 🏠 🗚

CUCINA MODERNA · COLORATO ⅕ Partendo da ottime materie prime, lo chef vi aggiunge la sua "firma" creando piatti sempre personalizzati ed intriganti (ottimi, ad esempio, i pici all'amatriciana di tonno, il cacciucco, il fondente di cioccolato e crema all'arancia). Il locale è molto piccolo, ma questo non è un difetto: anzi, l'intimità è garantita! Di sera, nell'annessa Crudosteria, i prodotti del mare vi saranno proposti così come vengono pescati.

Carta 31/54 €

via IV Novembre 15 – ☏ 0564 934763 – www.osteriadelmarecdp.it – solo a cena in giugno-settembre – Chiuso lunedì escluso in giugno-agosto

ⓘ○ La Terra di Nello   🛋 🏠 🅿

CUCINA REGIONALE · ROMANTICO ⅕ Seguendo l'imprinting di nonno Nello, oggi il nipote, Gianni, continua a proporre sapori regionali: con la discendenza, però, i piatti si arricchiscono di modernità. E dalla griglia la specialità: la bistecca!

Menu 42 € – Carta 30/54 €

località Poggetto – ☏ 347 954 6258 – www.laterradinello.it – Chiuso novembre-gennaio e martedì escluso luglio-agosto

🏠 Miramare   🌲 ⟵ 🗻 ⊟ 🗚 🛁

FAMILIARE · FUNZIONALE Ubicato sul lungomare di Castiglione della Pescaia e ai piedi del borgo medievale, l'hotel dispone di camere accoglienti e di una gestione attenta e premurosa.

37 cam ⊊ – †63/133 € ††86/225 €

via Veneto 35 – ☏ 0564 933524 – www.hotelmiramare.info – Aperto dicembre e 25 marzo-31 ottobre

a Riva del Sole Nord-Ovest : 2 km ⊠ 58043

🏠 Riva del Sole   🌲 🦢 🛋 ⌥ 🔲 🕸 🐎 ♨ 💥 🗻 🚿 🗚 🛁 🏊 🅿

TRADIZIONALE · FUNZIONALE In riva al mare ed abbracciato da una rigogliosa pineta, l'hotel è ideale per un soggiorno di relax, bagni e sole. Sale dalle ampie vetrate ed un giardino, per il ristorante con accanto la pizzeria serale.

155 cam ⊊ – †145/398 € ††168/470 €

viale Kennedy – ☏ 0564 928111 – www.rivadelsole.it – Aperto 19 aprile-14 ottobre

a Badiola Est : 10 km ⊠ 58043 – Castiglione Della Pescaia

⁇ La Trattoria Enrico Bartolini   🏠 🗚 🅿

CUCINA MEDITERRANEA · ELEGANTE XXX Nelle affascinanti sale di rustica eleganza, si assaggerà l'ottima cucina dello chef Bartolini: non dimentichi della tradizione e del territorio, i piatti hanno una connotazione moderna unita a cotture tradizionali con spiedi e braci.

→ Risotto alle rape rosse e gorgonzola. Piccione arrostito con salsa barbecue e la sua finanziera. Tarte Tatin.

Menu 100 € – Carta 88/149 €

Hotel L'Andana-Tenuta La Badiola – ☏ 0564 944322 (consigliata la prenotazione) – www.enricobartolini.net – solo a cena – Aperto 15 aprile-4 novembre; chiuso lunedì

🏠 L'Andana-Tenuta La Badiola   🌲 🦢 ⟵ 🛋 🔲 🕸 🐎 ♨ 💥 📷

GRAN LUSSO · PERSONALIZZATO Dimora estiva del duca ⊟ 🛁 🗚 🏊 🅿 Leopoldo, il mare brilla in lontananza, ma sono i vigneti e gli ulivi a cingerla dappresso. Colori pastello e uno stile bucolico-contemporaneo ispirano i lussuosi interni, la cifra della casa è un lusso campestre ed ovattato.

26 cam ⊊ – †400/1400 € ††400/1400 € – 7 suites

– ☏ 0564 944800 – www.andana.it – Aperto 15 aprile-4 novembre

⁇ **La Trattoria Enrico Bartolini** – Vedere selezione ristoranti

CASTIGLIONE DELLE STIVIERE

Mantova – ⊠ 46043 – 23 212 ab. – Alt. 116 m – Carta regionale n° **9**-D1
Carta stradale Michelin 561-F13

(☺) Hostaria Viola   க் AC ⇔ P

CUCINA MANTOVANA • OSTERIA XX E' dal 1909 che la famiglia Viola gestisce l'Hostaria, facendo rivivere - sotto i caratteristici soffitti a volta - la tradizione gastronomica locale, accompagnata da tutti i vini in carta anche al bicchiere (bollicine, incluse!). Specialità: trittico di paste ripiene mantovane.

Carta 29/53 €

via Verdi 32 – ℰ 0376 670000 (consigliata la prenotazione)
– www.hostariaviola.com – Chiuso 27 dicembre-5 gennaio, domenica sera e lunedì

⫶○ Osteria da Pietro   🏠 AC 🍸

CUCINA MODERNA • ELEGANTE XXX Territorialmente alla confluenza tra la tradizione mantovana e gardesana, la cucina riprende entrambe le zone con l'aggiunta di elementi moderni. Il ristorante si trova nel centro storico della località, in un edificio seicentesco con soffitto dalle caratteristiche volte ad "ombrello".

🍴 Menu 25 € (pranzo in settimana)/60 € – Carta 42/68 €

via Chiassi 19 – ℰ 0376 673718 (prenotare) – www.osteriadapietro.it
– Chiuso 2-10 gennaio, 2 settimane in agosto, mercoledì e domenica sera, anche domenica a mezzogiorno in giugno-agosto

⫶○ Hostaria del Teatro   🏠 க் AC

CUCINA MODERNA • ROMANTICO XX Un locale accogliente nel centro della località: un'appassionata coppia lo conduce con grande savoir-faire proponendo una cucina venata di fantasia e - al tempo stesso - legata alle tante tradizioni locali.

Menu 28 € (pranzo in settimana)/62 € – Carta 45/75 €

via Ordanino 5b – ℰ 0376 670813 – www.hostariadelteatro.it – Chiuso 1 settimana in gennaio, 10 giorni in agosto e giovedì

⫶○ Trattoria Paola   AC 🍸 P

CUCINA REGIONALE • FAMILIARE XX Trattoria familiare che con l'arrivo della nuova generazione ha preso una veste più contemporanea sia nelle sale che nella cucina, sebbene la tradizione trovi qui ancora il suo fulcro; in stagione immancabile il tartufo.

🍴 Menu 16 € (pranzo in settimana)/55 € – Carta 25/110 €

via Porta Lago 23 – ℰ 0376 638829 (prenotare) – www.trattoriapaola.it – Chiuso 1°-21 agosto, mercoledì e le sere di lunedì e martedì

Un importante pranzo d'affari o una cena tra amici?
Il símbolo ⇔ indica la presenza di una sala privata.

CASTIGLIONE D'ORCIA

Siena – ⊠ 53023 – 2 346 ab. – Alt. 540 m – Carta regionale n° **18**-C2
Carta stradale Michelin 563-M16

🏠 Relais Osteria dell'Orcia   🏡 ⑤ ⇆ 🌡 🗓 க் AC 🍸 🚗

DIMORA STORICA • ACCOGLIENTE Isolata nella campagna senese, all'inteno del parco dell'omonima valle, un'antica stazione postale ospita camere con differenti tipologie d'arredo, due salotti ed una piscina. Cucina regionale con alcuni spunti personali dello chef nel ristorante con bella sala interna e dehors.

16 cam ⫝ – ╫110/245 € ╫╫130/245 €

vai Case Sparse, podere Osteria 15, Nord: 4 km – ℰ 0577 887111
– www.osteriadellorcia.com – Chiuso 8-27 dicembre e 7 gennaio-4 marzo

a Rocca d'Orcia Nord : 1 km ⊠ 53023

✿ Osteria Perillà   🏠 🅰🅲 ⌀

CUCINA MODERNA · CONTESTO CONTEMPORANEO ✕✕ Ridistribuzione degli arredi con inserimento di opere d'arte ad impreziosire ulteriormente l'ambiente per una cucina di qualità e di ricerca che utilizza gli ingredienti del territorio coinvolgendo realtà produttive di piccole dimensioni e utilizzando il "chilometro qui", ovvero prodotti realizzati all'interno dell'azienda agricola di proprietà. Piatti fragranti, pacatamente creativi, con una cura nelle presentazioni piacevolmente maniacale.

→ Gnocchi di ricotta di pecora, ricci di mare, limone salato e spinaci. Maialino di Cinta senese, rapa, cipolotto e zuppa di miso. Cremoso di avocado con cioccolato bianco e caramello al mais tostato salato.

Menu 65/85 € – Carta 62/97 €

via Borgo Maestro 74 – ℰ 0577 887263 – www.osteriaperilla.net – Chiuso 7 gennaio-28 febbraio, mercoledì a mezzogiorno e martedì

CASTIGLIONE FALLETTO

Cuneo – ⊠ 12060 – 700 ab. – Alt. 350 m – Carta regionale n° **14**-C2
Carta stradale Michelin 561-I5

ⅠⅠ○ L'Argaj   🕸 🏠

CUCINA CREATIVA · SEMPLICE ✕ La formula è presto detta: sala e servizio semplici, si punta tutto sulla cucina, che parte dai prodotti piemontesi per giungere a risultati di rimarchevole tecnica ed elaborazione. Esperienza gourmet ad ottimi prezzi, qualsiasi sia la vostra scelta, ma noi vi consigliamo: tortelli di capriolo, gel di cassis, latte di mandorle amore - piccione, rabarbaro, peperoncino e aglio nero - cheese cake di caprino, lampone e Genepy.

Menu 40/50 € – Carta 39/65 €

via Alba-Monforte 114 ⊠ 12060 – ℰ 0173 62882 (coperti limitati, prenotare) – www.argajristorante.it – Chiuso febbraio, 10 giorni in luglio, mercoledì sera e giovedì

🏠 Le Torri   🕸 ← 🚘

FAMILIARE · CONTEMPORANEO In posizione strategica per visitare le Langhe, questa bella dimora patrizia vanta camere in stile moderno, metà delle quali dotate di cucinotto, nonché un grande terrazzo con jacuzzi e solarium: la vista panoramica abbraccia le colline circostanti.

16 cam ⊡ – †80/140 € ††85/165 €

via Roma 29 – ℰ 0173 62961 – www.letorri-hotel.com – Chiuso gennaio-febbraio e 2 settimane in agosto

CASTIGLION FIORENTINO

Arezzo – ⊠ 52043 – 13 244 ab. – Alt. 345 m – Carta regionale n° **18**-D2
Carta stradale Michelin 563-L17

a Pieve di Chio Est : 7 km ⊠ 52043 – Castiglion Fiorentino

🏠 Casa Portagioia   🕸 ← 🍴 ⌇ 🅰🅲 🅿

CASA DI CAMPAGNA · PERSONALIZZATO In aperta campagna, un suggestivo viale di cipressi vi condurrà a quest'elegante risorsa circondata da un grande e curato giardino; camere in stile rustico, ma tutte personalizzate da raffinati dettagli.

7 cam ⊡ – †195/235 € ††225/275 €

Pieve di Chio 56 – ℰ 0575 650154 – www.tuscanbreaks.com – Aperto 1° marzo-30 novembre

a Polvano Est : 8 km ⊠ 52043 – Castiglion Fiorentino

🏠 Relais San Pietro in Polvano   🏔 🕸 ← 🍴 ⌇ ⌀ 🅿

CASA DI CAMPAGNA · REGIONALE Tutto il fascino del passato e della terra di Toscana con i suoi materiali "poveri" (il cotto, la pietra, il legno) in un settecentesco edificio di rustica raffinatezza. Servizio ristorante in terrazza con vista su colli e vallate; cucina toscana.

6 cam ⊡ – †120/130 € ††135/170 € – 4 suites

località Polvano – ℰ 0575 650100 – www.polvano.com – Aperto 1° maggio-30 settembre

CASTIGLIONI Ancona (AN) → Vedere Arcevia

CASTION Belluno → Vedere Belluno

CASTIONE DELLA PRESOLANA
Bergamo – ✉ 24020 – 3 452 ab. – Alt. 870 m – Carta regionale n° **9**-B2
Carta stradale Michelin 561-E12

a Bratto Nord-Est : 2 km ✉ 24020 – Alt. 1 007 m

🏨 **Milano Alpen Resort** 🕯 ⋞ 🛏 🖥 🞸 🕸 📶 🖥 🕭 🔄 🅿

SPA E WELLNESS · ELEGANTE Camere distribuite nel corpo centrale o in due dépendance, in un hotel moderno e funzionale in grado di ospitare anche meeting e congressi, ma consigliato anche per una vacanza a tutto benessere grazie alla presenza della bella Spa. Nuova linea di cucina, rimanendo sempre legati alla tradizione e alla montagna ma con un occhio più attento alla salute e alla remise en forme, al ristorante Al Caminone.

54 cam ⌑ – ♦105/240 € ♦♦180/260 € – 4 suites
via Silvio Pellico 3 – ℰ 0346 31211 – www.hotelmilano.com

CASTROCARO TERME
Forlì-Cesena – ✉ 47011 – 6 426 ab. – Alt. 68 m – Carta regionale n° **5**-C2
Carta stradale Michelin 562-J17

🙂 **Trattoria Bolognesi da Melania** 🛆 🗚

CUCINA EMILIANA · TRATTORIA ✕✕ Nel caratteristico centro storico di Castrocaro, all'inizio di stradine tutte in salita, da Melania troverete una gloria storica della cucina romagnola. Si alternano le stagioni, ma i piatti sono sempre gustosi, alcuni ormai passati agli annali. Gli ispettori hanno apprezzato: i passatelli di scorfano e poveracce - l'agnello tartufato con gratin di patate - la cupola di semifreddo con cioccolato fondente.

Menu 27/42 € – Carta 34/60 €
piazza San Nicolò 2 – ℰ 0543 767649 – www.trattoriabolognesi.it – solo a cena escluso sabato e domenica – Chiuso lunedì

🏨 Grand Hotel & Spa 🕯 🛏 🛠 🖥 🞸 🕸 📶 🔄 🕭 🗚 🕭 🅿

PALACE · ELEGANTE Splendido esempio di art-déco, sarete incantati tanto dall'edificio quanto dalle sontuose zone comuni. Arredi contemporanei nelle camere, di diverse tipologie e in progressivo rinnovo, da preferire le più recenti.

110 cam ⌑ – ♦109/159 € ♦♦119/169 € – 4 suites
via Roma 2 – ℰ 0543 767114 – www.termedicastrocaro.it – Chiuso febbraio

CASTROCIELO
Frosinone – ✉ 03030 – 3 965 ab. – Alt. 250 m – Carta regionale n° **7**-D2
Carta stradale Michelin 563-R23

🏨 Villa Euchelia 🕯 🞸 🛏 🔄 🕭 🗚 🅿

LOCANDA · ELEGANTE In villa d'epoca riccamente arredata, una coppia gestisce con stile questo albergo-ristorante dalle camere graziosamente personalizzate e dagli ottimi servizi. Recentemente è stata realizzata anche una nuova stanza con bagno-spa (vasca idromassaggio e doccia con cromoterapia), ma soprattutto bella terrazza.

8 cam ⌑ – ♦70/80 € ♦♦75/100 €
via Giovenale 3 – ℰ 0776 799829 – www.villaeuchelia.com

CASTROVILLARI
Cosenza – ✉ 87012 – 22 240 ab. – Alt. 362 m – Carta regionale n° **3**-A1
Carta stradale Michelin 564-H30

ⅈ◯ Il Ristorante di Alia   𝄞 ⌂ 🏠 AC P

CUCINA CALABRESE · ACCOGLIENTE XX Nato agli inizi degli anni '50, questo ristorante di tono rustico-elegante non smette di piacere ai suoi ospiti: sarà per la qualità del servizio, o per la cucina rigorosamente calabrese? Probabilmente, entrambi!

Carta 49/66 €

Hotel La Locanda di Alia, via Jetticelli 55 – 𝒞 0981 46370 – www.locandadialia.it – Chiuso 2 settimane in agosto e domenica sera; 1° luglio-10 settembre anche domenica a mezzogiorno

🏠 La Locanda di Alia   𝄞 ⌂ 🗻 AC 🛁 P

LOCANDA · PERSONALIZZATO Leggermente periferica rispetto al centro paese, la locanda è composta da diversi cottage che ospitano le ampie camere, in uno di essi c'è anche l'ariosa sala delle colazioni: tutt'intorno un curato giardino con piscina.

14 cam ⊡ – †75/85 € ††90/110 €

via Jetticelli 55 – 𝒞 333 570 1332 – www.locandadialia.it – Chiuso 2 settimane in agosto

ⅈ◯ **Il Ristorante di Alia** – Vedere selezione ristoranti

CATANIA Sicilia

(CT) – ⊠ 95124 – 314 555 ab. – Carta regionale n° **17**-D2
Carta stradale Michelin 365-AZ58

🏵️ Sapio Ⓝ (Alessandro Ingiulla)   AC

CUCINA MODERNA · ELEGANTE XXX E' una giovane coppia a deliziarvi e coccolarvi in questo raffinato ristorante: lei in sala con la sua elegante cortesia, lui in cucina intento a preparare piatti che conquistato sia la vista che il gusto con interpretazioni moderne e i freschi prodotti di questa splendida isola.

→ Spaghettoni freddi all'acqua di pomodoro. Piccione al burro salato e fave di cacao tostate. Panna quasi cotta, pesche cotte e crude, fragole e gelato al formaggio fresco.

Menu 49/85 € – Carta 53/91 €

via Messina 235 ⊠ 95124 – 𝒞 095 097 5016 – www.sapiorestaurant.it – Chiuso 2 settimane in agosto, lunedì e i mezzogiorno di sabato e martedì

🏵️ Me Cumpari Turiddu   🏠 AC

CUCINA SICILIANA · VINTAGE X Originale ed accattivante, il ristorante propone un tuffo nella vecchia Sicilia recuperando antichi lampadari, sedie e tavoli. Segue il passo la cucina, intrigante carrellata di prodotti isolani, con specialità quali braciolette di manzo di razza modicana alla messinese con provola dei Nebrodi. C'è anche una carta-bistrot più semplice ed economica, nonché una rivendita di prodotti gastronomici.

Carta 29/61 €

piazza Turi Ferro 36 ⊠ 95124 – 𝒞 095 715 0142 – www.mecumparituriddu.it

ⅈ◯ Ciciulena   🏠 AC

CUCINA MEDITERRANEA · ACCOGLIENTE X Frutto dell'amore del proprietario per la Sicilia e le sue ricchezze gastronomiche, la cucina del Ciciulena (semi di sesamo in dialetto catanese) propone piatti che rivisitano con intelligenza le tradizioni isolane.

🍴 Menu 24 € (pranzo)/60 € – Carta 30/68 €

via A. di Sangiuliano 207 ⊠ 95131 – 𝒞 095 816 4047 – www.ciciulena.com – Chiuso domenica

ⅈ◯ Km.0   🛁 AC ⌀

CUCINA SICILIANA · SEMPLICE X Alle spalle dell'orto botanico, un locale piccolo, semplice ed essenziale, dedicato - come si intuisce dal nome - ai prodotti del territorio. Alla guida due giovani fratelli, uno in cucina, l'altro in sala; in preparazioni semplici, protagonisti sono gli ingredienti.

Menu 40/65 € – Carta 39/88 €

via Antonino Longo 26/28 ⊠ 95124 – 𝒞 347 732 7788 (coperti limitati, prenotare) – www.km0ristorante.it – Chiuso agosto, domenica sera e lunedì

ⅠO Osteria Antica Marina 🏠 AC

PESCE E FRUTTI DI MARE · FAMILIARE X Informale e familiare, affollato e con tavoli serrati, il ristorante riflette l'anima del pittoresco e popolare mercato mattutino su cui si affaccia. Imperdibile la carrellata di antipasti misti, il pesce si sceglie dall'espositore.

🍴 Menu 25/65 € – Carta 36/112 €

via Pardo 29 ⊠ 95121 – ℰ 095 348197 (consigliata la prenotazione) – www.anticamarina.it – Chiuso 15 giorni in novembre e mercoledì

🏨 Romano Palace 🏠 🕌 ⤴ 🗡 ⬚ 👖 AC 🏧 🅿

LUSSO · MEDITERRANEO All'inizio della zona balneare detta La Playa, l'albergo è dedicato all'idea della Sicilia come crocevia di culture diverse, suggestioni arabe ed arredi etnici: tra il Barocco della città e il mare, un'oasi di incanto dominata dalla magica imponenza dell'Etna. Piatti mediterranei e moderni al ristorante Il Coriandolo.

104 cam 🍴 – ♦90/350 € ♦♦120/500 €

viale Kennedy 28, località la Playa, 1 km per Siracusa ⊠ 95121 – ℰ 095 596 7111 – www.romanopalace.it

🏨 NH Parco degli Aragonesi 🏠 🕌 ⤴ 🛁 ⬚ 👖 AC 🏧 🅿

HOTEL DI CATENA · MODERNO Non distante dall'aeroporto, ma anche lungo la strada che costeggia le spiagge e ben attrezzato per una clientela business, l'albergo risponde ad ogni esigenza. Eleganti zone comuni, camere classiche, alcune al primo piano vedono uno scorcio di mare.

124 cam – ♦79/419 € ♦♦99/449 € – 🍴 20 €

viale Kennedy 2, località la Playa, 1 km per Siracusa ⊠ 95121 – ℰ 095 723 4073 – www.nh-hotels.it

🏨 Romano House 🛁 ⬚ 👖 AC 🚿 🏧

TRADIZIONALE · MODERNO Nato dall'unione di due palazzi, di cui uno ottocentesco che ospita una decina di camere con affreschi, stucchi o soffitti a volta, un insieme molto piacevole, che non mancherà di conquistare i turisti in visita alla "città dell'elefante".

49 cam 🍴 – ♦89/189 € ♦♦129/219 € – 1 suite

via G. Di Prima 20 ⊠ 95124 – ℰ 095 352 0611 – www.romanohouse.it

🏨 Liberty ⬚ 👖 AC 🚿

STORICO · A TEMA Circondato da anonimi edifici, l'albergo è invece una piccola perla in stile liberty, in buona parte ricreato, ma con gran gusto: lampadari, pareti e soffitti dipinti, specchi, tende e copriletti, tutto ripropone i temi cari allo stile art nouveau, a cui si aggiunge un piccolo, ma accattivante spazio all'aperto.

11 cam 🍴 – ♦80/160 € ♦♦230/450 € – 7 suites

via San Vito 40 ⊠ 95124 – ℰ 095 311651 – www.libertyhotel.it

🏨 Palazzo Cerami AC 🚿

DIMORA STORICA · ACCOGLIENTE A pochi passi da Villa Cerami e dai capolavori barocchi di via Crociferi, le camere si trovano al primo piano di un palazzo di fine Ottocento con pavimenti d'epoca. Accoglienti e luminose, è l'indirizzo ideale per chi vuole partire alla scoperta del centro storico di Catania.

5 cam 🍴 – ♦64/74 € ♦♦69/89 €

via Cerami 11 ⊠ 95124 – ℰ 334 225 8249 – www.palazzocerami.com

Il símbolo 🍦 sottolinea la tranquillità di un albergo.

CATANZARO

(CZ) – ⊠ 88100 – 90 612 ab. – Alt. 320 m – Carta regionale n° **3**-B2
Carta stradale Michelin 564-K31

✿ Abbruzzino 🍴 AC

CUCINA MODERNA · ELEGANTE XxX Ancora più elegante ed accogliente dopo la sapiente ristrutturazione a cura di un importante architetto, Abbruzzino è un ristorante eponimo dove l'intera famiglia esprime la passione per i prodotti della propria terra reinterpretati in chiave moderna e accattivante.

→ Perché no... fusilloni, 'nduja, pecorino e ricci di mare. Merluzzo, carote, mandorle e agrumi. Pane, olio e zucchero.

Menu 55/90 € – Carta 60/89 €

via Fiume Savuto, località Santo Janni, Sud-Est: 4 km – ☎ 0961 799008 (prenotazione obbligatoria a mezzogiorno) – www.abbruzzino.it – Chiuso 3 settimane in gennaio, domenica sera, mercoledì a mezzogiorno, lunedì e martedì

a Catanzaro Lido Sud : 14 km ⊠ 88063

⭑◯ Sunrise Beach 🍴 ≤

PESCE E FRUTTI DI MARE · STILE MEDITERRANEO XX Appena fuori dal centro e direttamente sulla spiaggia, è questo l'indirizzo giusto per gli amanti del pesce: schietta cucina mediterranea e pizze (la sera). In estate, si aggiunge alla carta un menu più semplice per il proprio stabilimento balneare.

Carta 26/45 €

via Lungomare, località Giovino – ☎ 338 842 4193 – www.sunrisebeach.it – Chiuso lunedì

🏨 Perla del Porto ✨ 🦢 ⊡ �& AC ✧ ∱ ℙ

BUSINESS · LUNGOMARE Direttamente sul mare, albergo adatto sia ad una clientela business sia leasure: ampie sale riunioni, piccolo centro benessere dotato anche di beauty farm. Ambiente elegante al ristorante caratterizzato da volte con vetrate artistiche.

41 cam ⊆ – ♦64/99 € ♦♦79/159 € – 4 suites

Martiri di Cefalonia 64 – ☎ 0961 360325 – www.hotelperladelporto.it

CATTOLICA

Rimini – ⊠ 47841 – 17 125 ab. – Carta regionale n° **5**-D2
Carta stradale Michelin 562-K20

⭑◯ Locanda Liuzzi 🐾 AC

CUCINA CREATIVA · ALLA MODA XX Liuzzi è anche il nome del cuoco e non è possibile parlare di questo ristorante se non partendo da lui: generoso e fantasioso, sforna una cucina caratterizzata da originalità ed estro creativo, combinati a richiami alla Puglia, sua terra d'origine.

Menu 50/75 € – Carta 45/72 €

via Fiume 61, angolo via Carducci – ☎ 0541 830100 (consigliata la prenotazione) – www.locandaliuzzi.com – Chiuso i mezzogiorno di lunedì, martedì e mercoledì in giugno-agosto, mercoledì negli altri mesi

🏨 Carducci 76 ✨ ≤ 🦢 ⅉ 🦢 ⊡ AC 🚗

TRADIZIONALE · ELEGANTE Un'enclave in stile neocoloniale nel cuore di Cattolica e direttamente sul mare: rilassante corte interna ed ampio giardino con piscina. Camere originali e minimaliste.

39 cam ⊆ – ♦95/200 € ♦♦125/350 € – 6 suites

via Carducci 76 – ☎ 0541 954677 – www.carducci76.it – Aperto 1° aprile-30 settembre

🏨 Moderno-Majestic ✨ ≤ 🖥 ᵇ ≤ ⊡ AC ℙ

TRADIZIONALE · MEDITERRANEO Nel '38, quando aprì, fu tra i pionieri delle vacanze romagnole. Da allora è la stessa famiglia a gestirlo, con incessanti rinnovi e camere di diversa tipologia, affacciate o meno sul mare. Accesso diretto alla bella spiaggia.

60 cam ⊆ – ♦70/80 € ♦♦140/160 €

via D'Annunzio 15 – ☎ 0541 954169 – www.modernomajestic.it – Aperto 1° giugno-15 settembre

⌂ Aurora

FAMILIARE · FUNZIONALE Ambienti recentemente rinnovati, in questa risorsa dalla dinamica conduzione familiare: camere ampie e confortevoli, diverse a più letti, ideali per famiglie. La proverbiale pasta tirata al mattarello e tante altre specialità romagnole al ristorante.

18 cam ☑ – ♦68/108 € ♦♦98/196 €

via Genova 26 – ℰ 0541 830464 – www.hotelauroracattolica.info
– Aperto 18 aprile-15 settembre

⌂ Gambrinus Mare

FAMILIARE · ACCOGLIENTE A pochi passi dal mare, è una simpatica gestione familiare a condurre un albergo semplice, ma ben tenuto. Vale la pena spendere qualcosa in più per le camere di categoria superiore, ma se venite con i bambini optate per quella dedicata a Peter Pan!

40 cam ☑ – ♦40/115 € ♦♦70/170 €

via Carducci 86 – ℰ 0541 961347 – www.hotelgambrinusmare.com – Aperto Pasqua-23 settembre

CAVA DE' TIRRENI

Salerno – ✉ 84013 – 53 659 ab. – Alt. 180 m – Carta regionale n° **4**-B2
Carta stradale Michelin 564-E26

ⓘO Pappacarbone

CUCINA MEDITERRANEA · CONTESTO CONTEMPORANEO ⅩⅩ In un locale di tono sobrio contemporaneo, lo chef bandisce dalla sua cucina ogni sofisticazione a favore dei veri sapori regionali, di terra e di mare, con la fragranza di molti prodotti del proprio orto: una forchettata ad occhi chiusi e... subito s'indovina cosa c'è nel piatto!

Menu 50/120 € – Carta 44/138 €

via Rosario Senatore 30 – ℰ 089 466441 – www.ristorantepappacarbone.com – solo a cena escluso sabato e domenica – Chiuso agosto, domenica sera e lunedì

CAVAGLIÀ

Biella – ✉ 13881 – 3 591 ab. – Alt. 271 m – Carta regionale n° **12**-C2
Carta stradale Michelin 561-F6

ⓘO Osteria dell'Oca Bianca

CUCINA REGIONALE · RUSTICO Ⅹ Nel cuore della località, di fronte alla chiesa, classica osteria di paese che mantiene intatto lo spirito originario. Cantina ben fornita e affidabile cucina del territorio.

Carta 33/63 €
3 cam – ♦70 € ♦♦100 € - senza ☑

via Umberto I 2 – ℰ 0161 966833 – www.osteriadellocabianca.it – Chiuso 1°-18 luglio, 18 agosto-4 settembre, martedì e mercoledì

⌂ UNA Golf Hotel Cavaglià

HOTEL DI CATENA · CLASSICO Circondata dal verde, questa bella struttura è caratterizzata da un'ampia hall e da varie salette relax, nonché camere di due tipologie - standard e superior - entrambe ben accessoriate. Il retro dell'albergo ospita un campo da golf con un'accogliente club house e luminoso ristorante.

37 cam ☑ – ♦85/125 € ♦♦105/190 €

via Santhià 75 – ℰ 0161 966771 – www.unagolfhotelcavaglia.it

CAVAGNANO Varese → Vedere Cuasso al Monte

CAVAION VERONESE

Verona (VR) – ✉ 37010 – 5 849 ab. – Alt. 190 m – Carta regionale n° **23**-A3

✿ Oseleta ⟨⊟ 🏠 ⚒ ﾖ 🅰🅲 🄿

CUCINA CREATIVA · ELEGANTE XxX I sontuosi e romantici ambienti di Villa Cordevigo ospitano – in una delle ali laterali della villa veneta – il ristorante Oseleta composto da due sale, di cui una veranda, con magnifica vista sui vigneti della tenuta Villabella. La carta spazia un po' ovunque; c'è qualche proposta campana - terra d'origine dello chef - ricette a base di pesce di lago, ma anche divagazioni più internazionali per accontentare la clientela dell'albergo, oltre a piatti unicamente vegetariani.

→ Elogio al pomodoro... "lo spaghetto". Maialino fondente, patata al wasabi, legno di topinambur. Green.

Menu 110/145 € – Carta 80/157 €

Hotel Villa Cordevigo, località Cordevigo, Sud-Est: 3 km – ℰ 045 723 5287
– www.ristoranteoseleta.it – solo a cena escluso sabato e domenica
– Chiuso 7 gennaio-28 marzo e lunedì

🏠 Villa Cordevigo Wine Relais ⚘ ⟨⊟ ⚒ 🏠 🛋 🖥 ﾖ 🅰🅲 ⚘ 🛁 🄿

LUSSO · STORICO Sarà un giardino all'italiana a darvi il benvenuto in questo esclusivo buen retiro di origini cinquecentesche alle spalle del lago, caratterizzato da vigneti, chiesa con reliquie e romantici bagni retrò nelle belle camere. Ottima anche la qualità dei servizi.

33 cam ⚲ – ♦218/398 € ♦♦218/398 €

località Cordevigo, Sud-Est: 3 km – ℰ 045 723 5287 – www.villacordevigo.com
– Chiuso 7 gennaio-28 marzo

✿ **Oseleta** – Vedere selezione ristoranti

CAVALESE

Trento – ✉ 38033 – 4 100 ab. – Alt. 1 000 m – Carta regionale n° **19**-D3
Carta stradale Michelin 562-D16

✿ El Molin (Alessandro Gilmozzi) ✤ ⚘

CUCINA CREATIVA · ROMANTICO XxX In un mulino del '600, l'interno è un susseguirsi di ballatoi e decorazioni in legno tra le antiche macine, mentre la cucina - tecnica e creatività - porta il bosco nel piatto. Per i più tradizionalisti, wine-bar al 1° piano con scelta ristretta di piatti e salumi trentini; spesso grandi vini al bicchiere.

→ Risotto al Gilbach gin. Grigia alpina, asparago di monte e cenere fermentata. Border Line (dessert a base di resine).

Menu 90/130 €

via Muratori 2 – ℰ 0462 340074 – www.alessandrogilmozzi.it – solo a
cena escluso sabato e domenica su prenotazione – Aperto 1° dicembre-5 aprile
e 15 giugno-15 ottobre; chiuso martedì

🍴 Costa Salici 🏠 ✿ 🄿

CUCINA REGIONALE · RUSTICO XX E' una famiglia a gestire con grande passione e dinamismo questa casa di montagna, con sala classica e caratteristica stube in legno di cirmolo, rivisitando con fantasia i "baluardi" della tradizione.

Carta 35/54 € – carta semplice a pranzo

via Costa dei Salici 10 – ℰ 0462 340140 (prenotare) – www.costasalici.com
– Chiuso 10 giorni in giugno, 10 giorni in ottobre e lunedì escluso agosto

🏠 Lagorai ⚘ ⚘ ⟨ ⟨⊟ ⚒ 🖥 ⊕ 🏠 🛋 🖥 ﾖ 🛁 ⟨

FAMILIARE · STILE MONTANO Ad 1 km dal centro, in splendida posizione panoramica, l'hotel si affaccia sulla valle: profusione di legno d'abete nelle ottime camere ed un incantevole giardino a terrazze. In generale, una generosa offerta di servizi in tutti i settori!

40 cam ⚲ – ♦163/319 € ♦♦232/456 € – 10 suites

via Val di Fontana 2 – ℰ 0462 340454 – www.hotel-lagorai.com
– Chiuso 4-30 novembre e 9 aprile-30 maggio

🏨 Bellavista   ✿ 🌐 🍴 ⊟ ⚹ 🦺 🚗

TRADIZIONALE · STILE MONTANO All'interno di un bell'edificio con decorazioni che continuano nell'elegante hall, camere semplici - le più spaziose sono le tre suite su due piani - e piatti locali nella classica sala ristorante.

42 cam ⌫ – ⬩60/200 € ⬩⬩100/400 € – 3 suites

via Pizzegoda 13 - ☎ 0462 230228 - www.bienvivrehotels.it - Chiuso maggio e novembre

🏨 Excelsior   ✿ 🍴 ⊟

TRADIZIONALE · STILE MONTANO In un palazzo del '500 - nel cuore storico del paese - dai pavimenti alla splendida stufa decorata, il passato ha lasciato più di una traccia. Camere più semplici dagli arredi contemporanei. Le opzioni per i pasti sono variegate: cucina classica o pizza nell'attiguo locale.

30 cam ⌫ – ⬩64/96 € ⬩⬩108/172 €

piazza Cesare Battisti 8 - ☎ 0462 340403 - www.excelsiorcavalese.com - Chiuso aprile, maggio e novembre

🏨 Orso Grigio ⓝ   ✿ 🍴 ⊟ ⚹ 🚗

STORICO · STILE MONTANO Edificio dalle antiche origini che attraverso i secoli arriva fino ai giorni nostri: dopo una recente ristrutturazione si propone come struttura elegante ed accogliente, bella area wellness con grande vasca idromassaggio e zona relax.

18 cam ⌫ – ⬩70/130 € ⬩⬩90/150 €

Via Giovanelli 5 ✉ 38033 - ☎ 0462 341481 - www.hotelorsogrigio.it - Chiuso novembre e maggio

🏨 Park Hotel Azalea   ✿ 🛎 🍴 ⊟ ⚹ 🅿

TRADIZIONALE · MINIMALISTA Nel centro della rinomata località trentina, profusione di legno, design contemporaneo ed elementi di modernariato anni '50 per una risorsa che fa della calorosa gestione familiare il proprio punto di forza.

34 cam ⌫ – ⬩65/117 € ⬩⬩100/205 €

via delle Cesure 1 - ☎ 0462 340109 - www.ecoparkhotelazalea.it – Chiuso 15 aprile-15 maggio e 15 ottobre-1° dicembre

🏨 Laurino   🛎 🍴 ⊟ ⚹ 🅿

TRADIZIONALE · STILE MONTANO La posizione centrale di questo incantevole palazzo del '600 non ne penalizza la tranquillità, camere e suite confortevoli con grande cura del dettaglio per un soggiorno all'insegna del romanticismo. Ricca, sana e gustosa prima colazione con prodotti biologici a km 0 servita in un'antica sala.

7 cam ⌫ – ⬩50/150 € ⬩⬩100/160 € – 5 suites

via Antoniazzi 14 - ☎ 0462 340151 - www.hotelgarnilaurino.it

🏨 Salvanel   ✿ 🍴 ⊟ ⚹ 🌸 🅿

FAMILIARE · STILE MONTANO A due passi dal centro, piccolissimo albergo ricavato da una casa del Settecento. La gestione è familiare, attenta alla cura e alla pulizia delle camere piacevolmente in stile montano; l'ultimo piano ospita - ora - anche sauna e bagno turco.

7 cam ⌫ – ⬩65/80 € ⬩⬩109/145 €

via Carlo Esterle 4 - ☎ 0462 232057 - www.salvanel.com – Chiuso 25 giorni in giugno e 25 giorni in novembre

CAVALLINO

Venezia – ✉ 30013 – Carta regionale n° **23**-C2
Carta stradale Michelin 562-F19

🏨 Art & Park Hotel Union Lido   ✿ 🏊 🛎 ⛱ 🍴 👜 ✂ ⛳ ⊟ ⚹ 🔲

TRADIZIONALE · FUNZIONALE All'interno di un complesso turistico 🌸 🦺 🅿
che si estende per oltre 1 km sul mare, piacevoli sale classiche, una piccola zona fitness e beauty-wellness centre. Accanto c'è il ristorante con pizzeria.

94 cam ⌫ – ⬩63/149 € ⬩⬩89/228 €

via Fausta 270 - ☎ 041 968043 - www.parkhotelunionlido.com - Aperto 21 aprile-1° ottobre

a Treporti Ovest : 11 km ⊠ 30010

🍴○ **Ai Do Campanili** 🛋 AC

PESCE E FRUTTI DI MARE · INTIMO ✕ Ridotte sono le dimensioni della casa che lo ospita e piccola è anche la saletta al 1° piano, ma se non gli spazi, sarà la qualità del cibo un valido motivo per venire a trovare questa giovane e dinamica gestione. In carta non mancano mai i crudi e variazioni più moderne sul tema del pesce. Ricca selezione di vini, da acquistare anche per asporto.

Menu 65/85 € – Carta 43/80 €

piazza Santissima Trinità
☏ *041 530 1716 (prenotare) – www.aldocampanili.it – Chiuso mercoledì, anche martedì in novembre-aprile*

CAVASSO NUOVO

Pordenone (PN) – ⊠ 33092 – 1 525 ab. – Alt. 300 m – Carta regionale n° **6**-B2
Carta stradale Michelin 562-D20

🕙 **Ai Cacciatori** AC 🅿

CUCINA FRIULANA · CONTESTO TRADIZIONALE ✕ Daniel e la moglie Angelina propongono - rigorosamente a voce - fragranti e gustosi piatti, fieri della propria forte radice territoriale. Ottime le pappardelle con porcini - il cinghiale con polenta - e, come il nome lascia intuire, la cacciagione!

Menu 30/45 € – Carta 29/51 €

via Diaz 4 – ☏ 0427 777800 (prenotare)
– Chiuso 1 settimana in gennaio, 3 settimane in luglio, domenica sera, lunedì e martedì

CAVATORE

Alessandria – ⊠ 15010 – 291 ab. – Alt. 516 m – Carta regionale n° **12**-C3
Carta stradale Michelin 561-I7

🕙 **Da Fausto** 🕸 ⇔ 🏵 ≤ 🛋 ⤵ 🅿

CUCINA PIEMONTESE · CONVIVIALE ✕✕ All'interno di una cascina ristrutturata, in splendida posizione collinare e panoramica - lo sguardo spazia sino alla Alpi nelle giornate più limpide - qui si celebra la cucina piemontese. Quindi tanta carne, ma anche ottime paste fresche, come i celebri agnolotti, e gustosi dolci. Camere accoglienti e moderne, per prolungare il soggiorno nel verde e nella tranquillità.

🍴 Menu 18 € (pranzo in settimana)/38 € – Carta 30/46 €

4 cam ⎓ – ♥90/100 € ♥♥100/140 €

località Valle Prati 1 – ☏ 0144 325387 (consigliata la prenotazione)
– www.relaisborgodelgallo.it
– Chiuso 1° gennaio-10 febbraio, martedì a mezzogiorno e lunedì, anche martedì sera in ottobre-giugno

CAVAZZO CARNICO

Udine (UD) – ⊠ 33020 – 1 052 ab. – Carta regionale n° **6**-B1
Carta stradale Michelin 562-C21

🕙 **Borgo Poscolle** 🛋 & 🅿

CUCINA TRADIZIONALE · AGRESTE ✕ Cucina casalinga legata al territorio in una gradevole trattoria familiare, con orto biologico e fattoria didattica per la pet therapy, dove la ricerca del prodotto locale - possibilmente a km 0 - si è trasformata in piacevole ossessione. I dolci sono, la passione della cuoca-titolare! Volete una dritta? Millefoglie alla crema con fragole.

Carta 29/52 €

via Poscolle 21/a – ☏ 0433 935085 (consigliata la prenotazione)
– Chiuso lunedì sera, martedì e mercoledì

CAVENAGO DI BRIANZA

Monza e Brianza (MB) – ✉ 20873 – 7 261 ab. – Alt. 176 m – Carta regionale n° **10**-B2
Carta stradale Michelin 561-F10

🏛️ **Devero** 🔆 🔲 🕸 🅿️ 🛁 🚇 🔌 🗚 ♨️ 🚗

BUSINESS · MODERNO A pochi chilometri da Milano, ma già in Brianza, Devero è un business & design hotel dalle linee nette e moderne i cui standard di confort ed accoglienza sono veramente proverbiali. Della spa segnaliamo la beauty farm, mentre per la ristorazione le scelte sono due: l'informale Bistrot o il serale (omonimo) dell'hotel.

128 cam 🛏️ – ♦69/320 € ♦♦69/320 € – 10 suites

largo Kennedy 1 – ☎ 02 9533 5412 – www.deverohotel.it

CAVERNAGO

Bergamo – ✉ 24050 – 2 624 ab. – Alt. 199 m – Carta regionale n° **10**-C2
Carta stradale Michelin 561-F11

❀ **Il Saraceno** (Roberto Proto) 🗚 🅿️

CUCINA MODERNA · CONTESTO CONTEMPORANEO ✕✕ Un cucina seria, capace di accostamenti creativi, realizzata con prodotti di ottimo valore qualitativo: il pesce è il grande protagonista del menu, bollicine e vini bianchi i suoi degni accompagnatori. La ricchezza di sapori nei piatti sarà il ricordo che porterete con voi. In alternativa alla carta, a pranzo, anche menu business.

→ Risotto, in un paesaggio marino. Ricciola cotta fuori e cruda dentro, salsa pizzaiola e olio bruciato di cipollotto. Limone... punto.

Menu 30 € (pranzo in settimana)/85 € – Carta 75/122 €

piazza Don Verdelli 2 – ☎ 035 840007 – www.ristorante-ilsaraceno.it – Chiuso 1 settimana in gennaio, 2 settimane in agosto, lunedì e martedì

CAVI Genova (GE) → Vedere Lavagna

CAVOUR

Torino – ✉ 10061 – 5 545 ab. – Alt. 300 m – Carta regionale n° **12**-B3
Carta stradale Michelin 561-H4

🍴 **La Nicchia** 🌼 🗚

CUCINA REGIONALE · RUSTICO ✕✕ Una nicchia di "buon gusto" all'interno di un edificio di fine '700, già indicato in un'antica mappa napoleonica. Sulla tavola, il meglio delle materie prime locali in ricette regionali, benevolmente aperte ad intrusioni moderne. In cantina un'ottima selezione di vini, mentre il locale si sdoppia con la Vineria dove si servono piatti regionali più semplici ed economici.

👄 Menu 18 € (in settimana)/44 € – Carta 37/64 €

via Roma 9 – ☎ 0121 600821 – www.lanicchia.net – Chiuso 2 settimane in agosto, giovedì a mezzogiorno e mercoledì

🍴 **La Posta** 🌼 🔁 🚇 🗚

CUCINA PIEMONTESE · CONTESTO TRADIZIONALE ✕ La fantasiosa insalata di mele ed il paté di fegato di selvaggina, gli agnolotti (o i tagliolini) fatti a mano, i bolliti con le mille salse, il bonet: insomma, se volevate gustare l'autentica cucina piemontese siete cascati bene! Camere semplici e confortevoli all'interno di una corte rendono La Posta una vera locanda.

👄 Menu 12 € (pranzo in settimana)/38 € – Carta 23/61 €

18 cam 🛏️ – ♦55/80 € ♦♦80/120 €

*via dei Fossi 4 – ☎ 0121 69989 – www.locandalaposta.it
– Chiuso 29 dicembre-4 gennaio e venerdì*

CAVRIGLIA

Arezzo – ✉ 52022 – 9 614 ab. – Alt. 281 m – Carta regionale n° **18**-C2
Carta stradale Michelin 563-L16

⅋○ Il Casale ⟨ 🛏 🏠 **P**

PESCE E FRUTTI DI MARE · FAMILIARE ⅹ Nonostante la collocazione non certo costiera e l'appoggio ad un agriturismo, il giovane cuoco sa come intrigare i suoi ospiti con una fragrante cucina di mare, servita in una piccola verandina affacciata sul verde.

Menu 55/75 € – Carta 50/67 €

località il Casale 259, frazione Grimoli, Sud-Ovest: 3 km – ℰ 055 966 9609 (prenotazione obbligatoria) – www.ilcasaleagriturismo.it – solo a cena escluso domenica da fine settembre a fine aprile – Chiuso 1° gennaio-13 febbraio, lunedì, anche martedì e mercoledì da fine settembre a fine aprile

🏠 Le Lappe 🌳 🐾 ⟨ 🛏 🍴 ☕ 🗛 **P**

CASA DI CAMPAGNA · BUCOLICO Circondato da un panorama di colline e boschi toscani, due casali "uniti" da un bel giardino con piscina formano una residenza d'epoca, isolata, tipica, ma - allo stesso tempo - particolarmente curata (molti bagni ad esempio sono dotati di vasca idromassaggio). Colazioni e pasti verranno consumati nella veranda o meglio ancora, tempo permettendo, all'aperto.

11 cam ⌂ – ♦90/130 € ♦♦130/180 €

località Rimontoli, frazione Montegonzi, Sud: 3 km – ℰ 348 240 3201 – www.lelappe.it – Chiuso 9 gennaio-9 febbraio

a Meleto Nord : 9 km ✉ 52020

🏠 Villa Barberino 🌳 🐾 ⟨ 🛏 🍴 🍽 🗛 ☕ **P**

CASA DI CAMPAGNA · STORICO In una fattoria del '300 con annesso borgo, un giardino all'italiana perfettamente tenuto ed una bella piscina che, oltre ad offrire momenti di piacevole relax, regala alla vista il panorama di dolci colline. La cucina toscana è rivisitata con garbo e i sapori cambiano con il mutar delle stagioni al ristorante Il Tributo.

14 cam ⌂ – ♦50/100 € ♦♦70/140 € – 3 suites

viale Barberino 19 – ℰ 055 961813 – www.villabarberino.it

CECCHINI DI PASIANO Pordenone → Vedere Pasiano di Pordenone

CECINA

Livorno – ✉ 57023 – 28 046 ab. – Alt. 15 m – Carta regionale n° **18**-B2
Carta stradale Michelin 563-M13

⅋○ Il Doretto 🏠 ☕ 🗛 **P**

CUCINA MODERNA · ACCOGLIENTE ⅩⅩ Nella gradevole atmosfera di un cascinale ristrutturato, il cuoco, appassionato di Champagne di cui serve una buona selezione, reinterpreta i classici toscani, sia di terra che di mare. Concretezza di sapori ed estro inventivo ne sanciscono il successo.

Carta 34/77 €

via Pisana Livornese 32, Nord: 2,8 km – ℰ 0586 668363 (coperti limitati, prenotare) – Chiuso 7-24 novembre e mercoledì

CEFALÙ Sicilia

Palermo – ✉ 90015 – 14 393 ab. – Carta regionale n° **17**-C2
Carta stradale Michelin 365-AT55

⅋○ Locanda del Marinaio 🏠 🗛

CUCINA MEDITERRANEA · ACCOGLIENTE ⅩⅩ Gustosi piatti che profumano di Mediterraneo – sebbene realizzati dalla chef/titolare tedesca – in un grazioso locale del brulicante centro di Cefalù. L'ambiente è semplice ed informale, ma la cucina propone interessanti rivisitazioni.

Carta 33/70 €

via Porpora 5 – ℰ 0921 423295 – Chiuso martedì

🏨 Riva del Sole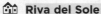

TRADIZIONALE · LUNGOMARE Fronte mare, ma al tempo stesso attaccato al centro storico, l'albergo dispone di camere con balcone o terrazzino, nonché pregevole vista sul Tirreno; confort moderni e comodi servizi quali spiaggia, parcheggio, transfert da e per gli aeroporti.

28 cam 🖂 - †80/90 € ††120/130 €

lungomare Giardina 25 - 𝒞 0921 421230 - www.rivadelsole.com - Chiuso novembre

CEGLIE MESSAPICA

Brindisi - 🖂 72013 - 20 076 ab. - Alt. 298 m - Carta regionale n° **15**-C2
Carta stradale Michelin 564-F34

🕄 Al Fornello-da Ricci (Ricci e Sookar)

CUCINA PUGLIESE · RUSTICO ✕✕ La Puglia che vi aspettate servita in tavola: dai Ricci c'è una calorosa accoglienza famigliare, un ristorante dall'atmosfera calda e avvolgente, nonché un'ottima cucina regionale che punta sui prodotti della terra. Gli antipasti sono una mini degustazione obbligata, ma sono quanto di più tipico e locale ci sia qui. Ergo, vivamente consigliati!

→ Sagne 'ncanulate al ragù bianco di maiale con mollica tostata. Spiedo misto di agnello, salsiccia, fegatini e bombette cegliesi. Crostatina salata alle mele margine con gelato al latte di capra e gel di bucce di mela.

Menu 50/70 €

via delle Grotte 11, contrada Montevicoli - 𝒞 0831 377104 (prenotazione obbligatoria) - www.alfornellodaricci.com - solo a cena escluso domenica - Chiuso 22 febbraio-7 marzo, 25 ottobre-7 novembre, domenica sera, lunedì e martedì; in ottobre-maggio aperto solo sabato sera e domenica a mezzogiorno

🕄 Cibus

CUCINA PUGLIESE · CONTESTO TRADIZIONALE ✕✕ Parlare di cucina regionale qui sarebbe riduttivo, il ristorante custodisce infatti ricette di Ceglie, a volte persino familiari, con una straordinaria ricerca di prodotti quando ancora la filosofia del km 0 era ben lontana! Tra indimenticabili antipasti e gustose paste fresche, è una tappa immancabile di ogni viaggio in Puglia. Da assaggiare gli straccetti di maialino nero in riduzione di primitivo con cipolla di Acquaviva, il biscotto cegliese, ma anche gli eccellenti formaggi!

Carta 25/49 €

via Chianche di Scarano 7 - 𝒞 0831 388980 - www.ristorantecibus.it - Chiuso 1 settimana in gennaio-febbraio, 1 settimana in giugno e martedì

🏨 Madonna Delle Grazie

TRADIZIONALE · ELEGANTE Alchimie cosmetiche e percorsi di bellezza nell'attrezzato centro benessere di questo nuovo hotel dai confort contemporanei e dallo stile signorile; la posizione tranquilla vi ripagherà della sua ubicazione periferica rispetto al paese. Piatti regionali al ristorante con una carta vincente: una grande terrazza panoramica sulla campagna per la bella stagione.

26 cam 🖂 - †75/105 € ††90/150 €

via Fedele Grande snc, contrada Pisciacalze, Ovest: 1 km - 𝒞 0831 381371 - www.hotelmadonnadellegrazie.it

CELLARENGO

Asti - 🖂 14010 - 720 ab. - Alt. 321 m - Carta regionale n° **14**-C1
Carta stradale Michelin 561-H5

🏨 Agriturismo Cascina Papa Mora

FAMILIARE · ACCOGLIENTE In aperta campagna e circondata da coltivazioni biologiche, questa bella cascina offre camere semplici, ma curate e personalizzate, nonché la possibilità di effettuare turismo equestre con corsi, escursioni e attività varie. Piatti piemontesi al ristorante.

7 cam 🖂 - †48/80 € ††48/80 €

via Ferrere 16, Sud: 1 km - 𝒞 0141 935126 - www.cascinapapamora.it - Chiuso 1° gennaio-4 marzo

CELLE LIGURE

Savona – ⊠ 17015 – 5 237 ab. – Carta regionale n° **8**-B2
Carta stradale Michelin 561-I7

⑩ **Torre**   🛋 Ⓐ P

CUCINA LIGURE · FAMILIARE ※ Ristorante a gestione familiare - mamma in sala, figlio in cucina - per un locale che cita a piene mani la Liguria: ottimo pesce, anche crudo, verdure e qualche ricetta di terra.
Menu 45/75 € – Carta 35/83 €

via Aurelia Ponente 20 – 𝒞 019 993465 – www.ristorantetorrecelle.it – Chiuso 15 ottobre-30 novembre, domenica sera e lunedì escluso in estate

CELLE SUL RIGO Siena → Vedere San Casciano dei Bagni

CENERENTE Perugia → Vedere Perugia

CERASO

Salerno – ⊠ 84052 – 2 397 ab. – Alt. 340 m – Carta regionale n° **4**-C3
Carta stradale Michelin 564-G27

a Petrosa Sud-Ovest : 7,5 km ⊠ 84052 – Ceraso

🏠 **Agriturismo La Petrosa**   ✿ 🐾 🛏 ⅂ 🖼 ⅃ P

AGRITURISMO · AGRESTE Voglia di una vacanza rurale nel Parco del Cilento? C'è anche un agricampeggio con alcune piazzole, in questa risorsa dalle camere in stile rustico e un piccolo caseificio per assaggiare i propri formaggi vaccini e di capra. La posizione è piuttosto decentrata, ma proprio per questo garantisce una certa tranquillità, da godere anche a bordo piscina.
10 cam ⌕ – †50/60 € ††80/100 €

via Fabbrica 25 – 𝒞 0974 61370 – www.lapetrosa.it – Aperto 1° aprile-3 novembre

CERBAIA Firenze → Vedere San Casciano in Val di Pesa

CERCOLA

Napoli (NA) – ⊠ 80040 – 18 267 ab. – Alt. 75 m – Carta regionale n° **4**-B2
Carta stradale Michelin 564-E25

🏠 **Relais Villa Buonanno**   ✿ 🛏 ⊟ 🗭 ⅄ P

BUSINESS · ELEGANTE Villa di origini seicentesche con parco/giardino curato e nella corte un bellissimo cedro libanese di 300 anni. Interni più moderni, ottimo confort e buoni spazi. Piatti regionali al ristorante Torre Platta che ne ha per tutti i gusti: cucina campana, steakhouse e qualche ricetta vegetariana. C'è anche il wine-bar.
38 cam ⌕ – †49/99 € ††59/139 € – 4 suites
viale Buonanno 10 – 𝒞 081 733 2202 – www.villabuonanno.it

CEREA

Verona (VR) – ⊠ 37053 – 16 529 ab. – Alt. 18 m – Carta regionale n° **23**-B3
Carta stradale Michelin 562-G15

🏠 **Villa Ormaneto**   ✿ 🐾 🛏 Ⓐ ⅄ P

DIMORA STORICA · DESIGN In una splendida villa di origini trecentesche in aperta campagna, all'armonia dell'architettura esterna fanno eco spunti di moderno design negli ambienti interni; camere molto confortevoli, le romantiche all'ultimo piano dai soffitti spioventi sono state ricavate nell'ex granaio. Cucina tradizionale veneta al ristorante.
8 cam ⌕ – †75/105 € ††85/120 €
via Isolella Bassa 7 – 𝒞 0442 83795 – www.villaormaneto.com

CERIGNOLA

Foggia – ⊠ 71042 – 58 396 ab. – Alt. 120 m – Carta regionale n° **15**-B2
Carta stradale Michelin 564-D29

⫶○ **U' Vulesce** ⓝ 🏠 🅰️🅲️

CUCINA PUGLIESE · ACCOGLIENTE ⅹ Rappresentano una bella storia di famiglia i Di
Donna che, sulla base della gastronomia aperta più di 60 anni fa, hanno impostato
anche un valido ristorante dove proporre i migliori prodotti di questa generosa
regione, tra terra e mare, salumi e formaggi, accompagnando il tutto con buoni vini.
Carta 30/52 €

via Cesare Battisti 3 – ℰ *0885 425798 – www.rosariodidonna.it*
– Chiuso 1 settimane in gennaio, 2 settimane in agosto, domenica sera e lunedì

CERMENATE

Como – ⊠ 22072 – 9 144 ab. – Alt. 297 m – Carta regionale n° **10**-B1
Carta stradale Michelin 561-E9

⫶○ **Castello** 🐾 🏠 ⇔ 🅿️

CUCINA DEL TERRITORIO · ACCOGLIENTE ⅹⅹ Locale storico in zona, ma moderno e
minimalista negli arredi, con tante bottiglie (soprattutto di distillati) a riempire le
molte teche in vetro. Cucina stagionale e territoriale con qualche spunto di fantasia.
Carta 42/75 €

via Castello 28 – ℰ *031 771563 – www.comiristorantecastellocomi.it – Chiuso*
26 dicembre-6 gennaio, agosto, domenica sera e lunedì

CERMES TSCHERMS

Bolzano (BZ) – ⊠ 39010 – 1 531 ab. – Alt. 292 m – Carta regionale n° **19**-B2
Carta stradale Michelin 354-AB4

⫶○ **Miil** 🏠 🅿️

CUCINA CLASSICA · ELEGANTE ⅹⅹ All'interno della tenuta vinicola Kränzelhof, le
sale del ristorante propongono un elegante mix di legni antichi e moderni, un'atmosfera raffinata e alla moda per una cucina creativa, sia di carne che pesce.
Menu 75 € – Carta 42/73 €

via Palade 1 – ℰ *0473 563733 – www.miil.it – Chiuso sabato e domenica*

CERNOBBIO

Como – ⊠ 22012 – 6 745 ab. – Alt. 201 m – Carta regionale n° **10**-A1
Carta stradale Michelin 561-E9

⛬ **Materia** (Davide Caranchini) ♿ 🅰️🅲️

CUCINA CREATIVA · CONTESTO CONTEMPORANEO ⅹⅹ Cucina di contaminazione italiana, asiatica e altro ancora, in carta troverete molte verdure, spezie ed
erbe aromatiche, che il cuoco mette al servizio del suo credo: sgrassare i piatti
estraendo e concentrando i sapori. Ci riesce alla grande! Caranchini è uno dei giovani cuochi più originali ed interessanti.

→ Linguine al non pomodoro. Coda di bue, lenticchie, barbabietola, dragoncello e
patate. Carota, ruta e ricotta di pecora.
Menu 55/105 € – Carta 53/83 €

via Cinque Giornate 32 – ℰ *031 207 5548 (consigliata la prenotazione)*
– www.ristorantemateria.it – Chiuso 2 settimane in gennaio, 2 settimane
in novembre, martedì a mezzogiorno e lunedì

⫶○ **La Veranda** ⬅ 🍽 🏠 🅰️🅲️ 🎰 🅿️

CUCINA MODERNA · LUSSO ⅹⅹⅹⅹ Si gode di un magnifico panorama sui giardini
e sul lago da questo raffinato ristorante che richiede un dress code serale (giacca
e cravatta per gli uomini), e dove d'estate le ampie vetrate vengono abbassate
per accentuare l'impressione di essere immersi nel parco: il miglior contorno
immaginabile per una cucina che propone piatti della migliore tradizione italiana.
Carta 120/255 €

Hotel Villa d'Este, via Regina 40 – ℰ *031 348720 – www.villadeste.com*
– Aperto 8 marzo-14 novembre

⫶○ Trattoria del Vapore ᨒ 🏠 ❄

CUCINA DEL TERRITORIO · AMBIENTE CLASSICO XX Un camino d'inizio secolo scorso, pietra a vista e numerose foto d'epoca conferiscono al locale un'atmosfera di calda accoglienza, mentre la cucina è legata alle tradizioni lacustri; ad essa si affianca una ricca enoteca.

Menu 30 € (pranzo in settimana) – Carta 42/58 €

via Garibaldi 17 – ☏ 031 510308 – www.trattoriadelvapore.it – Chiuso 25 dicembre-25 gennaio e mercoledì

⫶○ Trattoria del Glicine ᨒ 🏠

CUCINA MODERNA · VINTAGE X E' la passione che continua ad ispirare lo chef patron di questo accogliente ristorante dall'atmosfera un po' vintage, dove tutto è preparato in maniera casalinga con anche una particolare attenzione verso chi soffre di celiachia. Servizio all'aperto su una terrazza ombreggiata da un antico glicine.

Carta 46/83 €

via Vittorio Veneto 1, località Piazza Santo Stefano, Ovest: 1,5 km – ☏ 031 511332 (consigliata la prenotazione) – www.trattoriadelglicine.com – Chiuso 31 dicembre-6 gennaio e martedì a mezzogiorno

🏨🏨 Villa d'Este ✿ ⌂ ≤ 🛏 ♨ 🗐 🌐 🀄 ⵌ ✕ 🖨 🕭 AC 🛁 🚗

GRAN LUSSO · BORDO LAGO Più che un hotel, Villa d'Este è una destinazione ed una leggenda: eleganza classica, confort assoluto, glamour hollywoodiano. In una dimora cinquecentesca, che è un invito alla "dolce vita", il lusso si veste d'intemporalità sfoggiando stucchi, arcate, quadri, lampadari di Murano. Le alternative al ristorante Veranda sono diverse: l'ambiente del Grill si fa più rilassato, mentre Il Platano si propone come bistrot internazionale, entrambi dotati di belle terrazze dove è possibile cenare con una magnifica vista lago.

145 cam ⧌ – ♦470/740 € ♦♦570/1480 € – 7 suites

via Regina 40 – ☏ 031 3481 – www.villadeste.com – Aperto 8 marzo-14 novembre

⫶○ **La Veranda** – Vedere selezione ristoranti

🏠 Miralago ✿ ≤ 🖨 AC

TRADIZIONALE · BORDO LAGO Una signorile casa liberty affacciata sul lago e sulla passeggiata pedonale ospita un albergo accogliente; moderne camere di dimensioni limitate, ma ben accessoriate. Bella veduta del paesaggio lacustre dalla sala ristorante.

40 cam ⧌ – ♦75/160 € ♦♦105/290 €

piazza Risorgimento 1 – ☏ 031 510125 – www.hotelmiralago.it – Aperto 1° marzo-15 novembre

La guida vive con voi: raccontateci le vostre esperienze.
Comunicateci le vostre scoperte più piacevoli e le vostre delusioni.
Buone o cattive sorprese? Scriveteci!

CERNUSCO SUL NAVIGLIO
Milano – ⊠ 20063 – 33 436 ab. – Alt. 134 m – Carta regionale n° **10**-B2
Carta stradale Michelin 561-F10

⫶○ Due Spade ᨒ 🏠 AC

CUCINA MODERNA · ELEGANTE XxX Un "salotto" elegante, con soffitto e pavimento di legno, questo locale raccolto, che ruota tutt'intorno al camino della vecchia filanda e - d'estate - si apre ad un piacevole dehors immerso nel verde; cucina stagionale rivisitata è quanto propone il menu.

Menu 47 € – Carta 41/68 €

via Pietro da Cernusco 2/a – ☏ 02 924 9200 – www.ristoranteduespade.it – Chiuso 25 dicembre-6 gennaio, 8-31 agosto e lunedì

CERRETO GUIDI

Firenze (FI) – ✉ 50050 – 10 870 ab. – Alt. 123 m – Carta regionale n° **18**-B1
Carta stradale Michelin 563-K14

⑪○ PS Ristorante 🏠 ⅙ 🅰🄲 ⅋ 🅿

CUCINA MODERNA · INTIMO XX All'ingresso del paese, PS sono le iniziali del giovane cuoco che sposa le esperienze gastronomiche apprese in giro per il mondo con un cucina imperniata sui prodotti del territorio: fantasia ed elaborazione sono il condimento di ottimi piatti a base sia di pesce che di carne. Ambiente recentemente rinnovato, buona carta dei vini ed - ora - anche degli oli. Bravi!

Menu 50/70 € – Carta 48/76 €

via Pianello val Tidone 41 – ℰ 0571 559242 – www.ps-ristorante.it – solo a cena – Chiuso 1 settimana in gennaio o febbraio, 1 settimana in settembre, domenica e lunedì

CERRETTO LANGHE

Cuneo (CN) – ✉ 12050 – 442 ab. – Alt. 687 m – Carta regionale n° **14**-C3
Carta stradale Michelin 561-I6

⑪○ Trattoria del Bivio 🐎 ⬅ 🦌 🏠 🏔 🅿

CUCINA PIEMONTESE · ROMANTICO XX In alta Langa, l'antica cascina è stata ristrutturata e oggi offre eleganti ambienti dallo stile rurale contemporaneo. Il legame della cucina con la terra è forte, ma divagazioni sul pesce non sono escluse. I risultati, in ogni caso, sono encomiabili. Ottime infine anche le camere, come la calorosa accoglienza familiare.

Menu 40/55 € – Carta 47/73 €

6 cam ☑ – ♦90/120 € ♦♦100/140 €

località Cavallotti 9, Nord-Ovest: 4 km – ℰ 0173 520383 – www.trattoriadelbivio.it – Chiuso 7-21 marzo, 1°-10 luglio, lunedì e martedì

CERRO MAGGIORE

Milano – ✉ 20023 – 15 257 ab. – Alt. 205 m – Carta regionale n° **10**-A2
Carta stradale Michelin 561-F8

a Cantalupo Sud-Ovest : 3 km ✉ 20020

⑪○ Corte Lombarda 🏠 🅰🄲 ⇌ 🅿

CUCINA CLASSICA · ELEGANTE XXX Eleganti sale interne, anche con camino, in una vecchia cascina che offre servizio estivo all'aperto; tocco fantasioso nella cucina, di pesce e di tradizione lombarda.

Carta 39/66 €

piazza Matteotti 9 – ℰ 0331 535604 – www.cortelombarda.it – Chiuso 26 dicembre-10 gennaio, 3-28 agosto, domenica sera e lunedì

CERTOSA KARTHAUS Bolzano → Vedere Senales

CERTOSA DI PAVIA

Pavia – ✉ 27012 – 3 341 ab. – Alt. 91 m – Carta regionale n° **9**-A3
Carta stradale Michelin 561-G9

⌘ Locanda Vecchia Pavia "Al Mulino" (Annamaria Leone) 🐎 🏠

CUCINA CREATIVA · ELEGANTE XXX Gli innamorati del tempo che fu 🅰🄲 🅿 troveranno qui il loro ristorante, nel contesto bucolico e romantico di un magazzino seicentesco di un mugnaio. La cucina presenta qualche specialità locale - celebri i risotti - ma è fondamentalmente libera di orientarsi in ogni direzione, pesce di mare compreso.

→ Lasagnette di pasta fresca alla robiola, asparagi e funghi cardoncelli. Suprema di piccione arrostita in forno alle bacche di mirtillo rosso. Zuppa di ciliegie al brachetto con gelato allo yogurt.

Menu 40 € (pranzo in settimana)/75 € – Carta 58/95 €

via al Monumento 5 – ℰ 0382 925894 – www.vecchiapaviaalmulino.it – Chiuso 1°-20 gennaio, 6-26 agosto, domenica sera e lunedì

CERVERE

Cuneo – ⊠ 12040 – 2 236 ab. – Alt. 304 m – Carta regionale n° **12**-B3
Carta stradale Michelin 561-I5

⣘⣘ Antica Corona Reale (Gian Piero Vivalda) ⣘ 🈂 🅰🅲 ⣘ 🅿

CUCINA PIEMONTESE · CONTESTO TRADIZIONALE XXX Comune di circa duemila anime in provincia di Cuneo, Cervere deve la sua fama all'Antica Corona Reale, nonché ad un umile porro dalle caratteristiche organolettiche molto speciali.

Storico indirizzo Relais&Chateaux tra Langhe e Monviso che nel 2016 ha celebrato il suo duecentesimo anniversario, il ristorante gestito da cinque generazioni dalla famiglia Vivalda nasce come cascina, per ottenere poi con il nuovo millennio i riconoscimenti culinari che tutti conoscono.

Lo chef-patron Gian Piero, con trascorsi da Georges Blanc e Alain Ducasse, dà vita a dei menu vocati all'eccellenza, proponendo una cucina colorata, profumata, trasparente e contraddistinta da esecuzioni di alto livello. La maison diventa presto un riferimento per gourmet italiani ed internazionali, ma anche per numerose aziende legate al territorio che gli forniscono capponi, faraone, vitelli, peperoni di Carmagnola, funghi porcini, e tanto ancora.

→ Uovo in cocotte con tartufo bianco d'Alba. Capretto di Roccaverano alla brace d'ulivo e la sua finanziera. Sognando Monet.

Menu 110/200 € – Carta 75/130 €

via Fossano 13 – 𝒞 0172 474132 – www.anticacoronareale.com
– Chiuso 26 dicembre-10 gennaio, 7-21 agosto, martedì sera e mercoledì; solo mercoledì in ottobre-dicembre

CERVESINA

Pavia – ⊠ 27050 – 1 204 ab. – Alt. 72 m – Carta regionale n° **9**-A3
Carta stradale Michelin 561-G9

🏰 Il Castello di San Gaudenzio ⣘ ⣘ 🛗 🔲 🛁 🅰🅲 ⣘ 🅿

STORICO · ELEGANTE Un'oasi di pace, questo castello del XIV secolo con interni in stile e dépendance intorno ad un bel giardino all'italiana. L'attrezzata area congressi rende, inoltre, la struttura particolarmente interessante per una clientela business. Cucina del territorio, in sintonia con le stagioni nel raffinato ristorante.

42 cam ⟐ – ♦100/120 € ♦♦140/200 € – 3 suites

via Mulino 1, località San Gaudenzio, Sud: 3 km – 𝒞 0383 3331 – www.hcsg.it

CERVIA

Ravenna – ⊠ 48015 – 28 940 ab. – Carta regionale n° **5**-D2
Carta stradale Michelin 562-J19

⃝ Locanda dei Salinari 🈂 🅰🅲

CUCINA REGIONALE · CONTESTO TRADIZIONALE XX Locale raccolto ed accogliente nell'antico borgo dei Salinari: lo chef-patron propone una cucina pacatamente moderna usufruendo dei migliori prodotti della Romagna, sia di terra sia di mare.

Menu 30/47 € – Carta 31/69 €

circonvallazione Sacchetti 152 – 𝒞 0544 971133 – Chiuso 10 giorni in febbraio, 10 giorni in novembre, i mezzogiorno di mercoledì e giovedì in giugno-agosto, tutto il giorno negli altri mesi

🏰 Gambrinus ⣘ ⣘ 🈂 🛁 🔲 ⣘ 🅰🅲 ⣘ 🅿

TRADIZIONALE · PERSONALIZZATO Oltre 50 anni di attività, per quest'hotel fronte mare dagli ambienti signorili e dove trova posto anche un piccolo centro benessere con cabine per trattamenti e vasca idromassaggio. Nel lussuoso ristorante i piatti della cucina nazionale allietano i commensali.

79 cam ⟐ – ♦70/96 € ♦♦108/226 € – 3 suites

lungomare Grazia Deledda 102 – 𝒞 0544 971773 – www.gambrinushotel.it
– Aperto 10 maggio-22 settembre

🏨 Universal

TRADIZIONALE · LUNGOMARE 20 metri è la distanza che vi separa dalla spiaggia dorata, in questa struttura i cui toni pastello della facciata sono riproposti nelle luminose camere, dotate di moderni confort, tutte con balcone.

93 cam ⊠ – †50/105 € ††75/180 € – 1 suite

lungomare Grazia Deledda 118 – 𝒞 0544 71418 – www.selecthotels.it – Aperto 1° aprile-10 ottobre

a Milano Marittima Nord : 2 km ⊠ 48015 – Cervia–

😊 Osteria del Gran Fritto 🛖

PESCE E FRUTTI DI MARE · CONVIVIALE ⅹ Nella zona del porto canale, dei cantieri e del centro velico, bianca struttura in legno con dehors sulla spiaggia. Specialità di pesce campeggiano in menu, ma già dal nome s'intuisce che da padrone la fa il fritto, insieme al pesce azzurro; volendo anche piatti da asporto. L'ispettore ha gradito: la terrina alla vaniglia con zabaione al Marsala.

Carta 30/52 €

via Leoncavallo 11 – 𝒞 0544 974348 – www.osteriadelgranfritto.com – Chiuso lunedì escluso aprile-settembre

🍴 Sale Grosso 🛖 🆎

PESCE E FRUTTI DI MARE · ACCOGLIENTE ⅹⅹ Ristorante di pesce diventato un autentico punto di riferimento in città: ambiente gradevole dai colori chiari e decorazioni d'ispirazione marinara, cucina con tanti crudi ed un tocco di modernità.

Menu 35/50 € – Carta 49/92 €

viale 2 Giugno 15 – 𝒞 0544 971538 – www.ristorantesalegrossomilanomarittima.it – solo a cena in giugno-settembre – Chiuso novembre e lunedì escluso in aprile-settembre, aperto solo il fine settimana in inverno

🏨 Palace Hotel

LUSSO · ELEGANTE A pochi metri dal mare, immersa nella tranquillità di un parco di ulivi millenari, prestigiosa struttura dagli eleganti spazi arredati con mobili intarsiati, lampadari Venini e marmi provenienti dalla Turchia. Piatti sia di terra sia di mare, nel rispetto della stagionalità dei prodotti, nella capiente sala da pranzo affacciata sul giardino.

112 cam ⊠ – †130/410 € ††150/450 € – 13 suites

viale 2 Giugno 60 – 𝒞 0544 993618 – www.selecthotels.it – Aperto 28 dicembre-9 gennaio e 16 marzo-19 ottobre

🏨 Premier & Suites 🏨

LUSSO · DESIGN Spiaggia privata, belle camere e lussuose suite con terrazzo benessere, in una struttura di raffinato design ed ottimo confort: sicuramente adatta per un turismo leisure, la risorsa offre anche spazi per la clientela business. Al ristorante, un viaggio nel gusto che fa tappa soprattutto nei sapori regionali.

40 cam ⊠ – †120/250 € ††130/400 € – 3 suites

VII Traversa 17 – 𝒞 0544 995839 – www.premierhotels.it

🏨 Waldorf 🏨

GRAN LUSSO · DESIGN Dotate di balconi attrezzati, la maggior parte delle camere e tutte le Luxury Suites godono di vista sul mare; queste ultime sono dislocate su due livelli e dispongono di area benessere con Jacuzzi sul terrazzo. Design, raffinatezza, innovazione, in una struttura dalla forma iconica, con ampie vetrate e spazi che ripropongono i movimenti del mare. Cucina regionale reinterpretata con gusto moderno al ristorante la Settimana; nella bella stagione si pranza nel locale sulla spiaggia.

30 cam ⊠ – †280/450 € ††320/500 € – 4 suites

VII Traversa 17 – 𝒞 0544 995839 – www.premierhotels.it – Aperto 10 aprile-30 settembre

Aurelia

TRADIZIONALE · ACCOGLIENTE Sito direttamente sul mare e circondato da un ampio giardino che conduce alla spiaggia, l'hotel annovera camere suddivise tra corpo centrale e villa, un centro benessere e piscina climatizzata. I sapori della tradizione vengono serviti presso la sala ristorante arredata in calde tonalità.

94 cam ⌒ – †75/190 € ††95/330 € – 2 suites

viale 2 Giugno 34 – ℰ 0544 975451 – www.selecthotels.it

 Globus

TRADIZIONALE · ELEGANTE Hotel elegante con ingresso al 1° piano tra lampa-dari in pregiato cristallo, camere di gusto classico e un moderno centro benes-sere. Attrezzata spiaggia privata con ristorante al Globus Beach.

80 cam – †70/130 € ††85/220 € – ⌒ 15 €

viale 2 Giugno 59 – ℰ 0544 992115 – www.hotelglobus.it – Aperto
1° aprile-30 settembre

Grand Hotel Gallia

PALACE · CLASSICO Un luminoso salotto all'ingresso accoglie i clienti in questo hotel dai grandi spazi arredati con preziose ceramiche ed eleganza di eco sette-centesca. Attrezzata sala riunioni e piscina in giardino. Al ristorante, i sapori della gastronomia tradizionale.

99 cam ⌒ – †95/180 € ††120/290 €

piazzale Torino 16 – ℰ 0544 994692 – www.selecthotels.it – Aperto
1° aprile-10 ottobre

Le Palme

TRADIZIONALE · LUNGOMARE Fronte mare e vicino al centro, ma discosto dalle vie più affollate, questo hotel coniuga la quiete della pineta con il côté glamour di Milano Marittima. Camere confortevoli, spiaggia privata, due zone benessere e due piscine: una semi olimpica e un'altra più piccola. Ricette regionali di terra e di mare al ristorante.

100 cam ⌒ – †75/200 € ††99/350 € – 2 suites

VII Traversa 12 – ℰ 0544 994661 – www.premierhotels.it – Aperto
27 dicembre-6 gennaio e 19 marzo-2 novembre

Alexander

TRADIZIONALE · MODERNO Tavolini e piscina dominano l'ingresso di questo hotel costruito in posizione centrale che offre accoglienti camere, una terrazza-solarium ed un centro benessere.

52 cam ⌒ – †80/220 € ††100/280 €

viale 2 Giugno 68 – ℰ 0544 991516 – www.alexandermilanomarittima.it – Aperto
10 aprile-30 settembre

Majestic

FAMILIARE · LUNGOMARE Adatta per una vacanza con famiglia al seguito, Maje-stic è una struttura moderna che si rinnova di anno in anno, dotata di ambienti confortevoli e sita direttamente sulla spiaggia. In caso di mal tempo la bella piscina viene coperta grazie ad una copertura mobile, ed è sempre ai suoi bordi che a pranzo viene allestito un buffet di insalate e self-service; cucina clas-sica nell'ampia sala ristorante.

50 cam ⌒ – †60/120 € ††80/200 € – 5 suites

via X Traversa 23 – ℰ 0544 994122 – www.mimaclubhotel.it – Aperto
Pasqua-30 settembre

Mazzanti

TRADIZIONALE · LUNGOMARE In una zona tranquilla direttamente sul mare e - al tempo stesso - centrale, struttura tradizionale che si avvale di un'ottima e valida gestione familiare. Negli ultimi anni, la proprietà ha provveduto al rinnovo delle camere, diventate - ora - ancora più accoglienti e confortevoli che in passato.

48 cam ⌒ – †50/350 € ††50/350 € – 5 suites

via Forlì 51 – ℰ 0544 991207 – www.hotelmazzanti.it – Aperto
Pasqua-24 settembre

CERVINIA Aosta → Vedere Breuil-Cervinia

CERVO
Imperia – ⊠ 18010 – 1 187 ab. – Alt. 66 m – Carta regionale n° **8**-B3
Carta stradale Michelin 561-K6

🍴 **San Giorgio**   🥂 ⇦ ◑ ≼ 🏠 🆑

CUCINA REGIONALE · ROMANTICO XX Salette raccolte e romantiche sembrano riflettere il fascino della località, mentre la cucina punta sulla qualità del pescato in piatti semplici e tradizionali. Se mangiate in terrazza, prenotate un tavolo con vista su Diano e la baia, una cornice mozzafiato. Al San Giorgino stesse materie prime, ma elaborazioni più semplici e ambiente informale.

Menu 35 € (pranzo in settimana)/65 € – Carta 62/145 €

2 cam ☑ – †100 € ††130 €

via Ugo Foscolo 36, centro storico – 𝒞 0183 400175 (consigliata la prenotazione) – www.ristorantesangiorgio.net – Chiuso 10-25 dicembre, 8-26 gennaio, lunedì sera da ottobre a Pasqua, martedì a mezzogiorno in luglio-agosto, anche martedì sera negli altri mesi

---

> Budget modesto? Optate per il menu del giorno generalmente a prezzo più contenuto.

CESENA
Forlì-Cesena – ⊠ 47521 – 96 758 ab. – Alt. 44 m – Carta regionale n° **5**-D2
Carta stradale Michelin 562-J18

🏨 **Casali Home**   🛎 ♨ 🔄 🆑

TRADIZIONALE · CLASSICO In posizione semicentrale, la hall con zona lounge e spazio esterno è uno dei punti di forza dell'albergo, insieme al grazioso centro benessere. Camere più classiche con qualche arredo d'epoca.

47 cam ☑ – †95/250 € ††108/300 € – 1 suite

via Benedetto Croce 81 ⊠ 47521 – 𝒞 0547 22745 – www.hotelcasalicesena.com

CESENATICO
Forlì-Cesena – ⊠ 47042 – 25 796 ab. – Carta regionale n° **5**-D2
Carta stradale Michelin 562-J19

❀❀ **Magnolia** (Alberto Faccani)   🏠 🆑 ✵

CUCINA CREATIVA · DESIGN XXX Un'indiscussa realtà gastronomica la cui fama ha ormai valicato i confini della riviera romagnola. Per lo chef-patron, Alberto Faccani, la cucina è stato un sogno coltivato fin da bambino, della serie: "da grande farò il cuoco!" , ma che poi – una volta adulto – solo una ferrea disciplina ed un'incessante curiosità gli hanno permesso di coronare.

I suoi piatti memorabili hanno conquistato le due stelle, in virtù di costanti quali la elaborazione, la fantasia e gli accostamenti originali. Ricette che valorizzano le materie prime del territorio, superando, tuttavia, le ideali barriere geografiche.

Se il servizio è preciso e professionale, la carta dei vini si mostra ben fornita ed articolata, riservando un'attenzione particolare alle bollicine italiane e non. E per chi volesse passare dall'altra parte, ovvero ai fornelli, si propongono lezioni di cucina tematiche e serate speciali "a quattro mani", per imparare a creare piatti insieme ad Alberto e ad altri chef stellati suoi ospiti.

→ Risotto riviera adriatica. Dentice in panzanella di melanzane. Uovo tropicale.

Menu 95/135 € – Carta 87/129 €

viale Trento 31 – 𝒞 0547 81598 – www.magnoliaristorante.it – solo a cena escluso sabato e domenica da settembre a maggio – Chiuso 2 settimane in marzo, 2 settimane in novembre e mercoledì

✿ La Buca   🛥 & 🔠

PESCE E FRUTTI DI MARE · MINIMALISTA XXX Col bel tempo i romantici troveranno imperdibile il dehors lungo il porto canale di Cesenatico, mentre in condizioni avverse ci si rifugia volentieri nella moderna ed elegante essenzialità della sala interna. In ogni caso, nei piatti arriveranno prodotti del mare, dal grande assortimento di crudi a proposte più articolate, ma sempre tese ad evidenziare la qualità del pescato.

→ Pasta fresca alla chitarra, calamaretti e aglio nero di Voghiera. Rombo, erba San Pietro, arancia e fumo. Mirtillo, ribes nero, vaniglia e sorbetto ai fiori di sambuco.

Menu 75 € – Carta 59/91 €

corso Garibaldi 45 – ℰ 0547 186 0764 (consigliata la prenotazione)
– www.labucaristorante.it – Chiuso lunedì

◉ Osteria del Gran Fritto   🛥 & 🔠

PESCE E FRUTTI DI MARE · STILE MEDITERRANEO X Il nome ne indica già la specialità, il fritto, a cui si aggiungono piatti della tradizione popolare adriatica (seppie, sarde, poverazze, calamari...) nella sala azzurra dai richiami marini o in quella ornata da suggestive foto di pescatori. Col bel tempo è una corsa ai tavoli lungo il romantico porto canale!

Carta 30/53 €

corso Garibaldi 41 – ℰ 0547 82474 – www.osteriadelgranfritto.com

🍴 12 Ristorante   🛥 🔠 ✄

PESCE E FRUTTI DI MARE · DI TENDENZA XX Ambiente originale di grande personalità per una cucina di pesce ad alti livelli, delizioso dehors affacciato sul canale che ospita i battelli storici del museo della marineria.

Menu 39/46 € – Carta 45/65 €

Casadodici, via Armellini 12a – ℰ 0547 82093 (consigliata la prenotazione)
– www.12ristorante.com – solo a cena escluso sabato, domenica e periodo estivo
– Chiuso martedì

🍴 Osteria da Beppe   🔠

PESCE E FRUTTI DI MARE · FAMILIARE XX L'antico titolare Beppe non c'è più, ma quello attuale - tutto sorrisi e simpatia romagnola - saprà essere all'altezza... Autentica trattoria di mare, ciò che offre il mercato del giorno vi verrà elencato a voce in una successione di piatti tanto semplici quanto gustosi. Una vera griglia di carbone è tra le specialità della casa.

Carta 50/65 €

via Saffi 8 ✉ 47042 Cesenatico – ℰ 0547 81529 – www.osteriadabeppe.com
– solo a cena in giugno-settembre – Chiuso 10 giorni in novembre, 10 giorni in giugno e martedì

🍴 Maré   ◁ 🛥 ◖ &

CUCINA MODERNA · ALLA MODA X Non solo ristorante, ma anche spiaggia, bar e bottega, dalla colazione del mattino agli aperitivi con tapas, dallo spuntino veloce alla cenetta intima, sarete accolti in un ambiente informale, fresco, personalizzato.

⊜ Menu 19 € (pranzo)/45 € – Carta 37/44 €

via Molo Di Levante 74 – ℰ 331 147 6563 – www.mareconlaccento.it – Aperto fine marzo-inizio novembre; chiuso le sere da lunedì a giovedì in ottobre

🏨 Grand Hotel da Vinci   ♔ ⇋ ☒ ⊠ ☻ 🐾 🔠 ⊡ & 🔠 🎣 🅿

LUSSO · MODERNO A pochi metri dalla spiaggia, il corpo centrale è frutto del restauro di una colonia d'inizio Novecento, recentemente ampliato e trasformato in albergo nel marchio di un'eleganza lussuosa, che ha dato particolare importanza a piastrelle e lampadari, tra raffinati arredi contemporanei. Splendido centro benessere, la piscina esterna misura 700m².

80 cam ⌑ – 🛏135/400 € 🛏🛏170/520 € – 6 suites

via Carducci, 7 – ℰ 0547 83388 – www.grandhoteldavinci.com

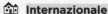 Internazionale

TRADIZIONALE · LUNGOMARE Direttamente sul lungomare, annovera una spiaggia privata dove si trova anche la piscina attrezzata con scivoli ad acqua e una cabina per ogni stanza dell'albergo. Camere arredate in stile sia classico sia moderno; la hall e le parti comuni sono state totalmente rinnovate in tempi recenti. La cucina proposta è di impostazione tradizionale, ma soprattutto di pesce.

59 cam ⌑ – ♦90/145 € ♦♦95/155 € – 1 suite

via Ferrara 7 - ℰ 0547 673344 - www.hinternazionale.it - Aperto 1° maggio-30 settembre

Maree Hotel

FAMILIARE · ACCOGLIENTE In una zona più residenziale e tranquilla di Cesenatico, troverete camere semplici ma ben tenute, dai colori luminosi, bianchi e pastello. Non c'è il ristorante, ma un'ottima colazione di prodotti fatti in casa viene servita fino a mezzogiorno.

30 cam ⌑ – ♦45/90 € ♦♦70/160 €

via N. Da Recco 12 - ℰ 0547 673357 - www.mareehotel.com
- Aperto 19 aprile-22 settembre

Miramare

TRADIZIONALE · FUNZIONALE L'hotel offre un'atmosfera rilassante, camere semplici e spaziose arredate in stile moderno, adatte a nuclei familiari. Possibili anche soluzioni business.

27 cam ⌑ – ♦78/110 € ♦♦100/200 €

viale Carducci 2 - ℰ 0547 80006 - www.welcompany.it

Sporting

TRADIZIONALE · LUNGOMARE A più di un km dal centro - direttamente sulla spiaggia - l'hotel è consigliato a chi vuole evitare gli schiamazzi notturni e preferisce una zona verde e tranquilla. Graziose camere con carta da parati in stile inglese, tutte vista mare.

46 cam ⌑ – ♦80/140 € ♦♦80/140 €

viale Carducci 191 - ℰ 0547 83082 - www.hotelsporting.it
- Aperto 16 maggio-16 settembre

Atlantica

STORICO · FUNZIONALE Affacciata sul mare, è una caratteristica villa degli anni '20 successivamente trasformata in albergo. Piacevole veranda in ferro battuto, camere semplici e gestione familiare.

24 cam – ♦90/120 € ♦♦100/170 € – ⌑ 15 €

viale Bologna 28 - ℰ 0547 83630 - www.hotelatlantica.it - Aperto Pasqua-30 settembre

Casadodici

LOCANDA · PERSONALIZZATO Sul porto canale leonardesco, ogni camera è stata arredata in modo diverso e s'ispira a sei icone del mondo cinematografico - Sofia Loren, Brigitte Bardot, Greta Garbo, Audrey Hepburn, Jane Birkin e Grace Kelly - in una casa che offre al suo interno una sorta di show room riassumente il piacere dei viaggi dei titolari. Non meno affascinante la sala colazioni con ricordi asiatici e uno splendido tavolo di Bali.

6 cam – ♦79/119 € ♦♦99/179 € – ⌑ 6 €

via Armellini 12a - ℰ 0547 401709 - www.casadodici.com

⊓○ **12 Ristorante** – Vedere selezione ristoranti

a Valverde Sud : 2 km ✉ 47042 – Cesenatico

Vista Mare

TRADIZIONALE · DESIGN Sul lungomare, è uno dei migliori alberghi della località con una raffinata atmosfera contemporanea interamente giocata sul bianco e nero. Particolarmente buona la colazione con angolo bio e prodotti per celiaci, terrazza-solarium con bar e idromassaggio.

36 cam ⌑ – ♦60/160 € ♦♦90/250 €

viale Carducci 286 ✉ 47042 Cesenatico - ℰ 0547 87506
- www.hotelvistamarecesenatico.it

⌂ Caesar   🏃 ⪦ ⌁ 🕉 ⌓ ⪦ 🖭 🗚 **P**

TRADIZIONALE · LUNGOMARE Da oltre cinquant'anni gestito dalla stessa famiglia, camere semplici ma ben tenute e una sorridente ospitalità vi attendono in questo albergo sul lungomare, tra i pochi in zona ad offrire una piscina riscaldata.

48 cam ⌨ – ♥50/150 € ♥♥60/220 €

viale Carducci 290 – 𝒞 0547 86500 – www.hotel-caesar.com – Aperto 1° aprile-30 settembre

a Villamarina Sud : 3 km ✉ 47030 – Cesenatico

⌂⌂ Sport & Residenza   🏃 ⌁ ⪦ 🖭 ⪦ 🗚 **P**

TRADIZIONALE · MEDITERRANEO In posizione tranquilla a 100 metri dalla spiaggia, questo hotel recentemente rinnovato dispone, ora, di attrezzate camere e possibilità di appartamenti anche in formula residence.

65 cam ⌨ – ♥65/140 € ♥♥100/200 € – 25 suites

via Pitagora 5 – 𝒞 0547 87102 – www.riccihotels.it – Aperto 15 maggio-20 settembre

a Zadina Pineta Nord : 2 km ✉ 47042 – Cesenatico

⌂ Renzo   🏃 🐾 ⪧ ⌁ ⪦ 🖭 🗚 🍴 **P**

FAMILIARE · CLASSICO Al termine di una strada chiusa, 50 metri di pineta e poi il mare: verde e silenzio. Piscina sul roof garden con solarium e camere di due tipologie, le standard più semplici o le confort più moderne.

36 cam – ♥60/80 € ♥♥90/110 € – ⌨15 €

viale dei Pini 55 – 𝒞 0547 82316 – www.renzohotel.it – Aperto Pasqua-16 settembre

CETARA

Salerno – ✉ 84010 – 2 141 ab. – Alt. 10 m – Carta regionale n° **4**-B2
Carta stradale Michelin 564-F26

🕲 Al Convento   🕼 🍴 🗚

CUCINA CAMPANA · TRATTORIA X Bella trattoria-pizzeria dalle sale decorate con affreschi risalenti al Medioevo e, in menu, tante gustose specialità marinare, nonché piatti della tradizione locale (serviti d'estate anche sulla suggestiva piazzetta). Tra gli imperdibili, le diverse interpretazione dell'alice: dagli spaghetti con colatura, a quelle marinate, fritte, in scapece. Insomma, ce n'è per tutti i gusti!

Menu 35/55 € – Carta 22/54 €

piazza San Francesco 16 – 𝒞 089 261039 – www.alconvento.net – Chiuso mercoledì in ottobre-maggio

CETONA

Siena – ✉ 53040 – 2 755 ab. – Alt. 385 m – Carta regionale n° **18**-D2
Carta stradale Michelin 563-N17

⍥○ La Frateria di Padre Eligio   🕼 ⪦ ⪧ 🍴 🍴 ⇔ **P**

CUCINA MODERNA · ELEGANTE XxX In un parco, la frateria è un convento fondato da San Francesco nel 1212 - gestito da una comunità, "Mondo X" - i cui prodotti provengono dalle varie loro sedi. Tra suggestioni mistiche, ci si lascia andare a peccati di gola.

Menu 70/100 €

via San Francesco 2, Nord-Ovest: 1 km – 𝒞 339 202 3859 (prenotazione obbligatoria) – www.lafrateria.it – Chiuso gennaio, febbraio e martedì

⍥○ Il Tiglio di Piazza Da Nilo   🍴 🗚 ⇔

CUCINA REGIONALE · ACCOGLIENTE XX Direttamente sulla piazza principale, un edificio del Seicento ospita questo piccolo locale di tono rustico-moderno, dove gustare una cucina tradizionale.

Carta 35/45 €

piazza Garibaldi 33 – 𝒞 0578 239040 – www.iltigliodipiazza.com – Chiuso 15 gennaio-10 febbraio e martedì escluso 20 giugno-30 settembre

La Locanda di Cetona

LOCANDA · ROMANTICO In fondo alla scenografica piazza Garibaldi e sotto l'imponente Rocca Medioevale, si tratta di un semplice quanto affascinante bed & breakfast, dalle camere curate e, graziosamente, personalizzate.

11 cam ☲ – ♦85/140 € ♦♦85/140 €

piazza Balestrieri 6 – ℰ 0578 237075 – www.iltigliodipiazza.it

CHAMPLAS SEGUIN Torino → Vedere Cesana Torinese

CHAMPOLUC

Aosta – ✉ 11020 – Alt. 1 570 m – Carta regionale n° **21**-B2
Carta stradale Michelin 561-E5

Relais des Glacier

TRADIZIONALE · PERSONALIZZATO Nel centro della località, a 5 minuti dal comprensorio sciistico, un wellness hotel con vasca idromassaggio riscaldata (all'esterno!) ed un ristorante con menu ciclici; settimanalmente due serata a tema.

36 cam ☲ – ♦79/180 € ♦♦89/190 € – 6 suites

*route G.B. Dondeynaz 9 – ℰ 0125 308182 – www.hotelrelaisdesglaciers.com
– Aperto 30 novembre-21 aprile e 22 giugno-9 settembre*

Petit Tournalin

FAMILIARE · STILE MONTANO Caldi e tipici ambienti per un hotel a conduzione familiare ubicato ai margini della pineta: camere spaziose arredate con semplicità, ma impeccabilmente tenute, piacevole zona relax.

19 cam ☲ – ♦40/80 € ♦♦80/160 €

località Villy 2 – ℰ 0125 307530 – www.hotelpetittournalin.it

Villa Anna Maria

FAMILIARE · STILE MONTANO Vista sulla bella natura circostante, quiete silvestre e fascino d'altri tempi in un rustico chalet d'atmosfera, i cui interni sono tutti rigorosamente di legno; piccola vasca idromassaggio e relax in giardino davanti allo splendido scenario del Monte Rosa.

13 cam ☲ – ♦60/100 € ♦♦90/150 €

via Croues 5 – ℰ 0125 307128 – www.hotelvillaannamaria.com

 Un pasto con i fiocchi senza spendere una fortuna? Cercate i Bib Gourmand ❀. Vi aiuteranno a trovare le buone tavole che coniugano una cucina di qualità al prezzo giusto!

CHANAVEY Aosta → Vedere Rhêmes Notre Dame

CHATILLON

Aosta – ✉ 11024 – 4 772 ab. – Alt. 549 m – Carta regionale n° **21**-B2
Carta stradale Michelin 561-E4

Relais du Foyer

TRADIZIONALE · CLASSICO Vicino al Casinò di Saint Vincent, per turisti o clientela d'affari, un'elegante struttura con boiserie nelle camere in stile classico. E per gli amanti della buona tavola, oltre al servizio à la carte, buffet libero sia a pranzo sia a cena a prezzi contenuti.

32 cam ☲ – ♦49/99 € ♦♦59/220 €

località Panorama 37 – ℰ 0166 511251 – www.relaisdufoyer.it

CHERASCO

Cuneo – ✉ 12062 – 9 076 ab. – Alt. 288 m – Carta regionale n° **12**-B3
Carta stradale Michelin 561-I5

ⵣ **Da Francesco** (Francesco Oberto) 🅰️

CUCINA CREATIVA · CONTESTO STORICO ✗✗ Nel cuore della bellissima Cherasco, il ristorante si trova al primo piano di un palazzo seicentesco; occupa due sale, in quella più grande gli affreschi di Operti del secolo successivo vi lasceranno ammirati. In cucina non mancano i classici piemontesi, ma il giovane cuoco non si risparmia dallo stupire con qualche piatto anche di mare.

→ Risotto aglio nero, lumache e scorza di limone. Piccione, caffè, cedro e limone candito. Il Germoglio di Co.Chì (mousse al cioccolato bianco, frutto della passione, terra di cacao).

Menu 60/80 € – Carta 62/102 €

via Vittorio Emanuele 103 – ☎ 339 809 6696
– www.ristorantedafrancesco.com
– Chiuso 18 febbraio-3 marzo, 12-25 agosto, mercoledì a mezzogiorno e martedì

🍴 **La Lumaca** 🐌 🅰️

CUCINA PIEMONTESE · CONTESTO STORICO ✗ Nelle cantine di un edificio di origini cinquecentesche, caratteristico ambiente con volte in mattoni per una cucina tradizionale dove regnano due elementi: la lumaca nel piatto e i vini in cantina.

Menu 35 € – Carta 35/45 €

via San Pietro 26/a – ☎ 0172 489421 – www.osterialalumaca.it – Chiuso 27 dicembre-3 gennaio, 1°-21 agosto, lunedì e martedì

🏨 **Somaschi** 🔆 🐾 🛋 ⚒ 🎵 📶 ♿ 🅰️ 🧖 🅿️

DIMORA STORICA · PERSONALIZZATO Ospitato nello splendido complesso monasteriale culminante con il santuario della Madonna del Popolo, all'arrivo, il colpo d'occhio sul chiostro è mozzafiato, soprattutto la sera quando è illuminato. Le eleganti camere reinterpretano lo stile classico alberghiero in una versione più moderna. Bistrot per pranzi veloci.

27 cam ⚏ – †69/159 € ††99/189 € – 2 suites

via Nostra Signora del Popolo 9 – ☎ 0172 488482 – www.monasterocherasco.it

CHIANCIANO TERME

Siena – ✉ 53042 – 7 105 ab. – Alt. 475 m – Carta regionale n° **18**-D2
Carta stradale Michelin 563-M17

🍴 **Hostaria il Buco** 🅰️

CUCINA REGIONALE · FAMILIARE ✗ Appena sotto al centro storico, nella parte alta della località, un piccolo ristorante-pizzeria dalla calorosa atmosfera familiare. In menu: proposte tipiche toscane, come pici, ravioli ripieni di pecorino, tagliata, fiorentina e torta di Chianciano.

Carta 23/46 €

via Della Pace 39 – ☎ 0578 30230 – Chiuso 2-15 novembre e mercoledì

🏨 **Admiral Palace** 🔆 ⚒ 🖥 🛁 🎵 🛗 📶 ♿ 🅰️ 🧖 🚐

TRADIZIONALE · MODERNO Ecco un indirizzo per chi è alla ricerca del confort e della qualità a 360°! Nato nel 2007, Admiral Palace è prodigo di spazi comuni contraddistinti da uno stile moderno con qualche spunto di design. A completare l'offerta: un'ampia zona benessere e un attrezzato centro congressi.

111 cam ⚏ – †89/199 € ††99/199 € – 12 suites

via Umbria 2 – ☎ 0578 63297 – www.admiralapalace.it

🏨 **Grand Hotel Terme** 🔆 ⚒ 🖥 🛁 🎵 🛗 📶 🅰️ 🅿️

TRADIZIONALE · CLASSICO E' sempre al passo con i tempi questa bella struttura con camere signorili, ben attrezzate, ed un eccellente centro benessere.

50 cam ⚏ – †50/150 € ††60/180 €

piazza Italia 8 – ☎ 0578 63254 – www.grand-hotel-terme-chianciano.com

CHIARAMONTE GULFI Sicilia

Ragusa – ⊠ 97012 – 8 238 ab. – Alt. 668 m – Carta regionale n° **17**-D3
Carta stradale Michelin 365-AX61

↑⃝ Locanda Gulfi   🅰️ 🄿

CUCINA SICILIANA · CASA DI CAMPAGNA XX La sala consente una veduta della moderna cantina, ma se si lascia vagare lo sguardo non sfuggirà la bucolica bellezza della campagna e dei vigneti circostanti, mentre i più "curiosi" spieranno il lavoro dei cuochi nella cucina a vista. Ai sapori dell'isola s'ispirano i piatti.

Carta 40/70 €

Agriturismo Locanda Gulfi, Contrada Patria, Nord-Ovest: 3 km – ℰ 0932 928081 (consigliata la prenotazione) – Chiuso domenica sera e lunedì da novembre a marzo

🏠 Locanda Gulfi   🅰️ 🄿

CASA PADRONALE · CLASSICO All'interno dell'omonima azienda vinicola, in posizione isolata, nella campagna, struttura recente ma realizzata nel tipico stile isolano delle case rurali con tanto di grazioso baglio.

7 cam 🖵 – ♦65/80 € ♦♦126/140 €

contrada Patria, Nord-Ovest: 3 km – ℰ 0932 928081 – www.locandagulfi.it
↑⃝ **Locanda Gulfi** – Vedere selezione ristoranti

CHIAVARI

Genova – ⊠ 16043 – 27 398 ab. – Carta regionale n° **8**-C2
Carta stradale Michelin 561-J9

↑⃝ Lord Nelson   🍴 ⇔ ≤ 🍸

PESCE E FRUTTI DI MARE · ELEGANTE XxX Direttamente sul lungomare, locale raffinato con american bar ed enoteca: una profusione di legno lucidato a specchio in elegante stile marinaro e stuzzicanti proposte a base di pesce.

Menu 55 € – Carta 44/92 €

4 suites 🖵 – ♦♦150/180 €

corso Valparaiso 27 – ℰ 0185 302595 – www.thelordnelson.it – Chiuso 15 giorni in novembre e mercoledì

↑⃝ Da Felice   �〼 🅰️ ⇔

PESCE E FRUTTI DI MARE · MINIMALISTA XX Ambiente moderno dai toni caldi e dallo stile minimalista, con cucina a vista e dehors estivo, per questo storico ristorante presente in città dal 1903! In menu: pesce in tante varianti, ma subordinato al mercato del giorno.

Menu 35 € – Carta 33/64 €

corso Valparaiso 136 – ℰ 0185 308016 (consigliata la prenotazione)
– www.ristorantefelice.it

CHIAVENNA

Sondrio – ⊠ 23022 – 7 379 ab. – Alt. 333 m – Carta regionale n° **9**-B1
Carta stradale Michelin 561-D10

a Mese Sud-Ovest : 2 km ⊠ 23020

↑⃝ Crotasc   🍴 🌿 ⇔ 🄿

CUCINA REGIONALE · CONVIVIALE X Dal 1928 il fuoco del camino scalda le giornate più fredde e le due sale riscoprono nella pietra la storia del crotto e una cordiale accoglienza; in cucina, la tradizione rivive con creatività.

Menu 40/55 € – Carta 45/60 €

via Don Primo Lucchinetti 63 – ℰ 0343 41003 – www.ristorantecrotasc.com
– Chiuso 3 settimane in giugno, lunedì e martedì

CHIENES KIENS

Bolzano (BZ) – ⊠ 39030 – 2 792 ab. – Alt. 784 m – Carta regionale n° **19**-C1
Carta stradale Michelin 562-B17

⑱ **Gassenwirt** ⇦ **P**

CUCINA REGIONALE · FAMILIARE X A fianco alla chiesa del piccolo paese, l'ospitalità qui ha radici antiche, risale al 1602, e continua ancor oggi, con i sapori del territorio sudtirolese. Specialità: gröstel di vitello e patate con insalata di crauti allo speck.

⌘ Menu 25 € – Carta 26/66 €

35 cam ⌂ – ♦59 € ♦♦94 €

via Paese 42 – ℰ 0474 565389 – www.gassenwirt.it – Chiuso novembre e 15 aprile-15 maggio

CHIERI

Torino – ✉ 10023 – 36 595 ab. – Alt. 283 m – Carta regionale n° **12**-B1
Carta stradale Michelin 561-G5

🍴○ **Sandomenico** 🐌 🗚 ⇦

CUCINA ITALIANA · ELEGANTE XXX Luminoso ed elegante dal soffitto con travi a vista ed arredato con pochi tavoli rotondi. Dalle cucine, piatti di terra e di mare, dalle cantine, bottiglie italiane e francesi.

Menu 35/45 € – Carta 42/76 €

via San Domenico 2/b – ℰ 011 941 1864 (prenotare) – Chiuso domenica sera e lunedì

🍴○ **Cascina Lautier** 🈺 🛋 ৬ 🗚 ⇦ **P**

CUCINA MODERNA · CASA DI CAMPAGNA XX Fuori dal centro abitato, sulla sommità di una collinetta, bell'ambiente signorile con proposte di cucina moderna che spaziano dalla terra al mare. A pranzo menù più tradizionali ed economici oltre alla carta serale.

Carta 35/80 €

strada Baldissero 121 – ℰ 011 942 3450 – www.cascinalautier.it – solo a cena – Chiuso 3 settimane in gennaio-febbraio, lunedì a mezzogiorno e martedì

CHIESA IN VALMALENCO

Sondrio – ✉ 23023 – 2 514 ab. – Alt. 960 m – Carta regionale n° **9**-B1
Carta stradale Michelin 561-D11

🍴○ **Il Vassallo** ৬ ⇦ **P**

CUCINA REGIONALE · RUSTICO XX Costruita intorno ad un grande masso di granito dalle sfumature policrome, l'antica residenza vescovile offre atmosfere suggestive e stuzzicanti ricette del territorio.

Carta 28/43 €

via Vassalini 27 – ℰ 0342 451200 – www.ristorantevassallo.it – Chiuso lunedì escluso luglio-agosto

🍴○ **Malenco** ⇐ ⇦ **P**

CUCINA REGIONALE · CONVIVIALE XX Di taglio moderno l'arredo della sala, con vetrata panoramica sulla valle, di impostazione tipica-locale invece la carta: piatti della tradizione a prezzi contenuti.

⌘ Menu 21/35 € – Carta 29/61 €

via Funivia 20 – ℰ 0342 452182 – Chiuso 15-30 giugno, 20-30 novembre e martedì

🏨 **Tremoggia** 🏌 ⇐ 🏮 🛋 🖃 🛁 **P**

FAMILIARE · CLASSICO Calda accoglienza familiare in un albergo storico della località rinnovato nel corso degli anni; oggi offre servizi completi, tra cui l'immancabile zona benessere all'ultimo piano, piccola ma graziosa. Anche il ristorante presenta la stessa cura ed attenzione al dettaglio dell'intera struttura: interessanti piatti legati alla tradizione con un pizzico di fantasia.

39 cam ⌂ – ♦90/190 € ♦♦135/280 € – 4 suites

via Bernina 6 – ℰ 0342 451106 – www.tremoggia.it – Aperto 6 dicembre-22 aprile e 21 giugno-22 settembre

CHIOANO Perugia → Vedere Todi

CHIOGGIA
Venezia – ✉ 30015 – 49 706 ab. – Carta regionale n° **23**-C3
Carta stradale Michelin 562-G18

🍴⃝ **El Gato**   🏠 ⅋ 🆔 ℅

PESCE E FRUTTI DI MARE · ACCOGLIENTE ✕✕ In pieno centro, tre moderne sale dove pareti e soffitti bianchi contrastano con il nero degli arredi, creando un originale effetto positivo/negativo, mentre in estate si può scegliere il dehors sul corso. Sulla tavola il mare in ricette fragranti e gustose: difficile non rimanere soddisfatti!

Carta 53/82 €

corso del Popolo 653 – 𝒸 041 400265 – www.elgato.it – Chiuso lunedì, anche martedì in ottobre-marzo

a Sottomarina Est : 1 km ✉ 30015

🏨 **Le Tegnue**   🏠 ⦏ 🛏 ⅁ 🗝 🔲 🆔 ℅ 🛁 🅿

TRADIZIONALE · LUNGOMARE Situato davanti al mare e circondato dal proprio giardino, questo grande complesso a conduzione diretta dispone di una spiaggia e camere di diverse tipologie. La vista dell'Adriatico si propone da tutte le stanze. Cucina tradizionale chioggiotta e specialità marinare al ristorante.

83 cam ⌧ – †80/140 € ††113/250 € – 2 suites

lungomare Adriatico 48 – 𝒸 041 491700 – www.hotelletegnue.it – Aperto 1° aprile-30 ottobre

🏨 **Bristol**   🏠 ⦏ 🛏 ⅁ 🛏 ⅁ 🔲 🆔 🅿

TRADIZIONALE · CLASSICO Sobria eleganza sia nelle sale, sia nelle accoglienti camere di questa struttura di taglio classico. Sebbene ubicato sul lungomare, con la spiaggia a due passi, il giardino e la piscina meritano una sosta.

64 cam ⌧ – †75/200 € ††90/250 €

lungomare Adriatico 46 – 𝒸 041 554 0389 – www.hotelbristol.net – Chiuso 16 dicembre-20 gennaio

CHIRIGNAGO Venezia → Vedere Mestre

CHIUDUNO
Bergamo (BG) – ✉ 24060 – 5 990 ab. – Alt. 218 m – Carta regionale n° **10**-D1
Carta stradale Michelin 561-F11

🍃 **A'anteprima**   🦋 ⅋ 🆔 🅿

CUCINA CREATIVA · CONTESTO CONTEMPORANEO ✕✕✕ Un intrigante equilibrio tra scienza e ristorazione è alla base degli sforzi di questo bravo chef che tra fornelli e microscopi, pentole e cotture agli ultrasuoni, concede libero sfogo alla propria creatività: da una parte con una linea di cucina moderna, quella proposta nella carta vera e propria, dall'altra con menu degustazione a base di cucina molecolare.

→ Riso pesci e crostacei. Lechazo de Castilla (agnello da latte). Sfera.

Menu 95/140 €

via F.lli Kennedy 12 – 𝒸 035 449 6414 (consigliata la prenotazione) – www.ristoranteanteprima.com – Chiuso 1°-14 gennaio, 3-26 agosto, domenica sera e lunedì

CHIURO
Sondrio – ✉ 23030 – 2 534 ab. – Alt. 390 m – Carta regionale n° **9**-B1

🍴⃝ **Cantarana**   🏠

CUCINA REGIONALE · CONVIVIALE ✕✕ Tra mura quattrocentesche, ma c'è anche un gradevole servizio estivo all'aperto, la proposta gastronomica si divide equamente tra piatti del territorio e specialità prettamente della casa.

🍽 Menu 24 € (in settimana)/42 € – Carta 33/57 €

via Ghibellini 10 – 𝒸 0342 212447 – www.ristorantecantaranachiuro.it – Chiuso domenica

CHIUSA KLAUSEN

Bolzano – ✉ 39043 – Chiusa D'Isarco – 4 863 ab. – Alt. 525 m – Carta regionale n° **19**-C1
Carta stradale Michelin 562-C16

❀❀ Jasmin (Martin Obermarzoner)   ⇦ 📖 🅿

CUCINA CREATIVA · ACCOGLIENTE XxX Qui il "km zero" era già un imperativo prima ancora che diventasse moda nel resto del mondo: materie prime provenienti da aziende e allevamenti controllati, nel rispetto delle loro caratteristiche e stagionalità. Ma poi l'estro di Martin Obermarzoner – affinato con esperienza presso tavole di alto livello - sentì il bisogno di esprimersi anche con ingredienti provenienti da altre latitudini e si procedette, quindi, con un'ideale apertura delle frontiere.

Chi ama stare a tavola affrontando lunghi menu degustazione troverà qui di che saziarsi (in tutti i sensi!): nessuna scelta, bensì una decina di piatti-assaggi per entrare nell'universo creativo di questo giovane enfant prodige della ristorazione sudtirolese.

All'atto della prenotazione – obbligatoria! – non esitate a dichiarare preferenze o intolleranze alimentari in modo da orientare lo chef nella composizione del menu.

→ Risotto mantecato con burro d'abete, gamberi rossi, mela e zenzero. Filetto, coppa e guanciale di maiale iberico con salsa alla birra e verdure. Soufflée di cioccolato con gelato al caffè.

Menu 130 €

20 cam ⌕ – ♦70/145 € ♦♦92/190 €

via Gries 4 – ℰ0472 847448 (prenotazione obbligatoria) – www.bischofhof.it
– solo a cena escluso domenica in ottobre-aprile – Chiuso
1°-24 novembre, 3-15 aprile, martedì e domenica sera in maggio-settembre

🏠 Ansitz Fonteklaus   ⇗ 🛎 ⇐ 📖 ⅃ 🅿

FAMILIARE · STILE MONTANO Potreste incontrare i caprioli, il picchio o lo scoiattolo in questa incantevole oasi di pace; laghetto-piscina naturale; confort e relax in un hotel tutto da scoprire. Calda atmosfera nella sala da pranzo in stile stube.

8 cam ⌕ – ♦63/74 € ♦♦94/107 € – 2 suites

via Freins 4, Est: 3,6 km, alt. 897 – ℰ0471 655654 – www.fonteklaus.it
– Aperto 30 marzo-3 novembre

a Gudon Nord-Est : 4 km ✉ 39043

🍴 Unterwirt   ⇦ 🛎 ⇐ 🍴 ⅃ 🅿

CUCINA CREATIVA · CONTESTO TRADIZIONALE XX Se il tempo non consente di approfittare della gradevole terrazza, allora vi consigliamo di prenotare un tavolo nella stube del XIII secolo, una romantica culla di legno. Cucina creativa, carne e pesce, di grandi livelli.

Menu 58/78 € – Carta 55/96 €

7 cam ⌕ – ♦78/86 € ♦♦112/124 €

Gudon 45 – ℰ0472 844000 – www.unterwirt-gufidaun.com – solo a cena
– Chiuso 15 giugno-3 luglio, domenica sera e lunedì

CHIUSDINO

Siena – ✉ 53012 – 1 903 ab. – Alt. 564 m – Carta regionale n° **18**-C2
Carta stradale Michelin 563-M15

❀ Meo Modo   ❀❀ ⇐ 🍴 🍴 ⅃ 🗚 ⅌ 🅿

CUCINA CREATIVA · LUSSO XxX Le stagioni scandiscono i tempi e colorano la tavola con particolari ingredienti, che lo chef di questo ristorante non si lascia scappare... In un paese come l'Italia che può vantare una biodiversità non facilmente riscontrabile ovunque, i piatti di Meo Modo sono un raffinato esempio di sostenibilità e di rapporto diretto con il territorio: complice anche un prezioso orto biodinamico del locale stesso!

→ Agnolotti al coniglio, condimento di una cacciatora, mais. Agnello, piselli, fieno. Fiori e foglie, mascarpone, susine.

Menu 110/180 € – Carta 97/156 €

Hotel Borgo Santo Pietro, località Palazzetto 110, Est: 7 km – ℰ0577 751222
(consigliata la prenotazione) – www.meomodo.it – Aperto inizio
maggio-31 ottobre; chiuso martedì a mezzogiorno e lunedì

🏠 Borgo Santo Pietro 　　　　　　🐦 ⊱ ⇐ 🛏 ⚒ ❦ ⛲ 🛗 ⛐ **P**

GRAN LUSSO · BUCOLICO Non solo per una fuga romantica, ma per tutti coloro che sono alla ricerca di un resort esclusivo dove trascorrere un soggiorno all'insegna di un raffinato lusso. In una villa del XIII secolo, immersa nel verde di uno splendido giardino, camere barocche, pregne di calore. Oltre al gourmet, c'è anche una bella trattoria per gustare il meglio della tradizione locale.

17 cam ⊠ – ♦535/3000 € ♦♦630/3000 € – 3 suites

località Palazzetto 110, Est: 7 km – ℰ 0577 751222 – www.borgosantopietro.com
– Aperto 15 aprile-31 ottobre

❀ **Meo Modo** – Vedere selezione ristoranti

CHIUSI

Siena – ✉ 53043 – 8 704 ab. – Alt. 398 m – Carta regionale n° **18**-D2
Carta stradale Michelin 563-M17

in prossimità casello autostrada A1 Ovest : 3 km

❀ I Salotti (Katia Maccari) 　　　　　　🐦 🛏 🗔 ❦ 🛗 ⛲ **P**

CUCINA CREATIVA · ELEGANTE XxX Ambiente raffinato e pochi tavoli (consigliamo di prenotare con largo anticipo) per un ottimo ristorante che propone una gustosa cucina, elaborata partendo da diversi prodotti provenienti dalla stessa azienda agricola.

→ Risotto al vino Nobile, ragù di piccione, gelato ai fegatini, polvere di caffè. Consistenza d'agnello, cremoso di verdure, salsa al cioccolato e menta con scalogno confit. Gelato al Vinsanto, pralinato di mandorle, sablé pressato al cantuccio.

Menu 75/90 € – Carta 52/92 €

Hotel Il Patriarca, località Querce al Pino, strada statale 146 ✉ 53043 Chiusi
– ℰ 0578 274407 (prenotazione obbligatoria) – www.isalottidelpatriarca.it – solo a
cena – Aperto 1° maggio-31 ottobre; chiuso lunedì e martedì

🏠 Il Patriarca 　　　　　🐦 ⇐ 🛏 ⚒ 🖵 ❦ 🛗 🏊 **P**

DIMORA STORICA · ELEGANTE Racchiusa in un parco meraviglioso, la villa ottocentesca è stata edificata su un insediamento di origine etrusca e ottimamente ristrutturata con buon gusto. I classici regionali alla Taverna del Patriarca.

22 cam ⊠ – ♦79/99 € ♦♦99/159 €

località Querce al Pino, strada statale 146 ✉ 53043 Chiusi – ℰ 0578 274407
– www.ilpatriarca.it

❀ **I Salotti** – Vedere selezione ristoranti

CICOGNOLO

Cremona (CR) – ✉ 26030 – 982 ab. – Alt. 44 m – Carta regionale n° **9**-C3
Carta stradale Michelin 561-G12

⊛ Osteria de L'Umbreleèr 🅽 　　　　　　🕸 🗔 🛗

CUCINA REGIONALE XX Diverse sale e una veranda che si affaccia su un giardinetto interno per una cucina che non si presta a stranezze gastronomiche, ma fa leva sui solidi e collaudati sapori del territorio. Prezzi contenuti e una discreta, variegata, proposta.

🍴 Menu 20 € (pranzo in settimana) – Carta 31/66 €

via Mazzini 13 – ℰ 0372 830509 – www.unbreleer.it

CIMASAPPADA Belluno → Vedere Sappada

CINQUALE Massa-Carrara → Vedere Montignoso

CIOCCARO Asti → Vedere Penango

CIPRESSA

Imperia – ✉ 18017 – 1 290 ab. – Alt. 240 m – Carta regionale n° **8**-A3
Carta stradale Michelin 561-K5

‖○ La Torre ⛩

CUCINA TRADIZIONALE · SEMPLICE Una serie di tornanti vi condurrà alla volta di Cipressa e di una spettacolare vista sul mare. E' nel centro di questo caratteristico paese che si trova la trattoria: accoglienza familiare e cucina in prevalenza di terra, coniglio e cinghiale tra le specialità.

ⓑ Menu 13 € (pranzo in settimana)/30 € – Carta 24/52 €

piazza Mazzini 2 – ℰ 0183 98000 – Chiuso 10 gennaio-10 febbraio e lunedì

CIRÒ MARINA

Crotone (KR) – ✉ 88811 – 14 902 ab. – Carta regionale n° **3**-B1
Carta stradale Michelin 564-I33

🏨 Il Gabbiano

FAMILIARE · LUNGOMARE Alla fine del lungomare, alle porte del paese: modernità e confort sia nelle camere sia negli spazi comuni. Due sale di tono elegante nel ristorante, con servizio estivo di fronte alla piscina. La sera si propongono anche pizze.

45 cam ⌨ – †50/100 € ††70/160 €

via Punta Alice 2, Nord: 1,5 km – ℰ 0962 31338 – www.gabbiano-hotel.it

CISANO BERGAMASCO

Bergamo – ✉ 24034 – 6 394 ab. – Alt. 267 m – Carta regionale n° **10**-C1
Carta stradale Michelin 561-E10

🏨 La Sosta

FAMILIARE · MODERNO Piacevole risorsa a gestione familiare in una palazzina proprio sulla sponda del fiume Adda, su cui si affaccia con le sue terrazze ed a cui sono dedicate le foto all'interno delle camere, arredate in stile minimalista che non esclude il confort. Al ristorante, cucina di ampio respiro con ricette di carne, ma anche specialità di pesce: d'acqua dolce e di mare.

11 cam ⌨ – †84/120 € ††102/130 € – 1 suite

*via Sciesa 7, località La Sosta, Ovest: 1,5 km – ℰ 035 436 4232
– www.hotellasosta.it – Chiuso 1°-7 gennaio*

CISON DI VALMARINO

Treviso – ✉ 31030 – 2 647 ab. – Alt. 261 m – Carta regionale n° **23**-C2
Carta stradale Michelin 562-E18

🏨 CastelBrando

DIMORA STORICA · PERSONALIZZATO Sorge in posizione elevata questo complesso storico, le cui fondamenta risalgono all'epoca romana: grandi spazi e servizi completi, anche per congressi, area museale aperta al pubblico (su prenotazione). Ambiente e cucina classici al ristorante Sansovino; piatti più semplici e servizio pizzeria alla Fucina.

78 cam ⌨ – †99/140 € ††119/200 € – 2 suites

via Brandolini 29 – ℰ 0438 9761 – www.castelbrando.it

CISTERNA DI LATINA

Latina – ✉ 04012 – 36 868 ab. – Alt. 77 m – Carta regionale n° **7**-C2
Carta stradale Michelin 563-R20

‖○ Il Piccolo Ducato

CUCINA MEDITERRANEA · AMBIENTE CLASSICO In aperta campagna, piatti mediterranei di terra e di mare secondo ricette abbastanza classiche e, soprattutto, senza fronzoli. Ambiente piacevolmente rustico, ma se il tempo è bello, meglio optare per il fresco dehors sotto moderni ombrelloni.

Carta 38/85 €

*via Tivera ang. via Ninfina, Sud-Est: 6 km – ℰ 06 960 1284
– www.ilpiccoloducato.it – Chiuso 17-31 agosto e lunedì*

CITTADELLA DEL CAPO
Cosenza – ⊠ 87020 – Alt. 23 m – Carta regionale n° **3**-A1
Carta stradale Michelin 564-I29

🏰 Palazzo del Capo ⭐ 🐾 ← 🛎 ⌁ 🏊 🔥 🔲 AC 🍽 ⚒ 🅿

LUSSO · STORICO Uno scrigno d'inaspettate sorprese questa residenza storica fortificata sul mare, con torre spagnola nel giardino: eleganti interni d'epoca e servizi di elevato profilo tra cui la nuova beauty farm. Molti spazi per la ristorazione; a disposizione - solo in estate - anche la rotonda sul mare.

11 cam ⌖ – 🛉124/189 € 🛉🛉144/199 €

via Cristoforo Colombo 5 – ℰ 0982 95674 – www.palazzodelcapo.it – Aperto 1° aprile-31 ottobre

CITTÀ DELLA PIEVE
Perugia – ⊠ 06062 – 7 712 ab. – Alt. 509 m – Carta regionale n° **20**-A2
Carta stradale Michelin 563-N18

🍴 Zafferano Pievese 🛎 🏮 ♿ AC

CUCINA CLASSICA · ACCOGLIENTE ✗✗ Città della Pieve è famosa per lo zafferano e questo gradevole ristorante ne celebra degnamente colori e sapori, insieme ad una cucina sapida a cavallo tra Umbria e Toscana con molto spazio in carta per la vera protagonista: la griglia. Anche pizzeria.

Menu 30 € – Carta 30/50 €

Hotel Vannucci, viale Vanni 1 – ℰ 0578 298063 (consigliata la prenotazione) – www.hotel-vannucci.com – Chiuso novembre

🏨 Vannucci 🛎 🏊 🛁 🔲 ♿ AC

TRADIZIONALE · ACCOGLIENTE Una villa di fine Ottocento alle porte dell'incantevole paese accoglie tra le sue mura un ottimo albergo: le camere sono accoglienti con pregevoli arredi in legno, al secondo piano con vista sui tetti e sulle colline.

30 cam ⌖ – 🛉79/135 € 🛉🛉99/169 €

viale Vanni 1 – ℰ 0578 298063 – www.hotel-vannucci.com

🍴 **Zafferano Pievese** – Vedere selezione ristoranti

🏡 Relais dei Magi ⭐ 🐾 ← 🛎 ⌁ 🏊 AC 🍽 🅿

AGRITURISMO · PERSONALIZZATO Occorre percorrere una strada sterrata per giungere a quest'incantevole risorsa che accoglie i propri ospiti in tre diversi edifici. Un soggiorno appartato e raffinato con tanto di piccolo centro benessere con sauna, bagno turco, ampio idromassaggio e zona trattamenti.

12 cam ⌖ – 🛉120/130 € 🛉🛉130/150 €

località le Selve Nuove 45, Sud-Est: 4 km – ℰ 0578 298133 – www.relaismagi.it – Aperto 27 dicembre-6 gennaio e 16 aprile-14 ottobre

🏡 Agriturismo Madonna delle Grazie ⭐ 🐾 ← 🛎 ⌁ 🍽 🅿

CASA DI CAMPAGNA · TRADIZIONALE Offre uno spaccato di vita contadina questo agriturismo immerso nella quiete dei colli tosco-umbri, perfetto per una vacanza a contatto con la natura, tra passeggiate a piedi e a cavallo e qualche tuffo in piscina. Nella sala ristorante interna o all'aperto, la cucina si avvale dei prodotti biologici dell'azienda.

10 cam ⌖ – 🛉70/90 € 🛉🛉90/170 €

località Madonna delle Grazie 6, Ovest: 1 km – ℰ 0578 299822 – www.madonnadellegrazie.it

CITTÀ DEL VATICANO Vaticano → Vedere Roma

CITTÀ DI CASTELLO
Perugia – ⊠ 06012 – 39 913 ab. – Alt. 288 m – Carta regionale n° **20**-B1
Carta stradale Michelin 563-L18

ⵏⵔ Kook Dinner   🏠 🅰🄲

CUCINA MODERNA · CONTESTO CONTEMPORANEO ✕✕ In pieno centro storico, la giovane chef si dedica ad una cucina della tradizione rielaborata in chiave moderna. Per i più modaioli, a partire dalle 18.30, s'incomincia con un bel aperitivo nel dehors accompagnato da finger food.

Carta 35/59 €

via Tre Nonni – 𝒞 075 852 0443 – www.kookdinner.it – solo a cena – Chiuso gennaio, febbraio e domenica

🏠 Tiferno   🕭 🕭 ⌁ 🖂 🅰🄲 🕭 🕭 🅿

STORICO · PERSONALIZZATO Porta l'antico nome della località questo raffinato albergo ricavato in un ex-convento seicentesco nel centro storico, adiacente a Palazzo Albizzini che ospita il museo dedicato al grande artista Burri; quasi tutte le camere sono state oggetto di rinnovo secondo uno stile moderno-essenziale che ben si lega con la tradizione del palazzo.

43 cam ⌑ – ♦60/85 € ♦♦90/145 € – 2 suites

piazza Raffaello Sanzio 13 – 𝒞 075 855 0331 – www.hoteltiferno.it

🏠 Borgo di Celle   🕭 🕭 ⌁ 🕭 🕭 🕭 🕭 🖂 ⌁

CASA DI CAMPAGNA · PERSONALIZZATO Una gran bella risorsa ubicata in collina e all'interno di un piccolo borgo medioevale: cotto e arredi essenziali in arte povera negli spazi comuni composti da sale e salette. Superlativi i giardini con la piscina panoramica. L'attrezzato centro relax completa l'offerta di questo angolo di paradiso.

23 cam ⌑ – ♦60/95 € ♦♦120/190 € – 1 suite

località Celle 7, Nord-Ovest: 7 km – 𝒞 075 851 0025 – www.borgodicelle.it

CITTÀ SANT'ANGELO

Pescara – ✉ 65013 – 14 969 ab. – Alt. 317 m – Carta regionale n° **1**-B1
Carta stradale Michelin 563-O24

in prossimità casello autostrada A 14 Est : 9,5 km :

🏠 Villa Michelangelo   🕭 🕭 ⌁ ⌁ 🖂 ⌁ 🕭 🅿

TRADIZIONALE · ELEGANTE In prossimità delle vie di comunicazione stradale, ma anche a pochi passi dal mare, una struttura che offre un servizio business e leisure per chi ama lo stile classico permeato da qualche concessione moderna.

32 cam ⌑ – ♦85/140 € ♦♦100/180 € – 2 suites

via Lungofino 2 – 𝒞 085 961 4523 – www.hotelvillamichelangelo.net

CIVIDALE DEL FRIULI

Udine – ✉ 33043 – 11 292 ab. – Alt. 135 m – Carta regionale n° **6**-C2
Carta stradale Michelin 562-D22

🙂 Al Monastero   ⇐ 🏠 🅰🄲

CUCINA REGIONALE · RUSTICO ✕ Maltagliati al ragù d'anatra, filetto di maiale in crosta, salumi locali ed altre golosità del territorio, in un ristorante dalle accoglienti sale: originale quella con il tipico fogolar furlan o quella con l'affresco celebrativo di Bacco. Cinque graziosi appartamenti con soppalco e angolo cottura, per chi vuole prolungare la sosta.

🍴 Menu 25/30 € – Carta 27/36 €

5 cam – ♦50/100 € ♦♦120/150 € - senza ⌑

via Ristori 9 – 𝒞 0432 700808 – www.almonastero.com – Chiuso 2 settimane in gennaio, 1 settimana in giugno, domenica sera e lunedì

ⵏⵔ Orsone   ⇐ 🕭 ⌁ 🏠 ⌁ 🅰🄲 🕭 🅿

CUCINA MODERNA · CONVIVIALE ✕✕ Ristorante della famiglia Bastianich, circondati dalle vigne, in un ambiente d'informale rustica-eleganza, la cucina segue una linea moderna ed internazionale con rigore e tecnicismi inappuntabili, ma non dimentica di spunti regionali. Accoglienti e raffinate camere attendono gli ospiti al piano superiore.

🍴 Menu 25/49 € – Carta 37/61 €

8 cam ⌑ – ♦90 € ♦♦150 €

*via Darnazzacco 63, frazione Gagliano – 𝒞 0432 732053 – www.orsone.com
– Chiuso 2 settimane in gennaio, lunedì e martedì*

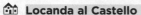

Locanda al Castello

FAMILIARE · CLASSICO All'interno dell'ottocentesco castello che fu, inizialmente, convento dei gesuiti, un albergo a gestione familiare ricco di servizi, come il centro benessere con la beauty, nonché l'omonimo ristorante con cucina di terra e di mare. Immancabile, il fogolar in sala.

27 cam ☑ – ♦65/90 € ♦♦99/150 €

via del Castello 12, Nord-Ovest: 1,5 km – ☎ 0432 733242 – www.alcastello.net

CIVITA CASTELLANA

Viterbo – ✉ 01033 – 16 491 ab. – Alt. 145 m – Carta regionale n° **7**-B1
Carta stradale Michelin 563-P19

Relais Falisco

STORICO · ROMANTICO Nel pittoresco centro storico, raccolto intorno ad un incantevole corte, il palazzo seicentesco offre romantiche suggestioni, dai pavimenti in cotto e travertino, ai soffitti dipinti: un tuffo nelle più suggestive atmosfere della regione.

43 cam ☑ – ♦70/110 € ♦♦90/130 € – 8 suites

via Don Minzoni 19 – ☎ 0761 5498 – www.relaisfalisco.it

CIVITANOVA MARCHE

Macerata – ✉ 62012 – 38 706 ab. – Carta regionale n° **11**-D2
Carta stradale Michelin 563-M23

Galileo

PESCE E FRUTTI DI MARE · STILE MEDITERRANEO ✕✕ Il mare a 360° gradi: non solo perché il locale è ospitato in uno stabilimento balneare con una luminosa sala a vetrate che guardano la distesa blu, ma anche perché il menu è un invitante inno alla ricchezza ittica del Mediterraneo.

Carta 37/69 €

via IV Novembre conc. 25 – ☎ 0733 817656 (consigliata la prenotazione) – Chiuso 20 dicembre-20 gennaio e martedì

CIVITAVECCHIA

Roma – ✉ 00053 – 52 991 ab. – Carta regionale n° **7**-A2
Carta stradale Michelin 563-P17

Alta Marea

PESCE E FRUTTI DI MARE · STILE MEDITERRANEO ✕ Solida conduzione familiare a garanzia di qualità per questo ristorante sul lungomare; colori marini fanno da sfondo ad una fragrante cucina di mare. degni di nota i dessert!

Carta 30/68 €

largo Marco Galli 8 – ☎ 0766 34887 – www.ristorantealtamarea.it – Chiuso martedì, 20 giorni in ottobre-novembre

CIVITELLA ALFEDENA

L'Aquila – ✉ 67030 – 296 ab. – Alt. 1 123 m – Carta regionale n° **1**-B3
Carta stradale Michelin 563-Q23

Antico Borgo La Torre

FAMILIARE · ACCOGLIENTE Nel centro del paese, preservato nella sua integrità storica, due strutture divise dalla torre del '300 che dà il nome all'albergo; camere semplici e rinnovate.

23 cam ☑ – ♦35/50 € ♦♦50/70 € – 1 suite

via Castello 3 – ☎ 0864 890121 – www.albergolatorre.com

CIVITELLA CASANOVA

Pescara – ✉ 65010 – 1 815 ab. – Alt. 400 m – Carta regionale n° **1**-B2
Carta stradale Michelin 563-O23

ॐ **La Bandiera** (Marcello e Mattia Spadone) ⁂ ⬅ ☚ 🎄 ⏋ ⛾ AC P

CUCINA ABRUZZESE · AMBIENTE CLASSICO XXX La posizione - isolata e sperduta (meglio farsi consigliare la strada per arrivarci!) - è solo un ulteriore plus
per scegliere di accomodarsi ai suoi tavoli. La cucina è una bandiera delle specialità abruzzesi di terra proposta con accurata precisione e tecnica. I sapori sempre
magistralmente esaltati.

→ Tortelli d'anatra all'arancia. Agnello, cicoria e vaniglia. Ferratella al cioccolato,
mosto cotto e gelato allo zafferano.

Menu 35 € (pranzo)/70 € - Carta 45/78 €

4 cam ☼ - ♥70 € ♥♥90 €

*contrada Pastini 4, Est: 4 km - ℰ 085 845219 - www.labandiera.it - Chiuso
20 giorni in gennaio, domenica sera e mercoledì*

🍽○ **Il Ritrovo d'Abruzzo** ⬅ 🎄 ⛾ AC

CUCINA MODERNA · AMBIENTE CLASSICO XXX In posizione isolata (meglio con-
sultare una carta o farsi spiegare la strada), i due fratelli con famiglia al seguito
sono impegnati a regalare momenti di piacere grazie ad una leggera rivisitazione
in chiave moderna del territorio.

Menu 32/45 € - Carta 34/44 €

*contrada Bosco 16 - ℰ 085 846 0019 (prenotare) - www.ilritrovodabruzzo.it
- Chiuso lunedì a mezzogiorno e martedì*

CIVITELLA D'AGLIANO
Viterbo (VT) - ✉ 01020 - 1 640 ab. - Alt. 262 m - Carta regionale n° **7**-B1

🏠 **La Tana dell'Istrice** ⌂ AC ⛱ 🔥

DIMORA STORICA · PERSONALIZZATO Dentro al piccolo centro storico, un
palazzo medievale ampliato nel 1500 diventa nel 1996 un'originale realtà ricettiva
con camere rustico-eleganti. Al ristorante si assaggiano i vini prodotti dal patron
Sergio Mottura: tra gli altri, l'autoctono grechetto.

11 cam ☼ - ♥100/130 € ♥♥173/280 €

*piazza Unità d'Italia 12 - ℰ 0761 914 5333 - www.sergiomottura.com - Chiuso
10-28 dicembre e 7 gennaio-21 marzo*

CIVITELLA DEL LAGO Terni → Vedere Baschi

CIVITELLA DEL TRONTO
Teramo - ✉ 64010 - 5 116 ab. - Alt. 589 m - Carta regionale n° **1**-A1
Carta stradale Michelin 563-N23

🍽○ **Zunica 1880** ⬅ ⬅ 🎄

CUCINA REGIONALE · ROMANTICO XX All'interno di un borgo in pietra in cima
ad un colle dal quale abbracciare con lo sguardo colline, mare e montagne, un
locale elegante ormai tappa gourmet dove gustare il meglio della cucina regionale. Camere confortevoli, recentemente ristrutturate.

Menu 40/65 € - Carta 35/67 €

17 cam ☼ - ♥55/90 € ♥♥75/120 € - 3 suites

piazza Filippi Pepe 14 - ℰ 0861 91319 - www.hotelzunica.it - Chiuso 10-30 gennaio

CIVITELLA IN VAL DI CHIANA
Arezzo - ✉ 52040 - 9 121 ab. - Alt. 280 m - Carta regionale n° **18**-C2
Carta stradale Michelin 563-L17

🍽○ **L'Antico Borgo** ⬅ ☚ 🎄 ⛱

CUCINA REGIONALE · CONTESTO STORICO X Nel cuore del borgo medioevale
che domina la valle, in un piccolo palazzetto del '500, caratteristico ristorante
ricavato in un ex locale per la macina dei cereali. Sulla tavola: la tipica cucina
toscana, rigorosamente stagionale.

Carta 33/54 €

5 cam ☼ - ♥55/65 € ♥♥75/95 €

*via di Mezzo 31 - ℰ 0575 448051 (prenotazione obbligatoria) - www.antborgo.it
- Chiuso martedì, anche lunedì, mercoledì, giovedì e domenica sera in ottobre-maggio*

CLERAN KLERANT Bolzano → Vedere Bressanone

CLUSANE SUL LAGO Brescia → Vedere Iseo

CLUSONE
Bergamo – ⊠ 24023 – 8 610 ab. – Alt. 648 m – Carta regionale n° **9**-B2
Carta stradale Michelin 561-E11

⑩ Commercio e Mas-cì   ⇦ 🍷 **P**
CUCINA CLASSICA · FAMILIARE XX Albergo, ma soprattutto ristorante, nel grazioso centro storico. Due belle salette con camino - intime ed accoglienti - fanno da palcoscenico ad una cucina dove primeggiano le specialità locali: molta carne, anche alla griglia, e polenta.

Carta 33/61 €

16 cam ⌑ – †60 € ††80/90 €

piazza Paradiso 1 – ℰ 0346 21267 – www.mas-ci.it – Chiuso 20 giorni in giugno e giovedì

COASSOLO
Torino (TO) – ⊠ 10070 – 1 547 ab. – Alt. 742 m – Carta regionale n° **12G**-B2

⑩ Della Valle   🏠 **P**
CUCINA PIEMONTESE · FAMILIARE X Dopo il trasferimento da Ceres al proprio luogo di nascita, c'è stato anche il cambio nome: da Valli di Lanzo a Della Valle, ma la mano dello chef-patron rimane salda al proprio territorio cui concede giusto qualche inserto moderno. Pizze gourmet solo il venerdì sera.

🍴 Menu 13 € (pranzo in settimana)/34 € – Carta 28/56 € – carta semplice a pranzo

via Case Vignè 98, località San Pietro – ℰ 334 633 7286 – www.ristorantedellavalle.it – Chiuso 9-19 settembre e lunedì

COCCAGLIO
Brescia – ⊠ 25030 – 8 767 ab. – Alt. 162 m – Carta regionale n° **10**-D2
Carta stradale Michelin 561-F11

🏨 Touring   🏹 ⇦ ⌇ 🏠 ℉₅ ℀ 🖃 ⅁ 🗚 ℁ 🏖 🚗
BUSINESS · MODERNO Per affari o relax in Franciacorta, un albergo di ottimo confort, con annesso centro sportivo (c'è addirittura un campo da calcio regolamentare!): raffinata scelta di tessuti d'arredo negli eleganti interni in stile e moderna zona benessere. Piatti internazionali, specialità locali e, la sera, anche pizza, tra le proposte del ristorante.

96 cam ⌑ – †75/105 € ††120/150 €

via Vittorio Emanuele II° 40 – ℰ 030 772 1084 – www.hotel-touring.it

COCCONATO
Asti – ⊠ 14023 – 1 493 ab. – Alt. 491 m – Carta regionale n° **12**-C2
Carta stradale Michelin 561-G6

🏠 Locanda Martelletti   ⇐ ⇦ 🏖
TRADIZIONALE · ACCOGLIENTE Nella parte alta del paese, spicca l'armonia tra le parti più antiche dell'edificio e soluzioni attuali di confort. Prima colazione servita in un delizioso dehors. Piccola ed accogliente sala da pranzo con proposte piemontesi.

9 cam ⌑ – †50/80 € ††80/130 €

piazza Statuto 10 – ℰ 0141 907686 – www.locandamartelletti.it – Chiuso 23 dicembre-1 febbraio

CODIGORO
Ferrara – ⊠ 44021 – 11 999 ab. – Carta regionale n° **5**-D1
Carta stradale Michelin 562-H18

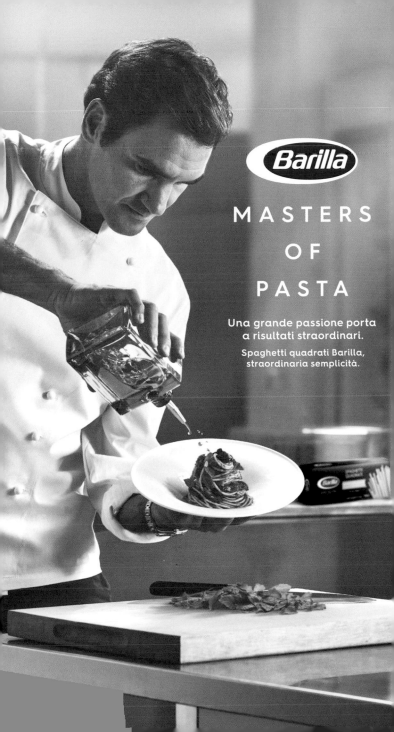

❄ **La Zanzara** (Sauro Bison)   🍴 🍷 AC 🕙 ⇄ P

CUCINA MODERNA · ROMANTICO XX In un affascinante contesto naturalistico, su un'isoletta del parco del delta del Po, un casone di pesca settecentesco fa da sfondo ad una cucina in prevalenza marina, che prende spunto dalla tradizione e dai prodotti locali, cucinati con un leggero tocco moderno, e servita in una raffinata sala con bel camino ed ottimo servizio.

→ Agnolotti di zucca con anguilla affumicata, centrifuga di prezzemolo e acqua di mare. Anguilla alla brace. Millefoglie con crema chantilly e caramello.

Carta 55/105 €

via per Volano 52, località Porticino, Est: 14 km – ℰ 347 036 7841 (coperti limitati, prenotare) – www.ristorantelazanzara.com – solo a cena in luglio-agosto – Chiuso lunedì e martedì

❄ **La Capanna di Eraclio** (Maria Grazia Soncini)   🍷 AC ⇄ P

PESCE E FRUTTI DI MARE · VINTAGE XX Dal 1922, anno di apertura, l'atmosfera pare essere mutata di poco (e vanno ringraziati per questo!!!). Una trattoria del cuore, piacevolmente retrò, autenticamente familiare, dove gustare una cucina vera, fragrante, generosa nei sapori grazie all'utilizzo di straordinari prodotti: freschissimi dal mare (a volte persino vivi!), genuine paste al mattarello e, sempre citando il territorio, la saporita selvaggina di piuma.

→ Maltagliati con vongole veraci di Goro e asparagi selvatici. Anguilla "arost in umad" su polenta bianca. Zabajone al Marsala con ciambella alle mandorle.

Carta 63/126 €

località Ponte Vicini, Nord-Ovest: 8 km – ℰ 0533 712154 (consigliata la prenotazione) – www.lacapannadieraclio.it – Chiuso 12 agosto-12 settembre, mercoledì e giovedì

CODOGNÈ

Treviso (TV) – ✉ 31013 – 5 343 ab. – Carta regionale n° **23**-C2
Carta stradale Michelin 562-E19

🏠 **Agriturismo Villa Toderini**   ⇦ 🖨 AC 🕙 P

FAMILIARE · PERSONALIZZATO Lo specchio d'acqua della peschiera riflette la maestosità e l'eleganza della nobile dimora settecentesca, dalla quale questa bella casa dista solo un breve viale di piante secolari e silenzio. Nessun indugio per chi utilizza il navigatore: il relais si trova proprio nel centro della piccola località.

10 cam ⌂ – †75/85 € ††105/120 €

via Roma 4/a – ℰ 0438 796084 – www.villatoderini.com – Chiuso 24 dicembre-6 gennaio e 15-25 agosto

COGNE

Aosta – ✉ 11012 – 1 417 ab. – Alt. 1 534 m – Carta regionale n° **21**-A2
Carta stradale Michelin 561-F4

❄ **Le Petit Restaurant**   🍴 ⩻ ⇦ 🍷 🖥 🕙 P

CUCINA CREATIVA · INTIMO XXX Pochi coperti, del resto il nome stesso del locale ne anticipa la caratteristica, ma le attenzioni profuse ai suoi ospiti sono immense! Solo quattro tavoli, ciascuno di un secolo diverso, il legno è nudo senza tovaglia. Ci penseranno i piatti ad apparecchiarli: specialità valdostane in grande stile, dalle carni ai formaggi, quest'ultimi affinati in casa. Ultima, ma non ultima la proverbiale cantina con una selezione tra le migliori d'Italia, oltre 2000 etichette.

→ Gnocchi di polenta, toma, spinacini e tartufo nero. Filetto di manzetta cucinato nel sale grosso e fieno di Cogne. La mela valdostana.

Menu 75/90 € – Carta 57/112 €

Hotel Bellevue & SPA, rue Grand Paradis 22 – ℰ 0165 74825 (consigliata la prenotazione) – www.hotelbellevue.it – solo a cena escluso 15 luglio-31 agosto, vacanze di Natale, sabato e domenica – Chiuso 3 marzo-17 aprile, 6 ottobre-5 dicembre e mercoledì

⑩ Coeur de Bois

CUCINA REGIONALE · ELEGANTE XxX E' nel soffitto ligneo dell'elegante sala ristorante che si svela il significato del suo nome... tra boiserie in abete del '700, antichi mobili e dipinti, la cucina propone un interessante excursus nella tradizione; ottima tappa gourmet resa ancor più piacevole dalla posizione privilegiata sul Gran Paradiso.

Menu 35 € – Carta 35/49 €

Hotel Miramonti, viale Cavagnet 31 – ℰ 0165 74030 (consigliata la prenotazione) – www.miramonticogne.com – Chiuso 6-20 novembre

⑩ Lou Ressignon

CUCINA REGIONALE · STILE MONTANO XX Simpatica tradizione di famiglia sin dal 1966! La cucina semplice e genuina valorizza i prodotti del territorio valdostano, mentre in occasioni speciali e su richiesta la taverna si anima di musica e allegria. Quattro accoglienti camere sono a disposizione per chi volesse prolungare la sosta.

Carta 34/65 €

4 cam ⌴ – ♦40/90 € ♦♦90/110 €

via des Mines 22 – ℰ 0165 74034 – www.louressignon.it – Chiuso 8-18 aprile, 3-20 giugno, 4 novembre-5 dicembre, martedì e mercoledì escluso a Natale, febbraio e agosto

🏚 Bellevue Hotel & SPA

GRAN LUSSO · STILE MONTANO Elegante chalet con interni da fiaba: mobili d'epoca, boiserie, raffinata scelta di stoffe e colori, nonché un piccolo museo d'arte popolare valdostana. La piacevolezza e la cura del dettaglio che i titolari mettono con la loro assidua presenza continua nella grande spa: 1200 m^2 di assoluto benessere!

34 cam ⌴ – ♦180/260 € ♦♦200/420 € – 5 suites

rue Grand Paradis 22 – ℰ 0165 74825 – www.hotelbellevue.it – Chiuso 31 marzo-17 aprile e 6 ottobre-5 dicembre

✿ **Le Petit Restaurant** – Vedere selezione ristoranti

🏚 Miramonti

LUSSO · STILE MONTANO Entrato a far parte dei locali storici d'Italia in virtù dei suoi 90 e più anni di attività e gestione ininterrotta della stessa famiglia, Miramonti sfoggia tutto il fascino della tradizione alpina: soffitti a cassettoni, legno alle pareti e il calore del camino. Nel centro benessere, invece, le più moderne installazioni per la remise en forme.

35 cam ⌴ – ♦90/310 € ♦♦145/350 € – 3 suites

viale Cavagnet 31 – ℰ 0165 74030 – www.miramonticogne.com – Chiuso 6-20 novembre

⑩ **Coeur de Bois** – Vedere selezione ristoranti

🏚 Sant'Orso

FAMILIARE · PERSONALIZZATO Elegante e accogliente, centrale e silenzioso, questo hotel si presenta con un grande prato proprio di fronte al Gran Paradiso. Anche le camere fanno eco alla piacevolezza della struttura: in funzionale stile alpino le meno "giovani", minimaliste le più recenti. Per chi volesse invece approfittare del soggiorno per coltivare la forma fisica, il centro benessere vi attende con la sua panoramica piscina.

26 cam ⌴ – ♦130/230 € ♦♦145/300 €

via Bourgeois 2 – ℰ 0165 74822 – www.hotelsantorso.com – Aperto 22 dicembre-1° aprile e 1° giugno-1° ottobre

🏚 Du Grand Paradis

TRADIZIONALE · STILE MONTANO Ristrutturato nei toni caldi, tipici delle case di montagna, dispone di un grazioso giardino interno e di una suggestiva spa che ricorda il fienile di un vecchio chalet. Cinque particolari suites in stile rustico, ma di design, realizzate in un antico edificio attiguo.

27 cam ⌴ – ♦75/100 € ♦♦115/190 € – 5 suites

via dottor Grappein 45 – ℰ 0165 74070 – www.hoteldugrandparadis.com – Chiuso novembre

a Cretaz Nord : 1,5 km ⊠ 11012 – Cogne

🏠 Notre Maison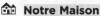

FAMILIARE · FUNZIONALE In un giardino-solarium e collegati da un passaggio coperto, un caratteristico chalet e un corpo più recente, con centro fitness e nuove camere molto confortevoli. Rustica e accogliente sala ristorante.

27 cam ☲ – †134/174 € ††134/234 € – 3 suites

𝒞 0165 74104 – www.notremaison.it

– Aperto 6 dicembre-3 aprile e 31 maggio-1° ottobre

a Valnontey Sud-Ovest : 3 km ⊠ 11012 – Cogne

🏠 La Barme

FAMILIARE · FUNZIONALE Se rifuggite dalla mondanità, avventuratevi ai piedi del Gran Paradiso: antiche baite in pietra e legno, calda e quieta atmosfera, nonché il "rischio" di avvistare anche qualche stambecco... Arredato in stile rustico-contemporaneo, semplice e funzionale, il ristorante propone piatti tipici regionali.

16 cam ☲ – †80/180 € ††100/220 € – 2 suites

– 𝒞 0165 749177 – www.hotelcogne.com

– Chiuso novembre

COGNOLA Trento → Vedere Trento

COGOLETO

Genova – ⊠ 16016 – 9 172 ab. – Carta regionale n° **8**-B2
Carta stradale Michelin 561-I7

🍴 Class

PESCE E FRUTTI DI MARE · ELEGANTE XxX Non lontano dal centro, locale di tono moderno e dalla giovane, appassionata conduzione: dopo una lunga esperienza all'estero, lo chef-patron intrattiene i suoi ospiti con gustose specialità di pesce. Gran bel dehors con vista mare per cene ad alto tasso di romanticismo.

Carta 40/90 €

piazza Stella Maris 7 – 𝒞 010 918 1925 – www.ristoranteclass.it

– Chiuso 2 settimane in novembre, 2 settimane in gennaio e lunedì escluso giugno-agosto

🏠 Eco del Mare

FAMILIARE · ACCOGLIENTE In posizione elevata e frontemare, hotel dalla cordiale conduzione familiare con ariosi spazi comuni ed ampie, comode, camere. Bellissima anche la terrazza esterna dalla generosa vista.

16 cam ☲ – †70/100 € ††80/180 €

via della Madonnina Inferiore 5 – 𝒞 010 918 2009

– www.hotelecodelmare.net

COGOLO Trento → Vedere Peio

COLFIORITO

Perugia – ⊠ 06034 – Alt. 760 m – Carta regionale n° **20**-C2
Carta stradale Michelin 563-M20

🏠 Benessere Villa Fiorita

TRADIZIONALE · CLASSICO Belle camere, nonché una romantica suite con letto a baldacchino e vasca idromassaggio (matrimoniale) in questa struttura dall'accogliente gestione familiare. Sosta al centro benessere per prendersi cura di sé o distensive passeggiate nel fresco giardino. La cucina ammicca ai sapori locali.

38 cam ☲ – †45/70 € ††80/140 €

via del Lago 9 – 𝒞 0742 681326 – www.hotelvillafiorita.com

COLICO

Lecco (LC) – ✉ 23823 – 7 724 ab. – Alt. 218 m – Carta regionale n° **9**-B1
Carta stradale Michelin 561-D10

🏠 **Conca Azzurra**   ✿ 🐾 ← 🐾 ⊟ 🔥 **P**

FAMILIARE · ACCOGLIENTE In posizione panoramica sulla penisola dell'Abbazia di Piona, albergo a conduzione famigliare dove troverete accoglienti e personalizzate camere; la cucina è curata direttamente dai titolari.

18 cam ⚡ – 🛏50/70 € 🛏🛏75/100 €

Via Per L'abbazia Di Piona 28, località Olgiasca, Sud: 6 km ✉ 23823 Colico
– 𝒞 0341 931984 – www.concazzurra.com

COLLALBO KLOBENSTEIN Bolzano → Vedere Renon

COLLEBEATO

Brescia – ✉ 25060 – 4 622 ab. – Alt. 192 m – Carta regionale n° **9**-C1
Carta stradale Michelin 561-F12

a Campiani Ovest : 2 km ✉ 25060 – Collebeato

🍴 **Carlo Magno**   🕸 🏠 🄰 ⇔ **P**

CUCINA CREATIVA · ELEGANTE XxX In una possente, austera casa di campagna dell'800, sale di suggestiva eleganza d'epoca, con travi o pietra a vista, dove gustare piatti del territorio in chiave moderna. Curiosità: recente creazione del giardino delle Mele Magne dedicato alle mogli di Carlo Magno, dell'Orto Beato, nonché del campo dello zafferano.

Menu 58/65 € – Carta 44/99 €

via Campiani 9 – 𝒞 030 251 1107 – www.carlomagno.it
– Chiuso 1°-12 gennaio, 3-21 agosto, lunedì e martedì

COLLE DI VAL D'ELSA

Siena – ✉ 53034 – 21 620 ab. – Alt. 141 m – Carta regionale n° **18**-D1
Carta stradale Michelin 563-L15

🌟🌟 **Arnolfo** (Gaetano Trovato)   🕸 ⇔ 🏠 🄰

CUCINA CREATIVA · LUSSO XxX Due fratelli: uno in sala, l'altro in cucina conferiscono un tono simpaticamente famigliare a questo raffinato ristorante illuminato da ben due stelle. Il locale mutua il nome dall'architetto trecentesco Arnolfo di Cambio, il cui luogo di nascita dista poche centinaia di metri.

Ma Arnolfo è soprattutto un affare di famiglia dove la complicità tra parenti si estende ai clienti, ai quali serve specialità in sintonia con le stagioni e ambasciatrici della tipicità di alcuni ingredienti. Partendo da questo presupposto, si cerca poi di esaltarli facendo leva a volte sul dolce, altre sull'amaro, sul croccante o sull'aspro. Per garantirsi il top della qualità, lo chef-patron Gaetano Trovato ha viaggiato nella regione scovando i migliori fornitori.

Da questi prodotti accuratamente selezionati prende il via una cucina rispettosa della tradizione toscana, a cui il cuoco aggiunge un tocco di creatività e la sua personalità; alcune proposte non sono scevre da influenze siciliane. Ciononostante, il piatto preferito da Gaetano resta il piccione: per lui c'è sempre posto in menu!

→ Ravioli di maialino di cinta senese, porri e liquirizia. Petto e coscia di piccione con cappelletti al cacao, rape rosse e pan pepato. Diplomatico, cioccolato fondente, Vermouth.

Menu 120/150 €

4 cam ⚡ – 🛏220 € 🛏🛏240 €

via XX Settembre 50/52
– 𝒞 0577 920549 (consigliata la prenotazione) – www.arnolfo.com
– Chiuso 14 gennaio-7 marzo, martedì e mercoledì

Palazzo San Lorenzo ☆ 🔲 🕸 🖃 👌 🏧 🏖

STORICO · ELEGANTE Nel centro storico di Colle Alta, l'ex ospedale seicentesco propone una raffinata e moderna reinterpretazione del tradizionale stile alberghiero. Sono cinque, le imperdibili camere con vista sul borgo; per tutti, invece, l'attrezzata zona benessere.

48 cam ☒ – ♦85/240 € ♦♦115/240 €

via Gracco del Secco 113 – ℰ 0577 923675 – www.palazzosanlorenzo.it

Relais della Rovere ☆ ≤ 🛌 🔲 🖃 🏧 🅿

TRADIZIONALE · CLASSICO Eclettica fusione di stili e di design, tra antico e moderno, in un complesso intrigante, nato dal recupero di un'antica dimora patrizia e di un'abbazia dell'XI secolo.

30 cam ☒ – ♦105/145 € ♦♦129/209 € – 4 suites

via Piemonte 10 – ℰ 0577 924696 – www.relaisdellarovere.it – Aperto 1° aprile-31 ottobre

Palazzo Pacini ≤ 🛌 🖃 🏧

STORICO · ROMANTICO Incantevole giardino per le colazioni durante la bella stagione in uno splendido palazzo seicentesco lungo il corso che attraversa la parte alta del paese. Le camere sono ricercate negli arredi, a volte d'epoca: preferite quelle con vista sulla campagna.

16 cam ☒ – ♦90/140 € ♦♦135/230 €

via Gracco del Secco 14 – ℰ 0577 924080 – www.palazzopacini.com

COLLE DI VILLA BAUERNKOHLERN Bolzano → Vedere Bolzano

COLLEPIETRA STEINEGG

Bolzano – ⊠ 39053 – Alt. 820 m – Carta regionale n° **19**-D3
Carta stradale Michelin 561-C16

⃝ Astra ⓝ (Gregor Eschgfaeller) ☸ ≤ 🎋 🕸 🅿

CUCINA CREATIVA · CONTESTO CONTEMPORANEO ✗✗ Ambiente panoramico e dal design originale per questo piccolo ristorante elegante ed esclusivo; una telecamera puntata sulla cucina consente di vedere, attraverso uno schermo, lo chef Gregor all'opera. Piatti creativi con contaminazioni internazionali.

→ Tagliolini al nero di seppia alla carbonara con polpo. Filetto di manzo con rapa rossa e wasabi. Tortino al caffè, sorbetto al kiwi e salsa al cioccolato bianco.

Menu 65/85 € – Carta 52/93 €

Hotel Berghang, via Principale 26 – ℰ 0471 376516 (prenotazione obbligatoria) – www.restaurant-astra.com – solo a cena escluso domenica – Chiuso lunedì, martedì e mercoledì

Steineggerhof ☆ 🐾 ≤ 🛌 🔲 🕸 🖃 👌 🕸 🅿

TRADIZIONALE · CLASSICO Per ritemprarsi e rilassarsi nello splendido scenario dolomitico, una panoramica casa tirolese dai tipici interni montani, dove il legno regna sovrano. Struttura ideale per gli amanti della mountain bike. Curata sala ristorante dal soffitto ligneo.

35 cam – solo ½ P 85/145 €

Collepietra 128, Nord-Est: 1 km – ℰ 0471 376573 – www.steineggerhof.com – Aperto 14 aprile-4 novembre

Berghang ⓝ ☆ ≤ 🕸 🖃 🅿

FAMILIARE · FUNZIONALE Albergo a conduzione familiare, semplice e confortevole, dove trovan posto non solo camere, ma anche qualche appartamento. Tenuta impeccabile!

19 cam ☒ – ♦48/52 € ♦♦91/103 €

via Principale 26 – ℰ 0471 376516 – www.restaurant-astra.com

⃝ **Astra** – Vedere selezione ristoranti

COLLI DEL TRONTO

Ascoli Piceno – ⊠ 63079 – 3 668 ab. – Alt. 168 m – Carta regionale n° 11-D3
Carta stradale Michelin 563-N23

🏠 Villa Picena   ⌘ ☆ ⌂ ♨ ♨ ♣ ☐ ⅙ 𝔸�ℂ ⚒ 🅿

TRADIZIONALE · FUNZIONALE Nel cuore della vallata del Tronto, la dimora ottocentesca offre ambienti ricchi di fascino e camere arredate con gusto e sobrietà, in sintonia con lo stille della villa. Ricavata nella parte più antica della villa, la sala da pranzo propone menù degustazione e la possibilità la possibilità di consumare - a pranzo - piatti veloci e leggeri mentre la sera viene presentata una carta mediterranea venata di fantasia.

39 cam ⚏ – †55/90 € ††75/130 € – 2 suites

via Salaria 66 – ℰ 0736 892460 – www.villapicena.it

COLLIO

Brescia (BS) – ⊠ 25060 – 2 108 ab. – Alt. 850 m – Carta regionale n° 9-C2
Carta stradale Michelin 561-F11

🍴○ Tamì   🏠

CUCINA DEL TERRITORIO · TRATTORIA ⅄ Tanto legno e un pizzico di design conferiscono a questa accogliente trattoria calore e familiarità; la cucina valorizza i prodotti della valle con talento e passionalità.

😄 Menu 15 € (pranzo in settimana)/45 € – Carta 32/50 €

piazza Zanardelli 9 – ℰ 030 927112 – www.tamitrattoria.com – Chiuso lunedì e martedì escluso 22 dicembre-6 gennaio e agosto

COLLOREDO DI MONTE ALBANO

Udine – ⊠ 33010 – 2 223 ab. – Alt. 212 m – Carta regionale n° 6-B2
Carta stradale Michelin 562-D21

🕄 La Taverna   🐾 ☜ ⌘ 🏠 𝔸ℂ 🅿

CUCINA CLASSICA · RUSTICO ⅄⅄ Di fronte al castello, ambiente curato ma informale, sfumature rustiche e camino con affaccio sul bellissimo giardino che si fa "contorno" con la bella stagione. Cucina contemporanea che valorizza le materie prime.

→ I Garganelli: crostacei d'Istria, crema di zucchine alla menta e bisque. Agnello: braciolina, spalla, coscia e paté con millefoglie di patate e Asperum 30 anni. La Sfera con pesche sciroppate alla melissa e crema alla vaniglia.

Menu 90 € – Carta 60/107 €

piazza Castello 2 – ℰ 0432 889045 – www.ristorantelataverna.it – Chiuso 1 settimane in novembre, 1 settimana in luglio, domenica sera e mercoledì

COLMEGNA Varese → Vedere Luino

COLOGNE

Brescia – ⊠ 25033 – 7 667 ab. – Alt. 187 m – Carta regionale n° 10-D2
Carta stradale Michelin 561-F11

🍴○ Cappuccini Cucina San Francesco   𝔸ℂ 🅿

CUCINA CREATIVA · CONTESTO STORICO ⅄⅄⅄ Ricercatezza enologica e cucina moderna in sintonia con le stagioni, in un'elegante sala ricca di fascino storico, fra candide fiandre e candelabri. Il tutto all'interno dell'omonimo resort.

Menu 47/77 € – Carta 48/84 €

Cappuccini Resort, via Cappuccini 54, Nord: 1,5 km – ℰ 030 715 7254
– www.cappuccini.it

🏠 Cappuccini Resort   🐾 ⅄ 🖼 ⊕ ♨ ♣ ☐ 𝔸ℂ ⚒ 🅿

STORICO · ROMANTICO Pernottare in un antico convento circondati dal silenzio - in camere di austera eleganza, quasi tutte con camino - con un piccolo centro benessere dove coccolarsi... Sembra un sogno, ma non lo è!

14 cam ⚏ – †85/110 € ††140/160 € – 2 suites

via Cappuccini 54, Nord: 1,5 km – ℰ 030 715 7254 – www.cappuccini.it

🍴○ **Cappuccini Cucina San Francesco** – Vedere selezione ristoranti

COLOMBARE DI SIRMIONE Brescia → Vedere Sirmione

COLOMBARO Brescia → Vedere Corte Franca

COLONNATA Massa-Carrara → Vedere Carrara

COLORETO Parma → Vedere Parma

COLORNO
Parma – ✉ 43052 – 8 991 ab. – Alt. 29 m – Carta regionale n° **5**-B1
Carta stradale Michelin 562-H13

a Vedole Sud-Ovest : 2 km ✉ 43052 – Colorno

⑩ **Al Vedel**   🐾 よ 🅰🅺 ⇔ 🅿

CUCINA EMILIANA · AMBIENTE CLASSICO ✗✗ Tempio della produzione del culatello, che troverete nei piatti, ma anche nelle cantine di stagionatura di cui vi suggeriamo la visita, al celebre salume si aggiungono i piatti parmensi - giustamente
rinomate le paste ripiene - e altre proposte più fantasiose. Di storia secolare, oggi
Al Vedel è un elegante ristorante giunto alla sesta generazione.
Menu 38/58 € – Carta 33/78 €
*via Vedole 68 – 𝒞 0521 816169 – www.alvedel.it – Chiuso 24 dicembre-5 gennaio,
22 luglio-23 agosto, lunedì e martedì*

COL SAN MARTINO Treviso → Vedere Farra di Soligo

COLTODINO Rieti → Vedere Fara in Sabina

COMACCHIO
Ferrara – ✉ 44022 – 22 566 ab. – Carta regionale n° **5**-D2
Carta stradale Michelin 562-H18

🏠 **Locanda La Comacina**   ☆ 🖃 よ 🅰🅺

FAMILIARE · ACCOGLIENTE Nel cuore del centro storico, camere confortevoli ed
accoglienti in una graziosa locanda sul canale Maggiore, a due passi dalla torre
dell'Orologio. Nel periodo estivo: servizio-navetta gratuito (in barca, su una piccola batana tradizionale) dal parcheggio dei Trepponti all'albergo. Pesce e grigliate di qualità nel rinomato ristorante.
14 cam ♊ – ♦50/70 € ♦♦85/130 €
*via E. Fogli 17/19 – 𝒞 0533 311547 – www.locandalacomacina.it – Chiuso 15 giorni
in gennaio e 15 giorni in novembre*

🏠 **Al Ponticello**   🛬 🖃 よ 🅰🅺 🅿

FAMILIARE · CENTRALE Lungo un romantico canale del centro sul quale si affacciano quasi tutte le camere, è una sistemazione elegante e piacevolmente decorata. Il titolare, guida ambientale, vi porterà alla scoperta degli uccelli del parco.
12 cam ♊ – ♦55/130 € ♦♦75/150 €
via Cavour 39 – 𝒞 0533 314080 – www.alponticello.it

a Porto Garibaldi Est : 5 km ✉ 44029

⑩ **Da Pericle**   🎋 よ 🅰🅺

PESCE E FRUTTI DI MARE · AMBIENTE CLASSICO ✗✗ Nella bella stagione, non
esitate a prendere posto nella panoramica terrazza estiva al primo piano per
restare ammaliati dalla vista, che per altro in parte si gode anche dalla sala classica al pian terreno. La cucina predilige il pesce, servito in abbondanti porzioni,
particolare spazio dedicato ai crudi di mare.
Menu 32/55 € – Carta 33/104 €
*via dei Mille 203 – 𝒞 0533 327314 – www.ristorantepericle.it – Chiuso
5-16 novembre e lunedì*

a Lido degli Estensi Sud-Est : 7 km ✉ 44024

🏠 Logonovo   🍳 🕅 🖫 🖹 🕅 🖳 🅿

FAMILIARE · ACCOGLIENTE In zona residenziale, a poca distanza dal mare, l'albergo si segnala per l'ottima gestione che anno dopo anno lo migliora con investimenti mirati: da poco - ad esempio - hanno creato una piccola, ma graziosa SPA. Particolarmente confortevoli le camere al quinto piano, ampie e arredate con gusto. L'indirizzo è adatto tanto ai vacanzieri, quanto alla clientela di lavoro.

45 cam ♒ - ♦60/80 € ♦♦85/150 €

viale delle Querce 109 - ☎ 0533 327520 - www.hotellogonovo.com

COMANO TERME

Trento - ✉ 38070 - Ponte Arche - Alt. 395 m - Carta regionale n° **19**-B3
Carta stradale Michelin 562-D14

a Ponte Arche ✉ 38077 - Alt. 400 m

🏠 Grand Hotel Terme di Comano   🏕 🐟 ⪦ 🕋 🍳 🗊 🎯 🕅 🖫 🖹 🕭

PALACE · CONTEMPORANEO Circondata dalla tranquillità del Parco   🛍 🅜 🅿 delle Terme, interni spaziosi e di design per questa struttura, leader per la cura della pelle ed ottimo centro termale. Dal ristorante una splendida vista sul parco e nel piatto cucina nazionale.

80 cam ♒ - ♦70/240 € ♦♦120/350 € - 2 suites

località Terme di Comano 8 - ☎ 0465 701421 - www.ghtcomano.it - Aperto 20 dicembre-10 gennaio e 5 aprile-4 novembre

🏠 Comano Cattoni Holiday   🏕 ⪦ 🕋 🗊 🎯 🕅 🖫 🍴 🖹 🕭 🕅 🕏 🅜

TRADIZIONALE · CLASSICO Hotel tradizionale a conduzione diretta che   🚗 saprà coinvolgervi in svariate attività sia gastronomiche che escursionistiche. Ideale per vacanze in relax, dispone di camere di taglio classico.

73 cam ♒ - ♦56/144 € ♦♦98/194 €

via Battisti 188 - ☎ 0465 701442 - www.comanocattoniholiday.it - Aperto 5 dicembre-8 gennaio e 1° aprile-31 ottobre

a Campo Lomaso ✉ 38070 - Lomaso - Alt. 492 m

🏠 Villa di Campo   🏕 🐟 🕋 🗊 🖹 🅿

STORICO · PERSONALIZZATO Un edificio ottocentesco sapientemente ristrutturato ospita questa bella dimora d'epoca immersa in un grande parco: camere di diverse tipologie e centro benessere per trattamenti olistici. Nell'elegante sala ristorante, atmosfere d'altri tempi e prodotti biologici legati ai colori ed ai sapori delle stagioni.

21 cam ♒ - ♦80/190 € ♦♦130/190 €

frazione Campo Lomaso 40 - ☎ 0465 700072 - www.villadicampo.it - Chiuso novembre e febbraio-marzo

COMELICO SUPERIORE

Belluno - ✉ 32040 - 2 634 ab. - Alt. 1 210 m - Carta regionale n° **23**-C1
Carta stradale Michelin 562-C19

a Padola Nord-Ovest : 4 km ✉ 32040

🏠 La Torre   🏕 🐟 ⪦ 🗊 🖫 🖹 🕭 🅿

TRADIZIONALE · MODERNO Struttura di concezione del tutto moderna: colori chiari, grandi vetrate e, di conseguenza, tanta luce caratterizzano ogni suo settore, anche il centro benessere.

18 cam ♒ - ♦80/110 € ♦♦120/160 €

via Milano 2 A - ☎ 0435 470160 - www.hotelspalatorre.com - Chiuso 8 giorni in maggio e 20 giorni in novembre

COMERIO

Varese (VA) - ✉ 21025 - 2 803 ab. - Alt. 382 m - Carta regionale n° **9**-A2

🕽◯ Movida

CUCINA ITALIANA · AMBIENTE CLASSICO ✗✗ Atmosfera un po' retrò conferita dalle vecchie mura e cucina con spunti di creatività (pallet di salumi ossolani, grigliatina dal mondo con diversi tipi di carne, ruota di formaggi del luinese, giusto per citare qualche esempio); in estate ci si accomoda anche all'aperto.

⟳ Menu 13 € (pranzo in settimana) – Carta 34/58 €

via Garibaldi 3 - ℰ 0332 743240 - www.ristorantemovida.it - Chiuso 1 settimana in gennaio, agosto, domenica sera e lunedì

COMMEZZADURA

Trento – ✉ 38020 – 903 ab. Alt. 852 m – Carta regionale n° **19**-B2
Carta stradale Michelin 562-D14

🏠 Tevini

TRADIZIONALE · ACCOGLIENTE In Val di Sole, un soggiorno di sicuro confort in un albergo curato; spazi comuni rifiniti in legno e gradevole centro benessere; suggestiva la camera nella torretta. Boiserie e tende di pizzo alle finestre, affacciate sul verde, nella sala ristorante.

65 cam �}️ – ♦109/200 € ♦♦168/340 € – 10 suites

località Almazzago – ℰ 0463 974985 – www.hoteltevini.com – Chiuso 15 aprile-31 maggio e 15 ottobre-30 novembre

COMO

(CO) – ✉ 22100 – 84 495 ab. – Alt. 201 m – Carta regionale n° **10**-A1
Carta stradale Michelin 561-E9

❀ I Tigli in Theoria

CUCINA MODERNA · ELEGANTE ✗✗✗ Nell'affascinante palazzo vescovile in centro città, I Tigli si è unito a Theoria. Il risultato? Arte, storia e piatti gourmet per un'esperienza a tutto tondo!

➜ Pappardelle, reale di vitello, fondo bruno, olio al rosmarino in polvere. Tonno rosso, variazione di carote, acqua di barbabietola, aceto di mele. "Zen", ananas, passion fruit, vaniglia.

Menu 50 € (pranzo in settimana)/160 € – Carta 89/133 €

via Bianchi Giovini 41 – ℰ 031 305272 (consigliata la prenotazione) - www.theoriagallery.it – Chiuso domenica sera e lunedì

🕽◯ Navedano

CUCINA CLASSICA · CONTESTO CONTEMPORANEO ✗✗ A pochi minuti dal centro di Como, il nome deriva da un ufficiale garibaldino che decise di ritirarsi nei dintorni. Immerso in un tripudio di fiori - aristocratiche orchidee, autentica passione del proprietario - il ristorante propone con disinvoltura carne e pesce, ma tra tante gustose specialità una merita il premio fedeltà: il pollo alla creta! L'argilla è recuperata nel bosco attiguo al locale.

Carta 72/124 €

via Velzi 4, 1,5 km per Bergamo – ℰ 031 308080 – www.ristorantenavedano.it - Chiuso gennaio, mercoledì a mezzogiorno e martedì

🕽◯ Feel

CUCINA MODERNA · BISTRÒ ✗✗ Cucina moderna e grande valorizzazione di ricette regionali con pesce di lago in un elegante e raffinato bistrot ubicato in pieno centro.

Menu 32 € (pranzo in settimana)/90 € – Carta 56/93 €

via Diaz 54 – ℰ 031 726 4545 (consigliata la prenotazione) - www.feelcomo.com - Chiuso 1°-15 febbraio e domenica

🕽◯ L'Antica Trattoria

CUCINA MEDITERRANEA · DI QUARTIERE ✗✗ Locale storico ubicato in centro città: ampia sala luminosa e ricette della tradizione italiana, gastronomia di stagione nonché specialità di carne con braciere a vista. Per i celiaci, un menu completo con preparazioni senza glutine.

Carta 39/68 €

via Cadorna 26 – ℰ 031 242777 – www.lanticatrattoria.co.it – Chiuso domenica

⅃○ Locanda dell'Oca Bianca ⇦ 🏠 🅿

CUCINA ITALIANA · AMBIENTE CLASSICO ✕✕ D'estate si mangia anche all'aperto in quest'antica casa seicentesca ristrutturata e riconvertita in ristorante con alloggio sulla strada per Cantù; cucina classica italiana, camere ristrutturate, ottimo rapporto qualità/prezzo.

Carta 35/60 €

21 cam 🖙 – ♦50/65 € ♦♦70/100 €

via Canturina 251, 5 km per Bergamo – ℰ 031 525605 – www.hotelocabianca.it
– solo a cena escluso domenica – Chiuso 2 settimane in gennaio e lunedì

⅃○ Osteria L'Angolo del Silenzio 🏠 🄰🄲

CUCINA CLASSICA · ACCOGLIENTE ✕✕ Esperta gestione per un locale classico, con dehors estivo nel cortile; la cucina, di matrice lombarda, è senza fronzoli e fa della concretezza la sua arma vincente.

🍮 Menu 16 € (pranzo in settimana)/43 € – Carta 33/62 €

viale Lecco 25 – ℰ 031 337 2157 – www.osterialangolodelsilenzio-como.com
– Chiuso 10-17 gennaio, 10-24 agosto e lunedì

🏙 Sheraton Lake Como Hotel 🍳 🛁 🌢 🖧 🖥 🖐 🄰🄲 🕍 🚗

HOTEL DI CATENA · MODERNO La moderna efficienza delle installazioni si coniuga con la raffinatezza degli interni in una risorsa - completamente ristrutturata - che dispone di superbe camere e di un attrezzato centro congressi. Nell'incantevole parco è incastonata come un'acquamarina la piscina, con area riscaldata ed idromassaggio. Per quanto riguarda la ristorazione: proposte dai sapori italiani al ristorante Gusto, churrascheria e pizzeria nell'informale dehors del Kincho, piatti creativi al Kitchen.

137 cam – ♦120/600 € ♦♦120/600 € – 🖙 22 €

via per Cernobbio 41/a, 2,5 km per Lugano – ℰ 031 5161
– www.sheratonlakecomo.com

🏙 Terminus 🍳 ⇦ 🎶 🖧 🖥 🖐 🄰🄲 🕍 🚗

DIMORA STORICA · PERSONALIZZATO Prestigioso palazzo in stile liberty dagli interni personalizzati ed eleganti, per un soggiorno esclusivo in riva al lago: meravigliosa la penthouse all'ultimo piano di 300 metri quadrati! Calda ambientazione d'epoca nella raccolta saletta del caffè-ristorante.

46 cam 🖙 – ♦150/250 € ♦♦200/370 € – 4 suites

lungo Lario Trieste 14 – ℰ 031 329111 – www.albergoterminus.it

🏙 Villa Flori 🍳 ⇦ 🛁 🎶 🖧 🖥 🖐 🄰🄲 🕍 🅿

LUSSO · BORDO LAGO In splendida posizione panoramica, una bella struttura con camere minimaliste, ma chic, come moda impone. Cucina contemporanea nel luminoso ristorante dotato di romantica terrazza affacciata sul lago.

53 cam 🖙 – ♦150/400 € ♦♦170/550 €

via per Cernobbio 12, 2 km per Lugano – ℰ 031 33820 – www.hotelvillaflori.com
– Chiuso 10 gennaio-10 marzo

🏙 Le Due Corti 🍳 🌢 🖾 🖧 🖥 🖐 🄰🄲 🐾 🕍 🅿

TRADIZIONALE · PERSONALIZZATO Magistrale, raffinato connubio di vecchio e nuovo in questo elegante hotel ricavato in un'antica stazione di posta; belle camere arredate con mobili d'epoca e pareti in pietra a vista.

63 cam 🖙 – ♦110/190 € ♦♦220/380 € – 2 suites

piazza Vittoria 12/13 – ℰ 031 328111 – www.saintjane.it

COMO (Lago di) o LARIO Como

CONCA DEI MARINI

Salerno – ✉ 84010 – 696 ab. – Carta regionale n° **4**-B2
Carta stradale Michelin 564-F25

⸎ Il Refettorio ⤎ 𝄘 𝄢 AC 𝄥 P

CUCINA MEDITERRANEA · LUSSO XxX A circa 200 metri sul livello del mare, il panorama di cui si gode dalla sua terrazza riesce ad abbracciare cielo e mare regalando brividi a fior di pelle, mentre lo chef tedesco dimostra la sua conoscenza dell'Italia, nazione dove ormai lavora da molti anni, con proposte di cucina mediterranea ingentilite da una leggerissima, quanto equilibrata, vena moderna.

→ Ravioli ai tre pomodori. Rombo con gamberi al timo, porro e olive. Tortino allo sfusato amalfitano.

Menu 85 € – Carta 67/108 €

Monastero Santa Rosa Hotel & Spa, via Roma 2
– ✆ 089 988 6212 (prenotazione obbligatoria) – www.monasterosantarosa.com
– Aperto 19 aprile-3 novembre

🏠 Monastero Santa Rosa Hotel & Spa 𝄥 ⤎ 𝄘 𝄒 ⊕ 𝄫 𝄗 ⊡

DIMORA STORICA · GRAN LUSSO In un ex monastero del XVII sec, AC 𝄥 P le raffinate camere non hanno più nulla a che vedere con la spartana ospitalità di un tempo, se non per le porticine d'accesso che le caratterizzano. Arroccato sulla scogliera, alla bellezza del panorama fanno eco terrazze fiorite, angoli relax e una bellissima piscina a sbalzo le cui linee si confondono armoniosamente con il mare. Gioiello nel gioiello è certamente la spa con beauty, un luogo dove dimenticarsi dello scorrere del tempo.

12 cam ⌑ – ♦400/900 € ♦♦400/900 € – 8 suites

via Roma 2 – ✆ 089 832 1199 – www.monasterosantarosa.com
– Aperto 19 aprile-3 novembre

⸎ **Il Refettorio** – Vedere selezione ristoranti

🏠 Le Terrazze 𝄥 ⤎ ⊡ AC 𝄥 P

FAMILIARE · ACCOGLIENTE A picco sul mare, quasi aggrappato alla roccia, l'hotel dispone di una terrazza panoramica mozzafiato ed ampie camere dalle tonalità chiare.

27 cam ⌑ – ♦140/400 € ♦♦140/400 €

via Smeraldo 11 – ✆ 089 831290 – www.hotelleterrazze.it
– Aperto 18 aprile-13 ottobre

CONCA VERDE Olbia-Tempio (OT) → Vedere Santa Teresa Gallura

CONCESIO

Brescia – ✉ 25062 – 15 465 ab. – Alt. 216 m – Carta regionale n° **9**-C1
Carta stradale Michelin 561-F12

⸎⸎ Miramonti l'Altro (Philippe Léveillé) 𝄫 𝄢 AC P

CUCINA MODERNA · ELEGANTE XxX In un'elegante villa in zona periferica, l'ospitalità dei titolari è celebrata quanto la cucina dello chef bretone, Philippe Léveillé, grazie a spunti bresciani e lacustri, divagazioni marine, ispirazioni francesi.

Dopo 30 anni di lavoro, il cuoco si dimostra tutt'altro che stanco e appagato, ma continua a sfornare nuovi piatti sempre più espressione della sua personalità e della sua storia. Ciò significa – in molti casi - un ritorno alla Francia e alla sua regione natale, senza timore di usare burro o salse, concentrandosi sul valore delle cotture tradizionali.

Ultimo, ma non ultimo, l'imperdibile carrello dei formaggi - in realtà ben due! - con una proverbiale selezione di proposte italiane e d'Oltralpe: la par condicio, prima di tutto.

→ Carbonara di ostriche. Piccione in quattro servizi. Gelato di crema "Miramonti".

Menu 45 € (pranzo in settimana)/150 € – Carta 84/159 €

via Crosette 34, località Costorio – ✆ 030 275 1063 – www.miramontilaltro.it
– Chiuso 12-23 agosto e lunedì

CONEGLIANO

Treviso – ✉ 31015 – 34 891 ab. – Alt. 72 m – Carta regionale n° **23**-C2
Carta stradale Michelin 562-E18

🏚️ Relais le Betulle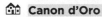

BUSINESS · ACCOGLIENTE E' sicuramente una bella risorsa questo albergo in collina
e vicino al castello con camere dal design moderno, nonché bellissima piscina a sfioro.
Nella piacevole Tea Room viene servita la prima colazione, mentre il ristorante evoca il
nome di colei che lo gestisce, Enrica Miron: cucina a base di prodotti tipici.

39 cam ☲ – ♦80/200 € ♦♦100/300 €

via Costa Alta 56, Nord-Ovest: 2,5 km – ☎ 0438 21001 – www.relaislebetulle.it

🏚️ Canon d'Oro 🏚️ 🖃 🛴 🖩 🅿️

BUSINESS · CLASSICO Hotel del centro storico ospitato in un edificio del '500
con loggia ed affreschi originali sulla facciata; le camere assicurano un buon standard di confort. Adiacente c'è il ristorante InContrada, per una cucina classica sia
di terra sia di mare.

46 cam – ♦80/185 € ♦♦90/210 € – 1 suite – ☲ 6 €

via 20 Settembre 131 – ☎ 0438 34246 – www.hotelcanondoro.it

CONERO (Monte) Ancona → Vedere Sirolo

CONVENTO → Vedere nome proprio del convento

CONVERSANO

Bari – ✉ 70014 – 26 150 ab. – Alt. 219 m – Carta regionale n° **15**-C2
Carta stradale Michelin 564-E33

🏵️ Pashà (Maria Cicorella) 🛴 🖩 🖩 🕮

CUCINA MODERNA · CONTESTO STORICO XX Nella bella cornice all'interno di
uno dei palazzi storicamente più importanti nel patrimonio monumentale della
città: il Seminario Vescovile. L'architettura austera e maestosa dell'edificio cede il
passo ad interni di contemporanea eleganza, mentre la cucina rimane saldamente
ancorata a basi regionali, concedendosi giusto, qua e là, il vezzo della modernità.
→ Fave e foglie. Pancia di maiale nero lucano, cicoria amara e grani di senape.
Arachidi salati, gelato alla vaniglia, schiuma calda di cappuccino.

Menu 80/150 € – Carta 67/124 €

*via Morgantini 2 – ☎ 080 495 1079 (consigliata la prenotazione)
– www.ristorantepasha.com – Chiuso 15 giorni fine gennaio-inizio febbraio,
1 settimana in novembre e martedì, anche domenica sera in novembre-aprile,
negli altri mesi mercoledì a mezzogiorno*

🏚️ Corte Altavilla 🏚️ 🖩 🖩 🕮

STORICO · ELEGANTE Più di mille anni di storia, nel centro storico di Conversano, tra i vicoli medievali che accolgono camere e ambienti ricchi di fascino. Al
terzo piano, panoramico ristorante e se non bastasse optate per un gradevole
trattamento estetico o un po' di relax nella scenografica vasca idromassaggio.

26 cam ☲ – ♦79/139 € ♦♦89/169 € – 5 suites

vico Altavilla 8 – ☎ 080 495 9668 – www.cortealtavilla.it

🏚️ Agriturismo Montepaolo 🏚️ 🕮 🕮 🖩 🅿️

LOCANDA · STORICO Tra ulivi e macchia mediterranea, una dimora cinquecentesca
- meticolosamente restaurata - con diversi arredi e pavimenti d'epoca. A 200 m, la
Torre del Brigante dispone di appartamenti per 4 persone ciascun (affitto settimanale). Piatti regionali nella sala ristorante, un tempo utilizzata per la vinificazione.

14 cam ☲ – ♦53/105 € ♦♦90/130 €

contrada Montepaolo 2, Nord-Est: 4 km – ☎ 080 495 5087 – www.montepaolo.it

CORIANO VERONESE Verona → Vedere Albaredo d'Adige

CORLO Modena → Vedere Formigine

CORMONS

Gorizia – ✉ 34071 – 7 414 ab. – Alt. 56 m – Carta regionale n° **6**-C2
Carta stradale Michelin 562-E22

ⓈⒾ **Trattoria Al Cacciatore-della Subida**   🐝 ⟵ 🦐 👜 🏠 **P**

CUCINA REGIONALE · ROMANTICO 🗶🗶 In ambiente bucolico, ma al tempo stesso elegante, tradizione regionale ed innovazione si fondono in una ricerca gastronomica che ricorda il passato... guardando già al futuro. A 100 metri, le belle camere "perse" nella natura e la versione easy di ristorazione: l'osteria!

→ Zlikrofi (ravioli di Idrija). Stinco di vitello. Strudel di mele.

Menu 55/65 € – Carta 46/81 €

17 cam – 🛏110/150 € 🛏🛏130/220 € – ☲ 15 €

via Subida 52, Nord-Est: 2 km – ℰ 0481 60531 – www.lasubida.it – solo a cena escluso sabato e domenica – Chiuso 15-28 febbraio, martedì e mercoledì

CORNAIANO GIRLAN Bolzano → Vedere Appiano sulla Strada del Vino

CORNAREDO

Milano – ✉ 20010 – 20 459 ab. – Alt. 140 m – Carta regionale n° **10**-A2
Carta stradale Michelin 561-F9

a San Pietro all'Olmo Sud-Ovest : 2 km ✉ 20010

ⓈⒾ **D'O** (Davide Oldani)   👜 🅰🅲 🍴 ⟳

CUCINA CREATIVA · DESIGN 🗶🗶 Ambiente di design con amplissime finestre che si affacciano sulla gradevole piazza per una cucina "pop" che prosegue con ulteriori slanci innovativi nel difficile compito di contenere nella stessa formula qualità del cibo e prezzi.

→ Pasta Tria, crema di borragine, cozze e finocchietto selvatico. Ostrica, piselli, mandorle e pepe agrumato. Soufflé al gianduia e salsa di lattuga.

Menu 58/106 € – Carta 38/61 €

piazza della Chiesa 14 ✉ 20010 Cornaredo – ℰ 02 936 2209 (prenotazione obbligatoria) – www.cucinapop.do – Chiuso 24 dicembre-6 gennaio, 18 luglio-2 settembre, domenica e lunedì

CORNIGLIANO LIGURE Genova → Vedere Genova

CORONA Gorizia → Vedere Mariano del Friuli

CORREGGIO

Reggio nell'Emilia – ✉ 42015 – 25 897 ab. – Alt. 31 m – Carta regionale n° **5**-B2
Carta stradale Michelin 562-H14

🏨 **Albergo Dei Medaglioni**   🌣 🛗 👜 🅰🅲 🍴 🛎 **P**

STORICO · ELEGANTE Sotto i portici del centro storico, l'albergo è frutto dell'unione di tre palazzi d'epoca. Gli interni ripropongono le tracce di un nobile passato, le camere sono eleganti e con arredi classici. Da considerare una sosta al ristorante, nella corte sotto un lucernaio, per la rimarchevole ricerca delle tipicità gastronomiche emiliane.

53 cam ☲ – 🛏58/137 € 🛏🛏62/196 € – 3 suites

corso Mazzini 8 – ℰ 0522 632233 – www.albergodeimedaglioni.com – Chiuso 23 dicembre-9 gennaio e 3 settimane in agosto

CORRIDONIA

Macerata (MC) – ✉ 62014 – 15 430 ab. – Alt. 255 m – Carta regionale n° **11**-C2
Carta stradale Michelin 563-M22

🏨 **San Claudio**   🦐 👜 🛗 👜 🅰🅲 🛎 **P**

CASA DI CAMPAGNA · TRADIZIONALE Adiacente un'abbazia del 1200, alla fine di un lungo viale di cipressi che ricorda la Toscana, una bella dimora contadina sapientemente ristrutturata con tipiche volte in mattoni e ambienti rustici. Seria gestione.

25 cam ☲ – 🛏40/70 € 🛏🛏55/140 € – 3 suites

frazione San Claudio 14, Nord-Est: 7 km – ℰ 0733 288144 – www.hotelsanclaudio.it

CORRUBBIO Verona → Vedere San Pietro in Cariano

CORSANICO Lucca → Vedere Massarosa

CORTACCIA SULLA STRADA DEL VINO
KURTATSCH AN DER WEINSTRASSE
Bolzano – ✉ 39040 – 2 225 ab. – Alt. 333 m – Carta regionale n° **19**-D3
Carta stradale Michelin 562-D15

🏠 Schwarz-Adler Turmhotel   🍳 ⪡ 🛏 ⤳ 🐾 ⊡ 🚭 🚗

TRADIZIONALE · CLASSICO Stilemi tradizionali con materiali moderni in questo hotel nel cuore del piccolo e pittoresco centro storico della località: ampie camere di particolare confort - molte con loggia o balcone - e un bel giardino con piscina.

23 cam 🛏 – †83/98 € ††156/172 € – 1 suite

Kirchgasse 2 – 🕾 0471 096400 – www.turmhotel.it – Chiuso 20-28 dicembre

CORTE DE' CORTESI
Cremona – ✉ 26020 – 1 084 ab. – Alt. 60 m – Carta regionale n° **9**-C3
Carta stradale Michelin 561-G12

🕸 Il Gabbiano   🍽 🌤 🅰️🄲

CUCINA LOMBARDA · FAMILIARE ✕✕ Affacciata sulla piazza centrale, la ricerca dei prodotti di nicchia è un punto d'orgoglio di questa trattoria familiare con enoteca. Insieme alle specialità del territorio (salumi o coscia d'oca), ogni stagione commemora un ingrediente particolare: dai formaggi agli animali da cortile, dal tartufo alla selvaggina, senza mai dimenticare la mostarda e il torrone!

Menu 27/33 € – Carta 27/52 €

piazza Vittorio Veneto 10 – 🕾 0372 95108 – www.trattoriailgabbiano.it
– Chiuso 1°-10 gennaio, mercoledì sera e giovedì

CORTE FRANCA
Brescia – ✉ 25040 – 5 952 ab. – Alt. 214 m – Carta regionale n° **10**-D1
Carta stradale Michelin 562-F11

a Colombaro Nord : 2 km ✉ 25040 – Corte Franca

🍴 Barboglio De Gaioncelli   🅰️🄲 🅿️

CUCINA MODERNA · ELEGANTE ✕✕ Piacevoli sale rustico-eleganti al primo piano nella cascina dell'omonima cantina. La sua cucina? Ricca di fantasia con spunti regionali e stagionali!

Menu 48/65 € – Carta 43/72 €

via Nazario Sauro 5 – 🕾 030 982 6831 – www.barbogliodegaioncelli.it – Chiuso 3 settimane in gennaio, domenica sera e lunedì

a Borgonato Sud : 3 km ✉ 25040

✿ Due Colombe (Stefano Cerveni)   🍽 🅰️🄲 ⟷

CUCINA REGIONALE · ELEGANTE ✕✕✕ Un borgo millenario custodisce la preziosa cucina del ristorante che non rinuncia, al pari delle antiche mura, a citazioni storiche di piatti divenuti ormai irrinunciabili classici. Pesce e carne in accostamenti spesso originali e sempre creativi.

→ Patata viola, gambero rosso e Franciacorta. Manzo all'olio. Semifreddo al miele, nocciole caramellate ed olio del Sebino.

Menu 38 € (pranzo in settimana)/95 € – Carta 58/111 €

via Foresti 13 – 🕾 030 982 8227 (consigliata la prenotazione)
– www.duecolombe.com – solo a cena escluso sabato – Chiuso 1°-10 gennaio, 12 -25 agosto, domenica sera e lunedì,

CORTERANZO Alessandria → Vedere Murisengo

Images

CI PIACE...

Una cena romantica nella caratteristica stube del **Baita Piè Tofane**. Il panorama delle Dolomiti e le specialità di mare del ristorante **Nero di Seppia**: gli opposti magicamente ricongiunti! L'eccellente centro benessere del **Rosapetra Spa Resort**.

CORTINA D'AMPEZZO

Belluno (BL) - ✉ 32043 - 5 907 ab. - Alt. 1 211 m - Carta regionale n° **23**-C1
Carta stradale Michelin 562-C18

Ristoranti

✿ Tivoli (Graziano Prest)

CUCINA MODERNA • CHIC XX Lungo la strada per passo Falzarego, in una bella casa alpina fuori dal centro, lo chef patron dimostra di trovarsi a proprio agio con la tradizione, così come con piatti più creativi ed insoliti. Ambiente intimo e raccolto.

→ Gnocchi di patate ripieni di baccalà liquido con funghi cantarelli e polvere di capperi. Piccione in due cotture, petto a bassa temperatura in olio aromatico e coscia confit. Viaggio a Zanzibar, soffice alla vaniglia, spuma al cocco e banana caramellata.

Menu 95/120 € - Carta 78/153 €

località Lacedel 34, 2 km per Passo Pordoi - A2 - ✆ 0436 866400 (consigliata la prenotazione) - www.ristorantetivolicortina.it
- Aperto 1° dicembre-30 marzo e 5 luglio-23 settembre; chiuso lunedì escluso agosto e vacanze di Natale, anche martedì a mezzogiorno in bassa stagione

La Corte del Lampone Ⓝ

CUCINA REGIONALE • LUSSO XX Con una bella vista che dalle sue ampie vetrate spazia sulla Tofana e Faloria, la cucina accinge dalla tradizione, ma non solo, rielaborata con delicatezza in chiave moderna. Ambiente in stile montano di contemporanea eleganza.

Menu 52/95 € - Carta 58/94 €

Hotel Rosapetra Spa & Resort, località Zuel di Sopra 1, 2 km per Belluno - B3 - ✆ 0436 861927 (consigliata la prenotazione) - www.rosapetracortina.it

Al Camin

CUCINA REGIONALE • ALLA MODA XX Sulla strada per il lago di Misurina, accogliente locale dal moderno stile alpino: piatti legati al territorio con piccole rivisitazioni e nella calda stagione approfittate del servizio all'aperto. Bella carta dei vini con più di 200 etichette.

Carta 35/61 €

località Alverà 99, 1,5 Km per Misurina - B1 - ✆ 0436 862010 (consigliata la prenotazione la sera) - www.ristorantealcamin.it - Chiuso 3 settimane in giugno, 20 settembre-20 ottobre e mercoledì in bassa stagione

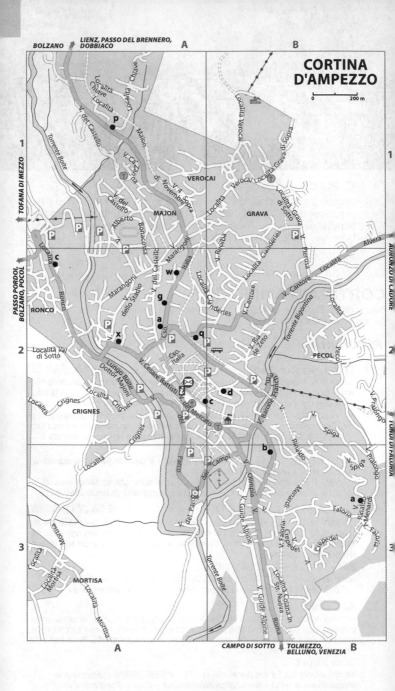

ⅱ◯ Baita Fraina 🐾 🐕 🐕 🐕 🐕 🏠 🐕 🅿

REGIONALE · RUSTICO ✕✕ Tre accoglienti salette arredate con oggetti e ricordi tramandati da generazioni in una tipica baita, dove gustare curati piatti del territorio accompagnati da una fornita cantina. E per intrattenersi più a lungo nel silenzio e nel profumo dei monti, deliziose camere in calde tonalità di colore.

Carta 42/69 €

4 cam 🖙 – ♦100/200 € ♦♦110/220 € – 2 suites

località Fraina, 2 km per Campo di Sotto - B3 – ☏ 0436 3634 – www.baitafraina.it
– Aperto 5 dicembre-7 aprile e 13 giugno-30 settembre; chiuso lunedì in bassa
stagione

ⅱ◯ El Camineto 🐕 🏠 🅿

REGIONALE · ELEGANTE ✕✕ Il menu propone un'ampia scelta con un corretto mix fra tradizione e fantasia. Oltre alla buona cucina, si segnala la proverbiale vista da godersi appieno - nella bella stagione - ai tavoli all'aperto.

Carta 38/74 €

località Rumerlo 1, 6 km per Passo Pordoi - A2 – ☏ 0436 4432
– www.ilmeloncino.it – Chiuso 1° maggio-30 giugno e martedì; in
ottobre-novembre aperto solo nei fine settimana

ⅱ◯ Baita Piè Tofana 🏠 🖨

CUCINA MODERNA · RUSTICO ✕ Alle pendici del Tofana, raggiungibile anche dalle piste, questa caratteristica e romantica baita propone accattivanti piatti che spaziano tra terra e mare, in chiave moderna. In estate, godetevi il dehors con ampia vista sulle montagne circostanti.

Carta 40/101 €

località Rumerlo, 6,5 km per Passo Pordoi - A2 – ☏ 0436 4258 (coperti limitati,
prenotare) – www.baitapietofana.it – Aperto 1° dicembre-Pasqua,
1° luglio-15 settembre; chiuso mercoledì in bassa stagione

ⅱ◯ Nero di Seppia ⓝ 🐕 🏠 🅿

PESCE E FRUTTI DI MARE · STILE MONTANO ✕ In un caratteristico chalet in posizione isolata e molto panoramica, un'inattesa cucina casalinga con specialità di mare tipicamente venete. Atmosfera accogliente e famigliare.

Carta 53/78 €

località Staulin, 8, Est: 3 km per Auronzo - B1 – ☏ 349 429 1839 (prenotazione
obbligatoria) – Chiuso in giugno e lunedì, martedì e mercoledì in bassa stagione

Alberghi

🏨 Cristallo 🐕 🐕 🐕 🏠 🖼 🌐 🐚 🐕 🖨 🐕 🔤 🐕 🚗

GRAN LUSSO · PERSONALIZZATO Marmo di Carrara, boiserie e migliaia di rose dipinte a mano sono solo alcune delle ricercatezze che fanno del Cristallo la quintessenza del lusso e il tempio de l'art de vivre. Ma qui troverete anche ampie camere e un moderno centro benessere, nonché molte scelte disponibili per la ristorazione, che vanno dal Cantuccio alla Stube, senza tralasciare il gourmet Gazebo.

52 cam 🖙 – ♦240/1200 € ♦♦270/1300 € – 22 suites

Pianta: B3-a – *via Rinaldo Menardi 42 – ☏ 0436 881111 – www.cristallo.it*
– Aperto 14 dicembre-31 marzo e 1° giugno-7 ottobre

🏨 Grand Hotel Savoia 🐕 🏠 🖼 🌐 🐚 🐕 🖨 🐕 🐕 🚗

GRAN LUSSO · DESIGN Un grand hotel in pieno centro che sfoggia una veste di moderno design e confort dell'ultima generazione. Belle camere dai toni caldi ed una spa ben attrezzata; gradevole anche il salotto per fumatori. Cucina di tipo mediterraneo con qualche rivisitazione al ristorante.

130 cam 🖙 – ♦150/950 € ♦♦200/1500 € – 5 suites

Pianta: B3-b – *via Roma 62 – ☏ 0436 3201 – www.grandhotelsavoiacortina.it*
– Aperto 6 dicembre-23 marzo e 15 giugno-15 settembre

Rosapetra Spa Resort

LUSSO · STILE MONTANO Rispettoso del legno e delle atmosfere locali, confort tecnologici ed impianti eco-sostenibili, l'hotel conquista anche chi è orientato verso un'accoglienza moderna e personalizzata; belle camere ed ottima spa!

27 cam ⌂ – ♦195/2500 € ♦♦200/2600 € – 2 suites

*località Zuel di Sopra 1, 2 km per Campo di Sotto - B3 – ℰ0436 869062
– www.rosapetracortina.it*

⊪○ **La Corte del Lampone** – Vedere selezione ristoranti

Bellevue Suites & Spa

TRADIZIONALE · STILE MONTANO In pieno centro, questo gioiello dall'accoglienza ampezzana dispone di ampie camere e, numerose, raffinate suite, arredate con eleganti stoffe e legni naturali. Come lascia intuire il nome, l'hotel ospita anche una piacevole spa. Attenzione: la struttura è provvista di colonnine per ricarica auto elettriche!

46 suites ⌂ – ♦♦245/1365 € – 20 cam

Pianta: A2-a – *corso Italia 197 – ℰ0436 883400 – www.bellevuecortina.com
– Aperto 1° dicembre-22 aprile e 12 giugno-9 settembre*

Ambra

BOUTIQUE HOTEL · ROMANTICO Il legno la fa da padrone con boiserie e soffitti a cassettoni in questa deliziosa casa ampezzana in pieno centro, dove non manca un pizzico di glamour e romanticismo voluti dalla locandiera stessa, sempre intenta ad apportare migliorie a questa sua piccola bomboniera.

24 cam ⌂ – ♦140/1000 € ♦♦160/1000 €

Pianta: B2-d – *via XXIX Maggio 28 – ℰ0436 867344 – www.hotelambracortina.it*

Columbia

TRADIZIONALE · STILE MONTANO Sulla strada per il Falzarego, hotel a conduzione familiare con ampie e gradevoli camere arredate in legno naturale; nuova e piacevole area relax. Deliziosa prima colazione a buffet con torte fatte in casa.

24 cam – ♦55/130 € ♦♦74/154 € – ⌂ 8 €

Pianta: A2-c – *via Ronco 75 – ℰ0436 3607 – www.hcolumbia.it
– Aperto 23 dicembre-31 marzo e 18 giugno-1° ottobre*

Cortina

TRADIZIONALE · STILE MONTANO Per chi non vuole perdersi proprio nulla della movida ampezzana, questo hotel in pieno centro - ormai alla quarta generazione! - offre ambienti in stile classico locale, un piccolo centro benessere ed una stupenda terrazza dove darsi appuntamento per un aperitivo. Al ristorante, vi attendono varie specialità della tradizione gastronomica italiana oltre che l'offerta del bar.

31 cam ⌂ – ♦190/500 € ♦♦250/1500 € – 14 suites

Pianta: A2-c – *corso Italia 92 – ℰ0436 4221 – www.hotelcortina.com
– Aperto 5 dicembre-31 marzo e 29 maggio-20 settembre*

Europa

TRADIZIONALE · STORICO Vicino al centro, ma l'impressione è di trovarsi in una baita: legni grezzi, camino e arredi d'epoca per un caldo soggiorno anche in pieno inverno. Atmosfera rustica al Vip Club, buona cucina e - la notte - trasformazione in locale con musica dal vivo.

45 cam ⌂ – ♦60/230 € ♦♦120/360 € – 1 suite

Pianta: A2-g – *corso Italia 207 – ℰ0436 3221 – www.hoteleuropacortina.it
– Aperto 6 dicembre-31 marzo e 1° giugno-30 settembre*

Franceschi Park Hotel

TRADIZIONALE · STILE MONTANO Spazi comuni curati e signorili, nonché un parco di 10.000 m2: puro stile alpino per questo bell'albergo centrale dalla sicura gestione familiare.

47 cam ⌂ – ♦50/285 € ♦♦100/380 €

Pianta: A2-x – *via Cesare Battisti 86 – ℰ0436 867041 - www.franceschiparkhotel.com
– Aperto 6 dicembre-24 marzo e 31 maggio-29 settembre*

Menardi

TRADIZIONALE · STILE MONTANO Divenuta albergo negli anni '20, ma già esistente ad inizio Ottocento, questa casa di famiglia sfoggia pezzi d'antiquariato locale e religioso negli interni e mette a disposizione rilassanti distese nel giardino ombreggiato. Si affacciano sulla vegetazione esterna le vetrate della curata sala ristorante di tono rustico.

49 cam 🛏 – 🍴70/140 € 🍴🍴100/260 €

Pianta: A1-p – *via Majon 110* – *𝒞 0436 2400* – *www.hotelmenardi.it*
– *Aperto 7 dicembre-24 marzo e 30 maggio-29 settembre*

Natale

TRADIZIONALE · STILE MONTANO A due passi dal centro della rinomata località, una confortevole casa di montagna con ampie camere rivestite in legno ed arredate con mobili realizzati da artigiani locali. Confortevole zona relax.

13 cam 🛏 – 🍴81/920 € 🍴🍴90/980 €

Pianta: A2-w – *corso Italia 229* – *𝒞 0436 861210* – *www.hotelnatale.it* – *Chiuso maggio, ottobre e novembre*

Oasi

FAMILIARE · STILE MONTANO A pochi passi dalla zona pedonale e dalla funivia, questo piccolo e curato hotel racconta dagli anni Venti la storia della famiglia. Camere semplici dal piacevole arredo ligneo.

10 cam 🛏 – 🍴50/90 € 🍴🍴85/140 €

Pianta: A2-q – *via Cantore 2* – *𝒞 0436 862019* – *www.hoteloasi.it* – *Chiuso 10-23 aprile e 24 settembre-28 ottobre*

CORTINA VECCHIA Piacenza → Vedere Alseno

CORTONA

Arezzo – ✉ 52044 – 22 450 ab. – Alt. 494 m – Carta regionale n° **18**-D2
Carta stradale Michelin 563-M17

La Bucaccia

CUCINA REGIONALE · CONTESTO TRADIZIONALE 𝕏 In un antico palazzo del XIII secolo, edificato su una strada romana il cui lastricato costituisce oggi il pavimento della saletta principale, una cucina squisitamente regionale dove assaggiare l'ottima selezione di formaggi, i piatti a base di chianina, ed un'accoglienza coinvolgente da parte di Romano. Si organizzano anche corsi di cucina!

Menu 29/35 € – Carta 22/52 €

via Ghibellina 17 – *𝒞 0575 606039 (consigliata la prenotazione)*
– *www.labucaccia.it* – *Chiuso 15-30 gennaio e lunedì escluso in estate*

Osteria del Teatro

CUCINA TOSCANA · CONTESTO STORICO 𝕏𝕏 Cucina della tradizione in diverse sale che spaziano dall'eleganza cinquecentesca con camino, ad ambienti più conviviali in stile trattoria, ma sempre accomunate dalla passione per il teatro. E per una pausa informale, la prospicente fiaschetteria - Fett'unta - con piatti del giorno e salumi tipici.

Carta 28/53 €

via Maffei 2 – *𝒞 0575 630556* – *www.osteria-del-teatro.it*
– *Chiuso 12 novembre-4 dicembre e mercoledì*

Italia

DIMORA STORICA · CLASSICO A pochi metri dalla piazza centrale, palazzo seicentesco restaurato di cui ricordare gli alti soffitti e soprattutto la vista sulla Val di Chiana dalla sala colazioni e dalle migliori camere: sicuramente le cinque del terzo piano, meglio prenotare!

25 cam 🛏 – 🍴60/90 € 🍴🍴80/110 €

via Ghibellina 5/7 – *𝒞 0575 630254* – *www.hotelitaliacortona.com*

San Michele

DIMORA STORICA · CENTRALE In un centralissimo palazzo cinquecentesco, albergo dagli ambienti signorili e con sala colazioni dall'imponente soffitto a cassettoni; da poco inaugurati anche un bar di lusso, nonché una romantica area relax in una torre con vista a 360° su Cortona e Valdichiana.

39 cam ☲ – †99/129 € ††119/219 € – 4 suites

via Guelfa 15 – ℰ 0575 604348 – www.cortonaluxuryaccommodation.com/sanmichele/
– Aperto 22 marzo-3 novembre

La Corte di Ambra

DIMORA STORICA · ROMANTICO Se volete godervi il centro di Cortona, questo piccolo palazzo del Quattrocento nasconde l'esclusivo b&b che fa al caso vostro: signorile, originale, curato in ogni dettaglio. Fulgido esempio di tanto lusso, la migliore delle camere dotata di mobili d'antiquariato, camino e di un originale affresco del Cinquecento.

5 cam ☲ – †145/155 € ††160/180 €

via Benedetti 23 – ℰ 0575 178 8266 – www.cortonaluxuryrooms.com – Chiuso 19 febbraio-9 marzo

sulla strada provinciale 35 verso Mercatale

⊠O L'Antica Casina di Caccia

CUCINA CLASSICA · ELEGANTE XXX In linea con la bellissima Villa di Piazzano in cui si trova, grande eleganza ed un servizio all'aperto che permette di contemplare il curatissimo giardino, mentre dalla cucina il giovane cuoco propone i sapori del territorio con piglio moderno; per onorare la storia del luogo sempre presenti alcuni piatti di cacciagione.

Menu 45/60 € – Carta 61/103 €

Hotel Villa di Piazzano, località Piazzano 7, Est: 8 km – ℰ 075 826226 (consigliata la prenotazione) – www.villadipiazzano.com – solo a cena
– Aperto 1° aprile-31 ottobre, chiuso martedì

⊠O Locanda del Molino

CUCINA REGIONALE · CASA DI CAMPAGNA XX Bella locanda gestita dalla famiglia Baracchi: se le camere sfoggiano l'elegante semplicità della campagna toscana, il vecchio mulino di famiglia rinasce nella veste di ristorante rustico, ma vezzoso. Il gentil sesso si adopera in cucina, mentre la tradizione campeggia in menu. Da poco inaugurato anche il forno a legna per la pizza!

Carta 27/85 €

8 cam ☲ – †70/90 € ††80/120 €

località Montanare 8/9/10, Est: 9 km ⊠ 52044 Montanare – ℰ 0575 614016
– www.locandadelmolino.com – solo a cena escluso i giorni festivi – Chiuso 15 gennaio-15 marzo e martedì

Relais la Corte dei Papi

DIMORA STORICA · PERSONALIZZATO In un casolare padronale settecentesco, situato all'interno di un parco, si può alloggiare in esclusive camere e junior suite col plus della zona benessere individuale. Buona cucina dall'anima moderna nell'omonimo ristorante ospitato nel nuovissimo edificio.

15 cam ☲ – †150/300 € ††180/369 € – 1 suite

località Pergo, via la Dogana 12, Est: 5 km – ℰ 0575 614109
– www.lacortedeipapi.com – Chiuso gennaio-febbraio

Villa di Piazzano

DIMORA STORICA · PERSONALIZZATO Voluta dal Cardinale Passerini come casino di caccia, una splendida villa patrizia del XVI secolo sita tra le colline della Val di Chiana, il Lago Trasimeno e Cortona. Gli interni sono signorili, eleganti e curati al pari dello splendido giardino che la cinge con grazia.

28 cam ☲ – †170/255 € ††210/295 € – 2 suites

località Piazzano 7, Est: 8 km – ℰ 075 826226 – www.villadipiazzano.com
– Aperto 1° aprile-31 ottobre

⊠O **L'Antica Casina di Caccia** – Vedere selezione ristoranti

a San Martino Nord: 4,5 km ✉ 52044 – Cortona

✿ **Il Falconiere** (Silvia Regi Baracchi)   ⚐ 🏠 AC ⇦ 🅿

CUCINA TOSCANA · LUSSO XxX Gli appassionati di cucina toscana ne ritroveranno qui tutta la forza, tra carni, spezie ed erbe aromatiche: non manca il pesce e neppure l'eleganza delle grandi occasioni!

→ Pappardella ripiena con sugo di coniglio in bianco, salsa di olive verdi e capperi essiccati. Casseruola di piccione ripieno delle sue rigaglie con topinambur ed erbe di campo. Cioccomenta: mousse delicata al cioccolato.

Menu 85/125 € – Carta 91/125 €

Hotel Il Falconiere Relais, località San Marino a Bocena 370 – ☏ 0575 612679 (consigliata la prenotazione) – www.ilfalconiere.com – Aperto 19 marzo-15 novembre; chiuso martedì

🏠 **Il Falconiere Relais**   ⚐ ⇐ 🛋 🛏 🔺 ⊕ 🅟 ⊟ & AC 🅿

LUSSO · PERSONALIZZATO All'interno di una vasta proprietà, questa villa seicentesca ricca di fascino e di suggestioni, dispone anche di un piccolo centro benessere con vinoterapia. Camere di raffinata e nobile eleganza, per un soggiorno straordinario.

25 cam � – †230/320 € ††270/320 € – 4 suites

località San Marino a Bocena 370 – ☏ 0575 612679 – www.ilfalconiere.com – Aperto 19 marzo-15 novembre

✿ **Il Falconiere** – Vedere selezione ristoranti

CORVARA IN BADIA Bolzano → Vedere Alta Badia

COSENZA

(CS) – ✉ 87100 – 67 546 ab. – Alt. 238 m – Carta regionale n° **3**-A2
Carta stradale Michelin 564-J30

a Rende Nord-Ovest : 10 km ✉ 87036 – Alt. 474 m

🍴 **Agorà**   🏠 & AC 🅿

PESCE E FRUTTI DI MARE · CONTESTO CONTEMPORANEO XX Gestione giovane per questo gradevole locale che si trova in una zona recente di Rende; lo chef patron ha le idee chiare su cosa cucinare: la carta propone, infatti, quasi esclusivamente pesce (sebbene, in alternativa, ci sia sempre qualche golosità di terra), la provenienza è perlopiù il Mar Ionio.

Menu 35 € (cena)/45 € – Carta 31/80 €

via Rossini 178 – ☏ 0984 838613 – www.agorarende.com – Chiuso 12-31 agosto, domenica sera e lunedì, in estate chiuso domenica

🏠 **Villa Fabiano**   ⚐ 🛏 ⊕ 🅟 🛗 ⊟ & AC 🏊 🅿

BUSINESS · MODERNO La posizione anonima lungo una strada statale, inizialmente, lo penalizza un po', ma una volta varcata la soglia si paleserà – davanti ai vostri occhi – una struttura moderna con una spa di 3000 m² perfettamente attrezzata ed una prelibata cucina presso il ristorante Quasimodo: terra, mare, griglia e tradizione. Insomma ce n'è per tutti i gusti!

62 cam ⊇ – †85/135 € ††91/144 € – 6 suites

via Colombo 70 – ☏ 0984 838620 – www.villafabiano.it

COSTA DORATA Sardegna Olbia-Tempio → Vedere Porto San Paolo

COSTALOVARA WOLFSGRUBEN Bolzano → Vedere Renon

COSTA MERLATA Brindisi → Vedere Ostuni

COSTA REI Cagliari → Vedere Muravera

COSTA SMERALDA Sardegna Olbia-Tempio → Vedere Arzachena

COSTERMANO

Verona – ✉ 37010 – 3 738 ab. – Alt. 237 m – Carta regionale n° **23**-A2
Carta stradale Michelin 562-F14

🏠 Boffenigo   ☆ ⅋ ≤ ⟨🛏 ⏦ 🔲 🌐 🕸 ⛱ 🖃 ♿ 🅰 🏍 🚗

TRADIZIONALE · ACCOGLIENTE Meta prediletta da chi è alla ricerca di verde, silenzio e cura del corpo, l'acqua non è a pochi metri dall'albergo, ma la vista su uno scorcio di lago dal giardino e da metà delle camere appagante, come il giardino con oliveto. Non perdetevi una cena all'ottimo ristorante!

76 cam ⌑ – ♦100/300 € ♦♦100/300 € – 4 suites

via Boffenigo 6 – ℰ 045 720 0178 – www.boffenigo.it – Aperto 23 marzo-9 novembre

verso San Zeno di Montagna

⅋○ La Casa degli Spiriti   ⅋ ≤ ⟨🛏 ♿ 🅿

CUCINA MODERNA · ROMANTICO XxX Un ristorante per le grandi occasioni, quello che era un antico rudere sul ciglio della strada è stato trasformato in una lussuosa bomboniera con vista mozzafiato sul lago. La cucina è creativa, sia di terra che di mare, con qualche accenno alla Puglia, accompagnata da circa 1500 referenze in cantina, tra Veneto, Champagne e altre regioni. Dalle 10 alle 22 è aperta anche la Terrazza: una soluzione con proposte più semplici, nonché sandwich e pizze gourmet.

Menu 130 € – Carta 79/125 €

via Monte Baldo 28, Nord-Ovest: 5 km – ℰ 045 620 0766 – www.casadeglispiriti.it – Chiuso 1° gennaio-8 febbraio, martedì e mercoledì escluso aprile-settembre

ad Albarè Sud-Est: 3 km ✉ 37010

⅋○ Osteria dai Coghi 🆕   🏠

CUCINA MODERNA · SEMPLICE X Nella frazione di Albarè, in una zona residenziale dove mai si sospetterebbe la presenza di un ristorante, troviamo invece una giovane e appassionata gestione, che cura tanto la ricerca delle materie prime (spesso locali, compreso il pesce di lago), quanto qualche abbinamento più personale e insolito, accompagnato dalla passione e simpatia di una gestione familiare.

Menu 35 € – Carta 34/55 €

via Alcide De Gasperi 9/13 – ℰ 045 620 0475 – Chiuso marzo, lunedì a mezzogiorno e mercoledì

COSTIERA AMALFITANA Napoli e Salerno

COSTOZZA Vicenza → Vedere Longare

COURMAYEUR

(AO) – ✉ 11013 – 2 807 ab. – Alt. 1 224 m – Carta regionale n° **21**-A2
Carta stradale Michelin 561-E2

⅋○ Petit Royal 🆕   ⅋ ≤ 🏠 ⏦ 🈁 🚗

CUCINA MODERNA · LUSSO XxX Piccolo ed elegante angolo gastronomico all'interno del lussuoso hotel, dove un giovane chef dalle brillanti esperienze propone una cucina moderna e del territorio ben personalizzata.

Menu 100/140 € – Carta 75/230 €

*Grand Hotel Royal e Golf, via Roma 87 – ℰ 0165 831611 (prenotare)
– www.hotelroyalegolf.com – solo a cena escluso sabato e domenica
– Aperto 1° dicembre-30 aprile e 15 giugno-15 settembre; chiuso lunedì*

⅋○ Aria   ⅋ ✿

CUCINA REGIONALE · RUSTICO XX Nell'elegante località ai piedi del Monte Bianco, ricette fantasiose e della antica tradizione valdostana rivisitata. Ottima carta dei vini: il titolare è sommelier!

Carta 32/73 €

Hotel Maison Saint Jean, vicolo Dolonne 18 – ℰ 0165 842880 – www.msj.it – solo a cena – Chiuso maggio e 2 novembre-2 dicembre

⊪○ Pierre Alexis 1877

CUCINA TRADIZIONALE · CONVIVIALE ✕✕ Nel cuore antico di Courmayeur, i sapori della tradizione elaborati con un pizzico di fantasia, in questo locale tradizionale che, soprattutto in primavera, introduce piatti insaporiti da erbe spontanee raccolte in Valle.

Carta 48/77 €

via Marconi 50/A – ℰ 0165 846700 (consigliata la prenotazione)
– www.pierrealexiscourmayeur.it – Chiuso 15 giorni in giugno, 15 giorni in ottobre e lunedì, anche i mezzogiorno di martedì e mercoledì in bassa stagione

🏨 Grand Hotel Royal e Golf

STORICO · ELEGANTE Regnanti, intellettuali e jet set internazionale sono stati ospiti degli accoglienti spazi di questo splendido albergo nel centro della località, che vanta più di duecento anni di storia: un intramontabile punto di riferimento per trascorrere una vacanza all'insegna della tranquillità e del benessere.

70 cam 🛏 – †100/700 € ††100/800 € – 5 suites

via Roma 87 – ℰ 0165 831611 – www.hotelroyalegolf.com
– Aperto 1° dicembre-30 aprile e 15 giugno-15 settembre

⊪○ **Petit Royal** – Vedere selezione ristoranti

🏨 Gran Baita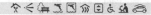

LUSSO · DESIGN A soli 10 minuti a piedi dal centro pedonale del paese e a meno di 5 minuti dai nuovi veloci impianti di risalita (un servizio gratuito di ski bus ne garantisce il collegamento), Gran Baita è un hotel di lusso, dai caldi interni con boiserie e pezzi antichi; terrazza panoramica con piscina riscaldata, coperta a metà: per un tuffo anche se fuori nevica.

54 cam 🛏 – †110/390 € ††130/450 € – 3 suites

strada Larzey 2 – ℰ 0165 844040 – www.alpissima.it

🏨 Grand Hotel Courmayeur Mont Blanc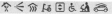

TRADIZIONALE · CONTEMPORANEO Stile montano declinato in una versione contemporanea: legno, pietra e ferro sono presenti, ma le linee risultano pulite e minimaliste. Ottimo centro benessere con grande vasca idromassaggio e per gli irriducibili del tabacco, c'è anche una cigar room. Lunch con scelta ridotta e dinner al ristorante panoramico.

58 cam 🛏 – †250/1200 € ††250/1200 € – 10 suites

Strada Grand Ru 1 – ℰ 0165 844542 – www.grandhotelcourmayeurmontblanc.it
– Aperto dicembre-aprile e giugno-settembre

🏨 Villa Novecento

TRADIZIONALE · ELEGANTE Villa liberty completamente ristrutturata che presenta una hall raffinata attraverso cui accedere a camere accoglienti con arredi ricercati e dotate di ogni confort. Il ristorante rispecchia l'atmosfera del piccolo hotel-bomboniera; anche la cucina merita di essere provata (soprattutto per chi non chiede solo specialità regionali!). Ampia scelta enologica.

26 cam 🛏 – †90/390 € ††100/490 € – 4 suites

viale Monte Bianco 64 – ℰ 0165 843000 – www.villanovecento.it – Chiuso novembre; aperto solo nei week-end in maggio e ottobre

🏨 Maison Saint Jean

FAMILIARE · PERSONALIZZATO Vicino all'elegante via Roma e a 300 m dagli impianti di risalita, un recente ampliamento delle aree comuni rafforza il confort di quest'albergo dal caldo stile valdostano: tanto legno e raffinata rusticità.

20 cam 🛏 – †70/160 € ††120/260 € – 1 suite

vicolo Dolonne 18 – ℰ 0165 842880 – www.msj.it – Chiuso maggio e 2 novembre-2 dicembre

⊪○ **Aria** – Vedere selezione ristoranti

⌂ Centrale ⚘ ⊰ 🏠 🎵 🛗 🔲 ♿ ⚘ 🅿

FAMILIARE · FUNZIONALE In pieno centro, ma dotata di comodo parcheggio, una risorsa ad andamento familiare, con accoglienti spazi comuni e camere confortevoli nella loro semplicità. Servizio ristorante per alloggiati e solo nei mesi di luglio e agosto.

32 cam – ♦90/130 € ♦♦110/165 € – ⌘ 9 €

via Mario Puchoz 7 – ☎ 0165 846644 – www.hotelscentrale.it
– Aperto 4 dicembre-10 aprile e 24 giugno-11 settembre

⌂ Dei Camosci ⚘ ⊰ 🏠 🔲 ♿ 🅿

FAMILIARE · STILE MONTANO Per un soggiorno tranquillo, ma non lontano dal centro del paese, un albergo a conduzione familiare il cui interno si caratterizza per le numerose testimonianze di caccia all'ungulato da cui il nome della struttura; buon confort nelle camere ed un comodo servizio navetta per le funivie. Caratteristica atmosfera montana al ristorante, cucina della tradizione.

24 cam ⌘ – ♦55/80 € ♦♦90/115 €

località La Saxe 7 – ☎ 0165 842338 – www.hoteldeicamosci.com
– Aperto 4 dicembre-15 aprile e 12 giugno-23 settembre

ad Entrèves Nord : 4 km ✉ 11013 – Alt. 1 306 m

🏨 Auberge de la Maison ⚘ 🦌 ⊰ 🏠 🎵 🛗 🔲 ♿ 🚗

TRADIZIONALE · STILE MONTANO Fedele al suo nome, un'atmosfera da raffinata "casa" di montagna con tanto di boiserie, camino, camere personalizzate e rinnovato centro relax.

31 cam ⌘ – ♦125/284 € ♦♦140/320 € – 2 suites

via Passerin d'Entreves 16 – ☎ 0165 869811 – www.aubergemaison.it – Chiuso novembre

🏨 Pilier d'Angle ⚘ 🦌 ⊰ 🎵 🔲 🚗

FAMILIARE · REGIONALE Tre chalet collegati tra loro compongono questa risorsa, che ha camere di diversa tipologia, ma tutte accoglienti e con lo stesso livello di confort. Il calore del camino della sala da pranzo è il miglior accompagnamento alla saporita cucina.

24 cam ⌘ – ♦85/150 € ♦♦110/250 € – 3 suites

via Grandes Jorasses 18 – ☎ 0165 869760 – www.pilierdangle.it – Chiuso maggio e novembre

a La Palud Nord : 4,5 km

🍽 Dandelion ❶ 🍴 🅿

CUCINA DEL TERRITORIO · ACCOGLIENTE ✕✕ Due giovani chef con ottime esperienze al loro attivo per un locale signorile dove gustare un'ottima cucina valligiana rielaborata in chiave moderna. Ospitalità al top anche grazie al savoir-faire del terzo socio in sala.

Menu 60/85 € – Carta 49/92 €

Via San Bernardo, 3 – ☎ 345 700 7502 (consigliata la prenotazione)
– www.dandelionlapalud.com – Chiuso maggio, ottobre, domenica sera e lunedì

⌂ Dente del Gigante ⊰ 🔲 🅿

FAMILIARE · STILE MONTANO Ai piedi del Monte Bianco, vicino alle funivie e alla Val Ferret, legno e pietra conferiscono alla struttura quell'inconfondibile atmosfera montana. Lo stesso "calore" lo si ritrova nelle belle camere: diverse tipologie, ma tutte curate nei minimi dettagli.

13 cam ⌘ – ♦35/145 € ♦♦49/199 €

strada La Palud 42 – ☎ 0165 89145 – www.dentedelgigante.com
– Aperto 4 dicembre-25 aprile e 15 giugno-20 settembre

a Dolonne

⌂ Stella del Nord ⊰ 🔲 ⚘ 🚗

FAMILIARE · TRADIZIONALE Conduzione familiare per un albergo situato nella parte alta della frazione; arredi in legno dallo stile art déco con qualche pezzo d'epoca, cabinovia a 300 metri raggiungibile a piedi o con navetta pubblica nelle vicinanze.

12 cam ⌘ – ♦54/190 € ♦♦85/220 €

strada della Vittoria 2 – ☎ 0165 848039 – www.stelladelnord.com – Aperto 20 dicembre-15 aprile e 1° luglio-15 settembre

CRANDOLA VALSASSINA

Lecco – ✉ 23832 – 251 ab. – Alt. 780 m – Carta regionale n° **9**-B2
Carta stradale Michelin 561-D10

⁑○ **Da Gigi** ⇦ ≼ AC

CUCINA REGIONALE · FAMILIARE ✗✗ Per gustare le specialità della Valsassina, un simpatico locale in posizione panoramica con sale di tono rustico e una cucina attenta ai prodotti del territorio (molti di origine biologica), nonché a quelli dell'orto di casa. Al piano inferiore, il laboratorio di pasticceria sforna fragranti prelibatezze.

Menu 48 € – Carta 36/61 €
8 cam ⌨ – ¶80/90 € ¶¶80/90 €
piazza IV Novembre 4 – ℰ 0341 840124 – www.dagigicrandola.it – Chiuso 28 gennaio-8 febbraio, 10-28 giugno e mercoledì escluso luglio-agosto

CREDERA RUBBIANO

Cremona (CR) – ✉ 26010 – 1 621 ab. – Alt. 70 m – Carta regionale n° **10**-C3
Carta stradale Michelin 561-G10

⁑○ **Il Postiglione** 🏠 AC ⇦ P

CUCINA CLASSICA · ROMANTICO ✗✗ Affascinante restauro di una cascina storica, soffitti in legno, camini e arredi d'epoca conducono ad una cucina del territorio che si apre, però, anche al pesce per il quale la trattoria si è conquista un nome.

Carta 35/60 €
via Boschiroli 17 – ℰ 0373 66114 – www.trattoriapostiglione.it – solo a cena escluso domenica – Chiuso 8-12 gennaio e lunedì

CREMA

Cremona – ✉ 26013 – 34 371 ab. – Alt. 79 m – Carta regionale n° **10**-C2
Carta stradale Michelin 561-F11

⁑○ **Botero** ⓝ 🕸 🏠 ♿ AC

CUCINA MODERNA · DESIGN ✗✗ Nuova sede per questo ristorante che è già una bella realtà cittadina: all'interno di un palazzo del centro, il ristorante si sviluppa su due piani e con due distinte ambientazioni - più elegante al piano terra, informale a quello sopra - la cucina dalla forte personalità abbraccia terra e mare.

🍽 Menu 20 € (pranzo in settimana)/70 € – Carta 36/74 €
Via G. Verdi 7 ✉ 26013 Crema – ℰ 0373 87911 (consigliata la prenotazione) – www.ristorantebotero.it – Chiuso 1°-10 gennaio, 12-25 agosto, sabato a mezzogiorno, domenica sera e lunedì

CREMONA

(CR) – ✉ 26100 – 71 901 ab. – Alt. 45 m – Carta regionale n° **9**-C3
Carta stradale Michelin 561-G12

⁑○ **Kandoo Nippon** 🏠 ♿ AC ✂

CUCINA GIAPPONESE · STILE ORIENTALE ✗ Colori scuri e look moderno per una pausa relax tutta nipponica a base di ottime specialità del Sol Levante: sia crude, sia cotte.

🍽 Menu 15 € (pranzo in settimana)/25 € – Carta 36/83 €
piazza Cadorna 15 – ℰ 0372 21775 – www.sushikandoo.it – Chiuso 13-20 agosto e lunedì

🏨 **Delle Arti** 🛗 🖥 ♿ AC 🚗

TRADIZIONALE · MODERNO Sin dall'esterno si presenta come un design hotel caratterizzato da forme geometriche e colori sobri, prevalentemente scuri. La sala colazioni è adibita anche a galleria d'arte visitabile: una vera eccezione di modernità nel centro storico.

30 cam ⌨ – ¶69/189 € ¶¶110/189 € – 3 suites
via Geremia Bonomelli 8 – ℰ 0372 23131 – www.cremonahotels.it – Chiuso 23 dicembre-2 gennaio e 4-26 agosto

🏠 Impero ⊡ ⭳ 🆎

TRADIZIONALE · ACCOGLIENTE Nel cuore del centro storico, in un austero edificio anni '30, albergo rinnovato con camere più tranquille sul retro o con vista su piazza o Torrazzo dagli ultimi piani.

51 cam ⌂ – ♦59/149 € ♦♦80/149 €

piazza Pace 21 – ✆ 0372 413013 – www.cremonahotels.it

CRETAZ Aosta → Vedere Cogne

CRISPIANO

(TA) – ✉ 74012 – 13 802 ab. – Alt. 243 m – Carta regionale n° **15**-C2
Carta stradale Michelin 564-F33

🍽️ La Cuccagna ⓝ 🐕 🛋️ 🆎

CUCINA PUGLIESE · FAMILIARE ✕ C'è un'intera famiglia a condurre questo ottimo ristorante nel centro del paesino ed i motivi per venir fin qui sono più di uno, in assoluto il cibo: fresche verdure, squisiti primi piatti (ottimi i troccoli freschi con cicorielle selvatiche, pomodorini giallorossi e fave), selezionate carni... del resto il padre faceva il macellaio! Grande importanza viene riservata anche al vino: oltre 500 etichette sostano nella bella cantina in attesa di essere aperte.

🍴 Menu 25/40 € – Carta 26/85 €

corso Umberto I° 168 – ✆ 099 616087 – www.lacuccagnagirodivite.com – solo a cena escluso i giorni festivi – Chiuso martedì

CRODO

Verbano-Cusio-Ossola – ✉ 28862 – 1 404 ab. – Alt. 505 m – Carta regionale n° **12**-C1
Carta stradale Michelin 561-D6

a Viceno Nord-Ovest : 4,5 km ✉ 28862 – Crodo – Alt. 896 m

🍽️ Edelweiss 🐾 ⭳ 🅿️

CUCINA REGIONALE · FAMILIARE ✕ Un vero caposaldo della gastronomia locale: piatti della tradizione montana, in primis la costata di cervo al pepe, in un ambiente rilassato ed informale. Buona scelta di vini locali e non.

🍴 Menu 17/36 € – Carta 24/51 €

*Hotel Edelweiss – ✆ 0324 618791 – www.albergoedelweiss.com
– Chiuso 11-25 gennaio e novembre*

🏠 Belvedere 🌳 🐾 🛋️ 🏊 🌀 🏠 ⊡ ⭳ 🚗

SPA E WELLNESS · STILE MONTANO Nella parte alta di una piccola frazione con un ampio panorama su vallate e monti, camere in stile montano ma non per questo poco moderne: al contrario! Il fiore all'occhiello della struttura rimane - comunque - la grande ed attrezzata spa con piscina riscaldata e trattamenti vari; spazi comuni ben curati e tanta ospitalità.

40 cam ⌂ – ♦70/85 € ♦♦140/190 €

*località Mozzio – ✆ 0324 61055 – www.belvederemozzio.it
– Chiuso 7 gennaio-14 marzo*

🏠 Edelweiss 🐾 ⭳ 🛋️ 🖼️ 🌀 📻 ⊡ ⭳ 🆎 🅿️

FAMILIARE · FUNZIONALE Imbiancato dalla neve d'inverno, baciato dai raggi di un tiepido sole d'estate, albergo di montagna dalla calorosa gestione familiare - legno e pietra in stile tradizionale - con una piccola sala giochi, nonché spa.

35 cam ⌂ – ♦80/95 € ♦♦125/135 €

*– ✆ 0324 618791 – www.albergoedelweiss.com – Chiuso 8-25 gennaio
e 4-28 novembre*

🍽️ **Edelweiss** – Vedere selezione ristoranti

CROTONE

(KR) – ✉ 88900 – 62 178 ab. – Carta regionale n° **3**-B2
Carta stradale Michelin 564-J33

🍴○ **Da Ercole** ⇦ 🏠 AC

PESCE E FRUTTI DI MARE · ACCOGLIENTE XX Il sapore e il profumo del mar Ionio vengono esaltati nei piatti in carta, il meglio di giornata lo suggerisce a voce direttamente Ercole, lo chef-patron, anfitrione di questo accogliente locale classico sul lungomare della località.

Menu 50/80 € – Carta 43/98 €

2 cam ☲ – ♦40/60 € ♦♦80/100 €

viale Gramsci 122 – ✆ 0962 901425 – www.daercole.eu

CUASSO AL MONTE

Varese – ✉ 21050 – 3 612 ab. – Alt. 530 m – Carta regionale n° **9**-A2
Carta stradale Michelin 561-E8

⊛ **Al Vecchio Faggio** 🏠 ⅋ P

CUCINA REGIONALE · CONTESTO TRADIZIONALE XX All'ombra del secolare faggio che domina il giardino, la vista si rilassa ammirando la fitta vegetazione dell'argine del lago di Lugano. Dalla cucina piatti del territorio e specialità quali: petto d'anatra alle amarene - sorbetto ai frutti di bosco.

Menu 38 € – Carta 28/59 €

*via Garibaldi 8, località Borgnana, Est: 1 km – ✆ 0332 938040
– www.vecchiofaggio.com – Chiuso 7-22 gennaio, 15-30 giugno e mercoledì*

a Cuasso al Piano Sud-Ovest : 4 km ✉ 21050

🍴○ **Molino del Torchio** ⇦ ⅋ P

CUCINA REGIONALE · FAMILIARE XX All'interno di un suggestivo vecchio mulino (per raggiungere l'ingresso principale impostare sul navigatore via Ginaga a Besano), antiche ricette lombarde animano menu giornalieri attenti alla stagionalità dei prodotti. Camere personalizzate e ben tenute.

Menu 40/55 € – Carta 28/65 €

2 cam ☲ – ♦60 € ♦♦90 €

via Molino del Torchio 17 – ✆ 0332 920318 – www.molinodeltorchio.com – Chiuso 16-23 agosto, mercoledì a mezzogiorno, lunedì e martedì

CUMA Napoli → Vedere Pozzuoli

CUNEO

(CN) – ✉ 12100 – 56 081 ab. – Alt. 534 m – Carta regionale n° **12**-B3
Carta stradale Michelin 561-I4

⊛ **4 ciance** 🏠 ⅋

CUCINA PIEMONTESE · CONTESTO TRADIZIONALE XX Due semplici sale, una con soffitto a cassettoni, l'altra in mattoni a croce e una cucina che sa di territorio e di qualità: cruset della valle Stura, ragù di salsiccia e vellutata di porri - il "nostro" cuneese al rhum... Il Piemonte in tavola!

Menu 40 € – Carta 35/54 €

*via Dronero 8c – ✆ 0171 489027 (consigliata la prenotazione) – www.4ciance.it
– solo a cena escluso sabato e domenica – Chiuso martedì*

⊛ **Osteria della Chiocciola** ⅋⅋

CUCINA PIEMONTESE · AMBIENTE CLASSICO XX Al pianterreno c'è l'enoteca, al primo piano la sala ristorante: entrambe semplici, ma piacevoli. La cucina di cui l'osteria va fiera è quella della tradizione locale, che utilizza i prodotti del territorio e segue l'alternarsi delle stagioni (quindi anche con presenza di tartufo bianco). In menu: tajarin, ravioli del plin, maltagliati, bollito misto, panna cotta e torte varie.

🍴 Menu 15 € (pranzo in settimana)/38 € – Carta 33/49 €

via Fossano 1 – ✆ 0171 66277 (consigliata la prenotazione) – Chiuso 31 dicembre-15 gennaio e domenica

315

Bove's

CARNE · VINTAGE ✗ Il nipote di uno dei più celebri macellai d'Italia, Martini, porta a Cuneo le sue carni, a cui la carta è quasi esclusivamente dedicata, insieme a qualche primo, insalate, elaborati hamburger, nonché gustose prelibatezze quali la tagliata cubo di fassona piemontese. Il tutto in due nostalgiche sale che rievocano le atmosfere di un bistrot anni '40.

Carta 25/60 €

via Dronero 2/b – ☎ 0171 692624 (prenotare) – www.boves1929.it – Chiuso 1 settimana in febbraio, 1°-14 giugno, 1°-14 settembre e mercoledì

🍴 Osteria Vecchio Borgo ⓝ

CUCINA DEL TERRITORIO · FAMILIARE ✗✗ Una gestione familiare in un locale piccolo, ma curato ed accogliente. Come angeli custodi della tradizione, le signore ai fornelli propongono piatti del territorio o nazionali rivisitati con un pizzico di fantasia.

Carta 42/62 €

Via Dronero 8/b – ☎ 0171 950609 (prenotare) – www.osteriavecchioborgo.com – Chiuso martedì e mercoledì

🍴 L'Osteria di Christian ⒶⒸ

CUCINA TRADIZIONALE · ROMANTICO ✗ L'Osteria di Christian: ma veramente solo sua! Questo istrionico ed energico chef-patron si cura di tutto dalla A alla Z, dalla cucina alla sala, piccola, romantica e con ricordi marsigliesi, dove a voce vi propone i migliori piatti della tradizione piemontese, elaborati partendo da ottime materie prime.

Carta 25/60 €

via Dronero 1e – ☎ 347 155 6383 (prenotazione obbligatoria) – solo a cena escluso domenica da ottobre a maggio – Chiuso 10 giorni in agosto-settembre e lunedì, anche domenica in giugno-ottobre

🏨 Palazzo Lovera Hotel ✿ ⒨ 🛁 ⬆ ⛱ ⒶⒸ 🚗

TRADIZIONALE · CLASSICO Nel cuore della città, un palazzo nobiliare del XVI secolo che ebbe illustri ospiti, è oggi un albergo di prestigio con spaziose, eleganti, camere in stile, nonché un'eccellente gestione diretta.

47 cam ⊋ – ♦95/130 € ♦♦120/160 €

via Savigliano 14 – ☎ 0171 690420 – www.palazzolovera.com

🏨 Principe ⬆ ⒶⒸ ♿

BUSINESS · TRADIZIONALE Affacciato sulla scenografica piazza Galimberti, con qualche posto macchina a disposizione, le camere sono di diversa tipologia, da quelle funzionali e moderne, più semplici, a quelle in stile, a volte con arredi d'epoca, tra le migliori della città.

49 cam ⊋ – ♦80/125 € ♦♦105/170 € – 1 suite

piazza Galimberti 5 – ☎ 0171 693355 – www.hotel-principe.it

🏨 Royal Superga ⬆ ⛱ ⒶⒸ 🅿

BUSINESS · ACCOGLIENTE In una dimora storica ottocentesca, la dinamica gestione al timone dell'hotel è sicuramente uno dei suoi punti di forza, ma anche le continue migliorie in termini di confort e tecnologie lo rendono ideale sia per un clientela business sia per un turismo leisure.

40 cam ⊋ – ♦44/200 € ♦♦49/250 € – 2 suites

via Pascal 3 – ☎ 0171 693223 – www.hotelroyalsuperga.com

🏠 Ligure ⬆ ⛱ ⒶⒸ 🅿

FAMILIARE · ACCOGLIENTE Nella parte storica di Cuneo, questa semplice risorsa dispone di spazi comuni funzionali e camere accoglienti. La non esosa politica dei prezzi contribuisce a rendere l'indirizzo particolarmente interessante.

22 cam ⊋ – ♦55/65 € ♦♦72/85 €

via Savigliano 11 – ☎ 0171 634545 – www.ligurehotel.com

CUORGNÈ

Torino – ✉ 10082 – 9 906 ab. – Alt. 414 m – Carta regionale n° **12**-B2
Carta stradale Michelin 561-F4

⟨⟩ Rosselli 77   🅰🅲 ⇔ 🅿

CUCINA PIEMONTESE · VINTAGE XX Locale originale nella sua formula di "ristorante & antiquariato", dove il patron - che è lo chef! - ripara mobili ed oggetti che compongono l'arredamento, acquistabili tra una portata e l'altra di specialità piemontesi (piatti che variano giornalmente in base alla disponibilità del mercato). Gli imperdibili: maccheroni trafilati con ragù di carni bianche - cappello del prete vino rosso e olio extravergine - bunet di fiori d'acacia.

🍴 Menu 20/25 €

via F.lli Rosselli 77 – 𝒞 0124 651613 (consigliata la prenotazione) – solo a pranzo – Chiuso vacanze di Natale, agosto, domenica e lunedì

CUREGGIO

Novara – ✉ 28060 – 2 654 ab. – Alt. 289 m – Carta regionale n° **13**-A3
Carta stradale Michelin 561-E7

⭘ La Capuccina   🕸 ⇦ 🐾 ⇞ 🛋 🅰🅲 🅰 🅿

CUCINA REGIONALE · CASA DI CAMPAGNA XX La formula del menu a prezzo fisso unitamente ad un ambiente accogliente hanno conquistato una larga fetta di clientela. Gli spazi sono caratteristici e ben inseriti nel corpus di una cascina cinquecentesca.

Menu 44 €

9 cam 🖙 – ⸙70 € ⸙⸙120 €

via Novara 19/b, località Capuccina – 𝒞 0322 839930 (consigliata la prenotazione) – www.lacapuccina.it – solo a cena escluso domenica – Chiuso 1°-15 gennaio, domenica sera e lunedì

CURTATONE

Mantova – ✉ 46010 – 100 ab. – Alt. 26 m – Carta regionale n° **9**-C3
Carta stradale Michelin 561-G14

a Grazie Ovest : 2 km ✉ 46010

⟨⟩ Locanda delle Grazie   ⇦ 🏠

CUCINA MANTOVANA · FAMILIARE XX A voce vi sarà suggerito anche qualche piatto di mare, ma il ristorante è diventato un faro per gli appassionati della cucina mantovana: tagliatelle con anitra e luccio in salsa tra gli imperdibili!

Menu 35/35 € – Carta 22/59 €

6 cam 🖙 – ⸙40/60 € ⸙⸙60/80 €

via San Pio X 2 – 𝒞 0376 348038 (consigliata la prenotazione) – www.locandagrazie.com – Chiuso 1 settimana in gennaio, 1 settimana in giugno-luglio, 16-30 agosto, martedì e mercoledì

CUSAGO

Milano – ✉ 20090 – 3 902 ab. – Alt. 126 m – Carta regionale n° **10**-A2
Carta stradale Michelin 561-F9

⭘ Da Orlando   🕸 🏠 🅰🅲 ⇔

CUCINA ITALIANA · ACCOGLIENTE XX Su una scenografica piazza con castello, ambienti classici con tavoli distanziati e accogliente gestione familiare. La cucina si divide equamente tra carne e pesce con interessanti elaborazioni.

🍴 Menu 18 € (pranzo in settimana)/47 € – Carta 39/63 €

piazza Soncino 19 – 𝒞 02 9039 0318 – www.daorlando.com – Chiuso 5-25 agosto, sabato a mezzogiorno e domenica

¡O Brindo by Orlando

CUCINA REGIONALE · TRATTORIA X Piccola e piacevole trattoria moderna, più informale dell'altro ristorante di famiglia (Da Orlando), ma con la stessa passione e ricerca: oltre ad alcuni classici, le specialità sono i crudi e le tartare.

Carta 34/45 €

via Libertà 18 – ✆ 02 9039 4429 – www.brindo.it – Chiuso 3 settimane in agosto, sabato a mezzogiorno e domenica

🏠 Mulino Grande 🕴 🏛 ⓖ AC ⚒ P

DIMORA STORICA · MINIMALISTA Dal restauro di un mulino cinquecentesco, questo elegante albergo dall'atmosfera rurale, ma dai comfort moderni racchiude design, gastronomia, benessere, sostenibilità, high-tech ed un attento recupero degli elementi del passato. Tutto è curato nei minimi dettagli per offrire il massimo lusso nel pieno rispetto della natura.

19 cam ⌂ – ♦100/350 € ♦♦120/450 € – 2 suites

via Cisliano 26 – ✆ 02 9039 0731 – www.hotelmulinogrande.it – Chiuso 1°-6 gennaio e 26 luglio-25 agosto

---

Ogni ristorante stellato ⚙ è introdotto da tre piatti che rappresentano in maniera significativa la propria cucina. Qualora questi non fossero disponibili, altre gustose ricette ispirate alla stagione delizieranno il vostro palato.

CUSTOZA Verona ➡ Vedere Sommacampagna

CUTIGLIANO

Pistoia – ✉ 51024 – 1 488 ab. – Alt. 678 m – Carta regionale n° **18**-B1
Carta stradale Michelin 563-J14

🐷 Trattoria da Fagiolino ⇔ ⚘ ⇐

CUCINA TOSCANA · CONTESTO TRADIZIONALE X Nel cuore di un grazioso paese dell'Appennino toscano, la cucina ne ripropone le specialità: salumi, paste fresche, lo spiedo di tordi, l'involtino di maiale con funghi porcini. All'altezza delle aspettative anche la carta dei vini ed anche, per una sosta prolungata, le camere.

Carta 23/54 €

4 cam ⌂ – ♦50/55 € ♦♦82/90 €

via Carega 1 – ✆ 0573 68014 – www.trattoriadafagiolino.it – Chiuso novembre, lunedì sera, martedì e mercoledì escluso luglio-agosto e giorni festivi

CUTROFIANO

Lecce (LE) – ✉ 73020 – 9 045 ab. – Alt. 85 m – Carta regionale n° **15**-D3
Carta stradale Michelin 564-G36

🏨 Sangiorgio Resort & Spa 🕴 🍴 ⚒ 🖼 ⏰ 🏛 🦵 ⊡ ⓖ AC ⚒ P

LUSSO · PERSONALIZZATO Gorgoglianti fontane, il profumo inebriante delle zagare e delle essenze mediterranee: se vi conducessero qua ad occhi chiusi pensereste, nel riaprirli, di essere approdati in qualche lussuoso resort keniota... Nata come residenza estiva per le suore del convento di Santa Maria di Leuca, di cui conserva ancora una cappella consacrata, la struttura si estende in orizzontale ed è circondata da una grande proprietà; due piscine distanti l'una dall'altra assicurano agli ospiti una certa privacy.

20 cam ⌂ – ♦98/550 € ♦♦185/650 €

provinciale Noha-Collepasso, Ovest: 4 km – ✆ 0836 542848 – www.sangiorgioresort.it

DARFO BOARIO TERME

Brescia – ✉ 25047 – 15 599 ab. – Alt. 218 m – Carta regionale n° **9**-C2
Carta stradale Michelin 561-E12

a Boario Terme ✉ 25041

🏨 Rizzi Aquacharme   🕭 🛏 📺 🎱 🛋 🛁 ➕ 🚿 🎰 🛋 🚗

SPA E WELLNESS · PERSONALIZZATO Una struttura in grado di accontentare qualsiasi tipo di clientela, dal manager in cerca di spazi dove organizzare riunioni ed eventi, alla coppia che vuole trascorrere un week-end romantico tra natura e remise en forme. Nell'ariosa sala da pranzo l'eleganza incontra il gusto: piatti tradizionali e menu benessere.

85 cam ☑ – ♦50/100 € ♦♦70/260 €
via Carducci 5/11 – ℰ 0364 531617
– www.rizziaquacharme.it

a Montecchio Sud-Est : 2 km ✉ 25047 – Darfo Boario Terme

🍴 La Storia   🍽 🅰️🅲 🅿️

CUCINA REGIONALE · ACCOGLIENTE ✕✕ In zona periferica e verdeggiante, villetta che ospita due sale di taglio classico; cucina che spazia tra terra e mare con specialità camune.

🍴 Menu 13 € (in settimana)/35 € – Carta 27/54 €
via Fontanelli 1, Est: 2 km – ℰ 0364 538787 – www.ristorantelastoria.it
– Chiuso 1°-5 gennaio e mercoledì

DEIVA MARINA

La Spezia – ✉ 19013 – 1 392 ab. – Carta regionale n° **8**-D2
Carta stradale Michelin 561-J10

🏠 Bagni Arcobaleno   🕭 🛏 🅰️🅲 🛎 🚗

FAMILIARE · LUNGOMARE Benché la maggior parte delle camere – tranne quattro con vista mare laterale – diano sul retro, l'albergo si trova proprio sulla spiaggia, compresa nel prezzo, così come il garage. Camere ampie dagli arredi moderni, due terrazze di cui una solarium.

9 cam ☑ – ♦89/139 € ♦♦109/159 €
lungomare C. Colombo 6 – ℰ 0187 815801 – www.bagniarcobaleno.it
– Aperto 1°maggio-30 settembre

🏠 Riviera   🕭 🛏 🔒 🅰️🅲 🛎 🅿️

TRADIZIONALE · CLASSICO A pochi passi dalle spiagge, un hotel a conduzione diretta caratterizzato da camere essenziali: da buona parte di esse si vede il mare, da alcune un piccolo scorcio, da altre un bel panorama. Il tutto, in un grazioso edificio con decorazioni trompe-l'oeil.

27 cam ☑ – ♦65/120 € ♦♦90/150 €
località Fornaci 12 – ℰ 0187 815805 – www.hotelrivieradeivamarina.it
– Aperto 1° aprile-1° ottobre

DELEBIO

Sondrio – ✉ 23014 – 3 207 ab. – Alt. 218 m – Carta regionale n° **9**-B1
Carta stradale Michelin 561-D10

🍴 Osteria del Benedet   🎗 🅰️🅲 ⇄

CUCINA CREATIVA · ELEGANTE ✕✕ Ristorante che fu antica osteria, si sviluppa oggi in verticale: wine-bar al piano terra e sale a quello superiore. Cucina di ispirazione moderna.

🍴 Menu 12 € (pranzo in settimana)/50 € – Carta 40/75 €
via Roma 2 – ℰ 0342 696096 – www.osteriadelbenedet.com
– Chiuso 1 settimana in gennaio, agosto e domenica

DESENZANO DEL GARDA

Brescia – ✉ 25015 – 28 650 ab. – Alt. 67 m – Carta regionale n° **9**-D1
Carta stradale Michelin 561-F13

⣿ Esplanade (Massimo Fezzardi)　　🏖 ⪬ 🛖 🆔 🍴 🅿

CUCINA CREATIVA · ELEGANTE XxX In posizione panoramica sul lago, gestione
di lunga data che propone piatti soprattutto di mare in preparazioni che ne esaltano la freschezza e l'ottima qualità. Per una cena all'insegna del romanticismo,
prenotate un tavolo sul pontile.

→ Tortelli d'anatra con fegato grasso d'oca al recioto di Soave e ristretto al
mosto d'uva. Rombo allo zenzero in crosta di quinoa arrostito con carciofi ed
estratto al radicchio. Frutta in cialda con crema alla fava di tonka.

Menu 80/100 € – Carta 71/173 €

*via Lario 10 – ℰ 030 914 3361 – www.ristorante-esplanade.com – Chiuso mercoledì
a mezzogiorno in estate, anche mercoledì sera negli altri mesi*

⌂⌂⌂ Park Hotel　　🕴 ⪬ ⌁ 🗻 🔽 🆔 🛁 🚗

LUSSO · BORDO LAGO Albergo storico sul lungolago che grazie a continui rinnovi si è trasformato in un elegante connubio tra design e tradizione, piccola
piscina panoramica per soggiorni d'autore.

50 cam 🔲 – †90/280 € ††110/280 € – 11 suites

lungolago Cesare Battisti 17 – ℰ 030 914 3494 – www.parkhotelonline.it

⌂⌂⌂ Nazionale　　⌁ 🔽 🆔 🛁 🚗

BUSINESS · FUNZIONALE Vicino al centro, storico albergo di Desenzano risorto
dopo un completo restauro propone ambienti moderni, rilassanti e dai colori
sobri, nonché una piacevole zona piscina.

41 cam 🔲 – †70/210 € ††80/350 €

via Marconi 23 – ℰ 030 915 8555 – www.hotelnazionaledesenzano.it

⌂⌂⌂ Villa Rosa　　🕴 ⪬ ⋐ ⌁ 🛗 🔽 🔽 ⅙ 🆔 🍴 🛁 🚗

LUSSO · ELEGANTE Hotel poco distante dal centro storico e fronte lago, si caratterizza per i suoi ambienti luminosi e le camere modernamente allestite. Imperdibile, la cucina raffinata del ristorante Rose & Sapori.

62 cam 🔲 – †95/275 € ††125/275 €

lungolago Battisti 89 – ℰ 030 914 1974 – www.villarosahotel.eu – Chiuso gennaio

⌂⌂ Desenzano　　⌁ 🛗 🔽 🆔 🍴 🛁 🚗

FAMILIARE · FUNZIONALE A soli 5 minuti a piedi dal centro e non lontano dalla
stazione, hotel dalla capace conduzione diretta, con ampie e comode camere:
particolarmente moderne quelle rinnovate di recente.

40 cam 🔲 – †75/110 € ††100/160 €

viale Cavour 40/42 – ℰ 030 914 1414 – www.hoteldesenzano.it

DEUTSCHNOFEN → Vedere Nova Ponente

DEVINCINA Trieste → Vedere Sgonico

DIANO MARINA

Imperia – ✉ 18013 – 5 977 ab. – Carta regionale n° **8**-A3
Carta stradale Michelin 561-K6

⌂⌂⌂ Bellevue et Mediterranée　　🕴 ⪬ ⌁ 🝤 🔽 ⅙ 🆔 🅿

TRADIZIONALE · CLASSICO Imponente, signorile e spiccatamente familiare, l'hotel dispone di due piscine - una riscaldata, l'altra coperta per la talassoterapia – e
di un ristorante con vista panoramica sul golfo di Diano Marina.

73 cam 🔲 – †90/155 € ††140/225 € – 6 suites

*via Generale Ardoino 2 – ℰ 0183 4093 – www.bellevueetmediterranee.it
– Aperto 15 marzo-15 ottobre*

🏨 Grand Hotel Diana Majestic

TRADIZIONALE · ELEGANTE Nella tranquillità offerta dalla posizione al termine di una via chiusa, ai due lati della struttura troverete il giardino degli ulivi e le piscine, di cui una riscaldata, davanti il mare. Ambienti moderni rinnovati con frequenza: tutte le camere vedono il mare, ma la 501 offre una suggestiva terrazza. Rimarchevole assortimento di distillati al bar.

82 cam ⌑ – †69/380 € ††69/380 € – 4 suites

via degli Oleandri 15 – ☎ 0183 402727 – www.dianamajestic.com – Aperto 16 febbraio-3 novembre

🏨 Torino

TRADIZIONALE · ELEGANTE A pochi passi dall'isola pedonale, servizio accurato in un hotel signorile che dispone di camere dagli eleganti arredi contemporanei, un ristorante a bordo piscina, l'altro panoramico per le colazioni. Al quinto piano, con superba vista sulla località e sul golfo dianese, l'attrezzatissima spa (ebbene sì, mai come in questo caso l'aggettivo è meritato!) vi attende con hammam, sauna finlandese, docce emozionali, cascata di ghiaccio, ed altro ancora...

69 cam ⌑ – †55/200 € ††70/300 € – 11 suites

via Milano 72 – ☎ 0183 495106 – www.hoteltorinodiano.it – Chiuso novembre e dicembre

🏨 Arc en Ciel

TRADIZIONALE · CLASSICO Circondato da ville di prestigio, tra pini marittimi e palme secolari, l'hotel si affaccia sul mare al termine della località verso Imperia e regala romantici scorci sul golfo di Diano; la spiaggia è una piattaforma attrezzata sugli scogli.

49 cam ⌑ – †65/115 € ††95/205 €

viale Torino 39 – ☎ 0183 495283 – www.hotelarcenciel.it – Aperto 6 aprile-15 ottobre

🏨 Caravelle

TRADIZIONALE · MODERNO Diverse piscine con acqua di mare, alcune riscaldate altre con idromassaggi: gran parte delle attenzioni della gestione è stata destinata al centro di cure estetiche e talassoterapiche. Il ristorante, moderno e da poco rinnovato, dispone di grandi vetrate che permettono allo sguardo di spaziare.

51 cam ⌑ – †143/268 € ††143/268 €

via Sausette 34 – ☎ 0183 405311 – www.hotelcaravelle.it – Aperto 1° aprile-20 ottobre

🏨 Eden Park

TRADIZIONALE · CLASSICO E' sufficiente una breve passeggiata attraverso i gradevoli ambienti comuni per arrivare al bel giardino con piscina, proprio in riva al mare. Quanto alle camere, fresche e luminose, sono tutte arredate con vivaci colori. La sala ristorante offre una gradevole vista sul giardino, piatti locali ed internazionali.

33 cam ⌑ – †81/122 € ††133/250 €

via Generale Ardoino 70 – ☎ 0183 403767 – www.edenparkdiano.it

🏨 Gabriella

TRADIZIONALE · LUNGOMARE Sul mare verso San Bartolomeo, al termine di un cul-de-sac che lo preserva dai rumori, un'imponente edificio circondato da un verde giardino: semplice nelle zone comuni, offre camere spaziose e ben tenute, tutte vista mare.

50 cam ⌑ – †70/135 € ††100/230 €

via dei Gerani 9 – ☎ 0183 403131 – www.hotelgabriella.it – Chiuso 22 ottobre-15 febbraio

🏠 Jasmin

TRADIZIONALE · LUNGOMARE Molte le vetrate musive policrome, alcune anche nelle stanze - spesso dai bagni grandi e originali - per la maggior parte rivolte sulla baia: accogliente, vivace e dinamico, grazie all'uso sapiente dei colori, l'hotel si trova direttamente sulla spiaggia (privata).

30 cam ♤ – ♟40/98 € ♟♟50/148 € – 3 suites
viale Torino 15 – ☎ 0183 495300
– www.hoteljasmin.com
– Aperto 26 dicembre-12 gennaio e 1° febbraio-30 ottobre

DIOLO Parma → Vedere Soragna

DOBBIACO TOBLACH

Bolzano – ✉ 39034 – 3 351 ab. – Alt. 1 256 m – Carta regionale n° **19**-D1
Carta stradale Michelin 562-B18

🌸 Tilia (Chris Oberhammer)

CUCINA MODERNA · DESIGN XX Un cubo di vetro al centro di un giardino circondato da un sontuoso edificio ottocentesco: è l'originale collocazione dei cinque tavoli per sedici coperti che il cuoco di Dobbiaco delizia con una cucina contemporanea.

→ Caponata di verdure al tartufo nero con caprino fresco. Bue brasato al vino rosso con patate fondenti e carote. Pralina di cioccolato e gianduja con gelato al cacao.

Menu 75/95 € – Carta 74/127 €
via Dolomiti 31b – ☎ 335 812 7783 (coperti limitati, prenotare)
– www.tilia.bz
– Chiuso 3 settimane in novembre, 2 settimane in maggio o giugno, domenica sera, martedì a mezzogiorno e lunedì

🏠 Cristallo

TRADIZIONALE · ELEGANTE In centro paese, professionalità e accoglienza qui sono di casa, nonché una costante manutenzione delle camere, luminose, per la maggior parte con arredi in legno d'abete e pavimenti in larice.

36 cam ♤ – ♟80/140 € ♟♟150/220 € – 2 suites
via San Giovanni 37 – ☎ 0474 972138 – www.hotelcristallo.com
– Aperto 20 dicembre-17 marzo e 1° giugno-7 ottobre

🏠 Park Hotel Bellevue

TRADIZIONALE · ACCOGLIENTE Lungo il viale che attraversa la località e punteggiato da alberghi, qui si trova anche il "nostro": un'elegante costruzione con camere di diversa metratura, ma tutte confortevoli. Particolarità nelle stanze ricavate dalla torretta; qualche personalizzazione maggiore nei corridoi dove sono esposti arredi e oggetti d'epoca.

37 cam ♤ – ♟90/137 € ♟♟148/282 € – 5 suites
via Dolomiti 23 – ☎ 0474 972101
– www.parkhotel-bellevue.com
– Aperto 7 dicembre-10 marzo e 20 aprile-6 ottobre

🏠 Santer

LUSSO · PERSONALIZZATO Per trascorrere delle vacanze in grande stile, questo è un albergo che non cessa mai di migliorarsi e ingrandirsi. Ampi saloni, splendide camere e soprattutto un eccellente centro benessere.

50 cam – solo ½ P 118/170 € – 10 suites
via Alemagna 4 – ☎ 0474 972142
– www.hotel-santer.com
– Chiuso 29 aprile-28 maggio e 7 ottobre-5 dicembre

sulla strada statale 49 Sud-Ovest : 1,5 km

🍴○ **Gratschwirt** ⇦ 🚐 🏠 🔲 **P**

CUCINA REGIONALE · CONTESTO TRADIZIONALE ✗✗ All'ombra dell'imponente gruppo delle Tre Cime, in una casa dalle origini cinquecentesche ai margini della località, un ristorante dagli interni curati dove gustare piatti tipici regionali. Camere di differenti tipologie, nonché piccola ed accogliente zona benessere con diversi tipi di sauna.

Carta 35/69 €

28 cam ⌇ – ♦55/110 € ♦♦100/190 € – 4 suites

via Grazze 1 ⊠ 39034 – ℰ 0474 972293 – www.gratschwirt.com
– Aperto dicembre-marzo e giugno-settembre

a Monte Rota Nord-Ovest : 5 km ⊠ 39034 – Alt. 1 650 m

🏠 **Alpenhotel Ratsberg-Monte Rota** 🎋 🐾 ⇐ 🚐 🔲 🕸 ✗ ✗ 🚗

FAMILIARE · CLASSICO Più indicato per vacanze ed escursioni estive, cinque chilometri di tornanti dal paese ripagano con una vista mozzafiato su valle e montagne. Un piccolo supplemento e il panorama continua in metà delle camere, alcune recentemente rinnovate.

29 cam – solo ½ P 59/111 €

via Monte Rota 12 – ℰ 0474 972213
– www.alpenhotel-ratsberg.com
– Aperto 22 dicembre-16 marzo e 25 maggio-12 ottobre

 Budget modesto? Optate per il menu del giorno generalmente a prezzo più contenuto.

DOGANA NUOVA Modena → Vedere Fiumalbo

DOGLIANI

Cuneo – ⊠ 12063 – 4 781 ab. – Alt. 295 m – Carta regionale n° **14**-C3
Carta stradale Michelin 561-I5

🍴○ **Il Verso del Ghiottone** 🏠 ⴠ ♿ ↻

CUCINA PIEMONTESE · CONTESTO CONTEMPORANEO ✗✗ Nel cuore del centro storico, in un palazzo settecentesco, tavoli neri quadrati con coperto all'americana e bei quadri alle pareti: ne risulta un ambiente giovanile, ma elegante. La cucina simpatizza con le ricette del territorio, che rivisita e alleggerisce, ma non mancano interessanti proposte di pesce.

Menu 39/45 € – Carta 34/66 €

via Demagistris 5 – ℰ 0173 742074 – www.ilversodelghiottone.it
– solo a cena escluso sabato e domenica
– Chiuso 1° gennaio-2 febbraio, 27 giugno-12 luglio, lunedì e martedì

DOLEGNA DEL COLLIO

Gorizia – ⊠ 34070 – 370 ab. – Alt. 90 m – Carta regionale n° **6**-C2
Carta stradale Michelin 562-D22

🏠 **Wine Resort di Venica & Venica** 🐾 ⇐ 🔲 ✗ **P**

CASA DI CAMPAGNA · ACCOGLIENTE Immerso nel verde e nella tranquillità della propria azienda vinicola, questo wine resort dall'attenta conduzione familiare offre camere ampie ed accoglienti. Per chi fosse interessato, possibilità di visita della cantina con percorso degustazione guidato.

8 cam ⌇ – ♦100/120 € ♦♦140/160 €

località Cerò 8, Nord: 1 km ⊠ 34070 – ℰ 0481 60177 – www.venica.it
– Aperto marzo-novembre

DOLEGNA DEL COLLIO

a Vencò Sud : 4 km ⊠ 34070

🕄 L'Argine a Vencò (Antonia Klugmann) ⇦ 🎢 🕭 🔃 🅿

CUCINA CREATIVA · ELEGANTE XX In un edificio rurale tra le colline e i vigneti, solo una quindicina di coperti ricevono le attenzioni di Antonia Klugmann: scelta ristretta per assicurare la freschezza dei prodotti che subiscono poche trasformazioni, accostamenti originali, sapiente uso di erbe aromatiche. La cifra della sua cucina!

→ Raviolini al grano saraceno, durelli di pollo e sedano rapa. Faraona: petto e coscia arrostiti, uva alla brace, finocchio al limone e salsa al pepe. Zucca e yogurt.

Menu 65/105 € – Carta 67/87 €

4 cam ♤ – �95/115 € ♦♦120/140 €

località Vencò 15 – ℰ 0481 199 9882 (consigliata la prenotazione)
– www.largineavenco.it – Chiuso luglio, lunedì e mercoledì a mezzogiorno e martedì

DOLOMITI Belluno, Bolzano e Trento

DOLONNE Aosta → Vedere Courmayeur

DOMODOSSOLA
Verbano-Cusio-Ossola – ⊠ 28845 – 18 192 ab. – Alt. 272 m – Carta regionale n° **12**-C1
Carta stradale Michelin 561-D6

🍴○ La Stella ⇦ 🦪 ⇔ 🎢 🕭 🅿

PESCE E FRUTTI DI MARE · ELEGANTE XX Circondati da uno scenario naturalistico incantevole – in particolar modo offerto dalla bella terrazza nel periodo estivo – Marika e Stefano propongono una gustosa cucina mediterranea, soprattutto a base di pesce, ma con un doveroso occhio di riguardo alle eccellenze delle valli ossolane, nonché allo loro stagionalità. Camere piacevoli e moderne in sintonia con la semplicità del luogo.

Menu 40 € (pranzo in settimana)/65 € – Carta 38/78 €

5 cam ♤ – ♦foglia90/130 € ♦♦90/130 €

borgata Baceno di Vagna 29, strada per Domobianca 1,5 Km – ℰ 0324 248470
(consigliata la prenotazione) – www.ristorantelastella.com – Chiuso 15 giorni in febbraio, 6 giorni in novembre, lunedì e martedì

🍴○ Atelier 🎢 ✨ ⇔ 🅿

CUCINA MODERNA · CONTESTO CONTEMPORANEO XX Dopo una totale ristrutturazione lo storico ristorante dell'albergo Eurossola rinasce all'insegna di un design moderno ed accattivante e per di più con un nuovo nome, Atelier! Un laboratorio del gusto che sposa tradizione con modernità, generosità con stagionalità delle materie prime; il definitivo salto nella "maturità" culinaria dello chef-patron, Giorgio. A pranzo, formula bistrot più easy - classica ed economica - con cucina regionale e piatti di pesce.

Menu 50 € – Carta 49/64 € – carta semplice a pranzo dal lunedì al sabato

Hotel Eurossola, piazza Matteotti 36 – ℰ 0324 481326 – www.eurossola.com
– Chiuso 10 gennaio-10 febbraio e lunedì, anche domenica sera da ottobre a maggio

🍴○ La Meridiana 🔃

PESCE E FRUTTI DI MARE · CONTESTO TRADIZIONALE X Totalmente rinnovato nell'estate 2012, il locale sfoggia oggi un look da moderno bistrot. Pesce e selvaggina continuano ad essere proposti in due modi: secondo la tradizione italiana oppure ispirandosi a quella spagnola.

👄 Menu 15 € (pranzo in settimana)/42 € – Carta 26/70 €

via Rosmini 11 – ℰ 0324 240858 – www.ristorantelameridiana.it – Chiuso 20 giugno-12 luglio, domenica e lunedì

Corona 🗡 ♨ 🔥 ⬧ AC ♨ P

FAMILIARE · FUNZIONALE Sito nel centro della località, una risorsa di lunga tradizione e dalla solida conduzione familiare ospita ambienti arredati con signorilità e camere recentemente rinnovate. Nella spaziosa ed elegante sala da pranzo, proposte gastronomiche dai tipici sapori piemontesi.

56 cam ⌑ – ❖72/95 € ❖❖95/120 €

via Marconi 8 – ℰ 0324 242114 – www.coronahotel.net

Eurossola ⬧ AC ♨ P

FAMILIARE · CONTEMPORANEO In una via del centro della ridente località, Eurossola condensa in sé tutto quello che si vorrebbe trovare varcando la soglia di un hotel: gentilezza nel servizio, camere moderne ed accoglienti, un concept che rende piacevole soggiornare nei suoi ambienti. Nel caso specifico, vagamente anni '50.

25 cam ⌑ – ❖75/85 € ❖❖95/105 €

piazza Matteotti 36 – ℰ 0324 481326 – www.eurossola.com

🍽O **Atelier** – Vedere selezione ristoranti

sulla strada statale 337 Nord-Est : 4 km per Val Vigezzo

🍽O Trattoria Vigezzina 🔥

CUCINA REGIONALE · CONTESTO TRADIZIONALE ✕ Una solida trattoria molto ben gestita da un giovane e capace cuoco, che con passione realizza piatti della tradizione montana rielaborati in chiave anche moderna. Ottime materie prime allo starting block.

🍽 Menu 16 € (pranzo in settimana) – Carta 36/76 €

– ℰ 0324 232874 – www.trattoriavigezzina.com – Chiuso gennaio, 1°-15 luglio, mercoledì e giovedì

DONORATICO Livorno → Vedere Castagneto Carducci

DORGALI Sardegna

Nuoro – ⌧ 08022 – 8 548 ab. – Alt. 390 m – Carta regionale n° **16**-B2
Carta stradale Michelin 366-S42

a Cala Gonone Est : 9 km ⌧ 08020

🍽O Il Pescatore ⟨ 🏠 AC

PESCE E FRUTTI DI MARE · FAMILIARE ✕ Ricorda vagamente un borgo marinaro questo ristorante in stile mediterraneo con – alle pareti - belle foto della costa; meglio prenotare nel caso si voglia un tavolo nel piccolo dehors sul mare.

Menu 30/60 € – Carta 46/85 €

via Acqua Dolce 7 – ℰ 0784 93174 – www.ristoranteilpescatorecalagonone.com – Aperto Pasqua-31 ottobre

Costa Dorada 🗡 ⟨ AC 🔥

FAMILIARE · ACCOGLIENTE Ubicato direttamente sul lungomare, l'hotel ospita camere raccolte arredate in stile sardo-spagnolo, un solarium ed ampie terrazze ombreggiate con vista sul golfo. Piatti di carne, ma soprattutto di pesce, nonché proposte regionali sul terrazzino affacciato sul blu.

28 cam – ❖87/140 € ❖❖132/250 € – 1 suite – ⌑15 €

lungomare Palmasera 45 – ℰ 0784 93332 – www.hotelcostadorada.it – Aperto 25 marzo-31 ottobre

🏠 Nuraghe Arvu 🗡 ⟨ ♨ 🔥 AC ♨ 🔥 P

TRADIZIONALE · MEDITERRANEO Belle camere costruite ad anfiteatro intorno alla piscina in questo albergo dagli interni in stile locale, curati e luminosi. Tra il verde dei millenari ulivi, il relax non è mai stato così a portata di mano!

47 cam ⌑ – ❖90/160 € ❖❖130/280 € – 3 suites

viale Bue Marino – ℰ 0784 920075 – www.hotelnuraghearvu.com – Aperto 15 maggio-15 ottobre

Villa Gustui Maris 🏨 🐾 ⩵ 🛋 ⛳ 💺 AC 🎿

TRADIZIONALE · MODERNO In posizione panoramica, hotel dai toni moderni ed eleganti dove i dettagli vengono curati direttamente dai titolari. Per un soggiorno in pieno relax, godetevi il sole a bordo della bella piscina.

34 cam ⌧ – ♦100/176 € ♦♦100/176 €

via Marco Polo 57 ⊠ 08022 Dorgali – ℰ 0784 920076 – www.villagustuimaris.it – Aperto 1° maggio-30 settembre

alla Grotta di Ispinigoli Nord : 12 km

🍴 Ispinigoli 🐌 ⩗ 🐾 ⩵ 🏠 AC ♨ 🅿

CUCINA REGIONALE · FAMILIARE 🍴 Valido punto d'appoggio per chi desidera visitare le omonime grotte (celebri perché conservano la più alta stalagmite d'Europa!), approfittare delle molte escursioni organizzate dall'esercizio e per assaporare una buona cucina regionale. Dalle camere, semplici e confortevoli con arredi in legno, si può contemplare la tranquillità della campagna circostante.

Menu 32/40 € – Carta 29/54 €

24 cam ⌧ – ♦55/95 € ♦♦65/100 €

strada statale 125 al km 210 ⊠ 08022 Dorgali – ℰ 349 645 6925 – www.hotelispinigoli.it – Aperto 1° aprile-31 ottobre

DOSSOBUONO Verona → Vedere Villafranca di Verona

DOSSON Treviso → Vedere Casier

DOVADOLA

Forlì-Cesena – ⊠ 47013 – 1 653 ab. – Alt. 140 m – Carta regionale n° **5**-C2
Carta stradale Michelin 562-J17

🏠 Corte San Ruffillo 🏨 🐾 🛋 AC 🅿

DIMORA STORICA · PERSONALIZZATO La splendida opera di restauro della canonica della chiesa di San Ruffillo e dell'attigua casa padronale hanno dato vita a un piccolo e romantico country resort nella quiete delle colline romagnole. Ristorante elegante fra le pareti e le volte in pietra.

14 cam ⌧ – ♦60/100 € ♦♦75/140 €

via Ruffillo 1 – ℰ 0543 934674 – www.cortesanruffillo.it – Chiuso 7 gennaio-13 febbraio

DOVERA

Cremona – ⊠ 26010 – 3 889 ab. – Alt. 76 m – Carta regionale n° **10**-C2
Carta stradale Michelin 561-H15

🍴 La Kuccagna 🏠 AC 🅿

CUCINA CLASSICA · ELEGANTE 🍴🍴 In una frazione isolata e tranquilla, questa vecchia trattoria punta ora su proposte più elaborate, ma sempre partendo dalla tradizione. Immutata la gestione squisitamente familiare.

Carta 39/68 €

località Barbuzzera, via Milano 14, Nord-Ovest: 2,5 km – ℰ 0373 978457 (prenotare) – www.lakuccagna.it – solo a cena escluso domenica – Chiuso 2 settimane in agosto e lunedì

DRIZZONA

Cremona – ⊠ 26034 – Carta regionale n° **9**-C3
Carta stradale Michelin 561-G13

a Castelfranco d'Oglio Nord : 1,5 km ⊠ 26034 – Drizzona

🏠 Agriturismo l'Airone 🏨 🐾 🛋 ♿ AC ♨ 🅿

CASA DI CAMPAGNA · VINTAGE Nel verde della campagna del parco naturale del fiume Oglio, una risorsa accolta da un tipico cascinale ottocentesco, sapientemente ristrutturato. Le camere, spesso arredate con mobili d'epoca, sono personalizzate e romantiche.

14 cam – solo ½ P 85 €

strada comunale per Isola Dovarese 2 – ℰ 0375 389902 – www.laironeagriturismo.com – Chiuso 1°-20 gennaio

DUINO AURISINA

Trieste – ⊠ 34013 – 8 633 ab. – Carta regionale n° **6**-D3
Carta stradale Michelin 562-E22

a Sistiana Sud-Est : 4 km ⊠ 34019

🍴◯ **Antica Trattoria Gaudemus**　　　　　　⇦ 🛋 **P**

CUCINA MODERNA • INTIMO XX Paradiso o purgatorio? In clascuna di queste
- già dal nome - originali sale, due confessionali dell'Ottocento perfettamente
conservati. Sulla tavola: piatti della tradizione carsica, altri più moderni e soprattutto molto pesce. Camere accoglienti e sauna all'aperto.

Carta 51/66 €.

9 cam ⌂ – ♦60/90 € ♦♦80/120 €

*Sistiana 57 – ℰ 040 299255 – www.gaudemus.com – solo a cena – Chiuso
gennaio-febbraio, domenica e lunedì*

🏨🏨 **Falisia Resort**　　　　　🏋 ⇐ 🔟 🕉 🛁 🔑 🖲 🕭 🕭 🚗

LUSSO • MODERNO Cuore pulsante di questa particolare località, Falisia
Resort è una struttura dall'eleganza moderna che offre variegati servizi. Oltre al
ristorante interno e al gourmet si consiglia il Maxi's: direttamente sul mare, propone piatti più semplici a base di pesce.

50 cam ⌂ – ♦220/650 € ♦♦250/680 € – 15 suites

*strada Costiera 137, località Portopiccolo – ℰ 040 997 4444
– www.falisiaresort.com*

DUNA VERDE Venezia → Vedere Caorle

EBOLI

Salerno – ⊠ 84025 – 40 115 ab. – Alt. 145 m – Carta regionale n° **4**-C2
Carta stradale Michelin 564-F27

🏵 **Il Papavero**　　　　　　　　🏵 🛋 🖭 **P**

CUCINA REGIONALE • COLORATO XX Al primo piano di un palazzo centrale,
quattro salette molto colorate e all'esterno un bellissimo dehors; in cucina tradizione e contemporaneità si sposano in maniera semplice e ben riuscita. Non trascurabile è anche l'eccellente rapporto qualità-prezzo.

→ Pasta mista con polpo, spuma di patate, pomodoro, salsa di prezzemolo, olive
e olio piccante. Manzo affumicato con salsa barbecue, chips e cipollotto nocerino
caramellato. Sfere di babà al cioccolato caramellato e camomilla, ananas e infuso
al karkadè.

Menu 40/50 € – Carta 43/58 €

*corso Garibaldi 112/113 – ℰ 0828 330689 (consigliata la prenotazione)
– www.ristoranteilpapavero.it – Chiuso novembre, domenica sera e lunedì*

EGADI (Isole) Sicilia

Trapani – 4 314 ab. – Carta regionale n° **17**-A2
Carta stradale Michelin 365-AI56

Favignana – ⊠ 91023 – Carta regionale n° **17**-A2

🏨 **Cave Bianche**　　　　　　🏋 🛥 ⇐ 🔟 🖲 🕭 🖭 🕭 **P**

RESORT • INSOLITO Definirlo originale è riduttivo. L'albergo si trova infatti all'interno di un grande scavo di calcarenite (tipo di roccia sedimentaria) con delle
alte pareti che gli fanno da perimetro; nei suoi spazi trovano posto un bel giardino con piscina, una terrazza-ristorante per la prima colazione e la cena, nonché
signorili camere complete di tutto, sebbene essenzialissime.

49 cam ⌂ – ♦75/165 € ♦♦135/320 €.

*Strada Comunale Fanfalo – ℰ 0923 925451 – www.cavebianchehotel.it
– Aperto 10 maggio-15 ottobre*

Aegusa ⓝ 　　　　　　　　　⊹ ⌂ 🖶 🅰🅲 ⌧

TRADIZIONALE · MEDITERRANEO In un signorile palazzo nel cuore di Favignana, l'hotel dispone di belle camere fresche e confortevoli, sia nel corpo centrale che nella dépendance (a 50 metri ca.): quest'ultime hanno un look ancora più moderno ed attuale.

28 cam ⌂ – ♦75/135 € ♦♦95/210 € – 3 suites

via Garibaldi 11 – ☏ 0923 922430 – www.aegusahotel.it – Aperto 1°
aprile-31 ottobre

Egadi 　　　　　　　　　　　　　　　⊹ 🅰🅲

FAMILIARE · MEDITERRANEO Un'accogliente risorsa a gestione familiare nel cuore della località con colorate e funzionali camere in tinte pastello, nonché vista panoramica sul mare e sulla costa. Nella raffinata ed intima sala ristorante, piatti tipici a base di pesce interpretati con creatività.

11 cam ⌂ – ♦60/120 € ♦♦100/220 €

via Colombo 17/19 – ☏ 0923 921232 – www.albergoegadi.it – Aperto
2 aprile-30 ottobre

Insula 　　　　　　　　　　　　　　　　🅰🅲 ⌧

FAMILIARE · CONTEMPORANEO Di recente costruzione, questo albergo dal design contemporaneo a 150 metri dal corso principale dispone di camere spaziose e ben accessoriate.

15 cam ⌂ – ♦90/155 € ♦♦110/220 €

via Manin 2 – ☏ 0923 925437 – www.insulahotel.it – Aperto
1° maggio-30 settembre

EGNA NEUMARKT

Bolzano – ✉ 39044 – 5 232 ab. – Alt. 214 m – Carta regionale n° **19**-D3
Carta stradale Michelin 562-D15

⫝̸○ Johnson & Dipoli 　　　　　　　　　　　　　⌂

CUCINA CLASSICA · BISTRÒ 〤 L'atmosfera è quella vivace e colorata di un bistrot dai tavolini piccoli e rotondi, in bella stagione sistemati anche sotto i pittoreschi portici di Egna. Ma la qualità dell'originale cucina, tra prodotti locali e non, prenderà presto il sopravvento per deliziarvi.

Menu 62 € – Carta 46/86 €

via Andreas Hofer 3 – ☏ 0471 820323 – www.johnson-dipoli.it – Chiuso
23-30 novembre

Andreas Hofer 　　　　　　　　⊹ 🏊 🐾 🖶 � & ⌧ 🅿

TRADIZIONALE · ACCOGLIENTE Si trova nel caratteristico centro storico di Egna, sotto i portici, in un edificio cinquecentesco che all'interno ha uno sviluppo labirintico, ricavato com'è da tre edifici uniti a formare l'albergo: camere di diversa tipologia - prenotare le più recenti - nonché piccola area relax con sauna e bagno turco. Proposte altoatesine al ristorante.

32 cam ⌂ – ♦70/75 € ♦♦100/130 €

via delle Vecchie Fondamenta 21-23 – ☏ 0471 812653
– www.hotelandreashofer.com

Michelin

CI PIACE...

Ammirare i tramonti cenando al **Capo Nord**. La dimensione agreste con galline scorrazzanti del **Sapereta**. Il parco di **Villa Ottone** con la mappatura delle principali specie vegetali. Le camere "Poetiche" del **Cernia Isola Botanica**: ciascuna dedicata ad uno scrittore.

ELBA (Isola d')

(LI) – 31 059 ab. – Alt. 1 019 m – Carta regionale n° **18**-B3
Carta stradale Michelin 563-N12

Capoliveri - ⊠ 57031 – 4 033 ab. – Carta regionale n° **18**-B3

‹O Il Chiasso   ⚅ 斎 AC

CUCINA MEDITERRANEA · RUSTICO ⅔ Caratteristiche sale separate da un vicolo nelle viuzze del centro storico: piatti di terra e di mare in un ambiente simpaticamente conviviale.
Carta 44/78 €
vicolo Nazario Sauro 13 – 𝒞 0565 968709 (consigliata la prenotazione)
– solo a cena
– Aperto Pasqua-30 settembre; chiuso martedì escluso giugno-settembre

a Pareti Sud : 4 km ⊠ 57031 – Capoliveri

🏠 Dino   ✿ ⊛ ⩻ 🛏 ⟋ AC ⅏ P

FAMILIARE · FUNZIONALE In panoramica posizione, ospitalità familiare caratterizzata da camere luminose e fresche; uno dei plus più graditi è la piccola e bella spiaggia privata.
36 cam � – †60/160 € ††60/212 €
località Pareti – 𝒞 0565 939103
– www.elbahoteldino.com
– Aperto Pasqua-31 ottobre

a Lido Nord-Ovest : 7,5 km ⊠ 57031 – Capoliveri

🏠 Antares   ✿ ⊛ ⩻ 🛏 ⟁ ⅗ ⟋ AC ⅏ P

TRADIZIONALE · MEDITERRANEO A ridosso di un'insenatura, tra spiaggia e mare, due bianche strutture immerse in una tranquilla e verdeggiante macchia mediterranea; arredi in stile marinaro. Interessante anche la proposta gastronomica del ristorante: su prenotazione, cena romantica in terrazza privata.
49 cam ⊻ – †58/160 € ††84/288 €
località Lido di Capoliveri – 𝒞 0565 940131 – www.elbahotelantares.it
– Aperto 28 aprile-14 ottobre

Marciana – ⊠ 57030 – 2 186 ab. – Alt. 375 m – Carta regionale n° **18**-B3

a Sant' Andrea Nord-Ovest : 6 km ⊠ 57030 – Marciana

🏠 Cernia Isola Botanica   🌱 🐾 ⪕ 🛏 ⬡ AC P

FAMILIARE · PERSONALIZZATO Nati dalla passione dei proprietari, un giardino fiorito e un orto botanico con piscina avvolgono una struttura ricca di personalità e tocchi di classe. Interessanti proposte al ristorante, dove si valorizza il territorio in chiave moderna.

27 cam ♆ – ♦75/175 € ♦♦95/245 €

via San Gaetano 23 – ℰ 0565 908210 – www.hotelcernia.it – Aperto 15 aprile-15 ottobre

🏠 Da Giacomino   🌱 🐾 ⪕ 🛏 ⬡ 🍽 AC 🚗

FAMILIARE · MEDITERRANEO Cercate la natura e gli spazi aperti? Un grande parco (in parte frutteto ed orto) attrezzato con sdraio vi separa, a terrazze digradanti, da un'incantevole costa rocciosa; di recente apertura anche una gradevole zona benessere. Camere in stile classico, squisita ospitalità familiare e sapori casalinghi al ristorante.

33 cam ♆ – ♦50/200 € ♦♦60/400 €

– ℰ 0565 908010 – www.hoteldagiacomino.it – Aperto Pasqua-15 ottobre

🏠 Gallo Nero   🌱 🐾 ⪕ 🛏 ⬡ 🍽 AC P

FAMILIARE · PERSONALIZZATO Suggestiva posizione panoramica, contornata da rigogliose terrazze-giardino con piscina. Grande cura dei particolari, nonché arredi di buon gusto. Ristorante dalle enormi vetrate semicircolari per una vista mozzafiato a 180°; carne e pesce si spartiscono il menu.

29 cam ♆ – ♦50/120 € ♦♦75/180 €

via San Gaetano 20 – ℰ 0565 908017 – www.hotelgallonero.it – Aperto 15 aprile-15 ottobre

a Spartaia Est : 12 km ⊠ 57030 – Procchio

🏨 Désirée   🌱 🐾 ⪕ 🛏 🛁 🍽 ⚓ AC 🛎 P

TRADIZIONALE · ELEGANTE Appartato, in un giardino mediterraneo frontestante l'incantevole ed esclusiva baia di Spartaia, hotel dagli spazi ben organizzati e confortevoli camere con vista. Accesso diretto alla spiaggia privata.

69 cam ♆ – ♦79/195 € ♦♦230/430 € – 7 suites

via Spartaia snc – ℰ 0565 907311 – www.desireehotel.it – Aperto 19 maggio-30 settembre

a Procchio Est : 13,5 km ⊠ 57030

🏨 Del Golfo   🌱 🐾 ⪕ 🛏 🍽 ⚓ ⬡ AC 🛎 P

TRADIZIONALE · ELEGANTE Hotel composto da più strutture che abbracciano una parte della pittoresca baia: ampie e confortevoli camere inserite in curati giardini e piscina con acqua di mare. Al ristorante La Capannina: varie proposte di pesce da gustare vicino alla distesa blu.

119 cam ♆ – ♦110/240 € ♦♦170/550 €

via delle Ginestre 31 – ℰ 0565 9021 – www.hoteldelgolfo.it – Aperto 25 aprile-6 ottobre

Marciana Marina – ⊠ 57033 – 1 977 ab. – Carta regionale n° **18**-B3

🍽 Capo Nord   🐚 ⪕ 🏠 AC

PESCE E FRUTTI DI MARE · AMBIENTE CLASSICO XX Un palcoscenico sul mare da cui godere di tramonti unici: sale sobriamente eleganti e proposte a base di pesce.

Menu 60/75 € – Carta 49/81 €

al porto, località La Fenicia 69 – ℰ 0565 996983 (prenotare) – www.ristorantecaponord.it – Aperto 15 marzo-31 ottobre; chiuso lunedì in bassa stagione

¶◯ **Scaraboci**   🕸 AC

CUCINA CREATIVA · CONVIVIALE ✕✕ A pochi metri dall'incantevole lungomare di Marciana, ecco uno dei gioielli gastronomici dell'isola: di terra, o più spesso di mare, i piatti esaltano in prodotti, intrigano per accostamenti, seducono con le presentazioni. Terrazzo privé per cene intime nel periodo estivo.

Menu 45 € – Carta 42/71 €

via XX Settembre 27 – ☏ 0565 996868 (consigliata la prenotazione) – solo a cena – Chiuso 11 gennaio-9 marzo e martedì escluso 1° giugno-15 settembre

Marina di Campo – ✉ 57034 – Carta regionale n° **18**-B3

🏠 **Dei Coralli**   🍴 (≈ 🧺 ⤢ ♨ ✗ 🚻 AC P

TRADIZIONALE · MEDITERRANEO Separato dalla spiaggia e dal mare da una rigogliosa pineta, l'hotel ha dei punti di forza che lo fanno preferire rispetto ad altre strutture: attrezzature sportive, grande piscina, parco biciclette per spostarsi nel vicino centro...

62 cam ⌂ – ♦180/260 € ♦♦180/260 €

viale degli Etruschi 567 – ☏ 0565 976336 – www.hoteldeicoralli.it – Aperto 20 aprile-15 ottobre

a Fetovaia Ovest : 8 km ✉ 57034 – Seccheto

🏠 **Montemerlo**   🍴 🐾 (≈ ⤢ AC P

FAMILIARE · ACCOGLIENTE Stanze confortevoli con arredi classici, ricavate da quattro villette sparse nel delizioso giardino con piscina. Non lontano dalla spiaggia, in posizione arretrata e panoramica, la tranquillità regna sovrana.

38 cam ⌂ – ♦41/96 € ♦♦92/192 €

via Canaletto 280 – ☏ 0565 988051 – www.welcometoelba.com – Aperto 20 aprile-15 ottobre

Porto Azzurro – ✉ 57036 – 3 751 ab. – Carta regionale n° **18**-B3

¶◯ **Sapereta**   🏡

CUCINA MODERNA · AGRESTE ✕ All'interno di una storica cantina vitivinicola, un rustico e sobrio ambiente con curato giardino dove scorrazzano animali da cortile. Se, però, è vero che "l'abito non fa il monaco", rimarrete sorpresi per la sua cucina prevalentemente di terra in chiave moderna.

Carta 40/50 €

via Provinciale Ovest 73 località Mola – ☏ 0565 95033 (prenotazione obbligatoria) – www.sapereta.it – Aperto inizio aprile-inizio novembre; chiuso lunedì escluso 15 giugno-15 settembre

Portoferraio – ✉ 57037 – 11 992 ab. – Carta regionale n° **18**-B3

🏠 **Villa Ombrosa**   🍴 ≤ (≈ ⤢ ⛰ 🚻 AC P

FAMILIARE · ACCOGLIENTE In zona panoramica, a 20 m dalla spiaggia delle Ghiaie, albergo a conduzione diretta che si migliora con una certa costanza; camere di differenti tipologie e stili. Due ambienti per la tavola - il più caratteristico ricorda una piacevole taverna - e in menu gustose ricette sia di carne sia di pesce.

38 cam ⌂ – ♦50/160 € ♦♦70/260 €

via De Gasperi 9 – ☏ 0565 914363 – www.villaombrosa.it

a Viticcio Ovest : 5 km ✉ 57037 – Portoferraio

🏠 **Viticcio**   🍴 ≤ (≈ ⇔ ✗ P

FAMILIARE · MEDITERRANEO Costruito su un incantevole promontorio, in un piccolo angolo di paradiso, l'hotel Viticcio si affaccia sull'omonimo golfo con una vista mozzafiato dalla terrazza panoramica: da qui, indimenticabili saranno i tramonti.

31 cam ⌂ – ♦50/150 € ♦♦100/300 €

– ☏ 0565 939058 – www.hotelviticcio.it – Aperto 15 aprile-15 ottobre

a **Biodola** Ovest : 9 km ⊠ 57037 – Portoferraio

🏨🏨🏨 Hermitage ♤ ⌖ ⪦ ⪧ ⏚ ⊛ ⋔ ⚮ ⨯ ⬰ ▣ ⊞ AC ♨ P

GRAN LUSSO · ELEGANTE Meravigliosa posizione per un elegante hotel dove
vari servizi assicurano una vacanza da sogno, mare cristallino e splendide piscine;
a pranzo si può scegliere tra due offerte entrambe a bordo mare.

127 cam ⌑ – ✚199/396 € ✚✚304/566 € – 2 suites

– ✆ 0565 9740 – www.hotelhermitage.it – Aprile 25 aprile-9 ottobre

🏨🏨 Biodola ♤ ⌖ ⪦ ⪧ ⏚ ⋔ ⚮ ⨯ ▣ ⊞ AC P

LUSSO · ELEGANTE Giardino fiorito con piscina per questo complesso ubicato in
una delle baie più esclusive dell'isola. Stile classico con servizi e ospitalità sicuramente ad alto livello.

88 cam ⌑ – ✚141/312 € ✚✚166/368 €

via Biodola 21 – ✆ 0565 974812 – www.biodola.it – Aperto 1° aprile-30 ottobre

ad **Ottone** Sud-Est : 11 km ⊠ 57037 – Portoferraio

🏨🏨🏨 Villa Ottone ♤ ⌖ ⪦ ⪧ ⏚ ⋔ ⚮ ⨯ ⬰ ⊞ AC P

GRAN LUSSO · STORICO Suggestiva vista sul golfo di Portoferraio per questa
raffinata struttura composta da una neoclassica villa ottocentesca (interamente
affrescata), da un hotel e da graziosi cottage immersi in un parco secolare esteso
fino alla spiaggia privata. Ultra-moderno centro benessere e golf a soli 3 km.

69 cam ⌑ – ✚99/174 € ✚✚129/409 € – 6 suites

località Ottone – ✆ 0565 933042 – www.villaottone.com – Aperto fine
aprile-30 settembre

Rio nell'Elba – ⊠ 57039 – 1 148 ab. – Alt. 165 m – Carta regionale n° **18**-B3

a **Bagnaia** Sud-Est : 12 km ⊠ 57037 – Rio Nell'Elba

🏨🏨 Locanda del Volterraio ♤ ⌖ ⪦ ⏚ ⋔ ⚮ ⨯ ⬰ AC ♨ ♨ ⌂

TRADIZIONALE · MEDITERRANEO All'interno di un complesso residenziale turistico, abbracciato da giardini fioriti e uliveti, grazioso hotel dalle ampie e confortevoli camere. Servizi in comune con l'intero complesso.

18 cam ⌑ – ✚60/210 € ✚✚60/210 €

località Bagnaia-Residenza Sant'Anna – ✆ 0565 961236 – www.volterraio.it
– Aperto 20 maggio-30 settembre

ENNA Sicilia

(EN) – ⊠ 94100 – 28 019 ab. – Alt. 931 m – Carta regionale n° **17**-C2
Carta stradale Michelin 365-AU58

🍴🅾 Centrale ⨆ ⬰ AC

CUCINA SICILIANA · FAMILIARE ✗ Se i numeri hanno un valore, qui c'è da divertirsi... locale storico con più di 100 anni alle spalle, l'aspetto della sala risale agli
anni '30, stessa gestione familiare da più di 50 anni! Troneggia un buffet di antipasti, ma poi spazio ad una cucina di terra con qualche proposta giornaliera pesce.

🍴 Menu 16/25 € – Carta 21/56 €

piazza 6 Dicembre 9 – ✆ 0935 500963 (consigliata la prenotazione)
– www.ristorantecentrale.net – Chiuso sabato a mezzogiorno

🏨🏨 Federico II Palace Hotel ♤ ⪦ ⏚ ⬰ ⊛ ⋔ ⚮ ⊞ ⬰ AC ♨ ♨ P

SPA E WELLNESS · CONTEMPORANEO A pochi chilometri dal centro, circondato
da una rilassante cornice verde, un albergo moderno con camere molto spaziose
ed un'attrezzata spa.

85 cam ⌑ – ✚120/145 € ✚✚130/230 € – 1 suite

contrada Salerno, Sud: 5 km – ✆ 0935 20176 – www.hotelfedericoenna.it

ENTRÈVES Aosta → Vedere Courmayeur

CI PIACE...

Accomodarsi nel rigoglioso giardino del ristorante **E Pulera** a Lipari. A Stromboli, assistere a uno spettacolo nell'anfiteatro affacciato sul blu del **Sirenetta Park Hotel** e la posizione panoramica del **Punta Lena**. Lontano dalla pazza folla... hotel **La Canna** a Filicudi.

EOLIE (Isole) Sicilia

(ME) – 13 920 ab. – Carta regionale n° **17**-D1
Carta stradale Michelin 365-AY53

Lipari – ⊠ 98055 – 12 753 ab. – Carta regionale n° **17**-C1

⁑○ E Pulera   🖼 🖻

CUCINA SICILIANA · ELEGANTE 🟫🟫 Prende il nome dalle tipiche colonne eoliane che nelle case di un tempo avevano lo scopo di refrigerare in estate e riscaldare in inverno le mura, questo raffinato ristorante dal lussureggiante giardino con cucina locale non scevra di fantasia.

Carta 33/70 €

via Isabella Vaínicher Conti – ℰ 090 981 1158 – www.epulera.it – solo a cena – Aperto 1° aprile-30 ottobre

⁑○ Filippino   🟫 🖼 🖻 ⇔

PESCE E FRUTTI DI MARE · STILE MEDITERRANEO 🟫🟫 Piacevole e fresco il pergolato esterno di questo storico locale al traguardo dei 100 anni, dove vi verrà proposta una gustosa e ampia gamma di pescato locale elaborato in preparazioni tipiche.

Menu 30 € (pranzo in settimana)/45 € – Carta 37/58 €

piazza Municipio – ℰ 090 981 1002 – www.eolieexperience.it – Chiuso 16 novembre-15 dicembre e lunedì escluso aprile-settembre

⁑○ L'Anfora   🖼 🖻 🖻

CUCINA SICILIANA · AMBIENTE CLASSICO 🟫🟫 Cucina isolana interpretata con passione e dove s'indugia - per passione della vista e non solo del palato - in giochi cromatici: il tutto servito in porzioni generose!

⊛ Menu 25/88 € – Carta 29/83 €

vico Alicudi – ℰ 090 982 1014 – www.ristoranteanfora.it – Chiuso 1° gennaio-15 marzo

⁑○ Trattoria del Vicolo   🖼 🖻

CUCINA SICILIANA · TRATTORIA 🟫 Sulla piazza da più di 50 anni, ovviamente rimodernato ma sempre conviviale e senza fastidiosi snobismi, alle pareti alcuni dipinti dello chef/artista, in tavola le sue creazioni gastronomiche dai sapori regionali reinterpretati con gusto contemporaneo.

⊛ Menu 22 € – Carta 28/59 €

vico Ulisse 17 – ℰ 090 981 1066 – solo a cena – Aperto 1° aprile-31 ottobre; chiuso domenica

Aktea 🏠 🌊 ⚒ 🖂 🛗 AC 🚫 🔀 P

TRADIZIONALE · MODERNO Ampi ambienti e bella piscina per un hotel sempre attuale dove la cura da parte dei titolari è assidua e meticolosa: alcuni originali dettagli richiamano lo stile della casa eoliana.

40 cam ⚡ – ♦70/210 € ♦♦80/320 € – 3 suites

via Falcone e Borsellino – ℰ 090 981 4234 – www.hotelaktea.it – Aperto 1° aprile-24 ottobre

Mea 🏠 ≼ ⚒ 🖂 🛗 AC 🚫 P

RESORT · MEDITERRANEO In posizione panoramica, lo stile eoliano è ripreso con attenzione ai particolari nelle belle terrazzine; echi arabeggianti caratterizzano le moderne camere, mentre la cucina riscopre i sapori mediterranei nel ristorante con vista mare.

37 cam ⚡ – ♦60/355 € ♦♦72/520 €

via Falcone e Borsellino – ℰ 090 981 2077 – www.hotelmealipari.it – Chiuso 7 gennaio-28 febbraio

Tritone 🏠 ⛲ ⚒ 🐾 🖂 🛗 AC 🔀 P

TRADIZIONALE · MODERNO Non lontano dal cuore della località, piacevole hotel dallo stile classico-elegante; le fresche terrazze vi regaleranno un paesaggio da cartolina, mentre una sosta nel centro benessere renderà ancora più gradito il soggiorno.

39 cam ⚡ – ♦90/175 € ♦♦110/280 € – 1 suite

via Mendolita – ℰ 090 981 1595 – www.tritonelipari.it – Aperto 1° aprile-31 ottobre

A' Pinnata ≼ 🛗 AC P

FAMILIARE · LUNGOMARE Perfetto per chi vi approda con un'imbarcazione, la vecchia piccola pizzeria di un tempo è oggi un hotel dagli spazi arredati con belle ceramiche. Prima colazione in terrazza dalla vista impagabile.

12 cam ⚡ – ♦85/160 € ♦♦110/250 €

baia Pignataro – ℰ 090 981 1697 – www.pinnata.it

Rocce Azzurre 🏠 🌊 ≼ 🖂 AC 🚫

TRADIZIONALE · MEDITERRANEO Piattaforma-solarium con splendidi scorci sul mare per questa struttura non lontano dal centro, ma in posizione tranquilla. Camere in stile classico, marina o con ceramiche di Caltagirone. In estate, viene predisposto anche un pontile d'attracco per le barche.

33 cam ⚡ – ♦91/170 € ♦♦150/305 €

via Maddalena 69 – ℰ 090 981 3248 – www.hotelrocceazzurre.it – Aperto 1° aprile-31 ottobre

Villa Enrica 🆕 ⚒ 🛗 AC P

TRADIZIONALE · MEDITERRANEO La posizione leggermente rialzata e decentrata regala una vista superba sia dalla terrazza dove viene servita la prima colazioni che dalla bella piscina a sfioro. Camere accoglienti arredate con gusto.

22 cam ⚡ – ♦60/250 € ♦♦80/360 €

strada Serra-Pirrera 11 – ℰ 090 988 0826 – www.hotelvillaenricalipari.com – Aperto 15 marzo-1° novembre

Villa Meligunis 🏠 ≼ ⚒ 🖂 🛗 AC 🚫 🔀

TRADIZIONALE · MEDITERRANEO Nel caratteristico quartiere di pescatori, un'elegante struttura all'interno di un edificio storico con fontana all'ingresso e quadri di arte contemporanea a vivacizzare gli spazi comuni. Roof garden con piccola piscina. Fantastica la vista panoramica dalla sala da pranzo.

43 cam ⚡ – ♦60/180 € ♦♦72/240 €

via Marte 7 – ℰ 090 981 2426 – www.villameligunis.it – Aperto 25 marzo-30 ottobre

Oriente

TRADIZIONALE · CENTRALE In una delle sette splendide Isole Eolie, riconosciute dall'UNESCO come patrimonio dell'Umanità, Oriente è un piccolo e semplice hotel, ma dalla calda accoglienza con camere funzionali ed un tranquillo, riparato, giardino. Comodo il servizio navetta gratuito dal porto.

30 cam ☲ – ♦40/85 € ♦♦60/160 €

via Marconi 35 – ℰ 090 981 1493 – www.hotelorientelipari.com – Aperto 1° aprile-31 ottobre

Panarea - ⊠ 98050 – Carta regionale n° **17**-D1

Ⅰ○ Hycesia

PESCE E FRUTTI DI MARE · STILE MEDITERRANEO ✕✕ Un ristorante esclusivo nel cuore di Panarea: una delle più fornite cantine ed una selezione dei migliori prodotti, in un ambiente piacevole ed elegante in stile eoliano...con qualche contaminazione etnica.

Menu 65/120 € – Carta 48/120 €

8 cam ☲ – ♦70/150 € ♦♦100/280 € – 1 suite

via San Pietro – ℰ 090 983041 – www.hycesia.it – solo a cena – Aperto 1° giugno-14 ottobre

Quartara

FAMILIARE · ROMANTICO La terrazza panoramica offre una vista notevole, considerata la posizione arretrata rispetto al porto. Arredi nuovi e di qualità che offrono eleganza e personalizzazioni. Il ristorante offre una grande atmosfera.

13 cam ☲ – ♦100/300 € ♦♦150/600 €

via San Pietro 15 – ℰ 090 983027 – www.quartarahotel.com – Aperto 1° aprile-31 ottobre

Cincotta

TRADIZIONALE · MEDITERRANEO Terrazza con piscina d'acqua di mare, una zona comune davvero confortevole e camere in classico stile mediterraneo, gradevoli anche per l'ubicazione con vista mare.

29 cam ☲ – ♦50/350 € ♦♦70/450 €

via San Pietro – ℰ 090 983014 – www.hotelcincotta.it – Aperto 22 aprile-9 ottobre

Lisca Bianca

FAMILIARE · ELEGANTE Affacciato sul porto, offre una delle terrazze più suggestive dell'isola e camere personalizzate con arredi e maioliche eoliani.

33 cam ☲ – ♦100/480 € ♦♦100/480 €

via Lani 1 – ℰ 090 983004 – www.liscabianca.it – Aperto inizio aprile-fine ottobre

Filicudi - ⊠ 98050 – Carta regionale n° **17**-C1

La Canna

FAMILIARE · ROMANTICO Nel completo rispetto della storia e della geografia isolana, l'albergo propone un soggiorno in un'autentica casa d'epoca dalle tipiche forme squadrate e mediterranee. Ambienti semplici, terrazze all'aperto e colori marini, ecco l'indirizzo balneare che cercate.

14 cam ☲ – ♦100/160 € ♦♦100/160 €

contrada Rosa – ℰ 090 988 9956 – www.lacannahotel.it – Aperto 15 aprile-15 ottobre

Stromboli - ⊠ 98050 – Carta regionale n° **17**-D1

Ⅰ○ Punta Lena

PESCE E FRUTTI DI MARE · FAMILIARE ✕✕ Il servizio sotto un pergolato con eccezionale vista sul mare e sullo Strombolicchio, è la compagnia migliore per qualsiasi tipo di occasione. In cucina tanto pesce.

Carta 35/68 €

via monsignor Di Mattina 8, località Ficogrande – ℰ 090 986204 – Aperto 1° maggio-15 ottobre

La Sirenetta Park Hotel

LUSSO · LUNGOMARE Il bianco degli edifici che assecondano la caratteristica architettura eoliana, il verde della vegetazione, la nera sabbia vulcanica e il blu del mare: dotazioni complete! Si può gustare il proprio pasto quasi in riva al mare, ai piedi del vulcano.

55 cam ⌂ – ♦90/150 € - ♦♦165/300 € – 3 suites

via monsignor Di Mattina 33, località Ficogrande – ℰ 090 986025
– www.lasirenetta.it – Aperto 20 aprile-20 ottobre

La Locanda del Barbablu

FAMILIARE · BUCOLICO Lungo la strada sopraelevata che costeggia la spiaggia, arredi artigianali e grande attenzione ai dettagli in una tipica casa stromboliana dalle camere molto curate e personalizzate.

5 cam ⌂ – ♦61/123 € - ♦♦95/190 €

via Vittorio Emanuele 17-19 – ℰ 090 986118 – www.barbablu.it – Aperto
10 marzo-15 novembre

Vulcano – ✉ 98055 – Carta regionale n° **17**-D1

⍟ Il Cappero

CUCINA MEDITERRANEA · ELEGANTE XX I sapori sono spiccatamente locali e prendono spunto da questa stupenda isola adagiata nel Mediterraneo, ma a la tecnica dello chef, anche in virtù della sua giovane età, sa essere moderna ed anticipatrice. A strapiombo sul mare, è il Cappero l'unico punto dell'arcipelago da cui si vedono tutte le isole Eolie: splendidi tramonti!

→ Bianco mangiare. Un'altra caponata. Made in Sicily.

Menu 140 € – Carta 77/132 €

Hotel Therasia Resort, località Vulcanello – ℰ 090 985 2555 (consigliata la
prenotazione) – www.therasiaresort.it – solo a cena – Aperto 21 aprile-3 ottobre

Therasia Resort

SPA E WELLNESS · MEDITERRANEO A strapiombo sul mare, una rigogliosa natura mediterranea circonda le varie zone: terrazze digradanti con piscine di acqua salata o dolce come quella a sfioro sul blu. Al suo interno eleganti ambienti in stile mediterraneo, ma fondamentalmente moderni ed essenziali. Sintesi perfetta tra territorio, cultura e creatività, la cucina flirta a meraviglia con i prodotti locali.

91 cam ⌂ – ♦200/600 € - ♦♦300/900 € – 3 suites

località Vulcanello – ℰ 090 985 2555 – www.therasiaresort.it – Aperto 21 aprile-13 ottobre

⍟ **Il Cappero** – Vedere selezione ristoranti

Eros

TRADIZIONALE · MEDITERRANEO E' facile innamorarsi di questa piccola risorsa dal nome promettente... A ridosso della spiaggia di acqua calda, dove si può godere di bagni con fanghi sulfurei, camere semplici, ma accoglienti, si snodano attorno alla piscina nell'ampio giardino.

25 cam ⌂ – ♦100/220 € - ♦♦120/350 € – 2 suites

via Porto di Levante 64 – ℰ 090 985 3265 – www.eroshotel.it
– Aperto 1° maggio-30 settembre

 Carta regionale n° **17**-C1

⍟ Signum (Martina Caruso)

CUCINA CREATIVA · STILE MEDITERRANEO XX Un piacevolissimo pergolato con una terrazza molto caratteristica, belle maioliche e tipici colori eoliani anticipano quanto arriverà in tavola: piatti gustosi dove emerge la straordinaria capacità della cuoca nell'interpretare ricette tradizionali locali con fantasia ed originalità. Ottima anche la selezione enologica, mirata a far conoscere anche l'eccellenze meno note dell'isola.

→ Dentice crudo e cotto. Pasta mista con cozze, zucchine e formaggio ragusano. Crostata di mela, meringa e rosmarino..

Menu 80 € – Carta 59/122 €

Hotel Signum, via Scalo 15, località Malfa ✉ 98050 Malfa – ℰ 090 984 4222
(consigliata la prenotazione) – www.hotelsignum.it – Aperto 1° aprile-31 ottobre

🍴○ **Nni Lausta**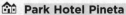

PESCE E FRUTTI DI MARE · STILE MEDITERRANEO X E' il pesce il protagonista della tavola, la tradizione genuina e gustosa della cucina eoliana viene interpretata con abilità, fantasia e innovazione. Se non fa troppo caldo, optare per la fresca terrazza ombreggiata.

Carta 31/69 €

via Risorgimento 188, località Santa Marina Salina ⊠ *98050* – ✆ *090 984 3486*
– *www.nnilausta.it* – *Chiuso 2 gennaio-31 marzo*

🏨 **Signum**

LUSSO · MEDITERRANEO Costruito come un tipico borgo eoliano dai caratteristici ambienti e dagli arredi artigianali, quest'oasi di tranquillità dispone di un centro benessere con numerose vasche tra cui una termale. La gestione è nelle mani di un nucleo familiare coeso e ospitale.

23 cam ⌂ – †200/700 € ††200/700 € – 7 suites

via Scalo 15, località Malfa ⊠ *98050 Malfa* – ✆ *090 984 4222*
– *www.hotelsignum.it* – *Aperto 1° aprile-31 ottobre*

❀ **Signum** – Vedere selezione ristoranti

🏨 **La Salina Borgo di Mare**

FAMILIARE · MEDITERRANEO Attiguo alla salina, ormai dismessa, un borgo anticamente destinato ad abitazione di chi della salina si occupava... Oggi, un'elegante ristrutturazione rispettosa dell'architettura eoliana originaria consente di godere appieno delle belle camere e della deliziosa posizione in riva al mare.

24 cam ⌂ – †60/180 € ††80/260 €

via Manzoni 4, frazione Lingua ⊠ *98050 Santa Marina di Salina* – ✆ *090 984 3441*
– *www.lasalinahotel.com* – *Aperto 15 aprile-15 ottobre*

🏨 **Ravesi**

FAMILIARE · MEDITERRANEO A fianco di una piccola chiesetta, nel cuore del paese, piacevole struttura – sebbene di modeste dimensioni - con camere standard un po' defilate e superior con vista mare (terrazzino privato in quasi tutte). Bella, anche la piscina a sfioro.

14 cam ⌂ – †80/250 € ††95/300 €

via Roma 66, località Malfa ⊠ *98050 Santa Marina Salina* – ✆ *090 666 2375*
– *www.hotelravesi.it* – *Aperto 14 aprile-14 ottobre*

🏨 **Punta Scario**

FAMILIARE · MEDITERRANEO Albergo di sobria eleganza, ricavato in uno dei luoghi più suggestivi dell'isola, a strapiombo sulla scogliera, accanto ad una delle poche spiagge del litorale.

17 cam ⌂ – †70/140 € ††100/260 €

via Scalo 8, località Malfa ⊠ *98050 Malfa* – ✆ *090 984 4139*
– *www.hotelpuntascario.it* – *Aperto 1° maggio-30 settembre*

EPPAN AN DER WEINSTRASSE → Vedere Appiano sulla Strada del Vino

ERACLEA

Venezia – ⊠ 30020 – 12 396 ab. – Carta regionale n° **23**-D2
Carta stradale Michelin 562-F20

ad Eraclea Mare Sud-Est : 10 km ⊠ 30020

🏨 **Park Hotel Pineta**

TRADIZIONALE · LUNGOMARE A pochi passi dal mare, avvolto dalla tranquillità di una pineta, hotel a conduzione familiare diviso in più strutture con comode camere ed appartamenti. Ideale per famiglie, c'è anche un bel campo da minigolf per intrattenere i piccoli ospiti.

34 cam ⌂ – †50/100 € ††75/210 € – 23 suites

via della Pineta 30 – ✆ *0421 66063* – *www.parkhotelpineta.com* – *Aperto 10 maggio-30 settembre*

ERBUSCO

Brescia – ⊠ 25030 – 8 633 ab. – Alt. 236 m – Carta regionale n° **10**-D2
Carta stradale Michelin 561-F11

✿ Da Nadia (Nadia Vincenzi) 🏤 ⅃ AC ⟷

PESCE E FRUTTI DI MARE · RUSTICO XX Continua in questa nuova sede il discorso gastronomico che ha reso celebre Nadia a Castrezzato: sotto travi a vista nella sala principale e a volte nelle tre salette interne, la sua cucina vi piacerà per le ottime proposte di pesce ideate con un'attenzione maniacale al prodotto. A pranzo, colazione di lavoro ristretta, ma se siete propensi al gourmet potete richiederlo all'atto della prenotazione.

→ Spaghetti cacio e pepe con caciocavallo dell'Alto Molise su scampi crudi. Zuppa di pesce. Semifreddo al lime e tequila con polvere di liquirizia e sedano caramellato.

Menu 40 € (pranzo in settimana)/100 € – Carta 68/113 €

via Cavour 7 – 𝒞 030 704 0634 (consigliata la prenotazione)
– www.ristorantedanadia.com – Chiuso 10 giorni in gennaio, 10 giorni in ottobre, lunedì, i mezzogiorno di martedì e mercoledì

⅃○ LeoneFelice ✿ ≤ 🏤 🏤 ⅃ AC ⟷ 🚗

CUCINA MODERNA · CONTESTO CONTEMPORANEO XXX Uno chef giovane e preparato, Fabio Abbattista, propone in un ambiente elegantemente minimalista, una cucina contemporanea di grande qualità. Nuovo dehors affacciato sul verde.

Menu 95/130 € – Carta 78/121 €

Hotel L'Albereta, via Vittorio Emanuele 23, Nord: 1,5 km – 𝒞 030 776 0550
– www.albereta.it – solo a cena escluso domenica
– Chiuso 7-22 gennaio, 12-20 agosto, domenica sera, martedì sera e lunedì

🏨 L'Albereta ✿ ⅃ ≤ 🏤 ⅃ 🌐 ⟆ ⅃⅃ ✕ 🏤 AC ⅃ 🚗

CASA PADRONALE · GRAN LUSSO Immersa in un rigoglioso parco secolare e circondata dalle vigne di Franciacorta, questa antica dimora padronale, con affreschi d'epoca e opere d'arte contemporanea, gode di una splendida vista sul lago d'Iseo: raffinate camere e la speciale cabriolet suite vi attendono in un'oasi di pace. A pranzo e a cena cucina classica, snack e insalate lungo tutto l'arco della giornata al VistaLago Bistrò, con la sua terrazza affacciata sul verde.

57 cam – 🛏270/660 € 🛏🛏360/700 € – 7 suites – ⌂ 28 €

via Vittorio Emanuele 23, Nord: 1,5 km – 𝒞 030 776 0550 – www.albereta.it
– Chiuso 7-22 gennaio e 12-20 agosto

⅃○ **LeoneFelice** – Vedere selezione ristoranti

ERCOLANO

Napoli (NA) – ⊠ 80056 – 53 709 ab. – Carta regionale n° **4**-B2
Carta stradale Michelin 564-E25

⅃○ Viva Lo Re ✿ 🏤 AC

CUCINA MEDITERRANEA · WINE-BAR X Se il nome rimanda all'antico brindisi borbonico, la cucina - presentata su lavagnetta ed a voce - parte da basi regionali per stupire poi con qualche spunto di riuscita creatività. Appassionato di vini, il patron popone anche alcune bottiglie al bicchiere. Sicuramente, un imperdibile tra i ristoranti della località.

Menu 35 € – Carta 27/55 €

corso Resina 261 – 𝒞 081 739 0207 – www.vivalore.it – Chiuso 3 settimane in agosto, domenica sera e lunedì

🏨 Miglio D'Oro Parkhotel ✿ 🏤 ⅃ ⅃ ⅃ AC ⅃ 🅿

DIMORA STORICA · MINIMALISTA Imponente villa settecentesca nel cuore di Ercolano, gli scavi a due passi e un lussureggiante parco con fontana. Arredi moderni nelle spaziose camere e bagni di pregio: la vista più bella vi aspetta in alcune stanze dell'ultimo piano.

37 cam ⌂ – 🛏67/139 € 🛏🛏99/169 € – 3 suites

corso Resina 296 – 𝒞 081 739 9999 – www.migliodoroparkhotel.it – Aperto 1° aprile-30 ottobre

ERICE Sicilia

Trapani – ✉ 91016 – 28 291 ab. – Alt. 751 m – Carta regionale n° **17**-A2
Carta stradale Michelin 365-AK55

🍴○ **Monte San Giuliano**　　　　　　　⫷ 🛋 🏠 𝔸ℂ

CUCINA REGIONALE · CONVIVIALE XX In pieno centro e sulla via pedonale, passando per la piccola corte interna, corredata da un pozzo, si arriva nella singolare terrazza-giardino, perfetta cornice in cui gustare i piatti della tradizione isolana.
Carta 26/50 €

vicolo San Rocco 7 – ℰ 0923 869595 – www.montesangiuliano.it
– Chiuso 7 gennaio-7 febbraio, 7 novembre-7 dicembre e lunedì escluso agosto

a Erice Mare Ovest : 10 km ✉ 91016 – Casa Santa-Erice Mare

🏠 **I Mulini Resort**　　　　　　🐾 🦢 ⫷ 🛋 ⚓ 𝔸ℂ 🅿

RESORT · LUNGOMARE Ricavato dalla riconversione di un'antica casa salinara sul mare con un mulino che azionava la macina ed un altro poco lontano utilizzato per la regolazione delle acque, un hotel con camere dotate dei migliori confort per un soggiorno all'insegna dell'originalità e del relax.
23 cam ⌑ – †100/180 € ††130/230 € – 4 suites

lungomare Dante Alighieri – ℰ 0923 196 3284 – www.siicilysuite.com
– Aperto inizio aprile-25 ottobre

FABRIANO

Ancona – ✉ 60044 – 31 480 ab. – Alt. 325 m – Carta regionale n° **11**-B2
Carta stradale Michelin 563-L20

🏠 **Residenza La Ceramica**　　　　　　　🔲 𝔸ℂ ♨ 🅿

STORICO · PERSONALIZZATO Un piacevole palazzo del centro, già carcere e poi convento, ripropone ora ambienti moderni e alla moda, rallegrati da confortevoli spazi colorati; la struttura ospita fra le sue mura anche una piccolissima taverna-enoteca.
10 cam ⌑ – †80 € ††120 € – 5 suites

via della Ceramica 10 – ℰ 0732 4136 – www.residenzalaceramica.com
– Chiuso 23 dicembre-8 gennaio e 5-21 agosto

sulla strada statale 76 in prossimità uscita Fabriano Est

Nord-Est : 6 km

🍴○ **Villa Marchese del Grillo**　　　🐾 🦢 🛋 🏠 ♨ 🅿

CUCINA CREATIVA · CONTESTO STORICO XxX Splendido edificio settecentesco fatto costruire dal celebre Marchese Onofrio: le ex cantine ospitano oggi una cucina creativa ed elaborata, ricca di fantasia. Un soggiorno aristocratico nelle camere, particolarmente affascinanti quelle del piano nobile, tra affreschi e lampadari di Murano.
Menu 35/50 € – Carta 39/63 €
15 cam ⌑ – †70/110 € ††90/135 € – 5 suites

località Rocchetta Bassa 73 ✉ 60044 – ℰ 0732 625690
– www.marchesedelgrillo.com – solo a cena escluso domenica – Chiuso 10 giorni in gennaio, domenica sera e lunedì

FAENZA

Ravenna – ✉ 48018 – 58 541 ab. – Alt. 35 m – Carta regionale n° **5**-C2
Carta stradale Michelin 562-J17

🍽 **Cà Murani**　　　　　　　　　　　　　　　　　⫛ 𝔸ℂ

EMILIANA · RUSTICO X Lo chef-patron, Remo, vi preparerà gustosi piatti basati sui prodotti stagionali del territorio, intrigandovi con specialità come il lonzino di maiale affumicato con panzanella o coniglio in tegame alle olive nere.
Carta 30/40 €

vicolo Sant'Antonio 7 – ℰ 0546 88054 – solo a cena escluso sabato e domenica
– Chiuso 15 giorni in maggio e giovedì

La Baita 🕸 🕸 ⅏ ⅏ ⅏

CUCINA EMILIANA · RUSTICO ⅀ Osteria familiare del centro, varcato l'uscio si passa per la fornita drogheria che preannuncia le specialità della casa: formaggi in gran quantità e paste casalinghe tirate al mattarello, ma anche vino con una fornitissima cantina (più di 1000 etichette). Dalla cucina, piatti stagionali del territorio come la guancia brasata al vino.

Carta 27/47 €

via Naviglio, 25c – ℰ 0546 21584 (prenotare) – www.labaitaosteria.it – Chiuso 15 giorni in gennaio, 15 giorni in agosto, domenica e lunedì

FM ⅏ ⅏ ⅏ ⅏

MODERNA · DI TENDENZA ⅀⅀ All'interno dello storico hotel Vittoria lo chef-patron vi saprà deliziare con piatti ricchi di fantasia, ma con un stretto legame al territorio in una sala liberty o in quella delle ceramiche per un'eleganza informale; carta business a pranzo, gourmet la sera.

🍴 Menu 25/65 € – Carta 32/73 € – carta semplice a pranzo

50 cam ⅏ – ⅙75/105 € ⅙⅙95/180 €

corso Garibaldi 23/b – ℰ 0546 24720 (consigliata la prenotazione) – www.fmcongusto.it – Chiuso domenica e lunedì

Relais Villa Abbondanzi 🕸 🕸 🕸 🕸 🕸 🕸 🕸 🕸 🕸 P

DIMORA STORICA · PERSONALIZZATO In una dimora dei primi '800 immersa nel verde - a pochi minuti d'auto dal centro - il relais dispone di camere con mobili d'epoca, soppalchi e caminetti. Per scoprire l'emozione di un benessere esclusivo tre diverse private spa, ognuna con caratteristiche particolari: la magia dell'oriente in Tanka, l'atmosfera esotica di Okui, gli aromi del Marocco in Sumir.

15 cam ⅏ – ⅙87/206 € ⅙⅙97/216 € – 3 suites

via Emilia Ponente 23, Ovest: 1 km – ℰ 0546 622672 – www.villa-abbondanzi.com – Chiuso 2 settimane in gennaio

FAGAGNA

Udine – ✉ 33034 – 6 385 ab. – Alt. 177 m – Carta regionale n° **6**-B2
Carta stradale Michelin 562-D21

Al Bàcar ⅏ ⅏

CUCINA MODERNA · AMBIENTE CLASSICO ⅀⅀ Tutta una famiglia, i Lizzi, coinvolta tra l'adiacente macelleria-gastronomia e questo interessante ristorante dove il giovane figlio, a suo agio con le ottime carni selezionate da papà, ma anche con il pesce, dà vita a piatti moderni permeati da influenze territoriali.

🍴 Menu 11 € (pranzo in settimana) – Carta 35/72 €

via Umberto I 29 – ℰ 0432 811036 – www.ristorantealbacar.com – Chiuso 1°-13 gennaio, 12-18 agosto e domenica

Al Castello ⅏ ⅏ ⅏ ⅏ P

CUCINA REGIONALE · ACCOGLIENTE ⅀⅀ Nella parte alta della località, poco distante dal castello che ricorda nel nome, l'atmosfera coniuga rusticità ed eleganza, la tradizione della linea gastronomica e la modernità delle presentazioni. Per chi vuole assaggiare un dessert veramente tipico: torta cun lis jarbis (antico dolce friulano).

🍴 Menu 19 € (pranzo in settimana)/25 € – Carta 30/54 €

via San Bartolomeo 18 – ℰ 0432 800185 – www.ristorantealcastello.com – Chiuso 10 giorni in gennaio e lunedì

San Michele ⓝ ⅏ ⅏ ⅏ P

MODERNA · RUSTICO ⅀⅀ Attiguo alle antiche rovine del castello e alla chiesetta intitolata a San Michele, questo edificio del XIII secolo - che fu probabilmente sede del corpo di guardia - ospita un ristorantino caratteristico con piatti legati al territorio e alle stagioni in chiave moderna. Panoramico giardino per la bella stagione.

Menu 40/60 € – Carta 42/58 €

via Castello di Fagagna 33 – ℰ 0432 810466 – www.ristorantesanmichele.eu – Chiuso 15 giorni in gennaio, lunedì e martedì

🏨 **Villaverde Hotel & Resort** ♞ ➳ ⇦ ⌱ ▢ 🅼 ♨ ⅃ℰ 🖪 ⊡ ⅄ 🅐🅒 🏊

RESORT · DESIGN Design moderno per questo raffinato resort con 🚗 camere affacciate sul campo da golf, nonché dotato di un'importante area wellness, palestra attrezzata, centro medico basato sulla prevenzione e la medicina del movimento. Nella vicina club house, il ristorante non manca di servire carne e pesce in egual misura.

32 cam ⌗ - ♦60/400 € ♦♦80/400 € - 1 suite

Via delle Acacie 1 ⊠ 33034 Fagagna - ℰ 0432 812600 - www.villaverderesort.com

FAGNANO Verona → Vedere Trevenzuolo

FAGNANO OLONA

Varese - ⊠ 21054 - 12 440 ab. - Alt. 265 m - Carta regionale n° **10**-A2
Carta stradale Michelin 561-F8

🌸 **Acquerello** (Silvio Salmoiraghi) 🍴 🅐🅒

CUCINA CREATIVA · ACCOGLIENTE ❌❌ C'è anche una carta, ma vi consigliamo di affidarvi alla degustazione che vi proporrà lo chef: scoprirete un percorso calibrato di sapori ricercati e combinazioni originali in straordinaria armonia, accenni all'oriente con piacevoli contrasti di cotture e temperature.

→ Insalata di pasta alla carrettiera. Piccione alla milanese. Croccante al limone, liquirizia e capperi.

Menu 45 € (pranzo in settimana)/130 € - Carta 93/150 €

via Patrioti 5 - ℰ 0331 611394 (coperti limitati, prenotare) - Chiuso 27 dicembre-5 gennaio, 1 settimana in agosto, domenica sera e lunedì

🍴 **Menzaghi** 🅐🅒 ⇔

CUCINA MODERNA · FAMILIARE ❌❌ Ingresso attraverso un ampio disimpegno con numerose bottiglie in bellavista: menu vario ed invitante, i piatti vi verranno serviti in una sala di tono signorile. La solida conduzione familiare - ormai alla terza generazione - è garante di un'esperienza gastronomica sicuramente felice!

Menu 40 € - Carta 38/61 €

via San Giovanni 74 - ℰ 0331 361702 - www.ristorantemenzaghi.it - Chiuso 16-20 agosto, domenica sera e lunedì

FAI DELLA PAGANELLA

Trento - ⊠ 38010 - 894 ab. - Alt. 957 m - Carta regionale n° **19**-B2
Carta stradale Michelin 562-D15

🏨 **Al Sole** ♞ ⟨ ⇦ ⌱ ▢ 🅼 ♨ ⊡ ⅄ 🅐🅒 ✼ 🏊 🚗

TRADIZIONALE · MODERNO Moderno, confortevole, in bella posizione panoramica sui prati: anche le camere si presentano bene in quanto a generosità di spazi e luminosità. L'attrezzato centro benessere, dotato anche di ampia beauty farm, vi rigenererà dallo stress quotidiano.

38 cam ⌗ - ♦120/190 € ♦♦140/200 € - 3 suites

via Cesare Battisti 11 - ℰ 0461 581065 - www.alsolehotel.info - Chiuso maggio e novembre

FALCADE

Belluno - ⊠ 32020 - 2 233 ab. - Alt. 1 145 m - Carta regionale n° **23**-B1
Carta stradale Michelin 562-C17

🏨 **Belvedere** ♞ ⟨ ♨ ℰℰ ⊡ ⅄ 🅿

TRADIZIONALE · STILE MONTANO Tripudio di legni per questa deliziosa e tipica casa di montagna, già piacevole dall'esterno: a 600 m dal centro e non lontano dalle piste, confortevoli camere di tono rustico, nonché attrezzata area wellness. Caratteristiche stube d'epoca costituiscono splendidi inviti per gustare la buona cucina del territorio.

40 cam - solo ½ P 35/110 €

via Garibaldi 24 - ℰ 0437 599021 - www.belvederehotel.info - Aperto 6 dicembre-31 marzo e 1° giugno-26 settembre

FALZES PFALZEN

Bolzano – ✉ 39030 – 2 753 ab. – Alt. 1 022 m – Carta regionale n° **19**-C1
Carta stradale Michelin 562-B17

🍴⃝ Sichelburg   🛏 🛋 🍽 🔁 🅿

CUCINA CREATIVA · ROMANTICO XX Regalatevi un grande pasto in un contesto da sogno: in paese, il ristorante si trova al primo piano di un castello di origini trecentesche. Romantiche sale avvolte nel legno, la cucina è creativa, ma fortemente legata ai prodotti della montagna.

Menu 41/57 € – Carta 45/81 €

via Castello 1 – ☏ 0474 055603 – www.sichelburg.it – Chiuso 3 settimane in gennaio, 1 settimana in giugno, giovedì a mezzogiorno e mercoledì

ad Issengo Nord-Ovest : 1,5 km ✉ 39030 – Falzes

🍴⃝ Tanzer   🛏 🛋 🔁 🅿

CUCINA CREATIVA · ROMANTICO XX Proprio sotto il campanile della piccola frazione, due romantiche stube, una signorile dell'Ottocento, l'altra più semplice e contadina, ma del Seicento, accolgono una cucina in prevalenza locale venata da qualche spunto moderno.

Menu 53 € (cena)/83 € – Carta 52/74 €

Hotel Tanzer, via del Paese 1 – ☏ 0474 565366 – www.tanzer.it – Chiuso 4-30 novembre, martedì e mercoledì

🏠 Tanzer   🕭 🛏 🕸 🔲 ᴫ 🅿

FAMILIARE · ACCOGLIENTE Con il passaggio generazionale l'albergo si è rinnovato ed è ora un vero e proprio gourmet e boutique hotel dallo stile piacevolmente moderno, in cui non manca una gradevole zona benessere. Luminosità e buoni spazi - soprattutto nelle camere e suite più recenti - lo rendono un indirizzo fortemente consigliato.

16 cam ☲ – †80/90 € ††160/180 € – 4 suites

via del Paese 1 – ☏ 0474 565366 – www.tanzer.it – Chiuso 4-30 novembre

🍴⃝ **Tanzer** – Vedere selezione ristoranti

a Molini Nord-Ovest : 2 km ✉ 39030 – Chienes

⬡ Schöneck (Karl Baumgartner)   🕷 ≼ 🛋 ᴀᴄ 🔁 🅿

CUCINA MODERNA · LUSSO XXX Quando il tempo non consente di mangiare all'aperto, la scelta è fra le romantiche stube storiche o la luminosa veranda coperta. Da tempo sugli allori, la cucina offre piatti per tutti i gusti, carne e pesce, tradizione e creatività.

→ Raviolo aperto ripieno di crema di piselli, uovo ruspante in camicia, fonduta. Lombo di cervo in crosta alle noci, salsa di vino rosso al ribes nero. Tortino di strudel di mele e banane, salsa di mandarino, gelato di cannella.

Menu 45/90 € – Carta 48/104 €

via Schloss Schöneck 11 – ☏ 0474 565550 – www.schoeneck.it
– Chiuso 24 giugno-9 luglio, lunedì e martedì escluso in alta stagione

FANNA

Pordenone – ✉ 33092 – 1 583 ab. – Alt. 274 m – Carta regionale n° **6**-B2
Carta stradale Michelin 562-D20

🏠 Al Giardino   🍃 🛏 ⤢ ᴫ ᴀᴄ 🎿 🅿

FAMILIARE · CLASSICO Il nome prelude all'indovinata cornice verde della struttura, ornata da specchi d'acqua concepiti quasi all'orientale. Tutto spicca per l'estrema cura: la bella piscina e le deliziose camere, mentre terra e mare coabitano nel menu dell'omonimo ristorante.

25 cam ☲ – †60/70 € ††80/100 €

via Circonvallazione Nuova 3 – ☏ 0427 77178 – www.algiardino.com
– Chiuso 7 gennaio-8 febbraio

FANO

Pesaro e Urbino (PU) – ✉ 61032 – 60 888 ab. – Carta regionale n° **11**-B1
Carta stradale Michelin 563-K21

ⅰ○ Il Galeone ⇦ 🆓 🅿

PESCE E FRUTTI DI MARE · ELEGANTE ⅩⅩ Accolto tra gli spazi dell'albergo Elisa-beth Due, il ristorante da tempo si è conquistato una fama che va ben oltre i fre-quentatori dell'hotel. Le proposte prediligono il mare in elaborazioni moderne ed accattivanti.

Menu 33/60 € – Carta 39/73 €

28 cam ⌷ – ♦60/95 € ♦♦70/160 € – 4 suites

piazzale Amendola 2 – ☎ 0721 823146 – www.ilgaleone.net – Chiuso 7-21 gennaio, domenica sera e lunedì escluso in estate

ⅰ○ Osteria dalla Peppa 🛖

CUCINA TRADIZIONALE · VINTAGE Ⅹ Già alla fine dell'Ottocento si veniva dalla "Peppa", una locanda nel centro storico di cui l'attuale gestione ha recuperato tutta l'atmosfera vintage con arredi e decorazioni d'epoca. Cucina basata su pro-dotti locali, tra i punti di forza le paste fresche.

Carta 19/54 €

via Vecchia 8 – ☎ 331 645 4088 (consigliata la prenotazione)
– www.osteriadallapeppa.it – Chiuso 7-13 gennaio e 17-23 giugno

ⅰ○ Da Maria al Ponte Rosso 🛖 🆓 🍴

PESCE E FRUTTI DI MARE · ACCOGLIENTE Ⅹ Preparatevi, prenotare qui non è un'impresa facile, ma questo vorrà pur significare qualcosa... Pochi tavoli, molte piante, qualche scultura realizzata da Domenica, figlia della proprietaria che segue la sala. L'ambiente è familiare ed ancor più l'accoglienza, nonché la gustosa cucina, a base di solo pesce fresco a seconda dell'offerta ittica del giorno: così vuole Maria, la titolare, che ha fatto della semplicità la propria forza!

Carta 35/55 €

via IV Novembre 86 – ☎ 0721 808962 (prenotazione obbligatoria) – Chiuso lunedì

🏠 Siri ⊟ ⓺ 🆓 ⇔

BUSINESS · MODERNO A pochi metri dalle mura e dal grazioso centro storico di Fano, in quest'elegante albergo troverete cortesia, raffinate camere agli arredi curati e soluzioni originali.

20 cam ⌷ – ♦112/133 € ♦♦132/199 €

viale Buozzi 69 – ☎ 0721 802593 – www.sirihotelfano.it

🏠 Villa Giulia 🎋 🐾 ⇐ 🍴 🏊 🆓 🅿

DIMORA STORICA · PERSONALIZZATO Immersa nel verde, struttura ricavata da un'antica residenza napoleonica con camere arredate secondo lo stile originale e 5 appartamenti con soggiorno e cucina (disponibili anche per brevi periodi). Per gli amanti della buona tavola, c'è anche il ristorante gourmet realizzato nella splendida orangerie con terrazza sul mare.

18 cam ⌷ – ♦70/190 € ♦♦110/200 €

via di Villa Giulia, località San Biagio 40 – ☎ 0721 823159
– www.relaisvillagiulia.com – Aperto Pasqua-5 novembre

sulla strada nazionale Adriatica Sud 78 Sud-Est : 5 km

ⅰ○ Alla Lanterna ⇦ 🛖 🆓 🎋 🐾 🅿

PESCE E FRUTTI DI MARE · ACCOGLIENTE ⅩⅩ In posizione stradale e di certo non delle più romantiche, eppure il ristorante si è garantito da tempo una clientela che viene qui per la qualità del pesce. Sopra, anche la possibilità di pernottare.

Menu 28/52 € – Carta 31/89 €

18 cam ⌷ – ♦50/70 € ♦♦75/100 €

località Metaurilia – ☎ 0721 884748 – www.allalanterna.com
– Chiuso domenica sera e lunedì

343

FARA FILIORUM PETRI

Chieti – ⊠ 66010 – 1 943 ab. – Alt. 227 m – Carta regionale n° **1**-C2
Carta stradale Michelin 563-P24

🍴○ **Casa D'Angelo**   🕸 🏠 & 🔄 **P**

CUCINA REGIONALE · INTIMO ✕✕ La vecchia casa di famiglia, un locale intimo e raffinato cui si aggiunge la sapienza di una gestione dalla lunga esperienza. Piatti del territorio vivacizzati dalla fantasia dello chef.

Menu 36/55 € – Carta 31/67 €

via San Nicola 5 – 𝒞 0871 70296 (consigliata la prenotazione)
– www.casadangelo.it – Chiuso 1°-24 novembre, domenica sera, lunedì e martedì

FARA IN SABINA

Rieti – ⊠ 02032 – 13 742 ab. – Alt. 482 m – Carta regionale n° **7**-B1
Carta stradale Michelin 563-P20

a Coltodino Sud-Ovest : 4 km ⊠ 02030

🏠 **Ille-Roif**   🍽 🦅 ⇐ 🛏 🎋 🐟 🦚 & 🅰🅲 🦚 **P**

FAMILIARE · ORIGINALE Originale, stravagante e colorato, con splendidi spazi anche all'aperto immersi nella quiete della Sabinia! Prima di prenotare, date un'occhiata alla camera che più vi aggrada sul loro sito.

12 cam ⊡ – ♦120/190 € ♦♦190/280 €

via Valle Pisciarello 22, località Talocci, Ovest: 5,5 km – 𝒞 0765 386749
– www.ille-roif.it – Chiuso vacanze di Natale e 7-31 gennaio

FARRA DI SOLIGO

Treviso – ⊠ 31010 – 8 913 ab. – Alt. 163 m – Carta regionale n° **23**-C2
Carta stradale Michelin 562-E18

a Col San Martino Sud-Ovest : 3 km ⊠ 31010

😊 **Locanda da Condo**   🏠 🔄

CUCINA REGIONALE · RUSTICO ✕ Un'antica locanda che una famiglia gestisce da almeno tre generazioni. Diverse sale ricche di fascino tutte accomunate dallo stile tipico di una trattoria e piccola terrazza affacciata sulla graziosa piazza del paese con disponibilità di una decina di coperti esterni per la bella stagione. Cucina veneta, come l'immancabile pasta e fagioli o la faraona con peverada.

Carta 26/47 €

via Fontana 134 – 𝒞 0438 898106 – www.locandadacondo.it – Chiuso 15 giorni in luglio, martedì sera e mercoledì

🍴○ **Locanda Marinelli**   ⇔ 🦅 ⇐ 🏠 & 🅰🅲 **P**

CUCINA MODERNA · INTIMO ✕✕ Nella quiete di una tranquilla frazione tra i vigneti di Prosecco, cucina dallo stile pacatamente moderno a base di ottimi prodotti, sia di terra sia di mare. Bella anche la terrazza panoramica.

Carta 40/66 €

3 cam ⊡ – ♦60 € ♦♦90 €

via Castella 5 – 𝒞 0438 987038 – www.locandamarinelli.it – Chiuso martedì

FASANO DEL GARDA Brescia → Vedere Gardone Riviera

FAVIGNANA Sicilia Trapani → Vedere Egadi (Isole)

FELINO

Parma – ⊠ 43035 – 8 790 ab. – Alt. 185 m – Carta regionale n° **5**-A3
Carta stradale Michelin 562-H12

a Barbiano Sud : 4 km ⊠ 43035

⫮○ **Trattoria Leoni** 🍴 **P**

CUCINA EMILIANA · TRATTORIA ⅄ In una cornice di affascinanti dolci colline, la classica sala propone piatti parmigiani che si aprono a suggestioni di montagna, funghi e cacciagione; imperdibile panorama estivo.

🍴 Menu 15 € (pranzo in settimana)/30 € – Carta 27/51 €

via Ricò 42 – 𝒞 0521 831196 – www.trattorialeoni.it – Chiuso gennaio e lunedì

FELTRE

Belluno – ⊠ 32032 – 20 649 ab. – Alt. 325 m – Carta regionale n° **23**-B2
Carta stradale Michelin 562-D17

🍽 **Aurora ❶** 🄰🄲

CUCINA MODERNA · FAMILIARE ⅄ L'esperienza e la grande professionalità dello chef - unitamente ad una politica dei prezzi molto competitiva - sono gli atout che attirano gli avventori e spesso li fanno ritornarne ancora una volta qui. Tipico menu da trattoria.

🍴 Menu 20 € (pranzo in settimana) – Carta 35/59 €

via Garibaldi 68 – 𝒞 0439 2046 – Chiuso 1 settimana in gennaio, 10 giorni in maggio-giugno, giovedì sera e domenica

⫮○ **Panevin** 🍴 ♿ 🄰🄲 **P**

CUCINA MODERNA · ACCOGLIENTE ⅄⅄ In una frazione verdeggiante, appena fuori Feltre, la sua cucina moderna si è fatta nel tempo sempre più interessante: i sapori del mare sempre in prima linea!

🍴 Menu 20 € (pranzo in settimana) – Carta 40/67 €

via Cart 16, Nord-Est: 3 km – 𝒞 0439 83466 – www.ristorantepanevin.it – Chiuso domenica sera e mercoledì

Un pasto con i fiocchi senza spendere una fortuna? Cercate i Bib Gourmand ⓐ. Vi aiuteranno a trovare le buone tavole che coniugano una cucina di qualità al prezzo giusto!

FERENTILLO

Terni – ⊠ 05034 – 1 913 ab. – Alt. 260 m – Carta regionale n° **20**-C3
Carta stradale Michelin 563-O20

🍽 **Piermarini** 🛋 ♿ 🄰🄲 ↔ **P**

CUCINA REGIONALE · AMBIENTE CLASSICO ⅄⅄ Poco fuori dal centro, giardino, veranda e sale sono l'elegante cornice di una cucina spesso incentrata sul tartufo, sempre sui sapori della tradizione con ingredienti locali ed un'ottima griglia accesa in permanenza. Tra i must del menu: "picchiettini" (pasta tipica) alle erbette e uovo alla coque con tartufo.

Menu 30/45 € – Carta 28/58 €

via Ancaiano 23 – 𝒞 0744 780714 – www.saporipiermarini.it – solo a cena – Chiuso domenica sera e lunedì

🏠 **Abbazia San Pietro in Valle** ✿ 🐾 ≼ 🛋 🎐 🏛 **P**

DIMORA STORICA · ROMANTICO Nel cuore del misticismo umbro, un'esperienza irripetibile all'interno di un'abbazia d'origine longobarda del IX sec. Camere semplici in linea con lo spirito del luogo. Cucina della tradizione al ristorante.

21 cam ⊡ – †105/129 € ††125/169 €

strada statale 209 Valnerina km 20, Nord-Est: 3,5 km – 𝒞 0744 780129 – www.sanpietroinvalle.com – Aperto 1° aprile-28 ottobre

FERIOLO

Verbano-Cusio-Ossola – ✉ 28831 – Alt. 195 m – Carta regionale n° **13**-A1
Carta stradale Michelin 561-E7

⫟○ **Vistaqua**   🛋 🗚

CUCINA MEDITERRANEA · BISTRÒ ⅹ Sul frontelago della piccola e pittoresca località, un bistrot raccolto e moderno dove gustare piatti mediterranei e pizze. Incantevole la terrazza panoramica.

Carta 35/56 €

via Mazzini 11 – ☏ 0323 28568 (consigliata la prenotazione) – www.ristorantevistaqua.it
– Aperto metà marzo-fine ottobre; chiuso lunedì escluso in estate

⌂ **Carillon**   ⟵ 🚲 🝢 🛗 🗚 🛇 🅿

FAMILIARE · ACCOGLIENTE A conduzione familiare con accogliente hall e veranda con vista, tutte le camere si affacciano sul lago, dove c'è anche una deliziosa spiaggetta privata.

32 cam ➯ – ⚥60/150 € ⚥⚥60/150 €

strada nazionale del Sempione 2 – ☏ 0323 28115 – www.hotelcarillon.it – Aperto 25 marzo-20 ottobre

FERMO

(FM) – ✉ 63900 – 37 655 ab. – Alt. 319 m – Carta regionale n° **11**-D2
Carta stradale Michelin 563-M23

sulla strada statale 16-Adriatica

⫟○ **Emilio**   🛋

PESCE E FRUTTI DI MARE · ELEGANTE ⅹⅹⅹ A due passi dal mare, ricette di pesce secondo la tradizione locale, con molte sorprese proposte anche a voce, in un ristorante elegante dove spiccano opere d'arte contemporanea: ritrovo gourmet per cultori del bello.

Menu 80 € – Carta 57/97 €

via Girardi 1, località Casabianca, Nord-Est: 10 km – ☏ 0734 640365
– www.ristoranteemilio.it – solo a cena – Chiuso 23-29 dicembre, 1°-8 settembre e lunedì

Michelin

CI PIACE...

La capacità di raccontare i sapori tipici cittadini da **Noemi**. Il soggiorno alla **Locanda Corte Arcangeli** per respirare l'antica atmosfera della villa di campagna dei Savonarola. Il relax nei giardini fioriti dell'ex riserva di caccia agli **Horti della Fasanara**.

FERRARA

(FE) – ✉ 44121 – 133 155 ab. – Alt. 9 m – Carta regionale n° **5**-C1
Carta stradale Michelin 562-H16

Ristoranti

⑱ Ca' d'Frara   &. AC

CUCINA EMILIANA · FAMILIARE XX Tappa irrinunciabile per chi vuole conoscere la grande cucina locale, il cuoco-patron rende uno straordinario omaggio ai cappelletti in brodo, ragù antico, salama da sugo, pasticcio alla ferrarese, sebbene non manchino anche molti piatti a base di pesce.

Menu 26 € – Carta 28/63 €

Pianta: B2-c – *via del Gambero 4 ✉ 44121 – 𝒞0532 205057 (consigliata la prenotazione) – www.ristorantecadfrara.it – Chiuso mercoledì a mezzogiorno e martedì*

⑪O Cucina Bacilieri ⓝ   &. AC

CUCINA MODERNA · INTIMO XX Pochi tavoli per questo ottimo ristorante del centro, il cui nome è mutuato dal cognome dello chef-patron. Nato nel 2016 sulle ceneri di un noto locale propone i piatti moderni, a volte addirittura creativi, mostrando evidenti legami con la tradizione, come quando, ad esempio, utilizza l'anguilla o cita il pasticcio ferrarese.

Menu 50/75 € – Carta 37/59 €

Pianta: B2-a – *via Terranuova 60 – 𝒞0532 243206 – www.cucinabacilieri.it – Chiuso 1 settimana in gennaio, 2 settimane in agosto, domenica sera e martedì*

⑪O Quel Fantastico Giovedì   ☷ AC

CUCINA MODERNA · ACCOGLIENTE XX Un libro di Steinbeck - scelto casualmente fra tanti - battezzò il ristorante, ma da allora poco fu lasciato al caso: sale moderne ed eleganti, qui troverete i classici ferraresi, sebbene la nomea della cucina sia prevalentemente legata all'ottimo pesce.

⊛ Menu 14 € (pranzo in settimana)/40 € – Carta 28/56 €

Pianta: B2-n – *via Castelnuovo 9 ✉ 44121 – 𝒞0532 760570 (consigliata la prenotazione) – www.quelfantasticogiovedi.com – Chiuso 20-30 gennaio, 27 luglio-17 agosto e mercoledì*

347

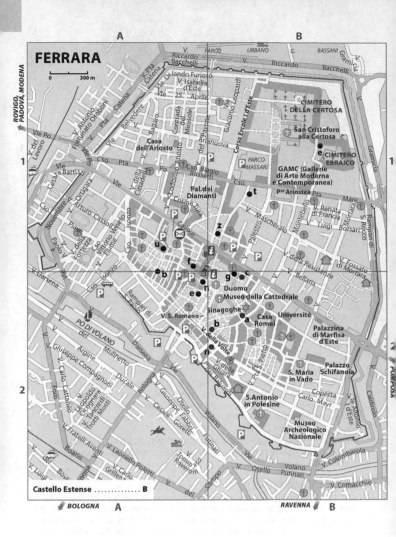

Da Noemi 🅽 🗚🅲

CUCINA EMILIANA · CONVIVIALE ✕ Fu la madre dell'attuale titolare ad aprire, dandole il proprio nome, questa frequentata trattoria in un vicolo medievale del caratteristico centro storico. La tradizione ferrarese viene riproposta con i suoi grandi piatti storici, in primis la salama da sugo ed il pasticcio di maccheroni. Un vero must per conoscere sapori già in auge ai tempi della famiglia d'Este.

Carta 29/55 €

Pianta: B2-b – via Ragno 31/a ✉ 44100 Ferrara
– ☎ 0532 769070 (consigliata la prenotazione la sera) – www.trattoriadanoemi.it
– Chiuso 3 settimane in luglio e martedì

Alberghi

🏨 Annunziata   ⬧ AC ♿

FAMILIARE · MODERNO Dedicato a chi ama stare nel centro storico, ma alloggiare in ambienti moderni, grazie ad arredi sobri, tuttavia vivacemente colorati. Per rendere il soggiorno più esclusivo, prenotate una delle sei camere affacciate sul castello. Per tutti, invece, una partenza al mattino con un'eccellente colazione!
27 cam ⌑ – †94/500 € ††94/500 €
Pianta: A1-f – *piazza Repubblica 5* ✉ *44121* – *☎ 0532 201111* – *www.annunziata.it*

🏨 Carlton   ♨ ⬧ ♿ AC ♿ 🚗

BUSINESS · CENTRALE Albergo nel cuore del centro storico, moderno e dallo stile minimalista, offre ambienti luminosi, camere dai pratici armadi a giorno e pareti dalle tinte pastello. Le più ampie sono nella dépendance dove si trova anche il garage.
58 cam ⌑ – †58/150 € ††77/250 € – 8 suites
Pianta: A1-u – *via Garibaldi 93* ✉ *44121* – *☎ 0532 211130* – *www.hotelcarlton.net*

🏨 De Prati   ⬧ ♿ AC

FAMILIARE · CLASSICO In questa casa centrale, già locanda agli inizi del '900, soggiornavano uomini di cultura e di teatro; oggi è un piccolo, classico hotel familiare che ospita temporanee esposizioni di artisti contemporanei, nonché opere di artigianato.
15 cam ⌑ – †50/95 € ††75/130 € – 1 suite
Pianta: B1-z – *via Padiglioni 5* ✉ *44121* – *☎ 0532 241905* – *www.hoteldeprati.com*
– *Chiuso 21-26 dicembre*

🏨 Nazionale   AC

BOUTIQUE HOTEL · ACCOGLIENTE A due passi dalla Cattedrale e dal castello Estense, non manca certo di personalità questo piccolo boutique hotel, le cui camere di design (ai piani e senza ascensore) sono contraddistinte da nomi d'importanti città italiane.
13 cam ⌑ – †105/200 € ††105/200 €
Pianta: A2-n – *corso Porta Reno 32* ✉ *44121* – *☎ 0532 243596*
– *www.hotelnazionaleferrara.it*

🏨 Horti della Fasanara   ⌇ ⬅ AC 🅿

CASA DI CAMPAGNA · ELEGANTE La campagna in città: all'interno dell'ex riserva di caccia degli Estensi, con un ettaro di bellissimi giardini fioriti, una residenza ottocentesca con camere moderne - bianche e luminose - bagni a vista, cromoterapia. In estate, solo il mercoledì sera, aperitivi modaioli con dj set.
6 cam ⌑ – †90/200 € ††120/300 €
Pianta: B1-e – *via delle Vigne 34* ✉ *44121* – *☎ 338 154 3721*
– *www.hortidellafasanara.com*

🏨 Agriturismo Corte dei Gioghi   ⬅ 🏊 AC 🅿

CASA DI CAMPAGNA · TRADIZIONALE Spaziose, arredate con gusto rustico, le camere sono state ricavate nel vecchio fienile della casa colonica; spazio all'esterno per colazioni estive e gradevole piscina. Ogni sabato sera - solo su prenotazione - una cena degustazione con prodotti esclusivamente a km 0.
7 cam ⌑ – †55/90 € ††75/110 €
via Pellegrina 8, 2 km per Ravenna - B2 ✉ *44124* – *☎ 0532 745049*
– *www.cortedeigioghi.com*

🏨 Alchimia   ⬅ AC 🅿

FAMILIARE · PERSONALIZZATO Al piano terra di un palazzo quattrocentesco, qui troverete non solo un elegante alloggio, ma anche una piccola galleria d'arte contemporanea, raffinate camere e spaziosi bagni.
6 cam ⌑ – †80/90 € ††90/130 €
Pianta: B1-t – *via Borgo dei Leoni 122* ✉ *44121 Ferrara* – *☎ 0532 186 4656*
– *www.alchimiaferrara.it*

🏠 Dolcemela ⬮ 🆑 🚗

FAMILIARE · ACCOGLIENTE In un quartiere caratterizzato da deliziose casette d'epoca, troverete anche una piccola corte-giardino con fontana di Serafini. Camere semplici, ma curate, diverse mansardate con travi a vista.

7 cam ⌘ – ♦60/80 € ♦♦80/110 €

Pianta: A1-2-b – via della Sacca 35 ✉ 44121 – 𝒞 0532 769624 – www.dolcemela.it – Chiuso 8-16 gennaio

🏠 Locanda Borgonuovo ⬮ 🆑 🅿

LOCANDA · REGIONALE In uno dei più antichi bed & breakfast d'Italia, ottima accoglienza e arredi in stile nelle sue camere contraddistinte dal nome delle Imprese delle 4 Contrade - interne alle mura - del Palio di Ferrara. Colazione servita nell'affascinante salotto di casa! E nella città delle biciclette, la locanda non poteva esimersi dal metterne a disposizione alcune.

6 cam ⌘ – ♦45/60 € ♦♦79/100 €

Pianta: B2-g – via Cairoli 29 ✉ 44121 – 𝒞 0532 211100 – www.borgonuovo.com

🏠 Locanda il Bagattino 🔁 🆑 🍽

FAMILIARE · PERSONALIZZATO Al secondo piano di un palazzo a venti metri dalla piazza della cattedrale, l'atmosfera è quella di un'elegante casa privata, ricca d'arredi e con quasi tutte le camere mansardate, più alte o più basse.

6 cam ⌘ – ♦65/80 € ♦♦95/120 €

Pianta: A2-e – corso Porta Reno 24 ✉ 44121 – 𝒞 0532 241887 – www.ilbagattino.it

a Ponte Gradella Est : 3 km per corso Giovecca B2 ✉ 44123

🏠 Locanda Corte Arcangeli 🌿 🧺 🏊 🆑 🅿

CASA DI CAMPAGNA · AGRESTE Antico monastero rinascimentale, divenuta villa di campagna della famiglia Savonarola, la locanda propone ambienti rustico-eleganti e camere impreziosite da mobili d'epoca. Gustosa sintesi di cucina emiliana, umbra (dalla chianina al tartufo nero) e qualche proposta di pesce, il ristorante "Cucina 503" merita sicuramente una tappa.

6 cam ⌘ – ♦60/70 € ♦♦85/95 €

via Pontegradella 503 – 𝒞 0532 705052 – www.locandacortearcangeli.it

a Gaibana Sud: 10 km per Ravenna B2 ✉ 44124

🍴 Trattoria Lanzagallo 🆑 🅿

PESCE E FRUTTI DI MARE · CONVIVIALE 🍴 Non fatevi ingannare dall'ambiente semplice e privo di fronzoli, la Trattoria Lanzagallo è uno dei punti di riferimento in provincia per la qualità del pesce in preparazioni schiette e gustose, suggerite a voce. Qualche consiglio? L'antipasto con pesci e crostacei di giornata al vapore, il rombo in crosta di patate!

Menu 33/45 € – Carta 28/49 €

via Ravenna 1048 – 𝒞 339 525 0195 – www.lanzagallo.it – Chiuso 2 settimane in gennaio, 2 settimane in luglio, 2 settimane in agosto, domenica e lunedì

a Ravalle Ovest: 16 km per Rovigo A1 ✉ 44123

🍴 L'Antico Giardino 🚲 🍽 🆑 🅿

CUCINA MODERNA · CONTESTO CONTEMPORANEO 🍴🍴 Una cucina ricca di spunti fantasiosi, che mostra una predilezione per i sapori della terra, carne, funghi e tartufi particolarmente. Moderna anche l'atmosfera all'interno della villetta, nel centro della località.

Menu 45/55 € – Carta 42/72 €

via Martelli 28 – 𝒞 0532 412587 – www.ristoranteanticogiardino.com – Chiuso 10 giorni in marzo, 25 agosto-7 settembre, e lunedì

FERRAZZE Verona → Vedere San Martino Buon Albergo

FERRO DI CAVALLO Perugia → Vedere Perugia

FETOVAIA Livorno → Vedere Elba (Isola d') : Marina di Campo

FIANO
Torino (TO) - ✉ 10070 - 2 695 ab. - Carta regionale n° **12**-B2
Carta stradale Michelin 561-G4

🏨 **Relais Bella Rosina** ✿ ⑤ ⇔ ⌁ ☉ ⛄ 🆎 🅿

LUSSO · ELEGANTE Non lontano dalla Reggia di Venaria, tranquillo e con ampi spazi esterni, il relais si trova in una residenza sabauda patrimonio mondiale dell'Unesco. L'eleganza delle camere è pari al valore della struttura. Ottimo!

21 cam ⌑ - ♦120/165 € ♦♦140/190 € - 2 suites

via Agnelli 2 - ℰ 011 923 3600 - www.bellarosina.it - Aperto inizio aprile-fine settembre

FIASCHERINO La Spezia → Vedere Lerici

FIDENZA
Parma - ✉ 43036 - 26 770 ab. - Alt. 75 m - Carta regionale n° **5**-A2
Carta stradale Michelin 562-H12

⑱ **Podere San Faustino** ⇔ 🍴 ⛄ 🆎 🅿

CUCINA EMILIANA · CASA DI CAMPAGNA ⅹ Nel cuore della bassa parmense, l'antica cascina riporta alla luce romantici ricordi del tempo che fu; la cucina si adegua volentieri a questo straordinario amarcord, dai tagliolini di soli rossi d'uovo con pasta di salame, pomodorini secchi e cipolla al guancialino di maiale brasato con carpaccio di finocchio marinato all'arancia, per finire con imperdibili dolci, tra cui lo zuccotto di zuppa inglese e salsa vaniglia.

Carta 29/63 €

via San Faustino 33 (strada statale Emilia nord) - ℰ 0524 520184
- www.poderesanfaustino.it - Chiuso 1°-10 gennaio, sabato a mezzogiorno, domenica sera e lunedì

FIERA DI PRIMIERO
Trento - ✉ 38054 - 471 ab. - Alt. 710 m - Carta regionale n° **19**-C2
Carta stradale Michelin 562-D17

⑩ **La Pajara** 🍴 🎿 🅿

CUCINA ITALIANA · AMBIENTE CLASSICO ⅩⅩ Un piacevole ambiente che unisce tradizione e modernità, dove anche la cucina segue questo trend: piatti contemporanei sia di carne sia di pesce e sapori del territorio.

⊛ Menu 23 € (in settimana)/77 € - Carta 30/77 €

via Venezia 28 - ℰ 0439 763171 - www.ristorantecastelpietra.it - solo a cena escluso domenica - Chiuso 18 marzo-16 aprile e 3 novembre-18 dicembre

⑩ **Chalet Piereni** ⇦ ⑤ ≼ 🍴 🎿 🅿

CUCINA REGIONALE · FAMILIARE ⅹ In un contesto naturalistico di grande bellezza, solo il piacere della buona tavola vi sottrarrà dalla piacevolezza dello stare all'aria aperta; i prodotti tipici del territorio concorrono, infatti, alla realizzazione di piatti dal sapore regionale con un occhio di riguardo per i piccoli ospiti.

⊛ Menu 20/40 € - Carta 21/48 €

19 cam ⌑ - ♦45/90 € ♦♦80/120 €

località Piereni, Nord-Est : 8 km - ℰ 0439 62791 - www.chaletpiereni.it - Chiuso 10 gennaio-Pasqua e mercoledì in bassa stagione

🏨 **Tressane** ✿ ⇦ ⛄ ⓦ ⑪ ⅙ ☉ ⅘ 🚗

TRADIZIONALE · STILE MONTANO Il Brunet Resort raggruppa tre realtà distinte formalmente, ma collegate nella realtà: molti i servizi in condivisione come la spa e la nuova sky spa sul tetto dell'Hotel Iris, ampi spazi arredati in stile montano presso Le Gemme dove alcune camere sono dotate di angolo cottura.

37 cam ⌑ - ♦76/87 € ♦♦145/187 € - 7 suites

via Roma 30 - ℰ 0439 762205 - www.brunethotels.it - Chiuso 2-25 maggio

🏠 Castel Pietra   🏔 🛋 🛖 🛗 🔌 ♿ 🚗

TRADIZIONALE · STILE MONTANO Una giovane coppia conduce con passione un albergo carino ed accogliente, completo nella gamma dei servizi offerti: camere linde e ben organizzate, molte delle quali dotate di balconcino.

37 cam 🛏 – †49/139 € ††69/169 € – 6 suites

via Venezia 28 – 𝒞 0439 763171 – www.hotelcastelpietra.it
– Chiuso 18 marzo-16 aprile e 3 novembre-18 dicembre

🍴 **La Pajara** – Vedere selezione ristoranti

FIESOLE

Firenze – ✉ 50014 – 13 969 ab. – Alt. 295 m – Carta regionale n° **18**-D3
Carta stradale Michelin 563-K15

🍴 Il Salviatino 🅽   ← 🛋 🍽 🏊 🅰 🅿

CUCINA MODERNA · ELEGANTE XxX Un locale che sa riproporsi - sempre e comunque - con raffinata eleganza. Tra i libri all'interno, con rilassante vista sul centro di Firenze all'esterno, la linea di cucina, dal 2018, si rilancia con l'arrivo di un nuovo chef: piatti creativi, esteticamente invitanti, sia a base di pesce sia di carne.

Menu 65/90 € – Carta 85/130 €

Hotel Salviatino, via del Salviatino 21 – 𝒞 055 904 1111 (consigliata la prenotazione)
– www.salviatino.com – Aperto 15 aprile-3 novembre

🏠 Belmond Villa San Michele   🐎 🏊 ← 🛋 🏊 🛖 🅰 🛁 🅿

DIMORA STORICA · GRAN LUSSO Se sentite nostalgia di *Florentia*, in 10 minuti una navetta gratuita vi condurrà nel cuore della città. Altrimenti, godetevi la tranquillità e la maestosa vista di questa raffinata dimora del '400 immersa nel verde, la cui facciata è attribuita al più grande maestro italiano: Michelangelo.

39 cam 🛏 – †580 € ††890/1050 € – 6 suites

via Doccia 4 – 𝒞 055 567 8200 – www.belmond.com
– Aperto 1° aprile-30 novembre

🏠 Il Salviatino   🏊 ← 🛋 🍽 🛖 🔌 🅰 🅿

GRAN LUSSO · STORICO Il lusso non contraddistingue solo gli spazi di questa villa cinquecentesca, con parco e vista panoramica sulla città, ma si esprime anche attraverso una formula di service ambassador: un referente a cui ogni cliente può rivolgersi 24h su 24h. Preparatevi: un soggiorno da sogno vi attende.

44 cam 🛏 – †300/1000 € ††350/1100 € – 8 suites

via del Salviatino 21 – 𝒞 055 904 1111 – www.salviatino.com – Aperto
15 aprile-3 novembre

🍴 **Il Salviatino** – Vedere selezione ristoranti

🏠 Villa dei Bosconi   🐎 🛋 🏊 🔌 🅰 🛁 🅿

FAMILIARE · ACCOGLIENTE Tranquillo e accogliente albergo, condotto con professionalità, dispone di ottimi spazi all'aperto, camere di taglio moderno e una bella piscina con solarium recentemente inaugurata.

21 cam 🛏 – †69/170 € ††79/190 €

via Francesco Ferrucci 51, Nord: 1,5 km – 𝒞 055 59578 – www.villadeibosconi.it
– Aperto 15 marzo-15 novembre

🏠 Pensione Bencistà   🐎 ← 🛋 🍽 🔌 🅿

DIMORA STORICA · VINTAGE Sulle pendici dei colli fiesolani, Firenze da questa villa trecentesca pare una cartolina. All'interno troverete un'eleganza piacevolmente retrò, a volte datata, ma ricca di fascino per chi sa apprezzare il romanticismo del tempo che fu.

41 cam 🛏 – †69/110 € ††100/180 € – 2 suites

via Benedetto da Maiano 4 – 𝒞 055 59163 – www.bencista.com – Aperto
15 marzo-15 novembre

FIGHINE Siena (SI) → Vedere San Casciano dei Bagni

FILANDARI
Vibo Valentia – ⊠ 89841 – 1 853 ab. – Alt. 486 m – Carta regionale n° **3**-A2
Carta stradale Michelin 564-L30

a Mesiano Nord-Ovest : 3 km ⊠ 89851 – Filandari

⑬ **Frammichè** 🛱 🅿

CUCINA CALABRESE · RUSTICO ⅩⅩ In aperta campagna, al termine di una strada sterrata, questo piccolo casolare è una piacevole sorpresa. Il pergolato esterno per il servizio estivo, così come la saletta dal monumentale camino, accolgono una cucina casalinga dalle porzioni generose. Specialità: trofiette con fiori di zucca, pinoli e zenzero.

🍴 Menu 25/35 € – Carta 27/45 €

contrada Ceraso – ☏ 338 870 7476 – solo a cena – Chiuso domenica in estate, domenica sera e lunedì negli altri mesi

FILICUDI Sicilia Messina → Vedere Eolie (Isole)

FINALBORGO Savona (SV) → Vedere Finale Ligure

FINALE EMILIA
Modena – ⊠ 41034 – 15 699 ab. – Alt. 15 m – Carta regionale n° **5**-C2
Carta stradale Michelin 562-H15

⑬ **Osteria la Fefa** 🕸 🛱 🅰🅲

CUCINA REGIONALE · FAMILIARE ⅩⅩ In un edificio del Seicento, trattoria già nel Settecento, l'abile cuoca-proprietaria continua la sua strenua difesa della cucina emiliana, all'insegna, tra l'altro, di gnocco fritto e ottimi salumi, nonché ottime paste fresche. Suggestioni dal menu: cappellacci di zucca con salvia, mandorle e amaretti - coscia d'anatra confit con salsa al lambrusco e uva - torta di tagliatelle.

Menu 38 € – Carta 32/56 €

via Trento-Trieste 9/C – ☏ 0535 780202 (consigliata la prenotazione) – www.osterialafefa.it – Chiuso 3 settimane in gennaio, 3 settimane in agosto e martedì

🍴🔘 **Entrà** 🆕 🛱 🕭 🍸 🅿

CUCINA DEL TERRITORIO · CONTESTO TRADIZIONALE Ⅹ Due fratelli mantengono vivo questo luogo dove - sin dall'inizio del secolo scorso - si è sempre cucinato; forse in virtù di questo ricordo, ma anche nel rispetto di una terra ricchissima di tradizioni gastronomiche, qui si propongono specialità regionali senza alcuna rivisitazione: paste fresche tirate al mattarello, salumi e tra le carni (assolutamente da assaggiare!) la faraona. In cantina, oltre ad una bella selezione del territorio, anche alcune preziose soprese.

Carta 28/45 €

via Salde Entrà 60, località Entrà, Ovest: 10,5 km – ☏ 0535 97105 – solo a cena escluso i giorni festivi – Chiuso 14-20 gennaio, 19-31 agosto, domenica sera, lunedì e martedì

FINALE LIGURE
Savona – ⊠ 17024 – 11 711 ab. – Carta regionale n° **8**-B2
Carta stradale Michelin 561-J7

🍴🔘 **L'Armatore** ⇦ 🛱 🅰🅲

CUCINA MODERNA · ACCOGLIENTE ⅩⅩ Tra i vicoli del centro, un ristorante davvero accogliente che vede ai fornelli uno chef di esperienza: nel piatto troverete, infatti, la versione moderna del miglior pescato della regione. Attorno, l'accoglienza del Marina Hotel Charming Rooms, stessi ambienti marinaro-contemporanei ed ottimo confort.

Menu 38/70 € – Carta 50/92 €

13 cam ⌸ – †180/200 € ††180/200 €

via Anton Giulio Barrili 22 – ☏ 019 692561 – www.hotelmarinafinale.it – solo a cena in estate (escluso domenica) – Chiuso novembre, febbraio, lunedì, martedì e mercoledì escluso in estate

⊯○ Rosita ⇦ 🦮 🏠 🅿

LIGURE · RUSTICO ※ Stile rustico, ma soprattutto una bella terrazza affacciata sul mare e sulla costa, che vi ripaga di un tratto di strada un po' stretto e tortuoso, necessario a raggiungere il locale. Curata direttamente dai titolari, la cucina è squisitamente all'insegna del territorio.

Carta 33/54 €

10 cam – ♦60/120 € ♦♦80/130 € – 1 suite – ⌱ 10 €

via Mànie 67, Nord-Est: 3 km – ☎ 019 602437 (consigliata la prenotazione) – www.hotelrosita.it – solo a cena – Chiuso 19 novembre-22 dicembre e 20 febbraio-1° marzo

🏨 Punta Est ✿ ≤ 🦮 ⍐ ⊞ 🆎 🕭 🅿

DIMORA STORICA · PERSONALIZZATO Antica dimora settecentesca in un parco ombreggiato da pini secolari e da palme; tutti da scoprire i deliziosi spazi esterni, tra cui una caverna naturale con stalagmiti. Elegante sala da pranzo: soffitti a travi lignee, archi, camino centrale, dehors panoramico.

34 cam ⌱ – ♦110/220 € ♦♦190/320 € – 2 suites

via Aurelia 1 – ☎ 019 600611 – www.puntaest.com – Aperto 21 aprile-19 ottobre

🏨 San Pietro Palace Hotel ✿ ≤ ⊞ 🕭 🆎 🕭 🅿

LUSSO · PERSONALIZZATO Sul lungomare, grazioso hotel che si propone con spazi comuni moderni e minimalisti di piccole dimensioni: il fascino e il confort sono concentrati nelle armoniose camere. Ambiente giovane e al passo coi tempi al ristorante Sottosale che propone la cucina regionale con modernità; in estate c'è un bel dehors sul viale del lungomare.

30 cam ⌱ – ♦110/230 € ♦♦130/280 € – 1 suite

via San Pietro 9 – ☎ 019 604 9156 – www.hotelsanpietropalace.it

a Finalborgo Nord-Ovest : 2 km ⊠ 17024

⊯○ Ai Torchi

PESCE E FRUTTI DI MARE · CONTESTO STORICO ※※ Antico frantoio in un palazzo del centro storico - e come non bastasse - di un grazioso borgo medievale: in sala sono ancora presenti la macina in pietra e il torchio in legno. Bella atmosfera, servizio curato e gustosa cucina marinara mentre l'esperienza si completa col negozio di oggettistica per la casa ed anche col bistrot.

Menu 38 € – Carta 40/76 €

via dell'Annunziata 12 – ☎ 019 690531 – www.ristoranteaitorchi.com – Chiuso 7 gennaio-10 febbraio e martedì

FIORENZUOLA D'ARDA

Piacenza – ⊠ 29017 – 15 297 ab. – Alt. 80 m – Carta regionale n° **5**-A2
Carta stradale Michelin 562-H11

⊯○ Mathis ⇦ 🆎 🅿

CUCINA EMILIANA · CONVIVIALE ※ Piacevole atmosfera retrò con oggetti d'altri tempi a far da contorno alle specialità piacentine. Moto e macchine d'epoca in cantina. Originale, come il suo nome!

Carta 24/46 €

16 cam ⌱ – ♦50/90 € ♦♦50/100 €

via Matteotti 68 – ☎ 0523 982850 – www.mathis.it – Chiuso 1 settimana in Ferragosto e domenica

CI PIACE...

La poliedricità culinaria di Peter Brunel: al gourmet **Borgo San Jacopo**, al modaiolo **The Fusion Bar & Restaurant**, al friendly **Caffè dell'Oro**. Il brunch della domenica al **Four Seasons**. Lo stiloso richiamo anni '50 del **Grand Hotel Minerva**. I dettagli storici del **Relais Santa Croce**.

FIRENZE

(FI) – ✉ 50122 – 382 808 ab. – Alt. 50 m – Carta regionale n° **18**-D3
Carta stradale Michelin 563-K15

Ristoranti

✿✿✿ **Enoteca Pinchiorri** (Annie Féolde)   ఉ 🏠 🅰🅒 ⇦

CUCINA MODERNA · **LUSSO** XxXxX Celebre in tutto il mondo è il tre stelle che rende lustro alla città del Giglio! Tra i pochi locali realmente internazionali del Paese, la cucina di madame Féolde è sostanzialmente italiana in bilico tra classico e moderno, sebbene da qualche tempo a questa parte - in fondo al menu – vi sia un omaggio di ringraziamento alla Francia (per l'assegnazione della Légion d'Honneur) con tre piatti tipici della loro tradizione.

Si gioca molto sul sicuro: materie prime ottime, cotture perfette, presentazioni accattivanti e, ultimo ma non ultimo, porzioni generose. Il servizio è pronto ad incontrare e prevedere ogni desiderio, mettendo a proprio agio l'ospite.

Leggendaria, infine, l'ampia carta dei vini che non necessita di citarli - per forza - tutti, bensì solo le etichette veramente significative (e sono tante!) del mondo intero.

→ Scampi al vapore con agrumi, gazpacho con barbabietola e caviale. Risotto al succo di peperoni arrosto, midollo e capperi fritti. Piccione in crosta di fave di cacao e sale, chutney di mango, carota alla paprika.

Menu 150/275 € – Carta 180/340 €

Pianta: C2-x – *via Ghibellina 87 ✉ 50122 – ℰ 055 242777 (consigliata la prenotazione) – www.enotecapinchiorri.com – solo a cena – Chiuso 1 settimana a Natale, 3 settimane in agosto, domenica e lunedì*

✿ **Il Palagio**   ఉ 🛏 🏠 ᇰ 🅰🅒 🍽

CUCINA MODERNA · **CONTESTO STORICO** XxxX Lo sfarzo di uno dei palazzi più eclatanti di Firenze si rinnova in uno stile più agile e contemporaneo, al pari della cucina, tesa verso la reinterpretazione della tradizione italiana in piatti elaborati e gustosi.

→ Cavatelli cacio e pepe con gamberi rossi marinati e calamaretti spillo. Piccione al vin santo cotto in vescica, con frutta caramellata al timo. Acquerello: cremoso leggero di limoni, bavarese ai lamponi su biscotto friabile al burro.

Menu 135 € – Carta 107/240 €

Pianta: D2-a – *Four Seasons Hotel Firenze, borgo Pinti 99 ✉ 50121 – ℰ 055 262 6450 – www.ilpalagioristorante.it – solo a cena – Chiuso 15 gennaio-13 febbraio e domenica sera dal 1° novembre al 30 marzo*

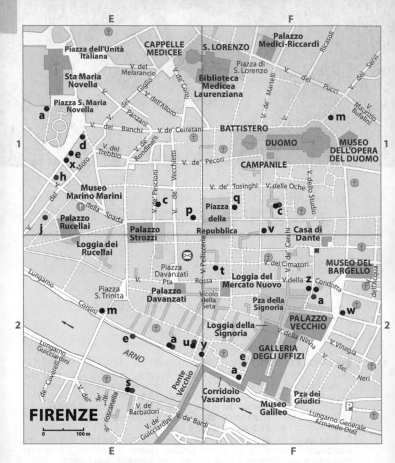

☆ Winter Garden by Caino

CUCINA MODERNA · LUSSO XxxX Un tempo vi entravano le carrozze, oggi l'antica e ampia corte del St. Regis, trasformata in signorile giardino d'inverno con anche divani e poltrone per il cocktail bar, ospita l'eccellente cucina maremmana di Valeria Piccini, abile cuoca capace come pochi di creare equilibrio tra sapore e finezza.

→ Tagliolini al nero di seppia con scampi e zafferano. Il gioco del galletto. Zuppetta di fragole con gelato al lampone e peperone, yogurt e arancia candita.

Menu 115 € – Carta 75/132 €

Pianta: B2-a – *Hotel The St. Regis Florence, piazza Ognissanti 1 – ℰ 055 2716 (consigliata la prenotazione) - www.stregisflorence.com – solo a cena*

☆ Borgo San Jacopo

CUCINA MODERNA · ROMANTICO XxX All'interno di uno dei più suggestivi alberghi della città, il ristorante ne condivide tutto: lo stile raffinato ed esclusivo. La cucina – una sorta di "palestra" creativa dello chef - sorprende per originalità e fantasia; il privilegio aggiunto a tanta qualità, è prenotare uno dei pochi romantici tavoli sul balcone davanti all'Arno.

→ Spaghetto di patata. Maialino e scampo. Dama fiorentina.

Menu 115/140 € – Carta 89/136 €

Pianta: E2-s – *Hotel Lungarno, borgo San Jacopo 62/R ✉ 50125 – ℰ 055 281661 - www.lungarnocollection.com – solo a cena*

✿ La Leggenda dei Frati (Filippo Saporito)   🎍 ⌔ 🅿

CUCINA CREATIVA · CONTESTO STORICO 🟊🟊🟊 S'inizia bene e si continua meglio... Dopo una salita vertiginosa per chi lo raggiunge a piedi, varcata la soglia del bellissimo complesso museale di Villa Bardini (non lontano da Palazzo Vecchio), vi attende un'atmosfera elegante ed accogliente, mentre la cucina riesce a stupirvi con sapori creativi e moderni, sicuramente convincenti. Una vera e propria esperienza multisensoriale!

→ Spaghetti di farro integrale alla chitarra con ragù di radici, mandorle e pesto alle erbe selvatiche. Gambero rosso di Mazara del Vallo, oliva, nocciola, limone candito, spuma di patate e uova di salmone. 100% cioccolata.

Menu 95/120 € – Carta 69/120 €

Pianta: C3-a – Costa San Giorgio 6/a ✉ 50122 – ☏ 055 068 0545 (consigliata la prenotazione) – www.laleggendadeifrati.it – Chiuso 1 settimana in agosto, martedì a mezzogiorno e lunedì

✿ Ora D'Aria (Marco Stabile)   🐾 🆔 ⌁

CUCINA MODERNA · ELEGANTE 🟊🟊🟊 Dietro gli Uffizi, una saletta interrata ad uso serale o come privé, cinta da mura di origine romana; al pian terreno la sala-salotto principale che si specchia nella cucina a vista permette un ideale dialogo tra i clienti e il personale ai fornelli. Tradizione e modernità sono le regine incontrastate della tavola, ma si parte - in ogni caso - da prodotti toscani.

→ "Ultrapappa" al pomodoro con gelato al basilico. Piccione al forno con cibreo (tipicità toscana a base di interiora) e foie gras. Olio dolce.

Menu 35 € (pranzo)/150 € – Carta 81/125 €

Pianta: F2-e – via dei Georgofili 11r ✉ 50122 – ☏ 055 200 1699 (consigliata la prenotazione) – www.oradariaristorante.com – Chiuso 21 gennaio-11 febbraio, 12-25 agosto, lunedì a mezzogiorno e domenica

✿ La Bottega del Buon Caffè   🐾 🎍 🆔

CUCINA CREATIVA · CONTESTO CONTEMPORANEO 🟊🟊 Sul Lungarno, atmosfera urban chic, ma anche stile fiorentino, in un elegante locale con grazioso dehors e cucina rigorosamente a vista. Piatti incentrati su materie prime di grande qualità - senza limiti di territorialità e tradizione - trattate con intelligenza e rispetto in un twist creativo, ragionato e spontaneo. Bella carta dei vini con oltre 1000 etichette!

→ Taglierini ai calamaretti, salvia e peperoncino. Piccione: petto, coscia glassata al Porto, pralina di fegatini, quinoa, anacardi e spinaci. Cremoso al gianduja, cacao e frutto della passione.

Menu 80 € (pranzo in settimana)/145 € – Carta 105/165 €

Pianta: C3-b – lungarno Benvenuto Cellini, 63/r ✉ 50122 – ☏ 055 553 5677 – www.borgointhecity.com – Chiuso lunedì a mezzogiorno e domenica

⊛ Da Burde   🆔

CUCINA REGIONALE · CONVIVIALE 🟊 Nato agli inizi del secolo scorso come bottega di alimentari e trattoria, è un locale storico lontano dai soliti circuiti turistici. I due fratelli che attualmente lo gestiscono hanno lasciato tutto com'era in origine: salumi in vendita, banco bar con tabacchi e sul retro una saletta familiare dove gustare la vera cucina toscana come la farinata al cavolo nero, pici al ragù di chianina, fegatelli o la schiacciata con l'uva. Buona propensione ai vini, a sorpresa anche sugli champagne.

Carta 23/45 €

via Pistoiese 154 ✉ 50122 – ☏ 055 317206 – www.burde.it – solo a pranzo escluso venerdì – Chiuso 10-24 agosto ed i giorni festivi

⊛ Il Latini   🆔

CUCINA TOSCANA · DI QUARTIERE 🟊 Fiaschi di vino alle pareti (accanto, per par condicio, a qualche bottiglia "griffata"), prosciutti appesi al soffitto, servizio schietto ed informale, sale e salette sempre strapiene ed a volte rumorose. Una tradizione secolare: è la trattoria cittadina per eccellenza che celebra la cucina toscana... ribollita, zuppa di farro, grandi arrosti e, per finire, tiramisù.

Carta 29/79 €

Pianta: G1-j – via dei Palchetti 6 r ✉ 50123 – ☏ 055 210916 – www.illatini.com – Chiuso 25 dicembre, 1° gennaio, 1°-15 agosto e lunedì

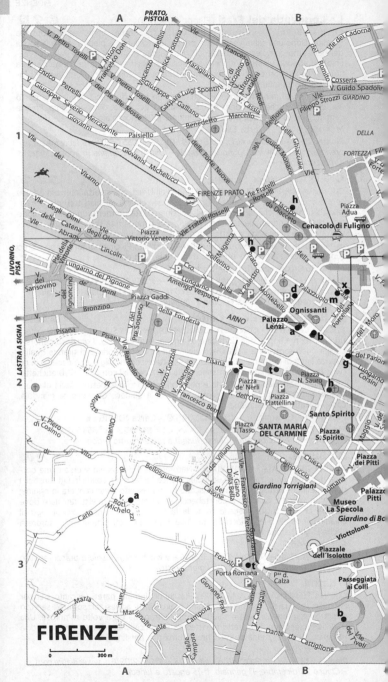

FIRENZE

0   300 m

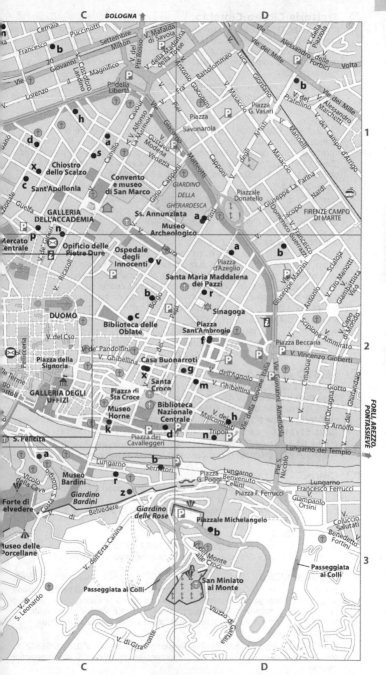

(※) Trattoria Cibrèo-Cibreino   [A/C]

CUCINA DEL TERRITORIO · CONTESTO TRADIZIONALE ※ Nella trattoria troverete l'anima più popolare dell'adiacente ristorante Cibreo, un ambiente semplice e piacevolmente conviviale che non riceve prenotazioni, ma dispensa la stessa gustosa cucina: ribollita, polpettone di vitella, torta al cioccolato tra i classici più richiesti.
Carta 30/37 €
Pianta: D2-f – *via dei Macci 122/r* ✉ *50122* – ☎ *055 234 1100*
– *www.edizioniteatrodelsalecibreofirenze.it* – *Chiuso 1°-7 gennaio, agosto e lunedì*

(※) Zeb   [&] [A/C]

CUCINA DEL MERCATO · CONVIVIALE ※ Nel delizioso quartiere di San Niccolò, l'antica gastronomia si è trasformata in un originale ristorantino familiare: seduti intorno al banco centrale, come in un sushi bar, si mangia gomito a gomito scegliendo piatti gustosamente casarecci, proposti a voce, come le tagliatelle al cinghiale, le trippe, il peposo, la torta con le mele al Calvados.
Carta 34/44 €
Pianta: C3-z – *via San Miniato 2r* ✉ *50122* – ☎ *055 234 2864*
– *www.zebgastronomia.com* – *Chiuso 16-31 agosto, mercoledì e le sere di domenica, lunedì e martedì escluso aprile-ottobre*

⇑○ Santa Elisabetta   [A/C] [%]

CUCINA CREATIVA · ELEGANTE ※※※ La torre della Pagliazza, probabilmente di origini bizantine, ebbe tante destinazioni; nel dodicesimo secolo fu anche carcere femminile, ma oggi custodisce uno dei più promettenti ristoranti gourmet della città. Cuoco campano, la carta è improntata ad una cucina con evidenti e volute citazioni mediterranee, non priva tuttavia di fantasia ed elaborazione che si concretizzano in belle presentazioni. Tutto, per soli sette tavoli: prenotate subito!
Menu 74/124 € – Carta 67/107 €
Pianta: F1-c – *Hotel Brunelleschi, piazza Santa Elisabetta 3* ✉ *50122*
– ☎ *055 27370 (consigliata la prenotazione)* – *www.hotelbrunelleschi.it* – *solo a cena* – *Chiuso agosto, domenica e lunedì*

⇑○ SE.STO on Arno   [☂] [A/C] [%] [⇔]

CUCINA CREATIVA · CHIC ※※※ Al sesto piano dell'albergo Excelsior di cui è il gradito vezzo moderno e di design, se anche d'inverno la vista è mozzafiato attraverso le ampie vetrate, nella bella stagione in terrazza vi sembrerà di volare su Firenze. La cucina proposta è creativa e - al tempo stesso - generosa di sapore.
Carta 56/145 € – carta semplice a pranzo
Pianta: B2-b – *Hotel The Westin Excelsior, piazza Ognissanti 3* ✉ *50123*
– ☎ *055 27151 (consigliata la prenotazione)* – *www.westinflorence.com*

⇑○ Cibrèo   [⊛] [&] [A/C] [⇔]

CUCINA TOSCANA · VINTAGE ※※※ Un'elegante sala - quasi un salotto privato - ed un servizio piacevolmente cordiale e amichevole sono il contorno di una cucina che punta su grandi sapori, seguendo una carrellata di piatti ormai storici. Un'istituzione a Firenze.
Carta 77/120 €
Pianta: D2-f – *via A. Del Verrocchio 8/r* ✉ *50122* – ☎ *055 234 1100*
– *www.cibreo.com* – *Chiuso 1 settimana in gennaio, agosto e lunedì*

⇑○ Caffè dell'Oro   [⊛] [A/C]

CUCINA ITALIANA · ROMANTICO ※※ Cucina toscana e - più ampiamente - italiana, ingentilita ed alleggerita, accompagnata da una buona selezione di vini, anche al bicchiere, in un ristorante dalla superba vista su Ponte Vecchio. L'ambiente è al tempo stesso vintage ed elegante: in stile con il vicino, splendido albergo.
Carta 57/85 €
Pianta: E2-a – *Hotel Portrait Firenze, lungarno Acciaiuoli 4* – ☎ *055 2726 8912 (consigliata la prenotazione)* – *www.lungarnocollection.com* – *Chiuso domenica in inverno*

A tavola con i grandi chef.

Lavazza è il caffè dei migliori ristoranti italiani e internazionali.

LAVAZZA

TORINO, ITALIA, 1895

⭐️○ Gucci Osteria da Massimo Bottura 🅝   🄰🄲

CUCINA MODERNA · CHIC ✕✕ La cucina dell'istrionico chef Massimo Bottura raggiunge il centro di Firenze e si apre al mondo, con belle citazioni e rielaborazioni di ricette di altri paesi, ma mai dimentica dell'Italia e di Modena in particolare; vivamente consigliata la visita – ai piani superiori – del Gucci Garden, raffinato museo dedicato alla celebre casa di moda.

Menu 70 € – Carta 55/95 €

Pianta: F2-a – *piazza della Signoria 10* ✉ *50122* – ✆ *055 7592 7038 (prenotazione obbligatoria)* – *www.gucci.com*

⭐️○ Baccarossa   🄰🄲

CUCINA MEDITERRANEA · ALLA MODA ✕✕ Tavoli in legno, vivaci colori ed eleganza in questa enoteca bistrot che propone una gustosa cucina mediterranea: paste fatte in casa, specialità di pesce e qualche piatto a base di carne.

Menu 55/70 € – Carta 36/85 €

Pianta: D2-f – *via Ghibellina 46/r* ✉ *50122* – ✆ *055 240620 (consigliata la prenotazione)* – *www.baccarossa.it* – *solo a cena* – *Chiuso domenica*

⭐️○ Buca Mario   🄰🄲 ⇦⇨

CUCINA TOSCANA · CONTESTO TRADIZIONALE ✕✕ Dal 1886 un baluardo della tradizione cittadina: sempre frequentatissimo, vi troverete una rara cortesia e affabilità, nonché un'ottima bistecca alla fiorentina, vero piatto culto della Buca. A quel punto sarete conquistati e perdonerete con indulgenza il rumore che talvolta fa da contorno.

Carta 40/118 €

Pianta: E1-h – *piazza Degli Ottaviani 16 r* ✉ *50123* – ✆ *055 214179*
– *www.bucamario.it* – *solo a cena* – *Chiuso 25 febbraio-6 marzo e 10-20 agosto*

⭐️○ Essenziale   ♿ 🄰🄲

CUCINA MODERNA · MINIMALISTA ✕✕ Come suggerisce il nome, si tratta di un locale giovane ed essenziale nell'aspetto, ma dalla grande cortesia nell'accoglienza, nonché servizio. Simpatica l'idea delle posate nel cassetto del tavolo che rimandano a realtà casalinghe di altri tempi. E i piatti? Un avvicendarsi di sorprese!

Menu 55/80 € – Carta 54/76 €

Pianta: D2-t – *piazza di Cestello 3R* ✉ *50124* – ✆ *055 247 6956*
– *www.essenziale.me* – *solo a cena escluso domenica (escluso in agosto)*
– *Chiuso 1 settimana in febbraio, 1 settimana in agosto e lunedì*

⭐️○ The Fusion Bar & Restaurant   ♿ 🄰🄲

FUSION · DI TENDENZA ✕✕ Locale decisamente modaiolo all'interno di un bell'albergo centrale: un bar-ristorante dagli elaborati cocktail, suggeriti più del vino in abbinamento al cibo. La carta elenca, invece, un bel mix di piatti nikkei (fusion nippo-peruviani) e cucina fusion giappo-moderna.

Menu 50 € – Carta 31/68 €

Pianta: E2-u – *Gallery Hotel Art, vicolo dell'Oro 5* ✉ *50123* – ✆ *055 2726 6987*
– *www.lungarnocollection.com* – *solo a cena*

⭐️○ Il Borro Tuscan Bistro   🍴 ♿ 🄰🄲

CUCINA DEL TERRITORIO · BISTRÒ ✕ Ristorante, wine-bar e negozio: uno spazio poliedrico dove gustare i più tradizionali sapori toscani a due passi dall'Arno. Ambiente moderno ed informale.

Carta 30/62 €

Pianta: E2-e – *lungarno Acciaiuoli 80r* ✉ *50122* – ✆ *055 290423*
– *www.ilborrotuscanbistro.it* – *Chiuso 21 gennaio-12 febbraio e lunedì escluso in aprile-ottobre*

⭐️○ Del Fagioli   🄰🄲 🥡

CUCINA TOSCANA · TRATTORIA ✕ Trattoria popolare con tutti i crismi del genere: cucina a vista all'ingresso, atmosfera chiassosa ed informale, piatti toscani con gran scelta di carni, anche alla griglia. Turisti, fiorentini e tanta convivialità si ritrovano qui.

Carta 28/57 €

Pianta: C2-k – *corso Tintori 47 r* ✉ *50122* – ✆ *055 244285* – *Chiuso agosto, sabato e domenica*

ⅱ◯ Io Osteria Personale   🔊 AC

CUCINA CREATIVA · BISTRÒ ⅹ Sala di grande semplicità con mattoni e travi a vista, tavoli affiancati, praticamente nient'altro; tutto è concentrato sulla cucina, creativa e personalizzata, per chi vuole sfuggire ai cliché della tradizione fiorentina da trattoria.

Menu 40/57 € – Carta 37/63 €

Pianta: B2-s – *Borgo San Frediano 167r* ⊠ *50124 Firenze –* ℰ *055 933 1341 (consigliata la prenotazione) – www.io-osteriapersonale.it – solo a cena – Chiuso 3 settimane in gennaio-febbraio, 3 settimane in agosto e domenica*

ⅱ◯ Il Santo Bevitore   ⇔

CUCINA TOSCANA · RUSTICO ⅹ Rustico e conviviale, a pranzo la proposta è semplice e ristretta. Di sera, il locale si anima e la cucina dà il meglio di sé con piatti della tradizione e proposte più creative.

Carta 35/60 €

Pianta: B2-h – *via Santo Spirito 64/66 r* ⊠ *50125 –* ℰ *055 211264 – www.ilsantobevitore.com – Chiuso 10-20 agosto*

Alberghi

🏨 Four Seasons Hotel Firenze   🌿 🍴 🏊 🕙 🏋 ⅙ ⬚ & AC 🛎

DIMORA STORICA · GRAN LUSSO Le austere mura di un palazzo quattrocentesco celano il più grande parco privato della città: camere sontuose, arredi classici, luminose corti riparate da lucernai per un soggiorno esclusivo. La Villa ex convento del XV secolo è preferita, invece, da chi predilige privacy e tranquillità. Gustosa carrellata sui piatti toscani e nazionali Al Fresco; pizza e grigliate estive in giardino.

116 cam – ♦350/1600 € ♦♦350/1600 € – 20 suites – 🍽 47 €

Pianta: D2-a – *borgo Pinti 99* ⊠ *50121 –* ℰ *055 26261 – www.fourseasons.com/florence*

❀ **Il Palagio** – Vedere selezione ristoranti

🏨 The St. Regis Florence   🌿 🕙 🏋 ⬚ & AC 🛎

DIMORA STORICA · GRAN LUSSO Raffinato palazzo fiorentino, originariamente progettato da Brunelleschi, gli interni risplendono per ricercatezza e buon gusto, le camere - alcune con vista sull'Arno - reinterpretano lo stile tradizionale toscano concentrandosi alle volte, nelle camere più interessanti, sui Medici o sul rinascimento come periodo artistico oppure sullo stile locale nei tessuti e colori.

83 cam 🍽 – ♦400/600 € ♦♦500/700 € – 17 suites

Pianta: B2-a – *piazza Ognissanti 1* ⊠ *50123 –* ℰ *055 27163 – www.stregisflorence.com*

❀ **Winter Garden by Caino** – Vedere selezione ristoranti

🏨 The Westin Excelsior   🏋 ⬚ & AC 🛎

GRAN LUSSO · CLASSICO In un imponente palazzo con origine rinascimentale ed affacciato sull'Arno e su una graziosa piazzetta, l'Excelsior offre la più classica atmosfera da grande albergo lussuoso, ideale per chi preferisce essere coccolato dal lusso più tradizionale con tutti i confort della contemporaneità.

171 cam – ♦730/1130 € ♦♦980/1210 € – 16 suites – 🍽 45 €

Pianta: B2-b – *piazza Ognissanti 3* ⊠ *50123 –* ℰ *055 27151 – www.westinflorence.com*

ⅱ◯ **SE.STO on Arno** – Vedere selezione ristoranti

🏨 Brunelleschi   🌿 🏖 🍴 🏋 ⬚ & AC 🛎

BOUTIQUE HOTEL · CENTRALE Edificio appartenente anche al grandissimo artista Brunelleschi, da cui mutua il nome, nella bizantina Torre della Pagliazza troverete camere molto accoglienti (all'ultimo piano la strepitosa Tower Suite) e nelle fondamenta un piccolo museo con rovine d'epoca romana: un hotel davvero particolare che racconta la stratificazione storica del centro. Contrapposto al ristorante gourmet Santa Elisabetta, l'elegante bistrot Osteria della Pagliazza.

82 cam 🍽 – ♦274/864 € ♦♦299/919 € – 14 suites

Pianta: F1-c – *piazza Santa Elisabetta 3* ⊠ *50122 –* ℰ *055 27370 – www.hotelbrunelleschi.it*

ⅱ◯ **Santa Elisabetta** – Vedere selezione ristoranti

🏨 Portrait Firenze ⧀ ⊟ 🔌 🏧

GRAN LUSSO · VINTAGE Lussuoso, elegante, originale. Un hotel di grande impatto composto esclusivamente da suite di varie metrature, ma tutte accomunate da accessori di ultimissima generazione. Il "portrait" promesso nel nome è quello del cliente, sui cui desideri e interessi verrà disegnato il soggiorno. Uno dei fiori all'occhiello dell'ospitalità fiorentina.

30 suites – ♥♥520/950 € – 7 cam – ⊠ 38 €

Pianta: E2-a – *lungarno Acciaiuoli 4* ⊠ *50123* – *℘ 055 2726 8000*
– *www.lungarnocollection.com*

🍴○ Caffè dell'Oro – Vedere selezione ristoranti

🏨 Regency ⧀ 🚃 ⊟ 🏧 🛗 🚗

BOUTIQUE HOTEL · CLASSICO Affacciato su una delle più eleganti piazze-giardino di Firenze, il palazzo ottocentesco offre lusso e classicità di arredi per chi non ama il design contemporaneo e preferisce essere rassicurato da uno stile intramontabile.

29 cam ⊠ – ♥220/400 € ♥♥250/450 € – 3 suites

Pianta: D2-a – *piazza Massimo D'Azeglio 3* ⊠ *50121* – *℘ 055 245247*
– *www.regency-hotel.com*

🏨 Relais Santa Croce ⧀ ⊟ 🏧

DIMORA STORICA · PERSONALIZZATO Lusso ed eleganza nel cuore di Firenze, un'atmosfera unica tra tradizione e modernità, nella quale mobili d'epoca si accostano ad elementi di design e a tessuti preziosi. Presso il ristorante Guelfi e Ghibellini, la spiccata creatività dello chef gli consente di valorizzare i gustosi piatti della tradizione.

18 cam – ♥300/800 € ♥♥300/800 € – 6 suites – ⊠ 28 €

Pianta: C2-x – *via Ghibellina 87* ⊠ *50122* – *℘ 055 234 2230*
– *www.baglionihotels.com*

🏨 Villa Cora ⧀ 🗴 ⧀ 🚃 🗲 🌀 🏠 🗲 ⊟ 🔌 🏧 🌿 🛗 🅿

DIMORA STORICA · ROMANTICO E' tutto un susseguirsi di sale affrescate, marmi e stucchi in questa romantica villa di fine '800, costruita e regalata come dono d'amore, immersa in un parco secolare con piscina ed uno spazio ospitante oltre 100 tipologie di rose! Piccola e squisitamente panoramica la terrazza lounge per aperitivi e momenti di relax. Cucina di ricerca e solide basi italiane nel ristorante Le Bistrot con servizio estivo in veranda (carta semplice a pranzo).

37 cam – ♥260/855 € ♥♥285/1285 € – 7 suites – ⊠ 35 €

Pianta: B3-b – *viale Machiavelli 18* ⊠ *50125* – *℘ 055 228790* – *www.villacora.it*

🏨 Bernini Palace ⧀ ⊟ 🏧 🛗

LUSSO · ELEGANTE Nella sala Parlamento si riunivano deputati e senatori ai tempi di Firenze, capitale del Regno d'Italia. Nei suoi ampi corridoi e nelle sue splendide camere (proverbiali quelle del *Tuscan Floor*), nonché nel suo delizioso ristorante, si aggirano oggi turisti esigenti in termini di qualità.

63 cam ⊠ – ♥200/500 € ♥♥250/650 € – 11 suites

Pianta: F2-w – *piazza San Firenze 29* ⊠ *50122* – *℘ 055 288621*
– *www.hotelbernini.duetorrihotels.com*

🏨 Helvetia e Bristol ⧀ ⊟ 🏧 🛗

PALACE · PERSONALIZZATO Nel centro di Firenze, di fronte a Palazzo Strozzi, albergo dall'armoniosa facciata ottocentesca, ideale base di partenza per scoprire i vicini luoghi d'interesse. Le raffinate camere e le splendide suite sono arredate con aristocratiche personalizzazioni.

52 cam ⊠ – ♥250/1000 € ♥♥250/1000 € – 15 suites

Pianta: E1-c – *via dei Pescioni 2* ⊠ *50123* – *℘ 055 26651*
– *www.starhotelscollezione.com*

🏨 Savoy   🕯 🛋 ⊟ 🚗 AC 🍴 🛁

LUSSO · CONTEMPORANEO Dopo il recente restauro, questo importante hotel affacciato sull'elegante piazza della Repubblica, salotto dei caffè storici fiorentini, mostra uno stile contemporaneo molto personalizzato e reso caldo dal sapiente coinvolgimento di artigiani toscani: bei tessuti, raffinate tappezzerie, sempre coccolati da un eccellente servizio. Sapori italiani - semplici a pranzo, più ricercati la sera - presso il ristorante Irene; bel dehors proprio sulla piazza.

50 cam ⌑ – ♦450/800 € ♦♦450/800 € – 30 suites

Pianta: F1-q – *piazza della Repubblica 7* ✉ *50123* – ☎ *055 27351*
– www.roccofortehotels.com

🏨 Villa Medici ⓝ   🕯 ⟨ 🛋 ⋣ 🛏 🛋 ⊟ 🚗 AC 🍴 🛁

DIMORA STORICA · CLASSICO Pur trovandosi nel centro di Firenze, la cornice di questo raffinato hotel all'interno di un palazzo settecentesco rimane il verde del suo giardino dove trova posto anche una piscina. Dopo un'importante ristrutturazione che ha interessato camere e spazi comuni, Villa Medici è più bella che mai!

92 cam – ♦250/900 € ♦♦250/900 € – 7 suites – ⌑ 36 €

Pianta: B2-h – *via Il Prato 42* ✉ *50123* – ☎ *055 277171*
– www.sinahotels.com

🏨 Cellai   ⊟ AC 🛁

DIMORA STORICA · ROMANTICO Prendete tempo e frequentate gli eleganti salotti di quest'albergo, tra foto d'epoca e arredi del '900 accostati con gusto dall'appassionato proprietario, sicuri che la stessa cura la troverete anche nelle camere. Molto consigliato per spiriti romantici e vintage.

68 cam ⌑ – ♦149/169 € ♦♦175/298 €

Pianta: C1-x – *via 27 Aprile 14* ✉ *50129* – ☎ *055 489291* – *www.hotelcellai.it*

🏨 Grand Hotel Minerva ⓝ   🕯 ⟨ 🛋 🛏 ⊟ 🚗 AC 🛁

LUSSO · VINTAGE Rinasce uno dei più antichi hotel della città, grazie ad un totale rinnovo che ce lo riconsegna con tanti atout: luminoso, raffinato e piacevolmente influenzato dallo stile degli anni Cinquanta che vengono citati qui e là, nel bar, nelle camere. Ma la ciliegina sulla torta è più di una: dalla piscina panoramica all'ultimo piano sino all'ottima cucina fatta di contrasti del ristorante La Buona Novella, per altro impreziosito da un delizioso dehors contemporaneo sulla celebre piazza.

79 cam ⌑ – ♦205/425 € ♦♦235/555 € – 18 suites

Pianta: E1-a – *piazza Santa Maria Novella 16* ✉ *50123* – ☎ *055 27230*
– www.grandhotelminerva.com

🏨 J.K. Place Firenze   🕯 ⟨ ⊟ AC 🍴

BOUTIQUE HOTEL · INSOLITO Abbiate cura di prenotare una camera con vista sulla magnifica piazza o sui tetti di Firenze in questo romantico rifugio dove storia e modernità si affiancano con gran classe: il boutique hotel per eccellenza! Al J.K. Lounge, ampio dehors sulla piazza e cucina di qualità a tutte le ore del giorno.

18 cam ⌑ – ♦550/700 € ♦♦550/700 € – 2 suites

Pianta: E1-e – *piazza Santa Maria Novella 7* ✉ *50123* – ☎ *055 264 5181*
– www.jkplace.com

🏨 Leone Blu   🛀 ⊟ AC 🍴

DIMORA STORICA · GRAN LUSSO Ospiti della storia e della più raffinata aristocrazia fiorentina, perché Leone Blu è la dimora del casato dei Ricasoli che ora apre i battenti agli ospiti che vorranno soggiornare nelle sue originali suite: una diversa dall'altra, mobili antichi s'interfacciano ad altri più moderni in un riuscito gioco di equilibrismi.

9 suites ⌑ – ♦♦300/850 €

Pianta: D2-g – *piazza Carlo Goldoni 2* – ☎ *055 290270* – *www.leoneblu.com*

Lungarno ⇐ 🖭 🆊 🛦

LUSSO · PERSONALIZZATO Fascinoso salotto di charme posto nel cuore dell'Oltrarno fiorentino che vanta una collezione di oltre 450 opere d'arte originali, tra cui Picasso e Cocteau, distribuite negli spazi comuni e nelle camere. Quest'ultime brillano anch'esse per raffinatezza e confort; le più ambite godono di un terrazzo con vista spettacolare su Ponte Vecchio sino ai colli.

37 cam – ♦400/750 € ♦♦400/750 € – 26 suites – ⌧ 36 €

Pianta: E2-s – *borgo San Jacopo 14* ✉ *50125* – *℘ 055 27261*
– *www.lungarnocollection.com*

⚘ **Borgo San Jacopo** – Vedere selezione ristoranti

Villa La Vedetta ✿ 🐾 ⇐ ⛲ 🏊 🕅 🖭 ⅃ 🆊 🛦 🅿

DIMORA STORICA · ELEGANTE Circondata da un parco secolare, una villa neorinascimentale è stata trasformata in raffinato albergo nei cui interni convivono arredi di design e pezzi d'antiquariato. Ogni camera ha un suo carattere, ma tutte sono ricche di preziosi dettagli: comodini in onice o in coccodrillo, scrivanie in cristallo e sete pregiate.

11 cam ⌧ – ♦150/980 € ♦♦150/1100 € – 7 suites

Pianta: D3-b – *viale Michelangiolo 78* ✉ *50125* – *℘ 055 681631*
– *www.villalavedettahotel.com* – *Chiuso 16 gennaio-16 febbraio*

Ville sull'Arno ✿ ⛲ 🏊 🖵 ⓰ 🕅 🌡 🖭 ⅃ 🆊 🛦 🚗

LUSSO · PERSONALIZZATO Affacciato sull'Arno, su cui danno alcune camere, i suoi interni sono caldi ed eleganti, e non mancano di ospitare un'attrezzata spa con piscina interna ed esterna. Le camere sono personalizzate, leggermente più classiche nel corpo centrale, in stile moderno nella dépendance. Ottimo il ristorante dallo stile vagamente country e dotato di un bel dehors estivo.

45 cam – ♦159/990 € ♦♦159/990 € – ⌧ 22 €

lungarno Cristoforo Colombo 1/3 ✉ *50122 Firenze* – *℘ 055 670971*
– *www.hotelvillesullarno.com*

Adler Cavalieri 🕅 🌡 🖭 ⅃ 🆊 🛦

TRADIZIONALE · ACCOGLIENTE Albergo di equilibrata eleganza in prossimità della stazione. Ottimamente insonorizzato, dispone di camere luminose e di accoglienti spazi comuni dove il legno è stato ampiamente usato.

60 cam ⌧ – ♦115/355 € ♦♦145/440 €

Pianta: B2-x – *via della Scala 40* ✉ *50123* – *℘ 055 277810*
– *www.hoteladlercavalieri.com*

Continentale 🕅 🖭 ⅃ 🆊 🛦

SPA E WELLNESS · VINTAGE In un'antica torre del '500 dominante Ponte Vecchio, oggi regna il design anni 50 e in cima ad essa La Terrazza: rooftop bar con vista a 360° sulla città. La White Iris Spa by Confort Zone propone un'ottima lista di trattamenti benessere dedicati al corpo e al viso.

42 cam – ♦210/480 € ♦♦210/480 € – 1 suite – ⌧ 19 €

Pianta: E2-y – *vicolo dell'Oro 6 r* ✉ *50123* – *℘ 055 27262*
– *www.lungarnocollection.com*

Gallery Hotel Art 🖭 ⅃ 🆊

BOUTIQUE HOTEL · PERSONALIZZATO Ambienti luminosi, dinamici e stravaganti, in un albergo dove la padrona di casa è l'arte. La facciata dell'hotel è arricchita da opere contemporanee, dedicate ogni anno a un tema diverso, mentre le sue camere "pezzi unici" di una raffinatissima collezione. La spettacolare personalizzazione delle suite, contraddistinte ognuna dal nome di un simbolo di Firenze, ma accomunate da una vista speciale sulla bellezza della città, occupa gli spazi dei piani alti.

65 cam – ♦200/450 € ♦♦200/450 € – 9 suites – ⌧ 28 €

Pianta: E2-u – *vicolo dell'Oro 5* ✉ *50123* – *℘ 055 27263*
– *www.lungarnocollection.com*

🍽 **The Fusion Bar & Restaurant** – Vedere selezione ristoranti

🏨 Glance ⓝ   ⚡ 🖥 ⚐ 🅰 ⚑

BOUTIQUE HOTEL · MINIMALISTA Il nome di questo nuovo albergo allude al "colpo d'occhio" sui dettagli dei suoi interni, sobri ed accoglienti, minimal e valorizzati da una delicata illuminazione. All'ultimo piano la sorpresa: una grande terrazza panoramica con vista a 360°sul centro, una piccola piscina ed il bar.

68 cam ⚏ - 👤105/410 € 👥👥225/530 €

Pianta: C1-e - *via Nazionale 23* ✉ *50122* - ☎ *055 290082*
- *www.florenceglancehotel.com*

🏨 Grand Hotel Adriatico   🏊 🛗 🖥 ⚐ 🅰 ⚑ 🅿

BUSINESS · ACCOGLIENTE Ampia hall e moderne camere di sobria eleganza per questa struttura in comoda posizione centrale. Proposte toscane e nazionali nella tranquilla sala ristorante o nel piacevole giardino.

126 cam ⚏ - 👤90/360 € 👥👥100/590 € - 3 suites

Pianta: B2-d - *via Maso Finiguerra 9* ✉ *50123* - ☎ *055 27931*
- *www.hoteladriatico.it*

🏨 Il Guelfo Bianco   🏊 🖥 ⚐ 🅰

TRADIZIONALE · PERSONALIZZATO Intrigante commistione d'opere d'arte contemporanea e arredi storici in questa bella struttura, dove molte delle camere al primo piano offrono anche soffitti a cassettoni originali. Numerosi i prodotti biologici della azienda agrituristica di proprietà proposti al ristorante Desco.

40 cam ⚏ - 👤90/160 € 👥👥100/265 €

Pianta: C2-n - *via Cavour 29* ✉ *50129* - ☎ *055 288330* - *www.ilguelfobianco.it*

🏨 Pierre   🖥 ⚐ 🅰 ⚑ ⚑

TRADIZIONALE · CLASSICO L'eleganza si affaccia ovunque in questo hotel sito in pieno centro dai caldi e confortevoli ambienti arredati in stile, ma dotati di accessori moderni; da alcuni tavoli della sala colazioni si scorge il Duomo.

49 cam ⚏ - 👤120/300 € 👥👥150/500 € - 1 suite

Pianta: F2-t - *via Dè Lamberti 5* ✉ *50123* - ☎ *055 216218* - *www.remarhotels.com*

🏨 Plaza Hotel Lucchesi   🏊 🍽 ⚡ 🖥 ⚐ 🅰 🚗

TRADIZIONALE · ELEGANTE Elegante albergo sul lungarno caratterizzato da camere con arredi in stile impero e generosi spazi comuni; vista a 360° su tetti e monumenti cittadini dalla terrazza all'ultimo piano con bar e piccola piscina per rinfrescarsi.

82 cam ⚏ - 👤180/450 € 👥👥250/950 € - 10 suites

Pianta: C2-d - *lungarno della Zecca Vecchia 38* ✉ *50122* - ☎ *055 26236*
- *www.hotelplazalucchesi.it*

🏨 Rivoli   🏊 🍴 🖥 ⚐ 🅰 ⚑

TRADIZIONALE · CLASSICO Nel centro storico della Città del Giglio, un convento quattrocentesco è diventato, oggi, un raffinato albergo dai soffitti a volta (o a cassettoni), camere spaziose e grazioso patio che ospita la vasca idromassaggio. Cucina mediterranea al Benedicta, in gestione esterna rispetto all'hotel, nelle mani di una famiglia di esperti ristoratori.

84 cam ⚏ - 👤90/360 € 👥👥100/590 € - 3 suites

Pianta: B2-m - *via della Scala 33* ✉ *50123* - ☎ *055 27861* - *www.hotelrivoli.it*

🏨 Roma   🛗 🖥 🅰 ⚑

TRADIZIONALE · VINTAGE Ubicata in maniera strategica per visitare la città, questa bella risorsa dispone di piacevoli spazi comuni dove traspare l'origine liberty di alcune parti del palazzo, e camere - in contrasto - con arredi moderni ed eleganti.

57 cam ⚏ - 👤140/400 € 👥👥158/420 €

Pianta: E1-x - *piazza Santa Maria Novella 8* ✉ *50123* - ☎ *055 210366*
- *www.hotelromaflorence.com*

Santa Maria Novella ≤ 🐿 Łᴏ 🖃 ᴋ 🗚

TRADIZIONALE · ELEGANTE Affacciata sull'omonima piazza, la struttura riserva agli ospiti un'accogliente atmosfera, fatta di piccoli salottini con divani, poltroncine, tappeti, quadri, camini ed eleganti camere molto accoglienti, la maggior parte con vista. E per non perdersi nulla di questa magica città, a disposizione anche una graziosa, panoramica, terrazza.

69 cam ☲ – †125/600 € ††150/1200 € – 2 suites

Pianta: E1-d – *piazza Santa Maria Novella 1* ✉ *50123* – *☎ 055 271840* – *www.hotelsantamarianovella.it*

Antica Torre di via Tornabuoni 1 ᐯ 🖃 🗚

DIMORA STORICA · ELEGANTE Alloggiati in una torre duecentesca o nell'adiacente palazzo quattrocentesco, troverete comunque camere eleganti, sovente spaziose: per tutti, delle terrazze mozzafiato con vista a 360° su Firenze.

18 cam ☲ – †200/445 € ††200/445 € – 7 suites

Pianta: E2-m – *via Tornabuoni 1* ✉ *50123* – *☎ 055 265 8161* – *www.tornabuoni1.com*

Home Florence Łᴏ 🖃 ᴋ 🗚 🏋

BOUTIQUE HOTEL · MINIMALISTA All'interno della graziosa palazzina si respira un'atmosfera giovane, modaiola, ma - come il nome lascia intendere - anche di casa. La prima colazione si condivide su tre soli tavoli e il colore bianco regna sovrano. Originale!

39 cam ☲ – †90/189 € ††110/299 €

Pianta: D2-h – *piazza Piave 3* ✉ *50122* – *☎ 055 243668* – *www.hhflorence.it*

Inpiazzadellasignoria 🖃 🗚 🍽

FAMILIARE · PERSONALIZZATO Semplice gestione familiare, ma con tante premure e piccole attenzioni per i suoi ospiti; alcune camere offrono una vista sulla piazza, altre sui tetti e campanili del centro.

11 cam ☲ – †200/280 € ††250/400 € – 2 suites

Pianta: F2-z – *via de' Magazzini 2* ✉ *50122* – *☎ 055 239 9546* – *www.inpiazzadellasignoria.com*

Monna Lisa 🥢 🍴 🖃 🗚 🏋

STORICO · CLASSICO Nel centro storico, un palazzo di origini medievali con un imponente scalone, pavimenti in cotto e soffitti a cassettoni, ospita camere e spazi comuni arredati in stile rinascimentale. Stanze più recenti, ma sempre eleganti come la restante parte della dimora, nelle due dépendance al di là dello splendido giardino. Completa il tutto una panoramica terrazza-solarium.

48 cam ☲ – †88/225 € ††112/286 €

Pianta: C2-b – *via Borgo Pinti 27* ✉ *50121* – *☎ 055 247 9751* – *www.monnalisa.it*

Palazzo Vecchietti 🖃 🗚

LUSSO · PERSONALIZZATO Qui troverete ancora i resti delle duecentesche mura fiorentine, nonché un'incantevole corte interna trasformata in salottino, su cui si affacciano romantici ballatoi che portano alle camere, lussuose, con piccola cucina e di una rara raffinatezza negli arredi contemporanei.

7 cam ☲ – †399/800 € ††599/1000 € – 5 suites

Pianta: E1-p – *via degli Strozzi 4* – *☎ 055 230 2802* – *www.palazzovecchietti.com*

Calzaiuoli 🖃 🗚

BOUTIQUE HOTEL · CENTRALE In pieno centro storico, tra piazza del Duomo e piazza della Signoria, sorge sulle vestigia di una torre medievale; al suo interno, spazi comuni di modeste dimensioni e camere confortevoli.

52 cam ☲ – †120/600 € ††130/700 € – 1 suite

Pianta: F1-v – *via Calzaiuoli 6* ✉ *50122* – *☎ 055 212456* – *www.calzaiuoli.it*

Degli Orafi

TRADIZIONALE · CENTRALE L'albergo rivela le sue carte un po' alla volta: semplice hall all'ingresso, ma già al primo piano c'è una sala colazioni mozzafiato con soffitto affrescato e, all'ultimo, una romantica vista dalle terrazze del bar.

42 cam ♋ – ♦160/300 € ♦♦220/660 €

Pianta: F2-a – *lungarno Archibusieri 4* ✉ *50122* – *℘ 055 26622*
– *www.hoteldegliorafi.it*

Palazzo Castri 1874

BOUTIQUE HOTEL · PERSONALIZZATO Davvero delizioso questo hotel boutique dispone di un'inaspettata limonaia e di un bel giardino fiorito, vera oasi nel centro città. Una Spa intima e raccolta dotata di ampia vasca idromassaggio regala una rigenerante esperienza di benessere, mentre le camere sfoggiano uno stile di moderna essenzialità. Concedetevi un soggiorno nella Deluxe numero 109: l'unica impreziosita da un affresco del 1800.

50 cam ♋ – ♦150/300 € ♦♦200/450 € – 8 suites

Pianta: C1-c – *piazza dell'Indipendenza 7* ✉ *50122* – *℘ 055 472118*
– *www.palazzocastri.com*

Rapallo

FAMILIARE · PERSONALIZZATO Sobria eleganza e una moderna rivisitazione dello stile fiorentino in tonalità bianco-grigie sono il marchio dell'albergo, insieme alla competenza artistica del titolare che vi darà utili consigli per il vostro soggiorno in città.

26 cam ♋ – ♦75/300 € ♦♦80/320 €

Pianta: C1-d – *via Santa Caterina d'Alessandria 7* ✉ *50122 Firenze* – *℘ 055 472412*
– *www.hotelrapallofirenze.it*

River

BOUTIQUE HOTEL · CONTEMPORANEO Elegante e raffinato, in una bella palazzina ottocentesca, le camere sono classiche o in stile più contemporaneo: alcune - all'ultimo piano - offrono una romantica vista sull'Arno. New entry: centro benessere, ristorante e giardino esterno con bar annesso.

30 cam ♋ – ♦150/800 € ♦♦150/800 € – 2 suites

Pianta: D2-a – *lungarno della Zecca Vecchia 18* ✉ *50122* – *℘ 055 234 3529*
– *www.hoteriver.com*

Botticelli

FAMILIARE · CENTRALE Poco distante dal mercato di S.Lorenzo e dalla cattedrale, l'hotel si trova in un palazzo del '500 nelle cui zone comuni conserva volte affrescate; camere graziose ed una piccola terrazza coperta.

34 cam ♋ – ♦70/150 € ♦♦100/240 €

Pianta: C2-p – *via Taddea 8* ✉ *50123* – *℘ 055 290905* – *www.hotelbotticelli.it*

Della Robbia

TRADIZIONALE · PERSONALIZZATO Pratico ed utile indirizzo per chi sceglie un soggiorno alla scoperta della cultura artistica fiorentina: costruito nel primo Novecento, il villino sfoggia suggestioni liberty nei signorili interni ed un comodo posteggio sul retro.

19 cam ♋ – ♦80/149 € ♦♦119/210 €

Pianta: D2-b – *via dei della Robbia 7/9* ✉ *50132* – *℘ 055 263 8570*
– *www.hoteldellarobbia.it* – *Chiuso agosto*

La Casa di Morfeo

FAMILIARE · ACCOGLIENTE Al primo piano di un palazzo seicentesco, solo due camere hanno soffitti affrescati, ma quasi tutte dispongono di cromoterapia e sono piacevolmente arredate in stile contemporaneo e personalizzato (bagni con docce-idromassaggio!).

9 cam ♋ – ♦40/230 € ♦♦50/240 €

Pianta: D2-m – *via Ghibellina 51* ✉ *50122 Firenze* – *℘ 055 241193*
– *www.lacasadimorfeo.it*

⌂ Silla ⬚ ᴀᴋ 🚐

TRADIZIONALE · VINTAGE Semplice ma confortevole, in un palazzo storico d'Ol-trarno, le camere sono in corso di rinnovo (optare per le più recenti): d'inverno, quando il fogliame non impedisce la vista, alcune si affacciano sull'Arno.
36 cam ⬡ – ♦99/280 € ♦♦109/320 €
Pianta: C3-r – *via dei Renai 5* ✉ *50125 –* ℰ *055 234 2889 –* *www.hotelsilla.it*

⌂ 1865 Residenza d'epoca ⬚ ᴀᴋ 🚐

STORICO · PERSONALIZZATO Nel 1865 Firenze diventa capitale e nasce l'ele-gante quartiere in cui si trova questa residenza; cinque camere dedicate ad altret-tanti scrittori con raffinati arredi che vi si ispirano, quattro con soffitti affrescati.
5 cam ⬡ – ♦115/265 € ♦♦125/275 €
Pianta: D2-r – *via Luigi Carlo Farini 12* ✉ *50121 –* ℰ *340 383 8020 –* *www.1865.it*

⌂ Antica Dimora Johlea ⬚ ᴀᴋ ✻ 🚭

DIMORA STORICA · PERSONALIZZATO Al terzo piano di un elegante palazzo d'epoca, il centro a due passi, tante ricercatezze nelle camere e cortesie del perso-nale sono benvenute, ma più di tutto sarete ammaliati dalla romantica terrazza con vista sui tetti di Firenze: luogo ideale per la colazione (ci si porta il vassoio da soli!) o semplicemente per rimirare la città, da raggiungere con ripida scala in legno.
6 cam ⬡ – ♦70/130 € ♦♦90/180 €
Pianta: C1-a – *via Sangallo 80* ✉ *50129 –* ℰ *055 463 3292*
– *www.antichedimorefiorentine.it*

⌂ B&B Antica Dimora Firenze ⬚ ᴀᴋ ✻ 🚭

CASA PADRONALE · REGIONALE Ogni camera racconta qualcosa di sé, mentre l'originale pavimento ottocentesco tirato a lucido narra in parte la storia del palazzo (di cui il b&b occupa il 2° piano). La grammatica di base è una sola: cura e attenzione assolute, mobili antichi e tutte le camere - salvo una - coccolano il sonno dell'ospite dentro letti a baldacchino impreziositi da vaporosi tendaggi.
6 cam ⬡ – ♦60/110 € ♦♦80/160 €
Pianta: C1-s – *via Sangallo 72* ✉ *50129 –* ℰ *055 462 7296*
– *www.antichedimorefiorentine.it*

⌂ Palazzo Galletti B&B ᴀᴋ ✻

DIMORA STORICA · ORIGINALE Se già Firenze è una città magica, pernottare in questa residenza ottocentesca sarà aggiungere ulteriore fascino al soggiorno… Camere eclettiche, dove pezzi etnici si alternano a mobili in stile toscano, in una sinfonia ben orchestrata che conferisce carattere e personalità alle stanze; molte sono affrescate, ma la camera "Cerere" sarà una splendida sorpresa in tal senso.
11 cam ⬡ – ♦89/169 € ♦♦110/189 €
Pianta: C2-c – *via Sant'Egidio 12* ✉ *50122 –* ℰ *055 390 5750*
– *www.palazzogalletti.it*

⌂ Palazzo Niccolini al Duomo ⬚ ᴀᴋ ᴘ

LUSSO · ROMANTICO Nel '400 in questo palazzo accanto al Duomo, Donatello aveva la sua bottega. Oggi, potrete trovare camere con soffitti affrescati, arredi di pregio e marmi bellissimi, anche la metratura si farà ricordare… mentre dalla "Dome suite" la cupola la si tocca quasi con la mano!
13 cam ⬡ – ♦130/580 € ♦♦150/760 €
Pianta: F1-m – *via dei Servi 2* ✉ *50122 –* ℰ *055 282412*
– *www.niccolinidomepalace.com*

⌂ Villa Antea 🚪 ᴀᴋ ᴘ

FAMILIARE · ELEGANTE Villa del 1887 situata in zona residenziale e circondata da un piccolo giardino: sarete sorpresi dalla cura degli ambienti interni a partire dalla signorile sala delle colazioni sin dentro le camere. Molto bella anche la scala che conduce ai piani.
6 cam ⬡ – ♦80/160 € ♦♦80/160 €
Pianta: C1-b – *via Francesco Puccinotti 46* ✉ *50129 –* ℰ *055 484106*
– *www.villaantea.com*

369

Villino Fiorentino

LOCANDA · ELEGANTE Ottimo per visitare Firenze arrivando con l'auto (c'è anche un comodissimo parcheggio), la struttura è il fiore all'occhiello della sua proprietaria, Sara, che ha trasformato questo tipico villino fiorentino degli anni '30 in un boutique bed & breakfast di ricercata eleganza. Non c'è altro da aggiungere: bisogno solo affrettarsi a prenotare!

6 cam ⌷ – ♦120/130 € ♦♦130/140 €

Pianta: C1-m – *via delle Cinque Giornate 12* ✉ *50122* – ☎ *389 999 2606*
– *www.villinofiorentino.com*

B&B Residenza Johanna I

FAMILIARE · PERSONALIZZATO Una cordiale accoglienza sarà il benvenuto offerto da questo sobrio e familiare b&b al primo piano di un palazzo dell'Ottocento caratterizzato da camere spaziose e di buon confort, la metà con letto a baldacchino, tre con balconcino. A due passi, vi attende la Basilica di S. Lorenzo con le tombe medicee ed il vivace mercato.

10 cam ⌷ – ♦55/95 € ♦♦70/130 €

Pianta: C1-h – *via Bonifacio Lupi 14* ✉ *50129* – ☎ *055 481896*
– *www.antichedimorefiorentine.it*

La Casa del Garbo

FAMILIARE · ELEGANTE Gode di una posizione veramente unica, questo piccolo bed & breakfast ricco di charme, che propone camere eleganti – molte delle quali affacciate su piazza della Signoria e Palazzo Vecchio – nonché miniappartamenti con angolo cottura: una piacevole soluzione per sentirsi "come a casa".

9 cam ⌷ – ♦90/180 € ♦♦100/190 €

Pianta: F2-z – *piazza della Signoria 8* ✉ *50122* – ☎ *055 293366*
– *www.casadelgarbo.it*

Residenza Il Villino

STORICO · ACCOGLIENTE Un ottimo indirizzo: in centro storico, siamo all'interno di un ex monastero di cui permane una certa tranquillità, grazie al fatto che tutte le camere - su 3 piani - affacciano sulla piccola corte interna del palazzo, dove, nella bella stagione, vengono servite le colazioni. Una al 1° piano ha un balcone privato, ma per la vista bisogna salire al 2° dove le finestre si aprono sul capolavoro del Brunelleschi. Sala colazioni impreziosita da foto in bianco/nero dell'archivio Giorgini (l'organizzazione che gestisce la più ampia documentazione esistente sulla nascita della Moda Italiana).

6 cam ⌷ – ♦49/149 € ♦♦59/169 €

Pianta: C2-v – *via della Pergola 53* ✉ *50122 Firenze* – ☎ *055 200 1116*
– *www.ilvillino.it* – *Chiuso 23-26 dicembre*

La Terrazza su Boboli

FAMILIARE · ACCOGLIENTE A cinquanta metri dall'ingresso dei celebri giardini, siamo al primo piano di un palazzo settecentesco; tre camere si affacciano su Porta Romana, ma preferite quelle sul retro, con terrazza e più tranquille.

6 cam ⌷ – ♦70/130 € ♦♦80/149 €

Pianta: B3-t – *viale Francesco Petrarca 122* ✉ *50122 Firenze* – ☎ *055 233 7394*
– *www.laterrazzasuboboli.com*

sui Colli

Torre di Bellosguardo

DIMORA STORICA · ELEGANTE Si respira un fascino d'*antan* nei saloni e nelle camere di austera eleganza di questo albergo, che fa della vista mozzafiato su Firenze il proprio punto di forza. Parco con giardino botanico e piscina: sembra uscito direttamente da un libro di fiabe.

16 cam – ♦110/200 € ♦♦260/400 € – 7 suites – ⌷ 20 €

Pianta: A3-a – *via Roti Michelozzi 2* ✉ *50124* – ☎ *055 229 8145*
– *www.torrebellosguardo.com*

a Galluzzo Sud : 6,5 km ✉ 50124

Trattoria Bibe

CUCINA TOSCANA · CONTESTO REGIONALE ✗ Anche Montale immortalò nei suoi versi questa trattoria, gestita dalla stessa famiglia da quasi due secoli, dove trovare piatti tipici della tradizione toscana - in primis la zuppa di ceci e funghi, ma anche pollo o coniglio fritti - e un piacevole servizio estivo all'aperto. Appartamenti con cucina a disposizione non solo per soggiorni medio-lunghi.
Carta 30/48 €

3 cam ☑ – ♦70/90 € ♦♦100/140 €

via delle Bagnese 15 – ℰ 055 204 9085 – www.trattoriabibe.com – solo a cena escluso sabato ed i giorni festivi – Chiuso 2 settimane in febbraio, 2 settimane in novembre e mercoledì

Marignolle Relais & Charme

LUSSO · PERSONALIZZATO In posizione incantevole sui colli, questa signorile residenza offre molte attenzioni e stanze tutte diverse, dai raffinati accostamenti di tessuti; piscina panoramica nel verde.
8 cam ☑ – ♦110/215 € ♦♦130/235 € – 1 suite

Pianta: A2-a – *via di San Quirichino 16, località Marignolle* – ℰ 055 228 6910
– *www.marignolle.com*

ad Arcetri Sud : 5 km ✉ 50125

Omero

TOSCANA · RUSTICO ✗✗ Storico ristorante fiorentino, è la meta di chi vuole aprire una finestra sulla campagna senza allontanarsi da Firenze. Cucina locale, d'inverno la ribollita è imperdibile, ma proverbiali sono anche la pasta e ceci, i fritti e le grigliate.
Menu 35/60 € – Carta 52/71 €

via Pian de' Giullari 49 – ℰ 055 220053 – www.ristoranteomero.it

FISCIANO

Salerno – ✉ 84084 – 13 820 ab. – Alt. 320 m – Carta regionale n° **4**-B2
Carta stradale Michelin 564-E26

a Gaiano Sud-Est : 2 km ✉ 84084 – Fisciano

Agriturismo Barone Antonio Negri

CASA DI CAMPAGNA · PERSONALIZZATO In posizione tranquilla e dominante, agriturismo biologico di charme all'interno di una vasta tenuta con ampio giardino, deliziosa piscina e spaziose camere in stile rustico. Al ristorante: cucina casalinga, sapori tipici campani e squisiti dolci alla nocciola.
5 cam ☑ – ♦100/125 € ♦♦110/180 €

via Subia 15 – ℰ 089 958561 – www.agrinegri.it – Chiuso 7 gennaio-31 marzo

FIUGGI

Frosinone – ✉ 03014 – 10 536 ab. – Alt. 747 m – Carta regionale n° **7**-C2
Carta stradale Michelin 563-Q21

La Locanda

CUCINA REGIONALE · RUSTICO ✗ Troverete i sapori della tradizione ciociara nella rustica e caratteristica sala di questo ristorante, accolto nelle cantine di un edificio del '400. Cucina del territorio.
Carta 22/40 €

via Padre Stanislao 4 – ℰ 0775 505855 – www.lalocandafiuggi.it – Chiuso 1 settimana in febbraio, 1 settimana in luglio e lunedì

⅛○ Trattoria da Gino   (🚗 🏠 AC P

CUCINA LAZIALE · CONTESTO TRADIZIONALE Dal 1966 la famiglia Giorgilli promuove la cucina ciociara e casalinga in questo piacevole locale che in estate vi accoglie (anche) in spazi all'aperto; un'attenzione particolare è riservata ai giovani ospiti ai quali è dedicato un piccolo parco giochi.

Carta 21/42 €

via Valle Molella 5 – 𝒞 0775 515203 – www.trattoriadagino.it – Chiuso 15-30 giugno e lunedì

a Fiuggi Fonte Sud : 4 km ⊠ 03014 – Alt. 621 m

🏨 Grand Hotel Palazzo della Fonte   🏞 🕭 ⇐ (🚗 🏊 🗔 🕮 🐎 ♨

LUSSO · STORICO Non sono tanti gli alberghi che pos-   🗟 ⬜ ⚹ AC 🛎 P
sono vantare una tenuta così impeccabile. Qui, veramente, c'è un posto per ogni cosa ed ogni cosa è al suo posto... Sulla cima di un colle, un parco con piscina e, poi, stucchi , decorazioni, camere raffinate e bagni marmorei, in una dimora Liberty (già hotel dal 1912).

152 cam ⊆ – ╫110/250 € ╫╫150/300 € – 1 suite

via dei Villini 7 – 𝒞 0775 5081 – www.palazzodellafonte.com – Aperto aprile-ottobre

🏨 Ambasciatori Place   🏞 🗔 🕮 🐎 🗟 ⬜ AC 🗺 🛎 🚐

SPA E WELLNESS · CLASSICO Centrale, vicino a terme e negozi, due grandi terrazze consentono di evadere dal rumore. Marmi lucenti nella hall, camere d'impostazione classica. Diverse sale ristorante, la più grande con soffitti a lucernari in vetro colorato.

86 cam ⊆ – ╫39/179 € ╫╫89/249 €

via dei Villini 8 – 𝒞 0775 514351 – www.ambasciatoriplacehotel.com – Chiuso 23-26 dicembre

🏨 Fiuggi Terme   🏞 (🚗 🏊 🗔 🕮 🐎 🗺 🗟 ⚹ AC 🛎 P

SPA E WELLNESS · FUNZIONALE All'interno di un parco, elegante struttura con camere belle e confortevoli. Per gli amanti dello sport, una grande piscina e due campi da tennis tra pini ed ippocastani. Per tutti, una spa che coniuga tecnologie innovative nel campo del benessere e raffinate ambientazioni. Cucina mediterranea nel luminoso ristorante.

60 cam ⊆ – ╫65/120 € ╫╫100/200 € – 4 suites

via Capo i Prati 9 – 𝒞 0775 515212 – www.hotelfiuggiterme.it

FIUMALBO

Modena – ⊠ 41022 – 1 280 ab. – Alt. 953 m – Carta regionale n° **5**-B2
Carta stradale Michelin 562-J13

a Dogana Nuova Sud : 2 km ⊠ 41022

🏠 Bristol   🏞 ⇐ (🚗 P

FAMILIARE · FUNZIONALE Situato all'inizio della Val di Luce, un semplice hotel in tipico stile montano, a gestione famigliare diretta. Ideale punto di partenza per escursioni estive e non troppo lontano dagli impianti di risalita.

23 cam ⊆ – ╫40/60 € ╫╫80/105 €

via Giardini 274 – 𝒞 0536 73912 – www.hotelbristol.tv – Chiuso ottobre-novembre

FIUME VENETO

Pordenone – ⊠ 33080 – 11 697 ab. – Alt. 20 m – Carta regionale n° **6**-B3
Carta stradale Michelin 562-E20

🏨 L'Ultimo Mulino   🏞 🕭 (🚗 AC 🛎 P

CASA DI CAMPAGNA · BUCOLICO Là dove il torrente si divide in tre rami, cinquecento anni fa fu costruito l'attuale mulino, su un'isoletta avvolta dallo scroscio dell'acqua, troverete un angolo fiabesco nel verde della campagna. Diversi cimeli ne ricordano l'antica funzione, le camere coniugano un'atmosfera rustica con tocchi di eleganza.

8 cam ⊆ – ╫70/110 € ╫╫145/155 €

via Molino 45, località Bannia, Sud-Est: 3,5 km – 𝒞 0434 957911 – www.lultimomulino.com – Chiuso 10 giorni in gennaio e 10 giorni in agosto

FIUMICINO

Roma – ✉ 00054 – Carta regionale n° **7**-B2
Carta stradale Michelin 563-Q18

☼ **Il Tino** (Daniele Usai)   ⚇ ⚹ ⚙ ⟳ ▣

CUCINA CREATIVA · CONTESTO CONTEMPORANEO XxX Ben situato all'interno del Nautilus Marina, con finestre sul Tevere e le prestigiose barche del cantiere nautico, l'ambiente è moderno e dal design minimalista. Il menu propone specialità di mare interpretate in modo estroso che, pur attingendo - tendenzialmente - dai prodotti locali, non si vietano di ricorrere ad elementi più esotici, anche asiatici.

→ Omaggio ad Antonio Carluccio: bottoncini ai gobetti e zafferano. Triglia, carciofo e pistacchio. Millefoglie.

Menu 65/100 € – Carta 57/86 €

via Monte Cadria 127 ✉ 00054 – ℰ 06 562 2778 (consigliata la prenotazione)
– www.ristoranteiltino.com – solo a cena – Chiuso mercoledì

🍴 **Bistrot QuarantunoDodici** – Vedere selezione ristoranti

☼ **Pascucci al Porticciolo**   ⚇ ⇦ 🏠 ⚿

PESCE E FRUTTI DI MARE · ELEGANTE XxX Recentemente ristrutturato, Pascucci al Porticciolo è il locale da scegliere – senza troppe esitazioni – se è il mare l'amico che vorreste invitare alla vostra tavola: rarità e ricercatezze premiano, infatti, la sfida del cuoco che riesce ad essere originale pur nella necessaria e rispettosa semplicità delle sue proposte in prevalenza ittiche.

→ Taglierini in essenza marina. Spigola, cavolo riccio e limoni marinati. Tiramisù espresso.

Menu 90/110 € – Carta 53/95 €

6 cam 🛏 – ♦60/70 € ♦♦70/110 €

viale Traiano 85, angolo via Fiumara 2 – ℰ 06 6502 9204
– www.pascuccialporticciolo.com – Chiuso 16-26 agosto, domenica sera e lunedì

🍴 **Bistrot QuarantunoDodici**   🏠 ▣

PESCE E FRUTTI DI MARE · BISTRÒ X Al piano terra del ristorante gourmet Il Tino, un vivace bar-bistrot che offre piatti di mare estratti dalle proposte classiche italiane, ma con l'autorevole firma di un grande cuoco; prezzi contenuti in un ambiente simpatico ed informale.

Carta 37/70 €

Il Tino, via Monte Cadria 127 – ℰ 06 658 1179
– www.nautilus.com/quarantunododici/

🍴 **L'Osteria dell'Orologio**   🏠 ⚿ ⚹

PESCE E FRUTTI DI MARE · MINIMALISTA X Giovani e pieni di entusiasmo, qui troverete un'intelligente proposta di pesce, basata su un pescato locale che a volte ricerca varietà di pesce più rare o povere, tutte da scoprire, nonché crudi. Le basi sono quelle della cucina marinara classica - fritti e grigliate compresi - a cui il cuoco aggiunge qualche personalizzazione.

Menu 45/65 € – Carta 46/68 €

via di Torre Clementina 114 – ℰ 06 650 5251 – www.osteriadellorologio.net
– Chiuso lunedì

Ogni ristorante stellato ☼ è introdotto da tre piatti che rappresentano in maniera significativa la propria cucina. Qualora questi non fossero disponibili, altre gustose ricette ispirate alla stagione delizieranno il vostro palato.

FLAIBANO

Udine (UD) – ✉ 33030 – 1 156 ab. – Carta regionale n° **6**-B2
Carta stradale Michelin 562-D20

⅋○ Grani di Pepe   ⇦ ᴀⁱᴄ

CUCINA MODERNA · ACCOGLIENTE ✕✕ Di antico c'è solo il fatto che nel '700 l'attuale ristorante era un umile casolare. Oggi, nella nuova e luminosa sala-veranda, il design si è piacevolmente impadronito degli spazi, mentre accenti moderni caratterizzano la cucina, equamente divisa tra terra e mare. Sobrio ed elegante minimalismo nelle camere.

Menu 48/58 € – Carta 42/63 €

7 cam ☲ – ♦60/75 € ♦♦80/100 €

via Cavour 44 – ℰ 0432 869356 (prenotazione obbligatoria a mezzogiorno) – www.granidipepe.com

FOGGIA

(FG) – ✉ 71121 – 151 991 ab. – Alt. 76 m – Carta regionale n° **15**-A2
Carta stradale Michelin 564-C28

⅋○ Giordano-Da Pompeo   ᴀⁱᴄ ⅋

CUCINA REGIONALE · AMBIENTE CLASSICO ✕ Nel cuore della città, ristorante casalingo a cui si accede passando - praticamente - dalla cucina a vista; le proposte sono legate al territorio, elaborate a partire da prodotti scelti in base all'offerta quotidiana del mercato (sia di terra sia di mare).

Carta 24/56 €

vico al Piano 14 ✉ 71121 – ℰ 0881 724640 – Chiuso 14-24 agosto e domenica

🏨 Hotel Cicolella   ⚘ ⊟ ᴀⁱᴄ ⅍

BUSINESS · CLASSICO In centro città e nei pressi della stazione ferroviaria, prestigioso hotel dei primi '900, da sempre gestito dai Cicolella: struttura versatile, in quanto indirizzo di riferimento per uomini d'affari e turisti. Ottimo lo storico ristorante, vocato anche alla clientela esterna all'albergo.

102 cam ☲ – ♦100/145 € ♦♦160/190 € – 13 suites

viale 24 Maggio 60 ✉ 71121 – ℰ 0881 566111 – www.hotelcicolella.it

🏠 La Civetta   ᴀⁱᴄ

LOCANDA · CENTRALE Nell'elegante quartiere di passeggio e negozi, anticipato da una breve ma erta rampa di scale, gli arredi di ciascuna delle raffinate camere sono ispirati ad un celebre film. Ottimo e continuativo anche il servizio, nonché vasta scelta di prodotti per una colazione continentale o internazionale da consumarsi in camera.

6 cam ☲ – ♦40/99 € ♦♦50/109 €

piazza Umberto Giordano 77 ✉ 71121 Foggia – ℰ 0881 777717 – www.lacivetta.net

FOIANA VOLLAN Bolzano ➡ Vedere Lana

FOIANO DELLA CHIANA

Arezzo – ✉ 52045 – 9 516 ab. – Alt. 318 m – Carta regionale n° **18**-D2
Carta stradale Michelin 563-M17

a Pozzo Nord : 4,5 km ✉ 52045 – Foiano Della Chiana

🏠 Villa Fontelunga   ⚘ ⌖ ⇐ ⇦ ᴣ ⅋ ᴀⁱᴄ 🅿

CASA DI CAMPAGNA · PERSONALIZZATO In posizione panoramica e tranquilla, le camere sono arredate con semplicità ed eleganza: il colore grigio si declina in varie sfumature, interrotto solo dalla cromaticità di falsi d'autore. Il fiore all'occhiello è sicuramente il bel giardino che ospita diversi ulivi da quali si ricava un ottimo olio, spesso oggetto di omaggio nelle stanze.

9 cam ☲ – ♦175/365 € ♦♦175/365 €

via Cunicchio 5 – ℰ 0575 660410 – www.fontelunga.com – Aperto 21 marzo-5 novembre

FOLGARIA

Trento – ⊠ 38064 – 3 191 ab. – Alt. 1 166 m – Carta regionale n° **19**-B3
Carta stradale Michelin 562-E15

🏨 Villa Wilma ⠀⠀⠀⠀⠀⠀⠀⠀ 🕈 🦢 ⇐ 🛖 🖪 🖪 🖋 **P**

TRADIZIONALE · STILE MONTANO Nella parte alta e più tranquilla della località,
vista che spazia dal campanile del centro alle montagne tutt'intorno per un'accogliente gestione familiare con profusione di legni in stile tirolese. Per quanto piccolo, è gradevole il luminoso centro benessere. Sala ristorante calda e accogliente.

24 cam ⌕ – 🛉50/70 € 🛉🛉76/120 € – 1 suite

via della Pace 12 – 𝒞 0464 721278 – www.hotelvillawilma.it – Aperto
1° dicembre-31 marzo e 1° giugno-30 settembre

FOLGARIDA

Trento – ⊠ 38025 – Dimaro – Alt. 1 302 m – Carta regionale n° **19**-B2
Carta stradale Michelin 562-D14

🏨 AlpHotel Taller ⠀⠀⠀⠀ 🕈 🦢 🖫 🕼 🛖 🖪 🖪 🖋 🚗

TRADIZIONALE · STILE MONTANO Nella parte alta della località, di fronte al
palazzo del ghiaccio, l'hotel dispone di ampi spazi comuni, centro benessere
completo e camere luminose. La conduzione è appassionata anche nella gestione
del ristorante, in raffinato stile rustico.

30 cam ⌕ – 🛉57/160 € 🛉🛉104/320 € – 4 suites

strada del Roccolo 39 – 𝒞 0463 986234 – www.hoteltaller.it – Aperto
1° dicembre-15 aprile e 1° luglio-30 settembre

FOLIGNO

Perugia (PG) – ⊠ 06034 – 57 155 ab. – Alt. 234 m – Carta regionale n° **20**-C2
Carta stradale Michelin 563-N20

🏨 Relais Metelli 🔕 ⠀⠀⠀⠀⠀⠀⠀⠀⠀⠀⠀ 🖪 🅰🅲 **P**

DIMORA STORICA · ELEGANTE Incantevole villa costruita alla fine degli anni Venti:
se la facciata conserva tutto il fascino dell'epoca, gli interni sono invece un riuscito ed
elegante mix di antico e moderno, tra stucchi, scenografici lampadari, carta da parati e
tecnologia. In stile invece esclusivamente contemporaneo le camere del terzo piano.

11 cam ⌕ – 🛉70/200 € 🛉🛉100/300 € – 1 suite

via Fabio Filzi 17 – 𝒞 0742 344774 – www.relaismetelli.com

🏨 Villa dei Platani ⠀⠀⠀⠀⠀⠀⠀⠀ 🛖 🖪 🕭 🅰🅲 🖋 **P**

DIMORA STORICA · MODERNO Pregevole realtà ricettiva nata dal sapiente
restauro di un'eclettica villa del primo '900, con spazi interni di tono minimalista
e dalle calde tonalità. Moderni confort hi-tech nelle belle camere e stupenda terrazza, al secondo piano della struttura, arredata con eleganti mobili da esterno.
Area benessere, Luxury Wellness Room, aperta tutti i giorni (su prenotazione).

27 cam ⌕ – 🛉90/120 € 🛉🛉120/150 €

viale Mezzetti 29 – 𝒞 0742 355839 – www.villadeiplatani.com

FOLLINA

Treviso – ⊠ 31051 – 3 873 ab. – Alt. 191 m – Carta regionale n° **23**-C2
Carta stradale Michelin 562-E18

✿ La Corte ⠀⠀⠀⠀⠀⠀⠀⠀⠀⠀⠀⠀ 🕭 🍴 🅰🅲 ⇔

CUCINA MODERNA · ELEGANTE 🕆🕆🕆 Ambienti sontuosi impreziositi da camino,
affreschi e decorazioni d'epoca ricevono la meritata ricompensa gastronomica: dalla
laguna veneta arrivano diverse interpretazioni marine, ma ci sono anche piatti di
carne che uniscono creatività e semplicità, il marchio di fabbrica del giovane cuoco. A
lato, il bistrot per una sosta più informale, sebbene sempre molto signorile.

→ Rotolo di trota salmonata marinata agli agrumi, caprino delle Langhe, insalatina. Carrè di maialino "in rosa", cipolle di Tropea cotte sotto sale. La mandorla
di Toritto, composta di fichi paradiso.

Menu 52 € – Carta 61/117 €

Hotel Villa Abbazia, via Roma 24 – 𝒞 0438 971761 (prenotazione obbligatoria a
mezzogiorno) – www.lacortefollina.com – Chiuso 7 gennaio-15 marzo e martedì

¶○ Osteria dei Mazzeri ⬜ ⬜ ⬜

CUCINA REGIONALE · FAMILIARE ⅩⅩ In un edifico del 1704 che fu municipio di Follina, due fratelli propongono i migliori sapori del territorio scanditi dal ritmo delle stagioni. Un bel gelso, antico simbolo del paese particolarmente attivo nell'allevamento del bacco da seta, allieta la sosta nel dehors.

Menu 30 € (pranzo in settimana)/60 € – Carta 29/61 €

via Pallade 18 – 𝒞 0438 971255 – www.osteriadaimazzeri.com – Chiuso 15 febbraio-1° marzo, martedì a mezzogiorno e lunedì

🏠 Villa Abbazia 🏠 ⬜ ⬜ ⬜

LUSSO · PERSONALIZZATO Straordinario mix di eleganza ed accoglienza familiare, dormirete in una bomboniera risalente al 1600 con annesso villino liberty. Un romantico giardino fa da corona a camere personalizzate e raffinate. Ambiente piacevolmente rustico al bistrot La Cantinetta per gustare le specialità della cucina veneta.

15 cam ⬜ – ♦180/300 € ♦♦180/345 € – 3 suites

via Martiri della Libertà – 𝒞 0438 971277 – www.hotelabbazia.it – Chiuso 7 gennaio-15 marzo

🌸 **La Corte** – Vedere selezione ristoranti

🏠 Dei Chiostri ⬜ ⬜ ⬜ ⬜

TRADIZIONALE · PERSONALIZZATO All'interno di un palazzo adiacente al municipio, struttura dotata di spazi comuni limitati, ma di piacevoli personalizzazioni e buon gusto nelle camere. E se l'appetito si fa sentire, il vicino ristorante la Corte vi attende con tante specialità.

15 cam ⬜ – ♦80/140 € ♦♦110/190 €

piazza 4 Novembre 20 – 𝒞 0438 971805 – www.hoteldeichiostri.com – Chiuso 7 gennaio-28 febbraio

FOLLONICA

Grosseto – ✉ 58022 – 21 605 ab. – Carta regionale n° **18**-B3
Carta stradale Michelin 563-N14

🥗 Il Sottomarino ⬜ ⬜ ⬜

PESCE E FRUTTI DI MARE · ROMANTICO ⅩⅩ Elegante nella sala interna, ma in alta stagione vale la pena prenotare in anticipo un tavolo in terrazza con vista mare. A ragion veduta, il pesce è ottimo e i prezzi ragionevoli. Specialità: gnocchi di patate con calamaretti di penna al profumo di salvia - guazzetto di pesce misto.

Carta 32/68 €

via Fratti 1 – 𝒞 0566 40772 (consigliata la prenotazione la sera) – www.ilsottomarino.it – solo a cena dal 15 giugno al 15 settembre – Chiuso martedì, anche lunedì dal 15 settembre al 15 giugno

¶○ Il Veliero ⬜ ⬜

PESCE E FRUTTI DI MARE · FAMILIARE ⅩⅩ Conduzione familiare ormai più che quarantennale e corretta proporzione qualità/prezzo per un classico ristorante con piatti tipicamente marinari, sito sulla via che conduce verso Punta Ala.

Menu 30/50 € – Carta 36/71 €

via delle Collacchie 20, località Puntone Vecchio, Sud-Est: 3 km – 𝒞 0566 866219 – www.ristoranteilveliero.it – Chiuso mercoledì da settembre a giugno e i mezzogiorno di mercoledì e giovedì in luglio

FONDI

Latina – ✉ 04022 – 39 809 ab. – Carta regionale n° **7**-D3
Carta stradale Michelin 563-R22

¶○ Da Fausto ⬜ ⬜ ⬜ ⬜

CUCINA MODERNA · CONTESTO CONTEMPORANEO ⅩⅩ Aperto nel 2015 nel centro della località, Fausto mixa stile moderno, gusto classico e richiami al territorio, mentre a fine pasto non mancano mai due passioni dello chef: cioccolato e gelato.

Menu 50 € – Carta 38/78 €

piazza Cesare Beccaria 6 – 𝒞 0771 531268 – www.dafausto.it – solo a cena in agosto – Chiuso 10 giorni in novembre, 10 giorni in gennaio e mercoledì escluso agosto

🍴◯ **Riso Amaro**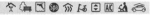

CUCINA MODERNA · ELEGANTE XX Si trova in pieno centro, vicino al castello, questo locale elegantemente contemporaneo dove le proposte rimangono di tono creativo con sfiziose elaborazioni.

😋 Menu 18 € (pranzo in settimana)/50 € – Carta 35/58 €

viale Regina Margherita 22 – ℰ 0771 523655 – www.ristoranterisoamaro.it
– Chiuso 2 settimane in febbraio, 1 settimana in novembre, martedì a mezzogiorno e lunedì

FONDO

Trento – ✉ 38013 – 1 448 ab. – Alt. 987 m – Carta regionale n° **19**-B2
Carta stradale Michelin 562-C15

🏠 **Lady Maria** 🔆 🍴 🔲 🕸 🔊 🔊 🔲 🎿 🚗

TRADIZIONALE · STILE MONTANO Struttura a seria conduzione familiare con ambientazione e arredi tipicamente montani: le camere più belle si trovano al terzo piano. Specialità della cucina trentina, servite nel luminoso ristorante.

42 cam ➚ – †40/60 € ††70/140 € – 4 suites

via Garibaldi 20 – ℰ 0463 830380 – www.ladymariahotel.com – Chiuso 3-30 novembre

FONDOTOCE Verbano-Cusio-Ossola → Vedere Verbania

FONTANAFREDDA

Pordenone – ✉ 33074 – 12 205 ab. – Alt. 52 m – Carta regionale n° **6**-A3
Carta stradale Michelin 562-E19

🍴◯ **Osteria Borgo Ronche** 🆕

CUCINA MODERNA · CONTESTO CONTEMPORANEO XX Pochi tavoli e ambientazione signorilmente contemporanea per una cucina che parla prevalentemente di mare con piatti più semplici a pranzo e ricchi di creatività la sera. Una sola cosa resta da fare: prenotare!

Carta 44/90 € – carta semplice a pranzo

via S. Pellico 54, Sud Est :3,5 Km ✉ 33074 Fontanafredda – ℰ 0434 565016 (prenotazione obbligatoria) – Chiuso sabato a mezzogiorno e domenica

FONTANAFREDDA Cuneo (CN) → Vedere Serralunga d'Alba

FONTANASALSA Sicilia Trapani → Vedere Trapani

FONTANELLE Cuneo → Vedere Boves

FONTANELLE Parma → Vedere Roccabianca

FONTENO

Bergamo (BG) – ✉ 24060 – 637 ab. – Carta regionale n° **10**-D1
Carta stradale Michelin 561-E12

🍴◯ **Panoramico** 🔄 ⤡ 🍴 🍴 ⅊ 🅿

CUCINA MODERNA · FAMILIARE XX Superati i 50 anni, il ristorante familiare si concede un bellissimo restyling: le pareti di vetri regalano uno splendida vista sul lago d'Iseo, mentre la cucina - d'ispirazione contemporanea - si destreggia abilmente tra pesce d'acqua dolce, di mare e non ultima la carne. Comode camere da cui rimirare la bellezza della natura circostante.

Menu 49 € (in settimana) – Carta 40/72 €

13 cam ➚ – †80/120 € ††99/139 € – 2 suites

via Palazzine 30 – ℰ 035 969027 (prenotare) – www.panoramicohotel.com
– Chiuso lunedì e martedì in novembre-marzo

FOPPOLO

Bergamo – ⊠ 24010 – 193 ab. – Alt. 1 508 m – Carta regionale n° **9**-B1
Carta stradale Michelin 561-D11

⅔○ **K2** ⇦ ≼ **P**

CUCINA REGIONALE • FAMILIARE ⅔ Fuori dal centro abitato, ambiente grazioso con arredi in legno chiaro e una curata rusticità, offre piatti locali, un'ottima selvaggina e polpette a base di erbe con una ricetta rigorosamente segreta. Ai piani superiori si trovano camere con cucina: 3, davvero carine, rinnovate recentemente.

🍴 Menu 20 € (pranzo)/40 € – Carta 27/56 €

19 cam ⊡ – ♦40/100 € ♦♦80/160 €

via Foppelle 42 – ℰ 0345 74105 (prenotare) – www.ristorantek2.com – Chiuso maggio e novembre escluso i fine settimana

FORIO Napoli → Vedere Ischia (Isola d')

FORLÌ

(FC) – ⊠ 47121 – 117 913 ab. – Alt. 34 m – Carta regionale n° **5**-D2
Carta stradale Michelin 562-J18

⅔○ **Casa Rusticale dei Cavalieri Templari** 🏠 ₺ 🆎 ⇦ **P**

CUCINA MODERNA • RUSTICO ⅩⅩ "Hospitale" di S. Bartolo dei Cavalieri Templari sin dal XIII secolo, il bel locale continua la tradizione di accoglienza in atmosfere piacevolmente rustiche nelle sale interne, non prive di eleganza. Cucina contemporanea con qualche sprazzo di creatività e un bel servizio all'aperto sotto un pergolato di uva fragola.

🍴 Menu 19/35 € – Carta 30/56 €

viale Bologna 275, 1 km per Faenza ⊠ 47121 – ℰ 0543 701888 (prenotare) – www.osteriadeitemplari.it – Chiuso 25 aprile-1° maggio, agosto, lunedì e domenica sera in settembre-maggio, sabato a mezzogiorno, domenica e lunedì in giugno, anche sabato sera in luglio

⅔○ **Elsa** ₺ 🆎 🍽

CUCINA CREATIVA • MINIMALISTA ⅩⅩ In zona periferica e poco turistica, vale la pena tuttavia addentrarsi in questo ristorante dalle linee semplici e trasparenti, essenziali e minimaliste, dove la cucina gioca la carta della creatività con ottimi risultati.

Menu 45/59 € – Carta 40/54 €

via Benedetta Bianchi Porro 16 – ℰ 0543 405504 (consigliata la prenotazione) – www.elsaristorante.it – Chiuso 1 settimana in dicembre o gennaio, agosto, sabato a mezzogiorno, domenica sera e lunedì

⅔○ **Osteria Casa di Mare** 🏠 ₺ 🆎

PESCE E FRUTTI DI MARE • CONVIVIALE Ⅹ Anche se non siete qui in visita ad una delle mostre degli antistanti Musei San Domenico, l'osteria è un punto di riferimento in città per il pesce, in scelta ristretta, secondo l'offerta del mercato. Si privilegia l'informalità tra qualche originale decorazione marina, col bel tempo troverete dei tavoli sotto un pergolato di rose e uva.

Carta 38/75 €

via Theodoli 6, ang. piazza Guido da Montefeltro – ℰ 0543 20836 – www.osteriacasadimare.it – solo a cena in estate – Chiuso 3 settimane in agosto e lunedì

⅔○ **Trattoria 'petito** 🏠 ₺ 🆎 **P**

CUCINA EMILIANA • CONVIVIALE Ⅹ Il nome è la contrazione dell'augurio "buon appetito": una promessa che non sarà delusa! La cucina attinge a piene mani dal territorio emiliano-romagnolo, fra carni, salumi, qualche specialità di pesce, vini (molto Sangiovese, naturalmente) ed altro ancora… Chi ama i distillati, troverà una ricca carta dedicata al genere.

Carta 28/56 €

via Corridoni 14 – ℰ 0543 35784 – www.trattoriapetito.it – Chiuso 7-27 agosto, domenica e lunedì

🏨 Globus City   ✿ 舲 🛁 🖃 ᴴ 🗚 🕸 🄿

BUSINESS · ELEGANTE Hotel di stile classico tra la città e il casello autostradale caratterizzato da ambienti di buon confort e camere accoglienti. Ottima la prima colazione. Al ristorante I Meridiani: cucina classica con alcune proposte locali.

96 cam – 🛏79/149 € 🛏🛏99/189 € – 2 suites – ☲ 5 €

via Traiano Imperatore 4, 3,5 km per Ravenna ⊠ 47122 – ℰ 0543 722215
– www.hotelglobuscity.com – Chiuso 3-25 agosto

FORMAZZA

Verbano-Cusio-Ossola – ⊠ 28863 – 445 ab. – Alt. 1 280 m – Carta regionale n° **12**-C1
Carta stradale Michelin 561-C7

🍴 Walser Schtuba   🏠

CUCINA MODERNA · RUSTICO 🗶 Nella parte più alta e pittoresca della Val Formazza, una piacevolissima risorsa in perfetto stile alpino: grazioso dehors per la bella stagione e tante gustose specialità locali, rivisitate con estro e alleggerite quanto basta.

Carta 33/64 €

Hotel Walser Schtuba, località Riale – ℰ 0324 634352 – www.locandawalser.it
– Chiuso 16-30 aprile, 16 ottobre-9 novembre, mercoledì, anche domenica sera in inverno

🏨 Walser Schtuba   🕸 🕸

LOCANDA · STILE MONTANO Collegato all'omonimo ristorante, si è voluto puntare più sulla qualità che sulla quantità in questo bel cascinale in sasso e legno immerso nella natura: le camere sono - infatti - solo sei, ma tutte contraddistinte da uno stile alpino ricercato ed accogliente.

6 cam ☲ – 🛏90 € 🛏🛏110 €

località Riale ⊠ 28863 – ℰ 0324 634352 – www.locandawalser.it – Chiuso 16-30 aprile e 16 ottobre-9 novembre

🍴 **Walser Schtuba** – Vedere selezione ristoranti

FORMIA

Latina – ⊠ 04023 – 38 127 ab. – Carta regionale n° **7**-D3
Carta stradale Michelin 563-S22

🏨 Grande Albergo Miramare   ✿ ⩶ ⫘ ⴺ ⩔ 🖃 🕸 🕸 🄿

PALACE · LUNGOMARE Serie di villette tra i pini ed il mare per un soggiorno di tono e relax. Le camere più affascinanti si affacciano sul golfo; ampie sale al ristorante dal fascino retrò.

55 cam – 🛏90/115 € 🛏🛏130/150 € – 1 suite – ☲ 9 €

via Appia 44, Est: 2 km – ℰ 0771 320047
– www.grandealbergomiramare.com

FORMIGINE

Modena – ⊠ 41043 – 34 323 ab. – Alt. 82 m – Carta regionale n° **5**-B2
Carta stradale Michelin 562-I14

a Casinalbo Nord : 2 km ⊠ 41041

🏨 Modena Resort   ✿ ⩶ ⴺ 🖂 🛁 🗚 🕸 🄿

TRADIZIONALE · MODERNO Moderna struttura lungo la strada per Modena: d'inverno il lavoro è legato alla clientela commerciale, ma d'estate sono le famiglie ad approfittare delle camere dedicate con piccola cucina e giardino privato. Piatti tradizionali nel nuovo ristorante adiacente all'albergo.

35 cam – 🛏59/219 € 🛏🛏69/289 € – 9 suites – ☲ 8 €

via Giardini Nord 438 – ℰ 059 511151 – www.modenaresort.it

FORNO DI ZOLDO

Belluno – ✉ 32012 – 2 330 ab. – Alt. 848 m – Carta regionale n° **23**-C1
Carta stradale Michelin 562-C18

🍴○ Tana de 'l Ors ⇦

CUCINA MODERNA · BISTRÒ ⋇ In questa zona di caccia, lo chef propone una cucina moderna, dove la carne è la protagonista principale, ma troverete anche qualche ispirazione proveniente dal mare. La struttura mette a disposizione mono e bilocali con angolo cottura.

🍴 Menu 13 € (pranzo in settimana) – Carta 33/65 €

5 cam – ♦45/65 € ♦♦65/100 € – ☲ 8 €

via Roma 28 – ✆ 0437 794097 (consigliata la prenotazione la sera)
– www.ristorantetanadelors.it
– Chiuso maggio, novembre e lunedì, anche domenica sera in bassa stagione

a Mezzocanale Sud-Est : 10 km ✉ 32013 – Forno Di Zoldo – Alt. 620 m

😊 Mezzocanale-da Ninetta 🏠 ♻ P

CUCINA TRADIZIONALE · FAMILIARE ⋇ Oltre 120 anni di storia per questo punto di ristoro lungo la strada Forno di Zoldo-Longarone: sala-bar riscaldata dal fogolar ottocentesco o sala classica, una cortese accoglienza familiare a voce spiega le specialità della cucina dolomitica. Imperdibili gli gnocchi di zucca con ricotta affumicata e il cervo alla salvia.

Carta 26/58 €

via Canale 22 – ✆ 335 531 1365 – www.trattoriadaninetta.it
– Chiuso metà settembre-metà ottobre, martedì sera e mercoledì

Un importante pranzo d'affari o una cena tra amici?
Il símbolo ♻ indica la presenza di una sala privata.

FORTE DEI MARMI

Lucca – ✉ 55042 – 7 510 ab. – Carta regionale n° **18**-A1
Carta stradale Michelin 563-K12

❀ Bistrot

PESCE E FRUTTI DI MARE · DI TENDENZA ⋇⋇ Da sempre un punto di riferimento per gli amanti del pesce nelle sue più svariate declinazioni dal crudo al vapore, passando per la brace, Bistrot accoglie i propri ospiti nella cornice di eleganti sale sul lungomare.

→ Spaghettone. Zuppa di pesce 2016. Cioco Crock.

Carta 78/151 €

viale Franceschi 14 – ✆ 0584 89879 (consigliata la prenotazione)
– www.bistrotforte.it
– solo a cena escluso sabato e festivi dal 15 settembre al 15 giugno
– Chiuso 8-18 gennaio e martedì escluso in estate

❀ Lorenzo 🏠 AC 🍴 ♻

PESCE E FRUTTI DI MARE · ELEGANTE ⋇⋇ Una leggenda trentennale, per la Versilia ed anche per l'Italia, forgiata sulla certezza che un'esperienza agli eleganti tavoli di Lorenzo garantisce, in primis, ottimo pesce, quindi, un servizio attento e professionale e la possibilità di scegliere il vino tra oltre mille etichette. Il tutto firmato Lorenzo.

→ Bavette sul pesce. Bollito misto. La nostra pastiera.

Menu 90/120 € – Carta 60/135 €

via Carducci 61 – ✆ 0584 874030 – www.ristorantelorenzo.com
– solo a cena in estate
– Chiuso 15 dicembre-1° febbraio, martedì a mezzogiorno e lunedì; anche domenica sera dal 15 ottobre al 31 marzo

🕸 Lux Lucis   🐾 � 🏠 🖼 🧊 🗚 🚗

CUCINA CREATIVA · ELEGANTE XxX Circondato da ampie vetrate, la luce diventa qui complemento d'arredo: ambiente di moderna eleganza e design minimal con la cucina a vista che permette di "spiare" lo chef impegnato in piatti creativi frutto di un approfondito lavoro di ricerca sia nelle tecniche di preparazione sia nella selezione dei migliori ingredienti.

→ Dopo la mareggiata: gnocchi di topinambur, arselle e schiuma al pepe. Controfiletto di vitello arrostito, variazione di sedano rapa e genziana. Amarena croccante, cremoso alla viola e cioccolato bianco.

Menu 60/120 € – Carta 75/141 €

Hotel Principe Forte dei Marmi, viale A. Morin 67 – 𝒞 0584 783636
– www.principefortedeimarmi.com – solo a cena – Aperto vacanze di
Natale, 15 marzo-fine ottobre; chiuso lunedì e martedì escluso luglio-agosto

🕸 La Magnolia   🐾 🚤 🏠 🗚 🍽 🅿

CUCINA MODERNA · LUSSO XxX Con un curriculum di esperienze maturate presso importanti tavole, lo chef dà prova di grande capacità nel raccogliere e far evolvere la ricca tradizione mediterranea, aggiungendo la propria impronta schietta e scevra da ogni tecnicismo. Nella bella stagione pranzo e cena sono serviti anche a bordo piscina.

→ Linguine, parmigiano e basilico. Morone alla mugnaia, asparagi di mare e bottarga di tonno rosso. Rigatone, pomodoro e mozzarella (dessert!).

Menu 90/150 € – Carta 88/136 €

Hotel Byron, viale Morin 46 – 𝒞 0584 787052 – www.hotelbyron.net
– Aperto 20 marzo-4 novembre

⊘ Pesce Baracca   🏠 🗚

PESCE E FRUTTI DI MARE · BISTRÒ X Locale informale, giovane ed originale nel suo concept: pescheria con angolo di gastronomia anche da asporto, la scelta qui si fa veloce e il pesce cucinato viene poi "recuperato" direttamente in cucina dal cliente stesso. Ma per gli amanti del "servito in tavola" c'è anche uno spazio con dehors, classico menu e camerieri alla vostra mercé.

Carta 41/57 €

viale Franceschi 2 – 𝒞 0584 171 6337 – www.pescebaracca.it – Chiuso lunedì

🏨 Grand Hotel Imperiale   🏔 🧊 🛖 ℔ 🗝 🖂 ⅙ 🗚 🍽 🎿 🚗

LUSSO · ELEGANTE Atmosfera e servizio impeccabile sono i principali atout di questo albergo, dove il lusso si declina nei dettagli dipinti color oro, nonché nell'attrezzata beauty farm. Centralissimo, con le famose boutique griffate a due passi.

34 suites – 👥700/4000 € – 12 cam – ⊑ 28 €

via Mazzini 20 – 𝒞 0584 78270 – www.grandhotelimperiale.it

🏨 Principe Forte dei Marmi   🏔 🚤 🧊 🖼 💿 🛖 ℔ 🗝 🖂 ⅙ 🗚 🚗

LUSSO · MODERNO Lontano dalla classicità alberghiera tradizionale, Principe Forte dei Marmi è un hotel di lusso immerso nel verde sullo sfondo delle Alpi Apuane e a pochi metri dalla spiaggia. Inondata da luce, minimalista negli arredi, la struttura è al tempo stesso sofisticata e moderna.

22 cam ⊑ – 👤350/1890 € 👥450/2450 € – 6 suites

viale A. Morin 67 – 𝒞 0584 783636 – www.principefortedeimarmi.com
🕸 **Lux Lucis** – Vedere selezione ristoranti

🏨 Augustus Lido   🏔 🚤 🧊 ℔ 🖂 🗚 🅿

DIMORA STORICA · VINTAGE Splendida villa neorinascimentale di fine Ottocento, fu anche celebre dimora degli Agnelli: dell'epoca rimangono molti arredi e tessuti, nonché un'atmosfera tra l'inglese e il retrò. Piacevole plus: è l'unico albergo con sottopasso per la spiaggia!

21 cam ⊑ – 👤300/750 € 👥300/950 € – 2 suites

viale Morin 72 – 𝒞 0584 787442 – www.augustushotelresort.com – Aperto
15 maggio-30 settembre

🏛 Byron ⚓ 🗐 📶 🅿

LUSSO · CLASSICO Struttura di riferimento nella zona della Versilia per una clientela esigente e raffinata, Byron ha mantenuto – tuttavia – la sua caratteristica peculiare di dimora storica di piccole dimensioni, in grado di far sentire come a casa propria gli ospiti. Dotato delle più recenti tecnologie e di nuovi standard di servizio, le dimensione di molte camere sono state riconsiderate, facilitando in tal modo la possibilità di ospitare famiglie e coppie con qualsiasi tipo di esigenza. A tutto ciò si aggiunge una penthouse di 150 mq con meravigliosa terrazza in tek che si affaccia sul mare: praticamente un'esclusiva a Forte dei Marmi!

29 cam ⌷ – 👤300/660 € 👥👤300/660 €

viale Morin 46 – ✆ 0584 787052 – www.hotelbyron.net
– Aperto 20 marzo-4 novembre

🌸 **La Magnolia** – Vedere selezione ristoranti

🏛 Villa Roma Imperiale 🏊 ⚓ 🗐 🦽 📶 🐾 🅿

LUSSO · PERSONALIZZATO Abbracciata da un tranquillo giardino con piscina, una villa anni '20 d'impeccabile tenuta: interni sobri ed eleganti giocati sulle sfumature del colore sabbia e qualche accenno etnico in alcune camere.

23 cam ⌷ – 👤250/860 € 👥👤250/860 € – 8 suites

via Corsica 9 – ✆ 0584 78830 – www.villaromaimperiale.com
– Aperto 11 aprile-13 ottobre

🏛 Augustus 🏵 🏊 ⚓ 🗐 🐾 🅿

LUSSO · PERSONALIZZATO All'interno di villa Pesenti, edificio razionalista degli anni '30 poi ampliato, o in sette villini distribuiti nel parco, l'Augustus è meta di chi cerca il silenzio e un fascino retrò mai sorpassato.

70 cam ⌷ – 👤300/750 € 👥👤300/950 € – 10 suites

viale Morin 169 – ✆ 0584 787200 – www.augustushotelresort.com – Aperto 1° aprile-30 ottobre

🏛 California Park Hotel 🏵 🏊 ⚓ 🗐 🦽 📶 🐾 🅿

TRADIZIONALE · MEDITERRANEO Immersa in un lussureggiante parco, una bella struttura - moderna e piacevolmente personalizzata - dall'aspetto estivo e mediterraneo. Composta da un corpo principale e dépendance vanta un comune denominatore: l'ottimo confort.

40 cam ⌷ – 👤300/500 € 👥👤470/780 € – 6 suites

via Cristoforo Colombo 32 – ✆ 0584 787121 – www.californiaparkhotel.com
– Aperto 1° maggio-30 settembre

🏛 Hermitage 🏵 🏊 ⚓ 🗐 🦽 📶 🅿

TRADIZIONALE · MEDITERRANEO Tra il verde dei pini e dei lecci, cinto da un giardino con piscina, un albergo piacevole, sito in una zona quieta della località. Simpatica area giochi per i bambini e comoda navetta per la spiaggia.

56 cam ⌷ – 👤200/350 € 👥👤220/600 € – 3 suites

via Cesare Battisti 50 – ✆ 0584 787144 – www.albergohermitage.it
– Aperto 1° maggio-30 settembre

🏛 Il Negresco 🏵 🗐 🦽 📶 🅿

DIMORA STORICA · LUNGOMARE Sul lungomare, l'albergo splende di marmi, mentre i colori dominanti sono chiari, tra il bianco ed il panna, con leggere divagazioni ai piani delle camere. Circa la metà delle stanze si affaccia sul mare (nessun albergo di Forte può vantare lo stesso plus!); per tutti c'è, invece, una terrazza-solarium panoramica in cima all'edificio.

40 cam ⌷ – 👤110/550 € 👥👤150/700 €

viale Italico 82 – ✆ 0584 78820 – www.hotelilnegresco.com – Chiuso 20 giorni in dicembre e 10 giorni in gennaio

St. Mauritius 🛎

BOUTIQUE HOTEL · MODERNO Piacevole quanto elegante albergo in zona tranquilla, introdotto da un giardino con piscina su cui danno i tavolini del ristorante e quelli del servizio light lunch. Recentemente inaugurata la Natural Spa che - oltre alla zona umida e alla palestra – dispone di un piccolo reparto beauty per trattamenti estetici e massaggi.

52 cam – solo ½ P 200/260 €

*via 20 Settembre 28 – ℰ 0584 787131 – www.stmauritiushotel.com
– 1° aprile-30 ottobre*

Villa Grey

STORICO · PERSONALIZZATO Fronte mare, siamo in un'elegante villa di fine '800 trasformata all'interno in ambienti moderni giocati sulle sfumature del grigio, e raddoppiata da una quasi gemella dépendance, a cui fa eco il verde dell'incantevole giardino sul retro. Attraversata la strada, c'è il proprio omonimo stabilimento balneare.

19 cam ⌂ – ♦150/830 € ♦♦200/830 € – 4 suites

viale Italico 84 – ℰ 0584 787496 – www.villagrey.it – Chiuso novembre e febbraio

Hotel 1908

STORICO · ACCOGLIENTE Un edificio liberty degli anni '30 è il bel biglietto da visita di questa struttura, centrale e con piccola piscina, che si apre all'interno su camere eterogenee, nonché ambienti sobri, ma confortevoli; all'esterno su un piacevole giardino.

26 cam ⌂ – ♦80/380 € ♦♦120/630 € – 1 suite

via Flavio Gioia 2 – ℰ 0584 787531 – www.hotel1908.com – Chiuso 15-28 dicembre

Kyrton

FAMILIARE · PERSONALIZZATO Camere semplici, ma confortevoli, in un hotel immerso nel verde di un curato giardino con piscina, la cui cordiale gestione familiare vi farà sentire un po' come ospiti da amici.

33 cam ⌂ – ♦50/299 € ♦♦65/320 € – 1 suite

*via Raffaelli 16 – ℰ 0584 787461 – www.hotelkyrton.it
– Aperto 20 marzo-31 ottobre*

Mignon

FAMILIARE · ELEGANTE Si trova a circa 100 metri dal mare, questa piccola bomboniera composta da un curato giardino, eleganti salotti, verande e camere confortevoli; terrazza-solarium con piccola piscina.

34 cam ⌂ – ♦80/240 € ♦♦120/270 €

*via Carducci 58 – ℰ 0584 787495 – www.hotelmignon.it – Aperto
1° aprile-31 ottobre*

Sonia

FAMILIARE · VINTAGE Tra cimeli e decorazioni, Sonia assomiglia più ad un'accogliente casa privata che ad un albergo. Raccolto intorno ad un piccolo giardino interno con idromassaggio ed una graziosa fontana, è qui che - tempo permettendo – ci si accomoda per la prima colazione o un pasto. Anima e animatrice di tutto ciò è la proprietaria, Licia, una simpatica presenza per gli ospiti dell'hotel.

18 cam ⌂ – ♦80/200 € ♦♦100/250 €

via Matteotti 42 – ℰ 0584 787146 – www.albergosonia.it

Tarabella

FAMILIARE · ACCOGLIENTE Piacevole edificio niveo con qualche decorazione dipinta, un piccolo giardino lo circonda. E sebbene sia una risorsa dal sapore familiare, confortevole e tranquilla, con una sala giochi per i bambini, Tarabella promuove lo spirito green grazie a colonnine elettriche per la ricarica di auto ecologiche.

32 cam ⌂ – ♦95/250 € ♦♦95/250 €

*viale Versilia 13/b – ℰ 0584 787070 – www.tarabellahotel.it – Aperto
15 aprile-10 ottobre*

FOSDINOVO

Massa-Carrara (MS) – ⊠ 54035 – 4 883 ab. – Alt. 500 m – Carta regionale n° **18**-A1
Carta stradale Michelin 563-J12

🏠 La Castellana ☆ ⇇ 🛋 ⬛ 🔲 ⟶ 🆎 ⟡ **P**

TRADIZIONALE · CLASSICO Una vista mozzafiato su due regioni, colline e mare
è il motivo principale per dormire qui, avendo cura di prenotare una camera
panoramica. Arredi sobri e contemporanei, luce e spazi sono la cifra della struttura. Al ristorante anche pizze.

30 cam ⊊ – ♦60/90 € ♦♦70/100 €

via Pilastri 18, Sud-Est: 4 km – ℰ 0187 680010 – www.albergolacastellana.com

FOSSANO

Cuneo (CN) – ⊠ 12045 – 24 739 ab. – Alt. 375 m – Carta regionale n° **12**-B3
Carta stradale Michelin 561-I5

🍴 Antiche Volte ⅋ 🔲 🆎 ⟡

CUCINA MODERNA · ELEGANTE 🕸🕸 Sotto le antiche volte di Palazzo Righini
una sosta gourmet: cucina moderna - soprattutto a base di carne - e qualche
specialità di mare. Con oltre 4000 bottiglie tra vini d'autore, annate prestigiose,
bollicine italiane e straniere, la cantina merita la lode. A mezzogiorno la proposta
è più ridotta; in alternativa - aperto a pranzo e a cena - Il Loggiato, gradevole
bistrot ben frequentato anche dalla clientela locale.

Menu 45/75 € – Carta 52/80 €

*Hotel Palazzo Righini, via Negri 20 – ℰ 0172 666666 (consigliata la prenotazione)
– www.palazzorighini.it – Chiuso martedì a mezzogiorno e lunedì*

🏠 Palazzo Righini 🔉 ⬛ ⟶ 🆎 ⟡

DIMORA STORICA · GRAN LUSSO Straordinario esempio di restauro e trasformazione alberghiera di un palazzo seicentesco, a pochi metri dai negozi dell'affascinante via Roma. Un gusto contemporaneo ispira gli ambienti, inserzioni moderne
tra intramontabili citazioni, intorno ad una graziosa corte interna. Camere sempre
diverse, ma la numero sei offrirà un soggiorno indimenticabile.

24 cam ⊊ – ♦100/180 € ♦♦130/200 €

via Negri 20 – ℰ 0172 666666 – www.palazzorighini.it

🍴 **Antiche Volte** – Vedere selezione ristoranti

FRABOSA SOPRANA

Cuneo – ⊠ 12082 – 759 ab. – Alt. 891 m – Carta regionale n° **12**-B3
Carta stradale Michelin 561-J5

🍴 Ezzelino ⅋ ⇇ 🛋 🏠 🕸 🚗

CUCINA MODERNA · ACCOGLIENTE 🕸🕸 Una sala con camino dell'albergo Miramonti è dedicata a questa nicchia gourmet, frequentata da chi vuole regalarsi un
trattamento speciale con piatti creativi e originali, accompagnati da un'interessante carta dei vini, ricca di spiegazioni sui singoli vitigni.

Menu 39/59 € – Carta 41/78 €

*Hotel Miramonti, via Roma 84 – ℰ 0174 244533 – www.miramonti.cn.it – Chiuso
24 marzo-5 maggio e 3 novembre-5 dicembre; aperto solo nei weekend in aprile,
ottobre e dicembre*

🏠 Miramonti ☆ 🐾 ⇇ 🛋 🕸 🍴 ⬛ ⟡ 🚗

TRADIZIONALE · ACCOGLIENTE Se le camere sono semplici, ma ben tenute e a
prezzi contenuti, il soggiorno in quest'albergo trova la sua ragione d'essere nella
cura del corpo a cui è destinato il centro benessere e soprattutto nell'avere una
serie di agevolazioni ed intrattenimenti per i piccoli ospiti.

48 cam – ♦55/65 € ♦♦85/146 € – ⊊ 9 €

*via Roma 84 – ℰ 0174 244533 – www.miramonti.cn.it – Chiuso
24 marzo-5 maggio e 3 novembre-5 dicembre; aperto solo nei weekend in aprile,
ottobre e dicembre*

🍴 **Ezzelino** – Vedere selezione ristoranti

FRANCAVILLA AL MARE

Chieti – ⊠ 66023 – 25 422 ab. – Carta regionale n° **1**-C1
Carta stradale Michelin 563-O24

🏗️○ **Il Brigantino - Chiavaroli**

PESCE E FRUTTI DI MARE · ACCOGLIENTE ✕✕ Ubicato lungo la via principale del lungomare, Il Brigantino - Chiavaroli resta sempre un riferimento per gli abitanti del luogo, ma anche per il turista di passaggio, per la freschezza del suo pesce. E dopo 40 anni d'indefessa attività, il titolare si "apre" - ora - anche alla modernità dei piatti d'asporto.

Menu 35 € – Carta 24/67 €

viale Alcione 101 – ℰ 085 810929 – Chiuso lunedì, anche domenica sera da settembre a giugno

🏨 **Villa Maria Hotel & Spa**   ✿ 🐾 ≤ 🍴 🎿 🗔 ⊕ ♨ ⛱ ⛷ 🖂 🕭 AC ⚒

SPA E WELLNESS · ELEGANTE Piacevole soggiorno nella quiete di un **P** grande parco e nel confort delle camere, a cui si aggiungono un'attrezzata spa ed una panoramica sala colazioni per lasciarsi svegliare dai riflessi del mare. In un'atmosfera intima e raffinata, la sobrietà del ristorante si coniuga alla valorizzazione del territorio.

87 cam ⌧ – ♦99/274 € ♦♦129/289 € – 10 suites

contrada Pretaro, via San Paolo, Nord-Ovest: 3 km – ℰ 085 450051
– www.hvillamaria.it

🏨 **Punta de l'Est**   ✿ ≤ AC **P**

FAMILIARE · LUNGOMARE Praticamente sulla spiaggia, albergo a conduzione diretta composto dall'unione di due belle ville: luminosi gli spazi comuni, confortevoli le camere.

48 cam ⌧ – ♦50/95 € ♦♦70/160 €

viale Alcione 188 – ℰ 085 498 2076 – www.puntadelest.it – Aperto 1° maggio-15 ottobre

 All'atto della prenotazione fatevi precisare il prezzo e la categoria della camera.

FRASCATI

Roma – ⊠ 00044 – 22 087 ab. – Alt. 320 m – Carta regionale n° **7**-B2
Carta stradale Michelin 563-Q20

🏗️○ **Cacciani**   🍸 ⇦ ≤ 🛋 AC 🚗

CUCINA LAZIALE · ACCOGLIENTE ✕✕ Uno dei nomi più celebri della ristorazione dei Castelli Romani: gli amanti della cucina laziale troveranno qui una delle più fedeli interpretazione. Sala accogliente, da una parte le cucine a vista, dall'altra la terrazza panoramica.

🍴 Menu 25 € (pranzo in settimana)/55 € – Carta 35/56 €

22 cam ⌧ – ♦65/85 € ♦♦70/110 €

via Diaz 15 – ℰ 06 942 0378 – www.cacciani.it
– Chiuso 6-10 gennaio, 16-19 agosto, domenica sera e lunedì

🏨 **Flora**   ✿ 🍴 🖂 AC ⚒ **P**

STORICO · ELEGANTE A due passi dal centro, lo stile Liberty della struttura vi farà certamente assaporare l'aristocratica atmosfera di quando Frascati era meta di villeggiatura della nobiltà romana. *Roof garden* panoramico.

37 cam ⌧ – ♦90/110 € ♦♦100/130 € – 3 suites

viale Vittorio Veneto 8 – ℰ 06 941 6110 – www.hotel-flora.it

FRATTA Forlì-Cesena → Vedere Bertinoro

FRATTA TODINA
Perugia – ✉ 06054 – 1 839 ab. – Alt. 215 m – Carta regionale n° **20**-B2
Carta stradale Michelin 563-N19

🏠 La Palazzetta del Vescovo ✿ ⅏ < ⬤ ⤳ ⚒ ⅍ 🅿

CASA DI CAMPAGNA · **PERSONALIZZATO** Elegante e ricca di fascino, arredata con mobili antichi, attenzione ai particolari e una calda armonia di colori; nel rigoglioso giardino, essenze mediterranee e un'ampia piscina a raso.
9 cam ☲ – 🛏195/245 € 🛏🛏195/245 €
*via Clausura 17, località Spineta, Ovest: 3 km – ☎ 075 874 5183
– www.lapalazzettadelvescovo.com – Aperto 1° aprile-2 novembre*

FREIBERG Bolzano → Vedere Merano

FROSSASCO
Torino – ✉ 10060 – 2 864 ab. – Alt. 376 m – Carta regionale n° **12**-B2
Carta stradale Michelin 561-H4

🍴○ Adriano Mesa ⅖

CUCINA MODERNA · FAMILIARE ✕✕ In una sala accogliente come un salotto di casa, lo chef patron - dalla sua cucina a vista - giorno per giorno (in base al mercato ed al suo estro) compone un menu degustazione in cui di volta in volta cita il territorio, la modernità, la carne o il pesce, mantenendo fisso il proprio stile e la propria firma.
Menu 40 €
via Principe Amedeo 57 – ☎ 0121 353455 (prenotazione obbligatoria) – Chiuso lunedì

FUMANE
Verona – ✉ 37022 – 4 119 ab. – Alt. 198 m – Carta regionale n° **22**-A2
Carta stradale Michelin 562-F14

🏠 Costa degli Ulivi ✿ ⅏ < ⬤ ⤳ ✕ ⊡ ⒶⒸ ⅏ 🅿

AGRITURISMO · **BUCOLICO** Casolare di metà Ottocento affacciato sul più tipico e affascinante paesaggio di vigneti e ulivi, (l'azienda agricola è anche produttrice di vino e olio); le camere sono semplici ma gradevolmente arredate, molte con una pittoresca vista sulle colline, alcune in una vicina e più recente dépendance.
19 cam ☲ – 🛏60/90 € 🛏🛏100/120 €
via Costa 5 – ☎ 045 683 8088 – www.costadegliulivi.com – Chiuso 7-31 gennaio

FUNO Bologna → Vedere Argelato

FURLO Pesaro e Urbino (PU) → Vedere Acqualagna

FURORE
Salerno (SA) – ✉ 84010 – 830 ab. – Alt. 300 m – Carta regionale n° **4**-B2
Carta stradale Michelin 564-F25

⊛ Hostaria di Bacco < ⬤ ⌂ ⒶⒸ 🅿

CUCINA CAMPANA · **ACCOGLIENTE** ✕✕ Ampia scelta di piatti del territorio molto ben elaborati in un locale dall'ottima conduzione famigliare con terrazza panoramica; se dalla carta fanno capolino le lagane (tipo di pasta, ndr) con baccalà e ceci di Cicerale o la pastiera napoletana rivisitata, il menu saprà soddisfare anche bambini e vegani.
Menu 35/85 € – Carta 40/86 €
Hotel Bacco, via G.B. Lama 9 – ☎ 089 830360 – www.baccofurore.it – Chiuso martedì nel periodo invernale

Bacco

FAMILIARE · TRADIZIONALE Bisogna ammetterlo: qui, la cosa più bella è la vista che abbraccia Furore e la costa. Ma anche le camere nelle loro semplicità si prestano a soggiorni tranquilli ed ognuna di esse, nel nome, evoca il ricordo di vecchie canzoni napoletane: Lazzarella, Reginella, Cerasella, Bammenella...

19 cam ヱ – ♦40/120 € ♦♦50/150 €

via G.B. Lama 9 – ℰ 089 830360 – www.baccofurore.it

Hostaria di Bacco – Vedere selezione ristoranti

Agriturismo Sant'Alfonso

AGRITURISMO · PERSONALIZZATO Tra i tipici terrazzamenti della costiera, un ex convento dell'Ottocento - ora agriturismo - conserva ancora la cappella e un museo del vino con torchio del 1500, quindi, ceramiche ed affreschi, nonché il forno a legna di quel periodo. Camere semplici. Prodotti di stagione, il vino dell'azienda ed il profumo elle erbe aromatiche in sala o in terrazza.

9 cam ヱ – ♦65/80 € ♦♦70/110 €

via S. Alfonso 6 – ℰ 089 830515 – www.agriturismosantalfonso.it – Chiuso 15 gennaio-15 febbraio

FUSIGNANO

Ravenna – ⊠ 48010 – 8 222 ab. – Carta regionale n° **5**-C2
Carta stradale Michelin 562-I17

⏺O La Voglia Matta

CUCINA REGIONALE · AMBIENTE CLASSICO XX Al piano terra dell'albergo Ca' Ruffo, una piccola bomboniera dove gustare una saporita cucina divisa equamente tra terra e mare. Qualche ricetta vegetariana ed economiche proposte per pranzi di lavoro.

Menu 17 € (in settimana)/45 € – Carta 35/76 €

8 cam ヱ – ♦65/75 € ♦♦80/140 € – 1 suite

via Vittorio Veneto 63 – ℰ 0545 954034 – www.caruffo.it
– Chiuso 1 settimana in gennaio, 3 settimane in agosto, sabato a mezzogiorno e domenica

GABBIANO Firenze → Vedere Scarperia

GABICCE MARE

Pesaro e Urbino (PU) – ⊠ 61011 – 5 781 ab. – Carta regionale n° **11**-B1
Carta stradale Michelin 563-K20

⏺O Il Traghetto

PESCE E FRUTTI DI MARE · ACCOGLIENTE XX Gustosa cucina regionale e di mare con qualche proposta lievemente moderna; le specialità sono quelle classiche dell'Adriatico - a cominciare dal pesce passato nel pangrattato e poi cotto alla griglia - ma non manca qualche ricerca in più in termini di prodotti o piatti originali.

Carta 40/62 €

via del Porto 27 – ℰ 0541 958151 – www.ristoranteiltraghetto.com – Chiuso 25 novembre-12 febbraio e martedì escluso agosto

Sans Souci

TRADIZIONALE · ACCOGLIENTE In posizione panoramica, questo moderno hotel, recentemente rinnovato, domina la costa ed offre ambienti dai semplici arredi di gusto moderno ed una dépendance.

80 cam ヱ – ♦80/230 € ♦♦106/298 € – 3 suites

viale Mare 9 – ℰ 0541 950164 – www.parkhotels.it
– Chiuso gennaio e febbraio

⌂ Alexander   ☆ ≤ 🕸 ⌁ ⟐ ᵲ ⊡ AC ⅍ P

TRADIZIONALE · CLASSICO Ubicata tra mare e collina, ma a pochi metri dalla spiaggia, una struttura classica con ambienti di moderna eleganza, area fitness ed attrezzature per le vacanze dei più piccoli. L'hotel riserva inoltre speciali attenzioni ai cicloturisti e golfisti.

48 cam ⌸ – ♦55/110 € ♦♦120/200 €

via Panoramica 35 – 𝒞 0541 954166 – www.alexanderhotel.it – Aperto 27 aprile-29 settembre

⌂ Du Parc   ☆ ⌁ ⊡ & AC P

FAMILIARE · ACCOGLIENTE Hotel rinnovato in anni recenti, a conduzione familiare, offre spazi e camere modernamente arredate. La terrazza roof è allestita con mobili da giardino ed è qui che si organizzano cene ed eventi.

39 cam ⌸ – ♦60/150 € ♦♦65/200 €

via Panoramica 48 – 𝒞 0541 954761 – www.duparchotel.it – Aperto 1° maggio-30 settembre

⌂ Grand Hotel Michelacci   ☆ ≤ ⌁ ▤ 🕸 ⟐ ⊡ AC ⅍ P

TRADIZIONALE · CLASSICO Nel cuore della città, l'elegante risorsa si affaccia sul golfo ed offre ambienti curati nei dettagli: bella piscina, moderno centro benessere ed un'attrezzata sala congressi.

140 cam ⌸ – ♦115/170 € ♦♦200/270 € – 10 suites

piazza Giardini Unità d'Italia 1 – 𝒞 0541 954361 – www.michelacci.com

⌂ Atlantic   ☆ 🕸 ⊡ & AC P

FAMILIARE · MODERNO Hotel che ha subito negli ultimi tempi una profonda ristrutturazione: le nuove camere dispongono di un arredo semplice (di categoria superiore quelle all'ultimo piano), gli ambienti comuni sono moderni e c'è anche una piccola zona benessere.

46 cam ⌸ – ♦70/190 € ♦♦80/240 €

via Panoramica 22 – 𝒞 0541 954254 – www.hatlantic.it – Aperto 1° giugno-30 settembre

⌂ Marinella   ☆ ≤ 🕸 ᵲ ⊡ AC

FAMILIARE · LUNGOMARE In pieno centro, la risorsa è gestita da una famiglia di provata esperienza e dispone di graziose zone comuni, colorate e ricche di decorazioni, camere affacciate sul mare o sull'interno; ideale punto di appoggio per escursioni nei dintorni, serba un occhio di riguardo ai cicloturisti!

56 cam ⌸ – ♦50/120 € ♦♦50/180 € – 8 suites

via Vittorio Veneto 127 – 𝒞 0541 954571 – www.hotel-marinella.it – Aperto 1° aprile-30 settembre

⌂ Thea   ☆ ≤ ⟐ ⊡ AC

TRADIZIONALE · LUNGOMARE Direttamente sul mare con accessso diretto alla spiaggia, l'hotel mette a disposizione degli ospiti ambienti recentemente rinnovati negli arredi e camere con echi orientali. Sala da pranzo al primo piano con vista sul Mediterraneo.

29 cam ⌸ – ♦34/199 € ♦♦34/299 €

via Vittorio Veneto 11 – 𝒞 0541 950052 – www.hotelthea.it – Aperto Pasqua-ottobre

a Gabicce Monte Est : 2,5 km ⌗ 61011 – Gabicce Mare – Alt. 144 m

ⵜ○ Posillipo   ⌘ ≤ 🕸 ⌂ ⌁ & AC P

PESCE E FRUTTI DI MARE · ELEGANTE ⅩⅩ In superba posizione panoramica, le pareti vetrate della sala offrono una vista mozzafiato su Gabicce Mare e parte della costa romagnola. Ma anche la cucina saprà essere all'altezza: preparazioni perlopiù tradizionali di grande livello, tra un carrello con il pescato del giorno e un altro con i dolci, le tentazioni sono molteplici.

Menu 75/90 € – Carta 40/114 €

Hotel Posillipo, via dell'Orizzonte 1 – 𝒞 0541 953373 (consigliata la prenotazione) – www.ristoranteposillipo.com – Aperto 23 marzo-27 ottobre; chiuso lunedì escluso 15 maggio-15 settembre

🏠 Posillipo

TRADIZIONALE · PERSONALIZZATO Sovrastando il verde e il mare in cima al colle di Gabicce, l'hotel dispone di rilassanti spazi comuni tra cui una bella piscina ed ampie camere (di standard superiore le junior suiteall'ultimo piano della casa).

31 cam ☲ - ♦80/220 € ♦♦110/290 € - 2 suites

via dell'Orizzonte 1 - ℰ 0541 953373 - www.hotelposillipo.com
- Aperto 23 marzo-27 ottobre
🍴 **Posillipo** - Vedere selezione ristoranti

GADANA Pesaro e Urbino → Vedere Urbino

GAETA

Latina - ✉ 04024 - 20 834 ab. - Carta regionale n° **7**-D3
Carta stradale Michelin 563-S23

🍴 Claudio Petrolo

PESCE E FRUTTI DI MARE · DI TENDENZA ✗✗ Nella città vecchia ai piedi della cattedrale e a due passi dalla distesa blu, la passione del titolare per la cucina sfocia nelle sue "storie di mare": fantasiosi piatti di pesce elaborati partendo da un'ottima materia prima.

Carta 39/61 €

piazza Conca 20 - ℰ 0771 65129
- www.claudiopetrolo.com - solo a cena - Chiuso 2 settimane in febbraio e lunedì escluso luglio-agosto

🏠 Villa Irlanda Grand Hotel

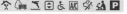

LUSSO · STORICO In un susseguirsi di situazioni diverse, ogni ambiente della risorsa celebra il gusto del bello in un mix di antico e moderno: si parte dalla piscina immersa nel parco con villa neoclassica e convento del '900, sino ai resti di una domus romana. Un complesso di grande fascino, tra il mare e le prime alture.

48 cam ☲ - ♦70/240 € ♦♦89/300 € - 5 suites

lungomare Caboto 6, Nord: 4 km - ℰ 0771 712581 - www.villairlanda.com

sulla strada statale 213

🏠 Grand Hotel Le Rocce

LUSSO · MEDITERRANEO Armoniosamente inserito in una suggestiva insenatura, fra una natura rigogliosa e un'acqua cristallina, ariose terrazze fiorite e camere di differenti tipologie. Ristorante di sobria eleganza con un'incantevole vista: la cucina delizia i palati con piatti tradizionali e specialità di pesce la sera, proposte più semplici a pranzo.

57 cam ☲ - ♦80/400 € ♦♦100/450 € - 4 suites

via Flacca km 23,300, (Ovest: 6,8 Km) ✉ 04024
- ℰ 0771 740985 - www.lerocce.com
- Aperto 27 aprile-30 settembre

🏠 Grand Hotel Il Ninfeo

TRADIZIONALE · LUNGOMARE Proprio sulla spiaggia dell'incantevole insenatura di S. Vito, una bella risorsa digradante sul mare: adiacenti alla struttura i resti della villa romana "Il Ninfeo" con angoli perfetti per un cocktail o un aperitivo, tra una moltitudine di fiori ed un parco secolare. Un vero quadro sulla marina blu la suggestiva sala ristorante.

39 cam - ♦80/150 € ♦♦100/220 € - ☲ 10 €

via Flacca km 22,700, Ovest: 7,4 km ✉ 04024
- ℰ 0771 742291 - www.grandhotelilninfeo.com
- Aperto 1° aprile-30 ottobre

GAGGIANO

Milano – ✉ 20083 – 9 032 ab. – Alt. 117 m – Carta regionale n° **10**-A2
Carta stradale Michelin 561-F9

⅋○ **Ada e Augusto-Cascina Guzzafame** ⏚ 🏠 ⅙ 🄰🄲 🄿

CUCINA MODERNA · **ACCOGLIENTE** ⅩⅩ All'interno della Cascina Guzzafame - progetto autenticamente bucolico con fattoria didattica, caseificio, bottega, orto biologico e agriturismo – trova posto il primo farm restaurant gourmet "Ada e Augusto", dove lo chef giapponese Takeshi Iwai propone piatti di cucina italiana e creativa ricchi di contaminazioni. Il tutto all'insegna di un'ambiziosa sfida: usare quasi unicamente materie prime autoprodotte, dalle verdure alla carne, dai formaggi al riso.

Menu 55/70 €

località Cascina Guzzafame – ✆ 389 454 3109 – www.adaeaugusto.com – *solo a cena – Chiuso agosto, lunedì e martedì*

⅋○ **Antica Osteria Magenes** ⅙ 🄰🄲 ⇔

CUCINA MODERNA · **CONTESTO REGIONALE** ⅩⅩ A Barate di Gaggiano, una piccola località immersa nelle risaie, c'è questa bella realtà gestita dalla stessa famiglia da più di 100 anni: ci si aspetterebbe di trovare una cucina prettamente della tradizione e, invece, no! A dispetto del nome, i piatti - sebbene si avvalgano di prodotti locali - sono moderni, a volte creativi.

👄 Menu 18 € (pranzo in settimana)/80 € – Carta 44/88 €

via Cavour 7, località Barate, Sud : 1,5 km – ✆ 02 908 5125
– www.osteriamagenes.com – Chiuso gennaio, 16-26 agosto e lunedì

a **Vigano** Sud : 3 km ✉ 20083 – Gaggiano

⅋○ **Antica Trattoria del Gallo** 🐾 ⏚ 🏠 ⅙ 🄰🄲 🄿

CUCINA LOMBARDA · **CONTESTO TRADIZIONALE** ⅩⅩ Meta di gite fuoriporta - fin dal 1870 - è la "trattoria dei milanesi" che, gestita per ben tre generazioni dalla famiglia Gerli e dal 1990 da uno chef-patron dalle idee chiare, conserva ancora oggi ricette e calore di un tempo. Come contorni tutt'altro che secondari la cantina con oltre 1000 etichette diverse e la graziosa bottega all'ingresso con alcuni prodotti artigianali.

Menu 45 € – Carta 36/60 €

via Privata Gerli 3 – ✆ 02 908 5276 – www.trattoriadelgallo.com – *Chiuso 26 dicembre-5 gennaio, 3 settimane in agosto, lunedì e martedì*

GAIANO Salerno → Vedere Fisciano

GAIBANA Ferrara → Vedere Ferrara

GAIOLE IN CHIANTI

Siena – ✉ 53013 – 2 758 ab. – Alt. 360 m – Carta regionale n° **18**-C2
Carta stradale Michelin 563-L16

⁂ **Il Pievano** 🐾 🏠 🄰🄲 🛇 ⇔ 🄿

CUCINA MODERNA · **CONTESTO STORICO** ⅩⅩⅩ Campano di nascita, ma toscano d'adozione, lo chef emerge per la brillante capacità nell'armonizzare le due cucine in una carta che ben si distingue da molte altre del territorio anche per le ottime proposte di pesce. In un contesto straordinario, un convento dell'anno 1000 divenuto relais di charme, il servizio si svolge nella sala dei Papi, ma con la bella stagione si può cenare nell'antico chiostro del monastero (o pranzare con menu semplice e non gourmet!). Dall'estate 2018 anche pizzeria nei pressi della bella piscina.

→ Bottone di patate: cuore liquido di latte cotto, bouillabaisse e gamberi rossi. Triglia in salsa alla puttanesca, olive taggiasche, pomodorini e capperi. L'enigma della Monnalisa: sette consistenze di cioccolato.

Menu 80/110 € – Carta 64/109 €

Hotel Castello di Spaltenna, località Spaltenna 13 – ✆ 0577 749483
– www.spaltenna.it – solo a cena – Aperto 1° aprile-31 ottobre

🏨 Castello di Spaltenna 🏖 🕊 ⛲ 🛏 🏊 🌳 ♨ ♨ 🍽 AC 🏠 P

DIMORA STORICA · ELEGANTE Sulla sommità del paese, l'albergo - chiamato castello per la presenza delle torri - è ricavato all'interno di un ex monastero con annessa pieve dell'anno mille. La tipica eleganza bucolica toscana si alterna nelle romantiche camere, indimenticabili, quanto gli spazi panoramici all'aperto.

32 cam ⌂ – ♦190/290 € ♦♦220/340 € – 5 suites

località Spaltenna 13 – ℰ 0577 749483 – www.spaltenna.it
– Aperto 1° aprile-31 ottobre

☸ Il Pievano – Vedere selezione ristoranti

🏨 Castello di Meleto 🏖 🕊 ⛲ 🛏 AC P

DIMORA STORICA · CLASSICO Circondato da tanto verde e vigneti, questo vero castello del 1200 ospita saloni e poche camere, ma molto belle e in stile. A dar manforte all'ospitalità, c'è però il borgo che consta di più rustici disseminati nella proprietà con altre stanze ed appartamenti affittabili anche per una sola notte; terrazze e piscine completano la cartolina, insieme ad un incantevole piccolo teatro del 1741 nuovamente utilizzato per spettacoli. Infine, per non annoiarsi, sono state introdotte numerose attività come cooking class, vineyard tour, picnic in the field.

30 cam ⌂ – ♦97/187 € ♦♦109/199 € – 4 suites

località Meleto, Sud: 2 km – ℰ 0577 749129 – www.castellomeleto.it

🏨 L'Ultimo Mulino 🏖 🕊 ⛲ 🛏 AC P

CASA DI CAMPAGNA · ORIGINALE Celato dalla tranquillità dei boschi, l'hotel nasce dal restauro di un antico mulino medievale arredato in stile e dotato di confort moderni.

13 cam ⌂ – ♦100/160 € ♦♦110/170 € – 1 suite

località La Ripresa di Vistarenni 43, Ovest: 6 km – ℰ 0577 738520
– www.ultimomulino.it – Aperto 1° aprile-31 ottobre

sulla strada statale 408

🏨 Le Pozze di Lecchi 🏖 🕊 ⛲ 🛏 ♨ 🔃 AC P

CASA DI CAMPAGNA · BUCOLICO Al termine di 1,5 km di strada sterrata, vi attende una casa fiabesca nata sulle fondamenta di un mulino quattrocentesco, con due piscine all'aperto e la vista che abbraccia le colline circostanti; tanto verde, tranquillità ed un ponticello in pietra che attraversa il torrente. Nelle camere letti in ferro battuto: difficile resistere a tanto fascino!

14 cam ⌂ – ♦105/160 € ♦♦126/226 €

località Molinaccio al km 21, Sud-Ovest: 6,3 km – ℰ 0577 749655
– www.lepozzedilecchi.it – Aperto 12 aprile-inizio novembre

GAIONE Parma → Vedere Parma

GALATINA

Lecce – ✉ 73013 – 27 109 ab. – Alt. 75 m – Carta regionale n° **15**-D3
Carta stradale Michelin 564-G36

🍴 Anima & Cuore 🍴 AC

CUCINA REGIONALE · ACCOGLIENTE ⅹ A due passi dal Duomo, al primo piano di in un affascinante palazzo settecentesco dai pavimenti originali a mosaico, la gestione è giovane e affabile, la cucina pugliese, sia di mare che di terra, talvolta rivisitata. Servizio estivo in ampia terrazza.

Menu 30 € (pranzo)/45 € – Carta 31/80 €

corso Giuseppe Garibaldi 7 – ℰ 0836 564301 – www.animaecuore.it

🏨 Palazzo Baldi 🕊 ♨ AC 🛁 🐾

STORICO · VINTAGE In pieno centro, un'elegante residenza vescovile di origini cinquecentesche custodisce camere di differenti tipologie con arredi in stile, arricchiti con inserti in ceramica. Dall'ampia terrazza la vista spazia su tetti e chiese del centro storico.

11 cam ⌂ – ♦60/100 € ♦♦80/120 € – 5 suites

corte Baldi 2 – ℰ 0836 568345 – www.hotelpalazzobaldi.it

GALEATA

Forlì-Cesena – ⊠ 47010 – 2 516 ab. – Alt. 237 m – Carta regionale n° **5**-CD2

⭑○ La Campanara ⇦ 🍴 🌳 ⅃

CUCINA REGIONALE · FAMILIARE ⅄ La cinquecentesca canonica dell'adiacente chiesa dei Miracoli è diventata una bella osteria gestita da una vivace coppia, dove gustare specialità tosco-romagnole, casalinghe e fragranti. Nella casa accanto si trova la locanda con sei eccellenti camere, un paio addirittura con bagno turco.

Carta 30/43 €

6 cam ⌷ – ♦60 € ♦♦100 €

località Pianetto, via Borgo 24/a – 𝒞 0543 981561 (consigliata la prenotazione)
– www.osterialacampanara.it – solo a cena escluso sabato ed i giorni festivi
– Chiuso 15-30 gennaio, lunedì e martedì

GALLARATE

Varese – ⊠ 21013 – 53 343 ab. – Alt. 238 m – Carta regionale n° **10**-A2
Carta stradale Michelin 561-F8

⭑○ Ilario Vinciguerra 𝟾𝟾 ⇦ 🌳 Ⓐ🅒 ⇧ 🅿

CUCINA MODERNA · ELEGANTE ⅄⅄⅄ Simpatia e genuina ospitalità all'interno di un'imponente villa liberty, il cui ingresso ospita un'originale collezione di bottiglie di grappa - tutte con etichetta fatta a mano - che altro non sono se non il biglietto da visita di una cucina all'insegna di prodotti e colori mediterranei. (Attenzione: l'ingresso al parcheggio è da via Tenconi 3).

🍴 Menu 25 € (pranzo in settimana) – Carta 84/148 €

via Roma 1 – 𝒞 0331 791597 (consigliata la prenotazione) – www.ilariovinciguerra.it
– Chiuso 2-6 gennaio, 12-25 agosto, domenica sera e mercoledì

a Malpensa Aeroporto Terminal 1 Ovest : 11 km

🏨🏨 Sheraton Milan Malpensa ⌂ 🖼 🕸 🐾 🛗 ⊡ 🍴 Ⓐ🅒 🐾

BUSINESS · MODERNO Unico con accesso diretto al Terminal 1 dell'aeroporto, l'hotel unisce un design contemporaneo ai confort Sheraton. Belle camere, centro congressi di oltre 2.000 mq, due dining venue, ampia zona relax e fitness. Difficile pretendere di più!

431 cam – ♦109/445 € ♦♦119/470 € – 6 suites – ⌷ 22 €

Terminal 1 ⊠ 21013 Gallarate – 𝒞 02 23351 – www.sheratonmilanmalpensa.com

GALLIATE

Novara (NO) – ⊠ 28066 – 15 670 ab. – Alt. 153 m – Carta regionale n° **12**-C2
Carta stradale Michelin 561-F8

⭑○ Osteria del Borgo Ⓐ🅒

CUCINA CREATIVA · FAMILIARE ⅄⅄ Partito con una cucina tipicamente piemontese, l'intraprendente cuoco se ne è via via discostato - sebbene alcuni piatti figurino ancora in menu - per proporre sue personalissime elaborazioni e anche pesce: ormai l'attrazione principale del locale!

Carta 36/67 €

via Pietro Custodi 5 – 𝒞 0321 866312 (consigliata la prenotazione)
– www.osteriadelborgo.eu – Chiuso sabato a mezzogiorno e lunedì

GALLIERA VENETA

Padova – ⊠ 35015 – 7 146 ab. – Alt. 49 m – Carta regionale n° **22**-B1
Carta stradale Michelin 562-F17

🕥 Al Palazzon 🌳 🍴 Ⓐ🅒 ⇧ 🅿

CUCINA REGIONALE · TRATTORIA ⅄ Esternamente la struttura è quella di un cascinale d'inizio Novecento, all'interno si scoprono tre eleganti salette. L'ispettore consiglia: zuppa di fagioli con orzo e cozze.

🍴 Menu 19 € (pranzo in settimana)/50 € – Carta 31/57 €

via Cà Onorai 2, località Mottinello Nuovo – 𝒞 049 596 5020 – www.alpalazzon.it
– Chiuso 11-18 agosto, 30 dicembre-3 gennaio, domenica sera e lunedì

GALLIO

Vicenza – ✉ 36032 – 2 396 ab. – Alt. 1 090 m – Carta regionale n° **23**-B2
Carta stradale Michelin 562-E16

🏠 Gaarten 　　　　　　　　　　　　🍴 ≤ 🗍 🏠 🖃 🛋 🚗

TRADIZIONALE · STILE   MONTANO Risorsa   polifunzionale   d'impostazione
moderna, decisamente confortevole e ideale per congressi in altura e, grazie al
centro benessere, consigliata anche per vacanze "relax". Cucina internazionale
nel rispetto e nell'attenta valorizzazione dei prodotti tipici.

45 cam ⌧ – †105/145 € ††160/240 €

via Kanotole 13/15 – 𝒞 0424 65568 – www.hotelgaarten.com

GALLIPOLI

Lecce – ✉ 73014 – 20 724 ab. – Carta regionale n° **15**-D3
Carta stradale Michelin 564-G35

🏠 Palazzo del Corso 　　　　　　　　　🍴 🛁 🖃 🆎 🛇 🚗

LUSSO · STORICO A pochi passi dal centro storico, sarete ospiti di un palazzo
ottocentesco dagli eleganti ambienti arredati con tessuti e mobili di pregio ed
un roof-garden dove trova posto il ristorante La Dolce Vita. A lato della reception
accogliente saletta/enoteca per degustazioni e asporto.

8 cam ⌧ – †129/399 € ††139/799 € – 6 suites

*corso Roma 145 – 𝒞 0833 264040 – www.hotelpalazzodelcorso.it – Aperto
1° marzo-30 novembre*

🏠 Palazzo Mosco Inn 　　　　　　　　　　　　　　🆎 🛇

DIMORA STORICA · CENTRALE Tra vicoli e palazzi storici, un edificio dell'Ottocento ospita nei suoi ambienti decorati con mosaici originali, raffinate camere e
terrazze con vista sul golfo (per la prima colazione e l'aperitivo serale).

12 cam ⌧ – †74/299 € ††74/329 €

via Micetti 26 – 𝒞 0833 266562 – www.palazzomoscoinn.it – Aperto 1° aprile-31 ottobre

🏠 Relais Corte Palmieri 　　　　　　　　　🛇 🆎 🛇

STORICO · PERSONALIZZATO Tra terrazzamenti e muri bianchi, più palazzi storici costituiscono questa singolare risorsa ricca di fascino. La struttura ha inoltre il
vantaggio di trovarsi vicino alla pittoresca spiaggia della Purità, nonché nell'epicentro della vita serale e notturna di Gallipoli.

20 cam ⌧ – †74/299 € ††74/359 € – 2 suites

corte Palmieri 3 – 𝒞 0833 266814 – www.relaiscortepalmieri.it – Aperto 1° aprile-31 ottobre

sulla strada litoranea per Santa Maria di Leuca Sud-Est : 6 km

🏠 Masseria Li Foggi 　　　　　　🛇 🚪 🛁 🆎 🛇 🅿

AGRITURISMO · ECOSOSTENIBILE Immerso nella campagna salentina, l'eco-resort
invita a ristabilire un autentico contatto con la natura: i colori, i suoni e l'aria lievemente
profumata di salmastro ed erbe selvatiche riconciliano l'ospite con il mondo. Colori
caldi e graziose personalizzazioni nelle belle camere e negli appartamenti.

10 cam ⌧ – †65/220 € ††80/260 €

*contrada Li Foggi – 𝒞 0833 277217 – www.masserialifoggiresort.it – Aperto
1° aprile-5 novembre*

GALLODORO Sicilia

Messina – ✉ 98030 – 367 ab. – Alt. 388 m – Carta regionale n° **17**-D2
Carta stradale Michelin 565-N27

🍴 Noemi 　　　　　　　　　　　　　　≤ 🍴 🆎

CUCINA SICILIANA · FAMILIARE Splendida la vista sulla costa, suggestivo
biglietto da visita per questa trattoria che propone un menu fisso con vari
assaggi di cucina siciliana, quindi specialità quali: pappardelle ai funghi porcini e
pistacchio, involtini, polpette, semifreddi alla mandorla e la proverbiale cassata.

🍽 Menu 25/40 € – Carta 22/50 €

*via Manzoni 8 – 𝒞 0942 37162 – Chiuso 29 giugno-18 luglio, martedì, anche lunedì
sera in inverno*

GALZIGNANO TERME

Padova – ⊠ 35030 – 4 371 ab. – Alt. 22 m – Carta regionale n° **23**-B3
Carta stradale Michelin 562-G17

⌂ Belvedere Resort ai Colli   ⇞ ⇺ ⊡ ㎤ **P**

TRADIZIONALE · PERSONALIZZATO Piccola intima struttura, gestita con passione e cortesia dai titolari, che hanno personalizzato gli ambienti rendendoli deliziosi: camere confortevoli con balconcino, in stile classico o shabby. Nel rinomato ristorante dall'atmosfera romantica, cucina tradizionale e vegetariana; in estate il servizio, a lume di candela, si sposta in terrazza su Val Pianzio.

20 cam ⊊ – ♦50/75 € ♦♦65/100 €

via Siesa 5 – 𝒸 049 913 0005 – www.resortbelvedere.it – Chiuso 2 settimane in gennaio e 2 settimane in luglio-agosto

GAMBARIE

Reggio di Calabria – ⊠ 89050 – Alt. 1 300 m – Carta regionale n° **3**-A3
Carta stradale Michelin 564-M29

⊛ L'Angolo del Gusto

CUCINA CALABRESE · FAMILIARE ⅄ In ambienti di stile montano con un vago appeal classico, al ristorante dell'hotel Centrale potrete gustare prelibatezze della cucina regionale, come il fagottino farcito ai porcini o il cannolo di ricotta aspromontana in coppa.

ക Menu 25/35 € – Carta 20/39 €

Hotel Centrale, piazza Mangeruca 23 – 𝒸 0965 743133 – www.hotelcentrale.net

⌂ Centrale   ⋔ ⊡ ⅍

FAMILIARE · ACCOGLIENTE Nel centro della località e a pochi passi dalla seggiovia, una semplice risorsa con camere dall'arredo montano ed un grazioso centro benessere. Possibilità di escursioni in mountain-bike (presso un'associazione esterna).

48 cam ⊊ – ♦50/70 € ♦♦70/90 €

piazza Mangeruca 23 – 𝒸 0965 743133 – www.hotelcentrale.net

⊛ **L'Angolo del Gusto** – Vedere selezione ristoranti

GAMBOLÒ

Pavia – ⊠ 27025 – 10 091 ab. – Alt. 106 m – Carta regionale n° **9**-A3
Carta stradale Michelin 561-G8

⅃O Da Carla   ⇦ ⅍ ⇞ ㎤ **P**

CUCINA REGIONALE · CONTESTO TRADIZIONALE ⅄ Un tempo mulino, la roggia presta ancor oggi al ristorante un fascino bucolico, ripreso dalla sala, calda e accogliente. Dalla cucina non fatevi mancare i risotti, le rane, le lumache e le portate a base d'oca, salumi compresi. Accoglienti camere completano un grazioso quadro campestre.

ക Menu 16 € (pranzo in settimana) – Carta 30/71 €

9 cam ⊊ – ♦75/95 € ♦♦95/120 €

*via Necchi 3/5 fraz. Molino Isella, Est: 6 km – 𝒸 0381 930006
– www.trattoriadacarla.com – Chiuso 15 giorni in agosto e mercoledì*

⌂⌂⌂ Villa Necchi ❶   ⇞ ⅍ ⇺ ⊡ ⅍ ㎤ ⅍ **P**

CASA PADRONALE · ELEGANTE Immersa in un parco di dieci ettari, è una villa di fine Ottocento riportata agli attuali splendori da un meticoloso restauro. Camere eleganti e sempre diverse, ricercati arredi e grandi bagni assicurano un soggiorno raffinato ed elegante. Da non trascurare l'offerta gastronomica: al ristorante troverete una cucina creativa di ottimo livello.

20 cam ⊊ – ♦120/140 € ♦♦140/160 €

frazione Molino Isella, Est: 6 km – 𝒸 0381 092601 – www.villanecchi.it – Chiuso gennaio e agosto

GANZIRRI Sicilia Messina → Vedere Messina

GARBAGNATE MILANESE
Milano – ⊠ 20024 – 27 175 ab. – Alt. 179 m – Carta regionale n° **10**-B2
Carta stradale Michelin 561-F9

⇑○ **La Refezione**   ⌂ AC P

CUCINA ITALIANA · ELEGANTE XxX Un'elegante club-house all'interno di un centro sportivo dove gustare una fantasiosa cucina, sia di terra sia di mare; per effettuare la scelta migliore, lasciatevi guidare dall'esperto titolare e dalla sua giovane équipe di collaboratori.

⇔ Menu 22 € (pranzo in settimana)/55 € – Carta 52/79 €

*via Milano 166 – ℰ 02 995 8942 – www.larefezione.it – Chiuso
25 dicembre-6 gennaio, agosto, lunedì a mezzogiorno e domenica*

GARDA
Verona – ⊠ 37016 – 4 092 ab. – Alt. 67 m – Carta regionale n° **23**-A2
Carta stradale Michelin 562-F14

⇑○ **Regio Patio**   ⊛ ⇔ ⌂ AC ⇔ P

CUCINA CREATIVA · ELEGANTE XxX Luce e colore entrano nella sala interna dipinta e ancor di più - con il bel tempo - nel patio di fronte al giardino. In ogni caso parteciperete ad una cucina creativa che vi offrirà un ampio panorama di prodotti, dal pesce alla carne, spesso locali, a volte di altra provenienza.

Menu 55/85 € – Carta 54/93 €

*Hotel Regina Adelaide, via San Francesco d'Assisi 23 – ℰ 045 725 5977
– www.regiopatio.it – solo a cena escluso sabato-domenica dal 4 novembre al
20 dicembre – Chiuso 6 gennaio-15 marzo e lunedì dal 4 novembre al 20 dicembre*

⌂⌂⌂ **Regina Adelaide**   ⌂ ⇔ ⤧ ⊠ ⊛ ⋔ ⅃▱ ⊡ ⅋ AC ⅍ P

SPA E WELLNESS · PERSONALIZZATO All'inizio del centro storico, a pochi metri dal lago, l'albergo si compone di tre edifici, di cui il più antico è una villa liberty del Novecento. La passione dei titolari per l'antiquariato è evidente nei mobili e cimeli d'epoca disseminati nell'albergo.

49 cam ⌂ – ⍒135/220 € ⍒⍒180/295 € – 10 suites

*via San Francesco d'Assisi 23 – ℰ 045 725 5977 – www.regina-adelaide.it
– Chiuso 6 gennaio-15 marzo*

⇑○ **Regio Patio** – Vedere selezione ristoranti

⌂ **La Vittoria**   ⌂ ⋜ ⊡ ⅋ AC

DIMORA STORICA · PERSONALIZZATO Fronte lago e nel centro della località, l'hotel occupa gli ambienti di una villa Liberty ristrutturata: camere spaziose e ben arredate, buona parte con vista lago (frontale o laterale).

12 cam ⌂ – ⍒110/230 € ⍒⍒110/270 €

*lungolago regina Adelaide 57 – ℰ 045 627 0473 – www.hotellavittoria.it – Aperto
21 marzo-22 novembre*

GARDA (Lago di) o BENACO Brescia, Trento e Verona

GARDONE RIVIERA
(BS) – ⊠ 25083 – 2 660 ab. – Alt. 71 m – Carta regionale n° **9**-C2
Carta stradale Michelin 561-F13

⇑○ **Villa Fiordaliso**   ⊛ ⇔ ⋜ ⇔ ⌂ P

CUCINA MODERNA · ROMANTICO XxX Cucina creativa in una delle ville di inizio '900 che punteggiano il lungolago: circondata da un bel parco e protesa sulla distesa blu con un pontile, qui più che altrove non si contano i personaggi celebri che ai suoi tavoli si accomodarono.

Menu 110 € – Carta 70/135 €

4 cam ⌂ – ⍒250/500 € ⍒⍒250/500 € – 3 suites

*corso Zanardelli 150 – ℰ 0365 20158 – www.villafiordaliso.it
– Aperto 21 marzo-4 novembre; chiuso martedì a mezzogiorno e lunedì*

�○ **Agli Angeli** ⇦ 🎋

CUCINA REGIONALE · FAMILIARE XX Tra il Giardino Botanico e il Vittoriale, una locanda accogliente e romantica dove la cucina flirta con il pesce, ma non dimentica la carne: piatti, comunque, d'impronta regionale. In alternativa, la pizzeria antistante con terrazza panoramica per la bella stagione e a pochi metri, in un edificio d'epoca dalla caratteristica corte interna, graziose camere con letti a baldacchino.

Carta 36/89 €

14 cam ☲ – †75/135 € ††125/155 € – 2 suites

piazza Garibaldi 2, località Vittoriale – 𝒞 0365 20832 – www.agliangeli.biz
– Aperto 1° marzo-6 novembre; chiuso martedì escluso luglio-agosto

⃝ **Osteria Antico Brolo** ⇦ 🎋

CUCINA MODERNA · ACCOGLIENTE XX In una vecchia abitazione del '700, alcune salette vi accoglieranno per gustare i prodotti del territorio sapientemente elaborati. Il tavolo sul balconcino...un'emozione! Nuove ed intime camere dal gusto contemporaneo per chi vuole anche pernottare.

Menu 45/55 € – Carta 39/65 €

4 cam ☲ – †80/100 € ††95/150 €

via Carere 10 – 𝒞 0365 21421 (prenotazione obbligatoria a mezzogiorno)
– www.ristoranteanticobrolo.it – Chiuso 1° novembre-15 dicembre, 1°-6 febbraio e lunedì

🏨 **Grand Hotel Gardone** 🏔 ⇦ 🛏 🍸 🦢 🖨 ⬆ 🅰🅲 🏛 🅿

STORICO · PERSONALIZZATO Oziare negli ambienti accoglienti ed eleganti che furono testimoni dell'idillio tra Gabriele D'Annunzio ed Eleonora Duse. Oppure, godere delle vedute mutevoli ed accattivanti offerte dalla stupenda terrazza-giardino: un grand hotel, non solo nel nome. Carta accattivante dai sapori mediterranei e specialità locali al ristorante Il Giardino dei Limoni.

167 cam ☲ – †119/195 € ††174/450 €

corso Zanardelli 84 – 𝒞 0365 20261 – www.grandhotelgardone.it – Aperto 1° aprile-31 ottobre

🏨 **Savoy Palace** 🏔 ⇦ 🛏 🍸 🦢 🖨 ⬆ 🅰🅲 🏛 🛖

STORICO · ELEGANTE Imponente edificio liberty dominante il lago: panoramica terrazza e camere dagli arredi eleganti, ben rifiniti. Raffinata sala da pranzo con accesso diretto alla piscina; buona scelta in menu.

60 cam ☲ – †80/200 € ††100/250 €

via Zanardelli 2/4 – 𝒞 0365 290588 – www.savoypalace.it – Aperto aprile-ottobre

🏨 **Villa Capri** ⇦ 🛏 🍸 ⬆ 🅰🅲 🎾 🅿

LUSSO · ELEGANTE Grande e moderna struttura in riva al lago: ambienti spaziosi, ma il gioiello è il giardino-solarium affacciato sull'acqua.

44 cam ☲ – †130/265 € ††170/295 €

corso Zanardelli 172 – 𝒞 0365 21537 – www.hotelvillacapri.com – Aperto 19 aprile-13 ottobre

🏨 **Villa Sofia** ⇦ 🛏 🍸 ⬆ ♿ 🅰🅲 🅿

LUSSO · PERSONALIZZATO Villa d'inizio '900 in posizione dominante e panoramica. Tanto verde ben curato vicino alla piscina, confort elevato e accoglienza cordiale nei caldi ambienti interni.

35 cam ☲ – †80/200 € ††100/250 €

via Cornella 9 – 𝒞 0365 22729 – www.villasofiahotel.it – Aperto 15 aprile-15 ottobre

🏨 **Bellevue** ⇦ 🛏 🍸 ⬆ 🅰🅲 🎾 🅿

FAMILIARE · FUNZIONALE Giardino con terrazza vista lago in questa villa di inizio '800 dallo stile eclettico-liberty. Spazi interni più semplici rispetto alla maestosità della facciata, camere sobrie, ma accoglienti.

30 cam ☲ – †95/99 € ††138/145 €

corso Zanardelli 87 – 𝒞 0365 290088 – www.hotelbellevuegardone.com – Aperto 1° aprile-7 ottobre

🏠 Dimora Bolsone ☆ 🦢 ≼ 🖐 🅿

FAMILIARE · ELEGANTE Storico casale di campagna, le cui origini risalgono al XV sec., inserito in un grande parco che arriva a lambire il Vittoriale. "Giardino dei sensi" con piante di diverse specie ed idromassaggio all'aperto in una bella vasca marmorea.

6 cam ⌑ – ♦190 € ♦♦240 €

via Panoramica 23, Nord-Ovest: 2,5 km – ℰ 0365 21022 – www.dimorabolsone.it – Aperto 1° marzo-31 ottobre

Fasano del Garda Nord-Est : 2 km ✉ 25083

❀ Lido 84 (Riccardo Camanini) ≼ 🖐 🛋 ⎕ 🅿

CUCINA CREATIVA · ROMANTICO XxX Lo chef è sicuramente uno tra gli astri più brillanti - nella sua categoria - della gastronomia italiana. Il menu propone piatti formidabili con spunti lacustri e bresciani, creatività unita alla flessibilità del mercato. Cenare intorno a un tavolo bordo lago (con possibilità di attracco) è un grande privilegio!

→ Rigatoni cacio e pepe cotti in vescica di maiale. Anguilla alla brace candita in grasso d'anatra. Torta di rose cotta al momento, cremino di zabaione al liquore all'uovo e limoni del Garda.

Menu 75/85 € – Carta 59/101 €

corso Zanardelli 196 – ℰ 0365 20019 (consigliata la prenotazione la sera) – www.ristorantelido84.com – Chiuso 11 novembre-5 dicembre, 7 gennaio-13 febbraio, martedì e mercoledì

🍽 Il Fagiano 🖐 🛋 ⎕ 🅰🅲 ✳ 🅿

CUCINA REGIONALE · ELEGANTE XxxX Menu e piatti preparati con gusto e sapienza da uno chef di grande abilità, che sa regalare gustose sorprese per il palato - anche specialità lacustri! - in un luogo di magia infinita. Nota di merito per il servizio: attento e cordiale.

Menu 60/85 € – Carta 63/95 €

Grand Hotel Fasano e Villa Principe, corso Zanardelli 190 – ℰ 0365 290220 – www.ghf.it – solo a cena – Aperto 19 aprile-3 novembre

🍽 Maximilian 1904 🕸 ≼ 🖐 🛋 ⎕ 🅰🅲 ✳ 🅿

CUCINA CLASSICA · ELEGANTE XxX All'interno dell'hotel Villa del Sogno, ambiente fin-de-siècle con soffitto decorato e bel pavimento ligneo: luci soffuse, sapori sublimi e ottima cucina nazionale con un occhio di riguardo per i prodotti del lago.

Menu 55 € – Carta 56/100 €

Hotel Villa del Sogno, via Zanardelli 107 – ℰ 0365 290181 – www.villadelsogno.it – solo a cena – Aperto 13 aprile-13 ottobre

🏨 Grand Hotel Fasano e Villa Principe ☆ ≼ 🖐 ⤢ 🔲 🏊 🐾 🏋

GRAN LUSSO · ELEGANTE Un posto unico, dove il concetto 🏊 🔲 🅰🅲 🧖 🅿 di perfezione si esprime in tutti i settori! A cominciare dal contesto perfetto: il lago di Garda, un giardino da sogno, paperelle e uccellini, un grand hotel con 130 anni di vita alle spalle e tutti i confort moderni, camere curatissime e vista mozzafiato.

79 cam ⌑ – ♦145/225 € ♦♦240/550 € – 3 suites

corso Zanardelli 190 – ℰ 0365 290220 – www.ghf.it – Aperto 19 aprile-3 novembre

🍽 Il Fagiano – Vedere selezione ristoranti

🏨 Bella Riva ☆ ≼ 🖐 ⤢ 🔲 🅰🅲 🅿

LUSSO · BORDO LAGO Fronte lago, la ristrutturazione di un edificio d'epoca ha dato vita a questo design hotel dalle originali soluzioni: ad accogliervi, la splendida hall con riproduzioni di opere di G. Klimt. Belle camere e prestigiose suite con terrazza. A pranzo si propone un menu à la carte.

23 cam ⌑ – ♦200/1000 € ♦♦200/1000 € – 8 suites

via Mario Podini 1/2 – ℰ 0365 540773 – www.bellarivagardone.it – Aperto 1° aprile-31 ottobre

🏨 Villa del Sogno 🐾 ⪦ 🛎 �\|⏃ 🎿 ▣ 🅰🅲 ⌁ 🅿

LUSSO · STORICO Dal lontano 1904 (anno in cui fu costruita), questa raffinata risorsa non smette di affascinare grazie ai suoi spazi di neoclassica memoria con mobili antichi, preziosi tappeti e grandi quadri mitteleuropei: retaggi dell'Austria di fine '800. La struggente bellezza di una dimensione onirica, o meglio, Villa del Sogno!

28 cam 🛏 – ♦️260/460 € ♦♦260/460 € – 4 suites

via Zanardelli 107 – ☏ 0365 290181 – www.villadelsogno.it – Aperto 12 aprile-13 ottobre

⑪○ **Maximilian 1904** – Vedere selezione ristoranti

GARGANO (Promontorio del) Foggia

GARGNANO

Brescia – ✉ 25084 – 2 934 ab. – Alt. 66 m – Carta regionale n° **9**-C2
Carta stradale Michelin 561-E13

✿✿ Villa Feltrinelli 🛎 🏡 🅰🅲 ⌁ ⌂ 🅿

CUCINA CREATIVA · LUSSO 𝕏𝕏𝕏 Uno degli indirizzi più famosi e scenografici sulla sponda occidentale del Garda, zona rinomata per la coltivazione di ulivi e agrumi, è sicuramente Villa Feltrinelli a Gargnano.

Romantica dimora retrò dagli accenni liberty con venti camere, la cena si svolge in uno dei contesti più sfarzosi del lago con la possibilità di degustare le creazioni dello chef Stefano Baiocco nei salotti della dimora, in terrazza, o in cinque, romanticissimi tavoli in riva all'acqua. Carne e pesce, ma anche un'insolita insalata con cento diversi tipi di erbe e venticinque fiori o il tutto pomodoro fanno del cuoco l'alfiere di una cucina verde e creativa, sfoggiata in uno dei contesti più sfarzosi della zona.

Preparatevi, dunque, ad un emozionante salto indietro nel tempo e ad un'esperienza all'insegna di gusto, relax, architetture eccentriche e bellezza mozzafiato.

→ Ravioli "al verde", farciti con erbe di campo, formaggio di capra e basilico pestato. Il branzino dorato sulla pelle, insalata di piselli alla menta, vinaigrette di fragole. Lingotto d'oro soffice, mousse al cioccolato bianco, cremoso al frutto della passione.

Menu 180/250 € – Carta 115/239 €

Grand Hotel a Villa Feltrinelli, via Rimembranza 38/40 – ☏ 0365 798000 (prenotazione obbligatoria) – www.villafeltrinelli.com – solo a cena – Aperto inizio aprile-metà ottobre; chiuso martedì

✿ Villa Giulia ⪦ 🛎 🏡 �\|⏃ 🅰🅲 ⌁ 🅿

CUCINA CREATIVA · ROMANTICO 𝕏𝕏 Impagabile l'atmosfera nella terrazza sul lago, per una cucina estrosa ricca di carattere e fantasia che presenta intriganti viaggi nei prodotti del mare e di lago con ottima precisione nelle cotture e sapori sempre fragranti al palato. A pranzo vi sono anche altre proposte più "tradizionali" o veloci.

→ Risotto, limone, burrata e polvere di liquirizia. Coregone, carota, limone, cappero e pop-corn di amaranto. Millefoglie, gelato di ricotta, crema al mascarpone e mango.

Menu 100 € (cena) – Carta 59/89 €

Hotel Villa Giulia, viale Rimembranza 20 – ☏ 0365 71022 (prenotazione obbligatoria) – www.villagiulia.it – Aperto Pasqua-metà ottobre; chiuso mercoledì

✿ La Tortuga (Maria Cozzaglio) 🐾 🅰🅲 ⌁

CUCINA CLASSICA · ELEGANTE 𝕏𝕏 Piccola, ma incantevole bomboniera a pochi metri dalla piazzetta del porticciolo, è la meta ideale per una serata romantica; anche i gourmet appassionati di pesce di lago non saranno delusi, per quanto non manchino carne e pescato d'acqua salata.

→ Tagliolini neri ai frutti di mare e salicornia. Millefoglie di branzino con gambero scottato all'arancia. Tortino di cioccolato fondente, cuore e salsa di passion fruit.

Menu 85/95 € – Carta 78/129 €

via XXIV Maggio 5 – ☏ 0365 71251 – www.ristorantelatortuga.it – solo a cena escluso domenica da settembre a giugno – Aperto 1° marzo-31 ottobre; chiuso martedì

Grand Hotel a Villa Feltrinelli ⚓ ≤ 🛏 🏊 🎣 🔼 ☎ 🏧 🕸 🅿️

LUSSO · BORDO LAGO Costruita alla fine dell'Ottocento in stile eclettico-liberty, è una delle ville più straordinarie della zona: ancora, oggi, più dimora che albergo, si propone come romantico rifugio retrò in riva al lago.

16 cam ♨ – ♦1300/3100 € ♦♦1300/3100 € – 4 suites

via Rimembranze 38/40 – ℰ 0365 798000 – www.villafeltrinelli.com – Aperto inizio aprile-metà ottobre

❀❀ **Villa Feltrinelli** – Vedere selezione ristoranti

Villa Giulia ⚓ ≤ 🛏 🏊 🕸 🎣 🔼 🏧 🕸 🅿️

LUSSO · PERSONALIZZATO Posizione incantevole, leggermente decentrata, per un'ex residenza estiva in stile Vittoriano, avvolta da un curato giardino e con due piccoli annessi; nuovo centro benessere dotato di zona relax con sale dell'Himalaya, massaggi, docce emozionali, etc.

23 cam ♨ – ♦200/300 € ♦♦400/430 € – 2 suites

viale Rimembranza 20 – ℰ 0365 71022 – www.villagiulia.it – Aperto Pasqua-metà ottobre

❀ **Villa Giulia** – Vedere selezione ristoranti

⌂ Palazzina 🕸 ≤ 🛏 🏊 ☎ 🅿️

FAMILIARE · CLASSICO Sopraelevato rispetto al paese, un albergo dotato di piscina su terrazza panoramica protesa sul blu; conduzione familiare e clientela per lo più abituale. Suggestiva anche l'atmosfera al ristorante grazie alla particolare vista sul lago e sui monti che offre ai commensali.

25 cam ♨ – ♦50/70 € ♦♦90/140 €

via Libertà 10 – ℰ 0365 71118 – www.hotelpalazzina.it – Aperto 1° aprile-10 ottobre

⌂ Riviera ≤ ☎ 🅿️ 🕸

FAMILIARE · CLASSICO Nel centro storico, a pochi metri dall'incantevole porticciolo, gestione familiare in un palazzo del 1840: camere accoglienti e splendida terrazza panoramica per la prima colazione.

20 cam ♨ – ♦50/103 € ♦♦65/118 €

via Roma 1 – ℰ 0365 72292 – www.garniriviera.it – Aperto Pasqua-20 ottobre

sulla strada provinciale 9 Ovest : 7 km

🍽 La Grande Limonaia ≤ 🏡 🔼 🏧 🕸 🅿️

CUCINA MODERNA · LUSSO XxX Qui tutto è di ampio respiro: la limonaia che profuma dei suoi frutti dorati l'ampia ed elegante sala, la vista panoramica sul lago di Garda, la cucina solare e mediterranea.

Menu 65/110 € – Carta 84/134 €

Lefay Resort & Spa, via Angelo Feltrinelli 136 – ℰ 0365 241800 – www.lefayresorts.com – solo a cena – Chiuso 8 gennaio-1° febbraio

🏨 Lefay Resort & Spa ☀ 🕸 ≤ 🛏 🏊 🖼 ⊕ 🕸 🎣 ☎ 🔼 🏧 ⛱ 🚗

GRAN LUSSO · MEDITERRANEO Sette chilometri tutti in salita per godere di uno dei panorami più belli del lago in una struttura moderna, dalle camere ampie ed eleganti, tutte con vista e con splendidi bagni; vasto centro benessere con incantevole piscina a sfioro sul lago.

88 cam ♨ – ♦230/665 € ♦♦290/830 € – 5 suites

via Angelo Feltrinelli 136 – ℰ 0365 241800 – www.lefayresorts.com – Chiuso 6-30 gennaio

🍽 **La Grande Limonaia** – Vedere selezione ristoranti

 Se cercate un albergo particolarmente ameno per un soggiorno di charme, prenotate in un hotel evidenziato in rosso: 🏨, ⌂... 🏨🏨.

GARGONZA Arezzo → Vedere Monte San Savino

GARLENDA
Savona (SV) – ⊠ 17033 – 890 ab. – Alt. 70 m – Carta regionale n° **8**-A2
Carta stradale Michelin 561-J6

⑪○ Il Rosmarino   ⛙ 🍴 🛋 🅰🅲 ⇔ 🅿

CUCINA MEDITERRANEA · ELEGANTE XxX Piatti della tradizione mediterranea esaltati dai profumi di questa terra - timo, salvia, l'irrinunciabile basilico... - in una dozzina di piatti che cambiano giornalmente in sintonia con le stagione. Vasta anche la scelta enologica.

Menu 70/90 € – Carta 55/103 €

Hotel La Meridiana, via ai Castelli – ℰ 0182 580271 (consigliata la prenotazione) – www.lameridianaresort.com – solo a cena – Aperto 1° aprile-5 novembre; chiuso lunedì escluso luglio-agosto

🏨 La Meridiana   ⛲ 🐾 🍴 ⤲ 🏠 🗎 🅰🅲 🛁 🅿

RESORT · GRAN LUSSO A metà strada fra la mondana Montecarlo e la pittoresca Portofino, ospitalità ad alti livelli per una deliziosa residenza di campagna avvolta dal profumo del mirto e della ginestra. A pranzo c'è il Bistrot, sostituito - in estate - dalla carta a bordo piscina.

22 cam – 🛏192/300 € 🛏🛏240/475 € – 4 suites – ⌛22 €

via ai Castelli – ℰ 0182 580271 – www.lameridianaresort.com – Aperto 1° aprile-5 novembre

⑪○ **Il Rosmarino** – Vedere selezione ristoranti

GASSINO TORINESE
Torino – ⊠ 10090 – 9 432 ab. – Alt. 230 m – Carta regionale n° **12**-B1

🏠 Cascina Domina   ⛲ 🐾 ⤲ 🛁 🅿

FAMILIARE · ACCOGLIENTE Cascina ottocentesca immersa nella quiete delle colline con lo sguardo che spazia da Superga alle Alpi; la cordiale e sorridente gestione femminile rende ancora più piacevole la sosta!

10 cam ⌛ – 🛏60 € 🛏🛏90 €

strada Trinità 42 – ℰ 011 960 1415 – www.cascinadomina.com – Chiuso 16 agosto-1° settembre

GATTEO A MARE
Forlì-Cesena – ⊠ 47043 – 5 992 ab. – Carta regionale n° **5**-D2
Carta stradale Michelin 562-J19

🏠 Flamingo   ⛲ ⥶ 🏠 🛁 🍽 🗎 🅰🅲 🚗

TRADIZIONALE · LUNGOMARE In un affascinante e bizzarro palazzo, troverete una gestione familiare di rara ospitalità: ottime camere con vista mare ed accesso diretto in spiaggia.

48 cam ⌛ – 🛏90/100 € 🛏🛏100/150 €

viale Giulio Cesare 31 – ℰ 0547 87171 – www.hotel-flamingo.com – Aperto 1° maggio-30 settembre

GAVARDO
Brescia (BS) – ⊠ 25085 – Carta regionale n° **9**-D1
Carta stradale Michelin 563-F13

🏠 Villa dei Campi Boutique Hotel   ⛲ 🐾 ⤲ 🏠 🗎 🅰🅲 🛁 🅿

BOUTIQUE HOTEL · ELEGANTE Cascina recuperata con anni di ristruttura-zione: filosofia bio, materiali eco-compatibili, nonché camere personalizzate ognuna diversa dall'altra. Insomma, un vero gioiellino di ospitalità!

12 cam ⌛ – 🛏80/120 € 🛏🛏150/200 €

via Limone 27, Sud-Est: 2 Km – ℰ 0365 374548 – www.hotelvilladeicampi.com – Aperto 11 aprile-14 ottobre

GAVI

Alessandria – ✉ 15066 – 4 614 ab. – Alt. 233 m – Carta regionale n° **12**-C3
Carta stradale Michelin 561-H8

⁌○ La Gallina

🕸 ≼ 🏠 🅰🅲 🕸 ⇆ 🅿

CUCINA PIEMONTESE • CASA DI CAMPAGNA ✕✕ In una location molto suggestiva, dove trova posto anche un'elegante e romantica sala ricavata nell'antico fienile, cucina creativa che fa del contrasto dei sapori giusto un accenno e mai un'esaltazione. Col bel tempo ci si trasferisce all'aperto con vista su colline e vigneti.

Menu 65/90 € – Carta 54/90 €

Hotel L'Ostelliere, frazione Monterotondo, 56, Nord-Est: 4 km – ☎ 041 360 7801 (consigliata la prenotazione) – www.villasparinaresort.it – solo a cena escluso sabato e domenica – Aperto 1° aprile-31 ottobre

⁌○ Cantine del Gavi

🕸 🏠 🕸

CUCINA REGIONALE • CONTESTO STORICO ✕✕ Nel bel centro storico di Gavi, un palazzo settecentesco ospita due sale ricche d'atmosfera, di cui una - l'ex cappella - con il soffitto affrescato, oltre alla possibilità di mangiare nella suggestiva cantina. Cucina del territorio accompagnata da ottimi vini.

Carta 39/79 €

via Mameli 69 – ☎ 0143 642458 – www.ristorantecantinedelgavi.it – Chiuso febbraio, 10 giorni in luglio, lunedì e martedì

🏠 L'Ostelliere

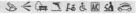 🕭 ≼ 🛏 🍽 🛁 ⴳ 🅰🅲 🛋 🚗

STORICO • ELEGANTE All'interno e proprio sopra le cantine dell'azienda vinicola con la quale, insieme al ristorante, forma il Villa Sparina Resort, L'Ostelliere è un hotel nato da un'importante azione di recupero architettonico che ha dato vita ad una risorsa di grande charme e confort. Bella vista su colline e vigneti.

23 cam ⌷ – 🛏225/330 € 🛏🛏225/330 € – 10 suites

*frazione Monterotondo 56, Nord-Est: 4 km – ☎ 0143 607801
– www.villasparinaresort.it – Aperto 1° aprile-31 ottobre*

⁌○ **La Gallina** – Vedere selezione ristoranti

GAVIRATE

Varese – ✉ 21026 – 9 323 ab. – Alt. 261 m – Carta regionale n° **9**-A2
Carta stradale Michelin 561-E8

🐶 Tipamasaro

🏠 🅿

CUCINA CLASSICA • FAMILIARE ✕ A metà strada tra il centro storico e il lago, l'intera famiglia si dedica con passione al locale: un ambiente simpatico e un fresco gazebo estivo per riscoprire l'appetitosa cucina locale. Lavarello alla calderina, bavarese alla menta con cremoso al cioccolato... giusto per dare un'idea!

Carta 31/51 €

via Cavour 31 – ☎ 0332 743524 – Chiuso 1°-21 luglio, domenica sera e lunedì

GAVORRANO

Grosseto (GR) – ✉ 58023 – 8 580 ab. – Alt. 273 m – Carta regionale n° **18**-C3
Carta stradale Michelin 563-N14

sulla strada provinciale 31 Nord-Est: 14 km

⁌○ Conti di San Bonifacio

⇆ ≼ 🛏 🏠 🍽 🅰🅲 🅿

CUCINA DEL TERRITORIO • ELEGANTE ✕✕ Nel bel mezzo di campagna e vigneti, in posizione tranquilla e dominante, cucina del territorio elaborata con gusto moderno accompagnata da vini della casa (tra cui un Syrah eccezionale!) e non solo.

Menu 85 € (cena) – Carta 55/75 €

7 cam ⌷ – 🛏260/480 € 🛏🛏260/480 € – 5 suites

località Casteani 1 – ☎ 0566 80006 – www.contidisanbonifacio.com

GAZZOLA

Piacenza – ⊠ 29010 – 2 056 ab. – Alt. 139 m – Carta regionale n° **5**-A2
Carta stradale Michelin 562-H10

a Rivalta Trebbia Est : 3,5 km ⊠ 29010 – Gazzola

🍴○ **Locanda del Falco**　　　　　　　　　　🕭 🕱 🕏 **P**

CUCINA DEL TERRITORIO · RUSTICO ХХ In un antico borgo medievale una
locanda caratteristica dove vengono serviti i piatti della tradizione piacentina e
ricette alternative permeate da fantasia e creatività, il tutto annaffiato da vini
locali (ci sono proprio tutti nell'ampia carta!) e di altre regioni. Ampi camini all'interno ravvivano le serate invernali, mentre nella bella stagione un glicine secolare
ombreggia i tavoli dell'accogliente cortile interno.

🍤 Menu 12 € (pranzo in settimana)/60 € – Carta 37/68 €

Castello di Rivalta, 4 – 𝒞 0523 182 0269 – www.locandadelfalco.com – Chiuso
8-16 gennaio, 16-31 agosto, martedì e lunedì sera

🏚 **Residenza Torre di San Martino**　　🕭 🕏 🖩 🕏 **P**

DIMORA STORICA · ELEGANTE In un borgo originario dell'XI secolo con tanto di
castello visitabile, una residenza di charme che ne ricalca lo stile e il calore:
camere di diversa tipologia tutte accomunate però dall'atmosfera di cordiale
accoglienza e ospitalità "antica".

9 cam ☲ – †80/200 € ††125/360 € – 1 suite

località Borgo di Rivalta 19 – 𝒞 0523 972002 – www.hoteltorredisanmartino.it

🏚 **Agriturismo Croara Vecchia**　🕭 ⇐ 🍴 🏊 & 🖩 🔏 **P**

CASA DI CAMPAGNA · AGRESTE Fino al 1810 fu un convento, poi divenne un'a-
zienda agricola che oggi ospita graziose camere (sei con angolo cottura), tutte
identificabili dal nome di un fiore. In un prato sempre curato, che domina il
fiume, la bella piscina, nonché un centro equestre con istruttori.

15 cam ☲ – †85/105 € ††105/120 €

località Croara Vecchia, Sud: 1,5 km – 𝒞 333 219 3845 – www.croaravecchia.it
– Aperto 1° aprile-4 novembre

GAZZOLI Verona → Vedere Costermano

GENAZZANO

Roma (RM) – ⊠ 00030 – 6 036 ab. – Alt. 375 m – Carta regionale n° **7**-C2
Carta stradale Michelin 563-Q20

❀ **Aminta Resort** (Marco Bottega)　　🕭 ⇐ 🍴 🕱 🏊 🖩 **P**

CUCINA CREATIVA · ELEGANTE ХХХ Tra colline disseminate di ulivi e prodotti
agricoli che troverete poi anche in tavola, il casolare ottocentesco è la casa di
uno dei più interessanti cuochi della campagna romana. Spunti di cucina laziale,
ma spazio a divagazioni di ogni genere, sempre all'insegna di una cucina gustosa;
gli amanti dello Champagne troveranno qui una straordinaria proposta.

→ Non è una carbonara. Lombo d'agnello, ortiche e zucca affumicata. Declinazioni del caramello.

Menu 70/100 € – Carta 50/70 €

6 cam ☲ – †70/100 € ††100/130 € – 1 suite

via Trovano 3 – 𝒞 06 957 8661 (consigliata la prenotazione) – www.amintaresort.it
– Chiuso novembre, domenica sera e lunedì

GENGA

Ancona – ⊠ 60040 – 1 797 ab. – Alt. 322 m – Carta regionale n° **11**-B2
Carta stradale Michelin 563-L20

🏚 **Le Grotte**　　🕭 🕭 ⇐ 🍴 🕱 🏠 🕏 & 🖩 🔏 🔏 **P**

TRADIZIONALE · CLASSICO In un suggestivo paesaggio naturalistico fra gole e
grotte di Frasassi, un albergo moderno con piccolo centro benessere, nonché camere
spaziose ed eleganti. Nel ristorante dalla lunga tradizione gastronomica vi
attendono ottimi piatti di cucina regionale. E' possibile organizzare colazioni di lavoro e cerimonie.

23 cam ☲ – †62/110 € ††78/140 € – 1 suite

località Pontebovesecco 14, Sud: 2 km – 𝒞 0732 972065 – www.hotellegrotte.it

CI PIACE...

L'intima atmosfera del ristorante **Le Cicale in Città**. I tramonti suggestivi sul porto da alcuni tavoli de **Il Marin-Eataly**. Indugiare nell'enciclopedica carta dei vini di **Bruxaboschi**. L'incantevole posizione del **Capo Santa Chiara** a Boccadasse.

GENOVA

(GE) – ⊠ 16124 – 586 655 ab. – Alt. 19 m – Carta regionale n° **8**-C2
Carta stradale Michelin 561-I8

Ristoranti

✿ The Cook ⓝ (Ivano Ricchebono)   🅰️🅲 ⇔

CUCINA MODERNA · CONTESTO STORICO ХХ Si torna a casa! Intendendo con ciò il trasferimento nel centro storico di Genova in un bel palazzo del 1300. The Cook si presenta con una nuova veste, ove spiccano gli affreschi alle pareti, ma con una gradita costanza: la certezza di una cucina territoriale venata di creatività che fin dai suoi esordi ha conquistato i palati.

→ Acciuga su tela. Riso in ristretto di gambero rosa del Tigullio, yuzu e basilico di Pra'. Cappon magro.

Menu 70/110 € – Carta 70/83 €

Pianta: B2-u – *vico Falamonica 9 r* ⊠ 16124 ⓜ *San Giorgio* – ℰ 010 975 2674
– *www.thecookrestaurant.com* – Chiuso 1 settimana in gennaio, 2 settimane *in agosto e martedì*

⅋○ Ippogrifo   🅰️🅲 ⇔

PESCE E FRUTTI DI MARE · ELEGANTE ХХ Ottima cucina a base di pesce in un elegante locale rinnovato secondo un gusto moderno e luminoso. Frequentato da habitué e gestito da due abili fratelli, il ristorante si trova in zona fiera.

Carta 51/104 €

Pianta: C3-n – *via Gestro 9/r* ⊠ 16129 – ℰ 010 592764
– *www.ristoranteippogrifo.it* – Chiuso 13-28 agosto

⅋○ Capo Santa Chiara   ⇐ 🈱 & 🅰️🅲

CUCINA CREATIVA · ELEGANTE ХХ All'estremo della romantica spiaggetta di Boccadasse, locale moderno ed elegante, dove gustare piatti creativi. Da non perdere nella bella stagione un tavolo sulla terrazza prospiciente il mare.

Menu 70 € – Carta 52/101 €

via Al Capo di Santa Chiara, 69 Boccadasse ⊠ 16124
– ℰ 010 798 1571 – *www.ristorantecaposantachiara.com*
– *Chiuso lunedì da ottobre ad aprile*

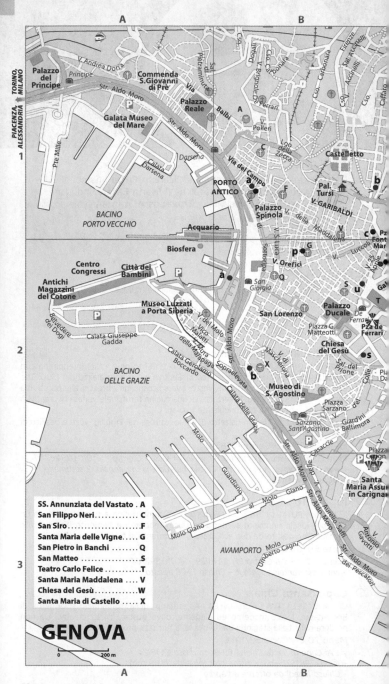

GENOVA

0 ——— 200 m

Legend:

SS. Annunziata del Vastato . A
San Filippo Neri C
San Siro . . . . F
Santa Maria delle Vigne . . . . . G
San Pietro in Banchi . . . . Q
San Matteo . . . . S
Teatro Carlo Felice . . . . T
Santa Maria Maddalena V
Chiesa del Gesù . . . . W
Santa Maria di Castello X

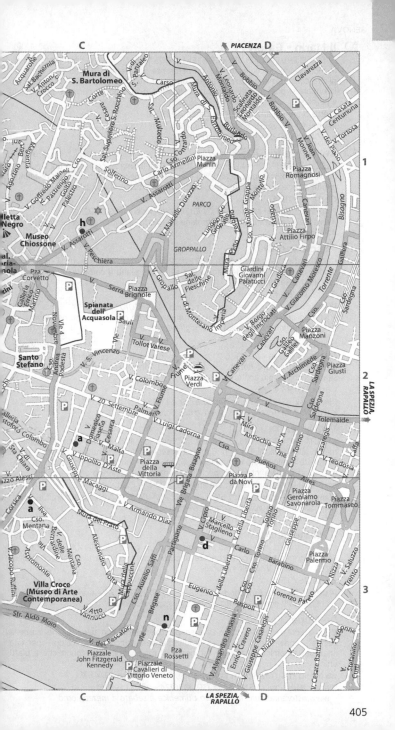

⫟○ Il Marin - Eataly ⇐ 🛱 ₺ 𝔸ℂ

PESCE E FRUTTI DI MARE · CONTESTO CONTEMPORANEO ✕✕ Nel Porto Antico, al terzo piano dell'edificio Millo, un ristorante panoramico e dalla originale semplicità con un menu ispirato al territorio e al marchio Eataly. Per una sosta più informale si possono utilizzare anche le varie postazioni di cucina a tema lungo il percorso.

Menu 34 € (pranzo)/75 € – Carta 48/95 €

Pianta: B2-a – *porto Antico, edificio Millo* ✉ *16121* 🅜 *San Giorgio* – ☏ *010 869 8722* – *www.genova.eataly.it*

⫟○ Le Cicale in Città 𝔸ℂ ⇔

PESCE E FRUTTI DI MARE · ACCOGLIENTE ✕✕ Intima atmosfera in questo locale diviso in ambienti comunicanti, impreziositi da specchi antichi: piatti prevalentemente a base di pesce fresco, cucinati con un pizzico di fantasia.

Carta 40/112 €

Pianta: C2-b – *via Macaggi 53* ✉ *16121* 🅜 *Brignole* – ☏ *010 592581* – *www.le-cicale.it* – *Chiuso 2 settimane in agosto, sabato a mezzogiorno e domenica*

⫟○ PEsciolino 🅝 ₺ 𝔸ℂ

CUCINA CLASSICA · ACCOGLIENTE ✕✕ Piatti curati, non scevri di una certa modernità, in un locale del centro con sale accoglienti e colorate. Il pesce è tra i prediletti del menu!

Carta 34/69 €

Pianta: B2-e – *City Hotel, vico Domoculta 14r* – ☏ *010 553 2131* – *www.locandapesciolino.it* – *Chiuso i mezzogiorno di sabato e domenica in giugno-settembre, domenica sera negli altri mesi*

⫟○ Santa Teresa 🛱 𝔸ℂ ⇔

CUCINA LIGURE · RUSTICO ✕✕ Nel cuore del centro, accoglienti sale e salette dove l'esperta mano dei titolari vi porterà ad apprezzare antiche ricette liguri rivisitate in chiave più contemporanea.

Carta 56/93 €

Pianta: B2-s – *via di Porta Soprana 55r* ✉ *16124* – ☏ *010 583534* – *www.ristorantesantateresagenova.it* – *Chiuso domenica*

⫟○ Voltalacarta 𝔸ℂ

CUCINA MODERNA · ALLA MODA ✕✕ "Volta la carta" è una canzone estremamente allegorica: dietro ogni figura si nasconde un personaggio. Dietro la porta di questo locale si cela un ambiente piccolo e simpatico, dove un giovane e dinamico chef prepara intriganti specialità di mare, selezionando ottimi prodotti.

🍴 Menu 20 € (pranzo in settimana)/50 € – Carta 45/91 €

Pianta: C1-h – *via Assarotti 60/r* ✉ *16122* – ☏ *010 831 2046 (coperti limitati, prenotare)* – *www.voltalacartagenova.it* – *Chiuso 1°-6 gennaio, 25 agosto-2 settembre, lunedì sera e domenica*

⫟○ Il Michelaccio ₺ 𝔸ℂ

CUCINA CREATIVA · BISTRÒ ✕ Centrale, ad un passo da via XX Settembre, un vero e proprio bistrot con proposte di cucina creativa su carta o del giorno elencate in lavagna. Vini solo naturali.

Carta 26/96 €

Pianta: C2-a – *via Frugoni 49 r* ✉ *16121* – ☏ *010 570 4274* – *www.ilmichelaccio.it* – *Chiuso 6-29 agosto, sabato a mezzogiorno e domenica*

⫟○ Le Rune

CUCINA LIGURE · RUSTICO ✕ Diverse piccole salette con tavoli anche sopra la cucina – apparentemente molto ambiti, sebbene faccia un po' caldo – per una linea gastronomica legata alla regione e al mare; proposte economiche e piatti unici.

🍴 Menu 11 € (pranzo in settimana)/34 € – Carta 31/46 €

Pianta: B1-b – *salita Sant'Anna 13R* ✉ *16124* – ☏ *010 594951* – *www.ristorantelerune.it* – *Chiuso domenica e sabato a mezzogiorno*

⅋○ Soho Restaurant & Fish Work 🛋 🗚 ⇦

PESCE E FRUTTI DI MARE · BISTRÒ ⅋ In uno dei vicoli di fronte all'Acquario, locale informale e multitasking (c'è anche un wine-bar) dominato dal contrasto fra antico e moderno. Le specialità attingono al mare.

Menu 60 € – Carta 25/67 €

Pianta: B1-a – *via al Ponte Calvi 20 r* ✉ *16124 Genova* ⓜ *Darsena*
– ☏ 010 869 2548 – www.ristorantesoho.it

⅋○ Spin Ristorante-Enoteca Sola 🕸 🗚 ⇦

CUCINA REGIONALE · BISTRÒ ⅋ Un piccolo locale stile bistrot, nato come eno-teca e poi trasformatosi anche in ristorante: ampia scelta di etichette con grande attenzione ai vini biodinamici e una cucina schietta, che punta sulla qualità della materia prima. In vendita anche prodotti enogastronomici di qualità genovesi e non solo.

Carta 32/57 €

Pianta: D3-d – *via Carlo Barabino 120/r* ✉ *16129* ⓜ *Brignole* – *☏ 010 594513*
– www.enotecasolaristorante.com – Chiuso 1 settimana a Ferragosto e domenica

Alberghi

🏨 Melià Genova 🍴 🗇 🕸 ℔ 🗐 & 🗚 🛎 🚗

GRAN LUSSO · CONTEMPORANEO In un bel palazzo dei primi '900, nel presti-gioso quartiere Carignano, hotel di lusso caratterizzato da spazi moderni, cen-tro benessere con piccola piscina, camere confortevoli dove predominano colori ricercati ed eleganti: platino, titanio e rame. Sapori mediterranei, rivisi-tati in chiave moderna e talvolta "alleggeriti", al Blue Lounge bar and restaurant.

97 cam ⌑ – ▯150/550 € ▮▮170/550 € – 2 suites

Pianta: C3-a – *via Corsica 4* ✉ *16128* – *☏ 010 531 5111 – www.melia.com*

🏨 Bristol Palace 🍴 🗐 🗚 🛎 🚗

LUSSO · STORICO Sull'elegante via XX Settembre, la raffinatezza d'antan in que-sto antico palazzo di fine '800. La splendida scala ellittica si snoda nella piccola hall per condurvi a camere d'indiscusso charme. Spazi comuni su differenti livelli con stucchi e tappezzerie; ristorante al secondo piano nella sala affrescata.

128 cam ⌑ – ▯119/459 € ▮▮129/479 € – 5 suites

Pianta: C2-n – *via XX Settembre 35* ✉ *16121* ⓜ *De Ferrari* – *☏ 010 592541*
– www.hotelbristolpalace.com

🏨 City Hotel 🕸 ℔ 🗐 🗚 🚗

BUSINESS · CENTRALE Vicino a piazza De Ferrari, confort omogeneo per un hotel con zone comuni di taglio classico, camere sobrie e funzionali, nonché mini suite panoramiche all'ultimo piano. Contenuto, ma accogliente il nuovo centro benessere.

64 cam – ▯89/218 € ▮▮107/272 € – ⌑ 10 €

Pianta: B2-e – *via San Sebastiano 6* ✉ *16123* ⓜ *De Ferrari* – *☏ 010 584707*
– www.bwcityhotel-ge.it

⅋○ **PEsciolino** – Vedere selezione ristoranti

🏨 Metropoli 🗐 🗚

BUSINESS · CENTRALE A due passi dall'antica "Via Aurea" sorge questa piace-vole struttura dotata di confortevoli camere, dove la predominanza dei colori pastello fa risaltare i mobili in noce e il caldo parquet.

52 cam ⌑ – ▯72/198 € ▮▮83/350 €

Pianta: B2-c – *piazza Fontane Marose* ✉ *16123* ⓜ *De Ferrari* – *☏ 010 246 8888*
– www.hotelmetropoli.it

Palazzo Grillo e Le Nuvole ⓝ

STORICO · VINTAGE Prospicienti la basilica di S. Maria Delle Vigne, nelle affascinanti dimore simboli dell'aristocrazia genovese del Cinquecento, palazzo Grillo (casa madre) e il fronte stante Le Nuvole vi faranno vivere un soggiorno da sogno tra storia e design anni '50.

37 cam - ●95/170 € ●●115/200 € - 3 suites - ⌑ 12 €

Pianta: B2-p - piazza delle Vigne 4 ✉ 16124 ⓝ San Giorgio - ☎ 010 247 7356 - www.hotelpalazzogrillo.it - Chiuso 10 gennaio-10 febbraio

Porto Antico

BUSINESS · MINIMALISTA Un hotel smart, sia per la posizione ideale tra il centro ed il vicino acquario, sia per lo stile moderno e funzionale. Dal terrazzo delle suite all'ultimo piano, la vista abbraccia città e mare.

50 cam - ●80/290 € ●●90/290 € - ⌑ 3 €

Pianta: B1-a - Via al Ponte Calvi, 5 ✉ 16124 ⓝ Darsena - ☎ 010 251 8249 - www.hotelportoantico.it

verso Molassana Nord: 5,5 km

ⓘ○ La Pineta

CUCINA LIGURE · AMBIENTE CLASSICO ✗✗ Un gran camino troneggia in questo luminoso e caldo ristorante, che dispone anche di un grazioso dehors. Cucina tradizionale casalinga, tra le specialità: carne e pesce alla brace.

Carta 34/53 €

via Gualco 82, a Struppa ✉ 16165 - ☎ 010 802772 - www.ristorantelapineta.org - Chiuso 1 settimana in febbraio, 3 settimane in agosto, domenica sera e lunedì

a San Desiderio Nord-Est: 8 km per via Timavo ✉ 16133

⓮ Bruxaboschi

CUCINA LIGURE · CONVIVIALE ✗✗ Dal 1862 la tradizione si è perpetuata di generazione in generazione in una trattoria con servizio estivo in terrazza. Cucina del territorio e periodiche serate a tema alla riscoperta di antichi piatti delle valli liguri, nonché interessante selezione di vini e distillati. Indecisi sulla scelta? La cima alla genovese è sempre una certezza!

Carta 28/57 €

via Francesco Mignone 8 - ☎ 010 345 0302 (prenotare) - www.bruxaboschi.com - Chiuso 24 dicembre-5 gennaio, 3 settimane in agosto, domenica sera e lunedì

a Sestri Ponente Ovest: 10 km direzione aeroporto ✉ 16154

ⓘ○ Toe Drûe

CUCINA CREATIVA · ACCOGLIENTE ✗✗ Toe Drûe - tavole spesse, per chi non mastica il ligure - come di spessore dei tavoli è la sua cucina fatta di specialità regionali; ambiente caldo e confortevole con fonte battesimale dei primi dell'Ottocento.

⌕ Menu 25 € (pranzo in settimana)/40 € - Carta 31/65 €

via Corsi 44/r - ☎ 010 650 0100 - www.toedrue.it - Chiuso 19-31 agosto, sabato a mezzogiorno e domenica

a Voltri Ovest: 18 km direzione aeroporto ✉ 16158

⓮ Ostaia da ü Santü

CUCINA LIGURE · OSTERIA ✗ La breve passeggiata a piedi lungo una stradina di campagna sarà l'anticipo di quello che troverete all'osteria: una gustosa cucina casalinga per riscoprire i genuini sapori locali, come gli gnocchi di patate al pesto, lo stoccafisso con noci e pinoli, la crostata di crema e mele. Piacevole pergolato per il servizio estivo.

Carta 27/39 €

via al Santuario delle Grazie 33, Nord: 1,5 km - ☎ 010 613 0477 (consigliata la prenotazione) - www.ostaiadausantu.com - Chiuso 25 dicembre-10 febbraio, 16-30 settembre, domenica sera, lunedì, martedì e le sere di mercoledì e giovedì da ottobre a giugno

🍽️◯ **Il Gigante** 🅰️🆎

PESCE E FRUTTI DI MARE · CONVIVIALE ✕✕ Un ex olimpionico di pallanuoto appassionato di pesca gestisce questo simpatico locale: due salette di taglio classico e sobria semplicità e piatti, ovviamente, di mare.

Menu 30/50 € - Carta 34/80 €

via Lemerle 12/r - ℰ 010 613 2668 - www.ristoranteilgigante.it
- Chiuso domenica sera e lunedì

🍽️◯ **La Voglia Matta** 🅰️🆎

CUCINA CREATIVA · CONTESTO CONTEMPORANEO ✕✕ Avete una voglia matta di gustare specialità di pesce? Bussate in questo bel palazzo del Cinquecento nascosto nel piccolo vicolo: è qui che i prodotti del mare e la Liguria vengono proposti in chiave moderna.

Menu 30/60 € - Carta 46/58 €

via Cerusa 63 r - ℰ 010 610 1889 (consigliata la prenotazione la sera)
- www.lavogliamatta.org
- Chiuso domenica sera e lunedì

a Pegli Ovest: 13 km direzione aeroporto ✉️ 16155

🍽️◯ **Teresa** 🅰️🆎

CUCINA MODERNA · AMBIENTE CLASSICO ✕✕ Cinquant'anni di passione e continuità familiare, in questo storico locale arrivato alla seconda generazione; le specialità di pesce assumono ora connotati più ricercati.

Menu 26 € (pranzo in settimana)/70 € - Carta 42/104 €

piazza Lido di Pegli 5 r - ℰ 010 697 3774 - www.ristoranteteresa.com
- Chiuso martedì

GHIFFA

Verbano-Cusio-Ossola - ✉️ 28823 - 2 413 ab. - Alt. 201 m - Carta regionale n° **13**-B1
Carta stradale Michelin 561-E7

🏠 **Ghiffa**

FAMILIARE · ACCOGLIENTE In riva al lago, signorile struttura di fine '800 dotata di terrazza-giardino con piscina riscaldata: ottimi confort e conduzione professionale. Pavimento in parquet nella sala da pranzo con grandi vetrate; cucina classica e del territorio.

37 cam 🍴 - 🛏️140/195 € 🛏️🛏️195/265 €

corso Belvedere 88 - ℰ 0323 59285 - www.hotelghiffa.com
- Aperto 13 aprile-11 ottobre

GHIRLANDA Grosseto ➜ Vedere Massa Marittima

GIARDINI NAXOS Sicilia

Messina - ✉️ 98035 - 9 415 ab. - Carta regionale n° **17**-D2
Carta stradale Michelin 365-BA56

🏠 **Palladio** ⚜️ ≤ 🗝️ 🔄 🆎

FAMILIARE · LUNGOMARE Affacciato sulla baia, un roof garden all'aperto con bellissima vista sul golfo di Naxos e un'ondata di genuina ospitalità siciliana che vi avvolgerà in ambienti carichi di artigianato e prodotti isolani. L'amore per questa terra continua anche nei piatti del ristorante con prodotti locali selezionati tra il biologico e il commercio equosolidale.

18 cam 🍴 - 🛏️80/200 € 🛏️🛏️90/330 € - 1 suite

corso Umberto I° 470 - ℰ 0942 52267
- www.hotelpalladiogiardini.com

GIAU (Passo di) Belluno → Vedere Cortina d'Ampezzo

GIGLIO (Isola del)
Grosseto – 1 413 ab. – Alt. 498 m – Carta regionale n° **18**-C3
Carta stradale Michelin 563-O14

Giglio Porto – ⊠ 58012 – Carta regionale n° **18**-C3

⫶○ La Vecchia Pergola   ⇐ 🏠

PESCE E FRUTTI DI MARE · ROMANTICO ⅄ La risorsa a gestione familiare, consta di un'unica sala e di una terrazza, con vista contemporaneamente sul paese e sul porto, dove assaggiare prelibatezze di mare.
Carta 21/45 €
via Thaon de Revel 31 – ☏ 0564 809080 – Aperto 15 marzo-15 ottobre; chiuso mercoledì

a Giglio Campese Nord-Ovest : 8,5 km ⊠ 58012

🏠 Campese   ⛱ 🐬 ⇐ 🐚 🅰🅲 🅿

FAMILIARE · ACCOGLIENTE Direttamente sulla spiaggia, l'hotel vanta ampi ambienti di tono classico con soluzioni d'arredo lineari in tinte chiare e sfumature azzurre (da preferirsi le 8 nuove camere superior con balcone!). In posizione panoramica, affacciato sul mare, il ristorante propone ricette regionali di carne e di pesce.
47 cam – solo ½ P 120/180 €
via Della Torre 18 – ☏ 0564 804003 – www.hotelcampese.com – Aperto 1° maggio-30 settembre

🏠 Le Poste di Simplicio   🅰🅲 🅿

FAMILIARE · MEDITERRANEO Tipica casa isolana affacciata sulla romantica spiaggia di Campese, le camere sono semplici e bianco-azzurre, ciascuna dispone di un piccolo terrazzino con sedie sdraio dove viene servita la colazione. Pochi gradini e si è al mare.
6 cam ⌂ – ♦60/100 € ♦♦100/160 €
via di Mezzo Franco 12 – ☏ 347 174 4809 – www.lepostedisimplicio.it – Aperto Pasqua-3 novembre

a Giglio Castello Nord-Ovest : 6 km ⊠ 58012

⫶○ Il Grembo   🅰🅲

CUCINA DEL TERRITORIO · FAMILIARE ⅄ In una cantina del XII secolo, un ambiente familiare e romantico dove gustare una cucina locale, non necessariamente di mare. Su richiesta, si organizzano anche cene in spiaggia.
Carta 38/70 €
via Verdi 7 – ☏ 370 123 1640 – Aperto 1° marzo- 10 novembre; chiuso mercoledì in bassa stagione

GIGNOD
Aosta – ⊠ 11010 – 1 710 ab. – Alt. 988 m – Carta regionale n° **21**-A2
Carta stradale Michelin 561-E3

⫶○ La Clusaz   🐾 ⇐ 🚗

CUCINA REGIONALE · RUSTICO ⅄⅄ La storia di questa casa montana è ormai millenaria, le sue pietre e i suoi ambienti vi raccontano le tradizioni valdostane non meno della cucina, che recupera ricette storiche e prodotti regionali. L'ospitalità continua nelle camere, da quelle più semplici a quelle decorate da un'artista locale.
Menu 52 € (in settimana)/65 € – Carta 45/88 €
14 cam – ♦♦80/120 € – ⌂ 10 €
località La Clusaz, Nord-Ovest: 4,5 km – ☏ 0165 56075 (consigliata la prenotazione) – www.laclusaz.it – Chiuso 12 novembre-6 dicembre, 2-28 maggio, mercoledì a mezzogiorno e martedì escluso in agosto

GIOIA DEL COLLE

Bari – ✉ 70023 – 27 682 ab. – Alt. 358 m – Carta regionale n° **15**-C2
Carta stradale Michelin 564-E32

Osteria del Borgo Antico ⏣ 🅰️©

CUCINA REGIONALE · CONVIVIALE ✗ Nel centro storico, sotto le volte in tufo, ma d'estate si mangia anche all'aperto, un ristorante che promuove la cucina del territorio in chiave moderna. Specialità: spaghettoni alla Poveraccia - guancia di vitello brasata con fonduta di scamorza fumé e carciofi fritti - morbidoso al cioccolato fondente con gelato alla nocciola.

Menu 35/50 € – Carta 30/59 €

corso Cavour 89 – ℰ 080 343 0837   www.borgoanticosteria.it – Chiuso domenica sera e lunedì

🍽️ Trattoria Pugliese 🅰️©

CUCINA PUGLIESE · FAMILIARE ✗ La trattoria sarà anche pugliese, ma ai fornelli ci sta un intraprendente chef siciliano i cui piatti (rigorosamente locali!) "danzano" al ritmo delle stagioni.

Carta 23/42 €

via Concezione 9/11 – ℰ 080 343 1728 – www.trattoriapugliese.it – Chiuso domenica sera e lunedì

GIOVI Arezzo → Vedere Arezzo

GIOVINAZZO

Bari – ✉ 70054 – 20 480 ab. – Carta regionale n° **15**-B2
Carta stradale Michelin 564-D32

🏨 Lafayette ⏣ 🏊 ⚓ 🄴 & 🅰️© 🔼 🅿️

TRADIZIONALE · ACCOGLIENTE Lungo la litoranea per Molfetta, l'albergo offre camere accoglienti dagli arredi contemporanei, una grande piscina, un'altra più piccola per bambini e accesso diretto a due spiagge, in cemento o ghiaia. Ristorante direttamente sul mare con specialità ittiche e bella terrazza.

21 cam ☲ – ♦65/75 € ♦♦90/110 €

s.s. 16, km 781+400 – ℰ 080 394 7022 – www.lafayette.com

GIOVO

Trento – ✉ 38030 – 2 464 ab. – Alt. 496 m – Carta regionale n° **19**-B2
Carta stradale Michelin 562-D15

a Palù Ovest : 2 km ✉ 38030 – Palù Di Giovo

🏠 Agriturismo Maso Pomarolli ⏣ 🌿 ⬅ 🛏 & 🅿️

FAMILIARE · TRADIZIONALE Per chi ama la tranquillità, il panorama e la natura, ecco un agriturismo attorniato da vigneti e frutteti con camere semplici ed accoglienti. Imperdibile il sentiero del melo con 52 varietà di pomi.

7 cam ☲ – ♦40/50 € ♦♦65/70 €

località Maso Pomarolli 10 – ℰ 0461 684571 – www.agriturmasopomarolli.it – Chiuso 8 gennaio-21 febbraio

GIULIANOVA LIDO

Teramo – ✉ 64021 – 21 634 ab. – Carta regionale n° **1**-B1
Carta stradale Michelin 563-N23

Osteria dal Moro 🅰️©

PESCE E FRUTTI DI MARE · FAMILIARE ✗ Vivace locale marinaro sul lungomare, dove la cucina esclusivamente di pesce cambia in funzione della disponibilità del mercato. La proposta è a voce: lasciatevi quindi consigliare, ma non perdetevi la frittura mista o la chitarrina di Campo Filone alla marinara.

Menu 28 € (pranzo in settimana)/45 € – Carta 35/45 €

lungomare Spalato 74 – ℰ 085 800 4973 – Chiuso 2-15 gennaio, 7-21 settembre, martedì, anche mercoledì in settembre-giugno

ⅼ○ Bistrot 900   🆓 🔆 AC P

CUCINA CREATIVA · BISTRÒ ✕✕ Una cucina creativa che ama stupire, ma la sostanza c'è! E si manifesta nella fantasia cromatica delle sue presentazioni, nonché nelle buone materie prime artefici delle sue ricette. Tra luci soffuse che creano atmosfera, un moderno bistrot.

Menu 38/70 € – Carta 25/34 €

via Galileo Galilei 226 – 𝒞 085 800 7494 – www.ristorantebistrot900giulianova.it – solo a cena – Chiuso 2 settimane in aprile-maggio, 1 settimana in ottobre e domenica

🏠 Cristallo   🏔 ← 🆓 🗗 ⬆ ⅼ AC 🕱 🏋

BUSINESS · LUNGOMARE Frontemare, l'hotel offre luminosi spazi comuni di gusto moderno dalle calde tonalità di colore e camere confortevoli, adatte ad una clientela d'affari e turistica (quelle del quarto piano sono arredate secondo i dettami della bioarchitettura); al quinto c'è invece una terrazza solarium con vasche idromassaggio. Al ristorante, una delle più interessanti cucine di pesce della città.

70 cam ⌘ – ♦55/110 € ♦♦70/170 € – 1 suite

lungomare Zara 73 – 𝒞 085 800 3780 – www.hcristallo.it

🏠 Parco dei Principi   🏔 🆓 ⅼ ⅼ 🗗 ⬆ AC 🚗

TRADIZIONALE · LUNGOMARE In prima fila sul lungomare - in un contesto tranquillo, immerso nel verde dei pini - l'hotel propone camere confortevoli (le migliori ai piani più alti), con vista panoramica sul mare o sulla collina. Per i piccoli ospiti, un bellissimo parco giochi per momenti di magico divertimento.

87 cam ⌘ – ♦55/205 € ♦♦70/250 €

lungomare Zara – 𝒞 085 800 8935 – www.giulianovaparcodeiprincipi.it – Aperto 15 maggio-17 settembre

🏠 Sea Park Spa Resort   🏔 ⅼ 🗗 💮 🕮 🛁 ⅼ 🗗 ⬆ AC 🕱 🚗

SPA E WELLNESS · CONTEMPORANEO A 100 m dal mare, un'architettura originale tra terrazze pensili, piscina e confortevoli camere di tono moderno. Struttura con una spiccata vocazione sportiva dispone di palestra, campo e scuola calcio. Al ristorante, un ricco buffet di verdure calde e fredde, i prodotti classici nazionali e proposte di pesce.

50 cam ⌘ – ♦50/100 € ♦♦80/150 €

via Arenzano 19 – 𝒞 085 802 5323 – www.seaparkresort.com – Aperto 1° aprile-30 settembre

🏠 Europa   🏔 ← ⅼ ⅼ 🗗 ⬆ AC 🏋

BUSINESS · LUNGOMARE In posizione centrale e davanti al mare, la clientela d'affari apprezzerà l'efficienza dei servizi mentre quella balneare sarà conquistata dalla singolare piscina in spiaggia. Presso le ampie sale del ristorante è possibile anche allestire banchetti.

77 cam ⌘ – ♦59/125 € ♦♦69/170 € – 2 suites

lungomare Zara 57 – 𝒞 085 800 3600 – www.htleuropa.it

GIUSTINO Trento → Vedere Pinzolo

GLORENZA GLURNS

Bolzano – ✉ 39020 – 896 ab. – Alt. 907 m – Carta regionale n° **19**-A2
Carta stradale Michelin 562-C13

🏠 Zur Post   🏔 🆓 🕮 🗗 P

FAMILIARE · STILE MONTANO All'interno della cinta muraria della pittoresca Glorenza, un albergo di antichissime tradizioni: una sorta di Gasthaus familiare e semplicissima, ormai alla quinta generazione, ideale per chi vuole soggiornare in una struttura "corretta" a prezzi contenuti.

29 cam ⌘ – ♦60/85 € ♦♦110/150 €

via Flora 15 – 𝒞 0473 831208 – www.hotelpostglorenza.com – Chiuso 6 gennaio-30 marzo

GLURNS → Vedere Glorenza

GODIA Udine → Vedere Udine

GODIASCO SALICE TERME
Pavia (PV) – ✉ 27052 – 3 229 ab. – Alt. 196 m – Carta regionale n° **9**-A3
Carta stradale Michelin 561-H9

🍴○ **Ca' Vegia**   🛋 🅰🅲 ⇔

MODERNA • ACCOGLIENTE ✗✗ Centrale, si è avvolti dalla romantica rusticità di
pietre a vista e arredi in legno. Se ne distacca la cucina con piatti più moderni e
fantasiosi, a prevalenza di pesce. D'estate, al night cafè *L'Officina* s'inizia o - vice-
versa -finisce la serata.

Menu 40/60 € – Carta 41/95 €

*viale Diviani 27 – ✆ 0383 934088 (consigliata la prenotazione) – www.cavegia.it
– solo a cena escluso sabato e domenica – Chiuso martedì*

GOLFO ARANCI Sardegna
Olbia-Tempio (OT) – ✉ 07020 – 2 429 ab. – Carta regionale n° **16**-B1
Carta stradale Michelin 366-S37

🍴○ **Terza Spiaggia**   ⩽ 🅲 🅰🅲 ⅏

PESCE E FRUTTI DI MARE • ACCOGLIENTE ✗✗ Approdare ad una spiaggia così, è
il sogno di tutti: stabilimento balneare di giorno e romantico ristorante la sera,
pochi coperti ed un'interessante cucina a base di pesce.

Carta 42/111 € – carta semplice a pranzo

*via degli Asfodeli, località Terza Spiaggia – ✆ 0789 46485 (consigliata la
prenotazione) – www.terzaspiaggia.com – Aperto 1° aprile-30 settembre; chiuso
mercoledì in aprile-maggio*

🏠 **Gabbiano Azzurro**   🐿 🌳 ⩽ 🛏 🍴 🅲 🖥 🅰🅲 ⅏ 🛁 🚗

TRADIZIONALE • CLASSICO Hotel a conduzione familiare ubicato all'inizio della
"Terza Spiaggia". Bella vista dalle terrazze e da alcune delle confortevoli camere.
Anche dalla sala ristorante si scorge l'isola di Tavolara. Cucina prevalentemente a
base di pesce.

69 cam ⌂ – ♦140/450 € ♦♦150/600 € – 11 suites

*via dei Gabbiani – ✆ 0789 46929 – www.hotelgabbianoazzurro.com – Aperto
1° maggio-13 ottobre*

🏠 **Villa Margherita**   🐿 ⩽ 🛏 🍴 🏠 🛗 🖥 🅰🅲 🅿

FAMILIARE • PERSONALIZZATO Signorile hotel a conduzione diretta che si ubica
in centro, ma fronteggia la spiaggia: ameno giardino con piscina, camere di buon
livello tutte rinnovate. Piacevole zona relax con bagno turco. Ambiente ricercato
dai caldi colori al ristorante, dove la cucina locale sposa sapori forti e semplici,
terra e mare.

40 cam ⌂ – ♦120/320 € ♦♦150/400 € – 2 suites

*via Libertà 91 – ✆ 0789 46912 – www.margheritahotel.net – Aperto
1° aprile-31 ottobre*

GORIZIA
(GO) – ✉ 34170 – 34 844 ab. – Alt. 84 m – Carta regionale n° **6**-D2
Carta stradale Michelin 562-E22

🍴○ **Rosenbar**   🛋

PESCE E FRUTTI DI MARE • VINTAGE ✗ Piacevole bistrot dal gusto retrò con
ampio dehors estivo: il menu viene stabilito di giorno in giorno e i piatti di pesce
hanno sicuramente la meglio. Tuttavia, può capitare che vi venga suggerita - a
voce - qualche altra specialità.

Menu 45 € (cena) – Carta 26/65 €

*via Duca d'Aosta 96 – ✆ 0481 522700 – www.rosenbar.it – Chiuso 1 settimana in
agosto, 2 settimane in febbraio, domenica sera e lunedì*

🏨 Gorizia Palace

BUSINESS • MODERNO Moderno albergo situato in posizione centrale, dispone di ambienti funzionali e confortevoli, ideali tanto per soggiorni di relax quanto per incontri di lavoro.

69 cam – †60/100 € ††67/120 € – ⛭5 €

corso Italia 63 – ℰ 0481 82166 – www.goriziapalace.com

GOVONE

Cuneo – ✉ 12040 – 2 203 ab. – Alt. 301 m – Carta regionale n° **14**-C2
Carta stradale Michelin 561-H6

🏠 Il Molino ≼ ✿ **P**

FAMILIARE • VINTAGE Adiacente al castello sabaudo, un'atmosfera d'altri tempi aleggia negli ambienti di questo mulino ottocentesco ospitante eleganti camere in stile vecchio Piemonte con diversi arredi d'epoca e un panorama che, dalle colline, si estende sino alle Alpi.

5 cam ⛭ – †55/75 € ††75/100 €

via XX Settembre 15 – ℰ 328 872 3082 – www.ilmolinoalba.it – Chiuso gennaio e febbraio

GRADARA

Pesaro e Urbino – ✉ 61012 – 4 835 ab. – Alt. 142 m – Carta regionale n° **11**-B1
Carta stradale Michelin 563-K20

ⅠⅠ◯ Osteria del Borgo-La Botte

CUCINA REGIONALE • RUSTICO Nel cuore del borgo medievale di Gradara, in un ambiente piacevolmente rustico ed informale, piatti dagli spiccati sapori regionali. Tra mura antiche che sussurrano il passato, atmosfera più raffinata e ricercatezza nelle presentazioni al ristorante La Botte.

👄 Menu 15 € – Carta 23/52 €

piazza V Novembre 11 – ℰ 0541 964404 (prenotare) – www.labottegradara.it – Chiuso novembre e mercoledì escluso giugno-settembre

🏨 Villa Matarazzo 🛎 ≼ 🛏 🏊 📶 🖼 📷 **P**

TRADIZIONALE • CLASSICO Su un colle di fronte al castello di Gradara, una serie di terrazze con vista panoramica su mare e costa; un complesso esclusivo, raffinato, piccolo paradiso nella natura.

15 cam ⛭ – †70/150 € ††85/250 €

via Farneto 1, località Fanano – ℰ 0541 964645 – www.villamatarazzo.it – Aperto 1° aprile-30 settembre

🏠 Castello di Granarola 🛎 🛏 🖼 **P**

STORICO • PERSONALIZZATO Frutto del restauro di un castello del X secolo, la posizione panoramica fra le colline è straordinaria, ma rimarrete egualmente stupiti dall'originalità delle camere (ampie e con cucina), opera del titolare, un designer che ha saputo mescolare con abilità antico e moderno. Per chi fosse alla ricerca di un surplus di romanticismo, c'è la stanza in mezzo al bosco - "Into the Forest" - dove è possibile dormire letteralmente sotto le stelle.

19 cam – †95/380 € ††95/380 € – ⛭15 €

via Castello 1, località Granarola – ℰ 0541 969970 – www.castellodigranarola.it

GRADISCA D'ISONZO

Gorizia – ✉ 34072 – 6 497 ab. – Alt. 32 m – Carta regionale n° **6**-C3
Carta stradale Michelin 562-E22

🏨 Franz 🌤 🛏 🍴 📶 📷  **P**

TRADIZIONALE • MINIMALISTA Poco distante dal centro, albergo in stile minimal-moderno con spazi relax all'aperto, giardino e piscina; camere accoglienti e bagni dotati di ampie docce.

52 cam ⛭ – †70/110 € ††85/160 €

viale Trieste 45 – ℰ 0481 99211 – www.hotelfranz.it

Al Ponte

TRADIZIONALE · CLASSICO Alle porte della località in una zona verdeggiante e tranquilla, capace conduzione familiare in un hotel dagli ambienti signorili e dalle confortevoli camere. Inedito e unico nel suo genere il campo da tennis in ...erba!

40 cam ⌑ - †65/90 € ††85/120 € - 2 suites

viale Trieste 124, Sud-Ovest: 2 km - 𝒞 0481 961116 - www.albergoalponte.it
- Chiuso 20-28 dicembre

GRADO

Gorizia (GO) - ✉ 34073 - 8 251 ab. - Carta regionale n° **6**-C3
Carta stradale Michelin 562-E22

⭥○ **Antica Trattoria alla Fortuna** 🅝

CUCINA MEDITERRANEA · CONTESTO CONTEMPORANEO ✕✕ In zona pedonale, accogliente ristorante di design contemporaneo: piacevole dehors e cucina legata al territorio, ma con un accenno di modernità.

Menu 40/60 € - Carta 41/80 €

via Marina 12 - 𝒞 0431 85343 (consigliata la prenotazione) - www.allafortuna.it
- Chiuso 15 novembre-15 dicembre, 15 giorni in gennaio e giovedì

⭥○ **De Toni**

PESCE E FRUTTI DI MARE · CONTESTO TRADIZIONALE ✕✕ Nel centro storico, sulla via pedonale, ristorante familiare di lunga esperienza (più di 60 anni!). Ricette gradesi e specialità di pesce, da gustare in un ambiente particolarmente curato: nella luminosa sala o nel bel dehors.

Carta 39/69 €

piazza Duca d'Aosta 37 - 𝒞 0431 80104 - www.trattoriadetoni.it - Aperto
15 marzo-1° novembre; chiuso mercoledì escluso in estate

⭥○ **Tavernetta all'Androna**

PESCE E FRUTTI DI MARE · CONTESTO CONTEMPORANEO ✕✕ Tra le strette calli del centro, un locale d'atmosfera tra il rustico ed il moderno, dove gustare deliziosi piatti di pesce ricchi di fantasia.

Menu 65 € - Carta 54/90 €

calle Porta Piccola 6 - 𝒞 0431 80950 - www.androna.it - Aperto
marzo-novembre; chiuso i mezzogiorno di martedì, mercoledì e giovedì

Savoy

TRADIZIONALE · CLASSICO Nel cuore di Grado, sorge questo bel gioiello di confort e ospitalità con diversificata possibilità di camere ed appartamenti per soddisfare qualsiasi tipo di clientela; spazi molto ampi e grande piscina coperta attigua ad un'accogliente SPA.

68 cam ⌑ - †109/148 € ††196/296 € - 12 suites

riva Slataper 12 - 𝒞 0431 897111 - www.hotelsavoy-grado.it - Aperto 5 aprile-27 ottobre

Fonzari

TRADIZIONALE · MODERNO Adiacente il grazioso centro storico, questa moderna struttura ospita ampie camere e belle suite; per gli amanti del fitness, l'hotel dispone di una piccola palestra, mentre il ristorante - all'ultimo piano - offre uno stupendo panorama dal dehors-terrazza.

45 suites ⌑ - ††180/300 € - 30 cam

piazza Biagio Marin 6 - 𝒞 0431 876360 - www.hotelfonzari.com - Aperto
1° marzo-30 novembre

Grand Hotel Astoria

TRADIZIONALE · CLASSICO A due passi da centro e spiaggia, albergo storico nella tradizione turistica dell'Isola del Sole dispone di camere confortevoli, piscina e solarium sulla bella terrazza, centro thalassoterapico con cure a base di acqua marina. Al settimo piano c'è ...il Settimo Cielo, panoramico ristorante à la carte.

124 cam ⌑ - †74/214 € ††79/299 € - 54 suites

largo San Grisogono 3 - 𝒞 0431 83550 - www.hotelastoria.it
- Chiuso 7 gennaio-28 febbraio

🏨 Abbazia

TRADIZIONALE · CLASSICO Ai margini della zona pedonale, hotel a conduzione diretta con spazi comuni personalizzati, camere ben accessoriate ed ampia piscina coperta. Il ristorante in estate si trasferisce nella veranda dai vetri decorati.

47 cam ☲ – ♦34/119 € ♦♦44/219 €

via C. Colombo 14 – 🖉 0431 80038 – www.hotel-abbazia-grado.com – Aperto 1° aprile-31 ottobre

🏨 Diana

TRADIZIONALE · VINTAGE Nelle camere e negli eleganti spazi comuni domina una rilassante tonalità verde. Da oltre ottant'anni una lunga tradizione familiare su una delle vie pedonali a vocazione commerciale. Proposte d'albergo con divagazioni marine al ristorante. Tra la Riva prospiciente l'Isola della Schiusa e il Lungomare verso la spiaggia principale, sorge la piccola dépendance Villa Rosa con stanze semplici, ma dove non manca nulla!

86 cam ☲ – ♦40/120 € ♦♦70/190 €

via Verdi 1 – 🖉 0431 80026 – www.hoteldiana.it – Aperto 15 aprile-15 ottobre

🏨 Metropole

TRADIZIONALE · ACCOGLIENTE Gradevole atmosfera ed accogliente servizio in un mitico albergo di Grado, meta di vacanze degli Asburgo e della nobiltà mitteleuropea. Anche la gestione non delude: giovane e motivata, si farà in quattro per soddisfare le vostre richieste!

15 cam ☲ – ♦59/299 € ♦♦79/319 € – 4 suites

piazza San Marco 15 – 🖉 0431 876207 – www.gradohotel.com – Chiuso 1° novembre-31 gennaio

🏠 Antares

FAMILIARE · FUNZIONALE Ai margini del centro storico, nei pressi del mare, una piccola struttura a conduzione familiare, dove l'attenzione al cliente è costante. Comode camere tutte con balcone.

19 cam ☲ – ♦75/160 € ♦♦80/200 €

via delle Scuole 4 – 🖉 0431 84961 – www.antareshotel.info

alla pineta Est : 4 km

🏠 Mar del Plata

FAMILIARE · ACCOGLIENTE Nella verdeggiante zona della pineta, hotel a conduzione familiare, dotato di camere moderne e piacevole piscina sul retro. La spiaggia attrezzata dista circa 100 metri.

35 cam ☲ – ♦49/87 € ♦♦98/174 €

viale Andromeda 5 – 🖉 0431 81081 – www.hotelmardelplata.it – Aperto 15 aprile-15 ottobre

sulla strada provinciale 19 al km 14,800 Nord-Est : 7 km

🍴 Tarabusino

CUCINA MODERNA · CONTESTO CONTEMPORANEO XX Nella splendida location della laguna - ammirabile dalla terrazza panoramica - l'arrivo del nuovo chef ha dato una svolta alla cucina, che si vuole ora più creativa ed originale.

Menu 60/75 € – Carta 63/92 € – carta semplice a pranzo

Hotel Oche Selvatiche, via Luseo 1, località Primero – 🖉 0431 878918 (consigliata la prenotazione) – www.tarabusino.it – Chiuso novembre, gennaio- febbraio e lunedì

🏨 Oche Selvatiche

BOUTIQUE HOTEL · ECOSOSTENIBILE A pochi passi dal golf ed immerso nello splendido scenario della laguna di Grado (c'è anche il pontile d'attracco), un boutique hotel costruito secondo i ferrei diktat dell'architettura ecosostenibile. Camere ampie dalle moderne linee e materiali naturali.

7 cam ☲ – ♦170/250 € ♦♦210/300 €

via Luseo 1, località Primero – 🖉 0431 878918 – www.ocheselvatiche.it – Chiuso novembre e gennaio-febbraio

🍴 **Tarabusino** – Vedere selezione ristoranti

GRAGNANO

Napoli (NA) – ✉ 80054 – 29 136 ab. – Alt. 141 m – Carta regionale n° **04G**-B2
Carta stradale Michelin 564-E25

🍴 **La Galleria** 　　　　　　　　　　　　　　　　AC

CAMPANA · CONTESTO CONTEMPORANEO XX Centrale, in questa caotica località famosa in tutto il mondo per i suoi pastifici artigianali, omaggiati da una bella selezione fatta dal giovane cuoco che, oltre ai primi, si cimenta con grande passione in altri eccellenti sapori della sua terra.

Menu 40/58 € – Carta 39/75 €

piazza Augusto Aubry 8 – ℰ 081 873 3029 – www.lagalleriaristorante.it – Chiuso 15-28 agosto, domenica sera e lunedì

GRANCONA

Vicenza – ✉ 36040 – 1 700 ab. – Alt. 36 m – Carta regionale n° **23**-B3
Carta stradale Michelin 562-F16

🍴 **Trequarti** 🆕 　　　　　　　　　　　　　🛖 AC 🅿

CUCINA CREATIVA · CONTESTO CONTEMPORANEO XX Ambiente minimal - moderno e originale - con tre salette dal carattere ben preciso, per una cucina in continua evoluzione e di stampo contemporaneo.

Menu 60/90 € – Carta 48/90 €

*piazza del Donatore 3/4 località Spiazzo, Sud: 3 km
– ℰ 0444 889674 (prenotare) – www.ristorantetrequarti.com
– Chiuso 10 giorni in gennaio, domenica e lunedì*

GRANDZON Aosta → Vedere Verrayes

GRAPPA (Monte) Belluno, Treviso e Vicenza

GRAVEDONA

Como – ✉ 22015 – 4 218 ab. – Alt. 201 m – Carta regionale n° **9**-B1
Carta stradale Michelin 428-D9

🏨 **La Villa** 　　　　　　　　　　　♿ ⅃ ♦ AC ⅍ 🅿

FAMILIARE · PERSONALIZZATO Luminosa, moderna e accogliente: sono gli aggettivi che più si addicono a questa curata villa nell'incantevole scenario del lago di Como. Le ampie camere assicurano confort e relax, il giardino e la piscina garantiscono distensivi momenti en plein air.

14 cam ⊡ – †72/100 € ††90/155 €

*via Regina Ponente 21 – ℰ 0344 89017 – www.hotel-la-villa.com
– Chiuso 20 dicembre-10 febbraio*

GRAZIE Mantova → Vedere Curtatone

GRESSONEY-LA-TRINITÉ

Aosta – ✉ 11020 – 303 ab. – Alt. 1 624 m – Carta regionale n° **21**-B2
Carta stradale Michelin 561-E5

🏨 **Jolanda Sport** 　　　　　　　🌂 ≤ 🖵 🕸 ⽂ ⅃ ♦ ⅍ 🅿

TRADIZIONALE · STILE MONTANO Costruito con l'omonima seggiovia nel 1957, ma completamente ristrutturato in anni recenti, l'hotel ripropone la tradizione dei tipici *Stadel Walzer*: camere curate nei minimi particolari, con colori caldi e legno a vista. Assolutamente da provare, il centro benessere recentemente ampliato.

32 cam ⊡ – †90/180 € ††135/210 €

*località Edelboden Superiore 31 – ℰ 0125 366140 – www.hoteljolandasport.com
– Chiuso maggio, ottobre e novembre*

GREVE IN CHIANTI

Firenze – ⊠ 50022 – 13 862 ab. – Alt. 236 m – Carta regionale n° **18**-D3
Carta stradale Michelin 563-L15

⛪ Villa Bordoni   ⌂ ⌂ ← ⌂ ⌂ ⌂ ⌂ ⌂ AC ⌂ P

STORICO · PERSONALIZZATO Un riuscito mix di lusso e design, rustico toscano e ultime mode del mondo in questa bella villa patrizia circondata dalla campagna chiantigiana: una bomboniera country-hip, dove trascorrere un indimenticabile soggiorno. Ottimo anche l'omonimo ristorante, con intime stanze affacciate sul giardino che profuma di rose o, nella bella stagione, direttamente all'aperto tra le palme e le siepi.

10 cam ⌧ – ⬧180/425 € ⬧⬧180/425 € – 2 suites

via San Cresci 31/32, località Mezzuola, Ovest: 3 Km – ℰ 055 854 6230
– www.villabordoni.com – Aperto 1° marzo-30 novembre

⛪ Agriturismo Villa Vignamaggio   ⌂ ⌂ ← ⌂ ⌂ ⌂ ⌂ AC P

DIMORA STORICA · PERSONALIZZATO C'è anche un piccolo centro estetico in questo elegante podere quattrocentesco, che racchiude la memoria del Rinascimento toscano. Fra vigneti e uliveti, un'ospitalità da sogno nelle belle camere e negli appartamenti (con angolo cottura).

20 cam ⌧ – ⬧203/280 € ⬧⬧203/280 €

via Petriolo 5, Sud-Est: 4 km – ℰ 055 854 6653 – www.vignamaggio.com
– Aperto 15 marzo-15 ottobre

a Panzano Sud : 6 km ⊠ 50020 – Alt. 478 m

⍐○ Antica Macelleria Cecchini-Solociccia   ⌂ AC

CUCINA REGIONALE · CONVIVIALE ✗ Uno dei più celebri macellai d'Italia diventa anche cuoco! Propone pochi piatti, naturalmente incentrati sulla carne di manzo: elaborati e di vari tagli al ristorante Solociccia, mentre all'Officina troverete la tradizionale bistecca fiorentina e medaglioni di hamburger.

Menu 30/50 €

via Chiantigiana 5 – ℰ 055 852727 (prenotare) – www.dariocecchini.com

⛪ Villa le Barone   ⌂ ⌂ ← ⌂ ⌂ ⌂ AC ⌂ P

DIMORA STORICA · ELEGANTE Nel cuore del Chianti Classico - tra uliveti e vigne - in questa villa padronale di proprietà dei Della Robbia, si sono dati appuntamento charme e raffinatezza. Sulla fresca terrazza o all'interno dell'elegante ristorante viene servita una saporita ed intrigante cucina con prodotti del territorio.

28 cam ⌧ – ⬧184/250 € ⬧⬧189/320 €

via San Leonino 19, Est: 1,5 km – ℰ 055 852621 – www.villalebarone.com – Aperto 15 aprile-31 ottobre

GREZZANA

Verona – ⊠ 37023 – 10 788 ab. – Alt. 169 m – Carta regionale n° **22**-A2
Carta stradale Michelin 562-F15

⛪ La Pergola   ⌂ ⌂ ⌂ ⌂ AC ⌂ ⌂ ⌂

TRADIZIONALE · MODERNO Albergo a conduzione familiare che ogni anno s'inventa qualcosa di diverso: camere semplici e confortevoli, le più recenti (una quindicina in tutto) hanno uno stile moderno molto originale e fantasioso. In quest'ultime regna il colore.

35 cam ⌧ – ⬧50/65 € ⬧⬧72/90 €

via La Guardia 1 – ℰ 045 907071 – www.hotellapergolaverona.it

GRIGNANO Trieste → Vedere Trieste

GRINZANE CAVOUR

Cuneo – ⊠ 12060 – 1 786 ab. – Alt. 260 m – Carta regionale n° **14**-C2
Carta stradale Michelin 561-I5

⊗ Marc Lanteri Al Castello

CUCINA MODERNA · CONTESTO STORICO XXX All'interno dell'affascinante castello che fu dimora di Camillo Benso conte di Cavour, vi sentirete parte della "storia", in compagnia di piatti curati in ogni ben che minimo dettaglio. Cucina del territorio con divagazioni moderne.

→ Tortelli di melanzane e tuma d'fe (toma di pecora delle Langhe) con pomodoro e basilico fresco. Sella di agnello in crosta di capperi, panissa croccante e verdure dell'orto. Meringhe, mousse di cioccolato al latte e maracuja.

Menu 55/95 € – Carta 51/98 €

via Castello 5 – ℰ 0173 262172 – www.marclanteri.it – Chiuso 7 gennaio-6 febbraio, lunedì sera e martedì

⌂ Casa Pavesi

DIMORA STORICA · ELEGANTE Vicino al celebre castello dove soggiornò il grande statista risorgimentale Camillo Benso, una casa ottocentesca sapientemente restaurata: camere eleganti, curate nei dettagli, alcune affacciate sul romantico rollìo collinare langarolo. Piccoli salotti completano il quadro signorile del vostro soggiorno.

10 cam ⌟ – ♦110 € ♦♦150/170 €

via IV Novembre 11 – ℰ 0173 231149 – www.hotelcasapavesi.it – Chiuso 22 dicembre-30 gennaio

GROSIO

Sondrio – ✉ 23033 – 4 443 ab. – Alt. 656 m – Carta regionale n° **9**-C1
Carta stradale Michelin 561-D12

⍟ Sassella

CUCINA REGIONALE · CONVIVIALE XX Ai piedi della splendida chiesa di S. Giuseppe, la gestione familiare centenaria custodisce i tesori gastronomici dell'alta Valtellina: pizzoccheri, ma non solo. Camere confortevoli (nella loro semplicità), quelle all'ultimo piano offrono una graziosa vista sui tetti del centro storico.

Menu 30/45 € – Carta 26/65 €

25 cam ⌟ – ♦50/75 € ♦♦72/131 €

via Roma 2 – ℰ 0342 847272 – www.hotelsassella.it

GROSSETO

(GR) – ✉ 58100 – 82 087 ab. – Alt. 10 m – Carta regionale n° **18**-C3
Carta stradale Michelin 563-N15

⍟ Canapone

CUCINA MODERNA · FAMILIARE XX Nel cuore della "capitale" della Maremma, un ristorante storico - ormai alla terza generazione - affacciato sulla piazza centrale, che oggi si presenta con un aspetto elegante e raffinato. All'Enoteca Canapino una buona scelta di piatti tradizionali a prezzo contenuto.

Menu 30/58 € – Carta 37/66 €

piazza Dante 3 – ℰ 0564 24546 (consigliata la prenotazione) – www.ristorantecanapone.blogspot.it – Chiuso 12-18 agosto e domenica, anche mercoledì sera in inverno

⍟ Grantosco

CUCINA REGIONALE · BISTRÒ XX Elegantemente informale, questo bistrot-ristorante ubicato in pieno centro è l'indirizzo giusto dove gustare un'ottima cucina maremmana, elaborata partendo da prodotti, spesso, a Km 0. Cordiale accoglienza da parte della titolare, la vera anima del locale!

Menu 28 € (pranzo in settimana)/35 € – Carta 32/65 €

via Solferino 4 – ℰ 0564 26027 – www.grantosco.it – Chiuso 15-28 febbraio e domenica escluso periodo estivo

Airone

BUSINESS · MODERNO A pochi passi dal centro storico, l'hotel dispone di belle camere dal confort moderno e con soluzioni d'arredo di design. Una panoramica Spa al piano attico, parcheggio privato e 5 sale conferenze rendono la struttura ideale per una clientela d'affari (ma non solo).

68 cam ⌑ – †80/120 € †90/200 € – 4 suites

via Senese 35 – ℰ 0564 412441 – www.hotelairone.eu

GROTTAFERRATA

Roma – ⊠ 00046 – 20 327 ab. – Alt. 320 m – Carta regionale n° **7**-B2
Carta stradale Michelin 563-Q20

❄️○ L' Oste della Bon'Ora

CUCINA ROMANA · ACCOGLIENTE XX Uno dei migliori ristoranti della zona, affidatevi al simpatico ed estroso titolare, vero appassionato ed esperto di gastronomia, che saprà guidarvi attraverso sapori laziali a volte rivisitati, nonché ottimi prodotti.

Menu 35/45 € – Carta 30/56 €

viale Vittorio Veneto 133 – ℰ 06 941 3778 (consigliata la prenotazione)
– www.lostedellabonora.com

❄️○ Taverna dello Spuntino

CUCINA LAZIALE · RUSTICO X E' tutta all'interno la peculiarità di questa trattoria romana: dagli antichi camminamenti scavati nel tufo trasformati in cantina al di sotto del locale alle scenografiche sale sotto archi in mattoni dove trionfa una coreografica esposizione di prosciutti, fiaschi di vino, frutta e antipasti. Emozionante cantina di cui vi suggeriamo la visita.

Menu 40/65 € – Carta 37/72 €

Hotel Locanda dello Spuntino, via Cicerone 20 – ℰ 06 945 9366
– www.tavernadellospuntino.com

❄️○ Peppa e Nando

CUCINA CLASSICA · DI TENDENZA X Oltre alle sale interne che si presentano in caldo ed avvolgente stile vintage, c'è una caratteristica cantina nella grotta di tufo (da visitare!), nonché un delizioso giardino d'inverno ed uno spazio esterno immerso nel verde. Concedetevi, inoltre, uno strappo alla regola con le dolci prelibatezze della pasticceria artigianale.

Menu 30 € – Carta 33/53 €

via Roma 4 – ℰ 06 941 1878 – www.peppaenando.com

🏨 Park Hotel Villa Grazioli

STORICO · ELEGANTE Abbracciata da un immenso parco, questa villa cinquecentesca vanta una splendida posizione panoramica, alcune camere si affacciano su Roma. Ma il suo fascino non si esaurisce nella location: l'antica dimora custodisce al suo interno diverse sale decorate dal pennello di importanti artisti e stanze con pregevoli mobili in noce.

60 cam ⌑ – †120/250 € †180/350 € – 2 suites

via Umberto Pavoni 19 – ℰ 06 945400 – www.villagrazioli.com

🏨 Locanda dello Spuntino

FAMILIARE · ELEGANTE Camino, mattonelle e arredi d'epoca vi accoglieranno all'ingresso, ma una cura altrettanto ricercata la troverete nelle camere, così come nei bagni dagli intarsi artigianali. Per chi è alla ricerca dell'anima dei Colli Albani, ecco uno degli indirizzi più ricchi di charme e calore.

9 cam ⌑ – †135/265 € †155/330 € – 1 suite

via Cicerone 22 – ℰ 06 9431 5985 – www.locandadellospuntino.com

❄️○ **Taverna dello Spuntino** – Vedere selezione ristoranti

Villa Abbamer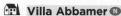

FAMILIARE · PERSONALIZZATO Villa d'inizio '900 immersa in un giardino con piante secolari e sede di concerti da camera e incontri d'arte, all'interno l'atmosfera è un piacevole mix di antico e moderno. Il titolare, storico e architetto, saprà consigliarvi sulle destinazioni turistiche della zona.

6 cam ☲ – ♦59/99 € ♦♦79/99 €

via Anagnina 345 - ℰ 06 941 0662 - www.villaabbamer.com

GROTTAMMARE

Ascoli Piceno – ✉ 63066 – 16 006 ab. – Carta regionale n° **11**-D3
Carta stradale Michelin 563-N23

La Torretta sul Borgo

LOCANDA · STORICO Un'attenta opera di restauro ha mantenuto le caratteristiche di questa bella casa nel centro del borgo antico: ambienti rustici con una caratteristica saletta dai soffitti a volte e camere personalizzate.

6 cam ☲ – ♦40/75 € ♦♦55/90 €

via Camilla Peretti 2 - ℰ 0735 736864 - www.latorrettasulborgo.it

verso San Benedetto del Tronto

⑩ Don Diego

PESCE E FRUTTI DI MARE · STILE MEDITERRANEO Direttamente sul mare con il proprio orto di erbe aromatiche e fiori eduli, Don Diego è informale e non convenzionale: in menu - rigorosamente - solo pesce dell'Adriatico!

Carta 27/99 €

viale De Gasperi 25 - ℰ 0735 588257 (consigliata la prenotazione)
- www.ristorantechaletdondiego.it - Aperto 1° aprile-14 ottobre

Parco dei Principi

RESORT · LUNGOMARE Nel contesto di un paesaggio tropicale, avvolto da un parco in cui si collocano campi da gioco e persino una vivace voliera, Parco dei Principi dispone di ambienti in stile mediterraneo e spazi ad hoc per i più piccoli. A lato della bella piscina, suite a uno o due piani ideali per soggiorni familiari (posto auto riservato). La posizione fronte mare è un altro asso nella manica.

56 cam ☲ – ♦115 € ♦♦175 € – 6 suites

lungomare De Gasperi 90, Sud: 1 km ✉ 63013 - ℰ 0735 735066
- www.hotelparcodeiprincipi.it

⑪ Roma

FAMILIARE · PERSONALIZZATO Frontemare, hotel dall'appassionata conduzione al femminile, dove le originali personalizzazioni abbondano in simpatiche soluzione di design e recupero di oggetti vari; posto ideale per una vacanza balneare.

60 cam ☲ – ♦50/75 € ♦♦90/130 €

lungomare De Gasperi 60 - ℰ 0735 631145 - www.hotelromagrottammare.com
- Aperto Pasqua-15 ottobre

GROTTA ZINZULUSA Lecce ➔ Vedere Castro Marina

GRUMELLO DEL MONTE

Bergamo – ✉ 24064 – 7 366 ab. – Alt. 208 m – Carta regionale n° **10**-D1
Carta stradale Michelin 561-F11

⑩ Al Vigneto

CUCINA MODERNA · ELEGANTE In zona precollinare, il vecchio fienile è stato trasformato in un elegante ristorante, circondato dai propri vigneti e frutteti, scorgibili dalle vetrate della sala. Nel piatto molto pesce proposto in chiave moderna, soprattutto di origine siciliana e con una pagina dedicata ai crudi.

Menu 44/56 € – Carta 45/81 €

via Don P. Belotti 1 - ℰ 035 831979 - www.alvigneto.it - Chiuso 1°-9 gennaio, 8-28 agosto e martedì

421

🍴○ **Vino Buono**　　　　　　　　　　　　🏕 🛋 & 🅰🅲

CUCINA REGIONALE • WINE-BAR ᙭ Un'osteria con piccola cucina, o meglio: un originale wine-bar in pieno centro con ottima mescita di vini al bicchiere e possibilità di scegliere tra salumi, formaggi, generosi primi piatti, proposte di carne con un'alternativa di pesce.

Carta 28/53 €

via Castello 20 – 𝒞 035 442 0450 – www.vinobuono.net – solo a cena – Chiuso 10 giorni in agosto e lunedì

GSIES → Vedere Valle di Casies

GUALDO CATTANEO

Perugia – ✉ 06035 – 6 155 ab. – Alt. 446 m – Carta regionale n° **20**-B2
Carta stradale Michelin 563-N19

a Saragano Ovest : 5 km ✉ 06035

🏠 **Agriturismo la Ghirlanda**　　　　🏃 ⅏ ⪪ 🛏 🍴 🅿

CASA DI CAMPAGNA • STORICO Una struttura ricca di charme: una casa padronale di fine '800 nel verde e nella tranquillità delle colline umbre. Ambienti personalizzati con mobili d'epoca, caminetti, qualche letto a baldacchino. Ristorante di cucina italiana, spesso nel piatto specialità locali, e servizio estivo all'aperto.

12 cam ⊊ – ♦138/160 € ♦♦138/160 €

via del Poggio 4 – 𝒞 0742 98731 – www.laghirlanda.it – Chiuso 7 gennaio-1° aprile

GUARDIAGRELE

Chieti – ✉ 66016 – 9 084 ab. – Alt. 576 m – Carta regionale n° **1**-C2
Carta stradale Michelin 563-P24

🕸 **Villa Maiella** (Angela Di Crescenzo e Arcangelo Tinari)　🏕 ⪦ 🛋 🅰🅲

CUCINA ABRUZZESE • ELEGANTE ᙭᙭ Al limitare del Parco della　🌿 🧖 🅿
Maiella, questo è il vero Km 0 con allevamento per il solo ristorante di alcuni animali e un bel giardino di verdure. Se dietro ai fornelli collaborano - fianco a fianco - madre e figlio, sulla tavola continuano a trionfare i migliori sapori abruzzesi. Per chi volesse indugiare nel romanticismo, spettacolare servizio estivo sulla terrazza e confortevoli camere, realizzate secondo le moderne tecnologie.

→ Ravioli di burrata allo zafferano dell'Aquila e lenticchie tostate. Maialino nero della nostra fattoria. Tortino tiepido di sfoglia e mele con salsa alla cannella.

Menu 55/75 € – Carta 49/75 €

14 cam ⊊ – ♦60/70 € ♦♦90 €

località Villa Maiella 30, Sud-Ovest: 1,5 km – 𝒞 0871 809319 – www.villamaiella.it – Chiuso 1 settimana in gennaio, 2 settimane in luglio, domenica sera e lunedì

GUARDIALFIERA

Campobasso (CB) – ✉ 86030 – 1 065 ab. – Alt. 285 m – Carta regionale n° **1**-D2
Carta stradale Michelin 564-B26

🍴○ **Le Terre del Sacramento**　　　　⪦ ⅏ 🛋 & 🅰🅲 🧖 🅿

CUCINA DEL TERRITORIO • ACCOGLIENTE ᙭ Mutuando il nome dal romanzo omonimo di Francesco Jovine, scrittore locale del Novecento, in questo caratteristico casale si gusta una cucina che segue le tipicità territoriali e la stagionalità dei prodotti. Al primo piano, quattro camere semplici, ma linde e ben tenute.

🍴 Menu 25/35 € – Carta 18/29 €

4 cam ⊊ – ♦25/35 € ♦♦40/60 €

contrada Colle Falcone snc, Nord-Ovest: 2,5 Km – 𝒞 347 601 6923 – www.leterredelsacramento.com – Chiuso 23 gennaio-7 febbrario e martedì

GUARDISTALLO

Pisa – ✉ 56040 – 1 234 ab. – Alt. 278 m – Carta regionale n° **18**-B2
Carta stradale Michelin 563-M13

a Casino di Terra Nord-Est : 5 km ⊠ 56040

⫶○ Mocajo 🏠 ⅋ 🄰🄺 🄿

CUCINA TOSCANA · AMBIENTE CLASSICO ✗✗ Per fortuna l'esterno poco invitante, un'ex fabbrica abbandonata, verrà cancellato dall'interno: ambiente di tono, coperto elegante e camino, in un locale dalla solida gestione familiare che propone i migliori prodotti del territorio ed ottime specialità di carne, anche cacciagione. Ancora piatti regionali nell'informale La Dispensa. Al top nella provincia di Pisa.

Carta 35/64 €

strada statale 68 – 𝒞 0586 655018 (prenotazione obbligatoria a mezzogiorno) – www.ristorantemocajo.it – Chiuso mercoledì (escluso le sere di agosto)

GUARENE

Cuneo – ⊠ 12050 – 3 596 ab. – Alt. 360 m – Carta regionale n° **14**-C2
Carta stradale Michelin 561-H6

✿ La Madernassa 🕸 🍴 🏠 ⌦ 🔄 🄿

CUCINA MODERNA · CONTESTO TRADIZIONALE ✗✗✗ Rinnovato nelle sale con un servizio giovane e professionale, così come lo chef ai fornelli, la cui cucina è già diventata una tappa irrinunciabile nel circuito dei grandi ristoranti della regione. I suoi piatti esprimono rigore, tecnica e precisione, ma l'anima viene dalla tradizione e dai prodotti piemontesi, a cui si aggiungono proposte di mare e una passione per le erbe aromatiche coltivate nell'orto del ristorante. D'estate ci si trasferisce in terrazza con vista sulle Langhe.

→ Cubix: ravioli di anguilla arrostita allo yakitori (grill giapponese) con emulsione al rafano. NY-Guarene: manzo marinato al whisky. Il mio Piemonte: cremoso di noce pecan e latticini.

Menu 70/120 € – Carta 65/128 €

località Lora 2, Ovest: 2,5 km – 𝒞 0173 611716 – www.lamadernassa.it – Chiuso 7 gennaio-13 febbraio, martedì a mezzogiorno e lunedì

⫶○ Castello di Guarene ≤ 🍴 🏠 ⅋ 🄿

CUCINA MODERNA · CONTESTO STORICO ✗✗✗ In una sala da togliere il fiato per la suggestiva atmosfera - il soffitto è articolato In nove voltini a vela di mattoni nudi, sorretti da alti pilastri - la cucina fa della sapienza gastronomica di Roero e Langhe il proprio punto di forza, sebbene non disdegni anche qualche proposta di mare e spunti creativi.

Menu 75 € – Carta 51/97 €

Hotel Castello di Guarene, via Alessandro Roero 2 – 𝒞 0173 441332 (consigliata la prenotazione) – www.castellodiguarene.com – solo a cena escluso sabato e domenica – Chiuso 10 gennaio-1° febbraio e mercoledì

🏰 Castello di Guarene 🕸 ≤ 🍴 🖼 🌐 🌀 ♨ 🔅 🄰🄺 ⅋ 🜔 🄿

GRAN LUSSO · STORICO Maestoso castello costruito nel 1726 dai conti Roero con giardino all'italiana e vista a 360° su Langhe, Roero ed Alpi; gli interni si aprono su sontuose camere, atmosfere fiabesche e cimeli storici. Al piano nobile, imperdibile museo con percorso lungo le stanze originali dei conti.

12 cam ⫤ – ♦350/640 € ♦♦350/640 € – 3 suites

via Alessandro Roero 2 – 𝒞 0173 441332 – www.castellodiguarene.com – Chiuso 10 gennaio-1° febbraio

⫶○ **Castello di Guarene** – Vedere selezione ristoranti

🏠 Casalora 🍴 🌀 🔅 ⅋ 🄿

CASA DI CAMPAGNA · ACCOGLIENTE Casolare della seconda metà dell'800 ristrutturato in chiave moderno-minimalista: sala massaggi e zona umida (sauna e bagno turco) nell'ex fienile, terrazza panoramica. La piscina si trova, invece, a pochi metri presso il ristorante.

6 cam ⫤ – ♦70/130 € ♦♦80/130 €

località Lora, Ovest: 2,5 km – 𝒞 334 829 9339 – www.lamadernassa.it

GUBBIO

Perugia – ⊠ 06024 – 32 216 ab. – Alt. 522 m – Carta regionale n° **20**-B1
Carta stradale Michelin 563-L19

ꝠO Nicolao   🍴 🏠 🛏 ⚫ 🅰️🅲 🍷 ♻ 🅿️

CUCINA CLASSICA · ELEGANTE XxX In un attento mix di opere d'arte moderna e
arredi d'epoca, anche la cucina si diverte a coniugare due stili diversi, recuperando
da una parte le tradizioni umbre con grande impiego di sua maestà il tartufo, dal-
l'altra aprendosi alla modernità.

Carta 41/73 €

Park Hotel ai Cappuccini, via Tifernate, per Fano – ℰ 075 9234
– www.parkhotelaicappuccini.it

ꝠO Porta Tessenaca   🏠

CUCINA UMBRA · ELEGANTE XxX In uno dei tanti edifici storici del centro,
sotto altissime volte di mattoni, si apparecchiano le eleganti sale di un locale
dove gustare le migliori materie prime della regione e dove non mancano mai
alcuni piatti a base di pesce.

🍽 Menu 23/40 € – Carta 35/55 €

via Piccardi 21 – ℰ 075 927 7345 – www.ristorantediportatessenaca.it – Chiuso
15 gennaio-15 febbraio e lunedì escluso in luglio-agosto

🏨 Park Hotel ai Cappuccini   🦮 ⟨ 🍴 🔲 🟤 🐚 🛎 🍷 🔲 ⚫ 🅰️🅲 🏋️ 🚗

STORICO · PERSONALIZZATO Non correte subito in camera, ma fermatevi nelle
zone comuni: quasi un museo d'arte dal '400 ad oggi. Nell'ex convento le stanze
sono in stile antico; un riuscito mix con il moderno, invece, nell'ala nuova. Splendida piscina, enorme palestra.

87 cam ⊆ – ♦119/280 € ♦♦148/330 € – 5 suites

via Tifernate, per Fano – ℰ 075 9234 – www.parkhotelaicappuccini.it

ꝠO **Nicolao** – Vedere selezione ristoranti

🏨 Relais Ducale   🐚 🍴 🔲 🛏 ⚫ 🏋️

DIMORA STORICA · CLASSICO Nella parte più nobile di Gubbio, giardino pensile
con vista città e colline per un hotel di classe, ricavato da un complesso di tre
antichi palazzi del centro storico.

30 cam ⊆ – ♦75/130 € ♦♦100/210 €

via Galeotti 19 – ℰ 075 922 0157 – www.relaisducale.com

🏨 Bosone Palace   🔲 🅰️🅲

STORICO · CLASSICO Nello storico palazzo Raffaelli, tessuti rossi e un'imponente
scala portano alle camere, qualcuna con vista sul centro e due con soffitti affrescati, come la sala colazioni.

28 cam ⊆ – ♦70/100 € ♦♦80/140 € – 2 suites

via 20 Settembre 22 – ℰ 075 922 0688 – www.hotelbosone.com – Chiuso
7 gennaio-13 febbraio

🏨 Gattapone   ⟨ 🔲 ⚫

TRADIZIONALE · CLASSICO In edificio medievale di pietra e mattoni, con persiane ad arco, camere in tinte pastello e scorci sui pittoreschi vicoli eugubini e
sulla centrale chiesa di S. Giovanni.

18 cam ⊆ – ♦45/90 € ♦♦60/120 €

via Beni 13 – ℰ 075 927 2489 – www.hotelgattapone.net – Chiuso 10-31 gennaio

a Scritto Sud : 14 km per Foligno ⊠ 06020

🏨 Relais Castello di Petroia   🌳 🐚 🍴 🏊 🅿️

STORICO · VINTAGE Nell'assoluta tranquillità e nel verde dei propri 200 ettari,
dove si produce olio e si allevano bovini, incantevole castello medioevale ricco
di storia: torre del 1000, castello del 1380, ma soprattutto nel 1422 qui vi nacque
Federico da Montefeltro. Ambienti raffinati con arredi in stile.

15 cam ⊆ – ♦120/150 € ♦♦150/260 €

località Petroia, Sud-Est: 2 km – ℰ 075 920287 – www.petroia.it – Chiuso
8 gennaio-28 febbraio

a **Santa Cristina** Sud-Ovest : 21,5 km per Foligno ⊠ 06024 – Gubbio

🏠 Locanda del Gallo   🕏 🐾 ⇜ 🍴 ⬧ 🐾 **P**

CASA DI CAMPAGNA · PERSONALIZZATO Lontano dal mondo, ma facilmente raggiungibile, quest'antica magione nobiliare, immersa nel verde, è il luogo ideale per trascorrere vacanze di assoluto relax. Nei suoi interni il calore rustico umbro si sposa con mobili d'epoca orientali, soprattutto indonesiani.

10 cam ⌑ – ♦110/120 € ♦♦150/160 €

*località Santa Cristina – ℰ 075 922 9912 – www.locandadelgallo.it
– Aperto 20 aprile-31 ottobre*

GUDON GUFIDAUN Bolzano → Vedere Chiusa

GUGLIONESI

Campobasso – ⊠ 86034 – 5 321 ab. – Alt. 369 m – Carta regionale n° **1**-D2
Carta stradale Michelin 563-Q26

verso Termoli Nord-Est : 5,5 km

🍴 Ribo   ⇜ 🕏 ⬧ 🄰🄲 **P**

PESCE E FRUTTI DI MARE · AMBIENTE CLASSICO ✕✕ In campagna, sulle colline molisane, il rosso e il nero: Bobo e Rita, due figure veraci e "politiche". Nei piatti, una grande passione e la maniacale ricerca della qualità: strepitoso il pesce.

🍽 Menu 25/50 € – Carta 20/61 €

9 cam ⌑ – ♦50 € ♦♦80 €

*contrada Malecoste 7 ⊠ 86034 – ℰ 0875 680655 (consigliata la prenotazione)
– www.ribomolise.it – Chiuso lunedì*

GUSPINI Sardegna

Medio Campidano (VS) – ⊠ 09036 – 11 975 ab. – Carta regionale n° **16**-A3
Carta stradale Michelin 366-M46

🏨 Tarthesh   🕏 🐾 🍴 ⬧ 🗔 ⬧ 🄰🄲 🐾 **P**

BOUTIQUE HOTEL · PERSONALIZZATO Un'inaspettata oasi di lusso e classe in questa zona priva d'interesse turistico, ma che diviene punto di partenza per girare l'entroterra e, soprattutto, la costa e le spiagge (la più vicina a soli 15 minuti). Al suo interno: suggestioni etniche, influenze arabe e artigianato sardo in ambienti moderni, ricchi di fascino. Splendidi anche il giardino e la piscina.

32 cam ⌑ – ♦80/110 € ♦♦130/190 € – 6 suites

*via Parigi snc – ℰ 070 972 9000 – www.tartheshotel.com – Aperto
1° maggio-30 settembre*

HAFLING → Vedere Avelengo

IGEA MARINA Rimini → Vedere Bellaria Igea Marina

IGLIANO

Cuneo (CN) – ⊠ 12060 – 74 ab. – Alt. 532 m – Carta regionale n° **12**-C3
Carta stradale Michelin 561-I6

🏨 Le Piemontesine   🕏 🐾 ⇜ 🍴 🗔 🄰🄲 **P**

CASA DI CAMPAGNA · CONTEMPORANEO In una piccola frazione dell'alta Langa, l'albergo è stato ricavato da due cascine, ma gli interni sono piacevolmente contemporanei, con vista sui boschi e colline dalle camere e dalla sala colazione. Prodotti del territorio per creare sfiziosi piatti che seguono le stagioni al ristorante.

10 cam ⌑ – ♦95 € ♦♦125/180 €

*via San Luigi 25 – ℰ 0174 785012 – www.le-piemontesine.com – Chiuso
15 febbraio-7 marzo*

ILLASI

Verona – ✉ 37031 – 5 265 ab. – Alt. 157 m – Carta regionale n° **22**-B2
Carta stradale Michelin 562-F15

⫶○ Le Cedrare   🗐 🏠 AC 🎐

CUCINA CREATIVA · ROMANTICO XX Nella settecentesca villa Perez-Pompei-Sagramoso, nello spazio che un tempo era adibito a serra per la conservazione delle piante di agrumi, cucina regionale reinterpretata creativamente. Il luogo è incantevole, la tavola altrettanto.

Carta 37/70 €

stradone Roma 8 – ☎ 045 652 0719 – www.lecedrare.it – solo a cena escluso sabato e domenica – Chiuso 10 gennaio-10 febbraio, lunedì e martedì, anche mercoledì in inverno

IMOLA

Bologna – ✉ 40026 – 69 797 ab. – Alt. 47 m – Carta regionale n° **5**-C2
Carta stradale Michelin 562-I17

✿✿ ✿✿ San Domenico (Massimiliano "Max" Mascia)   🐝 🏠 AC

CUCINA CLASSICA · LUSSO XxxX San Domenico è una delle grandi tavole dello Stivale che negli anni (dal 1970 per l'esattezza!) ha mantenuto il focus su quattro assi cardinali che lo contraddistinguono: tradizione, memoria, ricerca e inventiva.

L'eleganza del San Domenico – secondo l'ispettore – proietta il cliente in un'altra era, quella di una ristorazione "classica ad effetto", dove chiunque si sente consigliato, coccolato, ospitato. La filosofia di questo tempio dell'alta cucina italiana, per quanto possa apparire innovativa, ruota da quasi cinquant'anni attorno al territorio e sul reperimento di materie prime di grande qualità; si va dal pescato dell'Adriatico alle straordinarie carni di razza romagnola.

Il suo ricco menu diventa, dunque, testimonianza concreta di come le grandi ricette siano atemporali, evergreen che non smettono mai di stupire. Basti pensare al celebre Uovo a 65° in Raviolo San Domenico con burro di malga, parmigiano dolce e tartufo bianco: uno tra i piatti più imitati al mondo tanto da essere marchio registrato. L'ospitalità schietta e genuina dei Marcatilii - sempre al timone, insieme a Max! - vi lascerà un ricordo indelebile nel tempo.

→ Uovo in raviolo "San Domenico" con burro di malga, parmigiano dolce e tartufo bianco. Sella di maialino "mora romagnola". Barretta al cioccolato con sorbetto ai frutti rossi.

Menu 60 € (pranzo in settimana)/170 € – Carta 120/215 €

via Sacchi 1 – ☎ 0542 29000 (consigliata la prenotazione) – www.sandomenico.it – Chiuso 10 giorni in gennaio, 3 settimane in agosto, domenica sera e lunedì; anche i mezzogiorno di sabato e domenica in giugno-agosto

⫶○ Osteria del Vicolo Nuovo-da Ambra e Rosa   🐝 🏠 AC

CUCINA CLASSICA · FAMILIARE X In uno storico palazzo del '600, una trattoria la cui solidità è confermata da più di 30 anni di gestione alle spalle. Sempre eclettica la sua cucina, tra carne e pesce; a pranzo si aggiungono i piatti unici - "I colori del Mezzogiorno" – mentre da maggio a ottobre si chiude la strada per allestirla con tavoli per il servizio all'aperto.

Menu 29/34 € – Carta 28/49 €

via Codronchi 6, ang. via Calatafimi – ☎ 0542 32552 – www.vicolonuovo.it – Chiuso 15 luglio-20 agosto, domenica sera e lunedì

🏠 B&B Callegherie 21   AC 🚗

CASA PADRONALE · PERSONALIZZATO Per vivere il centro storico in modo un po' diverso, un accogliente "boutique bed&breakfast" dagli ambienti minimalisti, ma personalizzati e ben accessoriati, nonché una colazione preparata a misura di cliente. In sostanza un'elegante casa in città.

3 cam ☷ – ♦95/110 € ♦♦110/130 €

via Callegherie 21/23 – ☎ 348 261 4837 – www.callegherie21.it

IMPERIA

(IM) – ⊠ 18100 – 42 034 ab. – Carta regionale n° **8**-A3
Carta stradale Michelin 561-K6

ad Oneglia ⊠ 18100

⊛ Osteria Didù
AC

CUCINA LIGURE · DI QUARTIERE ⅹ Non sarete di fronte al mare e neppure nel centro storico, ma quanto ne vale la pena venire qui a mangiare! Un'unica semplice saletta, piatti elencati su lavagnette e voilà servite delle ottime specialità liguri, dai tagliolini con gamberi di Oneglia ai calamari ripieni.

Carta 28/44 €

viale Matteotti 76 – ℰ 0183 273636 (consigliata la prenotazione)
– www.osteriadidu.it – solo a cena escluso sabato e domenica
– Chiuso 2 settimane in ottobre, lunedì e martedì

ⅰ○ Salvo-Cacciatori
🏛 AC

CUCINA LIGURE · ELEGANTE ⅩⅩ Ristorante di fama storica, nato come piccola osteria annessa alla mescita di vini e cresciuto negli anni fino all'attuale elegante ristorante. Due sale, di cui quella interna con vista sulla cucina e proposte creative di cucina ligure.

Menu 45/90 € – Carta 50/92 €

via Vieusseux 12 – ℰ 0183 293763 – www.ristorantesalvocacciatori.it
– Chiuso 1 settimana in gennaio, 2 settimane in agosto, domenica sera e lunedì

⌂⌂⌂ Rossini al Teatro
🎦 ⊡ ὖ AC 🏩 🚗

BUSINESS · FUNZIONALE Sorto sulle vestigia dell'antico teatro, moderno hotel di design, all'avanguardia per dotazioni, dispone di camere decisamente confortevoli. Altrettanto interessante la sua ubicazione: nel centro storico di Oneglia, vicino a portici e negozi.

48 cam � – †60/150 € ††70/250 € – 2 suites
piazza Rossini 14 – ℰ 0183 74000 – www.hotel-rossini.it

a Porto Maurizio ⊠ 18100

⊛ Sarri
🐾 🏛 ὖ AC ↻

PESCE E FRUTTI DI MARE · DI TENDENZA ⅩⅩ In un piccolo borgo di ex pescatori – incastonato fra le case del lungomare – accogliente ristorante con qualche tavolo all'aperto di cui il clima ligure consente, talvolta, di approfittare anche a pranzo d'inverno. La cucina punta sulla sostanza dei sapori che giungono nel piatto in colorate e raffinate presentazioni.

→ Fagottelli ripieni di olio extravergine e parmigiano reggiano su zuppetta ai frutti di mare. San Pietro con piccoli ortaggi di stagione e spumoso al burro acido. Millefoglie alla fava tonka con caramello salato al pino marittimo.

Menu 45 € – Carta 57/108 €

lungomare C. Colombo 108 (borgo Prino) – ℰ 0183 754056 (consigliata la prenotazione) – www.ristorantesarri.it
– solo a cena dal 15 luglio a fine agosto
– Chiuso 2 settimane in febbraio, 1 settimana in novembre, giovedì a mezzogiorno e mercoledì

⌂ Croce di Malta
≤ ◿ ⊡ ὖ AC 🏩 🅿

TRADIZIONALE · LUNGOMARE Richiama nel nome all'antico "Borgo Marina" di Porto Maurizio, dove sorgeva la chiesa dei Cavalieri Maltesi. Maggiormente vocato ad una clientela commerciale, una risorsa moderna a pochi passi dal mare e con comodo parcheggio privato (a pagamento).

39 cam ⊟ – †65/95 € ††75/130 €
via Scarincio 148 – ℰ 0183 667020 – www.hotelcrocedimalta.com
– Aperto inizio aprile-fine ottobre

INCISA IN VAL D'ARNO

Firenze – ✉ 50064 – 23 505 ab. – Alt. 122 m – Carta regionale n° **18**-C2
Carta stradale Michelin 563-L16

a Palazzolo Nord : 5 km ✉ 50064

🏠 Relais Villa al Vento   🐾 ← 🛬 🏊 🅰🅲 🅿

DIMORA STORICA · PERSONALIZZATO Villa d'inizio Novecento in posizione panoramica e facilmente raggiungibile; più che altrove - qui - le camere sono individualizzate, moderne, retrò o antiche, ma sempre all'insegna di romantiche atmosfere e deliziosi particolari.

15 cam 🔁 – 🛏90/110 € 🛏🛏90/130 €

via Santa Maria Maddalena 9-13 – ℰ 348 381 2822 – www.relaisvillaalvento.com

INDUNO OLONA

Varese – ✉ 21056 – 10 329 ab. – Alt. 394 m – Carta regionale n° **10**-A1
Carta stradale Michelin 561-E8

🍴○ Olona-da Venanzio dal 1922   🐾 🛬 🏡 ♻ 🅿

CUCINA REGIONALE · ELEGANTE XxX Indirizzo di grande tradizione, con cucina del territorio rivisitata ed interessanti proposte enologiche. Ambiente elegante e servizio ad ottimi livelli.

Menu 40/55 € – Carta 37/85 €

via Olona 38 – ℰ 0332 200333 – www.davenanzio.com – Chiuso lunedì

INNICHEN → Vedere San Candido

INTRA Verbano-Cusio-Ossola → Vedere Verbania

INVERNO-MONTELEONE

Pavia (PV) – ✉ 27010 – 1 489 ab. – Alt. 74 m – Carta regionale n° **9**-B3
Carta stradale Michelin 561-G10

Monteleone – ✉ 27010 – Carta regionale n° **9**-B3

🍴 Trattoria Righini Ines   🚹 🅰🅲 🅿

CUCINA REGIONALE · SEMPLICE X Ambiente semplice e vivace, voi sedetevi e loro inizieranno a portarvi un'infinità di assaggi che faranno sì che vi alziate da tavola sazi, allegri e con un "arrivederci a presto"! Una delle specialità: coniglio all'aceto.

🍽 Menu 20/37 €

*via Miradolo 108 – ℰ 0382 73032 (prenotare) – Chiuso gennaio,
15 luglio-31 agosto, lunedì, martedì, i mezzogiorno di giovedì-venerdì-sabato, le sere di mercoledì-sabato-domenica*

INVORIO

Novara – ✉ 28045 – 3 958 ab. – Alt. 416 m – Carta regionale n° **13**-A2
Carta stradale Michelin 561-E7

🍴○ Pascia   🐾 🅰🅲 ♻ 🅿

CUCINA MODERNA · ELEGANTE XX Una cucina che semplicemente "non c'è" come ama definirla lo chef, che l'interpreta - invece - come forza viva e poderosa, interagente con l'essere umano a livello fisico e mentale, energetico e spirituale; cibo per l'anima oltre che per il corpo. In sintesi, cerebrale!

Menu 45 €, 85/105 €

via Monte Rosa 9 – ℰ 0322 254008 – www.ristorantepascia.it – Chiuso domenica sera e lunedì

Photononstop

CI PIACE...

Il pass gratuito per posteggio davanti all'ingresso di **Villa Angelica**. La mediterranea semplicità, confortevole e fronte mare, di **Casa Celestino**. La terrazza panoramica di **Punta Chiarito** che ricorda il ponte di una nave. Strepitosi tramonti compresi nel prezzo al **Garden & Villas Resort**.

ISCHIA (Isola d')

(NA) – 64 031 ab. – Carta regionale n° **4**-A2
Carta stradale Michelin 564-E23

Barano d'Ischia – ⊠ 80070 – 10 113 ab. – Alt. 210 m – ⊠ Barano D'Ischia
– Carta regionale n° **4**-A2

a Maronti Sud : 4 km ⊠ 80070 – Barano D'Ischia

🏨 Parco Smeraldo Terme ☆ 🕸 ← 🛎 🗔 🌐 👪 ✕ 🝤 ⊜ 🆎 🛠 🅿

TRADIZIONALE · LUNGOMARE A ridosso della rinomata spiaggia dei Maronti, albergo dal confort concreto e dallo stile classico, dotato di centro termale che si completa con la piscina, sempre termale, collocata su una bella terrazza fiorita.
65 cam ⥮ – ♦130/198 € ♦♦240/466 €
Pianta: B2-a – *via Maronti 42* – ℰ *081 990127* – *www.hotelparcosmeraldo.com*
– *Aperto 24 marzo-28 ottobre*

🏨 San Giorgio Terme ☆ 🕸 ← 🛎 🗔 🌐 🕉 🝤 🆎 🛠 🅿

TRADIZIONALE · CONTEMPORANEO Leggermente elevata rispetto al mare, una moderna risorsa dai vivaci colori, nata dalla fusione di due strutture collegate tra loro; dalla fiorita terrazza, un panorama mozzafiato. A circa 300 metri c'è la spiaggia.
76 cam ⥮ – ♦106/165 € ♦♦182/330 €
Pianta: B2-b – *via dei Maronti 40* – ℰ *081 990098* – *www.hotelsangiorgio.com*
– *Aperto 21 aprile-21 ottobre*

Lacco Ameno – ⊠ 80076 – 4 853 ab. – Carta regionale n° **4**-A2

❀ Indaco 🝤 🆎 🛠 🅿

CUCINA CREATIVA · LUSSO ✕✕ A pochi metri dall'acqua, affacciato su una delle baie più incantevoli dell'isola, l'arrivo dei piatti vi introdurrà in un'altra magia: quella del giovane cuoco ischitano che con la sua cucina vi propone un ideale tuffo in mare... senza aver toccato l'acqua!
→ Riso, bottarga e limone. Pezzogna e foie gras, crema di carote al vermouth dry ed alghe di mare con uva marinata. La coppa di Nestore.
Menu 120/150 € – Carta 81/113 €
Pianta: B1-f – *L'Albergo della Regina Isabella, piazza Restituta 1* – ℰ *081 994322*
– *www.reginaisabella.it* – *solo a cena* – *Aperto inizio aprile-fine ottobre*

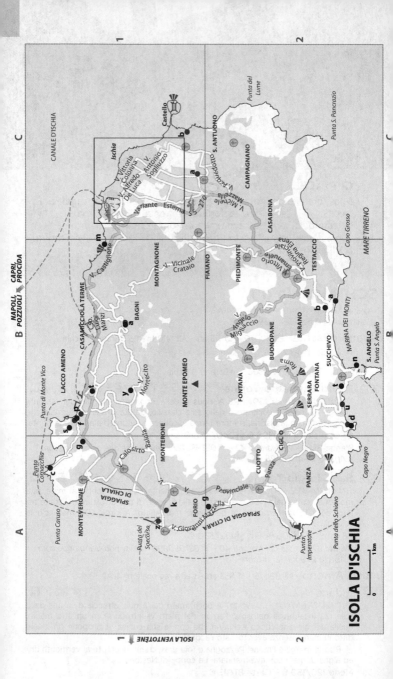

ISOLA D'ISCHIA

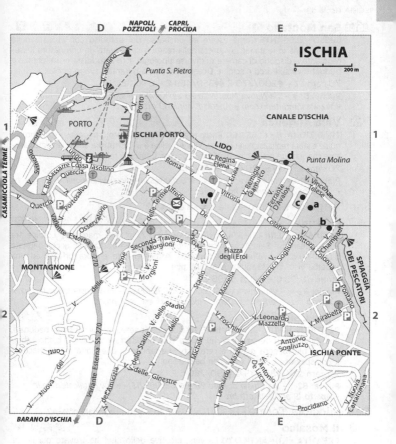

🍴 O' Pignattello ⓝ 🏠 ⒶⒸ

CUCINA MEDITERRANEA · AMBIENTE CLASSICO XX Situato sulla piazza Santa Restituita, sarà una giovane coppia a darvi il benvenuto in questo elegante ristorante la cui cucina si rifà ai sapori della tradizione, ma attingendo - al tempo stesso - alle eccellenze del territorio. Prenotare un tavolo sulla panoramica terrazza rallegrati dal gorgoglio delle fontane è quanto di più "strategico" si possa fare...

Menu 45/80 € – Carta 45/80 €

Pianta: B1-p – *corso A. Rizzoli 156* ⊠ *80076 Lacco Ameno* – *℘ 081 507 2457* – *www.pignattello.it* – *solo a cena escluso aprile, maggio e ottobre* – *Aperto aprile-novembre; chiuso lunedì*

🏨 L'Albergo della Regina Isabella 🏠 ⟨ 🛋 🛎 🖥 🕙 ⃗ ⅃ᵬ 🔑 🛗

GRAN LUSSO · ELEGANTE Con quest'albergo, negli anni '50, Angelo ⒶⒸ 🛗 Rizzoli inventò il turismo ischitano d'alto livello, rubò clienti a Capri e portò qui il bel mondo. Oggi l'incanto continua e si moltiplica in suggestivi saloni, arredi d'epoca e preziose decorazioni: un meraviglioso universo in cui perdersi...

128 cam ⊆ – 🛏148/450 € 🛏🛏198/900 € – 9 suites

Pianta: B1-f – *piazza Santa Restituta 1* – *℘ 081 994322* – *www.reginaisabella.it* – *Aperto 27 dicembre-6 gennaio e Pasqua-1° novembre*

❀ **Indaco** – Vedere selezione ristoranti

431

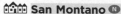 **San Montano**

LUSSO · ELEGANTE Come essere ad un passo dal paradiso con la vista delle isole Pontine in lontananza, questa bella realtà è circondata da una natura lussureggiante e dispone di camere di diverse tipologie atte a soddisfare preferenze e budget diversi. Parco piscine e Ocean Blue Spa a garantire svago e relax.

70 cam ♀ – ♦200/370 € ♦♦350/459 € – 6 suites

Pianta: B1-s – *via Nuova Montevico 26* ✉ *80076* – ✆ *081 994033*
– *www.sanmontano.com* – *Aperto 11 aprile-19 ottobre*

Villa Angelica

TRADIZIONALE · CLASSICO Raccolta attorno ad un piccolo rigoglioso giardino nel quale è stata realizzata una piscina, Villa Angelica è una struttura ad andamento familiare che si cinge del fascino di una casa privata. Confort e relax assicurati!

20 cam ♀ – ♦75/120 € ♦♦110/150 €

Pianta: B1-t – *via 4 Novembre 28* – ✆ *081 994524* – *www.villaangelica.it* – *Aperto 1°-8 gennaio e 9 aprile-5 novembre*

Sant'Angelo – ✉ 80070 – Carta regionale n° **4**-A2

🍴 **La Tuga** ⓝ

CUCINA MODERNA · STILE MEDITERRANEO ⅩⅩ In una magnifica cornice tra Punta Chiarito e Sant'Angelo, cucina moderna su basi tradizionali accompagnata da un servizio all'altezza del contesto. Atmosfera da dimora privata ed una superba vista che si aggiunge ai tanti plus.

Menu 38/75 € – Carta 51/96 €

Pianta: B2-w – *via Provinciale Succhivo* – ✆ *081 909571* – *www.costadelcapitano.com* – *Aperto inizio aprile-fine ottobre ;chiuso lunedì escluso agosto*

Casa Celestino

BOUTIQUE HOTEL · LUNGOMARE All'inizio del paese, ma già in zona pedonale, una dimora caratterizzata da un solare stile mediterraneo, dove il bianco abbinato al blu rallegra tessuti e ceramiche. Le stanze si adeguano a tale piacevolezza: spaziose e quasi tutte con balconcino.

20 cam ♀ – ♦80/175 € ♦♦90/280 € – 1 suite

Pianta: B2-t – *via Chiaia di Rose 20* – ✆ *081 999213* – *www.hotelcelestino.it* – *Aperto 19 aprile-13 ottobre*

Casamicciola Terme – ✉ 80074 – 8 362 ab. – Carta regionale n° **4**-A2

❀ **Il Mosaico**

CREATIVA · ROMANTICO ⅩⅩⅩ La vena creativa dello chef ha trovato qui la sua massima espressione: ispirandosi alla tradizione i piatti si fanno di volta in volta più moderni ed intriganti, sia che citino la terra, sia che prendano spunto dal mare. Anche la location regala belle emozioni agli ospiti, non solo per i suoi raffinati spazi interni, ma anche in virtù di una romantica terrazza.

→ Riso carnaroli al pomodoro mantecato con burro di gamberi rossi su stracciata di bufala. La mia zuppa di pesce. Interpretazione della sfogliatella.

Menu 95/200 € – Carta 78/159 €

Pianta: B1-a – *Terme Manzi Hotel & Spa, piazza Bagni 4* – ✆ *081 994722* (consigliata la prenotazione) – *www.termemanzihotel.com* – *solo a cena* – *Aperto 20 aprile-18 ottobre; chiuso mercoledì*

 **Terme Manzi Hotel & Spa**

LUSSO · PERSONALIZZATO Meravigliosa sintesi delle più disparate influenze, mai semplice, sempre grandioso, spesso sfarzoso; un edificio moderno sorto sulla fonte Gurgitello e che ha saputo ben integrarsi nell'architettura dell'isola con richiami moreschi mischiati ad impronte eclettiche a testimoniare la storia della località. Tanta meraviglia nasconde un ulteriore gioiello intorno al quale il palazzo si raccoglie: una bella corte che svela un lussureggiante giardino impreziosito da fontane e statue neoclassiche.

55 cam ♀ – ♦180/300 € ♦♦220/390 € – 3 suites

Pianta: B1-a – *piazza Bagni 4* – ✆ *081 994722* – *www.termemanzihotel.com* – *Aperto 20 aprile-19 ottobre*

❀ **Il Mosaico** – Vedere selezione ristoranti

Forio – ⊠ 80075 – 17 615 ab. – Carta regionale n° **4**-A2

🏵 **Umberto a Mare**   &⇔&≤🏠&

PESCE E FRUTTI DI MARE · STILE MEDITERRANEO ✕✕ Resterà indelebile una cena sulla terrazza, una ringhiera a strapiombo sul mare, per gustare una cucina in continua evoluzione eppure sempre fedele ad una tradizione di famiglia. Belle anche le camere, anch'esse panoramiche.

Menu 65 € – Carta 55/90 €

11 cam ⌂ – ✦139/199 € ✦✦140/200 €

Pianta: A1-z – *via Soccorso 8* – 𝒞 081 997171 *(consigliata la prenotazione)*
– *www.umbertoamare.it* – *Aperto 20 aprile-15 ottobre*

🏛 **Mezzatorre Resort & Spa**   ✿&≤⛵🔥🌐🛁✕&⬆🅰🄲

GRAN LUSSO · PERSONALIZZATO Il buen retiro ischitano per eccellenza. 🅿
Immerso in un bosco e arroccato su un promontorio, il complesso sorge intorno ad una torre saracena del XVI sec: eleganti camere e privacy. Per i pasti più semplici e tradizionali, appuntamento al ristorante Sciué Sciué o al bar a bordo piscina, a due passi dal mare.

44 cam ⌂ – ✦220/570 € ✦✦250/840 € – 12 suites

Pianta: A1-c – *via Mezzatorre 23, località San Montano, Nord: 3 km* – 𝒞 081 986111
– *www.mezzatorre.it* – *Aperto 19 aprile-20 ottobre*

🏛 **Garden & Villas Resort**   ✿&⛲🔥🌐🌙🛁🄰🄲🅿

LUSSO · ELEGANTE I numeri sono eloquenti: 3 ettari di boschi e giardini ospitano 9 ville-palazzine con 7 diverse categorie di camere tra cui le nuove suite. Addirittura un anfiteatro panoramico. Ovunque generosità di spazi per un soggiorno all'insegna del verde e dell'indipendenza!

52 cam ⌂ – ✦210/430 € ✦✦210/430 € – 3 suites

Pianta: A1-g – *via Provinciale Lacco 284* – 𝒞 081 997978
– *www.gardenvillasresort.it* – *Aperto 19 aprile-19 ottobre*

a Panza Sud : 4,5 km ⊠ 80070 – Alt. 155 m

🏠 **Punta Chiarito**   ✿&≤🔥🌙🄰🄲🅿

FAMILIARE · MEDITERRANEO Camere semplici, ma panoramiche e con arredi in ciliegio, in una graziosa risorsa in posizione isolata, su uno scenografico promontorio a picco sul mare: attraverso una comoda scala si raggiunge la famosa Baia di Sorgeto sede di acqua calda termale.

26 cam ⌂ – ✦80/200 € ✦✦140/400 €

Pianta: B2-d – *via Sorgeto 87, Sud: 1 km* – 𝒞 081 908102 – *www.puntachiarito.it*
– *Aperto 27 dicembre-8 gennaio e 28 marzo-3 novembre*

a Citara Sud : 2,5 km ⊠ 80075 – Forio

🏠 **Providence Terme**   ✿&≤⛲🔥🌐⬆🄰🄲🅿

FAMILIARE · ACCOGLIENTE Si affaccia sulla spiaggia di Citara, questa bella struttura in stile mediterraneo che dispone anche di una grande terrazza-solarium con piscina termale. Cuore del giardino è l'Eden dei Sensi: percorso relax tra erbe aromatiche e vigna. Il giusto spazio è dedicato alle piccole terme ed alla beauty con sala massaggi. Cucina mediterranea o pizze nella luminosa sala da pranzo.

63 cam ⌂ – ✦75/115 € ✦✦118/210 €

Pianta: A1-g – *via Giovanni Mazzella 162* – 𝒞 081 997477 – *www.hotelprovidence.it*
– *Aperto 14 aprile-29 ottobre*

Ischia – ⊠ 80077 – 19 915 ab. – Carta regionale n° **4**-A2

❀❀ **Danì Maison** (Nino Di Costanzo)   &⛲🄰🄲🅿

CUCINA CREATIVA · ELEGANTE ✕✕✕ "Casa, famiglia, tradizione" è il sottotitolo di Danì Maison, il locale aperto nel 2016 dallo chef Di Costanzo nella vecchia casa di famiglia inerpicata fra i lussureggianti orti ischitani.

433

Un piccolo, romantico salotto avvolto da un bel giardino che profuma di erbe aromatiche, in cui gustare le ricette che lo hanno reso famoso in virtù di una cucina tecnica, ma anche creativa; fin dagli esordi Nino sperimenta abbinamenti capaci di esaltare ogni singolo ingrediente che, pur nella complessità della proposta, deve essere – secondo lo chef - immediatamente riconoscibile. Questo è il suo credo!

Il mare non si vede dal locale, ma il cuore batte per il pescato locale e procidano: attore protagonista di tanti suoi piatti, memorabili anche in termini di presentazione estetica. Che sia il sublime "Gran Cru...do" con crostacei e molluschi, il più modesto "Mare Nostrum" con pesce azzurro o il "Piccione Taurasi e miele"- giusto per evocare una citazione di terra – un fatto è certo: la sua cucina merita la deviazione!

→ Paste e patate. Agnello in parmigiana di melanzane. Napul'è.

Menu 170/220 € – Carta 85/215 €

Pianta: C1-a – *via I traversa Montetignuso 28 – ℰ 081 993190 (prenotazione obbligatoria) – www.danimaison.it – Aperto inizio aprile-fine ottobre; chiuso martedì a mezzogiorno e lunedì*

ⵙ◯ Giardino Eden　　↩ ⌁ ⌖ ☖ ⌂ ⌇

PESCE E FRUTTI DI MARE · ROMANTICO ✗✗ Quel che il nome promette, poi mantiene: un vero Eden sul mare completato dalle camere e dalla spiaggia, mentre la vista spazia tra Capri, Napoli, Vesuvio, Procida e nel piatto tante, fragranti specialità di pesce. La sera faticherete a contare le candele accese! (Attenzione: prenotando si potrà usufruire del servizio gratuito di taxi nautico che parte sotto il Castello).

Menu 70 € (in settimana) – Carta 52/145 € – carta semplice a pranzo
8 cam ⌸ – †90/340 € ††120/400 €

Pianta: C1-b – *via Nuova Cartaromana 62, Sud-Est: 1,5 km – ℰ 081 985015 – www.giardinoedenischia.com – Aperto 28 aprile-1° ottobre; chiuso domenica sera*

ⵙ◯ Alberto　　　　　　　　　⌘ ⌁

PESCE E FRUTTI DI MARE · STILE MEDITERRANEO ✗✗ Quasi una palafitta sulla spiaggia risalente ai primi anni '50, una sola sala verandata aperta sui tre lati per gustare una cucina di mare tradizionale reinterpretata con fantasia. A pranzo, formule più semplici ed economiche, ma sempre di qualità.

⌾ Menu 25/60 € – Carta 33/79 €

Pianta: E1-d – *lungomare Cristoforo Colombo 8 – ℰ 081 981259 (consigliata la prenotazione la sera) – www.albertoischia.it – Aperto 29 marzo-3 novembre*

🏨 Grand Hotel Excelsior　⌖ ⌁ ⌇ ⌘ ⌂ 🅿 ☖ ⌃ ⌬ ⌘ ⌀ ⌯ ⌲

LUSSO · MEDITERRANEO Tra la vegetazione, l'imponente struttura dall'architettura mediterranea fa capolino sul mare con le sue eleganti camere dai colori freschi e marini accentuati da belle maioliche. Completa zona benessere in cui convivono offerte termali e beauty. La cucina regionale sfrutta le fragranze del proprio orto e viene servita nell'elegante sala e in terrazza.

78 cam ⌸ – †180/240 € ††230/460 € – 6 suites

Pianta: E1-a – *via Emanuele Gianturco 19 – ℰ 081 991522 – www.excelsiorischia.it – Aperto 28 aprile-13 ottobre*

🏨 Il Moresco　　　　⌖ ⌁ ⌇ ⌘ ⌂ ☖ ⌃ ⌬ ⌘ ⌀ ⌯ ⌲

LUSSO · STORICO Nasce come dimora privata questa casa dal fascino esclusivo: la piscina coperta è stata realizzata dove era prevista la serra e la zona benessere è negli ex alloggi del personale. All'ombra del pergolato o nella sala interna, le fragranze del Mediterraneo.

66 cam ⌸ – †180/330 € ††220/460 € – 2 suites

Pianta: E1-c – *via Emanuele Gianturco 16 – ℰ 081 981355 – www.ilmoresco.it – Aperto 1° aprile-30 ottobre*

🏨 Punta Molino Hotel Beach Resort & Spa 🏖 ⛲ ◁ ⛵ ♨ 🎬 📶

LUSSO · CLASSICO Signorile e direttamente sul 🏊 ♨ 🌙 🖨 🎬 ♨ 🅿 mare, con tanto di pontile privato, tra i confort si citano due grandi piscine, nonché stanze abbellite dalle preziose ceramiche di Vietri e arredate con pezzi d'antiquariato. L'attigua villa per chi desidera maggior riservatezza.

81 cam 🛏 – †180/500 € ††250/1000 € – 4 suites

Pianta: E1-2-b – *lungomare Cristoforo Colombo 23* – 𝒞 081 991544
– *www.hotelpuntamolinoischia.com* – *Aperto 20 aprile-15 ottobre*

🏨 Le Querce 🏖 ⛲ ◁ ⛵ ♨ 🎬 📶 🏊 ♨ 🌙 🎬 ♨ 🅿

TRADIZIONALE · ACCOGLIENTE Albergo d'impostazione e stile classico, offre uno dei panorami più incantevoli dell'isola, nonché affascinanti terrazze a picco sul blu. Ristorante serale e servizio easy a pranzo.

69 cam 🛏 – †125/420 € ††125/500 € – 4 suites

Pianta: BC1-m – *via Baldassarre Cossa 29* – 𝒞 081 982378
– *www.albergolequerce.it* – *Aperto inizio aprile-fine ottobre*

ISEO

Brescia – ✉ 25049 – 9 179 ab. – Alt. 198 m – Carta regionale n° **10**-D1
Carta stradale Michelin 561-F12

🏨 Iseolago 🏖 ⛲ ⛵ ♨ 🏊 ♨ 🖨 🎬 📶 ♨ 🅿

TRADIZIONALE · BORDO LAGO Inserito nel verde di un vasto impianto turistico alle porte della località, elegante complesso alberghiero con belle camere ed accesso diretto al lago (solo durante la stagione estiva attraverso il centro balneare Sassabanek, che accoglie gli ospiti gratuitamente da giugno a settembre). Alla scoperta dei piatti e dei vini della Franciacorta nell'elegante ristorante L'Alzavola con fresco pergolato per quando il clima è mite.

66 cam 🛏 – †85/115 € ††120/190 € – 10 suites

via Colombera 2, Ovest: 1 km – 𝒞 030 98891 – *www.iseolagohotel.it*

sulla strada provinciale per Polaveno Est : 6 km

🏨 I Due Roccoli 🏖 ◁ ⛵ ♨ 🖨 🎬 ♨ 🅿

TRADIZIONALE · ACCOGLIENTE All'interno di una vasta proprietà affacciata sul lago, un'antica ed elegante residenza di campagna con parco, adeguata alle più attuali esigenze e con locali curati. Ristorante raffinato, con angoli intimi, camino moderno e uno spazio all'aperto, "sull'aia".

26 cam – †90/135 € ††100/176 € – 5 suites – 🛏 10 €

via Silvio Bonomelli ✉ *25049* – 𝒞 030 982 2977 – *www.idueroccoli.com* – *Aperto 16 aprile-20 ottobre*

a Clusane sul Lago Ovest : 5 km ✉ 25049

🍴 Conte di Carmagnola ⛵ 🍴 🎬 ♨ 🅿

CUCINA CLASSICA · ELEGANTE ✗✗ In posizione dominante con splendida vista sul lago, il ristorante "mutua" il nome dalla prima tragedia di A. Manzoni. Elegante e à la page, la sua cucina propone piatti internazionali e specialità del lago, con grande attenzione all'olio (di produzione propria), nonché alla carta dei vini che annovera le eccellenze della Franciacorta.

Carta 36/88 € – *carta semplice a pranzo*

Hotel Relais Mirabella, via Mirabella 34, Sud: 1,5 km – 𝒞 030 989 8051
– *www.relaismirabella.it* – *Aperto 1° aprile-31 ottobre*

🍴 Al Porto 🎬 ⇄

CUCINA REGIONALE · FAMILIARE ✗ Più di 150 anni di celebrazione della tradizione in un bel palazzo di fronte al porticciolo, tante sale con richiami storici e lacustri e qualche tavolo con vista sul lago... che arriva poi nel piatto con il pescato del giorno: Iseo in tavola!

Carta 26/49 €

piazza Porto dei Pescatori 12 – 𝒞 030 989014 – *www.alportoclusane.it* – *Chiuso mercoledì escluso aprile-ottobre*

🏨 Relais Mirabella   🦮 ⪦ ⪧ ⌂ ⚒ ☕ 🖊 ♿ 🅰 🅿

LUSSO · CLASSICO Un'elegante oasi di tranquillità, in un borgo di antiche case coloniche con eccezionale vista sul lago, 70 ettari di bosco e piscina. All'atto della prenotazione, se disponibili, richiedere le camere con terrazzino panoramico.

28 cam ⌂ – †80/190 € ††140/210 € – 1 suite

via Mirabella 34, Sud: 1,5 km – ☎ 030 989 8051 – www.relaismirabella.it – Aperto 1° aprile-31 ottobre

🍴 **Conte di Carmagnola** – Vedere selezione ristoranti

ISERA

Trento (TN) – ✉ 38060 – 2 735 ab. – Carta regionale n° **19**-B3
Carta stradale Michelin 562-E15

🏠 Casa del Vino della Vallagarina   ⪦ 🛏 🚗

CUCINA REGIONALE · RUSTICO 🅇 Il fior fiore della gastronomia locale in un palazzo cinquecentesco del centro. Il menu è fisso, ma si può mangiare anche solo qualche piatto (ottimi i canederli al formaggio d'alpeggio e tartufo nero!), mentre tutti i vini in carta sono serviti al bicchiere. Molto belle le camere ai piani superiori della casa.

🍽 Menu 25/35 €

6 cam ⌂ – †70/90 € ††90/110 € – 2 suites

piazza San Vincenzo 1 – ☎ 0464 486057 – www.casadelvino.info

ISOLA... ISOLE → Vedere nome proprio della o delle isole

ISOLA D'ASTI

Asti – ✉ 14057 – 2 012 ab. – Alt. 245 m – Carta regionale n° **14**-D1
Carta stradale Michelin 561-H6

🏨 Castello di Villa   ⚘ 🦮 ⪦ ⪧ ⌂ ☕ 🖊 🅰 🅿

STORICO · ELEGANTE Questa imponente villa patrizia del XVII sec. non smette di far sognare il viandante: splendidi spazi comuni, nonché lussuose camere con soffitti affrescati, arredi e decorazioni eclettiche. Uno stile barocco, ricco ma non *kitsch*, per rivivere i fasti del passato senza rinunciare ai confort moderni.

20 cam ⌂ – †150/250 € ††170/400 € – 1 suite

*via Mauro Bausola 2, località Villa, Est: 2,5 km – ☎ 0141 958006
– www.castellodivilla.it – Aperto 1° aprile-26 novembre*

sulla strada statale 231 Sud-Ovest : 2 km

⭐ Il Cascinalenuovo (Walter Ferretto)   🐝 ⪦ ⪧ 🛏 ⌂ 🅰 🅿

CUCINA MODERNA · AMBIENTE CLASSICO 🅇🅇🅇 La sala elegante - sebbene essenziale - si allontana dall'ufficialità piemontese: non la cucina, che ne propone glorie e tradizioni in un carosello dei migliori piatti; in aggiunta anche del pesce. D'estate, l'alternativa prevede l'Altro Cascinale dove gustare ricette più semplici, pizze e schiacciate, a prezzi contenuti. Entrambe le situazioni si affacciano su un fresco dehors.

→ Agnolotti del plin ripieni di fonduta e tartufo bianco. Anatra confit, ciliegie, indivia caramellata. 1987 - Millefoglie di lingua di vitello e foie gras, dadini di gelatina al Porto.

Menu 60/75 € – Carta 52/82 €

15 cam – †70/80 € ††100 € - senza ⌂

*statale Asti-Alba 15 ✉ 14057 – ☎ 0141 958166 (prenotazione obbligatoria a mezzogiorno) – www.walterferretto.com
– Chiuso 26 dicembre-20 gennaio, 12-24 agosto, domenica sera e lunedì*

ISOLA DELLA SCALA

Verona – ✉ 37063 – 11 536 ab. – Alt. 31 m – Carta regionale n° **23**-A3
Carta stradale Michelin 562-G15

ⅰ○ L'Artigliere 🦊 🛋 🈺 🍴 🅰🎬 🅿

CUCINA MODERNA · ROMANTICO XX All'interno di un antico mulino per la produzione del riso, il cereale è l'indiscusso protagonista, dal piccolo museo adiacente alla sala, ai numerosi risotti presenti in carta. Ma l'abile cuoco non si ferma qui: altre proposte di pesce e carne completano il quadro, insieme ad accoglienti camere e all'idromassaggio riscaldato in giardino.

🍴 Menu 18 € (pranzo in settimana)/86 € – Carta 42/80 €

5 cam ☲ – 🛏70/80 € 🛏🛏110/130 €

via Boschi 5 – ℰ 045 663 0710 – www.artigliere.net – Chiuso 7-15 gennaio, 6-26 agosto, lunedì e martedì

ISOLA DELLE FEMMINE Sicilia

Palermo – ✉ 90040 – 7 290 ab. – Alt. 6 m – Carta regionale n° **17**-B2
Carta stradale Michelin 365-AO54

⌂ Sirenetta 🌳 🍸 🏊 🍃 🖥 🍴 🅰🎬 🍽 🧖 🅿

FAMILIARE · LUNGOMARE Incastrato tra splendide montagne e un'affascinante baia, gestione familiare con camere semplici, ma accoglienti. Sala e cucina classiche d'albergo: spiccano i sottopiatti in ceramica siciliana.

22 cam ☲ – 🛏75/105 € 🛏🛏80/160 € – 7 suites

viale Dei Saraceni 81, Sud-Ovest: 1,5 km – ℰ 091 867 1538 – www.sirenetta.it

ISOLA DI CAPO RIZZUTO

Crotone – ✉ 88841 – 17 643 ab. – Alt. 90 m – Carta regionale n° **3**-B2
Carta stradale Michelin 564-K33

ⅰ○ Ruris 🥂 🅰🎬 🅿

PESCE E FRUTTI DI MARE · ACCOGLIENTE XX La carta trova nel pesce il suo alleato preferito, rielaborato con guizzi di fantasia, in un locale recentemente ristrutturato secondo quel mood che da sempre lo contraddistingue; la nuova cantina custodisce ora oltre 200 etichette di vino e più di 60 distillati internazionali pregiati.

Menu 35 € – Carta 36/114 €

località Mazzotta, Sud-Est: 3 Km – ℰ 0962 791460 (consigliata la prenotazione) – www.ruris.it – solo a cena escluso domenica – Chiuso martedì

a Praialonga Ovest : 12 km

✿ Pietramare Natural Food 🦊 🛋 🅰🎬 🍽 🅿

CUCINA CREATIVA · ELEGANTE XXX Ai fornelli un nuovo "comandante" che – a dispetto della giovane età – vanta già un bel curriculum e la capacità di accompagnare l'ospite in un ideale viaggio tra i sapori locali, fatti di specialità marinare e piatti contadini. Raffinata atmosfera di muretti a secco e vegetazione mediterranea.

→ Tagliolini all'uovo con gamberi rossi e tartufo del Pollino. Rombo chiodato scottato con la sua zuppetta, bietoline e spugnole. Zuppetta di cocco, fragole e pesca bianca, gelato alla camomilla e crumble al cacao.

Menu 80/110 € – Carta 58/116 €

Hotel Praia Art-Resort, Strada Statale 106 – ℰ 0962 190 2890 (prenotazione obbligatoria) – www.praiaartresort.com – solo a cena – Aperto 5 maggio-20 ottobre

🏠 Praia Art-Resort 🌳 🏖 🦊 🏊 🍃 🅰🎬 🍽 🅿

TRADIZIONALE · MEDITERRANEO Al termine di una discesa che giunge sino al mare, solo una piccola pineta separa l'albergo dalla spiaggia privata, con romantiche amache ondeggianti sull'acqua. Camere di raffinata sobrietà, arredate con materiali locali d'artigianato, quasi tutte con patio privato. A bordo piscina, il bistrot con cucina classica, sia a pranzo che a cena, tanto pesce e grigliate.

27 cam ☲ – 🛏380/450 € 🛏🛏600/700 € – 7 suites

Strada Statale 106 – ℰ 0962 190 2890 – www.praiaartresort.com – Aperto 5 maggio-20 ottobre

✿ **Pietramare Natural Food** – Vedere selezione ristoranti

ISOLA DOVARESE

Cremona – ⊠ 26031 – 1 159 ab. – Alt. 35 m – Carta regionale n° **9**-C3
Carta stradale Michelin 561-G12

🕲 Caffè La Crepa   🕸 🏠 ⇔

CUCINA LOMBARDA · VINTAGE 💥 Affacciato su una scenografica piazza rinascimentale, il caffè risale al primo '800, poco più tarda la trattoria. Oggi vi invita ad un nostalgico viaggio dal Risorgimento alla metà del secolo scorso, passando per il liberty. Dalla cucina, piatti del territorio come il marubino ai tre brodi, il bollito misto alla cremonese (c'è anche la versione estiva) o la coppa "mangia&bevi". Nel 2019, il ristorante festeggia 60 anni: auguri!

Menu 35/55 € – Carta 27/56 €

piazza Matteotti 13 – ☏ 0375 396161 – www.caffelacrepa.it – Chiuso 8-25 gennaio, 2-10 luglio, 11-19 settembre, lunedì e martedì

🏠 Palazzo Quaranta   🏠 🖃 🕭 🎬 🅿

STORICO · PERSONALIZZATO Nel cuore di un suggestivo complesso architettonico, il palazzo tardo settecentesco ospita camere signorili, quasi tutte affrescate, diverse con bagni principeschi.

8 cam 🖵 – ♦55/90 € ♦♦80/200 €

via Largo Vittoria 12 – ☏ 0375 396162 – www.palazzoquaranta.it – Chiuso 7-17 gennaio

ISOLA RIZZA

Verona – ⊠ 37050 – 3 266 ab. – Alt. 23 m – Carta regionale n° **23**-B3
Carta stradale Michelin 562-G15

all'uscita superstrada 434 verso Legnago

🕸 Perbellini   🕸 🕭 🎬 ⇔ 🅿

CUCINA CREATIVA · ELEGANTE 💥💥💥 Una collocazione inaspettata, in zona commerciale e accanto all'omonima pasticceria, rivela un ristorante elegante, gestito in maniera encomiabile e soprattutto dall'ottima cucina estrosa, talvolta elaborata, con una passione per le cotture allo spiedo e le erbe aromatiche.

→ Come un sushi di gamberi di fiume e seppie. Pancia di "mora romagnola" affumicata e cotta allo spiedo su finocchio brasato e cardamomo. Millefoglie "strachin".

Menu 28 € (in settimana)/75 € – Carta 41/109 €

via Muselle 130 ⊠ 37050 – ☏ 045 713 5352 – www.ristoranteperbellini.it – Chiuso 10 giorni in gennaio, 3 settimane in agosto, domenica sera, lunedì e martedì; anche domenica a mezzogiorno in luglio-agosto

ISOLA ROSSA Sardegna Olbia-Tempio → Vedere Trinità d'Agultu

ISOLA SANT'ANTONIO

Alessandria (AL) – ⊠ 15050 – 717 ab. – Carta regionale n° **12**-C2
Carta stradale Michelin 561-G8

🍴🔾 Da Manuela   🕸 🖴 🏠 🎬 🅿

CUCINA REGIONALE · TRATTORIA 💥💥 Cucina lombarda con qualche spunto piemontese, in un accogliente locale ubicato in aperta campagna. Le specialità sono le rane e i pesci d'acqua dolce, ma ottima è anche la cantina!

Menu 34/45 € – Carta 30/65 €

frazione Capraglia, Nord-Ovest: 3 km – ☏ 0131 857177 – www.ristorantedamanuela.it – Chiuso 1°-21 agosto e lunedì, anche martedì la prima settimana di ogni mese

ISSENGO ISSENG Bolzano → Vedere Falzes

IVREA

Torino – ⊠ 10015 – 23 606 ab. – Alt. 253 m – Carta regionale n° **12**-B2
Carta stradale Michelin 561-F5

⫯○ La Mugnaia　　　　　　　　　　　　　🛜 ⟳

CUCINA MODERNA · CONTESTO CONTEMPORANEO XX Una giovane coppia, appassionata e professionale, gestisce questo piacevole locale nascosto in una vietta del centro. Il cuoco è lui e propone una linea di cucina moderna, attenta all'estetica, in cui convivono i sapori del territorio con aperture mediterranee. Non manca il pesce ed un orto didattico di proprietà!

Menu 38/54 € – Carta 41/62 €

via Arduino 53 – ℰ 0125 40530 – www.mugnaia.com – solo a cena
– Chiuso 7-20 gennaio, 20-29 giugno, 5-15 settembre e lunedì

🏠 Spazio Bianco　　　　　　　　　　　🅰️🅲 ⫯⁒ 🅿️

FAMILIARE · PERSONALIZZATO Ricavato dove una volta c'era una centrale elettrica, Spazio Bianco dedica ogni sua camera ad un momento culturale del territorio: troverete, quindi, la camera Olivetti, quella dedicata al Carnevale e quella al librettista Giacosa. Tutte accomunate da un alto standard di confort! In estate, la colazione è servita sul bel terrazzo con vista parco.

9 cam ⥾ – ♦80/90 € ♦♦95/110 €

via Patrioti 17 – ℰ 0125 196 1620 – www.spaziobiancoivrea.it

JESI
Ancona – ✉ 60035 – 40 399 ab. – Alt. 97 m – Carta regionale n° **11**-C2
Carta stradale Michelin 563-L21

🏨 Federico II　　　🌣 🌤 ⟨ 🛄 ⌁ 🔲 💯 🏊 🛌 🗓 🅯 🅰️🅲 🛄 🅿️

BUSINESS · CLASSICO Elegante complesso immerso nel verde, garantisce un soggiorno confortevole e rilassante grazie anche al moderno centro benessere. Gli spazi comuni sono ampi e le camere arredate con gusto classico. Una luminosa sala panoramica invita a gustare una cucina classica e locale.

113 cam ⥾ – ♦60/145 € ♦♦90/221 € – 16 suites

via Ancona 100 – ℰ 0731 211079 – www.hotelfederico2.it

JESOLO
Venezia – ✉ 30016 – 26 122 ab. – Carta regionale n° **23**-D2
Carta stradale Michelin 562-F19

⫯○ Da Guido　　　　　　　　　🕸 🛄 🛜 🛌 🅰️🅲 ⫯⁒ 🅿️

PESCE E FRUTTI DI MARE · ELEGANTE XXX Se il bianco è l'attore principale delle sale di tono elegantemente contemporaneo, sulla tavola il riflettore è puntato su appetitosi piatti di mare, la specialità è la cottura alla griglia. L'atmosfera diventa romantica in giardino.

Menu 38 € (pranzo in settimana)/78 € – Carta 42/120 €

via Roma Sinistra 25 – ℰ 0421 350380 – www.ristorantedaguido.com – Chiuso gennaio, febbraio, 10 giorni in novembre, martedì a mezzogiorno e lunedì

JESOLO PINETA Venezia (VE) ➜ Vedere Lido di Jesolo

JOUVENCEAUX Torino ➜ Vedere Sauze d'Oulx

JOVENÇAN Aosta (AO) ➜ Vedere Aosta

KALTERN AN DER WEINSTRAßE ➜ Vedere Caldaro sulla strada del vino

KASTELBELL TSCHARS ➜ Vedere Castelbello Ciardes

KASTELRUTH ➜ Vedere Castelrotto

KLAUSEN Bolzano ➜ Vedere Chiusa

KOLFUSCHG ➜ Vedere Colfosco

KURTATSCH AN DER WEINSTRASSE ➜ Vedere Cortaccia sulla Strada del Vino

LABICO

Roma – ✉ 00030 – 6 379 ab. – Alt. 319 m – Carta regionale n° **7**-C2
Carta stradale Michelin 563-Q20

✿ Antonello Colonna Labico ⫷ 🍴 🛋 ఉ 🗚 ⟷ 🅿

CUCINA MODERNA · MINIMALISTA ✗✗✗ Natura e modernità armoniosamente fuse in una struttura originale ed avveniristica: siamo all'interno di un parco, tra grandi spazi quasi museali ed opere d'arte, dove la cucina recupera la tradizione campestre laziale sostenuta dall'abilità tecnica di un grande cuoco.

→ Baccalà mantecato e bottarga di tonno. Negativo di carbonara. Diplomatico: crema, cioccolato e caramello salato.

Menu 90 € – Carta 75/98 €

Antonello Colonna Labico Resort, via di Valle Fredda 52
– ✆ 06 951 0032 (consigliata la prenotazione) – www.antonellocolonna.it
– Chiuso 1° gennaio-31 marzo, domenica sera e lunedì

⌂ Antonello Colonna Labico Resort ⤳ ⫷ 🍴 ⌕ 🗍 🕸 ఉ 🗚 ⫸

LUSSO · MINIMALISTA Immersa nel verde della campagna di Valle- 🅿 fredda, una bella struttura il cui design minimalista e luminoso viene completato dal servizio pronto ad accontentare qualunque richiesta. Le pareti sono spoglie, ma all'arte contemporanea è dedicata una sala-museo. Camere di raffinata essenzialità, ciascuna con accesso al giardino dell'ampia proprietà circostante.

12 cam ⌕ – 🛏200/800 € 🛏🛏200/800 €

via di Valle Fredda 52 – ✆ 06 951 0032 – www.antonellocolonna.it – Chiuso 1° gennaio-31 marzo

✿ **Antonello Colonna Labico** – Vedere selezione ristoranti

LA CALETTA Sardegna Nuoro → Vedere Siniscola

LACCO AMENO Napoli → Vedere Ischia (Isola d')

LACES LATSCH

Bolzano – ✉ 39021 – 5 188 ab. – Alt. 639 m – Carta regionale n° **19**-B2
Carta stradale Michelin 562-C14

⍫〇 Paradiso ఉ 🍴 🅿

CUCINA CREATIVA · ROMANTICO ✗✗ Cucina sudtirolese che strizza l'occhio alla creatività e con frequenti citazioni internazionali all'interno di una deliziosa stube in cirmolo.

Menu 65/75 € – Carta 48/82 €

Hotel Paradies, via Sorgenti 12 – ✆ 0473 622225 (prenotazione obbligatoria)
– www.hotelparadies.com – solo a cena – Aperto 6 aprile-24 novembre; chiuso lunedì e martedì

⌂ Paradies ✿ ⤳ ⫷ 🍴 ⌕ 🗍 ⊕ 🕸 🛁 ⊡ ఉ 🅿

FAMILIARE · STILE MONTANO In posizione davvero paradisiaca, bella struttura nella pace dei frutteti e del giardino ombreggiato con piscina; accoglienti ambienti interni e curato centro benessere.

60 cam – solo ½ P 132/175 € – 20 suites

via Sorgenti 12 – ✆ 0473 622225 – www.hotelparadies.com
– Aperto 30 marzo-24 novembre

⍫〇 **Paradiso** – Vedere selezione ristoranti

LADISPOLI

Roma – ✉ 00055 – 41 078 ab. – Carta regionale n° **7**-B2
Carta stradale Michelin 563-Q18

⫶O **The Cesar** ≤ 🍴 🛋 ☒ 🄰🄲 ✂ **P**

CUCINA MODERNA · ELEGANTE XxX In un ristorante romanticamente affacciato sulla distesa blu del Mare Nostrum, la sala interna è certamente elegante, ma la terrazza offre il fascino della vista sulla costa; in carta piatti mediterranei preparati - prevalentemente - con i prodotti biologici del proprio orto.

Menu 125 € – Carta 78/128 €

Hotel La Posta Vecchia, località Palo Laziale, Sud: 2 km – 𝒞 06 994 9501 – www.lapostavecchia.com – Aperto 29 marzo-3 novembre

🏚 **La Posta Vecchia** 🖐 ≤ 🍴 ☒ 🌀 ✂ ⚓ ⊡ 🄰🄲 🎿 **P**

STORICO · ELEGANTE Costruita nel '600 dal Principe Odescalchi, che la volle appositamente per accogliere amici e viaggiatori, come in una sorta di predestinazione, la residenza è stata trasformata oggigiorno in esclusivo hotel: uno scrigno di tesori d'arte di ogni epoca con pavimenti musivi e lussuose camere.

14 cam 🍴 – 🛏410/750 € 🛏🛏410/750 € – 5 suites

località Palo Laziale, Sud: 2 km – 𝒞 06 994 9501 – www.lapostavecchia.com – Aperto 29 marzo-3 novembre

⫶O **The Cesar** – Vedere selezione ristoranti

LAGO → Vedere nome proprio del lago

LAGO MAGGIORE o VERBANO Novara, Varese e Cantone Ticino

LAGUNDO ALGUND

Bolzano – ✉ 39022 – 5 029 ab. – Alt. 350 m – Carta regionale n° **19**-B1
Carta stradale Michelin 562-B15

Pianta: vedere Merano

⫶O **Schnalshuberhof** ≤ 🍴 **P** 🚭

CUCINA REGIONALE · RUSTICO X Tra le mura di una casa del 1300, in due stube (unica nel suo genere quella ricoperta di giornali), la famiglia Pinggera propone gustosi piatti a base di ingredienti biologici, accompagnati da vini di produzione propria. Ottimo speck e distillati.

🍮 Menu 25 € – Carta 24/37 €

Pianta: A1-d – *Oberplars 2 – 𝒞 0473 447324 (prenotazione obbligatoria) – www.gallorosso.it – solo a cena – Chiuso 16 dicembre-1° marzo, 22 luglio-15 agosto, lunedì, martedì e mercoledì*

🏠 **Pergola** 🖐 ≤ ☒ 🌀 ⊡ ✂ 🚗

LUSSO · DESIGN Eccellente esercizio architettonico del celebre Matteo Thun: in una piccola casa, profusione di legno, luce e - grazie alla posizione rialzata sul paese - splendido panorama. Le ampie camere dispongono tutte di un cucinino.

12 suites – 🛏🛏240/380 € – 2 cam – 🍴 17 €

Pianta: A1-f – *San Cassiano 40 – 𝒞 0473 201435 – www.pergola-residence.it – Aperto 1 aprile-12 novembre*

a Vellau/ Velloi Nord-Ovest : 8 km ✉ 39022

⫶O **Oberlechner** 🚗 🖐 ≤ 🍴 🛋 **P**

CUCINA REGIONALE · CONTESTO TRADIZIONALE X Da Merano si sale fino a mille metri di altitudine, dove lo sguardo abbraccia città e monti in un panorama mozzafiato. Ma anche la cucina si rivela all'altezza: molti prodotti locali, all'insegna della tradizione, a cui si aggiunge un po' d'estro. La vista continua nelle belle camere, tutte con balcone; cinque appartamenti con angolo cottura.

Menu 32 € – Carta 28/65 €

10 cam 🍴 – 🛏75/85 € 🛏🛏110/130 €

località Velloi – 𝒞 0473 448350 – www.gasthofoberlechner.com – Chiuso 15 gennaio-31 marzo e mercoledì

LAIGUEGLIA

Savona – ⊠ 17053 – 1 810 ab. – Carta regionale n° **8**-B2
Carta stradale Michelin 561-K6

🏠 Splendid Mare　　　　　　　　　　　　🍷 🛋 🔌 🖥 AC 🚫 P

STORICO · ACCOGLIENTE Un soggiorno rilassante negli ambienti signorili di un edificio quattrocentesco, ristrutturato nel 1700 e poi ancora in anni recenti, che conserva il fascino di un antico passato. Camere piacevoli, alcune si affacciano sul mare, altre sulla bella piscina.

40 cam ☲ – †60/100 € ††100/220 € – 2 suites

piazza Badarò 3 – 𝒞 0182 690325 – www.splendidmare.it – Aperto 15 aprile-30 settembre

LAMA MOCOGNO

Modena – ⊠ 41023 – 2 734 ab. – Alt. 842 m – Carta regionale n° **5**-B2
Carta stradale Michelin 562-J14

😊 Vecchia Lama　　　　　　　　　　　　🏠 🚫 🔄

CUCINA REGIONALE · SEMPLICE ᛉ Cordialità ed ospitalità sono i padroni di casa, insieme ad un'ottima cucina di sola carne con specialità emiliane e montane, nonché tartufi in stagione. D'estate si pranza sulla terrazza affacciata sul giardino. Specialità: tortelloni ricotta e ortiche ai funghi porcini, fiorentina alla toscana su pietra calda (in questo caso si spende un po' di più...).

🍴 Menu 25/35 € – Carta 25/45 €

via XXIV Maggio 24 – 𝒞 0536 44662 – www.ristotantevecchialama.it – Chiuso lunedì escluso luglio-agosto

All'atto della prenotazione fatevi precisare il prezzo e la categoria della camera.

LAMEZIA TERME

Catanzaro – ⊠ 88046 – 70 714 ab. – Alt. 216 m – Carta regionale n° **3**-A2
Carta stradale Michelin 564-K30

a Nicastro ⊠ 88046

Ⅱ○ Novecento　　　　　　　　　　　　　🐾 ♿ AC

CUCINA REGIONALE · FAMILIARE ᛉᛉ Nel centro storico della località, in fondo alla sala con mattoni a vista è stata ricavata nel pavimento un'area trasparente e calpestabile, il cui interno custodisce una riproduzione della vecchia Nicastro. La calda ospitalità accompagna invece i numerosi piatti della tradizione.

Carta 30/89 €

largo Sant'Antonio 5 – 𝒞 0968 448625 – Chiuso lunedì a mezzogiorno

sulla strada statale 18 Sud-Ovest : 11 km

🏨 Ashley　　　　　　　　　🍷 🛏 🔌 🖥 ♿ AC 🚫 ⚖ P

LUSSO · PERSONALIZZATO Nelle vicinanze dell'aeroporto, una nuova realtà dalla raffinata ed elegante atmosfera, caratterizzata da mobili d'antiquariato in stile Impero e da spazi curati in ogni settore. La piacevolezza della struttura non risparmia il ristorante: gustose specialità di pesce ed un'interessante carta dei vini.

42 cam ☲ – †70/110 € ††80/130 € – 4 suites

località Marinella ⊠ 88046 Lamezia Terme – 𝒞 0968 51851 – www.hotelashley.net

LA MORRA

Cuneo – ⊠ 12064 – 2 724 ab. – Alt. 513 m – Carta regionale n° **14**-C2
Carta stradale Michelin 561-I5

ॐ **Massimo Camia** 🏛 🍴 AC P

CUCINA MODERNA · AMBIENTE CLASSICO XXX Un anonimo edificio lungo una
strada trafficata, ma una volta raggiunta la sala al primo piano la vista si apre
sulle colline. Del territorio anche i piatti in carta, a cui tuttavia si aggiunge qualche proposta di pesce.

→ Il plin della tradizione al fondo bruno mantecato. Sottofiletto "Rossini". Il dolce
per Michele Ferrero.

Menu 70/85 € – Carta 59/114 €

*strada provinciale 3 Alba-Barolo 122, Sud-Est: 5 km – ✆ 0173 56355 (consigliata la
prenotazione) – www.massimocamia.it – Chiuso 15 giorni in gennaio, 15 giorni in
agosto, mercoledì a mezzogiorno e martedì*

🍽O **Bovio** 🏛 < 🍴 AC P

CUCINA PIEMONTESE · AMBIENTE CLASSICO XXX In una bella villa con vista sui
vigneti, la famiglia Bovio continua a portar avanti l'importante tradizione gastronomica delle Langhe. La vista dalla terrazza è, a dir poco, spettacolare!

Menu 47 € – Carta 41/73 €

*via Alba 17 bis – ✆ 0173 590303 (consigliata la prenotazione)
– www.ristorantebovio.it – Chiuso 15 febbraio-15 marzo, 25 luglio-11 agosto,
mercoledì e giovedì*

🏠 **Corte Gondina** 🛏 ⚗ 🏠 & AC P

DIMORA STORICA · CLASSICO Elegante casa d'epoca a due passi dal centro,
curata in ogni dettaglio: all'interno camere personalizzate, mentre la sala colazioni e il salottino hanno un respiro quasi anglosassone. Corte Godina dispone
anche di una "sweet personal spa": centro benessere utilizzabile in esclusiva per
due/sei persone, prenotabile con supplemento.

14 cam □ – 🚹105/150 € 🚹🚹120/150 €

*via Roma 100 – ✆ 0173 509781 – www.cortegondina.it – Chiuso 18-27 dicembre e
14 gennaio-28 febbraio*

🏠 **Palas Cerequio - Barolo Cru Resort** 🌴 💦 < 🛏 ⚗ AC 💆 P

DIMORA STORICA · PERSONALIZZATO Nella tranquillità di una settecentesca residenza di campagna con tanto di cappella privata, camere in stile moderno
minimalista o barocco piemontese: la maggior parte, con piccola spa privata
(sauna e idromassaggio). Piatti della tradizione locale ed alcune specialità di
pesce al ristorante.

9 cam □ – 🚹170/330 € 🚹🚹190/350 € – 7 suites

*Borgata Cerequio – ✆ 0173 50657 – www.palascerequio.com
– Chiuso 8 gennaio-15 marzo*

🏠 **Rocche Costamagna Art Suites** < 🛏 AC

TRADIZIONALE · ELEGANTE Le camere sono sopra la cantina storica dell'a-
zienda (che è possibile visitare): semplici ed eleganti, offrono relax e vista panoramica dalle belle terrazze individuali.

4 cam □ – 🚹140/160 € 🚹🚹140/160 €

*via Vittorio Emanuele 6 – ✆ 0173 509225 – www.rocchecostamagna.it
– Chiuso 7 gennaio-15 marzo*

🏠 **Uve Rooms & Wine Bar** AC

DIMORA STORICA · ELEGANTE Tra i viottoli del borgo antico di La Morra, a
pochi metri dalla celebre balconata sulle colline, Uve occupa un incantevole edificio storico, racchiuso intorno ad una romantica corte. Gli arredi delle camere sono
contemporanei e raffinati. Servizio di cucina anche calda, ma soprattutto fredda,
con orario continuato dalle 11 alle 22 anche nella corte interna.

8 cam □ – 🚹120/220 € 🚹🚹140/240 €

via Umberto I, 13 – ✆ 0173 50740 – www.uvelanghe.it – Chiuso 8-31 gennaio

🏠 Fior di Farine 🍴 AC P

FAMILIARE · CLASSICO Nella corte interna di uno dei più celebri mulini in pietra, una struttura del '700 con soffitti a cassettoni, camere arredate in stile rustico-elegante ed - ora - anche un nuovo appartamento con cucina (in genere per soggiorni medio-lunghi). Imperdibile la prima colazione: proverbiali pizze e dolci fatti con farina di loro produzione.

5 cam 🔲 – 🛇85/90 € 🛇🛇100/110 €
via Roma 110 – 𝒞 0173 509860 – www.fiordifarine.com
– Chiuso gennaio-febbraio

🏠 La Morra Brandini 🌳 🍃 ⩽ 🍴 🔲 ⊡ AC P

CASA DI CAMPAGNA · CONTEMPORANEO Ai margini di una piccola frazione dove la collina digrada verso la pianura, la cascina, circondata dai vigneti dell'omonima azienda vinicola biologica, offre confort moderni imperniati sull'ecosostenibilità, due camere soppalcate per chi ama gli spazi, una piscina panoramica e un'ottima cucina piemontese. Nel prezzo della camera è inclusa una visita guidata alle cantine e la degustazione di due bicchieri di vino.

5 cam 🔲 – 🛇85/150 € 🛇🛇120/150 €
frazione Brandini 16, Ovest : 2,5 Km
– 𝒞 0173 50266 – www.agriturismolamorra.it
– Chiuso gennaio-febbraio

a **Rivalta** Nord: 4 km ⊠ 12064 – La Morra

🏠 Bricco dei Cogni 🍃 ⩽ 🍴 🔲 P

FAMILIARE · STORICO Qui troverete un'elegante casa ottocentesca trasformata negli anni in una romantica raccolta di oggetti d'antiquariato, passione della coppia che gestisce questo b&b. I nostalgici si innamoreranno delle sue atmosfere retrò, comunque accompagnate dalle moderne comodità e da una bella piscina attrezzata.

6 cam – 🛇90/130 € 🛇🛇110/150 € – 🔲 8 €
frazione Rivalta Bricco Cogni 39 – 𝒞 0173 509832 – www.briccodeicogni.it
– Chiuso 13-27 dicembre

a **Annunziata** Est : 4 km ⊠ 12064 – La Morra

⟨⟩ Osteria dell'Arborina (Andrea Ribaldone) 🍴 ⩽ 🍴

CUCINA MODERNA · CONTESTO CONTEMPORANEO ✗✗ Ambiente moderno e raffinato, con una magnifica terrazza che - nella bella stagione - si apre sui vigneti del Barolo, per una cucina creativa ma pur sempre legata alla tradizione, elaborata da uno chef di grande esperienza che continua con questa sfida il proprio percorso professionale. Insomma, dell'osteria - nel senso classico del termine - qui c'è ben poco. Ma va bene così!

→ Il vitello e il tonno. Agnolotti ai due servizi. Semi e radici (dessert).
Menu 65 € – Carta 50/75 €
Hotel Arborina Relais, frazione Annunziata 27/b
– 𝒞 0173 500340 (consigliata la prenotazione) – www.osteriarborina.it
– Chiuso 7 gennaio-15 marzo, domenica sera e lunedì

⟨⟩ Osteria Veglio 🍴 ⩽ 🍴 ⟳ P

PIEMONTESE · CONTESTO REGIONALE ✗✗ La casa, costruita negli anni Venti, sa di tradizione e di Piemonte, come la cucina, gustosa e avvolgente, che vi racconterà i sapori gastronomici delle Langhe - dai ravioli del plin all'agnello da latte arrostito - con qualche inserimento di pesce. Col bel tempo ci si trasferisce in terrazza, affacciati su vigneti e colline.

Menu 35 € – Carta 34/60 €
frazione Annunziata 9 – 𝒞 0173 509341 (coperti limitati, prenotare)
– www.osteriaveglio.it – Chiuso febbraio, 2 settimane in agosto, domenica
e lunedì

🏨 Arborina Relais

FAMILIARE · ORIGINALE Piccolo e prezioso hotel con un magnifico belvedere affacciato sulle colline del Barolo, chi ama il design moderno s'innamorerà di lui: quasi tutte le camere hanno un cucinotto, quelle al piano terra si affacciano su un piccolo giardino privato, balcone per quelle al primo piano; tanta luce dalle pareti vetrate e una vista da cartolina.

10 cam 🖙 – ♦210/230 € ♦♦260/290 €

frazione Annunziata 27/b – 𝒞 0173 500351 – www.arborinarelais.it
– Chiuso 7 gennaio-15 marzo

🌼 **Osteria dell'Arborina** – Vedere selezione ristoranti

🏨 Agriturismo La Cascina del Monastero

CASA DI CAMPAGNA · BUCOLICO Nel mezzo di un'aperta vallata circondata dalle colline, qui vivrete l'atmosfera di una vera azienda vinicola, ospitati dalla calorosa e simpatica titolare che vi consiglierà i sentieri per le camminate. Godrete di ampi spazi, sia all'aperto che nelle camere, quasi tutte con cucinotto, ideali per famiglie.

10 cam 🖙 – ♦125/130 € ♦♦130/145 €

cascina Luciani 112/a – 𝒞 0173 509245 – www.cascinadelmonastero.it – Aperto 1° marzo-15 dicembre

LAMPEDUSA (Isola di) Sicilia

Agrigento – 6 569 ab. – Alt. 16 m – Carta regionale n° **17**-C3
Carta stradale Michelin 365-AK70

Lampedusa – ✉ 92010

🍴 Gemelli

CUCINA MEDITERRANEA · CONVIVIALE XX Ristorante a poca distanza dall'aeroporto, dove è possibile gustare al meglio i prodotti ittici locali. Il servizio estivo viene effettuato sotto ad un fresco pergolato.

Carta 37/85 €

via Cala Pisana 2 – 𝒞 0922 970699 – solo a cena – Aperto Pasqua-31 ottobre

🍴 Lipadusa

CUCINA MEDITERRANEA · ACCOGLIENTE XX Nel centro del paese, fragrante cucina di pesce proposta in chiave tradizionale, ampio dehors sotto un fresco pergolato, servizio attento e dinamico. Insomma: una certezza, sempre!

Carta 39/70 €

via Bonfiglio 12 – 𝒞 0922 970267 – www.lipadusa.com – solo a cena – Aperto 1° maggio-31 ottobre

🍴 Cavalluccio Marino

CUCINA MODERNA · AMBIENTE CLASSICO X Cucina fantasiosa in un locale di lunga tradizione familiare rinnovatasi con il passaggio alle nuove generazioni: periferico rispetto al centro, ma facilmente raggiungibile, la sua posizione fronte mare è veramente invidiabile. Buona selezione enologica regionale, nonché internazionale.

Carta 44/105 €

Hotel Cavalluccio Marino, contrada Cala Croce 3 – 𝒞 0922 970053
– www.hotelcavallucciomarino.com – solo a cena – Aperto 15 maggio-31 ottobre

🍴 Lampegusto

CUCINA MEDITERRANEA · SEMPLICE X Tranquillamente seduti in uno dei tavolini del piccolo dehors o utilizzando la formula take away per coloro che fanno gite in barca o abitano da queste parti, piatti mediterranei sostanzialmente a base di pesce.

🍴 Menu 12/25 € – Carta 26/62 €

via Vittorio Emanuele 19 – 𝒞 388 628 4356 (consigliata la prenotazione)
– www.lampegusto.it – solo a cena – Aperto 1° giugno-30 settembre

O'Scià

TRADIZIONALE · PERSONALIZZATO In prossimità del porto turistico e a pochi passi dal centro storico, raggiungibile tramite una lunga scalinata, struttura molto carina dalle atmosfere e arredi orientaleggianti: colori sgargianti già nella hall, camere spaziose e con accessori dell'ultima generazione. Senza ombra di dubbio, tra le più intriganti risorse dell'isola!

26 cam ♻ – ♦45/123 € ♦♦77/190 €

via Cameroni 8 – ☎ 0922 975799 – www.osciahotel.it

Luagos Club

CASA PADRONALE · MEDITERRANEO In un'originale struttura a semicerchio, le ampie camere dispongono di entrata con piccolo patio esterno e tutte convergono verso una sorta di piazzetta caratterizzata da una fitta macchia mediterranea. Gestione molto ospitale, gentile e premurosa. Difficile pretendere di più!

7 cam ♻ – ♦50/100 € ♦♦80/240 €

*via del Mediterraneo, 1 – ☎ 0922 970131 – www.luagos.com
– Aperto 28 maggio-30 ottobre*

Cavalluccio Marino

FAMILIARE · ACCOGLIENTE Affacciato sul mare, fuori dal caotico centro storico e portuale, una bella struttura con una ricca macchia mediterranea a farle da cornice. Camere graziose ed un senso dell'ospitabilità da parte dei proprietari veramente encomiabile!

10 cam ♻ – ♦180/280 € ♦♦180/280 €

*contrada Cala Croce 3 – ☎ 0922 970053 – www.hotelcavalucciomarino.com
– Aperto 15 maggio-31 ottobre*

⫶○ **Cavalluccio Marino** – Vedere selezione ristoranti

LAMPORECCHIO

Pistoia – ✉ 51035 – 7 508 ab. – Alt. 56 m – Carta regionale n° **18**-B1
Carta stradale Michelin 563-K14

⫸ Atman a Villa Rospigliosi (Marco Cahssai)

CUCINA CREATIVA · CONTESTO STORICO ✕✕✕ Lo storico sous chef di Igles Corelli ha, infine, indossato il cappello da cuoco quando il maestro si è trasferito a Roma; la "nuova" cucina continua ad unire gusti e sapori di tutta Italia, introducendo - tuttavia - citazioni internazionali. Al primo piano della splendida villa seicentesca, ci sono anche quattro suite, ampie e suggestive, con accessori vintage.

→ Garganello in assoluto di carciofi, ragout di agnello 60 secondi, parmigiano 90 mesi affumicato. Il piccione viaggiatore (tre giri intorno al mondo). Mousse di robiola di Roccaverano, salsa al fieno fermentato, sambuco e piselli.

Menu 90/120 € – Carta 78/135 €

4 suites ♻ – ♦♦800/900 €

*via Borghetto 1, località Spicchio – ☎ 0573 803432 – www.atmanavillarospigliosi.it
– solo a cena escluso domenica – Chiuso 7 gennaio-1° febbraio, 13-28 agosto, domenica sera e lunedì*

LANA

Bolzano – ✉ 39011 – 11 929 ab. – Alt. 310 m – Carta regionale n° **19**-B2
Carta stradale Michelin 562-C15

⫶○ G. Lounge and Vinothek

CUCINA MODERNA · ACCOGLIENTE ✕✕ Immerso nel verde del Golf Club di Lana, ma anche delle montagne circostanti, ristorante dagli ambienti di contemporanea signorilità e una pregevole terrazza dove pranzare godendosi la vista sui dintorni. La cucina propone in chiave moderna e fantasiosa ricette tradizionali, ma non solo: se siete in zona, è sicuramente un imperdibile!

⊛ Menu 15 € (pranzo in settimana)/45 € – Carta 32/68 €

*via Brandis 13, golf club – ☎ 0473 562447 (consigliata la prenotazione)
– www.restaurant-g.bz – Aperto 16 febbraio-31 ottobre e lunedì*

a Foiana Sud-Ovest : 5 km ⊠ 39011 – Lana D'Adige – Alt. 696 m

🍽○ **Kirchsteiger**   錦 ⟵ ≼ 🛏 🏠 **P**

CUCINA CREATIVA · CONTESTO TRADIZIONALE XX Da tempo uno dei ristoranti
più interessanti della zona, il cuoco continua la sua abile operazione di sintesi fra
tradizione e modernità in cucina, ma anche nelle sale, raffinate rivisitazioni di
materiali locali. Per le camere, invece, preferire quelle più recenti.

Menu 42/62 € – Carta 47/75 €

16 cam � – †58/80 € ††120/140 € – 4 suites

via prevosto Wieser 5 – ℰ 0473 568044 – www.kirchsteiger.com
– Chiuso 11 gennaio-11 marzo e giovedì

🏨 **Alpiana Resort**   🏔 🌿 ≼ 🛏 ⛷ 🔲 ⑩ 🐍 ♨ ⚸ 🔲 ㋛ 🎾 🚗

LUSSO · PERSONALIZZATO Un'oasi di pace nella cornice di una natura incantevole: piacevole giardino con piscina riscaldata, interni d'ispirazione moderna
e splendido wellness. Lodevole attenzione alla qualità della cucina: ora anche
con proposta, su prenotazione, di un menu degustazione vegano e vegetariano.

60 cam – solo ½ P 139/199 €

via prevosto Wieser 30 – ℰ 0473 568033 – www.alpiana.com – Chiuso
6 gennaio-29 marzo

🏨 **Waldhof2**   🏔 🌿 ≼ 🛏 ⛷ 🔲 ⑩ 🐍 ♨ ㋛ 🔲 **P**

FAMILIARE · PERSONALIZZATO Due costruzioni distinte: classica con i tipici
arredi altoatesini la prima, splendidamente avvolta dal legno la seconda. In una
raccolta nicchia del bar, solo alla sera e su prenotazione, menu gourmet di
cucina creativa che segue le stagionalità dei prodotti abbinandoli a preparazioni
accurate.

43 cam – solo ½ P 139/154 € – 7 suites

via Mayenburg 32 – ℰ 0473 568081 – www.derwaldhof.com
– Chiuso 7 gennaio-31 marzo

a San Vigilio Nord-Ovest : 5 mn di funivia ⊠ 39011 – Vigiljoch – Alt. 1 485 m

🍽○ **1500**   錦 ≼ 🛏 🔲 ⚸ 🚗

CUCINA MODERNA · ELEGANTE XX Luce, spazio e legno sono l'architrave del
ristorante, al primo piano dell'albergo Vigilius. Cucina tecnica e sofisticata, troverete prodotti locali, ma si ricorre volentieri anche altrove, pesce compreso.

Menu 65/70 € – Carta 45/86 €

Vigilius Mountain Resort, via Pavicolo 43
– ℰ 0473 556600 (consigliata la prenotazione) – www.vigilius.it – solo a cena
– Chiuso 13 marzo-17 aprile

🏨 **Vigilius Mountain Resort**   🏔 🌿 ≼ 🛏 🔲 ⑩ 🐍 🔲 ⚸ ㋛ 🚗

LUSSO · PERSONALIZZATO Raggiunto l'albergo con la funivia di Lana, troverete
ambienti semplici e minimalisti, atmosfere di elegante essenzialità tra legno e
architettura ecologica. "Ida" offre il calore di una stube storica, nonché una cucina
tipica altoatesina.

35 cam ⊡ – †190/520 € ††270/630 € – 6 suites

via Pavicolo 43 – ℰ 0473 556600 – www.vigilius.it
– Chiuso 13 marzo-17 aprile

🍽○ **1500** – Vedere selezione ristoranti

LANGTAUFERS → Vedere Vallelunga

LA PALUD Aosta → Vedere Courmayeur

LAPIO Vicenza → Vedere Arcugnano

L'AQUILA

(AQ) – ✉ 67100 – 69 753 ab. – Alt. 714 m – Carta regionale n° **1**-A2
Carta stradale Michelin 563-O22

❀ **Magione Papale**　　　　　　　　　　　　 ĠŔ 🗚 ☜

CUCINA CREATIVA · ELEGANTE ⅩⅩ Ai fornelli si gioca in casa con uno chef aquilano che reinterpreta con grazia e fantasia ingredienti a lui ben noti, riconducibili alla sua infanzia. L'attenzione alle cotture è quasi maniacale: cifra della sua cucina che lo rende unico e immediatamente riconoscibile.

→ Linguine all'arancia, trota salmonata e timo. Agnello, pepe, mandorle e cicoria. Olio d'oliva, yogurt e pompelmo rosa.

Menu 60/90 € – Carta 59/97 €

Hotel Magione Papale, via Porta Napoli 67/I – ℰ 0862 404426 (prenotazione obbligatoria) – www.magionepapale.it – Chiuso gennaio e lunedì

🏠 **La Dimora del Baco** ⓝ　　　　　ⵣ 🍴 🍽 🛁 ⊡ Ġ 🗚 ☜ ♨ 🅿

TRADIZIONALE · MODERNO Vicino al campo sportivo, albergo nato in anni recenti circondato da curati giardini ed alberi secolari. Moderno ed elegante propone ampie camere e - su richiesta - un grazioso centro benessere.

25 cam ⌑ – ♦90/110 € ♦♦140/180 €

strada statale 17 Km 31,100, località Centi Colella, Ovest: 6 Km – ℰ 0862 322509 – www.ladimoradelbaco.it

🏠 **Magione Papale**　　　　　　　　ⵣ 🐾 🍴 🛁 ⊡ Ġ 🗚 🅿

CASA DI CAMPAGNA · PERSONALIZZATO Un relais di campagna, dove tutti (almeno una volta nella vita) dovrebbero pernottare. In un mulino ristrutturato, camere tutte diverse, ma accomunate da elementi architettonici che rimandano all'originaria funzione della struttura.

17 cam ⌑ – ♦80/100 € ♦♦100/120 €

via Porta Napoli 67/I – ℰ 0862 414983 – www.magionepapale.it – Chiuso gennaio
❀ **Magione Papale** – Vedere selezione ristoranti

a Camarda Nord-Est: 14 km ✉ 67010

☺ **Casa Elodia** ⓝ

CUCINA MODERNA · CONTESTO CONTEMPORANEO ⅩⅩ Superate le difficoltà di questi ultimi anni, i fratelli Moscardi finalmente hanno riaperto! Tornati nella casa di famiglia, vi accoglieranno in un ambiente informale e curato dove i piatti della tradizione si alternano a quelli più orientati verso l'innovazione. Specialità: spaghettino all'amatriciana bianca e crema di funghi cardoncelli - pollastra alla cacciatora - cremoso alla liquirizia con frutti rossi.

Menu 35 € – Carta 23/46 €

strada statale 17 bis n.37, frazione Camarda – ℰ 338 545 8031 – www.casaelodia.it – Chiuso 2 settimane in luglio, domenica sera, lunedì e martedì escluso in agosto

LARI

Pisa – ✉ 56035 – 12 529 ab. – Alt. 130 m – Carta regionale n° **18**-B2
Carta stradale Michelin 563-L13

a Lavaiano Nord-Ovest : 9 km ✉ 56030

ⅢO **Castero-Banca della Bistecca**　　　　❀ 🍴 🏠 Ġ 🗚 ⇔ 🅿

CUCINA TOSCANA · CONTESTO REGIONALE ⅩⅩ Locale all'interno di una villa d'epoca con ameno giardino: ambiente accogliente ed impreziosito da alcuni affreschi, servizio informale e veloce. La specialità? Il nome è un ottimo indizio: carne e ancora carne, naturalmente cotta alla brace, mentre la carta dei vini è solo una traccia. In cantina c'è molto di più!

Carta 30/55 €

via Galilei 2 – ℰ 0587 616121 – www.ristorantecastero.it – Chiuso 1°-7 gennaio, domenica sera e lunedì

LA SALLE

Aosta – ⊠ 11015 – 2 087 ab. – Alt. 1 001 m – Carta regionale n° **21**-A2
Carta stradale Michelin 561-E3

🏨 **Mont Blanc Hotel Village** 🏠 🐾 ⋖ 🛋 ⌚ 🗋 🌐 🏊 🎧 ⬚ ⛱ 🚗

LUSSO · ELEGANTE A darvi il benvenuto un caldo stile valdostano con tappeti, legno e camino. Nelle camere gli ambienti diventano ancora più originali, dormirete tra materiali tipici, ma in un'atmosfera di grande confort. Chi ama la montagna troverà al ristorante di che deliziarsi, non solo per l'eleganza della sala d'ispirazione alpina, ma soprattutto per le proposte dei menu degustazione: una deliziosa carrellata di prodotti regionali a cui si aggiunge qualche divagazione marina. Dalla sala colazioni è spettacolare la vista sulla cima da cui prende il nome.

27 cam 🍴 – †270/400 € ††320/470 € – 13 suites
La Croisette 36 – ☎ 0165 864111 – www.hotelmontblanc.it – Chiuso ottobre-novembre

LA SPEZIA

(SP) – ⊠ 19124 – 93 959 ab. – Carta regionale n° **8**-D2
Carta stradale Michelin 561-J11

🍴 **La Posta** 🦟 AC

CUCINA CLASSICA · ELEGANTE XXX Sobria eleganza ed oggetti d'arte creano l'ambiente ideale per gustare una cucina di terra e di mare, che riserva grosse attenzioni alla qualità delle materie prime: vera passione del patron così come, in stagione, il celebre tartufo bianco! Ottimo indirizzo.

Carta 49/85 €
via Giovanni Minzoni 24 ⊠ 19121 – ☎ 0187 760437 – www.lapostadiclaudio.com – Chiuso domenica

🍴 **Antica Trattoria Sevieri** 🏠

CUCINA REGIONALE · AMBIENTE CLASSICO XX Ristorante di tradizione nei pressi del mercato coperto dove si approvvigiona giornalmente, una garanzia per la freschezza dei prodotti! Piacevole dehors ed un piccolo ambiente - all'ingresso del locale - nel quale intrattenersi per sorseggiare un aperitivo.

Carta 33/74 €
via della Canonica 13 ⊠ 19124 – ☎ 0187 751776 (consigliata la prenotazione) – Chiuso 1°-7 febbraio, 15-30 novembre e domenica

🍴 **L'Osteria della Corte** 🏠

CUCINA MEDITERRANEA · FAMILIARE XX Appassionata gestione familiare in un accogliente locale dai toni rustici, con piacevole cortile interno. La cucina si segnala per l'attenta ricerca delle materie prime: eccellenze liguri e italiane affollano un menu di grande interesse.

Menu 50 € – Carta 37/100 €
via Napoli 86 ⊠ 19122 – ☎ 0187 715210 (consigliata la prenotazione) – www.osteriadellacorte.com – Chiuso 1 settimana in gennaio e lunedì

🍴 **Le Ville** ⋖ 🛋 🏠 AC P

CUCINA MODERNA · FAMILIARE X Spettacolare terrazza affacciata sul golfo, la cucina ruba tuttavia presto la scena: se volete sfuggire ai classici locali, in questo ristorante troverete proposte più creative e ragionate, sia di carne che di pesce, nonché diversi piatti vegetariani.

Carta 30/50 €
Hotel Le Ville Relais, salita al Piano 18/19, (strada per Campiglia), per Portovenere – ☎ 0187 735299 (prenotazione obbligatoria) – www.levillerelais.it – solo a cena – Aperto 1° marzo-31 ottobre

Le Ville Relais

FAMILIARE · ACCOGLIENTE La posizione elevata con superba vista sul golfo, rende la struttura un'autentica oasi di tranquillità, dove trovano posto camere signorili, tutte con vista mare, verdi terrazze ed una scenografica piscina.

12 cam ⌑ – †90/200 € ††100/210 €

salita al Piano 18/19, (strada per Campiglia), per Portovenere ✉ 19131 – ☎ 0187 735299 – www.levillerelais.it – Aperto 1° marzo-31 ottobre

🍴 **Le Ville** – Vedere selezione ristoranti

LA THUILE

Aosta – ✉ 11016 – 761 ab. – Alt. 1 441 m – Carta regionale n° **21**-A2
Carta stradale Michelin 561-E2

Chalet Eden

TRADIZIONALE · DESIGN Una bella struttura familiare, ma rinnovata e moderna senza tradire legno e tradizioni locali, con tante camere di dimensioni generose. La sua ubicazione ai margini della località, non può che essere un pregio...

27 cam ⌑ – †90/170 € ††110/300 € – 8 suites

frazione Villaret 74 – ☎ 0165 885050 – www.chaleteden.it – Chiuso 5-31 maggio e ottobre

Le Miramonti

TRADIZIONALE · PERSONALIZZATO Recentemente ristrutturato, questo hotel ha il grande pregio di trovarsi in centro paese a circa 800/900 metri dagli impianti di risalita (raggiungibili tramite navetta privata). Internamente rivestito in legno presenta signorili spazi comuni, piccola area benessere e camere piacevolmente arredate.

36 cam ⌑ – †90/290 € ††120/380 € – 4 suites

via Piccolo San Bernardo 3 – ☎ 0165 883084 – www.lemiramonti.it – Chiuso maggio, ottobre e novembre

Nira Montana

LUSSO · DESIGN Vasta gamma di servizi, compresa una moderna spa, in un hotel dal design moderno che strizza l'occhio ai tradizionali materiali locali: il legno che riveste pavimenti e soffitti gli conferisce, infatti, un senso di "calda" atmosfera. Al ristorante, a pranzo, carta ridotta e pizza; su richiesta piccoli eventi privati nella cantina-enoteca.

55 cam ⌑ – †182/1055 € ††202/1055 €

località Arly 87 – ☎ 0165 883125 – www.niramontana.com – Aperto 7 dicembre-7 aprile e 15 giugno-15 settembre

Locanda Collomb

LOCANDA · ELEGANTE "Gli uomini potevano chiudere gli occhi davanti alla grandezza, davanti all'orrore, davanti alla bellezza, e turarsi le orecchie davanti a melodie o a parole seducenti. Ma non potevano sottrarsi al profumo" P. Süskind... Camere a tema letterario e aromaterapiche in una deliziosa locanda dalla conduzione cordialmente familiare. Impianti di risalita a soli 200 metri.

10 cam ⌑ – †92/192 € ††112/246 €

frazione Bathieu 51 – ☎ 0165 885119 – www.locandacollomb.it – Chiuso maggio; aperto solo nel week end in giugno, ottobre e novembre

Martinet

FAMILIARE · ROMANTICO In una frazione di La Thuile, piccolo albergo immerso nella pace e nel silenzio dei monti, in posizione panoramica. Camere con legni tradizionali e nuova zona benessere.

13 cam ⌑ – †35/60 € ††70/120 €

frazione Petite Golette 159 – ☎ 0165 884656 – www.hotelmartinet.it

LATINA

(LT) – ✉ 04100 – 125 985 ab. – Alt. 21 m – Carta regionale n° **7**-C3
Carta stradale Michelin 563-R20

a Lido di Latina Sud: 9 km ✉ 04010 – Borgo Sabotino

✿ Il Vistamare ≤ 🏠 ⅃ 🎬 🅿

CUCINA MODERNA · MINIMALISTA ✕✕ La spiaggia ed il mare sono letteralmente a portata di mano, perchè la sala - grazie alle pareti di vetro - pare un acquario panoramico. Giovane chef ai fornelli, ma capace nel portare avanti le caratteristiche proprie del locale quali fantasia, creatività, gusto. Qualche accenno alla cucina campana tradisce le origini del cuoco, mentre in sala c'è una buona selezione di oli d'oliva.

→ Spaghettone aglio, olio e colatura di alici di Anzio. Anatra, pesca e cetriolo. PH3: cioccolato fondente, frutto della passione, caffè.

Menu 38/115 € – Carta 65/116 €

Hotel Il Fogliano, piazzale Gaetano Loffredo ✉ 04100
– ✆ 0773 273418 (consigliata la prenotazione) – www.ilfoglianohotel.it
– solo a cena in luglio-agosto
– Chiuso dicembre-febbraio e giovedì

⅃◯ Il Funghetto 🐾 🍴 🏠 🅿

CUCINA CLASSICA · ACCOGLIENTE ✕✕ Dietro i fornelli e in sala lavora la seconda generazione della medesima famiglia che gestisce il locale da oltre 40 anni: solidità ed esperienza, nonché una cucina che si aggiorna pur rimanendo fedele a sè stessa. Molto pesce, un po' di carne, tanto vino.

Menu 35/55 € – Carta 36/86 €

strada Litoranea 11412, località Borgo Grappa – ✆ 0773 208009
– www.ristoranteilfunghetto.it – solo a cena escluso domenica in luglio-agosto
– Chiuso 1 settimana in settembre e mercoledì, anche domenica sera in luglio-agosto

🏠 Il Fogliano ≤ 🗻 🖥 ⅃ 🎬 🅿

LUSSO · LUNGOMARE Direttamente sul mare, un piccola ed esclusiva risorsa dall'arredo moderno con camere tutte vista mare e suite con vasca idromassaggio: quest'ultima presente anche nel bel solarium sul tetto.

13 cam ⊟ – †119/169 € ††144/570 € – 6 suites

piazzale Gaetano Loffredo – ✆ 0773 273418 – www.ilfoglianohotel.it – Chiuso dicembre-febbraio

✿ Il Vistamare – Vedere selezione ristoranti

a Borgo Faiti Est: 10 km ✉ 04010

⅃◯ Cucinarium 🍴 🏠 ⅃ 🎬 ⟷ 🅿

CUCINA REGIONALE · CONVIVIALE ✕✕ La carta del Cucinarium è solo uno spunto: il maître vi guiderà con piacere nella scelta di piatti - soprattutto a base di prodotti locali - sia di carne che di pesce, quest'ultimo proveniente dall'asta di Terracina. La struttura è, inoltre, dotata di un orto dove vengono coltivati i famosi ortaggi setini (carciofi, pomodori, zucchine...), che i clienti possono raccogliere e, poi, degustare.

Carta 34/68 €

Hotel Foro Appio Mansio, via Appia km 72,800 – ✆ 0773 877434
– www.foroappiohotel.it

🏠 Foro Appio Mansio 🍴 ⅃ 🛜 ⅃₅ 🖥 ⅃ 🎬 🧖 🅿

BUSINESS · ACCOGLIENTE Ex stazione di posta romana, l'attuale edificio fu disegnato da Valadier e conserva la sobrietà monastica del progetto originale. Pavimenti in antico cotto conducono alle camere volutamente essenziali: spiccano tuttavia le spalliere dei letti di fine '800. Ampi spazi esterni e anche gite fluviali sul canale che costeggia l'hotel.

37 cam ⊟ – †85 € ††90/150 € – 1 suite

via Appia km 72,800 – ✆ 0773 877434 – www.foroappiohotel.it

⅃◯ Cucinarium – Vedere selezione ristoranti

a Le Ferriere Ovest: 14,5 km ✉ 04010

🍴○ **Satricvm** 🛋 ⚙ AC P

CUCINA MODERNA · CHIC ✗✗ Le esperienze raccolte a Londra ed in giro per il mondo dallo chef tornano nei piatti moderni, a volte creativi, dove si citano spesso le origini con l'utilizzo di prodotti del territorio, ma anche nell'atmosfera piacevolmente internazionale che non ci si aspetterebbe in queste lande. Da metà settembre a metà giugno, la domenica va in scena il brunch.

Menu 42/62 € – Carta 38/52 €

strada Nettunense 1277 – 𝒞 349 192 3153 – www.maxcotilli.com – Chiuso 1 settimana in gennaio e mercoledì; anche domenica sera in inverno, in luglio-agosto prenotazione obbligatoria a mezzogiorno

LATSCH → Vedere Laces

LAVAGNA
Genova – ✉ 16033 – 12 791 ab. – Carta regionale n° **8**-C2
Carta stradale Michelin 561-J10

🍴○ **Il Gabbiano** ⪕ 🛋 AC P

CUCINA MEDITERRANEA · ACCOGLIENTE ✗✗ In posizione panoramica sulle prime colline prospicenti il mare, specialità ittiche e di terra da gustare nell'accogliente sala recentemente rinnovata o nella veranda con vista.

Menu 40 € – Carta 37/54 €

via San Benedetto 26, Est: 1,5 km – 𝒞 0185 390228 (prenotazione obbligatoria) – www.ristoranteilgabbiano.com – Chiuso 1 settimana in gennaio, 1 settimana in febbraio, 2 settimane in novembre, lunedì, martedì escluso in giugno-settembre e le sere di mercoledì e giovedì

a Cavi Sud-Est : 3 km ✉ 16030

🥘 **Raieü** AC

LIGURE · FAMILIARE ✗ Autentiche lampare sono sospese sopra i tavoli di questa caratteristica trattoria con una sala dagli arredi in legno e tavoli divisi da panche, nonché un'altra più tradizionale e luminosa. Cucina regionale dove primeggiano le lasagne nere al sugo di gamberi e la buridda di seppie: il pescato arriva direttamente da una barca di proprietà per essere poi preparato secondo ricette locali.

Carta 25/58 €

via Milite Ignoto 25 – 𝒞 0185 390145 – www.trattoriaraieu.it – Chiuso novembre e lunedì

🍴○ **Impronta D'Acqua** 🆕 ⚙ AC

CUCINA CREATIVA · MINIMALISTA ✗✗ Dopo importanti esperienze lo chef, Ivan, decide di tornare nella sua terra dove applicare ai prodotti del territorio le nuove tecniche acquisite. Esperimento ampiamente riuscito!

Menu 55/75 € – Carta 49/89 €

Via Aurelia 2121 – 𝒞 375 529 1077 (consigliata la prenotazione) www.improntadacqua.com – solo a cena dal 10 giugno al 10 settembre – Chiuso 13-30 novembre, 18 febbraio-7 marzo, martedì, e i mezzogiorno di lunedì e mercoledì

LAVAIANO Pisa → Vedere Lari

LAVELLO
Potenza – ✉ 85024 – 13 626 ab. – Alt. 313 m – Carta regionale n° **2**-B1
Carta stradale Michelin 564-D29

🍴○ **Forentum** 🆕 ⇦ 🛋 AC ✗

CUCINA DEL TERRITORIO · FAMILIARE ✗ Nel centro storico, ristorante rustico e familiare dove si serve una cucina locale alimentata anche dai prodotti dell'orto di famiglia. Affascinante la sala all'interno di una grotta naturale di antica origine. Semplici, ma ben attrezzate camere come albergo diffuso tutt'intorno.

Menu 28/45 € – Carta 18/45 €

20 cam 🛏 - †35/55 € ††55/80 € – 1 suite

piazza Plebiscito 16 – 𝒞 0972 85147 – Chiuso venerdì

LAVENO MOMBELLO

Varese – ✉ 21014 – 8 813 ab. – Alt. 205 m – Carta regionale n° **9**-A2
Carta stradale Michelin 561-E7

✿ **La Tavola** (Riccardo Bassetti)   🏵 ⬔ 🛋 **P**

CUCINA MODERNA · AMBIENTE CLASSICO XX In un ambiente che ha subito un notevole restyling, l'imperdibile terrazza è sempre là! Una certezza, così come i piatti di Riccardo: un'armonia di sapori, profumi e consistenze che incontrano tutto ciò che lo chef ha imparato in questi anni. Cucina moderna, ma che non volta le spalle alla tradizione del Bel Paese.

→ Risotto alla zucca, olio al caffè, mousse di pane. Ho preso uno storione e ne ho fatto un cono. Melanzana al miele, anice stellato, sorbetto al basilico e formaggio bianco.

Menu 59/109 € – Carta 72/96 €

Hotel il Porticciolo, via Fortino 40, Ovest: 1,5 km – ✆ 0332 667257 (prenotare) – www.ilporticciolo.com – Chiuso 2 settimane in novembre, martedì e mercoledì

❍ **Locanda Pozzetto** Ⓝ   ⬔ 🖴 🛋 **P**

CUCINA DEL TERRITORIO · AMBIENTE CLASSICO XX Ristorante all'interno di una vasta proprietà in posizione elevata e dominante il lago, bosco e prato concorrono a creare una bucolica cornice; cucina contemporanea con radici nel territorio.

🍴 Menu 25/40 € – Carta 41/73 €

via Montecristo 23 – ✆ 0332 667648 (consigliata la prenotazione) – Chiuso 7-27 gennaio e lunedì

🏠 **Il Porticciolo**   🐾 🌀 ⬔ 🖴 AC 🏖 **P**

FAMILIARE · CLASSICO Lungo la strada che costeggia il lago, una volta all'interno il traffico è presto dimenticato: buone camere dagli arredi contemporanei, ma soprattutto una romantica vista sul Maggiore, da una costa all'altra. Oltre al ristorante gourmet vi è una proposta più semplice a L'Osteria.

11 cam – ♦120/150 € ♦♦139/189 € – ☷ 12 €

via Fortino 40, Ovest: 1,5 km – ✆ 0332 667257 – www.ilporticciolo.com – Chiuso 2 settimane in novembre

✿ **La Tavola** – Vedere selezione ristoranti

Un pasto con i fiocchi senza spendere una fortuna? Cercate i Bib Gourmand ⑬. Vi aiuteranno a trovare le buone tavole che coniugano una cucina di qualità al prezzo giusto!

LA VILLA STERN Bolzano → Vedere Alta Badia

LAVIS

Trento – ✉ 38015 – 8 915 ab. – Alt. 232 m – Carta regionale n° **19**-B3
Carta stradale Michelin 562-D15

a Sorni Nord : 6,5 km ✉ 38015 – Lavis

⑬ **Trattoria Vecchia Sorni**   ⬔ 🛋 & 🏖

CUCINA REGIONALE · FAMILIARE X Accoglienza vera e dialettale per una trattoria panoramica sita nella zona nord e vinicola di Trento, da godersi al meglio nella terrazza panoramica sulla valle. La cucina è fragrante e gustosa, ovviamente regionale, ma ben presentata: risotto alle rape rosse e crema di formaggio Casolet - controfiletto di cervo con frutta caramellata salsa al caffè lupino.

Menu 45 € – Carta 32/53 €

piazza Assunta 40 – ✆ 0461 870541 (consigliata la prenotazione) – www.trattoriavecchiasorni.it – Chiuso febbraio, domenica sera e lunedì

453

LAZISE

Verona – ⊠ 37017 – 6 901 ab. – Alt. 76 m – Carta regionale n° **23**-A3
Carta stradale Michelin 562-F14

🏨🏨🏨 Corte Valier　　　　⩘⩘⩘⩘⩘⩘⩘⩘⩘⩘⩘⩘⩘⩘⩘⩘

LUSSO · MODERNO Grande e moderno complesso che si svolge intorno ad una corte, in realtà un parco con enorme piscina: è questo il punto forte della struttura che gli ospiti si godono senza alcun disturbo di rumori, neppure delle macchine, giacché soltanto il lungolago pedonale li separa dall'acqua. Camere ampie e in buona parte affacciate sul lago; particolarmente curata la prima colazione. Stesso stile per il Dome, accogliente ristorante con una sorpresa: un singolo tavolo per chi desidera cenare sul terrazzo di fronte alla magia della natura.

78 cam ⊑ – ♦146/265 € ♦♦198/372 € – 6 suites
via della Pergolana 9 – ℰ 045 647 1210 – www.cortevalier.com
– Chiuso 7 gennaio-1° marzo

🏨🏨🏨 Principe di Lazise　　　　⩘⩘⩘⩘⩘⩘⩘⩘⩘⩘⩘⩘⩘

SPA E WELLNESS · MODERNO In posizione defilata rispetto al paese, ma non lontano dai parchi di divertimento, complesso alberghiero di tono moderno con camere spaziose, centro benessere: il tutto di taglio moderno. Stuzzicanti piatti al ristorante.

84 cam ⊑ – ♦90/174 € ♦♦145/228 € – 5 suites
via Greghe 7, Sud: 3 km – ℰ 045 649 0177 – www.hotelprincipedilazise.com
– Chiuso 6 gennaio-2 marzo

🏨 Lazise　　　　⩘⩘⩘⩘⩘⩘

TRADIZIONALE · CONTEMPORANEO Piacevole posizione per un albergo tradizionale a conduzione diretta: confortevoli zone comuni e grande solarium con piscina, le camere sono semplici ma accoglienti, alcune con grande terrazzo e vista su uno scorcio di lago.

73 cam ⊑ – ♦70/140 € ♦♦80/162 €
via Manzoni 10 – ℰ 045 647 0466 – www.hotellazise.it
– Aperto 1° aprile-30 settembre

🏨 Villa Cansignorio　　　　⩘⩘⩘⩘⩘

FAMILIARE · CONTEMPORANEO Signorili interni, poche le camere a disposizione degli ospiti ma deliziose e ben arredate in questa elegante villa situata in pieno centro; il giardino confina con le mura di cinta.

8 cam ⊑ – ♦90/109 € ♦♦130/175 €
corso Cangrande 30 – ℰ 045 758 1339 – www.hotelcansignorio.com
– Aperto 10 marzo-3 novembre

LECCE

(LE) – ⊠ 73100 – 94 773 ab. – Alt. 49 m – Carta regionale n° **15**-D2
Carta stradale Michelin 564-F36

🕸 Bros' (Floriano Pellegrino)　　　　⩘⩘

CUCINA CREATIVA · MINIMALISTA ✕✕ Dei tre Bros' (brothers) che fondarono il locale ne è rimasto uno solo, ma nulla cambia dal punto di vista gastronomico e di sfrenata energia, anche perché Floriano è affiancato ai fornelli da Isabella: sempre più sicura di sé in tal senso. Cucina creativa tesa ad esaltare i migliori prodotti pugliesi, in un ambiente vivace, nonché alla moda.

→ Rana pescatrice e nocciola. Quaglia, melanzana e fagioli fermentati. Panna cotta al latte di pecora e ananas.

Menu 75/150 € – Carta 62/96 €
via degli Acaja 2 – ℰ 0832 092601 (prenotazione obbligatoria a mezzogiorno)
– www.brosrestaurant.it – Chiuso martedì

🍴 **Duo Ristorante** ⓝ   Ⓐ🅒

CUCINA MODERNA · CONTESTO CONTEMPORANEO XX Intimo, recente locale semi-centrale, la cui vera anima è lo chef-patron, che con passione e grinta si è insediato in questa bellissima città proponendo la propria cucina moderna con ovvii ed irrinunciabili riferimenti alla Puglia. A quest'ultima è dedicato anche uno dei menu degustazione.

Menu 30/50 € – Carta 38/57 €

via Giuseppe Garibaldi 11 – ℰ 0832 520956 – www.ristoranteduo.it – Chiuso 2 settimane in novembre e mercoledì

🍴 **Osteria degli Spiriti**   Ⓐ🅒

CUCINA REGIONALE · CONVIVIALE XX Vicino ai giardini pubblici, ampliata con una nuova sala di design più moderno, una trattoria dagli alti soffitti - tipici di una vecchia masseria - e cucina mediterranea.

Carta 28/77 €

via Cesare Battisti 4 – ℰ 0832 246274 (consigliata la prenotazione) – www.osteriadeglispiriti.it – Chiuso 1 settimana in settembre, domenica sera e lunedì a mezzogiorno

🍴 **Primo Restaurant**   🍽 Ⓐ🅒

CUCINA MEDITERRANEA · BISTRÒ XX In pieno centro, vicino alla famosa piazza Mazzini, Primo Restaurant è una sorta di piccolo bistrò signorile con pochi posti a sedere in una sala caratterizzata da un'originale parete verticale di bottiglie. Sul retro un bel cortiletto per il dehors estivo, mentre la tavola ospita fantasiosi piatti regionali.

Menu 60/80 € – Carta 47/72 €

via 47° Reggimento Fanteria 7 ⊠ 73100 Lecce – ℰ 0832 243802 (consigliata la prenotazione) – www.primorestaurant.it – solo a cena in giugno-agosto – Chiuso 8-21 gennaio, 13-16 agosto e martedì

🏨 **Hilton Garden Inn**   ✵ ⌇ 🕸 🐾 ♨ ⊡ 🏷 Ⓐ🅒 ♨ 🚗

HOTEL DI CATENA · ELEGANTE In un moderno ed imponente edificio, la comodità e il benessere degli ospiti sono il "credo" dell'albergo, dai materassi alle sedie ergonomiche, alla navetta per il centro. All'ultimo piano, piscina panoramica su Lecce.

140 cam – ▪92/300 € ▪▪112/320 € – 3 suites – ⌑ 15 €

via Cosimo de Giorgi 62 – ℰ 0832 5252 – www.hgilecce.com

🏨 **Risorgimento Resort**   ✵ 🐾 🏷 ⊡ 🏷 Ⓐ🅒 ♨ 🚗

LUSSO · ELEGANTE Un albergo esclusivo nei pressi della centrale piazza Oronzo, il risultato del recupero di un antico palazzo, l'attenzione e la cura posta nella scelta dei materiali e dei confort sono garanzia di un soggiorno al *top*.

42 cam ⌑ – ▪120/155 € ▪▪150/250 € – 5 suites

via Augusto Imperatore 19 – ℰ 0832 246311 – www.risorgimentoresort.it

🏨 **Patria Palace Hotel**   ✵ ⊡ 🏷 Ⓐ🅒 ♨ 🚗

LUSSO · PERSONALIZZATO In centro, l'elegante hotel dispone di spazi comuni piacevolmente arredati in legno e camere in stile classico, lievemente liberty, impreziosite da antichi inserti decorativi. In cucina, proposte accattivanti legate alla tradizione ma sapientemente rielaborate con gusto e ricercatezza.

67 cam ⌑ – ▪125/230 € ▪▪165/370 €

piazzetta Gabriele Riccardi 13 – ℰ 0832 245111 – www.patriapalace.com

🏨 **Suite Hotel Santa Chiara**   🏷 ⊡ 🏷 Ⓐ🅒 🚗

LUSSO · ELEGANTE Tessuti straripanti, marmi preziosi e un panoramico roof garden, dove si serve anche la prima colazione, in un palazzo del '700 adiacente all'omonima chiesa: alcune camere hanno una spettacolare vista sulla piazza alberata.

21 cam ⌑ – ▪80/150 € ▪▪100/180 €

via degli Ammirati 24 – ℰ 0832 304998 – www.santachiaralecce.it

🏠 Eoshotel

BUSINESS · MINIMALISTA Design hotel dalla facciata in pietra leccese, i cui interni – moderni e lineari – sono comunque ispirati al Salento. Come del resto le camere: realizzazione di progetti concepiti da giovani architetti nell'ambito di un concorso avente come tema questa terra.

30 cam ⊆ – †48/90 € ††58/120 €

viale Alfieri 11 – ℰ 0832 230030 – www.hoteleos.it

🏠 Palazzo Rollo

LOCANDA · STORICO Affacciato su un'elegante strada pedonale, un palazzo del '600 con arredi d'epoca e splendidi pavimenti: non mancate di visitare il roof garden, la sera, con vista sul campanile del Duomo illuminato.

9 cam ⊆ – †75/95 € ††95/135 €

via Vittorio Emanuele 14 – ℰ 0832 307152 – www.palazzorollo.it

a Casalabate Nord-Est : 15 km

🏠 Tenuta Monacelli

STORICO · BUCOLICO A 2 km dal mare, due antiche masserie circondate da millenari ulivi costituiscono un'oasi di pace e di tranquillità dove rilassarsi. Ed è ancora il territorio rivisitato, il principe della tavola.

25 cam ⊆ – †130/350 € ††130/350 €

via Giacomo Monticelli – ℰ 0832 382037 – www.tenutamonacelli.com – Aperto 1° aprile-30 ottobre

LECCO

(LC) – ✉ 23900 – 47 999 ab. – Alt. 214 m – Carta regionale n° **10**-B1
Carta stradale Michelin 561-E10

✸ Al Porticciolo 84 (Fabrizio Ferrari)

PESCE E FRUTTI DI MARE · FAMILIARE XX Lungo la strada della Valsassina, il ristorante si trova in un vicolo di un quartiere periferico: l'ambiente è rustico-elegante, caratterizzato da un camino e da grandi acquari. La sua fantasiosa cucina di mare si sdoppia in due menu degustazione da cui si può estrarre anche solo qualche piatto.

→ Granchio, cavolo e patate croccanti, cialda di lenticchie, maionese di brodo di granchio. Morone, vellutata di carote, emulsione di ananas, topinambour, spinacini, anacardi tostati. Bignè croccante, Chantilly, gel di amarena, cialda al parmigiano e nocciole.

Menu 75/95 € – Carta 63/93 €

via Valsecchi 5/7, per corso Matteotti – ℰ 0341 498103 (consigliata la prenotazione) – www.porticciolo84.it – solo a cena – Chiuso 25 dicembre-5 gennaio, agosto, lunedì e martedì

🍴 Nicolin

CUCINA CREATIVA · ELEGANTE XX Gestito dalla stessa famiglia da oltre trent'anni, ma totalmente rinnovato in tempi recenti, ristorante con proposte tradizionali affiancate da piatti più fantasiosi e da una buona cantina; servizio estivo in terrazza.

Carta 41/65 €

12 cam ⊆ – †65/70 € ††95/140 €

via Paisiello 4, località Maggianico, 3,5 km per Milano – ℰ 0341 422122 – Chiuso agosto, domenica sera e martedì

🏠 Alberi

FAMILIARE · ACCOGLIENTE Hotel di recente costruzione a gestione diretta, in posizione panoramica di fronte al lago: aree comuni essenziali, belle camere di tono moderno, spaziose e confortevoli.

20 cam ⊆ – †78/98 € ††98/128 €

lungo Lario Isonzo 4 – ℰ 0341 350992 – www.hotelalberi.it – Chiuso 23 dicembre-7 gennaio

LE CLOTES Torino → Vedere Sauze d'Oulx

LE FERRIERE Latina (LT) → Vedere Latina

LEGNAGO
Verona – ⊠ 37045 – 25 351 ab. – Alt. 16 m – Carta regionale n° **23**-B3
Carta stradale Michelin 562-G15

a San Pietro Ovest : 3 km ⊠ 37045 – San Pietro Di Legnago

🍴○ **Pergola**　　　　　　　　　🏖 ⇦ 🕭 ㎆ 🕭 🅿

CUCINA CLASSICA · ACCOGLIENTE XX La famiglia Montagnoli nasce nella ristorazione, prima ancora che nell'attività alberghiera e... si vede! Ottimi piatti, equamente divisi tra carne e pesce (con espositore serale del pescato) e un invitante carrello di dolci; bella carta dei vini in un ambiente piacevole, nonché elegante.

🍴 Menu 22 € (in settimana)/45 € – Carta 26/75 €

78 cam ⌂ – ♦49/149 € ♦♦69/199 €

*via Verona 140 – ℰ 0442 629103 – www.hotelpergola.com – Chiuso
23 dicembre-6 gennaio, 10-20 agosto, domenica sera e venerdì*

LEGNARO
Padova (PD) – ⊠ 35020 – 8 797 ab. – Alt. 8 m – Carta regionale n° **23**-C3
Carta stradale Michelin 562-F17

🍴○ **AB Baretta**　　　　　　　　⇦ 🗃 🏠 🕭 ㎆ 🕭 🅿

PESCE E FRUTTI DI MARE · CONTESTO STORICO XXX In una villa del '700, suggestivi affreschi nell'eleganti sale per una cucina che dà il meglio di sé nelle specialità di pesce e crostacei. Una cornice di grande fascino per "fare colpo"!

🍴 Menu 20 € (pranzo in settimana)/80 € – Carta 29/72 €

17 cam ⌂ – ♦55/75 € ♦♦75/90 €

*via Roma 33 ⊠ 35020 – ℰ 049 883 0088 – www.ristorantebaretta.it – Chiuso
1°-15 gennaio, domenica sera e lunedì*

LE GRAZIE La Spezia → Vedere Portovenere

LEIFERS → Vedere Laives

LEMEGLIO Genova (GE) → Vedere Moneglia

LENNO
Como – ⊠ 22016 – 5 180 ab. – Alt. 209 m – Carta regionale n° **9**-A2
Carta stradale Michelin 561-E9

🏠 **Lenno**　　　　　　　　🏛 🐾 ⇦ 🏊 🖘 ⊡ 🕭 ㎆ 🕭 🖘

FAMILIARE · BORDO LAGO Ospitalità signorile in hotel moderno in posizione panoramica sul delizioso e tranquillo lungolago; ampie camere ben accessoriate, con vista sulla quieta distesa d'acqua. Ariosa sala da pranzo, con grandi vetrate che "guardano" un incantevole paesaggio.

46 cam ⌂ – ♦80/190 € ♦♦90/230 €

*via Cesare Lomazzi 23 – ℰ 0344 57051 – www.albergolenno.com
– Chiuso 7 gennaio-8 marzo*

LEONESSA
Rieti (RI) – ⊠ 02016 – 2 435 ab. – Carta regionale n° **7**-C1
Carta stradale Michelin 563-O20

🍴○ **Leon d'Oro**　　　　　　　　　　　🏠 ㎆

CUCINA DEL TERRITORIO · CONTESTO TRADIZIONALE X Griglia e camino a vista per la cottura delle carni in questo accogliente locale rustico nel cuore della città, un ambiente simpatico ed informale, in cui regna la mano femminile.

Carta 21/56 €

*corso San Giuseppe 120 – ℰ 0746 923320 – www.ristoranteleondoroleonessa.com
– Chiuso 30 giugno-6 luglio e lunedì*

LERICI

La Spezia – ⊠ 19032 – 10 228 ab. – Carta regionale n° **8**-D2
Carta stradale Michelin 561-J11

 Doria Park Hotel ⚜ 🦮 ≼ 🛬 ⬆ 🅰🅲 🅿

TRADIZIONALE · CLASSICO In posizione tranquilla, sulla collina che domina Lerici, hotel dotato di terrazza con suggestiva vista sul golfo; piacevoli interni ben accessoriati, camere luminose. Per il lunch c'è una carta di piatti freddi.
46 cam ⚏ – ♦100/300 € ♦♦130/300 €
via Carpanini 9 – ℰ 0187 967124 – www.doriahotels.it

 Florida ≼ ⬆ 🅰🅲 🦮

TRADIZIONALE · CLASSICO Affacciato sull'incantevole baia con spiaggetta di sabbia e libera, quasi tutte le camere – dagli arredi semplici – offrono una vista sul mare, frontale o laterale. Piccola terrazza solarium, permessi a pagamento per i parcheggi pubblici.
40 cam ⚏ – ♦100/160 € ♦♦120/200 €
lungomare Biaggini 35 – ℰ 0187 967332 – www.hotelflorida.it – Chiuso 20 dicembre-1° marzo

 Piccolo Hotel del Lido ≼ ⚓ ♿ 🅰🅲 🦮 🅿

LUSSO · MINIMALISTA L'incantevole centro di Lerici raggiungibile con una piacevole passeggiata, l'albergo sembra costruito praticamente sulla spiaggia, di fronte all'incantevole Golfo dei Poeti. Terrazze a non finire, vasca idromassaggio, camere dagli arredi minimalisti.
12 cam ⚏ – ♦230/290 € ♦♦230/290 €
lungomare Biaggini 24 – ℰ 0187 968159 – www.hoteldellido.it – Aperto 1° aprile-15 ottobre

 Costa di Faraggiana 🦮 ≼ 🛬 ⚓ 🏠 ⬆ 🅰🅲 🅿

AGRITURISMO · ACCOGLIENTE Agriturismo di lusso sulle colline, la tranquillità e la vista su Montale sono alcuni dei punti di forza della struttura, insieme alle eleganti camere rivestite in legno, di cui due con terrazzo. Piscina panoramica e navetta per il centro.
7 cam ⚏ – ♦160/180 € ♦♦170/190 €
località Faraggiana, Nord: 2,5 km – ℰ 0187 807802 – www.costadifaraggiana.com – Aperto 15 marzo-2 novembre

a Fiascherino Sud-Est : 3 km ⊠ 19032

 Il Nido 🦮 ≼ 🏠 ⚓ 🅰🅲 🦮 🅿

TRADIZIONALE · MEDITERRANEO Circa metà delle camere si trovano sul lato collina, ma per avere un più facile accesso a tutti i servizi vi consigliamo quelle della casa principale, in particolare quelle con vista mare. Una discesa vi porterà ad una spiaggetta incastonata tra le rocce con terrazza-solarium e beach-bar.
31 cam ⚏ – ♦80/120 € ♦♦100/230 €
via Fiascherino 75 – ℰ 0187 967286 – www.hotelnido.com – Aperto 15 marzo-31 ottobre

a Tellaro Sud-Est : 4 km ⊠ 19032

🍴○ **Miranda** ⇦ 🅿

PESCE E FRUTTI DI MARE · FAMILIARE ✕✕ All'inizio di una passeggiata che porta a Tellaro, un incantevole paese con romantici belvedere sul Golfo dei Poeti, locanda con interni raffinati e una sala ristorante che sembra un salotto, dove assaporare idilliache rielaborazioni culinarie.
Menu 30/50 € – Carta 49/76 €
7 cam ⚏ – ♦100 € ♦♦100 € – 2 suites
via Fiascherino 92 – ℰ 0187 968130 – www.locandamiranda.com – Chiuso 14 dicembre-15 gennaio e lunedì

LESA

Novara – ⊠ 28040 – 2 276 ab. – Alt. 198 m – Carta regionale n° **13**-B2
Carta stradale Michelin 561-E7

⁐○ **Battipalo**   🀢 🄰🄲

CUCINA MODERNA • CONVIVIALE 𝕏𝕏 Adiacente all'attracco dei traghetti, le sue
ampie vetrate offrono romantici scorci del lago. Pur essendo decisamente
moderna, come l'ambiente recentemente rinnovato, la cucina spazia con concretezza fra carne e pesce, quest'ultimo non necessariamente di lago. Ottima cura
anche nella lista dei vini e piacevole dehors per il servizio estivo.

Carta 39/65 €

*viale Vittorio Veneto 2 – ℰ 0322 76069 (consigliata la prenotazione)
– www.battipalolesa.it – Chiuso 2 settimane in gennaio-febbraio, lunedì e i
mezzogiorno di martedì e giovedì*

LESINA

Foggia (FG) – ⊠ 71010 – 6 410 ab. – Alt. 5 m – Carta regionale n° **15**-A1
Carta stradale Michelin 564-B28

⁐○ **Le Antiche Sere** 🆖   🀢 🄰🄲

CUCINA MODERNA • INTIMO 𝕏 Piccolo locale di fronte al lago di Lesina, dove
tutto ruota attorno alla professionalità ed esperienza dello chef-titolare, che effettua una bella ricerca sui prodotti lagunari, pesci ed erbe aromatiche, producendo
in proprio la bottarga di muggine. Sapori del territorio, quindi, cucinati e serviti
con tocco moderno.

Menu 30/45 € – Carta 30/43 €

*via P. Micca 22 – ℰ 0882 991942 – www.leantichesere.it – Chiuso 2 settimane in
ottobre, domenica sera e lunedì escluso in estate*

🏠 **Liù Palazzo Ducale**   ↔ 🄰🄲

FAMILIARE • PERSONALIZZATO Nella "città dell'anguilla", il lago si trova a pochi
passi da questo grazioso palazzo d'inizio '900: camere personalizzate, alcune di
gusto retrò, altre moderne, deliziosi bagni.

6 cam ⭐ – ♦35/45 € ♦♦60/70 €

via Dante 19/21 – ℰ 0882 990258 – www.liupalazzoducale.it

LEVANTO

La Spezia – ⊠ 19015 – 5 499 ab. – Carta regionale n° **8**-D2
Carta stradale Michelin 561-J10

⁐○ **L'Oasi**   🀢 🄳 🄰🄲 🀤

PESCE E FRUTTI DI MARE • CONTESTO TRADIZIONALE 𝕏𝕏 Una bella e luminosa
veranda e un piccolo giardino per un ristorante che fa dell'eccellente selezioni
delle materie prime la sua bandiera in preparazioni semplici e schiette. Per gli
amanti del crudo di pesce e secondo le disponibilità del mercato (raramente il
lunedì), questo è sicuramente l'indirizzo giusto!

Carta 36/80 €

*piazza Cavour – ℰ 0187 800856 – www.oasihotel.eu – Aperto
25 dicembre-6 gennaio e 16 marzo-11 novembre; chiuso mercoledì escluso
luglio-agosto*

⁐○ **La Sosta di Ottone III**   ↔ 🍷 ⟨ 🛋 🀢 🄰🄲 🅿

CUCINA TRADIZIONALE • ACCOGLIENTE 𝕏 In mezzo al verde e lontano dalla
calca, è necessario percorre un tratto a piedi per raggiungere quest'incantevole
ristorantino (meglio farsi suggerire la strada e dove lasciare la vettura), all'interno
di una residenza del XVI secolo. Il menu propone una scelta ristretta, ma fra le più
interessanti in zona per ricerca di prodotti locali; splendide anche le ampie
camere, due dedicate alla luce, bianche e luminose.

Menu 42/80 €

6 cam – ♦230/270 € ♦♦230/270 € – ⭐18 €

*località Chiesanuova 39 ⊠ 19015 Levanto – ℰ 0187 814502 (prenotazione obbligatoria)
– www.lasosta.com – solo a cena – Aperto inizio aprile-metà novembre; chiuso domenica*

⍾○ InCucina

CUCINA MODERNA · CONTESTO CONTEMPORANEO ⅹ Lontano dal mare, ormai in collina, anche il ristorante sembra voler sfuggire i cliché della più classica cucina marinara della Levanto balneare: la scelta è ristretta per assicurare la qualità dei prodotti, vengono spesso inseriti piatti di carne – in stagione anche selvaggina – e non manca qualche scelta più creativa, il tutto in una sala semplice dalla simpatica gestione familiare.

⊗ Menu 25/60 € – Carta 40/115 €

Hotel L'Abetaia, località Pian del Momo, (uscita autostrada A12 Carrodano), Nord: 7 km – ℰ 0187 893036 (coperti limitati, prenotare) – www.hotelabetaia.it – solo a cena – Chiuso 7 gennaio-10 febbraio

⌂ Park Hotel Argento

TRADIZIONALE · ACCOGLIENTE Recente costruzione che si sviluppa in discesa sui colli con navetta per il centro e la stazione, Park Hotel Argento offre ampie camere (alcune, non molte per la verità, con vista mare) ed un grazioso centro benessere. In posizione leggermente elevata rispetto alla cittadina, la tranquillità è assicurata.

40 cam ⌛ – ♦150/210 € ♦♦210/360 € – 7 suites

via per Sant'Anna – ℰ 0187 801223 – www.parkhotelargento.com – Aperto 17 marzo-30 novembre

⌂ L'Abetaia

TRADIZIONALE · MODERNO Comodo per chi giunge a Levanto in macchina e intende spostarsi frequentemente, l'albergo si trova in zona boschiva, ma è facilmente raggiungibile a poca distanza dal casello autostradale. Camere spaziose dagli arredi moderni.

12 cam ⌛ – ♦80/120 € ♦♦120/160 €

località Pian del Momo, (uscita autostrada A12 Carrodano), Nord: 7 km – ℰ 0187 893036 – www.hotelabetaia.it – Chiuso 7 gennaio-10 febbraio

⍾○ **InCucina** – Vedere selezione ristoranti

⌂ Agriturismo Villanova

CASA DI CAMPAGNA · TRADIZIONALE Si producono olive e uva da vino, in questo signorile agriturismo ricavato da un antico borgo settecentesco con chiesetta (consacrata). Le camere si dividono tra la storica casa e un rustico; qualche mini-appartamento per chi volesse effettuare soggiorni più lunghi con a disposizione un barbecue nel giardino. Incantevole terrazza per le colazioni all'aperto, soprattutto in maggio quando il glicine è fiorito. Navetta per Levanto.

7 suites ⌛ – ♦♦120/160 € – 6 cam

località Villanova, Est: 1,5 km – ℰ 0187 802517 – www.agriturismovillanova.it – Aperto 1° marzo-9 novembre

a Mesco Sud : 3,5 km ⊠ 19015 – Levanto

⌂ La Giada del Mesco

CASA DI CAMPAGNA · MEDITERRANEO L'incantevole vista su mare e costa (sino al promontorio di Portofino!) è garantita da tutte le camere di questo edificio ottocentesco in splendida posizione su un promontorio. Ma c'è anche una bella terrazza per la prima colazione, nonché la navetta gratuita per stazione, spiaggia e ristoranti del centro.

12 cam ⌛ – ♦110/130 € ♦♦140/170 €

via Mesco 16 – ℰ 0187 802674 – www.lagiadadelmesco.it – Aperto 1° marzo-31 ottobre

LEVICO TERME

Trento – ⊠ 38056 – 7 915 ab. – Alt. 506 m – Carta regionale n° **19**-B3
Carta stradale Michelin 562-D15

‡‡○ **Boivin**   🍴

REGIONALE · FAMILIARE ⅹ All'interno di un'antica casa del centro, il locale si basa sulla personalità e le idee dello chef-patron, Riccardo, che mixa con originalità tradizione trentina ed inserti pacatamente moderni. Specialità: trio di canederlotti di pane al burro e salvia, puntine di maiale con polenta e cavolo rosso in agrodolce, strudel di mele. Accanto c'è l'hotel Romanda gestito dal fratello.

Menu 10 € (cena)/50 € – Carta 34/51 €

via Garibaldi 9 – 𝒞 0461 701670 – www.boivin.it – solo a cena escluso luglio-agosto – Chiuso 7-31 gennaio, 1°-21 novembre e lunedì escluso luglio-agosto

🏠 **Al Sorriso**   ✿ ⅍ ⟨ 🛏 🔲 🌐 ⅍ 🛁 ✕ 🔄 ⅙ **P**

TRADIZIONALE · CLASSICO In posizione piacevolmente decentrata – a soli 100 metri dal lago, attorno un parco che dispone di numerose attrezzature sportive – hotel dalla brillante gestione familiare caratterizzato da ambienti luminosi ed un bel centro benessere con piscina coperta. Nell'elegante sala ristorante, cucina nazionale e locale con verdure del proprio orto.

63 cam ⌂ – †59/90 € ††90/180 € – 2 suites

lungolago Segantini 14 – 𝒞 0461 707029 – www.hotelsorriso.it – Aperto Pasqua-3 novembre

🏠 **Lucia**   ✿ 🛏 🏊 🔄 ⅙ ✕ **P**

FAMILIARE · FUNZIONALE Immersa in un parco con alberi d'alto fusto che circondano la piscina, una casa a gestione familiare con camere semplici, alcune in stile montano. Indirizzo ideale per vacanze di relax o sugli sci, la gustosa cucina del ristorante è un motivo in più per sceglierlo.

33 cam ⌂ – †30/60 € ††50/110 €

viale Roma 20 – 𝒞 0461 706229 – www.luciahotel.it – Aperto 1° dicembre-6 gennaio e Pasqua-31 ottobre

🏠 **Scaranò**   ✿ ⅍ ⟨ 🛏 🏊 🔄 ⅙ ✕ **P**

FAMILIARE · FUNZIONALE In posizione panoramica e tranquilla, questa casa nasce dove sorgeva un vecchio maso ed ospita al suo interno ambienti spaziosi. Stessa gestione, ormai quasi quarantennale, per il ristorante - recentemente rinnovato - che propone la tipica cucina trentina e piatti di pesce. Splendida la vista sulla vallata.

33 cam ⌂ – †50/60 € ††85/110 €

strada provinciale per Vetriolo 86, Nord: 2 km – 𝒞 0461 706810 – www.hotelscarano.it – Chiuso 8 gennaio-13 febbraio

LEVIZZANO RANGONE Modena (MO) → Vedere a Castelvetro di Modena

LEZZENO

Como – ✉ 22025 – 2 060 ab. – Alt. 202 m – Carta regionale n° **9**-A2
Carta stradale Michelin 561-E9

🏠 **Filario Hotel**   ✿ ⅍ ⟨ 🏊 🛁 🔄 🄰🄲 ⅙ **P**

LUSSO · DESIGN La pietra grigia locale che riveste il prospetto riprende la tradizione architettonica del luogo e consente all'edificio d'integrarsi perfettamente nel contesto naturale in cui sorge. Al suo interno, elementi di design, cura dei dettagli ed un intimo ristorante.

12 cam ⌂ – †180/600 € ††200/700 € – 1 suite

Strada Statale 583, località Bagnana 96 – 𝒞 031 914035 – www.filario.it – Aperto 1° aprile-30 ottobre

LICATA Sicilia

Agrigento – ✉ 92027 – 37 797 ab. – Carta regionale n° **17**-C3
Carta stradale Michelin 365-AS61

✿✿ **La Madia** (Pino Cuttaia)   🎖 ⅙ 🄰🄲

CUCINA CREATIVA · CONTESTO CONTEMPORANEO ⅩⅩ Oltre a mettere in luce il meglio della Sicilia, lo chef-patron Pino Cuttaia si adopera nell'elaborare una cucina che possa essere comprensibile a tutti.

Proposte gastronomiche atte a risvegliare - in un certo senso - il gusto della memoria, i sapori di casa e, perché no, le ricette della nonna. "La memoria è l'ingrediente segreto di piatti che raccontano una storia", sostiene Cuttaia. Vero! La nostalgia emotiva della sua cucina è fortissima, ma lo sono anche la ricerca e l'innovazione. Uno straordinario lavoro che parte dai prodotti, li trasforma per giungere alla loro essenza, spesso con risultati di grande originalità, come nella minestra di crostacei o nella ricciola alla carbonella di mandorle.

Anche il dessert congiura a sottolineare le eccellenze della Trinacria, la scelta cadrà quindi inesorabilmente sulla cornucopia: cialda di cannolo con ricotta e gelato al Marsala.

→ Pasta e minestra di crostacei. Pesce spatola a beccafico con caponata croccante. Cornucopia: cialda di cannolo, ricotta e arancia.

Menu 95/130 € – Carta 66/106 €

corso Filippo Re Capriata 22 – ℰ 0922 771443 (consigliata la prenotazione) – www.ristorantelamadia.it – Chiuso 2 settimane in gennaio, 2 settimane in giugno, martedì, anche domenica sera da ottobre a giugno e domenica a mezzogiorno da luglio a settembre

⫟○ L'Oste e il Sacrestano   🍃 🅰🅲 🍸

CUCINA MODERNA · RUSTICO X Un piccolo ristorante accogliente a "denominazione di origine siciliana": a darvi il benvenuto Chiara, ai fornelli invece Peppe da cui farvi consigliare per un percorso fra rivisitazione e tradizione.

Menu 29 € (pranzo in settimana)/69 €

via Sant'Andrea 19 – ℰ 0922 774736 (prenotare) – www.losteeilsacrestano.it – Chiuso novembre, domenica sera e lunedì escluso agosto

LIDO Livorno → Vedere Elba (Isola d') : Capoliveri

LIDO DEGLI ESTENSI Ferrara → Vedere Comacchio

LIDO DI CAMAIORE
Lucca (LU) – ✉ 55041 – Carta regionale n° **18**-B1
Carta stradale Michelin 563-K12

⫟○ Ghigo   🍃 🅰🅲

CUCINA MODERNA · STILE MEDITERRANEO XX "Il pesce con gli ingredienti dal mondo": è lo slogan di questo ottimo ristorante fusion di sole specialità ittiche.

Menu 35/80 € – Carta 44/112 €

Hotel Giulia, lungomare Pistelli 77 – ℰ 0584 617518 – www.giuliahotel.it – solo a cena – Aperto 20 aprile-30 settembre

⫟○ Il Merlo   🍃 ⅙ 🅰🅲 🅿

CUCINA MEDITERRANEA · CONTESTO CONTEMPORANEO XX Nuova location per Il Merlo, direttamente sulla spiaggia con una sala accogliente e dall'eleganza contemporanea, i piatti prediligono il pesce, ma vi sono anche stuzzicanti ricette di carne.

Menu 45 € – Carta 80/90 €

via S.Bernardini 660 ✉ 55041 Lido di Camaiore – ℰ 0584 166 0839 – www.ilmerlocamaiore.it – solo a cena in luglio-agosto – Chiuso 15 giorni in gennaio-febbraio, mercoledì a mezzogiorno e martedì

🏠🏠 UNA Hotel Versilia   🌴 🈹 ⏏ 🖥 🆓 ⸹ ♨ 🍸 🔅 ⅙ 🅰🅲 🛁 🅿

HOTEL DI CATENA · LUNGOMARE Nuova ed imponente struttura sul lungomare progettata per offrire un alto standing di confort. Zone comuni ariose e luminose: non mancano lussureggianti spazi verdi. Ottime anche le camere.

99 cam ⌧ – ♦143/919 € ♦♦143/919 € – 72 suites

viale Bernardini 335/337 – ℰ 0584 012001 – www.unahotels.it

Bacco

TRADIZIONALE · PERSONALIZZATO In una strada tranquilla non lontano dal mare, la hall è un omaggio alla figura mitologica di Bacco; camere di diverse tipologie, sala da pranzo interna e terrazza ristorante esterna fronte piscina.

28 cam – solo ½ P 70/150 € – 1 suite

via Rosi 24 – ℰ 0584 619540 – www.bacco-hotel.com – Aperto 1° aprile-31 ottobre

Giulia

FAMILIARE · CLASSICO Un ventata di novità ha investito questa struttura felicemente ubicata di fronte al mare, il tutto grazie all'attuale, attenta gestione di una famiglia che lo segue dall'inizio degli anni Cinquanta! A partire dagli arredi, tutto è moderno e gradevole, così come i servizi che prevedono trekking e gite nei dintorni o la possibilità di affidare i piccoli ospiti ad una baby-sitter (a pagamento).

40 cam ⬒ – ♦45/150 € ♦♦90/250 €

lungomare Pistelli 77 – ℰ 0584 617518 – www.giuliahotel.it – Aperto 20 aprile-30 settembre

🍴 **Ghigo** – Vedere selezione ristoranti

Siesta

TRADIZIONALE · LUNGOMARE Sono ora i figli a condurre questa risorsa sul lungomare cinta da un piacevole giardino; camere confortevoli e ben rifinite, una terrazza per la prima colazione e noleggio biciclette. Al ristorante è stato potenziato il servizio dei dolci con angolo di esposizione anche caldo.

33 cam ⬒ – ♦70/120 € ♦♦90/280 €

viale Bernardini 327 – ℰ 0584 619161 – www.hotelsiesta.it – Chiuso novembre

Sylvia

FAMILIARE · ACCOGLIENTE Hotel dalla cordiale gestione familiare: il mare è raggiungibile a piedi, ma una via più tranquilla e il verde che circonda l'albergo assicurano il riposo dei clienti, mentre ospitalità e camere accoglienti coronano il loro soggiorno.

34 cam ⬒ – ♦50/180 € ♦♦60/220 €

via Manfredi 15 – ℰ 0584 617994 – www.hotelsylvia.it – Aperto 1° aprile-4 novembre

Sirio

FAMILIARE · ACCOGLIENTE Nonno Sirio aprì l'albergo nel 1964 in una traversa del lungomare; oggi siamo alla terza generazione e l'albergo, ristrutturato, offre camere semplici, ma accoglienti, nonché una simpatica ospitalità familiare.

28 cam ⬒ – ♦40/75 € ♦♦65/160 €

via Italica 6 – ℰ 0584 618020 – www.hotelsirio.com – Chiuso gennaio

LIDO DI JESOLO

Venezia – ✉ 30016 – Carta regionale n° **23**-D2
Carta stradale Michelin 562-F19

🍴 Cucina da Omar

PESCE E FRUTTI DI MARE · ACCOGLIENTE ✕✕ Affacciato sul passeggio della zona centrale, Omar è il ritrovo degli appassionati di pesce fresco che non amano elaborazioni eccessive, ma prediligono la fragranza dei sapori: qui trovano un porto di sicura qualità.

Menu 45 € (pranzo in settimana)/80 € – Carta 47/144 €

via Dante 21 – ℰ 0421 93685 (consigliata la prenotazione la sera)
– www.ristorantedaomar.it – Chiuso 22 dicembre-10 gennaio, mercoledì a mezzogiorno in estate, tutto il giorno negli altri mesi

Almar Jesolo Resort & Spa

PALACE · MODERNO Grande, moderna struttura concepita per garantire ai propri privilegiati ospiti spazio e luce in ogni momento della giornata: lo stile minimal ed i colori tenui sono il contenitore ideale per un ventaglio di servizi dav vero ampio, tra i quali un centro benessere con zona umida e ampia beauty. Nel bel mezzo della terrazza fa bella mostra una piscina lunga 70 metri!

197 cam ⬒ – ♦160/500 € ♦♦170/510 € – 16 suites

via Dante Alighieri 106 – ℰ 0421 388111 – www.almarjesolo.com – Aperto 15 marzo-15 novembre

🏨 Atlantico

FAMILIARE · LUNGOMARE Piacevolmente affacciato sulla spiaggia, l'hotel dispone di ambienti curati e camere di diversa tipologia, rinnovate in tempi recenti o più classiche. Dalla panoramica piscina situata all'ultimo piano (ce n'è una anche in basso) vi sembrerà di toccare il cielo con un dito!

66 cam ♄ – †88/174 € ††194/232 €

via Bafile, 3° accesso al mare 11 – ☎ 0421 381273 – www.hotel-atlantico.it – Aperto 1° aprile-30 settembre

🏨 Cavalieri Palace

TRADIZIONALE · LUNGOMARE Bianco e blu si ripetono armoniosamente nelle accoglienti sale di questa bella struttura che gode di una panoramica posizione frontemare: tutte le camere dispongono di un balcone, ma particolarmente gradevoli sono quelle personalizzate da colorati tessuti. Graziosa anche la sala ristorante, a pranzo ci si sposta a bordo piscina.

56 cam ♄ – †80/160 € ††140/210 € – 5 suites

via Mascagni 1 – ☎ 0421 971969 – www.hotelcavalieripalace.com – Aperto Pasqua-inizio ottobre

🏨 Delle Nazioni

TRADIZIONALE · LUNGOMARE L'imponente torre che svetta sul frontemare ospita tra le sue mura spazi comuni essenziali e signorili, nonché camere di gusto moderno, tutte con splendida vista sull'Adriatico; a disposizione degli ospiti un'innovativa stazione di ricarica per auto elettriche. Al primo piano, il ristorante dalle interessanti proposte culinarie.

46 cam ♄ – †126/250 € ††187/320 € – 4 suites

via Padova 55 – ☎ 0421 971920 – www.hotelnazionijesolo.it – Aperto 1° maggio-6 ottobre

🏨 Ril

TRADIZIONALE · MODERNO Uno degli alberghi più eleganti di Jesolo, interamente giocato su tonalità écru, si contraddistingue per le sue linee semplici e moderne; piscina con solarium, accesso diretto al mare e palestra panoramica all'ultimo piano.

51 cam ♄ – †140/180 € ††140/290 €

via Zanella 2 – ☎ 0421 972848 – www.hotelril.it – Aperto 16 aprile-23 settembre

🏨 Adriatic Palace

TRADIZIONALE · LUNGOMARE E' il bianco a caratterizzare tutti gli ambienti di questa moderna struttura con camere accoglienti e confortevoli. Frontemare, l'hotel dispone anche di una gradevole terrazza con piscina, per i più flemmatici che non vogliono compiere nemmeno due passi per raggiungere la spiaggia!

46 cam ♄ – †89/299 € ††99/320 € – 2 suites

via Vittorio Veneto 30, 2° accesso al mare – ☎ 0421 380027 – www.hoteladriaticpalace.com – Aperto 15 aprile-15 ottobre

🏨 Rivamare

FAMILIARE · LUNGOMARE Conduzione familiare di grande esperienza in un albergo recentemente rinnovato, a due passi dalla spiaggia: camere dalle linee moderne e spazi comuni abbelliti da tappeti. Gradevole zona piscina.

53 cam ♄ – †87/172 € ††130/230 € – 6 suites

via Bafile, 17° accesso al mare – ☎ 0421 370432 – www.rivamarehotel.com – Aperto 1° maggio-30 settembre

🏨 Termini Beach Hotel & Suites

FAMILIARE · LUNGOMARE Albergo che domina il mare, dotato di spazi comuni eleganti ed ariosi, arredati con gusto e camere di differenti tipologie, tutte confortevoli e personalizzate; nel parcheggio la possibilità di ricaricare le auto elettriche. Al ristorante, bianche colonne ed ampie finestre affacciate sul blu.

48 cam ♄ – †60/140 € ††90/195 € – 10 suites

via Altinate 4, 2° accesso al mare – ☎ 0421 960100 – www.hoteltermini.it – Aperto 25 aprile-10 ottobre

a Jesolo Pineta Est : 6 km ⊠ 30016 – Lido Di Jesolo

🏨 Jesolopalace ⛲ 🐾 ⬳ 🍴 🛏 📺 ⚂ 🔑 🚪 ♿ 🅰🅲 🅿

FAMILIARE · MODERNO Immerso nella quiete di un lussureggiante giardino che lambisce la spiaggia, la struttura propone camere ampie, tutte con terrazza: le suite dispongono di angolo cottura particolarmente apprezzato dalle famiglie.

34 cam ☲ – ♦95/135 € ♦♦140/255 € – 25 suites

via Airone 1/3 – ℰ 0421 961013 – www.jesolopalace.it
– Aperto 1° maggio-24 settembre

🏨 Mediterraneo ⛲ 🍴 🛏 🕸 📺 ⚂ 🅰🅲 🅿

TRADIZIONALE · MODERNO Immerso nella quiete di un lussureggiante giardino che lambisce la spiaggia, l'albergo anno dopo anno è cresciuto e migliorato parecchio diventando un riferimento per la zona. Sembra di pranzare nel parco nella sala ristorante con vetrate che si aprono sul verde!

54 cam ☲ – ♦100/135 € ♦♦200/280 € – 6 suites

via Oriente 106 – ℰ 0421 961175 – www.mediterraneojesolo.com – Aperto
15 maggio-16 settembre

🏨 Bauer & Sporting ⛲ ⬳ 🍴 🛏 📺 ⚂ 🔑 ♿ 🅰🅲 🍸 🅿

TRADIZIONALE · LUNGOMARE All'interno di un giardino e con diretto accesso al mare, si compone di un edificio principale con camere fresche e moderne, e a una dépendance con camere più spaziose, alcune con angolo cottura.

50 cam ☲ – ♦65/150 € ♦♦140/240 € – 7 suites

via Bucintoro 6 – ℰ 0421 961363 – www.hotelbauer.it – Aperto
1° maggio-30 settembre

🏨 Gallia ⛲ 🐾 🍴 🛏 🍸 📺 ⚂ 🅰🅲 🅿

FAMILIARE · ACCOGLIENTE Una splendida pineta separa dal mare e dalla piscina questo elegante hotel in stile neoclassico, dotato di spaziose zone comuni. Perfetto per una vacanza a tutto relax.

50 cam – ♦62/183 € ♦♦84/365 € – 10 suites – ☲ 13 €

via del Cigno Bianco 5 – ℰ 0421 961018 – www.hotelgallia.com
– Aperto 23 maggio-15 settembre

LIDO DI LATINA Latina → Vedere Latina

LIDO DI NOTO Sicilia Siracusa → Vedere Noto

LIDO DI PORTONUOVO Foggia → Vedere Vieste

LIDO DI SPISONE Sicilia Messina → Vedere Taormina

LIDO DI TARQUINIA Viterbo → Vedere Tarquinia

LIDO DI VENEZIA Venezia → Vedere Venezia

LIGNANO SABBIADORO
Udine (UD) – ⊠ 33054 – 6 950 ab. – Carta regionale n° **6**-C3
Carta stradale Michelin 562-E21

🍴 Bidin 🐚 🌳 🅰🅲 🅿

PESCE E FRUTTI DI MARE · CONTESTO TRADIZIONALE ✕✕ Solida gestione familiare da parte di due fratelli: la carta spazia dai piatti di pesce alla tradizione friulana, servita in una sala elegante o, in estate, nell'ambiente più informale sotto al piccolo porticato.

Carta 31/64 €

viale Europa 1 – ℰ 0431 71988 – www.ristorantebidin.com – Chiuso
7 gennaio-28 febbraio, mercoledì a mezzogiorno 15 maggio-15 settembre, anche
mercoledì sera negli altri mesi

🍽️ **Rueda Gaucha**

CUCINA MEDITERRANEA · RUSTICO ✗ Il nome non tragga in inganno! Oltre all'ottima carne e al tipico asado argentino, qui si può trovare anche una squisita cucina di pesce con piatti della tradizione locale. L'ambiente è caratteristico, l'atmosfera piacevolmente informale.

Carta 32/65 €

viale Europa 18 – 𝒞 0431 70062 (consigliata la prenotazione) – Chiuso 10 dicembre-25 gennaio e mercoledì; in giugno settembre chiuso i mezzogiorno di lunedì e mercoledì

🏨 **Italia Palace**

TRADIZIONALE · ELEGANTE Sembra ancora di sentire il fruscio delle crinoline o il profumo di cipria, in questo storico albergo della Belle Epoque ritornato al suo antico splendore. Lo charme non risparmia le camere: generose per dimensioni, eleganti negli arredi e nei toni azzurro/bianco. All'ultimo piano si cena nella Terrazza per una cucina classica con molto pesce.

62 cam ⬡ – ♦98/270 € ♦♦150/270 € – 9 suites

viale Italia 7 – 𝒞 0431 71185 – www.hotelitaliapalace.it – Aperto 17 aprile-8 ottobre

🏨 **Atlantic**

TRADIZIONALE · CLASSICO Cordiale e premurosa gestione in un albergo classico di fronte alla celebre e rinomata spiaggia, visibile dalla maggior parte delle accoglienti camere. Ideale per una vacanza a tutto mare, Atlantic riserva molte attenzioni anche ai piccoli ospiti dedicando loro un baby club (attivo nel periodo estivo).

58 cam ⬡ – ♦115/180 € ♦♦120/199 €

lungomare Trieste 160 – 𝒞 0431 71101 – www.hotelatlantic.it – Aperto 20 maggio-23 settembre

🏨 **Bellavista**

TRADIZIONALE · CONTEMPORANEO A pochi passi dal centro della località, l'immacolata facciata di questa bella struttura - ubicata direttamente sul lungomare - incanta i passanti... Ma non finisce qui: camere accoglienti ed una piacevole terrazza-solarium per vivere appieno la vacanza!

44 cam ⬡ – ♦85/175 € ♦♦120/286 € – 4 suites

lungomare Trieste 70 – 𝒞 0431 71313 – www.bellavistalignano.it – Aperto 1° maggio-30 settembre

a Lignano Pineta Sud-Ovest : 5 km ✉ 33054

🏨 **Greif**

LUSSO · CLASSICO La rigogliosa pineta custodisce il solo albergo 5 stelle della zona, un grande complesso alberghiero dai raffinati interni, pensato per un soggiorno di completo relax. Spazioso e raffinato il ristorante, illuminato da ampie vetrate che si aprono sul verde.

87 cam ⬡ – ♦150/340 € ♦♦180/460 € – 22 suites

arco del Grecale 25 – 𝒞 0431 422261 – www.greifhotel.it – Aperto 1° marzo-30 novembre

🏨 **Erica**

FAMILIARE · ACCOGLIENTE Storico hotel di Lignano Pineta, la fresca hall si affaccia sulla moderna piscina; camere sobrie, ma sicuramente confortevoli, la prima colazione è servita nella luminosa sala-veranda attigua al ristorante.

40 cam ⬡ – ♦70/110 € ♦♦100/190 € – 5 suites

arco del Grecale 21/23 – 𝒞 0431 422123 – www.ericahotel.it – Aperto 15 maggio-15 settembre

🏨 **Bella Venezia Mare**

FAMILIARE · FUNZIONALE A breve distanza tanto dal centro quanto dalla spiaggia, un hotel a gestione diretta. Piacevole lo spazio destinato alla piscina, con vasca idromassaggio.

50 cam ⬡ – ♦70/110 € ♦♦110/180 €

arco del Grecale 18/a – 𝒞 0431 422184 – www.bellaveneziamare.it – Aperto 15 maggio-20 settembre

🏠 Medusa Splendid   ✿ 🛏 �🛠 ⚒ 🖭 & 🗚 🅿

TRADIZIONALE · ACCOGLIENTE Verde e blu si ripetono ritmicamente in questo hotel dotato di ampi spazi, anche nelle confortevoli camere; il mare è distante solo poche centinaia di metri. Fresca e piacevole sala ristorante semicircolare, con vetrate che guardano verso il giardino e la piscina.

56 cam ♒ – †67/122 € ††104/213 €

raggio dello Scirocco 33 – 𝒞 0431 422211 – www.hotelmedusa.it
– Aperto 15 maggio-15 settembre

a Lignano Riviera Sud-Ovest : 7 km ⊠ 33054 – Lignano Sabbiadoro

🍽 Al Cason   🕸 ≤ 🛖 🅿

PESCE E FRUTTI DI MARE · ROMANTICO XX Dove il fiume incontra il mare, splendidi tramonti godibili dalla bella terrazza per il servizio all'aperto, mentre gli interni mantengono le caratteristiche dell'antico ricovero per pescatori che fu. Le specialità della casa "omaggiano" il pescato del giorno.

Carta 40/83 €

corso dei Continenti 167 – 𝒞 0431 423029 – www.ristorantealcason.it – Aperto 1° aprile-30 settembre

🏠 Arizona   ✿ ⚒ 🖭 & 🗚 🅿

FAMILIARE · MODERNO Accoglienza familiare e dinamica per un soggiorno di relax. All'ingresso, qualche arredo etnico in legno intrecciato e un design dalle linee moderne. Il mare poco distante e una bella piscina recentemente rinnovata a disposizione degli ospiti.

42 cam ♒ – †50/100 € ††110/170 €

calle Prassitele 2 – 𝒞 0431 428528 – www.hotel-arizona.it
– Aperto 15 maggio-15 settembre

LIMITO Milano → Vedere Pioltello

LIMONE PIEMONTE
Cuneo – ⊠ 12015 – 1 485 ab. – Alt. 1 009 m – Carta regionale n° **12**-B3
Carta stradale Michelin 561-J4

🍽 Osteria Il Bagatto   🛖

CUCINA MODERNA · STILE MONTANO XX Avvolti da un ambiente tipicamente montano, una cucina attenta ai dettagli, dove ottime materie prime vengono plasmate dalle abili mani dello chef. La carta propone piatti del territorio, ma non solo: ci sono, infatti, proposte di pesce ed altre d'ispirazione contemporanea.

😋 Menu 25 € (pranzo in settimana)/45 € – Carta 40/66 €

via XX Settembre 16 – 𝒞 0171 927543 (consigliata la prenotazione)
– www.osteriailbagatto.it – Chiuso 3-27 giugno, 4-28 novembre, giovedì a mezzogiorno e mercoledì escluso alta stagione

LINATE (Aeroporto di) → Vedere Milano

LINGUAGLOSSA Sicilia
Catania (CT) – ⊠ 95015 – 5 403 ab. – Alt. 550 m – Carta regionale n° **17**-D2
Carta stradale Michelin 365-AZ56

❀ Shalai   🕸 🛖 & 🗚 🅿

CUCINA MODERNA · CONTESTO CONTEMPORANEO XX Gioia e benessere - shalai in dialetto siciliano - è la promessa che vi fa il ristorante. Due sobrie ma eleganti sale, piccola corte interna nel bel palazzo per le cene estive, coccolati da un ottimo servizio, i piatti ripercorrono la sicilianità con escursioni fantasiose e ben presentate.

→ Linguine aglio, olio e peperoncino con sautè di frutti di mare. Filetto di maialino nero dell'Etna lardellato e riduzione di vino cotto. Cannolo di ricotta secondo Shalai.

Menu 80/100 € – Carta 51/93 €

Hotel Shalai Resort, via Guglielmo Marconi 25 – 𝒞 095 643128 (consigliata la prenotazione) – www.shalai.it – solo a cena escluso sabato ed i giorni festivi

⊓○ Dodici Fontane 🛱 AC ⌖

CUCINA MODERNA · ELEGANTE XXX Il nome allude alle dodici fontane che ornano il servizio all'aperto; si cena anche lungo la piscina o, se il tempo non lo permette, nell'elegante sala interna. In ogni caso la cucina merita una sosta per la rimarchevole interpretazione creativa di eccellenze isolane: crostacei di Mazzara, maialino dei Nebrodi, tartufo nero di Palazzolo, pistacchio di Bronte, nocciole etnee, salsiccia linguaglossese...

Menu 80 € (cena) – Carta 58/104 € – carta semplice a pranzo

Villa Neri Resort & Spa, contrada Arrigo – 𝒞 095 813 3002 (consigliata la prenotazione) – www.hotelvillanerietna.com
– Aperto 6 aprile-3 novembre

⌂⌂⌂ Villa Neri Resort & Spa 🍃 ⛲ ⚭ 🌐 🛖 ⊡ ⚘ 🛗 Ｐ

LUSSO · ELEGANTE In splendida posizione panoramica sull'Etna e sulla campagna, la villa è del 2012, ma ripercorre con tanta intelligenza le forme, i materiali e i colori siciliani da sembrare d'epoca. Eleganti camere, alcune con arredi storici, altre con vista sull'Etna; i bagni con ceramiche ragusane.

24 cam ☲ – ⍥230/285 € ⍥⍥230/285 € – 3 suites

contrada Arrigo – 𝒞 095 813 3002 – www.hotelvillanerietna.com – Aperto 6 aprile-3 novembre

⊓○ Dodici Fontane – Vedere selezione ristoranti

⌂⌂ Shalai Resort 🛖 ⚘ AC Ｐ

STORICO · DESIGN Nel cuore del caratteristico centro storico di Linguaglossa, il palazzo ottocentesco si sposa all'interno con gli arredi moderni di camere sobrie e luminose, di raffinata eleganza, di cui due affrescate. Centro benessere e tanta ospitalità dall'ottima gestione.

12 cam ☲ – ⍥100/140 € ⍥⍥220/300 €

via Guglielmo Marconi 25 – 𝒞 095 643128 – www.shalai.it

⚙ Shalai – Vedere selezione ristoranti

⌂⌂ Azienda Agrituristica Arrigo 🍃 ≤ ⛲ ⚭ AC Ｐ

DIMORA STORICA · CLASSICO In posizione tranquilla ed isolata, in un palmento ottocentesco in tipico stile locale, offre alcune camere con più letti, ideali per famiglie, ma il punto di forza della struttura è il giardino con piscina e vista sull'Etna.

6 cam ☲ – ⍥70/100 € ⍥⍥70/120 €

contrada Arrigo – 𝒞 339 333 6793 – www.arrigo.it
– Aperto marzo-ottobre

LIPARI Sicilia Messina → Vedere Eolie (Isole)

LIVIGNO

Sondrio – ✉ 23030 – 6 389 ab. – Alt. 1 816 m – Carta regionale n° **9**-B1
Carta stradale Michelin 561-C12

⊓○ Camana Veglia ⇦ 🛱 Ｐ

CUCINA REGIONALE · RUSTICO XX Un ristorante che è anche un piccolo museo: i suoi interni, infatti, risalgono all'inizio del '900 e provengono da vecchie baite di Livigno. Davvero particolare è la "Stua Mata" nella quale cenare diventa una vera e propria esperienza polisensoriale. In menu, proposte del territorio, ma con spunti di moderna creatività.

Menu 47/73 € – Carta 47/94 €

14 cam ☲ – ⍥50/240 € ⍥⍥100/330 € – 1 suite

via Ostaria 583 – 𝒞 0342 996310 – www.camanaveglia.com
– Aperto 1° dicembre-30 aprile, 1° luglio-31 agosto, solo nei week-end in settembre-novembre; chiuso martedì in luglio, i mezzogiorno di martedì e giovedì in inverno

🍴⃝ **Cuore di Cembro** ⬅🏠

CUCINA MODERNA · CONTESTO TRADIZIONALE 🕱 Adiacente all'impianto del Carosello, attraversato il vivace SkyBar si entra nel cuore dell'hotel Alegra. Piacevole ed informale atmosfera montana con piatti rallegrati da tocchi di fantasia, ma non dimentichi del territorio.

Carta 35/60 €

13 cam ⚌ – ♦65/130 € ♦♦90/200 €

via Saroch 1274 ✉ 23030 Livigno – ☎0342 996134 – www.robylonga.it – Chiuso ottobre-novembre e 10 maggio-20 giugno

🏨 **Lac Salin Spa & Mountain Resort**

LUSSO · ELEGANTE Hotel dal design minimalista, in armonia con l'atmosfera montana. Originali le feeling room: sette camere ispirate ai chakra (punti energetici del corpo, secondo la filosofia orientale) ed arredate in base ai principi del feng-shui. Ottimo confort anche nelle camere più classiche.

60 cam ⚌ – ♦90/350 € ♦♦170/700 € – 5 suites

via Saroch 496/d – ☎0342 996166 – www.lungolivigno.com – Chiuso 6 ottobre-30 novembre e 1° maggio-15 giugno

🏨 **Baita Montana** 🔆⬅🖼🌐🐾♨🍴♿🛁🚗

SPA E WELLNESS · STILE MONTANO Valida gestione in un hotel completamente rinnovato, con bella vista su paese e montagne; spazi comuni sui toni chiari del legno, luminose e recenti camere con balcone. Ampia sala da pranzo di tono elegante con arredi in legno e un'intera parete di vetro.

40 cam – solo ½ P 95/175 € – 8 suites

via Mont da la Nef 87 – ☎0342 997798 – www.hotelbaitamontana.com – Chiuso novembre e maggio

🏨 **Sonne** 🚪♨🍴♿🚗

LUSSO · MINIMALISTA In centro, questa risorsa totalmente rinnovata è un fulgido esempio di armonia tra pietra e legno, linee tradizionali e spunti di design. Le camere si differenziano per tipologia e dimensioni. Piacevole centro benessere.

16 cam ⚌ – ♦90/250 € ♦♦140/550 €

via Plan 151/c – ☎0342 996433 – www.hotelsonne.net – Chiuso 5 maggio-25 giugno e 15 ottobre-25 novembre

🏨 **Alba** 🔆♨🖼🍴♿**P**

FAMILIARE · MODERNO A due passi dagli impianti di risalita, dalle piste da sci e dai sentieri per il trekking, l'hotel dispone di ambienti caldi e luminosi; le sue camere arredate con materiali naturali, sebbene essenziali, risultano molto graziose ed accoglienti. Nuovissima spa con piscina (vista montagna!) e palestra attrezzata.

33 cam ⚌ – ♦90/250 € ♦♦120/320 €

via Saroch 948 – ☎0342 970230 – www.hotelalbalivigno.it – Aperto 8 dicembre-2 maggio e 17 giugno-2 ottobre

🏨 **Bivio** 🔆⬅♨🖼🍴♿🚗

TRADIZIONALE · STILE MONTANO In pieno centro storico, hotel a conduzione diretta dagli interni piacevoli e accoglienti, con pareti rivestite in perlinato; gradevoli camere in moderno stile montano. Piatti gourmet al ristorante Cantina.

30 cam ⚌ – ♦110/335 € ♦♦146/350 € – 10 suites

via Plan 422/a – ☎0342 996137 – www.biviolifelivigno.it

🏨 **Concordia** 🔆♨🍴♿**P**

TRADIZIONALE · ACCOGLIENTE Nel cuore della località, albergo di recente ristrutturazione, con interni curati dove il legno, lavorato o decorato, è l'elemento essenziale; confort di alto livello. Divanetti a parete e atmosfera distinta nell'ampia sala da pranzo.

24 cam ⚌ – ♦60/340 € ♦♦118/428 € – 7 suites

via Plan 114 – ☎0342 990200 – www.lungolivigno.com

⌂ Crosal

FAMILIARE · ACCOGLIENTE Accoglienza familiare per un piccolo hotel nel vivace centro dello shopping cittadino; gradevole la zona benessere.

14 cam ⌑ – †65/160 € ††106/250 €

via dal Gesa 38 – ℰ 0342 996214 – www.hotelcrosal.com – Chiuso 6-30 maggio e 6-28 novembre

⌂ Francesin

FAMILIARE · ACCOGLIENTE Accoglienza e servizio familiari in un piccolo albergo, che dispone di comode camere ed un centro wellness - di recente ampliato - con piscina riscaldata e idromassaggio esterno, sauna finlandese e bagno turco. In sintesi, l'indirizzo ideale per gli sportivi.

21 cam ⌑ – †65/150 € ††110/220 €

via Ostaria 442 – ℰ 0342 970320 – www.francesin.it

LIVORNO

(LI) – ✉ 57123 – 159 219 ab. – Carta regionale n° **18**-B2
Carta stradale Michelin 563-L12

⌂⌂ Gran Duca

TRADIZIONALE · ACCOGLIENTE Albergo ubicato nel tipico ambiente del Bastione Mediceo: spaziosa hall e camere di diversa tipologia, più o meno recenti nei rinnovi, ma comunque confortevoli.

60 cam ⌑ – †75/90 € ††90/110 € – 2 suites

piazza Giuseppe Micheli 16 ✉ 57123 – ℰ 0586 891024 – www.granduca.it

⌂ Al Teatro

TRADIZIONALE · PERSONALIZZATO Vicino al teatro, un piccolo ma delizioso albergo con camere personalizzate dall'atmosfera retrò e qualche arredo d'antiquariato. Sul retro, un gradevole giardinetto con magnolia secolare, dove, nella bella stagione, vengono servite le colazioni.

8 cam ⌑ – †75/95 € ††95/125 €

via Mayer 42 ✉ 57125 – ℰ 0586 898705 – www.hotelalteatro.com – Chiuso 24 dicembre-7 gennaio

ad Ardenza Sud: 4 km per Grosseto ✉ 57128 – Ardenza

⫶○ Oscar

PESCE E FRUTTI DI MARE · FAMILIARE ╳ Fuori dalle rotte turistiche - in una graziosa zona residenziale - il ristorante è la meta prediletta dei livornesi che desiderano mangiare pesce fresco, in preparazioni semplici e senza tanti fronzoli, in un ambiente informale.

Menu 45/80 € – Carta 38/87 €

via Franchini 78 – ℰ 0586 501258 – www.ristoranteoscar.it – Chiuso 27 dicembre-15 gennaio, 1°-7 settembre e lunedì

LIZZANO

Taranto (TA) – ✉ 74020 – 10 125 ab. – Alt. 67 m – Carta regionale n° **15**-C3
Carta stradale Michelin 564-F34

⌂⌂⌂ Masseria Bagnara

DIMORA STORICA · ELEGANTE Masseria di origini settecentesche a meno di un chilometro dal mare, tufo e ceramiche ispirano l'elegante sobrietà degli interni, affascinate tributo alle tradizioni locali. Se la piscina panoramica sulla campagna è il fiore all'occhiello, non perdetevi la visita della suggestiva cantina nell'antica "pagliara": presto svelato il motivo per cui vale la pena di testare anche il ristorante, ovvero, la sua carta dei vini che annovera circa 900 etichette! Infine, piccola area benessere con hammam e massaggi.

13 cam ⌑ – †130/480 € ††150/520 € – 4 suites

strada provinciale 125, Sud: 6 km – ℰ 099 955 8337 – www.masseriabagnara.it

LOANO

Savona – ⊠ 17025 – 11 407 ab. – Carta regionale n° **8**-B2
Carta stradale Michelin 561-J6

⊛ **Bagatto**   ⛩ AC

LIGURE · RUSTICO ⅹ Nascosta in un carruggio del centro, simpatica trattoria dal particolare soffitto con mattoni a vista: un ottimo indirizzo per gli amanti della cucina ligure e di mare. Semifreddo al chinotto tra le specialità dolci della casa.
Carta 31/61 €

via Ricciardi 24 – ℰ 019 675844 (coperti limitati, prenotare) – Chiuso
mercoledì sera e martedì, in estate sempre aperto la sera

🏠 **Garden Lido**   ⟨ 🛎 ⚒ 🏊 ♨ 🛌 ⚿ 🖃 & AC 🛋 🅿

TRADIZIONALE · MEDITERRANEO Albergo di fronte al porto turistico, con gradevole giardino, piscina e belle camere di diversa tipologia tra cui preferire, naturalmente, le più recenti. Ristorante in spiaggia - aperto solo nei mesi estivi - con menu alla carta.
67 cam – ♦75/215 € ♦♦90/287 € – ☲ 15 €

lungomare Nazario Sauro 9 – ℰ 019 669666 – www.gardenlido.com

LOCOROTONDO

Bari – ⊠ 70010 – 14 162 ab. – Alt. 410 m – Carta regionale n° **15**-C2
Carta stradale Michelin 564-E33

🏠 **Sotto le Cummerse**   AC

LOCANDA · PERSONALIZZATO Un sistema simpatico per vivere il caratteristico centro storico della località: camere ed appartamenti seminati in vari punti, sempre piacevoli e dotati di ogni confort.
10 cam ☲ – ♦96/180 € ♦♦138/300 €

via Vittorio Veneto 138 – ℰ 080 431 3298 – www.sottolecummerse.it

LODRONE Trento → Vedere Storo

LOIANO

Bologna – ⊠ 40050 – 4 294 ab. – Alt. 714 m – Carta regionale n° **5**-C2
Carta stradale Michelin 562-J15

🏠 **Palazzo Loup**   ☆ 🐾 ⟨ 🛎 ⚒ 🖥 ⚙ ♨ 🛌 🖃 & 🛋 🅿

DIMORA STORICA · PERSONALIZZATO Incredibile fusione di passato e presente, in una dimora di origine medievale immersa in uno splendido parco con piscina e vista sulle colline tosco-emiliane. Tra i migliori servizi della struttura, citiamo certamente i 450 mq di spa.
47 cam ☲ – ♦70/95 € ♦♦100/160 € – 1 suite

via Santa Margherita 21, località Scanello, Est: 3 km – ℰ 051 654 4040
– www.palazzo-loup.it

LONATO

Brescia – ⊠ 25017 – 16 246 ab. – Alt. 188 m – Carta regionale n° **9**-D1
Carta stradale Michelin 561-F13

a Barcuzzi Nord : 3 km ⊠ 25080 – Lonato

🍴 **Da Oscar**   ⟨ ⛩ & AC 🅿

CUCINA CREATIVA · FAMILIARE ⅹⅹ Specialità ittiche (anche di acqua dolce) e ricette di terra, nonché un'interessante proposta di pizze lievitate - solo la sera e su prenotazione - in un raffinato locale ubicato sulle colline che guardano il lago di Garda; servizio estivo in terrazza.
Menu 50 € – Carta 41/75 €

via Barcuzzi 16 – ℰ 030 913 0409 – www.daoscar.it – Chiuso 11-31 gennaio, lunedì
e i mezzogiorno di martedì, mercoledì e giovedì

LONGARE

Vicenza – ✉ 36023 – 5 688 ab. – Alt. 29 m – Carta regionale n° **22**-B2
Carta stradale Michelin 562-F16

ⅠＯ **Agri-Ristorante Le Vescovane** ⪡ 🍽 🍴 🕽 ✛ **P**

CUCINA REGIONALE · RUSTICO XX Spariti i cavalli, le ex stalle della casa-fortezza
cinquecentesca ospitano oggi una cucina imperniata su ottimi prodotti, talvolta
di nicchia - sia dell'azienda agrituristica che del territorio veneto - in piatti estrosi
ed elaborati.

Menu 30/50 € – Carta 38/70 €

*Agriturismo Le Vescovane, via San Rocco 19/2, Ovest: 4 km – ℰ 0444 273570
– www.levescovane.com – solo a cena escluso venerdì, sabato e festivi – Chiuso
lunedì e martedì*

🏠 **Agriturismo Le Vescovane** 🛏 ⪡ 🍽 🕽 🔲 🐾 **P**

FAMILIARE · TRADIZIONALE Pochi chilometri fuori Vicenza per trovare, meglio
se facendosi consigliare la strada dai proprietari, una torre di caccia cinquecentesca nel silenzio dei monti Berici.

9 cam ⏚ – ♦60/70 € ♦♦80/150 €

via San Rocco 19/2, Ovest: 4 km – ℰ 0444 273570 – www.levescovane.com
ⅠＯ **Agri-Ristorante Le Vescovane** – Vedere selezione ristoranti

LONGIANO

Forlì-Cesena – ✉ 47020 – 7 126 ab. – Alt. 179 m – Carta regionale n° **5**-D2
Carta stradale Michelin 562-J18

🐸 **Dei Cantoni** 🍴 🆎

CUCINA REGIONALE · FAMILIARE X All'ombra del castello malatestiano, due sale
con mattoni a vista che ricordano il bel ciottolato del centro ed un piacevole servizio estivo in veranda. Sabina preparerà per voi gustose specialità regionali;
assolutamente, da provare i tortelli ripieni di rosole con porcini e polvere di fiore
di zucca, il coniglio al tegame timo e limone candito e, per chiudere in dolcezza, il
cremoso di mascarpone.

Carta 27/37 €

*via Santa Maria 19 – ℰ 0547 665899 – www.ristorantedeicantoni.it – Chiuso
15 febbraio-15 marzo e mercoledì*

ⅠＯ **Terre Alte** 🍴 🆎 **P**

PESCE E FRUTTI DI MARE · ELEGANTE XX Un ristorante dai toni eleganti per trovare il pescato del giorno accuratamente selezionato dal titolare stesso ed una
cucina semplice che ne valorizza la qualità. Dalla terrazza lo sguardo abbraccia
la Romagna.

Carta 36/103 €

*via Olmadella 11, località Balignano – ℰ 0547 666138 (consigliata la prenotazione)
– www.ristoranteterrealte.com – Chiuso 10 giorni in gennaio, 10 giorni in maggio,
10 giorni in agosto, martedì a mezzogiorno e lunedì*

LONIGO

Vicenza – ✉ 36045 – 16 391 ab. – Alt. 31 m – Carta regionale n° **23**-B3
Carta stradale Michelin 562-F16

🕸🕸 **La Peca** (Nicola Portinari) 🐾 ♿ 🆎 ✛ **P**

CUCINA CREATIVA · ELEGANTE XXX Ambienti di caldo design contemporaneo,
ricercato anche nelle decorazioni dei tavoli o nelle comode poltroncine che portano la firma di Philippe Starck, per un locale che ha tutto per piacere, non fosse
altro che al piano terra c'è addirittura un salotto dedicato ai fumatori, dove poter
sorseggiare grandi distillati accompagnati da una selezione dei migliori sigari provenienti da tutto il mondo.

Creativa, ma senza strafare, regionale, senza proibirsi esperienze diverse, la Peca (in dialetto vicentino, "traccia" o "impronta") è una straordinaria tappa gastronomica che imprime un segno sulla definizione di alta cucina. Lo chef-patron, Nicola Portinari, propone una linea molto personale, in cui di volta in volta cita il Veneto o soggiace ad influenze internazionali, soprattutto nelle tecniche di cottura.

Una sosta che diventa esperienza a tutto tondo rafforzata anche da una grande offerta enoica. Senza tralasciare la spettacolare vista sui colli.

→ Pasta aliena (pasta secca) in zuppa dell'Adriatico con scampi e canestrelli. Ricciola di fondale croccante, asparagi, nocciole, ricci di mare e fragole. Cioccolato bianco ai fiori di lavanda, viola, rosa con ciliegia marasca.

Menu 95 € (in settimana)/190 € - Carta 84/145 €

via Alberto Giovanelli 2
- ✆ 0444 830214 - www.lapeca.it
- Chiuso 25-30 dicembre, 24-31 gennaio, 15-30 in giugno, la settimana di Ferragosto, domenica e lunedì

Osteria del Guà

CUCINA MODERNA • ROMANTICO XX Guà era il nome dialettale con cui veniva chiamato il fiume Novo, che lambisce la proprietà; sotto ai portici della barchessa ci si accomoda nella bella stagione, cullati dalla tranquillità del parco, mentre nella intima e romantica sala interna si respira la stessa classe di tutta la struttura. Se la sera si servono piatti che ingentiliscono e aggiornano i sapori del territorio, a pranzo, aspettatevi una carta più semplice.

Menu 30 € (pranzo in settimana)/60 € - Carta 37/72 € - carta semplice a pranzo dal lunedì al sabato

Hotel La Barchessa di Villa Pisani, via Risaie 1/3, località Bagnolo, Sud: 2,5 km
- ✆ 0444 831207 - www.labarchessadivillapisani.it
- Chiuso 6-12 febbraio, domenica sera e lunedì

La Barchessa di Villa Pisani

DIMORA STORICA • ROMANTICO Splendida dimora disegnata all'interno della barchessa di una delle ville palladiane, Patrimonio Mondiale dell'Unesco,Villa Pisani dispone al suo interno di tappeti, quadri, poltrone... insomma, ambienti lussuosi e molto accoglienti; le camere mostrano la stessa cura, ma - al tempo stesso - sono tutte diverse, confortevoli e calde. Una romantica dimora che vi suggeriamo senza indugio.

16 cam - †160/240 € ††190/690 € - 1 suite

via Risaie 1/3, località Bagnolo, Sud: 2,5 km - ✆ 0444 831207
- www.labarchessadivillapisani.it
- Chiuso 6-17 gennaio e 24 gennaio-13 febbraio

Osteria del Guà - Vedere selezione ristoranti

LORETO

Ancona - ✉ 60025 - 12 814 ab. - Alt. 127 m - Carta regionale n° **11**-D2
Carta stradale Michelin 563-L22

Andreina (Errico Recanati)

CUCINA REGIONALE • ELEGANTE XXX Una coppia di coniugi e una grande passione per la materia prima: in costante crescita gastronomica negli anni, in virtù di una cucina che rivede la tradizione - quasi esclusivamente di carne - con succulenti proposte alla brace e allo spiedo tra i secondi piatti.

→ Vincisgrasso (primo piatto tradizionale marchigiano). Faraona cotta da lontano, mela e radice. A mio nonno (dessert).

Menu 75 € - Carta 59/90 €

via Buffolareccia 14 - ✆ 071 970124 - www.ristoranteandreina.it
- Chiuso i mezzogiorno di martedì e mercoledì in agosto e dicembre, anche martedì sera negli altri mesi

LORETO APRUTINO

Pescara – ✉ 65014 – 7 479 ab. – Alt. 294 m – Carta regionale n° **1**-B1
Carta stradale Michelin 563-O23

🍴 **L'antico Torchio**　　　　　　　　　　　≼ ⅃ 🆔 ⅍ 🅿

CUCINA CLASSICA · LUSSO ⅩⅩ Nelle affascinati sale del castello, dove il grande
torchio fa bella mostra di sé al centro del locale, eleganza a tutto tondo e nei
piatti creatività e territorio.

Menu 45/65 € – Carta 39/58 €

*Hotel Castello Chiola, via degli Aquino 12 – ☏ 085 829 0690 (prenotazione
obbligatoria) – www.castellochiola.com – solo a cena escluso domenica*

🏨 **Castello Chiola**　　　　　　　≫ ≼ ⅃ 🖥 ⅙ 🆔 ⅍ 🅿

STORICO · ELEGANTE Si respira una romantica atmosfera nelle sale ricche di
fascino di un'incantevole, antica residenza medioevale, nella parte panoramica
della cittadina; camere raffinate.

32 cam ⌕ – †79/149 € ††89/189 € – 4 suites

via degli Aquino 12 – ☏ 085 829 0690 – www.castellochiola.com

🍴 **L'antico Torchio** – Vedere selezione ristoranti

LORO CIUFFENNA

Arezzo – ✉ 52024 – 5 819 ab. – Alt. 330 m – Carta regionale n° **18**-C2
Carta stradale Michelin 563-L16

🍴 **Il Cipresso-da Cioni**　　　　　　　　　　　　🆔 🅿

CUCINA REGIONALE · COLORATO Ⅹ Quadri di arte contemporanea realizzati dal
titolare-pittore rallegrano la sala, mentre le migliori specialità del territorio
- salumi, pane, paste e le celebri carni toscane - e l'ottimo gelato fatto in casa
deliziano gli avventori, che potranno prolungare il piacere dei sapori gustati por-
tandosi a casa prodotti locali acquistabili nella piccola enoteca.

Carta 28/63 €

*via Alcide De Gasperi 28 – ☏ 055 917 1127 (consigliata la prenotazione) – Chiuso
15-28 febbraio, sabato a mezzogiorno e mercoledì*

LOVENO Como → Vedere Menaggio

LUCARELLI Siena (SI) → Vedere Radda in Chianti

fotostock

CI PIACE...

La storia e lo stile dell'affascinante **N° 15 Santori Luxury Home**. La **Buca di Sant'Antonio** con la sua caratteristica sala dei "rami" dal cui soffitto pendono paioli di fogge varie. Lo scorcio sulla sottostante Piazza S. Michele dalla suite del Colonnello di **Palazzo Rocchi**.

LUCCA

(LU) – ⊠ 55100 – 89 046 ab. – Alt. 19 m – Carta regionale n° **18**-B1
Carta stradale Michelin 563-K13

Ristoranti

❀ **Giglio** Ⓝ (Terigi, Rullo e Stefanini) 🛱 🗚

CUCINA MODERNA · ELEGANTE ⤫⤫ Storico ristorante situato in un bel palazzo settecentesco del centro che rinasce grazie all'energia ed entusiasmo del sodalizio tra tre giovani cuochi, i quali condividono - oltre che l'amicizia - anche una visione moderna della cucina; radici ben piantate nel territorio, ma anche una dichiarata simpatia per il Sol Levante di cui si citano alcuni ingredienti qui e là.

➔ Capesante, agrumi affumicati e salicornia. Pollo arrosto, tartufo nero e insalate alla brace. Datteri, biscotto all'amaranto e rabarbaro.

Menu 40/70 € – Carta 38/63 €

Pianta: B2-c – *piazza del Giglio 2* – ℰ *0583 494058 (consigliata la prenotazione) – www.ristorantegiglio.com – Chiuso 2 settimane in gennaio-febbraio, mercoledì a mezzogiorno e martedì, anche mercoledì sera in novembre-marzo*

🍴 **Buca di Sant'Antonio** ❀ 🛱 🗚 ⇦

CUCINA TOSCANA · CONTESTO TRADIZIONALE ⤫⤫ Al piano terra, si trova quella che in origine era la stalla per il cambio dei cavalli, mentre la "buca" è la sala al piano inferiore. Una grande varietà di oggetti appesi alle pareti o pendenti dal soffitto tipizzano l'ambiente; il menu è invece vivacizzato da piatti regionali eseguiti secondo antiche ricette. Qui si fa "cucina" da quasi 300 anni!

🍽 Menu 23 € (pranzo)/33 € – Carta 37/54 €

Pianta: B2-a – *via della Cervia 1/5* – ℰ *0583 55881 – www.bucadisantantonio.com – Chiuso 15-28 gennaio, domenica sera e lunedì*

🍴 **All'Olivo** ❀ 🛱 🗚 ⇦

CUCINA REGIONALE · AMBIENTE CLASSICO ⤫⤫ In una delle caratteristiche piazze del centro storico, quattro sale elegantemente arredate, di cui una adibita ai fumatori, dove gustare una squisita cucina del territorio di terra e di mare. Piacevole servizio estivo all'aperto.

Menu 38/58 € – Carta 41/101 €

Pianta: B2-p – *piazza San Quirico 1* – ℰ *0583 493129 (consigliata la prenotazione) – www.ristoranteolivo.it – Chiuso mercoledì in novembre, gennaio e febbraio*

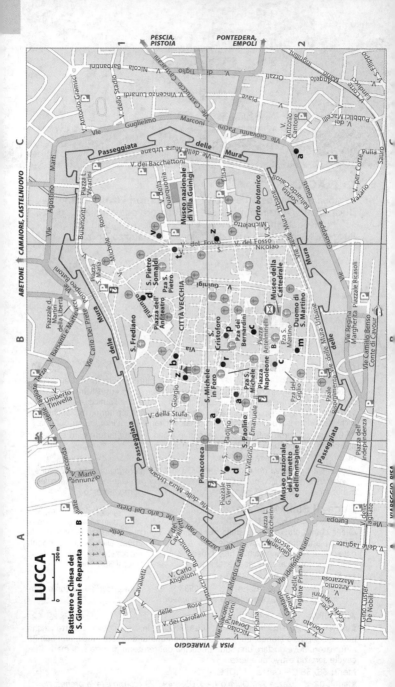

LUCCA

0   200 m

Battistero e Chiesa dei
S. Giovanni e Reparata ...... **B**

PESCIA, PISTOIA ↑ 1

PONTEDERA, EMPOLI ↑ 2

ABETONE ↑ CAMAIORE, CASTELNUOVO

Passeggiata delle Mura

V. dei Bacchettoni

Vle delle Mura Urbane

Museo nazionale
di Villa Guinigi

Orto botanico

Museo della
Cattedrale

**Duomo di
S. Martino**

Pza S.
Martino

S. Pietro
Somaldi

Pza S.
Pietro

CITTÀ VECCHIA

Pza dell'
Anfiteatro

S. Frediano

S. Cristoforo

Pza del
Bernardini

Piazza
Antelminelli

S. Michele
in Foro

Pza S.
Michele

Piazza
Napoleone

S. Paolino

Pinacoteca

**Museo del Fumetto
e dell'Immagine**

Passeggiata delle Mura

Vle delle Mura Urbane

PISA ↓ VIAREGGIO

PISA ↓ VIAREGGIO

VIAREGGIO ↓ PISA

🍴 Osteria Verciani "il Mecenate a Lucca"

CUCINA TOSCANA · FAMILIARE 🕸 Nei locali di una storica tintoria lucchese, qui respirerete l'atmosfera di un'autentica, conviviale trattoria; dal menu una straordinaria carrellata delle eccellenze gastronomiche locali quali i tordelli lucchesi o la tagliata alle erbe aromatiche. Scenografico servizio estivo di fronte alla chiesa di San Francesco e buona scelta enoica a completare l'offerta.

Carta 32/52 €

Pianta: C1-v – *via del Fosso 94* – ☎ *0583 511861* – *www.ristorantemecenate.it*
– *Chiuso 5-20 novembre*

Alberghi

🏨 Celide ⛩ 🕸 ⊡ 🅰🅲 🏊 🅿

BUSINESS · PERSONALIZZATO Di fronte alle antiche mura, l'hotel propone camere dagli arredi moderni e funzionali, particolarmente confortevoli quelle al secondo piano, ricche di colore e design; raccolta ed accogliente anche l'area relax con due ampie vasche idromassaggio. Cucina di mare nell'omonimo ristorante.

49 cam � – ♦89/180 € ♦♦109/300 €

Pianta: C2-a – *viale Giuseppe Giusti 25* – ☎ *0583 954106* – *www.albergocelide.it*

🏨 Ilaria e Residenza dell'Alba ⊡ & 🅰🅲 🏊 ☕

TRADIZIONALE · CLASSICO Alle porte del centro storico, ma ancora accessibile in macchina, troverete arredi semplici e dallo stile classico nelle camere, una gradevole terrazza per le colazioni estive, nonché spaziose suite in una vicina dépendance.

39 cam � – ♦60/190 € ♦♦80/300 € – 5 suites

Pianta: C2-z – *via del Fosso 26* – ☎ *0583 47615* – *www.hotelilaria.com*

🏨 San Luca Palace ⊡ & 🅰🅲 🏊 ☕

BUSINESS · PERSONALIZZATO All'interno di un palazzo del '500 - a pochi passi dal centro - ospitalità e indiscussa professionalità In ambienti eleganti dai morbidi colori. Le camere si distinguono per l'ottimo livello e la cura del dettaglio, ma anche per l'ampiezza; attrezzata sala riunioni, bar/tea room, parcheggio e garage con servizio cortesia, biciclette gratuite.

23 cam � – ♦80/190 € ♦♦140/290 € – 3 suites

Pianta: A2-d – *via San Paolino 103* – ☎ *0583 317446* – *www.sanlucapalace.com*

🏨 N°15 Santori Luxury Home ☕ 🅰🅲

LUSSO · ROMANTICO Nel centro storico, all'interno del quadrilatero romano, lussuose camere per una struttura i cui ambienti sono curati sin nel più piccolo dettaglio: accanto a mobili d'antiquariato troverete pezzi unici di design, statue, specchi, impreziositi da affreschi, fanno rivivere all'ospite la tipica atmosfera delle residenze nobiliari lucchesi.

6 cam � – ♦149/259 € ♦♦229/359 € – 2 suites

Pianta: B2-c – *via del Gallo 15* – ☎ *0583 152 3371* – *www.santoriluxuryhome.com*

🏨 Palazzo Dipinto ⓝ ⊡ 🅰🅲 ☕ 🏊 ☕

DIMORA STORICA · CONTEMPORANEO Un bel palazzo del centro storico è stato convertito in albergo moderno e dal 2017 si aggiunge all'hôtellerie di Lucca. Il rimando alle sue origini che risalgono al XIII secolo si trova un po' dappertutto: nei soffitti fatti con travi a vista, ma anche nel piccolo scavo romano interrato, mentre gli arredi offrono un confort contemporaneo. In estate si può consumare la prima colazione nella graziosa piazzetta.

19 cam � – ♦130/350 € ♦♦180/450 €

Pianta: B2-a – *piazza del Palazzo Dipinto 27* ✉ *55100 Lucca* – ☎ *0583 582873*
– *www.palazzodipinto.com*

🏨 San Marco

BUSINESS · PERSONALIZZATO Moderno e originale edificio in mattoni che esternamente ricorda una chiesa, mentre al suo interno propone ariosi ambienti in stile contemporaneo. Le testiere delle camere omaggiano i grandi personaggi di Lucca: Puccini, Carlo Del Prete, Nottolini... Piacevoli serate sorseggiando vino e birra (entrambi di produzione propria) sulla bella terrazza, dove viene anche servita la prima colazione.

48 cam ♋ – †90/180 € ††100/200 €

via San Marco 368, per Castelnuovo - B1 – ✆0583 495010
– www.hotelsanmarcolucca.com

🏨 Alla Corte degli Angeli

LOCANDA · A TEMA Incastonato in una struttura storica, ma dotato dei migliori confort moderni, tra cui, da poco, anche il ristorante, l'hotel propone ambienti dai colori vivaci, travi a vista e camere arredate con estrema ricercatezza, accomunate dal leitmotiv dei trompe-l'oeil presenti in ognuna di esse.

21 cam ♋ – †80/120 € ††120/250 €

Pianta: B1-b *– via degli Angeli 23 – ✆0583 469204*
– www.allacortedegliangeli.com – Chiuso 15 gennaio-15 febbraio

🏨 San Martino

FAMILIARE · FUNZIONALE In posizione tranquilla nelle vicinanze del Duomo, un gioiellino d'atmosfera - caldo ed accogliente - sin dal suo piccolo ingresso, completato da 6 camere nella dépendance a 50 metri. La struttura propone stanze di modeste dimensioni, ma curate nei dettagli; la prima colazione può essere consumata anche nel piccolo dehors.

18 cam ♋ – †50/160 € ††80/160 €

Pianta: B2-m *– via Della Dogana 9 – ✆0583 469181 – www.albergosanmartino.it*

🏨 A Palazzo Busdraghi

DIMORA STORICA · CENTRALE Al primo piano dell'omonimo palazzo duecentesco affacciato sul corso principale, antiquariato e accessori d'avanguardia si fondono mirabilmente per offrire un piacevole soggiorno, "coccolati" dalla squisita ospitalità di tutto lo staff.

8 cam ♋ – †68/160 € ††90/300 €

Pianta: B1-d *– via Fillungo 170 – ✆0583 950856 – www.apalazzobusdraghi.it*
– Chiuso 9-24 gennaio

🏨 Palazzo Rocchi

STORICO · CENTRALE Alle spalle della chiesa di San Michele, al terzo piano di un palazzo trecentesco con affreschi e arredi d'epoca, quattro camere si affacciano sull'omonima piazza; le colazioni sono proposte in camera. Per chi volesse regalarsi un sogno, suggeriamo la suite dell'ammiraglio.

5 cam ♋ – †90/110 € ††125/140 €

Pianta: B2-r *– piazza San Michele 30 – ✆0583 467479 – www.palazzorocchi.it*

🏨 Palazzo Tucci

DIMORA STORICA · STORICO Sono principesche le camere di questo palazzo nobiliare del '700 in pieno centro. Ma anche i saloni ricchi di fascino e storia, stucchi e affreschi, contribuiscono a rendere fiabesco il soggiorno.

6 cam ♋ – †130/160 € ††140/170 €

Pianta: B1-z *– via Cesare Battisti 13 – ✆0583 464279 – www.palazzotucci.com*

🏨 Lucca in Azzurro

LOCANDA · A TEMA Grazioso villino liberty d'inizio Novecento, il centro dista meno di un chilometro: l'atmosfera è semplice, ma curata, con pavimenti originali al primo e al secondo piano. Vasca idromassaggio e noleggio biciclette.

9 cam ♋ – †59/90 € ††89/159 €

viale Giacomo Puccini 450, per via Catalani - A2 – ✆0583 190 0329
– www.luccainazzurro.it – Chiuso 7 gennaio-8 marzo

sulla strada statale 12 r per viale Europa A2

🍴○ La Cecca ⚗ 🖭 ⇔ 🅿

CUCINA TOSCANA · CASA DI CAMPAGNA X Alle pendici della collina di Coselli, il locale ricorda nell'insegna il nome della fondatrice che negli anni '40 aprì qui un negozio di alimentari. A distanza di qualche generazione, la trattoria si infittisce ancora di buongustai alla ricerca di un ambiente accogliente e familiare, ma soprattutto dei piatti più famosi della regione.

Carta 28/50 €

località Coselli, Sud: 5 km ✉ 55060 Capannori
– ☎ 0583 94284 – www.lacecca.it
– Chiuso 1°-10 gennaio, 1 settimana in agosto, mercoledì sera e lunedì

🏠 Villa Marta ⚘ 🏠 ⬳ 🛏 ⤳ 🛁 🖭 🍴 🅿

LOCANDA · STORICO Magnolie, pini e camelie in un melting pot verdeggiante che abbraccia questa ottocentesca dimora di caccia, mutuante il proprio nome dall'ultima proprietaria che qui vi abitò: la signora Marta. Camere dal sapore antico, con pavimenti originali, alcune affrescate, per un soggiorno all'insegna del relax e del romanticismo. Buona cucina al Botton d'Oro.

18 cam ⌑ – †80/350 € ††80/350 €

via del Ponte Guasperini 873, località San Lorenzo a Vaccoli, Sud: 5,5 km ✉ 55100
– ☎ 0583 370101 – www.albergovillamarta.it
– Chiuso dicembre-febbraio

🏠 Marta Guest House 🍴 🛏 🅿

LOCANDA · REGIONALE Tra Lucca e Pisa, la nostalgica bellezza di una villa in stile tardo Liberty (è stata, infatti, costruita nel 1932) con splendidi pavimenti, bei soffitti ed arredi d'epoca. Due camere con ampio terrazzo e, per tutti, generosa colazione sia dolce che salata.

6 cam ⌑ – †55/65 € ††90/110 €

via del Querceto 47, località Santa Maria del Giudice, Sud: 10 km ✉ 55100
– ☎ 320 636 4530 – www.martaguesthouse.it – Aperto 1°-6 gennaio e 1° aprile-4 novembre

a Marlia Nord: 6 km per Camaiore B1 ✉ 55014

✿✿ Butterfly (Fabrizio Girasoli) 🛏 ⚗ 🖭 🅿

CUCINA MODERNA · CASA DI CAMPAGNA XXX Immerso in un curato giardino, ottocentesco casolare dove cotto e travi si uniscono ad un'elegante atmosfera. La gestione è familiare e, infatti, se la madre segue la sala, padre e figlio si occupano della cucina, sia di carne sia di pesce, elaborata, dalle presentazioni ricercate.
→ Tagliolino alla liquirizia con vongole e bottarga. Capretto della Garfagnana in due cotture, con consistenza di friggitelli. Il pozzo dei desideri (dessert).

Menu 80/100 € – Carta 67/102 €

strada statale 12 dell'Abetone – ☎ 0583 307573 (consigliata la prenotazione)
– www.ristorantebutterfly.it – solo a cena escluso i giorni festivi
– Chiuso 2 settimane in febbraio e mercoledì

a Ponte a Moriano Nord: 9 km per Camaiore B1 ✉ 55029

🍴 Antica Locanda di Sesto 🖭 🅿

CUCINA TOSCANA · CONTESTO REGIONALE X Simpatica, calorosa e - ormai - ultracentenaria gestione familiare per questa storica locanda di origini medievali, che ha saputo conservare autenticità e genuinità: oggi ripropone in gustose ricette regionali. Un esempio? Pappa al pomodoro - trippa in casseruola - frutta caramellata al forno.

Carta 25/62 €

via Ludovica 1660, a Sesto di Moriano, Nord-Ovest: 2,5 km
– ☎ 0583 578181 – www.anticalocandadisesto.it
– Chiuso 24 dicembre-1° gennaio e sabato

a Segromigno in Monte Nord : 10 km per Camaiore B1 ⊠ 55018

🏠 Fattoria Mansi Bernardini   ⇪ ⑳ ⇦ ⌶ ⅏ ⅏ 🅿

CASA DI CAMPAGNA · STORICO In un'affascinante cornice, tra colline e vigneti, la grande azienda agricola produttrice di olio si compone di diversi casolari e riserva agli ospiti arredi d'epoca e camere spaziose. L'atmosfera è piacevolemente retrò!

15 cam ⌷ – 🛏100/120 € 🛏🛏130/160 €

via di Valgiano 34, Nord: 3 km – 𝒞 0583 921721 – www.fattoriamansibernardini.it – Aperto 1° aprile-29 novembre

sulla strada statale 435 per Pescia C1

🐱 I Diavoletti   ⌂ 🆔 🅿

CUCINA TOSCANA · FAMILIARE ✗ In questa ex casa del popolo (dove si riunivano i "diavoletti" rossi), sorelle al lavoro in difesa dei prodotti della lucchesia: in sale allegre e variopinte, qui sarete introdotti alle specialità del territorio: ottimi i salumi, grande uso di legumi, da assaggiare - ad esempio - la mousse di ricotta con frutti di bosco su cialda di fagioli rossi locali.

Carta 24/42 €

via stradone di Camigliano 302, Est: 9 km ⊠ 55012 Capannori – 𝒞 0583 920323 – www.ristorantepizzeriaidiavoletti.it – solo a cena escluso domenica – Chiuso 1°-10 settembre e mercoledì

⅋○ Serendepico   ⌂ 🆔 ⅏ ⇦ 🅿

FUSION · MINIMALISTA ✗ Lo chef giapponese si diverte a reinterpretare i sapori dello Stivale, in maggior modo quelli delle regioni dove lui stesso si è fatto le ossa (Marche, Piemonte, Toscana), ma lo fa con una delicatezza tutta nipponica, in punta di piedi o meglio di forchetta. Cucina della tradizione, quindi, che porge il destro ad abbinamenti insoliti ed intriganti.

Menu 55/100 € – Carta 34/58 €

Hotel Relais del Lago, via della Chiesa di Gragnano 36, Est: 12 km ⊠ 55012 Capannori – 𝒞 0583 975026 (consigliata la prenotazione) – www.serendepico.com – solo a cena escluso sabato e domenica – Chiuso 3 gennaio-3 febbraio

🏠 Relais del Lago   ⑳ ⇦ ⌶ 🆔 ⅏ 🅿

CASA DI CAMPAGNA · PERSONALIZZATO Raffinata modernità all'interno di un casolare seicentesco circondato da un curato giardino e isolato sulle colline della lucchesia. Graziosissime le camere caratterizzate da qualche richiamo rustico.

8 cam ⌷ – 🛏60/110 € 🛏🛏80/170 € – 2 suites

via della Chiesa di Gragnano 36, Est: 12 km ⊠ 55012 Capannori – 𝒞 0583 975026 – www.relaisdellago.com – Chiuso 3 gennaio-3 febbraio

⅋○ **Serendepico** – Vedere selezione ristoranti

sulla strada per Valgiano Nord-Est: 8 km direzione Abetone B1

🏠 Tenuta San Pietro   ⇪ ⑳ ⇦ ⌶ ⊡ 🆔 🅿

CASA DI CAMPAGNA · PERSONALIZZATO In posizione bucolica e panoramica - piccola nelle dimensione, ma non nel confort - la risorsa offre camere personalizzate e moderne che ben si armonizzano al contesto. Cucina del territorio reinterpretata con gusto contemporaneo.

8 cam – 🛏100/180 € 🛏🛏120/260 € – 2 suites – ⌷ 15 €

via per San Pietro 22/26, località San Pietro a Marcigliano – 𝒞 0583 926676 – www.tenutasanpietro.com – Chiuso novembre

---

LUCIGNANO Siena → Vedere San Gimignano

LUCRINO Napoli → Vedere Pozzuoli

LUGANA Brescia → Vedere Sirmione

LUGHETTO Venezia → Vedere Campagna Lupia

LUINO
Varese – ⊠ 21016 – 14 786 ab. – Alt. 202 m – Carta regionale n° **9**-A2
Carta stradale Michelin 561-E8

a Colmegna Nord : 2,5 km ⊠ 21016 – Luino

🏨 Camin Hotel Colmegna ⚜ ≼ 🖨 🏵 🖼 🛋 🅿

RESORT · BORDO LAGO Circondata da un ameno parco in riva al lago, in splendida posizione panoramica, questa villa d'epoca dispone di camere confortevoli per un soggiorno piacevole e rilassante: le nuove stanze mansardate offrono un respiro ampio e romantico.

31 cam ⌑ – ♦100/180 € ♦♦130/250 € – 5 suites

via Palazzi 1 - 𝒞 0332 510855 – www.caminhotel.com – Chiuso
18 dicembre-16 marzo

LUSIA
Rovigo – ⊠ 45020 – 3 533 ab. – Alt. 10 m – Carta regionale n° **23**-B3
Carta stradale Michelin 562-G16

in prossimità strada statale 499 Sud : 3 km

🕲 Trattoria al Ponte 🖩 🖼 ⇔ 🅿

CUCINA REGIONALE · FAMILIARE 🗶 Fragranze di terra e di fiume si intersecano ai sapori da una volta e alla fantasia dello chef per realizzare instancabili piatti della tradizione, come il mitico risotto (in base alla stagione!) o il petto di faraona alla senape. Un'oasi nel verde, al limitare di un ponte, con laghetto illuminato.

Carta 24/49 €

via Bertolda 27, località Bornio ⊠ 45020 – 𝒞 0425 669890
– www.trattorialponte.it – Chiuso 1 settimana in agosto e lunedì

LUTAGO LUTTACH Bolzano → Vedere Valle Aurina

MACERATA
(MC) – ⊠ 62100 – 42 473 ab. – Alt. 315 m – Carta regionale n° **11**-C2
Carta stradale Michelin 563-M22

🍴 L'Enoteca 🕸 🖩 🖼 ⇔ 🅿

CUCINA CREATIVA · RUSTICO 🗶🗶 Ambiente rustico-elegante per piatti vegetariani o di pesce elaborati con molta fantasia. Per la scelta del vino non esitate a farvi consigliare: notevole è, infatti, la loro proposta enologica.

Carta 32/52 €

Hotel Le Case, contrada Mozzavinci 16/17, Nord-Ovest: 6 km - 𝒞 0733 231897
– www.ristorantelecase.it – solo a cena – Chiuso 20 giorni in gennaio, 10 giorni in agosto, domenica, lunedì e martedì

🏨 Le Case ⚜ 🕸 ≼ 🖨 🖥 🕸 🏵 🖼 🗐 ఈ 🖼 🛋 🅿

CASA PADRONALE · TRADIZIONALE L'ombra dei cipressi conduce ad un complesso rurale del X secolo, che comprende anche un piccolo, ma ben strutturato, museo contadino. Eleganza e buon gusto fanno da cornice a soggiorni di classe, immersi nella pace della campagna. Oltre al ristorante L'enoteca vi è la trattoria con proposte di terra e pizze da farine selezionate.

19 cam ⌑ – ♦75/90 € ♦♦100/120 € – 5 suites

contrada Mozzavinci 16/17, Nord-Ovest: 6 km - 𝒞 0733 231897
– www.ristorantelecase.it – Chiuso 20 giorni in gennaio e 10 giorni in agosto

🍴 **L'Enoteca** – Vedere selezione ristoranti

MADDALENA (Arcipelago della) **Sardegna**

Olbia-Tempio – Carta regionale n° **16**-B1
Carta stradale Michelin 366-R36

La Maddalena – ⊠ 07024 – 11 332 ab. – Carta regionale n° **16**-B1

🏨 **Grand Hotel Resort Ma&Ma**   ⭐ 🐾 🛋 🖻 🗓 📶 💨 ⌂₲ 🕸 🆎 🐾 🏋

LUSSO · MODERNO A 300 metri dal mare, questa recente struttura vi 🅿
accoglierà con moderne soluzioni ed un appeal accattivante. Le camere propongono stili diversi: a voi scegliere quello che più vi aggrada... compatibilmente con la disponibilità!

100 cam ☲ – †80/250 € ††160/500 € – 7 suites
località Nido d'Aquila, Ovest: 3 km – 𝒞 0789 722406
– www.grandhotelmaema.com – Aperto 19 aprile-3 novembre

🏨 **Excelsior**   🖻 ⌂₲ 🆎

FAMILIARE · MODERNO In centro e fronte porto, questa struttura piccola nelle dimensioni, ma non nel confort, si contraddistingue per la moderna eleganza e il design. Piacevole terrazza-solarium con vista mare ed ottime camere, ampie e funzionali.

27 cam ☲ – †34/499 € ††39/499 € – 1 suite
via Amendola 7 – 𝒞 0789 721047 – www.excelsiormaddalena.com – Aperto 1° marzo-31 ottobre

MADESIMO

Sondrio – ⊠ 23024 – 587 ab. – Alt. 1 536 m – Carta regionale n° **9**-B1
Carta stradale Michelin 561-C10

🦋 **Il Cantinone e Sport Hotel Alpina** (Stefano Masanti)   🐜 🔄 🗓

CUCINA MODERNA · RUSTICO 🗙🗙 Calda atmosfera nelle sale di ele-   ⌂₲ 🕸 🅿
gante stile montano, ambiance riproposta poi nelle accoglienti camere. Menu degustazione gourmet solo su prenotazione; in alternativa la proposta bistrot è più veloce e semplice.

→ Risotto con gamberi di fiume e rognone di coniglio. Maialino di Samolaco croccante con nespole fermentate. Sottobosco madesimino.

Menu 110 €
8 cam ☲ – †120/250 € ††200/450 €
via A. De Giacomi 39 – 𝒞 0343 56120 (prenotazione obbligatoria)
– www.ristorantecantinone.com – solo a cena – Aperto 1° dicembre-8 aprile; chiuso martedì escluso vacanze di Natale

🏨 **Andossi**   ⭐ 🗓 📶 💨 ⌂₲ 🖻 🏋 🅿

FAMILIARE · STILE MONTANO Hotel di tradizione non lontano dal centro e conduzione famigliare per un'ospitalità a tutto tondo: camere in stile montano e centro benessere per approfittare appieno del soggiorno.

40 cam ☲ – †80/120 € ††140/180 €
via A. De Giacomi 37 – 𝒞 0343 57000 – www.hotelandossi.com – Aperto 1° dicembre-30 aprile e 1° luglio-10 settembre

CI PIACE...

La cordialità della famiglia Stefani che gestisce l'hotel **Dello Sportivo** dalla metà degli anni '50. L'eleganza calda e signorile dello **Chalet del Sogno** con il suo angolo gourmet **Due Pini**. Il lussuoso design montano del **DV Chalet**.

MADONNA DI CAMPIGLIO

(TN) – ✉ 38086 – 700 ab. – Alt. 1 522 m – Carta regionale n° **19**-B2
Carta stradale Michelin 562-D14

Ristoranti

⭐ Il Gallo Cedrone   ✿ & 🍴

CUCINA CREATIVA · ELEGANTE XXX Al Gallo Cedrone si è sempre celebrata la montagna, dalle cotture al fumo di fieno ai salumi e formaggi trentini. Il lago e i pesci d'acqua dolce non sono lontani, come la selvaggina. Ma ora un giovane e talentuoso nuovo chef apre la porta della cucina anche a prodotti esteri; il menu cambia con regolarità.

→ Gnocchi della val di Gresta in sugo di lepre, spugnole, formaggio d'alpeggio e profumo di foresta. Tonno tataki, gambero rosso, stracciatella, avocado e mandarino. Mango, cocco, cioccolato cremoso e sorbetto di maracuja.

Menu 65/110 € – Carta 65/126 €

Hotel Bertelli, via Cima Tosa 80
– ℰ 0465 441013 – www.ilgallocedrone.it
– solo a cena – Aperto 1° dicembre-6 aprile e 12 luglio-12 settembre; chiuso lunedì

⭐ Stube Hermitage   🍸 📺 & 🍴 🅿

CUCINA CREATIVA · STUBE XX Il nome è eloquente: si cena all'interno di una romantica ed antica stube, un inno ai piaceri alpini, ove la cucina porta a rimarchevoli vette creative prodotti ed ingredienti per la maggior parte montani e trentini. Meta perfetta di chi vuole portare la montagna in tavola.

→ Insalata aromatica con erbe spontanee e non, fiori eduli, lamponi e pane. Quaglia al profumo di fieno, crostino di foie gras d'anatra, lattuga e salsa al cerfoglio. La foresta nera fredda.

Menu 70/120 € – Carta 54/118 €

Bio-Hotel Hermitage, via Castelletto Interiore 69, Sud: 1,5 km
– ℰ 0465 441558 (coperti limitati, prenotare) – www.stubehermitage.it
– solo a cena – Aperto 3 dicembre-31 marzo e 10 luglio-4 settembre

❀ Dolomieu   ♿ ✧

CUCINA MODERNA · STUBE ✕✕ Sulle vette della località, pochi tavoli (solo 7!) per i piatti che vi faranno volare ancora più in alto, grazie all'abilità ed all'estro del nuovo chef che si è brillantemente inserito in carica nel 2018: la sua è una cucina con spunti sia di montagna sia di mare, con proposte a volte tradizionali, altre più creative.

→ Ravioli di coniglio e scampi. Bue e astice. Paesaggio lunare: geometrie e consistenze di cioccolati dolci e salati.

Menu 90/120 € – Carta 76/172 €

Hotel DV Chalet, via Castelletto Inferiore 10 – ℰ 0465 443191 (prenotazione obbligatoria) – www.dvchalet.it – solo a cena – Aperto 6 dicembre-1° aprile e 12 luglio-31 agosto

⫍⃝ Da Alfiero   ✧ ✧

CUCINA REGIONALE · CONTESTO TRADIZIONALE ✕✕ Colori, decorazioni e travi a vista: Alfiero è un locale d'impostazione classica sia nel servizio sia nella cucina, che cita nel piatto tanto il territorio quanto i sapori d'Italia.

Menu 40/60 € – Carta 42/74 €

via Vallesinella 5 – ℰ 0465 440117 – www.hotellorenzetti.it – Aperto 1° dicembre-31 marzo e 1° luglio-31 agosto

⫍⃝ Due Pini   ✧

CUCINA REGIONALE · RUSTICO ✕✕ Cucina legata al territorio, ma allo tempo stesso reinterpretata in chiave estrosa e moderna, per questo ristorante forte della sua tipicità alpina, sebbene sia stato rinnovato in anni recenti.

Carta 44/75 €

Hotel Chalet del Sogno, via Spinale 37/bis – ℰ 0465 441033 – www.ristoranteduepini.com – solo a pranzo piccola carta in giugno-settembre – Aperto 30 novembre-19 aprile e 2 giugno-6 ottobre

⫍⃝ Il Convivio   ♿ ✧

CUCINA MODERNA · STUBE ✕✕ Calda atmosfera nella stube, dove la sera gustare piatti ricchi di originalità; a pranzo, invece, nel lounge, vi attende una cucina dalla matrice spiccatamente italiana.

Menu 60/95 € – Carta 42/86 € – carta semplice a pranzo

Alpen Suite Hotel, viale Dolomiti di Brenta 84 – ℰ 0465 440100 (prenotare) – www.alpensuitehotel.it – Aperto 1° dicembre-Pasqua e 25 giugno-15 settembre

Alberghi

⌂ Bio-Hotel Hermitage

LUSSO · BUCOLICO Immerso in un parco con le cime del Brenta come sfondo, la natura si trasferisce all'interno: costruito secondo i criteri della bioarchitettura, la tranquillità e l'eleganza sono di casa.

25 cam ⌸ – ♦130/250 € ♦♦250/350 € – 5 suites

via Castelletto Inferiore 69 – ℰ 0465 441558 – www.biohotelhermitage.it – Aperto 4 dicembre-31 marzo e 1° luglio-14 settembre

❀ **Stube Hermitage** – Vedere selezione ristoranti

⌂ Alpen Suite Hotel

LUSSO · ELEGANTE Per chi ama gli spazi, una sobria essenzialità e qualche richiamo montano: le camere sono ampie con pochi, eleganti arredi. Per gli appassionati anche una cigar room. Charme e relax alpino al centro benessere.

28 suites ⌸ – ♦♦200/750 €

viale Dolomiti di Brenta 84 – ℰ 0465 440100 – www.alpensuitehotel.it – Aperto 1° dicembre-Pasqua e 25 giugno-15 settembre

⫍⃝ **Il Convivio** – Vedere selezione ristoranti

Bertelli

TRADIZIONALE · STILE MONTANO Apprezzabile la serietà della gestione e l'ampiezza degli spazi (mansarde comprese), in questo edificio montano da diversi lustri nelle mani della stessa famiglia. All'interno: ambienti in stile, con qualche arredo anni '70.

44 cam ☲ – ♦48/232 € ♦♦80/388 € – 5 suites

via Cima Tosa 80 – ℰ 0465 441013 – www.hotelbertelli.it
– Aperto 1° dicembre-7 aprile e 27 giugno-15 settembre
❀ **Il Gallo Cedrone** – Vedere selezione ristoranti

Campiglio Bellavista

TRADIZIONALE · STILE MONTANO A ridosso della piste da sci, rimodernato secondo i più severi dettami di bioarchitettura, un hotel tutto in legno completo nella gamma dei servizi offerti ed aggiornato nei confort: compreso il buon ristorante che porta il nome dei titolari.

38 cam ☲ – ♦75/285 € ♦♦130/450 €

via Pradalago 38 – ℰ 0465 441034 – www.hotelcampigliobellavista.it
– Aperto 1° dicembre-15 aprile e 1° luglio-15 settembre

Chalet del Sogno

LUSSO · ACCOGLIENTE Il sogno diventa realtà: a pochi passi dagli impianti di risalita, albergo in stile montano con ambienti signorili ed ampie camere. Al termine di una giornata attiva e dinamica, quanto di meglio che una sosta nel moderno ed attrezzato centro benessere?

12 suites ☲ – ♦♦180/1100 € – 6 cam

via Spinale 37/bis
– ℰ 0465 441033 – www.hotelchaletdelsogno.com
– Aperto 30 novembre-19 aprile e 2 giugno-6 ottobre
⊗ **Due Pini** – Vedere selezione ristoranti

Chalet Laura

LUSSO · DESIGN A due passi dalla piazza principale, un albergo che si ispira alla natura: l'unicità del luogo si riflette nell'esclusività e semplicità del progetto di design, caratterizzato da interni delicati, prestigiose suite ed una rilassante area wellness. E' come alloggiare in una casa privata di lusso.

20 cam ☲ – ♦100/250 € ♦♦180/380 € – 4 suites

via Pradalago 21 – ℰ 0465 441246 – www.chaletlaura.it – Aperto
1° dicembre-19 aprile e 16 giugno-14 settembre

Cristal Palace

LUSSO · ELEGANTE Nella parte alta della località, l'alternanza di legno e marmo conferisce un côté modernamente raffinato a questo hotel di recente apertura, che dispone di camere molto confortevoli, nonché di un attrezzato centro benessere per momenti di piacevole relax.

61 cam ☲ – ♦50/600 € ♦♦80/800 € – 2 suites

via Cima Tosa 104/a
– ℰ 0465 446020 – www.cristalpalacecampiglio.it
– Aperto 4 dicembre-15 aprile e 20 giugno-20 settembre

DV Chalet

LUSSO · DESIGN Affascinanti ambienti moderni, profili geometrici e colori sobri: se cercate raffinatezza e design sulle Alpi, DV Chalet - con sottotitolo "Boutique Hotel & Spa" - è sicuramente l'indirizzo che fa per voi!

20 cam ☲ – ♦70/600 € ♦♦140/600 €

via Castelletto Inferiore 10 – ℰ 0465 443191 – www.dvchalet.it
– Aperto 6 dicembre-1° aprile e 12 luglio-1° settembre
❀ **Dolomieu** – Vedere selezione ristoranti

Lorenzetti

TRADIZIONALE · CLASSICO Faro dell'ospitalità a Campiglio, il personale prevede e realizza ogni esigenza dei clienti. Relax sulla terrazza-solarium e dolci a volontà per i più golosi. Cucina ladina nell'elegante sala ristorante: i clienti privi di camera panoramica si rifaranno con le finestre sulle cime di Brenta.

48 cam ☑ – ♦160/400 € ♦♦250/500 € – 12 suites

viale Dolomiti di Brenta 119, Sud: 1,5 km – ℰ 0465 441404
– www.hotellorenzetti.com – Aperto 1° dicembre-10 aprile e 1° luglio-10 settembre

Spinale

SPA E WELLNESS · ELEGANTE La sua posizione - praticamente attaccata all'o-monimo impianto di risalita – lo pone già tra i "preferiti". A questa caratteristica seguono la piacevolezza dello stile moderno con nostalgie vintage e dotazioni di ultima generazione, gli innumerevoli servizi ed una tenuta impeccabile che ha visto la realizzazione di un'importante ristrutturazione al piano terra, nonché al primo.

58 cam ☑ – ♦79/900 € ♦♦99/1000 € – 8 suites

via Monte Spinale 39 – ℰ 0465 441116 – www.spinalehotelcampiglio.it – Aperto inizio dicembre-inizio aprile e fine giugno-inizio settembre

Crozzon

TRADIZIONALE · CLASSICO Non lontano dal centro, Crozzon è un hotel a con-duzione familiare che si è ampliato in anni recenti e che ora dispone di un moderno centro benessere e nuove camere, quelle che noi consigliamo! Presso il ristorante, cucina legata al territorio.

34 cam ☑ – ♦59/149 € ♦♦99/300 €

viale Dolomiti di Brenta 96 – ℰ 0465 442222 – www.hotelcrozzon.com
– Aperto 5 dicembre-30 marzo e 29 giugno-8 settembre

Gianna

TRADIZIONALE · STILE MONTANO In posizione tranquilla, ma non lontano dal centro, la tradizione trentina si sposa con il gusto moderno, grazie ad una gestione familiare che si adopera al continuo rinnovo. Appetitosa cucina regio-nale nelle due graziose sale ristorante e nella stube.

25 cam ☑ – ♦80/230 € ♦♦140/410 € – 3 suites

via Vallesinella 16 – ℰ 0465 441106 – www.hotelgianna.it – Aperto 1° dicembre-15 aprile e 29 giugno- 23 settembre

Majestic Mountain Charme

LUSSO · STILE MONTANO In pieno centro, a lato degli impianti di risalita, hotel elegante con lounge bar - fashion e ricercato - aperto agli esterni con menu light per il pranzo. In stile alpino con inserti moderni, le signorili camere si abbandone-ranno con meno rimpianto se la destinazione è il grazioso centro benessere all'ul-timo piano. Il ristorante serale Majestic Gourmet ha nel nome la propria vocazione.

25 cam ☑ – ♦80/350 € ♦♦150/580 € – 14 suites

piazza Righi 33 – ℰ 0465 441080 – www.majesticmchotel.com – Aperto 7 dicembre-31 marzo e 15 luglio-31 agosto

Dello Sportivo

FAMILIARE · STILE MONTANO Ambiente simpatico in un hotel dal confort essenziale e gestito con passione. Ben posizionato tra impianti di risalita e centro, vi consentirà piacevoli soggiorni.

11 cam ☑ – ♦50/130 € ♦♦90/300 €

via Pradalago 29 – ℰ 0465 441101 – www.dellosportivo.com
– Aperto 1° dicembre-15 aprile e 20 giugno-1° ottobre

MADONNA DI SENALES UNSERFRAU Bolzano → Vedere Senales

MAGGIORE (Lago) → Vedere Lago Maggiore

MAGIONE

Perugia – ✉ 06063 – 14 865 ab. – Alt. 299 m – Carta regionale n° **20**-B2
Carta stradale Michelin 563-M18

🍴○ **L'Umbricello del Coccio**　　　　　🛋 🏠 ♿

CUCINA UMBRA · CONTESTO TRADIZIONALE X Marco, lo chef-patron, meglio conosciuto come il "re degli umbricelli", si è trasferito in questa nuova sede: un piacevole rustico nei pressi del Santuario di Montemelini. Oltre alla tipico spaghettone, carni alla brace e specialità locali. In estate si può godere della bella terrazza panoramica.

Carta 26/40 €

via Dei Montemelini 22, Sud-Est: 8 km (Santuario Madonna di Lourdes) ✉ *06063 –* ✆ *075 847 6534 – www.lumbricellodelcoccio.it – Chiuso 9-17 gennaio, 10-17 marzo, 1°-8 settembre, lunedì e martedì*

MAGLIANO ALFIERI

Cuneo – ✉ 12050 – 2 153 ab. – Alt. 328 m – Carta regionale n° **14**-C2
Carta stradale Michelin 561-H6

🍴○ **Stefano Paganini alla Corte degli Alfieri**　　　　　♦

CUCINA MODERNA · CONTESTO STORICO XX All'interno di un sontuoso castello seicentesco, due sale di servizio: in una sono esposte opere di artisti locali che cambiano durante l'anno, mentre i più romantici sceglieranno quella delle rose con splendidi soffitti affrescati. Niente scelta alla carta, ma solo menu degustazione (dal quale - tuttavia - si possono "estrarre" a piacere dei piatti), di ottimo livello e con un eccellente rapporto qualità/prezzo.

Menu 40/65 €

piazza Raimondo 4 – ✆ *0173 66244 – www.stefanopaganini.it – Chiuso 10 giorni in gennaio-febbraio, 10 giorni in agosto, mercoledì a mezzogiorno e martedì*

MAGLIANO IN TOSCANA

Grosseto – ✉ 58051 – 3 619 ab. – Alt. 128 m – Carta regionale n° **18**-C3
Carta stradale Michelin 563-O15

🍴○ **Antica Trattoria Aurora**　　　　　🛋 🏠 ♦

CUCINA TOSCANA · ACCOGLIENTE XX All'ingresso del borgo antico cinto da mura, nelle sale il tono è piacevolmente rustico, incantevole (zanzare permettendo) il servizio all'aperto in giardino, ma su tutto s'impone la cucina, che elabora creativamente le risorse locali: un ottimo ristorante.

Carta 32/56 €

via Lavagnini 12/14 – ✆ *0564 592774 – Chiuso gennaio, febbraio e mercoledì*

MAGLIANO SABINA

Rieti – ✉ 02046 – 3 774 ab. – Alt. 222 m – Carta regionale n° **7**-B1
Carta stradale Michelin 563-O19

🍴○ **Degli Angeli**　　　　　🐾 ⇆ ≤ 🏠 ⅃ 🅰🅲 ❀ 🅿

CUCINA REGIONALE · ELEGANTE XX Elegante sala bianca e luminosa affacciata sulla campagna, la brace regna tra i secondi piatti, di cucina altrimenti tipicamente e gustosamente laziale, mentre la cantina ospita oltre 400 etichette di vini, distillati e Champagne. Ospitalità, discrezione e semplicità avvolgono l'hotel, in posizione ideale per un week-end lontano dai ritmi frenetici della città. E, per non farsi mancare nulla, gli ospiti possono acquistare prodotti di produzione propria nell'adiacente Bottega delle Delizie; fiore all'occhiello l'oleoteca con 80 produttori Italiani in lista.

Menu 40 € – Carta 35/80 €

8 cam ☷ – ♦67/83 € ♦♦83/109 €

località Madonna degli Angeli, Nord: 3 km – ✆ *0744 91377 – www.ristorantedegliangeli.it – Chiuso 2 settimane in agosto, domenica sera e lunedì*

sulla strada statale 3 - via Flaminia Nord-Ovest : 3 km

⅋○ La Pergola ⇆ 🏠 ☒ ⅊ 🅰🅒 🔼 🄿

CUCINA ROMANA · RUSTICO ✕✕ Comodo da raggiunge per chi arriva dall'autostrada e desidera un assaggio del mondo gastronomico laziale, si mangia sotto archi in mattoni in un'atmosfera piacevolmente rustica. Tradizionali e squisiti sughi del territorio condiscono le paste, tra i secondi regna la cottura alla griglia. Piacevoli anche le camere.

Carta 26/65 €

23 cam ☒ – ⅋45/65 € ⅋⅋65/95 €

via Flaminia km 63,900 ☒ 02046

– ☏ 0744 919841 – www.lapergola.it

MAGLIE

Lecce (LE) – ☒ 73024 – 14 418 ab. – Alt. 81 m – Carta regionale n° **15**-D3
Carta stradale Michelin 564-G36

⅋○ Bel Ami ⇆ 🏠 ⅊ 🅰🅒

PESCE E FRUTTI DI MARE · CONTESTO STORICO ✕✕ Palazzo ottocentesco rinnovato con gusto moderno sia nel ristorante che nelle camere; la cucina predilige il mare, i crudi e gli champagne.

Carta 32/81 €

7 cam ☒ – ⅋65/90 € ⅋⅋80/120 € – 1 suite

via Roma 86 – ☏ 0836 312930 – www.bel-ami.it

🏠 Corte dei Francesi 🅰🅒

STORICO · ELEGANTE All'interno di un museo d'arte conciaria (visibili ancora le vasche di lavorazione e molti attrezzi utilizzati all'epoca), la risorsa dispone di belle camere dai caratteristici muri in pietra, dove predomina il bianco e lo stile mediterraneo; ariosa corte e terrazza soleggiata per il relax degli ospiti.

10 cam ☒ – ⅋60/180 € ⅋⅋80/180 € – 1 suite

via Roma 138 – ☏ 0836 424282 – www.cortedeifrancesi.it

MAIORI

Salerno – ☒ 84010 – 5 573 ab. – Carta regionale n° **4**-B2
Carta stradale Michelin 564-E25

⅋○ Torre Normanna ⇆ 🏠 ⅁ 🅰🅒 🄿

PESCE E FRUTTI DI MARE · CONTESTO STORICO ✕✕ Lungo questa costa che tutto il mondo ci invidia, specialità a base di pesce e vista "ravvicinata" sul mare, in un delizioso locale all'interno dell'antica torre. Per chi desidera piatti più semplici o pizza vi è l'alternativa sulle terrazze in basso alla costruzione.

Menu 65/85 € – Carta 58/75 €

via Diego Taiani 4

– ☏ 089 877100 – www.ristorantetorrenormanna.it

– Chiuso 2 settimane in gennaio, 2 settimane in novembre e lunedì escluso maggio-ottobre

🏠 Botanico San Lazzaro 🌿 🦋 ⇆ 🛏 ☒ 🛗 ☐ 🅰🅒 ⅍ 🚗

LUSSO · PERSONALIZZATO Vi sembrerà di toccare il cielo con un dito, quando l'ascensore panoramico vi condurrà in questa romantica struttura; la vista si fa regina nelle camere di grande charme, in piscina e nei vari terrazzamenti dove poter godere della massima tranquillità. Una breve passeggiata nel giardino botanico donerà nuovo vigore al vostro spirito, ma risparmiate le energie se intendete raggiungere il centro a piedi...

14 cam ☒ – ⅋250/395 € ⅋⅋280/550 € – 5 suites

via Lazzaro 25 – ☏ 089 877750 – www.hbsl.com

– Aperto 1° aprile -31 ottobre

sulla costiera amalfitana Sud-Est : 4,5 km

❀ **Il Faro di Capo d'Orso** (Pierfranco Ferrara)   🐟 ≼ 🖭 🍸 **P**

CUCINA MODERNA · LUSSO XxX Arrampicato su un promontorio, la sala offre uno strepitoso panorama della costiera amalfitana. Lo stupore continua nel piatto con una cucina mediterranea e dai sapori campani, non priva di fantasia.

→ Gambero, sedano e gin. Linguine con ostriche emulsionate, fave e polvere di dragoncello. Fragole, zenzero e wasabi.

Carta 78/108 €

Hotel Relais Tenuta Solomita, via Diego Taiani 48
– ☎ 089 877022 – www.ilfarodicapodorso.it
– solo a cena in giugno-agosto – Chiuso martedì, anche mercoledì in marzo

🏠 **Badia Santa Maria De Olearia**   ≼ 🖭 🍸 **P**

DIMORA STORICA · INSOLITO Bella, recente ristrutturazione di un ex convento adiacente all'omonima badia e le cui celle monastiche - ora - sono state trasformate in comode camere di design, tutte con vista: quest'ultima diventa spettacolare nella "grotta", che ospita la sala colazioni all'aperto.

8 cam ⌆ – ♦180/300 € ♦♦280/400 €

via Diego Taiani 45 – ☎ 089 854060 – www.santamariadeolearia.com
– Aperto 1° maggio-30 ottobre

🏠 **Relais Tenuta Solomita**   🏊 ≼ 🍴 🛋 🖭 🍸 **P**

LOCANDA · BUCOLICO I sensi vi saranno grati: soprattutto la vista che si beerà degli splendidi scorci sul golfo dalle terrazze con piscine e dai vari angoli relax che questo raffinato relais propone. Una dimensione paradisiaca avvolta dal profumo di erbe officinali.

4 cam ⌆ – ♦100/200 € ♦♦100/200 €

via Diego Taiani 51 – ☎ 089 877022 – www.ilfarodicapodorso.it
❀ **Il Faro di Capo d'Orso** – Vedere selezione ristoranti

Il símbolo 🏊 sottolinea la tranquillità di un albergo.

MALALBERGO

Bologna – ✉ 40051 – 8 943 ab. – Alt. 12 m – Carta regionale n° **5**-C2
Carta stradale Michelin 562-I16

🍴 **Rimondi**   🖭 ⇄

PESCE E FRUTTI DI MARE · AMBIENTE CLASSICO XX In centro paese, si entra in quella che pare una casa privata, per arredi e atmosfera, con due sale riscaldate da altrettanti camini. Il ristorante si è fatto un nome per la cucina di pesce che, nei classici piatti nazionali, esaurisce il menu, ma lo chef-cacciatore prepara anche selvaggina di valle (su prenotazione).

Carta 38/72 €

via Nazionale 376 – ☎ 051 872012 – solo a cena – Chiuso 1°-15 luglio, domenica sera, lunedì e martedì

ad Altedo Sud : 5 km ✉ 40051

🏠 **Agriturismo Il Cucco**   🌳 🏊 🍴 🔥 🖭 **P**

CASA DI CAMPAGNA · TRADIZIONALE Un centinaio di metri di strada sterrata e giungerete in un casolare, con orto e pollame, le cui stanze sono abbellite da mobili in arte povera e antiquariato, ma non prive di tecnologie moderne. Della cucina si occupa direttamente la titolare a garanzia di cura ed attenzione.

11 cam ⌆ – ♦60/135 € ♦♦80/160 €

via Nazionale 83, al km 115,600 – ☎ 051 660 1124 – www.ilcucco.it
– Chiuso 27 dicembre-5 gennaio e agosto

MALCESINE

Verona – ⊠ 37018 – 3 736 ab. – Alt. 89 m – Carta regionale n° **23**-A2
Carta stradale Michelin 562-E14

❀ **Vecchia Malcesine** (Leandro Luppi) ≼ ⇔ 🛱 ⇩

CUCINA MODERNA · ELEGANTE ✗✗ Discretamente defilato in un vicolo ai margini del centro, abbiate cura di prenotare un tavolo vicino alle finestre e la vista spazierà incantata tra il lago, le montagne e i tetti di Malcesine. Nel piatto troverete un ristorante stellato che non cessa di stupire per abilità e fantasia, con percorsi degustazione dedicati al pesce - sia di lago che di mare - alla carne e alle verdure, piatti che potrete comunque scegliere anche alla carta.

→ Carbonara di lago. Trota, nocciola, liquirizia. The dark side of the moon (cioccolato).

Menu 75/115 € – Carta 80/140 €

via Pisort 6 – 𝒞 045 740 0469 – www.vecchiamalcesine.com – Aperto 15 marzo-inizio novembre; chiuso mercoledì

🏨 **Bellevue San Lorenzo** ✿ 🦢 ≼ ⇔ ⌁ 🕸 🖥 🏧 🎾 🚗

STORICO · CONTEMPORANEO E' il giardino la punta di diamante di questa villa d'epoca: dotato di piscina e con un'incantevole vista panoramica del lago, congiunge i diversi edifici della struttura. Tutte le camere sono confortevoli, alcune più classiche, altre più moderne, da molte si scorge il Garda.

51 cam ⌂ – ✦170/270 € ✦✦170/270 € – 2 suites

via Gardesana 164, Sud: 1,5 km – 𝒞 045 740 1598 – www.bellevue-sanlorenzo.it – Aperto 10 aprile-20 ottobre

🏨 **Baia Verde** ✿ ≼ ⇔ ⌁ 🔲 🌐 🕸 🛁 🎾 🖥 🕁 🏧 🎿 🚗

TRADIZIONALE · CLASSICO Struttura moderna, ma arredata senza eccessi, badando più alla funzionalità e confort degli ospiti, che possono godere di svariati servizi tra cui la buona cucina del ristorante.

40 cam ⌂ – ✦80/200 € ✦✦100/300 € – 3 suites

via Gardesana 142, località Val di Sogno – 𝒞 045 740 0396 – www.hotelbaiaverde-malcesine.it – Aperto 1° marzo-30 ottobre

🏨 **Maximilian** ✿ 🦢 ≼ ⇔ ⌁ 🔲 🌐 🕸 🛁 ✗ 🖥 🕁 🏧 🚗

SPA E WELLNESS · CLASSICO Un giardino-uliveto in riva al lago ed un piccolo centro benessere con vista panoramica caratterizzano questo hotel dalla dinamica gestione diretta, sempre attenta alla cura dei servizi.

36 cam ⌂ – ✦180/260 € ✦✦180/260 € – 14 suites

località Val di Sogno 8, Sud: 2 km – 𝒞 045 740 0317 – www.hotelmaximilian.com – Aperto Pasqua-15 ottobre

🏨 **Val di Sogno** ✿ 🦢 ≼ ⇔ ⌁ 🕸 🛁 🖥 🕁 🏧 🎿 🚗

TRADIZIONALE · MODERNO In posizione tranquilla, l'albergo si affaccia su una delle più incantevoli baie del lago, con piccola spiaggia in ghiaia. Camere eleganti e spaziose, tutte rivolte verso il paesaggio lacustre, non manca un'attenta e ospitale gestione familiare: uno degli alberghi più desiderabili della zona.

35 cam ⌂ – ✦55/300 € ✦✦70/450 € – 1 suite

via Val di Sogno 16, Sud: 2 km – 𝒞 045 740 0108 – www.hotelvaldisogno.com – Aperto 14 aprile-12 ottobre

🏨 **Casa Barca** ≼ ⇔ ⌁ 🕸 🛁 🖥 🏧 🎿 🅿

TRADIZIONALE · MODERNO In "seconda linea" rispetto al lago, ma circondata dal verde del proprio giardino con uliveto e piscine, una risorsa a conduzione familiare dotata di camere dal design moderno, piccola zona benessere e solarium panoramico all'ultimo piano.

29 cam ⌂ – ✦102/204 € ✦✦120/240 € – 2 suites

via Panoramica 15 – 𝒞 045 740 0842 – www.casabarca.com – Aperto 29 marzo-29 ottobre

⌂ Meridiana

TRADIZIONALE · PERSONALIZZATO Vicino alla funivia del monte Baldo, struttura dalla squisita gestione femminile con interni moderni dal design personalizzato e buon confort. Gradito bonus: la saletta relax con sauna (prenotabile a pagamento con funzionamento esclusivo!) e la grande vasca idromassaggio in giardino.

23 cam 🖙 – ♦120/175 € ♦♦150/190 €

via Navene Vecchia 39 – ✆ 045 740 0342 – www.hotelmeridiana.it – Aperto 1° aprile-20 ottobre

⌂ Park Hotel Querceto

TRADIZIONALE · STILE MONTANO In posizione elevata, assai fuori dal paese e quindi tranquillissimo, l'albergo si contraddistingue per i suoi originali interni in pietra e legno, nonché per lo splendido giardino naturale con piscina incastonata nel verde. I sapori della tradizione altoatesina avvolti dal calore di una romantica stube.

22 cam 🖙 – ♦110/140 € ♦♦160/260 €

via Panoramica 113, Est: 5 km, alt. 378 – ✆ 045 740 0344 – www.parkhotelquerceto.com – Aperto 1° maggio-1° ottobre

⌂ Primaluna

FAMILIARE · PERSONALIZZATO Gestito da una giovane coppia, l'albergo offre ai suoi ospiti accattivanti interni dal design modaiolo ed il calore di chi da sempre lavora nel settore; in riva al lago, una passeggiata pedonale vi porterà nel centro storico di Malcesine, mentre - durante la bella stagione - il beach bar BB diventa uno dei locali più gettonati dalla movida locale.

38 cam 🖙 – ♦100/260 € ♦♦120/320 €

via Gardesana 165 – ✆ 045 740 0301 – www.ambienthotel.it – Aperto 1° aprile-4 novembre

MALEO

Lodi – ✉ 26847 – 3 155 ab. – Alt. 58 m – Carta regionale n° **9**-B3
Carta stradale Michelin 561-G11

⑩ Albergo Del Sole

CUCINA REGIONALE · ROMANTICO ✕✕ Cucina tradizionale nell'osteria di posta dalle antiche origini. scegliete la rusticità della calda sala con camino o, nella bella stagione, nella pittoresca corte interna.

🍴 Menu 25 € (in settimana)/70 € – Carta 39/67 €

3 cam 🖙 – ♦70 € ♦♦120 €

via Monsignor Trabattoni 22 – ✆ 0377 58142 – www.ilsoledimaleo.com – Chiuso gennaio, agosto, domenica sera e lunedì

MALGRATE

Lecco (LC) – ✉ 23864 – 4 228 ab. – Alt. 231 m – Carta regionale n° **10**-B1
Carta stradale Michelin 561-E10

⑩ L'Altro Griso

CUCINA MODERNA · ELEGANTE ✕✕✕ Un splendido panorama sul lago - grazie alle ampie vetrate - vi accompagnerà verso un viaggio tra innovazione e specialità nazionali, sapori inediti e gioco dei contrasti. Un indiscusso riferimento gastronomico in zona!

Menu 35/60 € – Carta 40/82 €

Hotel Il Griso, via Provinciale 51 – ✆ 346 752 3737 – www.laltrogriso.it – solo a cena in agosto

⌂ Il Griso

TRADIZIONALE · BORDO LAGO Affacciata sul celebre lago quest'affascinante architettura segue il profilo della costa: le camere di conseguenza beneficiano tutte di un'impareggiabile vista sulla natura circostante, oltre ad essere ampie ed accoglienti.

55 cam 🖙 – ♦90/120 € ♦♦120/170 €

via Provinciale 51 – ✆ 0341 239811 – www.griso.info

⑩ **L'Altro Griso** – Vedere selezione ristoranti

MALLES VENOSTA MALS

Bolzano – ✉ 39024 – 5 162 ab. – Alt. 1 051 m – Carta regionale n° **19**-A2
Carta stradale Michelin 562-B13

a Burgusio Nord : 3 km ✉ 39024 – Malles Venosta – Alt. 1 215 m

🏠 Das Gerstl
🕊 🐾 ⇐ 🖳 🛏 🕎 🛖 ♨ ➗ 🅿 🚗

FAMILIARE · MODERNO Squisita gestione famigliare in un hotel che - come quasi tutti le strutture altoatesine - non lesina su costanti lavori di ammodernamento. Completo nella gamma dei servizi offerti, una bella spa ed un giardino con laghetto balneabile rendono il soggiorno una splendida esperienza.

28 cam – solo ½ P 140/210 € – 20 suites

Schlinig 4, Est : 4 Km – ☎ 0473 831416 – www.dasgerstl.com – Chiuso 18 novembre-21 dicembre e 9-27 aprile

🏠 Der Mohrenwirt
🕊 🐾 ⇐ 🖳 🛏 🛖 ♨ ➗ 🅿

TRADIZIONALE · CLASSICO Ideale punto di appoggio per chi ama le montagne, l'hotel dispone di ampie camere in stile altoatesino e una zona benessere con saune ed idromassaggio. Per i pasti, è possibile rivolgersi al vicino ristorante Al Moro.

49 cam – solo ½ P 85/140 €

piazza Centrale 81 – ☎ 0473 831223 – www.der-mohrenwirt.com – Chiuso 5 novembre-25 dicembre

🏠 Weisses Kreuz
🕊 🐾 ⇐ ⚒ 🖳 🛖 ➗ 🚗

FAMILIARE · STILE MONTANO Totale ristrutturazione per questo hotel, il più signorile e completo in termini di servizi della località: camere molto confortevoli, un'ampia zona relax ed, ultimo ma non ultimo, una bella terrazza baciata dal sole.

28 cam ☲ – 🛏115/155 € 🛏🛏185/350 € – 17 suites

Burgusio 82 – ☎ 0473 831307 – www.weisseskreuz.it – Chiuso 4 novembre-21 dicembre e 17 marzo-17 aprile

MALNATE

Varese – ✉ 21046 – 16 847 ab. – Alt. 355 m – Carta regionale n° **10**-A1
Carta stradale Michelin 561-E8

🍴 Crotto Valtellina
🐝 🏡 🅰🅲 ⇔ 🅿

CUCINA REGIONALE · RUSTICO XX All'ingresso la zona bar-cantina, a seguire la sala rustica ed elegante nel contempo. Cucina di rigida osservanza valtellinese e servizio estivo a ridosso della roccia.

Menu 48 € – Carta 37/70 €

via Fiume 11, località Valle – ☎ 0332 427258 – www.crottovaltellina.it – solo a cena escluso sabato e domenica – Chiuso martedì

MALO

Vicenza – ✉ 36034 – 14 951 ab. – Alt. 116 m – Carta regionale n° **22**-A1
Carta stradale Michelin 562-F16

🍴 La Favellina
🏡 ➗ 🅿

CUCINA MODERNA · ELEGANTE XXX La signora Gianello, innamoratasi di questo delizioso borgo di fine '800, acquistò un locale e lo ristrutturò con gusto femminile e raffinato. Ora, un figlio ai fornelli e l'altro ad occuparsi della sala, La Favellina ha saputo crearsi una propria fama in zona, grazie alla sua cucina di stampo moderno e all'accurata selezione di materie prime.

Carta 47/97 €

via Cosari 4/6, località San Tomio, Sud: 2,5 km – ☎ 0445 605151 – www.lafavellina.it – solo a cena escluso i giorni festivi – Chiuso 1°-15 gennaio, 1°-15 novembre, lunedì e martedì

MALOSCO

Trento – ✉ 38013 – 464 ab. – Alt. 1 041 m – Carta regionale n° **19**-B2
Carta stradale Michelin 562-C15

🏨 Bel Soggiorno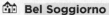

TRADIZIONALE · STILE MONTANO In posizione rilassante, circondato da un giardino soleggiato, l'albergo offre camere in stile rustico, sale da lettura e una piccola area benessere. Al ristorante, la classica cucina trentina.

38 cam ☲ – ♦45/60 € ♦♦68/98 €

via Miravalle 7 – ℰ 0463 831205 – www.h-belsoggiorno.com – Chiuso febbraio-marzo e novembre

MALPENSA (Aeroporto di) → Vedere Gallarate

MALS → Vedere Malles Venosta

MANAROLA

La Spezia – ✉ 19017 – Carta regionale n° **8**-D2
Carta stradale Michelin 561-J11

🏨 Ca' d'Andrean

FAMILIARE · ACCOGLIENTE Nel centro pedonale del grazioso borgo, alberghetto a gestione familiare dotato anche di un piccolo giardino, dove nella bella stagione viene servita la prima colazione. Risorsa semplice, ma assolutamente valida.

10 cam – ♦70/110 € ♦♦90/170 € – ☲ 7 €

via Discovolo 101 – ℰ 0187 920040 – www.cadandrean.com – Aperto 1° marzo-30 novembre

🏨 Marina Piccola

TRADIZIONALE · ACCOGLIENTE Nella parte bassa della località, non lontano dagli scogli, le camere sorprendono per qualità e qualche originalità negli arredi. Sette con vista mare, da segnalare per chi non ama le scale che sono distribuite su quattro piani senza ascensore.

12 cam ☲ – ♦110/130 € ♦♦120/150 €

via Birolli 120 – ℰ 0187 920770 – www.hotelmarinapiccola.com – Chiuso 1° gennaio-9 febbraio

🏨 La Torretta

TRADIZIONALE · ELEGANTE Nella parte più alta della località – l'ingresso è sulla piazzetta della chiesa – la Torretta si distingue per la ricercatezza degli arredi e delle decorazioni delle camere, nonché per l'incantevole vista sul mare e sui i tetti del paese. Una serie di servizi coccolano gli ospiti, dalla navetta con trasporto bagagli per la stazione al riordino pomeridiano delle stanze.

13 cam ☲ – ♦100/300 € ♦♦200/400 €

piazza della Chiesa (vico Volto 20) – ℰ 0187 920327 – www.torrettas.com – Chiuso 16 dicembre-14 marzo

MANCIANO

Grosseto – ✉ 58014 – 7 354 ab. – Alt. 444 m – Carta regionale n° **18**-C3
Carta stradale Michelin 563-O16

🍴 La Filanda

CUCINA TOSCANA · ALLA MODA XX Nel centro storico, il ristorante realizza un elegante mix di modernità - in una sala che pare sospesa al secondo piano - e il contesto d'epoca. E' anche l'anima della cucina, tradizionale, ma rivisitata.

Carta 34/72 €

via Marsala 8 – ℰ 0564 625156 (consigliata la prenotazione) – www.lafilanda.biz – Chiuso 1 settimana in gennaio, 1 settimana in novembre e martedì

🏨 Agriturismo Quercia Rossa

LOCANDA · PERSONALIZZATO In posizione tranquilla e panoramica, ampi spazi esterni, accoglienza signorile e nelle camere un raffinato mix di antico e moderno, nonché produzione propria di miele, marmellate ed olio: insomma, un angolo di paradiso nel verde delle colline maremmane!

6 cam ☲ – ♦70/100 € ♦♦90/130 €

strada statale 74 km 23,800, Ovest: 13 Km – ℰ 0564 629529 – www.querciarossa.net – Aperto 15 marzo-15 novembre

MANDURIA

Taranto (TA) – ✉ 74024 – 31 420 ab. – Alt. 79 m – Carta regionale n° **15**-C2
Carta stradale Michelin 564-F34

🍴○ **Casamatta** ⓝ   🍴 🛖 ⫴ 🄰🄲 🅿

CUCINA MODERNA · ELEGANTE XX Sotto alle piccole lampadine ricavata dalle classiche luminarie dei giorni di festa in Puglia, dalla cucina vi vengono proposti piatti curati e ben presentati; il tocco è moderno ma la materia prima, sia che venga dalla terra sia che attinga al mare, sa di territorio, le verdure spesso sono del proprio orto.

Menu 60/100 € – Carta 50/78 €

Hotel Vinilia Wine Resort, contrada Scrasciosa, Nord-Ovest: 2,5 km – ☏ 099 990 8013 – www.viniliaresort.com – Chiuso domenica sera e lunedì escluso in estate

🏛 **Vinilia Wine Resort** ⓝ   🛁 🍴 ⫴ 🄰🄲 ⚘ 🅿

DIMORA STORICA · PERSONALIZZATO Grazie a un sapiente restauro, la residenza d'inizio Novecento (che pare un castello!) è diventata un ottimo resort di charme immerso nella campagna, nei cui interni convivono un certo brio modaiolo, nonché elementi originali degli anni Cinquanta e Sessanta. Le camere sono raffinate ed accoglienti, oltre che spaziose, mentre in fase di ultimazione c'è anche la Spa a bordo piscina.

17 cam ⛌ – ♦126/168 € ♦♦200/340 € – 1 suite

contrada Scrasciosa, Nord-Ovest: 2,5 km ✉ 74024 – ☏ 099 990 8013 – www.viniliaresort.com

🍴○ **Casamatta** – Vedere selezione ristoranti

🏛 **Corte Borromeo**   ✿ 🛁 🄴 🄰🄲 ⚘ 🏔 🚗

DIMORA STORICA · ELEGANTE Celebre per il vino, Manduria vanta anche un grazioso centro storico, di cui questo palazzo del 1572 costituisce un'eclatante testimonianza. All'interno, un elegante mix di tufo e arredi contemporanei e una bella terrazza sui tetti della città; al bistrot Gusto Primitivo troverete un'accurata selezione di prodotti autentici, ottimi vini locali e regionali.

5 cam ⛌ – ♦104/164 € ♦♦104/164 € – 2 suites

vico I Marco Gatti 11 – ☏ 099 974 2511 – www.corteborromeohotel.it

MANERBA DEL GARDA

Brescia – ✉ 25080 – 3 378 ab. – Alt. 132 m – Carta regionale n° **9**-D1
Carta stradale Michelin 561-F13

✿ **Capriccio** (Giuliana Germiniasi)   🐌 ≤ 🛖 🄰🄲 🅿

CUCINA MODERNA · ELEGANTE XxX Una ventata di freschezza ha ringiovanito l'elegante locale con uno stile più contemporaneo ed ammiccante. La cucina - sempre di grande appeal - gli fa eco con piatti moderni; nella bella stagione la terrazza con vista è un imprescindibile.

→ Spaghettoni ai pomodorini gialli, pistacchi e canestrelli. Il mare incontra il lago: pescato all'amo, olive del Garda all'ascolana e salsa allo zafferano. Perle di ananas farcite alla nocciola e salsa di maracuja.

Menu 56/72 € – Carta 53/132 €

piazza San Bernardo 6, località Montinelle – ☏ 0365 551124 – www.ristorantecapriccio.it – Chiuso 1° gennaio-13 febbraio, i mezzogiorno di lunedì e martedì in luglio-agosto, martedì negli altri mesi; in febbraio e marzo aperto solo nel week-end

🍴○ **La Corte Antica**   🛖 🅿

CUCINA MEDITERRANEA · ACCOGLIENTE XX In pieno centro a Manerba del Garda, all'interno di una bella corte del 1600, è uno chef siculo il principe dei fornelli; viste quindi le sue origini la cucina non poteva che essere mediterranea, "sbilanciata" su proposte ittiche in chiave moderna, sebbene non manchino alcuni piatti di carne pregiata.

Menu 45 € – Carta 40/68 €

via Marchesini 18 F – ☏ 0365 552996 – www.lacorteantica.com – solo a cena escluso sabato ed i giorni festivi – Chiuso 15 novembre-2 dicembre e mercoledì in inverno

MANFREDONIA

Foggia – ✉ 71043 – 57 279 ab. – Carta regionale n° **15**-B1
Carta stradale Michelin 564-C29

🍴 Coppola Rossa ☂ ৬ 🅰🅲

PESCE E FRUTTI DI MARE · FAMILIARE ✕✕ Nel centro storico e non lontano dal mare, che ritorna nei piatti in un caratteristico ristorante a conduzione familiare. Buffet di antipasti e tanto pesce, c'è anche una griglia a vista di utilizzo invernale per qualche proposta di carne.

🆒 Menu 25 € (in settimana)/30 € – Carta 30/40 €

via Maddalena 28 – ℰ 0884 582522 – www.coppolarossa.com – Chiuso domenica sera e lunedì escluso agosto

🍴 Osteria Boccolicchio ☂ 🅰🅲 🍸

CUCINA PUGLIESE · FAMILIARE ✕✕ Dopo essersi "fatto le ossa" in diversi ristoranti del vecchio Continente, Tespi torna a casa ed apre in pieno centro storico, a due passi dal mare, questo delizioso locale piccolo nelle dimensioni, ma grande in termini di passione per i prodotti ittici, protagonisti indiscussi di ricette regionali. Ottima la selezione enologica che comprende anche una buona scelta di bollicine.

Carta 28/60 €

via Arco Boccolicchio 15 – ℰ 0884 090317 – Chiuso 10 giorni in gennaio, 10 giorni in novembre e mercoledì da ottobre a maggio, i mezzogiorno di lunedì, martedì e mercoledì in giugno-settembre

🏨 Regiohotel Manfredi ☂ 🍴 🏊 🖵 🌐 ⌂ 🛗 ⊕ 🅰🅲 ♨ 🅿

BUSINESS · MODERNO Poco lontano dal centro, ma già immersa tra grandi spazi verdi, struttura di taglio decisamente moderno dotata di un centro congressuale attrezzato e di uno spazio benessere.

100 cam ☷ – †49/229 € ††49/229 €

strada statale per San Giovanni Rotondo al km 12, Ovest: 3 km – ℰ 0884 530122 – www.regiohotel.it

MANGO

Cuneo – ✉ 12056 – 1 308 ab. – Alt. 521 m – Carta regionale n° **14**-C2
Carta stradale Michelin 561-H6

🏨 Villa Althea ✎ ⪪ 🍴 🖵 ⌂ 🛗 ♨ 🅿 🍽

CASA PADRONALE · PERSONALIZZATO Atmosfera allo stesso tempo familiare e raffinata, in una graziosa struttura riscaldata da sorprendenti accostamenti di colore, nonché arredi in vari stili, tutti però rigorosamente autentici! Per i vostri momenti ludici: una sala biliardo e un'enorme scacchiera all'aperto, avvolta dalla tranquillità delle colline.

6 cam ☷ – †90/110 € ††120/180 € – 1 suite

località Luigi 18, Nord-Ovest: 1 km – ℰ 335 529 5508 – www.villaalthea.it – Chiuso 1° gennaio-15 marzo

MANIAGO

Pordenone – ✉ 33085 – 11 698 ab. – Alt. 283 m – Carta regionale n° **6**-A2
Carta stradale Michelin 562-D20

🍴 Parco Vittoria 🍴 ☂ 🅰🅲 ⌂

PESCE E FRUTTI DI MARE · ACCOGLIENTE ✕✕ Eleganza e soluzioni moderne nell'ampia sala con piacevole vista sul parco: nella bella stagione, il servizio si sposta anche all'esterno. In cucina protagonista è il pesce, ma non solo.

Menu 30/70 € – Carta 31/68 €

Eurohotel Palace Maniago, viale della Vittoria 3 – ℰ 0427 71432 – www.eurohotelfriuli.it – Chiuso 10-20 agosto, domenica sera e i mezzogiorno di lunedì e sabato

🏠 Eurohotel Palace Maniago

BUSINESS · CLASSICO Con un parco secolare alle spalle, hotel dagli spaziosi ambienti, camere accoglienti e dotate di tutti i confort della categoria.

37 cam ⌕ – †75/85 € ††102/137 € – 1 suite

viale della Vittoria 3 – ℰ 0427 71432 – www.eurohotelfriuli.it
– Chiuso 10-20 agosto

🍴 **Parco Vittoria** – Vedere selezione ristoranti

MANOPPELLO

Pescara (PE) – ✉ 65024 – 6 996 ab. – Alt. 257 m – Carta regionale n° **1**-B2
Carta stradale Michelin 563-P24

a Manoppello Scalo Nord : 8 km

🏵 Trita Pepe   🕭 🎴 🅿

CUCINA REGIONALE · CONTESTO CONTEMPORANEO ✕ In un ambiente di stile contemporaneo, la cucina è schietta e genuinamente locale con qualche espressione di modernità. Si propone anche un menu degustazione (pecora o baccalà su prenotazione), ma anche scegliendo à la carte i prezzi rimangono contenuti. Specialità: ravioli ricotta di capra e asparagi con polvere di liquirizia - bavarese al pistacchio con crema al cioccolato.

🍽 Menu 20/28 € – Carta 23/43 €

via Gabriele D'Annunzio 4 – ℰ 085 856 1510 (consigliata la prenotazione)
– www.trattoriatritapepe.it – Chiuso mercoledì sera

MANTELLO

Sondrio (SO) – ✉ 23016 – 756 ab. – Alt. 211 m – Carta regionale n° **9**-B1
Carta stradale Michelin 353-R7

✿ La Présef   🕭 🎴 🖾 🕭 🎴 🅿

CUCINA CREATIVA · RUSTICO ✕✕ La Préséf è una romantica ed intima "stüa" valtellinese in legno di pino cembro, dal profumo arboreo, che si affaccia sul giardino interno. I piatti creativi del cuoco rendono l'atmosfera ancor più magica: gli ingredienti a chilometro zero e la sperimentazione visivo-sensoriale sono i tratti distintivi della sua carta.

→ Trippa e lumache con fagioli, sedano e pomodoro. Gnocco di patate di montagna con cuore di bitto, misultin del Lario. Vitello, tartufo, animelle, patate e verdure del nostro orto.

Carta 75/100 €

Agriturismo La Fiorida, via Lungo Adda 12 – ℰ 0342 680846 – www.lapresef.it
– Chiuso domenica e lunedì

🏠 La Fiorida   🕭 🕭 🎴 🕭 🎴 🕭 🅿

SPA E WELLNESS · AGRESTE Camere in larice e pietra, spaziosissime e sobriamente eleganti, per una moderna struttura dedicata agli amanti del benessere e della buona cucina. Aperto per tutti coloro che desiderano incontrare la Valtellina nel piatto, il ristorante Quattro Stagioni offre splendide sale caratterizzate con oggetti che richiamano la stagione nel nome di ognuna.

29 cam ⌕ – †70/159 € ††99/209 €

via Lungo Adda 12 – ℰ 0342 680846 – www.lafiorida.com
✿ **La Présef** – Vedere selezione ristoranti

Getty Images

CI PIACE...

L'antico pozzo del 1400 nel giardino de **Il Cigno Trattoria dei Martini**. Respirare l'antica atmosfera teatrale dell' **Osteria della Fragoletta**, aperta nel '700 da un'attrice così soprannominata.

MANTOVA

(MN) – ✉ 46100 – 48 671 ab. – Alt. 19 m – Carta regionale n° **9**-C3
Carta stradale Michelin 561-G14

Ristoranti

🟡🔾 **Il Cigno Trattoria dei Martini**   🍴 🚻 🅰🅺 ↔

CUCINA MANTOVANA · CONTESTO TRADIZIONALE ✗✗ Lunga tradizione familiare, in una casa del Cinquecento, ovviamente classica, ma magicamente accogliente nel ricordare il passato. Le proposte partono dal territorio per arrivare in tavola.

Menu 40 € (pranzo) – Carta 43/87 €

Pianta: A1-u – *piazza Carlo d'Arco 1* – ✆ *0376 327101*
– *www.ristoranteilcignomantova.com*
– *Chiuso 31 dicembre-2 gennaio, 3 settimane in agosto, lunedì e martedì*

🟡🔾 **Acqua Pazza**   🍴 🅿

PESCE E FRUTTI DI MARE · ACCOGLIENTE ✗✗ L'insegna dà un incipit sulla cucina: squisitamente di mare e di ottima qualità, convince gli amanti del pesce a spingersi fino alle porte della città, dove si è "nascosto". Da annotarsi tra i "preferiti".

🦞 Menu 15 € (pranzo in settimana) – Carta 35/77 €

viale Monsignore Martini 1, 1 km direz. Cremona - A2 – ✆ *0376 220891*
– *www.acquapazzaristorantebistrot.it* – *Chiuso 1 settimana in gennaio, 1 settimana in agosto, domenica sera e lunedì*

🟡🔾 **Osteria della Fragoletta**   🎇 🅰🅺 ↔

CUCINA MANTOVANA · COLORATO ✗ In un angolo del centro, due sale vivaci e colorate nelle quali vengono proposte le specialità della cucina locale, talvolta rielaborate con gusto; notevole assortimento di formaggi accompagnati dall'immancabile mostarda.

Menu 28 € – Carta 28/49 €

Pianta: B2-r – *piazza Arche 5/a* – ✆ *0376 323300* – *www.fragoletta.it*
– *Chiuso lunedì*

Alberghi

🏨 Casa Poli   ⊟ ৬ 🆑 ⅔ 🛗 🚗

TRADIZIONALE · MODERNO Bella struttura nel panorama alberghiero cittadino, gestita dall'intera famiglia Poli: confort moderno e omogeneo, con camere diverse per disposizione, ma identiche nello stile e servizi.

34 cam ☵ – ♦90/130 € ♦♦99/200 €

corso Garibaldi 32, per via Trieste - B2 – ℰ 0376 288170 – www.hotelcasapoli.it – Chiuso 23-26 dicembre

🏨 Rechigi   ⊟ ৬ 🆑 ⅔ 🛗 🚗

TRADIZIONALE · ACCOGLIENTE Se l'hotel è a due passi dalle meraviglie architettoniche rinascimentali del centro storico, i suoi suggestivi spazi comuni raccolgono una collezione d'arte contemporanea. Camere dal confort recente.

50 cam – ♦90/300 € ♦♦120/350 € – ☵ 10 €

Pianta: B2-c – *via Calvi 30 – ℰ 0376 320781 – www.rechigi.com*

MANZANO

Udine (UD) – ✉ 33044 – 6 455 ab. – Alt. 71 m – Carta regionale n° **06D**-C2
Carta stradale Michelin 562-E22

🏨 Elliot   ⅍ 🕉 ⊟ ৬ 🆑 🛁 🅿

TRADIZIONALE · CONTEMPORANEO Circondato dal verde dei vigneti, Elliot è un piacevole hotel che coniuga nei suoi ambienti tradizione e modernità: quest'ultima soprattutto nella zona benessere. Piatti ricercati al ristorante, più semplici e tradizionali all'enoteca.

13 cam ☵ – ♦90/120 € ♦♦120/180 €

via Orsaria 50 – ℰ 0432 751383 – www.elliothotel.it – Chiuso 3 settimane in gennaio

MARANELLO

Modena – ✉ 41053 – 17 359 ab. – Alt. 137 m – Carta regionale n° **5**-B2
Carta stradale Michelin 562-I14

🍴 MikEle   🆑 ⅔

PESCE E FRUTTI DI MARE · ELEGANTE ✕✕ In zona periferica e residenziale, un'inaspettata, quanto elegante, "parentesi" ittica tra tanti bolliti modenesi: si possono scegliere le pezzature del pescato dalla vetrinetta, mentre in cucina si preparano classiche ricette marinare all'italiana.

Carta 37/108 €

via Flavio Gioia 1 – ℰ 0536 941027 – www.ristorantemikele.com – Chiuso 1 settimana in gennaio, 3 settimane in agosto, sabato a mezzogiorno, domenica sera e lunedì

sulla strada statale 12 - Nuova Estense Sud-Est : 4 km

🏨 Locanda del Mulino   🚪 ⊟ ৬ 🆑 🅿

CASA DI CAMPAGNA · TRADIZIONALE Per chi vuole sfuggire le zone industriali, qui si dorme in posizione isolata, ma di facile raggiungibilità con la vettura. All'interno, una piacevole atmosfera calda e familiare: all'appello tutti i confort moderni!

17 cam ☵ – ♦59/75 € ♦♦98/120 €

via Nuova Estense 3430 ✉ 41053 Maranello – ℰ 0536 944175 – www.locandadelmulino.com

MARANO LAGUNARE

Udine – ✉ 33050 – 1 844 ab. – Carta regionale n° **6**-C3
Carta stradale Michelin 562-E21

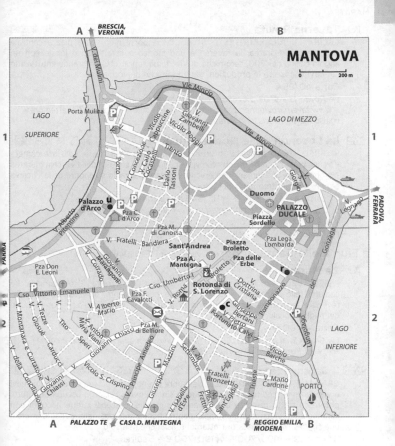

⫟○ **Alla Laguna-Vedova Raddi**   🛋 AC ⇔

PESCE E FRUTTI DI MARE · AMBIENTE CLASSICO XX Situato sul porto - di fronte al mercato ittico - il locale valorizza in preparazioni semplici, ma gustose, i prodotti del mare. Ristoratori da sempre, la lunga tradizione familiare è una garanzia!
Carta 33/70 €

piazza Garibaldi 1 – 𝒞 0431 67019 – www.vedovaraddi.it – Chiuso 15 giorni in novembre, domenica sera da ottobre a maggio e lunedì

MARATEA

Potenza – ⊠ 85046 – 5 139 ab. – Alt. 300 m – Carta regionale n° **2**-B3
Carta stradale Michelin 564-H29

⫟○ **Il Sacello**   ⇪ 🛋 AC **P**

CUCINA MEDITERRANEA · CONTESTO TRADIZIONALE XX I sapori del Mediterraneo pervadono la tavola di questo grazioso ristorante: stracci di pasta fresca con baccalà e pepi cruschi - cernia di scoglio in umido con patate, capperi, pomodorini e olive - sformatino di ricotta di bufala con sorbetto al limone.
Carta 31/58 €

*Hotel La Locanda delle Donne Monache, via Carlo Mazzei 4 – 𝒞 0973 876139
– www.locandamonache.com – Aperto 10 maggio-10 ottobre*

499

⫷○ Taverna Rovita AC % ⟷

CUCINA LUCANA · CONTESTO STORICO X A pochi metri dalla piazza centrale della vecchia Maratea, la taverna è uno storico e caratteristico locale con un angolo cucina del '700, ceramiche di Vietri, ma soprattutto un grande entusiasmo nel farvi conoscere le produzioni gastronomiche di nicchia lucane.

Carta 40/95 €

via Rovita 13 - ℰ 0973 876588 (consigliata la prenotazione)
- www.tavernarovitamaratea.it - solo a cena - Aperto 1° aprile-30 settembre;
chiuso martedì escluso in estate

⌂ La Locanda delle Donne Monache ⇛ ⤳ ⅏ AC ⚿ P

STORICO · TRADIZIONALE In un ex convento del XVIII sec, le spaziose camere - alcune con letto a baldacchino e vista panoramica sui tetti della vecchia Maratea - propongono una dimensione epicurea della vacanza: lo splendore della Lucania e il ritrovare il ritmo lento del tempo.

27 cam ⚏ - ♦115/345 € ♦♦115/345 € - 5 suites

via Carlo Mazzei 4 - ℰ 0973 876139 - www.locandamonache.com
- Aperto 10 maggio-10 ottobre

⫷○ **Il Sacello** - Vedere selezione ristoranti

a Fiumicello Santa Venere Ovest : 5 km ✉ 85046

⫷○ Zà Mariuccia ⟵ 🏠

PESCE E FRUTTI DI MARE · AMBIENTE CLASSICO XX Caratteristico ristorante che coniuga felicemente specialità di mare e bell'ambiente. In estate, accomodatevi nella terrazza affacciata sul porto (pochi tavoli: è preferibile prenotare). Uno dei migliori locali della costa!

Carta 43/90 €

via Grotte 2, al porto - ℰ 0973 876163 - www.zamariuccia.it - solo a cena
- Aperto 1° marzo-31 novembre; chiuso lunedì escluso agosto

⌂ Il Santavenere ⚐ 🐾 ⟵ ⇛ ⤳ 🕮 ⅏ ✂ ✿ AC ⚿ P

GRAN LUSSO · MEDITERRANEO Nel cuore di uno straordinario parco di pini, ulivi e vegetazione mediterranea che giunge sino al mare, l'albergo occupa un intero, pittoresco tratto di costa a strapiombo sul mare. Lussuosi interni decorati con ceramiche di Vietri e un originale centro benessere, che nella penombra offre una suggestiva carrellata di trattamenti asiatici e non solo.

34 cam ⚏ - ♦190/700 € ♦♦190/700 € - 5 suites

via Conte Stefano Rivetti 1 - ℰ 0973 876910 - www.santavenere.it

⌂ Villa delle Meraviglie 🐾 ⟵ ⇛ ⤳ ✿ ⚐ AC P

TRADIZIONALE · MEDITERRANEO Al termine di una serie di tornanti in discesa verso il mare, l'albergo è circondato da una pineta e da una lussureggiante vegetazione mediterranea. Camere semplici ma accoglienti, alcune con vista, molte hanno un patio o un terrazzo. Snack freddi in piscina per pranzo, un sentiero e sarete in spiaggia.

16 cam ⚏ - ♦64/85 € ♦♦78/210 €

località Ogliastro, Nord: 1,5 km - ℰ 0973 871125
- www.hotelvilladellemeraviglie.com - Aperto 12 maggio-30 settembre

ad Acquafredda Nord-Ovest : 10 km ✉ 85046

⌂ Villa Cheta Elite ⚐ 🐾 ⟵ ⇛ ⤳ ✿ AC P

STORICO · VINTAGE Pregevole villa liberty d'inizio secolo, dove vivere una dolce atmosfera vagamente retrò. O dove assaporare la fragranza delicata delle meravigliose terrazze fiorite. Sala sobria ma elegante e servizio ristorante estivo nell'incantevole giardino.

22 cam ⚏ - ♦80/160 € ♦♦150/300 €

via Timpone 46, Sud: 1 km - ℰ 0973 878134 - www.villacheta.it - Aperto
30 aprile-31 ottobre

🏠 Gabbiano

TRADIZIONALE · CLASSICO Se cercate una vacanza all'insegna del mare e della tranquillità, questo è il vostro albergo. Abbandonata la strada principale, qualche tornante e vi troverete in una piccola baia dalla spiaggia ghiaiosa. Proprio di fronte, l'albergo, dalle camere semplici, a gestione familiare.

39 cam ♌ – ♦40/190 € ♦♦45/290 €

via Luppa 24 – ℰ 0973 878075 – www.hotelgabbianomaratea.it – Aperto Pasqua-15 ottobre

MARCIAGA Verona → Vedere Costermano

MARCIANA Livorno → Vedere Elba (Isola d')

MARCIANA MARINA Livorno → Vedere Elba (Isola d')

MARCON

Venezia – ✉ 30020 – 17 380 ab. – Carta regionale n° **23**-A2
Carta stradale Michelin 562-F18

🏡 Relais Agriturismo Ormesani

CASA DI CAMPAGNA · FUNZIONALE Sofisticato agriturismo all'interno di una tenuta di oltre 20 ettari con rare piante autoctone, animali in libertà, vigne, frutteti e tanto altro ancora. Tutto da assaggiare al ristorante aperto però solo per gruppi e qualche volta il sabato. Le camere sono semplici ed essenziali.

11 cam ♌ – ♦70/100 € ♦♦100/150 €

*via Zuccarello 42/g, località San Liberale – ℰ 041 300 4100
– www.ormesanivenice.com – Chiuso gennaio*

MARCONIA Matera → Vedere Pisticci

MARGHERITA DI SAVOIA

Barletta-Andria-Trani (BT) – ✉ 76016 – 11 974 ab. – Carta regionale n° **15**-B2
Carta stradale Michelin 564-C30

🍴 Canneto Beach 2

PESCE E FRUTTI DI MARE · CONTESTO CONTEMPORANEO XX Tra distese di sabbia e sale che hanno reso celebre la località, specialità di mare e ricette tipiche della Valle dell'Ofanto, nonché pizze dalle ricercate e inusuali farine. La struttura ospita anche alcune camere al piano superiore; altre si trovano invece in un bed and breakfast distante solo pochi passi.

Menu 30/50 € – Carta 27/72 €

10 cam ♌ – ♦35/75 € ♦♦50/95 €

*via Amoroso 11 – ℰ 0883 651091 – www.ristorantecannetobeach2.com
– Chiuso lunedì in ottobre-aprile*

MARIANO DEL FRIULI

Gorizia – ✉ 34070 – 1 530 ab. – Alt. 32 m – Carta regionale n° **6**-C2
Carta stradale Michelin 562-E22

a Corona Est : 1,7 km ✉ 34070

🍴 Al Piave

CUCINA REGIONALE · FAMILIARE X Curata e accogliente trattoria a gestione familiare, che si articola in due gradevoli sale con camino e bel giardino estivo; in menu i piatti del territorio che si avvicendano a seconda delle stagioni. Tra i più gettonati: tagliatelle con l'anatra, stinco di vitello al forno con patate, gelato alla crema con fichi al rum.

Carta 31/47 €

via Cormons 6 – ℰ 0481 69003 – www.trattoriaalpiave.it – Chiuso 10 giorni a Carnevale, 15 giorni in giugno o luglio e martedì

MARINA DEL CANTONE Napoli → Vedere Massa Lubrense

MARINA DELLA LOBRA Napoli → Vedere Massa Lubrense

MARINA DI ARBUS Sardegna
Medio Campidano (VS) – ⊠ 09031 – Arbus – Carta regionale n° **16**-A3
Carta stradale Michelin 366-L46

🍴 **Corsaro Nero** 🆕   ⩽ 🛋 🅿

PESCE E FRUTTI DI MARE · FAMILIARE ⅩⅩ Ampia scelta di pescato fresco per una cucina di mare a tutto tondo; l'ampia sala offre lo spettacolo d'impareggiabili tramonti.

Menu 30/10 € – Carta 30/86 €

Hotel Corsaro Nero , località Portu Maga – ℰ 070 977236 (consigliata la prenotazione) – Aperto 1° marzo-30 ottobre

🏠 **Corsaro Nero** 🆕   ⧽ ⩽ 🛋 🆎 🅿

LOCANDA · MEDITERRANEO Isolato e davanti al mare, con questi presupposti, solo sei graziose camere per un soggiorno all'insegna di grande tranquillità e silenzio.

6 cam ⌂ – ♦70/150 € ♦♦100/200 €

loc. Portu Maga – ℰ 070 977236 – www.hotelcorsaronero.com – Aperto 1° marzo-30 ottobre

🍴 **Corsaro Nero** – Vedere selezione ristoranti

MARINA DI ASCEA
Salerno – ⊠ 84046 – Carta regionale n° **4**-C3
Carta stradale Michelin 564-G27

🏠 **Iscairia**   🎋 🛋 🏠 🕭 🌿 🅿

CASA DI CAMPAGNA · ACCOGLIENTE Nel giardino un laghetto balneabile, all'interno camere personalizzate con qualche pezzo di antiquariato e la possibilità di acquistare alcuni prodotti tipici campani (ceramiche di Vietri, marmellate, etc.). Dalla cucina, la tradizione del Cilento, pane e dolci fatti in casa.

7 cam ⌂ – ♦50/65 € ♦♦80/110 €

via Isacia 7, località Velia, Nord: 1 km – ℰ 347 018 0475 – www.iscairia.it – Chiuso 12-28 dicembre

MARINA DI BIBBONA
Livorno (LI) – ⊠ 57020 – Carta regionale n° **18**-B2
Carta stradale Michelin 563-M13

✿ **La Pineta** (Luciano Zazzeri)   🍸 ⩽ 🛋 🏖 🅿

PESCE E FRUTTI DI MARE · AMBIENTE CLASSICO ⅩⅩ Con la vettura, attraversata una pineta, si arriva quasi in spiaggia e quello che sembra un ordinario stabilimento balneare svela all'interno uno storico ristorante di pesce. Piatti di mare toscani, italiani, con i crudi, le cotture al forno, al vapore, in padella, in genere all'insegna della semplicità. Protagonista indiscussa - qui - è la qualità del pescato!
→ Triglia spadellata con foie gras e mela verde fritta. Straccetti di pasta fresca alle triglie. Sfoglia croccante con crema di mela verde e salsa al Calvados.

Menu 75/85 € – Carta 65/90 €

via dei Cavalleggeri Nord 27 – ℰ 0586 600016 (consigliata la prenotazione) – www.lapinetadizazzeri.it – Chiuso 3 settimane in gennaio, ottobre, martedì a mezzogiorno e lunedì, anche martedì sera in novembre-febbraio

🏠 **Marinetta**   🎋 🛏 🍹 🏠 🏌 ⩘ 🍽 🕭 🆎 🌿 🏋 🅿

RESORT · LUNGOMARE Hotel per una vacanza estiva a tutto tondo: camere moderne, piscine e spiaggia privata, ideale per le famiglie, ma non solo. Coccole a non finire presso il centro relax-benessere.

133 cam ⌂ – ♦49/499 € ♦♦49/699 € – 6 suites

via dei Cavalleggeri Nord 3 – ℰ 0586 600598 – www.hotelmarinetta.it – Chiuso 3-18 novembre

MARINA DI CAMEROTA

Salerno – ✉ 84059 – Carta regionale n° **4**-D3
Carta stradale Michelin 564-G28

🍴○ **Da Pepè**   🖨 🏠 ⟨ 🅿

PESCE E FRUTTI DI MARE · SEMPLICE X Lungo la strada che conduce a Palinuro, tra i riflessi argentei degli ulivi, ottima cucina di pesce approvvigionata da un peschereccio di proprietà del ristorante stesso.

Carta 31/67 €

via delle Sirene 41 – ✆ 0974 932461 – www.villaggiodapepe.net – Aperto 1° giugno-30 settembre

MARINA DI CAMPO Livorno → Vedere Elba (Isola d')

MARINA DI CAPOLIVERI Livorno → Vedere Elba (Isola d') : Capoliveri

MARINA DI CASTAGNETO CARDUCCI Livorno → Vedere Castagneto Carducci

MARINA DI CECINA

Livorno – ✉ 57023 – Carta regionale n° **18**-B2
Carta stradale Michelin 563-M13

🍴○ **Da Andrea**   🏠 🗚

PESCE E FRUTTI DI MARE · ELEGANTE XX Moderno, bianco e lineare, su tutto prevale la vista del Tirreno attraverso la parete vetrata, ma ancor di più dalla terrazza estiva. E sempre il mare ritorna nel piatto, con proposte elencate a voce a seconda del pescato giornaliero.

Carta 44/70 €

viale della Vittoria 68 – ✆ 0586 620143 – www.ristorantedaandrea.net – Chiuso gennaio e martedì

🍴○ **El Faro**   ⟨ 🏠 ⟨

PESCE E FRUTTI DI MARE · AMBIENTE CLASSICO X Oltre a gustose specialità ittiche, nel menu troverete le proposte del pescaturismo, che consiste nel prenotare un'uscita in mare con la barca del locale (naturalmente accompagnati da uno dei proprietari) per poi gustare il pescato al ristorante in riva al mare; angolo pescheria per chi vuole acquistare il prodotto e poi cucinarselo a casa propria.

Carta 43/71 €

viale della Vittoria 70 – ✆ 0586 620164 – www.ristorantelfaro.it – Chiuso 15 giorni in gennaio e mercoledì; nel periodo estivo solo il mercoledì sera

MARINA DI GIOIOSA IONICA

Reggio di Calabria – ✉ 89046 – 6 625 ab. – Carta regionale n° **3**-B3
Carta stradale Michelin 564-M30

❀ **Gambero Rosso** (Riccardo Sculli)   🎘 🗚 ❦ ⟡

PESCE E FRUTTI DI MARE · CHIC XX Gli amanti del pesce troveranno in questa coppia di fratelli uno dei più gettonati ristoranti della regione: sulla tavola, infatti, il meglio che i pescatori trovano quotidianamente lungo la costa jonica, da gustare nelle proposte di crudo che attirano clienti da ogni angolo della Calabria, ma anche nelle imperdibili paste o nei secondi in cui il mare incontra la campagna. Di ottimo livello anche i dolci.

→ Spaghetto, ricciola, limone e bottarga di tonno. Insalata di crostacei. Crostata scomposta in spirale di meringa al bergamotto e crema al limone e frutti di bosco.

Menu 50/85 € – Carta 37/105 €

via Montezemolo 65 – ✆ 0964 415806 – www.gamberorosso.net – Chiuso 10-30 gennaio e lunedì

MARINA DI GROSSETO

Grosseto – ⊠ 58100 – Carta regionale n° **18**-C3
Carta stradale Michelin 563-N14

🏨 Terme Marine-Leopoldo II   🛝 ⌁ 🏊 📶 🔊 🅿 ⚒ 🎩 🚗

LUSSO · MODERNO Poco distante dal mare e dal cuore della località, una gran bella struttura che ha come centro l'imponente piscina con idromassaggio e solarium; camere accoglienti e spaziose con arredi signorili e accessori moderni. L'attrezzata spa e le sale conferenze fanno della risorsa il luogo ideale per un soggiorno business & pleasure.

150 cam ⊡ – ♦70/110 € ♦♦90/180 €

via 4 Novembre 133 – 𝒞 0564 010100 – www.termemarine.com

MARINA DI LEUCA

Lecce – ⊠ 73040 – Carta regionale n° **15**-D3
Carta stradale Michelin 564-H37

🏨 L'Approdo   🛝 ⌁ 🛎 🏊 🅿 🎩 ⚒ 🅿

TRADIZIONALE · PERSONALIZZATO Poco distante dal lungomare, l'hotel dalla caratteristica facciata nivea offre un comodo parcheggio, un'invitante piscina, colorate sale e una boutique. Proposte di pesce presso l'ampia sala ristorante o sulla panoramica veranda con vista mare.

52 cam ⊡ – ♦60/180 € ♦♦100/330 € – 1 suite

via Panoramica 1 – 𝒞 0833 758548 – www.hotelapprodo.com – Aperto 1° aprile-31 ottobre

🏨 Terminal   🛝 ⌁ 🛎 🏊 🔊 🅿 🎩 ⚒

TRADIZIONALE · CLASSICO Sul lungomare, un albergo dagli spazi luminosi caratterizzati da sobri arredi e camere ciascuna dedicata ad un monumento della penisola salentina. Particolarmente organizzata per ospitare cicloturisti, la struttura mette a disposizione biciclette per i meno attrezzati; per tutti splendida piscina in giardino e spiaggetta privata (una suggestiva caletta alla quale si accede tramite un sottopassaggio). Nella suggestiva sala ristorante è il pesce a dominare la tavola, accanto ad ortaggi, frutta, vini ed olii tipici della zona.

55 cam ⊡ – ♦50/150 € ♦♦80/300 €

lungomare Colombo 59 – 𝒞 0833 758242 – www.carolihotels.com

🏠 Villa La Meridiana   🛎 🏊 🔊 🎩 ⚒

DIMORA STORICA · PERSONALIZZATO Visto l'esiguo numero di camere non vi sembrerà nemmeno di essere clienti, ma ospiti: in un'originale villa ottocentesca affacciata sul mare, lo stile della dimora è stato mantenuto integro e l'atmosfera è quella delle case dell'epoca. Ai tanti confort si aggiungono anche una splendida piscina nel giardino ed una spiaggetta privata.

5 cam ⊡ – ♦100/200 € ♦♦130/350 €

lungomare Colombo 61 – 𝒞 0833 758242
– www.carolihotels.com/villa-la-meridiana

MARINA DI MASSA

Massa-Carrara – ⊠ 54100 – Carta regionale n° **18**-A1
Carta stradale Michelin 563-J12

🍴 La Péniche   🏡 🎩

PESCE E FRUTTI DI MARE · ROMANTICO XX Un angolo di Francia lungo il canale, si mangia in una palafitta dagli originali e romantici ambienti. Crudità - ostriche comprese - fra le specialità, d'estate sono ambitissimi i tavoli sulla zattera.

Menu 45/55 € – Carta 46/82 €

via Lungo Brugiano 3 – 𝒞 0585 240117 – www.lapeniche.com

🏛 Villa Maremonti   ⌂ 🛏 ⌧ 🅰🅲 🅿

DIMORA STORICA · ROMANTICO Di fronte al mare, villa d'inizio '900 con parco e piscina: signorile negli arredi, sia nelle parti comuni sia nelle confortevoli camere affacciate sul mare, laterali o sul lussureggiante giardino retrostante. Al ristorante la cura dei dettagli è una piacevole compagna di pranzi e cene.

19 cam ⌧ – 🛏110/280 € 🛏🛏150/320 €

viale lungomare di Levante 19, località Ronchi – ℰ0585 241008
– www.hotelmaremonti.com – Aperto 1° aprile-15 ottobre

🏠 Nedy   ⌂ 🐾 🛏 ⌧ 🗟 ⬍ 🅰🅲 🆂🅰 🅿

FAMILIARE · CLASSICO In zona decentrata e molto traquilla, questo grazioso hotel totalmente rinnovato in anni recenti dispone di gradevoli sale e confortevoli camere: ideale per un soggiorno all'insegna del relax!

25 cam ⌧ – 🛏59/180 € 🛏🛏69/200 €

via del Fescione, località Ronchi ✉ 54039 Ronchi – ℰ0585 807011
– www.hotelnedy.it – Aperto aprile-ottobre

🏠 Villa Tiziana Ⓝ   ⌂ ⌧ ⬍ 🅰🅲 🅿

FAMILIARE · CONTEMPORANEO Calde e contemporanee atmosfere sia nelle parti comuni che nelle camere, in un accogliente albergo familiare a 300 metri dal mare (raggiungibile comodamente con le biciclette a disposizione).

35 cam ⌧ – 🛏50/100 € 🛏🛏70/150 €

via delle Pinete 266/A – ℰ0585 869724 – www.tizianahotel.com

MARINA DI PIETRASANTA

Lucca – ✉ 55044 – Carta regionale n° **18**-B1
Carta stradale Michelin 563-K12

🍴 Franco Mare   🛁 🍽 ⟨ 🅰🅲 🅿

PESCE E FRUTTI DI MARE · STILE MEDITERRANEO XX Sia che si volga lo sguardo all'ambiente, sia che il palato indugi sui sapori della sua cucina, Franco Mare non lascia indifferenti i suoi ospiti: fragranti piatti di mare con qualche intrigante concessione alla terra in ambienti davvero molto curati, accanto al proprio stabilimento balneare dove – solo a pranzo e solo in estate – il gourmet è sostituito dal più semplice Spiaggia Franco Mare.

Menu 70/90 € – Carta 77/134 €

via lungomare Roma 41 – ℰ0584 20187 (consigliata la prenotazione)
– www.ristorantefrancomare.com – solo a cena in giugno-settembre
– Chiuso ottobre, mercoledì sera, lunedì e martedì escluso in giugno-settembre

🍴 Alex   🛁 🍽 🅲 🅰🅲

CUCINA MEDITERRANEA · STILE MEDITERRANEO XX In un palazzo d'inizio '900, un piacevole ristorante-enoteca arredato con echi etnici che propone specialità di mare e di terra, in estate ovviamente troverete più pesce, in inverno la carta è equamente divisa. Interessante selezione di vini.

Menu 40 € (in settimana)/75 € – Carta 45/94 €

via Versilia 157/159 – ℰ0584 746070 – www.ristorantealex.it – solo a cena escluso
i giorni festivi – Chiuso novembre, martedì e mercoledì escluso giugno-settembre

🏛 Mondial Resort & Spa   ⌂ ⌧ 🍸 ⟨ 🗟 🅲 🅰🅲 🆂🅰 🅿

BOUTIQUE HOTEL · PERSONALIZZATO A 200 metri dal mare, è consigliato per la tranquillità, ma soprattutto per il design moderno d'ispirazione americana. Vista sul Tirreno dagli ultimi piani e motoscafo per gite al largo, ma per chi preferisce la stanzialità c'è anche un piacevole e piccolo centro benessere fornito di tutto. Autentici sapori toscani nell'immacolato ristorante Blanco.

42 cam ⌧ – 🛏90/350 € 🛏🛏110/410 € – 1 suite

via Duca della Vittoria 129/131 – ℰ0584 745911 – www.mondialresort.it – Aperto
1° febbraio-30 ottobre

MARINA DI PISA

Pisa – ⊠ 56128 – Carta regionale n° **18**-B2
Carta stradale Michelin 563-K12

🍴○ **Foresta** ⪇ 🛱 🔏 🔥 🆔

PESCE E FRUTTI DI MARE · ELEGANTE ░░░ Ristorante dall'ambiente elegante, affacciato sul Tirreno sia dalla sala veranda interna, sia dai bei tavoli all'aperto. Servizio attento e ottima accoglienza; la cucina è di qualità e propone molti piatti di pesce.

Menu 35 € (pranzo)/60 € – Carta 42/112 €

via Litoranea 2 – 𝒞 050 35082 (consigliata la prenotazione)
– www.ristoranteforesta.it – Chiuso 15 gennaio-15 febbraio e giovedì

MARINA DI PULSANO Taranto ➜ Vedere Pulsano

MARINA DI RAGUSA Sicilia

Ragusa – ⊠ 97010 – Carta regionale n° **17**-C3
Carta stradale Michelin 365-AW63

🍴○ **Da Serafino** ⪇ 🛱 🔏

PESCE E FRUTTI DI MARE · STILE MEDITERRANEO ░░ Classica trattoria di mare con un'esperienza alle spalle di oltre 60 anni: semplice, ma corretta nella preparazione di piatti di pesce, oltre al servizio ristorante ci sono anche la pizzeria, il bar e la spiaggia attrezzata.

Carta 29/99 €

lungomare Andrea Doria – 𝒞 0932 239522 – www.locandadonserafino.it – Aperto 1° aprile-31 ottobre

🏠 **La Moresca** ⏳ 🔥 🆔 🍽

STORICO · PERSONALIZZATO Non lontano dal mare, l'affascinante edificio liberty degli anni '20 è stato restaurato con cura e conserva all'interno memorie di artigianato siciliano coordinate con arredi contemporanei in un insieme ricco d'atmosfera. Con il bel tempo le colazioni sono servite nella corte interna.

15 cam ⊊ – 🛏140/300 € 🛏🛏140/300 €

via Dandolo 63 – 𝒞 0932 239495 – www.lamorescahotel.it – Aperto aprile-ottobre

MARINA DI SAN VITO

Chieti – ⊠ 66035 – Carta regionale n° **1**-C2
Carta stradale Michelin 563-P25

🍴○ **L'Angolino da Filippo** 🆔 💠

PESCE E FRUTTI DI MARE · ACCOGLIENTE ░░ A pochi metri dal mare, affacciato sul molo, locale che da sempre conquista con le sue specialità ittiche; arrivato alla terza generazione oltre a proporre ricette classiche il pescato prende qui nuove forme ed elaborazioni più accattivanti.

Menu 35/55 € – Carta 32/63 €

via Sangritana 1 – 𝒞 0872 61632 – Chiuso lunedì

MARINA DI VASTO

Chieti – ⊠ 66054 – Carta regionale n° **1**-C2
Carta stradale Michelin 563-P26

sulla strada statale 16

🏠 **Villa Vignola** ❶ 🔆 ⏳ ⪇ 🍽 🔏 🆔 🅿

FAMILIARE · LUNGOMARE Una piccola oasi di tranquillità che si affaccia sull'Adriatico: digradanti terrazze, zona attrezzata con accesso diretto al mare, camere di sobria atmosfera. Il pesce è la specialità del raffinato ristorante; molto richiesto il brodetto.

7 cam ⊊ – 🛏70/150 € 🛏🛏100/220 €

località Vignola, Nord: 6 km ⊠ 66054 – 𝒞 0873 310050 – www.villavignola.it – Chiuso novembre e gennaio

MARINA EQUA Napoli → Vedere Vico Equense

MARINA GRANDE Napoli → Vedere Capri (Isola di)

MARINELLA Sicilia Trapani → Vedere Selinunte

MARLENGO MARLING
Bolzano – ✉ 39020 – 2 634 ab. – Alt. 363 m – Carta regionale n° **19**-B2
Carta stradale Michelin 562-C15

Pianta : vedere Merano

⑩ **Oberwirt**   &🏠🗐⇄🚗

CUCINA REGIONALE · ELEGANTE XxX Romantici ambienti tirolesi nelle diverse stube in cui potrete sedervi, la cucina dell'albergo Oberwirt vi sorprenderà per qualità ed elaborazione, nonché varietà, dai classici regionali al mare.
Menu 37/62 € – Carta 33/75 €

Pianta: A2-n – *Hotel Oberwirt, vicolo San Felice 2 –* 𝒞 *0473 222020*
– www.oberwirt.com – Aperto 16 marzo-12 novembre

▦ **Oberwirt**   🏊🗐⑳♨️♨️⬚🎾🏋️🚗

FAMILIARE · ELEGANTE In pieno centro paese, una gran bella struttura ubicata da più di due secoli e mezzo nella mani della stessa famiglia - gestione sicuramente da record! - tradizione elegante, ma anche confort moderni.
36 cam ⊊ – ♦129/160 € ♦♦129/168 € – 14 suites

Pianta: A2-n – *vicolo San Felice 2 –* 𝒞 *0473 222020 – www.oberwirt.com*
– Aperto 16 marzo-12 novembre

⑩ **Oberwirt** – Vedere selezione ristoranti

▦ **Giardino Marling** 

LUSSO · CONTEMPORANEO Elegante albergo che ha nel nome la sua chiave di lettura: un giardino affacciato sulla vallata per farvi assaporare un'insolita atmosfera mediterranea fra le montagne. In aggiunta a tutto ciò, la struttura dispone di camere accoglienti ed inondate di luce, area wellness attrezzata ed ancora una sky spa sul tetto con piscina riscaldata. Cucina squisitamente gourmet al ristorante.
34 cam ⊊ – ♦220/400 € ♦♦248/400 € – 14 suites

Pianta: A2-m – *via San Felice 18 –* 𝒞 *0473 447177 – www.giardino-marling.com*
– Aperto 8 marzo-30 novembre

▦ **Marlena**

SPA E WELLNESS · CONTEMPORANEO Nel relax di un paesaggio verdeggiante e panoramico, struttura dall'architettura innovativa, in linea con il moderno design degli interni. Contributi di artisti locali e piacevole giardino con piante di varia provenienza.
50 cam ⊊ – ♦133/197 € ♦♦242/370 €

Pianta: A2-k – *via Tramontana 6 –* 𝒞 *0473 222266 – www.marlena.it*
– Aperto 25 marzo-13 novembre

 Prima colazione compresa? E' rappresentata dal simbolo della tazzina ⊊ dopo il numero delle camere.

MARLIA Lucca → Vedere Lucca

MARLING → Vedere Marlengo

MARONTI Napoli → Vedere Ischia (Isola d') : Barano

MAROSTICA

Vicenza – ✉ 36063 – 13 989 ab. – Alt. 103 m – Carta regionale n° **23**-B2
Carta stradale Michelin 562-E16

⁑○ **Al Castello Superiore**   ≼ 📠 �] AC 🅿

CUCINA REGIONALE · ACCOGLIENTE ✗✗ All'interno del bel castello duecentesco
che domina la località, cucina sia di carne sia di pesce con qualche attenzione al territorio. L'ambiente signorile è arricchito da un bellissimo dehors per la stagione estiva.
Menu 33 € (in settimana)/70 € – Carta 33/71 €
*via Cansignorio della Scala 4/A – ℰ 0424 73315 – www.castellosuperiore.it
– Chiuso giovedì a mezzogiorno e mercoledì*

⁑○ **Osteria Madonnetta**   🚛 AC

CUCINA TRADIZIONALE · TRATTORIA ✗ Una semplice realtà familiare davvero
accogliente e simpatica. All'interno di un palazzo storico dietro la piazza con la
famosa scacchiera, soffitto antico a grosse travi, pochi tavoli in legno ed uno scoppiettante camino; un gradevole dehors lascia intravedere parte delle mura cittadine. La cucina è impostata dalla signora Annamaria, ambasciatrice di un sapere
casalingo di cucina veneta, rispettosa della stagionalità, soprattutto delle verdure.
Menu 30/38 € – Carta 19/38 €
*via Vajenti 21 – ℰ 0424 75859 – www.osteriamadonnetta.it – Chiuso 2 settimane
in agosto, festività e giovedì*

a Valle San Floriano Nord : 3 km ✉ 36063 – Alt. 127 m

⊛ **La Rosina**   ⇔ 🍷 ≼ 🚛 AC 🍽 🐱 🅿

CUCINA REGIONALE · AMBIENTE CLASSICO ✗✗ Ottimo ristorante, che nel tempo
si è rifatto il look, ma non l'anima: quest'ultima rimane - infatti - saldamente
ancorata alla tradizione del baccalà alla vicentina, dei bigoli al sugo d'anatra e
della griglia accesa in sala. Oppure, come consigliano gli ispettori, anche un
buon risotto di stagione (asparagi, funghi, zucca e tartufo). Dalle camere si gode
di una gradevole vista sui colli circostanti.
Menu 45 € – Carta 32/75 €
9 cam 🖙 – ♦90/200 € ♦♦150/250 €
via Marchetti 4, Nord: 2 km – ℰ 0424 470360 – www.larosina.it – Chiuso martedì

MAROTTA

Pesaro e Urbino – ✉ 61032 – Carta regionale n° **11**-B1
Carta stradale Michelin 563-K21

⊛ **Burro & Alici** ◍   🚛

PESCE E FRUTTI DI MARE · STILE MEDITERRANEO ✗ Dall'esterno pare uno dei
tanti ristoranti che affollano il lungomare, ma i piacevoli interni in stile shabby e
- soprattutto - un'ottima cucina distinguono il ristorante. La carta è dedicata ai
grandi classici della cucina dell'Adriatico, sapida e gustosa, con una buona ricerca
a livello di prodotti. La sera anche pizze. Specialità: gnocchetti con spigola, verdure e ricotta stagionata - filetto di San Pietro con melanzane, crema di pecorino
e basilico - tartelletta con crema pasticcera e frutta fresca.
Carta 31/69 €
*lungomare Colombo 98 – ℰ 0721 961200 – www.ristoranteburroealici.it – Chiuso
lunedì*

🏠 **Imperial**   ☆ ≼ 📠 ⵣ 🔼 AC 🅿

TRADIZIONALE · FUNZIONALE Hotel completo di buoni confort, spazi generosi
nelle parti comuni e camere dal lineare arredo. Bel giardino attorno alla piscina.
42 cam 🖙 – ♦40/100 € ♦♦70/200 €
*lungomare Faà di Bruno 119 – ℰ 0721 969445 – www.hotel-imperial.it
– Aperto 28 aprile-30 settembre*

verso Mondolfo Sud-Ovest : 3,5 km

⊪○ **Locanda Per Bacco** ⟵ 🖨 **P**

CUCINA REGIONALE · RUSTICO X In un tipico casolare in mattoni affacciato sulle colline, il succulento biglietto da visita è presentato subito all'ingresso: la sfoglia che tira le paste con il mattarello e una brace per deliziose grigliate di carne e pesce. Cucina gustosa in un ambiente piacevole ed informale.

Menu 26 € – Carta 24/48 €

4 cam ⌂ – ♦50 € ♦♦60/70 €

via dell'Artigianato 26 – 𝒞 327 479 8536 – www.countryhouseperbacco.it – Chiuso 3 settimane in novembre, lunedì sera e martedì

MARTINSICURO

Teramo – ✉ 64014 – 16 033 ab. – Carta regionale n° **1**-B1
Carta stradale Michelin 563-N23

🏠 **Sympathy** ⚒ 🗝 🖳 ⅉ 🅰🅲 🚗

TRADIZIONALE · LUNGOMARE Fronte mare, nella zona più animata del centro, la prima colazione è servita su un'indimenticabile terrazza panoramica. Le camere migliori sono al terzo e quarto piano.

40 cam ⌂ – ♦50/80 € ♦♦60/100 €

lungomare Europa 26 – 𝒞 0861 760222 – www.sympathyhotel.it – Aperto 1° aprile-31 ottobre

a Villa Rosa Sud : 5 km ✉ 64014

🏠 **Paradiso** ⚒ 🛏 🅰 🍽 🗝 ⅉ 🅰🅲 🎿 **P**

TRADIZIONALE · FUNZIONALE Un hotel dedicato ai bambini: sin dall'arrivo, ogni momento della giornata sarà organizzato per loro con attività ad hoc, garantendo agli adulti un soggiorno di sport e relax.

67 cam ⌂ – ♦50/80 € ♦♦70/120 €

via Ugo La Malfa 14 – 𝒞 0861 713888 – www.hotelparadiso.it – Aperto 25 maggio-16 settembre

MARZAMEMI Sicilia Siracusa → Vedere Pachino

MARZOCCA Ancona → Vedere Senigallia

MASARÈ Belluno → Vedere Alleghe

MASERÀ DI PADOVA

Padova (PD) – ✉ 35020 – 9 081 ab. – Alt. 9 m – Carta regionale n° **23**-C3
Carta stradale Michelin 562-G17

🏠 **Ca' Murà Natura & Resort** 🛁 🖨 🏠 🅰 🗝 🅰🅲 🎿 🍴 **P**

CASA DI CAMPAGNA · ACCOGLIENTE Nella tranquillità di un frutteto che confina con l'antica chiesetta di Ca' Murà, l'hotel ricrea al suo interno l'atmosfera agreste del luogo, ma lo fa sotto la cifra dell'eleganza: camere ampie in stile moderno ed un piccolo centro relax.

24 cam ⌂ – ♦85/110 € ♦♦130/180 €

via Ca' Murà 21/b, località Bertipaglia, Sud-Est: 2 km – 𝒞 049 886 8229 – www.ca-mura.com

MASIO

Alessandria – ✉ 15024 – 1 420 ab. – Alt. 142 m – Carta regionale n° **14**-D1
Carta stradale Michelin 561-H7

🅐 **Trattoria Losanna** 🅰🅲 🎿 **P**

CUCINA PIEMONTESE · SEMPLICE X Iniziando con un antipasto misto della casa, potrete poi proseguire con abbondanti piatti della tradizione monferrina (ottimo il brasato al nebbiolo!), tutto proposto a voce in un ambiente familiare e dall'atmosfera simpaticamente chiassosa.

Carta 25/45 €

via San Rocco 40, Est: 1 km – 𝒞 0131 799525 – Chiuso 27 dicembre-15 gennaio, agosto, domenica sera e lunedì

MASON VICENTINO

Vicenza (VI) – ⊠ 36064 – 3 503 ab. – Alt. 103 m – Carta regionale n° **23**-B2
Carta stradale Michelin 562-E16

۩○ **Al Pozzo** ⛩ AC

CUCINA MODERNA · ELEGANTE XX Ristorante del centro storico, attiguo ad uno dei due pozzi artesiani che un tempo rifornivano d'acqua la località: ambienti curati che uniscono muri rustici e tocchi signorili, in estate c'è anche un piacevole servizio all'aperto. I piatti sono interessanti, impostati dal patron che predilige il mare.

Carta 33/86 €

via Chiesa 10 – ℰ 0424 411816 – www.alpozzoilristorante.it – solo a cena escluso domenica – Chiuso martedì

MASSA

(MS) – ⊠ 54100 – 69 479 ab. – Alt. 65 m – Carta regionale n° **18**-A1
Carta stradale Michelin 563-J12

۩○ **Il Trillo** ← ⛩ AC P

CUCINA MODERNA · CONTESTO CONTEMPORANEO XX Sulle colline che dominano la città, in un'antica residenza che oggi ospita anche la cantina dell'azienda vinicola di proprietà, la bella stagione permette di cenare sulla terrazza panoramica sotto i limoni. Cucina fantasiosa, eleganti presentazioni, atmosfera raffinata.

Menu 45 € – Carta 35/63 €

via Bergiola Vecchia 30 – ℰ 0585 46755 (consigliata la prenotazione)
– www.iltrillo.net – solo a cena escluso i giorni festivi
– Chiuso 24 dicembre-1° gennaio e lunedì escluso luglio-agosto

۩○ **Osteria del Borgo** 🐗 ⛩ AC

CUCINA TRADIZIONALE · TRATTORIA X Sotto le volte in pietra di questo ristorante, tra foto in bianco e nero alle pareti e un'esposizione di bottiglie d'epoca, rivivono i sapori decisi e le genuine tradizioni gastronomiche locali. Se poi amate la birra artigianale - qui - la si fa in proprio.

Carta 25/50 €

via Beatrice 17 – ℰ 0585 810680 (prenotare) – solo a cena escluso domenica
– Chiuso 1 settimana in ottobre e martedì

MASSACIUCCOLI (Lago di) Lucca → Vedere Torre del Lago Puccini

MASSA LUBRENSE

Napoli – ⊠ 80061 – 14 243 ab. – Alt. 121 m – Carta regionale n° **4**-B2
Carta stradale Michelin 564-F25

🏨 **Delfino** 🌲 🐚 ← 🛏 🍽 🔄 AC ⚓ P

TRADIZIONALE · CLASSICO Se il suo punto di forza è la sottostante piscina sulla roccia e discesa a mare, la struttura ha tanti altri assi da calare: la pittoresca insenatura con terrazze, il panorama eccezionale sull'isola di Capri, l'impostazione classica dei suoi ambienti.

66 cam ⌂ – ♦120/350 € ♦♦150/500 €

via Nastro d'Oro 2, Sud-Ovest: 2,5 km – ℰ 081 878 9261 – www.hoteldelfino.com
– Aperto 1° aprile-30 ottobre

a Santa Maria Annunziata Sud : 2,5 km ⊠ 80061 – Massa Lubrense

🕸 **La Torre** ⛩ AC

CUCINA REGIONALE · FAMILIARE X I ravioli alla caprese e la millefoglie scomposta con crema chantilly sono solo due delle tante specialità partenopee di questa verace trattoria, dove il sorriso contagioso delle figlie in sala contribuisce alla piacevolezza della sosta. A pochi metri un belvedere con vista su Capri.

🍴 Menu 22/32 € – Carta 26/53 €

piazza Annunziata 7 – ℰ 081 808 9566 (consigliata la prenotazione)
– www.latorreonefire.it – solo a cena dal 1° luglio al 15 settembre – Chiuso gennaio, novembre e martedì a mezzogiorno escluso 1° luglio-15 settembre

a Nerano-Marina del Cantone Sud-Est : 11 km ✉ 80061 – Termini

✿✿ Quattro Passi (Antonio Mellino)   🍸 ⟸ 🦐 ≼ 🛋 🎍 🏊 🅰🅲 🧼 🅿

CUCINA MODERNA · CONTESTO CONTEMPORANEO XxxX Un perenne work in progress, questa bella realtà campana dove l'energico titolare è un inarrestabile promotore di novità!

A quattro passi, ma veramente dal mare, tutti i tavoli all'aperto godono della vista di una tra le più romantiche baie della costiera, mentre la cucina si fa sponsor "attivo" delle eccellenze campane; la passione di Antonio per questo mestiere l'ha ereditata da mamma Flora, abile nel declinare la grande arte dei monzù quando cucinava presso le dimore delle nobili famiglie che villeggiavano nella Penisola Sorrentina. Piatti radicati nella memoria del luogo e riproposti con una grammatica nuova, con prodotti del proprio orto e pesce proveniente dal Mare Nostrum.

"Un cuoco deve essere prima di tutto testimone della storia e della cultura del territorio dal quale proviene" sostiene lo chef patron ed è proprio in nome di questa convinzione che - ancora oggi - la cucina dei Quattro Passi innova, ma non tradisce.

→ Linguine con zucchine. Fritto di pesce e verdura in tempura. Babà.

Menu 160/200 € – Carta 81/150 €

4 suites 🖙 – 🛏🛏300/350 € – 2 cam

via Vespucci 13/n, Nord: 1 km – ℰ 081 808 1271 – www.ristorantequattropassi.com – Aperto 15 marzo-31 ottobre; chiuso martedì sera e mercoledì escluso 15 giugno-15 settembre

✿ Taverna del Capitano (Alfonso Caputo)   🍸 ≼ 🛋 🅰🅲 🧼 🚗

CUCINA CREATIVA · STILE MEDITERRANEO XxX Tutta l'attenzione è riservata al prodotto locale, che lo chef-patron cucina rifacendosi a ricette della tradizione e del territorio alle quali aggiunge personali accenti moderni. E come ogni percorso gastronomico che si rispetti, anche la parte enologica ha un suo spazio privilegiato, che Mariella - padrona di casa e prima donna sommelier della Campania - assicura con referenze locali, regionali e italiane.

→ Passeggiata nell'orto della costiera, concentrato di rucola e rosmarino. Scorfano di scoglio, totano, cozze e pomodoro. Crema fredda alle noci di Sorrento.

Menu 70/110 € – Carta 62/143 €

Hotel Taverna del Capitano, piazza delle Sirene 10/11 – ℰ 081 808 1028 (consigliata la prenotazione) – www.tavernadelcapitano.it – Aperto 16 marzo-3 novembre; chiuso lunedì e martedì escluso in estate

🏠 Taverna del Capitano   🦐 ≼ 🅰🅲 🧼 🚗

FAMILIARE · LUNGOMARE Proprio di fronte alla baia di Nerano, una delle più belle e nascoste della penisola sorrentina, con i propri ombrelloni, un piccolo albergo dotato di camere molto confortevoli con inserti tipici. Alcune con ampi terrazzi panoramici.

10 cam 🖙 – 🛏120/160 € 🛏🛏180/200 € – 2 suites

piazza delle Sirene 10/11 – ℰ 081 808 1028 – www.tavernadelcapitano.it – Aperto 16 marzo-3 novembre

✿ **Taverna del Capitano** – Vedere selezione ristoranti

a Termini Sud : 5 km ✉ 80061

✿ Relais Blu   ≼ 🛋 🎍 🔥 🅰🅲 🧼 🅿

CUCINA MODERNA · DESIGN XxX Un posto incantevole, che raggiunge l'apice nella bella terrazza con vista su Capri mentre da ogni angolo della casa il blu del cielo e del mare vanno a braccetto col bianco degli arredi e dei muri. In tanta rilassante bellezza troverete una cucina fantasiosa e moderna, con pesce e carne, tradizione e innovazione, nonché le erbe del proprio orto.

→ Cappellacci ripieni di astice e broccoli friarielli ripassati. Variazione di agnello laticauda con verdure primaverili e salsa al pecorino. Soufflé ai limoni di Massa Lubrense con gelato alla crema.

Menu 75/95 € – Carta 61/97 €

Hotel Relais Blu, via Roncato 60 – ℰ 081 878 9552 – www.relaisblu.com – Aperto 11 aprile-27 ottobre; chiuso lunedì escluso agosto

🏠 Relais Blu ◻◻◻◻◻◻◻◻ **P**

LUSSO · DESIGN Piccolo, appartato, esclusivo relais in grado di coccolare i suoi ospiti con ambienti minimal-mediterranei realizzati con linee sobrie, tanto bianco e soprattutto con uno splendido panorama che vi si offre da ogni suo angolo. Non solo cucina gourmet, la struttura vanta anche un piccolo ristorante dedicato a ricette tradizionali campane.

11 cam ♨ – 🛏245/345 € 🛏🛏320/450 € – 2 suites

via Roncato 60 – ℰ 081 878 9552 – www.relaisblu.com – Aperto 11 aprile-27 ottobre

⚜ **Relais Blu** – Vedere selezione ristoranti

MASSA MARITTIMA

Grosseto – ✉ 58024 – 8 375 ab. – Alt. 380 m – Carta regionale n° **18**-B2
Carta stradale Michelin 563-M14

🍴 Taverna del Vecchio Borgo

CUCINA TOSCANA · CONTESTO TRADIZIONALE ✗ Caratteristico locale, o meglio, tipica taverna ricavata nelle antiche cantine di un palazzo sorto nel Seicento. Insieme gestito con cura, specialità della cucina toscana.

Menu 30 € – Carta 33/61 €

via Parenti 12 – ℰ 0566 902167 – solo a cena – Chiuso 15 gennaio-15 febbraio e lunedì

🏠 La Fenice ◻◻◻◻◻◻◻ **P**

FAMILIARE · ACCOGLIENTE Risorsa nata come residence, ora funziona come hotel: piacevoli interni e camere molto confortevoli, nonché una piscina per momenti di distensivo relax. La cura riservata alla prima colazione è un momento che ben predispone alla giornata!

17 cam ♨ – 🛏100/120 € 🛏🛏130/165 € – 12 suites

corso Diaz 63 – ℰ 0566 903941 – www.lafeniceparkhotel.it – Aperto 1° aprile-30 ottobre

a Ghirlanda Nord-Est : 2 km ✉ 58024

⚜⚜ Bracali ◻◻ **P**

CUCINA CREATIVA · ELEGANTE ✗✗✗ Nel cuore delle Colline Metallifere, appena fuori Massa Marittima, i fratelli Francesco e Luca si "dividono" idealmente questo regno di ospitalità; di fatto uniscono sinergicamente le loro forze e competenze per far trascorrere agli ospiti un'esperienza a 360°.

La piccola e sobria frazione di Ghirlanda nasconde, dunque, un locale d'inaspettata eleganza. Il menu propone accostamenti originali, a volte lontano dalla tradizione, come nei gnocchetti all'ortica su budino di fegato grasso, caviale di succo d'uva e nocciole. I capisaldi della cucina di Francesco si contano sulle dita di una mano: creare avvolgenza, estrarre i sapori, esaltare gli equilibri (vegetale-animale, grasso-acido, dolce-amaro, morbido-croccante), armonizzare gli opposti.

Ma siccome nulla, qui, è lasciato al caso, per chi volesse prolungare la sosta, possibilità di alloggio in pieno centro storico; i proprietari ne assicurano il trasporto.

→ Gnocchi di ortica su budino di fegato. Piccione con salsa di carote e cioccolato. Lo yogurt incontra il mare.

Menu 130/190 € – Carta 130/170 €

via di Perolla 2 – ℰ 0566 902318 (consigliata la prenotazione) – www.mondobracali.it – Chiuso 10 gennaio-10 febbraio, domenica e lunedì

al lago di Accesa Sud : 10 km

🏠 Agriturismo Tenuta del Fontino ◻◻◻◻◻◻ **P**

CASA DI CAMPAGNA · PERSONALIZZATO Particolarmente frequentata da cicloturisti, imponente villa ottocentesca in posizione isolata e collinare; le camere - a seconda delle preferenze - dispongono di arredi d'epoca o più moderni. Splendida piscina panoramica, vino e salumi di cinta prodotti dall'azienda.

22 cam ♨ – 🛏98/119 € 🛏🛏160/220 €

località Accesa, Est: 1,5 km ✉ 58024 Massa Marittima – ℰ 0566 919232 – www.tenutafontino.it – Aperto 1° aprile-1° novembre

a Tatti Est : 23 km ⊠ 58040

🏠 La Fattoria di Tatti ⚭ 🐾 ⪕ 🛏 ⌀

LOCANDA · CONTEMPORANEO Nella parte più alta del paese, vicino al castello e agli ultimi piani di un palazzo ottocentesco, è l'indirizzo per chi desidera una vacanza nella tranquillità di una piccola frazione, ma con vista che abbraccia sino al mare.

8 cam ⌂ – †60/100 € ††90/120 €

via Matteotti 10 – 𝒞 0566 912001 – www.tattifattoria.it
– Aperto 22 marzo-3 ottobre

MASSA MARTANA

Perugia (PG) – ⊠ 06056 – 3 770 ab. – Carta regionale n° **20**-B2
Carta stradale Michelin 563-N19

🏠 San Pietro Sopra Le Acque ⚭ 🐾 🛏 ⪫ 🐴 ᴸₛ ⌀ 🖂 ⅙ 🅐 ♨ 🅿

STORICO · PERSONALIZZATO Affreschi originali restaurati, in un ex convento del '600, convertito in elegante residenza di campagna completa nella mappa dei servizi offerti: interni curati, arredi d'epoca, la chiesetta, nonché un piccolo centro benessere. Il tutto nella magica quiete di un parco secolare con piscina e campo da tennis.

13 cam ⌂ – †80/120 € ††90/500 € – 3 suites

vocabolo Capertame 533, Sud-Ovest: 2 Km – 𝒞 075 889132
– www.sanpietroresort.com

MASSAROSA

Lucca – ⊠ 55054 – 22 471 ab. – Alt. 10 m – Carta regionale n° **18**-B1
Carta stradale Michelin 563-K12

🍽 La Chandelle ⇦ 🐾 ⪕ 🛏 🏡 🅐 ⌀ 🅿

CUCINA CLASSICA · AMBIENTE CLASSICO ✕✕ In posizione dominante sulle colline, circondato da un fiorito e fresco giardino in cui d'estate si trasferisce il servizio, è soprattutto per i suoi piatti di pesce - oltre alla cacciagione - che questo bel locale è apprezzato. Eleganti camere, spaziose e decorate a mano, alcune panoramiche.

🍴 Menu 25/50 € – Carta 34/90 €

12 cam ⌂ – †70/120 € ††80/130 €

via Casa Rossa 303 – 𝒞 0584 938290 – www.lachandelle.it – Chiuso domenica sera e martedì in settembre-15 giugno

Quanthem/iStock

CI PIACE...

La nuova avventura dello chef **Lombardo** nel cuore del sasso Barisano: creazioni "millesimate" e rivisitazione di ricette locali. Il ristorante **Dimora Ulmo**: sapiente recupero di un palazzo settecentesco. Le splendide terrazze del ristorante Regia Corte presso l'elegante albergo diffuso **Sant'Angelo**.

MATERA

(MT) – ⊠ 75100 – 60 436 ab. – Alt. 401 m – Carta regionale n° **2**-D1
Carta stradale Michelin 564-E31

Ristoranti

✿ Vitantonio Lombardo ⓝ   🅰🄲

CUCINA CREATIVA · CONTESTO STORICO XXX E' la nuova creatura di un ancor giovane cuoco ritornato nella sua terra d'origine. Arredo e illuminazione minimal fanno da contorno alla singolarità dell'ambiente: una grotta millenaria nel cuore del Sasso Barisano. Piatti creativi si affiancano ad una linea più territoriale, ma pur sempre rivisitata con gusto moderno.

→ Neve d'estate: rape, alici e burrata. Ravioli dolci, ricci, cannella e giallo pomodoro. Liquirizia, capperi, oro e cioccolato.

Menu 45/75 € – Carta 52/76 €

Pianta: B1-h – *via Madonna delle Virtù 13/14* – ℰ *0835 335475*
– www.vlristorante.it – Chiuso mercoledì a mezzogiorno e martedì

🍴 Dimora Ulmo ⓝ   🔝 🅰🄲

CUCINA REGIONALE · CONTESTO STORICO XX Piatti che recuperano le tradizioni locali in chiave moderna in un antico palazzo sapientemente restaurato, la cui splendida terrazza estiva offre un'incantevole vista sui suggestivi Sassi. Cucina e sala sono affidate a due giovani professionisti locali con importanti esperienze pregresse.

Menu 48/75 € – Carta 54/82 €

Pianta: B2-d – *via Pennino 28* – ℰ *0835 165 0398 – www.dimoraulmo.it – Chiuso mercoledì a mezzogiorno e martedì*

🍴 Le Bubbole   🔝 🅰🄲

CUCINA REGIONALE · ELEGANTE XX In un raffinato ristorante tra le mura di Palazzo Gattini, dimora storica nel cuore dei Sassi, piatti elaborati di prodotti comunque lucani (per tutte le materie prime utilizzate se ne individua la tracciabilità). Nuova gestione!

Menu 50 € (in settimana)/90 € – Carta 36/98 €

Pianta: B1-g – *Hotel Palazzo Gattini, via San Potito 57/a* – ℰ *0835 334358*
– www.palazzogattini.it – Chiuso lunedì

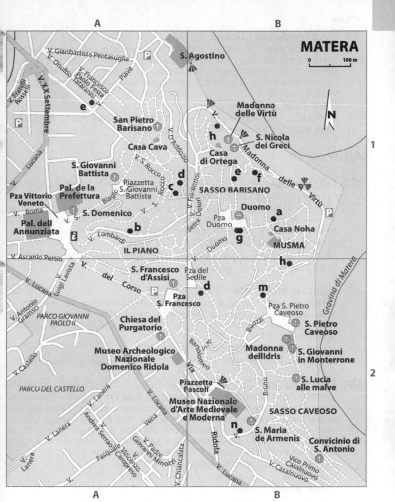

MATERA

0 — 100 m

A
- V. Gianbattista Pentasuglia
- V. Onofrio Tataranno
- V. Francesco Paolo Festa
- Piave
- V. Fratelli Rosselli
- V. XX Settembre
- V. Lucana
- **e**
- San Pietro Barisano
- Casa Cava
- S. Giovanni Battista
- V.S. Rocco
- V. D'Addozio
- Piazzetta S. Giovanni Battista
- Pal. de la Prefettura
- V. S. Biagio
- Pza Vittoria Veneto
- Roma
- S. Domenico
- Pal. dell' Annunziata
- V. S. Sette Dolori
- V. Lombardi
- **b**
- **d**
- **c**
- IL PIANO
- V. Ascanio Persio
- V. Lucana
- V. Luigi Lavista
- V. Antonio Gramsci
- PARCO GIOVANNI PAOLO II.
- V. Casello
- PARCO DEL CASTELLO
- V. Lanera
- V. Lanera
- V. Andrea Serrao
- V. Pasquale Vincenzo Caropreso
- V. Padre Giovanni Minozzi
- S. Francesco d'Assisi
- Pza del Sedile
- Pza S. Francesco
- **d**
- Chiesa del Purgatorio
- Museo Archeologico Nazionale Domenico Ridola
- V. Lucana
- V. Vena
- V. Chiancalata
- Piazzetta Pascoli
- Museo Nazionale d'Arte Medievale e Moderna
- V. Lucana
- V. Ridola

B
- S. Agostino
- **N**
- Madonna delle Virtù
- S. Nicola dei Greci
- **h**
- Casa di Ortega
- Madonna delle Virtù
- **e**
- **f**
- SASSO BARISANO
- V. Fiorentini
- Pza Duomo
- Duomo
- **a**
- Casa Noha
- **g**
- MUSMA
- V. Duomo
- **h**
- Gravina di Matera
- **m**
- Pza S. Pietro Caveoso
- V. Buozzi
- S. Pietro Caveoso
- Madonna delllldris
- S. Giovanni in Monterrone
- V. Bartolomeo
- S. Lucia alle malve
- V. Bruno
- SASSO CAVEOSO
- **n**
- S. Maria de Armenis
- Convicinio di S. Antonio
- Vico Primo Casalnuovo
- V. Casalnuovo

1

2

🍴 **Baccanti**   🎍 🍴

CUCINA MODERNA · CONTESTO STORICO XX In una delle zone più suggestive dei sassi, di fronte allo scenografico dirupo del parco delle chiese rupestri, il ristorante occupa gli spazi di antiche grotte, ma la cucina, pur ispirata dalle tradizioni locali, si fa più moderna, a volte creativa, sempre di ottimo livello.

Carta 41/69 €

Pianta: B2-h – *via Sant'Angelo 58/61 – ℰ 0835 333704 (consigliata la prenotazione) – www.baccantiristorante.com – Chiuso 18 febbraio-4 marzo, 2-17 luglio, domenica sera e lunedì*

🍴 **Ego** Ⓝ   ♿ 🆎

CUCINA CREATIVA · CONTESTO CONTEMPORANEO XX A pochi passi dagli storici Sassi, un angolo moderno e contemporaneo dove gustare la cucina creativa proposta da un giovane chef con importanti esperienze alle spalle.

Menu 40/75 € – Carta 45/72 €

Pianta: A1-e – *via Stigliani 44 – ℰ 392 903 0963 – www.egogourmet.it – Chiuso martedì*

515

🍴 L'Abbondanza Lucana ⛩ 🄰🄲

CUCINA LUCANA · CONTESTO STORICO ⅩⅩ All'interno di una serie di grotte o, all'aperto, nel paesaggio dei sassi, la cucina vi sorprenderà per l'abbondanza delle porzioni: soprattutto nella degustazione di antipasti, ma ancor di più per l'approfondita ricerca di prodotti e piatti lucani. Un viaggio gastronomico attraverso la Basilicata.

Carta 39/65 €

Pianta: B2-n – *via Bruno Buozzi 11* – ☏ *348 898 4528 (coperti limitati, prenotare) – solo a cena – Chiuso domenica sera e lunedì*

Alberghi

🏨 Palazzo Gattini ♨ ⟪ 🐾 🄴 ⛤ 🄰🄲 ⛲

CASA PADRONALE · ELEGANTE Nella piazza centrale che dà sui Sassi, un albergo di lusso - già casa nobiliare riportata all'antico splendore grazie ad un accurato restauro - con centro benessere piccolo, ma fornito di tutto punto: zona relax tisaneria, bagno turco, doccia sensoriale, grande vasca idromassaggio.

16 cam ♨ – †200/1200 € †250/1500 € – 4 suites

Pianta: B1-g – *Piazza Duomo, 13/14* – ☏ *0835 334358* – *www.palazzogattini.it*

🍴 **Le Bubbole** – Vedere selezione ristoranti

🏨 Palazzo Viceconte 🅝 ♨ ⟪ 🄴 🄰🄲 🎎 🅿

LUSSO · STORICO Palazzo di origine cinquecentesca nel cuore della zona storica della città dispone di ampie camere arredate con pezzi antichi e suggestive sale comuni abbellite con dipinti classici. La vista spazia a 360° sui Sassi e Gravina dalla terrazza del bar.

12 cam – †140/220 € †160/280 € – 2 suites

Pianta: B1-a – *via San Potito 7* – ☏ *0835 330699* – *www.palazzoviceconte.it* – *TA*

🏨 Sant'Angelo ⛄ ♨ ⟪ 🄰🄲 ⛲

STORICO · CONTEMPORANEO Un concetto di ospitalità originale ed intrigante: centro nevralgico della struttura, dalla hall si diramano cortili e viottoli che portano alle varie camere, alcune aperte in grotte, dalle pareti in tufo ed eleganti arredi contemporanei. Le migliori offrono una vista mozzafiato sulla chiesa di San Pietro Caveoso. Cucina affidata ad un giovane chef pugliese che reinterpreta piatti locali e della sua regione al ristorante serale Regia Corte.

23 cam ♨ – †250/800 € †250/800 € – 7 suites

Pianta: B2-m – *piazza San Pietro Caveoso* – ☏ *0835 314010 – www.santangeloresort.it*

🏨 Sextantio - Le Grotte della Civita ♨ ⟪ 🄰🄲

STORICO · ORIGINALE Sapiente opera di recupero di spazi antichissimi oggi trasformati, nel pieno rispetto della loro integrità strutturale, in un resort di lusso per vivere la magia di un soggiorno in grotta. Indimenticabile sala colazioni, come la camera numero 4, ricavata in un'ex chiesa rupestre.

18 cam ♨ – †250/980 € †250/980 € – 6 suites

Pianta: B1-f – *via Civita 28* – ☏ *0835 332744* – *www.sextantio.it*

🏨 l'hotel in pietra ♨ 🄰🄲 🎎

STORICO · ROMANTICO Nel cuore dei sassi, ai piedi del Duomo, l'albergo è stato ricavato all'interno di un'ex chiesa seicentesca sconsacrata. Ancor oggi, nei suoi ambienti in tufo, rimane un'elegante atmosfera monastica; la camera 1004, con uno straordinario bagno, rimarrà memorabile.

9 cam ♨ – †50/70 € †115/160 €

Pianta: A1-d – *via San Giovanni Vecchio 22* – ☏ *0835 344040 – www.hotelinpietra.it*

Locanda di San Martino

STORICO · PERSONALIZZATO Nel cuore del centro storico, la risorsa dispone di originali camere ricavate all'interno di grotte naturali: stanze sobriamente eleganti, molte delle quali ingegnosamente collegate agli spazi comuni attraverso cunicoli. In un contesto altamente suggestivo e solo apparentemente spartano, trova posto anche un piccolo centro benessere.

25 cam ⌂ - ♦70/170 € ♦♦75/349 € - 8 suites

Pianta: A1-b - *via Fiorentini 71 - ℰ 0835 256600 - www.locandadisanmartino.it*

Sassi Hotel

STORICO · ACCOGLIENTE Risorsa ideale per chi vuole scoprire l'attrazione più famosa della città, i Sassi. L'hotel s'inserisce a meraviglia in questo straordinario tessuto urbanistico: i suoi ambienti, infatti, sono stati ricavati da una serie di abitazioni del '700 restaurate rispettandone l'anima sobria.

33 cam ⌂ - ♦74/100 € ♦♦98/134 € - 2 suites

Pianta: A1-c - *via San Giovanni Vecchio 89 - ℰ 0835 331009 - www.hotelsassi.it*

Le Monacelle

TRADIZIONALE · ACCOGLIENTE A ridosso del Duomo e nei pressi dei Sassi, splendida terrazza affacciata sul parco delle chiese rupestri, biblioteca multilingue con circa 2000 volumi e cappella consacrata in un antico convento cinquecentesco. La gemma è un piccolo, mistico giardino, là dove nel '900 c'era la prima cattedrale di Matera.

10 cam ⌂ - ♦55/65 € ♦♦85/105 €

Pianta: B1-e - *via Riscatto 9 - ℰ 0835 344097 - www.lemonacelle.com*

 Le grandi città beneficiano di piantine sulle quali sono situati gli alberghi e i ristoranti. Seguite le coordinate (es. pianta: 9P2-a) per individuarli più facilmente.

MATTINATA

Foggia - ✉ 71030 - 6 310 ab. - Alt. 75 m - Carta regionale n° **15**-B1
Carta stradale Michelin 564-B30

Il Porto

TRADIZIONALE · ELEGANTE In un complesso turistico-residenziale a circa 500 m dal mare, belle camere arredate in stile mediterraneo e mini appartamenti per soggiorni lunghi o brevi (anche una sola notte); spiaggia privata con servizio navetta.

31 suites ⌂ - ♦♦140/300 € - 17 cam

*via del Mare, strada provinciale 53 al km 1,5 - ℰ 0884 552511
- www.hotelresidenceilporto.it - Aperto 1° marzo-31 ottobre*

MAULS → Vedere Mules

MAZARA DEL VALLO Sicilia

Trapani - ✉ 91026 - 51 718 ab. - Carta regionale n° **17**-A2
Carta stradale Michelin 365-AK58

Mahara

LUSSO · LUNGOMARE Dell'antica vineria appartenuta agli Hobbs, famosa dinastia inglese che insieme ad altri connazionali contribuì alla diffusione del Marsala, vi è rimasto solo qualche sbiadito ricordo: ora è un hotel moderno ed accogliente, piacevolmente frontemare.

81 cam ⌂ - ♦80/100 € ♦♦90/140 €

lungomare San Vito 3 - ℰ 0923 673800 - www.maharahotel.it

MAZZARÒ Sicilia Messina → Vedere Taormina

MEDUNO

Pordenone – ✉ 33092 – 1 574 ab. – Alt. 313 m – Carta regionale n° **6**-B2
Carta stradale Michelin 562-D20

🕯○ **La Stella**   🌂 🕸 ♻

CUCINA REGIONALE · FAMILIARE ⅹ Rimane fedele alla tradizione, ai prodotti tipici della zona ed alla loro stagionalità, la cucina di questa graziosa trattoria di paese dalla brillante gestione familiare. Tutto - dal cibo al vino - viene proposto a voce!

Carta 21/65 €

via Principale 38 – ℰ 0427 86124 – Chiuso 1°-10 gennaio, 1°-7 settembre, sabato a mezzogiorno, domenica sera e mercoledì

MEINA

Novara – ✉ 28046 – 2 479 ab. – Alt. 214 m – Carta regionale n° **13**-B2
Carta stradale Michelin 561-E7

🏠 **Bel Sit**   ≤ ⚓ ⊡ �& 🄰🄲 🕸 🚗

FAMILIARE · BORDO LAGO Piccola struttura dagli interni confortevoli e lineari, soprattutto nelle camere moderne. Il retro dell'hotel è tutto proiettato sul lago con attracco per barche e spiaggetta.

18 cam ⌑ – †100/120 € ††140/165 €

via Sempione 76 – ℰ 0322 660880 – www.bel-sit.it – Chiuso gennaio e febbraio

🏠 **Villa Paradiso**   🏖 ≤ ⚓ 🏊 ⚓ ⊡ ᴅ 🄰🄲 🎿 🄿

TRADIZIONALE · VINTAGE Grande costruzione d'inizio '900, in posizione panoramica, avvolta da un parco, in cui è inserita la piscina, dotata anche di spiaggetta privata. Gestione intraprendente. Al ristorante le ricercatezze negli arredi donano all'atmosfera una certa eleganza.

56 cam ⌑ – †75/140 € ††120/180 €

via Sempione 125 – ℰ 0322 660488 – www.hotelvillaparadiso.com – Aperto 15 marzo-30 ottobre

MELDOLA

Forlì-Cesena – ✉ 47014 – 9 970 ab. – Alt. 58 m – Carta regionale n° **5**-D2
Carta stradale Michelin 562-J18

😊 **Il Rustichello**   🌂 🄰🄲

CUCINA REGIONALE · CONTESTO TRADIZIONALE ⅹ Trattoria appena fuori dal centro in cui rivivono i sapori della tradizione gastronomica romagnola e dove la gentile ospitalità è di casa nella giovane gestione. Specialità: mezzelune al formaggio di fossa - stinco - zuppa inglese.

🍴 Menu 25/45 € – Carta 21/63 €

via Vittorio Veneto 7 – ℰ 0543 495211 – www.ristoranteilrustichello.it – Chiuso 13-28 agosto, lunedì e martedì

MELETO Arezzo → Vedere Cavriglia

MELFI

Potenza – ✉ 85025 – 17 767 ab. – Alt. 530 m – Carta regionale n° **2**-A1
Carta stradale Michelin 564-E28

😊 **La Villa**   🄰🄲 ♻ 🄿

CUCINA LUCANA · ACCOGLIENTE ⅹ Ricette locali rispettose dei prodotti del territorio, in un ristorante con orto e produzione propria di uova e farina: ambiente intimo e curato, grazie alle tante attenzioni della famiglia che lo gestisce. L'ispettore ha gradito: la guancetta di maialino nero lucano brasato al moscato bianco.

🍴 Menu 20/50 € – Carta 20/49 €

strada statale 303, verso Rocchetta Sant'Antonio, Nord: 1,5 Km – ℰ 0972 236008 – Chiuso 17 agosto-1° settembre, domenica sera e lunedì

🏠 Novecento ⓝ　　　　　　　　　　　　　㊊ 🄰🄲 ⅏ 🄿

FAMILIARE · FUNZIONALE Risorsa familiare di poche, ma confortevoli camere in zona sopraelevata rispetto alla strada. Al ristorante, cucina classica servita in una sala dai toni vagamente liberty.

7 cam ⌷ – ♦65/90 € ♦♦90/110 € – 3 suites

via Monticchio, Ovest: 1,5 km – 𝒞 0972 237470 – www.novecentomelfi.it

MELITO IRPINO

Avellino – ✉ 83030 – 1 920 ab. – Alt. 242 m – Carta regionale n° **4**-C1
Carta stradale Michelin 564-D27

ⅰ○ Antica Trattoria Di Pietro　　　　　　　　　　　　　🄰🄲

CUCINA REGIONALE · FAMILIARE ☒ Trattoria con alle spalle una lunga tradizione familiare, giunta ormai alla terza generazione. Pizze e cucina campana, preparata e servita con grande passione.

🍴 Menu 20/35 € – Carta 18/36 €

corso Italia 8 – 𝒞 0825 472010 – www.anticatrattoria-dipietro.com – Chiuso 19-28 settembre e mercoledì

MELIZZANO

Benevento – ✉ 82030 – 1 858 ab. – Alt. 190 m – Carta regionale n° **4**-B1
Carta stradale Michelin 564-D25

ⅰ○ Locanda Radici ⓝ　　　　　　　　　　　　　🄷🄸 🄿

CUCINA MODERNA · CONTESTO CONTEMPORANEO ☒☒ Un bel caseggiato rustico ed elegante immerso nel verde del Sannio, per una cucina che valorizza i prodotti locali in chiave moderna grazie ad uno chef di ottime esperienze in grandi ristoranti.

Carta 45/58 €

contrada San Vincenzo Nord: 3 Km – 𝒞 340 690 1057 (consigliata la prenotazione) – www.locandaradici.it – Chiuso 15 giorni in gennaio, 10 giorni in agosto, domenica sera, lunedì e martedì

MENAGGIO

Como – ✉ 22017 – 3 143 ab. – Alt. 203 m – Carta regionale n° **9**-A2
Carta stradale Michelin 561-D9

🏨 Grand Hotel Menaggio　　　　㊊ ≼ 📶 ⅃ ♨ 🄲 🄐 🄰🄲 ⅏ 🚗

DIMORA STORICA · BORDO LAGO Prestigioso hotel affacciato direttamente sul lago, presenta ambienti di grande signorilità ed eleganza e una terrazza con piscina dalla meravigliosa vista panoramica. Le emozioni di un pasto consumato in compagnia della bellezza del lago.

94 cam ⌷ – ♦170/210 € ♦♦240/380 € – 1 suite

via 4 Novembre 77 – 𝒞 0344 30640 – www.grandhotelmenaggio.com – Aperto 1° marzo-31 ottobre

MENFI Sicilia

Agrigento – ✉ 92013 – 12 592 ab. – Alt. 119 m – Carta regionale n° **17**-B2
Carta stradale Michelin 365-AM58

in prossimità del bivio per Porto Palo Sud-Ovest : 4 km

🏨 Planeta Estate-La Foresteria Menfi　㊊ ⌂ 📶 ⅃ ♨ 🄐 🄲 🄰🄲 🄿

RESORT · PERSONALIZZATO Per un soggiorno all'insegna del relax, a pochi minuti d'auto c'è anche la spiaggia privata presso il Lido dei Fiori, un "wine resort" come amano definirsi, circondati dai vigneti dell'azienda ed avvolti dai profumi delle erbe aromatiche, che con il loro nome contraddistinguono le camere. Cucina siciliana contemporanea al ristorante.

14 cam ⌷ – ♦209/322 € ♦♦237/424 €

Contrada Passo di Gurra – 𝒞 0925 195 5460 – www.planetaestate.it/menfi – Chiuso 10 novembre-26 dicembre e 7 gennaio-28 febbraio

Dziqqvfoto/iStock

CI PIACE...

Il cuoco piemontese e le sue fantasiose creazioni da **Sissi**. Il fascino dell'illustre passato Belle Epoque dell'hotel **Bavaria**. La terrazza affacciata su centro storico e passeggiate del ristorante **Sigmund**. La vista mozzafiato dalla terrazza del **Castel Fragsburg**, aggrappati ad uno sperone di roccia!

MERANO MERAN

(BZ) – ⊠ 39012 – 39 462 ab. – Alt. 325 m – Carta regionale n° **19**-B2
Carta stradale Michelin 562-C15

Ristoranti

🕄 **Sissi** (Andrea Fenoglio)   🕸 🗚 ⇔

CUCINA MODERNA · VINTAGE XX Lampadari, pavimenti, decorazioni... una sala liberty e dal sapore retrò che costituisce un gioiello in sé. La cucina invece si evolve in continuazione, sempre tesa a dare nuove forme e colori a vecchi classici.
→ Spaghetti "omega3 ". Cappello del prete di vitello con salsa al tartufo nero. Cioccolato -7°.
Menu 80/90 € – Carta 67/95 €
Pianta: C1-x – *via Galilei 44 –* 𝒞 *0473 231062 – www.sissi.andreafenoglio.com – Chiuso 3 settimane in febbraio-marzo, martedì a mezzogiorno e lunedì*

🍴○ **Sigmund**   ⇔ 🏠 🗚

CUCINA DEL TERRITORIO · CONTESTO TRADIZIONALE XX Pietra grezza, tavoli distanziati, rappresentazioni moderne alle pareti, per una cucina classica legata alla regione in un locale centrale e con origini storiche.
Carta 38/82 €
4 cam ⊊ – †110/160 € ††170/220 €
Pianta: D2-a – *corso della Libertà 2* ⊠ *39012 –* 𝒞 *0473 237749 – www.restaurantsigmund.it – Chiuso febbraio e mercoledì*

Alberghi

🏨 **Meister's Hotel Irma**   🏖 🝊 ⫷ 🛋 ⛲ 🔲 🕙 🛥 🎿 ♿ 🗚 🚗

SPA E WELLNESS · ELEGANTE Safari lodge (suite racchiusa da una tenda nel mezzo del giardino) o camera sugli alberi? Ma ci sono anche la casa principale e le dépendance - ognuna con il suo stile - un giardino con roseto, il laghetto dei cigni, la terrazza panoramica all'ultimo piano per le straordinarie colazioni, una romantica stube, nonché la più affettuosa accoglienza familiare. Ecco uno degli alberghi più belli della regione!
50 cam ⊊ – †168/285 € ††168/315 € – 19 suites
Pianta: B2-p – *via Belvedere 17 –* 𝒞 *0473 212000 – www.hotel-irma.com – Aperto 15 marzo-15 novembre*

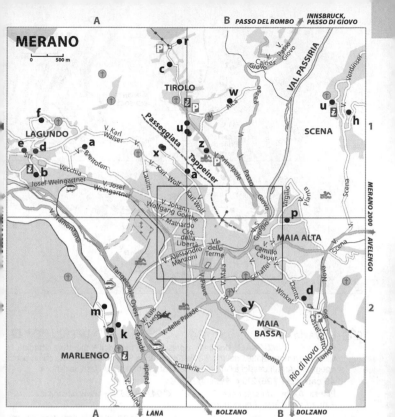

Park Hotel Mignon ⌂ 🛁 ⌀ 🍴 🏊 🖼 🌀 🧖 ⚘ ⊕ ♿ AC ♨ 🚗

SPA E WELLNESS · PERSONALIZZATO A due passi dal centro, ma immerso in un parco alberato e con uno straordinario centro benessere; non deluderanno neppure le camere, moderne, spesso arredate con materiali locali e una splendida terrazza-solarium.

50 cam ⌂ – ♦207/282 € ♦♦308/394 € – 13 suites

Pianta: D2-v – *via Grabmayr 5* – *☏ 0473 230353* – *www.hotelmignon.com* – *Aperto 12 aprile-13 novembre*

Villa Tivoli ⌂ 🛁 ⌀ 🍴 🏊 🖼 🌀 ⊕ 🍴 🚗

FAMILIARE · PERSONALIZZATO Risorsa di livello, in posizione soleggiata e isolata, connotata da un piacevole stile d'ispirazione mediterranea e da un lussureggiante parco-giardino. Nelle camere troverete un sapiente mix di antico e moderno, alcune di design contemporaneo, mentre nelle dépendance - aperte tutto l'anno - diversi luminosi (e ancor più defilati) appartamenti.

24 cam ⌂ – ♦135/190 € ♦♦220/280 € – 6 suites

Pianta: A1-x – *via Verdi 72* – *☏ 0473 446282* – *www.villativoli.it* – *Aperto 15 marzo-15 novembre*

Adria ⌂ 🛁 🍴 🖼 🌀 🌀 🍴 ⊕ 🧖 P

FAMILIARE · PERSONALIZZATO In zona verde e residenziale, l'albergo sfoggia centotrent'anni di storia, nonché un romantico ascensore vecchio di un secolo, ma le camere sono più recenti e in stile contemporaneo.

40 cam ⌂ – ♦112/136 € ♦♦190/258 € – 5 suites

Pianta: D2-d – *via Gilm 2* – *☏ 0473 236610* – *www.hotel-adria.com* – *Aperto 1° aprile-30 novembre*

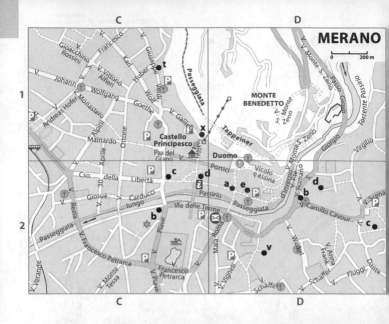

🏨 Bavaria ☆ 🛏 🍴 📺 ⬆ 🦽 🅿

STORICO · FUNZIONALE Una delle espressioni più belle dell'architettura cittadina, la villa fu costruita nel 1883 dal fratello dell'imperatrice Sissi ed è circondata da un parco rigoglioso. Arredi classici all'interno, la sala ristorante ricorda i fasti dell'epoca.

49 cam ☲ – ♦96/215 € ♦♦204/330 €

Pianta: D2-b – via salita alla Chiesa 15 – 𝒞 0473 236375 – www.bavaria.it – Aperto 13 marzo-3 novembre

🏨 Meranerhof ☆ 🛏 📺 🕸 👣 ⬆ 🦽 🆑 🍸 🅿

STORICO · FUNZIONALE All'interno di un edificio in stile liberty, la posizione centrale e la qualità dei servizi fanno sì che questo albergo sia eletto da una clientela d'affari, così come da turisti alla scoperta delle bellezze meranesi. Nuovo beauty center e curato giardino.

61 cam ☲ – ♦123/153 € ♦♦228/286 € – 3 suites

Pianta: C2-b – via Alessandro Manzoni 1 – 𝒞 0473 230230 – www.meranerhof.com – Chiuso 6 gennaio-20 marzo

🏨 Pienzenau am Schlosspark ☆ 🐾 🛏 🍴 🕸 ⬆ 🚐

FAMILIARE · PERSONALIZZATO In zona collinare alla periferia di Merano ma ben collegato con il centro grazie ad un autobus che passa ogni quindici minuti, l'hotel è un inno a sua maestà la rosa, che si ritrova ovunque, a cominciare dai saponi profumati in vendita alla reception. In stile country, vagamente inglese, le camere sono tutte ampie e spesso anche i bagni. Terrazza solarium panoramica.

25 cam ☲ – ♦180/200 € ♦♦250/300 € – 5 suites

Pianta: B2-d – via Pienzenau 1 – 𝒞 0473 234030 – www.hotelpienzenau.com – Aperto 14 aprile-14 novembre

🏨 ImperialArt ⬆ 🆑

LOCANDA · PERSONALIZZATO Una modernissima risorsa in pieno centro: piccola è la hall, più spazio è dedicato invece all'omonimo bar adiacente, assai frequentato e dove si serve la prima colazione. Ai piani, le camere impreziosite dal lavoro di artisti contemporanei.

12 cam ☲ – ♦117/299 € ♦♦194/370 €

Pianta: C2-d – corso della Libertà 110 – 𝒞 0473 237172 – www.imperialart.it

🏠 Pollinger

FAMILIARE · PERSONALIZZATO L'ubicazione consente di godere di una notevole tranquillità: aspetto che certamente sarà apprezzato dagli ospiti di questa bella risorsa con balconi in tutte le camere, giardino ben curato e piscina riscaldata.

32 cam ⌂ – †104/154 € ††178/254 €

Pianta: B2-y – *via Santa Maria del Conforto 30 – ℘ 0473 270004*
– www.pollinger.it – Chiuso 7 gennaio-25 marzo

🏠 Ottmanngut

STORICO · VINTAGE A due passi dal centro ma in posizione tranquilla, è l'esempio di uno splendido recupero di una casa del 1290 con arredi d'epoca, incantevole giardino con piccolo agrumeto e orangerie, vigneto e prodotti locali serviti a colazione.

11 cam ⌂ – †125/217 € ††250/280 €

Pianta: C1-t – *via Verdi 18 – ℘ 0473 449656 – www.ottmanngut.it*
– Chiuso 8 gennaio-22 marzo

🏠 Sonnenhof

FAMILIARE · ROMANTICO Hotel edificato secondo uno stile che richiama alla mente una fiabesca dimora con giardino. Gli interni sono accoglienti, soprattutto le camere, semplici e spaziose.

16 cam ⌂ – †85/130 € ††160/220 € – 3 suites

Pianta: D2-c – *via Leichter 3 – ℘ 0473 233418 – www.sonnenhof-meran.com*
– Chiuso 7 gennaio-5 aprile

🏠 Agriturismo Sittnerhof

FAMILIARE · PERSONALIZZATO Un indirizzo straordinario e per più di un motivo! Non lontano dal centro - eppure già inserito in un contesto verde con le colline alle spalle - quest'edificio rustico del 1366 molto ben restaurato, pratica prezzi interessanti, accoglienza simpatica e familiare, camere nuove, ma anche tre appartamenti. La prima colazione è servita in una romantica stube dell'Ottocento.

6 cam ⌂ – †70/90 € ††114/154 €

Pianta: AB1-a – *via Verdi 60 – ℘ 0473 221631 – www.bauernhofurlaub.it*

a Freiberg Sud-Est : 7 km per Avelengo B2 ⊠ 39012 – Merano – Alt. 800 m

🍴 Prezioso

CUCINA MODERNA · ROMANTICO XX Monti, non solo circostanti ma anche nel piatto, insieme a qualche incursione di mare, in un raffinato ristorante tra luci soffuse e begli arredi. La vista dalla terrazza è eccellente! E' qui che - a pranzo - si svolge il servizio bistrot.

Menu 85/145 € – Carta 64/128 €

Hotel Castel Fragsburg, via Fragsburg 3 – ℘ 0473 244071 (consigliata la prenotazione) – www.fragsburg.com – solo a cena
– Aperto 15 aprile-14 novembre; chiuso martedì

🏠 Castel Fragsburg

DIMORA STORICA · PERSONALIZZATO Ad un passo dal cielo, ma fortemente radicato nella roccia è il biglietto da visita di questo splendido albergo lussuoso nelle camere ed attento al benessere dei suoi ospiti che troveranno presso la spa trattamenti moderni e preparati terapeutici realizzati con elementi raccolti manualmente in loco. Novità: postazione di avvistamento con cannocchiale per scrutare camosci e uccelli rari nella montagna circostante.

20 suites ⌂ – ††400/750 €

via Fragsburg 3 – ℘ 0473 244071 – www.fragsburg.com
– Aperto 20 aprile-11 novembre

🍴 **Prezioso** – Vedere selezione ristoranti

MERCATO SAN SEVERINO

Salerno (SA) – ⊠ 84085 – 22 322 ab. – Alt. 146 m – Carta regionale n° **4**-B2
Carta stradale Michelin 564-E26

✿ **Casa del Nonno 13**   🕸 🏠 ₺ 🅰️🅲

CUCINA CREATIVA · RUSTICO XX Ebbene sì, il nuovo chef ha portato una simpatica ventata di creatività in cucina; restano – tuttavia - i menu degustazione legati alla tradizione e la tipicità dell'ambiente, ospiti in quelle che un tempo erano bottaie per l'invecchiamento e la conservazione dei vini. Adiacente l'invitante locale più easy, 13 Salumeria & Cucina.

➜ Linguine alla curcuma con vongole, lime, bottarga e polvere di cocco. Cordon bleu di ricciola, mozzarella, pomodori e alga nori, salsa pizzaiola e calamari spillo. Bavarese al frutto della passione, gelatina di acqua di rose e cremoso al cioccolato bianco.

Menu 55/70 € – Carta 57/85 €

*via Caracciolo 13, località Sant'Eustachio – ☏ 089 894399 – www.casadelnonno13.it
– solo a cena escluso sabato e domenica – Chiuso agosto, domenica sera e martedì*

MERCENASCO

Torino – ⊠ 10010 – 1 257 ab. – Alt. 249 m – Carta regionale n° **12**-B2
Carta stradale Michelin 561-F5

🍴 **Darmagi**   🕸 🏠 🅰️🅲 ↩ 🅿️

CUCINA REGIONALE · FAMILIARE XX Villetta in posizione defilata caratterizzata da una calda atmosfera familiare, soprattutto nella bella sala con camino. La cucina è ricca di proposte della tradizione.

👄 Menu 25/40 € – Carta 37/49 €

*via Rivera 7 – ☏ 0125 710094 – www.ristorantedarmagi.it
– Chiuso 16 agosto-1° settembre, mercoledì a mezzogiorno, lunedì e martedì*

MERGOZZO

Verbano-Cusio-Ossola – ⊠ 28802 – 2 185 ab. – Alt. 204 m – Carta regionale n° **13**-A1
Carta stradale Michelin 561-E7

🍴 **La Quartina**   ⇦ ⋜ 🏠 ₺ 🅿️

CUCINA REGIONALE · FAMILIARE XX Alle porte della località, un piacevole locale affacciato sul lago con una luminosa sala ed un'ampia terrazza dove assaporare la cucina del territorio e specialità lacustri. Camere semplici, accoglienti, recentemente ristrutturate.

Menu 32/65 € – Carta 40/73 €

8 cam – ♦95/120 € ♦♦120/135 € – 5 suites – ⊡ 12 €

*via Pallanza 20 – ☏ 0323 80118 – www.laquartina.com – Aperto marzo-ottobre;
chiuso martedì a mezzogiorno*

🍴 **Caffetteria la Fugascina**   🏠 🌿

CUCINA MODERNA · BISTRÒ X Direttamente sulla piazzetta con piacevole dehors, simpatico locale-caffetteria dove potersi accomodare per gustare piatti della tradizione regionale oppure per un aperitivo.

Carta 29/45 €

*piazza Vittorio Veneto 8 – ☏ 0323 800970 – www.fugascina.it
– Chiuso 10 gennaio-10 febbraio, lunedì escluso agosto*

🏨 **Due Palme**   ⛲ ⋜ 🗝️ ↕️

FAMILIARE · CLASSICO In un'oasi di tranquillità - sulle rive del lago di Mergozzo, ma a pochi passi dal centro - un'elegante residenza d'epoca trasformata in hotel offre camere di taglio classico. Al ristorante: tradizionale cucina del territorio servita nelle belle sale dal caratteristico stile leggermente retrò o sulla terrazza dalla vista impareggiabile sui dintorni. A 30 metri ca. dalla casa madre, su cui ci si appoggia per i servizi generali, una graziosa realtà anch'essa d'indiscusso confort.

40 cam ⊡ – ♦80/90 € ♦♦115/135 €

via Pallanza 1 – ☏ 0323 80112 – www.hotelduepalme.it – Aperto 20 marzo-30 ottobre

MESCO La Spezia → Vedere Levanto

MESE Sondrio → Vedere Chiavenna

MESIANO Vibo Valentia → Vedere Filandari

MESSADIO Asti → Vedere Montegrosso d'Asti

MESSINA Sicilia

(ME) – ✉ 98122 – 238 439 ab. – Carta regionale n° **17**-D1
Carta stradale Michelin 365-BC54

Marina del Nettuno

CUCINA CREATIVA • ELEGANTE XXX Come il nome lascia intendere, questo ristorante e lounge bar si trova proprio sul molo dello Yachting Club Messina. Se l'ambiente è minimalista ed elegante, la sua cucina creativa predilige il pesce.

Carta 47/78 €

viale della Libertà-Batteria Masotto – ✆ 347 289 0478 – www.marinadelnettuno.it – solo a cena – Chiuso 15 gennaio-15 febbraio e lunedì escluso in estate

a Ganzirri per viale della Libertà Nord : 9 km ✉ 98165

La Sirena

PESCE E FRUTTI DI MARE • SEMPLICE X Sul lago di Ganzirri, una trattoria che propone solo pesce locale, dagli involtini di spada, di aguglia reale o di spatola alle vongole veraci: preparazioni schiette e semplici, ma di grande gusto per il palato.

Menu 35/50 € – Carta 25/51 €

via Lago Grande 96 – ✆ 090 391268 (consigliata la prenotazione) – Chiuso mercoledì

MESTRE

Venezia – ✉ Mestre – Carta regionale n° **23**-C2
Carta stradale Michelin 562-F18

Ostaria da Mariano

CUCINA REGIONALE • FAMILIARE X Vicino al centro storico, il patron è cresciuto tra le mura di questa osteria che ha varcato la soglia dei 50 anni di storia: allegra e conviviale come sempre, qui si possono gustare i piatti della tradizione come i bigoi in salsa, il fegato alla veneziana o le seppie alla veneziana.

Carta 24/57 €

via Spalti 49 ✉ 30137 – ✆ 041 615765 – www.ostariadamariano.it – Chiuso vacanze di Natale, 3 settimane in agosto, sabato e domenica

NH Laguna Palace

PALACE • MODERNO Due edifici chiamati "building", distinti e ingegnosamente separati da un canale-darsena: in entrambi camere spaziose ed una propria sala per la prima colazione, ma l'edificio A ospita in più il ristorante ed un grande centro congressi.

376 cam – †70/380 € ††70/380 € – ☕ 18 €

viale Ancona 2 ✉ 30172 – ✆ 041 829 6111 – www.nh-hotels.com

Bologna

TRADIZIONALE • MODERNO Davanti la stazione ferroviaria, oltre cent'anni di attività e nemmeno una ruga! Il merito è della famiglia che lo gestisce, sempre la stessa e sempre con la stessa passione. L'hotel offre confort e camere di taglio moderno.

127 cam – †80/349 € ††80/399 € – ☕ 5 €

via Piave 214 ✉ 30171 – ✆ 041 931000 – www.hotelbologna.com

🏠 Al Vivit ⊞ ⓺ ᴀ̃ᴄ P

TRADIZIONALE · CLASSICO Chi è alla difficoltosa ricerca del piccolo centro storico di Mestre troverà il suo nido: affacciato sulla piazza centrale, vicino al teatro, cortesia e accoglienza sono di casa.

28 cam ⌂ – ♦69/150 € ♦♦89/250 € – 2 suites

piazza Ferretto 73 ✉ 30174 – 𝒞 041 951385 – www.hotelvivit.com

a Zelarino Nord : 2 km per Treviso ✉ 30174

🍴 Al Segnavento 🖙 ᴀ̃ᴄ 🗙 ᴀ̃ᴄ P

CUCINA REGIONALE · FAMILIARE XX Dall'azienda agricola al piatto: frutta, verdura, ovini, maiali e un'invitante varietà d'anatre sono il fiore all'occhiello di un ristorante a chilometro zero. A lato un nuovissimo bistrot, l'agriosteria Ai Brillanti, per degustazioni più easy e mescita di vini.

Carta 45/57 €

Agriturismo al Segnavento-Fiori e Frutti, via Gatta 76/c, località Santa Lucia di Tarù – 𝒞 041 502 0075 (prenotazione obbligatoria a mezzogiorno)
– www.alsegnavento.it – Chiuso gennaio, agosto, domenica sera, lunedì e martedì

🏠 Agriturismo al Segnavento-Fiori e Frutti 🌰 🖙 🗙 ᴀ̃ᴄ P

CASA DI CAMPAGNA · PERSONALIZZATO Allevamento di ovini, suini e avicoli di tutte le razze in questa elegante farm house caratterizzata da raffinate camere, contraddistinte ognuna da un leit motiv decorativo.

14 cam ⌂ – ♦70/120 € ♦♦99/229 €

via Gatta 76/c, località Santa Lucia di Tarù – 𝒞 041 502 0075
– www.alsegnavento.it

🍴 **Al Segnavento** – Vedere selezione ristoranti

a Campalto Est: 5 km per Trieste ✉ 30030

🍴 Trattoria Al Passo 🍴 ᴀ̃ᴄ

PESCE E FRUTTI DI MARE · FAMILIARE XX Da oltre 70 anni un avvicendarsi di generazioni appartenenti alla stessa famiglia guidano questo gradevole ristorante fuori città, nella sala interna stile marina o nella luminosissima sala-veranda vi verrà proposta una cucina a tutto pesce: crudi, cotture alla griglia, fritti e numerosi condimenti per i primi piatti. A sancire il gran finale un'ampia carta dei dessert.

Carta 45/96 €

via Passo 118 ✉ 30124 – 𝒞 041 900470 – Chiuso 26 dicembre-6 gennaio,
agosto, lunedì e martedì

a Chirignano Ovest : 2 km per via Miranese ✉ 30030

🍴 Ai Tre Garofani 🍴 ♻ P

PESCE E FRUTTI DI MARE · AMBIENTE CLASSICO XX Un inaspettato angolo di eleganza nella campagna veneta unito a tocchi di calda rusticità; tanto pesce cotto in sala allo spiedo e un celebre risotto con i gò (pesce di laguna).

Carta 42/88 €

via Assegiano 308 – 𝒞 041 991307 – www.ristoranteaitregarofani.it – Chiuso
sabato a mezzogiorno e lunedì

MEZZANE DI SOTTO

Verona – ✉ 37030 – 2 519 ab. – Alt. 122 m – Carta regionale n° **22**-B2
Carta stradale Michelin 562-F15

🏠 Relais di Campagna i Tamasotti ✿ ♻ ≼ 🖙 ᴀ̃ᴄ ♨ P

FAMILIARE · ACCOGLIENTE In splendida posizione panoramica e collinare, tra gli ulivi e i vigneti dell'azienda, le camere sono sobrie e raffinate; ottima la cucina basata su prodotti dell'orto e animali da cortile della casa.

6 cam ⌂ – ♦140/150 € ♦♦150/170 €

via dei Ciliegi 8, Nord: 2 km – 𝒞 045 888 0003 – www.itamasotti.it

MEZZOCANALE Belluno → Vedere Forno di Zoldo

MEZZOLOMBARDO

Trento – ✉ 38017 – 7 067 ab. – Alt. 227 m – Carta regionale n° **19**-B2
Carta stradale Michelin 562-D15

ℸO **Per Bacco**   🐾 ⇦ ☂ **P**

CUCINA MODERNA · RUSTICO XX Il ristorante è stato ricavato nelle stalle di una
casa di fine Ottocento e arredato con lampade di design; nato come wine-bar
vanta una bella scelta di vini locali al calice.

Menu 38 € – Carta 40/62 €

4 cam ⌚ – ♦40/55 € ♦♦70/95 €

via E. De Varda 28 – ℰ 0461 600353 (consigliata la prenotazione)
– www.ristorante-perbacco.com – solo a cena – Chiuso 2 settimane in
agosto-settembre, domenica e martedì

MIANE

Treviso – ✉ 31050 – 3 329 ab. – Alt. 259 m – Carta regionale n° **23**-C2
Carta stradale Michelin 562-E18

ℸO **Da Gigetto**   🐾 🄰🄲 ⇔ **P**

CUCINA REGIONALE · FAMILIARE XX Grazie alla solida gestione familiare, il
locale si segnala come uno dei miglior indirizzi della provincia: in ambiente
rustico-elegante, la cucina cavalca l'onda della tradizione regionale con alcune
aggiunte dal mare ed un menu degustazione più moderno. Eccellente e da visitare la cantina con tante sorprese e verticali!

Carta 41/60 €

via De Gasperi 5 – ℰ 0438 960020 – www.ristorantedagigetto.it – Chiuso 15 giorni
in gennaio, 20 giorni in agosto, lunedì sera e martedì

MIGLIARA Napoli → Vedere Capri (Isola di) : Anacapri

MILANO

"Capital ben vestida" nelle strofe di una celebre
canzone, mai come negli ultimi tempi Milano si è valsa
il titolo di madrina della cucina etnica. In nessun'altra
località italiana, infatti, è possibile trovare una tale
concentrazione di ristoranti che propongono specialità
da ogni angolo del mondo, indirizzi che invitano ad un
ideale viaggio grazie a ricette colorate e fantasiose.

Se tale fenomeno ha trovato un proprio alleato
nell'Expo, è anche vero che Milano ha sempre
goduto di un'allure internazionale, nonché un afflato
cosmopolita. Qui si pranza a tutte le ore del giorno
e della notte, in locali che dettano tendenze in giro
per il mondo. Tra luci soffuse e mood newyorkese, la
serata potrebbe debuttare con un *signature* cocktail,
per poi continuare con piatti gourmet, in locali dove
guardare e farsi ammirare è d'obbligo: più che in
vetrina, addirittura in passarella.

Ma Milano non dimentica e nel suo caleidoscopio
gastronomico assicura un posto di riguardo anche
alla tradizione in trattorie e bistrot informali e
conviviali. Patria della moda e del business, del design
e dell'aperitivo, la città è un vero e proprio scrigno
di prelibatezze per insaziabili *gourmet e gourmand*.
Sfogliate le prossime pagine e troverete di che
soddisfare la vostra curiosità, nonché l'appetito.

Milano (MI) – ✉ 20123 – 1 337 155 ab. – Alt. 122 m
Carta regionale n°10-B2
Carta stradale Michelin n° 561-F9

LA NOSTRA SELEZIONE DI RISTORANTI

RISTORANTI DALLA A ALLA Z

Cultura Exclusive/Stefano Oppo/Getty Images

A TAVOLA, SECONDO I VOSTRI DESIDERI

RISTORANTI PER TIPO DI CUCINA

RobertBreitpaul/iStock

TAVOLI ALL'APERTO

EdwardShtern/iStock

LA NOSTRA SELEZIONE DEGLI ALBERGHI

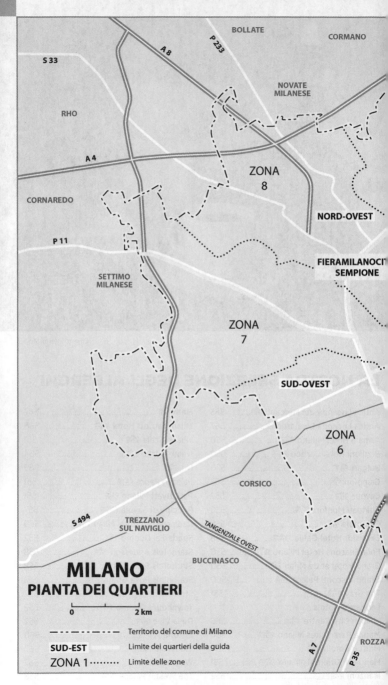

BOLLATE
CORMANO
S 33
A 8
P 233
NOVATE
MILANESE
RHO
CORNAREDO
A 4
ZONA
8
NORD-OVEST
P 11
FIERAMILANOCITY
SEMPIONE
SETTIMO
MILANESE
ZONA
7
SUD-OVEST
ZONA
6
CORSICO
S 494
TREZZANO
SUL NAVIGLIO
TANGENZIALE OVEST
BUCCINASCO

MILANO
PIANTA DEI QUARTIERI

0   2 km

ROZZA

A 7
P 35

– · – · – · –   Territorio del comune di Milano
SUD-EST   Limite dei quartieri della guida
ZONA 1 ··········   Limite delle zone

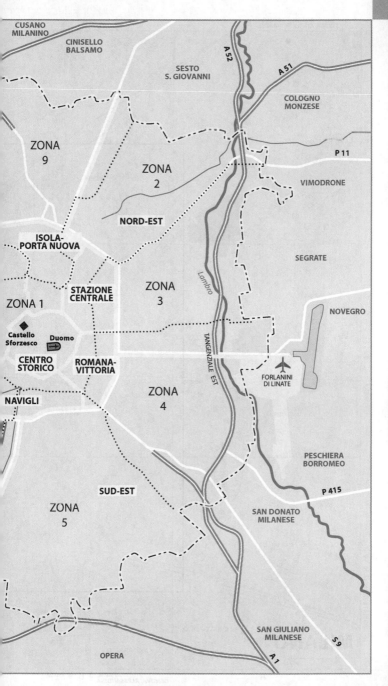

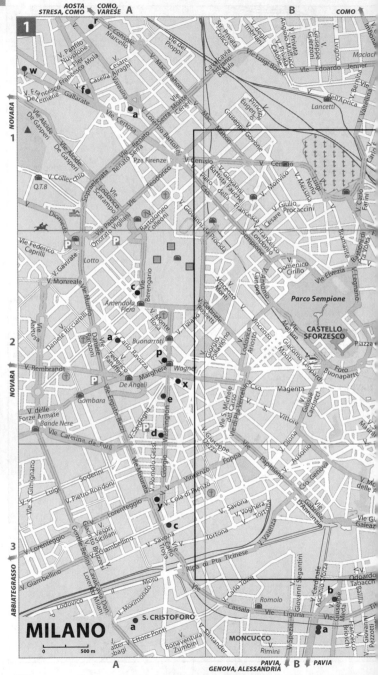

MILANO

V. Gioacchino Murat
V. Veglia
V. Arbe
V. Zara
Viale Zara
V. Emilio De Marchi
V. Stamira d'Ancona
V. Adelaide Bono Cairoli
V. Angelo Mosso
V. Padova
V. Camia

Vle Lazio
Vle Stelvio
V. Nazario Sauro
V. Marche
V. Cardinale Cagliero
V. Giovanni Cardinale Cagliero
V. Gianfranco Zuretti
V. Giovanni Battista Sammartini
V. Ferrante Aporti
Boverето
V. Turro
V. Palmanova
Udine
V. Ronchi

V. Pola
V. Luigi Galvani
V. Tonale
V. Branza
Natale Battaglia
V. Pasteur
V. Andrea Costa
V. Ruggero Leoncavallo
Leосodiso
V. Pordenone
MELZO

V. Federico Confalonieri
V. Gaetano De Castillia
V. Emilio Cornalia
V. Gustavo Fara
V. Galileo Ferraris
V. Vittor Pisani
V. Vitruvio
V. Abruzzi
Vle Gran Sasso
V. Alfredo Catalani
V. Lombardia

Milano Centrale

Loreto
Lambrate F.S.
V. Andrea Costa

Moscova
V. Galileo Galilei
Vle Tunisia
V. Benedetto Marcello
Lima
V. Plinio
V. Francesco Redi
V. Buenos Aires
V. Giuseppe
V. Camillo Golgi
V. Edoardo Bassini
Averardo Buschi
Pacini
Piola

V. Filippo Turati
V. Panfilo Castaldi
Bastioni di Pta Venezia
Vle Città di Fiume
V. Antonio Stoppani
V. Bronzino
Pinturicchio
Romagna
V. Giuseppe

atebenefratelli
V. Palestro
V. Luigi Mangiagalli
Sandro Botticelli
V. Carlo Forlanini
V. Giovanni Antonio Amadeo

V. A. Manzoni
V. Monte Napoleone
V. Senato
V. Luigi Majno
V. Antonio Kramer
V. Castel Morrone
V. Giulio Uberti
Vle dei Mille
V. Beato Angelico
Vle Argonne
Ferdinando Malescalchi

DUOMO
V. Pietro Mascagni
Carlo
Goldoni
Cso. Plebisciti
V. Macedonio Melloni
Vle Campania
Negroli
V. Cardinale Mezzofanti

V. Larga
V. Francesco Sforza
V. Bianca Maria
V. Premuda
Dateo
Marcona
V. Lomellina

Cso. di Pta Vittoria
Cso 22 Marzo
Cso. 22 Marzo
Vle Corsica
BRESCIA

V. Barnaba
Vle Regina Margherita
Vle Bezzecca
V. Augusto Anfossi
Vittoria
V. Giovanni Battista Piranesi

Sta Sofia
Cso di Pta Romana
V. della Commenda
V. Spartaco
V. Antonio Fogazzaro
Vle Umbria
Vle Mugello
Vle Friuli
Vle Molise

V. Quadronno
V. Emilio Gaetano
V. Monte Nero
V. Carlo Botta
Giorgio Vasari
V. Sigieri
V. Puglie

Vle Beatrice d'Este
Vle Bligny
V. Angelo Filippetti
V. Giulio Romano
V. Pietro Colletta
V. Tito Livio
Tertulliano

V. Cesare Lombroso
Cso. Lodi
V. Trebbia
Vle Isonzo
Lodi Tibb
V. Puglie
V. Sulmona

MORIVIONE
Vle Toscana
V. Giovanni Lorenzini
V. Brembo
V. Oробia
Brenta
Vle Brenta
V. Lucania
V. Varsavia
Zama

V. Rutilia
V. Ortles
Lodi
Corvetto

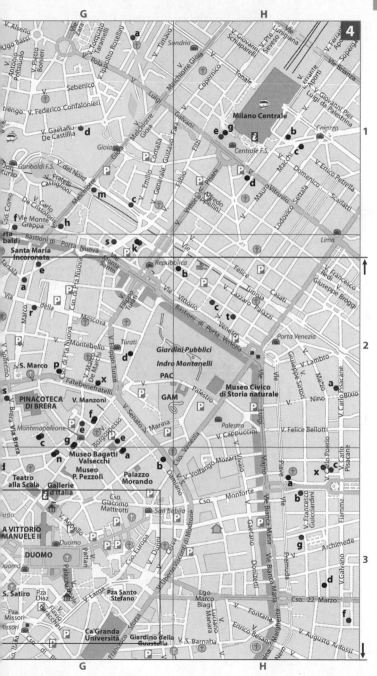

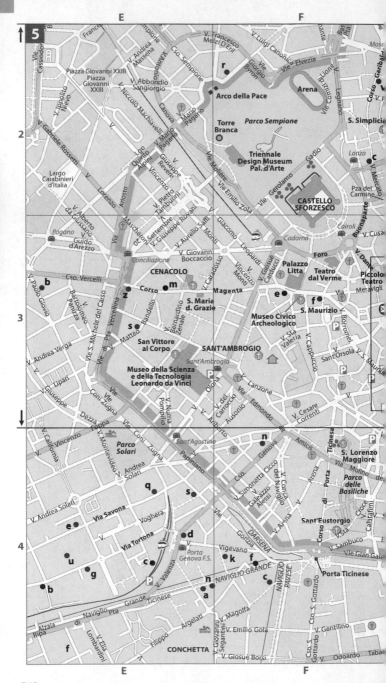

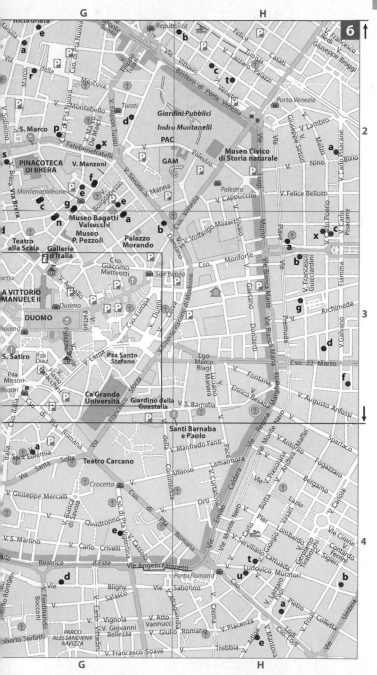

G

H

Incoronata

Porte Sante

Repubblica

Felice

Tunisia

Casati

V. Francesco Redi

V. Giuseppe Broggi

e

Marsala

a

Cso. di Pta. Nuova

Via della

r

Via

V. Marco

Moscova

Filippo Turati

Vle Vittorio

Vittorio

Vittorio

Palazzi

Veneto

c

t

Porta Venezia

2

Soferino

S. Marco

p

Cso. di Pta. Nuova

Montebello

Fatebenefratelli

V. Filippo Turati

d

Bastioni di Porta Venezia

Giardini Pubblici

Indro Montanelli

PAC

Giuseppe Sirtori

V. Lambro

V. Marzo

a

V. Carlo Pisacane

V. Carlo Bixio

s

X

Palestro

Nino

PINACOTECA
DI BRERA

V. Manzoni

f

Borgospesso

V. Sanato

V. Marina

GAM

**Museo Civico
di Storia naturale**

V. Luigi

V. Cappuccini

Palestro

V. Felice Bellotti

V. Aldo Poerio

V. Carlo

Montenapoleone

e

e

Cso. Venezia

V. Volfango Mozart

Vivaio

Plave

c

V. Carlo Pisacane

Via Brera

c

g

n

**Museo Bagatti
Valsecchi**

a

e

b

S. Damiano

Cso. Monforte

Vle Bianca Maria

a

X

Flamma

**Museo
P. Pezzoli**

**Palazzo
Morando**

V. Francesco
Guicciardini

b

3

Teatro
alla Scala

**Gallerie
d'Italia**

Cso.
Giacomo
Matteotti

San Babila

Gaetano

Vle Bianca Maria

Premuda

Archimede

g

V.Galvano

ursio

V. Agnello

Cso. Europa

V. Uberto Visconti di Modrone

Cso. Matteotti

d

A VITTORIO
MANUELE II

Duomo

DUOMO

Pattari

V. Durini

V. Cerva

Donizetti

Cso. 22 Marzo

f

uomo

S. Satiro

Pza
Diaz

Pza
Missori

Flavio
Baracchini

Cso. Italia

V. Lanza

**Pza Santo
Stefano**

Lgo
Marco
Biagi

Luciano Manara

V. Fontana

V. Enrico Besana

Vle Regina Margherita

V. Augusto Anfossi

Missori

Ca'Granda
Università

Francesco Sforza

**Giardino della
Guastalla**

V. S. Barnaba

**Santi Barnaba
e Paolo**

V. Manfredo Fanti

Vle Monte Nero

V. Antonio

V. Andrea

Spartaco

a

Sant'Eufemia

Cso. di Pta. Romana

Via Santa

Sofia

Teatro Carcano

Calfonso

Lamarmora

Caldara

V. Presolana

Fogazzaro

Bergamo

Italia

V. Giuseppe Mercalli

Crocetta

V. Bianca
di Savoia

Quadronno

Cso. di Pta. Vigentina

Cso. di Pta. Romana

V. Orti

Curtatone

V. Emilie

Vle Monte Nero

V. Borta

V. Servilliano Lattuada

V. Giorgio Vasari

Lazio

Lombardo

V. Cadore

Vle Clrene

4

V. S. Martino

e

V. Carlo Crivelli

V. Gordano
Tiraboschi

Contardo
Ferrini

V. Sigieri

b

Beatrice

d'Este

Vle Angelo Filippetti

Porta Romana

t

u

Ludovico Muratori

V. Lazzaro
Spallanzani

V. Pietro

a

V. Lodi

V. Friuli

Colletta

Umbria

b

Röntgen

d

Vle

Bligny

Salasco

Vle Sabotino

Crema

V. Piacenza

Cso.

V. Mantova

Cso. Lodi

Ferdinando
Bocconi

PARCO
ALESSANDRINA
RAVIZZA

V. Vignola

V. Giovanni
Bellezza

V. Atto
Vannucci

V. Giulio
Romano

Trebbia

e

V. Adige

oberto Sarfatti

V. Francesco Soave

G

H

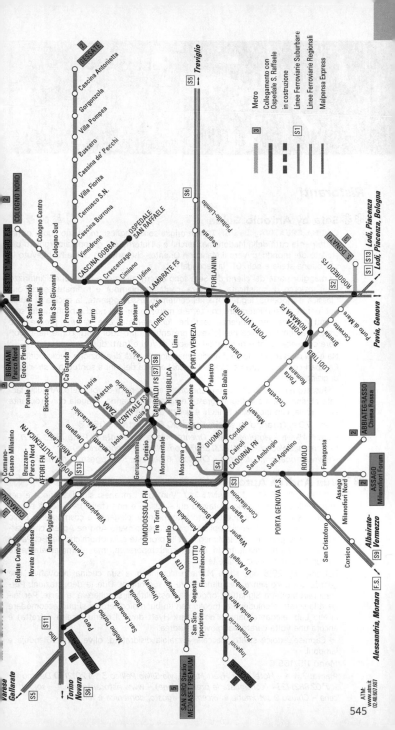

V. Lombardo/robertharding/Getty Images

Ristoranti

✿✿ **Seta by Antonio Guida** ⊛ 🛱 🕭 🅰️

CUCINA CREATIVA · DESIGN XxxX Le origini sono pugliesi, ma il suo cuore ormai batte per la città della Madonnina, perché è all'interno del gruppo alberghiero più stellato del mondo, ovvero il Mandarin Oriental, che Antonio Guida ha ricevuto la sua buona stella e nel 2017 la seconda!

La maggior parte dei clienti del Seta sono esterni all'hotel e l'appeal dell'indirizzo è un insieme di sofisticata eleganza, contenuti glamour e raffinate esecuzioni. Classica e moderna, leggera ma nel contempo lussureggiante, la cucina di Guida può permettersi d'interagire con terra e mare, sapori del nord e profumi del sud, spunti nazionali ed influenze esotiche: lui, salentino, che ha una predilezione smaccatamente nordica per le salse presenti in tanti suoi piatti come nel cavolfiore con salsa al latte di mandorla, succo di yuzu e frutti di mare.

Ma è nel dessert, che lo chef rende omaggio alla città di adozione dedicandole un Campari con pompelmo e ciliegia bianca. La carta dei vini è sontuosa e stracolma di grandi classici.

→ Risotto all'anice stellato con scorzonera e polvere di cavolo nero. Anguilla laccata al vino rosso con fegato grasso e salsa al rosmarino. Fragola con croccante al gianduia, caprino, salsa al litchi e gelato alla mandorla.

Menu 70 € (pranzo in settimana)/190 € – Carta 93/168 €

Pianta: 4G3-n – *Hotel Mandarin Oriental Milano, via Monte di Pietà 18* ✉ *20121* Ⓜ *Montenapoleone* – 𝒞 *02 8731 8897 (consigliata la prenotazione)* – *www.mandarinoriental.com* – *Chiuso 1°-6 gennaio, 5-25 agosto e domenica*

✿✿ **Vun Andrea Aprea** ⊛ 🕭 🅰️ 🚫 🔄

CUCINA MODERNA · ELEGANTE XxxX "Vun" per i milanesi significa "uno" e per tutti quelli che prenotano un tavolo qui – italiani e non (tanti!) – unica è l'esperienza gastronomica di questo ristorante milanese elegante e cosmopolita, privo di colori, ricco di tendaggi. Sapienza e passione animano Andrea Aprea, chef partenopeo che porta in tavola il meglio delle proposte gastronomiche del Bel Paese e qualche piatto rivisitato in chiave contemporanea, ma – immediatamente – riconducibile alla sua solare terra.

Dall'edizione 2018 due stelle Michelin illuminano la sua cucina innovativa, che guarda al futuro senza mai dimenticare le sue origini. Due le degustazioni: Percorsi partenopei e Signature, oppure la possibilità di scegliere à la carte. Per iniziare la serata o chiuderla al meglio con un buon bicchiere, ci si può accomodare al Mio Lab: elegante bar dell'hotel Park Hyatt dove il menu (scelta ristretta) è ancora una volta curato dal giovane Andrea.

→ Caprese... dolce salato. Baccalà, pizzaiola disidratata, olive verdi. Gianduja e lamponi.

Menu 115/165 €

Pianta: 7J1-n – *Hotel Park Hyatt Milano, via Silvio Pellico 3* ✉ *20121* Ⓜ *Duomo* – 𝒞 *02 8821 1234 (consigliata la prenotazione)* – *www.ristorante-vun.it* – *solo a cena* – *Chiuso 2 settimane in dicembre, agosto, domenica e lunedì*

🕸 **Cracco** Ⓝ   🕸 AK ⇨

CUCINA ITALIANA · ELEGANTE XxxX Disposto su più piani, è il risultato di una brillante ristrutturazione dove l'interno dialoga con la Galleria, che incornicia magistralmente i tavoli di questo locale tra i più versatili della città. Non solo ristorante, Cracco è anche un bar, un bistrot per una pausa veloce, una pasticceria, una cantina che val la pena visitare e una location specialissima per eventi fuori dal comune. Il menu alterna proposte creative a piatti della tradizione.

→ Spaghettone al sugo di pomodoro giallo abbrustolito, astice e basilico. Triglie di scoglio, zuppa di piselli, menta e pomodoro. Petto d'anatra arrosto, agretti, ciliegie e lumache al prezzemolo.

Menu 190 € – Carta 134/179 €

Pianta: 7J1-r – *galleria Vitttorio Emauele II* ✉ *20123 Milano* Ⓜ *Duomo – ℰ 02 876774 (consigliata la prenotazione) – www.ristorantecracco.it – Chiuso 24 dicembre-10 gennaio, 5-26 agosto, sabato a mezzogiorno e domenica*

🕸 **Il Ristorante Trussardi alla Scala**   🕸 & AK

CUCINA MODERNA · LUSSO XxxX Accostamenti sorprendenti ma mai audaci o eccessivamente azzardati, attenta selezione delle materie prime, stagionalità dei prodotti sono i capisaldi della cucina gourmet di questo ristorante che fa della rivisitazione della tradizione italiana il proprio credo. Tutto ciò nella splendida cornice di un palazzo affacciato su piazza della Scala.

→ Riso agli agrumi, scampi e ginepro. Costoletta di vitello alla milanese. Soufflé alla lavanda.

Menu 140/160 € – Carta 75/160 €

Pianta: 7J1-d – *piazza della Scala 5, (palazzo Trussardi)* ✉ *20121* Ⓜ *Duomo – ℰ 02 8068 8201 (consigliata la prenotazione) – www.trussardiallascala.com – Chiuso 2 settimane in dicembre-gennaio, 2 settimane in agosto, sabato a mezzogiorno e domenica*

🕸 **Felix Lo Basso**   ≼ 🏠 & AK ⑨

CUCINA CREATIVA · CONTESTO CONTEMPORANEO XxX Lo chef pugliese, Felice Lo Basso, non smette di dar prova del suo talento e qui lo ritroviamo nella nuova location con vista mozzafiato sulle guglie del Duomo, ma con la sua riconosciuta propensione per piatti creativi, leggeri, colorati: una cucina che pone l'accento sulle ottime materie prime nazionali e che "gioca" allegramente con le consistenze.

→ Rivisitazione di riso, cozze e patate. La parmigiana di mia mamma in un risotto. Polpo arrosto in salsa barbecue, spuma di patate, misticanza di erbe e fiori.

Menu 112/190 € – Carta 108/168 €

Pianta: 7J1-b – *Hotel Townhouse Duomo, piazza Duomo 21 (5° piano)* ✉ *20122* Ⓜ *Duomo – ℰ 02 4952 8914 – www.felixlobassorestaurant.it – Chiuso 1-12 gennaio, 10 agosto-2 settembre, sabato a mezzogiorno e domenica*

🍴 **Savini**   🕸 & AK

CUCINA CREATIVA · LUSSO XxxX L'ingresso è attraverso le vetrine del Caffè Savini, che propone una carrellata dei piatti più rinomati della cucina italiana, ma è un ascensore che vi porterà alle delizie gourmet del ristorante al primo piano: dal 1867, la tradizione meneghina, ma anche piatti più estrosi.

Menu 95/160 € – Carta 86/128 €

Pianta: 7J1-s – *galleria Vittorio Emanuele II* ✉ *20121* Ⓜ *Duomo – ℰ 02 7200 3433 – www.savinimilano.it – Chiuso 1°-7 gennaio, 5-27 agosto, sabato a mezzogiorno e domenica*

🍴 **Armani**   ≼ & AK ⇨

CUCINA MODERNA · LUSSO XxX All'insegna di piatti dall'eleganza contemporanea e a volte ricercata, si cena al settimo piano di un palazzo interamente consacrato al mondo Armani. Vista sulla città, marmo nero e onice retroilluminata sono il contorno di un ambiente esclusivo e alla moda.

Menu 110/240 € – Carta 84/203 €

Pianta: 4G2-f – *Armani Hotel Milano, via Manzoni 31* ✉ *20121* Ⓜ *Montenapoleone – ℰ 02 8883 8702 (consigliata la prenotazione) – www.armanihotelmilano.com – solo a cena – Chiuso 1°-8 gennaio, 5-27 agosto, domenica e lunedì*

⬤ Don Carlos ⟨AC⟩

CUCINA MODERNA • **ROMANTICO** XxX Il tributo che il Grand Hotel dedica a Verdi si accompagna nelle piccole sale del Don Carlos ad un omaggio alla cucina milanese e italiana. In un susseguirsi di bozze, immagini e quadri dedicati al mondo della lirica, per i melomani il ristorante è un appuntamento imperdibile una volta terminati gli spettacoli nella vicina Scala. Ideale anche per una piacevole serata romantica.

Carta 78/119 €

Pianta: 4G2-g – *Grand Hotel et de Milan, via Manzoni 29* ✉ *20121*
Ⓜ *Montenapoleone –* 🕾 *02 7231 4640 (coperti limitati, prenotare)*
– www.ristorantedoncarlos.it – solo a cena – Chiuso agosto

⬤ Marchesi alla Scala di Gualtiero Marchesi   ⟨&⟩ ⟨AC⟩

CUCINA MODERNA • **AMBIENTE CLASSICO** XxX Il menu continua ad annoverare i classici del maestro che hanno fatto la storia della cucina italiana: intramontabili nella memoria dei più fini gourmet rimangono piatti quali riso e oro o il raviolo aperto. Grande ed impegnativa, l'eredità lasciata da Marchesi, ma i "suoi" in cucina raccolgono e si dimostrano capaci di portare avanti la sfida.

Menu 44 € (pranzo)/150 € – Carta 66/96 €

Pianta: 7J1-c – *via Filodrammatici 2, (angolo piazza della Scala)* ✉ *20121*
Ⓜ *Duomo –* 🕾 *02 7209 4338 (consigliata la prenotazione) – www.marchesi.it*
– Chiuso 1°-7 gennaio, 5-26 agosto, sabato a mezzogiorno e domenica

⬤ Il Ristorante Niko Romito   ⟨symbols⟩

CUCINA MODERNA • **DI TENDENZA** XxX Dopo le aperture asiatiche, sbarca per la prima volta in Italia, a Milano, l'alleanza tra Bulgari e il cuoco tristellato Niko Romito. La formula gastronomica invita ad uno straordinario viaggio attraverso la cucina italiana, di cui Romito rilegge i classici più celebri in versione contemporanea. L'eleganza è quella celebre del grande albergo, i cui tavoli col bel tempo si trasferiscono all'aperto, dinnanzi ad uno spazio verde in una delle zone più esclusive della città.

Carta 75/143 €

Pianta: 4G2-c – *Hotel Bulgari, via privata Fratelli Gabba 7/b* ✉ *20121*
Ⓜ *Montenapoleone –* 🕾 *02 805 8051 (consigliata la prenotazione)*
– www.bulgarihotels.com

⬤ La Veranda   ⟨symbols⟩

CUCINA CLASSICA • **LUSSO** XxX Anche i più giovani non avranno difficoltà a scegliere un piatto, visto che la casa mette a disposizione un menu a loro interamente dedicato; per tutti gli altri, sapori mediterranei ed un'ampia proposta di specialità vegetariane mentre la vista indugia sul chiostro attraverso le grandi vetrate della moderna sala.

Menu 42 € (pranzo in settimana)/130 € – Carta 74/175 €

Pianta: 4G3-a – *Hotel Milano Four Seasons, via Gesù 6/8* ✉ *20121*
Ⓜ *Montenapoleone –* 🕾 *02 7708 1478 – www.fourseasons.com/milan*

⬤ Sushi B   ⟨symbols⟩

CUCINA GIAPPONESE • **MINIMALISTA** XxX Locale neo glam che si presenta estremamente elegante nel suo minimalismo orientale; molto bello il bar all'ingresso per la zona aperitivo, mentre al primo piano si sviluppa il ristorante vero e proprio con tavoli ben distanziati e la possibilità di mangiare al banco del teppanyaki, in cui - un vetro trasparente - separa la zona cottura dagli ospiti. Delizioso il giardino verticale che abbellisce il dehors estivo.

Carta 49/133 € – carta semplice a pranzo

Pianta: 6G2-s – *via Fiori Chiari 1/A* ✉ *20121* Ⓜ *Lanza –* 🕾 *02 8909 2640*
– www.sushi-b.it – Chiuso 1°-9 gennaio, 11-26 agosto, 24-31 dicembre, domenica e lunedì

⬤ La Brisa   ⟨symbols⟩

CUCINA MODERNA • **CONTESTO TRADIZIONALE** XX Due sale, di cui la più caratteristica in una veranda nella corte interna del palazzo, la cucina incanta con fegato grasso e risotti, pescato del giorno e maialini da latte iberici.

Menu 34 € (pranzo in settimana)/55 € – Carta 50/93 €

Pianta: 5F3-f – *via Brisa 15* ✉ *20123* Ⓜ *Cairoli Castello. –* 🕾 *02 8645 0521*
(consigliata la prenotazione) – www.ristorantelabrisa.it – Chiuso 2 settimane a Natale, 3 settimane in agosto, domenica a mezzogiorno e sabato

⫶○ Giacomo Arengario ⓝ ⫷ 🛋 🗚🗹 🍴

CUCINA MEDITERRANEA · ELEGANTE XX Ristorante con vista: sì, ma in questo caso senza compromessi! All'interno del museo del Novecento, Giacomo Arengario gode di un affaccio privilegiato sulle guglie del Duomo, soprattutto dalla sua bella terrazza estiva; la cucina è di stampo contemporaneo con pari attenzione per mare e terra.

Menu 100/130 € – Carta 64/120 €

Pianta: 7J2-b – *via Guglielmo Marconi 1* ✉ *20123* ⓜ *Duomo* – 𝒞 *02 7209 3814 (consigliata la prenotazione)*

⫶○ Nobu Milano 🗚🗹 ⟷

FUSION · MINIMALISTA XX Linee pure e minimaliste nel più tipico stile Armani, ma anche caratteristiche di un certo design nipponico, in un locale che ha "gemelli" sparsi per il mondo... La sua cucina? Fusion con influenze sudamericane.

Carta 71/110 €

Pianta: 6G2-e – *via Pisoni 1* ✉ *20121* ⓜ *Montenapoleone* – 𝒞 *02 6231 2645* – *www.armani.com* – *Chiuso 12-20 agosto e domenica a mezzogiorno*

⫶○ Wicky's Wicuisine 🗚🗹 🍴 ⟷

CUCINA GIAPPONESE · DESIGN XX In un elegante locale di design con colori e luci che ricordano la volta celeste, Wicky's Wicuisine è l'indirizzo giusto dove gustare la cucina Kaiseki: veri sapori giapponesi contaminati con ingredienti mediterranei e tecnica tutta nipponica appresa dallo chef-patron nella terra del Sol Levante.

Menu 98/130 € – Carta 57/153 €

Pianta: 7J2-a – *corso Italia 6* ✉ *20123* ⓜ *Missori* – 𝒞 *02 8909 3781 (consigliata la prenotazione)* – *www.wicuisine.it* – *Chiuso agosto, domenica ed i mezzogiorno di lunedì e sabato*

⫶○ Al Mercato 🗚🗹

CUCINA MODERNA · SEMPLICE X Nella prima piccolissima sala - intima e ben arredata - cucina gourmet, a cena, e, a pranzo, carta light con aggiunta di alcuni piatti presenti nel menu della sera (solo su prenotazione), nonché variazioni sul tema dell'hamburger. Nell'altra area del locale, il dinamico Burger Bar (senza prenotazione e con tempi d'attesa, talvolta, un po' importanti), propone street food e l'immancabile hamburger.

Carta 54/88 €

Pianta: 6G4-a – *via Sant'Eufemia 16* ✉ *20121* ⓜ *Missori* – 𝒞 *02 8723 7167 (coperti limitati, prenotare)* – *www.al-mercato.it* – *solo a cena* – *Chiuso agosto*

⫶○ Rovello 18 🗚🗹

CUCINA ITALIANA · VINTAGE X Ambiente semplice per una cucina che punta su un'attenta selezione delle materie prime, presentate senza troppe elaborazioni. Dal menu fanno capolino alcune specialità milanesi, sebbene la maggior parte dei piatti sia d'impronta classico-italiana.

Carta 42/130 €

Pianta: 5F2-c – *via Tivoli 2 ang. Corso Garibaldi* ✉ *20123* ⓜ *Lanza* – 𝒞 *02 7209 3709* – *www.rovello18.it* – *Chiuso 3 settimane in agosto, domenica a mezzogiorno e sabato da maggio a settembre; sempre aperto negli altri mesi*

⫶○ Spazio Niko Romito 🗚🗹

CUCINA CREATIVA · DESIGN X All'ultimo piano del Mercato del Duomo, qui muovono i primi passi professionali i ragazzi della scuola di cucina di Romito, tre stelle in Abruzzo, ma non aspettatevi degli apprendisti... Tre sale con vista rispettivamente sulle cucine, Galleria e Duomo (vi consigliamo quest'ultima), e una gustosa cucina, incentrata sulla valorizzazione dei prodotti.

Carta 39/65 €

Pianta: 7J1-m – *galleria Vittorio Emanuele II (3° piano del Mercato del Duomo)* ✉ *20123* ⓜ *Duomo* – 𝒞 *02 878400 (consigliata la prenotazione)* – *www.nikoromitoformazione.it* – *Chiuso 22-27 dicembre e 12-29 agosto*

MILANO

Alberghi

🏨 Armani Hotel Milano ≼ 🛋 Ⅰ🌡 🖃 🕭 𝔸ℂ 🛎

GRAN LUSSO · MINIMALISTA Nel rigore di un austero edificio del 1937, espressione più pura dello stile Armani, un'ospitalità innovativa curata da lifestyle manager che assistono ospiti e non clienti. Lussuosa spa di oltre 1000 metri quadrati e camere molto ampie.

95 cam – 🛏605/2090 € 🛏🛏605/2090 € – 32 suites – ⛛ 46 €

Pianta: 6G2-f – *via Manzoni 31* ✉ *20123* Ⓜ *Montenapoleone* – ✆ *02 8883 8888*
– *www.armanihotelmilano.com*

🍴○ **Armani** – Vedere selezione ristoranti

🏨 Baglioni Hotel Carlton ✿ Ⅰ🌡 🖃 𝔸ℂ 🛎 🚗

LUSSO · ELEGANTE Ospiti d'élite hanno pernottato in questa splendida struttura che si propone come una sorta di "casa fuori casa", trasmettendo una sensazione di calda familiarità, senza rinunciare al lusso. Pezzi d'antiquariato e dipinti impreziosiscono gli spazi comuni, mentre nelle camere convivono stucchi e moderne tecnologie.

87 cam – 🛏350/500 € 🛏🛏350/500 € – ⛛ 36 €

Pianta: 6G3-b – *via Senato 5* ✉ *20121* Ⓜ *San Babila* – ✆ *02 77077*
– *www.baglionihotels.com*

🏨 Bulgari 🛎 ▤ 🅢🅟🅐 🛋 Ⅰ🌡 🖃 🕭 𝔸ℂ 🛎 🚗

BOUTIQUE HOTEL · DESIGN Dalla famosa *maison* di gioielli, un tributo all'*hôtellerie* di lusso. Colori caldi e materiali preziosi nelle camere, nonché una delle più belle spa della città, dove l'hammam in vetro verde ricorda uno smeraldo.

47 cam – 🛏600/1200 € 🛏🛏600/1200 € – 11 suites – ⛛ 40 €

Pianta: 6G2-c – *via privata Fratelli Gabba 7/b* ✉ *20121* Ⓜ *Montenapoleone*
– ✆ *02 805 8051* – *www.bulgarihotels.com*

🍴○ **Il Ristorante Niko Romito** – Vedere selezione ristoranti

🏨 Four Seasons Hotel Milano 🛎 ▤ 🅢🅟🅐 🛋 Ⅰ🌡 🖃 🕭 𝔸ℂ 🛎 🚗

GRAN LUSSO · CLASSICO Avvolto in una suggestiva atmosfera, l'hotel è riuscito a creare una perfetta simbiosi tra i dettagli architettonici della struttura originaria (un convento del '400) e l'elegante design contemporaneo. Non stupitevi quindi di trovare nelle stupende camere - ricavate dalle spartane celle monastiche – il meglio della tecnologia moderna.

93 cam – 🛏700/1700 € 🛏🛏700/1700 € – 25 suites – ⛛ 35 €

Pianta: 4G3-a – *via Gesù 6/8* ✉ *20121* Ⓜ *Montenapoleone* – ✆ *02 77088*
– *www.fourseasons.com/milan*

🍴○ **La Veranda** – Vedere selezione ristoranti

🏨 Grand Hotel et de Milan ✿ Ⅰ🌡 🖃 🕭 𝔸ℂ 🛎

GRAN LUSSO · STORICO Oltre un secolo e mezzo di vita per questo hotel che ha ospitato grandi nomi della musica, del teatro, del cinema e della politica nei suoi raffinati e suggestivi ambienti. Luminoso ristorante dedicato al tenore che in questo albergo registrò il suo primo disco.

86 cam – 🛏365/795 € 🛏🛏365/823 € – 8 suites – ⛛ 35 €

Pianta: 4G2-g – *via Manzoni 29* ✉ *20121* Ⓜ *Montenapoleone* – ✆ *02 723141*
– *www.grandhoteletdemilan.it*

🍴○ **Don Carlos** – Vedere selezione ristoranti

Budget modesto? Optate per il menu del giorno generalmente a prezzo più contenuto.

🏨 Mandarin Oriental Milano   🏠 🖼 🐎 🛁 🖭 ⟳ AC 🛋

GRAN LUSSO · DESIGN Quattro diversi edifici riuniti sotto un'unica insegna compongono un affascinante albergo, dove l'eccellenza del servizio e la qualità del design nelle camere hanno pochi rivali in centro città, come le dimensioni della piscina che si raggiunge attraverso un suggestivo percorso. Per chi predilige una ristorazione più semplice, il Mandarin Bar & Bistrot offre un'ampia scelta di gustosi piatti essenziali italiani, nonché sandwich ed insalate.

104 cam � – 🛏690/1600 € 🛏🛏690/1600 € – 19 suites

Pianta: 4G3-n – *via Andegari 9* ✉ *20121 Milano* Ⓜ *Montenapoleone*
– 𝄐 *02 8731 8888* – *www.mandarinoriental.com*

    🌼🌼 **Seta by Antonio Guida** – Vedere selezione ristoranti

🏨 Park Hyatt Milano   🏠 🛁 🖭 ⟳ AC 🛋

LUSSO · MODERNO In un palazzo del 1870, il design contemporaneo abbraccia ed accoglie i migliori confort moderni: camere ampie e bagni altrettanto spaziosi. Dalla prima colazione alla cena, ci si può accomodare al bistro lounge La Cupola, mentre Mio Lab è il nuovo cocktail bar.

90 cam – 🛏520/1800 € 🛏🛏520/1800 € – 16 suites – ⊞ 40 €

Pianta: 7J1-n – *via Tommaso Grossi 1* ✉ *20121* Ⓜ *Duomo* – 𝄐 *02 8821 1234*
– *www.milan.park.hyatt.com*

    🌼🌼 **Vun Andrea Aprea** – Vedere selezione ristoranti

🏨 Palazzo Parigi   🏠 🍴 🖼 🛎 🐎 🛁 🖭 ⟳ AC 🛋 🚗

GRAN LUSSO · ELEGANTE Nel cuore di Brera a 400 metri da via Montenapoleone e dalle principali attrazioni - il Teatro alla Scala e il Duomo - l'hotel affascina con i suoi spazi maestosi illuminati da luce naturale, arredi raffinati e lussuose camere che offrono suggestive viste sulla città. Oasi di 1700 m^2 d'ispirazione moresca, la Grand Spa consta di otto cabine a tema, piscina e hammam privato. Viaggio nei sapori della tradizione culinaria italiana presso il Ristorante Gastronomico.

68 cam – 🛏500/1350 € 🛏🛏500/1350 € – 20 suites – ⊞ 40 €

Pianta: 6G2-p – *corso di Porta Nuova 1* ✉ *20121* Ⓜ *Turati* – 𝄐 *02 625625*
– *www.palazzoparigi.com*

🏨 Starhotels Rosa Grand   🏠 🐎 🛁 🖭 ⟳ AC 🛋

PALACE · MODERNO Nel cuore di Milano, risorsa il cui interno ruota attorno alla corte, replicando forme semplici e squadrate, unite ad una naturale ricercatezza. Confort e eleganza sono presenti in tutte le camere, ma solo da alcune è possibile ammirare le guglie del Duomo.

325 cam – 🛏800 € 🛏🛏1500 € – 5 suites – ⊞ 22 €

Pianta: 7K1-v – *piazza Fontana 3* ✉ *20122* Ⓜ *Duomo* – 𝄐 *02 88311*
– *www.starhotelscollezione.com*

🏨 The Gray   🏠 🖭 ⟳ AC

BOUTIQUE HOTEL · PERSONALIZZATO Camere diverse fra loro, tutte da scoprire nei loro dettagli di pregio, alcune soppalcate, tre con vista sulla Galleria, per questa struttura che brilla per piacevolezza: quindi "Gray" solo nel nome! Le Noir è il ristorante all'interno dell'albergo dall'atmosfera notturna e cucina mediterranea.

19 cam – 🛏500 € 🛏🛏550/900 € – 2 suites – ⊞ 33 €

Pianta: 7K1-g – *via San Raffaele 6* ✉ *20121* Ⓜ *Duomo* – 𝄐 *02 720 8951*
– *www.sinahotels.com*

🏨 Milano Scala   🏠 🛁 🖭 ⟳ AC 🛋

BOUTIQUE HOTEL · PERSONALIZZATO Albergo di charme, a propensione ecosostenibile, nato nel 2010. Gli ambienti comuni offrono un'atmosfera di stile e se il ristorante propone un'originale cucina "green" con ingredienti freschi provenienti da produttori del Parco del Ticino e dal magnifico orto sul tetto dell'hotel, lo Sky Terrace Bar Milano Scala – completamente rinnovato – si fa intrigante location per aperitivi con vista a 360° sulla città (aperto ai clienti interni ed esterni alla struttura).

56 cam ⊞ – 🛏180/880 € 🛏🛏220/980 € – 6 suites

Pianta: 6G3-d – *via dell'Orso 7* ✉ *20121* Ⓜ *Cairoli* – 𝄐 *02 870961*
– *www.hotelmilanoscala.it* – *Chiuso 2 settimane a Natale*

Townhouse Duomo ⟨≼ ⊡ ḉ 🄰🄲

LUSSO · CENTRALE Albergo lussuoso che ha nella vista sul Duomo di Milano e sulla splendida omonima piazza il suo vero gioiello: se ne godrà dalle lussuose camere (tutte al 3° piano), disegnate da diversi architetti ma anche dal terrazzino delle colazioni (al 1° piano) che vi propone le guglie secolari a portata di mano.

14 cam - ♦400/1500 € ♦♦400/2500 € - ⌒22 €

Pianta: 7J1-i – *via Silvio Pellico 2* ✉ *20121* Ⓜ *Duomo* – 𝒞 *02 4539 7600 - www.townhousehotels.com*

✾ **Felix Lo Basso** – Vedere selezione ristoranti

Cavour ⟨ 🛗 ⊡ ḉ 🄰🄲 ⍉ 🛁

TRADIZIONALE · CLASSICO Preziosi i materiali usati, dai pavimenti alle boiserie, in questo albergo di sobria eleganza, poco distante dai principali siti d'interesse socio-culturale della città. Al ristorante una linea "brasserie" (h. 11-19) a prezzi contenuti.

121 cam ⌒ - ♦118/700 € ♦♦138/950 € - 7 suites

Pianta: 6G2-x – *via Fatebenefratelli 21* ✉ *20121* Ⓜ *Turati* – 𝒞 *02 620001 - www.hotelcavour.it*

Manzoni ⟨ 🛗 ⊡ ḉ 🄰🄲 ⍉ 🛁

TRADIZIONALE · CLASSICO Elegante, come la zona centrale in cui si trova, hotel sorto nel 1951 e rinnovato totalmente qualche anno fa all'insegna di boiserie, marmi, parquet e specchi; al suo interno vi trova posto anche un piccolo centro benessere con vasca idromassaggio e bagno turco. In linea lo stile, quasi british, del ristorante.

44 cam - ♦230/750 € ♦♦250/850 € - 3 suites - ⌒23 €

Pianta: 6G2-e – *via Santo Spirito 20* ✉ *20121* Ⓜ *Montenapoleone - 𝒞 02 7600 5700 - www.hotelmanzoni.com - Chiuso 23 dicembre-2 gennaio e 3 settimane in agosto*

Spadari al Duomo ⊡ 🄰🄲 ⍉

TRADIZIONALE · MODERNO Soggiornare allo Spadari significa pernottare in una moderna struttura del centro, che omaggia con discrezione il mondo dell'arte di cui i proprietari sono appassionati collezionisti: camino di Giò Pomodoro nella hall, mobili unici e studiato gioco di luci. Alcune camere si affacciano sulle guglie del Duomo, altre sono dotate di balconcino.

39 cam ⌒ - ♦140/420 € ♦♦180/500 € - 1 suite

Pianta: 7J2-f – *via Spadari 11* ✉ *20123* Ⓜ *Duomo* – 𝒞 *02 7200 2371 - www.spadarihotel.com - Chiuso 22-27 dicembre*

Straf ⟨ 🛗 ⊡ ḉ 🄰🄲 🛁

BOUTIQUE HOTEL · DESIGN Adiacente al Duomo, un albergo modernissimo dal design modaiolo declinato con materiali inusuali come ardesia, ottone brumato, cemento e dove prevalgono i toni scuri tra cui il nero. Piacerà ai viaggiatori più curiosi e alla moda. Ottimo l'aperitivo (martedì e giovedì con musica dal vivo) all'omonimo bar.

64 cam ⌒ - ♦250/879 € ♦♦280/943 € - 2 suites

Pianta: 7J1-p – *via San Raffaele 3* ✉ *20121* Ⓜ *Duomo* – 𝒞 *02 805081 - www.straf.it*

De la Ville ⟨ 🖾 🕸 🛗 ⊡ ḉ 🄰🄲 🛁

TRADIZIONALE · ELEGANTE Se alcune camere sfoggiano uno stile piuttosto contemporaneo, le altre si rifanno ad un gusto Old England: fil rouge di questa casa che ripropone nei suoi spazi comuni boiserie, stampe con soggetti ippici e di caccia alla volpe, camino. Rilassante vasca idromassaggio al roof con cupola trasparente da cui s'intravedono le guglie del Duomo.

107 cam ⌒ - ♦440/460 € ♦♦470/490 € - 1 suite

Pianta: 7K1-h – *via Hoepli 6* ✉ *20121* Ⓜ *Duomo* – 𝒞 *02 879 1311 - www.sinahotels.com*

⌂ Antica Locanda dei Mercanti ⊡ AC

CASA PADRONALE · ROMANTICO All'interno di un palazzo storico (di cui occupa tre piani), piccolo, quanto accogliente albergo di sobria eleganza, dispone di camere spaziose all'insegna del parquet e dei tessuti bianchi. Alcune sono provviste di terrazzo.

12 cam ⌨ – 🛏190/355 € 🛏🛏195/365 € – 3 suites

Pianta: 7J1-a – *via San Tomaso 6* ✉ *20121* Ⓜ *Cordusio* – ☎ *02 805 4080*
– www.locanda.lt

Isola-Porta Nuova

V. Valletta/AGF Foto/Photononstop

Ristoranti

✿ Alice-Eataly Smeraldo (Viviana Varese) ♿ AC

CUCINA CREATIVA · DESIGN XxX Il celebre Teatro Smeraldo diviene nel 2014 un grande Eataly milanese di cui certamente il ristorante Alice è uno degli assi nella manica: l'ambiente dal design accattivante è luogo perfetto per gustare una cucina creativa con tanto pesce e tanta fantasia.

→ Lasagnetta multicolore con baccalà, spuma di baccalà alle erbe aromatiche, catalogna saltata e bergamotto. Capitone con salsa di fondo bruno al profumo d'oriente, zuppa di cipollotto di Tropea e crema di cavolo rosso fermentato. Meringa con spuma di zabaglione, vellutata di mandorla, mandorle croccanti di Noto, sorbetto al caffè, cioccolato amaro Oriado e pepe timut.

Menu 55 € (pranzo in settimana)/150 € – Carta 87/144 €

Pianta: 4G1-f – *piazza XXV Aprile 10* ✉ *20123* Ⓜ *Porta Garibaldi FS*
– ☎ 02 4949 7340 (consigliata la prenotazione) – www.aliceristorante.it – Chiuso domenica

✿ Berton ⊞ ♿ AC ⌦

CUCINA CREATIVA · DESIGN XxX Luminoso, moderno ed essenziale, il ristorante riflette la personalità della cucina, i cui piatti sono imperniati su pochi prodotti, talvolta combinati in forma originale, sempre elegantemente presentati.

→ Risotto con gambero crudo e corallo di crostacei. Carrè d'agnello arrosto, friggitelli con ricotta, cipolla e salsa verde. Uovo di yogurt e mango.

Menu 120/135 € – Carta 85/188 €

Pianta: 4G1-c – *via Mike Bongiorno 13* ✉ *20123* Ⓜ *Gioia* – ☎ *02 6707 5801*
– www.ristoranteberton.com – Chiuso 26 dicembre-9 gennaio, 2 settimane in agosto, domenica e i mezzogiorno di sabato e lunedì

⌂ Serendib AC

CUCINA INDIANA · SEMPLICE X *Serendib*, l'antico nome dello Sri Lanka, significa "rendere felici": una sfida ardua, ma questo ristorante vince la scommessa! Fedele alle sue origini, la cucina conquista con ricette indiane e cingalesi. Qualche esempio? Riso biriyani - chicken curry.

🍴 Menu 15 € – Carta 24/40 €

Pianta: 3F1-b – *via Pontida 2* ✉ *20121* Ⓜ *Moscova* – ☎ *02 659 2139*
– www.serendib.it

↑○ Ceresio 7   ⤴ ⌂ AC

CUCINA MODERNA · DESIGN XXX Se l'interior design gioca con ottone, marmo, legno in un riuscito mix di colori suadenti e stile vintage, lo sguardo corre libero dalle due terrazze aperte sempre, anche quando la colonnina del mercurio scende vertiginosamente. La vista è mozzafiato: uno scorcio sorprendente sulla città che spazia dall'imponente cimitero Monumentale alla nuova area dei grattacieli di porta Garibaldi, mentre la cucina rispolvera, modernizzandoli, i grandi classici della tradizione italiana.

Menu 40 € (pranzo in settimana)/95 € – Carta 66/118 €

Pianta: 3F1-s – *via Ceresio 7* ✉ *20123* Ⓜ *Monumentale* – ☎ *02 3103 9221 (consigliata la prenotazione la sera)* – *www.ceresio7.com* – *Chiuso 1°-4 gennaio e 14-17 agosto*

↑○ Daniel   ⌂ & AC

CUCINA ITALIANA · CONTESTO CONTEMPORANEO XXX Il biglietto da visita, all'ingresso, è la cucina a vista, dove troverete il cuoco che interagisce simpaticamente con i clienti. Meta di chi ama i classici italiani con qualche divagazione più estrosa, nel piatto, solo il meglio delle materie prime. A pranzo c'è anche una proposta più semplice.

🍽 Menu 18 € (pranzo in settimana)/80 € – Carta 54/97 €

Pianta: 4G2-e – *via Castelfidardo 7, angolo via San Marco* ✉ *20121* Ⓜ *Moscova* – ☎ *02 6379 3837* – *www.danielcanzian.com* – *Chiuso 2 settimane in agosto, sabato a mezzogiorno e domenica*

↑○ Sikélaia Ⓝ   & AC

CUCINA SICILIANA · ELEGANTE XXX Quando il fico (Siké) incontra l'ulivo (elaia), nasce una nuova parola o molto di più: Sikélaia, un ristorante che già nel nome evoca i colori, i profumi e i sapori dell'opulenta Sicilia. Una cucina capace di elaborarli con gusto moderno e grande cura per l'aspetto cromatico.

Menu 90 € (cena) – Carta 60/107 €

Pianta: 4G1-s – *via Marco Polo 10* ✉ *20123* Ⓜ *Repubblica* – ☎ *02 2901 4556* – *www.ristorantesikelaia.it* – *Chiuso 22 dicembre-2 gennaio, agosto, domenica e lunedì*

↑○ Barbacoa   ⌂ & AC ⅍ ⟳

GRIGLIA · INTIMO XX Una giostra per gli amanti della carne: pagando un prezzo fisso, ci si serve liberamente da un buffet prevalentemente di verdure, mentre i camerieri girano per i tavoli servendo a volontà una quindicina di tagli di carne cotti allo spiedo, secondo la tradizione del churrasco rodizio brasiliano. Un'esperienza originale per vivere un angolo di Sudamerica a Milano.

Menu 50 €

Pianta: 4G1-a – *via delle Abbadesse 30* ✉ *20123* Ⓜ *Zara* – ☎ *02 688 3883* – *www.barbacoa.it* – *solo a cena escluso domenica*

↑○ Finger's Garden   ⥥ ⌂ AC

FUSION · ALLA MODA XX Locale dall'atmosfera orientale con luci soffuse ed un deciso target mondano. Lo chef-patron si destreggia con disinvoltura fra proposte di pesce crudo ed originali creazioni fusion, in cui inserisce qualche tocco brasiliano. I più gourmet si affideranno al suo menu a mano libera.

Carta 36/86 €

Pianta: 2C1-f – *via Giovanni Keplero 2* ✉ *20121* Ⓜ *Sondrio* – ☎ *02 606544* – *www.fingersrestaurants.com* – *solo a cena* – *Chiuso domenica*

↑○ Il Liberty   AC

CUCINA CREATIVA · ACCOGLIENTE XX All'interno di un palazzo liberty, un locale piccolo nelle dimensioni – due sale ed un soppalco – ma grande in quanto ad ospitalità e piacevolezza. La cucina s'interessa sia al mare, sia alla terra. A pranzo ci sono anche proposte più semplici ed economiche.

🍽 Menu 20 € (pranzo)/80 € – Carta 48/87 €

Pianta: 4G1-h – *viale Monte Grappa 6* ✉ *20124* – ☎ *02 2901 1439 (coperti limitati, prenotare)* – *www.il-liberty.it* – *Chiuso 1°-7 gennaio, 12-19 agosto, sabato a mezzogiorno e domenica*

↑○ Pacifico · AC

CUCINA PERUVIANA · BISTRÒ XX La cosmopolita Milano apre le proprie porte a questo istrionico locale, ambasciatore dei sapori peruviani non scevri da influenze asiatiche. Ottima la vasta scelta di ceviche: piatti a base di pesce e/o frutti di mare crudi e marinati nel limone, insaporiti da alcune spezie come il peperoncino e il coriandolo, tipici della gastronomia di alcuni paesi dell'America Latina che si affacciano sull'oceano Pacifico.

Menu 50 € – Carta 34/86 €

Pianta: 4G2-h – *via Moscova 29 ⊠ 20123 Milano* ◍ *Moscova* – *☏ 02 8724 4737 (consigliata la prenotazione)* – *www.wearepacifico.com* – *Chiuso 13-26 agosto*

↑○ Bésame Mucho · 🏠 ᴄ AC

CUCINA MESSICANA · DI TENDENZA X Ristorante etnico dalla triplice anima: veloce per la pausa pranzo, modaiolo nella sua proposta di aperitivo accompagnato da un buon piatto del menu, messicano vero e proprio – la sera - con ricette ispirate alla tradizione. Ambienti moderni e vivaci con vista sullo skyline di Porta Nuova.

⊜ Menu 20 € (pranzo in settimana)/60 € – Carta 33/64 € – carta semplice a pranzo

Pianta: 4G1-m – *piazza Alvar Aalto ⊠ 20123* ◍ *Gioia* – *☏ 02 2906 0313* – *www.besamemucho.global*

↑○ Casa Fontana-23 Risotti · AC 🍴

CUCINA LOMBARDA · CONTESTO TRADIZIONALE X Val la pena aspettare i canonici 25 minuti per assaggiare la specialità della casa, celebrata anche dalle immagini di mondine alle pareti: il proverbiale risotto. Declinato in tante gustose varianti.

Carta 43/72 €

Pianta: 2C1-d – *piazza Carbonari 5 ⊠ 20125* ◍ *Sondrio* – *☏ 02 670 4710* – *www.23risotti.it* – *Chiuso 31 dicembre-11 gennaio, 23-26 aprile, 20 giorni in agosto, lunedì e anche sabato a mezzogiorno in estate*

↑○ Locanda Perbellini ◍ · ᴄ AC

CUCINA ITALIANA · CONVIVIALE X Il pluristellato chef Giancarlo Perbellini, una certezza nella sua Verona, sbarca a Milano e - anche qui - propone la sua cucina fatta di tradizione italiana da nord a sud, ma che strizza l'occhio a nuove tecniche, nonché a tendenze contemporanee. Per farlo ha scelto la centralissima Brera, aprendo un locale accogliente e piacevolissimo, piccolo e discreto, di sicuro molto elegante.

Carta 38/49 €

Pianta: 4G2-r – *via Moscova 25 ⊠ 20121 Milano* ◍ *Moscova* – *☏ 02 3663 1450* – *www.locandaperbellini.it* – *Chiuso 10 giorni a Natale, 2 settimane in agosto e domenica*

↑○ Osaka · AC 🍴

CUCINA GIAPPONESE · MINIMALISTA X Lungo l'antica via che portava da Milano a Como, nascosto in una breve galleria, un locale dove regna sovrana un'atmosfera sobria e minimalista, tipicamente orientale. Dalla cucina piatti nipponici, serviti anche al banco, di fronte allo chef che li prepara espressi. A pranzo prevale la formula menu: se volete una carta più articolata è preferibile venire la sera.

⊜ Menu 16 € (pranzo in settimana)/40 € – Carta 39/95 € – carta semplice a pranzo

Pianta: 3F2-v – *corso Garibaldi 68 ⊠ 20121* ◍ *Moscova* – *☏ 02 2906 0678* – *www.milanoosaka.com*

↑○ Pisacco · AC

CUCINA MODERNA · ALLA MODA X Moderno ed informale, ma attento al servizio così come ai prezzi, da Pisacco troverete un'ottima selezione di piatti creativi, nonché una rivisitazione di grandi classici, dalla polenta e baccalà alla Caesar salad. Tra le specialità che meritano attenzione vi sono: gli spinaci, uovo morbido, pane tostato e bottarga di muggine - crumble, menta, liquirizia.

⊜ Menu 14 € (pranzo)/50 € – Carta 36/63 €

Pianta: 4G2-a – *via Solferino 48 ⊠ 20121* ◍ *Moscova* – *☏ 02 9176 5472* – *www.pisacco.it* – *Chiuso 2 settimane in agosto e lunedì*

🍽️ **Ratanà** 🛋️ 🏛️ AK

CUCINA CLASSICA · VINTAGE ⅹ Ritmo e dinamismo all'interno di un edificio ristrutturato che fu cinema e poi rimessa tramviaria: oggi è un locale dove la materia prima è protagonista, il piacevole dehors sul piccolo parco pubblico un atout in più!

😋 Menu 19 € (pranzo in settimana)/70 € – Carta 48/78 €

Pianta: 4G1-d – *via G. de Castilla 28* ✉ *20124* – ℰ *02 8712 8855 (consigliata la prenotazione)* – *www.ratana.it* – *Chiuso 24 dicembre-7 gennaio e 10-27 agosto*

Stazione Centrale

killertomato/iStock

Ristoranti

🏵️ **Joia** (Pietro Leemann) 🧺 AK 🍴 ♿

CUCINA VEGETARIANA · MINIMALISTA ⅩⅩⅩ Allievo di un grande maestro, lo chef si è convertito al vegetarianesimo dopo un graduale processo di trasformazione filosofico-spirituale in oriente, diventando dopo molti lustri sinonimo di alta cucina naturale, imperniata attorno a sperimentazione, avanguardia, tecnica ed estetica. Appuntamento, quindi, con il gusto in un ristorante il cui menu è per l'80% vegano e senza glutine.

→ Perseveranza (ravioli napoletani, uno farcito di sugo napoletano, uno di ricotta e aglio degli orsi, con emulsione di pecorino sardo, taccole e macchie di vino ridotto). Anima Mundi (tortino di patate, lenticchie e ortiche, con erbe del nostro orto e fragole, caprino di mandorle). Macondo (cioccolato e nocciole biodinamiche, salse di mango e more di gelso, spuma di armelline e gelato di fragole allo zenzero).

Menu 90/130 € – Carta 83/120 €

Pianta: 4H2-c – *via Panfilo Castaldi 18* ✉ *20124* Ⓜ *Repubblica* – ℰ *02 2952 2124* – *www.joia.it* – *Chiuso 24 dicembre-7 gennaio, 10-20 agosto e domenica*

🏵️ **Da Giannino-L'Angolo d'Abruzzo** AK

CUCINA ABRUZZESE · CONTESTO TRADIZIONALE ⅹ Una calorosa accoglienza, un ambiente semplice ma vivace e sempre molto frequentato e il piacere di riscoprire, in piatti dalle abbondanti porzioni, la tipica cucina abruzzese. Ottimi, gli spaghetti alla chitarra al sugo di agnello e i mitici arrosticini!

Carta 29/39 €

Pianta: 2D2-t – *via Pilo 20* ✉ *20129* Ⓜ *Porta Venezia* – ℰ *02 2940 6526*

🍽️ **Acanto** AK 🍴 ♿

CUCINA MODERNA · LUSSO ⅩⅩⅩⅩ Grandi spazi luminosi ed eleganti sono le vesti di questo moderno ristorante dove sarete coccolati da un ottimo servizio e potrete assaporare piatti dai sapori classico-contemporanei. Per il pranzo, originale formula con "La Tavolozza dello Chef": primo, secondo e contorno in un'unica portata a scelta.

Menu 35 € (pranzo in settimana)/120 € – Carta 82/126 € – carta semplice a pranzo

Pianta: 4G1-k – *Hotel Principe di Savoia, piazza della Repubblica 17* ✉ *20124* Ⓜ *Repubblica* – ℰ *02 6230 2026* – *www.dorchestercollection.com* – *Chiuso 5-25 agosto*

⅋○ Terrazza Gallia 🛏 ⚹ 🎬 ⇆

CUCINA CREATIVA · LUSSO XxxX Collocato al settimo piano con vista panoramica sulla città, il ristorante si propone come luogo d'elezione per un pranzo leggero, per un cocktail o per una cena informale. I due giovani fratelli partenopei danno vita ad una cucina tradizionale italiana e lombarda non scevra di tocchi creativi e contemporanei.

Menu 75/95 € – Carta 61/137 €

Pianta: 4H1-e – *Excelsior Hotel Gallia, piazza Duca d'Aosta 9* Ⓜ *Centrale FS* – *☏ 02 6785 3514 - www.excelsiorhotelgallia.com*

⅋○ Dim Sum 🎬 ⇆

CUCINA CANTONESE · DI QUARTIERE XX In ambienti ricchi di dettagli, è qui che si scopre il senso delle piccole porzioni che caratterizza questa tradizione gastronomica: tipica cucina cantonese e del sud della Cina per una esperienza asiatica a tutto tondo!

Carta 35/68 €

Pianta: 4H2-a – *via Nino Bixio 29* ✉ *20123 – ☏ 02 2952 2821 - www.dim-sum.it*

⅋○ Glauco ⚹ 🎬

PESCE E FRUTTI DI MARE · INTIMO XX Intimo, accogliente, moderno: il giovane chef dalle belle esperienze pregresse vi farà gustare una cucina che profuma di mare. La maggior parte del pescato di provenienza sicula.

Menu 75/120 € – Carta 72/142 €

Pianta: 2D2-g – *via Achille Maiocchi 29* ✉ *20123* Ⓜ *Lima – ☏ 02 2024 1973 (consigliata la prenotazione) - www.ristoranteglaucomilano.com* – *Chiuso 1-9 gennaio, 6-22 agosto e domenica e lunedì a mezzogiorno*

⅋○ Trattoria Trombetta 🛏 ⚹ 🎬

CUCINA MODERNA · DI QUARTIERE XX E' una moderna trattoria milanese, dall'atmosfera rilassata e rilassante; i suoi piatti "parlano" di Lombardia e d'Italia in senso lato, con una particolare attenzione ai prodotti stagionali. La domenica - a pranzo - brunch e carta più ristretta.

Menu 60 € – Carta 41/69 €

Pianta: 4H2-t – *largo Bellintani 1* ✉ *20123* Ⓜ *Porta Venezia – ☏ 02 3594 1975* – *www.trattoriatrombetta.eu – solo a cena escluso domenica – chiuso lunedì*

⅋○ La Cantina di Manuela 🍷 🛏 🎬

CUCINA MODERNA · BISTRÒ X Si mangia circondati da bottiglie di vino in un ambiente giovane e dinamico. Ad una carta di piatti particolarmente elaborati si aggiungono la sera gli antipasti, sostituiti a pranzo da insalate assortite per una clientela business orientata a proposte veloci.

Carta 32/58 €

Pianta: 4H3-x – *via Carlo Poerio 3* ✉ *20129 – ☏ 02 7631 8892 (consigliata la prenotazione) - www.lacantinadimanuela.it*

Alberghi

🏨 Principe di Savoia 🖼 🌐 🏊 ⚹ 🛗 🎬 🎿

GRAN LUSSO · ELEGANTE Affacciata su piazza della Repubblica, la bianca costruzione ottocentesca offre subito di sé un'immagine maestosa e signorile, ma è forse il respiro internazionale che la contraddistingue, il suo vero fiore all'occhiello. Splendide camere, attrezzature sportive e spazi benessere per un soggiorno di relax.

257 cam – ∤270/960 € ∤∤300/990 € – 44 suites – ☐ 45 €

Pianta: 4G1-k – *piazza della Repubblica 17* ✉ *20124* Ⓜ *Repubblica – ☏ 02 62301* – *www.dorchestercollection.com*

⅋○ **Acanto** – Vedere selezione ristoranti

MILANO

⌂⌂⌂⌂ Excelsior Hotel Gallia ☆ 🗆 🕭 🕅 ⅃ᴓ 🖃 🗚 ⅍

GRAN LUSSO · MODERNO In una veste totalmente rinnovata, Excelsior Hotel Gallia ha saputo coniugare l'eleganza dello storico edificio dei primi '900 con un design contemporaneo milanese; cromature e marmi producono un effetto scenografico di grande impatto estetico, supportato da servizi di ottimo livello. Raffinati momenti di piacere attendono gli ospiti nella splendida spa, dove moderne attrezzature incontrano l'expertise di una lussuosa casa di cosmetici.

198 cam – 🛉310/670 € 🛉🛉330/690 € – 37 suites – ⪘ 40 €

Pianta: 4H1-g – *piazza Duca d'Aosta 9* ✉ *20124* Ⓜ *Centrale FS* – ✆ *02 67851*
– *www.excelsiorhotelgallia.com*

🍴 **Terrazza Gallia** – Vedere selezione ristoranti

⌂⌂⌂⌂ Château Monfort ☆ 🗆 🕭 ⅃ᴓ 🖃 & 🗚 ⅍

GRAN LUSSO · ROMANTICO Eleganza non ostentata in un prestigioso palazzo liberty che porta la firma dell'architetto Paolo Mezzanotte: camere glamour-chic, da sogno quelle ispirate all'opera, ed una piccola SPA per momenti di grande relax.

77 cam – 🛉230/990 € 🛉🛉260/990 € – ⪘ 26 €

Pianta: 4H3-a – *corso Concordia 1* ✉ *20129* – ✆ *02 776761*
– *www.hotelchateaumonfort.com*

⌂⌂⌂⌂ The Westin Palace ☆ 🕅 ⅃ᴓ 🖃 & 🗚 ⅍ 🚗

PALACE · GRAN LUSSO A pochi minuti a piedi dalla Stazione Centrale e ben collegato a Fieramilano, l'hotel dispone di moderne camere - recentemente ristrutturate - e suite (splendida quella Presidenziale con terrazza privata e mini pool). The Westin Palace dispone anche di 13 sale riunioni modulari, che possono ospitare fino ad un massimo di 400 persone. Cucina mediterranea reinterpretata con maestria al ristorante PanEVO.

231 cam – 🛉190/2499 € 🛉🛉190/2499 € – 5 suites – ⪘ 40 €

Pianta: 4G2-b – *piazza della Repubblica 20* ✉ *20124* Ⓜ *Repubblica* – ✆ *02 63361*
– *www.westinpalacemilan.it*

⌂⌂⌂ Starhotels Anderson ☆ ⅃ᴓ 🖃 & 🗚 ⅍

PALACE · DESIGN Hotel dalla calda atmosfera design: ambienti intimi e alla moda, camere accoglienti dotate di tutti i confort della categoria. Un piccolo ristorante serale allestito nella raffinata lounge con proposte gastronomiche di tono moderno.

106 cam – 🛉99/950 € 🛉🛉99/950 € – ⪘ 12 €

Pianta: 4H1-b – *piazza Luigi di Savoia 20* ✉ *20124* Ⓜ *Centrale FS* – ✆ *02 669 0141*
– *www.starhotels.com*

⌂⌂⌂ Starhotels Echo ☆ ⅃ᴓ 🖃 & 🗚 ⅍

BUSINESS · MINIMALISTA Eco Contemporary Hotel: è la definizione di questa moderna struttura che fonde principi di ecosostenibilità, design e confort. Insomma, un indirizzo che non mancherà di piacere agli spiriti green.

143 cam – 🛉109/1200 € 🛉🛉109/1200 € – 6 suites – ⪘ 12 €

Pianta: 4H1-c – *viale Andrea Doria 4* ✉ *20123* Ⓜ *Caiazzo* – ✆ *02 67891*
– *www.starhotels.com*

⌂⌂ Colombia 🛏 ⅃ᴓ 🖃 🗚

TRADIZIONALE · ACCOGLIENTE Grazioso hotel a gestione familiare, ristrutturato negli ultimi tempi, dispone di camere confortevoli in stile minimal design. Piacevole giardinetto interno per la prima colazione: praticamente una rarità a Milano!

48 cam ⪘ – 🛉80/320 € 🛉🛉120/490 €

Pianta: 4H1-d – *via Lepetit 15* ✉ *20124* Ⓜ *Centrale FS* – ✆ *02 669 2532*
– *www.hotelcolombiamilano.com* – *Chiuso 22-28 dicembre e 10-24 agosto*

Romana-Vittoria

Ristoranti

🏵 Dongiò   AC

CUCINA CALABRESE · FAMILIARE ⅹ Come poteva approdare la Calabria tra i meneghini? Così come tutti la conosciamo: un ambiente semplice e frequentatissimo - a conduzione familiare - come ormai se ne trovano pochi. Se la specialità della casa sono gli spaghettoni alla tamarro, in menu primeggiano comunque paste fresche, 'nduja e l'immancabile peperoncino.

Carta 26/40 €

Pianta: 6H4-u – *via Corio 3* ✉ *20135* Ⓜ *Porta Romana* – *𝒞 02 551 1372 (consigliata la prenotazione) – Chiuso 3 settimane in agosto, sabato a mezzogiorno e domenica*

🏵 Trippa   🌧 AC

CUCINA ITALIANA · TRATTORIA ⅹ Semplice, informale e con un tocco retrò, la trippa è una delle proposte di quinto quarto che troverete spesso in carta, che tuttavia si amplia a piatti di ogni regione, di immediata forza e comprensibilità, senza inutili fronzoli. La qualità dei prodotti e le capacità di un grande interprete - il giovane cuoco - ne fanno una delle migliori trattorie della città. Specialità: risotto alla milanese con midollo alla brace, vitello tonnato, e la sempre presente trippa!

Carta 32/54 €

Pianta: 6H4-t – *Via Giorgio Vasari, 3* ✉ *20135* Ⓜ *Porta Romana* – *𝒞 327 668 7908 (consigliata la prenotazione) – www.trippamilano.it – solo a cena – Chiuso 2 settimane in agosto, 1 settimana a Natale e domenica*

ⅠⅠ◯ Finger's   ♿ AC ⟷

CUCINA GIAPPONESE · ALLA MODA ⅩⅩ Esperienza nipponica a tuttotondo, mangiando sul tatami, o più occidentalizzata optando per dei normali tavolini, ma quello che vi suggerisce il menu allude ad una cucina giapponese creativa con qualche influenza brasiliana (la moglie di Okabe, lo chef, è in effetti di Rio). Un promettente ristorante nel panorama meneghino.

Carta 51/119 €

Pianta: 6H4-a – *via San Gerolamo Emiliani 2* ✉ *20121* Ⓜ *Lodi T.I.B.B.* – *𝒞 02 5412 2675 (prenotazione obbligatoria) – www.fingersrestaurants.com – solo a cena – Chiuso 6-27 agosto, 24 dicembre-6 gennaio e lunedì*

ⅠⅠ◯ Da Giacomo   AC

PESCE E FRUTTI DI MARE · CONVIVIALE ⅩⅩ Ai nostalgici del mare, tante specialità di pesce - sebbene il menu annoveri anche qualche piatto di terra e (in stagione) tartufo d'Alba, ovoli e funghi porcini - in una vecchia trattoria milanese dei primi del '900.

Carta 52/107 €

Pianta: 4H3-g – *via P. Sottocorno 6* ✉ *20129* – *𝒞 02 7602 3313 – www.giacomoristorante.com*

🍴○ **Gong** 👥 ⚠ AC 🚫

CUCINA CINESE · MINIMALISTA XX L'Italia incontra l'oriente e lo fa ai tavoli di questo raffinato ristorante con una carta che ingloba (e la scelta del verbo non è casuale!) specialità cinesi, "contaminazioni" internazionali e prelibatezze varie. Oltre a prestare il nome al locale, imponenti gong in onice troneggiano in sala.

Menu 70/90 € – Carta 38/129 €

Pianta: 4H3-b – *corso Concordia 8* ✉ *20123* – ℰ *02 7602 3873*
– *www.gongmilano.it* – *Chiuso 3 settimane in agosto e lunedì a mezzogiorno*

🍴○ **Le Api Osteria** ⓝ 🌳 AC 🚫

CUCINA MODERNA · SEMPLICE X Lo chef Hide Matsumoto - dopo anni in Europa ed Italia - ha finalmente aperto la sua osteria; ambiente semplice per lasciare protagonista il piatto dove una cucina mediterranea si colora di sfumature creative.

🍴 Menu 16 € (pranzo in settimana)/53 € – Carta 40/64 €

Pianta: 4H3-f – *Via Carlo Foldi 1* ✉ *20123* – ℰ *02 8457 5100 (prenotare)*
– *www.leapiosteria.com* – *Chiuso domenica*

🍴○ **Masuelli San Marco** AC

CUCINA LOMBARDA · VINTAGE X Ambiente rustico di tono signorile in una trattoria tipica, con la stessa gestione dal 1921; linea di cucina saldamente legata alle tradizioni lombardo-piemontesi.

🍴 Menu 22 € (pranzo in settimana) – Carta 39/71 €

Pianta: 2D3-h – *viale Umbria 80* ✉ *20135* ⓜ *Lodi TIBB* – ℰ *02 5518 4138*
– *www.masuellitrattoria.it* – *Chiuso 26-30 dicembre,*
1°-7 gennaio, 25 agosto-9 settembre, lunedì a mezzogiorno e domenica

🍴○ **Un Posto a Milano-Cascina Cuccagna** 🌳 AC

CUCINA CLASSICA · CASA DI CAMPAGNA X Un angolo verde e naturalistico nel contesto cittadino di Milano: la ristrutturazione di una ex cascina comunale ha dato vita a questa oasi non solo gastronomica, ma anche culturale. A pranzo, si può approfittare di un buffet molto ricco ad un prezzo interessante; la sera, la carta è più articolata, senza pertanto "inferire" sul rapporto qualità/prezzo.

🍴 Menu 15 € (pranzo in settimana)/20 € – Carta 29/60 €

Pianta: 6H4-b – *via Cuccagna 2* ✉ *20121 Milano* – ℰ *02 545 7785*
– *www.unpostoamilano.it* – *Chiuso 24 dicembre-6 gennaio e lunedì*

Alberghi

🏨 **Grand Visconti Palace** 🌳 🍴 🖥 🎛 🏋 Ls 🔔 ⚠ AC 🚫 🧖 🚗

PALACE · INDUSTRIALE Nei grandi spazi di un ex mulino industriale è stato ricavato questo grande albergo di tono elegante: accogliente centro benessere, sale congressi e grazioso giardino. Se l'espressione al "settimo cielo" indica uno stato di grazia, al ristorante Quinto Piano il gusto ha trovato di che appagarsi... Cucina di ricerca, di fantasia e di cuore.

162 cam ⚏ – ♦100/800 € ♦♦100/800 € – 10 suites

Pianta: 2C3-a – *viale Isonzo 14* ✉ *20135* ⓜ *Lodi TIBB* – ℰ *02 540341*
– *www.grandviscontipalace.com*

🏨 **Vittoria** 🔔 AC

FAMILIARE · ACCOGLIENTE Albergo dai tratti eleganti e quasi sontuosi, camere non grandi, ma curate nei dettagli, ambienti comuni confortevoli; per le colazioni, in estate, ci si avvale di un piccolo cortiletto interno.

47 cam – ♦70/750 € ♦♦90/950 € – ⚏ 20 €

Pianta: 4H3-d – *via Pietro Calvi 32* ✉ *20121* – ℰ *02 545 6520*
– *www.hotelvittoriamilano.it* – *Chiuso 15 giorni in agosto*

Navigli

artolympic/iStock

Ristoranti

❀❀ Enrico Bartolini al Mudec   ⅁ AC

CUCINA CREATIVA · CONTESTO CONTEMPORANEO XxX "La tradizione si fonde con l'innovazione e con un'incessante sperimentazione per dare vita a sapori nuovi e al tempo stesso carichi di ricordi, dal forte impatto emozionale. La ricerca della perfezione gustativa ed estetica crea per ogni piatto un'esperienza gastronomica indimenticabile" sono le parole di Enrico Bartolini.

Mente analitica e - al tempo stesso - creativa, lo chef non si scompone quando gli viene ricordato che nel 2017 con il suo poker di stelle (due per il Mudec di Milano, una per il Casual di Bergamo, nonché la Trattoria a Castiglione della Pescaia) è stato il "caso" dell'anno. Al terzo piano del Museo delle Culture, una sala dal gusto contemporaneo e raffinato, accoglie una clientela eclettica e modaiola: la location è tanto originale, quanto il servizio attento e premuroso.

L'apparente sobrietà della carta dà il "la" ad un concerto di piatti dove suonano straordinari prodotti solisti, rappresentazioni corali di più ingredienti o variazioni intorno al medesimo tema, declinato in più portate d'inesauribile fantasia. Direttore d'orchestra l'apolide chef, un abito di misura e compostezza sopra un vulcano di passione ed energia!

→ Alici in incontro tra saor e carpione con caviale, ostriche e cren. Piccione arrosto e "bentornati" grissini bolliti. Soufflè ai limoni dolci, gelato allo yogurt, lamponi e liquirizia.

Menu 145/180 € – Carta 110/195 €

Pianta: 5E4-u – *via Tortona 56 ⊠ 20123* ❶ *Porta Genova*
- ☎ *02 8429 3701* – *www.enricobartolini.net*
- *Chiuso 2 settimane in agosto, lunedì a mezzogiorno e domenica*

❀ Contraste (Matias Perdomo)   ❀❀ ⌂ AC

CUCINA MODERNA · ELEGANTE XxX Una cucina cerebrale che tende a sollecitare l'interesse per la portata successiva con idee sempre originali, piatti d'autore nei due menu degustazione, dove i sapori della tradizione vengono reinterpretati nelle forme e nell'aspetto - a volte anche in contrasto - ma sempre pronti a stupire l'ospite. La carta dei vini è altrettanto entusiasmante: più di mille referenze!

→ Cozze cacio e pepe con granita di salicornia. Rognoncini di coniglio, anguilla affumicata e sorbetto d'aceto. Tarte tatin alle mele con gelato di pasta frolla.

Menu 100/140 €

Pianta: 1B3-b – *via Meda 2 ⊠ 20123* – ☎ *02 4953 6597 (consigliata la prenotazione)* – *www.contrastemilano.it*
- *solo a cena escluso domenica*
- *Chiuso 1°-5 gennaio e 2 settimane in agosto*

⬡ Sadler 🕸 AC ⬠

CUCINA CREATIVA · ELEGANTE XXX Tra i primi cuochi a dare rilevanza all'aspetto visivo del piatto, ad un'estetica moderna, geometrica e colorata, le creazioni di Sadler sono facilmente assimilabili proprio all'arte contemporanea di cui è appassionato. Non è un caso che i piatti in carta siano millesimati: dalla celebre padellata di crostacei del '96, le proposte snocciolano una serie di piatti - in prevalenza di mare - che hanno segnato la storia gastronomica milanese e non solo.

→ Risotto al nero di seppia e oro con spaghetti di calamari e contrasto di mango. Padellata di crostacei, con carciofi di riviera alla carbonella e spuma al dragoncello. Varietà di cioccolato in differenti forme e sapori.

Menu 85 € (in settimana)/185 € – Carta 78/158 €

Pianta: 1B3-a – *via Ascanio Sforza 77* ✉ *20141* **Ⓜ** *Romolo* – ✆ *02 5810 4451 – www.sadler.it – solo a cena – Chiuso 1 settimana in gennaio, 2 settimane in agosto e domenica*

⬡ Tano Passami l'Olio (Gaetano Simonato) AC

CUCINA CREATIVA · ELEGANTE XX Dimenticate l'atmosfera modaiola e chiassosa dei Navigli; qui si mangia in sale ovattate dove l'eleganza classica degli ambienti fa spazio ad una cucina decisamente più originale, che si distingue per inusitati accostamenti e raffinate presentazioni, oltre che, naturalmente, per gli ottimi oli che arrivano a guarnire i piatti nel corso della cena. Sala fumatori.

→ Spaghetti alla chitarra ripieni di bottarga di uovo di gallina in crema di burrata e grana. Carrè d'agnello col suo fondo di cottura e miele con carciofo alla menta. Bavarese di anice stellato con sfera d'isomalto con mousse di carota e mou.

Menu 65/135 € – Carta 100/145 €

Pianta: 5E4-f – *via Villoresi 16* ✉ *20143* – ✆ *02 839 4139 (consigliata la prenotazione) – www.tanopassamilolio.it – solo a cena – Chiuso 24 dicembre-6 gennaio, agosto e domenica*

⬡ Tokuyoshi ♿ AC

CUCINA CREATIVA · MINIMALISTA XX Quando si parla di creatività in cucina, il pensiero corre inesorabilmente a Yoji Tokuyoshi che la celebra da un paio di anni nel ristorante omonimo milanese. Con l'umiltà che contraddistingue i popoli del Sol Levante, ma con quel rigore che trova pochi pari altrove, lo chef porta in tavola piatti dai sapori decisi, talvolta insoliti, in un ideale viaggio tra il Giappone - suo paese natale - e l'Italia, culla della sua crescita professionale.

→ Pane, burro e alici. "Piccione con sasso". Babà allo Chateau d'Yquem.

Menu 110/140 € – Carta 75/160 €

Pianta: 5F3-n – *via San Calocero 3* ✉ *20123* **Ⓜ** *Sant'Ambrogio* – ✆ *02 8425 4626 – www.ristorantetokuyoshi.com – solo a cena escluso domenica – Chiuso 2 settimane in gennaio, 3 settimane in agosto e lunedì*

⅏○ Dou Asian Passion ♿ AC

CUCINA ASIATICA · DESIGN XX Realizzato da un famoso architetto di Milano, il locale sfoggia uno stile contemporanea-internazionale, con qualche intrigante spunto orientale. La cucina abbraccia diverse zone dell'Asia: il menu spazia infatti dai dim sum, alla carne e al pesce, senza dimenticare i proverbiali ravioli al vapore (uno dei piatti più gettonati del take-away).

🍜 Menu 15 € (pranzo in settimana) – Carta 29/75 €

Pianta: 1A3-c – *piazza Napoli 25* ✉ *20123* – ✆ *02 4963 6318 – www.douasianpassion.com – Chiuso domenica in estate, lunedì negli altri mesi*

⅏○ Langosteria 🕸 AC

PESCE E FRUTTI DI MARE · DI TENDENZA XX Per gli amanti delle specialità ittiche questo locale può essere una vera e propria rivelazione: crudo, ostriche e frutti di mare sono alla base di questa cucina, senza dimenticare il pesce esclusivamente di cattura. Un'ottima cantina ed un ambiente glamour completano il quadro.

Menu 100 € – Carta 68/93 €

Pianta: 5E4-q – *via Savona 10* ✉ *20123* **Ⓜ** *Porta Genova FS* – ✆ *02 5811 1649 (consigliata la prenotazione) – www.langosteria.com – solo a cena – Chiuso agosto e domenica sera domenica*

⑪○ Al fresco   🍴 🈂️ & 🅰️🄲

CUCINA MEDITERRANEA · COLORATO ✗ All'interno di un'ex fabbrica d'inizio Novecento, l'atmosfera è originale e bohémien, ma il gioiello è il servizio estivo nell'incantevole cortile interno: "al fresco", come puntualizzerebbero gli anglosassoni mutuando una parola italiana. Dalla cucina prodotti di stagione e sapori mediterranei in preparazioni a basse temperature.

Carta 34/84 €

Pianta: 5E4-e – via Savona 50 ✉ 20121 Ⓜ *Porta Genova – ☏ 02 4953 3630 – www.alfrescomilano.it – Chiuso lunedì*

⑪○ Osteria di Porta Cicca   🍴 & 🅰️🄲

CUCINA MODERNA · ROMANTICO ✗ Ambiente accogliente e intimo di sapore un po' provenzale nella vivace cornice dei navigli. La cucina vira verso la modernità e l'innovazione, dell'osteria - oltre al nome - vi è ben poco!

Menu 40/70 € – Carta 37/85 €

Pianta: 5F4-n – ripa di Porta Ticinese 51 ✉ 20143 Ⓜ *Porta Genova – ☏ 02 837 2763 (consigliata la prenotazione) – www.osteriadiportacicca.com – Chiuso lunedì e a mezzogiorno escluso domenica*

⑪○ Chic'n Quick   🅰️🄲

CUCINA MODERNA · BISTRÒ ✗ Chic'n'Quick è l'interpretazione di trattoria moderna all'italiana dello chef Sadler. Si tratta di uno spazio informale e dinamico con una proposta di cucina tradizionale quanto basta e protesa al moderno. Un ambiente casual/elegante.

🍴 Menu 21 € (pranzo)/75 € – Carta 33/71 €

Pianta: 1B3-a – via Ascanio Sforza 77 ✉ 20141 Ⓜ *Romolo – ☏ 02 8950 3222 – www.chicnquick.it – Chiuso 1 settimana in gennaio, 2 settimane in agosto, lunedì a mezzogiorno e domenica*

⑪○ Esco Bistrò Mediterraneo   & 🅰️🄲

CUCINA MEDITERRANEA · ALLA MODA ✗ Un concept moderno di ristorazione, informale ma accogliente, dove la prima sensazione - in questo caso, non l'unica a contare! - è quella di trovarsi in uno studio di architettura, ospiti del patron. Piatti accattivanti e modernamente eseguiti con un occhio di simpatia per il Piemonte.

🍴 Menu 16 € (pranzo in settimana)/55 € – Carta 42/58 €

Pianta: 5E4-g – via Tortona 26 ✉ 20123 Ⓜ *Porta Genova – ☏ 02 835 8144 – www.escobistromediterraneo.it – Chiuso 4-25 agosto, 22 dicembre-6 gennaio, sabato a mezzogiorno e domenica*

⑪○ Al Pont de Ferr   🍴 🅰️🄲

CUCINA CREATIVA · OSTERIA ✗ Cucina profonda e giocosa al contempo, nella quale si respira la grande tradizione italiana, resa nuova e contemporanea dalla mano di Ivan. La cantina continua ad essere impostata sulla ricerca di nuove etichette, nonché produttori d'avanguardia, con offerta anche al calice. A pranzo menu d'affari: piatti sempre allettanti, ma di maggior frugalità.

🍴 Menu 20 € (pranzo in settimana)/130 € – Carta 34/90 €

Pianta: 5E4-a – Ripa di Porta Ticinese 55 ✉ 20143 Ⓜ *Porta Genova FS – ☏ 02 8940 6277 – www.pontdeferr.it – Chiuso 6 -22 gennaio*

⑪○ 28 Posti   🍴 🅰️🄲

CUCINA MODERNA · MINIMALISTA ✗ Il nome anticipa la capacità ricettiva del locale: 28 posti a sedere. Cucina a vista in un ambiente rustico con tavoli e sedie in legno grezzo, accostati a muri in alcuni punti volutamente non intonacati. Total window offrono alla vista un piacevole *continuum* con l'esterno; piatti ad alto tasso di modernità nei menu degustazione, più contenuta nella ristretta scelta à la carte.

Menu 50/80 € – Carta 46/84 €

Pianta: 5F4-k – via Corsico 1 ✉ 20123 Ⓜ *Porta Genova – ☏ 02 839 2377 – www.28posti.org – Chiuso 14-28 agosto, martedì a mezzogiorno e lunedì*

Alberghi

Magna Pars Suites Milano ☆ 🍴 🛁 🛗 ⊡ 🚲 🚗

GRAN LUSSO · DESIGN Espressione tangibile degli stupendi, ma - per definizione
- eterei profumi creati dai titolari, ogni camera di questo hotel di lusso vive di una
sua nota olfattiva, a cui s'ispirano anche le opere d'arte che l'arredano. E per gli
irriducibili, ora c'è anche la "LabSolue": perfume laboratory in cui scoprire e acquistare le 39 fragranze che contraddistinguono ogni stanza. Cucina creativo-contem-
poranea presso il ristorante meravigliosamente affacciato su un giardino interno.

28 suites ⊡ – ♥♥290/3000 € – 11 cam

Pianta: 5E4-c – *via Forcella 6* ✉ *20123* Ⓜ *Porta Genova FS* – *☎ 02 833 8371*
– *www.magnapars-suitesmilano.it*

Nhow Milano ☆ 🛁 ⊡ 🚲 🅰🄲 🔓 🅿

LUSSO · DESIGN Ha fascino da vendere questo design hotel ospitato in un'ex
area industriale: uno show room permanente in cui sono esposte eccellenze stili-
stiche ed artistiche, nonché confort inappuntabile nelle camere eclettiche.

245 cam – ♥110/1199 € ♥♥110/1199 € – 1 suite – ⊡ 28 €

Pianta: 5E4-b – *via Tortona 35* ✉ *20144* – *☎ 02 489 8861*
– *www.nhow-hotels.com*

Maison Borella ☆ ⊡ 🚲 🅰🄲 🔓

CASA PADRONALE · ORIGINALE Nel cuore della vecchia Milano, in una tipica casa
di ringhiera direttamente affacciata sul Naviglio, le camere precipitano l'ospite in
un'atmosfera fine Ottocento con travi a vista, ma arredi in stile moderno.

30 cam ⊡ – ♥160/400 € ♥♥190/500 €

Pianta: 5F4-f – *Alzaia Naviglio Grande 8* ✉ *20144* – *☎ 02 5810 9114*
– *www.hotelmaisonborella.com* – *Chiuso 12-17 agosto*

Fieramilanocity-Sempione

P. Jacques/hemis.fr

Ristoranti

⁂ Iyo 🥢 🍴 🅰🄲

CUCINA GIAPPONESE · DESIGN ✕✕ La presenza in cucina di figure internazionali,
tra Italia e Giappone, assicura quella continuità che caratterizza lo stile culinario
di Iyo; la proposta gastronomica rimane sempre originale, creativa, ispirata al Sol
Levante, sebbene proiettata verso il futuro. Proverbiale anche la carta dei vini che
elenca circa ottocento etichette, nonché quella dei sake: diverse tipologie da
degustare in base all'abbinamento col piatto.

→ Kakisu - ostrica e gelée d'ostrica, kombu, granita di daikon all'aceto di riso e
yuzu. Asado - manzo, crema di mais abbrustolito, funghi cardoncelli affumicati e
salvia in tempura. La sfera - meringa al lime, mousse al cioccolato bianco, sorbetto al kabosu e composta di sedano, mela verde e menta.

Menu 95 € – Carta 41/140 €

Pianta: 3E1-p – *via Piero della Francesca 74* ✉ *20154* Ⓜ *Gerusalemme*
– *☎ 02 4547 6898 (consigliata la prenotazione)* – *www.iyo.it* – *Chiuso vacanze di
Natale, Pasqua, 3 settimane in agosto, martedì a mezzogiorno e lunedì*

⫩○ Morelli   🕭 [AC]

CUCINA CREATIVA · DESIGN ⅩⅩ Apertura cittadina del noto chef Giancarlo Morelli, all'interno del recente quanto interessante hotel Viu: la proposta gourmet a base di cucina creativa viene proposta nella curata sala a luci basse solo la sera mentre, nelle ore canoniche, è sempre affiancata dal Bulk, mixology and food bar con carta più semplice.

Menu 80 € – Carta 90/172 €

Pianta: 3F1-v – *Hotel Viu Milan, via Aristotile Fioravanti 4* ✉ *20154* ⓦ *Cenisio – ℰ 02 8001 0918 – www.giancarlomorelli.it – solo a cena – Chiuso domenica*

⫩○ Arrow's   🍴 🕭 [AC]

PESCE E FRUTTI DI MARE · FAMILIARE ⅩⅩ Un espositore di pesce all'ingresso è il migliore biglietto da visita per chi vuole sincerarsi della freschezza del pescato, e se si avesse ancora qualche dubbio, il servizio a voce vi racconterà il meglio di giornata! Un buon indirizzo per godersi una cucina classica di pesce a Milano.

🍴 Menu 25 € (pranzo in settimana) – Carta 37/77 €

Pianta: 3E1-f – *via A. Mantegna 17/19* ✉ *20154* ⓦ *Gerusalemme – ℰ 02 341533 – www.ristorantearrows.it – Chiuso 3 settimane in agosto, lunedì a mezzogiorno e domenica*

⫩○ Ba Asian Mood   🍴 [AC]

CUCINA CINESE · CHIC ⅩⅩ Liu, la famiglia che lo gestisce la sa lunga in materia di ristorazione, e i risultati poi non stentano ad arrivare: all'interno di un'elegante sala dal mood internazionale e dall'appeal quasi modaiolo, illuminata da belle luci soffuse, specialità cinesi preparate con serietà ed ottimi prodotti, nonché qualche richiamo alla cucina della terra adottiva, l'Italia appunto...

Carta 28/116 €

Pianta: 1A2-a – *via R. Sanzio 22, ang. via Carlo Ravizza 10* ✉ *20123* ⓦ *De Angeli – ℰ 02 469 3206 (consigliata la prenotazione) – www.ba-restaurant.com – Chiuso vacanze di Natale, 3 settimane in agosto e lunedì*

⫩○ Bon Wei   🕭 [AC]

CUCINA CINESE · DESIGN ⅩⅩ Ristorante di alta cucina cinese con specialità regionali e nessuna nota fusion, Bon Wei è lo specchio della varietà culturale del paese, la cui proposta gastronomica non si riduce a poche singole specialità, ma superati gli stereotipi di un tempo, eccelle per l'incredibile varietà di piatti.

Carta 30/123 €

Pianta: 3E1-h – *via Castelvetro 16/18* ✉ *20154* ⓦ *Gerusalemme – ℰ 02 341308 (consigliata la prenotazione) – www.bon-wei.it – Chiuso lunedì*

⫩○ La Cantina di Manuela   🎐 🕭 [AC]

CUCINA MODERNA · DI QUARTIERE ⅩⅩ Il nome del locale suggerisce - e di fatto è così - la presenza di una bella selezione di vini, disponibili anche al bicchiere e per asporto, mentre in cucina si prepara una linea moderna, su base nazionale, con predilezione per le specialità di carne.

Carta 32/58 €

Pianta: 3E1-g – *via Procaccini 41* ✉ *20154* ⓦ *Gerusalemme – ℰ 02 345 2034 – www.lacantinadimanuela.it*

⫩○ Olei   [AC] ⟷

PESCE E FRUTTI DI MARE · ELEGANTE ⅩⅩ Dedicato al prodotto principe della dieta mediterranea, l'olio è il filo conduttore di molti piatti del ristorante, quasi tutti di pesce, ispirati ai classici della cucina italiana, semplici e senza eccessive elaborazioni. Una sala interna è stata inoltre adibita a bistrot, con proposte diverse, veloci, ma sempre di elevata qualità.

Menu 50/70 € – Carta 48/97 €

Pianta: 1A2-e – *via Washington 20* ✉ *20146* ⓦ *Wagner – ℰ 02 498 3997 – www.ristoranteolei.it – Chiuso agosto, vacanze di Natale, sabato a mezzogiorno e domenica*

🍴⭕ **La Rosa dei Venti**   AC

PESCE E FRUTTI DI MARE · ACCOGLIENTE XX Indirizzo ideale per chi ama il pesce, preparato secondo ricette semplici, ma personalizzate, e proposto puntando su un interessante rapporto qualità/prezzo. Il ristorante fa parte del circuito AIC, Associazione Italiana Celiachia: aspettatevi, quindi anche molti piatti, nonché pane e pasta, senza glutine. Dopo alcuni lavori che hanno "rinfrescato" l'ambiente, il locale si presenta ora più vivace e meno classicheggiante.

Menu 40 € – Carta 39/70 €

Pianta: 3E1-c – *via Piero della Francesca 34* ✉ *20154* Ⓜ *Gerusalemme*
– *☎ 02 347338 – www.ristorantelarosadeiventi.it*
– *Chiuso 31 dicembre-3 gennaio, 10-22 agosto, sabato a mezzogiorno e lunedì*

🍴⭕ **Aimo e Nadia BistRo** Ⓝ   AC �֍

CUCINA ITALIANA · CHIC X Il celebre ristorante bistellato presenta qui la sua versione più semplice ed informale, in una sala tanto piccola quanto graziosa ed originale. Il motto della maison non muta: in prima fila troverete i prodotti italiani, evidenziati da una cucina rispettosa dei loro sapori e integrità.

Menu 30 € (pranzo) – Carta 47/68 €

Pianta: 5E3-s – *via Matteo Bandello 14* ✉ *20121* Ⓜ *Conciliazione*
– *☎ 02 4802 6205 (consigliata la prenotazione) – www.bistroaimoenadia.com*
– *Chiuso 10 giorni in gennaio, 20 giorni in agosto e domenica*

🍴⭕ **Zero Milano**   AC ✖

CUCINA GIAPPONESE · MINIMALISTA X Zero compromessi su attenzione e qualità: la cucina, infatti, si basa su ottime materie prime e racconta lo stile giapponese, a volte in purezza, più spesso sposandolo con sapori occidentali. In una sala a luci soffuse, l'ambra dei tavoli accompagna l'onice delle pareti in una cornice altrimenti scura, mentre oltre ai tavoli potrete scegliere anche il "classico" bancone: posizione privilegiata per ammirare la destrezza dei cuochi. Il successo di questa gestione italiana con chef nipponico vede il riconoscimento di una "succursale" - recentemente aperta - a Tokyo!

Menu 48/64 € – Carta 21/79 €

Pianta: 5E3-z – *corso Magenta 87* ✉ *20123* Ⓜ *Conciliazione*
– *☎ 02 4547 4733 (consigliata la prenotazione)*
– *www.zeromagenta.com*
– *solo a cena – Chiuso 24 dicembre-6 gennaio, 2 settimane in agosto e lunedì*

Alberghi

🏨 **Leonardo Hotels Milan City Centre**   ✿ 📺 ♿ AC 🦺 🚗

BUSINESS · ELEGANTE In un quartiere brulicante di attività e negozi, quest'indirizzo sempre valido nel panorama dell'hôtellerie milanese prosegue nel proporre un raffinato confort: camere classiche e spaziose, moderne installazioni ed anche un ristorante dinamico.

122 cam – ♦69/599 € ♦♦69/599 € – 8 suites – ☲ 12 €

Pianta: 3F1-q – *via Messina 10* ✉ *20154* Ⓜ *Cenisio* – *☎ 02 318170*
– *www.leonardo-hotels.com*

🏨 **Milan Marriott Hotel**   ✿ 🛗 📺 AC ✖ 🦺 🚗

HOTEL DI CATENA · CLASSICO Non lontano dal brulicante corso Vercelli, la struttura si caratterizza per la sua doppia anima: architettura esterna moderna ed ampi interni classicheggianti. Camere dallo stile neoclassico, tipico delle grandi città. Specialità regionali e sapori mediterranei a La Brasserie de Milan.

320 cam – ♦90/650 € ♦♦90/750 € – 1 suite – ☲ 20 €

Pianta: 1A2-d – *via Washington 66* ✉ *20146* Ⓜ *Wagner* – *☎ 02 48521*
– *www.milanmarriotthotel.com*

🏨 Viu Milan ⟍ ⅏ 🛏 🖵 👤 🖭

BUSINESS · DESIGN Un nuovo hotel di design nel cuore della Chinatown milanese. Approfittate della sua sala colazioni (che funge anche da lounge) all'ultimo piano: da qui la vista spazia sui tetti della città, con l'appendice della piscina che - seppur non grande - rimane piacevolissima.

115 cam – 🛉250/1200 € 🛉🛉250/1200 € – 9 suites – ⌚ 35 €

Pianta: **3K1-v** – *via Aristotile Fioravanti 6* ✉ *20154* Ⓜ *Cenisio*
– ☎ *02 8001 0910* – *www.hotelviumilan.com*
⑩ **Morelli** – Vedere selezione ristoranti

🏨 Wagner ⬍ 🖭

TRADIZIONALE · CLASSICO Accanto all'omonima stazione della metropolitana, hotel in ottima posizione rispetto alle vie dello shopping offre ambienti ben curati nei dettagli, arredati con marmi e moderni accessori.

49 cam ⌚ – 🛉80/700 € 🛉🛉80/700 €

Pianta: **1A2-p** – *via Buonarroti 13* ✉ *20149* Ⓜ *Wagner* – ☎ *02 463151*
– *www.hotelwagnermilano.it*

🏨 Metrò ⬍ ♿ 🖭

BUSINESS · ACCOGLIENTE Conduzione familiare per una risorsa in una delle vie più rinomate per lo shopping; camere piuttosto eleganti, gradevolissima sala colazioni panoramica al roof-garden.

40 cam ⌚ – 🛉70/240 € 🛉🛉90/340 € – 2 suites

Pianta: **1A2-x** – *corso Vercelli 61* ✉ *20144* Ⓜ *Wagner* – ☎ *02 498 7897*
– *www.hotelmetro.it*

🏨 Antica Locanda Leonardo ⇦ ⬍ 🖭

FAMILIARE · PERSONALIZZATO L'atmosfera signorile si sposa con l'accoglienza familiare in un albergo affacciato su un piccolo cortile interno, in ottima posizione vicino al Cenacolo leonardesco. Al pian terreno la sala colazioni luminosa, a quelli superiori camere con arredi d'epoca o contemporanei.

17 cam ⌚ – 🛉70/220 € 🛉🛉100/480 €

Pianta: **3E3-m** – *corso Magenta 78* ✉ *20123* Ⓜ *Conciliazione*
– ☎ *02 4801 4197* – *www.anticalocandaleonardo.com*
– *Chiuso 10-26 agosto*

🏨 Campion ⬍ ♿ 🖭

FAMILIARE · FUNZIONALE Hotel situato di fronte all'ingresso di Fieramilano City, a pochi passi dal metrò. Conduzione familiare efficiente, camere classiche e confortevoli.

27 cam ⌚ – 🛉59/290 € 🛉🛉79/430 €

Pianta: **1A2-c** – *viale Berengario 3* ✉ *20149* Ⓜ *Amendola*
– ☎ *02 462363* – *www.hotelcampion.com*
– *Chiuso agosto*

I prezzi indicati dopo il simbolo 🛉 corrispondono al prezzo minimo in bassa stagione e massimo in alta stagione per una camera singola. Lo stesso principio è applicato al simbolo 🛉🛉 riferito ad una camera per due persone.

Ristoranti

⁣⁣🌼 Innocenti Evasioni (Tommaso Arrigoni) 　 ⍟ 👥 AC ⇄

CUCINA CREATIVA · ELEGANTE XX Si è rotto un sodalizio in cucina, ma lo chef-patron rimasto continua nella sua proposta di una cucina creativa con qualche piatto milanese rivisitato. Specialità sia di terra che di mare e pochi, ambiti tavoli per mangiare all'aperto in un grazioso, inaspettato giardino.

→ Spaghetti di Gragnano al pesto di nocciole e foglie di sedano, capperi e zeste di limone. Polpo rosolato, patata affumicata, cima di rapa, pomodoro e pane croccante alla cipolla. Sorbetto di albicocche e alloro, burro bianco al rum, pralinato e lamponi croccanti.

Menu 50/80 € – Carta 55/90 €

Pianta: 1A1-a – *via privata della Bindellina* ✉ *20155* ⓜ *Portello* – ☏ *02 3300 1882 (consigliata la prenotazione)* – *www.innocentievasioni.com* – *solo a cena* – *Chiuso 1°-10 gennaio, 6-31 agosto e domenica*

⍾🞆 La Pobbia 1850 　 👥 ⅙ AC ⇄

CUCINA LOMBARDA · ELEGANTE XXX La Pobbia, un omaggio ai pioppi che scuotevano le loro fronde lungo questa via che a fine '800 era ancora aperta campagna, una vecchia ma elegante cascina in cui si celebra la cucina meneghina: pochi piatti, quasi esclusivamente di carne, in buona parte dedicati alla tradizione lombarda.

Carta 44/70 €

Pianta: 1A1-w – *via Gallarate 92* ✉ *20151* – ☏ *02 3800 6641* – *www.lapobbia.com* – *Chiuso 24 dicembre-6 gennaio, 3 settimane in agosto e domenica*

⍾🞆 Fiorenza 　 AC

PESCE E FRUTTI DI MARE · CHIC XX Ebbene sì, è sempre lui, un indirizzo noto ed apprezzato dai milanesi, ma non solo. Ora, però, in una nuova sede, che lo rende ancora più caldo ed accogliente. La cucina, invece, è rimasta immutata: essenzialmente basata sul pesce, non manca di proporre anche qualche ricetta di terra.

Carta 43/100 €

Pianta: 1A1-f – *Via Marcantonio del Re 38* ✉ *20123* ⓜ *Portello* – ☏ *02 3320 0659* – *www.ristorantefiorenza.com* – *Chiuso 25 dicembre-6 gennaio, 5-30 agosto, lunedì a mezzogiorno e domenica*

⍾🞆 InGalera 　 AC P

CUCINA CLASSICA · COLORATO X Si volta pagina da un passato difficile già InGalera, grazie a questo ristorante nato per offrire agli ospiti della casa circondariale di Bollate un'opportunità di riscatto e competenze atte al reinserimento nel mondo del lavoro un volta scontata la pena. La cucina è semplice, ben fatta e dai contenuti nobili, il servizio è attento.

🍽 Menu 12 € (pranzo in settimana)/50 € – Carta 32/64 €

via Cristina Belgioioso 120 (all'interno della Casa di Reclusione Milano Bollate) ✉ *20157* – ☏ *334 308 1189 (prenotazione obbligatoria)* – *www.ingalera.it* – *Chiuso agosto, domenica e lunedì*

Alberghi

Radisson Blu Hotel Milan

PALACE • MODERNO E' sicuramente l'indirizzo ideale per una clientela business: a pochi minuti dall'imbocco autostradale, il minimalismo qui è riconducibile solo al tipo di eleganza. Per il resto, grandi spazi - alcune camere veramente ampie - e qualche richiamo ad atmosfere indonesiane che dà un ulteriore tocco di personalità.

250 cam - †110/950 € ††110/950 € - 34 suites

Pianta: 1A1-a - *via Villapizzone 24 ✉ 20156 - ✆ 02 363 1888 - www.radissonblu.com/hotel-milan*

Zona urbana Nord-Est

zodebala/iStock

Ristoranti

Manna

CUCINA MODERNA • COLORATO XX Lontano dai riflettori, in un angolo inaspettatamente grazioso della periferia milanese, una cucina creativa e riuscita, attenta alle presentazioni, con proposte sia di carne che di pesce.

Menu 18 € (pranzo in settimana) - Carta 40/63 €

Pianta: 2D1-c - *piazzale Governo Provvisorio 6 ✉ 20127 - ✆ 02 2680 9153 - www.mannamilano.it - Chiuso 1°-7 gennaio, 10 agosto-7 settembre e domenica*

Vietnamonamour

CUCINA VIETNAMITA X Lungo una graziosa strada punteggiata di edifici d'inizio Novecento, specialità del Vietnam settentrionale nella raccolta sala con soppalco e nell'intimo giardino d'inverno. L'atmosfera continua nelle romantiche camere, un angolo d'Asia a Milano.

Menu 13 € (pranzo in settimana)/25 € - Carta 31/58 €

4 cam - †75/180 € ††90/290 €

Pianta: 2D1-b - *via A. Pestalozza 7 ✉ 20131 Ⓜ Piola - ✆ 02 7063 4614 (consigliata la prenotazione) - www.vietnamonamour.com - Chiuso lunedì a mezzogiorno e domenica*

Alberghi

Nu

TRADIZIONALE • DESIGN Design hotel dove elementi naturali flirtano con tecnologia e modernità dando vita ad un'atmosfera ad alto tasso di originalità: l'effetto è da hotel internazionale! All'ultimo piano, presso il ristorante panoramico, NU Italian Restaurant, sfiziosi piatti di terra e di mare; sempre nella stessa sala - al mattino - le colazioni prevedono anche un inedito sushi corner.

38 cam - †80/430 € ††118/582 €

Pianta: 2D1-f - *via Feltre 19b ✉ 20132 Ⓜ Udine - ✆ 02 971 5451 - www.nu-hotel.com*

Zona urbana
Sud-Est

Ristoranti

La Cucina Dei Frigoriferi Milanesi ⌃ ♿

CUCINA MODERNA · CONTESTO CONTEMPORANEO X Location intrigante nel contesto artistico-culturale dei Frigoriferi Milanesi, per questo ristorante dai toni moderni sia nell'ambiente sia nella cucina che introduce il nuovo concept di carta "destrutturata", ovvero: non divisa tradizionalmente in antipasti, primi e secondi, ma composta da piatti che possono essere accostati secondo l'estro del momento. I preferiti dall'ispettore: risotto croccante allo zafferano con carciofi e calamari arrostiti - ossobuco con gremolada - tarte Tatin di pera e gelato al fior di latte.

☍ Menu 14 € (pranzo in settimana)/33 € – Carta 35/49 €

Pianta: 2D3-m – *via Piranesi 10 ✉ 20121 – ☏ 02 3966 6784*
– www.lacucinadeifrigoriferimilanesi.it – Chiuso 7-31 agosto, Natale, Capodanno, sabato a pranzo e domenica

Il Capestrano Ⓝ ↩ 🅰 ␢

CUCINA ABRUZZESE · FAMILIARE XX Sembra quasi la trama di un romanzo: un geometra acquista all'asta una palazzina anni '30, durante la ristrutturazione ne rimane talmente affascinato che decide di non separarsene più e di condividerne la bellezza con gli avventori di quello che ora è un ristorante di cucina abruzzese, con salumi e formaggi selezionati in loco da eccellenti piccoli artigiani del gusto, quindi carni di pecora, agnello, ma anche manzo, arrosticini, ed altro ancora...

Menu 35/40 € – Carta 33/70 €

11 cam – 🚹90/120 € 🚻90/120 € – ␣ 5 €

Pianta: 2C3-a – *via Gian Francesco Pizzi 14 ✉ 20123 – ☏ 02 569 3345*
– www.ilcapestrano.it – Chiuso 1 settimana in gennaio, 3 settimane in agosto e domenica

Trattoria del Nuovo Macello 🅰 ↪

CUCINA MODERNA · TRATTORIA X Battezzata con questo nome nel 1927 - quando di fronte ad essa sorse il nuovo macello - trent'anni dopo il nonno di uno degli attuali soci la prese in gestione, fiutando il "buon affare" in base all'usura della soglia. Non si sbagliò affatto! Piatti fedeli ai sapori di un tempo, rielaborati in chiave contemporanea.

☍ Menu 18 € (pranzo in settimana)/36 € – Carta 42/69 €

Pianta: 2D3-b – *via Cesare Lombroso 20 ✉ 20137 – ☏ 02 5990 2122 (consigliata la prenotazione) – www.trattoriadelnuovomacello.it – Chiuso 31 dicembre-6 gennaio, 6-30 agosto, sabato a mezzogiorno e domenica*

Zona urbana Sud-Ovest

Michelin

Ristoranti

🕸🕸 Il Luogo di Aimo e Nadia (Alessandro Negrini e Fabio Pisani) 🕸

CUCINA CREATIVA · DESIGN XxX Se Aimo e Nadia hanno ormai lasciato &Ac; ⇔
i fornelli del ristorante, il loro stile di cucina ha trovato due eccellenti interpreti,
Alessandro Negrini e Fabio Pisani, che ripropongono il credo storico della casa:
quello di una cucina regionale italiana rivisitata, da sempre fondata sull'eccellenza
e il rispetto dei prodotti, anche quando le mode erano altre.

Valori oggi universalmente condivisi, ma che videro in via Montecuccoli una delle
loro culle e che ritroviamo nelle mani dei due "discepoli" con interpretazioni emozionanti, a volte memorabili. Da crisalide a farfalla , l'ex trattoria toscana è diventata un elegante ristorante, ancor di più dopo il recente rinnovo che, quasi a fare
il verso alla cucina che si fa portabandiera dei prodotti nazionali, ha privilegiato
arredi di design made in Italy, in un contesto luminoso e raffinato.

La carta dei vini abbraccia il mondo intero con una facilità di lettura encomiabile
grazie alla suddivisione per zone, vitigni e caratteristiche.

→ Stoccafisso ragno mantencato all'olio extravergine di oliva. Il piccione: petto,
con pralinato di porcini essiccati e nocciole, e coscia. Amari: cioccolato venezue-
lano, arance amare di Sicilia, caffè arabica.

Menu 45 € (pranzo in settimana)/195 € – Carta 90/186 €

*via Montecuccoli 6 ⊠ 20147 🔵 Primaticcio – ✆ 02 416886 – www.aimoenadia.com
– Chiuso 1°-8 gennaio, 3 settimane in agosto, sabato a mezzogiorno e domenica*

🕸 Lume by Luigi Taglienti 🕸 🏠 ᠖ &Ac; 🅿

CUCINA MODERNA · DESIGN XxX Un'esperienza sensoriale a 360°, arricchita
recentemente da uno spazio esterno, l'Orto di Lume, rigoglioso di piante i cui
frutti diventano protagonisti dei tanti piatti proposti dalla fervida fantasia dello
chef Luigi Taglienti. Cucina sempre più attenta e rispettosa del patrimonio dei
tanti sapori italiani, ma con un "debole" per le salse.

→ Musetto di vitello cotto a lungo nello spumante con insalata di mostarda
dolce. Lasagna tradizionale alla bolognese. Omelette a sorpresa, fior di latte,
amarena e pan di spezie al cassis.

Menu 40 € (pranzo in settimana)/170 € – Carta 93/250 €

Pianta: 1A3-a – *via Watt 37 ⊠ 20123 – ✆ 02 8088 8624 – www.lumemilano.com
– Chiuso 10 giorni in gennaio, 6-26 agosto, domenica sera e lunedì*

🍽 Erba Brusca   ᠖ ⇔

CUCINA DEL MERCATO · SEMPLICE X In zona periferica che ricorda le trattorie
della vecchia Milano, a ridosso del Naviglio Pavese, un orto privato e l'ambiente
informale vi daranno il benvenuto nel regno di Alice: giovane cuoca americana
che propone una cucina "fresca" di mercato.

Menu 32 € (cena)/45 € – Carta 35/59 €

*Alzaia Naviglio Pavese 286, per via della Chiesa Rossa - 1B3 – ✆ 02 8738 0711
– www.erbabrusca.it – Chiuso gennaio, lunedì e martedì*

Michelin

Dintorni di Milano

a Linate Aeroporto Est : 10 km (Milano : pianta 2 D3)

⫟○ **Michelangelo Restaurant** 🄰🄲

CUCINA MODERNA · **ACCOGLIENTE** ✕✕ All'interno dell'aeroporto di Linate, le ampie vetrate regalano l'insolito spettacolo di decolli ed atterraggi; la sala è moderna, come del resto la sua cucina... quella a vista e quella proposta al palato.

Menu 39 € (in settimana)/50 € – Carta 37/84 €

via Forlanini ✉ *20090 Segrate –* ☏ *02 7611 9975 (consigliata la prenotazione) – www.michelangelorestaurantlinate.it – Chiuso 23 dicembre-7 gennaio, 3 settimane in agosto, sabato sera e domenica*

Vedere anche risorse alberghiere a **Malpensa Aeroporto**

MILANO 2 Milano → Vedere Segrate

MILANO MARITTIMA Ravenna → Vedere Cervia

MILAZZO Sicilia

Messina – ⊠ 98057 – 31 646 ab. – Carta regionale n° **17**-D1
Carta stradale Michelin 365-BA54

🍴 **Doppio Gusto** 🏖 AC ⚡

PESCE E FRUTTI DI MARE · CONTESTO CONTEMPORANEO XX Sono le specialità di pesce a connotare la cucina di questo locale dal design contemporaneo e cucina a vista, ma informale nel servizio. Buona scelta enologica con proposte anche al calice.

Carta 37/60 €

via Luigi Rizzo 1/2 – ℰ 090 924 0045 – Chiuso lunedì

🏨 **Eolian Milazzo Hotel** ⇐ 🛀 🏊 £♭ ❀ 🖃 ⅍ ⛟ 🔤 **P**

BUSINESS · LUNGOMARE Dopo una sapiente ristrutturazione, l'albergo ha ancora più appeal, forte della sua panoramica ubicazione sul promontorio di capo Milazzo con vista su un mare blu cobalto e curati spazi verdi.

38 cam ☲ – ♦85/250 € ♦♦94/290 € – 8 suites

*via Salita Cappuccini 21/23 ⊠ 98057 Milazzo – ℰ 090 922 1992
– www.eolianmilazzohotel.it*

🏨 **Cassisi** 🖃 AC

FAMILIARE · DESIGN Nell'area del porto, un albergo design dagli arredi sobri ed essenziali: linee geometriche e moderne. Prima colazione a buffet, ricca per varietà e qualità.

14 cam ☲ – ♦60/110 € ♦♦80/180 €

via Cassisi 5 – ℰ 090 922 9099 – www.cassisihotel.com

🏨 **La Bussola** 🏠 🖃 AC ⅍ 🚗

FAMILIARE · DESIGN Agile punto di riferimento per quanti, dopo una buona e abbondante colazione, desiderano riprendere il viaggio alla volta delle Eolie: il recente rinnovo con soluzioni di design lo caratterizza per eleganza e originalità. Al ristorante specialità ittiche.

26 cam ☲ – ♦50/130 € ♦♦70/200 € – 1 suite

via Nino Bixio 11/12 – ℰ 090 922 1244 – www.hotelabussola.it

🏨 **La Chicca Palace Hotel** 🖃 ⅍ AC ⚡

FAMILIARE · ACCOGLIENTE In pieno centro ad un passo sia dal porto che dal lungomare, una nuova struttura raccolta e accogliente. Modernità ed essenzialità caratterizzano ogni settore con omogeneità.

21 cam ☲ – ♦60/110 € ♦♦80/210 €

via Tenente La Rosa 1 – ℰ 090 924 0151 – www.lachiccahotel.com

MILETO

Vibo Valentia – ⊠ 89852 – 6 763 ab. – Alt. 365 m – Carta regionale n° **3**-A3
Carta stradale Michelin 564-L30

🍴 **Il Normanno** 🍴 AC

CUCINA CALABRESE · CONTESTO REGIONALE X In una rustica trattoria nel cuore della località, marito in sala e moglie ai fornelli a preparare piatti della tradizione locale, come la fileda (pasta filata a mano) con sugo alla "normanna" (peperoni, porcini e pomodoro); tra i classici anche il pollo cotto nel forno a legna, utilizzato anche per pane e naturalmente per la pizza serale.

🍽 Menu 15 € (pranzo in settimana)/30 € – Carta 16/32 €

via Duomo 12 – ℰ 0963 336398 – www.ilnormanno.com – Chiuso 20 giorni in ottobre e lunedì escluso in agosto

573

MINERVINO MURGE

Barletta-Andria-Trani – ⊠ 76013 – 9 032 ab. – Alt. 429 m – Carta regionale n° **15**-B2
Carta stradale Michelin 564-D30

🕲 **La Tradizione-Cucina Casalinga** 🔳

CUCINA REGIONALE · RUSTICO Celebre trattoria del centro storico, accanto alla chiesa dell'Immacolata. Ambiente piacevole, in stile rustico, foto d'epoca alle pareti e piatti tipici del territorio come i troccoli alla murgese e il cutturiello di agnello da latte con cime di rape.

🍴 Menu 20/35 € – Carta 17/36 €

via Imbriani 11/13 – ℰ 0883 691690 – www.osterialatradizione.net – Chiuso 21-28 febbraio, 1°-15 settembre, domenica sera e giovedì

MINORI

Salerno – ⊠ 84010 – 2 752 ab. – Carta regionale n° **4**-B2
Carta stradale Michelin 564-E25

🏠 **Santa Lucia** 🏕 🔳 🔳 🔳 🚗

FAMILIARE · CLASSICO Nella ridente cittadina dell'incantevole costiera Amalfitana, un albergo a gestione familiare, con camere in stile classico e graziose. Sapori campani con una carta interessante al ristorante Garum.

35 cam ⊡ – ♦70/105 € ♦♦94/194 €

via Strada Nuova 44 – ℰ 089 877142 – www.hotelsantalucia.it – Chiuso 7 gennaio-15 marzo

MIRA

Venezia – ⊠ 30034 – 38 575 ab. – Carta regionale n° **23**-C3
Carta stradale Michelin 562-F18

🍽○ **Margherita** 🚗 🏕 🔳 ✲ 🅿

CUCINA CLASSICA · ELEGANTE Le grandi vetrate della sala offrono deliziosi scorci del giardino, mentre l'interno è all'insegna di una calda eleganza. Il menu allude ad una cucina classica basata su un'attenta selezione dei migliori ingredienti, in primis il pesce.

Menu 45/98 € – Carta 60/114 €

Hotel Villa Franceschi, via Don Minzoni 28 – ℰ 041 426 6531
– www.villafranceschi.com

🍽○ **Dall'Antonia** 🔳 ✲ 🅿

PESCE E FRUTTI DI MARE · AMBIENTE CLASSICO Romanticamente affacciato sulla riva del Brenta, un tripudio di piante e fiori vi accoglierà all'interno, insieme alle classiche proposte venete di pesce.

Carta 34/63 €

via Argine Destro del Novissimo 75, Sud: 2 km – ℰ 041 567 5618
– www.trattoriadallantonia.it – Chiuso gennaio, agosto, domenica sera e martedì

🏠 **Villa Franceschi** 🚗 🏊 🔳 🔳 🔳 🅿

DIMORA STORICA · PERSONALIZZATO In una villa risalente al XVI secolo in stile palladiano con arredi d'epoca o in una barchessa in stile country: a ciascuno la sua scelta, ma per tutti c'è un romantico soggiorno affacciato sul fiume Brenta.

15 cam ⊡ – ♦145/225 € ♦♦215/580 € – 10 suites

via Don Minzoni 28 – ℰ 041 426 6531 – www.villafranceschi.com
🍽○ **Margherita** – Vedere selezione ristoranti

🏠 **Villa Margherita** 🚗 🔳 🅿

DIMORA STORICA · ELEGANTE All'ombra di un ampio parco, una splendida villa secentesca anticipata da un romantico viale costellato di tigli, per un soggiorno di classe: ambienti raffinati, riccamente ornati e abbelliti da affreschi e quadri d'autore.

15 cam ⊡ – ♦110/130 € ♦♦150/220 € – 4 suites

via Nazionale 416 – ℰ 041 426 5800 – www.villa-margherita.com

Do Ciacole In Relais

CASA DI CAMPAGNA · MODERNO Piacevole relais di campagna sorto all'interno di muri antichi, oggi rappresenta una risorsa, ospitale, arredata con cura e stile moderno cinta oltre che dalla tranquillità della campagna, dal proprio piccolo giardino con piscina. Ottima fama per l'omonimo ristorante dove il patron prepara carne e pesce con uguale bravura.

11 cam ☲ – ♦60/450 € ♦♦60/450 €

via Malpaga 116, località Olmo, Nord-Est: 3 km
– ℰ 041 426 5210 – www.dociacoleinrelais.it
– Chiuso 1°-8 gennaio

MIRAMARE Rimini → Vedere Rimini

MIRANO

Venezia – ✉ 30035 – 27 045 ab. – Alt. 9 m – Carta regionale n° **23**-C2
Carta stradale Michelin 562-F18

Da Flavio e Fabrizio "Al Teatro"

PESCE E FRUTTI DI MARE · FAMILIARE ⌘ Adiacente al cinema-teatro, la sala d'ingresso si presta a pasti veloci; per occasioni più importanti salite al primo piano. In ogni caso, cucina tradizionale veneta di mare, tra cui spiccano i tagliolini bianchi e neri con calamari, scampi e zucchine. Dulcis in fundo, semifreddo al miele con caramello.

Carta 26/50 €

via della Vittoria 75
– ℰ 041 440645 (consigliata la prenotazione) – www.ristorantedaflavioefabrizio.it
– Chiuso 9-21 agosto e lunedì

Park Hotel Villa Giustinian

DIMORA STORICA · CLASSICO In un ampio parco con piscina, una villa del Settecento dagli ambienti rilassanti e ornati in stile - sia nelle camere sia nella hall - affiancata da due dépendance con stanze più sobrie.

38 cam ☲ – ♦55/75 € ♦♦75/115 € – 2 suites

via Miranese 85
– ℰ 041 570 0200 – www.villagiustinian.com
– Chiuso 22-28 dicembre

Relais Leon d'Oro

FAMILIARE · CLASSICO Costruito nel 1860 dal Vescovado di Padova per il ritiro dei Padri Francescani, il relais si presenta oggi come una raffinata residenza di campagna non priva di moderni confort: interni curati, ambienti signorili e camere personalizzate.

30 cam ☲ – ♦79/89 € ♦♦94/104 €

via Canonici 3, Sud: 3 km
– ℰ 041 432777 – www.leondoro.it
– Chiuso 1°-28 dicembre

a Vetrego Sud : 4 km ✉ 30035

Il Sogno

VENEZIANA · FAMILIARE ⌘ In un locale di campagna, ex circolo culturale, buona cucina personalizzata da un pizzico di fantasia, ma con evidenti radici regionali. Da ottobre a marzo è presente il carrello dei bolliti con salse e mostarda. Suggestioni dal menu: tagliolini freschi con sughi di pesce - crema bruciata al caffè.

⌘ Menu 11 € (pranzo in settimana)/40 € – Carta 20/43 €

via Vetrego 8
– ℰ 041 577 0471 – www.trattoriailsogno.com
– Chiuso domenica sera e lunedì

MISANO ADRIATICO

Rimini – ✉ 47843 – 13 014 ab. – Carta regionale n° **5**-D2
Carta stradale Michelin 562-K20

⅊〇 Le Vele ≼ 🏠 🅰🅲 ℀

PESCE E FRUTTI DI MARE · CONTESTO CONTEMPORANEO ✕✕ Sorge dalla sabbia, con vista che si apre a 180° sul litorale attraverso tre pareti vetrate. Coccolati da un servizio solerte, è un eccellente ristorante di pesce, i cui piatti oscillano tra ricette classiche ed altre più creative, comunque di ottimo livello, dolci compresi, particolarmente fantasiosi.

Carta 35/77 €

via Litoranea Sud 71, Bagni 70 – 𝒞 349 241 8018 (consigliata la prenotazione) – www.ristorantelevele.net – Chiuso 15 gennaio-15 marzo, lunedì, martedì e mercoledì escluso in luglio-agosto

🏠 Atlantic Riviera ✿ 🗻 🅰 📺 🅰🅲 🛁 🅿

FAMILIARE · ACCOGLIENTE Non lontano dal mare, ma in zona tranquilla ed alberata, è una sapiente gestione familiare che non cessa di apportare miglioramenti ad un ottimo albergo, colorato, con tratti di originalità ed eleganza. Terrazza con piscina e centro relax.

48 cam ♒ – ♦75/130 € ♦♦90/200 € – 3 suites

via Sardegna 28 – 𝒞 0541 614161 – www.atlanticriviera.com – Aperto Pasqua-30 settembre

MISSIANO MISSIAN Bolzano ➔ Vedere Appiano sulla Strada del Vino

MISURINA

Belluno – ✉ 32040 – Alt. 1 756 m – Carta regionale n° **23**-C1
Carta stradale Michelin 562-C18

🏠 Lavaredo ✿ 🌿 ≼ 🏠 ℀ 🅿

TRADIZIONALE · STILE MONTANO Si riflette sullo specchio lacustre antistante questa risorsa a gestione familiare che offre un'incantevole vista sulle cime e camere semplici, ma accoglienti. Cucina classica italiana nel ristorante anch'esso affacciato sul lago.

27 cam – ♦50/160 € ♦♦75/210 € – 1 suite – ♒ 9 €

via Monte Piana 11 – 𝒞 0435 39227 – www.lavaredohotel.it – Aperto 23 dicembre-31 marzo e 1° giugno-30 settembre

MOCRONE Massa-Carrara ➔ Vedere Villafranca in Lunigiana

Michelin

CI PIACE...

Farsi un'idea del genio creativo di Bottura, già alla **Franceschetta 58**. Acquistare prodotti del territorio presso la storica salumeria all'**Hosteria Giusti**. Dormire in una dimora settecentesca centralissima, **Salotto delle Arti**!

MODENA

(MO) – ✉ 41121 – 184 973 ab. – Alt. 34 m – Carta regionale n° **5**-B2
Carta stradale Michelin 562-I14

Ristoranti

❀❀❀ **Osteria Francescana** (Massimo Bottura) ⬡ ⬡ ⬡ ⬡ ⬡

CUCINA CREATIVA · CONTESTO CONTEMPORANEO XxxX E, poi, ci furono i grandi classici: bollito, zampone, lambrusco e la mitica pasta preparata giornalmente dalle sfogline. Piatti della memoria che lo chef Massimo Bottura - uno dei più grandi esponenti della cucina tradizionale rivisitata - non si vieta di riproporre con una marcia in più nel suo ristorante in via Stella: la non casualità del caso, ma lui ne ha ben tre!

Tortellini del dito mignolo in brodo di cappone - bue servito con misticanza di erbe aromatiche e verdure in aceto, crema di patate e salsa al vino rosso - grande equilibrio, capacità di innovare ricette popolari grazie ad un approccio critico e non nostalgico, invito alla leggerezza. Due i menu degustazione - da 9 e 12 portate – a seconda dell'appetito.

Insomma, se i tempi di attesa per avere un tavolo a volte sono un po' lunghi, ci sarà un perché.

→ In campagna: lumache, lepre ed erbe aromatiche. A volte germano, a volte pernice ma anche bollito. Ooops! Mi è caduta la crostata al limone.

Menu 250/270 € – Carta 185/315 €

Pianta: A2-b – *via Stella 22* ✉ *41121* – ✆ *059 223912 (consigliata la prenotazione) – www.osteriafrancescana.it – Chiuso 2 settimane in gennaio, 2 settimane in agosto, domenica e lunedì*

❀ **L'Erba del Re** (Luca Marchini) ⬡ ⬡ ⬡ ⬡ ⬡ ⬡

CUCINA CREATIVA · CONTESTO CONTEMPORANEO XxX Un nuovo ingresso più caldo ed accogliente per questo locale essenziale, luminoso, con quadri contemporanei alle pareti. L'abile chef propone una cucina personale, estrosa, creativa, con echi provenienti dall'estero, per risultati davvero encomiabili!

→ Tortellini "bugiardi" con cozze e panna acida. Piccione grigliato al ginepro, mais e friggitello. Il Cioccorè.

Menu 75/110 € – Carta 68/108 €

Pianta: A2-c – *via Castelmaraldo 45* ✉ *41121* – ✆ *059 218188 (consigliata la prenotazione) – www.lerbadelre.it – Chiuso 1°-7 gennaio, 4-27 agosto, lunedì a mezzogiorno e domenica*

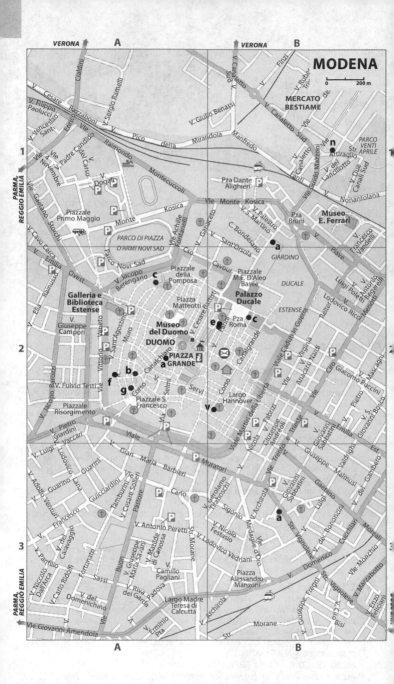

MODENA

0   200 m

VERONA A   **VERONA** B

PARMA, REGGIO EMILIA A

PARMA, REGGIO EMILIA B

MERCATO BESTIAME

PARCO VENTI APRILE

Pza Dante Alighieri

Museo E. Ferrari

PARCO DI PIAZZA D'ARMI NOVI SAD

Piazzale Primo Maggio

GIARDINO DUCALE ESTENSE

Galleria e Biblioteca Estense

Piazzale della Pomposa

Piazza Matteotti

Piazza Roma

Palazzo Ducale

Museo del Duomo

DUOMO

PIAZZA GRANDE

Piazzale S. Francesco

Piazzale M.E. D'Aleo Basile

Largo Hannover

Piazzale Risorgimento

Piazza Alessandro Manzoni

Largo Madre Teresa di Calcutta

ⅱ○ **Bianca** 🛣 🄰🄲 ⇔ 🅿

CUCINA EMILIANA · CONTESTO REGIONALE ⅩⅩ Trattoria dal 1948, è il bastione della tradizione modenese che si esplicita in alcuni piatti irrinunciabili: dagli gnocchi fritti passando per i tortellini in brodo, mentre la sera (o su richiesta anticipata anche a pranzo) è d'obbligo il celebre carrello dei bolliti.

Carta 31/73 €

Pianta: B1-n – *via Spaccini 24* ✉ *41122* – ✆ *059 311524* – *Chiuso 23 dicembre-6 gennaio, vacanze di Pasqua, 5-20 agosto, sabato a mezzogiorno e domenica*

ⅱ○ **Oreste** 🄰🄲 ⇔

CUCINA EMILIANA · VINTAGE ⅩⅩ Immutato dal '59, soffermatevi sull'atmosfera retrò delle sedie di Gio Ponti, i lampadari di Murano e l'argenteria. Anche la cucina si adegua a questo amarcord modenese, fra tortellini, un ottimo zampone e il carrello dei dolci.

Carta 39/65 €

Pianta: B2-c – *piazza Roma 31* ✉ *41121* – ✆ *059 243324* – *Chiuso 26 dicembre-6 gennaio, 10-31 luglio, domenica sera e mercoledì*

ⅱ○ **Hosteria Giusti** 🕸 🛣 🄰🄲 🍴

CUCINA EMILIANA · VINTAGE Ⅹ Nel retrobottega di un'elegante ed antica salumeria, troverete solo quattro tavoli in una sala gustosamente retrò. In carta poche proposte, ma di gran qualità e imperniate sulle tradizioni emiliane.

Menu 90 € (in settimana) – Carta 48/79 €

Pianta: B2-e – *vicolo Squallore 46* ✉ *41121* – ✆ *059 222533 (prenotazione obbligatoria)* – *www.hosteriagiusti.it* – *solo a pranzo* – *Chiuso dicembre, agosto, domenica, lunedì e i giorni festivi*

ⅱ○ **Franceschetta 58** 🛣 🕭 🄰🄲

CUCINA CLASSICA · SEMPLICE Ⅹ È la versione light e decisamente friendly di Massimo Bottura, questa trattoria contemporanea che si divide in due: a pranzo (ad un prezzo fisso e vantaggioso!) si sceglie da un piccolo menu, la sera la carta si amplia e le proposte diventano più tradizionali. I sapori sono sempre quelli del territorio con ovvie "aperture" a tutto lo Stivale.

Menu 48/65 € – Carta 40/57 € – carta semplice a pranzo

Pianta: B3-a – *strada Vignolese 58* ✉ *41124* – ✆ *059 309 1008* – *www.franceschetta58.it* – *Chiuso 2 settimane in gennaio, 3 settimane in agosto e domenica*

Alberghi

🏨 **Canalgrande** 🛏 ⬍ 🄰🄲

STORICO · CLASSICO In un antico palazzo che fu anche convento, sale affrescate e stuccate di grande impatto estetico: camere di tono signorile e di confort adeguati alla categoria, tutte con tappezzerie differenti. Il cortile interno, racchiuso tra le dimore storiche del centro, è un vero gioiello.

68 cam ⌑ – ♦94/114 € ♦♦119/169 € – 2 suites

Pianta: B2-v – *corso Canalgrande 6* ✉ *41121* – ✆ *059 217160* – *www.canalgrandehotel.it* – *Chiuso 1°-8 gennaio*

🏨 **Milano Palace Hotel** ☆ 🐾 ⬍ 🄰🄲 🛋 🚗

BUSINESS · MODERNO Albergo ubicato ai margini del centro storico, raggiungibile però tranquillamente a piedi, nella cui recente ristrutturazione si è optato per materiali di qualità, colori tenui ed un'ottima insonorizzazione. Le camere sono curate, di signorilità indiscutibilmente contemporanea. Accanto si mangia presso il proprio ristorante Da Amedeo: imperdibile il carrello dei bolliti.

55 cam ⌑ – ♦149/380 € ♦♦169/400 €

Pianta: B1-a – *corso Vittorio Emanuele II 68* ✉ *41121* – ✆ *059 223011* – *www.milanopalacehotel.it*

🏠 Cervetta 5

FAMILIARE · CENTRALE Si sviluppa in verticale su tre piani (senza ascensore!), questo piccolo albergo situato tra i vicoli del centro di Modena; seppure di dimensioni contenute, si propone con una certa personalità grazie alla cura dei dettagli con cui negli anni è stato rinnovato.

22 cam ⌗ – ♦105/125 € ♦♦112/150 €

Pianta: A2-a – *via Cervetta 5* ✉ *41121* – ✆ *059 238447* – *www.hotelcervetta5.com*

🏠 Libertà

TRADIZIONALE · ACCOGLIENTE Centrale, poco distante dal Palazzo Ducale e provvisto di un comodo garage, offre graziose e sobrie camere e moderni spazi comuni. Clientela soprattutto commerciale.

50 cam ⌗ – ♦70/160 € ♦♦100/240 € – 1 suite

Pianta: B2-e – *via Blasia 10* ✉ *41121* – ✆ *059 222365* – *www.hotelliberta.it*

🏠 Salotto delle Arti

DIMORA STORICA · PERSONALIZZATO Al 2° piano di un palazzo del Settecento, tra i vicoli del centro storico - nessun timore, riceverete un pass per poter accedere e posteggiare in ZTL - ambienti curati ed eleganti, camere molto spaziose e nell'unica junior suite anche un bellissimo affresco dedicato alla caccia.

6 cam ⌗ – ♦95/145 € ♦♦115/170 €

Pianta: A2-f – *via Rua Muro 86* ✉ *41121* – ✆ *389 955 9087*
– *www.salottodellearti.it*

sulla strada statale 9 - via Emilia Est località Fossalta per : 4 km B2-3

🍴 Antica Moka

CUCINA MODERNA · ELEGANTE XℤX Eleganti sale all'interno di una ex scuola d'inizio Novecento lungo la via Emilia est; la carta è ampia ed invitante, non mancano i sapori regionali come le celebri paste fresche all'uovo, ma anche alcune portate più moderne a base di pesce.

Menu 60/80 € – Carta 56/103 €

via Emilia Est 1496 ✉ *41126 Modena* – ✆ *059 284008* – *www.anticamoka.it*
– *Chiuso 3 settimane in agosto, 1 settimana a Natale e sabato a mezzogiorno*

in prossimità casello autostrada A1 Modena Sud Sud-Est : 8 km
per strada Vignolese B3

🏨 Real Fini-Baia del Re

BUSINESS · MODERNO A pochi metri dall'ingresso dell'autostrada, l'albergo si compone di una struttura principale e due dépendance: in queste ultime le camere, ovunque moderne e sobrie, sono tuttavia leggermente più grandi, alcune con piccolo giardino.

78 cam ⌗ – ♦114/185 € ♦♦144/250 € – 6 suites

via Vignolese 1684 ✉ *41126 Modena* – ✆ *059 479 2111* – *www.hotelbaiadelre.com*

sulla strada statale 9 - via Emilia Ovest A2

⌗ Strada Facendo (Emilio Barbieri)

CUCINA MODERNA · ACCOGLIENTE XX Ruoli diversi, ma sinergie al massimo - lui in cucina, lei in sala - per un grazioso locale con due linee gastronomiche ben distinte: classici immancabili modenesi a cui si aggiungono piatti in bilico tra classico e moderno, spesso a base di pesce.

→ Gnocchi di patata, foie-gras e tartufo. Rollè di faraona farcita con prezzemolo, scalogno, lumache e aglio dolce. Bavarese allo champagne con meringa alla vaniglia e crema di lamponi.

Menu 32 € (pranzo in settimana)/100 € – Carta 54/116 €

via Emilia Ovest 622 ✉ *41123 Modena* – ✆ *059 334478*
– *www.ristorantestradafacendo.it* – *Chiuso 1 settimana in gennaio, 3 settimane in agosto, sabato a mezzogiorno e domenica*

⫶O La Masseria   🛋 ⇔ 🅿

CUCINA PUGLIESE · CONTESTO REGIONALE ✕✕ Un angolo di Puglia dove trovare piccoli capolavori di una cucina solare e saporita, nonché un titolare di grande simpatia e competenza. Paste fresche, imperdibili e fantasiose torte di verdure, nonché grigliate di carne.

Menu 30/35 € – Carta 33/60 €

via Chiesa 61, località Marzaglia, Ovest: 9 km ✉ *41123 Modena – ☏ 059 389262 – www.ristorantemasseria.com – Chiuso 11-30 agosto e lunedì*

MODICA Sicilia

Ragusa – ✉ 97015 – 54 633 ab. – Alt. 296 m – Carta regionale n° **17**-D3
Carta stradale Michelin 565-Q26

⁜ Accursio (Accursio Craparo)   ♿ 🅐🅒

CUCINA CREATIVA · CONTESTO STORICO ✕✕ Cucina originale, creativa e policroma, in un ristorante che suggerisce l'intimità della casa privata nella sua saletta interna - arredata con sobria eleganza - a cominciare dalle bellissime cementine che ornano il pavimento.

→ Spremuta di Sicilia: pasta con acciughe, finocchietto e pane tostato. Filetto di dentice in salsa di mandorla, bottarga e verdure. Pane Cotto: cremino di pane e spezie con gelato al sesamo e frutta secca.

Menu 70/120 € – Carta 72/102 €

via Grimaldi 41 – ☏ 0932 941689 (consigliata la prenotazione) – www.accursioristorante.it – Chiuso 10 gennaio-15 marzo, domenica sera e lunedì; domenica a mezzogiorno e lunedì in giugno e luglio; sempre aperto in agosto

⫶O Fattoria delle Torri   🕸 🛋 ⇔

CUCINA MODERNA · ACCOGLIENTE ✕✕ Al termine di un vicolo un po' nascosto che sbocca sul centrale corso Umberto, il ristorante occupa una sala al primo piano di un palazzo con un piacevole servizio in terrazza tra i limoni. Ma più di tutto ricorderete la cucina, siciliana, intensa e colorata.

Menu 55 € – Carta 47/85 €

vico Napolitano 14 – ☏ 0932 751286 – www.fattoriadelletorri.it – Chiuso 3 settimane in novembre, 3 settimane in gennaio e lunedì escluso in estate

⫶O La Locanda del Colonnello   🛋 🅐🅒

CUCINA SICILIANA · CONVIVIALE ✕ Se non vi arrivate in macchina, salire suo a Modica alta dal sottostante corso Umberto può essere una passeggiata un po' impegnativa, ma ricca di pittoreschi scorci, come quello che vi offrirà il ristorante sulle prelibatezze siciliane, talvolta rivisitate con tocchi di modernità.

Menu 30/80 € – Carta 30/44 €

vico Biscari 6 - piazza Santa Teresa – ☏ 0932 752423 – www.locandadelcolonnello.it – Chiuso 7 gennaio-28 febbraio e martedì

🏠 Palazzo Failla   📺 ♿ 🅐🅒 🛁 🚗

STORICO · PERSONALIZZATO In una città tanto bella e superba da regalarsi due centri storici, Palazzo Failla fu costruito nel '700 scegliendo la parte alta di Modica. Le camere sono di due tipologie: quelle al primo piano risalgono all'originaria dimora con preziosi mobili antichi, mentre al secondo gli arredi si fanno più moderni e funzionali.

10 cam ⌥ – ♦55/69 € ♦♦69/119 €

via Blandini 5 – ☏ 0932 941059 - www.palazzofailla.it

🏠 Pietre Nere Resort   ⛲ ⇔ ⅁ 🐾 ⅃⅃ 🍽 📺 ♿ 🅐🅒 🍴 🅿

TRADIZIONALE · MODERNO In campagna, tra villette e muretti a secco, nella zona archeologica di Cava Ispica, l'albergo è la soluzione congeniale per chi predilige tranquillità, desidera muoversi frequentemente con la macchina e apprezza camere moderne e luminose. Cucina mediterranea con attenzione alle allergie da glutine.

30 cam ⌥ – ♦60/120 € ♦♦60/240 €

via Pietre Nere Cava Ispica 142, Est: 7 km – ☏ 0932 753051 - www.pietrenereresort.it

🏠 Casa Talia ≼ 👍 AC 🛇

DIMORA STORICA · DESIGN Camere ispirate ai paesi mediterranei in un contesto di straordinario fascino storico, giardino pensile e vista indimenticabile...

10 cam ☲ – ♦120/180 € ♦♦160/240 €

via Exaudinos 1 – 𝒞 0932 752075 – www.casatalia.it – Aperto 15 marzo-15 novembre

MOENA

Trento – ✉ 38035 – 2 680 ab. – Alt. 1 184 m – Carta regionale n° **19**-C2
Carta stradale Michelin 562-C16

❀ Malga Panna (Paolo Donei) 🐾 ≼ 🕸 🅿

CUCINA DEL TERRITORIO · STILE MONTANO ✖✖ Della malga c'è giusto il nome e la panoramica posizione sopra Moena e la valle. Il resto, invece, è alta ristorazione, grazie alla bravura e alla creatività dello chef-patron che vi emozionerà con piatti ispirati al territorio. Sempre presenti, alcune ricette più semplici.

→ Tortelli di capriolo, scamorza fondente, gel di yuzu e insalata di erbe spontanee. Filetto di cervo, radicchio brasato, emulsione di nocciole e olio affumicato. La poesia dei fiori: camomilla, viola e malva.

Menu 52/75 € – Carta 54/100 €

strada de Sort 64, località Sorte, Ovest: 2 km – 𝒞 0462 573489 – www.malgapanna.it – Aperto 1° dicembre-30 aprile e 21 giugno-2 ottobre; chiuso lunedì escluso luglio-agosto e vacanze di Natale

❀ Agritur El Mas ⇆ 🕸 🕸 🅿

CUCINA REGIONALE · RUSTICO ✖ Sopra il paese, un vero e proprio agritur-ristorante con allevamento di mucche, cavalli, maiali e produzione di carne, salumi e formaggi: il tutto da gustare insieme ad altre prelibatezze della valle (ottimi i canederli al formaggio puzzone), in un bell'ambiente tra legni antichi. Nello stesso edificio costruito secondo i criteri della bioedilizia ci sono anche delle gradevoli camere.

Carta 24/56 €

8 cam ☲ – ♦45/70 € ♦♦45/70 €

strada de Saslonch, località Col de Soldai – 𝒞 0462 574221 (consigliata la prenotazione) – www.agriturelmas.it – Chiuso lunedì

🍴 Malga Roncac ⓝ ≼ 👍 🕸 🅿

REGIONALE E DEL TERRITORIO · STILE MONTANO ✖ Caratteristica malga in pietra e legno in splendida posizione panoramica al limitare del bosco; cucina tradizionale ladina servita in un ambiente dalla spiccata tipicità.

Carta 26/55 €

strada de Roncac 7 ✉ 38035 Moena – 𝒞 334 222 1135 (coperti limitati, prenotare) – www.malgaroncac.it – Chiuso novembre e maggio

🏘 Alle Alpi Beauty e Relax ⚘ 🕸 ≼ ▢ 🛁 🐾 ▣ 🕭 🛇 🕸 🅿

SPA E WELLNESS · STILE MONTANO Situato nella parte superiore della località, albergo con interni caldi ed eleganti, cura dei dettagli e centro benessere dotato di piccola beauty. Cucina d'ispirazione contemporanea ed anche per celiaci (con tanto di certificazione AIC) nella capiente e luminosa sala ristorante; la carta dei vini è impostata dalla titolare.

28 cam ☲ – ♦95/190 € ♦♦160/300 € – 5 suites

strada de Moene 67 – 𝒞 0462 573194 – www.hotelallealpi.it – Aperto 6 dicembre-31 marzo e 15 giugno-22 settembre

🏠 Garden ⚘ ▢ 🛁 🕭 ▣ 🕭 🅿

TRADIZIONALE · STILE MONTANO Albergo a ridosso del centro che punta ad offrire una vacanza "benessere" ai propri ospiti, sciatori e non. Vasta gamma di programmi di animazione o cure estetiche; scenografica la piscina la cui luminosità è garantita dalla copertura in vetro.

43 cam ☲ – ♦120/250 € ♦♦180/350 € – 1 suite

strada de le Chiesure 3 – 𝒞 0462 573314 – www.hotelgarden-moena.it – Aperto 1° dicembre-15 aprile e 15 giugno-15 settembre

Park Hotel Leonardo

TRADIZIONALE · STILE MONTANO Tranquillo, panoramico, immerso nel verde: gli accoglienti interni s'ispirano alle tradizioni locali e quattro camere beneficiano di una terrazza-giardino. Il centro della località? Ancora raggiungibile a piedi.

24 cam ♥ – †80/110 € ††140/190 € – 6 suites

strada dei Ciroch 15 – ℰ 0462 573355 – www.parkhotelleonardo.it – Aperto 1° dicembre-31 marzo e 16 giugno-23 settembre

⌂ Rancolin

FAMILIARE · STILE MONTANO Profusione di legno in questo piccolo hotel a gestione familiare, tranquillo sebbene centrale. Non trascurabile il buon rapporto qualità/prezzo.

23 cam ♥ – †50/110 € ††90/130 € – 1 suite

strada de Moene 31 – ℰ 0462 573115 – www.hotelrancolin.it – Aperto Natale-Pasqua e 15 giugno-30 settembre

⌂ Stella Alpina

FAMILIARE · STILE MONTANO In posizione tranquilla e panoramica, Stella Alpina rimane sempre un indirizzo da consigliare, soprattutto, in virtù del recente rinnovo. Sulla gestione cordiale si potrebbe addirittura scrivere un intero capitolo. In difetto di spazio, ci limiteremo a dire che la spumeggiante Carla vi accoglierà con mille riguardi.

26 cam ♥ – †55/110 € ††110/220 € – 1 suite

strada de Ciampian 21
– ℰ 0462 573351 – www.hotelstellaalpina.it
– Aperto 10 dicembre-27 marzo e 15 giugno-25 settembre

sulla strada statale 48 Sud : 3 km

⊛ Foresta

CUCINA REGIONALE · STILE MONTANO XX Alle spalle di una fitta abetaia, un classico della valle all'interno dell'omonimo hotel dove poter assaggiare i sapori del territorio da accompagnarsi con uno dei tanti vini che forniscono la bella cantina, in primis quelli del Trentino. I nostri preferiti: orzotto mantecato con trota fumé e rucola oppure guanciale al teroldego con polenta di Storo.

Menu 35/50 € – Carta 24/55 €

Hotel Foresta, strada de la Comunità de Fiem 42
– ℰ 0462 573260 – www.hotelforesta.it
– Chiuso 9-25 dicembre e 15 giugno-7 luglio, domenica sera e venerdì in bassa stagione

Foresta

TRADIZIONALE · STILE MONTANO Un'accoglienza calorosa in una bella casa sita lungo la strada che porta a Moena: stanze generose nelle dimensioni e una gradevole zona relax completano l'offerta. Per gli amanti del fitness c'è anche una camera con piccola palestra privata ed una con bagno turco.

11 cam ♥ – †78/130 € ††144/210 € – 6 suites

strada de la Comunità de Fiem 42
– ℰ 0462 573260 – www.hotelforesta.it
– Chiuso 9-25 dicembre e 15 giugno-7 luglio

⊛ **Foresta** – Vedere selezione ristoranti

MOGGIONA Arezzo → Vedere Poppi

MOIA DI ALBOSAGGIA Sondrio → Vedere Sondrio

MOLINI MÜHLEN Bolzano → Vedere Falzes

MOLTRASIO

Como – ✉ 22010 – 1 607 ab. – Alt. 247 m – Carta regionale n° **10**-B1
Carta stradale Michelin 561-E9

⅃○ Imperialino ⟨⇐ 🛋 🏠 ⅙ AC 🚫

CREATIVA · ELEGANTE XXX Specialità mediterranee permeate da una vena creativa, da assaporare voluttuosamente nella suggestiva atmosfera di questo ristorante che dopo un completo restyling rimane direttamente affacciato sul lago.
Menu 66/95 € – Carta 51/113 €

Grand Hotel Imperiale, via Regina 26 – ☎ 031 346600 (consigliata la prenotazione) – www.imperialino.it – Chiuso 10 gennaio-28 febbraio e lunedì in novembre-aprile

⅃○ La Veranda ⟨⇦ ⟨ 🏠 AC 🛁

CUCINA REGIONALE · AMBIENTE CLASSICO XX In centro, ristorante a gestione diretta, con camere in parte ristrutturate: sala da pranzo di tono elegante dove gustare pesce lacustre; "fresco" servizio estivo all'aperto.
Carta 37/63 €

17 cam ♙ – ♦85/170 € ♦♦99/210 €

piazza San Rocco 5 – ☎ 031 290444 – www.hotel-posta.it – Chiuso gennaio-febbraio e mercoledì a mezzogiorno in inverno

🏚️ Grand Hotel Imperiale ♈ 🐾 ⟨⇐ 🛋 ⅄ 🌐 🐿 ᒻⅉ 🍽 🖬 ⅙ AC 🚫 🛁

DIMORA STORICA · ELEGANTE Splendido resort costruito in tardo liberty 🚗 con lussureggiante vegetazione che si estende fino al lago, composto da una struttura principale dotata di centro benessere I-SPA con campo da tennis e dall'esclusiva Villa Imperiale: una sorta di hotel nell'hotel con lussuose camere e terrazze vista lago che si affacciano sulla piscina panoramica. Specialità italiane nel ristorante "La Cascata" con giardino.

113 cam ♙ – ♦100/750 € ♦♦120/800 € – 7 suites

via Regina 24/26 – ☎ 031 346111 – www.hotelimperialecomo.it – Chiuso 7 gennaio-14 marzo

⅃○ **Imperialino** – Vedere selezione ristoranti

MOLVENO

Trento – ✉ 38018 – 1 134 ab. – Alt. 865 m – Carta regionale n° **19**-B3
Carta stradale Michelin 562-D14

🏚️ Alexander ♈ ⟨ 🛋 🖬 🌐 🐿 ᒻⅉ 🖬 AC 🚫 🛁 🚗

TRADIZIONALE · STILE MONTANO Affacciata sul lago, con il gruppo del Brenta a farle da sfondo, un'elegante dimora le cui camere si faranno ricordare per ampiezza e vivacità. La struttura pensa anche al divertimento dei più piccoli, riservando loro un'apposita sala. Piatti e vini soprattutto regionali al ristorante L'Aquila Nera e Cima Tosa.

35 cam ♙ – ♦70/130 € ♦♦98/178 € – 6 suites

via Nazionale 6/A – ☎ 0461 586928 – www.alexandermolveno.com – Chiuso 25 marzo-16 aprile e 5 novembre-14 dicembre

🏚️ Alle Dolomiti ♈ ⟨ 🛋 ⅄ 🐿 🖬 🚗

TRADIZIONALE · ACCOGLIENTE Dinnanzi al parco del lungolago, una storica casa di famiglia è stata convertita in albergo; le accoglienti camere sono anticipate dallo splendido pavimento in onice della hall, mentre - tra le recenti novità - va ricordato il centro benessere "Il Bosco Incantato" con sauna finlandese, bagno turco, cabina a infrarossi, vasca per ozonoterapia ed altro ancora...Ampio giardino con piscina sul retro e nella raffinata sala da pranzo, cucina tipica trentina preparata dal titolare.

35 cam ♙ – ♦70/105 € ♦♦75/115 € – 5 suites

via Lungolago 18 – ☎ 0461 586057 – www.alledolomiti.com – Chiuso 4-30 aprile e 5 novembre 20 dicembre

🏠 Alpenresort Belvedere   🏋 ≪ 🛄 🖾 🕥 🏋 ⅃⅚ 🖃 🚗

TRADIZIONALE · MODERNO L'albergo è stato completamente rinnovato in uno stile moderno-montano, senza esagerazioni o stravaganti eccessi, ma ampliando quasi ovunque gli spazi a disposizione degli ospiti. Camere ancora più ampie e confortevoli, nonché la certezza di una spa attrezzata.

46 cam – solo ½ P 95/133 € – 10 suites

via Nazionale 9

– ℰ 0461 586933 – www.belvedereonline.com – Chiuso 24 marzo-17 aprile e 3 novembre-6 dicembre

🏠 Du Lac   🏋 ≪ 🛄 ⅃ ⅃⅚ 🖃 🕅 **P**

FAMILIARE · STILE MONTANO Alle porte del paese, una struttura tipica montana abbracciata dal verde e sita vicino al lago dispone di camere classiche ed accoglienti: da prediligere quelle al terzo piano. Nel curato giardino, la piscina.

40 cam ⌂ – ♦60/120 € ♦♦100/150 €

via Nazionale 4

– ℰ 0461 586965 – www.hoteldulac.it – Chiuso aprile e novembre

MOMBARUZZO

Asti (AT) – ✉ 14046 – 1 117 ab. – Carta regionale n° **12**-C3
Carta stradale Michelin 561-H7

a Casalotto Ovest : 4 km ✉ 14046

🏠 La Villa   🏋 ≪ 🛄 ⅃ ⅃⅚ 🝏 **P**

CASA DI CAMPAGNA · PERSONALIZZATO Nel cuore delle colline del Monferrato, una signorile villa dei primi del '700 gestita da una coppia inglese, dispone di camere diverse negli arredi e una terrazza panoramica.

14 cam ⌂ – ♦140/180 € ♦♦225/245 € – 3 suites

via Torino 7

– ℰ 0141 793890 – www.lavillahotel.net – Aperto 1° aprile-30 novembre

MOMO

Novara – ✉ 28015 – 2 549 ab. – Alt. 213 m – Carta regionale n° **12**-C2
Carta stradale Michelin 561-F7

🍽 Macallè   ⇔ 🝏 **P**

CUCINA PIEMONTESE · ELEGANTE 🟆🟆 Elegante locale storico della zona, con alcune accoglienti stanze e un'ampia sala luminosa di taglio classico-elegante, dove si propongono ricercati piatti della tradizione.

Carta 31/83 €

8 cam ⌂ – ♦65/90 € ♦♦80/120 €

via Boniperti 2

– ℰ 0321 926064 – www.macalle.it – Chiuso 10 giorni in gennaio, 10 giorni in luglio e mercoledì

MONASTIER DI TREVISO

Treviso – ✉ 31050 – 3 496 ab. – Carta regionale n° **23**-A1
Carta stradale Michelin 562-F19

🍽 Menegaldo   🝏 **P**

PESCE E FRUTTI DI MARE · FAMILIARE 🟆 L'insegna subito anticipa il carattere familiare del ristorante; all'interno, un ambiente piacevolmente retrò che si distingue per la calorosa accoglienza e le ottime specialità ittiche dell'Adriatico. Il fritto è il loro biglietto da visita!

Carta 35/98 €

via Pralongo 216, Est: 4 km

– ℰ 0422 898802 – www.trattoriamenegaldo.it – Chiuso 18-28 febbraio, agosto, martedì sera e mercoledì

MONCALIERI

Torino – ✉ 10024 – 57 294 ab. – Alt. 219 m – Carta regionale n° **12**-A1
Carta stradale Michelin 561-G5

○ La Maison Delfino   🏠 🅰🅒 🕉

PESCE E FRUTTI DI MARE · ELEGANTE XX Sono due fratelli a gestire con passione e capacità questo elegante locale fuori dal centro, ora dotato anche di raffinato portico per il dehors. Due menu: uno semplice, l'altro più creativo, dai quali è possibile scegliere anche solo alcuni piatti, ma tutti rigorosamente di pesce!
Menu 50 € – Carta 42/66 €

via Lagrange 4, borgo Mercato – ✆ 011 642552 (consigliata la prenotazione)
– www.lamaisondelfino.com – solo a cena – Chiuso 1°-10 gennaio, 9-22 agosto,
domenica e lunedì

○ Al Borgo Antico   🅰🅒 ⇔

CUCINA REGIONALE · FAMILIARE X Nel suggestivo centro storico di Moncalieri, tutto sali scendi ed eleganti piazze, qui si officia la cucina tradizionale piemontese: sempre presenti - in stagione - funghi e tartufi, ma anche qualche proposta di pesce.
🍴 Menu 20/32 € – Carta 29/53 €

via Santa Croce 34 – ✆ 011 644455 – www.al-borgoantico.it – Chiuso
30 luglio-30 agosto, domenica sera e lunedì

a Revigliasco NE : 8 km ✉ 10024

○ La Taverna di Fra' Fiusch   🅰🅒

CUCINA PIEMONTESE · ACCOGLIENTE XX Incastonato in un delizioso borgo collinare, gli amanti della tradizione troveranno tutti i cavalli di battaglia della zona aggiornati con un gusto ed un'estetica più moderni. Specialità: agnolotti d asino - fritto misto piemontese.
Menu 40/55 € – Carta 31/60 €

via Beria 32 – ✆ 011 860 8224 (consigliata la prenotazione) – www.frafiusch.it
– solo a cena escluso sabato ed i giorni festivi – Chiuso lunedì

MONCALVO

Asti – ✉ 14036 – 3 033 ab. – Alt. 305 m – Carta regionale n° **12**-C2
Carta stradale Michelin 561-G6

🏠 La Locanda del Melograno   ⇐ 🔁 ♿ 🅰🅒 🅿

LOCANDA · ACCOGLIENTE Camere molto spaziose in un edificio di fine '800 - già in origine locanda - sottoposto a restauro con esiti mirabili: rispetto per le origini e affascinanti incursioni nel moderno.
9 cam ⊡ – ♦70 € ♦♦90/100 €

corso Regina Margherita 38 – ✆ 0141 917599 – www.lalocandadelmelograno.it

MONCIONI Arezzo (AR) ➜ Vedere Montevarchi

MONDELLO Sicilia Palermo ➜ Vedere Palermo

MONDOVÌ

Cuneo – ✉ 12084 – 22 023 ab. – Alt. 559 m – Carta regionale n° **12**-B3
Carta stradale Michelin 561-I5

○ La Borsarella   ⇐ 🏠 🅰🅒 ⇔ 🅿

CUCINA PIEMONTESE · ACCOGLIENTE XX Ricavato negli ambienti di un cascinale di origine settecentesca, propone una cucina piemontese ancorata ai sapori della tradizione. Nell'ampio giardino anche il vecchio forno per il pane e un laghetto artificiale.
Menu 33 € – Carta 39/60 €

via del Crist 2, Nord-Est: 2,5 km – ✆ 0174 42999 – www.laborsarella.it – Chiuso
10 giorni in gennaio, 1 settimana in agosto e domenica sera

MONEGLIA

Genova – ✉ 16030 – 2 809 ab. – Carta regionale n° **8**-C2
Carta stradale Michelin 561-J10

🏠 Piccolo Hotel   ☆ 🗐 🕸 🖃 🕹 🔟 🚗

FAMILIARE · ACCOGLIENTE A pochi passi dalla spiaggia, hotel dall'attenta conduzione familiare, sempre in fase di miglioramento: particolarmente belle le ultime camere Coco-mat e la nuova piscina relax con giochi d'acqua.

38 cam ⚌ – ♦80/120 € ♦♦100/190 €

corso Longhi 19 – ☎ 0185 49374 – www.piccolohotel.it – Aperto 1° aprile-20 ottobre

🏠 Villa Argentina   ☆ 🖙 🖃 🕹 🔟 🕸 🅿

FAMILIARE · ACCOGLIENTE In zona verdeggiante a 500 metri dal mare, hotel dalla calda accoglienza familiare dove godere momenti di relax e piacevolezza; quest'ultima anche in virtù di una cucina basata su ingredienti selezionati, molto pesce e prodotti bio.

18 cam ⚌ – ♦60/110 € ♦♦80/140 €

via Torrente San Lorenzo 2 – ☎ 0185 49228 – www.villa-argentina.it – Chiuso gennaio-febbraio

🏠 Villa Edera   ☆ 🐾 ⪉ 🖙 ⵣ 🕸 🛗 🖃 🕹 🔟 🕸 🚗

FAMILIARE · MEDITERRANEO In posizione predominante e poco distante dal centro, un hotel a conduzione diretta d'ispirazione contemporanea: ampie e ariose sale, camere accoglienti. A disposizone degli ospiti degustazioni di prodotti locali di alta qualità.

27 cam ⚌ – ♦100/190 € ♦♦105/220 €

via Venino 12/13 – ☎ 0185 49291 – www.villaedera.com – Aperto 1° aprile-20 ottobre

🏛 Abbadia San Giorgio   🐾 🖙 🔟 🕸 🅿

DIMORA STORICA · ELEGANTE Mura quattrocentesche e confort moderno per eleganti camere ricavate in un ex convento francescano. Il bel chiostro, in cui gli ospiti possono fruire per la colazione, l'aperitivo o semplicemente per rilassarsi, conferisce ulteriore fascino alla struttura.

6 cam ⚌ – ♦165/180 € ♦♦250/255 €

piazzale San Giorgio – ☎ 0185 491119 – www.abbadiasangiorgio.com – Aperto 15 marzo-1° novembre

a Lemeglio Sud-Est : 2 km

🍴 La Ruota   ⪉ 🕹 🅿

PESCE E FRUTTI DI MARE · ACCOGLIENTE XX Giovane e dinamica conduzione in un locale dall'ambiente familiare, che propone solo menu degustazione a base di pesce fresco. Bella vista del mare e di Moneglia.

Menu 38 € (pranzo)/50 €

frazione Lemeglio 6, alt. 200 – ☎ 0185 49565 (consigliata la prenotazione) – www.laruotamoneglia.it – solo a cena escluso sabato e domenica da metà settembre a metà giugno – Chiuso novembre e mercoledì

MONFALCONE

Gorizia – ✉ 34074 – 28 258 ab. – Carta regionale n° **6**-C3
Carta stradale Michelin 562-E22

🍴 Ai Campi di Marcello   ⇦ 🖙 🎐 🅿

PESCE E FRUTTI DI MARE · FAMILIARE X Non lontano dai cantieri navali, piacevole atmosfera in un locale a conduzione familiare dalle valide proposte ittiche. Tra le tante specialità, noi consigliamo: la zuppa fredda con pesce crudo e cotto. Nota curiosa: la passione del titolare per il rum, si traduce in un'intrigante ed inaspettata selezione di tale liquore.

Carta 31/81 €

14 cam ⚌ – ♦54/70 € ♦♦82/110 €

via Napoli 11 – ☎ 0481 481937 (consigliata la prenotazione) – www.hotelaicampi.com – Chiuso 1 settimana in agosto, domenica sera e lunedì a mezzogiorno

MONFORTE D'ALBA

Cuneo – ⊠ 12065 – 2 056 ab. – Alt. 480 m – Carta regionale n° **14**-C3
Carta stradale Michelin 561-I5

⑪○ Trattoria della Posta ⌘ 🏠 & **P**

CUCINA PIEMONTESE · ELEGANTE XxX In aperta campagna, un caldo sorriso e tanto savoir faire vi accoglieranno sin dall'ingresso in questa casa di campagna, non priva di tocchi romantici e spunti eleganti: lume di candela ed argenteria. La cucina perpetua la tradizione locale ed anche il proverbiale carrello dei formaggi propone il meglio della regione. Ora c'è anche una nuova cantina anche per piccoli aperitivi!

Menu 50 € – Carta 37/74 €

località Sant'Anna 87, Est: 2 km – ℰ 0173 78120 (consigliata la prenotazione) – www.trattoriadellaposta.it – Chiuso febbraio, venerdì a mezzogiorno e giovedì

⑪○ Giardino-da Felicin ⌘ ⇦ ⑤ ⇆ 🏠 🅰 **P**

CUCINA PIEMONTESE · AMBIENTE CLASSICO XxX Di generazione in generazione, da oltre cento anni, è un appuntamento imperdibile con la cucina langarola. Pochi fronzoli o provocazioni, ma tanti sapori e concretezza, la cucina di Felicin è un classico di cui non ci si disinnamora mai, coccolati da un'ospitalità con pochi eguali.

Menu 50/75 € – Carta 50/74 €

30 cam ⌂ – †110/135 € ††145/185 €

via Vallada 18 – ℰ 0173 78225 – www.felicin.it – solo a cena escluso domenica – Chiuso 10 dicembre-25 febbraio, 3 settimane in agosto, domenica sera e lunedì

⑪○ Le Case della Saracca ⌘

CUCINA REGIONALE · ALLA MODA X Si sviluppa su molti livelli nel suggestivo scenario delle Case della Saracca: cristallo e acciaio sono elementi distintivi assieme a intimi tavolini, cucina regionale e wine-bar.

Carta 26/53 €

Le Case della Saracca, via Cavour 5 – ℰ 0173 789222 (consigliata la prenotazione) – www.saracca.com – solo a cena – Chiuso mercoledì in agosto-settembre

🏘 Villa Beccaris ⑤ ⇆ 🛏 🏊 🅰 🅐 ⇆

CASA PADRONALE · STORICO Racchiusa nel silenzio della parte più alta e antica di Monforte, la villa fu residenza settecentesca dell'omonimo generale, oggi è un rifugio elitario, un mondo a sé stante, tra arredi d'epoca, romantica corte interna, giardino d'inverno per le colazioni ed incantevole giardino con piscina e gazebo.

22 cam ⌂ – †120/330 € ††130/330 € – 1 suite

via Bava Beccaris 1 – ℰ 0173 78158 – www.villabeccaris.it – Chiuso 22-27 dicembre e 7-30 gennaio

🏠 Le Case della Saracca ⑤

STORICO · INSOLITO Nella parte alta di Monforte, una struttura unica, scavata nella roccia, che si snoda fra cunicoli labirintici e passaggi in vetro che conducono a camere sobrie, quasi spartane, ma originali e tematiche.

6 cam – †133/155 € ††148/171 € – ⌂ 10 €

via Cavour 5 – ℰ 0173 789222 – www.saracca.com

⑪○ **Le Case della Saracca** – Vedere selezione ristoranti

MONFUMO

Treviso – ⊠ 31010 – 1 398 ab. – Alt. 227 m – Carta regionale n° **23**-C2
Carta stradale Michelin 562-E17

⑪○ Da Gerry ⇦ 🏠 & 🅰

CUCINA CLASSICA · FAMILIARE XX Carne e pesce si contendono la carta di questa moderna trattoria nel centro del paese, dotata anche di camere spaziose e confortevoli. Piacevolissimo il dehors esterno con ampia vista sulle colline circostanti.

Carta 37/68 €

5 cam ⌂ – †70 € ††90 €

via Chiesa 6 – ℰ 0423 545082 – www.ristorantedagerry.com – Chiuso 8-16 gennaio, 16-29 agosto e lunedì

MONGARDINO Bologna → Vedere Sasso Marconi

MONGHIDORO

Bologna – ✉ 40063 – 3 749 ab. – Alt. 841 m – Carta regionale n° **5**-C2
Carta stradale Michelin 562-J15

in Valle Idice Nord : 10 km

🏠 Agriturismo La Cartiera dei Benandanti 🏡 🐾 📶 📶 **P**

FAMILIARE · **PERSONALIZZATO** Come indica il nome, si tratta di una vecchia cartiera risalente al XVII secolo, oggi, convertita in un semplice agriturismo isolato nel verde: tutto in pietra con legni a vista, anche le camere sono all'insegna dell'essenzialità, ma pur sempre confortevoli. Disponibili anche due appartamenti con uso cucina, uno nella struttura stessa, l'altro nella vicina azienda agricola.

7 cam – 🛏47 € 🛏🛏76 € – 🍽5 €

via Idice 13, strada provinciale 7 km 28 – ✆ 051 655 1498 – www.lacartiera.it

MONGUELFO WELSBERG

Bolzano – ✉ 39035 – 2 895 ab. – Alt. 1 087 m – Carta regionale n° **19**-D1
Carta stradale Michelin 562-B18

a Tesido Nord : 2 km ✉ 39035 – Monguelfo – Alt. 1 219 m

🏨 Alpen Tesitin 🏡 🐾 📶 📶 📶 📶 📶 📶 📶 📶 📶 📶 📶 📶

FAMILIARE · **STILE MONTANO** Nella parte più alta della frazione, l'albergo offre tranquillità, vista e straordinari ambienti in legno, dagli eleganti salotti della hall alle ultime nuove camere. Splendido centro benessere, tra i migliori della valle. Il menu del ristorante si declina in tante formule: gourmet, à la carte, dietetico o vital per vegetariani.

62 cam – solo ½ P 145/180 € – 20 suites

Riva di Sotto 22, Ovest : 1 km – ✆ 0474 950020 – www.alpentesitin.it
– Aperto 7 dicembre-31 marzo e 1° maggio-10 novembre

MONIGA DEL GARDA

Brescia – ✉ 25080 – 2 533 ab. – Alt. 125 m – Carta regionale n° **9**-D1
Carta stradale Michelin 561-F13

🍴 L'Osteria H2O ⩽ 🍽 🅰🅲 **P**

CUCINA CREATIVA · **MINIMALISTA** ✕✕ Posizione stradale, ma sala rivolta verso il lago, per un ambiente solare e minimalista dove gustare una fantasiosa cucina personalizzata che predilige i prodotti ittici marini e lacustri.

Menu 45/110 € – Carta 58/128 €

via Pergola 10 – ✆ 0365 503225 – www.losteriah2o.it – Chiuso gennaio e lunedì; anche la domenica sera nel periodo invernale

MONOPOLI

Bari – ✉ 70043 – 49 133 ab. – Carta regionale n° **15**-C2
Carta stradale Michelin 564-E33

🏨 La Peschiera 🏡 🐾 ⩽ 📶 📶 📶 🅰🅲 📶 **P**

LUSSO · **MEDITERRANEO** Lussuoso hotel ricavato da un'antica peschiera borbonica: posizione invidiabile con il mare di fronte e tre grandi piscine alle spalle. Per un soggiorno in assoluta tranquillità, non sono ammessi bambini di età inferiore ai 12 anni. Ristorante dallo stile fresco e marino, ma elegante. Cucina di mare e del territorio.

13 cam 🍽 – 🛏400/800 € 🛏🛏450/1000 € – 3 suites

contrada Losciale 63, Sud-Est: 9 km ✉ 70043 Monopoli – ✆ 080 801066
– www.peschierahotel.com – Aperto 1° maggio-31 ottobre

🏠 Don Ferrante ⬙ 🥄 AC 🚫

STORICO · PERSONALIZZATO Nel cuore del centro storico, inaccessibile alle auto che possono essere parcheggiate comunque non lontano, un'antica fortezza restaurata nel rispetto delle forme originarie. Spazi contenuti, ma di grande fascino.

10 cam ⚄ – ♦150/280 € ♦♦220/400 € – 3 suites

via San Vito 27 – ℰ 080 742521 – www.donferrante.it – Chiuso 10 gennaio-28 febbraio

MONREALE Sicilia

Palermo – ✉ 90046 – 39 389 ab. – Alt. 310 m – Carta regionale n° **17**-B2
Carta stradale Michelin 365-AO55

🏠 Palazzo Ducale Suites ⊞ AC 🚫 🚗

LOCANDA · ROMANTICO Nel centro storico della splendida Monreale, una recente ristrutturazione ha dato vita a belle camere e suite anche con terrazzo; arredi moderni e raffinati accessori. Spa room per un supplemento di piacere!

9 cam ⚄ – ♦40/90 € ♦♦50/100 €

via Duca degli Abruzzi 8 – ℰ 091 640 4298 – www.palazzoducalesuites.it

MONSELICE

Padova – ✉ 35043 – 17 599 ab. – Carta regionale n° **23**-B3
Carta stradale Michelin 562-G17

🍴 La Torre AC

CUCINA TRADIZIONALE · AMBIENTE CLASSICO ✕✕ In pieno centro storico, nella piazza principale della città, piatti di cucina della tradizione e ricette a base di prodotti pregiati: tra le specialità la cottura alla griglia. Ambiente classico.

Carta 32/63 €

piazza Mazzini 14 – ℰ 0429 73752 – www.ristorantelatorremonselice.it – Chiuso 26 dicembre-6 gennaio, 25 luglio-21 agosto, domenica sera e lunedì

MONSUMMANO TERME

Pistoia – ✉ 51015 – 21 338 ab. – Alt. 20 m – Carta regionale n° **18**-B1
Carta stradale Michelin 563-K14

🍴 Osteria Il Maialetto 🍽 AC

CUCINA TOSCANA · FAMILIARE ✕ Accanto alla macelleria di famiglia, vivace osteria dallo spirito giovanile dove gustare una schietta cucina toscana; la specialità sono ovviamente le carni ed i prosciutti di allevamenti propri, un must la bistecca che viene proposta direttamente con il carrello in sala.

Carta 23/53 €

via Della Repubblica 372 – ℰ 0572 953849 – www.ilmaialetto.com – solo a cena – Chiuso lunedì

🏨 Grotta Giusti ⬙ 🥄 🛏 ⛲ 📶 🔥 💆 ✕ ⊞ 🚿 AC 🏊 P

LUSSO · PERSONALIZZATO Nella quiete di un grande parco con piscina - all'interno del celebre complesso termale con grotte naturali (di cui una vanta il primato europeo per dimensioni) - una bella struttura completa nella gamma dei servizi e camere di diverse ampiezze, eleganti ed in stile, il tutto all'interno di una villa con affreschi originali.

64 cam ⚄ – ♦194/273 € ♦♦288/446 €

via Grotta Giusti 1411, Est : 2 km – ℰ 0572 90771 – www.grottagiustispa.com

🏠 Villa San Bastiano e La Foresteria ℕ ⬙ 🥄 ≼ AC P

LOCANDA · MODERNO Sovrasta la vallata di Nievole questo piccolissimo albergo elegante e sobrio, all'interno di un piccolo borgo medievale, completato dall'adiacente ristorante. Un paesaggio suggestivo nel quale gustare specialità del territorio.

5 cam ⚄ – ♦75/90 € ♦♦100/120 €

località Monsummano Alto, piazza Castello 10 – ℰ 0572 520097 – www.ristorantelaforesteria.it – Chiuso 2 settimane in novembre

MONTÀ

Cuneo (CN) – ⊠ 12046 – 4 733 ab. – Alt. 316 m – Carta regionale n° **14**-C2
Carta stradale Michelin 561-H5

ⅼ○ **Marcelin**   舒 斎 ㅁ 🔃

CUCINA MODERNA · ELEGANTE ✕✕ In una regione gastronomicamente tradizionalista, qui la cucina va alla ricerca di proposte creative, sempre esteticamente curate, con qualche piatto anche di pesce (non c'è da stupirsi, lo chef è pugliese!). Il tutto al primo piano di un'ex segheria che ha ceduto il passo ad un ristorante di sobria raffinatezza.
Menu 49 € (cena)/69 € – Carta 55/81 €

Hotel Casa Americani, piazzetta della Vecchia Segheria 1, (ex piazza Vittorio Veneto) – ℰ 0173 975569 – www.marcelin.it – Chiuso 3 settimane in gennaio, domenica sera e lunedì

🏠 **Casa Americani**   🔁 ᴑ 🔃

FAMILIARE · PERSONALIZZATO Il nome dell'albergo ricorda che i vecchi proprietari della casa emigrarono negli Stati Uniti, guadagnandosi quindi il soprannome di "americani"; le sue camere offrono un edificio a ringhiera di fine '800 assicurano però confort moderni. Particolarmente originale la mansardata rocca del pettirosso.
7 cam ⇆ – †68/75 € ††98/108 € – 2 suites

piazzetta della Vecchia Segheria 1 (ex piazza Vittorio Veneto) – ℰ 0173 976744 – www.casaamericani.it – Chiuso 15 giorni in gennaio

ⅼ○ **Marcelin** – Vedere selezione ristoranti

🏠 **Belvedere**   ⽘ ⋜ 🔁 🔃 ⅍ 🅿

TRADIZIONALE · CLASSICO Centrale, costruito sulle pendici di un colle, il suo nome è eloquente: tutte le camere offrono un bella vista sulla campagna Roero. Alcune con arredi d'epoca, sempre cullati dall'ospitalità familiare, anche la cucina merita una sosta.
10 cam ⇆ – †65 € ††90/110 €

vicolo San Giovanni 3 – ℰ 0173 976156 – www.albergobelvedere.com – Chiuso 10 giorni in gennaio e 10 giorni in agosto

MONTAGNAGA Trento (TN) ➜ Vedere Baselga di Pinè

MONTAGNA IN VALTELLINA Sondrio ➜ Vedere Sondrio

MONTAGNANA

Padova – ⊠ 35044 – 9 214 ab. – Alt. 16 m – Carta regionale n° **23**-B3
Carta stradale Michelin 562-G16

ⅼ○ **Hostaria San Benedetto**   斎 🔃

CUCINA REGIONALE · ELEGANTE ✕✕ Locale ubicato nel cuore della "città murata": una sala di tono signorile in cui provare proposte di cucina del luogo rivisitata; servizio estivo all'aperto.
Menu 35 € – Carta 32/65 €

via Andronalecca 13 – ℰ 0429 800999 – www.hostariasanbenedetto.it – Chiuso mercoledì

MONTAIONE

Firenze – ⊠ 50050 – 3 700 ab. – Alt. 242 m – Carta regionale n° **18**-B2
Carta stradale Michelin 563-L14

🏠 **UNA Palazzo Mannaioni**   ⽘ ⋜ 🍴 ⤴ 🔁 ᴑ 🔃 🛁 🚗

TRADIZIONALE · ELEGANTE In un'antica dimora cinquecentesca addossata alle mura castellane, un hotel abbellito da un giardino con piscina: eleganti interni in stile rustico e confortevoli camere. La vera cucina toscana vi attende nella raffinata sala ristorante, un tempo frantoio, dal suggestivo soffitto a vela.
47 cam ⇆ – †77/410 € ††77/410 €

via Marconi 2 – ℰ 0571 69277 – www.unahotels.it – Aperto 1° aprile-31 ottobre

a Castelfalfi Ovest: 11 km ⊠ 50050

⅋○ La Rocca di Castelfalfi ⩽ 🏠 � 🖾

CUCINA CREATIVA · ROMANTICO 𝕏𝕏𝕏 All'interno del castello medievale del Borgo di Castelfalfi, sale eleganti ed una terrazza affacciata sul bel panorama delle dolci colline; creatività e tecnica in cucina dove la Toscana viene rivisitata sotto varie angolazioni.

Menu 70/90 € – Carta 54/87 €

via Castelfalfi Castello 85 – 𝒞 0571 891400 – www.castelfalfi.com – Chiuso febbraio, giovedì a mezzogiorno e mercoledì

🏠 Il Castelfalfi ⩘ 🐾 ⩽ 🛏 ⌤ 🔲 ⑨ 🐾 ⅃⑤ 🕱 🖬 🖸 ㄥ 🖾 🚗

RESORT · MODERNO Costruito secondo i principi della bioedilizia, usando materiali tradizionali come legno e pietra, Castelfalfi pensa al benessere dei propri ospiti mettendo a loro disposizione un'ampia spa - in armonia con la natura circostante - in cui dominano le piscine e le aree destinate ai trattamenti. Le camere con letti king size fanno di questa aristocratica struttura l'indirizzo giusto per vivere un soggiorno in pieno relax.

112 cam 🖙 – ⅋250/630 € ⅋⅋270/650 € – 8 suites

località Castelfalfi – 𝒞 0571 892000 – www.castelfalfi.it – Chiuso febbraio

⅋○ **La Rocca di Castelfalfi** – Vedere selezione ristoranti

MONTALBANO Rimini ➜ Vedere Santarcangelo di Romagna

MONTALCINO

Siena (SI) – ⊠ 53024 – 5 093 ab. – Alt. 567 m – Carta regionale n° **18**-C2
Carta stradale Michelin 563-M16

🍸 Taverna il Grappolo Blu ❶ 🍷 🏠 🖾 🍴

CUCINA TOSCANA · RUSTICO 𝕏 L'insegna già evoca il vero "principe" della località, che occupa molte pagine della lista vini di questo tipico ristorante; cucina toscana attenta a materie prime e ricette della tradizione in un ambiente piacevolmente conviviale. Da assaggiare: le tagliatelle ai grani antichi al ragù di anatra e la guancia di manzo al brunello.

Carta 32/45 €

scale di via Moglio 1 – 𝒞 0577 847150 (consigliata la prenotazione) – www.grappoloblu.com – Chiuso dicembre

⅋○ Boccon DiVino 🍷 ⩽ 🏠 🍴

CUCINA TOSCANA · CONTESTO TRADIZIONALE 𝕏𝕏 Una casa colonica alle porte del paese: si può scegliere fra la curata sala rustica o la terrazza estiva con vista. Nel piatto, i sapori del territorio leggermente rivisitati in chiave moderna ed alcuni evergreen come il peposo e la zuppa di cipolle.

Menu 40 € – Carta 75/91 €

via Traversa dei Monti 201, località Colombaio Tozzi, Est: 1 km – 𝒞 0577 848233 (prenotare) – www.boccondivinomontalcino.it – Chiuso martedì

🏠 Il Giglio ⩘ ⩽ 🖾 🅿

TRADIZIONALE · REGIONALE A pochi passi dal Palazzo Comunale, in un albergo di antica tradizione, tipica ambientazione toscana con travi e mattoni a vista. Camere in stile locale, vi segnaliamo in particolare la numero "1" per il terrazzo panoramico sulla val d'Orcia. Fiori freschi e buon vino (anche al bicchiere) nell'ottimo ristorante. Cucina regionale.

12 cam 🖙 – ⅋90/95 € ⅋⅋138/150 €

via Soccorso Saloni 5 – 𝒞 0577 848167 – www.gigliohotel.com – Chiuso 7-31 gennaio

⌂ Vecchia Oliviera   ⩽ 🛖 🛎 ⅃ & AC P

TRADIZIONALE · PERSONALIZZATO A 2 minuti a piedi dal centro, con vista sulla Val d'Orcia, un antico frantoio è stato trasformato in hotel con eleganti interni in stile locale e molte camere con vasca idromassaggio. All'aperto: piscina, giardino e bella terrazza panoramica per la prima colazione.

10 cam ⊊ – ♦70/100 € ♦♦115/170 € – 1 suite
porta Cerbaia – ℰ 0577 846028 – www.vecchiaoliviera.com
– Chiuso vacanze di Natale

a Castiglione del Bosco Nord-Ovest : 12 km ⊠ 53024

⅋O Campo del Drago   ⩽ 🛖 & AC P

CUCINA ITALIANA · ELEGANTE XxX Strategicamente al centro del borgo, una cucina di alta fattura assecondata da una raffinata atmosfera ed un accurato servizio, che donano allo spirito quella rilassatezza per godere al top. La cucina ha un respiro nazionale e propone piatti italiani talvolta rivisitati.

Menu 115 € – Carta 67/121 €
Hotel Castiglion del Bosco – ℰ 0577 191 3001
– www.rosewoodhotels.com
– solo a cena – Aperto 1° maggio-31 ottobre

🏨 Castiglion del Bosco   🏝 🌳 ⩽ 🛖 ⅃ 🕸 ℔ ℁ & AC P

GRAN LUSSO · ELEGANTE Una decina di chilometri lungo una strada bianca vi condurranno in uno degli alberghi più esclusivi della regione: immerso in un'immensa proprietà collinare, le camere - ricavate dalla ristrutturazione di un borgo medioevale, alcune in villa - sono ampie e ispirate ad una sobria, raffinata eleganza.

18 suites – ♦♦900/2700 € – 5 cam – ⊊ 36 €
– ℰ 0577 191 3001 – www.rosewoodhotels.com
– Aperto 19 aprile-19 novembre
⅋O **Campo del Drago** – Vedere selezione ristoranti

a Castelnuovo dell'Abate Sud-Est : 10 km ⊠ 53020

🏨 Castello di Velona   🏝 🌳 ⩽ 🛖 ⅃ 🔲 🌐 🕸 ℔ 🗓 & AC 🎿 P

DIMORA STORICA · GRAN LUSSO Soggiorno esclusivo negli eleganti ambienti di un castello dell'XI secolo completamente restaurato: moderna spa, nonché vista a 360° su colline e Val d'Orcia. Diverse possibilità ristorative, dalle migliori ricette della tradizione gastronomica toscana ai piatti gourmet del ristorante Settimo Senso.

23 cam ⊊ – ♦300/4950 € ♦♦350/4950 € – 23 suites
località Velona – ℰ 0577 839002 – www.castellodivelona.it
– Chiuso 13 gennaio-23 marzo

a Poggio Antico Sud : 5 km per Grosseto ⊠ 53024 – Montalcino

⅋O Poggio Antico ⓝ   🍸 ⩽ 🛖 � AC P

CUCINA CREATIVA · AMBIENTE CLASSICO XX All'interno dell'omonima azienda vinicola, due filari di maestosi cipressi conducono al ristorante, il cui dehors dall'incantevole vista meriterebbe già di per sé il viaggio, se non fosse che - accomodati al tavolo - si scopre il vero asso nella manica: piatti di cucina moderna su base regionale, ottimi prodotti e tanta maestria da parte dello chef. A pranzo c'è una carta ridotta, ma sempre di grande qualità.

Menu 40/60 € – Carta 56/77 € – carta semplice a pranzo
ℰ 0577 849200 (prenotazione obbligatoria la sera)
– www.ristorantepoggioantico.com – Chiuso lunedì, anche domenica
sera da novembre a marzo

Il tempo è bello? Concedetevi il piacere di mangiare in terrazza: 🌤

a **Poggio alle Mura** Sud-Ovest : 19 km ⊠ 53024 – Montalcino

🍴⃝ **Sala dei Grappoli** ⃚ 🕭 & 🆎 ⊘ 🅿

CUCINA CREATIVA • ROMANTICO XxX Una volta all'interno, le viti che ornano le pareti illustreranno il nome del ristorante, ma meglio ancora farà la cucina: chi ama la rielaborazione della tradizione in forme creative, nonché eleganti presentazioni correrà qui, ai piedi di un magnifico castello medioevale. Mentre dalla cantina solo e soltanto vini di produzione propria che coprono, per altro, diversi territori.

Menu 75/115 € – Carta 65/180 €

Hotel Castello Banfi-Il Borgo – 𝒞 0577 877524 (consigliata la prenotazione)
– www.castellobanfiilborgo.com – solo a cena – Aperto 26 marzo-10 novembre

🏚 **Castello Banfi-Il Borgo** 🌣 🦢 ≤ ⃚ ⅃ 🛁 & 🆎 ⊘ 🧖 🅿

CASA DI CAMPAGNA • GRAN LUSSO Nel castello, di origini medioevali e circondato dal più tipico paesaggio toscano, troverete la sala lettura e il museo del vetro; intorno, il borgo settecentesco e le camere, di raffinata bucolica eleganza e straordinari bagni. Incantevole, il giardino delle rose.

9 cam ⊡ – ♦400/700 € ♦♦500/800 € – 5 suites

– 𝒞 0577 877700 – www.castellobanfiilborgo.com
– Aperto 26 marzo-10 novembre

🍴⃝ **Sala dei Grappoli** – Vedere selezione ristoranti

MONTALLEGRO

Agrigento (AG) – ⊠ 92010 – 2 519 ab. – Alt. 100 m – Carta regionale n° **17**-B2
Carta stradale Michelin 365-AP59

🍴⃝ **Capitolo Primo del Relais Briuccia** ⬅ 🆎

CUCINA SICILIANA • CONTESTO STORICO XX Un angolo di amena familiarità in un anonimo vicolo del centro: protagonista è una coppia che mettendo a frutto la propria esperienza internazionale propone piatti siciliani (ottimo il filetto di tonno su insalatina di cous cous aromatica), nonché ospitalità di ottima qualità. La sala e le camere evidenziano un eccellente gusto.

Menu 40/50 € – Carta 31/50 €

5 cam ⊡ – ♦80 € ♦♦100 €

via Trieste 1 – 𝒞 0922 847755 (consigliata la prenotazione)
– www.capitolo-primo.it – Chiuso lunedì

MONTAN MONTAGNA → Vedere Montagna

MONTE BERG Bolzano → Vedere Appiano sulla Strada del Vino

MONTE...MONTI → Vedere nome proprio del o dei monti

MONTEBELLO VICENTINO

Vicenza – ⊠ 36054 – 6 571 ab. – Alt. 53 m – Carta regionale n° **22**-A2
Carta stradale Michelin 562-F16

a **Selva** Nord-Ovest : 3 km ⊠ 36054 – Montebello Vicentino

🍴⃝ **La Marescialla** ≤ 🕭 🆎 ⃝ 🅿

CUCINA REGIONALE • CONTESTO TRADIZIONALE XX Pur non mancando qualche specialità di carne, è il pesce il prediletto del menu di questo accogliente locale in aperta campagna, che propone nella stagione estiva anche un fresco dehors.

🍴 Menu 16 € (pranzo in settimana) – Carta 38/48 €

via Capitello 3 – 𝒞 0444 649216 (consigliata la prenotazione)
– www.ristorantelamarescialla.it – Chiuso 1°-5 gennaio, 13-27 agosto, domenica sera e lunedì

MONTEBELLUNA

Treviso – ⊠ 31044 – 31 228 ab. – Alt. 109 m – Carta regionale n° **23**-C2
Carta stradale Michelin 562-E18

ⅈ○ **Nidaba** 🏍 🕳 AC 🅿

CUCINA MODERNA · DI TENDENZA ✗ L'esperienza di Andrea e Daniela, con l'entusiasmo dei giovani collaboratori, dà corpo ad un locale realmente moderno, frutto di una visione cosmopolita nonostante si trovi in provincia. Cucina moderna, ma anche fritti accanto a sandwich, nonché hamburger gourmet. E poi il nuovo angolo dei cocktail con un'ampia scelta di whisky e l'importante mescita di birre: in un anno girano circa 200 tipi diversi alla spina. Insomma, un indirizzo giustamente premiato dal successo di una grande affluenza!

Carta 16/35 €

via Argine 15 – ℰ 0423 609937 (consigliata la prenotazione) – www.nidabaspirit.it – solo a cena – Chiuso domenica

MONTEBENI Firenze ➔ Vedere Fiesole

MONTEBENICHI
Arezzo – ✉ 52021 – Pietraviva – Alt. 508 m – Carta regionale n° **18**-C2
Carta stradale Michelin 563-L15

ⅈ○ **Osteria L'Orciaia** 🕳

CUCINA REGIONALE · CONTESTO STORICO ✗ Caratteristico localino rustico all'interno di un edificio cinquecentesco, con un raccolto dehors estivo. Cucina tipica toscana elaborata partendo da ottimi prodotti.

Carta 26/52 €

via Capitan Goro 10 – ℰ 055 991 0067 (prenotazione obbligatoria) – Aperto fine aprile-fine ottobre; chiuso martedì

MONTECALVO VERSIGGIA
Pavia – ✉ 27047 – 547 ab. – Alt. 410 m – Carta regionale n° **9**-B3
Carta stradale Michelin 561-H9

ⅈ○ **Prato Gaio** 🕳 AC 🅿

CUCINA REGIONALE · AMBIENTE CLASSICO ✗✗ La ristorazione è nel Dna di famiglia: osti già nell'Ottocento, ci si ispira ancora oggi alla tradizione dell'Oltrepò, talvolta riproposta come si faceva un tempo, talvolta corretta con personalità e attualità. Una tappa obbligatoria per gli amanti dei sapori locali.

Menu 40/55 € – Carta 39/63 €

località Versa, bivio per Volpara, Est: 3 km – ℰ 0385 99726 (prenotazione obbligatoria la sera) – www.ristorantepratogaio.it – Chiuso 7 gennaio-7 febbraio, lunedì e martedì

MONTECARLO
Lucca – ✉ 55015 – 4 428 ab. – Alt. 162 m – Carta regionale n° **18**-B1
Carta stradale Michelin 563-K14

ⅈ○ **Antico Ristorante Forassiepi** ⩽ 🍴 🕳 AC 🅿

CUCINA MEDITERRANEA · ACCOGLIENTE ✗✗ Qui troverete la storia di un grazioso borgo medioevale, un bel panorama sulla valle, ma soprattutto un'eccellente cucina. Se il risotto al piccione è il piatto storico, il successo delle proposte di pesce è enorme e giustificato.

Menu 60 € – Carta 43/96 €

via della Contea 1 – ℰ 0583 229475 – www.ristoranteforassiepi.it – solo a cena escluso sabato ed i giorni festivi – Chiuso martedì

🏠 **Agriturismo Fattoria la Torre** 🎿 ⩽ 🍴 ⏚ ⊟ AC 🅿

LOCANDA · MODERNO Accanto alla produzione di olio e vino, l'ospitalità alberghiera: all'interno, un curioso contrasto tra l'atmosfera di una casa ottocentesca e camere realizzate in design. A completare la struttura anche nove appartamenti con cucina arredati in stile toscano.

10 cam ⛌ – ⅈ60/100 € ⅈⅈ80/160 €

via provinciale di Montecarlo 7 – ℰ 0583 22981 – www.fattorialatorre.it

MONTECATINI TERME

Pistoia – ⊠ 51016 – 20 409 ab. – Alt. 29 m – Carta regionale n° **18**-B1
Carta stradale Michelin 563-K14

🍴○ Gourmet

PESCE E FRUTTI DI MARE · AMBIENTE CLASSICO ⅩⅩ Moderno e sobrio, elegante e raffinato: se il nome è una promessa, il ristorante vi sedurrà con una serie di proposte territoriali e non, nonché una giustificata celebrità legata ai piatti di pesce.

Menu 65 € – Carta 44/120 €

viale Amendola 6 – ℰ 0572 771012 – www.gourmetristorante.com
– Chiuso 13-22 gennaio, 6-20 agosto, mercoledì a mezzogiorno e martedì

🍴○ La Pecora Nera

CUCINA MEDITERRANEA · ELEGANTE ⅩⅩ Ci sono i lampadari di Murano e gli eleganti pavimenti d'epoca, ma in ambienti freschi e rivisitati con un gusto attuale e soprattutto un'ottima cucina fantasiosa, divisa tra terra e mare.

Menu 55 € – Carta 35/84 €

Hotel Ercolini e Savi, via San Martino 18 – ℰ 0572 70331 – www.ercoliniesavi.it
– solo a cena escluso sabato ed i giorni festivi – Chiuso 14 gennaio-4 febbraio e lunedì

🏨 Grand Hotel Croce di Malta

SPA E WELLNESS · PERSONALIZZATO La proverbiale tradizione alberghiera di Montecatini s'intreccia con quella di questo storico albergo, che tuttavia si rinnova in continuazione. Oggi offre ambienti moderni, chiari e luminosi, camere più o meno recenti con eleganti bagni.

108 cam ⊊ – †95/460 € ††95/460 € – 27 suites

viale 4 Novembre 18 – ℰ 0572 9201 – www.grandhotelcrocedimalta.com

🏨 Columbia

BOUTIQUE HOTEL · PERSONALIZZATO L'elegante edificio preannuncia gli originali interni di un giocoso albergo che reinterpreta in forma moderna vari stili, dal liberty all'impero; mai sottotono, ad un passo dall'eccesso, ma sempre con stile. Ristorante panoramico al quinto piano.

64 cam ⊊ – †49/198 € ††69/298 € – 2 suites

corso Roma 19 – ℰ 0572 70661 – www.hotelcolumbia.it – Aperto
27 dicembre-9 gennaio, 1° marzo-19 novembre e solo nei week-end in novembre-dicembre

🏨 Ercolini e Savi

TRADIZIONALE · CLASSICO Conduzione diretta - dinamica ed efficiente - ormai alla quarta generazione, in un hotel classico e di tradizione che offre belle camere ariose. Piacevole terrazza per i momenti di relax.

81 cam ⊊ – †69/129 € ††79/300 €

via San Martino 18 – ℰ 0572 70331 – www.ercoliniesavi.it
🍴○ **La Pecora Nera** – Vedere selezione ristoranti

🏨 Michelangelo

TRADIZIONALE · MODERNO Non lontano dalle terme, in zona residenziale, l'hotel si distingue per confort e arredi attuali. Citazioni orientali nella graziosa zona benessere. Accanto, come fosse una specie di dépendance, la piccola Villa La Magnolie, con sei camere per chi ama i dettagli d'epoca.

66 cam ⊊ – †50/150 € ††80/200 € – 2 suites

viale Fedeli 9 – ℰ 0572 911700 – www.hotelmichelangelo.org
– Aperto 1° aprile-3 novembre

🏨 Adua & Regina di Saba　　🌿 🍽 🏊 🔲 🌐 ♨ 🅻🅶 🔄 AC 🈂 🅿

SPA E WELLNESS · ACCOGLIENTE Variopinti ed eleganti salotti vi accolgono in un albergo che fa dei colori e di un bel centro benessere i propri punti di forza; la piscina all'aperto viene coperta nei mesi freddi.

72 cam ⌑ – ♦50/90 € ♦♦59/150 € – 3 suites

viale Manzoni 46 – 𝒞 0572 78134 – www.hoteladua.it – Chiuso 9 dicembre-28 marzo

🏨 Settentrionale Esplanade　　🌿 🍽 🏊 🔄 AC 🈂 🚗

FAMILIARE · CENTRALE A pochi passi dalle terme - raggiungibili lungo un bel viale alberato - albergo di tradizione familiare quasi centenaria offre spaziosi ambienti, servizio cortese e camere classiche: da preferire quelle con vista sui colli.

99 cam ⌑ – ♦60/120 € ♦♦80/190 €

via Grocco 2 – 𝒞 0572 70021 – www.settentrionaleesplanade.it – Chiuso 20 gennaio-1 marzo

🏨 Torretta　　🌿 🏊 🔄 🔥 AC 🅿

FAMILIARE · ACCOGLIENTE Camere semplici, tuttavia ben tenute, ma ciò che fa la differenza al Torretta è la generosità dell'accoglienza familiare, che da più di cinquant'anni e quattro generazioni accoglie i clienti come fossero amici!

59 cam ⌑ – ♦60/80 € ♦♦90/130 €

viale Bustichini 63 – 𝒞 0572 70305 – www.hoteltorretta.it – Aperto 11 aprile-3 novembre

🏨 Smart Hotel Bartolini　　🔄 AC

FAMILIARE · CENTRALE All'interno della ZTL, un piccolo, ma omogeneo albergo a conduzione familiare che ha assunto uno stile attuale e minimalista; la sala colazioni ospita spesso mostre pittoriche o fotografiche ed una parte del buffet è dedicata ai prodotti bio!

12 cam ⌑ – ♦49/99 € ♦♦59/149 €

via Felice Cavallotti 106 – 𝒞 0572 770900 – www.smarthotelbartolini.com – Chiuso 15 gennaio-11 febbraio

MONTECCHIO Brescia → Vedere Darfo Boario Terme

MONTECCHIO PRECALCINO

Vicenza – ✉ 36030 – 5 038 ab. – Alt. 84 m – Carta regionale n° **22**-A1
Carta stradale Michelin 562-F16

🍴○ La Locanda di Piero　　🐝 🍽 AC 🔄 🅿

CUCINA MODERNA · ELEGANTE XxX Piatti d'impronta moderna che ripercorrono un po' tutto il Bel Paese in una villetta di campagna che evoca l'atmosfera di una raffinata residenza privata.

Menu 30 € (pranzo in settimana)/70 € – Carta 50/95 €

via Roma 32, strada per Dueville, Sud: 1 km – 𝒞 0445 864827 – www.lalocandadipiero.it – Chiuso 1°-14 gennaio, 13-31 agosto, domenica e i mezzogiorno di lunedì e sabato

MONTECHIARUGOLO

Parma (PR) – ✉ 43022 – 10 813 ab. – Alt. 128 m – Carta regionale n° **5**-A3
Carta stradale Michelin 562-H13

🍴○ Mulino di Casa Sforza　　🍽 🔄 🅿

CUCINA REGIONALE · RUSTICO X Ambienti d'atmosfera e ricchi di fascino in un antico mulino quattrocentesco con spazi all'aperto per le sere d'estate; nella sala sono ancora visibili le antiche macine in pietra, mentre nel canale continua a scorrere l'acqua che alimentava la ruota. Cucina del territorio, quindi, paste fresche molto buone, salumi e carne.

Menu 27 € – Carta 33/64 €

via Maestà 63, località Basilicanova – 𝒞 0521 683158 – www.ristorantemulinodicasasforza.com – Chiuso lunedì

MONTECOSARO

Macerata – ✉ 62010 – 7 113 ab. – Alt. 252 m – Carta regionale n° **11**-D2
Carta stradale Michelin 563-M22

🍴 Signore te ne ringrazi

CUCINA MODERNA · CONTESTO STORICO XX Nelle affascinanti sale delle cantine del palazzo comunale, lo chef Biagiola fa della tradizione gastronomica locale il suo portabandiera: tanta fantasia, verdura ed erbe aromatiche.
Menu 50/75 € – Carta 31/67 €
Via Bruscantini 1 – ☏ 0733 222273 – www.signoreteneringrazi.it – Chiuso mercoledì

🏠 La Luma

FAMILIARE · STORICO In una struttura medievale, un delizioso alberghetto d'atmosfera, con terrazza panoramica e suggestive grotte tufacee nei sotterranei; camere in stile, alcune con vista.
10 cam ヱ – †55/70 € ††75/99 € – 1 suite
via Cavour 1 – ☏ 0733 229466 – www.laluma.it

MONTEDORO Bari → Vedere Noci

MONTEFALCO

Perugia – ✉ 06036 – 5 679 ab. – Alt. 472 m – Carta regionale n° **20**-C2
Carta stradale Michelin 563-N19

🏛 Palazzo Bontadosi

DIMORA STORICA · PERSONALIZZATO Antichi muri rinascimentali ospitano moderne forme di design, e se gli ambienti comuni accolgono una piccola galleria d'arte, la struttura coccola anche gli amanti della forma fisica con un piccolo centro benessere. Offerta culinaria seria e professionale al ristorante Locanda del Teatro.
12 cam ヱ – †90/190 € ††140/260 € – 1 suite
piazza del Comune 19 – ☏ 0742 379357 – www.hotelbontadosi.it

🏠 Agriturismo Camiano Piccolo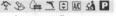

CASA DI CAMPAGNA · AGRESTE Un borgo ristrutturato, immerso tra ulivi secolari, a poche centinaia di metri dalle mura della località. Bella piscina scoperta in giardino per chi è in cerca di relax.
23 cam ヱ – †60/90 € ††80/140 €
località Camiano Piccolo 5 – ☏ 0742 379492 – www.camianopiccolo.com

a San Luca Sud-Est : 9 km ✉ 06036 – Montefalco

🏛 Villa Zuccari

DIMORA STORICA · ELEGANTE Imponente villa d'epoca immersa nella campagna, estesi spazi verdi e ampie camere con lampadari di Murano faranno sognare un passato ricco e signorile. Al ristorante Le Zuppiere cucina e vini soprattutto regionali.
31 cam ヱ – †95/175 € ††110/250 € – 3 suites
località San Luca 4 – ☏ 0742 399402 – www.villazuccari.com

MONTEFIASCONE

Viterbo – ✉ 01027 – 13 432 ab. – Alt. 590 m – Carta regionale n° **7**-A1
Carta stradale Michelin 563-O18

🙂 Stuzzico N

PESCE E FRUTTI DI MARE · FAMILIARE X Benché non manchi qualche piatto di carne e di pesce di lago, il ristorante si è guadagnato una celebrità con i prodotti del mare. C'è una carta, ma lasciatevi consigliare i prodotti del giorno dalla giovane e autodidatta cuoca. Sostanza, freschezza e fantasia a prezzi ragionevoli! Specialità: ravioli al cacao ripieno di gamberi - rollé d'orata - cheesecake con patata viola.
⌘ Menu 25/35 € – Carta 28/61 €
via Oreste Borghesi 20 – ☏ 0761 826558 – www.stuzzicorestaurant.it – Chiuso lunedì

Urbano V 🔲 📶 ℀

STORICO · CLASSICO Palazzo storico seicentesco, completamente ristrutturato, raccolto attorno ad un cortiletto interno e impreziosito da una terrazza con vista quasi a 360° su tetti e colline.

22 cam ♒ – ♦54/70 € ♦♦70/110 €

corso Cavour 107 – ℰ 0761 831094 – www.hotelurbano-v.it

MONTEFIORINO

Modena – ✉ 41045 – 2 203 ab. – Alt. 797 m – Carta regionale n° **5**-B2
Carta stradale Michelin 562-I13

�ⵏⵔ Lucenti ◁ ⟳

CUCINA EMILIANA · AMBIENTE CLASSICO ✕✕ In questa piccola casa a gestione familiare trova posto un locale di taglio classico, arredato in caldi colori pastello, dove gustare una cucina fedele al territorio; ancora più semplice e tradizionale nel servizio dell'Enoteca, la versione più giovane e "facile" del locale.

😄 Menu 25/39 € – Carta 32/54 €

via Mazzini 38 – ℰ 0536 965122 (prenotare) – www.lucenti.net – Chiuso martedì a mezzogiorno e lunedì escluso luglio-agosto

MONTEFIRIDOLFI

Firenze – ✉ 50020 – Alt. 310 m – Carta regionale n° **18**-D3
Carta stradale Michelin 563-L15

ⵏⵔ Agriturismo Fonte de' Medici 🍸 🦢 ◁ 🖥 🗡 🍷 ♨ ℀ 🅿

CASA DI CAMPAGNA · REGIONALE Per una vacanza difficile da dimenticare, Fonte de' Medici (di proprietà della Famiglia Antinori) è un antico borgo risalente al 1400: si trova nel cuore del Chianti Classico, immerso tra i vigneti del Solaia e del Tignanello.

28 cam ♒ – ♦90/130 € ♦♦120/200 €

località Santa Maria a Macerata 41, Sud-Est: 3 km – ℰ 055 824 4700 – www.fontedemedici.com – Chiuso 8 gennaio-11 marzo

MONTEFOLLONICO

Siena – ✉ 53040 – Alt. 567 m – Carta regionale n° **18**-D2
Carta stradale Michelin 563-M17

ⵏⵔ La Botte Piena 🐝 🏠 ℀

CUCINA REGIONALE · SEMPLICE ✕ Piccole graziose realtà: il borgo in cui si trova, famoso per la festa del vin santo, nonché questa moderna osteria dove, circondati dalle molte bottiglie, sarete sorpresi dal bel gusto estetico con cui si presentano piatti di sapida cucina toscana ed, in alternativa, pesce.

Menu 38 € – Carta 29/61 €

piazza Cinughi 12 – ℰ 0577 669481 – www.labottepiena.com – Chiuso metà gennaio-metà marzo, giovedì a mezzogiorno e mercoledì

MONTEFORTINO

Fermo – ✉ 63858 – 1 178 ab. – Alt. 612 m – Carta regionale n° **11**-C3
Carta stradale Michelin 563-N22

ⵏⵔ Agriturismo Antico Mulino 🍸 🦢 ◁ 🖥 ㅕ ℀ 🅿

FAMILIARE · TRADIZIONALE Un mulino ad acqua fortificato, con origini trecentesche, ristrutturato per accogliere una struttura caratteristica, di tono sobrio e con arredi in arte povera. Alla dimensione agreste contribuiscono anche gli animali dell'azienda agricola (cavalli, caprette, etc.) che si aggirano liberamente nei pressi.

15 cam ♒ – ♦60/80 € ♦♦60/80 €

località Tenna 2, Nord: 2 km – ℰ 0736 859530 – www.anticomulino.it – Aperto Pasqua-10 novembre

MONTEGIORGIO

Fermo – ⊠ 63833 – 6 851 ab. – Alt. 411 m – Carta regionale n° **11**-D2
Carta stradale Michelin 563-M22

a Piane di Montegiorgio Sud : 5 km ⊠ 63025

🍴○ **Oscar e Amorina**   ⇔ 🕭 🏠 AC 🔏 🅿

CUCINA MARCHIGIANA · CONVIVIALE XX Sala rossa o sala rosa? Qualsiasi sia la scelta, la cucina "sforna" tipiche specialità marchigiane in porzioni abbondanti. Tra le tante proposte, vivamente consigliati sono: i fini fini di bosco e le prelibatezze allo spiedo (attenzione, molte su prenotazione!).

🍽 Menu 25 € (pranzo in settimana)/35 € – Carta 29/82 €

19 cam ⌸ – ♦45/55 € ♦♦70/95 €

via Faleriense Ovest 69 – ℰ 0734 967351 – www.oscareamorina.it – Chiuso lunedì a mezzogiorno

MONTEGROSSO Barletta-Andria-Trani → Vedere Andria

MONTEGROTTO TERME

Padova – ⊠ 35036 – 11 331 ab. – Alt. 11 m – Carta regionale n° **23**-B3
Carta stradale Michelin 562-F17

🍴○ **Al Bosco**   ⩽ 🏠 AC 🅿

CUCINA REGIONALE · ACCOGLIENTE XX Poco lontano dal centro, ma già in posizione collinare in un contesto verde ed ombreggiato, un ristorante rustico-elegante con caminetti e pareti decorate: dal soffitto pendono originali paioli in rame. La specialità tra i secondi piatti sono le cotture alla brace di legna.

Carta 33/63 €

via Cogolo 8 – ℰ 049 794317 (consigliata la prenotazione)
– www.alboscomontegrotto.it – Chiuso 7-31 gennaio, martedì a mezzogiorno e mercoledì

🍴○ **Da Mario**   🏠 AC

CUCINA CLASSICA · ACCOGLIENTE XX All'entrata della località, una sala con ampie vetrate e un dehors per una linea gastronomica tradizionale, di terra e di mare. Ideale per una gratificante sosta culinaria, dopo una giornata alle terme!

Carta 36/54 €

corso delle Terme 4 – ℰ 049 794090 (consigliata la prenotazione)
– www.damarioristorante.it – Chiuso mercoledì a mezzogiorno e martedì

🏨 **Continental Terme**   🛋 🕭 🏊 🗔 🕸 🖈 🏋 ℀ 🗓 🕹 AC 🔏 🅿

SPA E WELLNESS · ACCOGLIENTE Il parco ricco di servizi sportivi è il punto di forza di questo hotel un po' defilato dal centro, ma che - in compenso - fa del relax e delle cure termali il suo fiore all'occhiello, con ben cinque piscine. Suite di stampo sia moderno sia classico per gli amanti di entrambi i generi.

167 cam ⌸ – ♦68/73 € ♦♦124/134 €

via Neroniana 8
– ℰ 049 793522 – www.continentaltermehotel.it
– Chiuso 8-20 dicembre e 7 gennaio-8 febbraio

🏨 **Grand Hotel Terme**   🛋 🕭 🏊 🗔 🕸 🖈 🏋 ℀ 🗓 🕹 AC 🔏 🅿

SPA E WELLNESS · CLASSICO Un'elegante classicità attende gli ospiti in questo albergo centrale a decennale gestione familiare. Camere simili negli arredi, cambiano le metrature. Ristorante serale panoramico al sesto piano.

107 cam ⌸ – ♦108/188 € ♦♦222/270 € – 29 suites

viale Stazione 21 – ℰ 049 891 1444
– www.grandhotelterme.it
– Chiuso 17 novembre-22 dicembre e 23 giugno-21 luglio

Terme Neroniane

SPA E WELLNESS · CONTEMPORANEO All'interno di un parco di 40.000 metri quadrati, con tre piscine a diversa temperatura di cui una olimpionica, l'albergo è stato completamente ristrutturato e propone camere classiche o contemporanee con balconi-loggia. Nella sala ristorante, attraverso gli oblò del pavimento, vedrete scorci delle antiche terme romane.

97 cam 🛏 – †90/118 € ††152/170 € – 3 suites

via Neroniane 21/23 – ℰ 049 891 1694 – www.neroniane.it – Aperto 22 dicembre-6 gennaio e 4 marzo-27 novembre

Garden Terme

SPA E WELLNESS · CLASSICO In un parco-giardino con piscina termale, un bel complesso, che offre un'ampia gamma di cure rigenerative psico-fisiche; eleganti interni, con un'esotica "sala indiana".

110 cam 🛏 – †78/126 € ††142/228 € – 7 suites

corso delle Terme 7 – ℰ 049 891 1699 – www.gardenterme.it – Chiuso 3 dicembre-14 febbraio

Terme Bellavista

SPA E WELLNESS · CLASSICO Cordiale conduzione diretta che vi accoglierà in curati salotti ed un'attrezzata zona benessere: camere totalmente rinnovate e di piacevole stile. Nella spaziosa sala ristorante sobriamente arredata, le tradizionali proposte culinarie.

70 cam 🛏 – †50/150 € ††80/300 €

via dei Colli 5 – ℰ 049 793333 – www.bellavistaterme.com – Chiuso 7 gennaio-15 marzo

Terme Olimpia

SPA E WELLNESS · FUNZIONALE Il tocco femminile della gestione si fa sentire nella calorosa accoglienza e nei gradevoli spazi comuni. Camere confortevoli - in parte rinnovate - ed attrezzato centro benessere. Originale, il giardino zen. Cucina mediterranea al ristorante.

102 cam 🛏 – †68/161 € ††136/326 € – 6 suites

viale Stazione 25 – ℰ 049 793499 – www.hoteltermeolympia.com – Chiuso 10-25 dicembre e luglio

Terme Preistoriche

TERMALE · CLASSICO Piacevole villa dei primi '900 con ampio parco-giardino e piscine termali: gli interni riflettono l'eleganza esterna grazie a raffinate sale ed accoglienti camere di diversa tipologia e prezzi, dalle classiche alle più recenti.

47 cam 🛏 – †75/106 € ††124/250 €

via Castello 5 – ℰ 049 793477 – www.termepreistoriche.it – Chiuso 9-20 dicembre

MONTELEONE Pavia → Vedere Inverno-Monteleone

MONTELUCCI Arezzo → Vedere Pergine Valdarno

MONTEMAGGIORE AL METAURO

Pesaro e Urbino – ✉ 61030 – 2 893 ab. – Alt. 197 m – Carta regionale n° **11-B1**
Carta stradale Michelin 563-K20

Agriturismo Villa Tombolina

CASA DI CAMPAGNA · TRADIZIONALE Nell'antica residenza estiva degli arcivescovi di Urbino, un agriturismo con vista sulle colline, che accosta ambienti spaziosi e signorili (nella residenza principale) a camere più rustiche ma anche più romantiche (nel casale). A Villa Tombolina è possibile anche acquistare prelibatezze di produzione propria: olio extravergine di oliva e salumi nostrani.

14 cam 🛏 – †50/200 € ††70/250 €

via Tombolina, Sud: 4,5 km – ℰ 0721 891918 – www.villatombolina.it

MONTEMAGNO

Asti – ✉ 14030 – 1 153 ab. – Alt. 260 m – Carta regionale n° **12**-C2
Carta stradale Michelin 561-G6

⁝○ **La Braja**   🄰🄲 💱 ⇔ 🄿

CUCINA PIEMONTESE · ELEGANTE ✕✕✕ I bei dipinti che decorano le pareti sono realizzati dal titolare e da suo figlio, ma l'arte non si limita ai quadri e trova una propria espressione anche in cucina: proposte locali condite da un pizzico di fantasia.

Menu 65 € – Carta 48/88 €

via San Giovanni Bosco 11 – ℰ 0141 653925 – www.labraja.it – Chiuso 27 dicembre-20 gennaio, 2 settimane in agosto, lunedì e martedì

Un importante pranzo d'affari o una cena tra amici?
Il símbolo ⇔ indica la presenza di una sala privata.

MONTEMAGNO Lucca → Vedere Camaiore

MONTEMARCELLO La Spezia → Vedere Ameglia

MONTEMARCIANO Arezzo → Vedere Terranuova Bracciolini

MONTEMERANO

Grosseto – ✉ 58014 – Alt. 303 m – Carta regionale n° **18**-C3
Carta stradale Michelin 563-O16

✿✿ **Caino** (Valeria Piccini)   ❀ ⇐ ⬲ 🄰🄲 💱

CUCINA MODERNA · ELEGANTE ✕✕✕ Le infinite bellezze della regione Toscana, la prossimità con le terme di Saturnia e piatti leggendari come il raviolo all'olio extravergine di oliva con colatura di alici, capperi di Pantelleria e coulis di pomodori contribuiscono all'internazionalità dei clienti, nonché alla fama di questo indirizzo, come una delle grandi tavole italiane.

Grazie ad un legame inscindibile con la terra che lo circonda, Caino ha il grande pregio di aver fatto conoscere al mondo intero la cucina maremmana in veste raffinata e contemporanea grazie alla sensibilità gastronomica e caparbietà della chef Valeria Piccini ora supportata dal prezioso contributo del figlio Andrea. Il "credo" di questa grande cuoca risiede nella volontà di consentire al suo ospite di capire esattamente cosa sta mangiando, evitando – dunque – di adottare tecniche troppo estreme, concentrandosi sull'esaltazione di prodotti sempre all'altezza.

Il locale si trova in un piccolo paese medioevale, per altro raggiungibile solo attraverso tortuose strade di campagna e distante da tutto, ma questo è solo un plus!

→ Tagliolini di farine antiche con pompelmo, canocchie e cacao. Piccione con nocciole e cioccolato. I sapori dell'arcobaleno (dessert).

Menu 140/170 € – Carta 105/165 €

3 cam ➘ – †140/180 € ††180/250 €

via della Chiesa 4 – ℰ 0564 602817 – www.dacaino.it – solo a cena escluso venerdì, sabato e domenica – Chiuso 1 settimana in novembre, 3 settimane in gennaio, 1 settimana in giugno, 1 settimana in luglio e mercoledì

🏠 **Villa Acquaviva**   ✿ ⬲ ⇐ 🕭 ⏦ 🍽 ⅙ 💱 🄿

DIMORA STORICA · AGRESTE Gode di splendida vista sui colli e sui vigneti di proprietà, questa villa di fine Ottocento con vicina dépendance immersa in un grande parco: raffinata rusticità negli interni e bella piscina.

23 cam ➘ – †70/90 € ††90/190 € – 2 suites

località Acquaviva 10, Nord: 2 km – ℰ 0564 602890 – www.villacquaviva.com – Chiuso 7 gennaio-1° marzo

MONTE PETRIOLO Perugia (PG) → Vedere Perugia

MONTE PORZIO CATONE
Roma – ⬛ 00040 – 8 693 ab. – Alt. 451 m – Carta regionale n° **7**-B2
Carta stradale Michelin 563-Q20

⁑○ Barrique by Oliver Glowig 🏠 🖭 💱 🅿

CUCINA CREATIVA · ELEGANTE XxX A pochi metri dal casello di Monte Porzio, all'interno dell'azienda vinicola Poggio le Volpi, il celebre cuoco tedesco Glowig dà un'altra prova del suo amore e padronanza della cucina italiana, in una sala contemporanea con richiami al mondo enologico. Per soste più veloci ed informali al piano superiore c'è Epos, piatti tradizionali con ampia scelta di carni di manzo frollate sino a 90 giorni e poi cotte alla griglia.

Menu 65/80 € – Carta 48/76 €

via di Fontana Candida 3 – ℰ 06 941 6641 – www.enotecapoggiolevolpi.it – Chiuso 15 giorni in agosto, domenica sera e lunedì

⁑○ Il Monticello 🏠 🅿

CUCINA LAZIALE · RUSTICO X Poco fuori dal centro, cucina romano-laziale con sapiente uso dei sapori e, come chicca, le verdure del proprio orto, in un ristorante dal piacevole e caldo ambiente rustico.

Carta 28/50 €

via Romoli 27 – ℰ 06 944 9353 – www.ristoranteilmonticello.it – Chiuso 24 agosto-3 settembre e lunedì, anche domenica sera in inverno

MONTEPULCIANO
Siena – ⬛ 53045 – 14 097 ab. – Alt. 605 m – Carta regionale n° **18**-D2
Carta stradale Michelin 563-M17

⁑○ La Grotta 🕸 🍴 🏠 🖭

CUCINA TOSCANA · AMBIENTE CLASSICO XX Di fronte alla chiesa di San Biagio, all'interno di un edificio del '500, locale rustico-elegante, con bel servizio estivo in giardino. Ottima la cucina: toscana, sapientemente rivisitata.

Menu 55 € – Carta 43/70 €

*località San Biagio 16, Ovest: 1 km – ℰ 0578 757479
– www.lagrottamontepulciano.it – Chiuso 15 gennaio-20 marzo e mercoledì*

⁑○ Le Logge del Vignola 🕸 🏠 🖭

CUCINA TOSCANA · CONTESTO TRADIZIONALE XX Buona risorsa questo piccolo locale nel centro storico, con tavoli un po' ravvicinati, ma coperto e materia prima regionale assai curati. Interessante anche la carta dei vini.

Menu 50 € – Carta 31/61 €

*via delle Erbe 6 – ℰ 0578 717290 (consigliata la prenotazione)
– www.leloggedelvignola.com – Chiuso metà novembre-26 dicembre e martedì*

🏠 Villa Cicolina 🏵 🐾 🍴 ⏏ 🖭 🅿

DIMORA STORICA · ROMANTICO Splendida villa seicentesca circondata da un curato giardino e piscina panoramica, gli interni non sono meno incantevoli: camere in genere ampie con arredi d'epoca, un sogno toscano d'altri tempi.

13 cam ⌑ – †120/150 € ††130/190 € – 8 suites

via Provinciale 11, Nord-Est: 2 Km – ℰ 0578 758620 – www.villacicolina.it – Aperto 30 dicembre-5 gennaio e 1° aprile-3 novembre

🏠 Villa Poggiano 🐾 ≤ 🍴 ⏏ 🖭 💱 🛁 🅿

DIMORA STORICA · GRAN LUSSO Un vasto parco con scenografica piscina in stile art-déco accoglie gli ospiti tra silenzio e profumi. Nel mezzo una villa del '700 che ha mantenuto intatta l'atmosfera della dimora storica.

10 suites ⌑ – ††220/330 € – 4 cam

*via di Poggiano 7, Ovest: 2 km – ℰ 0578 758292 – www.villapoggiano.com
– Aperto 1° aprile-7 novembre*

MONTERIGGIONI

Siena – ✉ 53035 – 9 810 ab. – Alt. 274 m – Carta regionale n° **18**-D1
Carta stradale Michelin 563-L15

🏠 Monteriggioni   🕭 🚪 ⌶ 🖃 🅰🅲 🅿

STORICO · TRADIZIONALE All'interno del borgo medievale, un hotel in pietra di piccole dimensioni con camere in stile rustico dai letti in ferro battuto, un piacevole giardino sul retro e piscina.

10 cam ⌂ – ♦90/130 € ♦♦160/250 € – 1 suite
*via 1° Maggio 4 – 𝒞 0577 305009 – www.hotelmonteriggioni.net
– Aperto 15 marzo-5 novembre*

a **Strove** Sud-Ovest : 4 km ✉ 53035

🏠 Castel Pietraio   🕭 🚪 ⌶ 🅰🅲 🕉 🔏 🅿

STORICO · CLASSICO Meta ideale per trascorrere romantici soggiorni a contatto con la natura, la struttura di origine altomedievale - un avamposto difensivo senese - ospita ora camere ben arredate ed una piscina. Nel castello, anche 5 appartamenti con cucina.

13 cam ⌂ – ♦80/130 € ♦♦130/175 €
*località Castelpietraio, strada di Strove 33, Sud-Ovest: 4 km – 𝒞 0577 300020
– www.castelpietraio.it*

MONTERONI D'ARBIA

Siena – ✉ 53014 – 9 088 ab. – Alt. 161 m – Carta regionale n° **18**-C2
Carta stradale Michelin 563-M16

verso **Buonconvento** Sud-Est : 6 km

🏠 Casa Bolsinina   🏡 🕭 ⪕ 🚪 ⌶ 🅰🅲 🕉 🅿

CASA DI CAMPAGNA · TRADIZIONALE Tipico esempio di architettura toscana, questa casa di campagna si caratterizza per i suoi interni caldi e familiari. Dopo una giornata all'aria aperta, sarà piacevole ritirarsi nelle sue belle camere arredate con qualche mobile d'epoca.

6 cam ⌂ – ♦128/140 € ♦♦128/140 €
*località Casale Caggiolo – 𝒞 0577 718477 – www.bolsinina.com – Aperto
30 marzo-5 novembre*

MONTEROSSO AL MARE

La Spezia – ✉ 19016 – 1 464 ab. – Carta regionale n° **8**-D2
Carta stradale Michelin 561-J10

🍽 Da Miky   🕭 🏛 🅰🅲

PESCE E FRUTTI DI MARE · ALLA MODA 𝕏𝕏 Uno dei migliori ristoranti in zona quanto a ricerca del pescato – a cominciare dalle celebri acciughe di Monterosso – Miky si trova proprio di fronte al mare e ad un grande parcheggio qualora arrivaste in macchina. C'è anche una piccola rivendita di prodotti locali.

Menu 65/80 € – Carta 58/107 €
*via Fegina 104 – 𝒞 0187 817608 – www.ristorantemiky.it – Aperto
15 marzo-2 novembre; chiuso martedì*

🍽 L'Ancora della Tortuga   ⪕ 🏛 🅰🅲

PESCE E FRUTTI DI MARE · STILE MEDITERRANEO 𝕏 Locale in stile marina letteralmente aggrappato alla scogliera (una parete è di roccia viva): dal dehors superiore la vista è mozzafiato, mentre la cucina onora il mare, ma non dimentica la terra.

Menu 40 € – Carta 77/123 €
*via salita Cappuccini 4 – 𝒞 0187 800065 (consigliata la prenotazione)
– www.ristorantetortuga.it – Aperto 9 marzo-14 novembre; chiuso lunedì*

Porto Roca

TRADIZIONALE · MEDITERRANEO E' paradisiaca la posizione di questa struttura abbarbicata alla scogliera a strapiombo sulla distesa blu e dall'atmosfera un po' démodé negli interni in stile; camere di differenti tipologie, accomunate da un alto standard di confort, nonché un'originale piscina a sfioro con vista sull'orizzonte con acqua del mare. Spettacolare terrazza estiva per il ristorante con vista sulla baia e sul paese.

40 cam ☲ – †125/310 € ††150/340 € – 4 suites

via Corone 1 – ℰ 0187 817502 – www.portoroca.it – Aperto 13 aprile-2 novembre

La Colonnina

TRADIZIONALE · CLASSICO Nei tranquilli carruggi pedonali, si presenta con un piccolo giardino ombreggiato questo hotel dall'attenta conduzione familiare. All'interno camere confortevoli: noi vi consigliamo di prenotate quelle con terrazza.

22 cam ☲ – †100/150 € ††120/210 €

via Zuecca 6 – ℰ 0187 817439 – www.lacolonninacinqueterre.it
– Aperto 15 aprile-31 ottobre

Pasquale

FAMILIARE · CLASSICO Costruito sulla parete rocciosa, gli spazi comuni sono limitati, ma le camere – con il vantaggio di essere tutte rivolte sulla piccola baia – sorprenderanno per la raffinatezza degli arredi e delle decorazioni.

15 cam ☲ – †90/130 € ††140/240 €

via Fegina 4 – ℰ 0187 817477 – www.hotelpasquale.it
– Aperto 12 marzo-5 novembre

Ca' du Gigante

TRADIZIONALE · ACCOGLIENTE A pochi metri dal mare, signorili ambienti comuni e confort contemporaneo di buon livello nelle accoglienti camere: per una vacanza romantica e rilassante.

10 cam ☲ – †80/175 € ††100/180 €

via IV Novembre 11 – ℰ 0187 817401 – www.ilgigantecinqueterre.it

Locanda il Maestrale

TRADIZIONALE · CLASSICO In un palazzo del 1700, Locanda il Maestrale è un rifugio raffinato e romantico con terrazza per colazioni all'aperto, nonché belle camere in stile di cui due, superior, soppalcate e con soffitto affrescato. La struttura si trova all'ingresso del centro storico e della strada pedonale.

6 cam ☲ – †90/160 € ††90/160 €

via Roma 37 – ℰ 0187 817013 – www.locandamaestrale.net – Chiuso gennaio e febbraio

MONTE ROTA RADSBERG Bolzano (BZ) → Vedere Dobbiaco

MONTEROTONDO

Roma – ⊠ 00015 – 40 830 ab. – Alt. 165 m – Carta regionale n° **7**-B2
Carta stradale Michelin 563-P19

⅋O Antica Trattoria dei Leoni

CUCINA REGIONALE · CONTESTO CONTEMPORANEO ⅋ Il ristorante sfoggia una veste contemporanea, ma non dubitate: la cucina è autenticamente laziale e non manca mai la griglia (nei fine settimana o su prenotazione, lo spiedo)! Camere ricavate dalla ristrutturazione di un antico convento, quelle che si affacciano sulla piazza sono le più spaziose.

꩜ Menu 15 € – Carta 25/42 €

34 cam ☲ – †35/140 € ††55/140 € – 3 suites

piazza del Popolo 11/15 – ℰ 06 9062 3591 – www.albergodeileoni.it

MONTE SAN PIETRO PETERSBERG Bolzano → Vedere Nova Ponente

MONTE SAN SAVINO
Arezzo – ⊠ 52048 – 8 743 ab. – Alt. 330 m – Carta regionale n° **18**-C2
Carta stradale Michelin 563-M17

a Gargonza Ovest : 7 km ⊠ 52048 – Monte San Savino – Alt. 543 m

🏰 Castello di Gargonza ⟡ ⟡ ⟡ ⟡ ⟡ ⟡ ⟡ P
DIMORA STORICA · PERSONALIZZATO Isolamento, silenzio e la suggestione di un glorioso passato: gli ospiti che hanno alloggiato al castello non sono solo vip, ma anche illustri personaggi nazionali (Dante, ad esempio, si fermò qui in fuga da Firenze). Una strada a mulinello si arrampica fino ad una piazzetta: intorno, camere di sobria eleganza.
40 cam ⊊ – †90/120 € ††140/170 €
Monte San Savino – ℰ 0575 847021 – www.gargonza.it – Chiuso 10 gennaio-1° marzo

MONTE SANT' ANGELO
Foggia – ⊠ 71037 – 12 657 ab. – Alt. 796 m – Carta regionale n° **15**-B1
Carta stradale Michelin 564-B29

🏵 Medioevo
CUCINA REGIONALE · SEMPLICE Agnello al profumo del Gargano, fichi secchi farciti al rhum con crema di vaniglia ed altre prelibatezze regionali elaborate partendo da prodotti stagionali, in un semplice ristorante del centro, raggiungibile solo a piedi.
Carta 22/49 €
via Castello 21 – ℰ 0884 565356 – www.ristorantemedioevo.it – Chiuso lunedì escluso agosto-settembre

⫶○ Li Jalantuùmene ⟡ ⟡ ⟡ ⟡
CUCINA PUGLIESE · ROMANTICO Affacciato su un'incantevole piazzetta, la travolgente passione del cuoco vi guiderà alla scoperta dei "giacimenti gastronomici" pugliesi, in un piccolo, ma romantico, ristorante con adorabili camere. Senza dubbio uno dei migliori di tutta la provincia!
Menu 32/60 € – Carta 36/65 €
4 cam ⊊ – †60/100 € ††80/120 €
piazza de Galganis 9 – ℰ 0884 565484 (consigliata la prenotazione) – www.li-jalantuumene.it – Chiuso martedì escluso in estate

🏨 Palace Hotel San Michele ⟡ ⟡ ⟡ ⟡ ⟡ ⟡ ⟡ ⟡ ⟡ ⟡ ⟡ ⟡ ⟡
TRADIZIONALE · ELEGANTE Sulla sommità del paese, dalla quale si domina il Gargano, l'hotel si è ampliato col centro benessere e la dépendance dotata di camere con vista: foresta, castello o golfo, a voi la scelta. Ristorazione disponibile in vari ambienti, ugualmente curati.
61 cam ⊊ – †39/150 € ††49/220 € – 5 suites
via Madonna degli Angeli – ℰ 0884 565653 – www.palacehotelsanmichele.it

MONTE SAN VITO
Ancona – ⊠ 60037 – 6 848 ab. – Alt. 135 m – Carta regionale n° **11**-C1
Carta stradale Michelin 563-L21

🏰 Poggio Antico ⟡ ⟡ ⟡ ⟡ ⟡ ⟡ P
CASA DI CAMPAGNA · BUCOLICO La risorsa, in posizione panoramica tra le colline, dispone di appartamenti, zona notte separata, in stile rustico-contadino, arredati con un tocco di romanticismo.
13 suites – ††111/203 € – ⊊ 30 €
via Malviano b, località Santa Lucia – ℰ 071 740072 – www.poggio-antico.com – Aperto 21 aprile-31 ottobre

MONTESCUDAIO

Pisa – ⊠ 56040 – 2 144 ab. – Alt. 242 m – Carta regionale n° **18**-B2
Carta stradale Michelin 563-M13

⭑○ **Il Frantoio** ⒶⒸ

CUCINA TOSCANA · COLORATO ⅹ Se rimangono il nome ed i caratteristici archi
in mattone del vecchio frantoio, tutto il resto rinasce a nuova vita e gestione col
2017: un giovane cuoco ha rinfrescato ed alleggerito la sala, proponendo una
cucina toscana con mano lievemente moderna. Quindi, seppur di fatto è come
fosse un nuovo locale, lo consigliamo nuovamente.

Menu 45 € (cena) – Carta 36/58 €

*via della Madonna 9 – ℰ 0586 650381 – www.ristorantefrantoio.com
– Chiuso 9 gennaio-10 febbraio, martedì ed i mezzogiorno di mercoledì, giovedì e venerdì*

MONTESILVANO MARINA

Pescara – ⊠ 65015 – 53 738 ab. – Carta regionale n° **1**-B1
Carta stradale Michelin 563-O24

⭑○ **La Polena** 🏠 ⒶⒸ 🅿

PESCE E FRUTTI DI MARE · CONTESTO CONTEMPORANEO ⅹⅹⅹ Protagonista è il
mare, non solo per la strategica posizione del locale a pochi passi dalla spiaggia,
o per la scelta del nome, ma soprattutto per le fragranti specialità ittiche presenti
in menu: il cui posto d'onore è riservato ai crostacei. Una zona lounge per rilassarsi nel dopocena è la novità dell'ultim'ora.

Menu 48 € (in settimana) – Carta 41/189 €

viale Aldo Moro 3 – ℰ 085 66007 – www.lapolena.it

⭑○ **Sette Vele** 🏠 ⅆ ⒶⒸ

PESCE E FRUTTI DI MARE · ACCOGLIENTE ⅹⅹ Piccolo locale condotto da una
giovane coppia che ha realizzato il sogno di un locale tutto loro. Fragranti piatti
a base di pesce elaborati con un pizzico di fantasia.

Carta 33/66 €

*via Giolitti 3, (angolo via Verrotti) – ℰ 085 862 2738 – www.settevele.it – Chiuso
25 gennaio- 7 febbraio, domenica sera, martedì a mezzogiorno e lunedì*

MONTEU ROERO

Cuneo – ⊠ 12040 – 1 634 ab. – Alt. 395 m – Carta regionale n° **14**-C2
Carta stradale Michelin 561-H5

⊛ **Cantina dei Cacciatori** 🕊 🏠 ⒶⒸ ✢ 🅿

PIEMONTESE · CONTESTO REGIONALE ⅹ L'insegna originale dipinta sulla facciata
ammicca alla storia ultracentenaria del locale. Nato dal recupero di una vecchia trattoria
fuori paese - fra castagni e rocce di tufo - il ristorante propone piatti tipici piemontesi
ma non solo, come i ravioli di borragine e carne al burro profumato e pancetta croccante. Incantevole dehors per la bella stagione e cantina interrata d'inizio '900 visitabile!

🍴 Menu 22 € (pranzo in settimana)/30 € – Carta 25/45 €

*località Villa Superiore 59, Nord-Ovest: 2 km – ℰ 0173 90815 - www.cantinadeicacciatori.it
– Chiuso 15-30 gennaio, 1°-15 luglio, martedì a mezzogiorno e lunedì*

MONTEVARCHI

Arezzo – ⊠ 52025 – 24 378 ab. – Alt. 144 m – Carta regionale n° **18**-C2
Carta stradale Michelin 563-L16

a Moncioni Sud-Ovest : 8,5 km ⊠ 52025

🏠 **Villa Sassolini** ⛱ 🐾 ⩶ 🛏 ⅉ 🎐 🔁 ⒶⒸ

BOUTIQUE HOTEL · STORICO Albergo "diffuso" - sebbene con un corpo centrale
- dispone di camere eleganti dove le tonalità del grigio sono declinate nelle varie sfumature e riscaldate da elementi d'arredo di grande suggestione. Mirabile esempio di
recupero architettonico, in grado di dimostrare come sia possibile coniugare passato
e moderna ospitalità, *Villa Sassolini* è situata al confine tra la Valle dell'Arno e le Colline
del Chianti. La campagna toscana qui è strepitosa e la struttura di un lusso sofisticato.

14 cam ⌕ – ♦158/205 € ♦♦198/358 € – 3 suites

piazza Rotondi 17 – ℰ 055 970 2246 – www.villasassolini.it – Aperto 30 marzo-2 novembre

MONTEVECCHIA

Lecco – ⊠ 23874 – 2 623 ab. – Alt. 479 m – Carta regionale n° **10**-B1
Carta stradale Michelin 561-E10

🍴○ **La Piazzetta**　　　　　　　　　　　　　🛱 ⇔ 🅿

CUCINA LOMBARDA · CONTESTO TRADIZIONALE XX Nella parte alta del paese, un locale ubicato all'interno di un edificio ristrutturato. Un ristorante di taglio classico con due sale luminose e una cucina interessante con proposte classiche e contemporanee.

Menu 40 € – Carta 32/44 €

largo Agnesi 3 – ℰ 039 993 0106 – www.ristolapiazzetta.it – Chiuso 15 giorni in gennaio, 15 giorni in agosto o settembre, martedì a mezzogiorno e lunedì

MONTICCHIELLO Siena → Vedere Pienza

MONTICELLI BRUSATI

Brescia – ⊠ 25040 – 4 516 ab. – Alt. 283 m – Carta regionale n° **10**-D1
Carta stradale Michelin 561-F12

🍴○ **Hostaria Uva Rara**　　　　　　　　　　　🛱 �&ᎂ 🆎

CUCINA REGIONALE · ACCOGLIENTE XX Gestione professionale in un antico cascinale del '400 con arredi di gusto e caratteristici soffitti sorretti da volte in pietra. La cucina si divide equamente tra terra, lago e mare; a pranzo, disponibilità di menu più economici.

Menu 28 € (pranzo in settimana)/55 € – Carta 38/67 €

*via Foina 42 – ℰ 030 685 2643 – www.hostariauvarara.it
– Chiuso mercoledì*

MONTICELLI D'ONGINA

Piacenza – ⊠ 29010 – 5 302 ab. – Alt. 40 m – Carta regionale n° **5**-A1
Carta stradale Michelin 562-G11

⊛ **Antica Trattoria Cattivelli**　　　　　　　🛱 🆎 🅿

CUCINA DEL TERRITORIO · FAMILIARE X Gli appassionati della cucina della bassa padana troveranno qui uno dei migliori ristoranti della zona, e non da ieri: dal dopoguerra Cattivelli è un baluardo dei piatti del territorio, dai pisarei al cotechino passando per la faraona ripiena. Specialità tra le specialità: cappelletti al cacio del Po e storione stufato alle verdure.

🍴 Menu 20 € (pranzo in settimana) – Carta 31/58 €

*via Chiesa 2, località Isola Serafini – ℰ 0523 829418 – www.trattoriacattivelli.it
– Chiuso 15 giorni in luglio, martedì sera e mercoledì*

MONTICELLI TERME

Parma – ⊠ 43022 – Alt. 99 m – Carta regionale n° **5**-A3
Carta stradale Michelin 562-H13

🏨 **Delle Rose**　　　　　🗣 🛋 🍸 ⚕ 🏊 ⅃ᵏ 🖭 �&ᎂ 🆎 ⚒ 🅿

SPA E WELLNESS · CLASSICO In un parco-pineta, una struttura con piacevoli spazi comuni e una piscina termale coperta. Per chi è in cura alle terme, ma anche per clientela d'affari e di passaggio.

58 cam ⊠ – ♦85/100 € ♦♦130/160 € – 10 suites

*via Montepelato Nord 4/a – ℰ 0521 657425 – www.termedimonticelli.it
– Chiuso 7 gennaio-1° febbraio*

MONTICHIARI

Brescia – ⊠ 25018 – 25 198 ab. – Alt. 104 m – Carta regionale n° **9**-D1
Carta stradale Michelin 561-F13

🍴 **Osteria dei Matti**

CUCINA REGIONALE · RUSTICO ✗ Simpatica e moderna osteria dove gustare un'ottima cucina di terra preparata scegliendo accuratamente le materie prime; camino acceso e atmosfera più "calda" nella confortevole cantina.

🍴 Menu 17 € (pranzo in settimana) – Carta 36/60 €

via G.A. Poli 26 – ℰ 030 965 7175 – www.osteriadeimatti.it – Chiuso 2 settimane in agosto e lunedì

🏠 **Palazzo Novello**

FAMILIARE · STORICO In un palazzo settecentesco nel centro storico della località, un bellissimo scalone centrale conduce ai piani: ovunque aleggia un'atmosfera antica, ma la gestione è giovane e dinamica, le camere arredate con cura. Un piccolo gioiello vicino a fiera ed aeroporto.

18 cam ♊ – †69/119 € ††79/159 €

via Tito Speri 17 – ℰ 030 965 0907 – www.palazzonovello.it – Chiuso 23-28 dicembre

MONTICIANO

Siena – ✉ 53015 – 1 571 ab. – Alt. 375 m – Carta regionale n° **18**-C2
Carta stradale Michelin 563-M15

🍴 **Da Vestro**

CUCINA TOSCANA · RUSTICO ✗ Alle porte della località e circondato da un ampio giardino, un antico podere ospita una trattoria dalle cui cucine si affacciano i piatti e i sapori della tradizione toscana. Dispone anche di alcune camere semplici dagli arredi in legno e ben curate.

Carta 20/45 €

14 cam ♊ – †40/65 € ††70/88 €

via 2 Giugno 1 – ℰ 0577 756618 (prenotare) – www.davestro.it – Aperto Pasqua-30 novembre

MONTICOLO MONTIGGLER SEE Bolzano → Vedere Appiano sulla Strada del Vino

MONTIERI

Grosseto – ✉ 58026 – 1 204 ab. – Alt. 704 m – Carta regionale n° **18**-C2
Carta stradale Michelin 563-M15

 Agriturismo La Meridiana-Locanda in Maremma

LOCANDA · PERSONALIZZATO Arredi di grande gusto in questa elegante country house ricavata da un'antica stalla: letti in ferro battuto e ampio scrittoio in travertino nelle amene camere. Percorso vita di circa 1 km e grazioso giardino che sconfina nel bosco. Piatti regionali nel rustico ristorante.

13 cam ♊ – †65/150 € ††120/150 €

strada provinciale 5 le Galleraie, Sud-Est: 2,5 km – ℰ 335 809 0510 – www.lameridiana.net – Aperto 1° maggio-30 settembre

MONTIGNOSO

Massa-Carrara – ✉ 54038 – 9 798 ab. – Alt. 132 m – Carta regionale n° **18**-A1
Carta stradale Michelin 563-J12

🏠 **Il Bottaccio**

CASA DI CAMPAGNA · ORIGINALE Dolci colline alberate fanno da cornice a questa dimora di campagna, che di rurale ha mantenuto solo certe pregevoli caratteristiche, quali i pavimenti in cotto o i soffitti a cassettoni. Per il resto, tutto è all'insegna del lusso e della ricercatezza; meravigliose camere, soprattutto le suite - crogiolo d'arte e di artigianato - alcune con vasche da bagno in stanza.

5 sultes – ††420/700 € – 3 cam – ♊ 28 €

via Bottaccio 1 – ℰ 0585 340031 – www.bottaccio.com

a Cinquale Sud-Ovest : 5 km ✉ 54030

🏨 Villa Undulna-Terme della Versilia ☂ 🛏 ⌱ 🖽 🍽 🏊 ⅃ ✕ ⊡

SPA E WELLNESS • CONTEMPORANEO Un curato e piacevole ⅊ 🅰🅲 🔏 🅿 giardino incornicia le varie strutture di questo hotel a pochi passi dal mare: centro benessere ed ampie camere per una vacanza a tutto relax. Il ristorante propone una cucina nazionale e regionale in sale sobrie e signorili.

54 cam ☲ – ♦88/300 € ♦♦107/320 € – 24 suites

viale Marina 191 – 𝒞 0585 807788 – www.termedellaversilia.com
– Aperto 28 aprile-30 settembre

MONTOGGIO

Genova – ✉ 16026 – 2 067 ab. – Alt. 438 m – Carta regionale n° **8**-C1
Carta stradale Michelin 561-I9

🕲 Roma ⅃ 🅰🅲

CUCINA LIGURE • FAMILIARE ✕✕ La sua cucina altro non è che un inno alla tradizione locale sia di carne sia di pesce. Tra le tante proposte del menu quella che ci ha maggiormente convinto è il fritto misto di terra.

⊛ Menu 15 € (pranzo in settimana)/45 € – Carta 29/66 €

via Roma 15 – 𝒞 010 938925 – www.romamontoggio.it – solo a pranzo lunedì, martedì e mercoledì in ottobre-maggio – Chiuso 1°-7 luglio e giovedì

MONTONE

Perugia – ✉ 06014 – 1 680 ab. – Alt. 482 m – Carta regionale n° **20**-B1
Carta stradale Michelin 563-L18

🕪 La Locanda del Capitano 🐾 ⇦ 🌳 🛋 🅰🅲

CUCINA MODERNA • ELEGANTE ✕✕ La cucina si avventura in piatti estrosi e personali in cui si incontrano Umbria e Puglia, riferimenti alla Francia nonché al Mediterraneo con risultati a dir poco eccellenti: insomma, è il ristorante per chi desidera uscire dalle proposte più turistiche e prevedibili.

Carta 46/96 €

10 cam ☲ – ♦90/100 € ♦♦100/140 €

via Roma 7 – 𝒞 075 930 6521 – www.ilcapitano.com – solo a cena escluso i giorni festivi – Chiuso 1°-26 dicembre, 6 gennaio-1° marzo e lunedì

🏨 Torre di Moravola 🌳 ⇦ 🛏 ⌱ 🍽 🅰🅲 🅿

CASA DI CAMPAGNA • PERSONALIZZATO Splendido lavoro di design e restauro di un'antica casa con torre del XII secolo persa nel verde del giardino d'Italia. Non c'è che dire: i coniugi che la gestiscono, un architetto ed una designer dalla vision internazionale, sono riusciti nel difficile intento di sposare muri storici con uno stile moderno e rilassante, nonché dettagli di alto livello.

7 cam ☲ – ♦260/320 € ♦♦330/790 €

località Moravola Alta 70, (Pietralunga) – 𝒞 075 946 0965 – www.moravola.com
– Aperto 1° aprile-1° novembre

MONTOPOLI IN VAL D'ARNO

Pisa – ✉ 56020 – 11 148 ab. – Alt. 98 m – Carta regionale n° **18**-B2
Carta stradale Michelin 563-K14

🕪 Quattro Gigli ⇦ 🛏 🍽

CUCINA TOSCANA • CONTESTO REGIONALE ✕✕ Nel centro del caratteristico borgo, in un'atmosfera calda ed accogliente, Fulvia incanta i suoi ospiti con piatti regionali di terra e di mare serviti in ceramiche disegnate ad hoc, mentre passione e attenzioni particolari sono riservate alle ricette storiche, nonché alla cucina rinascimentale.

⊛ Menu 25 € – Carta 28/50 €

21 cam ☲ – ♦55/65 € ♦♦80/95 €

piazza Michele da Montopoli 2 – 𝒞 0571 466878 – www.quattrogigli.it – Chiuso lunedì a mezzogiorno

MONTRIGIASCO Novara ➜ Vedere Arona

MONTÙ BECCARIA
Pavia – ✉ 27040 – 1 690 ab. – Alt. 277 m – Carta regionale n° **9**-B3
Carta stradale Michelin 561-G9

⥊○ **La Locanda dei Beccaria**   🍴 AC ⟳
CUCINA TRADIZIONALE · CONTESTO TRADIZIONALE XX All'interno della Cantina Storica della località, un ristorante rustico e curato con caratteristici soffitti in legno, dove assaporare una linea di cucina fedele al territorio.
Menu 40 € – Carta 39/61 €
via Marconi 10 – 𝒞 0385 262310 – www.lalocandadeibeccaria.it – solo a cena in luglio-agosto (escluso sabato e domenica) – Chiuso 2 settimane in gennaio, lunedì e martedì

MONZA
(MB) – ✉ 20900 – 122 671 ab. – Alt. 162 m – Carta regionale n° **10**-B2
Carta stradale Michelin 561-F9

⥊○ **Derby Grill**   🍴 AC 🅿
CUCINA MODERNA · BORGHESE XXX Valida cucina tra il classico ed il moderno, preziose boiserie e un servizio esclusivo contraddistinguono questo raffinato ristorante, perfetto per un pranzo d'affari o una cena romantica, ora anche nella nuova raffinata Veranda in cristallo che si affaccia sulla Villa Reale. A pranzo offerta molto vantaggiosa di piatti unici.
Menu 49 € (pranzo in settimana)/75 € – Carta 61/89 €
Hotel De la Ville, viale Cesare Battisti 1 – 𝒞 039 39421 (consigliata la prenotazione) – www.derbygrill.it – Chiuso 21 dicembre-7 gennaio, 2-26 agosto, sabato a mezzogiorno e domenica

🏨 **De la Ville**   🆒 & AC ⅗ 🦮 🚗
DIMORA STORICA · PERSONALIZZATO Un lusso discreto tutto inglese avvolge gli ospiti in un grande albergo di fronte alla Villa Reale che ha nella sua gestione familiare il solido motivo del proprio successo; un indirizzo che piacerà sicuramente agli amanti delle collezioni di oggetti d'antiquariato.
70 cam – ❚130/320 € ❚❚180/550 € 3 suites – ⚏ 29 €
viale Regina Margherita di Savoia 15 – 𝒞 039 39421 – www.hoteldelaville.com – Chiuso 21 dicembre-7 gennaio e 2-26 agosto
⥊○ Derby Grill – Vedere selezione ristoranti

MONZUNO
Bologna – ✉ 40036 – 6 328 ab. – Carta regionale n° **5**-C2
Carta stradale Michelin 562-J15

🏡 **Lodole Country House**   ⅗ ≤ 🛎 ⊐ ⅗ 🅿
DIMORA STORICA · ACCOGLIENTE Questa rustica dimora del Seicento, adiacente il Golf Club Molino del Pero, ripropone l'atmosfera informale di una vera country house, non priva di spunti di eleganza made in Italy.
7 cam ⚏ – ❚50/70 € ❚❚60/90 €
località Lodole 325, Ovest: 2,4 km – 𝒞 051 677 1189 – www.lodole.com

MORANO CALABRO
Cosenza – ✉ 87016 – 4 576 ab. – Alt. 694 m – Carta regionale n° **3**-A1
Carta stradale Michelin 564-H30

🏠 **Villa San Domenico**   🌳 ≤ 🛎 🆒 AC 🦮 🅿
FAMILIARE · STORICO All'ombra di olmi secolari e nelle vicinanze del monastero di San Bernardino, signorile dimora del '700 con alcune vestigia ancora più antiche, come uno scorcio del sistema idraulico d'epoca romana. Al suo interno, raffinatezza e mobili d'epoca; mentre i balconi delle camere offrono lo spettacolo naturale del Pollino.
11 cam ⚏ – ❚80 € ❚❚110 € – 3 suites
via Sotto gli Olmi snc – 𝒞 0981 399881 – www.albergovillasandomenico.it

🏠 Agriturismo la Locanda del Parco

CASA DI CAMPAGNA · PERSONALIZZATO Circondato dalla campagna e incorniciato dai monti del Parco del Pollino, signorile agriturismo dove si tengono anche corsi di cucina; sulla tavola, squisite ricette calabresi, spesso a base delle verdure del proprio orto sinergico. E per gli amanti del benessere, un simpatico percorso salute nel verde, nonché piscina a forma di lago.

10 cam ⌧ - ♦40/80 € ♦♦80/160 €

contrada Mazzicanino 12, Nord-Est: 4 km - ℰ 0981 31304 - www.lalocandadelparco.it

MORBEGNO
Sondrio - ✉ 23017 - 12 221 ab. - Alt. 262 m - Carta regionale n° **9**-B1
Carta stradale Michelin 561-D10

🏠 Osteria del Crotto

CUCINA REGIONALE · RUSTICO 🍴 Risale all'inizio dell'800 questo caratteristico crotto addossato alla parete boscosa delle montagne composto da due salette interne più una fresca terrazza estiva. Dalla cucina, piatti della tradizione locale come i tortelli di ricotta di capra e ortiche, l'agnello nostrano al forno e il goloso parfait alla grappa.

😋 Menu 20 € (pranzo in settimana)/36 € - Carta 31/44 €

via Pedemontana 22, seguire per via Santuario - ℰ 0342 614800 - www.osteriadelcrotto.it - Chiuso 20 agosto-6 settembre, domenica sera e lunedì a mezzogiorno

MORCIANO DI ROMAGNA
Rimini - ✉ 47833 - 7 045 ab. - Alt. 83 m - Carta regionale n° **5**-D2

🍴 Controcorrente

PESCE E FRUTTI DI MARE · CONTESTO CONTEMPORANEO 🞨🞨 Tra tocchi piacevolmente rustici e un design più contemporaneo, siamo nell'entroterra romagnolo, ma la cucina rimane ancorata al mare. La giovane ed entusiasta conduzione sforna piatti tra il classico e il creativo, in un contesto tanto informale quanto piacevole.

Menu 35/45 € - Carta 41/55 €

via XXV luglio 23 - ℰ 0541 988036 - www.ristorantecontrocorrente.com - solo a cena in giugno-settembre

MORIMONDO
Milano - ✉ 20081 - 1 140 ab. - Alt. 109 m - Carta regionale n° **10**-A3
Carta stradale Michelin 561-F8

🍴 Trattoria di Coronate

CUCINA MODERNA · CASA DI CAMPAGNA 🞨🞨 Sull'antica strada del sale, una cascina lombarda di origini cinquecentesche ospita un ristorante di raffinata semplicità, dove gustare una cucina di taglio contemporaneo. Nella bella stagione, il servizio si sposta all'aperto: allora, vi si proporrà uno scorcio da cartolina di altri tempi. La carta dei vini si segnala sia per le scelte sia per i prezzi!

Menu 40 € - Carta 41/76 €

località Cascina Coronate di Morimondo, Sud: 2 km - ℰ 02 945298 (consigliata la prenotazione) - www.trattoriadicoronate.it - Chiuso 26 dicembre-5 gennaio, agosto, domenica sera e lunedì

MORNAGO
Varese - ✉ 21020 - 5 029 ab. - Alt. 281 m - Carta regionale n° **10**-A1
Carta stradale Michelin 561-E8

🍴 Alla Corte Lombarda

CUCINA REGIONALE · FAMILIARE 🞨🞨 In un bel rustico ai margini del paese, un vecchio fienile ristrutturato racchiude un locale suggestivo: cucina tradizionale rivisitata, ricca carta dei vini ed ottima selezione di birre.

Menu 30/70 € - Carta 41/83 €

via De Amicis 13 ang. via Cadore - ℰ 0331 904376 (prenotazione obbligatoria a mezzogiorno) - www.allacortelombarda.it - Chiuso 7 -14 gennaio, 2 settimane in agosto, 1 settimana in settembre, lunedì e martedì

MORRANO NUOVO Terni → Vedere Orvieto

MORTARA

Pavia – ⊠ 27036 – 15 386 ab. – Alt. 108 m – Carta regionale n° **9**-A3
Carta stradale Michelin 561-G8

🍴○ Guallina   🐝 🃏 🅿

CUCINA REGIONALE · TRATTORIA XX Nella generosa campagna lomellina, circondata da acacie e sambuchi, sorge questa bella trattoria, intima e raccolta. La cucina è prevalentemente legata al territorio e alla tradizione, riveduta e corretta in base alla stagionalità dei prodotti, nonché all'offerta del mercato.

Menu 45 € – Carta 31/70 €

via Molino Faenza 19, località Guallina, Est: 4 km
– 𝒞 338 726 1869 – www.trattoriaguallina.it
– Chiuso 20 giorni in giugno-luglio e martedì

🍴○ Il Cuuc   🔄 🃏 🅿

CUCINA LOMBARDA · ACCOGLIENTE X Colorate sale ospitano un piacevole ristorante condotto da una giovane coppia, dove gustare una cucina legata alla tradizione in leggera chiave moderna. L'oca rientra negli ingredienti di molti piatti, accanto a qualcosa di mare in un menu di grande interesse. Comode camere per chi vuole prolungare la sosta.

Carta 38/50 €

18 cam ⌂ – ♦52/69 € ♦♦85/110 € – 1 suite

corso Garibaldi 20 – 𝒞 0384 99106 – www.ilcuuc.it – Chiuso 3 settimane in agosto, domenica sera e lunedì; anche domenica e sabato a mezzogiorno in estate

MORTEGLIANO

Udine – ⊠ 33050 – 5 010 ab. – Alt. 41 m – Carta regionale n° **6**-C2

🍴○ Da Nando   🐝 🔄 🎐 🃏 🛁 🅿

CUCINA REGIONALE · ELEGANTE XX E' un'intera famiglia a gestire questa tipica trattoria diventata ormai un portabandiera della regione. In ambienti di tono classico-signorile, i piatti denunciano influenze territoriali: ottimi prosciutti, buon pesce e, in stagione, anche sua maestà il tartufo! Con le sue 120.000 bottiglie, la vasta cantina riuscirà a soddisfare qualunque desiderio.

Menu 38/98 € – Carta 40/62 €

12 cam ⌂ – ♦84 € ♦♦122 €

via Divisione Julia 14 – 𝒞 0432 760187 – www.danando.it – Chiuso domenica sera e martedì

MOSCIANO Firenze → Vedere Scandicci

MOSCIANO SANT'ANGELO

Teramo – ⊠ 64023 – 9 308 ab. – Alt. 227 m – Carta regionale n° **1**-B1
Carta stradale Michelin 563-N23

🏵 Borgo Spoltino   🐝 🔄 🎐 🃏 🅿

CUCINA CLASSICA · AGRESTE XX Tra colline e campi di ulivi - all'orizzonte, mare e monti - un locale luminoso con mattoni e cucina a vista, dove assaporare piatti regionali accanto a fantasiose creazioni, nonché i tanti prodotti dell'orto di casa. I nostri preferiti: chitarra con pallottine alla teramana, tagliata di cosciotto d'agnello affumicato al forno a legna.

Menu 38/50 € – Carta 28/46 €

strada Selva Alta, Sud: 3 km – 𝒞 085 807 1021 – www.borgospoltino.it – solo a cena escluso i giorni festivi – Chiuso lunedì e martedì

MOZZO

Bergamo – ✉ 24030 – 7 481 ab. – Alt. 252 m – Carta regionale n° **10**-C1
Carta stradale Michelin 561-E10

🍴○ La Caprese 🏡 ⅃ ㎄

PESCE E FRUTTI DI MARE • ELEGANTE ※※ Padre, madre e figlia vi accolgono nel raffinato salotto di una villetta: una bomboniera dove deliziarsi con i sapori e i profumi della bella Capri, proposti - sempre - secondo la disponibilità del mercato giornaliero.

Menu 35 € (pranzo in settimana)/90 € – Carta 40/140 €

*via Garibaldi 7, località Borghetto – 𝒞 035 437 6661 (prenotare)
– www.ristorantelacaprese.com – Chiuso vacanze di
Natale, 19-25 agosto, domenica sera e lunedì*

MULES MAULS

Bolzano – ✉ 39040 – Alt. 905 m – Carta regionale n° **19**-C1
Carta stradale Michelin 562-B16

✿✿ Gourmetstube Einhorn 🍴 ⅌ 🅿

CUCINA CREATIVA • ROMANTICO ※※ Quella che sul finire del XIII secolo era una stazione di posta, si è trasformata oggi in un hotel ricco di fascino, eleganza, tradizione tirolese, non privo del suo ristorante gourmet.

Pochi tavoli - solo cinque! – nella romantica atmosfera di una stube in legno intarsiato di origini medioevali e una scelta ristretta di menu degustazione con piatti eterei ed evocatori, talvolta molto originali, ordinabili anche alla carta. Peter Girtler, chef qui all'Unicorno (Einhorn auf Deutsch!), saprà stupirvi con una delle cucine creative più interessanti della regione; ricette che valorizzano le eccellenze e i produttori locali siano essi coltivatori o allevatori.

Via libera, quindi a carne e pesce locali, ma anche a tutti quei raccolti dell'orto oggigiorno pressoché dimenticati (acetosella, scorzanera, crescione d'acqua...). Le fil rouge resta quindi il territorio con le sue peculiarità e ricchezza, perché "la vera star è il prodotto e non lo chef!" parola di Peter.

→ Ventresca di tonno, cetriolo, quinoa, mela, valeriana, pimpinella, piselli. Manzo della Valle Isarco, crosta di cipolla fritta, scorzonera, sanguinaccio. Giardino di frutta: mela cotogna, ananas speziato, pastinaca, frutto della passione.

Menu 93/142 €

*Hotel Stafler, Campo di Trens – 𝒞 0472 771136 (coperti limitati, prenotare)
– www.stafler.com – solo a cena escluso i giorni festivi – Chiuso
24 dicembre-10 gennaio e 16 giugno-11 luglio, martedì e mercoledì*

🍴○ Gasthofstube Stafler 🍴 🏡 🅿

CUCINA REGIONALE • STUBE ※※ Nella cornice dello splendido Stafler hotel, sulla rotta verso l'Austria, la cordiale accoglienza dello staff vi darà il benvenuto per un pranzo di passaggio, per una cena romantica nella comoda stube o, nelle belle giornate, nel giardino interno. La cucina è tradizionale tirolese, ma non mancano intriganti personalizzazioni dello chef. Buon appetito!

Menu 39 € – Carta 37/63 €

Hotel Stafler, Campo di Trens – 𝒞 0472 771136 – www.stafler.com – Chiuso metà novembre-fine gennaio e metà giugno-metà luglio

🏠 Stafler 🍴 🖂 🍸 ⊟ 🏌 🅿

TRADIZIONALE • CLASSICO Quella che sul finire del XIII secolo era una stazione di posta, si è trasformata oggi in un hotel ricco di fascino, eleganza e tradizione tirolese, con tanto di moderna azienda per la produzione di latte bovino.

25 cam ⌂ – †81/110 € ††148/182 € – 8 suites

Campo di Trens – 𝒞 0472 771136 – www.stafler.com – Chiuso metà novembre-fine gennaio e metà giugno-metà luglio

✿✿ **Gourmetstube Einhorn** • 🍴○ **Gasthofstube Stafler** – Vedere selezione ristoranti

MURANO Venezia → Vedere Venezia

MURISENGO
Alessandria – ⊠ 15020 – 1 436 ab. – Alt. 338 m – Carta regionale n° **12**-C2
Carta stradale Michelin 561-G6

a Corteranzo Nord : 3 km ⊠ 15020 – Murisengo – Alt. 377 m

🏠 **Canonica di Corteranzo**　　　🏠 🌤 ⇔ 🛏 🍸 🕸 ⊟ Ⓜ 🍽 🅿

AGRITURISMO · STORICO Nel cuore del piccolo paese - all'interno di una casa di
fine '600, che fu anche canonica - ambienti raffinati e camere personalizzate,
alcune con affreschi. Sul retro, la cantina dove si producono vini: barbera, in primis!

10 cam ☲ – 🛏100 € 🛏🛏135 €

via Recinto 15 Murisengo – ℰ 0141 693110 – www.canonicadicorteranzo.it – Chiuso
1° gennaio-28 febbraio

MUTIGNANO Teramo → Vedere Pineto

NÀLLES / NALS
Bolzano (BZ) – ⊠ 39010 – 1 942 ab. – Alt. 321 m – Carta regionale n° **19**-B2
Carta stradale Michelin 562-C15

🏠 **Zum Rosen Baum**　　　🏠 ⇔ 🍸 🕸 ⊟ 🚗

TRADIZIONALE · MODERNO Elegante sin dalla facciata, l'albergo, ricavato da un
edificio seicentesco, esce dalle consuete atmosfere montane proponendo
ambienti piacevolmente moderni, talvolta di design, altrove in connubio con
caratteri piacevolmente rustici e tirolesi.

18 cam – solo ½ P 92/115 € – 9 suites

vicolo d'Oro 3 – ℰ 0471 678636 – www.rosenbaum.it – Chiuso 5 gennaio-12 aprile

a Sirmiano di Sopra Sud-Ovest : 3 km ⊠ 39010 – Alt. 1 000 m

🍽 **Apollonia**　　　⇔ 🏠 🅿

CUCINA TRADIZIONALE · CONTESTO CONTEMPORANEO 🕴 Al termine di una
salita dove ad ogni svolta il paesaggio si arricchisce di affascinanti scorci, da tre
generazioni la famiglia Geiser allieta i clienti con una cucina che oggi si è fatta più
creativa, ma sempre fedele al territorio, dagli asparagi alle castagne. Giardino con
sdrai per chi vuole prolungare la giornata rilassandosi nel verde.

Carta 28/67 €

via Sant'Apollonia 3, località Sirmiano Sopra, Sud-Ovest: 2 km – ℰ 0471 678656
– www.restaurant-apollonia.it – Chiuso 25 dicembre-15 marzo, 10 giorni in luglio e
lunedì

CI PIACE...

L'avveniristica spa dell'hotel **Romeo**, bagni caldi e trattamenti tra luci soffuse e rilassanti. La pizza di **Starita**, un vero must in città! Panorama da sogno dal roof garden del ristorante **Caruso**, **Grand Hotel Vesuvio**.

NAPOLI

(NA) – ✉ 80133 – 974 074 ab. – Carta regionale n° **4**-B2
Carta stradale Michelin 564-E24

Piante pagine seguenti

Ristoranti

✿ Il Comandante   🐝 ≼ 🏤 & AC 🗱

CUCINA CREATIVA · DESIGN XxX All'ultimo piano dell'avveniristico albergo Romeo, dal porto la vista si estende sul golfo di Napoli, ma gli interni, moderni e originali, non sono meno scenografici. La cucina sorprende per la sofisticata semplicità e le raffinate presentazioni dei piatti.

→ Animella di vitello, mostarda di mele e crema di erbe miste. Piccione marinato all'anice, collo ripieno e salsa di ibisco e pera. Armonia d'Oriente
Menu 140/160 € – Carta 73/121 €

Pianta: F3-a – *Hotel Romeo, via Cristoforo Colombo 45 ✉ 80133*
- *✆ 081 604 1580 (consigliata la prenotazione)*
- *www.romeohotel.it*
- *solo a cena – Chiuso domenica e lunedì*

✿ Palazzo Petrucci   ≼ & AC

CUCINA CREATIVA · CONTESTO CONTEMPORANEO XxX Con la vista che spazia dal mare al Vesuvio, dalla penisola Sorrentina sino alle celebri isole davanti alla città, lo spirito si predispone ancor meglio ad una sosta gastronomica di alto livello: sapori locali rivisitati con estro, in interpretazioni moderne. Un piano dello stabile - ora - è dedicato ad un nuovo lounge con possibilità di stuzzicare qualcosa di semplice, accompagnandolo magari con un buon vino.

→ Paccheri ripieni di ricotta con ragù napoletano. Zuppa di pesce crudo e cotto. Stratificazione di pastiera napoletana.
Menu 90/150 € – Carta 72/130 €

via Posillipo 16 b/c ✉ 80133
- *✆ 081 575 7538 (consigliata la prenotazione)*
- *www.palazzopetrucci.it*
- *solo a cena in agosto*
- *Chiuso domenica sera e lunedì a mezzogiorno*

⌘ Veritas ⚜ 🅰🄲 🏶

CUCINA MODERNA · ACCOGLIENTE XX Ecco un locale accogliente di cui si parla tanto in città, stiloso seppur leggero e minimal, con un ottimo servizio in sala. Ma soprattutto con uno chef che conosce i sapori della napoletanità che rielabora riuscendo ad essere semplice e insieme convincente, consegnandoci la tradizione su un piatto di fantasia.

→ Cavatelli con totani, fagioli di Controne e guanciale. Merluzzo al vapore con lupini e crostini al lime, aglio olio e peperoncino. "Zuppetta napoletana" con bagna al Calvados, mele e cannella.

Menu 60/90 € – Carta 53/95 €

Pianta: A3-a – *corso Vittorio Emanuele 141* ✉ *80121* ◍ *Amedeo* – ☎ *081 660585* – *www.veritasrestaurant.it* – *solo a cena escluso domenica* – *Chiuso 3 settimane in agosto, lunedì in ottobre-maggio, domenica negli altri mesi*

🕸 Di Martino Sea Front Pasta Bar 🆕 🅰🄲 🏶

CUCINA MEDITERRANEA · BISTRÒ X Un rinomato pastificio locale ha ideato un format interessante: store, take away e ristorante, dove - va da sé - regina indiscussa è la pasta. Ottima qualità e buona accoglienza completano il felice ritratto. Specialità: pacchero con caffè, limone e gianduia.

Menu 35/60 € – Carta 32/60 €

piazza Municipio 1 ✉ *80126* – ☎ *081 1849 6287* – *www.pastadimartino.it* – *Chiuso domenica sera e lunedì*

🕸 Il Gobbetto 🆕 🅰🄲

CUCINA CAMPANA · FAMILIARE X Nei pressi della vivacissima via Toledo, una verace trattoria famigliare dove assaporare i grandi classici della cucina napoletana. Tutto è all'insegna della tipicità: ivi compresi i titolari che accolgono gli ospiti con i tradizionali costumi della città. Tra le tante specialità il menu suggerisce: gnocchi del gobbetto - pasta con patate e provola - baccalà a modo nostro.

Carta 18/27 €

Pianta: E3-d – *vico Sergente Maggiore 8* ✉ *80133 Napoli* – ☎ *081 251 2435* *(prenotazione obbligatoria)* – *Chiuso domenica sera e lunedì*

🕸 Locanda N'Tretella 🍴 🅰🄲

CUCINA DEL TERRITORIO · INTIMO X Porta il nome della fidanzata di Pulcinella, maschera per antonomasia di Napoli, questa minuscola, ma accogliente trattoria gestita con passione e signorilità, dove gustare una cucina verace a prezzi imbattibili. Specialità: gamberoni rossi o viola ai ferri.

Carta 24/52 €

Pianta: E3-c – *salita S. Anna di Palazzo 25* ✉ *80132* – ☎ *081 427783 (prenotare)* – *www.locandantretella.com* – *Chiuso mercoledì*

🍴○ Caruso Roof Garden ⪜ 🍴 🅰🄲 🏶

CUCINA CLASSICA · ELEGANTE XxxX In una città già ricca di roof garden, Caruso si segnala come uno dei ristoranti più prestigiosi per frequentazione e vista panoramica. In menu, qualche piatto di cucina internazionale, ma sono le proposte basate sui sapori napoletani, sia di carne sia di pesce, che vi consigliamo di provare.

Carta 62/106 €

Pianta: B3-n – *Grand Hotel Vesuvio, via Partenope 45* ✉ *80121* – ☎ *081 764 0044* – *www.vesuvio.it* – *Chiuso lunedì*

🍴○ La Cantinella 🅰🄲

CUCINA REGIONALE · AMBIENTE CLASSICO XxX Uno scrigno di bambù con finestre sul Golfo e sul Vesuvio, ma soprattutto un caposaldo della cucina partenopea: nel 2016, La Cantinella ha festeggiato, infatti, i suoi primi 40 anni di attività. La cucina come sempre sposa la tradizione locale a piatti più personali, più classica sul pesce, più moderna con la carne.

Menu 50 € (pranzo in settimana)/70 € – Carta 46/122 €

Pianta: B3-v – *via Cuma 42* ✉ *80132* – ☎ *081 764 8684 (consigliata la prenotazione la sera)* – *www.lacantinella.it* – *Chiuso domenica sera*

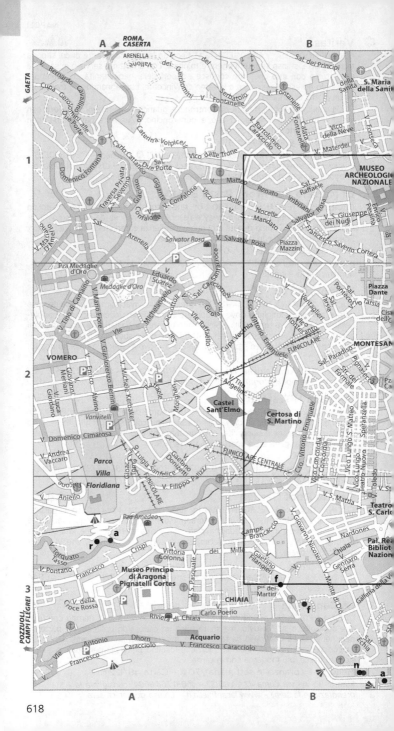

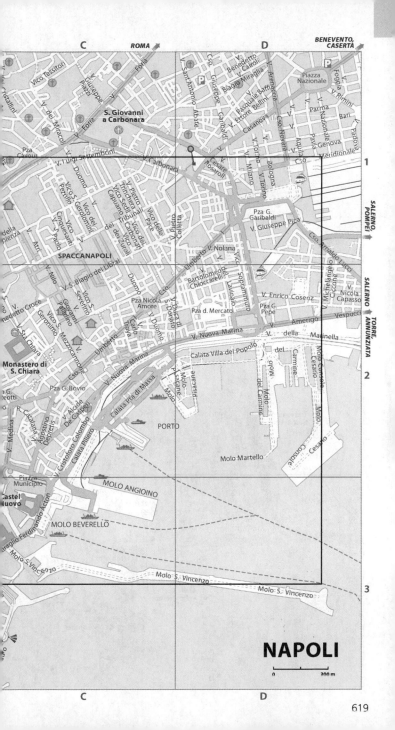

NAPOLI

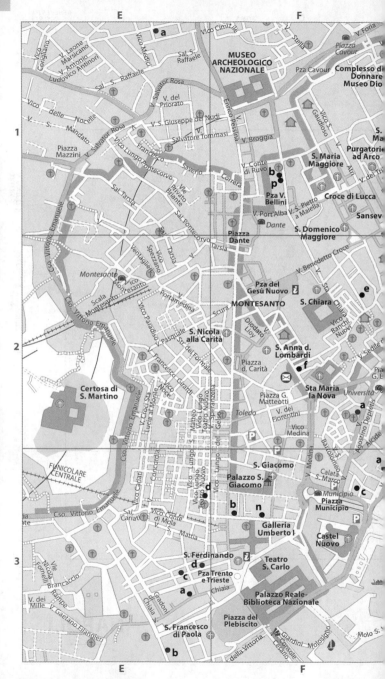

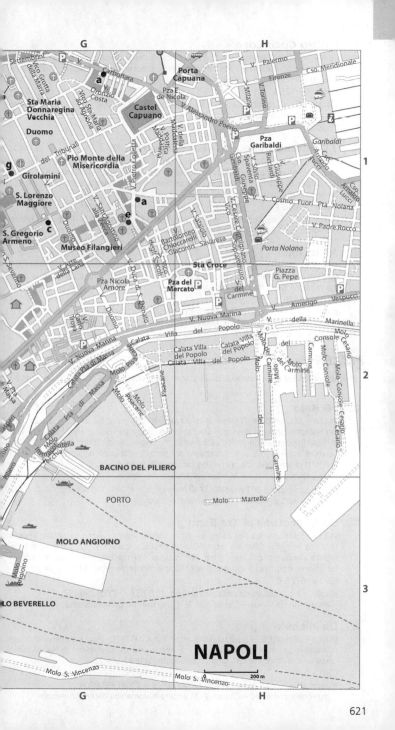

NAPOLI

⊫○ L'Altro Coco Loco   🅰🅲 ⇔

PESCE E FRUTTI DI MARE · DI TENDENZA ✕✕ Piatti creativi prevalentemente di mare, ma non solo, in un ambiente moderno e accogliente: il titolare - ai fornelli - seleziona le migliori materie prime.

Carta 48/126 €

Pianta: B3-f – *vicoletto Cappella Vecchia 4* ✉ *80133* – ☏ *081 764 1722 (prenotare)* – *www.ristorantelaltroloco.com* – *solo a cena* – *Chiuso agosto e domenica in maggio-settembre*

⊫○ J Contemporary Japanese Restaurant 🆁   🅰🅲

CUCINA GIAPPONESE · ALLA MODA ✕✕ Un raccolto ed elegante indirizzo a luci soffuse, minimal come richiede la tipologia del locale con – all'ingresso - un bel banco per cocktail da gustare quali aperitivo o da abbinare ai tanti piatti del Sol Levante presenti in menu.

Carta 24/96 €

Pianta: F2-a – *via Agostino Depretis 24* ✉ *80133* – ☏ *081 580 0543 (prenotazione obbligatoria)* – *www.j-japaneserestaurant.com* – *solo a cena* – *Chiuso domenica*

⊫○ Amici miei   🅰🅲

CUCINA ITALIANA · DI QUARTIERE ✕ Vegetariani astenersi! Sostanzialmente piatti di carne di fattura classica e alla brace di carbone, in un locale quasi vintage a 5 minuti a piedi da piazza Plebiscito.

Carta 23/76 €

Pianta: E3-b – *via Monte di Dio 77/78* ✉ *80133* – ☏ *081 764 4981 (consigliata la prenotazione)* – *www.ristoranteamicimiei.com* – *Chiuso 20 luglio-11 settembre, domenica sera e lunedì*

PIZZERIE:

in ambienti vivaci ed informali le pizze partenopee selezionate dai nostri ispettori

⊫○ 50 Kalò   🍴 🅰🅲

PIZZA · ALLA MODA ✕ Tra gergo di pizzaioli e cabala napoletana, il nome di questo recente locale si potrebbe tradurre con "impasto buono": qui troverete una formula moderna con solide radici nella tradizione, anche perchè il patron, Ciro Salvo, è figlio d'arte. A voi scegliere tra pizze tradizionali o personalizzate con prodotti di stagione; c'è anche una piccola selezione di vini.

Carta 17/35 €

piazza Sannazzaro 201/b ✉ *80133* Ⓜ *Mergellina* – ☏ *081 1920 4667* – *www.50kalo.it* – *Chiuso 1 settimana in agosto*

⊫○ Da Concettina ai Tre Santi   🅰🅲

PIZZA · FAMILIARE ✕ Nel cuore del rione Sanità: antico, vivace, popolare, spesso folle. La famiglia Oliva da oltre 60 anni gestisce questa valida pizzeria che ha saputo rinnovarsi coi vari cambi generazionali, senza smarrire il legame con la tradizione; oggi anche pizze più fantasiose e moderne, oltre ai fritti.

Carta 16/25 €

Pianta: C1-c – *via Arena della Sanità 7 bis* ✉ *80133* – ☏ *081 290037* – *www.pizzeriaoliva.it* – *Chiuso Natale, Capodanno e domenica sera*

⊫○ Da Michele

PIZZA · SEMPLICE ✕ La pizzeria dei record: qui dal 1870 - con i numeri distribuiti all'esterno per regolare l'affluenza - è anche una delle migliori di Napoli. Solo "marinara" e "margherita". Orario continuato dalle 10 alle 23.

Carta 6/8 €

Pianta: G1-e – *via Cesare Sersale 1/7* ✉ *80139* – ☏ *081 553 9204* – *www.damichele.net* – *Chiuso 12-26 agosto e domenica escluso dicembre*

ⅠⅠ○ Gino Sorbillo AC ⇦

PIZZA · CONVIVIALE ※ Nella "via della pizza", un nome storico propone ambienti semplici e ricchi di energia sia partenopea sia internazionale, sempre con pizze ottime e prodotti D.O.P. Armatevi di pazienza all'arrivo in orario di punta: se scegliete il tavolo in condivisione la convivialità è unica!

Carta 9/29 €

Pianta: G1-g – *Via dei Tribunali, 32* ⊠ *80133* – *℘ 081 446643 (senza prenotazione)* – *www.sorbillo.it* – *Chiuso 5-25 agosto e domenica*

ⅠⅠ○ La Notizia AC

PIZZA · SEMPLICE ※ Maestro della pizza, Enzo Coccia, nella stessa via troverete i suoi due locali: al civico 53 la prima e storica pizzeria che raddoppia con l'adiacente nuovo spazio per i fritti, al civico 94/a l'altra dove dal martedì al giovedì la prenotazione è obbligatoria e consente di evitare lunghe attese.

Carta 16/31 €

via Caravaggio 53/55 ⊠ *80133* – *℘ 081 714 2155* – *www.pizzarialanotizia.com* – *solo a cena* – *Chiuso agosto e lunedì*

ⅠⅠ○ Starita AC

PIZZA · DI QUARTIERE ※ Tra le pizzerie storiche, con i suoi oltre 100 anni di attività e 4 generazioni alla guida, il successo di Starita è legato alla qualità delle pizze, di ogni sorta, anche quella eccellente fritta. Senza scordare la celebrità che le procurò il film "L'Oro di Napoli"!

Carta 6/21 €

Pianta: 5J1-a – *via Materdei 27* ⊠ *80133* – *℘ 081 557 3682* – *www.pizzeriestarita.it* – *Chiuso 2 settimane in agosto e lunedì*

ⅠⅠ○ Trianon ⓜ AC

PIZZA · CONVIVIALE ※ La storia della pizza a Napoli parte anche da qui; ora alla terza generazione, da Trianon diventa un vero e proprio culto (pensate che i pomodori usati per il condimento vengono seguiti dalla piantumazione alla raccolta). Tavoli grandi in condivisione e convivialità!

Carta 5/12 €

Pianta: G1-a – *via Pietro Colletta 42* ⊠ *80133 Napoli* – *℘ 081 553 9426 (consigliata la prenotazione)* – *www.pizzeriatrianon.it*

Alberghi

🏨 Grand Hotel Vesuvio ⇦ 🗋 🀙 🖼 🎧 ⅈ AC 🏊 🚗

GRAN LUSSO · STORICO Con il suo blasone e la sua bella facciata in stile post-fascista, l'albergo domina l'offerta alberghiera cittadina quanto l'omonimo vulcano svetta sul golfo di Napoli. Il suo charme si dipana nei lussuosi saloni distribuiti sotto lampadari di Murano, nonché nelle splendide camere tradizionali. Ultimo, ma non ultimo, un wellness center e - al decimo piano - panoramico solarium con vasche idromassaggio.

139 cam ⊡ – ♦290/600 € ♦♦336/670 € – 21 suites

Pianta: B3-n – *via Partenope 45* ⊠ *80121* – *℘ 081 764 0044* – *www.vesuvio.it*

ⅠⅠ○ **Caruso Roof Garden** – Vedere selezione ristoranti

🏨 Grand Hotel Parker's 🀙 ⇦ 🖼 🎧 ⅈ AC 🏊 🚗

LUSSO · PERSONALIZZATO Eleganti saloni in marmo e camere dagli arredi classici, ideali per chi non desidera brividi modernisti high-tech, in un albergo nato dall'infatuazione di un turista inglese per la città partenopea. Facile suggerire di prenotare una camera nei piani alti: da qui le finestre si aprono sul golfo e sul Vesuvio. All'ultimo piano, il George's propone una cucina contemporanea con ovvi richiami alla tradizione.

76 cam ⊡ – ♦291/1460 € ♦♦337/1460 € – 6 suites

Pianta: A3-r – *corso Vittorio Emanuele 135* ⊠ *80121* ⓜ *Amedeo* – *℘ 081 761 2474* – *www.grandhotelparkers.com*

🏨 Romeo

LUSSO · DESIGN E' probabilmente l'edificio più moderno di fronte alla zona portuale, gli interni sono una splendida sintesi di acqua e trasparenze, d'arte moderna e antica raccontate con una vasta collezione di oggetti, quadri e foto; avveniristica spa a luci soffuse.

82 cam 🛏 – ♦325/455 € ♦♦350/480 € – 15 suites

Pianta: F3-a – *via Cristoforo Colombo 45* ✉ *80133* – ✆ *081 604 1580*
– *www.romeohotel.it*

🏵 **Il Comandante** – Vedere selezione ristoranti

🏨 Grand Hotel Santa Lucia

PALACE · MEDITERRANEO Ospitalità curata in una struttura di fine '800 con splendida vista sul golfo e su Castel dell'Ovo: interni di grande fascino e raffinatezza classica, camere all'altezza. Al piano terra, pasti e drink al "ristobar" Pavone.

88 cam 🛏 – ♦150/240 € ♦♦170/290 € – 7 suites

Pianta: B3-a – *via Partenope 46* ✉ *80121* – ✆ *081 764 0666* – *www.santalucia.it*

🏨 Palazzo Caracciolo

DIMORA STORICA · CONTEMPORANEO Il cuore di questo palazzo storico - le cui origini si perdono nel Trecento - è certamente il chiostro cinquecentesco coperto; da lì si parte con la prima colazione, mentre il resto è all'insegna dei confort e dello stile attuali (completati recentemente con la graziosa zona benessere). Grande attenzione è dedicata alla ristorazione: nel piatto i sapori del Mediterraneo.

146 cam 🛏 – ♦80/240 € ♦♦80/240 €

Pianta: G1-a – *via Carbonara 111/112* ✉ *80139* ⓂCavour – ✆ *081 016 0111*
– *www.palazzocaracciolo.com*

🏨 Costantinopoli 104

TRADIZIONALE · ELEGANTE Poco rimane dell'originaria villa Spinelli, ma la splendida vetrata, il giardino con piccola piscina, le eleganti camere e gli ottimi spazi comuni, assicurano, insieme alla calda e simpatica accoglienza della titolare, un soggiorno unico.

19 cam 🛏 – ♦100/230 € ♦♦180/280 € – 6 suites

Pianta: F1-b – *via Santa Maria di Costantinopoli 104* ✉ *80138* Ⓜ *Cavour-Museo*
– ✆ *081 557 1035* – *www.costantinopoli104.it*

🏨 Palazzo Alabardieri

LUSSO · PERSONALIZZATO Piacevole atmosfera, al contempo elegante e signorile, completata dal servizio accurato, in un palazzo di fine '800 tra i negozi più chic della città. Sala colazioni e salone per serate di gala sotto antichi soffitti a volte.

43 cam 🛏 – ♦109/220 € ♦♦128/250 €

Pianta: B3-f – *via Alabardieri 38* ✉ *80121* – ✆ *081 415278* – *www.palazzoalabardieri.it*

🏨 La Ciliegina Lifestyle Hotel

BUSINESS · MODERNO In comoda posizione per gli imbarchi, sebbene dietro la centrale via Toledo, la struttura offre poche camere - tutte al 3° piano - di una moderna eleganza ed immerse nel bianco del pavimento in marmo; l'accoglienza è calda e personalizzata. Con il bel tempo, la Terrazza dei Gabbiani è il luogo eletto per la prima colazione, oltre ad ospitare il bar vi è anche una vasca idromassaggio: è qui che la vista spazia dal Vesuvio alla cupola della galleria Umberto I.

14 cam 🛏 – ♦120/200 € ♦♦150/300 €

Pianta: F3-n – *via P. E. Imbriani 30* ✉ *80132* Ⓜ *Municipio* – ✆ *081 1971 8800*
– *www.cili
eginahotel.com*

🏨 Palazzo Decumani

BUSINESS · CENTRALE A pochi passi da via San Gregorio Armeno - la celebre strada degli artigiani del presepe - un'inserzione inaspettatamente moderna nella Napoli barocca: minimalismo, essenzialità, ed eleganti tocchi di design.

28 cam 🛏 – ♦110/400 € ♦♦120/600 € – 4 suites

Pianta: G1-c – *piazzetta Giustino Fortunato 8* ✉ *80138* – ✆ *081 420 1379*
– *www.palazzodecumani.com*

Palazzo Esedra

BUSINESS · PERSONALIZZATO Originale recupero di un edificio nato agli albori della seconda guerra mondiale, all'interno del complesso della Mostra d'Oltremare (proprio di fianco allo stadio cittadino), con camere moderne ed un comodissimo parcheggio per gli ospiti.

106 cam ♨ – ♦68/120 € ♦♦79/135 €

piazzale Vincenzo Tecchio 50 ✉ 80133 Ⓜ Campi Flegrei – ☏ 081 242 1111
– www.palazzoesedra.it

Paradiso

TRADIZIONALE · MODERNO E' davvero paradisiaca la vista su golfo, città e Vesuvio da questo hotel in posizione impagabile sulla collina di Posillipo. Negli ultimi anni si sono rinnovate tutte le camere e gli ambienti sono ora all'insegna di un gusto moderno-mediterraneo con generoso utilizzo di colori chiari. Dotato di panoramica terrazza, il ristorante Paradisoblanco inneggia ai sapori locali.

72 cam ♨ – ♦100/180 € ♦♦150/240 €

via Catullo 11 ✉ 80122 – ☏ 081 247 5111 – www.hotelparadisonapoli.it

Chiaja Hotel de Charme

FAMILIARE · STORICO In un cortile, gioiello dell'architettura partenopea, una risorsa di grande fascino e atmosfera, tra spirito aristocratico e popolare, la dimora è stata in parte residenza del Marchese Nicola Lecaldano Sasso Laterza ed in parte antica casa di tolleranza. Pasticceria napoletana per colazione.

33 cam ♨ – ♦79/159 € ♦♦99/189 €

Pianta: E3-a – *via Chiaia 216 ✉ 80121 – ☏ 081 415555 – www.hotelchiaia.it*

Decumani Hotel de Charme

TRADIZIONALE · VINTAGE Ampliatosi di recente, ora occupa due piani di un palazzo del '600, splendido salone con stucchi barocchi rivestiti d'oro, arredi d'epoca ed eleganti bagni per un soggiorno aristocratico nel cuore di Napoli.

39 cam ♨ – ♦99/159 € ♦♦129/189 €

Pianta: F2-e – *via S.Giovanni Maggiore Pignatelli 15 ✉ 80134 Ⓜ Università*
– ☏ 081 551 8188 – www.decumani.com

Piazza Bellini

FAMILIARE · ORIGINALE Presso l'omonima piazza, ritrovo intellettuale di caffè letterari, siamo in un affascinante palazzo cinquecentesco con graziosa corte interna. Più semplici, moderne e funzionali le camere, mentre la vista offerta dai loro terrazzi privati rendono eccellenti le camere 607 e 608!

48 cam ♨ – ♦80/160 € ♦♦95/180 €

Pianta: F1-p – *via S. M. di Costantinopoli 101 ✉ 80138 Ⓜ Dante – ☏ 081 451732*
– www.hotelpiazzabellini.com

Il Convento

FAMILIARE · CENTRALE Nei caratteristici, popolari quartieri spagnoli, a pochi passi dalla frequentatissima via Toledo, un piccolo albergo mantenuto sempre in ordine da un'attenta proprietà. La prima colazione può indifferentemente esser consumata in saletta o in camera. Consigliamo una delle due camere con terrazzino.

14 cam ♨ – ♦50/110 € ♦♦55/160 €

Pianta: E3-d – *via Speranzella 137/a ✉ 80132 Ⓜ Toledo – ☏ 081 403977*
– www.hotelilconvento.it

Santa Brigida

TRADIZIONALE · MINIMALISTA Al 3° piano di un palazzo che dà su via Toledo, un piccolo albergo dal design moderno ed accattivante: lo stile tende al minimal, ma non mancano inserti e decori personalizzati. A pagamento, si effettua anche servizio di car valet verso un posteggio convenzionato.

9 cam ♨ – ♦112/169 € ♦♦163/229 €

Pianta: F3-b – *via Santa Brigida 6 ✉ 80133 Napoli Ⓜ Toledo – ☏ 081 1933 8206*
– www.hotelsantabrigida.it

L'Alloggio dei Vassalli

FAMILIARE · TRADIZIONALE Al primo piano del settecentesco Palazzo Donnalbina, sito proprio all'ingresso di Spaccanapoli, le sue camere brillano per fascino e storia: una simpatica alternativa per chi rifugge dal formalismo alberghiero.

7 cam ☑ – †79/99 € ††99/115 €

Pianta: F2-f – *via Donnalbina 56* ✉ *80134* Ⓜ *Università –* ℰ *081 551 5118*
– *www.hotelself.it*

Maschio Angioino Suites Ⓝ

FAMILIARE · MODERNO A pochi passi dal Maschio Angioino e a soli 50 m dal molo Beverello - porto principale per rinomate località (Capri, Positano, Sorrento Amalfi...) - questo moderno bed and breakfast si trova al quarto piano di un palazzo: aspettatevi arredi moderni e camere spaziose.

6 cam ☑ – †50/150 € ††50/150 €

Pianta: F3-c – *Via G. Melisurgo 4* ✉ *80133* Ⓜ *Municipio –* ℰ *345 238 5401*
– *www.maschioangioinosuite.it*

NAPOLI (Golfo di) Napoli

NARNI
Terni – ✉ 05035 – 19 785 ab. – Alt. 240 m – Carta regionale n° **20**-C3
Carta stradale Michelin 563-O19

a Narni Scalo Nord : 2 km ✉ 05035 – Narni Stazione

Terra Umbra Hotel

BUSINESS · CLASSICO Serve comodamente la zona industriale di Narni Scalo, ma è anche riparato dai rumori in un contesto verde e poco rumoroso. La capiente sala con travi a vista del ristorante Al Canto del Gallo ospita una cucina di matrice regionale dai sapori decisi: carne, tartufo, pizza (la sera).

27 cam ☑ – †54/74 € ††64/109 € – 2 suites

via Maratta Bassa 61, Nord-Est: 3 km – ℰ *0744 750304 – www.terraumbra.it*

NATURNO NATURNS
Bolzano – ✉ 39025 – 5 739 ab. – Alt. 528 m – Carta regionale n° **19**-B2
Carta stradale Michelin 562-C15

Lindenhof

SPA E WELLNESS · CONTEMPORANEO Uno splendido giardino con piscina riscaldata, centro benessere e ambienti eleganti, felice connubio di moderno e tradizionale, per regalarvi un soggiorno esclusivo. Sala da pranzo molto luminosa che d'estate si sposta in terrazza; per chi vuole è prenotabile un tavolo direttamente in cucina.

40 cam – solo ½ P 130/210 € – 40 suites

via della Chiesa 2 – ℰ *0473 666242 – www.lindenhof.it*
– *Aperto 26 dicembre-6 gennaio e 15 febbraio-8 dicembre*

Preidlhof

SPA E WELLNESS · STILE MONTANO In posizione leggermente rialzata sul paese, il corpo centrale della struttura è stato completamente rinnovato sfoggiando un'eleganza pari a quella dell'edificio sul retro. Straordinario centro benessere con diverse terrazze panoramiche per rilassarsi dopo i trattamenti.

70 cam ☑ – †175/237 € ††306/408 € – 13 suites

via San Zeno 13
– ℰ *0473 666251 – www.preidlhof.it*
– *Chiuso 25 novembre-25 dicembre e 7 gennaio-1° febbraio*

🏨 Feldhof

SPA E WELLNESS · STILE MONTANO Albergo centrale, circondato da un ameno giardino con piscine (di cui una di acqua salata); interni in stile tirolese, graziose camere e completo centro benessere in cui ritagliarsi momenti di relax.

38 cam ☑ - ♦170/206 € ♦♦260/374 € - 22 suites

via Municipio 4 - 𝒞 0473 666366 - www.feldhof.com - Aperto vacanze di Natale e marzo-novembre

🏨 Funggashof

SPA E WELLNESS · STILE MONTANO In posizione panoramica, hotel immerso in un giardino-frutteto con piscina, ideale per gli amanti della quiete; eleganti ambienti "riscaldati" dal sapiente uso del legno. Nella stube tirolese, una cucina leggera e gustosa con prodotti del territorio.

24 cam ☑ - solo ½ P 100/120 € - 10 suites

via al Fossato 1 - 𝒞 0473 667161 - www.funggashof.it - Aperto 1° aprile-3 novembre

NE

Genova - ✉ 16040 - 106 ab. - Alt. 186 m - Carta regionale n° **8**-C2
Carta stradale Michelin 561-I10

🏅 La Brinca

CUCINA REGIONALE · FAMILIARE XX Animato da una grande passione enologica, il proprietario ha curato personalmente l'allestimento della cantina, che vanta infatti un'ampia selezione di etichette nazionali ed estere. Tale entusiasmo permea anche la tavola: piatti del territorio alleggeriti e presentati con cura. Se volete provare una specialità veramente unica, noi consigliamo i ravioli di erbette "cu tuccu".

Menu 33/38 € - Carta 32/55 €

via Campo di Ne 58 - 𝒞 0185 337480 (consigliata la prenotazione) - www.labrinca.it - solo a cena escluso sabato, domenica e giorni festivi - Chiuso lunedì

NEGRAR

Verona - ✉ 37024 - 17 119 ab. - Alt. 190 m - Carta regionale n° **22**-A2
Carta stradale Michelin 562-F14

🍴 Locanda '800

PESCE E FRUTTI DI MARE · ACCOGLIENTE XX Nella sala interna o nella luminosa veranda, per non dire delle cene organizzate in cantina con barricaia visitabile e vini dell'azienda, la cucina si è ritagliata una nomea in zona per la qualità del pesce, sebbene non manchi qualche piatto di carne e del territorio.

Menu 45 € - Carta 41/79 €

via Moron 46 - 𝒞 045 600 0133 - www.locanda800.it - Chiuso lunedì

🍴 Trattoria alla Ruota

CUCINA REGIONALE · ACCOGLIENTE XX Trattoria solo nel nome: di fatto, un raffinato ristorante con splendida vista sulle colline ed una cucina in costante crescita! Partendo da prodotti del territorio, i piatti giungono ai tavoli in preparazioni fantasiose ed elaborate.

Carta 38/61 €

via Proale 6, località Mazzano, Nord: 5 km - 𝒞 045 752 5784 (prenotare) - www.trattoriaallaruota.it - Chiuso lunedì e martedì

🏨 Villa Moron 🆕

CASA DI CAMPAGNA · ACCOGLIENTE In un contesto verde e tranquillo, si tratta di un casolare ottocentesco ristrutturato in stile rustico contemporaneo con riutilizzo di materiali d'epoca. Camere mansardate al secondo piano, piscina panoramica sui vigneti.

16 cam ☑ - ♦45/110 € ♦♦63/190 €

via Moron 28 - 𝒞 045 750 0979 - www.villamoron.it - Chiuso 23 dicembre-24 gennaio

NERANO Napoli → Vedere Massa Lubrense

NERVI
Genova – ✉ 16167 – Carta regionale n° **8**-C2
Carta stradale Michelin 561-I9

🏠 Villa Pagoda   🕏 ≼ 🛏 ⌁ 🔄 AC 🕸 **P**

LUSSO · STORICO Una villa ottocentesca, costruita per volere di un ricco mercante che sperava, in tal modo, di placare la struggente nostalgia della sua asiatica compagna, ospita raffinati interni con candelieri di Murano e pavimenti in marmo.

13 cam ⌂ – ♦125/495 € ♦♦165/495 € – 4 suites

via Capolungo 15 – ☎ 010 372 6161 – www.villapagoda.it – Aperto marzo-ottobre

NERVIANO
Milano – ✉ 20014 – 17 343 ab. – Alt. 175 m – Carta regionale n° **10**-A2
Carta stradale Michelin 561-F8

🍴 Antica Locanda del Villoresi   ⇦ AC 🕸 **P**

CUCINA CLASSICA · ACCOGLIENTE XX Tante specialità d'impronta mediterranea in un caratteristico ristorante, le cui ampie vetrate si affacciano sul canale Villoresi. Piatti di pesce, pasta fresca e dolci fatti in casa, fra gli highlights del menu.

Carta 36/73 €

16 cam ⌂ – ♦50/170 € ♦♦70/200 €

strada statale Sempione 4 – ☎ 0331 559450 – www.locandavilloresi.it – Chiuso fine dicembre-inizio gennaio, agosto, sabato a mezzogiorno e lunedì

🍴 La Guardia   🛏 🏠 AC ⇄ **P**

CUCINA REGIONALE · ELEGANTE XX Lungo la statale del Sempione, un villino indipendente arredato in stile rustico-elegante e ingentilito da una bella veranda affacciata sul giardino. La cucina attinge alla tradizione, ma non mancano anche interessanti piatti di pesce.

🍴 Menu 15 € (pranzo in settimana)/60 € – Carta 39/85 €

via 20 Settembre 73, ang. statale Sempione – ☎ 0331 415370
– www.ristorantelaguardia.it – Chiuso 1°-8 gennaio, 8-28 agosto e lunedì

NEUMARKT EGNA → Vedere Egna

NEUSTIFT → Vedere Novacella

NICASTRO Catanzaro → Vedere Lamezia Terme

NICOLOSI Sicilia
Catania – ✉ 95030 – 7 463 ab. – Alt. 700 m – Carta regionale n° **17**-D2
Carta stradale Michelin 365-AZ58

a Piazza Cantoniera Etna Sud Nord : 18 km - Alt. 1 881 m

🏠 Corsaro   🕏 🐾 ≼ 🕸 **P**

TRADIZIONALE · ACCOGLIENTE In un paesaggio lunare di terreno lavico, è quasi un rifugio con vista su un quarto della Sicilia, mare e Calabria da alcune camere del secondo piano. Autentici sapori locali nell'omonimo ristorante, dove si mangia a buffet: paste, funghi, verdure e grigliate di carne. Impianti di risalita nelle vicinanze.

17 cam ⌂ – ♦89/145 € ♦♦89/190 €

piazza Cantoniera – ☎ 095 914122 – www.hotelcorsaro.it – Aperto 1° aprile-2 novembre

NIEDERDORF → Vedere Villabassa

NIEVOLE Pistoia → Vedere Montecatini Terme

NIZZA MONFERRATO
Asti – ✉ 14049 – 10 429 ab. – Alt. 138 m – Carta regionale n° **14**-D2
Carta stradale Michelin 561-H7

⊛ Le Due Lanterne   🗛

CUCINA PIEMONTESE · FAMILIARE X Affacciato sulla piazza dove si tiene il mercato settimanale, Le Due Lanterne è una bella trattoria a conduzione familiare dove sentirsi coccolati e guidati alla scoperta di una cucina tradizionale piemontese. Il preferito dall'ispettore: stracotto di manzo alla Barbera.

Carta 26/47 €

piazza Garibaldi 52 – 𝒸 0141 702480 – Chiuso 20 giugno-10 luglio, lunedì sera e martedì

🏠 Agriturismo Tenuta La Romana   ⇪ ⅏ ⋜ 🛏 ⅃ ⅃ 🗛 🕼 🅿

CASA DI CAMPAGNA · ROMANTICO In posizione panoramica, fra le armoniose colline delle Langhe e del Monferrato, Tenuta La Romana è una cascina settecentesca completamente ristrutturata dagli ampi e gradevoli spazi comuni, sia interni sia esterni.

20 cam � – †65/140 € ††95/185 €

strada Canelli 59, Sud: 2 km – 𝒸 0141 727521 – www.tenutalaromana.it
– Chiuso 3 gennaio-4 febbraio

NOBIALLO Como → Vedere Menaggio

NOCERA INFERIORE
Salerno (SA) – ✉ 84014 – 46 043 ab. – Alt. 43 m – Carta regionale n° **4**-B2
Carta stradale Michelin 564-E25

🍴O Osteria Al Paese   🏠 🗛

CUCINA CAMPANA · ROMANTICO XX In pieno centro, un ex officina meccanica è stata stravolta dal rinnovo che ne ha fatto un bel locale, in grado di ricreare una romantica atmosfera da casa privata: luci soffuse, modernissimi centrini sui tavoli ed un'illuminazione che anticipa le mode. Mentre il cuoco, di grande esperienza, padroneggia con disinvoltura il top delle materie prime regionali.

Menu 40/50 € – Carta 39/57 €

via Papa Giovanni XXIII 11 – 𝒸 081 517 6722 – www.osterialpaese.it – solo a cena escluso sabato e domenica – Chiuso agosto, domenica sera e lunedì

NOCERA SUPERIORE
Salerno – ✉ 84015 – 24 263 ab. – Alt. 70 m – Carta regionale n° **4**-B2
Carta stradale Michelin 564-E26

🍴O La Fratanza   🛏 🏠 🗛 🅿

CUCINA REGIONALE · ACCOGLIENTE XX Poco fuori dal paese, questa solida famiglia - un poco alla volta - cresce e migliora il ristorante sia in termini di decoro sia in termini di cucina: di fatto, però, sempre legata al territorio. Splendido giardino per la bella stagione.

Menu 28/50 € – Carta 32/60 €

via Garibaldi 37 – 𝒸 081 936 8345 – www.lafratanzaristorante.it – Chiuso 20-31 dicembre, domenica sera e lunedì

NOCERA TERINESE
Catanzaro – ✉ 88047 – 4 731 ab. – Alt. 240 m – Carta regionale n° **3**-A2
Carta stradale Michelin 564-J30

a Marina di Nocera Terinese Sud-Ovest : 6 km ✉ 88040

🍴O L'Aragosta   🦞 🏠 🗛 🅿

PESCE E FRUTTI DI MARE · STILE MEDITERRANEO XX Una sala arredata in stile vecchia marina inglese accompagna fragranti piatti a base di pesce, la provenienza è spesso locale mentre le preparazioni sono decisamente classiche. Il mare e la spiaggia non si vedono dalla sala e dal dehors, ma distano solo 100 metri. In sintesi, the place to be!

Carta 40/60 €

villaggio del Golfo – 𝒸 0968 93385 (consigliata la prenotazione)
– www.ristorantelaragosta.com – Chiuso lunedì escluso luglio-agosto

NOCI

Bari – ⊠ 70015 – 19 283 ab. – Alt. 420 m – Carta regionale n° **15**-C2
Carta stradale Michelin 564-E33

⑪〇 L'Antica Locanda 🕁 AC

CUCINA REGIONALE · AMBIENTE CLASSICO ⅍ In uno dei vicoli del caratteristico borgo - sotto volte in pietra viva - i sapori autentici della regione ispirano la cucina, elaborata partendo dai prodotti di questa terra.

Menu 35/50 € – Carta 23/45 €

via Spirito Santo 49 – ℰ *080 497 2460 – www.pasqualefatalino.it – Chiuso domenica sera e martedì*

🏠 Abate Masseria 🕯 ⑤ 🍴 ⊒ ⅍ ⅊ AC ⅍ P

CASA DI CAMPAGNA · ELEGANTE Bel complesso agricolo con edifici in tufo e trulli intorno a un curato giardino cinto da mura. Le camere affacciate sul prato - alcune di esse con un proprio spazio riservato – vantano una tenuta perfetta e bei mobili. Per chi non rinuncia allo sport neanche in vacanza: piscina, campo da tennis e da calcetto.

8 cam ⊒ – ✦84/139 € ✦✦99/169 €

zona F 83/C, strada provinciale per Massafra, Sud-Est: 1 km – ℰ *080 497 8288 – www.abatemasseria.it – Aperto 1° aprile-31 ottobre*

🏠 Santarosa Relais ⅍ ⊞ AC

STORICO · ROMANTICO Nel cuore del centro storico, affascinante realtà ricavata da un palazzo nobiliare con origini trecentesche; ampie ed eleganti camere di cui tre affrescate. Da non perdere la panoramica terrazza-solarium.

6 cam ⊒ – ✦50/80 € ✦✦80/110 € – 3 suites

Via Santa Rosa 5 ⊠ 70015 Noci – ℰ *080 494 9220 – www.santarosarelais.it*

a **Montedoro** Sud-Est : 3 km ⊠ 70015 – Noci

⑪〇 Il Falco Pellegrino 🍴 🕁 ⅊ AC P

CUCINA MODERNA · CONVIVIALE ⅍⅍ Immerso nella bella campagna nocese, questo ristorante propone piatti che prediligono il pesce e le primizie del proprio orto; piacevole servizio all'aperto.

Menu 40 € – Carta 33/48 €

zona B 47/c – ℰ *080 497 4304 – www.ilfalcopellegrino.com – Chiuso 7-21 gennaio, domenica sera e lunedì*

NOGAREDO

Trento (TN) – ⊠ 38060 – 2 065 ab. – Alt. 216 m – Carta regionale n° **19**-B3

⑪〇 Locanda D&D Maso Sasso ⇦ ⑤ ⩤ 🍴 🕁 P

CUCINA REGIONALE · CASA DI CAMPAGNA ⅍⅍ Strigolo fatto a mano al ragù di scottona o coniglio al cubo servito con polenta, verdure e crema di funghi? Magari tutti e due! Cucina regionale venata di fantasia in un maso che domina buona parte della valle dell'Adige; bella terrazza panoramica per l'estate e confortevoli camere per un tranquillo soggiorno.

⊛ Menu 25/33 € – Carta 32/55 €

7 cam ⊒ – ✦65 € ✦✦80 €

Via Maso 2, località Sasso, Sud-Ovest: 3 km – ℰ *0464 410777 – www.locandaded.it – Chiuso martedì*

🏠 Relais Palazzo Lodron ⑤ 🍴 🖾 ⅍ AC ⌂

STORICO · MINIMALISTA Risale addirittura al 1400 l'origine di questo palazzo la cui lunga storia annovera anche i processi alle streghe...Ora in ambienti ampi ed eleganti, arredati con mobili di design, preziosi e minimal, l'ospite può contare sui migliori confort moderni, quali un delizioso centro benessere.

10 cam – ✦50/70 € ✦✦60/90 € – ⊒8 €

via Conti Lodron 5 – ℰ *0464 413152 – www.relaispalazzolodron.com – Chiuso 15 gennaio-11 aprile*

NOLA

Napoli – ✉ 80035 – 34 431 ab. – Alt. 34 m – Carta regionale n° **4**-B2
Carta stradale Michelin 564-E25

⫶○ **Le Baccanti**   🅑 🛋 🅐🅒 🚫

CUCINA REGIONALE · FAMILIARE XX Semplice locale dotato di due grandi finestre che si affacciano sulle cucine; altrettanto semplici i piatti a metà tra tradizione e modernità, mentre Il servizio informale cede il passo ad una superba
carta dei vini che annovera circa 1.000 referenze, quasi tutte italiane.

Carta 29/61 €

via Puccini 5 – ℰ 081 512 2117
– Chiuso 11-28 agosto, domenica sera e lunedì

NOLI

Savona – ✉ 17026 – 2 736 ab. – Carta regionale n° **8**-B2
Carta stradale Michelin 561-J7

❀ **Il Vescovado** (Giuseppe Ricchebuono)   🅑 🛋 ✿

CUCINA MODERNA · ROMANTICO XXX Tre deliziose salette all'interno del prestigioso complesso architettonico noto come Palazzo Vescovile e nel periodo estivo
un piacevole servizio in terrazza con vista mare. Curiosi di saperne di più circa la
cucina? Decisamente ligure, con qualche apprezzabile tocco estroso.

→ Palamita in crosta di pane, maionese di bottarga e giardiniera di verdura. Cappon magro. La rivisitazione del tiramisù.

Menu 80/120 € – Carta 70/120 €

Residenza Palazzo Vescovile, piazzale Rosselli
– ℰ 019 749 9059 – www.hotelvescovado.it
– Chiuso novembre, mercoledì a mezzogiorno e martedì dal 12 aprile al 31 ottobre,
anche mercoledì sera nei mesi invernali

⫶○ **Controcorrente**   🛋 ♿ 🅐🅒

CUCINA MODERNA · DESIGN X New entry della ristorazione locale questa giovane coppia ha totalmente rinnovato in chiave contemporanea un edificio del
centro. Non è, quindi, sul mare, sebbene quest'ultimo lo si ritrovi sulla tavola
con tante proposte di pesce ed uno stile che abbina sapori liguri e modernità.

Menu 50 € – Carta 46/92 €

via Colombo 101 – ℰ 349 220 8133 – www.ristorantecontrocorrente.it
– solo a cena – Chiuso lunedì e martedì escluso in estate

🏠 **Residenza Palazzo Vescovile**   ≼ 🚫 🅿

STORICO · PERSONALIZZATO Una suggestiva e indimenticabile vacanza nell'antico Palazzo Vescovile, in ambienti ricchi di fascino: alcuni impreziositi da affreschi e con splendidi arredi d'epoca. Vista sublime dalle terrazze. Si posteggia
accanto al mare e si sale con ascensore e piccola cremagliera.

8 cam ⚏ – ♦120/170 € ♦♦140/250 €

piazzale Rosselli – ℰ 019 749 9059 – www.hotelvescovado.it
– Chiuso 10 gennaio-12 febbraio e 5 novembre-25 dicembre
❀ **Il Vescovado** – Vedere selezione ristoranti

a Voze Nord-Ovest : 4 km ✉ 17026 – Noli

⫶○ **Lilliput**   �

PESCE E FRUTTI DI MARE · ACCOGLIENTE XX In una piacevole casa circondata
da un giardino ombreggiato con minigolf, un locale dall'ambiente curato che propone piatti di mare; servizio estivo in terrazza.

Menu 40/55 € – Carta 41/98 €

via Zuglieno 49 – ℰ 019 748009 – solo a cena escluso sabato, domenica e festivi
– Chiuso 6 gennaio-31 marzo e lunedì

NORCIA

Perugia – ✉ 06046 – 4 957 ab. – Alt. 604 m – Carta regionale n° **20**-D2
Carta stradale Michelin 563-N21

✿ Vespasia ⟨﹅ ﹅ ﹅ ﹅ ﹅

CUCINA MODERNA · ELEGANTE XxX Lo chef campano, forte della sua significativa esperienza in Giappone, propone un'interessante valorizzazione dei prodotti locali: generosità e soprattutto precisione tecnica in tutti i piatti.

→ Spaghetti al pomodoro. Animelle in agrodolce con salsa di topinambur. Limone.

Menu 46 € (pranzo in settimana)/120 € – Carta 82/114 €

Hotel Palazzo Seneca, via Cesare Battisti 10 – ☎ 0743 817434 (prenotazione obbligatoria) – www.vespasia.com – Chiuso 7 gennaio-4 aprile

⊛ Granaro del Monte ⟨﹅ ﹅ ﹅

CUCINA REGIONALE · RUSTICO X Le scosse sismiche di fine 2016 hanno danneggiato la sede storica di questo apprezzato ristorante di cucina casalinga, ma la tempra stoica e la voglia di continuare hanno spinto la famiglia a trovare una momentanea soluzione di ripiego, in attesa della riapertura in una nuova location prevista nell'autunno 2019.

⊛ Menu 20/29 € – Carta 21/69 €

46 cam ⌖ – †50/100 € ††65/140 € – 4 suites

*(temporaneamente trasferito in via Umbria s.n.c.) – ☎ 0743 816513
– www.bianconi.com*

⌂⌂⌂ Palazzo Seneca ⟨﹅ ﹅ ﹅ ﹅ ﹅

LUSSO · PERSONALIZZATO All'interno di un signorile palazzo cinquecentesco, le zone comuni si frammentano in una serie di salotti e biblioteche, le camere austere rivisitano in chiave moderna l'artigianato umbro con qualche arredo d'epoca e bagni in marmo.

23 cam ⌖ – †120/600 € ††150/600 € – 1 suite

via Cesare Battisti 10 – ☎ 0743 817434 – www.palazzoseneca.com

✿ **Vespasia** – Vedere selezione ristoranti

⌂⌂ Agriturismo Casale nel Parco dei Monti Sibillini ⟨﹅ ﹅ ﹅

CASA DI CAMPAGNA · PERSONALIZZATO Un'oasi di pace e relax ⟨﹅ ﹅ P colpita dal terremoto, ma non distrutta. La coraggiosa e determinata famiglia-titolare offre ancora oggi 6 graziose camere; e noi tutto il nostro sostegno. Cucina classico-regionale al ristorante.

6 cam ⌖ – †50/60 € ††80/90 €

*località Fontevena 8, Nord: 1,5 km – ☎ 0743 816481 – www.casalenelparco.com
– Chiuso 9 novembre-18 dicembre e 7 gennaio-19 febbraio*

NOSADELLO Cremona → Vedere Pandino

NOTARESCO

Teramo – ✉ 64024 – 6 907 ab. – Alt. 267 m – Carta regionale n° **1**-B1
Carta stradale Michelin 563-O23

sulla strada statale 150 Sud : 5 km

⊛ 3 Archi ﹅ P

CUCINA REGIONALE · RUSTICO XX Cucina abruzzese e teramana in un locale caldo ed accogliente, caratterizzato da un grande disimpegno arredato in stile rustico e due sale con spazio per la cottura di carni alla griglia. Specialità: chitarrina al ragù d'agnello e zafferano - pizza dolce.

Menu 28 € – Carta 23/37 €

via Antica Salara 25 ✉ 64024 – ☎ 085 898140 – www.trearchi.net – Chiuso novembre, martedì sera e mercoledì

NOTO Sicilia

Siracusa – ⌧ 96017 – 23 913 ab. – Alt. 152 m – Carta regionale n° **17**-D3
Carta stradale Michelin 365-AZ62

⅋○ Crocifisso   ⊞ ৬ 🄰🄲 ⅍

CUCINA SICILIANA · MINIMALISTA ⅩⅩ Per offrire sempre di più, il locale si è ampliato garantendo maggior confort in tre salette di una casa antica, ma dallo stile caldo-contemporaneo. Sfiziose le specialità siciliane presenti in menu, rilette con gusto decisamente moderno.

Menu 40/60 € – Carta 44/66 €

via Principe Umberto 46 – ℰ 0931 571151 (consigliata la prenotazione) – www.ristorantecrocifisso.it – Chiuso 7 gennaio-22 marzo, i mezzogiorno di giovedì, sabato e domenica in luglio-15 settembre, mercoledì negli altri mesi

🏠 Masseria degli Ulivi   ⌂ ⌾ ⟵ 🛋 🄰🄲 ⅍ 🅿

STORICO · MEDITERRANEO Immersa nel verde della campagna iblea, un bella masseria ristrutturata ed ampliata: tipica corte interna con zone relax, piscina e vasche idromassaggio con acqua riscaldata. Sullo sfondo, i riflessi argentei degli ulivi.

34 cam ⌺ – ♦70/160 € ♦♦90/200 €

contrada Porcari, (S.S. 287 al km 16,5), Nord: 9 km – ℰ 0931 813019 – www.masseriadegliulivi.com – Aperto 10 aprile-3 novembre

▦ Seven Rooms Villadorata   ⊡ 🄰🄲 ⅍ 🅿

DIMORA STORICA · GRAN LUSSO Nel centro storico, spettacolare struttura ricavata all'interno di un palazzo nobiliare del XVII secolo e ampliato nell'Ottocento con l'ala che ospita le Seven Rooms. Elegantissime camere arredate con uno squisito mix di antico e moderno, straordinari saloni e una panoramica terrazza per le colazioni nella bella stagione.

8 cam ⌺ – ♦199/269 € ♦♦199/569 €

via C. B. Cavour 53 – ℰ 0931 835575 – www.7roomsvilladorata.it – Aperto 1° aprile-3 novembre

a Lido di Noto Sud-Est : 7,5 km ⌧ 96017 – Noto

🏠 La Corte del Sole   ⌂ ⌾ ⟵ ⟵ 🛋 🄰🄲 ⅍ 🅿

CASA DI CAMPAGNA · MEDITERRANEO Tipica struttura siciliana ottocentesca con baglio interno: camere accoglienti, possibilità di massaggi classici e ayurvedici, ristorante panoramico con giardino-terrazza su campagna e mare. Nel vecchio frantoio viene servita la colazione.

34 cam ⌺ – ♦100/126 € ♦♦134/249 €

contrada Bucachemi, località Eloro-Pizzuta – ℰ 0931 820210 – www.lacortedelsole.it – Aperto 27 dicembre-2 gennaio e 1° marzo-31 ottobre

⌂ Villa Mediterranea   ⌂ ⟵ ৬ 🄰🄲 ⅍ 🅿

FAMILIARE · MEDITERRANEO Il nome la descrive in pieno: una bianca villa mediterranea riconvertita in albergo familiare con camere semplici e grazioso ristorante serale. Attraversata la strada, si è già in spiaggia!

15 cam ⌺ – ♦60/150 € ♦♦80/180 €

viale Lido – ℰ 0931 812330 – www.villamediterranea.it – Aperto 25 aprile-20 ottobre

NOVACELLA NEUSTIFT

Bolzano – ⌧ 39040 – Alt. 590 m – Carta regionale n° **19**-C1
Carta stradale Michelin 562-B16

🏠 Pacherhof   ⌂ ⌾ ⟵ ⟵ 🛋 🄽 🕸 ⊡ ৬ 🚗

FAMILIARE · ACCOGLIENTE Splendidamente incorniciata dai vigneti dei bianchi dell'Alto Adige, questa bella casa in stile garantisce piacevoli soggiorni conditi con una sana eleganza agreste. Cucina servita in tre caratteristiche stube di cui una è tra le più antiche della regione; piacevole piscina all'aperto riscaldata.

22 cam ⌺ – ♦81/95 € ♦♦156/250 € – 5 suites

vicolo Pacher 1, località Varna – ℰ 0472 835717 – www.pacherhof.com – Chiuso 15 gennaio-16 marzo

NOVAFELTRIA

Rimini (RN) – ✉ 47863 – 7 164 ab. – Alt. 275 m – Carta regionale n° **5**-D3
Carta stradale Michelin 563-K18

🏵 Del Turista-da Marchesi   🏠 ✿ **P**

CUCINA DEL TERRITORIO · FAMILIARE Ⅹ Tra Marche e Romagna, un rifugio per chi riconosce la buona cucina, quella attenta a ciò che la tradizione ha consegnato. Piacevole l'ambiente, di tono turistico, riscaldato da un caminetto in pietra. Specialità: tortelloni al burro fuso e tartufo, faraona alle mele e sidro, crema catalana.

🍴 Menu 20/32 € – Carta 21/51 €

*località Cà Gianessi 7, Ovest: 4 km – ✆ 0541 920148 – www.damarchesi.it
– Chiuso 23-30 giugno, 1°-7 settembre e martedì escluso agosto*

NOVA LEVANTE WELSCHNOFEN

Bolzano – ✉ 39056 – 1 925 ab. – Alt. 1 182 m – Carta regionale n° **19**-D3
Carta stradale Michelin 562-C16

🏵 Johannes-Stube   ⚏ 🍽 **P**

CUCINA MODERNA · INTIMO ⅩⅩⅩ E' il gioiello dell'albergo Engel: per la romantica bellezza della Stube storica in cui si svolge il servizio, nonché per la qualità della cucina. In sala il giovane figlio Johannes, esperto di vini, vi orienterà alla scelta.

➜ Tartare di cervo della Val d'Ega. Temolo, barbabietola e il suo succo, semi di senape, rape fermentate. Cheese cake con pino cembro.

Menu 98/135 € – Carta 77/121 €

*Hotel Engel, via San Valentino 3 – ✆ 0471 613131 (prenotazione obbligatoria)
– www.hotel-engel.com – solo a cena – Chiuso 12-20 dicembre, 1°-14 aprile,
domenica, lunedì e martedì*

🏨 Engel

LUSSO · STILE MONTANO Albergo dal 1862, ora gestito dalla quinta generazione, continui interventi ne hanno fatto una delle strutture più eleganti della zona. Ampie camere in stile alpino ma con tocchi personalizzati, anche la qualità del servizio è tra i punti forti dell'Engel.

63 cam �️ – ♦120/180 € ♦♦220/320 € – 4 suites

*via San Valentino 3 – ✆ 0471 613131 – www.hotel-engel.com
– Chiuso 12-20 dicembre e 1° aprile-14 maggio*

🏵 **Johannes-Stube** – Vedere selezione ristoranti

NOVA PONENTE DEUTSCHNOFEN

Bolzano – ✉ 39050 – 3 883 ab. – Alt. 1 357 m – Carta regionale n° **19**-D3
Carta stradale Michelin 562-C16

🏨 Pfösl   🌳 🦢 ⪡ 🛏 🔲 🍷 🏯 ♨ 🖼 ⚏ **P**

SPA E WELLNESS · ELEGANTE Grande casa in stile montano ristrutturata con gusto moderno, in mezzo al verde, con incantevole veduta delle Dolomiti; camere rinnovate di recente, bel centro relax. Per soddisfare l'appetito si può optare per la sala con vista sulla valle o per la stube.

40 cam �️ – ♦280/400 € ♦♦280/400 € – 10 suites

*via rio Nero 2, Est: 1,5 km – ✆ 0471 616537 – www.pfoesl.it – Aperto
7 dicembre-2 aprile e 10 giugno-15 novembre*

a Obereggen / San Floriano Sud-Est: 5 km

🏨 Cristal   🌳 🦢 ⪡ 🔲 🍷 🏯 🖼 ⚏ 🍽 🛁 🚗

SPA E WELLNESS · PERSONALIZZATO Dopo importanti lavori di potenziamento, l'albergo torna a pieno titolo a far parlare di sé: capienza raddoppiata, spazi comuni curati ed una strepitosa nuova spa.

70 cam �️ – ♦95/180 € ♦♦140/300 € – 20 suites

*Obereggen 31 – ✆ 0471 615511 – www.hotelcristal.com
– Aperto 6 dicembre-22 aprile e 14 giugno-7 ottobre*

🏨 Sonnalp ⚑ 🐾 ⟨ 🎿 📺 ⚫ 🛎 🏋 ⊟ 🚭 🚗

SPA E WELLNESS · STILE MONTANO In una zona tranquilla e rialzata del paese, con le piste da sci che vi passano proprio sotto gli occhi, tra i prati l'estate, qui troverete le tipiche e calorose atmosfere alpine, ma se preferite un tocco di modernità, prenotate le camere più recenti.

31 cam – solo ½ P 224/330 € – 7 suites

Obereggen 28 – ✆ 0471 615842 – www.sonnalp.com – Aperto 6 dicembre-21 aprile e 1° giugno-6 ottobre

🏨 Maria ⚑ ⟨ 🛏 📺 ⚫ 🛎 🏋 ⊟ 🎇 🚗

FAMILIARE · STILE MONTANO Affacciato sulla strada, ma quasi tutte le camere aprono le finestre sulle verdi montagne del retro. Particolarmente indicato per chi è in vacanza con i bambini che troveranno tante opportunità per divertirsi e personale che se ne occupa.

25 cam – solo ½ P 85/155 €

Obereggen 12 – ✆ 0471 615772 – www.hotel-maria.it – Aperto 1° dicembre-15 aprile e 1° giugno-25 ottobre

NOVARA

(NO) – ✉ 28100 – 104 380 ab. – Alt. 162 m – Carta regionale n° **12**-C2
Carta stradale Michelin 561-F7

❀ Tantris (Marta Grassi) ⇔ 🚭 🔲 🎇

CUCINA CREATIVA · ELEGANTE XXX Un'unica sala, moderna ed elegante, e una carta che vi invita a un viaggio gastronomico creativo, dagli accostamenti a volte originali, sia di terra che di mare.

→ Tortelloni di capocollo con pere candite e croccante di moscato passito. Ricciola con crema di piselli e menta, giardiniera di rapanelli e salsa al vino rosso. Mojito, spuma al lime, gel di rhum, crema bianca e pane.

Menu 70/95 € – Carta 64/94 €

2 cam ⬜ – †80/90 € ††120/130 €

corso Risorgimento 384, Nord: 3 km – ✆ 0321 657343 (consigliata la prenotazione) – www.ristorantetantris.com – Chiuso 7-11 gennaio, 3 settimane in agosto, domenica sera e lunedì

❀ Cannavacciuolo Cafè & Bistrot 🍴 🔲

CUCINA MODERNA · BISTRÒ XX In un edificio storico, una porzione del teatro Coccia, al pian terreno ci s'imbatte nel bar-pasticceria che propone un easy lunch e dinner anch'esso piuttosto frugale; al mezzanino e secondo trova posto il bistrot, bello e molto curato nei suoi ambienti e arredi, con una "perla": l'ampia balconata per il servizio estivo con tavoli e divanetti. Sapori mediterranei in chiave moderna, per una cucina che gioca a ricongiungere gli opposti in maniera creativa, con un'attenzione particolare alle cotture.

→ Risotto, ricci di mare, capperi, limone e acciuga. Rombo chiodato, centrifuga di sedano rapa e mela verde, fagiolini e cipolla. Pancia di maialino da latte, salsa olandese e spugnole.

Menu 65/80 € – Carta 62/94 €

piazza Martiri della Libertà 1 – ✆ 0321 612109 (consigliata la prenotazione) – www.cannavacciuolobistrot.it – solo a cena martedì, mercoledì e giovedì – Chiuso agosto e lunedì

🏨 La Bussola ⚑ ⊟ 🚭 🔲 🛋

TRADIZIONALE · ELEGANTE Albergo dallo stile ricercato, un po' barocco, con zone comuni che abbondano di preziosi divanetti, statue liberty ed orologi antichi (vera passione del titolare-collezionista). Generosità di metri quadrati nelle camere e nei bagni. Curato ristorante di tono elegante.

93 cam ⬜ – †89/189 € ††114/250 € – 3 suites

via Boggiani 54 – ✆ 0321 450810 – www.labussolanovara.it

NOVA SIRI MARINA
Matera – ⊠ 75020 – 6 775 ab. – Carta regionale n° **2**-D3
Carta stradale Michelin 564-G31

🏨 Imperiale   🌿 🔥 ⊡ 🅰🅲 🍸 🏋 🚗

TRADIZIONALE · CLASSICO Imponente struttura con ampi spazi per meeting e banchetti, nonché piacevoli aree comuni in stile contemporaneo. Anche le confortevoli camere ripropongono la modernità della risorsa.

31 cam ☒ – ♦65/90 € ♦♦90/140 €

via Pietro Nenni – ☎ 0835 536900 – www.imperialehotel.it – Chiuso inizio novembre-fine febbraio

NOVE
Vicenza (VI) – ⊠ 36055 – 5 038 ab. – Alt. 91 m – Carta regionale n° **23**-B2
Carta stradale Michelin 562-E17

🏨 Le Nove   🌿 ⊡ 👌 🅰🅲 🍸 🏋 🚗

BUSINESS · DESIGN Tra Marostica e Bassano del Grappa, camere ampie con connessione wi-fi gratuita e concept moderno in un hotel dagli ambienti minimal, impreziositi però da ceramiche locali.

37 cam ☒ – ♦75 € ♦♦80/145 €

via Rizzi 51 – ☎ 0424 590947 – www.lenovehotel.it

NOVENTA DI PIAVE
Venezia – ⊠ 30020 – 6 985 ab. – Carta regionale n° **23**-A1
Carta stradale Michelin 562-F19

🍴 Guaiane   🅰🅲 🅿

PESCE E FRUTTI DI MARE · RUSTICO XX Tradizionale casa di campagna che si è creata una meritata fama per la qualità del pesce, dal crudo alla cottura su brace di legna. C'è anche un'osteria per chi preferisce piatti più semplici.

Menu 55 € – Carta 33/73 €

via Guaiane 146, Est: 2 km – ☎ 0421 65002 – www.guaiane.com – Chiuso 1°-10 gennaio, 3 settimane in agosto, martedì sera e lunedì

NOVENTA PADOVANA
Padova – ⊠ 35027 – 11 265 ab. – Alt. 13 m – Carta regionale n° **23**-C3
Carta stradale Michelin 562-F17

🍴 Boccadoro   🍴 🅰🅲 🍸 ⇔

CUCINA REGIONALE · AMBIENTE CLASSICO XX Un'intera famiglia al lavoro per proporvi il meglio di una cucina legata al territorio e alle stagioni, in un ambiente curato e piacevole. Degna di nota, la cantina.

Menu 26 € (pranzo in settimana)/55 € – Carta 37/71 €

*via della Resistenza 49 – ☎ 049 625029 – www.boccadoro.it
– Chiuso 1°-15 gennaio, 1°-21 agosto e mercoledì*

NOVERASCO Milano → Vedere Opera

NUMANA
Ancona – ⊠ 60026 – 3 775 ab. – Carta regionale n° **11**-D1
Carta stradale Michelin 563-L22

🍴 La Torre   ≼ 🍽 🅰🅲

CUCINA CREATIVA · ROMANTICO XX In prossimità del belvedere, il ristorante offre una spettacolare vista a 180° del litorale. La cucina sposa il gusto di chi - pur desiderando mangiare pesce - ama interpretazioni fantasiose, che esplodono poi nei dolci, il tutto ad un ottimo livello.

Menu 50/70 € – Carta 39/67 €

via La Torre 1 – ☎ 071 933 0747 – www.latorrenumana.it

⌂ Eden Gigli

TRADIZIONALE · MEDITERRANEO Nel centro storico, ma già immerso in un giardino digradante su un'incantevole spiaggia incastonata fra le rocce bianche, camere confortevoli nella loro squisita semplicità. Cucina classica nelle sale ristorante: una semplice, l'altra moderna.

40 cam ⌻ – ♦70/105 € ♦♦110/190 €

viale Morelli 11
– 𝒞 071 933 0652 – www.giglihotels.com
– Aperto Pasqua-30 settembre

⌂ Scogliera

TRADIZIONALE · FUNZIONALE In prossimità del centro e del porto turistico, a ridosso della scogliera di Numana, hotel a conduzione familiare con camere confortevoli, che fa della cucina regionale - soprattutto di mare - il proprio punto di forza.

36 cam ⌻ – ♦70/130 € ♦♦100/220 €

via del Golfo 21 – 𝒞 071 933 0622 – www.hotelscogliera.it
– Aperto 15 aprile-10 ottobre

⌂ La Spiaggiola

FAMILIARE · CLASSICO Al termine di una strada chiusa, che conduce al mare, l'albergo si trova proprio di fronte alla spiaggia. Camere semplici, ma confortevoli e un ristorante - tra terra e mare - dove rinfrescarsi con insalatone, lasciando che la vista spazi sulla distesa blu.

21 cam ⌻ – ♦60/80 € ♦♦70/140 €

via Colombo 12 – 𝒞 071 736 0271 – www.laspiaggiola.it
– Aperto Pasqua-30 settembre

OBEREGGEN / SAN FLORIANO Bolzano ➔ Vedere Nova Ponente

ODERZO

Treviso – ✉ 31046 – 20 379 ab. – Alt. 13 m – Carta regionale n° **23**-Λ1
Carta stradale Michelin 562-EI9

✿ Gellius (Alessandro Breda)

CUCINA MODERNA · CONTESTO STORICO ⅩⅩⅩ Cucina moderna, a tratti creativa, in un ambiente unico: metà ristorante, metà museo con resti archeologici d'epoca romana, la stessa atmosfera intrigante non risparmia il bistrot Nyù, che propone piatti più semplici - express made - alla piastra.

➔ Baccalà "cotto e crudo" con crema di patate affumicate e cenere di verdure. Piccione in casseruola con tarte-tatin di cipolla rossa e lampone. Crema bruciata di serse, mango e frutto della passione.

Carta 69/144 €

calle Pretoria 6 – 𝒞 0422 713577 – www.ristorantegellius.it
– Chiuso 2 settimane in gennaio-febbraio, 2 settimane in giugno-luglio, domenica sera e lunedì

⌂ Postumia Hotel Design

BUSINESS · MODERNO In pieno centro, ma con parcheggio privato videosorvegliato, un hotel dal design moderno, personalizzato con opere di artisti trevisani ed accessori rari. *L'art de bien vivre* caratterizza anche le camere, che dispongono di aroma e cromoterapia. Il Bully's è un moderno locale serale: una sorta di bistrot ribattezzato "prosciutteria".

28 cam ⌻ – ♦90/125 € ♦♦135/160 € – 1 suite

via Cesare Battisti 2
– 𝒞 0422 713820 – www.postumiahoteldesign.it
– Chiuso 21 dicembre-10 gennaio e 8-31 agosto

OLBIA Sardegna

(OT) - ☒ 07026 - 59 368 ab. - Carta regionale n° **16**-B1
Carta stradale Michelin 366-S38

ⅈ○ Officina del Gusto   🛲 🗚

CUCINA MEDITERRANEA · ACCOGLIENTE ❌❌ Piccolo ristorante del centro storico, dove l'ambiente è una riuscita sintesi di rustico e contemporaneo; sulla piazza il suggestivo dehors estivo. La cucina propone piatti della tradizione italiana elaborati in chiave moderna.
Carta 39/75 €

piazza Matteotti 1 - 𝒞 0789 28701 (consigliata la prenotazione)
- www.leofficinedelgusto.it - solo a cena in giugno-settembre - Chiuso gennaio e domenica

ⅈ○ L'Essenza Bistrot   🛲 🗚

CUCINA MEDITERRANEA · BISTRÒ ❌ Accogliente ed originale bistrot-ristorante del centro storico: le pareti rivestite in sasso sono un richiamo alle architetture del territorio, mentre la cucina ha un taglio più contemporaneo.
Menu 65 € - Carta 47/77 €

via delle Terme 10 - 𝒞 0789 25594 (consigliata la prenotazione)
- www.essenzabistrot.it - Chiuso 10-30 gennaio e i mezzogiorno di domenica e lunedì da maggio a settembre

🏠 La Locanda Del Conte Mameli   🔁 🗚 ⅀ 🅿

CASA PADRONALE · PERSONALIZZATO A pochi passi dall'elegante e commerciale corso Umberto, un'aristocratica dimora ottocentesca dai raffinati interni offre un "rifugio" di grande confort al viandante di passaggio; piccoli appartamenti per chi predilige una formula di soggiorno diversa nel residence di fronte.
11 cam ⅁ - ♦75/229 € ♦♦75/229 €

via delle Terme 8 - 𝒞 0789 23008 - www.lalocandadelcontemameli.com

🏠 Panorama   🜟 ⅃ 🔁 🗚 ⅀ 🅿

TRADIZIONALE · ACCOGLIENTE Nel centro storico, camere spaziose, materiali di pregio e bagni in marmo sono i punti di forza dell'albergo, insieme ad una terrazza con sdraio prendisole e vista a 360° su Olbia.
34 cam ⅁ - ♦70/200 € ♦♦85/220 €

via Mazzini 7 - 𝒞 0789 26656 - www.hotelpanoramaolbia.it

🏠 Cavour   🔁 🗚 🅿

FAMILIARE · ACCOGLIENTE Dall'elegante ristrutturazione di un edificio d'epoca del centro storico è nato un hotel dai sobri interni rilassanti, arredati con gusto; parcheggio e piccolo solarium.
21 cam ⅁ - ♦50/65 € ♦♦75/150 €

via Cavour 22 - 𝒞 0789 204033 - www.hotelcavourolbia.it

sulla strada Panoramica Olbia-Golfo Aranci

🏠 The Pelican Beach Resort

TRADIZIONALE · MEDITERRANEO Sulla costa nord orientale della Sardegna, circondata da un verde giardino, questa raffinata risorsa - adults only - è superbamente affacciata sul mare; belle camere, spiaggia riservata con accesso diretto, centro benessere, piscina, fitness, jacuzzi... Al ristorante oltre al menu degustazione, la carta offre specialità locali e di pesce.
61 cam ⅁ - ♦170/355 € ♦♦350/580 € - 4 suites

via Mar Adriatico 34, località Pittulongu, Nord-Est: 7 km - 𝒞 0789 39094
- www.thepelicanbeachresort.it - Aperto 1° maggio-30 settembre

Stefania 🕊 < 🛏 ⛲ 🛋 🔲 🅰🅲 🍴 ♨ 🅿

TRADIZIONALE · MEDITERRANEO A pochi passi dal mare, in un grande baia di fronte l'imponente e spettacolare isola di Tavolara, struttura di taglio arabomoresco con ampio e curato giardino, piscina panoramica, camere spaziose.

43 cam 🍽 – †89/220 € ††120/320 €

località Pittulongu, Nord-Est: 6 km – ℰ 0789 39027 – www.stefaniahotel.it
– Aperto 15 aprile-20 ottobre

all'aeroporto

🍴 **Bacchus** 🛋 🅰🅲 ♨ 🅿

CUCINA MODERNA · MINIMALISTA ✗✗ Ideale se si è di passaggio in città, locale moderno, fresco e giovane, per una cucina che spazia dal territorio a preparazioni di pesce più sfiziose. Clima permettendo, optate per un tavolo nella bella terrazza affacciata sulla piscina.

Carta 36/72 €

Hotel Jazz, via degli Astronauti 2 – ℰ 0789 651010 – www.bacchusristorante.it
– Chiuso domenica escluso aprile-ottobre

🏨 **Jazz Hotel** ⛲ 🛏 🔲 🅰🅲 ♨ 🚗

BUSINESS · MODERNO Sono carinissime, spaziose e ben insonorizzate, le camere di questo design hotel che, grazie al suo ampio parcheggio e alle moderne installazioni, risulta particolarmente adatto ad una clientela business.

72 cam 🍽 – †70/250 € ††75/300 € – 3 suites

via degli Astronauti 2 – ℰ 0789 651000 – www.jazzhotel.it
🍴 **Bacchus** – Vedere selezione ristoranti

sulla strada statale 125 Sud-Est: 10 km per Nuoro

🍴 **S'Ollastu** 🛋 🅰🅲 🅿

PESCE E FRUTTI DI MARE · STILE MEDITERRANEO ✗✗ Nella bella terrazza estiva o nelle raccolte e accoglienti sale interne, la cucina si basa sui sapori regionali arricchendoli - di tanto in tanto - con un pizzico di fantasia.

Menu 40 € – Carta 44/121 €

Hotel Ollastu, località Costa Corallina
– ℰ 0789 36744 – www.ollastu.it
– Aperto 10 marzo-4 novembre

🏨 **Ollastu** ⛱ ⛲ ✗ 🛋 🔲 🅰🅲 ♨ 🅿

RESORT · MEDITERRANEO In posizione panoramica sovrastante il promontorio, una costruzione in stile mediterraneo ospita ampi ambienti di moderna eleganza, piscina, campi da tennis e da calcetto.

48 cam 🍽 – †80/350 € ††100/400 € – 10 suites

località Costa Corallina ✉ 07026 Olbia
– ℰ 0789 36744 – www.ollastu.it
– Aperto 10 marzo-4 novembre
🍴 **S'Ollastu** – Vedere selezione ristoranti

a Porto Rotondo Nord: 15,5 km per Arzachena ✉ 07020

🏨 **Sporting** 🕊 ⛱ < 🛏 ✗ 🛋 🅰🅲 🅿

GRAN LUSSO · ACCOGLIENTE Cuore della mondanità, un elegante villaggio mediterraneo con camere simili a villette affiancate, affacciate sul giardino o splendidamente proiettati sulla spiaggetta privata. In sala e soprattutto in veranda, la tradizione regionale a base di pesce rivisitata con creatività.

46 cam 🍽 – †380/1148 € ††474/1380 € – 1 suite

via Clelia Donà dalle Rose 16
– ℰ 0789 34005 – www.sportingportorotondo.com
– Aperto 21 maggio-25 settembre

OLEGGIO CASTELLO

Novara – ⊠ 28040 – 2 036 ab. – Alt. 293 m – Carta regionale n° **13**-A2
Carta stradale Michelin 561-E7

🏯 Castello dal Pozzo   🕏 🛋 ⏢ & 🅰🅲 🏰 🚗

DIMORA STORICA · PERSONALIZZATO Ambienti storici di grande fascino per una realtà che ha origini intorno all'anno 1000: camere nel palazzo padronale e otto "chicche" nel vero e proprio castello (visitabile anche con la guida del marchese). Il tutto circondato da un grande parco.

33 cam ⌧ – ∮135/320 € ∮∮185/340 € – 6 suites

via Visconti 8 – 𝒞 0322 53713 – www.castellodalpozzo.com – Aperto 10 marzo-1° novenbre

OLEVANO ROMANO

Roma – ⊠ 00035 – 6 687 ab. – Alt. 571 m – Carta regionale n° **7**-C2
Carta stradale Michelin 563-Q21

🍴○ Sora Maria e Arcangelo   🐾 🛤 🅰🅲 🍽 ⇆

CUCINA REGIONALE · RUSTICO ✕✕ Scendete le scale per raggiungere le sale ricche di atmosfera, situate negli stessi spazi in cui un tempo si trovavano i granai. Dalla cucina, piatti da sempre legati alle tradizioni con un'attenta ricerca di prodotti genuini e di qualità.

Menu 35 € – Carta 40/52 €

via Roma 42 – 𝒞 06 956 4043 – www.soramariaearcangelo.com
– Chiuso 1°-10 febbraio, 10-29 luglio, domenica sera, lunedì e mercoledì

OLGIATE OLONA

Varese – ⊠ 21057 – 12 394 ab. – Alt. 239 m – Carta regionale n° **10**-A2
Carta stradale Michelin 561-F8

🌼 Ma.Ri.Na. (Rita Possoni)   🅰🅲 🍽 ⇆ 🅿

PESCE E FRUTTI DI MARE · ELEGANTE ✕✕ Dopo 40 anni di attività, le specialità di pesce - generalmente proposte in maniera classica - cedono talvolta il destro ad interpretazioni molto fantasiose ed insolite. Sicuramente, un caposaldo della ristorazione in provincia!

→ Spaghettoni con crostacei, vongole ed olive. Lasagne di baccalà. Zabaione con fragoline e gelato.

Menu 120/140 € – Carta 73/143 €

piazza San Gregorio 11 – 𝒞 0331 640463 – solo a cena escluso i giorni festivi
– Chiuso 24 dicembre-4 gennaio, 8 agosto-8 settembre e mercoledì

in prossimità uscita autostrada di Busto Arsizio Nord-Ovest : 2 km:

🍴○ Idea Verde   🛋 🛤 & 🅰🅲 ⇆ 🅿

PESCE E FRUTTI DI MARE · ALLA MODA ✕✕ Continua a preferire il mare, la cucina di questo allegro locale dalle ampie vetrate, immerso in un tranquillo giardino.

Menu 26 € (pranzo in settimana) – Carta 49/109 €

via San Francesco 17/19 – 𝒞 0331 629487 (consigliata la prenotazione)
– www.ristoranteideaverde.it – Chiuso 26 dicembre-5 gennaio e 12-31 agosto,
sabato a mezzogiorno e domenica

OLIENA Sardegna

Nuoro – ⊠ 08025 – 7 145 ab. – Alt. 379 m – Carta regionale n° **16**-B2
Carta stradale Michelin 366-R42

🏠 Sa Corte   ⇆ 🛋 🛤 🅰🅲

CUCINA SARDA · FAMILIARE ✕ La tradizione gastronomica nuorese è presentata al meglio in questo locale rustico che propone squisite paste, ottime carni e profumati vini sardi. I nostri piatti preferiti? Il capretto con i carciofi - dolci di mandorle e petali di fiori.

Menu 40/60 € – Carta 32/59 €

10 cam ⌧ – ∮60/80 € ∮∮75/90 €

via Nuoro 143 – 𝒞 0784 187 6131 (consigliata la prenotazione) – www.sacorte.it
– Chiuso 10 gennaio-29 febbraio

⅋○ **Enis**

CUCINA REGIONALE · SEMPLICE ✕ Immerso in un bosco di lecci secolari, ristorante-pizzeria con proposte di cucina regionale. Dispone anche di alcune camere semplici ma confortevoli, dalle quali si ha una bella vista sulle cime.

🍴 Menu 23/37 € – Carta 22/42 €

17 cam ⌂ – ♦45/57 € ♦♦63/94 €

località Monte Maccione, Est: 4 km
– ✆0784 288363 (consigliata la prenotazione) – www.coopenis.it

alla sorgente Su Gologone Nord-Est : 8 km

⊛ **Su Gologone**

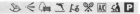

CUCINA SARDA · CONTESTO TRADIZIONALE ✕✕ ?A3B2 tw=0.96w?>Tre sale, scegliere la più suggestiva non è facile: quella con immenso camino per assistere alla cottura del celebre porceddu, quella più intima dedicata ad una celebre ceramista, o ancora quella di un pittore sardo. Comunque sia, il ristorante si fa scrupolo di seguire e ricercare la tradizione sarda, ovviamente dell'entroterra.

Menu 45/70 € – Carta 28/56 €

Hotel Su Gologone ✉ *08025*
– ✆0784 287512 – www.sugologone.it
– Aperto fine marzo-15 novembre

⊞⊞⊞ **Su Gologone**

RESORT · PERSONALIZZATO A Su Gologone da oltre mezzo secolo, la struttura è sicuramente una delle migliori dell'isola. Indirizzo giusto per vivere un'esperienza all'insegna dell'arte sarda nelle sue molteplici applicazioni: ceramiche, tessuti, sculture e tanto altro ancora...

61 cam ⌂ – ♦148/368 € ♦♦198/418 € – 12 suites

✉ *08025 – ✆0784 287512 – www.sugologone.it*
– Aperto fine marzo-15 novembre

⊛ **Su Gologone** – Vedere selezione ristoranti

OLMO Firenze → Vedere Fiesole

OLMO Perugia (PG) → Vedere Perugia

ONEGLIA Imperia → Vedere Imperia

OPI

L'Aquila – ✉ 67030 – 420 ab. – Alt. 1 250 m – Carta regionale n° **1**-B3
Carta stradale Michelin 563-Q23

sulla strada statale 83-bivio per Forca D'Acero Sud : 1 km

⊛ **La Madonnina**

CUCINA ABRUZZESE · FAMILIARE ✕ Ai piedi di Opi, bar-trattoria a gestione familiare specializzato in carni alla griglia, ma con un'appetitosa selezione di salumi, formaggi e paste fresche in lista. Specialità: ravioli di ricotta di pecora - agnello alla brace - tiramisù.

Carta 32/54 €

via Forca D'Acero – ✆0863 912714
– Chiuso lunedì

La guida vive con voi: raccontateci le vostre esperienze.
Comunicateci le vostre scoperte più piacevoli e le vostre delusioni.
Buone o cattive sorprese? Scriveteci!

ORBASSANO

Torino – ⊠ 10043 – 23 188 ab. – Alt. 273 m – Carta regionale n° **12**-A1
Carta stradale Michelin 561-G4

⁜○ Casa Format ⇦ � 🚗 ᴬᶜ 🅿

CUCINA MODERNA • **DESIGN** ✕✕ Un nuovo progetto di cucina e ospitalità responsabile che si declina in tutte le sue possibili varianti: dalla struttura vera e propria all'orto, passando per la selezione dei fornitori, tutto è pensato per un futuro più sostenibile mettendo in risalto la qualità delle scelte fatte. Moderne camere per completare il soggiorno.

Menu 40 € – Carta 34/59 €

5 cam ⊇ – ⅋120/160 € ⅋⅋120/160 €

Via Giordano Bruno 13, localita Tetti Valfrè, Est: 4 km
– ℰ 011 903 5436 – www.casaformat.it
– *Chiuso 1°-22 gennaio e mercoledì*

ORBETELLO

Grosseto – ⊠ 58015 – 14 878 ab. – Carta regionale n° **18**-C3
Carta stradale Michelin 563-O15

⊛ L'Oste Dispensa ⇐ ᴬᶜ

CUCINA DEL TERRITORIO • **CONVIVIALE** ✕ Cucina prettamente locale e di laguna, con la possibilità di acquistare anche tanti prodotti fatti in casa (marmellate, biscotti...), nonché eccellenze del territorio, ma non solo. Specialità: pici fatti in casa al ragù di palamita, pomodori secchi e nocciole tostate.

🍴 Menu 25/35 € – Carta 26/54 €

strada provinciale Giannella 113, Ovest: 7 Km
– ℰ 0564 820085 – www.ostedispensa.it
– *Chiuso 23 dicembre-28 febbraio e mercoledì escluso in luglio-agosto*

ORIAGO Venezia → Vedere Mira

ORIGGIO

Varese – ⊠ 21040 – 7 700 ab. – Alt. 194 m – Carta regionale n° **10**-A2
Carta stradale Michelin 561-F9

⁜○ El Primero ❶ 🛖 🅿

CUCINA SUDAMERICANA • **MINIMALISTA** ✕ La cucina uruguaiana, dopo essersi fatta apprezzare nella passata edizione dell'Expo dedicato all'alimentazione, si stabilisce - ora - ad Origgio; carni di qualità dai pascoli latini, ambiente minimalista nello stile e approccio cordiale.

Carta 29/84 €

largo Umberto Boccioni 3
– ℰ 393 884 8423 (prenotazione obbligatoria) – elprimero.it
– *Chiuso sabato a mezzogiorno e lunedì*

ORISTANO Sardegna

(OR) – ⊠ 09170 – 31 630 ab. – Carta regionale n° **16**-A2
Carta stradale Michelin 366-M44

🏠 Mistral 2 ⌂ ⌶ ⊡ ᴬᶜ ⅍ 🚗

BUSINESS • **FUNZIONALE** Non lontano dal centro, hotel di contemporanea fattura con ambienti sobri e funzionali adatti ad una clientela di lavoro. Al ristorante si propone una linea di cucina volutamente e fortemente legata alla tradizione sarda.

132 cam ⊇ – ⅋42/81 € ⅋⅋54/117 €

via XX Settembre 34 – ℰ 0783 210389 – www.hotelmistral2oristano.it

ORMEA

Cuneo – ⊠ 12078 – 1 617 ab. – Alt. 736 m – Carta regionale n° **12**-C3
Carta stradale Michelin 561-J5

sulla strada statale 28 verso Ponte di Nava Sud-Ovest : 4,5 km

⌂ **San Carlo ❿**   ⛺ ⪪ 🛏 ✕ 🖭 🚗

FAMILIARE · CLASSICO Atmosfera informale e familiare, con zone comuni e buona parte delle camere rinnovate, trova la sua ragion d'essere principalmente nell'annessa riserva di pesca privata, che attira soprattutto clienti del nord Europa, con la medesima gestione.

36 cam ⌁ – ⬩50/65 € ⬩⬩85/90 €

via Nazionale 23 – ☎ *0174 399917 – www.albergosancarlo.com – Aperto 1° marzo-15 ottobre*

a Ponte di Nava Sud-Ovest : 6 km ✉ 12078

⊚ **Ponte di Nava-da Beppe**   ✿ ⪪ ⇔ 🅿

CUCINA PIEMONTESE · AMBIENTE CLASSICO ⅗ Il menu riflette l'ambiguità territoriale in cui sorge Ponte di Nava, fondendo le tradizioni langarole con quelle dell'entroterra ligure. Ecco allora che dalla cucina giungono funghi e tartufi, bagna caoda, cacciagione, nonché i nostri preferiti: lasagnette di grano saraceno con patate di Ormea e fonduta di castelmagno - capriolo in civet al vino Ormeasco - gelato di castagne al rum.

🍴 Menu 20/28 € – Carta 22/56 €

via Nazionale 32 – ☎ *0174 399924 (consigliata la prenotazione la sera) – www.albergopontedinava.ormea.eu – Chiuso 8 gennaio-15 marzo, martedì e mercoledì escluso luglio, agosto e giorni festivi*

ORNAGO

Monza e Brianza – ✉ 20876 – 4 931 ab. – Alt. 193 m – Carta regionale n° **10**-B2
Carta stradale Michelin 561-E10

🍴○ **Osteria della Buona Condotta**   🏮 🅰🅲 ⇔ 🅿

CUCINA LOMBARDA · CONTESTO TRADIZIONALE ⅗ Un cascinale d'inizio '900, sapientemente ristrutturato, ospita questo piacevole ristorante che propone una cucina d'impronta regionale con antipasti e piatti di carne, varietà di formaggi, pesci di acqua dolce e buona selezione di vini.

🍴 Menu 25 € (pranzo in settimana) – Carta 37/60 €

via per Cavenago 2 – ☎ *039 691 9056 – www.osteriabuonacondotta.it Chiuso domenica sera*

OROSEI Sardegna

Nuoro – ✉ 08028 – 7 015 ab. – Alt. 19 m – Carta regionale n° **16**-B2
Carta stradale Michelin 366-T41

🍴○ **Su Barchile**   ⪪ 🏮 🅰🅲 ⌖

CUCINA DEL TERRITORIO · FAMILIARE ⅘ Nella cornice della costa sarda, grazioso ristorante arredato con piacevole gusto femminile, fedele ai colori locali. Piatti derivati dalla tradizione agropastorale dell'isola, ma anche qualche ricetta di pesce, nonché pizze preparate con farine gluten-free, specialità vegane e vegetariane. Per i più golosi, piccola rivendita di composte di frutta e verdure da abbinare ai formaggi.

Menu 35 € – Carta 41/52 €

12 cam ⌁ – ⬩39/189 € ⬩⬩39/199 €

via Mannu 5 – ☎ *0784 98879 – www.subarchile.it – Chiuso dicembre*

ORTA SAN GIULIO

Novara – ✉ 28016 – 1 185 ab. – Alt. 294 m – Carta regionale n° **13**-A2
Carta stradale Michelin 561-E7

✿✿ **Villa Crespi** (Antonino Cannavacciuolo)   ✿ 🛏 🅰🅲 ⇔ 🅿

CUCINA CREATIVA · LUSSO ⅘⅘ Icona dell'ospitalità italiana nella meravigliosa cornice del Lago D'Orta!

Fu Cristoforo Benigno Crespi, proprietario della Villa nel 1879, a scegliere lo stile moresco come ispirazione per la sua dimora da "sogno", dove stucchi e intarsi accolgono gli ospiti in un ideale viaggio attraverso il Medioriente.

Altro percorso, ma non scevro di charme, è quello che vi attende al ristorante del bravissimo Antonino Cannavacciuolo. Tecnica e precisione estetica sono gli strumenti per creare piatti dai sapori netti e ben distinti, che valorizzano il sud e il mare, sebbene si spazi veramente dalla Campania al Piemonte, con una disinvoltura consentita solo ai "grandi".

Come non inchinarsi davanti ad una suprema di piccione, fegato grasso al grué di cacao, salsa al Banyuls? Di recente è stata introdotta una nuova carta dei vini, che propone alcune ottime etichette al calice da abbinare ai percorsi di degustazione.

→ Linguina di Gragnano, calamaretti e salsa al pane di segale. Suprema di piccione, fegato grasso al grué di cacao e salsa al Banyuls. Dolce al cioccolato.

Menu 150/180 € – Carta 110/185 €

Hotel Villa Crespi, via Fava 18, Est: 1,5 km – 𝒞 0322 911902 (consigliata la prenotazione) – www.villacrespi.it – Chiuso 14 gennaio-5 febbraio, martedì a mezzogiorno e lunedì

❀ Locanda di Orta

CUCINA MODERNA · ROMANTICO XX Nel centro storico di uno dei borghi lacustri più romantici d'Italia, una cartolina d'altri tempi, questo piccolo edificio ospita un ristorante dal design moderno con un romantico tavolino sul terrazzino esterno per soli due coperti. La cucina si vuole creativa anche con il nuovo chef.

→ Risotto carnaroli, blu di Morozzo, clorofilla di rucola e miele. Suprema di piccione, coscetta croccante, carote e Vermouth. Cioccolato e lamponi.

Menu 75/90 € – Carta 57/101 €

9 cam ☲ – †65/70 € ††80/90 €

via Olina 18 – 𝒞 0322 905188 (consigliata la prenotazione) – www.locandaorta.com – Chiuso 7 gennaio-14 febbraio, mercoledì a mezzogiorno e martedì

Villa Crespi

GRAN LUSSO · STORICO Sulla struttura campeggia un minareto a ricordo di quel signor Crespi che, incantato dal fascino di Baghdad dove acquistava partite di cotone, fece costruire qui - a fine '800 - questa villa in stile moresco. Letti a baldacchino e mobili del XVIII e XIX secolo nelle splendide suite: tutte diverse tra loro per la scelta di un colore dominante nell'arredo, altro non fanno che contribuire alla magia delle "Mille e Una Notte" di questa raffinata dimora.

8 suites ☲ – ††195/995 € – 6 cam

via Fava 18, Est: 1,5 km – 𝒞 0322 911902 – www.villacrespi.it – Chiuso 14 gennaio-5 febbraio

❀❀ **Villa Crespi** – Vedere selezione ristoranti

San Rocco

STORICO · FUNZIONALE In un ex monastero del '600 e villa barocca della prima metà del '700, esclusivo albergo con vista sull'isola di San Giulio. La posizione è idilliaca, gli interni signorili non sono da meno; amena terrazza fiorita in riva al lago con piscina.

71 cam ☲ – †190/300 € ††420/900 € – 2 suites

via Gippini 11 – 𝒞 0322 911977 – www.hotelsanrocco.it – Chiuso 2 gennaio-15 marzo

La Bussola

FAMILIARE · ACCOGLIENTE A ridosso del centro in posizione elevata, un hotel dall'atmosfera vacanziera con una bella vista sul lago e sull'isola di San Giulio. Camere recenti, bella piscina. La sala ristorante si apre sulla terrazza e sul panorama.

40 cam ☲ – †90/150 € ††120/210 € – 2 suites

via Panoramica 24 – 𝒞 0322 911913 – www.hotelbussolaorta.it – Chiuso novembre

Leon d'Oro

STORICO · BORDO LAGO Immerso tra le pietre antiche del borgo d'Orta San Giulio, in posizione centralissima, questo albergo vanta oltre 200 anni di storia al suo attivo; rinnovato recentemente offre camere eleganti e romantiche. Piacevole ubicazione anche per il ristorante che lambisce le acque del lago.

32 cam ☲ – †100/170 € ††110/200 € – 2 suites

piazza Motta 42 – 𝒞 0322 911991 – www.albergoleondoro.it – Chiuso 3-31 gennaio

La Contrada dei Monti

LOCANDA · ROMANTICO Affascinante risorsa, ricca di stile e cura per i dettagli. Un nido ideale per soggiorni romantici dove si viene accolti con cordialità familiare e coccolati dal buon gusto.

16 cam ⚏ – ♥90/100 € ♥♥110/145 €

via dei Monti 10 – ℰ 0322 905114 – www.lacontradadeimonti.it – Aperto 15 marzo-2 novembre

ORTE

Viterbo – ✉ 01028 – 8 923 ab. – Alt. 132 m – Carta regionale n° **7**-B1
Carta stradale Michelin 563-O19

La Locanda della Chiocciola

CASA DI CAMPAGNA · TRADIZIONALE Tra verdi colline, un casale del XV sec ospita camere sobrie con qualche arredo d'epoca, ottimi e generalmente ampi i bagni. La bella vallata è lo spettacolo offerto dall'intimo centro benessere, che propone diversi trattamenti. Cucina casalinga servita in una bella sala da pranzo, impreziosita da un camino del XVI secolo.

8 cam ⚏ – ♥70/100 € ♥♥100/130 €

località Seripola, Nord-Ovest: 4 km – ℰ 0761 402734 – www.lachiocciola.net – Chiuso 18-26 dicembre e 15 gennaio-4 febbraio

ORTISEI ST. ULRICH

Bolzano – ✉ 39046 – 4 780 ab. – Alt. 1 234 m – Carta regionale n° **19**-C2
Carta stradale Michelin 562-C17

✿ Anna Stuben

CUCINA CREATIVA · ROMANTICO XxX Tante signore "Anna", spesso eccellenti cuoche, si sono succedute nella famiglia che gestisce il ristorante. Anche se oggi ai fornelli c'è un brillante giovane cuoco, nel nome delle incantevoli Stuben in cui si mangia se ne coltiva il ricordo, mentre la cucina prende il volo verso proposte più sofisticate, spesso basate su prodotti del territorio alpino.

→ Finocchio grigliato, lattica (formaggio fresco di capra), germogli di abete rosso, caviale. Entrecote "Dry Aged", ceci, finferli e scalogno. Carota con sorbetto agli agrumi, biscuit e zenzero.

Menu 92/128 € – Carta 70/128 €

Hotel Gardena-Grödnerhof, via Vidalong 3 – ℰ 0471 796315 (prenotare) – www.annastuben.it – solo a cena – Chiuso 1° aprile-7 giugno, 13 ottobre-6 dicembre e domenica

🍽○ Tubladel

CUCINA CREATIVA · ROMANTICO XX Avvolti nei legni e nel calore di quella che sembra un'antica baita di montagna, la cucina prevede qualche spunto del territorio, ma se ne discosta volentieri, verso interpretazioni più creative, spesso di grande qualità. E' un'ottima tappa gourmet da non perdere nel vostro soggiorno ad Ortisei.

Carta 42/91 €

via Trebinger 22 – ℰ 0471 796879 (consigliata la prenotazione la sera) – www.tubladel.com – Chiuso maggio e novembre

🏨 Gardena-Grödnerhof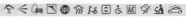

LUSSO · ELEGANTE Il palace alpino per eccellenza, svetta sul centro della località come un palazzo da mille e una notte. Ampi spazi e un eccellente servizio vi attendono all'interno, mentre le camere sono arredate nel tipico stile montano, destinate a chi ama l'eleganza classica senza sussulti modaioli.

48 cam ⚏ – ♥191/700 € ♥♥294/778 € – 6 suites

via Vidalong 3 – ℰ 0471 796315 – www.gardena.it – Chiuso 1° aprile-7 giugno e 13 ottobre-6 dicembre

✿ **Anna Stuben** – Vedere selezione ristoranti

🏨 Adler Dolomiti Spa & Sport Resort 🕊 ≤ 🏊 🗔 🛢 🐾 ⅃₆ ⊡

SPA E WELLNESS · ELEGANTE Cinto da un grazioso parco, questo 🗚 🕸 🚗 storico hotel nel cuore di Ortisei offre ambienti eleganti in stile montano. Adler Balance, il "fratello" di dimensioni più contenute, ospita anche una medical Spa. L'ampio e completo centro benessere è a disposizione di entrambe le strutture, ma ognuna di esse ha il suo ristorante: ampio per l'Adler, più intimo al Balance.

105 cam – solo ½ P 160/350 € – 9 suites

via Rezia 7 – ℰ 0471 775001 – www.adler-dolomiti.com – Chiuso 15 aprile-15 maggio

🏨 Alpin Garden Wellness Resort 🕊 🐾 ≤ 🗔 🛢 🐾 ⅃₆ ⊡ 🚗

SPA E WELLNESS · STILE MONTANO Ai piani eleganti camere in stile alpino, ma se volete un brivido di raffinato design scegliete quelle dislocate al quarto: legni antichi, arredi moderni e vivaci colori!

27 cam ☲ – ♦100/419 € ♦♦230/800 € – 5 suites

via J. Skasa 68 – ℰ 0471 796021 – www.alpingarden.com – Chiuso aprile e maggio

🏨 Montchalet 🅾 🕊 🐾 🗔 🛢 🐾 ⊡

LUSSO · STILE MONTANO In posizione centrale, ma leggermente defilata, soleggiata e tranquilla, questa caratteristica struttura interamente rivestita in legno mette a disposizione degli ospiti eleganti suite in stile montano-contemporaneo per un soggiorno all'insegna del relax ed esclusività.

16 suites – solo ½ P 225/475 €

via Paul Grohmann 97 – ℰ 0471 798651 – www.montchalet.it – Aperto 1° dicembre-10 aprile e 15 giugno-30 ottobre

🏨 Angelo-Engel 🕊 ≤ 🏊 🗔 🛢 🐾 ⅃₆ ⊡ 🚗

TRADIZIONALE · ACCOGLIENTE Uno dei primi storici alberghi di Ortisei, a questo imponente, tipico, edificio di montagna vi si può accedere in macchina, ma dall'albergo - in pochi passi - sarete nel centro pedonale commerciale. Belle camere arredate in stile tradizionale con mobili rifiniti a mano in cirmolo locale ed un centro benessere paradisiaco: non a caso siete all'Angelo!

40 cam ☲ – ♦139/253 € ♦♦182/430 € – 6 suites

via Petlin 35 – ℰ 0471 796336 – www.hotelangelo.net – Chiuso 8 aprile-16 maggio e 14 ottobre-4 dicembre

🏨 Arnaria 🕊 🏊 🗔 🛢 🐾 ⅃₆ ⊡ 🕭 🕸 🅿

SPA E WELLNESS · STILE MONTANO Fuori dal paese, ma collegato al centro con navetta d'inverno e bus d'estate, l'albergo, costruito nel 2008, offre ambienti freschi e luminosi, camere molto ampie arredate con legni chiari in stile alpino.

21 cam ☲ – ♦85/230 € ♦♦85/230 €

strada Arnaria 15 – ℰ 0471 796649 – www.arnaria.com – Aperto 3 dicembre-10 aprile e 2 giugno-15 ottobre

🏨 Digon 🕊 🐾 ≤ 🏊 🕸 🅿

FAMILIARE · STILE MONTANO Ad 1,5 km da Ortisei, con la fermata dell'autobus proprio di fronte all'albergo, qui apprezzerete un bel panorama sulla città da quasi tutte le camere, cinque con accesso diretto al parco che circonda la struttura, ma tutte recentemente rinnovate.

18 cam ☲ – ♦60/120 € ♦♦120/240 € – 6 suites

via Digon 22 – ℰ 0471 797266 – www.hoteldigon.com – Chiuso 15 aprile-24 maggio e 15 ottobre-30 novembre

a Bulla Sud-Ovest : 6 km ⊠ 39040 – Ortisei – Alt. 1 481 m

🏨 Uhrerhof-Deur 🕊 🐾 ≤ 🏊 🐾 ⊡ 🕸 🚗

STORICO · STILE MONTANO In una piccola frazione, Ortisei appare piccola e lontana da questo nido di romanticismo di origini quattrocentesche, tra cimeli d'epoca, stanze in legno e un giardino con 6000 rose. Splendide Stuben al ristorante, di cui una originale del '400.

10 cam – solo ½ P 103/141 € – 4 suites

Bulla 26 – ℰ 0471 797335 – www.uhrerhof.com – Aperto 21 dicembre-6 aprile e 30 maggio-5 ottobre

ORVIETO

(TR) – ⊠ 05018 – 20 630 ab. – Alt. 325 m – Carta regionale n° **20**-B3
Carta stradale Michelin 563-N18

⊗○ I Sette Consoli

CUCINA MODERNA · AMBIENTE CLASSICO XX In un locale sobrio eppure dal tono signorile, indimenticabili proposte di cucina moderna accanto a richiami del territorio; servizio estivo serale in giardino con splendida vista sul Duomo.

Menu 45 € – Carta 42/63 €

piazza Sant'Angelo 1/A – ℰ0763 343911 (consigliata la prenotazione) – www.isetteconsoli.it – Chiuso domenica sera e mercoledì

⊗○ La Palomba

CUCINA REGIONALE · FAMILIARE X Vera e ruspante trattoria del centro storico, gestita dalla stessa famiglia da più di 50 anni: da sempre propongono agli ospiti la cucina umbra con paste fatte in casa, cacciagione e il proverbiale piccione!

Carta 21/50 €

via Cipriano Manente 16 – ℰ0763 343395 (consigliata la prenotazione) – Chiuso 19-25 dicembre, 7-12 marzo, 15 giorni in luglio e mercoledì

🏨 La Badia

STORICO · PERSONALIZZATO Ai piedi della rocca orvietana, la Badia è un imponente complesso in tufo, quasi un museo di architettura medioevale; più semplici le camere dagli arredi classici alberghieri.

22 cam ⊊ – †100/240 € ††120/260 € – 5 suites

località La Badia 8, per Viterbo – ℰ0763 301959 – www.labadiahotel.it – Chiuso 5 gennaio- 20 marzo

🏨 Duomo

FAMILIARE · CLASSICO Per chi non ama le sorprese, l'albergo offre ambienti classici, comodi e funzionali, non privi di qualche ricercatezza negli arredi in ciliegio; da alcune camere si vede uno scorcio del Duomo.

18 cam ⊊ – †70/90 € ††100/130 €

vicolo Maurizio 7 – ℰ0763 341887 – www.orvietohotelduomo.com – Chiuso gennaio-febbraio

🏨 Filippeschi

FAMILIARE · CLASSICO Nel cuore della cittadina, un albergo piacevolmente collocato in un palazzo con origini settecentesche: accogliente hall e camere confortevoli con parquet.

15 cam – †45/65 € ††60/115 € – ⊊8 €

via Filippeschi 19 – ℰ0763 343275 – www.hotelfilippeschi.it – Chiuso 20-27 dicembre

🏨 Corso

FAMILIARE · ACCOGLIENTE Le dimensioni ridotte della hall e la gestione simpatica, ma familiare, non lasciano sospettare camere d'inaspettata cura: un raffinato soggiorno lungo il viale pedonale e commerciale del centro storico.

16 cam ⊊ – †50/75 € ††75/110 €

corso Cavour 343 – ℰ0763 342020 – www.hotelcorso.net – Chiuso 23-26 dicembre

🏨 Virgilio

FAMILIARE · CENTRALE Intimo e accogliente, metà delle camere si affacciano su una delle chiese più belle d'Italia: stanze semplici, ma con graziosi armadi dipinti a mano e bagni moderni. La splendida piazza ospita i tavolini del bar.

13 cam ⊊ – †60/200 € ††90/200 €

piazza del Duomo 5 – ℰ0763 394937 – www.orvietohotelvirgilio.com – Chiuso 15 novembre-1° dicembre

a Morrano Nuovo Nord : 15 km per Arezzo ⊠ 05018

🏠 Relais Borgo San Faustino   🏕 🏊 ⟨ � 🏋 🛖 AC 🧖 P

CASA DI CAMPAGNA · PERSONALIZZATO Adagiato sulle colline, il borgo invita ad una vacanza all'insegna del relax, tra arredi artigianali in legno ed un incantevole giardino con piscina. Nel bel ristorante, piatti della tradizione regionale.

22 cam ⌧ – 🛏105/165 € 🛏🛏135/195 €

borgo San Faustino 11/12 – 𝒞 0763 215303 – www.borgosanfaustino.it

a Rocca Ripesena Ovest : 5 km per Viterbo ⊠ 05018

🍽 Altarocca   🚪 🏠 AC P

CUCINA MODERNA · AMBIENTE CLASSICO XX Cinto da una vetrata sui colli orvietani e assistito da un ottimo servizio, il ristorante offre spunti di cucina umbra e segue la stagionalità della materia prima.

Menu 35/50 € – Carta 40/69 €

Altarocca Wine Resort, Rocca Ripesena 62, Ovest: 7 km – 𝒞 0763 344210
– www.laroccaorvieto.com – Chiuso 7 gennaio-7 febbraio e lunedì

🏠 Altarocca Wine Resort   🏊 ⟨ 🚪 🏋 🗔 🌐 🏊 🛀 ⊡ 🦽 AC 🧖 P

CASA DI CAMPAGNA · PERSONALIZZATO Una moderna country house diffusa su più edifici in uno splendido paesaggio collinare, dove funzionalità ed organizzazione sono a livello di un vero e proprio hotel: camere accoglienti, un bel centro benessere e tanto, tanto verde tutto attorno.

37 cam ⌧ – 🛏70/135 € 🛏🛏100/170 €

Rocca Ripesena 62, Ovest: 7 km – 𝒞 0763 344210 – www.laroccaorvieto.com
– Chiuso 7 gennaio-7 febbraio

🍽 **Altarocca** – Vedere selezione ristoranti

🏠 Locanda Palazzone   🏕 🏊 ⟨ 🚪 🏋 ⊡ 🦽 AC 🧖 P

CASA DI CAMPAGNA · STORICO Residenza cardinalizia del 1299, incastonata in uno straordinario paesaggio, bifore e tufo introducono in camere dagli arredi moderni e ricercati, tutte soppalcate tranne una. Tutto attorno vigne, alcune di proprietà: di fatti sul retro c'è la propria omonima cantina.

7 cam ⌧ – 🛏210/370 € 🛏🛏210/370 €

Rocca Ripesena 67, Ovest: 7 km – 𝒞 0763 393614 – www.locandapalazzone.com
– Chiuso 7 gennaio-18 marzo

ORZINUOVI

Brescia (BS) – ⊠ 25034 – 12 644 ab. – Alt. 88 m – Carta regionale n° **10**-D2
Carta stradale Michelin 561-E13

✿ Sedicesimo Secolo (Simone Breda)   AC ⇔ P

CUCINA CREATIVA · CONTESTO REGIONALE XX Il nome fa riferimento all'epoca d'origine dell'edificio - ex scuderia dell'adiacente castello - in cui si è ricavata la sala, tra pavimento in cotto, soffitti originali, camini, la modernità degli arredi, però, dona all'insieme la giusta leggerezza. La carta mostra una certa attitudine alla fantasia, carne e pesce quasi in egual misura e qualche riferimento al territorio; lo stile è decisamente moderno-creativo, l'estetica nelle presentazioni particolarmente curata.

→ Lumache, panada e bagnet verd. Ravioli, parmigiano, sedano verde e verbena. Ananas, capperi e levistico.

Menu 50/65 € – Carta 53/80 €

via Gerolanuova 4, località Pudiano, Est: 5 km – 𝒞 030 563 6125 (prenotazione obbligatoria a mezzogiorno) – www.ristorantesedicesimosecolo.it – Chiuso domenica sera e lunedì

OSIO SOTTO

Bergamo – ⊠ 24046 – 12 443 ab. – Alt. 182 m – Carta regionale n° **10**-C2
Carta stradale Michelin 561-F10

🍴 **La Braseria** ⇦ 🏡 🗚

STEAKHOUSE · ACCOGLIENTE XX Ristorante rustico-elegante in pieno centro, la cui versatilità lo porta ad essere anche macelleria gourmet con pregevoli varietà di carni, possibilità di cibi da asporto e, per i piccoli ospiti, la "Casa Giocattolo", ovvero: camere ispirate alla favola di Biancaneve.

Menu 48/65 € – Carta 47/72 €

8 cam 🖵 – ♦60/70 € ♦♦85/110 €

via Risorgimento 15/17 – 𝒞 035 808692 – www.la-braseria.com – Chiuso sabato a mezzogiorno e domenica da giugno al 15 settembre

OSNAGO

Lecco (LC) – ✉ 23875 – 4 806 ab. – Alt. 249 m – Carta regionale n° **10**-B1
Carta stradale Michelin 561-E10

🍴 **Osteria Roncate di Papà Nenè** 🏡 🗚 **P**

CUCINA SICILIANA · FAMILIARE XX Specialità di mare e appetitosa cucina siciliana in un locale moderno ed informale: nella raccolta ed intima sala un bel camino decorativo.

Menu 50 € – Carta 45/153 €

via Pinamonte 24 – 𝒞 039 58220 – www.osteriaroncatelocandanene.com
– Chiuso 27 dicembre-4 gennaio, 16-29 agosto e lunedì

La guida vive con voi: raccontateci le vostre esperienze.
Comunicateci le vostre scoperte più piacevoli e le vostre delusioni.
Buone o cattive sorprese? Scriveteci!

OSPEDALETTI

Imperia – ✉ 18014 – 3 367 ab. – Carta regionale n° **8**-A3
Carta stradale Michelin 561-K5

🍴 **Byblos** ⇐ 🏡 🛶 🗚 🍴 **P**

PESCE E FRUTTI DI MARE · ELEGANTE XX All'estremo della bella passeggiata, con pista ciclabile che porta proprio dinnanzi all'ingresso, ristorante di una certa eleganza affacciato sul mare: piatti a base di pesce semplici e gustosi.

Carta 37/84 €

lungomare Colombo 6/8 – 𝒞 0184 689002 – www.ristorantebyblos.it
– Chiuso 1 settimana in giugno, 3 settimane in novembre e lunedì

OSPEDALETTO Verona → Vedere Pescantina

OSPEDALETTO D'ALPINOLO

Avellino – ✉ 83014 – 2 145 ab. – Alt. 725 m – Carta regionale n° **4**-B2
Carta stradale Michelin 564-E26

🛞 **Osteria del Gallo e della Volpe**

CUCINA REGIONALE · CONTESTO TRADIZIONALE XX Una sala accogliente, pochi tavoli e molto spazio, per una conduzione familiare dal servizio curato e cordiale; il menu propone la tradizione locale con alcune personalizzazioni. Specialità: tagliolino fatto a mano con pesto di aglio orsino, pomodorino confit e ricotta – stracotto di guancia di vitello all'Aglianico e mela annurca.

Menu 30/38 € – Carta 28/45 €

piazza Umberto I° 14 – 𝒞 0825 691225 (prenotare)
– www.osteriadelgalloedellavolpe.it – solo a cena escluso sabato e domenica
– Chiuso domenica sera e lunedì

OSPEDALICCHIO Perugia → Vedere Bastia Umbra

OSSANA
Trento – ⊠ 38026 – 858 ab. – Alt. 1 003 m – Carta regionale n° **19**-B2
Carta stradale Michelin 562-D14

🛞 Antica Osteria ⇦

REGIONALE E DEL TERRITORIO · ROMANTICO X Piacevole ristorante diviso in tre belle salette ricche di fascino. Tutta la famiglia è dedita all'attività, con risultati proverbiali: sapori regionali in ricette sfiziose, come ad esempio ravioli di pasta fresca con cacciagione - lo strudel di mele con salsa vaniglia calda.

Carta 28/44 €
3 cam ♨ – ♦50/100 € ♦♦100/130 €

via Venezia 11 – 𝒞 0463 751713 – www.anticaosteriaossana.net – Chiuso mercoledì e a mezzogiorno da lunedì a venerdì in bassa stagione

🏠 Pangrazzi 🕭 ⟨⊨ ⊠ 𝔐 ⊡ ⅗ 𝒮 ⊜

FAMILIARE · ACCOGLIENTE Struttura rifinita in legno e pietra con invitanti spazi comuni in stile montano. Abbellita da un gradevole piccolo giardino è ideale per un turismo familiare. Al ristorante si servono piatti del territorio e tradizionali.

28 cam ♨ – ♦50/80 € ♦♦100/160 € – 4 suites

frazione Fucine alt. 982 – 𝒞 0463 751108 – www.hotelpangrazzi.com – Aperto 1° dicembre-30 aprile e 15 giugno-20 settembre

OSTELLATO
Ferrara – ⊠ 44020 – 6 200 ab. – Carta regionale n° **5**-C2
Carta stradale Michelin 562-H17

🏠🏠 Villa Belfiore 🕭 ⅗ ⟨⊨ ⊐ 𝔐 𝔸𝒞 ⅍ 🅿

CASA DI CAMPAGNA · PERSONALIZZATO Ospitalità familiare all'interno di una bella casa di campagna nel silenzio della pianura ferrarese, ma anche comoda per muoversi a poca distanza com'è dalla superstrada. Atmosfera allo stesso tempo rustica ma curata, attualizzata. Al ristorante molta cucina vegetariana elaborata partendo dai prodotti della propria azienda agricola.

18 cam ♨ – ♦75/95 € ♦♦85/140 €

via Pioppa 27 – 𝒞 0533 681164 – www.villabelfiore.com

OSTUNI
Brindisi – ⊠ 72017 – 31 318 ab. – Alt. 218 m – Carta regionale n° **15**-C2
Carta stradale Michelin 564-E34

❀ Cielo 🍴 𝔸𝒞 ⅗

CUCINA CREATIVA · LUSSO XxX Protagonisti di romantiche cene estive tra gli agrumi della piccola corte interna oppure ospiti della bianca sala dal soffitto a botte, vi sembrerà di toccare il cielo con un dito... La cucina parte dall'eccellenze gastronomiche della regione, molti ingredienti, infatti, rappresentano il meglio della Puglia, ma la mano dello chef vira verso una linea più creativa.

→ Spaghettoni aglio olio e peperoncino con colatura di alici e calamaretti. Pluma di Patanegra, burrata e ricci di mare. Omaggio a mio padre, uovo e farina.

Menu 85/180 € – Carta 82/140 €

Hotel La Sommità, via Scipione Petrarolo 7 – 𝒞 0831 305925 (consigliata la prenotazione) – www.lasommita.it – Chiuso 7 gennaio-6 marzo

🛞 Osteria Piazzetta Cattedrale 𝔸𝒞 ⅗

CUCINA REGIONALE · STILE MEDITERRANEO X A pochi metri dalla cattedrale, moglie in cucina e marito in sala gestiscono questo locale come una piccola bomboniera. Brillante per la qualità dei prodotti, in prevalenza pugliesi, come la purea di fave con verdure di stagione. Specialità: sformatino fiori di zucca, cipollotto e vellutata di datterino - stinco di maialino da latte, patata intera e verdurine selvatiche - sfogliatina calda con crema pasticcera alla vaniglia.

Menu 35 € – Carta 31/61 €

largo Arcidiacono Trinchera 7 – 𝒞 0831 335026 (consigliata la prenotazione) – www.piazzettacattedrale.it – Chiuso 10 gennaio-20 febbraio e martedì escluso luglio-agosto

ⅰ○ Porta Nova

PESCE E FRUTTI DI MARE · CHIC XX *Location* invidiabile su un torrione aragonese con vista panoramica sulla distesa di ulivi e sulla Marina di Ostuni, per questo elegante ristorante che propone essenzialmente cucina di mare.

Menu 35/80 € – Carta 44/77 €

via Petrarolo 38 – ℰ 0831 338983 – www.ristoranteportanova.it

La Sommità

LUSSO · MINIMALISTA Nella parte più alta di Ostuni, in un palazzo cinquecentesco, eleganti camere in stile moderno-minimalista ed imperdibili terrazze con vista mozzafiato. A pranzo, in alternativa al gourmet, anche una formula bistrot con piatti del territorio.

10 cam ⌑ – †270/620 € ††270/620 € – 5 suites

via Scipione Petrarolo 7 – ℰ 0831 305925 – www.lasommita.it – Chiuso 7 gennaio-6 marzo

🕸 **Cielo** – Vedere selezione ristoranti

Ostuni Palace

TRADIZIONALE · ELEGANTE Antico e moderno fusi insieme: raggiungibile in macchina e dotato delle più recenti facilitazioni, una passeggiata vi porterà nel centro storico. Da alcune camere la vista su Ostuni è mozzafiato.

34 cam ⌑ – †105/150 € ††190/300 €

corso Vittorio Emanuele 218/222 – ℰ 0831 338885 – www.ostunipalace.com

Masseria Cervarolo

DIMORA STORICA · PERSONALIZZATO Adagiata su un riposante paesaggio collinare, la masseria cinquecentesca è stata convertita in elegante dimora di campagna, ricorrendo ai raffinati arredi dell'artigianato pugliese; tre camere in altrettanti trulli.

17 cam ⌑ – †175/265 € ††175/305 €

contrada Cervarolo, Sud-Ovest: 7 km, lungo la SP14 Ostuni-Martina Franca – ℰ 0831 303729 – www.masseriacervarolo.it – Aperto 1° marzo-4 novembre

Masseria le Carrube

DIMORA STORICA · MEDITERRANEO Tipica masseria imbiancata a calce con i tradizionali tetti a coppi, immersa nel verde e nella tranquillità più totale, dove soggiornare in camere signorili e ambienti total white. E l'attenzione per il binomio psiche-soma continua a tavola con la proposta di una cucina vegetariana e vegana, nonché nello spazio benessere che in questa struttura è orientato più su tecniche meditative e di well-being mentale.

19 cam ⌑ – †130/240 € ††140/250 €

strada statale 16 al km 873, Nord-Ovest: 5 km – ℰ 0831 342595 – www.masserialecarrube.it

Monte Sarago

TRADIZIONALE · MINIMALISTA Ad un chilometro dal centro storico, linee moderne ed essenziali ispirano gli arredi delle camere, alcune con vista sulla città bianca. Piscina raggiungibile salendo 150 gradini o con navetta.

63 cam ⌑ – †55/180 € ††80/270 € – 4 suites

corso Mazzini 233 – ℰ 0831 334470 – www.hotelmontesarago.it

Masseria Tutosa

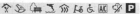

FAMILIARE · BUCOLICO Una vacanza a tutto relax - tra piscina e spazi verdi - in un'antica masseria fortificata: poche camere semplici ed essenziali, nonché qualche appartamento con angolo cottura, e da poco anche quattro suite nel verde.

21 cam ⌑ – †60/150 € ††80/220 €

contrada Tutosa, Nord-Ovest: 7,5 km – ℰ 0831 359046 – www.masseriatutosa.com – Aperto 1° aprile-4 novembre

🏠 Masseria Il Frantoio

AGRITURISMO · AGRESTE Se volete scoprire lo spirito di un'autentica masseria, questo è l'indirizzo in cui dormire e sognare. Di origini cinquecentesche, gli ambienti retrò sono un romantico omaggio al bel tempo che fu; non mancano un vecchio frantoio e una rivendita di oli della casa.

18 cam ☑ – †80/200 € ††180/300 €

strada statale 16 al km 874, Nord-Ovest: 5 km – ℰ 0831 330276 – www.masseriailfrantoio.it

a Costa Merlata Nord-Est : 15 km ✉ 72017

🏨 Grand Hotel Masseria Santa Lucia

RESORT · MEDITERRANEO Ricavato dal riadattamento di un'antica masseria, ogni ambiente si distingue per funzionalità ed omogeneità degli arredi, nonché per l'atmosfera di relax e tranquillità che vi aleggia. Vocazione turistica e congressuale.

128 cam ☑ – †80/350 € ††90/400 € – 4 suites

strada statale 379 km 23,500 – ℰ 0831 356111 – www.masseriasantalucia.it

OTRANTO

Lecce – ✉ 73028 – 5 731 ab. – Carta regionale n° **15**-D3
Carta stradale Michelin 564-G37

🍴 Atlantis-Bel Ami

PESCE E FRUTTI DI MARE · STILE MEDITERRANEO ✕✕ Gustose ricette di pesce, oltre a vari crudi e frutti di mare, in un ristorante sulla spiaggia con annesso stabilimento balneare: la zona è di suggestiva bellezza!

Carta 31/76 €

via Porto Craulo – ℰ 0836 804401 (consigliata la prenotazione) – www.atlantisbeach.it – Aperto 15 marzo-20 ottobre

🍴 Retrogusto

CUCINA REGIONALE · FAMILIARE ✕ Ambiente classico con arredo semplice, ma di qualità, musica di sottofondo ed atmosfera informale: leggermente arretrato rispetto al lungomare, è solo una piccola deviazione di pochi metri compensata da una cucina di qualità dai tipici sapori salentini.

😋 Menu 25/50 € – Carta 40/52 €

via Tenente Eula 7 – ℰ 320 777 6406 – www.ristoranteretrogusto.com – Chiuso febbraio, novembre e martedì escluso giugno-settembre

🏠 Relais Valle dell'Idro

LUSSO · MEDITERRANEO I dettagli qui non sono lasciati al caso, ma studiati con grande senso estetico: ne deriva una bella realtà con accoglienti camere e un piccolo, ma grazioso giardino, dove nella bella stagione viene servita la prima colazione. La terrazza con vasca idromassaggio propone una suggestiva vista sulla città vecchia e sul mare.

27 cam ☑ – †74/299 € ††74/329 €

via Giovanni Grasso 4 – ℰ 0836 804427 – www.otrantohotel.com – Aperto 1° aprile-31 ottobre

🏠 Masseria Bandino

CASA DI CAMPAGNA · BUCOLICO In posizione tranquilla e verdeggiante a pochi chilometri dal centro, una bella masseria dalle confortevoli camere, piacevole piscina e zona giochi per i più piccoli. Particolare cura nel luminoso ristorante, dove il "Salento gastronomico" viene proposto in chiave contemporanea.

20 cam ☑ – †50/70 € ††70/190 €

via Vicinale Sant'Emiliano, (verso Uggiano La Chiesa), Sud Ovest: 2 km – ℰ 0836 804647 – www.masseriabandino.it – Aperto 1°aprile-31 ottobre

Villa Rosa Antico 　　　

FAMILIARE · STORICO In posizione decentrata e non propriamente vicina al mare, è una storica villa di fine Cinquecento ad ospitare il piccolo albergo dall'attenta e capace gestione familiare. Graziose e ben accessoriate le camere, piacevole sostare in giardino.

25 cam 🖂 – †50/240 € ††79/300 € – 2 suites

Strada Statale 16 – ℰ 0836 801563 – www.hotelvillarosaantico.it

🏠 **Masseria Panareo** 　　　

CASA DI CAMPAGNA · MEDITERRANEO Un antico eremo ospita questa bella masseria, interamente ristrutturata, ubicata in aperta campagna ma non troppo lontana dal mare. Moderna piscina con bella terrazza-solarium per momenti di piacevole relax.

18 cam 🖂 – †90/220 € ††100/230 €

litoranea Otranto-S. Cesarea Terme, Sud: 10 km – ℰ 0836 812999 – www.masseriapanareo.com – Chiuso 1° novembre-27 dicembre

OTTONE Livorno (LI) → Vedere Elba (Isola d') : Portoferraio

OVADA

Alessandria – ⊠ 15076 – 11 477 ab. – Alt. 186 m – Carta regionale n° **12**-C3
Carta stradale Michelin 561-I7

🍴 **La Volpina** 　　　

CUCINA PIEMONTESE · ACCOGLIENTE XX In tranquilla posizione collinare, La Volpina è una casa accogliente dove si propone una cucina del territorio - tra Piemonte e Liguria - con caratteristiche di entrambe le regioni: ricette reinterpretate ed alleggerite.

Menu 40/52 € – Carta 38/57 €

strada Volpina 1, Sud: 1 km – ℰ 0143 86008 (consigliata la prenotazione) – www.ristorantelavolpina.it – Chiuso 9-25 gennaio, 7-30 agosto, domenica sera e lunedì; anche le sere di martedì e mercoledì in inverno

🍴 **L'Archivolto-Osteria Nostrale** 　　　

CUCINA PIEMONTESE · TRATTORIA X Sulla piazza principale del paese, l'atmosfera è quella tipica e piacevolmente familiare di una trattoria, ma non sottovalutatene la cucina: dagli antipasti rustici al fassone, passando per i ravioli di carne fatti a mano. Qui troverete uno straordinario viaggio nel cuore gastronomico del Piemonte!

Menu 45/60 € – Carta 44/105 €

piazza Garibaldi 25/26 – ℰ 0143 835208 – www.archivoltoosterianostrale.it – Chiuso 28 gennaio-11 febbraio, 24 giugno-8 luglio e mercoledì

OVIGLIO

Alessandria (AL) – ⊠ 15026 – 1 265 ab. – Alt. 107 m – Carta regionale n° **12**-C2
Carta stradale Michelin 561-H7

🍴 **Bistrot Donatella** 　　　

CUCINA PIEMONTESE · ELEGANTE XX Nel cuore del piccolo paese, la variopinta sala vi accoglierà nella stagione fredda, ma col bel tempo è una corsa a prenotare un tavolo nella corte interna, sotto il campanile di Oviglio. Materie prime e ricette piemontesi sono il vanto di una carta semplice, ma gustosa.

Carta 29/46 €

Piazza Umberto I°, 1 – ℰ 0131 776907 (prenotare) – www.donatellabistrot.it – solo a cena escluso sabato e domenica – Chiuso lunedì e martedì

 Castello di Oviglio 　　　

DIMORA STORICA · ELEGANTE All'interno di un castello del XIII secolo, per immergersi nella suggestiva atmosfera che lo avvolge, noi vi consigliamo di prenotare una delle tre camere in stile, le altre hanno arredi più moderni.

7 cam 🖂 – †90/180 € ††100/180 € – 2 suites

via 24 Maggio 1 – ℰ 0131 776166 – www.castellodioviglio.it

PACECO Sicilia Trapani → Vedere Trapani

PACENTRO

L'Aquila – ⊠ 67030 – 1 174 ab. – Alt. 690 m – Carta regionale n° **1**-B2
Carta stradale Michelin 563-P23

🏵 Taverna dei Caldora   🛗 Ⓚ

CUCINA ABRUZZESE · CONTESTO STORICO ⅞ Un curioso intrico di stradine disegna il centro storico di Pacentro, mentre nelle cantine di un imponente palazzo
del '500 si celebra la cucina regionale, che trova la propria massima espressione
nella chitarra con tartufo e zafferano.

Menu 30/45 € – Carta 30/45 €

*piazza Umberto I 13 – ℰ 0864 41139 – Chiuso 1 settimana in gennaio, 1 settimana in
giugno, 1 settimana in ottobre, domenica sera e martedì*

PACHINO Sicilia

Siracusa (SR) – ⊠ 96018 – 22 205 ab. – Alt. 65 m – Carta regionale n° **17**-D3
Carta stradale Michelin 365-AZ63

a Marzamemi Nord-Est : 4 km ⊠ 96010

⅏○ La Cialoma   ⇐ 🛗 Ⓚ

PESCE E FRUTTI DI MARE · STILE MEDITERRANEO ⅞ Con una bella terrazza sul
mare che a pranzo si sostituisce all'assolato dehors sulla scenografica piazza di
questo borgo-tonnara, un'incantevole trattoria di mare con tovaglie ricamate e il
pesce più fresco: l'eccellenza nella semplicità!

Carta 43/58 €

*piazza Regina Margherita 23 – ℰ 0931 841772 (consigliata la prenotazione)
– www.tavernalacialoma.it – Chiuso 4-30 novembre e martedì in ottobre-marzo*

PADENGHE SUL GARDA

Brescia – ⊠ 25080 – 4 458 ab. – Alt. 127 m – Carta regionale n° **9**-D1
Carta stradale Michelin 561-F13

sulla strada statale Gardesana Est : 1 km

⅏○ Aquariva   🦢 🛗 ♿ Ⓚ ⇔ 🅿

CUCINA TRADIZIONALE · DI TENDENZA ⅞⅞ In riva al lago, totale ristrutturazione
per questo locale dotato di una bellissima terrazza affacciata sul porticciolo; il
menu suggerisce piatti gourmet principalmente di mare, possibilmente accompagnati da una flûte della mirabile selezione di champagne.

Menu 62 € – Carta 50/95 €

*via Marconi 57 ⊠ 25080 – ℰ 030 990 8899 – www.aquariva.it – Chiuso
2 settimane in gennaio e lunedì*

⅏○ Il Rivale - L'Osteria di Palazzo   🛗 ♿ Ⓚ 🅿

CUCINA TRADIZIONALE · ACCOGLIENTE ⅞⅞ Elaborazioni su basi classiche in un
locale accogliente distribuito su diversi ambienti, un "plus" la saletta in cantina
con tante bottiglie a fare da arredo. Un rivale per molti altri ristoranti.

Carta 43/111 €

Hotel Splendido Bay, via Marconi 93 ⊠ 25080 – ℰ 030 990 8306 – www.ilrivale.it

🏠🏠 Splendido Bay   ⇐ 🛎 🍽 🖥 ⑤ 🛁 🌀 ♿ Ⓚ ⚄ 🅿

SPA E WELLNESS · ELEGANTE Con ampio giardino digradante verso il
lago, dove godersi attimi di relax a bordo piscina, lo Splendido Bay dispone di
camere dal design contemporaneo e alcune con patio privato. Ottima Spa e una
nuova area lounge.

67 cam ⌫ – ⁜150/800 € ⁜⁜300/800 € – 18 suites

via Marconi 99 ⊠ 25080 – ℰ 030 207 7731 – www.splendidobay.com

⅏○ **Il Rivale - L'Osteria di Palazzo** – Vedere selezione ristoranti

654

PADERNO Treviso (TV) → Vedere Ponzano Veneto

PADERNO DEL GRAPPA
Treviso – ✉ 31017 – 2 192 ab. – Alt. 292 m – Carta regionale n° **23**-B2
Carta stradale Michelin 562-E17

�🍴○ Osteria Bellavista   🛜 🆎 🅿

CUCINA CLASSICA · FAMILIARE ⅄ Ottima osteria di moderna concezione dalla calda accoglienza familiare. La cucina asseconda l'estro, il mercato e le tradizioni, orientandosi equamente su carne e pesce.
Carta 35/64 €

via Piovega 30 – 𝒞 0423 949329 – Chiuso 15 giorni in febbraio-marzo, 15 giorni in agosto-settembre e mercoledì

PADOLA Belluno → Vedere Comelico Superiore

PADOVA
(PD) – ✉ 35122 – 210 401 ab. – Alt. 12 m – Carta regionale n° **23**-C3
Carta stradale Michelin 562-F17

🍴○ Belle Parti   🆎 💱 ⇔

CUCINA CLASSICA · ROMANTICO ⅩⅩ In un grazioso vicolo porticato del centro - in un ambiente caldamente intimo con quadri alle pareti, specchi e boiserie - il menu si accorda con le stagioni, proponendo una rassegna di gustosi piatti di carne e di pesce.
Carta 42/95 €

*via Belle Parti 11 ✉ 35139 – 𝒞 049 875 1822 – www.ristorantebelleparti.it
– Chiuso domenica e giorni festivi*

🍴○ Tola Rasa   🛜 🅖 🆎 ⇔

CUCINA MODERNA · DESIGN ⅩⅩ Lo chef rivisita con successo i classici della tradizione italiana in questo ristorante dal design elegante ed essenziale, con annessa enoteca e stuzzichini al piano terra. Per vederlo all'opera prenotate un tavolo di fronte alla cucina!
Carta 50/85 €

*via Vicenza 7 ✉ 35138 – 𝒞 049 723032 (consigliata la prenotazione)
– www.tolarasa.it – Chiuso martedì a mezzogiorno e lunedì, in estate anche domenica a mezzogiorno*

🍴○ Fuel   🛜 🆎

CUCINA CREATIVA · AMBIENTE CLASSICO ⅩⅩ Affacciato sulla piazza più grande d'Italia, se alla tradizione preferite una sferzata creativa ecco l'indirizzo che vi darà la giusta benzina. C'è qualche richiamo alla cucina veneta, ma i piatti escono dal consueto e propongono accostamenti inediti e presentazioni ricercate.
Carta 43/75 €

*Prato della Valle 4/5 ✉ 35122 – 𝒞 049 662429 (consigliata la prenotazione)
– www.fuelristorante.com – Chiuso lunedì a mezzogiorno e domenica in maggio-settembre; mercoledì a mezzogiorno e martedì negli altri mesi*

🏨 Majestic Toscanelli   ⬍ 🆎 🕭 🚗

TRADIZIONALE · PERSONALIZZATO Uno degli storici alberghi nel centro cittadino, raggiungibile anche in auto grazie ai permessi concessi a chi vi alloggia, dispone di camere personalizzate con arredi di vari stili ed epoche. American bar serale per piacevoli momenti di relax.
31 cam ⌑ – ♥95/253 € ♥♥129/338 € – 3 suites

via dell'Arco 2 ✉ 35122 – 𝒞 049 663244 – www.toscanelli.com

🏨 Europa   🏖 🅖 ⬍ 🅖 🆎 🕭 🚗

TRADIZIONALE · FUNZIONALE Cappella degli Scrovegni e centro storico sono a pochi metri, così come la stazione: l'hotel è in continuo miglioramento e presenta camere moderne, nonché spazi comuni luminosi e dai caldi toni. Ideale per una clientela business.
80 cam ⌑ – ♥79/170 € ♥♥89/230 €

largo Europa 9 ✉ 35137 – 𝒞 049 661200 – www.hoteleuropapd.it

⌂ Al Fagiano
⊕ & AC P

FAMILIARE · PERSONALIZZATO La creatività è la forza di questo piccolo ma delizioso albergo a gestione familiare, la cui originalità risiede nelle installazioni disseminate ovunque e realizzate reciclando materiali usati. Anche le camere - sempre diverse - non si sottraggono ad un fantasioso uso delle decorazioni più disparate.

37 cam – ♦58/75 € ♦♦75/95 € – ⌑7 €

via Locatelli 45 ✉ 35123 – ✆ 049 875 3396 – www.alfagiano.com

⌂ Belludi 37
AC ⅗ P

TRADIZIONALE · PERSONALIZZATO Una casetta che si presenta con una mini reception, ma ai piani (da salire a piedi) offre imprevedibili arredi per la categoria ed uno stile non indifferente. Le migliori camere? Le due con vista sulla chiesa del Santo!

16 cam ⌑ – ♦60/150 € ♦♦120/250 € – 1 suite

Via Belludi 37 ✉ 35123 – ✆ 049 665633 – www.belludi37.it – Chiuso 8-23 gennaio

⌂ Al Prato
⊕ AC P

FAMILIARE · MINIMALISTA Strategicamente posizionato tra Prato della Valle (la più grande piazza d'Italia), l'orto botanico (patrimonio dell'Unesco) e la basilica di San Giustina, l'albergo si ispira ad un design, semplice, moderno ed essenziale; oltre a distinguersi per un buon rapporto qualità/prezzo.

16 cam ⌑ – ♦60/100 € ♦♦80/120 €

Prato della Valle 54 ✉ 35122 – ✆ 049 664924 – www.hotelalpratopadova.it

PAESTUM

Salerno – ✉ 84047 – Carta regionale n° **4**-C3
Carta stradale Michelin 564-F27

⍦○ Tre Olivi
⊗ ⌕ ⌂ AC ⅗ P

CUCINA MODERNA · STILE MEDITERRANEO ХХХ Invitanti specialità del Cilento nell'elegante sala, affacciata sul giardino dalla lussureggiante vegetazione sub-tropicale. Mozzarella di bufala, pasta di Gragnano, pesce locale, ma anche piatti mediterranei in "salsa" mediterranea: nel piatto, il top gastronomico del meridione.

Carta 35/85 €

Hotel Savoy Beach, via Poseidonia 291 – ✆ 0828 720023
– www.hotelsavoybeach.it – solo a cena escluso sabato, domenica e giorni festivi
– Aperto 1° marzo-31 ottobre

⍦○ Brezza Marina
⌂ & AC P

CUCINA CAMPANA · COLORATO ХХ Sarà una coppia di fratelli ad accogliervi in questo piacevole locale dove già la carta s'impone con una spiccata personalità: paste, dessert ed antipasti che - in realtà - valgono anche come piatti principali, mentre la maggior parte delle verdure provengono dal proprio orto. Cocktail bar Charlie Brown per il dopocena.

Carta 27/65 €

via F. Gregorio 42 – ✆ 0828 851017 – solo a cena escluso sabato e domenica
– Chiuso inizio novembre-fine febbraio e mercoledì

⍦○ Da Nonna Sceppa
⌂ AC ⅗

CUCINA REGIONALE · STILE MEDITERRANEO ХХ Fondata negli anni '60 da nonna Giuseppa, la trattoria è diventata oggi ristorante, ma la conduzione è sempre nelle mani della stessa famiglia: nipoti e pronipoti si dividono tra sala e cucina dove la mano è da sempre femminile. Ricette del Cilento nel menu, che cambia quotidianamente. Pizzeria solo la sera.

Carta 27/95 €

via Laura 45 – ✆ 0828 851064 – www.nonnasceppa.com – Chiuso 2 settimane in novembre e giovedì escluso luglio-agosto

⅋O Nettuno   🚢 🏠 AK P

CUCINA MEDITERRANEA · CONTESTO STORICO XX Adiacente all'ingresso dell'area archeologica, cucina ittica e cilentina in un una casa colonica di fine '800, già punto di ristoro negli anni '20, con servizio estivo in veranda: splendida vista su Basilica e tempio di Nettuno.

∞ Menu 14 € (pranzo in settimana)/75 € – Carta 27/81 €

*via Nettuno 2, zona archeologica – 𝒞 0828 811028 – www.ristorantenettuno.com
– Aperto 1° marzo-10 novembre, chiuso lunedì, in bassa stagione aperto solo a pranzo*

🏨 Grand Hotel Paestum Tenuta Lupo'   🐦 🚢 🛋 🖭 🌡 🖾 🎾 🛎 P

TRADIZIONALE · ELEGANTE All'interno di una vasta proprietà, nel XIX secolo tenuta di caccia, eleganti soluzioni sia nella residenza originaria, sia nel moderno corpo centrale costruito in anni recenti. A disposizione degli ospiti un vasto giardino ed una piscina.

4 cam ☲ – †60/140 € ††60/180 € – 2 suites

via Laura 201 – 𝒞 0828 851813 – www.grandhotelpaestum.it

🏨 Oleandri Resort   🐦 🐬 🚢 🛋 🏊 🖾 AK 🛎 P

BOUTIQUE HOTEL · BUCOLICO Ottima struttura in stile mediterraneo che nel passaggio generazionale sta ulteriormente innalzando il proprio livello. Immersa in un lussureggiante parco con piscina, offre camere classiche con belle ceramiche di Vietri o comodi appartamenti con cucina mentre all'appetito degli ospiti pensano i due ristoranti: il Rosmarino, per sapori del territorio, e a - bordo spiaggia e solo a pranzo - l'estivo Giglio di Mare.

76 cam – †70/350 € ††90/350 € – ☲ 12 €

via Poseidonia 177 – 𝒞 0828 851876 – www.oleandriresort.com – Aperto Pasqua-31 ottobre

🏨 Savoy Beach   🚢 🛋 🕅 🎴 ❀ 🏊 🖭 🖾 AK 🛎 P

LUSSO · ELEGANTE Si parte dall'amplissima hall in stile neo-classico, così come l'esterno che cita il tempio degli scavi archeologici, per proseguire nelle confortevoli camere, anch'esse generose in metri quadrati. Gli spazi si dilatano ulteriormente negli esterni, dove padroneggia l'ampia piscina ad anfiteatro.

42 cam ☲ – †80/150 € ††110/250 € – 1 suite

via Poseidonia 41 – 𝒞 0828 720100 – www.hotelsavoybeach.it – Aperto 1° marzo-31 ottobre

⅋O Tre Olivi – Vedere selezione ristoranti

🏨 Le Palme   🐦 🐬 🚢 🛋 ❀ 🏊 🖭 AK 🎾 🛎 P

FAMILIARE · MEDITERRANEO Separato dal mare e dalla spiaggia (dove si trova il ristorante estivo) solo dalla rigogliosa pineta, l'albergo propone camere gradevoli e piacevole zona piscina. Gestione attenta e cordiale.

84 cam ☲ – †88/130 € ††138/230 €

via Poseidonia 123 – 𝒞 0828 851025 – www.lepalme.it – Aperto 1° aprile-11 novembre

🏨 Schuhmann   🐦 🐬 ≤ 🚢 🏊 🖭 AK 🎾 🛎 ☞

TRADIZIONALE · LUNGOMARE Alle spalle una piccola pineta, mentre di fronte l'affaccio è sul mare, dove si trova la spiaggia privata. Camere spaziose ed arredate in stile classico. Enormi sale e veranda al ristorante.

53 cam ☲ – †60/120 € ††80/180 €

via Marittima 5 – 𝒞 0828 851151 – www.hotelschuhmann.com

🏠 Il Granaio dei Casabella   🐦 🚢 AK 🎾 🛎 P

DIMORA STORICA · PERSONALIZZATO Di fronte alla Porta Aurea, una delle quattro porte dell'Antica Città di Paestum, questa dimora di campagna è l'esito della sapiente ristrutturazione di un antico granaio: camere arredate con gusto, mobili d'epoca o in arte povera. Sapori del Cilento nella piccola, ma elegante sala ristorante con bellissimo dehors sull'erba.

14 cam ☲ – †70/110 € ††80/130 €

via Tavernelle 84 – 𝒞 0828 721014 – www.ilgranaiodeicasabella.com – Aperto 1° aprile-31 ottobre

⌂ Villa Rita   ✿ ☕ 🛏 ⌷ 🅰🅲 ✂ 🅿

FAMILIARE · ACCOGLIENTE Nella campagna prospiciente le antiche mura, immersa in un parco-giardino, Villa Rita è una tranquilla risorsa a conduzione familiare in cui si respira semplicità e sobrietà; le rovine sono solo a due passi!

24 cam ☲ – †50/120 € ††80/130 €

via Nettuno 9, zona archeologica – ℰ 0828 811081 – www.hotelvillarita.it
– Aperto 15 marzo-15 novembre

⊞ Agriturismo Seliano   ✿ ☕ 🛏 ⌷ 🅰🅲 🅿

CASA DI CAMPAGNA · BUCOLICO In posizione tranquilla, tra curati giardini e una bella piscina, le antiche stalle sono state accuratamente ristrutturate per offrire camere con arredi d'epoca e moderni confort. Menu fisso al ristorante, dove gustare i prodotti dell'azienda.

14 cam ☲ – †65/100 € ††75/115 €

via Seliano 11, Nord: 2 km – ℰ 0828 723634 – www.agriturismoseliano.it
– Aperto 2 aprile-2 novembre

sulla strada statale 166   Nord-Est : 7,5 km

✲ Le Trabe   🏵 🛏 🍴 🅰🅲 ✂ 🅿

CUCINA MODERNA · CONTESTO STORICO XxX Ospitato in un mulino medievale e immerso nel verde, paesaggi bucolici ed orizzonti campestri sono la cornice di sale rustiche ed eleganti, dove materiali antichi sono combinati con finezze moderne. Il viaggio gastronomico vi porta sulle ali di una cucina campana "vestita" di moderna attualità, ugualmente prodiga di terra e mare.

→ Bavette alle alghe con scampi, lime e bottarga di tonno. Animelle di vitello, carciofi arrostiti e menta. Bufala e lampone.

Menu 65/90 € – Carta 47/81 €

via Capodifiume 4 ✉ 84047 Paestum – ℰ 0828 724165 (consigliata la prenotazione) – www.letrabe.it – solo a cena escluso sabato e domenica
– Chiuso 18 dicembre-10 gennaio, domenica sera e lunedì; in luglio-agosto aperti anche la domenica sera

a Capaccio   Est: 9 km ✉ 84047

✲ Osteria Arbustico ⓝ (Cristian Torsiello)   ⬅

CUCINA MODERNA · ELEGANTE XxX Nuova location per questo rinomato ristorante, che trova qui una maggiore energia e dà prova delle capacità di sempre. Oltre al cambio d'indirizzo, c'è anche un'altra simpatica novità: la possibilità di optare per un menu a sorpresa di sei portate con piatti che non sono presenti – di solito – in quello à la carte.

→ Risotto, burro, salvia, sarda affumicata e polvere d'aglio nero. Spigola, mandorla, salsa di bottarga e bietola. Ricotta e pera.

Menu 45/65 € – Carta 52/68 €

21 cam ☲ – †70/90 € ††90/120 €

via Francesco Gregorio 40 – ℰ 0828 851525 – www.osteriaarbustico.it – Chiuso lunedì ed a mezzogiorno escluso sabato e domenica fino al 15 aprile; mercoledì e giovedì negli altri mesi

⊞ Borgo la Pietraia   ✿ ☕ ⬉ 🛏 ⌷ 🅰🅲 🅿

CASA DI CAMPAGNA · BUCOLICO Non lontano dalla costa e dal suo gioiello archeologico, Paestum, questa deliziosa country house si trova sulla collina di Capaccio. Cinto dal verde e dagli ulivi offre oltre a confort moderni, accoglienti camere e una stupenda vista che abbraccia la bella costa campana, sullo sfondo Capri. FOOD Restaurant è il nuovo ristorante all'interno della proprietà.

10 cam ☲ – †65/100 € ††80/160 € – 1 suite

via Provinciale 13, (incrocio via Cupone), Ovest: 1 km
– ℰ 0828 199 0285 – www.borgolapietraia.com
– Chiuso 15-30 gennaio e 15-30 novembre

PALAGANO

Modena (MO) – ✉ 41046 – 2 194 ab. – Alt. 703 m – Carta regionale n° **5**-B2

🏠 Parco ☆ ⇔ ☐ 🏧 🅿

FAMILIARE · STILE MONTANO Piccolo hotel famigliare che soddisfa pienamente le aspettative: ambienti e camere in stile montano (alcune più moderne), curato giardino e buona cucina completata dalla pizzeria.

12 cam ⌂ – ♦40/60 € ♦♦70/100 €

via Aravecchia 21 – 𝒞 0536 073690 – www.hotelristoranteparco.it
– Chiuso 20 giorni in gennaio, 20 giorni in settembre

PALAU Sardegna

Olbia-Tempio (OT) – ✉ 07020 – 4 214 ab. – Carta regionale n° **16**-B1
Carta stradale Michelin 366-R36

🍴 La Gritta ⇐ ⇔ 🏠 🅿

PESCE E FRUTTI DI MARE · ROMANTICO XxX Non è solo la posizione incantevole che permette allo sguardo di perdersi tra i colori dell'arcipelago a deliziare l'ospite, ma anche la cura della cucina che attinge al pescato locale come al proprio orto, senza disdegnare i migliori prodotti nazionali ed esteri. Un connubio di elementi che gratifica e conquista chi si trova a sostare qui.

Menu 70/90 € – Carta 61/110 €

località Porto Faro – 𝒞 0789 708045 – www.ristorantelagritta.it
– Aperto 1° aprile-30 ottobre; chiuso mercoledì escluso 15 giugno-15 settembre

🏨 La Vecchia Fonte ☐ 🛇 🏧 🍽 🚗

TRADIZIONALE · ACCOGLIENTE In centro paese di fronte al porto turistico, piccolo hotel di arredo signorile con ampie e confortevoli sale dai caldi colori. Presso il bar è possibile consumare qualche piatto veloce.

37 cam ⌂ – ♦60/310 € ♦♦70/320 € – 3 suites

via Fonte Vecchia 48 – 𝒞 0789 709750 – www.lavecchiafontehotel.it
– Aperto19 aprile-20 ottobre

🏠 La Roccia 🏧 🅿

FAMILIARE · MEDITERRANEO Un ambiente familiare sito nel cuore della località offre camere semplici ed ordinate e deve il suo nome all'imponente masso di granito che domina sia il giardino che la hall. Per chi fosse interessato, una convenzione con un ristorante del centro consente di proporre anche la formula di mezza pensione.

22 cam ⌂ – ♦42/114 € ♦♦70/149 €

via dei Mille 15 – 𝒞 0789 709528 – www.hotellaroccia.com – Aperto
1° aprile-31 ottobre

PALAZZAGO

Bergamo – ✉ 24030 – 4 475 ab. – Alt. 397 m – Carta regionale n° **10**-C1
Carta stradale Michelin 561-E10

🐵 Osteria Burligo 🏠

CUCINA REGIONALE · SEMPLICE X Semplice esercizio fuori porta dalla vivace gestione familiare, che propone piatti genuini e gustosi come l'orzotto con asparagi dell'Albenza o la gallina bollita di Barzana con salsa verde. Terrazza estiva.

Carta 25/40 €

località Burligo 12, Nord-Ovest: 2,5 km – 𝒞 035 550456
– solo a cena escluso domenica e giorni festivi
– Chiuso 1°-10 settembre, lunedì e martedì

PALAZZOLO Firenze (FI) → Vedere Incisa in Val d'Arno

PALAZZOLO ACREIDE

Siracusa – ⌧ 96010 – 8 808 ab. – Alt. 670 m – Carta regionale n° **17**-D3
Carta stradale Michelin 365-AY61

Andrea - Sapori Montani

CUCINA SICILIANA · FAMILIARE ✕✕ Nel centro della cittadina barocca di origini greche, testimone ne è lo stupendo teatro, il ristorante è gestito da una capace coppia: ambienti piacevoli e, nel piatto, i migliori prodotti dell'entroterra siciliano (ottimo, il risotto con distillato di miele, finocchietto e ricotta). Ben articolata anche la carta dei vini che omaggia l'isola.

Menu 35 € – Carta 26/49 €

via Gabriele Judica 4, (angolo corso Vittorio Emanuele) – ℰ 0931 881488
– www.ristoranteandrea.it – Chiuso 15-30 novembre e martedì

PALAZZOLO SULL'OGLIO

Brescia – ⌧ 25036 – 20 134 ab. – Alt. 166 m – Carta regionale n° **10**-D2
Carta stradale Michelin 561-F11

⏸○ La Corte

CUCINA LOMBARDA · ROMANTICO ✕✕ Romantica ed elegante casa di campagna impreziosita da arredi d'epoca - la passione del titolare - insieme ad un'ottima cucina, in prevalenza di pesce.

⊜ Menu 18 € (pranzo in settimana)/50 € – Carta 42/71 €

via San Pancrazio 41 – ℰ 030 740 2136 – www.ilristorantelacorte.it
– Chiuso 2 settimane in gennaio, 3 settimane in agosto, sabato a mezzogiorno e lunedì

⏸○ Osteria della Villetta

CUCINA LOMBARDA · VINTAGE ✕ Da oltre cent'anni baluardo della tradizione bresciana, arredi liberty e atmosfera retrò sono il contorno di gustosi piatti del territorio: tutti conditi da una genuina ospitalità familiare!

Carta 29/46 €

via Marconi 104 – ℰ 030 740 1899 – www.osteriadellavilletta.it – Chiuso 30 dicembre-7 gennaio, 7-31 agosto, domenica, lunedì e le sere di martedì e mercoledì

PALAZZUOLO SUL SENIO

Firenze – ⌧ 50035 – 1 154 ab. – Alt. 437 m – Carta regionale n° **18**-C1
Carta stradale Michelin 563-J16

⌂ Locanda Senio

FAMILIARE · PERSONALIZZATO Come cornice un caratteristico borgo medievale, come note salienti la cura, le personalizzazioni, la bella terrazza con piscina...insomma un soggiorno proprio piacevole.

6 cam ⌸ – ♦105/115 € ♦♦135/155 € – 2 suites

borgo dell'Ore 1 – ℰ 055 804 6019 – www.locandasenio.com – Chiuso inizio gennaio-fine marzo

CI PIACE...

Raggiungere il ristorante **Castello a Mare** attraversando il porto turistico all'interno dell'area archeologica. Il **Grand Hotel Wagner**, lussuoso e centrale omaggio allo stile neobarocco. Spirito giovane e tradizione locale al **Buatta Cucina Popolana**.

PALERMO Sicilia

(PA) – ✉ 90133 – 674 435 ab. – Carta regionale n° **17**-B2
Carta stradale Michelin 365-AP55

Ristoranti

⊛ Buatta Cucina Popolana ⓝ   ⅗ 🅰️🅲️

CUCINA SICILIANA · CONVIVIALE 🅇 Nelle belle e storiche sale di un'antica bottega, qui troverete un locale vivace e dinamico dove i piatti della tradizione si alternano con le stagioni. Tra i must: bucatini alle sarde e involtino di pesce azzurro.
🍴 Menu 19/30 € – Carta 28/36 €
Pianta: E3-h – *Via Vittorio Emanuele,176* ✉ 90132 – 𝒞 091 322378
– *www.buattapalermo.it*

🅾️ Cuvée du Jour   🛋️ 🅰️🅲️ 🅿️

CUCINA CREATIVA · LUSSO 🅇🅇🅇 Nell'elegante saletta o nel bel giardino con alberi di agrumi, la cucina dialoga prevalentemente con il territorio; la fantasia dello chef vi colpirà per la sua personale espressione dei piatti.
Menu 75/95 € – Carta 72/128 €
Grand Hotel Villa Igiea, salita Belmonte 43 ✉ 90142 – 𝒞 091 631 2111 – *solo a cena
– Aperto inizio aprile-fine ottobre; chiuso lunedì*

🅾️ A' Cuncuma   ⅗ 🅰️🅲️

CUCINA CREATIVA · CONTESTO CONTEMPORANEO 🅇🅇 Locale raccolto e ristrutturato dove una famiglia palermitana doc propone le sue ricette basate su prodotti locali, non solo di mare, interpretate con gusto e colore.
Carta 54/87 €
Pianta: A2-a – *Via Judica 21/23* ✉ 90133 – 𝒞 091 887 2991 *(consigliata la prenotazione)
– www.acuncuma.com – solo a cena – Chiuso 15-30 gennaio, 12-26 agosto e domenica*

🅾️ Castello a Mare ⓝ   🛋️ 🅰️🅲️ 🅿️

CUCINA MODERNA · ALLA MODA 🅇🅇 Accanto al porto turistico e all'interno del parco archeologico di Castello a Mare, locale moderno non privo di eleganza per una cucina contemporanea che rivisita i sapori dell'isola; d'atmosfera la sera.
Carta 48/68 €
Pianta: E1-f – *via Filippo Patti 2* ✉ 90133 – 𝒞 345 074 3095 – *www.natalegiunta.it
– Chiuso lunedì e 10 giorni in novembre*

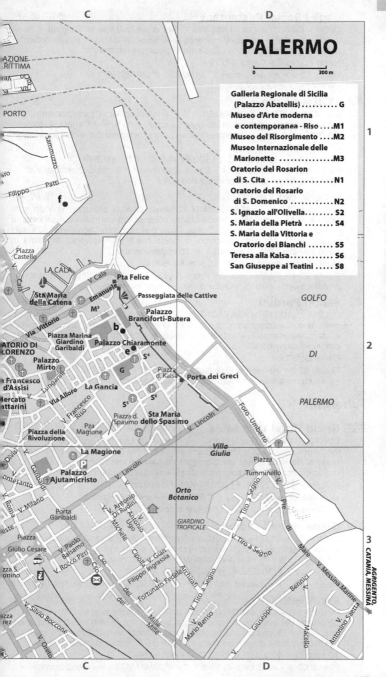

PALERMO

0 — 300 m

Galleria Regionale di Sicilia
(Palazzo Abatellis) .... G
Museo d'Arte moderna
e contemporanea - Riso M1
Museo del Risorgimento M2
Museo Internazionale delle
Marionette M3
Oratorio del Rosarion
di S. Cita N1
Oratorio del Rosario
di S. Domenico N2
S. Ignazio all'Olivella........S2
S. Maria della Pietrà S4
S. Maria della Vittoria e
Oratorio dei Bianchi S5
Teresa alla Kalsa............S6
San Giuseppe ai Teatini S8

GOLFO

DI

PALERMO

STAZIONE
MARITTIMA

PORTO

Sammuzzo

Filippo Patti

f

Piazza
Castello

LA CALA

Sta Maria
della Catena

Pta Felice

V. Cala

Emanuele

Passeggiata delle Cattive

M³

Palazzo
Branciforti-Butera

Via Vittorio

b

Piazza Marina
Giardino
Garibaldi

Palazzo Chiaramonte

ATORIO DI
LORENZO

Palazzo
Mirto

e

S⁴

G

Piazza
d. Kalsa

Porta dei Greci

Francesco
d'Assisi

Lungarini

La Gancia

Mercato
attarini

Via Alloro

V. Francesco
Riso

S⁵

S⁶

Piazza della
Rivoluzione

Piazza d.
Spasimo

Sta Maria
dello Spasimo

Pza
Magione

La Magione

Villa
Giulia

Piazza
Tumminello

Palazzo
Ajutamicristo

V. Lincoln

Divisi

ontesanto

V. Milano

Porta
Garibaldi

V. Antonio
Di Rudini

Orto
Botanico

V. Lincoln

Foro Umberto

Roma

Piazza
Giulio Cesare

V. Paolo
Balsamo

V. Rocco Pirri

V. Antonio
Ugo

Michele

Cipolla

V. Gian
Filippo Ingrassia

GIARDINO
TROPICALE

V. Tiro a Segno

V. Tiro a Segno

Pre
di
Mare

zza S.
onino

V. Silvio Boccone

V. Oreto

V. Fortunato Fedele

Archirafi

Mille

del

V. Mario Benso

V. Tiro a Segno

Benpici

V. Giuseppe

Macello

V. Messina Marine

V. Messina

V. Antonio Saetta

*AGRIGENTO,
CATANIA, MESSINA*

663

🍽 Gagini Social Restaurant 🍇 ⛱ A/C 🚫

CUCINA CREATIVA • DI TENDENZA XX Nel cuore pulsante di Palermo - tra la Vucciria e la Cala - un locale moderno nelle proposte di cucina e nelle presentazioni; caldo e storico invece l'ambiente di piacevole informalità.

Menu 60/75 € - Carta 47/79 €

Pianta: C2-a - *via dei Cassari 35 ✉ 90133 - ✆ 091 589918 - www.gaginirestaurant.com*

🍽 L'Ottava Nota A/C ▣

CUCINA CREATIVA • ACCOGLIENTE XX E' uno di quei locali, carini, moderni, allegri: proprio come vanno di moda oggi. La cucina è fortemente legata al territorio e quindi anche al pesce, mentre l'elaborazioni si fanno sfiziose e contemporanee.

Carta 43/76 €

Pianta: C2-e - *via Butera 55 ✉ 90133 Palermo - ✆ 091 616 8601 - www.ristoranteottavanota.it - Chiuso 2 settimane in gennaio, 2 settimane in settembre, lunedì a mezzogiorno e domenica*

🍽 Osteria dei Vespri 🍇 ⛱ A/C

CUCINA MODERNA • ACCOGLIENTE XX Situata in zona pedonale, uno dei suoi saloni è stato immortalato in una storica pellicola cinematografica e sebbene la cucina sia sempre al passo coi tempi, i suoi piatti moderni "poggiano" su veraci prodotti locali. Ma è da novembre a marzo che il locale diventa un'osteria in pieno stile con piatti giornalieri a prezzi molto contenuti.

Menu 35 € (pranzo)/80 € - Carta 65/106 €

Pianta: C2-r - *piazza Croce dei Vespri 6 ✉ 90133 - ✆ 091 617 1631 (consigliata la prenotazione) - www.osteriadeivespri.it - Chiuso domenica*

🍽 Sapori Perduti A/C

CUCINA MEDITERRANEA • CONTESTO CONTEMPORANEO XX Un ristorantino molto buono e accogliente, che propone una fantasiosa cucina prevalentemente di mare, ma non solo. L'ambiente è moderno, raccolto, piacevolmente arredato con vivaci cromatismi.

Carta 32/53 €

Pianta: B1-d - *via Principe di Belmonte 32 ✉ 90139 - ✆ 091 327387 - www.saporiperduti.com - solo a cena - Chiuso 1 settimana in agosto e domenica*

Alberghi

🏨 Grand Hotel Villa Igiea 🍴 👁 🌳 🏊 🏋 🎾 ⛱ ⇕ ♿ A/C 🚫 👥 🅿

DIMORA STORICA • GRAN LUSSO Imponente villa Liberty di fine '800, strategicamente posizionata sul golfo di Palermo e da sempre esclusivo ritiro per principi e regnanti. Nel ristorante le emozioni gastronomiche si mescolano a quelle artistiche con un dipinto di G. Boldini, che fa da sfondo ad una cucina eclettica e siciliana.

115 cam - 🚹155/370 € 🚹🚹200/440 € - 6 suites - ☕ 18 €

salita Belmonte 43 ✉ 90142 - ✆ 091 631 2111 - www.villa-igiea.it

🍽 **Cuvée du Jour** - Vedere selezione ristoranti

🏨 Grand Hotel Wagner ♨ 🏋 ⇕ ♿ A/C 🚫 👥

LUSSO • CLASSICO Palazzo nobiliare dei primi del '900, l'albergo è caratterizzato da stucchi, boiserie ed affreschi che ne riproducono lo stile sontuoso e neobarocco. Nel cuore della città e tra i due più importanti teatri, Teatro Massimo e Politeama.

58 cam ☕ - 🚹120/250 € 🚹🚹210/320 € - 3 suites

Pianta: B1-f - *via Wagner 2 ✉ 90139 - ✆ 091 336572 - www.grandhotelwagner.it*

🏨 Porta Felice 🍴 ♨ 🏋 ⇕ ♿ A/C 🚫 👥

DIMORA STORICA • CONTEMPORANEO Quando l'antico incontra il moderno: in un bel palazzo del '700, camere spaziose con arredi design ed un'attrezzata area benessere. A darvi il buongiorno, la suggestiva sala colazioni nel roof garden con vista sulla Palermo vecchia; è sempre qui che si svolge anche il servizio ristorante serale.

30 cam ☕ - 🚹70/150 € 🚹🚹80/190 € - 3 suites

Pianta: C2-b - *via Butera 45 ✉ 90133 - ✆ 091 617 5678 - www.hotelportafelice.it*

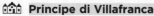 Principe di Villafranca

LUSSO · CONTEMPORANEO Sono molto ben accessoriate e con arredi di moderna eleganza le camere di questa risorsa totalmente ristrutturata qualche anno fa, che ora si presenta in una veste decisamente fashion, dove il contrasto tra il bianco e il grigio è un must. Tra le originalità dell'hotel, numerose opere di pittura e fotografia contemporanea realizzate da artisti dell'isola.

32 cam ♫ - ♦89/176 € ♦♦99/297 €

Pianta: A1-d – *via G. Turrisi Colonna 4* ✉ 90141 – ✆ 091 611 8523
– *www.principedivillafranca.it*

Massimo Plaza Hotel

TRADIZIONALE · CENTRALE Di fronte al Teatro Massimo, l'attenzione è protesa a creare un ambiente raffinato e in stile, armonioso nei colori e ricercato nei particolari sebbene in spazi contenuti; moderno e di classe, non manca di coccolare i suoi ospiti con eleganza e signorilità.

11 cam ♫ - ♦100/180 € ♦♦120/350 €

Pianta: B2-e – *via Maqueda 437* ✉ 90133 – ✆ 091 325657
– *www.massimoplazahotel.com*

Residenza D'Aragona 🆕

TRADIZIONALE · CLASSICO Albergo-residence in pieno centro dispone di piccole zone comuni, ma gradi camere ed appartamenti con angolo cottura; arredi classici di buon gusto.

20 cam ♫ - ♦49/190 € ♦♦59/300 € – 16 suites

Pianta: B1-a – *via Ottavio D'Aragona 25* ✉ 90139 – ✆ 091 662 2222
– *www.residenzadaragona.it*

a Mondello Nord-ovest: 11 km ✉ 90151

✿ Bye Bye Blues (Patrizia Di Benedetto)

CUCINA CREATIVA · DI TENDENZA XX Un televisore piatto in sala mostra in diretta i gustosi e curati piatti elaborati in cucina da Patrizia, che riscopre la tradizione regionale, arricchendola con fantasia. In un ambiente moderno e minimalista - tra tanti vini al bicchiere - sarà facile dire "addio" alla malinconia.

→ Cavatelli neri in salsa di mare e schiuma di ricci di mare. Degustazione di pesce bianco, dal crudo al cotto. Cagliata di gelsomino su gelo di anguria e meringhe alla cannella.

Menu 60/70 € – Carta 51/79 €

via del Garofalo 23 – ✆ 091 684 1415 *(prenotare)* – *www.byebyeblues.it*
– *Chiuso 15 giorni in inverno e lunedì; anche domenica a mezzogiorno nel periodo estivo*

PALINURO

Salerno – ✉ 84064 – Carta regionale n° **4**-D3
Carta stradale Michelin 564-G27

⊛ Da Carmelo

PESCE E FRUTTI DI MARE · ACCOGLIENTE XX Al confine della località, lungo la statale per Camerota, il ristorante propone una gustosa cucina di mare, basata su ottime materie prime, il meglio di giornata che nonostante ci sia la carta, viene giustamente spiegato e raccontato a voce dalla signora Adele. Specialità: gnocco viola con vongole e burrata.

Carta 22/55 €

7 cam ♫ - ♦50/150 € ♦♦50/170 €

località Isca, Est: 1 km – ✆ 0974 931138 – *www.ristorantebebdacarmelo.it*
– *Aperto 28 marzo-1° novembre*

Grand Hotel San Pietro

RESORT · MEDITERRANEO In pieno centro e - al tempo stesso - direttamente sul mare, camere spaziose ed un'esclusiva suite con grande vasca idromassaggio interna, in una struttura raffinata la cui ubicazione offre un'impareggiabile vista su Tirreno e costa cilentina. Ottimo anche il ristorante.

48 cam �²ₐ - ♦99/190 € ♦♦129/240 € - 2 suites

corso Carlo Pisacane - 𝒞 0974 931466 - www.grandhotelsanpietro.com - Aperto 1° aprile-31 ottobre

La Conchiglia

FAMILIARE · ACCOGLIENTE Hotel a gestione familiare e dal taglio moderno, ubicato in pieno centro. Le sue caratteristiche sono gli spazi comuni ben attrezzati, le camere spaziose ed una bella terrazza vista mare. Il tutto completato dal ristorante Vicoletto, anch'esso dotato di una sua gradevole belvedere.

28 cam - ♦60/200 € ♦♦70/250 € - �²ₐ 6 €

via Indipendenza 52 - 𝒞 0974 931018 - www.hotellaconchiglia.it - Chiuso 16-28 dicembre

Santa Caterina

TRADIZIONALE · CENTRALE Hotel lungo il corso centrale, appare moderno e al passo con i tempi, ma nel rispetto della propria storia; consigliamo caldamente una delle sei camere superior, dotate di balcone e soprattutto di ottima vista. Il ristorante è aperto solo in estate.

27 cam �²ₐ - ♦70/180 € ♦♦80/220 €

via Indipendenza 53 - 𝒞 0974 931019 - www.albergosantacaterina.com - Chiuso 5 novembre-1° dicembre

PALLANZA Verbano-Cusio-Ossola → Vedere Verbania

PALLEUSIEUX Aosta → Vedere Pré Saint Didier

PALMANOVA

Udine - ✉ 33057 - 5 444 ab. - Alt. 27 m - Carta regionale n° **6**-C3
Carta stradale Michelin 562-E21

Ai Dogi

TRADIZIONALE · CLASSICO Accanto alla cattedrale, sulla piazza centrale da cui si diramano i raggi di questa particolare citta-fortezza, piccolo albergo dagli ambienti raccolti e sobriamente arredati: camere di taglio classico-elegante dotate di ogni confort.

23 cam �²ₐ - ♦69/75 € ♦♦88/91 €

piazza Grande 11 - 𝒞 0432 923905 - www.hotelaidogi.it

PALMI

Reggio di Calabria - ✉ 89015 - 18 930 ab. - Alt. 228 m - Carta regionale n° **3**-A3
Carta stradale Michelin 564-L29

ⅈO De Gustibus-Maurizio

PESCE E FRUTTI DI MARE · ACCOGLIENTE XX Come piace ricordare a Maurizio, titolare di questo locale del centro, nei piatti - presentati rigorosamente a voce - non ci sono effetti speciali, ma solo effetti "normali": ovvero, una buona materia prima locale, cucinata con semplicità e classicità, per sentire il reale e fragrante sapore degli ingredienti.

Carta 33/77 €

viale delle Rimembranze 58/60 - 𝒞 0966 25069 - www.degustibuspalmi.it - solo a cena 15 luglio-31 agosto - Chiuso 2 settimane in settembre, domenica sera e lunedì escluso 15 luglio-31 agosto

PALÙ Trento → Vedere Giovo

PANAREA Sicilia Messina → Vedere Eolie (Isole)

PANCHIÀ
Trento – ✉ 38030 – 825 ab. – Alt. 981 m – Carta regionale n° **19**-D3
Carta stradale Michelin 562-D16

🏠 Castelir Suite Hotel   🛁 🛋 ⌨ 🈂 ℔ 💥 🖼 & 🛉 **P**
LUSSO · STILE MONTANO Come a casa, anzi molto meglio! Le grandi camere, l'intimità e le varie zone a disposizione (come l'ampio centro benessere) si "coalizzano" per rendere le vostre vacanze uniche.

5 cam ⊇ – ♦98/140 € ♦♦140/240 € – 2 suites

via Nazionale 57 – ℰ 0462 810001 – www.castelir.it – Aperto 1° dicembre-31 marzo e 1° giugno-23 settembre

PANICALE
Perugia – ✉ 06064 – 5 692 ab. – Alt. 431 m – Carta regionale n° **20**-A2
Carta stradale Michelin 563-M18

🍴 Lillo Tatini   🏮 ✿
CUCINA REGIONALE · ROMANTICO ✗ Nel cuore di un borgo-castello di origini medioevali, la fiaba continua nella piccola sala decorata con gusto femminile, dalla cucina salumi locali, paste fresche, tartufo, pesce di lago e selvaggina.

Menu 40 € – Carta 35/56 €

*piazza Umberto I 13-14 – ℰ 075 837771 (consigliata la prenotazione)
– www.lillotatini.it – Chiuso 7 gennaio-1° marzo e lunedì*

🏠 Villa Rey   🌳 🦢 ≤ 🛋 ⌨ 🆎 **P**
CASA DI CAMPAGNA · PERSONALIZZATO Bella situazione verdeggiante per questa country house distribuita su più strutture le quali offrono interni dal confort moderno, ma il meglio si esprime - tempo permettendo - all'aperto, nel giardino, dove far colazione, pranzo e cena. Qui trova posto anche la piscina.

6 cam ⊇ – ♦120/160 € ♦♦140/180 €

*località Santa Maria Seconda 13, Sud-Est: 4 km – ℰ 075 835 2286
– www.villarey.eu – Aperto 15 marzo-15 novembre*

verso Montali ✉ 06068 – Panicale

🏠 Villa di Monte Solare   🌳 🦢 ≤ 🛋 ⌨ 🈂 💥 🆎 🛁 **P**
CASA DI CAMPAGNA · PERSONALIZZATO All'interno di un'area sottoposta a vincolo paesaggistico e archeologico, una villa patrizia di fine '700 con annesse fattoria e piccola chiesa; elevata ospitalità e cura dei particolari: c'è anche una piacevole beauty farm. Al ristorante gustosi piatti del territorio.

15 cam ⊇ – ♦100/180 € ♦♦100/180 € – 10 suites

*via Montali 7, località Colle San Paolo, Est : 11 km – ℰ 075 835 5818
– www.villamontesolare.com – Aperto inizio aprile-fine ottobre*

🏠 Agriturismo Montali   🌳 🦢 ≤ 🛋 ⌨ **P**
AGRITURISMO · PERSONALIZZATO Cinque chilometri di strada panoramica non asfaltata, con una vista che spazia sul Lago Trasimeno, il basso senese e il perugino: al termine si giunge ad un complesso rurale in posizione isolata e cinto dai propri 1500 ulivi. Tipica cartolina dell'Umbria? Non proprio! L'arredo delle stanze arriva tutto direttamente da Bali e la cucina - da sempre - è strettamente vegetariana.

9 cam – solo ½ P 120 €

*via Montali 23, località Montali, Nord-Est: 15 km – ℰ 075 835 0680
– www.montalionline.com – Aperto 15 maggio-15 settembre*

PANTELLERIA (Isola di) Sicilia

Trapani – 7 442 ab. – Carta regionale n° **17**-A3
Carta stradale Michelin 365-AG62

Pantelleria – ⊠ 91017 – Carta regionale n° **17**-A3

🍴○ Al Tramonto   ← 🏠 **P**

PESCE E FRUTTI DI MARE · DI TENDENZA ✗✗ Ristorante con una romantica terrazza da cui ammirare il tramonto, magari sorseggiando un aperitivo, in attesa delle specialità pantesche riproposte in chiave moderna.

Carta 38/84 €

contrada Scauri Basso 12/a (località Penna) – ☎ 349 537 2065
– www.ristorantealtramonto.it – Aperto 15 maggio-15 ottobre

🍴○ La Nicchia   🏠

PESCE E FRUTTI DI MARE · FAMILIARE ✗ Un locale semplice, ma ben tenuto dove provare specialità marinare tipiche, nelle sale interne con arredi essenziali o all'esterno, sotto un delizioso pergolato.

Carta 30/74 €

a Scauri Basso – ☎ 0923 916342 – www.lanicchia.it – solo a cena – Aperto inizio aprile-fine ottobre

🍴○ Osteria il Principe e il Pirata   🐜 ← 🏠 **P**

CUCINA SICILIANA · STILE MEDITERRANEO ✗ In una tipica casa isolana con una grande terrazza vista mare e arredi rustici, la cucina, curata personalmente dalla titolare, è attenta già dalla scelta delle materie prime. Specialità siciliane.

Carta 27/69 €

località Punta Karace 7 – ☎ 0923 691108 – www.principeepirata.it
– Aperto 1° aprile-31 ottobre; chiuso lunedì escluso 1° giugno-15 settembre

🏠🏠 Zubebi Resort   🎋 🛁 ← 🖰 🗓 🔢 **P**

RESORT · MEDITERRANEO In una vasta e quieta proprietà dove la macchia mediterranea fa da sfondo ai tipici dammusi che costituiscono l'albergo, il ristorante è in un giardino arabo molto pittoresco. Assolutamente da non perdere: l'aperitivo sul tetto con il tramonto sullo sfondo!

8 cam ⚏ – †140/280 € ††160/400 €

contrada Zubebi – ☎ 0923 697033 – www.zubebi.com – Aperto
25 aprile-4 novembre

PANTIERE Pesaro e Urbino → Vedere Urbino

PANZA Napoli → Vedere Ischia (Isola d') : Forio

PANZANO Firenze → Vedere Greve in Chianti

PARADISO Udine → Vedere Pocenia

PARCINES PARTSCHINS

Bolzano – ⊠ 39020 – 3 652 ab. – Alt. 626 m – Carta regionale n° **19**-B2
Carta stradale Michelin 562-B15

a Rablà Ovest : 2 km ⊠ 39020

🍴○ Hanswirt   🏠 ঙ ⇔ **P**

CUCINA REGIONALE · ROMANTICO ✗✗ Ricavato all'interno di un antico maso, stazione di posta, un locale elegante e piacevole, dall'ambiente caldo e tipicamente tirolese. In menu, piatti di cucina contemporanea rivisitata in chiave moderna.

Carta 37/90 €

Hotel Hanswirt, piazza Gerold 3 – ☎ 0473 967148 (consigliata la prenotazione)
– www.hanswirt.com – Aperto 25 dicembre-5 gennaio e 26 marzo-11 novembre

ⅠⅠO **Roessl**   ≤ 🏠 🛎 ▣ ⅃ ⇔ 🚗

CUCINA REGIONALE · CONTESTO TRADIZIONALE ✕✕ La cucina alterna piatti della tradizione ad altri più contemporanei e - soprattutto - di stagione, in un locale gettonatissimo anche dagli abitanti del posto. Atmosfera curata.

Carta 51/68 €

Hotel Rooesl, via Venosta 26 – ℰ 0473 967143 – www.roessl.com – Aperto metà marzo-metà novembre

🏨 **Hanswirt**   🛎 ⅃ 🕸 ▣ ⅙ 🚗

STORICO · STILE MONTANO Uno dei tanti alberghi storici di tutto l'Alto Adige, questa recente struttura nata dall'ampliamento di un bell'edificio antico va ad arricchire l'offerta dell'omonimo ristorante. Ampi spazi e camere eleganti.

16 cam ⊠ – ⅋100/250 € ⅋⅋200/450 € – 5 suites

piazza Gerold 3 – ℰ 0473 967148 – www.hanswirt.com
– Aperto 25 dicembre-5 gennaio e 26 marzo-11 novembre

ⅠⅠO **Hanswirt** – Vedere selezione ristoranti

🏨 **Roessl**   ≤ 🛎 ⅃ ▣ 🌐 🕸 ⅙ ▣ 🆎 🚗

SPA E WELLNESS · STILE MONTANO Decorato e sito lungo la via principale, con molte stanze affacciate sui frutteti, albergo con buone attrezzature e piacevole giardino con piscina.

53 cam ⊠ – ⅋100/150 € ⅋⅋220/280 € – 7 suites

via Venosta 26 – ℰ 0473 967143 – www.roessl.com – Aperto metà marzo-metà novembre

ⅠⅠO **Roessl** – Vedere selezione ristoranti

PARCO NAZIONALE D'ABRUZZO L'Aquila-Isernia-Frosinone

PARETI Livorno → Vedere Elba (Isola d') : Capoliveri

A. Ciufo/Moment Open/

CI PIACE...
La fragrante cucina di pesce del ristorante **La Forchetta**. I sontuosi ambienti del **Park Hotel Pacchiosi**, una reggia in città. L'aristocratica eleganza delle camere di **Palazzo dalla Rosa Prati**. L'atmosfera conviviale dell'**Osteria del 36** e il suo straordinario gelato.

PARMA
(PR) – ✉ 43121 – 192 836 ab. – Alt. 57 m – Carta regionale n° **5**-A3
Carta stradale Michelin 562-H12

Ristoranti

✿ **Parizzi** 🏵 ᵫ 🄰🄲 🚫 ⇔

CUCINA CREATIVA · ELEGANTE 🕽🕽🕽 La sala moderna e minimalista sembra voler eliminare distrazioni e preparare il palato all'incontro con la cucina di Parizzi. Vi troverete riferimenti parmigiani, ma anche una creatività sofisticata ed intelligente che reinterpreta con stile classici italiani ed internazionali.
→ Battuta di cavallo con caviale e polline. Raviolini del plin ripieni di cervo con porri fritti. Misto di pesce cotto nel vaso con cous cous alle verdure.
Menu 50/70 € – Carta 52/70 €

Pianta: C2-h – *Parizzi Suites & Studio, strada della Repubblica 71 ✉ 43121 – ☎ 0521 285952 (consigliata la prenotazione) – www.ristoranteparizzi.it – Chiuso 1 settimana in gennaio, 3 settimane in agosto e lunedì*

✿ **Inkiostro** (Terry Giacomello) ᵫ 🄰🄲 ⇔ 🅿

CUCINA CREATIVA · DESIGN 🕽🕽 Locale dal design elegante-minimalista, la cui cucina propone piatti incentrati su una materia prima di grande qualità trattata con intelligenza e rispetto in un twist creativo. Anche le presentazioni non sono trascurate, chi ama l'originalità e la ricerca di novità troverà qui la sua strada.
→ Spirale d'uovo cotto a freddo con contrasti acidi e piccanti. Raviolo di patata fritta. Cremoso di cioccolato bianco e shiso (pianta asiatica).
Carta 84/132 €

Hotel Link124, via San Leonardo 124, 4 km per Mantova - B1 ✉ 43122 – ☎ 0521 776047 – www.ristoranteinkiostro.it – Chiuso 1°-7 gennaio, 2 settimane in agosto, domenica e sabato a mezzogiorno

☺ **Osteria del 36** 🄰🄲

CUCINA EMILIANA · OSTERIA 🕽 La più antica osteria del centro, dal 1880 delizia cittadini e turisti in due salette semplici e conviviali. Cucina regionale, molti piatti sono preparati all'istante, dalle ottime paste ad un morbidissimo gelato alla crema. Specialità: petto d'anatra al lampone con tortino di parmigiano.
Carta 31/62 €

Pianta: C1-m – *via Saffi 26/a ✉ 43121 – ☎ 0521 287061 (prenotare) – Chiuso 24 dicembre-2 gennaio, 20 giugno-25 agosto e domenica*

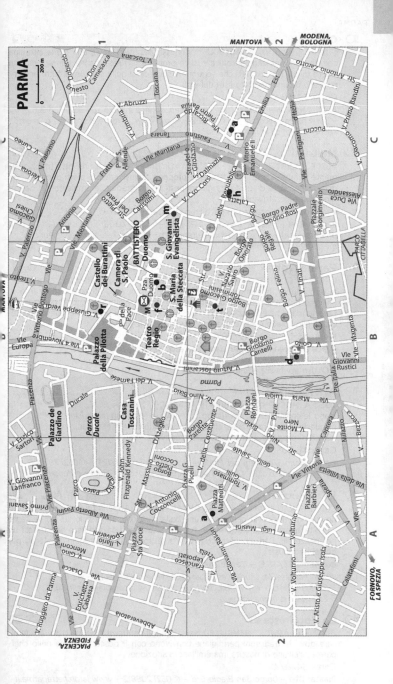

Ⅰ○ Cocchi   🕸 AK 🍴 ⇔ 🅿

CUCINA EMILIANA · FAMILIARE XX Annessa all'hotel Daniel, una gloria cittadina che, in due ambienti raccolti e rustici, propone la tipica cucina parmigiana con inserti di piatti e prodotti che seguono il succedersi delle stagioni; il tutto accompagnato da una ricercata lista dei vini.

Carta 33/68 €

Hotel Daniel, via Gramsci 16/a, per Piacenza - A1 ✉ 43126 - ✆ 0521 981990 – www.ristorantecocchi.it – Chiuso 24-26 dicembre, 1°-6 gennaio, agosto, sabato, anche domenica in giugno-luglio

Ⅰ○ Meltemi   🏠 ᕦ AK

PESCE E FRUTTI DI MARE · DESIGN XX Un'isola di mare in una città tradizionalmente votata alla carne, il ristorante propone esclusivamente piatti di pesce, con diverse proposte di crudo tra gli antipasti, in un gradevole ambiente dal design moderno e accattivante.

🍽 Menu 15 € (pranzo in settimana) – Carta 39/87 €

Pianta: B2-t – *piazzale Carbone 3 ✉ 43121 - ✆ 0521 030814 (consigliata la prenotazione) – www.ristorantemeltemi.com – Chiuso 7-23 agosto, lunedì a mezzogiorno e domenica*

Ⅰ○ Parma Rotta   🕸 🏠 ⇔ 🅿

GRIGLIA · CONTESTO TRADIZIONALE XX Il nome è quello attribuito al quartiere ai tempi in cui le piene del torrente Parma rompevano gli argini. All'interno di una vecchia casa colonica, un labirinto di salette ospita una cucina che trova la propria massima espressione nei dolci, in particolare le praline, nonché nelle specialità allo spiedo e alla brace rigorosamente di legna.

Menu 35 € – Carta 42/76 €

strada Langhirano 158, per viale Francesco Basetti - B2 ✉ 43124 – ✆ 0521 966738 – www.parmarotta.com – Chiuso domenica e lunedì

Ⅰ○ Al Tramezzo   🕸 🏠 AK ⇔

CUCINA MODERNA · AMBIENTE CLASSICO XX A fine 2016, Marta ha preso in mano le redini dei fornelli dando un nuovo e tutto femminile slancio alla cucina di questo solido ristorante, che pur rimanendo fedele alla tradizione locale non manca di proporre anche ricette più creative.

Carta 45/101 €

via Del Bono 5/b, 3 km per Modena-Bologna - C2 ✉ 43123 – ✆ 0521 487906 – www.altramezzo.it – Chiuso 1 settimana in giugno, 1°-7 luglio e domenica

Ⅰ○ I Tri Siochètt   🏠 ᕦ AK ⇔ 🅿

CUCINA TRADIZIONALE · CASA DI CAMPAGNA X Appena fuori dall'agglomerato urbano, già in aperta campagna, una bella casa colonica - colorata ed invitante - ospita quest'antica trattoria, un tempo gestita da una sorella e due fratelli un po' pazzerelli, i tri siochètt, oggi fucina di specialità gastronomiche locali per golosi buongustai.

🍽 Menu 23/33 € – Carta 24/44 €

strada Farnese 74, (Sud-Ovest: 2 km), per viale della Villetta - A2 ✉ 43125 – ✆ 0521 929415 – www.itrisiochett.it – Chiuso 24 dicembre-2 gennaio, 7-23 agosto e domenica sera

Ⅰ○ La Forchetta 🆕   🏠 AK

CUCINA CLASSICA · SEMPLICE X Nel cuore del centro storico, un ambiente familiare dove le tradizioni parmigiane convivono con il pesce: passione dello chef-patron, siciliano di nascita, ma emiliano d'adozione!

Carta 34/87 €

Pianta: B1-f – *borgo San Biagio 6/d - ✆ 0521 208812 – www.laforchettaparma.it – Chiuso martedì*

Alberghi

🏨 Park Hotel Pacchiosi ☆ 🛏 ⊡ 🅰 ⚡ 🅿

DIMORA STORICA · CONTEMPORANEO Nato come clinica all'inizio del Novecento, non si lesinò certo sugli spazi, sia esterni che interni: colpiscono infatti l'incrociarsi scenografico delle scale, nonché l'ampiezza dei corridoi. Per i mobili si è scelto di affidarne la costruzione ad un arredatore fiorentino; lo stile, seppure contemporaneo, si adatta bene alla storia della struttura, senza però particolari personalizzazioni, le camere di fatto variano solo per ampiezza. Specialità regionali al ristorante.

45 cam ⚡ – †110/750 € ††130/830 € – 14 suites
Pianta: A2-a – *Strada del Quartiere 4* ✉ *43121* – ☏ *0521 077077*
– *www.parkhotelpacchiosi.it*

🏨 Grand Hotel de la Ville ☆ 🕸 ⅃₄ ⊡ 🅰 ⚡ 🅰 🛋 🏠

BUSINESS · FUNZIONALE Elegante hall con spazi e luci d'avanguardia per questa risorsa ricavata da un ex pastificio, riprogettato all'esterno da Renzo Piano. Ottima insonorizzazione nelle belle camere dagli arredi più classici. Ristorante con proposte di ogni origine: ricette parmigiane, elaborazioni classiche e specialità di pesce.

107 cam ⚡ – †145/360 € ††185/400 €
Pianta: C2-a – *largo Piero Calamandrei 11, (Barilla Center)* ✉ *43121* – ☏ *0521 0304*
– *www.grandhoteldelaville.it*

🏨 Link124 ☆ 🕸 ⅃₄ ⊡ 🅰 🛋 🏠

BUSINESS · MODERNO Non lontano dal casello autostradale, è un albergo a vocazione business in un moderno edificio, di cui si apprezzeranno le camere ottimamente insonorizzate, la sobrietà dei colori e la contemporaneità degli arredi.

118 cam ⚡ – †75/300 € ††100/300 € – 2 suites
via San Leonardo 124, 4 km per Mantova - B1 – ☏ *0521 179 0330*
– *www.link124hotel.com*

❀ **Inkiostro** – Vedere selezione ristoranti

🏨 Mercure Parma Stendhal ⊡ 🅰 ⚡ 🛋 🏠

TRADIZIONALE · ELEGANTE Nel cuore di Parma, in un'area cortilizia dell'antico Palazzo della Pilotta, una piacevole struttura con camere variamente decorate, dallo stile veneziano al Luigi XIII. Al primo piano, invece, nuove stanze dall'arredo più moderno.

63 cam – †81/302 € ††91/318 € – ⚡12 €
Pianta: B1-r – *via Gian Battista Bodoni 3* ✉ *43121* – ☏ *0521 208057*
– *www.mercure.com/parma*

🏠 Daniel ⊡ 🅰 ⚡ 🅿

FAMILIARE · TRADIZIONALE Nuova facciata per questo piccolo albergo dalla gestione familiare a soli 100 m dall'inizio del centro storico. Il confort di sempre nelle accoglienti camere dai colori sobri.

32 cam ⚡ – †65/400 € ††80/550 €
via Gramsci 16 ang. via Abbeveratoia, per Piacenza - A1 ✉ *43126* – ☏ *0521 995147*
– *www.hoteldaniel.biz* – *Chiuso agosto*

🍴 **Cocchi** – Vedere selezione ristoranti

🏠 Palazzo dalla Rosa Prati ⊡ 🅰 🛋

DIMORA STORICA · ELEGANTE Affacciato sul Battistero e sul Duomo, oggi, dopo sei secoli, la famiglia Dalla Rosa Prati apre le porte del suo palazzo agli ospiti e li riceve in camere e appartamenti, con arredi dal '700 al liberty (entrambe le soluzioni sono provviste di angolo cottura). Sala polifunzionale per riunioni, mostre, eventi, nonché caffè e piccola rivendita di specialità gastronomiche.

13 cam ⚡ – †95/450 € ††129/590 €
Pianta: B1-b – *strada al Duomo 7* ✉ *43121* – ☏ *0521 386429*
– *www.palazzodallarosaprati.it*

Parizzi Suites & Studio 🔁 🔠

TRADIZIONALE · CONTEMPORANEO Una soluzione residenziale che si adatta anche a soggiorni lunghi: dalle camere più piccole di 35 m² alla sontuosa stanza (n. 155) con soffitto affrescato, fino ad un moderno e romantico loft con ampia vasca idromassaggio in mansarda.

13 cam – †62/100 € ††62/100 € – ➩ 10 €

Pianta: C2-h – *strada della Repubblica 71* ✉ *43121* – *℃ 0521 207032* – *www.parizzisuite.com*

🕸 **Parizzi** – Vedere selezione ristoranti

a Coloreto Sud-Est : 4 km per viale Duca Alessandro C2 ✉ 43100 – Parma

🍴 Trattoria Ai Due Platani 🏠

CUCINA EMILIANA · TRATTORIA ✗ Se amate la tradizione e quella straordinaria atmosfera delle trattorie di campagna, ai Due Platani ne troverete uno straordinario esempio: cucina emiliana dove spiccano i tortelli di zucca, le pappardelle ripiene di pecorino con ragù d'anatra e pinoli, il filetto di vitello con salsa tonnata vecchia maniera. Tutto memorabile!

Carta 29/51 €

via Budellungo 104/a – ℃ 0521 645626 (consigliata la prenotazione) – Chiuso 15 febbraio-2 marzo, 16 agosto-6 settembre, lunedì sera e martedì, anche lunedì a mezzogiorno in estate

a Gaione Sud-Ovest : 5 km per via della Villetta A2 ✉ 43100

🍴 Trattoria Antichi Sapori 🔠 ⇔

CUCINA EMILIANA · TRATTORIA ✗✗ Trattoria di campagna alle porte della città propone una cucina regionale, ma anche una scelta di piatti creativi e di mare in linea con gusti più attuali.

🍴 Menu 25/33 € – Carta 29/52 €

via Montanara 318 – ℃ 0521 648165 – www.trattoria-antichisapori.com – Chiuso 2 settimane in agosto e martedì

a Castelnovo di Baganzola Nord : 6 km per viale Europa B1 ✉ 43126

🍴 Le Viole 🔠 ❀ 🅿

CUCINA MODERNA · ACCOGLIENTE ✗✗ Cucina creativa in questo simpatico indirizzo alle porte di Parma, dove due dinamiche sorelle sapranno allettarvi prendendo semplicemente spunto dai prodotti di stagione.

Carta 32/42 €

strada nuova di Castelnuovo 60/a – ℃ 0521 601000 – Chiuso 15-31 gennaio 15-30 agosto, lunedì e martedì

PARTSCHINS → Vedere Parcines

PASIANO DI PORDENONE
Pordenone – ✉ 33087 – 7 733 ab. – Alt. 13 m – Carta regionale n° **6**-A3
Carta stradale Michelin 562-E19

a Rivarotta Ovest : 6 km ✉ 33087

🏨 Villa Luppis ✿ 🐾 ⇖ 🎿 🐾 🗜 ✗ 🔁 🔠 ❀ 🛁 🅿

LUSSO · PERSONALIZZATO Storia e raffinatezza negli antichi ambienti di un convento dell'XI secolo circondato da un ampio parco con giardino all'italiana, piscina e campi da tennis. Al ristorante Lupus in Tabula, le due linee gastronomiche s'intrecciano tra modernismi e tradizione.

30 cam ➩ – †77/130 € ††90/175 € – 9 suites

via San Martino 34 – ℃ 0434 626969 – www.villaluppis.it

PASSIGNANO SUL TRASIMENO
Perugia – ✉ 06065 – 5 746 ab. – Alt. 289 m – Carta regionale n° **20**-A2
Carta stradale Michelin 563-M18

⅋○ Il Fischio del Merlo   🖨 🏠 ⅀ & 🅰🅒 🅿

PESCE E FRUTTI DI MARE · FAMILIARE XX Il lago non è distante, ma qui a farla da padrone è il pesce di mare, oltre a qualche proposta regionale di carne, in sale arredate a profusione con tavoli in ceramica di Deruta; degna di nota anche la bella cantina (visitabile).

🍴 Menu 25/45 € – Carta 25/59 €

località Calcinaio 17/A, Est: 3 km – ✆ 075 829283 (consigliata la prenotazione) – www.ilfischiodelmerlo.it – Chiuso novembre e martedì

🏠 Kursaal   ✿ ⅊ ⪴ 🖨 ⅀ 🗍 🖭 & 🅿

TRADIZIONALE · BORDO LAGO Direttamente sul lago, un piccolo albergo ricavato in una villa dei primi '900 (nella proprietà anche un camping) con camere accoglienti ed eleganti: l'attenta conduzione si avverte anche nelle zone comuni, luminose e spaziose. Servizio ristorante estivo effettuato nella bella veranda.

13 cam ⌑ – †68/77 € ††90/95 €

via Europa 24 – ✆ 075 828085 – www.kursaalhotel.net – Aperto 13 aprile-3 novembre

PASSO → Vedere nome proprio del passo

PASTRENGO

Verona – ✉ 37010 – 3 092 ab. – Alt. 192 m – Carta regionale n° **23**-A3
Carta stradale Michelin 561-F14

⅋○ Stella d'Italia   ✾ ⪪ 🏠 ℁

CUCINA REGIONALE · ELEGANTE XxX Locale storico, aprì nel 1875, l'attuale gestione è qui dal 1962. In ambienti caldi ed eleganti, si mangia la tradizionale cucina del territorio: le lumache sono una delle specialità. Bel servizio in giardino con vista su uno scorcio di lago.

Carta 38/62 €

2 cam ⌑ – †50/80 € ††80/120 € – 1 suite

piazza Carlo Alberto 25 – ✆ 045 717 0034 – www.stelladitalia.it – Chiuso 1 settimana in gennaio, mercoledì in giugno-settembre; anche domenica sera negli altri mesi

a Piovezzano Nord : 1,5 km ✉ 37010

🐷 Eva   🏠 🅰🅒 🅿

CUCINA REGIONALE · SEMPLICE X La stessa famiglia gestisce il locale dal 1972, clientela locale e fedele, specialità esposte a voce. Tra le specialità, i tortellini farciti di carne, in brodo o asciutti, insieme al carrello dei bolliti.

Carta 19/38 €

via Due Porte 43 – ✆ 045 717 0110 – www.ristoranteeva.com – Chiuso 10-18 agosto

PAVIA

(PV) – ✉ 27100 – 72 576 ab. – Alt. 77 m – Carta regionale n° **9**-A3
Carta stradale Michelin 561-G9

⅋○ Antica Osteria del Previ   🅰🅒

CUCINA REGIONALE · CONVIVIALE X Sede di una locanda fin dal 1860 nel vecchio borgo di Pavia - lungo il Ticino - un piacevole e curato locale con specialità tipiche della cucina lombarda; travi in legno, focolare, aria d'altri tempi.

Menu 30 € – Carta 27/46 €

via Milazzo 65, località Borgo Ticino – ✆ 0382 26203 – www.anticaosteriadelprevi.com – Chiuso 1°-10 gennaio, 16 agosto-7 settembre, domenica sera e martedì

🏠 Cascina Scova   ✾ ⅊ 🖨 ⅀ 🗍 ⊛ 𝔥 🎢 🖭 & 🅰🅒 🎰 🅿

SPA E WELLNESS · CONTEMPORANEO Non lontano dal centro, sebbene già in aperta campagna, relais contornato da curati giardini e piccoli specchi d'acqua: camere moderne e ampie, come anche il centro benessere.

39 cam ⌑ – †90/130 € ††100/165 €

via del Vallone 18, per Piacenza – ✆ 0382 572665 – www.cascinascova.it – Chiuso 22-29 dicembre

PAVIA DI UDINE

Udine (UD) – ⊠ 33050 – Carta regionale n° **6**-C2
Carta stradale Michelin 562-E21

a Risano Sud-Ovest : 6 km ⊠ 33050

🏠 Casa Orter
🍴 🚐 📺 ⚿ AC ⚙ 🅿

FAMILIARE · ACCOGLIENTE All'interno di un casolare di campagna, si sono realizzati tutti i confort di un albergo dei giorni nostri: camere con letti in ferro battuto e dal disegno moderno, piccola e deliziosa saletta per le colazioni, elegante ristorante dove campeggia una grande arpa e pianoforte (strumenti suonati dai titolari che improvvisano serate musicali).

12 cam � – †70/85 € ††90/110 €

via della Stazione 11 – ℰ 0432 564773 – www.casaorter.it – Chiuso 6-23 agosto

PAVONE CANAVESE

Torino – ⊠ 10018 – 3 895 ab. – Alt. 262 m – Carta regionale n° **12**-B2
Carta stradale Michelin 561-F5

🏰 Castello di Pavone
🎿 🐕 ≤ 🚐 ⚙ 🛁 🅿

DIMORA STORICA · ORIGINALE Ricchi interni sapientemente conservati, saloni affrescati ed una splendida corte: una struttura storica e di sicuro fascino, dove si respira ancora una fiabesca e pulsante atmosfera medievale. Squisita cucina del territorio nelle romantiche sale del ristorante.

27 cam ⊑ – †90/145 € ††115/165 €

via Dietro Castello – ℰ 0125 672111 – www.castellodipavone.com

PAVULLO NEL FRIGNANO

Modena – ⊠ 41026 – 17 383 ab. – Alt. 682 m – Carta regionale n° **5**-B2
Carta stradale Michelin 562-I14

🏠 Vandelli
🎿 💆 📺 ⚿ 🛁

FAMILIARE · PERSONALIZZATO Lungo la strada che attraversa il paese, la calorosa ospitalità familiare è pari solo alla bellezza delle camere: tutte diverse, dal fascino retrò e con arredi d'epoca. Eleganti anche i saloni con camino.

35 cam ⊑ – †55/75 € ††80/105 €

via Giardini Sud 7 – ℰ 0536 20288 – www.hotelvandelli.it

PECCIOLI

Pisa – ⊠ 56037 – 4 807 ab. – Alt. 144 m – Carta regionale n° **18**-B2
Carta stradale Michelin 563-L14

🏠 Pratello Country Resort
🎿 🐕 ≤ 🚐 💆 ⚙ 🍴 AC 🅿

CASA DI CAMPAGNA · PERSONALIZZATO Una villa settecentesca al centro di una tenuta faunistico-venatoria, ambienti comuni e camere elegantemente allestite con pezzi di antiquariato ed una cappella del '600. Interessanti, anche i tre appartamenti familiari annessi alla struttura.

10 cam ⊑ – †80/320 € ††80/380 € – 2 suites

località Pratello via di Libbiano 70, Est: 5 km – ℰ 0587 630024 – www.pratello.it – Aperto 20 aprile-21 ottobre

PECETTO TORINESE

Torino – ⊠ 10020 – 3 995 ab. – Alt. 407 m – Carta regionale n° **12**-A1
Carta stradale Michelin 561-G5

🏠 Hostellerie du Golf
🎿 🐕 🚐 🍴 💆 📺 📺 AC 🛁 🅿

BUSINESS · ACCOGLIENTE Nel contesto del Golf Club, l'hotel offre belle camere in stile country ed è ideale tanto per una clientela sportiva quanto per quella d'affari, considerata la vicinanza a Torino. Dal ristorante si gode una discreta vista sul "green".

26 cam ⊑ – †65/78 € ††75/98 €

strada Valle Sauglio 130, Sud: 2 km – ℰ 011 860 8138 – www.hostelleriedugolf.it – Chiuso 22 dicembre-10 gennaio

PECORONE Potenza → Vedere Lauria

PEDEGUARDA Treviso → Vedere Follina

PEDEMONTE Verona → Vedere San Pietro in Cariano

PEDENOSSO Sondrio → Vedere Valdidentro

PEGLI Genova → Vedere Genova

PEIO
Trento – ✉ 38020 – 1 908 ab. – Alt. 1 389 m – Carta regionale n° **19**-A2
Carta stradale Michelin 562-C14

a Cogolo Est : 3 km ✉ 38024

Kristiania Leading Nature & Wellness Resort
SPA E WELLNESS · STILE MONTANO Ideale per svagare la mente, ci si trastullerà tra il disco-pub, il bar après-ski, la pizzeria o nelle eleganti camere in stile montano; riappropriandosi, invece, del corpo nel seducente centro benessere con piscina, sauna, trattamenti ayurvedici ed altro ancora. Cucina classica e piatti locali al ristorante.
43 cam ☐ – ♦75/95 € ♦♦120/160 € – 5 suites
via Sant'Antonio 18 – ℰ 0463 754157 – www.hotelkristiania.it – Chiuso maggio, ottobre e novembre

Cevedale
TRADIZIONALE · STILE MONTANO Sulla piazza centrale, senza essere sfarzoso la gestione familiare moltiplica le cure per i classici ambienti montani. Piacevole centro benessere dallo stile inaspettatamente moderno. Al ristorante, si cena avvolti nel legno: specialità tradizionali trentine e vini consigliati dai titolari sommelier.
30 cam ☐ – ♦50/70 € ♦♦95/120 € – 3 suites
via Roma 33 – ℰ 0463 754067 – www.hotelcevedale.it – Aperto 1° dicembre-10 aprile e 15 giugno-20 settembre

Chalet Alpenrose
DIMORA STORICA · ROMANTICO Bucolica posizione, ideale per escursioni sia invernali che estive, camere distribuite nel settecentesco maso o in quello più recente dove di ubica la zona benessere. Ambienti caldi, rifiniti in legno e ben curati in ogni particolare, anche nel ristorante seguito dal titolare stesso.
14 cam ☐ – ♦80/120 € ♦♦130/210 € – 5 suites
via Malgamare, località Masi Guilnova, Nord: 1,5 km – ℰ 0463 754088 – www.chaletalpenrose.it – Aperto 5 dicembre-5 aprile e 30 maggio-5 ottobre

PELLARO Reggio di Calabria → Vedere Reggio di Calabria

PELLIO INTELVI
Como – ✉ 22020 – 977 ab. – Alt. 750 m – Carta regionale n° **9**-A2

La Locanda del Notaio
CUCINA CREATIVA · CASA DI CAMPAGNA XX Un giovane chef è protagonista di questo bel locale nella regione dei laghi, a due passi dalla Svizzera, un "buen retiro" affacciato sul verde. La sua abile mano - affinata con esperienze in grandi ristoranti internazionali - dà alla carta un'impronta pacatamente moderna con carne e pesce sia d'acqua dolce sia di mare.
→ Ravioli di prezzemolo, alette di cappone e salsa alle ostriche. Gambero, animelle di vitello, croccante alle alghe e insalatina aromatica. Cioccolato fumé leggermente piccante con gelato allo yogurt.
Carta 62/105 €
Hotel La Locanda del Notaio, piano delle Noci 42, Est: 1,5 km – ℰ 031 842 7016 – www.lalocandadelnotaio.com – Chiuso 1° gennaio-15 marzo, martedì a mezzogiorno e lunedì; in novembre e dicembre da domenica sera a giovedì a mezzogiorno

🏠 La Locanda del Notaio   ⚕ 🛏 🖃 🕭 **P**

FAMILIARE · PERSONALIZZATO Villa dell'Ottocento che in passato fu locanda e oggi è una risorsa arredata con grande cura. Belle camere in legno personalizzate; giardino con laghetto d'acqua sorgiva.

18 cam 🖙 – ♦100/160 € ♦♦100/160 € – 2 suites

piano delle Noci 42, Est: 1,5 km – 𝒞 031 842 7016 – www.lalocandadelnotaio.com – Chiuso 1° gennaio-15 marzo

🌼 **La Locanda del Notaio** – Vedere selezione ristoranti

PENANGO

Asti – ✉ 14030 – 488 ab. – Alt. 264 m – Carta regionale n° **12**-C2
Carta stradale Michelin 561-G6

a Cioccaro Est : 3 km ✉ 14030 – Cioccaro Di Penango

🌼 Locanda del Sant'Uffizio-Enrico Bartolini 🅝   🛏 ⩽ 🛏 🕭 🔠

CUCINA MODERNA · ELEGANTE ✕✕ Due sale, una all'interno di una limo-   **P**
naia e un'altra dove le vestigia del palazzo storico sono abbinate a decorazioni più contemporanee, ospitano una cucina di chiara marca piemontese con citazioni nostalgiche e "commoventi" per gli amanti di questo territorio. Eccellenti prodotti, esecuzioni precise ed impeccabili, una citazione a parte per il pane: strepitoso!

→ L'albese. Ravioli del plin. Pesca tabacchiera ripiena e latte alla verbena.

Menu 55/75 € – Carta 60/87 €

Relais Sant'Uffizio, strada Sant'Uffizio 1 Cioccaro – 𝒞 0141 916292 (consigliata la prenotazione) – www.relaissantuffizio.com – solo a cena escluso sabato e domenica – Chiuso 10 gennaio-10 marzo e martedì

🏠 Relais Sant'Uffizio   ⚕ ⩽ 🛏 ⛲ 🔲 ⊕ 🕭 ✕ 🕭 🛁 🛎 **P**

LUSSO · ACCOGLIENTE Nel cuore del Monferrato, all'interno di un parco con piscina, un edificio cinquecentesco - sede dell'inquisitore Domenicano di Casale - è stato convertito in struttura di lusso con belle camere personalizzate e un modernissimo centro benessere. Nuove stanze nella struttura che un tempo ospitava le scuderie.

50 cam 🖙 – ♦100/200 € ♦♦120/300 € – 4 suites

strada Sant'Uffizio 1 – 𝒞 0141 916292 – www.relaissantuffizio.com – Chiuso 10 gennaio-10 marzo

🌼 **Locanda del Sant'Uffizio-Enrico Bartolini** – Vedere selezione ristoranti

🏠 Relais Il Borgo   ⛩ ⚕ ⩽ 🛏 🔲 🕭 ✕ **P**

CASA DI CAMPAGNA · ELEGANTE Un piccolo borgo costruito ex novo con fedeli richiami alla tradizione piemontese. Invece è quasi inglese l'atmosfera delle camere, ma dai colori pastello d'ispirazione provenzale.

12 cam 🖙 – ♦90/110 € ♦♦100/120 €

via Biletta 60 – 𝒞 0141 921272 – www.ilborgodicioccaro.com – Aperto 15 aprile-10 dicembre

PENNA ALTA Arezzo → Vedere Terranuova Bracciolini

PENNABILLI

Rimini (RN) – ✉ 47864 – 2 869 ab. – Alt. 629 m – Carta regionale n° **5**-D3
Carta stradale Michelin 563-K18

🌼 Il Piastrino (Riccardo Agostini)   🛏 🍴 🕭 **P**

CUCINA MODERNA · CONTESTO TRADIZIONALE ✕✕ Se non vi trovate già in zona, preventivate del tempo per arrivare al ristorante, distante dalle grandi strade di comunicazione, ma immerso in un piacevole paesaggio collinare. Troverete un casolare settecentesco in pietra, ma soprattutto un'ottima cucina inventiva ed elaborata, che non vi farà rimpiangere la strada fatta.

→ Cappelletto primosale, brodo di prosciutto e storione. Piccione ai carboni, fragole, vermouth e lischeri. Sambuco mela e yogurt.

Menu 48 € (pranzo)/90 € – Carta 48/70 €

via Parco Begni 9 – 𝒞 0541 928106 (consigliata la prenotazione) – www.piastrino.it – Chiuso mercoledì in luglio-agosto, anche martedì in aprile-dicembre, da lunedì a giovedì in gennaio-marzo

PERGINE VALSUGANA

Trento – ⊠ 38057 – 21 280 ab. – Alt. 482 m – Carta regionale n° **19**-B3
Carta stradale Michelin 562-D15

⊛ Osteria Storica Morelli ◻️P

CUCINA REGIONALE · VINTAGE 𝕏 Una cucina che prende spunto dalla regione e
che si esprime in un'accorta selezione delle materie prime, a cui si
aggiunge un interessante rapporto qualità/prezzo. Specialità: gnocchi di polenta
con ragù di salsiccia - "Rosada" (antico budino trentino).

Menu 35/38 € – Carta 29/55 €

*piazza Petrini 1, località Canezza di Pergine, Est: 2,5 km ⊠ 38057 Pergine
Valsugana - ℰ 0461 509504 - www.osteriastoricamorelli.it - solo a cena escluso
sabato, domenica, agosto e vacanze di Natale - Chiuso 2 settimane in gennaio,
2 settimane in giugno-luglio e lunedì*

⫶○ Castel Pergine ⊛ ⇦ ⅋ ≤ ⛤ ◻️P

CUCINA REGIONALE · ROMANTICO 𝕏𝕏 Cucina regionale reinterpretata con gusto
moderno in un suggestivo locale dagli alti soffitti a cassettoni, all'interno di un
castello medievale. La risorsa dispone anche di alcune camere sobrie ed essenziali, in linea con lo stile del maniero.

Menu 42 € – Carta 37/55 €

23 cam ⊡ – †62/99 € ††62/99 €

*via al Castello 10, Est: 2,5 km - ℰ 0461 531158 - www.castelpergine.it
- Aperto 29 marzo-4 novembre; chiuso lunedì a mezzogiorno*

PERUGIA

(PG) – ⊠ 06121 – 166 134 ab. – Alt. 493 m – Carta regionale n° **20**-B2
Carta stradale Michelin 563-M19

⫶○ Castello di Monterone ⊛ 🍴 🅰 ◻️P

CUCINA CLASSICA · DI TENDENZA 𝕏𝕏 Splendido connubio tra design moderno e
storia locale per una cucina del territorio squisitamente rivisitata; splendida terrazza per il servizio estivo.

Carta 30/55 €

*Hotel Castello di Monterone, strada Monteville 3, 2,5 km per via dal Pozzo
⊠ 06126 - ℰ 075 572 4214 - www.castellomonterone.com*

⫶○ Antica Trattoria San Lorenzo 🅰 🍷 ⇧

CUCINA CREATIVA · INTIMO 𝕏𝕏 E' attorno al simpatico chef che ruota il ristorante, situato proprio nel cuore del salotto cittadino, egli vi propone la sua cucina
moderna con alcune citazioni del territorio.

Menu 37 € (pranzo in settimana)/125 € – Carta 52/104 €

*piazza Danti 19/A ⊠ 06122 - ℰ 075 572 1956
- www.anticatrattoriasanlorenzo.com - Chiuso domenica*

⫶○ L'Officina 🅰

CUCINA CREATIVA · FAMILIARE 𝕏 Stanchi della cucina tradizionale e desiderosi
di novità? La sera all'Officina troverete fantasia, piatti di ricerca e accostamenti
originali. A pranzo ci si accomoda al piccolo ed adiacente Emporio dove la scelta
si fa più semplice, ristretta ed economica.

⊛ Menu 25 € (cena)/40 € – Carta 28/49 €

*Borgo XX Giugno 56 ⊠ 06121 - ℰ 075 572 1699 - www.l-officina.net - Chiuso
15-22 agosto e domenica*

🏨 Sina Brufani ⌖ ≤ 🖼 🕸 ⅃₅ 🔟 ⅓ 🅰 🈺 🚐

LUSSO · ACCOGLIENTE Storico e sontuoso hotel aperto nella parte alta della
città già dal 1884, Brufani Palace vanta un roof-garden strepitoso: da qui si
gode, infatti, di un'incantevole vista su Perugia e dintorni. Le camere non smenti-
scono lo standard dell'albergo.

59 cam – †250/300 € ††350/450 € – 35 suites – ⊡ 18 €

piazza Italia 12 ⊠ 06121 - ℰ 075 573 2541 - www.sinahotels.com

🏯 Castello di Monterone   ⚗ ⪦ 🕯 ⚒ 🏠 ⊕ AC 🏊 P

DIMORA STORICA · ORIGINALE Lungo l'ultimo tratto dell'antica via regalis che conduce da Roma a Perugia, un piccolo ed incantevole castello ottocentesco per immergersi in una fiaba medioevale. Camere monastiche per semplicità, ma dagli arredi in stile, scegliete le migliori tra quelle che si affacciano sulla vallata e le poche con affreschi medievali.

18 cam ⊿ – †110/190 € ††110/280 €

strada Montevile 3, 2,5 km per via dal Pozzo ✉ 06126 – ✆ 075 572 4214
– www.castellomonterone.com

🍴 **Castello di Monterone** – Vedere selezione ristoranti

🏯 Sangallo Palace Hotel   ⚘ ⪦ ▤ 🎧 ⊕ 🕯 AC 🏊

TRADIZIONALE · CLASSICO Sito nel centro storico, a pochi passi dall'antica Rocca Paolina, l'hotel dispone di buoni spazi interni caratterizzati da geometrie lineari che rappresentano l'essenza del Rinascimento a Perugia. Ottime camere ed una bella piscina coperta.

98 cam ⊿ – †80/120 € ††95/180 € – 2 suites

via Masi 9 ✉ 06121 – ✆ 075 573 0202 – *www.sangallo.it*

🏯 Fortuna   ⊕ AC

STORICO · CLASSICO Annunciato da una romantica edera che ne ricopre la facciata, si compone di due torri medioevali con sale affrescate, terrazzi con vista sui tetti di Perugia e arredi d'epoca: se amate la storia è il vostro albergo!

51 cam ⊿ – †69/98 € ††77/128 €

via Bonazzi 19 ✉ 06123
– ✆ 075 572 2845 – www.umbriahotels.com

🏯 La Rosetta   ⚘ ⊕ AC ⚘ 🏊

TRADIZIONALE · PERSONALIZZATO Affacciato sull'elegante viale di passeggio perugino, è un albergo storico con camere diversificate: solo un paio sono affrescate, alcune dispongono di balconcino, una trentina invece ripropongono lo stile anni Venti quale omaggio all'apertura avvenuta nel 1922.

74 cam ⊿ – †60/140 € ††80/180 €

piazza Italia 19 ✉ 06121
– ✆ 075 572 0841 – www.hotelarosetta.it

a Casaglia Ovest : 4 km per Firenze ✉ 06126

🍴 Stella   ⪦ 🏠 AC

CUCINA DEL TERRITORIO · FAMILIARE ⅹ Un'intraprendente coppia ha fatto crescere con cura e passione il locale dei genitori di lei, proponendo una cucina che valorizza i prodotti del territorio, nonché i vini: quelli naturali tra i preferiti. Camere personalizzate dal piacevole design.

Carta 25/45 €

5 cam ⊿ – †50/60 € ††62/85 €

via dei Narcisi 47/a
– ✆ 075 692 0002 – www.stellaperugia.it
– Chiuso 10 giorni in gennaio, 2 settimane in agosto e martedì

a Ponte San Giovanni Sud-Est: 7 km per Torgiano ✉ 06135 – Alt. 189 m

🍴 La Forchetta Bistrot   🏠 ⅹ AC

CUCINA CREATIVA · BISTRÒ ⅹ Una cucina contemporanea eseguita con buone materie prime, equilibrio e precisione, tra gli accoglienti spazi di un moderno bistrot. Il servizio attento e la cordialità dei titolari costituiscono un piacevole plus.

Carta 37/62 €

Via Ponte Vecchio 60 – ✆ 075 395009 (coperti limitati, prenotare)
– www.laforchettabistrot.it – Chiuso 1 settimana in gennaio, 1 settimana in agosto e lunedì

ad Olmo Ovest : 8 km per Firenze ⊠ 06012 – Corciano – Alt. 284 m

🏨 Relais dell'Olmo   🏊 🀦 🕭 🖃 ⅃ 🆎 🛎 🚗

TRADIZIONALE · ACCOGLIENTE Una casa colonica ospita una bella struttura alberghiera, moderna e funzionale, caratterizzata da arredi curati e di stile elegante e da un'ampia gamma di servizi tra cui il piccolo centro benessere (a pagamento) da utilizzare su prenotazione.

52 cam ⌂ – †90/250 € ††100/860 €

strada Olmo Ellera 2/4 – 𝒞 075 517 3054 – www.relaisolmo.com

a Bosco Est: 12 km per Gubbio ⊠ 06134

🏨 Relais San Clemente   ✿ 🕊 ⪉ 🍴 ⅃ 🍽 🖃 ⅃ 🆎 🏊 🛎 🅿

STORICO · CLASSICO Un'antica dimora in un grande parco di 5 ettari dove trovano posto anche i campi da tennis coperti; un relais che trae il nome dalla chiesa ancora presente nel complesso; camere ineccepibili per tenuta e confort.

64 cam ⌂ – †49/209 € ††59/219 €

strada Passo dell' Acqua 34 – 𝒞 075 591 5100 – www.relais.it

a Ripa Est : 17 km per Gubbio ⊠ 06134

🏨 Ripa Relais Colle del Sole   ✿ ⪉ ⅃ 🆎 🛎 🅿

CASA DI CAMPAGNA · TRADIZIONALE Romantici letti a baldacchino, pavimenti in cotto e travi a vista, suite con graziosi angoli soggiorno: tutto concorre a creare un'atmosfera raffinata in questa risorsa che si sviluppa su quattro costruzioni, raccolte intorno ad un giardino ricco di profumi ed erbe aromatiche.

16 cam ⌂ – †45/100 € ††60/140 €

via Aeroporto Sant'Egidio 5, Sud: 1,5 km – 𝒞 075 602 0131 – www.riparelais.com – Chiuso 7 gennaio-12 febbraio

a Monte Petriolo Sud-Ovest : 19 km per Firenze ⊠ 06100

🏨 Borgo dei Conti Resort   ✿ 🕊 🍴 ⅃ 🀦 🕭 🖃 🆎 🏊 🛎 🅿

LUSSO · PERSONALIZZATO Abbracciato da un bosco secolare, un antico borgo composto da una dimora padronale, vari complessi abitativi e la chiesa d'ispirazione barocca è diventato un lussuoso resort: piacevole zona benessere e luminoso ristorante La Limonaia per finire in bellezza la giornata.

55 cam ⌂ – †210/430 € ††260/480 € – 6 suites

strada Montepetrolio 26 – 𝒞 075 600338 – www.borgodeicontiresort.com

PESARO

(PU) – ⊠ 61121 – 94 582 ab. – Carta regionale n° **11**-B1
Carta stradale Michelin 563-K20

🏵 Nostrano (Stefano Ciotti)   🈂 🆎

CUCINA CREATIVA · CONTESTO CONTEMPORANEO ✕✕ A pochi metri dalla celebre scultura a sfera di A. Pomodoro, un locale accogliente dalle cui vetrate si intravede uno scorcio di mare, che rientra anche nei piatti insieme a qualche proposta di carne.

→ Spaghetti ai ricci di mare e pecorino di fossa. Sogliola alla mugnaia di rabarbaro, flan di erbe di campo e salsa allo Champagne. Gelato alla moretta fanese, panna al caffè e maritozzo caramellato.

Menu 50/110 € – Carta 59/95 €

piazzale della Libertà 7 ⊠ 61121 – 𝒞 0721 639813 (consigliata la prenotazione) – www.nostranoristorante.it – Chiuso 2 settimane in novembre, mercoledì a mezzogiorno e martedì

⅏○ '59 Restaurant   🈂 ⪉ 🆎 ⇄

CUCINA CREATIVA · ALLA MODA ✕✕✕ Raffinato ed elegante come l'albergo che lo ospita, la cucina segue a ruota con piatti creativi ed estrosi, in prevalenza di pesce.

Menu 49/80 € – Carta 46/83 €

Hotel Excelsior, lungomare Nazario Sauro 30/34 ⊠ 61121 – 𝒞 0721 630004 (consigliata la prenotazione) – www.59restaurantpesaro.it – solo a cena

🍴○ **Lo Scudiero** 🈂️ 🈂️

CUCINA MODERNA · ELEGANTE XxX Nei suggestivi sotterranei di un palazzo cinquecentesco - in realtà le sue antiche scuderie - al timone della cucina c'è una giovane coppia di amici d'infanzia che propongono piatti creativi quasi esclusivamente di pesce. Gli appassionati di vino chiederanno di visitare la splendida cantina, mentre per un pasto più veloce c'è un locale di tendenza al piano terra, anche enoteca, bar e rivendita di prodotti.

Menu 48/90 € – Carta 53/93 €

via Baldassini 2 ✉️ *61121 – ℰ 0721 165 1804 – www.ristorantescudiero.it*
– solo a cena escluso dicembre, agosto, sabato, domenica e festivi
– Chiuso 2-11 gennaio

🍴○ **Gibas** ⬅️ 🏠 **P**

PESCE E FRUTTI DI MARE · ACCOGLIENTE XX Lungo la strada che partendo dalla città va verso nord, locale moderno in posizione panoramica sul mare, da godersi appieno - in estate - sulla pedana all'aperto. Cucina prevalentemente di pesce d'impronta contemporanea.

Menu 38 € – Carta 39/84 €

strada Panoramica Adriatica, 4 km per Bologna ✉️ *61121 – ℰ 0721 405344*
– www.gibasristorante.it – Chiuso 25 giorni in ottobre-novembre e mercoledì

🏨 **Alexander Museum Palace**

TRADIZIONALE · PERSONALIZZATO Albergo-museo dove ogni stanza è unica, in quanto concepita e arredata da artisti contemporanei, per vivere l'arte in maniera insolita. Questa piacevole atmosfera non risparmia le aree comuni impreziosite da opere di Chia, Pomodoro, Palladini ed altri ancora; terrazza solarium affacciata sul mare.

63 cam ⭤ – †55/240 € ††85/260 € – 4 suites

viale Trieste 20 ✉️ *61121 – ℰ 0721 34441 – www.alexandermuseum.it*

🏨 **Excelsior**

LUSSO · DESIGN Lussuoso design hotel in prima fila che coniuga linee moderne con richiami ai mitici anni '50 americani. Tra i tanti servizi offerti, ricordiamo l'esclusiva spa e la spiaggia privata. Al Bistrot: carta semplice di piatti mediterranei, ma si servono anche insalate e piadine.

52 cam ⭤ – †119/1250 € ††139/1250 € – 14 suites

lungomare Nazario Sauro 30/34 ✉️ *61121 – ℰ 0721 630011 – www.excelsiorpesaro.it*
🍴○ **'59 Restaurant** – Vedere selezione ristoranti

🏨 **Vittoria**

STORICO · ELEGANTE Locale storico, chi ama l'hotellerie più classica qui ne troverà un perfetto esempio, tra parquet cerati e tappeti persiani, arredi in stile e bagni in marmo, il tutto in un'elegante zona di Pesaro con diverse ville d'epoca.

27 cam ⭤ – †155/800 € ††185/1300 € – 9 suites

piazzale della Libertà 2 ✉️ *61121 – ℰ 0721 34343 – www.grandhotelvittoriapesaro.it*

🏨 **Imperial Sport Hotel**

TRADIZIONALE · FUNZIONALE Direttamente sul mare, la struttura dispone di ampi spazi arredati in stile moderno, una grande piscina ed aree attrezzate per i bambini. Camere semplici, ma moderne.

48 cam ⭤ – †45/100 € ††65/200 €

via Ninchi 6 ✉️ *61121 – ℰ 0721 370077 – www.imperialsporthotel.it – Aperto 15 aprile-20 ottobre*

PESCANTINA

Verona – ✉️ 37026 – 17 128 ab. – Alt. 80 m – Carta regionale n° **22**-A2
Carta stradale Michelin 562-F14

ad Ospedaletto Nord-Ovest : 3 km ⊠ 37026 – Pescantina

⫯◯ Alla Coà ⌂ AC P

CUCINA REGIONALE · FAMILIARE X Lungo una strada piuttosto trafficata, la vecchia casa di paese è stata arredata in stile country e un pizzico di romanticismo e propone ai suoi avventori piatti quasi esclusivamente di carne; baccalà alla vicentina e gamberi tra le poche proposte di pesce.

Menu 40 € – Carta 42/59 €.

via Ospedaletto 70 – ℰ 045 676 7402 (consigliata la prenotazione)
– www.trattoriaallacoa.it – Chiuso gennaio, agosto, domenica e lunedì

⬚ Villa Quaranta Tommasi Wine Hotel & SPA ✿ ⅋ 🀧 ⌁ ▣

TRADIZIONALE · ELEGANTE Antico e 🆘 🁣 🜂 ⊡ ⅋ AC ⅍ 🕸 🚗 moderno, gli opposti si attraggono! Una villa del '600 (con tanto di cappella consacrata) ed un edificio più recente formano questo raffinato complesso, poliedrico nell'offerta dei servizi: camere classiche, sale congressi ed una bella spa con centro medico. Il tutto immerso nella splendida cornice di un grande parco. Il Borgo Antico è un ristorante elegante con cucina tradizionale e classica che raddoppia con la sala rustica cinta da bottiglie di vino della Bottega del Gusto.

73 cam ⌷ – ⫯110/239 € ⫯⫯127/239 € – 6 suites

via Ospedaletto 57 – ℰ 045 676 7300 – www.villaquaranta.com

PESCARA

(PE) – ⊠ 65122 – 121 014 ab. – Carta regionale n° **1**-C1
Carta stradale Michelin 563-O24

✿ Café Les Paillotes 🀰 ⌂ 🝆 AC ⅍ ⇆

CUCINA MODERNA · ALLA MODA XXX Affacciato sulla spiaggia, pare un elegante stabilimento balneare con atmosfere dalle allusioni orientali. Tutta italiana invece la cucina: dalla tradizione adriatica ai piatti più creativi, il Café è un'eccellente tappa gastronomica.

→ Millefoglie di manioca, tartare di branzino, burrata e riduzione di Porto rosso. Spaghettone quadrato cacio e pepe con gamberi bianchi marinati al lime. Composizione di pesci e crostacei dell'Adriatico alla griglia.

Menu 30/60 € – Carta 56/71 €

piazza Le Laudi 2, per viale Guglielmo Marconi ⊠ 65129 – ℰ 085 61809
– www.lespaillotes.it – Chiuso gennaio, domenica e lunedì

⊛ Taverna 58 ⅋ AC ⇆

CUCINA REGIONALE · CONTESTO TRADIZIONALE X Trattoria dall'ambiente curato, dove un'interessante cucina legata alla tradizione gastronomica abruzzese dà vita a piatti sapidi e generosi, difficilmente ritrovabili altrove. Un esempio? Chitarrina con funghi e tartufo fresco dell'aquilano! Visitabili le cantine con vestigia medievali e romane.

⌾ Menu 18 € (pranzo in settimana)/29 € – Carta 30/49 €

corso Manthoné 46 ⊠ 65127 – ℰ 085 690724 – www.taverna58.it – Chiuso
24 dicembre-1° gennaio, agosto, domenica e i mezzogiorno di venerdì e sabato

⫯◯ Carlo Ferraioli 🀰 AC ⅍

PESCE E FRUTTI DI MARE · AMBIENTE CLASSICO XX Elegante ristorante affacciato sul canale e sui caratteristici pescherecci: cucina rigorosamente a base di pesce. A disposizione, una sala per fumatori.

Menu 30 € (pranzo in settimana)/50 € – Carta 33/99 €

via Paolucci 79 ⊠ 65121 – ℰ 085 421 0295 – www.carloferraioli.it – Chiuso lunedì

⬚ G Hotel ⊡ ⅋ AC P

BUSINESS · DESIGN Ad una manciata di minuti dal mare e a pochi passi dal corso principale, hotel dal moderno design di recente apertura. Ottimi accessori nelle confortevoli camere.

76 cam ⌷ – ⫯64/200 € ⫯⫯89/255 €

via della Stazione Ferroviaria 100 ⊠ 65121 – ℰ 085 27689 – www.ghotelpescara.it

🏠 Victoria 🗯 🛁 🗔 🕭 AC ⅗ 🥂

TRADIZIONALE · DESIGN In pieno centro, nuova risorsa di grande effetto e squisito confort. Modernità e design per una clientela esigente. Piccola zona benessere.

22 cam ♨ – †80/105 € ††100/139 € – 1 suite

via Piave 142 ✉ 65122 – ☏ 085 374132 – www.victoriapescara.com

PESCASSEROLI

L'Aquila – ✉ 67032 – 2 203 ab. – Alt. 1 167 m – Carta regionale n° 1-B3
Carta stradale Michelin 563-Q23

🏠 Villa Mon Repos ☆ 🛋 🗯 🗔 P

STORICO · ORIGINALE Costruita nel 1919 dallo zio di Benedetto Croce, una residenza d'epoca in un parco non lontano dal centro; stile tardo liberty, molto eclettico, anche all'interno e piccolo centro benessere (solo su prenotazione a coppia).

13 cam ♨ – †80/100 € ††80/100 € – 1 suite

viale Santa Lucia – ☏ 0863 912858 – www.villamonrepos.it

🏠 Paradiso ☆ 🛋 🗔 P

FAMILIARE · STILE MONTANO A meno di 2 km dal centro, è ideale per una vacanza familiare nel verde: il parco entra in albergo con atmosfere rustiche in legno, camino e una tavernetta.

21 cam ♨ – †70/150 € ††98/204 €

via Fonte Fracassi 4 – ☏ 0863 910422 – www.albergo-paradiso.it – Chiuso novembre

PESCHICI

Foggia – ✉ 71010 – 4 521 ab. – Carta regionale n° 15-B1
Carta stradale Michelin 564-B30

🍴 Porta di Basso ⇜ ⅍ 🏮 AC

PESCE E FRUTTI DI MARE · CONTESTO CONTEMPORANEO ⅩⅩ Nella città vecchia, abbiate cura di prenotare uno dei pochi tavoli a strapiombo sul mare, in terrazza o all'interno. Il cuoco è impegnato in una meritoria ricerca dei prodotti del Gargano, di terra e di mare... dagli ottimi risultati!

Menu 70 € – Carta 42/83 €

3 cam ♨ – †80/120 € ††160/240 €

via Colombo 38 – ☏ 0884 355167 (consigliata la prenotazione)
– www.portadibasso.it – Aperto 20 aprile-3 novembre

🏠 Elisa ☆ ⪕ 🍽 🗔 🕭 AC 🚗

FAMILIARE · LUNGOMARE Ai piedi del borgo marinaro di Peschici e vicino al porto turistico, un hotel dall'ottima gestione familiare con camere luminose dagli arredi in legno bianco o azzurro e vista sul mare. Ampie vetrate ed ottimi piatti di pesce al ristorante: buonissime le paste fatte in casa.

43 cam ♨ – †60/80 € ††75/150 €

borgo Marina 20 – ☏ 0884 964012 – www.hotelelisa.it – Aperto
1° aprile-30 settembre

🏠 La Chiusa delle More ☆ ⅍ ⪕ 🛋 🍽 AC ⅗ P

CASA DI CAMPAGNA · PERSONALIZZATO Circondati da un parco di ulivi secolari, dormirete in un antico frantoio rupestre trasformato in elegante casa di campagna, a meno di 1 km dal mare e con vista panoramica su Peschici. Al ristorante (serale), ottima cucina raccontata con menu degustazione a sorpresa.

10 cam ♨ – †160/200 € ††200/260 €

località Padula, Ovest: 1,5 km – ☏ 330 543 766 – www.lachiusadellemore.it
– Aperto 18 maggio-30 settembre

PESCHIERA BORROMEO

Milano – ✉ 20068 – 23 397 ab. – Alt. 101 m – Carta regionale n° 10-B2
Carta stradale Michelin 561-F9

ⓘO **Trattoria dei Cacciatori** �:🛏 ⌖ 🅰️ ⇔ 🅿️

CUCINA REGIONALE · CONTESTO STORICO ✗ Cascinale all'interno del castello di Longhignana, antica residenza di caccia della famiglia Borromeo e da oltre 80 anni gestito dalla stessa famiglia: belle sale rustiche e una veranda più attuale per gustare specialità legate alla tradizione, grigliate e qualche ricetta originale dei tempi dell'apertura.

Carta 34/60 €

via Trieste 2, Nord: 4 km – ℰ 02 753 1154 – www.trattoriacacciatori.it
– Chiuso 27 dicembre-5 gennaio, 9-18 agosto, domenica sera e lunedì

PESCHIERA DEL GARDA
Verona – ✉ 37019 – 10 354 ab. – Alt. 68 m – Carta regionale n° **23**-A3
Carta stradale Michelin 562-F14

a San Benedetto di Lugana Ovest : 2,5 km ✉ 37019

🏠 **The Ziba Hotel & Spa** ✿ 🚃 🏊 🐎 🖵 ⌖ 🅰️ 🕸 ⛱ 🅿️

TRADIZIONALE · MODERNO Un'ex bottiglieria trasformata in elegante albergo dallo stile contemporaneo e tipici pavimenti veneziani; qui troverete funzionalità e comodità in ambienti sobri e raffinati, nonché un'area benessere nel sottosuolo.

23 cam ⌸ – †95/175 € ††125/245 € – 2 suites

via Bell'Italia 41 – ℰ 045 640 2522 – www.thezibahotel.it

PESCOCOSTANZO
L'Aquila – ✉ 67033 – 1 128 ab. – Alt. 1 395 m – Carta regionale n° **1**-B2
Carta stradale Michelin 563-Q24

ⓘO **La Corniola** 🐌 ⌖ 🕸 ⇔

CUCINA CREATIVA · ELEGANTE ✗✗ Se la cittadina di Pescocostanzo è rinomata in tutta Italia per i suoi merletti al tombolo, i veri sapori abruzzesi hanno trovato dimora alla Corniola: il tutto ingentilito e rivisitato con gusto moderno.

Menu 40 € – Carta 37/58 €

Hotel Relais Ducale, via dei Mastri Lombardi 26 – ℰ 0864 642470 (consigliata la prenotazione) – www.lacorniola.com – Chiuso 2 settimane in giugno, martedì e mercoledì

🏠 **Relais Ducale** 🚃 🖵 ♨ 🐎 🛁 🖵 ⌖ 🕸 ⛱ 🅿️

LUSSO · STILE MONTANO All'ingresso del paese, la montagna è protagonista in albergo con le tipiche decorazioni in legno, camino e selvaggina. Camere più classiche, navetta per le piste da sci e mini club per bambini, nonché piccolo, ma attrezzato centro benessere.

24 cam ⌸ – †115/210 € ††190/340 € – 5 suites

via dei Mastri Lombardi 26 – ℰ 0864 642484 – www.relaisducale.it – Aperto 20 dicembre-Pasqua e agosto

ⓘO **La Corniola** – Vedere selezione ristoranti

🏠 **Il Gatto Bianco** ✿ 🐾 🚃 🐎 🅿️

CASA DI CAMPAGNA · CONTEMPORANEO Risorsa raccolta, ma di grande fascino avvolta da un'atmosfera di eleganza ed intimità. Insolito connubio di legno antico e moderno. Piccola zona benessere.

6 cam ⌸ – †150/250 € ††180/300 € – 2 suites

viale Appennini 3 – ℰ 0864 641466 – www.ilgattobianco.it

PETRIGNANO DEL LAGO Perugia (PG) ➜ Vedere Castiglione del Lago

PETROGNANO Firenze ➜ Vedere Barberino Val d'Elsa

PETROSA ➜ Vedere Ceraso

PETTENASCO

Novara – ✉ 28028 – 1 380 ab. – Alt. 300 m – Carta regionale n° **13**-A2
Carta stradale Michelin 561-E7

ⅰ○ Giardinetto   ⩽ 🍽 🅿

CUCINA MODERNA · AMBIENTE CLASSICO XX Con numerose terrazze, sia
interne, sia esterne, d'estate l'atmosfera si fa particolarmente romantica: lumi di
candela ed ampia vista sul lago. I piatti sono creativi con una solida base regionale e dalla cantina etichette pregevoli.

Carta 44/101 €

Hotel Giardinetto, via Provinciale 1 – ℰ 0323 89118 – www.giardinettohotel.com
– Aperto Pasqua-20 ottobre

🏨 L'Approdo   🏖 ⩽ 🛏 ⅃ 🏠 ℀ 🅺 🗗 ⅄ 🆚 🅿

TRADIZIONALE · BORDO LAGO Con un grande sviluppo orizzontale e un grazioso giardino con vista lago e monti, completamente protesa sull'acqua, una
valida risorsa per clienti d'affari e turisti. Al ristorante ambienti curati e di tono o
una gradevole terrazza esterna.

71 cam 🖙 – ♦84/159 € ♦♦104/254 € – 5 suites

corso Roma 80 – ℰ 0323 89345 – www.approdohotelorta.com
– Aperto 1° aprile-21 ottobre

🏨 Giardinetto   ⩽ 🛏 ⅃ 🗗 🆎 🅿

TRADIZIONALE · BORDO LAGO Un bianco albergo lambito dalle acque del lago,
una struttura confortevole dotata di camere più che discrete, con arredi classici di
buona funzionalità.

58 cam 🖙 – ♦87/119 € ♦♦110/168 €

via Provinciale 1 – ℰ 0323 89118 – www.giardinettohotel.com
– Aperto Pasqua-20 ottobre

ⅰ○ **Giardinetto** – Vedere selezione ristoranti

PETTINEO Sicilia

Messina – ✉ 98070 – 1 350 ab. – Alt. 300 m – Carta regionale n° **17**-C2
Carta stradale Michelin 365-AU56

🏡 Casa Migliaca   🏖 🐾 ⩽ 🛏 ℀ 🅿

CASA DI CAMPAGNA · PERSONALIZZATO Appena fuori dal paese e contornato
da ulivi, un ex frantoio del '600 propone una tranquillità assoluta e una vista
impagabile attraverso la vallata, fino al mare. I 12 ettari dell'azienda agrituristica
sono in parte coltivati con metodi biodinamici. Alcuni di questi prodotti imbandi-
scono la tavola del ristorante.

8 cam – solo ½ P 80/85 €

SP 176 km 7, contrada Migliaca – ℰ 0921 336722 – www.casamigliaca.com

PFALZEN → Vedere Falzes

PIACENZA

(PC) – ✉ 29121 – 102 191 ab. – Alt. 61 m – Carta regionale n° **5**-A1
Carta stradale Michelin 562-G11

ⅰ○ Peppino   🆎 ⇦⇨

PESCE E FRUTTI DI MARE · ELEGANTE XX Eleganti salette in un palazzo del
1700, per una cucina che predilige il mare aprendosi, tuttavia, anche ad altre proposte. Molte le influenze siciliane, terra d'origine del titolare.

Menu 40 € – Carta 42/84 €

via G.B. Scalabrini 49/a ✉ 29121 – ℰ 0523 329279 – Chiuso agosto, lunedì, anche
domenica in estate

🍴○ **Osteria del Trentino da Marco** 🏠 AC

CUCINA EMILIANA · ACCOGLIENTE ⅹ Ristorante storico: il nome allude all'origine di uno dei primi titolari, ma il locale oggi è la roccaforte di una cucina piacentina con le tipiche specialità cittadine.

Menu 35 € (pranzo) - Carta 30/55 €

via del Castello 71 ✉ 29121 - ☎ 0523 324260 (consigliata la prenotazione la sera) - Chiuso domenica

🍴○ **Trattoria San Giovanni** AC

EMILIANA · FAMILIARE ⅹ Sotto antiche volte a vela, in un ambiente semplice, ma accogliente, qui la cucina lombardo-emiliana rispolvera i suoi cavalli di battaglia: salumi piacentini, pisarei, tortelli "con le code" e le immancabili carni, dalla tartare agli stracotti.

Carta 30/53 €

via Garibaldi 49/a ✉ 29121 Piacenza - ☎ 0523 321029 - www.trattoriasangiovanni.net - Chiuso 3-15 luglio, 10-26 agosto e lunedì; anche domenica in giugno-agosto

🏨 **Grande Albergo Roma** ☆ 𝄞 ♨ 🖭 ♿ AC 🛁 🚗

TRADIZIONALE · CLASSICO Costruito fra il 1956 e il 1958, l'edificio è opera dell'architetto Vico Magistretti, ma la nuova gestione l'ha recentemente ristrutturato; al suo interno, stucchi, lampadari, ricercatezze ed un panoramico ristorante all'ultimo piano. (Per accedere alla ZTL è sufficiente segnalare la targa all'arrivo).

72 cam ♨ - †89/225 € ††98/243 € - 4 suites

via Cittadella 14 ✉ 29121 - ☎ 0523 323201 - www.grandealbergoroma.it

PIADENA

Cremona - ✉ 26034 - 3 570 ab. - Alt. 34 m - Carta regionale n° **9**-C3
Carta stradale Michelin 561-G13

🍽 **Dell'Alba** 🎋 AC 🔄

CUCINA LOMBARDA · TRATTORIA ⅹ Qui dal 1850, ora alla sesta generazione, è un'autentica e storica trattoria familiare, mecca degli amanti della cucina della bassa padana. Straordinari sono i suoi salumi, gli arrosti, i bolliti e le mostarde, ma tra gli imperdibili vanno ricordati i maccheroni al torchio con verdure e rifilatura di culacci.

Menu 27 € (pranzo in settimana)/40 € - Carta 28/47 €

Via del Popolo 31, località Vho, Est: 1 km - ☎ 0375 98539 - www.trattoriadellalba.com - Chiuso 17-31 giugno, 1-16 agosto, domenica sera e lunedì

PIANAZZO Sondrio → Vedere Madesimo

PIANCASTAGNAIO

Siena - ✉ 53025 - 4 230 ab. - Alt. 772 m - Carta regionale n° **18**-D3
Carta stradale Michelin 563-N17

🍴○ **Anna**

CUCINA TOSCANA · TRATTORIA ⅹ Ad 800 metri di altezza, vi si arriva lungo un suggestivo paesaggio collinare, per trovare infine questa trattoria familiare di storia decennale. La zuppa di funghi e castagne è la specialità della casa, insieme ai pici con vari condimenti e, d'inverno, la carne alla brace. Camere semplici per chi desidera prolungare il soggiorno.

🍴 Menu 25/38 € - Carta 22/39 €

8 cam ♨ - †35/40 € ††60/70 €

viale Gramsci 486 - ☎ 0577 786061 - www.annaristorante.com - Chiuso lunedì escluso 15 luglio-15 settembre

PIANE DI MONTEGIORGIO Fermo → Vedere Montegiorgio

PIANIGA
Venezia – ⊠ 30030 – 12 280 ab. – Carta regionale n° **23**-C2
Carta stradale Michelin 562-F18

⊛ Trattoria da Paeto   🍴 AC P ≠

CUCINA REGIONALE · FAMILIARE X Piccola trattoria persa tra canali e campagna, gestita da una coppia di soci che con serietà e impegno porta avanti la tradizione di queste terre. Suggestioni dal menu: cous cous di pesce e verdure - sfoglia crema e scaglie di cioccolato. Sempre presenti anche alcuni piatti un po' più moderni.

    🍽 Menu 20 € (pranzo in settimana) – Carta 26/54 €

via Patriarcato 78 – ℰ 041 469380 (consigliata la prenotazione) – Chiuso lunedì e martedì

🏠 Hotel In   🛎 ⊡ & AC ⁄∕ P

TRADIZIONALE · PERSONALIZZATO Apprezzato dalla clientela commerciale, ma anche da chi non vuole rinunciare al design: forme e colori originali nelle camere si accompagnano a docce a vista nei bagni. Terrazza estiva attrezzata.

12 cam ⊴ – †60/80 € ††90/120 €

via Provinciale Nord 47, località Cazzago di Pianiga, Sud-Est : 5 Km – ℰ 041 513 8336 – www.hotel-in.it

PIANO D'ARTA Udine → Vedere Arta Terme

PIANOPOLI
Catanzaro – ⊠ 88040 – 2 589 ab. – Alt. 250 m – Carta regionale n° **3**-A2
Carta stradale Michelin 564-K31

🏠 Agriturismo Le Carolee   🌳 🏖 ≼ 🛏 🛢 P

DIMORA STORICA · ACCOGLIENTE In lontananza si scorge la bella vista della costa e del mare da questa casa ottocentesca fortificata, immersa nel silenzio degli ulivi; il glorioso passato di questa terra riproposto in chiave moderna.

7 cam ⊴ – †53/63 € ††84/106 €

contrada Gabella 1, Est: 3 km – ℰ 0968 35076 – www.lecarolee.it

PIANORO
Bologna – ⊠ 40065 – 17 460 ab. – Alt. 200 m – Carta regionale n° **5**-C2
Carta stradale Michelin 562-I16

a Rastignano Nord : 8 km ⊠ 40067

⊛ Osteria Numero Sette   AC

CUCINA REGIONALE · OSTERIA X Zuppa imperiale, tagliatelle o polpettone al ragù sono solo alcuni dei classici emiliani che troverete accanto ad una discreta selezione di salumi e formaggi in questa piccola, ma vivace osteria alle porte di Bologna.

Carta 29/38 €

via A. Costa 7 – ℰ 051 742017 (consigliata la prenotazione) – Chiuso 1 settimana in gennaio, 10 giorni in agosto, domenica sera e lunedì

PIAZZA ARMERINA Sicilia
Enna (EN) – ⊠ 94015 – 21 886 ab. – Alt. 697 m – Carta regionale n° **17**-C2
Carta stradale Michelin 365-AV59

🍴O Al Fogher   ⅋ 🍴 & P

CUCINA MODERNA · INTIMO XX Da tempo un'istituzione che richiama appassionati pronti ad affrontare un viaggio non breve, ma dai suggestivi paesaggi; troverete una sala ricca di legno e calore, nonché una cucina elaborata, generosa di ingredienti in ogni piatto, sia di terra che di mare.

Menu 28 € (pranzo in settimana)/75 € – Carta 45/78 €

strada statale 117 bis, Nord: 3 km – ℰ 0935 684123 – www.alfogher.net – Chiuso domenica sera e lunedì

PICERNO

Potenza – ⊠ 85055 – 5 985 ab. – Alt. 721 m – Carta regionale n° **2**-A2
Carta stradale Michelin 564-F28

in prossimità Superstrada Basentana Ovest : 3 km

🏠 **Bouganville**   🏡 🕸 🛋 🖥 👤 🅰 🦺 🅿

LUSSO · CONTEMPORANEO Camere sempre molto up-to-date e di alto confort
in una struttura che non smette di essere ai vertici delle classifiche, mentre la
sua posizione tranquilla è forse una delle caratteristiche più apprezzabili. Al ristorante: eleganti ambienti, vasti e luminosi, con affaccio esterno.

67 cam ⌂ – †68/84 € ††85/134 € – 1 suite

strada provinciale 83 ⊠ 85055 Picerno – ℰ 0971 991084 – www.hotelbouganville.it

PICINISCO

Frosinone – ⊠ 03040 – 1 218 ab. – Alt. 725 m – Carta regionale n° **7**-D2
Carta stradale Michelin 563-R23

🏠 **Sotto le Stelle**   🕸 ⪉ 🛋 🅰 🦺

DIMORA STORICA · ELEGANTE In posizione dominante sulla Val Comino, un
gioiellino di albergo diffuso nel cuore di un piccolo borgo d'origine medievale: appartamenti dotati di angolo cottura, modernamente arredati, ognuno
con computer incorporato nel televisore. Prima colazione eventualmente servita in camera.

6 suites ⌂ – ††220/275 € – 3 cam

via Giustino Ferri 1/7 – ℰ 346 602 7120 – www.sottolestellepicinisco.it

PIEDIMONTE ETNEO

Catania (CT) – ⊠ 95017 – 3 963 ab. – Alt. 348 m – Carta regionale n° **17**-D2

🍴 **Talé**   ⪉ 🛋 🏡 🅰 🅿

CUCINA CREATIVA · ACCOGLIENTE ⚒⚒ All'interno dell'omonimo albergo, le esperienze estere del cuoco riportano in Sicilia con piatti di ispirazione internazionale,
accanto a proposte più schiettamente isolane. Nella bella stagione, è un incanto
mangiare in terrazza con lo sguardo che dalle colline scende sino al mare.

Menu 45/65 € – Carta 40/76 €

Hotel Talé, via Bellini 186, Sud-Est: 3 km – ℰ 349 578 7243 (consigliata la
prenotazione) – www.talehotel.it – solo a cena escluso domenica – Chiuso
mercoledì (escluso in estate)

🏠 **Talé**   ⪉ 🛋 🛋 🅰 🅿

CASA DI CAMPAGNA · MINIMALISTA Tra Fiumefreddo e Piedimonte, in un
antico palmento a mezza collina, un corridoio di maioliche siciliane vi condurrà a
camere sobrie ed essenziali, ma eleganti, con vista Etna o mare, di cui cinque in
una dépendance a 150 metri, il tutto immerso in un agrumeto e ciliegeto. "Talé":
guarda, ammira, in dialetto siciliano.

10 cam ⌂ – †105/150 € ††130/180 €

via Bellini 186, Sud-Est: 3 km – ℰ 335 364 772 – www.talehotel.it – Chiuso
7 gennaio-7 febbraio

🍴 **Talé** – Vedere selezione ristoranti

PIEGARO

Perugia – ⊠ 06066 – 3 669 ab. – Alt. 356 m – Carta regionale n° **20**-A2
Carta stradale Michelin 563-N18

🏠 **Ca' de Principi Relais**   🛋 🦺 🦺

STORICO · CLASSICO All'interno di un borgo ricco di fascino, un edificio settecentesco appartenuto alla nobile famiglia dei Pallavicini, con affreschi d'epoca e
dettagli di pregio. Per gli amanti della gastronomia locale, a richiesta, piatti della
cucina tradizionale umbra.

21 cam ⌂ – †65/90 € ††90/120 €

via Roma 43 – ℰ 075 465 6095 – www.dimorastorica.it – Aperto 1° aprile-3 novembre

PIENZA

Siena (SI) – ⊠ 53026 – 2 107 ab. – Alt. 491 m – Carta regionale n° **18**-C2
Carta stradale Michelin 563-M17

⑩ La Terrazza del Chiostro   🏵 ⊰ 🏠 🛋 AC

CUCINA MODERNA · CONTESTO STORICO XX Nel cuore della "città perfetta", si accede al ristorante attraverso un romantico chiostro, per trovare poi - al suo interno - una cucina di ottimo livello. Proposte tradizionali toscane ed altre più creative, le ricette vi conquisteranno per l'intelligente sforzo di elaborazione, nonché intensità di sapori. A pranzo c'è una carta più semplice, ma - a richiesta - vi verrà servita anche quella gourmet. Apoteosi estiva sulla terrazza panoramica che abbraccia la val d'Orcia.

Menu 45/125 € – Carta 73/93 €

Hotel Relais il Chiostro di Pienza, via del Balzello, traversa di corso Il Rossellino – ℰ 0578 748183 – www.laterrazzadelchiostro.com – Aperto 18 dicembre-7 gennaio e 15 marzo-15 novembre

🏨 Corsignano   🏠 ⊡ & AC P

TRADIZIONALE · CONTEMPORANEO A pochi passi dal centro, una ventata di originalità rispetto ai consueti arredi rustici della regione: ambienti dall'elegante stile contemporaneo, qui la comodità si sposa con l'estetica, un ottimo punto di partenza per andare alla scoperta della Val d'Orcia.

30 cam ⊊ – ♦70/120 € ♦♦80/150 €

via della Madonnina 11 – ℰ 0578 748501 – www.hotelcorsignano.it – Aperto 15 marzo-15 novembre e i week-end negli altri mesi

🏨 Relais Il Chiostro di Pienza   🦐 ⊰ 🏠 🛋 ⊡ & AC 🍴 🏖

STORICO · TRADIZIONALE Nel cuore di questo gioiellino toscano voluto da Pio II Piccolomini, un chiostro quattrocentesco incastonato in un convento: per soggiornare nella suggestione della storia.

37 cam ⊊ – ♦79/109 € ♦♦99/169 €

corso Rossellino 26 – ℰ 0578 748129 – www.relaisilchiostrodipienza.it – Aperto 1° aprile-31 ottobre

⑩ **La Terrazza del Chiostro** – Vedere selezione ristoranti

🏨 San Gregorio   🏠 ⊡ AC 🏖 🚗

DIMORA STORICA · CLASSICO La città rinascimentale progettata dal Rossellino, il vecchio teatro del 1935, oggi riproposto come risorsa ricettiva. Ampie e comode camere, molte con angolo cottura (affittate anche in formula residence). Delizie toscane nel raffinato ristorante: ideale per cerimonie e feste private.

19 cam ⊊ – ♦65/85 € ♦♦80/105 € – 16 suites

via della Madonnina 4 – ℰ 0578 748059 – www.sangregorioresidencehotel.it

🏠 Piccolo Hotel La Valle   ⊰ 🏠 AC 🚗

FAMILIARE · ACCOGLIENTE A pochi metri dal centro storico, albergo a conduzione familiare dove, accanto ad una buona tenuta in ambienti accoglienti, spiccano le camere con una romantica vista sui colli, alcune con accesso diretto al giardino.

15 cam ⊊ – ♦65/100 € ♦♦80/150 €

via di Circonvallazione 7 – ℰ 0578 749402 – www.piccolohotellavalle.it – Chiuso 9-22 dicembre

🏨 La Bandita Townhouse   🏠 ⊡ & AC

TRADIZIONALE · DESIGN Boutique hotel dal design intrigante, dove linee contemporanee flirtano con l'antica struttura. Piatti del territorio e qualche proposta più light e moderna nel ristorante con cucina a vista; d'estate si mangia anche all'aperto. Un minuscolo spazio verde si presta ad aperitivi e momenti di relax.

12 cam ⊊ – ♦295/395 € ♦♦295/395 €

corso Rossellino 111 ⊠ 53026 Pienza – ℰ 0578 749005 – www.labanditatownhouse.com – Chiuso 7 gennaio-10 aprile

sulla strada statale 146 Nord-Est : 7,5 km

🏠 Relais La Saracina ♨ ⩽ 🛏 🍸 🍽 🅿

CASA DI CAMPAGNA · BUCOLICO In un antico podere tra l'ocra senese degli antichi pendii, la suggestiva magia di un ambiente di rustica signorilità con camere amene di differenti tipologie.

6 cam ♋ – ♦200/300 € ♦♦250/350 €

strada statale 146 km 29,7 – ℰ 0578 748022 – www.lasaracina.it – Aperto 1° aprile-15 novembre

a Monticchiello Sud-Est : 6 km ✉ 53026

🍴 La Porta ⩽ 🍽

CUCINA REGIONALE · CONTESTO TRADIZIONALE ✗ Come dice il nome, si trova all'ingresso del piccolo e caratteristico borgo di Monticchiello per un'osteria - simpatica e informale - in cui non manca la terrazza panoramica. Cucina regionale e ampia scelta enologica (anche al bicchiere) per un'esperienza gastronomica in prevalenza toscana di ottimo livello.

Menu 30/35 € – Carta 30/65 €

*via del Piano 2 – ℰ 0578 755163 – www.osterialaporta.it
– Chiuso 7 gennaio-10 febbraio e giovedì*

🏠 L'Olmo ✿ ♨ ⩽ 🛏 🍸 🅰🅲 🅿

DIMORA STORICA · BUCOLICO A pochi chilometri da Pienza, una piccola tenuta che vi farà vivere in pieno relax una sosta a contatto con la natura; le suite in elegante stile toscano, con soffitti di travi in legno, pavimenti in parquet e antiche pietre di recupero, godono di una spettacolare vista sulla Val D'Orcia.

5 cam ♋ – ♦308/500 € ♦♦308/500 € – 2 suites

Sp 88 Orcia delle Macchie – ℰ 0578 755133 – www.olmopienza.it – Aperto 11 aprile-4 novembre

PIETRA LIGURE

Savona – ✉ 17027 – 8 992 ab. – Carta regionale n° **8**-B2
Carta stradale Michelin 561-J6

🍴 Buca di Bacco 🅰🅲 🅿

PESCE E FRUTTI DI MARE · DI QUARTIERE ✗✗ Le specialità marinare, la cura nella scelta delle materie prime e l'originalità del proprietario caratterizzano questo locale, sito nel seminterrato di un edificio.

Menu 43/100 € – Carta 35/119 €

corso Italia 149 – ℰ 019 615307 – Chiuso 8 gennaio-8 febbraio e lunedì escluso luglio-agosto

PIETRALUNGA

Perugia – ✉ 06026 – 2 111 ab. – Alt. 566 m – Carta regionale n° **20**-B1
Carta stradale Michelin 563-L19

🏠 Agriturismo La Cerqua ✿ ♨ ⩽ 🛏 🍸 🅿

CASA DI CAMPAGNA · TRADIZIONALE Sulle spoglie di un antico monastero in cima a un colle, un casolare arredato con mobili d'arte povera e la fattoria didattica per una vacanza tutta relax e belle passeggiate a cavallo. Legumi, cereali, pasta e birra dell'azienda sono i punti forti della ristorazione.

11 cam ♋ – ♦40/60 € ♦♦78/98 €

voc. San Salvatore 27, Ovest: 2,2 km alt. 650 – ℰ 075 946 0283 – www.cerqua.it – Chiuso gennaio-febbraio

PIETRANSIERI L'Aquila → Vedere Roccaraso

PIETRAPIANA Firenze → Vedere Reggello

PIETRASANTA

Lucca – ✉ 55045 – 24 007 ab. – Alt. 14 m – Carta regionale n° **18**-B1
Carta stradale Michelin 563-K12

⅏○ **Filippo**   ⅖ 🅐🅒

CUCINA MODERNA · DI TENDENZA ХХ Moderno ed elegante, Filippo estrae giornalmente dal "cilindro" tre prodotti con cui cucinerà per voi un piatto a sorpresa. L'idea è sicuramente originale e meritevole di essere provata, ma per i meno avventurosi c'è - comunque - sempre un piccolo menu.

Menu 40/90 € – Carta 57/101 €

via Barsanti 45 – ℰ 0584 70010 (consigliata la prenotazione)
– www.filippopietrasanta.it – solo a cena in giugno-settembre
– Chiuso 15 giorni in febbraio, 15 giorni in novembre, martedì a mezzogiorno
e lunedì

⅏○ **La Martinatica** ⓝ   🍽 ⇔ 🅿

CUCINA ITALIANA · ACCOGLIENTE ХХ Questa nota insegna ricavata in un ex frantoio dagli interni rustico-eleganti rinasce con una nuova gestione da parte di brillanti cuochi già attivi in Versilia; le loro proposte si dividono tra terra e mare, ma sono unite dalla stessa mano che propone uno stile moderno soft, senza esagerazioni.

Menu 40/45 € – Carta 43/72 €

via della Martinatica 20, Sud: 1 km – ℰ 0584 178 8946 – www.martinatica.it
– chiuso lunedì

⅏○ **La Brigata di Filippo**   ⇦ 🍽 ⅖ 🅐🅒

CUCINA MEDITERRANEA · BISTRÒ Х Con bel dehors sulla strada pedonale, un bistrot moderno con pochi piatti all'insegna del prodotto scelto con cura. Qualora voleste pernottare, vi sono anche semplici e gradevoli camere.

Menu 35/45 € – Carta 43/65 €

4 cam ☲ – ♥60/120 € ♥♥90/180 €

via Stagio Stagi 22 – ℰ 0584 70010 – www.filippopietrasanta.it – Chiuso
2 settimane in febbraio, 2 settimane in novembre e lundì

⌂⌂⌂ **Albergo Pietrasanta**   ⇔ ⅃⅍ ⊡ 🅐🅒 ⅍⅍ 🚗

STORICO · PERSONALIZZATO A pochi passi dal Duomo, una straordinaria dimora seicentesca con giardino d'inverno e collezione d'arte contemporanea. Arredi d'epoca e marmi pregiati nelle lussuose camere, le più belle delle quali con impreziosite da affreschi originali: un vero palazzo all'italiana!

18 cam ☲ – ♥175/285 € ♥♥280/470 € – 2 suites

via Garibaldi 35 – ℰ 0584 793726 – www.albergopietrasanta.com – Chiuso
15 ottobre-6 dicembre

⌂⌂⌂ **Versilia Golf**   ⅍ ⅖ ⇔ 🄵 ⊡ ⅖ 🅐🅒 ⅍ ⅍⅍ 🅿

CASA DI CAMPAGNA · ELEGANTE Per gli amanti del golf ma anche de l'art de vivre, una raffinata struttura pregna di fascino: eleganti camere arredate con mobili d'antiquariato e con autentiche opere d'arte. Cucina mediterranea al ristorante con bel dehors affacciato sul green.

17 cam ☲ – ♥154/450 € ♥♥154/750 € – 1 suite

via della Sipe 100 – ℰ 0584 881574 – www.versiliagolf.com – Aperto
1° marzo-31 ottobre

PIEVE A NIEVOLE Pistoia ➜ Vedere Montecatini Terme

PIEVE D'ALPAGO

Belluno – ✉ 32010 – 1 872 ab. – Alt. 690 m – Carta regionale n° **23**-C1
Carta stradale Michelin 562-D19

ॐ **Dolada** (Riccardo De Prà) 🐟 🖘 ⅍ ⋜ ⇔ **P**

CUCINA MODERNA • ELEGANTE XXX Splendidamente arroccato sul monte Dolada nella conca dell'Alpago, la saga familiare continua da oltre 90 anni all'insegna della ricerca gastronomica, ma nel rispetto dei sapori della tradizione locale. Quando tradizione e modernità convivono felicemente.

→ La carbonara di Riccardo. Vitello 1853 da un' idea di Pellegrino Artusi. Pina Dolada.

Menu 68/88 € – Carta 54/110 €

6 cam ⚏ – ♥77/88 € ♥♥88/114 € – 1 suite

via Dolada 21, località Plois alt. 870
– 𝒞 0437 479141 (consigliata la prenotazione) – www.dolada.lt
– Chiuso 2 settimane in gennaio, 2 settimane in marzo, domenica sera, lunedì e martedì

PIEVE DI CENTO

Bologna – ⊠ 40066 – 7 019 ab. – Alt. 18 m – Carta regionale n° **5**-C3
Carta stradale Michelin 562-H15

🍴○ **Buriani dal 1967** ⅋ 🅰🅒

CUCINA MODERNA • AMBIENTE CLASSICO XX Storica quanto affermata gestione familiare per un ottimo indirizzo nella provincia di Bologna, non manca nulla per star bene: servizio, ambiente, carta dei vini e naturalmente la cucina, moderna ma senza esagerazioni, con piatti di mare e di terra e qualche velato richiamo alla tradizione.

Carta 46/88 €

via provinciale 2/a, ang. via Matteotti 66
– 𝒞 051 975177 – www.ristoranteburiani.com
– Chiuso martedì e mercoledì

PIEVE DI CHIO Arezzo → Vedere Castiglion Fiorentino

PIEVE DI CORIANO

Mantova (MN) ⊠ 46020 – 1 035 ab. – Alt. 16 m – Carta regionale n° **9**-D3
Carta stradale Michelin 561-G15

🍴○ **Corte Matilde** 🆕 ⅋ 🅰🅒 ⅍ ⇔

CUCINA MANTOVANA • ACCOGLIENTE XX La professionalità e la passione dei titolari si accompagnano ad una cucina fatta con prodotti eccellenti, in preparazioni semplici, ma gustose, che esaltano il sapore degli ingredienti (mostarde e confetture fatte in casa con i frutti del proprio orto). La location: una bella cascina ristrutturata sulla strada che percorse Matilde di Canossa.

🍽 Menu 15 € (pranzo in settimana)/50 € – Carta 38/78 €

via Pelate 38 – 𝒞 0386 39352 (consigliata la prenotazione) – www.cortematilde.it
– Chiuso 15 giorni in gennaio, 23 luglio-23 agosto, sabato a mezzogiorno, domenica sera, lunedì e martedì

PIEVE DI LIVINALLONGO

Belluno – ⊠ 32020 – Alt. 1 475 m – Carta regionale n° **23**-B1
Carta stradale Michelin 562-C17

🏨 **Cèsa Padon** ⅍ ⅍ ⋜ ⋔ ⅍ 🚌

TRADIZIONALE • STILE MONTANO In un'incantevole posizione panoramica, ideale soggiorno in ambienti accoglienti e camere in stile montano permeate dal calore della titolare che le ha personalmente curate. Servizio navetta per gli impianti da sci e piatti regionali al ristorante.

21 cam ⚏ – ♥68/98 € ♥♥104/160 €

via Sorarù 62 – 𝒞 0436 7109 – www.cesa-padon.it – Aperto 5 dicembre-6 aprile e 18 maggio-5 ottobre

PIEVESCOLA Siena → Vedere Casole d'Elsa

PIGANO PIGEN Bolzano → Vedere Appiano sulla Strada del Vino

PIGNA
Imperia – ⊠ 18037 – 859 ab. – Alt. 280 m – Carta regionale n° **8**-A3
Carta stradale Michelin 561-K4

 Terme

CUCINA DEL TERRITORIO · SEMPLICE Ⅹ Nell'entroterra ligure, un ristorante-trat-toria di rustica semplicità che offre una serie di piatti ben fatti e fragranti. I nostri "eletti": zuppetta di fagioli bianchi di Pigna - agnello da latte alle erbe - mousse allo zabaione.

⊶ Menu 22/32 € – Carta 25/45 €

via Madonna Assunta – ℰ 0184 241046 – www.ristoranteterme.com
– Chiuso 7 gennaio-13 febbraio e mercoledì; anche martedì sera in ottobre-maggio

La Casa Rosa

FAMILIARE · STORICO Nel centro storico un'ingegnosa ristrutturazione ha dato vita a questa particolare risorsa con poche camere, ma tanta originalità, all'in-terno di un antico edificio tinteggiato di rosa.

5 cam ⌧ – ♦50/60 € ♦♦75/90 €

corso De Sonnaz 35 – ℰ 347 522 7119 – www.bebcasarosa.com – Chiuso 10 gennaio-10 febbraio

PILA Aosta → Vedere Aosta

PINARELLA Ravenna → Vedere Cervia

PINEROLO
Torino – ⊠ 10064 – 35 808 ab. – Alt. 376 m – Carta regionale n° **12**-B2
Carta stradale Michelin 561-H3

Zappatori (Christian Milone)

CUCINA MODERNA · CONTESTO CONTEMPORANEO ⅩⅩ Le luci soffuse della bella sala sono un invito ad abbandonarsi all'intrigante cucina dello chef-patron. Il menu si caratterizza infatti per la sua doppia lettura: se da un lato cita i classici piemontesi, dall'altro si diverte con piatti più moderni.

→ I plin e il brodo. Anguilla, funghi coltivati, melanzane e fondo di fagiano. Prez-zemolo, sedano e levistico.

⊶ Menu 25 € (pranzo in settimana)/90 € – Carta 60/89 €

corso Torino 34 – ℰ 0121 374158 (consigliata la prenotazione)
– www.trattoriazappatori.it – Chiuso gennaio, domenica sera e lunedì

Taverna degli Acaja

CUCINA REGIONALE · INTIMO ⅩⅩ Locale elegante e moderno dove non mancano alcuni piatti del territorio ma per chi vuole uscire dai confini piemontesi e cono-scere altre specialità regionali, troverà qui molte proposte di cucina italiana moderna, anche di pesce. Nella carta dei vini grande spazio è dedicato alle bol-licine.

Menu 43 € – Carta 37/61 €

corso Torino 106 – ℰ 0121 794727 (consigliata la prenotazione)
– www.tavernadegliacaja.it – Chiuso 1°-8 gennaio, lunedì a mezzogiorno e domenica

Il Torrione

DIMORA STORICA · STORICO È su un curato prato all'inglese che si apre il can-cello di questa villa neoclassica progettata dall'architetto di casa Savoia, Xavier Kurten. Al suo interno gli antichi criteri di ospitalità si affiancano a ricercate forme barocche, soggetti mitologici e moderne soluzioni di confort. Tra giugno/luglio imperdibile la fioritura delle 74 tipologie di ortensie nel grande parco.

10 cam ⌧ – ♦40/70 € ♦♦80/140 €

via Galoppatoio 20 – ℰ 0121 323358 – www.iltorrione.com

PINETO

Teramo – ⊠ 64025 – 14 904 ab. – Carta regionale n° **1**-B1
Carta stradale Michelin 563-O24

⏸○ La Conchiglia d'Oro   ♣ 🅰🄲 ⌀

PESCE E FRUTTI DI MARE · DESIGN XX Ambienti contemporanei, delicate tonalità
lilla alle pareti e la gigantografia di una marina, quasi ad introdurre alla cucina
schiettamente di pesce elaborata con un pizzico di fantasia.

෨ Menu 25/48 € – Carta 37/85 €

*via Nazionale Adriatica nord (Complesso Poseidon) – 𝒞 085 949 2333
– www.ristorantelaconchigliadoro.it – Chiuso 7-20 gennaio, domenica sera escluso
luglio-agosto e lunedì*

🏠 Ambasciatori   ♣ 🐾 ≼ 🖼 ⌂ 🅰🄲 ⌀ 🅿

TRADIZIONALE · ACCOGLIENTE Fronte mare - in zona molto tranquilla - pochi
minuti a piedi e siete già sulla bella passeggiata, ma anche in centro. Le camere
presentano arredi "freschi" e leggeri, perfettamente in linea con la vacanza balneare.

31 cam ⌒ – ♦70/125 € ♦♦85/170 €

*via XXV Aprile 110 – 𝒞 085 949 2900 – www.pineto.it – Aperto
15 maggio-20 settembre*

🏠 Villa Arlini   ♣ 🐾 ⌂ 🅰🄲 ⌀ 🅿

CASA PADRONALE · ACCOGLIENTE Ubicato fuori città, lungo la costa ma in
posizione elevata e collinare, alti soffitti - talvolta anche affrescati – e graziose
camere. Al pian terreno, il ristorante dalle ampie vetrate affacciate sul giardino.

9 cam ⌒ – ♦67/147 € ♦♦107/219 €

*Via Messico 10 – 𝒞 085 949 3586 – www.villarlini.com – Aperto
1° giugno-11 settembre*

a Mutignano Sud-Ovest : 6,5 km ⊠ 64038

🏠 Bacucco d'Oro   ≼ 🅿

CUCINA REGIONALE · FAMILIARE X Piccolo ristorante di tono rustico a conduzione familiare, dalla cui terrazza estiva si gode una splendida vista della
costa. Pappardelle alla papera muta sono solo un accenno delle gustose specialità presenti in menu.

Carta 21/36 €

*via del Pozzo 10 – 𝒞 085 936227 – www.bacuccodoro.com – Chiuso 20 giorni in
novembre e mercoledì*

PINZOLO

Trento – ⊠ 38086 – 3 118 ab. – Alt. 770 m – Carta regionale n° **19**-B3
Carta stradale Michelin 562-D14

🏠 Beverly   ♣ 🐾 🖼 ◍ 🀰 ⌂ & 🍴 🅿

TRADIZIONALE · STILE MONTANO Strategicamente ubicato fra il centro e gli
impianti di risalita, l'hotel ripropone il tipico stile trentino: ambienti luminosi e
legno chiaro, relax, bella piscina e un ampio giardino per la stagione estiva.

24 cam ⌒ – ♦70/180 € ♦♦120/300 € – 12 suites

*via Carè Alto 4 – 𝒞 0465 501158 – www.beverlyhotel.it – Aperto
5 dicembre -26 aprile e 20 giugno-15 settembre*

🏠 Europeo   ♣ ≼ 🐾 🖼 ◍ 🀰 ⌂ ⌀ 🚗

TRADIZIONALE · STILE MONTANO Vicino al centro, ma anche adiacente al
parco, negli anni questa risorsa si è saputa rinnovare ed - oggi - offre camere
montane dal design moderno, a cui si aggiunge un piacevole e completo centro
benessere. Nell'ampio ristorante la cucina, l'orgoglio della casa!

37 cam – solo ½ P 110/150 € – 5 suites

*corso Trento 63 – 𝒞 0465 501115 – www.hoteleuropeo.com – Aperto
1° dicembre-30 marzo e 1° giugno-30 settembre*

🏨 Cristina

TRADIZIONALE · STILE MONTANO Albergo nel più classico stile montano, a conduzione diretta e dotato di un piccolo e completo centro benessere. Ambiente familiare, in posizione strategica per gli impianti.

28 cam – solo ½ P 80/200 €

viale Bolognini 39 – ℰ 0465 501620 – www.hotelcristina.info – Aperto 1° dicembre-15 aprile e 15 giugno-20 settembre

a Giustino Sud : 1,5 km ☒ 38086 – Alt. 770 m

🍴 Mildas ⇔ 🅿

CUCINA REGIONALE · CONTESTO STORICO ✕✕ Originariamente cappella di un convento medievale, la cucina oltre ai classici trentini elenca una serie di piatti ideati dal compianto fondatore del locale e ora riproposti dal figlio. Carta dei vini illustrata e descritta.

Menu 38 € – Carta 27/91 €

via Rosmini 7, località Vadaione, Sud: 1 km – ℰ 0465 502104 (consigliata la prenotazione) – www.ristorantemildas.com – solo a cena escluso sabato e domenica – Chiuso 1° maggio-20 giugno, 20 settembre-31 ottobre e lunedì

a Sant'Antonio di Mavignola Nord-Est : 6 km ☒ 38086 – Alt. 1 122 m

🏠 La Soldanella

FAMILIARE · STILE MONTANO Piccola struttura a conduzione familiare che si affaccia sulla valle; a metà strada tra Pinzolo e Madonna di Campiglio propone piacevoli camere e ambienti in caratteristico in stile montano.

12 cam ☒ – †40/150 € ††80/150 €

Via Vedretta del Lares 8 ☒ 38086 Pinzolo – ℰ 0465 507212 – www.garnilasoldanella.it – Chiuso 10 giorni in giugno

PIOBESI D'ALBA

Cuneo – ☒ 12040 – 1 288 ab. – Alt. 194 m – Carta regionale n° **14**-C2
Carta stradale Michelin 561-H5

✿ 21.9 (Flavio Costa)

CUCINA CREATIVA · ELEGANTE ✕✕✕ All'interno di una tenuta vinicola già cantina nel '400, le proposte in carta fanno incontrare il mare ligure con il territorio piemontese, puntando su qualità dei prodotti e raffinate presentazioni. Con la bella stagione, terrazza panoramica sulle colline; per dormire, romantiche camere custodi di memorie di viaggio.

→ Moscardini novelli, pane, pomodoro e cipolla. Piccione al vapore con tartufo nero, radici e arachidi. Noci caramellate, fior di latte all'agro di muscovado e latticino alle erbe.

Menu 60/100 € – Carta 58/108 €

8 cam ☒ – †90/110 € ††150/180 € – 1 suite

località Carretta 4 – ℰ 0173 619261 – www.ristorante21punto9.it – Chiuso 15-28 febbraio, 2 settimane in agosto, mercoledì a mezzogiorno e martedì escluso 1° ottobre-6 gennaio

PIOLTELLO

Milano – ☒ 20096 – 36 912 ab. – Alt. 122 m – Carta regionale n° **10**-B2
Carta stradale Michelin 561-F9

a Limito Sud : 2,5 km ☒ 20090

🍴 Antico Albergo

CUCINA ITALIANA · RUSTICO ✕✕ Nel centro storico, è da tre generazioni che l'amore per la cucina lombarda e, più in generale, italiana, vengono celebrate in quest'antica, elegante, locanda con servizio estivo sotto un pergolato. Ottima anche l'ospitalità.

Carta 39/70 €

via Dante Alighieri 18 – ℰ 02 926 6157 – www.anticoalbergo.it – Chiuso 26 dicembre-6 gennaio, 12-31 agosto, sabato a mezzogiorno e domenica

PIOZZO
Cuneo (CN) – ⊠ 12060 – 995 ab. – Alt. 327 m – Carta regionale n° **12**-C3
Carta stradale Michelin 561-I5

℄○ **Casa Baladin**   ⬩ 🄰🄲

CUCINA MODERNA · ALLA MODA Ⅹ Sulla piazza principale del paese, all'interno di un fienile settecentesco, affascinanti ambienti vi condurranno alla scoperta di menu degustazione associati alla birra. Egualmente originali le camere con soluzioni personalizzate.
Menu 35/55 €
5 cam – ♦90 € ♦♦120 €
*piazza 5 Luglio 35 – ℰ 0173 795239 (prenotazione obbligatoria)
– www.casabaladin.it – solo a cena – Chiuso 2 settimane in gennaio, domenica sera e lunedì*

PISA
(PI) – ⊠ 56125 – 89 158 ab. – Carta regionale n° **18**-B2
Carta stradale Michelin 563-K13

℄○ **Osteria dei Cavalieri**   🕸 🄰🄲

CUCINA TOSCANA · TRATTORIA Ⅹ A pochi passi dall'università Normale, un'osteria ben frequentata con ambienti semplici e una cucina che si divide tra terra e mare. Buona selezione di vini e distillati, la stessa che si trova anche a 50 metri alla "Sosta": più piccola, ma con cucina assai rimarchevole.
Menu 28/33 € – Carta 28/50 €
*via San Frediano 16 ⊠ 56126 – ℰ 050 580858 (coperti limitati, prenotare)
– www.osteriacavalieri.pisa.it – Chiuso vacanze di Natale, 5-26 agosto, sabato a mezzogiorno e domenica*

PISCIOTTA
Salerno – ⊠ 84066 – 2 641 ab. – Alt. 170 m – Carta regionale n° **4**-C3
Carta stradale Michelin 564-G27

℄○ **Perbacco**   🕸 ⬩ 🦝 🚃 🏠 🄿

CUCINA CAMPANA · RUSTICO Ⅹ Rustica risorsa dove trovare il vero sapore "selvaggio" del Cilento, sia grazie alla vegetazione mediterranea esplosiva che lo cinge, sia grazie ai sapori del territorio: molto mare negli antipasti, più terra nei secondi, anche la carta dei vini descrive molto bene la regione. Possibilità di alloggio in gradevole camere.
Carta 25/64 €
3 cam � – ♦50/105 € ♦♦70/165 €
contrada Marina Campagna 5, Nord-Ovest: 2 km – ℰ 0974 973889 (consigliata la prenotazione) – www.perbacco.it – Aperto Pasqua- fine ottobre e lunedì in aprile-maggio

🏠 **Marulivo**   🏠 ≤ 🄰🄲 ⅌ 🄿

DIMORA STORICA · PERSONALIZZATO Un giorno il fascino bussò alle porte di un convento trecentesco nel centro storico del pittoresco borgo di Pisciotta e... nacque Marulivo: una splendida struttura con una suggestiva terrazza affacciata sul mare e camere dove l'austerità monastica ha lasciato il posto a raffinate personalizzazioni e confort moderni (quando prenotate, assicuratevi una camera con vista, tutte le offrono salvo un paio).
11 cam ⊡ – ♦68/180 € ♦♦80/180 €
*via Castello – ℰ 0974 973792 – www.marulivohotel.it
– Aperto 24 marzo-2 novembre*

a Marina di Pisciotta Sud-Ovest: 4 km

☺ Angiolina ⛱

CUCINA CAMPANA • STILE MEDITERRANEO XX Se avete - giustamente - optato per questo tranquillo localino dal piacevole servizio estivo all'aperto, non potete non gustare le tipiche ricette a base di alici di "menaica" (rete a maglie strette utilizzata per la pesca da queste parti): in tortino, fritte, marinate, alla scapece. In menu, però, anche tanti altri piatti campani ed un'ottima calamarata con crema di ceci e totanetti al rosmarino.

Carta 27/56 €

via Passariello 2, località Marina di Pisciotta, Sud: 4 km - ✆ 0974 973188 (consigliata la prenotazione) - www.ristoranteangiolina.it - Aperto Pasqua-15 ottobre; chiuso lunedì e martedì in aprile-maggio

PISTOIA

✉ 51100 - 90 315 ab. - Alt. 67 m - Carta regionale n° **18**-B1
Carta stradale Michelin 563-K14

🍴 Il Contemporaneo Ⓝ 🛏 🐴 🌳 ⛱ 🏊 ♿ A/C 🅿

CUCINA MODERNA • CASA DI CAMPAGNA XX All'interno dell'agriturismo San Rocco, appena fuori dal centro cittadino, una coppia di cugini entrambi cuochi si destreggia con disinvoltura e buoni risultati tra i prodotti del territorio: in primis la carne, a cui si aggiunge qualche proposta di pesce. Piglio moderno!

Menu 45/70 € - Carta 51/92 €

8 cam - 👤60/80 € 👥120/160 € - ☕13 €

via delle Sei Arcole 28, Nord-Est: 3 km - ✆ 0573 453494 - www.ristoranteilcontemporaneo.it - solo a cena escluso domenica - Chiuso 15 giorni in novembre, 15 giorni in gennaio e lunedì

🍴 Trattoria dell'Abbondanza ⛱

CUCINA TOSCANA • DI QUARTIERE X All'insegna della tipicità e della tradizione, in un'atmosfera accogliente e simpatica, la gestione è giovane ed appassionata, la proposta gastronomica è fortemente all'insegna della regionalità con particolare attenzione alla ricerca dei prodotti, nonché allo studio di qualche antica ricetta.

💰 Menu 25/39 € - Carta 25/53 €

via dell'Abbondanza 10/14 - ✆ 0573 368037 - www.trattoriadellabbondanza.it - Chiuso mercoledì

🏠 Villa Parri 🐴 👁 🌳 🏊 A/C 🅿

LOCANDA • PERSONALIZZATO Villa ottocentesca con parco e giardino a terrazze, a breve distanza dal centro cittadino di Pistoia: nei salotti troverete una piccola raccolta d'oggetti di altri tempi, mentre - nella bella stagione - il giardino con la sua piscina panoramica è la destinazione preferita.

10 cam - 👤80/130 € 👥90/140 € - ☕10 €

via Modenese 206, Nord: 4 km per via Dalmazia - ✆ 0573 417062 - www.villaparri.it - Aperto 26 dicembre-6 gennaio e 10 marzo-3 novembre

PITIGLIANO

Grosseto - ✉ 58017 - Carta regionale n° **18**-D3
Carta stradale Michelin 563-O16

🍴 Il Tufo Allegro 🍇 ⛱

CUCINA TOSCANA • ROMANTICO X Nel cuore della località etrusca, nei pressi della Sinagoga: piatti toscani, un piccolo ristorante con una nutrita cantina di vini e salette ricavate nel tufo.

Menu 34/70 € - Carta 36/75 €

vicolo della Costituzione 5 - ✆ 0564 616192 - www.iltufoallegro.com - Chiuso 10 gennaio-10 febbraio, mercoledì a mezzogiorno e martedì

PITRIZZA Sardegna Olbia-Tempio → Vedere Arzachena : Costa Smeralda

PIZZIGHETTONE
Cremona – ✉ 26026 – 6 548 ab. – Alt. 46 m – Carta regionale n° **9**-B3
Carta stradale Michelin 561-G11

🍴○ **Da Giacomo**   🛋 🅰🅲

CUCINA LOMBARDA · CONTESTO STORICO ✗✗ Nel centro storico di questa pittoresca località cinta da mura, un ristorantino che esprime una riuscita miscela di rusticità e design. Cucina del territorio reinterpretata.

Carta 38/63 €

piazza Municipio 2
– ☎ 0372 730260 (coperti limitati, prenotare) – www.dagiacomo.it
– Chiuso 8-18 gennaio, 16 agosto-5 settembre e lunedì

All'atto della prenotazione fatevi precisare il prezzo e la categoria della camera.

PIZZO
Vibo Valentia (VV) – ✉ 89812 – 9 278 ab. – Alt. 44 m – Carta regionale n° **3**-A2
Carta stradale Michelin 564-K30

🍴○ **Locanda Toscano**   🅰🅲

CUCINA CREATIVA · FAMILIARE ✗✗ Vicino al castello e al belvedere di Pizzo, moglie e marito - rispettivamente in cucina e in sala - vi danno il benvenuto in due salette semplici ma accoglienti. La cucina offre spunti creativi in fantasiosi abbinamenti, prevale il pesce, ma gli appassionati di carne apprezzeranno il manzo podolico e il maiale nero.

Menu 40 € – Carta 32/54 €

via Benedetto Musolino 14/16 – ☎ 0963 531089 (consigliata la prenotazione)
– Chiuso gennaio e lunedì

sulla strada per Vibo Marina

🍴○ **ME Restaurant**   👍 🛋 ㅤ🅰🅲 🅿

CUCINA MEDITERRANEA · CONTESTO CONTEMPORANEO ✗✗ Nasce sulle "ceneri" dell'Olimpus questo gradevole locale, ampio e spazioso, ricavato dal restauro di un ex casale; lo gestisce una coppia che propone ai propri ospiti una gustosa cucina mediterranea in cui si cita la Calabria a più riprese, ma anche la Campania, terra di origine dello chef.

Menu 45/90 € – Carta 48/66 €

strada provinciale per Vibo Marina, località Ponte di Ferro
– ☎ 0963 534532 – www.merestaurant.it
– Chiuso mercoledì escluso in estate

POCENIA
Udine – ✉ 33050 – 2 536 ab. – Carta regionale n° **6**-B3
Carta stradale Michelin 562-E21

a Paradiso Nord-Est : 7 km ✉ 33050 – Pocenia

🍴○ **Al Paradiso**   🛋 🅰🅲 ↔ 🅿

CUCINA REGIONALE · ROMANTICO ✗✗ Una piccola bomboniera in un antico cascinale, con decorazioni e tendaggi ovunque. Spunti moderni nella cucina che segue il territorio (tanta carne e cacciagione). Ideale per una cena romantica.

Menu 50 € – Carta 41/53 €

via Sant' Ermacora 1 – ☎ 0432 777000 – www.trattoriaparadiso.it
– solo a cena escluso sabato e domenica – Chiuso lunedì e martedì

POGGIBONSI

Siena – ✉ 53036 – 29 196 ab. – Alt. 116 m – Carta regionale n° **18**-D1
Carta stradale Michelin 563-L15

⋔○ **Osteria 1126** ⓝ   🖼 🅿

CUCINA TOSCANA · ACCOGLIENTE ╳ L'anno è quello di fondazione del borgo collinare in cui il locale è inserito: oggi, azienda agricola che mette a disposizione anche
appartamenti con cucina e l'intera villa padronale. Ai fornelli, una giovane coppia appassionata propone piatti legati ai prodotti del territorio interpretati in chiave attuale.
Menu 30/38 € – Carta 39/51 €

loacalità Cinciano 2, Nord-Est : 5 Km – 𝒞 0577 932240 (prenotare) – www.cinciano.it
– solo a cena in luglio-agosto – Chiuso 3 settimane in novembre, 3 settimane in
gennaio, mercoledì a mezzogiorno e martedì escluso luglio-agosto

POGGIO Livorno ➜ Vedere Elba (Isola d') : Marciana

POGGIO ALLE MURA Siena ➜ Vedere Montalcino

POGGIO BERNI

Rimini – ✉ 47824 – 5 135 ab. – Alt. 155 m – Carta regionale n° **5**-D2
Carta stradale Michelin 562-J19

🏠 **I Tre Re** ⓝ   ✿ 🕭 ≼ 🖃 🗐 ⅗ 🆎 🕍 🅿

DIMORA STORICA · TRADIZIONALE Sulle colline alle spalle di Rimini, la parte più
antica della struttura è la torre dei Malatesta risalente al Trecento. Confort moderni
invece nelle camere ricavate in un'ala più recente, spesso tuttavia con arredi e
decorazioni che rivisitano in chiave contemporanea lo stile campestre. Ottima
anche la ristorazione, c'è la possibilità di degustare vini e seguire corsi di cucina.
13 cam ⌒ – ♦65/90 € ♦♦80/150 €

via della Resistenza 14 ✉ 47824 – 𝒞 0541 687918 – www.itrere.net

POGGIRIDENTI

Sondrio (SO) – ✉ 23020 – 1 924 ab. – Alt. 564 m – Carta regionale n° **9**-B1
Carta stradale Michelin 563-U6

🏠 **Wine Hotel Retici Balzi**   ≼ 🕭 🕭 🗐 ⅗ 🆎 🅿

FAMILIARE · MODERNO In posizione panoramica, hotel piccolo nelle dimensioni,
ma non nel confort, dispone di ampie - moderne - camere dedicate ai grandi vini
della zona e ai suoi vigneti (chiedete di fare la loro degustazione!). Piccola zona
benessere tra le chicche della struttura.
11 cam ⌒ – ♦80/120 € ♦♦100/140 €

via Panoramica 2 – 𝒞 0342 382092 – www.hotelreticibalzi.it

POLESINE PARMENSE

Parma – ✉ 43010 – 1 414 ab. – Alt. 36 m – Carta regionale n° **5**-A1
Carta stradale Michelin 562-G12

✿ **Antica Corte Pallavicina** (Massimo Spigaroli)   🐗 ⬳ ⧓ 🕭 🖼 🅿

CUCINA DEL TERRITORIO · ROMANTICO ╳╳╳ Pare un castello, nacque come
dogana sul Po nel Trecento, oggi è uno dei templi del culatello di cui vi mostre-
ranno la suggestiva cantina per la stagionatura. Oltre al celebre salume, quasi
tutto è allevato o coltivato nella proprietà. La cucina esalta le tradizioni del
fiume, dalle paste agli animali da cortile; all'Hosteria del Maiale piatti più rustici e
incentrati sulle varie declinazioni del "re" della casa.
➜ I soffici ai tre parmigiani in brodo di gallina, piselli ed asparagi in crosta di sfoglia. Le coscette di rana all'aglio dolce e prezzemolo su patate schiacciate e germogli. La mela musona al timo, ciliegie con sciroppo e gelato alla camomilla.
Menu 86/170 € – Carta 59/95 €
9 cam ⌒ – ♦110/260 € ♦♦140/260 € – 4 suites

strada del Palazzo Due Torri 3 – 𝒞 0524 936539 – www.acpallavicina.com
– Chiuso 8-25 gennaio e lunedì

🍴○ **Al Cavallino Bianco** 🐎 ⚓ 🅰🅲 **P**

CUCINA EMILIANA · CONTESTO TRADIZIONALE ✕✕ Secolare tradizione familiare alla quale affidarsi per assaporare il proverbiale culatello e specialità regionali, lungo le rive del grande fiume. Al "Tipico di Casa Spigaroli", in settimana a pranzo, troverete piatti locali a prezzi contenuti, menu tematici nel week-end.

Menu 42/60 € – Carta 37/61 €

via Sbrisi 3 – ℰ 0524 96136 – www.fratellispigaroli.it
– Chiuso 23 gennaio-7 febbraio e martedì

POLIGNANO A MARE

Bari – ✉ 70044 – 18 023 ab. – Carta regionale n° **15**-C2
Carta stradale Michelin 564-E33

🍴○ **L'Osteria di Chichibio** 🍽 🅰🅲

PESCE E FRUTTI DI MARE · CONVIVIALE ✕✕ Connubio di semplicità e allegria - non privo di eleganza - e l'occasione per mangiare pesce e verdure cotti in un forno a legna, serviti in piatti di ceramica. Il locale si è recentemente ampliato e anche la cucina non smette di "crescere".

Carta 40/85 €

largo Gelso 12 – ℰ 080 424 0488 – www.osteriadichichibio.it
– Chiuso 8 gennaio-9 febbraio e lunedì

🏠 **Giovì Relais** 🛁

TRADIZIONALE · ELEGANTE Nel cuore del paese popolato da suggestivi vicoli, piccola ed elegante struttura dalle camere confortevoli; inaspettato centro relax con mini piscina in grotta!

12 cam ⚏ – †110/250 € ††140/500 €

via Roma 26 – ℰ 080 425 1510 – www.giovirelais.com

🏠 **Malù** ⊕ 🅰🅲

FAMILIARE · FUNZIONALE Vicino alla statua di Modugno, originario della località, sei camere ciascuna intitolata ad una sua canzone. Tre si affacciano sul mare, ma tutte sono accomunate dalla piacevolezza di ciò che è nuovo e fresco: complici i colori chiari, nonché la luce che filtra dalle finestre. Sulla terrazza panoramica, la prima colazione.

6 cam ⚏ – †50/110 € ††80/160 €

lungomare Domenico Modugno 7 – ℰ 333 799 1353 – www.bebmalu.it – Chiuso novembre

POLLEIN Aosta → Vedere Aosta

POLLENZO Cuneo → Vedere Bra

POLLONE

Biella – ✉ 13814 – 2 109 ab. – Alt. 630 m – Carta regionale n° **12**-C2
Carta stradale Michelin 561-F5

❀ **Il Patio** (Sergio Vineis) 🐎 ⚓ 🍽 ⇄ **P**

CUCINA MODERNA · ELEGANTE ✕✕✕ La recente ristrutturazione non ha sottratto tipicità a questa bella realtà ambientata in antiche stalle, ma con fresca terrazza affacciata sul giardino. Il menu punta su piatti che valorizzano i prodotti locali concedendo giusto qualche piccolo spazio alla creatività.

→ Spaghetti aglio e olio all'acqua di pomodoro e triglia scottata. Bavette di manzo arrosto con crema di fichi caramellati e burrata. Crema di pandolce con rocce di cioccolato soffiato e gelato allo zabaglione.

Menu 55/65 € – Carta 64/95 €

via Oremo 14 – ℰ 015 61568 (prenotare) – www.ristoranteilpatio.it – Chiuso lunedì e martedì

ⅡО **Il Faggio** 🅿

CUCINA MODERNA · AMBIENTE CLASSICO XX Stile e sobria eleganza contraddistinguono questo ristorante che propone una carta ampia ed equilibrata: la scelta spazia dal pesce alla cucina del territorio.

Menu 50/70 € – Carta 46/84 €

via Oremo 54 – 𝒞 015 61252 (consigliata la prenotazione)
– www.ristoranteilfaggio.it – Chiuso 15 giorni in gennaio, 15 giorni in agosto e lunedì

🏠 **Villa La Vittoria** 🕸 ⇦ ⅃ ♨ 🅿

CASA PADRONALE · ELEGANTE Una grande villa anni '60 allietata da giardino e piscina con acqua salata, all'interno un sorprendente concentrato di lusso e buongusto, mobili antichi e tessuti preziosi. Arricchiscono l'offerta, un salone delle feste, nonché una sala cinema utilizzabile per meeting.

3 cam ⌂ – †101/129 € ††101/129 €

via Benedetto Croce 35 – 𝒞 015 610135 – www.villalavittoria.it – Chiuso 31 gennaio-15 marzo e 2 novembre-2 dicembre

POLVANO Arezzo → Vedere Castiglion Fiorentino

POLVERINA Macerata → Vedere Camerino

POMONTE Livorno → Vedere Elba (Isola d') : Marciana

POMPEI

Napoli – ✉ 80045 – 25 358 ab. – Alt. 14 m – Carta regionale n° **4**-B2
Carta stradale Michelin 564-E25

✸ **President** (Paolo Gramaglia) 🕸 🍴 🅰🅲 🗇 🅿

CUCINA MEDITERRANEA · ELEGANTE XXX Ottimi sono il cibo e l'ospitalità nel locale di una coppia che si prodiga affinchè il cliente sia assolutamente al centro dell'attenzione. La moglie cura sala e vini mentre il marito si dedica al piacere del palato, a cui una cucina campana e stagionale - moderatamente creativa - con rare, ma interessanti riproposizioni degli antichi sapori pompeiani. Solo otto tavoli tra mobili preziosi e uno studio attento delle luci: meglio prenotare!

→ Spaghettoni aglio e olio con sautè di scuncigli veraci, salsa di prezzemolo e anemoni di mare. Assoluto di triglia in salsa di bouillabaisse, agrumi canditi e anice. Il babà secondo tradizione con crema pasticciera e amarena

Menu 58/90 € – Carta 45/72 €

piazza Schettini 12/13 – 𝒞 081 850 7245 (consigliata la prenotazione)
– www.ristorantepresident.it – Chiuso 7-28 gennaio, 13-17 agosto, domenica sera e lunedì

ⅡО **La Bettola del Gusto** 🍴 🅰🅲

CUCINA TRADIZIONALE · FAMILIARE XX Centrale, davanti alla stazione, il nome è fuorviante: siamo in un simpatico e grazioso locale, dove dalla cucina arrivano piatti semplici all'insegna della tipicità campana, completati dalle due vetrine dei pesci e delle carni da cuocere alla griglia.

Menu 27/39 € – Carta 26/53 €

via Sacra 48/50 – 𝒞 081 863 7811 (consigliata la prenotazione)
– www.labettoladelgusto.it – Chiuso lunedì

🏠 **Forum** ✿ ⇦ 🖭 🕭 🅰🅲 ♨ 🅿

TRADIZIONALE · MODERNO Vicino al famoso Santuario e anche all'ingresso agli scavi (lato Anfiteatro), varcato l'ingresso sarà un piacere sentire il silenzio dell'incantevole giardino interno. Man mano che si sale di piano, le camere si fanno di categoria superiore: più costose e con vista sul parco della zona archeologica.

32 cam ⌂ – †70/110 € ††80/180 € – 1 suite

via Roma 99/101 – 𝒞 081 850 1170 – www.hotelforum.it

PONTE A MORIANO Lucca → Vedere Lucca

PONTE ARCHE Trento → Vedere Comano Terme

PONTE DELL'OLIO
Piacenza – ⊠ 29028 – 4 794 ab. – Alt. 216 m – Carta regionale n° **5**-A2
Carta stradale Michelin 561-H10

🕲 **Locanda Cacciatori** ⇔ 🕭 🛱 🖽 🅿

CUCINA EMILIANA · RUSTICO ╳ Oltre 50 anni di esperienza per questa locanda da sempre gestita dalla stessa famiglia. Semplici le quattro sale affacciate sulle colline, dove riscoprire una cucina regionale fatta di gustose paste casalinghe, nonché carni come faraona e anatra al forno, bolliti e costate, ma anche tanti funghi in vari modi. Attenzione, onde evitare di perdersi, impostare il navigatore su Ponte dell'Olio - viale San Bono - poi proseguire per 2,5 Km.

ⓢ Menu 20/40 € – Carta 21/36 €

9 cam ⊡ – ♦40/60 € ♦♦55/100 €

località Mistadello di Castione, Est: 2,5 km – ℰ 0523 877206
– www.locandacacciatori.com – Chiuso 10-30 gennaio e mercoledì

🍽️ **Riva** 🕭 🛱 ᝪ 🖽

CUCINA MODERNA · INTIMO ╳╳ In un piccolo borgo con un affascinante castello merlato, la moglie propone una cucina raffinata, misurato equilibrio di territorio e creatività; ai vini pensa il marito.

Menu 60 € – Carta 41/88 €

via Riva 16, Sud: 2 km – ℰ 0523 875193 (prenotare) – www.ristoranteriva.it – Chiuso 1 settimana in giugno, 1 settimana in settembre, martedì a mezzogiorno e lunedì

PONTEDERA
Pisa – ⊠ 56025 – 29 223 ab. – Alt. 14 m – Carta regionale n° **18**-B2
Carta stradale Michelin 563-L13

🏨 **Armonia** ⊡ ᝪ 🖽 ℅ 🏋 ᐟᐟ

STORICO · PERSONALIZZATO Storico edificio per una proverbiale accoglienza, in città, sin da metà '800; ospiti illustri, atmosfere eleganti, qualità impeccabile e signorile. La maggior parte delle camere rispecchiano lo stile della casa, mentre - all'ultimo piano - ve ne sono otto più recenti e dallo stile moderno.

33 cam ⊡ – ♦90/130 € ♦♦110/150 € – 2 suites

piazza Caduti Div. Acqui, Cefalonia e Corfù 11
– ℰ 0587 278511 – www.hotelarmonia.it – Chiuso 5-25 agosto

PONTE DI BRENTA Padova → Vedere Padova

PONTE DI LEGNO
Brescia – ⊠ 25056 – 1 729 ab. – Alt. 1 257 m – Carta regionale n° **9**-C1
Carta stradale Michelin 561-D13

🍽️ **Kro** ᝪ ℅ ᐧ 🅿

CUCINA REGIONALE · STILE MONTANO ╳╳ Sono molti i punti che colpiscono di questo locale: la cortesia, l'ambiente curato tra legno e pietra, la cucina con piatti del territorio in chiave moderna. Eseguiti per soddisfare vista e palato!

ⓢ Menu 15 € (pranzo in settimana) – Carta 37/71 €

via Tollarini 70/C Località Pontagna di Temù, Est 2,5 km – ℰ 0364 906411
– www.ristorantekro.it – Chiuso 15 maggio-15 giugno, martedì e mercoledì escluso in luglio-agosto

🏨 **Cristallo** ⚐ ᐸ 🕭 ⊡ 🅿

TRADIZIONALE · MODERNO A due passi dal centro storico, e di recente apertura, l'hotel in posizione panoramica verso il gruppo del Castellaccio offre un confort dal concept moderno; gradevole zona benessere con vista.

34 cam – solo ½ P 70/400 €

via Bulfera 7 ⊠ 25056 Ponte di Legno – ℰ 0364 91074 – www.hotelcristallopontedilegno.it
– Aperto 4 dicembre-16 aprile e 15 giugno-20 settembre

PONTE DI NAVA Cuneo → Vedere Ormea

PONTE GRADELLA Ferrara → Vedere Ferrara

PONTELONGO
Padova (PD) – ⊠ 35029 – 3 819 ab. – Alt. 5 m – Carta regionale n° **23**-C3
Carta stradale Michelin 562-G18

✿ **Lazzaro 1915** (Piergiorgio Siviero)　　　🛱 ⴲ 🅐🅒 ᯤ
CUCINA MODERNA · AMBIENTE CLASSICO ✕✕ La sorella - di squisita gentilezza
e preparazione - in sala, il fratello in cucina: siamo in provincia, ma la cucina non
si sottrae a sofisticate elaborazioni. Troverete in prevalenza pesce, accompagnato
da un ventaglio di ingredienti dal tocco a volte esotico.
→ Chitarre di semola con lumache alla birra, acqua di alloro e fasolaro. Capasanta
e midollo di vitello, sedano rapa al latticello e siero di mozzarella. Biscotto morbido alla nocciola e cioccolato, vaniglia, asparagi verdi e lime.
🍴 Menu 25 € (pranzo)/90 € – Carta 45/96 €
via Roma 351 – ℰ 049 977 5072 (consigliata la prenotazione)
– www.lazzaro1915.it – Chiuso 1 settimana in gennaio, 2 settimane in agosto,
lunedì e martedì

PONTE NELLE ALPI
Belluno – ⊠ 32014 – 8 363 ab. – Alt. 397 m – Carta regionale n° **23**-C1
Carta stradale Michelin 562-D18

🏠 **La Locanda alla Stazione**　　　🏠 ⴲ 🅐🅒 ᯤ 🅿
LOCANDA · VINTAGE A più di 100 anni dalla sua apertura, la locanda rinasce a
nuova vita, grazie ad un bel restauro che omaggia gli anni Venti e Trenta nei mobili
che arredano le belle camere e nel ristorante dove si gustano specialità regionali.
6 cam ⌸ – †75/90 € ††75/90 €
viale Stazione 1 – ℰ 0437 989031 – www.lalocandaallastazione.it

PONTENUOVO DI CALENZANO Firenze → Vedere Calenzano

PONTE SAN GIOVANNI Perugia → Vedere Perugia

PONTE SAN MARCO Brescia → Vedere Calcinato

PONTE SAN PIETRO
Bergamo – ⊠ 24036 – 11 478 ab. – Alt. 224 m – Carta regionale n° **10**-C1
Carta stradale Michelin 561-E10

ⵘ **Cucina Cereda**　　　🛱 ⴲ
CUCINA MODERNA · CONTESTO STORICO ✕✕ L'edificio risale al XV secolo e si
inserisce in una corte dal grande fascino storico - con la bella stagione è anche
qui che ci si può accomodare - mentre all'interno sono le belle vetrate piombate
ad attirare l'attenzione dell'ospite, nonché la suggestiva cantina. Menu a prezzo
più contenuto per gli under 30.
Carta 52/76 €
Via Piazzini 33 – ℰ 035 437 1900 (consigliata la prenotazione)
– www.cucinacereda.com – Chiuso 15 giorni in agosto-settembre, sabato a
mezzogiorno e lunedì

PONTIDA
Bergamo – ⊠ 24030 – 3 301 ab. – Alt. 310 m – Carta regionale n° **10**-C1
Carta stradale Michelin 561-E10

🏠 Polisena l'Altro Agriturismo   🏡 🦢 ≤ 🛏 🛖 ⴵ 📼 ⚒ 🅿

FAMILIARE · PERSONALIZZATO Posizione tranquilla e panoramica per questo agriturismo ecosostenibile affiancato alla propria azienda vinicola Tosca; interni in legno e materiali ecologici a sottolineare lo stretto contatto con la natura. Buona attenzione anche alla ristorazione, cui è dedicata una piacevole sala con camino, mentre della cucina se ne occupa il figlio dei titolari.

5 cam – solo ½ P 90/120 €

via Ca' di Maggio 333, località Riviera, Nord: 3 km – 𝒞 035 795841
– www.agriturismopolisena.it – Chiuso 1 settimana in gennaio

PONTINIA

Latina (LT) – ✉ 04014 – 14 920 ab. – Alt. 4 m – Carta regionale n° **07D**-C3
Carta stradale Michelin 563-R21

🍴 **Essenza**   🍽 📼

CUCINA MODERNA · CONTESTO CONTEMPORANEO ✕✕ Simone, giovane chef promettente, dopo il doveroso giro d'esperienza ritorna nel paese natio per aprire il proprio locale; la sala si presenta moderna e quasi elegante, così come moderna è la sua cucina dove risalta un gusto tutto italiano, ma materie prime soprattutto locali. In primis, dal mare.

Menu 30/55 € – Carta 41/59 €

via Leopardi 13 – 𝒞 0773 848935 – www.essenza.co – solo a cena in giugno-settembre
– Chiuso 10 giorni in settembre, domenica sera escluso giugno-settembre e mercoledì

PONTREMOLI

Massa-Carrara – ✉ 54027 – 7 357 ab. – Alt. 236 m – Carta regionale n° **18**-A1
Carta stradale Michelin 563-I11

🏠 **Cà del Moro Resort**   🏡 🦢 ⴱ 🏊 🛖 🖼 📼 ⚒ 🅿

TRADIZIONALE · ACCOGLIENTE Immerso nella campagna lunigianese tra prati, golf 4 buche e campo pratica, delizioso resort con camere accoglienti caratterizzate da qualche accenno in stile country. Ristorante dalle caratteristiche ed intime sale, dove gustare piatti del territorio soprattutto a base di carne; interessante ed articolata la scelta enologica.

24 cam ⚏ – †60/90 € ††100/137 € – 2 suites

località Casa Corvi, Via Giovanni Bellotti 2 – 𝒞 0187 832202
www.cadelmororesort.it – Chiuso 6 gennaio-1° marzo

🏠 **Agriturismo Costa D'Orsola**   🏡 🦢 ≤ 🏊 🍽 🅿

AGRITURISMO · STORICO Camere di buona fattura, ricavate nei caratteristici locali di un antico borgo rurale restaurato con cura. Gestione familiare cortese, atmosfera tranquilla e rilassata. Ristorante suggestivo, con ampi spazi esterni.

14 cam ⚏ – †50/80 € ††90/124 €

località Orsola, Sud-Ovest: 2 km – 𝒞 0187 833332 – www.costadorsola.it – Aperto 1° aprile-31 ottobre

PONZA (Isola di)

Latina – 3 312 ab. – Carta regionale n° **7**-C3
Carta stradale Michelin 563-S18

Ponza – ✉ 04027 – Carta regionale n° **7**-C3

⚘ **Acqua Pazza** (Patrizia Ronca)   🐟 ≤ 🍽 📼 🍴

PESCE E FRUTTI DI MARE · ELEGANTE ✕✕ E' il riferimento gourmet di Ponza: il locale di Luigi Pesce, sito lungo lo splendido proscenio del porto, un anfiteatro sul mare da godersi appieno anche grazie al servizio all'aperto, mentre i piatti cucinati dalla padrona di casa celebrano i prodotti dell'isola – dai crudi all'omonima acqua pazza – con un pizzico di fantasia.

→ Rigatoni con calamaretti spillo e lime. Dentice al forno con pomodorini infornati e pesto di basilico. Bianco mangiare alle mandorle, mango e frutto della passione.

Menu 75 € – Carta 56/115 €

piazza Carlo Pisacane – 𝒞 0771 80643 – www.acquapazza.com – solo a cena
– Aperto 1° marzo-30 novembre

⊪○ Eea ≤ 佘 AC

CUCINA MODERNA · ACCOGLIENTE XX Mediterraneo e dai toni eleganti, il locale di Davide si trova in centro - rialzato e panoramico su mare e porto - ci si accomoda in terrazza o nella sala interna con bel pavimento in marmo di Siena. Dalla cucina il meglio dei sapori locali, proposti in chiave leggermente moderna.

Carta 44/89 €

via Umberto I – ℰ 0771 80100 – www.monadoeea.it – solo a cena escluso aprile-maggio – Aperto inizio aprile-metà ottobre

⊪○ Il Tramonto ≤ 佘

PESCE E FRUTTI DI MARE · ROMANTICO X Un servizio brillante e dinamico, una cucina legata alla tradizione isolana dove regna il pesce ed una meravigliosa vista sull'isola di Palmarola per veder tramontare il sole... direttamente nel vostro bicchiere.

Carta 43/91 €

via campo Inglese, Nord: 4 km – ℰ 0771 808563 – solo a cena – Aperto 1° maggio-30 settembre

🏨 Grand Hotel Santa Domitilla 🏠 🛎 🚲 ⌛ ☎ AC 🛏 🚗

CASA DI CAMPAGNA · MEDITERRANEO In posizione tranquilla seppur vicino al centro, troverete ispirazioni orientali e ceramiche vietresi, ma sono le piscine a rappresentare il clou di un raffinato soggiorno. Cucina isolana in chiave moderna presso il ristorante Al Melograno e, nei week-end di giugno-luglio, si apre la "cruderia" per aperitivi e cene modaiole.

62 cam 🍴 – †80/180 € ††120/270 €

via Panoramica – ℰ 0771 809951 – www.santadomitilla.com – Aperto 1° maggio-1° ottobre

🏠 Piccolo Hotel Luisa 🛎 🚲 AC P

FAMILIARE · MEDITERRANEO In posizione rialzata e tranquilla in una breve salita dal centro, le camere sono arredate con originalità e buon gusto: tra le migliori, quella in cui visse - confinato dal regime fascista - l'ex presidente, Sandro Pertini. Eccellente la colazione in terrazza.

15 cam 🍴 – †30/200 € ††50/220 €

via Chiaia di Luna – ℰ 0771 80128 – www.piccolohotelluisa.it – Aperto 25 marzo-2 novembre

🏠 Bellavista 🏠 🛎 ≤ 🔥 ☎ AC 🛁

FAMILIARE · LOCANDA Arroccato su uno scoglio e cullato dalle onde, l'hotel dispone di camere funzionali e semplici, nonché di un piccolo terrazzo con vista panoramica: qui il ristorante dà il meglio di sè, proponendo sapori mediterranei e regionali.

24 cam – solo ½ P 75/155 €

via Parata 1 – ℰ 0771 80036 – www.hotelbellavistaponza.it – Chiuso 11 dicembre-28 febbraio

PONZANO Firenze → Vedere Barberino Val d'Elsa

PONZANO VENETO

Treviso – ⊠ 31050 – 10 894 ab. – Alt. 28 m – Carta regionale n° **23**-A1
Carta stradale Michelin 562-E18

a Paderno Nord-Ovest : 2 km ⊠ 31050 – Ponzano

🏨 Relais Monaco 🏠 🛎 🚲 ⌛ 🖥 🔘 🏌 ⛲ ☎ 🚲 AC 🛁 🛏 P

RESORT · CLASSICO A breve distanza da Treviso, hotel ricavato in villa storica con l'aggiunta di un'ala nuova. Ottima per un soggiorno di svago (soprattutto estivo) grazie anche alla "Country Spa" di 700 m², la struttura è anche indicata per una clientela business, grazie all'ampio centro congressi. Specialità venete e piatti della tradizione nazionale nell'elegante ristorante La Vigna.

78 cam 🍴 – †70/110 € ††90/140 € – 1 suite

via Postumia 63, Nord: 1 km – ℰ 0422 9641 – www.relaismonaco.it

POPPI

Arezzo – ⊠ 52014 – 6 160 ab. – Alt. 437 m – Carta regionale n° **18**-C1
Carta stradale Michelin 563-K17

ⅼO **L'Antica Cantina**   ⅏ 斎 ᴀᴄ

CUCINA TOSCANA · CONTESTO STORICO ⅩⅩ Lasciata la parte più moderna del
paese a valle, sulla collina è adagiato un incantevole borgo medievale: in un
ambiente suggestivo, sotto antiche volte in mattoni adibite per lungo tempo a
cantina, una cucina moderna non dimentica delle tradizioni.

ⓢ Menu 20/30 € – Carta 41/57 €

*via Lapucci 2 – ℰ 0575 529844 – www.anticacantina.com – Chiuso 1 settimana in
gennaio, lunedì, anche martedì a mezzogiorno in inverno*

**All'atto della prenotazione fatevi precisare il prezzo e la categoria
della camera.**

a **Moggiona** Sud-Ovest : 5 km ⊠ 52014 – Alt. 708 m

☺ **Il Cedro**   ⪇

CUCINA TOSCANA · TRATTORIA Ⅹ Vera cucina casentinese in versione casalinga
- tortelli di patate, coniglio in porchetta, latte alla portoghese e torta di
mele secondo la ricetta della nonna - in una semplice trattoria a pochi chilometri
dal suggestivo convento di Camaldoli.

Carta 22/39 €

*via di Camaldoli 20 – ℰ 0575 556080 (consigliata la prenotazione)
– www.ristoranteilcedro.com – Chiuso lunedì escluso 15 luglio-15 settembre*

⌂ **I Tre Baroni**   ⅏ ⅍ ⪇ ⬅ ⅂ ⑯ 🅿

CASA DI CAMPAGNA · PERSONALIZZATO Lungo la strada per Camaldoli, un
piccolo gioiello di ospitalità ricavato da un antico fienile, con terrazza panoramica, un'originale piscina a sfioro e piccola spa (eventualmente affittabile per
coppie). La tranquillità regna sovrana!

24 cam ⌿ – †60/85 € ††75/95 €

*via di Camaldoli 52 – ℰ 0575 556204 – www.itrebaroni.it
– Aperto 3 dicembre-9 gennaio e 26 marzo-1° novembre*

POPULONIA Livorno → Vedere Piombino

PORDENONE

(PN) – ⊠ 33170 – 51 229 ab. – Alt. 24 m – Carta regionale n° **6**-B3
Carta stradale Michelin 562-E20

☺ **La Ferrata**   ᴀᴄ

CUCINA FRIULANA · VINTAGE Ⅹ Foto di locomotive, pentole e coperchi di rame
arredano le pareti di questa osteria accogliente e conviviale. Dalla cucina,
porzioni generose con sapori della tradizione locale, tra cui i cjalzòns ripieni di
patate, bieta e pancetta, serviti con burro fuso e papavero.

Carta 24/46 €

*via Gorizia 7 – ℰ 0434 20562 – www.osterialaferrata.it – solo a cena
– Chiuso 1° luglio-20 agosto e martedì*

⌂ **Palace Hotel Moderno**   ⅏ ⑯ Ⅼ⑤ ⌑ ⅋ ᴀᴄ ⅍ ⬲

TRADIZIONALE · CLASSICO Centralissimo, proprio accanto al teatro Verdi, gradevoli sale arredate con gusto ed ampie camere in linea con lo stile della struttura. Brillano per originalità le due *design suite*, La Dolce Vita in particolare.

91 cam ⌿ – †95/125 € ††150/170 € – 5 suites

viale Martelli 1 – ℰ 0434 28215 – www.palacehotelmoderno.it

PORLEZZA

Como (CO) – ⊠ 22018 – 4 890 ab. – Alt. 275 m – Carta regionale n° **9**-A2
Carta stradale Michelin 561-D9

⑪○ Acquada   🛋 ㊥ 🅰️

CUCINA MODERNA · ACCOGLIENTE XX In dialetto comasco "acquada" è l'acquazzone che ci coglie impreparati per strada... un po' come l'abilità della giovane e talentuosa chef, Sara, che sorprende l'ospite con le sue proposte culinarie moderne ed originali.

Menu 80/110 € – Carta 44/95 €

piazza Giovanni e Giacomo da Porlezza – ℰ 0344 72305 (consigliata la prenotazione) – www.acquada.com – Chiuso 16-23 novembre, domenica sera e lunedì

⑪○ La Masseria   🛋 ㊥ 🅰️ 🍴

CUCINA REGIONALE · CONTESTO CONTEMPORANEO XX Un bel ristorante nel senso più ampio del termine, complice anche la suggestiva terrazza esterna con vista lago... I piatti spaziano dal classico al mediterraneo con alcune elaborazioni più semplici per soste veloci.

Carta 41/72 €

Hotel Parco San Marco Lifestyle Beach Resort, località Cinì 21, Cima di Porlezza, Sud: 2 Km – ℰ 0344 629131 – www.la-masseria.eu – solo a cena – Chiuso 2 gennaio-10 aprile

🏨 Parco San Marco Lifestyle Beach Resort   🌳 🍸 ⟨ 🛎 ⌿ 🖼

LUSSO · MEDITERRANEO Struttura in stile   🔟 🍸 🛋 🍴 ⟨ ☰ ㊥ 🅰️ 🏋️ 🚗
svizzero-tedesco suddivisa in diversi edifici digradanti sul lago: moderne suite con angolo cottura ed una panoplia di attività, nonché spazi, dedicati ai bambini. Nell'ambiente rustico della bicentenaria cantina a volta o sulla splendida terrazza del ristorante La Masseria, cucina contemporanea ed un'interessante proposta di carni alla griglia.

70 suites ⊊ – ♦♦165/455 € – 10 cam

viale Privato San Marco 1, località Cima, Sud: 2 km – ℰ 0344 629111
– www.parco-san-marco.com – Chiuso 2 gennaio-10 aprile

⑪○ **La Masseria** – Vedere selezione ristoranti

🏠 Mulinum   🦢 ☰ ㊥ 🅰️ 🅿️

LOCANDA · TRADIZIONALE La ristrutturazione ha valorizzando gli elementi storici dell'antico mulino ad acqua del 1800, mentre la sua posizione immersa nel verde a fianco del fiume Cuccio rende questo luogo un ideale rifugio dallo stress della vita quotidiana. La passione di una simpatica, nonché accogliente titolare, e le graziose camere dai soffitti in legno faranno il resto.

9 cam ⊊ – ♦65/75 € ♦♦85/95 €

via Venini 2 – ℰ 0344 61341 – www.ilmulinum.it – Aperto 1° aprile-31 ottobre

PORRETTA TERME

Bologna (BO) – ⊠ 40046 – Porretta Terme – 4 764 ab. – Alt. 349 m
– Carta regionale n° **5**-C2
Carta stradale Michelin 562-J14

🏨 Santoli   🌳 ☰ 🔟 🍸 ㊥ 🍴 🏋️ 🚗

FAMILIARE · ACCOGLIENTE Adiacente alle rinnovate Terme, un albergo a gestione diretta che richiama nei colori e nelle linee gli anni '70, ma arricchito da un'accogliente spa. La cura verso gli ospiti è espressa in molte piccole attenzioni, tanto più apprezzabili se si considerano i prezzi competitivi. Segnaliamo anche il ristorante, "Il Bassotto": sempre un buon indirizzo mangereccio!

48 cam ⊊ – ♦50/80 € ♦♦75/110 €

via Roma 3 – ℰ 0534 23206 – www.hotelsantoli.com – Chiuso 20-26 dicembre

PORTESE Brescia → Vedere San Felice del Benaco

PORTICELLO Sicilia Palermo → Vedere Santa Flavia

PORTO AZZURRO Livorno → Vedere Elba (Isola d')

PORTO CERVO Sardegna Olbia-Tempio → Vedere Arzachena : Costa Smeralda

PORTO CONTE Sardegna Sassari → Vedere Alghero

PORTO EMPEDOCLE Sicilia

Agrigento (AG) – ✉ 92014 – 17 044 ab. – Alt. 2 m – Carta regionale n° **17**-B2
Carta stradale Michelin 365-AQ60

🏠 **Villa Romana**

TRADIZIONALE • CLASSICO Hotel fronte mare nella zona dei lidi: ambienti signorili, originale piscina a forma di pentagono, camere ampie ed eleganti (molte con terrazzo). Mare e terra nel menu del ristorante.

43 cam ⌂ – †80/140 € ††80/240 €

lungomare Nettuno 1 – ℰ 0922 535319 – www.hotelvillaromana.com

PORTO ERCOLE

Grosseto (GR) – ✉ 58018 – Carta regionale n° **18**-C3
Carta stradale Michelin 563-O15

🏨 **Argentario Golf Resort & Spa**

LUSSO • PERSONALIZZATO Campo da golf e hotel di 🔲 & 🆔 🆂 🚗 lusso accomunati da un unico concept: il design personalizzato. All'interno dominano il bianco e il nero; fuori, il verde della natura.

73 cam ⌂ – †281/490 € ††336/556 € – 7 suites

via Acquedotto Leopoldino – ℰ 0564 810292 – www.argentariogolfresortspa.it

sulla strada Panoramica Sud-Ovest : 4,5 km

✿ **Il Pellicano**

CUCINA CREATIVA • LUSSO XxxX All'interno dell'omonimo e leggendario hotel, Il Pellicano è uno degli indirizzi più romantici d'Italia in virtù di una spettacolare terrazza sul mare, dell'essenza di piante aromatiche, nonché delle proposte gastronomiche di un famoso chef ritornato alla "base" dopo importanti esperienze presso altre tavole stellate. In questo brillante contesto, la cucina di Michelino è sostanzialmente italiana con qualche suggestione internazionale.

→ Risotto, granseola del Tirreno, emulsione al frutto della passione e burro al nasturzio. Scottona, burrata, indivia belga e pane toscano. Yogurt, composta di mirtilli al finocchietto, sorbetto al mango e peperoncino.

Menu 160 € – Carta 92/175 €

*Hotel il Pellicano, località Lo Sbarcatello ✉ 58018 – ℰ 0564 858111 (consigliata la prenotazione) – www.pellicanohotel.com – solo a cena
– Aperto 12 aprile-21 ottobre*

🏨 **Il Pellicano**

GRAN LUSSO • PERSONALIZZATO Nato come inno all'amore di una coppia anglo-americana che qui volle creare il proprio nido, in uno dei punti più esclusivi della Penisola, villini indipendenti tra verde e ulivi. La spiaggia-piattaforma incastonata fra le rocce è raggiungibile grazie ad una romantica discesa o - in alternativa - con l'ascensore.

39 cam ⌂ – †670/3000 € ††670/3000 € – 11 suites

*località Lo Sbarcatello ✉ 58018 – ℰ 0564 858111 – www.pellicanohotel.com
– Aperto 12 aprile-21 ottobre*

✿ **Il Pellicano** – Vedere selezione ristoranti

PORTOFERRAIO Livorno ➜ Vedere Elba (Isola d')

PORTOFINO

Genova – ✉ 16034 – 420 ab. – Carta regionale n° **8**-C2
Carta stradale Michelin 561-J9

🏨🏨🏨🏨 Belmond Hotel Splendido ✿ ♨ ⬚ 📶 ♨ 🐾 ⚘ ⚒ ⊡ 🅰🅲 ⚙ 🚗

GRAN LUSSO · MEDITERRANEO Nella magnifica cornice del Golfo del Tigullio, questo esclusivo resort si propone come un microcosmo di eleganza e raffinatezza. Confort di ottimo livello e cura del dettaglio nelle lussuose camere, la maggior parte delle quali dotate di balcone o terrazza con vista sulla baia. Piatti di ligure memoria al ristorante.

55 cam ♨ – ♦630/770 € ♦♦1265/1680 € – 15 suites
salita Baratta 16 – ☎ *0185 267801 – www.belmond.com*
– Aperto 1° aprile-30 novembre

🏨🏨🏨 Belmond Splendido Mare ✿ ⊡ 🅰🅲

GRAN LUSSO · LUNGOMARE Posizionato proprio sulla nota piazzetta di questa capitale della mondanità, un gioiellino dell'hôtellerie locale: pieno confort e comoda eleganza.

14 cam ♨ – ♦583/759 € ♦♦781/935 € – 2 suites
via Roma 2 – ☎ *0185 267802 – www.belmond.com – Aperto 1° aprile-1° novembre*

PORTO GARIBALDI Ferrara ➜ Vedere Comacchio

PORTOMAGGIORE

Ferrara – ✉ 44015 – 11 841 ab. – Alt. 3 m – Carta regionale n° **5**-C2
Carta stradale Michelin 562-H17

a Quartière Nord-Ovest : 4,5 km ✉ 44019

🍴 La Chiocciola ⚘ ⇦ ♨ 🏠 & 🅰🅲 🅿

CUCINA REGIONALE · FAMILIARE ✕✕ Ricavato con originalità da un vecchio magazzino di deposito del grano, il locale offre una carta con specialità locali che vanno dall'oca, alle rane, ma anche alle lumache; il mare - a circa 50 km - arriva anche in tavola (da provare l'anguilla). Sobrie e funzionali le camere.

Menu 50 € – Carta 38/73 €
6 cam ♨ – ♦50/60 € ♦♦65/75 €
via Runco 94/F – ☎ *0532 329151 – www.locandalachiocciola.it – Chiuso
2 settimane in gennaio, 2 settimane in giugno, 2 settimane in settembre,
domenica sera e lunedì, anche domenica a mezzogiorno in luglio-agosto*

PORTO MANTOVANO Mantova ➜ Vedere Mantova

PORTO MAURIZIO Imperia ➜ Vedere Imperia

PORTONOVO Ancona ➜ Vedere Ancona

PORTO RECANATI

Macerata – ✉ 62017 – 12 531 ab. – Carta regionale n° **11**-D2
Carta stradale Michelin 563-L22

sulla strada per Numana Nord : 4 km

🍴 Il Tiglio in Vita 🏠 & 🅰🅲

CUCINA CREATIVA · ELEGANTE ✕✕ Il Tiglio ha ripreso a vivere, evviva! Sul bel lungomare di Porto Recanati porta con sé le storiche ricette che gli hanno regalato tanta fama, integrandole con specialità di pesce ricche di fantasia e gusto.

Menu 45/65 € – Carta 50/64 €
lungomare Scarfiotti 45 – ☎ *071 979 8839 – solo a cena escluso venerdì, sabato e
domenica in giugno-settembre – Chiuso lunedì e martedì in ottobre-maggio*

ⅠⅠ◯ **Dario** 🛋 AC ⅌ ↔ P

PESCE E FRUTTI DI MARE • STILE MEDITERRANEO ✕✕ Sulla spiaggia, a poche centinaia di metri dai monti del Conero, una graziosa casetta con persiane rosse: il pesce dell'Adriatico e una gestione ormai quarantennale.

Carta 47/84 €

via Scossicci 9 ⊠ 62017 – 𝒞 071 976675 (prenotazione obbligatoria a mezzogiorno) – www.ristorantedario.com – Chiuso 24 dicembre-26 gennaio e lunedì; anche la domenica sera escluso luglio-agosto

PORTO ROTONDO Sardegna Olbia-Tempio ➜ Vedere Olbia

PORTO SAN GIORGIO

Fermo – ⊠ 63822 – 16 121 ab. – Carta regionale n° **11**-D2
Carta stradale Michelin 563-M23

ⅠⅠ◯ **L'Arcade** 🥢 AC

CUCINA CREATIVA • CONTESTO CONTEMPORANEO ✕✕✕ E' nelle due intime ed eleganti salette di contemporanea atmosfera che il giovane chef-patron intrattiene i suoi ospiti con un cucina creativa per divertirsi con loro in percorsi gustativi.

Menu 37/100 € – Carta 30/70 €

via Giordano Bruno 76 – 𝒞 0734 675961 (coperti limitati, prenotare) – www.ristorantelarcade.it – Chiuso 24-29 dicembre, 7-21 gennaio, 15-30 maggio, mercoledì, giovedì a mezzogiorno e domenica sera

ⅠⅠ◯ **Damiani e Rossi Mare** 🛋

PESCE E FRUTTI DI MARE • STILE MEDITERRANEO ✕✕ Posizionato proprio sulla spiaggia, la cucina s'ispira al mare, sebbene non manchino alcune specialità vegetariane, piatti per celiaci, nonché una vasta scelta di vini del territorio e non solo.

🍜 Menu 25/60 € – Carta 35/67 €

lungomare Gramsci centro – 𝒞 0734 674401 – www.damianierossi.it – Chiuso 10 gennaio-10 marzo e lunedì

ⅠⅠ◯ **Tentacolo** 🛋

PESCE E FRUTTI DI MARE • ELEGANTE ✕✕ Attinge al mare la cucina di questo elegante e personalizzato locale sulla passeggiata della località: luminoso ed accogliente, le sue terrazze offrono scorci di Adriatico.

Menu 35/55 € – Carta 38/80 €

lungomare Gramsci 57 – 𝒞 0734 673553 – www.ristorantetentacolo.it – solo a cena nel periodo invernale escluso sabato e domenica – Chiuso lunedì a mezzogiorno nel periodo estivo; tutto il giorno negli altri mesi

🏨 **Il Caminetto** 🥢 ≼ 🔑 🔁 AC 🛀 🚐

TRADIZIONALE • LUNGOMARE Frontemare, l'esercizio è adatto per un soggiorno balneare ma anche per una clientela commerciale ed è dotato di un ascensore panoramico in vetro che conduce alle camere. Presso la capiente sala da pranzo arredata nelle calde tinte del rosa e dell'arancione, proposte di stampo nazionale e specialità ittiche.

34 cam ⌕ – †50/80 € ††90/160 €

lungomare Gramsci 365 – 𝒞 0734 675558 – www.hotelcaminetto.it

PORTO SAN PAOLO Sardegna

Olbia-Tempio – ⊠ 07020 – Vaccileddi – Carta regionale n° **16**-B1
Carta stradale Michelin 366-S38

ⅠⅠ◯ **Il Portolano** ≼ 🛋 ㅎ

PESCE E FRUTTI DI MARE • FAMILIARE ✕✕ Proprio sul lungomare di fronte all'isola di Tavolara, un semplice ristorante gestito da una coppia di grande esperienza affiancata da un bravo cuoco che esalta il miglior pesce della zona, soprattutto del mercato di Siniscola. In estate è caldamente consigliata la prenotazione!

Carta 42/90 €

via Molara 11 – 𝒞 0789 40670 (consigliata la prenotazione) – www.ristoranteilportolano.it – Aperto 12 aprile-2 novembre

PORTO SAN PAOLO

a Costa Dorata Sud-Est : 1,5 km ⌷ 07020 – Vac-Vacci-leddi

🏠 Don Diego ⛲ 🐾 ⪦ 🛏 🍴 🎰 🍽 🔑 🆔 🅿

LUSSO · MEDITERRANEO Complesso di villini disseminati nel verde dagli arredi semplici e richiami sardi nei tessuti ed arredi, alcune camere con vista mare. La spiaggia è una romantica baia di fronte alla Tavolara.

52 cam ⌂ – ♦150/266 € ♦♦200/355 € – 6 suites

località costa Dorata – ℰ 0789 40006 – www.hoteldondiego.com – Aperto 11 maggio-5 ottobre

PORTO SANTA MARGHERITA Venezia ➜ Vedere Caorle

PORTO SANTO STEFANO

Grosseto (GR) – ⌷ 58019 – Carta regionale n° **18**-C3
Carta stradale Michelin 563-O15

a Santa Liberata Est : 4 km ⌷ 58019

🍴 Gourmet con Gusto ⪦ 🍴 🆔 🅿

CUCINA CREATIVA · ELEGANTE ✗✗✗ Nella veranda affacciata sul mare - sospesi nell'azzurro - o nella sala interna comunque con ampie vetrate, piatti creativi e colorati preparati da uno chef nativo della zona, ma arricchitosi con numerose e significative esperienze in giro per l'Italia. Prodotti del territorio uniti ad altri più internazionali, materie prime povere, ma non per questo meno accattivanti, insomma: una cucina davvero gustosa!

Menu 45/100 € – Carta 59/86 €

Hotel Villa Domizia, strada provinciale 161, 40 – ℰ 0564 812735 – www.gourmetcongusto.com – solo a cena – Aperto 1° marzo-31 ottobre

🏠 Villa Domizia ⛲ ⪦ 🛏 🍴 🍽 🆔 🅿

FAMILIARE · ACCOGLIENTE In posizione incantevole bagnata dallo stupendo mare di Porto Santo Stefano, sul Monte Argentario, Villa Domizia è il luogo ideale per rilassarsi sulla terrazza, il giardino o la spiaggia privata. Alcune camere in tempi recenti sono state oggetto di restyling.

32 cam ⌂ – ♦160/430 € ♦♦160/600 €

Strada Provinciale 161,40 – ℰ 0564 812735 – www.villadomizia.it – Aperto 1° marzo-30 ottobre

🍴 **Gourmet con Gusto** – Vedere selezione ristoranti

a Cala Piccola Sud-Ovest : 10 km ⌷ 58019 – Porto Santo Stefano

🏠 Torre di Cala Piccola ⛲ 🐾 ⪦ 🛏 🍴 🍽 🆔 🅿

LUSSO · PERSONALIZZATO Attorno ad una torre spagnola del '500, nucleo di rustici villini nel verde di pini marittimi, oleandri e olivi su un promontorio panoramico: Giglio, Giannutri e Montecristo davanti a voi! Splendida anche la terrazza ristorante, dove si svolge il servizio estivo.

50 cam ⌂ – ♦120/999 € ♦♦180/999 € – 3 suites

– ℰ 0564 825111 – www.torredicalapiccola.com – Aperto 1° aprile-31 ottobre

PORTOSCUSO Sardegna

Carbonia-Iglesias (CI) – ⌷ 09010 – 5 188 ab. – Carta regionale n° **16**-A3
Carta stradale Michelin 566-J7

🍴 Sa Musciara 🍽 🆔

PESCE E FRUTTI DI MARE · AMBIENTE CLASSICO ✗✗ Locale moderno e fresco, sito proprio nel porto turistico e adiacente al municipio cittadino, dalle cui finestre si vede il mare... ed è proprio da qui che la materia prima "sbarca" in tavola, elaborata dallo chef/patron, nonché velista.

Carta 34/64 €

lungomare C. Colombo 15 ⌷ 09010 Portoscuso – ℰ 0781 507099 – www.ristorantesamusciara.it – Chiuso 24-31 dicembre, domenica sera dal 1° ottobre al 31 maggio, anche domenica a mezzogiorno in luglio-agosto

PORTO TORRES **Sardegna**

Sassari (SS) – ⊠ 07046 – 22 313 ab. – Alt. 5 m – Carta regionale n° **16**-A1
Carta stradale Michelin 366-L38

sulla strada statale 131 Sud-Est : 3 km

🏵 **Li Lioni**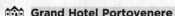

CUCINA SARDA · CONVIVIALE ✕ Ristorante a gestione familiare dove gustare una buona e fragrante cucina casalinga realizzata a vista: piatti alla brace e specialità regionali.

Carta 35/47 €

regione Li Lioni ⊠ 07046 – ℰ 079 502286 (consigliata la prenotazione)
– www.tenutalilioni.it – Chiuso mercoledì, anche domenica sera in inverno

PORTOVENERE

La Spezia – ⊠ 19025 – 3 630 ab. – Carta regionale n° **8**-D2
Carta stradale Michelin 561-J11

🏨 **Grand Hotel Portovenere**

LUSSO · CLASSICO Ricavata all'interno di un monastero del 1300, una seducente finestra sul variopinto porticciolo di Portovenere, mentre molte camere offrono una vista da cartolina sul pittoresco paese. Il ristorante Palmaria offre anche un delizioso servizio in terrazza.

48 cam ☑ – †190/400 € ††240/850 €

via Garibaldi 5 – ℰ 0187 777751 – www.portoveneregrand.com – Aperto
16 marzo-5 novembre

CI PIACE...

La prima colazione sulla terrazza di **Villa Rosa**: il buon giorno si vede dal mattino! La singolare architettura dell'hotel **Le Agavi**... cielo e mare in un abbraccio. **Al Palazzo**, il romanticismo di una cena nel suo giardino botanico. Le dimensioni del **Reginella**: quando "piccolo è bello".

POSITANO

(SA) – ✉ 84017 – 3 955 ab. – Carta regionale n° **4**-B2
Carta stradale Michelin 564-F25

Ristoranti

❄ **Zass**   🕸 ≤ 😋 🛇 🅿

CUCINA MODERNA · LUSSO ⅩⅩⅩⅩⅩ La forza dei colori e dei sapori del Mediterraneo si esaltano nello splendido ristorante del mitico hotel San Pietro, dove la cucina campana si veste di una leggera nota creativa. Il sogno diventa realtà grazie alla terrazza affacciata sul mare e sulla costa con tutti i suoi gioielli.

→ Ruote di pasta cacio e pepe con palamita affumicata. Pesce San Pietro in crosta di limone con purea di patate allo yogurt di bufala. Millefoglie croccante con crema alla vaniglia, lamponi e sorbetto al rabarbaro.

Menu 130 € – Carta 77/133 €

Hotel San Pietro, via Laurito 2, Est: 2 km
– 𝒞 089 875455 (consigliata la prenotazione)
– www.ilsanpietro.it
– Aperto 6 aprile-27 ottobre

❄ **La Sponda**   🕸 😋 😋 🛇 🅿

CUCINA MEDITERRANEA · LUSSO ⅩⅩⅩ Elegante sala all'interno di uno degli alberghi più prestigiosi della costa, ma appena il tempo lo permette ci si trasferisce in terrazza, affacciati sulla cascata di case di Positano. In ogni caso l'atmosfera sarà sempre impreziosita da centinaia di candele! La cucina vi invita alla scoperta dei sapori del sud.

→ Spaghettoni di Gragnano al ragù di baccalà e pomodorino. Astice blu confit con burrata di bufala, verza affumicata e marinata. Soufflè al limone e il suo sorbetto.

Menu 100/130 € – Carta 96/179 €

Hotel Le Sirenuse, via Colombo 30
– 𝒞 089 875066 (consigliata la prenotazione)
– www.sirenuse.it
– solo a cena – Aperto 6 aprile-27 ottobre

ⵛ La Serra ⟨ 🛋 AK ⟨ P

CUCINA MODERNA · ELEGANTE XxX Il panoramico ristorante di questo bell'hotel indossa un nuovo abito "gourmet"! Rinnovata la sala in stile elegante-mediterraneo, ai fornelli c'è ora un giovane chef artefice di una cucina moderna e creativa, preparata - spesso - con prodotti del territorio.

→ Riso carnaroli al bergamotto, ricciola, capperi e liquirizia. Involtino di rana pescatrice con crostacei, ristretto di paranza, puntarelle e taccole. In riva al mare...

Menu 110/140 € – Carta 87/168 €

Hotel Le Agavi, via Marconi 127, località Belvedere Fornillo – ℰ 089 811980 (consigliata la prenotazione) – www.agavi.it – solo a cena – Aperto 17 aprile-20 ottobre; chiuso lunedì

ⅱ○ Al Palazzo 🛋 🚪 🛋

CUCINA MODERNA · ROMANTICO XxX Prelibati piatti - sia di mare sia di terra - da assaporare all'aperto in un piccolo angolo di paradiso, un incantevole giardino botanico con piscina nella corte del palazzo o, all'interno, in piccole ed eleganti salette. A pranzo, si propone una formula più veloce e leggera sia nel servizio che nell'offerta gastronomica.

Menu 100 € (cena)/160 € – Carta 52/117 € – carta semplice a pranzo

Hotel Palazzo Murat, via Dei Mulini 23/25 – ℰ 089 875177 – www.palazzomurat.it – Aperto 30 marzo-3 novembre

ⅱ○ Rada 🛋 ⟨ 🛋

CUCINA MODERNA · CHIC XxX Ancora più bello ed elegante dopo il rinnovo, questo incantevole locale sito sul mare della Spiaggia Grande dispone di sale con vista su Praiano e Positano: è qui che lo chef propone i sapori del territorio reinterpretandoli in chiave moderna. La terrazza panoramica ospita, invece, il mondano lounge bar Fly, mentre al piano terra si trova la storica discoteca. Suggestiva cantina scavata nella roccia.

Carta 76/134 €

via Grotte dell'Incanto 51 – ℰ 089 875874 (consigliata la prenotazione) – www.radapositano.it – solo a cena – Aperto inizio aprile-fine ottobre

ⅱ○ Li Galli ⟨ 🛋 AK ⟨

CUCINA MODERNA · DI TENDENZA XxX All'interno del Villa Franca, il ristorante condivide il buon gusto glamour e raffinato dell'albergo. Si cena in una veranda affacciata sul mare e gli isolotti Li Galli, che si apre d'estate sotto il cielo. Cucina mediterranea, talvolta creativa e sorprendente, di ottimo livello.

Menu 90/160 € – Carta 77/175 €

Hotel Villa Franca, viale Pasitea 318 – ℰ 089 875655 – www.villafrancahotel.it – solo a cena – Aperto 1° aprile-4 novembre

ⅱ○ La Taverna del Leone ⟨ 🛋 AK

CUCINA CLASSICA · AMBIENTE CLASSICO XX Sulla costiera in posizione decentrata, ma con servizio navetta, la cucina attinge al territorio, mentre l'ambiente punta sui toni della classicità. A cena, possibilità anche di pizza.

Menu 35/60 € – Carta 38/73 €

4 cam ⛉ – †40/70 € ††70/100 €

via Laurito 43, Est: 2,5 km – ℰ 089 811302 – www.latavernadelleone.com – Chiuso 7 gennaio-13 febbraio e martedì escluso agosto

ⅱ○ Next2 🛋 🛋

PESCE E FRUTTI DI MARE · ACCOGLIENTE XX Lungo la strada che attraversa il paese, è un susseguirsi di vari locali, ma noi vi suggeriamo di fermarvi qui: in questo moderno ristorante (piacevole anche per il dopocena) con una bella zona all'aperto, cucina a vista e saletta "enoteca" per un ambiente più informale. Specialità di mare.

Carta 61/105 €

via Pasitea 242 – ℰ 089 812 3516 – www.next2.it – solo a cena – Aperto 15 aprile-31 ottobre

⑪○ Buca di Bacco   ⪡ 🛋 AC 🍴

PESCE E FRUTTI DI MARE · CONTESTO REGIONALE ⅄ Piatti campani ed un trionfo di pesce per questo storico locale che ha più di un secolo di vita. Passando nella via, gettate l'occhio - attraverso la grande vetrata – sulla cucina, ed accomodatevi nella veranda affacciata sulla Spiaggia Grande: uno dei punti più animati della "città romantica".

Carta 39/96 €

Hotel Buca di Bacco, via rampa Teglia 4 – ℰ 089 875699 – www.bucadibacco.it – Aperto 1° aprile-30 ottobre

⑪○ Da Vincenzo   🛋 AC

CUCINA REGIONALE · RUSTICO ⅄ Nonno Vincenzo fondò il locale oltre 50 anni fa ed, oggi, l'omonimo nipote ne ha preso il timone. Inconfondibile impronta dei sapori di una volta nei piatti del menu, che variano a seconda della disponibilità del mercato e del pescato.

Carta 40/92 €

viale Pasitea 172/178 – ℰ 089 875128 – www.davincenzo.it – Aperto 14 aprile-10 novembre; chiuso martedì a mezzogiorno

Alberghi

🏨🏨🏨 San Pietro   🏡 🦵 ⪡ 🍴 🐾 🛁 🍽 🔑 🔲 AC 🍴 🅿

GRAN LUSSO · MEDITERRANEO E' stato definito uno degli alberghi più belli del mondo. Dalle terrazze si tocca il cielo con un dito, mentre scendendo a mare la colonna sonora è il fragore delle onde: in spiaggia o al ristorantino diurno. Invisibile all'esterno, si snoda in un promontorio affacciato su Positano con cui sembra rivaleggiare in bellezza.

30 cam ⌂ – ♦450/950 € ♦♦620/1590 € – 26 suites

via Laurito 2, Est: 2 km – ℰ 089 812080 – www.ilsanpietro.it – Aperto 6 aprile-27 ottobre

🌼 **Zass** – Vedere selezione ristoranti

🏨🏨🏨 Le Sirenuse   🏡 🦵 ⪡ 🛎 🦵 🌐 🐾 🛁 🔑 AC 🍴 🅿

LUSSO · PERSONALIZZATO Nel centro della località, un'antica dimora patrizia trasformata in raffinato e storico hotel negli anni '50: lo charme è realmente ovunque, dalle splendide camere ricche di decori e impreziosite da un panorama realmente a portata di occhio e di mano. Due terrazze estive per finger-food, sushi e tante bollicine all'*Oyster e Champagne bar*.

56 cam ⌂ – ♦580/2100 € ♦♦580/2100 € – 2 suites

via Colombo 30 – ℰ 089 875066 – www.sirenuse.it – Aperto 6 aprile-27 ottobre

🌼 **La Sponda** – Vedere selezione ristoranti

🏨🏨🏨 Covo dei Saraceni   🏡 ⪡ 🦵 🔑 AC 🍴

LUSSO · LUNGOMARE Un'antica casa di pescatori, al limitar del mare, legata alla saga saracena: oggi, elegante hotel con angoli signorili e ottimo servizio. All'ultimo piano, la terrazza con piscina che ora propone anche pochi tavoli dove poter mangiare rilassandosi davanti ad uno strepitoso panorama. Piatti semplici e pizza anche alla Brasserie, vicino alla spiaggia.

66 cam ⌂ – ♦400/520 € ♦♦420/580 €

via Regina Giovanna 5 – ℰ 089 875400 – www.covodeisaraceni.it – Aperto 1° aprile-4 novembre

🏨🏨🏨 Le Agavi   🏡 🦵 ⪡ 🦵 🔑 AC 🍴 🧖 🅿

LUSSO · MEDITERRANEO Poco fuori Positano, lungo la Costiera, una serie di terrazze digradanti sino al mare offrono una vista mozzafiato; si scende con ascensori e funicolare in una riuscita sintesi tra elegante confort e natura. Buona anche la scelta per la ristorazione che prevede un ristorante sulla spiaggia - Remmese - con servizio di taxi boat gratuito dal porticciolo della località.

48 cam ⌂ – ♦400/1000 € ♦♦420/1050 € – 6 suites

via Marconi 127, località Belvedere Fornillo – ℰ 089 875733 – www.agavi.it – Aperto 17 aprile-20 ottobre

🌼 **La Serra** – Vedere selezione ristoranti

🏨 Palazzo Murat

STORICO · ROMANTICO Barocco napoletano in questo bel palazzo dotato di splendida terrazza-giardino, scelto da Murat quale dimora estiva. Le camere sono in due edifici: le più romantiche sono nella casa più antica. Charme tra gli scorci nel cuore del suggestivo borgo e camere incantevoli.

33 cam ☑ - †200/550 € ††240/720 € - 2 suites

via dei Mulini 23 - ℰ 089 875177 - www.palazzomurat.it - Aperto 30 marzo-3 novembre

🍴 **Al Palazzo** - Vedere selezione ristoranti

🏨 Buca di Bacco

TRADIZIONALE · LUNGOMARE Da un'originaria taverna - sorta ai primi del '900 come covo di artisti - un hotel creato da tre corpi collegati, estesi dalla piazzetta alla spiaggia. Il buon livello di confort non risparmia le camere.

46 cam ☑ - †300/700 € ††300/700 €

via rampa Teglia 4 - ℰ 089 875699 - www.bucadibacco.it - Aperto 1°aprile-30 ottobre

🍴 **Buca di Bacco** - Vedere selezione ristoranti

🏨 Eden Roc

TRADIZIONALE · CLASSICO Uno dei primi alberghi che si incontrano provenendo da Amalfi. Il servizio è di buon livello e le camere, quasi tutte junior-suite, brillano per dimensioni, raffinatezza e confort. Pasti al ristorante o sulla terrazza con piscina e vista sulla costa.

25 cam ☑ - †150/555 € ††180/980 €

via G. Marconi 110 - ℰ 089 875844 - www.edenroc.it - Aperto 1° marzo-30 novembre

🏨 Poseidon

TRADIZIONALE · MEDITERRANEO Tipicamente mediterranea questa casa anni Cinquanta, sorta come abitazione e successivamente trasformata in hotel, dispone di un'ampia e panoramica terrazza-giardino con piscina, dove meteo permettendo (quasi sempre quindi!) si serve la buona cucina del ristorante Tridente.

46 cam ☑ - †300/1000 € ††300/1000 € - 4 suites

via Pasitea 148 - ℰ 089 811111 - www.hotelposeidonpositano.it
- Aperto 18 aprile-30 ottobre

🏨 Villa Franca

BOUTIQUE HOTEL · DI TENDENZA Nella parte alta della località, tripudio di bianco, blu e giallo, di luce che penetra ovunque: un'ambientazione molto elegante, ma con una piacevole sferzata di design e appeal modaiolo. Sulla terrazza con piscina e ristorantino Grill, la vista mozzafiato abbraccia a 360° Positano e dintorni.

44 cam ☑ - †615/870 € ††615/870 € - 4 suites

viale Pasitea 318 - ℰ 089 875655 - www.villafrancahotel.it
- Aperto 26 marzo-11 novembre

🍴 **Li Galli** - Vedere selezione ristoranti

🏨 Punta Regina

BOUTIQUE HOTEL · PERSONALIZZATO Delizioso albergo che si propone con signorili ambienti e ampie camere arredate con gusto (alcune dotate di jacuzzi!). In terrazza, una piacevole piscina relax per rinfrescarsi nelle calde giornate e, solo a pranzo, servizio snack bar.

19 cam ☑ - †250/590 € ††295/690 € - 2 suites

viale Pasitea 224 - ℰ 089 812020 - www.puntaregina.com
- Aperto 18 aprile-12 novembre

🏨 Miramare

FAMILIARE · REGIONALE Affacciato sulla scogliera, l'albergo nasce nel secondo dopoguerra, uno dei primi di questa bianca località: classica architettura a terrazze con camere in stile ed un'originale sala colazioni a veranda, il cui soffitto è rallegrato da tralci di bouganville insinuatisi nel tempo al suo interno. Attenzione, la struttura è raggiungibile solo a piedi.

18 cam ☑ - †260/390 € ††260/430 € - 1 suite

via Trara Genoino 27 - ℰ 089 875002 - www.miramarepositano.it
- Aperto 14 aprile-2 novembre

⌂ Posa Posa

TRADIZIONALE · MEDITERRANEO Delizioso edificio a terrazze nel tipico stile di Positano, con una splendida veduta del mare e della località; arredi in stile nelle camere, dotate di ogni confort. All'ultimo piano, il bel ristorante: il panorama? Ça va sans dire.

24 cam ☲ – ♙155/395 € ♙♙155/695 €

viale Pasitea 165 – ☎ 089 812 2377 – www.hotelposaposa.com
– Chiuso 1° gennaio-13 marzo

⌂ Villa Rosa

CASA PADRONALE · PERSONALIZZATO Bella villa a terrazze digradanti verso il mare, nel tipico stile di Positano: le camere hanno piacevoli arredi chiari (alcuni dipinti dalla proprietaria) ed enormi terrazze con vista da sogno: essendo gli spazi comuni molto piccoli, le colazioni vengono servite qui, ma sarà solo un piacere!

12 cam ☲ – ♙230/270 € ♙♙230/270 €

via Colombo 127 – ☎ 089 811955 – www.villarosapositano.it
– Aperto 1° aprile-31 ottobre

⌂ Montemare

FAMILIARE · REGIONALE Squisita gestione familiare in ambienti semplici all'insegna dello stile locale: le camere sono accoglienti, dalla terrazza la vista spazia su mare e costa. Qui si trova anche il recente lounge bar. Al ristorante sono i sapori campani e la pizza a deliziare l'ospite.

21 cam ☲ – ♙300/800 € ♙♙300/800 € – 3 suites

via Pasitea 119 – ☎ 089 875010 – www.hotelmontemare.it – Aperto 1° aprile-31 ottobre

⌂ Reginella

FAMILIARE · ROMANTICO La vista abbraccia la costa, in questa bella risorsa a gestione diretta, particolarmente indicata per chi ama le realtà piccole ed intime: camere piacevolmente personalizzate, tutte rivolte verso il mare.

11 cam ☲ – ♙100/300 € ♙♙100/300 € – 1 suite

via Pasitea 154 – ☎ 089 875324 – www.reginellahotel.it – Aperto 15 aprile-5 novembre

⌂ Savoia

FAMILIARE · MEDITERRANEO Tipica costruzione locale, con pavimenti in maiolica e soffittature costituite da volte a cupola. Una gestione piacevolmente familiare, per vivere il cuore di Positano.

38 cam ☲ – ♙60/130 € ♙♙80/310 € – 1 suite

via Colombo 73 – ☎ 089 875003 – www.savoiapositano.it
– Aperto 18 marzo-4 novembre

⌂ La Fenice

DIMORA STORICA · ACCOGLIENTE Due ville distinte - una ottocentesca, l'altra d'inizio '900 - impreziosite dalla flora mediterranea che fa del giardino un piccolo orto botanico. La semplicità delle camere non le priva di personalità...Cento gradini per raggiungere il mare.

10 cam ☲ – ♙160/200 € ♙♙170/220 €

via Marconi 8, Est: 1 km – ☎ 089 875513 – www.lafenicepositano.com – Aperto 1° marzo-30 ottobre

⌂ Villa La Tartana

LOCANDA · CENTRALE A due passi dalla spiaggia e al tempo stesso nel centro della località, struttura dai "freschi" interni nei colori chiari e mediterranei. Piacevoli e ariose le camere, dove - su richiesta - si serve anche la prima colazione.

9 cam ☲ – ♙140/250 € ♙♙140/250 €

vicolo Vito Savino 4/8 – ☎ 089 812193 – www.villalatartana.it
– Aperto 30 marzo-30 novembre

POSTAL BURGSTALL

Bolzano – ⊠ 39014 – 1 858 ab. – Alt. 270 m – Carta regionale n° **19**-B2
Carta stradale Michelin 562-C15

⫚⃝ **Hidalgo** 🐾 ⇦ 🏠 ⌣ 🏊 🅿

CUCINA CLASSICA · ACCOGLIENTE ⅩⅩ Cucina in prevalenza di tradizione mediterranea con tanta carne, anche alla griglia; nella sala Beeftasting, su prenotazione, proposte a base di pregiate carni di manzo (wagyu, neozelandese, argentina, US beef). Per chi alloggia possibilità di usufruire anche di piscina estiva,
sauna e palestra.

Menu 50/110 € – Carta 45/88 €

20 suites ⌧ – ♦♦178/318 €

via Roma 7, Nord: 1 km – ℰ 0473 292292 – www.restaurant-hidalgo.it

🏨 **Muchele** 🍴 ⇦ 🛖 ⌣ 🔲 🌐 🐾 ℔ ✕ 🔲 ⅙ 🅰 ⌘ 🚗

FAMILIARE · PERSONALIZZATO In questo ameno angolo di Sud Tirolo, immerso
tra le montagne e circondato da un giardino fiorito con piscina riscaldata, un bel
complesso con numerose offerte sportive ed un'attrezzata spa. Possibilità di
assaporare le delizie culinarie dell'Alto Adige.

37 cam ⌧ – ♦120/190 € ♦♦150/300 € – 3 suites

vicolo Maier 1 – ℰ 0473 291135 – www.muchele.com – Aperto
15 marzo-15 novembre

POTENZA

(PZ) – ⊠ 85100 – 67 122 ab. – Alt. 819 m – Carta regionale n° **2**-B2
Carta stradale Michelin 564-F29

🏨 **Grande Albergo Potenza** 🍴 ⇦ 🔲 🅰 ⅙ 🚗

BUSINESS · CLASSICO Nei pressi del centro storico (con qualche difficoltà di
parcheggio, sormontabile), un grande albergo nato nel 1959, le cui camere sono
state rinnovate in anni recenti; ampie e funzionali le aree comuni. Calde tonalità
nell'elegante ristorante, dove gustare specialità lucane e piatti della gastronomia
internazionale.

61 cam ⌧ – ♦90/100 € ♦♦120/180 € – 2 suites

corso 18 Agosto 46 – ℰ 0971 410220 – www.grandealbergopotenza.it

sulla strada statale 407 Est : 4 km

🏨 **La Primula** 🍴 🌐 ⇦ ⌣ ℔ 🔲 ⅙ 🅰 ⅙ 🚗

FAMILIARE · PERSONALIZZATO In posizione decentrata, a circa 5 minuti dal
centro cittadino, interni personalizzati e piacevoli esterni, dove spicca la grande
piscina nel bel mezzo di un curato giardino. Encomiabile la calda e simpatica
accoglienza della famiglia che lo gestisce. Nel ristorante intimo e curato sono di
casa i sapori locali.

46 cam ⌧ – ♦80/90 € ♦♦110/130 €

via delle Primule, 84 ⊠ 85100 – ℰ 0971 58310 – www.albergolaprimula.it

POVO Trento (TN) ➜ Vedere Trento

POZZA DI FASSA

Trento – ⊠ 38036 – 2 282 ab. – Alt. 1 325 m – Carta regionale n° **19**-C2
Carta stradale Michelin 562-C17

⫚⃝ **El Filò** ⅙ 🅿

CUCINA REGIONALE · FAMILIARE Ⅹ Tappa imperdibile per chi vuole completare
la vacanza con una conoscenza anche gastronomica delle Dolomiti: El Filo' propone prodotti e piatti della regione, talvolta rivisitati dal virtuoso chef-patron.

Menu 36/55 € – Carta 35/77 €

strada Dolomites 103 – ℰ 0462 763210 (consigliata la prenotazione)
– www.el-filo.com – solo a cena escluso sabato e domenica in bassa stagione
– Chiuso 10 maggio-20 giugno, 3 novembre-5 dicembre e martedì
escluso vacanze di Natale, febbraio, luglio e agosto

🏨 Ladinia

TRADIZIONALE · STILE MONTANO Offre svariati servizi e diverse tipologie di sistemazione questa tipica struttura montana in posizione centrale: ottima per soggiorni familiari, le camere invece più indicate per le coppie sono certamente quelle con i letti a baldacchino.

38 cam ☲ – †90/200 € ††120/300 € – 2 suites

strada de Chieva 2 – ☏ 0462 764201 – www.hotelladinia.com
– Aperto 15 dicembre-25 marzo e 13 luglio-31 agosto

🏨 Renè

TRADIZIONALE · STILE MONTANO Gestione familiare in una zona tranquilla, ma ancora centrale, per un'accogliente struttura con camere ben tenute ed un centro benessere dal nome promettente: La Carezza! Indimenticabile la piscina sotto un cono di vetro.

35 cam ☲ – †60/180 € ††140/280 € – 5 suites

strada de la Veish 69 – ☏ 0462 764258 – www.hotelrene.com
– Aperto 8 dicembre-19 marzo e 20 giugno-25 settembre

🏨 Sport Hotel Majarè

FAMILIARE · STILE MONTANO A soli 100 m dagli impianti di risalita del Buffaure, ambienti ispirati alla tradizione tirolese e rinnovato centro benessere: 500 mq a disposizione degli ospiti ed una bella piscina che congiunge l'interno con l'esterno. Caldo legno ovunque per la sala ristorante e forno a legna per la pizza.

40 cam ☲ – †80/130 € ††140/200 €

strada De Sot Comedon 51 – ☏ 0462 764760 – www.hotelmajare.com – Aperto 6 dicembre-31 maggio e 20 giugno-10 ottobre

POZZO Arezzo → Vedere Foiano della Chiana

POZZOLENGO

Brescia (BS) – ✉ 25010 – 3 497 ab. – Alt. 135 m – Carta regionale n° **9**-D1
Carta stradale Michelin 561-F13

🍴 Antica Locanda del Contrabbandiere

CUCINA TRADIZIONALE · RUSTICO XX In aperta campagna, calde salette di tono rustico-elegante accompagnano le proposte dello chef che riprendono la tradizione con "mano" moderna. Per chi desidera indugiare nella piacevolezza del luogo, camere d'atmosfera arredate con mobili d'epoca.

Carta 33/59 €

3 cam ☲ – †80/100 € ††100/125 €

località Martelosio di Sopra 1, Est: 1,5 km – ☏ 030 918151 (consigliata la prenotazione) – www.locandadelcontrabbandiere.com – Chiuso 10-30 gennaio e lunedì

🍴 Moscatello Muliner

CUCINA REGIONALE · RUSTICO X Intima e calda atmosfera per un ristorante in bucolico contesto, i cui piatti si legano al territorio con grande gusto. Per chi volesse prolungare la sosta, consigliamo le belle camere personalizzate da pitture dello chef-artista.

Carta 35/72 €

11 cam ☲ – †70/100 € ††100/150 €

località Moscatello 3/5, Sud-Est: 2,5 km – ☏ 030 918521
– www.agriturismomoscatello.it – solo a cena escluso sabato, domenica e giorni festivi – Chiuso 3 settimane in gennaio-febbraio e martedì

POZZOLO FORMIGARO

Alessandria (AL) – ✉ 15068 – 4 775 ab. – Alt. 171 m – Carta regionale n° **12**-C3
Carta stradale Michelin 561-H8

⅏○ Locanda dei Narcisi ⌂ 🔲

CUCINA MODERNA · ELEGANTE ✕✕ Un "gioiellino" in una piccola frazione, in prossimità dell'outlet di Serravalle: ambiente curato e romantico, dove sfiziosi piatti di mare e qualche specialità del territorio vengono proposti in chiave moderna. Quasi tutto è fatto in casa, dal pane, alle paste, passando per le verdure dell'orto.

Menu 39/45 € – Carta 38/69 €

strada Barbotti 1, località Bettole, Nord-Est: 4 km – ℰ 348 511 6638 (consigliata la prenotazione) – www.lalocandadeinarcisi.it – Chiuso 1 settimana in luglio o settembre e lunedì

POZZUOLI

Napoli (NA) – ⌧ 80078 – 81 661 ab. – Carta regionale n° 4-A2
Carta stradale Michelin 564-E24

⅏○ Baia Marinella ≤ ⌂ 🔲

PESCE E FRUTTI DI MARE · ALLA MODA ✕✕✕ Cucina di mare in un locale dalla strepitosa posizione a strapiombo sulla costa: la vista del golfo è mozzafiato ed i clienti possono approfittare di un solarium, nonché di discesa a mare. Specialità ittiche in menu.

Menu 40 € – Carta 34/75 €

via Napoli 4 – ℰ 081 853 1321 (consigliata la prenotazione) – www.baiamarinella.it

⅏○ Abraxas Osteria ⌂ 🔲 🅿

CUCINA CAMPANA · FAMILIARE ✕ In zona interna e leggermente rialzata rispetto alla costa, un locale su due piani dove le attenzioni sono tutte concentrati sui sapori del territorio e sulla carta dei vini. Il rapporto qualità/prezzo è molto buono, ma se si opta per la carne alla griglia - e ne vale la pena - si spende qualcosa in più.

Menu 40 € – Carta 25/55 €

via Scalandrone 15, località Lucrino ⌧ 80078 Pozzuoli – ℰ 081 854 9347 – www.abraxasosteria.it – solo a cena escluso domenica e giorni festivi – Chiuso vacanze di Natale, 15 giorni in agosto, domenica sera e martedì

a Lucrino Ovest : 2 km ⌧ 80078

🏠 Villa Luisa 🏊 ♨ 🔲 🚗

FAMILIARE · ACCOGLIENTE Ideale anche per una clientela business, incastonata tra le terme romane neroniane e il lago d'Averno, la villa propone camere arredate in legno chiaro, molte con terrazza, e un gradevole centro benessere.

37 cam ⌧ – †70/119 € ††80/175 €

via Tripergola 50 – ℰ 081 804 2870 – www.villaluisaresort.it

PRADELLA Bergamo → Vedere Schilpario

PRAIANO

Salerno – ⌧ 84010 – 2 047 ab. – Carta regionale n° 4-B2
Carta stradale Michelin 564-F25

⅏○ M' Ama ≤ 🏠 ⌂ 🚗

CUCINA REGIONALE · ACCOGLIENTE ✕✕ All'ultimo piano, su una meravigliosa terrazza en plein air con suggestiva vista della costa, il menu privilegia le specialità campane, ma non dimentica i crudi di mare e le tempure e - grazie all'apporto del nuovo cuoco - nemmeno un tocco di modernità.

Menu 35 € – Carta 48/86 €

Hotel Margherita, via Umberto I 70 – ℰ 089 874776 (consigliata la prenotazione) – www.mamarestaurant.it – Aperto 1° marzo-8 dicembre

🏠 Onda Verde 🏊 🌀 ≤ ♨ 🔲 🌀 🅿

FAMILIARE · INSOLITO Poco fuori dalla località, lungo la costa, ubicazione tranquilla e suggestiva, per una struttura le cui camere sono state recentemente rinnovate con buon gusto e ricercatezza. La sala ristorante offre una vista mozzafiato a strapiombo sugli scogli ed una cucina casalinga dai sapori del mare.

25 cam ⌧ – †130/440 € ††130/490 €

via Terra Mare 3 – ℰ 089 874143 – www.ondaverde.it – Aperto 1° aprile-31 ottobre

Margherita

FAMILIARE · FUNZIONALE Struttura a circa 1 km dalla costa, in posizione leggermente rialzata, da oltre 40 anni gestita dalla stessa famiglia ed oggi dalla nuova, giovane ed intraprendente generazione: il reparto notte è stato recentemente rimodernato, così come le terrazze all'aperto.

28 cam ♒ – ♦170/350 € ♦♦170/350 €

via Umberto I 70 – ℰ 089 874628 – www.hotelmargherita.info – Aperto 1° marzo-8 dicembre

⑩ **M' Ama** – Vedere selezione ristoranti

Tramonto d'Oro

FAMILIARE · ACCOGLIENTE Architettura mediterranea, esaltata nelle camere più recenti dai colori del cielo, per un hotel che già nel nome allude alla possibilità di godere di suggestivi tramonti dalla bella terrazza-solarium con piscina. Al ristorante, il piacere di gustare piatti di cucina tradizionale allietati - ancora una volta - dal bel panorama.

40 cam ♒ – ♦80/500 € ♦♦130/900 €

via Gennaro Capriglione 119 – ℰ 089 874955 – www.tramontodoro.it – Aperto 20 aprile-27 ottobre

sulla costiera amalfitana Ovest : 2 km

⑩ Un Piano nel Cielo

CUCINA MEDITERRANEA · ROMANTICO XxX Un suggestivo ascensore panoramico vi condurrà dall'albergo (Casa Angelina) al ristorante, dal nome quanto mai eloquente. Con il bel tempo si cena su una terrazza, a lume di candela e dalla vista mozzafiato sulla costiera, mentre i piatti brillano di una cucina mediterranea ed estrosa, che rilegge con fantasia le specialità campane.

Menu 120/180 € – Carta 70/160 €

Hotel Casa Angelina, via Capriglione 147 – ℰ 089 813 1333 – www.casangelina.it – solo a cena – Aperto 1° aprile-28 ottobre

Casa Angelina

LUSSO · DESIGN Abbandonata la costiera, una serie di tornanti in discesa verso il mare vi porteranno a Casa Angelina: una dimora moderna, dalle bianche ed essenziali atmosfere - punteggiate d'opere d'arte - tra cui i colorati vetri di Murano realizzati su disegno di un artista cubano. E, come se non bastasse, la struttura gode di una straordinaria vista che abbraccia Positano e i faraglioni.

43 cam ♒ – ♦350/450 € ♦♦475/1800 €

via Capriglione 147 – ℰ 089 813 1333 – www.casangelina.it – Aperto 28 marzo-28 ottobre

⑩ **Un Piano nel Cielo** – Vedere selezione ristoranti

Grand Hotel Tritone

TRADIZIONALE · MEDITERRANEO Aggrappato alla scogliera, oltre all'ascensore c'è un sinuoso e ripido camminamento adatto solo ai più sportivi, in fondo la piscina ed una "spiaggia" ricavata fra gli scogli. Capiente sala da pranzo e servizio ristorante in terrazza, a picco sulla Costiera.

52 cam ♒ – ♦260/380 € ♦♦290/530 € – 8 suites

via Campo 5 ✉ 84010 – ℰ 089 874333 – www.tritone.it – Aperto 18 aprile-18 ottobre

PRALBOINO

Brescia (BS) – ✉ 25020 – 3 009 ab. – Alt. 47 m – Carta regionale n° **9**-C3
Carta stradale Michelin 561-I8

❀ Leon d'Oro (Alfonso Pepe)

CUCINA MODERNA · ROMANTICO XxX Ospitato in un bel caseggiato rustico in centro paese, caldi ambienti in legno con camino e una simpatica carta che propone piatti regionali accanto ad altri con verve più creativa e solitamente a base di pesce.

→ Insalata di fegato d'oca. Tortelli di zucca in salsa pralboinese. Capretto in coccio alla bresciana.

Menu 70/100 € – Carta 82/107 €

via Gambara 6 – ℰ 030 954156 – www.locandaleondoro.it – Chiuso 1°-10 gennaio, 3 settimane in agosto, domenica sera e lunedì

PRATO
(PO) – ⊠ 59100 – 191 150 ab. – Alt. 61 m – Carta regionale n° **18**-C1
Carta stradale Michelin 563-K15

⫶○ Il Piraña   🅰🅲 ⇔
PESCE E FRUTTI DI MARE · VINTAGE XxX In ambiente elegante dall'inconfondibile, quanto ben curato, stile anni Settanta, non troverete svolazzi tecnici od
invenzioni avanguardiste, bensì una solida e gustosa cucina di pesce: le cotture
sono quelle più semplici e conosciute, ma le migliori per esaltare la qualità del
prodotto. Un porto sicuro per gli amanti della tradizione, e - certamente - un riferimento per la città!
Menu 60 € – Carta 47/65 €

via G. Valentini 110 – 𝒞 0574 25746 – www.ristorantepirana.it – Chiuso
1°-6 gennaio, agosto, sabato a mezzogiorno e domenica sera, in estate anche
domenica a mezzogiorno

⫶○ Pepe Nero 🆕   🅰🅲
CUCINA MODERNA · CONTESTO CONTEMPORANEO XX Un po' di pepe alla
cucina di Prato, grazie ad un locale che negli anni è cresciuto ed oggi si propone
con garbo e sicurezza. Cucina moderna, sia di terra sia di mare, giocata su citazioni della tradizione locale e più in generale italiana. A pranzo la carta è ampliata
da un servizio di carta light economico e semplice.
Menu 55/85 € – Carta 46/78 €

via Zarini 289 – 𝒞 0574 550353 – www.ristorantepepeneroprato.it – Chiuso
1°-8 gennaio, 3 settimane in agosto, sabato a mezzogiorno e domenica

⫶○ Tonio   🍴 🅰🅲 ⇔
PESCE E FRUTTI DI MARE · AMBIENTE CLASSICO XX In attività dagli anni '50,
commensali illustri sono ritratti nelle foto in bianco e nero, mentre nei piatti prevalgono le specialità di mare in proposte classiche e fragranti.
Menu 35/64 € – Carta 38/104 €

piazza Mercatale 161 – 𝒞 0574 21266 – www.ristorantetonio.it – Chiuso
18 agosto-3 settembre, lunedì a mezzogiorno e domenica

🏨 Art Hotel Museo   🏖 ♨ 🦶 🔁 🦽 🅰🅲 🧖 🚗
BUSINESS · CONTEMPORANEO Nei pressi del Museo d'Arte Contemporanea
Luigi Pecci, la struttura offre ampi spazi comuni e camere dotate di ogni confort
(al quinto piano, quelle più moderne e ricercate). Bella piscina all'aperto ed
attrezzato centro congressi.
102 cam ⊊ – ♦69/250 € ♦♦79/250 € – 4 suites

viale della Repubblica 289 – 𝒞 0574 5787 – www.arthotel-museo.it

🏠 Giardino   🔁 🅰🅲
FAMILIARE · CENTRALE In pieno centro - tra la stazione e piazza del Duomo
- questo albergo a conduzione familiare propone spazi comuni di ridotte dimensioni, ma camere piacevolmente confortevoli.
28 cam ⊊ – ♦50/80 € ♦♦70/130 €

via Magnolfi 4 – 𝒞 0574 606588 – www.giardinohotel.com

PREGANZIOL
Treviso – ⊠ 31022 – 16 749 ab. – Alt. 12 m – Carta regionale n° **23**-A1
Carta stradale Michelin 562-F18

⫶○ Magnolia   🦽 🍴 🦶 🅰🅲 🅿
PESCE E FRUTTI DI MARE · AMBIENTE CLASSICO XX Nel contesto dell'omonimo
hotel, ma completamente indipendente, un ristorante a valida gestione familiare
con specialità venete, soprattutto a base di pesce. Sale spaziose e curato giardino.
🍴 Menu 25 € (pranzo in settimana)/50 € – Carta 28/67 €

via Terraglio 136, Nord: 1 km – 𝒞 0422 633131 (consigliata la prenotazione)
– www.magnoliaristorante.com – Chiuso 5-25 agosto, domenica sera e lunedì

PRÉ-SAINT-DIDIER

Aosta – ⊠ 11010 – 1 050 ab. – Alt. 1 014 m – Carta regionale n° **21**-A2
Carta stradale Michelin 561-E2

Pianta : vedere Courmayeur

a Palleusieux Nord : 2,5 km ⊠ 11010 – Pré Saint Didier – Alt. 1 100 m

⇡○ **Emma** 🅿

CUCINA CREATIVA • CONTESTO REGIONALE XX Grazie alla sinergia di due cugini nasce questo ristorante che sa interpretare in chiave personalissima la cucina del territorio; l'ambiente è estremamente accogliente.

Menu 40 € – Carta 35/68 €

rue des Salasses 20 – ℰ 0165 185 6596 (consigliata la prenotazione)
– www.emmarestaurant.it – Chiuso 20 maggio-20 giugno,
3 novembre-6 dicembre e martedì

PRESEZZO

Bergamo (BG) – ⊠ 24030 – 4 898 ab. – Alt. 236 m – Carta regionale n° **10**-C1

🏠 **Settecento**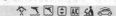

FAMILIARE • STORICO Un interessante indirizzo dell'ospitalità bergamasca: moderna struttura, ricavata dalla settecentesca cascina Olmetta, offre ampi spazi esterni e camere di raffinata eleganza. Stesse qualità che troverete nell'omonimo, valido ristorante: carta light a pranzo, ampia la sera. Ideale per chi vuole visitare la città del Colleoni o i viaggiatori in transito all'aeroporto di Orio.

52 cam ⌑ – †70/80 € ††90/110 €

via Milano 3 – ℰ 035 466089 – www.settecentohotel.com

PRIOCCA

Cuneo – ⊠ 12040 – 2 017 ab. – Alt. 253 m – Carta regionale n° **14**-C2
Carta stradale Michelin 561-H6

🕸 **Il Centro** (Elide Mollo) 🕸 🄰🄲 ⇔

CUCINA PIEMONTESE • FAMILIARE XX Il Piemonte in purezza: qui troverete una delle più riuscite espressioni della cucina regionale, interpretata con intelligente fedeltà alle ricette originali, sorretta dai migliori prodotti e introdotta da una tanto genuina quanto competente gestione familiare. Suggestiva cantina visitabile.

→ Ravioli della domenica con ragù di salsiccia e fegatini di pollo. Guanciale di manzo caramellato ai fichi. Il nostro dolce di nocciole.

Menu 45/70 € – Carta 43/75 €

via Umberto I° 5 – ℰ 0173 616112 (consigliata la prenotazione)
– www.ristoranteilcentro.com – Chiuso 1°-15 marzo, 23 luglio-7 agosto e martedì

PROCCHIO Livorno → Vedere Elba (Isola d') : Marciana

PROCENO

Viterbo (VT) – ⊠ 01020 – 557 ab. – Carta regionale n° **7**-A1
Carta stradale Michelin 563-N17

🏠 **Castello di Proceno** 🕸 ⇐ 🛏 🏊 🅿

DIMORA STORICA • ORIGINALE Ai piedi di una fortezza medievale, una risorsa carica di storia, albergo diffuso con appartamenti e camere arredati con gusto antico. Originale la tomba etrusca all'interno dell'enoteca. Cucina legata al territorio.

14 cam ⌑ – †105/115 € ††125/135 €

corso Regina Margherita 155 – ℰ 0763 710072 – www.castellodiproceno.it – Chiuso 7 gennaio-28 febbraio e 21 giorni in novembre

PROCIDA (Isola di)

Napoli – 10 530 ab. – Carta regionale n° **4**-A2
Carta stradale Michelin 564-E24

Procida – ⊠ 80079 – Carta regionale n° **4**-A2

⛬ La Suite Hotel ✿ ♨ ⇦ ⌧ ⚙ 🐾 AC ✄ P

LUSSO · DESIGN Ubicato in un'oasi di tranquillità, il resort, nato dalla ristruttura-zione di un antico palazzo, dispone di belle camere dal design moderno. Tra gli atout della struttura vanno ricordati il giardino, la terrazza-solarium panoramica, nonché la spa in pietra lavica.

20 cam ⌸ – ♦140/240 € ♦♦140/240 €

via Flavio Gioia 81 – ☏ 081 810 1564 – www.lasuiteresort.com – Aperto marzo-settembre

⛬ La Vigna ♨ ≼ ⇦ & AC

TRADIZIONALE · PERSONALIZZATO A pochi minuti dalla baia della Corricella, si dorme in un edificio di fine '700 con ceramiche d'epoca, piccolissima spa con bagno turco e cabina per massaggi, nonché giardino-vigneto. Praticamente un eden sull'isola, in virtù anche della spettacolare vista sul Golfo.

12 cam ⌸ – ♦75/160 € ♦♦90/190 € – 1 suite

via Principessa Margherita 42 – ☏ 081 896 0469 – www.albergolavigna.it – Aperto metà febbraio-inizio novembre

⛫ La Casa sul Mare ♨ ≼ AC

FAMILIARE · MEDITERRANEO In salita, verso l'abbazia di San Michele, camere semplicemente arredate in stile locale, ma tutte con una grande sorpresa: la superba vista sulla baia più pittoresca dell'isola che si gode anche dal giardino delle colazioni.

10 cam ⌸ – ♦80/160 € ♦♦90/170 €

via Salita Castello 13 – ☏ 081 896 8799 – www.lacasasulmare.it

PROSERPIO

Como (CO) – ⊠ 22030 – 926 ab. – Alt. 456 m – Carta regionale n° **10**-B1

ⅰ○ Inarca   🐾 ≼ ⛩ & AC P

CUCINA REGIONALE · ACCOGLIENTE ✕✕ Con l'avvento della nuova generazione, il ristorante che fu trattoria si è trasformato in un luminoso e panoramico locale. Piatti tradizionali permeati da una leggera vena moderna, in un ambiente giovane e dinamico.

Menu 65 € – Carta 45/71 €

via Inarca 16 – ☏ 031 620424 – www.ristoranteinarca.it – solo a cena escluso sabato e domenica – Chiuso 2 settimane in gennaio-febbraio e lunedì, martedì e mercoledì nel periodo invernale

PULA Sardegna

Cagliari – ⊠ 09010 – 7 422 ab. – Carta regionale n° **16**-B3
Carta stradale Michelin 366-P49

ⅰ○ Cucina Machrì & AC

CUCINA MODERNA · DI QUARTIERE ✕✕ Raccolto ed intimo, mediterraneo nella prevalenza dei toni bianchi, ma con un vago e caldo tocco country. Decisamente mediterranea è la linea di cucina dello chef-patron che propone pesce e carne in saporite specialità a cui non manca un vago tocco moderno.

Menu 55 € – Carta 36/73 €

via Lamarmora 53 – ☏ 070 920 9205 – www.cucinamachri.it – solo a cena – Aperto Pasqua-fine ottobre; chiuso domenica escluso giugno-settembre

⛬ Lantana Resort ✿ ♨ ⇦ ⌧ & AC P

LUSSO · MEDITERRANEO Gradevole struttura disposta attorno ad un grande giardino con palme, piscina e piccola fontana arabeggiante, in un angolo ombreg-giato c'è anche il gazebo per i massaggi. Camere tutte identiche negli arredi d'impeccabile tenuta: possibilità di alloggio con formula residence. Ultimo, ma non ultimo, servizio navetta per spiagge e golf.

57 cam ⌸ – ♦175/260 € ♦♦210/360 €

viale Nora 37 – ☏ 070 924411 – www.lantanaresort.it – Aperto 12 aprile-31 ottobre

Nora Club Hotel

TRADIZIONALE · MEDITERRANEO Paradisiaca enclave di quiete. Superato il caseggiato principale, vi accoglie un seducente giardino di piante mediterranee e tropicali con al centro la piscina, mentre attorno - distribuite a forma d'anello - ci sono le semplici camere in arte povera. Possiede anche un piccolo centro benessere.

27 cam � – †85/200 € ††140/250 €

strada per Nora – 𝒞 070 924422 – www.noraclubhotel.it

Villa Madau

FAMILIARE · PERSONALIZZATO Centralissimo di fronte alla chiesa di San Giovanni, fresco e variopinto hotel i cui arredi coniugano tradizione e pezzi etnici; al ristorante carne e pesce da gustare in terrazza o sulla caratteristica piazzetta. Cucina aperta ininterrottamente dalle ore 12 alle 23 e da fine giugno anche terrazza/lounge per aperitivi e cocktail.

10 cam ⊊ – †70/95 € ††80/160 €

via Nora 84 – 𝒞 070 924 9033 – www.villamadau.it

sulla strada statale 195 Sud-Ovest : 12 km

⅋○ Belvedere

CUCINA CREATIVA · ELEGANTE XXX Il Belvedere è la proposta gourmet del Forte Village, la sola aperta anche a chi non alloggia in questo lussuoso luogo di turismo. Sala interna o terrazze cinte da un incantato giardino, la cucina si fa moderna con una decisa base mediterranea. Si paga un prezzo fisso, ma si sceglie à la carte; nel periodo estivo cooking show e cene a tema anche con chef famosi.

Menu 120 €

Hotel Villa del Parco ✉ 09010 Santa Margherita di Pula – 𝒞 070 92171 (prenotazione obbligatoria) – www.fortevillage.com – solo a cena – Aperto 10 maggio-20 settembre

Forte Village Resort

GRAN LUSSO · MEDITERRANEO Un vero villaggio con un'ampia gamma di proposte sia per il pernottamento (diversi hotel e ville di lusso), sia per la ristorazione in un contesto naturalistico che ha pochi eguali; sulla bianchissima spiaggia dell'assolata costa meridionale, Forte Village è circondato da 47 ettari di stupendi giardini e abbraccia al suo interno anche una piazzetta con graziose boutique per shopping addicted.

618 cam – solo ½ P 630/5600 € – 50 suites

✉ 09010 Santa Margherita di Pula – 𝒞 070 92171 – www.fortevillage.com – Aperto 1° maggio-1° ottobre

⅋○ **Belvedere** – Vedere selezione ristoranti

PULFERO

Udine – ✉ 33046 – 962 ab. – Alt. 184 m – Carta regionale n° **6**-C2
Carta stradale Michelin 562-D22

⅋○ Al Vescovo

CUCINA REGIONALE · FAMILIARE ⅍ Per una gita nelle valli, da non perdere questo ristorantino a conduzione familiare dove la cucina del territorio viene preparata con amore e cura. Terrazza sul fiume per i pasti all'aperto ed accoglienti camere per chi volesse allungare la sosta.

⊜ Menu 25/65 € – Carta 22/52 €

18 cam ⊊ – †85 € ††85 €

via Capoluogo 67 – 𝒞 0432 726375 – www.alvescovo.com – Chiuso 15 giorni in febbraio, mercoledì, anche martedì sera in ottobre-marzo

PULSANO

Taranto – ✉ 74026 – 11 311 ab. – Alt. 37 m – Carta regionale n° **15**-C3
Carta stradale Michelin 564-F34

a Marina di Pulsano Sud : 3 km ⊠ 74026 – Pulsano

⑥ **La Barca**   ⇐ 🏠 🅰🅲 🅿

PESCE E FRUTTI DI MARE · STILE MEDITERRANEO XX Uno dei migliori ristoranti di pesce della zona per qualità e quantità offerta, nonché prezzi contenuti. Il proprietario, instancabile in sala, vi suggerirà a voce il pescato del giorno: affidatevi a lui e sarete ricompensati, a cominciare dai crostacei, crudi o cotti. Suggestioni dal menu: seppia affumicata e fritta, nonché il dessert alla frutta secca.

Menu 40/55 € – Carta 34/60 €

litoranea Salentina – ℰ 099 533 3335 – www.ilristorantelabarca.it – Chiuso 2 settimane in gennaio, 1 settimana in novembre, domenica sera e lunedì escluso luglio-agosto

🏠 **Il Grillo**   ⇧ ⇦ 🍽 🖨 🕭 🅰🅲 🅿

TRADIZIONALE · FUNZIONALE Praticità e funzionalità sono le cifre di questo albergo, non lontano dal mare, che offre camere semplici ma confortevoli. Il tutto circondato da un piccolo, ma curato giardino.

16 cam ⊡ – ♦60/150 € ♦♦70/150 €

località Canne snc, litoranea Salentina – ℰ 099 533 3025 – www.ilgrillo.it

PUNTA ALA

Grosseto (GR) – ⊠ 58040 – Carta regionale n° **18**-B3
Carta stradale Michelin 563-N14

🏠🏠 **Gallia Palace Hotel**   ⇧ 🛥 ⇦ 🍽 🛁 🍴 🗡 🖨 🕭 🅰🅲 🛁 🅿

LUSSO · ELEGANTE Immerso nella macchia mediterranea, un grand hotel che dispone di un piccolo centro benessere, camere spaziose dagli arredi classici e splendido giardino con piscina (c'è anche l'idromassaggio!).

45 cam ⊡ – ♦250/600 € ♦♦350/700 € – 22 suites

via delle Sughere – ℰ 0564 922022 – www.galliapalace.it – Aperto 18 maggio-22 settembre

🏠 **Arli Hotel Hideaway Punta Ala**   ⇦ 🗡 📶 🛁 🖨 🅰🅲 🅿

TRADIZIONALE · DI TENDENZA Nella verdeggiante e rinomata località balneare, Arli è un hotel a conduzione diretta totalmente rinnovato: luminosi ambienti, moderne camere e, come chicca, un bel giardino con piscina.

28 cam ⊡ – ♦140/260 € ♦♦160/510 €

via del Pozzino 2 – ℰ 0564 923184 – www.arlihotelpuntaala.com – Chiuso novembre, gennaio e febbraio

PUNTALDIA Sardegna Olbia-Tempio ➜ Vedere San Teodoro

PUOS D'ALPAGO

Belluno (BL) – ⊠ 32015 – 2 483 ab. – Alt. 419 m – Carta regionale n° **23**-C1
Carta stradale Michelin 562-D19

☼ **Locanda San Lorenzo** (Renzo Dal Farra)   🕸 ⇐ 🏠 🅿

CUCINA MODERNA · ACCOGLIENTE XX Passione e costanza sono le caratteristiche di un'intera famiglia che da oltre un secolo entusiasma gli avventori con una cucina saldamente legata ai prodotti locali, in certi piatti reinterpretata con gusto contemporaneo. Due differenti arredi per le camere: uno sobrio leggermente moderno, l'altro tipicamente rustico.

➜ Ravioli di agnello e salsa ai fagioli gialet. Maialino da latte, salsa alla senape e spuma di patate. Mousse al cioccolato Samana' 70% e nocciola con sorbetto al lampone.

Menu 70/82 € – Carta 58/105 €

11 cam ⊡ – ♦80 € ♦♦98 € – 1 suite

via IV Novembre 79, incrocio via G. Cantore – ℰ 0437 454048 – www.locandasanlorenzo.it – Chiuso 23 gennaio-8 febbraio e mercoledì

PUTIGNANO

Bari (BA) – ✉ 70017 – 26 859 ab. – Alt. 372 m – Carta regionale n° **15**-C2
Carta stradale Michelin 564-E33

⪧ **Angelo Sabatelli**   🐟 & 🅰🅲

CUCINA MODERNA · ELEGANTE XXX Da poco trasferitosi nel caratteristico centro storico, lo chef sembra aver trovato nuovi stimoli per coccolare e allietare il cliente. Sale storicamente eleganti e al tempo stesso contemporanee, per una cucina tecnica che valorizza il territorio, simpatizzando anche con sapori asiatici.

→ Animelle glassate, porri e vincotto. Rombo gratinato alle olive, pisello nano e salsa di prataioli. Noce, nocino, latte, e gelato di grano arso.

Menu 60/120 € – Carta 65/101 €

*via Santa Chiara, 1 – ℰ 080 405 2733 – www.angelosabatelliristorante.com
– Chiuso 7 gennaio-5 febbraio, lunedì e martedì; solo lunedì in luglio-agosto*

QUADRIVIO Salerno → Vedere Campagna

QUARONA

Vercelli (VC) – ✉ 13017 – 4 158 ab. – Alt. 406 m – Carta regionale n° **12**-C1
Carta stradale Michelin 561-E6

ⅰ○ **Italia**   🍴

CUCINA REGIONALE · CONTESTO CONTEMPORANEO XX E' una piacevole sorpresa questo curato e familiare locale di taglio moderno in una casa del centro della località; piatti di creativa cucina piemontese.

🍴 Menu 18 € (pranzo in settimana) – Carta 33/55 €

*Hotel Grand'Italia, piazza della Libertà 27– ℰ 0163 430147
– www.albergograndatalia.it – Chiuso 8-23 agosto e lunedì*

⬒ **Grand'Italia**   🛗 & 🅰🅲 🍴 🚗

FAMILIARE · MODERNO Completamente trasformato e ristrutturato, è ora un'elegante palazzina con interni moderni e spaziosi, linee sobrie ed essenziali ed accenni di design minimalista.

12 cam ⌁ – ♦80/110 € ♦♦110/130 € – 2 suites

piazza Libertà 19 – ℰ 0163 431244 – www.albergograndatalia.it – Chiuso 8-23 agosto
ⅰ○ **Italia** – Vedere selezione ristoranti

QUARTIÈRE Ferrara → Vedere Portomaggiore

QUARTO

Napoli (NA) – ✉ 80010 – 40 930 ab. – Alt. 55 m – Carta regionale n° **4**-A2
Carta stradale Michelin 564-E24

⪧ **Sud** (Marianna Vitale)   🍴 🅰🅲 🅿

CUCINA MODERNA · CONTESTO CONTEMPORANEO XX Superato un contesto ambientale non brillante, apprezzerete ancor di più gli sforzi di una delle cucine più interessanti del napoletano. Il nome del ristorante è un lapidario, ma eloquente, manifesto gastronomico che vi conduce attraverso appetiti meridionali.

→ Spaghetti con anemoni di mare e wasabi. Cheese-cake di baccalà. Crostatina meringata calda con cioccolato e arancia.

Menu 50/80 € – Carta 50/82 €

via Santi Pietro e Paolo 8 – ℰ 081 020 2708 – www.sudristorante.it – solo a cena escluso sabato e domenica – Chiuso 1 settimana in gennaio, 3 settimane in agosto, domenica sera e mercoledì

QUARTO CALDO Latina → Vedere San Felice Circeo

QUARTO D'ALTINO

Venezia – ✉ 30020 – 8 200 ab. – Carta regionale n° **23**-A1
Carta stradale Michelin 562-F19

🍴 Da Odino 🕸 ⬅ 🍷 🍽 ⛱ ♿ 🅰 🅿

PESCE E FRUTTI DI MARE · FAMILIARE ✕✕ A circa 100 m dal Park Hotel Junior, ristorante a gestione familiare, informale ed elegante al tempo stesso, le cui specialità ruotano sempre attorno al mare, sebbene ultimamente vi trovino posto anche piatti di terra e vegetariani.

Menu 28/65 € – Carta 40/77 €

30 cam ⌂ – †50/150 € ††60/350 € – 1 suite

via Roma 89 – ☎ 0422 825421 – www.daodino.it

🏠 Borgo Ca' dei Sospiri 🎣 🍷 🍽 🏊 🖵 ♿ 🅰 🍸 🚗

CASA DI CAMPAGNA · PERSONALIZZATO Comodo per chi viaggia in autostrada, ma al tempo stesso immerso nella campagna, a fianco al fiume Sile, l'albergo offre gradevoli interni con tessuti, parquet e un bel cotto nelle eleganti camere. Al ristorante "La Corte" piatti di cucina tradizionale in un ambiente signorile.

34 cam ⌂ – †70/125 € ††80/215 € – 2 suites

via Roma 146 – ☎ 0422 823117 – www.borgocadeisospiri.it – Chiuso 24 dicembre-6 gennaio

QUARTO DEI MILLE Genova → Vedere Genova

QUATTORDIO

Alessandria – ✉ 15028 – 1 637 ab. – Alt. 135 m – Carta regionale n° **14**-D1
Carta stradale Michelin 561-H7

🍴 Corte dei Civalieri 🍽 ⛱ 🖼 🏊 ♿ 🅰 🕸 🅿

CUCINA MODERNA · ACCOGLIENTE ✕✕ All'interno del bel Relais Rocca Civalieri, preceduto da una spettacolare ghiacciaia trecentesca, molta attenzione è dedicata alla ristorazione: eccellente cucina contemporanea con spunti regionali, nell'elegante sala interna o nel dehors estivo.

Menu 45 € – Carta 45/58 €

Relais Rocca Civalieri, strada Cascina Rocca Civalieri 23 ✉ 15028 Quattordio
– ☎ 0131 797333 (consigliata la prenotazione) – www.ristorantecortedeicivalieri.it
– Chiuso 23 dicembre-8 gennaio

🏠 Relais Rocca Civalieri 🍷 🍽 🏊 🕸 🖵 ♿ 🅰 🍸 🅿

LUSSO · DESIGN In un piacevole contesto di campagna, qui alloggerete in uno degli alberghi più eleganti della provincia. Sorto intorno ad un complesso colonico trecentesco, gli interni propongono arredi contemporanei, che si faranno apprezzare per spazi e design.

26 cam ⌂ – †150/280 € ††150/280 € – 3 suites

strada Cascina Rocca Civalieri 23 ✉ 15028 – ☎ 0131 797333
– www.hotelroccacivalieri.it – Chiuso gennaio

🍴 **Corte dei Civalieri** – Vedere selezione ristoranti

QUATTRO CASTELLA

Reggio nell'Emilia – ✉ 42020 – 13 195 ab. – Alt. 161 m – Carta regionale n° **5**-B3
Carta stradale Michelin 562-I13

a Rubbianino Nord : 13 km ✉ 42020

❀ Ca' Matilde (Andrea Incerti Vezzani) ⬅ 🍷 🍽 ⛱ 🅿

CUCINA MODERNA · MINIMALISTA ✕✕ Razionalità funzionale, materiali semplici quali ferro e legno, linee essenziali ma decise sono le cifre distintive di questo bel locale recentemente ristrutturato. Un restyling che riflette le scelte innovative della continua ricerca gastronomica per una cucina al tempo stesso moderna e contadina.

→ Bomba di riso alla reggiana con mousse di piselli e ragù. Stinchetto di maialino da latte con crema di patate, finocchi e senape al miele. Il ricordo della mia torta di riso...

Menu 55/89 €

4 cam ⌂ – †75/85 € ††110/120 €

via Polita 14 – ☎ 0522 889560 – www.camatilde.it – solo a cena escluso i giorni festivi – Chiuso 8-18 gennaio e lunedì

QUISTELLO

Mantova (MN) – ⊠ 46026 – 5 595 ab. – Alt. 17 m – Carta regionale n° **9**-D3
Carta stradale Michelin 561-G14

❀ Ambasciata (Romano Tamani)   🅐🅒 ⇔ 🅿

CUCINA MANTOVANA · ROMANTICO XxxX Uno sfarzo circense e rinascimentale è il contorno di piatti sontuosi e barocchi, l'eccesso è favorito, la misura osteggiata: i fratelli Tamani mettono in scena i fasti della gloriosa cucina mantovana.

→ Tortellini verdi da ortica con ripieno di piccione al burro e Parmigiano Reggiano. Anatra muta al forno con salsa di ciliegie e sherry con patate arrosto. Sbrisolona di campagna.

Menu 90/150 € – Carta 85/180 €

piazzetta Ambasciatori del Gusto 1 – ℰ 0376 619169 (consigliata la prenotazione) – www.ristoranteambasciata.com – Chiuso 2 settimane in gennaio, 2 settimane in agosto, domenica sera e lunedì

🍴○ All'Angelo   🍸 ⇔ 🍴 🛋 🅐🅒 🅿

CUCINA CLASSICA · ELEGANTE XX L'impostazione è quella classica da trattoria, mentre la cucina si sposa con la tradizione proponendo piatti del territorio, specialità al tartufo (in stagione) ed una pregevole carta dei vini. Cinque camere per chi vuole prolungare la sosta in questa villa dell'Ottocento.

Menu 35/75 € – Carta 30/97 €

5 cam ⊇ – ♦65/70 € ♦♦100/110 €

via Cantone, 60 – ℰ 0376 618354 – www.allangelo.eu – Chiuso 9-16 gennaio, 6-17 agosto, domenica sera e lunedì

RABBI

Trento (TN) – ⊠ 38020 – Carta regionale n° **19**-B2
Carta stradale Michelin 562-C14

🏠 Maso Fior di Bosco   🍴 ← 🍴 🏠 🖭 🍸 🅿

FAMILIARE · STILE MONTANO A un km dalle Terme di Rabbi, due masi a tutto legno uniti in un unico ed accogliente "esercizio rurale": la giornata inizia - al mattino - con una gustosa colazione, per concludersi - la sera - con una cena preparata dalle titolari. All'ultimo piano, la camera più accogliente con antichi mobili di famiglia.

9 cam ⊇ – ♦50/90 € ♦♦60/110 €

frazione Pralongo 221/d, località San Bernardo – ℰ 0463 985543 – www.masofiordibosco.it – Chiuso 3-21 giugno e 21 ottobre-5 dicembre

RABLÀ RABLAND Bolzano → Vedere Parcines

RACALE

Lecce (LE) – ⊠ 73055 – 10 971 ab. – Carta regionale n° **15**-D3
Carta stradale Michelin 564-H36

❀ L'Acchiatura   ⇔ 🍴 🅐🅒 🍸

CUCINA REGIONALE · CONTESTO STORICO X In un ristorante caratterizzato da diverse sale e patii interni, saporita cucina pugliese tra cui spiccano le orecchiette ceci e vongole. Il fascino del passato rivive anche nelle belle ed accessoriate camere, nonché nella scenografica piscina ospitata in una grotta.

Carta 21/56 €

6 cam ⊇ – ♦40/85 € ♦♦80/110 € – 1 suite

via Marzani 12 – ℰ 0833 558839 – www.acchiatura.it – solo a cena escluso festivi – Chiuso 7-24 gennaio e 7-24 ottobre; aperto solo le sere nei week-end dal 24 ottobre al 31 marzo

RACINES RATSCHINGS

Bolzano (BZ) – ⊠ 39040 – 3 902 ab. – Alt. 1 290 m – Carta regionale n° **19**-B1
Carta stradale Michelin 562-B16

🏨 Panoramahotel Taljörgele   🌾 🐾 ≼ 🛎 ⌰ 🖥 🌐 🏠 ⌂ 🖵 **P**

SPA E WELLNESS · STILE MONTANO Grande struttura a gestione familiare, in posizione squisitamente panoramica ed in perfetto stile altoatesino: il legno regna sovrano e la generosità degli spazi interessa sia le camere, sia il centro benessere. Non lontano, il maneggio di proprietà.

24 suites – solo ½ P 95/192 € – 23 cam

Obere Gasse 14 – 𝒞 0472 656225 – www.taljoergele.it

RADDA IN CHIANTI
Siena (SI) – ✉ 53017 – 1 613 ab. – Alt. 530 m – Carta regionale n° **18**-D1
Carta stradale Michelin 563-L16

🍴 La Botte di Bacco   🆎

CUCINA TOSCANA · AMBIENTE CLASSICO ✕✕ Creatività e calore sono il segreto di questo ristorante in cui lo chef napoletano Flavio D'Auria, coadiuvato in sala dalla moglie, ha fatto della ricerca attenta della materia prima la sua filosofia: ricette che travalicano i confini del Chianti lambendo i confini della sua Campania.

Menu 55/50 € – Carta 56/98 €

via XX Settembre 23 – 𝒞 0577 739008 – www.ristorantelabottedibacco.it – Aperto 1° marzo-30 ottobre

🏨 Palazzo Leopoldo   🌾 🖥 🌐 🏠 ⌰ 🆎 **P**

STORICO · ELEGANTE Nella piccola via del centro, un ottimo esempio di conservazione di un palazzo medievale: vi si ripropongono con sobrietà ed eleganza stili ed atmosfere cariche di storia. Due sono i ristoranti a disposizione per soddisfare gli appetiti; il nuovo "Girarrosto" dispone anche di undici camere rinnovate.

28 cam 🍽 – ♦110/300 € ♦♦120/300 € – 5 suites

via Roma 33 – 𝒞 0577 735605 – www.palazzoleopoldo.it

🏨 Palazzo San Niccolò   🛎 ⌂ 🆎 ⌰ **P**

STORICO · CONTEMPORANEO In pieno centro - a poche decine di metri dalla "casa madre" (hotel Palazzo Leopoldo) - questa dimora quattrocentesca offre ampie camere arredate con gusto ed un suggestivo salone, al primo piano, interamente affrescato in stile liberty.

18 cam 🍽 – ♦107/147 € ♦♦117/157 €

via Roma 16 – 𝒞 0577 735666 – www.hotelsannicolo.com – Aperto 1° aprile-31 ottobre

🏨 Relais Vignale   🌾 ≼ 🛎 ⌰ 🏠 ⌂ 🆎 ⌀ **P**

STORICO · ELEGANTE All'inizio del paese, questo palazzotto signorile dispone di deliziosi spazi all'aperto affacciati sui colli; a disposizione degli ospiti un piccolo centro benessere con sauna, bagno turco ed una grande vasca idromassaggio. Fil rouge della struttura il bel panorama: praticamente condiviso da quasi tutte le camere.

37 cam – ♦120/160 € ♦♦150/450 € – 5 suites – 🍽 16 €

via Pianigiani 9 – 𝒞 0577 738300 – www.vignale.it – Chiuso sino al 12 aprile

sulla strada provinciale 429

🏨 Radda   🌾 🐾 ≼ 🛎 ⌰ 🏠 ⌂ ⌀ 🆎 ⌰ **P**

TRADIZIONALE · MODERNO Hotel realizzato rispettando la tradizione locale nell'utilizzo di pietra e legno, ma declinati in forme di design moderno con colori che spaziano dal grigio al sabbia; camere ampie e confortevoli, nonché zona benessere per rilassanti trattamenti. Nella bella stagione, si pranza nella sala Chianti affacciata sulla piscina; wine-bar pomeridiano e serale per aperitivi e generosi stuzzichini.

59 cam 🍽 – ♦70/240 € ♦♦80/350 € – 1 suite

località La Calvana 138, Ovest: 1,5 km – 𝒞 0577 73511
– www.compagniedeshotels.com – Aperto 19 dicembre-8 gennaio e 15 marzo-8 novembre

🏠 Il Borgo di Vescine 🐾 🦮 ≼ 🏡 🍸 ♿ 🅰🅺 🅿

CASA DI CAMPAGNA · TRADIZIONALE Conserva l'originaria struttura del paesino medievale, questo borgo composto da varie abitazioni di campagna con camere confortevoli, sala colazioni in terrazza ed, ultimamente, anche un percorso nel bosco. Per gli amanti del frutto della vite, appuntamento al bar-enoteca; sapori chiantigiani vanno, invece, in scena al ristorante.

28 cam 🖙 – ♦100/140 € ♦♦120/195 €

*località Vescine, Ovest: 6,5 km – ℰ 0577 741144 – www.vescine.it
– Aperto 1° aprile-31 ottobre*

🏠 Villa Sant'Uberto 🦮 ≼ 🏡 🍸 🐾 🅿

FAMILIARE · CLASSICO Immersa nel silenzio dei colli, un'antica casa patronale è stata convertita nell'attuale risorsa e dispone di camere spaziose: alcune più rustiche, altre quasi signorili. D'estate, godetevi la piacevolezza della terrazza-solarium panoramica sui colli.

12 cam 🖙 – ♦60/83 € ♦♦70/96 €

*località Sant'Uberto 33, Ovest: 6,8 km – ℰ 0577 741088 – www.villasantuberto.it
– Aperto 19 aprile-5 novembre*

a Lucarelli Nord-Ovest : 8 km ✉ 53017

🕸 Osteria Le Panzanelle 🛖

CUCINA TOSCANA · OSTERIA ⅹ Una cucina del territorio eseguita con gusto e generosità: paste fatte in casa e ottime carni, in una simpatica trattoria di paese informale e sbarazzina. Specialità: tagliatelle al ragù di agnello, cinghiale con le olive, crème caramel.

Carta 22/46 €

*località Lucarelli 29 – ℰ 0577 733511 – www.osteria.lepanzanelle.it
– Chiuso 15 gennaio-28 febbraio, 1 settimana in novembre e lunedì*

RADEIN → Vedere Redagno

RAGONE Ravenna → Vedere Ravenna

LETE E SORGESANA.

L'ECCELLENZA PRENDE FORMA.

Lete e Sorgesana: l'effervescente naturale
più amata dagli italiani e l'oligominerale
leggera e delicata, adesso in edizione
Premium sulle tavole dei migliori ristoranti.

CI PIACE...

Le diverse vocazioni de **I Banchi**: non solo ristorante! La promessa contenuta nell'insegna *"Giardino sul Duomo"*, per rilassarsi sul giardino pensile, intorno alla piccola piscina. Mistico confort nell'**Antico Convento dei Cappuccini** sulla punta di Ibla.

RAGUSA Sicilia

(RG) – ✉ 97100 – 73 313 ab. – Alt. 502 m – Carta regionale n° **17**-D3
Carta stradale Michelin 365-AX62

Ristoranti

✿✿ Locanda Don Serafino   🕉 🛱 🗚 🖒

CUCINA MODERNA · ROMANTICO XxX Appollaiata s'una collina avvolta dai Monti Iblei e capoluogo di provincia più a sud d'Italia, "la città dei ponti" è Patrimonio dell'Umanità Unesco ed una delle località più importanti del mondo per le testimonianze di arte barocca. Ma anche per la sua cucina, come quella della Locanda Don Serafino.

L'essenziale eleganza della sala mette in rilievo la straordinarietà dell'ubicazione del locale scavato nella roccia, mentre spetta a Vincenzo Candiano il compito di ricercare il meglio della produzione gastronomica isolana in un menu che coccola parimente terra e mare, mentre la carta di vini annovera almeno mille etichette provenienti da tutto il mondo.

Proverbiale la sua zuppa di pesce con crostoni di pane alle erbe aromatiche!
→ Spaghetti freschi neri con ricci, ricotta e seppia. Maialino nero da latte con "torrone" salato alla paprika, chinotto e ravanelli. Peccati di Montezuma.

Menu 55 € (pranzo)/155 € – Carta 95/160 €

*via Avv. Ottaviano 13, (Ibla) – ℰ 0932 248778 – www.locandadonserafino.it
– Chiuso 15 giorni in novembre, 15 giorni in gennaio, martedì dal 15 settembre al 15 luglio, i mezzogiorno di domenica, lunedì e martedì negli altri mesi*

✿✿ Duomo (Ciccio Sultano)   🕉 🗚 🛠 🖒

CUCINA CREATIVA · ELEGANTE XxX A pochi metri dal Duomo di San Giorgio, che imboccando la via si scorge sullo sfondo, all'interno del Palazzo La Rocca – lo stesso che fece da set al film "Divorzio all'italiana" con Marcello Mastroianni - in piccole ma eleganti sale, la cucina di Ciccio Sultano è una dichiarazione d'amore per la Sicilia.

I suoi piatti sono, infatti, una straordinaria carrellata di eccellenze del territorio, elaborati in ricette dove la semplicità è bandita, l'accostamento di sapori diversi e talvolta contrastanti esaltata, come nello spaghettone in salsa moresca con bottarga di tonno e succo di carote. Ciccio è un alchimista ai fornelli, colui che trasforma i prodotti (a volte anche un po' grezzi) in cibo, uno che utilizza tutti i cinque sensi con una propensione per il gusto e il tatto.

La cantina come una grande madre abbraccia tutto: la Sicilia, l'Italia e le grandi famiglie di vini francesi, importanti verticali di annate storiche, spumanti e champagne. Vini da meditazione!

→ Gnocco di ragusano, carbonara di seppia, pesce allo scoglio ai profumi di pistacchio. Pesce d' amo fumè al sale con pesto trapanese. Moakaffè.

Menu 45 € (pranzo in settimana)/195 € – Carta 94/142 €

via Cap. Bocchieri 31, (Ibla) – 𝒞 0932 651265 (consigliata la prenotazione) – www.cicciosultano.it – Chiuso 7 gennaio-28 febbraio, lunedì a mezzogiorno e domenica

⛊ La Fenice 🐾 ⅄ AC P

CUCINA CREATIVA · DESIGN XxX Circondati da pareti vetrate che si affacciano sul giardino dell'albergo, in un'atmosfera luminosa e minimalista, tutta l'attenzione si rivolge alla cucina che ricorre ai prodotti siciliani in preparazioni creative ed estrose.

→ Alalunga con gamberi rosa, topinambur con colatura di alici e sesamo, vinaigrette di mandarino e cipollotto verde. Pancetta di maialino stagionata alle spezie con salsa cruda di cetrioli, sedano, malva e frutta secca. Morbido di nocciole, limoni e frutta fresca.

Menu 65/90 € – Carta 54/88 €

Hotel Villa Carlotta, via Gandhi 3 – 𝒞 0932 604140 (consigliata la prenotazione) – www.lafeniceristorante.com – Chiuso domenica in novembre, gennaio, febbraio e marzo

⅋O I Banchi 🛖

CUCINA SICILIANA · BISTRÒ X Nei bassi del novecentesco Palazzo Di Quattro, nel cuore di Ibla, un locale che non si accontenta di esser ristorante, ma è anche panetteria e pasticceria dove oltre al pane e dolciumi è possibile acquistare prodotti alimentari regionali sceltissimi. La linea di cucina prevede elaborazioni accurate di piatti della tradizione e non solo, a cui si aggiungono - la sera - le pizze.

Menu 30 € (pranzo)/80 € – Carta 30/86 €

via Orfanotrofio 39, (Ibla) – 𝒞 0932 655000 – www.ibanchiragusa.it – Chiuso 7 gennaio-28 febbraio e giovedì escluso da luglio a settembre

Alberghi

Relais Antica Badia 🍽 🎎 ⊡ AC 🛁 P

DIMORA STORICA · ELEGANTE In un palazzo del 1700 accanto alla cattedrale, un'elegante residenza dai preziosi marmi e soffitti nobili, a cui fanno eco camere dalle intriganti personalizzazioni. Di recente apertura, il Truffle Bistrot dalla spiccata predilezione per le ricette della tradizione piemontese e siciliana.

12 cam ⌁ – ⅄120/200 € ⅄⅄150/250 €

corso Italia 115 – 𝒞 0932 247995 – www.relaisanticabadia.com

Il Barocco 🛏 ⊡ ⅄ AC 🛁

FAMILIARE · CLASSICO Si apre attorno ad una corte lastricata, quest'immobile di fine '800 nato come falegnameria e riconvertito poi in albergo: affreschi su alcune pareti e arredi in arte povera, ad eccezione dell'ultima camera creata, in stile più moderno. A disposizione degli ospiti, alcuni pass per posteggiare l'auto ad Ibla.

16 cam ⌁ – ⅄50/65 € ⅄⅄70/125 € – 1 suite

via S. Maria La Nuova 1, (Ibla) – 𝒞 0932 663105 – www.ilbarocco.it

🏠 Villa Carlotta 🛏 🚪 ⅄ 🛗 ⅄ AC 🛁 P

BUSINESS · MODERNO In una cornice di macchia mediterranea, tra carrubi e olivi secolari, l'albergo è frutto del restauro e trasformazione di una fattoria dell'Ottocento in moderno hotel di design minimalista.

25 cam ⌁ – ⅄95/145 € ⅄⅄115/190 €

via Gandhi 3 – 𝒞 0932 604140 (consigliata la prenotazione) – www.villacarlottahotel.com

⛊ **La Fenice** – Vedere selezione ristoranti

Antico Convento dei Cappuccini

DIMORA STORICA • MINIMALISTA Splendidamente ubicato all'interno dei giardini iblei, il convento d'inizio Seicento che vi ospiterà è uno dei pochi edifici sopravvissuti al terremoto del 1693. Alloggerete nelle antiche celle dei cappuccini, trasformate in camere non particolarmente grandi e dagli arredi sobri, affacciate sulla valle, sul chiostro o sul giardino. I pasti sono serviti nell'ex refettorio, ornato di affreschi ottocenteschi; piatti siciliani e possibilità di frequentare corsi di cucina.

16 cam – †55/65 € ††90/140 €

viale Margherita 41 ✉ 97100 Ragusa – ✆ 0932 686750 – www.anticoconventoibla.it – Chiuso gennaio

Locanda Don Serafino

DIMORA STORICA • PERSONALIZZATO Piccola bomboniera a due passi dal Duomo, la locanda nasce dal restauro di un palazzo ottocentesco: pochi spazi comuni, ma tutti sprigionanti un fascino particolare. Il ristorante omonimo dista circa 500 metri a piedi.

11 cam – †100/240 € ††120/299 €

via XI Febbraio 15, (Ibla) – ✆ 0932 220065 – www.locandadonserafino.it

Sabbinirica

STORICO • PERSONALIZZATO Non lontano da raggiungere dal parcheggio di via Ottaviano (da cui verrete prelevati e accompagnati), ma già nel cuore dell'antica Ibla, in un palazzo di fine Seicento, le camere paiono scavate nella roccia - alcune con vista - splendide piastrelle, arredi e spalliere d'epoca.

6 cam – †73/108 € ††93/128 €

via Mons. Iacono 49 – ✆ 0932 228138 – www.sabbinirica.com

Giardino sul Duomo

FAMILIARE • MODERNO Nel cuore di Ibla, due sono i privilegi che fanno il vanto di questa piccola struttura ricettiva. 1. E' uno dei pochi palazzi a possedere un giardino con frutteto e piscina. 2. La piccola terrazza solarium dalla quale la straordinaria vista - soprattutto la sera con la città illuminata - spazia dalla cupola del Duomo a Ragusa alta. Nelle camere arredi moderni.

12 cam – †60/90 € ††75/115 €

Via Capitano Bocchieri 24, (Ibla) – ✆ 0932 682157 – www.giardinosulduomo.it

verso Marina di Ragusa Sud-Ovest : 14 km

Eremo della Giubiliana

STORICO • TRADIZIONALE Immerso nello splendido paesaggio rurale dei muretti a secco, senza uscire dalla proprietà troverete una sequela di testimonianze di duemila anni di storia: un ipogeo romano, la necropoli paleocristiana, il monastero quattrocentesco, un romantico hortus conclusus con piscina e una corte con fontana in stile arabo. Le camere propongono un'eleganza sobria con arredi d'epoca, tre con terrazza.

17 cam – †206/431 € ††206/431 € – 4 suites

contrada Giubiliana ✉ 97100 Ragusa – ✆ 0932 669119 – www.eremodellagiubiliana.it

Poggio del Sole

BUSINESS • FUNZIONALE Hotel moderno in posizione stradale all'uscita da Ragusa, si propone come un'ottima risorsa per una clientela che necessita di spostarsi frequentemente e predilige camere ampie e moderne.

65 cam – †60/90 € ††80/160 € – 3 suites

strada provinciale 25 Ragusa/Marina km 5,700 ✉ 97100 Ragusa – ✆ 0932 668521 – www.poggiodelsoleresort.it

strada per Santa Croce Camerina Sud-Ovest : 25 km

🏠 Antica Locanda Del Golf 🐾 ⪕ 🛏 ⌕ 🖼 ⅃ 🎨 🚭 🅿

CASA DI CAMPAGNA · MODERNO All'interno dell'antico feudo tutt'oggi appartenente alla nobile famiglia Arezzo, le camere sono il risultato di un attento recupero architettonico delle vecchie guest house che il marchese era solito mettere
a disposizione dei suoi ospiti per le battute di caccia. Per raggiungere la sala
colazione sarà necessaria una passeggiata o la macchina - se non richiedete che
vi venga servita in camera - ma la distanza è ripagata da un contesto naturalistico straordinario, nonché camere ampie ed eleganti.

12 cam ♁ – ♦100/120 € ♦♦120/200 €

*strada Provinciale 19, contrada Piombo ✉ 97100 Ragusa – ℰ 0932 186 5180
– www.anticalocandadelgolf.it – Chiuso gennaio-febbraio*

RAITO Salerno ➜ Vedere Vietri sul Mare

RANCIO VALCUVIA

Varese – ✉ 21030 – 902 ab. – Alt. 296 m – Carta regionale n° **9**-A2
Carta stradale Michelin 561-E8

🍴 Gibigiana 🍴 ⌂ 🅿

CUCINA REGIONALE · FAMILIARE La grande griglia troneggia in mezzo alla
sala principale, preludio di quanto sarà servito in tavola: specialità locali e alla
brace, nonché gli gnocchi alla Gibigiana o lo zabaione al Marsala con gelato artigianale alla vaniglia.

🍴 Menu 20/25 € – Carta 20/49 €

via Roma 19 – ℰ 0332 995085 – Chiuso 1°-15 agosto e martedì

RANCO

Varese (VA) – ✉ 21020 – 1 314 ab. – Alt. 214 m – Carta regionale n° **9**-A2
Carta stradale Michelin 561-E7

🍴 Il Sole di Ranco 🐾 ⪕ 🛏 ⌂ 🖼 ⌂ 🅿

CUCINA CREATIVA · ELEGANTE ❀❀ Ambiente in stile contemporaneo con contaminazioni classiche, stupende terrazze con vista lago, nonché delizioso giardino
d'inverno per una cucina, che intreccia tradizione e modernità, nel rispetto e
nella riscoperta dei prodotti del territorio.

Menu 50/100 € – Carta 55/130 €

*Hotel Il Sole di Ranco, piazza Venezia 5 – ℰ 0331 976507 – www.ilsolediranco.it
– Chiuso 23 dicembre-10 febbraio, lunedì e martedì a mezzogiorno; anche martedì
sera in estate*

🏠 Il Sole di Ranco 🐾 ⪕ 🛏 ⅃ 🎵 🖂 🖼 🅿

BOUTIQUE HOTEL · PERSONALIZZATO La risorsa non è molto grande, ma fa di
questo "raccoglimento" il proprio punto di forza. La posizione elevata, fronte lago con
giardino, si fa complice nel creare quell'atmosfera incantata che affascinerà l'ospite. E
la magia continua poi negli ambienti interni, nonché nelle camere più o meno spaziose: qualcuna con bagni in marmo di Carrara, altre con arredi in antico stile lombardo.
Tutte, comunque, di una bellezza abbagliante: non per niente si chiama il Sole!

14 cam ♁ – ♦170/250 € ♦♦190/300 €

piazza Venezia 5 – ℰ 0331 976507 – www.ilsolediranco.it – Chiuso 23 dicembre-10 febbraio
🍴 **Il Sole di Ranco** – Vedere selezione ristoranti

🏠 Belvedere ⌂ 🐾 ⪕ 🛏 🎵 🖂 ⅃ 🖼 🧖 🅿

TRADIZIONALE · ACCOGLIENTE In centro e contemporaneamente a pochi passi
dal lago, l'hotel offre ai suoi ospiti un'atmosfera familiare ed ampie camere arredate con mobili in legno chiaro. Dalla cucina: specialità di lago, piatti rivisitati in
chiave moderna e una lunga tradizione (dal 1865!) nel campo della ristorazione.

12 cam ♁ – ♦93/115 € ♦♦120/165 €

*via Piave 11 – ℰ 0331 975260 – www.hotelristorantebelvedere.it
– Chiuso 24 dicembre-7 febbraio*

🏠 Conca Azzurra ⌂ 🕭 ← 🛏 ⅄ 🕸 🦯 🖭 🆑 P

TRADIZIONALE · BORDO LAGO Un albergo di tono classico con una buona offerta di servizi, tra cui un moderno centro benessere, e camere accoglienti (tutte dotate di balcone o terrazzo). Ideale per chi vuole approfittare di un rilassante soggiorno in riva al lago.

29 cam ♙ – †80/100 € ††90/160 €

via Alberto 53 – ℰ 0331 976526 – www.concazzurra.it
– Chiuso 3 gennaio-13 febbraio

RANDAZZO Sicilia

Catania – ✉ 95036 – 10 900 ab. – Alt. 765 m – Carta regionale n° **17**-D2
Carta stradale Michelin 365-AY56

🍴○ Veneziano 🛏 🕾 ← 🖭 P

CUCINA SICILIANA · CONTESTO TRADIZIONALE ✕✕ Sono i funghi i padroni assoluti della cucina, che qui, alle pendici dell'Etna, si trovano con facilità. Piatti locali, quindi, e un servizio familiare serio ed efficiente in sale che rinnovano con buon gusto la tradizione di un antico palmento.

Menu 30 € (cena)/40 € – Carta 24/71 €

contrada Arena, strada statale 120 km 187, Est: 2 km – ℰ 095 799 1353
– www.ristoranteveneziano.it – Chiuso lunedì, anche domenica sera in inverno

RANZO

Imperia – ✉ 18020 – 556 ab. – Alt. 300 m – Carta regionale n° **8**-A2
Carta stradale Michelin 561-J6

🍴○ Il Gallo della Checca 🕸 🕾 P

CUCINA REGIONALE · ACCOGLIENTE ✕✕ Ristorante-enoteca che offre interessanti proposte gastronomiche sull'onda di una cucina prevalentemente regionale. In sala bottiglie esposte ovunque: cantina di buon livello.

Menu 30/45 € – Carta 35/98 €

località Ponterotto 31, Est: 1 km – ℰ 0183 318197 (consigliata la prenotazione)
– www.ilgallodellacheccaranzo.it – Chiuso lunedì

RAPALLO

Genova (GE) – ✉ 16035 – 29 796 ab. – Carta regionale n° **8**-C2
Carta stradale Michelin 561-I9

🍴○ Le Cupole ← 🛏 🕾 ← 🖭 P

CUCINA MODERNA · LUSSO ✕✕✕ Se leggendo il nome di questo ristorante, immaginate un roof garden con vista mozzafiato sul Promontorio di Portofino: ebbene, avete indovinato! Al decimo piano del Grand Hotel Bristol, la cucina abbraccia tutto lo Stivale, ma riserva un occhio di riguardo alle specialità regionali con qualche ben riuscita rivisitazione moderna.

Carta 58/102 €

Grand Hotel Bristol, via Aurelia Orientale 369, 1,5 km per La Spezia
– ℰ 0185 273313 – www.lecupole.eu – solo a cena

🏨 Excelsior Palace Hotel ⌂ 🕭 ← ⅄ 🖾 🕮 🕸 🖁 🦯 🖭 🆑 🏄 🚗

GRAN LUSSO · LUNGOMARE Un "grande albergo": non solo per le sue dimensioni, ma in quanto punto di riferimento per il bel mondo internazionale, splendida cornice per vacanze in ambienti eleganti ed accoglienti, nelle raffinate camere o nelle splendide suite sul mare. La proposta culinaria dispone di due ristoranti e altrettanti bar. Inoltre a disposizione uno stabilimento balneare privato con piscine, nonché gazebo per i massaggi all'aria aperta.

103 cam ♙ – †163/775 € ††199/965 € – 16 suites

via San Michele di Pagana 8 – ℰ 0185 230666 – www.excelsiorpalace.it

🏨 Grand Hotel Bristol   🎾 ⪕ 🛏 ⅃ 🕸 🕼 🖨 ⚙ 🅰🅲 🛋 🚗

LUSSO · PERSONALIZZATO Storico albergo frontemare - rinnovato in anni recenti - con ambienti comuni moderni, camere spaziose ed un iper moderno centro benessere.

77 cam ⤢ - ♦70/220 € ♦♦80/480 € – 6 suites

via Aurelia Orientale 369, 1,5 km per La Spezia – ℰ 0185 273313
– www.grandhotelbristol.it

⇅○ **Le Cupole** – Vedere selezione ristoranti

🏨 L'Approdo   ⪕ 🖨 🅰🅲 🅿

FAMILIARE · MINIMALISTA Ambienti moderni e camere minimaliste in una struttura dalla seria ed affidabile gestione familiare. Il panorama dalle stanze dell'ultimo piano non delude mai!

32 cam ⤢ - ♦75/240 € ♦♦75/240 €

via Pagana 160, località San Michele di Pagana, per S. Margherita Ligure
– ℰ 0185 234568 – www.approdohotel.it – Aperto Pasqua-15 ottobre

🏨 Riviera   ⪕ 🖨 🅰🅲 🛋

FAMILIARE · LUNGOMARE Struttura d'epoca, completamente rinnovata, affacciata sul mare, dotata di ampi e luminosi ambienti. Buon livello delle camere e del servizio.

20 cam ⤢ - ♦60/195 € ♦♦70/210 € – 3 suites

piazza 4 Novembre 2 – ℰ 0185 50248 – www.hotelrivierarapallo.com – Chiuso
1° novembre-10 dicembre

RAPOLANO TERME
Siena – ✉ 53040 – 5 249 ab. – Alt. 334 m – Carta regionale n° **18**-C2
Carta stradale Michelin 563-M16

⇅○ Osteria Il Granaio   🏡 ⅃ 🅰🅲

CUCINA CLASSICA · CONTESTO TRADIZIONALE ✗✗ Nel centro storico di Rapolano, si chiama osteria ma in realtà è un ristorante dalle eleganti sale sotto gli archi in mattoni di un palazzo di origini seicentesche. In carta troverete specialità toscane, dai pici con vari condimenti al peposo, nonché una selezione di piatti di pesce.

Carta 29/98 €

via dei Monaci – ℰ 0577 726975 – www.osteriailgranaio.it – Chiuso
15 gennaio-20 febbraio, martedì e mercoledì

🏨 2 Mari   🎾 🛏 ⅃ 🔳 🕸 🖨 🅰🅲 🍽 🛋 🅿

TRADIZIONALE · CLASSICO Ambienti accoglienti e funzionali in questo hotel dalla capace gestione familiare. All'esterno un bel giardino custodisce la piscina, mentre nel centro benessere si usano prodotti home made. Menu regionali presso la luminosa sala ristorante.

56 cam ⤢ - ♦60/82 € ♦♦80/130 €

via Giotto 1, località Bagni Freddi – ℰ 0577 724070 – www.hotel2mari.com
– Chiuso 19 maggio-20 giugno

🏨 Villa Buoninsegna   ⪕ 🛏 ⅃ 🅰🅲 🅿

DIMORA STORICA · TRADIZIONALE Una poderosa villa del 1600 al centro di una vastissima proprietà, le cui ampie camere - arredate con mobili antichi - si affacciano sul salone del piano nobile. La struttura dispone di due piscine all'aperto e di vasti percorsi per escursioni.

9 cam ⤢ - ♦90/100 € ♦♦98/125 €

località La Buoninsegna, Sud-Est : 5 km – ℰ 0577 724380
– www.buoninsegna.com – Aperto 1° aprile-5 novembre

RASEN ANTHOLZ → Vedere Rasun Anterselva

RASUN ANTERSELVA RASEN ANTHOLZ
Bolzano (BZ) – ✉ 39030 – 2 853 ab. – Alt. 1 030 m – Carta regionale n° **19**-C1
Carta stradale Michelin 562-B18

ad Anterselva di Mezzo (BZ) – ⊠ 39030 – Alt. 1 100 m

🏨 **Santéshotel** ⟨icons⟩ 🄿

FAMILIARE · STILE MONTANO Struttura caratterizzata da una gestione attenta alle esigenze dei "grandi" come dei più piccoli, capace inoltre di mantenersi sempre al passo con i tempi. Piccola e intima stube per apprezzare una genuina cucina del territorio.

26 cam ⌑ – †60/140 € ††95/180 € – 2 suites

ad Anterselva di Mezzo, via St. Georg 11 – 𝒞 0474 492130 – www.santeshotel.it
– Aperto 24 dicembre-Pasqua e 1° maggio-31 ottobre

RASTIGNANO Bologna → Vedere Pianoro

RATSCHINGS → Vedere Racines

RAVALLE Ferrara → Vedere Ferrara

RAVARINO

Modena (MO) – ⊠ 41017 – 6 233 ab. – Alt. 23 m – Carta regionale n° **5**-B2
Carta stradale Michelin 562-H15

⅋○ **Il Grano di Pepe** 🆕 ⟨icons⟩

CUCINA MEDITERRANEA · INTIMO 🛇 Sono piccoli sia la sala sia la carta, ma non certo la qualità, anzi! Lo chef-patron racconta, con stile semplice e moderno, la sua Sicilia ed in generale la cucina mediterranea: predilezione per il pesce, spesso proveniente dall'isola natia, ma non solo. Un ottimo approdo a circa un quarto d'ora da Modena.

Carta 57/84 €

via Roma 178/a – 𝒞 059 905529 (prenotazione obbligatoria a mezzogiorno)
– www.ilgranodipepe.it – Chiuso 2 settimane in gennaio, 2 settimane in agosto e lunedì

RAVASCLETTO

Udine – ⊠ 33020 – 536 ab. – Alt. 950 m – Carta regionale n° **6**-B1

🏨 **La Perla** ⟨icons⟩ 🄿

TRADIZIONALE · CLASSICO Ottima gestione, giunta ormai alla terza generazione: l'albergo si segnala per la completezza dei servizi che comprendono - oltre al centro benessere - anche la ristorazione, curata e con ampio spazio dedicato alle golosità della Carnia.

38 cam ⌑ – †42/62 € ††80/168 € – 3 suites

via Santo Spirito 43 – 𝒞 0433 66039 – www.hotellaperla-carnia.it – Chiuso aprile e novembre

RAVELLO

Salerno (SA) – ⊠ 84010 – 2 490 ab. – Alt. 350 m – Carta regionale n° **4**-B2
Carta stradale Michelin 564-F25

🕸 **Rossellinis** ⟨icons⟩

CUCINA MODERNA · LUSSO XxxX Elegante e sofisticato nelle sale interne, ma l'appuntamento imperdibile è con la terrazza estiva affacciata su uno degli scorci più suggestivi della costiera amalfitana: tra mare e monti sembra veramente di spiccare il volo. La cucina cambia "pelle", ma resta di altissima qualità con un nuovo chef campano che interpreta il territorio con attenzione e volontà di mantenere al top il livello di prodotti ed esecuzioni.

→ Ravioli in farcia di pollo alla cacciatora, crema di cavolo nero e funghi. Maialino nero casertano con pesto di fichi , papaccelle e salsa alla senape. Mela verde, ganache di cioccolato bianco, crema di limone e mela verde candita.

Menu 130/150 € – Carta 110/155 €

Hotel Palazzo Avino, via San Giovanni del Toro 28 – 𝒞 089 818181 (consigliata la prenotazione) – www.palazzoavino.com – solo a cena – Aperto 1° aprile-20 ottobre

⅋○ Belvedere Restaurant   ⛓ 🏠 AK ⅋ ↔

CUCINA MODERNA · LUSSO XxxX Sulla spettacolare ed elegantissima terrazza affacciata sul Mediterraneo o nell'altrettanto elegante sala interna, quando il clima è un po' più rigido, saranno piatti mediterranei a soddisfare il vostro appetito. Per chi ricerca, invece, qualcosa di più "leggero" e mondano - da poco, la sera - va in scena il "bubbles bar".

Menu 56/92 € - Carta 69/129 €

Hotel Belmond Caruso, piazza San Giovanni del Toro 2 - ℰ 089 858801
- www.belmond.com - Aperto inizio aprile-fine ottobre

⅋○ Il Flauto di Pan   ⅋⅋ ≼ ⛓ 🏠 ⌿ AK ⅋ ↔

CUCINA CREATIVA · ROMANTICO XxX Come rapita dal canto delle sirene, la cucina si lascia cullare dal mare, non scevra di prodotti e colori campani; all'interno di uno straordinario parco a strapiombo sul mare, la terrazza estiva del ristorante è uno degli angoli più romantici della costiera.

Menu 80/160 € - Carta 82/146 €

Hotel Villa Cimbrone, via Santa Chiara 26 - ℰ 089 857459
- www.hotelvillacimbrone.it - Aperto 18 aprile-31 ottobre; chiuso domenica a mezzogiorno

🏨 Belmond Hotel Caruso   ⅋ ≼ ⛓ ⌿ ⅃ₐ ⊡ AK ⌂

DIMORA STORICA · GRAN LUSSO Vivere tra cielo e mare, succede nell'incantevole Ravello, così accade al *Caruso*, abbarbicato com'è nella parte alta della località, fa del panorama a strapiombo sulla costiera amalfitana il proprio dna: camere perfette, infinity pool e moderno centro benessere.

41 cam ⌂ - †720/817 € ††920/1844 € - 9 suites

piazza San Giovanni del Toro 2 - ℰ 089 858801 - www.belmond.com
- Aperto inizio aprile-fine ottobre

⅋○ **Belvedere Restaurant** - Vedere selezione ristoranti

🏨 Palazzo Avino   ⌂ ⅋ ≼ ⛓ ⌿ ⊕ 𝕟 ⅃ₐ ⊡ ⅋ AK ⌂⅋ ⌂

GRAN LUSSO · ELEGANTE Senza dubbio uno dei migliori alberghi della costiera: grande eleganza e servizio di livello eccellente, ambienti comuni raffinati, stanze perfette, panorama mozzafiato. E giù - a mare - anche la spiaggia. Leggere proposte culinarie al ristorante Caffè dell'Arte, da gustare in una distinta saletta o in terrazza.

33 cam ⌂ - †400/740 € ††650/1150 € - 10 suites

via San Giovanni del Toro 28 - ℰ 089 818181 - www.palazzoavino.com - Aperto 1° aprile-20 ottobre

❀ **Rossellinis** - Vedere selezione ristoranti

🏨 Villa Cimbrone   ⌂ ⅋ ≼ ⛓ ⌿ ⅃ₐ ⊡ AK ⌂⅋

DIMORA STORICA · ROMANTICO Dimora patrizia del XII sec e hotel di lusso: due anime per una villa che offre intense suggestioni, sia per la posizione - su un costone dominante il mare - sia per lo spessore della sua storia. Senza dimenticare che si trova all'interno dell'omonimo parco, uno dei più belli e panoramici d'Italia!

17 cam ⌂ - †286/682 € ††385/880 € - 2 suites

via Santa Chiara 26 - ℰ 089 857459 - www.hotelvillacimbrone.it
- Aperto 18 aprile-31 ottobre

⅋○ **Il Flauto di Pan** - Vedere selezione ristoranti

🏨 Rufolo   ⌂ ⅋ ≼ ⛓ ⌿ 𝕟 ⅃ₐ ⊡ AK ⌂⅋ ⌂

TRADIZIONALE · ELEGANTE Nel centro storico con panorama sul golfo e su Villa Rufolo, la struttura dispone di camere curate e di una bella piscina inserita nell'ampio giardino. Ultimo, ma non ultimo, il ristorante Sigilgaida, che offre oltre ad una valida cucina anche un bel panorama.

35 cam ⌂ - †190/250 € ††250/430 €

via San Francesco 1 - ℰ 089 857133 - www.hotelrufolo.it - Chiuso gennaio e febbraio

Villa Fraulo   ⌂ ≤ ⊼ ⍟ ⊡ & AC ⌖ P

TRADIZIONALE · ELEGANTE Si presenta con luminose camere di taglio signorile
e contemporaneo, tutte con bella vista, questa deliziosa risorsa con terrazza-
ristorante e cucina del territorio.

26 cam ⌸ – ♦207/452 € ♦♦259/566 € – 5 suites

*via S. Giovanni del Toro 6 – ℰ 089 858283 – www.villafraulo.com – Aperto
1° aprile-3 novembre*

 Giordano   ⌖ ⍟ ⊼ ⊡ AC ⌖ ⌂ P

DIMORA STORICA · PERSONALIZZATO A pochi passi dalla piazza, nella direzione di Villa Cimbrone, facilmente raggiungibile in auto e dotato di parcheggio,
palazzotto di fine '800 con camere funzionali e grazioso giardino.

33 cam ⌸ – ♦200/330 € ♦♦200/330 €

via Trinità 14 – ℰ 089 857255 – www.giordanohotel.it – Aperto 1° aprile-31 ottobre

 Villa Maria   ⌂ ⍟ ≤ ⌂ AC ⌖ P

FAMILIARE · ACCOGLIENTE Struttura signorile ubicata in una zona tranquilla del
paese e raggiungibile soltanto a piedi (il parcheggio è molto vicino). Dotata di
un'elegante zona soggiorno comune. Servizio ristorante estivo sotto un pergolato
con una stupefacente vista di mare e costa.

23 cam ⌸ – ♦260/370 € ♦♦260/370 €

via Santa Chiara 2 – ℰ 089 857255 – www.villamaria.it

sulla costiera amalfitana Sud : 6 km

 Marmorata   ⌂ ⍟ ≤ ⊼ ⌂ ⌂ ⊡ AC ⌖ ⌂ P

TRADIZIONALE · LUNGOMARE Arroccato sugli scogli, ma con discesa privata a
mare, albergo ricavato dall'abile ristrutturazione di un'antica cartiera: arredi in
stile vecchia marina e deliziosa piscina con idromassaggio. Cucina mediterranea
e specialità ittiche nella sala ristorante o sulle terrazze con lo sciabordio delle
onde come sottofondo.

40 cam ⌸ – ♦150/260 € ♦♦160/360 €

*via Bizantina 3, località Marmorata ✉ 84010 – ℰ 089 877777 – www.marmorata.it
– Aperto 17 aprile-2 novembre*

 Villa San Michele   ⌂ ⍟ ≤ ⌂ ⌂ AC P

FAMILIARE · LUNGOMARE Hotel letteralmente affacciato sul mare, a ridosso
degli scogli, inserito in un verde giardino. In perfetta armonia con la natura: per
un soggiorno dalle forti emozioni.

12 cam ⌸ – ♦120/230 € ♦♦120/230 €

*via Carusiello 2 ✉ 84010 – ℰ 089 872237 – www.hotel-villasanmichele.it
– Aperto 6 marzo- 2 novembre*

Fascinadora/iStock

CI PIACE...

Un tuffo nel passato con gli oggetti e le suppellettili dell'**Antica Trattoria al Gallo 1909**. Lo stile "Ventimila leghe sotto i mari" del ristorante **L'Acciuga**. Il design e l'antico portale thailandese del bed & breakfast **Santa Maria Foris**.

RAVENNA

(RA) – ✉ 48121 – 159 116 ab. – Carta regionale n° **5**-D2
Carta stradale Michelin 562-I18

Ristoranti

ᵗᴵ○ **Antica Trattoria al Gallo 1909** ✿

CUCINA CLASSICA · VINTAGE XX Facente parte dei "Locali Storici d'Italia", un riferimento ineludibile nel panorama della ristorazione ravennate: trattoria solo nel nome, un tripudio di decorazioni liberty vi attende al suo interno, insieme ad una schietta cucina regionale. Per i fumatori oltre al salottino del primo piano, c'è anche un minuscolo giardinetto.

Carta 31/53 €

Pianta: A1-t – *via Maggiore 87 ✉ 48121*
– *𝒞 0544 213775 – www.algallo1909.it*
– *Chiuso 23 dicembre-7 gennaio, domenica sera, lunedì e martedì*

ᵗᴵ○ **L'Acciuga** ♿ AC

PESCE E FRUTTI DI MARE · RUSTICO X Il nome lascia intuire la linea di cucina del locale: di mare, con una doppia formula. A pranzo c'è la carta, mentre - la sera - si propone un singolo menu degustazione arricchito da alcune alternative. Sempre presenti, le ottime acciughe!

🍴 Menu 25 € (pranzo)/48 € – Carta 38/64 €

Pianta: A1-g – *viale Francesco Baracca, 74 ✉ 48121*
– *𝒞 0544 212713 – www.osterialacciuga.it*
– *Chiuso 12-19 agosto, domenica sera e lunedì*

ᵗᴵ○ **Osteria del Tempo Perso** ❀ ☂ AC

PESCE E FRUTTI DI MARE · DI QUARTIERE X Insospettabile cucina di mare in un piccolo ristorante del centro dall'ambiente rustico personalizzato con luci soffuse, sottofondo jazz, tanti libri, bottiglie di vino, foto in bianco e nero.

Carta 34/58 €

Pianta: A1-e – *via Gamba 12 ✉ 48121*
– *𝒞 0544 215393 – www.osteriadeltempoperso.it*
– *solo a cena escluso sabato, domenica e giorni festivi*

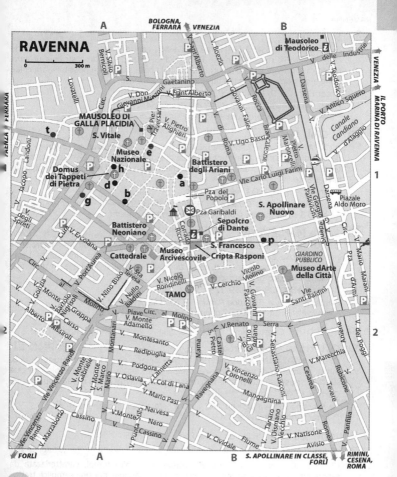

Alberghi

🏨 **Palazzo Bezzi** 〽️ 🔁 ♿ 🅰🅲

LUSSO · ELEGANTE A due passi dal centro, adiacente la Basilica di Sant'Apollinare Nuovo, l'albergo si apre su interni di moderna eleganza, con parquet e arredi
in wengè nelle camere dalle tinte sobrie. All'ultimo piano, una piccola terrazza-
solarium panoramica.

32 cam 🛏️ - 👤49/189 € 👥👥59/199 €

Pianta: B1-2-p – *via Di Roma 45 ✉️ 48121 – ✆ 0544 36926 – www.palazzobezzi.it*

🏨 **Cappello** 〽️ 🔁 🅰🅲 🏂

STORICO · PERSONALIZZATO La tradizione popolare racconta che qui vi nacque
Francesca da Polenta, moglie di Gianciotto Malatesta, la sventurata amante della
commedia dantesca. E' un piacere, quasi un privilegio, essere ospiti di una risorsa
così elegante e signorile. Pezzi di design convivono nelle belle camere con affreschi e soffitti a cassettoni: stanze piacevolmente decorate in diversi colori che ne
hanno ispirato i loro nomi di fantasia: Oro Verde, Sogno Amaranto, Gemma Gialla...

5 cam 🛏️ - 👤99/189 € 👥👥99/189 € – 2 suites

Pianta: A1-a – *via IV Novembre 41 ✉️ 48121 – ✆ 0544 219813 – www.albergocappello.it*

🏠 S. Andrea

FAMILIARE · CLASSICO Nel cuore dell'antico centro storico, in una zona tranquilla a soli 150 m dalla famosa Basilica di S. Vitale, S. Andrea sfoggia un'aura più da casa privata che da albergo. Durante la bella stagione è possibile fare colazione e rilassarsi nel giardino interno, fiorito, silenzioso.

12 cam ⌑ – †59/119 € ††99/159 € – 1 suite

Pianta: A1-d – *via Cattaneo 33* ✉ *48121* – ✆ *0544 215564*
– *www.santandreahotel.com* – *Aperto 1° marzo-25 novembre*

🏠 M Club Deluxe

DIMORA STORICA · PERSONALIZZATO Bella risorsa a brevissima distanza dalla Basilica di San Vitale, ricavata nella casa di famiglia risalente al XV secolo: dettagli di pregio, mobili d'antiquariato, nonché svariati quadri e stampe formano un interessante insieme.

5 cam ⌑ – †70/120 € ††90/130 €

Pianta: A1-h – *piazza Baracca 26* ✉ *48121* – ✆ *333 955 6466* – *www.m-club.it*
– *Chiuso 3 settimane in febbraio e 3 settimane in novembre*

🏠 Santa Maria Foris

LUSSO · DESIGN Bella casa nel centro della città, in grado di offrire camere spaziose, lussuose e stilose grazie all'estro dell'architetto che l'ha ridisegnata. Lampadari preziosi, grandi specchi, terrazzino per le colazioni estive e, in generale, un elegante gioco di chiaroscuri.

11 cam – †69/129 € ††69/129 € – ⌑ 10 €

Pianta: A1-b – *via Giuseppe Pasolini 61* ✉ *48121* – ✆ *0544 212163*
– *www.villaforis.it* – *Chiuso 7 gennaio-28 febbraio*

a San Michele Ovest: 8 km direzione Bologna A1 ✉ 48124 – Ravenna

🍴 Osteria al Boschetto

CUCINA ITALIANA · ACCOGLIENTE XX Non lontano dal casello autostradale di S. Vitale, all'interno di una palazzina d'inizio '900, locale assai gradevole con due salette disposte su due piani ed un fresco dehors estivo. Cucina di varia ispirazione.

Carta 43/71 €

via Faentina 275 – ✆ *0544 414312* – *www.ristorantealboschetto.it* – *Chiuso 1°-14 settembre e giovedì*

a Ragone Sud-Ovest: 15 km direzione Forlì A2 ✉ 48125

🍴 Trattoria Flora

CUCINA REGIONALE · FAMILIARE X Atmosfera di altri tempi, caratterizzata da sapori autentici e nel rispetto della tradizione romagnola, per una semplice trattoria, grande nel gusto. I nostri preferiti: tagliolino al tartufo - faraona alla cacciatora - zuppa inglese.

🍽 Menu 13 € – Carta 19/39 €

via Ragone 104 – ✆ *0544 534044* – *solo a cena escluso sabato, domenica e giorni festivi* – *Chiuso 5-25 agosto e mercoledì*

RAVINA Trento → Vedere Trento

RECANATI

Macerata (MC) – ✉ 62019 – 21 349 ab. – Alt. 293 m – Carta regionale n° **11**-C2
Carta stradale Michelin 563-L22

🍴 Cafè Opera

CUCINA CLASSICA · DESIGN XX Piacevole sosta nella moderna sala dove la cucina marchigiana viene reinterpretata con fantasia e creatività da un giovane e capace chef.

Menu 30 € – Carta 26/45 €

Gallery Hotel Recanati, via Falleroni 85 – ✆ *071 981914* – *www.ghr.it* – *solo a cena*

Gallery Hotel Recanati ⩽ 🖃 ⅃ AC ⅃Å P

STORICO · MODERNO Nato dall'accurato restauro di un seicentesco palazzo nobiliare del centro storico (in seguito diventato seminario e scuola), un hotel che coniuga modernità e recupero di parti storiche.

63 cam ⌧ – ♥55/199 € ♥♥89/199 € – 5 suites

via Falleroni 85 – ☎ 071 981914 – www.ghr.it

⇅○ **Cafè Opera** – Vedere selezione ristoranti

RECCO

Genova – ✉ 16036 – 9 752 ab. – Carta regionale n° **8**-C2
Carta stradale Michelin 561-I9

⇅○ **Da ö Vittorio** ⠿ 🏠 ⇔ P

PESCE E FRUTTI DI MARE · VINTAGE ✕✕ Piatti liguri e specialità ittiche in uno dei Locali Storici d'Italia composto da due piacevoli sale: una di tono rustico-elegante, l'altra più sobria. C'è anche l'alternativa dell'Antica Osteria del Vastato che propone, su lavagna giornaliera, piatti facili ed economici. Proverbiale la focaccia!

⊛ Menu 25/50 € – Carta 21/63 €

via Roma 160 – ☎ 0185 74029 – www.daovittorio.it

⇅○ **Manuelina** ⇦ �ⓜ 🏠 AC ⅃Å P

CUCINA REGIONALE · CONVIVIALE ✕✕ Sono pochi i locali che possono competere con la lunga tradizione gastronomica di Manuelina: più di 125 anni di cucina ligure, ricerca di ricette che seguono le stagioni, rivalutazione dei prodotti autoctoni e scrupolosa selezione delle materie prime. Difficile stargli al passo!

⊛ Menu 23/64 € – Carta 41/77 €

23 cam ⌧ – ♥80/150 € ♥♥100/220 €

via Roma 296 – ☎ 0185 74128 – www.manuelina.it
– Chiuso gennaio e mercoledì

RECOARO TERME

Vicenza – ✉ 36076 – 6 453 ab. – Alt. 450 m – Carta regionale n° **23**-B2
Carta stradale Michelin 562-E15

 Trettenero ✿ 🐾 �ⓜ 𝌗 🖃 ⅃ P

STORICO · PERSONALIZZATO Sorto all'inizio dell'Ottocento, prende il nome dal suo fondatore. Si distingue per l'originalità dei decori, per gli ampi spazi a disposizione e per il piccolo parco. Molto capiente la sala da pranzo: colpisce per l'altezza del soffitto e per le decorazioni.

58 cam ⌧ – ♥70/100 € ♥♥105/150 € – 1 suite

via Vittorio Emanuele 16/E – ☎ 0445 780380 – www.hoteltrettenero.it

RECORFANO Cremona → Vedere Voltido

REDAGNO RADEIN

Bolzano (BZ) – ✉ 39040 – Alt. 1 566 m – Carta regionale n° **19**-D3
Carta stradale Michelin 562-C16

 **Zirmerhof** ✿ 🐾 ⩽ 🚙 🗲 𝌗 🏠

FAMILIARE · PERSONALIZZATO Albergo di tradizione ricavato da un antico maso tra i pascoli: un'oasi di pace con bella vista su monti, arredi d'epoca e quadri antichi. Tre curatissimi chalet (da prenotare con debito anticipo) per un soggiorno da favola!

40 cam – solo ½ P 116/189 € – 6 suites

via Oberradein 59 – ☎ 0471 887215 – www.zirmerhof.com
– Aperto 8 maggio-6 novembre

REGGELLO

Firenze (FI) – ⊠ 50066 – 16 290 ab. – Alt. 390 m – Carta regionale n° **18**-C1
Carta stradale Michelin 563-K16

a **Vaggio** Sud-Ovest : 5 km ⊠ 50066

🏠 Villa Rigacci 　　　　　　　　　🛬 🐾 ⋜ 🍴 ⤴ AC P

DIMORA STORICA · PERSONALIZZATO Incantevole villa di campagna quattrocentesca - immersa nel verde - dispone di camere confortevoli, recentemente
ristrutturate. Un luogo ideale per trascorrere un indimenticabile soggiorno nell'a-
mena terra toscana.

24 cam ⊡ – †75/95 € ††95/145 € – 4 suites

*via Manzoni 76 – ℰ 055 865 6718 – www.villarigacci.it – Aperto
1° aprile-6 novembre*

a **San Donato Fronzano** Nord : 4,5 km (FI) – ⊠ 50066

🏠 Agriturismo Podere Picciolo 　　　🛬 🐾 ⋜ 🍴 ⤴ AC P

CASA DI CAMPAGNA · AGRESTE In un pittoresco casale cinquecentesco immerso
nella campagna toscana, le camere s'ispirano ad antichi mestieri, proponendo -
così come gli ambienti comuni - un'atmosfera di grande serenità domestica.

6 cam ⊡ – †75/95 € ††100/140 €

*via Picciolo 72 – ℰ 055 865 2165 – www.agriturismopoderepicciolo.com
– Chiuso 8 gennaio-31 marzo*

REGGIO DI CALABRIA

(RC) – ⊠ 89125 – 183 035 ab. – Carta regionale n° **3**-A3
Carta stradale Michelin 564-M28

🍴 L'A Gourmet L'Accademia 　　　　　　　🍸 ⋜ AC

PESCE E FRUTTI DI MARE · AMBIENTE CLASSICO ✕✕ Dal primo piano (senza
ascensore) di questo palazzo d'inizio Novecento, dove si trova la sala classica, si
vedono il mare e lo stretto, mentre il menu anticipa una carrellata di piatti a base
di pesce sospesi tra classicità e modernità (c'è, però, anche una paginetta dedicata alla carne). Oltre metà della carta dei vini omaggia la Calabria.

Carta 34/66 €

*via Largo C. Colombo 6 ⊠ 89123 – ℰ 0965 312968 – www.laccademia.it – Chiuso
15 giorni in novembre*

🍴 Baylik 　　　　　　　　　　　　　　　　　AC

PESCE E FRUTTI DI MARE · FAMILIARE ✕ Alla periferia della località, da oltre sessant'anni questo locale continua a deliziare i clienti con piatti prevalentemente di
pesce. Tra i più gettonati: la carbonara di mare.

🍴 Menu 25 € (in settimana)/32 € – Carta 22/50 €

vico Leone 1 ⊠ 89122 – ℰ 0965 48624 – www.baylik.it – Chiuso 14 giorni in luglio

a **Pellaro** Sud: 8 km direzione Melito di Porto Salvo ⊠ 89134

🏠 La Lampara 　　　　　　　　　🍸 ⋜ 🚪 ⛱ AC P

DIMORA STORICA · LUNGOMARE Sul lungomare con vista sullo stretto e Sicilia,
camere ampie e confortevoli in un edificio d'epoca totalmente ristrutturato: per
chi volesse abbronzarsi senza scendere in spiaggia, recentemente è stato allestito
un grazioso solarium.

22 cam ⊡ – †50/90 € ††70/100 €

lungomare Pellaro – ℰ 0965 359590 – www.hotel-lampara.com

REGGIOLO

Reggio nell'Emilia – ⊠ 42046 – 9 178 ab. – Alt. 20 m – Carta regionale n° **5**-B1
Carta stradale Michelin 562-H14

verso Guastalla Ovest : 3 km

🏚 Villa Montanarini ☆ 🗟 ⊡ AC 🔩 🅿

DIMORA STORICA • VINTAGE Elegante villa patrizia del '600 nel verde della campagna reggiana: ambienti confortevoli e lussuosi, impreziositi da tappeti persiani, mobili d'epoca ed arazzi policromi. Al Torchio, sapori del territorio e divagazioni nazionali.

16 cam ᒲ – ♦75/90 € ♦♦110/140 €

via Mandelli 29, località Villarotta ⊠ 42045 Luzzara – ℰ 0522 820001
– www.villamontanarini.com – Chiuso 6-13 gennaio e 4-18 agosto

REGGIO NELL'EMILIA

(RE) – ⊠ 42121 – 171 345 ab. – Alt. 58 m – Carta regionale n° **5**-B3
Carta stradale Michelin 562-H13

⊓○ A Mangiare AC

CUCINA CLASSICA • AMBIENTE CLASSICO ※※ Gestione dinamica per un ristorante d'impostazione classica, ubicato sulla cerchia che circonda il centro storico di Reggio: in menu sia la godereccia Emilia, sia i sapori nazionali.

Menu 38 € – Carta 32/55 €

viale Monte Grappa 3/a ⊠ 42121 – ℰ 0522 433600 – www.ristoranteamangiare.it
– Chiuso 10-30 agosto e domenica

⊓○ Caffè Arti e Mestieri 🖼 AC

CUCINA MODERNA • ELEGANTE ※※ Carta bifronte, da una parte gli imperdibili classici regionali, dall'altra le proposte più creative - pesce compreso - il tutto servito nella sala al primo piano. A pranzo - al piano terra - da lunedì a venerdì, spazio anche per una proposta più semplice ed economica; col bel tempo, si mangia all'aperto nella romantica corte interna del palazzo.

Menu 45/65 € – Carta 51/110 €

via Emilia San Pietro 16 ⊠ 42123 – ℰ 0522 432202 – www.giannidamato.it
– Chiuso 8-22 agosto, domenica sera e lunedì in ottobre-maggio, anche domenica a mezzogiorno negli altri mesi

⊓○ Marta in Cucina AC

CUCINA CREATIVA • CONTESTO CONTEMPORANEO ※※ Per chi desidera uscire dalla stretta osservanza gastronomica emiliana, qui una giovane cuoca propone piatti creativi e originali, distribuiti in menu degustazione e una ristretta scelta alla carta. Sala sobria e minimalista.

Menu 55/85 € – Carta 49/71 €

vicolo Folletto 1/C ⊠ 42121 – ℰ 0522 435755 – www.martaincucina.it – Chiuso 24 dicembre-7 gennaio, agosto, domenica e lunedì

⊓○ Il Pozzo 🕸 🖼 AC ⟷

CUCINA REGIONALE • LOCANDA ※ Nelle ex cantine di un palazzo storico, piatti d'impronta semplice che puntano sulla freschezza dei prodotti e delle preparazioni.

Menu 30 € – Carta 30/63 €

viale Allegri 7 ⊠ 42121 – ℰ 0522 451300 – Chiuso 10-18 agosto, lunedì a mezzogiorno e domenica

🏚 Albergo delle Notarie ☆ 🖪 ⊡ 🕹 AC 🔩 ⟳

STORICO • PERSONALIZZATO Ricavato da un centralissimo palazzo d'epoca, questo signorile albergo si farà ricordare per l'ampiezza delle camere di due tipi, standard o, per chi cerca ambienti più storici e signorili, le de luxe, con bagni in marmo e spesso travi a vista. Due romantiche mansardate con vista sui tetti.

51 cam ᒲ – ♦85/145 € ♦♦110/200 € – 3 suites

via Palazzolo 5 ⊠ 42121 – ℰ 0522 453500 – www.albergonotarie.it – Chiuso vacanze di Natale e 2 settimane in agosto

🏠 Posta 🖪 🖃 🗚 🙋 🅿

DIMORA STORICA · TRADIZIONALE Ubicata nel medievale Palazzo del Capitano del Popolo, una risorsa ricca di fascino e dalla lunga tradizione nell'arte dell'ospitare (albergo già dal 1515!) dispone di eleganti ambienti. Ideale per partecipare alla vita culturale e commerciale della città, la dépendance Reggio, offre ampie camere dagli arredi semplici e lineari.

38 cam ☲ – ✚89/140 € ✚✚109/190 €

piazza Del Monte 2 ✉ 42121 – ✆ 0522 432944 – www.hotelposta.re.it
– Chiuso vacanze di Natale e 2 settimane in agosto

🏠 B&B Del Vescovado 🖃 🗚

FAMILIARE · PERSONALIZZATO A due passi dalla cattedrale, entrando in questa risorsa si assapora la piacevole sensazione di sentirsi a casa. Stato d'animo rinvenibile anche nelle camere: ampie con qualche arredo d'epoca.

6 cam ☲ – ✚58/62 € ✚✚80/85 €

stradone Vescovado 1 ✉ 42121 – ✆ 0522 430157 – www.delvescovado.it – Chiuso agosto

RENON RITTEN

Bolzano – 6 848 ab. – Alt. 800 m – Carta regionale n° **19**-C2
Carta stradale Michelin 562-C16

a Collalbo ✉ 39054 – Alt. 1 154 m

🏠 Bemelmans Post 🟡 🐾 🍴 🏊 🖻 🔟 🕷 🖪 🍴 🖃 🙋 🚗

TRADIZIONALE · VINTAGE Collocato in un elegante contesto di case di montagna nobiliari armoniosamente disseminate nel paesaggio montano, l'albergo offre uno splendido mix di calore familiare e struggenti atmosfere retrò, che continuano anche nelle romantiche sale del ristorante che ospitarono, tra l'altro, Sigmund Freud.

53 cam – solo ½ P 215/300 € – 7 suites

via Paese 8 – ✆ 0471 356127 – www.bemelmans.com – Chiuso 2 febbraio-14 aprile

🏠 Kematen 🟡 🐾 ⋜ 🍴 🕷 🙋 🅿

TRADIZIONALE · STILE MONTANO Posizione incantevole e vista sulle cime dolomitiche, per questa casa con stube neogotiche, mobili e decorazioni in stile tirolese. Ampio giardino-terrazza per piacevoli momenti di relax.

24 cam ☲ – ✚89/125 € ✚✚178/290 € – 4 suites

località Caminata 29, Nord-Ovest: 2,5 km – ✆ 0471 356356 – www.kematen.it
– Chiuso 16 gennaio-9 febbraio

a Costalovara Sud-Ovest : 5 km ✉ 39054 – Soprabolzano – Alt. 1 206 m

🏠 Lichtenstern 🟡 🐾 ⋜ 🍴 🏊 🕷 🅿

FAMILIARE · PERSONALIZZATO Un'oasi di pace, con uno stupendo panorama sulle Dolomiti. Conduzione familiare caratterizzata da uno spiccato senso dell'ospitalità; ambienti curati, freschi e luminosi. Accoglienti sale da pranzo rivestite in legno e una bella e ariosa veranda coperta.

32 cam ☲ – ✚75/95 € ✚✚140/180 €

via Stella 8, Nord-Est : 1 km – ✆ 0471 345147 – www.lichtenstern.it – Aperto 25 novembre-8 gennaio e 8 aprile-8 novembre

a Soprabolzano Sud-Ovest : 7 km ✉ 39054 – Alt. 1 221 m

🏠 Park Hotel Holzner 🟡 ⋜ 🍴 🏊 🖻 🔟 🕷 🍴 🖃 🅿

TRADIZIONALE · STILE MONTANO Molto ben ubicata, all'arrivo della funivia proveniente da Bolzano e della ferrovia a cremagliera, affascinante struttura d'inizio secolo scorso immersa in un lussureggiante parco con tennis e piscina riscaldata. Gradevole la sala ristorante interna, così come la zona pranzo esterna.

35 cam – solo ½ P 117/235 € – 18 suites

via Paese 18 – ✆ 0471 345231 – www.parkhotel-holzner.com – Aperto 25 dicembre-13 gennaio e 30 marzo-22 dicembre

REVERE

Mantova – ⊠ 46036 – 2 521 ab. – Alt. 16 m – Carta regionale n° **9**-D3
Carta stradale Michelin 561-G15

⏮○ **Il Tartufo**   🛖 🖭 ⇔

CUCINA REGIONALE · ACCOGLIENTE ✕✕ Ospitato in una villetta nella zona residenziale del paese, ristorante intimo ed appartato, dove deliziarsi di una gustosa cucina con forti radici nel territorio: in stagione, la specialità diventa il tartufo (assolutamente locale!), nel resto dell'anno, invece, si predilige il mare.

Carta 34/92 €

via Guido Rossa 13 – 𝒞 0386 846076 – www.ristoranteiltartufo.com – Chiuso 15 febbraio-10 marzo, domenica sera e giovedì

REVIGLIASCO Torino → Vedere Moncalieri

REVINE

Treviso – ⊠ 31020 – Alt. 260 m – Carta regionale n° **23**-C2
Carta stradale Michelin 562-D18

🅰 **Ai Cadelach**   🕭 🖢 🛖 ❄ ⇔ 🅿

VENEZIANA · FAMILIARE ✕✕ In una sala dallo stile rustico, o a bordo piscina nella bella stagione, il menu onora la tradizione locale, privilegiando le carni, come ad esempio: tartare di carne cruda condita al momento. Ottima la cantina gestita da uno dei titolari: è la "Caneva de Ezio".

Carta 29/59 €

Hotel Ai Cadelach, via Grava 2 – 𝒞 0438 523010 – www.cadelach.it

🏠 **Ai Cadelach**   🕾 🖢 🛋 🕭 🛖 ⓘ 🖭 ❄ ᐊ 🅿

FAMILIARE · CLASSICO Il bel giardino con piscina, il continuo potenziamento della struttura e delle dotazioni, la gestione attenta: un insieme di fattori che rendono la struttura piacevole. Le camere migliori si trovano nella dépendance sul retro.

27 cam ⌂ – †60/100 € ††90/140 €

via Grava 2 – 𝒞 0438 523010 – www.cadelach.it

🅰 **Ai Cadelach** – Vedere selezione ristoranti

REZZATO

Brescia – ⊠ 25086 – 13 472 ab. – Alt. 147 m – Carta regionale n° **9**-C1
Carta stradale Michelin 561-F12

🏰 **Villa Fenaroli Palace Hotel**   🏡 🖢 🛋 ⓘ 🖭 ᐊ 🅿

LUSSO · STORICO Una villa che sfoggia tutto il suo splendore sia negli spazi esterni sia nei suoi ambienti interni, grazie a saloni dagli affreschi settecenteschi. Le camere, sebbene più comuni, non lesinano sul confort.

85 cam ⌂ – †89/120 € ††99/132 € – 1 suite

via Mazzini 14 – 𝒞 030 279 3223 – www.villafenaroli.it

RHÊMES-NOTRE-DAME

Aosta – ⊠ 11010 – 95 ab. – Alt. 1 723 m – Carta regionale n° **21**-A2
Carta stradale Michelin 561-F3

a Chanavey Nord : 1,5 km ⊠ 11010 – Rhêmes-Notre-Dame – Alt. 1 696 m

🏠 **Granta Parey**   🏡 🕾 ⪦ 🖢 🛖 ⓘ 🖭 🕭 🅿

FAMILIARE · STILE MONTANO Proprio di fronte alle piste da sci, caldo ed accogliente hotel in stile alpino dotato di centro relax; oltre alla classica sala ristorante, la struttura dispone di un self-service al piano inferiore.

29 cam ⌂ – †50/100 € ††90/120 €

– 𝒞 0165 936104 – www.rhemesgrantaparey.com – Chiuso maggio, ottobre e novembre

RIACE

Reggio di Calabria – ⊠ 89040 – 2 238 ab. – Alt. 300 m – Carta regionale n° **3**-B3
Carta stradale Michelin 564-L31

a Riace Marina Sud-Est : 9 km ⊠ 89040 – Riace

🏠 **Federica**　　　　　　　　　　　　　🏠 ⪥ 🛏 🗘 🗚 🚗

FAMILIARE · LUNGOMARE Direttamente sulla spiaggia, hotel a conduzione familiare con gradevoli camere, le più richieste sono quelle con grande terrazzo. Della cucina di mare del ristorante se ne occupa uno dei due fratelli titolari; particolarmente piacevole il servizio estivo all'aperto.

17 cam ⌂ – ♦48/90 € ♦♦60/150 €

via Nazionale 158 – ℰ 0964 771302 – www.hotelfederica.it

RICADI Vibo Valentia ➜ Vedere Tropea

RICCIONE

Rimini (RN) – ⊠ 47838 – 34 965 ab. – Carta regionale n° **5**-D2
Carta stradale Michelin 562-J19

🍴 **Brasserie**　　　　　　　　　　　　　🍴 🗚

CUCINA TRADIZIONALE · COLORATO XX A ridosso del vivacissimo viale Ceccarini, questo ristorante con vetrate terra-cielo cela al suo interno un ambiente raffinato fatto di colori e arredi curati nei minimi particolari, quasi a voler riproporre l'eleganza di una casa privata con sontuosi lampadari di Murano. E la cucina? Della tradizione! Nella sua migliore interpretazione.

Carta 60/110 €

via Ippolito Nievo 14/16 ⊠ 47838 – ℰ 0541 693197 (prenotazione obbligatoria) – www.brasserie.it – solo a cena escluso sabato e domenica – Chiuso febbraio e lunedì; anche martedì e mercoledì in autunno-inverno

🏨 **Grand Hotel Des Bains**　　　　　🏠 🗘 🗔 🈸 🍴 🗚 🛗 🗚 🛗 🚗

LUSSO · ELEGANTE Sfarzo, originalità e charme per questo albergo centrale. L'ingresso è abbellito da una fontana, mentre ogni ambiente pullula di marmi, stucchi, specchi e dorature. Notevole anche la zona benessere.

70 cam ⌂ – ♦90/490 € ♦♦135/590 € – 6 suites

viale Gramsci 56 – ℰ 0541 601650 – www.grandhoteldesbains.com

🏨 **Ambasciatori**　　　　　　　　🏠 ⪥ 🗘 🗔 🍴 🛗 🛗 🗚 🛗 🚗

SPA E WELLNESS · MODERNO Albergo moderno e lineare, assolutamente in prima fila: con i recenti rinnovi la casa si è dotata di servizi completi, come il centro benessere e le 2 wellness-suite! Sul lungomare si apre anche il bistrot per gli aperitivi.

70 cam ⌂ – ♦70/200 € ♦♦100/300 € – 2 suites

viale Milano 99 – ℰ 0541 606517 – www.ambasciatorihotel.net

🏨 **Belvedere**　　　　　　　　　　🏠 🗘 🈸 🍴 🛗 🗚 🅿

SPA E WELLNESS · MODERNO Essendo un bike hotel, questa moderna struttura mette a disposizione dei suoi ospiti un parco bici, davvero entusiasmante. Ma i suoi pregi non si esauriscono qui e continuano nelle curate camere, nella bella piscina con bar, nell'attrezzata spa (in alta stagione ci sono tariffe che la includono; chiedere all'atto della prenotazione).

32 cam ⌂ – ♦175/205 € ♦♦234/274 € – 10 suites

viale Gramsci 95 – ℰ 0541 601506 – www.belvederericcione.com – Aperto 30 marzo-20 ottobre

🏨 **Corallo**　　　　　　　　　　🏠 🗘 🗔 🍴 🛏 🛗 🗚 🛗 🚗

TRADIZIONALE · ELEGANTE Imponente struttura per una vacanza in grande stile, arricchita da un complesso fronte mare con eleganti suite e una deliziosa piscina. Colori chiari e grandi motivi a rilievo sulle pareti nella spaziosa sala da pranzo.

95 cam ⌂ – ♦70/245 € ♦♦85/295 € – 7 suites

viale Gramsci 113 – ℰ 0541 600807 – www.corallohotel.com – Chiuso 24-28 dicembre

🏠 Dan Hotel ⓝ 🔟 🕸 ⬆ 🅰🅲 🚗

TRADIZIONALE · CONTEMPORANEO Non lontano dal mare, ma in una traversa più tranquilla, il Dan è uno degli alberghi più recenti di Riccione, dove troverete arredi piacevolmente contemporanei, una terrazza solarium con piscina e colazione disponibile sino a tarda mattinata. Camere più o meno ampie a seconda della categoria.

25 cam ♌ – ♦60/250 € ♦♦70/260 €

via Puccini 10 – ℰ 0541 643120 – www.danhotelriccione.com – Chiuso festività natalizie, 2 settimane in febbraio, 2 settimane in novembre

🏠 Gala 🄯 ⬆ ♿ 🕸 🅰🅲 🅿

TRADIZIONALE · MINIMALISTA Piccolo gioiello dai servizi contenuti, ma dall'indiscutibile charme: moderno, fresco e piacevole, bei bagni con finestra e diverse camere con spaziose terrazze.

28 cam ♌ – ♦75/105 € ♦♦115/165 €

viale Martinelli 9 – ℰ 0541 607822 – www.hotelgalariccione.com – Aperto 1° aprile-19 ottobre

🏠 Select ✿ 🚤 🔟 🔳 ⓐ 🕸 ⬆ 🅰🅲 🚗

SPA E WELLNESS · CONTEMPORANEO Piacevoli camere arredate in uno stile sobrio e contemporaneo, di diverse categorie e prezzi, al quinto piano non perdetevi la vista panoramica dallo sky bar.

36 cam ♌ – ♦60/500 € ♦♦60/500 € – 14 suites

viale Gramsci 89 – ℰ 0541 600613 – www.hotelselectriccione.com – Chiuso 10-28 dicembre

🏠 Atlas ✿ ⬆ 🅰🅲 🅿

FAMILIARE · CONTEMPORANEO Semplice, ma calorosa gestione familiare in una traversa più tranquilla del lungomare e comunque non lontano dalle spiagge: qui troverete la tipica accoglienza romagnola, camere pulite e ben tenute.

36 cam ♌ – ♦35/80 € ♦♦70/180 €

viale Catalani 28 – ℰ 0541 646666 – www.atlashotel.it – Aperto 30 maggio-13 settembre

🏠 Darsena ✿ ⬆ 🅰🅲 🅿

FAMILIARE · FUNZIONALE Poco lontano dal mare, albergo a conduzione familiare con camere accoglienti nella loro semplicità, tutte dotate di un piccolo balcone, e con carta da parati dalle simpatiche decorazioni personalizzate. La titolare ai fornelli assicura piatti casalinghi dai sapori locali.

36 cam ♌ – ♦40/100 € ♦♦65/125 €

viale Galli 5 – ℰ 0541 648064 – www.darsenahotel.it – Chiuso febbraio

RIETI

(RI) – ✉ 02100 – 47 698 ab. – Alt. 405 m – Carta regionale n° **7**-C1
Carta stradale Michelin 563-O20

🍴 Bistrot 🍽 ⅋

CUCINA CLASSICA · ROMANTICO ✕✕ Affacciato su una graziosa piazzetta, nota anche per essere il centro d'Italia e sulla quale si affaccia la veranda, locale accogliente e romantico, dove gustare piatti della tradizione locale spesso corretti con gusto personale. Non mancano ricette a base di pesce, sebbene la specialità della casa siano i maltagliati alla Bistrot.

🍴 Menu 25/35 € – Carta 33/54 €

piazza San Rufo 25 – ℰ 0746 498798 – www.bistrotrieti.it – solo a cena – Chiuso 20 ottobre-10 novembre, domenica e lunedì

🏠 Park Hotel Villa Potenziani ✿ 🐕 ⬅ 🚤 🔟 🛗 ⅋ ⬆ 🅰🅲 🎿 🅿

DIMORA STORICA · ELEGANTE Raffinata ed accogliente, intima e maestosa, la dimora di caccia settecentesca racconta tra gli affreschi e i dettagli dei suoi ambienti la storia della ricca famiglia reatina.

28 cam ♌ – ♦60/70 € ♦♦90/100 € – 1 suite

via San Mauro 6 – ℰ 0746 202765 – www.villapotenziani.com – Chiuso 1° gennaio-31 marzo

Miramonti 　　　　　　　　　　　　　☆ ⊡ AC ⅍

TRADIZIONALE · CLASSICO Soffermatevi nella Sala Romana: di fronte a voi il punto in cui partiva la trecentesca cinta muraria della città! Ma la risorsa non è solo il palazzo più antico di Rieti, Miramonti offre infatti camere accoglienti e servizi up-to-date; da alcune di esse la vista spazia su tetti e monti.

25 cam ☲ – ♦55/100 € ♦♦60/120 € – 2 suites

piazza Oberdan 5 – ℰ0746 201333 – www.hotelmiramonti.rieti.it

RIGUTINO Arezzo → Vedere Arezzo

RIMINI
147 750 ab. – Carta regionale n° **5**-D2
Carta stradale Michelin 562-J19

⊛ Abocar Due Cucine (Mariano Guardianelli) 　　　　　　🖩 AC

CUCINA MODERNA · DI TENDENZA ⅟ Abocar - in spagnolo "avvicinare" - ci racconta delle origini argentine del giovane cuoco e del suo desiderio di portare gli ospiti verso una cucina gourmet a prezzi ragionevoli. Scelta ristretta, stagionalità e influenze sudamericane sono gli ingredienti di ottimi piatti che richiamano clienti tra le strade della vecchia Rimini.

→ Riso, pomodoro verde affumicato e olio d'oliva. Faraona, carote e cozze. Albicocche, kefir e sambuco.

Menu 39/68 € – Carta 43/58 €

via Farini 13 ✉ 47921 – ℰ0541 22279 (consigliata la prenotazione) - www.abocarduecucine.it – Chiuso 5 febbraio-5 marzo, domenica sera, lunedì e a mezzogiorno escluso venerdì, sabato e domenica in ottobre-maggio

⅊○ Quartopiano Suite Restaurant 　　　　　　　🕸 🖩 AC 🅿

CUCINA CREATIVA · ELEGANTE ⅟⅟ Tra gli uffici di una zona periferica dove mai ci si aspetterebbe di trovare un ristorante, proprio la posizione così in disparte - insieme all'abilità del cuoco - ha portato la cucina a moltiplicare gli sforzi sino a diventare una delle migliori della zona. Creativa e accompagnata da un'ottima carta dei vini, nella bella stagione si cena su un panoramico roof-garden.

Menu 50/71 € – Carta 51/71 €

via Chiabrera 34/b ✉ 47924 – ℰ0541 393238 – www.quartopianoristorante.com - solo a cena escluso domenica – Chiuso 1°-10 gennaio, domenica sera e lunedì

⅊○ Osteria de Börg 　　　　　　　　　　　　　　🖩

CUCINA REGIONALE · VINTAGE ⅟ Nella Rimini vecchia, ad una passeggiata dal mare, tra caratteristici vicoli di casette dipinte, questa osteria celebra la più tipica ospitalità romagnola, in due sale dagli arredi vintage e una cucina di terra. Ottimi i cappelletti in brodo nonché le carni alla griglia, ma anche i salumi e le immancabili piadine cotte al momento, salumi e formaggi, a cui di sera si aggiungono anche le pizze.

Menu 28/35 € – Carta 27/56 €

via Forzieri 12 ✉ 47921 – ℰ0541 56074 (consigliata la prenotazione) - www.osteriadeborg.it

al mare

⅊○ i-Fame 　　　　　　　　　　　　🖩 ♿ AC ⅏ ⇩

CUCINA CREATIVA · ALLA MODA ⅟⅟ Una sorta di simpatico viaggio nel futuro: sale moderne e luminose, luci colorate e proiezioni. Anche la cucina sposta lo sguardo in avanti, ma non dimentica il passato.

Menu 45/75 € – Carta 38/98 €

Hotel i-Suite, Lungomare Murri 65 ✉ 47921 – ℰ0541 386331 – www.i-fame.it - solo a cena escluso 15 giugno-10 settembre – Chiuso 20-26 dicembre e martedì escluso 15 giugno-10 settembre

⁝○ Lo Squero ≤ 斧 AC

PESCE E FRUTTI DI MARE · STILE MEDITERRANEO XX Piatti classici della tradizione italiana, in sale altrettanto tipiche in stile marinaro: qui c'è il gusto di ritrovare una cucina saporita e ben fatta, concreta e senza inutili fronzoli. L'indirizzo giusto per soddisfare la vostra voglia di pesce!

Carta 40/80 €

lungomare Tintori 7 ✉ 47921 – 𝒞 0541 53881 – www.ristorantelosquero.com – Chiuso 13 novembre-15 gennaio e martedì escluso agosto

Grand Hotel Rimini ⚸ ≤ 🛏 🗴 🖭 🕉 ⅃ℴ ∠ 🖸 AC 🛁 🄿

GRAN LUSSO · STORICO Icona del turismo internazionale e splendido esempio Liberty, immortalato in diversi film di Fellini, che ne ha fatto il suo "buen retiro" personale, il Grand Hotel Rimini accoglie da più di un secolo i suoi ospiti in lussuose camere dall'atmosfera vagamente retrò e saloni decorati con stucchi, mettendo loro a disposizione un parco con piscina riscaldata.

154 cam ♋ – ∲180/470 € ∲∲225/800 € – 18 suites

parco Federico Fellini 1 ✉ 47921 – 𝒞 0541 56000 – www.grandhotelrimini.com

🏠 i-Suite ≤ 🛏 🗴 🕉 🖸 ੬ AC 🚗

LUSSO · DESIGN Innovativo sin dall'esterno: è un tripudio di luce e trasparenze in ambienti essenziali e minimalisti, piscina outdoor riscaldata dalle originali forme. Nella panoramica Spa, non mancano gli ultimi ritrovati tecnologici.

52 cam ♋ – ∲150/350 € ∲∲200/650 €

viale Regina Elena 28 ✉ 47921 – 𝒞 0541 309671 – www.i-suite.it – Chiuso 20-26 dicembre

⁝○ **i-Fame** – Vedere selezione ristoranti

🏠 Club House ≤ 🗴 🖸 ੬ AC 🛁 🄿

TRADIZIONALE · CONTEMPORANEO Fronte mare, calorosa accoglienza familiare in un albergo le cui camere - frontalmente o lateralmente - si affacciano sulla distesa blu.

49 cam ♋ – ∲45/250 € ∲∲60/280 € – 1 suite

Viale Vespucci 52 ✉ 47921 – 𝒞 0541 391460 – www.clubhouse.it

🏠 De Londres ≤ 🕉 ℒℴ 🖸 ੬ AC 🛁 🄿

TRADIZIONALE · ELEGANTE In prima fila sul mare, eleganza e charme si fondono con la tecnologia e i confort attuali; camere dagli arredi eleganti, lontano dai minimalismi in voga in città, nel più classico e rassicurante stile alberghiero.

48 cam ♋ – ∲95/238 € ∲∲115/288 € – 3 suites

viale Vespucci 24 ✉ 47921 – 𝒞 0541 50114 – www.hoteldelondres.it

🏠 National ⚸ ≤ 🗴 🕉 ℒℴ ∠ 🖸 ੬ AC 🛁 🄿

TRADIZIONALE · ELEGANTE Storico albergo cittadino condotto da un'appassionata gestione familiare, la maggior parte delle camere vedono il mare, frontalmente o lateralmente, piccolo ma panoramico centro benessere all'ultimo piano, nonché una piscina riscaldata. Ottima proposta gastronomica al ristorante Zafferano con, tra l'altro, un'ampia scelta di risotti.

84 cam ♋ – ∲80/250 € ∲∲90/300 € – 15 suites

viale Vespucci 42 ✉ 47921 – 𝒞 0541 390940 – www.nationalhotel.it – Chiuso 15-28 dicembre e 3-15 gennaio

🏠 Savoia Rimini ⚸ ≤ 🗴 🔲 🖭 🕉 ℒℴ ∠ 🖸 ੬ AC 🛁 🚗

BUSINESS · MODERNO Per chi ama gli spazi, le sue camere sono quasi tutte molto ampie, per la maggior parte affacciate sul mare, a volte con grande terrazzo. Turismo vacanziero l'estate, ma anche un attrezzato e luminoso centro congressi per i soggiorni d'affari.

108 cam ♋ – ∲99/299 € ∲∲119/329 € – 2 suites

lungomare Murri 13 ✉ 47921 – 𝒞 0541 396600 – www.savoiahotelrimini.com

🏨 Erbavoglio ⓝ 　　　　🛖 ⬆ 🆒 ⌧ 🚗

FAMILIARE · ELEGANTE Non lontano dal mare, albergo costruito nel 2014 sulle ceneri di una struttura preesistente e perciò dotato di confort moderni distribuiti in camere eleganti, distinte in due categorie a seconda dell'ampiezza. Colazione allestita sino a mezzogiorno, c'è anche una gradevole terrazza panoramica con idromassaggio riscaldato.

58 cam ⌷ – ♦59/239 € ♦♦69/249 €

via Tripoli 211 ✉ 47921 – ☎ 0541 393914 – www.erbavogliohotel.com

🏨 Luxor 　　　　　　　　　⬆ ♿ 🆒 🅿

TRADIZIONALE · CLASSICO Il legno, i colori del mare e la luce sono gli elementi presi in prestito dalla natura per caratterizzare il design di questo hotel: mix di sobrietà, eleganza e cordiale ospitalità. Un cocktail vincente apprezzato dai tanti clienti italiani e stranieri!

34 cam ⌷ – ♦40/55 € ♦♦70/120 €

viale Tripoli 203 ✉ 47921 – ☎ 0541 390990 – www.riminiluxor.com

🏨 Rimini Artis 　　　　< ⅄ ⅃ഗ ⬆ ♿ 🆒 🕴 🚗

BUSINESS · MODERNO Costruito in anni recenti, Rimini Artis si caratterizza per la sua architettura fatta di forme "pulite" e lineari. Anche all'interno, poche concessioni agli orpelli: si è pensato piuttosto a creare ambienti di moderno design e camere ben accessoriate, quasi tutte con vista mare, frontale o laterale. E per chi non ama svegliarsi presto, la prima colazione è servita fino alle ore 11.

57 cam ⌷ – ♦64/239 € ♦♦84/259 €

viale Vespucci 38 ✉ 47921 – ☎ 0541 382340 – www.artishotel.it

a Rivabella Nord: 3 km per Cesenatico ✉ 47900

🏨 Accademia 　　　　　　　　⬆ ♿ 🆒

TRADIZIONALE · MODERNO In zona tranquilla - a due passi dalle spiagge - camere di moderno confort, quattro con piccolo giardino privato ed una squisita prima colazione per propiziarsi la giornata.

31 cam ⌷ – ♦69/199 € ♦♦69/199 €

viale Sabotino 6 – ☎ 0541 25422 – www.hotelaccademiarimini.com – Chiuso periodo natalizio

a Miramare Sud: 5 km per Pesaro ✉ 47924

❀ Guido (Gian Paolo Raschi) 　　　　　< 🍴 🆒

PESCE E FRUTTI DI MARE · ELEGANTE 🕱🕱🕱 Dall'esterno pare uno dei tanti stabilimenti balneari sulla spiaggia di Rimini, dentro rivela un'inaspettata e sussurrata eleganza. Metafora della cucina: piatti marini talvolta semplici alla lettura della carta, svelano invece sorprendenti sfumature di raffinate eleganze e sottili elaborazioni. E' la celebrazione della cucina adriatica di pesce a grandi livelli.

→ Spaghetto alle ostriche. Il calamaro fritto. Torta della nonna rovesciata.

Menu 80 € – Carta 58/86 €

lungomare Spadazzi 12 – ☎ 0541 374612 – www.ristoranteguido.it – solo a cena escluso sabato e domenica – Chiuso 1 settimana in dicembre

🏨 Terminal Palace & Spa 　　🛁 < 🍴 🖼 ♨ 🛖 ⅃ഗ ⬆ ♿ 🆒 🕴 🚗

TRADIZIONALE · MODERNO Camere dagli arredi moderni e sobri: la sostanziale differenza è la vista, fronte mare oppure no. Ampie zone comuni, la parte della piscina si apre verso l'esterno con la bella stagione.

85 cam ⌷ – ♦50/150 € ♦♦100/300 €

viale Regina Margherita 100 – ☎ 0541 378772 – www.terminalpalace.it

a Viserbella Nord : 6 km per Cesenatico ✉ 47922

🏠 Life   🏕 ← � 🏠 ‖⌂ 🖵 AC P

TRADIZIONALE · FUNZIONALE Ampi spazi comuni ben rifiniti ed importanti lavori di ristrutturazione hanno reso questa risorsa ancora più confortevole e, quindi, da consigliare!

46 cam ⊊ – 🛉35/150 € 🛉🛉50/200 € – 4 suites

via Porto Palos 34 – ☎ 0541 738370 – www.hotellife.it – Chiuso dicembre, febbraio e marzo

🏠 Apollo   🏕 ⬅ � 🏠 ‖⌂ 🖵 AC P

FAMILIARE · FUNZIONALE Albergo dall'arredo sobrio, ma curato, dispone di un baby club per il divertimento degli ospiti più piccoli ed il relax di quelli più adulti: il tutto in un contesto tranquillo, non lontano dalla spiaggia, con camere curate ed accoglienti. Formula a buffet al ristorante.

52 cam ⊊ – 🛉35/100 € 🛉🛉49/130 € – 2 suites

via Spina 3 – ☎ 0541 734639 – www.apollohotel.it – Aperto 15 aprile-30 settembre

🏠 Diana   🏕 ← � AC P

FAMILIARE · ACCOGLIENTE Quando aprì nel 1950 fu il primo albergo di Viserbella. Oggi è la seconda generazione che con la tipica simpatia romagnola vi accoglierà in questo albergo direttamente affacciato sulla spiaggia; camere semplici ma ben tenute, alcune panoramiche.

38 cam – 🛉30/50 € 🛉🛉50/70 € – ⊊ 7 €

via Porto Palos 15 – ☎ 0541 738158 – www.hoteldiana-rimini.com – Aperto 25 aprile-30 settembre

a Coriano Sud-Ovest : 6,5 km per San Marino ✉ 47853

🍴 Vite   🕸 ← ⬅ 🍽 ⛶ AC ⇔ P

CUCINA ROMAGNOLA · DI TENDENZA ✕✕ Ristorante della comunità di San Patrignano, dove sono proprio i ragazzi di "Sampa" a svolgere il servizio ai fornelli e in sala. Piatti moderni in gran parte basati su materie prime prodotte in casa; proposte più semplici, a pranzo, ma - alla prenotazione - potrete richiedere qualche specialità della carta serale più elaborata.

🍴 Menu 21/30 € – Carta 32/42 €

via Montepirolo 7 località San Patrignano – ☎ 0541 759138 (prenotare) – www.ristorantevite.it – solo a cena in luglio e agosto – Chiuso martedì da settembre a giugno

RIO DI PUSTERIA

Bolzano (BZ) – ✉ 39037 – 3 065 ab. – Alt. 777 m – Carta regionale n° **19**-C1
Carta stradale Michelin 562-B16

a Valles Nord-Ovest : 7 km ✉ 39037 – Rio Di Pusteria – Alt. 1 354 m

🏨 Masl   🏕 ← ⬅ � 🍽 🕲 🏠 ‖⌂ ✕ 🖵 ⛶ 🚗

SPA E WELLNESS · MODERNO Modernità e tradizione con secoli di vita alle spalle (dal 1680) per una casa recentemente ampliata con nuovi spazi e ulteriori servizi. Particolarmente indicata per una vacanza in famiglia, ai bambini è dedicata anche un'apposita piscina.

52 cam ⊊ – 🛉220/366 € 🛉🛉220/366 €

Unterlande 21 – ☎ 0472 547187 – www.hotel-masl.com – Aperto inizio dicembre-28 aprile e 25 maggio-3 novembre

🏠 Huber   🏕 🌤 ← ⬅ � 🍽 🕲 🏠 ‖⌂ 🖵 ⛶ 🚗

FAMILIARE · ACCOGLIENTE L'inestimabile bellezza delle verdissime vallate, fa da sfondo naturale a vacanze serene e tranquille. Accogliente gestione familiare particolarmente indicata per famiglie.

41 cam ⊊ – 🛉100/180 € 🛉🛉200/300 €

via della Chiesa 4 – ☎ 0472 547186 – www.hotelhuber.com – Chiuso 3 novembre-14 dicembre e 23 aprile-17 maggio

RIOMAGGIORE

La Spezia – ✉ 19017 – 1 576 ab. – Carta regionale n° **8**-D2
Carta stradale Michelin 561-J11

🍴◯ **Dau Cila** ≤ 🏠 🆑

PESCE E FRUTTI DI MARE • STILE MEDITERRANEO ✗ Nella parte più bassa di Riomaggiore, i tavolini all'aperto sono sistemati lungo una romantica strada in discesa che porta all'acqua, quasi un grande scivolo tra barche ormeggiate e case pittoresche. Serietà in cucina come nel servizio accompagnano piatti di mare in ricette tradizionali, in prevalenza liguri.

Carta 41/85 €

via S. Giacomo 65 – ℰ 0187 760032 (consigliata la prenotazione)
– www.ristorantedaucila.com – Chiuso gennaio e febbraio e lunedì in novembre e dicembre

🍴◯ **Rio Bistrot** 🏠

CUCINA CLASSICA • DI TENDENZA ✗ Tra barche ormeggiate e scorci da cartolina, gli interni del bistrot rivisitano in chiave moderna le antiche atmosfere della pittoresca località, al pari della cucina che, a fianco ai classici di mare, propone qualche rivisitazione più creativa.

Menu 45 € – Carta 42/80 €

via San Giacomo 46 – ℰ 0187 920616 (coperti limitati, prenotare) – Chiuso 20 gennaio-20 febbraio, novembre e martedì

RIO MARINA Livorno → Vedere Elba (Isola d')

RIO NELL'ELBA Livorno → Vedere Elba (Isola d')

RIONERO IN VULTURE

Potenza – ✉ 85028 – 13 230 ab. – Alt. 656 m – Carta regionale n° **2**-A1
Carta stradale Michelin 564-E29

🏠 **La Pergola** 🌳 🖨 ⴕ 🆑 🚗

FAMILIARE • CLASSICO Buon rapporto qualità/prezzo, in un albergo che offre camere confortevoli dall'aspetto semplice, ma accogliente.

38 cam ⚏ – †50/60 € ††65/75 € – 1 suite

via Luigi La Vista 27/33 – ℰ 0972 721179 – www.hotelristorantelapergola.it

RIPA Perugia → Vedere Perugia

RIPALTA CREMASCA

Cremona – ✉ 26010 – 3 048 ab. – Alt. 77 m – Carta regionale n° **10**-C2
Carta stradale Michelin 561-G11

a Bolzone Nord-Ovest : 3 km ✉ 26010 – Ripalta Cremasca

🍴◯ **Trattoria Via Vai** 🏠 🆑

CUCINA LOMBARDA • AMBIENTE CLASSICO ✗ Carta ristretta e piatti del territorio, esclusivamente di carne, dove primeggiano gli animali da cortile, in un ambiente raccolto con arredi in legno e tovaglie bianche.

Menu 28 € (in settimana)/50 € – Carta 31/63 €

via Libertà 18 – ℰ 0373 268232 – www.trattoriaviavai.it – solo a cena escluso sabato, domenica e festivi – Chiuso agosto, martedì e mercoledì

RIPATRANSONE

Ascoli Piceno – ✉ 63065 – 4 309 ab. – Alt. 494 m – Carta regionale n° **11**-D3
Carta stradale Michelin 563-N23

a San Savino Sud: 6 km ⊠ 63038

 I Calanchi

CASA DI CAMPAGNA · AGRESTE Un'oasi di tranquillità sulle panoramiche colline dell'entroterra: ricavata da un antico podere agricolo, la risorsa dispone di camere accoglienti - la metà delle quali recentemente rinnovate - nonché ampi spazi comuni (anche all'aperto). Cucina marchigiana e soprattutto piatti di terra al ristorante.

32 cam ☑ – †90/120 € ††100/180 €

contrada Verrame 1 – ℰ 0735 90244 – www.i-calanchi.com
– Aperto 25 dicembre-5 gennaio e 15 maggio-30 settembre

RIPOSTO

Catania (CT) – ⊠ 95018 – 14 838 ab. – Alt. 8 m – Carta regionale n° **17**-D2
Carta stradale Michelin 365-BA57

ⅠO La Cucina di Donna Carmela

CUCINA MODERNA · ELEGANTE XX Nell'accogliente sala o nel bel dehors all'ombra delle palme, specialità siciliane e i migliori prodotti provenienti dagli orti, frutteti ed agrumeti di proprietà della risorsa. Il tutto presentato con stile attuale.

Menu 50/90 € – Carta 48/64 € – carta semplice a pranzo

Hotel Donna Carmela, località Carruba di Riposto, contrada Grotte 5, Sud: 8 km
– ℰ 095 468 2717 – www.donnacarmela.com – Chiuso 3 settimane in gennaio

ⅠⅠO Donna Carmela

CASA DI CAMPAGNA · PERSONALIZZATO Immerso in uno straordinario giardino di piante mediterranee e tropicali, la struttura offre un riuscito mix di antico e moderno, con camere personalizzate da originali arredi e vista sull'Etna o sul mare, a cui si aggiungono otto esclusivi lodge.

28 cam ☑ – †110/210 € ††150/350 €

località Carruba di Riposto, contrada Grotte 7, Sud: 8 km – ℰ 095 809383
– www.donnacarmela.com – Chiuso 3 settimane in gennaio

ⅠO **La Cucina di Donna Carmela** – Vedere selezione ristoranti

ad Archi Sud: 2,5 km ⊠ 95018

ⅠO Zash

CUCINA CREATIVA · ROMANTICO XX Nelle cantine di un palmeto, le sale trasmettono un gran fascino per il loro carattere ruvido e autentico. Si accompagnano all'opposto ad una cucina raffinata ed elegante, una delle esperienze gastronomiche più interessanti in zona.

Carta 60/85 €

Zash Country Boutique Hotel, strada provinciale 2 I/II 60, località Archi, Sud: 2,5
Km – ℰ 095 782 8932 (prenotare) – www.zash.it – solo a cena – Chiuso
6-31 gennaio e martedì

ⅠⅠO Zash Country Boutique Hotel

DIMORA STORICA · DESIGN Immerso in un esteso agrumeto, con biciclette a disposizione degli ospiti, quest'agriturismo di lusso trova ospitalità in una casa padronale dei primi del '900. Due splendide piscine, in particolare quella esterna in resina e a sfioro, camere dagli arredi moderni, piccolo terrazzo con vista sulla costa.

10 cam ☑ – †165/275 € ††190/300 €

strada provinciale 2 I/II 60, località Archi, Sud: 2,5 Km – ℰ 095 782 8932
– www.zash.it – Chiuso 6-31 gennaio

ⅠO **Zash** – Vedere selezione ristoranti

RISANO Udine (UD) → Vedere Pavia di Udine

RISCONE REISCHACH Bolzano → Vedere Brunico

RITTEN → Vedere Renon

RIVA DEL GARDA

Trento – ✉ 38066 – 16 926 ab. – Alt. 73 m – Carta regionale n° **19**-B3
Carta stradale Michelin 562-E14

⬤⃝ **Il Re della Busa** ⟨ 🏠 🆔 ⚲ 🅿

CUCINA MODERNA · DI TENDENZA ✗✗ Lo stesso stile minimal e contemporaneo dell'hotel Lido Palace contraddistingue anche il ristorante gourmet; nel piatto una linea anch'essa moderna, mentre dalle ampie finestre e dalla terrazza-dehors è la vista del lago ad imporsi.

Menu 75/95 € – Carta 65/106 €

Hotel Lido Palace, viale Carducci 10 – ℰ 0464 021923 – www.lido-palace.it – solo a cena – Chiuso 16 gennaio-5 marzo

⬤⃝ **Al Volt** 🏠 🆔

CUCINA REGIONALE · ELEGANTE ✗✗ Percorrendo i vicoli che dal porto commerciale conducono al centro, ci s'imbatte in questo ristorante articolato su più sale comunicanti, con volte basse e mobili antichi. La cucina "parteggia" per il territorio, disponibile tuttavia a qualche tocco di creatività.

Menu 50 € – Carta 47/69 €

via Fiume 73 – ℰ 0464 552570 – www.ristorantealvolt.com – Chiuso 15 giorni in novembre, 15 giorni in febbraio, e lunedì escluso in luglio-agosto

⬤⃝ **Antiche Mura** ⟨ 🏠 🆔

CUCINA MEDITERRANEA · AMBIENTE CLASSICO ✗✗ Alle spalle del centro storico, un ristorante gestito da due fratelli originari di Ischia che si propongono ai rivani ed ai moltissimi turisti del lago con una cucina mediterranea sia di terra sia di mare (soprattutto!), con un piccolo spazio dedicato anche al territorio. Sopra una decina di semplici, ma confortevoli camere.

Menu 55/75 € – Carta 46/77 €

9 cam ☲ – †30/70 € ††75/100 €

via Bastione 19 – ℰ 0464 556063 – www.antiche-mura.it – Chiuso febbraio e mercoledì

⬤⃝ **Villetta Annessa** ⟨ 🏠 ⊼ 🅿

CUCINA CLASSICA · RUSTICO ✗✗ Ristorante dalla calda atmosfera e dalla griglia sfrigolante: le specialità sono le carni alla brace, ma non mancano piatti legati alle tradizioni locali. Piacevole zona esterna per l'estate.

Menu 43 € – Carta 43/64 €

Hotel Villa Miravalle, via Monte Oro 9 – ℰ 0464 552335 – www.hotelvillamiravalle.com – solo a cena – Chiuso febbraio e lunedì

🏨 **Du Lac et Du Parc** ⟨ 🕸 ⟨ ⟨ ⊼ 🖥 🌐 🏠 ᛚ ✗ 🖰 🆔 🕸 🅿

PALACE · CLASSICO Grande e moderna struttura che attraverso un parco di alberi secolari vi porta sino al lago: davanti l'acqua, dietro le Dolomiti. Le camere sono tanto numerose quanto diverse tra loro, generalmente moderne e funzionali. Attrezzato centro benessere. Diversi gli angoli e le possibilità per ristorarsi.

187 cam ☲ – †109/509 € ††139/549 € – 67 suites

viale Rovereto 44 – ℰ 0464 566600 – www.dulacetduparc.com – Aperto 5 aprile-4 novembre

🏨 **Lido Palace** ⟨ ⟨ ⟨ ⊼ 🖥 🌐 🏠 ᛚ 🖥 🆔 🕸 🅿

LUSSO · DESIGN Struttura Belle Epoque aggiornata con uno stile dal design minimalista di grande attualità, ampio parco sulla passeggiata a lago, nonché centro benessere esclusivo. Piatti classici, ma anche moderni al Tremani bistrot.

34 cam ☲ – †250/350 € ††700/1600 € – 8 suites

viale Carducci 10 – ℰ 0464 021899 – www.lido-palace.it – Chiuso 16 gennaio-1° marzo

⬤⃝ **Il Re della Busa** – Vedere selezione ristoranti

Kristal Palace 🏊 ⌁ ⌶ 🔄 🅰 ⚤ **P**

TRADIZIONALE · MODERNO A breve distanza dal lago, un albergo moderno dotato di buoni spazi, anche e soprattutto nelle camere. Tra i plus, lo Sky Pool Bar presso il roof garden dove, tempo permettendo, si può far colazione e pranzare.

58 cam ⌂ – ▮140/270 € ▮▮160/340 €

via Confalonieri 8 – ☎ 0464 550650 – www.hotelkristalpalace-lagodigarda.it – Aperto inizio marzo-inizio novembre

 Luise 🏊 🛏 ⌶ 🔄 ♿ 🅰 ⚗ **P**

TRADIZIONALE · DESIGN Una struttura fortemente personalizzata che offre ambienti stilosi impreziositi da colori caldi e da pezzi vintage con rimandi agli anni Sessanta. Nell'ampio giardino sul retro della casa trovano posto la piscina ed il bar estivo. Al ristorante la scelta può cadere sul buffet o sulla carta.

67 cam ⌂ – ▮79/259 € ▮▮99/299 €

viale Rovereto 9 – ☎ 0464 550858 – www.hotelluise.com – Aperto 30 marzo-11 novembre

 Parc Hotel Flora 🛏 ⌶ 🌐 🏠 🔄 ♿ 🅰 **P**

TRADIZIONALE · CLASSICO Ottenuto dal restauro e dall'ampliamento di una villa liberty, l'albergo è circondato da un giardino con piscina. Camere per ogni budget e confort: ciascuno troverà quella a lui più congeniale.

38 cam ⌂ – ▮69/120 € ▮▮99/250 € – 7 suites

viale Rovereto 54 – ☎ 0464 571571 – www.parchotelflora.it

 Gabry 🐾 🛏 ⌶ 🏠 🔄 🅰 ⚗ **P**

TRADIZIONALE · CLASSICO Piacevole zona relax ed ampio giardino con piscina in un hotel a conduzione familiare dotato di camere confortevoli: al primo piano, alcune hanno la terrazza.

42 cam ⌂ – ▮104/154 € ▮▮126/162 €

via Longa 6 – ☎ 0464 553600 – www.hotelgabry.com – Aperto 1° aprile-31 ottobre

 Villa Miravalle 🛏 ⌶ ⚤ **P**

FAMILIARE · CLASSICO Splendidamente incastonata tra il centro storico, le vecchie mura cittadine che la attraversano e il costone delle suggestive montagne, questa villa d'inizio '900 dispone di un luminoso soggiorno verandato, camere semplici, ma accoglienti, nonché valido ristorante serale.

32 cam ⌂ – ▮79/289 € ▮▮89/449 €

via Monte Oro 9 – ☎ 0464 552335 – www.hotelvillamiravalle.com – Chiuso febbraio e novembre

🍴 **Villetta Annessa** – Vedere selezione ristoranti

 Vittoria 🏊 🔄 ♿ 🅰 ⚗

FAMILIARE · FUNZIONALE Nel cuore del centro storico, uno dei più "vecchi" hotel di Riva del Garda: piccolo, dispone di camere arredate con semplicità e di un ristorante, il Kapuziner am See, dove "avvicinarsi" alla cucina bavarese.

11 cam ⌂ – ▮50/120 € ▮▮65/80 € – 1 suite

via Dante 39 – ☎ 0464 559231 – www.hotelvittoriariva.it – Chiuso 15 febbraio-15 marzo

RIVA DEL SOLE Grosseto → Vedere Castiglione della Pescaia

RIVA DI SOLTO
Bergamo – ✉ 24060 – 881 ab. – Alt. 186 m – Carta regionale n° **10**-D1
Carta stradale Michelin 561-E12

🍴 **Zu'** ← 🍴 **P**

PESCE E FRUTTI DI MARE · ELEGANTE XxX Locale d'impostazione classica, è diventato un riferimento per tutto il lago d'Iseo per quanti vogliano assaggiare il meglio delle specialità lacustri. In aggiunta anche piatti di terra e di mare. Servizio in veranda panoramica con splendida vista e possibilità di attracco sul pontile privato.

Menu 45 € (in settimana)/50 € – Carta 40/76 €

via XXV Aprile 53, località Zù, Sud: 2 km – ☎ 035 986004 – www.ristorantezu.it – Chiuso 2 settimane in gennaio, 2 settimane in novembre e martedì

a Zorzino Ovest : 1,5 km ⌧ 24060 – Riva Di Solto – Alt. 329 m

⋔○ **Miranda**　　　　　⇦ 🕭 ⇐ 🍴 ⤢ 🕭 AK **P**

CUCINA MODERNA · FAMILIARE XX D'estate l'appuntamento è in terrazza (in realtà chiusa da vetrate e utilizzata anche d'inverno!), direttamente affacciata sul giardino e sul superbo specchio lacustre. La cucina spazia su tutto il territorio nazionale attingendo - talvolta - addirittura in altre nazioni e continenti le materie prime che meglio si prestano all'esecuzione di alcune ricette. Belle camere e una fresca piscina a disposizione di chi alloggia.

🍴 Menu 20 € (in settimana)/55 € – Carta 27/73 €

25 cam ⌤ – ♦50/60 € ♦♦80/100 €

via Cornello 8 – ☏ 035 986021 – www.hotelristorantemiranda.com – Chiuso 2 settimane in novembre

RIVALTA Cuneo → Vedere La Morra

RIVALTA SUL MINCIO

Mantova (MN) – ⌧ 46040 – Carta regionale n° **9**-C3
Carta stradale Michelin 561-G14

⋔○ **Il Tesoro Living Resort**　　　⇦ 🕭 ⇐ 🍴 ⤢ AK ⚲ ⇔

CUCINA MODERNA · DESIGN XX I sapori del territorio cedono talvolta il passo a sperimentazioni più moderne, in questa bella struttura dallo stile contemporaneo e dalla cornice agreste: qui, vi attendono anche un gradevole giardino botanico, l'attrezzato centro benessere e le splendide suite.

Carta 33/62 €

4 cam ⌤ – ♦80/100 € ♦♦110/150 €

via Settefrati 96 – ☏ 0376 681381 – www.tesororesort.it – Chiuso 1 settimana in gennaio e lunedì

RIVALTA TREBBIA Piacenza → Vedere Gazzola

RIVANAZZANO TERME

Pavia – ⌧ 27055 – 5 312 ab. – Alt. 153 m – Carta regionale n° **9**-A3
Carta stradale Michelin 561-H9

⋔○ **Selvatico**　　　　　🏨 ⇦ 🍴 ⤢

CUCINA REGIONALE · AMBIENTE CLASSICO XX In attività dal 1912, ora alla quarta generazione, siamo in uno dei migliori ristoranti dell'Oltrepò pavese. Chi è interessato alla scoperta gastronomica del territorio troverà qui una miniera di delizie, dai salumi agli stufati e bolliti passando per ottime paste fresche. E per prolungare il soggiorno, anche le camere si adeguano all'atmosfera nostalgica con piacevoli arredi d'epoca.

Menu 30/35 € – Carta 30/54 €

14 cam ⌤ – ♦50/60 € ♦♦75/85 €

via Silvio Pellico 19 – ☏ 0383 944720 – www.albergoselvatico.com – Chiuso 1°-12 gennaio, domenica sera e lunedì

RIVAROLO CANAVESE

Torino – ⌧ 10086 – 12 488 ab. – Alt. 304 m – Carta regionale n° **12**-B2
Carta stradale Michelin 561-F5

⋔○ **Antica Locanda dell'Orco**　　　🏨 🍴 ⤢ AK 🍽

CUCINA REGIONALE · CONTESTO TRADIZIONALE XX Ambiente rustico e signorile dove accomodarsi per gustare una valida e tradizionale cucina piemontese; possibilità di prendere posto all'aperto durante la bella stagione. Ampia carta dei vini che ormai annovera 600 etichette.

🍴 Menu 15 € (pranzo in settimana)/44 € – Carta 36/58 €

via Ivrea 109 – ☏ 0124 425101 – www.locanda-dellorco.it – Chiuso 12 giorni in gennaio, 10 giorni in agosto e lunedì

RIVAROTTA Pordenone → Vedere Pasiano di Pordenone

RIVA TRIGOSO Genova → Vedere Sestri Levante

RIVAZZURRA Rimini → Vedere Rimini

RIVERGARO

Piacenza – ⊠ 29029 – 7 005 ab. – Alt. 140 m – Carta regionale n° **5**-A2
Carta stradale Michelin 561-H10

⊛ **Caffè Grande**   ⋒

CUCINA DEL TERRITORIO • FAMILIARE ⅩⅩ Moderno ed antico si interfacciano con grande naturalezza in questo bel ristorante di provincia la cui cucina si adagia nell'alveo della tradizione locale. Tra i suoi must i proverbiali salumi piacentini e nodi di pasta fresca con asparagi e guancialino.

Carta 32/56 €

piazza Paolo 9 – ℰ 0523 958524 – www.caffegrande.it – Chiuso 2 settimane in gennaio-febbraio, 2 settimane in settembre e martedì

RIVIERA DI LEVANTE Genova e La Spezia

RIVIGNANO

Udine – ⊠ 33050 – 6 349 ab. – Alt. 13 m – Carta regionale n° **6**-B3
Carta stradale Michelin 562-E21

⛉ **Al Ferarùt** (Alberto Tonizzo)   🅰🅒 ⇆ 🄿

CUCINA MODERNA • ELEGANTE ⅩⅩⅩ Da appassionato studioso e conoscitore del mare, lo chef, figlio del patron, (insieme formano due generazioni ed un totale di oltre 50 anni di storia del locale!), offre con le sue ricette tutta la fragranza del buon pesce, ma anche un'originale personalità; non mancano, tuttavia, specialità a base di carne.

→ Gamberi viola con fegato grasso d'oca, gelatina al Picolit e thè gelato all'essenza di crostacei. Anguilla tostata, pelle soffiata e porro glassato. Frutti rossi con ganache al cioccolato e distillato di ciliegie.

Menu 60/100 € – Carta 62/126 €

via Cavour 34 – ℰ 0432 775039 (prenotazione obbligatoria a mezzogiorno) – www.ristoranteferarut.it – Chiuso 1°-7 gennaio, 20-31 ottobre, mercoledì e giovedì

🛏 **Da Gastone** ⓝ   ⤳ 🚃 ⅀ 🅰🅒 🄿

CASA DI CAMPAGNA • BUCOLICO Apre al pubblico dopo una lunga ed attenta ristrutturazione questo casolare di campagna, dalle belle e spaziose camere, posizione tranquillissima con una proprietà che arriva fino al fiume Stella. Sono possibili escursioni in canoa e in bicicletta.

5 cam – ♥♥50/80 €

via Gabriele D'annunzio 48 ⊠ 33050 Rivignano – ℰ 333 295 1774 – www.agriturismodagastone.it

RIVISONDOLI

L'Aquila – ⊠ 67036 – 700 ab. – Alt. 1 320 m – Carta regionale n° **1**-B3
Carta stradale Michelin 563-Q24

⊛ **Da Giocondo**

CUCINA ABRUZZESE • RUSTICO Ⅹ Personalmente ai fornelli, la titolare assicura ottimi piatti di cucina abruzzese talvolta esposti a voce, secondo le disponibilità del mercato: la freschezza dei prodotti è così garantita! Tra le specialità si ricordano le cordicelle con pancetta, salsiccia, prosciutto e pecorino - la bistecca di vitello scottona.

Carta 24/47 €

via Suffragio 2 – ℰ 0864 69123 – www.ristorantedagiocondo.it – Chiuso martedì in bassa stagione

RIVODUTRI

Rieti – ✉ 02010 – 1 253 ab. – Alt. 560 m – Carta regionale n° **7**-C1
Carta stradale Michelin 563-O20

✿✿ **La Trota** (Sandro e Maurizio Serva)   ░ ╔╗ ╔╗ 🕭 AK ⟷ 🅿

CUCINA CREATIVA • ELEGANTE XxX Lo sapevate che La Trota a Rivodutri in provincia di Rieti è l'unico ristorante d'Europa ad avere un menu interamente dedicato
al pesce d'acqua dolce? La sua genesi risale al 1960 quando nacque come trattoria
di famiglia. Saranno – poi – Sandro e Maurizio Serva a consacralo agli onori della
gloria con una prima stella nel 2004 a cui si affianca una seconda nel 2013.

Da qui è tutto un crescendo rossiniano, che fa sì che il ristorante sia presente su
tutte le mappe dell'alta cucina laziale e nazionale con l'aggiunta d'importanti echi
anche tra i gourmand provenienti dall'estero.

Oltre a proposte ittiche lacustri - coregone, luccio, anguilla, trota, carpa e tinca
(provenienti dal Lago di Campotosto e dal Lago di Valle del Salto) tutte pescate
in modo responsabile dalle cooperative locali - la carta rende omaggio anche a
piatti dall'entroterra dato che queste splendide valli sono generose di tantissime
delizie quali olio della sabina e tartufo bianco. Nulla da invidiare, quest'ultimo,
all'osannato fungo ipogeo d'Alba!

→ Riso affumicato al rosmarino, liquirizia, gamberi di fiume e guance di luccio. Anguilla
laccata al miele di castagno e mela verde al caffè. Come dire... Zuppa Inglese!

Menu 120/140 € – Carta 75/119 €

*via Santa Susanna 33, località Piedicolle, Sud: 4 km – ℰ 0746 685078 (consigliata
la prenotazione) – www.latrota.com – Chiuso 7 gennaio-13 febbraio, 10 giorni
in luglio, domenica sera e mercoledì*

RIVOIRA Cuneo → Vedere Boves

RIVOLI

Torino – ✉ 10098 – 48 791 ab. – Alt. 390 m – Carta regionale n° **12**-A1
Carta stradale Michelin 561-G4

✿ **Combal.zero** (Davide Scabin)   ░ ≼ AK ⌘

CUCINA CREATIVA • DESIGN XxX Accanto al museo d'Arte Contemporanea del
castello di Rivoli, del quale riprende le forme moderne ed essenziali, la cucina di
Scabin propone i classici piemontesi e i sapori italiani in presentazioni molto
belle, lo chef-patron indugia anche su piatti più estrosi e creativi, soprattutto nei
menu degustazione in cui si concentra tutta la sua ricerca culinaria.

→ Rognone al gin. Cyber eggs. Soufflé mirtilli e fior di latte.

Carta 108/130 €

*piazza Mafalda di Savoia – ℰ 011 956 5225 – www.combal.org – solo a cena
– Chiuso 23 dicembre-7 gennaio, agosto, domenica e lunedì*

ROCCABRUNA

Cuneo – ✉ 12020 – 1 454 ab. – Alt. 700 m – Carta regionale n° **12**-B3
Carta stradale Michelin 561-I3

a Sant'Anna Nord : 6 km (CN) – ✉ 12020 – Roccabruna – Alt. 1 250 m

🕼 **La Pineta**   ⇦ ⌂ ╔╗ ⌘ 🅿

CUCINA PIEMONTESE • FAMILIARE XX Bisogna armarsi di pazienza e affrontare
tornanti fra boschi e colline per arrivare alla Pineta, ma alla fine la cucina ricompensa il viaggio. Proposta incentrata su un menu degustazione che può essere
accorciato nel numero di portate, in cui regna da sempre il fritto misto alla piemontese: il piatto culto del ristorante! Se vi volete fermare, troverete anche accoglienti e spaziose camere.

🕾 Menu 20/30 €

12 cam – ♦50 € ♦♦80/90 € – ⌑ 5 €

*piazzale Sant'Anna 6 – ℰ 0171 918472 – www.lapinetaalbergo.it – Chiuso
7 gennaio-7 marzo, martedì, anche lunedì sera escluso 20 giugno-20 settembre*

ROCCA CORNETA Bologna → Vedere Lizzano in Belvedere

ROCCA DI ROFFENO Bologna → Vedere Castel d'Aiano

ROCCA D'ORCIA Siena (SI) → Vedere Castiglione d'Orcia

ROCCARASO
L'Aquila – ✉ 67037 – 1 627 ab. – Alt. 1 236 m – Carta regionale n° **1**-B3
Carta stradale Michelin 563-Q24

ⅰ○ Chichibio ⓝ
CUCINA MODERNA · ACCOGLIENTE ☓☓ Pochi i tavoli e tanta cura per questo ristorante diretto da due dinamici giovani che hanno deciso di rimanere nel proprio territorio. Una cucina che esalta i sapori anche locali in chiave moderna.
Menu 37/45 € – Carta 37/57 €
Via Guglielmo Marconi, 1 – ℰ 328 905 4831 (prenotare)
– www.chichibiorestaurant.it – Chiuso maggio, ottobre e mercoledì

ⅰ○ Villa Sette Pini ⚡
CUCINA MODERNA · CHIC ☓☓ Nelle due sale con camino di questa signorile villa degli anni '40, si serve una cucina che riscopre antichi sapori e li abbina a materie prime selezionate alla luce di una sensibilità più attuale.
🍴 Menu 24 € (pranzo) – Carta 29/71 €
piazza Giochi della Gioventù 1 ✉ 67037 Roccaraso – ℰ 0864 62013
– www.villasettepini.it – Chiuso 15 aprile-5 luglio e lunedì; inizio settembre-8 dicembre aperto solo nel fine settimana

🏠 Garnì Astoria 🎐 ⊕ 🅿
TRADIZIONALE · STILE MONTANO In zona defilata, sulla strada che porta alla frazione di Pietransieri, il parcheggio privato anticipa tutta una serie di comodità che vi attendono varcata la soglia. Spazi comuni non ampi, ma carini e ben disimpegnati, zona benessere interrata con bagno turco, doccia emozionale e vasca idromassaggio. Sebbene ci si trovi in Abruzzo, le belle camere sono in stile ampezzano per una personale predilezione estetica del padrone di casa.
12 cam 🛏 – †40/60 € ††90/120 €
via Pietransieri snc – ℰ 0864 62707 – www.hotelastoriaroccaraso.it

ad Aremogna Sud-Ovest : 9 km ✉ 67037 – Alt. 1 622 m

🏠 Boschetto 🎐 🏊 ⪦ 📶 🖥 ⑧ 🎐 ⅃ʌ ⊕ 🚗
SPA E WELLNESS · STILE MONTANO C'è anche un attrezzato centro benessere con tanto di Spa privata, vera e propria camera con letto matrimoniale ad uso esclusivo di chi la riserva, in quest'albergo dagli accoglienti saloni in legno e stanze sobrie, costantemente in via di ammodernamento. Ambiente suggestivo al ristorante, grazie all'incantevole vista sui monti.
44 cam 🛏 – †90/180 € ††140/350 €
via Aremogna 42 – ℰ 0864 602367 – www.hboschetto.it – Aperto 21 novembre-31 marzo e 16 luglio-9 settembre

ROCCA RIPESENA Terni → Vedere Orvieto

ROCCASTRADA
Grosseto – ✉ 58036 – Carta regionale n° **18**-C2
Carta stradale Michelin 563-M15

🏠 La Melosa 🎐 🏊 ⪦ 📶 ⅃ 🎐 🅰🅲 🅿
CASA DI CAMPAGNA · PERSONALIZZATO In posizione defilata e tranquilla, la struttura di aspetto colonico propone nei suoi interni la spontanea arte toscana, che si esprime attraverso deliziosi affreschi presenti in ciascuna delle 12 camere. Non mancano, tuttavia, confort moderni, quali una bella piscina ed un attrezzato centro benessere.
12 cam 🛏 – †79/179 € ††89/189 €
strada Provinciale 157, Nord: 2 km – ℰ 0564 563349 – www.lamelosa.it
– Aperto 27 dicembre-7 gennaio e 20 marzo-2 novembre

ROCCELLA IONICA
Reggio di Calabria (RC) – ⊠ 89047 – 6 557 ab. – Alt. 16 m – Carta regionale n° **3**-B3
Carta stradale Michelin 564-M31

⌘○ **La Cascina**　　　　　　　　　　🖤 🎄 🕼 ⅋ 🅿

CUCINA ITALIANA · RUSTICO ✕✕ Lungo la statale, un piacevole e rustico locale ricavato dalla ristrutturazione di un casolare di fine Ottocento con sale dalle pareti in pietra e soffitti lignei. Il menu recita una serie di proposte di terra e di mare, mentre nell'adiacente bottega sono in vendita prelibatezze del territorio (spesso di produzione propria), molte di esse a base di bergamotto!

Carta 28/64 €

strada statale 106, Sud-Ovest : 2 km – ℰ 0964 866675 – www.lacascina1899.it – Chiuso martedì escluso luglio-agosto

🏨 **Parco dei Principi Hotel**　　🎄 🕼 ℐ 🛌 ⌂ 🔲 🕼 🅿

LUSSO · CLASSICO Un uliveto dai riflessi argentei incornicia questa elegante struttura che richiama i fasti del passato: una sontuosa hall e splendide sale dai soffitti affrescati, nonché camere di moderno confort.

58 cam ⌂ – ♦69/250 € ♦♦89/300 € – 2 suites

strada statale 106, località Badessa, Sud-Ovest: 2 km – ℰ 0964 860201 – www.parcodeiprincipi-roccella.com

ROCCHETTA TANARO
Asti – ⊠ 14030 – 1 450 ab. – Alt. 107 m – Carta regionale n° **14**-D1
Carta stradale Michelin 561-H7

⌘○ **I Bologna**　　　　　　　　　　🍃 🕼 🕼 ⅋

CUCINA PIEMONTESE · ACCOGLIENTE ✕✕ Un classico della ristorazione monferrina, da anni propone gli immutabili piatti che ci si aspetta di gustare in Piemonte. Gli ambienti sono rustici e l'atmosfera calda. La corte interna ospita camere accoglienti e ben accessoriate.

Menu 35/45 € – Carta 40/63 €

6 cam ⌂ – ♦80 € ♦♦100 €

via Nicola Sardi 4 – ℰ 0141 644600 – www.trattoriaibologna.it – Chiuso 10 gennaio-10 febbraio e martedì

RODDI
Cuneo – ⊠ 12060 – 1 607 ab. – Alt. 284 m – Carta regionale n° **14**-C2
Carta stradale Michelin 561-H5

⌘○ **Il Vigneto**　　　　　　　　　　🍃 🍲 🕼 ⅋ 🅿

CUCINA PIEMONTESE · CONTESTO TRADIZIONALE ✕✕ Una tranquilla cascina di campagna - restaurata con gusto e raffinatezza - dove gustare piatti piemontesi, ma non solo: in estate trionfa il pesce. Piacevole l'ombreggiato dehors. Accoglienza di classe e premurosa attenzione anche nelle camere, dalle cui finestre si dominano le colline dei dintorni.

Carta 41/64 €

6 cam ⌂ – ♦75/110 € ♦♦90/130 €

località Ravinali 19/20, Sud-Ovest : 2,5 Km – ℰ 0173 615630 – www.ilvignetodiroddi.com – Chiuso gennaio, mercoledì a mezzogiorno e martedì

RODDINO
Cuneo (CN) – ⊠ 12050 – 400 ab. – Alt. 610 m – Carta regionale n° **13**-C3

⌘○ **Osteria da Gemma** 🆕　　　　　　　🕼 🕼

CUCINA PIEMONTESE · FAMILIARE ✕ Nei locali di un vecchio fienile, una sana osteria a gestione familiare con un generoso menu a prezzo fisso legato alle salde tradizioni gastronomiche locali. Non dimenticate l'indispensabile prenotazione!

Menu 30 €

Via Marconi 6 – ℰ 0173 794252 (prenotare) – Chiuso lunedì, martedì e le sere di mercoledì e giovedì

RODI GARGANICO

Foggia – ✉ 71012 – 3 693 ab. – Carta regionale n° **15**-A1
Carta stradale Michelin 564-B29

🏠 Villa Vittoria   🕸 🍴 ⌂ AC P

TRADIZIONALE · ACCOGLIENTE In posizione rialzata sul mare, il profilo del borgo chiude romanticamente la vista della costa. Camere semplici ma accoglienti, la terrazza panoramica sul porticciolo del ristorante regalerà incantevoli serate.

16 cam ⌂ – †40/85 € ††80/170 €

contrada Petrara snc – ℰ 0884 965630 – www.albergovillavittoria.it – Aperto 1° aprile-10 ottobre

ROLETTO

Torino – ✉ 10060 – 2 009 ab. – Alt. 412 m – Carta regionale n° **12**-B2
Carta stradale Michelin 561-H3

🌐 Il Ciabot   🍴 🕸

CUCINA REGIONALE · FAMILIARE 💥 Piacevolmente riscaldato nei mesi freddi da un caminetto, il Ciabot vanta un'appassionata gestione familiare e propone una cucina regionale, attenta alle tradizioni e "contaminata" da un tocco attuale. Il menu suggerisce: cosciotto di agnello in tempura con la sua riduzione carciofi e liquirizia - cremoso al gianduiotto cialde croccanti al caffè e composta di pere.

Menu 35/40 € – Carta 29/47 €

via Costa 7 – ℰ 0121 542132 (prenotazione obbligatoria a mezzogiorno) – www.mauroaguchef.it – Chiuso lunedì

ROMA

Spesso celebrata come la città eterna, un epiteto che sembra quanto mai azzeccato, se si considerano ancora oggi il suo aspetto magnifico e imponente, la sua storia millenaria e i numerosi secoli in cui la capitale italiana è stata veramente il centro del mondo, Roma assume un ruolo da regina anche per quanto riguarda la buona tavola.

Altrettanto intramontabile è, infatti, la sua passione per la cucina della tradizione che trova concreta espressione in piatti quali tonnarelli cacio e pepe, abbacchio, coda alla vaccinara, puntarelle e carciofi alla giudia. Dulcis in fundo, una passeggiata a Trastevere e Testaccio per assaporare la vera vita notturna romana.

Ricette e sapori rimasti immutati nell'arco dei secoli se si pensa alle tipiche trattorie romanesche, ma alleggeriti e rivisitati se ci si accomoda nei più raffinati locali della città. Ebbene sì: Roma non è solo eterna, ma anche aperta.

Roma (RM) – ✉ 00186 – 2 872 021 ab. – Alt. 20 m
• Carta regionale n°7-B2
• Carta stradale Michelin n° 563-Q19

RISTORANTI DALLA A ALLA Z

Michelin

g-stockstudio/iStock

ESERCIZI CON STELLE

BIB GOURMAND
Il nostro migliore rapporto qualità-prezzo

A TAVOLA, SECONDO I VOSTRI DESIDERI

RISTORANTI PER TIPO DI CUCINA

Boris_Kuznets/iStock

antoniotruzzi/iStock

Lauri Patterson/iStock

TAVOLI ALL'APERTO

ymgerman/iStock

Esperanza33/iStock

1

ROMA

0 —— 2 km

Percorsi di attraversamento e di circonvallazione

V. Cassia

V. della Giustiniana

LA GIUSTINIANA

TOMBA DI NERONE

Trionfale

A 90

A 90

● c

V. di Grottarossa

Flaminia

⑤

④

⑥

OTTAVIA

Selva Candida

V. della Storta

RISERVA NATURALE DELL'INSUGHERATA

V. Cassia

V. del Due

③

Vle Cortina d'Ampezzo

V. Cassia

Galleria Giovanni XXIII

n

V. del Foro Italico

TOR DI QUINTO

Cso di Francia

V. Flaminia Nuova

Ponti Flaminia

TORREVECCHIA

V. di Torrevecchia

MONTE MARIO

Lungotevere Maresciallo Diaz

V. Flaminia

Trionfale

VATICANO

Vle Giulio Cesare

Il Pincio

Cs d'It

di Boccea

Casal Selce

⊕

CASALOTTI

A 90

Magliana

Cornelia

V. di Acquafredda

Nazareth

V. Mattia Battistini

V. di Boccea

V. di Boccea

V. Gregorio XI

②

MUSEI VATICANI

SANTA MAR MAGGIOR

Aurelia

V. Leone XIII

V. di Gregorio VII

COLOS

V. della Storta

V. Aurelia Antica

VILLA DORIA PAMPHILI

Vle di Trastevere

Vle di Portuense

①

CIVITAVECCHIA

Lumbroso

Aurelia

di Casale

V. della Pisana

V. di Bravetta

Colli Portuensi

V. Aurelia Antica

V. Virgilio

Rom Ostia

③①

Vle dei Colli Portuensi

● b

● a

V. Ostiens

Brava

Casetta Mattei

Vle dei Pae Pisano

CORVIALE

V. Isacco Newton

Vle della Magliana

Basilica di S.Paolo Fuori le Mura

OST

③②

V. della Pisana

Vle del Trullo

V. di Trullo

Viale di Magliana

Viale Cesar

Pavese

V. della Magliana

③①

A 90

E.U.R.

Laurentina

CIVITAVECCHIA

A 91 / E 80

A 90 / E 80

V. Portuense

③⓪

V. del Mare

②⑧

V. Ostiense

V. Cristoforo Colombo

②⑦

②⑥

V. di T

②⑤

⊕

Laurentina

V. del Mare

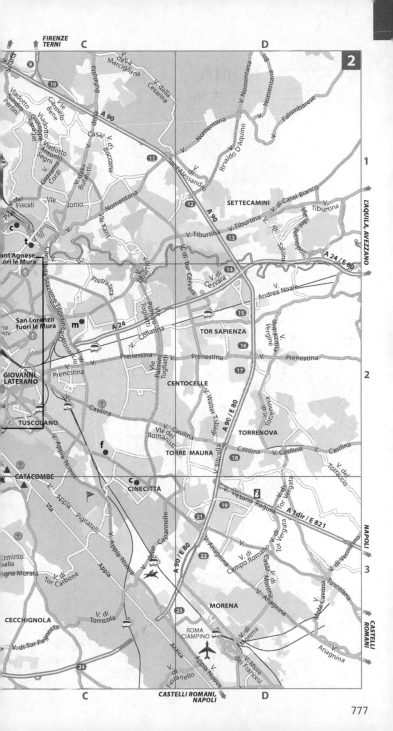

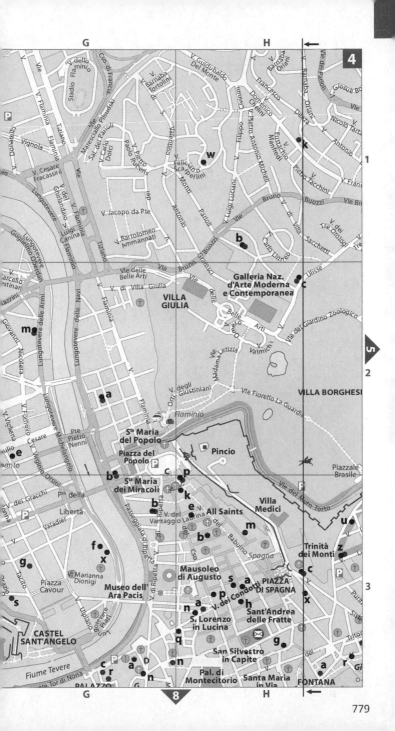

G

Stadio Flaminio
V. dello Flaminio
Cso. di Francia
V. Flaminia
Tiziano
V. Cesare Fracassini
Vignola
Flaminia
Lungotevere Flaminio
V. del Ghirlandaio
V. Luigi Canina
Lungotevere
Maresciallo Pilsudski
Sal. dei Parioli
V. Carlo Dolci
V. Pietro Paolo Rubens
V. Felice
sca Piel'lini
w
V. Jacopo da Pte
V. Bartolomeo Ammannati
Vle delle Belle Arti
V. di Villa Giulia
Flaminia
Lungotevere delle Navi
Lungotevere delle Armi
mg
V. degli Giustiniani
V. degli Ortu Giustiniani
Flaminio
Pte Pietro Nenni
Flaminio

H

V. Guidubaldo Del Monte
V. Barnaba Tortolini
Francesco
V. Domenico Cirilli
V. Pietro Antonio Michiell
poddi
Domenico
k
V. Eustachio Manfredi
V. Oriani
Desta
V. di Villa Sacchetti
Vle dei Parioli
Barnaba Oriani
Giosuè Bo
Vle
Nicolò Tarta
V. Antonio
V. Franc
pietro Tacchini
V. Franc
Vle Bri
V. del Tre Orolog
V. Te
V. Luigi Luciani
Bruno
V. di Villa
Buozzi
b
Carlo Linn
Galleria Naz.
d'Arte Moderna
e Contemporanea
c
Ulisse
Belle
Arti
V. del Giardino Zoologico
VILLA
GIULIA
Vle
Belle
Vle
Letizia
Madama
Valmich
Vle Fioretto La Guardia
VILLA BORGHESE
VILLA BORGHESI

V. Marcello
stiniani
Mazzini
V. Giovanni Nicotera
V. Feronio
V. Virginio Orsini
Cesare
Lungotevere Michelangelo
ulio
e
anto
b
Sª Maria
del Popolo
Piazza del
Popolo
c
p
Sª Maria
dei Miracoli
b
Ripetta
V. del Vantaggio
Passeggiata di Ripetta
k
e
All Saints
m
b
Babuino
Pincio
Pincio
Piazzale Brasile
Vle del Muro Torto
Villa Medici
Spagna
u
Trinità dei Monti
z
c
x

V. Fonovo
V. dei Gracchi
Pza della Liberta
Valadier
g
V. Marianna Dionigi
f
x
Piazza Cavour
zio
s
Ulpiano
Museo dell'
Ara Pacis
Lungotevere Prati
V. di Ripetta
Mausoleo di Augusto
a
n
S. Lorenzo in Lucina
q
s
a
p
V. dei Condotti
PIAZZA DI SPAGNA
h
Sant'Andrea delle Fratte
g
San Silvestro in Capite
x
Purifi
P
a
r
Gi

CASTEL
SANT'ANGELO
Fiume Tevere
Lungotevere Tor di Nona
c
r
a
D
n
PALAZZO
n
Pal. di
Montecitorio
Santa Maria in Via
FONTANA

G

H

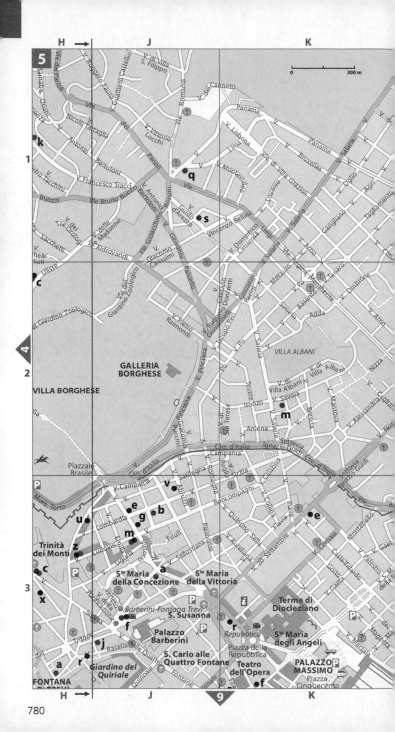

6

3-4	5-6
7-8	9-10

1

V. Acherusio
V. Lago di Lestina
PARCO VIRGILIANO
V. Bradano
V. Panaro
Annone
Cso. Trieste
Sant'Agnese fuori le Mura
V. di Sta Costanza
V. Bolzano
Nomentana
V. Ridolfino Venuti
V. Rodolfo Lanciani
V. Felice Grossi Gondi
V. Cesare Rasponi
V. Oreste Tommasini
V. Ugo Balzani
V. Carlo Fea
Aprile

2

VILLA TORLONIA
V. Antonio Nibby
V. Giuseppe Antonio Guattani
V. Giovanni Battista De Rossi
V. Massimo d'Azeglio
Villa Ricotti
V. Gaetano Moroni
V. Giacomo Boni
V. Simon Boccanegra
Apuania
Bologna
V. Piccarda Donati
V. Lorenzo il Magnifico
V. Eleonora d'Arborea
V. Matilde di Canossa
V. Gian
Giovanni Severano
V. Ravenna
V. Belluno
V. Catanzaro
V. Arezzo
Padova
Siracusa
Antonio Musa
Bari
Forlì
V. Udine
Lucca
Catania
V. della Lega Lombarda
Arduino

3

V. Giovanni Battista Morgagni
V. Giovanni Maria Lancisi
V. Chieti
Como
Pavia
Ippocrate
V. Giano Della Bella
V. Tiburtina
Policlinico
Vle Regina Elena
V. Antonio Borelli
V. Antonio Scarpa
V. dei Canneti
Vle delle Province
astro Pretorio
Vle del Policlinico
V. Monzambano
Vle dell'Università
Regina Elena
V. del Castro Laurenziano
San Lorenzo fuori le Mura
Vle Piero Gobetti
V. dei Frentani
V. Cesare De Lollis
del Verano

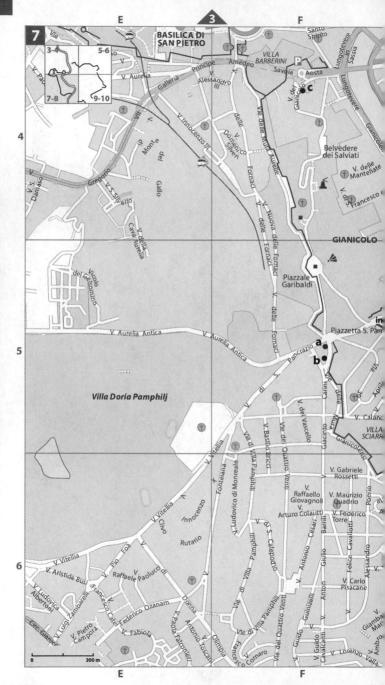

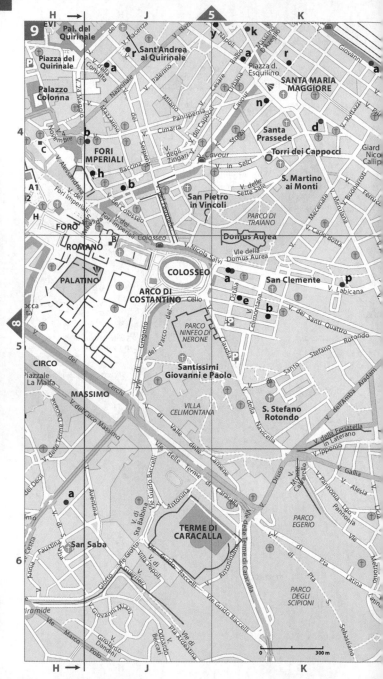

EVI
Pal. del Quirinale

Piazza del Quirinale

Palazzo Colonna

Sant'Andrea al Quirinale

SANTA MARIA MAGGIORE

FORI IMPERIALI

FORO ROMANO

Santa Prassede

Torri dei Cappocci

S. Martino ai Monti

San Pietro in Vincoli

PARCO DI TRAIANO

Domus Aurea

PALATINO

COLOSSEO

ARCO DI COSTANTINO

San Clemente

Celio

PARCO NINFEO DI NERONE

CIRCO

MASSIMO

Santissimi Giovanni e Paolo

VILLA CELIMONTANA

S. Stefano Rotondo

San Saba

TERME DI CARACALLA

PARCO EGERIO

PARCO DEGLI SCIPIONI

0   300 m

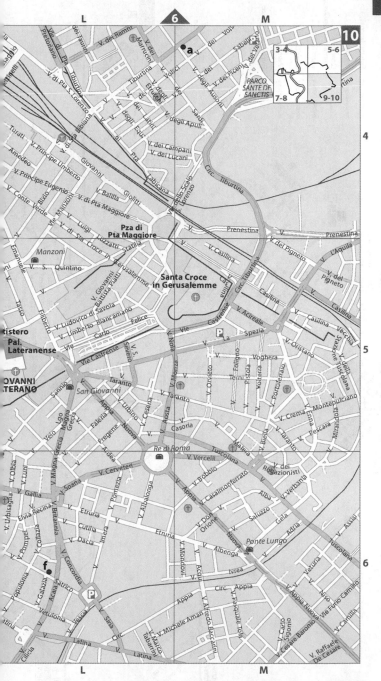

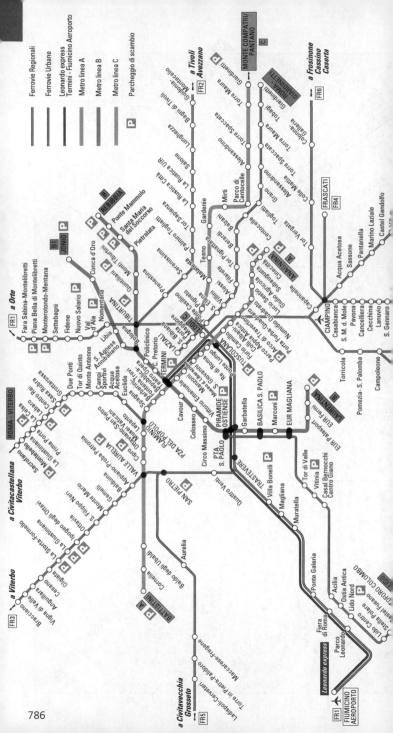

Ristoranti

❀❀ Il Pagliaccio (Anthony Genovese) ⊛ AC

CUCINA CREATIVA · ELEGANTE XxX Nasce in Francia, Anthony Genovese, ma le sue origini calabresi dopo importanti esperienze in Inghilterra e nel sud-est asiatico lo riportano – "a casa", inizialmente in Campania e poi nella città Eterna. Non aspettatevi un ristorante dalle decorazioni circensi, la sala è sobria e contemporanea, elegante, certo, ma rigorosa e di linee pure come la cucina di Anthony, che dopo tanti anni in questa sede, nel cuore del centro storico capitolino - tra piazza Navona, Farnese e Campo de' Fiori - è giunta ad ulteriore maturazione.

Rimane costante la sua eterna passione per l'estetica e gli ingredienti dell'estremo oriente, visibile persino dalle divise del personale femminile, alla quale tuttavia oggi si aggiunge una nuova consapevolezza delle esigenze vegetariane dei clienti, con piatti che possono essere preparati anche in versione green.

Per il resto le sobrie intitolazioni della carta - null'altro che un elenco di prodotti - lasciano a sorpresa il posto ad una delle cucine più originali e sofisticate di Roma, con il pane che, per qualità e ricerca di varietà di grani, merita una citazione a parte.

→ Tortello di maiale, caciocavallo e pomodoro. Agnello, aglio nero e avocado bruciato. Cioccolato mediterraneo.

Menu 75 € (pranzo)/170 € – Carta 95/145 €

Pianta: 8G4-f – *via dei Banchi Vecchi 129/a* ⊠ *00186* – *℘ 06 6880 9595 (consigliata la prenotazione)* – *www.ristoranteilpagliaccio.com* – *Chiuso 25 gennaio-8 febbraio, 3 settimane in agosto, domenica, martedì a pranzo e lunedì*

❀ Imàgo AC ⊗

CUCINA MODERNA · LUSSO XxXX Il percorso professionale dello chef è facilmente intuibile dai piatti che arrivano in tavola e che combinano sapori asiatici a prodotti, nonché concetti mediterranei, in abbinamenti talvolta anche un po' cerebrali. Una cucina volutamente di contrasti, mentre incontrastabile è l'incantevole vista offerta dalle ampie vetrate sulla Città Eterna.

→ Risotto cacio, pepi e sesami. Pollo ai peperoni alla romana. Dolce mozzarella di bufala.

Menu 130/170 € – Carta 100/164 €

Pianta: 4H3-c – *Hotel Hassler, piazza Trinità dei Monti 6* ⊠ *00187* Ⓜ *Spagna* – *℘ 06 6993 4726* – *www.imagorestaurant.com* – *solo a cena* – *Chiuso 2 settimane in gennaio*

❀ Pipero ⅋ AC

CUCINA CREATIVA · ELEGANTE XxX Alessandro Pipero è ormai un nome ed una garanzia per la ristorazione capitolina, eccellente anfitrione di una sala di elegante e contemporanea raffinatezza davanti alla Chiesa Nuova, mentre in cucina ora si destreggia un giovane cuoco campano il quale si cimenta in piatti moderni e creativi, attento alle stagioni e, qualche volta, anche alle citazioni della sua terra di origine.

→ Genovese di polpo in raviolo. Piccione sale e scalogno. Croccante di cioccolato e menta.

Menu 110/140 € – Carta 85/165 €

Pianta: 8G4-d – *corso Vittorio Emanuele 246* ⊠ *00186* – *℘ 06 6813 9022 (consigliata la prenotazione)* – *www.piperoroma.com* – *solo a cena in agosto* – *Chiuso domenica*

✿ Acquolina (Angelo Troiani)   🏦 ♿ AC ❌

PESCE E FRUTTI DI MARE · MINIMALISTA XXX Dal quartiere periferico Fleming in cui si trovava, all'atmosfera raffinata tra opere d'arte originali, dipinti e sculture, ove si è trasferito: all'Acquolina lo chef porta in tavola ricette a base di pesce, ispirate alla cultura gastronomica mediterranea e accompagnate ad una selezione enologica pregiata.

→ Linguine, vongole, zenzero e prezzemolo. Polpo, mele, rucola e finta maionese. Passion Cheesecake.

Menu 95/135 € – Carta 67/159 €

Pianta: 4G3-b – *Hotel The First Roma, via del Vantaggio 14* Ⓜ *Spagna – ☏ 06 320 0655 – www.acquolinaristorante.it – solo a cena – Chiuso 13-21 agosto e domenica*

✿ Il Convivio-Troiani (Angelo Troiani)   🏦 AC ⇦

CUCINA MODERNA · ELEGANTE XXX Non lontano da piazza Navona, defilato in un dedalo di vicoli, il Convivio accoglie gli ospiti in tre eleganti sale tematiche: quella del chiostro, delle carrozze e dell'arte. La cucina gioca con intelligenza con i classici laziali e italiani, talvolta rivisitandoli con estro creativo.

→ Amatriciana de Il Convivio. Piccione, ciliegie, scorzonera e tartufo nero. "Sotto-bosco".

Menu 110/125 € – Carta 84/142 €

Pianta: 4G3-r – *vicolo dei Soldati 31* ✉ *00186 – ☏ 06 686 9432 – www.ilconviviotroiani.com – solo a cena – Chiuso 24-26 dicembre, 1 settimana a Ferragosto e domenica*

✿ Enoteca al Parlamento Achilli   🏦 🌳 AC ❌

CUCINA CREATIVA · ELEGANTE XX In pieno centro, dall'esterno ben poco farebbe pensare ad un ristorante, ma varcati gli ambienti dell'elegante enoteca, due sale in successione avvolte dal legno ospitano una cucina molto personalizzata, basata su contrasti ed audaci accostamenti, amata da chi vuole sfuggire alla tradizione. Alcuni tavoli sono dedicati al bistrot con piatti più semplici e territoriali.

→ Passata di zucchine trombette e gamberi in leggera frittura. Baccalà in vago pensar di carbonara. Gamberi suzette.

Menu 100/160 € – Carta 88/107 €

Pianta: 4H3-n – *via dei Prefetti 15* ✉ *00186* Ⓜ *Spagna – ☏ 06 8676 1422 – www.enotecalparlamento.com – Chiuso 14-31 agosto, domenica e festivi*

✿ Per Me Giulio Terrinoni   🌳 ♿ AC

CUCINA CREATIVA · CONTESTO CONTEMPORANEO XX Il ristorante di Vicolo del Malpasso nel centro storico di Roma, famoso anche per i "tappi", è l'espressione tangibile della personalità dello chef, nonché della sua spiccata originalità. Un luogo di ricerca, tecnica e fantasia; ma se l'estro e la qualità delle materie prime sono due imprescindibili costanti, l'offerta varia leggermente tra il pranzo – più informale – e la cena dove tra i vari percorsi degustazione spicca il menu tra "Terra e Mare".

→ Carpaccio di scampi, fois gras marinato e gel di cipolla rossa. Variazione di rana pescatrice, coppa, trippa, coda e diplomatico. Cake alla vaniglia, mousse al limone e gelato al basilico.

Menu 80/140 € – Carta 86/146 €

Pianta: 8G4-h – *vicolo del Malpasso 9* ✉ *00186 Roma – ☏ 06 687 7365 (coperti limitati, prenotare) - www.giulioterrinoni.it – Chiuso 10 giorni in agosto*

ⓘO Le Jardin de Russie   🍴 🌳 ♿ AC ❌

CUCINA MEDITERRANEA · LUSSO XXXXX A dispetto del nome francese, i sapori sono decisamente tricolori, reinterpretati creativamente in una linea di cucina contemporanea ed ammiccante. Ricco buffet in alternativa alla carta, solo a pranzo; sabato e domenica brunch. Allo Stravinskij Bar - oltre che per un drink - il servizio ristorante si protrae per tutta la giornata.

Menu 45 € (pranzo in settimana)/65 € – Carta 66/124 €

Pianta: 4H2-p – *Hotel De Russie, via del Babuino 9* ✉ *00187* Ⓜ *Piazzale Flaminio – ☏ 06 3288 8870 – www.roccofortehotels.com/it/hotel-de-russie*

🍴 Hostaria dell'Orso   😂 🆎 🍸 ⇔

CUCINA MODERNA · LUSSO XxxX Un palazzotto quattrocentesco di cui ci sarebbero tracce storiche per la sua attività di locanda, si presenta ora con piano bar, ristorante al primo piano ed ancora sopra un'esclusiva discoteca, La Cabala. L'atmosfera è volutamente priva di superflui artifici d'arredo, in simbiosi con la cucina, omaggio alle materie prime prescelte.

Carta 46/85 €

Pianta: 4G3-c – *via dei Soldati 25/c* ⊠ *00186* – ☎ *06 6830 1192 (consigliata la prenotazione)* – *www.hdo.it* – *solo a cena* – *Chiuso agosto e domenica*

🍴 Il Sanlorenzo   😂 🆎 ⇔

PESCE E FRUTTI DI MARE · ELEGANTE XxX Un palazzo storico costruito sulle fondamenta del Teatro Pompeo per un locale d'atmosfera, che unisce storia ed arte contemporanea. Ma il vero protagonista è il pesce, principalmente di provenienza isola di Ponza, servito crudo o elaborato senza complicazioni, sicuramente dall'appeal moderno.

Menu 90 € – Carta 73/155 €

Pianta: 8G4-c – *via dei Chiavari 4/5* ⊠ *00186* – ☎ *06 686 5097 (consigliata la prenotazione)* – *www.ilsanlorenzo.it* – *Chiuso 6-30 agosto, e i mezzogiorno di sabato e lunedì*

🍴 Casa Coppelle   😂 ⅙ 🆎 ⇔

CUCINA MEDITERRANEA · INTIMO XX Nel cuore della città, un suggestivo e intimo salotto dalle molteplici sfaccettature: si passa dalla "galleria" dei ritratti all'atmosfera più british della saletta delle librerie, nonché all'herbier con stampe a tema alle pareti. Un angolo per ognuno, per tutti – invece - la moderna rivisitazione di una cucina mediterranea.

Menu 55 € (pranzo)/80 € – Carta 48/109 €

Pianta: 8G4-b – *piazza delle Coppelle 49* ⊠ *00186* – ☎ *06 6889 1707 (consigliata la prenotazione)* – *www.casacoppelle.com*

🍴 Pacifico Roma   🏠 ⅙ 🆎

CUCINA PERUVIANA · DI TENDENZA XX Dopo l'enorme successo di pubblico e critica ottenuto a Milano, questa firma italiana dedicata ad una cucina fusion il cui epicentro è il Perù apre anche nella capitale: all'interno di un bellissimo albergo di cui riprende lo stile sospeso tra liberty e design modaiolo.

Menu 60/120 € – Carta 38/104 €

Pianta: 4G2-b – *Hotel Palazzo Dama, lungotevere Arnaldo da Brescia 2* ⊠ *00186* Ⓜ *Lepanto* – ☎ *06 320 7042* – *www.wearepacifico.com*

🍴 Mater Terrae   🏠 🆎

CUCINA VEGETARIANA · LUSSO XX Il nome è già abbastanza evocativo: il ristorante privilegia, infatti, la strada vegetariana e biologica su splendide terrazze affacciate sui tetti e le cupole del centro storico.

Menu 90/110 € – Carta 60/94 €

Pianta: 8G4-g – *Hotel Raphaël, largo Febo 2* ⊠ *00186* – ☎ *06 6828 3762* – *www.raphaelhotel.com* – *Chiuso lunedì in febbraio*

🍴 Mercerie Ⓝ   🆎

STREET FOOD · ALLA MODA XX Lo Street food di alta qualità sbarca nella capitale, in un ambiente moderno e alla moda che porta la firma del già famoso chef Igles Corelli. I sapori sono classici italiani con alcuni must romano-laziali; possibilità di take-away in strada.

Menu 30/80 € – Carta 28/51 €

Pianta: 8H4-a – *Via di San Nicola de' Cesarini 4/5* ⊠ *00186* – ☎ *347 971 4949 (consigliata la prenotazione)* – *www.mercerie.eu* – *solo a cena in luglio* – *Chiuso agosto e lunedì in luglio*

‖○ Le Tamerici ⓝ   🏠 AC

CUCINA MEDITERRANEA · ELEGANTE XX A pochi metri dalla Fontana di Trevi, un insolito angolo di qualità che si distingue dall'invasione di tanti banali ristorantini turistici; ottima cucina moderno-mediterranea in un raccolto e signorile ambiente.

Menu 60/90 € – Carta 44/120 €

Pianta: 5H3-a – *Vicolo Scavolino, 79* ✉ 00186 ⓜ *Barberini* – ℰ *06 6920 0700 (consigliata la prenotazione)* – *www.letamerici.com* – *chiuso 7-31 agosto, domenica e sabato a mezzogiorno*

‖○ Zuma   🏠 ⌖ AC ⌘

FUSION · DI TENDENZA XX Firma internazionale vocata ad una cucina giapponese contemporanea che per il suo sbarco in Italia ha scelto il 4° e 5° piano (con terrazza!) di Palazzo Fendi. In un mood decisamente modaiolo e riconoscibile, la cucina si divide tra le delizie del sushi corner, del robata grill o di una linea moderna e creativa. Un successo di pubblico sin dall'apertura!

Menu 145 € – Carta 61/86 €

Pianta: 4H3-a – *via della Fontanella di Borghese 48* ✉ 00186 ⓜ *Spagna* – ℰ *06 9926 6622 (consigliata la prenotazione)* – *www.zumarestaurant.com* – *Chiuso 1 settimana in gennaio e 1 settimana in agosto*

‖○ Da Armando al Pantheon   AC

CUCINA ROMANA · FAMILIARE X A pochi metri dal Pantheon, locale piccolo a conduzione familiare che da anni conquista romani e non con la sua cucina tradizionale: prenotare è quasi indispensabile se si vuole trovare un tavolo.

Carta 36/65 €

Pianta: 8G4-r – *salita dè Crescenzi 31* ⓜ *Spagna* – ℰ *06 6880 3034 (coperti limitati, prenotare)* – *www.armandoalpantheon.it* – *Chiuso agosto, sabato sera e domenica*

‖○ Casa Bleve   🍴 AC

CUCINA MEDITERRANEA · FAMILIARE X Nei pressi di Palazzo Madama, in un antico palazzo del 1492 con ampi soffitti a volte, menu à la carte con specialità nazionali; in bella mostra all'entrata molte etichette di vini anche pregiati.

Carta 51/69 €

Pianta: 8G4-z – *via del Teatro Valle 48/49* ✉ 00186 – ℰ *06 686 5970* – *www.casableve.it* – *Chiuso 7-14 gennaio, 7-21 agosto e domenica*

‖○ Colline Emiliane   AC ⇔

CUCINA EMILIANA · TRATTORIA X A due passi da piazza Barberini, calorosa gestione familiare in questo semplice locale dai pochi tavoli serrati, rinnovato nell'aspetto, ma non nel carattere. Se passate la mattina vedrete preparare le specialità della casa nel loro laboratorio: paste tirate a mano come un tempo ed altri gustosi piatti della tradizione emiliana.

Carta 41/51 €

Pianta: 5J3-j – *via degli Avignonesi 22* ✉ 00187 ⓜ *Barberini* – ℰ *06 481 7538 (consigliata la prenotazione)* – *Chiuso 24 dicembre-6 gennaio, agosto, domenica sera e lunedì*

‖○ Green T.   AC ⇔

CUCINA CINESE · MINIMALISTA X La maestra, Yan, introdurrà i neofiti al "Tao del Tè" (percorso di conoscenza e degustazione di quest'antica bevanda) in un originale locale disposto su quattro livelli, non lontano dal Pantheon. Il menu propone sapori d'Oriente e cucina imperiale: ovvero quella che da Mao in poi è diventata la "cucina dei banchetti ufficiali".

🍷 Menu 10 € (pranzo)/18 € – Carta 26/77 €

Pianta: 8H4-m – *Via del Piè di Marmo 28* ✉ 00186 – ℰ *06 679 8628* – *www.green-tea.it* – *Chiuso 1 settimana in agosto*

Alberghi

🏯🏯 Hassler 🏯 ⅃৳ ⊡ ⅋ ⒶⒸ ⅍ ♨

GRAN LUSSO · ELEGANTE In pregevole posizione, in cima alla scalinata di Trinità dei Monti, l'hotel coniuga tradizione, prestigio ed eleganza. La raffinatezza raggiunge il suo apice nella splendida suite che occupa per intero l'ottavo piano: ascensore privato, eventuale alloggio supplementare per lo staff di security, due terrazze panoramiche, arredi moderni e tecnologie avanzate.

91 cam – †520/698 € ††520/718 € – 15 suites – ⌨ 38 €
Pianta: 4H3-c – *piazza Trinità dei Monti 6* ✉ 00187 ⓜ *Spagna* – ✆ *06 699340*
– *www.hotelhasslerroma.com*

❀ **Imàgo** – Vedere selezione ristoranti

🏯🏯 De Russie 🍴 🌐 🏯 ⅃৳ ⊡ ⅋ ⒶⒸ ⅍ ♨

GRAN LUSSO · PERSONALIZZATO Tra le migliori risorse dell'Urbe, design leggero e armonico in un edificio disegnato da Valadier nei primi anni del XIX secolo. La raffinatezza avvolge le camere e nella primavera del 2016 è stata completata la ristrutturazione delle suite Popolo e Picasso: praticamente, due appartamenti privati arredati con opere d'arte originali e antiquariato. Rose e gelsomini profumano il "giardino segreto".

120 cam – †462/759 € ††820/1348 € – 26 suites – ⌨ 45 €
Pianta: 4H2-p – *via del Babuino 9* ✉ 00187 ⓜ *Flaminio* – ✆ *06 328881*
– *www.roccofortehotels.com/hotel-de-russie*

🍽 **Le Jardin de Russie** – Vedere selezione ristoranti

🏯🏯 Grand Hotel Plaza ☆ ⊡ ⅋ ⒶⒸ ♨

GRAN LUSSO · PERSONALIZZATO Straordinari, immensi saloni di fine '800: trionfo liberty di marmi, soffitti a cassettoni, affreschi e vetrate. Arredi d'epoca anche nelle camere e terrazza panoramica con Champagne bar. L'atmosfera d'altri tempi non risparmia la suggestiva sala ristorante.

190 cam – †170/300 € ††200/420 € – 10 suites – ⌨ 30 €
Pianta: 4H3-p – *via del Corso 126* ✉ 00186 ⓜ *Spagna* – ✆ *06 67495*
– *www.grandhotelplaza.com*

🏯🏯 Grand Hotel de la Minerve ☆ ⅃৳ ⊡ ⅋ ⒶⒸ ⅍ ♨

LUSSO · ELEGANTE Un edificio storico cinto da antichi monumenti. All'interno, preziosi lampadari, statue neoclassiche e camere moderne, mentre la dea campeggia nel soffitto liberty della hall. Avvolto da un'atmosfera di raffinatezza, il ristorante offre una carta fantasiosa d'impronta tradizionale. Suggestiva la vista dalla terrazza.

135 cam – †230/470 € ††270/510 € – 12 suites – ⌨ 35 €
Pianta: 8H4-d – *piazza della Minerva 69* ✉ 00186 – ✆ *06 695201*
– *www.grandhoteldelaminerve.com*

🏯🏯 D'Inghilterra ☆ ⊡ ⅋ ⒶⒸ

DIMORA STORICA · PERSONALIZZATO Dal lontano Seicento accoglie turisti di tutto il mondo con l'inconfondibile cifra di una raffinata casa privata e deliziose camere personalizzate. Bar d'atmosfera ed eleganti salotti. Al ristorante, cucina semplice e classica a pranzo, più elaborata ed ambiziosa la sera.

88 cam – †270/340 € ††270/600 € – 7 suites
Pianta: 4H3-h – *via Bocca di Leone 14* ✉ 00187 – ✆ *06 699811* – *www.starhotels.it*

🏯🏯 The First Roma ☆ ⅃৳ ⊡ ⅋ ⒶⒸ

LUSSO · DESIGN Camere raffinate e terrazze panoramiche sui tetti del centro in un elegante palazzo ottocentesco, che si apre all'interno verso ambienti luminosi e moderni, arredati con opere d'arte contemporanea.

16 suites – ††355/700 € – 13 cam – ⌨ 30 €
Pianta: 4G3-b – *via del Vantaggio 14* ✉ 00186 ⓜ *Flaminio* – ✆ *06 4561 7070*
– *www.thefirsthotel.com*

❀ **Acquolina** – Vedere selezione ristoranti

🏨 Indigo Rome St. George ⚘ 🐈 ⅃𝒶 🖨 🔥 AC 🛇

BOUTIQUE HOTEL · DESIGN Boutique e design hotel in una delle vie più belle della capitale: autentico scrigno di raffinatezza, l'albergo si fregia di lussuosi arredi, sia negli spazi comuni, sia nelle ampie camere.

64 cam – ♦250/300 € ♦♦350/700 € – ♴29 €

Pianta: 8G4-a – *via Giulia 62* ✉ 00186 – ✆ 06 686611
– *www.hotelindigo.com/romestgeorge*

🏨 J.K. Place Roma ⚘ 🖨 🔥 AC

LUSSO · VINTAGE In una parte del palazzo che un tempo ospitava le aule della facoltà di architettura, ora si snodano i raffinati ambienti del J.K. Place Roma, degni eredi di quella ricerca estetica e cura del dettaglio che qui si esercitava. Tra elementi vintage e di design, ampi divani e specchi, il soggiorno si svolge all'insegna del massimo confort e dell'esclusività.

28 cam ♴ – ♦600/2200 € ♦♦600/2200 € – 2 suites

Pianta: 4H3-n – *via di Monte d'Oro 30* ✉ 00186 – ✆ 06 982634
– *www.jkroma.com*

🏨 Palazzo Dama ⟜ ⅃ ⅃𝒶 🖨 🔥 AC

DIMORA STORICA · DESIGN Una bellissima villa liberty che nel nome ricorda quando - oltre a nobili ed intellettuali - era frequentata da molte dame. Sul retro un bello spazio all'aperto con piccolo giardino, tavolini e piscina, mentre gli interni, grazie ad un accurato restauro, creano uno stile design con chiari e voluti riferimenti vintage, tra tappeti e quadri, divanetti ed ottoni.

26 cam ♴ – ♦250/550 € ♦♦280/1700 € – 3 suites

Pianta: 4G2-b – *lungotevere Arnaldo da Brescia 2* ✉ 00186 Ⓜ *Lepanto*
– ✆ 06 8956 5272 – *www.palazzodama.com*

🍴 Pacifico Roma – Vedere selezione ristoranti

🏨 Raphaël ⅃𝒶 🖨 AC 🛁

BOUTIQUE HOTEL · ROMANTICO La facciata ricoperta di rampicanti è ormai il suo celebre segno distintivo, ma i veri tesori sono all'interno, dove troverete opere di Picasso, De Chirico, Mirò e tanti altri. Arredi contemporanei nelle camere.

49 cam ♴ – ♦200/480 € ♦♦250/680 € – 1 suite

Pianta: 8G4-b – *largo Fcbo 2* ✉ 00186 – ✆ 06 682831 – *www.raphaelhotel.com*
🍴 Mater Terrae – Vedere selezione ristoranti

🏨 Albergo del Senato ⟜ 🖨 AC 🛇

FAMILIARE · FUNZIONALE Punto d'incontro tra Rinascimento e Barocco, questo palazzo ottocentesco sfoggia una classica eleganza, dai marmi policromi che impreziosiscono i pavimenti, agli arredi delle camere. E quando il clima si fa un po' più mite, panoramico roof garden con piccolo bar.

52 cam ♴ – ♦115/290 € ♦♦160/440 € – 4 suites

Pianta: 8H4-a – *piazza della Rotonda 73* ✉ 00186 Ⓜ *Spagna* – ✆ 06 678 4343
– *www.albergodelsenato.it*

🏨 Dei Borgognoni 🖨 AC 🛁 🚗

TRADIZIONALE · CONTEMPORANEO In un palazzo ottocentesco, signorile albergo dalle ariose sale in stile contemporaneo e camere confortevoli, che uniscono uno stile classico a soluzioni piu moderne.

51 cam ♴ – ♦160/215 € ♦♦175/299 €

Pianta: 4H3-g – *via del Bufalo 126* ✉ 00187 Ⓜ *Spagna* – ✆ 06 6994 1505
– *www.hotelborgognoni.it*

🏨 D.O.M. ⚘ 🖨 🔥 AC 🛁

LUSSO · MODERNO Deo Optimo Maximo: il palazzo seicentesco coniuga elementi sacri provenienti da una chiesa attigua con arredi contemporanei, colori smorzati e tre opere di Andy Warhol. All'ultimo piano troverete una terrazza-bar.

18 cam ♴ – ♦300/600 € ♦♦300/600 € – 3 suites

Pianta: 8G4-m – *via Giulia 131* ✉ 00186 Roma – ✆ 06 683 2144
– *www.domhotelroma.com*

🏨 Nazionale ⟳ AC 🛁

TRADIZIONALE · ELEGANTE Affacciato sulla piazza di Montecitorio, l'hotel è ospitato in un edificio settecentesco con sale di tono signorile e camere arredate in stili diversi. In una città spesso presa d'assalto dai turisti, l'orario di apertura continuato del ristorante (12-19) sarà uno degli aspetti più interessanti oltre alle sue sfiziose proposte mediterranee.

102 cam ⊊ – ♦220/290 € ♦♦270/310 € – 1 suite

Pianta: 8H4-g – *piazza Montecitorio 131 ⊠ 00186 – ℰ 06 695001 – www.hotelnazionale.it*

🏨 Piranesi-Palazzo Nainer   ⟳ AC 🐾

TRADIZIONALE · CLASSICO Eleganti marmi, decorazioni ed una particolare esposizione di tessuti, anche storici, impreziosiscono la hall, le camere ed i corridoi. Roof garden ed un solarium multilivello.

32 cam ⊊ – ♦125/160 € ♦♦145/220 €

Pianta: 4-5H3-k – *via del Babuino 196 ⊠ 00187 ⓜ Flaminio – ℰ 06 328041 – www.hotelpiranesi.com*

🏨 G-Rough ⟳ AC

BOUTIQUE HOTEL · VINTAGE Il piccolo edificio di origine settecentesca si è prestato magnificamente a questo restauro in chiave vintage: la casa è oggi stupendamente arredata con moltissimi mobili originali degli anni Cinquanta e tanti altri originali di grandi firme del design. Luce soffuse al G-Bar.

10 suites – ♦♦440/2158 € – ⊊ 35 €

Pianta: 8G4-c – *piazza Di Pasquino 69 ⊠ 00186 – ℰ 06 6880 1085 – www.g-rough.it*

🏨 Portrait Roma ⟳ AC

LUSSO · PERSONALIZZATO Splendida dimora, lussuosa e di stile, ad angolo su via Condotti con le sue grandi firme della moda tra cui naturalmente quella del padrone di casa, Ferragamo. Le fotografie appese ai muri ripercorrono la storia della maison, mentre all'ultimo piano si trova un bel terrazzino con splendido panorama sul centro: se il clima lo consente, è qui che s'inizia la giornata con la prima colazione, altrimenti servita in camera.

14 cam ⊊ – ♦700/1500 € ♦♦1000/2000 € – 6 suites

Pianta: 4H3-a – *via Bocca di Leone 23 ⊠ 00186 Roma ⓜ Spagna – ℰ 06 6938 0742 – www.lungarnocollection.com*

🏨 Gregoriana ⟳ AC

TRADIZIONALE · CLASSICO A due passi da Trinità dei Monti, questo albergo occupa un convento del XVII secolo. Spazi comuni limitati, ma belle camere dalle eleganti decorazioni d'ispirazione art decò.

21 cam ⊊ – ♦148/198 € ♦♦228/298 € – 1 suite

Pianta: 4-5H3-x – *via Gregoriana 18 ⊠ 00187 ⓜ Spagna – ℰ 06 679 4269 – www.hotelgregoriana.it – Chiuso 28 luglio-18 agosto*

🏨 Manfredi Suite in Rome ⟳ AC 🐾

LOCANDA · ELEGANTE Piccola bomboniera nella famosa via Margutta: al terzo piano di un palazzo signorile, differenti tipologie di camere, ma tutte arredate con eleganza ed accessori di ultima generazione. Proverbiale la prima colazione intercontinentale a base di prodotti naturali (yogurt e dolci fatti in casa).

21 cam ⊊ – ♦109/240 € ♦♦109/330 € – 1 suite

Pianta: 4H3-m – *via Margutta 61 ⊠ 00187 ⓜ Spagna – ℰ 06 320 7676 – www.hotelmanfredi.it*

🏨 Mozart ⟳ AC 🐾

TRADIZIONALE · ACCOGLIENTE Ospitato in un palazzo dell'800, l'albergo dispone di ambienti comuni di raffinata eleganza e camere in stile. A pochi passi dall'albergo, la dépendance Vivaldi Luxury Rooms offre stanze moderne e leggermente più ampie, nonché una sala colazioni dedicata.

78 cam ⊊ – ♦89/899 € ♦♦99/999 €

Pianta: 4H3-b – *via dei Greci 23/b ⊠ 00187 ⓜ Spagna – ℰ 06 3600 1915 – www.hotelmozart.com*

🏨 Santa Chiara ⬍ ♿ 🅰🅲 ❄

TRADIZIONALE · FUNZIONALE Dal 1830 un'ininterrotta tradizione familiare di ospitalità in questo albergo moderno e funzionale situato alle spalle del Pantheon ed articolato su tre differenti palazzi. Gran parte delle camere sono state recentemente rinnovate: aspettatevi, quindi, gran confort!

93 cam ☑ – ♦140/155 € ♦♦200/280 € – 3 suites

Pianta: 8H4-r – *via Santa Chiara 21* ✉ *00186* – ✆ *06 687 2979*
– *www.albergosantachiara.com*

🏨 Pensione Barrett 🅰🅲 ❄

DIMORA STORICA · PERSONALIZZATO Calorosa ospitalità familiare ed eco di storia senza fine in questo hotel: un palazzo quattrocentesco con un autentico arco romano e camere dalle decorazioni barocche.

20 cam ☑ – ♦100/130 € ♦♦140/180 €

Pianta: 8H4-y – *largo Torre Argentina 47* ✉ *00186* – ✆ *06 686 8481*
– *www.pensionebarrett.com*

🏨 Centrale ⬍ 🅰🅲 ❄

FAMILIARE · FUNZIONALE Alla scoperta della Città Eterna, partendo da questo albergo, recentemente ristrutturato, che dispone di spazi comuni un po' ridotti, ma curati; come del resto le camere: di diversa metratura, ma tutte confortevoli ed accoglienti.

21 cam ☑ – ♦60/140 € ♦♦80/250 €

Pianta: 4H3-e – *via Laurina 34* ✉ *00187* Ⓜ *Flaminio* – ✆ *06 8740 30890*
– *www.hotelcentraleroma.it*

🏨 Due Torri ⬍ 🅰🅲

FAMILIARE · FUNZIONALE In un angolo tranquillo della vecchia Roma, l'accogliente atmosfera di una casa privata che nel tempo ha ospitato cardinali e vescovi. Negli ambienti, arredi in stile e tessuti rossi.

26 cam ☑ – ♦70/150 € ♦♦90/250 €

Pianta: 4G3-a – *vicolo del Leonetto 23* ✉ *00186* Ⓜ *Spagna* – ✆ *06 6880 6956*
– *www.hotelduetorriroma.com*

🏨 Fellini ⬍ 🅰🅲 ❄

FAMILIARE · FUNZIONALE A poca distanza dal Quirinale e dalla Fontana di Trevi, una risorsa rinnovata che dispone anche di un terrazzino estivo per le colazioni.

33 cam ☑ – ♦44/184 € ♦♦59/249 €

Pianta: 4-5H3-r – *via Rasella 56* ✉ *00187* Ⓜ *Barberini* – ✆ *06 4274 2732*
– *www.hotelfellini.com*

🏨 Fontanella Borghese ⬍ 🅰🅲

FAMILIARE · CLASSICO Al 2° e 3° piano di un palazzo appartenuto ai principi Borghese, l'hotel offre camere elegantemente arredate, particolarmente silenziose quelle affacciate sulla corte interna.

29 cam ☑ – ♦90/180 € ♦♦130/260 €

Pianta: 4H3-q – *largo Fontanella Borghese 84* ✉ *00186* Ⓜ *Spagna*
– ✆ *06 6880 9504* – *www.fontanellaborghese.com*

🏨 Portoghesi ⬍ 🅰🅲 ❄

FAMILIARE · ACCOGLIENTE Accanto alla chiesa dedicata a S.Antonio dei Portoghesi, l'hotel offre camere impreziosite da decorazioni classiche e da raffinati tessuti. Nella bella stagione, la giornata incomincia sotto il buon auspicio della prima colazione servita sulla terrazza del roof garden.

27 cam ☑ – ♦130/160 € ♦♦160/200 €

Pianta: 4G3-n – *via dei Portoghesi 1* ✉ *00186* – ✆ *06 686 4231*
– *www.hotelportoghesiroma.it*

San Carlo ⬍ AC ⅍

TRADIZIONALE · ACCOGLIENTE Parallelo alla via Condotti, hotel accogliente con gradevoli camere ed una terrazza per le colazioni che raggiunge il proprio apice di charme nella bella stagione.

50 cam ⊻ - ♦80/150 € ♦♦100/320 €

Pianta: 4H3-s – *via Delle Carrozze 92/93* ✉ *00187* Ⓜ *Spagna* – ℰ*06 678 4548* – *www.hotelsancarloroma.com*

Luxury on the River ⬍ AC ⅍

FAMILIARE · CONTEMPORANEO Al primo piano di un palazzo ottocentesco, le camere offrono arredi moderni, alcune si affacciano sul Tevere, quelle sul retro sono più tranquille. Non mancano attenzioni e cortesie per gli ospiti che raggiungono il centro con una breve passeggiata.

10 cam ⊻ - ♦55/120 € ♦♦75/140 €

Pianta: 4G3-x – *lungotevere dei Mellini 34* ✉ *00186 Roma* Ⓜ *Flaminio* – ℰ*06 321 9470* – *www.luxuryontheriver.it/com*

Stazione Termini

encrier/IStock

Ristoranti

✿ La Terrazza 🏵 ≼ AC ⅍ ⇔

CUCINA MODERNA · LUSSO XxxX Immersi nella penombra di una sala moderna ed elegante, l'attenzione è rapita dalla vista del ristorante roof garden che spazia sui tetti della città. Da qui si passa presto ai piatti, creativi, originali, con qualche accenno romano, ma fondamentalmente legati alla fantasia del cuoco.

→ Spaghetti cacio e pepe del Madagascar, profumati ai boccioli di rosa. Stracotto di intercostata di manzo con asparagi e cipolla bianca. Variazione di limone amalfitano.

Menu 130/280 € - Carta 126/182 €

Pianta: 4H3-z – *Hotel Eden, via Ludovisi 49* ✉ *00187* Ⓜ *Barberini* – ℰ*06 4781 2752 (consigliata la prenotazione)* – *www.dorchestercollection.com* – *solo a cena* – *Chiuso 14-29 gennaio, 12-27 agosto e martedì*

✿ Moma AC

CUCINA CREATIVA · CONTESTO CONTEMPORANEO ⅍ Non lasciatevi ingannare: dall'esterno sembra quasi un "bar", in realtà si tratta di un bistrot giovanile nei pressi di via Veneto, sobrio, semplice e contemporaneo nell'atmosfera, vivace e originale nella proposta. A pranzo si propone una cucina easy seppur sempre di qualità, alle 18 va in scena l'aperitivo ma la sera l'asticella si alza e tutta l'attenzione è concentrata sulla cura dei piatti, di inaspettata eleganza e creatività, che mettono in luce la grande personalità e sicurezza del giovane cuoco.

→ Crudo di ricciola, mela verde e rafano. Triglia e 'nduja, salsa ai ricci di mare e ramolacci. Ricotta, visciole e pepe.

Menu 50/75 € - Carta 51/94 € – carta semplice a pranzo

Pianta: 5J3-a – *via San Basilio 42/43* ✉ *00186* Ⓜ *Barberini* – ℰ*06 4201 1798* – *www.ristorantemoma.it* – *Chiuso domenica*

⅋○ Magnolia   🛋 ⅋ 🅰️

CUCINA CREATIVA · LUSSO XxxX Se un superbo chiostro vi dà il benvenuto e diventa la location ideale per mangiare all'aperto (clima permettendo!), i piatti di questo ristorante vanno ben oltre la convenzione e si presentano come quadri per composizione, armonia cromatica, impatto estetico. Tecniche e cotture moderne.

Menu 135 € – Carta 87/170 €

Pianta: 8OU-e – *Grand Hotel Via Veneto, via Sicilia 24* ✉ *00187* Ⓜ *Barberini – ☏ 06 487881 (consigliata la prenotazione) – www.magnoliarestaurant.it – solo a cena – Chiuso agosto*

⅋○ Antonello Colonna   🌳 🅰️

CUCINA CREATIVA · CONTESTO CONTEMPORANEO XxX All'interno dell'imponente Palazzo delle Esposizioni, un *open space* di vetro è lo scrigno per una cucina creativa, ma rispettosa della tradizione; area fumoir per gli amanti dei sigari, nonché bistrot sottostante per pasti veloci anche a mezzogiorno.

Menu 95/30 € – Carta 80/124 €

Pianta: 9J4-r – *scalinata di via Milano 9/a, (Palazzo delle Esposizioni)* ✉ *00184* Ⓜ *Termini – ☏ 06 4782 2641 (consigliata la prenotazione) – www.antonellocolonna.it – solo a cena – Chiuso agosto, domenica e lunedì*

⅋○ Giuda Ballerino!   🌳 🛋 🅰️ ⅋

CUCINA MODERNA · ELEGANTE XxX La cucina è entrata nella sala e, se da una parte vi si rivolge totalmente aperta, dall'altra la grande parete finestrata guarda il magnifico panorama romano: siamo all'8° piano dello storico hotel Bernini, elegante palcoscenico del moderno ristorante Giuda Ballerino! Tra le icone del fumetto - soprattutto Dylan Dog - tanto care allo chef, piatti creativi ed una bella carta dei vini.

Menu 35/90 € – Carta 84/142 €

Pianta: 5J3-f – *Hotel Sina Bernini Bristol, piazza Barberini 23* ✉ *00187* Ⓜ *Barberini – ☏ 06 4201 0469 – www.giudaballerino.com – Chiuso 2 settimane in gennaio e domenica*

⅋○ Brunello Lounge & Restaurant   ⅋ 🅰️ ⇔

CUCINA MODERNA · INTIMO XX Suggestioni orientali nella calda e raffinata sala, dove gustare meravigliose ricette dai sapori mediterranei, ma anche piatti internazionali adatti agli stranieri in visita alla capitale.

Menu 75/85 € – Carta 64/125 €

Pianta: 5J3-m – *Regina Hotel Baglioni, via Vittorio Veneto 72* ✉ *00187* Ⓜ *Barberini – ☏ 06 421111 (consigliata la prenotazione) – www.baglionihotels.com*

⅋○ Orlando   🌳 🅰️

CUCINA SICILIANA · CONTESTO REGIONALE XX Elegante ristorante in stile contemporaneo a due passi da via Veneto; cucina della tradizione siciliana espressa in chiave moderna.

🍴 Menu 20 € (pranzo in settimana)/70 € – Carta 45/101 €

Pianta: 5J3-b – *via Sicilia 41* ✉ *00186 – ☏ 06 4201 6102 (consigliata la prenotazione) – www.orlandoristorante.it – Chiuso 3 settimane in agosto, sabato a mezzogiorno e domenica*

⅋○ Perpetual Ⓝ   ⅋ 🅰️ ⇔

CUCINA MODERNA · MINIMALISTA XX A ridosso di una piazza tranquilla in compagnia delle rovine del santuario di Iside, una proposta gourmet dallo stampo moderno. Disegnata da un architetto spagnolo di grido, la sala offre alla vista la pasticceria al lavoro; a pranzo si può usufruire del comodo servizio bistrot (anche all'aperto nella bella stagione).

Menu 66/85 € – Carta 69/91 €

Pianta: 9K5-p – *piazza Iside 5* ✉ *00186 Roma* Ⓜ *Manzoni – ☏ 06 6936 7085 – www.perpetualrome.it – solo a cena – Chiuso agosto e domenica*

ROMA

⟐○ Pastificio San Lorenzo   AC

CUCINA MODERNA · DI TENDENZA ✗ Nel nome c'è la genesi di questo moderno locale dallo stile very international. Ex edificio industriale, sede in passato di un pastificio, il luogo divenne in seguito polo di aggregazione per artisti, ed - al centro del quartiere universitario San Lorenzo - mantiene ancora quel côté vivace, sebbene fuori dagli itinerari turistici. La tavola non delude, anzi intriga, grazie alla capacità di coniugare regionalità e modernità con grande disinvoltura. A pranzo c'è solo una proposta più semplice e ristretta.

Menu 32/38 € – Carta 35/62 € – carta semplice a pranzo

Pianta: 10M4-a – *via Tiburtina 196* ✉ *00186* – ℰ *06 3397 4628 (consigliata la prenotazione la sera)* – *www.pastificiosanlorenzo.com* – *Chiuso 20 giorni in agosto e domenica*

⟐○ La Tavola, il Vino e la Dispensa   AC

CUCINA MEDITERRANEA · DI TENDENZA ✗ Si mangia sospesi sul Mercato Centrale di Roma, un luogo di delizie gastronomiche di cui questo ristorante di Oliver Glowig rappresenta una delle eccellenze. Da tempo "sposato" con l'Italia e innamorato dei suoi prodotti, Oliver propone una cucina schietta e saporita, dagli accenti campani e laziali.

Menu 55 € – Carta 41/63 €

Pianta: 9K4-a – *via G. Giolitti 36* ✉ *00186* – ℰ *06 4620 2989* – *www.lacucinadioliver.com*

Alberghi

🏨 Eden   ✿ ⪝ 𝄄 ⊡ & AC 🛁 🅿

GRAN LUSSO · ELEGANTE Arredi di raffinata eleganza contemporanea, splendide camere (quasi la metà si affacciano su monumenti e giardini di Roma!) e lussuosi bagni in marmo bianco del Pakistan, il tutto coniugato con la più moderna tecnologia e con l'esclusività propria alla catena Dorchester Collection. L'offerta del ristorante Giardino spazia dalla cucina classica a quella vegetariana e vegana, senza dimenticare salumi e pizza.

80 cam – ♦670/950 € ♦♦670/950 € – 18 suites – ☐ 45 €

Pianta: 4H3-z – *via Ludovisi 49* ✉ *00187* Ⓜ *Barberini* – ℰ *06 478121* – *www.dorchestercollection.com*

✿ **La Terrazza** – Vedere selezione ristoranti

🏨 The Westin Excelsior Rome   ✿ ▦ 🕸 𝄄 ⊡ & AC 🛁 🚍

GRAN LUSSO · TRADIZIONALE Situato a pochi passi dalla centralissima piazza di Spagna e dal verde di Villa Borghese, The Westin Excelsior affonda le sue radici nella strada più prestigiosa della capitale: l'edificio e la sua cupola sono diventati - a sua volta - uno dei simboli della via. Tra le varie suite, Villa La Cupola è sicuramente una delle più grandi d´Europa.

284 cam – ♦200/300 € ♦♦250/360 € – 32 suites – ☐ 32 €

Pianta: 5J3-g – *via Vittorio Veneto 125* ✉ *00187* Ⓜ *Barberini* – ℰ *06 4708 2805* – *www.westinrome.com*

🏨 Grand Hotel Via Veneto   ✿ 🕸 𝄄 ⊡ & AC 🛁

GRAN LUSSO · MODERNO Sulla via della Roma by night, un grand hotel nel vero senso della parola: stupende camere in stile art-déco e una collezione di oltre 500 quadri d'autore. Due situazioni diverse, ma entrambe valide, per la ristorazione: cucina creativa al Magnolia; piatti nazionali ed internazionali, ma anche grande scelta di cocktail al Time.

105 cam – ♦360/800 € ♦♦380/950 € – 11 suites – ☐ 35 €

Pianta: 5J3-e – *via Vittorio Veneto 155* ✉ *00187* Ⓜ *Barberini* – ℰ *06 487881* – *www.ghvv.it*

⟐○ **Magnolia** – Vedere selezione ristoranti

🏠🏠 Regina Hotel Baglioni   🕸 ℔ ⊡ ⅏ 🆎 🕍

STORICO · ELEGANTE Hotel storico in edificio Liberty, al suo interno ritroviamo quell'eleganza antica, ma mai tramontata, fatta di stucchi, mobili d'epoca ed un'imponente scalinata in bronzo e marmo. L'unica concessione alla modernità riguarda i confort e le installazioni; camere di vario stile - da quelle più tradizionali ad altre più contemporanee - ed una prestigiosa suite di oltre 500 m^2.

116 cam – ✦280/460 € ✦✦320/560 € – 12 suites – ⥮ 33 €

Pianta: 5J3-m – *via Vittorio Veneto 72* ✉ *00187* Ⓜ *Barberini* – 𝒞 *06 421111*
– *www.baglionihotels.com*

🍴 **Brunello Lounge & Restaurant** – Vedere selezione ristoranti

🏠🏠 Splendide Royal   🕸 ℔ ⊡ ⅏ 🆎 🕅 🕍

LUSSO · ELEGANTE Stucchi dorati, tessuti damascati e sontuosi arredi antichi: un tributo al barocco romano dedicato a tutti coloro che non apprezzano l'imperante minimalismo. Nelle camere il blu pervinca, il giallo oro, il rosso cardinalizio si rincorrono creando un'atmosfera di lussuosa classicità; le più ambite degli ultimi piani si affacciano su Villa Borghese e il centro storico. Ristorante roof-garden doppiamente celebre, per l'ottima cucina e la vista panoramica.

64 cam ⥮ – ✦320/850 € ✦✦320/850 € – 5 suites

Pianta: 4-5HJ3-u – *via di porta Pinciana 14* ✉ *00187* Ⓜ *Barberini* – 𝒞 *06 421689*
– *www.splendideroyal.com*

🏠🏠 Sina Bernini Bristol   🕸 ℔ ⊡ ⅏ 🆎 🕅 🕍

LUSSO · ELEGANTE Ormai parte integrante della celebre piazza, raffinato hotel con camere dagli arredi classici o di stile contemporaneo: è consigliabile optare per quelle panoramiche poste ai piani più alti.

117 cam – ✦380/470 € ✦✦600/660 € – 10 suites – ⥮ 33 €

Pianta: 5J3-f – *piazza Barberini 23* ✉ *00187* Ⓜ *Barberini* – 𝒞 *06 488931*
– *www.sinahotels.com*

🍴 **Giuda Ballerino!** – Vedere selezione ristoranti

🏠🏠 Villa Spalletti Trivelli   🚪 🕸 ℔ 🆎 🕅 🕍 🅿

LUSSO · STORICO A pochi passi dal Quirinale, alle vette del monte, questa residenza si affaccia sui giardini e nelle tranquille vie limitrofe: spazi comuni di gran classe – bellissime le imponenti sale biblioteca – e camere arredate con mobili d'epoca.

14 cam ⥮ – ✦375/640 € ✦✦775/1550 € – 4 suites

Pianta: 9J4-a – *via Piacenza 4* ✉ *00184* – 𝒞 *06 4890 7934*
– *www.villaspallettitrivelli.com*

🏠 Antico Palazzo Rospigliosi   ⊡ ⅏ 🆎 🕍 🅿

STORICO · CLASSICO Residenza nobiliare del XVI secolo, dell'epoca mantiene intatti il fascino che aleggia nei grandi saloni e l'eleganza nonchè cura del dettaglio che caratterizzano le belle camere. Pregevole il chiostro-giardino impreziosito da una gorgogliante fontana e la splendida cappella interna del '600, perfettamente conservata.

39 cam ⥮ – ✦115/165 € ✦✦149/220 €

Pianta: 9K4-n – *via Liberiana 21* ✉ *00185* Ⓜ *Cavour* – 𝒞 *06 4893 0495*
– *www.hotelrospigliosi.com*

🏠 The Liberty Boutique Hotel Ⓝ   ⊡ 🆎 🕅

DIMORA STORICA · MODERNO In un'elegante palazzina liberty, all'interno, risalenti all'epoca, troverete ancora degli stucchi, una vetrata e la ringhiera della scala. Arredi invece contemporanei nelle luminose camere, con graziose carte da parati e ampie docce, tre con ampio terrazzo.

25 cam ⥮ – ✦100/300 € ✦✦100/300 €

Pianta: 6L3-b – *via Palestro 64* ✉ *00185* Ⓜ *Castro Pretorio* – 𝒞 *06 495 9261*
– *www.hoteltheliberty.com*

Villa Pinciana

DIMORA STORICA • ELEGANTE A due passi da via Veneto, ma in zona tranquilla, un incantevole villino d'inizio '900 dagli interni signorili ed un grazioso cortile per le colazioni estive. Un indirizzo suggestivo: ci si sente ospiti di un'esclusiva dimora privata.

25 cam ☕ - †70/350 € ††80/550 €

Pianta: 5J2-3-v - *via Abruzzi 9/11 ✉ 00187 Ⓜ Barberini - ✆ 06 9604 2921 - www.hotelvillapinciana.com*

Columbia

FAMILIARE • ACCOGLIENTE Camere con arredi in arte povera e dettagli personalizzati, in quasi tutte brillano lampadari di Murano, in una confortevole risorsa nei pressi della stazione Termini. Nella bella stagione, prima colazione sulla terrazza roof garden.

44 cam ☕ - †135/207 € ††169/360 € - 1 suite

Pianta: 5K3-f - *via del Viminale 15 ✉ 00184 Ⓜ Termini - ✆ 06 488 3509 - www.hotelcolumbia.com*

Relais Conte di Cavour de Luxe

FAMILIARE • ACCOGLIENTE Sicuramente la sua vicinanza alla stazione Termini, lo farà preferire ad altre strutture magari apparentemente più tradizionali. In realtà, al quarto piano di un signorile palazzo, vi attendono camere dall'elegante arredo, lampadari di Murano e bagni moderni.

5 cam - †45/150 € ††45/160 € - ☕ 7 €

Pianta: 9K4-r - *via Farini 16 ✉ 00186 - ✆ 06 482 1638 - www.relaiscontedicavour.com*

Roma Antica

Elena_Danileiko/iStock

Ristoranti

Aroma

CUCINA CREATIVA • LUSSO XXX E' la nuovissima cucina completamente a vista a dare il benvenuto agli ospiti che raggiungono questo incantevole roof con affaccio su Roma antica, dal Colosseo sino al cupolone. Il nome è un omaggio alla città e agli aromi della cucina mediterranea che qui viene servita, sebbene lo chef non manchi mai di condire i suoi piatti con un tocco di creatività. Ora anche servizio bistrot per una sosta informale.

→ Rigatoni di kamut con crema di cicerchia e rafano, datterini e zucchine romanesche. Guazzetto di scorfano e gallinella con sfere di patate e lattuga di mare croccante. "Primavera": albicocca, miele e lavanda.

Menu 110/180 € - Carta 104/188 €

Pianta: 9K5-a - *Hotel Palazzo Manfredi, via Labicana 125 ✉ 00184 Ⓜ Colosseo - ✆ 06 9761 5109 (consigliata la prenotazione la sera) - www.aromarestaurant.it*

✿ Marco Martini Restaurant　　　⇦ 🏠 🗚 🕅

CUCINA CREATIVA · ALLA MODA 𝕏𝕏 E' l'angolo in cui lo chef Martini in collaborazione con il suo staff elabora una cucina moderna e fantasiosa; l'ambiente è un giardino d'inverno con contaminazioni di stili, ma c'è anche una terrazza lounge per aperitivi e qualche assaggio, "tutelata" da un Superman di marmo a grandezza naturale. Su prenotazione anticipata, carta gourmet anche a pranzo.

→ Tortello di mortadella, pizza bianca e pistacchi. Rombo, patate e carbonara. Cioccolato affumicato, scorzanera e Vermouth.

Menu 200 € – Carta 67/97 €

11 cam ⊈ – 🛉110/150 € 🛉🛉121/150 €

Pianta: 8-9H6-a – *viale Aventino 121* ⊠ *00186* – *𝒞 06 4559 7350 (consigliata la prenotazione)* – *www.marcomartinichef.com* – *Chiuso 12-19 agosto, sabato a mezzogiorno e domenica*

ⅡO Madre　　　🏠 ₺ 🗚

CUCINA MEDITERRANEA · DI TENDENZA 𝕏 Pizzeria gourmet con piatti di pesce crudo (ceviche in testa), in un ambiente piacevole e moderno dove piante e lo scorrere dell'acqua evocano un fresco giardino; da lunedì a venerdì - a pranzo - tre light lunch e la possibilità di ordinare alla carta.

🍴 Menu 18 € (pranzo in settimana) – Carta 39/86 € – carta semplice a pranzo

Pianta: 9J4-b – *largo Angelicum 1/a* ⊠ *00186* – *𝒞 06 678 9046 (consigliata la prenotazione)* – *www.madreroma.com*

Alberghi

🏨 Fortyseven　　　✿ 🐾 ₤ 🖨 ₺ 🗚 🕅 🏋

TRADIZIONALE · PERSONALIZZATO Il nome allude al numero civico della via che scende dal Teatro di Marcello, ognuno dei 5 piani di questo austero palazzo degli anni '30 è dedicato ad un artista italiano del '900: Greco, Quagliata, Mastroianni, Modigliani e Guccione. Quadri, sculture, litografie: l'arte contemporanea trova il suo albergo-musco. All'ultimo piano si trova il ristorante Circus.

59 cam ⊈ – 🛉200/360 € 🛉🛉200/360 € – 2 suites

Pianta: 8H5-a – *via Luigi Petroselli 47* ⊠ *00186* – *𝒞 06 678 7816* – *www.fortysevenhotel.com*

🏨 Palazzo Manfredi　　　⇐ 🖨 ₺ 🗚 🕅

LUSSO · MODERNO Fascino e ricercatezza nelle camere e nelle splendide suite di un piccolissimo relais pieno di soprese. Prima fra tutte la vista e gli affacci sul Colosseo e sulla Domus Aurea, seguita dalla terrazza roof garden: location privilegiata per la prima colazione e per romantiche soste gastronomiche.

12 cam ⊈ – 🛉350/900 € 🛉🛉350/900 € – 6 suites

Pianta: 9K5-a – *via Labicana 125* ⊠ *00184* Ⓜ *Colosseo* – *𝒞 06 7759 1380* – *www.palazzomanfredi.com*

✿ **Aroma** – Vedere selezione ristoranti

🏨 Capo d'Africa　　　✿ ₤ 🖨 ₺ 🗚 🏋

TRADIZIONALE · CONTEMPORANEO A due passi dal Colosseo, la finezza degli arredi e l'ambiente moderno contraddistinguono tutta la struttura, impreziosita da alcune opere d'arte contemporanea, mentre tradizione culinaria italiana e modernità si stringono idealmente la mano all'ultimo piano, ne L'Attico Bistrot. Durante la bella stagione, si potrà cenare anche all'aperto nelle terrazze panoramiche.

65 cam ⊈ – 🛉170/350 € 🛉🛉190/370 €

Pianta: 9K5-b – *via Capo d'Africa 54* ⊠ *00184* Ⓜ *Colosseo* – *𝒞 06 772801* – *www.hotelcapodafrica.com*

🏠 Celio

FAMILIARE · PERSONALIZZATO E' un trionfo di mosaici artistici il pavimento delle zone comuni, dei corridoi ma anche delle eleganti stanze, ricche di dettagli e scaldate da tappezzerie colorate di questo albergo proprio di fronte al Colosseo. C'è anche un hammam con annessa zona relax.

19 cam 🛏 – 📍130/200 € 📍📍170/290 € – 1 suite

Pianta: 9K5-e – *via dei Santi Quattro 35/c* ✉ *00184* Ⓜ *Colosseo* – ✆ *06 7049 5333* – *www.hotelcelio.com*

🏠 Sant'Anselmo

STORICO · ELEGANTE Villa liberty con piccolo giardino interno, dove modernità e antico fascino si fondono armoniosamente dando vita ad uno stile cosmopolita e raffinato. Le camere esprimono un carattere ricercato e personalizzato, condensato in nomi evocativi : Mille e una notte, Non ti scordar di me, Cuori coccole e carezze...

34 cam 🛏 – 📍100/410 € 📍📍100/410 €

Pianta: 8H6-c – *piazza Sant'Anselmo 2* ✉ *00153* – ✆ *06 570057* – *www.aventinohotels.com*

🏠 Nerva Boutique Hotel

BOUTIQUE HOTEL · DESIGN Piccola risorsa a conduzione familiare, ubicata in zona amena, in una via nell'area dei Fori Imperiali a cinque minuti dal Colosseo e dalla Fontana di Trevi. Se è vero che gli spazi comuni sono limitati, è altrettanto vero che sono graziosi e ancor più lo sono le camere, davvero confortevoli.

14 cam 🛏 – 📍79/199 € 📍📍99/299 € – 5 suites

Pianta: 9J4-h – *via Tor de' Conti 3* ✉ *00184* Ⓜ *Colosseo* – ✆ *06 678 1835* – *www.hotelnerva.com*

🏠 Villa San Pio

TRADIZIONALE · ELEGANTE La fisionomia di una bella villa residenziale completata da altri due edifici, immersi in un rigoglioso giardino mediterraneo e - all'interno - mobili in stile impero, tappeti orientali e quadri antichi; camere dalle piacevoli personalizzazioni e bagni in marmo.

77 cam 🛏 – 📍80/390 € 📍📍80/390 €

Pianta: 8H6-b – *via di Santa Melania 19* ✉ *00153* Ⓜ *Piramide* – ✆ *06 570057* – *www.aventinohotels.com*

🏠 Solis

FAMILIARE · FUNZIONALE Dispone ora di una hall al piano terra questo signorile, piccolo albergo raccolto, nelle adiacenze del Colosseo; camere ampie, ben arredate, con ogni confort moderno.

17 cam 🛏 – 📍90/450 € 📍📍90/650 €

Pianta: 9J4-b – *via Cavour 311* ✉ *00184* Ⓜ *Cavour* – ✆ *06 6992 0587* – *www.hotelsolis.it*

F. Fell/robertharding/age fotostock

San Pietro (Città del Vaticano)

Ristoranti

✿✿✿ La Pergola   ⚜ ⬳ 🏡 ⅋ 🄰🄲 ⅋ ⬯ 🅿

CUCINA MODERNA · LUSSO ✗✗✗✗✗ Fu tra i capostipiti della ristorazione romana d'albergo d'alto livello, inserendosi alla grande nel fenomeno tutto capitolino delle terrazze, di cui La Pergola offre uno dei migliori palcoscenici, complice una vista che spazia su tutto il centro, partendo dal vicino cupolone e arrestando lo sguardo sulla cornice dei colli.

Eppure, nonostante il trascorrere del tempo, il suo fascino rimane immutato, forse anche per lo spirito d'innovazione che da sempre la abita. Si gusta il cibo, ma anche l'eccellenza di un servizio che non ha eguali; sempre affollato, avere il privilegio di accomodarsi ad un suo tavolo comporta una prenotazione effettuata con settimane di anticipo.

Anche la cucina non dorme sugli allori: se fra cento anni ricorderemo ancora i Fagottelli "La Pergola" (in carta ormai da quattro lustri, furono eliminati un anno, ma poco dopo ripristinati tra le proteste dei clienti!), il cuoco tedesco innamorato dell'Italia sforna in continuazione nuovi piatti, in bilico tra specialità italiane - laziali e siciliane in particolare - nonché proposte più internazionali, stilismi nordeuropei e piatti più semplici e ruspanti.

→ Fiore di zucca in pastella su fondo di crostacei e zafferano con caviale. Fagottelli "La Pergola". Sfera ghiacciata ai lamponi su crema al tè con lamponi cristallizzati

Menu 225 € – Carta 135/239 €

Pianta: 3E2-a – *Hotel Rome Cavalieri, via Cadlolo 101 ⊠ 00136 – ✆ 06 3509 2152 (prenotazione obbligatoria) – www.romecavalieri.com – solo a cena – Chiuso 3 settimane in gennaio, 3 settimane in agosto, domenica e lunedì*

✿ Enoteca la Torre   ⚜ 🏡 🄰🄲 ⅋

CUCINA MODERNA · LIBERTY ✗✗✗ Quando la classe non è acqua: un ambiente di raffinata eleganza, tra mobili antichi, fiori, colonne e stucchi, lo stile liberty si sublima come nelle migliori case di Parigi mentre la cucina, grazie all'abilità ed al talento di un giovane cuoco, celebra la creatività. L'esperienza di cui si gode è davvero ottima.

→ Risotto al limone, tartufi di mare, asparagi e yogurt di bufala. Agnello alla Villeroy. Soffice di cheesecake, frutti di bosco fermentati e melissa.

Menu 60 € (pranzo in settimana)/130 € – Carta 90/135 €

Pianta: 4G2-m – *Hotel Villa Laetitia, lungotevere delle Armi 22/23 ⊠ 00195 Ⓜ Lepanto – ✆ 06 4566 8304 – www.enotecalatorreroma.com – Chiuso 10 giorni in agosto, lunedì a mezzogiorno e domenica*

✿ Tordomatto (Adriano Baldassarre)   ⅋ 🄰🄲 ⬯

CUCINA MODERNA · DI TENDENZA ✗✗ A pochi passi dai Musei Vaticani, dietro i vetri delle finestre piante di erbe aromatiche allietano la sosta, mentre «la cucina è sia tradizionale che creativa con il territorio sempre presente - racconta lo chef - perché i sapori devono in qualche modo raccontare e condurre al luogo in cui si trova». Scommessa vinta! I suoi piatti sono, infatti, audaci e intelligenti.

→ Quaglia, ostrica, patate, prezzemolo e alghe. Spaghettone ai funghi e dragoncello. Tiramisù di zabaione e zafferano, gelato di liquirizia e cacao.

Menu 65/120 € – Carta 70/120 €

Pianta: 3E2-b – *via Pietro Giannone 24 ⊠ 00195 – ✆ 06 6935 2895 (consigliata la prenotazione) – www.tordomattoroma.com – Chiuso 2 settimane in gennaio, 2 settimane in agosto, domenica e i mezzogiorno di lunedì e martedì, anche mercoledì a mezzogiorno in maggio-settembre e mercoledì sera e giovedì a mezzogiorno negli altri mesi.*

⬤ **Antico Arco**   🕸 AC ⇄

CUCINA CREATIVA · CHIC ✕✕ Moderno, luminoso e alla moda, il cuoco seleziona i migliori prodotti italiani per reinterpretarli con fantasia e creatività: piatti unici ed originali. Ma anche la cantina ha un suo perchè, tra i punti di forza troverete infatti una buona selezione di vini della Borgogna.

Carta 57/90 €

Pianta: 7F5-a – *piazzale Aurelio 7* ✉ *00152* – ✆ *06 581 5274* – *www.anticoarco.it*

⬤ **L'Arcangelo**   AC

CUCINA ROMANA · CONTESTO TRADIZIONALE ✕ Semplice e austero: la meritata fama del ristorante è legata alla ricerca dei migliori prodotti, regionali e non solo. Vera passione del proprietario che, come un arcangelo, vi guida nel paradiso del gusto e delle nicchie gastronomiche.

Menu 30 € (pranzo)/60 € – Carta 47/80 €

Pianta: 4G3-g – *via G.G. Belli 59* ✉ *00193* ⓜ *Lepanto* – ✆ *06 321 0992* – *www.ristorantelarcangelo.com* – *Chiuso agosto, sabato a mezzogiorno e domenica*

⬤ **Da Cesare**   AC

CUCINA CLASSICA · TRATTORIA ✕ Come allude il giglio di Firenze sui vetri all'ingresso, le specialità di questo locale sono toscane, ma anche il "mare" gioca un ruolo di tutto rispetto tra le proposte del menu. Ambiente accogliente, la sera anche pizzeria, e bottega storica in virtù della sua fondazione avvenuta nel 1921.

Carta 36/91 €

Pianta: 4G3-s – *via Crescenzio 13* ✉ *00193* ⓜ *Lepanto* – ✆ *06 686 1227* – *www.ristorantecesare.com* – *Chiuso 17-31 agosto*

⬤ **Settembrini**   🕸 🎅 AC ⇄

CUCINA MODERNA · BISTRÒ ✕ Nel giro di poco più di 10 anni questo bistrot alla moda è diventato un riferimento in città, cambiando recentemente anche pelle: la sala è ora aperta sugli spazi vivaci del proprio caffè, mentre la cucina è semplice, fresca, contemporanea. Se amate i contesti insoliti, c'è sempre il tavolo in cantina circondato dai vini.

Menu 28 € (pranzo) – Carta 40/52 €

Pianta: 3F2-a – *via Settembrini 27* ✉ *00195* ⓜ *Lepanto* – ✆ *06 323 2617* *(consigliata la prenotazione la sera)* – *www.viasettembrini.com* – *Chiuso 2 settimane in agosto e domenica sera*

Alberghi

🏨 **Rome Cavalieri Waldorf Astoria**   ⚡ ⬅ 🛏 ⚒ 🖥 🕸 📶 🎅 ✕ ⊟

GRAN LUSSO · ELEGANTE E' un imponente edificio che severa-   ⛱ AC 🛁 🚗
mente guarda dall'alto l'intera città; all'interno tutto è all'insegna dell'eccellenza, dalla collezione d'arte alle terrazze del giardino con piscina, ai cui bordi si trova il ristorante dove cenare con musica dal vivo.

345 cam ⚏ – 🛆320/900 € 🛆🛆345/925 € – 25 suites

Pianta: 3E2-a – *via Cadlolo 101* ✉ *00136* – ✆ *06 35091* – *www.romecavalieri.com*
🏵🏵🏵 **La Pergola** – Vedere selezione ristoranti

🏨 **Gran Melià Roma**   ⚡ 🐾 ⬅ ⚒ 🎅 🛁 ⛱ AC ✕ 🛁 🚗

LUSSO · MODERNO La storia qui è di casa: nell'ex villa di Agrippina (madre di Nerone), negli spazi che un tempo ospitarono anche un convento, un'eleganza di gusto moderno impreziosisce i vari ambienti comuni e le stanze, alcune delle quali con suggestive vasche di design visibili dal letto stesso. Un ottimo indirizzo per charme e completezza di servizi.

116 cam – 🛆325/875 € 🛆🛆350/900 € – 5 suites – ⚏ 36 €

Pianta: 7F4-c – *via del Gianicolo 3* ✉ *00165* – ✆ *06 925901* – *www.granmeliarome.com*

NOI NON LAVORIAMO PER METRO
NOI LAVORIAMO PER LILIAN
che vuole aprire un secondo ristorante. Guarda la sua storia su metro.it
e scopri come supportiamo lei e le altre attività in proprio ad avere successo.
METRO
IL VOSTRO SUCCESSO È IL NOSTRO IMPEGNO

🏠 Villa Laetitia   🛏 ⅃ 🔄 🗚

DIMORA STORICA · ROMANTICO Romanticamente sul Lungotevere, una deliziosa villa Liberty apre i propri battenti per accogliere i suoi ospiti come in una dimora privata... e che casa! Le camere, curatissime e personalizzate, portano infatti il sigillo estetico della famosa stilista Anna Fendi.

21 cam ☲ – ♦139/225 € ♦♦139/225 €

Pianta: 4G2-m – *lungotevere delle Armi 22/23* ✉ 00195 Ⓜ *Lepanto*
– *☎ 06 322 6776 – www.villalaetitia.com*

✿ Enoteca la Torre – Vedere selezione ristoranti

🏠 Atlante Star Ⓝ   ❀ ⅃ 🔄 🗚 🏋 🅿

TRADIZIONALE · ACCOGLIENTE Vi sembrerà di toccare la cupola di S.Pietro dal verde roof garden di un albergo situato tra Castel Sant'Angelo e il Vaticano rinnovato in anni recenti; interni arredati con cura e signorilità.

70 cam ☲ – ♦150/350 € ♦♦180/380 € – 3 suites

Pianta: 3F3-a – *via Vitelleschi 34* ✉ 00193 Ⓜ *Ottaviano* – *☎ 06 686386*
– *www.atlantehotels.com*

🏠 Farnese   🔄 🗚 🅿

TRADIZIONALE · ELEGANTE La hall è un curioso scrigno d'arte e di atmosfera d'epoca con il suo paliotto in marmo policromo del XVII secolo; atmosfera d'epoca e raffinatezza nei curati interni in stile. Dalla terrazza, la cupola di san Pietro.

23 cam ☲ – ♦95/220 € ♦♦120/350 €

Pianta: 4G2-e – *via Alessandro Farnese 30* ✉ 00192 Ⓜ *Lepanto* – *☎ 06 321 2553*
– *www.hotelfarnese.com*

🏠 Dei Mellini   ⅃ 🔄 ♿ 🗚 🏋

TRADIZIONALE · PERSONALIZZATO Splendida sintesi tra le ultime innovazioni tecnologiche e ambienti in stile art déco con diverse opere di gusto moderno nella hall; servizio e professionalità all'ordine del giorno.

66 cam ☲ – ♦160/215 € ♦♦175/299 € – 14 suites

Pianta: 4G3-f – *via Muzio Clementi 81* ✉ 00193 Ⓜ *Lepanto* – *☎ 06 324771*
– *www.hotelmellini.com*

🏠 Alimandi Vaticano   🔄 🗚 ✂ 🚗

TRADIZIONALE · ELEGANTE Per un gradevole soggiorno proprio di fronte all'ingresso dei Musei Vaticani, marmi e legni pregiati contribuiscono all'eleganza delle camere, ricche di accessori e dotazioni.

24 cam ☲ – ♦100/220 € ♦♦100/250 €

Pianta: 3E3-b – *viale Vaticano 99* ✉ 00165 Ⓜ *Cipro* – *☎ 06 3974 5562*
– *www.alimandi.com*

🏠 Arcangelo   ⩽ 🔄 🗚 ✂

FAMILIARE · ACCOGLIENTE Albergo di tradizione per chi non ama gli esperimenti design, siamo all'interno di una palazzina di inizio '900 con alcune vetrate originali, tessuti alle pareti di quasi tutte le camere e buoni bagni. Terrazza panoramica con vista sulla cupola di San Pietro.

33 cam ☲ – ♦70/150 € ♦♦100/260 €

Pianta: 3F3-f – *via Boezio 15* ✉ 00192 Ⓜ *Lepanto* – *☎ 06 687 4143*
– *www.hotelarcangeloroma.com*

🏠 Bramante   🗚

STORICO · ELEGANTE Nel cuore del caratteristico e pedonalizzato quartiere Borgo, l'albergo è stato crocevia della storia: ancora intuibile nelle parti più vecchie del '400.

16 cam ☲ – ♦100/160 € ♦♦170/220 €

Pianta: 3F3-b – *vicolo delle Palline 24* ✉ 00193 Ⓜ *Ottaviano-San Pietro*
– *☎ 06 6880 6426 – www.hotelbramante.com*

🏨 Sant'Anna   ⬍ AC 🛇

TRADIZIONALE · STORICO In un palazzo cinquecentesco a pochissimi passi da San Pietro, un piccolo e accogliente albergo caratterizzato da ambienti d'atmosfera con soffitti a cassettoni e da un grazioso cortile interno.

20 cam ♋ – ♦120/200 € ♦♦150/350 €

Pianta: 3F3-m – *borgo Pio 133* ✉ 00193 Ⓜ *Ottaviano-San Pietro* – 𝒞 *06 6880 1602* – *www.santannahotel.net*

Parioli

olgna/iStock

Ristoranti

🏵 Assaje   🏠 ♿ AC 🅿

CUCINA MODERNA · STILE MEDITERRANEO XxxX Assaje: "abbondanza" in napoletano; e generoso è, infatti, il richiamo alla cucina mediterranea in un menu composto da piatti moderni, ma "rassicuranti": carne e pesce vengono proposti in ricette classiche o più estrose, servite con grande professionalità e cordialità.

→ Ostriche con crema di cetriolo, caviale e lattuga di mare. Battuta di fassona con senape rustica, ravanelli e tartufo nero. Paccheri di ananas con cremoso all'anice stellato, gelato di fior di latte e amarene.

Menu 80/140 € – Carta 80/110 €

Pianta: 4-5H2-c – *Hotel Aldrovandi Villa Borghese, via Ulisse Aldrovandi 15* Ⓜ *Policlinico* – 𝒞 *06 322 3993* – *www.aldrovandi.com* – solo a cena

🏵 Metamorfosi (Roy Caceres)   AC ⟳

CUCINA CREATIVA · ELEGANTE XxX La sala è un tributo all'architettura contemporanea e sfoggia linee minimal, ma colori che richiamano il calore della terra e della natura. Nel piatto, l'eclettismo dello chef colombiano si traduce in continue riletture della tradizione gastronomica. In sintesi: una costante metamorfosi!

→ Riso "opercolato" funghi e nocciole. Anguilla di Comacchio, farro franto e carpione gelato. Mela, pinoli e gelsomino.

Menu 110/140 € – Carta 86/130 €

Pianta: 4-5H1-k – *via Giovanni Antonelli 30/32* ✉ 00197 – 𝒞 *06 807 6839* – *www.metamorfosiroma.it* – solo a cena in agosto – *Chiuso sabato a mezzogiorno e domenica*

🏵 All'Oro (Riccardo Di Giacinto)   🏡 ♿ AC ⟳

CUCINA CREATIVA · DESIGN XX Nella sala dal design moderno-newyorchese, piacevolmente sofisticata, oppure in quella dal mood vagamente inglese, la linea di cucina si riconferma nella sua creatività, ma non scevra di spunti regionali.

→ Cappelletti in "brodo asciutto" con parmigiano, zafferano e limone. Vitello alla piemontese: grissini, giardiniera, salsa tonnata, terra di prezzemolo e caviale. Tiramisù All'Oro.

Menu 88/150 € – Carta 87/133 €

Pianta: 4G2-a – *Hotel The H'All Tailor Suite, via Giuseppe Pisanelli 25* ✉ 00196 – 𝒞 *06 9799 6907* – *www.ristorantealloro.it* – solo a cena escluso sabato e domenica

⁑○ Sapori del Lord Byron   🄰🄲 ⅋ ⇦

CUCINA ITALIANA · LUSSO XxxX Pareti a specchio, tavoli scuri ottagonali e pregiati marmi sono l'intrigante cornice Art Déco di una cucina che porta in tavola i generosi sapori della nostra penisola, magistralmente esaltati dalla creatività dello chef.

Carta 42/74 €

Pianta: 4H1-b – *Hotel Lord Byron, via G. De Notaris 5 ✉ 00197 – ℰ 06 322 0404 – www.lordbyronhotel.com – solo a cena – Chiuso domenica*

⁑○ Al Ceppo   🕸 🄰🄲 ⇦

CUCINA MEDITERRANEA · ELEGANTE XX La bella boiserie vi darà il benvenuto all'entrata di questo ristorante di sobria eleganza borghese, dove gustare piatti mediterranei reinterpretati in chiave moderna. Specialità tra i secondi: carni e pesce alla griglia, preparati direttamente in sala.

🍴 Menu 25 € (pranzo in settimana) – Carta 42/78 €

Pianta: 5J1-q – *via Panama 2 ✉ 00198 – ℰ 06 855 1379 – www.ristorantealceppo.it – Chiuso 8-25 agosto, sabato a mezzogiorno in giugno-settembre, lunedì a mezzogiorno negli altri mesi*

⁑○ Spazio Niko Romito 🄽   🄰🄲

CUCINA CREATIVA · SEMPLICE X Il celebre chef tristellato abruzzese porta la sua cucina a Roma in una forma più semplice ed economicamente accessibile rispetto al ristorante di Castel di Sangro, ma con piatti di grande interesse e piacevolezza che puntano ad esaltare l'essenza dei prodotti. Adiacente al ristorante troverete la versione più spigliata di Pane e Caffè, per consumare durante l'intera giornata piatti veloci in buona parte basati sul pane, una delle eccellenze di Romito.

Carta 39/65 €

Pianta: 5J1-s – *via Guido d'Arezzo 5/c ✉ 00198 – ℰ 06 8535 2523 (consigliata la prenotazione la sera) – www.spazionikoromito.com – Chiuso 22-27 dicembre e 12-29 agosto*

Alberghi

🏨 Lord Byron   ⅖ 🄴 🄰🄲

LUSSO · ART DÉCO La personalità di una grande casa, le suggestioni art déco in tutti i dettagli: un lusso di grande eleganza che dona la giusta attenzione a tessuti e arredi. Servizio caldo e personalizzato.

25 cam ⌑ – ▐230/550 € ▐▐250/650 € – 5 suites

Pianta: H1-b – *via G. De Notaris 5 ✉ 00197 – ℰ 06 322 0404 – www.lordbyronhotel.com*

⁑○ **Sapori del Lord Byron** – Vedere selezione ristoranti

🏨 Aldrovandi Villa Borghese   ⛲ 🕭 ⌁ 🕉 🄻🅃 🄴 ⅙ 🄰🄲 🅂🄰 🄿

LUSSO · CLASSICO Defilato ma esclusivo, in un quartiere prestigioso e a pochi passi da Villa Borghese, le camere sono state – quasi tutte - recentemente rinnovate. Il ristorante The Grill vi aspetta tutti i giorni a pranzo e a cena.

91 cam ⌑ – ▐204/700 € ▐▐270/800 € – 12 suites

Pianta: 4-5H2-c – *via Ulisse Aldrovandi 15 ✉ 00197 🄼 Policlinico – ℰ 06 322 3993 – www.aldrovandi.com*

🕸 **Assaje** – Vedere selezione ristoranti

🏨 The H'All Tailor Suite   🄴 🄰🄲 🄿

BOUTIQUE HOTEL · DESIGN Piccolo, personalizzato, curato albergo "tailor made", ovvero costruito sui desideri degli ospiti che oltre a godere di ambienti confortevoli, dal design moderno ma caldo, potranno iniziare le giornate con deliziose colazioni gourmet ideate e pensate dallo chef-patron.

14 cam ⌑ – ▐250/450 € ▐▐250/450 € – 1 suite

Pianta: 4G2-a – *via Giuseppe Pisanelli 23 ✉ 00186 🄼 Lepanto – ℰ 06 3211 0128 – www.thehallroma.com*

🕸 **All'Oro** – Vedere selezione ristoranti

stigalenas/iStock

Trastevere - Testaccio

Ristoranti

❀ **Glass Hostaria** (Cristina Bowerman)   🕸 AC

CUCINA CREATIVA · DESIGN XX Nel cuore di Trastevere un locale all'insegna del design, dove un originale e creativo gioco di luci crea un'atmosfera avvolgente, qualche volta piacevolmente conturbante. Ad accendersi in pieno è la cucina: fantasiosamente moderna.

→ Linguine, zenzero, lime, prezzemolo e percebes (crostaceo). Colombaccio, platano, burro di arachidi, polvere di lampone ed erbe fritte. Cioccolato, sesamo e datterino.

Menu 90/120 € – Carta 61/102 €

Pianta: 8G5-d – *vicolo del Cinque 58 ✉ 00153 – ℰ 06 5833 5903 – www.glasshostaria.it – solo a cena – Chiuso 7-29 gennaio, 1°-23 luglio e lunedì*

⅃○ **Antica Pesa**   🕸 🛋 AC

CUCINA LAZIALE · ELEGANTE XXX La cucina seleziona accuratamente le materie prime, elaborandole poi in ricette dalla "firma" romana, in questo ex deposito del grano dell'attiguo Stato Pontificio. Luci soffuse, candele sui tavoli, ma i faretti mostrano le pareti imbellite da grandi dipinti di artisti contemporanei, anche presso il salottino con caminetto accanto all'ingresso.

Carta 57/77 €

Pianta: 8G5-a – *via Garibaldi 18 ✉ 00153 – ℰ 06 580 9236 – www.anticapesa.it – solo a cena*

⅃○ **Osteria Fernanda**   AC

CUCINA CREATIVA · MINIMALISTA XX Nel quartiere celebre per il mercato di Porta Portese, una brillante gestione a due: un socio segue la sala minimal, mentre l'altro, con passione strabordante, si occupa di una cucina creativa che oltre a citare i prodotti del territorio è anche abile nel proporre ingredienti presi altrove. Un indirizzo decisamente da consigliare.

Menu 55/69 € – Carta 42/72 €

Pianta: G6-a – *via Crescenzo Del Monte 18/24 ✉ 00186 – ℰ 06 589 4333 – www.osteriafernanda.com – Chiuso Natale, 3-19 agosto, domenica e i mezzogiorno di lunedì e martedì*

⅃○ **Vizi Capitali**   🛋 🕸

PESCE E FRUTTI DI MARE · CONTESTO CONTEMPORANEO XX Un piccolo locale in stile contemporaneo: alle pareti i nomi dei sette vizi capitali, all'ingresso una vetrinetta espone il miglior pescato del giorno. Proverbiale la sequenza di antipasti cotti e crudi.

Carta 47/157 €

Pianta: 8G5-b – *vicolo dell'Arenella 94 – ℰ 06 581 8840 (consigliata la prenotazione) – www.vizicapitali.com – solo a cena – Chiuso 15 giorni in gennaio-febbraio, 15 giorni in agosto e domenica*

ⅠⅠ○ Felice a Testaccio

CUCINA TRADIZIONALE · CONVIVIALE X L'ambiente semplice - stile "trattoria familiare" - è ormai così popolare che una prenotazione con anticipo è quasi obbligatoria. Come del resto, assaggiare il mitico abbacchio al forno con patate, ma anche i tonnarelli cacio e pepe o il tiramisù al cucchiaio. Senza dubbio, una delle roccaforti della cucina laziale!

Carta 36/49 €

Pianta: 8H6-h – *via Mastrogiorgio 29* ⊠ *00153*
– *✆ 06 574 6800 (consigliata la prenotazione) – www.feliceatestaccio.com*
– *Chiuso 1 settimana in agosto*

Alberghi

🏚🏚🏚 Trilussa Palace

TRADIZIONALE · ELEGANTE Tra la stazione di Trastevere ed il quartiere vecchio, hotel di tono signorile con pavimenti in marmo negli spazi comuni, piacevole centro benessere e panoramico roof garden: l'inconfondibile stile italiano in un albergo internazionale.

45 cam ☲ – ♥80/290 € ♥♥90/380 € – 4 suites

Pianta: 8G6-c – *piazza Ippolito Nievo 25/27* ⊠ *00153* – *✆ 06 588 1963*
– *www.trilussapalacehotel.it*

🏚🏚 Santa Maria

FAMILIARE · FUNZIONALE A pochi passi da S.Maria in Trastevere, nata dove c'era un chiostro del '400, questa tranquilla risorsa si sviluppa su un piano intorno ad un cortile-giardino; a disposizione degli ospiti, anche alcune biciclette.

14 cam ☲ – ♥65/195 € ♥♥85/245 € – 5 suites

Pianta: 8G5-z – *vicolo del Piede 2* ⊠ *00153* – *✆ 06 589 4626*
– *www.hotelsantamaria.info*

🏚🏚 Arco dei Tolomei

FAMILIARE · PERSONALIZZATO In un antico palazzo di origine medievale, una residenza privata apre le proprie porte ed accoglie l'ospite facendolo sentire come a casa propria: il calore del parquet nelle belle camere, arredate con gusto e piacevolmente funzionali.

5 cam ☲ – ♥95/170 € ♥♥100/210 €

Pianta: 8H5-k – *via dell'Arco dè Tolomei 27* ⊠ *00153* – *✆ 06 5832 0819*
– *www.bbarcodeitolomei.com*

izusek/iStock

Zona Urbana Nord-Est

Ristoranti

✿ Bistrot 64  🅰🅲

CUCINA MEDITERRANEA · BISTRÒ ✕ Nello stile è ancora un bistrot con la sua piacevole informalità, il servizio però è cortese e pieno di attenzioni, mentre la cucina una sorpresa di creatività, nonché fantasia.

→ Spaghetto di patate con burro e alici. Manzo marinato al koji e asparagi. Bianco: yogurt, panna, fragola e cocco.

Menu 50/90 € – Carta 60/80 €

Pianta: 1B1-a – *via Guglielmo Calderini 64* ✉ *00196*
- *𝒞 06 323 5531 (consigliata la prenotazione)* – *www.bistrot64.it*
- *solo a cena escluso venerdì, sabato e domenica*
- *Chiuso 1 settimana in gennaio, 2 settimane in agosto e domenica*

ꝏO Marzapane 🅰🅲 ⅌

CUCINA CREATIVA · AMBIENTE CLASSICO ✕✕ Giovane ed informale in sala, ma tecnica e rigorosa in cucina: una cuoca di origini spagnole ha sposato i sapori romani, di cui propone alcuni classici insieme a spunti iberici e divagazioni più creative, spesso di ottimo livello. Oltre al menu tradizionale, c'è la possibilità di optare per un nuovo format con due percorsi degustazione. Attenzione: ciascuno oscilla attorno alle 15 portate!

Menu 30 € (pranzo in settimana)/95 € – Carta 48/90 €

Pianta: 5K2-m – *via Velletri 39* ✉ *00198*
- *𝒞 06 6478 1692 (consigliata la prenotazione)*
- *www.marzapaneroma.com*
- *Chiuso 2-10 gennaio, 13-28 agosto, martedì a mezzogiorno e lunedì*

ꝏO Mamma Angelina 🎇 🏠 🅰🅲 ⅌

PESCE E FRUTTI DI MARE · TRATTORIA ✕ Dopo il buffet di antipasti, la cucina si trova ad un bivio: da un lato segue la linea del mare, dall'altra la tradizione romana. A mettere d'accordo entrambi, il baccalà in cartoccio, passatina di ceci e porri croccanti.

🍽 Menu 25/35 € – Carta 27/41 €

Pianta: 2C1-c – *viale Arrigo Boito 65* ✉ *00199*
- *𝒞 06 860 8928*
- *Chiuso agosto e mercoledì*

ꝏO Tischi Toschi ♿ 🅰🅲 ⅌

CUCINA SICILIANA · FAMILIARE ✕ Si propongono gustose ricette siciliane servite in coloratissime e tipiche ceramiche, in un ambiente non proprio centrale eppure caratterizzato da ordinata e fresca semplicità.

Carta 34/54 €

Pianta: 2C1-t – *via Gadames 9* ✉ *00199* – *𝒞 06 8366 2023*
- *solo a cena* – *Chiuso 3 settimane in agosto, domenica sera e lunedì*

Kondor83/iStock

Zona Urbana Sud-Est

Ristoranti

🏵 Domenico dal 1968   🍴 AC

CUCINA ROMANA · SEMPLICE X Vale la pena di uscire dagli usuali percorsi turistici per sperimentare un'autentica trattoria romana: è qui che potrete assaggiare la zuppa di arzilla e broccoli o la classica trippa. Ma è anche da Domenico che troverete piatti a base di pesce, che cambiano quasi giornalmente secondo la disponibilità del mercato.

Carta 35/51 €

Pianta: 10L6-f – *via Satrico 21* ✉ *00183* – ✆ *06 7049 4602*
– *www.domenicodal1968.it* – *Chiuso 3 settimane in agosto, domenica sera e lunedì*

🏵 Profumo di Mirto   AC

PESCE E FRUTTI DI MARE · FAMILIARE X Un omaggio alla Sardegna, terra natia dei proprietari, la cucina, però, si apre anche a sapori mediterranei, soprattutto di mare, rielaborati in specialità gustose e caserecce. Specialità: tagliolini gamberi, carciofi e bottarga.

🍸 Menu 25 € (pranzo in settimana)/55 € – Carta 28/81 €

Pianta: 2C2-f – *viale Amelia 8/a* ✉ *00181* – ✆ *06 786206*
– *www.profumodimirto.it* – *Chiuso agosto e lunedì*

SilviaJansen/iStock

Zona Urbana Sud-Ovest

Ristoranti

🏵 Al Ristoro degli Angeli   🍴 AC

CUCINA ROMANA · VINTAGE X Nel quartiere della Garbatella, una particolare osteria dall'atmosfera un po' bistrot con tavoli, sedie e lampadari decisamente vintage. Dalla cucina piatti essenzialmente laziali come le mezze maniche alla gricia profumate al limone o la crostata con le visciole, ma anche molte golosità a base di verdure e pesce.

Carta 26/60 €

Pianta: 2B2-a – *via Luigi Orlando 2* ✉ *00154* – ✆ *06 5143 6020*
– *www.ristorodegliangeli.it* – *solo a cena* – *Chiuso domenica*

🍴 **Trattoria del Pesce**   AC 🚫

PESCE E FRUTTI DI MARE · BISTRÒ ⅹ Pesce fresco e crudo in tutte le sue declinazioni, in un ambiente accogliente, vagamente bistrot, dalla giovane e capace gestione. Vale la pena di pazientare per trovare parcheggio.

Carta 33/78 €

Pianta: 1B2-b – *via Folco Portinari 27 ✉ 00186 – ☎ 349 335 2560 (consigliata la prenotazione) – www.trattoriadelpesce.it – Chiuso 14-20 agosto e lunedì a mezzogiorno*

Dintorni di Roma

photopalace/iStock

sulla strada statale 3 - via Cassia Nord-Ovest: 15 km A1

🏠 **Castello della Castelluccia**   ☂ 🐾 🛏 ⚒ 🏊 🛗 🛗 AC 🏋 P

DIMORA STORICA · ROMANTICO Un lungo viale alberato vi condurrà a questo castello costruito ai tempi dell'antica Roma - tra il XII ed il XIII secolo - da una nobile famiglia discendente dagli Orsini. Le camere, personalizzate con mobili d'epoca e camini graziosamente disposti qua e là, costituiscono una piacevole successione di sorprese: da quelle a mansarda o con letto a baldacchino, alle superior con piccola vasca idromassaggio. Cucina regionale rivisitata al ristorante.

23 cam ☲ – 🛇89/179 € 🛇🛇109/199 € – 2 suites

Pianta: 1A1-c – *località la Castelluccia, via Cavina 40 ✉ 00123 – ☎ 06 3020 7041 – www.lacastelluccia.com*

ROMANO CANAVESE

Torino – ✉ 10090 – 2 752 ab. – Alt. 270 m – Carta regionale n° **12**-B2
Carta stradale Michelin 561-F5

🏨 Relais Villa Matilde

DIMORA STORICA · ELEGANTE Cinta da un parco rigoglioso, la villa settecentesca che fu residenza vescovile è stata convertita in un gradevole albergo di charme, con ambienti comuni dalle sale affrescate e camere suddivise in diversi edifici, tra cui suggeriamo naturalmente quelle del corpo centrale, storico. Suggestiva ed elegante la sala ristorante, realizzata nella vecchia scuderia che le dà il nome: Le Scuderie.

32 cam ☲ – 🛏135/170 € 🛏🛏155/245 € – 11 suites
via Marconi 29 – ℰ 0125 639290 – www.sinahotels.com
– Aperto 5 aprile-31 ottobre

ROMAZZINO Sardegna Olbia-Tempio → Vedere Arzachena : Costa Smeralda

ROMENO

Trento (TN) – ✉ 38010 – 1 385 ab. – Carta regionale n° **19**-B2
Carta stradale Michelin 562-C15

🅐 Nerina   🞉 🅿

CUCINA REGIONALE · SEMPLICE 🕱 Tanta semplicità, ospitalità ed informalità in un locale che nasconde alcune gemme tra i prodotti trentini, nonché specialità genuine della casa come il guanciale di manzo brasato al Teroldego o le crespelle alle mele.

Carta 32/52 €
via De Gasperi 31, località Malgolo
– ℰ 0463 510111 (consigliata la prenotazione) – www.albergonerina.it
– Chiuso 13-31 ottobre e martedì escluso luglio e agosto

RONCADELLE Brescia → Vedere Brescia

RONCEGNO

Trento – ✉ 38050 – Carta regionale n° **19**-C3
Carta stradale Michelin 562-D16

🏨 Coronata Haus

FAMILIARE · STILE MONTANO Piacevole casa di montagna coccolata sul retro dalla calma del bosco: tra camere e stube è il legno il vero protagonista, così come la storia di un territorio che ricorda il confine dell'impero austroungarico.

10 cam ☲ – 🛏45/50 € 🛏🛏80/120 €
località Maso Vazzena
– ℰ 0461 185 1508 – www.coronatahaus.it

RONCOFREDDO

Forlì-Cesena (FC) – ✉ 47020 – 3 386 ab. – Alt. 314 m – Carta regionale n° **5**-D2
Carta stradale Michelin 562-J18

🏨 I Quattro Passeri

CASA DI CAMPAGNA · PERSONALIZZATO Casa colonica in pietra: il suo gioiello è la terrazza panoramica con piscina e vista sui colli fino al mare. Interni rustici con diversi arredi d'epoca, è una piccola, romantica bomboniera.

6 cam ☲ – 🛏70/120 € 🛏🛏115/200 €
via dei Laghi 541, località Santa Paola
– ℰ 0541 949522 – www.4passeri.com
– Chiuso dicembre, gennaio e febbraio

RONZONE

Trento – ✉ 38010 – 424 ab. – Alt. 1 085 m – Carta regionale n° **19**-B2
Carta stradale Michelin 562-C15

⫯○ Orso Grigio

CUCINA CLASSICA · ROMANTICO XxX Ristorante di famiglia, gestito con professionalità da due fratelli gemelli: uno segue la cucina dove la linea storica a base di carne è ampliata con una piccola offerta a base di pesce, l'altro la fornitissima cantina, ricca di eccellenze.

Menu 45/75 € – Carta 45/85 €

Hotel Villa Orso Grigio, via Regole 10 – ℰ 0463 880625 – www.orsogrigio.it
– Chiuso martedì a pranzo

🏠 Villa Orso Grigio

LUSSO · PERSONALIZZATO In una cornice naturalistica che ricorda una fiaba dei fratelli *Grimm*, una sintesi perfetta fra stile locale - con tanta profusione di legno - e modernità dei servizi, tra cui la nuova sala per i massaggi. Le belle camere hanno un proprio spazio delimitato all'interno del parco con tanto di biolago. La mezza pensione, in realtà, è servita ...à la carte!

6 cam ⌂ – †99/330 € ††99/330 € – 4 suites
via Regole 10/12 – ℰ 0463 880559 – www.orsogrigio.it
⫯○ **Orso Grigio** – Vedere selezione ristoranti

ROSETO DEGLI ABRUZZI

Teramo – ✉ 64026 – 25 537 ab. – Carta regionale n° **1**-B1
Carta stradale Michelin 563-N24

a Montepagano Ovest: 6 km perTeramo (TE) – ✉ 64020

✿ D.One Restaurant Diffuso

CUCINA MODERNA · ROMANTICO XxX Così come esiste da tempo l'albergo diffuso, ora c'è anche il ristorante che può fregiarsi di questa particolarità: D.one! Cucina in bilico tra semplicità e sperimentazione creativa, l'attenzione è posta a preservare le proprietà organolettiche degli ingredienti, dando una particolare importanza alla selezione delle materie prime.

→ Ravioli di brodetto di scoglio al nero. Rombo chiodato in padella con orapi (spinaci di montagna) e limone. Croccante di grano arso, gelato al caffè e spuma al Cointreau.

Menu 65/105 € – Carta 54/91 €

8 cam ⌂ – †95/150 € ††95/150 €
via del Borgo 1 – ℰ 085 894 4508 – www.donerestaurant.it – solo a cena – Chiuso gennaio, domenica e lunedì

Budget modesto? Optate per il menu del giorno generalmente a prezzo più contenuto.

ROSIGNANO SOLVAY

Livorno – ✉ 57016 – Carta regionale n° **18**-B2
Carta stradale Michelin 563-L13

⫯○ Volvèr

PESCE E FRUTTI DI MARE · CONTESTO CONTEMPORANEO XX Cucina contemporanea eseguita con precisione e senza eccessi, partendo da materie prime d'indubbia qualità. Volvèr, un indirizzo dove ritornare con piacere, complice la bella sala le cui ampie vetrate affacciate sul mare evocano la sensazione di essere a bordo di un elegante yacht.

Menu 65 € – Carta 47/75 €

Porto Turistico Cala De Medici – ℰ 0586 744312 – www.portodelgusto.it – Chiuso 2 settimane in gennaio,1 settimana in novembre e mercoledì

ROTA D'IMAGNA

Bergamo – ✉ 24037 – 835 ab. – Alt. 665 m – Carta regionale n° **10**-C1
Carta stradale Michelin 561-E10

🏨 Resort & Spa Miramonti 　　🕏 🐾 ⪬ 🖬 🗔 🎧 ⊟ 🗚 🅿

SPA E WELLNESS · MODERNO Negli ultimi anni, questa ottima gestione familiare
ha investito parecchio nel proprio hotel che oggi si presenta con camere personalizzate ed un centro benessere tra i migliori della zona. Anche il ristorante parte-
cipa della qualità totale della casa: accogliente, sobriamente elegante, con una
cucina sempre legata al territorio.

35 cam ⌺ – ♦69/199 € ♦♦69/199 €

*via alle Fonti 5 – ℰ 035 868000 – www.hotelmiramontibergamo.com
– Chiuso 7 gennaio-14 febbraio*

ROTA (Monte) RADSBERG Bolzano → Vedere Dobbiaco

ROTONDA

Potenza – ✉ 85048 – 3 494 ab. – Alt. 580 m – Carta regionale n° **2**-C3
Carta stradale Michelin 564-H30

🍴 Da Peppe 　　　　　　　　　　　　⇦ 🗚

CUCINA REGIONALE · FAMILIARE 🕅 Nel centro storico del paesello all'interno del
parco del Pollino, ai fornelli di questo storico locale vige un unico imperativo:
riscoprire i sapori della cucina lucana!

🍴 Menu 15 € (pranzo in settimana)/35 € – Carta 30/38 €

*B&B Da Peppe, corso Garibaldi 13 – ℰ 0973 661251 – www.peppe1980.it – Chiuso
novembre e le sere di domenica e lunedì*

🏠 Da Peppe ⓝ 　　　　　　　　　　　⪬ 🗚 🕉

FAMILIARE · FUNZIONALE Buon punto di riferimento per chi vuole visitare parco
e monti del Pollino, Da Peppe dispone di accoglienti camere, nonché fresco e
tranquillo giardino con tanto di orto curato personalmente dagli stessi proprietari.

6 cam ⌺ – ♦30/50 € ♦♦55/75 €

via Vittorio Emanuele 26 – ℰ 349 082 6542 – www.dormodapeppe.it

ROTTOFRENO

Piacenza – ✉ 29010 – 12 127 ab. – Alt. 65 m – Carta regionale n° **5**-A1
Carta stradale Michelin 561-G10

🍴 Trattoria la Colonna 　　　　　　　　🕮 🍽 🗚

CUCINA TRADIZIONALE · CONTESTO STORICO 🕅🕅 Nel '700 era una stazione di
posta, oggi può vantarsi di essere l'edificio più longevo della località! Nella vecchia stalla trova posto il ristorante che propone i piatti della tradizione di terra e
di mare venati invece di moderna creatività.

🍴 Menu 20 € (pranzo in settimana)/60 € – Carta 35/81 €

*via Emilia Est 6, località San Nicolò, Est: 5 km – ℰ 0523 768343
– www.ristorantelacolonna.com – Chiuso 7-28 agosto, domenica sera e martedì*

🍴 Antica Trattoria Braghieri 　　　　　🗚 🕉 🅿

CUCINA EMILIANA · TRATTORIA 🕅 E' dal 1921 che le donne di famiglia si succe-
dono nella gestione della trattoria! Due sale: una sobria, l'altra più elegante,
dove assaporare paste fatte in casa e preparazioni casalinghe tradizionali, come
lo stracotto d'asina.

🍴 Menu 12 € (pranzo in settimana)/35 € – Carta 20/31 €

*località Centora 21, Sud: 2 km – ℰ 0523 781123 (consigliata la prenotazione)
– solo a pranzo escluso venerdì e sabato – Chiuso 1°-15 gennaio, agosto e
lunedì*

ROVERCHIARA

Verona – ⊠ 37050 – 2 771 ab. – Alt. 20 m – Carta regionale n° **23**-B3

⫰○ Locanda le 4 Ciacole   🦟 ⇦ 🏠 🅰️🅲

CUCINA DEL TERRITORIO · RUSTICO ✗ Affacciato sulla piazza del paese, varcata la soglia ci si trova in un grazioso cortile per il servizio all'aperto, mentre la porta del ristorante si apre su un'ottima ed invogliante esposizione di salumi e formaggi. Ma non fermatevi qui: in sale dal sapore romantico e retrò, la cucina contempla tanti ottimi piatti, anche alla griglia.

Menu 40/60 € – Carta 37/60 €

4 cam ⌑ – ♦40 € ♦♦70/80 €

piazza Vittorio Emanuele 10 – 𝒞 0442 685115 – www.le4ciacole.it – solo a cena – Chiuso 10 giorni in febbraio, 2 settimane in agosto e domenica in estate, mercoledì negli altri mesi

ROVERETO

Trento – ⊠ 38068 – 39 289 ab. – Alt. 204 m – Carta regionale n° **19**-B3
Carta stradale Michelin 562-E15

⫰○ Novecento   🏠 🅰️🅲 ⇧ 🅿️

CUCINA REGIONALE · ACCOGLIENTE ✗✗ Ristorante accogliente con sala interna classica raddoppiata da una bella veranda colorata da bottiglie tinte a mano. La carta è ben diversificata: c'è un filone regionale, pochi piatti mantovani ed altri dal gusto nazionale. Inoltre, c'è la pizza a lievitazione naturale e cotta nel forno elettrico.

Carta 30/62 €

Hotel Rovereto, corso Rosmini 82 d – 𝒞 0464 435222 – www.hotelrovereto.it – Chiuso 3 settimane in gennaio, 3 settimane in agosto e domenica

⫰○ San Colombano   🏠 ♿ 🅰️🅲 ⇧ 🅿️

CUCINA REGIONALE · AMBIENTE CLASSICO ✗✗ Cucina spiccatamente di matrice tradizionale, senza orpelli o velleità modaiole, in un locale raggiungibile percorrendo la strada che costeggia il Castello di Rovereto e che porta al vicino Eremo di San Colombano. Il bel giardino, nonché il comodo parcheggio ombreggiato da piante secolari concorrono a rendere ancora più gradevole la sosta.

Carta 33/58 €

via Vicenza 30, strada statale 46, Est: 1 km – 𝒞 0464 436006 – www.ristorantesancolombano.it – Chiuso 15 giorni in agosto, domenica sera e lunedì

🏠 Rovereto   ⬍ 🅰️🅲 🏋 🚗

TRADIZIONALE · CLASSICO L'attività risale al 1889, ma in questa sede dal 1908, Rovereto è un'accogliente realtà gestita da una famiglia produttrice di vino (Castel Noarna); buon confort nelle stanze che si distinguono per le diverse metrature e per la vista che può abbracciare le montagne circostanti o lo splendido centro storico.

49 cam ⌑ – ♦70/115 € ♦♦85/135 €

corso Rosmini 82 d – 𝒞 0464 435222 – www.hotelrovereto.it

⫰○ **Novecento** – Vedere selezione ristoranti

ROVIGO

(RO) – ⊠ 45100 – 51 867 ab. – Carta regionale n° **23**-C3
Carta stradale Michelin 562-G17

⫰○ Tavernetta Dante 1936   🏠 🅰️🅲 ⇧

CUCINA REGIONALE · CONTESTO STORICO ✗ Un'oasi lungo il corso trafficato che attraversa il centro di Rovigo: dall'ambientazione all'interno di un piccolo e grazioso edificio, alla cucina di mare e di terra.

Carta 26/56 €

corso del Popolo 212 – 𝒞 0425 26386

RUBANO

Padova – ⊠ 35030 – 16 173 ab. – Alt. 18 m – Carta regionale n° **22**-B2
Carta stradale Michelin 562-F17

✿✿✿ Le Calandre (Massimiliano Alajmo) ⚅ ⅍ ✧ ₽

CUCINA CREATIVA · ALLA MODA XxxX "L'unione fa la forza"! Se poi è famigliare ancora di più. In questo alto tempio della gastronomia italiana lavorano, infatti, i tre fratelli Alajmo ognuno con le proprie competenze, ma ciascuno ugualmente indispensabile.

Nel 2002 Massimiliano è diventato il più giovane chef tri-stellato d'Europa e da allora l'eccellenza è stata il suo dogma. Figlio d'arte – papà Erminio attualmente a capo del ristorante del golf club La Montecchia, mamma Rita a sua volta ex cuoca e pasticcera – Massimiliano ha una specialità che gli sta particolarmente a cuore: il risotto liquirizia e zafferano, creato per la gentile consorte e perennemente rielaborato a seconda della stagione. La famiglia, per l'appunto!

In una sala dall'eleganza minimalista, giostrata su materiali naturali ed il tavolo nudo, trendsetter che ha creato tanti emuli, la cucina de Le Calandre si fa ricordare per i suoi grandi equilibri e la capacità di coniugare sapori antichi con gusto moderno, in un'armonia che la rende unica e irripetibile.

→ Nudo e crudo di carne e pesce. La ciliegina sul risotto allo zafferano e liquirizia. Mozzarella di mandorle.

Menu 135/225 € – Carta 135/170 €

via Liguria 1, località Sarmeola – ℰ 049 630303 – www.alajmo.it – Chiuso 1°-22 gennaio, 11 agosto-3 settembre, domenica, martedì a mezzogiorno e lunedì

⅋○ Il Calandrino ⌂ Ⓐ ⅍ ₽

CUCINA DEL TERRITORIO · CONTESTO CONTEMPORANEO X Bar, enoteca, pasticceria, ristorante: il tutto ad ottimi livelli! Il Calandrino è un locale eclettico che può offrire un servizio variegato sette giorni su sette dalla colazione alla cena; piatti semplici, ma curati, per gustare al meglio gli ingredienti di stagione. La regia è firmata Le Calandre.

Carta 48/80 €

strada statale 11, località Sarmeola – ℰ 049 630303 – www.alajmo.it – Chiuso domenica sera

⅋○ L' Officina Enoteca & Cucina Ⓐ ₽

PESCE E FRUTTI DI MARE · DESIGN X Un locale dalla doppia anima: moderno bistrot/enoteca con proposte ed economici menu del giorno, ma anche sala ristorante classica con prevalenza di specialità ittiche.

🍸 Menu 17 € (pranzo in settimana) – Carta 36/81 €

via della Provvidenza 4/6 – ℰ 049 690145 – www.officinaristorante.it – Chiuso lunedì a mezzogiorno e domenica in estate, domenica sera e lunedì negli altri mesi

RUBBIANINO Reggio Emilia (RE) → Vedere Quattro Castella

RUBIERA

Reggio nell'Emilia – ⊠ 42048 – 14 864 ab. – Alt. 53 m – Carta regionale n° **5**-B2
Carta stradale Michelin 562-I14

✿ Arnaldo-Clinica Gastronomica (Anna Degoli e Roberto Bottero)

CUCINA EMILIANA · CONTESTO TRADIZIONALE XX Siamo nel tempio ⬅ ㅤ della cultura gastronomica emiliana e - come tale – un luogo "sacro" per chi adora salumi, pasta fatta in casa e quell'universo di secondi piatti a base di carne che raggiunge la propria apoteosi con il carrello dei bolliti. La tradizione qui è la sacerdotessa della tavola.

→ Spugnolata mignon. Carrello dei bolliti e arrosti. Pera sciroppata all' arancia con lo zabaione al Marsala.

Menu 55/60 € – Carta 44/87 €

32 cam ⌑ – †49/69 € ††69/115 €

piazza 24 Maggio 3 – ℰ 0522 626124 (prenotare) – www.clinicagastronomica.com – Chiuso 7-14 gennaio, 4-27 agosto, domenica sera e lunedì a mezzogiorno, anche domenica a mezzogiorno da Pasqua a fine settembre

RUBIZZANO Bologna → Vedere San Pietro in Casale

RUDA
Udine – ⊠ 33050 – 2 935 ab. – Alt. 12 m – Carta regionale n° **6**-C3
Carta stradale Michelin 562-E22

ॐ **Osteria Altran** 🏖 🏠 & ↔ 🅿

CUCINA MODERNA · ROMANTICO XX Immerso nel verde, locale apparentemente rustico - in realtà, squisitamente romantico – dove gustare una cucina moderna che punta sulla qualità delle materie prime e sulla loro esaltazione. Nella bella stagione si mangia anche all'aperto.

→ Spaghetti aglio olio peperoncino e crema di "canoce" in bianco. Costicina e spalla d' agnello arrosta con caponata, purea di aglio e polvere di focaccia al rosmarino. Crema di vaniglia, sciroppo di ibisco, frutta marinata, meringa di sedano e limone.

Menu 75/85 € – Carta 66/95 €

località Cortona 19, Sud-Est: 4 km – ℰ 0431 969402 – solo a cena escluso sabato ed i giorni festivi – Chiuso 10 giorni in febbraio, 10 giorni in luglio, 10 giorni in novembre, lunedì e martedì

RUNATE Mantova → Vedere Canneto sull'Oglio

RUSSI
Ravenna – ⊠ 48026 – 12 247 ab. – Alt. 13 m – Carta regionale n° **5**-D2
Carta stradale Michelin 562-I18

a San Pancrazio Sud-Est : 5 km ⊠ 48026

🕸 **La Cucoma** 🆎 ↔ 🅿

PESCE E FRUTTI DI MARE · FAMILIARE X Ubicato lungo la strada principale del paese, specialità ittiche - come la grigliata mista alla brace - in un ristorante dal côté simpaticamente familiare, celebre in zona per il buon rapporto qualità/prezzo.

Menu 32 € (pranzo in settimana)/50 € – Carta 32/65 €

via Molinaccio 175 – ℰ 0544 534147 – www.ristorantecucoma.com – Chiuso 28 luglio-26 agosto, domenica sera e lunedì

🏠 **Relais Villa Roncuzzi** 🕸 🚗 🏊 & 🆎 🕸

STORICO · PERSONALIZZATO Residenza di campagna dei primi del '900 trasformata in uno scrigno accogliente, personalizzato ed accattivante. Chi ama i sapori del territorio non mancherà di accomodarsi al ristorante: qui - spesso - i piatti sono preparati in base alle richieste dei clienti.

20 cam ⌸ – †80/100 € ††95/120 €

via della Liberta 6/10 – ℰ 0544 534776 – www.villaroncuzzi.it

RUVO DI PUGLIA
Bari – ⊠ 70037 – 25 534 ab. – Alt. 256 m – Carta regionale n° **15**-B2
Carta stradale Michelin 564-D31

🕸 **U.P.E.P.I.D.D.E.** 🏖 ↔

CUCINA REGIONALE · FAMILIARE X Indiscutibilmente caratteristico e fresco! Scavate all'interno della roccia che costituiva le antiche mura aragonesi, le quattro salette si susseguono sotto archi di mattoni con - dulcis in fundo - la bella cantina visitabile. Altrettanto storica la cucina delle Murge, che trova la sua massima espressione nella grigliata di carni locali al barbecue o nel filetto di manzo in salsa di prugne al vino e scalogno caramellato.

Menu 27/37 € – Carta 22/42 €

vico S. Agnese 2, angolo corso Cavour – ℰ 080 361 3879 (consigliata la prenotazione) – www.upepidde.it – Chiuso 10 luglio-25 agosto e lunedì

Pineta 🏈🛏🍴🏠🅿♿🅰🛁🏊🚗

BUSINESS · MODERNO Moderna struttura dalle linee essenziali e colori caldi dispone di accoglienti camere dove rilassarsi dopo un bel bagno in piscina o nella loro zona benessere. Al ristorante Basilico, cucina d'ispirazione regionale, ma non solo.

39 cam ⌂ – †67/89 € ††90/140 €

via Carlo Marx 5 – ℰ 080 361 1578 – www.hotelpinetaruvo.it

SABAUDIA

Latina – ⊠ 04016 – 20 432 ab. – Carta regionale n° **7**-C3
Carta stradale Michelin 563-S21

sul lungomare Sud-Ovest : 2 km :

 Le Dune 🏈🛏🍴🏠🅿♿🅰🛁🏊🅿

TRADIZIONALE · MEDITERRANEO Nel cuore del parco del Circeo, un edificio bianco di indubbio fascino, ideale per una vacanza di relax da trascorrere tra mare, campi da tennis ed ampi ambienti luminosi. Presso la spaziosa ed accogliente sala ristorante, la classica cucina nazionale.

78 cam ⌂ – †80/150 € ††100/350 € – 2 suites

via lungomare 9700 ⊠ 04016 – ℰ 0773 51291 – www.ledune.com – Aperto 1° aprile-31 ottobre

SACILE

Pordenone – ⊠ 33077 – 19 837 ab. – Alt. 25 m – Carta regionale n° **6**-A3
Carta stradale Michelin 562-E19

🍴 **Il Pedrocchino** 🍴🏠♿🅰

PESCE E FRUTTI DI MARE · CHIC 🏠🏠 Grazie ad un'esperienza trentennale il locale è diventato un riferimento in zona per la cucina di pesce che, proposto a voce, viene preparato in maniera classica. La cantina si presenta con mille risorse ed un occhio di riguardo per gli champagne!

Menu 60/90 € – Carta 60/98 €

piazza 4 Novembre 4 – ℰ 0434 70034 – www.ilpedrocchino.it – Chiuso 3 settimane in agosto, domenica sera e lunedì

🍴 **Porca l'Oca** 🅰

CUCINA MODERNA · ACCOGLIENTE 🏠 La passione della titolare per la cucina porta in tavola sia piatti di carne legati alla tradizione sia specialità di pesce, il tutto rielaborato in un'accattivante chiave moderna. Ottima la sua ubicazione nel centro storico.

Carta 44/73 €

via Luigi Nono 13 – ℰ 0434 780870 (coperti limitati, prenotare) – Chiuso domenica

 Due Leoni 🏠🛁🍴♿🅰🛁🏊🚗

BUSINESS · CLASSICO Affacciato sulla piazza, edificio porticato che nei due leoni in pietra ricorda la storia della città. Al suo interno: ambienti di discreta eleganza e piccolo centro relax con palestra e, a pagamento, anche sauna nonché bagno turco.

58 cam ⌂ – †86/110 € ††120/150 € – 2 suites

piazza del Popolo 24 – ℰ 0434 788111 – www.hoteldueleoni.com

SAINT PIERRE

Aosta – ⊠ 11010 – 3 165 ab. – Alt. 676 m – Carta regionale n° **21**-A2
Carta stradale Michelin 561-E3

 La Meridiana Du Cadran Solaire 🍴🏠♿🛁🚗

FAMILIARE · ELEGANTE Affascinante contesto storico-naturalistico, lungo la strada per Courmayeur, *La Meridiana Du Cadran Solaire* è una raccolta struttura dall'amabile conduzione familiare; camere graziosamente arredate con mobili dalla tipica linea valdostana.

15 cam ⌂ – †70/180 € ††70/200 € – 2 suites

località Chateau Feuillet 17 – ℰ 0165 903626 – www.albergomeridiana.it

SAINT VINCENT

Aosta – ⊠ 11027 – 4 660 ab. – Alt. 575 m – Carta regionale n° **21**-B2
Carta stradale Michelin 561-E4

🍴 Le Grenier   🆎 ⇔

CUCINA CREATIVA · RUSTICO XX Nel cuore di Saint-Vincent, la suggestione di un vecchio granaio (*grenier*, in francese) con frumento a cascata, camino e utensili d'epoca alle pareti. Ma le sorprese non finiscono qui: è il turno della cucina a sedurre gli ospiti, inaspettatamente moderna con qualche richiamo alle tradizioni valdostane.

Menu 45/65 € – Carta 55/97 €

piazza Monte Zerbion 1 – ℰ 0166 510138 (consigliata la prenotazione)
– www.ristorantelegrenier.com – solo a cena escluso venerdì sabato e domenica
– Chiuso mercoledì

🍴 Olympic   ⇐ 🕼 🆎

CUCINA CLASSICA · CONVIVIALE XX Nel centro della località, in una sala illuminata da grandi vetrate, piatti classici, ma anche regionali, e - a dispetto dell'ubicazione geografica – divagazioni di mare.

Menu 30/50 € – Carta 49/98 €

10 cam 🖙 – ♦60/80 € ♦♦79/130 €

via Marconi 2 – ℰ 0166 512377 – www.holympic.it – Chiuso
11-25 giugno, 28 ottobre-11 novembre e martedì

🏨 Grand Hotel Billia   ⚘ ⇐ 🛎 🏊 🗔 🕸 🕼 🕴 ✕ 🛗 🅿 🆎 🕴 🅿

GRAN LUSSO · ELEGANTE Una facciata belle époque e due torrioni a dominare il fondovalle in un parco ombreggiato con piscina: dal 1908, questo hotel storico - risorto dopo una radicale opera di rinnovo - vanta ora anche un'attrezzatissima spa. Elegante soggiorno nella Vallée!

56 cam 🖙 – ♦255/497 € ♦♦255/497 € – 13 suites

viale Piemonte 72 – ℰ 0166 5231 – www.saintvincentresort.it

🏨 Paradise   ⇐ 🗔 🕸 🕴 ⅙ 🚐

TRADIZIONALE · CLASSICO Vicina al Casinò, graziosa hall con ricevimento, salottino e rinnovata sala colazioni dove si propongono ai propri ospiti prodotti locali e di qualità, camere classiche in legno chiaro.

32 cam 🖙 – ♦50/220 € ♦♦90/280 €

viale Piemonte 54 – ℰ 0166 510051 – www.hparadise.com – Chiuso
2 novembre-5 dicembre e 10 gennaio-10 febbraio

🏨 Alla Posta   ⚘ 🗔 🕸 🕼 🕴 ⅙ 🆎 🕴

TRADIZIONALE · PERSONALIZZATO Un'ottima struttura adiacente alla funicolare che collega il centro storico alle Terme; totalmente ristrutturato offre camere dotate di ogni confort e un centro benessere che sorge su vestigia romane ancora visibili.

33 cam – ♦40/160 € ♦♦100/240 € – 7 suites – 🖙 12 €

piazza 28 Aprile 1 – ℰ 0166 512250 – www.hotelpostavda.it

🏨 Bijou   ⚘ 🕸 🕴 ⅙ 🆎

FAMILIARE · ACCOGLIENTE All'interno del centro storico, ma vicino ad un parcheggio comunale, albergo dagli interni allegri e camere affacciate sulla piazza; una piccola area benessere con sauna e bagno turco allieta i clienti.

31 cam 🖙 – ♦39/399 € ♦♦69/499 €

piazza Cavalieri di Vittorio Veneto 3 – ℰ 0166 510067 – www.bijouhotel.it

SALA BAGANZA

Parma – ⊠ 43038 – 5 561 ab. – Alt. 162 m – Carta regionale n° **5**-A3
Carta stradale Michelin 562-H12

ⅡO I Pifferi 🍴 🛋 ♻ 🅿

CUCINA EMILIANA · TRATTORIA Ⅹ Un solo chilometro basta per abbandonare il paese ed entrare nel verde del Parco Regionale dei Boschi di Carrega. Qui si trova un'antica stazione di posta - risalente all'epoca di Maria Luigia - trasformata in ristorante: incantevole contesto per i piatti parmigiani di sempre.

Menu 35/45 € – Carta 29/68 €

via Zappati 36, Ovest: 1 km – ℰ *0521 833243 –* www.ipifferi.com *– Chiuso lunedì*

SALA COMACINA

Como – ✉ 22010 – 552 ab. – Alt. 213 m – Carta regionale n° **9**-A2
Carta stradale Michelin 561-E9

🏠 Taverna Bleu ✿ ≤ 🍴 🔁 🅿

FAMILIARE · PERSONALIZZATO Adiacente alla piccola darsena della navigazione lacustre, questo alberghetto affacciato sul lago dispone di un bel giardino con varie terrazze e camere in arte povera.

15 cam – ♦90/130 € ♦♦120/199 € – ☲ 9 €

via Puricelli 4 – ℰ *0344 55107 –* www.tavernableu.it *– Aperto 2 aprile-31 ottobre*

SALEA Savona → Vedere Albenga

SALE MARASINO

Brescia – ✉ 25057 – 3 362 ab. – Alt. 200 m – Carta regionale n° **10**-D1
Carta stradale Michelin 561-E12

🏠🏠 Villa Kinzica ✿ ≤ 🍴 ☒ 🔁 ♿ 🅰🅲 🚗

TRADIZIONALE · PERSONALIZZATO Affacciata sul lago d'Iseo e separata da esso e dalla strada da un grazioso giardino, una bella villa con patio esterno, ambienti e confort curati in ogni dettaglio. Camere di diverse tipologie e dimensioni; piatti accattivanti nell'elegante ristorante.

17 cam ☲ – ♦75/150 € ♦♦90/200 € – 1 suite

via Provinciale 1 – ℰ *030 982 0975 –* www.villakinzica.it

SALERNO

(SA) – ✉ 84121 – 135 261 ab. – Carta regionale n° **4**-B2
Carta stradale Michelin 564-E26

🕸 Re Maurì ≤ 🛋 🅰🅲 🕸 🅿

CUCINA CREATIVA · STILE MEDITERRANEO ⅩⅩⅩ La passione per la pasticceria non l'ha mai abbandonata, ma dopo importanti esperienze in alcuni tra i ristoranti più in auge dello Stivale, lo chef si muove ora con passo sicuro nell'ambito di una cucina mediterranea e creativa che attinge a piene mani dalle eccellenze enogastronomiche di cui questa regione è ricca.

→ Minestra di mare "Re Mauri". Terrina d'anatra e fegato grasso d'oca con rabarbaro, caramello e lamponi. Soufflé fluido di cioccolato.

Menu 110 € – Carta 88/116 €

Hotel Lloyd's Baia, via Benedetto Croce snc ✉ *84121 –* ℰ *089 763 3687 (consigliata la prenotazione) –* www.remauri.it *– Chiuso mercoledì a mezzogiorno e martedì*

ⅡO 13 Salumeria & Cucina 🅰🅲

CUCINA MEDITERRANEA · BISTRÒ Ⅹ Originale stile per questo bel locale tipo bistrot: tanto legno e sasso, cucina a vista, nonché un bancone da salumiere con una "promettente" affettatrice circondata da pregiati insaccati e formaggi. La carta presenta piatti mediterranei di buon livello, a pranzo ampliata da ricette più semplici ed economiche.

Menu 31 € (cena) – Carta 33/52 €

corso Garibaldi 214 – ℰ *089 995 1350 –* www.13salumeria.it

Lloyd's Baia

PALACE · ELEGANTE Aggrappato alla roccia della costiera, grand hotel dall'atmosfera classico-elegante, dotato di una terrazza con magnifica vista mare e di un comodo ascensore diretto per la spiaggia. Convincerà tanto il cliente business quanto il turista.

132 cam ⚃ – †59/349 € ††69/359 € – 10 suites

via Benedetto Croce snc ⊠ 84121 – ⌀ 089 763 3111 – www.lloydsbaiahotel.it – Chiuso 1° gennaio-20 marzo

❀ **Re Maurì** – Vedere selezione ristoranti

SALGAREDA
Treviso – ⊠ 31040 – 5 215 ab. – Carta regionale n° **23**-A1
Carta stradale Michelin 562-E19

⫯○ Marcandole

PESCE E FRUTTI DI MARE · ELEGANTE ✗✗ Nei pressi dell'argine del fiume Piave, due fratelli gestiscono con passione e competenza quello che è diventato un caposaldo della ristorazione trevigiana grazie ad una cucina di pesce, in "bilico" tra classico e moderno, servita in sale eleganti e romantiche.

Carta 52/101 €

via Argine Piave 9, Ovest: 2 km – ⌀ 0422 807881 – www.marcandole.it – Chiuso mercoledì sera e giovedì

SALINA Sicilia Messina → Vedere Eolie (Isole)

SALÒ
Brescia – ⊠ 25087 – 10 693 ab. – Alt. 75 m – Carta regionale n° **9**-D1
Carta stradale Michelin 561-F13

⫯○ Villa Arcadio

CUCINA MODERNA · ROMANTICO ✗✗ Se la carta è interessante, articolata, creativa, con proposte sia locali che internazionali, la sosta si farà ancor più piacevole se - tempo permettendo - prenoterete un tavolo sulla romantica terrazza.

Menu 50 € (cena)/75 € – Carta 38/109 €

Hotel Villa Arcadio, via Palazzina 2, località Villa di Salò, Sud: 3 km – ⌀ 0365 42281 – www.hotelvillaarcadio.it/ristorante.htm – Aperto 1° aprile-31 ottobre

⫯○ QB DuePuntoZero

CUCINA MODERNA · MINIMALISTA ✗✗ Sul lungolago fronte porticciolo, ambiente moderno dalle linee sobrie con gradevole zona per il servizio estivo; cucina in chiave contemporanea con prodotti selezionati.

Menu 38/65 € – Carta 41/72 €

via Pietro da Salò 23 – ⌀ 0365 520421 – www.qbduepuntozero.com – Chiuso 29 gennaio-10 febbraio, 5-21 novembre e lunedì; anche domenica sera in inverno

⌂ Laurin

LUSSO · VINTAGE Bella villa liberty con saloni affrescati e giardino con piscina; interni con arredi, oggetti, dettagli dal repertorio dell'Art Nouveau, per un romantico relax sul Garda. Piatti classici rivisitati serviti fra un tripudio di decori floreali, dipinti, colonne.

25 cam ⚃ – †155/345 € ††175/380 €

viale Landi 9 – ⌀ 0365 22022 – www.hotellaurinsalo.it – Aperto 15 aprile-31 ottobre

⌂ Bellerive

TRADIZIONALE · ELEGANTE Affacciato sul porticciolo turistico e con bella piscina circondata da un giardino alla provenzale, Bellerive è un gradevole hotel di tono signorile dove l'attenzione al cliente è davvero proverbiale!

38 cam ⚃ – †165/300 € ††190/300 € – 12 suites

via Pietro da Salò 11 – ⌀ 0365 520410 – www.hotelbellerive.it – Chiuso 1° dicembre-1° marzo

⌂ Villa Arcadio

LUSSO · STORICO Elegante risultato della ristrutturazione di un monastero del XIV secolo all'interno di un immenso parco, con piscina e terrazze panoramiche. Ambienti raffinati che fondono modernità e charme, affreschi originali nei corridoi e nelle camere sobrie, ma curate nella loro semplicità. Invitanti seduzioni gastronomiche al ristorante che, con il bel tempo, si uniscono a quelle dello splendido panorama sul lago.

17 cam ☁ – †150/250 € ††250/370 € – 1 suite

via Palazzina 2, località Villa di Salò, Sud: 3 km – 𝒞 0365 42281
– www.hotelvillaarcadio.it – Aperto 1° aprile-31 ottobre
🍴 **Villa Arcadio** – Vedere selezione ristoranti

⌂ Locanda del Benaco

FAMILIARE · DESIGN Totalmente rinnovato in tempi recenti, in felice posizione sul lungolago, questo tranquillo albergo d'impronta minimalista offre camere confortevoli ed una schietta conduzione familiare. Ristorante con proposte del territorio in leggera chiave moderna.

12 cam ☁ – †80/180 € ††130/350 € – 1 suite

lungolago Zanardelli 44 – 𝒞 0365 20308 – www.benacohotel.com
– Chiuso 8 gennaio-28 febbraio

⌂ Vigna

FAMILIARE · ACCOGLIENTE Sullo splendido lungolago rinnovato e pedonalizzato, camere semplici ma accoglienti: buona parte con vista sull'acqua.

27 cam ☁ – †75/160 € ††85/200 €

lungolago Zanardelli 62 – 𝒞 0365 520144 – www.hotelvignasalo.it
– Chiuso 1° dicembre-1° marzo

SALSOMAGGIORE TERME

Parma – ✉ 43039 – 19 831 ab. – Alt. 157 m – Carta regionale n° **5**-A2
Carta stradale Michelin 562-H11

🕙 L'Osteria del Castellazzo

CUCINA EMILIANA · SEMPLICE ☒ E' una storia di passione e di caparbietà quella della giovane titolare, laureata in lettere e poi convertitasi alla passione per la cucina. La penna è diventata un mestolo e dalla cucina escono gustosi piatti locali, quale il guancialino di vitello brasato, con qualche prestito piacentino o mantovano, come i pisarei e la sbrisolona.

Carta 31/52 €

via Borgo Castellazzo 40 – 𝒞 0524 578218 (consigliata la prenotazione) – Chiuso 15 giorni in febbraio, 20 giorni in agosto, mercoledì e giovedì

⌂ Villa Fiorita

TRADIZIONALE · CLASSICO Centralissimo albergo all'interno di un palazzo liberty che rimane scintillante grazie all'impegno dell'accorta conduzione familiare. Ottimo confort sia nelle camere sia negli spazi comuni. Cucina della tradizione nella grande sala da pranzo.

44 cam ☁ – †80/150 € ††100/200 € – 4 suites

via Milano 2 – 𝒞 0524 573805 – www.hotelvillafiorita.it – Chiuso 17-29 dicembre

a Cangelasio Sud-Ovest: 3,5 km ✉ 43039 – Salsomaggiore Terme

🕙 Trattoria Ceriati ◐

CUCINA EMILIANA ☒ Una bella e moderna trattoria in posizione defilata e tranquilla condotta da due giovani soci con esperienza nel settore; le proposte si legano al territorio parmigiano, in inverno alla domenica carrello dei bolliti, in primavera-estate veranda all'aperto e carne alla brace.

🍴 Menu 25/60 € – Carta 24/53 €

3 cam ☁ – †60 € ††60 €

località Cangelasio Ceriati 18 – 𝒞 0524 573654 – www.trattoriaceriati.it – Chiuso 2 settimane in marzo, 2 settimane in settembre e martedì

🏠 Agriturismo Antica Torre

CASA DI CAMPAGNA · BUCOLICO Sulle colline attorno a Salsomaggiore, un complesso rurale di origine medievale (da visitare la bella cantina) con torre militare risalente al 1300: bella e piacevole realtà di campagna ove l'ospitalità è di casa.

8 cam ☒ – ♦70/90 € ♦♦100/120 €

Case Bussandri 197 – ℰ 0524 575425 – www.anticatorre.it – Aperto 1° marzo-30 novembre

SALTUSIO SALTAUS Bolzano → Vedere San Martino in Passiria

SALUDECIO

Rimini – ✉ 47835 – 3 120 ab. – Alt. 343 m – Carta regionale n° **5**-D3
Carta stradale Michelin 562-K20

🍴 Locanda Belvedere

CUCINA MODERNA · ACCOGLIENTE ✗✗ E' un indirizzo da scovare, sui primi colli alle spalle di Cattolica, nascosto in quella che appare una semplice residenza privata. Ma ne vale la pena: il giovane cuoco, appassionato di prodotti romagnoli, propone una ristretta selezione di piatti di ottima qualità. E se volete pernottare, le camere offrono una sistemazione accogliente e spesso spaziosa.

Menu 45/60 € – Carta 44/81 €

8 cam ☒ – ♦70/135 € ♦♦80/135 €

via San Giuseppe 736, frazione San Rocco – ℰ 0541 982144 (prenotare) – www.belvederesaludecio.it – solo a cena escluso festivi – Chiuso martedì escluso 15 giugno-15 settembre

SALUZZO

Cuneo – ✉ 12037 – 16 960 ab. – Alt. 340 m – Carta regionale n° **12**-B3
Carta stradale Michelin 561-I4

🏠 San Giovanni Resort

DIMORA STORICA · PERSONALIZZATO Nella parte più alta della Saluzzo medioevale (accesso alla ZTL con pass dell'albergo), si dorme nella magica atmosfera di un convento del '400. Camere dagli arredi sobri ma eleganti, in linea con l'antica funzione del luogo: alcune con terrazzino affacciato sul chiostro, la numero 11 con affreschi originali.

13 cam ☒ – ♦79 € ♦♦99/165 €

via San Giovanni 9/a – ℰ 0175 45420 – www.sangiovanniresort.it

🏠 Antiche Mura

TRADIZIONALE · CLASSICO Nella prima cerchia di mura di Saluzzo, lungo i romantici vicoli della città medioevale, al piano nobile (il primo), troverete le camere migliori, più ordinarie quelle del secondo, formula residence al terzo. Ultimo, ma non ultimo, l'incantevole e curato giardino interno dove rinfrescarsi l'estate.

22 cam ☒ – ♦54/99 € ♦♦85/140 €

via Palazzo di Città 75 – ℰ 0175 46744 – www.antichemurasaluzzo.com

SALVAROSA Treviso → Vedere Castelfranco Veneto

SAN BARTOLOMEO Reggio Emilia → Vedere Reggio nell'Emilia

SAN BASILIO Rovigo → Vedere Ariano nel Polesine

SAN BENEDETTO DEL TRONTO

Ascoli Piceno – ✉ 63074 – 47 303 ab. – Carta regionale n° **11**-D3
Carta stradale Michelin 563-N23

ⅱ○ Degusteria del Gigante

CUCINA CREATIVA · CONTESTO STORICO ⅩⅩ Dimora storica ottocentesa su fondazioni quattrocentesche nella parte alta della città: il territorio firma la cucina, ma lo chef lo reinterpreta con gusto moderno.

Menu 45/60 € – Carta 44/66 €

*via degli Anelli 19 – 𝒞 0735 588644 – www.degusteriadelgigante.it – solo a cena
– Chiuso 1 settimana in giugno, 1 settimana in novembre e martedì escluso agosto*

🏠 Arlecchino

TRADIZIONALE · LUNGOMARE Direttamente sul mare, l'Arlecchino propone un'ospitalità In stlle moderno: luminosità e servizio personalizzato sono i suoi punti di forza, insieme alla terrazza-solarium all'ultimo piano con vasca idromassaggio.

32 cam – ⍾65/130 € ⍾⍾85/190 € – 1 suite – ☲ 8 €

viale Trieste 22 – 𝒞 0735 85635 – www.hotelarlecchino.it

SAN BENEDETTO DI LUGANA Verona → Vedere Peschiera del Garda

SAN BERNARDINO Torino → Vedere Trana

SAN BERNARDO Torino → Vedere Ivrea

SAN BERNARDO Genova → Vedere Bogliasco

SAN BONIFACIO

Verona – ✉ 37047 – 21 284 ab. – Alt. 31 m – Carta regionale n° **23**-B3
Carta stradale Michelin 562-F15

✵ Degusto Cuisine (Matteo Grandi)

CUCINA CREATIVA · MINIMALISTA ⅩⅩ Dal marciapiede, ancor prima di entrare nel ristorante, scorgerete la cucina ed il cuoco Matteo, tanto giovane quanto abile e preparato. Sforna piatti che sfavoriscono i grassi a beneficio dei sapori, imperniati su ottimi prodotti ed un estro intelligente e misurato, senza eccessi e sbavature. Che bravo!

→ Ravioli con latte di capra, ricci di mare e carote. Animelle di vitello, radicchio verde e salsa al profumo di pistacchio. Mandarino e marroni… ai Caraibi!

Carta 54/127 €

*via Camporosolo 9/a – 𝒞 328 182 4572 (consigliata la prenotazione)
– www.ristorantedegusto.it – Chiuso 12-18 agosto, mercoledì a mezzogiorno e martedì, anche domenica a mezzogiorno in luglio-agosto*

ⅱ○ I Tigli

PIZZA · DI TENDENZA Ⅹ Non poteva che nascere in Italia la pizzeria "gourmet"! Inaspettatamente non a Napoli, bensì nel veronese, Simone Padoan è maestro di lievitazione proponendo fantasiose creazioni con gamberi crudi, tartare di manzo, guanciale, baccalà… Ottimi anche i dessert.

Carta 15/53 €

via Camporosolo 11 – 𝒞 045 610 2606 – www.pizzeriaitigli.it – Chiuso martedì sera e mercoledì

🏠 Relais Villabella

STORICO · ELEGANTE Tra i vigneti della Bassa veronese, un relais di campagna ricavato da un'elegante struttura colonica: ricche di fascino e di confort le camere, alcune con camino, tutte completate da graziosi piccoli bagni. Raffinato ristorante con piatti che seguono le stagioni.

12 cam ☲ – ⍾60/95 € ⍾⍾125/145 €

via Villabella 72, Ovest: 2 km – 𝒞 045 610 1777 – www.relaisvillabella.it

SAN CANDIDO INNICHEN

Bolzano (BZ) – ✉ 39038 – 3 305 ab. – Alt. 1 175 m – Carta regionale n° **19**-D1
Carta stradale Michelin 562-B18

🏨 Post Alpina-Family Mountain Chalets 🎿 ♨ ⪪ 🛋 🏊 📺 🕾 🍴 🐾

SPA E WELLNESS · STILE MONTANO Un piccolo borgo a se 🏋 ⊡ ⅃ 👾 🚗 stante, creato da dieci chalet e da un edificio centrale: piacevole giardino ed armonioso centro benessere per una vacanza tra natura e relax. Nella romantica sala da pranzo, specialità altoatesine e piatti d'ispirazione mediterranea.

65 suites ⬭ – ♦♦300/530 €

via Elmo 9, località Versciaco, Est: 3 Km – ℰ 0474 913133 – www.posthotel.it
– Aperto 8 dicembre-30 marzo e 1° giugno-15 ottobre

🏨 Leitlhof Dolomiten 🎿 ♨ ⪪ 🛋 ⅃ 📺 🕾 🍴 🏋 ⊡ 🛁 🚗

LUSSO · STILE MONTANO In tranquilla posizione periferica, con bel panorama su valle e Dolomiti, hotel d'imponenti dimensioni dotato di centro benessere di grande impatto e camere che brillano per confort! A disposizione anche un punto-ricarica per auto elettriche.

62 cam ⬭ – ♦85/282 € ♦♦170/426 €

via Pusteria 29 – ℰ 0474 913440 – www.leitlhof.com
– Aperto 5 dicembre-24 marzo e 30 maggio-3 novembre

🏨 Cavallino Bianco-Weisses Rössl 🎿 ⅃ 🕾 🍴 🏋 ⊡ 🆎 🚗

FAMILIARE · STORICO Nella zona pedonale di fianco alla chiesa, non ci si sbaglia a definirlo "storico" essendo gestito dalla stessa famiglia da più di 450 anni! Tanti divertimenti per i bambini, diverse camere con arredi dipinti a mano e una sauna panoramica.

25 cam – solo ½ P 198/378 € – 18 suites

via Duca Tassilo 1 – ℰ 0474 913135 – www.cavallinobianco.info
– Aperto 22 dicembre-25 marzo e 24 giugno-23 settembre

🏨 Post Hotel-Tradition & Lifestyle 🎿 ⅃ 🕾 ⊡ 🚗

DIMORA STORICA · MODERNO Chi non ama i tradizionali arredi alpini e preferisce ambienti più moderni troverà qui l'atmosfera che cerca: l'edificio, in centro, è storico, ma le spaziose camere hanno arredi eleganti e contemporanei. Attenzione: si accettano ospiti dai 14 anni in su.

42 cam ⬭ – ♦150/300 € ♦♦190/450 €

via dei Benedettini 11/c – ℰ 0474 913133 – www.posthotel.it
– Aperto 8 dicembre-30 marzo e 1° giugno-30 ottobre

SAN CASCIANO DEI BAGNI

Siena – ✉ 53040 – 1 632 ab. – Alt. 582 m – Carta regionale n° **18**-D3
Carta stradale Michelin 563-N17

🍴 Daniela 🍴 ⅃ 🆎

CUCINA REGIONALE · ROMANTICO ✕✕ A poco meno di 100 m dall'albergo Sette Querce, di fronte ad uno splendido belvedere, il ristorante occupa le antiche scuderie del castello. I soffitti a volta e le pietre d'un tempo creano un'atmosfera suggestiva, al palato ci pensa un'ottima cucina del territorio.

Carta 37/67 €

Hotel Sette Querce, piazza Matteotti 7 – ℰ 0578 58234 (consigliata la prenotazione) – www.settequerce.it – Chiuso 1 settimane in febbraio e mercoledì escluso in aprile-ottobre

🏨 Fonteverde 🎿 ♨ ⪪ 🛋 ⅃ 📺 🕾 🍴 🏋 ⊡ ⅃ 🆎 🛁 🅿

TERMALE · ELEGANTE Splendida villa medicea con dépendance adiacente di costruzione recente, è il grande albergo termale per eccellenza, fastoso, dalle camere eleganti - più sontuose quelle dell'edificio storico - meglio ancora se ne prenotate una con vista. Cena al ristorante Ferdinando I o soluzioni meno impegnative per pasti più veloci, ce n'è per tutti i gusti!

65 cam ⬭ – ♦309/426 € ♦♦438/672 € – 13 suites

località Terme 1 – ℰ 0578 57241 – www.fonteverdespa.com

Sette Querce   &. AC

FAMILIARE · PERSONALIZZATO All'ingresso del paese, un'antica locanda degli anni '30 è diventata un accogliente albergo dotato di ampie ed eleganti camere con terrazze all'ombra delle querce.

9 cam ⊊ – †70/130 € ††90/150 €

viale Manciati 2 – 𝒞 0578 58174 – www.settequerce.it – Chiuso 1 settimane in febbraio

🍽 **Daniela** – Vedere selezione ristoranti

a Fighine Nord-Est: 5 km ✉ 53040

❀ Castello di Fighine   🍴 🏠 & AC ❦ P

CUCINA CREATIVA · CONTESTO STORICO XxX Una strada sterrata vi condurrà in un luogo fiabesco, un castello medioevale in posizione panoramica e collinare con romantica terrazza ricoperta di glicine: qui, nella bella stagione, viene servita una cucina fresca e personalizzata, che ripara nelle sale interne in caso di bisogno. Per chi volesse prolungare la sosta, due appartamenti - sempre gestiti dal ristorante - sono a disposizione presso Casa Parretti.

→ Risotto al cavolo nero, schiuma di caprino e anguilla affumicata. Maialino di cinta senese al finocchietto con purea di mela e cicoria ripassata. Consistenze di zucchero.

Menu 75/90 € – Carta 65/97 €

borgo di Fighine – 𝒞 0578 56158 (consigliata la prenotazione) – www.fighine.it – Aperto inizio aprile-inizio novembre; chiuso martedì a mezzogiorno e lunedì

SAN CASCIANO IN VAL DI PESA

Firenze – ✉ 50026 – 17 062 ab. – Alt. 310 m – Carta regionale n° **18**-D3
Carta stradale Michelin 563-L15

🏠 Villa il Poggiale   ❦ ≼ 🍴 ☄ 🏠 AC 🛁 P

LUSSO · STORICO Nel cuore del Chianti a pochi chilometri da Firenze, in un'oasi di pace circondata da incantevoli giardini, questa dimora rinascimentale vizia gli ospiti con tutte quelle attenzioni che rendono il soggiorno un'esperienza indimenticabile. A contribuire a tanto piacere, c'è anche il centro benessere, dove approfittare di ottimi trattamenti creati in esclusiva per la villa. Al ristorante: piatti tipici della tradizione toscana, accompagnati da una buona selezione di vini locali.

24 cam ⊊ – †90/180 € ††120/200 € – 2 suites

via Empolese 69, Nord-Ovest: 1 km – 𝒞 055 828311 – www.villailpoggiale.it

🏠 Villa i Barronci   ❦ ❧ ☄ 🏠 🖳 AC ❦ P

TRADIZIONALE · PERSONALIZZATO Grande vista sulle colline circostanti in una struttura signorile con camere spaziose e personalizzate da bei mobili di famiglia. Piccolo centro benessere per pensare al soggiorno anche in termini di remise en forme. Piatti toscani al ristorante.

18 cam ⊊ – †49/299 € ††59/499 € – 5 suites

via Sorripa 10, Ovest: 3 Km – 𝒞 055 820598 – www.ibarronci.com – Aperto 27 dicembre-13 gennaio e 4 marzo-11 novembre

a Mercatale Sud-Est : 4 km :✉ 50020

🏠 Agriturismo Salvadonica   ❦ ❧ ≼ 🍴 ☄ ❦ P

CASA DI CAMPAGNA · PERSONALIZZATO Fra gli olivi, un'oasi di tranquillità e di pace, questo piccolo borgo agrituristico caratterizzato da semplicità e cortesia familiare. A scelta, le camere sono in stile rustico o più moderne.

30 cam ⊊ – †80/220 € ††85/259 €

via Grevigiana 82, Ovest: 1 km
– 𝒞 055 821 8039 – www.salvadonica.com
– Aperto 14 febbraio-20 novembre

a Cerbaia Nord-Ovest : 6 km ⊠ 50020

✿ **La Tenda Rossa** (Probst e Santandrea)　　　　ஃ 🖬

CUCINA MODERNA · ELEGANTE ✕✕✕ Ottima selezione di materie prime, cotture perfette, presentazioni tra il classico e il moderno che sempre appagano il senso estetico: la cucina calca il solco della modernità, concedendosi solo in qualche piatto suggestioni dalla tradizione. La selezione enoica è veramente eccellente; resa ancor più fruibile dalla vasta proposta anche al bicchiere.

→ Capesante, porcino in spuma e julienne, chips di polenta. Ravioli alla ricotta, borragine e gamberi crudi. Soufflé all'arancia e mandorla con salsa alla vaniglia.

Menu 50/105 € – Carta 55/104 €

*piazza del Monumento 9/14 – ℰ 055 826132 – www.latendarossa.it
– Chiuso 12-17 agosto, lunedì a mezzogiorno e domenica*

SAN CASSIANO ST. KASSIAN Bolzano → Vedere Alta Badia

SAN CIPRIANO ST. ZYPRIAN Bolzano → Vedere Tires

SAN CIPRIANO PICENTINO
Salerno (SA) – ⊠ 84099 – 6 631 ab. – Carta regionale n° **4**-C2
Carta stradale Michelin 564-E26

🏠 **Villa Rizzo Resort & Spa**　　🔆 ⅋ ⩵ 🛏 ⌇ 🌐 🦢 🛵 🖬 🅿

CASA DI CAMPAGNA · BUCOLICO Tra ulivi, noccioli ed alberi da frutto, squisita accoglienza in un raffinato relais dalle camere personalizzate con pezzi d'antiquariato e pregevoli mobili di recupero casalingo. Intrigante la proposta della Spa, che prevede la possibilità di prenotare lo spazio a proprio uso esclusivo, per la durata del percorso benessere. Cucina tradizionale nel bel ristorante.

18 cam ⌂ – ♦45/180 € ♦♦45/180 € – 2 suites

*via Gerardo Napolitano, località Sigliano, (Sud-Est: 2 km) – ℰ 089 862108
– www.villarizzo.com*

SAN COSTANZO
Pesaro e Urbino – ⊠ 61039 – 4 786 ab. – Alt. 150 m – Carta regionale n° **11**-B1
Carta stradale Michelin 563-K21

🍴 **Da Rolando**　　　　🔉 🖬 🅿

CUCINA DEL TERRITORIO · FAMILIARE ✕ Due sale in successione, riccamente ornate da quadri, fotografie e tanti ricordi di una carriera che non è ancora finita: Rolando è un grande appassionato di cucina marchigiana e fra salumi, funghi, tartufi e carni vi saprà introdurre in un appassionante viaggio gastronomico.

Menu 30/60 € – Carta 24/58 €

*corso Matteotti 125 – ℰ 0721 950990 (consigliata la prenotazione)
– www.darolando.it – Chiuso mercoledì*

SAN DESIDERIO Genova → Vedere Genova

SAND IN TAUFERS → Vedere Campo Tures

SAN DOMINO Foggia → Vedere Tremiti (Isole)

SAN DONÀ DI PIAVE
Venezia – ⊠ 30027 – 41 778 ab. – Carta regionale n° **23**-A1
Carta stradale Michelin 562-F19

🍴 **Forte del 48**　　　　🔉 🖬 🌿 🅿

VENEZIANA · FAMILIARE ✕ Una lunga tradizione famigliare giunta ormai alla sua terza generazione per questo piacevole ristorante dove la passione dei titolari per l'ospitalità è davvero sentita; cucina della tradizione elaborata partendo da buoni ingredienti e capacità ai fornelli.

🍴 Menu 25 € (in settimana) – Carta 33/60 €

*Hotel Forte del 48, via Vizzotto 1 – ℰ 0421 44244 – www.hotelfortedel48.com
– Chiuso 26 dicembre-7 gennaio, 3-19 agosto e domenica*

⌂ Forte del 48   🔲 🄰🄲 % ♨ 🅿

TRADIZIONALE · CLASSICO Nella zona dove sorgeva un fortino austriaco ottocentesco, l'albergo offre tre tipologie di camere, superior, classic ed economy, con altrettanti confort e prezzi. All'omonimo ristorante si mangia una valida cucina regionale.

46 cam ☮ – ♦58/95 € ♦♦70/115 €

via Vizzotto 1 – ℰ 042144018 – www.hotelfortedel48.com

🍴⃝ **Forte del 48** – Vedere selezione ristoranti

SAN DONATO FRONZANO Firenze → Vedere Reggello

SAN DONATO IN POGGIO Firenze → Vedere Tavarnelle Val di Pesa

SANDRIGO

Vicenza – ⊠ 36066 – 8 453 ab. – Alt. 64 m – Carta regionale n° **22**-A1
Carta stradale Michelin 562-F16

🍴⃝ Trattoria da Palmerino   🏠 ⅋ 🄰🄲 🅿

VENEZIANA · ACCOGLIENTE ※ Poco fuori paese, è ormai arrivato alla quarta generazione quest'insolito ristorante che conferisce il ruolo di protagonista assoluto a sua maestà il baccalà: nelle decorazioni del locale, nonché nel piatto!

🍴⃝ Menu 15 € (pranzo in settimana)/33 € – Carta 29/52 €

via Piave 13 – ℰ 0444 659034 – www.palmerino.eu – Chiuso 15 giorni in luglio, martedì sera e mercoledì (sabato e domenica in luglio-agosto)

SAN FELICE CIRCEO

Latina – ⊠ 04017 – 10 032 ab. – Carta regionale n° **7**-C3
Carta stradale Michelin 563-S21

a Quarto Caldo Ovest : 4 km ⊠ 04017 – San Felice Circeo

🏠🏠 Punta Rossa   ⛱ ⅋ ← 🚣 ⚓ 🐾 🄰🄲 % ♨ 🅿

LUSSO · MEDITERRANEO Sulla scogliera, con giardino digradante a mare, il luogo ideale per chi sia alla ricerca di una vacanza isolata, sul promontorio del Circeo; linee mediterranee e relax. Al ristorante una tavola panoramica da sogno.

36 cam ☮ – ♦120/285 € ♦♦180/480 € – 6 suites

via delle Batterie 37 – ℰ 0773 548085 – www.puntarossa.it – Aperto inizio aprile-fine settembre

SAN FELICE DEL BENACO

Brescia – ⊠ 25010 – 3 391 ab. – Alt. 109 m – Carta regionale n° **9**-D1
Carta stradale Michelin 561-F13

🍴⃝ Sogno   ← 🚣 🏠 🐾

CUCINA MODERNA · ELEGANTE ※※ In un ristorante come questo, è facile sognare ad occhi aperti: elegante, la sua cucina di stampo contemporaneo conquisterà il vostro palato, la romantica terrazza in riva al lago, il vostro cuore.

Carta 45/124 €

Hotel Sogno, via Porto San Felice 41 – ℰ 0365 62102 – www.sognogarda.it – Aperto 1° aprile-31 ottobre

🏠🏠 Sogno   ← 🚣 ⌨ 🖬 & 🄰🄲 % 🐾

LUSSO · ELEGANTE Le camere standard sono classiche e spaziose, le suite offrono la miglior vista sul lago, le zone comuni formano un unico open space, piacevole l'esterno con piscina e pontile privato: insomma, un soggiorno da sogno in un hotel dal nome promettente.

18 cam ☮ – ♦90/190 € ♦♦140/320 € – 4 suites

via Porto San Felice 41 – ℰ 0365 62102 – www.sognogarda.it – Aperto 15 marzo-31 ottobre

🍴⃝ **Sogno** – Vedere selezione ristoranti

SAN FELICE DEL BENACO

🏠 Garden Zorzi ♨ 🦢 ≼ 🛏 🅲 🎢 P

FAMILIARE · BORDO LAGO A pochi metri dall'acqua e con spazi all'aperto, che vanno dalla spiaggia (con ghiaia!) al giardino, passando per diversi pontili d'attracco per barche a motore, la struttura è l'indirizzo giusto per godersi il microclima gardesano ed un soggiorno all'insegna del relax.

26 cam ☲ – †60/95 € ††100/210 €

*viale delle Magnolie 10, località Porticcioli, Nord: 3,5 km – ℰ0365 43688
– www.hotelzorzi.it – Aperto 6 aprile-13 ottobre*

a **Portese** Nord : 1,5 km ✉ 25010 – San Felice Del Benaco

🏠 Bella Hotel ♨ 🦢 ≼ 🛏 🌊 ⽊ 🎢 🖫 🎢 🏊 🚗

BOUTIQUE HOTEL · BORDO LAGO Nel nome, la caratteristica principale della risorsa: la bellezza! A tale peculiarità partecipano le moderne stanze, la piccola, ma completa area benessere, il servizio estivo sulla terrazza prospiciente il lago.

40 cam ☲ – †72/208 € ††90/260 €

via Preone 6 – ℰ0365 626090 – www.bellahotel.com – Chiuso 15 gennaio-15 marzo

SAN FRANCESCO AL CAMPO
Torino – ✉ 10070 – 5 005 ab. – Alt. 327 m – Carta regionale n° **12**-B2
Carta stradale Michelin 561-G4

🍴 Restaurant Relais 🛏 🏠 ⅃ 🅲 ⿻ P

CUCINA REGIONALE · ELEGANTE ✕✕ Negli spazi dai soffitti ad archi, in un'intima saletta o nel fresco del giardino, specialità di pesce e piatti tipici piemontesi, con piccole interpretazioni fantasiose. Degna di nota la bella veranda con ampie vetrate cielo-terra affacciata direttamente sul giardino.

Menu 35/50 €

*Hotel Furno, via Roggeri 2 – ℰ011 927 9932 (consigliata la prenotazione)
– www.romantichotelfurno.com – Chiuso 2 settimane in agosto*

🏠 Furno 🦢 🛏 🖫 ⅃ 🅲 🏊 P

LUSSO · ELEGANTE Alla fine dell'Ottocento era una dimora estiva per le battute di caccia. Oggi è un moderno albergo immerso in un'oasi verde con camere raffinate, che qua e là tradiscono il rustico passato. Molto belle le junior suite con camino, così come le tre superior con letto a baldacchino.

33 cam ☲ – †75/115 € ††100/200 €

*via Roggeri 2 – ℰ011 927 4900 – www.romantichoteltorino.com
– Chiuso 3 settimane in agosto*

🍴 **Restaurant Relais** – Vedere selezione ristoranti

SAN GENESIO
Bolzano – ✉ 39030 – 1 364 ab. – Alt. 1 353 m – Carta regionale n° **19**-C1
Carta stradale Michelin 562-C15

🏠 Antica Locanda al Cervo-Landgasthof zum Hirschen ≼

CUCINA REGIONALE · CONTESTO TRADIZIONALE ✕ Accoglienti sale o sulla terrazza panoramica e soleggiata per gustare una generosa cucina legata al territorio e all'attività maschile della famiglia: allevamento di bestiame e puledri. Specialità: sella di puledro, gröstl (rosticciata) di patate, strudel di mela in bicchiere con gelato alla panna acida.

Carta 24/64 €

*Hotel Antica Locanda al Cervo-Landgasthof zum Hirschen, via Schrann 9/c
– ℰ0471 354195 – www.hirschenwirt.it – Chiuso febbraio-marzo*

🏠 Belvedere Schoenblick ♨ 🦢 ≼ 🛏 ⅃ 🖫 ⊛ 🎢 ⌁ 🖫 P

FAMILIARE · ACCOGLIENTE Vanta una gestione familiare giunta ormai alla terza generazione questa curata struttura dall'invidiabile posizione panoramica: due appartamenti con cucina e servizi alberghieri a richiesta, molte camere con vista su monti e vallata, nonché una spa che per allietare i propri ospiti si è recentemente vestita di nuovo. Cucina locale interpretata in chiave contemporanea al Frieda's.

41 cam ☲ – †131/142 € ††212/296 € – 6 suites

via Pichl 15 – ℰ0471 354127 – www.belvedere-hotel.it – Chiuso 6 gennaio-18 marzo

Antica Locanda al Cervo-Landgasthof zum Hirschen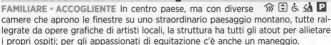

FAMILIARE · ACCOGLIENTE In centro paese, ma con diverse 命 🖼 🛏 ⴑ 🅿️ camere che aprono le finestre su uno straordinario paesaggio montano, tutte rallegrate da opere grafiche di artisti locali, la struttura ha tutti gli atout per allietare i propri ospiti; per gli appassionati di equitazione c'è anche un maneggio.

11 cam – solo ½ P 70/120 € – 10 suites

via Schrann 9/c – ℰ 0471 354195 – www.hirschenwirt.it – Chiuso febbraio-marzo

🍽 **Antica Locanda al Cervo-Landgasthof zum Hirschen** – Vedere selezione ristoranti

SAN GENNARO VESUVIANO

Napoli (NA) – ✉ 80040 – 11 966 ab. – Alt. 56 m – Carta regionale n° **4**-B2
Carta stradale Michelin 564-E25

🍴○ **Taverna Vesuviana** 🆎 ⌘ 🅿️

CUCINA MODERNA · CONTESTO CONTEMPORANEO ✕✕ Lo chef-patron ha esperienza e passione e le mette al servizio del piacere degli ospiti del suo locale moderno; tra tradizione e modernità, i piatti sono preparati con prodotti stagionali, spesso biologici. Non mancano piccole attenzioni anche per i vegani. E il giovedì sera una sopresa: "chef a cena", per mettersi alla prova in cucina!

Menu 40/120 € – Carta 33/75 €

via Nuova Saviano 207 – ℰ 081 528 6181 (prenotazione obbligatoria a mezzogiorno) – www.tavernavesuviana.com – Chiuso agosto, domenica sera e lunedì

SAN GIMIGNANO

Siena – ✉ 53037 – 7 820 ab. – Alt. 324 m – Carta regionale n° **18**-C2
Carta stradale Michelin 563-L15

❀ **Cum Quibus** 🍽 🆎

CUCINA CREATIVA · CONTESTO REGIONALE ✕ Cum Quibus, perché è "con loro" che partirete alla scoperta di una cucina di grande livello. Pochi coperti in una sala piccola e dall'atmosfera rustica, per piatti - imperniati su prodotti toscani - creativi e originali.

→ Spaghetti, burro affumicato, dashi e cedro. Lingua di vitello, sgombro, salsa tare e cipollotto. Gelato al quark (formaggio), yogurt, panna senza zucchero e meringa leggera.

Menu 85/110 € – Carta 78/136 €

via San Martino 17 – ℰ 0577 943199 (consigliata la prenotazione) – www.cumquibus.it – Chiuso 8 gennaio-4 marzo, 5-12 novembre e martedì

🍴○ **Da Pode** 🍽 🍴 ⴑ 🆎 ⌂ 🅿️

CUCINA TOSCANA · CONTESTO TRADIZIONALE ✕✕ In un'antica cascina che conserva alcuni elementi architettonici propri della ruralità di un tempo, è la signora Lucia ad occuparsi della cucina... da cui escono prelibatezze toscane: un attentato alla linea, ma per la dieta c'è sempre tempo!

Carta 31/73 €

Hotel Sovestro, località Sovestro 63, Est: 2 km – ℰ 0577 943153 (consigliata la prenotazione) – www.dapode.com – Chiuso giovedì

🍴○ **San Martino 26** 🆕 🆎 ⌂

CUCINA MODERNA · CONTESTO STORICO ✕ Ricavato dalle cantine di un antico palazzo del centro storico, ambiente alla moda con pochi coperti e una linea di cucina "au goût du jour": elaborazioni attuali su ispirazioni classiche, non solo toscane.

Menu 40/80 € – Carta 46/61 €

via San Martino 26 – ℰ 0577 940483 (prenotare) – Aperto 27 dicembre-8 gennaio e aprile-4 novembre; chiuso giovedì

Bel Soggiorno ⚙ ⋜ 🔲 🅰🅲

STORICO · ACCOGLIENTE Presso la Porta S. Giovanni, all'interno delle mura, un confortevole hotel di proprietà della stessa famiglia dal 1886! Camere di diversa tipologia, ma la 1, la 2 e la 6 condividono una terrazza con strepitosa vista sui colli.

21 cam – †79/159 € ††79/159 € – ⊡ 6 €

via San Giovanni 91 – ☏ 0577 940375 – www.hotelbelsoggiorno.it – Aperto 1°-8 gennaio e 19 marzo-2 novembre

Leon Bianco 📶 🔲 🅰🅲 ⚙

STORICO · ACCOGLIENTE Nel cuore della città, in un edificio medioevale, le camere sono di diverse categorie, ma vale la pena spendere un supplemento e prenotarne una con vista: fra tutte, la 36 si affaccia contemporaneamente sulla piazza e sulla campagna, due cartoline!

26 cam ⊡ – †75/85 € ††85/120 €

piazza della Cisterna 13 – ☏ 0577 941294 – www.leonbianco.com – Aperto 1° marzo-15 novembre

Sovestro 🐾 📶 ⌁ 📶 🔲 ⟊ 🅰🅲 🚗

CASA DI CAMPAGNA · CLASSICO Hotel a soli 2 km da S. Gimignano, immerso nel verde della campagna senese: i continui lavori di manutenzione da parte degli attenti proprietari fanno sì che la struttura garantisca sempre un buon confort.

40 cam ⊡ – †70/120 € ††85/160 €

località Sovestro 63, Est: 2 km – ☏ 0577 943153 – www.hotelsovestro.com

🍽 **Da Pode** – Vedere selezione ristoranti

Molino di Foci 🐾 📶 ⌁ 🅰🅲 ⚙ 🅿

CASA DI CAMPAGNA · CLASSICO Poco prima dello svincolo per Colle di Val d'Elsa, il mulino cinquecentesco è stato oggi convertito in un piccolo, ma grazioso albergo dalle eleganti rifiniture in stile country contemporaneo e una bella piscina circondata dalle colline.

16 cam ⊡ – †60/135 € ††75/135 €

località Molino di Foci, Est: 6 km – ☏ 0577 907031 – www.molinodifoci.com

verso Certaldo

Villasanpaolo Hotel ⚙ 🐾 ⋜ 📶 ⌁ 🎞 🕯 🐾 📶 ⚙ 🔲 ⟊ 🅰🅲 🏊 🅿

SPA E WELLNESS · CLASSICO Circondato dal più tipico paesaggio toscano, il corpo principale propone camere moderne, alcune con vista sulle torri di San Gimignano, mentre nelle due ville storiche gli irriducibili romantici troveranno qualche decorazione più ricercata. Diverse opportunità e spazi per la ristorazione.

72 cam ⊡ – †120/350 € ††160/385 € – 6 suites

località Casini, 5 km per via Garibaldi ✉ 53037 San Gimignano – ☏ 0577 955100 – www.villasanpaolo.com

Le Renaie ⚙ 🐾 ⋜ 📶 ⌁ 🔲 🅰🅲 🅿

CASA DI CAMPAGNA · ACCOGLIENTE Antica casa colonica immersa nel verde delle colline senesi e del suo magnifico giardino fiorito di ortensie e piante di agrumi. Situata proprio sulla via Francigena, è arredata con stile semplice e luminoso. Camere con tutti i confort.

25 cam ⊡ – †67/85 € ††92/150 €

località Pancole 10/b, 6 km per via Garibaldi ✉ 53037 Pancole – ☏ 0577 955044 – www.hotellerenaie.com/it – Aperto 1° aprile-30 ottobre

Il Casale del Cotone ⚙ ⋜ 📶 ⌁ 🅰🅲 🅿

AGRITURISMO · TRADIZIONALE Camere dagli arredi rustici ma curati, in un complesso rurale di fine '600 cinto da vigneti ed uliveti. La maggior parte delle stanze gode di una meravigliosa vista panoramica sulle colline circostanti.

19 cam ⊡ – †70/100 € ††120/140 €

località Cellole 59, 3 km per via Garibaldi ✉ 53037 San Gimignano – ☏ 0577 943236 – www.casaledelcotone.com – Aperto 16 marzo-1° novembre

Il Rosolaccio

CASA DI CAMPAGNA · BUCOLICO Quasi fuori dal mondo, nella più bella campagna toscana, in una posizione dominante e tranquilla, un casolare che, nella propria eleganza, conserva un'agreste rusticità. Per soggiorni medio-lunghi, la struttura dispone anche di appartamenti mono e bilocali.

6 cam ⌂ – ♦70/130 € ♦♦80/145 €

località Capezzano, 9 km per via Garibaldi ☒ 53037 San Gimignano – ✆ 0577 944465 – www.rosolaccio.com – Chiuso 20-28 dicembre

a Lucignano Nord: 10 km

Ristorante al 43 🔘

CUCINA TOSCANA · AGRESTE XX All'interno di una piccola struttura ricettiva di alto livello, una cucina semplice, ma precisa nelle esecuzioni, questa è la cifra stilistica di uno chef che si lascia ispirare dal territorio dal quale attinge prodotti e profumi. Ambienti particolarmente piacevoli con vista sulle colline senesi.

→ Spaghetti, ricci di mare, aglio nero, scamorza e caffè. Branzino, lumachine di mare, tapenade, radice di prezzemolo. Zabajone, caffè, pistacchio.

Menu 65/90 € – Carta 55/65 €

Locanda dell'Artista, località Canonica Lucignano 43, strada per Certaldo ☒ 53037 San Gimignano – ✆ 0577 955025 – www.locandadellartista.com – Aperto 6 dicembre-7 gennaio e 22 marzo-27 ottobre; chiuso lunedì

Locanda dell'Artista 🔘

CASA DI CAMPAGNA · BUCOLICO Romantico country inn creato esclusivamente per una clientela adulta, la locanda si trova all'interno di un casolare del XVIII secolo sapientemente ristrutturato, che coniuga confort moderni con l'aristocratica eleganza di una casa di campagna.

7 cam ⌂ – ♦295 € ♦♦295 €

località Canonica Lucignano 43, strada per Certaldo ☒ 53037 San Gimignano – ✆ 0577 946026 – www.locandadellartista.com – Aperto 6 dicembre-7 gennaio e 22 marzo-27 ottobre

Ristorante al 43 – Vedere selezione ristoranti

SANGINETO LIDO

Cosenza – ☒ 87020 – 1 521 ab. – Carta regionale n° 3-A1
Carta stradale Michelin 564-I29

Convito

PESCE E FRUTTI DI MARE · FAMILIARE X Sulle prime colline oltre la costa, una calorosa accoglienza familiare farà gli onori di casa. Iniziarono con specialità di carne, ma oggi è il pesce che va per la maggiore, in preparazioni semplici e mediterranee, con l'importante aiuto delle verdure coltivate nell'orto del ristorante e tante specialità al peperoncino. Specialità: calamaro in salsa di cedro della riviera.

Menu 17/22 € – Carta 25/61 €

località Pietrabianca 11, Est: 1 km – ✆ 0982 96333 (consigliata la prenotazione) – www.convito.it – Chiuso dicembre e martedì

SAN GIORGIO DELLA RICHINVELDA

Pordenone (PN) – ☒ 33095 – 4 650 ab. – Alt. 86 m – Carta regionale n° 6-B2
Carta stradale Michelin 562-D20

a Rauscedo Ovest : 4 km ☒ 33095

Il Favri

CUCINA FRIULANA · FAMILIARE X Antica osteria già vocata al cibo ad inizio Ottocento e rimodernata dall'attuale gestore, Mauro, che con un'inesauribile energia segue la sala, raccontando a voce la carta dei vini. Dalla cucina il meglio dei sapori del territorio; a pranzo, oltre alla carta completa, anche un menu più semplice ed economico.

Menu 15 € (pranzo in settimana)/40 € – Carta 21/49 €

via Borgo Meduna 12 – ✆ 0427 94043 – www.ilfavri.it – Chiuso 16-30 giugno, domenica sera e lunedì

SAN GIORGIO DI LIVENZA Venezia → Vedere Caorle

SAN GIORGIO DI VALPOLICELLA Verona → Vedere Sant' Ambrogio di Valpolicella

SAN GIOVANNI AL NATISONE

Udine – ⊠ 33048 – 6 197 ab. – Alt. 66 m – Carta regionale n° **6**-C2
Carta stradale Michelin 562-E22

⍩○ **Campiello**   ❀ ⟿ ঌ ᴀⁱᶜ 🅿

PESCE E FRUTTI DI MARE · ELEGANTE XːX Accomodatevi nell'elegante sala per gustare prelibatezze a base di pesce da accompagnare ai molti vini in carta. Per gli incontentabili, basterà chiedere al patron: in cantina ci sono parecchie sorprese! All'Hosteria wine-bar, invece, l'atmosfera si fa più informale e i piatti, più semplici, prediligono la carne.

Carta 30/75 €

17 cam – ♦75 € ♦♦110 € – ☑12 €

via Nazionale 46 – ℰ 0432 757910 – www.ristorantecampiello.it
– Chiuso 7-28 agosto, sabato a mezzogiorno e domenica

SAN GIOVANNI D'ASSO

Siena – ⊠ 53020 – 853 ab. – Alt. 310 m – Carta regionale n° **18**-C2
Carta stradale Michelin 563-M16

⍩○ **La Locanda del Castello**   ⟿ ঌ 🏠

CUCINA REGIONALE · RUSTICO XX All'interno di un castello del '500, una bella scalinata conduce agli ambienti signorili del ristorante, mentre nel piatto gli inconfondibili sapori di questa terra. Menu di stagione a base di tartufo.

Menu 45 € – Carta 49/71 €

9 cam ☑ – ♦120/140 € ♦♦160/220 €

piazza Vittorio Emanuele II 4 – ℰ 0577 802939 – www.lalocandadelcastello.com
– Aperto 1° aprile-30 novembre; chiuso martedì

🏠 **Borgo Lucignanello Bandini**   ঌ ⪪ ⪪ ⅃ 🅿

STORICO · PERSONALIZZATO Pochi chilometri di strada fra cipressi e ulivi, fino a giungere in questo posto incantato emblema della Toscana più bella e aristo-cratica. In un borgo ormai quasi disabitato se non fosse per la dimora storica appartenente alla famiglia Piccolomini e per il negozietto di alimentari, un albergo diffuso dove non manca la cura per il dettaglio, un ampio giardino con piscina-solarium e vista a 360° sulla natura circostante.

6 suites – ♦♦189/840 € – ☑15 €

località Lucignano d'Asso 51, Sud: 5 km – ℰ 0577 803068
– www.borgolucignanello.com – Chiuso 7 gennaio-31 marzo

SAN GIOVANNI IN FIORE

Cosenza – ⊠ 87055 – 17 372 ab. – Carta regionale n° **3**-B2
Carta stradale Michelin 564-J32

⍩○ **Biafora**   ঌ ᴀⁱᶜ

CUCINA MODERNA · ELEGANTE XːX La cucina prende spunto dai prodotti e dalle tradizioni anche povere di questa terra, la Sila, elaborandole con un tocco di necessaria fantasia ed ottenendo piatti in grado di soddisfare pienamente i sensi del commensale più attento. Ottimo indirizzo!

Menu 40/75 € – Carta 35/57 €

Hotel Biafora Resort & Spa, contrada Torre Garga S.S. 107, Nord-Ovest: 5 Km
– ℰ 0984 970078 (prenotare) – www.biafora.it – Chiuso 1° giugno-5 settembre, martedì a mezzogiorno, domenica sera e lunedì.

Biafora Resort & Spa 🏊 ⬆ ♿ AC

RESORT · DESIGN Un moderno resort nato dalle continue ristrutturazioni dell'hotel appartenente ai nonni degli attuali giovani titolari. Ambienti comuni e camere molto moderne nello stile e nel livello del confort; attrezzata spa aperta anche agli esterni.

14 cam ⌂ – †50/85 € ††65/100 €

contrada Torre Garga S.S. 107 n. 9, Nord-Ovest: 5 Km – ℰ 0984 970078 – www.biafora.it

🍴 **Biafora** – Vedere selezione ristoranti

SAN GIOVANNI IN MARIGNANO

Rimini – ✉ 47842 – 9 417 ab. – Alt. 29 m – Carta regionale n° **5**-D2
Carta stradale Michelin 562-K20

🏨 Riviera Golf Resort 🍸 🐎 🛎 ⬛ 🔆 🌐 🏊 ⛳ 🍽 🖻 AC 🎿 P

RESORT · DESIGN Enormi vetrate e pietra chiara di Noto, in un relais non solo per gli amanti del golf ma, più in generale, del relax declinato in maniera personale e lussuosa. Camere con accesso indipendente in una struttura che si sviluppa quasi tutta in orizzontale nel verde, tra corpo principale e dépendance. Al ristorante la qualità della cucina è tanto curata quanto l'aspetto salutistico.

32 cam ⌂ – †69/169 € ††99/199 €

via Conca Nuova, 1236 – ℰ 0541 956499 – www.rivieragolfresort.com – Chiuso 23-27 dicembre

SAN GIOVANNI IN PERSICETO

Bologna – ✉ 40017 – 27 982 ab. – Alt. 21 m – Carta regionale n° **5**-C3
Carta stradale Michelin 562-I15

🍴 Osteria del Mirasole AC

CUCINA REGIONALE · TRATTORIA 💥 A pochi passi dal Duomo, una piccola osteria stretta ed allungata, con una profusione di legni scuri, vecchie foto, utensili vari e sul fondo una piccola brace. Nel piatto tanti buoni sapori del territorio che la rendono caldamente consigliata.

Carta 36/97 €

via Matteotti 17/a – ℰ 051 821273 (consigliata la prenotazione) – www.osteriadelmirasole.it

SAN GIULIANO MILANESE

Milano – ✉ 20098 – 38 226 ab. – Alt. 98 m – Carta regionale n° **10**-B2
Carta stradale Michelin 561-F9

sulla strada statale 9 - via Emilia Sud-Est : 3 km

🍴 Antica Osteria la Rampina 🐝 🍴 AC ⇄ P

CUCINA REGIONALE · CONTESTO REGIONALE 💥💥 Le cronache narrano che il generale Radetzky, in fuga da Milano durante i moti delle Cinque Giornate, accampò l'esercito proprio davanti al cortile de La Rampina. Immerso nella natura e avvolto dal fascino della storia, il ristorante è - oggi – un ideale rifugio dove poter godere del piacere della variegata proposta gastronomica, sapientemente equilibrata tra tradizione locale e innovazione ricercata.

Menu 60 € – Carta 37/80 €

frazione Rampina 3 ✉ 20098 – ℰ 02 983 3273 – www.rampina.it – Chiuso 16-31 agosto e mercoledì

SAN GIULIANO TERME

Pisa (PI) – ✉ 56017 – 31 399 ab. – Alt. 6 m – Carta regionale n° **18**-B1
Carta stradale Michelin 563-K13

🏨 Bagni di Pisa 🍸 🛎 ⬛ 🔆 🌐 🏊 🎿 ⬆ ♿ AC 🎿 P

LUSSO · PERSONALIZZATO Antica residenza settecentesca vocata al lusso con bellissimi affreschi che, almeno al piano nobile, entrano anche nelle camere. Tra i suoi molti punti di forza, vanno ricordate le due ali della struttura dedicate alla grande oasi termale e alla spa (dalle quali se ne uscirà rinati!). Svariate possibilità al ristorante Dei Lorena: dai classici toscani, a piatti mediterranei, ma - a pranzo - carta light e snack bar.

52 cam ⌂ – †140/240 € ††200/334 € – 9 suites

largo Shelley 18 – ℰ 050 88501 – www.bagnidipisa.com

Locanda Sant'Agata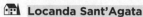

FAMILIARE · ACCOGLIENTE Sulla strada per Pisa, piacevole locanda che dispone di accoglienti e accessoriate camere; assai valido anche l'omonimo ristorante dove il patron prepara sfiziose specialità legate al territorio, con carne e pesce, il tutto accompagnato da una valida "carta" (in realtà su tablet) dei vini.

9 cam ⌂ – ♦54/124 € ♦♦59/129 €

strada statale12 dell'Abetone e del Brennero al Km 5,812 – ℰ 050 820328
– www.locandasantagata.it

SAN GIUSTINO VALDARNO

Arezzo – ✉ 52024 – 1 344 ab. – Carta regionale n° **18**-C2
Carta stradale Michelin 563-L17

⅒ Osteria del Borro

CUCINA MODERNA · ELEGANTE ⅩⅩ Stile elegante dai colori tenui nella sala gourmet al primo piano, con ascensore, mentre la cucina sfodera i classici regionali, rivisitati con gusto attuale ed un pizzico di modernità. Al Tuscan Bistro - al piano terra - proposte più semplici, ma non per questo meno appetitose: fortemente legate al territorio.

Menu 65/95 € – Carta 54/91 €

Relais il Borro, località Borro 52, Sud: 1 km – ℰ 055 977 2333 (consigliata la prenotazione) – www.osteriadelborro.it – solo a cena escluso sabato e domenica – Aperto 20 dicembre-6 gennaio e 8 marzo-9 novembre

Relais Il Borro

DIMORA STORICA · GRAN LUSSO Complesso di nobili ed antiche origini - dalla villa alle prestigiose suite distribuite nell'attiguo borgo medioevale - Relais il Borro abbina ad un confort di alto livello un'atmosfera country chic. Al suo interno trovano spazio vigne, cantina, ulivi e orti; ultimi, ma non ultimi anche i cavalli.

38 suites ⌂ – ♦♦295/770 €

località Borro 1, Sud: 1 km – ℰ 055 977053 – www.ilborro.it – Aperto 20 dicembre-6 gennaio e 8 marzo-9 novembre

⅒ **Osteria del Borro** – Vedere selezione ristoranti

SAN GREGORIO

Lecce – ✉ 73053 – Patù – Carta regionale n° **15**-D3
Carta stradale Michelin 564-H36

Monte Callini

TRADIZIONALE · MEDITERRANEO La struttura ricorda le antiche masserie salentine dalle grandi arcate; circondata da un bel giardino dispone di stanze spaziose, un'originale "suite benessere" e una nuova camera, Nefeli Beauty Room, anch'essa vocata alla remise en forme - in esclusiva - dei suoi occupanti. Non manca l'orto dal quale la cucina attinge.

42 cam ⌂ – ♦49/199 € ♦♦79/299 € – 5 suites

via provinciale San Gregorio-Patù – ℰ 0833 767850 – www.hotelmontecallini.com – Chiuso novembre-dicembre

SAN GREGORIO NELLE ALPI

Belluno – ✉ 32030 – 1 613 ab. – Alt. 528 m – Carta regionale n° **23**-C1
Carta stradale Michelin 562-D18

⅒ Locanda a l'Arte

REGIONALE · ACCOGLIENTE ⅩⅩ Ampi spazi verdi cingono questo rustico casolare sopra al paese: interni signorili nei quali si incontrano piatti tipici del territorio conditi con stagionalità e un pizzico di fantasia.

Carta 32/57 €

via belvedere 43 – ℰ 0437 800124 (prenotazione obbligatoria a mezzogiorno) – www.locandabaitaalarte.com – Chiuso martedì a mezzogiorno e lunedì

SANKTA CHRISTINA IN GRÖDEN → Vedere Santa Cristina Valgardena

SANKT LEONHARD IN PASSEIER → Vedere San Leonardo in Passiria

SANKT MARTIN IN PASSEIER → Vedere San Martino in Passiria

SANKT ULRICH → Vedere Ortisei

SANKT VALENTIN AUF DER HAIDE → Vedere San Valentino alla Muta

SANKT VIGIL ENNEBERG → Vedere San Vigilio di Marebbe

SAN LEO
Rimini (RN) – ⊠ 47865 – 2 972 ab. – Alt. 589 m – Carta regionale n° **5**-D3
Carta stradale Michelin 563-K19

 Castello 🐎 🦢

STORICO · ACCOGLIENTE Risorsa familiare direttamente sulla piazza del caratteristico borgo con vista panoramica sulle colline del Montefeltro o sulla fortezza e cucina casalinga al ristorante.
13 cam ♋ – ♦40/70 € ♦♦60/80 €
piazza Dante 11/12 – 𝒞 0541 916214 – www.hotelristorantecastellosanleo.com
– Chiuso 15 febbraio-15 marzo e 15-30 novembre

SAN LEONARDO IN PASSIRIA ST. LEONHARD IN PASSEIER
Bolzano – ⊠ 39015 – 3 582 ab. – Alt. 689 m – Carta regionale n° **19**-B1
Carta stradale Michelin 562-B15

verso Passo di Monte Giovo Nord-Est : 10 km - Alt. 1 269 m

Jägerhof 🐎 🦢 ⪻ 🏠 🍽 🅿

FAMILIARE · STILE MONTANO In quasi tutte le camere regna il legno chiaro - non trattato - dei boschi circostanti, l'atmosfera è piacevolmente familiare e lo stile tipicamente montano con arredi tirolesi.
20 cam ♋ – ♦59/70 € ♦♦75/110 €
località Valtina 80 ⊠ 39010 Valtina – 𝒞 0473 656250 – www.jagerhof.net
– Chiuso 1° aprile-11 maggio

SAN LEONE Sicilia Agrigento → Vedere Agrigento

SAN LEONINO Siena → Vedere Castellina in Chianti

SAN LORENZO Macerata → Vedere Treia

SAN LORENZO DI SEBATO SANKT LORENZEN
Bolzano – ⊠ 39030 – 3 870 ab. – Alt. 810 m – Carta regionale n° **19**-C1
Carta stradale Michelin 562-B17

Lerchner's In Runggen ⪻ 🛋 🏠 🅿

CUCINA REGIONALE · RUSTICO ✗ Se cercate i sapori altoatesini di una volta, questo è uno degli indirizzi più indicati! Ambienti in legno, ingentiliti da spunti romantici, servizio in costume ed una carta che cita i migliori prodotti di questa meravigliosa terra del nord: ravioli di patate ripieni di formaggio grigio su verza, brasato di vitello con purea di Topinambur, canederlo di albicocche su crema di vaniglia...
🍴 Menu 25/45 € – Carta 32/63 €
via Ronchi 3/a – 𝒞 0474 404014 – Chiuso 10 giorni in gennaio, 2 settimane in luglio e lunedì

🍽️ **Saalerwirt**

CUCINA REGIONALE · ROMANTICO XX Piatti tipici della tradizionale locale, preparati con una particolare attenzione alla selezione delle materie prime e senza velleità modaiole, in un caratteristico ristorante con due belle stube settecentesche.

Menu 30 € (cena) – Carta 24/54 €

Hotel Saalerwirt, località Sares, Sud-Ovest: 4 Km – ℰ 0474 403147
– www.saalerwirt.com – Chiuso 4 novembre-20 dicembre e 23 aprile-10 maggio

🏨 **Winkler**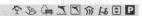

SPA E WELLNESS · STILE MONTANO Una piacevolissima struttura ubicata poco distante dagli impianti sciistici di Plan de Corones, in una piccola frazione che offre un incantevole panorama sui monti circostanti. Spazi comuni ben strutturati, camere rinnovate, per la maggior parte di grandi dimensioni ed elegantemente arredate.

84 cam ⚏ – ♦119/175 € ♦♦129/185 €

località Santo Stefano 28a, Sud-Est: 1,5 km – ℰ 0474 549020
– www.winklerhotels.com

🏨 **Schloss Sonnenburg**

DIMORA STORICA · ELEGANTE Mille anni di storia, prima come castello, poi monastero e infine albergo, alloggerete sulla sommità di una collina con vista a 360° sulla vallata. All'interno affreschi quattrocenteschi, i resti di una chiesa e una suite speciale, la numero 14, con stube ottocentesca. Tutt'intorno, giardino-solarium panoramico.

30 cam ⚏ – ♦187/270 € ♦♦272/374 € – 8 suites

località Castelbadia, Ovest: 1,5 km – ℰ 0474 479999 – www.sonnenburg.com
– Chiuso 22 aprile-30 maggio e 3 novembre-21 dicembre

🏨 **Saalerwirt**

FAMILIARE · STORICO Tranquillità, confort e buona tavola. Tre parole per sintetizzare la piacevolezza di un soggiorno in questo antico maso del XIII secolo, dove trova posto anche una casa del benessere - come amano definirla i proprietari - dotata di saune e salette per trattamenti vari, nonché zona relax panoramica.

28 cam ⚏ – ♦95/120 € ♦♦170/232 €

località Sares, Sud-Ovest: 4 Km – ℰ 0474 403147 – www.saalerwirt.com
– Chiuso 4 novembre-20 dicembre e 23 aprile-10 maggio
🍽️ **Saalerwirt** – Vedere selezione ristoranti

SAN LUCA Perugia → Vedere Montefalco

SAN MARCO Salerno → Vedere Castellabate

SAN MARINO → Vedere alla fine dell'elenco alfabetico

SAN MARTINO Arezzo → Vedere Cortona

SAN MARTINO BUON ALBERGO

Verona – ⊠ 37036 – 14 940 ab. – Alt. 45 m – Carta regionale n° **22**-B3
Carta stradale Michelin 562-F15

a Ferrazze Nord-Ovest : 2 km ⊠ 37036

🏨 **Musella**

STORICO · BUCOLICO La parte più antica di questa risorsa immersa nel verde risale alla fine del '400. Oggi offre camere e appartamenti in stile country, alcuni con caminetto. Troverete vino e olio di produzione propria.

15 cam ⚏ – ♦80/120 € ♦♦125/165 €

via Ferrazzette 2 – ℰ 335 729 4627 – www.musella.it
– Chiuso 15 dicembre-15 gennaio

SAN MARTINO DI CASTROZZA

Trento – ✉ 38054 – Alt. 1 467 m – Carta regionale n° **19**-C2
Carta stradale Michelin 562-D17

🍴○ Malga Ces

CUCINA REGIONALE • RUSTICO XX A 1600 m di altitudine, è quasi un rifugio sulle piste innevate che offre un servizio di pick-up dal centro della località al ristorante in minibus (d'inverno, ma solo la sera, anche con motoslitta. Cucina regionale e ambiente caratteristico, nonché ampie camere in stile montano per chi ama il silenzio.

Carta 29/58 €

7 cam ♨ – ♦68/94 € ♦♦138/188 € – 2 suites

località Ces, Ovest: 3 km – ℰ 0439 68223 – www.malgaces.it
– Aperto 2 dicembre-9 aprile e 21 giugno-30 settembre

🍴○ Chalet Pra delle Nasse-da Anita

CUCINA REGIONALE • FAMILIARE X Storico baluardo della ristorazione di San Martino, curato e modernamente alpino, ai piatti storici e più tradizionali della signora Anita, si integrano gli spunti più attuali del figlio. Tra le specialità: pappardelle al rosmarino e zafferano al ragù di cervo - e strudel di mele con gelato alla cannella.

🍴 Menu 25 € – Carta 26/61 €

8 cam ♨ – ♦80/150 € ♦♦90/160 €

via Cavallazza 24, località Pra delle Nasse – ℰ 0439 768893
– www.ristorante-da-anita.com – Aperto 6 dicembre-Pasqua
e 25 giugno-30 settembre, solo sabato e domenica negli altri mesi

🏨 Regina

TRADIZIONALE • STILE MONTANO In centro paese, di sobrio c'è solo la facciata: gli interni sono un tripudio di cavalli in legno, case delle bambole e splendide camere borghesi, arredi mitteleuropei con accenti inglesi. Sempre un ottimo riferimento per l'ospitalità della zona.

31 cam ♨ – ♦65/155 € ♦♦130/250 € – 5 suites

via Passo Rolle 154 – ℰ 0439 68221 – www.hregina.it – Aperto
1° dicembre-31 marzo e 15 giugno-15 settembre

🏨 Letizia

TRADIZIONALE • STILE MONTANO Per gli amanti dello stile tirolese, sin dall'esterno l'albergo è un tripudio di decorazioni; camere tutte diverse, ma sempre affascinanti con alcuni dettagli ripresi da baite montane mentre nelle più romantiche il sonno sarà cullato da letti a baldacchino.

19 cam ♨ – ♦60/130 € ♦♦70/140 € – 15 suites

via Colbricon 6 – ℰ 0439 768615 – www.hletizia.it – Aperto 1° dicembre-1° aprile
e 15 giugno-30 settembre

SAN MARTINO IN PASSIRIA ST. MARTIN IN PASSEIER

Bolzano – ✉ 39010 – 3 210 ab. – Alt. 597 m – Carta regionale n° **19**-B1
Carta stradale Michelin 562-B15

sulla strada Val Passiria Sud : 5 km :

🍴○ Quellenhof Gourmetstube 1897

CUCINA CREATIVA • ELEGANTE XxX In uno spazio di raffinata eleganza che dispone anche di un intimo privé separato da qualche scalino, il nuovo angolo gourmet propone differenti menu degustazione di stampo decisamente creativo.

Menu 110 € – Carta 67/125 €

Hotel Resort Quellenhof, via Passiria 47 – ℰ 0473 645474 – www.quellenhof.it
– solo a cena – Chiuso 6 gennaio-28 febbraio, domenica, lunedì e martedì

🏨 Quellenhof Luxury Resort Passeier ⇪ ≤ 🛋 🗐 🖫 🕸 ⚸ ⅃₃ ✕

SPA E WELLNESS · STILE MONTANO Immerso nel verde di un 🔲 ᾁ 🄰🄲 🛋 lussureggiante giardino, Quellenhof è quanto di meglio si possa trovare in termini di completezza dei servizi: raffinate e spaziose camere, un'invitante piscina e campi da gioco. C'è anche un'area interamente consacrata al confort e alla riscoperta della bellezza e del benessere. Diverse possibilità per rifocillarsi, dalle specialità sudtirolesi a piatti della tradizione mediterranea.

160 cam – solo ½ P 155/245 €

via Passiria 47 ✉ 39010 San Martino in Passiria – ℰ 0473 645474
– www.quellenhof.it – Chiuso 6 gennaio-28 febbraio

🍴○ **Quellenhof Gourmetstube 1897** – Vedere selezione ristoranti

a Saltusio Sud : 8 km ✉ 39010 – Alt. 490 m

🏨 Castel Saltauserhof ⇪ ≤ 🛋 ⅃ 🗐 🖫 🕸 ⅃₃ ✕ 🔲 ᾁ 🅿

SPA E WELLNESS · FUNZIONALE La parte più antica risale all'XI secolo, ma per chi preferisce la modernità, c'è un'ala recente con camere classiche dotate di balcone. Gli spazi non lesinano sulla generosità. Quattro affascinanti stube dove gustare specialità locali.

38 cam ⌂ – †60/140 € ††60/140 € – 6 suites

via Passiria 6 – ℰ 0473 645403 – www.saltauserhof.com
– Aperto 24 marzo-10 novembre

SAN MARZANO OLIVETO

Asti – ✉ 14050 – 1 047 ab. – Alt. 301 m – Carta regionale n° **14**-D2
Carta stradale Michelin 561-H6

🍴○ Del Belbo-da Bardon 🕸 🗟 🄰🄲 ✕ ⟳ 🅿

CUCINA PIEMONTESE · CONTESTO TRADIZIONALE ✕✕ La secolare storia della trattoria è raccontata dai contributi che ogni generazione vi ha lasciato: foto e suppellettili d'epoca fino alla esemplare cantina allestita dagli attuali proprietari. Cucina della tradizione astigiana.

Carta 27/56 €

valle Asinari 25, Sud-Est: 4 km – ℰ 0141 831340 – Chiuso
7 gennaio-7 marzo, mercoledì e giovedì

🏠 Tenuta Assenza Parisi ⇪ 🛋 ⅃ 🄰🄲 ⅏ 🅿

CASA DI CAMPAGNA · ACCOGLIENTE Cambia insegna, ma non gestione, questa grande casa di campagna circondata dai vigneti dell'azienda: ottima ospitalità in camere fresche ed attrezzate e cucina casalinga al ristorante.

17 cam ⌂ – †55/70 € ††90/100 €

regione Mariano 22, Sud-Est: 3 km – ℰ 0141 824525 – www.leduecascine.com
– Chiuso 26 gennaio-16 febbraio

SAN MAURIZIO CANAVESE

Torino – ✉ 10077 – 10 237 ab. – Alt. 317 m – Carta regionale n° **12**-B2
Carta stradale Michelin 561-G4

✿ La Credenza (Igor Macchia) 🕸 🄰🄲 ⟳

CUCINA CREATIVA · ELEGANTE ✕✕ Sala accogliente, semicircolare e con bei tocchi d'elegante modernità: in realtà è una luminosa veranda con le ampie finestre su di un grazioso giardino per caffè o aperitivi serali. Piatti creativi, sia di carne che di pesce, dalla tradizione locale e dall'estro dello chef.

→ Gnocchi alla parigina, piselli e guanciale saltato, con fonduta di Grana Padano. Agnello marinato al caffè ed anice stellato con salsa al mais dolce. Insalata di frutta, pan di Spagna croccante al melograno, cereali, sesamo e sciroppo.

Menu 85/150 € – Carta 64/94 €

via Cavour 22 – ℰ 011 927 8014 – www.ristorantelacredenza.it
– Chiuso 1°-21 gennaio, martedì e mercoledì

SAN MAURO A MARE

Rimini – ⌧ 47030 – Carta regionale n° **05D**-D2
Carta stradale Michelin 562-J19

⭑◯ **Onda Blu**   🛏 🈁 ⅙ 🅰🅺

    PESCE E FRUTTI DI MARE · **CONTESTO CONTEMPORANEO** ⅩⅩ Un angolo d'ina-
spettata eleganza che sorge quasi sulla sabbia, custodia di una sala elegante e
sobria con ampie vetrate che si aprono sul mare. Ingredienti freschi e prodotti ittici
di grande qualità, in proposte classiche della tradizione marinara dell'Adriatico.

    Menu 50/70 € – Carta 47/130 €

    *via Orsa Minore 1 – ✆ 0541 344886 (consigliata la prenotazione)
– www.ristoranteondablu.com – Chiuso domenica sera in ottobre-aprile*

SAN MENAIO

Foggia – ⌧ 71010 – Carta regionale n° **15**-A1
Carta stradale Michelin 564-B29

🏠 **Park Hotel Villa Maria**   ✿ ⅘ 🈁 🔄 ⅙ 🅰🅺 ⅗ 🅿

    DIMORA STORICA · **ACCOGLIENTE** In posizione rialzata a duecento metri dal
mare, è un'incantevole villa liberty degli anni Venti. Camere semplici ma pulite,
alcune con ampio e piacevole terrazzo affacciato sul verde. Particolarmente
buono il ristorante: delizia per chi ama il pesce fresco!

    13 cam ⌧ – ♦50/150 € ♦♦70/180 €

    *via del Carbonaio 15 – ✆ 0884 968700 – www.parkhotelvillamaria.it
– Chiuso 5 novembre-31 gennaio*

SAN MICHELE ST. MICHAEL Bolzano → Vedere Appiano sulla Strada del Vino

SAN MICHELE Ravenna (RA) → Vedere Ravenna

SAN MICHELE DEL CARSO Gorizia → Vedere Savogna d'Isonzo

SAN MINIATO

Pisa – ⌧ 56028 – 27 934 ab. – Alt. 140 m – Carta regionale n° **18**-B2
Carta stradale Michelin 563-K14

⭑◯ **Papaveri e Papere**   🈁 ⅙ 🅰🅺 🔄 🅿

    CUCINA TOSCANA · **ACCOGLIENTE** ⅩⅩ La carta introduce ad una cucina dallo
stile moderno, ma che attinge a piene mani dalla tradizione regionale: potrete
scegliere tra carne e pesce, quest'ultimo soprattutto in estate, mentre in autunno
va di scena il tartufo bianco locale. Fuori dal centro, il ristorante sfoggia interni
caldi, curati ed accoglienti.

    Menu 40/50 € – Carta 37/62 €

    *via Dalmazia 159 d, (Sud: 1 km) – ✆ 0571 409422 – www.papaveriepaolo.com
– solo a cena escluso domenica – Chiuso 7-13 marzo, domenica in estate,
mercoledì negli altri mesi*

⭑◯ **Pepenero**   🈁 🅰🅺 🔄

    CUCINA REGIONALE · **DESIGN** ⅩⅩ In pieno centro, all'interno di un palazzo sto-
rico, ambiente design, giovane e frizzante, per una cucina - di terra e di mare
- anch'essa complice nella modernità. Romantici scorci della campagna toscana
dalla terrazza per il servizio estivo.

    Menu 30/50 € – Carta 43/69 €

    *via IV Novembre 13 – ✆ 0571 419523 (consigliata la prenotazione)
– www.pepenerocucina.it – Chiuso 6-16 gennaio sabato a mezzogiorno e martedì*

🏠 **Relais Sassa al Sole**   ✿ ⅘ ⩻ 🈁 🍵 🏠 ⅙ 🅰🅺 🅿

    CASA DI CAMPAGNA · **PERSONALIZZATO** Piccolo relais dall'anima bucolica e
situato nel proprio "anfiteatro" naturale e verdeggiante, al suo interno le personalizzazioni sono calde e generose, mentre il giardino è - a dir poco - curato ed accogliente. Il
ristorante Operà, così come il nome delle camere rendono omaggio al grande Puccini.

    10 cam ⌧ – ♦150/230 € ♦♦190/600 € – 2 suites

    *via Zara 186, località Genovini, Sud: 3,5 km – ✆ 0571 460494
– www.sassaalsole.com – Chiuso 7 gennaio-Pasqua*

San Miniato 🕌 🏨 🔲 👤 🅰🅲 🗲 🅿

TRADIZIONALE · CLASSICO Ricavato da un convento medioevale con annessa chiesa sconsacrata, ora adibita a ristorante, l'hotel sembra avere tutto per piacere ai viaggiatori del terzo millennio: camere di tono moderno e dal luminoso arredo, piccola area benessere.

26 cam ⌚ – ⬦60/85 € ⬦⬦90/105 €

via Aldo Moro 2 – 𝒞 0571 418904 – www.hotelsanminiato.com

Villa Sonnino 🕌 🍃 🔲 👤 🅰🅲 🗲 🅿

STORICO · CLASSICO La storia di questa villa ha inizio nel '500 quando viene edificato il corpo centrale, mentre nel '700 si procedette ad un ampliamento. Parco e signorilità sono invariati. Nell'affascinante sala ristorante, proposte di cucina toscana con ottimo rapporto qualità-prezzo.

13 cam ⌚ – ⬦70/85 € ⬦⬦80/98 € – 1 suite

via Castelvecchio 9/1, località Catena, Est: 4 km – 𝒞 0571 484033
– www.villasonnino.com

SAN NICOLÒ Bolzano (BZ) → Vedere Ultimo

SAN PANCRAZIO Ravenna (RA) → Vedere Russi

SAN PANTALEO Sardegna
Olbia-Tempio – ✉ 07020 – Alt. 169 m – Carta regionale n° **16**-B1
Carta stradale Michelin 366-R37

🍴 Giagoni in Piazza 🍽 🅰🅲

CUCINA MODERNA · ACCOGLIENTE 🟫 Nel nome si sintetizza la biografia della famiglia Giagoni che nel 2014 ha trasferito lo storico ristorante in questa nuova sede, appunto, su di una graziosa piazza. Apprezzabile l'elegante stile mediterraneo dell'ambiente, così come l'approcio moderno dello chef che propone una cucina con tanto pesce, ma anche carne.

Carta 65/126 €

piazza della Chiesa 6 ✉ 07021 San Pantaleo – 𝒞 0789 65224
– www.ristorantegiagoni.it – solo a cena escluso il giovedì in estate – Chiuso
1° gennaio-28 febbraio, lunedì e martedì escluso in estate

Petra Segreta 🕌 🍃 🍃 🍃 🗲 🏨 🅰🅲 🅿

GRAN LUSSO · MEDITERRANEO In splendida posizione molto tranquilla e panoramica, il resort si compone di una serie di costruzioni basse dall'ottimo confort e dall'assoluta riservatezza. Nel verde, con il color smeraldo sullo sfondo, piccolo centro benessere dove viziarsi. Stile italiano con forte richiamo regionale al ristorante serale "Il Fuoco Sacro".

20 cam ⌚ – ⬦250/550 € ⬦⬦250/550 € – 3 suites

strada di Buddeo, Ovest: 2,5 Km – 𝒞 0789 187 6441 – www.petrasegretaresort.com
– Aperto fine marzo-inizio novembre

SAN PAOLO D'ARGON
Bergamo – ✉ 24060 – 5 591 ab. – Alt. 255 m – Carta regionale n° **10**-C1
Carta stradale Michelin 561-E11

❄ Florian Maison (Umberto De Martino) 🍸 🍽 🅿

CUCINA MEDITERRANEA · ELEGANTE 🟫🟫 Sulle colline che osservano San Paolo d'Argon, in un ambiente elegante ed accogliente, Florian Maison è l'indirizzo giusto per esperienze gastronomiche che non si limitano al business lunch, ma prevedono percorsi di degustazione guidata. Qualsiasi sia la scelta, la cucina interpretata dallo chef si esprime a livelli di assoluta eccellenza.

→ Risotto lime e astice. Lombo di agnello con carote allo zenzero. Rapa rossa, caprino e frutti rossi.

🍴 Menu 25 € (pranzo in settimana)/90 € – Carta 58/95 €

Hotel Relais Florian Maison, via Madonna d'Argon 4/6 – 𝒞 035 425 4202
(consigliata la prenotazione) – www.florianmaison.it – Chiuso 15 giorni in gennaio,
15 giorni in agosto e lunedì

🏠 Relais Florian Maison 🕭 ≼ 🖳 ⊡ 🕭 🎬 🚗

CASA DI CAMPAGNA · PERSONALIZZATO La sapiente ristrutturazione di una casa di campagna ha dato vita ad un piccolo ed esclusivo relais in posizione panoramica e tranquilla.

6 cam ⌑ – ♦90/130 € ♦♦150/180 €

via Madonna d'Argon 4/6 – 𝒞 035 425 4202 – www.florianmaison.it – Chiuso 15 giorni in gennaio e 15 giorni in agosto

🌣 **Florian Maison** – Vedere selezione ristoranti

SAN PELLEGRINO (Passo di)

Trento – ✉ 38035 – Moena – Alt. 1 918 m   Carta regionale n° **19**-C2
Carta stradale Michelin 562-C17

🍴 Rifugio Fuciade 🐾 ⇦ 🕭 ≼ 🖳 🎍

CUCINA REGIONALE · RUSTICO ✗ Telefonate e concordate il tragitto per tempo, perché con la neve vi occorrono 45 min a piedi o la motoslitta del ristorante...Per trovare, infine, un paesaggio mozzafiato tra le cime dolomitiche e sulla tavola una gustosa cucina regionale!

Menu 40/70 € – Carta 28/60 €

8 cam ⌑ – ♦70/130 € ♦♦200/260 €

località Fuciade – 𝒞 0462 574281 (consigliata la prenotazione la sera) – www.fuciade.it – Aperto 1° dicembre-15 aprile e 1° giugno-15 ottobre

 Prima colazione compresa? E' rappresentata dal simbolo della tazzina ⌑ dopo il numero delle camere.

SAN PIETRO Verona → Vedere Legnago

SAN PIETRO ALL'OLMO Milano → Vedere Cornaredo

SAN PIETRO DI FELETTO

Treviso (TV) – ✉ 31020 – 4 679 ab. – Alt. 264 m – Carta regionale n° **23**-C2
Carta stradale Michelin 562-E18

🏠 Cà del Poggio Resort 🎾 🕭 ≼ 🖳 🎐 🛁 ⊡ 🕭 🎬 🏊 🚗

FAMILIARE · MODERNO Tra gli ultimi alberghi aperti in provincia, Cà del Poggio Resort offre un'ospitalità moderna ed un panorama sui colli e sulle vigne davvero rilassante. Le modeste dimensioni del centro benéssere ne impongono la prenotazione. A garanzia della qualità dell'omonimo ristorante è la lunga tradizione della famiglia titolare che da sempre propone piatti a base di pesce.

26 cam ⌑ – ♦99/119 € ♦♦115/162 € – 2 suites

via dei Pascoli 8/a – 𝒞 0438 787154 – www.cadelpoggio.it

SAN PIETRO IN CARIANO

Verona – ✉ 37029 – 12 897 ab. – Alt. 151 m – Carta regionale n° **22**-A2
Carta stradale Michelin 562-F14

a Pedemonte Ovest : 4 km ✉ 37029

🏠 Villa del Quar 🎾 🕭 ≼ 🖳 🎋 🎐 🛁 ⊡ 🎬 🏊 🅿

LUSSO · PERSONALIZZATO Immersa nella campagna, secoli di storia e tante destinazioni - fu anche castello scaligero - regalano all'ospite un panorama archi-tettonico straordinario e variegato. Le camere sono un florilegio di pavimenti, stucchi, arredi e marmi veneti, spesso d'epoca, sempre diversi.

13 suites ⌑ – ♦♦360/900 € – 12 cam

via Quar 12, Sud-Est: 1,5 km – 𝒞 045 680 0681 – www.hotelvilladelquar.it – Aperto 1° aprile-31 ottobre

a Corrubbio Sud-Ovest : 2 km ⊠ 37029

🍴○ Amistà 33   ⌀

CUCINA CREATIVA · ELEGANTE XXX All'interno dell'hotel Byblos - o nel suo giardino durante la bella stagione - il ristorante ne condivide il mondo variopinto ed onirico, dove antico e contemporaneo convivono felicemente. Decisamente lanciata verso la modernità invece la cucina, che sorprenderà per accostamenti e tecniche, nonché spume, polveri ed estrosità di ogni tipo per una serata incantevole.

Menu 75/90 € – Carta 84/128 €

Hotel Byblos Art Hotel Villa Amistà – ℰ 045 685 5583 (prenotazione obbligatoria)
– www.amista33.it – solo a cena – Aperto 1° marzo-31 ottobre; chiuso domenica e lunedì

🏨 Byblos Art Hotel Villa Amistà   🏠 🦢 🛋 🌊 🏔 🛗 🅿 ♨ 🌿 ⚓ 🚗

DIMORA STORICA · GRAN LUSSO Design, moda ed ospitalità si fondono nel suggestivo contesto di questa villa patrizia del XVI sec. Il risultato è Byblos Art Hotel Villa Amistà: un raffinato albergo concepito come una mostra permanente di arte contemporanea, che ospita nei suoi spazi opere di nomi famosi. Tante opzioni per la ristorazione, ma la punta di diamante, la sera, è la cucina gourmet dell'Amistà 33.

53 cam ⌂ – ♦240/395 € ♦♦240/395 € – 6 suites

via Cedrare 78, Corrubbio di Negarine, Nord: 2 km – ℰ 045 685 5555
– www.byblosarthotel.com – Aperto 1° marzo-31 ottobre

🍴○ **Amistà 33** – Vedere selezione ristoranti

SAN PIETRO IN CASALE

Bologna – ⊠ 40018 – 12 202 ab. – Alt. 17 m – Carta regionale n° **5**-C3
Carta stradale Michelin 562-H16

🍴○ Dolce e Salato   🎛 🆎 ⇆

CUCINA REGIONALE · CONTESTO TRADIZIONALE X Piazza del mercato: una vecchia casa, in parte ricoperta dall'edera, con ambienti rallegrati da foto d'altri tempi e dallo stile rustico. In menu, tante paste fresche, schietti piatti del territorio, ma - soprattutto - ottime carni che arrivano dall'attigua macelleria di famiglia.

🍴 Menu 25/50 € – Carta 23/79 €

piazza L. Calori 16/18 – ℰ 051 811111

SAN PIETRO IN CERRO

Piacenza (PC) – ⊠ 29010 – 878 ab. – Alt. 44 m – Carta regionale n° **5**-A1
Carta stradale Michelin 562-G11

🏠 Locanda del Re Guerriero   🦢 🛋 🆎 🏔 🅿

STORICO · ACCOGLIENTE Un interessante mosaico di diverse situazioni: il piacere di soggiornare nella natura, la storicità del luogo, ma anche i confort moderni. In sintesi, una country house a tutto tondo che non vi farà rimpiangere l'albergo tradizionale. L'attiguo castello ospita il MiM, Museum in Motion, con collezioni d'arte contemporanea a rotazione e mostra permanente "Cina Millenaria" con i Guerrieri di Xian.

7 cam ⌂ – ♦110 € ♦♦130 € – 5 suites

via Melchiorre Gioia 5 – ℰ 0523 839056 – www.locandareguerriero.it

SAN PIETRO IN CORTE Piacenza → Vedere Monticelli d'Ongina

SAN PIETRO (Isola di) Sardegna

Carbonia-Iglesias (CI) – 6 692 ab. – Carta regionale n° **16**-A3

Carloforte – ⊠ 09014 – Carta regionale n° **16**-A3

🍴○ Al Tonno di Corsa   🌤 ⇆

PESCE E FRUTTI DI MARE · STILE MEDITERRANEO XX Un locale vivace e colorato, due terrazze affacciate sui tetti del paese, dove gustare uno sfizioso menu dedicato al tonno e tante altre specialità di mare. La gestione - ormai pluriennale - assicura serietà e continuità.

Menu 50 € – Carta 33/61 €

via Marconi 47 – ℰ 0781 855106 – www.tonnodicorsa.it – Chiuso gennaio, febbraio
e lunedì escluso luglio-agosto

⅋○ **Da Nicolo** ⌂

CUCINA MODERNA · ACCOGLIENTE ✗✗ Strategica posizione sulla passeggiata, dove si svolge il servizio estivo in veranda, ma il locale è frequentato soprattutto per la qualità della cucina: di pesce con specialità carlofortine in suggestioni moderne. E il tonno, avant tout.

🍴 Menu 25 € (pranzo) – Carta 35/67 €

corso Cavour 32 – ℰ 0781 854048 – www.danicolo.com – solo a cena escluso luglio-settembre – Aperto Pasqua-30 settembre; chiuso giovedì escluso agosto

🏠 **Lu' Hotel Riviera** ≼ ⊡ ⅋ ⅏

TRADIZIONALE · MODERNO Lungomare, il design inaspettatamente sposa moderno e gusto mediterraneo: forme sobrie e lineari si ripetono nelle camere dai colori pastello mentre il sonno, in quasi tutte le camere, è coccolato da letti a baldacchino. Suggestive le colazioni nel nuovo rooftop con vista mare; stessa location per aperitivi e cocktail lounge.

46 cam ⌑ – ⅋90/155 € ⅋⅋110/219 €

corso Battellieri 26 – ℰ 0781 853234 – www.hotelriviera-carloforte.com – Aperto inizio aprile-fine ottobre

🏠 **Nichotel** ⊡ ⅋ ⅏

FAMILIARE · MODERNO Piacevole albergo gestito da una famiglia carlofortina doc e sito in un vicolo del centro. Gli spazi comuni sono un po' limitati, ma in compenso le camere hanno un ottimo charme; vi consigliamo vivamente di prendere quelle con vista sul mare e sul porto.

17 cam ⌑ – ⅋34/299 € ⅋⅋44/399 €

via Garibaldi 7 – ℰ 0781 855674 – www.nichotel.it – Aperto 1° marzo-31 ottobre

🏠 **Villa Pimpina** ⌂ ⊡ ⅋ ⅏ ✗

FAMILIARE · PERSONALIZZATO In una casa ottocentesca nella parte alta del paese, dalle camere dell'ultimo piano si apre una romantica vista sui tetti e sul mare; in tutte troverete la personalizzazione di un originale e caldo mix di arredi carlofortini e design moderno. Tempo permettendo, si fa colazione all'aperto!

10 cam ⌑ – ⅋40/150 € ⅋⅋50/150 €

via Genova 106/108 – ℰ 0781 854180 – www.villapimpina.it

🏠 **Hieracon** ≼ ⌂ ⊡ ⅏ ⅌

STORICO · MEDITERRANEO Affacciato sul lungomare, elegante edificio liberty di fine '800 - forse uno dei palazzi più eleganti di Carloforte - arredato con elementi d'antiquariato, materiali raffinati e tutt'intorno il giardino con una chiesetta del '700.

23 cam ⌑ – ⅋50/110 € ⅋⅋70/200 €

corso Cavour 62 – ℰ 0781 854028 – www.hotelhieracon.com – Aperto aprile-ottobre

SAN PIETRO SUL PICCOLO MARE Taranto → Vedere Taranto

SAN POLO D'ENZA

Reggio nell'Emilia – ⊠ 42020 – 6 083 ab. – Alt. 166 m – Carta regionale n° **5**-B2
Carta stradale Michelin 562-I13

⅋○ **Mamma Rosa** ⌂ ⅏ ⊹ 🅿

PESCE E FRUTTI DI MARE · AMBIENTE CLASSICO ✗✗ All'interno di un semplice caseggiato ai margini del paese, tutti gli sforzi si concentrano su una cucina di mare sostenuta dal migliore pescato e da uno stile mediterraneo.

Menu 50/40 € – Carta 33/74 €

*via 24 Maggio 1 – ℰ 0522 874760 – www.ristorante-mammarosa.it
– Chiuso 10 giorni in gennaio, 20 giorni in settembre, lunedì e martedì*

SAN POLO DI PIAVE

Treviso – ✉ 31020 – 4 857 ab. – Alt. 27 m – Carta regionale n° **23**-A1
Carta stradale Michelin 562-E19

🏵 Osteria Enoteca Gambrinus   🛖 🅰🅲 ⌘ 🅿

CUCINA REGIONALE • BRASSERIE ✗ All'Osteria il menu è decisamente sbilanciato verso il mare, sebbene non dimentichi gli amanti della carne con qualche proposta di terra. Specialità: fritto di scampi, calamaretti, gamberoni e verdurine, dorati all'olio d'oliva.

Carta 20/32 €

località Gambrinus 18 – ☎ *0422 855043 – www.gambrinus.it – Chiuso 27 dicembre-7 gennaio*

🍴 Parco Gambrinus   ⇦ 🖙 🛖 🅰🅲 ⌘ 🅿

CUCINA TRADIZIONALE • ROMANTICO ✗✗ Salette rustiche e romantiche al tempo stesso per una cucina tradizionale e creativa, elaborata partendo da prodotti tipici della zona e orientata all'etica, nonché sostenibilità (c'è anche un percorso vegano e senza glutine); animali esotici nel parco dove un ruscello ospita gamberi, anguille, storioni.

Carta 28/58 €

6 cam ⌗ – ♦55 € ♦♦90 €

località Gambrinus 18
– ☎ *0422 855043 – www.gambrinus.it*
– Chiuso 27 dicembre-7 gennaio, lunedì, martedì e mercoledì

🏵 **Osteria Enoteca Gambrinus** – Vedere selezione ristoranti

SAN QUIRICO D'ORCIA

Siena (SI) – ✉ 53027 – 2 662 ab. – Alt. 409 m – Carta regionale n° **18**-C2
Carta stradale Michelin 563-M16

🏵 Fonte alla Vena 🆕   🛖

CUCINA TOSCANA • CONVIVIALE ✗ Poco fuori dal vicino centro storico, nuova gestione nelle mani di un esperto imprenditore del settore e di uno chef da lui selezionato. Cucina del territorio generosa, saporita e ben presentata, in un ambiente semplice ma lindo e accogliente. Specialità: pici fatti a mano all'aglione - capocollo di cinta senese alla griglia - cantucci artigianali e Vin Santo.

Carta 29/77 €

via Dante Alighieri 137 – ☎ *0577 897034 (prenotare) – www.fonteallavena.it*
– Chiuso febbraio e martedì

🍴 Taverna da Ciacco   🅰🅲

CUCINA TOSCANA • CONTESTO TRADIZIONALE ✗ Accogliente locale dai toni rustici: ai fornelli, il titolare stesso saprà conquistarvi con piatti della tradizione interpretati con fantasiosa creatività e sporadiche proposte di pesce. Filettino di cinta senese avvolto nel rigatino croccante su fonduta di cipolle, il nostro preferito!

Menu 50 € – Carta 44/76 €

via Dante Alighieri 30/a
– ☎ *0577 897312 – www.daciacco.it*
– Chiuso 15 febbraio-15 marzo, 23-30 novembre e martedì

🍴 Trattoria Toscana al Vecchio Forno   🛖 🅰🅲

CUCINA TOSCANA • RUSTICO ✗ Cucina schiettamente toscana, semplice e sapida, in un ambiente genuino con salumi appesi e bottiglie di vino in esposizione. Piacevole servizio estivo nel giardino denso di ricordi storici: tra un vecchio porticato ed un pozzo ancora funzionante.

Carta 35/55 €

Hotel Palazzo del Capitano, via Poliziano 18 – ☎ *0577 897380*
– www.capitanocollection.com

🏨 Palazzo del Capitano   🛏 AC

STORICO · ROMANTICO Nel centro storico, eleganti ambienti d'atmosfera rustico-elegante, raffinatezza in chiave toscana. Ma il fiore all'occhiello è il giardino con idromassaggio tra pergolati, viti, ulivi e cipressi, una romantica nicchia fra i tetti di San Quirico.

17 cam ♙ – 🛉100/150 € 🛉🛉130/180 € – 5 suites

via Poliziano 18 – 𝒞 0577 899028 – www.capitanocollection.com

🍴 **Trattoria Toscana al Vecchio Forno** – Vedere selezione ristoranti

🏨 La Villa del Capitano Art & Relais   🛏 AC P

LUSSO · ELEGANTE In un edificio neorinascimentale alle porte del centro storico, l'atmosfera all'interno è inaspettatamente contemporanea, di raffinata eleganza e luminosità. Camere in genere ampie con bagni in travertino, due sono mansardate con idromassaggio, la Penelope con vista sui colli.

18 cam ♙ – 🛉90/130 € 🛉🛉130/220 €

via Dante Alighieri 119 – 𝒞 0577 899028 – www.capitanocollection.com

🏨 Casanova   ☆ 🛎 ≼ ⌧ 🖪 ⏀ ♨ ⅃♭ ✕ 🖻 ⅄ AC 🛴 🚗

SPA E WELLNESS · CLASSICO Circondata dalle colline toscane e vicina al centro storico, la struttura consta di una grande hall, camere dagli arredi sobri, un soggiorno panoramico e la nuova spa Grotte Saline Etrusche, le cui acque vantano proprietà termali e talassoterapiche. Si consiglia di prenotare una delle camere panoramiche sulla Val d'Orcia.

70 cam ♙ – 🛉90/110 € 🛉🛉120/150 €

località Casanova 6/c – 𝒞 0577 898177 – www.residencecasanova.it – Chiuso 7 gennaio- 12 febbraio

🏠 Agriturismo Il Rigo   ☆ 🛎 ≼ 🛏 P

CASA DI CAMPAGNA · STORICO Un po' di pazienza nel percorrere due chilometri di strada sterrata e vi troverete in uno dei paesaggi più incantevoli della regione: vista a 360° sui colli, un fiabesco casale di origini cinquecentesche, camere al piano terra con accesso diretto al giardino e una deliziosa raccolta di arredi d'epoca.

17 cam ♙ – 🛉85/95 € 🛉🛉100/130 €

località Casabianca, Sud-Ovest: 4,5 km – 𝒞 0577 897291
– www.agriturismoilrigo.com – Chiuso 20 novembre-27 dicembre e 10 gennaio-1° marzo

a Bagno Vignoni Sud-Est : 5 km ✉ 53027

🏨 Posta-Marcucci   ☆ 🛎 ≼ 🛏 ⌧ 🖪 ⏀ ♨ ✕ 🖻 ⅄ AC 🛴 P

SPA E WELLNESS · CLASSICO Storico albergo a due passi dalla vasca della sorgente, nel 2017 ha subito un avvicendamento nella gestione che - ora - vede protagonista una famosa famiglia di albergatori dell'Alta Badia. L'atmosfera retrò, però, non cambia, anzi si arricchisce di dettagli e calore, mentre il jolly rimane la spettacolare piscina termale affacciata sui colli.

36 cam – solo ½ P 140/220 €

via Ara Urcea 43 – 𝒞 0577 887112 – www.postamarcucci.it
– Chiuso 6 gennaio-7 febbraio

🏠 La Locanda del Loggiato   AC

CASA DI CAMPAGNA · TRADIZIONALE Nel cuore della località - accanto alla vasca d'acqua un tempo piscina termale - edificio del 1300 rivisitato con grande senso estetico da due intraprendenti sorelle, che ne hanno fatto un rifugio davvero *charmant*. Camere d'atmosfera in stile rustico locale con un bel salone per gli ospiti; colazione in una vicina e gradevole sala.

7 cam ♙ – 🛉70/90 € 🛉🛉90/140 €

piazza del Moretto 30 – 𝒞 335 430 427 – www.loggiato.it – Chiuso 17-25 dicembre

SAN QUIRINO

Pordenone – ⊠ 33080 – 4 383 ab. – Alt. 116 m – Carta regionale n° **6**-A2
Carta stradale Michelin 562-D20

❀ **La Primula** (Andrea Canton)   ⚇ ⇐ 🍴 AC P

CUCINA MODERNA • ELEGANTE XxX L'esperienza qui sicuramente non fa difetto:
l'elegante locale - a breve distanza da Pordenone - vanta oltre 140 anni di attività! Gestita dall'intera famiglia, la bella sala è dominata da un camino e da piatti
curati e sapori rassicuranti, mentre la carta dei vini entusiasma per la scelta di etichette a prezzi sorprendentemente corretti.

→ Tortelli con scampi e basilico, spuma di burrata e pomodorini confit. Filetto di
vitello con asparagi, nocciole e salsa al tolmin. Composta d'ananas con spuma al
cocco, gelato al frutto della passione e meringa croccante.

Menu 80 € – Carta 48/74 €

7 cam – 🍴60/80 € 🍴🍴80/100 € – ☲10 €

*via San Rocco 47 – ℰ 0434 91005 – www.ristorantelaprimula.it – solo a
cena escluso i giorni festivi – Chiuso 8-25 gennaio, 9-31 luglio, domenica sera e
lunedì*

SANREMO

Imperia – ⊠ 18038 – 54 807 ab. – Carta regionale n° **8**-A3
Carta stradale Michelin 561-K5

❀ **Paolo e Barbara** (Paolo Masieri)   AC ⇔

CUCINA CREATIVA • INTIMO XxX Un affresco riproducente un bucolico paesaggio
di campagna dà profondità alla piccola sala, mentre a dar risalto alla cucina contribuiscono le ottime materie prime: il pesce e le verdure (quasi tutte raccolte
nella piccola azienda agricola allestita per lo scopo).

→ Raviolini al preboggion (miscela di erbe spontanee tipica ligure), pesto di noci
e prescinsea (cagliata). Selezione di pesce crudo in stile mediterraneo. Crema di
ricotta di pecora, croccante di mandorle, marmellata di limoni e pistacchi.

Menu 65/110 € – Carta 71/194 €

*via Roma 47 – ℰ 0184 531653 (prenotare) – www.paolobarbara.it – solo a
cena escluso sabato e i giorni festivi in ottobre-maggio – Chiuso giovedì (escluso
da giugno a settembre) e mercoledì*

🍴◯ **Ittiturismo M/B Patrizia** ◉   🍴 AC

PESCE E FRUTTI DI MARE • CONVIVIALE XX La famiglia di origine siciliana
pescava e riforniva i più rinomati ristoranti della zona, finché non ha deciso di
mettersi in proprio: dalla motobarca, quindi, direttamente in tavola!

Menu 40/75 € – Carta 50/68 €

*corso Trento Trieste 21 ⊠ 18038 San Remo – ℰ 0184 189905 – www.ittiturismo.net
– solo a cena in maggio-agosto, escluso sabato e domenica – Chiuso mercoledì
escluso maggio-settembre*

🍴◯ **Tortuga**   🍴 AC

CUCINA LIGURE • SEMPLICE X L'insegna non tragga in inganno: la cucina è ligure,
schietta e fragrante. Scendete, quindi, con fiducia i pochi scalini che portano al
ristorante o accomodatevi nel fresco dehors.

Carta 32/61 €

via Nino Bixio 93/a – ℰ 0184 840307 (prenotare) – Chiuso lunedì e martedì

🏨 **Royal Hotel Sanremo**   ✿ ⊗ ⇐ 🛋 ⊼ ⋒ 🛁 ⚒ 🗐 AC �Ⓐ P

GRAN LUSSO • STORICO Grand hotel di centenaria tradizione, gestito dalla fine
dell'800 dalla stessa famiglia; interni molto signorili, giardino fiorito con piscina
d'acqua di mare riscaldata e attrezzato centro benessere con trattamenti vari. In
memoria degli antichi fasti, il grande salone con fiori in vetro di Murano firmerà
una sosta gastronomica davvero esclusiva.

113 cam ☲ – 🍴229/425 € 🍴🍴314/603 € – 14 suites

*corso Imperatrice 80 – ℰ 0184 5391 – www.royalhotelsanremo.com
– Aperto 7 febbraio-17 novembre*

Nazionale

TRADIZIONALE · FUNZIONALE A pochi passi dal casinò e dalle boutique delle più celebri firme della moda, la risorsa offre ambienti moderni caratterizzati da continui ed attenti interventi di rinnovamento. Ampia terrazza roof garden e solarium per godere dell'aria iodata della Riviera; private Spa da riservare per un'intima sosta romantica.Specialità liguri nell'originale ristorante in stile marina.

80 cam – ♦85/316 € ♦♦109/316 € – 5 suites – ☑ 10 €

via Matteotti 3 – ☎ 0184 577577 – www.hotelnazionalesanremo.com

Paradiso

TRADIZIONALE · CLASSICO In una struttura di inizio secolo scorso a soli 100 metri dal mare, questo hotel di antiche tradizioni, ma rinnovato di anno in anno, è circondato da un giardino con piante esotiche ed ampia piscina; nella stagione estiva l'albergo offre l'utilizzo gratuito della spiaggia privata con cabina, ombrellone e sdraio compresi. Belle anche le camere, nonché gli ampi spazi comuni. Piatti liguri al ristorante.

41 cam ☑ – ♦80/170 € ♦♦98/295 €

via Roccasterone 12 – ☎ 0184 571211 – www.paradisohotel.it – Chiuso 8-31 gennaio e 1° novembre-21 dicembre

Eveline-Portosole

TRADIZIONALE · A TEMA E' all'interno che si rivela il fascino di questo villino: arredi d'epoca, mazzetti al profumo di lavanda e tessuti in stile inglese...E per aggiungere ulteriore charme, prima colazione servita a lume di candela e le 4 camere *Hammam* e *Japan*, una sorta di "viaggio nel viaggio".

21 cam ☑ – ♦80/250 € ♦♦99/300 €

corso Cavallotti 111 – ☎ 0184 503430 – www.evelineportosole.com – Chiuso 15-28 dicembre e 7 gennaio-1° febbraio

Lolli Palace Hotel

STORICO · CLASSICO Il fascino del Liberty rivive in un palazzo storico sul lungomare, a fianco del Casinò: nuove e più ampie zone comuni con lounge bar e camere accoglienti, alcune con idromassaggio. Un accattivante roof garden con vista mare rende ancora più piacevole la sosta al ristorante.

52 cam ☑ – ♦50/80 € ♦♦80/140 €

corso Imperatrice 70 – ☎ 0184 531496 – www.lollihotel.it – Chiuso 4 novembre-20 dicembre

SAN ROCCO Genova → Vedere Camogli

SAN SALVO

Chieti (CH) – ✉ 66050 – 20 016 ab. – Alt. 100 m – Carta regionale n° 1-D2
Carta stradale Michelin 563-P26

a San Salvo Marina Nord-Est : 4,5 km ✉ 66050

⹐ Al Metrò (Nicola Fossaceca)

CUCINA MODERNA · ALLA MODA XXX Caratterizzato da uno stile elegante-minimalista, ecco una cucina di passione e sostanza: Al Metrò è il regno dei sapori abruzzesi e il mare la fa da padrone. L'indirizzo giusto per un gran pasto "tutto pesce"!

→ Raviolo di pane, burro, alici e bottarga. Polpo, ricci di mare e aglio rosso di Sulmona. Fragole marinate agli agrumi, gelatina di Champagne e cremoso al pistacchio.

Menu 70/90 € – Carta 53/78 €

via Magellano 35 – ☎ 0873 803428 (consigliata la prenotazione) – www.ristorantealmetro.it – Chiuso 8 gennaio-5 febbraio, lunedì (escluso la sera da metà luglio a fine agosto) e martedì a mezzogiorno

SAN SAVINO Ascoli Piceno ➜ Vedere Ripatransone

SANSEPOLCRO

Arezzo – ⊠ 52037 – 15 884 ab. – Alt. 330 m – Carta regionale n° **18**-D2
Carta stradale Michelin 563-L18

Fiorentino e Locanda del Giglio ⇦ AC

CUCINA REGIONALE • TRATTORIA ✗ Gestione di lungo corso che si adopera con professionalità e abilità per accogliere al meglio i propri ospiti in un locale che di anni ne ha circa duecento. Specialità: piatti locali e dell'antica tradizione rinascimentale, ma anche straccetti di pasta fresca con salsa di cime di rapa, hamburger di carne chianina (da 200 grammi) cotto alla griglia.

☜ Menu 20/35 € – Carta 24/43 €

4 cam ☳ – ♦50/60 € ♦♦75/85 €

via Luca Pacioli 60 – ℰ 0575 742033 – www.ristorantefiorentino.it – Chiuso 1 settimana in novembre, 1 settimana in gennaio, mercoledì, anche domenica sera in dicembre-febbraio

⅊○ Oroscopo di Paola e Marco ⇦ ⶡ P

CUCINA MODERNA • ELEGANTE ✗✗ Due coniugi gestiscono questo elegante nido fuori dal centro, ma a breve distanza, in cui - oltre a poter pernottare - si assaporano piatti di cucina moderna in prevalenza a base di pesce. Ambiente raffinato e lo charme di una casa privata.

Carta 30/63 €

10 cam ☳ – ♦50/65 € ♦♦65/85 €

via Togliatti 68, località Pieve Vecchia, Nord-Ovest: 1 km – ℰ 0575 734875 – www.relaisoroscopo.com – solo a cena – Chiuso 23 dicembre-10 gennaio , 25 giugno-25 luglio e domenica

⅊○ Osteria Il Giardino di Piero 🕮 AC

CUCINA TOSCANA • AMBIENTE CLASSICO ✗✗ In ambienti eleganti a due passi dal Museo Civico (ospitante opere del grande Piero della Francesca), il meglio dei prodotti del territorio, ovvero: salumi, verdure, paste fresche e molta carne tra cui la chianina dei propri allevamenti!

Carta 29/72 €

via N. Aggiunti 98/b – ℰ 0575 733119 (prenotazione obbligatoria a mezzogiorno) – www.osteriailgiardinodipiero.it – Chiuso lunedì

Relais Palazzo di Luglio 🕮 ⶡ P

DIMORA STORICA • PERSONALIZZATO Sulle prime colline intorno al paese, aristocratica villa seicentesca un tempo adibita a soggiorni estivi in campagna. Spazi, eleganza in simbiosi con rusticità tradizionali e storia si ripropongono immutati.

14 cam ☳ – ♦80/100 € ♦♦110/200 € – 10 suites

via Marechiese 35, frazione Cigliano, Nord-Ovest: 2 km – ℰ 0575 750026 – www.relaispalazzodiluglio.com

SAN SEVERINO MARCHE

Macerata – ⊠ 62027 – 12 726 ab. – Alt. 235 m – Carta regionale n° **11**-C2
Carta stradale Michelin 563-M21

⅊○ Cavallini AC

PESCE E FRUTTI DI MARE • ACCOGLIENTE ✗✗ Al primo piano, un ristorante dai toni allegri e dal design personalizzato: da giovedì a domenica al tradizionale menu di terra si aggiunge una ricca scelta di piatti di pesce, vera passione dello chef.

Menu 30/60 € – Carta 33/98 €

viale Bigioli 47 ⊠ 62027 San Severino Marche – ℰ 0733 634608 – www.ristorantecavallini.com – Chiuso vacanze di Natale, 15 giorni in agosto, martedì sera, giovedì a mezzogiorno e mercoledì

Locanda Salimbeni 🔥 🛏 ⌁ ⅋ 🛁 **P**

CASA DI CAMPAGNA · ACCOGLIENTE Veramente una bella realtà a pochi chilometri dal centro: camere gradevolissime e personalizzate, alcune con letto a baldacchino, altre con testiera in ferro battuto.

8 cam ⌂ – ∅50/55 € ∅∅65/75 €

strada provinciale 361, Ovest: 4 km – ℰ 0733 634047 – www.locandasalimbeni.it

SAN SEVERO

Foggia – ⊠ 71016 – 53 905 ab. – Alt. 86 m – Carta regionale n° **15**-A1
Carta stradale Michelin 564-B28

🕸 **La Fossa del Grano** 🔥 🆎

CUCINA REGIONALE · FAMILIARE ✗ Nel centro storico, trattoria di pochi coperti sotto i tradizionali soffitti a vela e a botte, dove gustare una straordinaria carrellata di prodotti pugliesi: immancabile, interminabile, ma soprattutto indimenticabile la serie di antipasti. Specialità: cicatelli con salsiccia, finocchietto selvatico e pomodorini secchi - punta di filetto in tagliata al mosto cotto d'uva - la torta di ricotta e limoncello.

Carta 26/52 €

via Minuziano 63 – ℰ 0882 241122 – www.lafossadelgrano.com – Chiuso 10 giorni in agosto-settembre, domenica sera e lunedì

SAN SIRO Mantova → Vedere San Benedetto Po

SANTA BARBARA Trieste → Vedere Muggia

SANTA CATERINA VALFURVA

Sondrio – ⊠ 23030 – Alt. 1 738 m – Carta regionale n° **9**-C1
Carta stradale Michelin 561-C13

🏨 **Baita Fiorita di Deborah** 🔥 🐾 📶 🚗

FAMILIARE · PERSONALIZZATO E' proprio quello che si cerca in un albergo di montagna: il calore del legno, camere confortevoli ed un piacevole centro benessere per rilassarsi dopo una giornata passata sulle piste o *en plein air*.

22 cam – solo ½ P 90/175 € – 4 suites

via Frodolfo 3 – ℰ 0342 925119 – www.compagnoni.it
– Aperto 7 dicembre-28 aprile e 28 giugno-8 settembre

SANTA CRISTINA Perugia → Vedere Gubbio

SANTA CRISTINA D'ASPROMONTE

Reggio di Calabria (RC) – ⊠ 89056 – 929 ab. – Alt. 514 m – Carta regionale n° **3**-A3

🥢 **Qafiz** (Antonino "Nino" Rossi) 🛁 ⌁ 🆎 ⅋ **P**

CUCINA MODERNA · INTIMO ✗✗ Qafiz è un'antica unità di misura in ferro battuto per l'olio e, qui, di ulivi ce ne sono tanti. All'interno di una nobile villa di fine Settecento, nel verde selvaggio dell'Aspromonte, questo elegante ed intimo locale offre quattro tavoli sotto antiche volte ed uno solo sul terrazzino per la bella stagione. La sua cucina – tecnica, precisa e moderna – rivisita i classici della regione o quantomeno dei prodotti della zona. Nota di eccellenza i vari tipi di pane, spesso con farina integrale, e la squisita accoglienza in sala della giovane maître.

→ Piccione, torchon di pistacchio, curcuma e fiori di sambuco. Spada, cipolla bruciata, spuma di mandorle e indivia. Summer sacher.

Menu 65/120 € – Carta 48/106 €

località Calabretto, Nord-Ovest: 12 km – ℰ 0966 878800 (prenotazione obbligatoria) – www.qafiz.it – Chiuso lunedì e martedì

SANTA DOMENICA Vibo Valentia → Vedere Tropea

SANTA FRANCA Parma → Vedere Polesine Parmense

SANT'AGATA DE' GOTI

Benevento – ⊠ 82019 – 11 216 ab. – Alt. 159 m – Carta regionale n° 4-B1
Carta stradale Michelin 564-D25

⌂ Dimora Storica Mustilli ⌂ ⌂ 🅿

FAMILIARE · VINTAGE E' magica la combinazione di fascino, storia e cordiale
accoglienza familiare in questa elegante dimora nobiliare settecentesca, in pieno
centro, gestita con cura e passione. Per i pasti il ristorante con cucina casalinga.

6 cam ⌲ – ♦40/60 € ♦♦80/120 €

piazza Trento 4 – ☏ 0823 718142 – www.mustilli.com – Chiuso 24-27 dicembre

SANT'AGATA SUI DUE GOLFI

Napoli – ⊠ 80064 – Alt. 391 m – Carta regionale n° 4-B2
Carta stradale Michelin 564-F25

❀❀ Don Alfonso 1890 (Alfonso ed Ernesto Iaccarino) ⌂ ⌂ ⌂ ⌂ ⌂

CUCINA CREATIVA · LUSSO XxxX Siamo in quella parte d'Italia ambasciatrice di
uno stile di vita scandito da grandi materie prime, sole, mare, storia e bellezza:
elementi che con non chalance partecipano ai sofisticati piatti di Don Alfonso
preparati con ingredienti coltivati al cospetto di Capri nella tenuta biologica di
Punta Campanella. Benvenuti al sud!

Un'enclave di lusso nel cuore di Sant'Agata, una cittadella di piaceri dove la famiglia Iaccarino - attraverso varie generazioni da oltre un secolo - si erge a
baluardo della cucina e dell'accoglienza mediterranee: tra ceramiche di Vietri e
meravigliosi giochi di rosa e bianco, la proposta gastronomica flirta con la creatività.

Non mancate di visitare la cantina: un ambiente millenario e suggestivo ricavato
da un cunicolo d'epoca pre-romana, dove si conservano oltre 25.000 preziose
bottiglie e una camera d'invecchiamento dedicata ai formaggi. Le oltre mille etichette giungono da ogni parte del mondo, alcune bottiglie di grande prestigio
sono degli autentici tesori!

→ Spaghetti aglio, olio e peperoncino con sgombro in carpione e salsa di tonno
alalunga. Filetto di manzo in crosta di pane e guanciale con crema verde e pomodoro piccante. Impressionismo di crema e zabaione al caffé.

Menu 155/180 € – Carta 112/191 €

Hotel Don Alfonso 1890, corso Sant'Agata 11 – ☏ 081 878 0026
– www.donalfonso.com – solo a cena 15 giugno-15 settembre
*– Aperto 4 aprile-3 novembre; chiuso martedì, escluso 15 giugno-15 settembre, e
lunedì*

⌂ Lo Stuzzichino ⌂ ⌂

CUCINA CAMPANA · FAMILIARE X Cucina completamente a vista in open space
con ceramiche artigianali della Costiera Amalfitana e nuovo design della sala per
questa moderna trattoria sita in pieno centro. Ottime specialità della tradizione
culinaria campana come i ravioli al profumo di limone massese con vongole
veraci o la delizia al limone. Buona anche la selezione di vini.

Menu 30/38 € – Carta 24/47 €

via Deserto 1A – ☏ 081 533 0010 – www.ristorantelostuzzichino.it
– Chiuso 16 gennaio-13 febbraio e mercoledì

⌂ Don Alfonso 1890 ⌂ ⌂ ⌂ ⌂ ⌂

LUSSO · ROMANTICO Un'oasi di tranquillità e buon gusto, nonché un'enclave di
eleganza, nel centro della località: raffinate camere e suite, curato giardino
accanto al quale far colazione nei giorni di bel tempo, rimirando le maioliche antiche del pavimento.

4 cam ⌲ – ♦210/380 € ♦♦300/520 € – 4 suites

corso Sant'Agata 11 – ☏ 081 878 0026 – www.donalfonso.com – Aperto
4 aprile-3 novembre

❀❀ **Don Alfonso 1890** – Vedere selezione ristoranti

🏠 Sant'Agata

FAMILIARE · CLASSICO Tranquillità e confort sono i principali atout di questa struttura, particolarmente indicata per spostarsi o soggiornare in Costiera; bel porticato esterno. Ambiente curato al ristorante: sale capienti con arredi piacevoli.

46 cam ☒ – ♦58/89 € ♦♦85/120 €

via dei Campi 8/A – 𝒞 081 808 0800 – www.hotelsantagata.com – Aperto 15 marzo-31 ottobre

SANT'AGNELLO

Napoli – ✉ 80065 – 9 122 ab. – Carta regionale n° **4**-B2
Carta stradale Michelin 564-F25

✿ Don Geppi 🍴 🏧 ⌖ 🅿

CUCINA MODERNA · ROMANTICO ۞۞ Quadri del Settecento napoletano, uno splendido specchio ed un grammofono con un "segreto", eleganza e stile nella piccola salle à manger, ma tempo permettendo anche l'alternativa del dehors nel romantico giardino. Sempre e comunque, invece, il piacere di una cucina campana rivisitata in chiave moderna.

→ Risotto napoletano con ricci di mare, burrata e tartufo nero estivo. Sandwich di sogliola alla mugnaia con zucchine alla scapece. Cheese or cake..?.

Menu 90/130 € – Carta 65/138 €

Hotel Majestic, corso Marion Crawford 40 – 𝒞 081 807 2050 – www.dongeppirestaurant.com – solo a cena – Aperto 1° aprile-31 ottobre; chiuso martedì

🏨 Grand Hotel Cocumella 🏧 ⌖ 🏧 ▨ ✿ ⌖ 🏧 ⚒ 🅿

LUSSO · PERSONALIZZATO L'edificio risale al '500 quando fu costruito dai Padri Gesuiti. Diverse destinazioni e fortune ne accompagnarono da allora la storia, ma sono ormai quasi due secoli che il Cocumella offre ospitalità ai viaggiatori di tutto il mondo. Corollario di tanta atmosfera: camere incantevoli e bagni lussureggianti. Aperto la sera, solo in estate e all'aperto, Coku propone una cucina giapponese con tocchi fusion e la famosa griglia robata (tipica del nord del Giappone) che consente una cottura molto lenta degli alimenti.

39 cam ☒ – ♦280/710 € ♦♦280/710 € – 8 suites

via Cocumella 7 – 𝒞 081 878 2933 – www.cocumella.com – Aperto 1° aprile-31 ottobre

🏨 Majestic 🏧 ⌖ ⌖ 🏧 ▨ ⚒ 🅿

TRADIZIONALE · CLASSICO In seconda fila rispetto alla litoranea, si "riscatta" grazie al contesto verdeggiante in cui è inserito. Molti i lavori di ammodernamento intrapresi in questi ultimi anni: le camere sono, infatti, ormai, graziose e ben curate. Piacevole anche la grande sala ristorante con ampie vetrate ed arredi signorili.

90 cam ☒ – ♦90/130 € ♦♦130/180 €

corso Marion Crawford 40 – 𝒞 081 807 2050 – www.majesticpalace.it – Aperto 28 dicembre-2 gennaio e 1° aprile-31 ottobre

✿ **Don Geppi** – Vedere selezione ristoranti

🏨 Mediterraneo 🏧 ◁ ⌖ ⌖ ⌖ ▨ ⚒ 🅿

TRADIZIONALE · ACCOGLIENTE Fronte mare e abbellito da un ameno giardino con piscina, hotel dalla bella facciata che ne rivela il fascino d'un tempo, mentre internamente propone confort moderni tra cui l'ascensore per la spiaggia. Diverse proposte per soddisfare i vari appetiti: ristorante Vesuvio al roof top con cucina campana e classica, nonché vista mozzafiato su costa e mare. A bordo piscina, pizza e easy lunch.

65 cam ☒ – ♦200/700 € ♦♦200/700 €

corso Marion Crawford 85 – 𝒞 081 878 1352 – www.mediterraneosorrento.com – Aperto 1° aprile-31 ottobre

SANT'AGOSTINO

Ferrara – ✉ 44047 – 6 853 ab. – Alt. 19 m – Carta regionale n° **5**-C2
Carta stradale Michelin 562-H16

🍴 **Trattoria la Rosa**   ⛷ ⇦ AK

CUCINA REGIONALE • FAMILIARE ⌘⌘ Cinque generazioni ai fornelli avranno ben un significato! La trattoria ha superato ormai un secolo di successi e i suoi interni non esitano a sottolineare tale dato anagrafico miscelando linee retrò (anni Settanta-Ottanta) con elementi di lineare modernità. La cucina, come sempre, valorizza i sapori della regione; grande attenzione è anche riservata alla cantina dei vini.

🍴 Menu 20 € (pranzo in settimana)/50 € – Carta 34/62 €
5 cam ⚲ – ♦65/80 € ♦♦80 €

via Facchini 55 – ☎ 0532 84098 (prenotare) – www.trattorialarosa1908.it – Chiuso domenica sera e lunedì, anche sabato a pranzo in giugno-agosto

SANTA LIBERATA Grosseto → Vedere Porto Santo Stefano

SANTA LUCIA DEI MONTI Verona → Vedere Valeggio sul Mincio

SANTA MARGHERITA LIGURE

Genova – ✉ 16038 – 9 338 ab. – Carta regionale n° **8**-C2
Carta stradale Michelin 561-J9

🍴 **L' Altro Eden**   ⛱ & AK

PESCE E FRUTTI DI MARE • DESIGN ⌘⌘ Sul molo con vista porto, locale di taglio moderno con un'originale sala a forma di tunnel e fresco dehors. Il menu è un trionfo di specialità di pesce.

Carta 47/85 €

via Calata Porto 11 – ☎ 0185 293056 (consigliata la prenotazione)
– www.laltro.ristoranteeden.com – solo a cena escluso sabato e domenica
– Chiuso 9-29 dicembre e martedì

🍴 **L'Insolita Zuppa**   ⛱ AK

CUCINA MODERNA • BISTRÒ ⌘ Uno stile vagamente bistrot, allegro ed informale, per una cucina che pur trovandosi in una località di mare privilegia la terra (il menu annovera, comunque, anche qualche specialità ittica). E per gli irriducibili romantici, solo sei tavolini nel piccolo giardino nascosto sotto l'albero di olivo: è necessaria la prenotazione!

Carta 33/66 €

via Romana 7 – ☎ 0185 289594 – www.insolitazuppa.it – solo a cena
– Chiuso 7 gennaio-10 febbraio, 1 settimana in novembre e mercoledì escluso luglio-agosto

🏨 **Grand Hotel Miramare**   ⚔ ⇐ 🛏 ⤴ 🔥 🔲 AK 🛁 🚗

PALACE • STORICO Palme, oleandri, pitosfori e un centenario cedro del Libano: no, non siamo in un giardino botanico, ma nello splendido parco di un'icona dell'ospitalità di Santa. Tra raffinatezza liberty e relax di lusso, c'è posto anche per un moderno centro benessere.

76 cam ⚲ – ♦151/356 € ♦♦266/667 € – 4 suites

lungomare Milite Ignoto 30 – ☎ 0185 287013 – www.grandhotelmiramare.it
– Chiuso 7 gennaio-22 marzo

🏨 **Continental**   ⚔ ⇐ 🛏 ⌂ 🔥 🔲 AK 🛁 🚗

TRADIZIONALE • LUNGOMARE In posizione panoramica e con ampio parco sul mare, questo hotel è indirizzo tra i più "gettonati" per quanto riguarda confort e relax. La sala da pranzo è quasi un tutt'uno con la terrazza, grazie alle ampie vetrate aperte.

68 cam ⚲ – ♦60/290 € ♦♦90/335 €

via Pagana 8 – ☎ 0185 286512 – www.hotel-continental.it – Chiuso
1° gennaio-23 marzo

🏯 Metropole ⛄ ≤ 🛏 ⊐ 🌀 🛁 🗻 🖼 🏧 🦺 🅿

DIMORA STORICA · LUNGOMARE Con un parco fiorito, digradante verso il mare la spiaggia privata, tutto il fascino di un hotel d'epoca e la piacevolezza di una grande professionalità unita all'accoglienza. Elegante sala ristorante dove gustare anche piatti liguri di terra e di mare.

53 cam ☑ – ♦75/180 € ♦♦100/350 € – 4 suites

via Pagana 2 – ☎ 0185 286134 – www.metropole.it – Chiuso 1° novembre-27 dicembre

🏠 Minerva 🐚 🛏 🌀 🖃 🛁 🖼 🍽 🚗

FAMILIARE · MEDITERRANEO Ubicazione tranquilla, a pochi minuti a piedi dal mare, per una risorsa d'impostazione classica condotta con professionalità, passione e attenzione per la clientela; ricca colazione a buffet e nuova terrazza panoramica con solarium, sauna e cyclette all'aperto. A disposizione anche un appartamento con cucina.

35 cam ☑ – ♦90/158 € ♦♦130/285 € – 1 suite

via Maragliano 34/d – ☎ 0185 286073 – www.hotelminerva.eu – Chiuso 1° novembre-20 dicembre

🏘 Agriturismo Roberto Gnocchi 🐚 🛏 ⊐ 🅿

FAMILIARE · MEDITERRANEO E' come essere ospiti in una casa privata negli accoglienti interni di questa risorsa in posizione incantevole con vista mare dalla terrazza-giardino. Deliziose camere arredate con gusto.

12 cam ☑ – ♦50/90 € ♦♦85/120 €

via San Lorenzo 29, località San Lorenzo della Costa, Ovest: 3 km – ☎ 0185 283431 – www.villagnocchi.it – Aperto 25 aprile-15 ottobre

SANTA MARIA ANNUNZIATA Napoli → Vedere Massa Lubrense

SANTA MARIA DEGLI ANGELI Perugia → Vedere Assisi

SANTA MARIA DELLA VERSA

Pavia – ⊠ 27047 – 2 430 ab. – Alt. 199 m – Carta regionale n° **9**-B3
Carta stradale Michelin 561-H9

🍴 Sasseo ≤ 🛏 🎪 🖼 🍽 ⇔ 🅿

CUCINA MODERNA · ROMANTICO XX In posizione splendidamente panoramica su colline e vigneti, il casolare settecentesco ospita sale romantiche ed eleganti, mentre la cucina ripercorre il filone del territorio accostandovi qualche piatto di pesce.

Menu 50 € – Carta 46/61 €

località Sasseo 3, Sud: 3 km – ☎ 0385 278563 – www.sasseo.com – Chiuso martedì a mezzogiorno e lunedì

SANTA MARIA DEL MONTE (Sacro Monte) Varese (VA) → Vedere Varese

SANTA MARIA LA CARITÀ

Napoli (NA) – ⊠ 80050 – 11 722 ab. – Alt. 16 m – Carta regionale n° **04G**-B2

😊 Gerani 🖼

CUCINA CAMPANA · ACCOGLIENTE X In un piccolo comune non distante da Pompei, si ferma ed apre il suo primo locale un cuoco napoletano che ha lavorato in molti ristoranti stellati. Qui la formula è quella della semplicità, sia nell'ambiente sia in cucina che è campana di terra e di mare. Il tutto ad un ottimo rapporto Q/P. Specialità: mezzanello lardato (pasta) - cernia gratinata con guazzetto di frutti di mare - bombetta di pasta choux con crema limoncello e salsa ai limoni di Sorrento.

Menu 30/40 € – Carta 35/45 €

piazza Borrelli – ☎ 081 874 4361 (prenotare) – www.geraniristorante.it – Chiuso 6-27 agosto, domenica sera e lunedì

SANTA MARIA MAGGIORE

Verbano-Cusio-Ossola – ⊠ 28857 – 1 266 ab. – Alt. 816 m – Carta regionale n° **12**-C1
Carta stradale Michelin 561-D7

ⅈO Le Colonne

CUCINA REGIONALE · FAMILIARE ✕✕ Piatti ricchi di fantasia legati alle prelibatezze del territorio in un piccolo ed accogliente locale del centro. Bello il tavolo
conviviale per chi ama la compagnia.

Menu 40/60 € – Carta 47/83 €

*via Benefattori 7 – ☎ 0324 94893 (consigliata la prenotazione)
– www.ristorantelecolonne.it – Chiuso 1 settimana in settembre, lunedì sera e
martedì escluso in agosto*

SANTA MARIA NAVARRESE Sardegna

Ogliastra (OG) – ⊠ 08040 – Carta regionale n° **16**-B2
Carta stradale Michelin 366-T44

🏨 Lanthia Resort   ⛲ 🛎 ⊐ 🔥 🖳 ᵶ 🎧 🛎 🅿

TRADIZIONALE · ACCOGLIENTE Albergo moderno a sviluppo orizzontale con
sottopassaggio per la spiaggia attrezzata, si caratterizza per il suo ampio giardino
con piscina, arredi moderni e - su prenotazione - anche massaggi.

29 cam ⊆ – ♦160/390 € ♦♦250/450 € – 2 suites

*via Lungomare snc – ☎ 0782 615103 – www.lanthiaresort.com – Aperto
1° maggio-1° ottobre*

SANT'AMBROGIO DI VALPOLICELLA

Verona – ⊠ 37015 – 11 737 ab. – Alt. 174 m – Carta regionale n° **23**-A3
Carta stradale Michelin 562-F14

a San Giorgio di Valpolicella Nord-Ovest : 1,5 km ⊠ 37015
– Sant'Ambrogio Di Valpolicella

ⅈO Dalla Rosa Alda   🕊 ⇔ 🐾 🏡 ᵶ

CUCINA REGIONALE · FAMILIARE ✕ Al centro di un piccolo e grazioso paese,
affacciato su un panorama mozzafiato e impreziosito da una romantica pieve, un
ristorante storico dove gustare una cucina tradizionale e gustosa, ricca di sapori
di una volta. Camere semplici, ma ben tenute.

Menu 35/50 € – Carta 26/56 €

10 cam ⊆ – ♦65/90 € ♦♦85/110 €

*strada Garibaldi 4 – ☎ 045 770 1018 – www.dallarosalda.it
– Chiuso 7 gennaio-28 febbraio, domenica sera e lunedì*

SANT'ANDREA Livorno → Vedere Elba (Isola d') : Marciana

SANT'ANGELO Macerata (MC) → Vedere Castelraimondo

SANT'ANGELO Napoli (NA) → Vedere Ischia (Isola d')

SANT'ANGELO IN PONTANO

Macerata – ⊠ 62020 – 1 436 ab. – Alt. 473 m – Carta regionale n° **11**-C2
Carta stradale Michelin 563-M22

ⅈO Pippo e Gabriella   ᵶ ⇔ 🅿

CUCINA MARCHIGIANA · TRATTORIA ✕ Un'osteria molto semplice, in posizione
tranquilla, dove vige un'atmosfera informale ma cortese e si possono gustare
specialità regionali. Griglia in sala.

Carta 21/43 €

*località contrada l'Immacolata 33 – ☎ 0733 661120
– Chiuso 12 gennaio-12 febbraio, 1°-7 luglio e lunedì, anche domenica sera in
ottobre-maggio*

SANT'ANGELO IN VADO

Pesaro e Urbino (PU) – ⊠ 61048 – 4 133 ab. – Alt. 359 m – Carta regionale n° **11**-A1
Carta stradale Michelin 563-L19

🏠 Palazzo Baldani   🌣 ⊡ ‖ 🄰🄲

DIMORA STORICA · PERSONALIZZATO Un palazzo del 1700 trasformato in un piccolo, ma delizioso albergo con camere dai toni caldi e letti in ferro battuto. Per un surplus di romanticismo: chiedete la stanza con il baldacchino.

14 cam ☷ – ♦45/55 € ♦♦75/90 €
via Mancini 4 – ℰ 0722 818892 – www.taddeoefederico.it

SANT'ANNA Como → Vedere Argegno

SANT'ANNA Cuneo → Vedere Roccabruna

SANT'ANTIOCO Sardegna

Carbonia-Iglesias – ⊠ 09017 – 11 313 ab. – Carta regionale n° **16**-A3
Carta stradale Michelin 366-L49

🍴 Moderno-da Achille   ⇔

CUCINA SARDA · FAMILIARE ✗✗ Un ambiente originale nelle mani di un abile chef, in grado di soddisfare il palato del cliente con proposte gastronomiche tradizionali e specialità sarde. Belle camere con decorazione realizzate direttamente dalla titolare.

Carta 40/64 €
16 cam ☷ – ♦45/70 € ♦♦70/120 €
via Nazionale 82 – ℰ 0781 83105 – www.hotel-moderno-sant-antioco.it – solo a cena – Aperto inizio giugno-fine settembre

SANT'ANTONIO ABATE

Napoli – ⊠ 80057 – Carta regionale n° **4**-B2
Carta stradale Michelin 564-E25

🍴 Villa Palmentiello ⓝ   

CUCINA DEL TERRITORIO · CASA DI CAMPAGNA ✗✗ Sulle prime pendici dei monti Lattari, all'interno di una grande proprietà dove si produce vino e olio, dalle terrazze si gode di una suggestiva vista sul golfo di Napoli e Vesuvio. La cucina celebra i prodotti stagionali molti dei quali provenienti dalla loro proprietà. Relax assicurato anche per chi soggiorna nelle belle camere.

Menu 40/50 € – Carta 30/60 €
8 cam ☷ – ♦50/70 € ♦♦80/100 €
Via Gesini, strada per Casola di Napoli Sud: 3 km – ℰ 081 539 2456 (consigliata la prenotazione) – www.villapalmentiello.it – Chiuso martedì

SANT'ANTONIO DI GALLURA

Olbia-Tempio (OT) – ⊠ 07030 – 1 514 ab. – Alt. 355 m – Carta regionale n° **16**-B1
Carta stradale Michelin 366-Q38

🏠 Aldiola Country Resort   🌣 ⅏ ⇐ ⍅ ⅃ 🄰🄲 ⅍ 🄿

CASA DI CAMPAGNA · TRADIZIONALE Fra le colline galluresi adagiato in una rigogliosa macchia mediterranea, questo piccolo albergo di charme affacciato sul sottostante lago del Liscia ha camere distribuite in numerosi cottage e una splendida piscina. Ideale punto di partenza per escursioni in Costa Smeralda o nell'interno.

20 cam ☷ – ♦118/278 € ♦♦118/278 €
strada provinciale 137, Lago del Liscia, Nord: 5,5 km – ℰ 079 668026 – www.aldiolacountry.com – Aperto inizio aprile-fine ottobre

SANTARCANGELO DI ROMAGNA

Rimini – ⊠ 47822 – 22 089 ab. – Alt. 42 m – Carta regionale n° **5**-D2
Carta stradale Michelin 562-J19

⍟○ Lazaroun ⇦ 🏠 AC

CUCINA REGIONALE · ACCOGLIENTE ✕✕ Il prototipo del locale romagnolo, dove un'efficiente e calorosa gestione familiare fa da supporto ad una cucina forte sia fra i primi, sia fra i secondi (paste fresche, salumi, carne anche cotta alla brace). Tra le particolarità del locale è da segnalare la presenza di antichissime grotte tufacee che caratterizzano parte del sottosuolo della località: realizzate intorno al 400 d.C. e riattivate poi dai Malatesta come vie di fuga grazie al loro intricato sviluppo a reticolo, il tratto di pertinenza del locale è visitabile.

Menu 45 € – Carta 35/56 €

8 cam – ♦60 € ♦♦88 € - senza ⊡

via Del Platano 21 – ℰ 0541 624417 – www.lazaroun.it – Chiuso 15 giorni in gennaio, 15 giorni in giugno e giovedì

⍟○ Osteria la Sangiovesa 🐌 🏠 AC 🍴

CUCINA EMILIANA · RUSTICO ✕ C'è un'osteria, semplice e informale, ideale per trascorrere una serata in compagnia, attorno a tavolini imbanditi di piadine, salumi e allegria. C'è anche il ristorante, un susseguirsi di salette, ricavate nelle gallerie di un antico palazzo, nelle quali giocano luci ed ombre e si ricordano personaggi legati alla storia locale. Qui anche la cucina si ispira al suo territorio e alle sue tradizioni per condurvi in un viaggio alla scoperta della Romagna; strozzapreti al guanciale di Saiano e torta allo squacquerone tra gli imperdibili del menu.

Menu 34/50 € – Carta 40/50 €

piazza Simone Balacchi 14 – ℰ 0541 620710 – www.sangiovesa.it – solo a cena escluso domenica e i giorni festivi

🏠 Il Villino ⇦ 🕸 ⊡ 🛗 AC 🅿

CASA PADRONALE · PERSONALIZZATO Ai margini del centro storico, villa seicentesca ristrutturata con atmosfere provenzali. Oltre alle due camere, Pavone e Fagiano, i cui decori si rifanno al volatile di riferimento, altre eclettiche stanze ripropongono nel nome lo stile che le contraddistingue: da quella esotica in omaggio alla Cina, alla camera più austera in stile napoleonico. Recentemente inaugurate anche due nuove suite (denominate LUI e LEI), rifugi per viaggiatori molto esigenti, oltre ad un piccolo ma grazioso centro benessere.

14 cam ⊡ – ♦70/100 € ♦♦100/150 €

via Ruggeri 48 – ℰ 0541 685959 – www.hotelilvillino.it

a Montalbano Ovest : 6 km ⊠ 47822 – Santarcangelo Di Romagna

🏠 Agriturismo Locanda Antiche Macine 🏠 🐌 ⇦ 🍴 🍽 AC 🧖

CASA DI CAMPAGNA · BUCOLICO Ricavata in un antico frantoio, accogliente ed elegante locanda immersa nel verde della campagna riminese, con un percorso natura ed un laghetto per la pesca sportiva. La tipicità non riguarda solo l'ambiente, ma "veste" anche la tavola con piatti della tradizione romagnola a base di prodotti stagionali (molti provenienti dalla propria azienda agricola): passatelli, strozzapreti alle verdure, tagliatelle al ragù, tagliata di manzo.

14 cam ⊡ – ♦60/90 € ♦♦90/150 €

via Provinciale Sogliano 1540 – ℰ 0541 627161 – www.antichemacine.it

SANTA REGINA Siena → Vedere Siena

SANTA REPARATA Sardegna Olbia-Tempio → Vedere Santa Teresa Gallura

SANTA TERESA GALLURA Sardegna

Olbia-Tempio – ⊠ 07028 – 5 232 ab. – Carta regionale n° **16**-B1
Carta stradale Michelin 366-Q36

858

Marinaro ⚐ ⊟ AC

FAMILIARE · ACCOGLIENTE Sito nel centro ma non distante dalla spiaggia, un edificio dal tipico disegno architettonico con ambienti dal vivace impatto cromatico.

27 cam ☿ – ∤50/120 € ∤∤65/150 €

*via Angioy 48 – 𝒞 0789 754112 – www.hotelmarinaro.it – Aperto
1° aprile-31 ottobre*

a Santa Reparata Ovest : 3 km ⊠ 07028 – Santa Teresa Gallura

🍴○ **S'Andira** 🛋 🍽 ⛓ **P**

PESCE E FRUTTI DI MARE · ELEGANTE ✕✕ Un indirizzo di solida gestione e simpatica cortesia: piacevoli sale, nonché grazioso dehors immerso nel verde della macchia mediterranea. Specialità di pesce in menu.

Carta 54/94 €

via Orsa Minore 1 – 𝒞 0789 754273 – www.sandira.it – Aperto 1° maggio-30 settembre

a Conca Verde Sud-Est : 12 km ⊠ 07028 – Santa Teresa Gallura

🏠🏠 **La Coluccia** ⚐ 🛋 ⛲ 🌐 🦢 🛁 ⊟ ⛓ AC **P**

TRADIZIONALE · MODERNO Sulla piccola spiaggia di Conca Verde, questo hotel dal raffinato stile moderno dispone di belle camere alcune con affaccio sul mare, altre sulla rigogliosa macchia mediterranea che abbraccia la struttura.

45 cam ☿ – ∤200/700 € ∤∤200/700 €

*località Conca Verde, via Ulisse – 𝒞 0789 758004 – www.hotellacoluccia.com
– Aperto maggio-ottobre*

sulla strada statale 133 Sud-Est : 12 km

🏠🏠🏠 **Resort Valle dell'Erica Thalasso & SPA** ⚐ 🏖 🛋 🛁 🌐 🦢 🛁

LUSSO · MEDITERRANEO Splendida posizione in un parco di 50 ettari, AC 🛳 **P**
escursioni organizzate alle isole dell'arcipelago della Maddalena o a quelle del sud della Corsica. Diversi ristoranti con proposte a buffet o alla carta e grande attenzione per i piccoli ospiti con baby e mini club seguiti da personale specializzato.

271 cam ☿ – ∤230/630 € ∤∤300/700 € – 15 suites

località Valle dell'Erica – 𝒞 0789 790018 – www.resortvalledellerica.com – Aperto 1° maggio-30 settembre

SANTA TRADA DI CANNITELLO Reggio di Calabria → Vedere Villa San Giovanni

SANTA VITTORIA D'ALBA

Cuneo – ⊠ 12069 – 2 506 ab. – Alt. 346 m – Carta regionale n° **14**-C2
Carta stradale Michelin 561-H5

🍴○ **Castello** ⓝ ≼ 🛋 🍽 🛁 **P**

CUCINA REGIONALE · AMBIENTE CLASSICO ✕✕ In estate la bella veranda con vista su colline e dintorni, nella stagione fredda la raccolta sala luminosa e moderna. Per eventi o banqueting il salone più rustico e capiente. In sintesi, tante vesti per una gustosa cucina: di terra e di mare in chiave aggiornata.

Carta 40/65 €

*Hotel Castello di Santa Vittoria, via Cagna 4 – 𝒞 329 479 4371
– www.ristorantecastellodisantavittoria.it – solo a cena escluso sabato-domenica
– Chiuso gennaio, domenica sera e lunedì*

🏠🏠 **Castello di Santa Vittoria** 🏖 ≼ 🛋 🛁 ⊟ AC 🛋 **P**

DIMORA STORICA · MODERNO C'è ancora la torre dell'anno mille in cui si può salire per ammirare la vallata e le Langhe. Con meno fatica, prenotate una camera con vista, nei giorni più limpidi il panorama è mozzafiato. Edificio novecentesco, ma gli arredi all'interno sono contemporanei.

38 cam ☿ – ∤100/120 € ∤∤150/170 €

via Cagna 4 – 𝒞 0172 478198 – www.santavittoria.org

🍴○ **Castello** – Vedere selezione ristoranti

SAN TEODORO Sardegna

Olbia-Tempio – ⊠ 08020 – 4 934 ab. – Carta regionale n° **16**-B1
Carta stradale Michelin 366-Q36

a Puntaldia Nord : 6 km ⊠ 08020 – San Teodoro

Due Lune Resort Golf & Spa ⇄ ⅏ ⟨ 🛏 ⤴ 🏛 ⛱ 🏊 🄿 🖵 ⎅ ♿

LUSSO · PERSONALIZZATO In riva al mare, vicina al campo da   🅰🄲 🛁 ♨ 🄿
golf e circondata da un giardino con prato all'inglese, una struttura dal confort
esclusivo e raffinato dotata di beauty farm e zona relax. In un'elegante sala ristorante interna è possibile farsi servire proposte gastronomiche classiche dai
sapori regionali.

64 cam – solo ½ P 180/340 € – 2 suites

– ℰ*0784 864075 – www.duelune.com – Aperto 10 maggio-6 ottobre*

SANT'EUFEMIA DELLA FONTE Brescia → Vedere Brescia

SANT'ILARIO D'ENZA

Reggio nell'Emilia – ⊠ 42049 – 11 205 ab. – Alt. 59 m – Carta regionale n° **5**-A3
Carta stradale Michelin 562-H13

⁍○ Prater ⅍ 🏠 🅰🄲 ⇔ 🄿

CUCINA REGIONALE · CONTESTO CONTEMPORANEO ✗✗ Nel centro cittadino, in
una sala moderna, la carta ospita sia piatti di pesce che di carne, ma sono soprattutto le ricette della tradizione a riscuotere successo, dai tortelli di zucca ai cappelletti sino alla punta di vitello.

Menu 35/50 € – Carta 34/51 €

*via Roma 39 – ℰ0522 672375 – www.ristorante-prater.it – Chiuso 1°-7 gennaio,
5-25 agosto, sabato a mezzogiorno e mercoledì*

SANT'OMOBONO TERME

Bergamo (BG) – ⊠ 24083 – 3 078 ab. – Alt. 498 m – Carta regionale n° **10**-C1
Carta stradale Michelin 561-E10

⁍○ Posta ⇦ ♿ 🅰🄲

CUCINA LOMBARDA · FAMILIARE ✗✗ Esperta conduzione familiare in un locale
che propone una cucina fatta di piatti moderni e tradizione, mentre a disposizione degli ospiti - ora - ci sono anche un paio di confortevoli camere.

🕭 Menu 25 € (pranzo in settimana)/65 € – Carta 43/76 €

2 cam ⊇ – ♦70/100 € ♦♦85/150 €

*viale Vittorio Veneto 169 – ℰ035 851134 (prenotare) – www.frosioristoranti.it
– Chiuso lunedì e martedì escluso luglio-agosto*

Villa delle Ortensie ⇄ ⅏ ⟨ ⤴ 🗔 🆙 🏛 🏊 ⎅ ♿ ♨ 🄿

SPA E WELLNESS · CLASSICO Nel cuore verde della valle Imagna, una residenza
gentilizia di fine '800 che ha mantenuto inalterato il fascino di un tempo. Le
moderne e molteplici proposte in ambito salutistico, termale o estetico fanno del
soggiorno a Villa delle Ortensie un momento di vero benessere.

37 cam ⊇ – ♦85/240 € ♦♦130/310 €

*viale alle Fonti 117 – ℰ035 852242 – www.villaortensie.com – Chiuso
8-26 dicembre e 6 gennaio-14 febbraio*

SANTO STEFANO Treviso (TV) → Vedere Valdobbiadene

SANTO STEFANO BELBO

Cuneo – ⊠ 12058 – 3 984 ab. – Alt. 170 m – Carta regionale n° **14**-D2
Carta stradale Michelin 561-H6

ॐ **Il Ristorante di Guido da Costigliole** (Luca Zecchin) 🍸 ⩿ 🍴

CUCINA PIEMONTESE · ELEGANTE XXX Circondati da un paesaggio romantico, le Langhe, le cui colline coltivate a vigneti sono diventate patrimonio UNESCO, incantevoli tramonti rendono indimenticabile la sosta, soprattutto d'estate, quando è consigliata una cena sulla terrazza panoramica. L'austera sobrietà della sala è il magico contorno di una serata romantica e gastronomica, all'insegna dei classici piemontesi - in prevalenza di carne - accompagnati da qualche proposta più creativa.

➜ Agnolotti del plin. Scamone di vitella croccante. Dolce morbido al torrone d'Alba.

Menu 100/250 € – Carta 86/155 €

Hotel Relais San Maurizio, località San Maurizio 39, Ovest: 3 km – ℰ 0141 844455 – www.guidosanmaurizio.com – solo a cena – Chiuso 13-27 gennaio e domenica

🏨 **Relais San Maurizio** 🎾 ⩘ ⩿ 🍴 ⌁ 🎛 🌐 🐾 🛏 🔅 🚿 🔊 🅿

LUSSO · ELEGANTE Dominante un incantevole paesaggio collinare, il monastero del 1619 ha lasciato spazio ad un raffinato ed esclusivo albergo, composto da un'infilata d'incantevoli salotti, eleganti camere dagli arredi classici e una spa di più di mille metri quadrati. Al ristorante Truffle Bistrot la sala più caratteristica è stata ricavata dall'ex refettorio, mentre la cucina media tra piatti siciliani, piemontesi e classici italiani.

20 cam 🛏 – ♦250/330 € ♦♦380/660 € – 16 suites

località San Maurizio, Ovest: 3 km – ℰ 0141 841900 – www.relaissanmaurizio.it

ॐ **Il Ristorante di Guido da Costigliole** – Vedere selezione ristoranti

SAN TROVASO Treviso ➜ Vedere Preganziol

SANTUARIO ➜ Vedere nome proprio del santuario

SANTU LUSSURGIU Sardegna

Oristano (OR) – ✉ 09075 – 2 383 ab. – Alt. 503 m – Carta regionale n° **16**-A2

🍴 **Antica Dimora del Gruccione** 🍸 🎛

CUCINA SARDA · LOCANDA X Nella bella stagione si mangia nella piccola corte interna, altrimenti ci si accomoda nella sala che un tempo fu cantina; dalla cucina un menu degustazione che cambia di giorno in giorno inseguendo la stagionalità e cercando di presentare il meglio delle materie prime dell'isola.

Menu 35 €

Hotel Antica Dimora del Gruccione, via Michele Obinu 31 – ℰ 0783 552035 – www.anticadimora.com – solo a cena escluso domenica – Chiuso 7 gennaio-22 febbraio

🏠 **Antica Dimora del Gruccione** ⩘ 🎛

DIMORA STORICA · PERSONALIZZATO Nel piccolo centro storico, vive e rivive la lunga tradizione sarda soprattutto in questa bella casa di origini settecentesche, convertita in albergo diffuso; nelle camere calde e personalizzate, elementi tipici della zona si sposano con colori ricercati e linee anni Cinquanta.

17 cam 🛏 – ♦45/80 € ♦♦90/130 € – 2 suites

via Michele Obinu 31 – ℰ 0783 552035 – www.anticadimora.com – Chiuso 7 gennaio-22 febbraio

🍴 **Antica Dimora del Gruccione** – Vedere selezione ristoranti

SAN VERO MILIS

Oristano (OR) – ✉ 09070 – 2 517 ab. – Alt. 10 m – Carta regionale n° **16**-A2

sulla strada statale 10 - a Benetudi Ovest: 11 km

🏨 **Is Benas Country Lodge** 🆕 🎾 ⩘ ⩿ 🌐 🖼 🎛 🅿

CASA DI CAMPAGNA · ACCOGLIENTE In piena campagna e nel relax assoluto, piccola e accogliente struttura con campo da golf a 9 buche e in giardino bella piscina con solarium.

18 cam 🛏 – ♦100/280 € ♦♦100/280 €

località Benetudi – ℰ 0783 528022 – www.isbenaslodge.com – Aperto 1° maggio-30 ottobre

sulla strada statale 10 Ovest: 20 km

🏨 Raffael ❶

TRADIZIONALE · MEDITERRANEO Piacevole albergo in stile mediterraneo rinnovato di recente, una bella passeggiata nel grande giardino con piscina vi condurrà al mare; camere luminose, spaziose e moderne.

28 cam ⭥ – †80/200 € ††100/250 € – 1 suite

via S. Architteddu 58 – ⌀ 0783 52118 – www.hotelraffael.com – Aperto 1° aprile-30 ottobre

SAN VIGILIO Bergamo (BG) → Vedere Bergamo

SAN VIGILIO VIGILJOCH Bolzano (BZ) → Vedere Lana

SAN VIGILIO DI MAREBBE ST. VIGIL ENNEBERG

Bolzano – ✉ 39030 – Alt. 1 285 m – Carta regionale n° **19**-C1
Carta stradale Michelin 562-B17

🍴 Fana Ladina 🛏 🅿

CUCINA REGIONALE · ROMANTICO ⅍ In una delle case più antiche di San Vigilio questo ristorante offre proposte tipiche della cucina ladina, in sale arredate con abbondanza di legno ed una graziosa stube. Tra le varie specialità del menu, meritano un assaggio la tartare di cervo, il rumtopf (frutta mista sotto rum) e il "moro" in camicia.

Carta 32/65 €

strada Plan de Corones 10 – ⌀ 0474 501175 – www.fanaladina.com – Aperto 1° dicembre-25 aprile e 21 giugno-13 ottobre; chiuso mercoledì in bassa stagione

🏨 Almhof-Hotel Call

FAMILIARE · STILE MONTANO Un piacevolissimo rifugio montano, valido punto di riferimento per concedersi un soggiorno all'insegna della natura, del relax e del benessere, coccolati dal confort. Al ristorante per un curato momento dedicato al palato.

46 cam – solo ½ P 115/230 €

via Plazores 8 – ⌀ 0474 501043 – www.almhof-call.com – Aperto 2 dicembre-8 aprile e 1° giugno-10 ottobre

🏨 Excelsior

SPA E WELLNESS · STILE MONTANO A pochi metri dalle piste da sci, ma non lontano dal centro, oltre che per le buone camere dagli arredi tradizionali in legno, l'albergo si segnala per l'ampio centro benessere, ben 1300 m², quattro piscine, di cui una esterna e riscaldata.

57 cam – solo ½ P 132/328 € – 10 suites

via Valiares 44 – ⌀ 0474 501036 – www.myexcelsior.com – Aperto 6 dicembre-31 marzo e 1° giugno-3 novembre

🏨 Aqua Bad Cortina et Mineral Baths 🏔 🅿

FAMILIARE · PERSONALIZZATO Un'oasi di tranquillità affacciata sul Parco Naturale: alcune camere sono dedicate alle leggende locali, altre s'ispirano all'acqua e alle proprietà curative della sorgente attorno alla quale la struttura si colloca e che alimenta l'area wellness, nonché l'acqua che scorre dai rubinetti di ogni bagno. Nella bella stagione, non perdetevi l'incanto del giardino con idromassaggio a cielo aperto.

21 cam – solo ½ P 190/209 €

strada Fanes 40 – ⌀ 0474 501215 – www.aquabadcortina.it – Aperto 1° dicembre-15 aprile e 1° giugno-5 ottobre

SAN VINCENZO

Livorno – ✉ 57027 – 6 911 ab. – Carta regionale n° **18**-B2
Carta stradale Michelin 563-M13

🍴○ **La Perla del Mare**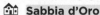

PESCE E FRUTTI DI MARE · **ELEGANTE** ✕✕ Moderna struttura di legno e acciaio, scenograficamente affacciata sulla spiaggia di San Vincenzo, da cui si gode, all'orizzonte, il profilo delle isole Capraia, Corsica ed Elba. Anche il menu cita il mare in piatti d'ispirazione contemporanea.

Menu 60/65 € – Carta 55/93 €

via della Meloria 9 – ℰ 0565 702113 (consigliata la prenotazione)
– www.laperladelmare.it – Chiuso 8 gennaio-15 febbraio, 4 novembre-4 dicembre;
da Pasqua a giugno chiuso lunedì, in giugno-settembre sempre aperto

🏠 **Sabbia d'Oro**

TRADIZIONALE · **DESIGN** Praticamente sul mare con la sua bella spiaggia attrezzata, ambienti luminosi che uniscono uno stile moderno ad uno più tipicamente marinaresco; anche le camere si differenziano per questi due generi. A completare l'offerta un piccolo e grazioso centro benessere.

40 cam ☲ – ♦150/230 € ♦♦250/390 €

via della Repubblica 38 – ℰ 0565 701332 – www.hotel-sabbiadoro.it

sulla strada per San Carlo

🍴○ **Il Sale**

CUCINA REGIONALE · **ROMANTICO** ✕✕ Dove le colline, i cipressi e gli ulivi del più tipico paesaggio toscano incontrano il mare nasce il ristorante Il Sale: il legame con il territorio e la qualità dei piatti sono rafforzati dai numerosi prodotti coltivati dall'azienda stessa. A pranzo light lunch, la sera à la carte.

Menu 40/59 € – Carta 41/65 € – carta semplice a pranzo

Poggio ai Santi, via San Bartolo 100, frazione San Carlo, Est: 3,5 km
– ℰ 0565 798015 (consigliata la prenotazione) – solo a cena in giugno-settembre
– Aperto 21 marzo-30 ottobre, chiuso martedì

🏠 **Poggio ai Santi**

LUSSO · **ELEGANTE** Arrampicato tra splendide colline, ma con vista che arriva sino alla Corsica, camere di raffinata eleganza ed uno splendido giardino botanico: un eden tutto toscano!

10 cam ☲ – ♦218 € ♦♦538 €

via San Bartolo 100, frazione San Carlo, Est: 3,5 km – ℰ 0565 798032
– www.poggioaisanti.com – Aperto 21 marzo-31 ottobre

🍴○ **Il Sale** – Vedere selezione ristoranti

SAN VITO DI CADORE

Belluno – ⊠ 32046 – 1 857 ab. – Alt. 1 010 m – Carta regionale n° **23**-C1
Carta stradale Michelin 562-C18

❀ **Aga** (Del Favero e Piras)

CUCINA CREATIVA · **MINIMALISTA** ✕✕ Tecnica, avanguardia ed originalità: ai piedi del monte Pelmo, pochi tavoli per viziare al meglio i propri ospiti con piatti che rileggono in modo personale i classici della cucina internazionale. Dal pane al burro, fino a proposte gastronomiche più sofisticate, partirete per un appassionante viaggio di sorprese e scoperte emozionanti.

→ Tagliolino, succo di ragù e liquirizia. Piccione, prugne e pino. Pepe nero, pera e caramello.

Menu 75/100 € – Carta 70/107 €

via Trieste 6 – ℰ 0436 890134 – www.agaristorante.it
– Aperto 5 dicembre-22 aprile e 20 giugno-10 ottobre; chiuso mercoledì

🏠 **Parkhotel Ladinia**

TRADIZIONALE · **PERSONALIZZATO** Nella parte alta e soleggiata della località, in zona tranquilla e panoramica, l'hotel si è potenziato ed in parte rinnovato in anni recenti: 700 mq di benessere nell'attrezzata Spa e la splendida piscina coperta dalle cui vetrate a tutt'altezza si ammirano le Dolomiti.

40 cam ☲ – ♦65/140 € ♦♦80/260 €

via Ladinia 14 – ℰ 0436 890450 – www.hladinia.it – Aperto 21 dicembre-17 marzo
e 15 giugno-22 settembre

SAN VITO DI LEGUZZANO

Vicenza – ⊠ 36030 – 3 608 ab. – Alt. 158 m – Carta regionale n° **23**-B2
Carta stradale Michelin 562-E16

🕲 Antica Trattoria Due Mori   ⇦ 🅰🄲 🚗

CUCINA DEL TERRITORIO · CONTESTO TRADIZIONALE ⅩⅩ Adagiata sulle colline dell'alto Vicentino, la locanda settecentesca è stata convertita - nel tempo - in trattoria, con una linea gastronomica basata sulla memoria veneta ed alcune specialità imperdibili: tortelli di faraona, carne al patibolo.

Carta 28/72 €

9 cam ⊆ – ✝50 € ✝✝80 €

via Rigobello 39 – ℰ 0445 511611 – www.trattoriaduemori.it – Chiuso 5-25 agosto, domenica sera e lunedì a mezzogiorno

SAN VITO LO CAPO Sicilia

Trapani – ⊠ 91010 – 4 654 ab. – Carta regionale n° **17**-A2
Carta stradale Michelin 365-AL54

🅘🅞 Profumi del Cous Cous   🏠 ☕ 🅰🄲

CUCINA REGIONALE · STILE MEDITERRANEO ⅩⅩ Se al cous cous spetta il ruolo di primo attore della carta, non per questo vanno trascurate le altre specialità isolane. Locale d'atmosfera: soprattutto d'estate, nella bella corte interna tra le piante di agrumi.

Carta 29/67 €

Hotel Ghibli, via Regina Margherita 80 – ℰ 0923 974155 – www.ghiblihotel.it – Aperto 15 aprile-15 ottobre

🅘🅞 Gna' Sara   🏠 🅰🄲

CUCINA DEL TERRITORIO · CONVIVIALE Ⅹ Lungo la strada parallela al corso principale, un locale sobrio e affollato (ma c'è anche un bel dehors) dove riscoprire i piatti della tradizione locale, come il cous cous di pesce, le busiate fatte a mano o l'immancabile pizza. Molto frequentato, non accetta prenotazioni la sera: chi prima arriva, forse, si accomoda...

Carta 30/67 €

via Duca degli Abruzzi 6 – ℰ 0923 972100 – www.gnasara.it – Aperto 1° marzo-15novembre

🏨 Baglio La Porta di San Gerardo   ✿ 🐃 ⇦ 🛁 🗂 🎜 🅰🄲 🄿

LUSSO · DESIGN Eleganza e charme in un baglio settecentesco appartenuto al barone omonimo; i motivi per cui sceglierlo si dividono tra la tranquilla posizione panoramica e le camere del corpo centrale, le più affascinanti, o quelle nelle ex stalle, le più luminose.

15 cam ⊆ – ✝126/198 € ✝✝140/220 € – 5 suites

contrada Fauci Grande, Sud-Est: 8 Km ⊠ 91010 – ℰ 0923 974216 – www.bagliolaporta.it – Aperto 1° aprile-31 ottobre

🏨 Capo San Vito   ✿ ⇦ 🎜 🛀 🖼 ☕ 🅰🄲 🍴

LUSSO · LUNGOMARE Direttamente sulla spiaggia, la struttura dispone anche di uno spazio in cui si effettuano trattamenti benessere e massaggi. Eleganti le camere, molte delle quali con vista mare.

35 cam ⊆ – ✝126/288 € ✝✝140/320 €

via San Vito 1 – ℰ 0923 972122 – www.caposanvito.it – Aperto 20 marzo-15 novembre

🏠 Alaba   ☕ 🅰🄲 🍴 🚗

FAMILIARE · MODERNO Un nuovo albergo dalle linee sinuose e dal design minimalista voluto da una gestione già impegnata in questo settore: camere moderne e la bella spiaggia a pochi metri.

11 cam ⊆ – ✝50/130 € ✝✝60/200 €

via Mazzini 13 – ℰ 0923 621405 – www.alabahotel.com – Aperto 1° marzo-31 ottobre

Ghibli

TRADIZIONALE · MEDITERRANEO Grande attenzione è stata riservata alla scelta dell'arredo delle camere che presentano mobili d'epoca in stile liberty, tutti siciliani; più moderne le ultime rinnovate. Fresca corte interna e una piccola area wellness.

16 cam ⌚ - †65/165 € ††70/220 € - 1 suite

via Regina Margherita 80 - 𝒞 0923 974155 - www.ghiblihotel.it
- Aperto 1° aprile-15 ottobre

‖○ **Profumi del Cous Cous** - Vedere selezione ristoranti

Halimeda

FAMILIARE · PERSONALIZZATO Accogliente e originale, a pochi metri dal mare, ad ogni camera è stato attribuito un nome che ha ispirato lo stile dell'arredamento: un viaggio tra i cinque continenti. All'ultimo piano, una bella terrazza per la prima colazione.

9 cam ⌚ - †40/70 € ††60/145 €

via Generale Arimondi 100 - 𝒞 0923 972399 - www.hotelhalimeda.com - Aperto 1° marzo-30 ottobre

Perla Gaia ⓝ

FAMILIARE · MODERNO Giovane conduzione familiare per un piccolo albergo di fascino moderno; camere accessoriate, dove bianco e turchese predominano su altri colori. Il blu ce lo mette il mare nella bella spiaggia distante pochi passi.

9 cam ⌚ - †50/300 € ††50/300 €

Via del Secco 18 - 𝒞 0923 972865 - www.perlagaia.com - Aperto 1°aprile-31-ottobre

Soffio D'Estate ⓝ

FAMILIARE · ACCOGLIENTE Coppia nella vita e nel lavoro, moglie e marito gestiscono con amore e tante attenzioni questo accogliente alberghetto a due passi dal mare; camere e ambienti di tono moderno e dal sapore mediterraneo. Prima colazione all'ultimo piano.

9 cam

via Antonio Venza 81 - 𝒞 0923 972512 - www.hotelsoffiodestate.com - aperto 1° aprile-31 ottobre

B and B San Vito

FAMILIARE · MEDITERRANEO Nel centro della località, ma a pochi metri dalla spiaggia, la titolare è una simpatica signora che ha deciso di riconvertire la propria abitazione in una struttura ricettiva. E il fascino da casa privata si percepisce - senza alcun indugio - nelle spaziose camere dagli arredi personalizzati (testate e accessori in bambù).

5 cam ⌚ - †35/95 € ††50/130 €

via San Vito 26 - 𝒞 360 409 905 - www.bbsanvito.com - Aperto 1° aprile-31 ottobre

SAN VITTORE OLONA

Milano - ✉ 20028 - 8 420 ab. - Alt. 197 m - Carta regionale n° **10**-A2
Carta stradale Michelin 561-F8

‖○ La Fornace

CUCINA ITALIANA · AMBIENTE CLASSICO ✕✕ Nel contesto strutturale dell'hotel Poli, ma con ingresso indipendente, raccolto e curato dall'ottima gestione diretta, ristorante con proposte stuzzicanti di cucina italiana completate dai fuori carta, dal menu "a mano" libera più creativo e dal piatto unico del pranzo.

Menu 30/70 € - Carta 47/75 €

Poli Hotel, strada statale Sempione, ang.via Pellico - 𝒞 0331 518308
- www.ristorantelafornace.it - Chiuso 1°-20 agosto

Poli Hotel

BUSINESS · MODERNO Confortevole hotel lungo la statale del Sempione, contraddistinto da modernità ed ottimo confort. Gestione cordiale e competente. Ideale per una clientela business. E' dotato anche di un ottimo ristorante!

49 cam ⌚ - †50/700 € ††55/800 € - 8 suites

strada statale Sempione, ang. via Pellico - 𝒞 0331 423411 - www.polihotel.com
‖○ **La Fornace** - Vedere selezione ristoranti

SAN ZENO DI MONTAGNA

Verona (VR) – ✉ 37010 – 1 355 ab. – Alt. 581 m – Carta regionale n° **23**-A2
Carta stradale Michelin 562-F14

⅋O Taverna Kus

CUCINA REGIONALE · VINTAGE XX Ambiente rustico-elegante reso originale da un'ampia collezione di specchi, ceramiche ed altro ancora in una taverna molto apprezzata in provincia per la sua proverbiale attenzione alla cucina locale, nonché alla stagionalità delle materie prime.

Menu 48/53 € – Carta 42/63 €

contrada Castello 14 – ℰ 045 728 5667 – www.tavernakus.it
– Chiuso 9 gennaio-10 febbraio, martedì a mezzogiorno e lunedì in inverno

🏠 Diana 🏵 ⌂ ← ⊫ ⌧ 🍴 ☎ 🖥 ♿ 🅜 ≪ 🅿

TRADIZIONALE · ACCOGLIENTE Spettacolare vista sul lago da buona parte delle camere - frontalmente o lateralmente - in una grande struttura aggiornata di continuo in servizi e dotazioni, immersa in un boschetto-giardino. Dal ristorante ci si affaccia sulla verde quiete lacustre.

50 cam ⌧ – †68/90 € ††76/156 €

Contrada Cà Montagna 54 – ℰ 045 728 5113 – www.hoteldiana.biz – Aperto 15 aprile-15 ottobre

SAPPADA

Belluno (BL) – ✉ 32047 – 1 414 ab. – Alt. 1 250 m – Carta regionale n° **23**-C1
Carta stradale Michelin 562-C20

🍀 Laite (Fabrizia Meroi) ❀ & ≪

CUCINA REGIONALE · ROMANTICO XX Tra fienili e case d'epoca, si mangia in due romantiche, secolari stube. Una coppia al timone: Roberto in sala, competente ed ospitale, molto bravo nella gestione dei vini (anche al bicchiere), Fabrizia in cucina ad esaltare i prodotti e le ricette locali. Si punta ai sapori, più che ai virtuosismi tecnici.

→ Tortello all'uovo. Capriolo, pinoli, sale al pino mugo, lampone, e catalogna. Tiramisu.

Menu 80/120 € – Carta 66/112 €

borgata Hoffe 10 – ℰ 0435 469070 (consigliata la prenotazione)
– www.ristorantelaite.com – Chiuso giugno, ottobre, giovedì a mezzogiorno e mercoledì escluso dicembre e luglio-agosto

⅋O Mondschein - Food Experience 🅿

CUCINA REGIONALE · STILE MONTANO XX A pranzo, il locale è frequentato soprattutto da sciatori e dagli amanti delle passeggiate tra i boschi; maggior intimità - la sera - ed una carta più ampia con piatti del territorio rivisitati e alleggeriti. Nel solco dell'atmosfera ospitale delle baite montane!

Menu 45/80 € – Carta 31/82 €

borgata Bach 96 – ℰ 0435 469585 (consigliata la prenotazione)
– www.ristorantemondschein.it – Chiuso 25 aprile-25 maggio, 2-30 novembre e martedì in bassa stagione

🏠 Bladen ❀ ← ⊫ ⌧ 🛗 ☎ 🅿

TRADIZIONALE · STILE MONTANO Nella parte alta della località, un hotel che si migliora di anno in anno; camere accoglienti ed attrezzata zona benessere. Per i più piccoli vi è anche uno spazio a loro dedicato.

24 cam – solo ½ P 120/210 €

borgata Bach 155 – ℰ 0435 469233 – www.hotelbladen.it – Aperto 1° dicembre-Pasqua e 20 giugno-30 settembre

🏠 Haus Michaela ❀ ← ⊫ ⌧ 🍴 ☎ 🛁 ⌂

TRADIZIONALE · STILE MONTANO Bio-hotel che piacerà sicuramente agli spiriti green, grazie al suo approvvigionamento energetico derivante da fonti rinnovabili ed ecosostenibili. Caratterizzata da accoglienti camere in stile montano e una zona benessere con piccola beauty, la struttura convince a 360°.

15 cam ⌧ – †60/140 € ††110/170 € – 4 suites

borgata Fontana 40 – ℰ 0435 469377 – www.hotelmichaela.com
– Aperto 20 dicembre-31 marzo e 1° giugno-10 ottobre

Le Coccole

FAMILIARE · STILE MONTANO Ottima sintesi tra stile alpino (profusione di legno e vista sui monti), nonché design moderno (pulito e lineare), in una struttura che ha aperto i battenti a fine 2012. All'ultimo piano: piccolo, ma luminoso centro benessere da affittare in esclusiva.

7 cam 🖙 – ∲70/93 € ∲∲110/186 €

borgata Lerpa 88 – 𝒞 0435 469926 – www.lecoccolesappada.it

a Cimasappada Est : 4 km (BL) – ✉ 32047 – Sappada – Alt. 1 295 m

Agriturismo Voltan Haus

FAMILIARE · STILE MONTANO Caratteristica casa in legno risalente al 1754, ristrutturata con cura e rispetto del passato: legno ovunque e attenzione al dettaglio. Nella graziosa *stube* è servita la prima colazione. Su richiesta: escursioni in carrozza!

6 cam 🖙 – ∲40/50 € ∲∲80/100 €

via Cima 65 – 𝒞 0435 66168 – www.voltanhaus.it – Chiuso novembre e aprile

SAPRI

Salerno – ✉ 84073 – 6 770 ab. – Carta regionale n° **4**-D3
Carta stradale Michelin 564-G28

La Specola

PESCE E FRUTTI DI MARE · INTIMO 𝖃 Piccolissima sala interna completata da un grazioso servizio all'aperto, nel centro di Sapri (il mare è, comunque, a breve distanza). Sebbene la cucina sia squisitamente mediterranea col pesce a fare da protagonista, non mancano alcune proposte a base di carne. Vini esclusivamente regionali.

Carta 26/100 €

via Marsala 18 – 𝒞 349 364 7426 (coperti limitati, prenotare)
– Chiuso gennaio, domenica sera e lunedì escluso luglio-agosto

Mediterraneo

FAMILIARE · LUNGOMARE All'ingresso della località, direttamente sul mare, un albergo reso concorrenziale grazie un'eccellente gestione familiare; dotato di parcheggio privato e di camere ben curate, costituisce una comoda e valida risorsa. Easy cucina a pranzo con pochi piatti anche della tradizione.

20 cam 🖙 – ∲35/150 € ∲∲50/200 €

via Verdi 15 – 𝒞 0973 391774 – www.hotelmed.it – Aperto 15 maggio-30 settembre

Pisacane

TRADIZIONALE · ACCOGLIENTE Hotel di piccole dimensioni, dotato di camere arredate con mobilio di tono moderno e decorate con ceramiche. Graziosa facciata con balconi fioriti. Il parcheggio si trova a circa 300 metri.

16 cam 🖙 – ∲90/140 € ∲∲120/180 €

via Carlo Alberto 35 – 𝒞 0973 605074 – www.hotelpisacane.it

SARACENA

Cosenza (CS) – ✉ 87010 – 3 828 ab. – Alt. 606 m – Carta regionale n° **3**-A1
Carta stradale Michelin 564-H30

Osteria Porta del Vaglio

CUCINA MODERNA · CONTESTO TRADIZIONALE 𝖃𝖃 Ubicato tra gli scalini del centro storico, il locale offre un ambiente confortevole: due raccolte salette dai soffitti in legno e arredi di qualità con opere dell' artista calabrese Claudia Zicari. Per quanto concerne la cucina, passo dopo passo, lo chef "cresce" e i suoi piatti narrano in maniera personale i sapori di questa generosa terra.

Menu 40/60 € – Carta 38/59 €

vico I Santa Maria Maddalena 12 – 𝒞 340 871 2279 (prenotazione obbligatoria)
– www.osteriaportadelvaglio.it – Chiuso 15 giorni in settembre-ottobre, martedì a mezzogiorno e lunedì

SARENTINO SARNTHEIN

Bolzano – ⬚ 39058 – 7 035 ab. – Alt. 961 m – Carta regionale n° **19**-B2
Carta stradale Michelin 562-C16

❄❄ **Terra** (Heinrich Schneider)   ⚭ ⪪ ⬭ ⌘ **P**

CUCINA CREATIVA · ELEGANTE ✗✗✗ Più che terra, qui siamo in cielo! Il locale,
infatti, può vantare il primato di ristorante stellato più alto d'Italia. Ma ritorniamo
con i piedi per terra, nel vero senso della parola; Heinrich Schneider racconta, infatti, che i suoi piatti si basano sulle erbe selvatiche da lui stesso raccolte
attorno alla proprietà.
Essendo l'albergo Auener Hof a 1600 metri sopra il livello del mare e completamente circondato dalla natura, non è difficile immaginarlo come una sorta di
orto a "cielo aperto", singolare fornitore di ingredienti unici che lo chef rielabora
in maniera creativa e personale.
Nella cucina di Schneider, lo stretto rapporto con la natura ed il legame con il territorio trovano espressione in proposte come nella meringa con fiori estivi e fragranza al bergamotto o nella schiuma di asperula ghiacciata con succo di acetosella e gelée alla camomilla. Ma anche nei piatti "veri e propri", appositamente
costruiti da artigiani locali per esaltare estetica e sapori. Ricerca, tecnica e originalità suggellate da grande armonia.
→ Spaghetti al lievito con achillea e schiuma di asperula. Capriolo con fiori,
lavanda, timo e crema di sedano e verbena. Crema di edera terrestre, granita di
lamponi, acetosella e zucchero di betulla.
Menu 179 €
Hotel Auener Hof, località Prati 21, Ovest: 7 km, alt. 1 600 – ℰ 0471 623055
– www.terra.place – solo a cena – Chiuso
10 marzo-28 aprile, 4 novembre-19 dicembre, domenica e lunedì

❄ **Alpes** (Egon Heiss)   ⬭ ⪪ **P**

CUCINA MODERNA · ROMANTICO ✗✗ Tre tavoli nella Stube viola, dall'atmosfera
contemporanea e raffinata, altrettanti in quella del contadino, storica e romantica.
Ovunque vi sediate, qui troverete una cucina creativa e sofisticata, amata da chi
privilegia le novità e la sperimentazione.
→ Uova di quaglia, patate e funghi del maso. L'anatra croisé, cavolo alla senape,
nocciola del Piemonte. L'albicocca ghiacciata, mandorle e ricotta.
Menu 120/130 €
Hotel Bad Schorgau, Sud: 2 Km
– ℰ 0471 623048 (coperti limitati, prenotare) – www.bad-schoergau.com
– solo a cena – Chiuso febbraio, lunedì e martedì

⫶⃝ **Braunwirt**   ⌂ ⪪ **AC**

CUCINA DEL TERRITORIO · CONTESTO CONTEMPORANEO ✗✗ Moderno ed accogliente locale nel cuore della località: gusterete piatti della tradizione regionale, ma
anche alternative di pesce, il tutto elaborato secondo tecniche e sensibilità attuali.
Menu 45/80 € – Carta 40/80 €
piazza Chiesa – ℰ 0471 620165 – www.braunwirt.it – Chiuso 1°-14 luglio, domenica
sera e lunedì

🏠 **Auener Hof**   ⬙ ⪪ ⬭ **P**

FAMILIARE · STILE MONTANO Chi ama il silenzio e la solitudine, paesaggi e animali di montagna, camere ampie, sobriamente arredate secondo uno stile alpino
contemporaneo, troverà qui il suo rifugio, un luogo intimo, raccolto ed elegante.
8 cam ⚏ – ♦193/245 € ♦♦275/350 € – 2 suites
località Prati 21, Ovest: 7 km, alt. 1 600 – ℰ 0471 623055 – www.terra.place
– Chiuso 10 marzo-28 aprile e 4 novembre-19 dicembre
❄❄ **Terra** – Vedere selezione ristoranti

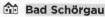

Bad Schörgau

FAMILIARE · PERSONALIZZATO Ai Bagni di Serga, gli amanti della natura si troveranno a loro agio in quest'albergo appartato e immerso nel verde, che sposa benessere e design contemporaneo. Al bistrot Veranda si soddisfano i palati alla ricerca di semplicità e del territorio.

22 cam 🔲 – †86/161 € ††230/252 € – 8 suites

Sud: 2 Km – ℰ 0471 623048 – www.bad-schoergau.com – Chiuso febbraio

🏵 **Alpes** – Vedere selezione ristoranti

SAREZZO

Brescia (BS) – ⊠ 25068 – 13 553 ab. – Alt. 273 m – Carta regionale n° **9**-C2
Carta stradale Michelin 561-F12

Osteria Vecchia Bottega

CUCINA REGIONALE · RUSTICO 🕱 Dopo un accurato lavoro di restyling della "osteria" e della "vecchia bottega" rimane solo il nome...e la cucina: squisitamente fedele alla tradizione regionale e al Bel Paese, ricerca i migliori prodotti, prestando una certa attenzione alle presentazioni.

Menu 35 € – Carta 27/58 €

piazza Cesare Battisti 29 – ℰ 030 890 0191 – www.osteriavecchiabottega.com
– Chiuso 1°-7 gennaio, 7-31 agosto, domenica sera e lunedì

SARNICO

Bergamo – ⊠ 24067 – 6 660 ab. – Alt. 197 m – Carta regionale n° **10**-D1
Carta stradale Michelin 561-E11

Al Tram

CUCINA REGIONALE · ELEGANTE 🕱🕱 Sul lungolago, luminoso ed elegante, il servizio estivo all'aperto regalerà un'emozione in più! La carta propone piatti locali, di carne e di pesce sia d'acqua dolce che di mare; le bottiglie dell'azienda vinicola di proprietà, Il Calepino, sono proposte anche al bicchiere.

Menu 32/50 € – Carta 35/64 €

via Roma 1 – ℰ 035 910117 – www.ristorantealtram.it – Chiuso mercoledì

Cocca Hotel

TRADIZIONALE · BORDO LAGO Una confortevole risorsa che mostra un bel connubio tra la classica ospitalità italiana, espressa al meglio nelle 4 camere dedicate al grande produttore di barche Riva, i cui cantieri sono a breve distanza, ed un tocco orientaleggiante sia nella Royal Thai Spa (specializzata in massaggi thailandesi), sia al ristorante - Bèla Eta - che si divide tra cucina thai e cucina lombarda.

62 cam 🔲 – †95/115 € ††147/174 € – 4 suites

via Predore 75 – ℰ 035 426 1361 – www.coccahotel.com

SARNTHEIN → Vedere Sarentino

SARTEANO

Siena – ⊠ 53047 – 4 717 ab. – Alt. 573 m – Carta regionale n° **18**-D2
Carta stradale Michelin 563-N17

strada provinciale 478 km 1,6 Nord-Est: 6 km

La Sovana

TRADIZIONALE · ELEGANTE Una raffinata oasi di relax immersa nel verde della campagna toscana - da non mancare la visita dei vigneti e della cantina - a cui fa eco una cucina della tradizione, amorevolmente preparata dalla titolare stessa.

20 cam 🔲 – †115/148 € ††166/222 €

– ℰ 0578 274086 – www.lasovana.com – Aperto 30 marzo-3 novembre

🏠 Le Buche ❶

CASA DI CAMPAGNA · AGRESTE Una bella casa colonica circondata dai vigneti di proprietà, attigua alla cantina dove occasionalmente si organizzano degustazioni, offre ai propri ospiti una piccola, ma accessoriata spa. Indirizzo ideale per una vacanza all'insegna del relax a contatto con la natura.

13 cam 🔄 – ♦149/176 € ♦♦200/280 €

vicinale delle buche 25 – ✆ 0578 274066 – www.lebucheresort.com – Aperto 13 aprile-3 novembre

SARTURANO Piacenza (PC) ➔ Vedere AGAZZANO

SASSETTA

Livorno – ✉ 57020 – 514 ab. – Alt. 330 m – Carta regionale n° **18**-B2
Carta stradale Michelin 563-M13

🏠 Tenuta La Bandita

CASA DI CAMPAGNA · ELEGANTE Villa di fine '700 all'interno di una vasta proprietà. Interni molto curati con arredi d'epoca, notevoli soprattutto nelle aree comuni. Camere eleganti, bella piscina. Fiori ai tavoli, paste fatte in casa e selvaggina nella luminosa sala da pranzo.

27 cam 🔄 – ♦90/150 € ♦♦120/250 €

via Campagna Nord 30, Nord-Est: 3 km – ✆ 0565 794224 – www.labandita.com – Aperto 1° aprile-4 novembre

SASSO MARCONI

Bologna – ✉ 40037 – 14 735 ab. – Alt. 128 m – Carta regionale n° **5**-C2
Carta stradale Michelin 562-I15

✿ Marconi (Aurora Mazzucchelli)

CUCINA CREATIVA · CONTESTO CONTEMPORANEO XX Fratello e sorella ci mettono passione ed impegno in questo bel locale dal design moderno dove rovere e luce naturale sono tra gli elementi di maggiore impatto, mentre una bella veranda estiva accoglie gli ospiti con una bella vista (inimmaginabile arrivando dalla Porrettana!). Nel piatto, piacevolmente immutata, la creatività di Aurora.

➔ Maccheroni al torchio, anguilla affumicata, ostriche crude e spinaci. Diaframma di manzo, alghe rosse e caviale. Ananas in raviolo ripieno di ricotta, caviale di caffè, uvetta e pinoli.

Menu 70/90 € – Carta 65/95 €

via Porrettana 291 – ✆ 051 846216 – www.ristorantemarconi.it – Chiuso 1°-10 gennaio, 13 agosto-10 settembre, domenica sera e lunedì

a Mongardino Nord-Ovest : 5 km ✉ 40037 – Alt. 369 m

🍴 La Grotta dal 1918

CUCINA REGIONALE · FAMILIARE X Portano la firma del noto designer bolognese Dino Gavina, gli arredi interni ed esterni di questo ristorante fondato nel 1918 dove gustare ottime proposte locali: paste fresche (spesso preparate sotto gli occhi dei clienti dalle sfogline presenti in sala), ma anche selvaggina, funghi, tartufi, nonché il tipico fritto misto dolce e salato. Terrazza per i piatti estivi.

Carta 31/58 €

via. Mongardino 52, ang. via Tignano – ✆ 051 675 5110 – www.lagrotta1918.it – solo a cena escluso sabato e domenica – Chiuso 8 gennaio-9 febbraio e mercoledì

🏠 Le Mingarine

CASA DI CAMPAGNA · ACCOGLIENTE All'interno di una azienda agricola con produzione di olio, vino e ortaggi, un vero B&B dove gli ospiti condividono con i proprietari gli ambienti comuni e l'atmosfera di dimora privata è assolutamente autentica. Camere spaziose, caldamente personalizzate, belli anche i bagni.

3 cam 🔄 – ♦90 € ♦♦150 €

via Montechiaro 53 – ✆ 051 675 5270 – www.lemingarine.it

verso Calderino Nord-Ovest : 11 km

🍴 **Nuova Roma**   ⚜ 🛏 🍽 AC P

CUCINA REGIONALE · TRATTORIA ⅄ Una trattoria semplice, sulla strada tra Calderino e Sasso Marconi, dove gustare una cucina regionale con un bicchiere da scegliere ad hoc da una completa carta dei vini: un occhio di riguardo è comunque riservato all'Emilia Romagna.

Carta 25/50 €

via Olivetta 87 ✉ 40037 – ☏ 051 676 0140 – www.ristorantenuovaroma.it – Chiuso 30 gennaio-13 febbraio, 3 settimane in agosto agosto, mercoledì a mezzogiorno e martedì

SATURNIA

Grosseto – ✉ 58014 – Alt. 294 m – Carta regionale n° **18**-C3
Carta stradale Michelin 563-O16

🍴 **I Due Cippi-da Michele**   ⚜ 🍽 ↻

CUCINA TOSCANA · ACCOGLIENTE ⅩⅩ Affacciato sulla semplice, ma suggestiva piazza del paese dove si svolge il servizio estivo, la brace per la cottura delle carni accoglie i clienti all'ingresso. Ampia scelta di vino con rivendita nell'adiacente enoteca della stessa proprietà.

Carta 40/95 €

piazza Veneto 26/a – ☏ 0564 601074 – www.iduecippi.com – solo a cena – Chiuso 20 giorni in gennaio e martedì escluso i giorni festivi

🏨 **Saturno Fontepura**   ⾕ ⚜ ⪤ 🛏 🏋 ♨ ⅋ AC P

FAMILIARE · ACCOGLIENTE Costruito quasi come un piccolo, moderno borgo ad un chilometro dal paese, le camere sono fresche e luminose, squisiti i titolari, incantevole il panorama dal giardino-solarium con piscina termale.

23 cam ⌷ – †110/150 € ††150/180 €

località La Crocina, Sud: 1 km – ☏ 0564 601313 – www.hotelsaturnofontepura.com – Chiuso 10-28 gennaio

🏨 **Villa Clodia**   ⪤ ⪤ 🛏 ♨ 🏋 AC ⅋

FAMILIARE · ACCOGLIENTE Nel centro, in zona panoramica, bella villa circondata dal verde di un curato giardino-solarium con piscina: ambiente familiare negli interni decorati con gusto e camere accoglienti.

10 cam ⌷ – †65/75 € ††109/120 €

via Italia 43 – ☏ 0564 601212 – www.hotelvillaclodia.it – Chiuso 8 gennaio-3 febbraio

🏨 **Villa Garden**   ⪤ ⪤ 🛏 AC P

FAMILIARE · AGRESTE A metà strada tra il paese e le Terme, una villetta immersa nella quiete, con un gradevole giardino; piacevoli e curati spazi comuni, camere di buon livello.

8 cam ⌷ – †60/80 € ††75/95 €

via Sterpeti 56, Sud: 1 km – ☏ 0564 601182 – www.villagarden.net – Chiuso 20 giorni in gennaio e 15 giorni in febbraio

alle terme Sud-Est : 3 km

🏨 **Terme di Saturnia Spa & Golf Resort**   ⾕ ⚜ ⪤ 🛏 ♨ ⊛ ⅋ 🏋

SPA E WELLNESS · GRAN LUSSO Esclusivo complesso, ⅍ ▣ ⊞ & AC ♨ P ideale per vacanze rigeneranti nel cuore della Maremma. Tra i suoi argomenti migliori ci sono il centro benessere - tra i migliori d'Italia - e la millenaria fonte di acqua termale. Per quanto riguarda la ristorazione si propongono due diverse opzioni: cucina sofisticata e creativa al ristorante L'Acquacotta, piatti più semplici dagli intensi sapori toscani a L'Aqualuce.

128 cam ⌷ – †370/450 € ††450/600 € – 2 suites

via della Follonata – ☏ 0564 600111 – www.termedisaturnia.it

SAURIS

Udine – ✉ 33020 – 416 ab. – Alt. 1 400 m – Carta regionale n° **6**-A1
Carta stradale Michelin 562-C20

⊛ Alla Pace

CUCINA REGIONALE • SEMPLICE ✕ Locanda di tradizione situata in un antico palazzo fuori dal centro e gestita dalla stessa famiglia dal 1804. Accoglienti le salette rustiche dove gustare cucina tipica del luogo: cjarsons, frico di patate e formaggio, semifreddi.

Carta 24/44 €

8 cam ☲ – ♦♦75/85 €

via Sauris di Sotto 38 – ℰ 0433 86010 – www.ristoranteallapace.it – Chiuso 10 giorni in dicembre, 3 settimane in giugno, martedì e mercoledì escluso luglio-settembre

⌂ Riglarhaus

TRADIZIONALE • STILE MONTANO E' da più generazioni che in questa casetta in posizione panoramica e dotata di una graziosa zona benessere, si offrono ospitalità e, nell'omonimo ristorante su due salette di cui una con un bel fogolar, cucina casalinga e calda accoglienza.

8 cam ☲ – ♦55/65 € ♦♦86/96 € – 1 suite

località Laites, Sud-Ovest: 6 km – ℰ 0433 86049 – www.riglarhaus.it – Chiuso 11 gennaio-10 febbraio

SAUZE DI CESANA

Torino (TO) – ✉ 10054 – 244 ab. – Alt. 1 560 m – Carta regionale n° **12**-A2
Carta stradale Michelin 561-H2

ⅈ○ RistoranTino & C. ⓝ

CUCINA MODERNA • ROMANTICO ✕✕ Bell'edificio in pietra e legno lungo la strada per Sestrière, una coppia di giovani assicurano in sala una calda accoglienza e in cucina piatti contemporanei rivisitati in chiave moderna. Atmosfera elegante in stile montano.

Menu 65/85 € – Carta 59/79 €

strada principale 63 frazione Rollieres, Sud: 2 Km – ℰ 0122 76141 (consigliata la prenotazione) – www.ristorantinorollieres.com – solo a cena – Chiuso maggio, ottobre e lunedì

SAUZE D'OULX

Torino – ✉ 10050 – 1 109 ab. – Alt. 1 509 m – Carta regionale n° **12**-A2
Carta stradale Michelin 561-G2

ⅈ○ Naskira

CUCINA REGIONALE • RUSTICO ✕✕ Il nome allude alla stella più luminosa della costellazione del Capricorno, mentre tutto il resto richiama il meglio della montagna torinese. In una tipica sala alpina: a mezzogiorno piatti classici per la clientela frettolosa impegnata tra una pista e l'altra, mentre la sera la carta cambia, assumendo una veste più gourmet e ricercata. Servizio anche all'aperto sulla valle.

Menu 50 € – Carta 50/89 €

Chalet Hotel Il Capricorno, via Case Sparse 21, località Le Clotes – ℰ 0122 850273 (consigliata la prenotazione) – www.chaletilcapricorno.it – Chiuso 20 giorni in maggio e 20 giorni in novembre

⌂⌂ Chalet Hotel Il Capricorno

LOCANDA • STILE MONTANO In una splendida pineta ed in comoda posizione sulle piste da sci, una struttura piccola nelle dimensione ma grande nel calore che sa regalare ai suoi ospiti grazie ad arredi artigianali, tanto legno sin dentro le camere, un servizio di livello ed una vista mozzafiato sui monti dell'Alta Val di Susa. D'inverno, sarà una motoslitta ad accompagnarvi in hotel!

10 cam ☲ – ♦165/195 € ♦♦260/310 €

via Case Sparse 21, località Le Clotes – ℰ 0122 850273 – www.chaletilcapricorno.it – Chiuso 20 giorni in maggio e 20 giorni in novembre

ⅈ○ **Naskira** – Vedere selezione ristoranti

Jouvenceaux Ovest : 2 km ⊠ 10050 – Sauxe D'Oulx

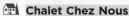 **Chalet Chez Nous**   🦡 ✑ **P**

FAMILIARE · ACCOGLIENTE In un borgo con strade strette e case in pietra, è un'antica baita risalente al 1700 ad ospitare questo albergo accogliente, tranquillo, dall'attenta e premurosa gestione famigliare. Sala colazioni con soffitto a volte.

10 cam ☲ – ♦50/130 € ♦♦80/160 €

via Principale 41 – ✆ 0122 859782 – www.chaletcheznous.it – Aperto 7 dicembre-15 aprile e 20 giugno-10 settembre

SAVELLETRI
Brindisi – ⊠ 72010 – Carta regionale n° **15**-C2
Carta stradale Michelin 564-E34

❀ **Due Camini**   🏛 🎟 ⅃ ⎔ 🆔 ✑ **P**

CUCINA MODERNA · LUSSO XxX Ambiente ovattato e quasi fiabesco - grazie al riverbero delle tante candele - è il ristorante più romantico di Borgo Egnazia, quello da prenotare per celebrare una ricorrenza importante, una fuga d'amore o semplicemente per regalarsi una sosta gourmet. Cucina del territorio eseguita con prodotti locali, comunque leggera e creativa. Lo chef esalta la materia prima e punta al sodo: pochi ingredienti e sapori decisi!

→ Seppia e pane. Taralli bolliti, finanziera di pesce e bietola. Radici e mandorle.

Menu 70/120 € – Carta 68/105 €

Hotel Borgo Egnazia, contrada Masciola, Nord-Ovest: 2 Km – ✆ 080 225 5351 (prenotazione obbligatoria) – www.ristoranteduecamini.it – Chiuso 10-20 dicembre, 7 gennaio-13 febbraio e martedì

⅃○ **Le Palme**   🍴 🎟 🆔 ✑ **P**

CUCINA CLASSICA · STILE MEDITERRANEO XxX Atmosfera elegante e campestre allo stesso tempo, il ristorante della masseria vi offre un'ottima selezione di prodotti pugliesi, a cominciare dalle celebri verdure. Romantico ed inevitabile corollario, il servizio in giardino sotto i limoni dove ci si trasferisce col bel tempo.

Carta 55/78 €

Masseria Torre Maizza, contrada Coccaro, Sud Ovest: 2 Km ⊠ 72015 Savelletri – ✆ 080 482 7838 (consigliata la prenotazione) – www.masseriatorremaizza.com

🏨 **Borgo Egnazia** 🏵 🦡 🍴 ⅃ 🖾 ❀ 🍸 ⅃b ✑ ⚓ 🖻 🔄 🗳 🆔 🧖 **P**

GRAN LUSSO · MEDITERRANEO Interpretazione visionaria di un tipico borgo pugliese, Borgo Egnazia incarna un diverso concetto di ospitalità e benessere basato su esperienze locali e autentiche: interamente realizzato in tufo e circondato da ulivi millenari, combina tradizioni locali a servizi di alto livello. Oltre al gourmet, svariati punti di ristorazione e navetta a disposizione degli ospiti per raggiungere la spiaggia privata.

183 cam ☲ – ♦229/829 € ♦♦249/849 €

contrada Masciola, Nord-Ovest: 2 Km – ✆ 080 225 5000 – www.borgoegnazia.it – Chiuso 10-20 dicembre e 7 gennaio-13 febbraio

❀ **Due Camini** – Vedere selezione ristoranti

🏨 **Masseria San Domenico** 🏵 🦡 🍴 ⅃ 🖾 ❀ 🍸 ⅃b 🍸 ⚓ 🖻 🆔 ✑ 🧖

GRAN LUSSO · MEDITERRANEO Relax, benessere ed eco dal passato in **P** questa masseria del '400 tra ulivi secolari e ampi spazi verdi, che accolgono un caratteristico frantoio ipogeo ed una splendida piscina con acqua di mare, "ideale" angolo di costa marina. Ma per chi volesse abbandonare anche solo il tempo di qualche ora quest'oasi paradisiaca, c'è anche un servizio navetta per la spiaggia privata. Nell'elegante terrazza come nella bella sala dal soffitto a volte, i capolavori di una cucina della tradizione.

40 cam ☲ – ♦330/880 € ♦♦490/880 € – 16 suites

strada litoranea 379, località Petolecchia, Sud-Est: 2 km – ✆ 080 482 7769 – www.masseriasandomenico.com – Chiuso10 gennaio-31 marzo

🏠 Masseria Torre Coccaro 🕏 🕭 ⇚ ⌁ 🕪 ⋒ 🗚 🙵 🖾 🕭 ㎉ 🛦 🅿

CASA DI CAMPAGNA · ELEGANTE Elegante e particolare struttura che rispetta l'antico spirito fortilizio del luogo conservando la torre cinquecentesca: camere quasi tutte nello stesso stile con qualche particolarità. Per gli amanti del mare, sosta "obbligata" al Coccaro Beach Club: un esclusivo lounge sul limpidissimo mare del Salento. Suggestivo anche il ristorante, accolto in sale ricavate nelle stalle settecentesche.

36 cam ☲ – ♦264/445 € ♦♦304/697 €

contrada Coccaro 8, Sud-Ovest: 2 km – ℰ 080 482 9310 – www.masseriatorrecoccaro.com

🏠 Masseria Torre Maizza 🕭 ⇚ ⌁ ⋒ 🗚 🙵 🖾 🕭 ㎉ 🕱 🛦 🅿

LUSSO · ELEGANTE Scorci di Mediterraneo davanti ai vostri occhi, frutteti e coltivazioni i sentieri che attraverserete: l'eleganza del passato si unisce ad una storia più recente e alla sete di benessere. La struttura condivide con Masseria Torre Coccare un esclusivo lounge sulla spiaggia, il Coccaro Beach Club.

38 cam ☲ – ♦355/545 € ♦♦395/585 € – 2 suites

contrada Coccaro, Sud Ovest: 2 Km – ℰ 080 482 7838
– www.masseriatorremaizza.com

🍴○ **Le Palme** – Vedere selezione ristoranti

🏠 Masseria Cimino 🕏 🕭 ⇚ ⌁ 🙵 🖾 ㎉ 🅿

LOCANDA · REGIONALE Nata come guest house dell'annesso campo da golf, la struttura ha un'antica storia alle spalle... All'interno degli scavi archeologici di Egnatia, questa masseria con torre del '700 continua ad ammaliare l'ospite per la tranquillità della sua posizione isolata e per gli ambienti rustici, ma non privi di eleganza.

14 cam – solo ½ P 190/350 €

contrada Masciola, Nord-Ovest: 2,5 Km – ℰ 080 482 7886 – www.masseriacimino.com

SAVIGNO
Bologna – ⊠ 40060 – 2 712 ab. – Alt. 259 m – Carta regionale n° **5**-C2
Carta stradale Michelin 562-I15

✿ Trattoria da Amerigo (Alberto Bettini) 🕸 ⇚ 🛱

CUCINA DEL TERRITORIO · CONTESTO REGIONALE 🐃 L'atmosfera retrò, curatissima in ogni suo dettaglio, a partire dalla bottega all'ingresso sino al suggestivo affresco murale "Il Bosco delle Meraviglie di Amerigo" in una delle due sale al primo piano, lascia intuire che avete prenotato il posto giusto! E, infatti, il palato sarà deliziato da una cucina rispettosa di una regione tanto prodiga di specialità. La ricerca dei prodotti sul territorio è davvero encomiabile: alcune ricette sono quelle originali dei nonni, altre creazioni inedite, ma sempre partendo da prodotti locali. Camere a 100 metri molto graziose e personalizzate.

→ Ravioli di friggione con parmigiano 36 mesi. Capocollo di maiale brado di razza Mora Romagnola con tortino di cipollotti gratinati. Fiordilatte con spuma di amaretto e briciole di biscotto.

Menu 38/59 € – Carta 35/61 €

5 cam ☲ – ♦50/70 € ♦♦70/100 €

via Marconi 16 – ℰ 051 670 8326 (consigliata la prenotazione) – www.amerigo1934.it
– solo a cena escluso sabato e i giorni festivi – Chiuso 7 gennaio-1° febbraio,
10-28 giugno e lunedì, anche martedì in gennaio-agosto

SAVIO
Ravenna (RA) – ⊠ 48020 – Carta regionale n° **5**-D2
Carta stradale Michelin 562-J18

🍴○ CâMì 🕸 ⇚ 🛱 🙵 ㎉ 🅿

CUCINA REGIONALE · ELEGANTE 🐃🐃 Nel verde della campagna del fiume Savio, ma a soli 3 km da Milano Marittima, un ristorante all'interno di un agriturismo dove uno chef di grande spessore reinterpreta i sapori regionali, utilizzando al meglio i prodotti ortofrutticoli delle proprie coltivazioni.

Carta 45/61 €

via Argine Sinistro 84 – ℰ 0544 949250 – www.camiagriturismo.it – solo a
cena escluso sabato e i giorni festivi – Chiuso mercoledì escluso luglio e agosto

SAVOGNA D'ISONZO

Gorizia – ⊠ 34070 – 1 717 ab. – Alt. 49 m – Carta regionale n° **6**-C2
Carta stradale Michelin 562-E22

a San Michele del Carso Sud-Ovest : 4 km ⊠ 34070

😊 **Lokanda Devetak**   🎇 ⟵ 🐖 🖨 🛋 AC P

CUCINA REGIONALE · **FAMILIARE** XX Tra le specialità del menu, soffermatevi sul cinghialetto cotto a bassa temperatura ben sapendo che questa tipica gostilna oltre a proporre vari piatti regionali e mitteleuropei vanta una fornita cantina - ad uso enoteca - scavata nella pietra. A completare l'offerta, vi è anche la "Casa dei sapori": laboratorio per la creazione di marmellate, sciroppi, sottaceti e miele.

Menu 38/45 € – Carta 32/52 €

8 cam ☲ – †75/85 € ††110/135 €

via Brezici 22 – 𝒞 0481 882488 (prenotare) – www.devetak.com – Chiuso 2 settimane in luglio, lunedì, martedì e i mezzogiorno di mercoledì e giovedì

SAVONA

(SV) – ⊠ 17100 – 61 345 ab. – Carta regionale n° **8**-B2
Carta stradale Michelin 561-J7

⫶◯ **A Spurcacciun-a**   🎇 ⟜ 🖨 🛋 AC ⟳ P

PESCE E FRUTTI DI MARE · **ELEGANTE** XXX Emozioni visive nella sala denominata "tappeti volanti", giochi di colore e luci alla "cromo dinner", il fragore delle onde nel bel servizio all'aperto o un'unica esperienza tattile al tavolo del menu "solo mani"... ma in tutto ciò è pur sempre il mare a farla da padrone.

Menu 55/120 € – Carta 66/132 €

Hotel Mare, via Nizza 89/r – 𝒞 019 862263 – www.aspurcacciun-a.it – Chiuso 23 dicembre-21 gennaio e mercoledì

⫶◯ **Suavis**   AC

CUCINA ITALIANA · **INTIMO** X Informale cortesia in una piccola sala dall'arredo moderno e di buon gusto: l'accento è infatti posto sulla cucina, le cui interessanti preparazioni risentono d'influenze liguri e piemontesi.

Carta 32/69 €

via Astengo 36R – 𝒞 019 812811 (coperti limitati, prenotare) – Chiuso 1°-8 gennaio, 13-27 agosto, domenica e lunedì

🏠 **Mare**   ⭐ ⟜ 🌊 🔧 🔳 AC 🛴 🚗

TRADIZIONALE · **ACCOGLIENTE** E' certamente un riferimento tra gli alberghi della zona per il suo bel ventaglio di servizi, tra cui spiccano i ristoranti, nonché per la costanza nell'apportare migliorie alla struttura stessa. La zona notte si divide fra camere classiche ed altre più moderne.

66 cam ☲ – †55/120 € ††70/250 €

via Nizza 89/r – 𝒞 019 264065 – www.marehotel.it

⫶◯ **A Spurcacciun-a** – Vedere selezione ristoranti

SCAGLIERI Livorno → Vedere Elba (Isola d') : Portoferraio

SCANDIANO

Reggio nell'Emilia (RE) – ⊠ 42019 – 25 483 ab. – Alt. 95 m – Carta regionale n° **5**-B2
Carta stradale Michelin 562-I14

⫶◯ **Osteria in Scandiano**   🖨 🛋 & ⟳

CUCINA EMILIANA · **CONTESTO STORICO** XXX Nel scenografico contesto di una villa di origini quattrocentesche, ma il cui attuale aspetto risale all'Ottocento, si mangia in una veranda chiusa con vista sul parco. Cucina emiliana, di carne, ma con qualche divagazione più estrosa.

Menu 40/50 € – Carta 36/60 €

via Palazzina 40 ⊠ 42019 Scandiano – 𝒞 0522 857079 – www.osteriainscandiano.com – Chiuso 10 giorni in gennaio, 3 settimane in luglio, domenica sera e lunedì

⫟◯ 1495 Garden Restaurant   🛱 ⅙ 🄰🄲 🅿

CUCINA CLASSICA · ACCOGLIENTE ✖✖ Un po' di tutto in carta, dai classici emiliani a piatti nazionali, pesce ed una buona selezione di carne, soprattutto manzo. Stile rustico nelle colonne in mattoni che ornano la sala, ampia e luminosa.

Carta 24/58 €

Hotel Boiardo, via Ubersetto 59, Sud: 1 km – 𝒞 0522 856872
– www.1495restaurant.com – Chiuso 1 settimana in dicembre e 3 settimane in agosto,sabato a mezzogiorno e domenica

🏠🏠 Boiardo   🍴🔲⅙🄰🄲🎿🚗

BUSINESS · MINIMALISTA Appena fuori paese, luminoso e funzionale, Boiardo privilegia la comodità degli ospiti in ambienti pratici e contemporanei con ampi piani d'appoggio.

43 cam ⌖ – †70/200 € ††80/250 €

via Ubersetto 59, Sud: 1 km – 𝒞 0522 857605 – www.boiardohotel.com – Chiuso 1 settimana in dicembre e 3 settimane in agosto

⫟◯ **1495 Garden Restaurant** – Vedere selezione ristoranti

ad Arceto Nord-Est : 3,5 km ✉ 42010

⫟◯ Rostaria al Castello   🛱 🄰🄲

CUCINA CLASSICA · INTIMO ✖✖✖ Tra le mura del castello di Arceto, un intimo, elegante, ristorante dove salame, pane e paste fresche (di propria produzione) si uniscono a prodotti tipici locali come aceto balsamico, parmigiano reggiano o culatello di Zibello dando vita ad una cucina stuzzicante, mai scontata.

Menu 40 € – Carta 34/69 €

via Pagliani 2 – 𝒞 338 507 4786 – www.larostaria.it – Chiuso 10 giorni in agosto, sabato a mezzogiorno e lunedì

sulla strada statale 467 Nord-Ovest : 4 km :

⫟◯ Bosco   🐝🛱🄰🄲🍴🔄🅿

CUCINA EMILIANA · FAMILIARE ✖✖ Ristorante a gestione familiare, le sale sono arredate con cura mentre le proposte culinarie sono legate alla stagione e al territorio: quasi esclusivamente carne, qualche proposta in più di pesce arriva con l'estate. Interessante lista dei vini e bella selezione di grappe.

Carta 42/69 €

via Bosco 133 ✉ 42019 – 𝒞 0522 857242 – www.ristorantebosco.it
– Chiuso 27 dicembre-7 gennaio, agosto, domenica sera e lunedì

SCANDICCI
Firenze – ✉ 50018 – 50 609 ab. – Alt. 47 m – Carta regionale n° **18**-D3
Carta stradale Michelin 563-K15

a Mosciano Sud-Ovest : 3 km ✉ 50018 – Scandicci

🏠🏠 Tenuta Le Viste   🌳🍃<🍴🔳🄰🄲🅿

DIMORA STORICA · ELEGANTE In posizione dominante, un'oasi di pace avvolta dal profumo degli ulivi: un'elegante residenza di campagna dagli ambienti arredati con mobili d'epoca, splendidi spazi esterni con una grande piscina, nonché una terrazza panoramica su Firenze.

4 cam ⌖ – †110/120 € ††143/166 €

via del Leone 11 – 𝒞 055 768002 – www.tenuta-leviste.it – Chiuso 23-28 dicembre

SCANDOLARA RIPA D'OGLIO
Cremona – ✉ 26047 – 547 ab. – Alt. 47 m – Carta regionale n° **9**-C3
Carta stradale Michelin 561-G12

ECCELLENZE ITALIANE

Da oltre cinquant'anni perseguiamo un obiettivo di qualità eccellente e costante.
Possiamo garantire prodotti buoni e sicuri perché fatti con buon latte Piemontese
della nostra filiera controllata e certificata dalla stalla al prodotto finito.
Inalpi, dal 1966 valori giusti, buoni e sicuri.

LATTERIE

www.inalpi.it

🍴 Locanda del Gheppio   AC ❄

CUCINA LOMBARDA · SEMPLICE X Ingredienti del passato - in parte dimenticati – concorrono nella composizione di piatti della tradizione: rollino di anguilla in carpione dolce, filetto di pesce gatto con cipolle o marubini in brodo di cappone... Lo spazio per la descrizione è modesto e la lista delle specialità lunga!

🍽 Menu 12 € (pranzo in settimana) - Carta 31/53 €

– *☎ 0372 89140 – www.locanda-del-gheppio.it – Chiuso agosto, martedì e le sere di lunedì, mercoledì e giovedì*

SCAPEZZANO Ancona → Vedere Senigallia

SCARLINO

Grosseto – ✉ 58020 – 3 847 ab. – Alt. 229 m – Carta regionale n° **18**-B3
Carta stradale Michelin 563-N14

🏠 Relais Vedetta   ☆ 🦢 ⬅ 📠 ℐ 🔥 AC P

CASA DI CAMPAGNA · PERSONALIZZATO Sulla sommità di una collina panoramica sul mare, si tratta di un casolare elegantemente ristrutturato; nelle camere troverete un sapiente mix di antico e moderno, con bagni particolarmente suggestivi. Per un soggiorno ancora più "naturale", nel verde circostante, trovano posto otto palafitte in legno e una tenda.

6 cam ⌂ – †180/450 € ††180/450 €

poggio La Forcola 12, Ovest: 5 km – ☎ 0566 37023 – www.relaislavedetta.eu – Chiuso 9 gennaio-31 marzo

SCARPERIA

Firenze – ✉ 50038 – 12 217 ab. – Alt. 292 m – Carta regionale n° **18**-C1
Carta stradale Michelin 563-K16

🏠 Locanda San Barnaba   ☆ 🖃 🔥 AC

LOCANDA · REGIONALE In uno dei borghi più belli d'Italia, immerso nel verde della collina toscana, una deliziosa locanda le cui camere affrescate, una diversa dall'altra, evocano più atmosfere casalinghe che alberghiere.

13 cam ⌂ – †63/100 € ††86/180 €

viale J.F. Kennedy 15/17 – ☎ 055 843 1125 – www.lalocandasanbarnaba.com

a Gabbiano Ovest : 7 km ✉ 50038 – Scarperia

🏨 UNA Poggio Dei Medici   ☆ 🦢 ⬅ ℐ 🎣 🖥 🔥 AC 🎿 P

TRADIZIONALE · CLASSICO Vicino al borgo medievale di Scarperia, nella valle del Mugello, questo elegante resort è il paradiso dei golfisti grazie al suo green 18 buche. Il restauro di antichi casali toscani ha preservato la tipicità del luogo, creando al tempo stesso camere spaziose, dotate di moderni confort.

63 cam ⌂ – †110/390 € ††125/540 € – 7 suites

via San Gavino 27 – ☎ 055 84350 – www.unahotels.it – Aperto 1° marzo-30 novembre

SCENA SCHENNA

Bolzano – ✉ 39017 – 2 927 ab. – Alt. 600 m – Carta regionale n° **19**-B1
Carta stradale Michelin 562-B15

Pianta : vedere Merano

🏨 Schlosswirt   ☆ ⬅ 📠 ℐ 🖃 P

FAMILIARE · FUNZIONALE Bella terrazza con vista e piscina riscaldata in giardino in questa centralissima struttura con interni in stile locale di moderna concezione; gradevoli le camere. Luminose finestre rischiarano la capace sala ristorante.

28 cam ⌂ – †71/124 € ††128/242 € – 4 suites

Pianta: B1-u – *via al Castello 2 – ☎ 0473 945620 – www.schlosswirt.it – Aperto 29 novembre-8 gennaio e 15 marzo-10 novembre*

SCHENNA → Vedere Scena

SCHIO
Vicenza – ⊠ 36015 – 39 355 ab. – Alt. 200 m – Carta regionale n° **23**-B2
Carta stradale Michelin 562-E16

❀ **Spinechile** (Corrado Fasolato)   ⊹ ≼ ⅌ **P**

CUCINA CREATIVA · ROMANTICO XX Non semplice da scovare, ma di fiabesca atmosfera, tra i boschi delle colline sovrastanti Schio, l'ex fienile di una romantica baita sforna una cucina creativa, generosa ed intrigante.

→ Fettuccine di seppia alla carbonara. Capriolo cotto al vapore di erbe e fieno. Sensazioni di rum e tabacco.

Menu 75/95 € – Carta 75/100 €

contra' Pacche 2, località Tretto, Nord: 10 km – ℰ 0445 169 0107 (consigliata la prenotazione) – www.spinechileresort.com – solo a cena escluso sabato – Chiuso domenica sera e lunedì

SCHLANDERS → Vedere Silandro

SCHNALS → Vedere Senales

SCIACCA Sicilia
Agrigento – ⊠ 92019 – 40 928 ab. – Alt. 60 m – Carta regionale n° **17**-B2
Carta stradale Michelin 365-AN58

🏠 **Villa Palocla**   ⇗ ⅏ ⛨ ⍋ ⅖ 🅰 ⅌ 🄰 **P**

CASA DI CAMPAGNA · TRADIZIONALE All'interno di un edificio in stile tardo barocco le cui origini risalgono al 1750, caratteristico hotel avvolto da un giardino-agrumeto in cui trova posto anche la piscina. Al ristorante per gustare una saporita cucina di mare.

8 cam ⊊ – †50/90 € ††70/130 €

contrada Raganella, Ovest: 4 km – ℰ 0925 902812 – www.villapalocla.it – Chiuso 15 giorni in novembre

sulla strada statale 115 km 131 Est : 10 km

🏨🏨 **Verdura Resort**   ⇗ ⅏ ≼ ⛨ ⍋ 🄽 ⍰ 🄰 ⅃⅘ ⅗ 🄲 🄳 ⅙ 🅰 ⅌ 🄰 **P**

GRAN LUSSO · MINIMALISTA Resort di gran lusso con tre campi da golf disegnati dall'architetto californiano K. Phillips, una grande spa con programmi benessere personalizzati e camere dotate di terrazza privata. Per la ristorazione si può spaziare da La Zagara, locale gourmet serale, all'Amare, un dehors con tanto pesce; sapori siciliani e pizza al Liolà.

182 cam ⊊ – †200/1000 € ††200/1000 € – 20 suites

località Verdura ⊠ 92019 Sciacca
– ℰ 0925 998001 – www.roccofortehotels.com
– Chiuso dicembre-febbraio

SCICLI Sicilia
Ragusa (RG) – ⊠ 97018 – 27 077 ab. – Alt. 106 m – Carta regionale n° **17**-D3
Carta stradale Michelin 365-AX63

🍴 **Satra**   ⌂

CUCINA MODERNA · ALLA MODA XX Ex dispensa di un antico convento del 1200 ristrutturato, i soffitti sono stati mantenuti nella loro caratteristica architettura a volta, ma gli arredi non hanno saputo sottrarsi al gusto moderno. Estimatrice del timo selvatico (satra, in dialetto) e dei piatti della tradizione, la cuoca-titolare ne ripropone i sapori reinterpretandoli con gusto personale.

Menu 45/75 € – Carta 48/74 €

via Duca degli Abruzzi, 1 – ℰ 0932 842148 – www.ristorantesatra.it – solo a cena in agosto – Chiuso 12-30 novembre, 7 gennaio-13 febbraio, mercoledì a mezzogiorno, martedì, anche domenica a pranzo in luglio e agosto

Novecento AC

STORICO · ACCOGLIENTE Nel cuore del centro storico barocco, un palazzo d'epoca dagli interni inaspettatamente moderni e piacevoli: se disponibili, meglio prenotare le camere al 1° piano con soffitti affrescati.

9 cam ⌑ - ♦70/120 € ♦♦80/160 € - 1 suite

via Dupré 11 - ℰ 0932 843817 - www.hotel900.it

SCLAFANI BAGNI

Palermo (PA) - ⊠ 90020 - 426 ab. - Alt. 755 m - Carta regionale n° **17**-C2
Carta stradale Michelin 365-AS57

⊛ **Terrazza Costantino** Ⓝ ஃ 斋 AC

CUCINA MODERNA · ELEGANTE XX E' la trattoria di famiglia, ma lui - il giovane chef - ne ha fatto un raffinato ristorante dove gustare i prodotti del territorio in sfiziose reinterpretazioni; due i percorsi degustazione - carne o pesce - con un rapporto qualità/prezzo eccezionale.

Menu 36 €

rione Sant'Antonio 24 - ℰ 339 115 5915 (prenotare) - solo a cena escluso i giorni festivi - Chiuso 16-31 gennaio e mercoledì

SCOGLITTI Ragusa (RG) → Vedere Vittoria

SCOPELLO Sicilia

Trapani - ⊠ 91014 - Alt. 106 m - Carta regionale n° **17**-B2
Carta stradale Michelin 365-AL55

⌂ **Tranchina** 🏠 🐾 🌣

FAMILIARE · TRADIZIONALE Graziosa pensione dagli ambienti estremamente sobri e dall'accoglienza cordiale nel cuore del piccolo caratteristico paese. Lei, cinese, si occupa soprattutto delle camere. Il patron, siciliano, è l'anima e l'estro della buona tavola.

10 cam ⌑ - ♦50/65 € ♦♦70/100 €

via A. Diaz 7 - ℰ 0924 541099 - www.pensionetranchina.com - Aperto 1° marzo-15 novembre

⌂ **Tenute Plaia** 🏠 🐾 🍴 ♨ & AC 🌣 🅿

FAMILIARE · MEDITERRANEO Costruita attorno ad una piccola corte interna, la struttura è gestita da una famiglia di imprenditori vinicoli. Semplici e accoglienti le camere con letti in ferro battuto e decorazioni floreali. Cucina tipica siciliana preparata con i prodotti dell'azienda agricola stessa e una particolare attenzione per il vino.

10 cam ⌑ - ♦54/149 € ♦♦64/179 €

Contrada Scopello 3 - ℰ 0924 541476 - www.agriturismotenuteplaia.it - Aperto 1° aprile-30 ottobre

SCORZÈ

Venezia - ⊠ 30037 - 18 863 ab. - Alt. 16 m - Carta regionale n° **23**-C2
Carta stradale Michelin 562-F18

⊛ **San Martino** (Raffaele Ros) ஃ AC 🌣

CUCINA MODERNA · CONTESTO CONTEMPORANEO XX Sobrio ed elegante, tutta l'attenzione ruota intorno alla cucina: moderna, personalizzata, divisa tra carne e - soprattutto - pesce. A mezzogiorno si sdoppia con una seconda piccola carta light.

→ Cocktail di gamberetti. Spaghettino aglio, olio, peperoncino e crudo di scampi. Versioni di piccione.

Carta 55/90 €

piazza Cappelletto 1, località Rio San Martino, Nord: 1 km - ℰ 041 584 0648 (prenotare) - www.ristorantesanmartino.info - Chiuso domenica sera e lunedì

‖○ I Savi ⌂ AC ♿ P

PESCE E FRUTTI DI MARE · FAMILIARE ✗✗ Un ristorante improntato alla più semplice e genuina qualità: pur essendoci un menu stampato, sarà il titolare stesso ad illustrarvi a voce il pescato del giorno sul quale orientare la vostra scelta. Un'attenzione particolare ai vegani con alcuni piatti a loro riservati.

Menu 40 € (pranzo in settimana) – Carta 37/76 €

via Spangaro 6, località Peseggia di Scorzè – ℰ 041 448822 – www.isavi.it
– Chiuso 1°-7 gennaio, 13-20 agosto, domenica sera e lunedì

‖○ Osteria Perbacco ⌂ ⌂ & AC P

CUCINA REGIONALE · FAMILIARE ✗✗ Due piacevoli sale fresche e luminose in combinazione con elementi rustici e camino, d'estate ci si trasferisce in terrazza sopra il fiume. Carne e pesce in ricette venete o più creative per chi è in vena di novità.

Carta 36/73 €

Hotel Antico Mulino, via Moglianese 37, strada per Mogliano – ℰ 041 584 0991
– www.ristoranteperbaccoscorze.it – Chiuso 1 settimana in gennaio, 2 settimane in agosto sabato a mezzogiorno e domenica

🏠 Antico Mulino ⟳ & AC P

TRADIZIONALE · MODERNO Ubicato in aperta campagna, il nome tradisce l'originaria funzione dell'edificio, ma le molteplici e sapienti ristrutturazioni ben poco hanno lasciato della vecchia architettura. L'antico mulino ospita ora camere belle e moderne, dagli arredi curati e funzionali, atte a soddisfare qualsiasi tipo di clientela.

30 cam ⌂ – ♦49/99 € ♦♦69/139 €

via Moglianese 37, strada per Mogliano – ℰ 041 584 0700 – www.hotelanticomulino.com
‖○ **Osteria Perbacco** – Vedere selezione ristoranti

SCRITTO Perugia → Vedere Gubbio

SEGGIANO

Grosseto – ✉ 58038 – 961 ab. – Alt. 491 m – Carta regionale n° **18**-C3
Carta stradale Michelin 563-N16

✿ Silene (Roberto Rossi) ⟲ 🐽 🍴 ✿ P

CUCINA TOSCANA · CONTESTO TRADIZIONALE ✗✗✗ In un paesino di montagna di poche anime, lo chef-patron seduce i suoi ospiti con una linea di cucina decisamente toscana dai sapori intensi e fragranti. Ottimi i primi e le proverbiali carni, qualche proposta di pesce, il tutto condito con olio di produzione propria, erbe e verdure dell'orto di casa (proprio di fronte al ristorante dove c'è anche l'eliporto!).
→ Tortello soffice al tartufo di stagione. Piccione ai sapori mediterranei. Zuppetta di frutta con tortellini di cioccolato.

Menu 55/110 € – Carta 54/91 €

4 cam ⌂ – ♦85 € ♦♦85 €

località Pescina, Est: 3 km – ℰ 0564 950805 (prenotazione obbligatoria)
– www.ilsilene.it – Chiuso inizio gennaio-metà febbraio, domenica sera e lunedì

SEGRATE

Milano – ✉ 20090 – 35 037 ab. – Alt. 115 m – Carta regionale n° **10**-B2
Carta stradale Michelin 561-F9

‖○ Osteria Dei Fauni ⌂ AC

CUCINA MODERNA · RUSTICO ✗✗ Se l'ambiente è "caldo" e frizzante, non da meno lo sono le accattivanti proposte gastronomiche che spaziano tra terra e mare; interessante scelta di vini al bicchiere.

🍴 Menu 20 € (pranzo in settimana) – Carta 34/58 €

via Turati 5 – ℰ 02 2692 1411 – www.osteriadeifauni.it – Chiuso
26 dicembre-8 gennaio, 13 agosto-4 settembre, sabato a mezzogiorno e domenica

SEGROMIGNO IN MONTE Lucca → Vedere Lucca

SEIS AM SCHLERN → Vedere Siusi allo Sciliar

SEISER ALM → Vedere Alpe di Siusi

SELINUNTE Sicilia
Trapani – Carta regionale n° **17**-B2
Carta stradale Michelin 365-AL58

a Marinella Sud : 1 km ⊠ 91022

⌂ Admeto ☆ ⚔ 🖥 ㅎ 🄰🄲 🛁 🚗
FAMILIARE · LUNGOMARE Fronte mare, un candido edificio ospita camere moderne ed essenziali con panoramica sala colazione sul celebre tempio greco. Al ristorante, cucina tradizionale siciliana.
56 cam ⊡ – ♦50/98 € ♦♦70/160 € – 1 suite
via Palinuro 3 – ℰ 0924 46796 – www.hoteladmeto.it

SELLIA MARINA
Catanzaro – ⊠ 88050 – 7 513 ab. – Carta regionale n° **3**-B2
Carta stradale Michelin 564-K32

Agriturismo Contrada Guido ☆ ⅏ ⅏ ⏃ ⚔ 🄰🄲 🅿
CASA DI CAMPAGNA · PERSONALIZZATO Un signorile borgo agricolo settecentesco con una bella piscina circondata da piante e fiori: fatevi indicare il gelso antico che racconta con la sua presenza la storia di queste lande un tempo dedite al baco da seta. Camere raffinate e cura per i dettagli; cucina di insospettabile fantasia.
14 cam ⊡ – ♦50/70 € ♦♦70/120 €
località contrada Guido, strada statale 106 km 202 – ℰ 0961 961495
– www.contradaguido.it – Chiuso gennaio

SELVA Brindisi → Vedere Fasano

SELVA Vicenza (VI) → Vedere Montebello Vicentino

SELVA DI CADORE
Belluno – ⊠ 32020 – 520 ab. – Alt. 1 335 m – Carta regionale n° **23**-C1
Carta stradale Michelin 562-C18

⌂ Ca' del Bosco ☆ ⅏ ⪽ 🖴 🖥 ㅎ ⁂ 🅿
FAMILIARE · PERSONALIZZATO Moderna struttura che ben si integra con il contesto paesaggistico, panoramico e quieto, che la avvolge. Particolarmente curati gli arredi negli ambienti e nelle belle camere affrescate.
12 cam ⊡ – ♦45/60 € ♦♦90/120 €
via Monte Cernera 10, località Santa Fosca, Sud-Est: 2 km – ℰ 0437 521258
– www.hotelcadelbosco.it – Aperto
26 dicembre-15 marzo e 15 giugno-15 settembre

⌂ La Stua ⅏ ⪽ ㅎ ⁂ 🅿
FAMILIARE · STILE MONTANO Buon rapporto qualità/prezzo in questo piccolo garnì dalle piacevoli camere in stile montano. Tipica zona bar con una caratteristica stufa in pietra refrattaria.
12 cam ⊡ – ♦47/57 € ♦♦74/98 €
via Dei Denever 25/27, località Santa Fosca, Sud Est: 2 Km
– ℰ 0437 521238 – www.hotelgarnilastua.com
– Aperto 20 dicembre-1° aprile e 1° giugno-14 settembre

Michelin

CI PIACE...

La storia sportiva di un campione del mondo di sci al moderno **Portillo Dolomites 1966**. La nuova spa dell'**Alpenroyal Grand Hotel**. La modernità non solo culinaria del ristorante **Nives**. Tra silenzio e panorami, il buen retiro alpino dello **Chalet Prà Ronch**.

SELVA DI VAL GARDENA
WOLKENSTEIN IN GRÖDEN

(BZ) – ✉ 39048 – 2 622 ab. – Alt. 1 563 m – Carta regionale n° **19**-C2
Carta stradale Michelin 562-C17

Ristoranti

✿ Alpenroyal Gourmet

CUCINA CREATIVA • ELEGANTE XXXX Nicchia gastronomica dell'omonimo hotel, gli ambienti sono stati completamente ristrutturati, il servizio è rimasto di grande livello, come la cucina: sofisticata, impegnata in raffinate presentazioni, basata su prodotti di montagna, ma non solo.

→ Gnocco al peperone del Piquillo, capretto da latte, frutti rossi e aria al ginepro. Cervo, terra, pera, soufflé tiepido di carote e porro. Yerba buena, fragole, yogurt e lime.

Menu 95/110 € – Carta 68/109 €

Alpenroyal Grand Hotel, via Meisules 43 – ✆ 0471 795555 – www.alpenroyal.com – solo a cena – Aperto 6 dicembre-30 marzo e 7 giugno-29 settembre; chiuso domenica

Tyrol

CUCINA REGIONALE • CONTESTO TRADIZIONALE XXX Piatti creativi dalla forte connotazione tradizionale e sapori che attingono alle più gustose specialità mediterranee per questo ristorante che serba un occhio di riguardo verso chi soffre d'intolleranze alimentari. Carta dei vini dalla grande personalità!

Menu 70/95 € – Carta 41/98 €

Hotel Tyrol, strada Puez 12 – ✆ 0471 774100 – www.tyrolhotel.it – Aperto 6 dicembre-7 aprile e 13 giugno-22 settembre

Nives

CUCINA MODERNA • DESIGN XX Se siete alla ricerca di una cucina più creativa e amate lasciarvi sorprendere da rivisitazioni di piatti classici, ecco il vostro ristorante! Piatti da fotografia e sapori non solo montani. Per i più romantici c'è anche una stube.

Menu 59 € – Carta 39/84 €

Hotel Nives, via Nives 4 – ✆ 0471 773329 (consigliata la prenotazione) – www.hotel-nives.com – Aperto 1° dicembre-31 marzo e 1° giugno-30 settembre

Alberghi

🏨 **Alpenroyal Grand Hotel**

GRAN LUSSO · STILE MONTANO Eleganza e tradizione abitano qui: all'ingresso del paese, l'albergo si sviluppa orizzontalmente intorno al giardino privato. Se amate arredi dall'intramontabile gusto classico, sicuramente apprezzerete questa casa, che offre uno dei più completi centri benessere della valle.

32 cam ⌧ – ♦184/798 € ♦♦222/1018 € – 24 suites

via Meisules 43 – ℰ0471 795555 – www.alpenroyal.com – Aperto 6 dicembre-30 marzo e 7 giugno-29 settembre

❀ **Alpenroyal Gourmet** – Vedere selezione ristoranti

🏨 **Portillo Dolomites 1966**

LUSSO · STILE MONTANO Alle porte della località, contesto familiare di grande signorilità ristrutturato in stile lodge. Eccellente centro benessere, belle piscine, camere molto ampie e arredate con gusto: insomma, confort allo stato puro!

33 cam ⌧ – ♦100/500 € ♦♦160/800 € – 5 suites

via Meisules 65 – ℰ0471 795205 – www.portillo-dolomites.it – Aperto 29 novembre-1° aprile e 14 giugno-28 settembre

🏨 **Freina**

FAMILIARE · STILE MONTANO E' in paese, ma le piste da sci sembrano arrivare proprio dentro casa, a pochi metri ci sono gli impianti di risalita. Discreti i salotti, però il punto forte sono le camere, eleganti e quasi sempre spaziose.

22 cam ⌧ – ♦75/220 € ♦♦150/600 € – 2 suites

via Freina 23 – ℰ0471 795110 – www.hotelfreina.com – Aperto 1° dicembre-Pasqua e 10 giugno-1° ottobre

🏨 **Genziana**

FAMILIARE · ACCOGLIENTE Una vacanza rilassante in un albergo ubicato in pieno centro, lontano dai minimalismi in voga, arredamenti classici in camere confortevoli e calore di montagna nelle rinnovate zone comuni. Raccolto, ma attrezzato centro benessere.

27 cam – solo ½ P 98/270 €

via Ciampinei 2 – ℰ0471 772800 – www.hotel-genziana.it – Aperto 1° dicembre-14 aprile e 25 giugno-30 settembre

🏨 **Gran Baita**

SPA E WELLNESS · STILE MONTANO Camere luminose e una fra le più belle spa della valle (con tanto di grotta salina!) per un hotel di grande tradizione, dove il sapiente utilizzo del legno regala agli ambienti un'atmosfera avvolgente.

51 cam ⌧ – ♦100/200 € ♦♦200/400 € – 14 suites

via Nives, 11 – ℰ0471 795210 – www.hotelgranbaita.com – Aperto dicembre- aprile e giugno-ottobre

🏨 **Tyrol**

LUSSO · PERSONALIZZATO Nella tranquillità dei monti, un albergo che "guarda" le Dolomiti; zone comuni signorili, con soffitti in legno lavorato e tappeti, camere spaziose ed eleganti, nonché un ampio centro benessere.

50 cam ⌧ – ♦170/555 € ♦♦240/590 € – 2 suites

strada Puez 12 – ℰ0471 774100 – www.tyrolhotel.it – Aperto 6 dicembre-7 aprile e 13 giugno-22 settembre

🍴 **Tyrol** – Vedere selezione ristoranti

🏨 **Welponer**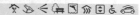

FAMILIARE · STILE MONTANO Vicino al centro, ma in posizione panoramica e tranquilla, la gestione è semplice e familiare: le camere vi sorprenderanno per dimensioni e qualità degli arredi, quasi tutte con vista.

24 cam – solo ½ P 110/250 € – 3 suites

strada Rainel 6 – ℰ0471 795336 – www.welponer.it – Aperto 1° dicembre-20 aprile e 25 maggio-15 ottobre

🏠 Chalet Dlaces

TRADIZIONALE · ACCOGLIENTE Verrà amato da chi cerca vacanze all'insegna dei panorami e della tranquillità: a meno di due chilometri dal centro, sentieri e piste da sci partono proprio dall'albergo. Gli arredi delle camere - quasi tutte con vista - così come la sauna prediligono materiali e legni non trattati.

20 cam ⌑ – ♦80/160 € ♦♦110/260 €

via La Selva 98 – ✆ 0471 795446 – www.dlaces.it – Aperto 4 dicembre-7 aprile e 11 giugno-29 settembre

🏠 Nives

FAMILIARE · MODERNO Sobrietà di design e legni chiari sono le cifre della moderna eleganza di questo albergo, ispirato alle più recenti tendenze del design alpino. Una calda casa nel cuore di Selva.

11 cam – solo ½ P 123/347 € – 2 suites

Via Nives 4 – ✆ 0471 773329 – www.hotel-nives.com – Aperto 1° dicembre-31 marzo e 1° giugno-30 settembre

🍴 **Nives** – Vedere selezione ristoranti

🏠 Chalet Elisabeth

LOCANDA · ELEGANTE In centro, a due passi dagli impianti di risalita, quella che all'esterno sembra una semplice casa di montagna si rivela all'interno un bijou di legno: cirmolo e larice avvolgono le camere, romantici scrigni dedicati ai grandi tesori naturali della valle (quattro camere con sauna). Romantica spa privata ed una casetta sugli alberi per la terapia con fieno!

9 cam ⌑ – ♦75/120 € ♦♦150/320 € – 1 suite

via Freina 8 ✉ 39048 Selva di Val Gardena – ✆ 0471 795 5321 – www.chaletelisabeth.it – Chiuso 8 aprile-30 maggio e 7 ottobre-5 dicembre

🏠 Pozzamanigoni

FAMILIARE · STILE MONTANO Splendida vista su Sassolungo e pinete da un albergo a gestione diretta, dotato di scuola di equitazione, nonché laghetto con pesca alla trota. Piatti della tradizione nel ristorante dell'albergo oppure proposte più semplici, texane o pizze in un originale contesto: affacciati sul maneggio in un edificio antistante.

13 cam – solo ½ P 75/120 €

strada La Selva 51, Sud-Ovest: 1 km – ✆ 0471 794138 – www.pozzamanigoni.it – Aperto 5 dicembre-8 aprile e 15 giugno-1° ottobre

🏠 Chalet Prà Ronch

FAMILIARE · BUCOLICO Una dimora di charme incastonata all'interno di un giardino panoramico e situata - praticamente - sulle piste da sci: semplice, accogliente e familiare, insomma una vacanza ideale all'insegna del relax!

5 cam ⌑ – ♦♦90/180 €

via La Selva 80 – ✆ 0471 794064 – www.chaletpraronch.com – Aperto inizio dicembre-15 aprile e 15 maggio-15 ottobre

 Ogni ristorante stellato ❀ è introdotto da tre piatti che rappresentano in maniera significativa la propria cucina. Qualora questi non fossero disponibili, altre gustose ricette ispirate alla stagione delizieranno il vostro palato.

SELVAZZANO DENTRO

Padova – ✉ 35030 – 22 886 ab. – Alt. 18 m – Carta regionale n° **23**-B3
Carta stradale Michelin 562-F17

❀ La Montecchia (Massimiliano Alajmo)   ⚙ 🍴 🅰🅲 ✗ 🅿

CUCINA CREATIVA · ELEGANTE ✗✗✗ Amena ubicazione nel Golf Club della Montecchia per un locale originale e signorile ricavato in un vecchio essiccatoio per il tabacco. L'ampia sala al primo piano ospita una cucina smaccatamente green: l'85% del menu è, infatti, a base di prodotti dell'orto. Il ristorante si pone l'obbiettivo di diventare un punto di riferimento in Italia per questo tipo di proposta gastronomica; mantenendo in ogni portata una specialità di pesce e di carne.

→ Gnocchi di rapa rossa con salsa di Gorgonzola e Roquefort. Fritto di ortaggi con salsa di alghe, anguilla affumicata e ostrica. Gioco di frutta.

Menu 70/90 € – Carta 70/100 €

via Montecchia 12, Sud-Ovest: 3 km – ✆ 049 805 5323 (consigliata la prenotazione) – www.alajmo.it – Chiuso 26 dicembre-8 gennaio, 7-27 agosto, mercoledì a mezzogiorno, lunedì e martedì

🍽️O **abc Montecchia** – Vedere selezione ristoranti

🍽️O abc Montecchia   🍴 🅰🅲 ✗ 🅿

CUCINA REGIONALE · SEMPLICE ✗ Al piano terra del ristorante La Montecchia, di fronte ai campi da golf, "abc" significa alla base della cucina: il più casual e più semplice di tutti i locali della galassia Alajmo. Qui l'offerta si fa più semplice ed informale; si va dalla cotoletta alla milanese alla pizza al vapore brevettata da Max.

Carta 37/57 €

via Montecchia 12, Sud-Ovest: 3 km – ✆ 049 805 5323 – www.alajmo.it – Chiuso 26 dicembre-8 gennaio e 7-27 agosto, mercoledì a mezzogiorno, lunedì e martedì

SELVINO
Bergamo – ✉ 24020 – 2 010 ab. – Alt. 960 m – Carta regionale n° **10**-C1
Carta stradale Michelin 561-E11

🏠 T'AMI Hotel Resort SPA   ✿ 🐾 ⇔ 🛏 🛗 🅿 🔥 ✗ 🚗

FAMILIARE · ACCOGLIENTE Una deliziosa casa di montagna, ha portato una ventata di modernità, anche negli arredi, nel panorama alberghiero della località. Tanta cura è stata dedicata alle camere, tutte diverse: classiche, moderne, mansardate, etniche, anni '60. Della cucina si occupa in prima persona il patron. Per noi, è sempre un ottimo indirizzo!

10 cam ⌧ – ♦50/150 € ♦♦50/200 €

via Monte Purito 3 – ✆ 035 763999 – www.tamihotel.it – Chiuso 1°-15 ottobre

SENAGO
Milano – ✉ 20030 – 21 795 ab. – Alt. 176 m – Carta regionale n° **10**-B2
Carta stradale Michelin 561-F9

🍽️O La Brughiera   ⚙ 🍴 🅰🅲 ⇔ 🅿

CUCINA REGIONALE · AMBIENTE CLASSICO ✗✗ Un bel locale ricavato da una vecchia cascina ora compresa nel parco delle Groane. Ampio e grazioso l'interno, ma anche il dehors non è da meno. Cucina di stampo regionale ed ampia carta dei vini.

Menu 40/55 € – Carta 48/66 €

via XXIV Maggio 23 – ✆ 02 998 2113 – www.labrughiera.it – Chiuso 2 settimane in agosto

SENALES SCHNALS
Bolzano – ✉ 39020 – 1 403 ab. – Alt. 1 327 m – Carta regionale n° **19**-B1
Carta stradale Michelin 561-B14

a Madonna di Senales Nord-Ovest : 4 km ✉ 39020 – Senales – Alt. 1 500 m

🍽️O Oberraindlhof   ⚙ ⇔ 🍴 ✗ 🅿

CUCINA TRADIZIONALE · ROMANTICO ✗ In un maso di origini cinquecentesche, in posizione panoramica sulla valle e gestito dalla stessa famiglia ormai da cinque generazioni, nelle romantiche stube viene servita una cucina che ricerca antiche e perdute ricette di Senales.

Menu 35/60 € – Carta 39/76 €

Hotel Oberraindlhof, Raindl 49, Sud-Est: 2 km – ✆ 0473 679131 (consigliata la prenotazione) – www.oberraindlhof.com – Chiuso 10-30 novembre

🏠 Oberraindlhof

FAMILIARE · STILE MONTANO A due chilometri da Madonna di Senales, si svolta a sinistra, pochi tornanti ed ecco un albergo-maso; camere semplici, ben tenute e quasi tutte rivestite in legno, il silenzio e il contatto con la natura sono assicurati.

29 cam ♋ – 🛏75/150 € 🛏🛏140/260 €

Raindl 49, Sud-Est: 2 km – 🖉 0473 679131 – www.oberraindlhof.com – Chiuso 10-30 novembre

🍴 **Oberraindlhof** – Vedere selezione ristoranti

🏠 Tonzhaus

FAMILIARE · STILE MONTANO Ancora più accogliente dopo il recente restyling questa casa a "misura" di famiglia, situata in posizione tranquilla tra prati e cime: perfetta per un soggiorno di passeggiate, sport e relax.

22 cam ♋ – 🛏95/170 € 🛏🛏180/250 €

via Madonna 27 – 🖉 0473 669688 – www.tonzhaus.com

a Certosa Nord-Ovest : 2 km ⊠ 39020 – Senales Schnals – Alt. 1 327 m

🏠 Rosa d'Oro-Zur Goldenen Rose

FAMILIARE · STILE MONTANO L'antica certosa, pur trasformata nel tempo ed oggi residenza civile, è visitabile a pochi metri dall'albergo, una romantica casa di montagna, dove troverete un'atmosfera tipica ma soprattutto una calorosa accoglienza familiare.

20 cam – solo ½ P 113/157 € – 8 suites

via Certosa 29 – 🖉 0473 679130 – www.goldenerose.it – Chiuso maggio e novembre

SENIGALLIA

Ancona – ⊠ 60019 – 45 027 ab. – Carta regionale n° **11**-C1
Carta stradale Michelin 563-K21

❀❀❀ Uliassi

CUCINA MODERNA · ELEGANTE 🍴🍴🍴 Catia e Mauro, due fratelli e tanta volontà di far bene, con la quale hanno alimentato, sin dagli esordi nel lontano 1990, la crescita del locale che porta il loro cognome: Uliassi. Una crescita continua, costante e - a questo punto possiamo anche aggiungere - straordinaria!

Il loro delizioso ristorante si trova tra il porto canale e la spiaggia, in una posizione che sarebbe stata perfetta per uno stabilimento balneare e che, invece e per fortuna, è da anni una tappa fissa e conosciuta su tutte le mappe geografiche dell'alta cucina. La raffinata eleganza della sala introduce ad una cucina fortemente legata al territorio marchigiano ed elaborata con sapienza, che utilizza il massimo della tecnica e della tecnologia presenti oggi sul mercato, ma - al tempo stesso - semplice e concentrata al piacere del palato.

Imperniata soprattutto su straordinari sapori di pesce, e in parte sulla selvaggina: non fosse altro che per un fatto culturale, come sono soliti affermare i titolari stessi.

Non stupitevi, quindi, se oltre allo squisito gambero rosso agli agrumi il menu citi proposte quali la beccaccia alla marchigiana o il colombaccio. Semplicemente fatevi coccolare e preparatevi ad un pasto memorabile.

→ Fusilloni, bottarga, rosmarino e pistacchi. Rana pescatrice in potacchio. Zuppa al frutto della passione, gelato di yogurt, pepe rosa e banana caramellata.

Menu 120/150 € – Carta 91/128 €

banchina di Levante 6 – 🖉 071 65463 (consigliata la prenotazione) – www.uliassi.it – Aperto 31 marzo-26 dicembre; chiuso lunedì

🍴 Trattoria Vino e Cibo

PESCE E FRUTTI DI MARE · CONVIVIALE 🍴 Nelle strade del centro storico, trovare un tavolo a volte non è facile, sia perché i coperti sono pochi, sia per la celebrità che il posto ha acquisito nel tempo. Un'unica e semplice sala, nonché un elenco di piatti del giorno itinerante fra i tavoli per una trattoria adatta a chi ama gli ambienti conviviali ed informali. Specialità: pane e sgombro - seppioline al pane aromatico e carciofi - tiramisù.

Carta 28/53 €

via Fagnani 16/18 – 🖉 071 63206 (coperti limitati, prenotare) – Chiuso 10 giorni in novembre e lunedì

⛴○ Al Cuoco di Bordo ⚏

PESCE E FRUTTI DI MARE · CONTESTO CONTEMPORANEO XX Sul lungomare, un locale dal piacevole arredo con veranda e piccola sala: il re della tavola è il pesce con una preferenza per i crudi.

Menu 40/60 € – Carta 38/63 €

lungomare Dante Alighieri 94 – ℰ 071 792 9661 – www.alcuocodibordo.it – Chiuso novembre, domenica sera, anche i mezzogiorno di lunedì e martedì nel periodo estivo

🏨 Terrazza Marconi Hotel & Spa Marine 🏖️ ≤ 🛁 🄳 🄰🄲

BOUTIQUE HOTEL · MODERNO Di fronte alla Rotonda, una moderna casa con terrazza offre eleganza, servizio curato e buona parte delle camere con vista mare; piccolo ma grazioso centro benessere con talassoterapia compresa nel prezzo (d'estate nello stabilimento balneare).

27 cam ⚏ – ♦119/374 € ♦♦169/384 € – 3 suites

lungomare Marconi 37 – ℰ 071 792 7988 – www.terrazzamarconi.it – Chiuso 20-29 dicembre e 2-14 gennaio

🏨 Hotel B 🏖️ ≤ 🄳 🄰🄲

TRADIZIONALE · ACCOGLIENTE Ideale per famiglie con bambini, l'albergo dispone di camere d'ispirazione contemporanea ed ampi spazi attrezzati per animare le giornate dei più piccoli. Un'ampia sala moderna per il ricco buffet, mentre l'originale "Tana dell'orso Bo" accoglie i bimbi con menu a loro dedicati.

37 cam ⚏ – ♦40/200 € ♦♦40/300 € – 3 suites

lungomare Mameli 57 – ℰ 071 792 3590 – www.hbologna.net – Aperto 1° aprile-30 settembre

🏨 Mareblù 🏖️ ≤ 🄳 🄰🄲

FAMILIARE · MINIMALISTA Una piccola risorsa fronte mare a gestione familiare con ambienti classici e semplici negli arredi, sala giochi, biblioteca. Organizzata zona per gli aperitivi e ampia piscina.

53 cam ⚏ – ♦35/125 € ♦♦58/200 €

lungomare Mameli 50 – ℰ 071 792 0104 – www.hotel-mareblu.it – Aperto Pasqua-30 settembre

a Marzocca Sud : 6 km ⊠ 60019

✿✿ Madonnina del Pescatore (Moreno Cedroni) 🕸️ ≤ � 🄰🄲

CUCINA CREATIVA · ELEGANTE XxX Nascosto e defilato, affacciato su un lungomare lontano da clamori mondani, sarà proprio un'edicola dedicata alla Madonna del pescatore, nei pressi del ristorante, ad indicarvi che siete arrivati.

Un sobrio celarsi, una discrezione che ritroverete anche nei moderni interni e nell'amabilità della signora Mariella in sala, moglie dello chef-patron, mentre il marito, Moreno Cedroni, aggiorna ed inventa incessantemente piatti (quasi esclusivamente di pesce) che, da questo lembo dell'Adriatico, producono un'eco che raggiunge altri mari.

I vari menu degustazione propongono un'intrigante scelta tra ricette "collaudate" e creazioni più recenti. Trent'anni di creatività millesimati in carta con piatti che hanno fatto la storia della cucina italiana e un genio ben lontano dall'esaurirsi. Un laboratorio gastronomico di eccellenze ittiche!

→ Gnocchetti di patata con pannocchie e calamari, ravanelli fermentati e salsa alle erbe di campo. Anguilla marinata nel miso, cotta ai carboni, salsa topinambur e rapa rossa. Ananas, succo d'arancia ed anice stellato, gelato al caramello salato e sentori di habanero.

Menu 65 € (pranzo in settimana)/150 € – Carta 75/125 €

via Lungomare Italia 11
– ℰ 071 698267 (consigliata la prenotazione) – www.morenocedroni.it
– Aperto 7 febbraio-3 novembre; chiuso mercoledì

a Scapezzano Ovest : 6 km ✉ 60019

🏠 Bel Sit   🕊 🐾 ⋖ 🛏 🔟 🍲 🎿 🍸 🦯 ⚙ 🅰 🚿 🅿

CASA DI CAMPAGNA • CONTEMPORANEO Abbracciato da un parco secolare e con vista sul mare, la villa Ottocentesca dispone di un centro benessere, sale comuni con arredi lignei e semplici camere spaziose (disponibilità anche di appartamenti con cucina). La spiaggia a 4 chilometri è raggiungibile con navetta gratuita dell'albergo.

32 cam ⌚ – 🛏65/110 € 🛏🛏80/140 € – 6 suites

via dei Cappuccini 15
– ✆ 071 660032 – www.belsit.net
– Chiuso 2 gennaio-10 marzo

SENORBÌ Sardegna

Cagliari – ✉ 09040 – 4 869 ab. – Alt. 199 m – Carta regionale n° **16**-B3
Carta stradale Michelin 366-P46

🍴 Da Severino il Vecchio-Di Luciano 🆕   🅰 🅿

CUCINA MEDITERRANEA • ACCOGLIENTE 🍸 Nuova sede per questo storico ristorante. L'ambiente è - ora - tra il classico e il moderno con una cucina mediterranea e chiari spunti della tradizione regionale.

Carta 30/50 €

Largo Abruzzi 2 ang. via Piemonte 23 – ✆ 070 980 4197 – Chiuso lunedì

SEREGNO

Monza e Brianza – ✉ 20831 – 44 651 ab. – Alt. 222 m – Carta regionale n° **10**-B2
Carta stradale Michelin 561-F9

🌸 Pomiroeu (Giancarlo Morelli)   🍴 🌿

CUCINA CREATIVA • ACCOGLIENTE 🍸🍸 Nella corte di un palazzo del centro storico, un locale sempre accogliente con dehors tranquillo e riparato. Eccellente lista dei vini ed una cucina che offre sempre spunti di creatività su basi legate alle tradizioni locali.

→ Riso mantecato alla ricotta di bufala leggermente affumicata con tartare di gamberi rossi. La nostra cotoletta. Pane, burro e marmellata.

Carta 71/111 €

via Garibaldi 37 – ✆ 0362 237973 – www.pomiroeu.it – Chiuso agosto, domenica sera e lunedì

SERNAGLIA DELLA BATTAGLIA

Treviso (TV) – ✉ 31020 – 6 202 ab. – Alt. 117 m – Carta regionale n° **23**-C2
Carta stradale Michelin 562-E18

🍴 Dalla Libera   🍴 🌿 🅿

VENEZIANA • COLORATO 🍸 Nei suoi ambienti - recentemente ristrutturati - due linee di cucina: una più semplice e l'altra invece stagionale, pensata dallo cheftitolare giorno per giorno. Se poi siete amanti del vino con qualche anno... avete trovato il posto giusto! Il raviolo con piopparelli, patata di montagna e polvere di steccherino o la battuta di carne di Sorana con capperi di Salina e ristretto di pomodoro datterino sono solo alcune delle tante specialità della casa.

Carta 31/57 €

via Farra 24/a – ✆ 0438 966295 – www.trattoriadallalibera.it – Chiuso 1 settimana in gennaio, 2 settimane in agosto e lunedì

SERRALUNGA D'ALBA

Cuneo (CN) – ✉ 12050 – 564 ab. – Carta regionale n° **14**-C2
Carta stradale Michelin 561-I6

⌘ La Rei
⛄ ⏚ ⛲ & AC P

CUCINA MODERNA · LUSSO XXxX Qui la cucina tradizionale piemontese incontra il Mediterraneo, le paste all'uovo e la carne si alternano al pesce in piatti fantasiosi. Sala interna dall'atmosfera sobria e contemporanea, ma appena potete venite per mangiare all'aperto: vi aspetta una straordinaria vista sulle colline.

→ Spaghetto, nocciola, bottarga di tonno e zenzero. Piccione alla graticola, rafano, foie gras, erbe e noci candite. Cocco, banana e mango.

Menu 80/95 € – Carta 68/133 €

Hotel Il Boscareto Resort, via Roddino 21 – ☎ 0173 613042
– www.ilboscaretoresort.it – Chiuso 14 gennaio-22 marzo, mercoledì a mezzogiorno e martedì

⌘ Il Boscareto Resort
⌖ ⏚ ⛲ & AC P

LUSSO · CONTEMPORANEO Qui non troverete il vecchio Piemonte, ma una moderna struttura con vista su uno dei più suggestivi paesaggi delle Langhe. L'atmosfera contemporanea continua all'interno, caratterizzato da luce e ampi spazi dallo stile sobrio e moderno.

29 cam ⌂ – ♦180/500 € ♦♦230/600 € – 10 suites

via Roddino 21 – ☎ 0173 613036 – www.ilboscaretoresort.it
– Chiuso 14 gennaio-22 marzo

⌘ **La Rei** – Vedere selezione ristoranti

a Fontanafredda Nord : 5 Km ✉ 12050

⌘ Guido (Ugo Alciati)
⛄ ⛲ AC ⟳ P

CUCINA PIEMONTESE · ELEGANTE XXX Nella splendida cornice dell'ottocentesca Villa Fontanafredda, dove si consumò la storia d'amore tra Vittorio Emanuele II e la bella Rosin, Guido - da sempre, in questa sede dal 2013 - propone le eccellenze piemontesi, una tappa imperdibile per gli amanti della regione, in eleganti sale che recuperano l'antico miscelandolo abilmente con il moderno. Cucina più tradizionale in ambiente conviviale nella nuova Taverna del Re.

→ Agnolotti di Lidia al sugo di arrosto. Capretto di Roccaverano al forno. Gelato fiordilatte mantecato al momento.

Menu 75/100 € – Carta 60/90 €

via Alba 15 – ☎ 0173 626162 – www.guidoristorante.it
– solo a cena escluso sabato e domenica
– Chiuso 3 settimane in dicembre-gennaio, 3 settimane in agosto, domenica sera e lunedì

⌖ Vigna Magica Ⓝ
⌖ ⏚ & AC P

CASA DI CAMPAGNA · MODERNO E' il frutto di un progetto ambizioso questo bell'albergo (con più modesta foresteria!) inserito nell'affascinante contesto della tenuta Fontanafredda; ottime camere fornite di tutto punto e – al piano terra – cucina della tradizione presso il bistrot Disguido (aperto solo a pranzo).

14 cam ⌂ – ♦120/160 € ♦♦170/350 €

via Alba 15 – ☎ 0173 626670 – www.hotelcasedeiconti.it

SERRAVALLE LANGHE
Cuneo – ✉ 12050 – 315 ab. – Alt. 762 m – Carta regionale n° **14**-C3
Carta stradale Michelin 561-I6

ⵔ La Coccinella
⟳ P

CUCINA PIEMONTESE · CONTESTO TRADIZIONALE XX Tre fratelli conducono con passione ed esperienza questo valido ristorante d'impostazione classica. La cucina è soprattutto piemontese - talvolta tradizionale, altre più moderna - con qualche piatto di pesce.

Menu 47/55 € – Carta 38/70 €

via Provinciale 5 – ☎ 0173 748220 (consigliata la prenotazione)
– www.trattoriacoccinella.com – Chiuso 6 gennaio-10 febbraio, 27 giugno-7 luglio, mercoledì a mezzogiorno e martedì

SERRAVALLE PISTOIESE

Pistoia (PT) – ✉ 51030 – 11 659 ab. – Alt. 182 m – Carta regionale n° **18**-B1
Carta stradale Michelin 563-K14

⊚ Trattoria da Marino   🏠 🅿

CUCINA TOSCANA · FAMILIARE ✗ In attività da quasi un secolo, l'ambiente è quello di un'accogliente trattoria; la cucina sfodera i piatti forti della regione con qualche simpatica rivisitazione come per i tortelli con ragù di crostaceo, ottima la bistecca (naturalmente in questo caso il conto cresce un po'), merita una foto la generosità dei dolci, soprattutto il "Trionfo".

⊛ Menu 22 € (pranzo)/35 € – Carta 31/64 €

via Provinciale Lucchese 102, località Ponte di Serravalle, Ovest: 2 km
– ✆ 0573 51042 – Chiuso 20 giorni in luglio e martedì

SERRAVALLE SCRIVIA

Alessandria – ✉ 15069 – 6 128 ab. – Alt. 225 m – Carta regionale n° **12**-C3
Carta stradale Michelin 561-H8

🏠 Villa la Bollina   ✿ ⏩ ⪦ 🛏 🔄 🅰🅒 ⛷ 🅿

STORICO · ELEGANTE In un'oasi di tranquillità, dimora nobiliare del XIX secolo trasformata in elegante ed accogliente hotel con camere raffinate, arredate con mobili in stile. Nelle nobili sale e fresche terrazze del ristorante, la cucina è espressamente dedicata ai piatti piemontesi con le sue carni, le sue paste, e l'immancabile tartufo.

10 cam ☲ – ♦100/150 € ♦♦140/180 € – 2 suites

via Monterotondo 60, Ovest: 2 km – ✆ 0143 65334 – www.hotelvillalabollina.com
– Chiuso 25 gennaio-1° marzo

SESTO SEXTEN

Bolzano – ✉ 39030 – 1 893 ab. – Alt. 1 310 m – Carta regionale n° **19**-D1
Carta stradale Michelin 562-B18

🏠 Monika   ✿ ⏩ ⪦ 🛏 🎿 🔄 ⊛ ⌂ 🛋 🔄 ⛷ 🅿

FAMILIARE · STILE MONTANO Nel Parco Naturale delle famose Tre Cime di Lavaredo, una risorsa recentemente ristrutturata in chiave moderna, ma rispettosa del contesto alpino nella quale si trova: aspettatevi, quindi, un attrezzato spazio benessere con una bellissima piscina coperta e tanto legno nelle "calde" camere.

58 cam – solo ½ P 150/260 € – 11 suites

via del Parco 2 – ✆ 0474 710384 – www.monika.it
– Aperto 6 dicembre-24 marzo e 26 maggio-4 novembre

🏠 St. Veit   ✿ ⏩ ⪦ 🛏 🔄 ⊛ ⌂ 🛋 🅿

SPA E WELLNESS · ELEGANTE Gestione dinamica in un albergo in area residenziale, dominante la vallata; zona comune ben arredata, camere tradizionali e con angolo soggiorno, ideali per famiglie. Nella sala da pranzo, vetrate che si aprono sulla natura; accogliente stube caratteristica.

41 cam ☲ – ♦100/145 € ♦♦178/310 € – 5 suites

via Europa 16 – ✆ 0474 710390 – www.hotel-st-veit.com
– Aperto 4 dicembre-6 aprile e 1° giugno-12 ottobre

a Moso (Moos) Sud-Est : 2 km ✉ 39030 – Sesto – Alt. 1 339 m

🏠 Bad Moos   ✿ ⪦ 🛏 🎿 🔄 ⊛ ⌂ 🛋 🔄 ⛷ 🍸

SPA E WELLNESS · PERSONALIZZATO Suggestiva veduta sulle Dolomiti da un hotel moderno, dotato di buone attrezzature, tra cui un ampio centro benessere, e camere confortevoli. Calda atmosfera nella sala da pranzo; ristorante in stube del XIV-XVII secolo.

32 cam – solo ½ P 130/280 € – 30 suites
via Val Fiscalina 27 – ✆ 0474 713100 – www.badmoos.it
– Aperto 6 dicembre- 8 aprile e 1° giugno-5 novembre

🏠🏠🏠 Rainer

FAMILIARE · ELEGANTE Nella parte alta della località con ampia apertura sulle Dolomiti, una struttura che si è ripotenziata in tutte le sue parti, metrature generose nelle camere e begli affacci. Ma le attenzioni per il cliente non si esauriscono qui: i piccoli ospiti potranno, infatti, approfittare di una vasta area giochi sorvegliata da una baby-sitter per tutto l'arco della giornata, nonché piste da sci a loro dedicate. Sull'altro lato della strada, collegati con sottopassaggio, appartamenti con due camere e cucina ma con servizio alberghiero, ancora più ideali per famiglie.

26 cam – solo ½ P 80/200 € – 19 suites
via San Giuseppe 40
– ☎ 0474 710366 – www.familyresort-rainer.com
– Chiuso novembre e aprile

🏠🏠 Berghotel

SPA E WELLNESS · STILE MONTANO Splendida vista delle Dolomiti e della valle Fiscalina, da un albergo in posizione soleggiata: zona comune in stile montano di taglio moderno, camere luminose e una spa di tutto rispetto (idromassaggio fra la neve!).

63 cam – solo ½ P 110/180 €
via Monte Elmo 10
– ☎ 0474 710386 – www.berghotel.com
– Aperto 4 dicembre-Pasqua e fine maggio-inizio novembre

🏠 Tre Cime-Drei Zinnen

STORICO · VINTAGE Cordiale conduzione in una struttura in posizione dominante, progettata da un famoso architetto viennese nel 1930; interni luminosi ed eleganti, camere con arredi d'epoca.

35 cam – solo ½ P 95/174 €
via San Giuseppe 28 – ☎ 0474 710321 – www.hoteltrecime.it – Aperto 23 dicembre-19 marzo e 4 giugno-3 ottobre

a Monte Croce di Comelico (Passo) Sud-Est : 7,5 km ✉ 39030
– Sesto – Alt. 1 636 m

🏠🏠🏠 Passo Monte Croce-Kreuzbergpass

TRADIZIONALE · ELEGANTE Nel silenzio di suggestive cime dolomitiche, una struttura a ridosso degli impianti di risalita con propria scuola sci e noleggio attrezzatura sportiva, spaziose camere e suite per famiglie, spa alpina con centro benessere e saune. Un'attenzione particolare è riservata ai piccoli ospiti con programmi speciali e gite guidate sia per grandi che per piccini. Ottima cucina regionale-mediterranea con una cantina vini che annovera più di 200 etichette.

48 cam ⇆ – ♥88/140 € ♥♥88/150 € – 10 suites
via San Giuseppe 55
– ☎ 0474 710328 – www.passomontecroce.com
– Chiuso 7 aprile-1° giugno e 8 ottobre-26 novembre

SESTO AL REGHENA

Pordenone – ✉ 33079 – 6 356 ab. – Alt. 13 m – Carta regionale n° **6**-B3
Carta stradale Michelin 562-E20

🏠🏠 In Sylvis

TRADIZIONALE · CLASSICO Non lontano dalla suggestiva abbazia benedettina di S. Maria, hotel in non grandi dimensioni costituito da due strutture divise da un grazioso patio interno, usato anche per manifestazioni o serate a tema.

37 cam ⇆ – ♥50/72 € ♥♥70/89 €
via Friuli 2 – ☎ 0434 699776 – www.hotelinsylvis.com

SESTO CALENDE

Varese – ⊠ 21018 – 11 079 ab. – Alt. 198 m – Carta regionale n° **9**-A2
Carta stradale Michelin 561-E7

🍴○ MoMa-l'ospite e il gusto 🛋 ⚹ 🅰️🅲

CUCINA MODERNA · ACCOGLIENTE ✗✗ Una piccola bomboniera a pochi passi dalla passeggiata sull'acqua, per un locale di giovane e contemporanea eleganza. La cucina va di pari passo con l'atmosfera del ristorante sfornando piatti moderni ed intriganti.

🍽 Menu 15 € (pranzo in settimana)/65 € – Carta 53/76 €

*piazza Berera 18 – 𝒞 0331 923473 (consigliata la prenotazione) – www.ristorantemoma.com
– Chiuso 15 giorni in gennaio, 1 settimana in agosto, lunedì e martedì*

 Tre Re ⚹ ⩽ 🔁 🅰️🅲

FAMILIARE · BORDO LAGO Piacevolmente ubicato in riva al Ticino, nel punto in cui il fiume abbandona il lago Maggiore, camere accoglienti e con dotazioni moderne, nonché una luminosa sala ristorante dove gustare specialità lacustri.

31 cam – †70/110 € ††100/150 € – ☑ 15 €

*piazza Garibaldi 25 – 𝒞 0331 924229 – www.hotel3re.it
– Chiuso 20 dicembre-10 febbraio*

SESTOLA

Modena – ⊠ 41029 – 2 508 ab. – Alt. 1 020 m – Carta regionale n° **5**-B2
Carta stradale Michelin 562-J14

🏠 Al Poggio ⚹ ⩽ 🛏 🔁 ⚹ 🅰️🅲 🅿️

FAMILIARE · REGIONALE Conduzione familiare tutta al femminile, per quest'hotel ubicato in posizione tranquilla beneficiante di una meravigliosa vista sulla vallata da alcune camere in particolare. Cucina tipica locale, con grande attenzione anche per i celiaci, in sale sobrie e confortevoli.

32 cam ☑ – †55/96 € ††90/120 € – 1 suite

*via Poggioraso 88, località Poggioraso, Est: 2 km – 𝒞 0536 61147
– www.alpoggio.it – Chiuso novembre e 1 settimana in maggio*

SESTO SAN GIOVANNI

Milano – ⊠ 20099 – 81 608 ab. – Alt. 140 m – Carta regionale n° **10**-B2
Carta stradale Michelin 561-F9

🍴○ Villa Campari 🛋 ⚹ 🅰️🅲 🅿️

CUCINA ITALIANA · ELEGANTE ✗✗ Nella storica villa ottocentesca, un ristorante dal carattere contemporaneo ma che ben si armonizza con la prestigiosa dimora, per decenni sede di rappresentanza del vecchio stabilimento di famiglia. La carta propone una carrellata di piatti anch'essi moderni da degustare nelle varie salette o nella fresca corte esterna. Dalle 18.30 entra in scena il lounge per l'aperitivo con un indiscusso protagonista facilmente intuibile.

🍽 Menu 17 € (pranzo in settimana)/26 € – Carta 47/75 € – carta semplice a pranzo

*via Campari 23 – 𝒞 02 2247 1108 – www.villacampariristorante.it – Chiuso
1°-7 gennaio, 10-25 agosto, sabato a mezzogiorno e domenica*

SESTRIERE

Torino – ⊠ 10058 – 873 ab. – Alt. 2 033 m – Carta regionale n° **12**-A2
Carta stradale Michelin 561-H2

🍴○ Shackleton Restaurant ⩽ ⚹ 🅰️🅲

CUCINA MODERNA · CONTESTO CONTEMPORANEO ✗✗ Una bella sala luminosa e panoramica, grazie alle ampie vetrate che dal soffitto corrono fino a terra: un ambiente moderno e conviviale, ravvivato anche dal bel camino centrale. In menu, specialità territoriali allo stesso tempo gustose e leggere.

Menu 30/75 € – Carta 26/65 €

*Hotel Shackleton Mountain Resort, via Assietta 3 – 𝒞 0122 750773
– www.shackleton-resort.it – Aperto 29 novembre-14 aprile e 29 giugno-3 settembre*

Shackleton Mountain Resort ≤ ₤₆ 🖃 ✈ ᴤ 🍽

LUSSO · STILE MONTANO "L'eleganza in una dimensione familiare": è la formula vincente di questo moderno albergo dalle ampie camere con balcone dove farsi contagiare dalla filosofia slow-life dei titolari. All'ultimo piano, spettacolare panorama da una terrazza chiusa.

14 cam ⌷ – †90/180 € ††120/280 € – 5 suites

via Assietta 3 – ℰ 0122 750773 – www.shackleton-resort.it
– Aperto 29 novembre-14 aprile e 29 giugno-3 settembre
🍽 **Shackleton Restaurant** – Vedere selezione ristoranti

Grand Hotel Sestriere ✿ 🕭 🏚 🖃 ✈ ᴤ 🍽

TRADIZIONALE · ACCOGLIENTE Se dalle finestre e dai balconi potrete vedere le piste olimpiche, nei suoi ambienti ritroverete un'atmosfera rustica, ma con qualche tocco di eleganza. Beauty farm con vinoterapia e cioccolatoterapia.

94 cam ⌷ – †100/196 € ††170/348 € – 5 suites

via Assietta 1 – ℰ 0122 76476 – www.grandhotelsestriere.it – Aperto
1° dicembre-1° aprile

SESTRI LEVANTE

Genova – ✉ 16039 – 18 578 ab. – Carta regionale n° **8**-C2
Carta stradale Michelin 561-J10

🍽 Olimpo ≤ 🕭 🏠 🆊 🗵 🅿

CUCINA MEDITERRANEA · ROMANTICO ✕✕✕ Vi sembrerà di stare sul monte degli dei, grazie alle ampie vetrate che permettono alla vista di abbracciare il golfo e l'intrigante Sestri Levante: un ambiente decisamente elegante, per una cucina ricercata e di mare.

Menu 60/70 € – Carta 45/99 €

Hotel Vis à Vis, via della Chiusa 28 – ℰ 0185 480801 – www.ristoranteolimpo.com
– Aperto 1° aprile-3 novembre

🍽 Baia del Silenzio ≤ 🏠 🆊 🗵

PESCE E FRUTTI DI MARE · CONTESTO CONTEMPORANEO ✕✕ Nella luminosa sala di taglio moderno o sulle due terrazze con splendida vista sulla baia, ma c'è anche l'intrigante opzione di alcuni tavoli direttamente in spiaggia sulla sabbia, la cucina si fa contemporanea, indugiando piacevolmente nelle presentazioni. La carta si divide equamente fra terra e mare.

Menu 50/75 € – Carta 54/104 €

Hotel Miramare, via Cappellini 9 – ℰ 0185 485807
– www.miramaresestrilevante.com – solo a cena escluso sabato e domenica
– Chiuso 8 gennaio-9 febbraio

🍽 Portobello 🏠 ᴤ 🆊

PESCE E FRUTTI DI MARE · ALLA MODA ✕✕ In una delle insenature più belle d'Italia, la Baia del Silenzio, cucina prevalentemente a base di pesce: in estate servita sull'incantevole terrazza affacciata sul mare. Inoltre, servizio bar esclusivo per i clienti dell'hotel Vis à Vis, con aperitivo e cocktail dopocena; beach bar per la stagione più calda.

Menu 70/85 € – Carta 53/126 €

via Portobello 16 – ℰ 0185 41566 – www.ristoranteportobello.com – solo a cena in
luglio-agosto – Aperto 15 marzo-3 novembre; chiuso mercoledì escluso luglio e
agosto

🍽 Rezzano Cucina e Vino 🏠 🆊

PESCE E FRUTTI DI MARE · FAMILIARE ✕✕ In una piazzetta rientrante dal lungomare, locale d'atmosfera - sobrio e signorile - dove la grande profusione di legno può ricordare vagamente lo stile nautico. Specialità di pesce.

Menu 45/50 € – Carta 47/81 €

via Asilo Maria Teresa 34 – ℰ 0185 450909 – solo a cena escluso i giorni festivi in
ottobre-maggio – Chiuso 2 settimane in febbraio e 2 settimane in novembre

⫟◯ Balin Sestri Levante

PESCE E FRUTTI DI MARE · ACCOGLIENTE ⅹ Sul lungomare, locale con pochi tavoli e di contemporanea atmosfera; anche con la nuova gestione si riconferma come un valido indirizzo dove assaggiare piatti curati nei minimi dettagli. Prenotate per tempo!

Carta 50/99 €

viale Rimembranza 33 – ℰ 0185 44397 (coperti limitati, prenotare) – solo a cena – Chiuso lunedì

⫟◯ Capocotta ◍

CUCINA CREATIVA · RUSTICO ⅹ A due passi dall'incantevole Baia del Silenzio, rustico locale che fu ritrovo di pescatori; ora la tipicità del posto si contrappone ad una cucina di ricerca, ricca di creatività. Una bella esperienza!

Menu 50/55 € – Carta 53/90 €

vico Macelli 8 – ℰ 0185 189 8193 (prenotare) – solo a cena escluso domenica da ottobre a maggio – Chiuso 3-15 novembre e martedì

⌂⌂⌂ Grand Hotel Villa Balbi

DIMORA STORICA · PERSONALIZZATO Sul lungomare, un'antica villa aristocratica del '600 con un rigoglioso parco-giardino con piscina: splendidi interni in stile con affreschi, camere eleganti. Continuate a viziarvi passeggiando nella raffinata sala da pranzo.

105 cam ⌖ – ♦85/270 € ♦♦148/510 € – 3 suites

viale Rimembranza 1 – ℰ 0185 42941 – www.villabalbi.it – Aperto 1°aprile-6 ottobre

⌂⌂⌂ Due Mari

TRADIZIONALE · STORICO Tra romantici edifici pastello, un classico palazzo seicentesco da cui si scorge la Baia del Silenzio, abbellito da un piccolo e suggestivo giardino, interni in stile, a cui si aggiunge una raccolta, ma completa spa. Specialità di terra e di mare nell'elegante sala da pranzo.

53 cam ⌖ – ♦90/150 € ♦♦95/250 € – 2 suites

vico del Coro 18 – ℰ 0185 42695 – www.duemarihotel.it – Chiuso 12 ottobre-23 dicembre

⌂⌂⌂ Miramare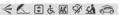

FAMILIARE · LUNGOMARE A ridosso della quieta Baia del Silenzio, la struttura è stata completamente rinnovata: le camere sono ora all'insegna del design attuale, molte con un'incantevole vista sulla distesa blu.

35 cam ⌖ – ♦190/650 € ♦♦190/650 € – 4 suites

via Cappellini 9 – ℰ 0185 480855 – www.miramaresestrilevante.com – Chiuso 7 gennaio-9 febbraio

⫟◯ **Baia del Silenzio** – Vedere selezione ristoranti

⌂⌂⌂ Vis à Vis

FAMILIARE · MEDITERRANEO Sul promontorio che domina le due baie, albergo panoramico collegato al centro da un ascensore scavato nella roccia; splendida terrazza-solarium con piscina riscaldata ed accoglienti interni di taglio moderno.

51 cam ⌖ – ♦120/240 € ♦♦140/377 € – 5 suites

via della Chiusa 28 – ℰ 0185 42661 – www.hotelvisavis.com – Aperto 1° aprile-3 novembre

⫟◯ **Olimpo** – Vedere selezione ristoranti

⌂⌂ Helvetia

LUSSO · LUNGOMARE In un angolo tranquillo e pittoresco di Sestri, una costruzione d'epoca dai luminosi ambienti arredati con gusto. Il ristorante con il suo bel dehors dal quale si può rimirare la Baia del Silenzio fa eco alle terrazze panoramiche che ospitano il solarium e la piscina.

17 cam ⌖ – ♦200/380 € ♦♦250/450 € – 4 suites

via Cappuccini 43 – ℰ 0185 41175 – www.hotelhelvetia.it – Aperto 18 aprile-3 novembre

Suite Hotel Nettuno ✿ ⇐ 🖻 & AC ⚙ P

STORICO · LUNGOMARE Direttamente sulla passeggiata del lungomare, questo edificio in stile Liberty si caratterizza per la generosità degli spazi, sia nelle armoniose camere sia nelle parti comuni. Aperitivi serali presso il lounge bar panoramico e specialità liguri nell'ampio ristorante.

18 cam ⌕ – †90/540 € ††90/540 € – 7 suites

piazza Bo 23/25 – ℰ 0185 481796 – www.suitehotelnettuno.com

 Villa Agnese ⊗ ⇐ ⌁ 🖻 & AC ⌂

LOCANDA · PERSONALIZZATO Ai piedi della settecentesca villa Pallavicini, le camere in stile classico con accenni provenzali - più o meno spaziose - dispongono di balcone, patio o giardinetto. E' una risorsa ideale per chi, non ossessionato dalla spiaggia, desidera muoversi con facilità nel territorio e trovare al rientro il relax di un tuffo in piscina.

16 cam ⌕ – †80/150 € ††125/180 €

*Via Alla Fattoria Pallavicini 1/a – ℰ 0185 457583 – www.hotelvillaagnese.com
– Aperto 19 aprile-3 novembre*

 I prezzi indicati dopo il simbolo † corrispondono al prezzo minimo in bassa stagione e massimo in alta stagione per una camera singola. Lo stesso principio è applicato al simbolo †† riferito ad una camera per due persone.

SESTRI PONENTE Genova → Vedere Genova

SETTEQUERCE SIEBENEICH Bolzano → Vedere Terlano

SETTIMO MILANESE

Milano (MI) – ✉ 20019 – 19 913 ab. – Alt. 134 m – Carta regionale n° **10**-B2
Carta stradale Michelin 561-F9

🐵 **CristianMagri** 🏠 AC P

CUCINA REGIONALE · RUSTICO X Affacciato su un laghetto di pesca sportiva, il locale vanta una location decisamente bucolica, mentre la cucina s'inventa specialità fantasiose e creative: riso, zucchine, lamponi, pepe di Sichuan - cotoletta "svestita"... Piatti tradizionali sono invece presentati nell'annesso bistrot. Ottima la pasticceria e i gelati di produzione propria.

Menu 35/90 € – Carta 31/70 €

via Meriggia 3 – ℰ 02 3359 9042 – www.cristianmagri.eu – Chiuso 1°-10 gennaio, 3 settimane in agosto e lunedì

SEVESO

Monza e Brianza – ✉ 20822 – 23 431 ab. – Alt. 211 m – Carta regionale n° **10**-B2
Carta stradale Michelin 561-F9

🍽O **La Sprelunga** 🏠 AC P

PESCE E FRUTTI DI MARE · ELEGANTE XxX Moderna cucina mediterranea, dove il pesce è il vero protagonista in questo elegante locale di lunga tradizione giunto ormai alla terza generazione. Se il tempo lo permette, prenotate un tavolo nel dehors con affaccio sul piccolo giardino.

Menu 28 € (pranzo in settimana)/90 € – Carta 37/100 €

*via Sprelunga 55 – ℰ 0362 503150 (consigliata la prenotazione)
– www.lasprelunga.it – Chiuso 1 settimana in gennaio, 3 settimane in agosto, domenica sera e lunedì*

SEXTEN → Vedere Sesto

SICULIANA Sicilia

Agrigento – ⊠ 92010 – 4 547 ab. – Alt. 129 m – Carta regionale n° **17**-B2
Carta stradale Michelin 365-AP59

a **Siculiana Marina** Sud-Ovest : 4 km ⊠ 92010 – Siculiana

🍴⃝ **La Scogliera**   🏠 & 🅰️🅲

PESCE E FRUTTI DI MARE · STILE MEDITERRANEO ⅹ Ristorantino a conduzione familiare con una bella terrazza affacciata sul mare. Una risorsa ideale per apprezzare appetitose preparazioni a base di pesce fresco.

🍽 Menu 25/35 € – Carta 36/47 €

via San Pietro 54 – 𝒞 0922 817532 (coperti limitati, prenotare) – Chiuso domenica sera e lunedì

SIDDI

Medio Campidano (VS) – ⊠ 09020 – 655 ab. – Alt. 184 m – Carta regionale n° **16**-B2
Carta stradale Michelin 566-H8

💠 **S'Apposentu** (Roberto Petza)   🏍 ⇦ 🍴 🏠 🅰️🅲

CUCINA CREATIVA · ELEGANTE ⅩⅩⅩ Un gioiello sperduto nel cuore della Sardegna, ma che merita un viaggio per trovare i sapori perduti di paste artigianali, animali da cortile, mandorle e zafferano dell'isola, pecorini prodotti dal cuoco... è una gustosa cucina di campagna con un occhio al mare.

→ Raviolini di cacciatora di coniglio. Maialino croccante, verdurine dell'orto e salsa di melagrana selvatica. Passeggiata nell'orto.

Menu 45 € (pranzo in settimana)/85 € – Carta 67/92 €

4 cam ⊡ – ♦80/90 € ♦♦90/110 €

vico Cagliari 3 – 𝒞 070 934 1045 (prenotare) – www.sapposentu.it – Chiuso 2 settimane in novembre, domenica sera e lunedì in giugno-settembre, anche martedì negli altri mesi

fotostock

SIENA

(SI) – ✉ 53100 – 53 903 ab. – Alt. 322 m – Carta regionale n° **18**-C2
Carta stradale Michelin 563-M16

Ristoranti

⊛ **La Taverna di San Giuseppe** ⊛ ও 🄰🄲

CUCINA TOSCANA · TRATTORIA ✗ L'edificio racconta le origini di Siena, dalla cantina, visitabile, che fu una casa etrusca del III secolo a.C., alla sala del ristorante, una galleria di mattoni di epoca romana. Nel personale troverete una rara cortesia, nella cucina la schiettezza dei sapori toscani. Specialità: ribollita - galletto al mattone con aromi.

Carta 32/68 €

Pianta: B2-c – *via Giovanni Duprè 132* – ℰ*0577 42286 (coperti limitati, prenotare)* – *www.tavernasangiuseppe.it*
– *Chiuso 15-30 gennaio, 20 luglio-3 agosto e domenica*

⏹○ **Particolare di Siena** Ⓝ 🖼 ও 🄰🄲

CUCINA MODERNA · ELEGANTE ✗✗ Nuovo locale appena fuori dal centro, ma facilmente raggiungibile con le scale mobili di piazza San Francesco, per una cucina d'ispirazione classica con modernità nelle presentazioni; fresco dehors e chef's table per osservare da vicino il lavoro ai fornelli. Anche menu vegetariano.

Menu 45/100 € – Carta 36/68 €

Pianta: B1-c – *via B. Peruzzi 26* – ℰ*0577 179 3209* – *www.particolaredisiena.com*
– *Chiuso 8-20 gennaio e lunedì*

⏹○ **Porri One** ⊛ 🖼 🄰🄲

CUCINA CREATIVA · AMBIENTE CLASSICO ✗✗ Si gioca sul nome del locale, che fa il verso a quello della via, ma in cucina, no! Non c'è nulla di più serio dell'impegno che Ermanno e la sua brigata dedicano a soddisfare i clienti con piatti fantasiosi e creativi in raffinate presentazioni, simili a delle piccole opere d'arte. Il locale, raccolto ma recentemente rinnovato, ha un tono luminoso e di elegante semplicità.

Menu 75/110 € – Carta 67/100 €

Pianta: B2-g – *via Porrione 28* – ℰ*0577 221442 (coperti limitati, prenotare)*
– *www.porrionecucinaevino.it* – *Chiuso novembre e mercoledì*

ⅱ◯ Osteria le Logge   🏵 🔝 AC ⇦

CUCINA TOSCANA · VINTAGE ❌ Chi ama le atmosfere retrò qui troverà una sala d'altri tempi, un'ex drogheria con banco d'ingresso e antichi armadi a vetrina. Ma ci pensa la cucina a ricordare che siamo in un ristorante, e di quale livello! Più semplice la sala al primo piano. Gli appassionati di vino possono chiedere di visitare la vicina cantina, un tunnel di origine etrusca.

Carta 57/86 €

Pianta: B2-p – via del Porrione 33 – 𝒞 0577 48013 – www.osterialelogge.it
– Chiuso 6-25 gennaio e domenica

ⅱ◯ Osteria Babazuf 🆕

CUCINA DEL TERRITORIO · ACCOGLIENTE ❌ Ad un passo da piazza del Campo, moderna osteria nel cuore della città dove gustare piatti della tradizione con alternative di mare e tartufo (in stagione).

Carta 22/43 €

Pianta: B2-a – via Pantaneto 85-87 – 𝒞 0577 222482 (prenotare)
– www.osteriababazuf.com – Chiuso 3 settimane in gennaio-febbraio e lunedì

ⅱ◯ Zest   🍴

CUCINA MODERNA · WINE-BAR ❌ Nei pressi del santuario di Santa Caterina, sotto antiche volte, un ristorante al tempo stesso bistrot e wine-bar dallo stile moderno: la sua cucina è contemporanea, fresca, sfiziosa.

Carta 35/59 €

Pianta: A2-r – Costa di Sant'Antonio 13 – 𝒞 0577 47139 – www.zestsiena.com
– Aperto 1° marzo-31 ottobre; chiuso martedì escluso 7 aprile-15 ottobre

Alberghi

🏨 Grand Hotel Continental   🍴 ⊡ & AC ⚒

GRAN LUSSO · ELEGANTE All'interno di un palazzo del '600, fatto costruire da Papa Alessandro VII, l'albergo è impreziosito da affreschi, lampade in porcellana cinese e da una torre medievale riportata ai suoi antichi splendori dopo un accurato restauro. Le camere sono una riuscita sintesi di antico e moderno.

43 cam – 🛏200/550 € 🛏🛏250/2500 € – 4 suites – � 26 €

Pianta: B1-a – via Banchi di Sopra 85 – 𝒞 0577 56011
– www.grandhotelcontinentalsiena.com

🏨 NH Siena   🍴 🛏 ⊡ & AC ⚒

HOTEL DI CATENA · CLASSICO Adiacente allo stadio e al centro storico, hotel di catena dal confort moderno e attuale: ideale, quindi, per una clientela business, ma anche leisure. Stessa versatilità al ristorante, che propone specialità regionali e piatti nazionali.

129 cam ⊡ – 🛏330 € 🛏🛏345 €

Pianta: A1-c – piazza La Lizza 1 – 𝒞 0577 382111 – www.nh-hotels.it

🏨 Palazzetto Rosso   ⊡ AC

STORICO · DESIGN In un palazzo di fine Trecento con affascinanti interni in mattoni e spettacolare giroscala, le camere sorprendono per contrasto, arredate in un sobrio stile contemporaneo. La numero 7 offre una vista mozzafiato sui tetti di Siena.

5 cam ⊡ – 🛏165/275 € 🛏🛏165/275 € – 4 suites

Pianta: B1-r – via dei Rossi 38-42 – 𝒞 0577 236197 – www.palazzettorosso.com

🏨 Palazzo Ravizza   🍴 ⊡ AC 🅿

STORICO · CLASSICO Un tuffo nel passato in un'incantevole costruzione del XVII sec. raccolta intorno a un pittoresco giardinetto; mobilio d'epoca, suggestive camere di monacale semplicità.

38 cam ⊡ – 🛏90/160 € 🛏🛏100/280 € – 3 suites

Pianta: A2-b – Piano dei Mantellini 34 – 𝒞 0577 280462 – www.palazzoravizza.it
– Chiuso 1° gennaio-28 febbraio

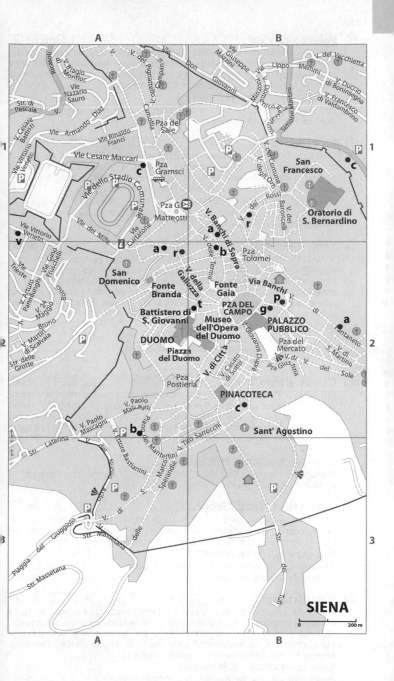

SIENA

0   200 m

🏠 Palazzo di Valli ⬅ 🛏 ♿ AC P

CASA DI CAMPAGNA · ROMANTICO Villa settecentesca circondata da un uliveto, il vantaggio del parcheggio privato si coniuga con una passeggiata a piedi per il centro; all'interno camere ampie con vista su un romantico paesaggio collinare da cartolina, ceramiche di Vietri nei bagni e pavimenti d'epoca.

11 cam ⌂ – ♦55/140 € ♦♦70/160 €

via Enea Silvio Piccolomini 135 – ℰ 0577 226102 – www.palazzodivalli.it – Chiuso 7 gennaio-23 febbraio

🏠 La Villa di STR 🛏 ⬍ AC

STORICO · CLASSICO Alle porte della città, in un elegante contesto residenziale di ville d'epoca come quella che ospita l'albergo, la raffinatezza dei salotti e il grazioso giardino d'inverno per le colazioni sono tra i punti di forza della struttura, insieme alle camere, accoglienti e ben tenute.

17 cam ⌂ – ♦50/110 € ♦♦60/140 €

Pianta: A1-v – *viale Vittorio Veneto 11 – ℰ 0577 188 2807 – www.lavilladistr.it – Chiuso 7 gennaio-18 febbraio*

🏠 Santa Caterina 🛏 ⬍ AC P

TRADIZIONALE · CLASSICO In una villa d'epoca, a pochi passi dal centro storico e dalla Piazza del Campo, un piccolo hotel che mantiene le sue romantiche atmosfere retrò. Il giardino panoramico ombreggiato dove viene servita la prima colazione (nella bella stagione!) è sicuramente uno dei punti di forza della struttura, insieme alla gentilezza del personale e a camere arredate in caldo stile toscano: alcune con vista sulle colline senesi.

22 cam ⌂ – ♦44/155 € ♦♦64/265 €

via E. S. Piccolomini 7
– ℰ 0577 221105 – www.hotelsantacaterinasiena.com
– Chiuso 14 gennaio-9 febbraio

🏠 Campo Regio Relais ⬅ ⬍ AC ✗

STORICO · ROMANTICO Una dimora d'epoca curata e calda come una lussuosa abitazione privata, ospita mobili antichi e confort moderni, nonché due camere con vista mozzafiato sul Duomo e tetti di Siena (spettacolare la 5); un panorama di cui possono comunque godere tutti da un romantico terrazzino usato per le colazioni estive. L'indirizzo giusto per un soggiorno esclusivo nella contrada del Drago!

6 cam ⌂ – ♦150/220 € ♦♦190/250 €

Pianta: A2-a – *via della Sapienza 25 – ℰ 0577 222073 – www.camporegio.com – Chiuso 7 gennaio-17 marzo*

🏠 Antica Residenza Cicogna AC ✗

FAMILIARE · ACCOGLIENTE In un palazzo di origini medievali, camere graziosamente arredate e personalizzate con affreschi ottocenteschi o liberty: una con letto a baldacchino. Simpatica accoglienza di tono familiare.

7 cam ⌂ – ♦65/100 € ♦♦85/120 €

Pianta: B1-b – *via delleTerme 76 – ℰ 0577 285613*
– www.anticaresidenzacicogna.it

🏠 Il Battistero AC

FAMILIARE · ACCOGLIENTE Con rara e autentica ospitalità, il giovane titolare e la mamma vi apriranno le porte di quella che fu la residenza di papa Alessandro VII: in un elegante mix di antico e moderno, tre camere si affacciano sul battistero, altrettante, particolarmente tranquille, sulla basilica di San Domenico. Annessa enoteca con la medesima gestione familiare.

7 cam ⌂ – ♦100/200 € ♦♦150/250 €

Pianta: B2-t – *piazza San Giovanni 13 – ℰ 331 957 0519*
– www.battisterosiena.com

a Santa Regina Est: 2,5 km ⊠ 53100 – Siena

🏠 Frances' Lodge Relais ⬩⬩⬩⬩⬩⬩ 🅿

CASA DI CAMPAGNA · INSOLITO La vista tra le colline si spinge sino al profilo di Siena, Duomo e torre del Mangia compresi in questa casa immersa nel verde della campagna toscana, impreziosita da un giardino storico in cui spicca la limonaia. Ambienti di charme e gusto, camere personalizzate ispirate al viaggio: da sogno!

6 cam ☵ – ♦200 € ♦♦240 €

strada Valdipugna 2 – 𝒞 337 671 608 – www.franceslodge.eu – Aperto 24 marzo-31 ottobre

a Vagliagli Nord-Est : 11,5 km ⊠ 53010

🍽 La Taverna di Vagliagli 🏠

REGIONALE · TRATTORIA XX In un caratteristico borgo del Chianti, locale rustico molto gradevole, con pietra a vista e arredi curati; specialità alla brace, cucinate davanti ai clienti.

Carta 28/53 €

via del Sergente 4 – 𝒞 0577 322532 – www.tavernadivagliagli.com – solo a cena escluso sabato ed i giorni festivi – Chiuso 8-22 gennaio e martedì

🏨 Borgo Scopeto Relais ⬩⬩⬩⬩⬩⬩⬩⬩⬩⬩⬩⬩ 🅿

DIMORA STORICA · ELEGANTE Attorno ad un'antica torre di avvistamento del XIII sec, dove già nel 1700 sono stati costruiti altri rustici, si snoda questa originale struttura: un vero borgo con camere personalizzate e curate nei dettagli, nel più tipico ed isolato paesaggio chiantigiano, ideale per chi cerca silenzio e solitudine.

40 cam ☵ – ♦240/400 € ♦♦240/400 € – 18 suites

strada Comunale 14 n° 18, Località Borgo Scopeto, Sud Est: 5 Km Vagliagli – 𝒞 0577 320001 – www.borgoscopetorelais.it – Aperto 1° aprile-31 ottobre

---

SIGNATO Bolzano → Vedere Bolzano

SILANDRO SCHLANDERS

Bolzano – ⊠ 39028 – 6 016 ab. – Alt. 721 m – Carta regionale n° **19**-A2
Carta stradale Michelin 562-C14

a Vezzano Est : 4 km ⊠ 39028 – Silandro

🏨 Sporthotel Vetzan ⬩⬩⬩⬩⬩⬩⬩⬩

FAMILIARE · STILE MONTANO Per vacanze nel verde, un albergo immerso tra i frutteti in posizione soleggiata e tranquilla; zone comuni in stile montano di taglio moderno, spaziose camere classiche.

25 cam ☵ – ♦105/145 € ♦♦170/244 € – 1 suite

strada Del Paese 14 – 𝒞 0473 742525 – www.sporthotel-vetzan.com – Aperto 1° aprile-10 novembre

SILEA

Treviso – ⊠ 31057 – 10 167 ab. – Carta regionale n° **23**-A1
Carta stradale Michelin 562-F18

🍽 Da Dino 🏠 🄰🄲 ⬩ 🅿

VENEZIANA · AMBIENTE CLASSICO XX Locale semplice e familiare: nelle due salette in stile rustico, ma di tono signorile, "scaldate" da uno scoppiettante camino, la carta varia praticamente tutti i giorni, ma quasi sempre troverete il bollito. Venerdì e sabato, qualche piatto di pesce in più.

Carta 37/55 €

via Lanzaghe 13 – 𝒞 0422 360765 – www.trattoriadadino.com – Chiuso vacanze di Natale,1 settimana in luglio, martedì sera e mercoledì

SILVIGNANO Perugia → Vedere Spoleto

SILVI MARINA

Teramo – ✉ 64028 – 15 626 ab. – Carta regionale n° **1**-B1
Carta stradale Michelin 563-O24

🏠🏠 Mion   ✿ ⪕ ⌿ ⚓ ⊡ AC ⅗ ⌂

TRADIZIONALE · CONTEMPORANEO Fronte mare, l'hotel è cinto da un curato giardino, offre piacevoli spazi comuni arredati con eleganza e gusto coloniale ed alcune camere impreziosite da mobilio d'epoca. Nell'elegante sala ristorante proposte di cucina italiana; d'estate il servizio è anche nella fiorita terrazza accanto alla piscina.

59 cam – solo ½ P 140/280 € – 5 suites

viale Garibaldi 22 – ℰ 085 935 0935 – www.mionhotel.com
– Aperto 25 maggio-9 settembre

🏠 Miramare   ✿ ⪕ ⪪ ⌿ ⚓ ⊡ AC

TRADIZIONALE · LUNGOMARE Hotel dall'accoglienza familiare che vi accompagnerà per una vacanza a tutto mare; un bel giardino con piscina lo separa, infatti, dalla spiaggia privata.

51 cam ⌑ – †40/60 € ††50/95 €

via Garibaldi 134 – ℰ 085 930235 – www.miramaresilvi.it – Aperto
1° aprile-30 settembre

SINAGRA Sicilia

Messina – ✉ 98069 – 2 705 ab. – Alt. 260 m – Carta regionale n° **17**-D2
Carta stradale Michelin 365-AY55

🌐 Trattoria da Angelo Borrello   ⪕ 🏠 AC P

CUCINA REGIONALE · FAMILIARE Distensivo e indimenticabile il pranzo in veranda: intorno a voi l'intera vallata, al suo centro un antico torchio per le olive, sul vostro piatto i sapori della Sicilia. Tra le specialità, degli di nota sono i maccheroni al ragù di suino nero dei Nebrodi (la carne proviene dai propri allevamenti).

Carta 21/38 €

strada principale 139 per Ucria, Sud: 2 km – ℰ 0941 594433 (consigliata la prenotazione) – www.ristoranteborrello.it – Chiuso lunedì

SINALUNGA

Siena – ✉ 53048 – 12 764 ab. – Alt. 364 m – Carta regionale n° **18**-C2
Carta stradale Michelin 563-M17

🏠🏠 Locanda dell'Amorosa   ✿ 🐾 ⪕ 🏠 ⌿ ⅗ AC ⚜ P

STORICO · AGRESTE C'è anche una cappella privata - tuttora consacrata - in questo antico borgo con casa padronale e fattoria: gli spazi qui si fanno ampi e luminosi, l'arredo rustico, ma suggestivo. Per la sera l'elegante ristorante Lo Zafferano con proposta di cucina toscana rivisitata, per il pranzo la più "facile" Osteria dell'Aglione, ispirata al prodotto di nicchia tipico di queste parti.

19 cam ⌑ – †238/374 € ††280/440 € – 8 suites

località l'Amorosa, Sud: 2 km – ℰ 0577 677211 – www.amorosa.it
– Aperto 8 marzo-31 dicembre

a Bettolle Est : 6,5 km ✉ 53040

🍴○ Walter Redaelli   ⪚ 🏠 🏠 AC

CUCINA MODERNA · RUSTICO In un'antica casa colonica di fine '700 con mattoni a vista, travi al soffitto e un imponente camino, si celebra la sapida cucina toscana elaborata partendo da ingredienti locali e con tanta carne. Abbandonatevi al piacere della tavola, comodamente adagiati nelle confortevoli poltroncine.

Menu 65/65 € – Carta 41/65 €

6 cam ⌑ – †90/100 € ††140/160 €

via XXI Aprile 26 – ℰ 0577 623447 – www.ristanteredaelli.it – Chiuso lunedì da novembre a marzo

SINIO

Cuneo – ☒ 12050 – 522 ab. – Alt. 357 m – Carta regionale n° **14**-C2
Carta stradale Michelin 561-I6

 Castello di Sinio

DIMORA STORICA · ELEGANTE Ristrutturato nel pieno rispetto della sua storia, l'antico castello troneggia nel centro del piccolo borgo isolato, al suo interno: charme, eleganza e alcuni confort moderni. Nella corte, un grazioso giardino.

11 cam – ♦259/385 € ♦♦259/385 € – ☒ 15 €

vicolo Castello 1 – ℰ 0173 263889 – www.hotelcastellodisinio.com – Aperto 16 marzo-30 novembre

Agriturismo Le Arcate

AGRITURISMO · ACCOGLIENTE Una genuina ed ospitale coppia vi accoglierà in questa tradizionale casa piemontese all'insegna di spazi e vista su colline e castelli. Fra tutte, il panorama della camera cinque è mozzafiato. Vino e nocciole i prodotti dell'agriturismo.

5 cam ☒ – ♦50 € ♦♦80 €

località Gabutto 2 – ℰ 0173 613152 – www.agriturismolearcate.it – Chiuso gennaio e febbraio

CI PIACE...

Cenare ai tavoli all'aperto del **Regina Lucia**, nella spettacolare piazza illuminata. L'intrico di terrazze e arredi d'epoca dell'**Henry's House**, un romantico nido sull'Ortigia. **Donna Coraly Resort**, per chi desidera un soggiorno sofisticato, ma tutto di marca siciliana.

SIRACUSA Sicilia

(SR) – ⊠ 96100 – 122 291 ab. – Carta regionale n° **17**-D3
Carta stradale Michelin 365-BA61

Ristoranti

⑪ **Regina Lucia** 🛏 🅰️🅲

CUCINA MODERNA · ROMANTICO 𝕏x𝕏 Per quanto vi abbiano già anticipato il fascino di piazza Duomo, non si arriverà mai sufficientemente preparati a tanta bellezza, soprattutto la sera. I tavoli del Regina consentono di apprezzarla al meglio, ma anche in caso di mal tempo le sale ricavate dalle ex stalle del palazzo settecentesco hanno di che stupirvi. Cucina creativa su basi siciliane.

Menu 55/75 € – Carta 52/94 €

Pianta: C3-b – *piazza Duomo 6, (Ortigia)* – ℰ 0931 22509 – *www.reginalucia.it*
– *Chiuso novembre e martedì*

⑪ **Don Camillo** 🕸 🅰️🅲

CUCINA MODERNA · ELEGANTE 𝕏x𝕏 Soffitti a volta, pietre a vista e un servizio di sala numeroso ed attento, sono le caratteristiche più salienti di questo ristorante, dove mare e terra di Sicilia s'incontrano nel piatto; anche la cantina non passa inosservata.

Menu 40/80 € – Carta 46/92 €

Pianta: D3-a – *via Maestranza 96, (Ortigia)* – ℰ 0931 67133
– *www.ristorantedoncamillo.it – Chiuso*
23-26 dicembre, 7 gennaio-2 febbraio, 7-21 luglio, domenica e i giorni festivi

⑪ **Porta Marina** 🅰️🅲

PESCE E FRUTTI DI MARE · CONTESTO STORICO 𝕏𝕏 In un edificio del 1400 lasciato volutamente spoglio, in modo da evidenziare le pietre a vista e il soffitto a volte a crociera, il locale si è imposto come uno degli indirizzi più eleganti di Siracusa. Cucina promettente con alcune preparazioni, che si sbilanciano verso elaborazioni e personalismi ben riusciti. Non mancate di scegliere il pesce dall'espositore, le proposte spaziano da quelle più semplici e classiche sino ad altre più creative.

Menu 35/50 € – Carta 34/61 €

Pianta: C2-q – *via dei Candelai 35, (Ortigia)* – ℰ 0931 22553 *(consigliata la prenotazione la sera)* – *www.ristoranteportamarina.135.it – Chiuso 1°-13 febbraio e lunedì*

904

⫶○ Al Mazarì   🗚 ✑

CUCINA SICILIANA · ACCOGLIENTE ✕ Parentesi gastronomica trapanese nel cuore di Siracusa in eleganti ambienti (molto bella la sala in pietra medievale con cantina vini!) che riflettono la storia del palazzo: tra couscous e pasta con le sarde, il menu è scritto scherzosamente in dialetto siciliano (ma con traduzioni).
Carta 24/86 €

Pianta: D3-n – *via Torres 7/9, (Ortigia) –* ☏ *0931 483690 – www.almazari.it
– Chiuso 10 gennaio-28 febbraio e domenica in inverno*

Alberghi

🏨 Grand Hotel Ortigia   🌴 🏠 🛗 ₺ 🗚 🛁 🅿

LUSSO · PERSONALIZZATO Qui le camere, così come gli spazi comuni, riescono a fondere e a comprendere in modo mirabile, elementi di design contemporaneo, reperti classici e decorazioni moderne. Il ristorante roof-garden offre una vista panoramica eccezionale sulla città e sul mare.
56 cam – ▮107/190 € ▮▮173/313 € – 2 suites – ⌁ 18 €
Pianta: C2-c – *viale Mazzini 12, (Ortigia) –* ☏ *0931 464600
– www.grandhotelortigia.it*

🏨 Algilà   🌴 🛗 ₺ 🗚 🚗

STORICO · ELEGANTE Albergo di charme all'interno di una residenza dove un'attenta ristrutturazione ha valorizzato le vecchie mura e particolari storici. Arte povera e qualche pezzo d'antiquariato impreziosiscono le camere, mentre il piccolo giardino d'inverno con una gorgogliante fontana rimanda inevitabilmente ad atmosfere moresche. Prestigiosa dépendance in uno splendido edificio barocco del '700.
54 cam ⌁ – ▮100/120 € ▮▮150/250 €
Pianta: D2-e – *via Vittorio Veneto 93, (Ortigia) –* ☏ *0931 465186 – www.algila.it
– Chiuso 7-31 gennaio*

🏨 Grand Hotel Villa Politi   🌴 ⪉ ⛴ 🛗 ₺ 🗚 🛁 🅿

TRADIZIONALE · CLASSICO Nello spettacolare contesto del parco delle Latomie dei Cappuccini (le antiche cave greche, nonché prigioni), Grand Hotel Villa Politi ospita ambienti comuni sontuosi ed eleganti stanze - la maggioranza - panoramiche. Al ristorante ritroverete ancora l'atmosfera di una certa nobile e raffinata "sicilianità".
100 cam ⌁ – ▮75/120 € ▮▮90/250 € – 2 suites
Pianta: C1-a – *via Politi Laudien 2 –* ☏ *0931 412121 – www.villapoliti.com*

🏨 Antico Hotel Roma 1880   🌴 🛗 ₺ 🗚 🛁 🚗

TRADIZIONALE · ACCOGLIENTE Nel cuore di Ortigia, proprio alle spalle del Duomo, un albergo che si propone con una veste che miscela stile moderno con tocchi retrò. Appuntamento con i sapori locali al ristorante Monzù: pesce fresco, piatti tradizionali e un pizzico di fantasia.
45 cam ⌁ – ▮100/120 € ▮▮150/200 €
Pianta: D3-f – *via Roma 66, (Ortigia) –* ☏ *0931 465630 – www.algila.it – Aperto
1° marzo-31 ottobre*

🏨 Royal Maniace   ⪉ 🛋 🛗 ₺ 🗚

TRADIZIONALE · ACCOGLIENTE Siracusa è una città di mare, che nello specchio blu si allunga con l'isola di Ortigia. Su questo splendido fazzoletto di terra si trova Royal Maniace, bella struttura ricavata da un palazzo settecentesco dove mura antiche accolgono arredi dalle linee più moderne. Le camere più ambite sono quelle affacciate sullo Ionio.
21 cam ⌁ – ▮70/180 € ▮▮90/250 € – 2 suites
Pianta: D3-p – *lungomare d'Ortigia 13, (Ortigia) –* ☏ *0931 67437
– www.maniacehotel.it*

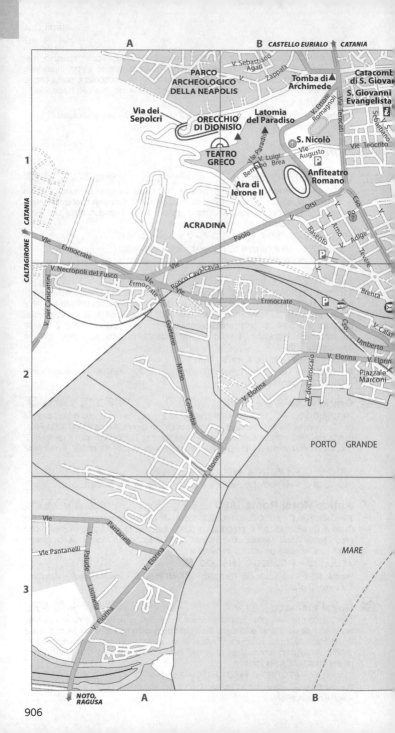

SIRACUSA

0 ———————— 300 m

Artemision . . . . A
Galleria civica
 d'Arte Contemporanea . . . . . . B
Museo Aretuseo dei Pupi . . . . . N
Palazzo
 Mergulese-Montalto . . . . R
Palazzo del Senato . . . . E

Piazza Cappuccini

**Latomia
dei Cappuccini**

**Museo
Archeologico
Regionale**

Landolina

Teocrito

**Santuario
d. Madonna
d. Lacrime**

iazza
ella
ittoria

**Catacombe di
Santa Lucia**

Piazza
Sta Lucia

V. Teocrito

V. Bologna

V. Milano

V. Napoli

V. Torino

V. Padova

Vle

V. piave

V. Bainsizza

V. Gorizia

Enna

V. Ragusa

V. Luigi

Eumelo

Pindaro

Cadorna

Pastubio

V. Agrigento

Montegrappa

V. Cuma

V. Pave

Carso

V. Timoleonte

Riviera Dionisio il Grande

MARE   IONIO

Piazza
Euripide

V. dell'Arsenale

V. Porto

Lachio

**PORTO
PICCOLO**

**ISOLA
DI ORTIGIA**

Foro
racusano

Vle

Vle Regina Margherita

Montedoro

Cso

V. Malta

V. Bengasi

V. Rodi

V. Malta

Umberto

Porta Reale

Riva Porto Gallo

Riva Trieste

ORTIGIA

**Tempio
di Apollo**

Piazza
Pancali

Savoia

Cso Matteotti

**S.
Pietro**

e

V. dei Tolomei

Mastrarua

**S. Francesco
all'Immacolata**

**Belvédère
S. Giacomo**

c

q

R

V. Maestranza

Tommaso Gargallo

a

Porta Marina

Chiesa dei Gesuiti

**Pal. Beneventano
del Bosco**

E   **A**

f

Miqwè

Forte Vigliena

Passeggio
Adorno

Piazza
Duomo

Duomo

n

IONIO

b

**S.
Lucia**

S. Benedetto

**Fonte
Aretusa**

V. Alfeo

z

**Galleria Regionale di
Palazzo Bellomo**

m

Spirito Santo

Piazza F.
S. Svevia

Castello Maniace

C

D

907

Henry's House 🛇 🖪 🏧 🕱

DIMORA STORICA · ROMANTICO Frutto dell'unificazione di diversi palazzi storici, l'albergo è una romantica bomboniera in cui il proprietario ha raccolto splendide piastrelle, arredi e cimeli d'epoca. Un labirintico intrecciarsi di saloni e corridoi porta a romantiche terrazze, di cui una, mozzafiato, sotto una vite, si affaccia sul Porto Grande.

14 cam 🖙 - 🛉120/280 € 🛉🛉150/450 €

Pianta: D3-m – *via del Castello Maniace 68, (Ortigia)* – ✆ *0931 21361*
– *www.hotelhenryshouse.com*

Donna Coraly Resort 🛖 🛇 🖢 🕱 🏧 🕱 🅿

CASA PADRONALE · MEDITERRANEO Se preferite dormire fuori dal centro, questa è una delle strutture più affascinanti ed esclusive del siracusano. Vi apparirà come una sobria masseria, ma la sua storia inizia nel 1300 e, per citarne solo una tappa, qui nel 1943 fu firmato l'armistizio con gli alleati. L'adiacente e più moderna foresteria rivela eleganti camere, tra mobili d'epoca, ceramiche di Caltagirone e una rimarchevole serie di servizi. Straordinario giardino con piscina.

5 cam 🖙 - 🛉280/480 € 🛉🛉350/520 €

contrada San Michele, 10 Km per Siracusa A3 – ✆ *338 637 6121*
– *www.donnacoraly.it* – *Aperto 24 marzo-4 novembre*

Giuggiulena 🛇 ◁ 🖪 🏧 🕱 🚗

FAMILIARE · MEDITERRANEO Al termine di un breve cul-de-sac, la casa si trova a strapiombo sul mare, una scalinata e vi troverete sugli scogli. Camere spaziose affacciate sul blu, ceramiche di Vietri, terrazza-solarium e una simpatica gestione familiare.

6 cam 🖙 - 🛉90/135 € 🛉🛉110/170 €

Pianta: D1-b – *via Pitagora da Reggio 35* – ✆ *0931 468142* – *www.giuggiulena.it*
– *Chiuso 10 gennaio-10 febbraio*

Palazzo del Sale 🏧

DIMORA STORICA · PERSONALIZZATO In un palazzo di fine Settecento appartenuto ad un mercante di sale, le camere si sviluppano su due piani e sono arredate con sobri, ma raffinati mobili d'artigianato siracusano, come siciliani sono buona parte dei prodotti serviti a colazione. Due camere con terrazzo.

6 cam 🖙 - 🛉70/130 € 🛉🛉90/170 €

Pianta: D3-z – *via Santa Teresa 25, (Ortigia)* – ✆ *0931 65958*
– *www.palazzodelsale.com*

verso Lido Arenella Sud direzione Ragusa A3

Grand Hotel Minareto 🛖 ◁ 🖢 🕱 🏖 ⚓ 🖪 🕭 🏧 🛏 🅿

LUSSO · MEDITERRANEO Atmosfera medio-orientale già annunciata nel nome, in questo resort che occupa un intero promontorio. Elegante con spiaggia privata, le camere si trovano in intime strutture disseminate un po' ovunque. Impreziosito da boiserie e intarsi in marmo, il ristorante Nesos propone una cucina in bilico tra territorio e modernità.

88 cam 🖙 - 🛉150/450 € 🛉🛉150/450 € – 5 suites

via del Faro Massolivieri 26/a, 7,8 km per Ragusa - A3 ✉ 96100 Siracusa
– ✆ *0931 721222* – *www.grandhotelminareto.it* – *Aperto 29 marzo-31 ottobre*

Dolce Casa 🛇 🖢 🏧 🅿 🍴

FAMILIARE · ACCOGLIENTE Piacevole struttura a metà strada tra la città e le spiagge, attorniata da un giardino mediterraneo, inserita in un'oasi di tranquillità: per un soggiorno rilassante, amorevolmente accolti in famiglia.

8 cam 🖙 - 🛉40/70 € 🛉🛉60/90 €

via Lido Sacramento 4, 4 km per Noto - A3 ✉ 96100 Siracusa – ✆ *0931 721135*
– *www.bbdolcecasa.it*

sulla strada provinciale 14 Mare Monti direzione Caltagirone A1

🏠 Lady Lusya ☆ 🐕 🛋 🔳 ♨ 🅰️ 🅿️

DIMORA STORICA · TRADIZIONALE Masseria settecentesca, poi anche residenza vescovile, Lady Lusya si trova in splendida collocazione per scoprire allo stesso tempo Siracusa, il mare di Fontane Bianche, ma soprattutto la Sicilia agreste. In un crogiolo di limoni, l'arrivo in questa villa borbonica è trionfante e mozzafiato, tanto è splendida la facciata che intervalla pietra ed intonaco. Anche gli spazi interni non tradiscono l'impressione di trovarsi in un'aristocratica casa di campagna, particolarmente suggestivo il moltiplicarsi di scale ed archi a disegnare prospettive e labirinti.

19 cam ☐ – ♦70/110 € ♦♦90/140 € – 2 suites

località Spinagallo 16, Sud-Ovest: 14 km - A3 – ℰ 0931 710277 – www.ladylusya.it – Aperto 1° aprile-31 ottobre

---

SIRIO (Lago) Torino → Vedere Ivrea

SIRMIANO DI SOPRA Bolzano → Vedere Nàlles / Nals

SIRMIONE

(BS) – ✉ 25019 – 8 137 ab. – Carta regionale n° **9**-D1
Carta stradale Michelin 561-F13

❀ La Rucola 2.0 ☸ 🅰️ ⇔

CUCINA CREATIVA · DI TENDENZA ✕✕ In uno dei vicoli più seducenti di Sirmione, a fianco del Castello Scaligero, la Rucola 2.0 si distingue per accoglienza ed eleganza. La cucina mantiene salda la sua vena creativa, così come la predilezione per il mare con qualche incursione di terra.

→ Paccheri con ricci di mare, lime, caviale di pomodoro vesuviano e stracciatella di burrata. Filetto di branzino con gazpacho di pomodori e lamponi al finocchio marino. Gelato ai fiori di sambuco, rosolio al pino mugo con fragoline di bosco e pepe Timut.

Menu 85 € – Carta 90/120 €

vicolo Strentelle 3 – ℰ 030 916326 – www.ristorantelarucola.it – Chiuso giovedì

🍴 La Speranzina Restaurant & Relais ☸ ⇔ ≼ 🏠 🅰️

CUCINA CREATIVA · ELEGANTE ✕✕ Nel cuore di Sirmione, vicino al castello e con il lago a fare da romantico sfondo, La Speranzina si è rifatta il look ed ora sfoggia un concept che s'ispira ad un elegante minimalismo dove predominano colori chiari e discreti. La cucina, invece, rimane immutabile nella sua capacità di ammaliare l'ospite con piatti ricercati e creativi. Come sempre, quindi, un'ottima sosta gastronomica a cui si aggiungono tre camere "gioiello" molto ampie e con dotazioni esclusive.

Menu 88/120 € – Carta 77/163 €

3 suites ☐ – ♦♦250/2000 €

via Dante 16 – ℰ 030 990 6292 – www.lasperanzina.it – Chiuso lunedì escluso dal 5 novembre al 28 febbraio

🍴 Risorgimento ☸ 🏠 🅰️ ⇔

CUCINA CLASSICA · RUSTICO ✕✕ Una cucina dall'ampio respiro e d'ispirazione contemporanea, in un ristorante elegante con dehors sulla centrale piazza Carducci. Prestigiose etichette affiorano dagli scaffali della saletta-enoteca al primo piano.

Menu 55 € (in settimana)/120 € – Carta 64/176 €

piazza Carducci 5/6 – ℰ 030 916325 – www.risorgimento-sirmione.com – Chiuso 2 gennaio-13 febbraio e martedì escluso in giugno-settembre

🍴 Tancredi ≼ 🛋 🏠 🅰️ 🅿️

CUCINA CREATIVA · ALLA MODA ✕✕ Sulla terrazza sospesa tra cielo e lago o nella suggestiva sala a vetri, la gradevolezza della location è un ulteriore punto a favore di questo locale. In menu, piatti dai sapori mediterranei leggermente reinterpretati.

Menu 65 € (in settimana)/120 € – Carta 67/155 €

via XXV Aprile 75 – ℰ 030 990 4391 – www.tancredi-sirmione.com – Chiuso 2 gennaio-13 febbraio e lunedì

🏨 Villa Cortine Palace Hotel 🏂 🦢 🏕 🛏 ⚒ 🖭 AC 🖧 P

GRAN LUSSO · STORICO Nel centro storico, una villa ottocentesca in stile neo-classico all'interno di uno splendido grande parco digradante sul lago; incantevoli interni di sobria eleganza. Raffinatezza e classe nell'ampia sala da pranzo: se il clima lo permette, optate per il romantico servizio all'aperto.

54 cam ♒ – ♦360/898 € ♦♦360/898 €

viale C. Gennari 2 – ℰ 030 990 5890 – www.palacehotelvillacortine.com – Aperto 29 marzo-22 ottobre

🏨 Continental 🏂 🦢 ≤ 🏕 🛏 🎴 🖭 AC 🖧 P

LUSSO · ELEGANTE Sulla punta della penisola di Sirmione, hotel di taglio con-temporaneo dagli arredi razionali, modernamente lineari. Recentemente poten-ziata, la zona benessere vanta ora anche una nuova piscina termale.

54 cam ♒ – ♦90/270 € ♦♦120/420 € – 2 suites

via Punta Staffalo 7/9 – ℰ 030 990 5711 – www.continentalsirmione.com – Chiuso 15 novembre-15 marzo

🏨 Eden ≤ 🖭 ♿ AC 🚗

LUSSO · MODERNO In pieno centro, hotel moderno e di design caratterizzato da camere belle e confortevoli; solarium sul pontile affacciato sulle azzurre acque del lago.

30 cam ♒ – ♦110/280 € ♦♦120/300 €

piazza Carducci 18/19 – ℰ 030 916481 – www.hoteledensirmione.it – Aperto 1° marzo-30 novembre

🏨 Grand Hotel Terme 🏂 ≤ 🏕 🛏 🎴 ⬚ 🎴 🎴 🗝 🖭 ♿ AC 🖧 P

LUSSO · ELEGANTE Alle porte del centro storico, hotel di lunga tradizione dalle atmosfere eleganti; oltre alle cure termali un fornito centro benessere con piscina per un relax a tutto tondo. E per concludere al top la giornata: una bella cena con vista lago!

53 cam ♒ – ♦210/790 € ♦♦220/790 € – 1 suite

viale Marconi 7 – ℰ 030 916261 – www.termedisirmione.com – Chiuso 6 gennaio-14 febbraio

🏨 AQVA 🛏 🖭 ♿ AC 🎴 P

BOUTIQUE HOTEL · MINIMALISTA Una giovane coppia ha aperto il suo piccolo boutique hotel, a pochi passi dal centro: ambienti di sobrio design minimalista ed una spiaggia con piscina lato lago dove poter anche usufruire di un servizio light lunch.

18 cam ♒ – ♦100/120 € ♦♦160/280 €

via XXV Aprile 4 – ℰ 030 919 6345 – www.aquaboutiquehotel.it – Aperto aprile-ottobre

🏨 Catullo 🏂 ≤ 🏕 🖭 AC P

FAMILIARE · CLASSICO Spazi comuni curati e belle camere, da preferire quelle con vista lago, in uno dei più antichi alberghi di Sirmione annoverato tra i "Locali storici d'Italia". Affacciato sul suggestivo giardino che ricorda antichi fasti, il risto-rante propone la cucina nazionale.

57 cam ♒ – ♦80/120 € ♦♦110/180 €

piazza Flaminia 7 – ℰ 030 990 5811 – www.hotelcatullo.it – Aperto vacanze di Natale e 1° aprile-30 ottobre

🏨 Du Lac 🏂 ≤ 🏕 🛏 🎴 🖭 🎴 P

TRADIZIONALE · ACCOGLIENTE Gestione diretta d'esperienza in un hotel clas-sico, in riva al lago, dotato di spiaggia privata; zone comuni con arredi di taglio moderno stile anni '70, camere lineari. Fresca sala da pranzo, affidabile cucina d'albergo.

35 cam ♒ – ♦70/130 € ♦♦90/220 €

via 25 Aprile 60 – ℰ 030 916026 – www.hoteldulacsirmione.com – Aperto 1° aprile-10 ottobre

⌂ Corte Regina

FAMILIARE · CENTRALE Nel centro storico, adiacente al castello, piccola struttura a carattere familiare con camere di semplice confort; la sala mansardata per la prima colazione offre una romantica vista sui tetti.

14 cam ☑ – ♦90/110 € ♦♦100/200 € – 2 suites

via Antiche Mura 11 – ℰ 030 916147 – www.corteregina.it – Aperto 15 aprile-15 ottobre

⌂ Pace

FAMILIARE · BORDO LAGO Nel centro storico e fronte lago, una dimora dei primi '900 dagli interni vagamente british: un dedalo di corridoi e scale in cui si è cercato di preservare gli elementi d'epoca. Prima colazione a buffet, ricca e variegata.

22 cam ☑ – ♦99/158 € ♦♦99/158 €

*piazza Porto Valentino 5 – ℰ 030 990 5877 – www.pacesirmione.it
– Chiuso 4 novembre-5 dicembre*

⌂ Villa Rosa

FAMILIARE · ACCOGLIENTE Camere dotate di balcone e di ogni confort tecnologico, in questo hotel recentemente ristrutturato nelle immediate vicinanze del centro storico: raggiungibile a piedi o con le biciclette dell'albergo (noleggio gratuito).

14 cam ☑ – ♦70/110 € ♦♦105/155 €

*via Quasimodo 4 – ℰ 030 919 6320 – www.hotel-villarosa.com – Aperto
15 marzo-30 ottobre*

a Colombare di Sirmione Sud : 3,5 km ✉ 25019

🏠 Europa

FAMILIARE · CLASSICO In riva al lago, con bella piscina e piccola spiaggia privata, l'hotel Europa si è arricchito - recentemente - di una nuova e moderna struttura; camere di due tipologie e al ristorante sapori lacustri e di terra.

40 cam ☑ – ♦80/140 € ♦♦95/160 €

*via Liguria 1 – ℰ 030 919047 – www.europahotelsirmione.it – Aperto
1° aprile-4 novembre*

a Lugana Sud-Est : 5 km ✉ 25019 – Colombare Di Sirmione

⌂ Bolero

FAMILIARE · PERSONALIZZATO Sembra di essere in una casa privata in questo tranquillo e intimo albergo familiare; spazi comuni in stile rustico, abbelliti da quadri, camere confortevoli.

8 cam ☑ – ♦60/110 € ♦♦70/150 €

via Verona 254 – ℰ 030 919 6120 – www.hotelbolero.it – Chiuso dicembre e gennaio

SIROLO

Ancona – ✉ 60020 – 4 051 ab. – Carta regionale n° **11**-D1
Carta stradale Michelin 563-L22

⑩ Rocco

PESCE E FRUTTI DI MARE · ACCOGLIENTE X Come ogni locanda che si rispetti, anche questa ha il suo ristorantino e, per giunta, carino! In un tipico edificio in pietra marchigiano, un'intelligente e stuzzicante selezione di piatti di pesce, a cui si accompagna una buona scelta enologica (siamo in terra di Verdicchio).

Menu 30/55 € – Carta 55/71 €

*Locanda Rocco, via Torrione 1 – ℰ 071 933 0558 (coperti limitati, prenotare)
– Chiuso febbraio, novembre e martedì escluso 15 giugno-15 settembre*

🏠 Locanda Rocco

LOCANDA · PERSONALIZZATO Tra le mura di una locanda trecentesca del centro, una struttura a gestione giovane e moderna: all'interno spazi comuni minimi, ma stanze di design accattivante e dai colori vivaci.

7 cam ☑ – ♦125/170 € ♦♦125/170 €

via Torrione 1 – ℰ 071 933 0558 – www.locandarocco.it – Chiuso febbraio e novembre
⑩ **Rocco** – Vedere selezione ristoranti

al monte Conero (Badia di San Pietro) Nord-Ovest : 5,5 km ⊠ 60020
– Sirolo – Alt. 572 m

🏠 Monteconero ♟ ॐ ≼ 🍴 ⅃ 🎿 ❄ 🖭 🔃 🛎 🅿

DIMORA STORICA • CLASSICO Per spostarsi è necessaria la vettura, ma la zona è frequentata da chi ama passeggiare per sentieri nei boschi; in posizione isolata a più di 500 m d'altitudine, Monteconero nacque nel 1400 come convento e ancor oggi il soggiorno è all'insegna del silenzio e della natura. Molti i confort, tra cui, oltre alla sauna, la sala per i massaggi. La panoramica sala ristorante propone piatti legati alla tradizione locale.

50 cam ♨ – ♦78/130 € ♦♦110/230 € – 10 suites

via Monteconero 26 – ℰ 071 933 0592 – www.hotelmonteconero.it – Aperto 10 aprile-2 novembre

SISTIANA Trieste → Vedere Duino Aurisina

SIUSI ALLO SCILIAR SEIS AM SCHLERN
Bolzano – ⊠ 39040 – Alt. 988 m – Carta regionale n° **19**-C2
Carta stradale Michelin 562-C16

🏠 Silence & Schlosshotel Mirabell ♟ ॐ ≼ 🍴 ⅃ 🗓 🎿 🔃 🅿

TRADIZIONALE • ACCOGLIENTE In zona defilata e molto tranquilla, fra le alte vette, la villa di un nobile russo è stata ampliata e trasformata in hotel con spaziose ed accoglienti salette per il relax, nonché un grande giardino dal quale ammirare il profilo dei monti.

37 cam ♨ – ♦120/250 € ♦♦170/360 €

*via Laranza 1, Nord: 1 km – ℰ 0471 706134 – www.hotel-mirabell.net
– Aperto 22 dicembre-24 marzo e 7 giugno-13 ottobre*

🏠 Wanderhotel Europa ♟ ≼ 🍴 ⅃ 🗓 🎿 🔃 🚗

FAMILIARE • ACCOGLIENTE Bella struttura dove tutte le stanze sono state rimodernate in legno di cirmolo, pavimento in quercia, docce e balcone privato; centro benessere con immancabile zona relax. Ma i pregi di questa risorsa non si esauriscono qui: inseguendo una passione diventata filosofia di accoglienza, escursioni con servizi ad hoc vengono organizzate quotidianamente. Cucina altoatesina al ristorante.

34 cam – solo ½ P 95/177 € – 8 suites

*piazza Oswald Von Wolkenstein 5 – ℰ 0471 706174
– www.wanderhoteleuropa.com
– Chiuso 7 aprile-16 maggio e 3 novembre-19 dicembre*

SIZZANO
Novara – ⊠ 28070 – 1 468 ab. – Alt. 225 m – Carta regionale n° **12**-C2
Carta stradale Michelin 561-F13

🍴 Impero 🏠 🔃 ⇔

CUCINA REGIONALE • ACCOGLIENTE ✕✕ Due sorelle, due interessi, un unico obiettivo: soddisfare l'ospite alla loro tavola, grazie ai preziosi suggerimenti di chi dal 1934 le ha precedute. Il rinnovo degli ultimi anni ha accresciuto la classe e la personalità dell'ambiente che non manca di un piccolo giardino per il servizio estivo; cucina del territorio.

🍴 Menu 25 € (pranzo in settimana)/40 € – Carta 40/81 €

via Roma 13 – ℰ 0321 820576 – www.ristoranteimpero.eu – Chiuso 27 dicembre-5 gennaio, 3 settimane in agosto, domenica sera e lunedì

SOAVE
Verona – ⊠ 37038 – 7 116 ab. – Alt. 40 m – Carta regionale n° **23**-B3
Carta stradale Michelin 562-F15

🏠 Damaranto Residenza e Cucina   ✿ 🛗 🖃 ⛬ 🅰🅲 💱 🚗

LOCANDA · **PERSONALIZZATO** Nel cuore della località, il grande senso estetico di questa bella villa si esprime nell'armoniosa fusione di antico e moderno. Interessanti proposte gastronomiche, dove la tradizione si veste di attualità.

6 cam ☲ – ♦75/90 € ♦♦90/110 €

corso Vittorio Emanuele 50 – ☎ 045 619 0701 – www.damaranto.com – Chiuso 6 giorni in gennaio e 12 giorni in agosto

SOCI Arezzo → Vedere Bibbiena

SOGHE Vicenza → Vedere Arcugnano

SOIANO DEL LAGO

Brescia – ✉ 25080 – 1 896 ab. – Alt. 196 m – Carta regionale n° **9**-D1
Carta stradale Michelin 561-F13

🏵 Villa Aurora   ≤ 🛤 🅰🅲 🅿

CUCINA REGIONALE · **ACCOGLIENTE** XX Splendida vista sul lago in un locale signorile, che propone tante specialità regionali rivisitate con estro. Un esempio? Tagliolini di farina integrale con verdure croccanti.

Menu 30 € – Carta 28/54 €

via Ciucani 1/7 – ☎ 0365 674101 – www.ristorantevillaaurora.it – Chiuso mercoledì

SOLANAS Sardegna Cagliari → Vedere Villasimius

SOLDA SULDEN

Bolzano – ✉ 39029 – Alt. 1 906 m – Carta regionale n° **19**-A2
Carta stradale Michelin 562-C13

🏠 Cristallo   ✿ ≤ 🛗 🔲 🕸 🏊 ⅃♨ 🖃 🚗

FAMILIARE · **STILE MONTANO** In posizione centrale e panoramica, albergo ammodernato con spazi comuni luminosi e confortevoli. Centro benessere ben ristrutturato, camere spaziose. Ristorante con annessa stube tirolese.

37 cam ☲ – ♦80/130 € ♦♦80/130 €

Solda 31 – ☎ 0473 613234 – www.cristallo.info
– Aperto 21 novembre-30 aprile e 16 giugno-14 settembre

🏠 Parc Hotel   ✿ 🌊 🛗 ⅃ 🔲 🕸 🏊 ⅃♨ 🖃 ⛬ 🅿

FAMILIARE · **STILE MONTANO** A lato degli impianti di risalita, pur rimanendo in centro, una gran bella struttura con camere, rinnovate e molto accoglienti, particolarmente interessanti quelle mansardate con balcone e splendida vista sul comprensorio naturale. Nella spa, la piccola piscina riscaldata che fuoriesce nella neve, offrirà ai più temerari l'ebrezza dello shock termico.

50 cam ☲ – ♦80/120 € ♦♦150/230 € – 2 suites

Kirch Weg 130 – ☎ 0473 613133 – www.parc-hotel.it – Chiuso 2 maggio-20 giugno e 26 settembre-2 novembre

SOMMA LOMBARDO

Varese – ✉ 21019 – 17 779 ab. – Alt. 282 m – Carta regionale n° **9**-A2
Carta stradale Michelin 561-E8

🍴 Corte Visconti   🛤 🅰🅲 ⇆

CUCINA MEDITERRANEA · **RUSTICO** XX Ambiente classico di tono rustico con mura in pietra, volte in mattone e soffitti in legno. La cucina invece, pur partendo dal territorio, spicca per creatività. Bel dehors estivo con suggestivi giochi di luce.

Menu 30 € (pranzo in settimana)/48 € – Carta 40/68 €

via Roma 9 – ☎ 0331 254873 – www.cortevisconti.it – Chiuso martedì a mezzogiorno e lunedì

SONDRIO

(SO) – ✉ 23100 – 21 778 ab. – Alt. 307 m – Carta regionale n° **9**-B1
Carta stradale Michelin 561-D11

a Montagna in Valtellina Nord-Est : 2 km ✉ 23020 – Alt. 567 m

⫟○ Trippi　　　　　　　　　　　　　　🛖 ⇪ 🅿

CUCINA ITALIANA · CONVIVIALE ⅩⅩ Una nuova gestione giovane e appassionata, che elabora con fantasia e rispetto buone materie prime - non necessariamente del territorio - e ingredienti stagionali.
Menu 27 € – Carta 35/56 €

via Stelvio 297 – ☎ 0342 615584 – www.ristorantetrippi.it – Chiuso vacanze di Natale, martedì sera e domenica

SOPRABOLZANO OBERBOZEN Bolzano → Vedere Renon

SORAFURCIA Bolzano → Vedere Valdaora

SORAGNA

Parma – ✉ 43019 – 4 834 ab. – Alt. 47 m – Carta regionale n° **5**-B2
Carta stradale Michelin 561-H12

🕸 Locanda Stella d'Oro (Marco Dallabona)　　　🕸 ⇦ 🛖 🅰🅲

CUCINA REGIONALE · CONTESTO REGIONALE ⅩⅩ Nelle terre verdiane, l'ambiente offre ancora tutto il sapore e la magia di una trattoria. E neppure la cucina se ne discosta tanto, è la tradizione personalizzata.
→ Tortello di patate, estratto d'amatriciana, burrata, pomodori essiccati. Piccione: petto, coscia, fegatini, scalogni caramellati, purea di sedano. Zabaione, torta Duchessa di Parma caduta nel bicchiere, cioccolato.
Carta 50/80 €
14 cam – †60/80 € ††100/120 € – ⊡ 4 €

via Mazzini 8 – ☎ 0524 597122 – www.ristorantestelladoro.it

a Diolo Nord : 5 km ✉ 43019 – Soragna

⫟○ Osteria Ardenga　　　　　　　　　　　　🅰🅲 🅿

CUCINA DEL TERRITORIO · TRATTORIA Ⅹ Un'autentica trattoria, che scalda il cuore a mangiarvi, dove il tempo sembra essersi fermato decenni orsono. Al confine tra due province, la cucina predilige le specialità parmigiane con diversi prodotti coltivati in proprio e piccola rivendita di sott'aceti e confetture.
Carta 26/47 €

via Maestra 6 – ☎ 0524 599337 – www.osteriardenga.it – Chiuso martedì sera e mercoledì

SORBO SERPICO

Avellino – ✉ 83050 – 583 ab. – Carta regionale n° **4**-C2

🕸 Marennà　　　　　　　　　　　⇦ 🛖 ⅋ 🅰🅲 🅿

CUCINA CREATIVA · DI TENDENZA ⅩⅩ Marennà propone una cucina fedele alla gastronomia locale, ma rivisitata con tocchi di modernità. Bella vista sulle colline circostanti dalle ampie vetrate. Nel corso dei primi mesi del 2019 avrà luogo un importante progetto di rinnovo.
→ Tortelli alla spuma di ricotta di bufala, ragù napoletano e basilico. Guancia di manzo brasata all'aglianico, purea di zucca e liquirizia. Caffè e nocciola.
Menu 58/68 € – Carta 56/72 €

*località Cerza Grossa – ☎ 0825 986666 – www.feudi.it
– Chiuso 7 gennaio-fine marzo, 1 settimana in luglio-agosto, domenica sera e martedì*

SORGENTE SU GOLOGONE Nuoro → Vedere Oliena

SORICO
Como – ⊠ 22010 – 1 246 ab. – Alt. 201 m – Carta regionale n° **9**-B1
Carta stradale Michelin 561-D10

🍴○ **Beccaccino**   🛋 㐧 🄰🄲 🄿

CUCINA MEDITERRANEA • CONTESTO CONTEMPORANEO ⅩⅩ All'interno di una riserva naturale, ambienti valorizzati da materiali naturali e da una grande luminosità per questo locale recentemente rinnovato; la cucina propone soprattutto piatti di pesce (lago e mare).

Menu 40/50 € – Carta 39/67 €

via Boschetto 49, Est: 3 km – ℰ 0344 84241 (consigliata la prenotazione) – www.beccaccino.it – Chiuso 12-23 novembre e mercoledì (escluso luglio-agosto)

SORISO
Novara – ⊠ 28010 – 761 ab. – Alt. 452 m – Carta regionale n° **13**-A2
Carta stradale Michelin 561-E7

🏵🏵 **Al Sorriso** (Luisa Valazza)   🎴 ⬅ 🍃

CUCINA CLASSICA • ELEGANTE ⅩⅩⅩ Una sosta gourmet d'obbligo tra le piacevoli colline novaresi! In un piccolo borgo antico, strade lastricate in porfido e ciottoli si snodano tra le vecchie case sapientemente restaurate rispettando lo stile del luogo.

Gli appassionati del Piemonte e della montagna troveranno qui il loro piccolo paradiso. Il titolare è impegnato in una costante ricerca delle eccellenze gastronomiche regionali, la moglie, in cucina, sforna piatti gustosi e tradizionali dove l'attenzione ai prodotti stagionali e alle erbe aromatiche è - spesso – piacevolmente estremizzata con menu studiati ad hoc.

Per pranzi di lavoro, appuntamenti informali o per accostarsi in modo accessibile alla cucina d'autore, il Bistrot Gourmand propone un percorso di piacere tra alcune ricette dell'alta tradizione culinaria selezionate e reinterpretati dalla chef.

→ Plin di faraona al papavero, mele e tartufo d' Alba. Garretto di vitello a lenta cottura, crema di cipolle rosse di Tropea e spugnole. Sformatino di cioccolato alle nocciole con zabaglione al moscato.

Menu 130/160 € – Carta 91/156 €

8 cam – 🛏160 € 🛏🛏160 € – ⊑ 20 €

Via Roma 18 – ℰ 0322 983228 (consigliata la prenotazione) – www.alsorriso.com – Chiuso 8-20 gennaio, 10 giorni in agosto, lunedì e martedì

SORNI Trento → Vedere Lavis

CI PIACE...

La **Terrazza Bosquet**, fra piatti di alta cucina e una vista impareggiabile. Il bagno nelle cinque piscine a cascata del **Grand Hotel Capodimonte**. L'en plein air del ristorante L'Orangerie, **Grand Hotel Excelsior Vittoria**: la sua apertura è subordinata ai capricci del meteo.

SORRENTO

Napoli – ⊠ 80067 – 16 679 ab. – Carta regionale n° **4**-B2
Carta stradale Michelin 564-F25

Ristoranti

☺ **Terrazza Bosquet**   ⊛ ≼ ⇐ 🏠 ⅄ 🅰🅒 ⅋ ⇔ 🅿

CUCINA CREATIVA · ROMANTICO XxxX Nella sontuosa cornice dell'Excelsior Vittoria, rendez-vous in un'elegante sala nei mesi freddi, ma l'appuntamento con gli occhi è sulla terrazza affacciata sul Golfo di Napoli, mentre la cucina non fa altro che sottolineare con levità, ma fermezza, l'appartenenza al luogo.

→ Omaggio a Pollock: pasta e patate affumicate, caviale e erba cipollina. Lombo di agnello e peperoni alla sorrentina. Mousse al provolone del Monaco e cioccolato bianco, pera e pepe.

Menu 105/140 € – Carta 90/141 €

Pianta: B1-u – *Grand Hotel Excelsior Vittoria, piazza Tasso 34*
– *☏ 081 877 7111 (prenotazione obbligatoria a mezzogiorno)*
– *www.excelsiorvittoria.com*
– *Aperto 8 dicembre-6 gennaio e 16 aprile-6 novembre*

☺ **Il Buco** (Giuseppe Aversa)   ⊛ 🏠 🅰🅒 ⇔

CUCINA MODERNA · ACCOGLIENTE XX Cucina che senza complicarsi la vita con inutili tecnicismi sposa tradizione e modernità, una selezione vini che cita circa 1.000 etichette, ma anche tanta simpatia e informale professionalità. Cos'altro? Ricavato nelle cantine di un ex monastero nel cuore di Sorrento, un'esperienza gourmet col calore di casa!

→ Lingua di passera di mare con scorfano marinato al limone, bottarga e pomodoro secco. Spigola su salsa di topinambur, fagioli di Controne e cozze. Cremoso al limone con spuma al limoncello.

Menu 85/100 € – Carta 64/111 €

Pianta: B1-b – *Il Rampa Marina Piccola 5*
– *☏ 081 878 2354 (consigliata la prenotazione la sera) – www.ilbucoristorante.it*
– *Chiuso 1° gennaio-8 febbraio e mercoledì*

Alberghi

🏨 Grand Hotel Excelsior Vittoria　🌣 ⪕ 🛏 ⫶ 🝢 📶 ☎ AC ⚲ P

GRAN LUSSO · STORICO Uno degli alberghi più belli della Penisola Sorrentina avvolto com'è in un alone che per fascino e mistero lo pone ormai al di fuori del tempo e delle classifiche. Situato nel centro storico, un corridoio-giardino porta a tre strutture distinte, ma collegate tra loro da cascate di glicini e romantiche passeggiate, dove troverete un'elegante beauty farm, sino al suo confine naturale, un promontorio sul golfo di Napoli.

84 cam ⚏ – 🛏810/1000 € 🛏🛏810/1000 € – 15 suites

Pianta: B1-u – *piazza Tasso 34* – ☎ *081 877 7111* – *www.excelsiorvittoria.com* – *Chiuso 7 gennaio-15 aprile*

❀ **Terrazza Bosquet** – Vedere selezione ristoranti

🏨 Hilton Sorrento Palace　🌣 ⪘ ⪕ 🝢 ⫶ 📶 🛏 ✗ 🝢 ☎ AC ⚲ P

HOTEL DI CATENA · MODERNO In posizione arretrata rispetto al mare, funzionalità, modernità e una certa grandiosità di ambienti soddisfano una clientela internazionale e d'affari. Varie sale ristorante, la più originale con pareti in roccia, vicino alla piscina e - all'ultimo piano, in posizione panoramica - il "J" con le sue prelibatezze nipponiche.

340 cam ⚏ – 🛏164/424 € 🛏🛏199/709 € – 4 suites

Pianta: A2-s – *via Sant'Antonio 13, per via degli Aranci* – ☎ *081 878 4141* – *www.hiltonsorrentopalacehotel.com*

🏨 Bellevue Syrene 1820　🌣 ⪘ ⪕ 🝢 ⫶ 🝢 🛏 🗝 ☎ AC ✗ P

GRAN LUSSO · ELEGANTE Un soggiorno da sogno in un'incantevole villa del '700 a strapiombo sul mare: vista sul golfo, angoli fioriti e ascensore per la spiaggia, raffinati ambienti con affreschi. Nella dépendance trova posto anche una piccola beauty farm. Ampie vetrate garantiscono un bel panorama dalla sala interna per le colazioni e le pause gourmet, ma è la terrazza il luogo preferito per pranzi light o cene gastronomiche. Da non perdere la visita ai ninfei d'epoca romana proprio sotto all'albergo.

42 cam ⚏ – 🛏360/950 € 🛏🛏380/1000 € – 8 suites

Pianta: A1-k – *piazza della Vittoria 5* – ☎ *081 878 1024* – *www.bellevue.it* – *Chiuso 4 gennaio-18 marzo*

🏨 Bristol　🌣 ⪕ 🝢 ⫶ 🝢 🛏 ☎ AC P

TRADIZIONALE · CLASSICO Complesso in posizione dominante il mare, abbellito da amene terrazze panoramiche con piscina; camere quasi tutte disposte sul lato mare, più silenziose agli ultimi piani. Incantevole vista su mare e città dalla spaziosa sala ristorante.

129 cam ⚏ – 🛏100/180 € 🛏🛏200/250 € – 15 suites

Pianta: A2-a – *via Capo 22* – ☎ *081 878 4522* – *www.bristolsorrento.com* – *Aperto 1° marzo-31 ottobre*

🏨 Grand Hotel Ambasciatori　🌣 ⪕ 🝢 ⫶ 🛏 🗝 ☎ AC ✗ P

LUSSO · PERSONALIZZATO Struttura a strapiombo sulla scogliera, la cui eleganza è dettata da mobili di pregio con tipici intarsi sorrentini che arredano gli ambienti, così come le camere; nuovo centro fitness, area massaggi-relax e piscina riscaldata.

100 cam ⚏ – 🛏160/700 € 🛏🛏240/900 €

Pianta: B1-c – *via Califano 18* – ☎ *081 878 2025* – *www.ambasciatorisorrento.com* – *Aperto 1° aprile-31 ottobre*

🏨 Grand Hotel Capodimonte　🌣 ⪕ 🝢 ⫶ ☎ AC ✗ P

PALACE · CLASSICO Una struttura che ha il grande pregio di mantenersi sempre aggiornata, con belle camere di gusto classico, una splendida posizione panoramica e scenografiche piscine che cadono una nell'altra.

184 cam ⚏ – 🛏115/480 € 🛏🛏180/1170 € – 2 suites

Pianta: A2-d – *via Capo 15* – ☎ *081 878 4555* – *www.capodimontesorrento.com* – *Aperto 1° aprile-31 ottobre*

Grand Hotel Royal

LUSSO • ELEGANTE Se l'esterno si fa ricordare per la sua suggestiva location, proprio a picco sul mare, con terrazze, piscina e un indispensabile ascensore per la spiaggia, i suoi interni sono caratterizzati da mobili ad intarsio tipici dell'artigianato sorrentino. Insomma, un'ospitalità di livello sin dalla fine dell'Ottocento!

101 cam – †200/900 € ††210/960 € – 17 suites

Pianta: B1-g – *via Correale 42 – ☎ 081 807 3434 – www.royalsorrento.com – Chiuso gennaio-febbraio*

Imperial Tramontano

LUSSO • ELEGANTE Un bel giardino e terrazze a strapiombo su Marina Piccola, per questa risorsa ospitata in un edificio del '500, casa natale di T. Tasso e che divenne albergo già da metà Ottocento. Se le camere sono arredate con sobria eleganza, il nome del ristorante, Belvedere, è presto spiegato: dalla sua sala potrete infatti ammirare il superbo paesaggio, quasi un dipinto!

113 cam – †170/260 € ††210/470 € – 8 suites

Pianta: A1-b – *via Vittorio Veneto 1 – ☎ 081 878 2588 – www.hoteltramontano.it – Chiuso 3 gennaio-20 marzo*

Maison la Minervetta

LOCANDA • PERSONALIZZATO Spettano al proprietario i riconoscimenti per l'elegante struttura dell'albergo: la hall è un raffinato salotto di casa, le stanze - tutte diverse fra loro e davvero molto personalizzate - si affacciano sul mare. Gradini privati conducono al borgo di pescatori di Marina Grande.

12 cam – †221/498 € ††221/498 €

Pianta: A2-c – *via Capo 25 – ☎ 081 877 4455 – www.laminervetta.com – Chiuso 7 gennaio-14 febbraio*

Palazzo Jannuzzi Relais

FAMILIARE • MEDITERRANEO Nel cuore della vita sorrentina, camere moderne e luminose, nonché calda accoglienza familiare con dolci preparati in casa per la prima colazione: nella bella stagione servita anche in terrazza. Poche camere sono dotate di terrazzino affacciato proprio su piazza Tasso, si consiglia perciò di prenotare per tempo.

12 cam – †140/340 € ††140/420 €

Pianta: B2-f – *piazza Torquato Tasso, (vico S. Aniello 39) – ☎ 081 877 2862 – www.palazzojannuzzi.com – Chiuso 6 gennaio-22 marzo*

Palazzo Tasso

FAMILIARE · FUNZIONALE Nel cuore di Sorrento, in un vicolo sotto il celebre campanile, camere nuove e moderne, molte delle quali affacciate sull'elegante passeggio di corso Italia. Ottima e calorosa accoglienza famigliare.

11 cam ⌑ – †30/400 € ††30/400 €

Pianta: A-B2-a – *via S. Maria della Pietà 33* – ℰ *081 010 2821*
– *www.palazzotasso.com*

SOTTOMARINA Venezia → Vedere Chioggia

SOVANA

Grosseto – ⊠ 58010 – Alt. 291 m – Carta regionale n° **18**-D3
Carta stradale Michelin 563-O16

Sovana

STORICO · TRADIZIONALE Di fronte al duomo, casa colonica completamente rinnovata: ideale per un soggiorno ambientato nell'eleganza e con divagazioni nel verde degli uliveti, in fondo ai quali c'è anche un piccolo labirinto.

18 cam ⌑ – †85/125 € ††95/180 € – 1 suite

via del Duomo 66 – ℰ *0564 617030* – *www.sovanahotel.it* – *Aperto 29 dicembre-6 gennaio e 15 marzo-4 novembre*

SOVERATO

Catanzaro – ⊠ 88068 – 10 805 ab. – Carta regionale n° **3**-B2
Carta stradale Michelin 564-K31

⏺○ Riviera

CUCINA REGIONALE · ACCOGLIENTE ✕✕ Al timone di questo ristorante storico nel centro di Soverato, c'è lo chef Paolo, che continua a portare avanti una linea gastronomica attenta ai sapori locali: di grande qualità le materie prime utilizzate. Buona cura anche nella mise-en-place.

Menu 45/75 € – Carta 44/141 €

via Regina Elena 4/6 – ℰ *0967 530196* – *www.ristoranterivierasoverato.com*

SOVERIA MANNELLI

Catanzaro (CZ) – ⊠ 88049 – 3 076 ab. – Alt. 774 m – Carta regionale n° **3**-A2
Carta stradale Michelin 564-J31

Agriturismo La Rosa nel Bicchiere

CASA DI CAMPAGNA · AGRESTE Un'oasi di pace e di tranquillità per chi ama la montagna, per questo agriturismo che produce frutti, castagne e verdura dal proprio orto; al tempo stesso è anche un curato ristorante con una piccola carta delle specialità in alta stagione, nonché un menu guidato in bassa. Camere confortevoli.

6 cam ⌑ – †60/80 € ††80/100 €

località Polso – ℰ *0968 666668* – *www.larosanelbicchiere.it* – *Chiuso 10-30 gennaio*

SPARTAIA Livorno → Vedere Elba (Isola d') : Marciana

SPELLO

Perugia – ⊠ 06038 – 8 645 ab. – Alt. 280 m – Carta regionale n° **20**-C2
Carta stradale Michelin 563-N20

⏺○ La Bastiglia

CUCINA REGIONALE · ACCOGLIENTE ✕✕ Uno dei migliori ristoranti in zona, in sale tra il rustico e il moderno il cuoco propone un'ottima cucina di sostanza e sapori, in buona parte basata su prodotti umbri ad un prezzo corretto.

⊛ Menu 22/45 € – Carta 33/60 €

Hotel La Bastiglia, via Salnitraria 15 – ℰ *0742 651277* – *www.labastiglia.com* – *Chiuso 7-31 gennaio e mercoledì*

🏠 La Bastiglia

TRADIZIONALE · CLASSICO Tipico edificio d'epoca nella parte più alta del centro storico, gli arredi delle camere sono sobri, ma diverse hanno un incantevole spazio all'aperto sui colli umbri.

33 cam 🖵 – †60/80 € ††80/100 €

via Salnitraria 15 – ☏ 0742 651277 – www.labastiglia.com – Chiuso 7-31 gennaio

🍴 **La Bastiglia** – Vedere selezione ristoranti

🏠 Palazzo Bocci ⇐ 🔄 AC ⚠

STORICO · CLASSICO Palazzo nobiliare settecentesco, al primo piano vi sorprenderà un salone affrescato nell'Ottocento e qualche camera con soffitti egualmente affrescati, più semplici le altre; terrazza per le colazioni estive.

17 cam 🖵 – †60/90 € ††95/135 € – 6 suites

*via Cavour 17 – ☏ 0742 301021 – www.palazzobocci.com
– Chiuso 7 gennaio-28 febbraio*

SPERLONGA
Latina – ✉ 04029 – 3 333 ab. – Carta regionale n° **7**-D3
Carta stradale Michelin 563-S22

🏠 Aurora ⇐ 🔺 🔄 AC ⚫ ⚠ 🅿

FAMILIARE · LUNGOMARE Direttamente sul mare, albergo immerso nel verde di un giardino mediterraneo, un'impronta artistica contribuisce a rendere l'atmosfera familiare e straordinaria al tempo stesso. Piacevole terrazza sul borgo antico. Servizio di snack freddi a pranzo.

52 cam 🖵 – †70/180 € ††90/290 €

via Cristoforo Colombo 57 – ☏ 0771 549266 – www.aurorahotel.it – Aperto 13 aprile-3 novembre

🏠 Moresco Park Hotel

FAMILIARE · MEDITERRANEO In posizione defilata e, proprio per questo, tranquilla e panoramica, offre camere ariose dotate di giardinetto privato. Tempo permettendo, la colazione viene servita su una piacevole terrazza.

14 cam 🖵 – †88/220 € ††110/240 €

*via Fontana della Camera 3, Ovest: 1 Km – ☏ 0771 549667
– www.morescoparkhotel.it – Aperto 15 aprile-15 ottobre*

SPEZIALE Brindisi → Vedere Fasano

SPILIMBERGO
Pordenone – ✉ 33097 – 12 124 ab. – Alt. 132 m – Carta regionale n° **6**-B2
Carta stradale Michelin 562-D20

🍴 La Torre AC 🅿

CUCINA REGIONALE · ROMANTICO XX Nella pittoresca cornice del castello medievale di Spilimbergo, la splendida facciata con affreschi del Trecento cela le due raccolte sale rustico-eleganti. Che siate interessati ad una cena romantica o ad una cucina creativa ed elaborata, questo è il vostro ristorante.

🍴 Menu 25 € (pranzo in settimana)/60 € – Carta 38/86 €

*piazza Castello 8 – ☏ 0427 50555 (consigliata la prenotazione)
– www.ristorantelatorre.net – Chiuso domenica sera e lunedì*

🍴 Osteria da Afro

CUCINA REGIONALE · FAMILIARE X Trattoria dall'esperta conduzione familiare, poco distante dal centro storico, dove gustare genuini piatti stagionali presentati su una lavagnetta che gira di tavolo in tavolo. A disposizione degli ospiti anche graziose camere in legno di abete o ciliegio.

Carta 27/52 €

8 cam 🖵 – †60 € ††90 €

*via Umberto I 14 – ☏ 0427 2264 (consigliata la prenotazione)
– www.osteriadaafro.net – Chiuso domenica sera*

SPINETTA MARENGO Alessandria → Vedere Alessandria

SPIRANO
Bergamo – ⊠ 24050 – 5 700 ab. – Alt. 154 m – Carta regionale n° **10**-C2
Carta stradale Michelin 561-F11

ꜰꝏ **3 Noci-da Camillo**
CUCINA REGIONALE · FAMILIARE ⅀ Il tocco femminile delle proprietarie ha ingentilito il côté rustico dell'ambiente. Ne risulta una piacevolissima trattoria, dove si possono gustare ancora i ruspanti sapori della bassa e carni cotte sulla grande griglia in sala. Gazebo per il servizio estivo all'aperto.

⇔ Menu 25 € (pranzo in settimana) – Carta 43/69 €

via Petrarca 16 – ℰ 035 877158 – www.ristorantetrenoci.it – Chiuso 1°-10 gennaio, 14-30 agosto, domenica sera e lunedì

SPOLETO
Perugia – ⊠ 06049 – 38 218 ab. – Alt. 396 m – Carta regionale n° **20**-C3
Carta stradale Michelin 563-N20

Lampone 🆕
CUCINA CREATIVA · SEMPLICE ⅀ L'ubicazione è ben curiosa, all'interno di una chiesa sconsacrata seicentesca, con una sala piccola e semplice ma con qualche tocco di originalità. La cucina raccoglie la sfida rivisitando piatti tradizionali umbri; il giovane cuoco - tuttavia - non si dimentica delle sue origini siciliane e propone anche qualche piatto di pesce. Specialità: tagliolini fatti in casa al pesto di pistacchi e tartufo - trilogia d'agnello.

⇔ Menu 25/45 € – Carta 30/55 €

via Strada Romana 8 – ℰ 0743 840135 – www.ristorantelampone.it – Chiuso giovedì

ꜰꝏ **San Lorenzo**
CUCINA MODERNA · AMBIENTE CLASSICO ⅀⅀⅀ Se elegante e luminosa è la sala interna, si fa più conviviale lo spazio esterno allestito su una piazza del centro storico; rinomato per i suoi piatti di mare, non mancano tuttavia proposte più legate alle tradizioni umbre.

⇔ Menu 25/35 € – Carta 32/74 €

Hotel Clitunno, piazza Sordini 6 – ℰ 0743 223340 – www.hotelclitunno.com – Chiuso lunedì

ꜰꝏ **Il Tempio del Gusto**
CUCINA CREATIVA · ROMANTICO ⅀⅀ Quattro piccole sale, una più romantica ed incantevole dell'altra, per una serata memorabile nel cuore di Spoleto. Qualche piatto umbro, ma buona parte delle proposte sono frutto della creatività del cuoco.

⇔ Menu 25/50 € – Carta 35/74 €

via Arco di Druso 11 – ℰ 0743 47121 (consigliata la prenotazione la sera) – www.iltempiodelgusto.com – Chiuso giovedì

ꜰꝏ **Apollinare** 🆕
REGIONALE · ELEGANTE ⅀⅀ Incastonato fra mura risalenti al 1200, è un angolo intimo e romantico della Spoleto più antica. Pietre e travi a vista, sale eleganti, la cucina porta a grandi ed emozionanti livelli le tradizioni umbre, a cui i giovani cuochi aggiungono qualche piatto di pesce.

Menu 35/50 € – Carta 31/64 €

via Sant'Agata 14 – ℰ 0743 223256 (consigliata la prenotazione) – www.ristoranteapollinare.it – Chiuso martedì da ottobre a maggio

Albornoz Palace Hotel
BUSINESS · DESIGN Avveniristico già all'esterno, l'albergo è celebre per le opere di artisti contemporanei che decorano sia le zone comuni che le camere, ognuna diversa dall'altra. Alcune sono panoramiche sul centro storico, una vista condivisa anche dalla palestra.

90 cam ⌑ – †71/240 € ††81/250 € – 4 suites

viale Matteotti 16 – ℰ 0743 221221 – www.albornozpalace.com

🏨 Clitunno   ⊡ ৬ AC ⚶

TRADIZIONALE · CLASSICO Tradizione e modernità, quando espressione del medesimo buon gusto, si esaltano a vicenda: vicino al teatro romano, spunti di design moderno si mescolano ad arredi d'epoca.

45 cam ⊊ – ♦50/160 € ♦♦59/180 € – 3 suites

piazza Sordini 6

– ☎ 0743 223340 – www.hotelclitunno.com

⫫○ **San Lorenzo** – Vedere selezione ristoranti

🏨 Dei Duchi   ⩘ ⩽ ⊡ AC ⚶ P

BUSINESS · CLASSICO Sarà apprezzato da chi predilige gli spazi, la funzionalità e gli arredi anni Settanta che rendono uniche la maggior parte delle camere, alcune con vista sui colli, mentre dai balconi di altre si può assistere agli spettacoli del sottostante teatro romano.

49 cam ⊊ – ♦65/200 € ♦♦90/200 € – 2 suites

viale Matteotti 4

– ☎ 0743 44541 – www.hoteldeiduchi.com

🏨 San Luca   ⊜ ⊡ ৬ AC ⚶ ⇌

TRADIZIONALE · CLASSICO Una volta conceria, oggi uno dei più bei palazzi della città. Tonalità ocra accompagnano i clienti dalla corte interna alle camere, passando per raffinati saloni e corridoi.

35 cam ⊊ – ♦85/240 € ♦♦130/240 € – 1 suite

via Interna delle Mura 21 – ☎ 0743 223399 – www.hotelsanluca.com

🏨 Charleston   🕸 ⊡ AC ⚕ ⇌

FAMILIARE · CLASSICO Nel cuore della cittadina, in un palazzo del 1600 rinnovato, un albergo a conduzione diretta con ambienti di tono signorile e camere personalizzate, vi si possono trovare camino o finestre con vista, c'è anche un letto a baldacchino. A voi la scelta.

25 cam ⊊ – ♦40/120 € ♦♦60/180 €

piazza Collicola 10 – ☎ 0743 220052 – www.hotelcharleston.it

🏨 Gattapone   🕸 ⩽ ⊜ AC ⚶

TRADIZIONALE · CLASSICO In posizione tranquilla, verde ed elevata, con il centro storico che si dispiega al di sotto dell'albergo, qui non troverete un design moderno ma uno stile anni '60 semplice e privo di affettazioni. Camere con vista sul Ponte delle Torri e sul Monteluco.

15 cam ⊊ – ♦70/170 € ♦♦90/230 €

via del Ponte 6 – ☎ 0743 223447 – www.hotelgattapone.it

🏨 Palazzo Dragoni   ⩽ ⊡ AC ⚕ ⚶

DIMORA STORICA · ROMANTICO Dalle fondamenta preromane al cinquecentesco palazzo Dragoni: tra affreschi e arredi d'epoca, qui è rappresentata in verticale la storia di Spoleto. Diverse camere panoramiche.

15 cam ⊊ – ♦100/150 € ♦♦125/150 €

via Duomo 13 – ☎ 0743 222220 – www.palazzodragoni.it

– Aperto 1° aprile-29 novembre

🏨 Palazzo Leti   🕸 ⩽ ⊜ ⊡ AC ⚕

DIMORA STORICA · ELEGANTE Nella parte alta e tranquilla di Spoleto, il palazzo dell'omonima famiglia, preceduto da un grazioso giardino-terrazza all'italiana, risale al '700, ma fu costruito su un monastero del '600 a sua volta eretto sulle mura romana. Atmosfera raffinata all'interno con diversi arredi d'epoca, nonché vista sul Monteluco.

12 cam ⊊ – ♦80/130 € ♦♦100/140 €

via degli Eremiti 10 – ☎ 0743 224930 – www.palazzoleti.com

a Silvignano Nord-Est : 13 km per Foligno⊠ 06049

Le Logge di Silvignano

STORICO · PERSONALIZZATO Splendido esempio di architettura medievale, in passato sede di guarnigione militare e residenza patrizia, con un loggiato del '400 che ne orna la facciata: all'interno la cura del dettaglio si declina nei pavimenti in cotto, nelle ceramiche di Deruta o nelle maioliche di Vietri. Soggiorno in una dimensione atemporale.

6 cam – ∳100/146 € ∳∳100/146 € - senza ⊊

Frazione Silvignano 14 – ℰ 0743 274098 – www.leloggedisilvignano.it – Aperto 1° aprile-5 novembre

Un esercizio evidenziato in rosso enfatizza il fascino della struttura 龠 XxX.

SPOTORNO

Savona – ⊠ 17028 – 3 803 ab. – Carta regionale n° **8**-B2
Carta stradale Michelin 561-J7

⫞○ Al Cambio

CUCINA MEDITERRANEA · ACCOGLIENTE XX A pochi passi dalla passeggiata, il locale propone la tradizione gastronomica ligure rielaborata in una sfiziosa cucina mediterranea; simpatia, accoglienza e informalità da parte del titolare.

Menu 33/48 € – Carta 34/67 €

via XXV Aprile 72 – ℰ 019 741 5537 (prenotare) – Chiuso 15-30 ottobre e giovedì escluso in estate

Acqua Novella

TRADIZIONALE · MEDITERRANEO In posizione elevata e, quindi, panoramica (ma dotato di ascensori per scendere sino a livello della strada al di là della quale c'è la propria spiaggia), le camere sono luminose, molte con intriganti scorci. Oltre al ristorante interno con vista a perdita d'occhio, ci sono bar e ristorante diurno giù al mare.

74 cam – ∳70/300 € ∳∳70/300 € – ⊊ 6 €

via Acqua Novella 1, Est: 1 km – ℰ 019 741665 – www.acquanovella.it – Aperto 1° aprile-31 ottobre

Villa Imperiale 🏠 🗝 🔄 ৬ ᴀᴄ

STORICO · ART DÉCO In pieno centro lungo la passeggiata, camere ampie - accuratamente personalizzate - nonché spazi comuni ben distribuiti, in una villa anni '30 sapientemente ristrutturata. Piacevole ristorante con ingresso indipendente: cucina mediterranea in chiave moderna.

17 cam ⊊ – ∳100/258 € ∳∳100/258 € – 9 suites

via Aurelia 47 – ℰ 019 745122 – www.villaimperiale.it – Aperto 1° marzo-15 ottobre

Premuda 🏠 ≶ 🗝 P

TRADIZIONALE · LUNGOMARE Un dancing degli anni '30 divenuto ora un piccolo albergo ordinato e ben gestito, in bella posizione in riva al mare; piacevoli e "freschi" interni, camere lineari. Ristorazione a bordo spiaggia in estate e - in ogni caso - aperta solo a pranzo.

21 cam ⊊ – ∳65/145 € ∳∳145/160 €

piazza Rizzo 10 – ℰ 019 745157 – www.hotelpremuda.it – Aperto 15 aprile-31 ottobre

STEGONA STEGEN Bolzano → Vedere Brunico

STEINEGG → Vedere Collepietra

STENICO

Trento – ✉ 38070 – 1 170 ab. – Alt. 666 m – Carta regionale n° **19**-B3
Carta stradale Michelin 562-D14

🏠 Flora   ♔ ≼ 🛏 ᙭ 🕸 ⅃₆ ⊡ AC P

TRADIZIONALE · FUNZIONALE Base d'appoggio per una vacanza all'insegna
delle escursioni e del turismo termale: ariosi, seppur minimal, ambienti in stile
contemporaneo e camere semplici, ma spaziose. Vista sui monti dal grazioso
giardino con al centro una bella piscina.

65 cam ♆ – ♦60/103 € ♦♦116/206 €

*località Maso da Pont 1, Sud: 2 km – ℰ 0465 701549 – www.hotelfloracomano.it
– Aperto 1° dicembre-8 gennaio e 1° aprile-31 ottobre*

STERN → Vedere La Villa

STERZING → Vedere Vipiteno

STINTINO

Sassari (SS) – ✉ 07040 – Carta regionale n° **16**-A1
Carta stradale Michelin 366-K38

🏠 Club Hotel Ancora   ♔ ⬗ ≼ 🛏 ᨒ AC P

CASA DI CAMPAGNA · MEDITERRANEO All'interno di un bel complesso residenziale questo albergo si caratterizza per la sua perfetta simbiosi con la macchia
circostante; camere rinnovate in stile mediterraneo, dal curato giardino si accede
direttamente alla spiaggia attrezzata (con piscina!).

54 cam ♆ – ♦50/230 € ♦♦70/300 €

*località Ancora – ℰ 079 527085 – www.hotelancora.info – Aperto
18 maggio-15 ottobre*

ST. KASSIAN → Vedere San Cassiano

STRADA IN CHIANTI Firenze → Vedere Greve in Chianti

STRADELLA Mantova (MN) → Vedere Bigarello

STREGNA

Udine – ✉ 33040 – 356 ab. – Alt. 404 m – Carta regionale n° **6**-C2
Carta stradale Michelin 562-D22

🍴 Sale e Pepe   ⟠

CUCINA DEL TERRITORIO · ACCOGLIENTE ⅹ Quasi al confine con la Slovenia, qui
il bilinguismo regna sovrano, come la cordialità della coppia che gestisce il ristorante, nonché la qualità del cibo: riflesso delle tradizioni di un territorio di confine
presente anche in cucina.

🍴 Menu 25/40 € – Carta 22/47 €

*via Capoluogo 19 – ℰ 0432 724118 (prenotare) – solo a cena escluso sabato e
domenica – Chiuso martedì e mercoledì*

STRESA

Verbano-Cusio-Ossola – ✉ 28838 – 4 994 ab. – Alt. 200 m – Carta regionale n° **13**-A1
Carta stradale Michelin 561-E7

🍴 Lo Stornello   🏕 AC ⅌

CUCINA MEDITERRANEA · ACCOGLIENTE ⅹⅹ Offre qualità e professionalità in un
contesto molto turistico, questo ristorantino ben frequentato anche dalla gente
del posto. Cucina mediterranea a 360°, fantasiosa nell'elaborazioni.

Carta 34/56 €

*via Cavour 35 – ℰ 0323 30444 (consigliata la prenotazione)
– www.ristorantelostornello-stresa.it*

⬥○ Osteria Mercato   🏠 🆈🆈

CUCINA MEDITERRANEA · ACCOGLIENTE XX A pochi passi dal centro storico, un ambiente raccolto e accogliente con piacevole dehors. Cucina mediterranea e della vicina Ossola - talvolta - rielaborata con fantasia.

Menu 30/70 € – Carta 38/50 €

Piazza Capucci 9 - ☎ 0323 34245 (consigliata la prenotazione) – Chiuso martedì

⬥○ Vicoletto   🏠 🆈🆈

CUCINA MODERNA · ACCOGLIENTE X Ristorantino dal design contemporaneo condotto da una giovane e motivata gestione: la linea di cucina si conforma alla modernità del locale. Minuscolo, ma piacevole il dehors.

Carta 26/52 €

vicolo del Poncivo 3 - ☎ 0323 932102 – www.ristoranteilvicoletto.com – Chiuso 20 dicembre-28 febbraio e giovedì

🏨 Grand Hotel des Iles Borromées   🕴 ← 🛏 🎐 🔲 ⓦ 🐎 ♨ 🎾 🖵

GRAN LUSSO · STORICO Abbracciato dal verde del parco e   🖒 🆈🆈 🏋 🚗 affacciato sul lago, un maestoso palazzo carico di fascino ospita ambienti lussuosi arredati nelle preziose tinte porpora, oro e indaco. I corridoi dei piani sono vere e proprie gallerie d'arte, di cui in ogni camera è presente un catalogo per la visita. Sapori ricercati nello sfarzoso ristorante e menu personalizzato per gli ospiti che seguono una particolare dieta alla Spa.

168 cam ⊠ – ♥163/292 € ♥♥163/451 € – 11 suites

lungolago Umberto I 67 - ☎ 0323 938938 – www.borromees.it – Chiuso metà novembre-inizio febbraio

🏨 Villa e Palazzo Aminta   🕴 ← 🛏 🎐 ⓦ 🐎 ♨ 🎾 🔺 🖵 🖒 🆈🆈 🏋 🅿

LUSSO · ELEGANTE Un gioiello dell'hôtellerie italiana abbracciato da un parco secolare: l'unico albergo affacciato sulle isole Borromee incanta l'ospite per fascino ed eleganza. Carta gourmet e specialità del territorio nel raffinato ristorante Le Isole. Menu italiano nel colorato I Mori.

58 cam ⊠ – ♥330/2050 € ♥♥330/2050 € – 13 suites

Via Sempione Nord 123 - ☎ 0323 933818 – www.villa-aminta.it – Aperto 21 marzo-28 ottobre

🏨 Grand Hotel Bristol   🕴 ← 🛏 🎐 🔲 ⓦ 🐎 🖵 🖒 🆈🆈 🏋 🚗

LUSSO · STORICO Una conduzione professionale per questo hotel dagli interni arredati con pezzi antichi, lampadari di cristallo, cupole in vetro policromo e nel parco una piscina riscaldata. Affacciato sulle Isole Borromee, il ristorante propone un'elegante sala ed un piacevole dehors.

245 cam – ♥40/200 € ♥♥80/300 € – 8 suites – ⊠ 25 €

lungolago Umberto I 73/75 - ☎ 0323 32601 – www.zaccherahotels.com – Aperto 1° aprile-31 ottobre

🏨 La Palma   🕴 ← 🛏 🎐 ⓦ 🐎 🔺 🖵 🖒 🆈🆈 🏋 🚗

LUSSO · PERSONALIZZATO Risorsa a gestione attenta con camere signorili, rilassanti spazi comuni, Sky bar e idromassaggio panoramico in terrazza all'ultimo piano. Dalla magnifica piscina in riva al lago si scorgono le isole Borromee! L'intima sala ristorante propone alta cucina italiana ed internazionale. Nota eco-friendly: ricarica per auto elettriche nel parcheggio.

120 cam ⊠ – ♥100/160 € ♥♥130/340 € – 2 suites

lungolago Umberto I 33 - ☎ 0323 32401 – www.hlapalma.it – Aperto 24 febbraio-25 novembre

🏨 Regina Palace   🕴 ← 🛏 🎐 🔲 ⓦ 🐎 🐎 ♨ 🎾 🖵 🖒 🆈🆈 🏋 🚗

PALACE · STORICO In un edificio del primo '900 immerso nel verde, ambienti eleganti, sale congressi, campo da tennis e da calcetto. Scenografica piscina con fondale riproducente quello marino nel centro benessere. Tinte dorate e cucina moderna nell'ampia sala da pranzo.

214 cam ⊠ – ♥260 € ♥♥365 € – 11 suites

lungolago Umberto I 29 - ☎ 0323 936936 – www.reginapalace.it – Chiuso 20 dicembre-6 gennaio

925

Astoria

PALACE · PERSONALIZZATO Situato sul lungolago, l'hotel dispone di ampi spazi e belle camere. Si contendono il fiore all'occhiello il curato giardino con piscina ed il roof garden con solarium. Il ristorante vanta una deliziosa veranda ed una cucina regionale di stampo moderno.

100 cam ♱ – ♦100/160 € ♦♦140/380 €

lungolago Umberto I 31 – ℰ 0323 32566 – www.hotelastoriastresa.it – Aperto 1° aprile-21 ottobre

Royal

FAMILIARE · PERSONALIZZATO Nella cornice del Lago Maggiore, l'antica villa offre spazi moderni e confortevoli, una rilassante sala lettura, la tranquillità di un parco ed una terrazza solarium; possibilità di ricarica auto elettriche nel parcheggio. Nuove camere panoramiche al quarto piano: spettacolari quelle d'angolo.

72 cam – ♦50/220 € ♦♦70/220 € – ♱30 €

viale Lido 1 – ℰ 0323 32777 – www.hotelroyalstresa.com – Aperto 15 aprile-15 ottobre

Isole BorromeeAlt. 200 m – Carta regionale n° **13**-A1

Isola Superiore o dei Pescatori ✉ 28049 – Stresa

Verbano

STORICO · BORDO LAGO Risvegliarsi con vista sull'Isola Bella in un'oasi di natura e suggestioni non è un'esperienza da poco... ma anche il ristorante non è da meno nell'offrire una terrazza davvero incantevole. Camere graziosi e signorili; la maggior parte rinnovate.

12 cam ♱ – ♦110/200 € ♦♦120/200 €

via Ugo Ara 2 – ℰ 0323 30408 – www.hotelverbano.it – Aperto 15 marzo-30 ottobre

STROMBOLI Sicilia Messina → Vedere Eolie (Isole)

STRONGOLI

Crotone (KR) – ✉ 88816 – 6 571 ab. – Alt. 342 m – Carta regionale n° **3**-B2
Carta stradale Michelin 564-J33

⭐ Dattilo (Caterina Ceraudo)

CUCINA CREATIVA · ELEGANTE XxX Immerso nella campagna, è un agriturismo che si è distinto nella produzione biologica di vino ed olio, ma da alcuni anni l'attenzione va anche alla qualità della cucina moderna e creativa, nonché al calore dell'accoglienza, vivo e pulsante nel cuore di tutti i membri della generosa famiglia Ceraudo. Le camere sono semplici, all'insegna di una vita piacevolmente rustica ed agricola, ma la sorpresa è la piscina all'ombra di un ulivo millenario.
→ Tortello di baccalà, brodo affumicato e dragoncello. Maiale con fichi e menta. Pera e vaniglia.

Menu 65/120 € – Carta 54/93 €

6 cam ♱ – ♦50/60 € ♦♦100/120 €

contrada Dattilo, Est: 2 km – ℰ 0962 865613 (prenotazione obbligatoria)
– www.dattilo.it – solo a cena escluso domenica
– Chiuso 1° novembre-12 aprile, lunedì, martedì e mercoledì escluso 21 giugno-16 settembre

STROVE Siena → Vedere Monteriggioni

ST. ULRICH → Vedere Ortisei

SUBBIANO

Arezzo – ✉ 52010 – 6 331 ab. – Alt. 266 m – Carta regionale n° **18**-D2
Carta stradale Michelin 563-L17

🏠 Torre Santa Flora 🛝 ≤ 🛋 ⌁ 📶 🅿

DIMORA STORICA · AGRESTE Residenza di campagna seicentesca immersa nel verde: calda atmosfera negli splendidi interni in elegante stile rustico di taglio moderno, piacevoli camere accoglienti. Al ristorante, nelle quattro salette con soffitti in mattoni o con travi di legno a vista, una bella carta di soli risotti e - oltre alla cucina toscana - anche una linea più moderna e rivisitata.

15 cam 🛏 – †65/80 € ††85/130 € – 1 suite

località ponte Caliano 169, Sud-Est: 3 km – ☎ 0575 421045
– www.torresantaflora.it – Chiuso gennaio-febbraio

Un pasto accurato a prezzo contenuto? Cercate i Bib Gourmand ⊛.

SULDEN → Vedere Solda

SULMONA
L'Aquila – ✉ 67039 – 24 557 ab. – Alt. 405 m – Carta regionale n° **1**-B2
Carta stradale Michelin 563-P23

⊛ Clemente 🏠 📶

CUCINA ABRUZZESE · FAMILIARE ✕✕ Ambiente accogliente che prevede anche una sala bistrot per il pranzo, con un'offerta più semplice e contenuta nei prezzi, nonché aperitivi serali. Le pappardelle con ricotta cremosa, guanciale, pecorino e zafferano - a nostro giudizio - tra i piatti più interessanti del menu.

Carta 26/53 €

piazza Santa Monica – ☎ 0864 210679 – www.ristoranteclemente.com
– Chiuso 24-27 dicembre, domenica sera e lunedì

🍴 Gino ⇦ 📶

CUCINA ABRUZZESE · FAMILIARE ✕ Piccola arca della tipicità gastronomica abruzzese: salumi, formaggi, pasta fresca e carni della regione. I primi anche acquistabili nell'adiacente negozio di famiglia.

Carta 23/43 €

4 cam 🛏 – †80 € ††90 €

piazza Plebiscito 12 – ☎ 0864 52289 – www.lalocandadigino.it – solo a pranzo
– Chiuso domenica

🏠 Santacroce Ovidius ⓝ 🛝 🏠 📺 📶 🍽 ⌁ 🅿

BUSINESS · ACCOGLIENTE A due passi dal Duomo hotel moderno dalle calde sale rivestite in legno e camere dalle linee contemporanee, ben accessoriate. Per momenti di piacevole relax, vi consigliamo una sosta presso il raffinato centro benessere.

28 cam 🛏 – †70/80 € ††105/135 € – 1 suite

via Circonvallazione Occidentale 177 – ☎ 0864 53824
– www.ovidius.hotelsantacroce.com

SULZANO
Brescia – ✉ 25058 – 1 917 ab. – Alt. 200 m – Carta regionale n° **10**-D1
Carta stradale Michelin 561-E12

🏠 Rivalago 🛝 ≤ 🛋 ⌁ 📺 ⌁ 📶 🍽 🅿

TRADIZIONALE · PERSONALIZZATO In tranquilla posizione fronte lago, hotel dagli ambienti signorili e luminosi con splendido giardino e piscina riscaldata. Camere armoniose ed accoglienti.

36 cam 🛏 – †78/130 € ††136/161 €

via Cadorna 7 – ☎ 030 985011 – www.rivalago.it – Aperto inizio
marzo-fine ottobre

SUNA Verbania → Vedere Verbania

SUSEGANA
Treviso – ⊠ 31058 – 11 835 ab. – Alt. 76 m – Carta regionale n° **23**-C2
Carta stradale Michelin 562-E18

🏠 Maso di Villa

CASA DI CAMPAGNA · ROMANTICO Bella casa colonica trasformata in romantico relais, con tonalità diverse in ogni ambiente: al suo interno si è giocato infatti coi colori, sin dentro le accoglienti e calde camere, tutte con letti in ferro battuto e affaccio sul giardino che si sviluppa tra piscina, ulivi, vigne ed uno splendido roseto.

6 cam ⊊ – ♦120/150 € ♦♦120/170 €

*via Col di Guarda 15, località Collalto, Nord-Ovest: 5 km – ℰ 0438 841414
- www.masodivilla.it – Chiuso 5-20 novembre*

SUTRIO
Udine – ⊠ 33020 – 1 332 ab. – Alt. 570 m – Carta regionale n° **6**-B1
Carta stradale Michelin 562-C20

🍴 Alle Trote

CUCINA CLASSICA · FAMILIARE ℵ Nei pressi del torrente, un locale a gestione diretta dove la specialità è preannunciata dal suo nome; la fragranza dei pesci la si deve - invece - all'annesso allevamento. Comode camere, al piano superiore.

Carta 21/43 €

5 cam ⊊ – ♦40/45 € ♦♦75/85 €

*via Peschiera, frazione Noiaris, Sud: 1 km – ℰ 0433 778329
- Chiuso 11-22 marzo, 16 settembre-11 ottobre e martedì*

SUVERETO
Livorno – ⊠ 57028 – 3 072 ab. – Alt. 90 m – Carta regionale n° **18**-B2
Carta stradale Michelin 563-M14

🍴 Gualdo del Re

CUCINA REGIONALE · RUSTICO ℵ Un ristorantino con pochi tavoli ravvicinati, raccolti intorno ad un camino (nella breve apertura invernale intorno a Natale): le pareti e i mobili bianchi gli conferiscono un vago stile provenzale, mentre la luminosa veranda viene anche utilizzata per corsi di cucina. Piatti d'ispirazione toscana.

Carta 30/53 €

località Notri 77 – ℰ 0565 829888 (prenotare) – www.gualdodelre.it – solo a cena escluso Pasqua-30 giugno – Aperto Pasqua-31 ottobre e solo nei week end in dicembre

🍴 I' Ciocio-Osteria di Suvereto

CUCINA REGIONALE · RUSTICO ℵ Nello splendido scenario del centro storico su cui si affaccia con un delizioso dehors, ambienti caratteristici come la "dispensa" del piano inferiore, prodotti bio e a km 0 per una cucina legata al territorio.

Menu 40/60 € – Carta 34/67 €

*piazza dei Giudici 1 – ℰ 0565 829947 (consigliata la prenotazione)
- www.osteriadisuvereto.it*

🏠 Agriturismo Bulichella

CASA DI CAMPAGNA · ACCOGLIENTE Immerso nella campagna suveretana, ad 1 km dal borgo medievale, l'agriturismo offre ospitalità in appartamenti e camere confortevoli: più isolate e tranquille, le stanze al di là dei vigneti.

14 cam ⊊ – ♦60/80 € ♦♦85/120 €

località Bulichella 131, Sud-Est: 1 km – ℰ 0565 829892 – www.bulichella.it – Chiuso gennaio-Pasqua

SUZZARA
Mantova – ⊠ 46029 – 21 161 ab. – Alt. 20 m – Carta regionale n° **9**-C3
Carta stradale Michelin 561-I9

⊛ Mangiare Bere Uomo Donna ⇦ 🛋 AC

FUSION · FAMILIARE Lei è di Hong Kong, lui di Suzzara: coppia nella vita, in tandem gestiscono questo accogliente ristorante ricavato nell'abitazione di famiglia. La cucina propone piatti locali, classici italiani ed alcune intriganti sorprese dall'oriente come i Xialong Bao (ravioli cinesi al vapore con carne di maiale e zenzero). Per chi non si vuol scostare dal sentiero della tradizione opterà invece per un cotechino casalino con contorno o il krapfen fatto in casa e fritto al momento con gelato di produzione propria.

Menu 28 € – Carta 25/54 €

4 cam ⚏ – ♦40/45 € ♦♦60/65 €

viale Zonta 19 – 𝒞 334 880 6508 (coperti limitati, prenotare)
– www.mangiarebereuomodonna.com – solo a cena – Chiuso martedì

TABIANO

Parma (PR) – ✉ 43030 – Alt. 162 m – Carta regionale n° **5**-A2
Carta stradale Michelin 562-H12

🏠 Park Hotel Fantoni ✿ 🌫 🛌 ⊿ 🛖 ƒ₆ 🖃 AC 🅿

TERMALE · CLASSICO In una zona un po' defilata e già collinare, si apre un giardino con piscina: una parentesi blu nel verde, preludio alla comodità dell'hotel. Non manca l'ascensore diretto per le terme ed un piccolo, ma attrezzato, centro benessere con bagno turco, idromassaggio e trattamenti vari.

33 cam ⚏ – ♦40/120 € ♦♦70/140 € – 1 suite

via Castello 6 – 𝒞 0524 565141 – www.parkhotelfantoni.it – Aperto
1° aprile-10 novembre

TAMION Trento → Vedere Vigo di Fassa

G. Gräfenhain/Sime/

CI PIACE...

La terrazza-giardino del **Kisté** per una romantica serata. La creatività in tavola al **St. George by Heinz Beck**. La vista spettacolare su costa e mare dal ristorante del **Belmond Grand Hotel Timeo**. Le serate musicali organizzate nell'eleganti zone comuni del **Metropole**.

TAORMINA Sicilia

Messina – ⊠ 98039 – 10 960 ab. – Alt. 204 m – Carta regionale n° **17**-D2
Carta stradale Michelin 565-N27

Ristoranti

✿ **Principe Cerami** 🏨 🏡 ♿ 🅿

CUCINA MODERNA · LUSSO XxxX Al Principe Cerami il merito di aver trasformato nel 1896 l'ex convento domenicano in albergo, seppur in questo momento in fase di rinnovo completo. I clienti continueranno a farsi coccolare dalle magie siciliane della sua cucina. Il tutto nell'antica opulenza delle sale interne o, d'estate, su una romantica terrazza.

→ Linguine "Vicidomini" con aglio, olio, peperoncino, pomodoro e bottarga di tonno. Scampi mediterranei scottati, caponatina siciliana e menta. Soffice di cassata.
Menu 140/150 €

Pianta: A2-m – *Hotel San Domenico Palace, piazza San Domenico 5*
– ☏ 0942 613111 (prenotazione obbligatoria) – www.san-domenico-palace.com
– solo a cena – Aperto 1° giugno-31 ottobre; chiuso lunedì

✿ **St. George by Heinz Beck** ⓝ ⇐ 🏡 🏡 🍸 🅿

CUCINA CREATIVA · LUSSO XxX Espressione di talento e gusto, da parte del resident chef, nel creare deliziosi piatti con ricercate materie prime del territorio. La cucina porta la firma del pluristellato romano, ma - al tempo stesso - ha una sua propria identità. Sala elegante dall'atmosfera vagamente britannica.

→ Fontana e pomodoro. Scampi 53 in assoluto di zucchine. Agnello, melanzana e yogurt.
Menu 110/140 € – Carta 88/138 €

Pianta: B1-e – *Hotel The Ashbee, viale San Pancrazio 46 – ☏ 0942 23537 (prenotare)*
– www.theashbeehotel.com – solo a cena – Aperto 1° aprile-31 ottobre; chiuso martedì

🍴 **Kistè** ⓝ 🏡 🅰🅺

CUCINA MODERNA · ACCOGLIENTE XX All'interno della quattrocentesca Casa Cipolla, con romantica terrazza per il servizio estivo, Kisté è un "contenitore" gourmet di sapori siciliani in chiave moderna.
Menu 30 €, 70 € – Carta 59/82 €

Pianta: A2-r – *Via S. Maria de Greci, 2 – ☏ 0942 683433 – www.kiste.it – solo a cena in luglio-15 settembre – Chiuso fine gennaio-28 febbraio e lunedì*

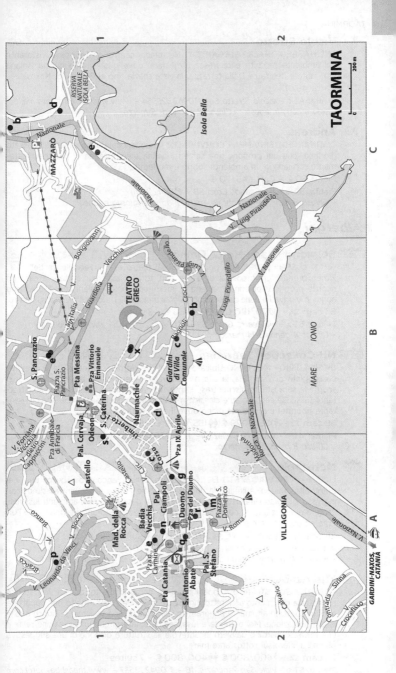

TAORMINA

0   200 m

RISERVA
NATURALE
ISOLA BELLA

MAZZARO

Isola Bella

V. Nazionale

V. Luigi Pirandello

TEATRO
GRECO

Giardini di Villa
Comunale

S. Pancrazio

Pza S.
Pancrazio

Pta Messina

Pza Vittorio
Emanuele

Naumachie

MARE   IONIO

Castello

Mad. della
Rocca

Badia
Vecchia

Pal.
Ciampoli

Duomo

Pza del Duomo

Piazzale S.
Domenico

Pal. S.
Stefano

S. Antonio
Abate

Pta Catania

VILLAGONIA

V. Nazionale

GARDINI-NAXOS,
CATANIA

931

⫶○ Vicolo Stretto　　　　　　　　　　　　　　🏠

CUCINA REGIONALE · ELEGANTE XX Nel pieno centro di Taormina, ristorante dall'ambiente raccolto e di fresca atmosfera, dove gustare una cucina isolana intrigante e ben fatta. Dalla terrazza, la vista spazia fino ai Giardini di Naxos.

Carta 49/81 €

Pianta: A1-c – *vicolo Stretto 6* – *𝒞 0942 625554* – *www.vicolostrettotaormina.it* – *solo a cena in agosto* – *Chiuso 7 gennaio-15 marzo*

⫶○ Andreas　　　　　　　　　　　　🏠 ⅋ 🆎

CUCINA MEDITERRANEA · CONVIVIALE X Il nuovo locale di un cuoco dal passato glorioso, che qui propone una schietta cucina mediterranea e, più specificatamente, siciliana in un ambiente sobrio e moderno.

Menu 60 € – Carta 45/70 €

Pianta: B2-c – *via Bagnoli Croci 88* – *𝒞 0942 24011* – *Chiuso 8 gennaio-14 febbraio, martedì a mezzogiorno e lunedì*

Alberghi

🏨 Belmond Grand Hotel Timeo　　🕴 ⅋ ⪪ 🛏 ⅃ 🎐 🛋 🔲 ⅋ 🆎 🛁

GRAN LUSSO · STORICO A pochi metri dal teatro greco, l'eccellenza del 🅿 Timeo prende forme così diverse che ogni turista finirà per portare a casa un ricordo proprio e personale: splendidi interni con fastosi saloni che dischiudono angoli più privati e belle camere con balconi panoramici, alcuni affacciati sul teatro.

63 cam ⊊ – ⛁770/1110 € ⛁⛁770/1110 € – 8 suites

Pianta: B1-x – *via Teatro Greco 59* – *𝒞 0942 627 0200* – *www.belmond.com* – *Chiuso 4 gennaio-14 marzo*

🏨 NH Collection Taormina　　　🕴 ⪪ ⅃ 🎐 🛋 🔲 ⅋ 🆎 🛁 �car

GRAN LUSSO · MODERNO Ubicato nelle vicine retrovie rispetto alla suggestiva passeggiata di Taormina, la sua hall davvero imperiosa ospita un bar da cui si scorge la soprastante piscina trasparente, una vera chicca! Le camere sono altrettanto lussuose con uno stile classico-moderno. Per concludere in bellezza il ristorante gourmet è al settimo piano dove il panorama parla da sé.

58 cam ⊊ – ⛁155/6029 € ⛁⛁155/6029 € – 5 suites

Pianta: A1-s – *Via Circonvallazione, 11* – *𝒞 0942 625202* – *www.nh-hotels.it* – *Chiuso 8 gennaio-24 marzo*

🏨 Metropole　　　　　🕴 ⪪ ⅃ 🎐 🔲 ⅋ 🆎 ⅋ 🛁 🅿

LUSSO · PERSONALIZZATO E' risorto dalle ceneri, ancora più bello, uno dei primi alberghi ad animare la località qualche lustro fa... Centralissimo con ingresso su corso Umberto, nonché affaccio su dirupo e mare, ambienti lussuosi, camere di alto standing ed un susseguirsi di terrazze panoramiche (ma è solo l'ultima ad ospitare la piscina).

25 cam ⊊ – ⛁365/405 € ⛁⛁365/405 € – 11 suites

Pianta: A1-g – *corso Umberto I° 154* – *𝒞 0942 24013* – *www.hotelmetropoletaormina.it* – *Chiuso 9 gennaio-15 marzo*

🏨 The Ashbee　　　　⅋ ⪪ 🛏 ⅃ 🛋 🔲 ⅋ 🆎 ⅋ 🛁 🅿

GRAN LUSSO · STORICO A pochi passi da corso Umberto, questa villa storica progettata da un noto architetto inglese dei primi del '900 - molto ben appartata e in un contesto altamente panoramico - sfoggia un'aria vagamente british anche nell'impostazione. Molto curata e lussuosa negli interni con un bel salone relax e una terrazza-giardino davvero incantevole, la struttura dispone di una suggestiva piscina a sfioro sul sottostante mare.

24 cam ⊊ – ⛁400/800 € ⛁⛁400/800 € – 7 suites

Pianta: B1-e – *viale San Pancrazio 46* – *𝒞 0942 23537* – *www.theashbeehotel.com* – *Aperto 1° aprile-31 ottobre*

❀ **St. George by Heinz Beck** – Vedere selezione ristoranti

El Jebel

LUSSO · CENTRALE Riservatezza ed esclusività nel cuore dell'antica Taormina: servizio personalizzato in camere arredate con stili differenti, solarium panoramico e piccola zona benessere.

6 cam ☑ – †300/1000 € ††400/2000 € – 4 suites

Pianta: A1-n – *salita Ciampoli 9* – *℘ 0942 625494* – *www.hoteleljebel.com*
– *Chiuso novembre*

Villa Ducale

LUSSO · ROMANTICO Un rifugio per le aquile, si sarebbe tentati di dire: l'albergo si trova nella parte più alta di Taormina, a sua volta del resto già situata in posizione elevata e a strapiombo sul mare (la navetta o una scenografica scalinata per scendere in paese). Splendidamente tenuto, ovunque gli arredi e i dipinti sono d'ispirazione siciliana.

13 cam ☑ – †169/800 € ††189/900 € – 6 suites

Pianta: A1-p – *via Leonardo da Vinci 60* – *℘ 0942 28153* – *www.villaducale.com*
– *Aperto 18 marzo-12 novembre*

Villa Belvedere

TRADIZIONALE · MEDITERRANEO Una vista mozzafiato sul bel parco con palme e piscina tanto dagli ambienti comuni quanto dalla maggior parte delle camere. Storica struttura da sempre a gestione familiare. Cucina tradizionale nel ristorante esclusivamente en plein air ed aperto solo a pranzo.

49 cam ☑ – †120/999 € ††120/999 € – 7 suites

Pianta: B2-b – *via Bagnoli Croci 79* – *℘ 0942 23791* – *www.villabelvedere.it*

Villa Schuler

TRADIZIONALE · STORICO Sorto nei primi anni del Novecento e gestito sempre dalla stessa famiglia, storico albergo del centro incorniciato tra giardini mediterranei e con splendida terrazza vista mare per la colazione del mattino.

31 cam ☑ – †99/190 € ††99/280 € – 6 suites

Pianta: B1-d – *piazzetta Bastione* – *℘ 0942 23481* – *www.hotelvillaschuler.com*
– *Aperto 9 marzo-17 novembre*

Villa Sirina

FAMILIARE · TRADIZIONALE Artigiani locali hanno contribuito con le loro creazioni ad arredare ad *hoc* le semplici camere della villa, già di famiglia dagli anni Settanta. Nel giardino, la bella piscina.

16 cam ☑ – †143/157 € ††163/181 €

via Crocifisso 30, 2 km per via Crocifisso - A2 – *℘ 0942 51776* – *www.villasirina.it*
– *Aperto 1° aprile-31 ottobre*

Villa Taormina

LOCANDA · PERSONALIZZATO Il fascino discreto di un'elegante residenza ottocentesca, impreziosita con mobili d'antiquariato e con un delizioso giardino con terrazze e vasca Jacuzzi. Vista panoramica dalla sala colazioni all'ultimo piano.

8 cam ☑ – †140/500 € ††140/500 €

Pianta: A1-e – *via T. Fazzello 39* – *℘ 0942 620072* – *www.hotelvillataormina.com*
– *Aperto 1° aprile-30 novembre*

a Mazzarò Est 5,5 km o 5 mn di cabinovia C1 ✉ 98030

⏹ Da Giovanni

PESCE E FRUTTI DI MARE · ACCOGLIENTE Qualche difficoltà nel trovare il posteggio, ma una breve passeggiata non potrà che farvi meglio apprezzare la semplice cucina di mare della tradizione. Veranda panoramica sul mare e sull'Isola Bella.

Carta 27/70 €

Pianta: C1-e – *via Nazionale* – *℘ 0942 23531* – *Chiuso 8 gennaio-8 febbraio e lunedì*

🏨 Belmond Villa Sant'Andrea 🛎 ⪡ 🍴 🏊 🏴 🛁 ⛳ 🔄 🛗 AK 🍸

GRAN LUSSO · LUNGOMARE In un angolo di una suggestiva baia - direttamente sulla spiaggia - una dimora ottocentesca il cui grazioso giardino panoramico resta l'unica traccia della commissione di un gentiluomo inglese. Deliziose le camere, tutte con vista sul mare. 🚗

62 cam 🛏 – 👤580/950 € – 👥👥580/950 € – 9 suites

Pianta: C1-d – *via Nazionale 137* – *☎ 0942 627 1200* – *www.belmond.com*
– *Aperto aprile-ottobre*

🏨 Grand Hotel Atlantis Bay 🅝 🛎 🌊 ⪡ 🍴 🏊 🏴 🛁 ⛳ 🔄 AK 🍸

GRAN LUSSO · CLASSICO Guardate l'albergo dal mare, sembra un borgo 🅿 se non il naturale prolungamento della roccia in una serie di piani a cascata che paiono voler abbracciare l'acqua. Ovunque spazio e luminosità, piaceri e servizi!

70 cam 🛏 – 👤243/475 € – 👥👥345/623 € – 8 suites

via Nazionale 161 - C1 – *☎ 0942 618011* – *www.atlantisbay.it*
– *Aperto 1° aprile-31 ottobre*

🏨 Grand Hotel Mazzarò Sea Palace 🛎 ⪡ 🏊 🏴 🛁 ⛳ 🔄 AK 🍸

GRAN LUSSO · LUNGOMARE E' l'albergo per chi vuole coniugare le inevitabili escursioni culturali greco-barocche ad un soggiorno più rilassante e balneare. Affacciato sulla baia di Mazzarò, le terrazze concorrono al fascino della struttura, insieme ai pavimenti marmorei e alle belle camere: la maggior parte con vista mare. 🚗

88 cam 🛏 – 👤250/750 € – 👥👥270/750 € – 9 suites

Pianta: C1-b – *via Nazionale 147* – *☎ 0942 612111* – *www.mazzaroseapalace.it*
– *Aperto 30 marzo-4 novembre*

a Lido di Spisone Nord-Est: 1,5 km direzione Messina C1 ✉ 98030 – Mazzarò

⛄ La Capinera (Pietro D'Agostino) 🍴 ⪡ 🏡 AK

CUCINA CREATIVA · CONVIVIALE XX Cucina innovativa su base regionale, dove la ricerca delle migliori materie prima diventa simpaticamente maniacale per questo locale - recentemente ristrutturato - dalle linee calde ed avvolgenti. Bel servizio estivo in terrazza.

→ Agnolotti alla cernia, finocchietto, patate e frutti di mare, ristretto di crostacei. Dentice con finocchi, seppioline al cous-cous e verdure croccanti. Tortino caldo al pistacchio di Bronte con gelato alle nocciole Etnee.

Menu 75/40 € – Carta 65/123 €

via Nazionale 177 - C1 – *☎ 0942 626247 (consigliata la prenotazione)*
– *www.pietrodagostino.it* – *Chiuso febbraio e lunedì escluso agosto, anche domenica in gennaio e marzo*

🏨 Caparena 🛎 ⪡ 🍴 🏊 🌐 🏴 🛁 ⛳ 🔄 🛗 AK 🍹 🍸 🅿

LUSSO · LUNGOMARE Bellezza e confort, palme e acqua limpida, tranquillità e relax e una beauty farm davvero interessante con bagno turco e un'ampia gamma di trattamenti e massaggi. Spiaggia e bar. D'estate la sala da pranzo si apre all'esterno, completamente immersa nel verde; a pranzo carta leggera.

85 cam – 👤170/340 € – 👥👥170/340 € – 6 suites – 🛏 20 €

via Nazionale 189 - C1 – *☎ 0942 652033* – *www.gaishotels.com* – *Aperto 1° aprile-31 ottobre*

a Castelmola Nord-Ovest : 5 km A1 ✉ 98030 – Alt. 529 m

🏨 Villa Sonia 🛎 🌊 ⪡ 🍴 🏊 🏴 🔄 🛗 AK 🍸 🅿

FAMILIARE · MEDITERRANEO Caratteristico e tranquillo il borgo che accoglie questa antica villa arredata con una raccolta di preziosi oggetti d'antiquariato e d'artigianato siciliano. Suggestiva vista da molte camere. Sobriamente elegante la sala da pranzo arredata qua e là con numerose rare suppellettili. D'estate si pranza a bordo piscina.

44 cam 🛏 – 👤110/140 € – 👥👥140/205 € – 2 suites

via Porta Mola 9 – *☎ 0942 28082* – *www.hotelvillasonia.com*
– *Aperto 1° aprile- 31 ottobre*

TARANTO

(TA) – ⊠ 74123 – 201 100 ab. – Carta regionale n° **15**-C2
Carta stradale Michelin 564-F33

Ⅰ○ **Al Gatto Rosso**   🔐 🗚

PESCE E FRUTTI DI MARE · FAMILIARE X Ambiente semplice e curato, nonché proposte unicamente a base di pesce, in un piccolo ristorantino dalla lunga gestione familiare (siamo ormai alla terza!), raccontata dalle foto in bianco e nero appese alle pareti.

Menu 40/60 € – Carta 40/64 €

via Cavour 2 ⊠ 74123 – 𝒞 340 533 7800 – www.ristorantegattorosso.com – solo a pranzo nei giorni festivi – Chiuso 1°-15 settembre e lunedì

🏠 **Al Faro**   🔆 ≤ 🛏 & 🗚 🅿

STORICO · MEDITERRANEO Atipica masseria settecentesca, costruita in riva al mare per l'allevamento dei molluschi. L'attività volge oggi all'ospitalità alberghiera, di ottimo livello in ogni aspetto. Sala ristorante ricavata sotto suggestive volte a crociera.

18 cam ⬚ – †70 € ††80 €

via della Pineta 3/5, per Brindisi, Nord-Est: 5 Km ⊠ 74123 – 𝒞 099 471 4444 – www.alfarotaranto.it

a San Pietro sul Mar Piccolo Nord-Est: 13 km direzione Brindisi ⊠ 74100

🏠 **Relais Histò**   🔆 🐎 🛏 ⊼ 🗔 🆙 🏖 🛗 🖵 & 🗚 🧖 🅿

LUSSO · STORICO Sintesi perfetta di natura, storia, arte e tecnologia, Relais Histò è il risultato del restauro conservativo di una masseria medievale. Immerso in un grande uliveto e cinto da possenti mura, l'hotel assicura ai propri ospiti tranquillità e privacy; camere moderne e rituali olistici presso la spa, possibilità di escursioni a cavallo con scuderia propria, nonché comoda navetta per le spiagge della zona. Ottima cucina, con solide basi nel territorio, alla Lanternaia.

39 cam ⬚ – †180/256 € ††225/320 € – 9 suites

via Santandrea Circummarpiccolo – 𝒞 099 472 1188 – www.relaishisto.it

TARCENTO

Udine – ⊠ 33017 – 9 012 ab. – Alt. 230 m – Carta regionale n° **6**-C2
Carta stradale Michelin 562-D21

🆔 **Osteria di Villafredda**   🔐 🅿

CUCINA REGIONALE · RUSTICO X Ricavata da un'antica casa colonica, l'osteria può vantare oltre mezzo secolo di attività e di evoluzione ininterrotta, con una cucina non vittima della "globalizzazione", ma - al contrario - grata ai prodotti del territorio e paladina della tradizione locale. Volete un esempio? Cjalsons di Villafredda.

Menu 31 € – Carta 24/37 €

via Liruti 7, località Loneriacco, Sud: 2 km – 𝒞 0432 792153 – www.villafredda.com – Chiuso 10 giorni in agosto, domenica sera e lunedì; aperto solo nei week end dal 7 gennaio al 15 febbraio

TARQUINIA

Viterbo – ⊠ 01016 – 16 475 ab. – Alt. 133 m – Carta regionale n° **7**-A2
Carta stradale Michelin 563-P17

🏠 **Valle Del Marta**   🔆 🐎 🛏 ⊼ 🏖 🛁 🅿

CASA DI CAMPAGNA · TRADIZIONALE Immerso nel verde della grande tenuta agricola, un resort dalle camere caldamente arredate in legno, moderno percorso wellness e piscina a sfioro; per i più romantici chiedete le suite sul torrente. Al ristorante, cucina del territorio con prodotti dell'azienda.

13 cam ⬚ – †75/110 € ††120/180 € – 1 suite

Sp 102 (via Aurelia vecchia) al km 93, Nord-Est: 1,5 Km – 𝒞 0766 855475 – www.valledelmarta.it

TARTANO

Sondrio – ✉ 23010 – 195 ab. – Alt. 1 210 m – Carta regionale n° **9**-B1
Carta stradale Michelin 561-D11

⌂ Gran Baita   🏡 🦌 ≼ 🛏 📶 **P**

FAMILIARE · TRADIZIONALE In Val Tartano, nel Parco delle Orobie, un'oasi di assoluta pace e relax ove potersi godere anche vari servizi naturali per la salute; conduzione familiare e confort. Al ristorante ambiente rustico avvolto dal legno, con vetrate sulla natura.

34 cam ⌿ – †40/45 € ††65/70 €

via Castino 7 – 𝒞 0342 645043 – www.albergogranbaita.com – Chiuso 1° febbraio-31 marzo

TARVISIO

Udine – ✉ 33018 – 4 326 ab. – Alt. 732 m – Carta regionale n° **6**-C1
Carta stradale Michelin 562-C22

⌿O Ilija   🌅 ঙ

CUCINA MODERNA · ALLA MODA ✗✗ Un indirizzo che farà gola non solo agli appassionati golfisti che qui troveranno un percorso a 18 buche, ma anche ai tanti buongustai che si delizieranno con una cucina di stampo moderno particolarmente orientata sul pesce.

Menu 55 € – Carta 42/75 €

via Priesnig 17 – 𝒞 0428 645030 – www.ilijaristorante.it – Chiuso 1 settimana in aprile, 2 settimane in novembre e lunedì escluso giugno-15 settembre

TATTI Grosseto (GR) → Vedere Massa Marittima

TAVAGNACCO

Udine – ✉ 33010 – 12 142 ab. – Alt. 137 m – Carta regionale n° **6**-C2

⌿O Al Grop   🐾 ⇦ ≼ 🛏 🌅 **P**

CUCINA CLASSICA · FAMILIARE ✗✗ Lunga tradizione per un ristorante rustico con un imponente e scoppiettante camino centrale: i piatti seguono le stagioni, carni alla griglia e l'asparago bianco locale (quando è il periodo!). A 100 metri, i confortevoli appartamenti con angolo cottura e graziosa corte.

Carta 33/71 €

9 cam ⌿ – †70/90 € ††120/200 € – 6 suites

via Matteotti 1 – 𝒞 0432 660240 – www.algrop.com – Chiuso 15 giorni in agosto, giovedì a mezzogiorno e mercoledì

TAVARNELLE VAL DI PESA

Firenze – ✉ 50028 – 7 800 ab. – Alt. 378 m – Carta regionale n° **18**-C2
Carta stradale Michelin 563-L15

✿ La Torre   🐾 🛏 🌅 ⅃ ঙ 🆎 ✄ **P**

CUCINA CREATIVA · ELEGANTE ✗✗✗ Splendida terrazza estiva che offre un panorama agreste fatto di filari di viti e distese di olivi a lambire il bosco, per una cucina sapida e territoriale. Tendenzialmente orientato verso le specialità di terra, il menu cita - tuttavia - anche il mare.

→ Agnolotti ripieni di ricotta e baccelli, ragout di piccione e spugnole alle erbe. Piccione, petto, coscia croccante, barbabietola rossa e cremoso di fegatini al Vin Santo. Guardando verso oriente; crema allo yuzu, dacquoise alle mandorle, meringa e sorbetto al limone.

Menu 120/190 € – Carta 80/170 €

Hotel Castello del Nero, strada Spicciano 7 – 𝒞 055 806470 – www.castellodelnero.com – solo a cena – Chiuso 6 gennaio-20 marzo

⁐O Osteria La Gramola   🕸 🍴

CUCINA REGIONALE · FAMILIARE ⅹ È un incontro tra l'architettura paesana e lo scorrere di una dimensione rurale fatta di antiche abitudini, lenti rituali e solide certezze. Vino, olio, carni provenienti da allevamenti della zona: Cecilia, la cuoca, sa valorizzare con grande talento i prodotti, le ricette e la cultura gastronomica della sua terra.

🍽 Menu 25/35 € – Carta 25/52 €

via delle Fonti 1 – ℰ 055 805 0321 (prenotare) – www.gramola.it – Chiuso martedì a mezzogiorno in giugno-agosto, anche martedì sera negli altri mesi

🏠🏠 Castello del Nero   🐎 🦢 🏊 🖪 🕸 🏥 💈 🍴 🔁 ⚓ 🅐🅒 💈 🅿

DIMORA STORICA · GRAN LUSSO In posizione dominante sulle colline, una residenza di campagna di origini duecentesche, dove gli elementi storici si fondono con arredi moderni e accessori d'avanguardia. Centro benessere con trattamenti *up-to-date.*

32 cam ⌂ – †700/900 € – ††700/900 € – 18 suites

strada Spicciano 7 – ℰ 055 806470 – www.castellodelnero.com – Chiuso 6 gennaio-20 marzo

🌸 **La Torre** – Vedere selezione ristoranti

🏠 Antica Pieve   🐎 🖪 🏊 🅐🅒

FAMILIARE · ACCOGLIENTE Una piacevole casa colonica - sapientemente ristrutturata - a metà strada fra Firenze e Siena, sulla famosa via Cassia: poche camere, ma ben arredate e curate nei particolari. Ottimi spazi all'esterno con piscina e giardino.

6 cam ⌂ – †60/100 € ††80/120 €

strada della Pieve 1 – ℰ 055 807 6314 – www.anticapieve.net – Chiuso 15-30 gennaio

a San Donato in Poggio Sud-Est : 7 km ✉ 50020

🕸 Antica Trattoria La Toppa   🍴 🔄

CUCINA REGIONALE · FAMILIARE ⅹ Nel cuore di un borgo medioevale da cartolina, mezzo secolo di tradizione familiare e cucina casereccia non s'improvvisano, dalle pappardelle all'anatra allo stracotto al chianti, terminando con una bella zuppa inglese!

Carta 24/56 €

via del Giglio 41 – ℰ 055 807 2900 – www.anticatrattorialatoppa.com – Chiuso 10 gennaio-20 febbraio e lunedì

⁐O La Locanda di Pietracupa   🕸 🔙 🖪 🍴

CUCINA REGIONALE · LOCANDA ⅩⅩ In una bella dimora dei primi del '900 con terrazza panoramica sulle colline del Chianti Classico e nuovo giardino d'inverno, la filosofia del ristorante poggia su un'idea ben precisa che si scosta dagli schemi comuni di una cucina locale o regionale, per abbracciare l'Italia nella sua interezza. Sapori rivisitati con tocchi creativi ed una carta dei vini incentrata principalmente sulla zona, ma non scevra di etichette di altre regioni e nazionalità. Camere recentemente ristrutturate.

Carta 42/57 €

4 cam ⌂ – †60/80 € ††75/100 €

via Madonna di Pietracupa 31 – ℰ 055 807 2400 (consigliata la prenotazione) – www.locandapietracupa.com – Chiuso 25 dicembre-31 gennaio e martedì escluso Pasqua-30 ottobre

a Badia a Passignano Est : 7 km ✉ 50028 – Tavarnelle Val Di Pesa

🌸 Osteria di Passignano   🕸 🍴 🖪 🅐🅒 🍽 🅿

CUCINA MODERNA · ROMANTICO ⅩⅩ Incantevole ubicazione: di fianco all'abbazia, nelle cantine fine '800 dei marchesi Antinori; non è da meno la cucina, di stampo moderno con solide radici nella tradizione.

→ Caramelle di pasta fresca farcite di pappa al pomodoro, primizie dell'orto. Petto di piccione spadellato, cosce croccanti, patate dolci e lattuga. Ricordo d'infanzia (pane, vino e zucchero, brioche con gelato, biscotto con Nutella).

Menu 140 € – Carta 75/100 €

via Passignano 33 – ℰ 055 807 1278 (consigliata la prenotazione la sera) – www.osteriadipassignano.com – Chiuso 7 gennaio-10 febbraio e domenica

TEGLIO

Sondrio – ✉ 23036 – 4 540 ab. – Alt. 851 m – Carta regionale n° **9**-B1
Carta stradale Michelin 561-D12

sulla strada statale 38 al km 38,750 Sud-Ovest : 8 km

⊛ Fracia   🏠

CUCINA VALTELLINESE • RUSTICO XX Pizzoccheri, guanciale di vitello a lenta cottura, tortino alle mele con salsa vaniglia ed altre ottime specialità valtellinesi, in un rustico cascinale in pietra con vista panoramica sulla valle circostante. Un'oasi di tradizione ed intriganti sapori: da non perdere il menu degustazione del territorio.

Menu 30 € – Carta 32/52 €

località Fracia ✉ 23036 Teglio – ℰ 0342 482671 (coperti limitati, prenotare) – www.ristorantefracia.it – Chiuso 15-28 giugno e mercoledì

TELESE TERME

Benevento (BN) – ✉ 82037 – 7 486 ab. – Alt. 55 m – Carta regionale n° **4**-B1

۞ Krèsios (Giuseppe Iannotti)   🕸 ⇦ 🛋 🏠 ⅅ 🎬 🅿

CUCINA CREATIVA • ELEGANTE XX Ecco un'accogliente casa di campagna che rivela all'interno un piacevole mix di antico e moderno, nonché delle cucine a vista dove sorvegliare l'operato del cuoco: piatti creativi e personalizzati, spesso di ricerca, mai banali.

→ Spaghetto allo scoglio. Agnello e funghi. Ananas, cioccolato e liquore Strega.

Menu 90/130 €

4 cam 🛏 – ♥100 € ♥♥150 €

via San Giovanni 59 – ℰ 0824 940723 – www.kresios.it – Chiuso domenica sera e lunedì

۞ La Locanda del Borgo   🕸 🛋 🏠 ⅍ 🅿

CUCINA CREATIVA • CASA DI CAMPAGNA XX Nessun compromesso! I veri protagonisti qui sono gli ingredienti: la semplicità delle materie prime e dei prodotti biologici del Sannio, che il giovane chef (con esperienze significative anche all'estero) reinterpreta con creatività, ma profondo rispetto.

→ Ravioli di cipolla, caciocavallo di Castelfranco in Miscano e manzo agli agrumi. Agnello laticauda, taralli e porcini. Semifreddo al torroncino di San Marco dei Cavoti e gel di liquore Strega.

Menu 65/80 € – Carta 48/77 €

Hotel Aquapetra Resort e Spa, località Monte Pugliano n° 1, (S.S. Telesina 372 Uscita Cerreto), Nord: 1,5 km – ℰ 0824 975007 – www.aquapetra.com – Chiuso lunedì e martedì

🏠 Aquapetra Resort & Spa   🐦 ⇦ 🛋 ⌧ 🖽 🎕 ⅍ ᷍ ⅅ 🎬 🅿

CASA DI CAMPAGNA • ELEGANTE Una famiglia di architetti ha rilevato un vecchio rudere con l'intento di realizzare un progetto da mille e una notte: il risultato è questa sorta di lussuoso borgo, dove gli spazi sono personalizzati con pezzi d'antiquariato ed accessori dell'ultima generazione, incantevole spa e suggestiva piscina. Molto più di un sogno!

39 cam 🛏 – ♥165/230 € ♥♥200/400 € – 2 suites

località Monte Pugliano n°1, (S.S. Telesina 372 Uscita Cerreto), Nord: 1,5 km – ℰ 0824 975007 – www.aquapetra.com

۞ **La Locanda del Borgo** – Vedere selezione ristoranti

TELLARO La Spezia → Vedere Lerici

TEMPIO PAUSANIA Sardegna

Olbia-Tempio (OT) – ✉ 07029 – 14 243 ab. – Alt. 566 m – Carta regionale n° **16**-B1
Carta stradale Michelin 366-P38

🏠🏠 Pausania Inn

TRADIZIONALE · FUNZIONALE Poco distante dal paese , ideale baricentro per visitare il nord dell'isola, (apprezzato molto dai motociclisti), Pausania Inn dispone di ampi spazi comuni e gode di una meravigliosa vista sui monti di Aggius, il "Resegone Sardo". Al ristorante piatti anche regionali.

60 cam ⌨ - ♦50/90 € ♦♦75/140 €

strada statale 133, Nord: 1 km – ℰ 079 634037 – www.hotelpausaniainn.com – Aperto 1° marzo-31 ottobre

TENCAROLA Padova → Vedere Selvazzano Dentro

TENNA

Trento – ✉ 38050 – 993 ab. – Alt. 569 m – Carta regionale n° **19**-B3
Carta stradale Michelin 562-D15

🏠🏠 Margherita

TRADIZIONALE · CLASSICO Nella pineta di Alberè, albergo storico che vanta un ampio parco con piscina, campi da tennis e da calcetto, nonché camere classiche arredate in legno di rovere o più moderne ed essenziali per soddisfare clienti con gusti diversi. Piatti italiani e specialità regionali al ristorante.

33 cam ⌨ - ♦50/90 € ♦♦90/140 € – 7 suites

località Pineta Alberè 2, Nord-Ovest: 2 km – ℰ 0461 706445 – www.hotelmargherita.it – Aperto fine aprile-fine ottobre

TERLANO TERLAN

Bolzano – ✉ 39018 – 4 365 ab. – Alt. 248 m – Carta regionale n° **19**-D3
Carta stradale Michelin 562-C15

a Settequerce Sud-Est : 3 km ✉ 39018

⅋○ Patauner

CUCINA REGIONALE · SEMPLICE ⅀ Apparentemente semplice e in posizione stradale, l'edificio è in realtà del Seicento e la trattoria è gestita dall'omonima famiglia da un secolo. Gli asparagi bianchi di Terlano sono ovviamente la specialità, insieme alle interiora e altre proposte regionali.

Carta 21/55 €

via Bolzano 6 – ℰ 0471 918502 – www.restaurant-patauner.net – Chiuso 2 settimane in febbraio, 3 settimane in luglio, domenica in luglio-settembre, giovedì negli altri mesi

TERME → Vedere di seguito o al nome proprio della località termale

TERMENO SULLA STRADA DEL VINO TRAMIN AN DER WEINSTRASSE

Bolzano – ✉ 39040 – 3 348 ab. – Alt. 276 m – Carta regionale n° **19**-D3
Carta stradale Michelin 562-C15

⅋○ Taberna Romani

CUCINA CLASSICA · ROMANTICO ⅀⅀ In un ambiente curato e gradevolissimo, sia all'interno che all'esterno, l'attenzione posta nella selezione delle materie prime è encomiabile, come del resto l'occhio di riguardo riservato al biologico; da queste felici premesse scaturiscono preparazioni classiche, ma mai banali.

Menu 48/76 € – Carta 54/85 €

via Andreas Hofer 23 – ℰ 0471 860010 – www.ansitzromani.com – Chiuso 1° gennaio-15 marzo, domenica e lunedì

🏠🏠 Mühle-Mayer

FAMILIARE · ACCOGLIENTE Tra i verdi e riposanti vigneti in una zona isolata e tranquilla, un gradevole giardino-solarium e una casa situata su un antico mulino offre stanze eleganti e personalizzate.

9 cam ⌨ - ♦96/101 € ♦♦152/190 € – 3 suites

via Molini 66, Nord: 1 km – ℰ 0471 860219 – www.muehle-mayer.it – Aperto 15 aprile-10 novembre

939

TERME VIGLIATORE Sicilia

Messina – ⊠ 98050 – 7 395 ab. – Carta regionale n° **17**-D1
Carta stradale Michelin 365-AZ55

⌂ Il Gabbiano ☆ ⇐ ℑ ⚲ 🖽 🅰🅲

FAMILIARE · LUNGOMARE Nel suggestivo golfo di Tindari, a poca distanza da numerose attrattive turistiche, hotel fronte mare per una vacanza balneare a tutto tondo; camere dall'arredo contemporaneo e ristorante con affaccio sulla terrazza a mare con piscina.

40 cam ⌂ – ♦50/100 € ♦♦80/140 € – 3 suites
via Marchesana 4, località Lido Marchesana – ℰ 090 978 2343
– www.gabbianohotel.com – Aperto 30 marzo-30 ottobre

TERMINI Napoli → Vedere Massa Lubrense

TERMOLI

Campobasso – ⊠ 86039 – 33 739 ab. – Carta regionale n° **1**-D2
Carta stradale Michelin 564-A26

ⓘO Federico II 🎢 🅰🅲 🕸

PESCE E FRUTTI DI MARE · INTIMO ✕✕ Nel centro storico, ad un passo dalla cattedrale, raccolto locale il cui giovane titolare elabora, talvolta con un pizzico di fantasia, i buoni prodotti del mare che lui stesso acquista giornalmente.

Carta 33/87 €
via Duomo 30 – ℰ 0875 85414 – www.ristorantefedericoii.com – Chiuso
2 settimane in ottobre, domenica sera e lunedì escluso in giugno-settembre

ⓘO Svevia 🅰🅲

CUCINA MEDITERRANEA · ELEGANTE ✕✕ Nelle cantine di un palazzo d'epoca, la storia si fonde abilmente con atmosfere moderne, mentre la cucina si ancora alla tradizione marittima molisana con solo pochi piatti di carne.

Carta 40/65 €
Hotel Residenza Sveva, via Giudicato Vecchio 24 – ℰ 0875 550284
– www.svevia.it – Chiuso 2 settimane in novembre e lunedì

ⓘO L'Opera 🎢 🅰🅲

PESCE E FRUTTI DI MARE · CONTESTO TRADIZIONALE ✕ Sotto le volte in mattoni di questo piccolo locale, semplice, ma accogliente, potrete trovare tipiche specialità di pesce; simpatico, anche il dehors estivo.

Carta 28/62 €
via Adriatica 32 – ℰ 0875 808001 – www.trattorialopera.com – Chiuso
1°-10 settembre, domenica sera e lunedì

ⓘO Osteria Dentro le Mura 🎢 🅰🅲

PESCE E FRUTTI DI MARE · ACCOGLIENTE ✕ I prodotti arrivano direttamente dai pescatori locali in questo ristorantino del centro storico con tavoli all'aperto praticamente affacciati sul blu: il cuoco, autodidatta, sprizza passione da ogni poro!

😋 Menu 25/50 € – Carta 33/50 €
via Federico II° di Svevia, 3 – ℰ 0875 705951 (consigliata la prenotazione) – Chiuso
10 giorni in gennaio, 10 giorni in ottobre, domenica sera e mercoledì; in
giugno-agosto aperto solo la sera e chiuso domenica

⌂ Residenza Sveva ⌗ 🅰🅲 🕸

LOCANDA · ELEGANTE Nel borgo antico, varie camere distribuite tra i vicoli, tutte affascinanti per raffinatezza e personalizzazioni. Un'opportunità di soggiorno inusuale e molto gradevole.

15 cam ⌂ – ♦75/99 € ♦♦109/159 € – 1 suite
piazza Duomo 11 – ℰ 0875 706803 – www.residenzasveva.com
ⓘO **Svevia** – Vedere selezione ristoranti

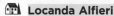 **Locanda Alfieri**

LOCANDA · MODERNO Nel pittoresco centro del Borgo Vecchio, un albergo diffuso - le camere sono infatti distribuite in cinque edifici - e se l'architettura evidenzia ancora l'antichità degli stabili, gli arredi scelti sono di moderna essenzialità con gradevoli tocchi di apprezzato design.

18 cam ☑ – ♦45/90 € ♦♦80/99 €

via Duomo 39 – ℰ 0875 708112 – www.locandalfieri.com

TERNI

(TR) – ✉ 05100 – 111 501 ab. – Alt. 130 m – Carta regionale n° **20**-C3
Carta stradale Michelin 563-O19

Michelangelo Palace

BUSINESS · FUNZIONALE Hotel comodo per accedere alla città con il treno o "abbandonare" la macchina e proseguire a piedi per il centro; dotato di camere classiche e ristorante all'ultimo piano, la vista sui colli vi terrà compagnia mentre assaporerete specialità locali e piatti nazionali.

78 cam ☑ – ♦100 € ♦♦140 € – 4 suites

viale della Stazione 63 – ℰ 0744 202711 – www.michelangelohotelumbria.it

TERRACINA

Latina – ✉ 04019 – 46 039 ab. – Carta regionale n° **7**-C3
Carta stradale Michelin 563-S21

🍴 **Il Grappolo d'Uva**

PESCE E FRUTTI DI MARE · AMBIENTE CLASSICO XX Situato proprio sul mare, ma altrettanto vicino al centro, il locale dispone di una sala luminosa dove gustare specialità di pesce. Davanti trovano spazio un'area per aperitivi e, subito dopo, la propria porzione di spiaggia attrezzata.

Carta 42/95 €

lungomare G. Matteotti 1 – ℰ 0773 702521 – www.grappoloduva.it – Chiuso novembre e mercoledì

TERRANOVA DI POLLINO

Potenza – ✉ 85030 – 1 208 ab. – Alt. 926 m – Carta regionale n° **2**-C3
Carta stradale Michelin 564-H30

Luna Rossa

CUCINA REGIONALE · RUSTICO X In centro paese, locale rustico e conviviale con panoramica terrazza affacciata sulla valle. La ricerca dei piatti della tradizione parte dal mondo contadino per concretizzarsi nella continua passione e nel rinnovato talento dello chef. Specialità: il raviolo della memoria.

Menu 25/35 € – Carta 25/43 €

via Marconi 18 – ℰ 0973 93254 (consigliata la prenotazione)
- www.federicovalicenti.it – Chiuso mercoledì

TERRANUOVA BRACCIOLINI

Arezzo – ✉ 52028 – 12 346 ab. – Alt. 156 m – Carta regionale n° **18**-C2
Carta stradale Michelin 563-L16

a Montemarciano Nord : 5 km ✉ 52028

🍴 **La Cantinella**

CUCINA CLASSICA · AMBIENTE CLASSICO XX Ristorantino di campagna dagli interni piacevolmente personalizzati nella sala veranda con vista sul verde, ma anche con un godevole servizio estivo in terrazza. Solo carne in carta: la cucina, infatti, rivisita la tradizione toscana.

Carta 31/50 €

- ℰ 055 917 2705 (consigliata la prenotazione) – solo a cena escluso giorni festivi
- Chiuso 1°-15 gennaio e lunedì

TERRASINI Sicilia

Palermo – ⊠ 90049 – 12 320 ab. – Alt. 33 m – Carta regionale n° **17**-B2
Carta stradale Michelin 365-AN55

🕸 **Il Bavaglino** (Giuseppe Costa)　　　　　　🛱 🅰🅒

CUCINA CREATIVA · INTIMO ✕✕ Locale rinnovato, pur mantenendo il suo côté intimo, ora con linde pareti bianche e decorazioni moderne. La linea gastronomica è rimasta immutata: contraddistinta da una contenuta creatività, sforna piatti sapidi e colorati, frutto delle numerose esperienze di un abile chef che ha trovato qui il suo "centro di gravità".

→ Tortellino quadrato ripieno di stracotto di vitello, gambero rosso nascosto e porcini a vista. Falso magro di pescatrice. Amarena e amaretto.

Menu 45/120 € – Carta 52/78 €

via Benedetto Saputo 20 – 𝄞 091 868 2285 (coperti limitati, prenotare) – www.giuseppecosta.com – Chiuso martedì escluso in agosto, anche domenica sera in ottobre-aprile

TESERO

Trento – ⊠ 38038 – 2 929 ab. – Alt. 1 000 m – Carta regionale n° **19**-D3
Carta stradale Michelin 562-D16

🏨 **Rio Stava Family Resort & Spa**　　✿ ≼ 🛋 🖰 🐵 🏊 ♨ 🔁 & 🕱

TRADIZIONALE · STILE MONTANO Dispone di accoglienti ambienti in legno 🚘 e camere ben rifinite (a disposizione anche molte family suite), quest'eccellente casa di montagna in posizione tranquilla, poco fuori dal centro e cinta da un curato giardino.

25 suites – solo ½ P 93/125 € – 23 cam

via Mulini 20 – 𝄞 0462 814446 – www.hotelriostava.com – Chiuso novembre

TESIDO TAISTEN Bolzano → Vedere Monguelfo

TESIMO TISENS

Bolzano – ⊠ 39010 – 1 902 ab. – Alt. 635 m – Carta regionale n° **19**-B2
Carta stradale Michelin 562-C15

🕸 **Zum Löwen** (Anna Matscher)

CUCINA CREATIVA · ROMANTICO ✕✕ Splendida ristrutturazione di un antico maso: dal fienile alle vecchie stalle, tutto è stato recuperato ed esaltato da inserimenti più moderni. Come la cucina, tecnica e femminile al tempo stesso, ripropone i piatti della tradizione reinterpretati con squisita creatività.

→ Cappuccino di animelle di vitello. Confit d'agnello con carciofi e patate. Sfera di cioccolato con fragola e yogurt.

Menu 92 € – Carta 71/108 €

via Principale 72 – 𝄞 0473 920927 – www.zumloewen.it – Chiuso lunedì e martedì

TIERS → Vedere Tires

TIGLIOLE

Asti – ⊠ 14016 – 1 699 ab. – Alt. 239 m – Carta regionale n° **14**-C1
Carta stradale Michelin 561-H6

🕸 **Ca' Vittoria** (Massimiliano Musso)　　🏝 ⇦ 🕸 ≼ 🛋 🍸 & 🅰🅒 🅿

CUCINA PIEMONTESE · ELEGANTE ✕✕✕ Nel cuore di un villaggio da cartolina, da diverse generazioni la stessa famiglia accoglie i clienti con serietà e professionalità piemontesi. E la regione ritorna nei piatti. Bella terrazza ed ottimo confort generale nell'attiguo, raccolto hotel.

→ Plin cacio e pepe, gamberi rossi e piselli novelli. Piccione, radice amara e miso. Quintessenza di cereali.

Menu 110 € – Carta 53/96 €

10 cam ⌨ – ♦95/125 € ♦♦135/170 €

via Roma 14 – 𝄞 0141 667713 (consigliata la prenotazione) – www.cavittoria.it – solo a cena escluso sabato e domenica – Chiuso 3 settimane in marzo, 2 settimane in agosto, domenica sera e lunedì

TIRIOLO

Catanzaro – ✉ 88056 – 3 870 ab. – Alt. 690 m – Carta regionale n° **3**-B2
Carta stradale Michelin 564-K31

🏵 **Due Mari** ⇦ 🕸 ⪡ 🅰🅺 🄰 🄿

CUCINA REGIONALE · SEMPLICE ✗ Piatti semplici di una cucina calabrese casalinga e dalle porzioni generose; dalla sua sala la vista spazia fra i due mari. Specialità: tagliatelle ai fegatini di pollo - pignolata al miele.

🍴 Menu 15/25 € – Carta 17/30 €

16 cam ⊠ – ♦65/85 € ♦♦85 € – 4 suites

*via Seggio 2 – ℰ 0961 991064 – www.duemari.com – Chiuso 1 settimana in ottobre
e lunedì escluso giugno-settembre*

TIRLI Grosseto → Vedere Castiglione della Pescaia

TIROLO TIROL

Bolzano – ✉ 39019 – 2 469 ab. – Alt. 594 m – Carta regionale n° **19**-B1
Carta stradale Michelin 562-B15

Pianta : vedere Merano

❀❀ **Trenkerstube** 🛏 🍴 & 🎬 🚗

CUCINA CREATIVA · ROMANTICO ✗✗✗ "Alpino-mediterraneo: quando gli opposti
s'incontrano". Questo potrebbe essere il sottotitolo di Trenkerstube. Vi si giunge
attraversando gli ambienti di un lussuoso albergo dall'eleganza contemporanea,
ma, varcata la soglia, si è proiettati tra i legni di una romantica stube storica.
Questo è il côté montano.

La carta offre una ristretta selezione di piatti, che permette a Gerhard Wieser di selezionare eccellenti prodotti provenienti non solo dall'Alto Adige, il suo motto non è la
regionalità a tutti i costi, ma un atteggiamento di apertura alla biodiversità di altri territori - anche quelli del più profondo sud - riuscendo sempre ad ottimizzare e ad affinare
i singoli influssi, gli aromi e la loro interazione attraverso l'utilizzo di tecniche di cottura
nuove e moderne. Questo è, invece, il côté mediterraneo.

L'eccellenza servita in piatti di cristallina raffinatezza, come l'aria di queste montagne, le trait d'union.

→ Uovo, patate, gelatina di latticello e caviale. Filetto di manzo affumicato, carciofi,
prezzemolo e patate. Scheiterhaufen (torta di pane e mele) con nocciola e calvados

Menu 138/178 € – Carta 89/180 €

Pianta: AB1-u – *Hotel Castel, vicolo dei Castagni 18 – ℰ 0473 923693 (coperti
limitati, prenotare) – www.hotel-castel.com – solo a cena
– Aperto 30 aprile-31 ottobre; chiuso domenica e lunedì*

❀ **Culinaria im Farmerkreuz** (Manfred Kofler) ⪡ 🍴 🎬 🔄 🄿

CUCINA MODERNA · ACCOGLIENTE ✗✗ Due fratelli, ma un'unica passione: la
cucina, che partendo dal territorio percorre un lungo viaggio verso il mare ed i
sapori mediterranei (non a caso il menu degustazione s'intitola proprio "dalle
Alpi al mare"). Tutto ciò sulle lievi ali della modernità.

→ Tortelli di vitello, salsa di mora e tartufo. Sella di cervo in crosta alle erbe, crauti
rossi fermentati e cassis. Dolce di gianduia, frutto della passione e barbabietola.

Menu 92/107 € – Carta 63/108 € – carta semplice a pranzo

*via Aslago 105, per via Principale – A1 – ℰ 0473 923508
– www.culinaria-im-farmerkreuz.it – Chiuso 4 settimane in gennaio-febbraio,
1 settimana in giugno, domenica e lunedì*

🏨 **Castel** ✿ 🕸 ⪡ 🛏 🖫 🖾 🌐 🏠 🛁 🖬 & 🚗

GRAN LUSSO · TRADIZIONALE Struttura lussuosa, arredamento elegante,
moderno centro benessere: il concretizzarsi di un sogno, in un panorama incantevole. Comodità e tradizione ai massimi livelli.

30 cam – solo ½ P 356/504 € – 15 suites

Pianta: AB1-u – *vicolo dei Castagni 18 – ℰ 0473 923693 – www.hotel-castel.com
– Aperto 13 aprile-10 novembre*

❀❀ **Trenkerstube** – Vedere selezione ristoranti

⌂⌂⌂ Erika　　　　　　　🌳 ⌂ 🛄 🏊 🔲 📶 🏄 🛗 🅰️ 🚗

LUSSO · PERSONALIZZATO Un'incantevole casa di montagna, dove legno, pietre e altri materiali locali sono interpretati con straordinaria eleganza. Le camere vengono rinnovate senza sosta, le ultime create sono superbamente arredate. Favoloso centro benessere.

63 cam ♤ – ♦130/300 € ♦♦260/465 € – 14 suites

Pianta: AB1-u – *via Principale 39 – 𝒞 0473 926111 – www.erika.it – Chiuso gennaio-febbraio*

⌂⌂⌂ Küglerhof　　　　　　🌳 🦌 ⌂ 🛄 🏊 📶 🛗 🚗

LUSSO · PERSONALIZZATO Nella parte alta e tranquilla della località, avrete la sensazione di trovarvi in un'elegante casa, amorevolmente preparata per farvi trascorrere ore di relax e svago, anche nel giardino con piscina riscaldata. Specialità della casa a disposizione non solo di chi alloggia in hotel al ristorante (su prenotazione).

35 cam – solo ½ P 155/210 €

Pianta: A1-r – *via Aslago 82 – 𝒞 0473 923399 – www.kueglerhof.it – Aperto inizio aprile-inizio novembre*

⌂⌂⌂ Golserhof　　　　　🌳 🦌 ⌂ 🛄 🏊 🔲 📶 🏄 🛗 ♿ 🚗

SPA E WELLNESS · PERSONALIZZATO Vista meravigliosa, atmosfera informale ed una grande tradizione, nonché passione per l'ospitalità. Gli intraprendenti titolari organizzano per i più sportivi piacevoli escursioni in montagna. Per tutti: rilassante sosta al centro benessere. Cucina per buongustai al ristorante.

30 cam ♤ – ♦158/171 € ♦♦260/528 € – 8 suites

Pianta: B1-w – *via Aica 32 – 𝒞 0473 923294 – www.golserhof.it – Aperto 15 marzo-10 novembre*

⌂⌂⌂ Patrizia　　　　　🌳 🦌 ⌂ 🛄 🏊 🔲 📶 🏄 🛗 ♿ 🚗

SPA E WELLNESS · CONTEMPORANEO Camere di varie tipologie, confortevoli e curate, per concedersi un soggiorno rigenerante per spirito e corpo (nell'attrezzato centro benessere). Bel giardino con piscina, fra i monti.

32 cam – solo ½ P 125/190 € – 8 suites

Pianta: A1-c – *via Lutz 5 – 𝒞 0473 923485 – www.hotel-patrizia.it – Aperto 20 marzo-30 novembre*

TIRRENIA

Pisa – ✉ 56128 – Carta regionale n° **18**-B2
Carta stradale Michelin 563-L12

⌂⌂⌂ Grand Hotel Continental　　🌳 ⌂ 🛄 🏊 🏄 🔫 🛗 ♿ 🅰️ 🍴 🚗

PALACE · CLASSICO Direttamente sul mare, un grand hotel - non solo nel nome - propone confort di qualità tra cui segnaliamo l'enorme piscina e la spiaggia; spazi comuni generosi, più contenuti nelle camere. Cucina mediterranea al ristorante.

171 cam ♤ – ♦90/197 € ♦♦110/240 € – 4 suites

largo Belvedere 26 – 𝒞 050 37031 – www.grandhotelcontinental.it

a Calambrone Sud : 3 km ✉ 56100 – Tirrenia

⌂⌂⌂ Green Park Resort　　🌳 🦌 🏊 🔲 📶 📶 🏄 🍽️ 🛗 ♿ 🅰️ 🍴 🅿️

RESORT · MODERNO Un'oasi di pace inserita in una rigogliosa pineta, per una risorsa che si compone di varie strutture ospitanti le moderne camere; per chi fosse alla ricerca di un soggiorno dedicato al relax e alla remise en forme, l'hotel dispone anche di un centro benessere mentre il mare è a breve distanza.

144 cam ♤ – ♦109/190 € ♦♦169/272 € – 4 suites

via dei Tulipani 1 – 𝒞 050 313 5711 – www.th-resorts.com – Aperto 1° marzo-31 ottobre

TISENS → Vedere Tesimo

TITIGNANO

Terni – ✉ 05010 – Alt. 521 m – Carta regionale n° **20**-B3
Carta stradale Michelin 563-N18

 Agriturismo Fattoria di Titignano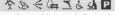

CASA DI CAMPAGNA · BUCOLICO In posizione isolata, dopo chilometri di strada sterrata, racconta una storia millenaria questo borgo con belvedere sul lago di Corbara, diventato - ora - un agriturismo con piscina panoramica e camere confortevoli. Cucina tradizionale umbra nel bel ristorante.
15 cam ♆ – †65/75 € ††90/120 €
località Titignano – ℰ 0763 308022 – www.titignano.com – Chiuso 15 gennaio-8 marzo

TIVOLI

Roma – ✉ 00019 – 56 533 ab. – Alt. 235 m – Carta regionale n° **7**-C2
Carta stradale Michelin 563-Q20

⑪ **Sibilla** ≼ ⇔ 🏠 🅰🅲

CUCINA DEL TERRITORIO · ACCOGLIENTE ✕✕ In un edificio storico, accanto al tempio di Vesta, sale dall'arredo signorile, attenta conduzione familiare e specialità del territorio, ma non solo.
Menu 30 € (in settimana) – Carta 28/83 €
via della Sibilla 50 – ℰ 0774 335281 – www.ristorantesibilla.com – Chiuso lunedì

🏠 **Torre Sant'Angelo** ✿ 🐾 ≼ ⇔ ⛴ ☐ ᴥ 🅰🅲 🔱 🅿

STORICO · ELEGANTE Sulle rovine della villa di Catullo - preceduto da un parco di splendidi olivi secolari, la città vecchia alle spalle - sembra la scenografia di uno spettacolo: interni molto eleganti e piscina su una terrazza con vista di Tivoli e della vallata. Estremamente raffinata la sala ristorante, con tessuti damascati e lampadari di Murano. Servizio estivo nella corte centrale.
31 cam ♆ – †75/130 € ††99/180 € – 4 suites
via Quintilio Varo – ℰ 0774 332533 – www.hoteltorresangelo.it

TOBLACH → Vedere Dobbiaco

TODI

Perugia – ✉ 06059 – 16 851 ab. – Alt. 400 m – Carta regionale n° **20**-B3
Carta stradale Michelin 563-N19

 Bramante

TRADIZIONALE · CLASSICO Ricavato da un convento del XII secolo - a 1 km dal nucleo cittadino e nei pressi di una chiesa rinascimentale (opera del Bramante) - un complesso comodo e tradizionale, dove non manca un attrezzato centro benessere. Servizio estivo in terrazza: un paesaggio dolcissimo fa da cornice alla tavola.
50 cam ♆ – †90/120 € ††110/180 € – 4 suites
via Orvietana 48 – ℰ 075 894 8381 – www.hotelbramante.it

🏠 **Fonte Cesia** ✿ ☐ ᴥ 🅰🅲 🔱 🅿

TRADIZIONALE · CLASSICO In pieno centro storico e perfettamente integrato nel contesto urbano, un rifugio signorile con volte in pietra a vista: sobrio nei raffinati arredi, curato nei confort. Leggermente più rustico il ristorante Le Cisterne, dove assaporare pietanze umbre e pizza da forno a legna.
36 cam ♆ – †70/90 € ††85/150 €
*via Lorenzo Leonj 3 – ℰ 075 894 3737 – www.fontecesia.it
– Chiuso 7 gennaio-28 febbraio e 4 novembre-6 dicembre*

Agriturismo Borgo Montecucco

CASA DI CAMPAGNA · PERSONALIZZATO In un contesto agricolo lussureggiante, una serie di casolari della fine del XIX sec. - sapientemente restaurati - dispongono di camere rustiche arredate con mobili di arte povera. Un giardino curatissimo ospita un'originale scacchiera gigante per ludici momenti ricreativi.

10 cam ⌧ - ♦50/70 € ♦♦70/80 €

frazione Pian di Porto, vocabolo Rivo 194 - ☎ 347 551 5438
- www.borgomontecucco.it - Chiuso 7 gennaio-15 marzo

a Chioano Est : 4,5 km ✉ 06059

⏺ Fiorfiore

CUCINA MODERNA · ROMANTICO ✗✗ Ecco l'indirizzo giusto se volete offrirvi una cucina creativa e ricercata, non solo di piatti umbri; spettacolare servizio all'aperto, si mangia circondati dai colli con il profilo di Todi sullo sfondo.

Carta 28/52 €

Hotel Residenza Roccafiore, località Chioano (consigliata la prenotazione)
- Chiuso 7 gennaio-29 febbraio e martedì

Roccafiore Spa & Resort

CASA DI CAMPAGNA · PERSONALIZZATO Una dimora degli anni '30 unita ad un casolare in pietra nasconde al proprio interno un attrezzato centro benessere. Il fienile è stato trasformato in una sala polivalente collegata alla residenza da un tunnel sotterraneo. Camere eleganti ed eclettiche. Per un soggiorno rilassante nell'incontaminata natura umbra.

11 cam ⌧ - ♦85/168 € ♦♦130/242 € - 2 suites

località Chioano - ☎ 075 894 2416 - www.roccafiore.it
- Chiuso 9 gennaio-28 febbraio

⏺ Fiorfiore - Vedere selezione ristoranti

verso Duesanti Nord-Est : 5 km

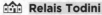 Agriturismo Casale delle Lucrezie

CASA DI CAMPAGNA · AGRESTE Insediamento romano, archi etruschi, residenza delle monache lucrezie dal 1200: punto privilegiato di osservazione su Todi, da oltre 10 anni questo agriturismo accoglie i suoi ospiti in camere rustiche e nel bel centro benessere. Pareti e soffitti in pietra anche nella sala ristorante.

13 cam ⌧ - ♦50/60 € ♦♦80/88 €

frazione Duesanti, Vocabolo Palazzaccio ✉ 06059 - ☎ 075 898 7488
- www.agriturismo-casaledellelucrezie.com

verso Collevalenza Sud-Est : 8 km

Relais Todini

DIMORA STORICA · STORICO Charme e confort in questa incantevole risorsa ospitata in un maniero del '300 con laghetti, animali ed il "Leo Wild Park" (parco didattico per bambini). Oltre ad una prorompente natura, vi attendono le coccole di un centro benessere con trattamenti personalizzati: ottimi quelli vinoterapici!

9 cam ⌧ - ♦190/304 € ♦♦256/409 € - 3 suites

vocabolo Cervara 24 - ☎ 075 887521 - www.relaistodini.com

per la strada statale 79 bis Orvietana bivio per Cordigliano Ovest : 8,5 km :

⏏ Tenuta di Canonica

CASA DI CAMPAGNA · PERSONALIZZATO Splendida residenza di campagna che vanta fondazioni romane: immersa nella rigogliosa natura e in un paesaggio da fiaba sfoggia ambienti eleganti per un soggiorno indimenticabile.

13 cam ⌧ - ♦150/200 € ♦♦170/250 € - 1 suite

vocabolo Casalzetta, Canonica 75 - ☎ 075 894 7545 - www.tenutadicanonica.com
- Aperto 1° marzo-31 ottobre

TONALE (Passo del)

Brescia – Alt. 1 883 m – Carta regionale n° **9**-C1
Carta stradale Michelin 562-D13

🏨 Delle Alpi ☆ ⬉ 🔲 🕭 🕸 ⬆ 🛗 ⚙ 🚗

SPA E WELLNESS · MODERNO Adiacente alle piste, hotel a conduzione diretta
che si è ampliato e potenziato nei servizi: camere di design montano e centro
benessere nella parte nuova, camere più tradizionali in quella preesistente.

57 cam ♨ – ♦140/235 € ♦♦175/270 € – 5 suites

via Circonvallazione 20 ⊠ 38020 Passo del Tonale – ℰ 0364 903919
– www.hotel-dellealpi.com – Aperto 1° dicembre-Pasqua e 15 giugno-15 settembre

🏨 La Mirandola ☆ ⬈ ⬉ 🕸 ⬆ 🅿

TRADIZIONALE · STORICO Ristrutturato su i muri originali dell'Ospizio di S. Bartolomeo, rifugio per viandanti nel XII sec, la globalizzazione qui non ha trovato
terreno fertile: antiche volte, soffitti in legno e preziosi dettagli. Di moderno, c'è
il centro benessere con sauna, bagno turco, idromassaggio...

27 cam ♨ – ♦60/180 € ♦♦100/240 € – 1 suite

località Ospizio 3 ⊠ 38020 Passo del Tonale – ℰ 0364 903933
– www.hotel-lamirandola.it – Aperto 1° dicembre-15 aprile e 1° luglio-metà
settembre

TORBIATO Brescia ➜ Vedere Adro

TORBOLE

Trento (TN) – ⊠ 38069 – Alt. 85 m – Carta regionale n° **19**-B3
Carta stradale Michelin 562-E14

ⅠⅠⓄ La Terrazza 🄰🄲 ⬌

PESCE E FRUTTI DI MARE · ROMANTICO ✗✗ Una piccola sala interna ed una
veranda con vista sul lago, che in estate si apre completamente, dove farsi servire
piatti di forte ispirazione regionale e specialità di lago.

Menu 39/49 € – Carta 35/71 €

via Benaco 24 – ℰ 0464 506083 – www.allaterrazza.com – Aperto
1° marzo-30 novembre; chiuso martedì escluso giugno-settembre

TORCELLO Venezia ➜ Vedere Venezia

TORGIANO

Perugia (PG) – ⊠ 06089 – 6 725 ab. – Alt. 219 m – Carta regionale n° **20**-B2
Carta stradale Michelin 563-M19

🏨 Borgobrufa SPA Resort ☆ ⬈ 🍴 ⚒ 🔲 🕭 🕸 🛗 ⬆ 🅰 🛗 🅿

SPA E WELLNESS · ACCOGLIENTE Una delle migliori spa dell'Umbria in un bellissimo borgo interamente ubicato nel verde e nella natura con splendide camere
arredate secondo la tradizione locale, alcune con travi a vista. Attenzione: la
struttura non accetta ospiti di età inferiore ai 15 anni.

52 cam ♨ – ♦159/219 € ♦♦218/348 €

via del Colle 38, località Brufa – ℰ 075 9883 – www.borgobrufa.it

TORGNON

Aosta (AO) – ⊠ 11020 – 526 ab. – Alt. 1 489 m – Carta regionale n° **21**-B2
Carta stradale Michelin 561-E4

🏨 Caprice des Neiges ☆ ⬈ ⬉ 🍴 🕸 ⬆ 🅿

FAMILIARE · STILE MONTANO In posizione tranquilla, soleggiata e molto panoramica, questa deliziosa struttura in perfetto stile valdostano vi permetterà di
soddisfare il capriccio di un soggiorno sulla neve (ma è bellissimo anche
d'estate). Camere originali ed un accogliente centro benessere.

15 cam ♨ – ♦72/96 € ♦♦120/160 € – 5 suites

fraz. Septumian 130 – ℰ 0166 541016 – www.hcdn.it – Aperto 1° dicembre-Pasqua
e 15 giugno-15 settembre

947

CI PIACE...

La cucina d'ispirazione campana in chiave moderna nel moderno **Cannavacciuolo Bistrot** del noto chef . Una sosta nel centro benessere dell'hotel **Victoria** per essere coccolati dopo una giornata di lavoro o di visita turistica nella città della Mole. La linea gastronomica squisitamente regionale di un grande classico a Torino: il ristorante **Tre Galline**!

TORINO

(TO) – ✉ 10121 – 890 529 ab. – Alt. 239 m – Carta regionale n° **12**-A1
Carta stradale Michelin 561-G5

Piante pagine seguenti

Ristoranti

❀ **Del Cambio** (Matteo Baronetto)   ⌂ 🍴 ⌂ 🆊

CUCINA PIEMONTESE · CONTESTO STORICO XxxX Uno dei ristoranti storici più eleganti d'Italia. Accanto ai decori e agli arredi del XIX secolo trovano spazio inaspettate opere di artisti contemporanei. Alla guida della cucina Matteo Baronetto che - ai piatti della tradizione - affianca creazioni dalla forte personalità. Completano l'offerta il light lunch, l'eccellente caffè "Farmacia" e "Il tavolo della cantina", uno spazio collocato nelle fondamenta fisiche e spirituali del ristorante, sede di cene conviviali e degustazioni. Al piano superiore – infine – il Bar Cavour: arredi scuri, luci soffuse e sapori classici con qualche vago spunto di modernità.

→ Insalata piemontese. Riso Cavour. Giandujotto.

Menu 40 € (pranzo)/135 € – Carta 84/136 €

Pianta: C2-a - *piazza Carignano 2* ✉ *10123*
– ☏ 011 546690 (consigliata la prenotazione) – www.delcambio.it
– Chiuso 1 settimana in gennaio, 3 settimane in agosto, domenica sera in ottobre-dicembre, martedì a mezzogiorno e lunedì negli altri mesi

❀ **Carignano**   ⌂ 🆊

CUCINA CREATIVA · INTIMO XxX Nel candore di una sala dai soffitti stuccati, pochi tavoli e un servizio attento ospitano la punta di diamante gourmet dell'albergo Sitea. Il giovane cuoco riserva qualche citazione alla tradizione piemontese, ma la sua cucina è fondamentalmente creativa.

→ Coniglio grigio di Carmagnola, peperoni e acciuga. Anatra in tre servizi. Millefoglie di meringa, timo al limone, cioccolato bianco e liquirizia.

Menu 75/90 € – Carta 62/106 €

Pianta: C2-t - *Grand Hotel Sitea, via Carlo Alberto 35* ✉ *10123*
– ☏ 011 517 0171 (consigliata la prenotazione)
– www.ristorantecarignano.it
– solo a cena – Chiuso agosto e domenica

RENDI UNICI *i tuoi* MOMENTI

☆ S.PELLEGRINO
Tastefully Italian

✿ Casa Vicina-Eataly Lingotto (Claudio Vicina)

CUCINA PIEMONTESE • MINIMALISTA XXX All'interno del primo Eataly aperto in Italia, di cui utilizza la fornitissima enoteca, il ristorante vive della passione e dell'esperienza della famiglia Vicina che lo gestisce e cura con grande competenza. Elegante e minimalista l'ambiente, la cucina è piemontese con un leggero afflato moderno.

→ Agnolotti pizzicati a mano al sugo d'arrosto. Rognone alla coque con vellutata di senape e aglio in camicia. Torrone al cucchiaio semifreddo.

Menu 42 € (pranzo)/130 € - Carta 72/130 €

via Nizza 224 ✉ 10126 Ⓜ Lingotto - ✆ 011 1950 6840 - www.casavicina.com - Chiuso vacanze di Natale, 5 agosto-7 settembre, domenica sera e lunedì

✿ Magorabin (Marcello Trentini)

CUCINA CREATIVA • CONTESTO CONTEMPORANEO XXX Tra la "fetta di polenta" e la Mole, l'edificio tardo settecentesco si apre inaspettatamente su ambienti di sobria modernità, tinte scure ed eleganza ricercata. La cucina riflette la Torino d'oggi: vivace e aperta al mondo, in carta si trovano i classici piemontesi, ma anche proposte creative e contaminazioni internazionali.

→ Spaghetti, pane, burro, acciughe. Agnello, nocciola, clorofilla. Brownie.

Menu 45 € (pranzo in settimana)/140 € - Carta 72/100 €

Pianta: D2-b - *corso San Maurizio 61/b ✉ 10124 - ✆ 011 812 6808 (consigliata la prenotazione) - www.magorabin.eu - Chiuso lunedì a mezzogiorno e domenica*

✿ Spazio7

CUCINA MODERNA • DESIGN XXX Al 1° piano dello Spazio Espositivo della Fondazione Sandretto Re Rebaudengo, associazione dedita all'arte contemporanea, la cucina di Spazio7 ripercorre i sapori più autentici della tradizione italiana, con alcuni omaggi al Piemonte e alla storia culinaria della città di Torino, il tutto condito con una buona dose di modernità. A pranzo, si rimane al piano terra con piatti più semplici al bistrot-caffetteria.

→ Ziti, peperone crusco, polpettine di agnello e pecorino. Rombo chiodato selvatico, cicorietta, calamaro farcito dei suoi ritagli. Albicocca, mandorla e fieno.

Menu 50/70 € - Carta 40/64 €

Pianta: A3-a - *via Modane 20 ✉ 10122 - ✆ 011 379 7626 - www.ristorantespazio7.it - solo a cena escluso domenica - Chiuso agosto e lunedì*

✿ Vintage 1997

CUCINA MODERNA • ELEGANTE XXX La brigata di bravi cuochi porta avanti una linea di cucina che vira gustosamente verso proposte creative, soprattutto nel menu Luna Park (su prenotazione!). Sempre tessuti scarlatti, paralumi ed eleganti boiserie ovattano l'interno, ma con maggiore attenzione alla tavola. Importazione diretta di Champagne ed altri vini esteri.

→ Agnolotti di gallina ai profumi dell'orto. Filetto di branzino con gremolada di erbe. Tortino di cioccolato con sorbetto di limone.

Menu 20 € (pranzo in settimana)/120 € - Carta 54/113 €

Pianta: C2-e - *piazza Solferino 16/h ✉ 10121 Ⓜ Re Umberto - ✆ 011 535948 - www.vintage1997.com - Chiuso 1°-6 gennaio, agosto, sabato a mezzogiorno e domenica*

✿ Cannavacciuolo Bistrot

CUCINA CREATIVA • BISTRÒ XX Se per natura, il bistrot è la tipologia di locale più consona a favorire la convivialità, qui, tra i suoi spazi di disinvolta eleganza - ad un passo dal Po e dalla Gran Madre - troverete un'atmosfera effervescente, nonché una cucina che rende omaggio al nord e al sud, alla terra e al mare; su tutto regna sovrana la creatività del giovane chef.

→ Bottoni di gallinella, vongole e alghe. Agnello, latte di capra e cicoria. Patata dolce, mou salato, sorbetto di mela verde.

Menu 60/90 € - Carta 70/112 €

Pianta: D2-c - *via Umberto Cosmo 6 ✉ 10131 Torino - ✆ 011 839 9893 (prenotare) - www.cannavacciuolobistrot.it - Chiuso agosto e domenica*

TORINO

0 — 500 m

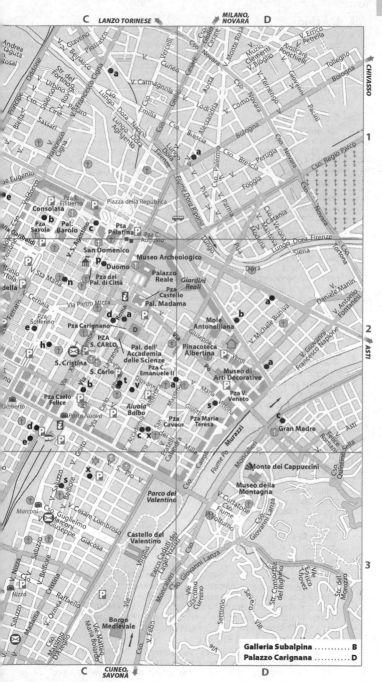

CHIVASSO

Bologna

Piazza della Republica

Pza E. Filiberto

Consolata

Pza Savoia

Pal. Barolo

Pta Palatina

Pza C. Augusto

San Domenico

Duomo

Museo Archeologico

Palazzo Reale

Giardini Reali

Sta Maria

Pza del Pal. di Città

Pza Castello

Pal. Madama

Via Pietro Micca

Pza Carignano

Via Roma

Mole Antonelliana

Pza Solferino

PZA S. CARLO

Pal. dell' Accademia delle Scienze

Pinacoteca Albertina

S. Cristina

S. Carlo

Pza C. Emanuele II

Museo di Arti Decorative

Pza Carlo Felice

Porta Nuova

Aiuola Balbo

Pza Cavour

Pza Maria Teresa

Pza V. Veneto

Gran Madre

ASTI

Monte dei Cappuccini

Parco dei Valentino

Museo della Montagna

Castello del Valentino

Borgo Medievale

| Galleria Subalpina | B |
| Palazzo Carignana | D |

L'Acino 🕸

CUCINA REGIONALE · RUSTICO 🗴 Piccola trattoria dalla simpatica gestione la cui cucina, di stretta osservanza piemontese, ben si abbina all'ottima cantina. Specialità: stinco di maiale -stracotto di manzo - torta di nocciole con zabaione. Attenzione!!! Se non avete preventivamente prenotato sarà difficile trovare un tavolo.

Carta 30/45 €

Pianta: C2-p – *via San Domenico 2/a* ✉ *10121 – ☎ 011 521 7077 (coperti limitati, prenotare) – solo a cena – Chiuso 2 settimana in gennaio, agosto e domenica*

Consorzio 🕸 🅰🅲

CUCINA PIEMONTESE · CONVIVIALE 🗴 Due giovani soci sono gli artefici di questa miniera di prelibatezze gastronomiche piemontesi: semplice ed informale, Consorzio è un viaggio nelle tradizioni regionali, vini e formaggi compresi. Come nel caso degli agnolotti gobbi, quinto quarto, la panna cotta con salse (nocciola, vincotto, arance amare). L'offerta raddoppia nel vicino Banco Vini e Alimenti, versione bistrot.

Menu 32/35 € – Carta 35/61 €

Pianta: C2-n – *via Monte di Pietà 23* ✉ *10122 – ☎ 011 276 7661 (consigliata la prenotazione) – www.ristoranteconsorzio.it – Chiuso 3-26 agosto, sabato a mezzogiorno e domenica*

Contesto Alimentare 🅰🅲

CUCINA PIEMONTESE · SEMPLICE 🗴 Minuscola trattoria moderna, al suo interno pochi tavoli ravvicinati in completa semplicità, ma è la cucina il vero motivo per venire proprio qua. Partendo, infatti, da prodotti locali, la cuoca prepara gustosi piatti attingendo a piene mani dai classici regionali. Se tajarin e plin non mancano mai, il menu annovera anche: baccalà mantecato con verdure - panna cotta alla lavanda con paste di meliga (frollino tipico del Piemonte).

🕸 Menu 25/35 € – Carta 33/46 €

Pianta: C2-c – *via Accademia Albertina 21/e* ✉ *10123* Ⓜ *Porta Nuova – ☎ 011 817 8698 (coperti limitati, prenotare) – www.contestoalimentare.it – Chiuso 1 settimane in gennaio, 3 settimane in luglio e lunedì*

Scannabue Caffè Restaurant 🏠 🅰🅲

CUCINA DEL TERRITORIO · VINTAGE 🗴 In quest'animata trattoria di quartiere dall'atmosfera retrò, ma dal servizio giovane, tutto ruota attorno ai prodotti d'eccellenza piemontesi. A tutto ciò si aggiunge qualche proposta di pesce. Specialità: ravioli del plin ai tre arrosti serviti al burro di montagna - le cinque consistenze del cioccolato.

Menu 32/42 € – Carta 35/58 €

Pianta: 4G3-s – *largo Saluzzo 25/h* ✉ *10125* Ⓜ *Marconi – ☎ 011 669 6693 (consigliata la prenotazione) – www.scannabue.it – solo a cena in agosto – Chiuso 1 settimana in gennaio, domenica a pranzo e sabato in luglio*

🍴 Capriccioli 🅰🅲

PESCE E FRUTTI DI MARE · CHIC 🗴🗴 Un angolo di Sardegna nella città della Mole, quindi largo spazio a bottarga di muggine o al tonno di Carloforte, ma anche tanto pesce e crostacei di altri lidi d'Italia, in un locale raffinato le cui tinte écru evocano la sabbia di Capriccioli.

Carta 37/122 €

Pianta: C1-e – *via San Domenico 40* ✉ *10122 – ☎ 011 436 8233 – solo a cena escluso venerdì, sabato e domenica – Chiuso 3 settimane in agosto e lunedì*

🍴 Condividere 🆕 🏠 🅰🅲

CUCINA MODERNA · CONVIVIALE 🗴🗴 "Condividere" non è solo un'insegna, ma anche una promessa: le portate disposte al centro del tavolo invitano – infatti - ad un'esperienza di convivialità. A firmare l'allestimento onirico è un famoso scenografo premio Oscar che ha collaborato con importanti registi; un teatro dell'esperienza accogliente, urbano e colorato ravvivato con murales d'autore. I dessert e i caffè sono serviti in una saletta dedicata.

Menu 60/110 € – Carta 54/78 €

Pianta: D1-a – *via Bologna 20a* ✉ *10121 Torino – ☎ 011 089 7651 (consigliata la prenotazione) – www.condividere.com – solo a cena escluso sabato e domenica – Chiuso vacanze di Natale, 10 giorni in agosto, domenica sera e lunedì*

⫘○ Edit by Costardi Bros 🄽 　　　　　　　　　ĀC

CUCINA MODERNA · **ELEGANTE** XX Edit è non solo l'acronimo di Eat Drink Innovate Together, ma uno spazio polifunzionale e un format all'avanguardia con sede nel cuore di una zona simbolo di riqualificazione urbana. Il locale si appresta a diventare un nuovo punto di riferimento nel panorama gastronomico nazionale, in virtù di un concept innovativo che unisce il gusto della sperimentazione a quello della condivisione. Un luogo dove prende forma alta ristorazione e cocktail personalizzati; piatti moderni e creativi.

Menu 60/98 € – Carta 45/80 €

Pianta: C1-a – *via Cigna 96/17* ✉ *10121 –* ✆ *011 1932 9700 (consigliata la prenotazione) – www.edit-to.com – solo a cena – Chiuso lunedì in settembre-aprile, anche domenica negli altri mesi*

⫘○ Fiorfood by La Credenza 　　　　　　　　　ㅤㅤ& ĀC

CUCINA MODERNA · **DESIGN** XX All'interno di questa bella galleria del centro cittadino, Fiorfood by La Credenza è un negozio di prodotti di qualità a marchio Coop che - al 1° piano - propone un gradevole ristorante ritagliato all'interno di una specie di veranda-acquario! La cucina è moderna, si propone sia carne sia pesce e non mancano alcuni riferimenti alla tradizione torinese.

Carta 30/60 €

Pianta: C2-d – *Galleria San Federico 26* ✉ *10121 –* ✆ *011 511771 – www.fiorfood.it*

⫘○ Piazza dei Mestieri 　　　　　　　　　　ㅤㅤ🛋 & ĀC

CUCINA REGIONALE · **CONTESTO CONTEMPORANEO** XX Sotto la guida di uno chef d'esperienza e grande passione, al 2° piano (con ascensore!) di una scuola di formazione al lavoro e alla vita, c'è questo locale la cui moderna cucina prende spunto dal Piemonte, per allargarsi all'Italia e concedersi al mare.

Menu 35/50 € – Carta 32/57 €

Pianta: B1-b – *via Jacopo Durandi 13* ✉ *10121 –* ✆ *011 1970 9679 – www.ristorantelapiazza.com – solo a cena – Chiuso 1°-5 gennaio, 13-19 agosto e domenica sera*

⫘○ Piccolo Lord 　　　　　　　　　　　　　ㅤㅤㅤㅤㅤ ĀC

CUCINA DEL TERRITORIO · **ACCOGLIENTE** XX Servizio informale, ma professionale, in un locale moderno ed accogliente gestito da una coppia: lui sta in cucina, lei - che ha un passato da cuoca - ora segue la sala. Ricette di tecnica e molta personalità con gioco di tendenze dolci nei piatti.

Menu 38/55 € – Carta 41/67 €

Pianta: D2-a – *corso San Maurizio 69 bis/G* ✉ *10124 –* ✆ *011 836145 – www.ristorantepiccololord.it – solo a cena – Chiuso 1 settimana in gennaio e 1 settimana in agosto*

⫘○ Taverna dell'Oca 　　　　　　　　　　　　ㅤㅤㅤ ĀC

CUCINA REGIONALE · **CONVIVIALE** XX Anticamente un stalla con rimessa delle carrozze, l'oca regna "sovrana" in tante ricette, ma "principesse" sono anche altre specialità regionali e - per la par condicio - il pesce, in un menu degustazione a lui interamente dedicato.

Menu 32 € (cena)/37 € – Carta 36/61 €

Pianta: C2-x – *via dei Mille 24* ✉ *10123 –* ✆ *011 837547 (consigliata la prenotazione) – www.tavernadelloca.com – Chiuso sabato a mezzogiorno e lunedì, in giugno-7 settembre anche domenica*

⫘○ Tre Galline 　　　　　　　　　　　　　ㅤㅤㅤ 🕸 ĀC ⇦

CUCINA DEL TERRITORIO · **VINTAGE** XX A prima vista può sembrare una semplice trattoria, ma non lasciatevi ingannare: il locale propone la cucina tipica piemontese, semplice e fragrante, e presenta un'ampia scelta di vini.

Menu 50 € – Carta 38/78 €

Pianta: C1-c – *via Bellezia 37* ✉ *10122 –* ✆ *011 436 6553 – www.3galline.it – solo a cena escluso sabato – Chiuso 1 settimana in gennaio, 3 settimane in luglio, domenica sera in ottobre-maggio, anche domenica a mezzogiorno negli altri mesi*

🍴O Bastimento 🈂️

PESCE E FRUTTI DI MARE · BISTRÒ 🈳 Sala stretta e allungata, se l'atmosfera ricorda un bistrot, il menu sposa il mare: diversi piatti pugliesi a base di pesce a cominciare dai crudi (ottima la pasta ai ricci). Adiacente la nuova "La Cabane" con cucina solo normanna, ovvero coquillage e plateau royal.

Carta 41/70 €

Pianta: D2-s – *via della Rocca 10/c* ✉ *10122* – 𝒞 *011 1970 8154 (coperti limitati, prenotare)* – *www.ristorantebastimento.it* – *Chiuso 13-18 agosto, lunedì a mezzogiorno e domenica*

Alberghi

🏨 Allegroitalia Golden Palace 🌀 🗊 🏧 🈁 🛗 🔳 🔌 🆎 🛎️ 🚗

GRAN LUSSO · ART DÉCO Quando nel secondo dopoguerra fu costruito Palazzo Toro (attuale sede dell'hotel), l'opera fu citata nei più autorevoli testi di architettura, in quanto esemplare per concezione e struttura. A distanza di mezzo secolo, l'ispirazione déco e il suo design minimalista, non smettono di brillare. Al ristorante Primo Torino, ambiente di classe, in stile moderno, ideale per aperitivi, pranzi e cene raffinate. Cucina italiana ed internazionale.

195 cam ⌷ – ♦160/210 € ♦♦180/230 € – 10 suites

Pianta: C2-h – *via dell'Arcivescovado 18* ✉ *10121* Ⓜ *Re Umberto* – 𝒞 *011 551 2111* – *www.allegroitalia.it*

🏨 NH Piazza Carlina 🌀 🛗 🔳 🔌 🆎 🛎️ 🚗

LUSSO · PERSONALIZZATO Splendido albergo nato tra le mura di un palazzo del XVII secolo inizialmente concepito come casa per orfani. Se ai primi del '900 vi abitò l'intellettuale A. Grasmci, da alcuni anni a questa parte si propone come uno dei migliori hotel di Torino: elegante, signorile e impreziosito da una sobria esposizione di opere d'arte.

160 cam ⌷ – ♦89/699 € ♦♦119/719 € – 7 suites

Pianta: D2-a – *piazza Carlo Emanuele II 15* – 𝒞 *011 860 1611* – *www.nh-collection.com*

🏨 AC Hotel Torino by Marriott 🌀 🏧 🛗 🔳 🔌 🆎 🛎️ 🚗

HOTEL DI CATENA · MINIMALISTA In un ex pastificio, l'hotel è raccolto in una tipica costruzione industriale d'inizio '900 e presenta interni dallo stile caldo e minimalista; confort e dotazioni all'avanguardia.

86 cam – ♦110/350 € ♦♦125/375 € – 3 suites – ⌷ 14 €

via Bisalta 11 ✉ *10126* Ⓜ *Spezia* – 𝒞 *011 639 5091* – *www.hotelactorino.com*

🏨 Grand Hotel Sitea 🏧 🛗 🔳 🔌 🆎 🛎️

LUSSO · ELEGANTE In una delle zone più eleganti della città, la raffinata tradizione dell'ospitalità alberghiera si concretizza in questo hotel nato nel 1925, dove l'atmosfera è dettata dagli arredi classici e d'epoca. Trendy e simpatico il bistrot Carlo e Camillo con proposte gastronomiche più semplici rispetto al ristorante gourmet Carignano.

119 cam ⌷ – ♦109/400 € ♦♦126/1000 € – 1 suite

Pianta: C2-t – *via Carlo Alberto 35* ✉ *10123* – 𝒞 *011 517 0171* – *www.grandhotelsitea.it*

🕸 **Carignano** – Vedere selezione ristoranti

🏨 Genova 🏧 🛗 🔳 🔌 🆎 🛎️

TRADIZIONALE · PERSONALIZZATO La struttura ottocentesca ospita un ambiente signorile e curato, dove la classicità si coniuga con le moderne esigenze di confort ed un elevata personalizzazione, sin dentro le camere, una decina di esse vanta affreschi al soffitto. Consigliato sia per soggiorni di lavoro sia per viaggi di piacere.

92 cam ⌷ – ♦70/200 € ♦♦99/280 € – 4 suites

Pianta: C2-e – *via Sacchi 14/b* ✉ *10128* Ⓜ *Porta Nuova* – 𝒞 *011 562 9400* – *www.albergogenova.it*

🏨 Victoria

LUSSO · CLASSICO Servizio attento, mobili antichi, ma anche dettagli orientali e sinfonie di colori che rimandano ad atmosfere british, garantiscono calore a questa elegante dimora evidentemente gestita da una famiglia di viaggiatori. Davvero accogliente e speciale il centro benessere in stile egizio.

102 cam ⌂ - 🛏️180/220 € 🛏️🛏️300/340 € - 4 suites

Pianta: C2-v – *via Nino Costa 4* ✉ *10123* – ☎ *011 561 1909*
– *www.hotelvictoria-torino.com*

🏨 Turin Palace Hotel

TRADIZIONALE · CLASSICO Dopo una chiusura di quasi un decennio, questo storico albergo cittadino rinasce a nuova vita nel 2015. Al suo interno gli ambienti sono oggi nuovissimi, all'insegna di uno stile classico, ma in versione attuale, così come moderni sono i suoi confort: a partire dalla completa, sebbene un po' piccola, spa.

126 cam ⌂ - 🛏️130/280 € 🛏️🛏️160/500 € - 1 suite

Pianta: C2-d – *via Sacchi 8* ✉ *10121 Torino* Ⓜ *Porta Nuova*
– ☎ *011 082 5321*
– *www.turinpalacehotel.com*

🏨 Dei Pittori

LOCANDA · PERSONALIZZATO Una gradevole villa liberty, già abitazione del pittore Carlo Stratta, si propone ai viaggiatori che amano le personalizzazioni: assai evidenti tanto negli spazi comuni quanto nelle accoglienti camere dai colori sinuosi, due addirittura con affreschi originali. Cucina italiana nell'omonimo ristorante.

12 cam ⌂ - 🛏️115/189 € 🛏️🛏️140/219 €

Pianta: D2-a – *corso Regina Margherita 57* ✉ *10122* – ☎ *011 860 0103*
– *www.hoteldeipittori.it*

🏨 Lancaster

BUSINESS · MODERNO Ogni piano di questo albergo si distingue per il colore, ma è soprattutto grazie al tocco femminile delle titolari che tutti gli spazi sono personalizzati: piacevoli gli arredi che rendono moderni gli spazi comuni ed accoglienti le camere. Stile country per la sala colazioni.

83 cam ⌂ - 🛏️70/120 € 🛏️🛏️90/160 €

Pianta: B3-r – *corso Filippo Turati 8* ✉ *10128*
– ☎ *011 568 1982* – *www.lancaster.it*
– *Chiuso 3-23 agosto*

🏨 Piemontese

BUSINESS · ACCOGLIENTE Tra Porta Nuova e il Po, l'hotel propone colorate soluzioni d'arredo e graziose personalizzazioni nelle camere: particolarmente belle le stanze mansardate con travi a vista e vasca idromassaggio. Per la colazione, ci si può accomodare in veranda.

39 cam ⌂ - 🛏️60/190 € 🛏️🛏️70/340 €

Pianta: C3-x – *via Berthollet 21* ✉ *10125* – ☎ *011 669 8101*
– *www.hotelpiemontese.it*

🏨 Magazzini San Domenico

FAMILIARE · DESIGN Nel cuore dell'antica regia capitale, una buona risorsa modernamente concepita per un soggiorno di qualità, ristrutturata con gusto e garbo dai titolari, non a caso degli architetti! Ottimo punto di partenza per visitare il centro cittadino.

6 cam ⌂ - 🛏️80/90 € 🛏️🛏️100/120 €

Pianta: C1-b – *via San Domenico 21 a* ✉ *10122*
– ☎ *011 436 8341* – *www.magazzinisandomenico.it*
– *Chiuso agosto*

TORNO

Como (CO) – ✉ 22020 – 1 155 ab. – Alt. 225 m – Carta regionale n° **10**-B1
Carta stradale Michelin 561-E9

✥ Berton al Lago ≤ 🍴 🛋 🞧 🅿

CUCINA CREATIVA · DESIGN XxX Un ristorante che saprà conquistarvi con la sua cucina ricca di personalità, capace di sorprendere i palati più esigenti in virtù della sua fragranza e creatività. Gli ambienti interni sono eleganti e rilassati, ma se il clima lo permette, optate per un tavolo in terrazza: la vista da qui è strepitosa!
→ Funghi cardoncelli, radice di loto, cipolline in agrodolce e pesto di menta. Lavarello alla plancia, ristretto di "cassoeula" e lattuga. Minestrone di frutta, verdura e lemongrass.

Menu 125/145 € – Carta 80/111 €

Hotel Il Sereno Lago di Como, via Torrazza 10 – ☏ 031 547 7800 (consigliata la prenotazione) – www.serenohotels.com – Aperto 1° marzo-30 novembre

🏠 Il Sereno Lago di Como ≤ 🍴 ⛓ 🖸 ⅲ 🅰🅲 🞧 🅿

GRAN LUSSO · BORDO LAGO Camere spaziosissime ed un'elegante piscina a sfioro sono solo alcune delle caratteristiche di questo albergo dalle allure internazionale e dal design contemporaneo: una vera oasi di relax!

28 cam ⯑ – ♦700/2000 € ♦♦1500/4000 € – 2 suites

via Torrazza 10 – ☏ 031 547 7800 – www.serenohotels.com – Aperto 1° marzo-30 novembre

✥ **Berton al Lago** – Vedere selezione ristoranti

🏠 Vapore ☆ ≤ 🍴 🖸 🞧

FAMILIARE · BORDO LAGO Nel centro storico della pittoresca località, questa piccola struttura non manca di affacciarsi sul lago, soprattutto da quelle che sono le camere migliori. Ristorante dotato di piacevole terrazza sullo specchio lacustre e specialità tipicamente italiane in menu.

12 cam ⯑ – ♦90/115 € ♦♦105/140 €

via Plinio 20 – ☏ 031 419311 – www.hotelvapore.it – Chiuso 1° novembre-31 gennaio

TORRE CANNE

Brindisi – ✉ 72010 – Carta regionale n° **15**-C2
Carta stradale Michelin 564-E34

🏠 Canne Bianche ☆ 🦢 ≤ 🍴 ⛓ 🕉 🛋 🗡 🖸 ⅲ 🅰🅲 🞧 🅿

RESORT · LUNGOMARE Lungo la litoranea, direttamente sul mare, hotel di recente apertura dagli eleganti interni e generosi spazi comuni all'esterno, piscina nonché spiaggia privata. Invito alla ritualità del benessere nell'attrezzato wellness centre Aqua.

51 cam ⯑ – ♦180/400 € ♦♦180/400 € – 3 suites

via Appia Antica 32 – ☏ 080 482 9839 – www.cannebianche.com – Aperto 1° aprile-5 novembre

🏠 Del Levante ☆ 🦢 ≤ 🍴 ⛓ 🞧 🗡 🛋 🖸 🅰🅲 🞧 🛆 🅿

TRADIZIONALE · LUNGOMARE Ideale non solo per chi vuole spendervi le vacanze ma anche per chi è in viaggio per lavoro, grande e moderno complesso in riva al mare con ampi spazi esterni. Bella la grande piscina in giardino. Delicate tonalità mediterranee rendono accogliente la sala da pranzo.

149 cam ⯑ – ♦108/245 € ♦♦164/378 €

via Appia 20 – ☏ 080 482 0160 – www.dellevante.com

TORRECHIARA

Parma – ✉ 43010 – Carta regionale n° **5**-A3
Carta stradale Michelin 562-I12

⬤ **Taverna del Castello** 🛖 🅰🅲 ⇔

PESCE E FRUTTI DI MARE · CONTESTO STORICO ✕✕ Sito nel borgo medievale in un maniero quattrocentesco, da qui la vista spazia sulle maestose colline circostanti, mentre lo chef oltre ad utilizzare le materie prime del territorio e a privilegiare la stagionalità, si adopera nella creazione di menu degustazione abbinando arte e dipinti en plein air, con piatti all'insegna della qualità e della fantasia: di carne e di pesce nel rispetto della tradizione italiana.

Menu 35/120 € – Carta 35/85 €

via del Castello 25 – ℰ 0521 355015 (prenotare) – www.tavernadelcastello.it – Chiuso 7-21 gennaio, lunedì nel periodo estivo e domenica sera in inverno

TORRE DEL GRECO

Napoli (NA) – ✉ 80059 – 86 275 ab. – Carta regionale n° **4**-B2
Carta stradale Michelin 564-E25

⬤ **Josè Restaurant - Tenuta Villa Guerra** 🐫 ⩽ 🍽 🛖 🅿

CUCINA CREATIVA · CONTESTO STORICO ✕✕✕ Settecentesca villa vesuviana risorta dopo un attento restauro, splendida nel suo candore e circondata da un vasto giardino, offre piatti creativi, ma non disdegni della tradizione; aperitivi con tapas di qualità.

Menu 48/70 € – Carta 47/129 €

via Nazionale 414 – ℰ 081 883 6298 (consigliata la prenotazione) – www.joserestaurant.it – Chiuso 7-17 gennaio, 7-17 agosto, domenica sera e martedì

TORRE DEL LAGO PUCCINI

Lucca – ✉ 55048 – Carta regionale n° **18**-B1
Carta stradale Michelin 563-K12

al lago di Massaciuccoli Est : 1 km

⬤ **Da Cecco** 🛖 🅰🅲

CUCINA TOSCANA · CONVIVIALE ✕ Affacciato sul lago da uno scenografico belvedere - a fianco alla casa museo di Giacomo Puccini - proposte classiche di carne e di pesce, nonché cacciagione (nel periodo invernale), si contendono la carta. Boiserie al soffitto, trofei di caccia e fucili caratterizzano l'ambiente.

Carta 33/51 €

piazza Belvedere Puccini 10/12 ✉ 55049 – ℰ 0584 341022 – Chiuso lunedì nel periodo invernale

TORRE SAN GIOVANNI

Lecce – ✉ 73059 – Ugento – Carta regionale n° **15**-D3
Carta stradale Michelin 564-H36

🏨 **Hyencos Calòs e Callyon** ☆ ⩽ 🧺 🎍 🗓 🅰🅲 ♨ 🅿

TRADIZIONALE · MEDITERRANEO Stile mediterraneo per questo hotel che si è rinnovato in anni recenti; le camere sono distribuite nel corpo centrale - una villa dell'800 - e nella più moderna dépendance. La spiaggia - a circa 600 m - è raggiungibile anche tramite navetta.

60 cam ⌑ – †57/126 € ††114/252 €

piazza dei Re Ugentini – ℰ 0833 931088 – www.hyencos.com – Aperto 1° maggio-30 settembre

TORRIANA

Rimini (RN) – ✉ 47825 – 1 615 ab. – Alt. 337 m – Carta regionale n° **5**-D2
Carta stradale Michelin 562-K19

⬤ **Il Chiosco di Bacco** 🛖 🅿

CUCINA REGIONALE · RUSTICO ✕✕ Un vero paradiso per gli amanti della carne. E poi formaggi e piatti della tradizione romagnola, il tutto in un ambiente rustico con finestre che corrono lungo tutto il perimetro.

Menu 42/65 € – Carta 35/86 €

via Santarcangiolese 62 – ℰ 0541 678342 – www.chioscodibacco.it – solo a cena escluso domenica – Chiuso 23 dicembre-10 gennaio e martedì, anche mercoledì in inverno

⭑○ Osteria del Povero Diavolo ⓝ　　　　⇐ 🛏 🏔

CUCINA MODERNA · CONTESTO TRADIZIONALE ✗✗ In un bel contesto paesaggistico sulle prime colline romagnole, la trattoria è storica, ma giovane è il cuoco che l'ha riportata in vita, pieno di entusiasmo per i prodotti del territorio. Ingredienti e ricette della zona sono messi in prima fila, ma non manca qualche rivisitazione più contemporanea. Piacevole servizio all'aperto, camere semplici per pernottare nel contesto di un grazioso paese.

Menu 43/53 € – Carta 41/59 €

4 cam – ♦80/100 € ♦♦80/100 € – ☑ 10 €

via Roma 30 – ℰ 0541 675060 (consigliata la prenotazione)
– www.osteriapoverodiavolo.it – solo a cena in giugno-settembre – Chiuso
10 giorni in febbraio, 10 giorni in novembre, mercoledì in estate, anche martedì
negli altri mesi

TORRI DEL BENACO

Verona – ✉ 37010 – 3 023 ab. – Alt. 67 m – Carta regionale n° **23**-A2
Carta stradale Michelin 562-F14

🏠 Gardesana　　　　🛏 ⇐ 🖵 🔩 🅰🅲 🅿

STORICO · CLASSICO Affacciato sul romantico porticciolo della località, in uno splendido edificio tardo medioevale, l'eleganza di un mitico passato si unisce ad un'attenta ospitalità. L'omonimo ristorante serale è al 1° piano, servizio estivo in terrazza.

34 cam ☑ – ♦80/100 € ♦♦100/230 €

piazza Calderini 5 – ℰ 045 722 5411 – www.gardesana.eu – Aperto metà
marzo-fine ottobre

🏠 Del Porto　　　　🛏 ⇐ 🕸 🖵 🔩 🅰🅲 🚗

STORICO · MODERNO E' come se si fosse fatto un "voto" allo stile design/minimalista: belle camere ampie e funzionali, compatti gli spazi comuni, arieggiato il solarium per la bella stagione. Al ristorante, carne e pesce, sia di lago sia di mare, ma il vero pezzo forte della casa è la piattaforma del dehors appoggiata sul lago.

22 cam – ♦98/520 € ♦♦98/520 € – 7 suites – ☑ 15 €

lungolago Barbarani – ℰ 045 722 5051 – www.hoteldelportolagodigarda.it
– Aperto 21 dicebre-8 gennaio 15 marzo-3 novembre

ad Albisano Nord-Est : 4,5 km ✉ 37010 – Torri Del Benaco

🏠 Alpino　　　　🛏 🛏 🖵 🔩 🅰🅲 🅿

FAMILIARE · TRADIZIONALE La piacevolezza del soggiorno è assicurata dalla capace conduzione familiare e dalla qualità delle camere - semplici, ma quasi tutte piuttosto spaziose - in questo piccolo albergo, dove però non manca nulla!

12 cam ☑ – ♦50/70 € ♦♦90/100 €

via San Zeno 8 – ℰ 045 722 5180 – www.albergo-alpino.it – Aperto
1° aprile-1° novembre

🏠 Panorama　　　　🛏 🐾 ⇐ 🛏 🖵 🔩 🅰🅲 🅿

TRADIZIONALE · PERSONALIZZATO Nel nome tutto ciò che delizierà la vostra vacanza: una vista spettacolare dalla terrazza ristorante e dalle camere non grandissime, ma arredate con gusto e personalità. Lasciatevi tentare anche dalla cucina, i cui piatti sono i migliori sponsor degli ottimi prodotti del territorio.

28 cam ☑ – ♦65/135 € ♦♦110/170 €

via San Zeno 9 – ℰ 045 722 5102 – www.panoramahotel.net – Aperto
15 marzo-31 ottobre

TORRILE

Parma – ✉ 43056 – 7 698 ab. – Alt. 32 m – Carta regionale n° **5**-B1
Carta stradale Michelin 562-H12

a Vicomero Sud : 6 km ⊠ 43031

(🎯) **Romani** 🐾 🎪 🗚 ⇔ 🅿

CUCINA EMILIANA · AMBIENTE CLASSICO ✕✕ In aperta campagna, la casa colonica d'epoca ed il suo fienile sono diventati un ristorante di sobria eleganza, dove la passione per la cucina emiliana si concretizza in un'attenta selezione dei migliori prodotti locali, che danno vita a piatti memorabili come i tortelli alle erbette o la punta di vitello al forno. Annessa bottega alimentare con vendita di salumi, formaggi e prodotti tipici.

Menu 26/45 € – Carta 22/55 €

via dei Ronchi 2 – ℰ 0521 314117 – www.ristoranteromani.it – Chiuso 1°-7 agosto, mercoledì e giovedì

TORRITA DI SIENA

Siena (SI) – ⊠ 53049 – Carta regionale n° **18**-D2
Carta stradale Michelin 563-M17

🏨 **Lupaia** 🎍 🐾 ⩽ 🛏 🛀 🗚 🅿

LUSSO · ROMANTICO Non lasciatevi scoraggiare dalla strada sterrata che bisogna percorrere per arrivare alla struttura, perché una volta giunti a destinazione, la ricompensa sarà grande... Location unica per fascino e personalità, nell'area comune c'è un'antica cucina ed un enorme camino davanti al quale si allestisce la cena. Stile più armonico e rilassante nelle ultime camere rinnovate.

11 cam ⌑ – 🛉240/295 € 🛉🛉290/375 €

località Lupaia 74, Sud-Est: 10 km – ℰ 0577 668028 – www.lupaia.com – Aperto 1° aprile-4 novembre

🏨 **Residenza d'Arte** 🐾 🛏 🗚 🅿

CASA PADRONALE · PERSONALIZZATO Nel nome sta già la sua definizione: questa è, infatti, una risorsa per dormire nell'arte, un living-museum per vivere la campagna senese in maniera del tutto inusuale. Le travi di legno, i camini, gli archi della tradizione rurale toscana sono oggi la cornice per ciò che la padrona di casa, Anna, ha disegnato nell'intento di donare un'emozione ai suoi ospiti. E ci è perfettamente riuscita!

8 cam ⌑ – 🛉120/140 € 🛉🛉120/140 €

località Poggio Madonna dell'Olivo – ℰ 0577 686179 – www.residenzadarte.com – Aperto 1° aprile-30 ottobre

TORTOLÌ Sardegna

Ogliastra – ⊠ 08048 – 11 059 ab. – Alt. 13 m – Carta regionale n° **16**-B2
Carta stradale Michelin 366-S44

ad Arbatax Est : 5 km ⊠ 08041

🍴 **La Bitta** ⩽ 🎪 🗚 🎏 🅿

PESCE E FRUTTI DI MARE · AMBIENTE CLASSICO ✕✕ Direttamente sul mare, nella veranda tutta chiusa da vetrate, potrete gustare una ricca cucina di pesce, venata dalla fantasia dello chef.

Carta 33/96 €

Hotel La Bitta, località Porto Frailis – ℰ 0782 667080 – www.hotellabitta.it – Aperto 15 marzo-30 ottobre

🏨 **Arbatasar** 🎍 🛀 🖨 🚹 🗚 🎏 🏋 🅿

TRADIZIONALE · ELEGANTE Il nome riporta alle origini arabe della località, una villa dai colori caldi e sobri con ampie aree, camere spaziose ed eleganti, una piscina invitante incorniciata da palme. Nell'elegante e raffinata sala da pranzo, proposte di cucina internazionale e regionale realizzate con prodotti locali e pesce del Mare Nostrum.

43 cam ⌑ – 🛉70/200 € 🛉🛉70/200 €

località Porto Frailis 11 – ℰ 0782 651800 – www.arbatasar.it – Aperto 1° aprile-31 ottobre

La Bitta ← ⏚ ⚐ ⚓ ⊡ ⚿ AC ⚑ ♨ P

LUSSO · LUNGOMARE Direttamente sul mare, una villa signorile con spaziose aree comuni, belle camere diverse negli arredi e nei tessuti, piscina, solarium ed un'oasi relax appartata nel verde. Piatti di pesce e prodotti tipici locali da gustare nella panoramica sala ristorante oppure all'aperto.

63 cam ⊊ – ♦78/252 € ♦♦114/390 €

località Porto Frailis
– ☏ 0782 667080 – www.hotellabitta.it
– Aperto 15 marzo-30 ottobre
🍴 **La Bitta** – Vedere selezione ristoranti

TORTONA

Alessandria – ✉ 15057 – 27 437 ab. – Alt. 122 m – Carta regionale n° **12**-C2
Carta stradale Michelin 561-H8

⊛ Vineria Derthona 🕸 ⌂ AC

CUCINA PIEMONTESE · CONTESTO REGIONALE ⅄ Non sarà facile trovare posteggio nelle vicinanze di questo locale del centro, in compenso è un autentico wine-bar dai saporiti piatti piemontesi e dalla ampia offerta di vini al bicchiere, scelti dalla generosa cantina ogni giorno. Specialità: brasato al Barbera Colli Tortonesi, semifreddo al gianduia con crema al mascarpone.

Carta 28/50 €

via Perosi 15
– ☏ 0131 812468 – www.vineriaderthona.it
– Chiuso 2 settimane in agosto, lunedì e i mezzogiorno di sabato e domenica

🍴 Cavallino ⇦ AC

CUCINA MODERNA · CONTESTO STORICO ⅩⅩ Tre giovani imprenditori, capaci ed appassionati della buona tavola, hanno rilevato questo storico locale vivacizzandolo con la loro verve. In tavola arrivano piatti di gusto contemporaneo, sfiziosi e attenti al territorio. Ancora sapori regionali nella più semplice ed informale Trattoria da Ciccio.

Carta 45/104 €
13 cam ⊊ – ♦55/65 € ♦♦85 €

corso Romita 83
– ☏ 0131 862308 – www.cavallino-tortona.it

🍴 Caffè Ristorante Sangiacomo ⇦ ⌂

CUCINA MODERNA · VINTAGE Ⅹ Spazio rilassante dove ritemprare anima e corpo: nella sala retrò con pavimento liberty e mobili stile anni Trenta o nel romantico giardino d'inverno sono i sapori del territorio ad imporsi, ma senza disdegnare una certa "apertura" verso il mare. Adiacente le camere del bel Residence Perosi.

🍴 Menu 25 € – Carta 34/58 €
9 cam ⊊ – ♦70 € ♦♦80 €

via Calvino 4
– ☏ 0131 829995 – www.gabriellacuniolo.com
– Chiuso 1°-20 agosto, domenica sera e lunedì

🏠 Casa Cuniolo ⚘ ⇦ ⏚ AC

CASA PADRONALE · PERSONALIZZATO Ubicata sulla collina del castello, la candida villa – costruita secondo i canoni dell'architettura razionalista che furoreggiava negli anni '30 – fu abitazione e studio del maestro G. Cuniolo. Poche camere, eleganti e raffinate, arredate secondo gli stilemi in voga in quel periodo e lo splendido giardino.

4 cam ⊊ – ♦90/120 € ♦♦100/120 €

viale Amendola 6
– ☏ 0131 862113 – www.gabriellacuniolo.com

TORTORETO

Teramo – ✉ 64018 – 11 542 ab. – Alt. 239 m – Carta regionale n° **1**-B1
Carta stradale Michelin 563-N23

a Tortoreto Lido Est : 3 km ✉ 64018

🏨 Costa Verde ☆ ≤ 🚪 ⅃ ⟁ 🔄 🅰🅲 🅿

TRADIZIONALE · LUNGOMARE Una costruzione moderna sul lungomare con ambienti demodè semplici ed essenziali; all'esterno, cinta dal verde, la piscina: una soluzione ideale per vacaze di sole e mare. Nella sobria sala da pranzo illuminata da grandi vetrate che si aprono sul cortile, la cucina mediterranea.

50 cam ⌂ – ♦66/114 € ♦♦110/190 €
lungomare Sirena 356
– ☎ 0861 787096 – www.hotel-costaverde.com
– Aperto 1° maggio-30 settembre

🏨 Green Park Hotel ☆ 🚪 ⅃ 🎧 ⟁ 🔄 ⅋ 🅰🅲 ⅀ 🚗

TRADIZIONALE · ACCOGLIENTE A cento metri dal mare, camere di due tipologie - standard o gold - ma sempre confortevoli, nonché bella terrazza con palestra sotto una veranda. Benvenuti i bambini che troveranno spazi e giochi!

48 cam ⌂ – ♦50/100 € ♦♦60/140 € – 8 suites
via F.lli Bandiera 28 – ☎ 0861 777184 – www.hgreenpark.com
– Aperto 8 giugno-8 settembre

Un importante pranzo d'affari o una cena tra amici?
Il símbolo ⇔ indica la presenza di una sala privata.

TOSCOLANO-MADERNO

Brescia – 7 990 ab. – Alt. 86 m – Carta regionale n° **9**-C2
Carta stradale Michelin 561-F13

Maderno – ✉ 25088 – Carta regionale n° **9**-C2

🍽 Il Cortiletto 🍴 ⅋

CUCINA CLASSICA · FAMILIARE ⅄ Sulla statale Gardesana, cucina di ispirazione mediterranea con qualche tocco di originalità in un piccolo ristorante, semplice, ma non banale. Due consigli: nella bella stagione optate per il servizio all'aperto e tra le specialità non perdetevi il coregone alla gardesana con capperi, pomodorini e olive.

Carta 31/51 €
via F.lli Bianchi 1
– ☎ 0365 540033 – www.ristoranteilcortiletto.com
– Chiuso 1°-24 marzo, domenica sera e lunedì escluso luglio-agosto

TOVO SAN GIACOMO

Savona (SV) – ✉ 17020 – 2 582 ab. – Alt. 80 m – Carta regionale n° **8**-B2
Carta stradale Michelin 561-J6

a Bardino Vecchio Nord : 2 km ✉ 17020

🏨 Relais Il Casale ☆ ⅏ ≤ 🚪 ⅃ 🕥 🎐 🎧 🔄 🅰🅲 ⅍ 🅿

CASA DI CAMPAGNA · ELEGANTE Casale di fine Ottocento con poche camere (suite e junior!) dal piacevole stile romantico, ma soprattutto molti servizi tra cui un centro benessere offerta ed un bel giardino con piscina.

7 cam ⌂ – ♦60/280 € ♦♦70/300 € – 2 suites
via Briffi 22 – ☎ 019 637 5014 – www.ilcasale.it
– Chiuso vacanze di Natale

TRAMIN AN DER WEINSTRASSE → Vedere Termeno sulla Strada del Vino

TRANI

Barletta-Andria-Trani (BT) – ⊠ 76125 – 56 217 ab. – Carta regionale n° **15**-B2
Carta stradale Michelin 564-D31

� Quintessenza (Stefano Di Gennaro)   [AC]

CUCINA CREATIVA · MINIMALISTA ✕✕ Quanta strada ha dovuto percorrere lo chef autodidatta, che in tanti anni di lavoro ai fornelli non ha mai smesso di coltivare la virtù dell'umiltà, anche quando la sua cucina è stata riconosciuta come una delle migliori e più promettenti del sud... Prenotate un tavolo qui se volete gustare piatti profondamente legati al territorio e ai classici della tradizione locale come le immancabili orecchiette alle cime di rapa.

→ Tortelli di ricotta, gambero rosso e bisque al moscato di Trani. Sgombro con pomodoro verde, caprino, latte e limone. Colazione del contadino: gelato di ricotta, biscotto all'olio E.V.O e salsa alla frutta.

Menu 55/68 € – Carta 45/77 €

via Nigrò 37 – 🕾 0883 880948 – www.quintessenzaristorante.it – Chiuso 1 settimana in febbraio, 1 settimana in luglio, 1 settimana in ottobre, domenica sera e martedì

⅋○ Le Lampare al Fortino   🏖 🌴 ⅂ [AC] ⇦

PESCE E FRUTTI DI MARE · ROMANTICO ✕✕✕ D'estate o d'inverno lo spettacolo è sempre assicurato, che si mangi sulla veranda con vista a 180° sullo splendido porto, o all'interno di un'ex chiesa trasformata in fortino, mentre nel piatto la cucina di pesce prende forme colorate, creative e personalizzate.

Menu 60/90 € – Carta 53/113 €

via Statuti Marittimi 124 (molo S. Antonio) – 🕾 0883 480308 (consigliata la prenotazione) – www.lelemparealfortino.it – Chiuso domenica sera e martedì escluso agosto

⅋○ Gallo   🌴 [AC] ⇦

PESCE E FRUTTI DI MARE · INTIMO ✕✕ Si è rifatto il look, questo bel locale affacciato sul porto dove la mediterraneità si esprime non solo nelle piante d'ulivo che rallegrano il dehors o nei colori chiari che caratterizzano gli arredi, ma in primis nelle succulenti ricette che arrivano in tavola. Insomma, per noi una tappa irrinunciabile se di passaggio a Trani!

Menu 48/100 € – Carta 42/89 €

via Statuti Marittimi 48/50 – 🕾 0883 487255 (consigliata la prenotazione) – www.gallorestaurant.it – Chiuso novembre, domenica sera e mercoledì

⅋○ Il Melograno   [AC]

PESCE E FRUTTI DI MARE · ACCOGLIENTE ✕✕ Non propriamente vicino al mare, ma nel centro della località, in sale di signorile gusto contemporaneo, le proposte prediligono il pesce con un pizzico di fantasia. Un locale dal successo consolidato!

⊜ Menu 25/40 € – Carta 21/59 €

via Bovio 189 – 🕾 0883 486966 – www.ilmelogranotrani.it – Chiuso 15-28 febbraio, 1 settimana in luglio e mercoledì

⅋○ Osteria Frangipane   [AC]

PESCE E FRUTTI DI MARE · CONVIVIALE ✕ Al limitar del centro storico, osteria condotta da due giovani fratelli con un obiettivo ben chiaro: proporre i prodotti ittici locali con gusto e fantasia. Ambiente piacevolmente informale.

Menu 37/45 € – Carta 36/45 €

via Maraldo da Trani 5 – 🕾 0883 585763 – www.osteriafrangipane.it – Chiuso 1°-7 febbraio, 1°-7 luglio, lunedì e domenica sera

🏛 Maré Resort   ⚿ ⇐ 🖻 ⅂ [AC] 🌂 🚗

DIMORA STORICA · ORIGINALE A pochi metri dall'anfiteatro naturale del porto di Trani, l'albergo è stato ricavato all'interno di un palazzo aristocratico del '700. Camere quasi tutte spaziose, dagli arredi minimalisti e forme rigorose; nella corte interna fanno mostra di sé tre belle carrozze d'epoca.

13 cam � – 🛏120/180 € 🛏🛏160/180 €

piazza Quercia 8 – 🕾 0883 486411 – www.mareresort.it

TRAPANI Sicilia

(TP) – ✉ 91100 – 68 759 ab. – Carta regionale n° **17**-A2
Carta stradale Michelin 365-AK55

🍴○ **Serisso 47**

CUCINA REGIONALE · ELEGANTE ✗✗ In un palazzo del centro, sotto antiche volte in tufo di Favignana, un ristorante dai toni caldi ed eleganti per una cucina che ha saputo reinterpretare la tradizione gastronomica trapanese.

Carta 35/71 €

via Serisso 47/49
– ☎ 0923 26113 (consigliata la prenotazione) – www.serisso47.com
– Chiuso 10 gennaio-10 febbraio e lunedì; domenica a mezzogiorno e sabato in luglio-agosto

🏠 **Maccotta**

FAMILIARE · CENTRALE Sorge attorno ad un caratteristico baglio questa struttura che occupa gli spazi di uno storico edificio in un vicolo del centro storico. Rinnovato di recente le ultime camere hanno uno stile moderno.

20 cam ⌂ – ♦30/40 € ♦♦55/75 €

via degli Argentieri 6 – ☎ 0923 28418 – www.albergomaccotta.it

🏠 **Ai Lumi**

DIMORA STORICA · PERSONALIZZATO Il settecentesco palazzo Berardo Ferro, nel centro storico-pedonale della località, accoglie camere in stile ricche di fascino e di storia, affacciate sulla bella corte interna. La cucina del moderno ristorante esplora terra e mare in gustose ricette regionali: imperdibile il cous cous.

12 cam ⌂ – ♦43/70 € ♦♦74/120 € – 8 suites

corso Vittorio Emanuele 71 – ☎ 0923 540922 – www.ailumi.it

a Fontanasalsa Sud : 9 km ✉ 91100 – Trapani

🏠 **Agriturismo Baglio Fontanasalsa**

AGRITURISMO · BUCOLICO In un contesto naturalistico di grande spessore, in mezzo alla macchia mediterranea, questo agriturismo è artefice di una filiera produttiva di olio extra vergine d'oliva esportato in tutto il mondo e dispone di camere rustiche, ma ben ristrutturate. Baglio Fontanasalsa comprende anche un ristorante serale (brunch, la mattina) dove si può scegliere fra una sala tipica e la suggestiva corte interna. In menu, piatti di terra e di mare: il locale aderisce all'iniziativa "Miglio Zero".

10 cam ⌂ – ♦50/70 € ♦♦110/130 €

via Cusenza 78 – ☎ 0923 591001 – www.fontanasalsa.it

a Paceco Sud-Est : 12 km ✉ 91027

🏠 **Relais Antiche Saline**

CASA DI CAMPAGNA · ORIGINALE Tra i mulini e le vasche delle saline, un baglio con camere luminose ed accoglienti, affascinanti spazi comuni che attingono ai colori del cielo e del mare. Il caratteristico ristorante con annesso museo del sale vi regalerà paesaggi unici ed una cucina locale.

18 cam ⌂ – ♦55/90 € ♦♦60/219 €

via Verdi, località Nubia – ☎ 0923 868042 – www.relaisantichesaline.it

 Ogni ristorante stellato ✿ è introdotto da tre piatti che rappresentano in maniera significativa la propria cucina. Qualora questi non fossero disponibili, altre gustose ricette ispirate alla stagione delizieranno il vostro palato.

TRAVERSELLA

Torino – ✉ 10080 – 343 ab. – Alt. 827 m – Carta regionale n° **12**-B2
Carta stradale Michelin 561-F5

🍴 Le Miniere ⇦ ⑂ ≼ ⟨ 🛋 🎋

CUCINA TRADIZIONALE · FAMILIARE ✕✕ Sulla piazza centrale di un incantevole
paese, in una dorsale verde e soleggiata della Val Chiusella, scorcio da cartolina
fra maestosi castagni, betulle e ciclamini, sorge quest'albergo-ristorante dalle origini tardo ottocentesche. La cucina è ottima e i suoi ingredienti sono tradizione,
stagionalità e un tocco di modernità. Specialità: stracotto di vitello sfumato all'ar-
neis, meringata golosa con spuma di pistacchio.

🍴 Menu 25/42 € – Carta 32/52 €

25 cam ☲ – †45 € ††80 €

*piazza Martiri 1944 – ☎ 0125 794006 – www.albergominiere.com – Chiuso
8 gennaio-10 febbraio, lunedì e martedì*

TREBASELEGHE

Padova (PD) – ✉ 35010 – 12 840 ab. – Alt. 22 m – Carta regionale n° **23**-C2
Carta stradale Michelin 562-F18

🍴 Baracca-Storica Hostaria ⟨ 🛋 ⬧ 🅿

CUCINA REGIONALE · AMBIENTE CLASSICO ✕✕ Un grande ristorante molto
curato nello stile: sedie rivestite con tessuto bianco, porcellane Thun, rapidità nel
servizio ed una cucina di buon livello con piatti saporiti e ben presentati. Volete
lasciarvi consigliare? Ravioli di borraggine con i suoi fiori - le sfogliatine di Nora
con frutti di bosco e crema fresca.

🍴 Menu 16 € (pranzo in settimana) – Carta 21/48 €

*via Ronchi 1 – ☎ 049 938 5126 (consigliata la prenotazione)
– www.ristorantebaracca.it – Chiuso 1 settimana in gennaio, 2 settimane in agosto,
martedì sera e mercoledì*

⅋○ Osteria V ⇦ ⟨ 🛋 🅿

CUCINA CREATIVA · ELEGANTE ✕✕ Al posto dove un tempo si produceva del
buon vino, ora sorge un ottimo ristorante dalla cucina serale inaspettatamente
elaborata e creativa, in piccole e raffinate sale. A pranzo, solo menu veloce.

Menu 38/70 € – Carta 40/69 €

6 cam ☲ – †68/70 € ††68/70 €

*via Villanova 22 – ☎ 049 938 7583 – www.anticoveturo.it – solo a cena – Chiuso
1°-7 gennaio, 1°-20 agosto, domenica e lunedì*

TREBBO DI RENO Bologna → Vedere Castel Maggiore

TREBISACCE

Cosenza (CS) – ✉ 87075 – 9 055 ab. – Alt. 73 m – Carta regionale n° **3**-A1
Carta stradale Michelin 564-H31

⅋○ Da Lucrezia 🅰🅲 🅿

PESCE E FRUTTI DI MARE · FAMILIARE ✕✕ Madre e figlio, in ambiente classico
diviso su due salette, propongono il pesce della zona cucinato in maniera semplice e gustosa, mentre - a sorpresa - nella carta dei vini molto spazio è dedicato
ai distillati.

🍴 Menu 25/40 € – Carta 26/60 €

*via XXV Aprile 46 – ☎ 0981 57431 – www.ristorantepizzeriadalucrezia.it – Chiuso
martedì escluso in estate*

TRECCHINA

Potenza – ✉ 85049 – 2 316 ab. – Alt. 500 m – Carta regionale n° **2**-B3
Carta stradale Michelin 564-G29

🍴 **L'Aia dei Cappellani**　　　　　　　　🏠 🅰🅲 🍽 🅿

CUCINA TRADIZIONALE · RUSTICO ✕ Tra distese erbose e ulivi, potrete gustare prodotti freschi e piatti locali caserecci: in sala vecchie foto e utensili di vita contadina, dalla terrazza l'intera vallata.

🍴 Menu 20 €

contrada Maurino, Nord: 2 km – ☎ 0973 826937 – www.laiadeicappellani.com – Chiuso novembre e martedì escluso luglio-agosto; in gennaio-febbraio aperto domenica a mezzogiorno, venerdì e sabato

TREGNAGO

Verona – ✉ 37039 – 4 938 ab. – Alt. 317 m – Carta regionale n° **22**-B2
Carta stradale Michelin 562-F15

🍴 **Villa De Winckels**　　　　　　　🅱 ⇔ 🏠 ⇔ 🅿

CUCINA REGIONALE · ACCOGLIENTE ✕ Uno scorcio da cartolina per questa villa del XVI secolo con tante intime salette, ad ospitare una cucina improntata alla più radicata tradizione veneta. In omaggio all'ultimo discendente della famiglia, alla Cantina avrete solo l'imbarazzo della scelta fra le migliori annate dei più pregiati vini locali e non solo.

Carta 36/62 €

via Sorio 30, località Marcemigo, Nord-Ovest: 1 km – ☎ 045 650 0133 – www.villadewinckels.it – Chiuso 1°-8 gennaio

🏠 **Villa De Winckels**　　　　　　　🎇 🐾 ⇔ 🍽 🅿

STORICO · PERSONALIZZATO Nella storica villa, belle e accoglienti camere dagli arredi in legno naturale; per chi desidera una soluzione più esclusiva, vi è la camera nell'antica torre poco distante.

7 cam ⊊ – ♦60/70 € ♦♦100/110 € – 4 suites

via Sorio 30, località Marcenigo, Nord-Ovest: 1 km – ☎ 045 650 0133 – www.villadewinckels.it – Chiuso 1°-8 gennaio

🍴 **Villa De Winckels** – Vedere selezione ristoranti

TREIA

Macerata – ✉ 62010 – 9 403 ab. – Alt. 342 m – Carta regionale n° **11**-C2
Carta stradale Michelin 563-M21

a San Lorenzo Ovest : 5 km ✉ 62010 – Treia

🌼 **Il Casolare dei Segreti**　　　　　　≤ 🐾 🏠 🛁 🅿

CUCINA MARCHIGIANA · CASA DI CAMPAGNA ✕✕ Conduzione familiare, giovane e motivata, per un ristorante che propone saporiti piatti regionali. Tra i più richiesti: ravioli al ragù di anatra e piccione allo spiedo.

Menu 30 € (pranzo)/45 € – Carta 32/43 €

contrada San Lorenzo 28 – ☎ 0733 216441 – www.casolaredeisegreti.it – solo a cena escluso domenica e festivi – Chiuso 2 settimane a novembre, lunedì e martedì

TREISO

Cuneo – ✉ 12050 – 820 ab. – Alt. 410 m – Carta regionale n° **14**-C2
Carta stradale Michelin 561-H6

🌼 **La Ciau del Tornavento** (Maurilio Garola)　　　🅱 ⇔ ≤ 🏠

CUCINA MODERNA · ELEGANTE ✕✕✕ In un elegante edificio degli anni '30, la sala si apre come un palcoscenico su un panorama collinare mozzafiato. Cucina creativa su basi langarole; la leggendaria cantina - ulteriormente ampliata con locali dedicati all'affinamento di formaggi e salumi - merita la visita a fine pasto.

→ Risotto al profumo di vaniglia, burrata, gamberi di Mazara e polvere di cappero. Filetto alla Rossini. Millefoglie di gianduja e arachidi salate con gelato di latte e menta.

Menu 85/95 € – Carta 52/118 €

4 cam ⊊ – ♦100/110 € ♦♦120/130 €

piazza Baracco 7 – ☎ 0173 638333 – www.laciaudeltornavento.it – Chiuso 1° febbraio-15 marzo, mercoledì e giovedì

‖○ Profumo di Vino

CUCINA TRADIZIONALE · WINE-BAR ⅩⅩ Ristorante e wine-bar: lo stile è contemporaneo, la cucina segue le stagioni e propone, a volte, percorsi gastronomici insoliti, ma sempre con un grande rispetto per la tradizione. A condurvi in questa scoperta, Guillermo Field Melendez, per gli amici "Memo"!

Menu 50/60 € – Carta 46/69 €

viale Rimembranza 1 ⊠ 12050 Treiso – ℰ 0173 638017 (consigliata la prenotazione) – www.profumo-divino.com – Chiuso 11 dicembre-12 gennaio, mercoledì a mezzogiorno e martedì

TREMEZZO
Como – ⊠ 22019 – 1 252 ab. – Alt. 225 m – Carta regionale n° **9**-A2
Carta stradale Michelin 561-E9

🏨 Grand Hotel Tremezzo

GRAN LUSSO · BORDO LAGO Testimone dei fasti della grande hôtellerie lacustre, questo splendido edificio d'epoca vanta, ora, anche una lussuosa T Spa panoramica, una piscina galleggiante sul lago e spiaggia privata. Fiocco azzurro per il neonato spazio "winter garden", ispirato alle antiche serre, ideale per un evento privato, un concerto, una conferenza, una sfilata.

77 cam ⌑ – ♦470/2200 € ♦♦470/2200 € – 13 suites

via Regina 8 – ℰ 0344 42491 – www.grandhoteltremezzo.com
– Aperto 10 aprile-3 novrmbre

🏠 Rusall

FAMILIARE · ACCOGLIENTE I pochi chilometri che lo separano dalle rive del lago sono ampiamente ripagati da una splendida vista e una location quieta e soleggiata a cui si aggiungono piacevoli zone relax e stanze dagli arredi rustici.

23 cam ⌑ – ♦95/125 € ♦♦124/150 €

via San Martino 2, (località Rogaro), Ovest: 1,5 km – ℰ 0344 40408
– www.rusallhotel.com – Chiuso 27 dicembre-22 marzo; aperto solo nei week-end 5 novembre-24 dicembre

🏠 Villa Marie

FAMILIARE · ACCOGLIENTE All'interno di un giardino con piccola piscina, una villa liberty-ottocentesca fronte lago con alcune delle stanze affrescate (più moderne le camere nella dépendance). Darsena con terrazza ed accesso al lago per rilassarsi.

21 cam ⌑ – ♦80/100 € ♦♦115/180 €

via Provinciale Regina 30 – ℰ 0344 40427 – www.hotelvillamarie.com – Aperto 1° aprile-31 ottobre

TREMITI (Isole)
Foggia – 374 ab. – Alt. 116 m – Carta regionale n° **15**-A1
Carta stradale Michelin 564-A28

San Domino (Isola) – ⊠ 71040 – ⊠ San Domino – Carta regionale n° **15**-A1

‖○ Da Pio

PESCE E FRUTTI DI MARE · FAMILIARE Ⅹ Sull'isola di San Domino, la più completa dell'arcipelago in quanto ad offerta turistica, cucina di mare con prodotti provenienti dal peschereccio di famiglia in un ambiente semplice, ma dal servizio gentile e attento.

🐟 Menu 18 € (pranzo)/45 € – Carta 23/52 €

via Aldo Moro 12 – ℰ 0882 463269 – Aperto 1° maggio-31 ottobre; chiuso lunedì a mezzogiorno

🏠 Levante

FAMILIARE · ACCOGLIENTE Cambia nome, ma non l'essenza (ovvero la gestione), questa struttura di piccole dimensioni con camere particolarmente confortevoli: differenti tra loro per tipologia di arredi ed accessori che spaziano dal classico all'etnico.

11 cam ⌑ – ♦50/150 € ♦♦78/190 €

via Matteotti snc – ℰ 0882 463767 – www.levantetremiti.it – Aperto 16 marzo-14 ottobre

San Domino   🏠 🍸 🛏 ఉ 🖾

FAMILIARE · FUNZIONALE Nella parte alta dell'isola, un hotel a conduzione familiare ospita ambienti dai piacevoli arredi in legno, ideale punto di appoggio per gli appassionati di sport acquatici. L'elegante ristorante propone la cucina tradizionale italiana.

25 cam ⌂ – ♦65/125 € ♦♦90/210 €

via Matteotti 1 – ☏ 0882 463404 – www.hotelsandomino.com – Aperto Pasqua-31 ottobre

TREMOSINE

Brescia – ⊠ 25010 – 1 918 ab. – Alt. 414 m – Carta regionale n° **9**-C2
Carta stradale Michelin 561-E14

Pineta Campi   🏠 🍸 ⋞ 🛏 ⌁ 🗔 🕉 ఔ ✗ 🖃 ఉ 🖾 🅿

TRADIZIONALE · ACCOGLIENTE I paesaggi del Parco Alto Garda Bresciano, l'infilata del lago cinto dalle alture, il confort di una struttura ideale per turisti e tennisti: regalatevi tutto questo! Anche una godereccia sosta gastronomica sulla panoramica terrazza estiva del ristorante.

76 cam ⌂ – ♦67/97 € ♦♦103/162 € – 1 suite

via Campi 2, località Campi-Voltino alt. 690 – ☏ 0365 912011 – www.hotelpinetacampi.com – Aperto 5 aprile-12 ottobre

Lucia   🏠 🍸 ⋞ 🛏 ⌁ 🕉 ఔ ✗ 🖃 ⚐ 🅿

FAMILIARE · ACCOGLIENTE Belle le zone esterne, con ampio giardino con piscina, una spaziosa terrazza-bar e comode stanze, site anche nelle due dépendance; ambiente familiare, tranquillo. Due vaste sale ristorante: l'una più elegante e di gusto retrò, l'altra di taglio rustico.

42 cam ⌂ – ♦50/90 € ♦♦100/135 €

via del Sole 2, località Arias alt. 460 – ☏ 0365 953088 – www.hotellucia.it – Aperto 10 aprile-12 ottobre

TRENTO

(TN) – ⊠ 38122 – 117 317 ab. – Alt. 194 m – Carta regionale n° **19**-B3
Carta stradale Michelin 562-D15

🍴 Ai Tre Garofani - Antica Trattoria   🍽 🖾 ⇄

CUCINA MODERNA · ELEGANTE XX Intelligente rivisitazione della cucina trentina in un locale che si è in parte rinnovato e raffinato nel look. Durante il mese di dicembre, in occasione dei celebri mercatini di Natale, la carta si fa più semplice e tradizionale.

Menu 50/70 € – Carta 34/65 €

via Mazzini 33 – ☏ 349 635 8908 (consigliata la prenotazione) – www.aitregarofani.com – Chiuso 1 settimana in febbraio, 1 settimana in novembre e domenica

🍴 Osteria a Le Due Spade   🍽 🖾

CUCINA CLASSICA · INTIMO XX Oltre quattrocento anni di storia e una stube settecentesca: è la meta di cene eleganti e romantiche in una sala intima e raccolta. Dalla cucina le specialità regionali alleggerite.

Menu 30 € (pranzo)/75 € – Carta 39/68 €

via Don Rizzi 11, ang. via Verdi – ☏ 0461 234343 (consigliata la prenotazione) – www.leduespade.com – Chiuso 1 settimana in giugno, 1 settimana in luglio, lunedì a mezzogiorno e domenica

🍴 Scrigno del Duomo   🕸 🍽 🖾 ⇄

CUCINA MODERNA · ACCOGLIENTE XX Sulla piazza centrale - gioiello architettonico della città - il locale occupa un bel palazzo, in cui si rintracciano tutte le vicende storiche che hanno coinvolto il capoluogo trentino. Il menu è un intreccio di preparazioni sofisticate e creative, nonché proposte più semplici e regionali, sempre accompagnato da un'ottima selezione di vini al calice.

Carta 44/73 €

piazza Duomo 29 – ☏ 0461 220030 – www.scrignodelduomo.com

🏨 Grand Hotel Trento   ✿ 🎐 ⬆ AC ⚒ 🚗

PALACE · CLASSICO Interni imponenti con esposizione d'arte contemporanea e camere più semplici, spesso spaziose, in un edificio *art déco* tra il centro, la stazione dei treni ed i giardini. Buona varietà di servizi, tra cui anche un'area benessere; sala a semicerchio o gradevole dehors per il ristorante Clesio, tra tradizione gastronomica locale e classicità italiana.

130 cam � – 🛏97/232 € 🛏🛏117/252 € – 6 suites

piazza Dante 20 – 𝒞 0461 271000 – www.grandhoteltrento.com

🏨 NH Trento   ✿ 𝕃⚒ ⬆ AC ⚒ 🚗

BUSINESS · MODERNO Camere luminose con un concept di arredo moderno e colorato, dotate delle più attuali installazioni: una bella new entry nel panorama alberghiero cittadino, a due passi dal museo delle Scienze, Muse.

89 cam ♵ – 🛏70/280 € 🛏🛏80/320 €

via Adalberto Libera 7, per via Roberto Sanseverino – 𝒞 0461 366111
– www.nh-hotels.com

🏨 America   𝕃⚒ ⬆ AC ⚒

TRADIZIONALE · ACCOGLIENTE Nel 1923, un membro della famiglia di ritorno dall'America fondò l'albergo: ancora oggi vi si accolgono i clienti con immutata cortesia. Consigliamo le camere con pregevole vista sul Castello del Buonconsiglio, meglio ancora se con terrazzo.

67 cam ♵ – 🛏75/105 € 🛏🛏110/160 €

via Torre Verde 50 – 𝒞 0461 983010 – www.hotelamerica.it

🏠 San Giorgio della Scala   ⬅ ⬆ P

FAMILIARE · TRADIZIONALE In frazione Piedicastello, in posizione dominante sulla città e la valle, risorsa funzionale con camere arredate in stile rustico, molte delle quali provviste di balcone o terrazzo. Buon rapporto qualità/prezzo.

14 cam ♵ – 🛏45/55 € 🛏🛏70/85 €

via Brescia 133 – 𝒞 0461 238848 – www.garnisangiorgio.it

🏨 Aquila d'Oro   ⬆ AC ⚒

TOWNHOUSE · DESIGN Design hotel con camere diverse l'una dall'altra (già a partire dal nome), ma tutte dotate di svariati confort, alcune provviste di angolo wellness con doccia multifunzione e sauna romana. Appuntamento allo street bar per un aperitivo o per propiziarsi bene la giornata con una ricca prima colazione.

16 cam ♵ – 🛏70/120 € 🛏🛏120/200 €

via Belenzani 76 – 𝒞 0461 986282 – www.aquiladoro.it

a Cognola Est : 3 km per Padova ✉ 38121

🍽 Villa Madruzzo   ⬅ ☂ ⬇ P

CUCINA REGIONALE · AMBIENTE CLASSICO XX Articolata scelta à la carte, con diversi piatti regionali, qualcuno nazionale ed un po' di pesce, da gustare nella sala principale affacciata sul parco o nella più piccola ospitata nella ex cappella della villa.

Menu 32 € – Carta 35/59 €

Hotel Villa Madruzzo, via Ponte Alto 26 ✉ 38121 – 𝒞 0461 986220
– www.villamadruzzo.com – Chiuso domenica

🏨 Villa Madruzzo   ⌂ ⬅ ⬅ 🖼 🎐 ⬆ ⬇ ⚒ P

TRADIZIONALE · PERSONALIZZATO Sulle alture intorno a Trento, splendida villa dell'Ottocento, le cui camere riprendono l'atmosfera volutamente retrò della dimora: carta da parati, tappeti e tendaggi colorati. Di moderno c'è – però – la zona benessere con piscina e due cabine per trattamenti estetici.

84 cam ♵ – 🛏77/103 € 🛏🛏130/165 € – 2 suites

via Ponte Alto 26 ✉ 38121 – 𝒞 0461 986220 – www.villamadruzzo.com

🍽 **Villa Madruzzo** – Vedere selezione ristoranti

a Ravina Sud : 4 km per Verona ✉ 38123

✿✿ Locanda Margon ⇐ 🍴 🏠 ᴴ 🅰🅒 🅿

CUCINA CREATIVA · ELEGANTE XxX Imperdibile due stelle alle porte di Trento, nonché magnifica residenza alpina, Locanda Margon è un raffinato santuario della cucina trentina, in zona collinare con vista mozzafiato sulla città. Esperienza, tocco personale, dinamismo è quanto richiesto dalla famiglia Lunelli, proprietari del locale e delle Cantine Ferrari, a chi sta in cucina.

Complice la location, alcune proposte sono legate a doppio filo con le grandi etichette della zona: territorio e tradizioni restano dunque punti fermi su cui costruire. Lavorare in città di piccole estensioni come Trento offre, infatti, la possibilità di stabilire una relazione più diretta con la terra e con i produttori, che a loro volta diventano parte integrante e imprescindibile di un'esperienza a tutto tondo.

Per momenti meno impegnativi, la Veranda soddisfa gli ospiti con piatti più semplici, ma altrettanto gustosi.

→ Gnocchi di patate, soffice di patate, salmerino e polvere di patate. Suinetto orvietano con sedano rapa ai capperi e dolce-forte di peperoni. Mela pensando allo strudel.

Menu 90 € – Carta 77/127 €

via Margone 15 – 𝒞 0461 349401 (consigliata la prenotazione)
– www.locandamargon.it – Chiuso 26 dicembre-8 gennaio, 6-20 agosto, domenica sera e martedì

TREPORTI Venezia (VE) → Vedere Cavallino

TREQUANDA
Siena – ✉ 53020 – 1 254 ab. – Alt. 453 m – Carta regionale n° **18**-C2
Carta stradale Michelin 563-M17

⊛ Il Conte Matto ⇦ ⇐ 🏠 🅰🅒

CUCINA REGIONALE · RUSTICO X La trecentesca abitazione del guardiacaccia del castello si è stata trasformata in una "vetrina" di prodotti toscani con terrazza panoramica sulle colline e dalle camere scorci della campagna circostante. Specialità: pici al ragù di chianina - tagliata di vitellone ai tre sali e aromi dell'orto - cantucci e vino liquoroso.

Menu 35 € – Carta 26/52 €

3 cam ⌷ – ♦45/60 € ♦♦60/80 €

via Taverne 40 – 𝒞 0577 662079 (prenotare) – www.contematto.it – solo a cena in agosto-settembre – Chiuso 1 settimana in dicembre, febbraio, martedì a mezzogiorno e lunedì

TRESCORE BALNEARIO
Bergamo – ✉ 24069 – 9 951 ab. – Alt. 305 m – Carta regionale n° **10**-D1
Carta stradale Michelin 561-E11

✿ LoRo (Pierantonio Rocchetti) 🅰🅒 🅿

CUCINA CREATIVA · ELEGANTE XxX Una casa di origini seicentesche, soffitti in mattoni e camini: in un quadro di sobria eleganza, è la cucina ad accelerare con piatti fantasiosi, talvolta anche nella ricerca dei prodotti o in accostamenti originali.

→ Gnocchi al pomodoro ripieni di mozzarella di bufala con gazpacho e crema al basilico. La triglia: guazzetto di vongole e lumache di terra. Crema di cioccolato e rhum racchiuso in una sfera di lampone, ganache al mango e il suo sorbetto.

Menu 70/90 € – Carta 65/128 €

via Bruse 2 – 𝒞 035 945073 – www.loroandco.com
– solo a cena escluso sabato e domenica
– Chiuso 1°-7 gennaio, 3 settimane in agosto e lunedì

🍴○ **LoRo & Co Bistrò** – Vedere selezione ristoranti

🍴○ **LoRo & Co Bistrò** 🔲 🔲

CUCINA REGIONALE · BISTRÒ ※ Un vero e proprio bistrot per una cucina più easy, fatta di salumi, formaggi, ma anche pesce e carne, oltre a una buona lista di pizze: quest'ultime, l'orgoglio dei proprietari!

🍽 Menu 16 € (pranzo in settimana) – Carta 36/76 €

via Bruse 2/a – ☎ 035 940999 – www.loroandco.com – Chiuso 1°-8 gennaio, 2 settimane in agosto e lunedì

TREVENZUOLO

Verona – ✉ 37060 – 2 753 ab. – Carta regionale n° **23**-A3
Carta stradale Michelin 562-G14

a Fagnano Sud : 2 km ✉ 37060 – Trevenzuolo

🍴○ **Trattoria alla Pergola** 🔲

CUCINA CLASSICA · CONTESTO TRADIZIONALE ※ Semplice ma invitante, di quelle che ancora si trovano in provincia; giunta con successo alla terza generazione, la trattoria propone la classica cucina del territorio, risotti e bolliti al carrello come specialità.

Carta 26/47 €

via Nazario Sauro 9 – ☎ 045 735 0073 – Chiuso 24 dicembre-9 gennaio, 10 luglio-31 agosto, domenica e lunedì

TREVIGLIO

Bergamo – ✉ 24047 – 29 706 ab. – Alt. 125 m – Carta regionale n° **10**-C2
Carta stradale Michelin 561-F10

🌼 **San Martino** (Vittorio Colleoni) 🔲 🔲 🔲 🔲 🔲 🔲

PESCE E FRUTTI DI MARE · ELEGANTE ※※ Una delle cucine più convincenti del territorio: tanto pesce, tra cui i classici ereditati dall'esperienza paterna, ma anche la creatività introdotta dalla nuova generazione. Chi desidera prolungare il soggiorno troverà camere spaziose dall'eleganza contemporanea e raffinata.

→ Ravioli di cipolla rossa e agrumi con astice all'americana. Trancio di rombo, funghi, mirtilli, salsa d'arrosto. La spugna di cioccolato.

Menu 110 € (cena)/150 € – Carta 80/145 €

15 cam ☲ – †95/115 € ††140/180 € – 3 suites

viale Cesare Battisti 3 – ☎ 0363 49075 (consigliata la prenotazione) – www.sanmartinotreviglio.it – solo a cena – Chiuso 26 dicembre-10 gennaio, 15 giugno-31 agosto, domenica e lunedì

TREVIGNANO ROMANO

Roma – ✉ 00069 – 5 725 ab. – Alt. 220 m – Carta regionale n° **7**-B2
Carta stradale Michelin 563-P18

🍴○ **Acquarella** 🔲 🔲 🔲 🔲 🔲

PESCE E FRUTTI DI MARE · CONTESTO TRADIZIONALE ※※ Direttamente sul lago che lambisce con il suo giardino e con il suo pontiletto - una favola soprattutto in estate quando si può mangiare sotto il grande gazebo - il locale si farà ricordare per le fragranti specialità di pesce, sia di mare che d'acqua dolce, pur non mancando qualche piatto di carne, oltre alle paste fresche fatte in casa.

Carta 27/80 €

via Acquarella 4, Sud-Est: 6 km – ☎ 06 998 5361 – www.ristoranteacquarella.it – Chiuso 7-20 gennaio e martedì

TREVINANO Viterbo → Vedere Acquapendente

TREVISO

(TV) – ✉ 31100 – 83 731 ab. – Alt. 15 m – Carta regionale n° **23**-A1
Carta stradale Michelin 562-E18

❄️ Undicesimo Vineria (Francesco Brutto) 🏠 🅰️🅲

CUCINA MODERNA · DI TENDENZA XX Forte del fatto che ai fornelli vi è uno chef di grande talento, giovane ma con buone esperienze alle spalle, la formula vincente di questo ristorante-vineria si riassume in poche parole: ottime materie prime elaborate con tecnica e modernità.

→ Tortellini di tamarindo fermentato con doppia panna. Piccione, garusoli, bietola, limone bruciato e cardamomo verde. Sottobosco!

Carta 58/110 €

via della Quercia 8 – ✆ 0422 210460 (consigliata la prenotazione)
– www.vineria.it – Chiuso sabato a mezzogiorno e domenica; lunedì a
mezzogiorno aperto solo su prenotazione

🍴 Antico Morer 🏠 🅰️🅲

PESCE E FRUTTI DI MARE · CHIC XX Non lontano dal Duomo, questo storico locale prende il nome da una pianta di gelso - morer, in dialetto - situata davanti all'ingresso, ma che ora non c'è più. Oggi, sotto a travi di legno, in un ambiente sobrio (tendente all'elegante), potrete gustare sapori di mare con tanto spazio ai crudi.

Carta 40/84 €

via Riccati 28 – ✆ 0422 590345 – www.ristoranteanticomorertreviso.com – Chiuso
10 giorni in febbraio, 2 settimane in agosto, domenica sera e lunedì

🍴 Il Basilisco 🏠 🅰️🅲 🅿️

CUCINA CLASSICA · VINTAGE XX Il ristorante ruota attorno alla personalità dello chef-patron che costruisce il menu giorno per giorno, partendo dalla spesa quotidiana: pesce, soprattutto "povero", ma anche carne con tagli atipici e quinto quarto. Il tutto fuori dal centro, in un ambiente pop tra anni Cinquanta e Sessanta.

Carta 32/60 €

via Bison 34 – ✆ 0422 541822 – www.ristorantebasilisco.com – Chiuso 15 giorni in
agosto, lunedì a mezzogiorno e domenica

🍴 Toni del Spin 🅰️🅲

CUCINA REGIONALE · RUSTICO X Storica trattoria riccamente decorata con menu esposto su lavagne, dove poter mangiare in un ambiente raccolto e caratteristico terminando con l'invitante carrello dei dolci. Di fronte al locale il winebar: qui la scelta si fa tra molte etichette di qualità.

Carta 22/66 €

via Inferiore 7
– ✆ 0422 543829 – www.ristorantetonidelspin.com
– Chiuso 1°-15 agosto, lunedì a mezzogiorno, anche domenica in giugno-agosto

🏠 Il Focolare 🅰️🅲

FAMILIARE · PERSONALIZZATO Nel cuore del centro storico, una piccola bomboniera a gestione familiare: spazi comuni ridotti ma camere accoglienti, una con letto a baldacchino mentre, se non vi spaventano le scale, la n. 34 al terzo piano offre una vista da cartolina su di un canaletto.

14 cam ☑ – †75/80 € ††90/120 €

piazza Ancillotto 4 – ✆ 0422 56601 – www.ilfocolarehotel.com

🏠 Maison Matilda 🅰️🅲 🚗

CASA PADRONALE · PERSONALIZZATO Siete in città per lavoro? Oppure per turismo? Questa elegante casa del centro, dotata di piccolo garage a pagamento, garantirà al vostro riposo un contorno di charme ricreato con mobili d'antiquariato dalle origini più disparate e messi - uno accanto all'altro - con uno stile "asciutto" eppure ricercato.

6 cam ☑ – †165/192 € ††185/209 €

via Jacopo Riccati 44 – ✆ 0422 582212 – www.maisonmatilda.com – Chiuso
3 settimane in agosto

TREZZANO SUL NAVIGLIO

Milano – ⊠ 20090 – 20 790 ab. – Alt. 116 m – Carta regionale n° **10**-B2
Carta stradale Michelin 561-F9

🍴○ **Bacco e Arianna** ⓝ   🕭 🅰🅲 🅿

CUCINA MODERNA • **CONTESTO CONTEMPORANEO** ✗✗ Raccolto, curato negli arredi, con piatti che seguono le stagioni e un gusto moderno negli accostamenti, nonché presentazioni, nel solco della tradizione lombarda. Una piacevole scoperta, a due passi da Milano.

Menu 29 € (in settimana)/48 € – Carta 51/75 €

via Circonvallazione 1 – ☎ 02 4840 3895 (prenotare) – www.baccoearianna.net – Chiuso sabato a mezzogiorno e domenica

TREZZO SULL'ADDA

Milano – ⊠ 20056 – 12 063 ab. – Alt. 187 m – Carta regionale n° **10**-C2
Carta stradale Michelin 561-F10

🏨 **Villa Appiani**   �+= 🅰🅲 🛁 🅿

DIMORA STORICA • **MODERNO** A pochi km dai caselli autostradali di Capriate e Trezzo sull'Adda, la nobile villa settecentesca che ospita l'hotel colpisce per i suoi interni dai cromatismi intensi e per il design decisamente contemporaneo. Cucina regionale nel ristorante piacevolmente rustico, la cui "cave" custodisce etichette di pregio.

38 cam ⊊ – ♦76/480 € ♦♦97/490 €

via Sala 17 – ☎ 02 9200 2410 – www.villappiani.it – Chiuso 24 dicembre-7 gennaio e agosto

TRICESIMO

Udine – ⊠ 33019 – 7 600 ab. – Alt. 199 m – Carta regionale n° **6**-C2
Carta stradale Michelin 562-D21

🕲 **Miculan**   🏠 🅰🅲

CUCINA REGIONALE • **FAMILIARE** ✗ Sulla piazza di Tricesimo un piccolo bar, frequentatissimo dalla gente del posto, fa da "anticamera" a questa tipica trattoria, che custodisce un significativo retaggio del passato: il caratteristico camino, el fogher, nonché specialità regionali e qualche divagazione sul pescato. L'ispettore consiglia: pasta fresca fatta in casa con ragù di anatra - costicine di agnello - tris della casa.

Menu 30/35 € – Carta 30/44 €

piazza Libertà 16 – ☎ 0432 851504 – www.trattoriamiculan.com – Chiuso 2 settimane in giugno, mercoledì e giovedì

TRIESTE

(TS) – ⊠ 34121 – 204 420 ab. – Carta regionale n° **6**-D3
Carta stradale Michelin 562-F23

🕸 **Harry's Piccolo**   🏠 🅰🅲

CUCINA ITALIANA • **VINTAGE** ✗✗ Inaugurato negli anni '70 dallo stesso Arrigo Cipriani, dell'omonimo locale veneziano riprende lo stile dell'arredo. Vi si respira un'atmosfera accogliente ed elegante, un vero salotto nel cuore di Trieste. A tutto ciò si aggiunge la sala gourmet del "Piccolo": ricette intriganti e creative a chilometro "vero" (in estate anche all'aperto). Sempre disponibile la proposta del bistrò a pranzo e a cena; dall'autunno 2018 anche una deliziosa pasticceria.

→ Risotto all'acqua di pomodoro, polvere di cappero, basilico, acciughe, plancton. Branzino, guazzetto piccante, cozze, vongole, pane raffermo, menta. Bisquit alle more, panna cotta al mirtillo e gelato al mascarpone.

Menu 110/195 € – Carta 66/109 €

Grand Hotel Duchi d'Aosta, piazza Unità d'Italia 2 ⊠ 34121 – ☎ 040 660606 – www.harrystrieste.it – solo a cena – Chiuso domenica e lunedì

⫿○ Menarosti ❶   🛖 🄰🄲

PESCE E FRUTTI DI MARE · AMBIENTE CLASSICO ✗✗ Uno storico ristorante presente in città dal 1903: ambienti caldi e accoglienti, per una cucina di mare che ha nella qualità della materia prima la sua forza. Le elaborazioni volutamente semplici esaltano i sapori.

Menu 50 € – Carta 31/68 €

via del Toro 12 – 𝒞 040 661077 (consigliata la prenotazione)
– Chiuso 8-15 gennaio, 20 luglio-20 agosto, domenica sera e lunedì

⫿○ Pepenero Pepebianco   🄰🄲

CUCINA MODERNA · CONTESTO CONTEMPORANEO ✗✗ Non lontano dalla stazione, locale di taglio moderno gestito con passione da una simpatica coppia: ricette stuzzicanti dove territorio e pesce sono proposti in chiave moderno-creativa. Aperto anche a mezzogiorno, previa prenotazione da effettuarsi almeno con un giorno di anticipo.

Menu 31/67 € – Carta 41/86 €

via Rittmeyer 14/a ✉ 34134
*– 𝒞 040 760 0716 – www.pepeneropepebianco.it – solo a cena – Chiuso
1 settimana in gennaio, 3 settimane in giugno-luglio e domenica*

⫿○ Scabar   ⇐ 🛖 & 🅿

PESCE E FRUTTI DI MARE · FAMILIARE ✗✗ La cordiale gestione familiare vi condurrà in un *excursus* di specialità ittiche e locali, in sale di tono classico o sulla panoramica terrazza. Non è facile da raggiungere, ma merita la sosta... del resto, non per niente, sono qui da 50 anni!

Carta 40/73 €

Erta Sant'Anna 63 ✉ 34149 – 𝒞 040 810368 (consigliata la prenotazione)
– www.scabar.it – Chiuso lunedì

⫿○ Al Bagatto   🕸 🄰🄲 ⇔

PESCE E FRUTTI DI MARE · INTIMO ✗ Piccolo ristorante del centro dai toni caldamente rustici e dall'atmosfera signorile (ci sono anche due salette private - una intima, solo per due ed un altra leggermente più grande). Sulla tavola: piatti a base di pesce con un tocco di modernità.

Menu 60/80 € – Carta 51/79 €

via Cadorna 7 ✉ 34124 – 𝒞 040 301771 (coperti limitati, prenotare)
– www.albagatto.it – solo a cena – Chiuso domenica

🏨 Starhotels Savoia Excelsior Palace   🍸 ⇐ 🕴 ⊡ & 🄰🄲 🖈

PALACE · ELEGANTE Nel cuore della città, affacciato sul golfo di Trieste, l'hotel ripropone il fascino di un imponente palazzo dei primi '900, arricchito da design moderno e confort up-to-date. Originale lounge illuminata da un grande lucernario che ricorda i giardini d'inverno della *Belle Epoque*.

144 cam ⌑ – 🛏130/500 € 🛏🛏150/500 € – 36 suites

riva del Mandracchio 4 ✉ 34124
– 𝒞 040 77941 – www.starhotels.com

🏨 Grand Hotel Duchi d'Aosta   🔲 🏵 ⊡ 🄰🄲

LUSSO · PERSONALIZZATO In una delle piazze più scenografiche e suggestive del Bel Paese, interni di sobria eleganza - particolarmente nelle piacevoli camere, tutte personalizzate - ed un centro benessere dal nome fortemente evocativo: Thermarium Magnum. Non manca di originalità la moderna dépendance, Vis-à-Vis, con esposizioni di artisti contemporanei.

49 cam ⌑ – 🛏110/268 € 🛏🛏119/500 €

piazza Unità d'Italia 2 ✉ 34121
– 𝒞 040 760 0011 – www.magesta.eu
    ❀ **Harry's Piccolo** – Vedere selezione ristoranti

🏨 Coppe ⬚ ⅊ AC 🔊

BUSINESS · MODERNO In un palazzo del '700 sotto la tutela delle Belle Arti, moderno design per un albergo di recente apertura caratterizzato da camere di diversa tipologia, alcune particolarmente romantiche: ampio letto rotondo, fibre ottiche sul soffitto e note musicali alle pareti.

36 cam ♙ – ⬧100/210 € ⬧⬧135/280 € – 6 suites
via Mazzini 24 ✉ 34121 – ☎ 040 761614 – www.hotelcoppetrieste.it

🏨 Urban Hotel Design ⬚ ⅊ AC 🔊

TRADIZIONALE · MINIMALISTA Nella mitteleuropea Trieste, hotel di taglio moderno nato dalla fusione di palazzi rinascimentali: particolare la sala colazioni il cui pavimento propone le vestigia romane dell'antico muro di cinta della città, belle le camere.

40 cam ♙ – ⬧80/300 € ⬧⬧90/500 € – 6 suites
via Androna Chiusa 4 ✉ 34121 – ☎ 040 302065 – www.urbanhotel.it

🏨 Colombia ⬚ AC

TRADIZIONALE · CLASSICO Centrale, nonché poco distante dalla stazione, hotel dagli spazi comuni limitati, ma gradevolmente moderni, con arredi piacevoli sia negli spazi comuni sia in alcune camere.

40 cam ♙ – ⬧60/140 € ⬧⬧80/200 €
via della Geppa 18 ✉ 34132 – ☎ 040 369191 – www.hotelcolombia.it

🏠 Italia ⬚ ⅊ AC

TRADIZIONALE · FUNZIONALE Non lontano dalla stazione, nel cuore della città, un hotel comodo e funzionale, dove gli spazi comuni non sono amplissimi, ma le camere sì!

38 cam ♙ – ⬧50/120 € ⬧⬧75/175 €
via della Geppa 15 ✉ 34132 – ☎ 040 369900 – www.hotel-italia.it

a Grignano Nord: 5 km direzione Gorizia ✉ 34014

🏨 Riviera e Maximilian's ⛲ ⬳ 🛏 🕸 ⟆ ⬚ AC 🔊 🅿

TRADIZIONALE · ELEGANTE In una villa di fine '800, poco distante dal castello di Miramare, l'elegante atmosfera e tranquillità della costa carsica sono il contorno di questo hotel ristrutturato in anni recenti a cui ora si è aggiunto anche un centro benessere. Piu moderne le camere collocate nell'ala dalla vista mare mozzafiato.

47 cam ♙ – ⬧110/300 € ⬧⬧120/500 € – 2 suites
strada costiera 22 – ☎ 040 224551 – www.magesta.eu

🏠 Miramare ⛲ ⬳ ⬚ ⅊ AC 🌣 🅿

BUSINESS · MINIMALISTA A breve distanza dall'omonimo castello, un hotel moderno che propone ambienti confortevoli, arredati in tenue e rilassanti tonalità, nel contemporaneo gusto minimalista.

32 cam ♙ – ⬧79/249 € ⬧⬧89/389 €
via Miramare 325/4 – ☎ 040 224 7085 – www.hotelmiramaretrieste.it

TRINITÀ D'AGULTU Sardegna

Olbia-Tempio (OT) – ✉ 07038 – 2 211 ab. – Alt. 365 m – Carta regionale n° **16**-A1
Carta stradale Michelin 366-O38

ad Isola Rossa Nord-Ovest : 6 km ✉ 07038 – Trinità D'Agultu

🏨 Marinedda Thalasso & SPA ⛲ 🌿 ⬳ 🛏 ⟆ 🌐 🕸 🛋 🌣 ⟆ ⅊ AC 🌣 🅿

LUSSO · MEDITERRANEO Tipica struttura sarda in sasso e tufo a pochi metri dalla spiaggia, consta di interni ben arredati, piscine panoramiche, campi da tennis e da calcetto, nonchè talassoterapia in un centro benessere di 2500 mq completo di tutto punto.

195 cam ♙ – ⬧200/460 € ⬧⬧260/540 € – 46 suites
località Marinedda – ☎ 0789 790018 – www.hotelmarinedda.com – Aperto 1° maggio-30 settembre

Relax Torreruja Thalasso & SPA 🏡 ≤ 🛏 🍴 📶 💈 📱 🔌 🅰️ ✂️

LUSSO · MEDITERRANEO In prossimità di incantevoli calette di roccia 🅿️ rossa, un villaggio-hotel con camere in stile mediterraneo, alcune recentemente rinnovate, e servizi idonei per una vacanza di relax... non fosse altro che per la superba spa: 1200 mq di assoluto benessere!

124 cam – solo ½ P 98/178 € – 11 suites

via Tanca della Torre – ☎ 0789 790018 – www.hoteltorreruja.com
– Aperto 1° maggio-30 settembre

TRIPI

Messina (ME) – ✉ 98060 – 873 ab. – Alt. 450 m – Carta regionale n° **17**-D2
Carta stradale Michelin 565-M27

 La Rosa dei Venti 🏡 ≤ 🛏 📱 💈 🅰️ ✂️ 🍴 🅿️

TRADIZIONALE · ELEGANTE Posizione collinare da cui si può ammirare un panorama stupendo che spazia dal golfo di Tindari a Capo Milazzo, con le meravigliose isole Eolie sullo sfondo, in questa bella struttura dall'eleganza vagamente barocca, sorretta da un'eccellente cura nella tenuta e nella conduzione.

20 cam ⌑ – †50/70 € ††80/100 € – 2 suites

via Garibaldi 1, località Campogrande, Nord: 6,5 km – ☎ 0941 801020
– www.larosadeiventihotel.it – Chiuso gennaio

TROFARELLO

Torino – ✉ 10028 – 11 010 ab. – Alt. 276 m – Carta regionale n° **12G**-B2
Carta stradale Michelin 561-H5

🍴 **La Valle** 🎋 🍴 🅰️

CUCINA CLASSICA · ACCOGLIENTE XX In zona tranquilla appena fuori paese, un locale ben gestito dallo chef-patron che propone una cucina moderna, ma non scevra di spunti del territorio. Attenzione massima è riservata alla stagionalità ed alle erbe spontanee e, per completare l'offerta, c'è anche una discreta scelta di piatti a base di pesce.

Menu 50/60 € – Carta 47/82 €

via Umberto I 25, località Valle Sauglio, Nord: 1,5 km – ☎ 011 649 9238 (consigliata la prenotazione) – www.ristorantelavalle.it – Chiuso mercoledì

TROPEA

Vibo Valentia – ✉ 89861 – 6 441 ab. – Carta regionale n° **3**-A2
Carta stradale Michelin 564-K29

a Santa Domenica Sud-Ovest : 6 km ✉ 89866

🏡 **Cala di Volpe** 🏡 🛏 ≤ 🍴 🛏 💈 🍴 ⛰️ 💈 🅿️

TRADIZIONALE · MEDITERRANEO Immersi in un lussureggiante giardino tropicale, avrete la possibilità di trascorrere una vacanza optando per la formula hotel o residence, accomodati in camere semplici (meglio le poche con aria condizionata), mare e spiaggia ai vostri piedi. Ristorante panoramico, suggestivo nei mesi estivi: da poco c'è anche la pizzeria.

82 cam ⌑ – †100/240 € ††100/240 €

contrada Torre Marino – ☎ 0963 669222 – www.caladivolpe.it – Aperto 11 maggio-21 ottobre

a Ricadi Sud-Est : 7 km ✉ 89866

🏡 **Sunshine Club Hotel** 🏡 🛏 🍴 🛏 🍴 📶 💈 🍴 ⛰️ 📱 🅰️ ✂️ 🅿️

TRADIZIONALE · MEDITERRANEO Una struttura polivalente che si prefigge - con successo - di soddisfare ogni tipo di clientela: da quella business grazie alla sua area congressuale, a quella leisure in cerca di relax e benessere (quest'ultimi conseguibili presso la moderna spa). Per tutti, la bella piscina ed un'animazione discreta e poco pressante.

59 cam ⌑ – †79/142 € ††79/142 €

località Petto Bianco – ☎ 0963 665713 – www.sunshinehotel.it – Chiuso gennaio-marzo

Capo Vaticano Sud-Ovest : 10 km ⊠ 89866 – San Nicolò Di Ricadi

🏠 Capovaticano Resort Thalasso & Spa

🕭 🦢 ≼ 🛏 ⌇ 🗔 ⑩ 🐾 ♨ ✖ ☺ 🖩 🗚 🕸 🕃 **P**

LUSSO · LUNGOMARE In uno scenario naturale di grande impatto, direttamente sul mare e all'orizzonte le isole Eolie, un albergo di grande fascino con camere dai caldi cromatismi, tutte vista mare. Il centro talassoterapico è un'altra importante realtà della risorsa: 3000 mq di eccellenza con tre piscine, cabine attrezzate, personale qualificato.

123 cam ⌷ – ♦170/600 € ♦♦170/600 €

località Tono – *☎ 0963 665760* – *www.capovaticano.it* – *Aperto 1° maggio-30 ottobre*

TRULLI (Regione dei) Bari e Taranto

TURI
Bari (BA) – ⊠ 70010 – 13 046 ab. – Alt. 250 m – Carta regionale n° **15**-C2
Carta stradale Michelin 564-E33

🍴○ **Menelao a Santa Chiara**   🗚

CUCINA CREATIVA · ELEGANTE ✗✗✗ Nel cuore del centro storico, in un palazzo signorile del 1700 totalmente ristrutturato, un ambiente elegante ed originale distribuito su più piani collegati da un ascensore. La sua cucina creativa trae spunto dal territorio e dal mare. Eventualmente aperto anche a pranzo, ma solo su prenotazione e con almeno un giorno di anticipo.

Menu 60 € – Carta 35/88 €

via Sedile 45 – *☎ 080 891 1897 (prenotazione obbligatoria a mezzogiorno)* – *www.menelaoasantachiara.it* – *Chiuso domenica sera e mercoledì*

UDINE
(UD) – ⊠ 33100 – 99 169 ab. – Alt. 113 m – Carta regionale n° **6**-C2
Carta stradale Michelin 562-D21

🍴○ **Hostaria alla Tavernetta**   🗚 🕃

CUCINA REGIONALE · ROMANTICO ✗✗ Intimo, romantico ma anche veloce e informale. Una proposta variegata con cucina locale che spazia dal mare alla terra senza esclusione di tartufi e una buona rappresentanza per...Bacco! Introdotta a pranzo anche una formula business - al piano inferiore - più semplice e con prezzi contenuti.

Carta 33/81 €

via Artico di Prampero 2 – *☎ 0432 501066* – *www.allatavernetta.com* – *Chiuso 1 settimana in gennaio, 2 settimane in agosto, domenica e lunedì; sabato a mezzogiorno, lunedì a mezzogiorno e domenica in giugno-agosto*

🍴○ **Pepata di Corte**   🗚

PESCE E FRUTTI DI MARE · DI TENDENZA ✗✗ Il trittico delle "certezze" - dalla pepata di cozze in rosso con crostoni croccanti allo spaghetto con le vongole (servito in rustici cocci), passando per il fritto misto - allarga le braccia per accogliere piatti in prevalenza di mare accompagnati da ottimi vini, nonché un'interessante selezione di birre.

Menu 40 € – Carta 26/59 €

corte Savorgnan 12 – *☎ 0432 294583* – *www.pepatadicorte.com* – *Chiuso 20 giorni in luglio e lunedì*

🍴○ **Vitello d'Oro**   🗚 🕃

PESCE E FRUTTI DI MARE · ELEGANTE ✗✗ Locale storico sito in pieno centro e già citato in un articolo di giornale a metà Ottocento; elegante e "caldo" grazie alla preziosa boiserie, in inverno il camino viene sempre acceso. Nel piatto, una sola passione: il mare!

Menu 55/65 € – Carta 39/79 €

via Valvason 4 – *☎ 0432 508982 (consigliata la prenotazione)* – *www.vitellodoro.com* – *Chiuso 2 settimane in agosto e lunedì a mezzogiorno, anche domenica in giugno-settembre e mercoledì negli altri mesi*

ⅈO **Alla Vedova**

GRIGLIA · CONTESTO REGIONALE Benché in posizione periferica, da oltre un secolo questa trattoria furoreggia tra i clienti. Merito del piacevole ambiente rustico - fra trofei di caccia e pentole in rame - delle specialità locali, ma soprattutto della griglia a carbone che troneggia in sala per la cottura delle carni.

Carta 27/47 €

via Tavagnacco 9, 3 km per viale Volontari della Libertà - ℰ *0432 470291*
- www.trattoriaallavedova.it - Chiuso 11-25 agosto, domenica sera e lunedì

🏨 **Ambassador Palace**

PALACE · CLASSICO A due passi dal centro storico, affacciato su una piazza con un bel giardino, l'albergo non si piega alle mode dei tempi e propone camere dallo stile classico ed intramontabile, particolarmente eleganti i bagni.

78 cam ☲ - ♦79/179 € ♦♦89/199 € - 2 suites

via Carducci 46 - ℰ *0432 503777 - www.ambassadorpalacehotel.it*

🏨 **Astoria Hotel Italia**

TRADIZIONALE · CLASSICO Camere e aree comuni in stile classico per questa struttura in pieno centro, ideale punto di riferimento per chi cerca prestigio, eleganza e comodità alloggiando nel più antico hotel di Udine. Atmosfera luminosa al ristorante, la cucina spazia dal classico al regionale.

70 cam ☲ - ♦75/140 € ♦♦90/180 € - 5 suites

piazza 20 Settembre 24 - ℰ *0432 505091 - www.hotelastoria.udine.it*

🏨 **Là di Moret**

TRADIZIONALE · MODERNO Biosauna, bagno turco, idromassaggio, docce emozionali, piscina e tanto ancora nei piacevoli spazi del centro benessere; chi si trova a soggiornare qui per motivi di lavoro troverà camere comode e ben accessoriate. Atmosfera moderna all'Insolito Moret, ristorante ideale per un pasto veloce a buon prezzo.

81 cam ☲ - ♦75/120 € ♦♦85/140 € - 5 suites

viale Tricesimo 276, 2 km per viale Volontari della Libertà - ℰ *0432 545096*
- www.ladimoret.it

🏨 **Allegria**

TRADIZIONALE · MINIMALISTA L'architettura medievale si trasforma all'interno in spazi arredati secondo un ricercato design, ampie camere curate ed un'attenta gestione familiare di decennale esperienza.

21 cam ☲ - ♦69/105 € ♦♦99/160 €

via Grazzano 18 - ℰ *0432 201116 - www.hotelallegria.it - Chiuso 2 settimane in agosto*

🏨 **Clocchiatti Next**

TRADIZIONALE · DESIGN Classico o design? La risorsa è ideale tanto per gli amanti della tradizione quanto per chi desidera essere à la page, scegliete l'ambiente che più s'intona al vostro carattere: camere classiche nella villa Clocchiatti, più modaiole e più care nella dépendance Next (con ascensore!).

27 cam ☲ - ♦60/100 € ♦♦90/140 €

via Cividale 29 - ℰ *0432 505047 - www.hotelclocchiattinext.it - Chiuso 20 dicembre-10 gennaio*

🏠 **Al Vecchio Tram**

BUSINESS · PERSONALIZZATO La modernità è il tratto distintivo di questa bella struttura che garantisce un servizio di tono familiare ed accoglienti camere, tra l'altro molto ben insonorizzate.

16 cam ☲ - ♦75/85 € ♦♦95/150 €

via Brenari 28 - ℰ *0432 507164 - www.hotelvecchiotram.com - Chiuso festività natalizie e 15 giorni in agosto*

Suite Inn ㏿

TRADIZIONALE · ACCOGLIENTE Spazi comuni ridotti per questo piccolo hotel diviso tra le mura di una villa dei primi '900 ed un edifico più attuale. Le camere rappresentano, però, una sorta di rivincita: ampie, curate e con graziose persona-lizzazioni, particolarmente romantiche quelle mansardate del palazzo più antico.

18 cam ⌸ – †65/99 € ††99/139 €

via di Toppo 25 – ℰ 0432 501683 – www.suiteinn.it

a Godia Nord: 6 km per via Gorizia ⊠ 33100

🕸🕸 **Agli Amici** (Emanuele Scarello) 🎎 🛗 ㏐ ⇦ ㏿

CUCINA CREATIVA · DESIGN ✕✕✕ Cucina d'autore di frontiera, il ristorante Agli Amici in frazione Godia nei pressi di Udine è un indirizzo ai vertici della gastro-nomia nazionale e, dunque, una delle tappe culinarie imperdibili del Friuli-Vene-zia Giulia: regione dalle molteplici influenze culturali e ricca di materie prime eccellenti.

Come quelle che ritroviamo nelle gustose ricette di Emanuele Scarello, chef-patron affiancato nella gestione dalla sorella che si occupa della sala, consape-vole del fatto che la ricchezza di pascoli orti e montagne di questa regione si tra-duce in una fonte inesauribile d'ingredienti per le sue "opere" culinarie. Gli ortaggi, ad esempio, provengono dai contadini della zona e il pesce freschissimo, quasi sempre, dal mercato di Grado. Se i suoi piatti sono diventati nel tempo più tecnici e riflessivi, anche in virtù delle importanti esperienze maturate dallo chef in Francia e Spagna, le sue proposte restano sempre accessibili, ma soprattutto comprensibili, pensate per appagare gusto, pensieri e stimolare le memorie gastronomiche.

Ultimo, ma non ultimo, Agli Amici sorge in posizione strategica: ad appena tre-quarti d'ora di auto dal mare e dalle piste da sci, nonché adiacente ai colli orien-tali dove – a detta di molti - vengono prodotti alcuni dei migliori vini bianchi del mondo.

→ Tortelli alle olive del Carso, battuta di agnello e zuppa di lievito. Branzino di lenza con verza brasata, cavolo nero e latte al cren. Radici, fiori & frutti: gelato di topinambur, cremoso di camomilla e limone ghiacciato.

Menu 95/120 € – Carta 92/158 €

via Liguria 252 – ℰ 0432 565411 – www.agliamici.it – Chiuso 1 settimana in febbraio, 3 settimane in luglio-agosto, domenica sera, martedì a mezzogiorno e lunedì; anche domenica a mezzogiorno in estate

UGENTO

Lecce (LE) – ⊠ 73059 – 12 437 ab. – Alt. 108 m – Carta regionale n° **15**-D3
Carta stradale Michelin 564-H36

sulla strada provinciale Ugento-Torre San Giovanni Sud-Ovest: 4 km

🏨 **Masseria Don Cirillo** 🛏 ⇦ 🛏 ㏐ ⁒ ㏿

CASA DI CAMPAGNA · ELEGANTE Abbracciata da profumate distese di ulivi, una piacevole risorsa ricavata da una tenuta nobiliare settecentesca, tra un giardino mediterraneo, profumi di terra e mare (a pochi km), camere che esprimono ele-ganza in chiare e sobrie tonalità.

6 cam ⌸ – †120/300 € ††120/350 €

strada Provinciale Ugento-Torre S. Giovanni Km 3 – ℰ 0833 931432 – www.masseriadoncirilloresort.it – Aperto 1° aprile-31 ottobre

ULTEN → Vedere Ultimo

ULTIMO ULTEN

Bolzano (BZ) – ⊠ 39016 – 2 998 ab. – Alt. 1 190 m – Carta regionale n° **19**-B2
Carta stradale Michelin 562-C15

a San Nicolò Sud-Ovest : 8 km ⊠ 39016 – Alt. 1 256 m

🏠🏠 Waltershof

FAMILIARE · STILE MONTANO Elegante struttura nel centro della piccola località. Rusticità e modernità si amalgamano armoniosamente in spazi sempre generosi, nel verde giardino o negli spazi ludici: taverna e fornita enoteca, zona per serate di musica e vino.

37 cam ☕ – 🛏115/125 € 🛏🛏125/135 €

Dorf 59 – ℰ 0473 790144 – www.waltershof.it – Chiuso 13 novembre-24 dicembre e 27 marzo-23 maggio

URBINO

Pesaro e Urbino – ⊠ 61029 – 15 019 ab. – Alt. 485 m – Carta regionale n° **11**-A1
Carta stradale Michelin 563-K19

🏠🏠 Mamiani

BUSINESS · MODERNO Albergo moderno situato in zona tranquilla, fuori dal centro storico: servizio impeccabile, grande cortesia, camere ampie e funzionali. Comodo per chi desidera spostarsi in macchina.

62 cam ☕ – 🛏60/210 € 🛏🛏70/310 €

via Bernini 6 – ℰ 0722 322309 – www.hotelmamiani.it – Chiuso 10 gennaio-Pasqua

🏠🏠 Bonconte

DIMORA STORICA · CLASSICO Camere classiche con eleganti bagni, particolarmente originale la 306 che riproduce lo studiolo del duca di Montefeltro. Piccolo, ma grazioso cortile e terrazza panoramica.

23 cam ☕ – 🛏63/100 € 🛏🛏94/158 €

via delle Mura 28 – ℰ 0722 2463 – www.viphotels.it

🏠🏠 San Domenico

STORICO · CLASSICO Tutto il fascino di un convento del '400 (di cui è rimasto il portico) e la comodità di essere di fronte al Palazzo Ducale: questo è il biglietto da visita del San Domenico, l'unico hotel del centro storico con parcheggio interno privato. Ma anche cortesia e professionalità per rendere perfetto il vostro soggiorno.

31 cam – 🛏105/150 € 🛏🛏150/260 € – ☕ 11 €

piazza Rinascimento 3 – ℰ 0722 2626 – www.viphotels.it

🏠 Raffaello

STORICO · CLASSICO Tra i vicoli del centro storico, di fronte alla casa natale di Raffaello, hotel di taglio moderno con ambienti comuni piacevoli e camere accoglienti: alcune con romantica vista sui tetti di Urbino.

14 cam – 🛏50/90 € 🛏🛏70/190 € – ☕ 8 €

via Santa Margherita 40 – ℰ 0722 4784 – www.albergoraffaello.com

a Gadana Nord-Ovest : 3 km ⊠ 61029 – Urbino

🏠 Agriturismo Cà Andreana

CASA DI CAMPAGNA · TRADIZIONALE In piena campagna, rustico ben tenuto, da cui si gode una splendida vista dei dintorni; offre belle camere, semplici, ma complete di tutti i confort. Le materie prime prodotte in azienda permettono di realizzare un'ottima scelta di piatti caserecci.

6 cam ☕ – 🛏40/60 € 🛏🛏70/90 €

via Cà Andreana 2 – ℰ 0722 327845 – www.caandreana.it – Chiuso 10-31 gennaio

a Pantiere Nord : 13 km per Pesaro ⊠ 61029 – Urbino

🍴 Urbino dei Laghi

CUCINA MODERNA · ALLA MODA XX Splendido il contesto che circonda quest'armonica struttura dall'arredo curato e originale. Piatti stuzzicanti che si legano al territorio con molti prodotti provenienti dall'azienda di proprietà e pizze gourmet.

Carta 28/65 €

Urbino Resort Tenuta Santi Giacomo e Filippo, via San Giacomo in Foglia 15 – ℰ 0722 589426 – solo a cena escluso sabato e domenica – Chiuso martedì

🏠 Urbino Resort Tenuta Santi Giacomo e Filippo

🍸 ⇄ 🌊 ⛴ 📺 ⓓ 🏛 ⌂ ⬇ 👜 🅰🅲 🌾 ♨

CASA DI CAMPAGNA · TRADIZIONALE All'interno di un ex borgo agricolo del '700, cinque edifici contraddistinti da stili differenti e da nomi fortemente evocativi: i Fiori, i Frutti Dimenticati, le Erbe Aromatiche, le Scuderie (con attrezzi della civiltà rurale adibiti a mobili), i Preziosi (ovvero i prodotti di questa terra: tartufo, zafferano, vino).

33 cam 🛏 - ♦70/209 € ♦♦89/409 €

via San Giacomo in Foglia 7 - ☏ 0722 580305
– www.tenutasantigiacomoefilippo.it – Aperto aprile-15 ottobre, solo nei week-end negli altri mesi

🍽️○ **Urbino dei Laghi** – Vedere selezione ristoranti

USSEAUX

Torino – ✉ 10060 – 186 ab. – Alt. 1 416 m – Carta regionale n° **12**-B2
Carta stradale Michelin 561-G3

🍴 Lago del Laux ⇆ 🐾 🌾 🅿

CUCINA REGIONALE · RUSTICO 🗡 Affacciato su un laghetto, il ristorante celebra la cucina del territorio con piatti dimenticati come la fonduta, la bagna caoda o lo stracotto di bue alla langarola. E per finire in dolcezza: bunet divisi da piccolo strato di caramello serviti con nocciole. In estate, minigolf e area parcheggio camper.

Carta 28/42 €

7 cam 🛏 - ♦80/105 € ♦♦105/115 €

via al Lago 7, Sud: 1 km - ☏ 0121 83944 (consigliata la prenotazione)
– www.hotellaux.it – Chiuso lunedì, martedì e mercoledì escluso vacanze di Natale, vacanze di Pasqua e 15 giugno-30 settembre

VADA

Livorno – ✉ 57016 – Carta regionale n° **18**-B2
Carta stradale Michelin 563-L13

🏠 Bagni Lido 🏖 ⇄ 🗝 🅰🅲 🌾 🅿

FAMILIARE · LUNGOMARE Si fonde con lo stabilimento balneare su cui si affaccia, quest'albergo dai colori chiari e dalle linee classiche, dove trascorrere un soggiorno d'atmosfera.

12 cam 🛏 - ♦50/150 € ♦♦100/180 €

via Lungomare 7 - ☏ 0586 787455 – www.hotelbagnilido.com – Aperto 8 maggio-15 ottobre

VAGGIO Firenze → Vedere Reggello

VAGLIAGLI Siena → Vedere Siena

VAIRANO PATENORA

Caserta (CE) – ✉ 81058 – 6 594 ab. – Alt. 168 m – Carta regionale n° **4**-A1
Carta stradale Michelin 564-C24

🍽️ **Vairo del Volturno** (Martino Renato) ⌂ 🅰🅲

CUCINA DEL TERRITORIO · ELEGANTE 🗡🗡 In un ambiente rilassante e signorile, lo chef-patron riesce nel suo intento di mettere nei piatti il proprio amore per il territorio: dal celebre maialino nero casertano alla carne e mozzarella di bufala. Per il pesce, ogni giorno è quello giusto!

→ Fusilli alla carbonara di mare e di terra. Agnello Laticauda nocciole e pecorino. Carpaccio di bufalo in crosta di pistacchi e gelato di mozzarella.

🍷 Menu 25/60 € – Carta 48/71 €

via IV Novembre 60 - ☏ 0823 643018 – www.vairodelvolturno.com
– Chiuso 2 settimane in luglio, domenica sera e martedì

VALDAORA OLANG
Bolzano – ✉ 39030 – 2 975 ab. – Alt. 1 083 m – Carta regionale n° **19**-C1
Carta stradale Michelin 562-B18

🏨 Mirabell
LUSSO · STILE MONTANO Struttura rinnovata mantenendo inalterato lo stile architettonico locale. L'interno presenta abbondanza di spazi - signorilmente arredati con molto legno - anche nelle camere, nonché un grande, attrezzatissimo, centro benessere.

41 cam – solo ½ P 145/265 € – 14 suites

via Hans Von Perthalern 11, a Valdaora di Mezzo – 𝒞 0474 496191
– www.mirabell.it – Chiuso fine marzo-1° giugno

a Sorafurcia Sud : 5 km ✉ 39030 – Valdaora

🏨 Berghotel Zirm
FAMILIARE · STILE MONTANO Vi riempirete gli occhi di uno splendido panorama da questa tranquilla risorsa, di fianco agli impianti di risalita: confort e calore negli spazi comuni, nonché nelle camere rese ancora più accoglienti grazie all'ampio impiego di cirmolo (Zirm, in tedesco), legno dalle comprovate proprietà rilassanti.

40 cam ♙ – †130/210 € ††180/300 €

via Egger 16, (alt. 1 360) – 𝒞 0474 592054 – www.berghotel-zirm.com
– Aperto 8 dicembre-7 aprile e 1° giugno-8 ottobre

VALDIDENTRO
Sondrio – ✉ 23038 – 4 125 ab. – Alt. 1 350 m – Carta regionale n° **9**-C1
Carta stradale Michelin 561-C12

a Bagni Nuovi Est : 6 km ✉ 23032 – Valdidentro

🏨 Grand Hotel Bagni Nuovi
LUSSO · STORICO Imponente edificio liberty con ambienti in stile, camere ampie e luminose ed un favoloso centro termale raggiungibile direttamente dalle camere: un inaspettato angolo di Belle Epoque nel parco dello Stelvio.

74 cam ♙ – †200/400 € ††300/600 € – 5 suites

via Bagni Nuovi 7 – 𝒞 0342 910131 – www.bagnidibormio.it

VAL DI LUCE Pistoia (PT) → Vedere Abetone

VALDOBBIADENE
Treviso – ✉ 31049 – 10 388 ab. – Alt. 253 m – Carta regionale n° **23**-C2
Carta stradale Michelin 562-E17

a Bigolino Sud : 5 km ✉ 31030

🍴 Tre Noghere
CUCINA REGIONALE · FAMILIARE ⅔ Ambiente rustico-informale avvolto dalla quiete di vigneti e campi coltivati. Nella sala con camino, o all'aperto sotto il porticato, la trattoria riscopre i piatti della tradizione: come la sopa coada servita nel pane o la faraona in salsa peverada. Un dessert? Sfogliatina di mele profumata alla cannella con zabaglione caldo.

Menu 31/35 € – Carta 28/43 €

via Crede 1 – 𝒞 0423 980316 – www.trenoghere.com – Chiuso 10-18 luglio, domenica sera e lunedì

a Santo Stefano Est : 4 km

🏨 Relais DolceVista
CASA DI CAMPAGNA · ACCOGLIENTE Bella casa di campagna in pietra e legno, dagli interni curati ed eleganti, la cui vista abbraccia - quasi a perdita d'occhio - uno dei più suggestivi panorami della zona del prosecco: vigne, colline, paesi, campanili...

6 cam ♙ – †140/200 € ††140/200 €

via Masarè 4 ✉ 31049 Valdobbiadene – 𝒞 0423 900408 – www.dolcevista.it
– Aperto 1° marzo-31 dicembre

VALEGGIO SUL MINCIO

Verona – ✉ 37067 – 15 098 ab. – Alt. 88 m – Carta regionale n° **23**-A3
Carta stradale Michelin 562-F14

🍴○ **Alla Borsa**   🏠 🕭 🎦 🍽 🖸 **P**

CUCINA REGIONALE · AMBIENTE CLASSICO ✕✕ In attività dal 1959, nel centro storico del paese, è la roccaforte del celebre tortellino di Valeggio, farcito di carne e servito asciutto o in brodo, ma anche di tante altre paste fresche. Ambiente classico indifferente al trascorrere delle mode.

Menu 35 € (pranzo in settimana)/40 € – Carta 33/57 €

*via Goito 2 – ℰ 045 795 0093 – www.ristoranteborsa.it
– Chiuso 10 luglio-5 agosto, martedì, mercoledì, anche domenica sera in novembre-marzo*

a **Borghetto** Ovest : 1 km ✉ 37067 – Valeggio Sul Mincio – Alt. 68 m

🍴○ **Antica Locanda Mincio**   🏠 🍴 🎦 ⇔

CUCINA REGIONALE · RUSTICO ✕✕ In una fiabesca frazione di origini medioevali in riva al Mincio, storica trattoria con due belle sale dai soffitti storici e un camino del Cinquecento, pareti ornate da dipinti più moderni. Le specialità venete e mantovane arrivano in tavola: paste fresche fatte in casa, nonché pesci e carni alla griglia.

Carta 26/57 €

via Buonarroti 12 – ℰ 045 795 0059 – www.anticalocandamincio.it – Chiuso 15-30 febbraio, 15-30 novembre, mercoledì e giovedì

🏠 **Maison Resola** ⓝ   🌿 🎦 **P**

DIMORA STORICA · ROMANTICO Nell'incantesimo di Borghetto, paese medioevale attraversato dal Mincio, in questa casa del '700 troverete arredi d'epoca rivisti in stile shabby, un terrazzino panoramico per le colazioni, due camere con bagno turco e sauna ad infrarossi o finlandese, nonché panoramiche (quelle all'ultimo piano) sul ponte visconteo: ecco l'indirizzo perfetto per un soggiorno romantico.

5 cam ⌷ – ♦130/180 € ♦♦142/209 €

via Tiepolo 7 – ℰ 045 795 0970 – www.maisonresola.com

VAL FERRET Aosta → Vedere Courmayeur

VALLECROSIA

Imperia – ✉ 18019 – 6 956 ab. – Alt. 5 m – Carta regionale n° **8**-A3
Carta stradale Michelin 561-K4

🍴○ **Giappun**   🦐 🏠 🎦

PESCE E FRUTTI DI MARE · FAMILIARE ✕✕ La freschezza delle materie prime è la carta vincente di questo locale, nato come stazione di posta e che ancora ricorda nel nome il suo fondatore. Pesce del giorno e accattivanti presentazioni.

Menu 40/70 € – Carta 53/170 €

via Maonaira 7 – ℰ 0184 250560 – Chiuso novembre, giovedì a mezzogiorno e mercoledì

VALLE DI CASIES GSIES

Bolzano (BZ) – ✉ 39030 – 2 186 ab. – Alt. 1 262 m – Carta regionale n° **19**-D1
Carta stradale Michelin 562-B18

🍽 **Durnwald**   🏠 **P**

CUCINA REGIONALE · FAMILIARE ✕ Un buon piatto di Schlutzkrapfen (ravioli ripieni di spinaci e ricotta) è proprio quello che ci vuole dopo una bella sciata o una passeggiata nei boschi. Ma non finisce qui! Durnwald è un inno al territorio, tanto nel paesaggio, che potrete ammirare dalle finestre, quanto nella cucina, depositaria della genuina tradizione altoatesina. Specialità: formaggio grigio della Valle Aurina con olio di semi di zucca - sfoglie di patate con crauti, salsiccia e burro alla senape.

🍴 Menu 25 € – Carta 28/60 €

*via Nikolaus Amhof, 6, (località Durna in Selva) – ℰ 0474 746886
– www.restaurantdurnwald.it – Chiuso giugno, novembre e lunedì*

Quelle

LUSSO · STILE MONTANO Quelle: una sorgente di piacevolezza! Cinta da un giardino con laghetto balneabile, una bomboniera di montagna, ricca di decorazioni, proposte di svago, curatissime camere e un centro benessere provvisto di "snow room". Profusione di addobbi, legno e bei tessuti, anche nel raffinato ristorante.

41 cam ☑ – †120/245 € ††345/535 € – 28 suites

via Santa Maddalena alt. 1 398
– ✆ 0474 948111 – www.hotel-quelle.com
– Aperto inizio maggio-fine novembre

VALLE IDICE Bologna → Vedere Monghidoro

VALLELUNGA LANGTAUFERS

Bolzano – ✉ 39027 – Curon Venosta – Alt. 1 912 m – Carta regionale n° **19**-A1
Carta stradale Michelin 562-B13

⌂ Alpenjuwel

FAMILIARE · STILE MONTANO Soggiornare qui e dimenticare il resto del mondo: è ciò che promette e mantiene un piccolo, panoramico hotel alla fine della valle; camere non ampie, ma accoglienti.

14 cam ☑ – †90/131 € ††130/175 € – 2 suites

località Melago – ✆ 0473 633291 – www.alpenjuwel.it
– Chiuso 28 aprile-30 maggio e 13 ottobre-25 dicembre

VALLES VALS Bolzano → Vedere Rio di Pusteria

VALLESACCARDA

Avellino – ✉ 83050 – 1 386 ab. – Alt. 650 m – Carta regionale n° **4**-C1
Carta stradale Michelin 564-D27

⅋ Oasis-Sapori Antichi (Lina e Maria Luisa Fischetti)

CUCINA CAMPANA · FAMILIARE ✕✕ Splendido binomio di generosa ospitalità e cucina territoriale: i piatti propongono i migliori prodotti irpini, in un contesto di rara cortesia ed accoglienza. Tutto scritto nel DNA della famiglia Fischetti.

→ Raviolone di burrata ed erbette con manteca e tartufo irpino. Agnello in due cotture. Wafer di nocciole e mosto cotto.

🍴 Menu 25 € (pranzo in settimana)/60 € – Carta 51/71 €

via Provinciale Vallesaccarda
– ✆ 0827 97021 (consigliata la prenotazione) – www.oasis-saporiantichi.it
– Chiuso 20 giorni in gennaio, 20 giorni in luglio, giovedì e le sere dei giorni festivi

VALLE SAN FLORIANO Vicenza → Vedere Marostica

VALLO DELLA LUCANIA

Salerno – ✉ 84078 – 8 531 ab. – Alt. 380 m – Carta regionale n° **4**-C3
Carta stradale Michelin 564-G27

⊛ La Chioccia d'Oro

CUCINA DEL TERRITORIO · FAMILIARE ✕ Solida gestione padre-figlia nel cuore del Parco Nazionale del Cilento: nella sala classicheggiante o nel dehors estivo, piatti della tradizione locale, con largo utilizzo sia della carne sia delle verdure. Da assaggiare: i paccheri alla carbonara di zucca.

🍴 Menu 18 € – Carta 19/36 €

località Massa-al bivio per Novi Velia ✉ 84050 Massa della Lucania
– ✆ 0974 70004 – www.chiocciadoro.com
– Chiuso 1°-10 settembre e venerdì

VALMADRERA

Lecco – ✉ 23868 – 11 659 ab. – Alt. 234 m – Carta regionale n° **10**-B1
Carta stradale Michelin 561-E10

🍴○ Villa Giulia-Al Terrazzo   🛋 ≤ 🛋 🎄 ♨ **P**

CUCINA CLASSICA · ROMANTICO XX Sobria eleganza in una villa di fine Otto-cento con un'ampia sala ed altre due salette graziosamente affrescate: se il tempo lo permette non rinunciate al romanticismo della terrazza affacciata sul lago. In menu, i sapori locali esaltati con grande capacità e senza stravolgimenti.

Carta 56/86 €

7 cam ⌂ – ♦75/95 € ♦♦130/170 € – 5 suites

via Parè 73 – ☎ 0341 583106 – www.alterrazzo.com

VALNONTEY Aosta → Vedere Cogne

VALPELLINE

Aosta – ✉ 11010 – 657 ab. – Alt. 960 m – Carta regionale n° **21**-A2
Carta stradale Michelin 561-E3

🏠 Le Lievre Amoureux   ⛄ ≤ 🛋 ⫿ 🕎 ⌨ 🖭 🕹 ♨ **P**

FAMILIARE · STILE MONTANO Gestione seria e accoglienza familiare in un sim-patico albergo circondato da un ampio prato-giardino dove sono collocati anche quattro chalet; arredi in pino e parquet. Ambientazione di tono rustico nella sala del ristorante.

31 cam ⌂ – ♦98/150 € ♦♦98/150 €

località Chozod 12 – ☎ 0165 713966 – www.lievre.it – Chiuso 7-28 gennaio e novembre

VALSOLDA

Como – ✉ 22010 – 1 747 ab. – Alt. 457 m – Carta regionale n° **9**-A2
Carta stradale Michelin 561-D9

🍴○ Osteria la Lanterna   ⫿

CUCINA REGIONALE · CONTESTO TRADIZIONALE XX Tornati al paesello dopo lunghe esperienze all'estero, due soci hanno deciso di aprire questo grazioso ristorante con arredi signorili in un contesto comunque rustico, fatto d'intime salette e una bella veranda fruibile anche nella stagione invernale (con vista lago!). Cucina della tradizione realizzata con prodotti spesso locali.

Menu 35/55 € – Carta 38/64 €

via Finali 1, frazione Cressogno – ☎ 0344 69014 – www.osterialalanterna.it – Chiuso 2 settimane in febbraio, 2 settimane in novembre, lunedì a mezzogiorno e mercoledì

VALVERDE Forlì-Cesena → Vedere Cesenatico

VANDOIES

Bolzano – ✉ 39030 – 3 316 ab. – Alt. 755 m – Carta regionale n° **19**-C1
Carta stradale Michelin 562-B17

🍴○ La Passion   ⫿ 🆎 **P**

CUCINA CLASSICA · FAMILIARE XX Il quartiere in cui si trova il ristorante è resi-denziale e contemporaneo, ma, nella sua unica saletta, è stata insospettabilmente trasportata una stube vecchia di quattrocento anni. Cucina creativa sulle orme dei classici locali e nazionali.

Menu 66/78 € – Carta 46/83 €

via San Nicolò 5/b, Vandoies di Sopra – ☎ 0472 868595 (prenotazione obbligatoria) – www.lapassion.it – Chiuso lunedì

VARALLO SESIA

Vercelli – ✉ 13019 – 7 262 ab. – Alt. 450 m – Carta regionale n° **12**-C1
Carta stradale Michelin 561-E6

a Sacro Monte Nord : 4 km ✉ 13019 – Varallo Sesia

Sacro Monte ⚓ 🏷 ⬅ 🛎 🅿

FAMILIARE · TRADIZIONALE Vicino a un sito religioso meta di pellegrinaggi, ambiente piacevolmente "old fashion" in un hotel con spazi esterni tranquilli e verdeggianti; camere di buona fattura. Gradevole sala ristorante con camino e utensili di rame appesi alle pareti.

24 cam 🛏 – †60/80 € ††85/95 €

località Sacro Monte 14 – ☎ 0163 54254 – www.albergosacromonte.it
– Aperto 20 marzo-15 novembre

VARAZZE

Savona – ✉ 17019 – 13 251 ab. – Carta regionale n° **8**-B2
Carta stradale Michelin 561-I7

Villa Elena ⚓ 🛎 ⊞ ⅙ 🆊 🅿

DIMORA STORICA · PERSONALIZZATO Accoglienza cordiale in questa bella e centrale villa liberty che conserva al suo interno elementi architettonici originali. Ligneo soffitto a cassettoni intarsiato e lampadari in stile nella raffinata sala ristorante.

50 cam 🛏 – †70/120 € ††100/140 €

via Coda 16 – ☎ 019 97526 – www.genovesevillaelena.it – Chiuso
25 settembre-23 dicembre

Astigiana ⚓ ⊞ 🆊 🏷

FAMILIARE · CENTRALE Nel cuore della località e a pochi metri dal mare, la risorsa può vantare una lunga tradizione familiare (dal 1919). La recente ristrutturazione ha saputo esaltare al meglio l'incantevole natura dei suoi interni: dalla reception decorata con ceramiche d'arte, alle belle camere con accenti provenzali.

20 cam – †60/130 € ††80/180 € – 4 suites – 🛏 15 €

via Busci 10 – ☎ 019 97491 – www.hotelastigiana.it – Chiuso
1° ottobre-23 dicembre

 All'atto della prenotazione fatevi precisare il prezzo e la categoria della camera.

VARENNA

Lecco – ✉ 23829 – 786 ab. – Alt. 220 m – Carta regionale n° **9**-B2
Carta stradale Michelin 561-D9

Du Lac ⚓ 🏷 ⬅ ⊞ 🆊 🚐

FAMILIARE · ACCOGLIENTE Sembra spuntare dall'acqua questo grazioso albergo ristrutturato, in splendida posizione panoramica: piacevoli ambienti comuni e un'amena terrazza-bar in riva al lago, dove - a pranzo - si possono gustare specialità lacustri, ma non solo.

16 cam 🛏 – †120/220 € ††190/280 €

via del Prestino 11 – ☎ 0341 830238 – www.albergodulac.com – Aperto
15 marzo-15 novembre

Royal Victoria ⚓ ⬅ 🛎 🗴 ⊞ 🆊 🏷 🕭

DIMORA STORICA · BORDO LAGO Dispone di un proprio pontile privato, questa villa ottocentesca affacciata sul lago con piccolo giardino all'italiana e camere di calda atmosfera. Per soddisfare l'appetito potrete scegliete il Grill sulla bella piazzetta con cucina mediterranea o il Gourmet con vista lago.

43 cam 🛏 – †170/270 € ††200/300 €

piazza San Giorgio 2 – ☎ 0341 815111 – www.royalvictoria.com
– Chiuso 7 gennaio-10 febbraio

VARESE

(VA) – ⊠ 21100 – 80 799 ab. – Alt. 382 m – Carta regionale n° **10**-A1
Carta stradale Michelin 561-E8

⍥○ **Al Vecchio Convento**   ⇆ 🛤 & 🅰🅲 🅿

CUCINA TOSCANA · ELEGANTE 🕸🕸 Chiedete un tavolo nella sala principale, d'atmosfera e con arredi eleganti, per gustare una cucina che segue le stagioni e predilige la Toscana. Ampia scelta di carni cucinate alla griglia espressamente sotto i vostri occhi.

Menu 38/40 € – Carta 40/117 €

3 cam ⌂ – †65 € ††80 €

*viale Borri 348, 3 km per Milano – 𝒞 0332 261005 – www.alvecchioconvento.it
– Chiuso domenica sera e lunedì*

⍥○ **La Perla**   🛤 🅰🅲

PESCE E FRUTTI DI MARE · ROMANTICO 🕸🕸 Un ristorante da consigliare senza il minimo dubbio: padre e figlio ai fornelli dimostrano grande capacità nel cucinare il mare, secondo ricette saporite e mediterranee. Tuttavia, anche i crudi trovano un loro spazio in menu. Ambiente di raffinata eleganza.

Menu 35 € (pranzo in settimana)/60 € – Carta 47/69 €

*via Carrobbio 19 – 𝒞 0332 231183 (consigliata la prenotazione)
– www.perlaristorante.it – Chiuso 10 giorni in marzo, 3 settimane in agosto,
domenica sera e lunedì*

⍥○ **Polpo Fritto** 🆕   🅰🅲 🍸

PESCE E FRUTTI DI MARE · ELEGANTE 🕸🕸 Al primo piano di un edificio ottocentesco, ambiente elegante con pareti affrescate e travi a vista; cucina rigorosamente di pesce con molte prelibatezze, dalle ostriche al crudo di pesce, fra i più quotati in città.

Menu 30 € (pranzo)/70 € – Carta 56/132 €

*piazza XX Settembre 6 – 𝒞 0332 237770 – www.polpofritto.it – Chiuso
3 settimane in agosto e lunedì*

⍥○ **Teatro**   🛤 🅰🅲 🍸

CUCINA CLASSICA · VINTAGE 🕸🕸 Raccontano la storia del teatro, dalle origini greche ai giorni nostri, i quadri alle pareti di un antico locale, in pieno centro e con grazioso dehors nella bella via; a tavola vanno in scena terra e mare.

Carta 37/76 €

*via Croce 3 – 𝒞 0332 241124 – www.ristoranteteatro.it – Chiuso 16-21 agosto e
martedì*

⍥○ **Bologna** 🆕   ⇆ 🛤 🅰🅲 🚗

CUCINA EMILIANA · VINTAGE 🕸 Il ristorante ha una lunga tradizione familiare e le pareti sono tappezzate da ricordi di personaggi (molti sportivi) che da qui sono passati. La cucina attinge alla tradizione regionale, fidelizzando gli ospiti con sapori decisi, ma equilibrati.

Menu 30/40 € – Carta 29/61 €

15 cam ⌂ – †65/80 € ††85/120 €

*via Broggi 7 – 𝒞 0332 234362 (consigliata la prenotazione)
– www.albergobologna.it – Chiuso 5-26 agosto e sabato a mezzogiorno*

⍥○ **Vero Restaurant** 🆕   & 🅰🅲

CUCINA VEGETARIANA · DI TENDENZA 🕸 Un ristorante vegetariano che rinnova quasi giornalmente il proprio menu. La scelta dei prodotti è fondamentale: locali, biologici o biodinamici, le preparazioni avvengono nella cucina a vista e sono servite in un locale fortemente personalizzato, realizzato principalmente con materiali di riciclo.

Carta 30/44 € – carta semplice a pranzo

*piazza XX Settembre 3 int. 5 – 𝒞 0332 169 3551 – www.vero.restaurant – Chiuso
domenica*

🏨 Hotel di Varese 🛖 ♨ ⊟ & 🅰 🐾 ⌖

TRADIZIONALE · CENTRALE La completa ristrutturazione di un antico palazzo liberty nel centro cittadino ha concesso solo qualche traccia dello stile originale dell'edificio. Camere di varie tipologie in un albergo moderno, comodissimo e gestito con grande passione.

21 cam ⊊ – ♦105/145 € ♦♦135/180 €

via Como 12
– 𝒞 0332 237559 – www.hoteldivarese.it
– Chiuso 1°-9 gennaio e 11-25 agosto

🏨 Art Hotel Varese 🏵 ⌂ ⊟ & 🅰 🐾 🅿

CASA PADRONALE · ELEGANTE E' un'affascinante dimora storica settecentesca ad accogliere questo nuovo hotel in prossimità del centro, arredato con gusto moderno e accessori di ultima generazione. Proposte di cucina fantasiosa e di stagione (nella bella sala colazioni con camino).

28 cam ⊊ – ♦90/105 € ♦♦105/135 €

viale Aguggiari 26, per Sacro Monte
– 𝒞 0332 214000 – www.arthotelvarese.it

a Capolago Sud-Ovest: 5 km ✉ 21100

ⓘ Da Annetta 🕸 🏠 🅰 ⌖ 🅿

CUCINA CLASSICA · ELEGANTE ✗✗ In un edificio del '700, rustico e al contempo elegante con raffinata cura della tavola e cucina che prende spunto dalla tradizione, ma sa rivisitarla con fantasia. Fornitissima e bella cantina dove si può pranzare su richiesta.

Menu 55 € – Carta 45/89 €

via Fè 25 – 𝒞 0332 490230 (consigliata la prenotazione)
– www.daannetta.it

a Santa Maria del Monte (Sacro Monte) per viale Aguggiari: 8 km
✉ 21100 – Varese – Alt. 880 m

ⓘ Colonne ⇦ 🕸 ⇇ ⌂ 🏠 🅿

CUCINA MODERNA · ELEGANTE ✗✗ Bella vista sul lago di Varese e sui dintorni verdeggianti, soprattutto dalla piacevole terrazza estiva, in un locale che a mezzogiorno sfrutta la parte superiore per il bistrot e la sera, la sala elegante per una cucina più creativa e gourmet. Ai fornelli, uno chef conosciutissimo in zona: Silvio Battistoni.

Menu 55/80 € – Carta 42/85 € – carta semplice a pranzo
10 cam ⊊ – ♦80/100 € ♦♦100/140 €

via Fincarà 37 – 𝒞 0332 220404 (prenotare) – www.albergolecolonne.it – solo a cena escluso domenica – Chiuso domenica sera e lunedì

VARESE LIGURE
La Spezia – ✉ 19028 – 2 059 ab. – Alt. 353 m – Carta regionale n° **15**-D2
Carta stradale Michelin 561-I10

ⓐ Amici ⇦ ⌂ 🏠 🅿

CUCINA LIGURE · LIBERTY ✗✗ Storico ristorante del paese del Borgo Rotondo, in un grazioso edificio liberty trovano spazio carni e formaggi biologici della zona e soprattutto gli gnocchetti di farina di castagne al pesto o i celebri croxetti: una storica pasta ligure, dalla forma rotonda e "timbrata". Semplici ma accoglienti camere in un contesto familiare.

🍴 Menu 19 € – Carta 21/37 €
24 cam ⊊ – ♦45/60 € ♦♦70/90 €

via Garibaldi 80 – 𝒞 0187 842139 – www.albergoamici.com
– Chiuso 20 dicembre-31 gennaio

VARIGNANA Bologna (BO) → Vedere Castel San Pietro Terme

VARIGOTTI
Savona – ⊠ 17029 – Carta regionale n° **8**-B2
Carta stradale Michelin 561-J7

ⅰ○ **Muraglia-Conchiglia d'Oro** ⇔ 🏠 ⅜ 🄿

PESCE E FRUTTI DI MARE · VINTAGE ✕✕ Una sala sobria e luminosa, nonché una piacevole terrazza vista mare: la specialità della casa è il pesce, di grande qualità e freschezza, preparato anche alla brace direttamente in sala. A testimonianza della fragranza la carta varia tutti i giorni.

Carta 44/111 €

6 cam – ⅰ70/90 € ⅰⅰ70/90 € – 1 suite - senza ⌂

via Aurelia 133 – 𝒞 019 698015 (prenotare) – Chiuso mercoledì, anche martedì in ottobre-maggio

🏠 **Albatros** ⇐ 🄳 ⅄ 🄰🄲 🄿

TRADIZIONALE · LUNGOMARE Direttamente sulla spiaggia, una piccola perla di ospitalità con camere personalizzate e di moderno design, che si differenziano l'una dall'altra (alcune con terrazza).

18 cam ⌂ – ⅰ100/200 € ⅰⅰ150/390 €

via Aurelia 58 – 𝒞 019 698039 – www.hotelalbatrosvarigotti.it – Aperto 1° aprile-30 ottobre

VARZI
Pavia – ⊠ 27057 – 3 279 ab. – Alt. 416 m – Carta regionale n° **9**-B3
Carta stradale Michelin 561-H9

verso Pian d'Armà Sud : 7 km

ⅰ○ **Buscone** 🏠 ↻

CUCINA REGIONALE · FAMILIARE ✕ La difficoltà che forse incontrerete per raggiungere la trattoria, sarà ricompensata dal vivace ambiente familiare e dalla cucina casereccia. Assolutamente da assaggiare: i salumi fatti in casa (a cominciare dal celebre salame di Varzi). In stagione, i funghi.

🞬 Menu 20 € (pranzo in settimana)/35 € – Carta 22/36 €

località Bosmenso Superiore 41 – 𝒞 0383 52224 – www.ristorantebuscone.it – Chiuso 25-31 agosto, lunedì sera in estate, anche lunedì a mezzogiorno e alla sera da lunedì a giovedì negli altri mesi

VASON Trento → Vedere Bondone (Monte)

VASTO
Chieti – ⊠ 66054 – 41 087 ab. – Alt. 144 m – Carta regionale n° **1**-C2
Carta stradale Michelin 563-P26

ⅰ○ **Castello Aragona** ⇐ 🚗 🏠 🄰🄲 🄿

PESCE E FRUTTI DI MARE · CONTESTO STORICO ✕✕ La suggestiva atmosfera di memoria storica e il servizio estivo sulla terrazza-giardino con splendida vista sul mare caratterizzano questo ristorante, dove potrete gustare specialità di mare.

Carta 38/80 €

via San Michele 105 – 𝒞 0873 69885 (prenotare) – www.castelloaragona.it – Chiuso lunedì a mezzogiorno

VEDOLE Parma → Vedere Colorno

VEGLIA Cuneo (CN) → Vedere Cherasco

VELLAU / VELLOI Bolzano (BZ) → Vedere Lagundo (Algund)

988

VELLO

Brescia – ⊠ 25054 – Marone – Alt. 190 m – Carta regionale n° **10**-D1
Carta stradale Michelin 561-E12

⫶◯ **Trattoria Glisenti**   ⌂

CUCINA REGIONALE · ACCOGLIENTE ✕✕ Fronte lago con bella vista godibile dalla terrazza, il pesce d'acqua dolce anima il menu lasciando – tuttavia – spazio anche a quello di mare; particolare attenzione è riservata alla naturalità degli alimenti con un occhio di riguardo per i vegetariani.

Menu 40 € – Carta 40/65 €

via Provinciale 34 – ℰ 030 987222 – www.trattoriaglisenti.it
– Chiuso 7 gennaio-7 febbraio e giovedì escluso luglio-agosto

VELO D'ASTICO

Vicenza – ⊠ 36010 – 2 403 ab. – Alt. 346 m – Carta regionale n° **23**-B2
Carta stradale Michelin 562-E16

⫶◯ **Giorgio e Flora**   ⇦ ⅗ ⪡ 🛎 ⌂ 🅐🅒 🅟

CUCINA REGIONALE · ACCOGLIENTE ✕✕ Una villetta tipo chalet che domina la valle, al suo interno una piacevole sala, raccolta ed elegante grazie anche ad un certo tocco femminile, un panoramico dehors e piatti della tradizione veneta aggiornati.

Menu 30/40 € – Carta 32/51 €

6 cam ⧇ – ✚50 € ✚✚70/75 €

via Baldonò 1, lago di Velo d'Astico, Nord-Ovest: 2 km – ℰ 0445 713061 (coperti limitati, prenotare) – www.giorgioeflora.it – solo a cena escluso domenica
– Chiuso 10 giorni in settembre, domenica sera e lunedì

VELO VERONESE

Verona – ⊠ 37030 – 770 ab. – Alt. 1 087 m – Carta regionale n° **23**-B2
Carta stradale Michelin 562-F15

⊛ **13 Comuni**   ⇦ ⌂

CUCINA REGIONALE · FAMILIARE ✕ A quasi 1100 metri d'altezza, sulla piazza principale del paese, qui troverete una delle migliori espressioni della cucina regionale, basata su una straordinaria ricerca dei prodotti della Lessinia, esaltati in cucina da una mano tanto esperta, quanto rispettosa della tradizione.

Carta 29/61 €

15 cam ⧇ – ✚50/60 € ✚✚75/100 €

piazza della Vittoria 31 – ℰ 045 783 5566 – www.13comuni.it – Chiuso 20 giorni in ottobre-novembre, lunedì e martedì escluso luglio-agosto, anche mercoledì dal 7 gennaio a Pasqua

VENARIA REALE

Torino – ⊠ 10078 – 34 193 ab. – Alt. 262 m – Carta regionale n° **12**-A1
Carta stradale Michelin 561-G4

⏣ **Dolce Stil Novo alla Reggia** (Alfredo Russo)   ⌂ & 🅐🅒 ⅌ ⇮

CUCINA MODERNA · ELEGANTE ✕✕✕ Ospitato all'interno del Torrione del Garove, il ristorante dispone di una bella terrazza affacciata sui giardini della Reggia di Venaria ed ariose sale arredate con stile minimalista. Lo chef ridefinisce i piatti del territorio in chiave leggermente moderna con in aggiunta qualche specialità di mare.

→ Vitello tonnato alla moda antica con caramello di agrumi. Riso mantecato "pizza margherita". Stracotto di vitello piemontese in cottura lunga con riduzione al vino rosso.

Menu 38 € (pranzo in settimana)/90 € – Carta 81/134 €

piazza della Repubblica 4 – ℰ 346 269 0588 (coperti limitati, prenotare)
– www.dolcestilnovo.com – Chiuso 2 settimane in gennaio, 2 settimane in agosto, domenica sera, martedì a mezzogiorno e lunedì

ⅠⅠO Il Convito della Venaria ⇦ 🏠

CUCINA MODERNA · AMBIENTE CLASSICO XX Proprio di fronte l'ingresso della Reggia, una gestione a due: lei segue la sala, classica ed accogliente, lui la cucina che tra pranzo e sera si sdoppia. Se a mezzodì la carta è più leggera (anche nel prezzo), la sera si amplia, partendo dai piatti regionali per allargarsi al resto d'Italia. Sul retro possibilità di comode camere, due con vista sulla storica dimora.

Carta 52/72 €

5 cam ⌑ – ♦40/70 € ♦♦120/180 €

via Andrea Mensa 37/g – ℰ 011 459 8392 – www.ilconvitodellavenaria.it – Chiuso 2 settimane in febbraio, 1 settimane in agosto, domenica sera e lunedì

🏠 Cascina di Corte ⊡ 🆊 🅿

FAMILIARE · ELEGANTE Alle porte della celebre reggia, cascina ottocentesca con annessa ghiacciaia ancora conservata. Sobrio stile architettonico di impronta locale, ma - all'interno - l'atmosfera rustica con mattoni a vista nelle camere cede il passo a moderne installazioni e confort.

12 cam ⌑ – ♦120/180 € ♦♦140/280 €

via Amedeo di Castellamonte 2 – ℰ 011 459 3278 – www.cascinadicorte.it

VENCÒ Gorizia (GO) → Vedere Dolegna del Collio

CI PIACE...

Il piacevolissimo dehors nel verde e nella signorile tradizione veneziana della **Locanda Cipriani** a Torcello. Il design nelle camere dell'hotel **Sogno di Giulietta e Romeo**. Soggiornare nell'arte a **Ca' Sagredo**: tra dipinti, affreschi e stucchi. L'ottima cena con vista su piazza San Marco dal rinnovato **Caffé Quadri**.

VENEZIA

(VE) – ⊠ 30124 – 263 352 ab. – Carta regionale n° **23**-C2
Carta stradale Michelin 562-F19

Piante pagine seguenti

Ristoranti

⁛ Met   ⅋ 🍽 🛋 AC 🍴 ⇔

CUCINA MODERNA · ROMANTICO XxxX Grandi novità per questo ristorante che vede in primis un interessante connubio tra moda e food, ma anche una proposta gastronomica che diventa più leggera, naturale, femminile. I piatti mantengono sempre un'altissima qualità introducendo ingredienti stagionali e cotture – spesso a basse temperature - per preservarne la fragranza. Ultima, ma non ultima, la Rose Room: un angolo di cucina più easy che coglie dalla natura i decori più suggestivi (foglie, fiori, bacche...) in un intrigante gioco cromatico.

→ Spaghetti erba, fumo e caviale Siberian. Maialino cotto a bassa temperatura. Tartufo al cioccolato, fondente del sale e germogli di sottobosco.

Menu 130/170 € – Carta 95/175 €

Pianta: C2-t – *Hotel Metropole, riva degli Schiavoni 4149, Castello* ⊠ 30122
– ℰ 041 524 0034 – www.metrestaurantvenice.com
– *solo a cena escluso sabato e domenica*
– *Chiuso 8-21 gennaio e lunedì*

⁛ Oro Restaurant   ⅋ ≼ 🍽 🛋 AC

CUCINA MODERNA · LUSSO XxxX Se l'oro è un metallo di gran valore che scorre nel DNA di Venezia, il ristorante ha fatto di tale colore il rivestimento del soffitto. Non di meno - a livello di pregio - si eleva la sua cucina grazie ad un cuoco italiano dall'eccellente curriculum internazionale: rispetto delle materie prime, purezza dei sapori e belle coreografie nei piatti.

→ Tortellini 1999. Piccione. Lampone.

Menu 160/210 € – Carta 104/211 €

Pianta: B3-h – *Belmond Hotel Cipriani, isola della Giudecca 10, 5 mn di navetta privata dal pontile San Marco* ⊠ 30133
– ℰ 041 240801 (consigliata la prenotazione) – www.belmond.com
– *solo a cena – Aperto 22 marzo-10 novembre*

❀ Glam Enrico Bartolini ❀ 🛋 🅰🄲

CUCINA CREATIVA · ROMANTICO XXX "Sbarca" a Venezia l'estro dello chef Bartolini: all'interno di un sontuoso palazzo d'epoca, un elegante salottino per l'inverno e l'indimenticabile dehors estivo in giardino fra magnolie e vista sul Canal Grande. Con tanta fantasia la carta "pesca" nel mercato locale e non solo per le specialità ittiche. Ricette del territorio reinterpretate come solo un "maestro" sa fare!

→ Asparago dei colli Euganei, salsa bernese, tuorlo d'uovo alla birra. Risotto, ginepro, riduzione di birra, rafano, tororo kombu (alghe). Seppia affumicata al mirto, testa fritta, cavolfiore e vinaigrette d'aceto.

Menu 55/120 € – Carta 92/123 €

Pianta: B1-b – *Palazzo Venart, calle Tron 1961, Santa Croce*
– ✆ *041 523 5676 (consigliata la prenotazione)*
– *www.ristoranteglam.com* – *Chiuso 2 settimane in febbraio, 10 giorni in agosto*

❀ Quadri (Massimiliano Alajmo) ≼ 🅰🄲 ❀ ♻

CUCINA MODERNA · CONTESTO STORICO XXX Ristorante gastronomico con ambizioni internazionali, Quadri è una sorta di "ambasciata" delle Calandre verso una clientela straniera. All'interno di uno dei palazzi più fotografati di Venezia, i cui interni sono stati recentemente rinnovati, troverete menu degustazione con piatti intriganti e creativi, che mettono in risalto i prodotti della laguna, evidenziando – tra l'altro - la chiara impronta italiana. Al pian terreno, accanto al bar, il Quadrino è il ristorante informale con proposte più tradizionali, prezzi contenuti e una magnifica vista su piazza San Marco.

→ Focaccina veneziana fritta con tartare di tonno e gelato di ventresca. Astice con purè piccante di patate all'olio e salsa al latte di sogliola e acciughe. Nuvola di tiramisù.

Menu 160/250 €

Pianta: F2-y – *piazza San Marco 121 (primo piano)* ✉ *30124*
– ✆ *041 522 2105 (consigliata la prenotazione)* – *www.alajmo.it*
– *Chiuso domenica*

❀ Osteria da Fiore (Mara Zanetti) ❀ 🅰🄲 ♻

CUCINA CLASSICA · ELEGANTE XXX Osteria ormai solo nel nome! Interamente rinnovata con un ambiente più moderno, rimangono - tuttavia - i due romantici tavoli affacciati sul canale. Chi ama la cucina veneziana qui si sentirà a casa: la signora Mara, con sapienza, riesce a far convivere la tradizione lagunare col proprio tocco personale.

→ Ostriche fritte con salsa di zabaione salato. Linguine con tartufi di mare. Branzino gratinato alle erbette selvatiche.

Menu 70/160 € – Carta 70/135 €

Pianta: B2-y – *calle del Scaleter 2202/A, San Polo* ✉ *30125*
– ✆ *041 721 308 (consigliata la prenotazione)* – *www.dafiore.net*
– *Chiuso 2-20 gennaio, 1°-21 agosto, domenica e lunedì*

❀ Il Ridotto 🅰🄲

CUCINA CREATIVA · MINIMALISTA XX Il nome gioca sulla similitudine con un omonimo e antico teatro veneziano delle stesse - ridotte - dimensioni, mentre la cucina sfodera le armi di territorialità e stagionalità dei prodotti, per concepire ricette attuali ed accattivanti.

→ Tubetti in ristretto di go (pesce di laguna), murici (molluschi) ed erbe di Laguna. Maiale, purea di fagioli alla quercia, lamponi, misticanza di senape. Cannolo al grano arso con caffè, cicoria e cacao.

Menu 35 € (pranzo)/140 € – Carta 76/137 €

Pianta: F2-k – *campo SS. Filippo e Giacomo, Castello 4509* ✉ *30122*
– ✆ *041 520 8280 (coperti limitati, prenotare)* – *www.ilridotto.com* – *Chiuso giovedì a mezzogiorno e mercoledì*

🍴 Arva

CUCINA MODERNA · LUSSO XxxX Si mangia avvolti da stucchi e dipinti in un'atmosfera di grande lusso; cucina mediterranea moderna e per pranzi più easy la piacevolezza del dehors con vista su Canal Grande.

Carta 74/160 € - carta semplice a pranzo

Pianta: E1-n – *Hotel Aman Venice, calle Tiepolo 1364, San Polo* ⊠ *30124 – 𝒞 041 270 7333 (prenotazione obbligatoria) – www.aman.com – Chiuso 3 settimane in gennaio*

🍴 Club del Doge

CUCINA CLASSICA · ROMANTICO XxxX Ristorante fine dining dove in un'atmosfera di rara raffinatezza e romanticismo, custodita in sale dall'inconfondibile sapore veneziano, i piatti celebrano la tradizione lagunare con un approccio proiettato al futuro. L'attenzione alle materie prime è quasi maniacale (le verdure, ad esempio, arrivano dalle isole di Sant'Erasmo e Mazzorbetto). La terrazza sul Canal Grande è una delle più ambite in città, mentre cocktail e cicchetti vi attendono al Bar Longhi dall'intrigante parete a specchio.

Carta 79/271 €

Pianta: E2-g – *Hotel The Gritti Palace, campo Santa Maria del Giglio 2467, San Marco* ⊠ *30124 – 𝒞 041 794611 – www.clubdeldoge.com*

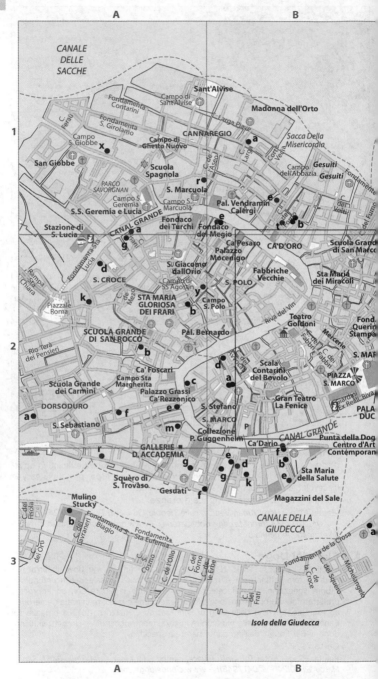

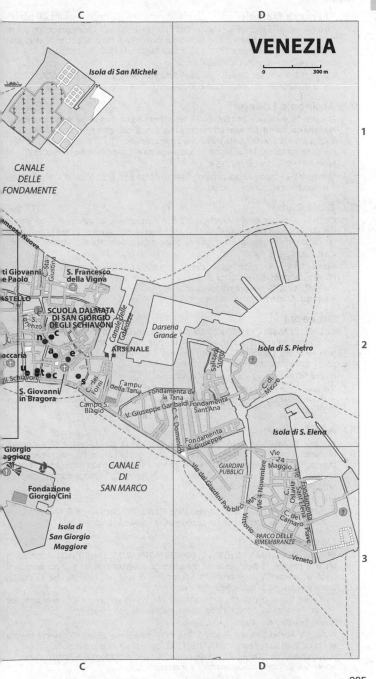

VENEZIA

Isola di San Michele

CANALE DELLE FONDAMENTE

amente Nuove

ti Giovanni e Paolo

CASTELLO

S. Sta. Giustina

S. Francesco della Vigna

SCUOLA DALMATA DI SAN GIORGIO DEGLI SCHIAVONI

S. Lorenzo

Canale delle Galeazze

Darsena Grande

Isola di S. Pietro

ARSENALE

accaria

S. Giovanni in Bragora

C. dei Forni

Campo della Tana

Campo S. Biagio

Fondamenta de la Tana

V. Giuseppe Garibaldi

Salizada Streta

Fondamenta Sant'Ana

C. di Mezzo

Fondamenta S. Domenico

Isola di S. Elena

Giorgio aggiore

Fondazione Giorgio Cini

CANALE DI SAN MARCO

Isola di San Giorgio Maggiore

Fondamenta S. Giuseppe

Vle dei Giardini Pubblici

GIARDINI PUBBLICI

Vittorio

Vle 24 Maggio

Vle 4 Novembre

Vle Piave

Fondamenta Sant'Elena

C. Oliva

C. del Carnaro

PARCO DELLE RIMEMBRANZE

Veneto

ⅡO Terrazza Danieli   ⪡ 🛋 AC 🍸

CUCINA MEDITERRANEA · LUSSO XxX Specchi e tessuti impreziosiscono i lussuosi interni, ma è il servizio in terrazza a costituire il fiore all'occhiello del ristorante con una vista mozzafiato a 180° sulla laguna, le isole e i campanili.

Menu 140 € – Carta 130/168 €

Pianta: F2-a – Hotel Danieli, riva degli Schiavoni 4196, Castello ✉ 30122
– ☎ 041 522 6480 (prenotazione obbligatoria) – www.terrazzadanieli.com

ⅡO Antinoo's Lounge   🛏 AC 🍸

CUCINA MODERNA · DI TENDENZA XxX Ispirato ad un design moderno e raffinato, la scelta oscilla fra due sale, una rossa e una bianca, con affacci sul Canal Grande. La cucina prende spunto dalla tradizione in un connubio che si fa a tratti molto interessante; romantici tavoli vicino all'acqua in estate (prenotazione consigliata!).

Menu 110 € – Carta 75/135 €

Pianta: B3-f – Hotel Sina Centurion Palace, Dorsoduro 173 ✉ 30124 – ☎ 041 34281
– www.centurionpalacevenezia.com

ⅡO Cip's Club   ⪡ 🛋 AC

CUCINA CLASSICA · ROMANTICO XxX E' il ristorante più "informale" ed intimo del Cipriani, con un'ambitissima terrazza panoramica estiva sul canale della Giudecca; cucina veneta, piatti stagionali e una pagina dedicata ai classici della casa.

Carta 92/158 €

Pianta: B3-c – Belmond Hotel Cipriani, isola della Giudecca, 5 mn di navetta privata dal pontile San Marco ✉ 30133
– ☎ 041 240801 – www.belmond.com
– Aperto 22 marzo-10 novembre

ⅡO Do Leoni   🛋 AC 🍸

CUCINA CLASSICA · LUSSO XxX Da sempre crocevia della clientela internazionale del Londra Palace, la cucina affronta con stile classico tanto le specialità venete quanto quelle nazionali. A pranzo la carta è completata dall'aggiunta di alcune scelte più semplici e meno impegnative.

Menu 90 € (cena) – Carta 92/145 €

Pianta: F2-t – Hotel Londra Palace, riva degli Schiavoni 4171, Castello ✉ 30122
– ☎ 041 520 0533 (consigliata la prenotazione) – www.londrapalace.com – Chiuso 8-31 gennaio

ⅡO Alle Corone   ♿ AC 🍸

CUCINA MODERNA · AMBIENTE CLASSICO XxX Vista su un canale dalle finestre di questo ottimo ristorante d'albergo, dove gustare una cucina moderna di stampo italiano e veneziano, o - a pranzo - anche un secondo menu light. A completare l'offerta, la saletta nella cantina con formula "enoteca-cucina": taglieri, crudità di pesce e tanto vino.

Menu 81 € – Carta 60/99 €

Pianta: F1-r – Hotel Ai Reali, campo della Fava 5527, Castello ✉ 30124
– ☎ 041 523 2222 (prenotazione obbligatoria) – www.hotelaireali.com

ⅡO Dopolavoro   🛏 🛋 ♿ AC 🍸

CUCINA CREATIVA · CONTESTO CONTEMPORANEO XxX Nell'insolita location di un'isola privata, la più "giovane" della laguna veneziana, in un edificio del '36, il lusso e l'eleganza degli ambienti riprendono lo stile dell'albergo che lo ospita, mentre la cucina si vuole gourmet e raffinata.

→ Ravioli farciti di patata affumicata, burrata, con pomodoro confit e olive verdi. Triglia, melanzane, ricotta e pomodoro. Macedonia con fragolino.

Menu 98/180 € – Carta 178/236 €

Hotel JW Marriott Venice Resort & Spa, isola delle Rose, 25 mn di navetta privata dal pontile di San Marco – ☎ 041 852 1300 (consigliata la prenotazione)
– www.jwvenice.com – solo a cena escluso sabato e domenica – Aperto inizio aprile-fine ottobre; chiuso martedì e mercoledì

ⅱ○ **Amo** 🄰🄲 ⅏

CUCINA MEDITERRANEA · ALLA MODA XX E' il locale più contemporaneo della galassia Alajmo, gastronomico ma casual, dove la condivisione come modalità di servizio lo rende contemporaneo e disinvolto. Design di Philippe Starck per questo "salotto in piazza".

Menu 65/80 € – Carta 52/88 €

Pianta: E1-b – T Fondaco dei Tedeschi ⌖ 30124 – ℰ 041 241 2823 (consigliata la prenotazione) – www.alajmo.it

ⅱ○ **Caffè Centrale** 🏤 🄰🄲

CUCINA MEDITERRANEA · ALLA MODA XX Un bel mix fra lounge bar e ristorazione di qualità per questo bel locale giovanile ed elegante, dove è possibile accomodarsi sino all'una di notte: per Venezia, una rarità!

Carta 56/103 €

Pianta: E2-a – Piscina di Frezzeria 1659/B ⌖ 30124
– ℰ 041 887 6642 (consigliata la prenotazione) – www.caffecentralevenezia.com
– solo a cena

ⅱ○ **Ai Gondolieri** 🄰🄲 ⟐

CUCINA REGIONALE · ROMANTICO XX Alle spalle del museo Guggenheim, questo locale rustico con tanto legno alle pareti propone un fantasioso menu solo di terra legato alla tradizione classica e regionale. Ultimamente, il ristorante si è arricchito di una fornita vineria con vasta selezione di bianchi, rossi e bollicine. Insieme ad un buon calice, Ai Gondolieri offre prodotti tipici veneti come prosciutti stagionati e verdurine in agrodolce.

Menu 40/65 € – Carta 47/123 €

Pianta: B3-d – fondamenta de l'Ospedaleto 366, Dorsoduro ⌖ 30123
– ℰ 041 528 6396 – www.aigondolieri.it

ⅱ○ **Ai Mercanti** 🏤 🄰🄲 ⅏

CUCINA MODERNA · CONTESTO CONTEMPORANEO XX Celato in una piccola corte del centro - nero e beige dominano l'aspetto moderno dell'ultimo rinnovo - signorile ed elegante, non privo di calore. Cucina di stampo moderno, sia di carne sia di pesce.

Carta 40/58 €

Pianta: E2-u – corte Coppo 4346/A, San Marco ⌖ 30124
– ℰ 041 523 8269 (consigliata la prenotazione) – www.aimercanti.it
– Chiuso 7 gennaio-7 febbraio, 10 giorni in agosto, lunedì a mezzogiorno e domenica

ⅱ○ **Al Covo** 🏤 🄰🄲 ⟐

CUCINA REGIONALE · FAMILIARE XX All'insegna di un'autentica ospitalità familiare, ecco uno dei migliori ristoranti di Venezia che fa dei prodotti di nicchia e di ricerca - in prevalenza mare - la propria bandiera.

Menu 49 € (pranzo)/79 € – Carta 64/100 €

Pianta: C2-s – campiello della Pescaria 3968, Castello ⌖ 30122
– ℰ 041 522 3812 – www.ristorantealcovo.com
– Chiuso 20 giorni in gennaio, mercoledì e giovedì

ⅱ○ **Bistrot de Venise** 🕃 🏤 🄰🄲

VENEZIANA · AMBIENTE CLASSICO XX Cucina veneziana contemporanea, con qualche proposta di piatti d'epoca, in salette avvolte da velluti rossi e dalla musica classica. Tante bottiglie al bicchiere e possibilità d'acquisto a prezzi scontati. Al piano superiore due belle camere in stile locale.

Menu 74/110 € – Carta 50/118 €

Pianta: E2-g – calle dei Fabbri 4685, San Marco ⌖ 30124
– ℰ 041 523 6651 (consigliata la prenotazione) – www.bistrotdevenise.com
– Chiuso 10-14 dicembre

ⅈ⃝ L' Osteria di Santa Marina   🛖 🅐🅒

CUCINA MODERNA · AMBIENTE CLASSICO ✕✕ Il biglietto da visita è un'incantevole credenza vecchio stile, ma il ricordo più vivo lo lascerà la cucina: niente di turistico, ma una gustosa ricerca di ottimi prodotti e ricette della tradizione rivisitate con tocchi fantasiosi. Menzione speciale per i dolci.

Carta 59/99 €

Pianta: F1-m – *campo Santa Marina 5911, Castello* ✉ *30122 –* ☏ *041 528 5239 – www.osteriadisantamarina.com – Chiuso 15 gennaio-1° febbraio, lunedì a mezzogiorno e domenica*

ⅈ⃝ La Caravella   🛖 🅐🅒

VENEZIANA · CONTESTO TRADIZIONALE ✕✕ In un caratteristico locale che ricorda gli interni di un'antica caravella, ambiente vintage e intimità, cucina classica con piatti di stagione. D'estate, servizio all'aperto in un cortile veneziano.

Carta 62/113 €

Pianta: E2-n – *Hotel Saturnia e International, calle larga 22 Marzo 2397, San Marco* ✉ *30124 –* ☏ *041 520 8901 – www.restaurantlacaravella.com*

ⅈ⃝ Lineadombra   🕱 🛖 ♿ 🅐🅒

CUCINA MODERNA · MINIMALISTA ✕✕ Per chi vuole sfuggire alla tradizione, è uno dei pochi ristoranti veneziani a proporre una cucina contemporanea, nonché una delle migliori cantine della città con più di 1000 etichette; stile minimal all'interno, diventa romantico d'estate quando si mangia su una zattera-palafitta affacciata sul canale della Giudecca.

Carta 65/144 €

Pianta: B3-e – *ponte dell'Umiltà 19, Dorsoduro* ✉ *30123 –* ☏ *041 241 1881 – www.ristorantelineadombra.com – Aperto 2 marzo-24 novembre; chiuso martedì escluso in maggio-settembre*

ⅈ⃝ Local   🛖 🅐🅒 ⌀

CUCINA MODERNA · CONTESTO CONTEMPORANEO ✕✕ Locale di tendenza con cucina a vista ed una certa raffinatezza nelle sue proposte; le ricette si rifanno ai prodotti del territorio, che vengono - tuttavia - rielaborati con una buona dose di creatività.

Menu 48 € (pranzo in settimana)/95 € – Carta 64/104 €

Pianta: C2-n – *Salizzada dei Greci, Castello 3303 –* ☏ *041 241 1128 – www.ristorantelocal.com – Chiuso 2 settimane in febbraio, 2 settimane in agosto, mercoledì a mezzogiorno e martedì*

ⅈ⃝ Riviera   🛖 ♿ 🅐🅒

CUCINA MEDITERRANEA · ROMANTICO ✕✕ Ammaliati dal tramonto con vista sull'isola della Giudecca, questo locale ha un côté decisamente romantico: interni dal mood retrò per un'ottima tavola che si divide tra terra e mare, ma che non si scorda mai di coniugare gusto e leggerezza.

Menu 55 € (pranzo in settimana)/160 € – Carta 72/102 €

Pianta: A2-r – *fondamenta zattere al Ponte Longo 1473, Dorsoduro* ✉ *30123 –* ☏ *041 522 7621 – www.ristoranteriviera.it – Chiuso 8 gennaio-13 febbraio, 1 settimana in agosto, mercoledì e giovedì*

ⅈ⃝ Vecio Fritolin   🅐🅒

CUCINA MEDITERRANEA · CONTESTO TRADIZIONALE ✕✕ Il "fritolin" era un luogo dove i veneziani potevano trovare il pesce fritto da asporto chiamato "scartosso de pesse". Situato in un palazzo del '500, nei possedimenti di Caterina Cornaro, regina di Cipro, il locale ha perpetuato l'antica tradizione per un lungo periodo; ora questo take-away ante litteram non è più possibile, ma noi v'invitiamo - comunque - ad accomodarvi ai suoi tavoli per gustare una squisita cucina regionale attualizzata con gusto moderno e accompagnata da un cordiale servizio.

Menu 65/75 € – Carta 54/90 €

Pianta: E1-a – *calle della Regina, Rialto 2262* ✉ *30125 –* ☏ *041 522 2881 (consigliata la prenotazione) – www.veciofritolin.it – Chiuso 28 luglio-5 agosto, mercoledì a mezzogiorno e martedì*

🍴○ **Corte Sconta** ⛱ 🅰🅲

PESCE E FRUTTI DI MARE · CONTESTO TRADIZIONALE ✗ Piacevole locale inizio secolo, nato come bottiglieria, con una vite centenaria a pergolato nella corte interna, dove si svolge il servizio estivo; curata cucina veneziana.

Carta 56/84 €

Pianta: **C2-e** – *calle del Pestrin 3886, Castello* ✉ *30122* – ☏ *041 522 7024* – *www.cortescontavenezia.it* – *Chiuso 11 gennaio-2 febbraio, 23 luglio-16 agosto, domenica e lunedì*

🍴○ **Enoteca la Colombina** ⛱ 🅰🅲

CUCINA MODERNA · FAMILIARE ✗ Se vi trovate sulla strada che dalla ferrovia conduce a Rialto, non potete mancare questo piccolo ristorante-cicchetteria, dove la tradizione viene leggermente rivisitata. Mamma in sala, figlio in cucina: praticamente una garanzia!

Menu 49 € – Carta 39/76 €

Pianta: **B1-r** – *corte del Pegoloto, Cannaregio 1828* ✉ *30124* – ☏ *041 522 2616* – *www.ristorantelacolombina.eu* – *Chiuso 2 settimane in gennaio, 1 settimana in agosto e i mezzogiorno di lunedì e giovedì*

🍴○ **Estro Vino e Cucina** 🍸 🅰🅲

CUCINA MEDITERRANEA · WINE-BAR ✗ Nella Venezia un po' più "segreta", una moderna enoteca con uso cucina. Piatti mediterranei e del territorio con 700 etichette di vini biologici. Fuori orario anche cichetteria per aperitivi.

Menu 36/55 € – Carta 46/69 €

Pianta: **A2-b** – *Dorsoduro 3778* ✉ *30124* – ☏ *041 476 4914 (consigliata la prenotazione)* – *www.estrovenezia.com* – *Chiuso martedì*

🍴○ **Osteria Alle Testiere** 🅰🅲

CUCINA REGIONALE · SEMPLICE ✗ A partire dalla vetrina - sino alla sala e ai 10 tavolini che la arredano - è tutto minuscolo in questa bella osteria... salvo la qualità del cibo preparato in chiave leggermente moderna e, soprattutto, dall'esito convincente. Un "bacaro" raffinato!

Carta 56/107 €

Pianta: **F1-g** – *calle del Mondo Novo 5801, Castello* ✉ *30122* – ☏ *041 522 7220 (prenotazione obbligatoria la sera)* – *www.osterialletestiere.it* – *Chiuso 20 dicembre-13 gennaio, 26 luglio-26 agosto, domenica e lunedì*

🍴○ **Trattoria Ca' d'oro-Alla Vedova** 🅰🅲

CUCINA REGIONALE · VINTAGE ✗ Locale storico dal fascino retrò e gestito dalla stessa famiglia dalla fine dell'Ottocento, propone una carta ristretta di piatti veneziani, in prevalenza pesce, ma le polpette di carne in città sono ormai una leggenda.

Carta 31/48 €

Pianta: **B1-t** – *ramo Ca' D'Oro a Cannaregio 3912* ✉ *30100* – ☏ *041 528 5324 (consigliata la prenotazione)* – *Chiuso 1 settimana in febbraio, 25 luglio-25 agosto, domenica a mezzogiorno e giovedì*

🍴○ **Vini da Gigio** 🍸 🅰🅲

CUCINA REGIONALE · FAMILIARE ✗ Una trattoria familiare dove il benessere e la convivialità sono all'ordine del giorno, così come la qualità della cucina: piatti veneti di terra e di mare, ma la fama del locale è legata anche al bell'approccio della carta dei vini, fonte d'ispirazione per la scelta di bottiglie o singoli bicchieri.

Carta 52/73 €

Pianta: **B1-e** – *cannaregio 3628* ✉ *30121* – ☏ *041 528 5140* – *www.vinidagigio.com* – *Chiuso gennaio, 15-30 agosto, lunedì e martedì*

⇞○ Wildner ⇦ ⇐ AC ⊗

VENEZIANA · FAMILIARE ✕ La Pensione Wildner vanta una storia ultracentenaria, mentre l'attuale gestione familiare è presente da circa 60 anni: per il piacere dei propri ospiti propone imperterrita una cucina fortemente legata al territorio. Le camere - arredate in stile veneziano - danno per una parte sul mare, per l'altra sui tetti del centro.

Carta 42/88 €

16 cam ⊊ – ♦100/350 € ♦♦100/350 €

Pianta: C2-c – *riva degli Schiavoni 4161, Castello* ✉ *30122* – ✆ *041 522 7463* – *www.hotelwildner.com* – *Chiuso 7 gennaio-21 febbraio e martedì*

Alberghi

⍟⍟⍟ Belmond Hotel Cipriani ⏍ ⇐ ⌸ ☒ ⟰ ⌗ ✕ ⊡ AC ⍟

GRAN LUSSO · ELEGANTE Il nome del Cipriani si confonde nel mondo con quello della città: un'enclave di lusso nel silenzio e nel verde della Giudecca, per un soggiorno riservato, esclusivo, soprattutto, coccolato da un eccellente servizio. Al suo interno lo stile locale è rivisitato ed alleggerito; all'orizzonte Venezia le si dona volentieri come una cartolina!

73 cam ⊊ – ♦650/800 € ♦♦1350/1800 € – 23 suites

Pianta: B3-h – *isola della Giudecca 10, 5 mn di navetta privata dal pontile San Marco* ✉ *30133* – ✆ *041 240801* – *www.belmond.com* – *Aperto 22 marzo-10 novembre*

⍟ **Oro Restaurant** • ⇞○ **Cip's Club** – Vedere selezione ristoranti

⍟⍟⍟ Danieli ⇐ ⟰ ⊡ AC ⍟

STORICO · PERSONALIZZATO Tre palazzi risalenti alla fine del '300, al '700 ed all'inizio del '900 riuniti in un unico grande albergo tra i più celebri della città, si presenta con una magnifica hall ricavata dalla ex corte. Al suo interno lo stile veneziano è di volta in volta citato con oggetti storici o rivisitato in chiave più moderna. Il sogno diventa realtà nelle suite.

210 cam – ♦320/1230 € ♦♦320/1230 € – 10 suites – ⊊ 53 €

Pianta: F2-a – *riva degli Schiavoni 4196, Castello* ✉ *30122* – ✆ *041 522 6480* – *www.terrazzadanieli.com*

⇞○ **Terrazza Danieli** – Vedere selezione ristoranti

⍟⍟⍟ The Gritti Palace ⇐ ⟰ ⟰ ⊡ ⌖ AC ⍟

GRAN LUSSO · PERSONALIZZATO Nell'involucro di uno straordinario palazzo del XV secolo, The Gritti Palace è un hotel-museo che raccoglie il meglio dell'artigianato locale: il design interno è ispirato al ricco patrimonio storico veneziano ed ai personaggi illustri che hanno segnato la storia dell'albergo e della città. Raffinato lusso che delizierà i suoi ospiti come una seconda casa dove sarà un piacere e insieme un'emozione scegliere il colore preferito tra quelli offerti da quadri, tessuti e panorami!

61 cam – ♦490/1260 € ♦♦490/1260 € – 21 suites – ⊊ 53 €

Pianta: E2-g – *campo Santa Maria del Giglio 2467, San Marco* ✉ *30124* – ✆ *041 794611* – *www.thegrittipalace.com*

⇞○ **Club del Doge** – Vedere selezione ristoranti

⍟⍟⍟ JW Marriott Venice Resort & Spa ⍟ ⏍ ⇐ ⌸ ☒ ⬚ ⚙ ⟰ ⌗

RESORT · MODERNO Nuovissimo resort al centro di un'isola- ⊡ ⌖ AC ⍟ parco di oltre 15 ettari. Inutile elencarne i servizi, vi troverete di tutto: compresa la più grande Spa della città ed una ristorazione variegata.

233 cam ⊊ – ♦395/800 € ♦♦395/850 € – 33 suites

isola delle Rose, 25 mn di navetta privata dal pontile di San Marco ✉ *30124* – ✆ *041 852 1300* – *www.jwvenice.com* – *Aperto inizio aprile-fine ottobre*

Dopolavoro – Vedere selezione ristoranti

⌂ Aman Venice   🐾 🛋 🔅 🅰🅲 🌣 🛁

GRAN LUSSO · ELEGANTE Non riportano il numero, ma solo il nome, le camere di questo lussuosissimo albergo ospitato in un palazzo del '500 romanticamente affacciato sul Canal Grande. Alcune suite "emozionano" per originalità, come quella con affreschi del Tiepolo e salottino cinese dipinto a mano, la Sansovino con il camino disegnato dal famoso architetto, la Papadopoli con bagno dotato di affreschi...

24 suites ☲ – ♦♦950/2150 €

Pianta: E1-n – *calle Tiepolo 1364, San Polo* ✉ *30124 – ℰ 041 270 7333 – www.aman.com – Chiuso 3 settimane in gennaio*

🍽 **Arva** – Vedere selezione ristoranti

⌂ Baglioni Hotel Luna   ✿ 🔅 🅰🅲 🛁

LUSSO · PERSONALIZZATO Già al tempo delle crociate ostello per templari e pellegrini, Luna Hotel Baglioni è oggi una struttura di aristocratica raffinatezza: suite con terrazza, salone con affreschi della scuola del Tiepolo e l'elegante ristorante, Canova, che propone piatti di cucina classica.

76 cam – ♦200/950 € ♦♦200/950 € – 15 suites – ☲ 35 €

Pianta: E2-p – *calle larga dell'Ascensione 1243, San Marco* ✉ *30124 – ℰ 041 528 9840 – www.baglionihotels.com*

⌂ Ca' Sagredo   ✿ ⪡ 🔅 ♿ 🅰🅲

LUSSO · STORICO Più che un albergo, un museo: tra marmi, stucchi, imponenti scaloni ed enormi affreschi di Tiepolo, Longhi ed altri, rivivrete la leggendaria e aristocratica vita della Serenissima all'interno di un palazzo di origine bizantina. Buona linea di cucina al ristorante con piccolo, ma splendido dehors sul Canal Grande.

31 cam – ♦300/600 € ♦♦300/600 € – 11 suites – ☲ 31 €

Pianta: E1-f – *campo Santa Sofia 4198, Ca' D'Oro* ✉ *30121 – ℰ 041 241 3111 – www.casagredohotel.com*

⌂ Londra Palace   ⪡ 🔅 🅰🅲

LUSSO · PERSONALIZZATO Affacciato sulla passeggiata più spettacolare di Venezia, all'interno il lusso fa incontrare atmosfere contemporanee con accenni veneziani e mobili Biedermaier. Luce, armonia e viste mozzafiato dalle sue innumerevoli finestre: davanti il mare, dietro tetti e campanili.

52 cam ☲ – ♦265/755 € ♦♦275/765 € – 1 suite

Pianta: F2-t – *riva degli Schiavoni 4171, Castello* ✉ *30122 – ℰ 041 520 0533 – www.londrapalace.com – Chiuso 6 gennaio-12 febbraio*

🍽 **Do Leoni** – Vedere selezione ristoranti

⌂ Metropole   ✿ ⪡ 🛋 🔅 🅰🅲 🛁

GRAN LUSSO · PERSONALIZZATO Come Venezia, il Metropole è un romantico connubio tra occidente e oriente, propone ambienti di strabiliante raffinatezza, collezioni d'antiquariato e una piccola, ma esclusiva corte-giardino con gelsomini, palme, aranci mentre sul velluto delle fragranze che avvolgono a tutte le ore l'albergo l'amosfera si fa magica. Piatti veloci, cocktail e molta carne all'OrientalBar.

67 cam ☲ – ♦240/2500 € ♦♦240/2500 € – 20 suites

Pianta: C2-t – *riva degli Schiavoni 4149, Castello* ✉ *30122 – ℰ 041 520 5044 – www.hotelmetropole.com*

🌼 **Met** – Vedere selezione ristoranti

⌂ Palazzina G   ✿ 🔅 🅰🅲

BOUTIQUE HOTEL · DESIGN Romantico mix di antico e moderno nell'accogliente salone in piacevole penombra, lounge e cuore pulsante che diviene anche sala glamour del ristorante PG's. Abbagliante modernità nelle camere: è l'albergo secondo Philippe Starck, regista della Palazzina G.

17 cam ☲ – ♦290/880 € ♦♦290/880 € – 5 suites

Pianta: A2-c – *San Marco 3247* ✉ *30124 – ℰ 041 528 4644 – www.palazzinagrassi.com*

🏨 Palazzo Venart 🛎️ 🔲 ♿ AC

DIMORA STORICA · GRAN LUSSO Palazzo del '500 affacciato sul Canal Grande, la sua posizione defilata e un giardino fiorito dove far colazione lo rendono una piccola bomboniera ricca di storia ed eleganza.

11 cam 🛏️ – 🛏️300/1090 € 🛏️🛏️300/1090 € – 7 suites

Pianta: B1-e – *calle Tron 1961, Santa Croce* ✉️ *30124* – 𝒞 *041 523 3784* – *www.palazzovenart.com*

🌸 **Glam Enrico Bartolini** – Vedere selezione ristoranti

🏨 Sina Centurion Palace 🛎️ 🔲 ♿ AC 🧖

LUSSO · DESIGN Se cercate un'alternativa al barocco e alla pomposità dello stile veneziano, il Centurion è la vostra meta, qui troverete atmosfere moderne dal design sobrio e raffinato. Alcune camere si affacciano sul Canal Grande.

46 cam – 🛏️880 € 🛏️🛏️990 € – 4 suites – 🛏️33 €

Pianta: B3-f – *Dorsoduro 173* ✉️ *30123* – 𝒞 *041 34281* – *www.sinahotels.com*

🍴 **Antinoo's Lounge** – Vedere selezione ristoranti

🏨 Ai Reali 🌐 🛁 🔲 ♿ AC 🏊 🧖

LUSSO · STORICO In un palazzo seicentesco, le camere sono un affascinante crogiuolo di arredi, marmi e tessuti (due sono addirittura affrescate), mentre all'ultimo piano trova spazio il centro benessere, uno dei pochi in città con anche la beauty.

37 cam 🛏️ – 🛏️250/1400 € 🛏️🛏️250/1400 € – 3 suites

Pianta: F1-r – *campo della Fava 5527, Castello* ✉️ *30124* – 𝒞 *041 523 4064* – *www.hotelaireali.com*

🍴 **Alle Corone** – Vedere selezione ristoranti

🏨 Molino Stucky Hilton Venice 🏊 ⛵ 🌐 🛁 🔲 ♿ AC 🧖

PALACE · INDUSTRIALE Spettacolare riconversione di un antico mulino, l'imponente edificio in mattoni dal disegno industrial-neogotico ospita camere moderne, alcune affacciate sul canale della Giudecca. Ma la vista migliore è decisamente dal modaiolo Skyline Rooftop Bar! Riuscita via di mezzo tra ristorante e originale cicchetteria, Bacaromi propone specialità della cucina veneta in un ambiente informale.

339 cam 🛏️ – 🛏️239/730 € 🛏️🛏️254/745 € – 40 suites

Pianta: A3-b – *isola della Giudecca 810, 10 mn di navetta privata dal pontile San Marco* ✉️ *30133* – 𝒞 *041 272 3311* – *www.molinostuckyhilton.it*

🏨 Bauer Palladio 🏊 🛁 ⛵ 🛎️ 🌐 🛁 🔲 ♿ AC 🧖

LUSSO · ELEGANTE Un vasto e bucolico giardino raddoppia la tranquilla paciosità già garantita dall'essere sulla Giudecca, indimenticabile se goduto dal servizio all'aperto del ristorante. Senza dimenticare che il bel palazzo fu disegnato dal famoso architetto A. Palladio: un tempo convento, dopo anni di abbandono, la struttura ha riguadagnato un proprio posto al sole e oggi è un baluardo della raffinata hôtellerie cittadina.

70 cam 🛏️ – 🛏️290/1500 € 🛏️🛏️300/1500 € – 9 suites

Pianta: B3-a – *isola della Giudecca* ✉️ *30133* – 𝒞 *041 520 7022* – *www.palladiohotelspa.com* – *Aperto 14 marzo-1° novembre*

🏨 Ca Maria Adele ⛵ AC

LUSSO · ROMANTICO Affacciata sulla Chiesa della Salute, un'affascinante e pittoresca dimora veneziana caratterizzata da uno stile prettamente locale, curata e perfezionata dai due fratelli, i titolari, come fosse casa propria. Lussuose camere, calde e di grande charme.

11 cam 🛏️ – 🛏️290/600 € 🛏️🛏️290/600 € – 1 suite

Pianta: B3-b – *rio Terà dei Catecumeni 111, Dorsoduro* ✉️ *30123* – 𝒞 *041 520 3078* – *www.camariaadele.it* – *Chiuso 7 gennaio-27 febbraio*

🏠 Ca' Pisani

TRADIZIONALE · VINTAGE In una dimora trecentesca, arredi originali in stile art déco, opere futuriste e tecnologia d'avanguardia, nonché piccola area relax con bagno-turco (assolutamente da prenotare!). Insomma, un inusitato, audace, connubio per un originale design hotel, mentre il ristorante omaggia il pittore Depero: il suo quadro, "La Rivista", ne è infatti un vanto, nonché il nome. A questo punto penserete: e la cucina? Decisamente moderna.

29 cam ⊑ – ♦150/600 € ♦♦150/900 € – 6 suites

Pianta: A3-g – *rio Terà Foscarini 979/a, Dorsoduro* ✉ *30123* – ☏ *041 240 1411*
– *www.capisanihotel.it*

🏠 Palazzo Stern

STORICO · PERSONALIZZATO Bel palazzo affacciato sul Canal Grande, di fianco a Cà Rezzonico, caratterizzato da eleganti spazi comuni con statue e mobili di pregio, nonché lussuose camere personalizzate; piacevole terrazza per la prima colazione.

23 cam ⊑ – ♦150/480 € ♦♦175/550 € – 1 suite

Pianta: A2-e – *Dorsoduro 2792/a* ✉ *30123* – ☏ *041 277 0869*
– *www.palazzostern.it*

🏠 A la Commedia

TRADIZIONALE · PERSONALIZZATO Adiacente al Teatro Goldoni e nelle vicinanze del Ponte di Rialto, eleganza e signorilità regnano sovrane in questa struttura dagli arredi in stile veneziano rivisitati: suggestivo il Roof Top Lounge Bar con terrazza e vista sulla città.

33 cam ⊑ – ♦80/350 € ♦♦100/450 € – 2 suites

Pianta: K1-c – *corte del Teatro Goldoni 4596/a, San Marco* ✉ *30124*
– ☏ *041 277 0235* – *www.commediahotel.com*

🏠 Ai Mori d'Oriente

TRADIZIONALE · A TEMA Poco distante dalla chiesa della Madonna dell'Orto che conserva i dipinti del Tintoretto, un albergo dagli originali arredi moreschi ricavato in un palazzo d'epoca - ampliato recentemente con un'ala di nuove camere - dove sembrerà di dormire sospesi tra Oriente ed Occidente.

29 cam ⊑ – ♦100/450 € ♦♦200/1200 € – 3 suites

Pianta: G1-a – *fondamenta della Sensa 3319, Cannaregio* ✉ *30121* – ☏ *041 711001*
– *www.hotelaimoridoriente.it*

🏠 Aqua Palace

TRADIZIONALE · PERSONALIZZATO In un palazzo seicentesco, qui troveranno rifugio coloro che intendono fuggire gli eccessi decorativi barocchi e riposarsi in ambienti sobri, scuri, dalle sfumature dorate e cioccolato.

24 cam ⊑ – ♦130/340 € ♦♦145/380 €

Pianta: F1-q – *calle de la Malvasia 5492, Castello* ✉ *30124* – ☏ *041 296 0442*
– *www.aquapalace.it*

🏠 Colombina

TRADIZIONALE · CLASSICO Elegante palazzo a due passi da S. Marco, se gli spazi comuni non sono immensi, le camere vi stupiranno con una profusione di eleganza nonché, quelle ai piani nobili, straordinari lampadari di Murano.

45 cam ⊑ – ♦70/450 € ♦♦100/1200 €

Pianta: F2-d – *calle del Remedio 4416, Castello* ✉ *30122* – ☏ *041 277 0525*
– *www.hotelcolombina.com*

🏠 L'O Venezia-Hotel L'Orologio

BOUTIQUE HOTEL · MINIMALISTA Nei pressi del mercato del pesce, un nuovissimo hotel dallo stile insolito a Venezia: asciutto, minimal, cosmopolitan - sebbene caldo - grazie alle luci soffuse ed alle tinte scure. Tanti orologi fanno capolino qua e là.

41 cam ⊑ – ♦200/1000 € ♦♦200/1000 € – 2 suites

Pianta: E1-a – *riva de l'Ogio 1777, San Polo* ✉ *30124* – ☏ *041 272 5800*
– *www.hotelorologiovenezia.com*

1003

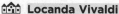 Locanda Vivaldi 🛏️ ≤ 🖵 ⚐ 🆒 🕸️ 🐾

TRADIZIONALE · MEDITERRANEO Apoteosi dello stile veneziano, tendaggi, lampadari e specchi di Murano si susseguono in camere ovattate dagli alti soffitti. Ristorante estivo su terrazza panoramica al terzo piano.

24 cam 🖃 – ♦150/550 € ♦♦150/700 € – 3 suites
Pianta: C2-u – *riva degli Schiavoni 4150/52, Castello* ✉ 30122 – ☏ 041 277 0477
– *www.locandavivaldi.it*

Palace Bonvecchiati 🛏️ ♨️ ☟ 🖵 ⚐ 🆒 🐾

LUSSO · MODERNO Tra Rialto e San Marco, un albergo di moderna concezione con una vasta gamma di servizi offerti, belle camere ed una zona fitness. La struttura è ampliata e completata dall'accogliente hotel Bonvecchiati, direttamente collegato al Palace (vi si accede senza uscire) dove troverete una piacevole convivenza di stanze classiche e camere in stile veneziano. Il ristorante La Terrazza è condiviso da entrambe le strutture.

70 cam 🖃 – ♦150/600 € ♦♦180/1500 €
Pianta: E2-d – *calle dei Fabbri 4680, San Marco* ✉ 30124 – ☏ 041 296 3111
– *www.palacebonvecchiati.it*

Papadopoli Venezia 🛏️ 🖵 🆒 🕸️ 🐾

BUSINESS · CLASSICO Vicino alla stazione, ma in un contesto più tranquillo, circondato dall'acqua e dal verde, nelle camere ritroverete i classici arredi veneziani. Scenografico ristorante all'interno di un giardino d'inverno "vestito" di piante; cucina veneta.

96 cam – ♦160/1478 € ♦♦160/1478 € – 8 suites – 🖃 24 €
Pianta: A2-k – *Santa Croce 245* ✉ 30135 – ☏ 041 710400 – *www.sofitel.com*

Pensione Accademia-Villa Maravege 🚪 🆒 🕸️

STORICO · PERSONALIZZATO Rarissimo duplice giardino: antistante, per le colazioni, retrostante, per il riposo, il tutto in un contorno da favola di canali e palazzi storici. Camere eterogenee, il più delle volte in stile veneziano.

24 cam 🖃 – ♦70/200 € ♦♦110/500 € – 3 suites
Pianta: A2-m – *fondamenta Bollani 1058, Dorsoduro* ✉ 30123 – ☏ 041 521 0188
– *www.pensioneaccademia.it*

Ruzzini Palace 🖵 ⚐ 🆒 🕸️

TRADIZIONALE · PERSONALIZZATO In uno dei più suggestivi contesti cittadini, dormirete in un imponente palazzo di origini cinquecentesche; le camere, in stile classico e affacciate sul campo o su un canale, sono introdotte da un bel salone affrescato al primo piano.

25 cam – ♦100/200 € ♦♦200/500 € – 3 suites – 🖃 20 €
Pianta: F1-a – *campo Santa Maria Formosa 5866, Castello* ✉ 30124 Venezia
– ☏ 041 241 0447 – *www.ruzzinipalace.com*

Saturnia e International 🖵 🆒 🐾

TRADIZIONALE · PERSONALIZZATO Affacciato sulla strada dello shopping grandi firme, dove ha aperto i battenti il nuovo bar Caravellino, diversi reperti storici dal '500 ad oggi ornano le zone comuni; anche le camere sfoggiano arredi ottocenteschi, ma qui la predilezione va per l'art-déco. Terrazza panoramica.

87 cam 🖃 – ♦120/450 € ♦♦150/660 €
Pianta: E2-n – *calle larga 22 Marzo 2398, San Marco* ✉ 30124 – ☏ 041 520 8377
– *www.hotelsaturnia.it*
🍴 **La Caravella** – Vedere selezione ristoranti

Sina Palazzo Sant' Angelo ≤ 🖵 🆒

TRADIZIONALE · PERSONALIZZATO Venezia è una città piena di segreti sorprendenti, ma sempre pronti ad essere svelati... All'interno di un piccolo palazzo direttamente affacciato sul Canal Grande su cui danno alcune camere (le più gettonate!), una risorsa affascinante, apprezzabile anche per il carattere intimo e discreto.

8 cam 🖃 – ♦600 € ♦♦640 € – 6 suites
Pianta: B2-d – *San Marco 3878/b* ✉ 30124 – ☏ 041 241 1452
– *www.palazzosantangelo.com*

Ca' Nigra Lagoon Resort

STORICO · PERSONALIZZATO Introdotto da uno spettacolare duplice giardino, d'ingresso e sul retro per le colazioni sul Canal Grande, l'hotel sia negli spazi comuni sia nelle camere è una raffinata sintesi di stili diversi, antichi e moderni, veneziani ed orientali, con molti oggetti collezionati dai titolari in giro per il mondo.

22 cam 🖃 – ♦130/350 € ♦♦180/550 €

Planta: A1-g – *campo San Simeon Grande 927, Santa Croce* ✉ *30135* – ✆ *041 275 0047* – *www.hotelcanigra.com*

Corte di Gabriela

CASA PADRONALE · DESIGN Piccolo edificio storico, da sempre utilizzato come residenza privata, l'apertura come hotel a fine 2012 ha consegnato ambienti intimi e raccolti, eccellenti spazi arredati con le migliori firme del design mondiale, ma nel rispetto della tradizione veneziana di muri e soffitti.

13 cam 🖃 – ♦200/600 € ♦♦220/600 €

Planta: E2-s – *calle degli Avvocati 3836, San Marco* ✉ *30124 Venezia* – ✆ *041 523 5077* – *www.cortedigabriela.com* – *Chiuso 15-27 dicembre e 7 gennaio-18 febbraio*

Flora

TRADIZIONALE · VINTAGE Incantevoli scale liberty, arredi e letti d'epoca nelle camere, raffinati salotti, ma il gioiello è il piccolo cortile con fontana per la prima colazione. Un'oasi retrò in un romantico hotel!

40 cam 🖃 – ♦100/250 € ♦♦200/450 €

Planta: E2-f – *calle larga 22 Marzo 2283/a, San Marco* – ✆ *041 520 5844* – *www.hotelflora.it*

Palazzo Abadessa

STORICO · PERSONALIZZATO Il sogno di ogni turista in visita a Venezia: preceduto da un incantevole giardino, all'interno di una residenza d'epoca del Cinquecento troverete sontuosi saloni, finestre policrome, lampadari preziosi, arredi d'epoca e affreschi, ma soprattutto una romantica, avvolgente atmosfera.

13 cam 🖃 – ♦100/600 € ♦♦150/1200 € – 2 suites

Planta: B1-b – *calle Priuli 4011, Cannaregio* ✉ *30121* – ✆ *041 241 3784* – *www.abadessa.com* – *Chiuso 8 gennaio-2 febbraio*

Sant'Antonin

DIMORA STORICA · ORIGINALE Palazzo di origini cinquecentesche che deve la sua attuale fisionomia alla ristrutturazione della metà dell'Ottocento operata dai progenitori degli attuali proprietari; mirabile il giardino privato (uno dei più grandi in città) e la piccola corte medioevale che introduce all'ingresso. Al suo interno, preziosi elementi di originalità quali soffitti affrescati e pavimenti in marmetto d'epoca.

13 cam 🖃 – ♦59/139 € ♦♦80/280 €

Planta: C2-c – *Fondamenta dei Furlani 3299, Castello* ✉ *30122* – ✆ *041 523 1621* – *www.hotelsantantonin.com*

Al Codega

TRADIZIONALE · CLASSICO In questo palazzo ottocentesco si fanno a volte i conti con la scarsa metratura, ma non con l'eleganza: parquet, tappezzeria e travertino persiano nei bagni. Se disponibili, vi consigliamo di prenotare le camere che si affacciano sul campiello.

28 cam 🖃 – ♦80/220 € ♦♦105/355 €

Planta: E2-a – *corte del Forno Vecchio 4435, San Marco* ✉ *30124* – ✆ *041 241 3288* – *www.alcodega.it* – *Chiuso 6 gennaio-6 febbraio*

American-Dinesen

TRADIZIONALE · CLASSICO Lungo un tranquillo canale, signorili spazi comuni con tanto legno e arredi classici, nonché camere in stile veneziano, molte delle quali con terrazzino affacciato sull'acqua; nell'adiacente nuova dépendance 4 camere moderne.

30 cam 🖃 – ♦70/350 € ♦♦80/450 € – 4 suites

Planta: B3-g – *fondamenta Bragadin 628, Dorsoduro* ✉ *30123* – ✆ *041 520 4733* – *www.hotelamerican.com*

Antiche Figure

TRADIZIONALE · CLASSICO Di fronte alla stazione ferroviaria, hotel di piccole dimensioni ma che presenta camere confortevoli, arredi signorili e dotazioni adatte anche alla clientela d'affari; bar con dehors sul Canal Grande.

12 cam ⌂ – ♦80/250 € ♦♦90/350 €

Pianta: A2-d – *fondamenta San Simeon Piccolo 687, Santa Croce* ✉ *30135
– ☎ 041 275 9486 – www.hotelantichefigure.it*

Canal Grande

LOCANDA · PERSONALIZZATO Come il nome lascia intendere, questo gradevole albergo in stile veneziano si trova proiettato sul celebre canale garantendone così la bella vista. Ai più romantici consigliamo di prenotare una delle due camere con letto a baldacchino.

13 cam ⌂ – ♦90/350 € ♦♦100/500 € – 2 suites

Pianta: A1-a – *campo San Simeon Grande 932, Santa Croce* ✉ *30124
– ☎ 041 244 0148 – www.hotelcanalgrande.it*

Montecarlo

TRADIZIONALE · CLASSICO Nei pressi di piazza S. Marco, moderne tecnologie trovano comunque spazio in un hotel che narra la storia della città attraverso le decorazioni dei maestri vetrai di Murano e mobili originali dell'800; camere di ottimo livello, arredate con gusto.

51 cam ⌂ – ♦75/380 € ♦♦90/480 €

Pianta: F2-c – *calle dei Specchieri 463, San Marco* ✉ *30124* – ☎ *041 520 7144
– www.venicehotelmontecarlo.com*

Paganelli

FAMILIARE · PERSONALIZZATO Camere accoglienti, ma solo quattro si affacciano sul panorama più celebre di Venezia, sebbene tutti potranno egualmente apprezzarlo dall'incantevole terrazza comune. Nella dépendance si trova anche il "Sestante", ristorante moderno con bar.

30 cam ⌂ – ♦70/420 € ♦♦75/450 €

Pianta: F2-t – *riva degli Schiavoni 4182, Castello* ✉ *30122* – ☎ *041 522 4324
– www.hotelpaganelli.com*

Antico Doge

DIMORA STORICA · PERSONALIZZATO In uno dei palazzi più antichi di Venezia, la dimora (abitata anche dal doge Falier) risale all'Ottocento e custodisce camere ovattate avvolte da tappezzeria, stucchi, travi a vista e arredi d'epoca. Su due piani, ma senza ascensore.

20 cam ⌂ – ♦80/240 € ♦♦120/360 €

Pianta: E1-e – *campo Santi Apostoli 5643, Cannaregio* ✉ *30121* – ☎ *041 241 1570
– www.anticodoge.com*

La Calcina

TRADIZIONALE · VINTAGE Se immaginate che il vostro vicino di stanza sia uno scrittore, probabilmente non vi sbagliate: Ruskin soggiornò qui nell'Ottocento e da allora la struttura è rimasta impregnata di uno spirito letterario, romantico e retrò che piano piano viene rilanciato con lavori dalla nuova gestione. Oltre la cucina, il pezzo forte del ristorante è la splendida terrazza sulla Giudecca.

25 cam ⌂ – ♦100/250 € ♦♦150/500 €

Pianta: A3-f – *fondamenta zattere ai Gesuati 780, Dorsoduro* ✉ *30123
– ☎ 041 520 6466 – www.lacalcina.com*

Sogno di Giulietta e Romeo

BOUTIQUE HOTEL · PERSONALIZZATO Non poteva che essere in un bel campiello questa risorsa dal nome fortemente evocativo e dove - inaspettatamente - lo storico incontra il moderno; camere personalizzate, di design e dai validi confort.

8 cam ⌂ – ♦100/300 € ♦♦120/800 €

Pianta: E1-h – *campo San Cassiano 1858* ✉ *30124* – ☎ *041 714955
– www.sognodigiuliettaeromeo.com*

⌂ Bridge

AC ⌖

FAMILIARE · CLASSICO Vicino a piazza S. Marco, un bell'esempio di recupero strutturale, con un'ottima zona notte: travi a vista al soffitto e arredi in stile nelle camere curate.

10 cam ♙ – ♦45/170 € ♦♦60/250 €

Pianta: F2-e – *campo SS. Filippo e Giacomo 4498, Castello* ✉ 30122
– ℰ 041 520 5287 – *www.hotelbridge.com*

⌂ Campiello

⬍ AC ⌖

FAMILIARE · ACCOGLIENTE Nei pressi di Piazza San Marco e a pochi metri da Riva degli Schiavoni, arredi classici d'albergo o in stile veneziano in un edificio del XVI secolo. Prezzi particolarmente convenienti in bassa stagione.

15 cam ♙ – ♦50/220 € ♦♦70/290 €

Pianta: F2-b – *calle del Vin 4647, Castello* ✉ 30122 – ℰ 041 520 5764
– *www.hcampiello.it*

⌂ Casa Verardo

⬍ AC

DIMORA STORICA · PERSONALIZZATO Cent'anni di attività come albergo, ma il palazzo aristocratico risale al '500 con diverse testimonianze ad illustrarne il glorioso passato; due piani nobili, corte interna e terrazza con ampia vista su tetti e canali.

23 cam ♙ – ♦90/350 € ♦♦100/450 €

Pianta: F2-f – *campo SS. Filippo e Giacomo 4765, Castello* ✉ 30122
– ℰ 041 528 6127 – *www.casaverardo.it*

⌂ Locanda Fiorita

AC ⌖

FAMILIARE · ACCOGLIENTE Nelle vicinanze di Palazzo Grassi, un indirizzo valido con accoglienti camere arredate in stile veneziano. Non ci sono spazi comuni per cui la colazione si consuma in camera, in estate invece all'aperto davanti ad un suggestivo campiello.

10 cam ♙ – ♦60/80 € ♦♦90/198 €

Pianta: B2-a – *campiello Novo 3457/A, San Marco* ✉ 30124 – ℰ 041 523 4754
– *www.locandafiorita.com*

⌂ Tiziano

ᵴ AC

TRADIZIONALE · CLASSICO Ideale per chi vuole evitare le masse turistiche e preferisce scoprire la città dei veneziani; camere accoglienti affacciate su un canale o su un'ampia calle.

14 cam ♙ – ♦80/350 € ♦♦100/400 €

Pianta: A2-a – *calle Rielo 1873, Dorsoduro* ✉ 30123 – ℰ 041 275 0071
– *www.hoteltizianovenezia.it* – Chiuso 7-21 gennaio

🏠 Charming House DD 724

⬍ AC ⌖

LOCANDA · DESIGN Opere pittoriche si integrano con dettagli high-tech, come la saletta della musica, in questa raffinata casa dal design contemporaneo. Dall'unica camera con terrazzino la vista che vi si propone è quella dell'incantevole giardino della Peggy Guggenheim Collection.

6 cam ♙ – ♦155/300 € ♦♦200/600 €

Pianta: B3-e – *ramo da Mula 724, Dorsoduro* ✉ 30123 – ℰ 041 277 0262
– *www.thecharminghouse.com*

🏠 Novecento

AC

LOCANDA · PERSONALIZZATO Lungo una calle centrale, ma più tranquilla, la struttura nasce come un tentativo di rinnovare gli antichi legami tra la città e l'oriente: ovunque, dagli spazi comuni alle camere, si ritrovano arredi e suppellettili asiatici e arabi. C'è anche un piccolo cortile per le colazioni.

9 cam ♙ – ♦130/480 € ♦♦150/480 €

Pianta: E2-x – *calle del Dose da Ponte 2683/84, San Marco* ✉ 30124
– ℰ 041 241 3765 – *www.novecento.biz*

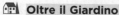 Oltre il Giardino

CASA PADRONALE · PERSONALIZZATO Oltre il giardino ombreggiato, dove godersi la prima colazione e momenti di straordinario relax, un piccolo angolo magico tra un piccolo rio e la Basilica dei Frari: una casa signorile con camere sobrie eppure signorili, ognuna con una sua accogliente atmosfera ed uno stile più che retro, fuori dal tempo.

6 cam ⌑ – ♦150/250 € ♦♦180/300 €

Pianta: A2-b – *fundamenta Contarini 2542, San Polo* ✉ *30125* – ✆ *041 275 0015* – *www.oltreilgiardino-venezia.com* – *Chiuso 9 gennaio-7 febbraio*

La Residenza

DIMORA STORICA · PERSONALIZZATO Affacciato su uno dei più romantici campi veneziani su cui dà la Chiesa della Bragora dove venne battezzato Vivaldi, La Residenza è uno straordinario palazzo quattrocentesco; all'interno, suggestivo salone stuccato del '700 per le colazioni e camere più semplici.

14 cam ⌑ – ♦50/140 € ♦♦80/250 €

Pianta: C2-a – *campo Bandiera e Moro 3608, Castello* ✉ *30122* – ✆ *041 528 5315* – *www.venicelaresidenza.com*

Settimo Cielo e Bloom

LOCANDA · PERSONALIZZATO Durante la bella stagione la suggestiva terrazza all'ultimo piano con affaccio sui tetti della città, vi darà veramente l'impressione di essere al settimo cielo... Tutto l'anno, il confort e l'eleganza di un'accogliente casa in verticale: le scale sono molte, ma ne vale la pena!

6 cam ⌑ – ♦208/264 € ♦♦230/289 €

Pianta: B2-a – *campiello Santo Stefano, San Marco 3470* ✉ *30124* – ✆ *340 149 8872* – *www.bloom-venice.com*

Ca' Dogaressa

FAMILIARE · PERSONALIZZATO Vicino al Ghetto, dove si respira l'aria di una Venezia autentica, questa locanda dispone di camere eleganti, alcune affacciate sul canale di fronte al quale si fa colazione nella bella stagione.

6 cam ⌑ – ♦50/150 € ♦♦50/250 €

Pianta: A1-x – *fondamenta di Cannaregio 1018* ✉ *30121* – ✆ *041 275 9441* – *www.cadogaressa.com* – *Chiuso 3 settimane in dicembre*

Casa Rezzonico

FAMILIARE · ACCOGLIENTE In una zona più tranquilla e residenziale, le camere, con letti dalle eleganti testiere, si affacciano sul canale o sul giardino, dove si serve anche la prima colazione nella bella stagione: una rarità a Venezia!

6 cam ⌑ – ♦55/140 € ♦♦60/185 €

Pianta: A2-f – *fondamenta Gherardini 2813, Dorsoduro* ✉ *30123* – ✆ *041 277 0653* – *www.casarezzonico.it*

Locanda Ca' del Brocchi

FAMILIARE · PERSONALIZZATO In una zona tranquilla ed elegante del sestiere Dorsoduro, le camere, al 1° piano senza ascensore, riproducono lo stile della Venezia settecentesca, tra tessuti e lampadari di Murano.

6 cam ⌑ – ♦50/200 € ♦♦65/250 €

Pianta: B3-k – *rio Terà San Vio 470, Dorsoduro* ✉ *30123* – ✆ *041 522 6989* – *www.cadelbrocchi.com* – *Chiuso 9-27 dicembre e 6-31 gennaio*

Locanda Ca' le Vele

DIMORA STORICA · PERSONALIZZATO Soggiorno suggestivo in queste poche camere ricavate da un palazzo del '500, tutte arredate in stile veneziano, le più ambite sono le tre che regalano la vista di un canale. Non ci sono spazi comuni: la colazione si consuma in camera.

6 cam ⌑ – ♦50/170 € ♦♦70/180 €

Pianta: B1-b – *calle delle Vele 3969, Cannaregio* ✉ *30131* – ✆ *041 241 3960* – *www.locandalevele.com* – *Chiuso 7 gennaio-8 febbraio*

🏠 Locanda Casa Querini

FAMILIARE · PERSONALIZZATO Cordiale gestione al femminile per una sobria locanda di poche stanze, confortevoli e di buona fattura, con tessuti in stile veneziano. Durante la bella stagione, il caratteristico, quieto campiello che ospita la struttura, accoglie gli ospiti per la prima colazione.

6 cam ☲ – ♦70/200 € ♦♦70/200 €

Pianta: F2-n – *campo San Giovanni Novo 4388, Castello* ✉ *30122* – ☎ *041 241 1294* – *www.locandaquerini.com* – *Chiuso 23-27 dicembre e 7-27 gennaio*

al Lido 15 mn di vaporetto da San Marco ✉ 30126 – Venezia Lido

🍽️ Favorita

PESCE E FRUTTI DI MARE · FAMILIARE ✗ Storica trattoria familiare, qui dal 1950, la Favorita rende omaggio alla cucina locale, in prevalenza pesce, con preparazioni semplici, ma fragranti e gustose. Musica dal vivo, in estate.

Menu 40/60 € – Carta 45/60 €

via Francesco Duodo 33 ✉ *30124 Venezia* – ☎ *041 526 1626* – *solo a cena escluso venerdì, sabato e domenica* – *Chiuso 8 gennaio-8 febbraio e lunedì*

🏨 Grande Albergo Ausonia & Hungaria

LUSSO · VINTAGE Strabiliante facciata d'inizio Novecento ricoperta di maioliche: anche gli interni s'ispirano allo stile liberty, come gli arredi originali delle camere (eccezion fatta per quelle del quarto piano, più recenti e classiche). Centro massaggi tailandese.

52 cam – ♦30/2000 € ♦♦60/2000 € – 5 suites – ☲ 30 €

gran viale S. M. Elisabetta 28 – ☎ *041 242 0060* – *www.hungaria.it* – *Aperto da giugno*

🏨 Quattro Fontane

TRADIZIONALE · PERSONALIZZATO Residenza d'epoca che nell'atmosfera evoca una casa privata, dove da sempre due sorelle raccolgono ricordi di viaggio e mobili pregiati. Un edificio del Seicento e l'ampliamento degli anni Sessanta, cinti dal rigoglioso giardino, sono un baluardo della personalizzazione retro! D'estate il servizio ristorante si privilegia dell'ombra di un enorme platano secolare.

58 cam ☲ – ♦140/330 € ♦♦150/520 €

via 4 Fontane 16 – ☎ *041 526 0227* – *www.quattrofontane.com* – *Aperto 9 aprile-31 ottobre*

🏨 Villa Pannonia

FAMILIARE · MINIMALISTA La villa è d'inizio Novecento, ma gli interni sono stati completamente rifatti secondo uno stile minimalista e privo di colori, pratico ed essenziale. Piccolo spazio espositivo dedicato all'arte contemporanea.

28 cam – ♦100/260 € ♦♦110/280 € – 2 suites – ☲ 12 €

via Doge Michiel 48 – ☎ *041 526 0162* – *www.hotelvillapannonia.it* – *Chiuso 17 novembre-31 dicembre e 1° gennaio-14 febbraio*

a Murano 10 mn di vaporetto da Fondamenta Nuove Pianta: e 1 h 10 mn di vaporetto da Punta Sabbioni ✉ 30141

🍽️ Busa-alla Torre

PESCE E FRUTTI DI MARE · FAMILIARE ✗ Simpatica trattoria rustica, dotata di grande dehors estivo su una suggestiva piazzetta con un pozzo al centro; cucina di mare e specialità veneziane e contagiosa simpatia.

Carta 29/72 €

campo Santo Stefano 3 – ☎ *041 739662* – *solo a pranzo*

🏨 LaGare Hotel Venezia

TRADIZIONALE · MODERNO Nato dal restauro di un ex fabbricato industriale dove si lavorava il vetro, gli interni sono moderni e lineari, ma il richiamo a Venezia è continuo, come nelle belle vetrine con storiche opere vetrarie di Venini. Servizio navetta gratuito da e per l'aeroporto. Cucina di mare al ristorante Rivalonga.

118 cam ☲ – ♦100/900 € ♦♦100/900 € – 1 suite

riva Longa 49 – ☎ *041 736250* – *www.lagarehotelvenezia.it*

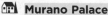 Murano Palace

FAMILIARE · ACCOGLIENTE Romanticamente affacciato su un canale e sulla più grande concentrazione dei celebri negozi di vetro, non è neppure lontano dall'imbarco per Venezia e offre camere eleganti con i tipici arredi lagunari e lampadari home made. Proverbiale l'ospitalità dei titolari.

6 cam ☲ – ♦130/180 € ♦♦130/180 €

fondamenta Vetrai 77 – ℰ 041 739655 – www.muranopalace.com – Chiuso gennaio

a Burano 50 mn di vaporetto da Fondamenta Nuove e 32 mn di vaporetto da Punta Sabbioni ✉ 30142

✿ Venissa

CUCINA MODERNA · DESIGN ✗✗ Un ponticello separa Burano da Mazzorbo, dove si apre un mondo bucolico fatto di orti e vigneti che, all'ombra di un campanile, circondano Venissa. La vigna murata fa da sfondo al ristorante, dietro ai fornelli – invece – la giovane brigata di cucina reinterpreta con talento i prodotti della laguna: il pesce e i molluschi dei pescatori locali, le verdure coltivate all'interno della tenuta, le erbe spontanee che crescono tra i filari del vigneto.

→ Spaghetti pomodoro verde, ginepro e mazzancolle. Crab cake alla veneziana. Aftereight chinato.

Menu 110/175 € – Carta 75/122 €

5 cam ☲ – ♦140/250 € ♦♦180/280 €

isola di Mazzorbo, fondamenta Santa Caterina 3 – ℰ 041 527 2281 (consigliata la prenotazione) – www.venissa.it – Aperto 1° aprile-1° novembre

ⅱ○ Al Gatto Nero-da Ruggero

CUCINA REGIONALE · ACCOGLIENTE ✗ Nel cuore pulsante di Burano, una salda e solida gestione familiare che si impegna da oltre 50 anni nella scelta delle materie prime e nell'accoglienza: in definitiva, una trattoria di cucina veneziana e di mare caldamente consigliata. Gradevole dehors estivo, affacciato sul canale.

Menu 50 € – Carta 57/100 €

fondamenta della Giudecca 88 – ℰ 041 730120 (consigliata la prenotazione la sera) – www.gattonero.com – Chiuso 3-11 luglio, 5 novembre-3 dicembre, domenica sera e lunedì

a Torcello 45 mn di vaporetto da Fondamenta Nuove e 37 mn di vaporetto da Punta Sabbioni ✉ 30142 – Burano

ⅱ○ Locanda Cipriani

CUCINA MEDITERRANEA · VINTAGE ✗✗ Suggestiva locanda di grande tradizione in una location apparentemente atemporale, che si palesa al meglio la sera dove l'isola diventa quasi disabitata. Ideale per godersi la vera laguna e una fuga romantica.

Menu 45 € – Carta 53/103 €

5 cam ☲ – ♦140 € ♦♦240/400 € – 2 suites

piazza Santa Fosca 29 – ℰ 041 730150 (prenotazione obbligatoria la sera) – www.locandacipriani.com – Chiuso 3 gennaio-20 febbraio e martedì

VENOSA

Potenza – ✉ 85029 – 11 863 ab. – Alt. 415 m – Carta regionale n° **2**-B1
Carta stradale Michelin 564-E29

ⅱ○ L'Incanto

CUCINA DEL TERRITORIO · ELEGANTE ✗✗ Nei graziosi viottoli del centro storico di Venosa, la città di Orazio, qui troverete una delle più interessanti interpretazioni della cucina del territorio, un intelligente recupero di prodotti locali ed estrose interpretazioni di ricette antiche.

Menu 30/40 € – Carta 31/53 €

discesa Capovalle 1 – ℰ 0972 36082 (coperti limitati, prenotare) – www.ristorantelincanto.it – Chiuso 10 giorni in novembre, domenica sera e lunedì escluso agosto

VENTIMIGLIA

Imperia – ✉ 18039 – 24 310 ab. – Carta regionale n° **8**-A3
Carta stradale Michelin 561-K4

⍩○ **Il Giardino del Gusto** 🛋 🅰️©

CUCINA MODERNA · DI QUARTIERE ✕✕ Non si trova sul mare, ma un motivo per venire fino a qua c'è ed è presto svelato: il bravo chef-patron, forte e sicuro della tecnica francese appresa in anni di gavetta, propone intriganti menu degustazione, i cui piatti, volendo, sono ordinabili anche à la carte.

Menu 42/85 € – Carta 70/92 €

piazza XX Settembre 6c – ☎ 0184 355244 (coperti limitati, prenotare) – www.ilgiardinodelgusto.com – Chiuso gennaio, 1°-15 ottobre, martedì a mezzogiorno e lunedì

verso la frontiera di Ponte San Ludovico

⍩○ **Balzi Rossi** ← 🛋 🅰️© ⇔

PESCE E FRUTTI DI MARE · ELEGANTE ✕✕✕ Rinasce questa storica e blasonata insegna della ristorazione italiana sul confine con la Francia: la sala è nuova, elegante e contemporanea, mentre rimane la spettacolare vista dal terrazzino sulla Costa Azzurra. La cucina omaggia il passato e i piatti preparati per decenni, ma li rinnova con il giusto tocco di modernità.

Menu 75 € – Carta 72/150 €

via Balzi Rossi 2, alla frontiera, 8 km per corso Francia ✉ 18039 – ☎ 0184 38132 – www.ristorantebalzirossi.it – Chiuso 10 giorni in gennaio, martedì ed i mezzogiorno di lunedì e mercoledì

a Castel d'Appio Ovest : 5 km ✉ 18039 – Alt. 344 m

🏠 **La Riserva di Castel D'Appio** 🌳 🐾 ← 🛏 ⊐ 🛁 🅰️© 🅿️

FAMILIARE · CLASSICO La tranquillità e uno splendido panorama accompagnano questa signorile risorsa familiare con spazi comuni raffinati, camere luminose ed accoglienti. Elegante cura della tavola nella sala interna e sulla bella terrazza per il servizio estivo.

8 cam 🖙 – 🛏70/110 € 🛏🛏80/180 € – 4 suites

località Peidaigo 71 – ☎ 0184 229533 – www.lariserva.it – Aperto aprile-15 ottobre

VENTURINA

Livorno – ✉ 57021 – Alt. 276 m – Carta regionale n° **18**-B2
Carta stradale Michelin 563-M13

🏠 **Delle Terme** 🌳 🐾 ⊐ 🔲 💿 ⍩ 🔁 ⅛ 🅰️© 🛁 🅿️

SPA E WELLNESS · MODERNO Adiacente alle terme, offre tutto il savoir-faire che ci si attende da un soggiorno termale: compresa un'enorme piscina all'aperto a 31°e un bar per aperitivi e light lunch a 3 m dall'acqua. Camere moderne con spunti di arredi anni '70.

44 cam 🖙 – 🛏79/129 € 🛏🛏109/159 €

via delle Terme 36/40 (via Aurelia nord) – ☎ 0565 855759 – www.hoteltermeventurina.it – Aperto 1° aprile-30 settembre

VERBANIA

(VB) – ✉ 28922 – 30 961 ab. – Alt. 197 m – Carta regionale n° **13**-B1
Carta stradale Michelin 561-E7

a Intra ✉ 28921

🏠 **Ancora** ← 🔁 ⅛ 🅰️© 🛁

FAMILIARE · ACCOGLIENTE Sulla trafficata statale del lungolago - nel cuore commerciale di Verbania - edificio signorile dei primi '900 con ampie camere ben arredate ed un ricco buffet per la prima colazione.

29 cam 🖙 – 🛏79/175 € 🛏🛏80/243 €

corso Goffredo Mameli 65 – ☎ 0323 53951 – www.hotelancora.it – Aperto 20 marzo-17 novembre

⌂ Intra ☐ ⅁ AC P

FAMILIARE · PERSONALIZZATO La struttura si affaccia sul lungolago e annovera spaziose camere con arredi di gusto classico e una sala colazioni con soffitti
lignei a cassettoni. Per chi raggiunge la località in macchina, nelle vicinanze c'è
anche un comodo parcheggio recintato.

38 cam ☲ – †45/57 € ††70/120 €

*corso Mameli 133 – ℰ 0323 581393 – www.verbaniahotel.it – Aperto 15 marzo-fine
ottobre*

a Suna Nord-Ovest : 2 km ✉ 28925

⅏○ Antica Osteria il Monte Rosso 🏠 AC

CUCINA CLASSICA · ROMANTICO ⅩⅩ Sul lungolago della residenziale frazione di
Verbania, una piccola realtà in stile Old England, dove assaporare specialità ittiche lacustri e marine. Clima favorevole e disponibilità permettendo, meglio prenotare uno dei pochi tavoli sulla panoramica terrazzina.

Menu 40 € (pranzo in settimana)/55 € – Carta 37/69 €

via Troubetzkoy 128 – ℰ 0323 506056 – www.osteriamonterosso.com

a Pallanza ✉ 28922

✿ Il Portale (Massimiliano Celeste) 🏠 AC

CUCINA MODERNA · CONTESTO CONTEMPORANEO ⅩⅩ La grande cucina
attracca a Pallanza e allestisce pentole e fornelli in un bel ristorante sulla piazza
centrale di fronte al lago, dove le cene estive all'aperto profumeranno di relax e
vacanza; vi troverete in prevalenza pesce di mare, ma anche qualche proposta di
lago e di carne.

→ Plin di burrata e lemongrass con gamberi rossi, pistacchi e mandarino acerbo.
Spigola, porri, wasabi, liquirizia, cocco e lime. Frutta e verdura.

Menu 60/150 € – Carta 70/131 €

*via Sassello 3 – ℰ 0323 505486 (consigliata la prenotazione)
– www.ristoranteilportale.it – Chiuso gennaio, 2 settimane in novembre, martedì
ed i mezzogiorno di lunedì e mercoledì*

⅏○ Tacabutun 🏠

CUCINA MEDITERRANEA · DI QUARTIERE Ⅹ Piacevolissima ubicazione sul lungolago del centro, Tacabutun propone un ambiente curato e informale con un'interessante cucina mediterranea. Ottime anche le sue pizze gastronomiche!

Carta 32/56 €

*viale delle Magnolie 120 – ℰ 0322 503450 – Chiuso 10 gennaio-24 febbraio
e giovedì*

⌂⌂⌂ Grand Hotel Majestic ✿ ⌘ ⪪ ⛲ ▤ ⊚ ⌂ ↳ ✗ ⌔ ☐ ⅁ AC ♨

PALACE · CLASSICO Direttamente sul lago, abbracciata dal verde e dalla P
tranquillità dell'acqua, una struttura affascinante con camere spaziose e bagni in
marmo, dotata di un centro benessere. Elegante ristorante à la carte, propone la
tradizione gastronomica locale interpretata in chiave contemporanea.

74 cam ☲ – †200/215 € ††330/360 € – 6 suites

*via Vittorio Veneto 32 – ℰ 0323 509711 – www.grandhotelmajestic.it
– Aperto 18 aprile-6 ottobre*

⌂ Pallanza ✿ ⪪ ☐ ⅁ AC ✗ ⊜

TRADIZIONALE · BORDO LAGO Testimone dell'architettura del primo '900,
quest'hotel dispone di camere spaziose ed accoglienti e di una panoramica terrazza con vista sul lago.

48 cam ☲ – †110/155 € ††130/185 €

*viale Magnolie 8 – ℰ 0323 503202 – www.pallanzahotels.com – Aperto
10 marzo-9 novembre*

Aquadolce ⟨ ⊡ AK

FAMILIARE · BORDO LAGO Graziosa struttura, a pochi passi dal centro di Pallanza, ma sul lungolago: spazi comuni illuminati da ampie vetrate, nonché belle camere, curate e personalizzate.

13 cam ☲ – †60/90 € ††80/110 €

via Cietti 1 – ℰ 0323 505418 – www.hotelaquadolce.it – Aperto 16 marzo-31 ottobre

a **Fondotoce** Nord-Ovest : 6 km ✉ 28924

❀❀ **Piccolo Lago** (Marco Sacco) ❀ ⟨ 🛏 ♿ AK 🅿

CUCINA MODERNA · LUSSO ✗✗✗ Marco Sacco è lo chef-patron di questo delizioso ristorante sospeso nel tempo. Lasciato il brulicante lago Maggiore, il tranquillo specchio d'acqua di Mergozzo si offre ai tavoli del locale come una romantica cartolina.

La cucina presenta i classici della maison e tre menu degustazione a mano libera, dal più breve al più lungo, con i quali il cuoco propone divagazioni moderne sui prodotti delle valli alpine, le carni, i pesci d'acqua dolce e - talvolta – anche di mare.

Autore di una delle carbonare più buone, ma più discusse degli ultimi anni – tajarin al posto dei bucatini, prosciutto della Val Vigezzo invece del guanciale, e la speciale salsa a base di uovo, grana e gin prodotto in loco versata direttamente al tavolo – Marco spiega che in cucina devono poter convivere la tutela e la cura della tradizione, ma anche la voglia e la possibilità di sperimentare, nonché innovare. Tutto questo, a lui, riesce molto bene.

→ Cacio e pepe di lago. Gardon (pesce di lago). Latte e rabarbaro.

Menu 105/220 €

via Turati 87, al lago di Mergozzo, Nord-Ovest: 2 km – ℰ 0323 586792 (prenotare) – www.piccololago.it – Aperto marzo-ottobre; chiuso mercoledì a mezzogiorno, lunedì e martedì

VERBANO → Vedere Lago Maggiore

VERCELLI

(VC) – ✉ 13100 – 46 754 ab. – Alt. 130 m – Carta regionale n° **12**-C2
Carta stradale Michelin 561-G7

❀ **Cinzia da Christian e Manuel** (Manuel e Christian Costardi) ❀

CUCINA MODERNA · ELEGANTE ✗✗ Cucina creativa e materie prime di ⟨➔ AK eccellente qualità, senza dimenticare le tradizioni culinarie della zona. Non meravigliatevi quindi della particolare attenzione riservata al riso: il menu propone una selezione di venti risotti, ma anche tante gustose specialità di terra e di mare in un ristorante dove neppure l'illuminazione è lasciata al caso.

→ Carnaroli pesto di salvia e lime. Petto di piccione 65°, zucca e kumquat. Gola... il dolce (pak choi, crema vaniglia, foie gras, granita di lamponi e aceto di timorasso).

Menu 70/130 € – Carta 59/159 €

25 cam ☲ – †65/120 € ††85/140 €

corso Magenta 71 – ℰ 0161 253585 – www.christianemanuel.it – Chiuso 10-18 gennaio, 1 settimana in luglio, 2 settimane in agosto, domenica sera e lunedì

🏵○ **Bislakko**

CUCINA DEL TERRITORIO · CONTESTO CONTEMPORANEO ✗✗ Si è voluto giocare con le parole, perché "bislacco" lo è solo nel nome ma non nella sostanza! Questo ristorante saprà - infatti - conquistarvi per la sua cucina e i dessert dove il cioccolato è l'elemento principe: come nella fontana a disposizione dei clienti.

🍷 Menu 23/50 € – Carta 33/61 €

Hotel Garibaldi, via Thaon de Revel 87 – ℰ 0161 302460 (consigliata la prenotazione) – www.bislakko.com

🏠 Garibaldi ⊕ ♿ 🅰️

FAMILIARE · ACCOGLIENTE Defilato rispetto al centro, questo piccolo, ma curato albergo, offre camere di taglio contemporaneo dotate di tutti i confort moderni. La chicca del mattino è una colazione "emozionale", per predisporsi con animo sereno alla giornata.

14 cam 🛏 – 🛉75/90 € 🛉🛉90/100 €

via Thaon de Revel 87 – 𝒞 0161 302443 – www.hotelristorantegaribaldi.com
🍴 **Bislakko** – Vedere selezione ristoranti

VERDUNO

Cuneo – ✉ 12060 – 588 ab. – Alt. 381 m – Carta regionale n° **13**-C2
Carta stradale Michelin 561-I5

🐸 Trattoria dei Bercau 🏡 🅰️

CUCINA DEL TERRITORIO · VINTAGE ✗ Cucina del territorio di qualità a prezzi onesti, e una simpatica gestione in una moderna trattoria nel centro della località; fresco servizio estivo, sale interne essenziali anche al primo piano. Specialità: agnolotti al sugo d'arrosto - tajarin al tartufo nero - tagliata di coniglio con salsa al gorgonzola - sformato alla panna con latte di capra.

Menu 40 € – Carta 30/45 €

via Beato Valfré 13 – 𝒞 0172 470243 – www.bercau.it – Chiuso lunedì

VERGNE Cuneo → Vedere Barolo

VERNANTE

Cuneo – ✉ 12019 – 1 178 ab. – Alt. 799 m – Carta regionale n° **12**-B3
Carta stradale Michelin 561-J4

🍴 Nazionale 🐟 ⇦ 🏡 🅿️

CUCINA MODERNA · ROMANTICO ✗✗ Lungo la strada principale che taglia in due il paesino, da una parte l'omonimo relais e dall'altra questo ristorante gourmet con camere. In un ambiente di vivace informalità, tanta pietra e legno locale, la famiglia Macario propone una valida cucina occitana - con grande attenzione alla stagionalità dei prodotti - e qualche elemento di modernità.

Menu 30 € (in settimana)/62 € – Carta 41/75 €

15 cam 🛏 – 🛉45/60 € 🛉🛉80/100 €

Hotel Il Relais del Nazionale, via Cavour 60 – 𝒞 0171 920181 (prenotare)
– www.ilnazionale.com – Chiuso mercoledì escluso febbraio e luglio-settembre

🏠 Il Relais del Nazionale ⇦ 🏵 ⊕ 🅿️

TRADIZIONALE · STILE MONTANO Camere grandi e personalizzate, atmosfera calda e familiare in questo piccolo gioiello tutto in legno, proprio di fronte al più tradizionale ristorante Nazionale (stessa gestione). L'albergo dispone anche di un'accogliente zona relax con idromassaggio, sauna e bagno turco, doccia emozionale ed altro ancora.

8 cam 🛏 – 🛉135/250 € 🛉🛉135/250 €

strada statale 20 n.14 – 𝒞 0171 920181 – www.ilnazionale.com

CI PIACE...

La colazione servita in raffinate porcellane con torte fatte in casa dell'**Agriturismo Delo**. La romantica atmosfera british del **Salotto Bistro**. Il clima di una tradizionale trattoria italiana che si respira al **Pompiere**. Tour tra le vestigia romane nella cantina del **12 Apostoli**.

VERONA

(VR) – ✉ 37121 – 258 765 ab. – Alt. 59 m – Carta regionale n° **22**-A3
Carta stradale Michelin 562-F14

Ristoranti

✿✿ **Casa Perbellini**　　　　　　　　　　　　　　﴾ ⅙ AC ⅗

CUCINA CREATIVA · DI TENDENZA XX Verona è un concentrato di arte ed alta gastronomia, dove grandi tavole come il ristorante Casa Perbellini hanno contribuito a dare ulteriore slancio e creatività alla città scaligera.

Se il cognome Perbellini è una sorta d'istituzione e sinonimo di haute cuisine, Casa Perbellini è un'oasi sui generis: spazio intimo e quieto, esperienza impostata sulla vista più che sul racconto (la cucina è praticamente un tutt'uno con la sala). I suoi piatti seguono le stagioni e coniugano artigianalità, pensiero, memorie e modernità. Tra le specialità cult del bi-stellato c'è il wafer al sesamo, tartare di branzino, caprino e sensazione di liquirizia, una vera delizia. Se vogliamo dar voce agli ispettori de la guida MICHELIN, "Casa Perbellini ha uno chef bravissimo e l'apparente informalità dell'offerta si regge su una qualità complessiva di alto livello".

Attenzione, non c'è una vera e propria carta, ma menu degustazione articolati: "Chi sceglie prova" ovvero un percorso intorno ai prodotti scelti dai clienti da una mini lista di suggerimenti, o "Assaggi", una carrellata di piatti storici del cuoco insieme alle più recenti creazioni.

→ Wafer al sesamo con tartare di branzino, caprino e sensazione di liquirizia. Guanciale di maialino iberico su purea di lievito madre, cavolo cappuccio croccante e rafano. Biscotto croccante, riduzione di birra, pompelmo candito, meringa al limone e gelato allo yuzu.

Menu 73 € (pranzo in settimana)/165 €

Pianta: A2-f – *piazza San Zeno 16* ✉ *37121*
– ℰ *045 878 0860 (consigliata la prenotazione)*
– *www.casaperbellini.com*
– *Chiuso 2 settimane in gennaio-febbraio, 3 settimane in agosto, domenica e lunedì; anche sabato sera in luglio-agosto*

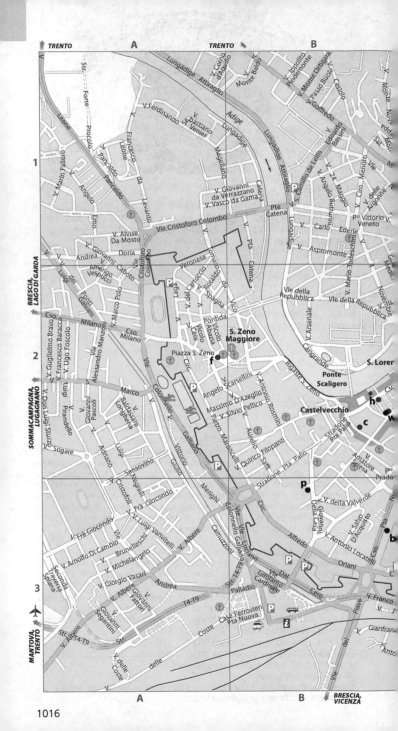

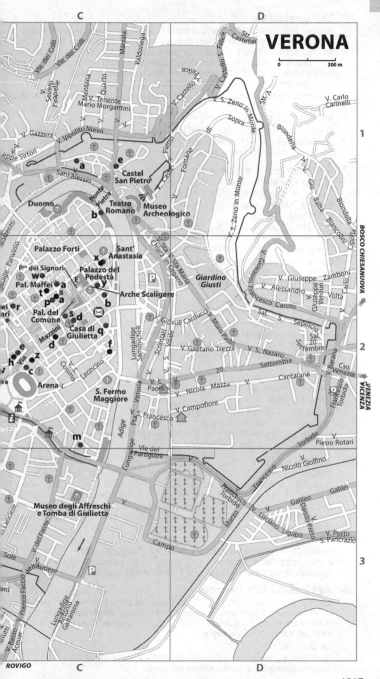

VERONA

0 _____ 300 m

C

V. dei Colli
Vle dei Colli
V. Selezio Trapelle
Marsala
Valdonega
V. Montana
V. Tenente Mario Morgantini
Quarto
V. Castello S. Felice
Stra. Castellat
V. Carlo Carinelli
V. Gazzera
eppe Sirton
V. Ippolito Nievo
Sant'Alessio
V. Castello
V. Castello
V. S. Zeno in Monte
Sopra
Blondella
V. Gio. Batta Biondella
Maffeiti
a
e
Ponte Pietra
Castel San Pietro
Piero
Fontane
V. S. Zeno in Monte
V. Giò. Batta Biancolini
Duomo
Teatro Romano
b
Museo Archeologico
V. Sta. Chiara in Organo
BOSCO CHIESANUOVA

Palazzo Forti
Guide Panvinio
Sant'Anastasia
x
V. Sta. Maria in Organo
Giardino Giusti
V. Giuseppe Zamboni
V. Giovanni Francesco Caroto
V. Alessandro
Carlo Montanari
Volta
P
Pza dei Signori
w
Palazzo del Podestà
y
Pal. Maffei
a
t
B
E
p
a
Arche Scaligere
b
V. Giosuè Carducci
V. Muro Padri
Sal.
S.
Sepolcro
r
Pal. del Comune
s
d
V. Cantarane
Sal. 20 Settembre
ei
ari
Mazzini
q
Lungadige Sammicheli
Scrimari
V. Vitale
V. Gaetano Trezza
V. S. Nazaro
V. S. Barana
Casa di Giulietta
d
f
Settembre
V. Francesco Torbido
e
V. Via
z
V. S. Cosimo
Leoncino
V. Vittoria
V. S. Paolo
20
VENEZIA VICENZA
h
c
Arena
S. Fermo Maggiore
Adige
Pra S. Francesco
V. Nicola Mazza
V. Campofiore
Cantarane
Cso. Venezia
m
Lungadige
Vle dei Partigiani
Francesco Torbido
V. Pietro Rotari
V. Nicolò Giolfino
Museo degli Affreschi e Tomba di Giulietta
V. del Fante
Francesco Torbido
V. Marzo
V. Luciano Ligabò
Galileo Galilei
V. Danilo Preto
V. Porto S. Pancrazio
Lancieri
Sole
V. dell'Autiere
V. Franco Faccio
Campo
V. Basto Acquar
ani
Lungadige Attiraglio Gattarossa
P

ROVIGO

C   **D**

✿ 12 Apostoli ❶ AC

CUCINA MODERNA · ROMANTICO XXX Un ritorno in grande stile per quello che fu uno dei migliori ristoranti italiani: la giovane quarta generazione ha dato nuova luce agli storici affreschi, rinnovato la sala e, con l'aiuto di un ottimo cuoco, riportato lustro ai 12 Apostoli. La scelta si articola su tre menu degustazione con piatti estraibili singolarmente che rivedono in versione creativa i classici locali e nazionali, ma è dal terzo che giungono le proposte più personali dello chef.

→ Gamberi, anguria arrosto, basilico, aglio nero. Pasta e fagioli. Illusione di cocco e zenzero.

Menu 60/80 € – Carta 70/95 €

Pianta: C2-p – *corticella San Marco 3* ⊠ *37121* – ℰ *045 596999 (consigliata la prenotazione)* – *www.12apostoli.com* – *Chiuso 3-17 marzo, 2 settimane in novembre, domenica sera e lunedì*

✿ Il Desco (Elia e Matteo Rizzo) ⛲ AC

CUCINA CREATIVA · ELEGANTE XXX Immutato da anni, eppure d'intramontabile fascino, la signorile eleganza del Desco non smette di ammaliare. La cucina invece si evolve: l'ingresso del giovane cuoco in cucina ha portato ulteriore estro e creatività.

→ Zuppa di granciporro, ceci, quinoa soffiata e olio aromatico. Scampi e foie gras, cipolla agrodolce e caramello di vino rosso. Sapori di un tiramisù alle spezie.

Menu 150 € – Carta 88/140 €

Pianta: C2-q – *via Dietro San Sebastiano 7* ⊠ *37121* – ℰ *045 595358 (consigliata la prenotazione)* – *www.ildesco.com* – *Chiuso vacanze di Natale, 1 settimana in giugno, domenica, lunedì a mezzogiorno in luglio, agosto e dicembre, anche lunedì sera negli altri mesi*

✿ Osteria la Fontanina ⛲ 🏠 AC

CUCINA CREATIVA · ROMANTICO X Presso la chiesa di Santo Stefano, ristorante caratteristico dall'atmosfera intima ed ovattata: ogni suo centimetro è vestito con specchi, oggetti ed arredi d'antiquariato, stampe ed argenti, mentre il vino è onnipresente! Cucina ricca ed elaborata, le tradizioni venete ed italiane sono rivisitate con opulenza.

→ Agnolotti con spuma di Grana Padano e tartufo. Faraona con funghi porcini e patate affumicate. Cioccoterapia.

Carta 65/98 €

Pianta: C1-e – *Portichetti Fontanelle Santo Stefano 3* ⊠ *37129* – ℰ *045 913305 (prenotazione obbligatoria a mezzogiorno)* – *www.ristorantelafontanina.com* – *Chiuso 1 settimana in gennaio, 10 giorni in agosto, lunedì a mezzogiorno e domenica*

🅐 Al Bersagliere ⛲ 🏠 AC ⊗

CUCINA REGIONALE · CONTESTO TRADIZIONALE X Locale storico traboccante di ricordi, dal juke-box alla macchina per i caffè degli anni '60, così come la gestione, di cui ormai non contano più le generazioni. Cantina visitabile in ambienti risalenti al 1200 e alla quale si unisce un'ottima selezione di distillati, la cucina è ovviamente un baluardo delle tradizioni venete. Specialità: pasta e fagioli, bigoli con anatra, risotto all'Amarone.

Carta 35/49 €

Pianta: C2-m – *via Dietro Pallone 1* ⊠ *37121* – ℰ *045 800 4824* – *www.trattoriaalbersagliere.it* – *Chiuso 10 giorni in gennaio, 15 giorni in luglio, domenica, lunedì, anche sabato sera e giorni festivi in luglio-agosto*

🅐 San Basilio alla Pergola 🏠 AC

CUCINA REGIONALE · RUSTICO X Nel piacevole dehors estivo con pergolato o nelle due sale con pavimenti in legno e mobili rustici, cucina semplice, ma curata, in bilico tra tipico e moderno. Un consiglio sul dessert? Optate per la torta di mele con caramello di vino rosso.

Carta 28/53 €

via Pisano 9, 2 km per Vicenza - D2 ⊠ *37131* – ℰ *045 520475* – *www.trattoriasanbasilio.it* – *Chiuso domenica*

⬤ Arche ⬤ 🅰🅲 ⬤

PESCE E FRUTTI DI MARE · CONTESTO TRADIZIONALE XXX La famiglia partì nel 1879 e da allora ha sempre gestito direttamente questo elegante locale del centro. La cucina si rinnova di generazione in generazione, proponendo specialità di terra e di mare, di tradizione e di ricerca.

Carta 28/66 €

Pianta: C2-y – *via Arche Scaligere 6 ✉ 37121 – ☎ 045 800 7415 (consigliata la prenotazione) – www.ristorantearche.com – Chiuso 8-16 gennaio, domenica sera e lunedì*

⬤ Caffè Ristorante Vittorio Emanuele 🏠🅰🅲 ⬤

CUCINA ITALIANA · ELEGANTE XXX Aperto nel 1895, tra boiserie e scenografici lampadari, siamo in uno dei ristoranti più blasonati ed eleganti della città, con annesso raffinato bar. La carta propone piatti classici sia di mare che di terra.

Carta 40/104 €

Pianta: C2-v – *piazza Bra 16 ✉ 37121 – ☎ 045 923 5850 (consigliata la prenotazione) – www.ristorantevittorioemanuele.com – Chiuso mercoledì escluso 1° aprile-15 ottobre*

⬤ Due Torri Restaurant 🏠🅰🅲 ⬤

CUCINA MODERNA · ELEGANTE XXX Nella scenografica lobby dell'omonimo hotel, è un nuovo chef ad occuparsi della cucina – che rimane pur sempre di matrice territoriale ma deliziosamente innovativa – in questo ristorante di collaudata notorietà.

Carta 64/144 €

Pianta: C2-x – *Hotel Due Torri, piazza Sant'Anastasia 4 ✉ 37121 – ☎ 045 595044 – www.duetorrihotels.com*

⬤ Il Salotto Bistro 🏠🅰🅲

CUCINA CREATIVA · ROMANTICO XX Pochi coperti, un'atmosfera molto inglese in un crogiolo di decorazioni, ma una cucina spiccatamente italiana, con tocchi alternativamente veneti e mediterranei: ecco la cornice di uno dei più romantici ristoranti della città, dove raffinatezza della sala e qualità dei piatti si esprimono a grandi livelli.

Carta 46/73 €

Pianta: B2-w – *Hotel The Gentleman of Verona, via Cattaneo 26/a ✉ 37121 – ☎ 045 806 9491 (consigliata la prenotazione) – www.ilsalottobistro.com – Chiuso 17-31 gennaio e domenica*

⬤ Al Capitan della Cittadella 🍴🏠🅰🅲

PESCE E FRUTTI DI MARE · CONTESTO CONTEMPORANEO XX Appena oltre le mura della città, è uno degli indirizzi più noti di Verona per chi vuole soddisfare la voglia di pesce. Gradevole atmosfera contemporanea con tocchi marini, le preparazioni sono in prevalenza quelle classiche italiane che puntano sul prodotto senza eccessive complicazioni.

Menu 38 € (pranzo in settimana)/70 € – Carta 47/108 €

Pianta: C2-k – *piazza Cittadella 7/a ✉ 37122 – ☎ 045 595157 (consigliata la prenotazione) – www.alcapitan.it – Chiuso 2 settimana in febbraio, lunedì a mezzogiorno e domenica*

⬤ Al Cristo 🍴🏠♿🅰🅲 ⬤

CUCINA MODERNA · ACCOGLIENTE XX Nei pressi di Ponte Nuovo, un edificio cinquecentesco accoglie questo ristorante articolato su tre livelli con splendida cantina e bel dehors. Diverse linee di cucina: regionale, internazionale e sushi-sashimi. Al Pintxos Bistrot: tapas basche, stuzzichini preparati al momento e il proverbiale pata negra.

Menu 35/80 € – Carta 36/43 €

Pianta: C2-b – *piazzetta Pescheria 6 ✉ 37121 – ☎ 045 594287 – Chiuso lunedì*

ⅠⅠ◯ **Caffè Dante Bistrot**   🍴 ♿ 🅰🄲

CUCINA CLASSICA · ACCOGLIENTE ⅩⅩ Affacciato sulla bella piazza Dei Signori, palcoscenico del servizio estivo, locale storico con staff giovane e dinamico. La cucina, oltre a qualche piatto locale e nazionale, ha tre priorità: salumi, formaggi e carni alla griglia, che vengono frollate dal ristorante stesso in un maturatore esposto in sala.

Carta 42/126 €

Pianta: C2-w – *piazza Dei Signori 2* ✉ *37121* – ☎ *045 800 0083*
– *www.caffedante.it* – *Chiuso domenica sera e martedì escluso aprile-ottobre*

ⅠⅠ◯ **L'Oste Scuro**   🍴 🅰🄲

PESCE E FRUTTI DI MARE · RUSTICO ⅩⅩ Un'insegna in ferro battuto segnala questo locale alla moda dalla simpatica atmosfera familiare. Lo chef punta sulla freschezza del protagonista di ogni piatto elaborato: il pesce, solo pescato!

Carta 51/162 €

Pianta: B2-c – *vicolo San Silvestro 10* ✉ *37122* – ☎ *045 592650*
– *www.ristoranteostescuro.tv* – *Chiuso 25 dicembre-6 gennaio, lunedì a mezzogiorno e domenica*

ⅠⅠ◯ **Maffei**   🍴 🅰🄲 ⇔

CUCINA CLASSICA · AMBIENTE CLASSICO ⅩⅩ Ristorante storico del centro, anticipato dalla bella corte dove si svolge il dehors: carne e pesce in egual misura, qualche piatto vegetariano e - sotto il locale dove sono stati rinvenuti dei reperti archeologici romani - si è ricavata la cantina (visitabile), nonché un romantico tavolino per due!

Menu 37/65 € – Carta 43/73 €

Pianta: C2-a – *piazza delle Erbe 38* ✉ *37121* – ☎ *045 801 0015*
– *www.ristorantemaffei.it*

ⅠⅠ◯ **Officina dei Sapori**   🅰🄲

PESCE E FRUTTI DI MARE · ELEGANTE ⅩⅩ Oltr'Adige, in una zona più tranquilla e meno turistica, l'Officina è un ristorante raffinato dove il pesce regna protagonista. Le origini campane del cuoco si intuiscono in più di un piatto, in particolare nei dolci, dalla pastiera al babà passando per la caprese.

Menu 50/80 € – Carta 46/94 €

Pianta: C1-a – *via G.B. Moschini 26* – ☎ *045 913877 (consigliata la prenotazione)*
– *www.officinasapori.com* – *Chiuso 1°-5 gennaio, 10 giorni in luglio, sabato a mezzogiorno e domenica*

ⅠⅠ◯ **Trattoria I Masenini**   🍴 ♿ 🅰🄲

CUCINA TRADIZIONALE · ACCOGLIENTE ⅩⅩ Accogliente locale con due sale dalle tonalità calde e semplici: proposte gastronomiche sia regionali sia italiane, dove le specialità sono le carni allo spiedo, con l'aggiunta di qualche piatto di pesce nella bella stagione.

Carta 37/68 €

Pianta: B2-h – *via Roma 34* ✉ *37121 Verona* – ☎ *045 806 5169*
– *www.trattoriaimasenini.com* – *Chiuso lunedì a mezzogiorno e domenica*

ⅠⅠ◯ **Yard Restaurant** ⓝ   🍴 ♿ 🅰🄲

CUCINA INTERNAZIONALE · DI TENDENZA ⅩⅩ Nel centro storico, ma con finestre aperte sul mondo: in sale dal design contemporaneo affacciate sulla strada (oppure sulla cucina a vista), lo Yard propone un vasto assortimento di cucina internazionale. Dal sushi al maiale iberico, passando per il fish&chips, la zuppa di cipolle francese e i ravioli cotti al vapore - per citare solo alcuni piatti - neppure l'offerta vegetariana è trascurata, così come la passione per l'astice.

Carta 37/135 €

Pianta: BC2-p – *corso Cavour 17a* ✉ *37121 Verona* – ☎ *045 464 5069*
– *www.yardrestaurant.it*

🍴○ **Ponte Pietra** 🏨 🍽 AC ♿

CUCINA MODERNA · ROMANTICO ✗ Un antico edificio attiguo a Ponte Pietra, si affaccia sul fiume con un paio di romantici balconcini; sale interne d'indubbio fascino e cucina legata al territorio, ma con spunti creativi e grande attenzione alla cantina.

Carta 47/77 €

Pianta: C1-b – *via Ponte Pietra 34 –* 𝒞 *045 804 1929 (consigliata la prenotazione) – www.ristorantepontepietra.com – Chiuso 2 settimane in gennaio, domenica a mezzogiorno in giugno-settembre, anche domenica sera negli altri mesi*

🍴○ **Locanda 4 Cuochi** 🍽 AC

CUCINA CLASSICA · SEMPLICE ✗ Il nome allude ai quattro cuochi-soci che gestiscono questo giovane locale di tendenza che coniuga piatti di qualità, talvolta elaborati, talvolta creativi, a prezzi ragionevoli: una formula di successo a pochi passi dall'Arena!

Menu 39 € – Carta 38/48 €

Pianta: C2-e – *via Alberto Mario 12* ✉ *37121 –* 𝒞 *045 803 0311 – Chiuso 17-31 gennaio, martedì a mezzogiorno e lunedì*

🍴○ **Osteria Mondodoro** 🍽 AC

CUCINA TRADIZIONALE · INTIMO ✗ A due passi da via Giuseppe Mazzini, la strada dello shopping cittadino, il ristorante dispone di pochi coperti e un'offerta gastronomica tanto limitata quanto interessante, spesso integrata a voce, fondata su prodotti ricercati e di rimarchevole qualità.

Carta 41/68 €

Pianta: C2-s – *via Mondo d'Oro 4* ✉ *37121 –* 𝒞 *045 894 9290 (coperti limitati, prenotare) – www.osteriamondodoroverona.it – Chiuso 1 settimana in novembre, lunedì e domenica sera; anche martedì a mezzogiorno da ottobre-maggio*

🍴○ **Trattoria al Pompiere** 🏨 AC 🍷 ♿

CUCINA REGIONALE · CONVIVIALE ✗ Tra boiserie e svariate foto d'epoca, linea gastronomica fedele al territorio, nonché un'ottima selezione di salumi e formaggi italiani, in una storica trattoria del centro.

Carta 37/70 €

Pianta: C2-d – *vicolo Regina d'Ungheria 5* ✉ *37121 –* 𝒞 *045 803 0537 (consigliata la prenotazione) – www.alpompiere.com – Chiuso 25 dicembre-2 gennaio, 1 settimana in giugno e domenica*

🍴○ **Tre Marchetti** 🏨 🍽 AC ♿

CUCINA REGIONALE · ACCOGLIENTE ✗ Poltroncine e lampadari di Murano e pareti dipinte in un ambiente accogliente, come del resto l'ospitalità del titolare: i ritmi del servizio sono alquanto veloci, ma non manca l'attenzione al dettaglio. Specialità del territorio, ma anche pesce in una carta dall'ampia scelta.

Menu 35/85 € – Carta 44/91 €

Pianta: C2-c – *vicolo Tre Marchetti 19/b* ✉ *37121 –* 𝒞 *045 803 0463 – www.tremarchetti.it*

Alberghi

🏨 **Due Torri** 📶 AC ♿ 🅿

STORICO · GRAN LUSSO Narra la storia della città, l'edificio trecentesco in cui s'inserisce questo prestigioso albergo di tradizione e fascino: nelle raffinate camere, l'arredo s'ispira soprattutto al Settecento e all'Ottocento. Vetturiere per l'auto.

78 cam ⌚ – ♦180/570 € ♦♦198/630 € – 11 suites

Pianta: C2-x – *piazza Sant'Anastasia 4* ✉ *37121 –* 𝒞 *045 595044 – www.duetorrihotels.com*

🍴○ **Due Torri Restaurant** – Vedere selezione ristoranti

🏚️ Gabbia d'Oro ⬆️ 🅰️🅺

STORICO · PERSONALIZZATO Dalla discrezione e dalla cortesia di un servizio inappuntabile, un opulento scrigno di preziosi e ricercati dettagli che echeggiano dal passato; piccolo hotel di charme e lusso con un suggestivo giardino d'inverno. Qualche proposta di ristorazione, unicamente riservata agli ospiti.

19 suites ♨ – ♥♥220/395 € – 8 cam

Pianta: C2-t – *corso Porta Borsari 4/a* ✉️ *37121* – ✆ *045 800 3060*
– *www.hotelgabbiadoro.it*

🏚️ The Gentleman of Verona 🛁 ⬆️ ♿ 🅰️🅺 ✂️ 🅿️

LUSSO · ELEGANTE Poco lontano dall'Arena, lussuosa risorsa ricavata dall'attenta ristrutturazione di una dimora del 1500: splendidi pavimenti veneziani, parquet, stucchi, soffitti decorati... tutto inneggia ad una straordinaria e romantica opulenza.

14 cam ♨ – ♥180/350 € ♥♥250/600 € – 9 suites

Pianta: B2-w – *via Cattaneo 26/a* ✉️ *37121* – ✆ *045 800 9566*
– *www.leoncinohotels.com*

🍴 Il **Salotto Bistro** – Vedere selezione ristoranti

🏚️ Accademia 🛁 ⬆️ 🅰️🅺 ✂️ 🏋️ 🚐

TRADIZIONALE · CLASSICO Diverse, ampie sale ed un bar per chi non vuole stare sempre in camera; arredi classici e sobri, eleganti bagni, piccola terrazza comune. Gli amanti dello sport apprezzeranno la palestra panoramica sui tetti del centro.

89 cam ♨ – ♥95/240 € ♥♥130/385 € – 7 suites

Pianta: C2-d – *via Scala 12* ✉️ *37121* – ✆ *045 596222*
– *www.hotelaccademiaverona.it*

🏚️ Grand Hotel des Arts 🚐 ⬆️ 🅰️🅺 🏋️

TRADIZIONALE · CLASSICO Storico edificio in stile liberty, ospita un albergo raffinato, nei cui interni si fondono la classicità degli arredi, impreziositi da belle sculture, e la modernità dei confort; un piccolo giardino trova posto nella graziosa corte interna del palazzo.

62 cam ♨ – ♥180/390 € ♥♥250/550 €

Pianta: B3-b – *corso Porta Nuova 105* ✉️ *37122* – ✆ *045 595600*
– *www.grandhotel.vr.it*

🏠 Antica Porta Leona 🔲 💿 🛁 🏋️ ⬆️ 🅰️🅺 ✂️

STORICO · ELEGANTE Albergo del centro i cui interni si sfidano a colpi di bianco e nero inseguendo una moderna eleganza. Oltre alla zona relax con sauna e piscina coperta, al piano terra c'è anche una piccola sala fitness. Servizio vetturiere per posteggio auto.

23 cam ♨ – ♥130/250 € ♥♥180/390 €

Pianta: C2-f – *corticella Leoni 3* ✉️ *37121* – ✆ *045 595499*
– *www.anticaportaleona.com*

🏠 Bologna 🍽️ ⬆️ 🅰️🅺 ✂️

TRADIZIONALE · CLASSICO Adiacente all'Arena, rinnovato negli anni, quest'hotel a gestione diretta offre camere di calda atmosfera e arredi moderni: la più richiesta è quella con il terrazzo e idromassaggio riscaldato.

27 cam ♨ – ♥90/350 € ♥♥90/400 € – 4 suites

Pianta: C2-h – *via Alberto Mario 18* ✉️ *37121* – ✆ *045 800 6830*
– *www.hotelbologna.vr.it*

🏠 Giulietta e Romeo 🏋️ ⬆️ 🅰️🅺 🚐

TRADIZIONALE · ACCOGLIENTE Dedicata ai due innamorati immortalati da Shakespeare, una risorsa che si rinnova negli anni, a conduzione diretta; camere tranquille, la più panoramica con vista sull'Arena.

39 cam ♨ – ♥80/240 € ♥♥90/320 € – 1 suite

Pianta: C2-z – *vicolo Tre Marchetti 3* ✉️ *37121* – ✆ *045 800 3554*
– *www.giuliettaeromeo.it*

⌂ Aurora AC

FAMILIARE · ACCOGLIENTE Semplice gestione familiare, con un piano di scale a piedi del palazzo cinquecentesco si raggiunge la piccola reception e da qui, con ascensore, le camere dei cinque piani. Ben tenute, bagni compresi, alcune si affacciano su uno scorcio di piazza delle Erbe, altre sui tetti del centro. Romantica terrazza per le colazioni e altri momenti della giornata.

19 cam ⌧ - ♦100/220 € ♦♦120/280 €

Pianta: C2-a – *piazzetta XIV Novembre 2* ✉ *37121 –* ☎ *045 594717*
– www.hotelaurora.biz

⌂ Scalzi AC

FAMILIARE · ACCOGLIENTE All'interno di un palazzo neoclassico d'inizio Ottocento, Scalzi è una struttura ricca di fascino con stanze piacevolmente accoglienti, diverse l'una dall'altra, dove stile e confort moderni sono assicurati. Nella bella stagione si può godere della colazione a buffet nel giardino interno: è qui che si affacciano tre camere superior tranquille e spaziose.

19 cam ⌧ - ♦65/110 € ♦♦75/220 €

Pianta: B3-p – *via Carmelitani Scalzi 5* ✉ *37122 –* ☎ *045 590422*
– www.hotelscalzi.it – Chiuso 23-26 dicembre

⌂ Verona ⊟ AC P

BUSINESS · MINIMALISTA A breve distanza dall'Arena, sobrio e moderno hotel dalle linee minimal e dagli spazi contenuti eppure accoglienti; a disposizione degli ospiti anche bici. Personale di squisita gentilezza!

35 cam ⌧ - ♦78/219 € ♦♦109/239 €

Pianta: B3-f – *corso Porta Nuova 47/49* ✉ *37122 –* ☎ *045 595944*
– www.hotelverona.it

verso Novaglie Nord-Est : 6 km per Bosco Chiesanuova D2

⌂ Agriturismo Delo ♨ ≤ ♨ ㊐ AC P

CASA DI CAMPAGNA · ELEGANTE In un affascinante contesto collinare, circondato da un grande parco-giardino con viti e ulivi, l'antica casa di campagna è stata meticolosamente restaurata e arricchita con arredi d'epoca. Un soggiorno romantico e bucolico non lontano da Verona.

10 cam ⌧ - ♦110/150 € ♦♦120/160 €

via del Torresin, località Delo ✉ *37141 Verona*
– ☎ *045 884 1090 – www.agriturismodelo.com*
– Chiuso 21 dicembre-10 gennaio

VERUNO

Novara – ✉ 28010 – 1 872 ab. – Alt. 357 m – Carta regionale n° **13**-A3

⑩ L'Olimpia ⇦ 斎 AC

PESCE E FRUTTI DI MARE · AMBIENTE CLASSICO XX E' il mare, il grande protagonista della cucina di questo locale caldo ed accogliente. Se c'è posto e tempo permettendo, vi consigliamo di prenotare un tavolo nella piacevole corte interna. Camere moderne e ben accessoriate per chi vuole prolungare la sosta.

⊛ Menu 20 € (pranzo in settimana) – Carta 36/61 €

6 cam - ♦50/80 € ♦♦80/100 € - senza ⌧

via Martiri 3 – ☎ *0322 830138 – www.olimpiatrattoria.it – Chiuso
27 dicembre-20 gennaio, 29 luglio-8 agosto e lunedì*

VETREGO Venezia (VE) ➜ Vedere Mirano

VEZZANO VEZZAN Bolzano ➜ Vedere Silandro

VIANO

Reggio nell'Emilia – ⊠ 42030 – 3 374 ab. – Alt. 275 m – Carta regionale n° **5**-B2
Carta stradale Michelin 562-I13

sulla strada provinciale 63 Nord-Ovest : 7 km

🏠 Cavazzone   🏡 🦌 🔄 AC 🛁 P

CASA DI CAMPAGNA · TRADIZIONALE Diversi arredi d'epoca e belle camere (due addirittura con cucina) in questo cascinale di campagna al centro della grande azienda agricola omonima; bellissima acetaia nell'antico fienile, sala da pranzo nella vecchia stalla e museo di attrezzi rurali.

8 cam ⊊ – ♦50/80 € ♦♦68/105 €

via Cavazzone 4 ⊠ 42030 – 𝒞 0522 858100 – www.cavazzone.it

VIAREGGIO

Lucca – ⊠ 55049 – 62 467 ab. – Carta regionale n° **18**-B1
Carta stradale Michelin 563-K12

😋😋 Il Piccolo Principe   🦌 ≤ 🏡 ⅙ AC 🍽 P

CUCINA CREATIVA · DESIGN XxX Dal 2014 la seconda stella brilla sul Piccolo Principe! Come in una sinfonia ben orchestrata, lo chef, Giuseppe Mancino, salernitano di nascita, ma con una profonda ammirazione per la cucina francese e l'estro di Alain Ducasse, fa coesistere nei suoi piatti molteplici elementi tutti armoniosamente orchestrati: creatività, raffinatezza, buona tecnica ed ottime presentazioni.

Oltre alla carta, il ristorante propone dei percorsi orientati su terra, mare e - visto il recente interesse per la cucina vegetariana - anche un menu green. Versante vini, la cantina custodisce una selezione di oltre 800 etichette, principalmente toscane, sebbene non manchino anche altre regioni, produzioni estere e un buon numero di Champagne.

La location meriterebbe un capitolo a sé: situata nell'attico dell'albergo, la terrazza domina costa e mare. L'indugio a trattenersi oltre il tempo è più che una tentazione.

→ Agnolotti di cipolla fondente con coda di bue, pecorino e tartufo. Rombo arrostito, fagiolini verdi, patate e salsa di agrumi e frutti di mare. Nocciola, litchi e limone.

Menu 140/220 € – Carta 125/230 €

Grand Hotel Principe di Piemonte, piazza Puccini 1 – 𝒞 0584 4011 (consigliata la prenotazione) – www.ristoranteilpiccoloprincipe.it – Aperto 8 marzo-3 novembre, chiuso lunedì e martedì; solo lunedì da giugno a settembre

😋 Romano   🦌 AC

PESCE E FRUTTI DI MARE · ELEGANTE XxX Con i suoi ben oltre 50 anni di storia, fatti di splendida accoglienza familiare e professionalità, Romano è una vera istituzione per la Versilia e per la ristorazione italiana; si conferma ai suoi livelli anche con il delicato passaggio di consegne in cucina, dalla signora Franca ad un giovane non ancora trentenne. Il pesce di gran qualità è onnipresente, così come il gusto di piatti che piacciono senza indugio.

→ Bottoni di orata con salsa di conchigliacei. Ombrina marinata, crema di topinambur, polenta croccante e insalatina. Arance, sedano, mandorle al sale e cremoso alla carota.

Menu 80/110 € – Carta 68/152 €

via Mazzini 120 – 𝒞 0584 31382 – www.romanoristorante.it – Chiuso gennaio e lunedì, anche martedì a mezzogiorno in estate

🍴 Da Miro alla Lanterna   🦌 🏡 AC

PESCE E FRUTTI DI MARE · FAMILIARE Xx Affacciato sulla darsena, dal 1954 qui regna la cucina di mare viareggina con una rinomata specialità - gli spaghetti alla trabaccolara (ragù di mare) - e una bella carta illustrata dedicata agli Champagne.

Menu 40 € – Carta 35/116 €

via Coppino 289 – 𝒞 0584 384065 – www.ristorantedamiro.com – solo a cena da lunedì a giovedì in luglio-agosto – Chiuso novembre, martedì a mezzogiorno e lunedì

⫶◯ Pino   🐚 🍴 AK

PESCE E FRUTTI DI MARE · FAMILIARE XX Bottarga e catalana testimoniano le origini sarde della famiglia, ma ormai da decenni il ristorante è un caposaldo della ristorazione viareggina con un'ottima cantina, a cominciare dalla selezione di Champagne.

Carta 50/123 €

via Matteotti 18 – 🕾 0584 961356 – www.ristorantepino.it – solo a cena in luglio-agosto – Chiuso 7-17 gennaio, giovedì a mezzogiorno e mercoledì

🏨 Grand Hotel Principe di Piemonte   🕏 ≤ ⌁ 🐾 ⅃³ ⊡ ᵫ ᴪ

LUSSO · PERSONALIZZATO Non ci sembra azzardato affermare che si 🚗 tratta di uno dei migliori alberghi della Versilia. Nel 2004, dopo un accurato restyling durato circa due anni, la struttura è ritornata a splendere nel firmamento dell'hôtellerie di lusso in virtù delle sue camere raffinate ed eleganti che presentano stili diversi: impero, coloniale, moderno, classico. Trattamenti vari e relax presso il centro benessere e Spa, mentre la splendida terrazza al quinto piano propone una piscina con jacuzzi e solarium, vista mozzafiato sul mare ed Alpi Apuane.

106 cam ⌁ – ♦110/394 € ♦♦150/1094 € – 19 suites

piazza Giacomo Puccini 1 – 🕾 0584 4011 – www.principedipiemonte.com

   ✸✸ **Il Piccolo Principe** – Vedere selezione ristoranti

🏨 President   ≤ ⊡ ᵫ AK ⅏

TRADIZIONALE · CLASSICO In un importante edificio sul lungomare, questa raffinata risorsa dispone di ambienti eleganti arredati con mobili d'antiquariato originali e affascinanti lampadari. Confortevoli le camere.

45 cam ⌁ – ♦110/400 € ♦♦110/400 €

viale Carducci 5 – 🕾 0584 962712 – www.hotelpresident.it

🏨 London   ⊡ ᵫ AK

TRADIZIONALE · LUNGOMARE Sul lungomare, struttura in stile liberty dagli arredi signorili negli spazi comuni e camere confortevoli; gradevole cortile interno e terrazze solarium per momenti di relax.

33 cam ⌁ – ♦69/99 € ♦♦99/170 €

viale Manin 16 – 🕾 0584 49841 – www.hotellondon.it

🏨 Villa Tina   ⊡ AK

DIMORA STORICA · LUNGOMARE Edificio liberty del 1929, le vetrate e gli stucchi delle zone comuni nonché gli arredi delle camere al primo piano ne ripropongono i fastosi eccessi; sempre in stile ma più sobrie quelle al secondo. Indipendentemente dalla loro ubicazione, tutte le stanze si fregiano della vista mare.

13 cam ⌁ – ♦40/130 € ♦♦55/190 €

via Aurelio Saffi 2 – 🕾 0584 44450 – www.villatinahotel.it – Chiuso 3 novembre-7 febbraio

🏠 Katy   ⊡ AK

FAMILIARE · FUNZIONALE Gestione familiare in una graziosa palazzina liberty d'inizio Novecento: gli interni sono semplici, ma moderni, puliti e accoglienti. Tre camere offrono una piccola terrazza-solarium.

25 cam ⌁ – ♦50/100 € ♦♦65/180 €

via Flavio Gioia 12/14 ✉ 55049 Viareggio – 🕾 0584 45518 – www.hotelkaty.com – Aperto 1° aprile-31 ottobre

VIBO VALENTIA

(VV) – ✉ 89900 – 33 941 ab. – Alt. 476 m – Carta regionale n° **3**-A2
Carta stradale Michelin 564-K30

a Vibo Valentia Marina Nord : 10 km ✉ 89811

⫶◯ Lapprodo   🍴 ᵫ AK ⟳

PESCE E FRUTTI DI MARE · STILE MEDITERRANEO XXX Di fronte al porto e al suggestivo lungomare di Vibo Marina, la carta è un appetitoso inventario di classici nazionali, in particolare di pesce, sebbene non manchino anche ricette di terra con carni di provenienza locale.

Menu 45/100 € – Carta 45/105 €

Hotel Cala del Porto, via Roma 22 – 🕾 0963 572640 – www.lapprodo.com

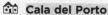

🏠 Cala del Porto 🔲 ♿ 🄰🄲 🔱

BUSINESS · MODERNO In pieno centro e a due passi dal lungomare, albergo di raffinata atmosfera e confort moderno: spazi comuni ampi e ben curati, camere dotate dei migliori confort moderni. Se volete un soggiorno di qualità, *Cala del Porto* non vi deluderà.

33 cam ♎ – †90/100 € ††130/140 € – 3 suites

via Roma 22 – ℰ 0963 577762 – www.caladelporto.com

🍽 **Lapprodo** – Vedere selezione ristoranti

VICCHIO
Firenze – ✉ 50039 – 8 044 ab. – Alt. 203 m – Carta regionale n° **18**-C1
Carta stradale Michelin 563-K16

a Campestri Sud : 5 km ✉ 50039 – Vicchio

🏠 Villa Campestri Olive Oil Resort 🌳 🐾 🛎 🛋 🅿

DIMORA STORICA · BUCOLICO La natura e la storia ben si amalgamano in questa villa trecentesca immersa in un parco con piscina. Raffinati interni d'epoca ed una ricca oleoteca, dove si organizzano corsi di degustazione dell'extra vergine. Piatti toscani ed un menu interamente dedicato all'oro giallo al ristorante.

25 cam ♎ – †99/190 € ††112/210 € – 3 suites

via di Campestri 19/22 – ℰ 055 849 0107 – www.villacampestri.com
– Aperto 12 aprile-10 novembre

VICENO Verbano-Cusio-Ossola → Vedere Crodo

VICENZA
(VI) – ✉ 36100 – 112 953 ab. – Alt. 39 m – Carta regionale n° **22**-A1
Carta stradale Michelin 562-F16

🕸 El Coq (Lorenzo Cogo) 🄰🄲

CUCINA CREATIVA · ELEGANTE 🗙🗙 Nel cuore della città tra un rintocco di orologio ed una loggia del Palladio, al primo piano di un bel palazzo, è qui che troverete proposte alla carta, dove la tradizione si piega all'estro creativo del giovane chef-patron, ma anche percorsi gastronomici dal titolo fortemente evocativo: sostanza, esperienza...

→ Risotto alle spezie orientali, limone, peperone giallo. Rubia gallega (manzo razza spagnola) ai tre agli, con pancake all'aglio orsino e sciroppo d'acero e aceto. Terra, tuberi, germogli.

Carta 68/119 €

piazza dei Signori 1 – ℰ 0444 330681 (consigliata la prenotazione)
– www.elcoq.com – solo a cena – Chiuso 1 settimana in agosto e lunedì

🍽 Da Biasio 🌳 ♿ 🄰🄲 ↔ 🅿

VENEZIANA · ELEGANTE 🗙🗙 Sulle colline che circondano la città, con terrazza panoramica estiva, da Biasio troverete un locale moderno ed elegante. Ci sono piatti di carne, ma la giustificata nomea del ristorante è ancorata al pesce.

Menu 35/70 € – Carta 35/80 €

viale 10 Giugno 172 – ℰ 0444 323363 – www.ristorantedabiasio.it
– Chiuso 18 febbraio-5 marzo, 5-20 agosto, sabato a mezzogiorno e lunedì

🍽 Il Querini da Zemin 🌳 🄰🄲 🅿

CUCINA ITALIANA · ACCOGLIENTE 🗙🗙 Sempre all'interno dell'hotel Da Porto, il ristorante - di grande tradizione familiare - ha apportato migliorie alla suddivisione dei suoi ambienti dedicando la luminosa veranda alla cucina serale, curata e soprattutto a base di pesce, mentre per il pranzo ci si accomoda in una sala più informale dove anche la carta è più semplice.

Menu 40/60 € – Carta 43/60 € – carta semplice a pranzo

Hotel Da Porto, viale del Sole 142 – ℰ 0444 552054 – www.ilquerinidazemin.it
– Chiuso sabato a mezzogiorno e lunedì

⫯O **Al Pestello** 🏠

CUCINA REGIONALE · SEMPLICE ✗ L'indirizzo giusto per assaporare la vera cucina veneta, e vicentina in particolare, con tanto di menù in dialetto, è questa piccola trattoria con dehors estivo.

Menu 35 € – Carta 34/58 €

contrà Santo Stefano 3 – ℰ 0444 323721 – www.ristorantealpestello.it – solo a cena escluso sabato e domenica – Chiuso 3 settimane in gennaio, 2 settimane in giugno e martedì

Da Porto 🛋 🖨 🕭 🕭 🏠

BUSINESS · MODERNO Albergo fuori città e che ultimamente si è concesso un resty-ling in senso moderno, gli ambienti sono accoglienti così come le camere; per soggiorni medio-lunghi, la struttura propone mono e bilocali con angolo cottura.

72 cam – ♦60/180 € ♦♦80/200 € – ⌸ 10 €

viale del Sole 142 – ℰ 0444 964848 – www.hoteldaporto.com

⫯O **Il Querini da Zemin** – Vedere selezione ristoranti

Relais Santa Corona 🖨 🕭 🕭 🏠

FAMILIARE · MODERNO A pochi passi dalla Basilica Palladiana e dal Teatro Olimpico, una piacevole risorsa all'interno di un palazzo del '700 totalmente rin-novato. Camere ampie e attrezzate dall'arredo moderno, cortesia e armonia.

8 cam ⌸ – ♦89/169 € ♦♦99/189 €

Contrà Santa Corona 19 ✉ 36100 Vicenza – ℰ 0444 324678 – www.relaissantacorona.it – Chiuso 30 dicembre-11 gennaio

in prossimità casello autostrada A 4-Vicenza Est Sud-Est : 7 km per Este

🏠 **Victoria** 🕭 🛋 🕭 🕭 🖨 🕭 🕭 🅿

BUSINESS · DESIGN Hotel di taglio moderno che ha saputo rinnovarsi per restare competitivo: camere ampie e confortevoli, all'ultimo grido o classiche. Ristorante-pizzeria per chi vuole rimanere in albergo.

120 cam ⌸ – ♦57/79 € ♦♦75/89 € – 12 suites

strada padana verso Padova 52 ✉ 36100 – ℰ 0444 912299 – www.hotelvictoriavicenza.com

VICO EQUENSE

Napoli – ✉ 80069 – 20 969 ab. – Carta regionale n° **4**-B2
Carta stradale Michelin 564-F25

✿ **Antica Osteria Nonna Rosa** (Giuseppe Guida) 🕭 🕭

CUCINA MODERNA · ROMANTICO ✗✗ Sul ciglio della strada verso il Monte Faito, s'incontra questa suggestiva dimora storica che dopo il restyling si presenta ai propri ospiti ancora più calda ed accogliente. Tra pareti color tortora e lampade che scendono ad illuminare i tavoli come piccoli palcoscenici, la cucina si conferma originale e creativa, pur restando fedele alle tradizioni, nonché ai prodotti campani, spesso di produzione propria. Genuina atmosfera familiare.

→ Spaghetti, acciughe, peperone dolce e pecorino. Tataki di tonno alalunga, gelato di ricotta e insalata contadina. Torta di nonna Rosa alle mele annurche e gelato alle nocciole caramellate

Carta 57/87 €

via privata Bonea 4, località Pietrapiano, Est: 2 km – ℰ 081 879 9055 (consigliata la prenotazione) – www.osterianonnarosa.it – solo a cena escluso sabato – Chiuso 11 giugno-19 settembre, domenica sera e mercoledì

⫯O **L'Accanto** ⟨ 🛋 🏠 🕭 🕭

CUCINA MODERNA · ELEGANTE ✗✗ Un'incantevole terrazza, quasi un promon-torio sul Golfo, o la sala interna più classica sono la cornice per la cucina di uno chef di grande esperienza: belle coreografie, elaborazioni, nonché modernità che qui spesso rima con regionalità.

Menu 80/120 € – Carta 52/108 €

Grand Hotel Angiolieri, via Santa Maria Vecchia 2, località Seiano, Sud-Est: 2 km – ℰ 081 802 9161 – www.grandhotelangiolieri.it – solo a cena esluso i giorni festivi – Aperto 1° aprile-31 dicembre

 Grand Hotel Angiolieri

LUSSO · MODERNO Affacciato sul Golfo, ma in posizione elevata, si tratta di un austero ed elegante edificio storico; servizio squisito, eleganti arredi, ottima la prima colazione. A disposizione c'è anche una cabina per massaggi.

36 cam ☑ – ♦119/260 € ♦♦169/310 € – 2 suites

via Santa Maria Vecchia 2, località Seiano, Sud-Est: 2 km – ☏ *081 802 9161*
– www.grandhotelangiolieri.it – Aperto 1° aprile-31 dicembre

⑩ **L'Accanto** – Vedere selezione ristoranti

a Marina Equa Sud : 2,5 km ✉ 80069 – Vico Equense

✿✿ Torre del Saracino (Gennaro Esposito)

CUCINA CREATIVA · CONTESTO CONTEMPORANEO XXX Un'antica torre del 1300, ma non un'architettura semplicemente ancorata alla terra, bensì una costruzione "aperta" al mare che le si dispiega davanti a ricordo della sua funzione originaria, l'avvistamento. Questa simbolica ouverture la si ritrova - ora - nella cucina di Gennaro che in questa singolare costruzione ha posto il ristorante.

La cucina è un omaggio al sud con i suoi sapori, pieni, distinti, rotondi, piatti di contrasti armoniosi - da un lato la stagionalità e il territorio, dall'altro la fantasia e la ricerca – il tutto a servizio della creatività. Il credo dello chef-patron si sintetizza in una sua dichiarazione lapidaria: "dimenticare le proprie origini è un peccato mortale, un gesto di superbia che preclude anche la possibilità di scoperte future".

Encomiabile lo sforzo d'inserire nella ben strutturata carta dei vini che annovera una notevole profondità di annate anche nuove realtà locali, a volte piccolissime, praticamente artigiani del vino.

➔ Il polpo... in 3 minuti, 30 minuti e 3 ore. Fettuccelle con ragù di anguilla del lago Fusaro, pesto di olive e prezzemolo, pinoli. Sfera croccante al limone, cake alle noci e cremoso al mascarpone.

Menu 145/190 € – Carta 108/163 €

via Torretta 9 – ☏ *081 802 8555 (consigliata la prenotazione)*
– www.torredelsaracino.it – Chiuso 10 febbraio-29 marzo, martedì a mezzogiorno, domenica sera e lunedì

 Le Axidie

TRADIZIONALE · LUNGOMARE Complesso turistico a tutto tondo, affacciato sul mare di questa gradevole baia; lo si segnala per la sua valida gestione, nonché per il ventaglio - davvero ampio - di servizi a disposizione degli ospiti, tra cui anche un nuovo complesso di piscine a varie temperature. Ultimo, ma non ultimo, il ristorante Punta Scutolo dove gustare succulenti piatti di cucina mediterranea.

35 cam ☑ – ♦69/169 € ♦♦79/229 €

via Marina d'Equa ✉ 80069 Vico Equense – ☏ *081 802 8562 – www.leaxidie.it*
– Aperto metà marzo-inizio novembre

Le Ancore 🄽

FAMILIARE · PERSONALIZZATO Piccolo ed accogliente albergo a gestione familiare ubicato fronte spiaggia e nel cuore del piccolo borgo marinaro. Moderno e colorato con camere tutte vista mare!

8 cam ☑ – ♦69/189 € ♦♦79/229 €

via Marina Aequa 39 – ☏ *081 802 8896 – www.leancorehotel.com – Chiuso gennaio*

sulla s.s. 145 panoramica dal centro in direzione Napoli

✿ Maxi

CUCINA CREATIVA · ROMANTICO XXX Se la location con splendida vista sul mare e costa ci mette del suo per rendere indimenticabile la sosta, il giovane chef non è da meno nell'intrattenere i suoi ospiti con piatti di gusto mediterraneo, ma dall'impronta creativa.

➔ Paccheri, ricci di mare, cicale e coriandolo. Dentice, asparagi e salsa bernese. Saint Honoré.

Menu 90/110 € – Carta 79/143 €

Hotel Capo la Gala, via Luigi Serio 8, s.s. 145 Sorrentina, km 14,500 – ☏ *081 801 5757*
– www.hotelcapolagala.com – solo a cena – Aperto 19 aprile-21 ottobre; chiuso martedì

⦿ Il Bikini ⪡ 🍴 🈸 🔓 🆎 🅿

PESCE E FRUTTI DI MARE · STILE MEDITERRANEO XX La sala ristorante dal respiro mediterraneo, cinta dal terrazzino-dehors, è rialzata rispetto al proprio omonimo stabilimento balneare: anche per questo, quindi, aspettatevi una splendida vista che accompagnerà una cucina di qualità, con molto pesce ed un po' di carne.

Menu 50/70 € – Carta 42/68 €

strada statale 145 Sorrentina, al km 13,900 – 𝒞 081 1984 0029 – www.ilbikini.com – Aperto fine marzo-inizio ottobre

⦿ La Caletta dello Scrajo ⪡ 🈸 🍽 🅿

CUCINA MODERNA · INTIMO XX Partendo dalle terme Scrajo si scende fino al giardino di accoglienza... Che ceniate in pagoda, sulla terrazza o nella storica sala interna troverete piatti mediterranei, ma soprattutto sapori campani in chiave moderna, preparati da uno chef esperto.

Menu 80/110 € – Carta 57/111 €

via Luigi Serio SS145 n.9, presso Scrajo Terme, Nord: 1 km – 𝒞 081 801 5731 (prenotare) – www.scrajoterme.it – solo a cena – Aperto 1° aprile-30 ottobre, chiuso domenica sera e lunedì

🏨 Capo la Gala 🏇 🦢 ⪡ 🍴 🔧 🗖 🎎 🛁 🔓 🔲 🆎 🅿

LUSSO · LUNGOMARE Costruito a pelo d'acqua in una romantica baia rocciosa, le camere sono lambite dagli spruzzi del mare e sono impreziosite dalle straordinarie ceramiche vietresi. L'offerta di servizi è davvero eccellente, la piccola spa ne è un esempio. In alternativa alle cene gourmet del Maxi, c'è anche la Taverna del mare Nerea.

22 cam ⊐⊏ – ✝305/910 € ✝✝305/910 € – 1 suite

via Luigi Serio 8, s.s. 145 Sorrentina, km 14,500 – 𝒞 081 801 5758 – www.hotelcapolagala.com – Aperto 19 aprile-21 ottobre

❀ Maxi – Vedere selezione ristoranti

🏠 Mega Mare 🦢 ⪡ 🔧 🔲 🆎 🚗

FAMILIARE · FUNZIONALE Splendidamente panoramico sulla baia di Sorrento, le camere sono semplici, ma con belle ceramiche di Vietri: tutte con un'impagabile vista.

29 cam ⊐⊏ – ✝40/90 € ✝✝75/180 €

località Punta Scutolo, Ovest: 4,5 km ✉ 80069 – 𝒞 081 802 8494 – www.hotelmegamare.com

VICOFORTE

Cuneo (CN) – ✉ 12080 – 3 136 ab. – Alt. 598 m – Carta regionale n° **12**-B3
Carta stradale Michelin 561-I5

⦿ Euthalia 🆕

CUCINA CREATIVA · INTIMO XX Piccolo locale sul bordo rientrante della strada, lindo e moderno, in cui uno chef appassionato di questi luoghi propone ricette ammiccanti al territorio e alla montagna.

Menu 35/48 € – Carta 45/85 €

strada statale 28 8/c – 𝒞 0174 563732 (coperti limitati, prenotare) – www.euthaliaristorante.it – solo a cena escluso domenica – Chiuso mercoledì

🏨 Antica Meridiana Relais Art 🦢 ⪡ 🍴 🔲 🅿 ⇄

CASA DI CAMPAGNA · PERSONALIZZATO In collina, ma con vista contemporaneamente su montagne, pianura e Mondovì - un paesaggio da cartolina - l'antica cascina offre all'interno originali ambienti, mix di antico e moderno, ricordi di viaggi esotici e quadri del proprietario, che arredano anche i pavimenti dei bagni.

5 cam ⊐⊏ – ✝80/100 € ✝✝110/120 €

via Montex 1 – 𝒞 0174 563364 – www.relais-art.com – Chiuso 8 gennaio-19 marzo

🏨 Duchessa Margherita 🆕 🆎 🍽 🅿

DIMORA STORICA · PERSONALIZZATO Una villa della metà del XIX secolo affacciata sul santuario, interni romantici ed eleganti, mobili d'antiquariato: come fil rouge la storia di casa Savoia.

10 cam ⊐⊏ – ✝73/135 € ✝✝120/210 €

via San Rocco 29 – 𝒞 0174 565022 – www.duchessamargherita.it – Chiuso 8 gennaio-13 febbraio

VICOMERO Parma → Vedere Torrile

VICOPISANO
Pisa (PI) – ⊠ 56010 – 8 559 ab. – Alt. 12 m – Carta regionale n° **18**-B2
Carta stradale Michelin 563-K13

🍴○ **Osteria Vecchia Noce**   🍴 🏠 AC 🅿

CUCINA TOSCANA · CONTESTO TRADIZIONALE XxX All'ingresso di Uliveto Terme, un antico frantoio del 1700 nel centro della minuscola frazione: ambiente caratteristico, elegante e caldo, nonché collaudata gestione familiare. Piatti di terra e di mare elaborati con cura strutturano il menu.
Carta 33/90 €

località Noce 39, Ovest: 5 km – 𝒞 050 788229 – www.ostreiavecchianoce.it
– Chiuso martedì sera e mercoledì escluso in luglio-agosto

VIDICIATICO Bologna → Vedere Lizzano in Belvedere

VIESTE
Foggia – ⊠ 71019 – 13 975 ab. – Carta regionale n° **15**-B1
Carta stradale Michelin 564-B30

😊 **Al Dragone**   AC 🌿 🔄

CUCINA REGIONALE · ROMANTICO XX Un ambiente caratteristico ricavato all'interno di una grotta naturale, dove lasciarsi andare ai piaceri della tavola: sapori regionali presentati con cura e fantasia. Specialità: scampi in crosta di mandorle.
Carta 32/75 €

via Duomo 8 – 𝒞 0884 701212 – www.aldragone.it – Aperto 1° aprile-1° novembre;
chiuso martedì escluso giugno-15 settembre

😊 **Il Capriccio**   🏠 ♿ AC

PESCE E FRUTTI DI MARE · ACCOGLIENTE XX Tappa irrinunciabile per chi è alla ricerca dei migliori ristoranti del Gargano, Il Capriccio si affaccia - d'estate - sul porto turistico con tavoli sul pontile e delizia i palati con una cucina creativa di pesce, spesso combinato con il tradizionale amore dei pugliesi per le verdure. Il nostro consiglio: riso patate e cozze, tutta un'altra storia! Per i veri gourmet curioso menu fitoalimurgico a base di radici scomparse.
Menu 40/65 € – Carta 34/68 €

località Porto Turistico – 𝒞 0884 705073 – www.ilcapricciodivieste.it – Chiuso
7 gennaio-13 febbraio, mercoledì da ottobre al 6 gennaio e da lunedì a giovedì dal
14 febbraio al 30 marzo

🏨 **Degli Aranci**   🏊 🌊 ♿ AC 🧖 🅿

TRADIZIONALE · CLASSICO Poco distante dal mare, un hotel dalla calorosa accoglienza che dispone di ariosi e freschi spazi comuni e funzionali camere caratterizzate da differenti tipologie di arredo. Una ampia sala ristorante di tono classico propone piatti lievemente rivisitati ed è particolarmente adatta per allestire anche banchetti.
121 cam ⊑ – ♦80/240 € ♦♦120/280 €

piazza Santa Maria delle Grazie 10 – 𝒞 0884 708557 – www.hotelaranci.it – Aperto
1° aprile-31 ottobre

🏨 **Palace Hotel Vieste**   🏊 🖨 ♿ AC 🚐

TRADIZIONALE · CLASSICO Raffinata ospitalità in un palazzo d'epoca del centro storico: camere diverse per ampiezza e ricercatezza degli arredi, bus-navetta gratuito per la spiaggia (a meno di un km).
48 cam ⊑ – ♦70/190 € ♦♦90/240 €

via Santa Maria di Merino 7
– 𝒞 0884 701218 – www.palacehotelvieste.it

Seggio

FAMILIARE · CENTRALE Un'ubicazione eccezionale: nel centro storico, a strapiombo sulla parete rocciosa, un ascensore vi condurrà in basso sino alla piscina e alla spiaggetta con solarium. Camere confortevoli, molte con vista mare.

30 cam ⌂ – ♦45/85 € ♦♦90/170 € – 2 suites

via Veste 7 – € 0884 708123 – www.hotelseggio.it – Aperto 1° aprile-30 settembre

White Hotel and Resort

FAMILIARE · MEDITERRANEO Nel litorale nord della località, hotel di moderno design a due passi dal mare. Camere fornite di buone installazioni ed un'originale piscina con giochi d'acqua; ricco brunch fino alle ore 12.

49 cam ⌂ – ♦49/250 € ♦♦59/250 €

via Italia 2, Nord: 1,5 km – € 0884 701326 – www.withehotel.it
– Aperto 1° maggio-30 settembre

Bikini

FAMILIARE · ACCOGLIENTE Contemporaneamente vicino alla spiaggia, al faraglione di Pizzomunno e al centro della città, una risorsa moderna di sobrie dimensioni con camere funzionali e luminose.

32 cam ⌂ – ♦30/240 € ♦♦35/250 €

via Massimo d'Azeglio 13/a – € 0884 701545 – www.bikinihotelvieste.it
– Aperto Pasqua-15 ottobre

Dimora del Dragone

TRADIZIONALE · PERSONALIZZATO Dinnanzi al Duomo, un bel mix di antico e moderno vi attende in camere eleganti, dagli accessori contemporanei, ma affascinanti mattonelle d'epoca; tre camere con vista sul mare e sui tetti della città vecchia. (Attenzione: dal 1° novembre al 31 marzo, il servizio della prima colazione è sospeso).

6 cam ⌂ – ♦60/230 € ♦♦80/280 €

via Duomo 21 – € 0884 701212 – www.bbdimoradeldragone.it

VIETRI SUL MARE

Salerno – ✉ 84019 – 7 902 ab. – Carta regionale n° **4**-B2
Carta stradale Michelin 564-F26

a Raito Ovest : 3 km ✉ 84010 – Alt. 100 m

Raito

LUSSO · MODERNO Camere di design, la maggior parte delle quali con balconcino o addirittura con grande terrazza, e zone comuni piacevolmente "illuminate" dalla luce che penetra dalle grandi vetrate. La struttura è moderna e non manca di un'attrezzata zona benessere. Per la ristorazione, oltre al classico ristorante interno, ci sono il serale San Valentino ed il pool Grill: entrambi solo all'aperto ed estivi!

75 cam ⌂ – ♦100/200 € ♦♦120/220 € – 2 suites

via Nuova Raito 9 – € 089 763 4111 – www.hotelraito.it
– Chiuso 3 gennaio-3 marzo

VIGANÒ

Lecco – ✉ 23897 – 2 100 ab. – Alt. 390 m – Carta regionale n° **10**-B1
Carta stradale Michelin 561-E9

Pierino Penati (Theo Penati)

CUCINA CLASSICA · ELEGANTE 🎄🎄🎄 Una villa alle porte del paese con un grazioso giardino... e la cura prosegue all'interno nell'elegante sala con veranda. Piatti della tradizione e qualche proposta di pesce.

→ Risotto alla milanese. Costoletta di vitello alla milanese. Zabaione al Marsala.

🍴 Menu 25 € (pranzo in settimana)/120 € – Carta 45/116 €

via XXIV Maggio 36 – € 039 956020 – www.pierinopenati.it
– Chiuso domenica sera e lunedì

VIGARANO MAINARDA
Ferrara – ✉ 44049 – 7 694 ab. – Alt. 10 m – Carta regionale n° **5**-C1
Carta stradale Michelin 562-H16

🏠 Antico Casale ✿ ⌘ ⊡ & AC ᨆ P
CASA DI CAMPAGNA • PERSONALIZZATO Il nome mantiene la promessa: si tratta di un casale ottocentesco riadattato ad albergo i cui interni ripropongono una certa rusticità con travi a vista, cotto e testiere in ferro battuto. Echi etnici negli arredi provenienti dall'India.

17 cam ⌂ – ♦50/70 € ♦♦75/100 €

via Rondona 11/1 – ℰ0532 737026 – www.hotelanticocasale.it – Chiuso 15 giorni in agosto

VIGEVANO
Pavia – ✉ 27029 – 63 310 ab. – Alt. 116 m – Carta regionale n° **9**-A3
Carta stradale Michelin 561-G8

⌘ I Castagni (Enrico Gerli) ⌘ ⌘ AC ⌂ P
CUCINA DEL TERRITORIO • ELEGANTE XxX Ricavato da una casa di campagna con portico, gradevole ambiente con quadri e mobili in stile. Fantasia nei piatti sorretti da ottimi prodotti e coreografiche presentazioni.

→ Risotto con verdure stagionali verdi mantecato al burro di spinaci. Coscia d'oca ripiena e arrostita lentamente nel suo grasso con scaloppina di fegato grasso. Dolce: Lombardia e tradizione.

Menu 65 € – Carta 54/85 €

via Ottobiano 8/20, Sud: 2 km – ℰ0381 42860 (consigliata la prenotazione) – www.ristoranteicastagni.com – Chiuso 1°-7 gennaio, 23-30 giugno, 2 settimane in agosto, domenica sera e lunedì

🏠 Locanda San Bernardo ⊡ AC P
LOCANDA • PERSONALIZZATO All'interno di una casa di ringhiera, vicino alla celebre e scenografica piazza Ducale, la struttura è frutto del restauro di una casa privata, di famiglia di cui conserva tutto il buon gusto e raffinatezze di scelte, a cominciare dagli arredi d'epoca, molti in stile liberty.

8 cam ⌂ – ♦70/90 € ♦♦100/120 €

corso Novara 2 – ℰ0381 691035 – www.locandasanbernardo.it

VIGO DI FASSA
Trento – ✉ 38039 – 1 263 ab. – Alt. 1 382 m – Carta regionale n° **19**-C2
Carta stradale Michelin 562-C17

🏠 Active Hotel Olympic ✿ < ⌘ ⌛ 🕙 🐾 ⌂ & ⚡ P
TRADIZIONALE • STILE MONTANO Lungo la statale che corre ai piedi della località, cordiale accoglienza ladina in una risorsa con spazi comuni ben distribuiti, centro relax e giardino. Belle camere di cui una decina presentano elementi rustici e design moderno: un paio di esse sono dotate di sauna, altre sono a tema montano. Calda e piacevole sala da pranzo con stube in stile locale.

15 cam ⌂ – ♦78/140 € ♦♦150/280 € – 15 suites

strada Dolomites 4, località San Giovanni, Est: 1 km – ℰ0462 764225 – www.activehotelolympic.it – Aperto 20 dicembre-2 maggio e 10 giugno-15 ottobre

🏠 Renato ✿ < ⌘ ⌛ 🔲 🕙 🐾 ⊡ & P
TRADIZIONALE • STILE MONTANO Albergo che dalla sua lontana apertura nel 1975 è stato rinnovato diverse volte ed - oggi - offre un ventaglio davvero completo di servizi, in linea con le aspettative di chi viene in vacanza sulle belle Dolomiti.

21 cam – solo ½ P 72/130 € – 8 suites

strada de Solar 27 – ℰ0462 764006 – www.hotelrenato.it – Chiuso 6 aprile-14 giugno e 5 ottobre-4 dicembre

🏨 Carpe Diem ⟨⟩ 🖪 🕸 🖪 ⅙ ⚐ **P**

FAMILIARE · STILE MONTANO E' una simpatica coppia emiliana ad aver "colto l'attimo" ed aperto questo grazioso albergo all'ingresso del paese: in larice con giardino d'inverno e panoramica terrazza-solarium.

18 cam � – ♦66/111 € ♦♦102/218 €

strada Neva 3 – ℰ 0462 760003 – www.carpediemhotel.it – Chiuso 1° aprile-16 maggio e 3 novembre-5 dicembre

🏨 Catinaccio ⚐ ⟨⟩ 🕸 🖪 ⅙ 🚗

TRADIZIONALE · ACCOGLIENTE In posizione panoramica e centrale, squisita gestione familiare in una classica struttura alpina con spunti tirolesi. Al ristorante, piatti classici e specialità ladine cucinati dal patron dell'hotel.

22 cam ⊻ – ♦60/90 € ♦♦110/210 €

piazza J.B. Massar 12 – ℰ 0462 764209 – www.hotelcatinaccio.com – Aperto 1° dicembre-Pasqua e 15 giugno-20 settembre

a Tamion Sud-Ovest : 3,5 km ⊠ 38039 – Vigo Di Fassa

❀ 'L Chimpl ⟨⟩ 🍴 **P**

CUCINA CREATIVA · CONTESTO CONTEMPORANEO ✕✕ L'alta cucina si fa strada all'interno dell'albergo Gran Mugon, che ha aperto una sala interamente dedicata al talentuoso cuoco. Nei suoi piatti i prodotti del territorio sono il trampolino di una fantasia che si tuffa in divagazioni estrose e creative per chi vuole sfuggire ai cliché di montagna.

→ Uovo soffice biologico con spuma di patate, spinaci, formaggio Cuor di Fassa e tartufo. Sella di cervo in crosta con purè di sedano rapa. Passeggiata per Tamion.

Menu 40/70 € – Carta 49/79 €

Hotel Gran Mugon, strada de Tamion 3 – ℰ 0462 769108 (prenotazione obbligatoria a mezzogiorno) – www.lchimpl.it – Aperto 6 dicembre-3 aprile e 10 giugno-30 settembre; chiuso domenica

🏨 Gran Mugon ⚐ 🐾 ⟨⟩ 🛎 🕸 🖪 ⅙ **P**

FAMILIARE · TRADIZIONALE In prossimità delle piste da sci, la risorsa risulterà soprattutto gradita alle famiglie con figli al seguito: camere semplici, ma ben tenute, nonché zona benessere con vista sulle vallate.

22 cam ⊻ – ♦40/100 € ♦♦75/160 € – 4 suites

strada de Tamion 3 – ℰ 0462 769108 – www.hotelgranmugon.com – Aperto 6 dicembre-3 aprile e 10 giugno-30 settembre

❀ **'L Chimpl** – Vedere selezione ristoranti

🏠 Agritur Weiss ⚐ 🐾 ⟨⟩ 🛎 🕸 ⅙ **P**

FAMILIARE · STILE MONTANO La vista sulla valle e sulle belle rocce dolomitiche è semplicemente mozzafiato, in questo vero agriturismo dove animali da cortile scorrazzano liberamente; camere comode e con un design interessante. Genuina fragranza al ristorante.

8 cam ⊻ – ♦65/102 € ♦♦100/156 €

strada de S. Pozat 11 – ℰ 0462 769115 – www.agriturweiss.com

VILLA ADRIANA Roma → Vedere Tivoli

VILLA BARTOLOMEA

Verona – ⊠ 37049 – 5 841 ab. – Alt. 14 m – Carta regionale n° **23**-B3
Carta stradale Michelin 562-G16

🏠 Agriturismo Tenuta la Pila 🐾 🛎 🍵 🏛 **P**

CASA DI CAMPAGNA · TRADIZIONALE Agriturismo realizzato in un mulino dei primi del '700, la cui pila è ancora visibile in una delle sale comuni, spaziose ed accoglienti le camere si distinguono grazie al nome del frutto cui ciascuna è dedicata. In un contesto bucolico piacevole e silenzioso, la struttura si farà apprezzare anche per il buon rapporto qualità/prezzo.

5 cam ⊻ – ♦50/60 € ♦♦60/80 € – 4 suites

via Pila 42, località Spinimbecco – ℰ 0442 659289 – www.tenutalapila.it – Chiuso gennaio

VILLABASSA NIEDERDORF

Bolzano – ✉ 39039 – 1 565 ab. – Alt. 1 158 m – Carta regionale n° **19**-D1
Carta stradale Michelin 562-B18

⊪○ Aquila-Adler   🏡 🖾 🎸 ⇔ 🅿

CUCINA REGIONALE · ROMANTICO XX All'interno dell'omonimo albergo, avvolti nel romantico fascino delle stuben, autentici capolavori in legno risalenti al '700, qui troverete la cucina tradizionale tirolese preparata a grandi livelli e abbondanti porzioni.

ϭ Menu 25/59 € – Carta 40/150 €

*Hotel Aquila-Adler, piazza Von Kurz 3 – ☏ 0474 745128 – www.hoteladler.com
– Aperto 14 dicembre-30 marzo e 29 maggio-6 ottobre; chiuso martedì in bassa stagione*

🏚 Aquila-Adler   🖾 🕸 🛁 🖃 🛋 🅿

DIMORA STORICA · ELEGANTE Ambienti raffinati in questa storica struttura del centro - risalente al 1600 - con camere tutte rinnovate secondo moderne concezioni di confort ma, al tempo stesso, serbando un certo gusto per l'antico.

15 cam ☲ – ♦81/240 € ♦♦142/290 € – 12 suites

*piazza Von Kurz 3 – ☏ 0474 745128 – www.hoteladler.com
– Aperto 14 dicembre-30 marzo e 29 maggio-6 ottobre*

⊪○ **Aquila-Adler** – Vedere selezione ristoranti

VILLA D'ALMÈ

Bergamo – ✉ 24018 – 6 712 ab. – Alt. 300 m – Carta regionale n° **10**-C1
Carta stradale Michelin 561-E10

⭐ Osteria della Brughiera   🚝 🏡 🎸 ⇔

CUCINA CREATIVA · ROMANTICO XXX Cullati dal nostalgico scricchiolio del parquet, avvolti da tappeti, immersi in un'elegante atmosfera, ecco che l'antica casa di ristoro si è evoluta nell'attuale romantico ristorante. La cucina ne ha seguito il passo: creativa ed effervescente, ama sorprendere, dai salumi ai piatti più elaborati, a grandi livelli.

→ Zucca, "zola" e zenzero. Piccione alla vaniglia. Meringata alle fragoline di bosco con gelato alla rosa.

Menu 100 € – Carta 85/135 €

*via Brughiera 49 – ☏ 035 638008 – www.osteriadellabrughiera.it
– Chiuso 12-30 agosto, martedì a mezzogiorno e lunedì*

VILLA DI CHIAVENNA

Sondrio – ✉ 23029 – 1 010 ab. – Alt. 633 m – Carta regionale n° **9**-B1
Carta stradale Michelin 561-C10

⭐ Lanterna Verde (Roberto Tonola)   🎴 🏡 🎸 🅿

CUCINA CREATIVA · STILE MONTANO XX D'inverno, la bella e classica sala interna vi coccolerà con il calore del camino, d'estate è la piacevolezza del giardino che vi conquisterà. In entrambe le stagioni, il meglio del pescato di lago tra i tratti caratteriali della cucina, tra ricette più tradizionali e altre creative strizzando sempre l'occhio alla territorialità.

→ Trittico della trota. Pancia e reale di maialino con cetriolo, albicocche e riso venere. Tartelletta di ciliege, menta e e mandorle.

Carta 60/85 €

*frazione San Barnaba 7, Sud-Est: 2 km – ☏ 0343 38588 – www.lanternaverde.com
– Chiuso 10 giorni in giugno, 20 giorni in novembre, mercoledì in luglio-agosto, anche martedì sera negli altri mesi*

VILLAFRANCA DI VERONA

Verona – ✉ 37069 – 33 194 ab. – Alt. 54 m – Carta regionale n° **23**-A3
Carta stradale Michelin 562-F14

a Dossobuono Nord-Est : 7 km ⊠ 37062

⬤ Cavour 🏠 🆎 ⇔ 🅿

CUCINA REGIONALE · AMBIENTE CLASSICO XX E' una splendida testimonianza della tradizione gastronomica veneta, fatta di ricette tradizionali, ospitalità familiare e carrelli vecchio stile, da quello dei bolliti e arrosti a quello dei dolci. Si entra con appetito, si esce straordinariamente appagati.

Carta 39/65 €

via Cavour 40 – ℰ 045 513038 – www.ristorantecavourverona.it
– Chiuso 1°-7 gennaio, 12-18 agosto, domenica, anche sabato in giugno-luglio-agosto

🏠 Veronesi La Torre 🕯 ⤷ 🖾 🕸 🍸 ⅃ᴂ 🖃 ⅃ 🆎 🎰 🚴 🚗

BUSINESS · MODERNO E' un monastero la cui parte più antica risale al XIV secolo ad ospitare questo elegante albergo, i cui moderni interni si armonizzano deliziosamente con i muri storici: il risultato è uno spazio confortevole e di grande charme. Navetta gratuita per l'aeroporto.

84 cam ⚅ – ♦127/1000 € ♦♦127/1000 € – 6 suites
via Monte Baldo 22 – ℰ 045 860 4811 – www.hotelveronesilatorre.it

VILLAMARINA Forlì-Cesena ➜ Vedere Cesenatico

VILLANDRO VILLANDERS

Bolzano – ⊠ 39040 – 1 854 ab. – Alt. 880 m – Carta regionale n° **19**-C2
Carta stradale Michelin 562-C16

⬤ Ansitz Zum Steinbock ⇔ ⩽ 🏠 🅿

CUCINA REGIONALE · ROMANTICO XX Quasi un castello che troneggia in questo delizioso villaggio di montagna: incantevole è pure l'atmosfera al suo interno, tra le fiabesche stube e le romantiche camere. Ottima ed estrosa, la cucina riesce sempre a sorprendere.

Menu 40/56 € – Carta 47/72 €
19 cam ⚅ – ♦80/98 € ♦♦116/152 € – 1 suite
Vicolo F.V. Defregger 14
– ℰ 0472 843111 – www.zumsteinbock.com
– Chiuso 7 gennaio-7 febbraio, 12-20 novembre e lunedì

VILLA ROSA Teramo ➜ Vedere Martinsicuro

VILLA SAN GIOVANNI

Reggio di Calabria – ⊠ 89018 – 13 784 ab. – Alt. 15 m – Carta regionale n° **3**-A3
Carta stradale Michelin 564-M28

⬤ Vecchio Porto 🏠 🆎

PESCE E FRUTTI DI MARE · AMBIENTE CLASSICO XX Sul lungomare della località, questo locale moderno con cucina a vista apre le proprie porte per invitarvi a gustare del pesce freschissimo e ricette che esaltano le materie prime del territorio.

🍴 Menu 25 € (pranzo in settimana)/40 € – Carta 28/84 €
lungomare Cenide 55 – ℰ 0965 700502 – www.ristorantevecchioporto.com
– Chiuso 10-30 gennaio e mercoledì

a Santa Trada di Cannitello Nord-Est : 5 km ⊠ 89018 – Villa San Giovanni

🏠 Altafiumara Resort & Spa 🕯 🐬 ⩽ ⤷ ⅃ 🕸 🍸 ⅃ᴂ ⅃ 🆎 🚴 🅿

LUSSO · MEDITERRANEO Grande proprietà, a picco sul mare, in cui domina la fortezza borbonica di fine Settecento all'interno della quale sono state ricavate le camere. Esclusivo centro benessere.

128 cam ⚅ – ♦110/130 € ♦♦130/160 € – 41 suites
via Petrello – ℰ 0965 759804 – www.altafiumarahotel.it – Aperto 15 maggio-1°ottobre

VILLASIMIUS Sardegna

Cagliari - ✉ 09049 - 3 663 ab. – Alt. 41 m – Carta regionale n° **16**-B3
Carta stradale Michelin 366-S49

○ Le Grill ⇦ 🖨 🖽 🏠

PESCE E FRUTTI DI MARE · STILE MEDITERRANEO ✕✕ Sarà davvero molto piacevole aspettare il tramonto seduti nel dehors a bordo piscina del Grill, e non fatevi
ingannare dal fatto che sia il ristorante di un albergo: al Su Sergenti (per altro un
grazioso boutique hotel!) servizio e cucina a base di pesce saranno all'altezza
della vostra scelta.

Carta 42/161 €

34 cam ☲ – ♦60/150 € ♦♦90/290 €

via Matteotti 15 ✉ 09049 Villasimius – ✆ 070 792001 (consigliata la prenotazione)
– www.hotelsusergenti.com – solo a cena – Aperto 1° maggio-31 ottobre

⌂⌂⌂ Simius Playa ☆ ⇦ 🖽 ⚒ ✕ 🔦 & 🆔 P

LUSSO · MEDITERRANEO Cinta da un fresco giardino di fiori, al termine di una
strada che conduce al mare, la nivea costruzione conserva nei suoi ambienti
un'atmosfera che concilia gusto sardo e moresco. La carta propone piatti elaborati e fantasiosi, fuori dal solito cliché alberghiero. D'estate si cena in terrazza.

43 cam ☲ – ♦150/450 € ♦♦210/650 € – 4 suites

via Matteotti 91 – ✆ 070 79311 – www.simiusplaya.com – Aperto 18 aprile-27 ottobre

VILPIANO VILPIAN Bolzano → Vedere Terlano

VIOLE Perugia → Vedere Assisi

VIPITENO STERZING

Bolzano - ✉ 39049 - 6 849 ab. – Alt. 948 m – Carta regionale n° **19**-B1
Carta stradale Michelin 562-B16

○ Kleine Flamme 🖽

CUCINA CREATIVA · FAMILIARE ✕✕ Bei palazzi borghesi caratterizzati dagli erker
– finestre poligonali – ornati di fiori: questo è il biglietto da visita del centro storico di Vipiteno che ospita Kleine Flamme, ideale connubio tra Oriente ed Occidente, piatti mediterranei e creativi insaporiti da spezie ed erbe aromatiche. Coltivate in loco!

Menu 54/120 € – Carta 70/95 €

via Cittanuova 31 – ✆ 0472 766065 (prenotazione obbligatoria)
– www.kleineflamme.com – Chiuso domenica sera e lunedì

a Prati-Val di Vizze

⌂⌂ Rose

TRADIZIONALE · CLASSICO E' un ex della "valanga azzurra", il titolare di questo
simpatico hotel dove - oltre all'ospitalità familiare e premurosa - troverete tante
proposte per lo sport o il relax. Ottima la nuovissima e completa area benessere.

23 cam ☲ – ♦70/130 € ♦♦140/250 € – 7 suites

via Val di Vizze 119, località Prati, Est: 3 km ✉ 39049 Vizze – ✆ 0472 764300
– www.hotelrose.it – Aperto fine novembre-Pasqua e fine maggio-31 ottobre

⌂ Kranebitt ☆ ⑂ ⇦ 🖽 🏠 & 🏠

TRADIZIONALE · STILE MONTANO Tranquillità, natura incontaminata, splendida
vista dei monti e della vallata: godrete di tutto ciò soggiornando nell'ambiente
familiare di questa comoda risorsa. Accogliente e calda atmosfera al ristorante.

28 cam – solo ½ P 60/90 €

località Caminata alt. 1441, Est: 16 km ✉ 39049 Vizze – ✆ 0472 646019
– www.kranebitt.com – Aperto 1°-6 gennaio, 8 febbraio-10 marzo
e 1° giugno-15 ottobre

VISERBA Rimini → Vedere Rimini

VISERBELLA Rimini → Vedere Rimini

VITERBO

(VT) – ⊠ 01100 – 67 173 ab. – Alt. 326 m – Carta regionale n° **7**-B1
Carta stradale Michelin 563-O18

⍟ **Danilo Ciavattini** ⊙   &. 𝔸ℂ

CUCINA CREATIVA · MINIMALISTA ⅩⅩ E' un ritorno a casa per il giovane cuoco Ciavattini, che dopo esperienze in giro per l'Italia apre finalmente il suo ristorante nel cuore di Viterbo. Due sale semplici e sobrie, tutta l'attenzione è per i piatti, dove protagonisti sono i prodotti della Tuscia, essenzialmente di terra, dall'olio all'agnello, dalle patate ai funghi, sapori intensi di memorie antiche.

→ La patata interrata. Ravioli di fegatini di pollo. Maialino in tempura, gelato di acciuga, pomodoro confit.

Carta 32/58 €

via delle Fabbriche 20-22 – 𝒞 0761 333767 – www.danilociavattini.com – Chiuso domenica sera, lunedì a mezzogiorno e mercoledì

⑂O **Il Grottino**   𝔸ℂ ⌘

CUCINA DEL TERRITORIO · CONTESTO TRADIZIONALE Ⅹ L'elegante calligrafia della carta promette un bel tuffo in sapori locali o più creativi, ma non solo. Il Grottino è - senza dubbio - l'indirizzo giusto per una simpatica cenetta.

Menu 30 € – Carta 37/50 €

via della Cava 7 – 𝒞 0761 290088 (prenotare) – Chiuso domenica sera e lunedì

🏨 **Niccolò V-Terme dei Papi**   🍽 🐾 🛏 ⌁ ♨ ⚘ ♨ ⊡ 𝔸ℂ ⌘ ♨ 🅿

TRADIZIONALE · ELEGANTE All'interno delle terme, hotel dagli arredi classico-eleganti: i servizi proposti contemplano una moderna spa, nonché una piscina con acqua sorgiva calda. Le sue camere sono assolutamente all'altezza della categoria.

20 cam ⊡ – ♦145/205 € ♦♦210/350 € – 3 suites

strada Bagni 12, per Roma 3 km – 𝒞 0761 350555 – www.termedeipapi.it

🏨 **Alla Corte Delle Terme**   🍽 🐾 🛏 ⌁ 𝔸ℂ ⌘ 🅿

CASA DI CAMPAGNA · ELEGANTE Un curato giardino con ulivi abbraccia questo esclusivo relais dalle ampie camere in stili differenti; servizio attento anche al ristorante e navetta gratuita per le terme (a pochi minuti di distanza).

20 cam ⊡ – ♦75/210 € ♦♦90/250 € – 17 suites

strada Procoio 6, per Roma 5 km – 𝒞 0761 176 2879 – www.allacortedelleterme.it

VITICCIO Livorno → Vedere Elba (Isola d') : Portoferraio

VITORCHIANO

Viterbo – ⊠ 01030 – 5 233 ab. – Alt. 285 m – Carta regionale n° **7**-B1
Carta stradale Michelin 563-O18

⍟ **Casa Iozzìa**   🛏 🏠 𝔸ℂ 🅿

CUCINA MODERNA · ELEGANTE ⅩⅩ In un casolare ristrutturato, pochi tavoli e un grande camino celebrano i ricordi siciliani del cuoco. E' una cucina di memoria isolana che ritroverete in diversi prodotti e ricette, ma che si permette anche divagazioni più creative, l'una e le altre comunque di grande livello e raffinatezza. Nel piano sottostante, l'osteria Basilicò propone un ideale matrimonio fra tradizione viterbese e sapori siciliani, con diversi secondi alla brace.

→ Un baccalà si è perso nel bosco. Le sarde nella pasta. Un salto nella campagna siciliana.

Menu 60/100 € – Carta 63/85 €

via della Quercia 15/b – 𝒞 0761 373441 (consigliata la prenotazione) – www.casaiozzia.it – solo a cena escluso domenica – Chiuso 7-31 gennaio, lunedì e martedì

VITTORIA Sicilia

Ragusa – ⊠ 97019 – 63 339 ab. – Alt. 168 m – Carta regionale n° **17**-C3
Carta stradale Michelin 365-AW62

a Scoglitti Sud-Ovest : 13 km ⊠ 97010

 Al Gabbiano   ☆ ⪕ ⟨ ⌂ ⬚ ⟩ AC 🅿

TRADIZIONALE • CLASSICO Direttamente sulla spiaggia con un proprio stabilimento balneare (La Capannina) bar e pizzeria serale, questa piccola struttura a
gestione familiare dispone di camere completamente ristrutturate con terrazza
sul mare e tv smart. Vista la posizione, al ristorante è il pesce a farla da padrone!
29 cam ⌂ – ♦75/90 € ♦♦110/150 €

via Messina 52 – ✆ 0932 980179 – www.hotelsulmare.it – Chiuso 23 dicembre-3 gennaio

VITTORIO VENETO

Treviso – ⊠ 31029 – 28 232 ab. – Alt. 138 m – Carta regionale n° **23**-C2
Carta stradale Michelin 562-E18

 Agriturismo Alice-Relais nelle Vigne   ⪜ ⪕ ⟨ ⬚ AC ⟩ 🅿

CASA DI CAMPAGNA • PERSONALIZZATO A 1,5 km dall'uscita autostradale sud,
ma immersa in un paesaggio da cartolina tra colline, vigneti e campanili, una
risorsa dotata di ottime camere: tutte diverse tra loro si contraddistinguono
l'una dall'altra grazie ai nomi dei personaggi del romanzo di Lewis Carroll.
8 cam ⌂ – ♦130/160 € ♦♦160/200 €

via Gaetano Giardino 94, località Carpesica – ✆ 0438 561173
– www.alice-relais.com – Chiuso 14 dicembre-4 febbraio

 Il símbolo ⪜ sottolinea la tranquillità di un albergo.

VIVERONE

Biella – ⊠ 13886 – 1 418 ab. – Alt. 287 m – Carta regionale n° **12**-C2
Carta stradale Michelin 561-F6

 Marina   ☆ ⪜ ⪕ ⟨ ⟲ ⟨ ⌂ ⬚ AC ⟩ 🅿

FAMILIARE • ACCOGLIENTE Incantevole posizione sul lago per un hotel a conduzione diretta che riserva al cliente un'attenzione a 360°; camere accessoriate, curati
giardini e ristorante dalle stuzzicanti preparazioni regionali. Non manca il pesce di lago.
60 cam ⌂ – ♦85/115 € ♦♦120/185 €

frazione Comuna 10 – ✆ 0161 987577 – www.hotelmarinaviverone.it
– Aperto 15 marzo-30 ottobre

VIZZINI

Catania (CT) – ⊠ 95049 – 6 241 ab. – Alt. 586 m – Carta regionale n° **17**-D2
Carta stradale Michelin 365-AX61

a Vizzini Scalo Nord-Ovest : 4 km

 Castello Camemi   ☆ ⪜ ⟨ ⟲ AC 🅿

CASA DI CAMPAGNA • STORICO Spettacolare dimora costruita nel Settecento da
una famiglia di origine ligure, all'interno troverete un'affascinante corte e raffinate
camere, sobrie nei colori sabbia, qualche arredo d'epoca e splendidi lavabi in pietra.
14 cam ⌂ – ♦140/280 € ♦♦140/280 €

contrada Camemi – ✆ 0933 010999 – www.castellocamemi.com

VODO CADORE

Belluno – ⊠ 32040 – 853 ab. – Alt. 901 m – Carta regionale n° **23**-C1
Carta stradale Michelin 562-C18

✿ Al Capriolo   P

CUCINA REGIONALE · VINTAGE XXX Elegante casa d'atmosfera mitteleuropea con una storia di oltre 200 anni narrata da trofei di caccia, orologi ed affreschi, gestita da sempre dalla stessa famiglia: creatività e specialità del territorio in cucina. Fratello minore è il Capriolino, osteria con pochi piatti tradizionali ad un prezzo interessante.

→ Spaghettino alla rapa rossa, foglie di senape, capperi disidratati e birra bianca. Gran piatto di cacciagione. Strudel di mele e pere, bavarese alla vaniglia e sorbetto al pepe.

Menu 60/90 € – Carta 57/109 €

via Nazionale 108 – ℰ 0435 489207 – www.alcapriolo.it – Chiuso 15 marzo-30 giugno, novembre, mercoledì a mezzogiorno e martedì in gennaio-aprile

VÖLS AM SCHLERN → Vedere Fiè allo Sciliar

VOLASTRA La Spezia → Vedere Manarola

VOLPAIA Siena (SI) → Vedere Radda in Chianti

VOLTERRA

Pisa – ✉ 56048 – 10 519 ab. – Alt. 531 m – Carta regionale n° **18**-B2
Carta stradale Michelin 563-L14

⅄○ Enoteca Del Duca   🕸 ㎡ 㐅

CUCINA CLASSICA · CONTESTO STORICO XX Vicino alla piazza principale e al Castello, il locale ospita una piccola enoteca per la degustazione dei vini ed una sala più elegante dove gustare piatti toscani. Per chi ama gli spazi aperti, anche un caratteristico dehors.

Menu 45/65 € – Carta 34/74 €

via di Castello 2, angolo via Dei Marchesi – ℰ 0588 81510
– www.enoteca-delduca-ristorante.it – Chiuso 7 gennaio-metà marzo e martedì

🏠 Park Hotel Le Fonti   ✿ 🕸 ≤ 🛋 🦢 🕉 🖬 㐅 ㎰ 🎴 P

TRADIZIONALE · CLASSICO Su una collina, poco distante dal centro storico, una grande struttura in stile toscano con salotti arredati con gusto ed ampie camere, sala meeting e lettura. Se la cucina s'ispira alla tradizione toscana, una bella carta dei vini diventa la sua inseparabile dama di compagnia.

64 cam ☎ – ♦60/189 € ♦♦70/209 €

via di Fontecorrenti 2 – ℰ 0588 85219 – www.parkhotellefonti.com – Chiuso 1° gennaio-28 febbraio

🏠 La Locanda   🎴 㐅 🖬

TRADIZIONALE · CENTRALE Piccolo albergo del centro storico, ricavato dal restauro di un monastero, vanta camere spaziose e raffinate, nonché piccoli spazi comuni piacevolmente arredati.

17 cam ☎ – ♦70/85 € ♦♦75/98 € – 1 suite

via Guarnacci 24/28 – ℰ 0588 81547 – www.hotel-lalocanda.com

🏠 Villa Rioddi   🕸 ≤ 🛋 㐅 🖬 🧺 P

FAMILIARE · FUNZIONALE Una villa toscana medievale con pietre a vista offre raccolte e caratteristiche sale per il relax, camere confortevoli con arredi in legno e vista sulla val di Cecina.

13 cam ☎ – ♦70/92 € ♦♦75/105 €

località Rioddi, 2 km per Cecina – ℰ 0588 88053 – www.hotelvillarioddi.it
– Aperto 30 marzo-3 novembre

🏠 Agriturismo Marcampo   🕸 ≤ 🛋 㐅 🖬 🧺 P

CASA DI CAMPAGNA · TRADIZIONALE In posizione panoramica e tranquilla, un agriturismo con annessa cantina di vinificazione e maturazione; solo sei camere, di cui tre classiche e tre con angolo cottura, per offrire ai propri ospiti il meglio dell'ospitalità.

6 cam ☎ – ♦72/105 € ♦♦80/118 €

località San Cipriano, podere Marcampo, Nord: 5 km – ℰ 0588 85393
– www.agriturismo-marcampo.com

VOLTIDO

Cremona – ⊠ 26030 – 374 ab. – Alt. 35 m – Carta regionale n° **9**-C3
Carta stradale Michelin 561-G13

a Recorfano Sud : 1 km ⊠ 26034 – Voltido

ⓐ Antica Trattoria Gianna   AC

CUCINA REGIONALE · TRATTORIA X Gloriosa trattoria familiare, a pranzo troverete
piatti semplici ed economici, la sera un menu degustazione per mangiare in abbondanza
non solo ricette della bassa padana. Specialità: risotto Carnaroli con funghi porcini freschi, fiori di zucca e pistilli di zafferano - soufflé alle erbette amare e crema di ricotta.

   Menu 15 € (pranzo in settimana)/35 €

*via Maggiore 12 – ℰ 0375 98351 – www.anticatrattoriagianna.it – Chiuso lunedì
sera e martedì*

VOLTRI Genova → Vedere Genova

VOZE Savona → Vedere Noli

VULCANO Sicilia Messina → Vedere Eolie (Isole)

WELSBERG → Vedere Monguelfo

WELSCHNOFEN → Vedere Nova Levante

WOLKENSTEIN IN GRÖDEN → Vedere Selva di Val Gardena

ZADINA PINETA Forlì-Cesena → Vedere Cesenatico

ZAFFERANA ETNEA Sicilia

Catania – ⊠ 95019 – 9 517 ab. – Alt. 574 m – Carta regionale n° **17**-D2
Carta stradale Michelin 365-AZ57

ⅩO Sabir Gourmanderie   � 🏠 AC

CUCINA CREATIVA · ELEGANTE XXX Cucina colorata e mediterranea, a tratti creativa, sebbene sempre su base locale, in un bel ristorante che mutua il proprio nome da
un antico idioma in uso nei porti del Mediterraneo: una sorta di esperanto dei commer-
cianti marittimi. In estate, optate per il fresco e romantico servizio nel parco.

Menu 50/75 € – Carta 42/77 €

*via delle Ginestre 1 – ℰ 095 708 2335 (prenotazione obbligatoria a mezzogiorno)
– www.sabirgourmanderie.com – Chiuso martedì*

ⅩO Locanda Nerello   ≼ 🚒 🏠 ⅀ AC P

CUCINA CREATIVA · ROMANTICO XX In un suggestivo contesto naturalistico, il
ristorante occupa quattro sale con soffitti a volta affrescati di una gloriosa villa
siciliana. Terrazza con vista mozzafiato su colline digradanti sino al mare, ma
soprattutto una delle cucine più interessanti della zona, sorretta dai prodotti agricoli dell'agriturismo Monaci delle Terre Nere e dall'estro creativo del cuoco.

Carta 59/71 €

*Hotel Monaci delle Terre Nere, via Monaci snc – ℰ 095 708 3638 (consigliata la
prenotazione) – www.locandanerello.it*

🏡 Airone Wellness Hotel   🍴 ≼ 🚒 ⅀ 🏠 🛁 ⬚ 🕭 AC 🛋 P

TRADIZIONALE · CLASSICO Metà delle camere (con supplemento) si affacciano
su uno spettacolare panorama che abbraccia la costa sino a Taormina in questo
raffinato hotel dal sapore rustico che va migliorandosi di anno in anno. Situato
nella parte alta e panoramica della località, tutt'intorno un parco di alberi secolari
e, al ristorante, i must della cucina tipica siciliana.

62 cam ⅏ – †65/85 € ††100/160 €

via Cassone 67, Ovest: 2 km – ℰ 095 708 1819 – www.aironewellnesshotel.com

🏠 Monaci delle Terre Nere $\text{🛏} \leqslant \text{🛋} \, \Xi \, \overline{\text{AC}} \, \textbf{P}$

DIMORA STORICA · PERSONALIZZATO Spettacolare dimora aristocratica di fine Ottocento immersa in un anfiteatro collinare di terrazzamenti con vista mare: tutta la struttura è uno straordinario invito alla scoperta dell'isola, a cominciare dalla vegetazione, quasi un orto botanico, al fascino delle camere sparpagliate nell'immensa proprietà.

22 cam ☑ – 🛏150/300 € 🛏🛏180/350 €.

via Monaci snc – ☏ 095 708 3638 – www.monacidelleterrenere.it

🍴○ **Locanda Nerello** – Vedere selezione ristoranti

ZAMBRONE

Vibo Valentia (VV) – ✉ 89868 – 1 775 ab. – Alt. 222 m – Carta regionale n° **3**-A2
Carta stradale Michelin 564-K29

🏠 Scoglio del Leone $\text{🌳} \leqslant \text{🛋} \, \Xi \, \textit{🛁} \, \text{🔑} \, \boxminus \, \overline{\text{AC}} \, \text{🌊} \, \text{🏊} \, \textbf{P}$

RESORT · MEDITERRANEO Un'accogliente struttura in cui predomina il blu: un richiamo al mare che ben si sposa con l'ambiente circostante. Ubicato a qualche centinaia di metri dalla spiaggia, un servizio navetta accompagna gli ospiti fino all'arenile; a parte una decina di camere lato monte, tutte le altre godono di una bella vista sul Tirreno.

70 cam ☑ – 🛏80/260 € 🛏🛏180/300 €

via Marina di Zambrone – ☏ 0963 394877 – www.scogliodelleone.it – Aperto 1° maggio-15 ottobre

ZELARINO Venezia → Vedere Mestre

ZERO BRANCO

Treviso – ✉ 31059 – 11 261 ab. – Alt. 18 m – Carta regionale n° **23**-C2
Carta stradale Michelin 562-F18

🍴○ Ca' Busatti $\text{🛋} \, \text{🏠} \, \text{🔥} \, \overline{\text{AC}} \, \text{↔} \, \textbf{P}$

CUCINA MODERNA · ELEGANTE XxX Un piccolo angolo di signorilità cinto dal verde: un'elegante casa di campagna con una saletta interna e un dehors coperto, chiuso da vetrate. La cucina? Di terra e di mare, fantasiosa ed innovativa.

Menu 30 € – Carta 39/98 €

via Gallese 26, Nord-Ovest: 3 km – ☏ 0422 97629 – www.cabusatti.com – Chiuso 2 settimane in gennaio, 2 settimana in agosto, domenica sera e lunedì

ZOLA PREDOSA

Bologna – ✉ 40069 – 18 770 ab. – Alt. 74 m – Carta regionale n° **5**-C3
Carta stradale Michelin 562-I15

🏠 Admiral Park Hotel $\text{🌳} \, \text{🛏} \, \text{🛋} \, \Xi \, \text{🚣} \, \textit{🛁} \, \boxminus \, \text{🔥} \, \overline{\text{AC}} \, \text{🏊} \, \textbf{P}$

BUSINESS · PERSONALIZZATO Situato in posizione facilmente raggiungibile da tutte le principali arterie di comunicazione e circondato dal verde, l'hotel è composto da camere di varie tipologie, tutte caratterizzate da design innovativo e moderno che rendono l'ambiente accogliente ed ospitale. Arricchisce l'offerta il ristorante Il Tulipano con una carta sempre diversa e rivolta all'utilizzo di prodotti di stagione, che sposa piatti tradizionali e tipici della zona a proposte originali e creative.

118 cam ☑ – 🛏55/450 € 🛏🛏65/700 € – 2 suites

via Fontanella 3, Sud: 4 km – ☏ 051 755768 – www.admiralparkhotel.com

ZORZINO Bergamo → Vedere Riva di Solto

SAN MARINO

SAN MARINO

San Marino (SMR) – ✉ 47890 – 4 119 ab. – Alt. 675 m – Carta regionale n° **5**-D2

✿ **Righi** (Luigi Sartini)   AC ✕

CUCINA CREATIVA · ELEGANTE ✗✗✗ Splendida collocazione in piazza della Libertà, cuore del centro storico di San Marino, uno dei belvedere più mozzafiato d'Italia, per una cucina gustosa e creativa, che non cede alla tentazione d'inutili artifici o provocazioni.

→ Lasagnetta con ragù al coltello e fonduta di pecorino. Degustazione di manzo. Fragole con gelato ai germogli di piselli e aceto balsamico di Modena.

Menu 75 € – Carta 46/88 €

piazza della Libertà 10 – ℰ 0549 991196 (consigliata la prenotazione)
– www.ristoranterighi.com – Chiuso 1 settimana in novembre, 3 settimane in gennaio o febbraio. Chiuso domenica sera e lunedì in inverno, anche domenica a pranzo in estate.

⌂ **Grand Hotel San Marino**   ✿ ← ⌂ 🛁 ☰ AC ⚒ 🚗

TRADIZIONALE · CLASSICO Un grande "classico" dell'hotellerie locale: ideale per un soggiorno dedicato al benessere e al relax, alla salute ci pensano un medico ed un erborista. Omaggia un'antica istituzione il ristorante, cinto da vetrate che lo illuminano di luce naturale.

61 cam ☲ – ♦58/118 € ♦♦82/219 €

viale Antonio Onofri 31 – ℰ 0549 992400 – www.grandhotel.sm

⌂ **Titano & Titano Suites**   ✿ ☰ AC

TRADIZIONALE · ACCOGLIENTE La location privilegiata, all'interno delle mura del centro storico, lo rende una delle strutture più intriganti e competitive della città. Alcune camere con splendido affaccio sui colli, la sua versatilità in termini di confort e le moderne installazioni fanno di lui l'indirizzo ideale per una fuga romantica, ma anche per un incontro di lavoro. Il ristorante La Terrazza con il suo suggestivo affaccio sulla vallata, la ciliegina sulla torta!

39 cam ☲ – ♦57/113 € ♦♦79/219 € – 3 suites

contrada del Collegio 21/31 – ℰ 0549 991007 – www.hoteltitano.com
– Chiuso 23-28 dicembre

Indice tematico

Thematic index

ESERCIZI CON STELLE

STARRED RESTAURANTS

✣

N Nuova distinzione
N *Newly awarded distinction*

ABRUZZO

Castel di Sangro	Reale ✣✣✣
Civitella Casanova	La Bandiera ✣
Guardiagrele	Villa Maiella ✣
L'Aquila	Magione Papale ✣
Pescara	Café Les Paillotes ✣
Roseto degli Abruzzi / Montepagano	D.One Restaurant Diffuso ✣
San Salvo / San Salvo Marina	Al Metrò ✣

BASILICATA

Matera	Vitantonio Lombardo ✣ **N**

CALABRIA

Catanzaro	Abbruzzino ✣
Isola di Capo Rizzuto	Pietramare Natural Food ✣
Marina di Gioiosa Ionica	Gambero Rosso ✣
Santa Cristina d'Aspromonte	Qafiz ✣ **N**
Strongoli	Dattilo ✣

CAMPANIA

Amalfi	La Caravella dal 1959 ✣
Bacoli	Caracol ✣ **N**
Brusciano	Taverna Estia ✣✣
Caggiano	Locanda Severino ✣ **N**
Capri (Isola di) / Anacapri	L'Olivo ✣✣
Capri (Isola di) / Anacapri	Il Riccio ✣
Capri (Isola di) / Capri	Mammà ✣
Caserta	Le Colonne ✣
Castellammare di Stabia	Piazzetta Milù ✣
Conca dei Marini	Il Refettorio ✣
Eboli	Il Papavero ✣
Ischia (Isola d') / Casamicciola Terme	Il Mosaico ✣
Ischia (Isola d') / Ischia	Danì Maison ✣✣
Ischia (Isola d') / Lacco Ameno	Indaco ✣
Maiori	Il Faro di Capo d'Orso ✣

Massa Lubrense / Nerano	Quattro Passi ✿✿
Massa Lubrense / Nerano	Taverna del Capitano ✿
Massa Lubrense / Termini	Relais Blu ✿
Mercato San Severino	Casa del Nonno 13 ✿
Napoli	Il Comandante ✿
Napoli	Palazzo Petrucci ✿
Napoli	Veritas ✿
Paestum	Le Trabe ✿
Paestum / Capaccio	Osteria Arbustico ✿ **N**
Pompei	President ✿
Positano	La Serra ✿
Positano	La Sponda ✿
Positano	Zass ✿
Quarto	Sud ✿
Ravello	Rossellinis ✿
Salerno	Re Maurì ✿
Sant' Agata sui Due Golfi	Don Alfonso 1890 ✿✿
Sant' Agnello	Don Geppi ✿
Sorbo Serpico	Marennà ✿
Sorrento	Il Buco ✿
Sorrento	Terrazza Bosquet ✿
Telese Terme	Krèsios ✿
Telese Terme	La Locanda del Borgo ✿
Vairano Patenora	Vairo del Volturno ✿
Vallesaccarda	Oasis-Sapori Antichi ✿
Vico Equense	Antica Osteria Nonna Rosa ✿
Vico Equense	Maxi ✿
Vico Equense / Marina Equa	Torre del Saracino ✿✿

EMILIA-ROMAGNA

Bologna	I Portici ✿
Borgonovo Val Tidone	La Palta ✿
Carpaneto Piacentino	Nido del Picchio ✿
Cesenatico	La Buca ✿
Cesenatico	Magnolia ✿✿
Codigoro	La Capanna di Eraclio ✿
Codigoro	La Zanzara ✿
Imola	San Domenico ✿✿
Modena	L'Erba del Re ✿
Modena	Osteria Francescana ✿✿✿
Modena	Strada Facendo ✿
Parma	Inkiostro ✿
Parma	Parizzi ✿
Pennabilli	Il Piastrino ✿
Polesine Parmense	Antica Corte Pallavicina ✿
Quattro Castella / Rubbianino	Ca' Matilde ✿
Rimini	Abocar Due Cucine ✿ **N**
Rimini / Miramare	Guido ✿
Rubiera	Arnaldo-Clinica Gastronomica ✿
Sasso Marconi	Marconi ✿
Savigno	Trattoria da Amerigo ✿
Soragna	Locanda Stella d'Oro ✿

FRIULI-VENEZIA GIULIA

Colloredo di Monte Albano	La Taverna ✿
Cormons	Trattoria Al Cacciatore-della Subida ✿
Dolegna del Collio / Vencò	L'Argine a Vencò ✿
Rivignano	Al Ferarùt ✿
Ruda	Osteria Altran ✿
San Quirino	La Primula ✿
Trieste	Harry's Piccolo ✿ **N**
Udine / Godia	Agli Amici ✿✿

LAZIO

Acquapendente / Trevinano	La Parolina ✿
Acuto	Colline Ciociare ✿
Fiumicino	Il Tino ✿
Fiumicino	Pascucci al Porticciolo ✿
Genazzano	Aminta Resort ✿
Labico	Antonello Colonna Labico ✿
Latina / Lido di Latina	Il Vistamare ✿
Ponza (Isola di) / Ponza	Acqua Pazza ✿
Rivodutri	La Trota ✿✿
Roma	All'Oro ✿
Roma	Acquolina ✿
Roma	Aroma ✿
Roma	Assaje ✿
Roma	Bistrot 64 ✿
Roma	Il Convivio-Troiani ✿
Roma	Enoteca al Parlamento Achilli ✿
Roma	Enoteca la Torre ✿
Roma	Glass Hostaria ✿
Roma	Imàgo ✿
Roma	Marco Martini Restaurant ✿
Roma	Metamorfosi ✿
Roma	Moma ✿ **N**
Roma	Il Pagliaccio ✿✿
Roma	Per Me Giulio Terrinoni ✿
Roma	La Pergola ✿✿✿
Roma	Pipero ✿
Roma	La Terrazza ✿
Roma	Tordomatto ✿
Viterbo	Danilo Ciavattini ✿ **N**
Vitorchiano	Casa Iozzìa ✿ **N**

LIGURIA

Ameglia	Mauro Ricciardi alla Locanda dell'Angelo ✿
Bergeggi	Claudio ✿
Genova	The Cook ✿ **N**
Imperia / Porto Maurizio	Sarri ✿
Noli	Il Vescovado ✿
San Remo	Paolo e Barbara ✿

LOMBARDIA

Albavilla	Il Cantuccio ✿
Almè	Frosio ✿

Bellagio	Mistral ✿
Bergamo	Casual ✿
Brusaporto	Da Vittorio ✿✿✿
Calvisano	Al Gambero ✿
Campione d'Italia	Da Candida ✿
Canneto Sull' Oglio / Runate	Dal Pescatore ✿✿✿
Cavernago	Il Saraceno ✿
Cernobbio	Materia ✿ **N**
Certosa di Pavia	Locanda Vecchia Pavia «Al Mulino» ✿
Chiuduno	A'anteprima ✿
Como	I Tigli in Theoria ✿
Concesio	Miramonti l'Altro ✿✿
Cornaredo / San Pietro all'Olmo	D'O ✿
Corte Franca / Borgonato	Due Colombe ✿
Desenzano del Garda	Esplanade ✿
Erbusco	Da Nadia ✿
Fagnano Olona	Acquerello ✿
Gardone Riviera / Fasano	Lido 84 ✿
Gargnano	La Tortuga ✿
Gargnano	Villa Feltrinelli ✿✿
Gargnano	Villa Giulia ✿
Laveno-Mombello	La Tavola ✿
Lecco	Al Porticciolo 84 ✿
Madesimo	Il Cantinone e Sport Hotel Alpina ✿
Manerba del Garda	Capriccio ✿
Mantello	La Présef ✿
Milano	Alice-Eataly Smeraldo ✿
Milano	Berton ✿
Milano	Contraste ✿
Milano	Cracco ✿
Milano	Enrico Bartolini al Mudec ✿✿
Milano	Felix Lo Basso ✿
Milano	Innocenti Evasioni ✿
Milano	Iyo ✿
Milano	Joia ✿
Milano	Lume by Luigi Taglienti ✿
Milano	Il Luogo di Aimo e Nadia ✿✿
Milano	Sadler ✿
Milano	Seta by Antonio Guida ✿✿
Milano	Tano Passami l'Olio ✿
Milano	Tokuyoshi ✿
Milano	Il Ristorante Trussardi alla Scala ✿
Milano	Vun Andrea Aprea ✿✿
Olgiate Olona	Ma.Ri.Na. ✿
Orzinuovi	Sedicesimo Secolo ✿ **N**
Pellio Intelvi	La Locanda del Notaio ✿
Pralboino	Leon d'Oro ✿
Quistello	Ambasciata ✿
San Paolo d'Argon	Florian Maison ✿
Seregno	Pomiroeu ✿
Sirmione	La Rucola 2.0 ✿
Torno	Berton al Lago ✿
Trescore Balneario	LoRo ✿
Treviglio	San Martino ✿
Viganò	Pierino Penati ✿

Vigevano	I Castagni ✿
Villa d'Almè	Osteria della Brughiera ✿
Villa di Chiavenna	Lanterna Verde ✿

MARCHE

Loreto	Andreina ✿
Pesaro	Nostrano ✿
Senigallia	Uliassi ✿✿✿ **N**
Senigallia / Marzocca	Madonnina del Pescatore ✿✿

PIEMONTE

Acqui Terme	I Caffi ✿
Alba	Larossa ✿
Alba	Locanda del Pilone ✿
Alba	Piazza Duomo ✿✿✿
Alessandria	I Due Buoi ✿
Alessandria / Spinetta Marengo	La Fermata ✿
Benevello	Damiano Nigro ✿
Caluso	Gardenia ✿
Canale	All'Enoteca ✿
Canelli	San Marco ✿
Cervere	Antica Corona Reale ✿✿
Cherasco	Da Francesco ✿
Grinzane Cavour	Marc Lanteri Al Castello ✿
Guarene	La Madernassa ✿
Isola d'Asti	Il Cascinalenuovo ✿
La Morra	Massimo Camia ✿
La Morra / Annunziata	Osteria dell'Arborina ✿
Novara	Cannavacciuolo Cafè & Bistrot ✿ **N**
Novara	Tantris ✿
Orta San Giulio	Locanda di Orta ✿
Orta San Giulio	Villa Crespi ✿✿
Penango / Cioccaro	Locanda del Sant'Uffizio-Enrico Bartolini ✿ **N**
Pinerolo	Zappatori ✿
Pióbesi d'Alba	21.9 ✿
Pollone	Il Patio ✿
Priocca	Il Centro ✿
Rivoli	Combal.zero ✿
San Maurizio Canavese	La Credenza ✿
Santo Stefano Belbo	Il Ristorante di Guido da Costigliole ✿
Serralunga d'Alba	La Rei ✿
Serralunga d'Alba / Fontanafredda	Guido ✿
Soriso	Al Sorriso ✿✿
Tigliole	Ca' Vittoria ✿
Torino	Del Cambio ✿
Torino	Cannavacciuolo Bistrot ✿ **N**
Torino	Carignano ✿ **N**
Torino	Casa Vicina-Eataly Lingotto ✿
Torino	Magorabin ✿
Torino	Spazio7 ✿ **N**
Torino	Vintage 1997 ✿
Treiso	La Ciau del Tornavento ✿
Venaria Reale	Dolce Stil Novo alla Reggia ✿

Verbania / Fondotoce	Piccolo Lago ✿✿
Verbania / Pallanza	Il Portale ✿
Vercelli	Cinzia da Christian e Manuel ✿

PUGLIA

Andria	Umami ✿
Barletta	Bacco ✿
Carovigno	Già Sotto l'Arco ✿
Ceglie Messapica	Al Fornello-da Ricci ✿
Conversano	Pashà ✿
Lecce	Bros' ✿ **N**
Ostuni	Cielo ✿
Putignano	Angelo Sabatelli ✿
Savelletri	Due Camini ✿ **N**
Trani	Quintessenza ✿

SAN MARINO

San Marino	Righi ✿

SARDEGNA

Arzachena / Porto Cervo	ConFusion ✿ **N**
Cagliari	Dal Corsaro ✿
Siddi	S'Apposentu ✿

SICILIA

Bagheria	I Pupi ✿
Caltagirone	Coria ✿
Catania	Sapio ✿ **N**
Eolie / Salina	Signum ✿
Eolie / Vulcano Isola	Il Cappero ✿
Licata	La Madia ✿✿
Linguaglossa	Shalai ✿
Modica	Accursio ✿
Palermo / Mondello	Bye Bye Blues ✿
Ragusa	Duomo ✿✿
Ragusa	La Fenice ✿
Ragusa	Locanda Don Serafino ✿✿
Taormina	Principe Cerami ✿
Taormina	St. George by Heinz Beck ✿ **N**
Taormina / Lido di Spisone	La Capinera ✿
Terrasini	Il Bavaglino ✿

TOSCANA

Castelnuovo Berardenga	La Bottega del 30 ✿
Castelnuovo Berardenga	Poggio Rosso ✿
Castiglione della Pescaia / Badiola	La Trattoria Enrico Bartolini ✿
Castiglione d'Orcia / Rocca d'Orcia	Osteria Perillà ✿
Chiusdino	Meo Modo ✿
Chiusi	I Salotti ✿
Colle di Val d'Elsa	Arnolfo ✿✿
Cortona / San Martino	Il Falconiere ✿

Firenze	Borgo San Jacopo ✿
Firenze	La Bottega del Buon Caffè ✿
Firenze	Enoteca Pinchiorri ✿✿✿
Firenze	La Leggenda dei Frati ✿
Firenze	Ora D'Aria ✿
Firenze	Il Palagio ✿
Firenze	Winter Garden by Caino ✿
Forte dei Marmi	Bistrot ✿
Forte dei Marmi	Lorenzo ✿
Forte dei Marmi	Lux Lucis ✿
Forte dei Marmi	La Magnolia ✿
Gaiole in Chianti	Il Pievano ✿
Lamporecchio	Atman a Villa Rospigliosi ✿
Lucca	Giglio ✿ **N**
Lucca / Marlia	Butterfly ✿
Marina di Bibbona	La Pineta ✿
Massa Marittima / Ghirlanda	Bracali ✿✿
Montemerano	Caino ✿✿
Porto Ercole	Il Pellicano ✿
San Casciano dei Bagni / Fighine	Castello di Fighine ✿
San Casciano in Val di Pesa / Cerbaia	La Tenda Rossa ✿ **N**
San Gimignano	Cum Quibus ✿
San Gimignano / Lucignano	Ristorante al 43 ✿ **N**
Seggiano	Silene ✿
Tavarnelle Val di Pesa	La Torre ✿
Tavarnelle Val di Pesa / Badia a Passignano	Osteria di Passignano ✿
Viareggio	Il Piccolo Principe ✿✿
Viareggio	Romano ✿

TRENTINO-ALTO ADIGE

Alta Badia / San Cassiano	La Siriola ✿✿
Alta Badia / San Cassiano	St. Hubertus ✿✿✿
Alta Badia / Corvara in Badia	La Stüa de Michil ✿
Appiano sulla Strada del Vino / San Michele	Zur Rose ✿
Bolzano	In Viaggio, Claudio Melis ✿ **N**
Castelbello Ciardes	Kuppelrain ✿
Cavalese	El Molin ✿
Chiusa	Jasmin ✿✿
Collepietra	Astra ✿ **N**
Dobbiaco	Tilia ✿
Falzes / Molini	Schöneck ✿
Madonna di Campiglio	Dolomieu ✿
Madonna di Campiglio	Il Gallo Cedrone ✿
Madonna di Campiglio	Stube Hermitage ✿ **N**
Merano	Sissi ✿
Moena	Malga Panna ✿
Mules	Gourmetstube Einhorn ✿✿
Nova Levante	Johannes-Stube ✿
Ortisei	Anna Stuben ✿
Sarentino	Alpes ✿
Sarentino	Terra ✿✿
Selva di Val Gardena	Alpenroyal Gourmet ✿
Tesimo	Zum Löwen ✿
Tirolo	Culinaria im Farmerkreuz ✿

Tirolo	Trenkerstube ✿✿
Trento / Ravina	Locanda Margon ✿✿
Vigo di Fassa / Tamion	'L Chimpl ✿

UMBRIA

Baschi	Casa Vissani ✿✿
Norcia	Vespasia ✿

VALLE D'AOSTA

Aosta	Vecchio Ristoro ✿
Cogne	Le Petit Restaurant ✿

VENETO

Altissimo	Casin del Gamba ✿
Arzignano	Damini Macelleria & Affini ✿
Asiago	La Tana Gourmet ✿
Asiago	Stube Gourmet ✿
Barbarano Vicentino	Aqua Crua ✿
Bardolino	La Veranda ✿
Campagna Lupia / Lughetto	Antica Osteria Cera ✿✿
Castelfranco Veneto	Feva ✿
Cavaion Veronese	Oseleta ✿
Cortina d'Ampezzo	Tivoli ✿
Follina	La Corte ✿
Isola Rizza	Perbellini ✿
Lonigo	La Peca ✿✿
Malcesine	Vecchia Malcesine ✿
Oderzo	Gellius ✿
Pieve d'Alpago	Dolada ✿
Pontelongo	Lazzaro 1915 ✿
Puos d'Alpago	Locanda San Lorenzo ✿
Rubano	Le Calandre ✿✿✿
San Bonifacio	Degusto Cuisine ✿ **N**
San Vito di Cadore	Aga ✿
Sappada	Laite ✿
Schio	Spinechile ✿
Scorzè	San Martino ✿
Selvazzano Dentro	La Montecchia ✿
Treviso	Undicesimo Vineria ✿
Venezia	Glam Enrico Bartolini ✿
Venezia	Met ✿
Venezia	Oro Restaurant ✿
Venezia	Osteria da Fiore ✿
Venezia	Quadri ✿
Venezia	Il Ridotto ✿
Venezia / Burano	Venissa ✿
Verona	12 Apostoli ✿ **N**
Verona	Casa Perbellini ✿✿
Verona	Il Desco ✿
Verona	Osteria la Fontanina ✿
Vicenza	El Coq ✿
Vodo Cadore	Al Capriolo ✿

BIB GOURMAND

PASTI ACCURATI
A PREZZI CONTENUTI

N Nuovo
N *new*

ABRUZZO

Caramanico Terme	Locanda del Barone
Giulianova Lido	Osteria dal Moro
L'Aquila / Camarda	Casa Elodia **N**
Manoppello / Manoppello Scalo	Trita Pepe
Mosciano Sant' Angelo	Borgo Spoltino
Notaresco	3 Archi
Opi	La Madonnina
Pacentro	Taverna dei Caldora
Pescara	Taverna 58
Pineto / Mutignano	Bacucco d'Oro
Rivisondoli	Da Giocondo
Sulmona	Clemente

BASILICATA

Bernalda	La Locandiera
Castelmezzano	Al Becco della Civetta
Melfi	La Villa
Terranova di Pollino	Luna Rossa

CALABRIA

Bagnara Calabra	Taverna Kerkira
Filandari / Mesiano	Frammichè
Gambarie	L'Angolo del Gusto
Mileto	Il Normanno
Sangineto Lido	Convito
Tiriolo	Due Mari

CAMPANIA

Ariano Irpino	La Pignata
Benevento	Pascalucci
Cetara	Al Convento
Furore	Hostaria di Bacco
Massa Lubrense / Santa Maria Annunziata	La Torre
Napoli	Di Martino Sea Front Pasta Bar **N**
Napoli	Il Gobbetto **N**
Napoli	Locanda N'Tretella
Ospedaletto d'Alpinolo	Osteria del Gallo e della Volpe

Palinuro	Da Carmelo
Pisciotta / Marina di Pisciotta	Angiolina
Sant' Agata sui Due Golfi	Lo Stuzzichino
Santa Maria la Carità	Gerani
Vallo della Lucania	La Chioccia d'Oro

EMILIA-ROMAGNA

Argelato	L'800
Bagnolo in Piano	Trattoria da Probo
Bologna	Al Cambio
Bologna	Osteria Bartolini
Bologna	Trattoria di Via Serra
Calestano	Locanda Mariella
Campogalliano	Magnagallo
Castrocaro Terme	Trattoria Bolognesi da Melania
Cervia / Milano Marittima	Osteria del Gran Fritto
Cesenatico	Osteria del Gran Fritto
Faenza	Cà Murani
Faenza	La Baita
Ferrara	Ca' d'Frara
Ferrara / Gaibana	Trattoria Lanzagallo
Fidenza	Podere San Faustino
Finale Emilia	Osteria la Fefa
Lama Mocogno	Vecchia Lama
Longiano	Dei Cantoni
Meldola	Il Rustichello
Monticelli d'Ongina	Antica Trattoria Cattivelli
Novafeltria	Del Turista-da Marchesi
Parma	Osteria del 36
Parma / Coloreto	Trattoria Ai Due Platani
Pianoro / Rastignano	Osteria Numero Sette
Ponte dell'Olio	Locanda Cacciatori
Ravenna / Ragone	Trattoria Flora
Rimini / Coriano	Vite
Rivergaro	Caffè Grande
Russi / San Pancrazio	La Cucoma
Salsomaggiore Terme	L'Osteria del Castellazzo
Salsomaggiore Terme / Cangelasio	Trattoria Ceriati **N**
Torrile / Vicomero	Romani

FRIULI-VENEZIA GIULIA

Buttrio	Trattoria al Parco
Cavasso Nuovo	Ai Cacciatori
Cavazzo Carnico	Borgo Poscolle
Cividale del Friuli	Al Monastero
Mariano del Friuli / Corona	Al Piave
Monfalcone	Ai Campi di Marcello
Pordenone	La Ferrata
Sauris	Alla Pace
Savogna d'Isonzo / San Michele del Carso	Lokanda Devetak
Tarcento	Osteria di Villafredda
Tricesimo	Miculan

LAZIO

Arpino / Carnello	Mingone
Montefiascone	Stuzzico **N**
Roma	Domenico dal 1968
Roma	Profumo di Mirto
Roma	Al Ristoro degli Angeli

LIGURIA

Genova / San Desiderio	Bruxaboschi
Genova / Voltri	Ostaia da ü Santü
Imperia / Oneglia	Osteria Didù
Lavagna / Cavi	Raieü
Loano	Bagatto
Montoggio	Roma
Ne	La Brinca
Pigna	Terme
Varese Ligure	Amici

LOMBARDIA

Acquanegra sul Chiese	Trattoria al Ponte
Bianzone	Altavilla
Botticino	Trattoria Eva
Bracca	Dentella **N**
Brescia	Trattoria Porteri
Brione	La Madia
Castiglione delle Stiviere	Hostaria Viola
Cicognolo	Osteria de L'Umbreleèr **N**
Corte de' Cortesi	Il Gabbiano
Cuasso al Monte	Al Vecchio Faggio
Curtatone / Grazie	Locanda delle Grazie
Gavirate	Tipamasaro
Inverno-Monteleone	Trattoria Righini Ines
Isola Dovarese	Caffè La Crepa
Milano	Cucina Dei Frigoriferi Milanesi
Milano	Dongiò
Milano	Da Giannino-L'Angolo d'Abruzzo
Milano	Serendib
Milano	Trippa
Morbegno	Osteria del Crotto
Palazzago	Osteria Burligo
Piadena	Dell'Alba
Settimo Milanese	CristianMagri
Soiano del Lago	Villa Aurora
Suzzara	Mangiare Bere Uomo Donna
Teglio	Fracia
Toscolano-Maderno	Il Cortiletto
Voltido / Recorfano	Antica Trattoria Gianna

MARCHE

Appignano	Osteria dei Segreti
Cagli	La Gioconda

Casteldimezzo	La Canonica
Marotta	Burro & Alici **N**
Senigallia	Trattoria Vino e Cibo
Treia / San Lorenzo	Il Casolare dei Segreti

PIEMONTE

Arona / Montrigiasco	Castagneto
Bellinzago Novarese / Badia di Dulzago	Osteria San Giulio
Borghetto di Borbera	Il Fiorile
Bra	Battaglino
Bra	Boccondivino
Calamandrana	Violetta
Capriata d'Orba	Il Moro
Casale Monferrato	Accademia Ristorante **N**
Cavatore	Da Fausto
Crodo / Viceno	Edelweiss
Cuneo	4 ciance
Cuneo	Bove's **N**
Cuneo	Osteria della Chiocciola
Cuorgnè	Rosselli 77
La Morra / Annunziata	Osteria Veglio
Masio	Trattoria Losanna
Monteu Roero	Cantina dei Cacciatori
Nizza Monferrato	Le Due Lanterne
Ormea / Ponte di Nava	Ponte di Nava-da Beppe
Roccabruna / Sant'Anna	La Pineta **N**
Roletto	Il Ciabot
Torino	L'Acino
Torino	Consorzio
Torino	Contesto Alimentare
Torino	Scannabue Caffè Restaurant
Tortona	Vineria Derthona
Traversella	Le Miniere
Usseaux	Lago del Laux
Verduno	Trattoria dei Bercau

PUGLIA

Andria	Il Turacciolo
Andria / Montegrosso	Antichi Sapori
Bisceglie	31.10 Osteria Lorusso
Brindisi	Pantagruele
Ceglie Messapica	Cibus
Crispiano	La Cuccagna **N**
Gioia del Colle	Osteria del Borgo Antico
Minervino Murge	La Tradizione-Cucina Casalinga
Monte Sant' Angelo	Medioevo
Ostuni	Osteria Piazzetta Cattedrale
Pulsano / Marina di Pulsano	La Barca
Racale	L'Acchiatura
Ruvo di Puglia	U.P.E.P.I.D.D.E.
San Severo	La Fossa del Grano
Vieste	Al Dragone **N**
Vieste	Il Capriccio

SARDEGNA

Abbasanta	Su Carduleu
Oliena	Sa Corte
Oliena	Su Gologone

SICILIA

Agrigento	Osteria Expanificio
Castelbuono	Nangalarruni
Castelbuono	Palazzaccio
Catania	Me Cumpari Turiddu
Messina / Ganzirri	La Sirena
Palazzolo Acreide	Andrea - Sapori Montani
Palermo	Buatta Cucina Popolana **N**
Sclafani Bagni	Terrazza Costantino **N**
Sinagra	Trattoria da Angelo Borrello

TOSCANA

Anghiari	Da Alighiero
Arezzo / Giovi	Antica Trattoria al Principe
Bibbiena	Il Tirabusciò
Carrara / Colonnata	Venanzio
Castagneto Carducci / Bolgheri	Osteria Magona
Castel del Piano	Antica Fattoria del Grottaione
Castiglione della Pescaia	Osteria del mare già Il Votapentole
Cortona	La Bucaccia
Cutigliano	Trattoria da Fagiolino
Firenze	Da Burde
Firenze	Il Latini
Firenze	Trattoria Cibrèo-Cibreino
Firenze	Zeb
Firenze / Galluzzo	Trattoria Bibe
Follonica	Il Sottomarino
Lucca	I Diavoletti
Lucca / Ponte a Moriano	Antica Locanda di Sesto
Montalcino	Taverna il Grappolo Blu **N**
Orbetello	L'Oste Dispensa
Poppi / Moggiona	Il Cedro
Radda in Chianti / Lucarelli	Osteria Le Panzanelle
San Quirico d'Orcia	Fonte alla Vena **N**
Sansepolcro	Fiorentino e Locanda del Giglio
Serravalle Pistoiese	Trattoria da Marino
Slena	La Taverna di San Giuseppe
Tavarnelle Val di Pesa / San Donato in Poggio	Antica Trattoria La Toppa
Trequanda	Il Conte Matto

TRENTINO-ALTO ADIGE

Alta Badia	Maso Runch-Hof
Bolzano	Vögele
Calavino	Cipriano

Chienes	Gassenwirt
Isera	Casa del Vino della Vallagarina
Lavis / Sorni	Trattoria Vecchia Sorni
Moena	Agritur El Mas
Moena	Foresta **N**
Ossana	Antica Osteria
Pergine Valsugana	Osteria Storica Morelli
Romeno	Nerina
San Genesio	Antica Locanda al Cervo-Landgasthof zum Hirschen
San Lorenzo di Sebato	Lerchner's In Runggen
San Vigilio di Marebbe	Fana Ladina
Valle di Casies	Durnwald

UMBRIA

Cannara	Perbacco-Vini e Cucina
Castiglione del Lago	L'Acquario
Ferentillo	Piermarini
Norcia	Granaro del Monte
Spoleto	Lampone **N**

VALLE D'AOSTA

Aosta	Osteria da Nando
Brusson	Laghetto

VENETO

Alleghe / Masarè	Barance **N**
Asiago	Locanda Aurora
Belluno	Al Borgo
Casier / Dosson	Alla Pasina
Farra di Soligo / Col San Martino	Locanda da Condo
Feltre	Aurora **N**
Forno di Zoldo / Mezzocanale	Mezzocanale-da Ninetta
Galliera Veneta	Al Palazzon
Lusia	Trattoria al Ponte
Marostica / Valle San Floriano	La Rosina
Mestre	Ostaria da Mariano
Mirano	Da Flavio e Fabrizio «Al Teatro»
Mirano / Vetrego	Il Sogno
Pastrengo / Piovezzano	Eva
Pianiga	Trattoria da Paeto
Revine	Ai Cadelach
San Polo di Piave	Osteria Enoteca Gambrinus
San Vito di Leguzzano	Antica Trattoria Due Mori
Sernaglia della Battaglia	Dalla Libera
Trebaseleghe	Baracca-Storica Hostaria
Valdobbiadene / Bigolino	Tre Noghere
Velo Veronese	13 Comuni
Verona	Al Bersagliere
Verona	San Basilio alla Pergola

ALBERGHI AMENI

THE MOST DELIGHTFUL PLACES

Alberghi e forme alternative di ospitalità
Hotels & guesthouses

ABRUZZO

Casacanditella	Castello di Semivicoli 🏚
Castel di Sangro	Casadonna 🏘
Pescocostanzo	Il Gatto Bianco 🏚

BASILICATA

Bernalda	Agriturismo Relais Masseria Cardillo 🏡
Brienza	La Voce del Fiume 🏡
Maratea / Acquafredda	Villa Cheta Elite 🏚
Maratea / Fiumicello Santa Venere	Il Santavenere 🏘
Matera	l'hotel in pietra 🏚
Matera	Locanda di San Martino 🏚
Matera	Palazzo Gattini 🏘
Matera	Palazzo Viceconte 🏘
Matera	Sant'Angelo 🏘
Matera	Sassi Hotel 🏚
Matera	Sextantio - Le Grotte della Civita 🏘

CALABRIA

Cittadella del Capo	Palazzo del Capo 🏘
Morano Calabro	Agriturismo la Locanda del Parco 🏡
Morano Calabro	Villa San Domenico 🏚
Sellia Marina	Agriturismo Contrada Guido 🏡
Villa San Giovanni / Santa Trada di Cannitello	Altafiumara Resort & Spa 🏘

CAMPANIA

Amalfi	Grand Hotel Convento di Amalfi 🏘
Amalfi	Relais Villa Annalara 🏡
Amalfi	Santa Caterina 🏘
Amalfi	Villa Lara 🏡
Baia Domizia	Della Baia 🏘
Capri (Isola di) / Anacapri	Caesar Augustus 🏘
Capri (Isola di) / Anacapri	Capri Palace Hotel 🏘
Capri (Isola di) / Anacapri	Casa Mariantonia 🏡
Capri (Isola di) / Capri	Capri Tiberio Palace 🏘
Capri (Isola di) / Capri	Casa Morgano 🏘
Capri (Isola di) / Capri	Grand Hotel Quisisana 🏘

Capri (Isola di) / Capri	La Minerva 🏨
Capri (Isola di) / Capri	Punta Tragara 🏨
Capri (Isola di) / Capri	Scalinatella 🏨
Capri (Isola di) / Capri	Villa Brunella 🏨
Capri (Isola di) / Marina Grande	J.K. Place Capri 🏨
Castellabate / San Marco	Giacaranda 🏨
Castellammare di Stabia	La Medusa Hotel 🏨
Conca dei Marini	Le Terrazze 🏠
Conca dei Marini	Monastero Santa Rosa Hotel & Spa 🏨
Furore	Agriturismo Sant'Alfonso 🏨
Ischia (Isola d') / Casamicciola Terme	Terme Manzi Hotel & Spa 🏨
Ischia (Isola d') / Forio	Garden & Villas Resort 🏨
Ischia (Isola d') / Forio	Mezzatorre Resort & Spa 🏨
Ischia (Isola d') / Ischia	Grand Hotel Excelsior 🏨
Ischia (Isola d') / Lacco Ameno	L'Albergo della Regina Isabella 🏨
Maiori	Badia Santa Maria De Olearia 🏨
Maiori	Botanico San Lazzaro 🏨
Maiori	Relais Tenuta Solomita 🏨
Massa Lubrense / Termini	Relais Blu 🏨
Napoli	L'Alloggio dei Vassalli 🏨
Napoli	Chiaja Hotel de Charme 🏨
Napoli	Costantinopoli 104 🏨
Napoli	Decumani Hotel de Charme 🏨
Napoli	Grand Hotel Parker's 🏨
Napoli	Grand Hotel Vesuvio 🏨
Napoli	Palazzo Alabardieri 🏨
Napoli	Romeo 🏨
Paestum	Il Granaio dei Casabella 🏠
Paestum / Capaccio	Borgo la Pietraia 🏨
Pisciotta	Marulivo 🏠
Positano	Palazzo Murat 🏨
Positano	Punta Regina 🏨
Positano	San Pietro 🏨
Positano	Le Sirenuse 🏨
Positano	Villa Rosa 🏠
Praiano	Casa Angelina 🏨
Praiano	Onda Verde 🏨
Procida / Procida	La Suite Hotel 🏨
Procida / Procida	La Vigna 🏨
Ravello	Belmond Hotel Caruso 🏨
Ravello	Palazzo Avino 🏨
Ravello	Villa Cimbrone 🏨
Ravello	Villa San Michele 🏠
San Cipriano Picentino	Villa Rizzo Resort & Spa 🏨
Sant' Agata de' Goti	Dimora Storica Mustilli 🏨
Sant' Agata sui Due Golfi	Don Alfonso 1890 🏨
Sant' Agnello	Grand Hotel Cocumella 🏨
Sorrento	Bellevue Syrene 1820 🏨
Sorrento	Grand Hotel Excelsior Vittoria 🏨
Sorrento	Maison la Minervetta 🏨
Telese Terme	Aquapetra Resort & Spa 🏨
Vico Equense	Capo la Gala 🏨

EMILIA-ROMAGNA

Albareto	Borgo Casale 🏠
Bagno di Romagna	Balneum 🏠
Bologna	Commercianti 🏠
Bologna	Delle Drapperie 🏠
Bologna	Grand Hotel Majestic già Baglioni 🏨
Castelvetro di Modena / Levizzano Rangone	Agriturismo Opera 02 🏡
Cattolica	Carducci 76 🏨
Cesenatico	Casadodici 🏡
Cesenatico	Grand Hotel da Vinci 🏨
Dovadola	Corte San Ruffillo 🏡
Faenza	Relais Villa Abbondanzi 🏨
Ferrara	Horti della Fasanara 🏡
Gazzola / Rivalta Trebbia	Agriturismo Croara Vecchia 🏡
Gazzola / Rivalta Trebbia	Residenza Torre di San Martino 🏠
Imola	B&B Callegherie 21 🏡
Modena	Salotto delle Arti 🏡
Parma	Palazzo dalla Rosa Prati 🏡
Ravenna	Cappello 🏠
Ravenna	M Club Deluxe 🏡
Ravenna	Santa Maria Foris 🏡
Riccione	Grand Hotel Des Bains 🏨
Rimini	Grand Hotel Rimini 🏨
Rimini	i-Suite 🏨
Roncofreddo	I Quattro Passeri 🏡
Russi / San Pancrazio	Relais Villa Roncuzzi 🏠
San Giovanni in Marignano	Riviera Golf Resort 🏨
San Pietro in Cerro	Locanda del Re Guerriero 🏡
Santarcangelo di Romagna	Il Villino 🏠
Santarcangelo di Romagna / Montalbano	Agriturismo Locanda Antiche Macine 🏡

FRIULI-VENEZIA GIULIA

Buttrio	Il Castello di Buttrio 🏨
Caneva	Ca' Damiani 🏠
Capriva del Friuli	Castello di Spessa 🏡
Dolegna del Collio	Wine Resort di Venica & Venica 🏡
Duino-Aurisina / Sistiana	Falisia Resort 🏨
Fiume Veneto	L'Ultimo Mulino 🏠
Grado	Oche Selvatiche 🏠
Pasiano di Pordenone / Rivarotta	Villa Luppis 🏨
Trieste	Grand Hotel Duchi d'Aosta 🏨

LAZIO

Bracciano	Villa Clementina 🏠
Campagnano di Roma	Il Postiglione-Antica Posta dei Chigi 🏠
Casperia	La Torretta 🏡
Castrocielo	Villa Euchelia 🏠
Civita Castellana	Relais Falisco 🏨
Civitella d'Agliano	La Tana dell'Istrice 🏡

Fara in Sabina / Coltodino	Ille-Roif 🏠
Fiuggi / Fiuggi Fonte	Grand Hotel Palazzo della Fonte 🏨
Gaeta	Grand Hotel Le Rocce 🏨
Gaeta	Villa Irlanda Grand Hotel 🏨
Grottaferrata	Locanda dello Spuntino 🏠
Grottaferrata	Park Hotel Villa Grazioli 🏨
Labico	Antonello Colonna Labico Resort 🏨
Ladispoli	La Posta Vecchia 🏨
Latina / Lido di Latina	Il Fogliano 🏨
Picinisco	Sotto le Stelle 🏠
Ponza (Isola di) / Ponza	Piccolo Hotel Luisa 🏠
Proceno	Castello di Proceno 🏠
Rieti	Park Hotel Villa Potenziani 🏨
Roma	Castello della Castelluccia 🏨
Roma	Celio 🏠
Roma	Eden 🏨
Roma	The First Roma 🏨
Roma	Fortyseven 🏨
Roma	G-Rough 🏠
Roma	Gran Melià Roma 🏨
Roma	Grand Hotel Plaza 🏨
Roma	Grand Hotel Via Veneto 🏨
Roma	H'All Tailor Suite 🏠
Roma	Hassler 🏨
Roma	Indigo Rome St. George 🏨
Roma	J.K. Place Roma 🏨
Roma	Lord Byron 🏨
Roma	Palazzo Dama 🏨
Roma	Palazzo Manfredi 🏨
Roma	Pensione Barrett 🏠
Roma	Portrait Roma 🏠
Roma	Raphaël 🏨
Roma	Regina Hotel Baglioni 🏨
Roma	Rome Cavalieri Waldorf Astoria 🏨
Roma	De Russie 🏨
Roma	Sant'Anselmo 🏠
Roma	Splendide Royal 🏨
Roma	Villa Laetitia 🏨
Roma	Villa Spalletti Trivelli 🏨
San Felice Circeo / Quarto Caldo	Punta Rossa 🏨
Tarquinia	Valle Del Marta 🏠
Tivoli	Torre Sant'Angelo 🏨
Viterbo	Alla Corte Delle Terme 🏠

LIGURIA

Alassio	Villa della Pergola 🏨
Badalucco	Macine del Confluente 🏠
Camogli	Villa Rosmarino 🏠
Finale Ligure	Punta Est 🏨
Finale Ligure	San Pietro Palace Hotel 🏠
Garlenda	La Meridiana 🏨
Levanto	Agriturismo Villanova 🏠

Levanto / Mesco	La Giada del Mesco 🏠
Manarola	La Torretta 🏨
Moneglia	Abbadia San Giorgio 🏨
Nervi	Villa Pagoda 🏨
Noli	Residenza Palazzo Vescovile 🏨
Pigna	La Casa Rosa 🏨
Portofino	Belmond Hotel Splendido 🏨
Portofino	Belmond Splendido Mare 🏨
Rapallo	Excelsior Palace Hotel 🏨
San Remo	Royal Hotel Sanremo 🏨
Sestri Levante	Grand Hotel Villa Balbi 🏨
Sestri Levante	Helvetia 🏨
Sestri Levante	Suite Hotel Nettuno 🏨
Tovo San Giacomo / Bardino Vecchio	Relais Il Casale 🏨
Varazze	Astigiana 🏠

LOMBARDIA

Azzate	Locanda dei Mai Intees 🏨
Bellagio	Grand Hotel Villa Serbelloni 🏨
Bergamo	GombitHotel 🏨
Bergamo	Petronilla 🏨
Bergamo	Piazza Vecchia 🏨
Bergamo	Relais San Lorenzo 🏨
Blevio	CastaDiva Resort 🏨
Borno	Zanaglio 🏨
Brusaporto	Relais da Vittorio 🏨
Cernobbio	Villa d'Este 🏨
Cologne	Cappuccini Resort 🏨
Como	Terminus 🏨
Como	Villa Flori 🏨
Desenzano del Garda	Park Hotel 🏨
Drizzona / Castelfranco d'Oglio	Agriturismo l'Airone 🏨
Erbusco	L'Albereta 🏨
Gambolò	Villa Necchi 🏨
Gardone Riviera	Dimora Bolsone 🏨
Gardone Riviera / Fasano	Bella Riva 🏨
Gardone Riviera / Fasano	Grand Hotel Fasano e Villa Principe 🏨
Gardone Riviera / Fasano	Villa del Sogno 🏨
Gargnano	Grand Hotel a Villa Feltrinelli 🏨
Gargnano	Lefay Resort & Spa 🏨
Gargnano	Villa Giulia 🏨
Gavardo	Villa dei Campi Boutique Hotel 🏨
Isola Dovarese	Palazzo Quaranta 🏨
Lezzeno	Filario Hotel 🏨
Livigno	Sonne 🏨
Milano	Antica Locanda dei Mercanti 🏨
Milano	Antica Locanda Leonardo 🏠
Milano	Armani Hotel Milano 🏨
Milano	Baglioni Hotel Carlton 🏨
Milano	Bulgari 🏨
Milano	Château Monfort 🏨
Milano	Four Seasons Hotel Milano 🏨

Milano	Grand Hotel et de Milan 🏨
Milano	The Gray 🏨
Milano	Maison Borella 🏨
Milano	Mandarin Oriental Milano 🏨
Milano	Milano Scala 🏨
Milano	Park Hyatt Milano 🏨
Milano	Principe di Savoia 🏨
Milano	Townhouse Duomo 🏨
Moltrasio	Grand Hotel Imperiale 🏨
Montichiari	Palazzo Novello 🏨
Monza	De la Ville 🏨
Pellio Intelvi	La Locanda del Notaio 🏨
Ranco	Il Sole di Ranco 🏨
Salò	Bellerive 🏨
Salò	Laurin 🏨
Salò	Villa Arcadio 🏨
Sirmione	Villa Cortine Palace Hotel 🏨
Tonale (Passo del)	La Mirandola 🏨
Torno	Il Sereno Lago di Como 🏨
Tremezzo	Grand Hotel Tremezzo 🏨
Vigevano	Locanda San Bernardo 🏨

MARCHE

Ancona / Portonovo	Fortino Napoleonico 🏨
Ascoli Piceno	Agriturismo Villa Cicchi 🏨
Ascoli Piceno	Palazzo dei Mercanti 🏨
Ascoli Piceno	Residenza 100 Torri 🏨
Castel di Lama	Borgo Storico Seghetti Panichi 🏨
Fabriano	Residenza La Ceramica 🏨
Fano	Villa Giulia 🏨
Gradara	Castello di Granarola 🏨
Grottammare	Roma 🏨
Montecosaro	La Luma 🏨
Pesaro	Alexander Museum Palace 🏨
Pesaro	Excelsior 🏨
Pesaro	Vittoria 🏨
Urbino / Pantiere	Urbino Resort Tenuta Santi Giacomo e Filippo 🏨

MOLISE

Campobasso	Palazzo Cannavina 🏨
Termoli	Residenza Sveva 🏨

PIEMONTE

Alagna Valsesia	B&B Casa Prati 🏨
Alba	Palazzo Finati 🏨
Barolo / Vergne	Ca' San Ponzio 🏨
Benevello	Villa d'Amelia 🏨
Buriasco	Tenuta La Cascinetta 🏨
Canale	Agriturismo Villa Cornarea 🏨
Canale	Agriturismo Villa Tiboldi 🏨

Canelli	Agriturismo La Casa in Collina 🏠
Cannero Riviera	Cannero 🏨
Cannobio	Park Hotel Villa Belvedere 🏨
Cannobio	Pironi 🏨
Cantalupa	Il Furtin 🏠
Cantalupa	La Locanda della Maison Verte 🏨
Cherasco	Somaschi 🏨
Formazza	Walser Schtuba 🏠
Fossano	Palazzo Righini 🏨
Gavi	L'Ostelliere 🏨
Grinzane Cavour	Casa Pavesi 🏨
Guarene	Castello di Guarene 🏨
Isola d'Asti	Castello di Villa 🏨
La Morra	Corte Gondina 🏨
La Morra	Palas Cerequio - Barolo Cru Resort 🏠
La Morra	Rocche Costamagna Art Suites 🏠
La Morra	Uve Rooms & Wine Bar 🏠
La Morra / Annunziata	Arborina Relais 🏠
La Morra / Rivalta	Bricco dei Cogni 🏠
Mango	Villa Althea 🏠
Mombaruzzo / Casalotto	La Villa 🏨
Monforte d'Alba	Le Case della Saracca 🏠
Monforte d'Alba	Villa Beccaris 🏨
Murisengo / Corteranzo	Canonica di Corteranzo 🏠
Nizza Monferrato	Agriturismo Tenuta La Romana 🏠
Oleggio Castello	Castello dal Pozzo 🏨
Orta San Giulio	La Contrada dei Monti 🏠
Orta San Giulio	San Rocco 🏨
Orta San Giulio	Villa Crespi 🏨
Pavone Canavese	Castello di Pavone 🏨
Penango / Cioccaro	Relais Il Borgo 🏨
Penango / Cioccaro	Relais Sant'Uffizio 🏨
Pollone	Villa La Vittoria 🏠
Romano Canavese	Relais Villa Matilde 🏨
Saluzzo	San Giovanni Resort 🏨
San Francesco al Campo	Furno 🏨
Santo Stefano Belbo	Relais San Maurizio 🏨
Sauze d'Oulx	Chalet Hotel Il Capricorno 🏨
Sauze d'Oulx / Jouvenceaux	Chalet Chez Nous 🏠
Serravalle Scrivia	Villa la Bollina 🏨
Sestriere	Shackleton Mountain Resort 🏨
Sinio	Castello di Sinio 🏨
Stresa	Villa e Palazzo Aminta 🏨
Stresa / Isola Superiore o dei Pescatori	Verbano 🏨
Torino	Allegroitalia Golden Palace 🏨
Torino	Genova 🏨
Torino	Magazzini San Domenico 🏠
Torino	NH Piazza Carlina 🏨
Torino	Victoria 🏨
Tortona	Casa Cuniolo 🏠
Vernante	Il Relais del Nazionale 🏨
Vicoforte	Antica Meridiana Relais Art 🏠
Vicoforte	Duchessa Margherita 🏠

PUGLIA

Alberobello	Agriturismo Fascino Antico Trulli 🏠
Andria / Montegrosso	Agriturismo Biomasseria Lama di Luna 🏠
Avetrana	Relais Terre di Terre 🏠
Cutroflano	Sangiorgio Resort & Spa 🏠
Galatina	Palazzo Baldi 🏠
Gallipoli	Masseria Li Foggi 🏠
Gallipoli	Palazzo del Corso 🏠
Gallipoli	Palazzo Mosco Inn 🏠
Gallipoli	Relais Corte Palmieri 🏠
Lecce	Palazzo Rollo 🏠
Lecce	Patria Palace Hotel 🏠
Lizzano	Masseria Bagnara 🏠
Maglie	Corte dei Francesi 🏠
Manduria	Corte Borromeo 🏠
Manduria	Vinilia Wine Resort 🏠
Marina di Leuca	Villa La Meridiana 🏠
Monopoli	Don Ferrante 🏠
Monopoli	La Peschiera 🏠
Noci	Santarosa Relais 🏠
Ostuni	Masseria Cervarolo 🏠
Ostuni	Masseria Il Frantoio 🏠
Ostuni	Masseria le Carrube 🏠
Ostuni	La Sommità 🏠
Otranto	Masseria Panareo 🏠
Otranto	Relais Valle dell'Idro 🏠
Peschici	La Chiusa delle More 🏠
Polignano a Mare	Giovì Relais 🏠
Savelletri	Borgo Egnazia 🏠
Savelletri	Masseria Cimino 🏠
Savelletri	Masseria San Domenico 🏠
Savelletri	Masseria Torre Coccaro 🏠
Savelletri	Masseria Torre Maizza 🏠
Taranto / Masseria San Pietro	Relais Histò 🏠
Ugento	Masseria Don Cirillo 🏠

SARDEGNA

Alghero	Villa Las Tronas 🏠
Alghero	Villa Mosca 🏠
Alghero / Porto Conte	El Faro 🏠
Arzachena	Tenuta Pilastru 🏠
Arzachena / Baia Sardinia	L'Ea Bianca Luxory Resort 🏠
Arzachena / Baia Sardinia	La Bisaccia 🏠
Arzachena / Pitrizza	Pitrizza 🏠
Arzachena / Porto Cervo	Colonna Pevero Hotel 🏠
Cagliari	La Villa del Mare 🏠
Castelsardo	Bajaloglia 🏠
Olbia	Ollastu 🏠
Olbia / Porto Rotondo	Sporting 🏠
Oliena	Su Gologone 🏠
Pula	Forte Village Resort 🏠

San Pantaleo	Petra Segreta 🏨
Sant'Antonio di Gallura	Aldiola Country Resort 🏨
Santa Teresa Gallura	Resort Valle dell'Erica Thalasso & SPA 🏨
Santu Lussurgiu	Antica Dimora del Gruccione 🏠

SICILIA

Agrigento	Villa Athena 🏨
Calatabiano	Castello di San Marco 🏨
Isole Egadi / Favignana	Cave Bianche 🏨
Eolie / Panarea	Quartara 🏨
Eolie / Salina	La Salina Borgo di Mare 🏨
Eolie / Salina	Signum 🏨
Eolie / Filicudi Porto	La Canna 🏠
Lampedusa / Lampedusa	Luagos Club 🏠
Linguaglossa	Shalai Resort 🏨
Linguaglossa	Villa Neri Resort & Spa 🏨
Marina di Ragusa	La Moresca 🏠
Menfi	Planeta Estate-La Foresteria Menfi 🏨
Modica	Casa Talia 🏨
Modica	Palazzo Failla 🏨
Monreale	Palazzo Ducale Suites 🏨
Noto	Seven Rooms Villadorata 🏨
Palermo	Grand Hotel Villa Igiea 🏨
Palermo	Grand Hotel Wagner 🏨
Isola di Pantelleria / Pantelleria	Zubebi Resort 🏨
Pettineo	Casa Migliaca 🏨
Ragusa	Antico Convento dei Cappuccini 🏠
Ragusa	Eremo della Giubiliana 🏨
Ragusa	Locanda Don Serafino 🏠
Ragusa	Relais Antica Badia 🏨
Ragusa	Sabbinirica 🏨
Riposto	Donna Carmela 🏨
Riposto / Archi	Zash Country Boutique Hotel 🏨
San Vito lo Capo	Baglio La Porta di San Gerardo 🏨
Sciacca	Verdura Resort 🏨
Siracusa	Donna Coraly Resort 🏨
Siracusa	Giuggiulena 🏨
Siracusa	Grand Hotel Minareto 🏨
Siracusa	Grand Hotel Ortigia 🏨
Siracusa	Henry's House 🏠
Siracusa	Lady Lusya 🏨
Taormina	Ashbee 🏨
Taormina	Belmond Grand Hotel Timeo 🏨
Taormina	El Jebel 🏨
Taormina	Metropole 🏨
Taormina	NH Collection Taormina 🏨
Taormina	Villa Ducale 🏨
Taormina	Villa Taormina 🏠
Taormina / Mazzarò	Belmond Villa Sant'Andrea 🏨
Taormina / Mazzarò	Grand Hotel Atlantis Bay 🏨
Trapani	Ai Lumi 🏨
Trapani / Fontanasalsa	Agriturismo Baglio Fontanasalsa 🏨

Vizzini / Vizzini Scalo	Castello Camemi 🏚
Zafferana Etnea	Monaci delle Terre Nere 🏚

TOSCANA

Albinia	Agriturismo Antica Fattoria la Parrina 🏚
Arezzo	Graziella Patio Hotel 🏨
Bagno a Ripoli / Candeli	Villa La Massa 🏰
Bibbona	Relais di Campagna Podere Le Mezzelune 🏚
Bibbona	Relais Sant'Elena 🏚
Borgo San Lorenzo	Casa Palmira 🏚
Casale Marittimo	La Gelinda-Fattoria della Gioiosa 🏚
Casole d'Elsa	Belmond Castello di Casole 🏰
Casole d'Elsa / Pievescola	Relais la Suvera 🏰
Castagneto Carducci	B&B Villa le Luci 🏚
Castellina in Chianti	Castello La Leccia 🏚
Castelnuovo Berardenga	Castel Monastero 🏰
Castelnuovo Berardenga	Hotel Borgo San Felice 🏰
Castelnuovo Berardenga	Le Fontanelle 🏰
Castelnuovo Berardenga	Villa Curina Resort 🏨
Castiglione della Pescaia / Badiola	L'Andana-Tenuta La Badiola 🏰
Castiglion Fiorentino / Pieve di Chio	Casa Portagioia 🏚
Castiglion Fiorentino / Polvano	Relais San Pietro in Polvano 🏨
Cavriglia	Le Lappe 🏚
Cetona	La Locanda di Cetona 🏚
Chiusdino	Borgo Santo Pietro 🏰
Chiusi	Il Patriarca 🏰
Colle di Val d'Elsa	Palazzo Pacini 🏚
Cortona	La Corte di Ambra 🏚
Cortona	Relais la Corte dei Papi 🏨
Cortona	Villa di Piazzano 🏨
Cortona / San Martino	Il Falconiere Relais 🏰
Fiesole	Belmond Villa San Michele 🏰
Fiesole	Pensione Bencistà 🏠
Fiesole	Il Salviatino 🏰
Firenze	1865 Residenza d'epoca 🏚
Firenze	Antica Dimora Johlea 🏚
Firenze	Antica Torre di via Tornabuoni 1 🏨
Firenze	Brunelleschi 🏰
Firenze	B&B Antica Dimora Firenze 🏚
Firenze	Cellai 🏰
Firenze	Four Seasons Hotel Firenze 🏰
Firenze	Grand Hotel Minerva 🏰
Firenze	Home Florence 🏨
Firenze	Inpiazzadellasignoria 🏨
Firenze	J.K. Place Firenze 🏨
Firenze	Leone Blu 🏰
Firenze	Lungarno 🏰
Firenze	Monna Lisa 🏨
Firenze	Palazzo Galletti B&B 🏚
Firenze	Palazzo Niccolini al Duomo 🏚
Firenze	Palazzo Vecchietti 🏨
Firenze	Portrait Firenze 🏰

Firenze	Regency
Firenze	Relais Santa Croce
Firenze	The St. Regis Florence
Firenze	Torre di Bellosguardo
Firenze	Villa Antea
Firenze	Villa Cora
Firenze	Villa La Vedetta
Firenze	Ville sull 'Arno
Firenze	Villino Fiorentino
Firenze	The Westin Excelsior
Firenze / Galluzzo	Marignolle Relais & Charme
Foiano della Chiana / Pozzo	Villa Fontelunga
Forte dei Marmi	Augustus Lido
Forte dei Marmi	Byron
Forte dei Marmi	Villa Roma Imperiale
Gaiole in Chianti	Castello di Meleto
Gaiole in Chianti	Castello di Spaltenna
Greve in Chianti	Agriturismo Villa Vignamaggio
Greve in Chianti	Villa Bordoni
Greve in Chianti / Panzano	Villa le Barone
Livorno	Al Teatro
Lucca	Alla Corte degli Angeli
Lucca	N°15 Santori Luxury Home
Lucca	A Palazzo Busdraghi
Lucca	Palazzo Rocchi
Lucca	Palazzo Tucci
Lucca	Relais del Lago
Lucca	Tenuta San Pietro
Lucca	Villa Marta
Lucca / Segromigno in Monte	Fattoria Mansi Bernardini
Manciano	Agriturismo Quercia Rossa
Marina di Massa	Villa Maremonti
Montalcino / Castelnuovo dell'Abate	Castello di Velona
Montalcino / Castiglione del Bosco	Castiglion del Bosco
Montalcino / Poggio alle Mura	Castello Banfi-Il Borgo
Montecatini Terme	Columbia
Montefiridolfi	Agriturismo Fonte de' Medici
Montemerano	Villa Acquaviva
Montepulciano	Villa Cicolina
Montepulciano	Villa Poggiano
Monteriggioni / Strove	Castel Pietraio
Monte San Savino / Gargonza	Castello di Gargonza
Montevarchi / Moncioni	Villa Sassolini
Montieri	Agriturismo La Meridiana-Locanda in Maremma
Montignoso	Il Bottaccio
Palazzuolo sul Senio	Locanda Senio
Peccioli	Pratello Country Resort
Pienza	La Bandita Townhouse
Pienza	Relais La Saracina
Pienza / Monticchiello	L'Olmo
Pietrasanta	Albergo Pietrasanta
Pietrasanta	Versilia Golf

Pontedera	Armonia 🏨
Poppi / Moggiona	I Tre Baroni 🏨
Porto Ercole	Argentario Golf Resort & Spa 🏨
Porto Ercole	Il Pellicano 🏨
Porto Santo Stefano / Cala Piccola	Torre di Cala Piccola 🏨
Radda in Chianti	Il Borgo di Vescine 🏨
Radda in Chianti	Palazzo Leopoldo 🏨
Radda in Chianti	Palazzo San Niccolò 🏨
Rapolano Terme	Villa Buoninsegna 🏨
Reggello / San Donato Fronzano	Agriturismo Podere Picciolo 🏨
Reggello / Vaggio	Villa Rigacci 🏨
Roccastrada	La Melosa 🏨
San Casciano dei Bagni	Fonteverde 🏨
San Casciano in Val di Pesa	Villa il Poggiale 🏨
San Casciano in Val di Pesa / Mercatale	Agriturismo Salvadonica 🏨
San Gimignano	Il Casale del Cotone 🏨
San Gimignano / Lucignano	Locanda dell'Artista 🏨
San Giovanni d'Asso	Borgo Lucignanello Bandini 🏨
San Giustino Valdarno	Relais Il Borro 🏨
San Miniato	Relais Sassa al Sole 🏨
San Quirico d'Orcia	Agriturismo Il Rigo 🏨
San Quirico d'Orcia	Palazzo del Capitano 🏨
San Quirico d'Orcia / Bagno Vignoni	La Locanda del Loggiato 🏨
Sansepolcro	Relais Palazzo di Luglio 🏨
San Vincenzo	Poggio ai Santi 🏨
Sarteano	La Sovana 🏨
Sarteano	Le Buche 🏨
Sassetta	Tenuta La Bandita 🏨
Saturnia	Terme di Saturnia Spa & Golf Resort 🏨
Scandicci / Mosciano	Tenuta Le Viste 🏨
Scarlino	Relais Vedetta 🏨
Siena	Campo Regio Relais 🏨
Siena	Grand Hotel Continental 🏨
Siena	Palazzetto Rosso 🏨
Siena	Palazzo di Valli 🏨
Siena / Vagliagli	Borgo Scopeto Relais 🏨
Siena / Santa Regina	Frances' Lodge Relais 🏨
Sinalunga	Locanda dell'Amorosa 🏨
Sovana	Sovana 🏨
Tavarnelle Val di Pesa	Castello del Nero 🏨
Torrita di Siena	Lupaia 🏨
Torrita di Siena	Residenza d'Arte 🏨
Viareggio	Grand Hotel Principe di Piemonte 🏨
Vicchio / Campestri	Villa Campestri Olive Oil Resort 🏨

TRENTINO-ALTO ADIGE

Alpe di Siusi	Alpina Dolomites 🏨
Alpe di Siusi	Seiser Alm Urthaler 🏨
Alta Badia	Arthotel Cappella 🏨
Alta Badia	Ciasa Salares 🏨
Alta Badia	Ladinia 🏨
Alta Badia	La Perla 🏨

Alta Badia	Rosa Alpina 🏨
Appiano sulla Strada del Vino / Cornaiano	Weinegg 🏨
Appiano sulla Strada del Vino / Missiano	Schloss Korb 🏨
Avelengo	Chalet Mirabell 🏨
Avelengo	Miramonti 🏨
Avelengo	San Luis 🏨
Avelengo	Viertlerhof 🏨
Bolzano	Greif 🏨
Borgo Valsugana	Locanda in Borgo 🏨
Bressanone	Elephant 🏨
Caldaro sulla Strada del Vino	Schlosshotel Aehrental 🏨
Campitello di Fassa	Villa Kofler 🏨
Canazei / Alba	Chalet Vites Mountain Hotel 🏨
Castelrotto	Alpine Boutique Villa Gabriela 🏨
Castelrotto	Cavallino d'Oro 🏨
Cavalese	Laurino 🏨
Laces	Paradies 🏨
Lagundo / Algund	Pergola 🏨
Lana / Foiana	Alpiana Resort 🏨
Lana / San Vigilio	Vigilius Mountain Resort 🏨
Madonna di Campiglio	Bio-Hotel Hermitage 🏨
Marlengo	Giardino Marling 🏨
Merano	Meister's Hotel Irma 🏨
Merano	Ottmanngut 🏨
Merano	Park Hotel Mignon 🏨
Merano	Sonnenhof 🏨
Merano	Villa Tivoli 🏨
Merano / Freiberg	Castel Fragsburg 🏨
Monguelfo / Tesido	Alpen Tesitin 🏨
Naturno	Preidlhof 🏨
Nogaredo	Relais Palazzo Lodron 🏨
Novacella	Pacherhof 🏨
Nova Levante	Engel 🏨
Ortisei	Alpin Garden Wellness Resort 🏨
Ortisei	Gardena-Grödnerhof 🏨
Ortisei	Montchalet 🏨
Ortisei / Bulla	Uhrerhof-Deur 🏨
Panchià	Castelir Suite Hotel 🏨
Peio / Cogolo	Chalet Alpenrose 🏨
Redagno	Zirmerhof 🏨
Renon / Collalbo	Bemelmans Post 🏨
Renon / Collalbo	Kematen 🏨
Riva del Garda	Du Lac et Du Parc 🏨
Riva del Garda	Lido Palace 🏨
Ronzone	Villa Orso Grigio 🏨
San Candido	Leitlhof Dolomiten 🏨
San Candido	Post Alpina-Family Mountain Chalets 🏨
San Lorenzo di Sebato	Schloss Sonnenburg 🏨
San Martino di Castrozza	Letizia 🏨
San Martino di Castrozza	Regina 🏨
San Vigilio di Marebbe	Aqua Bad Cortina et Mineral Baths 🏨

Sarentino	Auener Hof 🏠
Sarentino	Bad Schörgau 🏠
Selva di Val Gardena	Alpenroyal Grand Hotel 🏨
Selva di Val Gardena	Chalet Elisabeth 🏠
Selva di Val Gardena	Chalet Prà Ronch 🏠
Selva di Val Gardena	Portillo Dolomites 1966 🏨
Senales / Certosa	Rosa d'Oro-Zur Goldenen Rose 🏠
Sesto / Moso	Berghotel 🏠
Tirolo	Castel 🏨
Tirolo	Erika 🏨
Tirolo	Küglerhof 🏨
Trento	Aquila d'Oro 🏯
Valdaora	Mirabell 🏨
Valle di Casies	Quelle 🏨
Vigo di Fassa / Tamion	Agritur Weiss 🏯

UMBRIA

Amelia / Macchie	Relais Tenuta del Gallo 🏨
Assisi	Nun Assisi Relais 🏨
Assisi / Armenzano	Le Silve 🏠
Castiglione del Lago	Antica Gabella 🏯
Città della Pieve	Relais dei Magi 🏯
Ferentillo	Abbazia San Pietro in Valle 🏯
Fratta Todina	La Palazzetta del Vescovo 🏯
Gualdo Cattaneo / Saragano	Agriturismo la Ghirlanda 🏯
Gubbio	Park Hotel ai Cappuccini 🏨
Gubbio	Relais Ducale 🏠
Gubbio / Santa Cristina	Locanda del Gallo 🏯
Gubbio / Scritto	Relais Castello di Petroia 🏯
Massa Martana	San Pietro Sopra Le Acque 🏯
Montefalco	Palazzo Bontadosi 🏨
Montefalco / San Luca	Villa Zuccari 🏨
Montone	Torre di Moravola 🏯
Norcia	Palazzo Seneca 🏨
Orvieto / Morrano Nuovo	Relais Borgo San Faustino 🏯
Orvieto / Rocca Ripesena	Altarocca Wine Resort 🏯
Orvieto / Rocca Ripesena	Locanda Palazzone 🏯
Panicale	Agriturismo Montali 🏯
Panicale	Villa di Monte Solare 🏨
Panicale	Villa Rey 🏯
Perugia	Castello di Monterone 🏨
Perugia / Monte Petriolo	Borgo dei Conti Resort 🏨
Piegaro	Ca' de Principi Relais 🏯
Spoleto	Palazzo Dragoni 🏯
Spoleto	Palazzo Leti 🏯
Spoleto / Silvignano	Le Logge di Silvignano 🏯
Todi	Relais Todini 🏨
Todi	Tenuta di Canonica 🏠
Todi / Chioano	Roccafiore Spa & Resort 🏯
Torgiano	Borgobrufa SPA Resort 🏨

VALLE D'AOSTA

Aosta	Milleluci 🏨
Aosta	Le Rêve Charmant 🏨
Aosta / Jovençan	Les Plaisirs d'Antan 🏨
Bard	Ad Gallias 🏨
Breuil Cervinia	Bucaneve 🏨
Breuil Cervinia	Hermitage 🏨
Breuil Cervinia	Lac Bleu 🏨
Breuil Cervinia	Mignon 🏨
Breuil Cervinia	Saint Hubertus 🏨
Cogne	Bellevue Hotel & SPA 🏨
Cogne	Miramonti 🏨
Courmayeur	Villa Novecento 🏨
Courmayeur / Entrèves	Auberge de la Maison 🏨
Gressoney-la Trinité	Jolanda Sport 🏨
La Salle	Mont Blanc Hotel Village 🏨
la Thuile	Locanda Collomb 🏨
Saint-Pierre	La Meridiana Du Cadran Solaire 🏨

VENETO

Arcugnano	Villa Michelangelo 🏨
Asiago	Meltar Boutique Hotel 🏨
Asolo	Villa Cipriani 🏨
Bardolino	Color Hotel 🏨
Bassano del Grappa	Villa Ca' Sette 🏨
Carré	Locanda La Corte dei Galli 🏨
Casier / Dosson	Villa Contarini Nenzi 🏨
Cavaion Veronese	Villa Cordevigo Wine Relais 🏨
Cerea	Villa Ormaneto 🏨
Codognè	Agriturismo Villa Toderini 🏨
Cortina d'Ampezzo	Ambra 🏨
Cortina d'Ampezzo	Cristallo 🏨
Cortina d'Ampezzo	Rosapetra Spa Resort 🏨
Follina	Dei Chiostri 🏨
Follina	Villa Abbazia 🏨
Garda	Regina Adelaide 🏨
Lonigo	La Barchessa di Villa Pisani 🏨
Malcesine	Bellevue San Lorenzo 🏨
Mestre / Zelarino	Agriturismo al Segnavento-Fiori e Frutti 🏨
Mezzane di Sotto	Relais di Campagna i Tamasotti 🏨
Mira	Villa Franceschi 🏨
Mira	Villa Margherita 🏨
Padova	Al Fagiano 🏨
Padova	Belludi 37 🏨
San Pietro in Cariano	Byblos Art Hotel Villa Amistà 🏨
San Pietro in Cariano / Pedemonte	Villa del Quar 🏨
Sappada / Cima Sappada	Agriturismo Voltan Haus 🏨
Soave	Damaranto Residenza e Cucina 🏨
Susegana	Maso di Villa 🏨
Torri del Benaco	Gardesana 🏨
Treviso	Maison Matilda 🏨

Valeggio sul Mincio / Borghetto	Maison Resola 🏨
Venezia	Aman Venice 🏨
Venezia	Antico Doge 🏠
Venezia	Baglioni Hotel Luna 🏨
Venezia	Bauer Palladio 🏨
Venezia	Belmond Hotel Cipriani 🏨
Venezia	Ca Maria Adele 🏨
Venezia	Ca' Nigra Lagoon Resort 🏨
Venezia	Ca' Pisani 🏨
Venezia	Ca' Sagredo 🏨
Venezia	La Calcina 🏠
Venezia	Charming House DD 724 🏨
Venezia	Corte di Gabriela 🏨
Venezia	Danieli 🏨
Venezia	Flora 🏨
Venezia	Grande Albergo Ausonia & Hungaria 🏨
Venezia	The Gritti Palace 🏨
Venezia	Londra Palace 🏨
Venezia	Metropole 🏨
Venezia	Novecento 🏨
Venezia	Oltre il Giardino 🏨
Venezia	Palazzina G 🏨
Venezia	Palazzo Abadessa 🏨
Venezia	Palazzo Stern 🏨
Venezia	Palazzo Venart 🏨
Venezia	Quattro Fontane 🏨
Venezia	La Residenza 🏨
Venezia	Sant'Antonin 🏨
Venezia	Settimo Cielo e Bloom 🏨
Venezia	Sina Centurion Palace 🏨
Venezia	Sogno di Giulietta e Romeo 🏠
Verona	Agriturismo Delo 🏨
Verona	Due Torri 🏨
Verona	Gabbia d'Oro 🏨
Verona	The Gentleman of Verona 🏨

SPA
THE SPAS

ABRUZZO

Francavilla al Mare	Villa Maria Hotel & Spa 🏨
Giulianova Lido	Sea Park Spa Resort 🏨
Pescocostanzo	Relais Ducale 🏨
Roccaraso / Aremogna	Boschetto 🏨

CALABRIA

Cosenza / Rende	Villa Fabiano 🏨
Tropea / Faro Capo Vaticano	Capovaticano Resort Thalasso & Spa 🏨
Tropea / Ricadi	Sunshine Club Hotel 🏨
Villa San Giovanni / Santa Trada di Cannitello	Altafiumara Resort & Spa 🏨

CAMPANIA

Capri (Isola di) / Anacapri	Capri Palace Hotel 🏨
Capri (Isola di) / Capri	Capri Tiberio Palace 🏨
Capri (Isola di) / Capri	Grand Hotel Quisisana 🏨
Conca dei Marini	Monastero Santa Rosa Hotel & Spa 🏨
Ischia (Isola d') / Barano	Parco Smeraldo Terme 🏨
Ischia (Isola d') / Barano	San Giorgio Terme 🏨
Ischia (Isola d') / Casamicciola Terme	Terme Manzi Hotel & Spa 🏨
Ischia (Isola d') / Forio	Garden & Villas Resort 🏨
Ischia (Isola d') / Forio	Mezzatorre Resort & Spa 🏨
Ischia (Isola d') / Ischia	Grand Hotel Excelsior 🏨
Ischia (Isola d') / Ischia	Il Moresco 🏨
Ischia (Isola d') / Ischia	Punta Molino Hotel Beach Resort & Spa 🏨
Ischia (Isola d') / Ischia	Le Querce 🏨
Ischia (Isola d') / Lacco Ameno	L'Albergo della Regina Isabella 🏨
Ischia (Isola d') / Lacco Ameno	San Montano 🏨
Positano	Le Sirenuse 🏨
Praiano	Casa Angelina 🏨
Procida / Procida	La Suite Hotel 🏨
Ravello	Palazzo Avino 🏨
San Cipriano Picentino	Villa Rizzo Resort & Spa 🏨
Telese Terme	Aquapetra Resort & Spa 🏨
Vietri sul Mare / Raito	Raito 🏨

EMILIA-ROMAGNA

Bagno di Romagna	Ròseo Euroterme 🏨
Bertinoro / Fratta	Grand Hotel Terme della Fratta 🏨
Castel San Pietro Terme / Varignana	Palazzo di Varignana 🏨

Castrocaro Terme	Grand Hotel & Spa 🏨
Cervia / Milano Marittima	Aurelia 🏨
Cervia / Milano Marittima	Globus 🏨
Cervia / Milano Marittima	Grand Hotel Gallia 🏨
Cervia / Milano Marittima	Palace Hotel 🏨
Cervia / Milano Marittima	Le Palme 🏨
Cesenatico	Grand Hotel da Vinci 🏨
Faenza	Relais Villa Abbondanzi 🏨
Loiano	Palazzo Loup 🏨
Monticelli Terme	Delle Rose 🏨
Porretta Terme	Santoli 🏨
Riccione	Belvedere 🏨
Riccione	Grand Hotel Des Bains 🏨
Riccione	Select 🏨
Rimini	Grand Hotel Rimini 🏨
Rimini	Savoia Rimini 🏨
Rimini / Miramare	Terminal Palace & Spa 🏨
San Giovanni in Marignano	Riviera Golf Resort 🏨

FRIULI-VENEZIA GIULIA

Cividale del Friuli	Locanda al Castello 🏨
Fagagna	Villaverde Hotel & Resort 🏨
Grado	Grand Hotel Astoria 🏨
Grado	Savoy 🏨
Ravascletto	La Perla 🏨
Udine	Là di Moret 🏨

LAZIO

Fiuggi / Fiuggi Fonte	Ambasciatori Place 🏨
Fiuggi / Fiuggi Fonte	Fiuggi Terme 🏨
Fiuggi / Fiuggi Fonte	Grand Hotel Palazzo della Fonte 🏨
Roma	Grand Hotel Via Veneto 🏨
Roma	Rome Cavalieri Waldorf Astoria 🏨
Roma	De Russie 🏨
Roma	The Westin Excelsior Rome 🏨
Viterbo	Niccolò V-Terme dei Papi 🏨

LIGURIA

Alassio	Grand Hotel Alassio 🏨
Rapallo	Excelsior Palace Hotel 🏨
Sestri Levante	Due Mari 🏨
Tovo San Giacomo / Bardino Vecchio	Relais Il Casale 🏨

LOMBARDIA

Bellagio	Grand Hotel Villa Serbelloni 🏨
Blevio	CastaDiva Resort 🏨
Bormio	Miramonti Park Hotel 🏨
Carzago Riviera	Palazzo Arzaga 🏨

Castelverde	Cremona Palace Hotel 🏨
Castione della Presolana / Bratto	Milano Alpen Resort 🏨
Cavenago di Brianza	Devero 🏨
Cernobbio	Villa d'Este 🏨
Cologne	Cappuccini Resort 🏨
Darfo-Boario Terme / Boario Terme	Rizzi Aquacharme 🏨
Erbusco	L'Albereta 🏨
Gallarate	Sheraton Milan Malpensa 🏨
Gardone Riviera / Fasano	Grand Hotel Fasano e Villa Principe 🏨
Gargnano	Lefay Resort & Spa 🏨
Livigno	Baita Montana 🏨
Livigno	Lac Salin Spa & Mountain Resort 🏨
Madesimo	Andossi 🏨
Mantello	La Fiorida 🏨
Milano	Bulgari 🏨
Milano	Château Monfort 🏨
Milano	Excelsior Hotel Gallia 🏨
Milano	Four Seasons Hotel Milano 🏨
Milano	Grand Visconti Palace 🏨
Milano	Palazzo Parigi 🏨
Milano	Principe di Savoia 🏨
Moltrasio	Grand Hotel Imperiale 🏨
Padenghe sul Garda	Splendido Bay 🏨
Pavia	Cascina Scova 🏨
Porlezza	Parco San Marco Lifestyle Beach Resort 🏨
Rota d'Imagna	Resort & Spa Miramonti 🏨
Sant'Omobono Terme	Villa delle Ortensie 🏨
Sirmione	Grand Hotel Terme 🏨
Tonale (Passo del)	Delle Alpi 🏨
Tremezzo	Grand Hotel Tremezzo 🏨
Valdidentro / Bagni Nuovi	Grand Hotel Bagni Nuovi 🏨

MARCHE

Castelraimondo	Borgo Lanciano 🏨
Jesi	Federico II 🏨
Macerata	Le Case 🏨
Pesaro	Excelsior 🏨
Pesaro	Vittoria 🏨
Urbino	Mamiani 🏨
Urbino / Pantiere	Urbino Resort Tenuta Santi Giacomo e Filippo 🏨

MOLISE

Castelpetroso	Fonte del Benessere Resort 🏨

PIEMONTE

Baveno	Grand Hotel Dino 🏨
Baveno	Splendid 🏨
Crodo / Viceno	Belvedere 🏨
Crodo / Viceno	Edelweiss 🏨

Guarene	Castello di Guarene 🏨
Penango / Cioccaro	Relais Sant'Uffizio 🏨
Santo Stefano Belbo	Relais San Maurizio 🏨
Serralunga d'Alba	Il Boscareto Resort 🏨
Stresa	Grand Hotel des Iles Borromées 🏨
Stresa	Regina Palace 🏨
Stresa	Villa e Palazzo Aminta 🏨
Torino	Allegroitalia Golden Palace 🏨
Torino	Turin Palace Hotel 🏨
Torino	Victoria 🏨
Verbania / Pallanza	Grand Hotel Majestic 🏨

PUGLIA

Bari / Palese	Parco dei Principi Hotel Congress & Spa 🏨
Ceglie Messapica	Madonna Delle Grazie 🏨
Cutrofiano	Sangiorgio Resort & Spa 🏨
Lecce	Hilton Garden Inn 🏨
Manfredonia	Regiohotel Manfredi 🏨
Savelletri	Borgo Egnazia 🏨
Savelletri	Masseria San Domenico 🏨
Savelletri	Masseria Torre Coccaro 🏨
Taranto / Masseria San Pietro	Relais Histò 🏨

SARDEGNA

Alghero	Villa Las Tronas 🏨
Alghero / Porto Conte	El Faro 🏨
Arzachena	Tenuta Pilastru 🏨
Arzachena / Baia Sardinia	L'Ea Bianca Luxory Resort 🏨
Cagliari	T Hotel 🏨
Arcipelago della Maddalena / La Maddalena	Grand Hotel Resort Ma&Ma 🏨
Pula	Forte Village Resort 🏨
Santa Teresa Gallura	Resort Valle dell'Erica Thalasso & SPA 🏨
Santa Teresa Gallura / Conca Verde	La Coluccia 🏨
Trinità d'Agultu / Isola Rossa	Marinedda Thalasso & SPA 🏨
Trinità d'Agultu / Isola Rossa	Relax Torreruja Thalasso & SPA 🏨

SICILIA

Agrigento / San Leone	Baia di Ulisse 🏨
Enna	Federico II Palace Hotel 🏨
Eolie / Vulcano Isola	Therasia Resort 🏨
Linguaglossa	Villa Neri Resort & Spa 🏨
Sciacca	Verdura Resort 🏨
Taormina / Lido di Spisone	Caparena 🏨

TOSCANA

| Abetone | Val di Luce SPA Resort 🏨 |
| Casole d'Elsa | Belmond Castello di Casole 🏨 |

Castagneto Carducci /	
Marina di Castagneto Carducci	Tombolo Talasso Resort 🏨
Castelnuovo Berardenga	Castel Monastero 🏨
Castelnuovo Berardenga	Le Fontanelle 🏨
Castiglione della Pescaia / Badiola	L'Andana-Tenuta La Badiola 🏨
Castiglione della Pescaia / Riva del Sole	Riva del Sole 🏨
Chianciano Terme	Admiral Palace 🏨
Chianciano Terme	Grand Hotel Terme 🏨
Cortona / San Martino	Il Falconiere Relais 🏨
Elba (Isola d') / Portoferraio	Hermitage 🏨
Firenze	Four Seasons Hotel Firenze 🏨
Firenze	Villa Cora 🏨
Firenze	Ville sull 'Arno 🏨
Forte dei Marmi	Principe Forte dei Marmi 🏨
Lido di Camaiore	UNA Hotel Versilia 🏨
Monsummano Terme	Grotta Giusti 🏨
Montaione / Castelfalfi	Il Castelfalfi 🏨
Montalcino / Castelnuovo dell'Abate	Castello di Velona 🏨
Montecatini Terme	Adua & Regina di Saba 🏨
Montecatini Terme	Columbia 🏨
Montecatini Terme	Grand Hotel Croce di Malta 🏨
Montignoso / Cinquale	Villa Undulna-Terme della Versilia 🏨
Porto Ercole	Argentario Golf Resort & Spa 🏨
Radda in Chianti	Palazzo Leopoldo 🏨
San Casciano dei Bagni	Fonteverde 🏨
San Gimignano	Villasanpaolo Hotel 🏨
San Giuliano Terme	Bagni di Pisa 🏨
San Quirico d'Orcia	Casanova 🏨
San Quirico d'Orcia / Bagno Vignoni	Posta-Marcucci 🏨
Sarteano	Le Buche 🏨
Saturnia	Terme di Saturnia Spa & Golf Resort 🏨
Siena / Vagliagli	Borgo Scopeto Relais 🏨
Tavarnelle Val di Pesa	Castello del Nero 🏨
Tirrenia / Calambrone	Green Park Resort 🏨
Venturina	Delle Terme 🏨

TRENTINO-ALTO ADIGE

Alpe di Siusi	Alpina Dolomites 🏨
Alpe di Siusi	Seiser Alm Urthaler 🏨
Alta Badia	Antines 🏨
Alta Badia	Armentarola 🏨
Alta Badia	Arthotel Cappella 🏨
Alta Badia	Ciasa Salares 🏨
Alta Badia	Colfosco-Kolfuschgerhof 🏨
Alta Badia	Cristallo 🏨
Alta Badia	Diamant 🏨
Alta Badia	Gran Paradiso 🏨
Alta Badia	La Majun 🏨
Alta Badia	Lech da Sompunt 🏨

Alta Badia	La Perla 🏨
Alta Badia	Posta-Zirm 🏨
Alta Badia	Rosa Alpina 🏨
Alta Badia	Sassongher 🏨
Andalo	Ambiez 🏨
Andalo	Corona Dolomites 🏨
Andalo	Cristallo 🏨
Andalo	Dolce Avita Spa & Resort 🏨
Andalo	Il Piccolo Dolomiti Resort 🏨
Appiano sulla Strada del Vino	Gartenhotel Moser 🏨
Appiano sulla Strada del Vino / Cornaiano	Weinegg 🏨
Avelengo	Chalet Mirabell 🏨
Avelengo	Miramonti 🏨
Avelengo	San Luis 🏨
Baselga di Pinè / Montagnaga	Romantic Hotel Posta 1899 🏨
Monte Bondone / Vason	Le Blanc Hotel & Spa 🏨
Brunico / Riscone	Majestic 🏨
Caldaro sulla Strada del Vino	Parc Hotel 🏨
Caldaro sulla Strada del Vino	Seeleiten 🏨
Campitello di Fassa	Gran Paradis 🏨
Campo Tures	Alte Mühle 🏨
Campo Tures	Feldmilla Designhotel 🏨
Canazei	Croce Bianca 🏨
Canazei	Rita 🏨
Canazei / Alba	La Cacciatora 🏨
Castelbello Ciardes	Sand 🏨
Cavalese	Bellavista 🏨
Cavalese	Lagorai 🏨
Comano Terme / Ponte Arche	Comano Cattoni Holiday 🏨
Comano Terme / Ponte Arche	Grand Hotel Terme di Comano 🏨
Commezzadura	Tevini 🏨
Dobbiaco	Santer 🏨
Fai della Paganella	Al Sole 🏨
Fiera di Primiero	Tressane 🏨
Folgarida	AlpHotel Taller 🏨
Fondo	Lady Maria 🏨
Laces	Paradies 🏨
Lana / Foiana	Alpiana Resort 🏨
Lana / Foiana	Waldhof2 🏨
Lana / San Vigilio	Vigilius Mountain Resort 🏨
Levico Terme	Al Sorriso 🏨
Madonna di Campiglio	Alpen Suite Hotel 🏨
Madonna di Campiglio	Bertelli 🏨
Madonna di Campiglio	Campiglio Bellavista 🏨
Madonna di Campiglio	Chalet del Sogno 🏨
Madonna di Campiglio	Chalet Laura 🏨
Madonna di Campiglio	Cristal Palace 🏨
Madonna di Campiglio	Crozzon 🏨
Madonna di Campiglio	DV Chalet 🏨
Madonna di Campiglio	Gianna 🏨

Madonna di Campiglio	Lorenzetti 🏨
Madonna di Campiglio	Spinale 🏨
Malles Venosta / Burgusio	Das Gerstl 🏨
Malles Venosta / Burgusio	Der Mohrenwirt 🏨
Marlengo	Giardino Marling 🏨
Marlengo	Marlena 🏨
Marlengo	Oberwirt 🏨
Merano	Adria 🏨
Merano	Meister's Hotel Irma 🏨
Merano	Meranerhof 🏨
Merano	Park Hotel Mignon 🏨
Merano	Pollinger 🏨
Moena	Alle Alpi Beauty e Relax 🏨
Moena	Garden 🏨
Molveno	Alexander 🏨
Molveno	Alpenresort Belvedere 🏨
Monguelfo / Tesido	Alpen Tesitin 🏨
Naturno	Feldhof 🏨
Naturno	Funggashof 🏨
Naturno	Lindenhof 🏨
Naturno	Preidlhof 🏨
Nova Levante	Engel 🏨
Nova Ponente	Pfösl 🏨
Nova Ponente / Obereggen / San Floriano	Cristal 🏨
Nova Ponente / Obereggen / San Floriano	Maria 🏨
Nova Ponente / Obereggen / San Floriano	Sonnalp 🏨
Ortisei	Adler Dolomiti Spa & Sport Resort 🏨
Ortisei	Alpin Garden Wellness Resort 🏨
Ortisei	Angelo-Engel 🏨
Ortisei	Arnaria 🏨
Ortisei	Gardena-Grödnerhof 🏨
Ortisei	Montchalet 🏨
Parcines / Rablà	Roessl 🏨
Peio / Cogolo	Cevedale 🏨
Peio / Cogolo	Kristiania Leading Nature & Wellness Resort 🏨
Pinzolo	Beverly 🏨
Pinzolo	Cristina 🏨
Pinzolo	Europeo 🏨
Postal	Muchele 🏨
Pozza di Fassa	Ladinia 🏨
Pozza di Fassa	Renè 🏨
Racines	Panoramahotel Taljörgele 🏨
Renon / Collalbo	Bemelmans Post 🏨
Renon / Soprabolzano	Park Hotel Holzner 🏨
Rio di Pusteria / Mühlbach / Valles	Huber 🏨
Rio di Pusteria / Mühlbach / Valles	Masl 🏨
Riva del Garda	Du Lac et Du Parc 🏨
Riva del Garda	Lido Palace 🏨
Riva del Garda	Parc Hotel Flora 🏨
San Candido	Cavallino Bianco-Weisses Rössl 🏨

San Candido	Leitlhof Dolomiten 🏨
San Candido	Post Alpina-Family Mountain Chalets 🏨
San Genesio	Belvedere Schoenblick 🏨
San Lorenzo di Sebato	Winkler 🏨
San Martino di Castrozza	Regina 🏨
San Martino in Passiria	Quellenhof Luxury Resort Passeier 🏨
San Martino in Passiria / Saltusio	Castel Saltauserhof 🏨
San Vigilio di Marebbe	Almhof Hotel Call 🏨
San Vigilio di Marebbe	Excelsior 🏨
Selva di Val Gardena	Alpenroyal Grand Hotel 🏨
Selva di Val Gardena	Gran Baita 🏨
Selva di Val Gardena	Portillo Dolomites 1966 🏨
Selva di Val Gardena	Tyrol 🏨
Sesto	Monika 🏨
Sesto	St. Veit 🏨
Sesto / Moso	Bad Moos 🏨
Sesto / Moso	Berghotel 🏨
Sesto / Moso	Rainer 🏨
Solda	Cristallo 🏨
Solda	Parc Hotel 🏨
Tesero	Rio Stava Family Resort & Spa 🏨
Tirolo	Castel 🏨
Tirolo	Erika 🏨
Tirolo	Golserhof 🏨
Tirolo	Patrizia 🏨
Ultimo / San Nicolò / St. Nikolaus	Waltershof 🏨
Valdaora	Mirabell 🏨
Valle di Casies	Quelle 🏨
Vallelunga	Alpenjuwel 🏨
Vigo di Fassa	Active Hotel Olympic 🏨
Vigo di Fassa	Renato 🏨
Vipiteno	Rose 🏨

UMBRIA

Assisi	Nun Assisi Relais 🏨
Colfiorito	Benessere Villa Fiorita 🏨
Gubbio	Park Hotel ai Cappuccini 🏨
Orvieto / Rocca Ripesena	Altarocca Wine Resort 🏨
Todi	Relais Todini 🏨
Todi / Chioano	Roccafiore Spa & Resort 🏨
Torgiano	Borgobrufa SPA Resort 🏨

VALLE D'AOSTA

Aosta	Milleluci 🏨
Breuil Cervinia	Bucaneve 🏨
Breuil Cervinia	Excelsior-Planet 🏨
Breuil Cervinia	Hermitage 🏨
Breuil Cervinia	Saint Hubertus 🏨

Cogne	Bellevue Hotel & SPA
Cogne	Miramonti
Cogne	Sant'Orso
Cogne / Cretaz	Notre Maison
Courmayeur	Grand Hotel Courmayeur Mont Blanc
Courmayeur	Grand Hotel Royal e Golf
Gressoney-la Trinité	Jolanda Sport
La Salle	Mont Blanc Hotel Village
la Thuile	Nira Montana
Saint-Vincent	Alla Posta
Saint-Vincent	Grand Hotel Billia

VENETO

Abano Terme	Abano Grand Hotel
Abano Terme	All'Alba
Abano Terme	Bristol Buja
Abano Terme	Due Torri
Abano Terme	Europa Terme
Abano Terme	Harrys' Garden
Abano Terme	Mioni Pezzato
Abano Terme	Panoramic Hotel Plaza
Abano Terme	President Terme
Abano Terme	Tritone Terme
Alleghe / Caprile	Alla Posta
Arabba	Evaldo
Asiago	Meltar Boutique Hotel
Bardolino	Aqualux
Bardolino	Caesius Thermae
Bibione	Bibione Palace Suite
Canove	Alla Vecchia Stazione
Casier / Dosson	Villa Contarini Nenzi
Cison di Valmarino	CastelBrando
Cortina d'Ampezzo	Cristallo
Cortina d'Ampezzo	Grand Hotel Savoia
Cortina d'Ampezzo	Rosapetra Spa Resort
Costermano	Boffenigo
Garda	Regina Adelaide
Lazise	Corte Valier
Lazise	Principe di Lazise
Lido di Jesolo	Almar Jesolo Resort & Spa
Malcesine	Baia Verde
Malcesine	Maximilian
Montegrotto Terme	Continental Terme
Montegrotto Terme	Garden Terme
Montegrotto Terme	Grand Hotel Terme
Montegrotto Terme	Terme Bellavista
Montegrotto Terme	Terme Neroniane
Montegrotto Terme	Terme Olimpia

La vostra opinione c'interessa:
Cosa ne pensate dei nostri prodotti?

Esprimete la vostra opinione

satisfaction.michelin.com

Michelin Travel Partner

Société par actions simplifiée au capital de 15 044 940 €
27 cours de l'Ile Seguin - 92100 Boulogne-Billancourt (France)
R.C.S. Nanterre 433 677 721

Fotocomposizione: JOUVE, Saran (Francia)
Stampa e Rilegatura: LEGO, Lavis (Italia)

Informazioni relative alle altitudini delle località citate nella guida:
ATKISTM ; GN250, © Federal Agency for Cartography and Geodesy (BKG)
Informazioni relative agli abitanti delle località citate nella guida: www. demo.istat.it

Town plans: © MICHELIN et © 2006-2017 TomTom. All rights reserved.